GABLER
WIRTSCHAFTS
LEXIKON

GABLER WIRTSCHAFTS LEXIKON

12., vollständig neu bearbeitete und erweiterte Auflage

L – P

GABLER

CIP-Kurztitelaufnahme der Deutschen Bibliothek

Gabler Wirtschafts-Lexikon. – Taschenbuch-Kassette
mit 6 Bd. – Wiesbaden: Gabler
  10. Aufl. u. d. T.: Gablers Wirtschafts-Lexikon
  ISBN 3-409-30384-7

Bd. 4. L – P – 12., vollst. neu bearb. u. erw. Aufl.,
ungekürzte Wiedergabe d. zweibd. Orig.-Ausg. – 1988
  ISBN 3-409-30354-5

Begründet und bis zur 10. Auflage herausgegeben
von Dr. Dr. h. c. Reinhold Sellien und Dr. Helmut Sellien

  1. Auflage 1956
  2. Auflage 1958
  3. Auflage 1959
  4. Auflage 1961
  5. Auflage 1962
  6. Auflage 1965
  7. Auflage 1967
  8. Auflage 1971
  9. Auflage 1975
10. Auflage 1979
11. Auflage 1983
12. Auflage 1988

Ungekürzte Wiedergabe der zweibändigen Originalausgabe

Der Gabler Verlag ist ein Unternehmen der Verlagsgruppe Bertelsmann

© Betriebswirtschaftlicher Verlag Dr. Th. Gabler GmbH, Wiesbaden 1988

Umschlaggestaltung: Schrimpf und Partner, Wiesbaden
Gesamtherstellung: Elsnerdruck, Berlin
Printed in Germany

4. Band · ISBN 3-409-30354-5
Taschenbuch-Kassette mit 6 Bänden · ISBN 3-409-30384-7

L

Laboratorium, Untersuchungsraum für chemische, physikalische, technische (Forschungs-) Arbeiten; besonders wichtig in Betrieben der chemischen Industrie. – Zur Erfassung in der *Kostenrechnung* vgl. →Forschungskosten, →Entwicklungskosten.

Laboratoriumstraining, Methode der →Gruppendynamik, bei der die Teilnehmer Verhaltensänderungen nicht am Arbeits- oder am normalen Lebensplatz erproben und verfestigen, sondern als Trainingsgruppe (T-group) in neutraler Umgebung. Diese Form der →Selbsterfahrungsgruppe wird bei der →Organisationsentwicklung eingesetzt.

Laborexperiment, →Laborforschung.

Labor-Force-Konzept. 1. *Charakterisierung:* Ein in den USA entwickeltes Konzept zur statistischen Erfassung der Erwerbsbevölkerung im Alter von 14 und mehr Jahren. Erhebungstatbestände sind Arbeitskräftevolumen und Arbeitskraftreserven; gemäß den Empfehlungen der OECD seit 1957 auch in der deutschen →amtlichen Statistik (→Mikrozensus, →Berufszählung). Die Erwerbsbevölkerung wird nicht nach der überwiegenden Quelle des Lebensunterhalts (→Erwerbstätigkeit) oder nach Art der Tätigkeit, sondern nach Erwerbsintensität und Beschäftigungsgrad ausgezählt. – **2.** *Erhebungstatbestände:* a) *Erwerbsintensität:* (1) Beschäftigte (gegen Entgelt beschäftigte Personen und Personen in bestehendem Beschäftigungsverhältnis, auch wenn sie vorübergehend wegen Urlaub, Krankheit usw. nicht tätig sind) sowie unbezahlt mithelfende Familienangehörige. (2) Arbeitskraftreserven, d. h. unbeschäftigte bzw. nicht am Erwerbsprozeß beteiligte Personen (Arbeitsuchende und vorübergehend keine Erwerbstätigkeit ausübende Personen). – b) *Beschäftigungsgrad* der Erwerbspersonen unter a) (1): Je nach der Zahl der geleisteten Wochenstunden gelten die am Erwerbsprozeß Beteiligten als Vollbeschäftigte (Arbeitszeit von 40 Wochenstunden und darüber), Teilbeschäftigte (aus eigenem Entschluß weniger als die branchenübliche Normalarbeitszeit tätig). Mithelfende Personen werden nur erfaßt bei Wochenstundenleistung von mindestens 15 Stunden. In dieser Gruppe, v. a. in der Landwirtschaft, ist zufolge der Häufung mehrerer kurzfristiger Beschäftigungsverhältnisse in

einer Person die Anzahl der Tätigkeitsfälle größer als die Zahl der erfaßten Beschäftigten.

Laborforschung, *Laborexperiment,* Verfahren der Marktforschung in einer künstlichen, speziell zu diesem Zweck planmäßig herbeigeführten Situation. L. dient der Durchführung einer →Befragung, →Beobachtung oder eines →Experiments. – *Gegensatz:* →Feldforschung.

laboristische Unternehmensverfassung, interessenmonistische Variante zur →Unternehmensverfassung mit dem Ziel, die →Entfremdung des Menschen in der Arbeit aufzuheben. Am bekanntesten: *Modell der jugoslawischen Arbeiterselbstverwaltung* (vgl. →1. *Prinzipien:* Alle Entscheidungsrechte leiten sich aus der Mitarbeit im Unternehmen ab; alleinige Kontrolle der Arbeitnehmer über die Produktionsmittel und die Verteilung der Wertschöpfung. – 2. *Organisation:* Organe der Arbeiterselbstverwaltung (Legislative) und die des Managements (Exekutive). Das Arbeitskollektiv als Träger der gesamten Selbstverwaltungsrechte wählt den Arbeiterrat. Dieser legt Planungsrichtlinien und Geschäftspolitik fest, bestellt, kontrolliert und beruft Mitglieder des Exekutivvorgangs und des geschäftsführenden Organs (Direktoren) ab. Die Entscheidungen des Arbeiterrats sind vom Exekutivorgan und den Direktoren umzusetzen. – *Gegensatz:* →kapitalistische Unternehmensverfassung.

Ladeeinheit, güteraufnehmendes Medium (z. B. Kiste, Faß, →Palette, →Container, →Wechselbehälter), das vom Versand- zum Empfangsort mit den enthaltenen Gütern eine geschlossene Gütereinheit bei den Transport-, Umschlags- und Lagerungsvorgängen bildet.

Ladefaktor, statistische Kennzahl der Transportleistung (→Verkehrsleistung) beim Einsatz eines Fahrzeuges, eines →Fuhrparks oder einer →Flotte in einer Periode:

$$L. = \frac{\text{genutzte Transportkapazität}}{\text{angebotene Transportkapazität}}.$$

Die Transportkapazitäten werden im Personenverkehr in Personen- oder Sitzplatzkilometern *(Sitzladefaktor)* und im Güterverkehr in Tonnenkilometern *(Frachtladefaktor)* gemessen.

Ladegebühr, von der Bahn für Verladen der Güter erhobene Gebühr.

Laden, *Ladengeschäft, Verkaufslokal, Einkaufsstätte* (des Einzelhandels), Betriebsstätte einer →Einzelhandelsunternehmung, in der den Kunden Waren angeboten werden. Im Sinne des Handelsrechts auch Verkaufsstand auf einer Ausstellung.

Ladendiebstahl, widerrechtliche Aneignung von Waren durch Kunden, aber auch durch Mitarbeiter aus →Läden oder deren Lager. *Zunahme* des L., insbes. in Warenhäusern und Supermärkten durch verführerische Warenpräsentation zur ,,Selbstbedienung", zunehmende Anonymität zwischen Kunden und Laden bzw. dessen Inhaber sowie Wandel der Einstellungen zum Eigentum (früher *Mundraub*). – *Eingrenzung* mittels baulicher Maßnahmen, Schulung des Verkaufspersonals, Einsatz von Detektiven und Kameras sowie sonstiger technischer Maßnahmen der Warensicherung; dadurch entstehen weitere Kosten, die neben dem Warenschwund bei der Preiskalkulation zu berücksichtign sind.

Ladeneinrichtung, Ausstattung eines →Ladens mit Möbeln (Tische, Regale, Stühle, Verkaufsgondeln, Waagen, Kassen usw.), Beleuchtungskörpern, Wand- und Deckenverkleidungen, Fußbodenbelägen, Einkaufswagen, u. a. soll den Warenverkauf technisch ermöglichen, aber auch durch atmosphärische Gestaltung werbend wirken. Über Verschleiß bzw. Veralten vgl. →Ladenverschleiß. – In der Bilanz werden die Gegenstände der L. i. d. R. auf der Aktivseite als Betriebs- und Geschäftsausstattung ausgewiesen.

Ladengeschäft, →Laden.

Ladenhüter, ,,*Penner*", Produkte mit – im Vergleich zu den übrigen Artikeln des Sortiments – geringer Umschlagshäufigkeit. Im Einzelhandel sind veraltete, unmoderne, beschädigte, beschmutzte Artikel. Verkauf von L. meist mit hohen Preisnachlässen, insbes. auf →Sonderveranstaltungen.

Ladenöffnungszeiten, Zeitspannen, während deren der →Residenzhandel seine Ladenkapazität zur Nutzung durch Kunden bereithält. Tatsächliche L. stimmen mit dem dem Ladenschlußgesetz maximal möglichen L. (64,5 bzw. 68,5 Std. pro Woche) keineswegs immer überein (→Ladenschlußzeiten). Viele Betriebe haben kürzere Öffnungszeiten, da sie während mancher Stunden keinen ausreichend hohen Umsatz erwarten bzw. die L. der Arbeitszeit der Vollzeitkräfte (40/38,5 Std. pro Woche) anpassen.

Ladenpreis, Endverbraucherpreis (Verkaufspreis), den die Unternehmung des →Einzelhandels ihren Kunden berechnet.

Ladenschlußgesetz, Gesetz vom 28.11.1956 (BGBl I 1875) mit späteren Änderungen. Das L. regelt v. a. die →Ladenöffnungszeiten und →Ladenschlußzeiten. – L.-*Novellierung* wird diskutiert und wurde beim Abschluß der Koalitionsverhandlungen 1987 vorgesehen. Die Priorität der ursprünglichen Ziele für eine strenge, einheitliche Reglementierung, Mitarbeiter- und Mittelstandsschutz, wird von den Verbraucherverbänden angegriffen und eine Liberalisierung gefordert: Unter Beibehaltung der Gesamtöffnungszeit pro Woche soll Anpassung der Öffnungszeiten an lokale Einkaufsbedürfnisse (Fußgängerzonen, Einkaufspassagen) oder an Branchenbesonderheiten (Bäcker, Möbelhändler, Geschenkboutiquen) ermöglicht werden. Weitere Argumente: Verringerung des Rush-hour-Verkehrs, Belebung der Innenstädte am Abend, entzerrte Einkaufsmöglichkeiten für die berufstätige Bevölkerung, insbes. die Angestellten im Einzelhandel.

Ladenschlußzeiten, die nach dem →Ladenschlußgesetz vorgeschriebenen Zeiten für die Schließung der Einzelhandelsgeschäfte. – 1. *Normregel:* Geschäfte und Läden müssen regelmäßig an Sonn- und Feiertagen ganz, an Werktagen bis 7.00 Uhr und ab 18.30 Uhr, sonnabends bis 7.00 Uhr und ab 14.00 Uhr, am ersten Sonnabend des Monats (oder wenn dieser auf einen Feiertag fällt, am zweiten Sonnabend) sowie an den vier aufeinanderfolgenden Sonnabenden vor dem 24.12. ab 18.00 Uhr geschlossen halten; gilt auch bei Verkauf im Straßenhandel. – 2. *Ausnahmen:* Für Verkaufsstellen auf Personenbahnhöhen und Flughäfen, Gaststättengewerbe, Apotheken, Marktverkehr, Tankstellen sowie Automatenverkauf sowie z. B. für Verkauf in ländlichen Gebieten, Verkauf in Kur- und Erholungsorten und Verkauf bestimmter Waren (Vermietung von Video-Kassetten) bestehen Sonderregelungen. – 3. Durch Art. 9 des Gesetzes zur Änderung wirtschafts-, verbraucher-, arbeits- und sozialrechtlicher Vorschriften vom 25.7.1986 (BGBl I 1169) werden die Landesregierungen im Hinblick auf die Zunahme des Berufspendler- und Reiseverkehrs in großen Verkehrsknotenpunkten, in internationalen Verkehrsflughäfen und in internationalen Fährhäfen zur Zulassung des Verkaufs bestimmter Waren während *verlängerter Ladenöffnungszeiten* ermächtigt. Das bisherige Ordnungsprinzip der §§ 8, 9 LSchLG, den besonderen Versorgungsbedürfnissen des Reiseverkehrs Rechnung zu tragen, wird nicht verlassen, da das Gesetz eine systemgerechte Abgrenzung nach den neuen Lebensverhältnissen und Verkehrsentwicklungen vornimmt. Nach § 8 II a LSchlG können z. B. die Landesregierungen durch Rechtsverordnung den Warenkatalog für Verkaufsstellen in Personenbahnhöfen sowie in Bahnhofspassagen außerhalb des eigentlichen Bahnhofsgeländes den Verkauf des erweiterten Warenkatalogs an Werktagen in der Zeit von 6.00 bis 22.00

Uhr zulassen. Diese Rechtsverordnungsermächtigung ist begrenzt auf Städte mit über 200 000 Einwohnern. – Vgl. auch →Ladenöffnungszeiten.

Ladenverschleiß, *store erosion,* langsames Veralten von Läden, deren Innenausstattung und Form der Warenpräsentation, aber auch von →Betriebsformen des Handels (→Dynamik der Betriebsformen), insbes. von Verkaufsstellen des Einzelhandels (auch von Filialen des Kreditgewerbes oder Betriebsstätten des Dienstleistungsgewerbes). Wichtigste *Ursachen:* Neue Standortkonkurrenz und Wandlungen der Verbrauchereinstellungen.

Lader, *loader,* häufig mit dem →Binder zu einem →Programm integriertes →Dienstprogramm. Der L. hat die Aufgabe, das ladefähige, d. h. übersetzte (→Übersetzer) und gebundene Programm an die vom →Betriebssystem zugewiesene →Adresse im →Arbeitsspeicher bzw. im →virtuellen Speicher zu bringen und die innerhalb des Maschinenprogramms benutzten Adressen an dieser (Anfangs-)Adresse auszurichten.

Laderaumverteilung, Ausgleich von Nachfrage und Angebot auf dem Markt für Transportdienste des →Güterkraftverkehrs. Organisierte Abwicklung z. B. durch L.-Stellen der →Straßenverkehrsgenossenschaften auf →Autohöfen und durch Maklerbetriebe unter Nutzung kommunikationstechnische Methoden (Telefon, Telex, Bildschirmtext).

Ladeschein. 1. *Begriff:* Ein im Frachtgeschäft vom →Frachtführer ausgestelltes →Wertpapier, in dem der Empfang der zur Beförderung übergebenen Güter bescheinigt und die Aushändigung an den im L. bezeichneten →Empfänger versprochen wird (§§ 444–450 HGB, §§ 26, 72–76 BinnSchG). – 2. *Praktische Bedeutung* hat der L. nur im →Flußfrachtgeschäft, wor der Absender im Gegensatz zum Landfrachtgeschäft die Ausstellung eines L. verlangen kann (§ 72 BinnSchG). – 3. *Rechtliche Bedeutung:* Der L. gehört zu den →kaufmännischen Orderpapieren (§ 363 II HGB). Er ist stets →Traditionspapier. Seine →Übergabe ersetzt i. a. die Übergabe des Gutes (§ 450 HGB). Sollinhalt: § 445 HGB. – Der L. ist maßgebend für das Rechtsverhältnis zwischen Frachtführer und Empfänger. Der nach dem L. zum Empfang Berechtigte (Legitimierte) hat schon vor der Ankunft des Gutes am Ablieferungsort die Verfügungsrechte des Absenders über das Gut (§ 447 II HGB). Nur gegen Rückgabe des L. darf der Frachtführer i. a. Anweisungen des Absenders folgen oder das Gut an den Empfänger ausliefern (§§ 447 III, 448 HGB).

Ladung. I. V e r k e h r s w e s e n : Gesamtheit der Güter im Laderaum bzw. in den Laderäumen eines Transportmittels. – Vgl. auch →Ladeeinheit.

II. G e r i c h t s b a r k e i t : Aufforderung zum Erscheinen am Verhandlungstermin. Eine bestimmte →Ladungsfrist ist nur gegenüber den Parteien einzuhalten, nicht gegenüber Zeugen usw.

Ladungsakquisition, →Akquisition.

Ladungsfrist, Frist, die in einem anhängigen →Zivilprozeß zwischen →Zustellung der →Ladung und dem Verhandlungstermin liegen soll. 1. Die L. *beträgt: a)* bei Prozessen mit →Anwaltszwang mindestens eine Woche, sonst drei Tage (§ 217 ZPO); b) im →Wechselprozeß bzw. →Scheckprozeß und Wechselmahnverfahren bei Zustellung (1) am Ort des →Prozeßgerichts: 24 Stunden, (2) in Anwaltsprozessen innerhalb des Landgerichtsbezirks: drei Tage, (3) sonst: eine Woche (§§ 604 II, 605 a, 703 a II 5 ZPO). – 2. *Nichteinhaltung* der L. gibt Anspruch auf →Vertagung. – Bei →Klageerhebung ist außerdem die *Einlassungsfrist* zu wahren, d. h. die Frist, die zwischen Zustellung der Klageschrift und dem Verhandlungstermin liegen soll. Sie *beträgt* bei Prozessen mit →Anwaltszwang mindestens zwei Wochen (§ 271 ZPO); sonst entspricht sie i. d. R. auch wegen der Folgen ihrer Nichtinnehaltung, der L. – 3. Im *verwaltungsgerichtlichen Verfahren* beträgt die L. vor den →Verwaltungsgerichten zwei Wochen, beim →Bundesverwaltungsgericht vier Wochen (§ 102 VwGO). – 4. Vor dem →Finanzgericht beträgt die L. zwei Wochen, vor dem →Bundesfinanzhof vier Wochen (§ 91 FGO).

Ladungsproblem, *Knapsack problem, Rucksackproblem,* elementares logistisches Optimierungsproblem (→Logistik). – 1. *Aufgabe:* Es liegt ein Bestand teilbarer Gütereinheiten vor, die die Kapazität eines Behälters unterschiedlich beanspruchen; die Behälterkapazität reicht zur Aufnahme des gesamten Güterbestandes nicht aus; es sind diejenigen Gütereinheiten auszuwählen, deren Aufnahme in den Behälter den größten Ertrag bringt. – 2. *Anwendungen:* Z. B. Kapazitätsauslastung von →Ladeeinheiten, Lagerräumen und Transportmitteln. – 3. *Lösungsmethoden:* Verfahren der begrenzten Enumeration.

Laffer-Kurve, These von A. R. Laffer über den Zusammenhang von Steuersatz und Steuereinnahmen: Bei einem Steuersatz von Null fallen keine Steuereinnahmen an; wird der Steuersatz allmählich erhöht, steigen die Steuereinnahmen zuerst überproportional an, dann langsamer bis zu einem Maximalpunkt, danach sinken sie. Bei einem Satz von 100% fallen keine Einnahmen mehr an, da jegliches Interesse an einer der Besteuerung unterliegenden Einkommenserzielung erlischt. Eine rationale Steuerpolitik sollte demnach immer Steuersätze vor Erreichen des Aufkommensmaximums aufweisen. Diesen Sachverhalt erklärten auch das Swiftsche Steuereinmaleins, das Gesetz der Verringerung der Steuerausfälle, Gesetz der wachsenden Steuerwiderstände. – Die L.-K. spielte im Rahmen der *Reaganomics* und der *Angebotsökonomik* eine Rolle als Begründung dafür, daß durch Senkungen des Steuersatzes das Steueraufkommen und das Sozialprodukt gesteigert werden können; die Realität hat dies widerlegt. Wissenschaftlich gesehen ist die L.-K. eine Trivialität; die aus ihr abgeleiteten wirtschaftspolitischen Folgerungen sind unhaltbar.

LAFTA, Latin American Free Trade Association, *Lateinamerikanische Freihandelszone (spanisch: Asociación Latino-americano de Libre Comercial, ALALC),* gegründet 1960, in Kraft getreten 1961; Sitz: Montevideo. – *Mitglieder:* Argentinien, Bolivien, Brasilien, Chile, Ecuador, Kolumbien, Mexiko, Paraguay, Peru, Uruguay, Venezuela, ein Beitrittsgesuch Kubas wurde abgelehnt. – *Organe:* Rat der Außenminister (tritt jährlich zusammen), Bewertungs- und Abstimmungskonferenz (alle drei Jahre), Ständiges Exekutivkomitee, Generalsekretariat, beratende Ausschüsse und Konsultativ-Ausschüsse. – *Ziele:* Schaffung der Freihandelszone unter Abbau aller Handelsbeschränkungen zwischen den Partnerstaaten; Niederlegung der jedem Partner gewährten Zollpräferenzen in Länderlisten mit einer jährlichen Minderung von 8%; Koordinierung der Industriepolitiken zwecks Integrierung der Wirtschaften; Sonderbestimmungen über Agrarprodukte. – Die Zielsetzungen sind bis 1980 von den Mitgliedstaaten verfolgt worden; wegen der wirtschaftlichen Schwierigkeiten im LAFTA-Raum konnten nur 14% des Außenhandels der Mitgliedstaaten liberalisiert werden. – Aus diesem Grund wurde die LAFTA im Juni 1980 durch die in ihren Zielsetzungen flexiblere Lateinamerikanische Integrationsassoziation (Latin American Integration Association, →ALADI) ersetzt.

lag, *time lag, Zeitverzögerung.* I. Wirtschaftstheorie/Ökonometrie: Zeitabschnitt zwischen der Veränderung einer Größe und der Auswirkung dieser Veränderung auf eine andere Größe. In der ökonomischen Realität Verzögerungen zwischen Ursache und Wirkung. Vom modelltheoretischen Standpunkt aus sind L. die Voraussetzung zur Formulierung dynamischer Modelle, die Analyse von zeitlichen Anpassungsprozessen erlauben (→Dynamik, →Konjunkturtheorie).

II. Wirtschaftspolitik/Finanzwissenschaften: 1. *Begriff:* Zeitraum zwischen Auftreten einer Störung des Wirtschaftsablaufs und seiner Korrektur. – 2. *Arten:* a) Nach der *Einflußsphäre der wirtschaftspolitischen Entscheidungsträger:* (1) *Inside lag (innerer lag, innere Wirkungsverzögerung):* Verzögerung innerhalb der Einflußsphäre der wirt-

schaftspolitischen Entscheidungsträger, d. h. sie sind im politisch-administrativen Prozeß begründet. – (2) *Outside lag (äußerer lag, äußere Wirkungsverzögerung):* Verzögerung außerhalb der Einflußsphäre des wirtschaftspolitischen Entscheidungsträgers. – b) Nach der *Ursache:* (1) *Disturbance lag:* Zeitverzögerung bis die Störung meßbar und damit meßbar ist. Der disturbance lag ist ein outside lag. – Als inside lags folgen: (2) *Recognition lag (Erkennungsverzögerung):* Die Information wird wahrgenommen, die Reaktion auf die Störung beginnt. – (3) *Diagnostic lag:* Die Störung wird eingeordnet, die grundsätzliche Bereitschaft zum Handeln entsteht. – (4) *Decision lag (Entscheidungsverzögerung):* Die Entscheidungs- und Abstimmungszeit bei der Wahl geeigneter Maßnahmen. – (5) *Instrumental lag (Durchführungsverzögerung):* Der Zeitraum zwischen der Entscheidung und der Implementation der ergriffenen Maßnahmen durch die zuständige Bürokratie. – Diagnostik, decision und instrumental lag werden zusammengefaßt auch als *administratives lag* bezeichnet. – (6) Am Ende des Prozesses steht wiederum als outside lag der *operational lag (Wirkungsverzögerung),* der die Wirkungsverzögerungen des Instrumentes selber auf seinem Weg durch den volkswirtschaftlichen Transmissionsprozeß beschreibt. – 3. *Wirkungen:* L. sind ein Hindernis im optimal zu gestaltenden finanzpolitischen Eingriffsinstrumentarium; dazu kommt, daß das Ausmaß der Verzögerung einzelner lags je nach Maßnahme in einem konkreten Raum-/Zeitpunkt (jeweils unterschiedliche Rahmenbedingungen) nicht oder allenfalls der Tendenz nach bestimmbar ist. – 4. *Folgerungen:* Aufgrund der genannten Wirkungen ist entweder eine so möglicherweise prozyklisch wirkende Wirtschafts- bzw. Finanzpolitik des „stop and go" grundsätzlich abzulehnen oder Instrumente (z. B. durch Einbau von →built-in-stabilisator oder anderer Verfahren →regelgebundener Finanzpolitik) so zu verändern, daß zeitraubende inside lags verkürzt werden.

Lagebericht. 1. *Aufstellungspflicht:* Die gesetzlichen Vertreter von →Kapitalgesellschaften haben zusätzlich zum →Jahresabschluß einen L. in den ersten drei Monaten des Geschäftsjahres für das vergangene Geschäftsjahr aufzustellen (§ 264 I HGB). Für kleine Kapitalgesellschaften (→Größenklassen) verlängert sich die Frist auf sechs Monate, wenn dies einem ordnungsgemäßen Geschäftsgang entspricht. – 2. *Inhalt:* Im L. sind zumindest der Geschäftsverlauf und die Lage der Gesellschaft so darzustellen, daß ein den tatsächlichen Verhältnissen entsprechendes Bild vermittelt wird. Der L. *soll* auch eingehen auf: Vorgänge von besonderer Bedeutung, die nach dem Schluß des Geschäftsjahres eingetreten sind; die voraussichtliche Entwicklung der Gesellschaft sowie den

Bereich Forschung und Entwicklung (§ 289 HGB). – 3. *Prüfung:* Der L. von mittelgroßen und großen Kapitalgesellschaften unterliegt der →Abschlußprüfung; dazu haben die gesetzlichen Vertreter ihn unverzüglich nach Aufstellung beim Abschlußprüfer vorzulegen. – 4. *Offenlegung:* Für kleine Kapitalgesellschaften keine Offenlegungspflicht. Mittelgroße Kapitalgesellschaften haben den L. zum Handelsregister einzureichen, unverzüglich nach der Einreichung ist im Bundesanzeiger bekanntzumachen, bei welchem Handelsregister und unter welcher Nummer der L. eingereicht wurde. Große Kapitalgesellschaften haben den L. zunächst im Bundesanzeiger bekanntzumachen; die Bekanntmachung ist anschließend unter Beifügung des L. zum Handelsregister einzureichen.

Lage der Arbeitszeit, die Lage (tägliche Arbeitszeit) der durch Gesetz, Tarifvertrag und Einzelarbeitsvertrag vorgegebenen Arbeitszeitverpflichtung wird bestimmt durch Beginn und Ende der täglichen →Arbeitszeit, →Pausen und Verteilung der Arbeitszeit auf die Arbeitstage. Die L. d. A. (nicht deren Dauer) unterliegt der erzwingbaren Mitbestimmung des Betriebsrats in →sozialen Angelegenheiten nach § 87 I 2 BetrVG (z. B. Einführung und Änderung von Schichtarbeit, Schichtplan, Einführung der →gleitenden Arbeitszeit, Lage der Kurzarbeit).

Lagefinanzamt, →Belegenheitsfinanzamt.

Lageparameter, →Parameter zur Kennzeichnung der →Lokalisation einer empirischen oder theoretischen →Verteilung.

Lager. I. B e t r i e b s w i r t s c h a f t s l e h r e: 1. *Begriff:* a) Gesamtheit der Areale und/oder Räume u. a. zur Güteraufbewahrung, -ein- und -auslagerung erforderlichen Einrichtungen eines Betriebes oder einer anderen Institution mit zugehörigem Personal. – b) Gesamtheit lagernder Güter. – Gegenstand der →Lagerwirtschaft. – 2. *Lagerorganisation:* Sie hat wesentlichen Einfluß auf die Wirtschaftlichkeitsgrad der Lagerhaltung. Anordnung und Art der L. hängen von zahlreichen Einflußfaktoren wie z. B. Materialbeschaffenheit, Fertigungsmethode, Verbrauchsstruktur ab. a) *Prinzipien der Lagerung:* (1) stofforientiert: ermöglicht Einsatz spezieller, der jeweiligen Materialart angepaßten →Lagereinrichtung; (2) verbrauchsorientiert: die L. sind in den Fertigungsablauf integriert; (3) zugriffsfrei: Entnahme ist ohne besonderen Nachweis möglich (Kleinmaterialien; →Handlager); (4) zugriffsgebunden: →Hauptlager und →Nebenlager; sicherde Maßnahmen erforderlich. – b) *Erscheinungsformen:* (1) stufenbezogen: Eingangslager, Produktionslager (→Zwischenlager, Erzeugnis -oder Fertigungswarenlager →Versandlager); (2) standortbezogen: →Zentrallager, →dezentrales Lager; (3) nach Lagerobjekten: Roh-, Hilfs-,

Betriebsstoff-, Werkzeug-, Packmittellager usw.; (4) gestaltungsbezogen: Eingeschoß-, Mehrgeschoß-, Hochregallager in unterschiedlichen →Lagerbauarten. – Vgl. auch die folgenden Stichwörter, insbes. →Lagerautomatisierung, →Lagerbauart, →Lagereinrichtung, →Lagerhaltungsmodell, →Lagerhaltungssystem, →Lagerplanung, →Lagerpolitik.

II. W e t t b e w e r b s r e c h t: Verwendung der Bezeichnung „Lager" in Firma oder Werbung verlangt grundsätzlich überdurchschnittliche Vorratshaltung; sonst liegt als →irreführende Angabe →unlauterer Wettbewerb vor (§§ 3, 4 UWG).

Lager-Anteil am Betriebsvermögen, Lager-Kennzahl (→Kennzahlen). Das Verhältnis zwischen →Lagerbestand und dem in der Unternehmung arbeitenden Vermögen. Bei hohem L.-A. kann man von einem arbeits- oder werkstoffintensiven Betrieb sprechen.

Lageraufnahme, →effektive Inventur.

Lagerauftrag, ein Vorratsauftrag, →Innenauftrag.

Lagerautomatisierung, EDV-gestützte Lagereinrichtung und -abrechnung. – 1. *Zweck:* Selbständiger Ablauf der Ein- und Auslagerungsprozesse; Ziel ist die Steigerung der Effektivität der →Lagerwirtschaft durch Erhöhung des →Lagerumschlages, Reduzierung der →Lagerbestände, bessere Auslastung der →Lagereinrichtungen. Voraussetzung ist die Einrichtung eines EDV-gestützten Informationssystems zur Steuerung der Lagerförderungsmittel. – 2. *Automatisierungsgrade:* a) *Off-line System:* Verknüpfung der Materialcodes mit Lagerhaltungsadressen, bei Abruf wird die Anweisung für das Lagerbedienungsgerät („Fahrbefehl") erstellt (Loch- oder Magnetstreifen). b) *On-line System:* Fahrbefehle werden direkt an die Ausgabestellen übermittelt; manuelle Übertragung auf die Lagerbedienungsgeräte erforderlich. c) *On-line Steuerungssystem:* Ohne Datenzwischenträger, Fahrbefehle manipulieren direkt in Echtzeit die Lagerbedienungsgeräte.

Lagerbauart, bauliche Beschaffenheit der gesamten Lageranlage. – *Zu unterscheiden:* 1. *Offene Läger:* Meist eingezäunte Plätze; kein Schutz gegen Witterungseinflüsse; Bodenlagerung. – 2. *Halboffene Läger:* Überdachte Lagerflächen. – 3. *Geschlossene Läger:* Ein- oder mehrgeschossige Gebäude, zumeist mit technischen →Lagereinrichtungen versehen; dazu kommen noch Funktionsräume zum Zählen, Messen, Wiegen, Registrieren, Kommissionieren und Verwalten. – 4. *Spezialläger* für giftige, flüssige, gasförmige, explosive, temperaturempfindliche usw. Stoffe (z. B. Tanklagersysteme, Bunker- und Tresorbauten).

Lagerbehandlung, Begriff des Zollrechts für Maßnahmen, die der Erhaltung einer in einem Zollager sich befindlichen Ware, der Verbesserung ihrer Aufmachung oder Qualität dienen (§45 III ZG). L. ist grundsätzlich zulassungspflichtig. a) Einen Teil der üblichen L. hat der Bundesfinanzminister allgemein zugelassen (§91 AZO): Umpacken, Umfüllen, Teilen sowie Trocknen, Kühlen, Zusetzen von Konservierungsmitteln u. ä.; b) sonstig übliche L. können die →Lagerzollstellen zulassen, z. B. das Herabsetzen des Alkoholgehalts von Spirituosen, Filtrieren und mechanisches Reinigen sowie das Verschneiden von Wein; c) Be- und Verarbeitungen, die über den Begriff der üblichen L. hinausgehen wie z. B. das Rösten von Kaffee, dürfen in Zollagern nur im Rahmen von bewilligten aktiven →Veredelungsverkehren vorgenommen werden; d) für L. in →Freihäfen gelten die gleichen Vorschriften wie in Zollagern.

Lagerbestand, *Vorratsvermögen,* Begriff der Buchführung und Bilanz für einen Teil des Umlaufvermögens, das →Lager (Warenlager). – 1. L. *umfaßt:* a) bei Handelsunternehmungen den jeweiligen Vorrat an Waren; b) bei Fertigungsbetrieben den Bestand an Roh-, Hilfs- und Betriebsstoffen, halbfertigen und fertigen Erzeugnissen einschl. →Handelsware. Auswärtiger L. und in Kommission gegebene Waren gehören zum L.; demgemäß gilt ein in Kommission genommenes Lager nicht als L. – 2. L. wird *ermittelt* a) durch →Inventur (Bestandsaufnahme) oder b) durch →Skontration (laufende Notierung der Zu- und Abgänge). – 3. *Buch- und Lagerbestand* stimmen überein, wenn keine Meß-, Registrier- oder Schreibfehler sowie Materialverluste durch Schwund, Diebstahl usw. auftreten. – 4. *Bewertung* nach →Niederstwertprinzip. – 5. *Optimaler L.:* Vgl. →optimaler Bestand. – 6. L. ist Basis wichtiger *Lagerkennziffern:* Vgl. →Lagerdauer, →Lagerumschlag.

Lagerbestandsvergleich, ständige oder fallweise statistische Kontrolle der Lagerentwicklung, besonders der Lagerhaltung über mehrere Zeiträume hinweg. Vgl. →Lagerstatistik.

Lagerbuch, ein Nebenbuch der →Lagerbuchführung, in dem die Bestandszugänge und -abgänge des Lagers aufgezeichnet werden.

Lagerbuchführung, eine Nebenbuchführung, die die →Finanzbuchhaltung ergänzt und Abrechnungsunterlagen für die →Betriebsbuchhaltung schafft.

I. A u f g a b e n : 1. Art- und mengenmäßiger Nachweis der eingehenden, vorhandenen und ausgehenden Materialien eines Lagers zum Zwecke der genauen Überwachung des Lagerbestands durch laufende Fortschreibung der Lagerbewegungen und zur Kontrolle der Lagerwirtschaft. – 2. Mengen- und wertmäßi-

ger Nachweis des Materialverbrauchs für Zwecke der →Bilanz, →Gewinn- und Verlustrechnung, →Betriebsabrechnung und →Kalkulation.

II. V e r f a h r e n : Eine gesetzliche Verpflichtung besteht nicht, daher gibt es keine einheitlichen Formen. Zur Bestandsüberwachung genügt eine Lagerkartei (→Lagerfachkartei), in der die Mengenbewegungen aufgrund von Lieferscheinen und Materialentnahmescheinen erfaßt werden (→Skontration). Neben der art- und mengenmäßigen Erfassung ist auch wertmäßige Buchung möglich. Wenn die Lagerbücher belegmäßig nachweisbar, vollständige Angaben über alle Bestandsveränderungen enthalten und mindestens einmal jährlich eine körperliche Bestandsaufnahme durchgeführt wird zur Abstimmung des körperlichen mit den buchmäßigen Beständen, so kann das Inventar am Bilanzstichtag aufgrund der →laufenden Inventur aufgestellt werden. Insbes. bei →Buchführung mit EDV bieten sich rationale Möglichkeiten einer Verknüpfung von Finanzbuchhaltung und Materialwirtschaft an. In modernen Lagersystemen ist die L. mit der automatischen Lagersteuerung synchronisiert.

Lagerbuchhaltung, kaufmännische Abteilung, der die →Lagerbuchführung obliegt. – Vgl. auch →Materialbuchhaltung.

Lagerdauer, *Lagerfrist.* 1. *Begriff:* →Kennzahl über die Zeit, die eine Ware bis zum Verkauf (bzw. bei Material bis zur Entnahme) durchschnittlich am →Lager bleibt. – a) *Produktionsbedingte L.* ist Teil der Produktionszeit, z. B. in der Papier- und Zellstoffindustrie. – b) *Marktbedingte L.* ergibt sich in Abhängigkeit von Beschaffungs- und/oder Absatzmarkt, z. B. durch zeitlichen Ernteanfall, Saisongeschäft. – 2. *Berechnung* aus den Tagen des Berechnungszeitraums, dividiert durch die →Umschlagshäufigkeit (→Umschlagsdauer), d. i. das Teilungsergebnis aus dem Umsatz bzw. Abgang und dem durchschnittlichen →Lagerbestand (dessen Höhe sich aus der halben Summe von Anfangs- und Endbestand ergibt); zu genaueren Durchschnittsergebnissen gelangt man mit folgenden Formeln:

$$\text{Durchschnittsbestand} = \frac{\text{Anfangsbestand} + 12\ \text{Monatsschlußbestände}}{13}$$

oder:

$$\frac{\text{Anfangsbestand} + 52\ \text{Wochenschlußbestände}}{53}$$

oder:

$$\frac{\tfrac{1}{2}\ \text{Jahresanfangsbestand} + 11\ \text{Monatsend-} \atop \text{bestände} + \tfrac{1}{2}\ \text{Jahresendbestand}}{12}$$

Durchschnittsmengen können auch mit Hilfe einer Staffelrechnung nach Art des Staffelkontokorrents errechnet werden. Beträgt der Warenumsatz nach Ausweis des Warenverkaufskontos (Erlöskonto) 84000 DM und der Durchschnittsbestand 16000 DM, dann ist er zur Erreichung des Umsatzes 5,25mal umgeschlagen worden, d. h. die Umschlagshäufigkeit beträgt 84000:16000 = 5,25. Wird der Berechnung der Zeitraum eines Jahres zugrunde gelegt, dann beträgt die Lagerdauer 360:5,25 = rund 69 Tage. – Vgl. auch →Umschlags-Kennzahlen.

Lagerei, Güterlagerung als Tätigkeit eines →Lagerhalters im Rahmen eines selbständigen Lagerhausbetriebes oder der Lagerabteilung eines anderen →Verkehrsbetriebs.

Lagereinrichtung, technische Ausstattung von →Lagern. – 1. *Einflußfaktoren* sind z. B. die spezifische Beschaffenheit der Lagerobjekte (physikalisch-chemische Eigenschaften), Grad der Flächen- bzw. Raumnutzung, Transportmöglichkeiten, Qualifikation des Lagerpersonals. *Beispiele:* Bei Bodenlagerung (z. B. Schüttgüter) sind nur geringe technische Vorkehrungen erforderlich wie etwa Verschläge, Boxen; bei Blockstapelung sind Paletten oder stapelfähige Behälter erforderlich; bei druckempfindlichen Gütern ist Blockstapelung nur in Verbindung mit Regalkonstruktion möglich. – 2. *Arten:* a) *Regalsysteme:* (1) Durchlaufregale: Materialbeschickung erfolgt von einer Seite, Entnahme von der anderen. (2) Compactregale: Zwischengänge entfallen, die gesamten Regaleinheiten können verschoben werden (horizontal). (3) Paternosterregale: Erlauben vertikale Materialbewegungen. (4) Palettenregale: Besonders vorteilhaft, wenn palettenweise Identität von Lade-, Transport-, Lager-, Entnahme- und Bearbeitungseinheit. (5) Sonderformen: Ständer-, Fach-, Wabenregale u. a. – b) *Packmittel,* dienen oft gleichzeitig auch dem Materialtransport: (1) Container. (2) Collico-Behälter. (3) Flach- oder Gitterboxpaletten. (4) Spezialpaletten für Entnahme durch Handhabungsautomaten in der Fertigung. – c) *Fördermittel:* (1) Be- und Entladegeräte, z. B. Bodenfahrzeuge, Flurbefördergeräte. (2) Transportgeräte am Lagerort und zwischen Lagerorten/Verbrauchsorten; dazu zählen Transportfahrzeuge, -bänder, Paternoster, Kettenförderer, Aufhängevorrichtungen. – d) *Lagerhilfsgeräte:* Meß-, Wiegeeinrichtungen, Zählwerke, technisches Gerät zur Qualitätskontrolle, Sicherungs- und Sicherheitsausstattung, Wartungs- und Pflegegeräte.

Lagerente, Form des →Besitzeinkommens, das auf dem Vorteil des Besitzers von marktgünstig gelegenem Boden gegenüber den marktentfernter gelegenen Böden beruht. Die L. resultiert aus dem günstigeren Standort, d. h. meistens aus den ungleichen Transportkosten bei im übrigen als gleich angenommenen Produktionskosten, ist also in allen Wirt-

schaftsbereichen, nicht allein bei landwirtschaftlicher Nutzung des Bodens, erzielbar. L. kann demzufolge auch durch Tarifpolitik der Verkehrsträger gewährt werden. – Städtische Grundrente beruht zumeist auf der Erzielung von L. – Die L. ist immer →*Differentialrente,* da sie die Existenz marktungünstiger gelegenen Bodens voraussetzt, dessen Besitzer als Grenzproduzent keine L. bezieht. – *Wissenschaftliche Analyse* der L. zuerst durch v. Thünen. Vgl. →Bodenrente.

Lagerergänzung, Maßnahmen, die bei Materialmangel die Beschaffung der fehlenden Mengen auslösen. L. kann laufend, fallweise oder auf Anordnung der Geschäftsleitung erfolgen. 1. *Anlässe laufender Ergänzung:* a) *Optisch:* Aufgabe neuer Bestellungen nach augenscheinlicher Kontrolle der Bestände für karteimäßig nicht geführte Materialien, z. B. Vordrucke, Utensilien usw., sobald die festgelegte Mindestmenge erreicht ist, vorausgesetzt, daß keine weiteren Bestellungen laufen. – b) *Karteimäßig:* Bestellung aufgrund der Buchbestände und der im Informationssystem vermerkten „kritischen Bestellpunkte". – 2. In →*Lagerhaltungssystemen* L. nach dem →Bestellpunktverfahren oder dem →Bestellrhythmusverfahren.

Lagerfachkartei, am Ort der Materiallagerung geführte Kartei zur Erfassung von Materialeingängen, -ausgängen und -rücklieferungen in mengenmäßiger Bestandskontrolle im Lager. *Lagerfachkarten* sind an den einzelnen Lagerfächern anzubringen oder zu einer Kartei zusammenzufassen. – *Wertmäßige* Führung der Bestände erfolgt nicht in der L., sondern ggf. in der →Lagerbuchführung.

lagerfähige Leistung, Kennzeichnung von Betriebsprodukten, die für eine gewisse Zeit auf →Lager genommen werden können, ohne zu verderben, zu veralten oder sonstwie unbrauchbar zu werden. *Umfang* der l. L. gesteigert durch neue Konservierungstechniken (z. B. tiefgekühlte Brötchen); vermindert durch technischen Fortschritt und Mode. – *Betriebe,* die l. L. herstellen, können Stufenproduktion betreiben oder das Ausgleichsprinzip anwenden.

Lagerfrist, →Lagerdauer.

Lagergebäude, die der Unterbringung des Lagers dienenden Gebäude. – 1. *Einrichtung:* Je nach Haltbarkeit, Gewicht, handelsüblicher Verpackung u. a. Eigenschaften des einzulagernden Gutes erbaute Hallen oder Hochhäuser mit zweckentsprechenden Förderanlagen. – 2. *Bilanzierung:* Teil des →Anlagevermögens zur Gruppe Grundstücke und Gebäude. – 3. *Kostenrechnung:* L. sind von →Fabrikgebäuden zu trennen, da sie andere →Instandhaltungskosten verursachen und meist anderen Abschreibungssätzen unterliegen. Diese können je nach Ausstattung für die einzelnen

Lagerräume unterschiedlich sein, da von der Lagerung im Freien bis zur Lagerung in Spezialgebäuden mit Klimaeinrichtungen Abstufungen im Bauwert und in der Nutzungsdauer bestehen.

Lagergeschäft. I. Handelsbetriebslehre: Warendistribution über die Lager der Glieder der →Handelskette, z. B. beim →Eigengeschäft eines →Einkaufskontors des Großhandels. Auch bei →Fremdgeschäften ist Lenkung des Warenstroms über das Lager des Kontors möglich; vorherrschend ist hierbei jedoch das →Streckengeschäft.

II. Handelsrecht: 1. *Begriff:* Gewerbsmäßig übernommene Lagerung und Aufbewahrung von Gütern durch →Lagerhalter, nicht die gelegentlich übernommene Einlagerung von Gütern durch einen anderen Kaufmann (§§ 416–424 HGB). Das L. ist eine besondere Art des →Verwahrungsvertrags. – 2. *Gegenstand* des Vertrags ist die Lagerung und Aufbewahrung von lagerbaren Gütern, d. h. beweglichen Sachen mit Ausnahme von Geld, Depositen, Wertpapieren und lebenden Tieren. Kein L. liegt vor, wenn nur ein Raum oder Platz zur Verfügung gestellt wird. – 3. *Arten der Lagerung:* a) *Sonder-L.* wenn nichts anderes vereinbart ist. Das Gut, auch bei →vertretbaren Sachen (Massengüter, z. B. Getreide), ist gesondert aufzubewahren (§ 419 HGB). Es bleibt Eigentum des Einlagerers. – b) *Sammel-L.* (Mischlagerung): wenn die Aufbewahrung und die Vermischung mit anderen Sachen von gleicher Art und Güte (Getreide in Silos, Benzin in Tanks) gestattet ist. Es entsteht →Miteigentum der beteiligten Einlager nach Bruchteilen (§ 948 BGB). – c) *Summen-L.:* Einlagerung vertretbarer Sachen. Das Eigentum geht auf den Lagerhalter über, und dieser ist nur verpflichtet, Sachen von gleicher Art, Güte und Menge zurückzuerstatten; uneigentlicher Verwahrungsvertrag, auf den die Vorschriften über das →Darlehen angewandt werden (§ 419 III HGB, § 700 BGB).

Lagergut. 1. *Allgemein:* Ein Gut mit der Eigenschaft, gelagert werden zu können, ohne wesentliche Änderungen an Quantität und Qualität (→Lagerfähige Leistung). – 2. *Zollgut:* Vgl. →Zollaergut.

lagerhaltende Großhandlung, →Großhandelsunternehmung, die mehr oder weniger umfangreiche Lager unterhält (→Lagergeschäft). Dadurch Überbrückung zeitlicher, aber auch mengenmäßiger, räumlicher und ggf. qualitatsmäßiger Spannungen (→Handelsfunktionen). L. G. kann sowohl die Mitglieder der Vorstufe (z. B. Hersteller) als auch der nachgelagerten Stufe (z. B. Einzelhändler) von jeweils eigener Lagerhaltung entlasten. Ihren Abnehmern ermöglicht sie breite Auswahl unter physisch vorhandenen Waren und

deren rasche Auslieferung. – *Anders:* →Streckengroßhandlung.

Lagerhalter. I. Begriff: Derjenige, der gewerbsmäßig die Lagerung und Aufbewahrung von Gütern übernimmt (→Lagergeschäft). L. ist daher jeder →Verkehrsbetrieb, der (auch) in der →Lagerei tätig ist.

II. Pflichten: Ähnlich denen des →Kommissionärs (§ 417 HGB). – 1. *Ersatzpflicht* für Verlust oder Beschädigung des Gutes, wenn er nicht nachweist, daß diese auf Umständen beruhen, die durch die Sorgfalt eines ordentlichen L. nicht abzuwenden waren (§ 390 I HGB). Einschränkung der Ersatzpflicht durch →Allgemeine Geschäftsbedingungen und durch §§ 43–49 ADSp, wenn L., wie üblich, zugleich →Spediteur ist. Die Ansprüche gegen den L. wegen Verlustes, Beschädigung oder verspäteter Ablieferung des Gutes verjähren in einem Jahr (§ 423 HGB), nach ADSp aber in sechs Monaten. – 2. *Anzeigepflichten* und besonders bedungene oder handelsübliche Erhaltungspflichten (z. B. Umschaufeln von Getreide). – 3. *Versicherungspflicht* nur bei besonderer Anweisung. – 4. *Gestatten* der Besichtigung des Gutes, der Entnahme von Proben und der zur Erhaltung des Gutes notwenigen Maßnahmen durch den Einlagerer während der Geschäftsstunden (§ 418 HGB, §§ 43–49 ADSp).

II. Rechte: 1. *Anspruch* a) auf Zahlung der Lagerkosten, das sind Lagergeld und Aufwendungen, die er den Umständen nach für erforderlich halten durfte, z. B. Zahlung von Fracht, Zoll und Versicherung (§ 420 HGB); auf Ersatz von Schäden, die ihm durch die Beschaffenheit des Gutes oder durch vertragswidriges Verhalten des Einlagerers entstanden sind (§ 694 BGB). – 2. Gesetzliches *Pfandrecht* wegen der Lagerkosten an dem Gut, solange er es in →Besitz hat oder durch ein →Traditionspapier darüber verfügen kann (§ 421 BGB). Wegen der anderen Forderungen besteht kein Pfandrecht, u. U. ein →kaufmännisches Zurückbehaltungsrecht nach § 369 HGB. Die ADSp erweitern das Pfand- und Zurückbehaltungsrecht. – 3. Anspruch auf *Rücknahme* des Gutes a) nach Ablauf der vereinbarten Lagerfrist; b) nach drei Monaten unter Einhaltung einer Kündigungsfrist von einem Monat, wenn keine Lagerfrist vereinbart ist; c) bei dem Vorliegen eines →wichtigen Grundes (z. B. das angelieferte Gut gefährdet wegen seiner Beschaffenheit andere Güter) jederzeit ohne Einhaltung einer Kündigungsfrist (§ 422 HGB).

Lagerhaltung, →Lagerwirtschaft.

Lagerhaltungskosten, →Lagerkosten.

Lagerhaltungsmodell, Modell zur Ermittlung von optimalem Zeitpunkt und optimalen Mengen für Lagerzugänge bzw. -abgänge. Ökonomische Zielgröße ist Kostenminimierung. – *Formen:* a) *Einfachstes L.* wird von der „Losgrößenformel" von F. W. Harris repräsentiert (→optimale Bestellmenge): gegeben und für den Planungszeitraum unveränderlich sind Bedarfsmenge, Zins- und Lagerkosten, Einstandspreis und bestellfixe Kosten. – b) *Höherstrukturierte L.* erfassen auch die Entscheidungsfolgen für spätere Zeitabschnitte. – *Beurteilung:* Angesichts der Komplexität (v. a. Unsicherheit) der erforderlichen Information lassen sich regelmäßig keine eindeutigen analytischen Lösungen ableiten. Heuristische Verfahren werden erforderlich.

Lagerhaltungssystem, auch: *Lagerhaltungspolitik,* Verfahren, mit Hilfe vereinfachter Regeln kostengünstige Lagerhaltungsentscheidungen zu treffen (Verbrauchssteuerung) an Stelle von exakten Optimierungsmodellen (→optimale Bestellmenge), wie im Falle der programmgesteuerten Mengendisposition üblich (→Lagerhaltungsmodell). Bestandsergänzungen werden bei Erreichen vorher definierter Bestandsmengen (Meldebestand; →Bestellpunktverfahren) oder (Zeitpunkt →Bestellrhythmusverfahren) ausgelöst. Verschiedene Strategien der Bestandsergänzung können mit den Merkmalen *Bestellmenge* (konstant; variabel) und *Zeitintervall* zwischen zwei Bestellungen (konstant; variabel) modelliert werden. – *Vorzüge* des L. liegen in geringem Dispositionsaufwand und leichterer Verständlichkeit für die Benutzer.

Lagerinhaber, zollrechtlich die Person, der vom zuständigen →Hauptzollamt ein privates →Zollager (offenes Zollager oder Zollverschlußlager) bewilligt worden ist (§ 44 ZG; § 88 AZO).

Lagerjournal, ein Buch der →Lagerbuchführung, entsprechend dem Grundbuch der doppelten Buchführung. – Inhalt sind die laufenden Lagereingänge und -ausgänge in zeitlicher Reihenfolge. – *Arten:* Getrenntes Lagereingangs- und Lagerausgangsjournal oder Gliederung nach Waren- (Material-)gruppen.

Lagerkarte, Mittel der →Lagerbuchführung zur Erfassung der Bestände sowie der Zu- und Abgänge von Material. Für jede Stoffart und Dimension wird eine L. geführt. In der einfachsten Form enthält sie nur *Spalten* für Datum, Beleg, Zugang, Abgang und Bestand. Entsprechend mehr Spalten, wenn die Bestände nicht nur mengen-, sondern auch wertmäßig erfaßt werden. Der *Kopf* der L. enthält die Bezeichnung des Materials, die der Mengenrechnung zugrunde liegenden Maße, die Lagernummer, Nummer des zugehörigen Kontos der Geschäftsbuchhaltung, Angaben über den erforderlichen Mindestbestand u. ä. Als Form der *Zu- und Fortschreibung* kann das Konto (→Konten) oder das →Skontro gewählt werden.

Lagerkennzahlen, →Kennzahlen zur →Lagerkontrolle und Ermittlung des →Lagerumschlags.

Lagerkonto, →Lagerbuchführung, →Lagerkarte, →Bestandskonto.

Lagerkontrolle, Überprüfung der →Lagerwirtschaft, ggf. Aufgabe einer besonderen betrieblichen Revisionsabteilung. L. soll Mängel der Lagerwirtschaft aufdecken, überraschend durchgeführt auch evtl. Veruntreuungen. – 1. Die L. *umfaßt:* Prüfung des Wareneingangs, Überwachung der Lagerbestände (evtl. stichprobenweise, Vergleich der effektiven mit den buchmäßigen Lagerbeständen), Kontrolle der Entnahmen, Kontrolle der Bestandsrichtgrößen, Kontrolle der technischen, baulichen Gegebenheiten, Kontrolle der Kontrolleinrichtungen und -prozeduren. – 2. *Mittel* u. a. die Lagerkennzahlen: →Lagerumschlag, →Lagerdauer, →Lager-Anteil, →Lagerreichweite, →Lagerstatistik.

Lagerkosten, *Lagerhaltungskosten,* wichtiger Teil der →Logistikkosten. – 1. *Begriff:* L. sind die für die Zeitüberbrückung von Lagergütern (Einsatzstoffe, Halb- und Fertigprodukte, Reserveanlagen usw.) anfallenden Kosten der Bereitstellung und Bereithaltung von Lagerkapazität und -betriebsbereitschaft sowie der Vor- und Nachbereitung und Durchführung des Lagerprozesses. – 2. *Bedeutung:* L. sind zentrale Erfolgsvariable in vielen logistischen Entscheidungsproblemen (Losgrößenplanung, Realisierung von Logistikkonzeptionen, z. B. Just-in-time-Produktion) mit entsprechend großer Bedeutung. In der Senkung der L. wird ein wesentliches Rationalisierungspotential gesehen. – 3. *Bestandteile:* a) *Kosten der Lagerkapazität:* U. a. Kosten der Lagergebäude, Lagereinrichtungen (z. B. Regalsysteme), Lagertransportmittel (z. B. Gabelstapler, Regalförderzeuge) und des Lagerpersonals. – b) *Kosten der Lagerbereitschaft:* U. a. Beleuchtungs- und Heizungs- bzw. Kühlungskosten sowie Instandhaltungskosten. – c) *Kosten der Lagervor- und -nachbereitung:* U. a. Ein-, Um- und Auslagerungskosten (z. B. Treibstoffkosten der Fördermittel), Ver- und Entpackungskosten, Kommissionierungskosten usw. – d) *Kosten der Lagerung selbst:* Neben Kosten der quantitativen und qualitativen Erhaltung der Lagergüter (z. B. Konservierungskosten) fallen insbes. Zinskosten für das in den Lagergütern gebundene Kapital an (→kalkulatorische Zinsen). – 4. *Verrechnung:* L. werden überwiegend pauschal auf die Lagergüter verrechnet: – a) *Kosten der Eingangslagerung* werden zumeist auf speziellen Materialstellen gesammelt und als →Materialgemeinkosten den Material inanspruchnehmenden Kostenträgern belastet. Die Verrechnung erfolgt materialwertproportional (→Proportionalitätsprinzip); eine derartige Abhängigkeit ist jedoch allenfalls für die

Zinskosten gegeben. – b) *Kosten von Zwischenlagerungen* im Fertigungsbereich werden i.a. nicht gesondert erfaßt und verrechnet; sie gehen – nicht als solche kenntlich gemacht – undifferenziert in die →Fertigungsgemeinkosten ein. – c) Bezüglich *Kosten für Ausgangslagerung* im Vertriebsbereich gilt zumeist Entsprechendes, d.h. Verrechnung als Teil der →Vertriebsgemeinkosten. – Genau lassen sich L. dann erfassen und verrechnen, wenn man die Lagerleistungen erbringende Stellen als →Kostenstellen oder →Kostenplätze separiert, ihre Leistungen exakt aufzeichnet und eine leistungsentsprechende Kostenverrechnung vornimmt.

lagerlose Fertigung, auch: *lagerlose Sofortverwendung,* terminliche Bereitstellung von Roh-, Hilfs- und Betriebsstoffen und verbindliche Regelung für die Lieferanten, derart, daß sich z.B. durch tägliche bzw. auf die Stunde genau fixierte Zulieferung eine größere Lagerhaltung (außer eines Mindestbestandes als Pufferreserve) erübrigt. – *Voraussetzungen:* Jederzeitige Liefermöglichkeit, minuziöse Planung, Großserienproduktion, starke Stellung am Beschaffungsmarkt. – Annähernder *Anwendungsfall* z.B. Großunternehmen der Automobilindustrie; vgl. →Bereitstellungsprinzipien. – *Kombination* von einsatzsynchroner Fertigung und einsatzsynchroner Anlieferung beim nächsten Verwender ist Kennzeichen der →Just-in-time-Produktion.

Lagermaterial, Materialarten, die ständig im Lager gehalten werden müssen, weil sie zum Regelbedarf des Betriebes gehören. Neubestellung von L. ist Aufgabe der →Lagerpolitik. – *Gegensatz:* →Auftragsmaterial.

Lagerorganisation, →Lager I 2.

Lagerplanung, Teilkomplex der →Layoutplanung. Die L. umfaßt die Planung der Läger und ihre Auslegung in Abhängigkeit von →zentraler Lagerhaltung oder →dezentraler Lagerhaltung sowie die Planung der Fördermittel unter der Maxime kostenwirtschaftlich bewußter Umsetzung der Vorgaben der →Lagerpolitik mittels leistungsfähiger Aufbau- und Ablauforganisation. Die L. muß eng mit der →Materialbedarfsplanung, →Materialbereitstellungsplanung, →Produktionsplanung und →Investitionsplanung verbunden sein. – *Teilbereiche:* 1. *Lagerinfrastruktur:* a) Planung der inner- und außerbetrieblichen Lagerstandorte; b) Planung der Lagereinrichtungen; c) Planung der Lagertransporte; d) Gestaltung eines wirkungsvollen Steuerungs- und Kontrollsystems. – 2. *Ablauforganisation:* a) Planung der Ein- und Auslagerungsprozesse; b) Planung der Bestandsbewegungen; c) Planung der Software für alle Informations- und Steuerungsprozesse (→Lagerautomatisierung).

Lagerpolitik, alle Maßnahmen, die der Realisierung einer kostenoptimalen Sicherung des Materialversorgung für die Produktion und der Lieferfähigkeit für den Absatz dienen (→Lagerwirtschaft; →Lieferbereitschaftsgrad). Das Ziel der Versorgungssicherung ist mit einer Reihe von Restriktionen verknüpft: Die Vorratshaltung verursacht *Kosten* (→Lagerkosten) und schafft spezifische *Risiken* (Schwund, Veralterung, Diebstahl usw.). – *Aufgaben:* (1) →Lagerplanung i.a. (2) Planung des Lagerbestands (→optimaler Bestand) und der →Lagerergänzung; (3) Abstimmung der L. mit der Absatz- und Produktionsplanung; (4) Management der →Lagerkosten.

Lagerproduktion, Produktion, die nicht durch →Kundenauftrag sondern durch →Lagerauftrag ausgelöst wird.

Lagerreichweite, →Kennzahl, die besagt, für welche Zeit ein bestimmter Lagerbestand ausreicht. Vgl. →Lagerdauer.

Lagerrisiko, →Lagerwirtschaft.

Lagerskontro, Aufzeichnung von Lagerbeständen (→Lagerkarte) mit Zu- und Abgängen nach Menge oder Gewicht. – Vgl. →Skontro.

Lagerstatistik, Teilgebiet der →Betriebswirtschaftlichen Statistik (vgl. dort 3). – *Zweck:* Exakt aufgebaute und durchgeführte L. ermöglicht: a) sichere Betriebspolitik, etwa bei der →Arbeitsvorbereitung, dem →laufenden Inventur sowie durch Abkürzung der Lagerzeiten; b) Rationalisierung der Absatzpolitik durch Unterstützung der Absatzvorbereitung: Bestimmung optimaler Lagergröße, Abstimmung von Verkaufs- und Fertigungsprogramm.

Lagertarif, Tarif, nach dem die Vergütung für die Lagerung, für die Behandlung des Lagerguts u.ä. mit der Lagerung zusammenhängende Leistungen des Lagerhalters bemessen werden. Vorgeschrieben für die zur Ausstellung von Orderlagerscheinen ermächtigten Lagerhalter (§§ 2, 6 Orderlagerschein-VO).

Lagerumschlag, wichtige Betriebskennzahl, ausgedrückt durch das Verhältnis von Umsatz bzw. Lagerabgang und durchschnittlichem Lagerbestand. – *Zu unterscheiden:* →Lagerdauer, →Umschlagsdauer und →Umschlagshäufigkeit. – *Die Bedeutung* des L. liegt in der mit jeder Lagerhaltung verbundenen Kapitalbindung und Kostenverursachung (z.B. Raum-, Zins-, Lager-, Bewachungs-, Versicherungs- u.a. Kosten; Lagerrisiko, Verwaltung usw.).

Lagerung im Sinne des Zollrechts, Lagerung in öffentlichen und privaten Zollagern. – *Voraussetzung* für die Lagerbewilligung: persönliche: Vertrauenswürdigkeit; kaufmännische Buchführung: sachliche: wirtschaftliches Bedürfnis. – a) *Öffentliche Zollager* (→Zollniederlagen) an Orten mit starkem Zollverkehr, stets unter amtlichem →Zollverschluß oder -mitverschluß. Keine Beschränkung auf Transitgut. Niederlagehalter sind i. d. R. Hafenverwaltungen, Lagerei- oder sonstige Verkehrsbetriebe, u. U. auch die Zollverwaltung. – b) *Private Zollager* sind entweder offene Zollager oder Zollverschlußlager. Bei offenen Zollagern →Sicherheitsleistung für die Eingangsabgaben; zollrechtliche Überführung von Zollagergut in den freien Verkehr ohne Entfernung der Waren aus dem Lager, lediglich durch buchmäßige Abschreibung, mit besonderer Genehmigung zulässig; die Lager können als Sammelzollager geführt werden, d. h. einzelne Lagerinhaber lagern ihre Waren getrennt voneinander in einem öffentlichen oder gewerblichen Lagerbetrieb. Zollverschlußlager müssen sich in zollsicher hergerichteten Räumen befinden. – Lagerfrist in allen Zollagern fünf Jahre. – *Vorteile:* Möglichkeit der Wiederausfuhr unverzollt gebliebener Waren (→Transitlager) und Kreditierung der →Eingangsabgaben für Waren, die für den Inlandsabsatz bestimmt sind.

Lagerverkehr, Warenverkehr über Zollager und Freihafenlager. – Die in der deutschen Außenhandelsstatistik übliche Unterscheidung zwischen →Generalhandel und →Spezialhandel beruht auf der verschiedenen Nachweisung der Lager eingeführten ausländischen Waren: a) Im Generalhandel erfolgen alle Einfuhren auf Lager, und zwar im Zeitpunkt ihrer Einlagerung, alle Wiederausfuhren ausländischer Waren aus Lager im Zeitpunkt ihrer Ausfuhr. b) Im Spezialhandel erfolgen nur diejenigen Einfuhren auf Lager, die nicht wieder ausgeführt werden, im Zeitpunkt ihrer Einfuhr auf Lager.

Lagerverluste, Verluste an Vorräten (Materialien und Erzeugnissen), die z. B. durch Schwund, Diebstahl, Veralten, Güteminderung, Preisverfall usw. entstehen. – *Kostenrechnung:* L. werden zumeist als kalkulatorische →Wagnisse erfaßt.

Lagerversicherung, Abdeckung von stationären Güterrisiken im Rahmen der →Feuerversicherung, →Sturmversicherung, →Leitungswasserversicherung und →Einbruchdiebstahlversicherung (eigentliche Lagerversicherung); innerhalb der →Transportversicherung durch zeitlich begrenzten Einschluß der Vor-, Zwischen- und Nachlagerungen (Sonderfall: →Einheitsversicherung) und für das von Spediteuren eingelagerte Gut (→Speditions- und Rollfuhrversicherungsschein).

Lagerwirtschaft, Teilbereich der →Materialwirtschaft, häufig dort organisatorisch eingegliedert. L. ist zuständig für alle Entscheidungstatbestände im Zusammenhang mit der

Haltung von →Lagern bzw. →Lagerbeständen. Ein Lagerbestand entsteht, wenn die Strukturen von Input- und Outputflüssen nicht vollständig aufeinander abgestimmt sind. Nur bei vollständiger Synchronisation der Material- und Warenflüsse sind Lagerbestände überflüssig.

I. F u n k t i o n e n d e r L a g e r h a l t u n g : 1. *Sicherungs- und Versorgungsfunktion:* Rechtzeitige Versorgung der Verbrauchsstellen mit den erforderlichen Materialien, damit Sicherstellung reibungsloser Produktionsabläufe gegeben. Unvorhergesehene Materialbedarfe werden durch →eisernen Bestand aufgefangen. – 2. *Ausgleichsfunktion (Pufferfunktion)* zwischen Beschaffungs-, Produktions- und Absatzbereich: a) zeitlicher Ausgleich zwischen Zulieferungs-, Herstellungs- und Verwendungszeitpunkten; b) räumlicher Ausgleich zwischen Herstellungs- und Verwendungsorten; c) quantitativer Ausgleich zwischen Bezugs-, Herstellungs- und Abnahmemengen der nächsten Stufe(n); Ursache ist meist das Bestreben von Unternehmen, Größendegressionseffekte beim Einkauf, beim Transport oder in der Produktion zu erreichen; d) qualitativer Ausgleich (Mischen unterschiedlicher Rohstoffqualitäten, z. B. bei landwirtschaftlichen Erzeugnissen). – 3. *Sortierungsfunktion/Sortimentsfunktion:* a) Zusammenstellung der für die einzelnen Fertigungsaufträge benötigten Materialien aus eingehenden Materiallieferungen; b) Umgruppierung von Fertigungslosen in den verschiedenen Bearbeitungsstufen (z. B. montagegerechte Sortierung nach Durchlauf durch die Lackiererei); c) Erledigung von Versandaufträgen aus Fertigungsserien und Lagervorräten; d) Sortimentsbildung in Handelsbetrieben als herausragende →Handelsfunktion. – 4. *Darbietungsfunktion:* Einbeziehung der L. in den Verkaufsprozeß (z. B. Cash- und Carry-Großhandel, Lebensmitteldiscounter). – 5. *Umformungs- bzw. Produktionsfunktion:* Veränderung der Materialien in verwendungsfähigen Zustand; stoffliche Manipulation in begrenztem Umfang (z. B. Reifeprozesse bei Bier, Wein, Holz). – 6. *Spekulationsfunktion:* Aufbau von Lagerbeständen in der Erwartung steigender Preise als Folge von qualitativen und/oder mengenmäßigen Verknappungen; Wahrnehmung von Marktchancen (Gelegenheitskäufe).

II. E n t s c h e i d u n g s t a t b e s t ä n d e d e r L . : 1. →Lagerplanung. – 2. Bestimmung der Lagerobjekte (→Lagergut, →Lagermaterial). – 3. Mengen der Lagergüter (→Lagerbestand, →optimaler Bestand). – 4. Disposition der Lagerergänzungsmengen und -zeitpunkte (→Lagerergänzung, →Lagerhaltungssystem). – 5. Festlegung der Lagerorganisation (→Lager). – 6. Entscheidung über bauliche, technische und organisatorische Beschaffenheit. 7. Entscheidungen über die Informationsflüsse (→Lagerautomatisierung). – 8. Festlegung der Verwaltungsabläufe und Organisationsmittel der L.

III. Teilaufgaben der Lagerhaltung: 1. Materialeingang. – 2. Materiallagerung. – 3. Materialausgang, Auslagerung. – 4. Kontrolle der Lagerbestände im Hinblick auf Verweildauer, →Lagerumschlag, Zugriffshäufigkeit, Sicherheitsbestände, →Lieferbereitschaftsgrad, →Lagerkosten (→Lagerkontrolle). – 5. Durchführung der →Inventur. – 6. Wartung der Lagereinrichtungen.

IV. Lagerpolitik: Jede Vorratshaltung verursacht Lagerkosten (Kosten der Kapitalbindung, Kosten der Lagerhaltung). Die →Lagerpolitik ist auf den Ausgleich zwischen Versorgungs- und Lagerrisiken gerichtet.

V. Bedeutung der L.: In den Wirtschaftszweigen verschieden. Es gibt sog. „lagerbetonte Betriebe". Die relative Größe ist v. a. *abhängig von:* a) Betriebsgröße: Je größer der Betrieb, je niedriger i. a. relative Lagergröße. b) Sortimentsgröße: Je größer Sortiment, um so größer Lager; Schwankungen in Beschaffung und Absatz, v. a. in Saisonbetrieben. c) Umsatzhäufigkeit: Lagergröße steigt damit. d) Schwankungen in Produktionsablauf und Produktionsdauer: Bei Einzelfertigung relativ größeres Lager als bei Massenfertigung.

Lagerzeit, die im →Lagergeschäft ausbedungene Zeit der Lagerung. Ist eine feste L. nicht ausbedungen oder behält der →Lagerhalter nach Ablauf dieser Zeit das Lagergut weiter auf Lager, so kann er i. d. R. die Rücknahme des Lagergutes frühestens nach drei Monaten und nur nach vorhergehender Kündigung (Frist ein Monat) verlangen (§ 422 HGB).

Lagerzins, der für die durchschnittliche →Lagerdauer berechnete →kalkulatorische Zins, der den Opportunitätskosten des in den Lagervorräten gebundenen Kapitals entspricht; wird i. d. R. von der Unternehmensleitung vorgegeben. – Der *Lagerzinsfuß* ergibt sich aus der durchschnittlichen Lagerdauer mal Jahreszinsfuß geteilt durch 360. Nimmt man einen Jahreszinsfuß von 8% und eine durchschnittliche Lagerdauer von 60 Tagen an, dann ist der Lagerzinsfuß

$$\frac{60 \cdot 8}{360} = 1,33\%.$$

Lagerzollstelle, die für ein →Zollager und die während der Lagerung zu treffenden Entscheidungen zuständige →Zollstelle (§ 88 5 AZO).

Lagerzyklus, die z. T. sehr erheblichen oft saisonal bedingten Schwankungen (→Saisonschwankungen) in der Lagerhaltung. L. steht auch in Zusammenhang mit allgemeinem →Konjunkturzyklus.

laggers, →Konjunkturindikatoren 2 a).

LAG-Modell, ökonometrisches Modell, das um eine oder mehrere Perioden verzögerte exogene oder endogene Variablen als Regressoren enthält. Die wirtschaftswissenschaftliche Theorie führt häufig zu dynamischen Modellen, die ökonometrisch durch L. abgebildet werden, u. a. Anpassungs- und Erwartungsmodelle, Modelle mit Bestandseinflüssen, mit verteilten Verzögerungen der exogenen Variablen oder dynamische Gleichungssysteme. – Die Verwendung der üblichen ökonometrischen Methoden zur *Schätzung der Parameter* der L. ist vielfach entweder nicht möglich oder induziert nicht wünschenswerte Eigenschaften der Schätzer. Abhilfe schafft häufig eine starke parametrische Spezifikation des ökonomischen Modells wie das Koyck-Modell oder die Verwendung komplexer Schätzalgorithmen wie die nichtlineare →Methode der kleinsten Quadrate.

Lagrange-Bedingungen, notwendige Bedingungen dafür, daß ein Punkt $(x_1^0, x_2^0, \ldots, x_n^0)$ ein (lokales) Minimum bzw. Maximum einer Funktion $x_0 = f_0(x_1, x_2, \ldots, x_n)$ unter den m → Restriktionen $f_i(x_1, x_2, \ldots, x_n) = 0$ (i $= 1, 2, \ldots, m$) darstellt. In diesem Fall existiert ein *Vektor von Lagrange-Multiplikatoren* $\lambda^0 = (\lambda_1^0, \lambda_2^0, \ldots, \lambda_m^0)$ dergestalt, daß für die partiellen Ableitungen

$\frac{\partial L}{\partial x_j}$ (j = 1, 2, ..., n) und $\frac{\partial L}{\partial \lambda_i}$ (i = 1, 2, ..., m)

der *Lagrange-Funktion* $L = f_0(x_1, x_2, \ldots, x_n)$
$+ \sum\limits_{i=1}^{m} \lambda_i f_i(x_1, x_2, \ldots, x_n)$

an der Stelle $(x_1^0, x_2^0, \ldots, x_n^0, \lambda_2^0, \ldots, \lambda_m^0)$ gilt:

$$(1) \quad \frac{\partial L(x_1^0, x_2^0, \ldots, x_n^0, \lambda_1^0, \lambda_2^0, \ldots, \lambda_m^0)}{\partial x_j} = 0$$
$$\text{für } j = 1, 2, \ldots, n;$$

$$(2) \quad \frac{\partial L(x_1^0, x_2^0, \ldots, x_n^0, \lambda_1^0, \lambda_2^0, \ldots, \lambda_m^0)}{\partial x_i} = 0$$
$$\text{für } i = 1, 2, \ldots, m;$$

Die n + m Bedingungen des Systems ((1), (2)) nennt man L.-B.

Lagrange-Funktion, →Lagrange-Bedingungen.

Lagrange-Multiplikatoren, →Lagrange-Bedingungen.

LAIA, →ALADI.

Laienrichter, →Richter ohne vorgeschriebene juristische Ausbildung. Die L. haben bei ihrer Amtstätigkeit alle *Rechte und Pflichten* eines Berufsrichters, üben aber ein →Ehrenamt aus. L. sind als →Handelsrichter in der →Kammer für Handelssachen, aber auch z. B. in der Arbeits-, Sozial-, Straf-, Verwaltungs- und →Finanzgerichtsbarkeit oder in →Berufsgerichten *tätig*. – Vgl. auch →Ehrenamtliche Richter.

Laissez-faire-Führungsstil, →Führungsstil 7.

Laissez-faire-Liberalismus, →Liberalismus II 3.

LAN, local area network, →lokales Netz.

Land. I. S t a t i s t i k : Bezeichnung für die durch Anbau von Nahrungsmitteln und Futtermitteln sowie durch sonstige landwirtschaftliche Nutzung bewirtschaftete →landwirtschaftlich genutzte Fläche.

II. V e r w a l t u n g s r e c h t : Bezeichnung für staats- oder verwaltungspolitisch abgegrenzte Gebiete, z. B. Länder der Erde, Länder der Bundesrep. D. Nach dem Ergebnis einer vorläufigen Länderkonferenz des Jahres 1947 für die westlichen Besatzungszonen Deutschlands festgelegt: Bayern, Bremen, Hamburg, Hessen, Niedersachsen, Nordrhein-Westfalen, Rheinland-Pfalz, Schleswig-Holstein, Baden-Württemberg (nach Zusammenschluß der Länder Baden, Württemberg-Baden und Württemberg Hohenzollern), seit 1.1.1957 auch Saarland. Die Landesgrenzen sollen teilweise aufgrund von Volksbegehren geändert werden.

Landabgaberente, →Altershilfe für Landwirte.

Landbeschaffung. I. L. für l ä n d l i c h e S i e d l u n g . 1. Aufgrund des *Reichssiedlungsgesetzes* vom 11. 8. 1919 haben die gemeinnützigen Siedlungsgemeinschaften (Körperschaften des öffentlichen Rechts) das Enteignungsrecht für zu Siedlungszwecken beanspruchtes Moor- und Ödland und können auch im Bedürfnisfall Siedlungsland aus dem Besitz großer Güter enteignen. Außerdem haben sie ein Ankaufsrecht auf Staatsdomänen bei Ablauf des Pachtvertrages und ein Vorkaufsrecht auf Grundstücke, i. a. von zwei ha an. Vgl. →Grundstücksverkehrsgesetz. – 2. *Bodenreformgesetze* der Länder sehen einen Landerfassungsbescheid und anschließend einen Landabgabebescheid vor, aufgrund dessen der Eigentümer an das Siedlungsunternehmen veräußern kann. Geschieht das nicht, so ergeht Enteignungsbescheid (→Enteignung).

II. L. für W o h n u n g s b a u im Wege der Enteignung: Gesetzlich geregelt durch §§ 85ff BBauG. Betrifft unbebaute oder geringfügig bebaute Grundstücke. Die Enteignung erfolgt zugunsten der Gemeinde, wenn das Wohl der Allgemeinheit sie erfordert und der Enteignungszweck auf andere Weise nicht erreicht werden kann. Sie wird durch die höhere Verwaltungsbehörde *durchgeführt*. – *Rechtsmittel:* Gegen die Entscheidung der Verwal-

tungsbehörde ist Antrag auf gerichtliche Entscheidung möglich, über den besonders besetzte Kammer des Landgerichts (Kammer für Baulandsachen) entscheidet. Dagegen →Revision zum Oberlandesgericht (Senat für Baulandsachen).

Länderanteil, Anteil der Länder am Gesamtaufkommen der →Gemeinschaftsteuern.

Länderfinanzausgleich, →Finanzausgleich (vgl. im einzelnen dort) zwischen den einzelnen Bundesländern mit dem Ziel eines angemessenen Ausgleichs der unterschiedlichen Finanzkraft der Länder. Zu berücksichtigen sind dabei das Steueraufkommen und der Finanzbedarf der Gemeinden und Gemeindeverbänden. – Vgl. auch →kommunaler Finanzausgleich.

Ländergesellschaften, →Ländervereine.

Länderkontingent, Einfuhrkontingent (→Einfuhrkontingentierung) für die Einfuhr allgemein oder die Einfuhr bestimmter Waren aus einem bestimmten Land, das sich ergibt aus der unterschiedlichen Situation eines Landes gegenüber den verschiedenen Währungsräumen. Für einzelne Länder nach unterschiedlichen Maßstäben aufgestellte L. stellen eine Diskriminierung dar. – *Gegensatz:* →Globalkontingent.

Länderlisten, Anlagen zum AWG und zur AWV. Dienen neben →Ausfuhrliste und →Einfuhrliste zur Regelung des Außenwirtschaftsverkehrs: 1. *Länderliste A/B:* Länder und Gebiete, deren Einfuhr in die Bundesrep. D. weitgehend liberalisiert ist. – 2. *Länderliste C:* Länder und Gebiete, mit denen der Wirtschaftsverkehr der Bundesrep. D. gem. § 7 AWG einer Reihe besonderer Vorschriften unterliegt (vgl. auch →COCOM III). – Da das AWG nicht für die Deutsche Demokratische Republik gilt (→Innerdeutscher Handel), ist sie in Liste C nicht enthalten, gilt aber als überwachungspflichtiges Land im Sinne des COCOMs. – 3. *Länderliste D:* Länder und Gebiete, die ähnlich wie die Bundesrep. D. Unbedenklichkeitsbestätigungen vor der Einfuhr von Waren ausstellen. – 4. *Länderliste E:* Stellen, die Durchfuhrverbescheinigungen ausfertigen. – 5. *Länderlisten F_1 und F_2:* Länder, für die Beschränkungen gem. §§ 44, 46 AWV bei Charter- und Frachtverträgen (→Charterverträge, →Frachtverträge) bestehen. – 6. *Länderliste F_3:* Länder, bezüglich denen Aufnahme, Änderung oder Einstellung eines Linienverkehrs seitens Seeschiffahrtsunternehmen bzw. Schiffsagenten zu melden sind. – 7. *Länderlisten G_1 und G_2:* Länder, für die gem. § 49 AWV verfügten Beschränkungen hinsichtlich Rechtsgeschäften zwischen Gebietsansässigen und Versicherungsunternehmen mit einem Sitz in einem fremden Wirtschaftsgebiet nicht gelten. – Vgl. auch *Übersicht über die Länderlisten A–E Sp. 27–30*

Übersicht: Länderlisten
(Anlage zum AWG und zur AWV)

Länderliste A/B (i. d. F. gem. 89. VO zur Änderung der Einfuhrliste vom 31.12.1983)

Ägypten
Äquatorialguinea
Äthiopien
Afghanistan
Algerien
Amerikan. Jungferninseln
Amerikanisch-Ozeanien
Andorra
Angola
Antigua and Barbuda
Argentinien
Australien
Australisch-Ozeanien
(Heard- und McDonaldinseln,
Kokosinseln, Weihnachts- und
Norfolkinseln)
Bahamas
Bahrain
Bangladesch
Barbados
Belgien und Luxemburg
Belize
Benin
Bermuda
Bhutan
Birma
Bolivien
Botsuana
Brasilien
Brit. Gebiet im Indischen Ozean
(Tschagosinseln)
Brunei
Bundesrepublik Deutschland
Burundi
Ceuta und Melilla
Chile
Costa Rica
Dänemark
Dominica
Dominikanische Republik
Dschibuti
Ecuador
Elfenbeinküste
El Salvador
Färöer
Falklandinseln und zugehörige
Gebiete
Fidschi
Finnland
Frankreich (einschl. Monaco)
Französisch-Guayana
Französisch-Polynesien
Gabun
Gambia
Ghana
Gibraltar
Grenada
Griechenland
Grönland
Guadeloupe
Guatemala
Guinea
Guinea-Bissau
Guyana
Haiti
Honduras
Hongkong

Indien (einschl. Sikkim)
Indonesien
Irak
Iran
Irland
Island
Israel
Italien (einschl. San Marino)
Jamaika
Japan
Jordanien
Jugoslawien
Kaimaninseln
Kamerun
Kamputschea (Kambodscha)
Kanada
Kanarische Inseln
Katar
Kenia
Kiribati
Kolumbien
Komoren
Kongo
Kuwait
Laos
Lesotho
Libanon
Liberia
Libyen
Macau
Madagaskar
Malawi
Malaysia (Malaiischer Bund, Sabah,
Sarawak)
Malediven
Mali
Malta
Marokko
Martinique
Mauretanien
Mauritius
Mayotte
Mexiko
Mosambik
Nauru
Nepal
Neukaledonien und zugehörige
Gebiete
Neuseeländisch-Ozeanien
(Tokelau- und Niue-Inseln);
Cookinseln
Neuseeland
Nicaragua
Niederländische Antillen
(Curaçao, Aruba usw.)
Niederlande
Niger
Nigeria
Nordjemen
Norwegen
(einschl. Svalbard [Spitzbergen])
Obervolta
Österreich
(ohne Jungholz und Mittelberg)
Oman
Pakistan
Panama

Papua-Neuguinea
Paraguay
Peru
Philippinen
Pitcairninseln
Polargebiete
Portugal
(einschl. Azoren und Madeira)
Republik Kap Verde
Republik Südafrika und Namibia
Réunion
Ruanda
Salomonen
Sambia
São Tomé und Principe
Saudi-Arabien
Schweden
Schweiz
(einschl. Büsingen, Liechtenstein)
Sechellen und zugehörige Gebiete
Senegal
Sierra Leone
Simbabwe (ehem. Rhodesien)
Singapur
Somalia
Spanien
Sri Lanka (Ceylon)
St. Helena und zugehörige
Gebiete
St. Lucia
St. Pierre und Miquelon
St. Vincent
Sudan
Südjemen
Südkorea
Surinam
Swasiland
Syrien
Taiwan
Tansania
Thailand
Togo
Tonga
Trinidad und Tobago
Tschad
Türkei
Tunesien
Turks- und Caicosinseln
Tuvalu
Uganda
Uruguay
Vanuatu
Vatikanstadt
Venezuela
Vereinigte Arabische Emirate
Vereinigtes Königreich
(Großbritannien, Nordirland,
Brit. Kanalinseln und
Insel Man)
Vereinigte Staaten von Amerika
(einschl. Puerto Rico)
Wallis und Futuna
Westindien
Westsamoa
Zaire
Zentralafrikanische Republik
Zypern

Länderliste C (i. d. F. gem. 89. VO zur Änderung der Einfuhrliste vom 31.12.1983)

Albanien
Bulgarien
China
Kuba

Mongolei
Nordkorea
Polen
Rumänien

Sowjetunion
Tschechoslowakei
Ungarn
Vietnam

Übersicht: Länderlisten (Fortsetzung)

Länderliste D

Amerikan. Jungferninseln
Amerikanisch-Ozeanien
Bahamas
Belgien und Luxemburg
Belize
Bermuda
Brasilien
Brit. Gebiet im Indischen Ozean
  (Tschagosinseln)
Brunei
Dänemark
Dominica
Falklandinseln und zugehörige Gebiete
Fidschi
Frankreich (einschl. Monaco)
Ghana
Gibraltar
Griechenland
Großbritannien und Nordirland
  (Vereinigtes Königreich einschl.
  Brit. Kanalinseln und Insel Man)

Hongkong [4])
Italien
  (einschl. San Marino)
Japan
Jugoslawien [2])
Kanada
Kiribati
Malaysia (Malaiischer Bund,
  Sabah, Sarawak)
Marokko
Mauritius
Niederlande
Nigeria
Norwegen
  (einschl. Svalbard [Spitzbergen])
Österreich
  (ohne Jungholz und Mittelberg)
Pitcairninseln
Portugal
  (einschl. Azoren und Madeira)
Republik Irland [1])

Republik Südafrika und
Südwestafrika [1])
Salomonen
Schweiz
  (einschl. Büsingen, Liechtenstein)
Seychellen und zugehörige Gebiete
Simbabwe
  (ehem. Rhodesien)
Singapur
St. Helena und zugehörige Gebiete
St. Lucia
St. Vincent
Spanien [3])
Südjemen
Taiwan
Türkei
Tunesien
Tuvalu
Vereinigte Staaten von Amerika
  (einschl. Puerto Rico)
Westindien

[1]) = End Use Certificate; [2]) = Endverbleibsbestätigung; [3]) = Verbleibsbescheinigung der spanischen diplomatischen Vertretungen; [4]) = Einfuhrgenehmigung.

Länderliste E

Australien
Department of Trade and Customs
and Excise
Canberra

Belgien
Office Central des Contingents
of Licences
Bruxelles

Bolivien
Banco Central
La Paz

Bundesrepublik Deutschland
Bundesamt für gewerbliche
Wirtschaft
Eschborn/Taunus

Chile
Departemente del Cobre Jefe,
Division Comercial
Santiago

Dänemark
Handelsministeriets Licenskontor
Kopenhagen K

Frankreich
Ministère de l'Economie et
des Finances
Direction Générale des Douanes
et Droits Indirects
Division D –
Autorisations Commerciales
Paris

Gibraltar
The Controller of Civil Supplies
Colonial Secretariat
Gibraltar

Griechenland
Bank of Greece
Athen

Großbritannien und Nordirland
The Controller
Export Licensing Branch
Board of Trade
London E.C.4

Hongkong
Director of Trade,
Industry and Customs
Hong Kong

Italien
Ministero delle Finanze
Direzione Generale delle Dogane
Roma

Japan
Ministry of International Trade
and Industry
Export Licensing Office
Tokyo

Kanada
Chief Export and Import
Permits Section,
Departments of Trade
and Commerce
Ottawa

Luxemburg
Ministère des Affaires Etrangères
Office des Licences
Luxembourg

Marokko
Direction du Commerce,
Service du Commerce Extérieur,
Bureau des Importations
et Approvisionnement Généraux
Rabat

Neuseeland
Controller of Customs
Wellington

Niederlande
Centrale Dienst voor In-en Uitvoer
Groningen

Norwegen
Handelsdepartementet
Direktoratet for eksport-
og importregulering
Oslo

Peru
Ministerio de Hacienda y Comercio
Dirección General de Comercio
Departamento des Exportaciones
Lima

Philippinen
Export Control Committee,
Department of Commerce
and Industry
Manila

Portugal
Ministerio da Economia
Direcça-General do Licenciamento
do Comercio Externo
Lisboa

Republik Südafrika und Südwest-afrika
Department of Commerce
and Industries
Pretoria

Schweden*)
State Trade and Industry
Commission
Stockholm

Schweiz*)
Eidgenössisches Volksdepartement
Handelsabteilung
Sektion für Ein- und Ausfuhr
Bern

Simbabwe (ehem. Rhodesien)
Federal Ministry of Commerce
and Industry
Salisbury

Türkei
Ministry of Commerce
Department of Foreign Commerce
Ankara

Tunesien
Direction des Finances
Service des Finances
Extérieures
Tunis

Vereinigte Staaten von Amerika
United States Department
of Commerce
Office of Export Control
Washington 25 D.C.

*) Bei Schweden und der Schweiz tritt an die Stelle des Durchfuhrberechtigungsscheins eine beglaubigte Abschrift der Ausfuhrgenehmigung.

Länderrating, *Länderrisikoanalyse, country rating.*

I. Charakterisierung: 1. *Begriff:* (Überwiegend) strategisch ausgerichtete Früherkennungssysteme hinsichtlich der sich für einen Auslandsmarkt ergebenden Chancen und Risiken, ausgelöst insbes. durch politische Ereignisse und soziale, ökonomische und rechtliche Entwicklungen. – 2. *Konzepte:* In der Literatur und in der Praxis finden sich einige Ansätze zu diesem Problembereich. In

II. werden vier interessante Einzelkonzepte vorgestellt. – 3. *Zweck:* Frühzeitiges Aufzeigen der sich – nach Einschätzungen von Experten aufgrund voraussichtlicher, meist längerfristiger Entwicklungen maßgeblicher Rahmenbedingungen – für einzelne Auslandsmärkte ergebenden Handlungsvoraussetzungen – im Vergleich mit a) anderen Ländern (Rangskala) und b) vorangegangenen L. Hierdurch sollen der Praxis Orientierungshilfen gegeben werden, um sich rechtzeitig auf die für einzelne Länder absehbaren generellen Entwicklungen

Abb. 1: **mm-Ländertest**

		Mindestpunktzahl	Höchstpunktzahl
(1)	**Politische und wirtschaftliche Rahmenbedingungen**		
(1.1)	Stabilität des politischen Systems	3	14
(1.2)	Gefahr innerer Konflikte	0	14
(1.3)	Bedrohung der Stabilität von außen	0	12
(1.4)	Wirtschaftsordnung (Freiheitsgrad)	5	9
(1.5)	Staat als Wirtschaftspartner (Zuverlässigkeit)	4	12
(1.6)	Rechtssicherheit	2	12
(1.7)	Funktionsfähigkeit der Verwaltung (administrative Voraussetzungen)	3	12
(1.8)	Arbeitsklima/sozialer Friede	3	15
		20	100
(2)	**Binnenwirtschaft**		
(2.1)	Bevölkerungsentwicklung	4	8
(2.2)	Kaufkraft	2	10
(2.3)	bisherige Wirtschaftsentwicklung (Wirtschaftswachstum in den letzten 5 Jahren)	2	7
(2.4)	Wachstumsperspektiven (3 Jahre)	3	10
(2.5)	Inflation in den zurückliegenden 2 Jahren	2	10
(2.6)	inländischer Kapitalmarkt (Zugänglichkeit für Ausländer)	3	7
(2.7)	Arbeitskräftepotential (Verfügbarkeit und Qualifikation)	2	8
(2.8)	Meschäftigungsmöglichkeit für Ausländer	2	8
(2.9)	Energieverfügbarkeit	2	14
(2.10)	Umweltschutzauflagen	4	8
(2.11)	Verkehrs-/Kommunikationssystem	2	10
		28	100
(3)	**Außenwirtschaft**		
(3.1)	Importpolitik (Liberalisierungsgrad)	2	10
(3.2)	Exportmöglichkeiten	2	10
(3.3)	Begrenzungen für Auslandsinvestitionen	3	9
(3.4)	Beteiligungsauflagen	3	9
(3.5)	Marken- und Produktschutz	3	9
(3.6)	Kapitalverkehr (Transferbedingungen)	2	8
(3.7)	Währungspolitik (Auf-/Abwertungen in den letzten 5 Jahren)	2	7
(3.8)	Zahlungsbilanz	2	8
(3.9)	Abhängigkeit von Energieimporten (Belastung der Handelsbilanz)	3	14
(3.10)	internationale Zahlungsfähigkeit	3	8
(3.11)	Währungskonvertibilität	2	8
		27	100
(4)	**Gesamt (1)–(3)**	75	300

Quelle: mm 1/83, S. 23.

einstellen zu können. – 4. *Anwendungsmöglichkeiten durch die Praxis:* L. können in bezug auf voraussichtliche Änderungen relevanter Rahmenbedingungen für einzelne Auslandsmärkte lediglich sehr globale Chancen-Risiko-Hinweise geben, die es dann – mit speziellem Bezug auf Branche, Unternehmenssituation, Beziehungen zu dem jeweiligen Auslandsmarkt usw. – durch das einzelne Unternehmen in geeignete Maßnahmen umzusetzen gilt. L. liefern der Praxis wichtige Basis-Informationen (Orientierungshilfen) für: a) Selektion von (zusätzlichen) Auslandsmärkten (Praeselektion) b) Beurteilung aktueller Auslandsmärkte im Hinblick auf die Art und Weise eines künftigen Engagements (siehe hierzu III).

II. Einzelkonzepte: 1. *„mm – Ländertest":* Vom „manager magazin" in Zusammenarbeit mit dem Institut zur Erforschung technologischer Entwicklungslinien (ITE) in Hamburg entwickeltes Konzept, das auf der Idee der Expertenbefragung basiert. 1980 erstmals, 1981 und 1982 erneut durchgeführt (im folgenden wird der 1982 durchgeführte Ländertest dargestellt). – An der Expertenbefragung *nahmen teil:* Deutscher Industrie- und Handelstag (DIHT) mit 33 Auslandshandelskammern; drei Banken; 17 Industrieunternehmen; zwei Speditionen; drei Länderinstitute bzw. -vereine. Zu beurteilen waren 53 Länder nach 30 ausgewählten Kriterien hinsichtlich ökonomischer, rechtlicher und sozialer Rahmenbedingungen sowie hinsichtlich politischer Risiken. Für jedes Kriterium wurde eine Höchst- und Mindestpunktzahl zur (subjektiven) Vorgewichtung der einzelnen, dem Ländertest zugrunde liegenden (= vorgegebenen) Merkmale vgl. Abb. 1 Sp. 31/32). – *Kritikpunkte:* a) Keine repräsentative Auswahl der Experten sowie (b) Umfang der Befragung (zu kleiner Probandenkreis; Befragung erfolgte nur einmal jährlich) und (c) methodische Mängel. – Als *wissenschaftliche Grundanforderungen an eine methodisch modifizierte Expertenbefragung* können angeführt werden: (1) Auswahl der für eine Länderbeurteilung wichtigsten Kriterien; (2) Bildung von Subindex-Teilscore-Bereichen, denen die einzelnen Kriterien zugeordnet werden (vgl. Abb. 1); (3) Festlegung der Methode, die der Messung von Intensität bzw. Ausprägung einzelner Merkmale zugrunde gelegt werden soll (Skalierung oder Punktbewertung; (4) Kriteriengewichtung (möglichst durch Probanden selbst, um seine praxisspezifischen Präferenzen zu berücksichtigen; mit Dokumentation); (5) Bestimmung der Regeln, nach denen die für jedes Kriterium ermittelten und gewichteten Beurteilungswerte zu Teilscores (Subindices) und zuletzt zum Gesamtscore aggregiert werden sollen. – Als *wichtigste Kriterien zur Länderbeurteilung* können innerhalb der drei unterschiedlichen Teilscores (Subindices) angeführt werden:

1	Freiheitsgrad unternehmerischer Betätigung auf dem zu beurteilenden Auslandsmarkt
	• Begrenzungen für Auslandsinvestoren • Freiheit der Wirtschaftsordnung • Zugänglichkeit des inländischen Kapitalmarktes für Ausländer • Liberalität der Transferbestimmungen • Beteiligungsauflagen • Beschäftigungsmöglichkeiten für ausländische Arbeitskräfte • Rechtssicherheit • Exportmöglichkeiten eines Landes • Importpolitik
2	Grundsätzliche Voraussetzungen für eine Betätigung auf dem zu beurteilenden Markt
	• Arbeitsklima/Sozialer Friede • Verkehrs- und Kommunikationssystem • Marken- und Produktschutz • Bruttosozialprodukt pro Kopf der Bevölkerung oder branchenspezifisches Marktvolumen • Stabilität des politischen Systems (einschl. der Gefahr innerer und von außen drohender Konflikte) • Verfügbarkeit von Energie • Umweltschutzauflagen • Staat als Wirtschaftspartner
3	Volkswirtschaftliche Rahmenbedingungen und deren Entwicklungstendenzen
	• Inflation in den vergangenen zwei Jahren • Tendenzen in der Zahlungsbilanz (einschl. internationaler Zahlungsfähigkeit) • Wachstum in den vergangenen fünf Jahren und Wachstumsperspektiven • Außenwirtschaftliche Belastung durch Öl- und Energieimporte • Währungskonvertibilität

Quelle: Walldorf, E. G., Auslandsmarketing, Wiesbaden 1987, S. 288.

2. *BERI (Business Environment Risk Information):* Die BERI S.A. (Genf) bietet drei spezielle Informationsdienste an: (1) *BRS – Business Risk Service* (vormals *BERI-Index);* (2) *CFR – Country Forecast Report* (detaillierte, mehrseitige Informationsreporte); (3) *Forelend – Forecast of Country Risk for International Lenders* (speziell für Banken und sonstige Kreditgeber bzw. Großanleger gedacht). Im folgenden wird BRS näher dargestellt. – Es handelt sich um ein →Panel, in das ein *ständiges Gremium von rd. 100 internationalen Experten* mit Ländererfahrung und -kontakten einbezogen wird. Beurteilt werden *dreimal im Jahr* die politischen und wirtschaftlichen Risiken von 48 Ländern. Im Zentrum dieses Panels mit einem relativ hohen Aktualitätsgrad steht das Investitionsklima für Ausländer in bestimmten Auslandsmärkten. Zugleich lassen sich hieraus aber auch strategische Anhaltspunkte für andere Betätigungsmöglichkeiten auf Auslandsmärkten gewin-

Abb. 2: BERI-Index (Auszug aus einem 'country rating' auf der Basis eines Experten-Panels mit drei Bewertungen im Jahr von 45 Ländern in bezug auf politische und wirtschaftliche Risiken – mit spezieller Ausrichtung auf das Investitionsklima).

Investitionskriterien	Bundes-republik	Brasilien	Italien	Indien	Nigeria	Groß-britannien	USA
Politische Stabilität: die Wahrscheinlichkeit eines plötzlichen politischen Umschwungs und dessen Auswirkung auf das Geschäftsleben und Investitionsklima	3,1	2,9	1,3	1,8	1,7	2,6	3,7
Einstellung gegenüber ausländischen Investoren und Gewinnen: allgemeine Befürwortung der Prinzipien der Marktwirtschaft, sowie das Ausmaß, in dem die Kosten sozialer Errungenschaften der Privatwirtschaft aufgebürdet werden	3,2	3,0	1,9	1,4	2,2	2,9	3,3
Verstaatlichung: die Spannbreite von entschädigungsloser Enteignung bis hin zur Bevorzugung von Einheimischen	3,5	2,9	2,2	1,3	2,0	2,2	3,7
Geldentwertung: die Auswirkung der Geldentwertung sowie wirksame Maßnahmen, die Inflationsfolgen für den Geschäftsbereich zu mindern	3,3	1,8	1,4	1,5	1,8	1,2	2,3
Zahlungsbilanz: die Zahlungsbilanz der laufenden Konten und der Kapitalkonten sowie deren Einfluß auf die Transferierbarkeit der Erträge ausländischer Investoren	3,4	1,7	1,1	1,3	2,8	1,1	2,4
Bürokratie: Tempo und Effizienz der öffentlichen Verwaltung, auch bei der Bearbeitung von Zollformalitäten, Devisenüberweisungen und ähnlichen Anträgen	2,8	1,9	1,4	1,2	1,5	2,2	3,1
Wirtschaftswachstum: langjähriges Wirtschaftswachstum des realen BSP in den Stufen drei Prozent, drei bis sechs Prozent und mehr als zehn Prozent	2,8	2,8	1,4	1,5	2,8	1,3	2,4
Wirtschaftskonvertibilität: die Möglichkeit, mit der die einheimische Währung in Devisen problemlos eingetauscht werden kann, sowie die Beurteilung der Währung auf dem Devisenmarkt	3,6	2,1	1,9	1,0	2,5	2,0	3,9
Durchsetzbarkeit von Verträgen: das Ausmaß, in dem Verträge anerkannt werden, sowie eventuelle Schwierigkeiten durch Unterschiede in Sprache und Mentalität	3,3	2,2	1,9	1,6	1,8	3,1	3,0
Lohnkosten und Produktivität: Stückkosten unter Berücksichtigung von Löhnen, Lohnnebenkosten, Arbeitsproduktivität und Einstellung zur Arbeit	2,9	2,2	1,6	1,8	1,5	1,5	2,5
Verfügbarkeit von Experten und Dienstleistungen: die Unterstützung, die ein Unternehmen erwarten kann auf den Gebieten Buchhaltung, Rechtsberatung, Marketingberatung, Technologie und Bauausführung	3,2	2,5	2,0	2,0	1,5	2,7	3,5
Nachrichtenwesen und Transport: Qualität der Verkehrs- und Nachrichtenverbindungen innerhalb des Landes sowie zwischen Zweigstellen und Stammhaus	3,6	2,3	2,0	1,7	1,3	2,8	3,9
Örtliches Management und Partner: Qualität und Zahl der Einheimischen, die bei Führungsaufgaben der oberen Ebene mitwirken oder Eigenkapital zur Verfügung stellen können	3,1	2,4	2,0	1,8	1,7	2,7	3,6
Kurzfristige Kredite: allgemeine Verfügbarkeit von kurzfristigen Krediten an Betriebe in ausländischem Besitz und die Möglichkeit zur Anlage kurzfristiger Gelder	3,0	1,8	1,6	1,3	2,5	2,4	3,0
Langfristige Kredite und Eigenkapital: Verfügbarkeit und Konditionen für langfristiges Kapital in der örtlichen Währung als Darlehen oder Eigenkapital	3,0	1,8	1,6	1,3	2,5	2,5	3,0
gewichtete Punktzahl	79,4	58,2	41,0	36,7	52,6	53,6	78,5

Erläuterungen zum Notensystem: 4 = sehr günstig, 3 = gut, 2 = befriedigend, 1 = schlecht, 0 = unerträglich nen. Die Beurteilung der 15 vorgegebenen Kriterien, die – bis auf Lohnkosten und Produktivität – die Inhalte des mm-Merkmalskataloges wiederspiegeln, erfolgt für jedes Land mittels der Noten 4 (sehr günstig) bis 0 (unerträglich). – Vgl. Abb. 2 Sp. 35/36. – *Kritikpunkte:* Bezüglich der Gewichtung müssen allerdings Bedenken angemeldet werden, da der politischen Stabilität mit einem Anteil von 12% an der Gesamtgewichtung eindeutig der Vorrang eingeräumt wird. Andere Kriterien, wie z. B. Verfügbarkeit von Experten und Dienstleistungen (2%), stehen im Hintergrund. Die politische Stabilität des Gastlandes ist in praxi wohl als ein wesentliches Motiv für Direktinvestitionen zu werten: Absatz- und Marktzielen muß erfahrungsgemäß jedoch ein (wesentlich) größerer Stellenwert eingeräumt werden. Außerdem haben spezielle Untersuchungen gezeigt, daß im Falle von Direktinvestitionen die Schwierigkeiten nach der Aufbauphase eine Umstrukturierung erfahren, denen (mehr) Rechnung getragen werden müßte.

3. *L. des „Institutional Investor" und von „Euromoney":* a) *L. des „Institutional Investor":* Im Rahmen des durch den „Institutional Investor" (US-Monatsmagazin) durchgeführten L. werden von ca. *100 im internationalen Geschäft tätigen Banken* mehr als 100 Länder *zweimal jährlich* in bezug auf das dort gegebene *Kreditrisiko* beurteilt. Hierbei wird eine Skala zugrunde gelegt, die von 0 (Kreditrisiko ist nicht akzeptabel) bis 100 (keinerlei Kreditrisiko) geht. Die Einzelantworten werden, nach einem nicht bekannten Schlüssel gewichtet, zu einem Gesamtscore (Risiko-Index) aggregiert (*I.I.-Index*). Als Beispiel vgl. Abb. 3 Sp. 39/40. – b) *L. des „Euromoney":* „Euromoney" (Fachzeitschrift in Großbritannien) benutzt eine gänzlich andere Methode, um einzelne Länder *einmal im Jahr* zu beurteilen. Mit dem Ziel der Erstellung einer Länderrangliste nach dem dortigen *Kreditrisiko* werden die Konditionen analysiert, die öffentlichen und privaten Kreditnachfragern mit staatlichen Bürgschaften durch Banken eingeräumt werden. Man geht bei der Ermittlung des Euromoney-Index (E.-Index) davon aus, daß sich die spezifische Einschätzung des mit der Kreditvergabe an ein betimmtes Land verbundenen Risikos in den Konditionen niederschlägt. Die Übereinstimmung des mm-Index mit den beiden Spezial-Indices für das Kreditrisiko (I.I.- und E.-Index) ist sehr hoch; es ergab sich zwischen mm-Index und I.I.-Index eine höhere Korrelation (r = 0,88) als zwischen I.I.-Index und E.-Index (r = 0,83).

III. Fazit: Betrachten wir die L. als Verfahren der außerbetrieblichen Informationsgewinnung in bezug auf Risikosituation und -tendenzen in einzelnen Auslandsmärkten unter den Aspekten einzelbetrieblicher

Anwendbarkeit, läßt sich folgendes feststellen: a) Alle betrachteten Methoden liefern *relativ gute Informationen* über die in einzelnen Ländern anzutreffenden und nach Expertenmeinung künftig zu erwartenden Rahmenbedingungen und Handlungsgrundlagen. – b) Die Ergebnisse der einzelnen L. weisen *unterschiedliche Aggregationsgrade* auf: (1) als Gesamtscore, ohne daß der Weg zur Ermittlung des Resultats transparent gemacht wird (I.I.-/E.-Index); (2) als Gesamtscore, das in Teilscores (Subindices) strukturiert ist, die nachvollziehbar aus einzelbeurteilten und -gewichteten Kriterien gebildet werden. – c) Die für ein Unternehmen als Sekundär-Material der →Auslandsmarktforschung nutzbaren Länderdaten beinhalten zweifellos *nützliche Früherkennungsinformationen.* Diese sind aber *zu generell* und weisen *keine branchenspezifischen Züge* auf (fehlende Operationalität). – d) In einzelnen Ländern wurden in der Vergangenheit die Aktivitäten ausländischer Unternehmen systematisch erschwert, behoder gar verhindert; starke politische Umwälzungen führten z. T. (z. B. im Iran) zu einer Drosselung des Außenhandels, sondern lediglich zu einer Umstrukturierung. Die Früherkennungsindizes sagten darüber allerdings nichts aus. – f) Die beiden ersten L.-Verfahren, die betrachtet wurden (mm-Ländertest und BERI-Index), zeigen Auslandsmärkte auf, die in Zukunft insgesamt, also ohne spezielle Branchengewichtung, wirtschaftlich besonders (un)attraktiv sind und sichern alle Ergebnisse durch eine Risikobeurteilung ab. In eine Gesamtbewertung gehen demzufolge meist mit einer höheren Gewichtung der politischen Stabilität (BERI-Index) *ökonomische und politische Wertungen* ein. Hierdurch kann ein Land in der Rangskala nach hinten ge(d)rückt werden, das für einzelne Unternehmen wirtschaftlich sehr attraktiv wäre bzw. ist (Beispiel: Frankreich, VR China und Taiwan) und umgekehrt (Beispiel: Schweiz, Österreich, Luxemburg). – 2. *Schlußfolgerung:* Unternehmen sollten versuchen, selbst ein außerbetriebliches Früherkennungssystem in bezug auf einzelne bestehende Auslandsmärkte zu errichten. Hierbei müßten insbes. die folgenden Bestimmungsfaktoren und Voraussetzungen Beachtung finden: a) *Aktuelle Bedeutung und künftiger Stellenwert des betreffenden Auslandsmarktes:* Welche Gefährdung stellte z. B. eine Umsatzeinbuße für das Gesamtunternehmen dar? – b) *Art und Form der Betätigung auf dem betreffenden Auslandsmarkt:* Je nachdem, in welcher Art und Form die Betätigung auf einem bestimmten Auslandsmarkt bisher erfolgt ist, ergeben sich hieraus unterschiedliche Gefährdungspunkte und -möglichkeiten. So wird z. B. ein Unternehmen, das im Ausland produziert bzw. Fertigteile montiert, von einer Enteignungsgefahr bzw. von Streiks oder sonstigen sozialen Unruhen stärker getroffen und zu Gegenmaßnahmen gezwun-

Abb. 3: Länderrating des Institutional Investor (Beispiel)

Rang		Land	Rating	Veränd. geg.		Rang		Land	Rating	Veränd. geg.	
März 1986	Sept. 1985			Sept. 1985	März 1985	März 1986	Sept. 1985			Sept. 1985	März 1985
1	1	USA	96,3	0,2	0,7	56	55	Ägypten	32,7	− 2,4	− 1,8
2	2	Japan	95,5	0,4	0,4	57	60	Barbados	31,9	1,0	− 1,1
3	3	Schweiz	95,3	0,9	0,6	58	61	Brasilien	31,9	1,0	0,3
4	4	Bundesrep. Deutschland	94,2	1,0	1,1	59	57	Paraguay	31,7	− 1,0	− 0,9
5	5	Großbritannien	88,7	0,6	− 0,1	60	63	Rumänien	31,1	2,7	6,2
6	6	Kanada	88,1	0,5	1,0	61	62	Jugoslawien	31,0	1,1	0,6
7	7	Niederlande	87,6	1,1	1,3	62	59	Panama	30,9	− 0,2	− 1,7
8	8	Norwegen	87,2	1,1	1,1	63	58	Libyen	30,1	− 1,9	− 1,3
9	9	Österreich	83,5	1,1	1,0	64	64	Kenia	29,5	1,2	2,0
10	11	Frankreich	82,7	1,6	2,3	65	64	Israel	28,8	0,5	− 0,1
11	10	Australien	81,3	− 0,8	− 2,6	66	66	Pakistan	28,0	0,3	1,8
12	12	Schweden	79,3	0,9	0,6	67	67	Uruguay	27,5	0,0	− 0,8
13	14	Finnland	78,7	1,4	1,5	68	68	Elfenbeinküste	26,7	0,7	− 0,3
14	13	Singapur	76,7	− 1,4	− 2,6	69	70	Equador	26,4	1,5	2,4
15	16	Italien	76,2	1,6	2,6	70	71	Sri Lanka	24,9	1,0	− 0,9
16	15	Belgien	75,8	1,0	1,4	71	72	Chile	24,6	1,3	− 0,4
17	17	Dänemark	74,1	2,0	1,8	72	74	Mauritius	24,0	1,5	3,3
18	18	Taiwan	72,6	1,1	1,7	73	69	Nigeria	24,0	− 1,5	− 3,1
19	24	Hongkong	69,2	2,3	3,0	74	73	Marokko	23,1	0,2	− 0,2
20	19	Neuseeland	69,1	− 0,8	− 1,6	75	75	Argentinien	22,7	1,8	0,8
21	23	Spanien	68,9	2,0	3,9	76	76	Zimbabwe	21,2	1,5	2,6
22	20	Saudi-Arabien	68,3	− 1,5	− 1,3	77	78	Syrien	19,8	1,1	1,3
23	21	China	68,2	− 0,1	1,1	78	77	Irak	19,1	0,3	− 0,8
24	22	UdSSR	68.0	0,6	3,4	79	80	Philippinen	18,7	0,2	− 2,0
25	26	Kuwait	64,1	0,0	0,2	80	84	Malawi	18,3	1,6	2,9
26	27	Irland	64,0	1,1	1,1	81	83	Senegal	18,2	0,9	1,8
27	25	Malaysia	63,7	− 0,8	− 2,0	82	80	Iran	18,1	− 0,3	− 0,8
28	28	Ver. Arabische Emirate	60,1	− 0,3	− 0,6	83	79	Kongo	16,7	− 2,0	− 1,6
29	29	Südkorea	57,0	− 0,3	− 0,9	84	85	Bangladesh	16,3	0,4	1,1
30	30	Bahrain	57,0	0,0	0,5	85	82	Peru	15,9	− 2,3	− 5,1
31	31	Qatar	55,6	− 0,1	0,2	86	86	Costa Rica	15,7	− 1,5	0,4
32	35	DDR	53,9	1,1	6,3	87	89	Jamaika	14,9	1,2	− 0,7
33	34	Oman	53,4	0,5	2,6	88	87	Polen	14,7	0,8	0,6
34	32	Algerien	53,3	− 0,9	0,0	89	91	Dominik. Rep.	13,9	0,6	0,6
35	36	Thailand	52,8	0,7	0,6	90	87	Angola	13,7	− 0,1	0,5
36	40	CSSR	51,8	1,5	5,0	91	90	Kuba	13,2	− 0,4	0,0
37	39	Ungarn	51,6	1,1	4,4	92	92	Guatemala	12,6	0,2	− 0,4
38	37	Island	51,6	0,0	− 0,7	93	94	Seychellen	12,2	0,6	0,5
39	41	Portugal	50,5	0,8	1,1	94	97	Honduras	11,2	1,5	1,4
40	42	Indonesien	49,6	0,0	0,3	95	95	Liberia	11,1	− 0,4	− 0,8
41	44	Indien	49,4	3,0	3,5	96	96	Sambia	10,8	0,3	0,1
42	43	Griechenland	48,8	− 2,4	− 2,8	97	98	Tansania	10,4	0,7	− 1,5
43	43	Bulgarien	48,4	− 0,1	3,2	98	93	Libanon	10,0	− 1,7	− 2,4
44	45	Trinidad & Tobago	44,4	− 0,7	− 4,0	99	102	Haiti	9,2	1,4	− 0,2
45	33	Südafrika	43,5	− 9,9	− 12,1	100	100	Zaire	8,8	0,8	1,8
46	46	Tunesien	41,3	− 0,5	− 2,0	101	101	Äthiopien	8,5	0,6	0,6
47	49	Gabun	40,2	1,1	3,0	102	99	Grenada	8,0	− 0,3	1,8
48	54	Venezuela	39,7	2,4	2,9	103	103	Bolivien	7,3	− 0,2	− 1,0
49	47	Papua Neuguinea	39,5	− 0,4	− 1,3	104	104	Sudan	7,2	− 0,2	− 0,5
50	51	Jordanien	38,7	0,6	2,6	105	105	Sierra Leone	7,0	0,1	− 0,1
51	53	Zypern	38,6	1,2	3,2	106	106	El Salvador	6,5	0,4	− 0,2
52	50	Kolumbien	38,4	− 0,2	− 2,6	107	107	Uganda	5,1	− 0,8	− 0,3
53	52	Kamerun	37,7	0,2	2,2	108	109	Nicaragua	5,0	0,6	− 0,3
54	56	Türkei	37,3	2,5	2,9	109	108	Nordkorea	5,9	− 0,3	0,4
55	48	Mexiko	36,4	− 2,8	− 2,8			Durchschnitt aller Bewertungen	40,6		

Quelle: Deutscher Sparkassenverlag (Hrsg.), Information für die Außenwirtschaft 6/86, S. 7

gen werden, als dies bei einem Unternehmen der Fall ist, das lediglich über Exporteure im Stammland bzw. über Importeure im Käuferland oder Drittland auf diesem Auslandsmarkt tätig ist. – c) *Kontaktmöglichkeiten mit Experten (In-/Ausland):* In diesem Zusammenhang geht es insbes. um regelmäßige, aktuelle und sachlich fundierte Informationen mit eindeutigem Bezug auf den Branchenmarkt sowie auf die spezielle Problemstruktur einer Unternehmung in Verbindung mit der aktuellen bzw. angestrebten Betätigung auf einem konkreten Auslandsmarkt. Die regelmäßige Beurteilung von Situation und Entwicklungstendenzen für den für eine Unternehmung besonders interessanten Beobachtungsbereichen sollte bzw. könnte durch Experten erfolgen, die im Stammland, Käuferland und/oder in Drittländern ansässig sind. – d) *Kosten-/Nutzen-Aspekte:* Dem Nutzen, den man aus den Direktinformationen im Zuge der Früherkennung von Marktchancen und -bedrohungen ziehen könnte, stehen die damit verbundenen Kosten gegenüber. Aus diesem Grund empfiehlt es sich, eine zwischenbetriebliche Kooperation mit Unternehmen aus dem eigenen Lande bzw. aus Drittländern anzustreben. Hier ergäbe sich auch ein guter Ansatzpunkt für einzelne Fachverbände im Hinblick auf die Verbesserung der Serviceleistungen für Mitgliedsunternehmen – evtl. in Zusammenarbeit mit IHK, AHK, BfA.

Literatur: Dichtl, E. u.a., Risikobewertung im Auslandsgeschäft – Eine empirische Analyse des mm-Ländertests, in: GFK-Nürnberg (Hrsg.), Jahrbuch der Absatz- und Verbrauchsforschung, 3/84, S. 208ff.; ders./Kögelmeyer, H. G., Country Risk Ratings, in: Management International Review, Vol. 26, 4/86; Hake, B., Der BERI-Index – Ein Hilfsmittel zur Beurteilung des wirtschaftlichen Risikos von Auslandsinvestitionen, in: Lück, W./Trommsdorff, V. (Hrsg.), Internationalisierung der Unternehmung, Berlin 1982, S. 463ff.; Haner, F. T., Rating Investment Risks Abroad, in: Business Horizons, 1/71, S. 18ff.; Jaegler, F. T. u.a. mm-Ländertest-Radar für Auslandsrisiken, in: manager magazin, 1/1981; ders., mm-Ländertest-Wegweiser für den Weltmarkt, in: manager magazin 1/82; ders., mm-Ländertest - Risikokompaß, in: manager magazin, 1/83, S. 118f; Meffert, H./Althaus, J., Internationales Marketing, Stuttgart 1982, Walldorf E. G.: Auslandsmarketing, Wiesbaden 1987.

Prof. Dr. Erwin G. Walldorf

Länderrisiko, die mit der Kreditvergabe der Banken an ausländische Kreditnehmer verbundene Gefahr, daß aufgrund von Beschränkungen im internationalen Zahlungsverkehr, von Illiquidität oder Zahlungsverweigerung staatlicher Schuldner (oder Garanten) vereinbarte Kapitalleistungen (Zins und Tilgung) entweder überhaupt nicht oder nur unvollständig bzw. verspätet erbracht werden. Das Risiko ist nicht in der Bonität des Schuldners begründet. – Das L. umfaßt Transferrisiko und Staatsrisiko: a) Das *Transferrisiko* bezieht sich auf die Unsicherheit, ob der Schuldner – bei objektiver Zahlungsfähigkeit und -willigkeit in nationaler Währung – auch die entsprechenden Devisen beschaffen kann. – b) Das *Staatsrisiko* bezieht sich auf das Problem der Zahlungsverweigerung eines Staates und tritt

i.d.R. in Form eines Liquiditätsrisikos auf, d.h. als Gefahr einer notwendigen Verlängerung des vereinbarten Rückzahlungszeitraums. – *Evaluationsverfahren:* Vgl. →Länderrating. – Zu *Risiken im Auslandsgeschäft für Unternehmen:* Vgl. →Auslandsgeschäft.

Länderrisikoanalyse, →Länderrating.

Länderselektion, →Selektion von Auslandsmärkten.

Ländersteuern, →Landessteuern.

Ländervereine, *Ländergesellschaften,* Vereine bzw. Gesellschaften, die die Kontaktförderung und -pflege in bezug auf bestimmte Länder (-gruppen) zum Ziel haben. Von besonderer Bedeutung: Afrika-Verein e.V. (Hamburg); Australien-Neuseeland-Südpazifik-Verein e.V. (Hamburg); Deutsche Afrikagesellschaft e.V. (Bonn); Deutsch-Südafrikanische Gesellschaft e.V. (Bad Godesberg); Ibero-Amerika Verein e.V. (Hamburg); Nah- und Mittelost-Verein e.V. (Hamburg); Ostasiatischer Verein e.V. (Hamburg). – *Aufgaben:* Die L. betreiben systematische, länder(gruppen)spezifische Informationspflege durch Veröffentlichungen und Rundschreiben mit aktuellen Informationen, z.B. über Verordnungen, Pläne und Vorhaben des betreffenden Landes, Entwicklung bestimmter Märkte, der außenwirtschaftlichen Beziehungen usw. Desweiteren werden eigene Untersuchungen vorgenommen (gelegentlich, sofern bestimmte Probleme dies erforderlich machen) und Direktauskünfte (auf Anfragen) erteilt. Die L. geben i.d.R. auch Nicht-Mitgliedern Auskünfte, machen dies im Wiederholungsfall aber aus Gründen der Gleichbehandlung (Mitgliedsbeiträge deren Finanzierung) von einem Beitritt abhängig.

Landesarbeitsamt, der →Bundesanstalt für Arbeit nachgeordnete Behörde der Arbeitsverwaltung in je einem →Landesarbeitsamtsbereich.

Landesarbeitsamtsbereich, räumliche Zuständigkeitsbegrenzung der →Landesarbeitsämter. – *Bezirke:* (1) Baden-Württemberg, (2) Niederbayern, (3) Südbayern, (4) Berlin, (5) Bremen, (6) Hamburg, (7) Hessen, (8) Niedersachsen, (9) Nordrhein-Westfalen, (10) Pfalz, (11) Rheinland-Hessen-Nassau, (12) Schleswig-Holstein, (13) Saarland (Arbeitsministerium bei der Landesregierung in Saarbrücken).

Landesarbeitsgericht, das für Arbeitssachen im zweiten Rechtszug zuständige Gericht der →Arbeitsgerichtsbarkeit (§§ 33–39 ArbGG). Die L. sind Gerichte der Länder; Verwaltung und Dienstaufsicht obliegt der obersten Arbeitsbehörde des Landes im Einvernehmen mit der Landesjustizverwaltung. – *Besetzung:* Die bei den L. gebildeten Kammern sind mit je einem Berufsrichter (→Richter I) als Vorsitzenden und je einem ehrenamtlichen Richter (→Richter II) aus den Kreisen der Arbeitnehmer und der Arbeitgeber besetzt. – *Zuständigkeit:* Berufungen und Beschwerden gegen Entscheidungen des Arbeitsgerichts (§§ 64, 78, 87 ArbGG). – *Rechtsmittel:* Gegen Urteile der L. ist Revision (§ 72 ArbGG), gegen verfahrensbeendende Beschlüsse Rechtsbeschwerde (§ 92 ArbGG) zum →Bundesarbeitsgericht zulässig.

Landesausgleichsämter, →Ausgleichsämter.

Landesbanken, *Girozentralen,* regionale Spitzeninstitute der Sparkassenorganisation. Spitzeninstitut und Zentralbank des Sparkassensektors ist die →Deutsche Girozentrale – Deutsche Kommunalbank. – 1.*Aufgaben:* a) Als *Landesbanken* Besorgung der bankmäßigen Geschäfte eines Landes und Förderung der Wirtschaft des Landes. I. d. R. existiert pro Bundesland eine L., ausgenommen Baden-Württemberg (Badische Kommunale Landesbank und Landesbank Stuttgart). L. sind berechtigt, im Rahmen ihrer Satzung alle bankmäßigen Geschäfte zu betreiben. – b) Als *Girozentralen* „Sparkassenzentralbank" eines Landes mit der Funktion einer Zentralen Verrechnungsstelle für den bargeldlosen Zahlungsverkehr, der Verwaltung von Liquiditätsguthaben sowie der Refinanzierung der Sparkassen. – 2. *Refinanzierung:* L. refinanzieren sich durch Ausgabe von →Pfandbriefen und →Kommunalobligationen. – Vgl. auch →öffentliche Kreditinstitute.

Landesbaudarlehen, Darlehen der Bundesländer für den sozialen Wohnungsbau zur Schließung der zwischen der ersten Hypothek und der erforderlichen Eigenleistung bestehenden Finanzierungslücke. Niedriger Zinssatz, u.U. bis zu 0% ermäßigt. Tilgung i.d.R. 1%, Auszahlung 100%, dingliche Sicherung an zweiter Stelle. – *Gesetzliche Grundlage:* II. Wohnungsbaugesetz. – Vgl. auch →Wohnungsbau.

Landesbausparkassen, →öffentliche Kreditinstitute.

Landesbetrieb nach § 26 LHO, rechtlich unselbständiger, organsatorisch ausgegliederter Teil der Landesverwaltung. – Im Haushaltsplan des Landes sind nur die Zuführungen und Ablieferungen zu veranschlagen (→Nettobetrieb). *Beispiele:* Hafenbetriebe, Landeskrankenhäuser, →Domänen. – *Pflichten:* Ein →Wirtschaftsplan ist aufzustellen, kaufmännisches Rechnungswesen ist anzuwenden, ein →Jahresabschluß ist aufzustellen sowie eine →Kosten- und Leistungsrechnung durchzuführen. Unberührt gelten die →Haushaltsgrundsätze. – Auf *Bundesebene* entspricht dem L. der →Bundesbetrieb nach § 26 BHO.

Landesertragsteuern, →Landessteuern.

Landesfachverband, →Landesinnungsverband.

Landesfinanzbehörden, →Finanzverwaltung 2 b).

Landesgesetze, die von den Ländern der →Bundesrepublik im Rahmen der →Gesetzgebungskompetenz als →Landesrecht erlassenen Gesetze.

Landeshandwerksvertretung, →Handwerkstag.

Landeshaushaltsordnung LHO, →Haushaltsreform, →Haushaltsgrundsätze.

Landesholding, eine →Holdinggesellschaft, die ausschließlich auf Dauer wesentliche Beteiligungen an Kapitalgesellschaften hält, die in demselben Land wie die L. domizilieren und die zudem ihre Bruttoerträge ausschließlich oder fast ausschließlich aus sog. →aktiven Tätigkeiten im Sinne von § 8 I Nr. 1–6 AStG beziehen (§ 8 II Nr. 1 AStG).

Landesinnungsverband, *Landesfachverband,* fachlicher Zusammenschluß von Handwerksinnungen des gleichen Handwerks oder fachlich oder wirtschaftlich nahestehender Handwerke in einem Bezirk. L. hat die Form einer →juristischen Person des privaten Rechts. – *Aufgaben:* Der L. hat die angeschlossenen Innungen in der Erfüllung ihrer gesetzlichen und satzungsmäßigen Aufgaben zu unterstützen sowie Maßnahmen zur Hebung der wirtschaftlichen und sozialen Interessen der den Innungen angeschlossenen Mitglieder zu treffen. – *Zusammenschluß auf regionaler (überfachlicher) Ebene* in der Arbeitsgemeinschaft der L.

Landesjugendamt, Behörde der öffentlichen Jugendhilfe. Vgl. →Jugendwohlfahrtsgesetz.

Landeskunde, →Bundesanstalt für Landeskunde.

Landesplanung, Gesamtheit der Maßnahmen, durch sinnvolle Raumnutzung und -entwicklung zu optimalen Lebensverhältnissen beizutragen. Charakteristisch wie für die →Raumordnung auch hier die überörtliche und überfachliche, d. h. integrierte Planung, die von den Ressorts und Kommunen zu beachten ist, aber auch gemeinsam mit ihnen erarbeitet wird. – Der Begriff *Landesentwicklung* oft bei noch umfassenderer Planung, insbes. bei Ergänzung durch mehrjährige Finanzplanung (z. B. Hessen-Plan, NRW-Programm).

Landesplanungsstellen, für die →Raumordnung zuständige Landesbehörden, in der Bundesrepr. D. organisatorisch meist beim Ministerpräsidenten (Staatskanzlei), ggf. als *Abt. Landesentwicklung.* Ähnlicher Aufbau zur Kontrolle bzw. Vertiefung der Planung bei Bezirksregierung und Kreisverwaltung. Erarbeitung und Fortführung von Zielvorstellungen, wobei insbes. Grundsätze des Bundes

(Raumordnungsgesetz, künftiges Raumordnungsprogramm) zu berücksichtigen sind. Abstimmung der Ressortplanungen (Zentrale Orte, Wirtschaftsförderung, Verkehr, Naturschutz usw.) und Aufsicht über Kommunalplanungen (Gemeinden und Gemeindeverbände). Niederschlag in Gesetzen, Raumordnungsplänen bzw. Entwicklungsprogrammen für das betreffende Land, die insbes. bei der Aufstellung der Flächennutzungspläne in den Dörfern und Städten zu berücksichtigen sind.

Landesrecht, im Gegensatz zum →Bundesrecht das Recht, das a) seit dem Inkrafttreten des →Grundgesetzes von den zuständigen Organen der Länder der →Bundesrepublik im Rahmen ihrer →Gesetzgebungskompetenz gesetzt wurde; b) das vorher gesetzte Recht, das nicht als Bundesrecht fortgilt.

Landesrentenbanken, →Rentenbanken.

Landessozialgericht, aufgrund des Sozialgerichtsgesetzes errichtetes besonderes Verwaltungsgericht auf Landesbasis. – *Zuständig* für Rechtsmittel gegen Urteile und für die Beschwerden gegen andere Entscheidungen der →Sozialgerichte. Das L. ist zweite Tatsacheninstanz. – *Besetzung* der (Fach-)Senate: Drei Berufsrichter, zwei ehrenamtliche Richter. – Vor dem L. besteht *kein Anwalts- oder Vertretungszwang.* – *Revision* gegen die Urteile des L. beim →Bundessozialgericht ist nur aufgrund besonderer Zulassung durch L. oder nach erfolgreicher Nichtzulassungsbeschwerde durch Bundessozialgericht möglich. Zulassung der Revision nur bei grundsätzlicher Bedeutung der Rechtssache, Abweichung von Entscheidungen des Bundessozialgerichts oder des gemeinsamen Senats der obersten Bundesgerichte oder bei Verfahrensmangel (§ 160 SGG).

Landessteuern, *Ländersteuer.* 1. Finanzwissenschaftlicher Begriff hinsichtlich →*Ertragshoheit:* a) *L. i. e. S.:* →Steuern, deren Aufkommen gem. Art. 106 II GG allein dem Bundesland zufließt; auch als *Landesertragsteuern* bezeichnet. Wichtigste Arten (in der Reihenfolge ihrer Aufkommenshöhe): →Kraftfahrzeugsteuer, →Vermögensteuer, →Grunderwerbsteuer, →Erbschaftsteuer und Schenkungsteuer, →Rennwettsteuer und Lotteriesteuer, →Biersteuer, →Feuerschutzsteuer, →Spielbankabgabe. – *Gegensatz:* →Bundessteuern, →Gemeindesteuern. – b) *L. i. w. S.:* Die Gesamtheit der einem Land zufließenden Steuereinnahmen, die aus den L. i. e. S. und dem Länderanteil an den →Gemeinschaftssteuern besteht; vgl. auch →Steuerverbund, →Finanzausgleich. – 2. Die →*Steuerverwaltungshoheit* über die L. liegt beim Land, doch ist auch →Auftragsverwaltung möglich, ebenso wie eine Verwaltung von Gemeindesteuern durch das Land.

landesüblicher Zinsfuß, *Landeszinsfuß,* Renditedurchschnitt aller längerlaufenden festverzinslichen Wertpapiere inländischer Emittenten (z. B. Staatsanleihen, Pfandbriefe, Kommunalobligationen). Der l. Z. wird der Errechnung des Ertragswertes zugrunde gelegt und dient den Unternehmen bei Rentabilitätsvergleichen.

Landesverkehrswacht, →Verkehrswacht.

Landesversicherungsanstalt (LVA), regional gegliederter →Versicherungsträger der →Sozialversicherung zur Durchführung der →Arbeiterrentenversicherung und der →Handwerkerversicherung für die in ihrem Bezirk wohnenden Versicherten, sofern nicht die Zuständigkeit einer Sonderanstalt der Arbeiterrentenversicherung (→Bundesbahn-Versicherungsanstalt, →Seekasse, →Knappschaft) gegeben ist. Neben den genannten Aufgaben erfüllen sie auch Gemeinschaftsaufgaben auf dem Gebiet der →Krankenversicherung, z. B. Betrieb von Kuranstalten und Heimen, Durchführung der vorbeugenden Gesundheitsfürsorge, Regelung des vertrauensärztlichen Dienstes, Prüfung der Geschäfts-, Rechnungs- und Betriebsführung der Krankenkassen.

Landesversorgungsamt, obere Versorgungsbehörde der Versorgungsverwaltung. Das L. führt die Aufsicht über die →Versorgungsämter und unterliegt der Aufsicht der zuständigen obersten Landesbehörde. Sachlich zuständig ist das L. u. a. für Entscheidungen über Anträge auf Badekuren, Heilstättenbehandlung, Kapitalabfindung, Durchführung von Versehrtenleibesübungen nach dem →Bundesversorgungsgesetz.

Landeszentralbank, von der Militärregierung in den einzelnen Ländern der drei westlichen Besatzungszonen gegründete Zentralbanken. Die L. waren rechtlich selbständige juristische Personen des öffentlichen Rechts mit einer gemeinsamen Tochter, der →Bank deutscher Länder. Sie hatten eigene währungspolitische Kompetenzen, von denen nur einige (insbes. zur Koordination) an die Bank deutscher Länder „delegiert" waren. Entsprechend war das Zentralbanksystem in den Westzonen zweistufig bzw. zweigliedrig. 1957 verloren die L. ihre Selbständigkeit und wurden zu einer Art von Hauptverwaltungen der →Deutschen Bundesbank. Sie haben heute die Geschäfte mit der Regierung, den Verwaltungen und Kreditinstituten des jeweiligen Landes und Koordination des Zahlungsverkehrs innerhalb des Landes durchzuführen.

Landfahrer, Personen, die im Sippen- oder Familienverband oder in sonstigen Gruppen nach besonderen, v. a. ethisch bedingten, gemeinsam entwickelten Wertvorstellungen leben und einer beweglichen Unterkunft zumindest zeitweise umherziehen. – Vgl. →Sozialhilfe III.

Landflucht, rasche Abwanderung von Teilen der ländlichen Bevölkerung in Städte

(Urbanisierung), verbunden mit Verschiebungen in der Erwerbsstruktur zugunsten des sekundären und tertiären Sektors (→Industrialisierung). In Deutschland führte diese Abwanderung im 19. und frühen 20. Jh. nicht zu einer absoluten Verringerung der ländlichen Bevölkerung, sondern zur Abnahme ihrer Zuwachsrate; dies wurde als politisch-gesellschaftlich-kulturell bedrohlich empfunden. – Gegenwärtig ist L. eines der *Hauptprobleme der Entwicklungsländer*, v.a. für die städtischen Agglomerationen, in denen die ländliche Überschußbevölkerung ein Auskommen sucht. – *Gegensatz:* Stadtflucht.

Landgericht, Stufe der Gerichtsorganisation. 1. Das L. *besteht* aus dem Präsidenten sowie der erforderlichen Zahl von Vorsitzenden Richtern und Richtern und entscheidet durch Kammern, die mit je drei Richtern besetzt sind (§§ 59–78 b GVG; vgl. →Kammer für Handelssachen). – 2. *Zuständigkeit:* a) *In Zivilsachen* für alle bürgerlichen Rechtsstreitigkeiten, die nicht den Amtsgerichten zugewiesen sind, insbes. für alle nichtvermögensrechtlichen Streitigkeiten; für vermögensrechtliche Ansprüche, deren →Streitwert 5000 DM übersteigt; für Streitigkeiten, die ihm ohne Rücksicht auf den Streitwert (zwecks Erzielung einer einheitlichen Rechtsprechung) zugewiesen sind, z. B. Ansprüche gegen Beamte oder die für diese nach Art. 34 GG haftende staatliche oder öffentliche Körperschaft wegen →Amtspflichtverletzung; Anfechtung von Hauptversammlungsbeschlüssen; Ansprüche wegen unwahrer Angaben bei der Emission von Wertpapieren, §§ 45 ff. Börsengesetz; zuständig ferner zur Entscheidung über →Berufungen und →Beschwerden gegen →Urteile und →Beschlüsse des Amtsgericht mit Ausnahme der amtsgerichtlichen Entscheidungen in →Familiensachen und →Kindschaftssachen, bei denen das Oberlandesgericht über Rechtsmittel entscheidet. Patentstreitigkeiten sind bestimmten L. für größere Bezirke zugewiesen (z. B. Frankfurt [Main] für Hessen und Rheinland-Pfalz). – b) *In Strafsachen* ist L. im ersten Rechtszug zuständig zur Aburteilung von →Verbrechen (insoweit auch als →Schwurgericht) und →Vergehen, soweit nicht das Amtsgericht oder ein höheres Gericht zuständig ist; es entscheidet ferner über Berufungen und Beschwerden gegen Urteile und Beschlüsse des Amtsgericht (§§ 73 ff. GVG). – 3. Vor dem L. besteht i. d. R. →Anwaltszwang. – 4. *Gegen* erstinstanzliche *Urteile* des L. ist oft Berufung an das Oberlandesgericht, u. U. auch →Revision oder Sprungrevision an den Bundesgerichtshof gegeben; gegen Beschlüsse i. d. R. Beschwerde an das Oberlandesgericht.

Landhandel, →Großhandelsunternehmungen, die landwirtschaftliche Erzeuger mit Saatgut, Düngemitteln, Maschinen u. a. beliefern und/oder deren Agrarprodukte

(Getreide, Obst, Gemüse, Vieh u. a.) aufkaufen. Da der L. meist im Belieferungs- und Erfassungsgeschäft der der Landwirtschaft vor- und nachgelagerten Marktstufen gleichzeitig tätig ist, werden Forderungen aus Warenlieferungen häufig mit den Erlösen aus dem Verkauf der Produkte verrechnet. Bei gleichzeitiger Übernahme der Finanzierung der Einsatzgüter bis zur Ernte/Verkaufsfähigkeit besteht Gefahr der Abhängigkeit des Erzeugers vom L.; dies war der Ursprung für die Entstehung der →landwirtschaftlichen Warengenossenschaften.

Landkreis, Zusammenfassung einer Reihe von →Gemeinden oder Ämtern. Selbstverwaltungskörperschaft, z. T. staatlicher Verwaltungsbezirk. Unterschiedliche Regelung in den von den Ländern erlassenen Kreisordnungen.

ländliche Kreditgenossenschaften, *Darlehnskassen-Vereine, Spar- und Darlehnskassen,* →Raiffeisenbanken, eingetragene Genossenschaften. Die *ersten* l.K. wurden von F. W. Raiffeisen um 1850 gegründet. – Gemeinsam mit den →Volksbanken unterhalten sie mit 19 100 Stellen das größte Bankstellennetz in des Bundesrepublik. Von den 2,1 Mill. Mitgliedern sind rund die Hälfte Landwirte, die andere Hälfte Gewerbetreibende und Arbeitnehmer. Die Zahl der l.K., die ehren- oder nebenamtlich (von Lehrern, Bauern, Pfarrern, Angestellten etc.) geleitet werden, geht zurück. Dagegen wächst die Zahl der von Bankfachleuten hauptamtlich geleiteten Spar- und Darlehnsbanken und Genossenschaftsbanken stetig. – *Geschäfte:* Grundsätzlich alle Bankgeschäfte, Effekten- und Devisengeschäfte unter Mitwirkung der Zentralkassen. Die Kreditgewährung (nur an Mitglieder gem. § 8 II GenG) erfolgt vornehmlich in Form des kurz- und mittelfristigen Buchkredits, an Nichtlandwirte vielfach auch in Form des Wechselkredits. Kreditgewährung an Nichtmitglieder hat Verlust der Steuerprivilegien zur Folge. Je ca. 40% der Gesamtausleihungen entfallen auf die Landwirtschaft und das mittelständische Gewerbe, der Rest auf freie Berufe und Arbeitnehmer. – Die l.K. sind in Genossenschaftsverbänden und diese wieder im →Bundesverband der deutschen Volks- und Raiffeisenbanken *zusammengefaßt.* Bankmäßige Betreuung erfolgt durch Zentralkassen, deren Spitzeninstitut die →Deutsche Genossenschaftsbank ist.

ländliche Kreditgenossenschaft mit Warenverkehr, Genossenschaftsform, insbes. von Raiffeisen als dörfliche Mehrzweckgenossenschaft errichtete bzw. empfohlene Genossenschaftsform. Zugleich Universalbanken mit Anschluß an die →genossenschaftlichen Verbund, Bezugs- und Absatzgenossenschaften der Bauern sowie Haus- und Gartenmärkte für die ländliche Bevölkerung. – Vgl.

→Kreditgenossenschaften, →Raiffeisengenossenschaften.

ländlicher Raum, vorwiegend landwirtschaftlich geprägte Regionen außerhalb der Ballungsgebiete. L.R. ist von der Entleerung bedroht, landwirtschaftlich benachteiligte Gebiete auch vom Zerfall der Landwirtschaft. Langfristiger Schutz dieser Regionen auch als Naherholungs- und Freizeiträume durch Verbesserung der regionalen Wirtschaftsstruktur (Schaffung und Sicherung von Arbeitsplätzen, Entwicklung neuer Wirtschaftszweige, Schaffung von Investitionsanreizen für gewerbliche Unternehmen, gezielte Verbesserung der wirtschaftlichen Infrastruktur; →Regionalpolitik I) und Agrarstrukturpolitik (→Agrarpolitik IV 2) als →Gemeinschaftsaufgaben des Bundes.

Landpacht, die Pacht von Grundstücken zur landwirtschaftlichen Nutzung, einschl. der mit der Bodennutzung verbundenen Tierhaltung sowie einer gartenbaulichen Erzeugung. – Neue *gesetzliche Regelung* als Folge des Strukturwandels in der Landwirtschaft und der gestiegenen Bedeutung der Parzellenpacht mit Wirkung ab 1.7.1986 im Gesetz zur Neuordnung des landwirtschaftlichen Pachtrechts vom 8.11.1985 (BGBl 2065; *Landpachtvertragsrecht)* und Landpachtverkehrsgesetz vom 8.11.1985 (BGBl I 2075; *(Landpachtverkehrsrecht).* Das Landpachtsvertragsrecht ist in den §§ 585–597 BGB eingehend als ein →Dauerschuldverhältnis ausgestaltet unter Hereinnahme sozialer Aspekte im Interesse agrarwirtschaftlicher Belange. Nach dem Landpachtverkehrsgesetz ist L. grundsätzlich anzeigepflichtig.

Landry-Theorie, →Übergangstheorie.

Landschaftspflege, →Naturschutz.

Landtransportversicherung, →Transportversicherung.

Land- und Forstwirtschaft. I. Begriff: Alle (selbständigen und Nebenerwerbs-) Betriebe, die sich mit der Nutzung des Bodens (Erdoberfläche) befassen, insbes. Ackerbau, Viehzucht (→Landwirtschaft) und Waldwirtschaft (→Forstwirtschaft). Die L.- u. F. ist neben Fischerei und Bergbau ein Zweig der Urproduktion. – *Rechtlich* sind Land- und Forstwirte nicht →Mußkaumann oder →Sollkaufmann. Sie können jedoch sowohl hinsichtlich ihres Betriebes als auch hinsichtlich eines mit der L.- u. F. verbundenen →Nebengewerbes durch Eintragung im Handelsregister →Kannkaufmann werden (§3 HGB).

II. Statistische Erhebung: Vgl. →Landwirtschaftsstatistik.

III. Steuerliche Behandlung: 1. *Einkommensteuer:* Vgl. →Einkünfte III. – 2. *Bewertung:* Vgl. →land- und forstwirtschaftliches Vermögen. 3. *Umsatzsteuer:* Vgl.

→landwirtschaftliche Umsätze. – 4. *Gewerbesteuer:* a) L.- u. F. ist auch dann gewerbesteuerfrei, wenn der Absatz der Erzeugnisse nach kaufmännischen Grundsätzen erfolgt. Desgleichen Gärtnereien, wenn sie nicht überwiegend fremde Erzeugnisse hinzukaufen. b) Landschaftsgärtnereien, die sich mit der Anlegung von Gärten befassen und zu diesem Zweck einen Bestand von Pflanzen halten, sind gewerbesteuerpflichtig, desgleichen Gartenarchitekten und Friedhofsgärtner.

land- und forstwirtschaftliches Vermögen, eine der →Vermögensarten nach dem BewG.

I. Begriff: Alle Wirtschaftsgüter, die einem Betrieb der Land- und Forstwirtschaft zu dienen bestimmt sind; insbes. Grund und Boden, Wohn- und Wirtschaftsgebäude, stehende und umlaufende Betriebsmittel, aber nicht Zahlungsmittel, Geldforderungen, Wertpapiere.

II. Bewertung (§§33–62 BewG): 1. →*Wirtschaftliche Einheit,* für die ein →Einheitswert festgestellt wird, ist der Betrieb der Land- und Forstwirtschaft, der beinhaltet: a) den *Wirtschaftsteil:* (1) land- und forstwirtschaftliche (landwirtschaftliche, forstwirtschaftliche, weinbauliche, gärtnerische und sonstige land- und forstwirtschaftliche) oder Nutzungsteile; (2) besondere Wirtschaftsgüter (→Abbauland, →Geringstland und →Unland); (3) →Nebenbetriebe; b) den *Wohnteil:* Gebäude und Gebäudeteile, soweit sie dem Betriebsinhaber und zum Haustand gehörigen Familienangehörigen und den Altenteilern (→Altenteil) zu Wohnzwecken dienen. – 2. *Verfahren:* a) Dem Wert für den *Wirtschaftsteil* ist der Ertragswert zugrunde zu legen, festgestellt in einem vergleichenden Verfahren: Die unterschiedliche Ertragsfähigkeit der gleichen Nutzungen in den verschiedenen Betrieben wird durch Vergleich der Ertragsbedingungen beurteilt und durch Zahlen ausgedrückt (→*Vergleichszahlen),* die dem Verhältnis der Reinerträge entsprechen. Aus den 100 Vergleichszahlen entsprechenden Ertragswert wird der Ertragswert für die einzelne Nutzung oder den Nutzungsteil abgeleitet (→*Vergleichswert).* →Zuschläge und →Abschläge unter besonderen Voraussetzungen möglich. Gesondert zu bewerten sind Nebenbetriebe und Abbauland mit dem Einzel-→Ertragswert, Geringstland mit dem →Hektarwert von 50 DM. Unland wird nicht erfaßt. – Aus den Vergleichswerten, den Zu- und Abschlägen, den Einzelertragswerten sowie den gesondert zu bewertenden Wirtschaftsgütern ergibt sich unter Berücksichtigung der besonderen Vorschriften für einzelne Nutzungen (§§50–62 BewG) der *Wirtschaftswert.* – b) Der *Wert für den Wohnteil* wird nach dem →Ertragswertverfahren für die Bewertung der Mietwohngrundstücke unter Berücksichti-

gung der Lage der Gebäude und eines Abschlags von 15% ermittelt *(Wohnungswert)*. – 3. Den *Einheitswert des Betriebes* bilden zusammen der Wirtschaftswert und der Wohnungswert. – 4. *Schulden,* die mit dem Betrieb der Land- und Forstwirtschaft zusammenhängen, sind erst bei der Ermittlung des →Gesamtvermögens abzugsfähig.
III. B e s o n d e r h e i t e n: 1. Der für den Betrieb der Land- und Forstwirtschaft festgestellte →Einheitswert gehört zum →Grundbesitz im Sinne des BewG und unterliegt auch der →*Grundsteuer.* – 2. Ferner kann der Betrieb ein →Betriebsgrundstück darstellen (sofern zu einem gewerblichen Betrieb gehörig) und bildet dann → *Betriebsvermögen.* – 3. Für nicht als Betriebsgrundstück eingeordnete Betriebe erfolgt *kein* →*Einheitswertzuschlag.*

land- und forstwirtschaftliche Umsätze, Begriff des Umsatzsteuerrechts für →Lieferungen und →Eigenverbrauch von Gegenständen eines landwirtschaftlichen oder forstwirtschaftlichen Betriebs (auch Tierzuchtbetriebe u. ä., die überwiegend eigene Erzeugnisse verwenden, sowie Nebenbetriebe). Die Steuer beträgt zwischen 5 und 14% der Bemessungsgrundlage. Die abziehbaren →Vorsteuern werden in gleicher Höhe angesetzt, so daß i. d. R. keine USt zu entrichten ist. Für die Lieferung und den Eigenverbrauch von Sägewerkserzeugnissen und Getränken, die in der Anlage I zum UStG nicht aufgeführt sind, sowie für alkoholische Flüssigkeiten verbleibt jedoch eine Steuerbelastung. →Option für Regelbesteuerung ist möglich (§§ 24, 24a UStG). Befreiung von der →Aufzeichnungspflicht.

Landwirte, Sammelbezeichnung für Personen, die als Bauern, Pächter usw. →Landwirtschaft betreiben. *Nicht* zu den L. gehören Eigentümer von Erwerbsgärtnereien und Nebenerwerbssiedler. – *Ausbildung:* a) Die VO über die *Berufsausbildung* zum Landwirt vom 14. 8. 1972 (BGBl I 1468) hat den L. als →Ausbildungsberuf staatlich anerkannt und den Inhalt der Berufsausbildung umschrieben.

– b) Landwirtschaftliches Studium mit akademischem Grad: *Diplom-Landwirt.* – L. unterliegen der *Sozialversicherung:* Vgl. →Altershilfe für Landwirte, →Krankenversicherung der Landwirte, →Landwirtschaftliche Unfallversicherung.

Landwirtschaft. I. A l l g e m e i n: 1. *Begriff:* Teil der →Urproduktion, bei der Boden und Nutztiere neben Arbeit, Kapital und Knowhow als Produktionsfaktoren beteiligt sind; Teil der →Land- und Forstwirtschaft. Wird vorwiegend Holz produziert, handelt es sich um →*Forstwirtschaft;* der Waldbau kann jedoch auch ein landwirtschaftlicher Nebenbetriebszweig sein. Die Einordnung reiner *Tierzucht- und Tiermastbetriebe* in die L. ist unter dem Kriterium der Bodengebundenheit landwirtschaftlicher Produktion nicht ganz unproblematisch; marktordnungsmäßig gehören die Erzeugnisse jedoch zur landwirtschaftlichen Produktion. Auch gartenbauliche Erzeugnisse werden weitgehend durch die landwirtschaftlichen Marktordnungen erfaßt; der *Gartenbau* ist jedoch i. d. R. arbeits- und kapitalintensiver sowie stärker spezialisiert. Die Grenzen zwischen Gartenbau, landwirtschaftlicher Obstproduktion und Feldgemüseanbau sind fließend. – 2. *Bedeutung in der Bundesrep. D.:* Wie in den meisten Industrieländern durch einen überwiegenden Anteil an bäuerlichen Familienbetrieben gekennzeichnet; über 90% der Arbeitskräfte sind voll- oder teilbeschäftigte Familienmitglieder. Mitte der 1980er Jahre wurden von den ca. 700 000 Betrieben mit über 1 ha Boden etwa 60% hauptberwerblich und 40% nebenerwerblich geführt. Nur je ca. 100 000 Betriebe sind „mittlere" und „größere" Betriebe (mit Standardbetriebseinkommen zwischen jährlich 30 000–50 000 DM oder über 50 000 DM). Der Anteil der landwirtschaftlichen Beschäftigten beträgt ca. 5% und ist nach wie vor leicht rückläufig. – Vgl. die Tabellen Sp. 51/52 und 53/54; →Landwirtschaftsstatistik.

II. H a n d e l s r e c h t: Organische Nutzung des Grund und Bodens zur Gewinnung von

Landwirtschaftliche Betriebe und landwirtschaftlich genutzte Fläche nach Größenklassen

Jahr	Landwirtschaftlich genutzte Fläche von ... bis unter ... ha									insgesamt
	1–2	2–5	5–10	10–15	15–20	20–30	30–50	50–100	100 u. m.	
	Zahl der Betriebe									
1949	305 723	553 061	403 699	171 819	84 436	72 170	40 251	12 621	2 971	1 646 751
1960	230 368	387 069	343 017	188 172	98 298	79 162	42 853	13 672	2 639	1 385 250
1971	138 255	225 420	213 417	146 951	105 822	108 214	58 478	17 899	3 241	1 017 697
1979	103 812	157 619	153 189	105 474	81 171	103 951	74 571	25 969	4 278	810 034
1985	89 832	134 393	129 956	89 424	69 914	93 740	76 333	32 133	5 150	720 835
1986	88 011	131 324	126 251	87 019	68 032	91 800	76 561	33 255	5 405	707 658
	Landwirtschaftlich genutzte Fläche in 1 000 ha									
1949	442,1	1 828,7	2 860,1	2 092,1	1 451,1	1 739,5	1 504,5	817,3	544,1	13 279,6
1960	331,8	1 290,2	2 483,3	2 301,9	1 688,6	1 903,6	1 600,9	884,5	450,1	12 934,8
1971	196,9	752,5	1 551,2	1 814,7	1 831,7	2 611,5	2 176,1	1 154,5	532,7	12 621,8
1979	145,9	524,8	1 115,3	1 301,5	1 409,8	2 537,6	2 802,9	1 674,6	691,3	12 203,6
1985	126,1	446,6	947,1	1 104,2	1 214,9	2 295,7	2 892,9	2 089,2	815,8	11 932,5
1986	123,5	436,2	920,0	1 074,5	1 182,4	2 250,2	2 904,5	2 166,9	851,3	11 909,6

Nutzungspflanzen (außer Bäumen) und von Nutzungstieren und deren Erzeugnissen, z. B. Ackerbau, Weinbau. Zur L. gehört auch die Umgestaltung der pflanzlichen und tierischen Erzeugnisse, nicht aber Gewinnung von anorganischen Bodenbestandteilen, z. B. Kies, Lehm, Torf, Mineralien (→Bergbau). Der *Inhaber einer L.* kann sowohl hinsichtlich des landwirtschaftlichen Unternehmens, als auch hinsichtlich eines mit der L. verbundenen →Nebengewerbes durch Eintragung im Handelsregister →Kannkaufmann werden (§ 3 HGB).

Landwirtschaftliche Alterskasse, →Altershilfe für Landwirte.

landwirtschaftliche Arbeitnehmer, rechtliche Behandlung: Die für diesen Personenkreis geltende „Vorläufige Landarbeitsordnung" vom 24. 1. 1919 wurde 1969 aufgehoben. Damit gelten für diesen Personenkreis nur die §§ 611 ff. BGB (nicht die Vorschriften der GewO). In einzelnen arbeitsrechtlichen Gesetzen finden sich Sonderregeln für die Land- und Forstwirtschaft (§ 1 I Nr. 1 AZO; §§ 8 III, 14 II, 17 II JArbSchG).

landwirtschaftliche Betriebsfläche, selbstbewirtschaftete Gesamtfläche eines landwirtschaftlichen Betriebes, umfaßt neben der →landwirtschaftlich genutzten Fläche auch die nicht mehr landwirtschaftlich genutzten Flächen, Ödland, Wald- und Gewässerflächen, Gebäude-, Hofflächen, Wegeland usw. – Vgl. auch →landwirtschaftliche Betriebsstatistik.

landwirtschaftliche Betriebsgenossenschaften. 1. *Begriff:* Zusammenfassende Bezeichnung für a) *Nutzungsgenossenschaften:* (1) Maschinengenossenschaften, (2) Elektrizitätsgenossenschaften, (3) Zuchtgenossenschaften, (4) sonstige Betriebsgenossenschaften; b) *Verwertungsgenossenschaften,* z. B. Molkerei-, Winzergenossenschaften. – 2. *Körperschaftsteuer:* a) L.B. sind gem. § 5 I Nr. 14 KStG von der →Körperschaftsteuer *befreit,* wenn sich ihr Geschäftsbetrieb nach der Satzung auf die gemeinschaftliche Benutzung land- und forstwirtschaftlicher Betriebseinrichtungen oder Betriebsgegenstände, auf die Bearbeitung oder Verwertung der von den Mitgliedern gewonnenen Erzeugnisse oder auf die Beratungen und Leistungen für die Produktion land- und forstwirtschaftlicher Erzeugnisse der Betriebe der Mitglieder beschränkt. – b) Umfaßt der Geschäftsbetrieb auch eine andere, nicht begünstigte Tätigkeit, so ist die Genossenschaft voll körperschaftsteuer*pflichtig;* ebenso wenn die l.B. an einer Personengesellschaft beteiligt ist, die einen Gewerbebetrieb unterhält oder eine nicht nur geringfügige Beteiligung an einer steuerpflichtigen Kapitalgesellschaft oder Erwerbs- und Wirtschaftsgenossenschaft besitzt.

landwirtschaftliche Brennerei, Begriff des →Branntweinmonopols: Einzel- oder Gemeinschaftsbrennerei, die mit einem landwirtschaftlichen Betrieb verbunden sein und auf Rechnung des Besitzers betrieben werden muß. Nur Kartoffeln und Getreide dürfen verarbeitet werden. Rückstände sind im landwirtschaftlichen Betrieb zu verwenden. Für l.B. gelten besondere Zulassungsvorschriften und Einschränkungen.

landwirtschaftliche Buchführung, die →Buchführung der Betriebe der Land- und Forstwirtschaft. 1. *Buchführungspflicht:* Ergibt sich handelsrechtlich für Land- und Forstwirte, die keine Kaufleute kraft Gesetzes sind, erst bei Eintragung ins Handelsregister (§§ 3, 238 ff. HGB). Steuerlich müssen alle Land- und Forstwirte, die einen Gesamtumsatz von mehr als 500 000 DM oder selbstbewirtschaftete land- und forstwirtschaftliche Flächen mit einem Wirtschaftswert von mehr als 40 000 DM oder einen Gewinn aus Land- und Forstwirtschaft von mehr als 36 000 DM haben, Bücher führen und aufgrund jährlicher Bestandsaufnahmen Abschlüsse machen (§ 141 AO), auch wenn sie handelsrechtlich dazu nicht verpflichtet sind. – 2. *Form:* Bestimmtes System nicht vorgeschrieben, Fernbuchhaltung (→Buchstellen) verbreitet.

Arbeitskräfte der landwirtschaftlichen Betriebe im Jahre 1985

Landw. genutzte Fläche von ... bis unter ... ha	Familienarbeitskräfte in 1 000					Familienfremde Arbeitskräfte	
	insgesamt	Betriebsinhaber		Mithelfende Familienangehörige		insgesamt	ständig beschäftigt
		zusammen	vollbeschäftigt	zusammen	vollbeschäftigt		
unter 1	63,8	35,2	7,1	28,7	3,2	22,7	14,8
1–2	136,5	82,4	6,3	54,1	2,3	15,5	8,7
2–5	245,6	126,6	14,2	119,0	6,0	22,8	10,3
5–10	286,0	127,7	28,0	158,3	11,6	19,3	7,3
10–20	377,1	156,9	89,3	220,2	28,1	22,6	8,5
20–30	236,7	93,5	78,2	143,2	26,9	15,9	6,5
30–50	197,3	76,0	68,6	121,4	27,8	23,0	11,5
50–100	81,4	31,8	28,8	49,6	12,7	26,1	16,0
100 und mehr	10,2	4,8	3,7	5,4	1,5	17,8	13,1
insgesamt	1 634,5	734,7	324,1	899,8	120,1	185,6	96,6

Bei Buchführungspflicht sind ein Anbauverzeichnis (§ 142 AO) und ein Warenausgangsbuch (§ 144 V AO) zu führen, wenn Arbeitnehmer beschäftigt werden, auch →Lohnkonten.

landwirtschaftliche Dienstleistungsgenossenschaft, →Genossenschaft mit Dienstleistungsaufgaben in der Landwirtschaft, z. B. Maschinen-, Elektrizitäts-, Zucht-, Weidegenossenschaften.

landwirtschaftliche Genossenschaft, zusammenfassender Begriff für →landwirtschaftliche Waren- und Verwertungsgenossenschaft, →ländliche Kreditgenossenschaft mit Warenverkehr, →landwirtschaftliche Dienstleistungsgenossenschaft, →Hauptgenossenschaft.

Landwirtschaftliche Krankenkassen, Träger der →Krankenversicherung der Landwirte, errichtet durch Gesetz vom 10. 8. 1972 (BGBl I 1433) bei jeder landwirtschaftlichen Berufsgenossenschaft. – *Mitglieder:* Versicherungspflichtige landwirtschaftliche Unternehmer, mitarbeitende Familienangehörige, Bezieher von Altersgeld oder Landabgaberente.

landwirtschaftliche Nutzfläche, →landwirtschaftlich genutzte Fläche.

Landwirtschaftliche Rentenbank, öffentlich-rechtliches Zentralinstitut zur Kreditgewährung an Landwirtschaft (einschl. Forstwirtschaft und Fischerei), Sitz in Frankfurt a.M.; gegründet 1949. Vgl. auch →Banken mit Sonderaufgaben. – *Rechtsgrundlage:* Gesetz über die L.R. i.d.F. vom 15.7.1963 (BGBl I 465) mit späteren Änderungen. – *Grundkapital* gebildet durch Einnahmen aus der Rentenbankgrundschuld (Reallast von 0,15% bei allen landwirtschaftlichen Betrieben mit mehr als 6000 DM Einheitswert über zehn Jahre). Grundkapital 264 Mill. DM; offene Rücklagen 209 Mill. DM zur Verstärkung des Kapitals und Deckungsrücklage zur Schaffung zusätzlicher Sicherheiten für die von ihr ausgegebenen Schuldverschreibungen. – *Aufgaben:* Kreditgewährung an Agrarinstitute zur Refinanzierung kurz-, mittel- und langfristiger Agrarkredite aller Art; Aufnahme von Darlehen und Ausgabe von Inhaberschuldverschreibungen bis zum sechsfachen Betrag des Kapitals. Verboten sind Depositenannahme und Effektenhandel für fremde Rechnung. Der L.R. obliegt auch die bankmäßige Durchführung der Aufgaben des →Absatzförderungsfonds. – Die L.R. besitzt die Aktienmehrheit der Handels- und Privatbank in Köln (früher Bank für Landwirtschaft AG).

landwirtschaftliche Struktur, Sammelbegriff für Struktur der Arbeitskräfte, Betriebsgrößen und Erwerbscharakter in der →Landwirtschaft. In der *Bundesrep. D.* waren (1985) über 90% der landwirtschaftlichen Erwerbstätigen Familienarbeitskräfte (davon rund drei Viertel teilbeschäftigt); zwei Drittel der Betriebsinhaber waren über 45 Jahre alt. Im Vergleich zur EG ist die Landwirtschaft eher kleinstrukturiert (Anteil der kleinen und mittleren Betriebe über 85%), was auch in Zukunft große Struktur- und Einkommensprobleme mit sich bringen wird. Nach dem Erwerbscharakter waren 1985 rund die Hälfte Vollerwerbsbetriebe (Anteil der landwirtschaftlichen Einkommen am Gesamteinkommen 90–100%), 40% →Nebenerwerbsbetriebe und 10% Zuerwerbsbetriebe (Anteil der landwirtschaftlichen Einkommen am Gesamteinkommen 50–90%).

landwirtschaftliches Vermögen, →land- und forstwirtschaftliches Vermögen.

landwirtschaftliche Verwertungsgenossenschaft →landwirtschaftliche Betriebsgenossenschaft, →landwirtschaftliche Waren- und Verwertungsgenossenschaft.

Landwirtschaftliche Unfallversicherung, Zweig der gesetzlichen →Unfallversicherung für Land- und Forstwirtschaft, Garten- und Weinbau u. ä. Die Beiträge werden nach dem Arbeitslohn, dem →Einheitswert oder ähnlichen Maßstäben berechnet.

landwirtschaftliche Waren- und Verwertungsgenossenschaft. 1. *Begriff:* Zur Steigerung der Wirtschaftlichkeit der landwirtschaftlichen Betriebe errichtete →Genossenschaft; Konkurrenzorganisation zum →Landhandel. – **2.** *Aufgaben:* a) *Beschaffung* von Saatgut, Düngemitteln und Futtermitteln, Maschinen sowie aller sonstigen Betriebsmittel; b) *Absatz* der landwirtschaftlichen Erzeugnisse, häufig nach vorheriger Be- oder Verarbeitung der Produkte; c) *Beratung* der Mitglieder in fachlichen Fragen, Empfehlung neuer Arbeitsverfahren, Prüfung der beschafften Waren im Hinblick auf Qualität und Eignung für die Mitgliederbetriebe und Einwirkung auf die Anlieferung qualitativ einwandfreier landwirtschaftlicher Erzeugnisse. – **3.** *Arten:* Bezugs- und Absatzgenossenschaften sowie →ländliche Kreditgenossenschaften mit Warenverkehr, Molkereigenossenschaften, Viehverwertungsgenossenschaften, Eierverwertungsgenossenschaften, Obst- und Gemüseverwertungsgenossenschaften, Winzergenossenschaften, sonstige Warengenossenschaften. – **4.** Regionale *Zusammenschluß* der örtlichen l.W.-u.V. zu →Zentralgenossenschaften, die ihrerseits Zentralinstitute für das gesamte Bundesgebiet gegründet haben (vgl. →Genossenschaftswesen I; →genossenschaftlicher Verbund). – **5.** *Bedeutung:* 1984 entfielen in der Bundesrep. D. auf die l.W.-u.V. 79% der Milchverarbeitung, über 50% des erfaßten Getreides, 44% des verkauften Gemüses und 26% des erfaßten Obsternte, 37% der Weinernte, 30% des marktmäßig verwerteten Schlachtviehs und ca. 60% des Handelsdüngerbezugs.

landwirtschaftlich genutzte Fläche, *landwirtschaftliche Nutzfläche,* die von den landwirtschaftlichen Betrieben zum Anbau von Feldfrüchten oder von Sonderkulturen (Tabak, Hopfen, Wein usw.) bewirtschaftete Fläche, die stets kleiner ist als die →landwirtschaftliche Betriebsfläche oder die landwirtschaftliche Wirtschaftsfläche.

Landwirtschaftsbuchstellen, →Buchstellen.

Landwirtschaftskammer, berufsständische Organisation der →Landwirtschaft mit in den einzelnen Ländern unterschiedlicher Rechtsstellung und Bezeichnung (auch: Landesverband, Hauptausschuß, Landesamt). In der Bundesrep. D. zehn L., zusammengeschlossen im Verband der L., Bonn.

Landwirtschaftspolitik, →Agrarpolitik.

Landwirtschaftssachen. 1. *Begriff:* Die nach dem Gesetz über das gerichtliche Vefahren in L. vom 21.7.1953 (BGBl I 667) mit späteren Änderungen den sog. Bauerngerichten zugewiesenen Streitigkeiten, v.a. nach dem →Grundstücksverkehrsgesetz, →Landpacht und ähnlichen Vorschriften. – 2. Im ersten *Rechtszug* entscheidet das Amtsgericht in der Besetzung von einem Amtsrichter und zwei landwirtschaftlichen Beisitzern, dann das Oberlandesgericht (drei Berufsrichter und zwei landwirtschaftliche Beisitzer) und der Bundesgerichtshof (Besetzung entsprechend OLG 3:2).

Landwirtschaftsstatistik, *Agrarstatistik,* Teilbereich der →amtlichen Statistik, gliedert sich in größtenteils zweijährlich oder in größeren Abständen stattfindende Betriebsstatistiken und jährlich oder in kürzeren Abständen durchgeführte Erzeugungsstatistiken. – Die L. *umfaßt:* 1. *Landwirtschaftliche Betriebsstatistiken;* dazu zählen die Landwirtschaftszählungen (1949, 1960, 1971, 1979), die zweijährliche →Agrarberichterstattung (seit 1975), repräsentative Arbeitskräfteerhebungen. Angaben über die Betriebsgrößenstruktur fallen jährlich aus der Bodennutzungshaupterhebung (→Bodennutzungserhebung) und die →Viehzählungen an, außerdem Grunderhebung der Rebflächen, →Weinbaukataster. Vgl. Tabellen →Landwirtschaft. – 2. *Landwirtschaftliche Erzeugungsstatistiken:* a) *pflanzliche Erzeugungsstatistiken:* jährliche Bodennutzungshaupterhebung, außerdem jährliche Statistiken über den Anbau von Gemüse und Erdbeeren und über Pflanzenbestände in Baumschulen; dreijährlich Anbau von Zierpflanzen, fünfjährlich Bestände der Baumobstanlagen; b) *tierische Erzeugungsstatistiken:* →Viehzählungen, monatlich Fleischerzeugung und Milcherzeugung und -verwendung, jährlich Fleischbeschau und Geflügelfleischuntersuchungen; monatlich Fischereistatistiken über Anlandungen der Hochsee-, Küsten- und Bodenseefischerei.

lange Sicht. 1. *Auslandswechsel* mit Laufzeit von 75–90 Tagen. – 2. Bei Privatdiskonten Abschnitte mit 60–90tägiger Laufzeit.

langfristige Planung, →Fristigkeit, →Unternehmensplanung.

langfristige Produktion, →Produktion, i.d.R. Auftragsproduktion, die sich über mehrere Geschäftsjahre erstreckt (z.B. Groß- und Werksanlagenbau). – *Handels- und steuerrechtlich* ist die Annahme einer (Teil-)Gewinnrealisation nur erlaubt, soweit endgültige Teilabrechnungen vorliegen und keine Verluste aus dem Gesamtgeschäft drohen.

langlebige Konsumgüter, →Gebrauchsgüter.

Längsschnittanalyse, Erfassung und Betrachtung von Daten über längere Zeiträume (Längsschnitt- oder Zeitreihen), um Veränderungen im Zeitablauf zu erkennen sowie Trends und Trendwendungen zu prognostizieren, z.B. durch Trendextrapolationen. – *Wichtige Methode:* Vgl. →Panel.

Längsschnittuntersuchung, *Longitudinalstudie,* auf verschiedene Zeitpunkte bezogene Informationen müssen möglichst dieselben oder repräsentativ ausgewählte Probanden betreffen. – *Gegensatz:* →Querschnittuntersuchung.

Langzeiturlaubskonto, Möglichkeit zur →Arbeitszeitflexibilisierung: Anfallende Überstunden und nicht verbrauchte Reste des Jahresurlaubs werden dem L. angerechnet. Die Gutschriften können langfristig angespart werden bis hin zu Langzeiturlaub oder →Sabbaticals; sie könnten prinzipiell auch auf ein →Vorruhestand angerechnet werden.

Laos, *Laotische Demokratische Volksrepublik,* Binnenstaat in Hinterindien. – *Fläche:* 236 800 km². – *Einwohner* (E): (1985) 3,59 Mill. (15,1 E/km²). – *Hauptstadt:* Vientiane (210 000 E); weitere wichtige Städte: Savannakhet, Paksé, Luang Prabang. – Unabhängigkeit innerhalb der Französischen Gemeinschaft seit 1949, völlig *unabhängig* seit 1954. Volksrepublik seit Sturz der Monarchie 1975. Verfassung von 1947 soll durch neue ersetzt werden. – *Verwaltungsgliederung:* 16 Provinzen und eine Präfektur (Vientiane). – *Amtssprache:* Lao.

Wirtschaft: Haupterwerbsquelle ist die *Landwirtschaft:* Wichtigstes Anbauerzeugnis ist der Reis, mit einem Anteil von 78% an der gesamten Erntemenge. Für die Bevölkerung werden, neben Reis, v.a. Mais, Maniok und Süßkartoffeln angebaut. Z.T. für den Export bestimmte Agrarprodukte sind Kaffee, Tabak, Baumwolle und Tee. – Die Viehhaltung weist kontinuierliche Zuwachsraten auf. – Ökonomisch bedeutende *Forstwirtschaft:* Wichtige Forstprodukte neben Holz bzw. tropischen Edelhölzern sind verschiedene

Arten von Bambus, Rattan, Po sowie Harze (Benzoe) und andere Lacksubstanzen. Produktion von Holzkohle. Laubholzeinschlag: (1983) 3,92 Mill. m³. – *Fischerei:* (1983) 20 000 t *Süßwasserfische.* – *Bergbau und Industrie:* Noch wenig erforschte Bodenschätze (Eisenerz, Kupfer, Mangan, Steinkohle, Erdöl, Kalkstein, Sylvine). Ausbeutung von Zinn, Gips und Steinsalz. L. verfügt nur über einige Unternehmen der Leicht-, Lebensmittel- und holzverarbeitenden Industrie. Bevorzugter Industriestandort ist die Hauptstadt Vientiane mit Umgebung. – *BSP:* (1982, geschätzt) 350 Mill. US-$ (95 US-$ je E). – *Öffentliche Auslandsverschuldung:* (1982) 180% des BSP. – *Inflationsrate:* (1982) 60%. – *Export:* (1984) 12 Mill. US-$ v.a. Zinn, Agrarprodukte, Holz, elektrische Energie. – *Import:* (1984) 48 Mill. US-$, v.a. Maschinenbau-, elektrotechnische Erzeugnisse und Fahrzeuge, bearbeitete Waren (u.a. Eisen und Stahl, Metallwaren), Erdölprodukte, chemische Erzeugnisse. – *Handelspartner:* UdSSR, VR China, Malaysia, Thailand.

Verkehr: 10 200 km *Straßen* (1981). 2344 km Straße zählen zum Netzwerk des Asian Highways. – *Keine Eisenbahn.* – Bedeutender *Binnenwasserverkehr.* Hauptverkehrsader ist der Mekong (1148 km schiffbar). – Im internationalen *Flugverkehr* neben Verbindungen zu den sozialistisch-kommunistischen Ländern auch eine reguläre Flugverbindung nach Bangkok. Neben dem internationalen Flughafen bei Vientiane bestehen Flughäfen in jeder Provinzhauptstadt. Im Inlandsverkehr werden nur die Städte Vientiane, Luang, Prabang und Paksé regelmäßig angeflogen. Eigene *Luftverkehrsgesellschaft.*

Mitgliedschaften: UNO, UNCTAD u.a.; Colombo-Plan.

Währungseinheit: Kip.

Laplace-Regel, →Entscheidungsregel bei Unsicherheit (→Entscheidungsregeln 2 c), nach der die Aktion mit dem maximalen Gesamtnutzen ausgewählt wird. Der Gesamtnutzen ist definiert als die Summe der Einzelnutzen für die verschiedenen Umweltzustände. – *Vorgang:* Jedem Umweltzustand in der →Entscheidungsmatrix wird die gleiche Eintreffwahrscheinlichkeit zugeordnet, da keine Vorinformationen darüber bestehen, daß irgendein Zustand mit höherer →Wahrscheinlichkeit eintritt als ein anderer (→Gleichwahrscheinlichkeit). Für jede Aktion werden die →Erwartungswerte der Ergebnisse bei den möglichen Umweltzuständen ermittelt. Die Aktion mit dem maximalen Erwartungswert wird ausgewählt. – *Anders:* →Bayes-Regel.

Laplacesche Wahrscheinlichkeitsauffassung, →Wahrscheinlichkeitsauffassungen.

large scale integration, →LSI.

Lärm. I. Allgemein: Als störend empfundene Schallereignisse, Töne, Klänge oder Geräusche. Physikalisch: Druckschwankungen der Luft, die mit einem Druckmeßgerät in physikalischen Einheiten, z.B. Mikrobar, gemessen werden können. Übliche Größe für quantitative Angaben ist der Schalldruckpegel (L_p). $L_p = 20\left(\lg \dfrac{p}{p_0}\right)$ mit dem Bezugsdruck p_0 = 20 Mikro- →Pascal (in Zeichen: µPa). Um darauf hinzuweisen, daß es sich bei L_p um ein logarithmiertes Größenverhältnis handelt, wird dem Zahlenwert von L_p das Kurzzeichen dB (Dezibel) angefügt. Beispiel: L_p = 35 dB.

II. Arbeitswissenschaft: Wesentlicher, bei der Wahl und Gestaltung des Arbeitsplatzes (→Arbeitsplatzgestaltung) zu berücksichtigender Faktor. L. von bestimmter Frequenz und Lautstärke, besonders unregelmäßiger L., hat gesundheitliche Schädigung und Beeinträchtigung der Arbeitsleistung zur Folge. Beseitigung oder Verminderung des L. kann leistungssteigernde Wirkung haben. Entscheidend ist neben der technisch gemessenen Lautstärke die individuelle menschliche Reaktion (Geräuschempfindlichkeit). – Mit folgenden Wirkungen muß gerechnet werden: (1) *Lärmbereich I (30 bis 65 dB):* L. kann als störend und belästigend empfunden werden. (2) *Lärmbereich II (65 bis 90 dB):* Neben den psychischen Wirkungen treten bereits Verengungen in den Blutgefäßen an Armen und Händen auf. (3) *Lärmbereich III (90 bis 120 dB):* Gefahr einer dauerhaften Gehörschädigung. (4) *Lärmbereich IV (über 120 dB):* Überschreitung der Schmerzgrenze; bereits nach kurzer Einwirkzeit kann ein deutlicher und dauerhafter Hörverlust eintreten. – *Maßnahmen* zur L.-Dämpfung: Schalldämpfende Baustoffe, Isolierungen, Doppelfenster, zweckentsprechende Maschinenkonstruktionen, Arbeitsplatzverlegung, Gehörschutz u.a.

III. Rechtliche Regelungen zur Lärmbekämpfung (v.a. der gesundheitsschädlichen L.): In den meisten Ländern der Bundesrep. D. sind besondere Vorschriften (meist Polizeiverordnungen) erlassen worden. – 1. Das *Bundesgesetz zum Schutz gegen den Baulärm* vom 9.9.1965 (BGBl I 1214) verpflichtet jeden, der Baumaschinen betreibt, dafür zu sorgen, daß Geräusche der Baumaschinen verhindert werden, die nach dem Stand der Technik vermeidbar sind, und Vorkehrungen zu treffen; die die Ausbreitung unvermeidbarer Baustellengeräusche auf ein Mindestmaß zu beschränken. – 2. Das *Bundesgesetz zum Schutz gegen Fluglärm* vom 30.3.1971 (BGBl I 282) nebst späteren Änderungen soll durch die Einführung von →Lärmschutzbereichen die Allgemeinheit vor Gefahren, erheblichen Nachteilen und erheblichen Belästigungen durch Fluglärm in der Umgebung von Flugplätzen schützen. – 3.

Gem. §15 *Arbeitsstättenverordnung* sind als Schutz gegen Lärm folgende Grenzwerte für den zulässigen Beurteilungspegel festgelegt worden: Bis 55 dB(A) bei geistiger Arbeit, bis 70 dB(A) bei sonstiger Bürotätigkeit, bis 85 dB(A) bei allen anderen betrieblichen Tätigkeiten, ggf. 90 dB(A) als oberster Wert. Lärm ist Schall, der das Gehör schädigen kann oder zu besonderen Unfallgefahren führt. Daher sind Arbeitsstätten so einzurichten und Arbeitsverfahren so zu gestalten, daß auf den Arbeitenden kein Lärm einwirkt. Wirkt trotz des Ausschöpfens der technischen Möglichkeiten weiterhin Lärm ein, so sind →*persönliche Schallschutzmittel* zu tragen. Ziel der Lärmbekämpfung gem. den Bestimmungen der →*Unfallverhütungsvorschrift* ist jedoch die *primäre Lärmminderung* (Bekämpfung des Lärms an seinem Ursprung).

Lärmbereich, →Lärm II.

Lärmschutzbereich, ein in die *Schutzzonen* 1 und 2 gegliederter Bereich außerhalb des Flugplatzgeländes (→Flughafen), der vom Bundesminister des Innern festgelegt wird. Im gesamten L. dürfen keine Krankenhäuser, Alten- und Erholungsheime sowie Schulen errichtet werden. Das gleiche gilt für Wohnungen in den besonders gefährdeten Schutzzonen 1. – *Entschädigungsansprüche* stehen denjenigen zu, die durch die genannten Beschränkungen Schäden durch wesentliche Wertminderungen an Grundstücken oder Grundstücksrechten erleiden. Vgl. →Lärm III 2.

Laserdrucker, im elektrostatischen Reproduktion-Verfahren arbeitender Seitendrucker (→Drucker). Die zu druckenden Zeichen werden mit einem Laserstrahl auf eine lichtempfindliche Schicht projiziert, dadurch erzeugte Farbpartikel auf das Papier übertragen und schließlich mittels Wärme und Druck eingebrannt werden. – *Vorteile:* Sehr gute Druckqualität, leichte Auswechselbarkeit des Zeichensatzes durch Austausch der Schriftkassette, hohe Druckgeschwindigkeit (zwischen 8 und 150 DIN-A4-Seiten pro Minute, abhängig vom Preis), sehr geringer Geräuschpegel; *Nachteile:* Hohe Anschaffungs- und Betriebskosten.

Lash, →Barge-Verkehr.

Laspeyres-Index, →Indexzahl, bei der die Gewichte g_i (→Gewichtung) die relativen Wertgrößen (Umsätze) der Basisperiode sind. Die wichtigsten L.-I. sind der *L.-Preisindex*

$$L_{0,1}^P = \sum \frac{p_1^i}{p_0^i} g_i = \sum \frac{p_1^i}{p_0^i} \cdot \frac{p_0^i q_0^i}{\sum p_0^i q_0^i} = \frac{\sum p_1^i q_0^i}{\sum p_0^i q_0^i}$$

und der *L.-Mengenindex*

$$L_{0,1}^Q = \sum \frac{q_1^i}{q_0^i} g_i = \sum \frac{q_1^i}{q_0^i} \cdot \frac{q_0^i p_0^i}{\sum q_0^i p_0^i} = \frac{\sum q_1^i p_1^i}{\sum q_0^i p_1^i}$$

Dabei ist 1 die Berichtsperiode, 0 die Basisperiode, p^i sind die Preise und q^i die Mengen der

Güter i. Vorteilhaft in bezug auf die Erhebungspraxis ist beim L.-I., daß die Gewichte über mehrere Perioden hinweg beibehalten werden, deshalb L.-I. gegenüber dem →Paasche-Index in der Praxis bevorzugt. Da sich die Zusammensetzung des Warenkorbes (Güterqualitäten und -mengen) beim Preisindex bzw. das Preisgefüge beim Mengenindex im Laufe der Zeit verändert, müssen ca. alle 5–7 Jahre neue Gewichte festgelegt werden. Die Vergleichbarkeit der Indexzahlen über längere Zeiträume hinweg wird dadurch erschwert.

Lassalle, Ferdinand, 1825–1864, Politiker, sozialistischer Propagandist. Der hochbegabte L. (in Berlin als Student das „Wunderkind" genannt) war stark von Hegel, Marx und Rodbertus beeinflußt. Teilnehmer an der Revolution von 1848. Gegner von Schultze-Delitzsch und seinen gewerblichen Genossenschaften. – *Tätigkeit:* L. formulierte agitatorisch das →eherne Lohngesetz. Als wirksame Gegenmaßnahme schlug er die Errichtung von →Produktivgenossenschaften mit staatlicher Hilfe vor (Gedanke übernommen von dem französischen Sozialisten →Blanc). – Er gründete 1863 den „Allgemeinen Deutschen Arbeiterverein", den Vorgänger der Sozialdemokratischen Partei Deutschlands. – *Hauptwerke:* „Die Philosophie Herakleitos des Dunkeln von Ephesos" 1858, „System der erworbenen Rechte, eine Versöhnung des positiven Rechts und der Rechtsphilosophie" 1861, „Offenes Handschreiben an das Zentralkomitee zur Berufung eines allgemeinen deutschen Arbeiterkongresses" 1863.

Lasswellsche Formel, erstes Kommunikationsmodell; 1948 von Lasswell publiziert: „Wer sagt was über welchen Kanal zu wem?". Ausgehend von der Theorie, daß Kommunikation aus einem Sender, einer Botschaft, einem Medium und einem Empfänger besteht. – Heute erweitert durch die Fragen nach der Kommunikationswirkung und der Umweltsituation; für die Werbung gilt: *Wer* (Unternehmung Werbetreibender) *sagt was* (Werbebotschaft) *unter welchen Bedingungen* (Situation) *über welche Kanäle* (→Media) *zu wem* (→Zielgruppe) *mit welchen Wirkungen* (→Werbeerfolg)?

Last der Staatsverschuldung, Begriff der Finanzwissenschaft. 1. *Inanspruchnahme von ökonomischen Ressourcen,* die der Staat der vollbeschäftigten Wirtschaft entzieht; Last trägt die gegenwärtig betroffene Generation (→new orthodoxy approach). – 2. *Subjektive Nutzeneinbuße;* nicht der Anleiheerwerber, der freiwillig kauft, sondern der zur späteren Tilgung der Anleihe Besteuerte wird die Steuer als Last empfinden (Buchanan). – 3. *Inanspruchnahme zur Tilgung;* Last trägt die Besteuerte. – 4. *Wachstumseinbuße* (→aggregate investment approach); Last trägt die zukünftige Generation.

Lastenausgleich, Gesetzgebung mit dem Ziel einer möglichst gleichmäßigen Verteilung der Kriegs- und Kriegsfolgeschäden der Heimatvertriebenen und Kriegssachgeschädigten auf alle. Diejenigen, die im Zweiten Weltkrieg ihren Besitz ganz oder teilweise bewahrt hatten, mußten an den Lastenausgleichsfonds Abgaben entrichten, aus dem an die Vertriebenen und Geschädigten Ausgleichsleistungen gewährt wurden. – *Rechtsgrundlagen:* Gesetz über den Lastenausgleich (LAG) vom 14.8.1952, jetzt i.d.F. vom 1.10.1969 (BGBl I 1909), zuletzt geändert durch 29. Gesetz zur Änderung des Lastenausgleichsgesetzes vom 16.2.1979 (BGBl 1979 I 181), mit zahlreichen Durchführungsverordnungen sowie zahlreiche weitere Gesetze. – 1. *Ausgleichsberechtige Schäden:* Vertreibungsschäden, Kriegssachschäden, Ostschäden, Sparerschäden, Zonenschäden. – 2. *Ausgleichsabgaben:* Vermögensabgabe, Hypothekengewinnabgabe, Kreditgewinnabgabe, Soforthilfesonderabgabe. – 3. *Ausgleichsleistungen:* a) *A. mit Rechtsanspruch:* Hauptentschädigung, Kriegsschadensrente, Hausratentschädigung, Entschädigung im Währungsausgleich für Spargutbaben Vertriebener sowie Entschädigung nach dem Altsparergesetz; b) *A. ohne Rechtsanspruch:* Eingliederungsdarlehen, Wohnraumhilfe, Leistungen aus dem Härtefonds oder aufgrund sonstiger Förderungsmaßnahmen.

Lastenausgleichsbank, *Bank für Vertriebene und Geschädigte,* Bad Godesberg; 1950 als AG gegründet, durch Gesetz vom 28.10.1954 in eine öffentlich-rechtliche Kreditanstalt mit einem Kapital von 25 Mill. DM umgewandelt. Durch Gesetz vom 20.2.1986 (BGBl I 297) ab 1.3.1986 abgelöst durch →Deutsche Ausgleichsbank.

Lastenbeihilfe, Form des →Wohngeldes für den Eigentümer eines →Eigenheims oder von →Wohnungseigentum oder den Inhaber eines eigentumsähnlichen →Dauerwohnrechts für die eigengenutzte Wohnung. – *Voraussetzung:* Die Belastung aus Kapitaldienst und Bewirtschaftung für die benötigte Wohnfläche muß die tragbare Belastung übersteigen, und das Familieneinkommen muß sich nach dem 30.6.1960 durch Tod oder Beschränkung der Erwerbsfähigkeit oder durch unverschuldete Arbeitslosigkeit erheblich verringert haben. Die Tragbarkeit der Belastung bestimmt sich nach der Höhe des Familieneinkommens und der Zahl der Familienmitglieder.

Lastenheft, *Cahier des charges,* eine Broschüre, die alle wichtigen technischen, wirtschaftlichen und rechtlichen Einzelheiten einer →Ausschreibung enthält: Angaben über Güte und Menge der Ware, technische Abwicklung (z.B. bei Bauvorhaben), Liefer- bzw. Leistungstermin, Angebotstermin, Erfüllungsbedingungen und dgl.

Lastfahrt, Fahrt eines Transportmittels mit Ladung. – *Gegensatz:* →Leerfahrt.

Lastgrad, →Intensitätsgrad.

lästiger Gesellschafter, Gesellschafter, der seine Gesellschafterpflichten gröblich verletzt oder durch anderweitiges Verhalten für die übrigen Gesellschafter untragbar geworden ist. Ein l.G. kann gem. §140 HGB (der sinngemäß auch für GmbH anzuwenden ist) ausgeschlossen werden (→Ausschließung, →Ausschließungsgrund). – L.G. hat *Anspruch* auf angemessene Abfindung entsprechend dem Wert seines Geschäftsanteils, der i.d. R. höher ist, als sein Kapitalkonto ausweist. – *Steuerliche Behandlung:* a) Liegt die Abfindungszahlung über dem Betrag des steuerlichen Kapitalkontos des l.G., so haben die *verbleibenden Gesellschafter* →Anschaffungskosten in Höhe der anteiligen stillen Reserven der bilanzierten und nicht bilanzierten Wirtschaftsgüter und ggf. des →Firmenwerts. Nur ein darüber hinausgehender Betrag ist bei der Gesellschaft als →Betriebsausgabe abzugsfähig. – b) *Beim l.G.* liegt eine Veräußerung des Mitunternehmeranteils vor. Der Abfindungsanspruch gilt in voller Höhe als Veräußerungspreis. Einzelheiten vgl. →Abfindung I 3 b).

Lastkraftwagen (Lkw), →Kraftfahrzeug, das nach Bauart und Einrichtung nicht zur Beförderung von Personen, sondern zur Beförderung von →Ladungen (Gütern) bestimmt ist. Für Lkw über 7,5 t ist Begrenzung der →Arbeitszeit des Kraftfahrzeugführers und Führung eines Fahrtennachweises vorgeschrieben (§15a StVZO). – *Fahrverbot:* An Sonntagen und gesetzlichen Feiertagen dürfen in der Zeit von 0.00 bis 22.00 Uhr Lkw über 7,5 t auf öffentlichen Straßen des Bundesgebietes nicht verkehren und Anhänger hinter Lkw (jeder Art) nicht mitgeführt werden; Ausnahme: Fahrten im Interzonenverkehr (§30 III StVO). Weitergehende Verkehrsverbote im Ferienreiseverkehr. – Vorschriften über die *Abmessungen* in der StVZO; Sondervorschriften im grenzüberschreitenden Güterverkehr nach der VO vom 8.3.1961 (BGBl I 216).

Lastschrift. I. Buchführung: *I.w.S.* Eintragung in der Soll-Seite eines Kontos; *i.e.S.* Buchung auf der Soll-Seite eines Kontokorrent-, Darlehens-, Hypotheken- oder Bankkontos.

II. Bankwesen: Einzugspapier, mit dessen Hilfe der Gläubiger (Zahlungsempfänger) durch Vermittlung seiner Bank (erste Inkassostelle) fällige Forderungen zu Lasten eines Kontos des Schuldners (Zahlungspflichtigen), bei dessen Bankverbindung (Zahlstelle) einziehen kann. – Vgl. auch →Lastschriftverfahren.

Lastschriftinkasso, →Inkassogeschäft III.

Lastschriftverfahren. 1. *Begriff:* Rechnungseinzugsverfahren mittels Lastschrift. – 2. *Arten:* a) *Abbuchungsauftragsverfahren:* Setzt voraus, daß zwischen Gläubiger und Schuldner (Zahlungspflichtigem) eine Vereinbarung getroffen wird, nach der der Zahlungspflichtige seiner Bank einen schriftlichen Abbuchungsauftrag erteilt, Lastschriften zu Lasten seines Kontos einzulösen. Kommt v. a. für Zahlungsempfänger in Betracht, die wiederholt Forderungen in über längere Zeit meist ungleicher Höhe bei bestimmten Kunden einzuziehen haben. – b) *Einzugsermächtigungsverfahren:* Setzt voraus, daß dem Zahlungsempfänger (Gläubiger) eine gültige schriftliche Einzugsermächtigung des Zahlungspflichtigen (Schuldners) vorliegt und die Lastschriften einen Hinweis auf das Vorliegen dieser Einzugsermächtigung tragen. Die Lastschrift wird dem belasteten Kunden entweder ausgehändigt, oder die Belastung wird durch Hinweis im Kontoauszug verdeutlicht. Bei Nichteinlösen der Lastschrift (z. B. mangels Deckung auf dem Konto des Zahlungspflichtigen) →Vorlegungsvermerk wie beim Scheck. Zahlungspflichtiger hat das Recht, der Belastung seines Kontos innerhalb von sechs Wochen zu widersprechen (aber nicht beim Abbuchungsauftragsverfahren!) und Wiedergutschrift des belasteten Betrages zu verlangen, sofern eine entsprechende Einzugsermächtigung nicht vorlag oder zwischenzeitlich zurückgezogen wurde. Verfahren eignet sich neben dem Einzug regelmäßig wiederkehrender Forderungen, wie z. B. Prämieninkasso der Versicherungsgesellschaften, auch für Gebühreneinzug von Versorgungsbetrieben, Wohnungsgesellschaften usw.

Lateinamerikanische Freihandelszone, →LAFTA.

latente Eignung, →Eignung.

latente Konkurrenz, Begriff der →Preistheorie. Bei Annahme des freien Marktzutritts hängt die Position eines Anbieters nicht nur von den Reaktionen der bereits am Markt befindlichen Anbieter, sondern auch von den Verhaltensweisen möglicher Konkurrenten ab. Falls auf einem Markt überdurchschnittlich hohe Gewinne erzielt werden, ist langfristig damit zu rechnen, daß neue Anbieter auf diesem Markt auftreten. Die von potentiellen Anbietern ausgehende Gefahr für die tatsächlichen Anbieter wird als l. K. bezeichnet.

latenter Bedarf, Bezeichnung der Marktforschung für das Vorhandensein eines Bedarfs ohne geldliche Kaufkraft. Die Absatzpolitik eines erwerbswirtschaftlichen Unternehmens hat die Frage evtl. zukünftiger Kaufkraft zu erwägen, um ggf. den l. B. zu mobilisieren. – Vgl. auch →Bedarfselastizität.

latente Steuern, Bezeichnung für die Differenz zwischen sich errechnende Steuern auf den nach Handelsbilanz und nach Steuerbilanz ausgewiesenen Gewinn. Vgl. →Rückstellung für latente Steuern, →Abgrenzungsposten für aktive latente Steuern.

Latenzzeit, →Reaktionszeit.

Laufbahnplanung, →mitarbeiterbezogene Planung und Kontrolle, →Personalplanung, →Karriereplanung.

laufende Inventur, *permanente Inventur,* eine Form der →effektiven Inventur. 1. *Kennzeichen:* Im Gegensatz zur →Stichtagsinventur werden die Bestände nicht an einem bestimmten Stichtag körperlich aufgenommen, sondern „laufend" während des ganzen Geschäftsjahres, evtl. durch einen besonderen Inventurtrupp, dem allein die Aufgabe der Bestandsaufnahme obliegt. Am Bilanzstichtag werden die Bestände aus der buchmäßigen Bestandsfortschreibung in das Inventar übernommen. – 2. *Wesentliche Voraussetzungen:* a) strenge Anforderungen an die Bestandsfortschreibung (z. B. in der →Lagerbuchführung): alle Zu- und Abgänge einzeln nach Tag, Art und Menge; belegmäßiger Nachweis; b) in jedem Geschäftsjahr mindestens einmal Vergleich zwischen Buchbestand und körperlicher Bestandsaufnahme je einzelnem Bestand; gleichzeitige Prüfung aller Bestände je Lagerort nicht erforderlich; c) Buchbestände sind ggf. an die Bestandsaufnahme anzupassen; d) l. I. ist nicht auf das Vorratsvermögen (= Hauptanwendungsfall) beschränkt, nicht anwendbar auf Vorräte mit unkontrollierbaren Abgängen und bei besonders wertvollen Vermögensgegenständen. – 3. *Durchführung:* In unregelmäßigen und vorher nicht absehbaren Zeitabständen (den Inventurplan sollte nur der Inventurleiter kennen) durch nicht für die Bestände verantwortliche Personen; nur dann ist Kontrollfunktion gewährleistet. – Am *Bilanzstichtag* selbst findet i. d. R. keine besondere Stichtaginventur statt, so daß nachteilige Betriebsunterbrechungen zum Jahresende und der Einsatz sachkundigen Personals für die Bestandsaufnahme vermieden werden. – Die ordnungsgemäß durchgeführte l. I. ist *steuerlich* zugelassen (Abschn. 30 EStR). – 4. *Sonderfall der l. I.* ist die sog. *Einlagerungsinventur* bei automatisch gesteuerten Lagersystemen. Die Fortschreibung in den Lagerbüchern ist mit der automatischen Lagersteuerung synchronisiert.

laufender Arbeitslohn, im Sinne des Lohnsteuerrechts der →Arbeitslohn, der dem Arbeitnehmer regelmäßig zufließt. – *Gegensatz:* →sonstige Bezüge.

laufende Rechnung, Abrede über die Verrechnung beiderseitiger Forderungen nach bestimmten Rechnungsperioden. Soweit *ein* →Kaufmann beteiligt ist, liegt i. d. R. ein →Kontokorrentvertrag vor. Wird die Vereinbarung unter Nichtkaufleuten getroffen, können §§ 355–357 HGB nur insoweit herangezogen werden, als es dem evtl. durch →Auslegung zu ermittelnden Willen der Parteien entspricht.

laufendes Budget, finanzwissenschaftlicher Begriff. Erfassung aller finanziellen Transaktionen, die zu keiner Veränderung des Vermögensstatus einer Gebietskörperschaft führen. Vgl. →Haushaltssystematik 5. – *Gegensatz:* →Kapitalbudget.

laufende Schuld, gewerbesteuerlich vgl. →Dauerschuld I 3.

laufende Versicherung, v. a. in der Transportversicherung gebräuchliche Vertragsform, bei der die versicherten →Interessen bei Vertragsschluß lediglich der Gattung nach bezeichnet und erst nach der Entstehung dem Versicherer einzeln aufgegeben werden (Deklarationspflicht des Versicherungsnehmers). – Vgl. auch →Generalpolice.

Laufkarte, Produktionsunterlage, die im Rahmen der →Produktionsprozeßsteuerung erstellt wird. Auf der L. sind die einzelnen Arbeitsgänge und -stationen zur Bearbeitung eines Auftrages angegeben. Nach Beendigung eines Arbeitsganges wird der entsprechende Realisationsgrad des Auftrages auf der L. vermerkt.

Laufkunden, Käufer, die ihren Bedarf nicht bei einem bestimmten Einzelhändler oder Dienstleistungsunternehmen decken wie die →Stammkunden, sondern „im Vorübergehen" oder jeweils nach Prüfung des Marktangebots in wechselnden Unternehmen. – *Marketinginstrumente* zur Beeinflussung von L.: Standort, Schaufenster-, Lagenfrontgestaltung, Werbung, insbes. mit preisgünstigen Sonderangeboten.

Laufwerk, →Diskettenlaufwerk, →Magnetplattenspeicher.

Launhardt-Hotelling-Modell, oligopolistisches Preismodell, in dem zwei Anbieter autonome Preisstrategie betreiben, d. h. beide Anbieter streben die Unabhängigkeitsposition an. Es handelt sich um ein →Cournotsches Dyopol bei Preisstrategie. Nur zur Unterscheidung vom Cournotschen Mengenmodell wird es als L.-H.-M. bezeichnet. Das ursprüngliche L.-H.-M. behandelt das Problem der autonomen Preisfixierung bei räumlicher Produktdifferenzierung.

Laursen-Metzler-Effekt, Begriff der monetären →Außenwirtschaftstheorie. Nach der traditionellen Vorstellung entfällt bei →flexiblen Wechselkursen der internationale Konjunkturzusammenhang (→internationaler Konjunkturverbund). Laursen und Metzler weisen demgegenüber darauf hin, daß unter bestimmten Annahmen eine Realeinkommensexpansion in einem Land A bei flexiblen Wechselkursen durchaus zu einer Einkommenskontraktion in einem Land B führen kann. Die *Grundüberlegung* ist, daß der Zahlungsbilanzausgleich bei flexiblen Wechselkursen über den Wechselkursmechanismus eine Aufwertung der Währung des Landes B und damit eine Veränderung der →terms of trade zu seinen Gunsten impliziert. Dies bedeutet wiederum eine Steigerung des inländischen Realeinkommens bzw. Güterangebots. Bei gegebenem Geldvolumen und damit gegebener inländischer Gesamtnachfrage dürfte das Preisniveau sinken, und es kann zu einem deflatorischen Druck kommen.

Lausanner Schule, →Grenznutzenschule 2.

Lautsprecherwagen, Kraftwagen mit aufmontiertem Lautsprecher. Sprechtexte und Musik können von der Schallplatte oder vom Tonband wiedergegeben, Ansagen direkt durch das Mikrofon gesprochen werden. *Verboten* ist der L., wenn dadurch →Verkehrsteilnehmer in einer den Verkehr gefährdenden oder erschwerenden Weise abgelenkt oder belästigt werden können (§ 33 StVO). – Auf Großveranstaltungen werden häufig *Lautsprecheranlagen* mit einer oder mehreren Sendestellen und über die Veranstaltungsfläche verteilten Lautsprechern installiert.

Lawinensteuer, →Kaskadensteuer.

Lawinensystem, →progressive Kundenwerbung, →Schneeballsystem.

Lawinenwirkung, →Kaskadenwirkung.

law of indifference, →Prinzip der →Preisunterschiedslosigkeit.

Layer, Abschnittsdeckung bei Versicherungen. Die Versicherungssumme wird in L. aufgeteilt (z. B. 0–10 Mill, über 10–20 Mill., über 20–50 Mill. DM), der Versicherer haftet nur für den Teil des Schadens, der in seinen L. fällt (z. B. Schaden 12 Mill., Versicherer des L. „über 10–20 Mill." haftet nur für 2 Mill. DM). – L.-Deckungen eignen sich neben der →Mitversicherung zur Aufteilung des Risikos bei hochsummigen Versicherungen. – Bei →Betriebsunterbrechungsversicherungen auch *Zeit-L.*

Layout. I. Allgemein: Räumliche Anordnung.

II. Im Betrieb: Z. B. innerbetriebliche Standortplanung. – *Layoutplanung:* Prozeß der Generierung und Bewertung alternativer räumlicher Anordnungsmöglichkeiten *(innerbetriebliche Standortverteilungen, Layouts)* für gewisse Objekte innerhalb von Betrieben. Typische Fragestellungen der i. S. betreffen u. a. die Anordnung von Arbeitsplätzen, Maschinen und/oder Fertigungsanlagen in Fabrikhallen, von Lägern auf dem Betriebsgrundstück, von Verkaufsständen in Warenhäusern, von Büros in Verwaltungsgebäuden bzw. von Arbeitsplätzen in Großraumbüros. Vgl. im einzelnen →Layoutplanung.

III. W e r b u n g : Skizzenhaft angelegter Entwurf der Text- und Bildgestaltung eines →Werbemittels, insbes. von Anzeigen und Plakaten sowie von Zeitschriften und Büchern. Das L. dient als Vorlage für Anordnung von Text- und Bildelementen, Formatierung und Verwendung bestimmter Schriftzüge. – *Forderungen an ein L.:* Vielseitige Verwendbarkeit, Eigenständigkeit der Form, Abgestimmtheit auf Produkt und Zielgruppe, Abhebung von Konkurrenzwerbung.

Layouter, →Werbeberufe I 3 c).

Layoutplanung. *innerbetriebliche Standortplanung.* I. B e g r i f f : 1. *I.w.S.:* Entscheidungsvorbereitung und -fällung über Art, Menge und räumliche Anordnung von Potentialfaktoren und Arbeitssystemen – 2. *I.e.S.:* Entscheidungsvorbereitung und -fällung über die räumliche Anordnung von Potentialfaktoren und Arbeitssystemen; umfaßt →Groblayoutplanung, →Lagerplanung, →Maschinenlayoutplanung und →Gebäudelayoutplanung.

II. G r u n d p r o b l e m d a r s t e l l u n g : Es existiert eine abgegrenzte Fläche (Standortträger, Anordnungsfläche), auf der eine Menge von Objekten (Anordnungsobjekte) angeordnet werden sollen. Es existieren a) zwischen den Anordnungsobjekten gewisse Beziehungen (Kontakte), z. B. Güterflüsse, Formularbewegungen, Kommunikationsbeziehungen; b) Restriktionen, die die Anordnung von gewissen Objekten an einer ganz bestimmten Stelle oder in einem bestimmten Bereich der Anordnungsfläche fordern oder verbieten (absolute Anordnungsbedingungen) und/oder die räumliche Nachbarschaft gewisser Objekte fordern oder verbieten (relative Anordnungsbedingungen); c) eine Menge von Zielen; die Ausprägungen der Zielgrößen hängen von der jeweiligen (absoluten und/oder relativen) räumlichen Anordnung der Anordnungsobjekte ab; gesucht ist eine räumliche Anordnung (innerbetriebliche Standortverteilung, Layout), die den Zielen am besten gerecht wird.

III. M o d e l l e : Unter einer Reihe vereinfachender Annahmen lassen sich Probleme der L. mit Hilfe →*quadratischer Zuordnungsprobleme* untersuchen. Der Einsatz von Modellen der *Graphentheorie* ist v. a. in jüngerer Zeit Gegenstand wissenschaftl. Untersuchungen.

IV. L ö s u n g s v e r f a h r e n : a) *Verfahren zur Bestimmung optimaler Lösungen für quadratische Zuordnungsprobleme* spielen bei L. der Praxis kaum eine Rolle, da die zugrundeliegenden Modelle der Vielzahl von Zielen und Nebenbedingungen i. d. R. nicht gerecht werden. – b) Bei *klassischen Verfahren der L.* können dagegen gewisse Gegebenheiten der Realität (insbes. die unterschiedlichen Grundflächenformen der Anordnungsobjekte) besser berücksichtigt werden. Zu unterscheiden:

(1) *Eröffnungs- bzw. Konstruktionsverfahren* zur Erzeugung einer möglichst guten Ausgangslösung, am bekanntesten CORELAP (computerized relative layout planning); (2) *Verbesserungsverfahren:* Ausgehend von einer vorgegebenen Lösung (etwa durch den Austausch von Standorten) wird versucht, bessere Lösungen zu erzeugen, am bekanntesten CRAFT (computerized relative allocation of facilities); (3) Kombinationen aus (1) und (2). – c) Den neuesten Stand der Entwicklung stellen *Dialogverfahren* (interactive CORELAP, MICROLAY) dar, bei denen der Planer aktiv in den Programmablauf einwirken kann, indem er etwa Zuordnungen vorgibt, Grundflächenformen der Anordnungsobjekte variiert, die Zulässigkeit von Lösungen beurteilt. So sollen einerseits die Fähigkeit der Rechenanlage zur Verarbeitung großer Datenmengen, andererseits die visuellen Fähigkeiten des Planers, seine Erfahrungen und Intuition möglichst gut genutzt werden.

LBA, Abk. für →Luftfahrt-Bundesamt.

LCP, logical construction of programs, →Warnier-Orr-Methode.

Leader-match-Konzept, →Führungstheorie von F. E. Fiedler, die die Effektivität von Führung in den Mittelpunkt der Betrachtung stellt. Ob ein Führer (leader) effektiv ist, hängt von seinem →Führungsstil und der Günstigkeit der Situation ab. Dabei ist der Führungsstil kein typisches Verhaltensmuster, sondern eine dauerhafte Persönlichkeitseigenschaft, die von den motivationsbestimmenden Erfahrungen bestimmt wird. – Fiedler wendet verschiedene soziometrische Verfahren zur Bestimmung des Führungsstils und der Günstigkeit der Situation an, um bei der optimalen Gestaltung Hilfen anzubieten. – Vgl. auch →Kontingenztheorie der Führung.

leaders, →Konjunkturindikatoren 2 a).

Learning, Forschungsbereich der →künstlichen Intelligenz. Gegenstand ist die Entwicklung von Methoden, die es →Softwaresystemen ermöglichen sollen, sich selbst automatisch zu ändern, so daß z. B. ihre →Performance verbessert wird oder ihr Leistungsumfang vergrößert wird.

Leasing, *Anlagenmiete.* I. B e g r i f f : Besondere Vertragsform der Vermietung und Verpachtung von Investitions- und Konsumgütern. Das L.objekt wird entweder von einer speziellen L.gesellschaft vom Hersteller gekauft und dann dem L.nehmer übergeben *(indirektes L.)* oder direkt vom Produzenten verpachtet *(direktes* oder *Hersteller-L.).*

II. V e r t r a g s f o r m e n : 1. *Vertragsbestandteile:* a) Grundmietzeit, in der i. d. R. kein Kündigungsrecht für den L.nehmer zugelassen wird; b) Vereinbarung von Verlängerungs- oder Kaufoptionen nach Ablauf der Grundmietzeit; c) Höhe der zu entrichtenden L.raten; d) Übernahme der Gefahr des zufälligen Untergangs oder der wirtschaftlichen Entwertung (Investitionsrisiko) durch L.geber oder L.nehmer; e) evtl. Vereinbarungen über Wartung und Pflege des L.objekts. – 2. *Arten der Vertragsgestaltung:* a) *Operate L.-Verträge:* Entsprechen Mietverträgen im Sinne des BGB. Die Kündigung des Vertrags ist i.d.R. bei Einhaltung gewisser Fristen möglich. Der L.geber trägt das gesamte Investitionsrisiko. – b) *Finanzierungs-L.-Verträge:* Eine bestimmte Grundmietzeit ist unkündbar. Nach deren Ablauf wird dem L.nehmer i.d.R. eine Verlängerungs- oder Kaufoption eingeräumt. Das Investitionsrisiko trägt der L.nehmer. Vgl. auch →Mietkauf. – c) *Sale-and-leaseback-Verträge:* Das L.objekt wird von der L.-Gesellschaft dem L.nehmer erst abgekauft und anschließend wieder vermietet bzw. verpachtet.

III. Erscheinungsformen: 1. Nach dem *L.objekt:* a) *Konsumgüter-L.* für höherwertige Konsumgüter; b) *Investitionsgüter-L.:* (1) *Equipment-L.* als Vermietung von beweglichen Gegenständen, wie Büro-, Werkzeug- oder Baumaschinen; Equipment-L. wird oft als Hersteller-L. ausgestaltet. (2) *Immobilien-L.,* Vermietung unbeweglichen Anlagevermögens, z.B. von Gebäuden oder ganzen Industrieanlagen. – 2. Nach der *Wartungsvereinbarung:* a) *Operate L.:* Saisonale Ausrüstungsvermietung mit vollem Service und u.U. Personalstellung; b) *Maintenance L.:* Die Wartung des L.objekts wird vom L.geber übernommen; c) *Finanzierungs-L.:* Wartung und Instandhaltung erfolgt durch den L.nehmer.

IV. Handels- und steuerrechtliche Behandlung: 1. *Bilanzierung des L.objektes:* a) In der *Handelsbilanz:* In der Literatur umstritten. Laut Grundsatzurteil des BFH vom 26.1.1970 gelten die Leitsätze für die steuerliche Regelung prinzipiell auch für die Handelsbilanz. – b) In der *Steuerbilanz:* Durch den L.-Erlaß des BFH vom 19.4.1971 geregelt. – Für *Finanzierungs-L.* gilt: (1) Bei L.verträgen *ohne Optionsrecht* ist das L.objekt dem L.geber zuzurechnen, wenn die Grundmietzeit zwischen 40% und 90% der betriebsgewöhnlichen Nutzungsdauer des L.objekts beträgt, sonst dem L.nehmer. (2) Bei L.verträgen *mit Kaufoption* erfolgt die Bilanzierung beim L.geber, wenn die beiden folgenden Voraussetzungen erfüllt sind: Die Grundmietzeit liegt zwischen 40% und 90% der betriebsgewöhnlichen Nutzungsdauer des L.objekts; der Kaufpreis im Fall der Ausübung der Option unterschreitet weder den durch lineare Abschreibung ermittelten Buchwert noch den niedrigeren gemeinen Wert im Veräußerungszeitpunkt. Ansonsten erfolgt die Bilanzierung beim L.nehmer. (3) Für L.verträge *mit Mietverlängerungsoption* gelten die gleichen Grundsätze

wie für Verträge mit Kaufoption, jedoch tritt an die Stelle des Kaufpreises die Anschlußmiete. – Bei *Spezial-L.-Verträgen* erfolgt die Bilanzierung des Objekts grundsätzlich beim L.nehmer. – Werden *Operate-L.-Verträge* abgeschlossen, so ist das L.objekt immer beim L.geber zu bilanzieren. – 2. *Leasingraten:* Sind beim L.nehmer steuerlich (voll) als →Betriebsausgaben absetzbar. – 3. *Umsatzsteuer:* Beim L.nehmer vom vollen, geschätzten Entgelt, das während der Vertragsdauer voraussichtlich anfällt; Vorsteuerabzug beim L.geber entsprechend.

V. Beurteilung: 1. *Kosten:* Die Summe der L.raten übersteigt die Anschaffungskosten des L.objekts. Die Kosten betragen i.d.R. etwa 130% des Kaufpreises. – 2. *Rentabilität:* a) *L. und eigener Kauf:* L. kann trotz höherer Kosten für den L.nehmer vorteilhafter sein. Durch die ratenweise Zahlung der L.raten erfolgt eine relative Zinsersparnis im Vergleich zur sofortigen Zahlung. Ist das L.objekt beim L.geber zu bilanzieren, so hat der L.nehmer im Vergleich zu einer eigenen Aktivierung einen liquiditäts- und rentabilitätsmäßigen Vorteil durch eine Steuerverschiebung: Da die L.raten als Betriebsausgabe steuerlich voll absetzbar sind, erhält er, je kürzer die Grundmietzeit im Verhältnis zur betriebsgewöhnlichen Nutzungsdauer und somit je höher die L.raten im Verhältis zu den Abschreibungen sind, einen zinslosen Steuerkredit. Diese rentabilitätsmäßigen Vorteile können die höheren Kosten des L. überkompensieren. – b) *L. und Fremdfinanzierung durch Kredite:* L. hat steuerliche Vorteile. Durch L.finanzierung wird die Bezugsbasis der Gewerbekapital- und die der Gewerbeertragsteuer nicht berührt. Dagegen müssen bei Kreditfinanzierung die Dauerschulden zum Gewerbekapital und die Zinsen auf diese Dauerschulden zum Gewerbeertrag zu jeweils 50% hinzugerechnet und versteuert werden. – 3. *Liquidität:* Durch L. wird eine liquiditätsmäßige Anspannung wie sie beim käuflichen Erwerb auftritt, vermieden. Die Liquidität wird erheblich erhöht, da weder eigene noch fremde Mittel benötigt werden. – 4. *Verschuldungsspielraum:* Dem Argument, die Finanzierung über L. sei geeignet, den Verschuldungsspielraum eines Unternehmens auszudehnen, da er aus der Bilanz nicht ohne weiteres ersichtlich ist und relevante Kennzahlen nicht beeinträchtigt sind, steht die Literatur kritisch gegenüber. Bei Beantragung eines Kredits müssen auch Zahlungsverpflichtungen aus L.verträgen offengelegt werden. – 5. *Investitionsrisiko:* Wenn dem L.nehmer ein Recht zur vorzeitigen Kündigung eingeräumt wird, so wird das Risiko wirtschaftlicher Überalterung des L.objekts auf den L.geber abgewälzt. I.d.R. ist die Grundmietzeit jedoch unkündbar. – 6. *Bonitätsanforderungen* der L.gesellschaften werden als geringer eingestuft als diejenigen von Kreditinstituten. Dies wird mit der besseren Marktkenntnis für das L.objekt und der daraus folgenden besseren Verwertung des L.objekts im Vergleich zur Verwertung von Sicherheiten durch Banken begründet. Unternehmen wird so eine „Kapitalquelle" erschlossen, die es ermöglicht, Investitionen auch dann noch durchzuführen, wenn eine Fremdfinanzierung über Kredit unmöglich ist. – 7. *Beratung:* Durch seine guten Produktkenntnisse über das L.objekt kan der L.geber eine Beratungsfunktion übernehmen. – 8. Für die *Hersteller* von Investitionsobjekten kann L. den herkömmlichen Verkauf verdrängen so die Vertriebsfunktion erfüllen (z. B. Datenverarbeitungsanlagen). – 9. Ob die Finanzierung über L. gegenüber den Alternativen Kauf mit Eigen- oder Fremdfinanzierung *vorteilhaft* ist, muß im Einzelfall bei gegebenen Objektdaten und Vertragsbedingungen geprüft wqerden. Durch Aufstellen eines Finanzplans unter vollständiger Erfassung aller Ein- und Auszahlungen der jeweiligen Alternative ist ein Vorteilhaftigkeitsvergleich möglich.

VI. L e a s i n g - G e s e l l s c h a f t e n : In fast allen westeuropäischen Ländern und den USA. Größte Bedeutung in USA, Bundesrep. D., Frankreich, Großbritannien. – *Verbände:* Bundesverband Deutscher Leasing-Gesellschaften e. V. (BDL), Sitz in Köln; LEAS-EUROPE, Sitz in Brüssel (europäischer Dachverband von 15 nationalen L.-Verbänden).

least developed countries (LLDC), von den Vereinten Nationen 1971 geprägte Bezeichnung für besonders unterentwickelte →Entwicklungsländer. Klassifikation nach *drei Indikatoren:* Bruttoinlandsprodukt (BIP) pro Kopf der Bevölkerung in US-Dollar, Anteil der industriellen Produktion am BIP, Alphabetisierungsquote der Bevölkerung über 15 Jahre. Seit 1985 gilt folgendes (Werte ermittelt für den Durchschnitt der Jahre 1980–1982): BIP pro Kopf niedriger als 355 Dollar, Industriequote unter 10%, Alphabetisierungsquote unter 20%. Bei Vorliegen der letzten beiden Schwellenwerte kann ein Land auch als LLDC eingestuft werden, wenn sein BIP pro Kopf bis 427 Dollar beträgt; ebenso wenn die ersten beiden Indikatoren erfüllt sind, die Alphabetisierungsquote jedoch 20% übersteigt. – *Bedeutung:* 1985 galten 36 Entwicklungsländer mit ca. 300 Mill. Menschen (ca. 9% der Bevölkerung der Dritten Welt) als LLDCs; diese sind: Afghanistan, Äquatorialguinea, Äthiopien, Bangladesch, Benin, Bhutan, Botswana, Burkina Faso (Obervolta), Burundi, Dschibuti, Gambia, Guinea, Guinea-Bissau, Haiti, AR Jemen, DVR Jemen, Kap Verde, Komoren, Laos, Lesotho, Malawi, Malediven, Mali, Nepal, Niger, Ruanda, Samoa, Sâo Tomé und Príncipe, Sierra Leone, Somalia, Sudan, Tansania, Togo, Tschad, Uganda, Zentralafrikanische Republik; – Eine andere

Einteilung führt zur Gruppe der →*most seriously affected countries* (MSAC). Beide Gruppen überschneiden sich; 1985 waren 26 LLDCs zugleich MSACs.

lebendes Depot, frühere Bezeichnung für →Personendepot.

Lebendgeborene, Begriff der →Bevölkerungsstatistik. Geborene, bei denen nach der Scheidung vom Mutterleib entweder das Herz geschlagen, die Nabelschnur pulsiert oder die natürliche Lungenatmung eingesetzt hat. Zur Darstellung: a) des *Bevölkerungswachstums:* Aus der Bezugszahl zwischen der Gesamtzahl von Geborenen einer Periode (Monat, Halbjahr, Jahr) und der Gesamtzahl der Bevölkerung ergibt sich die →Geburtenziffer (vgl. dort auch Zahlenübersicht), in die Fehl- und Totgeborenen nicht eingehen; b) der *relativen Bevölkerungsbewegung:* Durch Gegenüberstellung von L. und Gestorbenen ergibt sich der →Geburtenüberschuß(-rate) (vgl. dort auch Zahlenübersicht). – Vgl. auch →natürliche Bevölkerungsbewegung.

Lebensalter, im Rechtsleben maßgebend für die Entstehung und Ausübung von Rechten und Pflichten. Entscheidend sind immer nur volle Lebensjahre, wobei bei der Berechnung der Tag der Geburt mitgerechnet wird (§ 187 II BGB); z. B.: ein am 10. 10. 1943 Geborener hat mit Ablauf des 9. 10. 1964 das 21. Lebensjahr vollendet. – *Rechtliche Bedeutung* der L. im einzelnen:

Ge-burt	Beginn der Rechtsfähigkeit (§ 1 BGB) und damit auch der Parteifähigkeit (§ 50 ZPO).
6	Beginn der Schulpflicht nach Landesrecht; Zulässigkeit von Kinobesuch, soweit nicht eingeschränkt (§ 6 JugSchG).
7	Beschränkte Geschäftsfähigkeit (§ 106 BGB); beschränkte Deliktsfähigkeit (§ 828 II BGB).
12	Keine Änderung des religiösen Bekenntnisses gegen den Willen des Minderjährigen (§ 5 RelKErzG).
14	Eigene Entscheidung über das religiöse Bekenntnis (§ 5 RelKErzG); eigener Abschluß eines Adoptionsvertrages (§ 1751 BGB); Einwilligung zur Ehelichkeitserklärung (§ 1729 BGB); Anhörung durch das Vormundschaftsgericht bei Genehmigung der Entlassung aus dem Staatsverband und bei Genehmigung von Rechtsgeschäften (§ 1827 BGB); beschränkte strafrechtliche Verantwortlichkeit (§§ 1, 3 JGG). – Strafmündigkeit.
15	Fahren mit fahrerlaubnisfreien Kraftfahrzeugen (§ 7 StVZO).
16	Ehemündigkeitserklärung möglich, wenn künftiger anderer Ehegatte volljährig ist (§ 1 EheG); Testierfähigkeit (§§ 2229, 2238 BGB); Beschränkung des Unterhaltsanspruchs eines unehelichen Kindes (§ 1708 BGB); Erwerb des Führerscheins Kl. 4 und 5 (§ 7 StVZO); Erwerb eines Jagdscheines (§ 17 BJagdG); Bestimmung der Bestattungsart (§ 5 FeuerbestG); Anhörung bei Namensänderung (§ 2 des Gesetzes vom 5.1.1938); Tabakgenuß in der Öffentlichkeit zulässig (§ 9 JugSchutzG); Aufenthalt in Gaststätten ohne Erziehungsberechtigten (§ 2 aaO); Ausschank alkoholischer Getränke, ausgenommen Branntwein in Erziehungsanstalten ohne Erziehungsberechtigten (§ 3 aaO); Anwesenheit bei Tanzveranstaltungen, ohne Erziehungsberechtigte aber nur bis 22 Uhr (§ 4 aaO); Ausweispflicht (§ 1 PersonalausweisG).

17 Unzulässigkeit der Anordnung von Fürsorgeerziehung und freiwilliger Erziehungshilfe (§ 62, 64 JWG).

18 Volljährigkeit (§ 2 BGB); aktives und passives →Wahlrecht zum Bundestag (Art. 38 Abs. 2 GG); volle Deliktsfähigkeit (§ 828 BGB); erweiterte strafrechtliche Verantwortlichkeit als Heranwachsender (§§ 1, 105 JGG); Beschränkung des Unterhaltsanspruchs des nichtehelichen Kindes (§ 1615 f. BGB); Führerschein Kl. 1a und 3 (§ 7 StVZO); Erteilung des Internationalen Führerscheins (§ 8 VO v. 12.12.1934); Mädchen können unbeschränkt auswandern (§ 9 Auswand-VO): Anwesenheit in Varietés usw. und Spielhallen (§§ 5, 7 JugSchG); entgeltlicher Erwerb von Schußwaffen und Munition (§ 13 WaffG); Wehrpflicht (§ 1 WehrPflG).

20 Führerschein Kl. 1 nach zweijährigem Besitz des Führerscheins Kl. 1a (§ 7 StVZO).

21 Volle strafrecht. Verantwortlichkeit; eingeschränkter Unterhaltsanspruch (§ 1602 Abs. 2 BGB); Führerschein Klasse 2; Droschkenfahrer (§ 13 BO Kraft); Ausweis für Omnibusfahrer (§ 15 e StVZO).

23 Fahrlehrererlaubnis (§ 2 FahrlG).

24 Zulassung als Kfz-Sachverständiger (§ 2 VO vom 20.11.1956).

25 Fahrschulerlaubnis (§ 11 FahrlG); Berufung zum ehrenamtl. Arbeitsrichter (§ 21 ArbGG) und Sozialrichter (§ 16 SozGG); Annahme an Kindes Statt möglich (§ 1744 BGB).

30 Berufung zum Geschworenen (§ 84 GVG), → Handelsrichter (§ 109 GVG), ehrenamtl. Verwaltungsrichter (§ 20 VwGO), Landesarbeitsrichter (§ 37 ArbGG), Landessozialrichter (§ 35 SozGG).

35 Bundesrichter (§ 125 GVG, 42 ArbGG, 38 SozGG, 15 VwGO), Bundesarbeitsrichter (§ 43 ArbGG), Bundessozialrichter (§ 47 SozGG).

40 Wahl zum Bundespräsidenten (Art. 54 GG) und Bundesverfassungsrichter (§ 3 BVerfGG).

45 Ende der Wehrpflicht (nicht bei Offizieren und Unteroffizieren im Verteidigungsfalle) (§ 3 WehrPflG).

60 Ablehnung der Berufung zum Vormund (§ 1786 BGB) und Pfleger (§ 1915 BGB); Ende der Wehrpflicht für Offizieren und Unteroffiziere sowie im Verteidigungsfalle (§ 3 WehrPflG).

65 Altersgrenze der Beamten und Richter (41 BBG); Ablehnung des Amtes eines Geschworenen (§ 84 GVG), Arbeitsrichters (§ 24 ArbGG), Landesarbeitsrichters (§ 37 ArbGG), Bundesarbeitsrichters (§ 43 ArbGG), Sozialrichters, Landes- oder Bundessozialrichters (§§ 18, 35 u. 47 SozGG), Verwaltungsrichters (§ 23 VwGO); Anspruch auf Altersruhegeld (§ 25 AVG, § 1248 RVO).

80 Erleichterung der Todeserklärung (§ 3 VerschG).

Lebensdauer. I. Statistische L. von Menschen: Vgl. →Lebenserwartung.

II. Betriebliche L. von Gegenständen: Vgl. →Nutzungsdauer.

III. Operations Research: Zeitspanne T zwischen Betriebsbeginn und Ausfall einer Komponente bzw. eines →Systems. I. d. R. ist diese Zeitspanne vom Zufall abhängig. – Beschreibung der L. durch die *Lebensdauerverteilung* (bzw. *Überlebenswahrscheinlichkeit* $FT(t) = P\{T \le t\}$ (bzw. $P\{T > t\}$). Typische Lebensdauerverteilungen sind die Exponialverteilung, Weibull-Verteilung und Erlang-Verteilung.

Lebenserwartung, *mittlere L., fernere mittlere Lebensdauer.* 1. *Begriff:* Charakteristischer

→Sterbetafel-Indikator. Ausgehend von einem bestimmten Alter wird festgestellt, wieviele Jahre die Gesamtheit der Personen dieses Alters im Durchschnitt noch leben. Geteilt durch den Ausgangsbestand erhält man die mittlere L., die als Durchschnittswert diesem Alter zugeordnet wird. Die Sterbetafelberechnungen der letzten Jahrzehnte haben gezeigt, daß die mittleren L. zunimmt, bei Frauen größer ist als bei Männern (vgl. im einzelnen →Sterbetafel). – 2. *Bedeutung:* a) Die Zunahme der mittleren l. ist von Bedeutung für alle *Versicherungen* mit Erlebensfallcharakter, insbes. für Rentenversicherungen, da sich daraus erhöhte Verpflichtungen für den Leistungsverpflichteten ergeben. Entlastend wirkt die Zunahme der mittleren L. für Kapitalversicherungen auf den Todesfall. – b) *Gesellschaftlich* ergeben sich aus der zunehmenden L. neue gesundheitliche Probleme, Fragen nach dem Sinngehalt eines sehr langen Lebens, gravierende Veränderungen der Altersgliederung und neue Probleme der Pflege von alten Menschen.

Lebensführung, *Kosten der Lebensführung,* →Lebenshaltungskosten.

Lebenshaltungskosten. I. Amtliche Statistik: 1. *Charakterisierung:* Effektiver Aufwand, den Familien- und Einzelhaushalte im Rahmen ihres Einkommens bei ordnungsmäßiger Wirtschaftsführung für Ernährung, Wohnung, Heizung, Verkehrsmittel und kulturelle Bedürfnisse aufbringen müssen. – Die L. sind *statistisch nicht meßbar,* weil das Verbrauchsniveau nicht allein von der Größe des Haushalts und vom Einkommen abhängt, sondern auch von der Zusammensetzung der Haushaltsmitglieder nach beruflichem und sozialem Standard sowie von regionalen Lebensverhältnissen. Hinzu kommen innerhalb der Haushalte Veränderungen im Einkommen und in den Bedürfnissen. – *Erfaßbar und meßbar* sind die *Verbrauchsausgaben* bestimmter sozialer Gruppen in →Wirtschaftsrechnungen und →Einkommens- und Verbrauchsstichproben und die Veränderungen von Preisen für einen nach diesen Aufzeichnungen konstruierten Warenkorb im →Preisindex für die Lebenshaltung. – Methodische Vorarbeiten für den Regionalvergleich der L. mit Hilfe von *Standard-Budgets* (Kosten für eine Lebenshaltung gleicher Bedürfnisbefriedigung) für einen 4-Personen-Haushalt oder andere Haushaltstypen haben noch nicht zu einem praktikablen statistischen Berechnungsverfahren geführt. – 2. *Internationaler Vergleich:* Vgl. →Verbrauchergeldparität.

II. Steuerrecht: Vgl. →Kosten der Lebensführung.

Lebenshaltungs-Preisindex, →Preisindex für die Lebenshaltung.

Lebenslage, wichtiger Begriff der („neuen") Sozialpolitik, v.a. von G. Weisser herausgestellt. L. ist unter dem Aspekt potentieller Wohlfahrt zu sehen und zielt sozialpolitisch auf die Bereitstellung bzw. Eröffnung von Handlungsspielräumen für Personen (Gruppen, Gesellschaftsschichten) insbes. dann, wenn sie sozial schwach, gefährdet oder unterprivilegiert sind. – Die L. wird durch eine *Vielzahl von Einflußgrößen* bestimmt, nicht allein durch die Höhe des Einkommens (und/oder Vermögens) sowie die Beschäftigungssituation. Zu den *Grundbedürfnissen*, die zu befriedigen sind, zählen Streben nach wirtschaftlicher und gesellschaftlicher Partizipation, Chancen zur individuellen Wahl der Handlungsfelder, die man ausfüllen will, Gemeinschafts- und Umweltorientierung. *Werte* sind u.a. Selbstbewußtsein, Sicherheit der Lebenshaltung, Arbeitsfreude; *Unwerte* sind Trennung von der Familie, Schmutz und Gefahren bei der Arbeit, Monotonie der Arbeit und des Lebens, Abhängigkeit von fremdem Willen.

lebenslängliche Leistungen, Leistungen, die auf die Lebenszeit einer Person beschränkt sind. – *Steuerrecht:* 1. *Bewertungsgesetz:* Ermittlung des Kapitalwerts, der ein Vielfaches des Jahreswerts ist. Der *Vervielfältiger* ergibt sich aufgrund der Lebenserwartung der betreffenden Person nach der „Allgemeinen Sterbetafel für die Bundesrep. D. 1960/62" unter Berücksichtigung von Zwischenzinsen und Zinseszinsen (Anlage 9 zum BewG). Danach ergeben sich die in der folgenden Tabelle aufgeführten Vervielfältiger (Kapitalwerte) für einen Zins in Höhe von 5,5%.

Lebenslängliche Leistungen: Vervielfältiger
(Anlage 9 des BewG)

Vollendetes Lebensalter in Jahren	Kapitalwert für je 1 DM	
	Männer	Frauen
0	17 269	17 611
1	17 839	18 068
2	17 835	18 071
3	17 814	18 058
4	17 785	18 038
5	17 751	18 015
6	17 715	17 989
7	17 675	17 959
8	17 631	17 927
9	17 583	17 892
10	17 532	17 854
11	17 476	17 814
12	17 418	17 771
13	17 357	17 726
14	17 293	17 679
15	17 227	17 630
16	17 160	17 580
17	17 093	17 528
18	17 027	17 473
19	16 961	17 417
20	16 896	17 359
21	16 830	17 297
22	16 760	17 232
23	16 687	17 163
24	16 608	17 090

Vollendetes Lebensalter in Jahren	Kapitalwert für je 1 DM	
	Männer	Frauen
25	16 524	17 015
26	16 434	16 935
27	16 338	16 853
28	16 236	16 767
29	16 130	16 677
30	16 017	16 583
31	15 898	16 484
32	15 774	16 381
33	15 643	16 273
34	15 506	16 160
35	15 362	16 043
36	15 213	15 920
37	15 056	15 793
38	14 894	15 660
39	14 724	15 521
40	14 548	15 377
41	14 365	15 227
42	14 174	15 071
43	13 975	14 908
44	13 769	14 739
45	13 555	14 563
46	13 334	14 381
47	13 106	14 193
48	12 872	13 997
49	12 632	13 794
50	12 384	13 583
51	12 132	13 364
52	11 873	13 138
53	11 611	12 903
54	11 344	12 659
55	11 075	12 407
56	10 803	12 147
57	10 530	11 879
58	10 255	11 602
59	9 980	11 318
60	9 705	11 026
61	9 430	10 727
62	9 156	10 421
63	8 881	10 108
64	8 607	9 790
65	8 332	9 467
66	8 057	9 140
67	7 780	8 809
68	7 502	8 475
69	7 223	8 140
70	6 942	7 802
71	6 660	7 465
72	6 379	7 130
73	6 100	6 799
74	5 824	6 473
75	5 553	6 153
76	5 288	5 842
77	5 028	5 540
78	4 773	5 248
79	4 525	4 966
80	4 284	4 695
81	4 052	4 436
82	3 830	4 189
83	3 617	3 954
84	3 415	3 733
85	3 221	3 523
86	3 035	3 325
87	2 857	3 139
88	2 689	2 963
89	2 534	2 802
90	2 394	2 658
91	2 272	2 528
92	2 162	2 411
93	2 065	2 308
94	1 979	2 217

Vollendetes Lebensalter in Jahren	Kapitalwert für je 1 DM	
	Männer	Frauen
95	1 901	2 136
96	1 835	2 067
97	1 780	2 006
98	1 722	1 955
99	1 682	1 908
100 und darüber	1 634	1 874

2. *Einkommensteuer:* Besteuerung mit dem Ertragsanteil; vgl. →Einkünfte VII.

Lebenslauf, Darstellung des Lebens- und Ausbildungsganges, z. B. als Teil einer →Bewerbung. Heute meist in tabellarischer Form; Aussagefähigkeit auf Zeitfolgeanalyse und Positionenanalyse beschränkt. In nicht tabellarischer Form gibt Gestaltung und Aufbau des L. erste Hinweise auf die Person des Bewerbers.

Lebensmittelbuch, Sammlung von Leitsätzen, in denen Herstellung, Beschaffenheit oder sonstige Merkmale von Lebensmitteln, die für die Verkehrsfähigkeit von Bedeutung sind, beschrieben werden. Leitsätze werden von der Deutschen Lebensmittelbuch-Kommission beschlossen und veröffentlicht (§§ 33 ff. →Lebensmittel- und Bedarfsgegenständegesetz).

Lebensmittelfälschung, Änderung der Ware, die nach außen nicht erkennbar Qualitätsbeeinträchtigung oder Wertminderung zur Folge hat. L. ist verboten und strafbar gem. §§ 17, 52 →Lebensmittel- und Bedarfsgegenständegesetz.

Lebensmittelkennzeichnung, geregelt in der Lebensmittel-Kennzeichnungs-Verordnung i. d. F. vom 6. 9. 1984 (BGBl I 1221) und in der Nährwert-KennzeichnungsVO vom 9. 12. 1977 (BGBl I 2569) mit späteren Änderungen sowie in der DiätVO i. d. F. vom 21. 1. 1982 (BGBl I 71). – Vgl. auch die ab 1. 1. 1978 in § 16 →Lebensmittel- und Bedarfsgegenständegesetz hinsichtlich der Kenntlichmachung des Gehalts an →Zusatzstoffen geltende Regelung.

Lebensmittel- und Bedarfsgegenständegesetz (LMBGG), Gesetz zur Neuordnung und Bereinigung des Rechts im Verkehr mit Lebensmitteln, Tabakerzeugnissen, kosmetischen Mitteln und sonstigen Bedarfsgegenständen vom 15. 8. 1974 (BGBl I 1945), reformiert die früheren Regelungen im Lebensmittelgesetz vom 17. 1. 1936 i. d. F. vom 21. 12. 1958. – 1. *Zweck:* Das LMBGG dient dem Schutz des Verbrauchers vor Gesundheitsschäden und vor Täuschung, ohne dabei die wirtschaftliche Entwicklung unnötig zu behindern. Es faßt bisher verstreute Einzelre-

gelungen zusammen und paßt diese der technologischen Entwicklung auf dem Gebiet des Lebensmittelrechts mit ins einzelne gehenden Bestimmungen an. Neben den Lebensmitteln werden auch Tabakerzeugnisse, kosmetische Mittel und →Bedarfsgegenstände zusammenhängend geregelt. Vgl. auch →Lebensmittelkennzeichnung und →Lebensmittelbuch. – 2. *Lebensmittel* sind Stoffe, die dazu bestimmt sind, in unverändertem, zubereitetem oder verarbeitetem Zustand von Menschen verzehrt zu werden, ausschließlich solcher Stoffe, die dazu bestimmt sind, zu anderen Zwecken als zur Ernährung oder zum Genuß verzehrt zu werden (§ 1 LMBGG). – 3. *Verboten* ist insbes. das →Nachmachen von Lebensmitteln, das Gewinnen von tierischen Lebensmitteln mit Stoffen mit pharmakologischer Wirkung, die →Lebensmittelfälschung, sowie ab 1. 1. 1978 das →Inverkehrbringen solcher oder anderer Lebensmittel, denen nicht zugelassene →Zusatzstoffe zugesetzt sind (§ 8 ff. LMBGG). Ahndung als Straftat mit Geldstrafe oder Freiheitsstrafe bis zu zwei Jahren und als Ordnungswidrigkeit mit Geldbuße bis zu 50 000 DM. Daneben →Einziehung möglich.

Lebensqualität, Begriff, mit dem in der Diskussion um →Nullwachstum und →Grenzen des Wachstums darauf hingewiesen wird, daß Qualität des Lebens und Wohlergehen der Menschen nicht nur von der Menge bereitgestellter materieller Güter abhängt, sondern von vielen immaterillen Dingen; vom sozialen Konsens bis zur Umwelterhaltung.

Lebensstandard, Begriff der Marktforschung, wobei L. als ideeller Bedarfsfaktor bzw. Bedürfnisformer verstanden wird, im Gegensatz zum economic status (zivilisatorischer Standard). Der ideelle L. entspricht den Vorstellungen des Verbrauchers darüber, was sein Dasein und seine Umwelt ausmachen soll, ausgedrückt in der Summe der ihm nach Herkommen, Kinderstube, Werdegang usw. angemessen erscheinenden Wünsche.

Lebensstil, die Art und Weise, wie Menschen leben, ihre Zeit verbringen und ihr Geld ausgeben; zu berücksichtigen in der →Theorie des Käuferverhaltens. – *Kennzeichnungsmerkmale:* a) psychographische Merkmale von Konsumenten, z. B. →Einstellungen und →Motive; b) Konsumverhalten: Art und Menge der konsumierten Güter. – *Bedeutung:* Segmentierungskriterium zur Bildung von homogenen Käufergruppen, die im Rahmen der Zielplanung verwendet werden (→Marktsegmentierung).

Lebensversicherung. I. C h a r a k t e r i s i e - r u n g : 1. Der *Versicherungsfall* ist das Erleben eines bestimmten Zeitpunktes (Erlebensfall) oder der Tod des Versicherten während der Versicherungsdauer (Todesfall); Ausnahmen:

→Berufsunfähigkeitsversicherung, →Berufsunfähigkeits-Zusatzversicherung (Versicherungsfall = Eintritt der Berufsunfähigkeit) und Aussteuerversicherung (Versicherungsfall kann auch die Heirat sein). – 2. Die *Leistung* kann Auszahlung eines Kapitalbetrages (Kapitalversicherung i. w. S.) oder einer Rente (Rentenversicherung) sein. Todesfallversicherungen (auch Hinterbliebenen-Rentenversicherungen) garantieren die Leistung bereits nach Zahlung der ersten Prämie. Leibrentenversicherungen sichern die Rente lebenslänglich.

II. Wichtige Versicherungsformen: 1. *Risikoversicherung (abgekürzte Todesfallversicherung):* Versicherungsdauer zeitlich begrenzt. Erlebt der Versicherte das Ende der Versicherungsdauer, wird die Versicherungssumme nicht fällig. Stirbt er jedoch während dieses Zeitraumes, zahlt der Versicherer die vereinbarte Leistung. Üblicherweise räumen die Versicherer bei mehrjährigen R. mit gleichbleibender Versicherungssumme innerhalb der ersten zehn Jahre ein Umtauschrecht ein (maximal bis zur Vollendung des 65. Lebensjahres): *Risikoumtauschversicherung.* Vorteil: Ohne erneuerte Gesundheitsprüfung innerhalb der bezeichneten Frist bis zur Höhe der Versicherungssumme Umtausch in eine Versicherung auf den Todes- und Erlebensfall, evtl. auch eine lebenslängliche Todesfallversicherung möglich. Neben Risikoversicherungen mit gleichbleibender Versicherungssumme gibt es auch solche mit fallender Leistung. Vgl. dazu auch →Restschuldversicherung und →Restkreditversicherung. Höchstversicherungsdauer grundsätzlich 35 Jahre.

2. *Lebenslängliche Todesfallversicherung:* Vereinbarte Versicherungssumme wird mit Sicherheit einmal fällig, Prämie ist daher auch höher als bei Risikoversicherung. In „reiner Form" (z. B. Sterbegeldversicherung) nur noch selten, meistens wird die Leistung bereits gezahlt, wenn der Versicherte das Alter 85 erreicht hat. Bei laufender Prämienzahlung wird diese Versicherungsform sowohl mit der Zahlungspflicht bis zum Versicherungsfall als auch mit abgekürzter Prämienzahlungsdauer (höchstens bis zum Alter 60 oder 65) angeboten. Bei Abkürzung der Prämienzahlungsdauer läuft die Versicherung nach Erreichen dieses Zeitpunktes in voller Höhe prämienfrei weiter.

3. *Versicherung auf den Todes- und Erlebensfall (gemischte L.):* Häufigste Form. Die Versicherungsleistung wird beim Tod des Versicherten, spätestens jedoch zum vereinbarten Ablaufzeitpunkt ausgezahlt. Es können auch mehrere Erlebensfallzeitpunkte bestimmt werden (Versicherungen mit mehrfache Erlebensfalleistung), z. B. jeweils ein Drittel der Versicherungssumme nach 12, 20 und 30 Jahren seit Versicherungsbeginn (Verwendung

als Treueprämienversicherung). Im Todesfall schuldet der Versicherer je nach Vereinbarung die Volle Versicherungssumme oder eine um die bereits erfolgten Auszahlungen verminderte Leistung.

4. *Versicherung mit festem Auszahlungstermin (Terme-fixe-Versicherung):* Sonderform der gemischten L. Auszahlung der Versicherungssumme auch nach einem Todesfall des Versicherten erst zum festgelegten Termin. Mit dem Tod entfällt jedoch die Pflicht zur Prämienzahlung. Vielfach sind die Versicherer bereit, im Tod das diskontierte Kapital zu zahlen. – Die *Aussteuerversicherung* als Sonderform der Terme-fixe-Versicherung unterscheidet sich von dieser insoweit, als bei Heirat der mitversicherten Tochter von dem bezeichneten Zeitpunkt (Höchstalter der Tochter 25) die Versicherungssumme in voller Höhe fällig wird, und zwar ohne Rücksicht darauf, ob der Hauptversicherte noch lebt oder bereits vorher gestorben ist. Beim Tod der mitversicherten Tochter ist meistens Rückgewähr der Prämien vorgesehen.

5. *Erlebensfallversicherung:* Versicherungsleistung wird nur fällig, wenn der Versicherte den vereinbarten Zeitpunkt erlebt; sie kann Kapitalleistung oder Rente (Leibrente mit aufgeschobenem Rentenbeginn) sein. Stirbt der Versicherte vor dem bezeichneten Zeitpunkt (bei Renten: Rentenbeginn), sind die eingezahlten Prämien verfallen. In den meisten Tarifen ist jedoch auch dafür eine garantierte Leistung, z. B. Rückgewähr der eingezahlten Prämien, vorgesehen. Rentenversicherungen bieten darüber hinaus meistens noch eine garantierte Mindestrentendauer von 5 oder 10 Jahren für den Fall, daß der Versicherte kurz nach dem Rentenbeginn versterben sollte, zahlbar an den Begünstigten oder die Erben. Bei Rentenversicherungen mit Kapitalwahlrecht hat der Versicherungsnehmer das Recht, innerhalb eines bestimmten Zeitraumes an Stelle der Rente eine einmalige Kapitalabfindung zu verlangen. Schließt sich beim Tod des Rentners nahtlos eine Hinterbliebenenrente (Witwenrente) in voller oder geringerer Höhe an, spricht man vom Rentenübergang.

6. *Zusatzversicherungen zu L.:* a) →Unfall-Zusatzversicherung, b) →Berufsunfähigkeits-Zusatzversicherung, c) Risiko-Zusatzversicherung (zur Aufstockung der Todesfalleistung), vereinzelt auch d) Zeitrenten-Zusatzversicherung (nach dem Tod des Versicherten wird bis zum vertraglich bestimmten Zeitpunkt eine Rente gezahlt, häufig zuzüglich eines einmaligen Sterbegelds. Wird die zugrunde liegende L. gekündigt, fällt die Zusatzversicherung weg. Kündigung der Zusatzversicherung beeinträchtigt dagegen die L. nicht.

7. *Sonderformen:* a) *Fondsgebundene L.:* (1) Wesen: L., deren Versicherungsleistung (zumindest die Erlebensfalleistung) an die

Wertentwicklung der Anteilseinheiten eines besonderen Anlagestocks (Sondervermögen, Fonds) gebunden ist. – Die Versicherungsverträge werden als *Fondspolicen* bezeichnet. Nach den Anlagearten des Anlagestocks genauer als *Wertpapier-* oder *Immobilienpolicen*, denn der *Anlagestock* setzt sich neben der Kassenreserve grundsätzlich nur aus bestimmten Anlagearten zusammen, z. B. aus Aktien (Aktienfonds), festverzinslichen Wertpapieren (Rentenfonds), Aktien- und festverzinslichen Wertpapieren (gemischter Wertpapierfonds) oder Immobilien (Immobilienfonds). – (2) *Grundmodelle:* Modell A: Die Beiträge lauten auf DM und sind während der Versicherungsdauer unverändert. Die im Beitrag enthaltenen Sparanteile werden in Anteilen des vereinbarten Fonds angelegt. Die Höhe der Erlebensfallleistung richtet sich nach der Anzahl der bis zu diesem Zeitpunkt angesammelten Anteile und deren Kurs; für den Todesfall ist eine Mindestversicherungssumme in DM vereinbart. Modell B: Die Versicherungssumme und die Beiträge lauten auf Einteinmantelein eines bestimmten Fonds. Die Todes- und Erlebensfalleistung und der Beitrag sind vom Wert der Anteileinheiten des Fonds zum Fälligkeitstag abhängig. In der Bundesrep. D. nur von geringer Bedeutung. – (3) *Besonderheiten:* Wahlrecht bei der Versicherungsleistung zwischen Sach- (Teile des Fondsvermögens) und Geldleistung, bei Sachleistung Abzug der Übertragungskosten; beitragsfreie Vertragsverlängerung (Prolongation) bei Vertragsablauf; ohne erneute Gesundheitsprüfung; Zinsloses Policendarlehen (→Vorauszahlung), die Entnahme der Fondsanteile des →Versicherungsnehmers; geringere Überschußbeteiligung (vgl. V) als bei konventionellen L. auf DM-Basis. Der Versicherungsnehmer nimmt jedoch an den Wertveränderungen der Fondsanteile teil. – b) *Versicherung auf verbundene Leben:* Eine L. auf das Leben von zwei oder mehr Versicherten. Üblicherweise ist Versicherungsleistung fällig, wenn die erste der versicherten Personen stirbt (Erstversterbender). Erleben bei Versicherungen auf den Todes- und Erlebensfall alle Versicherten den Ablauf, so ist die Leistung am Ende der Versicherungsdauer fällig. Der Tarif kann aber auch vorsehen, daß die Leistung fällig wird, wenn der letzte der versicherten Personen stirbt (Letztversterbender). – c) *Dynamische L.:* Prämien werden entsprechend des Höchstbeitrages zur gesetzlichen Rentenversicherung oder der Gehaltsindizes bestimmter Berufsgruppen automatisch angehoben. Einige Tarife sehen fest vereinbarte Zuwachsraten in Prozent der Anfangsprämie (linear) oder der Vorjahresprämie (progressiv) vor. Bei kontinuierlicher Anpassung (Aussetzen nicht mehr als zwei Jahre) keine erneute Gesundheitsprüfung. Versicherungsschutz paßt sich der Karriere und der Preisentwicklung an. – d) *Vermögenswirksame L. (Vermögensbildungs-*

versicherung): Gemischte L. (auch Termefixe-Versicherungen, Aussteuerversicherungen, Versicherungen auf verbundene Leben) nach einem besonderen Geschäftsplan. Nach den Vorschriften des 3. Vermögensbildungsgesetzes: Keine Zusatzversicherungen, nur für Arbeitnehmer, jährliche Höchstprämie 624 DM, Rückkaufswert mindestens 50% der eingezahlten Prämien. – e) *Kleinlebensversicherung (Volksversicherung):* Im Gegensatz zur üblichen Großlebensversicherung durch Vereinfachung der Verwaltungsarbeit der Antragsaufnahme normierte Tarife bis zu Versicherungssummen von etwa 5000 DM. Üblich sind runde Monatsprämien (z. B. 2 DM oder ein Vielfaches) und dementsprechend ungerade Versicherungssummen (z. B. 2384 DM). Verliert ständig an Bedeutung. – f) →*Gruppenversicherung* und →*Sammelversicherung.* – g) →*Berufsunfähigkeitsversicherung.* – h) →*Pflegerentenversicherung.* – 8. *Sonstiges:* Die bezeichneten Grundformen werden von den Versicherern häufig unter anderem Namen angeboten, so z. B. Sterbegeldversicherung, Treueprämienversicherung, →Hypothekentilgungsversicherung, Aufbauversicherung, Gehaltsumwandlungsversicherung (→Firmen-Gruppenversicherung, →Vereins-Gruppenversicherung, →Direktversicherung IV). Oft werden mehrere Grundformen dem Bedarf entsprechend in einem Tarif zusammengefaßt.

III. V e r t r a g u n d B e t e i l i g t e: An einem Lebensversicherungsvertrag sind beteiligt: (1) →Versicherungsnehmer, (2) →Versicherer, (3) versicherte Person (→Versicherter). Ist der Versicherte nicht mit dem Versicherungsnehmer (Antragsteller) identisch, so bedarf es gem. §159 VVG bei Versicherungen, die auch für den Todesfall Leistungen vorsehen, grundsätzlich der Einwilligung des Versicherten; Ausnahmen: Die vereinbarte Leistung übersteigt nicht die gewöhnlichen Beerdigungskosten; unter gesetzlich festgelegten Voraussetzungen für Versicherungen auf das Leben des Kindes; Erlebensfallversicherungen (Rentenversicherungen), die im Todesfall nur Rückgewähr der Prämien vorsehen; Firmen-Gruppenversicherungen bestimmter Form. (4) Daneben kann der Versicherungsnehmer einen Bezugsberechtigten bezeichnen (→Bezugsberechtigung).

IV. P r ä m i e (B e i t r a g): Sie richtet sich nach der Versicherungsform, dem Eintrittsalter des Versicherten, der Versicherungsdauer, der Prämienzahlungsdauer, die nicht mit der Versicherungsdauer übereinstimmen muß (Einmalprämien, bei lebenslänglichen Todesfallversicherungen evtl. Abkürzung, z. B. Ende der Prämienzahlungspflicht bei Vollendung des 60. oder 65. Lebensjahres). Sie ist auf der Basis der Sterbewahrscheinlichkeit und des Rechnungszinses berechnet. Für Versicherungen auf den Todesfall bzw. auf den Todes- und

Erlebensfall bedarf es vor der Annahme des Vertrages durch den Versicherer grundsätzlich einer *Gesundheitsprüfung* (Erklärung des Versicherungsnehmers und des Versicherten; ab einer bestimmten Versicherungssumme ärztliche Untersuchung). Auch *anomale Risiken* (nicht gesund, gefährlicher Beruf, Tropenaufenthalt u. a.) können üblicherweise für den Todesfall Versicherungsschutz erlangen, jedoch zu dem Risiko angemessenen Bedingungen (Risikozuschlag mit oder ohne Rückgewähr im Erlebensfall, →Wartezeit, Abkürzung der Versicherungsdauer, Staffelung der Versicherungssumme, d. h. bei unveränderter Prämie voller Versicherungsschutz erst nach einigen Jahren usw.).

V. Überschußbeteiligung *(Gewinnbeteiligung, Versichertendividende)*: Die Rechnungsgrundlagen zur Kalkulation der Prämien basieren auf äußerst vorsichtigen Annahmen, damit langfristige Verträge selbst unter ungünstigen Bedingungen erfüllt werden können. Daher entstehen *Jahresüberschüsse* (geringere Sterblichkeit, höhere Zinserträge, Verwaltungskostenersparnisse, die zu mindestens 90% an die Versicherungsnehmer zurückfließen müssen (tatsächlich ca. 98%). – Ein Teil des für die Versicherungsnehmer bestimmten Jahresüberschusses wird unmittelbar über die →*Direktgutschrift* ausgeschüttet, der verbleibende Rest zunächst der Rückstellung für Beitragsrückerstattung zugewiesen. Daraus erhalten die Versicherungsnehmer mit zeitlicher Verzögerung von 1–2 Jahren jährlich einen bestimmten Anteil (laufender Überschußanteil). Zusätzlich wird in der Rückstellung für Beitragsrückerstattung ein *Schlußüberschußanteil* angesammelt *(Schlußüberschußanteilfonds)*, der beim Ablauf der Versicherung und unter bestimmten Voraussetzungen auch bei vorzeitiger Beendigung des Vertrags gezahlt wird. Art (Gewinnverteilungssysteme) und Bedingungen (z. B. Wartezeit) der Überschußbeteiligung sind bei den einzelnen Versicherern sehr unterschiedlich. – Die *laufenden Überschußanteile* werden beim Versicherer zugunsten des Versicherungsnehmers verzinslich angesammelt, als Prämie zur Erhöhung der Versicherungssumme bzw. Rente (Summenzuwachs, Rentenzuwachs, Bonus), oder zur Abkürzung der Versicherungsdauer (v. a. bei Versicherungen mit langer Versicherungsdauer) bzw. der Prämienzahlungsdauer verwendet. Weiterhin kommen die Barauszahlung oder die Verrechnung mit fälligen Prämien in Frage, was jedoch bei privaten L. oft aus steuerlichen Gründen nicht ratsam ist.

VI. Garantiewerte: 1. *Rückkaufswert, Rückvergütung:* Betrag, der dem Versicherungsnehmer bzw. Anspruchsberechtigten bei Aufhebung des Vertrages (grundsätzlich nur auf Verlangen des Versicherungsnehmers) vor Eintritt des Versicherungsfalles zusteht. Vgl.

im einzelnen →Rückkauf von Versicherungen. Er ist grundsätzlich die Obergrenze für die Beleihung einer L. (durch Banken oder den Versicherungsnehmer selbst = Policendarlehen, Vorauszahlung). – 2. *Prämienfreie Versicherungssumme:* Sind die in IV 1. genannten Fristen verstrichen, kann der Versicherungsnehmer auch die Umwandlung in eine prämienfreie Versicherung verlangen. Der Versicherer verwendet das Deckungskapital als Einmalprämie und setzt die Versicherungssumme entsprechend herab. Die prämienfreie Summe ist höher als der Rückkaufswert. Kündigung des Vertrages durch den Versicherer wegen Nichtzahlung der Folgeprämien führt grundsätzlich zur prämienfreien Versicherung. – 3. *Garantiewerttabellen:* Die Versicherer sind verpflichtet, über die Höhe dieser Werte die Versicherungsunternehmer zu unterrichten.

VII. Versicherungsfall: Dem Versicherer sind vom Anspruchsteller die in den Versicherungsbedingungen genannten Unterlagen einzureichen. Im Todesfall kann der Versicherer aufgrund der Inhaberklausel (hinkendes Inhaberpapier) den Inhaber des Versicherungsscheines als anspruchsberechtigt ansehen, es sei denn, Anschein oder Tatsachen sprechen dagegen (Bezugsrecht einer anderen Person, Abtretung und dgl.). Für Selbstmord Sonderregelungen in den Versicherungsbedingungen.

VIII. Verwendungsmöglichkeiten/ Besteuerung:

1. *Für private Zwecke:* a) *Versorgung bzw. Vorsorge:* Die Leistungen der gesetzlichen Rentenversicherung und anderer kollektiver Vorsorgeeinrichtungen werden ergänzt durch →betriebliche Altersversorgung und individuelle Vorsorge (Drei-Säulen-Konzeption, →Alters- und Hinterbliebenenversorgung II). Daneben individuelle Vorsorge durch L. – b) *Geldanlage, Sparen:* Bei Versicherungen auf den Todes- und Erlebensfall, Versicherungen mit festem Auszahlungstermin und Rentenversicherungen mit Kapitalwahlrecht beträgt Rendite (einschl. Überschußbeteiligung) im Erlebensfall je nach Tarif, Versicherungsdauer, Eintrittsalter bzw. Risiko der versicherten Person, Art der Überschußbeteiligung durch den Versicherungsnehmer bis ca. 6,5%. – c) *Steuerliche Behandlung:* (1) *Einkommensteuer:* Beiträge zur L. sind, wenn bestimmte Modalitäten eingehalten werden, im Rahmen der Höchstbeträge für →Vorsorgeaufwendungen als →Sonderausgaben im Sinne des §10 I Nr. 2 b) EStG abzugsfähig. Die *Zinsen* aus Sparanteilen der L.beiträge gehören grundsätzlich zu den →Einkünften aus Kapitalvermögen (§20 I Nr. 6 EStG). Ausnahmen: Zinsen aus L., die zu den Sonderausgaben im Sinne des §10 I Nr. 2 b) EStG zählen, wenn sie mit Beiträgen

verrechnet werden oder im Versicherungsfall oder bei Vertragsrückkauf nach zwölf Jahren ausgezahlt werden. – (2) *Vermögensteuer:* Noch nicht fällige Ansprüche aus L. gehören zum sonstigen Vermögen, soweit der Rückkaufswert bzw. der →Zweidrittelwert 10000 DM nicht übersteigt (§ 110 I Nr. 6c) BewG).

2. *Für betriebliche Zwecke:* a) *Versicherungen des Betriebes für Arbeitnehmer und freie Mitarbeiter* (→Direktversicherung; die dort aufgezeigten steuerlichen Vorteile beziehen sich nur auf Versicherungen zugunsten von Arbeitnehmern). – b) *Versicherung für den Betrieb:* (1) *Wesen:* Der Betrieb ist Versicherungsnehmer. Im Gegensatz zur →Direktversicherung wird kein Bezugsberechtigter bezeichnet. Im Versicherungsfall steht die Leistung dem Betrieb zu. Versicherte Person ist ein Arbeitnehmer, ein freier Mitarbeiter oder auch ein Mitgesellschafter (→Teilhaberversicherung). – (2) *„Echte Rückdeckungsversicherung":* Versicherungen zur Rückdeckung →betrieblicher Ruhegeldverpflichtungen. *Vollrückdeckung* oder auch kongruente Rückdeckung bedeutet, daß die Versicherung in Art und Höhe dem Inhalt der Ruhegeldverpflichtung entspricht. Mit *Teilrückdeckung* oder partieller Rückdeckung kennzeichnet man Versicherungen, die sich nur auf ein bestimmtes Risiko (z. B. nur für den Todesfall, also Leistungen an Hinterbliebene) oder einen Teilbetrag der Verpflichtung beziehen. Für die Teilrückdeckung eignen sich u. a. neben Risikoversicherungen lebenslängliche Todesfallversicherungen. – (3) *„Unechte Rückdeckungsversicherungen":* Beim Tod eines Mitarbeiters oder bei dessen Ausscheiden aus dem Betrieb entstehen neben evtl. Leistungen der betrieblichen Altersversorgung manchmal erhebliche Aufwendungen (Anstellung und Einarbeitung einer neuen Kraft) oder Ertragseinbußen (Wegfall von Kundenbeziehungen u. a.). Mit einer Versicherung auf das Leben solch einer „Schlüsselkraft" *(Keyman-Versicherung)* oder auf das Leben eines Handelsvertreters (zur Sicherung eines evtl. →Ausgleichsanspruches) wälzt der Betrieb das Risiko (Liquidität, Gewinnausfall) ganz oder teilweise auf den Versicherer ab. – (4) *Steuerliche Behandlung der Rückdeckungsversicherung: Steuerbilanz:* Die Prämien sind →Betriebsausgaben. Der Rückdeckungsanspruch ist in Höhe des →Deckungskapitals der Versicherungsgesellschaft zu aktivieren. – *Vermögensteuer:* Vor Fälligkeit der Versicherungsleistung gehört die Versicherung gem. § 12 IV BewG mit ⅔ der eingezahlten Prämien oder dem Rückkaufswert (vgl. oben VI 1) zum Betriebsvermögen. Rentenversicherungen werden nach dem Rentenbeginn mit den in der Anlage 9 zum § 14 BewG angegebenen Barwertbeträgen bewertet. – (5) *Bedeutung der Rückdeckungsversicherungen:* Ein Mittel der Risikopolitik des Betriebes. Mit ihnen kann der fehlende Risikoausgleich herbeigeführt

werden. Besonders wichtig ist das für kleine Unternehmen, für Einzelzusagen und bei Kapitalverpflichtungen.

3. *L. und Kredit:* a) *Kredit durch L.:* In Höhe des Rückkaufswertes (vgl. oben VI) besteht ein „Vermögenswert". Durch Abtretung oder Verpfändung der Versicherungsansprüche z. B. an ein Kreditinstitut oder an einen Lieferanten dient der L.-Vertrag zur Sicherung oder häufig als Grundlage für einen Kredit. Grundsätzlich sind auch Versicherer bereit, *Policendarlehen* zu gewähren, das sind verzinsliche Vorauszahlungen der Versicherungsleistungen, gut geeignet zur kurz- und mittelfristigen Finanzierung. Der Darlehnsnehmer ist flexibel, da er selbst Rückzahlungstermine und -beträge bestimmt. Ist die Versicherung beim Eintritt des Versicherungsfalles noch beliehen bzw. besteht noch eine Vorauszahlung, so steht dem Versicherungsnehmer bzw. Bezugsberechtigten nur die um die Schuld verminderte Leistung zur Verfügung. – b) *Versicherung bei Kredit:* Die auf das Leben des Schuldners abgeschlossene Todesfallversicherung gibt dessen Angehörigen und dem Gläubiger Sicherheit. Stirbt der Schuldner vor Tilgung der Schuld, so ist das Geld für die Rückzahlung vorhanden. Zur Tilgung von Fristdarlehen eignen sich Risikoversicherungen mit gleichbleibender Versicherungssumme und für Darlehen mit laufender Tilgung →Restschuldversicherungen und →Restkreditversicherungen. Soll die Tilgung auf jeden Fall (sowohl bei Tod als auch beim Erreichen des Tilgungstermins) mit der Lebensversicherungsleistung erfolgen, so bedarf es einer Versicherung auf den Todes- und Erlebensfall; vgl. →Hypothekentilgungsversicherung. Die steuerlichen Vorteile der Hypothekentilgungsversicherung werden auch bei der Finanzierung des Betriebes genutzt (Tilgungslebensversicherungen).

Lebensversicherungsgesellschaft, →Versicherungsgesellschaft.

Lebenszyklus. I. M a r k e t i n g / M a n a g e m e n t : 1. *Begriff:* Konzept, das von der Annahme ausgeht, daß die zeitliche Entwicklung eines Objektindikators in charakteristische Phasen unterteilt werden kann und einem glockenförmigen Verlauf folgt, d. h. es wird von einer begrenzten Existenz des Objekts ausgegangen. – 2. *Arten* (nach dem Objekt): a) *Produkt-L.:* Es wird davon ausgegangen, daß die Nachfrage nach einem Produkt von seiner Entstehung aus gesehen unterschiedliche Sättigungsphasen bis zu dem Zeitpunkt durchläuft, wo es vom Markt verschwindet. – *Teilphasen:* (1) Einführung: endet, wenn der Stückgewinn des Produkts positiv wird. (2) Wachstum: bis zum Wendepunkt der Absatzmengenkurve, d. h. Absatzmengen steigen nicht mehr progressiv an. (3) Reifezeit: bis zum zeitlichen Maximum des Stückgewinns.

(4) Sättigung: gekennzeichnet durch sinkende Stückgewinne, durch i.d.R. sinkende Preise und steigende Werbekosten, Ende mit dem absoluten Umsatzmaximum. (5) Degeneration: erzielbare Absatzmenge nimmt zunehmend ab.

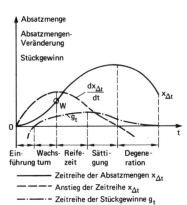

——— Zeitreihe der Absatzmengen $x_{\Delta t}$

– – – Anstieg der Zeitreihe $x_{\Delta t}$

–·–·– Zeitreihe der Stückgewinne g_t

Darauf aufbauend Bestimmung des →Altersprofils des Produktionsprogramms. – b) *Branchen-L.*: Es wird davon ausgegangen, daß eine Branche, als Summe aller in ihr wirkenden Produkt-L., durch eine Reihe von Stadien (Einführung, Wachstum, Reife und Rückgang) evolviert. Dies impliziert eine Veränderung der Branchenstruktur und damit auch eine Veränderung im Wirken der Wettbewerbskräfte. – c) *„Konsumenten"-L.*: L., bei dem auf soziodemographische Merkmale zurückgegriffen wird, insbes. auf Alter, Familienstand, Zahl der Kinder, Berufstätigkeit und Vorhandensein eines eigenen Haushaltes. So wird z. B. von der L. „volles Nest" gesprochen, wenn es sich um jung verheiratete Ehepaare mit zwei oder mehr minderjährigen Kindern handelt. Es wird angenommen, daß ein Zusammenhang zwischen Lebensabschnitt und Einkaufs- und →Konsumentenverhalten besteht (z. B. beim Kauf von langlebigen Gebrauchsgütern und bei der Entscheidung für bevorzugte Betriebsformen des Einzelhandels), denn der finanzielle Spielraum der Konsumenten verändert sich im Lebensablauf, die Lebensumstände determinieren den Bedarf, und in einzelnen Lebensabschnitten bilden sich unterschiedliche Präferenzen aus. – 3. *Bedeutung:* Innerhalb des strategischen Managements soll der L. als Analyse- und Prognoseinstrument sowie als Heuristik beim Entwurf von Strategien Anwendung finden. Die Bedeutung ist aber relativ gering, da nur wenige Objektentwicklungen dem idealisierten Verlauf des L. folgen und es äußerst

schwierig ist, die Position des Objekts im L. zu bestimmen.

II. Bevölkerungsstatistik: Vgl. →Familienzyklus.

Lebenszyklus-Hypothese, *Lebenszeit-Einkommens-Hypothese,* Erklärung der Entscheidung der Individuen, welche Vermögensbestände sie während ihres Lebens zu halten wünschen, als ein Problem der Maximierung einer intertemporalen →Nutzenfunktion. – Vgl. auch →Verteilungstheorie V, →Konsumfunktion 4.

Leber-Plan. 1. Plan des damaligen Bundesverkehrsministers G. Leber zur Gesundung des deutschen Verkehrswesens G. Vgl. im einzelnen →Staatliche Verkehrspolitik III 1 c) (1). – 2. Plan des damaligen Vorsitzenden der IG Bau, Steine, Erden G. Leber (1964) mit Vereinbarungen über den →*Investivlohn.* Tarifvertragliche Regelung des Investivlohns (hat sich durchgesetzt) und Abführung an einen Fonds (wird von den Arbeitgebern bis heute aus Furcht vor einer neuen ökonomischen Machtkonzentration abgelehnt).

Leckage, Teilverlust flüssiger Güter aus Behältern (Kanistern, Fässern, Kesselwagen). – 1. *Transportversicherung:* a) *als gewöhnliche L.* (Rinnverlust, mit dem bei normalem Reiseverlauf gerechnet werden muß) i. a. ausgeschlossen, b) als *außergewöhnliche L.* (Leckverlust infolge typischer Transportgefahren, z. B. Transportmittelunfall oder höhere Gewalt) mitversichert. Einschluß der gewöhnlichen L. gegen Prämienzuschlag möglich (Abzugsfranchise), 1–10%, je nach Transportbehälter. – 2. *Sachversicherung:* Besondere Versicherung von Tank- und Faßleckage. – 3. *Wasserrecht:* Auslaufen aus Anlagen; Haftpflichtrisiko (Gewässerschäden-Haftpflichtversicherung).

Le Coutre, Walter, 1885–1965, Habilitation 1920 in Köln; 1923–1933 Professor in Mannheim; 1933–1949 Wirtschaftsberater; seit 1950 Professor in Mannheim; Honorarprofessor an der Universität Heidelberg. Ehrendoktor der Hochschule für Welthandel, Wien. – *Hauptarbeitsgebiete:* Rechnungswesen, Bilanztheorie und Betriebsorganisation. L.C. ist Hauptvertreter der statischen Bilanztheorie, die er zu einer modernen Theorie entwickelte, zur Lehre von der „Totalen Bilanz" (→Bilanztheorien VI), bei der das Schwergewicht nicht mehr auf der Beständebilanz liegt, sondern auch auf der Umsatzbilanz und auf der Aufwands- und Ertragsrechnung, die als Erfolgsbilanz „die Dynamik des Betriebes" darzustellen haben. Seine Arbeiten haben auf Theorie und Praxis des Rechnungswesens sehr großen Einfluß gehabt. – *Wichtigste Veröffentlichungen:* Grundzüge der Bilanzkunde, 3 Bde., 1924, 4. Aufl. 1949; Die Sanierung, 1924; Praxis der Bilanzkritik, 2 Bde., 1926; Betriebsorganisation, 1930; Organisations-Lexikon (gemeinsam mit W. Thoms), 1930; Zeitgemäße Bilanzierung, 1934; Einrichtung und Umstellung der Buchhaltung nach dem Kontenrahmen, 1940, 3. Aufl. 1956; Erfordernisse ordentlicher Buchführung, 1958.

Ledererzeugung, Teil des →Verbrauchsgüter produzierenden Gewerbes mit im wesentlichen folgendem Produktionsprogramm: Herstellung, Zurichtung und Verdelung von Flächen- und Gewichtsledern, Herstellung von Lederaustauschstoffen auf Lederbasis. – Wichtigste Standorte: Baden-Württemberg, Nordrhein-Westfalen, Hessen und Rheinland-Pfalz.

Ledererzeugung

Jahr	Beschäftigte in 1000	Lohn- und Gehaltssumme	darunter Gehälter	Umsatz gesamt	darunter Auslandsumsatz	Nettoproduktionsindex 1980 =100
		in Mill. DM				
1970	14	177	43	827	143	–
1971	12	175	44	810	149	–
1972	11	173	43	897	177	–
1973	10	165	44	803	190	–
1974	8	155	42	774	175	–
1975	8	153	42	754	157	–
1976	8	167	46	985	236	104,4
1977	7	164	46	•*)	•*)	106,3
1978	7	171	49	•*)	•*)	109,0
1979	7	176	51	1215	•*)	107,7
1980	7	182	52	1092	•*)	100
1981	6	188	53	1096	•*)	115,1
1982	6	193	55	1227	•*)	114,0
1983	6	199	56	1375	•*)	121,2
1984	6	202	59	1531	•*)	115,6
1985	6	198	56	1564	•*)	107,0
1986	6	195	57	1443	324	106,2

*) Aus Gründen der Geheimhaltung nicht veröffentlicht

Lederverarbeitung, Zweig des →Verbrauchsgüter produzierenden Gewerbes, umfaßt im wesentlichen Herstellung von Sattler-, Täschner- und Galanteriewaren aus Leder und Austauschstoffen, Antriebsriemen u. a. technische Lederartikel wie Bandagen, Dichtungen, Bremsbeläge; Lederhandschuhe. Wichtigste Standorte: Hessen, auch Nordrhein-Westfalen und Bayern.

Lederverarbeitung

Jahr	Beschäftigte in 1000	Lohn- und Gehaltssumme	darunter Gehälter	Umsatz gesamt	darunter Auslandsumsatz	Nettoproduktionsindex 1980 =100
		in Mill. DM				
1977	26	445	138	1908	229	110,2
1978	26	467	146	1945	236	110,2
1979	25	487	152	2085	264	110,5
1980	24	486	157	2049	274	100
1981	22	466	156	2030	315	87,7
1982	20	437	152	1878	311	82,9
1983	18	419	148	1883	321	79,0
1984	17	415	148	1887	350	76,7
1985	15	396	141	1847	359	74,1
1986	16	411	146	1872	355	74,7

Leeraktien, nicht voll eingezahlte Aktien einer AG, bei der auch voll eingezahlte Aktien vorhanden sind. Sind L. vorhanden, werden, falls die Satzung nichts anderes bestimmt, vom *Gewinn* zunächst 4% auf die eingezahlten Beträge ausgeschüttet, der Rest wird nach dem Nennwert der Aktien gleichmäßig verteilt (§ 60 AktG).

Leerfahrt, Fahrt eines Transportmittels ohne Ladung, z. B. bei fehlender Nachfrage zu bestimmten Zeiten auf einzelnen Teilstrecken im →Linienverkehr und zwischen Ent- und neuen Beladeorten im →Gelegenheitsverkehr. Betriebswirtschaftlich ist die L. ein Rüstvorgang. – *Gegensatz:* →Lastfahrt.

Leergut, bei Anlieferung von Materialien angefallene gebrauchte Verpackungsmittel. – Behandlung in der *Buchhaltung:* Vgl. →Verpackung, →Verpackungsmaterial. – Behandlung in *Organisation* und *Kalkulation* wie →Abfall. – *L.-Rücksendung an den Absender* zu ermäßigten Frachtsätzen.

Leerkosten, ein von O. Bredt eingeführter Begriff für den Teil der →fixen Kosten, der auf nichtgenutzte Kapazität entfällt. Berechnung durch Leerkostenfunktion (x_m = Maximalausbringung = Kapazität, x = Istausbringung, K_f = fixe Kosten, K_L = Leerkosten):

$$K_L(x) = (x_m - x)\frac{K_f}{x_m}$$

Die L. fallen von ihrem Höchstwert K_f für $x = 0$ linear bis zum Wert 0 für $x = x_m$. – *Gegensatz:* →Nutzkosten. – Vgl. auch →Leerkostenanalyse.

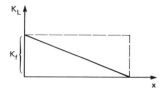

Leerkostenanalyse, *Leer- und Nutzkostenanalyse.* 1. *Aufgabe:* Die L. dient in der Grenzplankostenrechnung der laufenden Kontrolle der Ausnutzung der fixen Kosten; entspricht der →Fixkostenanalyse der Vollkostenrechnung. – 2. *Methode:* Für jede Kostenstelle wird eine ihrer Kapazität entsprechende Maximalbezugsgröße festgelegt; auf dieser Basis werden die →Leerkosten, der Prozentsatz (wieviel % der fixen Kosten Leerkosten pro Kostenstelle sind) berechnet. – 3. *Bedeutung:* Der Leerkostenanteil gilt als Indikator für die Dringlichkeit der Anpassung der →Kapazität an die Beschäftigung. – Entscheidungstheoretisch erweist sich dieses Konzept als sehr problematisch.

Leerkostenminimierung, →Kapazitätsauslastungsmaximierung.

Leerübertragung der Firma, Übertragung der →Firma ohne das →Unternehmen. Im Gegensatz zur Veräußerung der →Geschäftsbezeichnung unzulässig (§ 23 HGB). Bei →Kapitalgesellschaften kann L. d. F. durch Veräußerung des →Mantels erreicht werden.

Leer- und Nutzkostenanalyse, →Leerkostenanalyse.

Leerverkauf, *Blankoverkauf, Fixgeschäft, Windhandel, Découvert, short sale, short position.* 1. *Begriff:* Verkauf von Wertpapieren oder Waren, die der Verkäufer noch nicht besitzt (Eingehen einer *Leerposition*) bzw. die vorhanden sind, aber erst später ausgeliefert werden. – 2. *Gründe:* V. a. Spekulation und →Hedging; vgl. auch →Arbitrage. – 3. *Zulässigkeit:* An den Börsen der Bundesrep. D. nicht zulässig; in den USA gegen eine von der Zentralbank festgesetzte Mindestdeckung durch das Ausleihen der entsprechenden Papiere gegen Zinszahlung von einem Broker möglich.

Leerwechsel, →Finanzwechsel.

Leerzeitenminimierung, →Kapazitätsauslastungsmaximierung.

legal basis method, →Equity-Methode.

Legalisation, Beglaubigung amtlicher Urkunden, insbes. zum Gebrauch im Ausland, z. B. durch Konsulate.

Legalität, Übereinstimmung des Handelns sowohl des Einzelnen als auch der Behörden mit den gesetzlichen Bestimmungen.

Legalitätsprinzip. 1. *Allgemein:* Verpflichtung der →Behörden zum Tätigwerden, wenn die Voraussetzungen dafür gegeben sind; z. B. muß die →Staatsanwaltschaft i. a. bei hinreichendem Verdacht auf eine strafbare Handlung einschreiten und Anklage erheben (§ 152 StPO). – *Gegensatz:* →Opportunitätsprinzip, das für Delikte gilt, die im Wege der →Privatklage verfolgt werden können. – 2. Im *Grundbuchrecht* besagt das L., daß in bestimmten Fällen vor der Eintragung ins →Grundbuch die →Einigung nachgewiesen werden muß. Vgl. auch →Materielles Konsensprinzip.

Legat, →Vermächtnis.

Legende, erläuternde Beischrift bzw. Bildunterschrift zu statistischen Tabellen oder graphischen Darstellungen mit Zeichenerklärung und Angabe der Maß- und Zeiteinheiten. Aus dem Schaubild mit L. muß ohne zusätzlich erläuternden Text der Sachverhalt deutlich werden.

Legislative, die rechtsetzende, gesetzgebende Gewalt, z. B. →Bundestag. Vgl. →Gewaltenteilung.

Legislaturperiode, *Wahlperiode,* Zeitabschnitt zwischen dem ersten Zusammentritt eines Parlaments (z. B. des →Bundestages) bis zur Neuwahl. Die L. in der *Bundesrep. D.* beträgt i. d. R. vier Jahre.

Legitimation. 1. Ausweis; vgl. →Ausweispflicht. – 2. Vgl. →Nichteheliches Kind.

Legitimationskarte, jetzt: →Reisegewerbekarte, →Gewerbelegitimationskarte.

Legitimationspapiere, Urkunden, bei denen der Aussteller ohne Prüfung der Empfangsberechtigung an den Inhaber der Urkunde leisten, jedoch auch Legitimierung des Inhabers als des Verfügungsberechtigten verlangen kann (§ 808 BGB). – 1. *Qualifizierte L.,* auch →hinkende Inhaberpapiere genannt: Geben zwar den Namen des Gläubigers der Forderung an, die versprochene Leistung kann grundsätzlich aber mit befreiender Wirkung an jeden Inhaber erfolgen. Übertragung der L. nicht wie Inhaberpapiere durch Übereignung des Papiers, sondern nur durch Abtretung der verbrieften Forderung. „Das Recht am Papier folgt dem Recht aus dem Papier". – Zu den L. gehören Sparbücher, Versicherungsscheine, Depotscheine, Pfandscheine der öffentlichen Pfandleiher. – 2. *Einfache L.* oder *schlichte L.:* Geben keinen Berechtigten namentlich an, z. B. Garderobenmarken, Gepäckscheine.

Legitimationsübertragung, i. a. Übertragung der Ausübung der →Stimmrechts von Aktien an einen Dritten. L. geschieht wie die Übereignung; bisweilen auch durch →Prokuraindossament. Die L. verschafft dem Ermächtigten gegenüber Dritten, insbes. der AG, die volle Aktionärstellung (ausgenommen die L. durch offenes Prokuraindossament). Im Innenverhältnis zu dem Vollmachtgeber ist der Bevollmächtigte an das zwischen ihm bestehende Rechtsverhältnis (z. B. →Auftrag) gebunden.

Lehrabschlußprüfung, jetzt: →Ausbildungsabschlußprüfung.

Lehrberichtsheft, jetzt: →Berichtsheft.

Lehre, jetzt: →Berufsausbildungsverhältnis.

Lehrgeld, Verpflichtung des Auszubildenden, für die Berufsausbildung eine Entschädigung („Lehrgeld") zu zahlen. Eine solche Klausel darf der →Berufsausbildungsvertrag *nicht* enthalten (§ 511 Nr. 1 BBiG).

Lehrherr, jetzt: →Ausbildender und →Ausbilder.

Lehrling, die zum Zwecke ihrer Ausbildung in einem →Berufsausbildungsverhältnis (früher Lehrverhältnis) stehende Person. Der Begriff L. findet sich nicht im Berufsbildungsgesetz; er ist durch den des →Auszubildenden ersetzt worden, der einen weiteren Bedeutungsumfang hat, da auch →Anlernlinge i. S. des früheren Rechts dazugehören. In der Handwerksordnung wird die Bezeichnung L. unter

Hinzufügung „Auszubildender" in Klammern verwendet (§§ 21 ff. HandwO).

Lehrlingsanleitung, →Lehrlingsausbildung.

Lehrlingsausbildung, *Lehrlingsanleitung,* Ausbildung im Rahmen des →Berufsausbildungsverhältnisses (Lehrverhältnisses) im Handwerk. – 1. *Befugte Personen* (§§ 21 ff. HandwO): a) Personen, die das 24. Lebensjahr vollendet und die →Meisterprüfung in dem Handwerk, in welchem die Anleitung erfolgen soll, abgelegt haben; b) Personen, die eine Abschlußprüfung an einer technischen Hochschule oder Ingenieurschule abgelegt haben, sofern sie in dem betreffenden Handwerk die Gesellenprüfung bestanden haben oder vier Jahre praktisch tätig gewesen sind; c) Personen, die durch Prüfungen an bestimmten Ausbildungsstätten oder vor Prüfungsbehörden, die von der Landesregierung bestimmt sind, die Anleitungsbefugnis erworben haben. Die höhere Verwaltungsbehörde kann darüber hinaus die Befugnis zur L- (widerruflich) verleihen. – 2. *Entziehung der Befugnis bei:* a) Personen, die ihre Pflichten gegenüber Lehrlingen wiederholt oder gröblich verletzt haben; b) Personen, die wegen geistiger oder körperlicher Gebrechen nicht zur ordnungsmäßigen Anleitung geeignet sind; c) Personen, gegen die Tatsachen vorliegen, die sie zur Einstellung und Ausbildung von Lehrlingen ungeeignet erscheinen lassen; d) Betriebe, die nach Art oder Einrichtung zur Ausbildung von Lehrlingen ungeeignet sind, auch aufgrund einer übermäßig hohen Zahl von Lehrlingen.

Lehrlingsrolle, von der →Handwerkskammer geführtes Verzeichnis der Berufsausbildungsverhältnisse (Lehrverhältnisse) Gesetzlich geregelt in: §§ 28 ff. HandwO. Der Berufsausbildungsvertrag (Lehrvertrag) ist mit seinem wesentlichen Inhalt einzutragen. Der Lehrherr (Ausbildender) hat unverzüglich nach Vertragsabschluß die Eintragung zu beantragen und eine Ausfertigung der Vertragsniederschrift beizufügen. Der Ausbildende hat ferner die berufliche Ausbildung des Lehrlings (Auszubildenden) und die Bestellung von Ausbildern anzuzeigen. Änderungen des Vertrags sind mitzuteilen und einzutragen. – *Ähnlich:* →Verzeichnis der Berufsausbildungsverhältnisse.

Lehrplan, systematische Zusammenfassung von Lerninhalten, die über die Realisierung von →Lernzielen innerhalb eines vom Plan vorgegebenen Zeitraums im Rahmen eines schulischen Bildungsganges vom Lernenden erarbeitet und angeeignet werden sollen. Auf der Grundlage der Kulturhoheit der Länder werden die Lerninhalte und Lernziele von L.-Kommissionen der Länder entworfen und auf dem Verordnungsweg von den einzelnen Kultusministern verbindlich vorgeschrieben. –

Vgl. auch →Curriculum, →wirtschaftsberufliche Curriculumentwicklung.

Lehrverhältnis, jetzt: →Berufsausbildungsverhältnis.

Lehrvertrag, jetzt: →Berufsausbildungsvertrag.

Lehrwerkstatt, Sammelbezeichnung für alle schulischen, betrieblichen und überbetrieblichen Ausbildungsstätten wie Laboratorien, Simulationseinrichtungen, Übungswerkstätten in der gewerblich-technischen oder Ausbildungs- und Übungsbüros (→Übungsfirma) in der kaufmännisch-verwaltenden Berufsausbildung. – *Ziel:* Vermittlung von Einsichten in ganzheitlich-komplexe praktische Zusammenhänge; diese sind weder mit traditionellen schulischen Lernformen noch durch die Mitarbeit im Produktionsprozeß zu gewinnen. *Kennzeichnend* für den →Lernort L. ist die Vermittlung berufspraktischer Fähigkeiten und Fertigkeiten durch systematische (lehrgangsmäßige) und produktionsunabhängige Lernprozesse unter Anleitung besonders qualifizierter Ausbilder.

Lehrzeit, jetzt: →Ausbildungszeit.

Lehrzeugnis, →Zeugnis.

Leibesvisitation, körperliche Durchsuchung, u. a. angewandt auf Arbeitnehmer beim Verlassen des Betriebes, nur unter der Voraussetzung besonderer Rechtfertigungsgründe und bei Beachtung der Verpflichtung zu völliger Gleichbehandlung. Weibliche Betriebsangehörige sind nur von Frauen zu durchsuchen. – 1. *Rechtfertigungsgründe:* a) Schutz von Leben und Gesundheit der Belegschaft; b) Sicherung des Betriebes und des Betriebseigentums. Umstritten ist, ob der Arbeitgeber einseitig aufgrund seines Weisungsrechtes zu L. berechtigt ist. Die herrschende Meinung fordert vertragliche Grundlage bei Einzelarbeitsvertrag, Betriebsvereinbarung oder Tarifvertrag. – 2. *Verpflichtung zur Gleichbehandlung:* Keine willkürliche Auswahl der zu visitierenden Personen, sondern möglichst stichprobenweise L. unter Anwendung einer Automatik (z. B. Aufleuchten eines roten Lichtes in unregelmäßigen Abständen beim Durchgang der Belegschaftsmitglieder) zur Auswahl der Betroffenen. – Vgl. auch →Torkontrolle, →Durchsuchung, →Werkschutz.

Leibrente, mit der Lebenszeit des Berechtigten oder eines anderen (z. B. der Witwe) verknüpfte Nutzung regelmäßig wiederkehrender Leistungen, i. d. R. Geldleistungen (Lebensrenten, Renten auf Lebenszeit). In der →Lebensversicherung unterschiedliche Ausgestaltung (u. a. auch für verbundene Leben). – *Steuerliche Behandlung:* Vgl. →Rentenbesteuerung.

leichte Fahrlässigkeit, →Fahrlässigkeit im *Gegensatz* zur →groben Fahrlässigkeit.

leichte Papiere, Wertpapiere, insbes. Aktien, die niedrig im Kurs stehen, wodurch diese Papiere leichter zu handeln sind. – *Gegensatz:* →schwere Papiere.

Leichter-Verkehr, →Barge-Verkehr.

Leichtkraftrad, ein →Kraftrad mit Hubraum von 50 bis 80 ccm und Höchstgeschwindigkeit von 80 km/h. L. sind auch die bis zum 31.12.1983 in den Verkehr gekommenen Krafträder mit Hubraum bis 50 ccm und Höchstgeschwindigkeit von mehr als 40 km/h (→Kleinkrafträder bisherigen Rechts).

Leiharbeitnehmer, →Leiharbeitsverhältnis.

Leiharbeitsverhältnis. I. B e g r i f f : Ein L. liegt vor, wenn der Arbeitnehmer mit seiner Zustimmung von dem Arbeitgeber (Verleiher), der mit ihm im eigenen Namen einen Arbeitsvertrag geschlossen hat, an einen anderen Arbeitgeber (Entleiher) zur Erbringung von Arbeitsleistung überlassen („ausgeliehen") wird. Zwischen „Verleiher" und „Entleiher" besteht ein zumeist entgeltlicher Vertrag eigener Art über die Arbeitnehmerüberlassung. Leiharbeitnehmer sind insbes. die von Zeitarbeits-Unternehmen eingestellten und an andere Unternehmen überlassenen Arbeitskräfte. – Ein sog. *unechtes L.* liegt vor, wenn der Arbeitnehmer von vornherein zum Zwecke der Arbeitsleistung bei Dritten eingestellt wird. – Die Tätigkeit der Unternehmen, die gewerbsmäßig Arbeitnehmerüberlassung betreiben, ist geregelt durch das *Arbeitnehmerüberlassungsgesetz* (AÜG) vom 7.8.1972 (BGBl I 1393) mit späteren Änderungen (zur Abgrenzung von Arbeitsvermittlung und →Arbeitnehmerüberlassung vgl. im einzelnen dort).

II. R e c h t l i c h e B e h a n d l u n g : 1. *Pflichten:* a) Dem *Verleiher-Arbeitgeber* obliegen grundsätzlich alle Arbeitgeberpflichten (→Arbeitgeber), insbes. ist er zur Lohnzahlung verpflichtet. – b) Der *Arbeitnehmer* ist verpflichtet, seine Arbeitsleistung dem Entleiher zu erbringen. Er hat den Weisungen des Entleihers nachzukommen (→Direktionsrecht); Leiharbeit wird stets nach Weisungen des Entleihers durchgeführt. Daher gilt das AÜG nicht, wenn ein Arbeitnehmer nach Weisungen seines Arbeitgebers in Rahmen eines →Werkvertrages oder →Dienstvertrages bei einem anderen Arbeitgeber tätig wird. – 2. *Folge einer fehlenden Erlaubnis zur Arbeitnehmerüberlassung:* Wenn dem Verleiher die erforderliche Erlaubnis fehlt, gilt ein Arbeitsverhältnis mit dem Entleiher als zustande gekommen (§ 10 AÜG). Außerdem haftet der Entleiher wie ein selbstschuldnerischer Bürger für die Abführung der Sozialversicherungsbeiträge (§ 393 III RVO). – 3. *Voraussetzungen für eine Beendigung des Leiharbeitsverhältnisses:* Dies ist Gegenstand der Vereinbarung zwischen Verleiher und Entleiher. Das Arbeits-

verhältnis zwischen Leiharbeitnehmer und Verleiher bleibt davon unberührt; dies kann allein von den Parteien des Arbeitsvertrages beendet werden. – 4. *Betriebsverfassungsrechtliche Regelungen:* Leiharbeitnehmer sind im Betrieb des Entleihers zu Betriebsratswahlen (→Betriebsrat) weder wahlberechtigt noch wählbar. Sie können sich allein auf einige betriebsverfassungsrechtliche Grundrechte berufen (vgl. § 14 II AÜG). – Vor der Übernahme eines Leiharbeitnehmers zur Arbeitsleistung ist der Betriebsrat des Entleiherbetriebes nach § 99 BetrVG zu beteiligen (§ 14 III AÜG).

Leihe, die unentgeltliche Überlassung des Gebrauchs einer Sache (§§ 598–604 BGB). *Gegensatz:* Die entgeltliche Gebrauchsüberlassung (→Miete). Der *Verleiher* muß den Gebrauch gestatten, haftet nur für →Vorsatz und →grobe Fahrlässigkeit und kann i. d. R. die Sache jederzeit zurückfordern. Der *Entleiher* haftet für jedes Verschulden, muß die Sache pfleglich behandeln, darf sie nicht weiterverleihen und muß sie nach Zeitablauf oder →Kündigung zurückgeben.

Leihzins. 1. Bezeichnung für →Zins; selten in diesem Sinne verwendet. – 2. Begriff der *Wirtschaftstheorie* für den bei Gewährung eines Kredits zu zahlenden Preis. Nach Böhm-Bawerk ist der L. ein vom ursprünglichen →Kapitalmarktzins abgeleiteter Zins; nach moderner Ansicht ist der L. selbst der ursprüngliche Zins (Peter). – Vgl. auch →Zinstheorie.

Leiste, →Erneuerungsschein.

Leistenschein, →Erneuerungsschein.

Leistung. I. B e t r i e b s w i r t s c h a f t s l e h r e : 1. *Begriff:* Das (gelungene) Ergebnis eines betrieblichen Erzeugungsprozesses. – *Begriffsfassungen:* a) mengenmäßiger Output, z. B. produzierte Stückzahl, bearbeitete Verwaltungsakte; b) Wert des Prozeßergebnisses, d. h. der bewertete mengenmäßige Output. L. ist in letzterem Sinne Gegenbegriff der →Kosten, wird aber in dieser Bedeutung zunehmend durch den Terminus →Erlös ersetzt. – 2. *Arten:* Vielfältige nach der Art der erstellten Güter oder Dienstleistungen. Von besonderer Bedeutung für die Kostenrechnung: Unterscheidung von absatzbestimmten L. (Kalkulation in der →Kostenträgerrechnung) und →innerbetrieblichen Leistungen (Kalkulation in der →Kostenstellenrechnung). – Vgl. auch →Leistungseinheit, →Leistungserfassung.

II. Z i v i l r e c h t (§ 241 BGB): *I. e. S.* Handlung oder Unterlassung, zu der der Schuldner aufgrund eines →Schuldverhältnisses verpflichtet ist (z. B. →Übereignung der verkauften Sache usw.). *I. w. S.* Leistungsgegenstand, z. B. die zu übereignende Sache selbst. – Vgl. auch →Leistungsstörungen.

III. Umsatzsteuerrecht: Vgl. →Lieferungen und (sonstige) Leistungen II, III.

Leistung an Erfüllungs Statt, →Leistung, die der Schuldner nicht schuldet, sondern an Stelle einer geschuldeten erbringt. *Nimmt der Gläubiger* die Leistung als Erfüllung an, erlischt die Verbindlichkeit (§ 364 I BGB). Wird eine Sache oder ein Recht *an Erfüllungs Statt* gegeben, haftet der Schuldner für Mängel wie ein Verkäufer (§ 365 BGB), →Sachmängelhaftung und →Rechtsmängelhaftung). Übernimmt der Schuldner zur Befriedigung des Gläubigers diesem gegenüber eine *neue Verbindlichkeit* (z. B. Wechselhingabe), geschieht das i.d.R. nur →erfüllungshalber; die alte Verbindlichkeit bleibt neben der neuen bestehen (§ 364 II BGB).

Leistungsabschreibung, Abschreibung, die sich nach der Leistungsabgabe, der Inanspruchnahme des Vermögensgegenstandes richtet. Vgl. →Abschreibung.

Leistungsabweichung, →Abweichungen I 2 b) (2).

Leistungsaustausch. I. Kostenrechnung: Vgl. →innerbetriebliche Leistungsverrechnung.

II. Umsatzsteuer: →Lieferungen und (sonstige) Leistungen eines →Unternehmers sind nur i.S. eines L. umsatzsteuerbar. L. liegt vor, wenn sich eine Leistung auf den Erhalt einer Gegenleistung *(Entgelt)* richtet, und damit die gewollte, erwartete oder erwartbare Gegenleistung auslöst. Die Gegenleistung kann auch freiwillig oder nicht gleichwertig zur Leistung sein. *Kein L.:* a) wenn Lieferungen rückgängig gemacht werden (→Rückgabe); b) bei →Erbschaften und (echten) →Schenkungen; c) bei (echten) →Schadenersatzleistungen (einschl. Verzugs-, Fälligkeits- und Prozeßzinsen); d) bei (echten) Gesellschafterbeiträgen (→Gesellschaftsleistungen, →Arbeitsgemeinschaften); e) bei (echten) →Mitgliederbeiträgen.

leistungsbedingte Abschreibung, →Mengenabschreibung, →Abschreibung III 4.

Leistungsbeistellung, Begriff des Umsatzsteuerrechts für das Zurverfügungstellen von Leistungen, d.h. →Lieferungen und (sonstigen) Leistungen *(L. im weiteren Sinne)* oder ausschließlich von sonstigen Leistungen *(L. im engeren Sinne)*, durch den Auftraggeber an den Hersteller eines Werkes. Die beigestellte (sonstige) Leistung ist nicht Bestandteil der Leistung des Werkunternehmers, auch wenn er bei der Beschaffung der Leistung als Agent oder Berater mitwirkt. – *Beispiel:* Werkunternehmer A berät den Auftraggeber B bei der Beschaffung der beizustellenden und von C zu bewirkenden Leistung. Beschafft hingegen A im eigenen Namen und für Rechnung des B die Leistung von C, umfaßt die Leistung des A

an B auch diese Leistung. – *Form* der L. (i.w.S.): →Materialbeistellung.

Leistungsbereitschaft. 1. *Allgemein:* Voraussetzung für das Hervorbringen von →Leistungen. Hierzu ist nicht nur die Bereitstellung der entsprechenden →Produktionsfaktoren erforderlich, sondern auch andere Vorbereitungsmaßnahmen wie z. B. Anheizvorgänge, Einrichtung von Maschinen und Werkzeugen, Warmlaufen von Maschinen usw. Aufrechterhaltung der L. verursacht fixe Kosten (→Bereitschaftskosten). – 2. Voraussetzung zur Hervorbringung von *individuellen Leistungsbeiträgen.* Zu unterscheiden sind physiologische und psychologische L. – Vgl. auch →Motivation, →Arbeitsgestaltung, →Ergonomie, →Arbeitswissenschaft.

Leistungsbeteiligung, Form der →Erfolgsbeteiligung nach leistungsorientierten Zurechnungsgrößen. Grundlage ist die im Abrechnungszeitraum erzielte Arbeitsleistung, wobei die individuelle, gruppenbezogene oder kollektive Arbeitsleistung für die L. ausschlaggebend sein kann. Voraussetzung ist deshalb ein gut ausgebautes System der Kostenrechnung.

Leistungsbeurteilung, →Mitarbeiterbeurteilung, →Appraisal.

Leistungsbewertung, →Arbeitsbewertung, →Lohngruppen, →Leistungsgrad.

leistungsbezogene Entgelte, arbeitsrechtlicher Begriff für Entgelte, bei denen beim →Akkordlohn und →Prämienlohn die Höhe des Arbeitsentgelts unmittelbar durch das von dem betreffenden Arbeitnehmer erzielte konkrete Arbeitsergebnis beeinflußbar sein muß (allgemein vgl. →Leistungslohn). Nach § 87 I Nr. 11 BetrVG unterliegt die Festsetzung der Akkord- und Prämiensätze und vergleichbaren l.E. erfaßt, einschl. der Geldfaktoren, dem erzwingbaren Mitbestimmungsrecht des Betriebsrats in →sozialen Angelegenheiten. Nach der Rechtsprechung des BAG sind nur solche mit Akkord- und Prämienlohn vergleichbare l.E., bei denen eine „Leistung" des Arbeitnehmers, gleichgültig worin diese besteht, gemessen und mit einer Bezugsleistung verglichen wird und bei denen sich die Höhe der Vergütung in irgendeiner Weise nach dem Verhältnis der Leistung des Arbeitnehmers zur Bezugsleistung bemißt. – Anteils-, Leitungs- und Abschlußprovisionen sind *nicht* l. E. in diesem Sinne.

Leistungsbilanz. I. Bilanzierung: Von Anhängern der dynamischen Bilanztheorie geschaffener Begriff für die Erfolgsrechnung. – Vgl. auch →Gewinn- und Verlustrechnung.

II. Außenwirtschaft: Teil der →Zahlungsbilanz. Gegenüberstellung der in einer Periode getätigten Exporte und Importe von Waren (→Handelsbilanz), Dienst- und Faktorleistungen (→Übertragungsbilanz, →einseitige Übertragungen).

Leistungsbilanzmultiplikator, →Zahlungsbilanzmultiplikator.

Leistungsbudget, →Performance Budget.

Leistungseinheit, die Mengeneinheit des Ergebnisses eines betrieblichen Erzeugungsprozesses (→Leistung), zu messen in Stück, kg, t, PS oder sonstigen Maßeinheiten (→gesetzliche Einheiten). Zur Errechnung der Kosten je L. dient die →Kalkulation.

Leistungseinheitswert, veralteter Begriff für die durch Division der Kostenartensumme einer →Kostenstelle durch die Stellenleistung ermittelten Kosten einer →Leistungseinheit.

Leistungsentgelte, →Transformationsausgaben.

Leistungsentsprechungsprinzip, von H. Koch geprägtes →Kostenverteilungsprinzip. Die Kosten sollen in einer „Gesamtkostenanteilsrechnung" nach Maßgabe der Größenrelationen der →Leistungseinheiten auf die betrieblichen Produkte verrechnet werden.

Leistungserfassung, leistungsartenbezogene Aufzeichnung der →Leistungen, differenziert nach Leistungsmenge und zur Erfüllung spezieller Rechnungszwecke relevanten Merkmalen (z. B. Leistungsempfänger, Leistungsqualität). Aufgrund der Vielfältigkeit der in einem Unternehmen erstellten Leistungen und insbes. der bei Dienstleistungen (z. B. Verwaltungsleistungen) bestehenden Meßprobleme ist die L. im Vergleich zur →Kostenerfassung in der Praxis deutlich weniger ausgeprägt.

Leistungsfähigkeitsprinzip, *ability to pay principle.* 1. *Charakterisierung:* Fundamentalprinzip der Besteuerung (→Besteuerungsprinzipien). Anders als das →Äquivalenzprinzip, das auch als Steuerrechtfertigung verstanden wird und ein Angebot von Staatsleistungen überhaupt begründen will, ist das L. lediglich ein *Steuerlastverteilungsprinzip.* Das Angebot an Staatsleistungen wird vorausgesetzt; nur die Finanzierung der Leistungen wird geregelt. In der Finanzwissenschaft sowie in Steuerrecht und -politik umstritten. – 2. *Theoretische Fundierung:* a) Das L. ist mit den →Opfertheorien verknüpft worden, um zu beweisen, daß mit ihm eine →Steuerprogression notwendigerweise verbunden ist. Dies mußte in die Irre führen, weil die Kritik an den Opfertheorien nachweisen konnte, daß mit ihnen beliebige Tarifverläufe konstruiert werden können, weil ferner auch die Kritik an den Opfertheorien zugrundeliegenden Nutzentheorie die Opfertheorien selbst ad absurdum führt. – b) In der modernen Finanzwissenschaft wird daher das L. mit Blick auf grundlegende *Gerechtigkeitsvorstellungen und politische Wertungen* und Entscheidungen interpretiert. Notgedrungen bleibt dabei das L. unscharf, weil sowohl die Gerechtigkeitsauffassungen in der Gesellschaft als auch die Indikatoren einer

Leistungsfähigkeit unterschiedlich interpretierbar sind. – c) (1) Grundsätzlich muß die „*horizontale*" *Gerechtigkeit* definiert werden: Soll jeder Besteuerte gleich behandelt werden, muß bereits die Bemessungsgrundlage der Steuer eindeutig und umfassend gestaltet sein. Daneben verlangt die „*vertikale*" *Gerechtigkeit,* daß jeder in dem Maße Steuern trage, wie er es könne. Wer über eine größere ökonomische Leistungsfähigkeit (Ausstattung mit Kaufkraft) verfügt, soll ein überproportional höheres Steueropfer tragen. Da dieses sich theoretisch nicht exakt bestimmen läßt, muß politisch darüber entschieden werden (Höhe der Freibeträge, Verlauf der Progressionskurve). – (2) Als *Indikatoren der Leistungsfähigkeit* gelten Einkommen, Vermögen und Ausgaben (Konsum); Einkommen-, Vermögen-, aber auch eine Ausgabensteuer sind mit dem L. vereinbar. In den meisten Staaten werden Einkommensteuern erhoben, verbunden oft mit Vermögensteuern. Unter dem Indikatoraspekt wird in der Finanzwissenschaft diskutiert, welche Einkommensbegriffe mit dem L. kompatibel sind. – 3. *Wirkungen:* In dieser Hinsicht zeigt sich die Ambivalenz des L. Einseits ist es erforderlich, ein recht hohes Progressionsmaß einzurichten, wenn man die Steuertraglast deutlich auf die höheren Einkommensschichten verlagern und dadurch Ziele der *Umverteilungspolitik* erreichen will; andererseits können hohe Progressionsmaße den Leistungswillen der einzelnen lähmen und solchermaßen die gesamtwirtschaftliche Produktivität beeinträchtigen, was eine Verfehlung der *Allokationsziele* bedeutet.

Leistungsfaktoren, →Produktionsfaktoren.

Leistungsförderung, Aufgabe des Sondervermögens für berufliche Leistungsförderung, geschaffen beim Bund durch LeistungsförderungsG vom 22.4.1965 (BGBl I 341). Aus dem Sondervermögen sollen durch Darlehen und Zuschüsse im Bereich der Wirtschaft gefördert werden: a) überbetriebliche Berufsfortbildungsstätten und -einrichtungen, Lehrwerkstätten und andere Einrichtungen der überbetrieblichen Lehrlingsunterweisung durch Selbstverwaltungseinrichtungen der Wirtschaft, Wirtschaftsvereinigungen, Stiftungen und berufliche Organisationen; b) Teilnahme der im Erwerbsleben stehenden Personen an beruflichen Fortbildungsmaßnahmen. – Vgl. auch →Förderungsmaßnahmen, →berufliche Fortbildung.

Leistungsfunktion, spezifische Darstellung der wechselweisen Abhängigkeiten zwischen Ertrag (→Ausbringung) und →Intensität eines Betriebsmittels oder einer Betriebsmittel-Kombination. Die Intensität ist zu messen in mkg/sek oder PS und wird als Funktion der Ausbringung (x) aufgefaßt: $d = f(x)$, d. h. je nach dem Grad der Abhängigkeit (je nach der Möglichkeit des Einwirkens anderer Faktoren) ist mit der Zu- oder Abnahme der Intensität ein entsprechender Zuwachs oder eine Minderung des Ertrags verbunden; ebenso läßt sich bei →intensitätsmäßiger Anpassung die verlangte Intensität als Funktion der Ausbringung verstehen.

Leistungsgarantie, vom jeweiligen Lieferanten im Außenhandel zu erstellende, meist mit der Bürgschaft einer Bank gekoppelte →Garantie als Sicherheit dafür, daß die Lieferung oder die Ausführung der Aufträge eine technischen Bedingungen auch nach Erstellung der Anlage erfüllt.

Leistungsgrad, Verhältnis von beeinflußbarer Ist-Mengenleistung zu beeinflußbarer Bezugs- oder Normalmengenleistung:

$$L. \triangleq \frac{\text{beobachtete Ist-Mengenleistung}}{\text{vorgestellte Bezugsmengenlstg.}}100\%$$

Bei Messung in *Zeiteinheiten:*

$$L. \triangleq \frac{\text{vorgestellte} \rightarrow \text{Normalzeit}}{\text{beobachtete} \rightarrow \text{Ist-Zeit}}$$

Beispiel: Ist-Zeit 6 Min/Stück, Normalzeit 7,5 Min./Stück

$$L. = \frac{7,5}{6}100 = 125\%$$

Messung des *L. der Arbeit:* →Leveling-System.

Leistungsgruppen, Qualifikationsstufen aufgrund der nach →Lohngruppen gegliederten Tarifverträge, nach denen Arbeitnehmer in der amtlichen →Lohnstatistik zum Zweck der besseren Analyse der Ergebnisse eingeordnet werden; umfaßt drei L. für Arbeiter, fünf L. für Angestellte.

Leistungskette, →Wettbewerbsstrategie IV.

Leistungsklage, Form der →Klage. Der Kläger begehrt die Verurteilung des Beklagten zu einem bestimmten Tun oder Unterlassen (auf Zahlung, Herausgabe, Abgabe einer Willenserklärung usw.). U. U. kann auch Klage auf künftige Leistung erhoben werden, insbes. wenn zu erwarten ist, daß sich der Schuldner der rechtzeitigen Leistung entziehen werde (z. B. Einwendungen gegen künftige Zahlungspflicht erhebt; §§ 257–259 ZPO).

Leistungskontrolle, betriebsorganisatorische Maßnahme zur Überprüfung der erstellten Leistung (Menge und Qualität) im Verhältnis zur aufgewandten Zeit. Im Industrieunternehmen L. weitgehend auszuschalten durch →Fließproduktion und durch →Akkordlohn in der Verwaltung, L. durch Einschaltung gewisser Kontrollen (Aktenzeichen, Anzahl der bearbeiteten Vorgänge oder Briefe usw.), im Handwerksunternehmen durch statistische

Erfassung der Arbeitsleistung (Umsatz je Verkäufer usw.). – *Anders:* →Produktionskontrolle.

Leistungskosten. 1. *Begriff:* →Kosten, die sich automatisch mit Art, Menge, Reihenfolge und Wert der tatsächlich beschafften, erzeugten oder manipulierten und abgesetzten Leistungen, Leistungsproportionen (bei nicht beliebig teilbaren Leistungen: Chargen, Losen, Partien usw.) oder Leistungsbündeln bzw. -päckchen (bei Kuppelproduktion und anderen verbundenen Leistungen) ändern. – *Gegensatz:* →Bereitschaftskosten. – **2.** *Untergliederung.* L. werden nach den Haupteinflußfaktoren oder Faktorbündeln, den Grundfunktionen (z. B. beschaffungs-, erzeugungs-, absatzbedingt) und weiteren Merkmalen (z. B. Erfassungsweise, Ermittlungsgenauigkeit) untergliedert.

Leistungskurve, *Bereitschaftskurve,* Darstellung der Arbeitsleistung eines Arbeitnehmers in Abhängigkeit von der Tageszeit, bemessen auf seine →Durchschnittsleistung (= 100%).

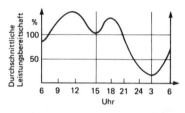

Leistungslohn, Form des →Arbeitsentgelts, bei der nicht nur die im Betrieb verbrachte Anwesenheitszeit vergütet, sondern die während der Anwesenheitszeit vollbrachte Leistung berücksichtigt wird. – *L.-Formen:* (1) Akkordlohn; (2) Prämienlohn; (3) auch der einfache Zeitlohn ist ein L., denn er wird mittel- bis langfristig für die Erbringung einer bestimmten (Normal-)leistung gezahlt, wenngleich sich kurzfristige Leistungsschwankungen nicht im Zeitlohn niederschlagen (Vgl. auch →Lohnformen). – *Arbeitsrechtliche Regelung:* Vgl. →leistungsbezogene Entgelte.

Leistungsmotivation, Bestreben, die eigene Tüchtigkeit in allen jenen Tätigkeiten zu steigern oder möglichst hoch zu halten, in denen man einen Gütemaßstab für verbindlich hält und deren Ausführung gelingen oder mißlingen kann (Heckhausen). L. setzt sich zusammen aus: „Hoffnung auf Erfolg"-Orientierung und „Furcht vor Mißerfolg"-Orientierung. Empirisch wurde verschiedentlich nachgewiesen, daß erhöhte L. mit mehr Leistung verbunden ist, jedoch unterschiedlich eng ausgeprägt, zumal die Leistung darüberhinaus eine Funktion der Fähigkeiten und situativen Bedingungen darstellt. L. kann als Teilkomponente der →Arbeitsmotivation begriffen werden.

Leistungsorientierung, →Führungsverhalten.

Leistungsort. 1. *Bürgerliches Recht:* Ort, an dem der Schuldner eine →Leistung zu erbringen hat (§ 269 BGB). Der L. entspricht dem →Erfüllungsort – 2. *Umsatzsteuerrecht:* Vgl. →Lieferungen und (sonstige) Leistungen IV und V.

Leistungspolitik, →marketingpolitische Instrumente, →Absatzpolitik.

Leistungsprämie, →Prämie I.

Leistungspreis, an den Herstellungskosten orientierter Verrechnungspreis bei der Abrechnung →innerbetrieblicher Leistungen zwischen den Fertigungsabteilungen eines Betriebes.

Leistungsprinzip, →Verteilungspolitik, →gerechtes Einkommen.

Leistungsrechnung, →Leistungserfassung, →Kosten- und Leistungsrechnung.

Leistungsrestriktion, gezielte Leistungsminderung, bei der die Produktionsrate (oder die Qualitätsstufe) unter das Niveau der normalen Leistungsfähigkeit gedrückt wird (z. B. „Dienst nach Vorschrift").

Leistungsschutzrechte, *verwandte Schutzrechte,* Rechte, durch die im →Urheberrecht Leistungen geschützt werden, die zwar nicht als schöpferisch anzusehen sind, wohl aber der schöpferischen Leistung des →Urhebers ähnlich sind oder im Zusammenhang mit den Werken der Urheber erbracht werden. Z. B. Schutz wissenschaftlicher Ausgaben urheberrechtlich nicht geschützter Werke oder Texte (§ 70 UrhRG); Recht der Sendeunternehmen, Funksendungen weiterzusenden, zu vervielfältigen oder öffentlich wahrnehmbar zu machen (→Senderecht, § 87 UrhRG); vgl. →Lichtbildwerk, →ausübender Künstler, →Tonträger, →Verfilmung. – *Schutz bei Verletzung* der L.: Vgl. →Urheber III.

Leistungsstörungen, Umstände, die die reibungslose Abwicklung eines →Schuldverhältnisses hindern oder beeinträchtigen. L. können darin bestehen, daß a) der Schuldner die Leistung verzögert *(→Verzug)*, b) der Gläubiger nicht das zur Erfüllung seinerseits Erforderliche tut *(→Annahmeverzug)*, c) die Leistung ohne oder mit Verschulden einer Partei unmöglich wird *(→Unmöglichkeit)*, d) eine Partei auf andere Weise durch ihr vertragswidriges Verhalten der anderen Schaden zufügt *(→positive Forderungsverletzung)*.

Leistungsüberwachung, →technische Überwachungseinrichtung.

Leistungsverrechnung, →innerbetriebliche Leistungsverrechnung.

Leistungsverweigerungsrecht, die einem Schuldner unter gewissen Voraussetzungen zustehende Befugnis, die Erbringung der ihm obliegenden gesamten →Leistung vorübergehend oder für dauernd zu verweigern. Vgl. z. B. →Einrede der Vorausklage, →Zurückbehaltungsrecht, →Verjährung, →Leistungsstörungen. – Nach dem →AGB-Gesetz ist eine Bestimmung in *Allgemeinen Geschäftsbedingungen,* durch die die dem Vertragspartner des →Verwenders zustehende →Einrede des nichterfüllten Vertrags oder ein ihm zustehendes Zurückbehaltungsrecht ausgeschlossen oder eingeschränkt wird, unwirksam.

Leistungsverzug, →Schuldnerverzug.

Leistungsvorbehalt, →Wertsicherungsklausel 3.

Leistungswettbewerb, Werbemaßnahmen, die den freien Willen des Kunden durch die eigene, gewerbliche Leistung beinflussen wollen. Die Unterscheidung in L. und →Nichtleistungswettbewerb dient der Konkretisierung der Generalklausel des unlauteren Wettbewerbs (→unlauterer Wettbewerb 2 a).

Leistungswucher, Form des →Wuchers (§ 302a I 3 StGB).

Leistungszeit, Teil der Arbeitszeit, während dessen der Arbeitnehmer produktiv tätig ist. – *Gegensatz:* →Bereitschaftszeit.

Leistungszulage, →Zulage.

Leistungszuschlag, Bestandteil der Renten der knappschaftlichen Rentenversicherung (Bergmannsrente, Knappschaftsrente und Knappschaftsruhegeld; →Knappschaftsversicherung), der nach mindestens fünf Jahren ständiger Arbeiten unter Tage oder diesen gleichgestellten Arbeiten für jedes weitere volle Jahr einer solchen Tätigkeit gewährt wird (§ 59 RKG). – Die *Höhe* des L. ist abhängig von der knappschaftlichen →Beitragsbemessungsgrenze.

Leistung zur Schaffung von Arbeitsplätzen Leistung der →Bundesanstalt für Arbeit an Arbeitgeber in Form von Darlehen oder Zuschüssen für den Aufbau, die Erweiterung und die Ausstattung von Betrieben und Betriebsabteilungen, die die Beschäftigung älterer Arbeitnehmer zum Ziele haben. Zuschüsse nur, soweit das Ziel der Förderung nicht durch Darlehen erreicht werden kann. Bedingungen oder Auflagen möglich.

leitender Angestellter. I. B e g r i f f : Mit der Wahrnehmung von Arbeitgeberfunktionen betraute Person. Da keine einheitliche gesetzliche Definition besteht, entscheidet die Verkehrsauffassung. Nach der Rechtsprechung ist l.A. wenn eine Gesamtwürdigung ergibt, daß ein Angestellter ausreichend bedeutsame unternehmerische Aufgaben wahrnimmt, dabei einen erheblichen Entscheidungsspielraum zu verantworten hat und dies auch seiner Dienststellung und seinem Dienstvertrag entspricht.

II. Rechtsstellung: Arbeitsrechtlich bleibt der l.A. *grundsätzlich* „echter" →Arbeitnehmer. – Es bestehen zudem folgende *Sondervorschriften:* 1. *Arbeitszeitregelung:* Ausgenommen sind Angestellte, die →Prokura oder →Generalvollmacht besitzen oder die Vorgesetzte von mindestens 20 Arbeitnehmern sind (§ 1 II AZO). – 2. *Kündigungsschutz:* Der Kündigungseinspruch des Betriebsrats gilt nicht für Geschäftsführer, Betriebsleiter und ähnliche leitende Personen, soweit sie zur selbständigen Einstellung oder Entlassung berechtigt sind. Das Arbeitsverhältnis ist auf nicht zu begründenden Antrag des Arbeitgebers im Kündigungsschutzprozeß durch Gerichtsurteil auslösbar (§ 14 KSchG). – 3. *Betriebsverfassungsgesetz:* Diesem unterstehen nicht l.A., die zur selbständigen Einstellung und Entlassung berechtigt sind oder Generalvollmacht oder Prokura besitzen oder eigenverantwortlich Aufgaben wahrnehmen (z. B. Wirtschaftsprüfer, Leiter des betrieblichen Sicherungswesens im Bergwerk, nicht dagegen Abteilungsleiter im Verkauf), die ihnen wegen deren Bedeutung für Bestand und Entwicklung des Betriebes im Hinblick auf besondere Erfahrungen und Kenntnisse übertragen sind (§ 5 III BetrVG). Sie besitzen kein aktives und passives Wahlrecht bei der Wahl des Betriebsrats, kein Mitwirkungs- und Mitbestimmungsrecht des Betriebsrats bei Einstellung, Umgruppierung, Versetzung und Entlassung des l.A., aber Pflicht des Arbeitgebers, dem Betriebsrat Mitteilung zu machen (§ 105 BetrVG). L.A. können →Sprecherausschüsse bilden, die ihre Gruppeninteressen vertreten. – 4. *Mitbestimmungsgesetz:* L.A. haben im Sinne des BetrVG das aktive und passive Wahlrecht im Rahmen der Wahl der Aufsichtsratsmitglieder der Arbeitnehmer (§ 3 MitbestG). Das MitbestG hat den l.A. einen Sitz im Aufsichtsrat der vom Gesetz erfaßten Unternehmen zuerkannt (§ 15 II 3 MitbestG). – 5. *Arbeits- und Sozialgerichtsbarkeit:* L.A. dürfen nur auf Arbeitgeberseite als ehrenamtliche Richter bei Arbeits- und Sozialgerichten fungieren (§§ 22 II Nr. 2, 37 II, 43 III ArbGG, §§ 16 IV Nr. 4, 35 I, 47 SozGG). – 6. *Institutionalisierung:* Etwa zehn eigene Verbände der l.A., die in der →Union der Leitenden Angestellten (ULA) als Spitzenverband zusammengefaßt sind.

Leitpreis, →Preisführerschaft.

Leitprodukt, bei der Produktionsplanung von →Kuppelprodukten mit Hilfe der mathematischen Programmierung ausgewähltes Produkt, dem die gesamten variablen Kosten des Kuppelprozesses einschl. den Rohstoffkosten

zugeordnet werden. Den übrigen Kuppelprodukten werden beim Aufbau der Planung keine Kosten angelastet. Durch Restriktionen wird sichergestellt, daß die Mengenrelationen der Kuppelprodukte eingehalten werden.

Leitsätze für die Ermittlung von Preisen für Bauleistungen aufgrund von Selbstkosten (LSP-Bau), eng an die Vorschriften der →Leitsätze für die Preisermittlung auf Grund von Selbstkosten (LSP) angeglichene Bestimmung zur Preisermittlung für Bauleistungen. Abweichungen folgen nur aus den Eigenarten der Bauleistungen.

Leitsätze für die Preisermittlung auf Grund von Selbstkosten (LSP), Anlage zur Verordnung PR Nr. 30/53 über die Preise bei öffentlichen Aufträgen (VPöA) vom 21.11.1953. Die LSP geben Richtlinien für den Fall, daß Leistungen für öffentliche Auftraggeber nicht zu Marktpreisen abgerechnet werden können und deshalb ersatzweise Selbstkostenpreise als Behelfspreise herangezogen werden müssen. Die LSP ersetzen die 1938 erlassenen →LSÖ.

I. Rechnungswesen: Die LSP verpflichten den Auftragnehmer zur Führung eines geordneten Rechnungswesens, das jederzeit die Feststellung der Kosten und Leistungen sowie die Ermittlung von Preisen aufgrund von →Selbstkosten ermöglicht. Nach Art und Höhe sind nur diejenigen Kosten zu berücksichtigen, die bei wirtschaftlicher Betriebsführung und im Zusammenhang mit der Leistungserstellung (Verursachungsprinzip) entstehen.

II. Selbstkostenpreis: 1. *Begriff:* Summe der nach den LSP ermittelten, der Leistung zuzurechnenden Kosten zuzüglich des kalkulatorischen Gewinns (vgl. im einzelnen II 3). – 2. *Arten:* a) *Selbstkostenfest-* oder *-richtpreise:* Preisermittlung aufgrund von →Vorkalkulationen; bei, aber spätestens unmittelbar nach Vertragsabschluß festzulegen. b) *Selbstkostenerstattungspreise:* Preisermittlung aufgrund von →Nachkalkulationen. – Selbstkostenpreise sind möglichst als Selbstkostenfestpreise zu vereinbaren. Der vorläufige Selbstkostenpreis in Form des Selbstkostenrichtpreises ist vor Beendigung der Leistungserstellung, sobald die Grundlagen der Kalkulation übersehbar sind, möglichst in einen Selbstkostenfestpreis umzuwandeln. Besteht bis zum Ende der Leistungserbringung Unsicherheit hinsichtlich der Kalkulation, so ist nachkalkulatorisch auf Basis von Selbstkostenerstattungspreisen abzurechnen. – 3. *Bestandteile:* a) *Stoffe:* (1) Fertigungsstoffe; Grundstoffe und Halbzeuge, die Bestandteile der Erzeugnisse werden, sowie Zwischenerzeugnisse und auswärts bezogene Fertigerzeugnisse, die mit den eigenen Erzeugnissen fertigungstechnisch verbunden werden (die Kosten einer Bearbeitung eigener Fertigungsstoffe in fremden Betrieben sind als besondere Kostenart auszuweisen); (2) Hilfs- und Betriebsstoffe; (3) Sonderbetriebsmittel (z. B. Modelle, Schablonen, Sonderwerkzeuge); deren Kosten sind einmalig voll abzugelten, wenn es sich um einen einmaligen Lieferauftrag handelt; ansonsten mit angemessenen Tilgungsanteilen im Sinne verbrauchsbedingter Abnutzung ohne Abschläge als Sonderkosten der Fertigung zu verrechnen; (4) Brennstoffe und Energie. – Als Verbrauch ist die Einsatzmenge je Stoffart einschl. Abfall (bzw. Ausschuß) anzusetzen; er ist bei Vorkalkulation durch Stücklisten, Rezepturvorschriften usw., bei Nachkalkulationen durch Verbrauchsaufschreibungen zu ermitteln. Bewertung vgl. III. Tages- wie Anschaffungspreis verstehen sich einschl. der mittelbaren Lieferkosten; erzielte Mengenrabatte, Preisnachlässe (ausgenommen Skontoerträge) usw. sind dem Auftraggeber gutzubringen. – b) *Personalkosten:* (1) unmittelbar dem Kostenträger zurechenbare Kosten (Fertigungslöhne); (2) mittelbar dem Kostenträger zurechenbare Kosten (Hilfslöhne, Gehälter und Unternehmerlohn). Bei Einzelkaufleuten und Personengesellschaften kann als Entgelt ein →kalkulatorischer Unternehmerlohn auch unter den kalkulatorischen Kostenarten ausgewiesen werden; er ist in der Höhe des durchschnittlichen Gehalts eines Angestellten mit gleichwertiger Tätigkeit anzusetzen. – Sozialkosten sind zu gliedern in gesetzliche, tarifliche und zusätzliche Aufwendungen; letztere dürfen nur angesetzt werden, soweit sie betriebs- oder branchenüblich sind und dem Grundsatz wirtschaftlicher Betriebsführung entsprechen. – c) *Instandhaltungskosten:* Sie sind dem Verbrauch entsprechend zeitanteilig richtig zu verrechnen; handelt es sich um werterhöhende Reparaturen, so sind sie in den Abschreibungen zu verrechnen. – d) *Entwicklungs-, Entwurfs- und Versuchskosten:* Kosten im Rahmen von Forschungs-, Entwicklungs- u. ä. Aufträgen, die das werkseigene Maß (sog. „freie Entwicklung") überschreiten, sind zwischen Auftraggeber und -nehmer ausdrücklich zu vereinbaren (sog. „gebundene Entwicklung") und in der Kalkulation gesondert auszuweisen. – e) *Steuern, Gebühren, Beiträge:* Kosten im Sinne der LSP sind insbes. die Gewerbe-, Vermögen-, Grund-, Kraftfahrzeug- und Beförderungsteuer. Die Umsatzsteuer und andere auf dem Erzeugnis lastende Verbrauchsteuern sind als Sonderkosten auszuweisen. Nicht kalkulierbare Steuern sind v. a. die Einkommen-, Körperschaft-, Kirchen-, Erbschaftsteuer. Auch Lastenausgleichsabgaben sind keine Kosten. Pflichtgebühren und -beiträge für Betriebszwecke sind Kosten; andere Beiträge nur, soweit sie dem Betriebsinteresse dienen. – f) *Lizenzgebühren, Patentkosten u. ä.* sind als Sonderkosten auszuweisen, sofern sie bestimmte Erzeugnisse betreffen. – g) *Sonstige Kostenarten,* z. B.

Miete, Büro-, Werbe-, Transportkosten und Kosten des Zahlungsverkehrs (u. a. Umsatzprovisionen, Bankgebühren und -spesen); Avalprovisionen nur für vom Auftraggeber verlangte Vertragserfüllungsbürgschaften und für Zwischenzahlungen auf bereits erbrachte Leistungen, nicht im Zusammenhang mit Vorauszahlungen öffentlicher Auftraggeber, welche Aufwendungen zur Fremdkapitalaufnahme darstellen. – h) *Vertriebssonderkosten* sind stets gesondert auszuweisen; Vertreterprovisionen dürfen nur berücksichtigt werden, wenn zum Auftragsabschluß die Mitarbeit eines Vertreters notwendig war. Versandkosten sind nur nach Maßgabe der vereinbarten Liefer- und Versandbedingungen anzusetzen. – i) *Kalkulatorische Kosten:* (1) Anlageabschreibungen können entweder nach Zeit oder nach Leistung berechnet werden. An Stelle von Anschaffungspreisen können unter bestimmten Voraussetzungen Wiederbeschaffungspreise zugrunde gelegt werden; an Stelle von tatsächlichen Herstellkosten die Herstellkosten für die Neufertigung einer gleichwertigen Anlage. Abweichungen von der geschätzten Nutzungsdauer der Anlage können als Abschreibungswagnis verrechnet werden. Für sämtliche Anlagen sind Übersichten zu führen, aus denen alle für die Abschreibungen notwendigen Angaben hervorgehen. (2) Zinsen können für die Bereitstellung des →betriebsnotwendigen Kapitals angesetzt werden. Sie sind gesondert auszuweisen. Die für Fremdkapital tatsächlich entstandenen Aufwendungen (Zinsen, Bankprovisionen u. ä.) bleiben bei der Preisermittlung außer Ansatz. Für →kalkulatorische Zinsen beträgt gem. Verordnung PR Nr. 15/54 und Nr. 4/72 vom 23.12.1954 bzw. 17.4.1972 der Höchstsatz 6,5% p. a.; die Ermittlung des betriebsnotwendigen Kapitals für diesen Ansatz ist gem. Verordnung PR Nr. 1/86 vom 15.4.1986 nur auf der Basis von Anschaffungs- oder Herstellkosten zulässig. (3) Einzelwagnisse, d. h. die mit der Leistungserstellung in den einzelnen Tätigkeitsbereichen des Betriebes verbundenen Wagnisse (z. B. Beständewagnis, Gewährleistungswagnis) können durch kalkulatorische Wagnisprämien berücksichtigt werden. – k) *Kalkulatorischer Gewinn* wird für das allgemeine →Unternehmerwagnis (nicht für die verschiedenen kalkulatorischen Einzelwagnisse) gezahlt; die Zurechnung kann in einem Hundertsatz vom betriebsnotwendigen Vermögen oder vom Umsatz, in einer Summe von beiden Hundertsätzen oder in einem festen Betrag erfolgen. Bei öffentlichen Aufträgen i. d. R. 5%. Ein darüber hinausgehender Leistungsgewinn für eine besondere unternehmerische Leistung darf nur berechnet werden, wenn er zwischen Auftraggeber und -nehmer vereinbart wurde.

III Preiskalkulation: 1. *Mengenansatz und Bewertung:* a) Bei Preisvereinbarungen aufgrund von *Vorkalkulationen* sind die im Zeitpunkt der Angebotsabgabe voraussehbaren Güter- und Dienstleistungsmengen anzusetzen, die mit den Tagespreisen zum Zeitpunkt der Angebotsabgabe zu bewerten sind. – b) Bei Preisvereinbarungen aufgrund von *Nachkalkulationen* werden die tatsächlich verbrauchten Güter und in Anspruch genommenen Dienste mit Anschaffungspreisen bzw. den entsprechenden Entgelten für Dienste bewertet, wenn die Güter und Dienste für den Auftrag besonders beschafft wurden, und mit Tagespreisen, abgestellt auf den Zeitpunkt der Lagerentnahme, soweit Stoffe nicht besonders für den Auftrag beschafft, sonder dem Lager entnommen wurden. – 2. *Angaben:* (1) genaue Bezeichnung des Kalkulationsgegenstandes (Auftrag-, Stücklisten-, Zeichnungsnummern usw.), (2) Lieferwerk und Fertigungsabteilung, (3) Bezugsmenge, auf die die Zahlenangaben der Kalkulation abgestellt sind (Stück, kg, m und dgl.), (4) Tag des Abschlusses der Kalkulation, (5) Liefermenge, für die insgesamt die Kalkulation maßgebend sein soll, (6) Lieferbedingungen, soweit sie den Selbstkostenpreis beeinflussen. (7) Bei *Nachkalkulation* außerdem der Zeitabschnitt, in dem die abgerechneten Leistungen erstellt wurden, sowie die den abgerechneten Leistungen vorausgegangenen und laut Auftrag noch folgenden gleichartigen Leistungen. – 3. *(Mindest-)Kalkulationsschema:* (1) Fertigungsstoffkosten, (2) Fertigungskosten, (3) Entwicklungs- und Entwurfskosten, (4) Verwaltungskosten, (5) Vertriebskosten, (6) kalkulatorischer Gewinn. – Innerhalb der Kalkulationsbereiche sind →Einzelkosten und →Gemeinkosten getrennt auszuweisen. Branchen- oder Betriebsüblichkeit bestimmen die Definition der Herstellkosten bzw. der Selbstkosten.

Leitungsbefugnis, →Weisungsbefugnis.

Leitungskosten, die in den →Leitungskostenstellen anfallenden Kosten. Aufgrund der mangelnden Quantifizierbarkeit der ihnen zugrundeliegenden Leistungen erweist sich eine exakte Verrechnung der L. auf die Leistungsempfänger als problematisch bzw. sogar unlösbar.

Leitungskostenstellen, →Kostenstellen, die Leitungsfunktionen wahrnehmen und die bei der Kostenplanung eine Sonderstellung einnehmen, da sich ihre Leistungen nicht oder nur unzureichend quantifizieren lassen (→Leitungskosten). Zu den L. gehören: Technische Betriebsleitung, Meisterbereichsstellen, Arbeitsvorbereitung, Terminbüro, Technische Planung usw.

Leitungsspanne, *Führungsspanne, Kontrollspanne, span of control.* 1. *Begriff:* Charakteristisches Merkmal eines →Leitungssystems, das die Anzahl der →Stellen ausdrückt, die einer →Instanz direkt untergeordnet sind. – 2.

Optimale bzw. maximale L.: Angesichts der Grenzen der Leitungskapazitäten ergibt sich für die →Organisationsgestaltung das Problem der Festlegung der maximalen bzw. optimalen L. „Faustregeln" (vgl. →Organisationsprizipien) der älteren Organisationslehre und der Praxis, wonach die optimale L. zwischen 3 und 25 Stellen umfaßt und mit höheren Ebenen der Hierarchie abnimmt, können zumindest für eine pauschale Anwendung auf sämtliche Hierarchieebenen nicht hinreichend sachlogisch begründet und empirisch abgesichert werden. Die optimale L. ist vielmehr einzelfallabhängig nach einer Untersuchung der jeweiligen Einflußgrößen der Leitungskapazität und der aus den Anforderungen der →Koordination resultierenden Leitungsbelastung der betrachteten Instanz festzulegen.

Leitungssystem, *Liniensystem.* 1. *Begriff:* Im Rahmen der →Aufbauorganisation die Verknüpfung von →Stellen durch Leitungsbeziehungen, die die →Weisungsbefugnis der jeweils übergeordneten →Instanz gegenüber den Handlungsträgern der untergeordneten organisatorischen Einheiten ausdrücken. Das L. hat eine hierarchische Struktur (→Hierarchie) und läßt sich durch die Zahl der Hierarchieebenen (→Leitungstiefe), die →Leitungsspanne und die spezifische Art der Stellenverknüpfung charakterisieren. – 2. *Grundformen:* a) →Einliniensystem; b) →Mehrliniensystem.

Leitungstiefe, *Instanzentiefe.* 1. *Begriff:* Charakteristisches Merkmal eines →Leitungssystems, das die Anzahl der Ebenen der Hierarchie ausdrückt. – 2. *Optimale L.:* Da die Zahl der Hierarchieebenen z.B. über die Belastung der →Instanzen und die →Dispositionsfähigkeit der Unternehmung die →organisatorische Effizienz beeinflussen kann, stellt sich für die →Organisationsgestaltung das Problem der Bestimmung der optimalen L. Dieses Optimierungsproblem kann angesichts der Komplexität der Einflußfaktoren, zu denen u.a. Unternehmungsgröße und →Führungsstil zählen, nur nach einer Untersuchung der Bestimmungsgrößen des Einzelfalls gelöst werden. Dabei gilt generell, daß bei gegebener Stellenzahl die optimale L. mit wachsender →Leitungsspanne in der Tendenz sinkt.

Leitungsverkehr, →Rohrleitungsverkehr.

Leitungswasserversicherung, *Lw-Versicherung,* Versicherungsschutz für versicherte Sachen, die durch bestimmungswidriges Austreten von Wasser aus den festverlegten Zu- oder Ableitungsrohren der Wasserversorgung, den damit fest verbundenen Einrichtungen und den Anlagen der Warmwasser- oder Dampfheizung zerstört oder beschädigt werden. Die L. umfaßt auch Frost- und sonstige Bruchschäden an diesen Sachen (außerhalb des versicherten Gebäudes jedoch nur an den

Zuleitungen der Wasserversorgung und den Rohren der Warmwasser- oder Dampfheizung auf dem Versicherungsgrundstück) sowie die Kosten der Nebenarbeiten. – *Nicht versichert* sind v. a. Schäden durch Planschund Reinigungswasser, Wasser aus Sprinklern oder Düsen von Berieselungsanlagen, Grundwasser, stehendes oder fließendes Gewässer, Hochwasser oder Witterungsniederschlag oder durch diese Ursachen hervorgerufenen Rückstau, Schwamm, Brand, Blitzschlag, Explosion. – *Formen:* Als selbständige L. (z. B. für Geschäfte und Betriebe), aber auch in andere Versicherungszweige übernommen (z. B. →Verbundene Wohngebäudeversicherung).

Leitwährung, Währung, zu der (1) andere Länder ihre eigene Währung in einem festen Austauschverhältnis halten (z. B. das Englische Pfund im Commonwealth, der Französische Franc in der Franczone Afrikas) und die (2) gleichzeitig internationale Transaktions- und Reservewährung ist (nach dem Zweiten Weltkrieg insbes. der US-Dollar).

Leitzettel, →Umlauf.

Leitzins, der von der Notenbank (Deutsche Bundesbank) festgesetzte Zins; i. d. R. →Diskontsatz und →Lombardsatz.

Lenkungspreise, spezielle Form von →Verrechnungspreisen, die trotz eines sachlich und ggf. auch organisatorisch geteilten Entscheidungsfeldes (Dezentralisation von Entscheidungskompetenz und -verantwortung) eine optimale Erreichung des Gesamtziels der Unternehmung sicherstellen sollen. – Vgl. auch →Lenkungsrechnung.

Lenkungsrechnung, spezielle Form einer →Planungsrechnung, die so gestaltet ist, daß ihr Ergebnis eine motivierende Wirkung auf den Vollzug der Planungsaufgabe ausübt. – Vgl. auch →Lenkungspreise.

Lenkungssteuern, →Wertzuwachssteuer.

Lenkungszuweisung, →Zuweisung zwischen öffentlichen Aufgabenträgern, die mit bestimmten (Empfangs-, Verwendungs-, Eigenbeteiligungs-)Auflagen verbunden ist, um die politischen (Ausgaben-)Entscheidungen der Zuweisungsempfänger zu beeinflussen. – Als *Rechtfertigung* werden von den Zuweisungsgebern bessere Sachkenntnis bzw. höherer Informationsstand, das Bemühen um die Meritorisierung bestimmter Aufgaben und die Notwendigkeit, (regionale) externe Effekte der von den Zuweisungsempfängern erfüllten Aufgaben internalisieren zu müssen (→Internalisierung sozialer Kosten), angeführt. – Vgl. auch →Zweckzuweisung (mit Verwendungsauflagen), →Finanzzuweisung.

Leontief-Paradoxon. 1. *Begriff:* Bezeichnung für das Ergebnis des empirischen Tests des →Faktorproportionentheorems durch W. W. Leontief. Seine Untersuchung der amerikanischen Handelsstruktur des Jahres 1947 ergab im Gegensatz zu dem nach dem Faktorproportionentheorem zu erwartenden Ergebnis, daß die USA als relativ kapitalreiches Land arbeitsintensiv hergestellte Güter exportieren und kapitalintensive importieren. – 2. Dieses *paradoxe Ergebnis* wurde mit verschiedenen Überlegungen zu *erklären* versucht: a) Abweichungen vom Freihandel haben die Handelsströme verzerrt. b) Kapitalintensive Güter wurden in den USA sehr stark nachgefragt, so daß die USA komparative Preisnachteile bei diesen Produkten aufgewiesen haben. c) Es liegt ein Fall →umschlagender Faktorintensitäten vor. d) Leontief hat die Bedeutung des Produktionsfaktors Natur vernachlässigt, mit dem die USA reichlich ausgestattet sind und der besonders stark bei den als arbeitsintensiv eingestuften Exportgütern eingesetzt wurde. e) Die beiden einbezogenen Produktionsfaktoren Arbeit und Kapital sind international nicht homogen; amerikanische Arbeitskräfte sind produktiver als diejenigen anderer Länder, was sich u. a. auf hohe Investitionen in Human capital in den USA gründet. – 3. Insbes. der letzte Aspekt führte zu einer *Weiterentwicklung des Faktorproportionentheorems,* indem zwischen Arbeit, Human capital und Sachkapital differenziert wurde (→Neo-Faktorproportionentheorem).

Leontief-Produktionsfunktion, →linear-limitationale Produktionsfunktion.

Lerneffekt, innerer Störeffekt beim →Interview. Insbes. bei längeren Fragebögen wird dem Befragten durch vorangegangene Fragen ein Wissen vermittelt, das bei der Beantwortung weiterer Fragen benutzt wird und damit die Ergebnisse verzerrt.

Lerner-Effekt, von A. P. Lerner vertretene empirisch gesicherte These: Geht man von dem Wunsch nach Bildung einer Sicherheitsreserve als dominierendem Sparmotiv aus, geht die Sparneigung um so mehr zurück, je mehr der Vermögensbestand in der Relation zum laufenden Einkommen wächst. Entsprechend nimmt die Konsumneigung zu. Makroökonomisch verändert eine derartige Verhaltensweise der privaten Haushalte z. B. die Bedingungen für konjunkturpolitisch motivierte, schuldenpolitische Maßnahmen (→Deficit Spending).

Lernfunktion, formale Darstellung des Zusammenhangs zwischen der angestrebten Zielerreichung eines irgendwie gearteten Systems und der Anzahl der zur Erreichung dieses Ziels vorgenommenen repetitiven Handlungen. – Vgl. auch →Lernprozeß.

Lernkurve, Begriff der Produktionstheorie. Die L. beschreibt den Zusammenhang zwischen Dauer und/oder Häufigkeit der Wiederholung eines Produktionsprozesses und dem

Input-/Output-Verhältnis dieses Prozesses. Insbes. Übungseffekte des operativen Produktionspersonals und organisatorische Verbesserungen führen zumeist zu einer arithmetisch- oder geometrisch-degressiven funktionalen Beziehung. Derartige Lerneffekte erklären auch einen erheblichen Teil von →Erfahrungskurven.

Lernort, institutionell organisierte Einrichtung, die eine systematische Ausbildung im Bereich der →beruflichen Bildung ermöglichen soll. *Zu unterscheiden:* a) Unter dem *Aspekt der Trägerschaft:* Schule, Betrieb und überbetriebliche Ausbildungsstätte; b) unter *didaktisch-methodischem Aspekt:* Unterrichtsraum, Lehrwerkstatt/Simulationsstätte, Labor und Arbeitsplatz.

Lernprozeß, Interaktionsprozeß, der aufgrund der Rückkopplung (Feedback) zwischen einem System und seiner Umwelt zustandekommt. Über die Rückkopplung werden beim L. die bestehenden Verhaltensschemata durch die vorangegangene Erfahrung abgewandelt. – *Besondere Bedeutung* bei den Steuerungs- und Regelungsmechanismen, die im Bereich des Management von Unternehmungen auftreten und die auf die Erhaltung und Ausweitung der Autonomie dieser Unternehmungen in einer sich ändernden Umwelt ausgerichtet sind. So gesehen zielt der L. entweder auf eine Umstrukturierung des Systems selbst oder auf eine Veränderung der Umwelt durch das System ab.

lerntheoretisches Modell, →didaktische Modelle 2.

Lernziel, sprachlich artikulierte Vorstellung über die durch organisierte Lehr-Lernprozesse angestrebte Verhaltensdisposition von Lernenden. Großen Einfluß v.a. auf die Unterrichts- und Ausbildungspraxis hat die Forderung nach *operationaler* Definition von L. Demgegenüber wird in der neueren erziehungswissenschaftlichen Diskussion verstärkt auf die Bedeutung einer *strukturellen* Definition von L. hingewiesen, d.h. einer genauen Angabe der vom Lernenden aufzubauenden Wissenstrukturen und operativen Kompetenzen (Fähigkeiten).

Lesepistole, →Lesestift.

Leserumfrage, Methode der Meinungsforschung. Das Problem der Auswahlmethode für die →Repräsentativerhebung in bezug auf den zu befragenden Personenkreis wird gelöst, indem die Leserschaft einer bestimmten Zeitung oder Zeitschrift angesprochen wird (readers interest research). Ergebnisse sind nur zu generalisieren für eine dieser Leserschaft entsprechende Verbraucherschicht.

Lesestift, *Lesepistole,* →Eingabegerät für einen →Computer: Ein mit der Hand zu bedienendes Lesegerät in Stift- bzw. Pistolenform,

mit dem Codes aus Warenauszeichnungen und Etiketten (z.B. Strichcodes; vgl. auch →EAN) optisch abgetastet werden können.

Lesotho, *Königreich Lesotho,* Binnenland im Süden Afrikas, gänzlich von der Rep. Südafrika umschlossen. – *Fläche:* 30355 km². – *Einwohner* (E): (1985, geschätzt) 1,53 Mill. (50,4 E/km²). – *Hauptstadt:* Maseru (75000 E); weitere wichtige Städte: Berea, Hlotse, Mohales Hoek, Mafeteng. – *Unabhängig* seit 1966, konstitutionelle Monarchie innerhalb des Commonwealth of Nations, Verfassung von 1965 seit 1970 außer Kraft (neue Verfassung geplant), Zweikammerparlament. Militärputsch 1986. – *Verwaltungsgliederung:* Zehn Distrikte. – *Amtssprachen:* Lesotho und Englisch.

W i r t s c h a f t : L. zählt zu den am wenigsten entwickelten Ländern. – *Landwirtschaft:* 80% der Bevölkerung leben von der Landwirtschaft. Vorherrschend ist die Subsistenzwirtschaft. Hauptanbaufrüchte sind Mais, Sorghum, Weizen, Gerste, Hafer und Hülsenfrüchte. Produkte der Viehwirtschaft haben einen wesentlichen Anteil an den Ausfuhren. – *Bergbau und Industrie:* Geringe Ausbeutungsraten und gefallene Weltmarktpreise führten 1982 zur Schließung der einzigen modern ausgerüsteten Diamantenmine. Durch die Förderung der „Lesotho National Development Corporation" und der „Basotho Enterprises Development Corporation" entstanden kleine Industriebetriebe. Wegen der Überbevölkerung der Landwirtschaftsgebiete und der geringen Aufnahmefähigkeit des nichtlandwirtschaftlichen Arbeitsmarktes arbeiten viele Erwerbstätige aus L. in der Rep. Südafrika (1983: 157300). – *BSP:* (1985, geschätzt) 730 Mill. US-$ (480 US-$ je E). – *Öffentliche Auslandsverschuldung:* (1984) 24,3% des BSP. – *Inflationsrate:* (Durchschnitt 1973-84) 11,9%. – *Export:* (1982) 35 Mill. US-$, v.a. Wolle, Mohair, Lebendvieh. – *Import:* (1982) 527 Mill. US-$, v.a. Lebensmittel, Ausrüstungen für Industrie und Landwirtschaft, Textilien, mineralische Brennstoffe. – *Handelspartner:* Rep. Südafrika, Bundesrep. D.

V e r k e h r : 4085 *Straßenkilometer,* davon 11% befestigt (1983). – Durch die Stichbahn von Maseru direkter Anschluß an das *Eisenbahnnetz* der Rep. Südafrika. – Internationaler *Flughafen* bei Maseru im Bau. Eigene *Luftfahrtgesellschaft.*

M i t g l i e d s c h a f t e n : UNO, AKP, CCC, OAU, UNCTAD u.a.; Commonwealth.

W ä h r u n g : 1 Loti (M; Plural: Maloti) = 100 Lisente.

letter of authority, Sonderform des →Akkreditivs, Form der →drawing authorization. Ermächtigung des Käufers an den Verkäufer, nach Verschiffung der Ware dokumentäre Tratten auf ihn oder seine Bank zu ziehen und einer Bank zum Ankauf anzubieten, um gleich nach dem Versand der Ware in den Besitz des Gegenwertes zu gelangen, ohne auf die Durchführung des Inkassos zu warten.

letter of intent, in den USA gebräuchliche Bestätigung einer vorläufigen Bestellung, die unter gewissen Voraussetzungen noch endgültig erteilt werden soll.

letter of lien, *letter of trust, trust receipt,* Urkunde, in der der Importeur der Bank, die das Geschäft finanziert, bescheinigt, daß die ihm durch Aushändigung der →Konnossemente bereits übergebene Ware noch nicht sein Eigentum ist, sondern als Pfand zur Verfügung der Bank bleibt.

letter of trust, →letter of lien.

letzter Verbrauch, im Sinne der →volkswirtschaftlichen Gesamtrechnungen Summe aus →privatem Verbrauch und →Staatsverbrauch.

letztes Gebot, bei Versteigerung, insbes. →Zwangsversteigerung, der Betrag, der als letzter von einem Bieter genannt wird. Nach dreimaligem Aufruf erfolgt der →Zuschlag. Der Bieter wird zum →Ersteher.

letztwillige Verfügung, einseitige →Verfügung von Todes wegen (→Testament).

Leuchs, Johann Michael, 1763–1836, Nürnberger Kaufmann, Verleger und Handelsschuldirektor. Autor des Hauptwerkes der →Handlungswissenschaft: →„System des Handels" (1804). – Vgl. auch →Betriebswirtschaftslehre, →Geschichte der Betriebswirtschaftslehre.

Leuchtmittelsteuer, eine →Verbrauchsteuer auf die Herstellung oder Einfuhr von Leuchtmitteln, die unabhängig davon zu zahlen ist, ob der Steuergegenstand zur Beleuchtung verwandt wird. – 1. *Rechtsgrundlagen:* Leuchtmittelsteuergesetz vom 22.7.1959 (BGBl I 3341) und Durchführungsbestimmungen vom 4.8.1959 (BGBl I 615) mit späteren Änderungen. – 2. *Steuergegenstand:* Gebrauchsfertige Leuchtmittel: a) elektrische Glühlampen, b) Entladungslampen, wenn sie nach ihrer Beschaffenheit zur Beleuchtung geeignet sind und der Beleuchtung dienen. – 3. *Steuerbefreiungen:* Von der L. sind befreit: a) Hochspannungs-Entladungslampen, die zu Informations- und Werbezwecken bestimmt sind oder einen äußeren Rohrdurchmesser von weniger als 25 mm besitzen und für eine Stromaufnahme von weniger als 130 Milliampere hergestellt worden sind, b) Leuchtmittel mit Lichtstrom bis zu 100 Lumen, c) elektrische Metalldrahtlampen für Spannungen bis zu 42 Volt bei einer Leistungsaufnahme bis zu 15 Watt, d) Kohlenfadenlampen und Kohlen-Bogenlampen, e) Leuchtmittel, die zur Probe oder für Zwecke der Steuer- oder Gewerbeaufsicht entnommen werden. – 4. *Steuerbe-*

rechnung: Die L. beträgt je nach Art und Leistung des Leuchtmittels 0,18 DM bis 30 DM je Stück. – 5. *Steuerschuldner:* Hersteller; die L. *entsteht* im Zeitpunkt der Entfernung des Leuchtmittels aus dem Herstellungsbetrieb oder bei Verbrauch innerhalb des Betriebes. – 6. *Verfahren: Anmeldung* der im Vormonat entstandenen L. bei der Zollstelle bis zum 15. eines Monats durch den Hersteller. Regelmäßige *Entrichtung* spätestens zwei Monate danach; kein Zahlungsaufschub. – 7. *Unversteuert* bleibt u.a. die Leuchtmittelausfuhr unter Steueraufsicht. – 8. *Steuererstattung:* a) für Leuchtmittel, die der Hersteller nachweislich in seinen Betrieb zurückgenommen hat und die auf seinen Antrag vernichtet wurden, im Wege der Anrechnung auf (zukünftig) fällige Steuer; b) für die sich zum Gebrauch als untauglich erwiesenen Leuchtmittel pauschal 1% der angemeldeten Steuer. – 9. →*Steueraufsicht* für Herstellerbetriebe und Händler. – 10. *Aufkommen:* 1986: 133,8 Mill. DM (1985: 129 Mill. DM; 1980: 128,8 Mill. DM; 1975: 94,9 Mill. DM; 1971: 103,8 Mill. DM; 1965: 67,2 Mill. DM; 1960: 41,0 Mill. DM; 1954: 25,9 Mill. DM).

Leuchtröhrenversicherung, Unterzweig der →Glasversicherung, bei dem auch die nichtgläsernen Teile der Anlagen mitversichert werden können.

Leveling-System, *LMS-Verfahren, Westinghouse-System, Nivellierungsmethode,* Verfahren zur Schätzung des →Leistungsgrades im Rahmen der →Systeme vorbestimmter Zeiten (insbes. die →methods time measurement). – 1. *Verfahren:* Die zu analysierende Leistung der Arbeitskraft wird in vier Komponenten zerlegt: Geschicklichkeit (skill), Anstrengung (efforts), Arbeitsbedingungen (conditions) und Gleichmäßigkeit (consistency). Die Leistung wird durch Addition dieser Einzelkomponenten und ihrer Bewertung ermittelt. Auch in diesem System erhält man durch „synthetisches Nivellieren" den →Leistungsgrad. Der Grundwert des L.-S. ist immer 1,00, gleichbedeutend mit 100% Normalleistung. Der Leistungsgrad wird aus der Summe der Einzelbewertungen ermittelt. – 2. *Anwendung:* Im Gegensatz zur Ermittlung der →Ist-Zeit, wo der Zeitnehmer die Leistung aufgrund seines subjektiven Maßstabes festsetzt, sollen beim L.-S. keine Methodenänderung durch vorher genau fixierte Regeln quantitativ und objektiv ausgedrückt werden können. Über die Richtigkeit und den theoretischen und praktischen Wert des L.-S. unterschiedliche Ansichten; Kritik insbes. an der auch hier enthaltenen →Additivitätshypothese der Einzelgrößen.

Leverage-Effekt, *Hebelwirkung der Kapitalstruktur, Hebelwirkung des Verschuldungsgrades, Hebelwirkung des Fremdkapitals,* Erhöhung der Eigenkapitalrentabilität aufgrund einer über dem Fremdkapitalzins liegenden Gesamtkapitalrentabilität. Es gilt: $r_E = r_G + (r_G - i)\frac{FK}{EK}$ (mit r_G = Rendite auf das eingesetzte Gesamtkapital, r_E = Rendite auf das eingesetzte Eigenkapital, i = Fremdkapitalzins, FK = Fremdkapital, EK = Eigenkapital). Ist die Gesamtkapitalrendite größer als der Fremdkapitalzins i und ist der Fremdkapitalzins i unabhängig von der Kapitalstruktur bzw. vom Verschuldungsgrad, steigt die Eigenkapitalrendite linear mit der Kapitalstruktur bzw. mit dem Verschuldungsgrad. Gewinnmarge ist die Differenz zwischen Gesamtkapitalrendite r_G und i; das Fremdkapital wird zu i aufgenommen, jedoch zu r_G investiert. Aus der genannten Gleichung kann gefolgert werden: Je höher der Verschuldungsgrad, je höher die Eigenkapitalrentabilität. – Der L.-E. gilt jedoch auch in umgekehrter Richtung: Liegt die Gesamtkapitalrendite unter dem Fremdkapitalzins, sinkt die Eigenkapitalrentabilität linear mit der Kapitalstruktur bzw. mit dem Verschuldungsgrad.

Lewis-Fei-Ranis-Modell, Begriff der Entwicklungspolitik. Strategie, in deren Vordergrund der Ausbau der Industrie auf der Basis des Abzugs überschüssiger Arbeitskräfte aus der Landwirtschaft und der Abschöpfung agrarischer Überschüsse steht, die sich durch Abwanderung der Arbeitskräfte und durch Produktivitätssteigerungen in der Landwirtschaft ergeben. Unterstellt wird, daß der Abzug von Arbeitskräften die Produktion in der Landwirtschaft schon wegen der dort herrschenden hohen (offenen und versteckten) Arbeitslosigkeit nicht beeinträchtigt. Bei vorerst niedrigen Löhnen werden in der Industrie hohe Gewinne erzielt, die wieder investiert werden, was starkes Industriewachstum und allmählichen Abbau der Arbeitslosigkeit bewirken soll. Dann erst steigen auch die Löhne in Industrie und Landwirtschaft.

lexikographische Auswahlregel, →Entscheidungsregel, bei der sich die Auswahl der optimalen Aktion vorerst nach nur einer Zielgröße (erster Buchstabe des Alphabetes) richtet. Erreichen dabei mehrere Alternativen den Optimalwert, werden schrittweise weitere Zielgrößen (weitere Buchstaben) bis zur endgültigen Entscheidung (lexikographische Reihenfolge) herangezogen.

Lexis, Wilhelm, 1837–1914, bedeutender deutscher Statistiker und Nationalökonom. – *Bedeutung:* Als Wirtschaftstheoretiker war L. Gegner der Grenznutzenschule. Wichtige Beiträge zur Grundrenten- und insbes. zur Profittheorie: Aufschlagsvariante der Profittheorie, d. h. der →Profit wird als Aufschlag auf den →natürlichen Preis aufgefaßt. Wirtschaftspolitisch vertrat L. die Zulässigkeit von Wertur-

teilen in der Nationalökonomie (→Methodenstreit) und stand den →Kathedersozialisten nahe. Wichtige Beiträge zur Theorie der Streuung. – *Hauptwerke:* ,,Einleitung in die Theorie der Bevölkerungsstatistik" 1875, ,,Zur Theorie der Massenerscheinungen in der menschlichen Gesellschaft" 1903, ,,Allgmeine Volkswirtschaftslehre" 1910. Mitherausgeber des ,,Handwörterbuchs der Staatswissenschaften" (1.–3. Auflage) sowie der ,,Jahrbücher für Nationalökonomie und Statistik" (ab 1891).

LH, Abk. für →Deutsche Lufthansa AG.

Libanon, *Republik Libanon,* vorderasiatischer Küstenstaat am Mittelmeer (Levante). – *Fläche:* 10 400 km². – *Einwohner* (E): (1985, geschätzt) 2,67 Mill. (256,7 E/km²), außerdem etwa 188 000 Palästinaflüchtlinge. – *Hauptstadt:* Beirut (702 000 E); weitere wichtige Städte: Tripoli, Saidá, Zahlé, Tyr, Baalbek. – Nominell *unabhängig* seit 1941, Republik, Verfassung von 1926, Einkammerparlament. – *Verwaltungsgliederung:* Sechs Provinzen (Mohafazats). – *Amtssprache:* Arabisch.

Wirtschaft: Akute wirtschaftliche Probleme aufgrund des langjährigen Bürgerkriegs und der Auseinandersetzungen mit Syrien und Israel. – *Landwirtschaft:* Die landwirtschaftliche Produktion deckt etwa ein Drittel des Inlandbedarfs. Angebaut werden v. a. Getreide, Obst, Gemüse und Ölfrüchte. Viehzucht (Rinder, Schafe, Schweine). – *Industrie:* Die vorhandene Leichtindustrie (vorwiegend Kleinbetriebe) basiert hauptsächlich auf der Verarbeitung von Landesprodukten. Außerdem existieren fünf Zementfabriken, zwei Erdölraffinerien, ein Kabelwerk und zwei Stahlwalzwerke. – *BSP:* (1982) 5200 Mill. US-$ (1900 US-$ je E). – *Öffentliche Auslandsverschuldung:* (1983) 4,2% des BSP. – *Inflationsrate:* (Durchschnitt 1970–82) 1,4%. – *Export:* (1981) 886 Mill. US-$, v. a. Baumwolle, Getreide, Zitrusfrüchte, bearbeitete Edelmetalle, Olivenöl, Textilien. – *Import:* (1981) 3,6 Mrd. US-$, v. a. Maschinen, industrielle Fertigwaren, Zucker. – *Handelspartner:* USA, arabische Länder, EG-Länder, Japan, UdSSR.

Verkehr: Gute *Autostraßen* verbinden die Levantehäfen Beirut, Tripoli und Saida mit Syrien und dem Irak. – Die *Haupteisenbahn* verläuft längs der Küste von Homs (Syrien) über Tripoli, Beirut nach Saida (und Haifa in Israel). – Beirut ist wichtige Zwischenstation im interkontinentalen *Luftverkehr* Europa-Nahost-Fernost bzw. Australien. – *Erdölleitungen* vom irakischen Feld Kirkuk und den saudi-arabischen Feldern (El Hasa, Bahrein) enden in den Häfen Tripoli bzw. Saida.

Mitgliedschaften: UNO, CCC, OIC, UNCTAD u. a.; Arabische Liga, Abkommen mit der EG.

Währung: 1 Libanesisches Pfund (L£) = 100 Piastres (P.L.).

Liberalisierung. 1. *Begriff:* Befreiung des Außenhandels von mengenmäßigen Beschränkungen (→Einfuhrkontingentierung). Der Begriff der L. wurde eingeführt von der OECD, deren Mitglieder sich am 18.8.1950 auf ein L.-Programm, niedergelegt im sog. Liberalisierungskodex einigten, das den schrittweisen Abbau aller intraeuropäischen Mengenbeschränkungen vorschrieb. (Unter L. des Außenhandels i. w. S. wird gelegentlich auch die Befreiung des Handels von allen →Handelshemmnissen und damit die Wiederherstellung des →Freihandels verstanden). – 2. *Durchführung* der L. zwischen den OECD-Ländern wurde ermöglicht und gestützt durch die gleichzeitige Multilateralisierung des Zahlungsverkehrs (→EZU, →IMF). Die L.-Vorschriften erstrecken sich nur auf den Privathandel zwischen den Staaten, jedoch wurde der nichtliberalisierungsfähige Staatshandel wesentlich eingeschränkt. Ferner wurde die L. des Warenverkehrs durch eine analoge Befreiung des Dienstleistungsverkehrs (L. der „unsichtbaren Einfuhren") ergänzt (1955). →Escapeklauseln ermöglichten den Ländern im Fall von Zahlungsbilanzschwierigkeiten den Rückgriff auf neue Beschränkungen (Entliberalisierung unter bestimmten Bedingungen). Sie wurden jedoch immer seltener in Anspruch genommen.

Liberalisierungsliste, →Einfuhrliste.

Liberalismus. I. Charakterisierung: Individuelle Freiheit und Selbstverantwortung betonende Gesellschaftskonzeption. Geistige Wurzeln liegen in der durch die Aufklärung beeinflußten englischen und schottischen Moralphilosophie des 18. Jh. (u.a. J. Locke, D. Hume, D. Stewart, A. Smith). Entstanden zunächst als politische Bewegung gegen den Absolutismus, wurde der L. bald auch als Gestaltungsprinzip für die →Wirtschaftsordnung aufgegriffen, da den Vertretern zufolge politische Freiheit nur dann realisiert werden kann, wenn auch die Freiheit der wirtschaftlichen Betätigung gewährleistet ist. Demzufolge fordert der L. eine freie Marktwirtschaft einschl. des Freihandels.

II. Denkrichtungen: Welche Aufgaben der Staat im politischen und wirtschaftlichen Bereich zu erfüllen hat, wird von den sich im Zeitverlauf herausbildenden unterschiedlichen liberalen Denkrichtungen unterschiedlich beantwortet.

1. *Klassischer (angelsächsischer) L.:* Kennzeichnend ist die Forderung nach Meinungsfreiheit, Gleichheit vor dem Gesetz („Herrschaft des Gesetzes") und Individualeigentum an den Produktionsmitteln (einschl. der Selbstverantwortung für deren effizienten Einsatz). Die gesellschaftlichen Institutionen und Regeln werden als das Produkt eines kulturellen Entwicklungs- und Ausleseprozesses aufgefaßt: Institutionelle Neuerungen entstehen durch das spontane Handeln der Menschen und treten in Konkurrenz zu bisherigen Lösungen, wobei sich diejenigen durchsetzen, die am zweckdienlichsten sind. Das so aus dem selbstinteressierten und autonomen Handeln der Menschen entstehende Ordnungsgefüge konstituiert eine für alle Gesellschaftsmitglieder akzeptable Ordnung und gewährleistet die individuelle (politische und ökonomische) Freiheit. Um diesen Ausleseprozeß zu ermöglichen, soll der Staat eine für alle Menschen unterschiedslose verbindliche Rechtsordnung errichten, die Verteidigung gegenüber Angriffen von außen sicherstellen und eine Reihe für die gesellschaftliche und ökonomische Entwicklung relevanter Güter bereitstellen, deren Produktion privatwirtschaftlich unrentabel ist. Daß Tendenzen zur Beschränkung des marktwirtschaftlichen Wettbewerbs bestehen, wird zwar erkannt, jedoch wird angenommen, daß die Ursachen hierfür primär die staatlichen Aktivitäten sind, deren Beschränkung auf das mögliche Mindestmaß gefordert wird.

2. *Französischer L.* (u.a. A.R. Turgot, A. de Condorcet, E.J. Sieyès): Es werden Ideen der →Physiokratie stärker betont: Das Vertrauen wird nicht so sehr auf die schöpferische Kraft der freien gesellschaftlichen Entwicklung, sondern auf die Rationalität eines von der Vernunft ausgedachten Plans auf Basis naturrechtlicher Prinzipien gesetzt. Daher ausgesprochen konstruktivistisch. An Stelle der Gleichheit vor dem Gesetz, die durch die Verschiedenartigkeit der Menschen zwangsläufig zu einer Ungleichheit der Lebensverhältnisse führt, wird die materiell-ökonomische Gleichheit der Menschen gefordert, damit jedoch eine ungleiche Behandlung vor dem Gesetz.

3. *Laissez-faire-L. (auch Manchester-L.):* Eine im 19. Jh. praktizierte Wirtschaftspolitik, die durch eine ausgesprochen starke Zurückhaltung des Staates gekennzeichnet ist. Unter einseitiger Verkürzung der Argumentation des klassischen L. wird auf die Beeinflussung des Wirtschaftsprozesses entsprechend einer staatlichen Ordnungskonzeption verzichtet. Dieser →Nachtwächterstaat steuert monopolistischer Marktvermachtung und den sozialen Mißständen nicht entgegen.

4. *Neoliberalismus:* Forderungen des klassischen L. werden aufgegriffen; dieses Konzept wird aufgrund der Erfahrungen mit dem Laissez-faire-L., sozialistischen →Zentralverwaltungswirtschaften und dem konzeptionslosen →Interventionismus, der spätestens seit Beginn des 20. Jh. die Wirtschaftspolitik der meisten marktwirtschaftlichen Ordnungen kennzeichnet, korrigiert. Betont wird wieder die Ordnungsabhängigkeit des Wirtschaftens

und die Bedeutung privatwirtschaftlicher Initiative. Stärker als dies im klassischen L. der Fall ist, wird jedoch berücksichtigt, daß der Wettbewerb durch privatwirtschaftliche Aktivitäten bedroht ist, da sich ihm die Marktteilnehmer durch die Erlangung von Marktmacht zu entziehen versuchen. Daher soll der Staat den freien Wettbewerb aktiv vor dem Entstehen privatwirtschaftlicher Marktmacht schützen. – Die in Deutschland vertretene Ausgestaltung des neoliberalen Konzeptes wird als →Ordoliberalismus bezeichnet, der auf die in den 30er Jahren begründete Freiburger Schule zurückgeht.

liberalistischer Führungsstil, →Führungsstil II 8.

Liberia, *Republik Liberia,* westafrikanischer Küstenstaat (Pfefferküste). – *Fläche:* 111 369 km², davon 99 068 km² Landfläche. – *Einwohner* (E): (1986, geschätzt) 2,2 Mill. (20 E/km²). – *Hauptstadt:* Monrovia (306 000 E); weitere wichtige Städte: Buchanan, Harper, Greenville. – *Unabhängig* seit 1847, präsidiale Republik, neue Verfassung 1984 durch Volksabstimmung angenommen. *Verwaltungsgliederung:* Neun Counties, sechs Territorien und Distrikt Monrovia. – *Amtssprache:* Englisch.

Wirtschaft: *Banken:* Keine Zentralbank. – *Landwirtschaft:* Der Ausbau des Genossenschaftswesens und die Verbesserung der infrastrukturellen Einrichtungen sollen die Situation in der traditionellen Landwirtschaft, die größtenteils als Subsitzenwirtschaft betrieben wird, verbessern. Hauptanbauprodukte für die Eigenversorgung sind Reis, Maniok, Süßkartoffeln, Yams, Kochbananen, Gemüse, Zuckerrohr, Palmöl und Erdnüsse. Erzeugnisse der exportorientierten Landwirtschaft sind Rohkautschuk (Kautschukplantagen werden von fünf ausländischen und einem staatseigenen Unternehmen betrieben), Kaffee, Kakao und Palmkerne. – Infolge tse-tsegefährdeter Landesteile unbedeutende Viehhaltung. – Geregelte *Forstwirtschaft;* Bestände an hochwertigen Hölzern; Holzeinschlag: (1982) 4,5 Mill. m³. – *See- und Süßwasserfischerei:* Beliefert wird fast ausschließlich den Inlandsmarkt. Nur Krabben werden vorwiegend exportiert. Fangmenge: (1982) 13 553 t. – *Bergbau und Industrie:* Wichtigster Wirtschaftszweig ist der Bergbau. Die Eisenerzförderung dominiert (1982: 18,2 Mill. t). Ferner werden noch Gold und Diamanten gewonnen. In den letzten Jahren wurde verstärkt die Verarbeitende Industrie ausgebaut: Nahrungs- und Genußmittelindustrie, holzbe- und -verarbeitende Industrie, eisen-, blech- und metallverarbeitende Industrie, chemische Industrie (Erdölraffinerie und Kautschukverarbeitung), Textil- und Bekleidungsindustrie. Insbes. zum Aufbau exportorientierter Industrien entstand auf Beschluß der liberianischen

Regierung bei Monrovia eine Industrieansiedlungsfreizone. – *BSP:* (1985, geschätzt) 1040 Mill. US-$ (470 US-$ je E). – *Öffentliche Auslandsverschuldung:* (1984) 77,4% des BSP. – *Inflationsrate:* (Durchschnitt 1973–84) 6,7%. – *Export:* (1985) 436 Mill. US-$, v.a. Eisenerze, Naturkautschuk, Holz, Diamanten, Kaffee und Kakao. – *Import:* (1985) 284 Mill. US-$, v.a. Erdöl und Erdölerzeugnisse, Maschinenbau-, elektrotechnische Erzeugnisse und Fahrzeuge, Nahrungsmittel. – *Handelspartner:* EG-Länder, USA.

Verkehr: Küstengebiete verkehrsmäßig relativ gut erschlossen. 1982: 10 219 km Straßen, davon 742 km befestigt. – Die 520 km *Eisenbahnlinien* (im Besitz von Bergbaugesellschaften) dienen vorwiegend dem Werksverkehr und dem Abtransport der Eisenerze zu den Verladehäfen. In Planung ist eine 100 km lange Eisenbahnstrecke für den Eisenerztransport von Nord-L. und Guinea in das Stahlwerk nach Bong. – Die 2062 Schiffe der liberianischen *Handelsflotte* sind fast ausschließlich in Besitz ausländischer Reedereien („Billig-Flaggen-Land"). Wichtigster *Hafen* ist Monrovia, der einzige Freihafen an der Westafrikanischen Küste. Weitere wichtige Häfen sind Buchanan, Greenville, Harper. – Internationaler *Flughafen* 56 km östlich von Monrovia; zahlreiche kleinere Flugplätze für das Inlandsnetz. Eigene *Luftverkehrsgesellschaft,* seit 1980 Mitglied der westafrikanischen Luftfahrtgesellschaft „Air Afrique".

Mitgliedschaften: UNO, AKP, CCC, OAU, UNCTAD u.a.

Währung: 1 Liberianischer Dollar (Lib$) = 100 Cents.

LIBOR, London Interbank Offered Rate, →Referenzzinssatz, zu dem international tätige Großbanken Geldmarktgeschäfte in London abschließen. *Arten:* 3-Monats- und 6-Monats-L. – *Bildung:* Am zweiten Werktag zu Beginn einer drei- bzw. sechsmonatigen Zinsperiode wird aus den Angebotszinsscheinen der Banken an diesem Tag das arithmetische Mittel gebildet, soweit erforderlich auf das nächst höhere ¹/₁₆ Prozent aufgerundet.

Libyen, *Sozialistische Libysch-Arabische-Volks-Dschamahirija,* nordafrikanisches Wüstenland. – *Fläche:* 1 759 540 km². – *Einwohner* (E): (1985, geschätzt) 3,6 Mill. (2,05 E/km²); weitgehende Konzentration der Bevölkerung auf einen schmalen Küstenstreifen. – *Hauptstadt:* Tripolis (859 000 E); weitere wichtige Städte: Bengasi, Misrata, Zawiyah, Al-Chums. – *Unabhängig* seit 1951; gegründet als Königreich, seit Militärputsch 1969 Republik; Verfassung von 1977; Prinzip der „direkten Volksherrschaft". – *Verwaltungsgliederung:* 25 Verwaltungsbezirke (Baladiya). – *Amtssprache:* Arabisch.

W i r t s c h a f t : L. hat sich in kurzer Zeit von einem armen Agrarland zu einem reichen, aber extrem einseitigen Erdölexportland entwickelt; Erdölgewinnung (1982) 54% des BSP. – *Erdöl:* Seit 1955 Vergabe von Konzessionen, 1959 die ersten entscheidenden Erdölfunde, 1961 Beginn der Produktion. Nachgewiesene Erdölreserven 2,7 Mrd. t. Entscheidend für die Erdölentwicklung waren: Vergabe der Konzessionen an eine Vielzahl von Gesellschaften, geringe Förderkosten, Nähe der Erdölfelder zu den Terminals und die hervorragende Lage von L. gegenüber Europa mit seinem früher stark expandierenden Erdölverbrauch. – *Transport- und Baugewerbe* haben am stärksten von der Erdölentwicklung profitiert, hier konnten sich auch einheimische Unternehmer einschalten. Wichtigster Auftraggeber für den Bausektor ist der Staat. Im Rahmen der Entwicklungspläne wurden umfangreiche Maßnahmen zur Verbesserung der Infrastruktur durchgeführt (Bau von Schulen, Krankenhäusern, Straßen, Versorgungseinrichtungen, Ausbau der Häfen und Flugplätze), auch Programme zur Slum-Sanierung und zur Errichtung von Sozialbauwohnungen überall im Land. – *Landwirtschaft:* Trotz zahlreicher Förderungsmaßnahmen muß knapp die Hälfte der benötigten Grundnahrungsmittel importiert werden. Anbau u. a. von Weizen, Gerste, Kartoffeln, Tomaten, Oliven und Datteln. Vorwiegend von Nomaden betriebene Viehzucht. – *Bergbau und Industrie:* Außer der Förderung von Erdöl und Erdgas, Gewinnung von Gips, Kalkstein, Ton, Kalisalz, Marmor und Pottasche. Vorgesehen ist der Abbau von Eisenerz, Phosphaten, Uran, Bauxit, Kupfer und Zinn. Die Verarbeitende Industrie besteht, neben Betrieben zur Erdöl- und Erdgasverarbeitung, im wesentlichen aus Betrieben der Nahrungs- und Genußmittelindustrie, des Textilgewerbes, der chemischen Industrie und der Baustoffindustrie (insbes. Zementfabriken). Das Handwerk ist unterentwickelt. Es fehlt an einheimischen Arbeitskräften und einem größeren Markt. Die seit 1969 durchgeführten Maßnahmen zur Libysierung der Unternehmen führten zu einem relativ starken staatlichen Sektor. – *BSP:* (1985, geschätzt) 27 100 Mill. US-$ (7500 US-$ je E). – *Inflationsrate:* (Durchschnitt 1973–84) 10,8%. – *Export:* (1982) 13 947,9 Mill. US-$, v. a. Erdöl (fast 100%). – *Import:* (1982) 8177,0 Mill. US-$, v. a. Maschinen und Fahrzeuge, Eisen, Stahl und Konstruktionen aus Eisen, landwirtschaftliche Produkte, chemische Erzeugnisse. – *Handelspartner:* EG-Länder.

V e r k e h r : Gut ausgebaute *Küstenstraße* (1822 km) mit Abzweig nach Sebha. Insgesamt 11 200 km Hauptstraßen (1982). – *Häfen* für den Überseeverkehr: Tobruk, Tripolis, Bengasi und Darna. Außerdem bestehen an der großen Syrte reine Erdölexporthäfen. Die libysche *Handelsflotte* verfügte über 108 Han-

delsschiffe (über 100 BRT) mit 912 000 BRT, darunter 17 Tanker mit 796 600 BRT. – Internationale *Flughäfen:* Tripolis-Ben Gashir und Bengasi – Benina. Eigene *Luftverkehrsgesellschaft.* – Erdöl- und Erdgasleitungssystem.

M i t g l i e d s c h a f t e n : UNO, CCC, OAPEC, OPEC, OAU, OIC, UNCTAD u. a.; Arabische Liga, Gemeinsamer Arabischer Markt.

W ä h r u n g : 1 Libyscher Dinar (LD.) = 1000 Dirhams.

licensing, →Lizenz.

Lichtbildwerk, dem Urheberrecht unterliegende Werkart. L. im Sinne des urheberrechtlichen Schutzes ist nur das Lichtbild als Ergebnis einer schöpferischen Tätigkeit. Das →Urheberrecht ist aber auf Lichtbilder und auf Erzeugnisse, die ähnlich wie Lichtbilder hergestellt werden, sinngemäß anzuwenden (§ 72 UrhRG). – Vgl. →Bild.

Lichtgriffel, *Lichtstift,* →Eingabegerät für einen →Computer. Lichtempfindlicher Stift, der als Zusatzeinrichtung zu einem →Bildschirmgerät benutzt werden kann. Mit seiner Hilfe können auf dem →Bildschirm Punkte und Flächen markiert oder Kurven (durch ihren Verlauf und die Endpunkte) dargestellt werden.

Lichtleiter, →Glasfaserkabel.

Lichtrecht, zum Teil landesrechtlich geregelt (Art. 124 EGBGB); schützt gegen das Lichtverbauen. Licht- und Fensterrecht können durch Eintragung einer →Grunddienstbarkeit geändert werden. Beide durch Bauaufsicht weitgehend überholt.

Lichtstift, →Lichtgriffel.

Lichtwellenleiter, →Glasfaserkabel.

Lichtwellenleiter-Technik, →optische Nachrichtenübertragung.

Lidlohn, bei der Zwangsversteigerung eines land- oder forstwirtschaftlichen Grundstückes nach § 10 ZVG als Rangklasse 2 bevorrechtigte Ansprüche aus Arbeits- und Dienstverhältnissen wegen der laufenden und aus dem letzten Jahr rückständigen Beträge.

Liebesgaben, *zollrechtlich* Waren, die aus Mildtätigkeit im Zollausland gespendet, von Organisationen der freien Wohlfahrtspflege oder Organen der öffentlichen Verwaltung eingeführt, an Bedürftige verteilt und von diesen für den eigenen Haushalt verwendet werden. L. sind zollfrei. Zollfreiheit beschränkt für Kaffee, Tee und Auszüge daraus, ausgeschlossen für Schaumwein, Spirituosen, Tabakwaren (§ 53 AZO).

Liebhaberei, Begriff des Einkommen- und Körperschaftsteuerrechts für eine nicht auf →Einkünfteerzielungsabsicht gerichtete

Tätigkeit. L. ist nach der Rechtsprechung nicht nur bei natürlichen Personen und Personengesellschaften möglich, sondern auch bei Kapitalgesellschaften. L. ist *ertragsteuerlich irrelevant*.

Liechtenstein, *Fürstentum Liechtenstein,* Binnenland zwischen Österreich und der Schweiz. – *Fläche:* 160 km². – *Einwohner* (E): (1986) 27 399; der Ausländeranteil beträgt 35,2%. – *Hauptstadt:* Vaduz. – Nach der Verfassung von 1921 konstitutionelle Erbmonarchie auf demokratischer und parlamentarischer Grundlage, seit 1923 der Schweizer Zollunion angeschlossen, seit 1919 diplomatisch vertreten durch die Schweiz. – *Verwaltungsgliederung:* Elf Gemeinden. – *Amtssprache:* Deutsch.

W i r t s c h a f t : Hochindustrialisierter Kleinstaat mit Vollbeschäftigung; infolge niedriger Steuersätze Sitz ausländischer Unternehmen (→Basisgesellschaften); interessanter Bankplatz. – *Landwirtschaft:* 3% (1984) der Beschäftigten arbeiten in diesem Wirtschaftssektor, der nur eine untergeordnete Rolle spielt. – Geregelte *Forstwirtschaft.* – 53% der Beschäftigten arbeiten im *sekundären Sektor;* überproportional viele Wachstumsbranchen. – *Fremdenverkehr:* ausgezeichnete touristische Infrastruktur (1984: 157 746 Übernachtungen). – *BIP:* (1983) 1000 Mill. sfr. – Aufgrund des kleinen Binnenmarktes ist L. auf den *Export* (1985: 1188,2 Mill. sfr) angewiesen. Wichtigste Partner (außer der Schweiz): Bundesrep. D., Großbritannien, Frankreich, Österreich, USA, Italien. *Hauptausfuhrgüter:* Geräte und Materialien für Befestigungssysteme, Zentralheizungskessel, Hochvakuumgeräte und -anlagen, Stahlschrauben, Fließpreßteile, elektronische Meßgeräte, Keramikprodukte, Textilerzeugnisse, pharmazeutische Präparate, Lebensmittelkonserven, Farben, Lacke.

V e r k e h r : Dichtes *Straßennetz* mit einer Gesamtlänge von 250 km, davon 140 km asphaltiert. – Die 9,5 km lange *Eisenbahnstrecke* ist Teilstück der Linie Wien – Paris und wird von der österreichischen Bundesbahn betrieben. – Kein eigener Flughafen, der nächstgelegene Flughafen ist Zürich-Kloten.

W ä h r u n g : 1 Schweizer Franken (sfr) = 100 Rappen.

Lieferantenbeurteilung, *vendor rating,* Entscheidungsgrundlage für die Auswahl der Lieferquelle, eng mit der Wahl des →Beschaffungsweges verbunden. Die L. basiert auf vielfältigen Kriterien, die über mehrere Bereichsziele (Absatz-, Produktions-, Einkaufs-, Finanzbereich) aus den Unternehmenszielen abgeleitet werden. – *Zielkriterien:* Zuverlässigkeit der Lieferanten, Service, Qualität der Produkte, Grad der Abhängigkeit, Möglichkeit zu Gegengeschäften, Preis, Konditionen (Rabatte, Zahlungsbedingungen). Gewichtung erfolgt auch unter subjektiver Einschätzung der an der L. beteiligten Personen. – Geeignete *Vorgehensweise:* Feststellung der Einzelwerte im Hinblick auf die verschiedenen Zielkriterien; Verknüpfung der Einzelwerte zu einem Globalurteil mit Hilfe eines Punktbewertungsmodells.

Lieferantenbuch, Nebenbuch der →Buchführung, wesentlicher Teil des Kontokorrents, in dem für die einzelnen Lieferer Konten geführt werden. An die Stelle des gebundenen Buches kann auch eine Lieferantenkartei treten. Die Führung eines konventionellen Kontokorrents kann auch durch den beleg- oder datenmäßigen Nachweis der jeweils offenen Posten (→offene-Posten-Buchführung) ersetzt werden.

Lieferantenkredit. I. C h a r a k t e r i s i e r u n g : →Kredit, den Lieferanten ihren Kunden durch Gewährung von Zahlungsziel einräumen, die typische Form des kurzfristigen Kredits. *Fristen:* Im Durchschnitt 1–3 Monate, zuweilen nach der Absatzdauer der gelieferten Waren (bis 6 Monate, auch länger) bemessen. Bis zum Zahlungseingang häufig →Eigentumsvorbehalt. Da der Kunde bei früherer Zahlung i. d. R. Skonto abziehen kann (nach Zeitspannen gestaffelt), empfiehlt sich oft Aufnahme von Bankkredit zum Barkauf mit Skontoabzug. – L. *bezweckt* Absatzsicherung oder Beeinflussung der Geschäftsführung des Kundenunternehmens. Hohe Zinsbelastung durch L. wird im Warenpreis einkalkuliert. – L. erscheint in der →*Bilanz* unter der Bezeichnung „Verbindlichkeiten aus Lieferungen und Leistungen". – *Besondere Form:* →Warenwechsel.

II. B e d e u t u n g f ü r d i e G e l d u n d K r e d i t p o l i t i k : Wird seit den 50er Jahren mit Erscheinen des Radcliffe-Reports hervorgehoben. Die These, daß der L. eine Störgröße für die Kreditpolitik darstellt, wird in Analogie zur Behandlung der Kredite →paramonetärer Finanzierungsinstitute damit begründet, daß jeder Kredit Kaufkraft schafft und daß der L. in dieser Hinsicht prinzipiell gleich zu behandeln ist. Das Argument, beim L. handle es sich um einen vorübergehenden Zahlungsaufschub, kann nicht als Einwand gegen die Liquiditätswirksamkeit des L. greifen. Das Gegenteil ist der Fall. Gerade die zeitliche Verschiebung einer ansonsten früher anfallenden Zahlung führt zu einer Erhöhung der Liquidität; der L. ermöglicht gleichermaßen wie jeder anderen Kredit eine Synchronisation gegenwärtiger Ausgaben und künftiger Einnahmen. Die L.beziehungen der Unternehmen sind in Phasen scharfer Restriktionsmaßnahmen als wesentliches Störpotential der Zentralbankpolitik erwiesen. Die Unternehmungen sind auf diese Weise Verteuerungen der

Bankkredite ausgewichen und haben die Geldpolitik unterlaufen.

Lieferantenproblem, →Vehicle-routing-Problem.

Lieferantentreue, Dauerhaftigkeit der Geschäftsverbindung zwischen Lieferant (→In-supplier) und Abnehmer. – 1. Bei *Investitionsgütern:* L. ist im wesentlichen abhängig von der →Integralqualität der angebotenen bzw. gelieferten Leistungen und von den Erfahrungen des Kunden während der gesamten Abwicklungs- und Nutzungsdauer, auch hinsichtlich →After-Sales-Services (ausgedrückt in habitualisierten Käuferverhalten und langfristigen Lieferverträgen, wenn keine Beschaffungsrichtlinien dagegenstehen). – 2. Beim *Handel:* L. bei Markenartikeln (→Markentreue) ist relativ größer als bei nicht markierten Waren; insbes. wenn der Kunde erwartet, daß der Handelsbetrieb bestimmte Waren/Marken führt. L. ist besonders von der Wettbewerbssituation bei Hersteller und Handel, Art und Intensität der Werbung und Verkaufsförderung des Herstellers gegenüber Handel und Endverbraucher abhängig.

lieferbares Wertpapier, ein zum Börsenhandel zugelassenes →Wertpapier, das auch hinsichtlich seiner äußeren Beschaffenheit den Börsenusancen entspricht. – Wegen der Lieferbarkeit *beschädigter Wertpapiere,* die amtlich notiert werden, bestehen Richtlinien der deutschen Börsen, die auch für im geregelten Freiverkehr gehandelte Wertpapiere angewandt werden: Ein Stück ist nicht mehr l. W., wenn das Wertpapier in seiner Substanz beschädigt ist oder so erhebliche Schönheitsfehler aufweist, wesentliche Merkmale nicht mehr identifizierbar sind, daß die Annahme des Stücks als ordnungsgemäße Lieferung nicht zumutbar erscheint.

Lieferbarkeitsbescheinigung, *Affidavit.* 1. *Begriff:* Schriftliche Bescheinigung, daß ein Wertpapier ordnungsgemäß erworben ist und allen Anforderungen eines börsenfähigen Wertpapiers (→lieferbares Wertpapier) genügt. – 2. *Bedeutung:* Nach dem Zweiten Weltkrieg wurden auf besondere Anordnung der westlichen Alliierten und den Deutschen Finanzrats nur solche Wertpapiere als lieferbar behandelt, für die von einem durch die zuständige Landeszentralbank hierzu ermächtigten Kreditinstitut eine L. ausgestellt wurde. Inzwischen wurden die L.-Stücke überwiegend in DM-Aktien umgetauscht. Seit 1956 werden L. nur noch unter besonderen Umständen ausgestellt.

Lieferbedingungen, →Lieferungsbedingungen.

Lieferbereitschaft, →Lieferservice.

Lieferbereitschaftsgrad, *Servicegrad,* Kennziffer der →Lagerwirtschaft, die Auskunft über die durchschnittliche Lieferfähigkeit eines Lagers während einer Zeitspanne gibt. Der L. liegt unter 100%, wenn trotz vorhandener Nachfrage das Lager nicht sofort lieferbereit war. – In der Lagerhaltung *drei gängige Definitionen* des L. (in %):

$$L\,1 = \frac{\text{Anzahl befr. Nachfragen}}{\text{Gesamtzahl der Nachfragen}} \times 100$$

$$L\,2 = \frac{\text{Befr. Nachfragemengen}}{\text{Insges. nachgefragte Mengen}} \times 100$$

$$L\,3 = \frac{\begin{array}{c}\text{Zahl der Teilperioden}\\ \text{mit befriedigter Nachfrage}\end{array}}{\text{Gesamtzahl der Teilperioden}} \times 100$$

Zur Ermittlung eines *optimalen* L. für ein Lagersystem sind zwei gegenläufige Kostenkomponenten abzuwägen: 1. Lagerhaltungskosten, die mit zunehmendem L. steigen, 2. Fehlmengenkosten, die mit zunehmendem L. sinken.

Lieferbereitschaftspolitik, Instrument des →Handelsmarketing. L. ist im Handel durch das →Ladenschlußgesetz begrenzt. Mit Verkürzung der tariflichen Wochenarbeitszeit kann die L. wieder an Bedeutung gewinnen, wie die Erfolge von →Kiosken oder den bei Zusatzumsätzen auf Tankstellen andeuten.

Lieferbeschaffenheit, →Lieferservice.

Lieferbescheinigung, *delivery verification certificate (DV),* im Rahmen der →end user control bei genehmigungs- und überwachungspflichtigen Artikeln (→COCOM-Listen) erforderliche Bescheingiung. Die DV muß vom Verkäufer (Exporteur) innerhalb eines Monats und vor Ablauf der Ausfuhrgenehmigung nach Bestätigung durch die im Käufer-/Importland zuständige Behörde vorgelegt werden.

Lieferbindung, Vergabe von →Kapitalhilfe unter der Auflage, diese für Käufe im Geberland zu verwenden. – *Begründung:* Zahlungsbilanzentlastung im Geberland; Sicherung von Arbeitsplätzen im Geberland (statt L. wird in diesem Zusammenhang auch von „Beschäftigungswirksamkeit" der →Entwicklungshilfe gesprochen); höhere politische Durchsetzbarkeit der Gewährung von Entwicklungshilfe. – *Beurteilung:* Da es i.d.R. einer L. nur bedarf, wenn ohne sie in anderen Ländern zu günstigeren Konditionen Käufe getätigt werden könnten, dürften sich für das *Nehmerland Nachteile* ergeben; der reale Wert der Hilfe sinkt. Auch für das *Geberland* ist L. *nicht immer positiv:* Politik der L. steht im Widerspruch zu der von westlichen Geberländern geforderten Liberalisierung der Weltwirtschaft; die durch L. erzielte Zunahme der Exporte kann oben aufgrund ihres geringen Gewichts kaum nennenswerte Beschäftigungseffekte bewirken; L. schadet dem Ruf der Exportwirtschaft, weil sie (ob zu recht oder nicht) nach außen eine mangelnde Wettbewerbsfähigkeit signalisiert.

Lieferfähigkeit vorbehalten, Handelsklausel in Lieferungsverträgen, die den Verkäufer, wenn er sich selbst nicht rechtzeitig eindecken kann, gegen Schadenersatzansprüche des Käufers schützen soll. Der Verkäufer kann sich nach der Rechtsprechung auf die Klausel nur berufen, wenn er sich nach Treu und Glauben auch hinreichend bemüht hat, die Ware zu beschaffen. Er muß ggf. auch bereit sein, seinem Lieferanten einen höheren als den bei Vertragsabschluß mit dem Kunden einkalkulierten Preis zu zahlen.

Lieferfrist, bei Kauf- und Werkverträgen Zeit zwischen Abschluß des Vertrags und Lieferung der Ware oder der Werkleistung. Vgl. →Lieferzeit.

Liefergarantie, *Lieferungsgarantie,* Gewährleistung (→Garantie) für die Erfüllung eines →Kaufvertrages bei längeren Lieferzeiten; besonders im Auslandsgeschäft sowie als Bedingung bei Ausschreibungen gefordert. Die geforderte L. stellt entweder eine vom Abnehmer akzeptierte Bank im Inland oder eine ausländische Bank durch Vermittlung der Bank des Exporteurs. *Höhe:* ca. 10–20% des Wertes des Objektes, für das der Zuschlag erteilt wurde.

Lieferhäufigkeit, →Lieferservice.

Lieferschein, Anweisung an einen →Lagerhalter auf Auslieferung →vertretbarer Sachen (z.B. noch zu liefernder Waren). L. ist →Anweisung im Sinne des BGB, wenn der Empfang der Ware von einer Gegenleistung (z.B. Kaufpreiszahlung) abhängig gemacht ist; andernfalls kann die L. →kaufmännische Anweisung sein, wenn er an Order gestellt ist. Bezieht er sich auf bestimmte eingelagerte Waren, ist er überhaupt keine Anweisung im Rechtssinn, ebensowenig wie die im Verkehr ebenfalls L. genannte Mitteilung des Boten über eine Warenlieferung.

Lieferservice, Gesamtheit der Qualitätskriterien absatzlogistischer Leistungen (→Absatzlogistik) mit den Komponenten: (1) *Lieferzeit:* Zeitspanne zwischen Auftragseingang im Betrieb und Wareneingang beim Besteller. (2) *Lieferhäufigkeit:* Anzahl möglicher Lieferungen innerhalb einer Periode. (3) *Lieferbereitschaft:* Anteil der in bestimmter Zeit lieferbaren Waren an der Gesamtzahl bestellter Waren. (4) *Lieferzuverlässigkeit:* Anteil der in zugesagter Zeit erfolgten Lieferungen an deren Gesamtzahl. (5) *Lieferungsbeschaffenheit:* Anteil der quantitativ und qualitativ auftragsgemäß gelieferten Waren an den bestellten Waren. (6) *Auftragsmodalitäten:* Mindestauftragsgrößen, Mindestabnahmemengen, vorgegebene Zeiten des Auftrags-

annahme, Möglichkeiten der Auftragsübermittlung. (7) *Lieferungsmodalitäten:* Beachtung von Anlieferungszeitgrenzen, erwünschter →Ladeeinheiten, erwünschter Arten der Entladung beim Besteller.

Liefertermin, Zeitpunkt, zu dem eine Lieferung auszuführen ist. Mangels besonderer Vereinbarung ist der L. nach den Umständen zu bestimmen; läßt sich daraus nichts entnehmen, kann der Gläubiger sofortige Lieferung verlangen, der Schuldner sie bewirken (§ 271 BGB, →Zeitbestimmung). – *Versäumung* des vereinbarten L. begründet i.d.R. →Schuldnerverzug mit den sich daraus ergebenden Rechtsfolgen. Ist der L. für das Geschäft wesentlich, können die Sonderregeln des →Fixgeschäfts bzw. →Handelsfixkaufs eingreifen.

Liefer- und Leistungsgarantie, *delivery and performance guarantee,* Form der →Garantie v.a. im Auslandsgeschäft. Die L.- u. L. gewährleistet die Erfüllung eines Kaufvertrages bei längeren Lieferzeiten oder/und von Dienstleistungsverträgen. L.- und L. ist oft Bedingung bei Ausschreibung; sie erfolgen meist im Anschluß an eine →Bietungsgarantie, wenn der Bieter den Zuschlag bekommt (Anschlußgarantie). – In der Praxis werden häufiger die Eröffnungen von →Akkreditiven von der Erstellung der L.- u. L. abhängig gemacht: Das Akkreditiv tritt erst in Kraft, wenn der Akkreditivbank durch die Garantiebank die Erstellung der L.- u. L. verbindlich angezeigt wird. Auch der umgekehrte Fall ist möglich.

Lieferung. 1. *Recht:* Übergabe der gekauften Sache an den Käufer. – 2. *Umsatzsteuer:* Vgl. →Lieferungen und (sonstige) Leistungen.

Lieferungen an Streitkräfte, →Offshore-Steuerabkommen.

Lieferungen und (sonstige) Leistungen, nach dem Umsatzsteuerrecht Unterbegriff der „Leistung". L.u.s.L., die ein →Unternehmer im Rahmen seines Unternehmens gegen →Entgelt im Erhebungsgebiet ausführt, unterliegen i.d.R. der →Umsatzsteuer.

I. L i e f e r u n g : Durch die Lieferung befähigt der Unternehmer (oder der von ihm Beauftragte) den Abnehmer (oder in dessen Auftrag einen Dritten), im eigenen Namen über den Gegenstand zu verfügen (§ 3 I UStG). Entscheidend ist Übertragung der Verfügungsmacht, nicht des →Eigentums; z.B. Lieferung, wenn ein Gegenstand unter Eigentumsvorbehalt verkauft und übergeben wird; keine Lieferung also z.B. bei →Sicherungsübereignung vor Eintritt des Sicherungsfalls. Als Gegenstand im Sinne des UStG gelten insbes. →Sachen im Sinne des BGB und solche Wirtschaftsgüter, die im Wirtschaftsverkehr wie Sachen behandelt werden (z.B. Strom). – Beschafft ein mit der →Bearbeitung oder Verarbeitung eines Gegenstandes beauftragter →Unternehmer hierzu mindestens einen Hauptstoff, aus dem der Lieferungsgegenstand besteht, so liegt eine *Werklieferung* vor, die wie die Lieferung behandelt wird.

II. Sonstige Leistung: Leistung, die nicht in Lieferung besteht, auch ein →Dulden oder Unterlassen (§ 3 IX UStG) sowie Übertragung von Rechten oder Verzicht auf sie. – Werden von einem be- oder verarbeitenden Unternehmer nur Hilfsstoffe (Zutaten und Nebensachen) selbst beschafft, dann handelt es sich um eine *Werkleistung* (§ 3 IV UStG), dgl. wenn ein Unternehmer einem Auftraggeber, der ihm einen Stoff zur Herstellung eines Gegenstandes übergeben hat (z. B. Roggen zur Herstellung von Mehl), an Stelle des hieraus herzustellenden Gegenstandes (Mehl) einen gleichartigen Stoff überläßt, vorausgesetzt, daß das Entgelt für die Leistung unabhängig vom Unterschied des empfangenen Stoffes und dem des überlassenen Gegenstandes berechnet wird ("Umtauschmüllerei"; § 3 X UStG).

III. Nebenleistungen (zu einer Hauptleistung): Leistungen, die im Vergleich zur Hauptleistung nebensächlich sind, diese abrunden und ergänzen sowie üblicherweise in ihrem Gefolge vorkommen. Sie sind umsatzsteuerlich zu behandeln wie die Hauptleistung, z. B. sind die Entgelte für Heizung und Beleuchtung eines möblierten Zimmers umsatzsteuerfrei entsprechend der Miete von Grundstücksteilen.

IV. Ort der Lieferung: Dort, wo sich der Gegenstand zum Zeitpunkt der Verschaffung der Verfügungsmacht befindet (§ 3 VI UStG). Wird der Gegenstand der Lieferung an den Abnehmer oder in dessen Auftrag an einen Dritten befördert bzw. versendet, so gilt i.d.R. die Lieferung mit dem Beginn der Beförderung (jede Fortbewegung eines Gegenstandes) bzw. mit der Übergabe an den mit der Versendung (Ausführung bzw. Besorgung der Beförderung eines Gegenstandes durch einen selbständigen Beauftragten; § 3 VII UStG) Beauftragten als ausgeführt.

V. Ort der sonstigen Leistung: Nach § 3a UStG, § 1 UStDV je nach Art der Leistung, der Unternehmereigenschaft des Leistungsempfängers und seines Wohn- oder Sitzortes beim leistenden Unternehmer oder beim Empfänger.

Lieferungsbedingungen, *Lieferbedingungen.*
1. *Allgemein:* Im Handelsverkehr übliche, bei →Kaufverträgen und →Werkverträgen zwischen Käufer und Verkäufer usw. getroffene Vereinbarungen, die die näheren Einzelheiten der Vertragsabwicklung festlegen, z. B. Abmachungen über Verpackung, Aufmachung, Liefertermin, Erfüllungsort usw. – L. sind

keine →Bedingungen im Rechtssinne, sondern Bestandteile des betreffenden Vertrages. – 2. *Im Außenhandel* insbes. Abreden darüber, wann und wo die zu liefernde Exportware dem Käufer oder seinem Auftraggeber übergeben wird (von Bedeutung für den Übergang des Lieferrisikos). – Vgl. auch →Incoterms. – 3. *Rechtlich:* Die L. können im Einzelfall vereinbart werden, sich aus Gesetz oder nach →Handelsbrauch ergeben. Bei größeren Unternehmungen sind die L. zumeist Bestandteil der →Allgemeinen Geschäftsbedingungen und im Rahmen der für diese geltenden rechtlichen Bestimmungen verbindlich (vgl. →Rechnung 4.). – 4. *Neben L.* sind →Zahlungsbedingungen, vielfach mit diesen verbunden als sog. *Lieferungs- und Zahlungsbedingungen,* üblich.

Lieferungsgarantie, →Liefergarantie.

Lieferungsgemeinschaft, →Exportgemeinschaft.

Lieferungsgeschäft, →Termingeschäft, →Lieferungsvertrag.

Lieferungsmodalitäten, →Lieferservice.

Liefer(ungs)ort. 1. *Rechtlich:* Vgl. →Erfüllungsort, →Leistungsort. – 2. *Umsatzsteuer:* Vgl. →Lieferungen und (sonstige) Leistungen IV.

Lieferungssperre, Sperrfrist bei der →Emission von Wertpapieren. Die gekennzeichneten Stücke werden erst nach Ablauf der Sperrfrist den Zeichnern ausgehändigt, damit diese ihre Stücke nicht so rasch an die Börse bringen und den Kurs drücken können; meistens jedoch nur als schriftliche Verpflichtung des Zeichners, die Papiere nicht vor Ablauf einer bestimmten Frist zu veräußern.

Lieferungs- und Leistungsaval, von einem Unternehmen, das eine Lieferungs- oder Leistungspflicht zu erfüllen hat, durch ein Kreditinstitut gestelltes →Aval, bei dem sich das Kreditinstitut verpflichtet, daß dieses Unternehmen die festgelegte Lieferung oder Leistung erbringt. Andernfalls zahlt die Bank der Bürgschafts- oder Garantiesumme.

Lieferungs- und Zahlungsbedingungen, →Lieferungsbedingungen, →Zahlungsbedingungen.

Lieferungsvertrag, Vertrag über entgeltliche Lieferung von dem Lieferanten selbst noch zu *beschaffender* Sachen. Der L. ist →Kaufvertrag, auf den ggf. auch die Sondervorschriften über den →Handelskauf Anwendung finden. – Hat der Lieferant die Sache aus von ihm zu beschaffendem Stoff erst *herzustellen,* liegt ein →Werklieferungsvertrag vor, der ganz oder zum Teil den für Kauf bzw. Handelskauf gegebenen Vorschriften untersteht. – *Anders:* →Liefervertrag.

Lieferungsverzug, →Schuldnerverzug.

Lieferungswerk, Begriff des →Urheberrechts für in mehreren Lieferungen erscheinendes Werk mit natürlichem Abschluß, im Gegensatz zu solchen mit unbegrenzter Folge, wie Zeitungen und Zeitschriften oder Sammlungen (z. B. von Entscheidungen). Loseblattausgaben können Charakter des L., aber auch der Zeitschrift haben. Es gelten für die Berechnung der →Schutzfrist einige Besonderheiten (§ 67 UrhRG).

Liefervertrag, Vertrag, meist →Kaufvertrag, bei dem die Lieferung nicht schon bei Vertragsabschluß, sondern erst später erfolgen soll, insbes. auch ein Vertrag über die Lieferung eines Gegenstandes, den der Lieferant erst selbst erwerben oder herstellen muß. – *Anders:* →Lieferungsvertrag.

Lieferzeit, Zeit zwischen Aufgabe der Bestellung und Eingang der Warenlieferung. L. ist wichtiger Punkt des →Kaufvertrages, *abhängig* a) von Art und Herstelldauer des Erzeugnisses (z. B. Schiffbau), b) von der Konjunkturlage (Marktlage). – L. ist die wichtigste *Komponente* der →Beschaffungszeit. – *Lange* L. beinhalten a) große *Risiken:* (1) für den Abnehmer: vornehmlich das Preisrisiko, abzuwälzen durch Preisgleitklauseln; (2) für den Hersteller: Risiko der Lohnerhöhung, Preissteigerung an Rohstoffmärkten u. a. b) *Vorteile:* gleiche Kundenaufträge können zusammengelegt und dadurch größere Fertigungslose ausgestellt werden (Senkung der →Stückkosten). – Vgl. auch →Lieferservice.

Lieferzuverlässigkeit, →Lieferservice.

Liefmann, Robert, 1874–1941, deutscher Sozialökonom. Die *wissenschaftliche Bedeutung von L.* liegt v. a. in seinen Arbeiten über die modernen Unternehmungsformen und die Arten ihrer Zusammenschlüsse. Weniger bedeutend ist seine (unhaltbare) Kritik der →Grenzproduktivitäts-Theorie sowie der Versuch, auf der →Grenzertragstheorie ein psychologisch fundiertes, einheitliches System der Wirtschaftstheorie zu errichten. – *Hauptwerke:* „Kartelle, Konzerne, Trusts" 1905, „Beteiligungs- und Finanzierungsgesellschaften" 1909, „Die Unternehmungsformen" 1912, „Allgemeine Volkswirtschaftslehre" 1914.

Liegenschaft. 1. *I. w. S.:* →Grundstücke (Immobilien) im Gegensatz zu →beweglichen Sachen. – 2. *I. e. S.:* Gewerbefläche; Grundstück mit oder ohne Bebauung, das entsprechend einem Flächennutzungsplan (→Raumordnung, →Bauleitplanung) und ggf. einem

kommunalen →Bebauungsplan als industriell oder gewerblich zu nutzende Fläche ausgewiesen ist oder faktisch entsprechend genutzt wird (→Industriegelände).

Liegenschaftspolitik, →Wirtschaftsförderung II 4 a).

Liegenschaftsvollstreckung, →Zwangsvollstreckung in das unbewegliche Vermögen.

Liegezeit, in der REFA-Lehre Unterbegriff der Werkstoffzeit: Zeit, während welcher der →Werkstoff, ohne eine Veränderung zu erfahren, im Betrieb liegt. – *Unterbegriffe* der L.: a) arbeitsablaufbedingte L., wenn der Arbeitsablauf in dieser Zeit eine Bearbeitung des Werkstoffes nicht vorsieht, z. B. Tätigkeit des Arbeiters am Betriebsmittel, b) störungsbedingte L., z. B. durch Schadensausfall eines Betriebsmittels, c) Lagerungszeit, während der der Werkstoff sich noch nicht, nicht mehr oder noch nicht wieder in der Fertigung befindet, d) durch den Arbeiter bedingte L., z. B. für arbeitsbedingte Erholung.

Life-style-Segmentierung, Alternative der →Marktsegmentierung, bei der die von den individuellen Lebenszielen abhängigen Lebensgewohnheiten (z. B. Mitgliedschaft in Vereinen, Art der Freizeitgestaltung, Wohn-, Reise-, Lesegewohnheiten u. a.) das Segmentierungskriterium darstellen. – Zugrunde liegt der Gedanke, daß Menschen gemäß etablierten Verhaltensgewohnheiten und Einstellungsmustern leben, die ihre Handlungen und Interessengebiete bestimmen. – Vgl. auch →Käufertypologie.

Lifo, last-in-first-out. I. Allgemein: →Prioritätsprinzip (→Priorität) der Warteschlangentheorie, nach dem zuletzt ankommende Transaktionen zuerst bedient werden. Angewandt u. a. bei der Reihenfolgeplanung. – Vgl. auch →Fifo.

II. Handels-/Steuerrecht: Verfahren zur Bewertung gleichartiger Vermögensgegenstände des Vorratsvermögens, bei der unterstellt wird, daß die zuletzt gekauften Waren zuerst verkauft bzw. verwendet werden (§ 256 HGB). In der Bilanz werden die Vorräte mit den Einstandswerten der zuerst beschafften Waren angesetzt; bei Preissteigerungen also der niedrigste Einstandswert der Vorräte, wodurch das Ergebnis niedriger ausgewiesen wird und →stille Rücklagen gebildet werden. – *Steuerliche Anerkennung:* Vgl. →Steuerbilanz III. – Vgl. auch →Fifo, →Hifo.

Likert-Skalierung, Verfahren der summierten Schätzungen, 1932 von R. Likert entwickeltes →Skalierungsverfahren zur Messung der →Einstellung, basiert auf Rating-Skalen (→Rating). – 1. *Konstruktion* der Skala, ähnlich aufwendig wie bei der →Thurstone-Skalierung: (1) Bildung einer großen Menge von Statements mit extrem positiven und negativen Ausprägungen. (2) Bewertung der Statements auf einer Fünf-Punkte-Skala durch Testpersonen. (3) Berechnung von Skalenwerten für jede Testperson durch Addition der Itemwerte und Ordnung der Testpersonen nach den Skalenwerten. Bildung zweier Extremgruppen aus dem Viertel mit den höchsten und dem Viertel mit den niedrigsten Skalenwerten. (4) Für jedes Statement werden dann Mittelwerte aus den beiden Extremgruppen gebildet, deren Differenz als Diskriminationsmaß des →Items angesehen wird. Die Statements mit dem höchsten Diskriminationsmaß werden ausgewählt. – 2. *Anwendung:* Die Testpersonen geben den Grad ihrer Zustimmung bzw. Ablehnung zu den ausgewählten Statements nach dem Fünf-Punkte-Maßstab an. Ihr persönlicher Skalenwert ergibt sich durch Addition der einzelnen Itemwerte. – 3. *Hauptkritikpunkt:* Personen mit gleichem Skalenwert müssen nicht unbedingt die gleiche Einstellung haben, da dieser Skalenwert durch Addition völlig unterschiedlicher Statementbewertungen zustande gekommen sein kann.

Lillsches Reisegesetz, Gravitationsmodell der Abhängigkeit der Zahl der Reisenden zwischen zwei Orten von reiserelevanten Eigenschaften der Orte und der Reisedistanz nach Eduard Lill (1891):

$$R = \frac{Q * Z}{D^2}$$

R als Anzahl Reisender je Zeiteinheit,
Q als „Reisewert" des Quellortes,
Z als „Anziehungswert" des Zielortes und
D als Distanz zwischen den Orten.

Maßgrößen des Reise- und des Anziehungswertes sind z. B. Bevölkerungszahlen, Haushaltseinkommen, Bruttosozialprodukte, Fremdenverkehrs- oder andere Dienstleistungsangebote der Orte.

lim, Abk. für limes (→Grenzwert).

limes, →Grenzwert.

Limit. 1. *Kaufmännischer Sprachgebrauch:* Durch Planung bzw. Erfahrung ermittelte mengen- oder wertmäßige Begrenzung, z. B. Auftragslimits (für einzelne Abteilungen oder Warenarten), Werbelimits, Länderlimits der Banken. – 2. *Kommissionsgeschäft:* Vgl. →Limitpreis II. – 3. *Kreditwesen:* Vgl. →Kreditlimit, →Kreditlinie, →Kreditplafond.

limitationale Faktoreinsatzmengen, Übertragung des ökonomischen Begriffs der →Limitationalität auf die betriebswirtschaftliche Ertragstheorie (Gutenberg) im Zusammenhang mit der Prüfung des produktiven Beitrages einzelner →Elementarfaktoren innerhalb einer Faktorkombination **zum** Ertragszuwachs. – *Beispiel:* Um 30 Einheiten

Fertigprodukte zu erzeugen, ist die Faktorkombination: 10 Einheiten des Faktors A, 20 Einheiten B und 80 Einheiten C notwendig. Werden 12 Einheiten des Faktors A eingesetzt, dann bleiben bei 20 Einheiten B und 80 Einheiten C zwei Einheiten des Faktors A ohne produktive Wirkung. Das Limitationalverhältnis beträgt 10:20:80 und kann nicht willkürlich geändert werden, wenn die technischen Grundlagen konstant bleiben. In so gelagerten Fällen ist es demnach vom technischen Prozeß her nicht möglich, einen →Produktionsfaktor ganz oder teilweise durch einen anderen zu ersetzen.

limitationale Produktionsfunktion, *Produktionsfunktion mit limitationalen Faktoreinsatzverhältnissen.* →Produktionsfunktion, bei der das Faktoreinsatzverhältnis abhängig von der Höhe der Ausbringungsmenge ist (→limitationale Faktoreinsatzmengen). Bestimmte Erträge lassen sich nur mit einer bestimmten technisch determinierten Kombination von Produktionsfaktoren erzielen. Die Faktorintensitäten, die →Faktorproduktivität und die Faktorkoeffizienten (→Produktionskoeffizienten) können jedoch variieren, da für unterschiedliche Ausbringungsmengen unterschiedliche Faktorkombinationen erforderlich sein können. – Zu *unterscheiden:* a) →linear-limitationale Produktionsfunktion und b) nicht linear-limitationale Produktionsfunktion (→Gutenberg-Produktionsfunktion, Produktionsfunktion vom Typ B).

Limitationalität, Begriff zur Kennzeichnung des Tatbestands, daß die Faktoreinsatzmengen in technisch eindeutiger Beziehung zur geplanten Produktmenge stehen. Wird ein Faktor (Produktionsfaktor) innerhalb einer Kombination mehrerer Faktoren über die technisch angenommene Relation hinaus vermehrt, so bleibt diese überschüssige Einsatzmenge ohne produktive Wirkung. Es besteht keine Möglichkeit der →Substitution. – Vgl. auch →limitationale Produktionsfunktion, →limitationale Faktoreinsatzmengen.

limitieren, ein →Limit vorschreiben. im kaufmännischen Sprachgebrauch Vorschriften des Auftraggebers über die Höhe von Mengen und Preisen, zu denen bzw. bis zu denen eingekauft oder verkauft werden soll.

limitierte Dividende, →Vorzugsaktie II 1 a).

Limitpreis. I. M i k r o ö k o n o m i k : Preis, bei dem die Gefahr der latenten Konkurrenz aller Voraussicht nach ausgeschaltet werden kann. Auch für →*Monopolpreise* besteht die Gefahr einer latenten Konkurrenz, z. B. durch Erschließung ergiebigerer Quellen, Erfindung von Surrogaten u. ä., und zwar um so stärker, je höher die Monopolpreise angesetzt wird. Vom Standpunkt der langfristigen →Gewinnmaximierung aus kann es deshalb günstiger sein, freiwillig unter einem absoluten Monopolpreis („Cournotscher Punkt", →Preisabsatzfunktion) anzubieten.

II. Kommissionsgeschäft: Preisbegrenzung, die z. B. der Kommitent dem Kommissionär setzt und die bei einem Verkauf nicht unterschritten, bei einem Kauf nicht überschritten werden darf, insbes. der angegebene Kurs bei Börsenaufträgen.

Limitplanung, →Limitrechnung.

Limitrechnung, im Handel bei der Beschaffung von Waren angewandte Methode zur Erlös- und Bestandsplanung: Ausgehend von Planumsätzen für eine Periode (Tage, Wochen, Monate, Jahre) wird für den jeweiligen *Planungszeitraum* der Soll-Lagerbestand ermittelt. Dieser, bewertet mit →Einstandspreise, ergibt das *Einkaufs-Limit* pro Planungsperiode. Wegen der stark differenzierenden Lagerumschlagshäufigkeiten ist gesonderte Berechung für einzelne Artikel notwendig. Zusammenfassung von Artikeln mit gleicher Umschlagshäufigkeit ist möglich.

Lindahl-Modell, Modell von E. R. Lindahl zur Bestimmung des →optimalen Budgets in einer Demokratie. Ausgehend von der Annahme zweier nach ökonomischen Gesichtspunkten in sich homogener Gruppen von nutzenmaximierenden Bürgern zeigt Lindahl, daß sich die optimale Höhe des öffentlichen Budgets analog zur Bestimmung der Gleichgewichtsmenge eines privaten Gutes durch den Preismechanismus ergibt. Die Rolle des Preises übernimmt dabei der prozentuale Anteil der jeweiligen Gruppe an den gesamten Bereitstellungskosten für öffentliche Güter. Die beiden Gruppen orientieren sich bei der Entscheidung für ihre Budgethöhe am Grenznutzen der dieser Budgethöhe entsprechenden Menge des öffentlichen Gutes. Abnehmenden Grenznutzen unterstellt, wird die Nachfrage einer Gruppe nach dem öffentlichen Gut mit steigendem (sinkendem) prozentualen Anteil an den Gesamtkosten sinken (steigen). Man erhält somit zwei entsprechende Nachfragefunktionen, so daß ein Gleichgewichtspunkt *(Lindahl-Gleichgewicht)* bestimmt werden kann.

Linder-These. 1. *Begriff:* Die L.-T. besagt, daß der Export von Industrieprodukten ohne bereits bestehenden Binnenmarkt für diese Güter kaum möglich ist. Beitrag zur Erklärung der ausgeprägten Intensität des Außenhandels zwischen Ländern mit vergleichbar hohem Pro-Kopf-Einkommen und deshalb ähnlichen Nachfragestrukturen, so v. a. zur Erklärung des intensiven Handels zwischen den Industriestaaten. – 2. *Begründung:* a) Um neue Produktionsbereiche aufzunehmen, muß der Unternehmer von der Existenz einer latenten Nachfrage überzeugt sein. Dies abzuschätzen, fällt zunächst auf dem Inlandsmarkt leichter. b) Internationale Wettbewerbsfähig-

keit erfordert kostengünstige Produktion, die oft (wegen hoher fixer Kosten) nur bei großen Stückzahlen realisierbar ist. Ohne Inlandsmarkt für dieses Prrodukt liegt darin ein erhebliches Risiko für potentielle Investoren. c) Exportfähig sind oft nur qualitativ hochwertige Produkte. Diese Standards sind ohne inländische Erprobungs- und Reifephase kaum errreichbar. d) Argument für wirtschaftliche →Integration zwischen Entwicklungsländern (→Süd-Süd-Kooperation), da zwischen diesen Ländern die Ähnlichkeit der Nachfragestrukturen und Entwicklungsniveaus eher gegeben ist und deshalb die Märkte der Integrationspartner leichter überschaubar und die Absatzchancen für Güter minderer Qualität größer sind.

lineare Abschreibung, Abschreibungsverfahren, charakterisiert durch eine gleichmäßige Verteilung der Anschaffungs-, Herstellungs- oder Wiederbeschaffungskosten eines Anlagegutes auf die Jahre seiner betriebsgewöhnlichen Nutzung (→Abschreibung). Die Nutzungsdauer richtet sich nach der erfahrungsgemäßen wirtschaftlichen Leistungsfähigkeit. Von den Anschaffungs- und Herstellungskosten wird, v. a. bei größeren Anlagen, der Rest-(Schrott-)wert abgezogen. – *Höhe* der jährlichen Abschreibungsquote:

$$\frac{\text{Anschaffungswert ./. Schrottwert}}{\text{Jahre der Nutzung}}$$

Die l.A. ist das in den meisten Kostenrechnungssystemen übliche Abschreibungsverfahren, da sie rechnungstechnisch einfach ist und alle Teilperioden der Nutzungsdauer gleichmäßig („normalisiert") belastet.

lineare Funktion, →Funktion, die sich durch eine Gleichung der Form $y = ax + b$ mit a und b konstant beschreiben läßt.

lineare Gleichung, →lineare Gleichungsrestriktion.

lineare Gleichungsrestriktion, *lineare Gleichung,* →lineare Restriktion der Form $a_1 x_1 + a_2 x_2 + \ldots + a_n x_n = b$.

lineare Kosten, →proportionale Kosten.

lineare Liste. 1. *Begriff:* Bei der →Programmentwicklung benutzte →abstrakte Datenstruktur; Grundlage für speziellere abstrakte Datenstrukturen (→Stack, →Queue). – 2. *Rekursive Definition:* Eine l.L. ist entweder leer, oder sie besteht aus einem Knoten, der mit einer l.L. verknüpft ist. – 3. *Verwendung* i. a. dann, wenn →Daten in einer Ordnungsreihenfolge benötigt werden.

lineare Optimierung, *lineare Planungsrechnung, lineare Programmierung, linear programming.* I. Begriff: Es handelt sich um ein Teilgebiet des →Operations Research, das sich im wesentlichen mit dem theoretischen

Hintergrund von →mathematischen Optimierungssystemen der Form

$$(1) \quad x_0 = c_1 x_1 + c_2 + \ldots + c_n x_n$$
$$a_{11} x_1 + a_{12} x_2 + \ldots + a_{1n} x_n \;\square_1\; b_1$$
$$a_{21} x_1 + a_{22} x_2 + \ldots + a_{2n} x_n \;\square_2\; b_2$$
$$(2) \qquad \vdots$$
$$a_{m1} x_1 + a_{m2} x_2 + \ldots + a_{mn} x_n \;\square_m\; b_m$$
$$(3) \quad x_0 \longrightarrow \text{Max!} \quad \text{oder} \quad x_0 \longrightarrow \text{Min!},$$

mit zugehörigen Rechenverfahren sowie mit dem Einsatz derartiger Systeme zur Unterstützung ökonomischer Entscheidungsprozesse befaßt. In dem System ((1), (2), (3)), das man auch *(allgemeines) lineares Optimierungssystem* nennt, steht dabei $\square_i$ (i = 1, 2, ..., m) für eines der Restriktionszeichen „=", „$\leq$", „$\geq$", $c_1, c_2, \ldots, c_n$, $a_{11}, a_{12}, \ldots, a_{mn}$, $b_1, b_2, \ldots, b_m$ für gewisse Konstanten und $x_1, x_2, \ldots, x_n$ für gewisse reellwertige Variablen, die stets so zu wählen sind, daß sämtliche Restriktionen von (2) erfüllt sind, d.h. das Restriktionssystem (2) beschreibt eine gewisse →Lösungsmenge. – Jeder →Lösung aus dieser Lösungsmenge ist durch die Funktion (1) *(Zielfunktion)* eine Zahl x_0 *(Zielwert)* zugeordnet, die in Verbindung mit einer der Vorschriften von (3) *(Zielvorschrift)* eine Beurteilung der Güte der betreffenden Lösung erlaubt. Die Zielvorschrift $x_0 \longrightarrow$ Max! ($x_0 \longrightarrow$ Min!) besagt dabei, daß eine Lösung mit einem größeren (kleineren) Zielwert besser ist als jede andere Lösung mit einem kleineren (größeren) Zielwert. – Die Charakterisierung von Systemen des Typs ((1), (2), (3)) als *linear* erklärt sich insofern, daß die Zielfunktion (1) und sämtliche Restriktionen (2) linear sind (→lineare Zielfunktion, →lineare Restriktion).

II. Grundlegende Fragestellungen: 1. *Optimale Lösung:* Im Zusammenhang mit linearen Optimierungssystemen drängt sich die Frage auf, welche Lösung von (2) den durch (1) definierten Zielwert x_0 maximiert (oder minimiert) bzw. wie man ggf. erkennt, daß eine solche →optimale Lösung nicht existiert. Zur Beantwortung derartiger Fragen wurden eine ganze Reihe von Verfahren (Simplexmethoden) entwickelt und in entsprechende Standardsoftware eingebettet, die geeignet ist, auch sehr große Probleme der Praxis (d.h. Probleme mit vielen Variablen und Restriktionen) zu lösen. – 2. Beim Einsatz linearer Optimierungssysteme in der Praxis besteht häufig *Ungewißheit* über die tatsächlichen numerischen Werte der Koeffizienten $c_1, \ldots, c_n$, $a_{11}, \ldots, a_{mn}$, $b_1, \ldots, b_m$; z.T. ist sogar unklar, ob bestimmte Werte von (2) überhaupt auftreten. Wie man im Hinblick auf derartige Situationen – ausgehend von einer ersten optimalen Lösung – auf einem möglichst einfachen Wege *Alternativrechnungen (→postoptimale Rechnungen)* durchführen kann, ist eine weitere Problemstellung. – 3.

Vor dem gleichen Hintergrund untersucht man im Rahmen von →*Sensitivitätsanalysen* wie sich bestimmte Koeffizienten (v.a. die Koeffizienten $c_1, \ldots, c_n$ der Zielfunktion (1) bzw. die rechten Seiten $b_1, \ldots, b_m$ der Restriktionen (2) ändern dürfen, ohne daß eine gefundene optimale Lösung (bzw. eine gefundene kanonische Form des Optimierungssystems) die Eigenschaft der Optimalität verliert. – 4. Die →*parametrische (lineare) Optimierung* befaßt sich mit der noch erweiterten Fragestellung, welche optimalen Lösungen sich jeweils ergeben, wenn gewisse Koeffizienten (v.a. Koeffizienten der Zielfunktion und/oder die rechten Seiten der Restriktionen) in Abhängigkeit von einem oder mehreren Parametern schwanken können. – 5. Die →*Dualitätstheorie der linearen Optimierung* untersucht den Zusammenhang zwischen gewissen Paaren von linearen Optimierungssystemen. Ihre Erkenntnisse sind v.a. für die Entwicklung von Rechenverfahren von Bedeutung. – 6. Die bei Anwendung in der Praxis vorkommenden linearen Optimierungssysteme sind i.d.R. sehr groß (viele Variablen, viele Restriktionen), so daß die Bestimmung einer optimalen Lösung mit herkömmlichen Lösungsverfahren sehr viel Rechenzeit und Speicherplatz beanspruchen kann. Es läßt sich jedoch oft beobachten, daß die jeweilige Koeffizientenmatrizen nur wenige von Null verschiedene Koeffizienten $a_1{}^1, \ldots, a_m{}^n$ (→*mageres lineares Gleichungssystem*, →*dünn besetzte Matrix*) aufweisen. Fragen im Zusammenhang mit deren Ausnutzung stellen sich im Hinblick auf die Entwicklung schnellerer, weniger speicherplatzintensiver Lösungsverfahren.

III. Spezielle Strukturen: Optimierungssysteme der Praxis zeichnen sich i.d.R. nicht nur durch dünn besetzte Koeffizientenmatrizen aus, die von Null verschiedenen Koeffizienten sind außerdem oft nach einem gewissen Schema angeordnet. Derartige speziell strukturierte Systeme ergeben sich etwa bei der mathematischen Formulierung von →*Transportproblemen* und →*Zuordnungsproblemen*, von *Wege-* und *Flußproblemen* in Graphen (→*Netzplantechnik*). Sie lassen sich mit traditionellen Simplexmethoden lösen, daneben gibt es aber Lösungsverfahren, die durch eine Ausnutzung der jeweiligen speziellen Koeffizientenstruktur erhebliche Vorteile in bezug auf Rechenzeit und Speicherbedarf erzielen.

IV. Erweiterungen: Durch bestimmte Umformungen und Techniken lassen sich die Methoden der l.O. z.T. auch zur Untersuchung von Fragen über solche Optimierungssysteme einsetzen, deren Struktur nur unvollständig mit der des Systems ((1), (2), (3)) übereinstimmt: 1. Gewisse (d.h. mindestens eine möglicherweise aber auch alle) Variablen dürfen nur *ganze Zahlen* (→*ganzzahliges*

Optimierungsproblem) bzw. nur die Werte Null oder Eins annehmen (→*binäres Optimierungsproblem*). – 2. Gewisse Probleme der *nichtlinearen Optimierung* (→*nichtlineare Optimierungsprobleme)* lassen sich ebenfalls mit linearen bzw. geringfügig modifizierten linearen Methoden lösen. Hierzu gehört u.a. die Bestimmung von optimalen Lösungen für quadratische Optimierungsprobleme und bestimmte →*separable* Optimierungsprobleme. – 3. Im Rahmen der *l.O. bei mehrfacher Zielsetzung* stehen solche linearen Optimierungssysteme im Mittelpunkt, bei denen den Lösungen des Restriktionssystems (2) anhand verschiedener Zielfunktionen gleichzeitig mehrere Zielwerte zugeordnet sind. Nur in ganz seltenen Ausnahmefällen existiert jetzt noch eine Lösung, die im Hinblick auf alle Zielfunktionen und -vorschriften gleichzeitig optimal ist. Die für diese Optimierungssysteme entwickelten Verfahren bezwecken deshalb nicht die Abteilung einer in diesem Sinne idealen Lösung, sondern es geht vielmehr um die Ableitung von allen oder einigen effizienten Lösungen bzw. bei interaktiven Verfahren die Ermittlung einer für den Entscheidenden akzeptablen Kompromißlösung.

V. Ökonomische Anwendung: Von allen Methoden des Operations Research haben diejenigen der l.O. (neben denen der →Netzplantechnik) die weiteste Verbreitung in der ökonomischen Praxis gefunden und sich bewährt. Empirischen Untersuchungen zufolge liegen ihre Einsatzschwerpunkte in der Grundstoff-, der chemischen, der Eisen- und Stahl- sowie der Nahrungs- und Genußmittelindustrie. Bezüglich der betrieblichen Funktionsbereiche sind in erster Linie Anwendungen im Produktionsbereich (zur Lösung von Problemen der →Produktionsprogrammplanung, →Produktionssteuerung und →Zuschnittplanung), im Absatzbereich (→Tranportprobleme), in der Lagerhaltung (Bestimmung optimaler Lagerbestände) sowie im Beschaffungsbereich (→Transportprobleme, →Mischungsprobleme, →optimale Bestellmenge) anzuführen. – In stärkerem Maße setzen sich schließlich auch *integrierte Modelle zur simultanen Planung* verschiedener Funktionsbereich (v.a. des Produktions- und des Absatzbereichs) durch.

VI. Software: Die Lösung eines linearen Optimierungsproblems in der Praxis macht – wegen Größe des dabei zu behandelnden Optimierungssystems – regelmäßig den Computer-Einsatz erforderlich: 1. Für Großrechenanlagen angebotene *Standardsoftware* hat in der Zwischenzeit einen hohen Entwicklungsstand erreicht, der weit über das einfache Berechnen einer optimalen Lösung hinausgehend eine Vielzahl von Programmbausteinen, u.a. zur Sensitivitätsanalyse, parametrischen Optimierung, ganzzahligen und binären Opti-

mierung sowie Lösung von Optimierungsproblemen mit spezieller Struktur umfaßt. Daneben stehen gewöhnlich Unterprogramme zur Unterstützung der Dateneingabe sowie zur Erzeugung eines standardisierten Lösungsreports zur Verfügung. Solange in den betrachteten Optimierungssystemen ausschließlich reellwertige Variable vorkommen, bleiben im Hinblick auf diese Software – zumindest bezüglich Rechengeschwindigkeit – kaum noch Wünsche offen. So lassen sich auch für Optimierungssysteme mit mehr als 10 000 Variablen/Restriktionen in annehmbarer Zeit optimale Lösungen berechnen. Vorteilhaft macht sich dabei der Umstand bemerkbar, daß bei geringfügigen Datenänderungen das Problem nicht wieder von vorn durchgerechnet werden muß, sondern bei einer zuvor berechneten (und gespeicherten) →kanonischen Form „aufgesetzt" werden kann. Als problematischer erweist sich dagegen in der Praxis z.T. die Behandlung von Optimierungssystemen mit vielen ganzzahligen oder binären Variablen. Hier kommt es vor, daß die Verfahren mit dem Erreichen einer vorgegebenen Rechenschranke abbrechen, ohne daß eine optimale Lösung gefunden bzw. nachgewiesen werden konnte. Diejenige zulässige Lösung, die den bis zu diesem Zeitpunkt günstigen Zielwert aufweist, läßt sich dann aber immer noch als eine (gewöhnlich gute) Annäherung an die gesuchte optimale Lösung interpretieren. – 2. Die Entwicklung von *Software für Personalcomputer* ist dagegen noch in vollem Gang. Viele der angebotenen Programmpakete sind allenfalls zu Schulungszwecken einsetzbar. Es gibt aber auch bereits PC-Software, mit der reale Optimierungsprobleme der Praxis, die mehrere Tausend (reellwertige) Variablen und Restriktionen aufweisen, gelöst werden.

VII. Neuere Entwicklungen: Theoretische, am Worst-case-Verhalten von →Algorithmen orientierte Überlegungen haben Zweifel an der rechentechnischen Vorteilhaftigkeit der (in der Praxis gewährten) Simplexmethoden entstehen lassen. Dieser Umstand führte zur Entwicklung des zwar theoretisch günstigeren →*Ellipsoid-Verfahrens,* das sich bei konkreten Vergleichsrechnungen aber (mit Ausnahmen einiger künstlich konstruierter Sonderfälle) als praktisch schlechter erwies. Aufsehen erregte in jüngerer Zeit auch das →*KARMAKAR-Verfahren,* dessen praktische Überlegenheit aber bisher ebenfalls nicht schlüssig aufgezeigt werden konnte. Allerdings kann wegen der kurzen Zeit, die seit dessen Veröffentlichung vergangen ist, noch kein endgültiges Urteil über dieses Verfahren getroffen werden.

Literatur: Bradley, S. P./Hax, A. C./Magnanti, T. L., Applied Mathematical Programming, Reding (Mass.) 1977; Dantzig, G. B., Lineare Programmierung und Erweiterungen, Berlin-Heidelberg 1966; Jaeger, A./Wäscher, A., Mathematische Propädeutik für Wirtschaftswissenschaftler: Lineare Algebra,

München–Wien 1986; Karmakar, N., A New Polynomial-Time Algorithm for Linear Programming, in: Combinatoria 4 (1984), S. 373–396; Schmitz, P./Schönlein, A., Lineare und linearisierbare Optimierungsmodelle sowie ihre ADV-gestützte Lösung, Braunschweig 1978; Weber, H. M., Khachiyan's Algorithmus, in: Zeitschrift für Operations Research 26 (1982), B. 229–B 240.

Dr. Gerhard Wäscher

lineare Optimierung bei mehrfacher Zielsetzung, →lineare Optimierung IV 3.

lineare Planungsrechnung, →lineare Optimierung.

lineare Programmierung, →lineare Optimierung.

lineare Regression, Spezialfall der →Regressionsanalyse, bei dem ein *linearer* Strukturzusammenhang zwischen →exogenen Variablen und →endogenen Variablen unterstellt wird. *Gegenstand* der l.R. ist eine →Schätzung des strukturellen Ansatzes

$$y_i = \beta_1 + \beta_2 x_{2i} + \ldots + \beta_k x_{ki} + u_i$$

(y_i Wert der endogenen Variablen; $x_{2i}, \ldots, x_{ki}$ zugehörige Werte der $(k-1)$ exogenen Variablen; u_i Wert der zufälligen →Störvariablen, $\beta_1, \ldots, \beta_k$ Parameter) mit Hilfe von Stichprobenbefunden, also der Schätzung der $\beta_1, \ldots, \beta_k$ und der →Verteilung der u_i. – Oft wird l.R. nach Transformation der Variablenwerte durchgeführt (→Variablentransformation). – *Gegensatz:* →nichtlineare Regression.

lineare Restriktion. 1. *Begriff:* →Restriktion, bei der sämtliche Variablen $x_1, x_2, \ldots x_n$ nur in der ersten Potenz sowie keine Produkte von Variablen auftreten. – *Gegensatz:* →nichtlineare Restriktion. – 2. *Schreibweise:*

$$a_1 x_1 + a_2 x_2 + \ldots + a_n x_n - b \; \Box \; 0$$

oder $\quad a_1 x_1 + a_2 x_2 + \ldots + a_n x_n \; \Box \; b$;

„$\Box$" steht für eines der Restriktionszeichen „=", „$\leqq$", „$\geqq$", „>", „<", $a_1, a_2, \ldots, a_n$, b sollen gewisse Konstanten und $x_1, x_2, \ldots, x_n$ gewisse Variablen darstellen. – 3. *Bezeichnungen:* Die Größen $a_1, a_2, \ldots, a_n$ werden als *Koeffizienten,* b als *absolutes Glied* oder *rechte Seite* und der Ausdruck

$$a_1 x_1 + a_2 x_2 + \ldots + a_n x_n$$

als *linke Seite* der Restriktion bezeichnet. – 4. *Typen:* a) →lineare Gleichungsrestriktion; b) →lineare Ungleichungsrestiktion. – Vgl. auch →lineares Restriktionssystem.

lineares Gleichungssystem. 1. *Begriff:* Formales System

$$(1) \begin{cases} a_{11} x_1 + a_{12} x_2 + \ldots + a_{1n} x_n = b_1 \\ a_{12} x_1 + a_{22} x_2 + \ldots + a_{2n} x_n = b_2 \\ . \\ . \\ a_{m1} x_1 + a_{m2} x_2 + \ldots + a_{2n} x_n = b_m \end{cases}$$

von m (m $\geqq$ 1) linearen Gleichungen – 2. *Alternative Schreibweisen:* a) Bei Verwendung

des *Summenzeichens:*

$$(2) \begin{cases} \sum\limits_{j=1}^{n} a_{1j} x_j = b_1 \\ \sum\limits_{j=1}^{n} a_{2j} x_j = b_2 \\ . \\ . \\ \sum\limits_{j=1}^{n} a_{mj} x_j = b_m \end{cases}$$

oder kürzer:

$$(3) \quad \sum\limits_{j=1}^{n} a_{ij} x_j = b_i, \quad i = 1, 2, \ldots, m,$$

b) Bei Verwendung von *Vektoren:*

$$a_1 x_1 + a_2 x_2 + \ldots + a_n x_n = b$$

mit

$$a_1 = \begin{pmatrix} a_{11} \\ a_{21} \\ . \\ . \\ a_{m1} \end{pmatrix}, a_2 = \begin{pmatrix} a_{12} \\ a_{22} \\ . \\ . \\ a_{m2} \end{pmatrix}, \ldots, a_n = \begin{pmatrix} a_{1n} \\ a_{2n} \\ . \\ . \\ a_{mn} \end{pmatrix}, b = \begin{pmatrix} b_1 \\ b_2 \\ . \\ . \\ b_m \end{pmatrix}.$$

c) Bei Verwendung der *Matrizenschreibweise:*

$$A \cdot x = b$$

mit

$$A = \begin{pmatrix} a_{11} & a_{21} & \ldots & a_{1n} \\ a_{21} & a_{22} & \ldots & a_{2n} \\ . \\ . \\ a_{m1} & a_{m2} & \ldots & a_{mn} \end{pmatrix}, x = \begin{pmatrix} x_1 \\ x_2 \\ . \\ . \\ x_n \end{pmatrix}, b = \begin{pmatrix} b_1 \\ b_2 \\ . \\ . \\ b_m \end{pmatrix}.$$

A nennt man auch die Koeffizientenmatrix des l.G. (1). – 3. *Spezielle Typen:* l.G. sind: a) →kanonische lineare Gleichungssysteme, b) →NN-Gleichungssysteme, c) →magere lineare Gleichungssysteme. – 4. *Bedeutung:* Die mathematische Formulierung einer Vielzahl ökonomischer Fragestellungen führt zu →Restriktionssystemen, die ausschließlich aus linearen Gleichungen bestehen. Hierzu gehören etwa Fragen der Materialbedarfsermittlung oder der innerbetrieblichen Leistungsverrechnung. L.G. sind darüber hinaus wichtige Bausteine linearer Optimierungssysteme.

lineares Gleichungssystem in kanonischer Form, →kanonisches lineares Gleichungssystem.

lineares Modell, →Funktionsform ökonometrischer Modellgleichungen.

lineares NN-Gleichungssystem, →NN-Gleichungssystem, bestehend aus →linearen Gleichungssystem. – *Bedeutung:* Verschiedene Simplexmethoden sind nur anwendbar, wenn das Restriktionssystem des zu lösenden linearen Optimierungsproblems ein 1. NN-G. ist bzw. wenn es auf diese Form gebracht wurde. z. T. wird sogar eine →zulässige kanonische Form dieses Systems vorausgesetzt.

lineares Optimierungssystem, →lineare Optimierung, →lineares Optimierungssystem in Normalform, →kanonisches lineares Optimierungssystem.

lineares Optimierungssystem in kanonischer Form, →kanonisches lineares Optimierungssystem.

lineares Optimierungssystem in Normalform. 1. *Begriff:* Jedes lineare Optimierungssystem der Form

(1) $x_0 + a_{01}x_1 + a_{02}x_2 + \ldots + a_{0n}x_n = b_0$

(2)
$$\begin{cases} a_{11}x_1 + a_{12}x_2 + \ldots + a_{1n}x_n = b_1 \geqq 0 \\ a_{21}x_1 + a_{22}x_2 + \ldots + a_{2n}x_n = b_2 \geqq 0 \\ \quad \cdot \\ \quad \cdot \\ \quad \cdot \\ a_{m1}x_1 + a_{m2}x_2 + \ldots + a_{mn}x_n = b_m \geqq 0 \end{cases}$$

(3) $x_1, \quad\quad x_2, \ldots, \quad\quad x_n \geqq 0$

(4) $x_0 \longrightarrow$ Max!   oder $x_0 \longrightarrow$ Min!

2. *Konstruktion:* Durch Multiplikation von Restriktionen mit negativen rechten Seiten mit (–1), durch das Einführen von →Schlupfvariablen, durch das Ersetzen von →unbeschränkten Variablen durch die Differenz zweier →NN-Variablen sowie möglicherweise durch das Überführen der jeweiligen →Zielfunktion in eine entsprechende Zielgleichung (1) läßt sich jedes beliebige lineare Optimierungssystem auf die obige Form bringen. – 3. *Bedeutung:* L. O. i. N. sind Voraussetzung für die Anwendung verschiedener →Simplexmethoden. – Vgl. auch →lineare Optimierung.

lineares Restriktionssystem, →Restriktionssystem, in dem ausschließlich →lineare Restriktionen vorkommen. – *Gegensatz:* →nichtlineares Restriktionssystem.

lineare Steuersenkung, Begriff der wirtschafts- und finanzpolitischen Diskussion für eine Herabsetzung der Einkommen- und Körperschaftsteuer um denselben Prozentsatz. – *Gegensatz:* „gezielte Begünstigung" einzelner Kreise oder Schichten.

lineares Zuordnungsproblem. I. C h a r a k t e r i s i e r u n g : Standardproblem des →Operations Research, bei dem die Elemente einer Menge I und die Elemente einer Menge J einander zugeordnet werden sollen und weiterhin gilt: (1) Die Anzahl der Elemente in I und die Anzahl der Elemente in J sind gleich, d. h. jedem Element der Menge I ist genau ein Element der Menge J zuzuordnen und umgekehrt. (2) Durch Zuordnung des Elementes i (i∈I) zum Element j (j∈J) entstehen Kosten $c_i^{\,j}$. (3) Angestrebt werden möglichst geringe Gesamtkosten. (4) Gesucht ist ein Zuordnungsplan, der für jedes Element i (i∈I) angibt, welchem Element j (j∈J) es zugeordnet werden soll. – Häufig synonym für dessen *mathematische Formulierung.*

II. M a t h e m a t i s c h e F o r m u l i e r u n g : Minimiere

(1) $x_0 = \sum_{i \in I} \sum_{j \in J} c_{ij} x_{ij}$

unter den Restriktionen

(2) $\sum_{i \in I} x_{ij} = 1, \quad j \in J$

(3) $\sum_{j \in J} x_{ij} = 1, \quad i \in I$

(4) $x_{ij} \in \{0,1\}, \quad i \in I, \quad j \in J$

mit

(5) $|I| = |J|$

(d. h. die Anzahl $|I|$ der Elemente in I soll gleich der Anzahl $|J|$ der Elemente in J sein), wobei x_0 die Zielvariable und jedes x_{ij} eine *Zuordnungsvariable* mit

(6) $x_{ij} = \begin{cases} 1, \text{ wenn das Element } i \in I \text{ dem} \\ \quad \text{Element } j \in J \text{ zugeordnet wird,} \\ 0 \text{ sonst} \end{cases}$

und I und J gewisse Indexmengen sind. Obiges Optimierungssystem wird auch als *lineares Zuordnungssystem* bezeichnet.

III. E i g e n s c h a f t e n : 1. Das Optimierungssystem läßt sich dem Bereich der ganzzahligen bzw. genauer der (vollständig) *binären Optimierung* zurechnen. – 2. Bei der Bestimmung einer optimalen Basislösung des Systems lassen sich die Restriktionen (4) durch Nichtnegativitätsrestriktionen

(4') $x_{ij} \geqq 0, \quad i \in I, \quad j \in J$

ersetzen. Das umgeformte System ist ein *klassisches Transportsystem* (vgl. im einzelnen →klassisches Transportproblem).

IV. L ö s u n g s v e r f a h r e n : Aufgrund der Einordnung linearer Zuordnungssysteme in die binäre Optimierung lassen sich grundsätzlich deren sämtliche allgemeine Lösungsverfahren (→binäres Optimierungsproblem 3) und -prinzipien, insbes. auch →Branch-and-Bound-Verfahren, zur Bestimmung einer optimalen Lösung einsetzen. – Aufgrund der Äquivalenz von linearen Zuordnungssystemen und klassischen Transportsystemen sind grundsätzlich auch alle Verfahren zur Bestimmung optimaler Lösungen von klassischen Transportsystemen (→klassisches Transportproblem IV) anwendbar. – Das wohl bekannteste spezielle Lösungsverfahren für lineare Zuordnungssysteme ist das *Ungarische Verfahren.*

V. Ö k o n o m i s c h e A n w e n d u n g e n : L. Z. bilden die Grundstruktur einer Reihe ökonomischer Planungsprobleme in Industrie (wie etwa der Zuweisung von Arbeitskräften zu Arbeitsplätzen, der Zuweisung von Aufträgen zu Maschinen) und Verwaltung (Erstellung von Dienstplänen). Sie dienen v. a. als Vorbild bei der Modellierung derartiger Probleme, insbes. zur Vorbereitung des Computereinsatzes.

lineares Zuordnungssystem, →lineares Zuordnungsproblem II.

lineare Ungleichung, →lineare Ungleichungsrestriktion.

lineare Ungleichungsrestriktion, *lineare Ungleichung,* →Restriktion der Form:
$$a_1 x_1 + a_2 x_2 + \ldots + a_n x_n \ \Box \ b,$$
wobei „$\Box$" für eines der Restriktionszeichen„ $\leq$ ", „ $\geq$ ", „ $<$ ", „ $>$ " steht.

lineare Zielfunktion, →Zielfunktion, bei der sämtliche Variablen nur mit dem Exponenten Eins und auch keine Produkte von Variablen vorkommen.

Linearhomogenität, *Homogenität vom Grade 0,* in der ökonomischen Theorie überwiegend auftretende Sonderform der →Homogenität vom Grade r. Wird bei einer linear homogenen Produktionsfunktion die Einsatzmenge *aller* Produktionsfaktoren um X vervielfacht, steigt der Output ebenfalls um X; man spricht in diesem Fall auch von *konstanten Skalenerträgen* (→Skalenertrag).

Linearkombination, →Variable, die als lineare Funktion von (mehreren) anderen Variablen erklärt ist. Sind $x_1, \ldots, x_k$ Variablen und $a_o, \ldots, a_k$ Konstanten, ist $y = a_o + a_1 x_1 + \ldots a_k x_k$ eine spezielle *(eindimensionale)* L. von $x_1, \ldots, x_k$. Entsprechend werden *mehrdimensionale L.* erklärt. In der Statistik interessieren insbes. die →Verteilungen von L. von →Zufallsvariablen oder statistischen →Merkmalen.

linear-limitationale Produktionsfunktion, *Leontief-Produktionsfunktion,* Begriff der Produktions- und Kostentheorie. In diesem Fall werden die Faktoren stets in einem konstanten Einsatzverhältnis eingesetzt; jede Änderung dieses Einsatzverhältnisses widerspricht dem Prinzip der →Wirtschaftlichkeit, d. h. zudem nur ein Produktionsprozeß ist effizient. Ist die Produktionsfunktion linear-homogen, dann sind die Faktoreinsatzmengen (Input) der Höhe der Ausbringung (Output) direkt proportional (vgl. →Homogenität einer Funktion) *Mathematische Darstellung:* $r_i^j = a_{ij} x (i = 1, \ldots, n; \ j = 1, \ldots, m)$ wobei $x =$ Ausbringungsmenge, $r_{ij} =$ Einsatzmenge des i-ten Faktors zur Produktion von x, $a_{ij} =$ Produktionskoeffizient für den i-ten Faktor zur j-ten Produktion von x, $a_{ij} =$ Produktionskoeffizient für den i-ten Faktor zur j-ten Aggregat. Ein Produktionsprozeß obiger Art weist folgende Eigenschaften auf: (1) das Verhältnis der Faktoreinsatzmenge ist konstant; (2) der Produktionskoeffizient a_{ij} ist konstant; (3) die Leistungsabgabe der Produktionsfaktoren ist konstant (insbes. Betriebsmittel); (4) die Qualität der Produktionsfaktoren ist konstant. – Die Bezeichnung Leontief-Produktionsfunktion wird v.a. bei makroökonomischer Betrachtung verwendet. Bei mikroökonomischer Betrachtung geht die l.-l.P. in die →Mathematische Programmierung über.

linear programming, →lineare Optimierung.

linear structural relations system, →LISREL.

lines of code (LOC). 1. *Begriff:* In der Elektronischen Datenverarbeitung Anzahl der Zeilen eines →Programms (bzw. eines →Softwaresystems). – 2. *Arten:* (uneinheitliche Begriffsverwendung: a) *Basis Quellprogramm* (→Programm 3 a)): (1) Gesamtzahl aller Programmzeilen; (2) Gesamtzahl abzüglich der →Kommentare; (3) nur die →Befehle (ohne →Datenvereinbarungen) des Programms; b) *Basis Maschinenprogramm:* Gesamtzahl der Zeilen. – 3. *Verwendung:* a) Aussagen über die Größe von Programmen oder Softwaresystemen; b) Basis für →Kostenschätzungsmodelle (problematisch); c) Berechnungsbasis für →Programmiererproduktivität (problematisch).

Linienerfolgsrechnung, kurzfristige Erfolgsrechnung zur Ermittlung der Ergebnisse des →Linienverkehrs auf einzelnen →Relationen und/oder in einzelnen Streckennetzen während einer Periode; meist →Deckungsbeitragsrechnung.

Linienproduktion, →Straßenproduktion.

Linienschiffahrt, →Seeschiffahrt.

Liniensystem, →Leitungssystem.

Linienverkehr. I. B e g r i f f : 1. *I. w. S.:* Regelmäßige/planmäßige Durchführung von Fahrten mit Transportmitteln zwischen festgelegten Punkten auf bestimmten Linien/Relationen im Personen- und Güterverkehr. – 2. *Rechtlich* wird der Begriff L. unterschiedlich definiert; als Kriterien herangezogen werden u. a. Gewerbsmäßigkeit, Linienbindung, Regelmäßigkeit, Betriebspflicht, Öffentlichkeit, Beförderungspflicht. – *Gegensatz:* →Gelegenheitsverkehr.

II. E i n z e l n e V e r k e h r s b e r e i c h e : 1. *Straßenpersonenverkehr:* L. mit Kraftfahrzeugen ist gem. § 42 PBefG eine zwischen bestimmten Ausgangs- und Endpunkten eingerichtete regelmäßige Verkehrsverbindung, auf der Fahrgäste an bestimmten Haltestellen ein- und aussteigen können; Fahrplan und Zwischenhaltestellen sind dabei nicht zwingende Voraussetzung. Sonderformen des L. sind nach § 43 PBefG die unter Ausschluß anderer Fahrgäste erfolgende regelmäßige Beförderung von Berufstätigen und Schülern zwischen Wohnung und Arbeitsstätte bzw. Lehranstalt sowie Personen zum Besuch von Märkten und Theatervorführungen. Charakteristisches Merkmal des L. im Straßenpersonenverkehr ist die „Streckenbindung-Fahrgastfreiheit". Nach § 2 I Nr. 3 unterliegt der L. mit Kraftfahrzeugen der Genehmigungspflicht. – 2. *Güterstraßenverkehr:* Unterscheidung zwischen dem L., im Güterfern- und ~~-nahverkehr~~. Im Fernverkehr sind regelmäßige Verkehrsverbindungen zwischen bestimmten Orten vor allem im Sammelladungsverkehr der Kraftwagenspediteure anzutreffen; nach § 13a II GüKG kann eine Genehmigung mit der Auflage erteilt werden, daß der Unternehmer regelmäßig eine näher vorgeschriebene Güterlinie bedient. Wer Güternahverkehr i. S. des § 80 GüKG zwischen bestimmten Ausgangs- und Endpunkten linien- und regelmäßig betreiben will (Güterliniennahverkehr), bedarf gem. § 90 GüKG außer der Erlaubnis der Genehmigung. In diesem Gewerbe tätige Unternehmer sind i. a. zur Beförderung nach dem Tarif verpflichtet. Einzelheiten des Güterliniennahverkehrs regeln die §§ 90–97 GüKG. – 3. *Eisenbahnverkehr:* Aufgrund der Bindung an die Strecken und die Bahnhöfe ist der L. die Regel, ausgenommen Sonderfahrten. – 4. *Seeschiffahrt:* L. besteht in der regelmäßigen Bedienung bestimmter Relationen; vorwiegend zur Verfrachtung von eiligem und hochwertigem Stückgut. Für einzelne Relationen gebildete Kartelle (Linienkonferenzen) regeln den Wettbewerb unter den beteiligten Linien-Reederein durch Absprachen über Beförderungsbedingungen und Frachten. – 5. *Luftverkehr:* L. mit Flugzeugen ist nach Art. 96a der Abkommens von Chicago jeder planmäßige Luftverkehr, der von Luftfahrzeugen für die öffentliche Beförderung von Fluggästen, Luftpost und Luftfracht durchgeführt wird. Die Richtlinie des EG-Rates vom 25. 7. 1983 (83/416/EWG) versteht unter Linienflugverkehr eine Folge von Flügen, von denen jeder die Merkmale aufweist, daß er a) gegen Entgelt durchgeführt wird und diesen Flügen jedermann offensteht und b) der Beförderung zwischen zwei oder mehreren festen Punkten nach einem veröffentlichten Flugplan oder mit so regelmäßigen bzw. häufigen Flügen, daß sie eine echte systematische Folge bilden, dient. Nach § 21 LuftVG bedürfen Luftfahrtsunternehmen, die Personen oder Sachen gewerbsmäßig auf bestimmten Linien öffentlich und regelmäßig befördern, für jede Fluglinie einer besonderen Genehmigung, die sich auf Flugpläne, Beförderungsbedingungen und -entgelte erstreckt. Fluglinienverkehr betreibende Flugunternehmen unterliegen der →Beförderungspflicht (§ 21 LuftVG). Außerdem haben sie auf Verlangen der →Deutschen Bundespost mit jedem planmäßigen Flug Postsendungen gegen angemessene Vergütung zu befördern. Abgrenzung zwischen Linienluftverkehr und plan-/regelmäßigem Linien-Charterluftverkehr ist inzwischen problematisch geworden.

Link. 1. *Begriff:* Von →Entwicklungsländern geforderte Verknüpfung der Schaffung und Verteilung von →Sonderziehungsrechten (SZR) mit der Gewährung von →Entwicklungshilfe. – Zwei Varianten: a) *Direkter L.:* Die Entwicklungsländer erhalten größere Anteile an den globalen SZR-Zuteilungen,

indem sich z. B. ihre Quoten an der Bevölkerungszahl statt am Sozialprodukt oder Welthandelsanteil orientieren; oder es erfolgt eine direkte Zuteilung an internationale Entwicklungshilfeorganisationen. Diese Variante erfordert eine Änderung der Statuten des →IMF. – b) *Indirekter L.:* Die Zuteilungskriterien bleiben unverändert, wobei allerdings die Industrieländer ihre SZR bzw. Teile davon internationalen Entwicklungshilfeorganisationen zur Verfügung stellen sollen. – 2. *Beurteilung:* a) *Argumente der Befürworter:* (1) Die bisherige Quotenstruktur begünstigt die Industrieländer; angesichts des Entwicklungsgefälles sollten jedoch die ärmeren Länder stärker von der Schaffung zusätzlicher internationaler Liquidität profitieren. (2) Entwicklungsländer werden SZR nicht horten, sondern zur Importfinanzierung verwenden, wovon Industrieländer mit Leistungsbilanzdefiziten profitieren können. (3) Industrieländer erfahren eine Konjunkturbelebung durch Multiplikatorwirkungen. (4) Diese Art von Entwicklungshilfe belastet weder die →Kapitalbilanz noch die öffentlichen Haushalte in den Geberländern. – b) *Argumente der Kritiker:* (1) Es ist nicht gewährleistet, daß die durch den L. aufgebrachten Mittel in jene Länder fließen, die sie am dringendsten benötigen. (2) Ein Anstieg der Entwicklungshilfe ist nicht gesichert, da Geberländer das Volumen traditioneller Entwicklungshilfe entsprechend kürzen könnten. (3) Daß Industrieländer mit Leistungsbilanzdefiziten von der erhöhten Importnachfrage der Entwicklungsländer profitieren, ist nur garantiert, wenn zusätzlich eine →Lieferbindung eingesetzt wird, was allerdings eine Beeinträchtigung der Handelsgewinne und des Wertes der betreffenden Hilfe für die Entwicklungsländer bedeuten würde (4) Die SZR werden überwiegend in Länder mit erfolgreichem Stabilitätskurs fließen; diese haben also die reale Last der Entwicklungshilfe zu tragen. Sie sind allerdings keineswegs immer auch die reichsten (leistungsfähigsten) Länder. (5) Darüber hinaus wird der Stabilitätskurs dieser Länder beeinträchtigt, da zusätzliche Liquidität einen Nachfrageüberhang und damit Preissteigerungen auslöst (Inflationsgefahr). (6) Eine Inflationsbeschleunigung in Industrieländern schadet auch den Entwicklungsländern, indem sich (über steigende Importpreise) ihre →terms of trade verschlechtern und ein höheres Zinsniveau auf den internationalen Kapitalmärkten ihre Schuldendienste gegenüber dem Ausland steigert.

Linker, →Binder.

LIPS, logical inferences per second, Anzahl der logischen Ableitungen pro Sekunde, die als Maß für die Leistung eines →Prozessors bei KI-Anwendungen (→künstliche Intelligenz) verwendet werden. Bei konventionellen Computeranwendungen (→Computer): →MIPS.

Liquidation. I. Handelsrecht: Abwicklung der Geschäfte einer aufgelösten →Handelsgesellschaft; Einzelheiten vgl. →Abwicklung. – *Buchhalterische Durchführung:* Vgl. →Abwicklungsbilanz. – *Finanztechnische Durchführung:* Vgl. →Finanzierung III.

II. Termingeschäft: Abwicklung, d.h. Bezahlung und Lieferung der Wertpapiere bei →Termingeschäften an der Börse (Skontration), meist mit Hilfe besonderer Vereinigungen (→Liquidationskassen). Von Bedeutung in der Bundesrep. D. im Rahmen von →Optionsgeschäften (seit 1.7.1970 in bestimmten Papieren zugelassen). – Stufen der *Abwicklung der L.* im Optionsgeschäft: (1) Entscheidung über den Berzug der Papiere oder über die Zahlung eines Reuegeldes anstelle der Lieferung, (2) Zahlung oder Einlieferung der Papiere an die Liquidationskasse und (3) Auszahlung oder Auslieferung der Papiere durch die Liquidationskasse.

Liquidationsbilanz, →Abwicklungsbilanz.

Liquidationskasse, Abwicklungsstelle für →Termingeschäfte; meist in Form einer AG von den im Liquidationsverein zusammengeschlossenen Banken zur Durchführung der →Liquidation gegründet. – 1. Im *Warenterminhandel,* wo die L. zuerst entstanden, schaltet sich die L. vielfach als Selbstkontrahent ein. An den Warenbörsen sind deshalb die L. bestehen geblieben. – 2. Die L. *für Effektentermingeschäfte* haben sich nach dem Verbot des Effektenterminhandels (1931) aufgelöst. Seit Juli 1970 haben die L. jedoch als Gewährträger bei →Optionsgeschäften wieder Bedeutung erlangt. Sie garantieren den Beteiligten die Erfüllung der geschlossenen Geschäfte, da sie notfalls selbst für den säumigen oder leistungsunfähigen Partner des Geschäfts eintreten.

Liquidationskurs, *Kompensationskurs,* der vom Börsenvorstand oder der →Liquidationskasse festgesetzte Kurs für die Abwicklung von →Termingeschäften. Um die Abwicklung aller Termingeschäfte reibungslos zu ermöglichen, wird von der Abrechnungsstelle (Liquidationsbüro) ein einheitlicher Kurs für jedes im Termingeschäft handelbare Papier festgesetzt.

Liquidationsverein, →Liquidation, →Liquidationskasse.

Liquidationsvergleich, ein Vergleich (→Vergleichsverfahren), bei dem der Schuldner seinen Geläubigern (meist einem von diesen gewählten Treuhänder) sein Vermögen ganz oder teilweise zur Verwertung überläßt mit der Abrede, daß der durch die Verwertung nicht gedeckte Teil der Schulden (höchstens 65%) erlassen sein soll (§7 IV VerglO). – 1. Als *gerichtlicher Vergleich* nur zulässig, wenn die Vergleichgläubiger voraussichtlich mindestens 35% ihrer Forderungen erhalten. Keine

Barzahlungspflicht oder Zahlungsfristen, jedoch ratsam, einen *Endtermin* in den Vergleichsvorschlag aufzunehmen. – 2. *Durchführung* der Vermögensverwertung zwingend durch einen Treuhänder. – 3. *Haftung des* Schuldners ohne Rücksicht auf den Erfolg der Verwertung nur bis zur Höhe der Mindestquote. Wird dieser Satz erreicht, können die Gläubiger nach Abschluß der Verwertung und Setzung einer Nachfrist für den an der Mindestquote fehlenden Teil vollstrecken. Das Wiederaufleben der erlassenen Forderungsteile ist ausgeschlossen. – 4. Wenn wegen Nichterreichung der gesetzlichen oder vereinbarten Quote das →*Konkursverfahren* eröffnet wird (§9 III, IV VerglO), verliert der L. seine Wirkung nicht, eine treuhänderische Vermögensübertragung wird aber hinfällig. – 5. *Reorganisation* des L. geplant durch →Insolvenzrechtsreform.

Liquidationsverkauf, Veräußerung von Gegenständen des Anlage- und Umlaufvermögens im Falle des →Konkurses und besonders des →Nachlaßkonkurses zum Zwecke der Erzielung flüssiger Mittel. Unter Umständen werden beim L. steuerpflichtige Liquidationsgewinne erzielt.

Liquidationswert, Summe der Veräußerungswerte der einzelnen Vermögensteile eines Unternehmens bei der →Auflösung.

Liquidatoren, →Abwickler.

liquidieren, flüssig machen.

Liquidität. I. Betriebswirtschaftslehre: 1. *Begriff:* Fähigkeit und Bereitschaft eines Unternehmens, seinen bestehenden Zahlungsverpflichtungen termingerecht und betragsgenau nachzukommen. Die Sicherung der L. besteht in der Aufgabe, Geld und liquidisierbare Vermögensgegenstände (→Fungibilität) zum Zweck der zeitpunktgerechten Kapitalbeschaffung bereitzustellen. – Vgl. auch →Liquiditätspolitik, →Illiquidität, →Überliquidität. – 2. *Determinanten:* a) *Güterwirtschaftliche L.:* Tausch- bzw. Veräußerungsfähigkeit von Wirtschaftsgütern. Güter haben, abhängig von ihren technischen Eigenschaften und Zeit- bzw. Kostenaufwand der Käufersuche, unterschiedliche Liquiditätsgrade. – b) *Verliehene L.:* Mögliche Beleihbarkeit eines Wirtschaftsguts durch ein Kreditinstitut (Stützel). Diese Art der Gewinnung von L. hat den Vorteil, daß das entsprechende Wirtschaftsgut nicht veräußert werden muß, und so Verluste durch schnelle erzwungene Veräußerung nicht auftreten. – c) *Zukünftige L.:* Fähigkeit, durch zukünftige Erträge zu einem späteren Zeitpunkt L. zu erlangen. Sie wird anhand des →Finanzplans gemessen. – d) *Antizipierte L.:* Ein Unternehmen läßt seine zukünftigen Überschüsse durch ein Kreditinstitut beleihen. Diese Bereitstellung von Kapital ohne Sicherheiten durch das Kreditinstitut erfordert eine strenge →Kreditwürdigkeitsprüfung. – 3. *Arten:* a) *Vertikale L.*: Prozeß der Geldwerdung von Vermögensgegenständen („Verflüssigung") entsprechend den Zahlungsverpflichtungen. – b) *Horizontale L.*: Grad der Belastung von Kapitalansprüchen (Zins, Tilgung).

II. Wirtschaftstheorie/Geldtheorie: 1. *Allgemein:* L. stellt die durch Geld oder andere Tauschmittel repräsentierte Verfügungsmacht über Bedarfsgüter dar. Mittels Aufrechterhaltung der L. bei einzelnen Wirtschaftssubjekten wird gesamtwirtschaftlich der Kreislauf von Gütern und Nutzleistungen ermöglicht; die L. verschafft die Verfügungsmacht über knappe Güter und bestimmt wirtschaftliche Entscheidungs- und Handlungsfreiheit. – Die volkswirtschaftliche L. ist abhängig von der *optimalen Versorgung der Wirtschaft mit Zahlungsmitteln bzw. Geld.* Aufgabe der Notenbank ist es, die L. der Volkswirtschaft den Erfordernissen der Konjunktur zur Sicherung der Stabilität anzupassen. Vgl. auch →monetäre Theorie und Politik. – 2. L. der Kreditinstitute *(Bankenliquidität):* a) Kreditinstitute müssen ihre Mittel *so anlegen* daß eine ausreichende Zahlungsbereitschaft jederzeit gewährleistet ist und weitere Kredite vergeben werden können. Für die Beurteilung sind die von dem Bundesaufsichtsamt für das Kreditwesen aufgestellten Grundsätze maßgebend (§ 11 KWG). – b) Falls erforderlich, kann das Bundesaufsichtsamt zur Sicherung der L. Entnahmen durch die Inhaber oder Gesellschafter, Gewinnausschüttung und Kreditgewährung untersagen oder beschränken sowie die Anlage verfügbarer Mittel in Grundstücken, Gebäuden, Betriebs- und Geschäftsausstattung, Schiffen, Anteilen an Kreditinstituten an sonstigen Unternehmen sowie in Forderungen aus Vermögenseinlagen als stiller Gesellschafter und aus Genußrechten untersagen (§ 45 KWG i. V. m. § 12 KWG); vgl. →Grundsätze über das Eigenkapital und die Liquidität der Kreditinstitute. – c) *Messung/Beurteilungskriterien:* Die L. der Kreditinstitute wird häufig am →*Liquiditätssaldo* oder an den →*freien Liquiditätsreserven* gemessen. – Aus einzelwirtschaftlicher Sicht spielen jedoch die →*Interbankenguthaben* eine wichtige Rolle für die eigene Liquiditätseinschätzung der Kreditinstitute: Dabei ist zu beobachten, daß die einzelnen Banken Geldmarktkredite an andere Institute kaum als Liquiditätsentzug werten, denn sie erwerben damit Forderungen gegen andere Banken, die aus ihrer Sicht leicht mobilisierbar sind und von daher gute L. darstellen; umgekehrt dagegen wird die kreditaufnehmende Bank einen Geldmarktkredit voll als Liquiditätszufluß werten, da er aus ihrer Sicht zusätzliche Verfügungsmöglichkeit über Zentralbankgeld bedeutet. Diese Liquiditätseinschätzung ist subjektiver Natur. Da

einzelwirtschaftlich begründet, muß sie gesamtwirtschaftlich nicht objektiv gegeben sein, obwohl nach den Grundsätzen über das Eigenkapital und die Liquidität der Kreditinstitute festgestellt werden kann, daß diese unterschiedliche Beurteilung nicht nur aus subjetiver Sicht der Einzelbanken plausibel ist, sondern institutionell begründbar: Gem. „Grundsatz III" führen nämlich Geldmarktgeschäfte der Banken stets zu einer höheren Liquiditätsdeckung als sie gleichzeitig Liquiditätsbedarf hervorrufen, dies wegen der unterschiedlichen Anrechnungssätze für Interbankgelder auf der Aktiv- und Passivseite. Auf diese Weise sind die Banken in die Lage versetzt, durch Gegenseitigkeits- und Dreiecksgeschäfte Finanzierungsmittel bzw. L. zu schöpfen und so die Grundsatzziffern zu verbessern. – 3. *Internationale L.:* Die i. d. R. nicht vom Inland zu schaffenden Zahlungsmittel, mit denen Zahlungen an das Ausland geleistet werden können. Hierzu gehören in erster Linie die Währungsreserven des betreffenden Landes (Gold, →Sonderziehungsrechte, →Reservetranche, Devisen und Sorten), aber auch z. B. der nicht genutzte Teil der Kreditlinien bei internationalen Organisationen (außerhalb des IMF) oder Banken. Lediglich die sog. „Hartwährungsländer" können internationale L. selbst schaffen, da ihre Währungen als internationales Zahlungsmittel akzeptiert werden.

Liquiditätsbeitrag, durch die Entscheidung über eine bestimmte Maßnahme ausgelöster Überschuß der Einzahlungen über die Auszahlungen. Wenn die Ein- und Auszahlungen zeitlich auseinanderfallen oder über mehrere Zeitpunkte verteilt sind, muß die Entwicklung des L. im Zeitablauf verfolgt werden. Am Ende der i. a. mehrphasigen Realisation des „Geschäfts" (d. h. nach Erfüllung aller gegenseitigen Verpflichtungen und Ablauf der Gewährleistungsfristen) stimmen L. und →Deckungsbeitrag überein. Werden die erwarteten bzw. realisierten Liquiditätsbeiträge im Zeitablauf kumuliert und dem nach Dispositionszeitpunkten, Bindungsdauern und Zahlungsterminen geordneten →finanzorientierten Deckungsbudget gegenübergestellt, kann dies als Instrument der kontinuierlich-mitlaufenden Finanz- bzw. Liquiditätsplanung und -kontrolle dienen.

Liquiditätsbilanz, eine unter dem Gesichtspunkt der →Liquidität der Unternehmung aufgestellte →Bilanz, meist in Form eines →Status. L. dient als Unterlage für Maßnahmen der Finanzierung und ggf. der →Sanierung; sie soll das Maß der Zahlungsbereitschaft einer Unternehmung durch Gegenüberstellung des Finanzierungsbedarfs einerseits und dessen Deckung andererseits für bestimmte Zeitpunkte ersichtlich machen. *Aktiva* sind aufgeteilt nach Liquiditätsgrad (z. B. 1. innerhalb vier Wochen, 2. innerhalb drei Monaten, 3. später realisierbare Vermögensteile, 4. Anlagewerte); *Passiva* nach Fälligkeit (z. B. 1. innerhalb vier Wochen, 2. innerhalb drei Monaten, 3. später fällige Verbindlichkeiten, 4. Eigenkapital). – Die Aufstellung einer L. spielt für *Kreditinstitute* zum Nachweis ihrer Zahlungsbereitschaft eine besondere Rolle (vgl. § 16 KWG).

Liquiditätserhaltung, Maßnahmen, die die Zahlungsbereitschft einer Unternehmung sicherstellen sollen. Hauptaufgabe unternehmerischer Finanzierungspolitik (→Liquiditätspolitik). Betrifft i.w.S. Kapitalbeschaffung, Verhältnis von Eigen- und Fremdkapital, i.e.S. Geldbeschaffung zur Gewährleistung kurzfristiger L. Zur Vorbereitung, Durchführung und Kontrolle der L. dient die →Finanzplanung.

Liquiditätsfalle, Bereich einer unendlichen →Zinselastizität der Geldnachfrage gem. der →Liquiditätspräferenztheorie von J. M. Keynes. Kein Wirtschaftssubjekt erwartet in der L. bei dem herrschenden niedrigen Zinssatz eine positive Rendite auf Wertpapierhaltung. Wer bei diesem Zinssatz Wertpapiere hat, kann sie nicht ohne Kursverluste verkaufen; wer Geld hält, kauft aus Angst vor Kapitalverlusten keine Wertpapiere. Kauft die Zentralbank Wertpapiere im Rahmen einer expansiven →Offenmarktpolitik, erhält sie zum herrschenden Zinssatz/Kurs jede gewünschte Menge; die Wirtschaftssubjekte halten das zusätzliche Zentralbankgeld (es fällt in die L.) in ihrem Vermögen; sie strukturieren ihre Vermögenshaltung dann soweit wie möglich um zugunsten der Geldhaltung (vollkommene Liquiditätspräferenz); die Geldmengenexpansion führt zu keiner Erhöhung der gesamtwirtschaftlichen Aktivität (Investition usw.).

Liquiditätsgrad. I. K e n n z a h l, die das Verhältnis von Zahlungsverpflichtungen zu →flüssigen Mitteln ausdrückt; auch als *Deckungsgrad* bezeichnet. Der L. zeigt, wie oft die kurzfristigen Verbindlichkeiten durch das Umlaufvermögen gedeckt sind, unter der Annahme, die bilanziellen Wertansätze der Vermögensgegenstände ließen sich als Verkaufserlös erzielen. – Zu *unterscheiden:*

Liquidität 1. Grades:

$$\frac{\text{Geldwerte}}{\text{kurzfristige Verbindlichkeiten}} \times 100;$$

Liquidität 2. Grades (quick ratio):

$$\frac{\text{Geldwerte} + \text{kurzfristige Forderungen}}{\text{kurzfristige Verbindlichkeiten}} \times 100;$$

Liquidität 3. Grades (current ratio):

$$\frac{\substack{\text{Geldwerte} + \text{kurzfristige Forderungen} \\ + \text{Warenbestände}}}{\text{kurzfristige Verbindlichkeiten}} \times 100;$$

II. F ä h i g k e i t von W i r t s c h a f t s g ü t e r n, sich zu Bargeld liquisieren zu lassen. Der L. eines Gutes hängt ab von den technischen Eigenschaften, den Kosten und dem Zeitaufwand der Käufersuche und der Werteinbuße bei Verwertung am Markt. – Vgl. auch →Fungibilität.

Liquiditätsgrundsätze, →Grundsätze über das Eigenkapital und die Liquidität der Kreditinstitute.

Liquiditäts-Koeffizient, →working capital.

Liquiditäts-Konsortialbank GmbH, am 25.9.1974 von der Deutschen Bundesbank, dem Bundesverband deutscher Banken, dem Deutschen Sparkassen- und Giroverband, dem Bundesverband der deutschen Volks- und Raiffeisenbanken sowie der Bank für Gemeinwirtschaft gegründetes Kreditinstitut. – *Aufgabe:* Die L.-K. betreibt Bankgeschäfte mit Kreditinstituten zur Sicherung ihrer Liquidität, und zwar mit der gesamtwirtschaftlichen Zielsetzung, die bankmäßige Abwicklung des Zahlungsverkehrs im Inland und mit dem Ausland zu gewährleisten. Die L.-K. ist organisatorisch der →Ausfuhr-Kreditgesellschaft mbH *eingegliedert.*

liquiditätsmäßige Preisuntergrenze, →Preisuntergrenze II 2.

liquiditätsmäßig finanzieller Bereich (LFB), Wertbereich eines Unternehmens, insbes. Kreditinstituts, der Wert- bzw. Zinskosten und -erlöse umfaßt (d. h. Zinserlöse für Forderungen, Zinskosten für Einlagen, Abschreibungen, Wertberichtigungen sowie Kursgewinne aus Effekten- und Devisengeschäften).

Liquiditätspapiere, →Schatzwechsel und →unverzinsliche Schatzanweisungen, die der Bund der Deutschen Bundesbank auf deren Verlangen bis zu einem Höchstbetrag von 8 Mrd. DM aushändigen muß, sofern das Kontingent an →Mobilisierungspapieren bereits ausgeschöpft ist (§ 42a BBankG). Die L. dienen der Deutschen Bundesbank zur →Offenmarktpolitik.

Liquiditätspolitik. 1. *Begriff:* Gesamtheit der Maßnahmen, die der Aufrechterhaltung der Zahlungsbereitschaft (→Liquidität) einer Unternehmung dienen. – 2. *Aufgaben:* Verhinderung von →Illiquidität und →Zahlungsunfähigkeit durch die termingerechte Zurverfügungstellung von Bargeld bzw. liquidisierbaren Vermögensgegenständen; Vermeidung zu hoher Kassenbestände und ähnlicher Liquiditätsreserven über längere Zeit (→Überliquidität) da diese zu sinkender →Rentabilität führen.

Liquiditätspräferenz, →Liquiditätspräferenztheorie.

Liquiditätspräferenztheorie, von J. M. Keynes entwickelte Theorie der Geldnachfrage, nach der die Wirtschaftssubjekte (Wisus) Geld, d. h. vollkommene →Liquidität halten aus dem Transaktions- und Vorsichtsmotiv sowie, neu gegenüber der Klassik (→klassische Lehre) und Neoklassik, aus dem Spekulationsmotiv. Die erstgenannten Motive betonen insbes. die →Tauschmittelfunktion des Geldes, das letztgenannte den Vermögenscharakter und die →Wertaufbewahrungsfunktion des Geldes. – 1. *Motive der Geldhaltung:* a) Die nominale Geldnachfrage aus dem *Transaktionsmotiv* L_T dient der Durchführung aller Transaktionen in einer Volkswirtschaft. Bei kurzfristig gegebener Zahlungs- und Kassenhaltungsgewohnheit (Rhythmus der Lohnzahlungen etc.) sowie Relation zwischen dem Transaktionsvolumen und Volkseinkommen ist L_T eine Funktion vom realen Volkseinkommen y und Preisniveau P. Es gilt: $L_T = f_T$ (P, y) mit jeweils positiver Abhängigkeit. – b) Die Geldnachfrage aus dem Vorsichtsmotiv L_V betont die Unsicherheit der Wisus insbes. bezüglich P und y, so daß bei positiver Abhängigkeit zwischen der Unsicherheit und dem Niveau der Größen gilt: $L_V = f_V$ (P,y) mit jeweils positiver Abhängigkeit. – c) Die Geldnachfrage aus dem *Spekulationsmotiv* L_S betrachtet Geld als Alternative zur Vermögenshaltung in Form von langfristigen Wertpapieren (festverzinsliche, Aktien etc.). Bei einer mit Sicherheit erwarteten positiven (negativen) Rendite auf Wertpapiere hält das Wisu kein (nur) Geld. Bei einem aus Erfahrung gegebenen, als normal erachteten und langfristig gültigen Zinssatz (Normalzinsvorstellung) erwartet das Wisu eine Annäherung des tatsächlichen Zinssatzes i an diesen erwarteten i^e und damit eine bestimmte Zinssatzbzw. Kursänderung. Bei gegebenen Zins- und Dividendenzahlungen ist so die erwartete Rendite der Wertpapierhaltung bestimmt. Bedeuten Zinserhöhungen Kursenkungen und damit Kursverluste, so hängt (im wesentlichen) L_S negativ von der erwarteten Zinssatzänderung $(i – i^e)$ resp. bei gegebenem i^e vo i ab: $L_S = f_S$ (i). Die Wisus haben alle unterschiedliche Zinserwartungen. Bei relativ hohem i erwarten alle Wisus Zinssatzsenkungen, d. h. Kurssteigerungen; niemand hält L_S. Je tiefer i ist, desto mehr Wisus erwarten Zinssatzerhöhungen resp. Kursverluste und fragen L_S nach; die Steigung dieser Liquiditätspräferenzfunktion i. e. S. ist negativ, d. h. die Zinselastizität der Geldnachfrage ist negativ und geht gegen den Wert minus unendlich bei einem bestimmten unteren Zinssatz (→Liquiditätsfalle). – 2. Die *gesamtwirtschaftliche Geldnachfrage* L. ist gleichzeitig durch alle Motive zu

erklären. Es gilt für eine geschlosssene Volkswirtschaft $L = f_1$ (P,y,i) bzw. bei Freiheit von Geldillusion für die reale Geldnachfrage: $1 = L/P = f$ (y,i); sie steigt (sinkt) mit steigendem y i. Eine Erweiterung erfolgt für die offene Volkswirtschaft. Bei Erwartungsunsicherheit siehe →Portfolio Selection. – 3. *Geldmarktgleichgewicht:* Durch das von der Zentralbank bestimmte Geldangebot und diese gesamtwirtschaftliche Geldnachfrage wird der (langfristige) Nominalzinssatz determiniert (→Keynessche Theorie). Dabei kann die Zentralbank mittels einer expansiven →Offenmarktpolitik den Zinssatz i (zur Anregung von Investitionen) kurzfristig nicht unter einen bestimmten i_U drücken, da bei diesem Wert alle Wisus Kurssenkungen/-verluste erwarten, eine vollkommene Liquiditätspräferenz aufweisen (→Liquiditätsfalle) und zum herrschenden Kurs resp. Zins der Zentralbank die gewünschten Wertpapiere verkaufen.

Liquiditätsprämientheorie, →Zinsstruktur 2 b).

Liquiditätsprüfung, →Außenprüfung VII 5.

Liquiditätsreserven der Geschäftsbanken, Summe der liquiden oder kurzfristig liquidierbaren Aktiva der Banken, die zwangsweise (,,Zwangsreserven", →Mindestreserven) oder freiwillig (→freie Liquiditätsreserven) bei der Zentralbank gehalten werden. Die L. d. G. sind Grundlage für die Kreditgewährung und daher wichtige Größe für die Geldpolitik. – Vgl. auch →Liquiditätssaldo.

Liquiditätsrisiko, Gefahr, existierenden Zahlungsverpflichtungen nicht mehr uneingeschränkt und fristgerecht nachkommen zu können. L. sind damit stets Fristigkeitsrisiken. – Zu *unterscheiden:* →Refinanzierungsrisiko, →Terminrisiko und →Abrufrisiko.

Liquiditätssaldo, Indikator der Geldpoltik. 1. Der L. *umfaßt* Bestände an aktuellem und potentiellem Zentralbankgeld im Besitz der Kreditinstitute, d. h. die Summe aus →Mindestreserven und →freien Liquiditätsreserven der Banken. In der konsolidierten Bilanz aller Kreditinstitute entspricht der L. der Differenz zwischen allen Einlagen von Nichtbanken und allen an Nichtbanken gewährten Krediten. – 2. *Wirkungszusammenhänge:* Ist der L. positiv, dann muß bei der Zentralbank in gleicher Höhe eine Nettoverbindlichkeit gegenüber den Kreditinstituten bestehen. Diese entspricht den Krediten der Zentralbanken an Nichtbanken, abzüglich der Einlagen von Nichtbanken, denn in der konsolidierten Bilanz von Zentralbank und Kreditinstituten sind die Einlagen von Nichtbanken summengleich den Krediten an Nichtbanken. Dieser Saldenzusammenhang macht deutlich, daß die liquiden Mittel der Banken zunehmen, wenn die Zentralbank ihre Kredite an Nichtbanken erhöht, d. h. der L. steigt an, wenn die

Zentralbank Nichtbanken zusätzliches Zentralbankgeld zur Vergügung stellt. Die Einflußfaktoren auf den L. sind somit Transaktionen zwischen Nichtbanken und der Zentralbank. Es handelt sich um die sog. Marktfaktoren: Zahlungsbilanz (→Liquiditätstheorie des Inflationsimports), öffentliche Kassentransaktionen, Bargeldumlauf und Direktgeschäfte der Zentralbank mit Wirtschaftsunternehmen und Privaten. Das *L.konzept*, nach dem der L. eine zentrale Steuergröße für die Zentralbankpolitik ist, wurde v.a. von dem Liquiditätstheoretiker C. Köhler gestaltet.

Liquiditätsstützen, Summe der notfalls zur Verfügung stehenden Kreditbereitschaft (insbes. nicht beanspruchter, aber zugesagter kurzfristiger Kontokorrentkredite) zur Sicherstellung der Zahlungsbereitschaft, falls die zur Erfüllung von Zahlungsverpflichtungen erforderlichen Mittel aus dem Kapitalumschlag nicht eingehen. L. werden bei Ermittlung der relativen →Liquidität den liquiden Mitteln 1. bis 3. Grades (→Liquiditätsgrad) zugerechnet.

Liquiditätsswap, →Swap II 4.

Liquiditätstheorie des Geldes. 1. *Charakterisierung:* Geldtheoretisches Konzept, das im Radcliffe-Report seinen Niederschlag fand und Anfang der 50er Jahre eine Diskussion auslöste. In der Bundesrep. D. haben G. Schmölders, H. Rittershausen und C. Köhler die L.d.G. maßgeblich beeinflußt. Die L.d.G. stellt eine deutliche Gegenposition zum →Monetarismus auf, der den Geldmenge den entscheidenden Einfluß auf die ökonomische Aktivität zuschreibt. Der L.d.G. ist dieser Ansatz zu eng, da er wesentliche Komponenten, die die Ausgabentätigkeit der Wirtschaftssubjekte bestimmen, außer Acht läßt. Außerdem wird angeführt, daß Veränderungen im realen Sektor auch Geldmengenvariationen nach sich ziehen, nämlich über Kreditaufnahme und daraus resultierender Geldschöpfung, sodaß die Höhe der Geldmenge maßgeblich von den wirtschaftlichen Aktivitäten mitbestimmt wird und nicht nur umgekehrt. Die L.d.G. geht von der These aus, daß für das Ausgabeverhalten die Liquiditätssituation der einzelnen Wirtschaftssubjekte maßgeblich ist, für die Gesamtwirtschaft entsprechend die gesamtwirtschaftliche Liquidität. Die Geldmenge ist nur Teil dieser Liquidität. Die Liquiditätslage der Wirtschaft wird durch Einlagen bei →paramonetären Finanzierungsinstituten ebenso mitbestimmt, wie durch andere Forderungen und Vermögenstitel außerhalb des Bankensektors. Ausgaben können nicht nur mit Geld, sondern auch mit zusätzlichen Krediten finanziert werden, egal ob diese von Geschäftsbanken oder von anderen gewährt werden. Daneben ist es ausgabefreudigen Wirtschaftssubjekten zuzuschreiben, daß sie ihr sonstiges Vermögen und ihre

Dispositionen miteinbeziehen und diese als potentielle Liquidität betrachten. Dazu kommt, daß allgemeines Umsichgreifen optimistischer Erwartungen, Hoffnungen und Wünsche als subjektive Liquiditätskomponenten die objektiv gegebene (tatsächlich vorhandene Liquidität in Form von Geld, Vermögenstitel oder Kreditliquidität) überlagern und mit ihr zusammen schließlich jenes Liquiditätsaggregat bilden, das die ökonomischen Aktivitäten der Wirtschaftssubjekte und damit der Gesamtwirtschaft bestimmt. – 2. *Beurteilung:* Die L.d.G. ist als sozialpsychologischer Ansatz einer →Konjunkturtheorie zur Erklärung der Transmission liquiditätsorientierter Impulse in die reale Sphäre durchaus plausibel. Sie hat jedoch den Mangel, daß sie u.a. mit rein qualitativen Komponenten arbeitet, nie leicht messbar und daher nur empirisch überprüfbar nur schwer zugänglich sind (*subjektive Liquidität*).

Liquiditätstheorie des Inflationsimports, Erklärungsansatz für eine →importierte Inflation. Die L.d.I. setzt ebenso wie die →Einkommenstheorie des Inflationsimports eine normale Reaktion der →Leistungsbilanz sowie ein System →fester Wechselkurse voraus. – Ausgangspunkt der L.d.I. ist eine *Expansion der Auslands- und damit der Exportnachfrage* bzw. eine im Ausland höhere Inflation als im Inland mit der Folge einer verbesserten Wettbewerbsfähigkeit der inländischen Exportgüterindustrie und dadurch einer Aktivierung der Leistungsbilanz. Dies führt zu einem zusätzlichen *Zufluß an Devisen,* die die Notenbank aufgrund ihrer →Interventionspflicht gegen heimische Währung mit der Folge einer Ausdehnung der inländischen Geldmenge eintauschen muß. Die monetäre Expansion regt direkt oder über eine Senkung der Zinsen die Gesamtnachfrage an und *erhöht* ceteris paribus *das Preisniveau.*

liquid pint, →pint.

liquid quart, →quart.

Lisowsky, Arthur, 1895–1952, habilitierte sich 1929 in Leipzig, war von 1931 bis 1952 ord. Prof. an der Handelshochschule St. Gallen. L. ist einer der bedeutendsten Methodologen der Betriebswirtschaftslehre. – *Arbeitsgebiete:* Außer mit methodologischen Fragen beschäftigte sich L. besonders mit Absatz- und Werbelehre, Markt- und Konsumforschung, Warenhandelsbetriebslehre und Wirtschaftspädagogik. – *Werke:* „Die Betriebswirtschaftslehre im System der Wissenschaften" 1929; „Ethik und Betriebswirtschaftslehre" 1927; „Qualität und Betrieb" 1928; „Vom Sinn organischer Wirtschaft" 1932. Die wichtigsten seiner Arbeiten wurden 1954 unter dem Titel „Grundprobleme der Betriebswirtschaftslehre" neu herausgegeben.

Lisp, *list processing language.* 1. *Begriff:* Deklarative →Prgrammiersprache, zwischen 1956 und 1962 von J. McCarthy am Massachusetts Institute of Technology (MIT) entwickelt. – 2. *Sprachelemente:* Grundlegende →Datentypen sind Atome und Listen (anders in prozeduralen Programmiersprachen). Ein Atom kann ein Literal oder eine Zahl darstellen; Elemente einer Liste können Atome und Listen sein. Operationen sind (standardmäßig vorgegebene oder selbst definierte) →Funktionen mit →Parametern. Der Ablauf eines L.-Programms wird durch die Konstrukte Funktionsaufruf (auch rekursiv, →Rekursion) und Alternative festgelegt. – 3. *Einsatzgebiete:* In der →künstlichen Intelligenz die verbreitetste Programmiersprache. – 4. *Versionen:* Ein Sprachstandard existiert nicht; bekannteste Versionen: Common Lisp, Interlisp-D, Franz-Lisp, Golden Lisp. – Vgl. auch →Lisp-Maschine.

Lisp-Maschine, →workstation im Bereich der →künstlichen Intelligenz, die auf die Entwicklung von Lisp-Programmen (→Lisp) ausgerichtet ist und bei der deshalb die →Hardware, die →Mikroprogramme und die Maschinensprache (→Programmiersprache) in erster Linie für die effiziente Ausführung der Lisp-Befehle ausgelegt ist.

LISREL, linear structural relations system, von Jöreskog (1982) entwickeltes multivariates Verfahren (→multivariate Analysemethoden) der Kausalanalyse. Kombination von regressions- (→Regressionsanalyse) bzw. pfadanalytischen (→Pfadanalyse) mit faktorenanalytischen (→Faktorenanalyse) Elementen. Insbes. ist es möglich, unterschiedliche Meßkonzepte für die miteinander verknüpfbaren Variablen in die Analyse einzubeziehen.

List, Friedrich, 1789–1846, bedeutender deutscher Nationalökonom. 1817 in Tübingen erster Professor der Nationalökonomie. 1825 bis 1832 als Emigrant in Amerika. – *Bedeutung:* L. und sein Werk sind schwer in ein System einzuordnen, keinesfalls ist L. als ausgesprochener und unbedingter Gegner der klassischen Theorie anzusehen. Zwar betonte er gegenüber der kosmopolitischen Lehre der →Klassiker die Bedeutung der Nation (daher: „Nationalökonomie"), wich aber von der klassischen Außenhandelstheorie (→Ricardo) nur insoweit ab, daß er *Schutzzölle* (→Erziehungszölle) für im Aufbau befindliche Industrien als Übergangsmaßnahme während eines Stadiums der volkswirtschaftlichen Entwicklung (→Stufentheorie) vorschlug. Zu Unrecht wird L. als Gewährsmann des →Protektionismus angesehen. Bedeutsam ist sein Begriff der *„produktiven Kräfte",* die nach L. wichtiger als gegenwärtiger Reichtum sind, da sie die Quelle dauernden Reichtums darstellen. Als produktive Kräfte gelten nicht gegebene materielle Güter,

wie Viehbestand, Entwicklungsstand der Technik u. ä., sondern die entwicklungsfähige Kraft, Wohlstand zu schaffen und zu erhalten. Dazu gehören außer Gesetzgebung, Kunst und Wissenschaft v. a. Bildung, Erziehung und Gesundheit des Volkes sowie alle Zweige der sozialen Ordnung. – *Wirtschaftspolitisch* hat L. durch seinen Entwurf eines Eisenbahnnetzes für Deutschland und sein Eintreten für Abschaffung der Binnenzölle zwischen den deutschen Ländern entscheidend zur wirtschaftlichen Entwicklung und Konsolidierung des Deutschen Reiches beigetragen. – Vgl. auch →Zollverein. – *Hauptwerke:* „Über ein sächsisches Eisenbahnsystem" 1833, „Das nationale System der politischen Ökonomie" 1841.

Liste der Genossen, →Genossenschaftsregister 3 b.

Listenpreis. I. H a n d e l s b e t r i e b s l e h r e : Der in einer Preisliste angegebene Preis. Der L. dient als Grundlage für die Bezugspreiskalkulation. Von ihm sind a) abzuziehen: alle Skonti, Rabatte bzw. Provisionen, die der Käufer vereinbarungsgemäß oder der Auftragsmenge entsprechend beanspruchen kann; b) hinzuzurechnen: alle anderen Kosten, sofern die Preisofferte auf frei (→free)- oder loco (→loco)-Basis beruht. – *„10% auf den L."* bedeutet, daß dem Käufer die Waren zum L. abzüglich 10% Sonderrabatt berechnet werden.

II. Ö f f e n t l i c h e s P r e i s r e c h t (→Leitsätze für die Preisermittlung auf Grund von Selbstkosten (LSP): Preis, den der Auftragnehmer seinen anderen Auftraggebern regelmäßig berechnet.

List Gesellschaft e. V., Sitz in Düsseldorf. – *Aufgaben:* Nutzbarmachung der Ergebnisse der Wirtschafts- und Sozialwissenschaften für die Praxis in Wirtschaft, Verwaltung und Politik; Ausarbeitungen zu aktuellen Fragen; Beschaffung von Material und Problembearbeitung mittels Hinzuziehung in- und ausländischer Institute.

Listungsgebühr, Anbieten oder Fordern einer Gebühr für Aufahme eines Artikels in den Ordersatz; den Leistungswettbewerb im Handel gefährdend. Vgl. →Gemeinsame Erklärung.

Lit. A (B usw.), Aufdruck auf Wertpapieren zur Kennzeichnung von unterschiedlicher Wertpapiergattung, z. B. bei Aktien für unterschiedliche →Nennwerte.

Liter (l, L), Hohlmaß entsprechend etwa dem Volumen von 1 kg reinem Wasser bei + 4° Celsius (→gesetzliche Einheiten, Tabelle 1). $1 \, l = 1 \, dm^3$.

living wage, →Existenzminimum.

Lizenz. *licensing.* I. B e g r i f f : Befugnis, das (patentierte) Recht eines anderen (partiell oder insgesamt) gewerblich zu benutzen, v. a. im Urheber-, Patent- und Gebrauchsmusterrecht. Im einzelnen: *Berechtigung zur Nutzung* von (1) Erfindungen oder von Schutzrechten für Erfindungen (Patente), (2) Gebrauchsmustern oder deren Anmeldungen, (3) Warenzeichen, Copyrights, (4) technischem Know-how (Technologie-Transfer), (5) kaufmännischem, insbes. Marketing- und Management-Know-how; alle mit der vertraglich fixierten Erlaubnis zur Nutzung von Urheberrechten oder/und mit Know-how-Überlassungsabkommen verbundenen (insbes. absatzmarktorientierten) Planungen und Handlungen des Lizenzgebers.

II. A r t e n : 1. *Ausschließliche* und *nicht ausschließliche (einfache) L.. – Unbeschränkte* und *beschränkte L.:* Ein Rechtsübergang oder die Erteilung einer weiteren L. berührt im Patent- und Gebrauchsmusterrecht die vorher erteilten ausschließlichen oder einfachen Lizenzen nicht (§ 15 III PatG, § 22 III GebrMG). U. U. kommt die Erteilung einer →Zwangslizenz in Betracht. – 3. Nach dem *Gegenstand der L.:* →Produkt-Lizenz, →Produktions-Lizenz, →Marken-Lizenz, →Vertriebs-Lizenz.

III. L i z e n z v e r g a b e i m A u s l a n d s g e s c h ä f t : Beschränkungen der Lizenzvergabe bestehen gem. § 7 II Nr. 1 c) und 4. AWV für *Konstruktionszeichnungen und sonstige Fertigungsunterlagen* für die in der Ausfuhrliste Teil I enthaltenen Waren (Kriegswaffen, Munition, Herstellungsmaschinen bzw. -anlagen usw.) sowie für Rechtsgeschäfte über *diesbezügliche gewerbliche Schutzrechte, Erfindungen, Herstellungsverfahren und Erfahrungen* (Know-how).

IV. L i z e n z g e b ü h r e n : Es gibt keine Richtlinien bzw. Grundsätze mit allgemeingültigem Charakter für die Bemessung von Lizenzgebühren. Die Bemessung kann sich am Umsatz bzw. Absatz *(Umsatz- oder Stücklizenzgebühren),* u. U. in Jahresstaffeln mit garantiertem Mindestbetrag, orientieren oder als einmalig zu zahlende *Pauschallizenzgebühr* ausgestattet sein. Außerdem sind Kombinationsformen der beiden Grundformen denkbar. – Vgl. auch →Lizenzgebühren.

V. B i l a n z i e r u n g : 1. *Handelsbilanz:* L. als immaterielles Anlagegut (→immaterielle Anlagewerte) aktivierbar. – 2. *Steuerbilanz:* L. als →immaterielles Wirtschaftsgut aktivierungspflichtig, sofern L. durch einmalige Zahlung käuflich erworben ist.

Lizenzgebühren, die aus dem Lizenzvertrag zu zahlenden Entgelte für die Verwertung insbes. von Lizenzen und →Patenten.

I. H ö h e : Vgl. →Lizenz IV.

II. K o s t e n r e c h n u n g : 1. *Regelmäßig wiederkehrende,* meist mit der Beschäftigung steigende oder fallende Zahlungen werden i. d. R. als →Sondereinzelkosten der Fertigung bzw., falls nach Umsatz abgerechnet wird, als →Sondereinzelkosten des Vertriebs erfaßt. – 2. *Einmalige* Zahlungen werden aktiviert und die in ihrer Höhe von der Lizenzdauer abhängigen, daraus resultierenden Abschreibungsbeträge (→Abschreibung) in die Kostenrechnung übernommen. – 3. *Einzelkostenrechnung:* L. sind a) den Bezugsobjekten und b) den Ausgaben-, Auszahlungs- und Kostenkategorien zuzuordnen, die sich aus den vertraglichen Vereinbarungen im Hinblick auf die Abhängigkeit den Leistungs- und Disponierbarkeit und sachlich-zeitliche →Zurechenbarkeit ergeben. Innerhalb von b) gehören umsatzwert-, absatzmengen- und erzeugungsmengenabhängige L. zu den →Leistungskosten und sind entsprechend den Bemessungsgrundlagen den Leistungen zuzurechnen; für Finanzplanung und -rechnung sind Abrechnungsintervalle und Zahlungstermine festzuhalten. Periodengebundene und einmalige feste L. sowie Mindest-L. gehören zu den →Bereitschaftskosten. Soweit die Bindungsdauer oder -intervalle mit den Kalender-(Rechnungs-)perioden übereinstimmen, sind sie als Einzelausgaben(-kosten) der entsprechenden Perioden (→Periodeneinzelausgaben) auszuweisen; die übrigen werden in die periodenübergreifende →Zeitablaufrechnung übernommen. – 4. *Erlösrechnung:* Entsprechend 3. zu verfahren.

III. U m s a t z s t e u e r : Der Lizenzgeber erbringt mit der Überlassung eines Patents, Warenzeichens usw. zur Verwertung durch den Lizenznehmer eine sonstige Leistung im Sinne des UStG (→Lieferungen und (sonstige) Leistungen). Sie ist steuerpflichtig, sofern sie im Erhebungsgebiet erbracht wird; der Ort der sonstigen Leistung ist dort, wo der Empfänger sein Unternehmen betreibt. – Mit der Lizenz verbundene, entgeltliche Nebenleistungen, wie z. B. die sachgemäße Erteilung von Rat- und Verbesserungsvorschlägen, werden wie die Hauptleistung behandelt.

Lizenzverlustversicherung, Versicherung mit dem Zweck, Luftfahrern, die wegen Lizenzverlust aus dem aktiven Dienst bei einem Luftfahrtunternehmen ausscheiden, den Übergang zu einer anderen Beschäftigung durch eine Kapitalzahlung zu erleichtern bzw. den Zeitraum bis zur Pensionierung zu überbrücken. Versicherungsnehmer sind dementsprechend insbes. Luftfahrtunternehmen.

Lizenzvertrag, →Lizenz, →Kartellgesetz VIII 5.

Lizitant, Bieter, Meistbietender bei Versteigerungen.

Lizitation, öffentliche →Versteigerung.

Lkw, Abk. für →Lastkraftwagen.

LLDC, Abk. für →Least Developed Countries.

Lloyd's, Vereinigung von Privatpersonen (members oder names), die Versicherungen zeichnen und daraus unbegrenzt mit ihrem gesamten Vermögen haften; es gibt keine gesamtschuldnerische Haftung. Sitz: London. Die *Corporation of Lloyd's,* 1871 durch Gesetz gegründet (Ursprung im 17 Jh.), überwacht die Zulassung und Solvenz ihrer Mitglieder und Versicherungskonsortien, stellt die Gebäude und eine Reihe von zentralen Diensten, z. B. EDV-mäßige Abrechnung von Prämien und Schäden, zur Verfügung; verantwortlich für die Marktdisziplin und die L.-internen Verhaltensregeln ist der durch Gesetz 1982 errichtete, aus 28 gewählten Mitgliedern bestehende *Council of Lloyd's.* – *Mitglieder:* Underwriting Members (zum Betrieb des Versicherungsgeschäftes zugelassen) und non-underwriting Members (inaktive Mitglieder und verdiente Makler). – Die Einzelversicherer sind meist in Konsortien (Syndicats) zusammengeschlossen und werden dort durch einen Underwriter vertreten. – In bedeutenden Hafenplätzen durch ,,Agents" vertreten, die sich vornehmlich mit der Begutachtung von Seetransportschäden und mit der Weitergabe von Informationen an L. in London befassen. – *Publikationen:* L. List, L. Shipping Index, L. Shipping Economist, L. Loading List.

Lloyd's Register of Shipping, Privatinstitut (Schwesteranstalt der →Lloyd's) für Schiffsklassifikation, gegründet 1834. – Klassifiziert als unabhängige Organisation Schiffe nach Alter, Bauweise und Zustand und ermöglicht damit den Underwritern die Beurteilung des Risikos bei der Versicherung dieser Schiffe oder ihrer Ladung.

LM-Kurve, →Keynessche Lehre.

LMS-Verfahren, →Leveling-System.

loader, →Lader.

loanable funds theory, von Ohlin, Robertson und Lerner entwickelte Zinstheorie, nach der die Höhe des →Marktzinses durch das verfügbare Kreditangebot (Ersparnis und Nettoveränderung der Geldmenge) und die Kreditnachfrage (Investition und Erhöhung der Kassenhaltung) determiniert wird.

loan producing offices, von größeren US-Banken jenseits der Grenzen ihres Sitzstaates eröffnete Institutionen, die der Pflege und Akquisition von Kundenbeziehungen dienen.

loan sub-participation, Unterbeteiligung an Krediten und der daraus resultierende Handel mit Darlehensteilforderungen im Rahmen des Eurokreditgeschäfts.

Lobby, (amerik. = Vorraum, Empfangshalle von Hotels oder auch Wandelhallen des Parlaments), eine aus dem Amerikanischen übernommene Bezeichnung für die Mitwirkung von Interessenvertretungen am Zustandekommen von Gesetzen. In den USA gilt die Ausübung eines L. als Gewerbe und muß registriert werden. – *Aufgabe der L.* ist die Beeinflussung der Abgeordneten im Interesse ihrer Auftraggeber und Information über die Tätigkeit etwaiger Gegen-L. – Die *Lobbyisten* beschaffen vor Abschluß der Gesetzgebungsarbeit eingehende Kenntnis sämtlicher juristischer und praktischer Argumente für und gegen vorliegende Gesetzentwürfe.

LOC, Abk. für →lines of code.

local area network (LAN), →Inhouse-Netz. →lokales Netz.

Lochkarte, Datenträger und Datenspeicher aus Karton, der bei der heutigen EDV kaum noch Bedeutung hat. Bei den 80 stelligen Lochkarten (Größe 18,73 x 8,25 cm) werden die →Daten in Form von rechteckigen Löchern (Einzellochung für numerische Daten, Lochkombinationen für Buchstaben und Sonderzeichen) je Spalte im Datenträger gespeichert. Jede L. hat zehn (horizontale) numerische Zeilen (0 bis 9) und zwei Überlochzeilen. Daraus ergibt sich der *Lochkartencode* mit den Ziffern 0 bis 9, dem gesamten Alphabet und einigen Sonderzeichen. Neben der 80 stelligen gibt es die 90 stellige L., in der die Zeichen ebenfalls im Lochkartencode verschlüsselt werden. IBM hat 1969 zusammen mit ihrem System 3 (Datenverarbeitungsanlage für Klein- und Mittelbetriebe) eine *neue* L. herausgebracht, etwa ein Drittel der Größe der 80 spaltigen L. mit ca. 20% größerer Speicherkapazität. Verschlüsselung der Daten als runde Lochungen im BCD-Code (→Binärcodes) in 96 Lochstellen.

Lochkartenleser, *Kartenleser,* Datenerfassungsgerät zur Auswertung von →Lochkarten. Zu unterscheiden: a) Offline-Leser: außerhalb einer EDV-Anlage betrieben; b) Anschluß-Leser: Eingabe-Einheit in Verbindung mit einer EDV-Anlage.

Lochkartenlocher, →Lochkartenstanzer.

Lochkartenstanzer, *Kartenstanzer, (Loch-)-Kartenlocher,* Datenerfassungsgerät zur Codierung und Erstellung von Lochkarten. *Zu unterscheiden:* a) Offline-Locher: mit Tastenfeld ausgestatteter Arbeitsplatz zum manuellen Kartenstanzen und Duplizieren, b) Anschluß-Locher: Ausgabeeinheit zur vorgangsweise direkten oder im Programmlauf erfolgenden Lochkartenerstellung.

Lochkartenverfahren, *konventionelle Lochkartenverarbeitung.* Verfahren der maschinellen Datenverarbeitung, bei dem die zu verarbeitenden Daten mit Hilfe des sortierfähigen, maschinell lesbaren Datenträgers →Lochkarte zugeführt werden. Für Datenerfassung, Datenverknüpfung und Datenausgabe bedarf es spezieller Maschinen und sonstiger Geräte. – Dieses „reine" L. mußte in Wirtschaft und Verwaltung der EDV weichen.

Lochstreifen, →Datenträger in Form eines schmalen Bandes, auf dem Zeichen und Funktionen durch zeilenweise Lochcodes dargestellt sind. Die Codes sind durch Anzahl und Positionen der Lochungen pro Zeile festgelegt. Bei Erfassung von Fernschreibnachrichten von Bedeutung, nicht in der Daten- und Textverarbeitung.

Lochstreifen-Leser/Stanzer, Ein-/Ausgabeanschlußgerät für die Verarbeitung von →Lochstreifen.

Locking-in-Effekt, →availability doctrine.

Lockvogelangebot, *Zugartikel.* 1. *Begriff:* Besonders günstiges Angebot, für das nicht oder unzureichend Waren vorhanden sind, mit deren niedrigem Preis über das Preisniveau des gesamten Angebots getäuscht wird oder dem Kunden eine andere, teurere Ware aufgedrängt werden soll (→Anlockung von Kunden). L. ist wegen Irreführung, insbes. bei Werbung mit mengenmäßigen Abgabebeschränkungen (§ 6 d I Nr. 1 UWG), →unlauterer Wettbewerb. – 2. *Kennzeichen:* Es liegen keine besonderen Umstände vor, die über das bloße Interesse einer Umsatzsteigerung hinausgehen. L. zielen v. a. auf Geschäftswerbung, Vermittlung eines positiven Preisimages und auf den beschleunigten Absatz der regulären Waren (Verbundeffekt; vgl. auch →Mischkalkulation). – *Gegensatz:* →Sonderangebot.

loco, *loko,* Begriff des kaufmännischen Sprachgebrauchs: am Ort.

Loco-Geschäft, *Loko-Geschäft,* Geschäft, bei dem die Ware bei Abschluß des Kaufvertrages bereits am Lager des Importeurs liegt. – *Börsenverkehr:* An Warenbörsen auf sofortige Lieferung abgeschlossene Geschäfte. – *Gegensatz:* →Termingeschäft.

locus of control, →Situationskontrolle.

Logarithmus, Begriff der Mathematik. Der L. einer Zahl ist der Exponent, mit dem man die Basis potenzieren muß, um die Zahl, deren L. man sucht, zu erhalten (Bei a^n ist a^n die Potenz, a die Basis der Grundzahl, n der Exponent oder die Hochzahl.) Der L. einer Zahl Z zu einer Basis a wird bezeichnet mit $\log_a Z$. – Von spezieller Bedeutung: *L. zur Basis 10* (lg), also: $\lg Z = \log_{10} Z$. Beispiel: $\lg 2 = 0{,}30103$, denn $10^{0{,}03013} = 2$; *L. zur Basis* $a = 2$ und *L. zur Basis* $a \approx 2{,}72$, d. h. $\log_a Z = \mathrm{ld} Z$ („logarithmus dualis") und $\log_e Z = \ln Z$ („logarithmus naturalis"). – Für

jede Basis a (a > 0 und 1) gelten folgende *Gesetze:*
$\log (p.q) = \log p + \log q$;
$\log (p:q) = \log p - \log q$;
$\log (p^r) = r . \log p$.

logical construction of programs (LCP), →Warnier-Orr-Methode.

logical inferences per second, →LIPS.

Logik. Kunst des Denkens. Im allgemeinen Sprachgebrauch: a) Fähigkeit, folgerichtig zu denken; b) Notwendigkeit, Zwangsläufigkeit. I.e.S. ist die L. die Lehre von den *formalen Beziehungen zwischen Denkinhalten,* deren Beachtung im tatsächlichen Denkvorgang für dessen (logische) Richtigkeit entscheidend ist.

logische Programmierung, Art der →Programmierung, die v. a. im Bereich der →künstliche Intelligenz, speziell im Bereich der →Wissensrepräsentation, große Bedeutung besitzt. L.P. basiert auf der Prädikatenlogik. – *Aufbau:* →Programme werden als Mengen von Zusicherungen dargestellt, die einerseits Objektive und die Beziehungen zwischen ihnen deklarativ beschreiben, andererseits durch einen →Interpreter „ausgewertet" werden können. – Bedeutendste *Programmiersprache:* Prolog.

logisches Datenmodell, →konzeptionelles Datenmodell.

logisches Schema, →konzeptionelles Schema.

logische Wissensrepräsentation, →deklarative Wissensrepräsentation, bei der Wissen in Gestalt logischer Ausdrücke dargestellt wird.

Logistik. I. Begriff: Wortbildung aus griech. „logos" und franz. „loger". Vgl. auch →Logistik des Betriebes. – 1. *Teilgebiet der Philosophie,* das sich mit der Lehre von den Begriffen, Urteilen und Schlüssen beschäftigt (logos = Verstand). Dabei wird die klassische Logik unter Rückgriff auf mathematische Darstellungsmethoden zu einem Kalkül umgestaltet („mathematische Logik"; „symbolische Logik"). – 2. Bezeichnung für bestimmte *mathematische Funktionen* (modifizierte Exponentialfunktionen. Logistische Funktionen werden zur Beschreibung des Bevölkerungswachstums, des →Produktlebenszyklus usw. verwandt. – 3. Im *militärischen Bereich* (loger = einquartieren, unterbringen; „major général de logis"). Sammelbezeichnung für folgende Teilaufgaben: Transport und Umschlag militärischer Güter; Organisation des Nachschubs; raum- und zeitgerechte Versorgung der Streitkräfte mit den erforderlichen Ressourcen; Bewegung und Unterbringung von Truppenteilen; Instandsetzung und vorbeugende Materialerhaltung; Sanitätsdienste, militärische Verkehrsführung. L. ist ein Führungsgrundgebiet (G4/04-Bereich) und erstreckt sich in der Bundeswehr auf die logistischen Führungsaufgaben, die logistischen Kräfte und Mittel und die logistischen Verfahren (Heeresdienstvorschriften 100/900; 100/400). – 4. Aus dem militärischen Sprachgebrauch hat die *angelsächsische Managementlehre* den Begriff L. entlehnt. Damit werden alle Transport-, Lager- und Umschlagsvorgänge im Realgüterbereich in und zwischen sozialen Systemen (Organisationen, Gesellschaften) bezeichnet. *Logistische Systeme* sind Flußsysteme, die die Produktionsstätten und konsumtiven Verbrauchsorte eines Wirtschaftssystems miteinander verknüpfen und den störungsfreien Material-, Energie- und Produktfluß innerhalb einer Wirtschaftseinheit gewährleisten. – Schließlich bezeichnet L. das *wirtschaftswissenschaftliche Teilgebiet,* das als zuständig für die Beschreibung, Erklärung und Gestaltung der oben genannten Prozesse angesehen wird. – Häufig anzutreffende Synonyme: *Physische Distribution, Business Logistics, Industrial Logistics, Market Logistics, Materials Management, Rhocrematics.*

II. Konzeptionelle Grundvorstellung : Der Anteil der L.-Kosten am Umsatz wird je nach Branche auf 10–25% geschätzt. Steigende L.-Kosten belasten zunehmend das Betriebsergebnis. Das Ausschöpfen von Produktivitätsreserven im Fertigungsbereich lenkt den Blick auf Rationalisierungsreserven im Nicht-Produktionsbereich. Die Verbesserung logistischer Prozeßabläufe führt zu einer Einsparung von betrieblichen Ressourcen und damit zur Kostensenkung (z. B. geringere Kapitalbindung, Erhöhung der Prozeßgeschwindigkeit, bessere Auslastung der logistischen Teilsysteme usw.) – Der volle Gestaltungsspielraum eröffnet sich aber erst dann, wenn L. *integrativ, ganzheitlich und systemüberschreitend* gesehen wird. Die Optimierung von Material-, Waren- und Energieflußsystemen muß über den einzelbetrieblichen Bereich hinausgreifen und die *gesamte logistische Kette* im Auge haben: Zulieferer – Fertigungsbetrieb – Warenverteilung – Endabnehmer. – Den Materialflüssen entgegengesetzt und zeitlich vorgezogen verlaufen die zur Steuerung und Koordinierung erforderlichen Informationsflüsse. – Logistische Gesichtspunkte sind bereits bei der Gestaltung produktiver und konsumtiver Basisprozesse zu beachten: Von logistischer Bedeutung sind z. B. die Entscheidungsprobleme im Zusammenhang mit Standortwahl, Produktgestaltung und Verpackung, Verkoppelung von einzelnen Produktionsprozessen.

III. Institutionelle Abgrenzung von L.-Systemen (vgl. Übersicht Logistik, Abb. 1): 1. *Makro-L.:* Gesamtheit der logistischen Systeme einer Region, einer Volkswirtschaft oder im supranationalen Bereich. Die Gestaltung der logistischen Infrastruktur eines Wirtschaftsraumes ist Gegenstand der staatlichen Verkehrspolitik. Der Umfang der

benötigten Finanzmittel, die langfristigen Nutzungsmöglichkeiten sowie das Auftreten externer Effekte verhindern häufig rein privatwirtschaftliche Lösungen (Hafenanlagen, Flugplätze, Wasser- und Fernverkehrsstraßen). – 2. *Mikro-L.:* Logistische Systeme, die nur der einzelnen öffentlichen oder privatwirtschaftlichen Organisation dienen. Bei erwerbswirtschaftlichen Unternehmen sind Industrie-, Handels- und Dienstleistungslogistik zu unterscheiden. Von einem *L.-Betrieb* wird dann gesprochen, wenn die Primärleistung im wesentlichen eine logistische Leistung darstellt, insbes. bei Transportunternehmen, Speditionen, Lagerhäusern. – 3. *Meta-L.:* Die Kooperationsformen zwischen mikrologistischen Systemen aller Art, z. B. die Einrichtung gemeinsamer Warenverteilsysteme durch Verlader aus verschiedenen Branchen. Moderne Formen der Fertigungsorganisation von Industriebetrieben erstrecken sich ausdrücklich auf den Bereich der Meta-L. (→Just-in-time-Produktion).

IV. Funktionelle Abgrenzung von L.-Systemen: 1. Abgrenzung nach den verschiedenen *Teilfunktionen* des Betriebsprozesses (vgl. Übersicht Logistik, Abb. 2): Die leistungswirtschaftlichen Grundfunktionen werden von logistischen Teilfunktionen überlagert, die die Flußbeziehungen zur Umwelt an den Nahtstellen Beschaffung bzw. Absatz herstellen und innerbetrieblich zwischen den funktionalen Teilfunktionen gewährleisten *(L. als Matrixfunktion)*. – Die marktbezogenen L.-Systeme werden neuerdings auch als *Markenting-L.* bezeichnet. – Prinzipiell ist die Sichtweise der L. auf die eigenen Absatzmärkte gerichtet. Demgegenüber beinhaltet die *Entsorgungs-L.* alle in Gegenrichtung fließenden Güterströme: Retouren, Leergutrückführung, Verwertung von Austauschaggregaten, Recycling weiter- und wiederverwendbarer Güter und Beseitigung von Abfällen. – 2. Abgrenzung nach den *Inhalten von L.-Aufgaben:* Der Einsatz von Produktionsfaktoren und die damit verursachten L.-Kosten dienen dazu, folgende logistische Teilleistungen zu erstellen: Auftragsabwicklung, Transport, Lagerhaltung, Lagerhaus, Verpackung. – Die *Zielfunktion* des L.-Systems ist darauf gerichtet, für alle Bedarfsträger innerhalb und außerhalb des Betriebes sicherzustellen, daß das richtige Gut in richtigem Zustand am richtigen Ort zum richtigen Zeitpunkt zur Verfügung steht. Der *logistische Output* äußert sich als Lieferservice (kundenbezogen) bzw. als Versorgungsservice (lieferantenbezogen).

Literatur: Kirsch, W. et al., Betriebswirtschaftliche Logistik. Systeme, Entscheidungen, Methoden, Wiesbaden 1973; Ihde, G. B., Transport, Verkehr, Logistik, München 1984; Ballou, R. H., Business Logistics Managements, Planning and Control, 2. Aufl., Englewood Cliffs 1985; Pfohl, H.-Chr., Logistik-Systeme, Betriebswirtschaftliche Grundlagen, Berlin u. a. 1985.

Prof. Dr. Ulli Arnold

Übersicht: Logistik

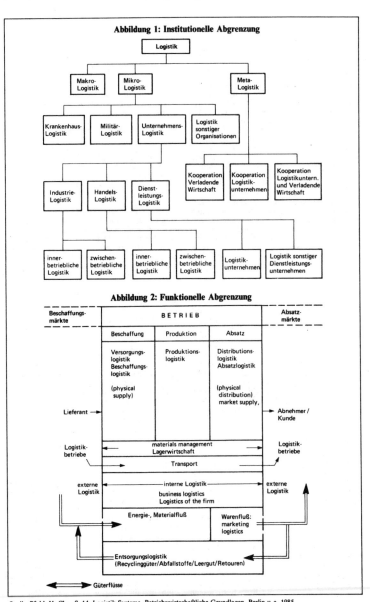

Abbildung 1: Institutionelle Abgrenzung

Abbildung 2: Funktionelle Abgrenzung

Quelle: Pfohl, H.-Chr., S. 14: Logistik-Systeme, Betriebswirtschaftliche Grundlagen. Berlin u. a. 1985

Logistik des Betriebes. I. C h a r a k t e r i -
s i e r u n g : 1. *Begriff:* Die L. eines Betriebes
(oder einer anderen organisierten Einheit; vgl.
auch →Logistik) ist die Gesamtheit zielgerich-
teter Veränderungen der räumlichen und/oder
zeitlichen Eigenschaften materieller Objekte
durch die Gestaltung und Ausführung von
Transport-, Lagerungs-, Umschlags- u. a. Ver-
kehrsprozessen. – b) L. ist häufig auch der
Name des für die Erfüllung logistischer Aufgaben zuständigen betrieblichen Funktionsbe-
reichs *(Abteilung L.)* sowie c) der mit der
Forschung und Lehre auf diesem Gebiet
befaßten wissenschaftlichen Disziplinen
(betriebswirtschaftliche L., industrielle L.). –
2. *Ursprung:* Der von „loger" (französisch:
unterbringen, versorgen) abgeleitete Begriff
entstammt einer französischen Bezeichnung
des 19. Jahrhunderts für das militärische
Personal- und Materialtransport- und -versor-
gungswesen, wird heute in entsprechender
Bedeutung in den Armeen allgemein benutzt
und wurde seit der Mitte dieses Jahrhunderts
auf die Versorgung der Wirtschaftsbetriebe
und ihrer Märkte – unter Beschränkung des
Objektbereichs auf Sachgüter – übertragen.
Zu den wesentlichen Ursachen hierfür gehört
das starke Ansteigen sowohl der Anforderungen an den betrieblichen →Lieferservice als
auch der Personal- und Energiekosten im
Transport- und Lagerwesen.

II. S y s t e m e : Aufgaben der L. werden seit
jeher von den Betrieben gelöst. Sie unterhalten
dafür z. B. Warenannahmen, Materiallager,
das innerbetriebliche Förder- und Lagerwesen, Fertigwarenlager, Warenexpeditionen,
Packereien und Fuhrparks. Diese den verschiedenen Betriebsbereichen zugeordneten
Stellen sind zuständig für die notwendigen
internen und externen Lagerungen von Roh-,
Hilfs- und Betriebsstoffen, Ersatzteilen,
Zwischenfabrikaten, Fertigprodukten, Waren, Verpackungsmaterial und Abfallstoffen,
für die transport- und lagerungsgerechte Verpackung und Versandvorbereitung der Güter
sowie für deren Transport von Lieferanten
zum Betrieb, innerhalb des Betriebes, zwischen räumlich getrennten Betriebsstätten und
vom Betrieb zu den Kunden. Einige der
Arbeiten werden auch ganz oder teilweise
→Verkehrsbetrieben übertragen, wenn diese
logistischen Spezialbetriebe sie wirtschaftlicher ausführen können. Erst durch die stellen-
übergreifende Koordination und zentrale
Steuerung des gesamten betrieblichen Trans-
port- und Lagerwesens werden die vielfältigen
Güterflüsse und -bestände Gestaltungsobjekte
des logistischen Systems eines Betriebes, das
mit anderen wesentlichen betrieblichen Systemen, wie denen der Finanzwirtschaft, des
Personal- und Rechnungswesens, vergleichbar
ist. Damit wird unmittelbar angestrebt, die
Beziehungen der Elemente dieses Systems zur
inner- und außerbetrieblichen Umwelt

erkennbar, die Wechselwirkungen zwischen
den Ergebnissen logistischer und anderer
betrieblicher Gestaltungen beeinflußbar und
Verbundeffekte nutzbar zu machen. Teilbereiche der L., z. B. Beschaffungs-, Fertigungs-
und Absatzlogistik, sind in dieser Sicht Subsysteme des betrieblichen L.-Systems, das selbst
eines der (mikro)logistischen Subsysteme des
(makro)logistischen Systems des gesamten
Verkehrs in einer problemabhängig abgegrenzten Region ist.

III. P r o b l e m e : Grundlegende logistische
Gestaltungsaufgaben sind die räumliche
Anordnung und die kapazitative Auslegung
der betrieblichen Einrichtungen für den
Transport und die Lagerung von Gütern. Die
Standortwahl von Beschaffungs-, Absatz-
(Warehouse location) und/oder Zwischenfa-
brikatelagern erfordert ebenso wie die Auswahl bestimmter Fuhrpark-, Fördermittel-,
Lager- und Umschlagskapazitäten wegen der
langfristigen Kapitalbindungen und nachhaltigen Beeinflussungen des Betriebserfolges
betriebswirtschaftliche Investitionsentscheidungen. Hierbei sind auch Art und Ausmaß
der Eigen- und/oder Fremderstellung logistischer Leistungen zu beachten. Als *Vorteile der
Eigenerstellung* gelten bessere Ausrichtbarkeit
des logistischen Potentials auf die Betriebsbe-
dürfnisse, leichtere Abstimmung zwischen den
Anforderungen der Betriebsbereiche, Kunden
und Lieferanten, flexible Verfügbarkeit über
Betriebsmittel und Personal und größere Ein-
flußmöglichkeiten auf Höhe und Struktur der
L.-Kosten. *Vorteile der Fremderstellung* logistischer Leistungen sind dagegen der geringere
Bedarf an Fachpersonal und gebundenem
Kapital sowie die Nutzung von Spezialisie-
rungsvorteilen der Verkehrsbetriebe. Die
laufende Gestaltung logistischer Arbeitsabläufe beruht wesentlich auf Lösungen teilweise
sehr komplexer Probleme der betriebswirtschaftlichen Verfahrenswahl bei konstanten
Kapazitäten. Im Beschaffungs- und Absatzbereich gehört dazu auch die fallweise Wahl
zwischen konkurrierenden eigenen und fremden logistischen Verfahren und in der industriellen L. die fertigungsorientierte Material-
flußsteuerung.

IV. M e t h o d e n : Maßgeblich für Erfolge der
bereichs- und betriebsübergreifenden Bewälti-
gung logistischer Probleme sind hinreichende
Kenntnisse der Verkehrsmärkte sowie die
Beachtung der Interdependenzen zwischen
Ökonomik, Technik und Informatik und die
Nutzung ihrer Methoden. Hierzu gehören die
Verfahren der Systemanalyse, der Investitions-
analyse und des Operations Research zur
Planung betriebsinterner und -externer Ver-
sorgungseinrichtungen und Arbeitsabläufe
der L. sowie die Kosten- und Leistungsrech-
nung und die elektronischen Instrumente der
Informations-, Kommunikations- und Daten-

verarbeitungstechnik zur Kontrolle und Steuerung der logistischen Prozesse.

Literatur: Brauer, K. M., Krieger, W., Betriebswirtschaftliche Logistik, Berlin (West) 1982; Ihde, G.-B., Transport, Verkehr, Logistik, München 1984; Kirsch, W. u. a., Betriebswirtschaftliche Logistik, Wiesbaden 1973; Pfohl, H.-Ch., Logistik-Systeme, Berlin (West), Heidelberg, New York, Tokio 1985.

Prof. Dr. Karl M. Brauer

Logistikkosten. 1. *Begriff:* Für die Überwindung von Raum-, Zeit- oder Mengendisparitäten anfallende →Kosten der Bereitstellung und Bereithaltung von Logistikkapazität und -betriebsbereitschaft sowie der Planung, Durchführung und Kontrolle einzelner logistischer Prozesse (Lagerung, Transport, Kommisionierung, Palettierung usw.); vgl. auch →Logistik. L. setzen sich im wesentlichen zusammen aus: →Lagerkosten, →Transportkosten, Handlingskosten und Kosten der Logistiksteuerung. – 2. *Logistikkostenarten:* Nach der Art in Anspruch genommener →Logistikleistungen gebildeter Teil der Gesamtkosten. Wichtige L. sind: a) als primäre Kosten Frachten und Lagermieten, b) als sekundäre Kosten innerbetriebliche Transport- und Lagerkosten. – 3. *Erfassungs- und Abgrenzungsprobleme:* a) Da viele Transport- und Lagervorgänge untrennbar mit Produktionsvorgängen verbunden sind (z. B. Materialbewegung in integrierten Anlagenstraßen), lassen sich keine „anteiligen" L. abspalten. b) Im Materialfluß tritt zumeist eine Vielzahl von Kurztransporten und -lagerungen auf; eine gesonderte Erfassung der hierfür anfallenden Kosten erweist sich oftmals als unwirtschaftlich. c) Es bestehen erhebliche Abgrenzungsschwierigkeiten der Querschnittsfunktion Logistik von anderen betrieblichen Funktionen (z. B. Kosten der Produktionssteuerung als Logistik- oder Fertigungskosten). Umfang und Inhalt des L.-Begriffs müssen deshalb unternehmensindividuell festgelegt werden. – Vgl. auch →Logistikkostenrechnung, →Logistikleistung.

Logistikkostenplatz, →Logistikleistungen erbringender →Kostenplatz. L. sind insbes. ein geeignetes erfassungs- und abrechnungstechnisches Hilfsmittel, um die in →Fertigungskostenstellen erbrachten Transporte und Lagerungen gesondert abzubilden.

Logistikkostenrechnung, Teilgebiet der →Kostenrechnung, das die für logistische Entscheidungsprobleme (→Logistik) benötigten Kosteninformationen erfassen, bereithalten und bereitstellen soll. Die L. kann als gesonderte Teilrechnung oder als Erweiterung der vorhandenen, gesamtunternehmensbezogenen Kostenrechnung gestaltet werden. – Die L. beinhaltet: (1) eine differenzierte Erfassung von Logistikkostenarten (→Logistikkosten), (2) Bildung von →Logistikkostenstellen und (3) Zurechnung von Logistikkosten auf →Logistikleistungen und betriebliche Erzeugnisse (Kostenträger).

Logistikkostenstelle, →Logistikleistungen erbringender betrieblicher Abrechnungsbezirk (→Kostenstelle); wichtig z. B. sind innerbetriebliche Läger, einzelne Bereiche des internen und externen Fuhrparks, Planungs- und Steuerungsabteilungen (z. B. Fahrzeugeinsatzplanung).

Logistikleistung, bislang wenig präzisierter Begriff für die von der betrieblichen →Logistik erbrachten Leistungen. *Begriffsauffassungen:* a) Beitrag zur Sicherstellung der Verfügbarkeit im Unternehmen benötigter Ressourcen; zu messen z. B. mit Hilfe von →Servicegraden. – b) Vollzogene Raum- und/oder Zeitveränderung von Objekten (insbes. Material und Waren), unter Umständen kardinal zu messen als Produkt aus Transportentfernung und Transportgewicht (tkm). – c) Durchführung eines Raum- und/oder Zeitveränderungsprozesses, z. B. das Fahren eines beladenen, aber auch leeren Lkws von A nach B. – d) Bereitstellung von logistischer Kapazität zur Durchführung von Lager- und Transportprozessen, z. B. das Ausleihen eines Gabelstaplers von einer Transport- an eine Fertigungskostenstelle. – Vgl. auch →Logistikkosten, →Logistikkostenrechnung.

Logistikmanagementorganisation, →Funktionsmanagementorganisation.

Logit-Modell, eines der →Nutzenmaximierungsmodelle, die in der →Verkehrsplanung insbes. als →Verkehrsteilungsmodelle und →Verkehrsumlegungsmodelle verwendet werden. Wie alle Nutzenmaximierungsmodelle bestimmt das L.-M. die Annahmewahrscheinlichkeit einer verkehrlichen Alternative und setzt die Quantifizierbarkeit des Nutzens jeder Alternative mit einer deterministischen und stochastischen Nutzenkomponente voraus. Die Besonderheit des L.-M. besteht darin, daß für die stochastischen Nutzenkomponenten aller betrachteten Alternativen von einer identischen Wahrscheinlichkeitsverteilung ausgegangen wird; außerdem gilt die Annahme, daß das Verhältnis der Annahmewahrscheinlichkeiten zweier bestimmter Alternativen unabhängig von der Zahl weiterer Alternativen ist (Luce: Irrelevance of Independent Alternatives). – Vgl. auch →Verkehrsmodelle.

Logo, *Firmenzeichen,* graphisches Symbol, das für ein ganzes Unternehmen steht, untrennbar mit ihm verbunden ist. Das L. dient der Darstellung des besonderen Charakters und der Philosophie des Unternehmens sowie der Abhebung von der Konkurrenz. – *Gestaltungselemente:* a) *Firmenfarbe:* möglichst identisch mit Produktfarbe oder visuellen Maßnahmen des Unternehmens, dient der Identifikation und soll positive Grundhaltung wecken; b) *Schrifttype:* als Unterstützung, nicht als Konkurrenz zur Eigenständigkeit des L.; c) *Firmenraster:* entsprechend den firmeneigenen Vorschriften; d) *Wappen:* als wesentliches, wiederkehrendes Identifikationselement. Die Kombination der Elemente ist durch strikt einzuhaltende Regeln vorgeschrieben.

LOG-SPED, Abk. für Vertriebsorganisation von mittelständischen Kraftwagen-Spediteuren zur logistischen Optimierung von Gütertransportketten, die in der Rechtsform einer GmbH geführt wird. LOG-SPED bietet logistische Dienstleistungen an, die den Transport, die Lagerung bis hin zur Auftragsbearbeitung umfassen. Basis für die Durchführung dieser Leistungen ist ein eigenes Informationssystem mit Btx.

Lohmann-Ruchti-Effekt, *Kapazitätserweiterungseffekt, Kapazitätsfreisetzungseffekt,* die nach H. Ruchti und M. Lohmann benannte, jedoch von K. Marx und F. Engels zuerst beschriebene Wirkung der verbrauchsbedingten →Abschreibungen als einer Quelle der Neuinvestition. – 1. Der L. R. E. *beruht* auf der Tatsache, daß in den Verkaufspreisen der hergestellten Erzeugnisse der Abschreibungswert für die Anlagennutzung i. d. R. früher vergütet wird, als er für die verschleißbedingte Erneuerung der Anlagegüter benötigt wird, von denen die Abschreibungsbeträge stammen, d. h. daß die Verflüssigung des im Anlagevermögen gebundenen Kapitals und das Ausscheiden verbrauchter Anlagegüter aus dem Produktionsprozeß zeitlich auseinanderfallen. Werden die in diesem Sinne vorweggenommenen Abschreibungsbeträge laufend investiert, so führt das zu einer Anlagenexpansion, ohne daß es (theoretisch) der Zuführung neuer Mittel (durch Aufnahme von Fremdkapital oder Erhöhung des Eigenkapitals) bedarf. *Beispiel:* 10 Maschinen von je 10 000 DM Wert und einer Nutzungsdauer von je fünf Jahren werden linear abgeschrieben, der Abschreibungsgegenwert wird laufend investiert. Es ergibt sich eine Erweiterung der Kapazität (Spalte 2) bei gleichbleibendem Kapitaleinsatz (Spalte 3 + 6; vgl. Tabelle Sp. 181). – 2. Der Maschinenbestand konnte durch die Abschreibungswerte aus der Erstausstattung, später aus der sukzessiven Anschaffung neuer Maschinen, erheblich vergrößert werden. Das ist jedoch nur dann der Fall, wenn bestimmte *Voraussetzungen* erfüllt sind: Finanzierung der Erstausstattung an Maschinen mit Eigenkapital, Investierung der anfallenden Abschreibungsmittel laufend in Anlagen, Abschreibungen müssen wirklich verdient sein, dem Unternehmen müssen zusätzliche finanzielle Mittel zur Verfügung stehen, um die mit der Erweiterung der Anlagen in Verbindung stehende *zwangsläufige Erhöhung des Umlaufvermögens* finanzieren zu können. – 3. Der *kritische Punkt* ist die Verminderung von 20 auf 14 Maschinen im sechsten Jahr. Bei Ausfall von 6 Maschinen könnte in der Praxis der Kundenkreis, der Produkte aus einer Kapazität von 20 Maschinen beansprucht, nicht voll befriedigt

werden. – 4. Ein Problem ist die Finanzierung neuer Maschinen (echte Reininvestition) *nach Ausfall der Erstausstattung* (im Modell nach dem fünften Jahr). Entweder muß die Produktion eingeschränkt oder durch neues Eigen- oder Fremdkapital die verbrauchte Maschinenerstausstattung ersetzt werden.

Lohmann-Ruchti-Effekt

Jahre	Anzahl der Maschinen	Gesamtwert der Anlagen	Summe der Abschreibungen	Reinvestition	Abschreibungsrest
1	2	3	4	5	6
1	10	100 000	20 000	20 000	–
2	12	100 000	24 000	30 000	4 000
3	14	96 000	28 000	30 000	2 000
4	17	98 000	34 000	30 000	6 000
5	20	94 000	40 000	40 000	6 000
6	14	94 000	28 000	30 000	4 000
7	15	96 000	30 000	30 000	4 000
8	16	96 000	32 000	30 000	6 000
9	16	94 000	32 000	30 000	8 000
10	16	92 000	32 000	40 000	–
11	16	100 000	32 000	30 000	2 000
12	16	98 000	32 000	30 000	4 000
13	16	96 000	32 000	30 000	6 000
14	16	94 000	32 000	30 000	8 000
15	16	92 000	32 000	40 000	–
16	16	100 000	32 000	30 000	2 000
17	16	98 000	32 000	30 000	4 000
18	16	96 000	32 000	30 000	6 000
19	16	94 000	32 000	30 000	8 000
20	16	92 000	32 000	40 000	–

Lohn, →Löhne und Gehälter, →Arbeitsentgelt.

Lohnabrechnung, *Lohn- und Gehaltsabrechnung,* →Lohnbuchführung.

Lohnabrechnungssysteme, →Lohnformen.

Lohnabrechnungszeitraum, Zeitraum, für den die Lohnabrechnung vorgenommen wird (→Lohnbuchführung). – *Anders:* →Lohnzahlungszeitraum.

Lohnabschlagszahlung, Lohnzahlung in kurzen Zeitabständen (eine Woche, zehn Tage), die nur annähernd dem effektiv verdienten →Arbeitsentgelt entspricht, während die Abrechnung in größeren Zeitabständen (ein Monat) vorgenommen wird. Die Differenz zwischen Summe der in einer Abrechnungsperiode gezahlten Abschläge und dem ermittelten Lohnanspruch (Restlohn) wird an dem der Abrechnung folgenden Zahltag ausgezahlt.

Lohnabtretung, →Forderungsabtretung VII.

Lohnabzüge, Minderung des vereinbarten →Bruttoarbeitsentgelts. 1. L. durch *öffentlich-rechtliche Vorschriften* (Steuergesetze und Sozialversicherungsvorschriften) angeordnet; der Arbeitgeber ist zur Vornahme des Abzuges verpflichtet, z. B. Abzug der →Lohnsteuer, ggf. der →Kirchensteuer und des Arbeitnehmeranteils an der →Sozialversicherung. – 2. Abzüge aufgrund *vertraglicher Abmachungen* der Parteien über das Arbeitsverhältnis und der sie ergänzenden gesetzlichen oder tariflichen Bestimmungen (privatrechtliche L.): a) L. wegen Schlechtleistung oder Schädigung. Arbeitgeber rechnet mit L. seine Schadenersatzforderungen gegen die Lohnforderung auf; b) L. kraft Zurückbehaltungsrechts des Arbeitgebers in Fällen, in denen ihm eine Gegenforderung gegen den Arbeitnehmer zusteht (Beispiel: Rückgabe von Sachen soll erzwungen werden); c) L. wegen Abtretung der Lohnforderung durch den Arbeitnehmer an einen Dritten bzw. wegen Verpfändung (→Lohnpfändung); d) L. von Vertragsstrafen. – Vgl. auch →Aufrechnung, →Gefährdung der Abzugssteuern.

Lohnabzugsverfahren, eines der Arbeitsgebiete der →Lohnbuchführung. 1. Abzug der Beiträge zur *Sozial- und Arbeitslosenversicherung* für versicherungspflichtige Beschäftigte durch den Arbeitgeber und Abführung zusammen mit seinem eigenen Beitragsanteil an die für den Einzug des Beitrags zuständige Stelle. – Vgl. auch →Gesamtsozialversicherungsbeitrag, →Einzugsstellen. – 2. Einbehaltung der →*Lohnsteuer* durch den Arbeitgeber.

Lohnausfallprinzip, in Gesetzen vorgesehenes Prinzip zur Berechnung des →Arbeitsentgelts, wenn ein Arbeitgeber, ohne daß der Arbeitnehmer die Arbeitsleistung erbringt, das Arbeitsentgelt fortzuzahlen hat. Das L. besagt, daß der Arbeitgeber die Vergütung zu zahlen hat, die der Arbeitnehmer erzielt hätte, wenn er weitergearbeitet hätte. Das L. bedingt eine Berechnung aufgrund von hypothetisch angenommenen Daten. Zur Ermittlung der Vergütung ist auf einen vergleichbaren Arbeitnehmer derselben Arbeitsgruppe oder des Betriebs abzustellen. Wird z. B. bei der →Lohnfortzahlung oder bei der Vergütungsfortzahlung beim →Annahmeverzug des Arbeitgebers angewandt. – *Anders:* →Referenzperiodensystem.

Lohnausfallvergütung, →Baugewerbe III.

Lohnausgleich. 1. Bezeichnung für die von den →*Gewerkschaften* angestrebte tarifliche Zusicherung im Rahmen von →Lohnvereinbarungen, nach denen die Wochenarbeitszeit ohne Kürzung der Löhne und Gehälter aus beschäftigungspolitischen Gründen auf 35 Stunden herabgesetzt werden soll. – 2. Im Wege der →*Betriebsvereinbarung* festgesetzte freiwillige Leistung des Arbeitgebers: Erstattung der Differenz zwischen →Krankengeld und durchschnittlichem →Arbeitsentgelt bei länger als sechs Wochen dauernder Krankheit; vgl. →Arbeitsverhinderung. – *Anders:* →Krankenzuschüsse. – 3. L. bei *Schlechtwetter:* Vgl. →Baugewerbe III 2.

Lohnbeleg, →Abrechnung.

Lohnbetrieb, →Lohnhandwerker, →Hausgewerbe, →Lohnfabrikation.

Lohnbuchführung, *Lohn- und Gehaltsbuchführung, Lohnabrechnung,* Teilgebiet der →Buchführung. – 1. *Aufgabe:* Erfassung, Abrechnung und Buchung der Arbeitsentgelte (Löhne und Gehälter in jeder Form) sowie der gesetzlichen und freiwilligen Abzüge hiervon. – 2. *Zweck:* a) Feststellung des Lohn- oder Gehaltsanspruchs des einzelnen Arbeitnehmers für die Periode (sowohl brutto wie netto); b) Aufbereitung der Lohn- und Gehaltskosten und des mit ihnen im Zusammenhang stehenden Sozialaufwandes für die Weiterverrechnung in der →Betriebsbuchhaltung. – 3. *Unterlagen* für die Lohn- und Gehaltsabrechnung: Akkordzettel, Lohnstücklisten, Arbeitszeitkarten, Arbeitsverträge usw. – 4. *Arbeitsgebiet:* a) Die anhand der Unterlagen erfaßten Lohnzeiten und Akkordleistungen werden mit den dafür vorgesehenen Lohnsätzen bewertet (vgl. →Lohnformen). Die bewerteten Zeiten und Leistungen ergeben (ggf. unter Hinzurechnung von Zuschlägen und Zulagen) für die jeweilige Abrechnungsperiode zusammengefaßt den *Bruttolohn* (1) für den einzelnen Arbeitnehmer, (2) für die Belegschaft insgesamt, (3) fertigungstechnisch getrennt nach (a) →Fertigungslöhnen und →Hilfslöhnen, (b) den einzelnen →Kostenstellen. Vor Auszahlung der Löhne an die Arbeitnehmer müssen die gesetzlichen Abzüge (→Lohnsteuer, →Gesamtsozialversicherungsbeiträge) und evtl. freiwillige Abzüge (z. B. Gewerkschaftsbeiträge) berechnet und einbehalten werden. – b) Ferner die Erstellung von Lohnsteuer-Bescheinigungen, Lohnsteueranmeldung und -abführung, Anmeldung und Abführung der Sozialbeiträge (Kranken-, Renten- und Arbeitslosenversicherung), Bearbeitung vermögenswirksamer Leistungen, Mutterschaftsgeld, Lohnpfändungen, Nachweise für die Berufsgenossenschaft usw. – 5. *Technische Durchführung:* a) In der L. wird für jeden Arbeitnehmer ein →Lohnkonto geführt. Für die Zusammenstellung der Löhne und Gehälter sowie der Abzüge sind →Lohnlisten einzurichten, in denen die Angaben der einzelnen Lohnkonten für eine Lohnperiode gesammelt werden. Bei Anwendung des Durchschreibeverfahrens kann neben dem Lohnkonto und der Lohnliste in einem Arbeitsgang auch noch der →Lohnstreifen bzw. die Gehaltsabrechnung (Abrechnung zu Händen des Arbeitnehmers) beschriftet werden. Die Summen der Lohnlisten dienen schließlich als Buchungsgrundlage für die →Finanzbuchhaltung. – *Lohnzahlung* heute i. d. R. durch bargeldlose Lohn- und Gehaltszahlung; seltener bar. – b) Wegen der Aufgabenvielfalt (vgl. oben 4) wird L. in zunehmendem Maß *mit Hilfe der EDV* durchgeführt (computergestützte Lohn- und Gehaltsabrechnung). Kleine Betriebe nutzen dabei häufig die Möglichkeiten der Fernbuchführung (→Buchstellen). Ein besonderes Problem der EDV-L. ist die Pflege des Anwenderprogramms, da die sich häufig ändernden gesetzlichen Vorschriften stets eine sofortige Programmanpassung erforderlich machen.

Lohn-drift, →Lohn-gap.

Lohndumping, →Sozialdumping.

Löhne und Gehälter, zusammenfassende Bezeichnung für die Bruttobeträge der →Arbeitsentgelte. Zur Bedeutung der L. u. G. als Arbeitskosten (Personalkosten, Personalnebenkosten) vgl. untenstehende Tabelle. – Zu L. u. G. *gehören* alle Vergütungen, die die Belegschaftsmitglieder (Arbeiter und Angestellte) und Geschäftsführer sowie Mitglieder des Vorstands erhalten, gleichgültig in welcher Form sie gewährt werden, also auch Sachbezüge, Aufwandsentschädigungen usw. – *Buchung* von L. u. G. auf besonderen Aufwandskonten als Teil der →Personalkosten (→Lohnkosten). – *Belege* für berechnete und gezahlte L. u. G. sind →Lohnlisten und Gehaltslisten. – *Ausweis in der Gewinn- und Verlustrechnung:* Unter →Personalaufwand, getrennt in (1) L. u. G. sowie (2) soziale Abgaben und Aufwendungen für Altersversorgung und für Unterstützung (§ 275 HGB).

– *Abrechnung im Betrieb:* Vgl. →Lohnbuchführung.

Lohnfabrikation, im Sinne des Handelsrechts die Bearbeitung *fremder* Sachen, soweit sie über den Umfang des Handwerks hinausgeht, also durch Großbetriebe, z. B. fabrikmäßige Großwäschereien, Färbereien usw. Anders der →Warenhandwerker, der selbstbeschaffte Stoffe bearbeitet und veräußert. Der Lohnfabrikant ist →Mußkaufmann (§ 1 II Ziff. 2 HGB).

Lohnfonds, nach Anschauung verschiedener Klassiker eine in der Volkswirtschaft für Lohnzahlungen verfügbare, starr begrenzte Kapitalmenge. Das Kapital wird als Vorrat von Konsumgütern angesehen, der – von den Arbeitern geschaffen – dazu dient, die Arbeiter während der folgenden Produktionsperiode zu ernähren. – Vgl. →Lohnfondstheorien.

Lohnfondstheorien. 1. *Klassische L.:* Von MacCulloch (1789–1864), Senior, Mill, Ricardo u. a. vertreten. Die gesamtwirtschaftlich durchschnittliche „Lohnrate" ergibt sich aus der Division des →Lohnfonds durch die

Arbeitskosten je Arbeitnehmer

Wirtschaftszweig	Personalnebenkosten							
	insgsamt	Entgelt für geleistete Arbeit	zusammen	Sonderzahlungen	Vergütung für arbeitsfreie Tage [1]	soz. Aufwendungen der Arbeitgeber	Aufwendungen für die berufliche Bildung	übrige Personalnebenkosten
Produzierendes Gewerbe								
Insgesamt	53 987	30 131	23 857	4 643	7 247	9 695	854	1 418
Erzeugung u. Bearbeitung von Metall	58 718	30 787	27 932	4 649	7 902	11 749	730	2 902
Be- und Verarbeitung von Steinen und Erden; Herstell. und Verarbeitung von Glas . . .	49 871	29 030	20 841	3 656	6 751	9 209	460	765
Chemische Industrie (ohne Chemiefaserindustrie)	68 237	35 850	32 387	6 885	8 729	13 864	971	1 938
Metallerzeug. (ohne Maschinen- u. Fahrzeugbau)	50 193	29 131	21 061	4 237	6 971	7 858	673	1 322
Maschinenbau	56 055	32 099	23 955	5 072	7 636	9 027	988	1 232
Elektrotechnik	55 522	30 400	25 122	5 328	7 398	10 220	915	1 261
Bau von Kraftwagen und deren Einzelteilen	60 129	31 707	28 422	6 700	8 746	10 969	742	1 265
Nahrungs- und Genußmittelgew.	47 699	28 265	19 433	3 318	6 195	8 442	644	835
Textilgewerbe	40 244	24 455	15 789	2 602	5 871	6 567	397	352
Schuh- und Bekleidungsgew.	33 712	20 837	12 875	2 055	4 833	5 224	545	218
Papier- und Pappeerzeugung und -verarbeitung	53 478	31 481	21 997	4 964	7 313	8 509	606	604
Baugewerbe	47 915	27 081	20 114	2 903	6 011	8 184	1 256	1 761
Groß- und Einzelhandel, Kreditinstitute und Versicherungsgewerbe								
Insgesamt	49 417	28 118	21 299	4 439	6 374	8 406	1 258	944
Großhandel mit Nahrungs- und Genußmitteln	43 272	26 988	16 285	2 826	5 799	6 566	518	576
Großhandel mit Maschinen, techn. Bedarf u. Fahrzeugen . .	54 100	33 178	20 922	3 813	7 046	8 186	1 029	848
Einzelhandel mit Nahrungs- und Genußmitteln	36 305	22 134	14 170	2 127	4 935	5 356	1 447	306
Sortimentseinzelhandel	41 799	22 997	18 802	4 009	5 754	6 938	935	1 167
Kreditbanken	66 810	33 661	33 149	8 135	8 173	13 538	1 613	1 690
Institute der Sparkassenwesens (ohne Post- u. Bauspk.)	59 679	29 779	29 900	7 379	7 075	11 493	1 900	2 054
Lebensversicherung, Pensions- und Sterbekassen.	64 089	33 235	30 854	7 210	8 035	13 175	1 128	1 306
Schaden- und Unfallvers.	69 892	35 740	34 152	7 820	8 802	14 676	1 203	1 652

[1] Urlaub, gesetzliche Feiertage, Krankheitstage;   [2] Sozialvers., betriebl. Altersversorgung.
Quelle: Statistisches Jahrbuch 1987.

Anzahl der insgesamt beschäftigten Arbeiter. Die Lohnhöhe kann demnach nicht durch die Forderungen der Arbeiterkoalitionen beeinflußt werden. – *Kritik:* Der Lohn wird nicht vom Kapitalisten aus einem Fonds bezahlt, sondern vom Konsumenten, der die Produkte kauft (Brentano). Lohnfondsgesichtspunkte sind dann irrelevant, wenn die Löhne erst nach dem Produktionsprozeß ausbezahlt werden. – 2. *Moderne L.:* Von E. v. Böhm-Bawerk, Eucken, von Strigl, von Stakkelberg u. a. vertreten. Der Lohnfondsgedanke wird mit dem Gesetz der Mehrergiebigkeit längerer Produktionsumwege in Verbindung gebracht (→Agiotheorie).

Lohnformen, *Lohnsysteme, Entlohnungsverfahren.*

I. G r u n d f o r m e n : 1. →*Zeitlohn:* Die Anwesenheitszeit wird bezahlt; ist auch Leistungslohn. – 2. →*Akkordlohn:* Für die Erbringung einer bestimmten Leistung wird ein bestimmter Geldbetrag gezahlt (Stückgeldakkord) bzw. eine bestimmte Zeit vorgegeben (Stückzeitakkord). – 3. →*Prämienlohn:* Die Mehrleistung wird vergütet, jedoch nur zu einem Teil; Zwischenform von Zeit- und Akkordlohn.

II. B e u r t e i l u n g : Auswahl der L. sollte nicht nur nach betriebsindividuellen Gegebenheiten, sondern unter Berücksichtigung der Lohngerechtigkeit (→Äquivalenzprinzip 3) nach objektiven und subjektiven Leistungsmerkmalen erfolgen; damit könnte Übereinstimmung von fachlicher Begabung und Fachausbildung bzw. Berufserfahrung mit der Art der Entlohnung für Arbeitsleistung erzielt werden. Versuche hierzu: Aufstellung eines →Lohngruppenkatalogs. Im Rahmen des Äquivalenzprinzips von Lohn und Leistung soll die Wahl der richtigen Lohnform garantieren, daß sich unterschiedliche persönliche Leistungsgrade der Arbeitnehmer entsprechend im Arbeitsentgelt niederschlagen.

Lohnfortzahlung, *Entgeltfortzahlung*, Fortzahlung des →Arbeitsentgelts bei →Krankheit des Arbeitnehmers.

I. L . b e i K r a n k h e i t : 1. *Anspruch:* a) Anspruchsberechtigung nahezu für alle Arbeitnehmergruppen anerkannt: Für kaufmännische Angestellte (Handlungsgehilfen) gem. § 63 HGB, für gewerbliche Angestellte gem. § 133c GewO, für sonstige Angestellte gem. § 616 II BGB, für Schiffsleute und Seeoffiziere gem. §§ 48, 78 SeemannsG, für Auszubildende gem. § 12 I Nr. 2 b BBiG, für Arbeiter gem. Lohnfortzahlungsgesetz vom 27. 6. 1969 (BGBl I 946) mit späteren Änderungen. *Keinen* Vergütungsanspruch haben (1) Arbeiter, deren Arbeitsverhältnis, ohne eine Probearbeitsverhältnis zu sein, für eine bestimmte, höchstens auf vier Wochen bemessene Zeit befristet ist (→befristetes Arbeitsverhältnis); (2) Arbeiter in einem Arbeitsverhält-

nis, in dem die regelmäßige Arbeitszeit wöchentlich zehn oder monatlich 45 Stunden nicht übersteigt, sowie Arbeiterinnen, die nach § 200 RVO oder § 13 II MuSchG Anspruch auf →Mutterschaftsgeld haben (§ 1 III LohnfortzG). – b) *Dauer:* Der Anspruch auf L. besteht für die Dauer von sechs Wochen. – c) *Höhe:* Für die Bezugsdauer des Vergütungsanspruchs ist dem Arbeitnehmer das ihm bei der für ihn maßgebenden regelmäßigen Arbeitszeit zustehende Arbeitsentgelt fortzuzahlen. Sind Überstunden vor der Erkrankung regelmäßig geleistet worden, so ist dies ein Indiz dafür, daß sie auch im Lohnfortzahlungszeitraum geleistet worden wären. Nicht weiterzuzahlen sind Aufwandsentschädigungen, soweit der entsprechende Aufwand während der Krankheit nicht anfällt. – 2. *Kein Anspruch:* a) *Fortsetzungskrankheit:* Der Arbeitnehmer verliert den Vergütungsanspruch für die sechs Wochen übersteigende Zeit, wenn er innerhalb von zwölf Monaten (gerechnet von der ersten Erkrankung) mehrmals an einer Fortsetzungskrankheit erkrankt. Dies gilt nicht, wenn er seit der letzten Erkrankung sechs Monate arbeitsfähig war. – b) *Verschulden:* Sämtliche Regelungen über die L. im Krankheitsfalle sind an die Voraussetzung geknüpft, daß kein Verschulden des Arbeitnehmers vorliegt. Ein Verschulden in diesem Sinne gilt als gegeben, wenn ein *grober Verstoß* gegen das von einem verständigen Menschen im eigenen Interesse zu erwartende Verhalten vorliegt. Sportunfälle gelten nach der Rechtsprechung i. d. R. als unverschuldet, Verkehrsunfälle aufgrund grob verkehrswidrigen Verhalten oder Trunkenheit am Steuer als verschuldet. Nach neuerer Auffassung gibt es keinen Erfahrungssatz, wonach der Arbeitnehmer eine krankhafte Alkoholabhängigkeit verschuldet hat. – c) *Verletzung der Nebenpflichten bei der →Krankmeldung seitens des Arbeitnehmers:* Der Arbeitgeber hat bei Arbeitern ein Leistungsverweigerungsrecht (§ 5 LohnfortzG) (zunächst für Arbeiter; Entsprechendes dürfte für die übrigen Arbeitnehmer gelten). – 3. *Beendigung:* Die L. endet grundsätzlich mit der Beendigung des Arbeitsverhältnisses. Der Vergütungsanspruch bleibt aber bestehen, wenn der Arbeitgeber das Arbeitsverhältnis aus Anlaß der Krankheit gekündigt hat oder dem Arbeitnehmer einen Grund zur →außerordentlichen Kündigung gibt. – Kommt der Arbeitgeber seinen Verpflichtungen nicht nach und zahlt die Krankenkasse, so geht der Anspruch auf L. in Höhe des Krankengeldes auf die Krankenkasse über (§ 115 SGB X). – 4. *Schadensersatzpflicht Dritter:* Ist bei einem Unfall, der zur Arbeitsunfähigkeit führt, ein Dritter schadensersatzpflichtig, geht bei Arbeitern der Schadensersatzanspruch, soweit der Arbeitgeber den Lohn fortbezahlt hat, auf den Arbeitgeber über (§ 4 LohnfortzG). Angestellte müssen den

Anspruch dem Arbeitgeber entsprechend
§ 255 BGB abtreten. – 5. *Kostenausgleich durch
Krankenkasse:* Im Wege des Kostenausgleichs
erstatten die Träger der gesetzlichen Kranken-
versicherung Arbeitgebern, die nicht mehr als
20 Arbeitnehmer ausschließlich der zu ihrer
Berufsbildung Tätigen beschäftigen, die L. an
Arbeiter bis zur Höhe von 80% (§§ 10ff.
LohnfortzG). Die Mittel werden durch ein
→Umlageverfahren aufgebracht (§ 14 Lohn-
fortzG).
II. L. in sonstigen Fällen: Gesetzliche
Vorschriften gebieten die L. z. B. für die
Tätigkeit der Betriebsratsmitglieder (§ 37
BetrVG), des Vertrauensmannes der Schwer-
behinderten (§ 23 IV SchwbG) und des Sicher-
heitsbeauftragten (§ 720 III RVO).

Lohn-gap, Differenz zwischen dem tatsächlichen Verdienst und dem →Tariflohn *(absolute Niveauspanne)* bzw. die absolute Niveauspanne bezogen auf das Effektivverdienstni-
veau *(relative Niveauspanne).* Die Verände-
rungsrate der L.-g. bezeichnet man als *Lohn-
drift.* – Vgl. auch →gap.

Lohngerechtigkeit, →Äquivalenzprinzip 3.

Lohngesetz, →ehernes Lohngesetz.

Lohngestaltung, →betriebliche Lohngestaltung.

Lohngleichheit, →Gleichbehandlung.

Lohngruppe. 1. *Arbeitswissenschaft:* Einteilungskriterium bei der Arbeitsbewertung anhand von →Lohngruppenmerkmalen (vgl. im
einzelnen dort). – 2. *Arbeitsrecht:* Vgl. →Ein-
gruppierung, →Tariflohn 2.

Lohngruppenkatalog, Verzeichnis von
→Lohngruppen und →Lohngruppenmerk-
malen zur Durchführung der summarischen
→Arbeitsbewertung. Mit →Richtbeispielen
versehen für die verbesserte Zu- und Einordnung verschiedener Arbeiten.

Lohngruppenmerkmale, im Rahmen der
summarischen →Arbeitsbewertung diejenigen
Merkmale, die anhand des →Lohngruppen-
katalogs als maßgebend für die pauschale
Eingruppierung der im Betrieb vorkommenden Tätigkeiten in eine →Lohngruppe angesehen werden. – *Kriterien* der L. sind i. d. R. die
zur Tätigkeitsausführung erforderliche
→Fachkenntnisse und →Geschicklichkeit.
Auf Basis *allgemeiner* L. werden zusätzlich
spezielle L. aufgestellt. Selbst letztere umfassen noch eine derartig große Zahl verschiedener Tätigkeiten, daß sie nur allgemeine Hinweise bzgl. einer Eingruppierung geben können; man verwendet deshalb
→Richtbeispiele als Ergänzung. – *Beispiel:*

Lohngruppe 1
Einfachste Arbeiten, die ohne jegliche Ausbildung nach
kurzer Anweisung ausgeführt werden können.

Lohngruppe 2
Einfache Arbeiten, die eine geringe Sach- und Arbeitskenntnis
verlangen, aber ohne jegliche Ausbildung nach einer kurzfristigen Einarbeitungszeit ausgeführt werden können; oder
einfachste Arbeiten von erschwerender Art.

Lohngruppe 3
Arbeiten, die eine Zweckausbildung oder ein systematisches
Anlernen bis zu 6 Monaten, eine gewisse berufliche Fertigkeit,
Übung und Erfahrung verlangen; ferner einfache Arbeiten
von besonders erschwerender Art.

Lohngruppe 4
Arbeiten, die Spezialkönnen verlangen, das erreicht wird
durch eine abgeschlossene Anlernausbildung; oder einfachere
Arbeiten von ganz besonders erschwerender Art.

Lohngruppe 5
Facharbeiten, die neben beruflicher Handfertigkeit und
Berufskenntnissen einen Ausbildungsstand verlangen, wie er
entweder durch eine fachentsprechende, ordnungsgemäße
Berufslehre oder durch eine abgeschlossene Anlernausbildung
und zusätzliche Berufserfahrung erzielt wird.

Lohngruppe 6
Schwierige Facharbeiten, die besondere Fertigkeiten und
langjährige Erfahrungen erfordern; oder Arbeiten, die eine
abgeschlossene Anlernausbildung erfordern und unter besonders erschwerenden Umständen ausgeführt werden müssen.

Lohngruppe 7
Besonders schwierige oder hochwertige Facharbeiten, die an
das fachliche Können und Wissen besonders hohe Anforderungen stellen und völlige Selbständigkeit und hohes Verantwortungsbewußtsein voraussetzen. Ferner schwierige Facharbeiten unter besonders erschwerenden Umständen.

Lohngruppe 8
Hochwertigste Facharbeiten, die meisterliches Können, abso-
lute Selbständigkeit, Dispositionsvermögen, umfassendes
Verantwortungsbewußtsein und entsprechende theoretische
Kenntnisse erfordern.

Lohngruppenverfahren, →Arbeitsbewer-
tung II 2 b).

Lohnhandwerker, →Handwerker, der
Bearbeitung oder Verarbeitung fremder
Sachen übernimmt. Der L. betreibt keine
Grundhandelsgeschäft, weil Anschaffung und
Weiterveräußerung nur hinsichtlich der Hilfsstoffe (z. B. Zwirn des Änderungsschneiders)
in Betracht kommt, was zur Annahme eines
Umsatzgeschäftes nicht ausreicht (anders
beim →Warenhandwerker), und der Betrieb
im Gegensatz zu dem der →Lohnfabrikation
ein handwerksmäßiger ist. Der L. ist kein
→Kaufmann, daher auch nicht →Minder-
kaufmann. U. U. Kaufmannseigenschaft als
→Sollkaufmann durch Eintragung im Handelsregister.

Lohnherstellung, →unmittelbar kundenorientierte Produktion.

lohnintensiv, Bezeichnung für eine Kostenstruktur von Unternehmungen bzw. Industrien, gekennzeichnet durch einen im Vergleich zu anderen Kostenarten hohen Anteil
an Arbeitskosten. Maßgeblich ist weniger die
Zahl der Beschäftigten. – L. sind z. B. (trotz
des erheblichen Anlagevermögens) Bergbau,
feinmechanische und optische Industrie. –
Anders: →anlagenintensiv, →arbeitsintensiv,
→kaptialintensiv, →materialintensiv.

Lohnkarte, Bezeichnung für ein →Lohn-
konto, daß nicht nur den lohnsteuerlichen
Bestimmungen entspricht, sondern zugleich
als Abrechnungsblatt der →Lohnbuchfüh-
rung der einzelnen Arbeitnehmer dient.

Lohnkonto, zur Erleichterung der Nachprüfung des Lohnsteuerabzugs am Ort der
→Betriebsstätte für jeden Arbeitnehmer zu
führendes Konto (§ 41 I EStG, § 7 LStDV);

ausgenommen Arbeitnehmer, die im Durchschnitt monatlich nicht mehr als 580 DM, wöchentlich 135 DM, täglich 19 DM verdienen und für die keine →Lohnsteuer einzubehalten ist. Ist durch die →Lohnbuchführung zu führen. Das L. ist auch im Interesse der →Berufsgenossenschaft (Unfallversicherung) zu führen. – 1. *Angaben:* (1) Name, (2) Geburtstag, (3) Wohnsitz und Wohnung, (4) Steuerklasse, (5) Zahl der zu berücksichtigenden Kinder und Kinderfreibeträge, (6) Religionsbekenntnis des Arbeitnehmers; (7) Nummer der →Lohnsteuerkarte nebst Angabe der ausstellenden Gemeinde und des zuständigen Finanzamtes, (8) Hinzurechnungsbeträge wegen Nichtvorlage der Lohnsteuerkarte, (9) auf der Lohnsteuerkarte eingetragene →Freibeträge sowie deren Geltungsdauer (→Lohnsteuer-Ermäßigungsverfahren), (10) „B", wenn die einbehaltene oder übernommene Lohnsteuer für einen nicht rentenversicherungspflichtigen Arbeitnehmer nach der →besonderen Lohnsteuertabelle (§ 38 c II EStG) ermittelt wurde. Meist enthält das L. auch die weiteren aus den Lohnstreifen ersichtlichen Angaben, z. B. über Sozialversicherungsbeiträge usw. – 2. *Verbuchung* der Lohnzahlung auf dem L. nach Tag, →Lohnzahlungszeitraum sowie Höhe des bezahlten →Arbeitslohns (ohne jeden Abzug und ohne Kürzung um Arbeitnehmer- oder Weihnachtsfreibetrag) und der einbehaltenen Lohnsteuer. Auszulassen sind steuerfreie Einkünfte, die nicht zum Arbeitslohn gehören, gewährter →Auslagenersatz und Ersatz von →Reisekosten, soweit diese anderweitig nachgeprüft werden können und das Finanzamt dies besonders zuläßt; einzutragen sind auch Arbeitslohn für eine mehrjährige Tätigkeit, Erfindervergütung, Prämien für Verbesserungsvorschläge sowie pauschal besteuerte Bezüge und die darauf entfallende →Lohnsteuer. Das L. ist spätestens Ende des Jahres aufzurechnen. – 3. *Aufbewahrungspflicht* besteht für fünf Jahre. – 4. *Führung und Aufbewahrung auf Datenträgern:* Die nach steuerlichen Vorschriften erforderlichen Aufzeichnungen können auch auf Datenträgern geführt werden, soweit diese Form der Buchführung einschl. des dabei angewandten Verfahrens den →Grundsätzen ordnungsmäßiger Buchführung entspricht jeder (§ 146 V AO). Die Unterlagen können auf Datenträgern aufbewahrt werden, wenn die Daten während der Dauer der Aufbewahrungsfrist verfügbar sind und jederzeit innerhalb angemessener Frist lesbar gemacht werden können (§ 147 II AO).

Lohnkosten, Summe der →Bruttoarbeitsentgelte (Bruttolöhne), die ein Unternehmen während einer Abrechnungsperiode (Woche, Monat, Vierteljahr, Geschäftsjahr) zur Leistungserstellung aufwendet. Zusammen mit →Gehältern sowie gesetzlichen und freiwilligen →Personalnebenkosten des Betriebes bil-

den L. die →Personalkosten. – *Kostenabrechnungstechnische Erfassung:* In der traditionellen Vollkostenrechnung als Einzelkosten (→Hilfslöhne) behandelt, in Abhängigkeit davon, ob sie für unmittelbar produktbezogene Arbeit anfallen oder nicht.

Lohnkostenzuschuß, →Zuschüsse zu den Lohnkosten.

Lohn-lag, Bezeichnung für den Tatbestand, daß die Entwicklung der →Effektivlöhne zu Beginn der konjunkturellen Aufschwungphase der Entwicklung der Gewinne nachhinkt. Der L.-l. erklärt sich dadurch, daß die in der Rezessionsphase durchsetzbaren Lohnforderungen im Konjunkturaufschwung hinter der auslastungsbedingten Zunahme der Arbeitsproduktivität und der Preisentwicklung zurückbleiben. – Vgl. auch →Inflation III 2 b).

Lohnleitlinie, Begriff der staatlichen Lohnpolitik. Orientierungshilfe für die Tarifpartner (Arbeitgeber und Gewerkschaften), das den Rahmen für eine kostenniveau-neutrale →Lohnpolitik absteckt. Die L. richtet sich i. d. R. nach der durchschnittlichen gesamtwirtschaftlichen Produktivitätsentwicklung.

Lohnliste, *Lohnjournal,* Hilfsmittel der →Lohnbuchführung: Zusammenstellung, in der die Angaben der einzelnen →Lohnkosten für eine Lohnperiode gesammelt werden. Die L. enthält nach Arbeitnehmern geordnet Angaben über die Lohnzeit, den Bruttolohn, die Abzüge und den Netto- oder Restlohn. Die Summen der L. dienen als Grundlage für die Buchungen in der →Finanzbuchhaltung. Da L., Lohnkonto und Lohnstreifen inhaltsgleich sind, werden sie in der Durchschreibebuchführung in einem Arbeitsgang erstellt. Für die maschinelle Erstellung der Lohnzettel und Lohnsteuerbescheinigungen sind Vordruckmuster zu beachten (BStBl 1984 I 593 ff.)

Lohnnebenkosten, →Personalnebenkosten.

Lohnperiode, →Lohnzahlungs-Zeitraum.

Lohnpfändung, Pfändung von Arbeitseinkommen. 1. *Gesetzliche Regelung:* Durch §§ 850 a–k ZPO (sozialpolitische Schutzvorschriften, die auch im öffentlichen Interesse erlassen sind) beschränkt. Die Lohn- oder Gehaltsforderungen gegen den Arbeitgeber sind durch §§ 850–850 h ZPO geschützt, sonstige Dienstleistungsvergütungen durch § 850 i ZPO, Forderungen gegen Geldinstitute auf Kosten aus Dienst- und Arbeitseinkommen durch § 850 k ZPO. Ein Verzicht auf Pfändungsschutz ist unzulässig. – Unter den Begriff des *Arbeitseinkommens* (§ 850 II und III ZPO) fallen insbes. alle fortlaufenden Dienst- und Arbeitsentgelte aus Dienst- und Arbeitsverträgen, einschl. der fortgezahlten Bezüge, Abfindungen nach §§ 9, 10 KSchG, Ruhestands- und Hinterbliebenenbezüge, Versicherungsrenten, die ein Ruhegehalt ersetzen oder ergänzen und Karenzentschädigungen. – 2. *Pfändungsfreigrenzen* (Stand 1987): Gem. Gesetz vom 8.3.1984 (BGBl I 364) sind 754 DM monatlich (174 DM wöchentlich, 34,80 DM täglich) pfändungsfrei. Der Betrag erhöht sich, wenn der Schuldner nahen Angehörigen Unterhalt gewährt, um 338 DM monatlich (78 DM wöchentlich, 15,60 DM täglich) für die erste und um 234 DM monatlich (54 DM wöchentlich, 20,80 DM täglich) für die zweite bis fünfte unterhaltsberechtigte Person bis zu einem Höchstbetrag von 2028 DM monatlich (468 DM wöchentlich, 93,60 DM täglich). Eigenes Einkommen des Unterhaltsberechtigten kann auf Antrag des Gläubigers vom Vollstreckungsgericht berücksichtigt werden. – Ist das Arbeitseinkommen höher als die danach unpfändbaren Beträge, so ergibt sich der zulässige Umfang der L. bei Einkommen bis 3302 DM monatlich (762 DM wöchentlich, 152,40 DM täglich) aus der L.-Tabelle (Anlage zu § 850c ZPO). Der darüber hinaus gehende Teil des Arbeitseinkommens ist voll pfändbar (vgl. im einzelnen § 850c ZPO). – 3. *Berechnung des pfändbaren Einkommens* (§ 850e ZPO): Für die Berechnung des pfändbaren Arbeitseinkommens ist vom Nettoeinkommen nach Abzug von Lohnsteuer und Sozialversicherungsbeiträgen auszugehen. Nicht mitzurechnen sind gewisse Teile des Arbeitseinkommens, die absolut unpfändbar sind nach § 850a ZPO (z. B. Vergütungen für Überstunden zur Hälfte, Urlaubsgeld, soweit im Rahmen des Üblichen gezahlt, Weihnachtsgratifikationen bis 470 DM, soziale Zulagen für auswärtige Beschäftigung, Gefahren- und Erschwerniszulagen). Bedingt pfändbar sind u.a. Renten wegen Körperverletzung und Unterhaltsrenten, die auf gesetzlichen Vorschriften beruhen (§ 850b ZPO). – 4. *L. wegen gesetzlicher Unterhaltsansprüche:* Dem Schuldner ist jedoch soviel zu belassen, als er für seinen notwendigen Unterhalt bedarf (§ 850d ZPO). – 5. Erfordern es *besondere Bedürfnisse des Schuldners* aus persönlichen oder beruflichen Gründen oder der besondere Umfang seiner gesetzlichen Unterhaltspflichten, kann das Vollstreckungsgericht, wenn nicht überwiegende Interessen der Gläubiger entgegenstehen, eine abweichende Regelung treffen (§ 850f ZPO). – 6. Auch das *durch einen Lohnschiebungsvertrag verschleierte Arbeitseinkommen* unterliegt der L.: Vgl. im einzelnen →Lohnschiebung. – 7. Eine *L. in Lohn- und Gehaltskonten*, die über den pfändungsfreien Betrag hinausgeht, ist auf Antrag des Schuldners vom Vollstreckungsgericht aufzuheben (§ 850k ZPO). – 8. *Änderung der maßgebenden Verhältnisse:* Ändern sich die für die Bestimmung des unpfändbaren Betrages maßgebenden Verhältnisse, so ist der Pfändungsbeschluß auf Antrag eines Beteiligten entsprechend zu ändern (§ 850g ZPO).

Lohnpolitik. I. Begriff: Gesamtheit der Maßnahmen des Staates (staatliche L.) und der an der Lohnbildung beteiligten Parteien (L. der Tarifpartner) zur Beeinflussung von Lohnbildung, -höhe und -struktur.

II. Einteilung nach den Trägern: 1. *Staatliche L.:* Teil der →Einkommenspolitik des Staates, welche a) unter Gewährleistung der →Tarifautonomie durch *indikative Maßnahmen,* z. B. durch Appelle zur Lohndisziplin, unverbindliche →Lohnleitlinien und Kooperationen, oder b) durch die Tarifautonomie mehr oder weniger aufhebende *Zwangsmaßnahmen,* z. B. durch →Indexierung der Tariflöhne; Lohnkontrollen oder →Lohnstopps, versuchen, über ihre Tariflohnforderungen, die Arbeitgeberverbände durch Abwehr von Tariflohnsteigerungen, die reale Verteilungsposition ihrer Mitglieder zu verbessern bzw. u. U. zu halten. Im Rahmen der Tarifautonomie führen Verhandlungen, evtl. auch →Arbeitskampf und →Schlichtung zu →Tarifverträgen, in denen u. a. die Tariflöhne mit einer vereinbarten Laufzeit festgelegt werden.

3. *Betriebliche L.:* Unternehmensinterne Ergänzungen zu tarifvertraglichen Vereinbarungen bezüglich übertariflicher Lohnzuschläge (→Effektivlohn) und zusätzlicher Lohndifferenzierungen.

III. Konzepte: 1. *Produktivitätsorientierte L.:* Form der L., die die Lohnstückkosten und unter bestimmten Voraussetzungen auch die Verteilungsrelationen (Lohnquote, Gewinnquote) mit dem Ziel konstant läßt, die Stabilität des Preisniveaus zu bewahren. Aus der Definition der (gesamtwirtschaftlichen) Lohnstückkosten:

$$LSK = \frac{L^n}{Y} = \frac{l \cdot A}{\pi \cdot A} = \frac{l}{\pi}$$

(L^n = nominelle Lohnsumme, Y = reales Volkseinkommen, l = Nominallohnsatz pro Stunde, A = Arbeitsvolumen in Stunden, π = durchschnittliche Arbeitsproduktivität pro Stunde) folgt: $W_{LSK} = W_l - W_\pi = 0$ (W_{LSK} = Wachstumsrate der Lohnstückkosten, konstant, W_l = Wachstumsrate des Nominallohnsatzes, W_π = Wachstumsrate der Arbeitsproduktivität). D. h. die Lohnstückkosten bleiben konstant, wenn der Nominallohnsatz mit der gleichen Rate wächst wie die Arbeitsproduktivität ($W_l = W_\pi$), die Nominallohnsteigerungen sich in diesem Sinne also am Produktivitätsfortschritt orientieren. Unter der Zusatzannahme konstanter Kapitalkosten und (von der Kostenseite her begründeter)

Konstanz des gesamtwirtschaftlichen Preisniveaus gilt dann auch, daß die reale Lohnquote konstant bleibt:

$$\lambda = \frac{L}{Y} = \frac{l/P \cdot A}{\pi \cdot A} = \frac{l}{P \cdot \pi}$$

(L = reale Lohnsumme, P = Preisniveau), weil $W_\lambda = W_l - W_\pi - W_P = 0$ (W_λ = Wachsrate der Lohnquote, W_P = Inflationsrate), wenn als (angestrebtes) Ergebnis der produktivitätsorientierten L. das Preisniveau stabil bleibt ($W_l = W_\pi$ und $W_P = 0$). – *Kritik:* Nach diesem Konzept wird, wenn tatsächlich Preisniveaustabilität erreicht wird, die gegebene Verteilung zementiert. Aufgrund von Marktmacht verfügen die Unternehmungen unabhängig von der Kostenseite über Preiserhöhungsspielräume, so daß das Preisniveau gleichwohl steigen und die Lohnquote sinken kann. Neben den Lohnkosten spielen bei der Preisbildung noch andere Kostenbestandteile (z. B. die Kapitalkosten) eine Rolle, die zu einer Erhöhung des Kosten- und Preisniveaus führen können.

2. *Kostenniveauneutrale L.:* Vom →Sachverständigenrat zur Begutachtung der gesamtwirtschaftlichen Entwicklung vorgeschlagenes Konzept, mit dem die lohnpolitischen Bedingungen für die Erhaltung bzw. das Entstehen von Preisniveaustabilität ohne Arbeitslosigkeit aufgezeigt werden sollten. Ausgehen von der Annahme, daß ein Steigen des Kostenniveaus ein Steigen des Preisniveaus bewirkt, soll das gesamtwirtschaftliche Kostenniveau konstant gehalten werden. Als Bestimmungsfaktoren für das Kostenniveau werden neben dem Lohn auch die →terms of trade, der reale Kapitaleinsatz je Produkteinheit und der Zinssatz als Preis für den Produktionsfaktor Kapital einbezogen. Bei gegebenem Produktivitätsfortschritt ist der Lohnerhöhungsspielraum von der Veränderung der anderen die Kosten beeinflussenden Faktoren abhängig. Als kostenniveauneutral gilt eine L. dann, wenn bei Konstanz (Steigen, Sinken) der anderen Kostenfaktoren die Nominallohnsätze mit der gleichen (entsprechend kleineren, größeren) Rate wachsen als die Arbeitsproduktivität. – *Kritik:* Bei konstantem Preisniveau ist dieses Konzept dann nicht mehr verteilungsneutral, wenn die kostenniveauneutrale Lohnentwicklung den Produktivitätsfortschritt unter- oder überschreitet. Durch Vorgabe der Entwicklung der anderen Kostenfaktoren wird der L. eine passive, reaktive Rolle bei der Einkommensverteilung zugewiesen. Wegen der Preissetzungsmacht der Unternehmungen gewährleistet ein konstantes Kostenniveau nicht unbedingt auch ein stabiles Preisniveau.

3. *Expansive L.:* U. a. von gewerkschaftlicher Seite vorgeschlagenes Konzept, das durch über den autonomen Produktivitätsfortschritt hinausgehende Nominallohnerhöhungen

sowohl die Lohnquote als auch das Volkseinkommen real steigern soll. Wirkungshypothese: a) Durch den Lohnkostendruck (Erhöhung der Lohnstückkosten) werden die Unternehmungen zu Rationalisierungsmaßnahmen mit induzierter Produktivitätssteigerung veranlaßt, welche den Lohnkostenschub (teilweise) wieder abfängt (Produktivitätsargument). b) Durch die Lohnerhöhungen steigt die (Massen-)Kaufkraft der Arbeitnehmer und damit die gesamtwirtschaftliche Nachfrage und Produktion (Kaufkraftargument). – *Kritik:* Es besteht die Gefahr, daß der autonome und induzierte Produktivitätsfortschritt insgesamt weder ein Steigen der Lohnstückkosten (vgl. produktivitätsorientierte L.) noch ein Steigen des Kostenniveaus (vgl. kostenniveauneutrale L.) verhindern können, so daß die Unternehmungen zur Verteidigung ihrer Gewinnposition die Preise erhöhen werden. Tritt die erwartete Nachfrageexpansion ein, entstehen für die Unternehmungen zusätzliche Spielräume zur Überwälzung des Kostenstoßes auf die Preise. Ein im Endeffekt steigendes Preisniveau kann schließlich sowohl die Reallohnposition der Arbeitnehmer als auch deren Beschäftigungslage verschlechtern, wenn das reale Wachstum hinter dem Produktivitätsfortschritt zurückbleibt oder aufgrund des Kaufkraftverlustes und einer unzureichenden Nachfrageexpansion sogar negativ wird.

Lohnprämie, bei allen →Lohnformen übliche Lohnaufbesserung für bestimmte Leistungen. L. wird u. a. gezahlt als →Qualitätsprämie, Sparsamkeits-, Pünktlichkeits-, Unfallverhütungs-prämie u. a. Durch L. kann man auch bei Arbeiten, die ihrem Wesen nach ausschließlich im Zeitlohn abzugelten sind, einen Leistungsanreiz ausüben. – *Anders:* →Prämienlohn.

Lohn-Preis-Spirale, Bezeichnung für eine stabilitätswidrige Entwicklung (im Konjunkturaufschwung), bei der über den Produktivitätsfortschritt hinausgehende Lohnerhöhungen infolge der steigenden Lohnstückkosten zu steigenden (Konsumgüter-)Preisen, diese wiederum zu kompensierenden Lohnforderungen der Gewerkschaften usw. führen. Dient in der wirtschaftspolitischen Diskussion häufig als Argument gegen gewerkschaftliche Lohnforderungen, insbes. gegen expansive →Lohnpolitik.

Lohnquote. 1. *Begriff:* Anteil der Bruttoeinkommen aus unselbständiger Arbeit am →Volkseinkommen. – 2. *Arten:* a) *Brutto-L.:* Anteil des Bruttoeinkommens aus unselbständiger Arbeit am Volkseinkommen. b) *Netto-L.:* Anteil der um →Steuern und Sozialabgaben gekürzten Lohneinkommen am Volkseinkommen. – Beide Quoten sind für zeitliche Längsvergleiche ungeeignet, da sie die Veränderung in der Beschäftigtenstruktur unberücksichtigt lassen. c) Die *bereinigte*

Brutto-L. und die *bereinigte Netto-L.* berücksichtigen diese Strukturverschiebungen; sie gehen von einer im Beobachtungszeitraum rechnerisch konstant gehaltenen Beschäftigungsstruktur aus.

Brutto-L. in der Bundesrep. D.

	tatsächliche	bereinigte[1])
1960	60,1	60,1
1970	68,0	62,9
1980	73,5	64,9
1985	69,5	61,6

[1]) Auf der Basis des konstanten Anteils der Arbeitnehmer an den Erwerbstätigen von 1960.

3. *Bedeutung:* Die L. und deren Veränderung im Zeitablauf sagt *nichts* aus über die Entwicklung der personellen →Einkommensverteilung. Auch im Hinblick auf die funktionale Einkommensverteilung ist ihre Aussagefähigkeit *begrenzt:* Zum einen läßt sie die Veränderung der Erwerbstätigenstruktur unberücksichtigt, zum anderen gibt sie aufgrund der Heterogenität der Unternehmens- und Vermögenseinkommen keine Information darüber, wie sich die auf Kapitaleinsatz entfallenden Einkommensteile entwickeln.

Lohnrechnung, →Lohnbuchführung.

Lohnregister, Aufzeichnungsmittel der →landwirtschaftlichen Buchführung. In das L. sind laufend die Barlöhne und Sachbezüge, die den im Betrieb beschäftigten Arbeitnehmern gewährt werden, einzutragen.

Lohnrückstände, Rückstände an →Arbeitslohn. 1. L. werden bei der Berechnung der *Gewerbesteuer* des betreffenden Betriebes als regelmäßig laufende Schulden und nicht als →Dauerschulden behandelt; ebenso Bankschulden, die zur Bezahlung von Löhnen aufgenommen werden. – 2. L. aus dem letzten Jahr vor Eröffnung des *Konkurses* sind bevorrechtigte Konkursforderungen 1. Ranges (§ 61 Nr. 1 KO). Vgl. auch →bevorrechtigte Gläubiger.

Lohnsatz, in der Volkswirtschaftstheorie der Preis für die menschliche Arbeitsleistung. Vgl. →Lohnstruktur.

Lohnsatzabweichung, →Abweichungen I 2 a) (2).

Lohnschein, Hilfsmittel zur Erfassung von Arbeitszeiten sowie zur Verrechnung von →Lohnkosten auf Kostenstellen oder Kostenträger (→Kostenverrechnung). – Vgl. auch →Lohnverteilung(sblatt).

Lohnschiebung, 1. *Begriff:* Versuche des Schuldners, die Pfändung seines Arbeitseinkommens (→Lohnpfändung) unter Mißbrauch der Bestimmungen über den Pfändungsschutz zu vereiteln. – 2. *Formen:* a)

Vereinbarung über Zahlung des die Pfändungsgrenze übersteigenden Betrages des Arbeitseinkommens an einen Dritten, z. B. Ehefrau des Arbeitnehmers, zwischen Arbeitnehmer und Arbeitgeber. Der Gläubiger kann aufgrund eines Schuldtitels gegen den Arbeitnehmer auch dieses mittelbare Arbeitseinkommen pfänden; die Pfändung umfaßt dabei auch den Anspruch des Dritten gegen den Arbeitgeber, der Pfändungs- und Überweisungsbeschluß ist auch dem Drittberechtigten zuzustellen (§ 850 h I ZPO). – b) *Vereinbarung eines verschleierten Arbeitsverhältnisses* zwischen Arbeitnehmer und Arbeitgeber (meist nahe Verwandte): Arbeit oder Dienste, die üblicherweise vergütet werden, werden unentgeltlich oder nur gegen eine unverhältnismäßig niedrige Vergütung geleistet. Im Verhältnis des Gläubigers zum Arbeitgeber gilt eine angemessene Vergütung als geschuldet, deren Höhe im Streitfall unter Berücksichtigung der Umstände des Einzelfalls festgestellt wird, insbes. nach Art der Arbeits- oder Dienstleistung, der verwandtschaftlichen Beziehungen zwischen Arbeitgeber und Arbeitnehmer und der wirtschaftlichen Leistungsfähigkeit des Arbeitgebers (§ 850 h II ZPO).

Lohnschutz, →Lohnpfändung.

Lohnspitzenverzicht, *Lohnverzicht,* steuerlich anerkannte, schriftlich zu treffende Vereinbarung zwischen Arbeitgeber und Arbeitnehmer auf Herabsetzung des tariflichen oder vertraglichen Arbeitsentgelts zwecks Einreihung des Arbeitnehmers in eine niedrigere Stufe der Steuertabelle. Arbeitsrechtlich gilt § 4 III TVG, der vom Tarifvertrag abweichende Entgeltvereinbarungen zugunsten des Arbeitnehmers umfaßt (→Günstigkeitsprinzip).

Lohnstatistik, *Verdienststatistik.* I. A m t l i c h e S t a t i s t i k: Erfassung und Messung des Einkommens aus unselbständiger Arbeit. Alle Formen der L. beruhen auf →Repräsentativerhebungen. Die L. umfaßt: 1. *Arbeitsverdienststatistik:* Laufende Verdiensterhebungen in Industrie und Handel, im Handwerk und in der Landwirtschaft. Dabei werden aufgrund von Lohnsummen berechnete durchschnittliche Wochen- und Stundenverdienste (brutto) der Arbeiter und die Monatsverdienste (brutto) der Angestellten nachgewiesen, zugleich auch die durchschnittlich geleistete Wochenarbeitszeit der Arbeiter, die Beschäftigungsarten von Angestellten nach Wirtschaftsbereichen und -zweigen, Leistungsgruppen und Geschlecht. Diese Zahlen werden auch in Indexreihen (Basis 1980 = 100) dargestellt. – 2. *Gehalts- und Lohnstrukturerhebungen* in der gewerblichen Wirtschaft und im Dienstleistungsbereich. Diese Erhebungen liefern im Abstand von mehreren Jahren a) Unterlagen über die Streuung der Verdienste, da Individualdaten ermittelt werden; b) Zusammensetzung und Schichtung der

Verdienste nach Geschlecht, Altersstufen, Dauer der Betriebszugehörigkeit u. a. mit Messung der relativen Konzentrationen anhand von →Lorenzkurven. – 3. *Arbeitskostenerhebungen* im Produzierenden Gewerbe und im Dienstleistungsbereich: Dreijährlich werden die Personalkosten der Unternehmen nach Arten, Wirtschaftszweigen und Unternehmensgrößenklassen ermittelt. – 4. *Statistik der Tariflöhne und Tarifgehälter:* Tarifliche Lohnsätze für höchste und niedrigste Lohngruppen und ausgewählte dazwischen liegende Lohngruppen jeweils in der höchsten Altersstufe; entsprechend Anfangs- und Endgehälter für höchste und niedrigste und einige ausgewählte Gehaltsgruppen. – Vgl. auch →Löhne und Gehälter.

II. Betriebswirtschaftliche Statistik: Teilgebiet im Rahmen der Statistik von Kostenstruktur und Kostenentwicklung. Vgl. →betriebswirtschaftliche Statistik.

Lohnsteuer, die bei Einkünften aus nichtselbständiger Arbeit durch Abzug vom →Arbeitslohn (vgl. dort III) erhobene Einkommensteuer.

I. Rechtsgrundlagen: §§ 19, 19a, 38–42f EStG; →Lohnsteuer-Durchführungsverordnung (LStDV), →Lohnsteuer-Richtlinien und →Lohnsteuertabellen.

II. Ertragshoheit: Vgl. →Einkommensteuer.

III. Aufgabe: Erfassung des steuerpflichtigen Einkommens bei natürlichen Personen, wenn es ihnen bei unselbständiger Beschäftigung als →Arbeitsentgelt zufließt. Grundlage des fiskalischen Anspruchs sind Bestehen und Inhalt eines vertraglichen Dienstverhältnisses.

IV. Wesen: Keine Sondersteuer, sondern eine Erhebungsform der →Einkommensteuer in Form des Abzugs unmittelbar an der Einkommensquelle; zunächst nach Maßstab, Höhe und Durchführung weitgehend von der Einkommensteuer gelöst, durch →Lohnsteuer-Jahresausgleich jedoch wieder angeglichen. – Diese Erhebungsform verlagert die Pflicht zur Erhebung und Abführung der L. vom Arbeitnehmer (Steuerschuldner) auf den Arbeitgeber.

V. Lohnsteuerpflicht: Die L. ist bei Arbeitnehmern mit Einkünften aus nichtselbständiger Arbeit (→lohnsteuerpflichtige Einkünfte) einzuhalten, die (1) im Inland einen Wohnsitz oder gewöhnlichen Aufenthalt haben (→*unbeschränkte Steuerpflicht*) oder (2) im Inland keinen Wohnsitz oder gewöhnlichen Aufenthalt haben, wenn sie entweder im Inland als Arbeitnehmer tätig sind oder ihre ausländische Tätigkeit im Inland verwertet wird (→*beschränkte Steuerpflicht*).

VI. Pflichten des Arbeitgebers: 1. Durchführung und Kontrolle des ordnungsgemäßen L.-Abzugs (→Lohnsteuerberechnung) und der Abführung ans Finanzamt; 2. Abgabe

von →Lohnsteueranmeldungen bei Beginn eines Dienstverhältnisses; 3. Führung des →Lohnkontos; 4. Ausfüllung von →Lohnsteuerbescheinigungen und →Lohnzetteln; 5. Duldung von →Lohnsteueraußenprüfungen und Mitwirkungspflicht.

VII. Pflichten des Arbeitnehmers: 1. Duldung des L.abzugs; 2. Abgabe der →Lohnsteuerkarte zu Jahresanfang, ggf. deren Beantragung, besonders in Fällen, in denen ein zweites oder →mehrere Dienstverhältnisse eingegangen werden; 3. rechtzeitige Bekanntgabe bei Änderung steuerrelevanter Verhältnisse. Im Falle der schuldhaften Nichtvorlage einer Steuerkarte treten für ihn Nachteile ein: Anwendung der Lohnsteuertabelle nach Steuerklasse VI (§ 39c I EStG).

VIII. Durchführung des Lohnsteuerabzugs beim Arbeitnehmer: 1. Einbehaltung der L. vom *laufenden* →*Arbeitslohn:* Nach Feststellung der Höhe des laufenden Arbeitslohns sind davon abzuziehen: der auf den →Lohnzahlungszeitraum entfallende Anteil des →Versorgungsfreibetrags und des →Altersentlastungsbetrags, der →Weihnachtsfreibetrag sowie ein etwaiger auf der L.karte eingetragener Freibetrag (→Lohnsteuer-Ermäßigungsverfahren). Für den so gekürzten Arbeitslohn ist die L. aus den für den Lohnzahlungszeitraum geltenden →Lohnsteuertabellen zu ermitteln. – 2. Einbehaltung der L. von →*sonstigen Bezügen:* Der Arbeitgeber hat den voraussichtlichen Jahresarbeitslohn ohne sonstige Bezüge und für diesen, um die in VIII 1 genannten Freibeträge gekürzt, die L. aus den entsprechenden Jahreslohnsteuertabellen zu ermitteln. Außerdem ist die L. für den maßgebenden Jahresarbeitslohn unter Einbeziehung der sonstigen Bezüge festzustellen. Der Unterschiedsbetrag zwischen den ermittelten Jahreslohnsteuerbeträgen ist die von den sonstigen Bezügen einzubehaltende L. – Hinsichtlich der Feststellung des voraussichtlichen Jahresarbeitslohns ist wie folgt zu verfahren: Ermittlung des Arbeitslohns, der bis zur Zahlung des sonstigen Bezugs bereits zugeflossen ist; Schätzung des bis zum Ablauf des Kalenderjahrs noch zu erwartenden Arbeitslohns; Zusammenrechnung der ermittelten Größen; künftige sonstige Bezüge, mit deren Zufließen bis Ende des Jahres zu rechnen ist, bleiben außer Betracht; künftiger zu erwartender höherer laufender Arbeitslohn (z. B. Gehaltserhöhung) ist zu berücksichtigen, wenn dieser feststeht. – *Ausnahmen von der generellen Besteuerung sonstiger Bezüge:* a) Sonstige Bezüge, die 300 DM nicht übersteigen, sind als laufender Arbeitslohn zu behandeln; b) außerordentliche Einkünfte im Sinne des § 34 EStG. In einigen Fällen Möglichkeit einer →Pauschalierung der Lohnsteuer. – Vgl. auch →Lohnsteuerberechnung.

IX. Anmeldung und Abführung: Der Arbeitgeber hat spätestens am zehnten Tag nach Ablauf eines Lohnsteuer-Anmeldungszeitraums (i. d. R. eines Kalendermonats): (1) dem →Betriebsstättenfinanzamt eine →Steuererklärung einzureichen, in der er die Summe der im betreffenden Zeitraum einzubehaltenden und zu übernehmenden L. angibt (vgl. auch →Lohnsteueranmeldung), (2) die insgesamt einbehaltene und übernommene L. an das Betriebsstättenfinanzamt abzuführen.

X. Haftung: 1. Der *Arbeitgeber* haftet a) für die L., die er einzubehalten und abzuführen hat, b) für die L., die er beim L.-Jahresausgleich zu Unrecht erstattet hat, c) für die aufgrund fehlerhafter Angaben im Lohnkonto, in der L.bescheinigung oder im Lohnzettel verkürzte L. Bei Arbeitnehmerüberlassungen kann der Entleiher unter bestimmten Voraussetzungen haftungsweise für die L. der geliehenen Arbeitnehmer in Anspruch genommen werden (§ 42 d EStG). – 2. Der *Arbeitnehmer* kann im Rahmen der Gesamtschuldnerschaft nur in Anspruch genommen werden, wenn a) der Arbeitgeber die L. nicht vorschriftsmäßig vom Arbeitslohn einbehalten hat, b) der Arbeitnehmer weiß, daß der Arbeitgeber die einbehaltene L. nicht vorschriftsmäßig angemeldet hat. – 3. Gegen Arbeitgeber oder Arbeitnehmer werden, wenn sie in Anspruch genommen werden, →*Haftungsbescheide* vom Finanzamt erlassen, es sei denn, der Zahlungsverpflichtete hatte die Haftung schriftlich anerkannt oder der Arbeitgeber eine Lohnsteueranmeldung abgegeben.

XI. Lohnsteuer-Jahresausgleich (vgl. auch dort): Erstattung der im Laufe des Jahres zuviel erhobenen L. an die Arbeitnehmer nach Ablauf des Jahres. Er ist von einem Arbeitgeber, der am 31. Dezember mehr als zehn Arbeitnehmer beschäftigt, regelmäßig durchzuführen oder durch den Arbeitnehmer beim Finanzamt zu beantragen. Eine →Veranlagung zur Einkommensteuer ist für Arbeitnehmer zwingend vorgeschrieben, wenn der Arbeitnehmer neben seinem Arbeitslohn noch andere Einkünfte bezogen hat oder wenn bestimmte Einkommensgrenzen überschritten sind (bei zusammenveranlagten Personen 48 000 DM, bei anderen 24 000 DM); zuviel einbehaltene Steuern werden erstattet, zuwenig erhobene Steuern nachgefordert.

XII. Aufkommen: Seit 1972 übersteigen die L.einnahmen die Einnahmen aus jeder anderen Steuerart: 1986: 152,2 Mrd. DM (1985: 147,6 Mrd. DM; 1981: 116,5 Mrd. DM; 1978: 92,0 Mrd. DM; 1974: 72,0 Mrd. DM; 1960: 8,1 Mrd. DM; 1955: 4,4 Mrd. DM; 1950: 1,8 Mrd. DM).

Lohnsteuerabzug, eine Aufgabe der →Lohnbuchführung. Vgl. im einzelnen →Lohn-

steuerberechnung,   →Pauschalierung der Lohnsteuer.

Lohnsteueranmeldung, Pflicht des Arbeitgebers zur Anmeldung der einbehaltenen →Lohnsteuer (§ 41a EStG). *Befreit* von der Einreichungspflicht sind Arbeitgeber, die keine Arbeitnehmer beschäftigen und dies dem Finanzamt mitteilen. – *Einzureichen* ist die L. spätestens am zehnten Tag nach Ablauf eines jeden Lohnsteuer-Anmeldungszeitraums auf vorgeschriebenem Vordruck beim →Betriebsstättenfinanzamt; auch dann, wenn keine Lohnsteuer einzubehalten war. – *Lohnsteuer-Anmeldezeitraum:* I. d. R. ein Kalendermonat; ein Kalendervierteljahr, wenn die im vorangegangenen Kalenderjahr abzuführende Lohnsteuer mehr als 600 DM, aber nicht mehr als 6000 DM betragen hat; ein Kalenderjahr, wenn sie nicht mehr als 600 DM betragen hat. – →*Verspätungszuschlag* bis zu 10% der endgültig festgestellten Lohnsteuer kann bei nicht rechtzeitiger Abgabe festgesetzt werden; Abgabe der L. kann durch Auferlegung eines →*Zwangsgeldes* erzwungen werden.

Lohnsteuerauskunft, *Anrufungsauskunft,* Auskunft des →Betriebsstättenfinanzamtes auf Antrag eines Beteiligten darüber, ob und inwieweit im einzelnen Fall die Vorschriften über die →Lohnsteuer (nicht: →Kirchensteuer) anzuwenden sind (§ 42e EStG).

Lohnsteueraußenprüfung, *Lohnsteuerprüfung,* planmäßig, also nicht nur bei unregelmäßiger Abführung der Lohnsteuer, vom →Betriebsstättenfinanzamt im bestimmten zeitlichen Turnus (i. d. R. zwei Jahre) durchgeführte Prüfung über die ordnungsmäßige Abführung der →Lohnsteuer bei privaten und öffentlichen Arbeitgebern (vgl. →Außenprüfung). – *Prüfungsumfang:* Feststellung der für eine Lohnsteuer in Frage kommender Arbeitnehmer; Höhe des gezahlten Arbeitslohns einschl. gezahlter Sachbezüge. Zuwenig gezahlte Lohnsteuer wird durch →Haftungsbescheid nachgefordert. – Neben dem Arbeitgeber ist auch der Arbeitnehmer auf Verlangen bei der L. *mitwirkungspflichtig* (§ 42 f EStG).

Lohnsteuerberechnung, Errechnung der einzubehaltenden und abzuführenden →Lohnsteuer vom →Arbeitslohn, durchzuführen nach der jeweils gültigen allgemeinen oder besonderen Jahreslohnsteuertabelle oder den ihr entsprechenden Monats-, Wochen- oder Tageslohnsteuertabellen (→Lohnsteuertabelle). Für →Lohnzahlungszeiträume, für die keine Lohnsteuertabellen aufgestellt sind, ergibt sich die Lohnsteuer aus den mit der Zahl der Kalendertage oder Wochen dieser Zeiträume vervielfachten Beträgen der Lohnsteuertages- oder -wochentabelle. – Gesetzliche oder tarifliche Zuschläge für Mehrarbeit, Sonntagsarbeit usw. sind steuerfrei; entsprechende freiwillige Zuschläge sind nur bis zu bestimmten Höchstbeträgen steuerfrei (§ 3 b EStG); vgl. →Mehrarbeitszuschlag. – *Vereinfachte L.*: Vgl. →Pauschalierung der Lohnsteuer.

Lohnsteuerbescheinigung, vom Arbeitgeber für die am Ende des Kalenderjahres bei ihm beschäftigten und für solche Arbeitnehmer, die im Laufe des Jahres bei ihm ausgeschieden sind, auszustellende Bescheinigung (§ 41 b EStG). Vordruck einer L. auf der →Lohnsteuerkarte. – *Anzugeben* sind: (1) Beschäftigungszeit des Arbeitnehmers im Kalenderjahr, (2) Höhe des entsprechenden →Arbeitsentgelts (einschl. →Sachbezüge), (3) Höhe der abgeführten →Lohnsteuer (ggf. nach der →besonderen Lohnsteuertabelle), (4) Angabe des ausgezahlten Kurzarbeiter- und Schlechtwettergelds sowie die diesen Leistungen entsprechenden Beträge im Sinne des § 32 b II Nr. 1 EStG. – *Befreiung* bei →Teilzeitbeschäftigten oder Arbeitnehmern, bei denen gem. § 40 oder § 40 b EStG in besonderen Fällen der Arbeitslohn pauschal besteuert wurde. – Vgl. auch →Verdienstbescheinigung, →Lohnsteuerüberweisungsblatt, →Lohnzettel II.

Lohnsteuer-Durchführungsverordnung (LStDV), Steuerverordnung i. d. F. vom 23. 10. 1984 – LStDV 1984 – (BGBl I 1313), geändert durch VO zur Änderung der LStDV vom 2. 4. 1986 (BGBl I 379). Die LStDV enthält Vorschriften über die Besteuerung der Einkünfte aus nichtselbständiger Tätigkeit und die Durchführung des Steuerabzugs vom Arbeitslohn. – Vgl. auch →Lohnsteuer.

Lohnsteuer-Ermäßigungsverfahren. I. Begriff: Das L.-E. ist ein Teil des Lohnsteuer-(abzugs)verfahrens (→Lohnsteuer), durch das der Bezieher der Einkünfte aus nichtselbständiger Arbeit das Recht erhält, unter bestimmten Voraussetzungen einen Freibetrag auf der →Lohnsteuerkarte eintragen zu lassen (§ 39 a EStG). Der Steuerpflichtige braucht somit nicht den →Lohnsteuer-Jahresausgleich abzuwarten, um eine individuell abzugsfähigen Beträge geltend zu machen, sondern kann seine regelmäßig zu zahlende Lohnsteuer schon während des laufenden Kalenderjahrs durch einen förmlichen Antrag beim zuständigen Wohnsitzfinanzamt ermäßigen lassen.

II. Zielsetzung: →Werbungskosten und →Sonderausgaben gehen ohne Vorliegen eines besonderen Antrags nur in Form von Pauschalen in die Berechnung der Lohnsteuer ein. Dies führt bei tatsächlichen höheren Werbungskosten oder Sonderausgaben oder bei der Existenz von →außergewöhnlichen Belastungen zu *Nachteilen im Vergleich zu Beziehern anderer Einkunftsarten,* die o. g. Ausgaben im Rahmen ihrer Einkommensteuervorauszahlungen geltend machen können. Durch das L.-E. können die während des Kalenderjahrs zu entrichtenden Lohnsteuerbeträge der sich voraussichtlich durch den →Lohnsteuer-Jahresausgleich bzw. durch die Veranlagung zur Einkommensteuer ergebenden Jahressteuer der Höhe nach angepaßt werden. – Bei der Ausstellung der Lohnsteuerkarte durch die zuständige Gemeinde werden *von Amts wegen* bereits der →Altersfreibetrag und nach Anweisung des Finanzamts →Pauschbeträge für Körperbehinderte und auf Antrag →Pauschbeträge für Hinterbliebene in einer Summe eingetragen. – Beträge, die auf Antrag zu der *Eintragung eines Freibetrags* führen können, werden in III. dargestellt.

III. Berücksichtigungsfähige Beträge im L.-E.: 1. *Einen Mindestbetrag voraussetzende Eintragungen:* Auf Antrag des Arbeitnehmers kann die Eintragung eines Freibetrags auf der Lohnsteuerkarte erfolgen, wenn die folgenden Beträge insgesamt 1800 DM im Kalenderjahr übersteigen: a) →Werbungskosten, die bei den Einkünften aus nichtselbständiger Arbeit anfallen, soweit sie höher als der Werbungskosten-Pauschbetrag von 564 DM (→Pauschbeträge für Werbungskosten) sind. – b) *Sonderausgaben* (für Nichtvorsorgeaufwendungen) unter der Voraussetzung, daß der Sonderausgaben-Pauschbetrag von 270 DM (→Pauschbeträge für Sonderausgaben) überschritten wird, wie: (1) *Unterhaltsleistungen* an den geschiedenen oder dauernd getrennt lebenden unbeschränkt einkommensteuerpflichtigen Ehegatten, wenn der Geber dies mit Zustimmung des Empfängers beantragt, bis zu 18 000 DM; (2) auf besonderen Verpflichtungsgründen beruhende *Renten* und *dauernde Lasten,* die nicht mit Einkünften in wirtschaftlichem Zusammenhang stehen, die bei der Veranlagung außer Betracht bleiben; bei Leibrenten ist nur der Ertragsanteil abzugsfähig; (3) gezahlte →*Kirchensteuer;* (4) die nach § 211 I Nr. 1 und 2 LAG abzugsfähigen Teile der Vermögens-, Hypotheken-, und Kreditgewinnabgabe; (5) →*Steuerberatungskosten;* (6) Aufwendungen des Steuerpflichtigen für seine →*Berufsausbildung* oder seine →*berufliche Weiterbildung* in einem nicht ausgeübten Beruf bis zu 900 DM im Kalenderjahr bzw. 1200 DM bei auswärtiger Unterbringung. – (7) Ausgaben zur Förderung mildtätiger, kirchlicher, religiöser, wissenschaftlicher und staatspolitischer Zwecke und der als besonders förderungswürdig anerkannten gemeinnützigen Zwecke bis zur Höhe von insgesamt 5 vom Hundert (bzw. 10 vom Hundert für wissenschaftliche und als besonders förderungswürdig anerkannte kulturelle Zwecke) des Gesamtbetrages der Einkünfte oder 2 vom Tausend der Summe der gesamten Umsätze und der im Kalenderjahr aufgewendeten Löhne und Gehälter. Ausgaben zur Förderung staatspolitischer Zwecke können nur abgezogen werden, wenn für sie nicht eine Steuerermäßigung nach § 34 g EStG gewährt worden ist. – c) *Für →außergewöhnliche Bela-stungen zu gewährende Beträge* mit Ausnahme der Pauschbeträge für Körperbehinderte und Hinterbliebene, die bereits von Amts wegen eingetragen sind. – Bei unbeschränkt einkommensteuerpflichtigen und nicht dauernd getrennt lebenden Ehegatten ist die Summe der für beide Ehegatten geltend gemachten Aufwendungen und Beträge zu berücksichtigen; die 1800 DM-Grenze ist jedoch nicht zu verdoppeln. – Der Mindestbetrag von 1800 DM, der durch das Einkommensteuerreformgesetz 1975 zur Arbeitsentlastung der Finanzämter eingeführt wurde, erweckt den Anschein, daß das L.-E. nur für wenige Arbeitnehmer mit besonders hohen Ausgaben von Bedeutung ist. Die folgende Tabelle zeigt jedoch, daß die Antragsgrenze schnell erreicht ist. Z. B. lohnt sich für Arbeitnehmer, für die eine der nachfolgenden Kombinationen zwischen täglich mit dem PKW zu fahrenden km bzw. täglichen Aufwendungen für öffentliche Verkehrsmittel, Anzahl der Arbeitstage und täglichen beruflich bedingter Abwesenheit vom Wohnsitz zutrifft bzw. höhere Zahlen vorliegen, ein Antrag auf Lohnsteuerermäßigung allein schon aufgrund der mit diesen Fahrten verbundenen Werbungskosten.

Entfernung zwischen Wohnung und Arbeits-stätte in km	Anzahl der Arbeitstage	täglich beruflich bedingte Abwesenheit vom Wohnsitz
13	235	über 12 Stunden
14	224	
15	215	
16	206	
17	198	
21	239	unter 12 Stunden
22	228	
23	218	
24	209	
25	201	
26	193	

tägliche Aufwendungen für Verkehrs-mittel in DM	Anzahl der Arbeitstage	täglich beruflich bedingte Abwesenheit vom Wohnsitz
4,80	231	über 12 Stunden
5,10	223	
5,40	215	
5,70	207	
6,00	201	
7,80	231	unter 12 Stunden
8,10	223	
8,40	215	
8,70	207	
9,00	201	

2. *Keinen Mindestbetrag voraussetzende Eintragungen:* Ohne Voraussetzung eines Mindestbetrags kann ein Freibetrag auf der Lohnsteuerkarte eingetragen werden: a) für *Beträge, die nach §§ 10e, 52 XXI 4 EStG oder nach § 15b BerlinFG* (→steuerbegünstigter Wohnungsbau) *berücksichtigt* werden können, auf Antrag zuzüglich 2400 DM für jedes Kind,

für das ein Anspruch auf Steuerermäßigung nach § 34f II EStG besteht. Die Eintragung eines Freibetrags darf jedoch erst nach Fertigstellung oder Anschaffung und Nutzung der Wohnung zu eigenen Wohnzwecken erfolgen. – b) für den Betrag der *negativen Einkünfte aus Vermietung und Verpachtung,* der sich bei der Inanspruchnahme erhöhter Absetzungen nach § 7b EStG oder nach §§ 14a, 15 BerlinFG ergeben wird, auf Antrag zuzüglich 2400 DM für das zweite oder jedes weitere Kind, soweit ein Anspruch auf Steuerermäßigung nach § 34f I EStG besteht. Hierbei beschränkt sich der zu berücksichtigende Betrag nicht auf die durch die erhöhten Abschreibungen entstehenden negativen Einkünfte. Bei der Feststellung des einzutragenden Freibetrags sind die voraussichtlichen Einkünfte aus Vermietung und Verpachtung des Arbeitnehmers und seines nicht dauernd getrennt lebenden unbeschränkt einkommensteuerpflichtigen Ehegatten vollständig zu erfassen, d. h. sowohl die Einnahmen als auch die weiteren Werbungskosten des steuerbegünstigten Objekts und falls vorhanden der anderen Gebäude des Steuerpflichtigen und seines Ehegatten. Negative Einkünfte aus Vermietung und Verpachtung, die jedoch bei Gebäuden entstanden sind, die erst im Laufe des Kalenderjahrs angeschafft oder fertiggestellt worden sind, dürfen nicht berücksichtigt werden. Ausgenommen sind nur die nach § 14a VI BerlinFG steuerbegünstigten Gebäude, bei denen zum Zeitpunkt der Antragstellung bereits angefallene Teilherstellungskosten oder geleistete Anzahlungen eingetragen werden dürfen. Somit eröffnet eine Immobilie, die nach § 7b EStG oder §§ 14a oder 15 BerlinFG abgeschrieben wird, unter den o. g. Voraussetzungen die Möglichkeit, den Freibetrag auf der Lohnsteuerkarte durch negative Einkünfte aus Vermietung und Verpachtung nichtsteuerbegünstigter Immobilien zu erhöhen. – Bei der *Eintragung eines Freibetrags* aufgrund der wie Sonderausgaben abziehbaren Beträge (§§ 10e, 52 XXI 4 EStG, § 15b BerlinFG) dürfen negative Einkünfte aus Vermietung und Verpachtung nicht auf der Lohnsteuerkarte eingetragen werden, wenn nicht gleichzeitig erhöhte Absetzungen (§ 7b EStG, §§ 14a, 15 BerlinFG) bei den Einkünften aus Vermietung und Verpachtung geltend gemacht werden.

IV. Verfahrensrechtliche Grundsätze: Ein Antrag auf Lohnsteuerermäßigung kann bis zum 30. November des Kalenderjahres gestellt werden, für das die Lohnsteuerkarte gilt. – Bei der Freibetragseintragung auf der Lohnsteuerkarte handelt es sich um eine *gesonderte Feststellung einer Besteuerungsgrundlage* im Sinne des § 179 I AO, die unter dem Vorbehalt der Nachprüfung steht. d. h. daß auch eine rückwirkende Änderung ohne Vorliegen der Voraussetzungen gem. §§ 172ff. AO möglich ist. – Für den Arbeitnehmer besteht die *Verpflichtung zur unverzüglichen Beantragung einer Korrektur* des Freibetrags, sofern sich folgende im Freibetrag berücksichtigte Beträge um mindestens 400 DM verringern: (1) Aufwendungen für die Fahrten zwischen Wohnung und Arbeitsstätte mit dem eigenen PKW; (2) Mehraufwendungen für →doppelte Haushaltsführung; (3) Unterhaltsaufwendungen; (4) Aufwendungen für eine Hausgehilfin oder vergleichbare Dienstleistungen. – Erkennt der Arbeitnehmer, daß die Eintragung auf der Lohnsteuerkarte von Beginn des Kalenderjahres an auf seinen *fehlerhaften Erklärungen* beruht, so gilt in diesen Fällen die uneingeschränkte →Anzeigepflicht nach § 153 I AO für alle im Freibetrag berücksichtigten Beträge. – Wird der Freibetrag auf der Lohnsteuerkarte rückwirkend gesenkt, so ist der Arbeitgeber berechtigt, bei der jeweils nächstfolgenden Lohnzahlung die in der Vergangenheit zuwenig erhobene Lohnsteuer vom Arbeitnehmer einzubehalten und an das Finanzamt abzuführen. Andernfalls besteht eine unverzügliche Anzeigepflicht des Arbeitgebers gegenüber dem Betriebsstättenfinanzamt mit der Folge, daß das Finanzamt die zuwenig erhobene Lohnsteuer, sofern sie 20 DM übersteigt, vom Arbeitnehmer nachfordert.

Dipl.-Kfm. Elisabeth Einig

Lohnsteuerhilfeverein. 1 *Begriff:* Selbsthilfeeinrichtung von Arbeitnehmern zur Hilfeleistung in Lohnsteuersachen für ihre Mitglieder (§ 13 I StBerG). – 2. *Anerkennung* (§§ 14–20 StBerG): Erfolgt bei Erfüllung der satzungsmäßigen Voraussetzungen und Abschluß einer Haftpflichtversicherung gegen eine Anerkennungsgebühr durch die Oberfinanzdirektion, in deren Bezirk der Verein seinen Sitz hat. Die Anerkennung erlischt durch Auflösung des Vereins, Verzicht auf Anerkennung und Verlust der Rechtsfähigkeit. Die Oberfinanzdirektion kann die Anerkennung unter den Voraussetzungen des § 20 StBerG zurücknehmen oder widerrufen. – 3. *Pflichten* (§§ 21–26 StBerG): Der L. hat Aufzeichnungen zu führen und diese Aufzeichnungen prüfen zu lassen. Die Hilfeleistung ist sachgemäß, gewissenhaft, verschwiegen und unter Verzicht auf Werbung auszuüben. – 4. *Aufsicht* (§§ 27–30 StBerG): Die Mitglieder des Vorstandes und Personen, denen sich der L. bei der Hilfeleistung bedient, haben der Oberfinanzdirektion als Aufsichtsbehörde u. a. Auskunft zu geben und Akten vorzulegen. Die Aufsichtsbehörde kann in den Geschäftsräumen Prüfungen vornehmen. – 5. *Ordnungswidrigkeiten:* Vgl. →Steuerberatungsgesetz III.

Lohnsteuer-Jahresausgleich, steuerliches Verfahren mit dem Zweck, die Arbeitnehmer nicht schlechter zu stellen als die zu veranlagenden Einkommensteuerpflichtigen; die im Laufe eines Kalenderjahres zuviel einbehal-

tene →Lohnsteuer wird erstattet. *Rechtsgrundlage:* §§ 42–42 b EStG.

I. L.-J. durch den Arbeitgeber: 1. *Durchführung:* Der Arbeitgeber hält ohne besonderen Antrag des Arbeitnehmers vom laufenden Lohn in der Zeit vom letzten Lohnzahlungszeitraum des auszugleichenden Jahres bis einschl. Monat März des folgenden Jahres in Höhe des Differenzbetrags weniger an Lohnsteuer ein und führt nur diese ab (Aufrechnung). Innerbetriebliche Verrechnung mit Lohnsteuerbeträgen anderer Arbeitnehmer und Barzahlung ist bei entsprechender Buchung auf →Lohnkonto zulässig. – 2. *Durchführungspflicht:* Arbeitgeber mit mehr als zehn Arbeitnehmern am 31. Dezember des Ausgleichsjahrs müssen den Ausgleich durchführen; bei weniger als zehn Beschäftigten und bei unständiger Beschäftigung, wenn die beschäftigungslose Zeit nicht durch amtliche Unterlagen (z. B. Arbeitslosen-Meldekarte) nachgewiesen wird, kann der Arbeitnehmer an das zuständige Finanzamt verwiesen werden. – 3. *Keine Durchführung* durch den Arbeitgeber, wenn: a) der Arbeitnehmer es beantragt, b) der Arbeitnehmer im Ausgleichsjahr ständig oder zeitweise nach den Steuerklassen III, IV, V oder VI zu besteuern war, c) die Lohnsteuer im Ausgleichsjahr nach der allgemeinen und nach der →besonderen Lohnsteuertabelle berechnet wurde, d) der Arbeitnehmer im Ausgleichsjahr Kurzarbeiter- oder Schlechtwettergeld bezogen hat, oder e) der Arbeitnehmer im Ausgleichsjahr ausländische Einkünfte aus nichtselbständiger Arbeit bezogen hat, die nach einem →Doppelbesteuerungsabkommen oder unter →Progressionsvorbehalt nach § 34c V EStG von der Lohnsteuer freigestellt waren.

II. L.-J. durch das Finanzamt (§§ 42, 42a EStG): 1. Soweit der L.-J. nicht durch den Arbeitgeber durchgeführt wird, wird dieser *auf Antrag des Arbeitnehmers,* den er bis zum 30. September (Ausschlußfrist) des folgenden Jahres zu stellen hat, vom Finanzamt durchgeführt; →Lohnsteuerkarte und →Lohnsteuerbescheinigung sind vorzulegen. – 2. Das Finanzamt kann den L.-J. *nicht* durchführen, wenn der Arbeitnehmer zur Einkommenst. veranlagt (→Veranlagung) wird.

III. Pfändung: Bei →Pfändung des Lohnsteuer-Erstattungsanspruchs ist nach Auffassung der Finanzverwaltung der sonst für die →Lohnpfändung geltende →Pfändungsschutz nicht anzuwenden, die Forderung ist ohne Beschränkung pfändbar.

Lohnsteuerkarte, zur Berechnung der Lohnsteuer (→Lohnsteuerberechnung, →Lohnsteuer) ausgestellte amtliche Urkunde.

I. Ausschreibung: Durch die Gemeinden aufgrund von Urlisten oder Einwohnerkarteien für jeden Arbeitnehmer, der am Zeitpunkt der →Personenstandsaufnahme im Bezirk wohnt oder seinen gewöhnlichen Aufenthalt hat, nach amtlichem Muster; auch für Arbeitnehmer, die sich nicht in einem Dienstverhältnis befinden. *Ausgabe* der L. an Arbeitnehmer bis 31. Oktober jeden Jahres für das nächste Kalenderjahr. Arbeitnehmer, die keine L. erhalten haben, müssen nachträglich eine Ausstellung beantragen. – Auf Antrag des Arbeitnehmers ist bei Eingehung eines weiteren Dienstverhältnisses (→mehrere Dienstverhältnisse) von der Gemeinde eine *zweite oder weitere L.* auszuschreiben.

II. E i n t r a g u n g e n : 1. Durch die *zuständige Gemeindebehörde:* a) Name und Anschrift des Arbeitnehmers, b) Steuerklasse (→Lohnsteuerklassen), c) Zahl der Kinder und →Kinderfreibetrag, d) Familienstand, e) Geburtsdatum, f) Religionszugehörigkeit, g) ggf. →Altersfreibetrag, →Pauschbeträge für Hinterbliebene und →Pauschbeträge für Körperbehinderte. – 2. Durch das *Finanzamt:* Auf Antrag des Arbeitnehmers wird, sofern bestimmte Voraussetzungen gegeben sind, ein Freibetrag auf der L. eingetragen (vgl. →Lohnsteuer-Ermäßigungsverfahren).

III. Ä n d e r u n g e n : 1. Die Eintragungen auf der L. dürfen nicht durch den Arbeitnehmer, den Arbeitgeber oder andere Personen geändert oder ergänzt werden. *Zuständig* dafür sind die die L. ausstellende Gemeindebehörde bzw. das Finanzamt. – 2. Eine *Verpflichtung zur Berichtigung* der L. besteht dann, wenn die Eintragung der Steuerklasse, des Familienstandes, der Zahl der Kinder oder der Zahl der Kinderfreibeträge von den Verhältnissen zu Beginn des Kalenderjahres zugunsten des Arbeitnehmers abweichen. Derartige Abweichungen können vorkommen, da den Eintragungen auf der L. gewöhnlich die Daten vom 20. 9. des Vorjahres zugrunde liegen. – 3. Ein *Wahlrecht zur Änderung* der L. besteht bis zum 30.11. des maßgebenden Kalenderjahres, wenn im Laufe dieses Jahres die Voraussetzungen für eine ihm günstigere Steuerklasse, eine höhere Zahl der Kinder oder eine höhere Zahl der Kinderfreibeträge eintreten. Übt der Arbeitnehmer sein Wahlrecht nicht rechtzeitig aus, so kann die günstigere Steuerklasse bzw. die günstigere Kinderzahl nur im →Lohnsteuer-Jahresausgleich berücksichtigt werden. – 4. *Nachweislich unrichtige Eintragungen* der ausstellenden Gemeinde auf der L. sind durch die Gemeinde zu berichtigen.

IV. V e r l u s t : Eine gebührenpflichtige Ersatzkarte kann ausgestellt werden.

V. N i c h t v o r l a g e der L.: Hat steuererhöhende Wirkungen (§ 39c I EStG). Die Lohnsteuer wird nach Steuerklasse VI berechnet. *Ausnahme* für den Monat Januar, für den der Arbeitgeber die Lohnsteuer aufgrund der Eintragungen auf der L. für das vorhergehende

Jahr ermitteln kann; nach Vorlage der L. ist dies zu überprüfen und erforderlichenfalls zu ändern und die zuwenig oder zuviel einbehaltene Lohnsteuer bei der nächstenm Lohnabrechnung auszugleichen.

VI. A u f b e w a h r u n g : Während des Dienstverhältnisses durch den Arbeitgeber; beim Ausscheiden oder zwecks Vorlage bei einer Behörde ist sie dem Arbeitnehmer auszuhändigen. Nach Abschluß des Jahres ist die L. dem Finanzamt einzureichen, ggf. durch den Arbeitnehmer wegen Durchführung des Lohnsteuer-Jahresausgleichs.

Lohnsteuerklassen, Einordnung der unbeschränkt einkommensteuerpflichten Arbeitnehmer in sechs L. (§ 38 b EStG): *Steuerklasse I:* Arbeitnehmer, die a) ledig oder b) verheiratet, verwitwet oder geschieden sind und bei denen die Voraussetzungen für die Steuerklassen III oder IV nicht erfüllt sind. – *Steuerklasse II:* Die unter I. bezeichneten Arbeitnehmer, wenn bei ihnen ein →Haushaltsfreibetrag (§ 32 VII EStG) zu berücksichtigen ist. – *Steuerklasse III:* Arbeitnehmer, die verheiratet sind, wenn beide Ehegatten unbeschränkt einkommensteuerpflichtig sind, nicht dauernd getrennt leben und a) der Ehegatte des Arbeitnehmers keinen Arbeitslohn bezieht oder b) der Ehegatte des Arbeitnehmers auf Antrag beider Ehegatten in die Steuerklasse V eingereiht wird. Verwitwete Arbeitnehmer für das Kalenderjahr, das dem Kalerjahr folgt, in dem der Ehegatte verstorben ist. Arbeitnehmer, deren Ehe aufgelöst ist, unter bestimmten Voraussetzungen für das Kalenderjahr, in dem die Ehe aufgelöst worden ist. – *Steuerklasse IV:* Arbeitnehmer, die verheiratet sind, wenn beide Ehegatten unbeschränkt einkommensteuerpflichtig sind, nicht dauernd getrennt leben und der Ehegatte des Arbeitnehmers ebenfalls Arbeitslohn bezieht. – *Steuerklasse V:* Die unter IV. bezeichneten Arbeitnehmer, wenn der Ehegatte des Arbeitnehmers auf Antrag beider Ehegatten in die Steuerklasse III eingereiht wird. – *Steuerklasse VI:* Arbeitnehmer, die nebeneinander von mehreren Arbeitgebern Arbeitslohn beziehen (→mehrere Dienstverhältnisse), für die Einbehaltung der Lohnsteuer vom Arbeitslohn aus dem zweiten und jedem weiteren Dienstverhältnis.

Lohnsteuerpauschalierung, →Pauschalierung der Lohnsteuer.

Lohnsteuerpflicht, →Lohnsteuer V.

lohnsteuerpflichtige Einkünfte, alle in Geld oder Geldeswert bestehenden Einnahmen, die einem Arbeitnehmer aus einem Dienstverhältnis oder einem früheren Dienstverhältnis zufließen. – Vgl. auch →Arbeitslohn III.

Lohnsteuerprüfung, →Lohnsteueraußenprüfung.

Lohnsteuer-Richtlinien (LStR), Verwaltungsanordnungen zum Lohnsteuerrecht, die hauptsächlich Entscheidungen der →Finanzgerichte sowie Erörterungen von Zweifelsfragen zur Beachtung durch die →Finanzverwaltung, die an diese Anweisungen (im Gegensatz zu den Gerichten) gebunden ist, enthalten. LStR können für die richtige Anwendung des Lohnsteuerrechts auch für die Vergangenheit herangezogen werden. – Den Lohnsteuerpflichtigen steht es frei, gegen die Ausführungen der LStR im Rechtsmittelverfahren vorzugehen. Z. Zt. gelten die LStR. 1987 (BStBl I Sonder-Nr. 4).

Lohnsteuertabelle, Tabelle, in der für jede Höhe des →Arbeitslohns unter Berücksichtigung der →Lohnsteuerklassen und →Kinderfreibeträge die entsprechende Lohnsteuer abzulesen ist. – Abgeleitet aus den Einkommensteuertabellen (→Einkommensteuer-Grundtabelle, →Einkommen-Splittingtabelle): Die Beträge des zu versteuernden Einkommens aus den Einkommensteuertabellen sind durch Hinzurechnung verschiedener Beträge unter Bildung von Steuerklassen in Jahresarbeitslöhne umgerechnet worden. – *Eingearbeitete Beträge:* a) *tariflicher Grundfreibetrag* von 4536 DM in den Steuerklassen I, II und IV, von 9072 DM in der Steuerklasse III; b) →*Arbeitnehmer-Freibetrag* von 480 DM in den Steuerklassen I bis V; c) →*Pauschbetrag für Werbungskosten* von 564 DM in den Steuerklassen I bis V; d) →*Pauschbetrag für Sonderausgaben* von 270 DM in den Steuerklassen I, II und IV, von 540 DM in der Steuerklasse III; e) *allgemeine* →*Vorsorgepauschale* bei der allgemeinen Jahres-L.: bis zu 3510 DM in den Steuerklassen I, II und IV, bis zu 7020 DM in der Steuerklasse III; f) *besondere Vorsorgepauschale* bei der besonderen Jahres-L.: bis zu 1998 DM in den Steuerklassen I, II und IV, bis zu 3996 DM in der Steuerklasse III; g) →*Haushaltsfreibetrag* von 4536 DM in der Steuerklasse II; h) →*Kinderfreibetrag:* mit dem 0,5 bis 4-fachen von 2484 DM in den Steuerklassen I, II und III, mit dem 0,5 bis 4-fachen von 1242 DM in der Steuerklasse IV; i) besonderer Rundungsbetrag von 27 DM bei gebrochener Zahl der Kinderfreibeträge in der Steuerklasse IV, von 18 DM in der Steuerklasse VI. – Die *Monats-, Wochen- und Tages-L.* sind nach § 38 c III EStG aus den Jahres-L. abgeleitet worden. – *Arten:* →allgemeine Lohnsteuertabelle, →besondere Lohnsteuertabelle.

Lohnsteuerüberweisungsblatt, Erteilung einer →Lohnsteuerbescheinigung nach einem entsprechenden amtlich vorgeschriebenen Vordruck, wenn dem Arbeitgeber keine →Lohnsteuerkarte vorliegt.

Lohnstopp, Form staatlicher →Lohnpolitik in der →Zentralverwaltungswirtschaft: Das allgemeine Verbot, Arbeitsentgelte über die an einem bestimmten Stichtag geltenden zu erhöhen. – *Gründe* für L. können sein: Mangel an Arbeitskräften, Beschränkung der Nachfrage nach Konsumgütern zur Erhaltung des Preisniveaus.

Lohnstreifen, Form des Lohnabrechnungsbelegs (→Lohn- und Gehaltsabrechnung), der dem Arbeitnehmer nach § 41 b EStG und Abschn. 101–103 LStR 1984 auszuhändigen ist; fällt in der Lohndurchschreibebuchführung als Durchschrift der Eintragung auf dem →Lohnkonto oder der →Lohnliste an. Bei maschineller Ausschreibung ist das Schreiben des Bundesministers der Finanzen vom 16.12.1985 (BStBl I 729) zu beachten. Die Finanzämter stellen Vordrucke zur Verfügung.

Lohnstruktur, Darstellung der Aufteilung des Lohneinkommens. Die L. bestimmt sich durch das Verhältnis der Lohnsätze verschiedener Merkmalskategorien zueinander. Die Lohnsätze lassen sich nach folgenden Merkmalen unterscheiden: a) Ausbildung, b) Berufen, c) Wirtschaftszweigen, d) Geschlecht, Rasse, Alter, e) Regionen und f) Betriebsgrößen.

Lohnstrukturerhebungen, →Gehalts- und Lohnstrukturerhebungen.

Lohnstufen, →Lohngruppenmerkmale, →Arbeitsbewertung.

Lohnsummensteuer, bis einschl. 1979 eine Erhebungsform der →Gewerbesteuer (§§ 6, 23 ff. GewStG a. F.). Durch Steueränderungsgesetz 1979 (BGBl 1978 I 1849) wurde die L. aufgehoben. – L. wurde durch Gemeindebehörden verwaltet und floß den Gemeinden zu. L. war nicht eingeführt in Süddeutschland, auch nicht in einigen großen Städten in Nordrhein-Westfalen.

Lohnsysteme, →Lohnformen.

Lohntafel, Bezeichnung für die übersichtliche Zusammenstellung der festgesetzten Löhne in →Tarifverträgen.

Lohntarif, →Lohntarifvertrag, →Tariflohn.

Lohntarifvertrag, ein mit kürzerer Laufzeit als der →Manteltarifvertrag abgeschlossener →Tarifvertrag, in dem die Höhe der einzelnen Vergütungssätze geregelt ist.

Lohntheorien, Theorien über Höhe und Bewegung des Arbeitseinkommens, zuerst entwickelt mit dem Aufkommen des Kapitalismus. 1. *Klassische Lohntheorie* (Smith, Ricardo): Marktlohn ergibt sich aus Angebot und Nachfrage am Arbeitsmarkt und spielt um den →natürlichen Lohn; vgl. →Existenzminimum-Theorien. – 2. *Marxsche Lohntheorie:* Marx verwarf das Bevölkerungsgesetz der Klassiker. Vielmehr schaffe die Kapitalakkumulation eine industrielle Reservearmee, die bewirke, daß die Löhne auch kurzfristig dem Existenzminimum entsprächen. – 3. →*Lohnfondstheorie.* – 4. *Kollektive Verhandlungstheorien des Lohnes:* Durch Berücksichtigung der institutionellen Gegebenheiten auf dem →Arbeitsmarkt sollen die Erwartungen und Handlungsweisen der Tarifpartner in den Katalog der Bestimmungsfaktoren des Lohnes einbezogen werden. – 5. →*Grenzproduktivitätstheorie.* – 6. →*Machttheorie* (vgl. dort II).

Lohn- und Gehaltsabrechnung, →Lohnbuchführung.

Lohn- und Gehaltskonten, laufende Konten von Arbeitnehmern bei von diesen gewählten Kreditinstituten zur Aufnahme der →bargeldlosen Lohn- und Gehaltszahlung. Verwendung im Rahmen des baren und bargeldlosen Zahlungsverkehrs, d.h. der Kontoinhaber kann von seinem Konto Bargeld abheben oder auf sein Konto Bargeld einzahlen bzw. bargeldlos, z.B. mittels Überweisung, Daueraufträgen, Einzugsermächtigung für Lastschriften, Bar-, Verrechnungs- und Tankschecks, über sein Guthaben verfügen sowie andere Bankgeschäfte wie Effektengeschäfte, Auslandszahlungen und Kreditgeschäfte usw. darüber abwickeln.

Lohnveredelung. I. Außenwirtschaftsrecht: Form des →Dienstleistungsverkehrs (vgl. →Veredelung). →Rechtsgeschäfte über L. sind auch im →Außenwirtschaftsverkehr frei; Rechtsgeschäfte über aktive L. können nach §15 AWG beschränkt werden, um einer Gefährdung der Deckung des lebenswichtigen Bedarfs im Wirtschaftsgebiet entgegenzuwirken. – Die Einfuhr von Waren, die zollrechtlich zum aktiven L.-Verkehr oder zum freien Verkehr abgefertigt werden oder die in einem →Freihafen für Rechnung eines →Gebietsfremden bearbeitet oder verarbeitet werden, bedarf grundsätzlich keiner →Einfuhrerklärung, →Einfuhrgenehmigung, →Einfuhrkontrollmeldung und keines →Ursprungszeugnisses (§33 AWV). – Vgl. auch →passive Lohnveredelung, →Veredelungsverkehr.

II. Umsatzsteuer: Die L. unterliegt grundsätzlich der *Umsatzsteuer.* Bemessungsgrundlage ist das →Entgelt. – L. an Gegenständen der *Ausfuhr* liegt vor, wenn bei einer Be- oder Verarbeitung eines Gegenstandes der \uftraggeber diesen zum Zweck der Be- oder Verarbeitung eingeführt hat oder für diesen Zweck erworben hat und der be- oder verarbeitete Gegenstand (wieder) ausgeführt wird (§7 UStG). Sie ist steuerfrei, wenn die Voraussetzungen einer steuerfreien →Ausfuhrlieferung vorliegen, wobei an die Stelle des →außengebietlichen Abnehmers der außenge-. bietliche Auftraggeber tritt. Die Steuerfreiheit schließt den →Vorsteuerabzug nicht aus.

Lohnvereinbarungen, die von den →Gewerkschaften geforderte vertragliche Verpflichtung der Arbeitgeber zur Gewährung von Begünstigungen der Arbeitnehmer über den →Tarifvertrag hinaus. – *Beispiele:* a) Abbau der Arbeitszeit bei vollem →Lohnausgleich, b) Umbau bzw. Vermehrung der →Lohngruppen, c) Anerkennung der Effektivklausel: Erhöhung der Effektivlöhne an Stelle der bisher gebräuchlichen Lohnsteigerungen der →Ecklöhne bei tariflichen Verhandlungen, d) Zusicherung des →garantierten Jahreslohnes.

Lohnverteilung(sblatt), aufgrund der Wochen- bzw. Monatsabrechnung monatlich aufgestellte Übersicht über den Verwendungszweck der →Lohnkosten mit Angaben darüber, welchen Kostenstellen die Kostenträgern die Lohnkosten anzulasten sind. – Vgl. auch →Lohnschein.

Lohnverzicht, →Lohnspitzenverzicht.

Lohnzahlungszeitraum, *Lohnperiode.* I. Allgemein: Vgl. →Arbeitsentgelt.

II. Lohnsteuerrecht: 1. *Begriff:* Der einen Monat, 14 Tage, 7 Tage oder andere Zeitabschnitte umfassende Zeitraum, für den der →Arbeitslohn gezahlt, also zwischen Arbeitnehmer und Arbeitgeber regelmäßig abgerechnet wird. Kann der L. ausnahmsweise wegen besonderer Entlohnungsart nicht festgestellt werden, so gilt als L. die tatsächlich aufgewendete Arbeitszeit. – 2. Der Arbeitgeber hat die →Lohnsteuer nach diesem L. unter Zugrundelegung der amtlichen →Lohnsteuertabellen zu berechnen und i.d.R. bis zum zehnten des folgenden Monats abzuführen. Ist der Arbeitnehmer während des L. bei seinem Arbeitgeber voll beschäftigt, dann sind, solange das Arbeitsverhältnis andauert, auch solche Arbeitstage mitzuzählen, an denen der Arbeitnehmer keinen Lohn erhält, z.B. wegen Kurzarbeit oder infolge Betriebseinschränkung. Werden nur Abschlagszahlungen geleistet und erst im üblichen L. abgerechnet, so wird die Lohnsteuer auch erst mit dieser Abrechnung fällig; das gilt nicht, wenn der Lohnabrechnungszeitraum fünf Wochen übersteigt oder die Lohnabrechnung nicht innerhalb von drei Wochen nach dessen Ablauf erfolgt (§39b V EStG).

Lohnzettel. 1. *Begriff:* Eine vom Arbeitgeber unter bestimmten Voraussetzungen nach Beendigung des Dienstverhältnisses oder am Ende des Kalenderjahres auszustellende Bescheinigung (§41b II EStG). Diese ist dem für den Arbeitnehmer nach seinem Wohnsitz oder gewöhnlichen Aufenthalt am 31. Dezember des abgelaufenen Kalenderjahres zuständigen Finanzamt einzureichen; Unterlage für die Veranlagung von Lohnsteuerpflichtigen neben der →Lohnsteuerbescheinigung. – *Anders:* →Lohnschein, →Lohnstreifen. – 2.

Inhalt: a) Dauer des Dienstverhältnisses während des Kalenderjahres, für das die Lohnsteuerkarte ausgestellt ist; b) Art und Höhe des gezahlten Arbeitslohns; c) die einbehaltene Lohn- und Kirchensteuer; d) das ausgezahlte Kurzarbeiter- und Schlechtwettergeld sowie die diesen Leistungen entsprechenden Beträge im Sinne des §32b II Nr. 1 EStG. – 3. *Voraussetzungen:* L. werden ausgestellt für Arbeitnehmer, die a) in der Steuerklasse I, II oder IV sind, wenn ihr Arbeitslohn 30 000 DM übersteigt, b) in der Steuerklasse III sind, wenn ihr Arbeitslohn 58 000 DM übersteigt, c) in der Steuerklasse V sind, wenn ihr Arbeitslohn 16 000 DM übersteigt, d) in der Steuerklasse VI sind (ohne Begrenzung), e) Kurzarbeiter- oder Schlechtwettergeld bezogen haben, f) ausländische Einkünfte aus nichtselbständiger Arbeit bezogen haben, die nach einem →Doppelbesteuerungsabkommen oder unter →Progressionsvorbehalt nach §34c V EStG von der Lohnsteuer freigestellt waren.

Lohnzulage, →Zulage.

Lohnzuschlag, →Zulage.

Lohnzuschlagskalkulation, →Lohnzuschlagsverfahren.

Lohnzuschlagsverfahren, *Lohnzuschlagskalkulation,* Methode der →Zuschlagskalkulation, bei der Grundlage für die Berechnung des Zuschlagssatzes für die Verrechnung der Gemeinkosten der →Fertigungslohn ist.

lois de construction des programmes, →Warnier-Orr-Methode.

Lokalbank, Kreditinstitut, dessen Geschäftsbereich nur den Domizilort und dessen unmittelbaren Einzugsbereich umfaßt.

lokales Netz, *local area network (LAN),* Datenkommunikationssystem (→Netz), das die Übertragung von →Daten zwischen mehreren unabhängigen →Datenstationen (v. a. Rechnern) mit hoher Übertragungsgeschwindigkeit (mehrere Megabits pro Sekunde) und mit niedriger Fehlerrate in einem begrenzten geographischem Gebiet ermöglicht. Es befindet sich i. d. R. im Besitz und Gebrauch einer einzelnen Organisation. – *Netzwerkarchitekturen:* Vgl. →Netzwerktopologie. – Verbindung mit anderen Netzen über →Bridges und →Gateway möglich. – Vgl. auch wide area netword (→WAN, Inhouse-Netz).

Lokalisation, Lage einer empirischen →Häufigkeitsverteilung oder einer theoretischen →Verteilung im Sinne eines mittleren Niveaus der Merkmals- bzw. Variablenwerte. Zur Kennzeichnung der L. dienen →Mittelwerte, insbes. das →arithmetische Mittel und der →Median, bzw. der →Erwartungswert.

Lokalität. 1. *Begriff:* →Softwareentwurfsprinzip, das besagt, daß zusammengehörige Dinge in einem →Programm oder →Softwaresystem auch örtlich zusammengefaßt werden sollen, d. h. in einem Programm an einer Stelle bzw. in einem →Modul eines Softwaresystems. Allgemeines und grundlegendes Prinzip, das auch in anderen Prinzipien implizit wiederzufinden ist. – 2. *Beispiele:* Zusammenfassung aller →Datenvereinbarungen am Programmanfang oder aller →Befehle, die einer bestimmten Berechnung dienen, an einer einzigen Stelle des Programms; dann bei →Modularisierung nach →Abstraktion erfüllt; z. B. alle Operationen, die der Verwaltung und Bearbeitung einer →abstrakten Datenstruktur dienen, sind in einem Modul zusammengefaßt.

Lokalpapier, Wertpapier, für das nur ein begrenzter Interessenkreis in Betracht kommt; an Lokalbörsen gehandelt.

Lokaltermin, eine Verhandlung, die das Gericht zur Einnahme des Augenscheins (→Beweismittel) außerhalb des Gerichtsgebäudes abhält, z. B. am Umfallort (§§ 371 ff. ZPO).

Loko, →Loco.

Loko-Geschäft, →Loco-Geschäft.

Lokomotionsfunktion, Begriff der Sozialpsychologie für solche Führungsfunktionen, die auf Erreichung eines konkreten Gruppenziels (der konkreten Sachaufgaben) gerichtet sind. – Vgl. auch →Kohäsion, →Syntalität.

Lokomotivtheorie, →internationaler Konjunkturverbund.

Lombardeffekten, →Pfandeffekten.

Lombardkredit. 1. *Begriff:* Bankkredit gegen Verpfändung von →Warenpapieren oder →Wertpapieren. Das Pfand bleibt Eigentum des Schuldners, der im Konkurs des Gläubigers das Recht auf Aushändigung des Pfandes gegen Rückzahlung des Kredits hat. – *Rechtsgrundlage:* §§ 1200 bis 1296 BGB. – 2. *Arten:* (1) Warenlombard, (2) Effektenlombard, (3) Edelmetallombard, (4) Wechsellombard, (5) Lombardierung von Forderungen. Nur der *Effektenlombard* hat innerhalb des L. noch eine gewisse Bedeutung. Die Deutsche Bundesbank gibt bekannt, welche (festverzinslichen) Wertpapiere sie im L. annimmt (→Lombardverzeichnis). Auch sehr kurzfristige Wechsel-L. werden häufig bei der Deutschen Bundesbank in Anspruch genommen. – Vgl. auch →Lombardsatz.

Lombardlinien, von der Zentralbank für ihre Lombardpolitik in Anlehnung an die →Rediskontkontingente festgelegte Obergrenzen für Lombardkredite. L. sind eine besondere Form der Schöpfung von Zentralbankgeld. Die Deutsche Bundesbank nutzte dieses Instrument insbes. zwischen Sept. 1979 und Feb. 1980.

Lombardpolitik, →monetäre Theorie und Politik VI 2 b).

Lombardsatz, von der Zentralbank festgelegter Zinssatz für die Gewährung eines →Lombardkredites an Kreditinstitute. Der L. liegt i.d.R. über dem →Diskontsatz (vgl. →Zinsstruktur).

Lombardverzeichnis, Verzeichnis der bei der Deutschen Bundesbank im Rahmen des →Lombard-Kredits beleihbaren Wertpapiere.

Lomé-Abkommen, Grundlage der entwicklungspolitischen Zusammenarbeit zwischen der EG und →Entwicklungsländern aus Afrika, der Karibik und des Pazifiks (sog. AKP-Länder), benannt nach dem Ort der Unterzeichnung: Lomé (Togo). – *Drei Abkommen:* Das erste L.-A. wurde 1975 abgeschlossen und lief bis 1980; Lomé II lief 1980–85 und Lomé III läuft 1985–90. – Die Zahl der an den L.-A. beteiligten *AKP-Länder* stieg von anfangs 46 kontinuierlich bis auf 66 bei Lomé III. – Die Regelungen der L.-A. stellen *bindend eingegangene vertragliche Verpflichtungen* dar. – *Wichtigste Elemente der drei L.-A.:* 1. *Handelspolitische Zusammenarbeit:* a) Die EG gewährt fast allen Produkten der AKP-Länder freien Zugang zu ihren Märkten. b) Hiervon ausgenommen sind jedoch Produkte, die Gegenstand der EG-Agrarmarktordnung sind. c) Die EG verzichtet auf eine reziproke Gewährung von Handelsvergünstigungen durch die AKP-Staaten. d) Bei gravierenden Störungen einer Branche oder Region aufgrund der Importkonkurrenz kann die EG (nach vorherigen Konsultationen) die betreffenden Importe beschränken (Schutzklausel). – 2. Schaffung eines *Systems zur Stabilisierung der Exporterlöse für Agrarerzeugnisse* der AKP-Länder *(STABEX).* Prinzipien: a) Produktübergreifender Erlösausgleich bei anfangs 29, in Lomé III 48 agrarischen Erzeugnissen und Rohstoffen, wobei sich die Stabilisierung (von wenigen Ausnahmen abgesehen) lediglich auf die Exporte in die EG bezieht. b) Anspruch auf Kompensationszahlung wird (im Rahmen der zur Verfügung stehenden Mittel) gewährt, wenn folgende Bedingungen erfüllt sind: (1) Die betreffende Ware hat in bezug auf die Gesamtexporterlöse des Vorjahres ein gewisses Mindestgewicht („Abhängigkeitsschwelle") nicht unterschritten; auf 6,0% festgelegt (für die am wenigsten entwickelten Länder, solche ohne Zugang zum Meer sowie Inselstaaten auf 1,5%). (2) Die Exporterlöse aus Ausfuhr der jeweiligen Ware in die EG liegen um 6,0% (in den erwähnten Ländern 1,5%) unter dem Durchschnitt der jeweils vorausgegangenen vier Jahre („Auslöseschwelle"). (3) Der Erlösrückgang wurde nicht durch handelspolitische Maßnahmen des AKP-Landes verursacht und ist statistisch nachweisbar. c) Nicht gebundene Verwendung der Ausgleichszahlungen durch das

Empfängerland. d) Die Zahlungen erfolgen in Form unverzinslicher Kredite, an die am wenigsten entwickelten Länder als verlorene Zuschüsse. – 3. Ab Lomé II Einrichtung eines *Sonderfonds für Bergbauerzeugnisse (SYSMIN),* mit dem Erlösausfälle bei neun mineralischen Rohstoffen (eine Hinzunahme weiterer Rohstoffe war in der Diskussion) gemildert werden sollen. Anders als bei STABEX ist keine volle Kompensation vorgesehen, und es werden zinsgünstige Darlehen für konkrete Projekte zur Verbesserung der Förderkapazität der betreffenden Mineralien vergeben. – 4. *Industrielle Kooperation:* Die EG stellt Mittel zum Ausbau des gewerblichen Sektors in den AKP-Staaten zur Verfügung; Maßnahmen zur Ermutigung privater Investoren zu →Direktinvestitionen in den AKP-Ländern sind vorgesehen. – 5. *Landwirtschaftliche Kooperation:* Ziele sind eine nachhaltige Effizienzsteigerung im Agrarsektor der AKP-Länder und möglichst die Erlangung von Ernährungsautonomie in diesen Ländern. Dazu Unterstützung von Forschungs- und Ausbildungsmaßnahmen, Verbesserung von ländlicher Infrastruktur, Verarbeitung und Vermarktung von Agrarerzeugnissen u.a. – 6. *Finanzielle Ausstattung:* Für die verschiedenen Elemente der L.-A. wurden in Lomé I ca. 9 Mrd. in Lomé II ca. 14 Mrd und in Lomé III ca. 19 Mrd. bereitgestellt. Der Anteil der Bundesrep. D. beträgt etwa ein Viertel.

Londoner Abkommen, →Londoner Schuldenabkommen.

Londoner Börse, *London Stock Exchange (LSE),* Rechtsform einer Aktiengesellschaft. I. O r g a n i s a t i o n : 1. Die L.B. hat ca. 4000 *Mitglieder.* Diese müssen nicht Aktionäre der Stock Exchange sein, aber nur Börsenmitglieder können Aktien erwerben. Die Mitglieder müssen den Börsensitz kaufen. Erforderlich ist eine Empfehlung durch zwei Börsenmitglieder, die aber keine kommerzielle Verpflichtung zu übernehmen brauchen. Der *Börsenvorstand (Council of the Stock Exchange)* besteht aus dem Vorsitzenden (Chairman), zwei stellvertretenden Vorsitzenden, 40 Mitgliedern und einem government broker. Er wird zu einem Drittel jährlich von der Generalversammlung neu gewählt. Ausscheidende Mitglieder können wiedergewählt werden. – 3. *Börsenaufsicht:* Die Stock Exchange unterliegt nicht der staatlichen Aufsicht. – 4. *Amtliche Notierung* nur nach Zulassung; auch freier Verkehr. Kurse für shares je Stück, für Obligationen in Prozent. Umfangreiches amtliches Kursblatt (official list). Tägliches Kursblatt verzeichnet den Geld- und Briefkurs, der von dem Market Maker jedes Marktgebietes festgestellt worden ist.

II. B ö r s e n r e f o r m : 1. Mit dem *Big Bang* wurden am 27.10.1986 strukturelle Veränderungen in der Börsenorganisation vorgenommen: Umwandlung der bisher von unbeschränkt haftenden Mitgliedern getragenen „Stock Exchange of the United Kingdom and Ireland" in eine Gesellschaft mit beschränkter Haftung. Zukünftig keine individuellen Börsenmitgliedschaften, sondern nur noch Firmenmitgliedschaften. Fusion zwischen LSE und der Organisation der in London tätigen internationalen Wertpapierhändler sowie mit der Internationalen Wertpapierüberwachungs-Organisation (ISRO). Damit wird die Position des Londoner Platzes gestärkt. – Das *Seaq-System* wird installiert, das weitgehend den Handel in der LSE ersetzt. Über 70 000 Abschlüsse können in einer Stunde bewältigt werden. – Ferner: Kein Trennsystem mehr zwischen Broker und Jobber; jetzt nur noch Market Maker (ca. 37 im Aktienbereich ca. 27 im Bankenbereich). Abschaffung der Mindest-Courtagen; jetzt frei aushandelbare Gebühren; Übernahmen englischer Broker-/ Jobberfirmen können nunmehr zu 100% vorgenommen werden. – 2. *Ziele:* Durch diese Maßnahmen soll der Börsenplatz London im Vergleich zu den beiden anderen wichtigen Börsenplätzen New York und Tokyo wettbewerbsfähiger werden. – 3. *Erste Erfahrungen* haben auch dem Big Bang gezeigt, daß erhebliche Zugeständnisse auf der Provisionsseite (0,5% nach 1,7% vor Big Bang) gemacht werden mußten. Der Umsatz an der LSE ist sprunghaft angestiegen. Sicher ist, daß die LSE als drittgrößte Börse bisher nach dem Big Bang in neue internationale Dimensionen hineinwachsen wird.

Londoner Schuldenabkommen, Abkommen über die deutsche →Auslandsverschuldung, abgeschlossen aufgrund der →Londoner Schuldenkonferenz am 27.2.1953 in London zwischen der Bundesrep. D. als Rechtsnachfolgerin des Deutschen Reiches und den Vertretern der USA, Großbritanniens und Frankreichs (Dreimächte-Ausschuß) in Anwesenheit von Vertretern und Beobachtern von 22 weiteren Staaten für rund 60 Gläubigerstaaten. – *Ziel:* Ermöglichung der Wiederaufnahme des nach 1933 eingestellten Schuldendienstes und Wiederherstellung normaler wirtschaftlicher Beziehungen zwischen der Bundesrep. D. und den Gläubigerstaaten, insbes. der Kreditwürdigkeit Deutschlands. – *Inhalt:* Das L. Sch. über die öffentlichen und privaten Vorkriegsschulden behandelt lediglich Geldverbindlichkeiten in deutscher oder ausländischer Währung, die vor dem 8.5.1945 entstanden oder festgestellt oder fällig waren. – Dem Abkommen unterliegen *nicht* die im Rahmen der →Wiedergutmachung entstandenen Schulden. *Nicht* geregelt bzw. zurückgestellt wurden der Reparationsansprüche gegen das Reich aus dem Ersten Weltkriege sowie die während des Zweiten Weltkrieges entstandenen Besatzungskosten. Insgesamt beliefen sich die zu regelnden Schuldverhältnisse auf 13,5

Mrd. DM, von denen 6,2 Mrd. DM erlassen wurden.

Londoner Schuldenkonferenz (28.2.1952–8.8.1952) Konferenz zur Regelung der deutschen →Auslandsverschuldung (mit Abschluß im →Londoner Schuldenabkommen) sowie der Verbindlichkeiten aus der von alliierter Seite gewährten Nachkriegswirtschaftshilfe und verschiedener anderer Schulden, die der Bundesrep. D. aus Vor- und Nachkriegszeit entstanden sind oder für die sie die Haftung übernommen hat.

London Interbank Offered Rate, →LIBOR.

London Stock Exchange, →Londoner Börse.

Longitudinalstudie, →Längsschnittuntersuchung.

long-term-program, eine langfristige Planung für Kapitalinvestitionen zum wirtschaftlichen Wiederaufbau, zu der alle in den Marshall-Plan einbezogenen europäischen Länder schon 1948 vom Europäischen Wirtschaftsrat (→OECD) aufgefordert wurden, um die Unabhängigkeit Europas von weiteren Dollarzuschüssen zu sichern.

long ton, →ton.

Loops, →Softwarewerkzeug für das →Knowledge Engineering. L. stellt als eine Entwicklungsumgebung für →Expertensysteme verschiedene Konzepte, z. B. objektorientierte Programmierung (→Programmiersprachen) zur Verfügung. Anfang der 80er Jahre von der Firma Xerox entwickelt.

Lorenz-Halbordnung, Begriff der →Verteilungstheorie. Betrachtet man zwei Einkommensverteilungen anhand der →Lorenzkurve, so kann man sagen, daß eine Einkommensverteilung „ungleicher" ist als die andere, wenn sie im ganzen Bereich außerhalb der anderen verläuft. Schneiden sich die beiden Lorenzkurven, ist ein Vergleich der beiden Verteilungen nicht möglich. Um eine vollständige Rangordnung zu erzielen, kann man z. B. die Fläche unter der Lorenzkurve als Maß für die Gleichverteilung des Einkommens nehmen. Damit gewichtet man jedoch Einkommensunterschiede in verschiedenen Einkommenshöhen gleich.

Lorenzkurve. I. *Statistik:* Von M. O. Lorenz (1905) entwickelte Sonderform der graphischen Darstellung einer →Häufigkeitsverteilung, die insbes. die relative →Konzentration veranschaulicht. Für jede Klassengrenze wird in einem Koordinatensystem ein Punkt eingezeichnet, dessen Abszisse die kumulierte relative Häufigkeit der →Merkmalsträger und dessen Ordinate die kumulierte relativierte →Gesamtmerkmalsmenge ist. Diese werden geradlinig verbunden. Die L. bietet Informationen folgender Art: × % der „kleineren" Merkmalsträger vereinigen (nur)

Größenklasse der Merkmalsträger	Anteil der Merkmalsträger		Anteil am Gesamtmerkmalsbetrag	
	je Klasse	kumuliert	je Klasse	kumuliert
I	30 %	30 %	5 %	5 %
II	30 %	60 %	15 %	20 %
III	30 %	90 %	20 %	40 %
IV	10 %	100 %	60 %	100 %

y% des Gesamtmerkmalsbetrages auf sich. – *Beispiel:* Die Verteilung der Anteile am Gesamtmerkmalsbetrag auf Anteile der der Größe nach geordneten Merkmalsträger gemäß vorstehender Tabelle ergibt die folgende L.

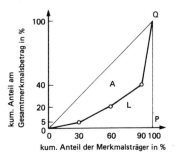

kum. Anteil der Merkmalsträger in %

Die Gerade $\overline{OQ}$ wird als Gleichverteilungsgerade bezeichnet, da sie als L. entsteht, wenn alle Merkmalsträger denselben Merkmalswert haben. Je größer die Fläche A ist, umso größer ist die relative Konzentration. Der Anteil von A an der Fläche des Dreiecks OPQ, der 2 A beträgt, entspricht dem →Gini-Koeffizienten.

II. Verteilungstheorie: L. ist die gebräuchlichste Form der Veranschaulichung von →Einkommensverteilungen. Man erhält die L., wenn man die Einkommensbezieher nach der Höhe ihres Einkommens ordnet und sie dann, beginnend mit den unteren und fortschreitend zu den oberen Einkommensbeziehern zu Gruppen von jeweils × % der Bevölkerung zusammenfaßt. Anschließend wird ermittelt, wieviel % des Volkseinkommens auf jede Gruppe entfallen. In der L. sind die *kumulierten* Anteile erfaßt, so daß man für jeden Prozentsatz der Bevölkerung den auf sie entfallenden Anteil am Volkseinkommen angeben kann. Die Einkommensverteilung ist um so gleichmäßiger, je mehr sich die L. der 45°-Linie nähert. Die 45°-Linie entspricht der Gleichverteilung, da dann × % der Bevölke-

rung auch einen Anteil am Sozialprodukt von × % erhalten.

L. für die Bundesrep. D. des Jahres 1983 vor und nach der Umverteilung:

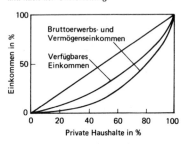

Private Haushalte in %

Vgl. auch →Verteilungstheorie IV 1 c), →Lorenz-Halbordnung.

Lorenz-Verteilungsfunktion, →Lorenzkurve, →Verteilungstheorie IV 1 c).

Lorokonten, *Vostrokonten,* die von einem Geldinstitut bei anderen Geldinstituten unterhaltenen Konten, Loroguthaben entsprechen Nostroverpflichtungen, Loroverpflichtungen entsprechen Nostroguthaben. – *Gegensatz:* →Nostrokonten.

Los, Menge einer Produktart, die ohne Unterbrechung durch die Produktion anderer Produktarten hintereinander in einer Produktionsstufe erzeugt wird. – *Ähnlich:* →Serie, →Sorte. – Vgl. auch →Auflegungszahl, →Losgrößenplanung, →Lossequenzplanung, →gleitende wirtschaftliche Losgröße.

Losanleihe, *Lotterieanleihe, Prämienanleihe,* nicht oder gering verzinsliche →Anleihe, bei der statt einer Zinsvergütung eine hohe Lotterieprämie ausgezahlt wird. Schuldbetrag wird voll zurückgezahlt. Zahl und Höhe der gestaffelten Prämien sind im Verlosungsplan festgelegt, auch Serienauslosung möglich. *Bedeutung:* L. sind wenig gebräuchlich; in der Bundesrep. D. dem Staat vorbehalten.

lösbares Restriktionssystem, →konsistentes Restriktionssystem.

Lösch, August, 1906–1945, bedeutender deutscher Nationalökonom, der sich v. a. mit Fragen der Bevölkerungslehre und der Standorttheorie befaßte. – *Forschung und Lehre:* L. versuchte, die →Totalanalyse für die Untersuchung raumwirtschaftlicher Zusammenhänge nutzbar zu machen; sein Modell einer Wirtschaftslandschaft liegt zwischen den früheren partiellen Untersuchungen, z. B. Alfred →Webers, und seinem eigenen – wegen seiner Abstraktion schwer faßbaren – raumwirtschaftlichen Gleichgewichtssystem und bedeutet eine Weiterentwicklung der Ansätze von →Thünen und Walter Christaller. Im Rahmen der Außenwirtschaftstheorie lehnte L. den klassischen Transfermechanismus ab und entwickelte unter Berücksichtigung seiner raumwirtschaftlichen Ergebnisse eine eigene Transfertheorie. – *Hauptwerke:* „Bevölkerungswellen und Wechsellagen" 1936; „Die räumliche Ordnung der Wirtschaft" 1944.

Löschkosten, in der →Feuerversicherung Ersatz durch den Versicherer als Aufwendungen zur Abwendung oder Minderung des Schadens im Rahmen der Gesamtversicherungssumme; auf Weisung des Versicherers auch darüber hinaus Ersatz, soweit es sich nicht um Leistungen der im öffentlichen Interesse bestehenden Feuerwehren oder anderer zur Löschhilfe Verpflichteter handelt.

Löschung, im Registerrecht das Entfernen einer Eintragung. 1. L. im →*Handelsregister,* insbes. einer →Firma: a) L. *erfolgt auf* →Anmeldung von Amts wegen, wenn die Voraussetzugen für ihre Eintragung nicht mehr vorliegen, z. B. weil das Unternehmen ohne Firma veräußert oder zum Kleingewerbe (→Minderkaufmann) herabgesunken ist. – b) Die *Anmeldung* ist in § 31 HGB vorgeschrieben; bei OHG und KG erst nach →Abwicklung (§ 157 I HGB); bei der AG ist neben der Auflösung auch der Schluß der Abwicklung anzumelden; erst dieser führt zur L. (§§ 263, 273 AktG). Die Anmeldung zur L. kann durch Zwangsgeld erzwungen werden (§ 14 HGB). – c) *Von Amts wegen* kann L. vorgenommen werden, gleich, ob Firma erloschen, Eintragung von Anfang an unzulässig war oder nachträglich wurde (§§ 141, 142 FGG); dem Eingetragenen oder Rechtsnachfolger ist Frist zur Geltendmachung eines Widerspruchs zu setzen. – 2. L. im →*Grundbuch:* L. erfolgt nicht durch Unkenntlichmachung, sondern durch rotes Unterstreichen der zu löschenden Eintragung (Rötung) und Anbringung eines maßgebenden Vermerks, des sog. *Löschungsvermerks* mit Unterschriften (§ 46 GBO). Voraussetzung der L. ist Antrag sowie Bewilligung desjenigen, zu dessen Gunsten das zu löschende Recht eingetragen ist. Die →Löschungsbewilligung bedarf →öffentlicher Beglaubigung (§ 29 GBO). – Vgl. auch →Amtslöschung.

Löschungsanspruch, das Recht eines Gläubigers einer →Hypothek, vom Eigentümer die Aufhebung einer vor- oder gleichrangigen Hypothek zu verlangen (§ 1179 a, b BGB). Der L. ist wie eine →Löschungsvormerkung gesichert. Er kann mit schuldrechtlicher Wirkung ausgeschlossen werden.

Löschungsbewilligung, eine in Form →öffentlicher Beurkundung oder →öffentlicher Beglaubigung erteilte Bewilligung des Berechtigten zur →Löschung eines im →Grundbuch eingetragenen Rechts; erforderlich gem. § 29 GBO. Soweit der Grundstückseigentümer eine Leistung erbringt, z. B. auf die der →Hypothek zugrunde liegende Forderung zahlt, kann er →Zug um Zug gegen seine Leistung L. oder auch der gleichen Form bedürfende löschungsfähige →Quittung verlangen (§§ 368, 1144 BGB). Er kann die L. ggf. mit dem →Grundbuchberichtigungsanspruch erzwingen. Die Kosten der L. muß er i. d. R. tragen und auf Verlangen vorschießen (§ 369 BGB).

löschungsfähige Quittung, →Quittung 3.

Löschungsvormerkung, →Vormerkung im →Grundbuch, die die künftige →Löschung eines Rechts (z. B. einer rangbesseren →Hypothek bei Rückzahlung) sichert. – Vgl. auch →Löschungsanspruch.

Loseblattausgabe, →Lieferungswerk.

Loseblattbuch, Buch (der Buchführung), dessen Seiten nicht fest gebunden, sondern auswechselbar zusammengehalten werden. Kombination von Kartei und Buch. – Vgl. auch →Loseblattbuchführung.

Loseblattbuchführung. 1. *Begriff:* Eine Buchführungsform, bei der die →Bücher nicht in gebundener Form geführt werden, sondern aus losen Blättern (Karteikarten, Journalblättern etc.) bestehen. Dabei können die Eintragungen per Hand, mit Buchungsmaschinen oder Datenverarbeitungsanlagen vorgenommen werden. Weitere zulässige Buchführungsform: →Offene-Posten-Buchführung. – 2. *Anwendung:* Bei Buchführung mit gebundenen Büchern ist nur die →Übertragungsbuchführung möglich. Bei Anwendung der →Durchschreibbuchführung muß mindestens ein Buch (Grund- oder Hauptbuch) in Loseblattform geführt werden. Auch für die Anwendung von Maschinen (maschinelle Durchschreibbuchführung) und die EDV-Buchführung (→Buchführung IV 4) ist die Zulässigkeit einer L. Voraussetzung. – 3. *Handels- und Steuerrecht:* L. ist erlaubt; § 43 II HGB steht nicht entgegen. Es genügt den Anforderungen, die an eine ordnungsmäßige Buchführung gestellt werden, wenn (zusätzlich) folgende Voraussetzungen erfüllt werden: a) richtige Zeitfolge der Verbuchung; b) gegenseitige Verweisungen zwischen Grundbuchungen, Konten und Belegen; c) Vorliegen eines übersichtlichen →Kontenplans; d) Nachweis über die bebuchten losen Blätter durch ein Register; e) ordnungsmäßige Belegablage; f) Sicherung gegen Verlegen, Entfernen oder Umstellen von losen Blättern (z. B. durch fortlaufende Numerierung).

Losgröße, →Losgrößenplanung.

losgrößenabhängige Kosten, →Kosten, die sich mit Variation der →Losgröße verändern, z. B. →Lagerkosten. – *Gegensatz:* →losgrößenfixe Kosten.

losgrößenfixe Kosten, →Kosten, die nicht von der →Losgröße abhängen, sondern mit der Zahl der Loswechsel variieren, z. B. →Sortenwechselkosten. – *Gegegnsatz:* →losgrößenabhängige Kosten.

Losgrößenplanung, ausgehend vom geplanten Gesamtjahresbedarf jeder Produktart, wird je Produktart jene Zahl von →Losen mit jeweils bestimmter Stückzahl ermittelt, bei der die entscheidungsrelevanten Gesamtkosten (Rüst- und Lagerungskosten) ein Minimum bilden. Hierbei nehmen mit zunehmender Zahl der Lose die durchschnittlich gebundenen Lagerbestände und damit Zins- und sonstige Lagerungskosten ab, gleichzeitig nehmen mit wachsender Zahl der Lose die Umrüstvorgänge und damit die Umrüstkosten zu. Die optimale Losgröße ergibt sich bei der Losgröße, bei der die Summenfunktion aus auflagevariablen und auflagefixen Kosten ein Minimum aufweist.

Losreihenfolgeplanung, →Lossequenzenplanung.

Lossequenzenplanung, *Losreihenfolgeplanung, Seriensequenzenplanung, Sortensequenzenplanung,* Festlegung vom Auflagezeitpunkt von →Losen (bzw. →Serien, →Sorten) verschiedener Produktarten. Die Auflagezeitpunkte müssen derart aufeinander abgestimmt werden, daß eine Lieferbereitschaft gemäß vorgegebenem Servicegrad für alle Produktarten sichergestellt wird.

Lossparen, →Gewinnsparen.

Lösung, im Zusammenhang mit einem →Restriktionssystem Vektor $(x_1^*, x_2^*, \ldots, x_n^*)$ von Zahlen $x_1^*, x_2^*, \ldots, x_n^*$, der – in das Restriktionssystem eingesetzt – dazu führt, daß sämtliche Restriktionen erfüllt sind. – Vgl. auch →Lösungsmenge, →optimale Lösung, →unzulässige Lösung, →zulässige Lösung.

Lösungsmenge, Menge aller Vektoren $(x_1^*, x_2^*, \ldots, x_n^*)$, die sämtlichen m (m ≥ 1) Restriktionen $f_i(x_1, x_2, \ldots, x_n)$ $\square_i$ 0, i = 1, 2, \ldots, m eines Restriktionssystems genügt. Dabei steht „$\square_i$" für eines der Restriktionszeichen „≤", „≥", „<", „>", „=". – Vgl. auch →Lösung.

lösungsneutrale Umformungen. I. Begriff: Jede Umformung, die ein →Restriktionssystem in ein →äquivalentes Restriktionssystem überführt.

II. L. U. für lineare Restriktionssysteme: 1. Ersetzen einer linearen Gleichung

$$a_1 x_1 + a_2 x_2 + \ldots + a_n x_n = b$$

durch ein c-faches (c ≠ 0) dieser Gleichung:

$$ca_1 x_1 + ca_2 x_2 + \ldots + ca_n x_n - cb;$$

2. Ersetzen einer linearen Gleichung

$$a_{11} x_1 + a_{12} x_2 + \ldots + a_{1n} x_n = b_1$$

durch die Summe

$$(a_{11} + ca_{21}) x_1 + (a_{12} + ca_{22}) x_2 \\ + \ldots + (a_{1n} + ca_{2n}) x_n = b_1 + cb_2$$

dieser Gleichung und des c-fachen

$$(5) \quad ca_{21} x_1 + ca_{22} x_2 + \ldots + ca_{2n} xn = cb_2$$

einer anderen Gleichung

$$(6) \quad a_{21} x_1 + a_{22} x_2 + \ldots + a_{2n} x_n = b_2 .$$

3. Fortlassen von →Nullgleichungen. – 4. Ersetzen einer Gleichung

$$(7) \quad a_1 x_1 + a_2 x_2 + \ldots + a_n x_n = b$$

durch das System von →Ungleichungen

$$(8) \quad \begin{cases} a_1 x_1 + a_2 x_2 + \ldots + a_n x_n \leq b \\ a_1 x_1 + a_2 x_2 + \ldots + a_n x_n \geq b \end{cases}$$

und umgekehrt. – 5. Umstellen der Reihenfolge von Restriktionen. – 6. Ersetzen einer Ungleichung

$$(9) \quad a_1 x_1 + a_2 x_2 + \ldots + a_n x_n \leq b$$

durch

$$(10) \quad ca_1 x_1 + ca_2 x_2 + \ldots + ca_n x_n \leq cb$$

bei positivem c und durch

$$(11) \quad ca_1 x_1 + ca_2 x_2 + \ldots + ca_n x_n \geq cb$$

bei negativem c. – 7. Ersetzen einer Ungleichung

$$(12) \quad a_1 x_1 + a_2 x_2 + \ldots + a_n x_n \geq b$$

durch

$$(13) \quad ca_1 x_1 + ca_2 x_2 + \ldots + ca_n x_n \geq cb$$

bei positivem und durch

$$(14) \quad ca_1 x_1 + ca_2 x_2 + \ldots + ca_n x_n \leq cb$$

bei negativem c.

III. Bedeutung: L. U. des Typs 1., 2. und 3. kommen beim →modifizierten Gauss-Algorithmus zur Bestimmung der allgemeinen Lösung eines linearen Gleichungssystems bzw. bei den →Simplexmethoden zur Bestimmung optimaler Lösungen für lineare Optimierungsprobleme zum Einsatz. Zur Bestimmung von Lösungen bzw. der allgemeinen Lösung linearer Ungleichungssysteme bzw. solcher Systeme, die aus Mischungen von linearen Gleichungen und linearen Ungleichungen bestehen, reichen diese und die übrigen lösungsneutralen Umformungen 4.–7. gewöhnlich nicht aus, um das betrachtete System in ein anderes äquivalentes System umzuformen, aus dem man sofort eine bzw. die allgemeine Lösung entnehmen könnte. Vgl. auch →Simplexschritt. – *Anders:* →Schlupfvariable.

Lotka-Volterra-Modelle, →Räuber-Beute-Modelle.

Lotterie. 1. *Begriff:* Veranstaltung durch →Ausspielung von Geldgewinnen, wobei aufgrund eines Ziehungsplans der Zufall über Gewinn oder Verlust des Einsatzes entscheidet, durchgeführt von Privatpersonen oder öffentlichen Körperschaften. – 2. *Hauptarten:* Neben der Klassenlotterie heute v. a. Fußballtoto, Zahlenlotto, Rennwette, Tombola. – 3. *Rechtlich* ist der →Lotterievertrag maßgebend. – 4. *Besteuerung* durch →Rennwett- und Lotteriesteuer. L.-Gewinne sind als →einmalige Vermögensanfälle steuerfrei.

Lotterieanleihe, →Losanleihe.

Lotteriesteuer, →Rennwett- und Lotteriesteuer.

Lotterievertrag, der Vertrag zwischen Spielunternehmer und Teilnehmern; gerichtet auf die →Ausspielung von Geldgewinnen. Ist die →Lotterie staatlich genehmigt, so ist der L. verbindlich (§763 BGB). – Eine *öffentlich veranstaltete Lotterie* ohne staatliche Genehmigung ist verboten und strafbar (§286 StGB). – Eine *nichtöffentliche Lotterie* kann zwar auch ohne staatliche Genehmigung veranstaltet werden, doch entstehen durch sie keine klagbaren Verbindlichkeiten. – Vgl. →Preisausschreiben.

Louvre-Abkommen, Abkommen der Finanzminister der sieben größten westlichen Industriestaaten zur Wechselkursstabilisierung des US-$ vom 22.2.1987. Die Vereinbarungen wurden nicht veröffentlicht. Vermutet wird, daß Zielzonen in unbekannter Größenordnung oder aber lediglich eine Abschwächung eines Kursverfalls („sanfte Landung") vereinbart wurden.

Lower Management, *Lower Supervision, Junior Management.* 1. *Begriff:* Im angloamerikanischen Sprachgebrauch die untere Führungs- bzw. Leitungsebene in Unternehmungen, abgeleitet aus dem institutionellen Aspekt des Managementbegriffs. – 2. Im Rahmen des *Instanzenaufbaus* ist das L. M. dem →Middle Management untergeordnet. Die Positionen des L. M. werden i.a. von Vorarbeitern, Meistern und Büroleitern eingenommen. – 3. In *funktionaler* Hinsicht ist das L. M. mit Planungs-, Organisations-, Steuerungs- und Führungsaufgaben betraut. Im Rahmen dieser Aufgaben hat das L. M. Routineentscheidungen zu fällen und diese, sowie die

Entscheidungen übergeordneter →Stellen, zu vollziehen. – Vgl. auch →Levels of Management, →Top Management.

Lower Supervision, →Lower Management.

LpA-Wert, Leser pro Ausgabe, Kontaktmaßzahl im Rahmen der Zeitschriften-Leserschaftsforschung. Vgl. →Reichweite.

LpE-Wert, Leser pro Exemplar, Kontaktmaßzahl im Rahmen der Zeitschriften-Leserschaftsforschung. Vgl. →Reichweite.

LpN-Wert, Leser pro Nummer, Kontaktmaßzahl im Rahmen der Zeitschriften-Leserschaftsforschung. Vgl. →Reichweite.

LSI, large scale integration, in der elektronischen Datenverarbeitung Bezeichnung für eine Integrationsdichte von 1000 bis 10000 →Gattern auf einem →Chip.

LSÖ, Leitsätze für die Preisermittlung auf Grund der Selbstkosten bei Leistungen für öffentliche Auftraggeber vom 15.11.1938, letzte Fassung 12.2.1942. Abgelöst durch die →Leitsätze für die Preisermittlung auf Grund von Selbstkosten (LSP).

LSP, Abk. für →Leitsätze für die Preisermittlung auf Grund von Selbstkosten.

LSP-Bau, Abk. für →Leitsätze für die Ermittlung von Preisen für Bauleistungen auf Grund von Selbstkosten.

ltd., Abk. für limited (engl. = beschränkt).

Lückenanalyse, →Gap-Analyse.

lückenlose Prüfung, →Prüfung.

Lücke-Plan, Gesetzgebungsprogramm zum schrittweisen Abbau der Zwangswirtschaft im Wohnungswesen. Weitgehend erfüllt durch das Gesetz über den Abbau der Wohnungszwangswirtschaft und über ein soziales Miet- und Wohnrecht vom 23.6.1960 (BGBl I 389) mit späteren Ergänzungen und Änderungen.

Ludovici, Carl Günther, 1707–1778, Prof. der Philosophie in Leipzig, bedeutender deutscher Enzyklopädist, verfaßte in starker Anlehnung an die Arbeiten →Savarys die „Eröffnete Akademie der Kaufleute oder vollständiges Kauffmanns-Lexicon", 5 Bände (1752–1756). Der letzte Band dieses besten der damaligen Handelslexiken enthielt einen umfangreichen „Grundriß eines vollständigen Kauffmanns-Systems nebst den Anfangsgründen der Handlungswissenschaft...", Leipzig 1756 (Neuaufl. hrsg. von R. Seyffert, Stuttgart 1932), in dem erstmals in Deutschland versucht wird, die betriebswirtschaftlichen Probleme in einer „wissenschaftlichen Systematik" zusammenzufassen. – Vgl. auch →Betriebswirtschaftslehre, →Geschichte der Betriebswirtschaftslehre.

Luftersatzverkehr, →Ersatzverkehr.

Luftfahrerschein, der zur Führung oder Bedienung von →Luftfahrzeugen (entsprechend dem →Führerschein) erforderliche amtliche Erlaubnisschein (§ 4 Luftverkehrsgesetz). Vgl. VO über Luftfahrtpersonal vom 13.2.1984 (BGBl I 265).

Luftfahrt-Bundesamt, →Bundesoberbehörde, Sitz Braunschweig, errichtet durch Gesetz vom 30.11.1954 (BGBl I 354) mit späteren Änderungen Aufgaben auf dem Gebiet der Zivilluftfahrt, u. a. Führung der →Luftfahrzeugrolle.

Luftfahrthaftpflichtversicherung. 1. Der *Halter eines →Luftfahrzeugs* haftet für einen außerhalb des Luftfahrzeugs entstandenen Personen- und Sachschaden ohne Rücksicht auf die Rechtswidrigkeit der Schadenzufügung oder auf sein Verschulden und unter Einschluß von Schadenfällen infolge höherer Gewalt. Er ist verpflichtet, eine *Halterhaftpflichtversicherung* mit bestimmten Mindest-Deckungssummen abzuschließen, wenn er nicht durch Hinterlegung von Geld oder Wertpapieren Sicherheit leisten will. – 2. Der *Luftfrachtführer* haftet für Personen- und Sachschäden der Fluggäste bis zu bestimmten Höchstbeträgen, wenn er nicht den Beweis führen kann, daß ihn hinsichtlich des eingetretenen Schadenereignisses kein Schuldvorwurf trifft. Bei internationalen Beförderungen richtet sich die Haftung des Luftfrachtführers i. d. R. nach den Bestimmungen des Warschauer Abkommens. Die *Luftfrachtführerhaftpflichtversicherung* deckt die gesetzliche Haftpflicht aus der Beförderung von Personen, Gepäck und Luftfracht.

Luftfahrtkaskoversicherung, Deckung des Verlusts oder der Beschädigung eines →Luftfahrzeugs durch Unfall am Boden, auf dem Wasser, in der Luft und auf dem Transport bis zur Höhe der Versicherungssumme. Außerdem sind Schäden versichert, die durch Überflutung, Brand, Blitzschlag oder Explosion sowie durch Diebstahl oder Raub des Luftfahrzeugs oder dessen Teile entstanden sind.

Luftfahrtstatistik, Teil der amtlichen →Verkehrsstatistik (→Luftverkehr), umfaßt eine jährliche Unternehmensstatistik, eine monatliche Statistik des gewerblichen Luftverkehrs und eine jährliche Statistik des nichtgewerblichen Luftverkehrs. Erfaßt werden bei den Unternehmen die Art der Tätigkeit, Zahl und Art der verfügbaren Luftfahrzeuge, Beschäftigte, Umsatz. Nachweis der Luftfahrzeugbewegungen nach Flugplätzen, Flugarten und Startgewichtsklassen; ferner Ein- und Aussteiger, Durchgang, Fracht, Post; Flüge, Flugkilometer, Ausnutzungsgrad; beförderte Personen und Güter; gewerblicher und nichtgewerblicher Motor- und Segelflug, bemannte Ballonfahrt.

Luftfahrtunfallversicherung, Versicherungsschutz für Personen, die sich fliegerisch betätigen oder als Fluggast in einem →Luftfahrzeug mitfliegen. Deckung erstreckt sich auf Unfälle in ursächlichem Zusammenhang mit dem Betrieb des Luftfahrzeugs, vom Besteigen bis zum Verlassen unter Einschluß von Unfällen während des Ein- und Aussteigens. Pflichtversicherung für Luftfahrtunternehmen für die von diesen beförderten Fluggäste.

Luftfahrtversicherung, Zusammenfassung verschiedener Versicherungssparten, die im Zusammenhang mit der Luftfahrt stehen, kein eigenständiger Versicherungszweig: Vgl. →Luftfahrthaftpflichtversicherung, →Luftfahrtkaskoversicherung, →Luftfahrtunfallversicherung.

Luftfahrzeuge. 1. *Begriff:* Nach § 1 II des Luftverkehrsgesetzes „Flugzeuge, Drehflügler (Hubschrauber) Luftschiffe, Segelflugzeuge, Motorsegler, Frei- und Fesselballone, Drachen, Fallschirme, Flugmodelle und sonstige für die Benutzung des Luftraumes bestimmte Geräte, insbes. Raumfahrzeuge, Raketen und andere Flugkörper." Vgl. auch →Luftverkehr. – 2. *Registerpfandrecht:* L. können nach dem Gesetz über Rechte an L. vom 26.2.1959 (RGBl I 57) zur Sicherung einer Forderung in der Weise belastet werden, daß der Gläubiger berechtigt ist, wegen einer bestimmten Geldsumme Befriedigung aus dem L. zu suchen (Registerpfandrecht). Andere Belastungen sind unzulässig. Das Registerpfandrecht ist weitgehend der →Hypothek nachgebildet. – a) Es entsteht durch Einigung und Eintragung in das *Register für Pfandrechte an L.* Das Registerpfandrecht erstreckt sich auch auf eine Versicherungsforderung und kann auf Ersatzteillager ausgedehnt werden. Das Register für Pfandrechte an L. wird von dem *Amtsgericht,* in dessen Bezirk das →Luftfahrt-Bundesamt seinen Sitz hat, als Registergericht geführt. Für die Eintragungen gelten im wesentlichen die Vorschriften der Schiffsregisterordnung entsprechend. – b) Der Gläubiger kann seine Befriedigung aus dem L. und den mithaftenden Gegenständen nur im Wege der →Zwangsversteigerung suchen (§ 171 a–n ZVG). – c) Im übrigen gelten für L., die in der →Luftfahrzeugrolle oder im Register für Pfandrechte an L. eingetragen sind, die für →bewegliche Sachen geltenden Vorschriften. – d) Sondervorschriften für *ausländische* Flugzeuge. – Vgl. →Luftrecht.

Luftfahrzeugrolle, ein von dem →Luftfahrt-Bundesamt geführtes Register über die zum Luftverkehr zugelassenen, im Eigentum deutscher Staatsbürger oder bestimmter inländischer Gesellschaften stehenden →Luftfahrzeuge (§§ 2 f. Luftverkehrsgesetz).

Luftfrachtbrief, *Air Waybill, Air Consignement Note,* Frachtbrief des →Luftfrachtgeschäfts, *fälschlich* bisweilen als Luft-Konnossement bezeichnet. Der L. ist →Frachtbrief, kein Konnossement; er kann nicht an Order ausgestellt oder begeben werden. Die ersten drei Ausfertigungen gelten als gleichwertige Originale.

Luftfrachtführer, →Frachtführer.

Luftfrachtgeschäft, gewerbsmäßige Beförderung von Gütern im Luftverkehr. Die Abwicklung des L. erfolgt durch die Luftfahrtgesellschaften (als Beförderer), die Flughafengesellschaften (die den Umschlag durchführen) und die Luftfrachtagenten der IATA. – Vgl. auch →Luftrecht.

Luftgewicht, im Eisenbahngüterverkehr Gewichtsmenge, die über das wirkliche Gewicht des Gutes einschl. etwaiger tariflicher Zuschläge hinaus zur Frachtberechnung herangezogen wird, weil der Tarif Frachtzahlung für ein bestimmtes Mindestgewicht vorsieht oder die Frachtberechnung für ein höheres Gewicht eine geringere Fracht ergibt. Die für das L. zu zahlende Fracht wird als *Luftfracht* bezeichnet.

Luftgüterversicherung, →Kargoversicherung, →Transportversicherung.

Lufthansa, →Deutsche Lufthansa.

Luftkorridor, →Luftstraße.

Luftpiraterie, Anwendung von Gewalt, Angriff auf die Entschlußfreiheit einer Person oder sonstige Machenschaft, die darauf abzielt, die Herrschaft über ein im zivilen Luftverkehr eingesetztes oder im Flug befindliches Luftfahrzeug zu erlangen oder auf dessen Führung einzuwirken (Flugzeugentführung); Gebrauch von Schußwaffen oder Herbeiführung einer Explosion oder eines Brandes mit dem Ziel, ein solches Luftfahrzeug oder seine Ladung zu zerstören oder zu beschädigen. –*Verbrechen* nach § 316c StGB. *Strafe:* →Freiheitsstrafe nicht unter fünf Jahren; in minder schweren Fällen nicht unter einem Jahr; bei leichtfertiger Tötung eines Menschen lebenslange oder mindestens zehnjährige Freiheitsstrafe.

Luftpool, →Deutscher Luftpool.

Luftpost, Postversand auf dem Luftweg, im Inlandsverkehr nur →Brief, →Postkarte, →Blindensendung, →Päckchen, Postanweisung und freigemachtes Paket, im Auslandsverkehr alle Sendungsarten (z. B. auch →Drucksache). – *Kennzeichnung* durch Vermerk „Mit Luftpost" bzw. „par avion", bei Briefsendungen zusätzlich Rautenmusterumrandung zulässig. Inlandsbriefe und Briefsendungen ins europäische Ausland sind zuschlagsfrei, für alle anderen Sendungen werden *Luftpostzuschläge* erhoben. Gebührenbegünstigtes Aerogramm (Luftpostleichtbrief) nur im Auslandsverkehr. Dei Paketen

Höchstmaße 100 × 50 × 50 cm. – Besondere Vorschriften sind im Briefpostbuch, Paketpostbuch und in der Gebührentafel für Postpakete nach dem Ausland enthalten. – *Wertangabe* im Inland bis 10000 DM, nach dem Ausland gelten besondere Vorschriften.

Luftrecht, die Rechtsvorschriften über den →Luftverkehr. 1. Die *Beförderung von Gütern* in der Luft (→Luftfrachtgeschäft) ist kein →Frachtgeschäft im Sinne des HGB. Es gilt das Recht des →Werkvertrages (BGB), aber unter sinngemäßer Ergänzung durch die Regeln des Landfrachtgeschäfts sowie die entsprechenden Allgemeinen Beförderungsbedingungen. Besondere Rechtsvorschriften sind nur bezüglich der Haftung aus dem Beförderungsvertrag im Luftverkehrsgesetz enthalten. Für den internationalen Verkehr Regelung im Warschauer Abkommen (BGBl 1958 II 312). – 2. *Rechtsvorschriften:* Das Luftverkehrsgesetz (LuftVG) i. d. F. vom 14.1.1981 (BGBl I 61) enthält: a) Allgemeine Vorschriften über →Luftfahrzeuge, Eintragung in die →Luftfahrzeugrolle, →Luftfahrerschein, Anlage von →Flughäfen, Luftfahrtunternehmen, Verkehrsvorschriften u. a. b) Eingehende Regelung der Haftung des Halters von Luftfahrzeugen, die entsprechend der →Kraftfahrzeughaltung ausgestaltet ist (§§ 33–43 LuftVG), und zwingende Vorschriften über die Haftung aus dem Beförderungsvertrag (§§ 44–52 LuftVG). – Ergänzend: *Luftverkehrs-Zulassungs-Ordnung* (LuftVZO) i. d. F. vom 13.3.1979 (BGBl I 309) mit späteren Änderungen; *Luftverkehrs-Ordnung* (LuftVO) i. d. F. vom 14.11.1969 (BGBl I 2117) mit späteren Änderungen; *Prüfungsordnung für Luftfahrtgerät* (LuftGerPO) vom 16.5.1968 (BGBl I 416); *Bauordnung für Luftfahrtgerät* (LuftBauO) vom 14.8.1974 (BGBl I 2058); VO über Luftfahrtpersonal (LuftPerV) vom 13.2.1984 (BGBl I 265); VO über Flugfunkzeugnisse vom 21.1.1977 (BGBl I 177). – Vgl. auch Warschauer Luftverkehrsabkommen vom 12.10.1929 (erstes Abkommen zur Vereinheitlichung des Luftprivatrechts), Gesetz über die Bundesanstalt für Flugsicherung vom 23.3.1953; Gesetz über das →Luftfahrt-Bundesamt vom 30.11.1954, Abkommen über die Internationale Zivilluftfahrt vom 7.12.1944 (Internationale Zivilluftfahrtorganisation, →ICAO); Gesetz über den Beitritt der Bundesrep. D. zu dem Abkommen vom 7.12.1944 über die Internationale Zivilluftfahrt vom 7.4.1956.

Luftreinhaltepläne, von Landesbehörde zu erstellende Pläne über Art und Umfang der festgestellten und zu erwartenden Luftverunreinigungen sowie der durch diese hervorgerufenen schädlichen Umwelteinwirkungen, Feststellung über die Ursachen der Luftverunreinigung und Maßnahmen zu deren Verminderung und zur Vorsorge. Vgl. →Immissionsschutz.

Luftreinhaltung, Gesamtheit der Abhilfe- und Vorsorgemaßnahmen zur Bekämpfung der →Luftverunreinigung, insbes. durch Staub und Gas. Die beim Betrieb einer →Anlage entgegen verwaltungsrechtlichen Pflichten verursachte und schädliche *Luftver- unreinigung oder Lärmverursachung* ist eine →Straftat, die mit →Freiheitsstrafe bis zu fünf Jahren oder mit →Geldstrafe geahndet wird (§ 325 StGB). – Vgl. auch →Umweltkriminali- tät, →Immissionsschutz.

Luftstraße, *Luftkorridor,* Weg des →Luftver- kehrs. Von Flugsicherungsbehörden mit Höhen- und Seitenbegrenzungen festgelegte und kontrollierte Lufträume zur Sicherung des Luftverkehrs auf stark benutzten Strek- ken.

Luft- und Raumfahrzeugbau, Teil des →Investitionsgüter produzierenden Gewer- bes, umfaßt die Herstellung von Flugzeugen, Flugkörpern und deren Motoren und Trieb- werken einschl. Luftschrauben und Drehflü- geln, Ballons, Luftschiffen, Rettungs- und Sicherheitsgeräten, Fallschirmen, Linktrai- nern und Simulatoren. Stark exportorientiert; Exportquote 55,8 (1986).

Luft- und Raumfahrzeugbau

Jahr	Beschäf- tigte in 1000	Lohn- u. Gehalts- summe	darunter Gehälter	Umsatz gesamt	darunter Auslands- umsatz
		Mill. DM			
1970	49	783	442	2 358	271
1971	50	382	494	2 689	332
1972	47	932	542	2 862	369
1973	48	1 071	626	3 459	402
1974	50	1 271	744	3 843	476
1975	49	1 397	826	3 319	575
1976	47	1 435	837	3 273	804
1977	49	1 657	1 022	3 430	914
1978	53	1 900	1 149	4 074	1 143
1979	57	2 193	1 329	5 362	1 572
1980	61	2 563	1 535	7 780	2 664
1981	64	2 912	1 789	8 898	3 423
1982	64	2 971	1 856	10 439	4 616
1983	62	2 990	1 900	9 156	4 751
1984	60	3 046	1 966	9 153	4 985
1985	60	3 395	2 174	9 884	5 395
1986	69	3 839	2 478	9 471	5 288

Luftverkehr. I. Begriff: Beförderung von Personen, Post und Fracht mit Luftfahrzeu- gen (Flugzeugen, Luftschiffen, Ballonen usw.) sowie die Benutzung des Luftraums mit Flug- modellen (§ 1 II LuftVG). – Der gewerbliche L. unterteilt sich in *Linienverkehr* (regelmäßi- ger flugplanmäßiger, zu öffentlich bekanntge- gebenen Abflugzeiten stattfindender Verkehr auf festgelegten Routen zu veröffentlichten Tarifen mit Betriebs- und Beförderungs- pflicht) und *Gelegenheitsverkehr* auch *Bedarfs- oder Charterverkehr* genannt (also nicht Linienverkehr). Zudem unterscheidet man zwischen nationalem und internationalem L.

II. Geschichte. 1. *Anfänge:* Erste gelungene Flüge von Menschen 1783 mit dem

Ballon (Brüder Mongolfier) und 1884 mit dem Luftschiff (Krebs/Renard). 1901 Aufstieg des ersten lenkbaren Starr-Luftschiffes des Grafen Zeppelin. Obwohl 1910 ein fahrplanmäßiger Passagierdient eingerichtet und nach der ersten Atlantiküberquerung 1924 ein regelmä- ßiger Überseeverkehr mit Luftschiffen aufge- baut wurde, konnte das Luftschiff langfristig gegen das Flugzeug nicht bestehen (nach dem Unglück von Lakehurst 1937 Einstellung des zivilen L. mit Luftschiffen). – Zur Grundlage des modernen L. wurde stattdessen das 1903 von den Brüdern Wright entwickelte Motor- flugzeug, das eine rasche technische Fortent- wicklung erfuhr (insbes. während des 1. Welt- krieges aus militärischen Gründen). – Unmit- telbar nach dem Kriegsende wurden eine Vielzahl zumeist kleinerer Luftverkehrsgesell- schaften in fast allen Industrieländern gegrün- det. Im Laufe der 20er/Anfang der 30er Jahre bildeten sich z. T. auf staatlichen Druck hin größere nationale Gesellschaften heraus (1926 Deutsche Lufthansa, 1931 Swissair, 1933 Air France).

2. *20er/30er Jahre des 20. Jh.:* Der am 24. 12. 1918 eröffnete Linie Toulouse–Barce- lona, folgte im Februar 1919 die Verbindung Paris–London; in Deutschland wurde zur selben Zeit zwischen Berlin und Weimar die erste Fluglinie eröffnet. Bis Ende der 20er Jahre erfuhr der innereuropäische Flugver- kehr einen systematischen Ausbau. Parallel dazu entstand ein umfangreiches Luftpostnetz (1922 Eröffnung der Linie Königsberg–Mos- kau; 1924 Beginn des Nachtluftpostverkehrs Stettin–Kopenhagen–Stockholm). In vielen Ländern wurde die Postfliegerei sogar zum Vorläufer des gewerblichen L. und zu einer der wichtigsten Einnahmequellen der Luftver- kehrsgesellschaften. – Insb. Junkers versuchte seit den 20er Jahren durch die Entwicklung stabiler, großer und zuverlässiger Flugzeuge ein wirtschaftliches Luftverkehrsmittel zu schaffen; tatsächlich wurde die von Junkers gebaute Ju 52 in den 30er Jahren das technisch bedeutsamste Großflugzeug im L. Im Anschluß an die zahlreichen Pionierflüge (1925 Flug von Berlin in den Kongo; 1927 Atlantiküberquerung im Direktflug durch Lindbergh; 1931 erster Transatlantikflug nach Südamerika) zügiger Ausbau des internatio- nalen L. und Einbeziehung immer weiterer Plätze in das Luftverkehrsnetz. 1936 beför- derte die Deutsche Lufthansa bereits 232 000 Passagiere im Linienverkehr, 150 000 Passa- giere im Gelegenheitsverkehr, 1300 t Fracht und 2000 t Luftpost.

3. *Nach dem 2. Weltkrieg:* Luftverkehrstechni- sche Fortschritte während des 2. Weltkrieges ermöglichten dem zivilen L. nach dem Kriegs- ende eine enorme Expansion und den Über- gang zu Massentransporten. Eine wichtige Rolle spielte dabei das Düsenflugzeug; 1952 stellte England erstmals düsengetriebene

Zivilflugzeuge in Dienst; 1960 begann insgesamt das Düsenzeitalter in der Zivilluftfahrt. Gleichzeitig errangen die US-Luftverkehrsgesellschaften eine absolute Vormachtstellung im internationalen L. Neben den Linienfluggesellschaften entstanden nach dem 2. Weltkrieg immer mehr Charter-Fluggesellschaften. Insgesamt traten 1959 etwa 320 Linienfluggesellschaften (dar. 93 IATA-Mitglieder) auf den Luftverkehrsmärkten auf und setzten ca. 5800 Flugzeuge ein. Als Folge des sich verschärfenden Wettbewerbs kam es zu starken Konzentrationstendenzen mit dem Ergebnis, daß der internationale Liniendienst inzwischen in den meisten Staaten nunmehr von einer Gesellschaft betrieben wird. Seit Mitte der 60er Jahre setzte sich das Flugzeug zunehmend als bevorzugtes Beförderungsmittel im Fern-Tourismus durch. Die Zahl der von den Fluggesellschaften beförderten Personen erhöhte sich zwischen 1960 und 1980 von 1,3 Mill. auf 19,5 Mill. Ebenfalls nach dem 2. Weltkrieg erlebte der Luftrachtverkehr seinen Durchbruch; zwischen 1945 und 1968 erhöhte sich das Luftfrachtaufkommen von 0,1 Mrd. auf 7,2 Mrd. tkm. Dabei setzte sich auch im Luftfrachtverkehr in steigendem Umfang die Verwendung von Luftfracht-Containern durch.

III. Unternehmens-, Betriebs- und Kostenstruktur: 1. *Unternehmensstruktur:* Im internationalen Linien-L. boten Mitte der 80er Jahre mehr als 200 Gesellschaften ihre Dienste an. Die IATA zählte am 1. 6. 1987 160 Mitgliedsgesellschaften. In der Bundesrep. D. waren Ende 1986 insgesamt 319 Unternehmen im gewerblichen L. tätig, darunter 180 deutsche Gesellschaften. 27 Unternehmen besaßen eine Genehmigung des Bundesministers für Verkehr; darunter acht Unternehmen die Flugliniengenehmigung zur Durchführung von Regional- und Interregionalverkehr. Den grenzüberschreitenden Gelegenheitsverkehr (Charterverkehr) teilten sich acht deutsche Unternehmen mit 45 ausländischen Gesellschaften. Neben der Deutschen Lufthansa (LH) und den acht genannten Unternehmen waren nur noch weitere elf Unternehmen in nennenswertem Umfang am überregionalen Bedarfs- und Taxisverkehr beteiligt. Die restlichen 160 Unternehmen, von denen 36 ihren wirtschaftlichen Schwerpunkt außerhalb des L. hatten, spielten bei der gewerblichen Personen- und Frachtbeförderung nur eine sekundäre Rolle. Mitte 1985 umfaßte das Luftfahrtpersonal der deutschen Gesellschaften 38 206 Personen (im Inland); davon waren allein 33 325 (87,2%) bei der DLH tätig, weitere 3358 (8,8%) bei sieben Unternehmen, die vornehmlich Pauschalflugreisen durchführten.

2. *Eingesetzte Flugzeugtypen:* Ende 1985 waren in den ICAO-Staaten (ohne UdSSR und China) rd. 39 000 Flugzeuge (darunter

5140 Helikopter) gewerblicher Luftverkehrsunternehmen registriert. U. a. standen den Unternehmen am 1. 1. 1987 8951 Strahlturbinen-Flugzeuge (darunter 1308 Boeing 737; 635 Boeing 747, 374 DC-10, 352 MD-80, 239 Fokker VFW F 28, 269 Airbus A-300 und 91 Airbus A-310) sowie 2693 Turboprop-Flugzeuge zur Verfügung. Der Luftfahrzeugrolle der Bundesrep. D. waren Ende 1986 insgesamt 8114 motorisierte Luftfahrzeuge eingetragen, darunter 191 Flugzeuge der Klasse A (Startgewicht über 20 t). Über derartiges Fluggerät verfügten neben der DLH (123 Flugzeuge, davon 28 Boeing 727, 48 Boeing 737, 21 Boeing 747, 11 DC-10 und 15 Airbus) nur noch acht Gesellschaften des Gelegenheitsverkehrs (Pauschalflug-, Tramp- und Anforderungsverkehr). Weitere 83 Flugzeuge entfielen auf die Klassen B und C (5,7 bis 20 t) und 493 auf die Klassen I und F (2 bis 5,7 t). Während diese Maschinen wenigstens teilweise gewerblich genutzt wurden (v. a. Regionalluftverkehr) wurden, waren die restlichen 7347 Motorflugzeuge ohne Bedeutung für die Erbringung von Transportleistungen im L.

3. *Wirtschaftliche Bedeutung:* a) *Weltweit: Beförderungs- und Transportleistung:* Im Welt-Linienluftverkehr wurden 1985 insgesamt 897 Mill. zahlende Passagiere und 13,7 Mill. t Fracht befördert, 2 078 000 Mill. Sitzkilometer und 262 520 Mill. tkm angeboten sowie 1 367 000 Mill. Passagier-km und 167 600 Mill. tkm (darunter 39 850 Mill. tkm Fracht und 4390 Mill. tkm Post) bezahlt. Damit ergab sich ein Sitzladefaktor von 65,8% und ein Nutzladefaktor von 63,8%. – *Einnahmen/Aufwendungen:* 1985 erzielten die Liniengesellschaften der ICAO-Staaten (ohne UdSSR-Inlandsverkehr) Verkehrserträge in Höhe von 112 200 Mill. US-$ (Aufwendungen: 108 100 Mill. US-$). Die AEA-Gesellschaften erzielten 1986 pro Personen-km einen Ertrag von 9,37 US-Cent. – Im Linienverkehr wurde 1985 eine durchschnittliche Fluggeschwindigkeit von 616 km/h erreicht; je Start flogen die Flugzeuge rd. 900 km; im Durchschnitt betrug der Reiseweg eines Zahlgastes 1508 km und die Zahl der Passagiere je Flugzeug 112 (140 Passagiere im Gelegenheitsverkehr). – b) *Bundesrep. D.:* (1) *Beförderungs- und Transportleistung:* 1986 wurden insgesamt 42,9 Mill. Passagiere gezählt; davon entfielen 29,8 Mill. (rd. 70%) auf den Linienverkehr, 12,7 Mill. auf den Pauschalflugreiseverkehr. Im Inlandsverkehr wurden 9,7 Mill. Fluggäste befördert. Die Frachttransporte erreichten einen Umfang von 779 700 t (14 800 im Inlandsverkehr) und die Luftpostbeförderung von 139 400 t (darunter 59 900 t im Inland). Von den 41,7 Mill. Fluggästen 1985 waren 24,3 Mill. durch deutsche Gesellschaften befördert worden. Während die DLH 1984 über 7,2 Mill. tkm verfügte, kamen die sieben größten Charter-Fluggesellschaften (Aero-Lloyd, Condor, Hapag-Lloyd, LTU, LTS, SAT)

zusammen auf 2,2 Mill. tkm; bezahlt wurden bei der DLH 4,75 Mill. tkm, bei den sieben Gesellschaften 1,8 Mill. tkm; in bezug auf die realisierten Passagier-km kam die DLH auf 24,5 Mill., die sieben Gesellschaften zusammen auf 19,4 Mill. Bei der Charternachfrage in der Bundesrep. D. haben die deutschen Gesellschaften einen Marktanteil von 75%; von 4,566 Mill. Charter-Flugreisen (1984) entfielen 1167 auf die Condor, 1152 auf die LTU, 1118 auf die Hapag-Lloyd sowie 1118 auf ausländische Gesellschaften. – (2) *Umsatz:* Die deutschen Unternehmen erzielten 1985 aus ihrer Luftfahrttätigkeit einen Umsatz von insgesammt 12,16 Mrd. DM (ohne UmSt); die DLH war daran mit 9,3 Mrd., weitere sieben Gesellschaften des Pauschal-, Tramp- und Anforderungsverkehrs mit 2,4 Mrd. DM beteiligt. Die restlichen 172 Gesellschaften setzten zusammen nur 408 Mill. DM um. Zu den Einnahmen aus den Beförderungsleistungen in Höhe von 11,8 Mrd. DM trug der Personenverkehr mit 9,2 Mrd. DM, der Güterverkehr mit 2,6 Mrd. DM bei.

Luftverkehrsentwicklung in der Bundesrep. D.

	1960	1970	1986
Beförderte Personen			
Inlandsverkehr	2 197 445	8 028 256	9 671 339
Auslandsverkehr	2 687 585	12 774 406	32 532 934
Insgesamt	4 885 030	21 340 016	42 838 298
Linienverkehr	4 478 233	15 972 059	29 863 266
Gelegenheitsverkehr	506 797	5 367 957	13 047 032
dar. Pauschalflugreisen	–	3 620 000	10 745 300
Frachtbeförderung in t	76 662	315 464	779 721
Luftpostbeförderung in t	17 325	71 413	139 437

Ohne Umsteige und Umladeverkehr
Quelle: Fachserie 8 Verkehr, Reihe 6: Luftverkehr 1986; Statistische Jahrbücher für die Bundesrepublik Deutschland, versch. Jge.

4. *Kostenstruktur (weltweit):* Im internationalen Linien-L. entfielen 1985 knapp ein Drittel der Aufwendungen auf die Flugdurchführung (23,1% Treibstoffe, 6,8% Personalkosten); auf Benutzungs- und Flughafengebühren 16%, auf Wartung und Überholung 10%, auf Kapitaldienste und Abschreibungen 7,1% auf Werbung, Verkauf und Marketing 16,5% sowie auf die allgemeine Verwaltung 7,9%.

IV. Nationale und internationale Organisation: 1. *Nationale Ebene:* Gemäß Art. 87 d GG ist die Luftverkehrsverwaltung bundeseigene Sache. Zentrale Instanz ist der Bundesminister für Verkehr mit den ihm unterstellten Behörden →Bundesanstalt für Flugsicherung (BFS) und →Luftfahrt-Bundesamt (LBA). Sonderregelungen bestehen für die Luftverkehrsverwaltung der Bundeswehr und der stationierten Truppen (§ 30 II LuftVG). Aufgaben der Luftverkehrsverwaltung sind auch den Ländern übertagen worden (§ 31 LuftVG). Die BFS hat die Aufgaben

der Sicherung der Luftfahrt, insbes. durch Luftverkehrskontrolle einschl. Bewegungslenkung, der Flugsicherungsberatung, Alarmdienst, Luftnachrichtenübermittlung und Luftnavigationshilfe. Dazu unterhält sie Flugsicherungsleit- und Flugsicherungsstellen. Das LBA ist für Muster- und Verkehrszulassung zuständig, wirkt bei der Durchführung des Such- und Rettungsdienstes mit; zudem führt es fachliche Untersuchungen der Störungen beim Betrieb von Luftfahrzeugen durch. – Neben diesen staatlichen Organisationen gibt es private Organisationen: Arbeitsgemeinschaft Deutscher Verkehrsflughäfen (ADV), Deutscher Aero-Club (DAeC), Interessenvertretung Allgemeine Luftfahrt e. V. (AOPA Germany) und Bundesverband der Deutschen Luft- und Raumfahrtindustrie (BDLI).

2. *Internationale Ebene:* Staatliche Organisationen sind die Internationale Zivilluftfahrtorganisation (ICAO), die Europäische Zivilluftfahrtkonferenz (ECAC) und die Zusammenarbeit zur Sicherung der Luftfahrt (Eurocontrol). Die private Organisation auf dieser Ebene setzt sich u. a. aus der International Air Traffic Association (IATA), der Association of European Airlines (AEA), der internationalen Vereinigung der privaten Transportgesellschaften, der International Union of Aviatic Insurers (IUAI), der Internationalen Handelskammer mit einem Lufttransportkomitee und der International Federation of Air Traffic Controllers Association (IFATCA) zusammen.

V. Gegenwarts- und Zukunftsprobleme: Ausgehend von der liberalen Luftverkehrspolitik der USA seit 1978 (open skies policy), wird die L. als Vorreiter der aktuellen Liberalisierungsdebatte, die sich auch auf andere Wirtschaftsbereiche ausgebreitet hat, angesehen. Für den L. im Bereich der EG wird die Liberalisierung v. a. mit der Zulassung und dem verstärkten Ausbau des Regional-L. verbunden sein. Damit tritt der L. auch in diesem Entfernungsbereich in verstärkte Wettbewerb zu den Landverkehrsmitteln (→Eisenbahnverkehr, →Straßenverkehr). Inwieweit Liberalisierungsstrebungen der IATA als Organisation der Linienverkehr betreibenden Luftfahrtgesellschaften schwächer werden, bleibt abzuwarten. Sicher ist, daß Liberalisierungsbestrebungen (z. B. mehr Charterverkehr) und der Zwang zur Auslastung von Großraumflugzeugen zu mehr Preiswettbewerb beitragen und damit zu niedrigeren Preisen im Linien-L. geführt haben und es auch künftig werden.

VI. Rechtliche Regelungen: 1. *Außenwirtschaftsrecht:* Der L. ist im Außenwirtschaftsverkehr frei; jedoch kann nach § 19 AWG der Abschluß von Verträgen zur Beförderung von Personen und Gütern durch Flugzeuge, die nicht in der deutschen →Luftfahrzeugrolle eingetragen sind, und das Chartern solcher Flugzeuge durch →Gebietsansässige beschränkt werden, um erheblichen nachteiligen Auswirkungen auf die wirtschaftliche Lage des deutschen L. entgegenzuwirken.

2. *Gesundheitsvorschriften:* Die DVO vom 26. 7. 1960 (BGBl I 594) zur Ausführung der internationalen Gesundheitsvorschriften enthält Vorschriften zur Bekämpfung von gemeingefährlichen Krankheiten. Ein Luftfahrzeug, das aus einem örtlichen Infektionsgebiet kommt oder eine infizierte Person an Bord hat, darf nur auf einem Sanitätsflughafen landen. Infizierte Personen sind abzusondern, ansteckungsverdächtige Personen bis zum Ablauf der Inkubationszeit unter Beobachtung zu stellen. Für Reisende, die aus Afrika, Asien oder Amerika (mit Ausnahme der USA und Kanada) kommen, bestehen besondere *Pockenschutzvorschriften* (§ 3): Bei der Ankunft ist ein gültiger Pockenimpfschein vorzuweisen, soweit nicht der Nachweis der Immunität infolge früherer Pockenerkrankungen geführt werden kann.

3. *Luftverkehrs-Ordnung* vom 14. 11. 1969 (BGBl I 2117) mit späteren Änderungen regelt, ähnlich der Straßenverkehrs-Ordnung, die Teilnahme am L., u. a. Führung eines Luftfahrzeugs, Flugregeln, Sichtflug, Instrumentenflug, Lichter, Signale, Flugpläne. – Ergänzend: *Verordnung über Luftverkehrsregeln*, heute gültig für die Bundesrep. D. i. d. F. vom 22. 1. 1959.

4. *Bauordnung für Luftfahrtgerät* vom 16. 8. 1974 (BGBl I 2058) regelt die Gestaltung, Ausführung und Prüfung von Flugzeugen, Luftschiffen, Motorseglern, Segelflugzeugen, bemannten Ballonen, Flugmodellen, Personenfallschirmen, der Motoren und der Einzelausstattung des Luftgerätes.

5. →*Luftfahrtversicherung:* Vgl. dort.

Luftverunreinigung, →Veränderungen der natürlichen Zusammensetzung der Luft, insbes. durch Rauch, Ruß, Staub, Gase, Aerosole, Dämpfe, Geruchstoffe. – Vgl. auch →Luftreinhaltung.

lukrativ, im kaufmännischen Sprachgebrauch: gewinnbringend.

Lumen (lm), Einheit des Lichtstromes (→gesetzliche Einheiten, Tabelle 1). 1 lm ist gleich dem Lichtstrom, den eine punktförmige Lichtquelle mit der Lichtstärke 1 Candela gleichmäßig nach allen Richtungen in den Raumwinkel 1 Steradiant aussendet.

Lundberg-lag, Produktions-lag, der die zeitliche Verzögerung zwischen Verausgabung des Einkommens (effektiver Nachfrage) und dadurch veranlaßter Anpassung der Produktion beschreibt. *Beispiel:* $Q_t = f(Y_{t-1})$. Die geplante Produktion der Unternehmer für die gegenwärtige Periode (Q_t) richtet sich dann am Einkommen der Vorperiode (Y_{t-1}) aus. – Vgl. auch →lag.

Lustbarkeitssteuer, ältere, nichtamtliche Bezeichnung für →Vergnügungssteuer.

Lux (lx), Einheit der Beleuchtungsstärke (→gesetzliche Einheiten, Tabelle 1). 1 lx ist gleich der Beleuchtungsstärke, die auf einer Fläche herrscht, wenn auf 1 m^2 der Fläche gleichmäßig verteilt der Lichtstrom 1 Lumen fällt. Verwendet u. a. als Maß für die Beleuchtung der Arbeitsfläche, die i. d. R. 50 bis 100 lx tragen soll.

Luxemburg, *Großherzogtum Luxemburg,* Staat im westlichen Mitteleuropa, zwischen Belgien, Frankreich und der Bundesrep. D. gelegen. – *Fläche:* 2586,4 km^2. – *Einwohner* (E): (1985, geschätzt) 366 000 (122 E/km^2); ca. ein Viertel Ausländer. – *Hauptstadt:* Luxemburg (78 900 E); weitere wichtige Städte: Esch-sur-Alzette (25 100 E), Düdelingen (14 100 E), Differdingen (8600 E). – *Unabhängig* seit 1806, Ende der Personalunion mit den Niederlanden 1890. Konstitutionelle Monarchie auf demokratisch-parlamentarischer Grundlage. Verfassung von 1868. L. bildet mit Belgien eine Wirtschafts- und Währungsunion und mit diesen ausgedehnt Wirtschaftsunion →Benelux. – *Verwaltungsgliederung:* Drei Distrikte, zwölf Kantone. – *Amtssprachen:* Französisch, Deutsch und Letzebuergisch.

W i r t s c h a f t: Bedeutender internationaler Finanzplatz. – *Landwirtschaft:* Hauptanbauprodukt sind Futterpflanzen und Gerste, an der Mosel Wein. Viehzucht (Rinder, Schweine, Schafe, Hühner, Pferde). – *Bergbau und Industrie:* Für die Wirtschaft des Landes sind die Eisenerze bei Esch-sur-Alzette (als Fortsetzung der lothringischen Minette) entscheidend. Auf dem Erzbergbau und der Verarbeitung basiert eine leistungsfähige Eisen- und Stahlindustrie. Moderne chemische Betriebe im Norden. – *BSP:* (1985, geschätzt) 4900 Mill. US-$ (13 380 US-$ je E). – *Inflationsrate:* (1984) 4,1%. – Wichtige Partner für den *Export* sind: EG-Länder, USA, Schweiz; ausgeführt werden v. a. Metalle und Metallerzeugnisse, chemische und Kunststofferzeugnisse, landwirtschaftliche Produkte. – Ein- und Ausfuhrwerte gemeinsam mit →Belgien ausgewiesen.

V e r k e h r: Die Stadt L. ist Knotenpunkt des *Eisenbahn-* (über 270 km) und *Straßennetzes* (5100 km). Durchgangsland besonders für den Ost-West-Verkehr. Anschluß an das europäische *Flugnetz.* Eigene *Luftfahrtgesellschaft.*

M i t g l i e d s c h a f t e n: UNO; CCC, EG, EWS, IEA, NATO, OECD, WEU, UNCTAD u. a.; Europarat, BENELUX.

W ä h r u n g: 1 Luxemburgischer Franc (lfr) = 100 Centimes (c).

LUXIBOR, Luxembourg Interbank Offered Rate, →Referenzzinssatz, zu dem international tätige Banken Geldmarktgeschäfte in Luxemburg abschließen. – Vgl. auch →FIBOR, →LIBOR, →NIBOR.

Luxmeter, Gerät zur Messung der Beleuchtungsverhältnisse, Beleuchtungsstärke und Leuchtdichte. Einsatz findet der L. innerhalb der →Arbeitswissenschaften bei der Gestaltung der Beleuchtungsverhältnisse an Arbeitsplätzen (→Arbeitsgestaltung).

Luxusbesteuerung, steuerliche Belastung einer gehobenen Lebenshaltung. – *Formen:* 1. *Luxusbesitzsteuer* (hauptsächlich in Großbritannien): Wird auf männliche Dienstboten, Reitpferde, Pferde und Wagen, Wappen, Haarpuder, neuerdings auf Hunde, Kraftwagen, Wohnraum, erhoben. – 2. *Luxusumsatzsteuer* in Deutschland zeitweise bis 1926 in Form erhöhter Umsatzsteuersätze auf gewisse Luxusgüter; Ertrag unbefriedigend. – 3. Der Sache nach Luxusumsatzsteuern i. w. S. sind →Kaffeesteuer, →Schaumweinsteuer, →Spielkartensteuer, →Leuchtmittelsteuer, Jagdsteuer, →Vergnügungsteuer.

Luxussteuer, eine in Form einer besonderen L. oder in Form erhöhter Sätze anderer Steuerarten (Umsatzsteuer, Verbrauchsteuern) erhobene Steuer. Vgl. →Luxusbesteuerung.

Luxusware, Warenbezeichnung für →Höchstqualität.

LVA, Abk. für →Landesversicherungsanstalt.

LZB, Abk. für →Landeszentralbanken.

M

m. 1. Kurzzeichen für →Meter. – 2. Vorsatz für →Milli.

M, Vorsatz für →Mega.

Macao, →Portugal.

Macht, Chance, innerhalb eines sozialen Verhältnisses den eigenen Willen auch gegen Widerstand durchzusetzen (Max Weber). Machtgrundlagen können sein physische, psychische, intellektuelle usw. Überlegenheit, Verfügungsgewalt über knappe Güter usw. M. hat die Tendenz, sich zu →Herrschaft zu institutionalisieren.

Macht eines Tests, →Gütefunktion, →Teststärke.

MachtmiBbrauch →Ermessensmißbrauch.

Machtpromotor, →buying center.

Machttheorie. I. V o l k s w i r t s c h a f t s - t h e o r i e : Richtung der Volkswirtschaftstheorie, mit der die Eigengesetzlichkeit des Wirtschaftslebens verneint wird, in Auseinandersetzung Böhm-Bawerk v.a. durch Zwiedineck-Südenhorst, Eucken und H. J. Seraphim. Nach dieser Lehre schließt die Gesamtheit wirtschaftlicher Handlungen insbes. im Hinblick auf die →Preisbildung und sonstige marktwirtschaftliche Erscheinungen, notwendigerweise Machtausübung in sich. – Als *wirtschaftliche Macht* gilt das mit spezifischen ökonomischen Mitteln durchgesetzte Bestreben, andere zur Nachgiebigkeit gegenüber dem eigenen Willen zu veranlassen. Als Marktmacht ist danach die Fähigkeit zu bezeichnen, durch Vorzugspositionen auf dem Markt anderen den eigenen Willen bei einem bestimmten Tauschakt aufzuzwingen (H. J. Seraphim). Die ökonomische Macht kann zur Bestimmung wirtschaftspolitischer Vorgänge auch öffentlich-wirtschaftlicher und allgemein-volkswirtschaftlicher Natur herangezogen werden, soweit sie in den Dienst gesellschaftlicher Zielsetzungen gestellt wird.

II. L o h n t h e o r i e : Eine von Anhängern der sozialrechtlichen Schule, der Fabian Society und v.a. von Tugan-Baranowsky vertretene →Lohntheorie, nach der die Lohnhöhe nicht durch ökonomische Gesetze, sondern durch Machtkämpfe zwischen den Klassen bestimmt wird. Die Lohnhöhe ist danach weitgehend indeterminiert (unbestimmt).

III. A b g r e n z u n g : M. sind nicht mit der Marxschen →Ausbeutungstheorie gleichzusetzen, da bei Marx das allgemeine Wertgesetz auch für die Lohnbildung gilt; ebenso nicht zu verwechseln mit der Lohnbestimmung mit Hilfe der *Theorie des zweiseitigen →Monopols,* obwohl auch bei dieser die Lohnhöhe innerhalb eines bestimmten Bereichs unbestimmt bleibt.

Machtüberschreitung, →Ermessenüberschreitung.

Mackenroth, Gerhard, 1903–1955, deutscher Soziologe, Sozialwissenschaftler und Statistiker. In seinem Kieler Soziolog. Seminar entstanden seine und seiner Schüler wertvollen Beiträge zu aktuellen sozialpolitischen Fragen, u. a. auch zur Sozialreform im Bundesgebiet, überwiegend gegründet auf statistische Forschungen. – *Hauptwerke:* ,,Theoretische Grundlagen der Preisbildungsforschung und Preispolitik'', Berlin 1933; ,,Methodenlehre der Statistik'' (Grundr. d. Sozialwissenschaft, Bd. 24), Göttingen 1949; ,,Bevölkerungslehre – Theorie, Soziologie und Statistik der Bevölkerung'' (Enzyklopädie der Rechts- und Staatswissenschaft), Berlin 1953.

Macsyma, Anfang der 70er Jahre am Massachusetts Institute of Technology entwickeltes →Expertensystem. M. ist für die effiziente Lösung mathematischer Probleme konzipiert und beherrscht z. B. das Differenzieren und Integrieren. Der Aufwand für die Entwicklung betrug schätzungsweise 45 Mannjahre. – In den USA wird M. auf einem eigenen →Computer eingesetzt.

Madagaskar, *Demokratische Republik Madagaskar,* viertgrößte Insel der Erde, im Indischen Ozean gelegen und durch die Straße von Mosambik vom südlichen Ostafrika getrennt. – *Fläche:* 587041 km², einschließlich einiger vorgelagerter Inseln, deren größte Nosy-Bé und Ste. Marie sind. – *Einwohner* (E): (1985, geschätzt) 10 Mill. (17,1 E/km²). Die Madagassen sind vorwiegend malaiisch-indonesischen, in geringem Maß negritischen oder arabischen Ursprungs. – *Hauptstadt:* Antananarivo (663000 E); weitere wichtige Städte: Majunga, Tamatave, Fianarantsoa, Diégo Suarez, Tuléar. – Von 1642 bis zur *Unabhängigkeit* 1960 französisch, gegründet als parlamentarische Demokratie, seit der Revolution von 1972 und der Verfassung von 1975 eine

„Demokratische Republik auf der Basis der Charta der Sozialistischen Revolution". – *Verwaltungsgliederung:* 6 Provinzen (Faritany), 18 Präfekturen, 92 Unterpräfekturen, 1250 Kreise (Firaisana), 11 000 Gemeinden (Fakontaňy). – *Amtssprachen:* Französisch und Malagasy.

W i r t s c h a f t : M. zählt zu den Entwicklungsländern. Es besteht Devisenbewirtschaftung. – Die *Landwirtschaft* ist der wichtigste Zweig der Wirtschaft. 85% aller Erwerbspersonen sind in diesem Sektor beschäftigt, der einen Anteil von (1984) über 80% an den Exporterlösen hat. Die kleinbäuerliche Betriebsstruktur hat sich, mit Ausnahme der verstaatlichten oder kollektivierten Großbetriebe, erhalten. Wichtigste Nahrungsmittelkulturen: Reis, Maniok, Mais, Zuckerrohr und Süßkartoffeln. Wichtigste Exportprodukte: Kaffee, Vanille ($^4/_5$ des Weltbedarfs), Gewürznelken ($^1/_3$ der Weltproduktion), ferner Sisal und Pfeffer. Von geringer wirtschaftlicher Bedeutung ist die halbnomadische Viehhaltung. – *Forstwirtschaft:* Z. T. geringe Nutzungsmöglichkeiten wegen fehlender Infrastruktur. Derzeit wird im Gebiet des Mangoro-Flusses ein Aufforstungsprogramm durchgeführt. – Die Binnenfischerei besitzt gegenüber der Küsten- und Seefischerei weitaus größere Bedeutung. Fangmenge: (1983) insgesamt 54 500 t. – *Bergbau und Industrie:* Vorkommen von Bauxit, Eisenerz und Steinkohle im S, ferner bituminösem Schiefer, Asphaltsänden, Erdöl. Abbau von Chromerz, Graphit, Glimmer, ferner Quarz, Edel- und Halbedelsteinen, Gold. Nach der Hauptstadt ist Toamasina zweitgrößter Industriestandort. Kleinindustrie und Handwerk sind über das ganze Land verteilt. Wichtigster Wirtschaftszweig ist die Nahrungsmittelindustrie, gefolgt vom Textil- und Bekleidungsgewerbe, ferner chemische, Agro-, Baustoffindustrie, Erdölverarbeitung. – *Fremdenverkehr* spielt wegen fehlender Infrastruktur nur untergeordnete Rolle. – *BSP:* (1985, geschätzt) 2510 Mill. US-$ (250 US-$ je E). – *Öffentliche Auslandsverschuldung:* (1984) 73,0% des BSP. – *Inflationsrate:* (Durchschnitt 1973–84) 14,4%. – *Export:* (1984) 384 Mill. US-$, v. a. Kaffee, Vanille, Gewürznelken, ferner Fisch und Schalentiere, Zucker, Baumwolle, Fleisch, Pfeffer, petrochemische Erzeugnisse, Graphit und Chrom. – *Import:* (1984) 483 Mill. US-$, v. a. Maschinenbau-, elektrotechnische Erzeugnisse und Fahrzeuge; mineralische Brennstoffe; Nahrungsmittel. – *Handelspartner:* Frankreich (⅓), USA, Bundesrep. D., Japan, Italien, UdSSR, Großbritannien.

V e r k e h r : Insgesamt 49 638 km *Straßen*. Da selbst von den Haupt- und Nationalstraßen (1984: 8609 km) nur ein Drittel ganzjährig befahrbar ist, wird derzeitig ein Instandsetzungsprogramm durchgeführt. – Etwa 850 km *Eisenbahnen:* Hauptverbindung von Antana-

narivo nach Antsirabe und nach Toamasina. – Bedeutende Küstenschiffahrt, Ausbau des Pangalaneskanal geplant; wichtigste Häfen: Toamasina, Mahajanga. – Der internationale *Flughafen* Ivato (Antanarivo) ist Mittelpunkt des Madegassischen Luftverkehrs. Die staatliche „Air Madagascar" bedient v. a. das verkehrswirtschaftlich wichtige Instandsnetz.

M i t g l i e d s c h a f t e n : UNO, AKP, CCC, OAU, UNCTAD u. a.

W ä h r u n g : 1 Madagaskar-Franc (FMG) = 100 Centimes.

Magazin, →Lager.

mageres lineares Gleichungssystem, →lineares Gleichungssystem, dessen Koeffizientenmatrix nur einen geringen Anteil von Null verschiedener Elemente (→dünn besetzte Matrix) aufweist. Zur Bestimmung von Lösungen derartiger Systeme existieren eine Reihe besonders effizienter Rechenverfahren (→Dekomposition, →lineare Optimierung III).

Magisches Dreieck, →Magisches Vieleck.

Magisches Vieleck, Ausdruck dafür, daß sich mehrere gesamtwirtschaftliche Ziele nicht gleichzeitig so erfüllen lassen, daß jeweils 100%ige Realisierungsgrade erreicht werden. – a) *Magisches Dreieck:* Es umfaßt die Ziele hoher Beschäftigungsgrad (Vollbeschäftigung), Preisniveau (Geldwert-)stabilität und Leistungsbilanzgleichgewicht; b) *Magisches Viereck:* Zusätzlich das Ziel (angemessenes) Wachstum, letzteres ist in §1 Stabilitätsgesetz vorgesehen. – Auf derartige Zielbündel ist heute die Wirtschaftspolitik fast aller westlichen Länder verpflichtet. Daß die verschiedenen Ziele nicht alle gleichzeitig und in vollem Umfang zu erfüllen sind, resultiert aus der wechselseitigen Abhängigkeit der gesamtwirtschaftlichen Variablen. Die wirtschaftliche Interdependenz bedingt also, daß die Zielbündel →Zielkonflikte einschließen, was mit dem Attribut „magisch" zum Ausdruck gebracht wird.

Magisches Viereck, →Magisches Vieleck.

Magnetband, *Magnetkassettenspeicher.* 1. *Begriff:* a) Das M. ist in der elektronischen Datenverarbeitung →Datenträger und externer →Speicher. – 2. *Beschaffenheit:* Physikalisch besteht das M. aus einer Trägerfolie aus Kunststoff, auf die eine magnetisierbare Schicht aufgetragen ist. Die Längen der M. sind unterschiedlich, abhängig vom Verwendungszweck. Vorwiegend für die Datenerfassung und den Datentransport auf beweglichen physischen Datenträgern werden handlich Magnetbandkassetten verwendet. – 3. *Technik:* Die →Daten werden als Bitkombinationen (→Binärcodes, →Bit) in der magnetisierbaren Schicht gespeichert. Das „Schreiben" und „Lesen" der Daten übernehmen Schreib-/

Leseköpfe im Magnetbandgerät. Das M.-Gerät ist über eine Steuereinheit an die →Zentraleinheit angeschlossen. Schreib-/Lesegeschwindigkeit hängt von einer Reihe von Faktoren ab und differiert sehr stark. – 4. *Organisation der Daten:* Die Daten sind auf dem M. sequentiell gespeichert (→Datenorganisation II). Das Aufsuchen der gespeicherten Daten kann demzufolge u. U. Minuten dauern, wenn die Daten nicht sequentiell verarbeitet werden. – 5. *Aufbewahrung:* M. müssen unter Einhaltung spezieller klimatischer Bedingungen aufbewahrt werden und bedürfen der geeigneten Verwaltung und Sicherung. – 6. *Arten:* Unter Verwendungsgesichtspunkten unterscheidet man *Bestandsbänder, Stammdatenbänder, Umsatzbänder (Bewegungsdatenbänder), Änderungsdatenbänder, Sortierbänder, Druckdatenbänder, Sicherungsbänder.* – 7. *Anwendung:* Das M. war anfangs in der betrieblichen Datenverarbeitung wichtiges externes Speichermedium. Es verlor an Bedeutung zugunsten der →Magnetplattenspeicher. M. werden heute oft zur →Datensicherung eingesetzt. – Vgl. auch →Magnetbandkassette, →Massenspeicherkassettensystem.

Magnetbandkassette, konfektioniertes →Magnetband; dient als Tonträger für Diktiergeräte und externes Speichermedium für Datenerfassungsplätze und Bürocomputer.

Magnetbandschreiber, Textsystem zur Verarbeitung von →Magnetband oder →Magnetbandkassetten.

Magnetbandverfahren, Zahlungsverkehrsverfahren, bei dem die Daten der den Kreditinstituten erteilten Überweisungs- und Lastschriftaufträge auf →Magnetbändern vom Auftraggeber eingereicht und anstelle von Belegen an die verschiedenen Kreditinstitute verschickt werden. Diese drucken in ihrem Haus für ihre Kunden neue Belege aus oder geben die Zahlungsdaten direkt im Kontoauszug des Kunden an. Die Möglichkeiten der beleglosen Datenübertragung werden inzwischen von nahezu allen größeren und mittleren Kreditinstituten im Rahmen des Datenträgeraustauschverfahrens genutzt.

Magnetkarte, →Magnetstreifenkarte.

Magnetkartenschreiber, Textsystem mit Speicherung der Texte auf →Magnetstreifenkarten.

Magnetkassettenspeicher, →Magnetband.

Magnetkernspeicher, heute kaum noch verwendeter schneller Datenspeicher (→Daten, →Speicher) aus magnetisierbaren Ringen (Ferritkerne, ,,Magnetkern"). Überwiegend →Arbeitsspeicher mit Kapazitäten von mehreren Millionen →Bytes. Die Zugriffszeit zu einem Byte lag bei wenigen Mikrosekunden bis zu einigen Hundert Nanosekunden. An

seine Stelle ist der →Halbleiterspeicher getreten.

Magnetkontencomputer, Einzelplatz-System für die vorgangsbezogene, direkte Verarbeitung und Auswertung von Daten aus Magnetkonten (→Magnetkonto) in einem Programmlauf. Verbreitung aufgrund von Personal Computern stark rückläufig.

Magnetkonto, Kontoblatt mit Magnetspuren für die maschinell lesbare Aufzeichnung von gebuchten Personen-, Sach-, Wert- und Mengendaten. – Vgl. auch →Magnetkontencomputer.

Magnetplattenspeicher. 1. *Begriff:* Massenspeicher, der den direkten Zugriff (vgl. →Datenorganisation II) zu den gespeicherten →Daten zuläßt, daher kurze Zugriffszeiten. – 2. *Technik:* Die Daten werden in binärer Form (→Binärcode) durch elektrische Impulse auf magnetisierbaren Oberflächen schnell rotierender Platten in konzentrischen Spuren gespeichert. Mehrere Platten sind zu Stapeln zusammengefaßt. Abhängig vom Modell können mehrere M. über eine Steuerung zusammengefaßt und an eine →Zentraleinheit angeschlossen werden. ,,Schreiben" und ,,Lesen" der Daten erfolgt über Schreib-/Leseköpfe an beweglichen (positionierbaren) oder starren Zugriffsarmen, die seitlich zwischen die Magnetplatten hineingreifen. – 3. *Arten:* a) *Festplattenspeicher:* Fest in die Magnetplatteneinheit eingebaute Plattentürme (vgl. →Winchestertechnologie); b) *Wechselplattenspeicher,* Plattenstapel, die nur für die Dauer einer bestimmten Bearbeitung in die Laufwerke eingesetzt werden; c) *Diskettenlaufwerke:* Vorwiegend für die Datenerfassung und Datenspeicherung (bes. in kleineren DV-Systemen) werden Einzelmagnetplatten in flexibler Hülle verwendet (→Diskette, →floppy disk).

Magnetschrift, maschinell lesbare →Klarschrift, wird durch magnetisierbaren Farben direkt auf Belege gedruckt. Durch →optisch lesbare Schrift stark rückläufig.

Magnetstreifenkarte, *Magnetkarte,* Karte der Standardgröße 85,6 × 54 × 0.76 mm. In die M. ist ein i. d. R. 12,7 mm breiter Magnetstreifen (Magnetspur) integriert, auf dem Daten in drei Spuren aufgezeichnet bzw. gelesen werden können. – *Anwendung:* v. a. im individuellen Zahlungsverkehr als Kreditkarte, Scheckkarte, usw. – *Nachteile:* geringe Datenkapazität (maximal 278 Zeichen); mangelnde Fälschungssicherheit. Aufgrund der Nachteile wurde die →Chipkarte entwickelt.

Magnitude-Skalierung, neueres →Skalierungsverfahren zur Messung der →Einstellung durch die Bildung von Verhältnisurteilen.

Mahlzeiten, Behandlung im Lohnsteuerrecht: M., die ein Arbeitgeber seinen Arbeitnehmern gewährt, gehören zum steuerpflichtigen

→Arbeitslohn: a) wenn sie unentgeltlich oder verbilligt abgegeben werden, etwa in Form von Barzuschüssen zur Verbilligung von M. oder von Essenmarken, die zur Einnahme von M. innerhalb oder außerhalb des Betriebes berechtigen. Zuwendungen des Arbeitgebers dieser Art und solche, die nicht den Arbeitnehmer, sondern einer Kantine oder Gaststätte gezahlt werden, werden dann der Lohnsteuer nicht unterworfen, wenn der geldwerte Vorteil für den Arbeitnehmer 1,50 DM täglich nicht übersteigt. Zur Ermittlung des Vorteils ist vom entsprechenden Sachbezugswert (§ 8 II 2 EStG) der M. auszugehen; von diesem Wert ist der Betrag von 1,50 DM abzuziehen (Abschn. 19 LStR); b) bei Arbeitnehmern, deren Arbeitslohn unter Berücksichtigung dieser.Zuwendungen (als →Sachbezug) bemessen wird, wie z.B. bei Bedienungspersonal in Gaststätten.

Mahnbescheid, →Mahnverfahren III 2.

Mahnung. I. Bürgerliches Recht: Aufforderung des Gläubigers an den Schuldner, die geschuldete Leistung zu erbringen. Ist die Schuld fällig, kommt der Schuldner durch erfolglose M. in →Schuldnerverzug (§ 284 BGB). M. kann auch durch →konkludente Handlungen, insbes. durch Klageerhebung, Zustellung eines Mahnbescheids, Übersendung einer quittierten Rechnung oder einer Zahlkarte erfolgen. Übersendung unquittierter Rechnung ist i.d.R. keine M. (ebenso, wenn mehrfach kurz hintereinander). – In den *Allgemeinen Geschäftsbedingungen* (AGB) ist eine Bestimmung unwirksam, durch die der Verwender von der gesetzlichen Obliegenheit freigestellt wird, den anderen Vertragsteil zu mahnen. – Vgl. auch →Mahnverfahren.

II. Steuerrecht: Die M. soll dem Vollstreckungsschuldner i.d.R. vor der Vollstreckung mit Zahlungsfrist von einer Woche verschlossen zugesandt werden (§ 259 AO). Für M. werden keine Kosten erhoben (§ 337 II 1 AO); Kosten durch einen Postnachnahmeauftrag trägt der Schuldner (§ 337 II 2 AO).

Mahnverfahren. I. Begriff: Zivilrechtliches Verfahren mit dem Ziel, dem Antragsteller auf schnellerem und billigerem Wege als im gewöhnlichen Zivilprozeß einen →Vollstreckungstitel zu verschaffen, ohne die Rechtsstellung des Antragsgegners zu beeinträchtigen (§§ 688–703 d ZPO). – Das M. ist *zulässig* für Ansprüche auf eine bestimmte Geldsumme in inländischer, ausnahmsweise auch in ausländischer Währung (nicht jedoch, wenn der Anspruch von einer noch nicht erbrachten Gegenleistung abhängig ist).

II. Zuständigkeit: Ausschließlich zuständig ist das →Amtsgericht (unabhängig von der Höhe des Streitwertes).

III. Verfahren: 1. Der Antragsteller stellt einen *Antrag* auf Erlaß eines Mahnbescheides

(durch Ausfüllung eines Vordrucks, der durch VO vom 6.5.1977 (BGBl I 693) für das M. und durch VO vom 15.12.1977 (BGBl I 2625) für das arbeitsgerichtliche M. bei nichtmaschineller Bearbeitung und durch VO vom 6.6.1978 (BGBl I 705) bei maschineller Bearbeitung vorgeschrieben ist). Der Antrag muß enthalten: (1) Parteien, (2) Gericht, (3) Anspruch unter bestimmter Angabe der verlangten Leistung, (4) Erklärung, daß der Anspruch nicht von einer Gegenleistung abhängt und (5) Bezeichnung des für das streitige Verfahren zuständigen Gerichts. – Der Antrag wird *zurückgewiesen,* wenn er nicht den gesetzlichen Bestimmungen entspricht, das M. für den geltend gemachten Anspruch nicht zulässig ist oder die vorgeschriebenen Vordrucke nicht verwandt worden sind; dagegen kein Rechtsmittel, da die Möglichkeit der Klageerhebung gegeben ist. – 2. Das Gericht erläßt den *Mahnbescheid,* der außer den Angaben des Antrags die Aufforderung an den Antragsgegner enthält, binnen zwei Wochen seit Zustellung (bei Vermeidung des Erlasses eines Vollstreckungsbescheides), die behauptete Schuld nebst den geforderten Zinsen und der dem Betrage nach bezeichneten Kosten zu begleichen oder, falls Einwendungen bestehen, Widerspruch zu erheben (§ 692 ZPO). Zustellung von Amts wegen unter Benachrichtigung des Antragstellers. – 3. Erhebt der Antragsgegner *Widerspruch* (bis zum Erlaß des Vollstreckungsbescheides zulässig) und beantragt eine Partei (kann bereits im Antrag auf Erlaß des Mahnbescheids aufgenommen werden) die Durchführung des streitigen Verfahrens, so gibt das Gericht, das den Mahnbescheid erlassen hat, den Rechtsstreit von Amts wegen an das im Mahnbescheid bezeichnete Amts- oder Landgericht (auch →Kammer für Handelssachen) ab, das hierdurch in seiner Zuständigkeit nicht gebunden ist. Die Geschäftsstelle dieses Gerichtes gibt dem Antragsteller auf, seinen Anspruch binnen zwei Wochen in einer der Klageschrift (→Klageerhebung) entsprechenden Form zu begründen. Das M. geht dann in das ordentliche Verfahren über. – 4. Wird kein Widerspruch erhoben, kann der Antragsteller innerhalb von sechs Monaten seit Zustellung des Mahnbescheids Erlaß eines →*Vollstreckungsbescheids* beantragen. Dieser wird entweder von Amts wegen oder auf Betreiben des Antragstellers durch den Gerichtsvollzieher zugestellt. Er steht einem →Versäumnisurteil gleich; der Antragsgegner kann binnen zwei Wochen nach Zustellung →Einspruch einlegen, der den Rechtsstreit in das ordentliche Verfahren überleitet.

Mahoré, →Frankreich.

mail, in der →Bürokommunikation Kurzbezeichnung für electronic mail (→elektronische Post).

Mailbox, →schwarzes Brett 3.

Mailbox-System, →schwarzes Brett 3.

Mainframe, gebräuchliche Bezeichnung für einen Großrechner; →Rechnergruppen 2c).

Majoritätskäufe, Aktienkäufe an der Börse durch den oder die Besitzer der Aktienmehrheit einer AG. – *Zweck:* Erreichung oder Stärkung der Stellung der Mehrheitsbesitzer oder Verhütung des Eindringens fremden Einflusses. – Vgl. auch →Aktienpaket.

make or buy, *Eigenproduktion oder Fremdbezug,* Entscheidungsproblem, ob ein Produkt selbst hergestellt (→Eigenproduktion) oder frembezogen (→Fremdbezug) wird. – *Kriterien:* a) *Kosten:* Es sind nur →entscheidungsrelevante Kosten zu berücksichtigen. Im Falle gegebener Betriebsbereitschaft und freier Kapazitäten werden entsprechend als relevante Kosten (beschäftigungs-) →variable Kosten sowie u.U. zusätzlich entstehende Kosten (z.B. Rüstkosten), im Falle knapper Kapazitäten zusätzlich →Opportunitätskosten berücksichtigt. Wird das Entscheidungsproblem langfristig gesehen, sind Kosten der Betriebsbereitschaft zu berücksichtigen; eine Betrachtung als Investitionsentscheidung (→Investition) wäre angebracht. – b) *Liquidität:* Die Auswirkungen auf die Liquiditätssituation des Unternehmens sind zu beachten, z.B. Gewährung längerer Zahlungsfristen durch den Lieferanten. – c) *Zeitliche Aspekte:* V.a. Zuverlässigkeit der Termineinhaltung und zeitliche Flexibilität, abhängig von der Lieferantenstruktur und den produktionstechnischen Gegebenheiten des Unternehmens. – d) *Qualität:* I.d.R. garantiert das Know-how eines spezialisierten Lieferanten einen geforderten, u.U. in Eigenproduktion nicht erreichbaren Qualitätsstandard. – e) *Sonstige Kriterien:* Z.B. Gegengeschäfte, Kooperation, Autarkiedenken.

make-work, amerikanische Gewerkschaftspraxis, die verhindern soll, daß sich die durch →technischen Fortschritt und durch die damit verbundenen Produktivitätssteigerungen möglichen Arbeitszeitverkürzungen negativ auf Beschäftigung und Verdienst der Arbeitnehmer auswirken. – *Beispiele:* Die Setzergewerkschaft gestattet den Einsatz arbeitssparender Methoden nur dann, wenn weiterhin Handsatz vergütet wird. Die Musikergewerkschaft gestattet die Beschäftigung von nichtorganisierten Musikern nur, wenn deren Entgelt zusätzlich einem Gewerkschafter bezahlt wird (üblich v.a. bei Gastspielen).

Makler. 1. *I.e.S.* (i.S. des Bürgerlichen Gesetzbuches): →*Zivilmakler.* – 2. *I.w.S.* (i.S. des Handelsgesetzbuches und Börsengesetzes): →*Handelsmakler* und →*Kursmakler.*

Maklerbuch, das von den (amtlichen) →Kursmaklern zu führende Tagebuch, in das

alle Kauf- und Verkaufsaufträge sowie die ermittelten Kurse einzutragen sind. Das M. ist vor dem Gebrauch der →Kursmaklerkammer bzw. dem Börsenvorstand zur Beglaubigung der Zahl der Blätter oder Seiten vorzulegen. Beim Ausscheiden des Maklers ist das M. bei der Kursmaklerkammer bzw. Börsenvorstand niederzulegen.

Maklergebühr, →Courtage, →Maklerlohn.

Maklerlohn, Vergütung des Maklers, regelmäßig in Form einer →Provision. Der Anspruch auf M. entsteht nur, wenn infolge der Tätigkeit des Maklers ein Vertrag zustande kommt (§652 BGB). – a) Der →*Zivilmakler* kann den M. nur von seinem Auftraggeber verlangen (§654 BGB). – b) Der →*Handelsmakler,* der regelmäßig für beide Teile tätig ist, erhält den M., wenn nicht anders üblich oder vereinbart, von jeder Partei zur Hälfte (§99 HGB). – Die *Höhe* des M. bestimmt sich nach Vereinbarung oder bei Bestehen einer Taxe nach taxmäßigem Lohn oder nach Ortsüblichkeit (§653 BGB). – Vgl. auch →Courtage.

Maklerordnung. Vorschriften bezüglich Organisation und Aufgabenbereich der →Kursmaklerkammer, z.B. Aufsichtsbefugnisse, Verteilung der Geschäfte unter den Maklern, Überwachung der Kursfeststellung, Schlichtungsbefugnisse bei Streitigkeiten, Wahl des Vorstands durch die Kursmaklerkammer. M. variiert von Börse zu Börse. Sie wird von der zuständigen Landesregierung erlassen.

Maklervertrag, →Vertrag eigener Art; dem →Werkvertrag ähnlich, weil der →Maklerlohn nur für Herbeiführung eines bestimmten Erfolgs geschuldet; der Makler (→Zivilmakler, →Handelsmakler, →Kursmakler) aber zu einer Tätigkeit nicht verpflichtet wird. – *Widerruf* des M. ist vor Abschluß des Vertrags zwischen den Auftraggebern möglich; Anspruch auf Maklerlohn bleibt dem Makler aber erhalten, wenn der Widerruf nur zur Umgehung dieses Anspruches erfolgt.

Makroökonomie, →Makroökonomik.

Makroökonomik, *Makroökonomie, makroökonomische Theorie, Makrotheorie.* 1. *Begriff:* Teilgebiet der →Volkswirtschaftstheorie. Die M. befaßt sich mit dem gesamtwirtschaftlichen Verhalten ganzer Sektoren; im Gegensatz zur →Mikroökonomik, die sich mit dem einzelwirtschaftlichen Verhalten von Haushalten und Unternehmen befaßt. Historisch gesehen, steht die Entstehung der M. in engem Zusammenhang mit dem von Keynes beeinflußten Aufbau der →Volkswirtschaftlichen Gesamtrechnungen (VGR). Bei der Erforschung der ökonomischen Realität greift die M. auf gesamtwirtschaftliche Größen zurück, die in den VGR durch →Aggregation aus einzelwirtschaftlichen Größen gewonnen werden. Auch ein Teil der in makroökonomischen Modellen verwendeten Beziehungen zwischen den betreffenden Größen sind den VGR entnommen (Definitionsgleichungen, Gleichgewichtsbedingungen). Durch die Aggregation gehen notwendigerweise Informationen verloren. Andererseits ist gerade dies Voraussetzung, um die vermuteten Zusammenhänge klarer erkennen zu können. – 2. Auf die M. kann man die anderen in der Volkswirtschaftstheorie üblichen *Gliederungsprinzipien* anwenden: a) makroökonomische →Partialanalyse oder makroökonomische →*Totalanalyse,* je nachdem, ob einzelne Märkte (z. B. Gütermarkt) oder alle Märkte im Zusammenhang betrachtet werden. – b) *Statik* und *Dynamik* (→dynamische Makroökonomik). – c) Differenzierung unter *historischen und inhaltlichen Gesichtspunkten* zwischen verschiedenen makroökonomischen Lehrmeinungen. Fundamentales Unterscheidungskriterium ist die Frage, ob reale Wirtschaftssysteme sich überwiegend im →*Gleichgewicht* befinden oder zumindest bei Abweichungen vom Gleichgewicht sehr schnell wieder zu einer Gleichgewichtsposition zurückstreben. (1) Obwohl die M. erst in den 30er Jahren begrifflich konstituiert wurde, enthalten natürlich schon ältere Theoriegebäude makroökonomischen Aussagen, so daß zu den *gleichgewichtsorientierten Makrotheorien* auch →klassische Lehre und →Neoklassik zählen. Gleichgewichtsorientierte Lehrmeinungen jüngeren Datums sind →Monetarismus, →neue klassische M. und →Angebotsökonomik. (2) Die *Ungleichgewichtstheorien* gehen zurück auf die →Keynessche Lehre. In diese Kategorie gehören weiterhin →neue keynesianische Makroökonomik und →Postkeynesianismus.

makroökonomische Inzidenz, →Inzidenz in der gesamten Volkswirtschaft; Interdependenzen der Einzelmärkte werden berücksichtigt. Gegenstand der →makroökonomischen Inzidenzforschung. – *Gegensatz:* →mikroökonomischen Inzidenz.

makroökonomische Inzidenzforschung, Inzidenzforschung, die alle steuerlich bedingten gesamtwirtschaftlichen Anpassungsvorgänge in einer Volkswirtschaft berücksichtigt. Die Verteilungswirkungen insgesamt können durchaus die Höhe der Steuerbelastung überschreiten; es wird nicht nur nach dem Steuerträger, sondern nach allen im Zusammenhang mit der Steueränderung ausgelösten Verteilungsänderungen gefragt. Die Interdependenz der Einzelmärkte wird berücksichtigt (vgl. auch →Steuerparadoxon, →makroökonomische Inzidenz). – *Methoden der m.I.:* a) Es wird von interdependenten Einzelmärkten ausgegangen, ihre Überwälzungszusammenhänge wurden in einem neoklassischen Modell analysiert (Harberger). b) Die makroökonomische Inzidenz wird in ei-

nem makroökonomischen Kreislaufmodell betrachtet *(Föhl)*. – *Gegensatz:* →mikroökonomischen Inzidenzforschung.

makroökonomisches Modell, →Ökonometrie II 4.

makroökonomische Theorie, →Makroökonomik.

Makrosegmentierung, erster Teil eines zweistufigen Ansatzes der →Marktsegmentierung im Investitionsgüterbereich. Merkmale der Käuferunternehmung bzw. der Einbindung in gesamtwirtschaftliche Zusammenhänge als *Segmentierungskriterien:* (1) direkt beobachtbare Merkmale (allgemein: z. B. Branche, Standort, Unternehmensgröße; situationsspezifisch: z. B. Abnahmemenge, Verwendungshäufigkeit, →Kaufklasse); (2) aus dem Verhalten ableitbare Merkmale (allgemein: z. B. Art der Entscheidungsregeln; situationsspezifische: z. B. Risikoverhalten). – Eine *Mikrosegmentierung* als *zweiter Teil* ist nur anzuschließen, wenn das Ziel der Segmentierung (Bildung von Abnehmergruppen, die intern ein möglichst ähnliches Kaufverhalten zeigen) durch die gebildeten Makrosegmente nicht befriedigend erreicht wurde. Sie basiert auf den Merkmalen der einzelnen Mitglieder des →Buying-Centers (buyer segmentation), z. B. persönliche Charakteristika der Mitglieder, Produktvertrautheit, Einstellungen usw..

Makrotheorie, →Makroökonomik.

MAK-Wert, *maximale Arbeitsplatz-Konzentration,* oberer Grenzwert eines Stoffes in der Luft, der nach dem gegenwärtigen Kenntnisstand auch bei längerfristiger Exposition zu keiner gesundheitlichen Beeinträchtigung führt. Dabei wird von einer täglich achtstündigen Arbeitszeit bei 40 Wochenstunden ausgegangen. Die Konzentration wird in mg/m^3, für Gase und Dämpfe auch in ml/m^3 (ppm = part per million) angegeben. Die M. werden in einer Liste zusammengestellt, die jährlich überarbeitet wird; in dieser sind einige hundert gefährliche Arbeitsstoffe aufgeführt. Eindeutig und möglicherweise krebserregende Stoffe sind im Anhang der Liste aufgeführt; für Stoffe, die nach dem gegenwärtigen Kenntnisstand eine *eindeutige Krebsgefährdung* bedeuten, werden keine M. angegeben. – Vgl. auch →TRK-Werte.

Malawi, *Republik Malawi,* ostafrikanischer Binnenstaat, westlich und südlich des Njassa-Sees. – *Fläche:* 118 484 km^2, davon 94 276 km^2 Landfläche. *Einwohner.* (E): (1986, geschätzt) 7 Mill. (59,6 E/km^2), die mehreren Bantu-Völkerschaften angehören. – *Hauptstadt:* Lilongwe (103 000 E); weitere wichtige Städte: Blantyre-Limbe (229 000 E), Zomba (25 000 E), Mzuzu (20 000 E). – *Unabhängig* seit 1964, zuvor britische Kolonie. Präsidiale Republik im Commonwealth of Nations gemäß der Verfassung von 1966, Einkammerparlament,

Einheitspartei. – *Verwaltungsgliederung:* 3 Regionen, 24 Distrikte. – *Amtssprache:* Englisch.

W i r t s c h a f t : M. zählt zu den am wenigsten entwickelten Ländern. – *Landwirtschaft:* Die Struktur des wichtigsten Wirtschaftsbereichs ist geprägt durch private und staatliche Plantagen und durch die traditionelle Kleinbauernwirtschaft. Für die Eigenversorgung werden v. a. Mais, Maniok, Hülsenfrüchte und Reis angebaut. Tee, Tabak, Zuckerrohr und Baumwolle sind fast ausschließlich für den Markt bestimmt. Aus Mangel an gutem Weideland schwach entwickelte Viehzucht. – Die Regierung versucht durch Aufforstungsmaßnahmen der Gefährdung des Baumbestands durch Brennstoffeinschlag für Haushalte und die Tabakverarbeitung entgegenzuwirken (Holzeinschlag 1983: 6,5 Mill. m³). – Unbedeutende *Fischereiwirtschaft* (Fangmenge 1984: 60 000 t). – *Bergbau und Industrie:* Geringe Vorkommen an Bodenschätzen, abgebaut werden lediglich Kalkstein und Tonerde sowie Bauxit. Die meisten Betriebe konzentrieren sich auf das verarbeitende Gewerbe: Nahrungs- und Genußmittelherstellung, sowie Leder-, Textil-, Bekleidungs- und Schuhfabrikation. Wichtige Entwicklungsvorhaben: Bau einer Düngemittelfabrik, eines Zementwerkes und einer Glasfabrik. – Die Regierung strebt den Ausbau des *Fremdenverkehrs* an, der 1975–80 durchschnittlich 5–6 Mill. US-$ pro Jahr an Deviseneinnahmen erbrachte. – *BSP:* (1985, geschätzt) 1160 Mill. US-$ (170 US-$ je E). – *Öffentliche Auslandsverschuldung:* (1984) 63,5% des BSP. – *Inflationsrate:* (Durchschnitt 1973–84) 9,4%. – *Export:* (1985) 252 Mill. US-$, v. a. Tabak, Tee, Zucker, Mais. – *Import:* (1985) 284 Mill. US-$, v. a. Maschinenbau-, elektrotechnische Erzeugnisse und Fahrzeuge, bearbeitete Waren, chemische Erzeugnisse, bearbeitete Erdölerzeugnisse, Nahrungsmittel. – *Handelspartner:* Großbritannien, Rep. Südafrika, USA, EG-Länder, Japan.

V e r k e h r : Das *Straßennetz* betrug (1984) 11 061 km, davon waren 2093 km befestigte Straßen. – 789 km *Eisenbahnstrecke.* Zwei Bahnlinien verbinden M. mit den mosambikanischen Häfen Beira und Nacala am Indischen Ozean. Seit der Transport auf diesen traditionellen Verkehrswegen Ende 1984 durch Guerillatätigkeit zum Erliegen kam, findet eine Verlagerung des Güterverkehrs auf die Straße und die bisher unbedeutende Binnenschiffahrt auf dem Malawisee statt. – Die staatliche *Luftverkehrsgesellschaft* „Air Malawi" bedient das Inlandsnetz und unterhält Liniendienste hauptsächlich mit afrikanischen Ländern. Der internationale Flughafen „Kamuzu International Airport" der Hauptstadt Lilongwe befindet sich noch im Ausbau.

M i t g l i e d s c h a f t e n : UNO, AKP, CCC, OAU, UNCTAD u. a.

W ä h r u n g : 1 Malawi-Kwacha (MK) = 100 Tambala.

Malaysia, südostasiatischer Bundesstaat, umfaßt das auf der Malaiischen Halbinsel gelegene Westmalaysien und das aus den Staaten Sarawak und Sabah bestehende Ostmalaysia im NW der Insel Borneo. – *Fläche:* 329 749 km², davon 328 550 km² Landfläche. – *Einwohner* (E): (1985, geschätzt) 15,56 Mill. (47,2 E/km²), darunter Malaien (ca. 45%), Chinesen (ca. 36%), Urbevölkerung (hauptsächlich auf Sabah und Sarawak; 8%). – *Bundeshauptstadt:* Kuala Lumpur (938 000 E). – *Unabhängig* seit 1957, konstitutionelle Wahlmonarchie auf parlamentarisch-demokratischer Grundlage seit 1963, Verfassung von 1963, Zweikammerparlament. – *Verwaltungsgliederung:* 9 Sultanate und 4 Bundesstaaten, 1 Bundesterritorium, Distrikte (Westmalaysia 72, Sarawak und Sabah je 20 Distrikte). – *Amtssprache:* Malaiisch (Bahasa Malaysia).

W i r t s c h a f t : M. zählt entwicklungspolitisch zu den Schwellenländern. – *Landwirtschaft:* Wichtigste Agrarerzeugnisse: Naturkautschuk, Palmkerne, Reis, ferner Kakao und Gewürze (Pfeffer). Die Selbstversorgung liegt bei 80%, u. a. müssen Reis, Weizen und Zucker importiert werden. Hauptfleischlieferant ist das Geflügel. – *Forstwirtschaft:* Tropische Regenwälder bedecken zwei Drittel des Landes. Export von Hartholz. Holzeinschlag (1981) 43,5 Mill. m³. – *Bergbau und Industrie:* Wichtigste Bergbauprodukte sind Zinn, sowie Erdöl und Erdgas, ferner Bauxit, Kupfererz, Eisenerz, Titanerz, Gold, Silber, Schwerspat, Zirkon, Bleierz und einige Seltene Erden. Die in den sechziger Jahren einsetzende Industrialisierung verlief zunächst zugunsten Westmalaysias. Der Schwerpunkt der Verarbeitenden Gewerbes liegt in der Konsumgüterindustrie. Starke Ausweitung der Produktionsgüterindustrie. – *Fremdenverkehr:* Deviseneinnahmen (1980) 46 Mill. US-$. – *BSP:* (1985, geschätzt) 31 930 Mill. US-$ (2050 US-$ je E). – *Öffentliche Auslandsverschuldung:* (1984) 39,4% des BSP. – *Inflationsrate:* (Durchschnitt 1973–84) 6,2%. – *Export:* (1982) 12 038 Mill. US-$, v. a. Erdöl (27%), Holz (18%), Maschinenbau-, elektrotechnische Erzeugnisse und Fahrzeuge (15%), Fette und Öle, Naturkautschuk, Zinn. – *Import:* (1982) 12 406 Mill. US-$, v. a. Maschinenbau-, elektrotechnische Erzeugnisse, Eisen und Stahl, Rohöl. – *Handelspartner:* Japan, Singapur, USA, EG-Länder.

V e r k e h r : 20 454 km *Asphaltstraßen,* 6011 km Schotterstraßen, sowie Erdstraßen (1979). – Das *Eisenbahnnetz* hatte (1980) eine Streckenlänge von über 2500 km. – Der größte *Hafen* des Landes befindet sich bei Tanjung Berhasa (speziell Erdölverladung). M.s *Handelsflotte* verfügte (1983) über 425 Schiffe (über 100 BRT) mit 1,29 Mill. BRT. – Fünf internationale *Flughäfen,* der bedeutendste liegt bei Kuala Lumpur, eine sechs größere Flugplätze für den Inlandsverkehr. Eigene *Luftverkehrsgesellschaft.*

Mitgliedschaften: UNO, ASEAN, CCC, OIC, UNCTAD u. a.; Colombo-Plan.

Währung: 1 Malaysischer Ringgit (M$) = 100 Sen.

Malediven, *Republik Malediven,* südöstlich von Sri Lanka gelegene Korallenatolle im Indischen Ozean. – *Fläche:* 90 000 km², davon 298 km² Landfläche. – *Einwohner* (E): (1985) 181 500 (609,1 E/km²); Malediver sind ein Mischvolk arabischen, singhalesischen und malaiischen Ursprungs; etwa noch 200 Ureinwohner. – *Hauptstadt:* Malé (37 500 E). – Von 1882 bis 1965 britisches Protektorat, *unabhängig* seit 1965, Verfassung von 1968, präsidiale Republik, Einkammerparlament. – *Verwaltungsgliederung:* 19 Verwaltungsbezirke. – *Amtssprache:* Divehi (singhalesische Sprachform).

Wirtschaft: Die M. gehören zu den am wenigsten entwickelten Ländern. Haupterwerbszweig ist der *Fischfang.* 45% der Erwerbstätigen arbeiten in diesem Bereich, dessen Modernisierung von der Regierung gefördert wird (Fangmenge 1984: 39 000 t). Die *Landwirtschaft* produziert in erster Linie Kokosnüsse, ferner Bananen, grüne Chillies, Zwiebeln und – vornehmlich für den Eigenbedarf – Mais, Hirse, Taro, Maniok, Süßkartoffeln. – Dynamische Entwicklung des organisierten *Reiseverkehrs* seit Beginn 1972 (1983: ca. 60 000 Ferienreisende). Die Bereiche Handel, Dienstleistungen, Baugewerbe und Verarbeitendes Gewerbe erfuhren infolge des zunehmenden Tourismus einen Aufschwung. – *BSP:* (1985, geschätzt) 50 Mill. US-$ (290 US-$ je E). – *Export:* (1984) 12,9 Mill. US-$, v. a. Fisch und Fischwaren (47%), Bekleidung. – *Import:* (1984) 70 Mill. US-$, v. a. Erzeugnisse des Maschinenbaus und der Elektroindustrie, Fahrzeuge, Nahrungsmittel u. a. bearbeitete Waren. – *Handelspartner:* Sri Lanka, Japan, Thailand, Süd-Korea.

Verkehr: Hauptverkehrsträger ist die *Schiffahrt.* – *Kraftfahrzeuge* gibt es nur auf den Inseln Male und Gan. – Zunehmende Bedeutung des *Flugverkehrs;* internationaler *Flughafen* auf der Insel Hulule; eigene nationale *Luftverkehrsgesellschaft.*

Mitgliedschaften: UNO, OIC, UNCTAD u. a.; Colombo-Plan, Commonwealth (Sonderstatus).

Währung: 1 Rufiyaa (Rf) = 100 Laari (L).

Mali, *Republik Mali,* Binnenstaat in W-Afrika. – *Fläche:* 1,24 Mill. km². – *Einwohner* (E): (1986, geschätzt) 8,44 Mill. (6,8 E/km²); Tuareg, Fulbe, Mauren, daneben Haratin, Sudanneger und Peul. – *Hauptstadt:* Bamako

(600 000 E); weitere wichtige Städte: Ségou (77 000 E), Mopti (63 000 E), Sikasso (56 000 E), Kayes (51 000 E), Gao (36 000 E). – *Unabhängig* seit 1960, präsidiale Republik, Verfassung von 1974, Einheitspartei. – *Verwaltungsgliederung:* 7 Regionen, Hauptstadtdistrikt, 46 Bezirke (cercles), 279 Kreise (arrondissements), Gemeinden. – *Amtssprache:* Französisch.

Wirtschaft: M. zählt zu den ärmsten Entwicklungsländern. – *Landwirtschaft:* Die Agrarproduktion wird hauptsächlich in Subsistenzwirtschaft betrieben. Neben Hirse, dem wichtigsten Grundnahrungsmittel, werden Erdnüsse, Reis, Mais, Baumwolle, Maniok, Süßkartoffeln und Zuckerrohr angebaut. Die größte ländliche Entwicklungsbehörde (Office du Niger) bewirtschaftet eines der größten Bewässerungssysteme in Afrika. Große Gebiete im N des Landes entfallen durch das Vordringen der Wüste für die landwirtschaftliche Nutzung. – Bedeutende, überwiegend extensiv betriebene Viehwirtschaft. – *Forstwirtschaft:* Priorität besitzt die Bewahrung des Waldbestandes, besonders als Mittel gegen das Vordringen der Wüste. Pflanzung von schnellwüchsigen Baumarten. Laubholzeinschlag: (1983) 4,6 Mill. m³. – Rückläufige Fangmengen der *Binnenfischerei,* durch Dürreperiode, Überfischung der Fanggebiete in Stadtnähe sowie unwirtschaftliche Fang- und Verarbeitungsmethoden. Fangmenge: (1983) 33 000 t. – *Bergbau und Industrie:* Vorkommen von Uran, Erdöl, Diamanten, Gold, Mangan, Bauxit, Phosphate und verschiedenen Buntmetallen. Abbau von Gold und Steinsalz; seit 1984 Erdölgewinnung. Anfänge einer industriellen Produktion v. a. auf der Grundlage einheimischer Agrarerzeugnisse. – *Fremdenverkehr:* Verstärkte Förderung der bisher erst in geringem Umfang entwickelten touristischen Infrastruktur. – *BSP:* (1985, geschätzt) 1070 Mill. US-$ (140 US-$ je E). – *Öffentliche Auslandsverschuldung:* (1984) 95,9% des BSP. – *Inflationsrate:* (Durchschnitt 1973–84) 10,4%. – *Export:* (1983) 166,5 Mill. US-$, v. a. Baumwolle (45%), Lebendvieh (33%), Fische, Erd- und Sheanüsse, Häute und Leder. – *Import:* (1983) 343,6 Mill. US-$, v. a. Maschinen und Fahrzeuge, Nahrungsmittel, Erdölprodukte. – *Handelspartner:* Frankreich, Elfenbeinküste, VR China, Bundesrep. D., Senegal.

Verkehr: 13 004 km Straßen, davon 1793 km befestigt. Besondere Bedeutung für den Trans-Sahara-Verkehr (Algerien, Marokko – Oberguinea) hat die alte Karawanenstadt Timbuktu. – Eine *Eisenbahnlinie* führt von Bamako zum Hafen Dakar (Senegal). Auf malischem Gebiet beträgt die Strecke 646 km. Geplant ist der Bau einer Eisenbahnverbindung zwischen Bamako und Kankan, um so einen Anschluß an den Hafen Conaktry (Guinea) zu schaffen. – Neun *Flughäfen* sind in den

Liniendienst der Fluggesellschaft „Air Mali" eingebunden. 21 weitere Flughäfen stehen der Zivilluftfahrt zur Verfügung. Im internationalen Flugverkehr bestehen Verbindungen nach Paris, Dakar (Senegal) und Brazzaville (Kongo). Die nationale *Fluggesellschaft „Air Mali"* soll durch eine gemischtwirtschaftliche Gesellschaft ersetzt werden.

Mitgliedschaften: UNO, AKP, OAU, OIC, UNCTAD u. a.

Währung: 1 CFA-Franc (FC. F. A.) = 100 Centimes.

Malta, Republik Malta, Inselgruppe im Mittelmeer, südlich von Sizilien. – *Fläche:* 315,6 km², einschließlich der Inseln Gozo, Comino, Cominotto und Filfla. – *Einwohner* (E): (1985, geschätzt) 380000 (1204 E/km²). – *Hauptstadt:* Valetta (14040 E); weitere wichtige Städte: Sliema (20116 E), Birkirkara (17861 E), Qormi (16895 E), auf der Insel Gozo: Victoria (5461 E). – *Unabhängig* seit 1969, Republik im Commonwealth of Nations seit 1974, Verfassung von 1974, Einkammerparlament. – *Verwaltungsgliederung:* 6 Bezirke, 60 Gemeinden. – *Amtssprache:* Maltesisch und Englisch.

Wirtschaft: Nur noch 5% der Erwerbstätigen arbeiten in der *Landwirtschaft* (Weizen, Gerste, Kartoffeln, Gemüse, Weintrauben, Feigen, Zitrusfrüchte) und *Fischerei* (Goldmakrelen, Korallen); angesehene Tradition in Handwerk und Kunstgewerbe (Filigran). Die wichtigsten gewerblichen Arbeitsstätten sind die Marinewerften (Schiffbau, Reparatur; Stützpunkt der britischen Flotte). Als Ergänzung planmäßiger Aufbau einer *Leichtindustrie* und Erschließung für den *Fremdenverkehr.* – *BSP:* (1985, geschätzt) 1190 Mill. US-$ (3300 US-$ je E). – *Inflationsrate:* (1983) −0,9%. – *Export:* (1984) 393,9 Mill. US-$, v. a. Textilien (ca. 34%), Maschinen und Fahrzeuge (22%) und sonstige bearbeitete Waren verschiedenster Art. – *Import:* (1984) 717 Mill. US-$, v. a. bearbeitete Waren (u. a. aus der Baustoff-, Metall- und Textilindustrie; über ⅓), Maschinen und Fahrzeuge sowie lebende Tiere, Nahrungsmittel, Getränke und Tabak. – *Handelspartner:* Großbritannien u. a. EG-Länder, Libyen.

Verkehr: *Keine Eisenbahnen,* der Binnenverkehr wird mit Omnibussen abgewickelt. – *Schiffahrtslinen* laufen regelmäßig Malta an. Größter *Hafen* des Landes ist der Grand Harbour von Valetta. Die *Handelsflotte* verfügt über 195 Schiffe mit einer Tonnage von 1,4 Mill. BRT. – Internationaler *Flughafen* bei Valetta. Eigene *Luftverkehrsgesellschaft.*

Mitgliedschaften: UNO, CCC, EG (assoziiert), UNCTAD u. a.; Commonwealth, Europarat.

Währung: 1 Maltesische Lira (£m) = 100 Cents.

Malthus, Thomas Robert, 1766–1834, ursprünglich Geistlicher, später bedeutender Nationalökonom. – *Hauptwerke:* „An Essay on the Principle of Population" 1798, „Principles of Political Economy" 1820. – Aus der Erforschung der Ursachen von Armut und Elend resultiert das berühmte *Malthussche Bevölkerungsgesetz* (vgl. auch →Bevölkerungsgesetz), das zusammen mit dem →Bodenertragsgesetz zu pessimistischen Prognosen über die Entwicklung der Volkswirtschaften führte: Nach M. hat die Bevölkerung die Tendenz, sich schneller zu vermehren (in geometrischer Reihe) und damit also den Nahrungsmittelspielraum ständig zu überschreiten. Die Überbevölkerung müsse zu Katastrophen (Hungersnöten, Kriegen usw.) führen; deshalb Forderung nach Spätehe, Geburtenbeschränkung durch Enthaltsamkeit sowie nach Förderung der Landwirtschaft. Diese Lehren erregten großes Aufsehen und bis dahin die Bevölkerungsvermehrung i. d. R. als wohlstandsfördernd angesehen wurde. – *Kritik:* M. berücksichtigte nicht, daß das Ertragsgesetz nur bei konstanter Technik gilt; da im 19. Jh. der →technische Fortschritt (auch für die Landwirtschaftstechnik) außerordentliche Ergebnisse hatte, konnte eine ungeheure Bevölkerungsvermehrung (von 180 Mill. im Jahre 1800 auf 478 Mill. Menschen im Jahre 1977 in Europa ohne UdSSR, Türkei, Grönland) die gleichzeitig bedeutender Steigerung des →Sozialprodukts je Kopf stattfinden. Gegner von M. waren v. a. die Sozialisten (→Sozialismus), weil nach M. die Armut von den Armen selbst verschuldet und nicht durch Sozialisierung usw. zu beseitigen wäre; repräsentativ die Kritik von Marx (Theorie der relativen Überbevölkerung). Später scharfe Kritik bei Oppenheimer. – *Bedeutung:* a) Vgl. →Bevölkerungspolitik 5 und 6. – b) *Volkswirtschaftliche Leistungen* von M.: Kritik am →Sayschen Theorem; Vertreter der →Unterkonsumtionstheorie.

Malthussches Bevölkerungsgesetz, →Malthus.

Malus, im Versicherungswesen üblicher Ausdruck für nachträglich bei Schadenseintritt erhobene Prämien. – *Gegensatz:* →Bonus.

Management, anglo-amerikanischer, im Rahmen des betriebswirtschaftlichen Sprachgebrauchs verwandter Begriff für die Leitung eines Unternehmens.

I. M. als Institution: M. umfaßt alle diejenigen, die in der Unternehmung leitende Aufgaben erfüllen, und zwar vom president (Generaldirektor) bis zum foreman (Meister). Das M. in diesem weiten Sinne vertritt die Interessen des Unternehmers als Arbeitgeber gegenüber der Arbeitnehmerschaft. Bis auf wenige Ausnahmen sind die Angehörigen des M. deshalb nicht Mitglied der Gewerkschaften. Sie haben eigene Berufsorganisationen, die aber i.d.R. nicht als Partei auf dem Arbeitsmarkt auftreten, sondern sich der sonstigen beruflichen Förderung ihrer Mitglieder annehmen. Bei den sehr unterschiedlichen wirtschaftlichen und gesellschaftlichen Verhältnissen seiner Mitglieder bildet das M. keine einheitliche Berufsgruppe. – Als *Manager* werden i.a. nur die obersten und oberen Führungskräfte der Unternehmen bezeichnet. An sich gehören hierzu nur angestellte Leiter von Unternehmen, nicht dagegen selbständige Unternehmer. Heute fühlen sich auch selbständige Unternehmer als Manager und sind Mitglieder der Managerorganisationen. – Vgl. auch →Führungshierarchie.

II. M. als Funktion: M. umfaßt alle Aufgaben, die die Leitung eines Unternehmens in allen ihren Bereichen mit sich bringt. M. ist damit wesentlich mehr als Verwaltung. Seit der Jahrhundertwende sind die Probleme der Betriebs- und Geschäftsleitung in den USA, auch in Deutschland in ständig steigendem Maße wissenschaftlich untersucht worden. Auf technischem Gebiete war es v.a. Taylor, der der *wissenschaftlichen Betriebsführung* (→Taylorismus) die Bahn brach. Inzwischen hat sich der Gedanke durchgesetzt und in enger Zusammenarbeit von Wissenschaft und Praxis auf alle anderen Bereiche der Unternehmung – Personalwesen, Beschaffung, Absatz, Verwaltung, Finanzierung u.ä. – ausgedehnt. Alle Gebiete der – technischen – Betriebswirtschaftslehre werden heute der Lehre vom M. dienstbar gemacht. Insbes. ist die Bedeutung der Planung und Planungsrechnung – besonders des →Controllings – als vorzügliches Mittel des M. frühzeitig in den Vereinigten Staaten erkannt worden. Man hat die Erfahrung gemacht, daß die modernen Formen des Controllings dem oberen M. erlauben, seine Arbeitskraft allein den wirklich entscheidenden Fragen der Führungsarbeit zuzuwenden und die Leitung des täglichen Betriebs- und Geschäftsablaufes dem mittleren M. in eigener Verantwortung zu überlassen. Durch die *Arbeitsteilung zwischen oberem und mittlerem M.* verspricht man sich eine erhebliche Steigerung der Produktivität, ganz abgesehen von der Entlastung der obersten Führungskräfte von ihrer sonst kaum zu vermeidenden Überbeanspruchung. – Weitere wichtige Gebiete des modernen M. sind die Pflege der Beziehungen zwischen Betrieben und wichtigen Organisationen (→industrial relations) und die der Beziehungen des Unternehmens zu seiner Umwelt (→Public Relations).

III. Managementmethoden *(Management-Techniken):* Von Wissenschaftlern und Institutionen, die sich mit der Ausbildung von →Führungskräften befassen (→Personalent-

wicklung), wurde eine Reihe von Methoden geschaffen. Einen großen Bekanntheitsgrad erreichten die *„Management by …"-Konzeptionen,* die größtenteils in den USA entwickelt worden sind. Sie sind meistens durch Zielvorgaben für alle Stellen im Unternehmen, mehr oder weniger kooperativen Führungsstil und Delegation von Verantwortung gekennzeichnet. Alle „Management by …"-Konzeptionen umfassen den Komplex →strategisches Management. Vgl. im einzelnen →Management-Techniken.

Managementakademie München, Sitz in München. – *Aufgaben:* Fort- und Weiterbildung von Führungskräften durch Seminare auf den Gebieten Führung, Marketing und Unternehmensstrategien.

management audit, Prüfung und Beurteilung unternehmerischer Entscheidungen. Ziel ist die Erkennung von Schwachstellen mit Verbesserungsmöglichkeiten sowie die Gewährleistung einer reibungslosen Koordination der Funktionen und Tätigkeiten.

Managementberatung, Tätigkeitsbereich, ausgeübt von einer institutionell unabhängigen und fachlich durch entsprechende Ausbildung und praktische Erfahrung qualifizierten Personengruppe. Hauptaufgabe: Beitrag zur Lösung von Managementproblemen in Unternehmungen. – 1. *Aufgaben:* a) Ist-Aufnahme der bestehenden Verhältnisse, b) Problemidentifikation und Soll-Formulierung, c) Ausarbeitung und Empfehlung von Vorschlägen zur Problemlösung, d) Unterstützung zur Durchführung der entsprechenden Maßnahmen und e) Kontrolle der Funktionsfähigkeit dieser Maßnahmen durch Soll-Ist-Vergleiche. – 2. *Hauptarbeitsgebiete:* Produkt-Management, Marketing-Management, Management der Verkaufsorganisation, Management der Bereiche Finanzen und Rechnungswesen, Personal-Management, Management des technologischen Bereichs (einschl. EDV), Programme für Aus- und Weiterbildung der Mitarbeiter und Management der systeminternen Forschung und Entwicklung (research und development). – Vgl. auch →Personalberatung.

management-buyout, Übernahme eines Unternehmens durch das in dem erworbenen Unternehmen tätige Management.

management by delegation, *Führung durch Delegation,* partizipatives Führungskonzept, gekennzeichnet durch Übertragung weitgehender Entscheidungsfreiheit und Verantwortung an Mitarbeiter. Voraussetzung ist klare Aufgabendefinition und Kompetenzabgrenzung. – In der Literatur wird dieses Konzept häufig synonym zum →Harzburger Modell verwendet. – Vgl. auch →Managementtechniken.

management by exceptions, *Führung im Ausnahmefall,* Führungskonzept mit sehr weitgehender Denzentralisation. Alle im normalen Betriebsablauf anfallenden Entscheidungen werden von dafür zuständigen Stellen getroffen. Ein Eingriff des Vorgesetzten erfolgt nur, wenn fixierte Toleranzwerte überschritten werden, die den Ermessensspielraum der jeweiligen Stellen überschreiten. – *Voraussetzungen:* (1) Die Aufgaben klar abgegrenzt sind; (2) die Planung realistisch ist; (3) sich (meßbare) Toleranzwerte festlegen lassen; (4) die Kontrolle tatsächlich durchgeführt wird. – *Vorteile* gegenüber anderen Führungsformen bestehen in einer Entlastung der Führungskräfte und in einer Konzentration auf die eigentlichen Managementfunktionen. *Nachteile* sind, daß die unteren Stellen nur mehr Routineaufgaben durchführen und deren Kreativitätspotential damit u. U. zugeschüttet wird sowie umgekehrt den oberen Führungskräften →schwache Signale entgehen können, die nur auf den unteren Ebenen evident sind. – Vgl. auch →Managementtechniken.

management by objectives, *Führung durch Zielvereinbarung,* mehrdimensionales Führungskonzept mit Betonung von Bedeutsamkeit gemeinsamer Zielvereinbarungen mit den Mitarbeitern, weitgehender Delegation von Entscheidungsbefugnissen an die Mitarbeiter, regelmäßiger Rückkopplung zum Grad der Zielerreichung sowie der Kopplung von Belohnungen an den Grad der Zielerreichung u. a. – *Ergebnisse:* Unter spezifischen Voraussetzungen sind Steigerungen des Leistungseinsatzes (→Erwartungs-Wert-Theorie) beobachtet worden; Generalisierungen zur Wirksamkeit der F. d. T. sind nicht möglich. – Vgl. auch →Managementtechniken.

management by participation, Führungskonzept mit starker Betonung der Mitarbeiterbeteiligung an die sie betreffenden Zielentscheidungen. Ausgangspunkt ist die These, daß eine Identifikation der Mitarbeiter mit den Unternehmenszielen (und damit ihre Leistung) wächst, je mehr sie an der Formulierung dieser Ziele mitwirken können. – Vgl. auch →Managementtechniken.

management by results, *ergebnisorientierte Führung,* zielgesteuertes Führungskonzept, gekennzeichnet durch einen systematischen Ausbau der Zielplanung zum Führungsinstrument, insbes. zur Koordinierung dezentraler Entscheidungen. – *Grundsätze:* a) die Abteilungen und Arbeitsgruppen sollen ihre ganze Aufmerksamkeit auf wenige, möglichst quantitative Entscheidungsmaximen konzentrieren können; b) die Ziele sollen für die Erfüllungsträger motivierende Kraft besitzen; c) die Entscheidungsträger sollen auf allen Ebenen der Unternehmungshierarchie über die von ihnen erwarteten Verhältensweisen

ausreichend informiert werden, der jeweilige Erfüllungsgrad der Ziele ist durch Vergleich zwischen geplanter und effektiver Leistung zu ermitteln. – Vgl. auch →Managementtechniken.

management by system, *Führung durch Systemsteuerung,* Führungskonzept, gekennzeichnet durch Systematisierung aller Leitungs- und Kontrolltätigkeiten. Wird erreicht durch Schaffung von Verfahrenssystemen, um sowohl Verwaltungskosten zu reduzieren, als auch die Leistungsfähigkeit der Verwaltung zu verbessern. – *Elemente:* a) Verfahrensordnungen (procedures) als Durchführungsvorschriften über sich wiederholende Tätigkeiten. Sie schreiben vor, welche Arbeiten von welcher Person zu welchem Zeitpunkt zu erledigen sind. b) Methoden geben Auskunft darüber, wie bestimmte Tätigkeiten auszuüben sind. c) Systeme dienen der Koordination einzelner Verfahrensvorschriften und Methoden innerhalb der Verwaltungsbereiche, indem sie Einzeltätigkeiten zu strukturierten Ganzheiten verbinden. Hier Anknüpfungspunkt zum Kybernetischen Denken. – Vgl. auch →Managementtechniken.

management contracting, →Kontrakt-Management.

Managementebenen, →Führungshierarchie 2.

Managementgraphik, →Business-Graphik.

Management-Informationssystem (MIS), →Führungsinformationssystem.

Managementschulen, Fort- und Weiterbildungsinstitutionen für Manager mit abgeschlossener Berufsausbildung und Praxiserfahrung.

I. A l l g e m e i n : Es werden Seminare und Tagungen zu einem breiten Spektrum von Themen angeboten, z. B. Erfahrungsaustausch von Führungskräften der obersten Ebene, Wissensvermittlung zu speziellen Gebieten (z. B. Personalplanung, Marketing, REFA), allgemeines Managementtraining. I. d. R. sind Teilnahmevoraussetzungen bezüglich der abgeschlossenen Berufsausbildung und der Praxis- oder Führungserfahrung zu erfüllen. Oft spielt das Knüpfen von Kontakten zwischen den Teilnehmern eine Rolle. Die Dauer der Kurse reicht von einem oder wenigen Tagen bis zu mehreren Monaten. Die Kosten sind unterschiedlich. – *Führende M. in der Bundesrep. D.* (Auswahl): Akademie für Führungskräfte der Wirtschaft, Bad Harzburg; A für O, Akademie für Organisation, Gießen; Institut Neue Wirtschaft, Arbeitgeberverband Groß- und Außenhandel e. V. (vorm. AGA), Hamburg; Baden-Badener Unternehmergespräche des Deutschen Instituts zur Förderung des industriellen Führungsnachwuchses, Rodenkirchen, BIFOA,

Betriebswirtschaftliches Institut für Organisation und Automation an der Universität zu Köln; BJU, Bundesverband Junger Unternehmer e.V., Bonn-Bad Godesberg; Controller Akademie, Gauting; DGFP, Deutsche Gesellschaft für Personalführung e.V., Düsseldorf; DIB, Deutsches Institut für Betriebswirtschaft e.V., Management Akademie, München und Frankfurt a. M.; IAK, Institut für angewandte Kreativität, Köln; IFL, Institut für Führungslehre an der Technischen Akademie e.V., Wuppertal; Management Akademie des Berufsfortbildungswerkes des DGB, Bad Zwischenahn; NAA, Nürnberger Akademie für Absatzwirtschaft, Nürnberg; C. Rudolf Poensgen-Stiftung e.V. zur Förderung des Führungsnachwuchses in der Wirtschaft, Düsseldorf; RKW, Rationalisierungskuratorium der deutschen Wirtschaft, Frankfurt; USW, Universitätsseminar der Wirtschaft, Köln-Marienburg; Unternehmer-Seminar an den Universitäten Mannheim und Münster, Münster/Westf.; WAK, Wirtschaftsakademie Kiel, Kiel.

II. Ausbildung zum Master of Business Administration (MBA): In den USA, besonders an der Harvard Graduate School of Business Administration, wurde ein Programm der Managerausbildung entwickelt, das sehr stark an der Praxis orientiert ist. Von den Teilnehmern werden in Teamarbeit sehr viele Fallstudien (i. d. R. unter hohem Leistungsdruck) gelöst und diskutiert. Studienabschluß nach zwei Jahren ist der Master of Business Administration (MBA). Nach diesem Vorbild wurden an vielen amerikanischen Universitäten MBA-Studiengänge eingerichtet. – Bei der *Übertragung der MBA-Ausbildung nach Europa* wurde insbes. die internationale Orientierung stark betont, die Fallstudienmethode wurde in weiterentwickelter Form beibehalten. – *Wesentliche Lerninhalte:* a) wissenschaftliche Studien über Märkte, Unternehmen und die Psychologie/Soziologie der beteiligten Menschen; b) Funktionsmechanismen von Unternehmen, Führungsmethoden und -techniken; c) aktuelle wirtschaftliche Probleme in der Form von Consultingprojekten; d) relevante, aktuelle Entwicklungen globaler Art. – *Aufnahmebedingungen* (Regelfall): a) abgeschlossenes Studium; b) Berufserfahrung; c) verschiedene Tests (Graduate Management Admission Test, Test of English as a Foreign Language, eigene Tests); d) Referenzen; e) Nachweis der Motivation und Finanzierung. – Es wird Wert auf *Dozenten* mit praktischer Erfahrung (z. B. als Unternehmensberater) und auf *kleine Teilnehmergruppen* gelegt. – Die *Dauer des Studiums* reicht von neun Monaten bis zu zwei Jahren; zum Teil ist auch ein Teilzeitstudium mit entsprechend verlängerter Dauer möglich. – *Bedeutung:* Das MBA-Diplom wird als für die Karriere sehr förderlich eingeschätzt. Seine

Erlangung ist wegen des deutschen Gesetzes zur Führung akademischer Grade jedoch nur im Ausland möglich. – *Führende M. mit MBA-Abschluß:* SDA Bocconi, Scuola di Direzione Aziendale Dell' Università Luigi Bocconi, Mailand/Italien; GSBA, Graduate School of Business Administration, Zürich/Schweiz; IESE, Instituto de los Estudios Superiores de la Empresa, Barcelona/Spanien; IMEDE, International Management Development Institute, Lausanne/Schweiz; IMI, International Managment Institute, Genf/Schweiz; INSEAD, Institut Européen d'Administration des Affaires, Fontainebleau/Frankreich; ISA, Institut Supérieur des Affaires, Jouy-en-Josas/Frankreich; LBS, London Business School, London/Großbritannien; MBS, Manchester Business School, Manchester/Großbritannien; RSM, Rotterdam School of Management, Rotterdam/Niederlande; Harvard University Graduate School of Business Administration, Boston/Mass./USA; Stanford University, Graduate School of Business, Stanford/Calif./USA; Massachusetts Institute of Technology, Cambridge/Mass./USA.

Literatur: W. H. Cox/I. Cox, Der MBA in Europa, Weiterbildung der Management-Elite, Frankfurt 1987.

Managementtechniken, Managementstrategien, die teilweise besondere Anforderungen an die Struktur der Organisation, in der sie praktiziert werden sollen, stellen. →Führungsstile und spezielle →Führungstechniken bleiben auch im Rahmen derartiger Strategien relevant. – Im einzelnen : (1) →management by delegation, (2) →management by exception, (3) →management by objectives, (4) →management by participation, (5) →management by results, (6) →management by system.

management trust, Form der →Kapitalanlagegesellschaft, bei der die Auswahl der Anlagewerte der Trust-Leitung überlassen bleibt. – *Gegensatz:* →fixed trust.

Management-Vertrag, →Kontrakt-Management.

Managerherrschaft. 1. *Begriff:* Weitgehend autonome Kontrolle angestellter Manager und nicht der Eigentümer über die Produktionsmittel. *Managerbeherrschte Unternehmen:* Kein Eigentümer hält mehr als 1% des Grund- bzw. Stammkapitals oder oder mehrere Eigentümer halten höchstens 25% des Kapitals. *Eigentümerkontrollierte Unternehmen:* Alle anderen Fälle (z. B. →Großaktionäre). – 2. *Verbreitung:* Für die USA bereits Ende der 20er Jahre gegeben. In der Bundesrep. D. sind nach empirischen Untersuchungen managerkontrolliert 57% (nach Umsatz 73%) der 300 größten Unternehmen (1979) bzw. 69% (AG) und 63% (GmbH) der 455 nach dem →Mitbestimmungsgesetz mitbestimmten Unternehmen (1979). – 3. *Gründe* für die Trennung von Eigentum und Verfügungsgewalt: a) *Professionalisierung des Managements:* Aufgabe der Unternehmensführung ist in hochentwickelten und arbeitsteiligen Industriegesellschaften zum „Beruf" geworden; Kapitaleigentum reicht nicht als Qualifikationsnachweis für die Führung großer Unternehmen. b) *Inaktivität und Inkompetenz der →Kleinaktionäre:* Nicht fähig (Ausbildung) oder nicht motiviert (geringe Kapitalbeteiligung), ihre Eigentümerinteressen wahrzunehmen; weder direkt in der Hauptversammlung noch indirekt durch Vertreter im Aufsichtsrat. – 4. *Konsequenzen:* Gefahr einer Entkoppelung von erwerbswirtschaftlicher Motivation und unternehmerischem Handeln; die Legitimationsbasis der →kapitalistischen Unternehmensverfassung bzw. Prinzip der Einheit von Risiko, Kontrolle und Gewinn ist damit fraglich. Gegner der These von der M. (vgl. →Property Rights-Theorie) deuten die M. in eine wohlkalkulierte Delegation von Teilrechten der Aktionäre an das Management um; sie bestreiten negative Wirkungen für die Begründung der kapitalistischen Unternehmensverfassung.

managerial approach, →Finanzmanagement 1.

managerial grid, *Verhaltensgitter,* Kombinationen von Führungsstilen. Zwei Hauptdimensionen innerhalb des Führungsprozesses: a) Gelingt es dem Vorgesetzten, seine Mitarbeiter zur Leistungserbringung zu bewegen; b) gelingt es dem Vorgesetzten, die Bedürfnisse und Erwartungen des Mitarbeiters bei der Arbeit zu befriedigen. Beide Dimensionen verwenden Blake und Mouton, um im M.G. verschiedene Kombinationen zu kennzeichnen (vgl. untenstehende Abb.). Ziel jeder Führungskraft soll es sein, den 9.9 Führungsverhalten zu erreichen, über mehrere Phasen einer →Organisationsentwicklung. – *Kritik:* Dieses Führungsmodell ist als Theorie zu idealtypisch und bezieht die konkrete Führungssituation nicht ins Kalkül; u. U. kann das 9.1. Führungsverhalten der effektivere sein.

Manchester-Liberalismus, →Liberalismus II 3.

Mandantenschutzklausel, Vereinbarung zwischen freiberuflich Tätigen (z. B. Steuerberater, Rechtsanwälte) und ihren Angestellten, durch die den Angestellten untersagt wird, für einen bestimmten Zeitraum nach dem Ausscheiden aus dem Betrieb des Arbeitgebers Mandanten des Arbeitgebers selbständig oder für einen anderen Unternehmer zu betreuen. Auf solche M. sind nach der neueren Rechtsprechung des Bundesarbeitsgerichts die Vor-

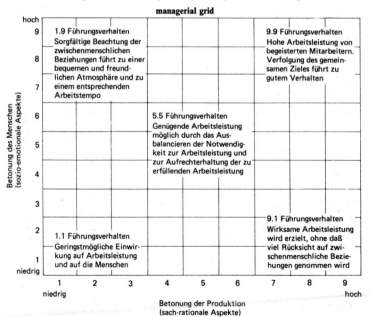

managerial grid

Betonung des Menschen (sozio-emotionale Aspekte)

hoch

9 | **1.9 Führungsverhalten** Sorgfältige Beachtung der zwischenmenschlichen Beziehungen führt zu einer bequemen und freundlichen Atmosphäre und zu einem entsprechenden Arbeitstempo

9.9 Führungsverhalten Hohe Arbeitsleistung von begeisterten Mitarbeitern. Verfolgung des gemeinsamen Zieles führt zu gutem Verhalten

5.5 Führungsverhalten Genügende Arbeitsleistung möglich durch das Ausbalancieren der Notwendigkeit zur Arbeitsleistung und zur Aufrechterhaltung der zu erfüllenden Arbeitsleistung

9.1 Führungsverhalten Wirksame Arbeitsleistung wird erzielt, ohne daß viel Rücksicht auf zwischenmenschliche Beziehungen genommen wird

1.1 Führungsverhalten Geringstmögliche Einwirkung auf Arbeitsleistung und auf die Menschen

niedrig

1 2 3 4 5 6 7 8 9
niedrig   hoch

Betonung der Produktion (sach-rationale Aspekte)

schriften des HGB über →Wettbewerbsverbote entsprechend anzuwenden; dies bedeutet insbes., daß M. unverbindlich sind, wenn der Arbeitgeber keine Karenzentschädigung in der gesetzlichen Mindesthöhe (§ 74 II HGB) zusagt.

Mandat, Übertragung der Ausübung von Rechten auf einen anderen. – 1. →*Abgeordneter* erhält M. für die Ausübung der politischen Rechte der Wähler durch die Wahl. – 2. →*Rechtsanwalt* erhält M. für die Wahrnehmung der Rechte seines Klienten (Mandanten).

Mandel, altes Zählmaß: 15 Stück.

Mängel. I. B ü r g e r l i c h e s R e c h t : a) Fehler in der tatsächlichen Beschaffenheit einer →Sache oder b) Rechtsmängel. Verschiedene Regelung für →Sachmängelhaftung und →Rechtsmängelhaftung bei den einzelnen Schuldverhältnissen.

II. S t e u e r r e c h t : M. in der Buchführung können steuerrechtlich u. a. zur Schätzung des Gewinns führen, insbes. wenn die Angaben und Aufzeichnungen unzureichend sind (§§ 208, 217 AO). – Vgl. auch →Grundsätze ordnungsmäßiger Buchführung.

Mängelanzeige, vom Käufer an den Verkäufer gerichtete Anzeige (konkrete Angabe erforderlich, allgemeine Redensarten ungenügend), daß die gekaufte Sache →Mängel (vgl. dort I) hat (→Sachmängelhaftung). – Sendet der Käufer die M. vor Verjährung seines Gewährleistungsanspruchs ab, kann er auch später Zahlung des Kaufpreises insoweit verweigern, als er aufgrund von →Wandlung oder →Minderung dazu berechtigt sein würde (§ 478 BGB, →Mängeleinrede), oder mit dem verjährten Schadenersatzanspruch gegen die Kaufpreisforderung aufrechnen (§ 479 BGB). – Der M. steht der *Antrag auf gerichtliche* →*Beweissicherung* gleich. – Die M. kann wirksam auch gegenüber dem *Handlungsreisenden* oder dem *Handelsvertreter* abgegeben werden (§§ 55, 91 HGB). Zur Anerkennung der Mängel ist er aber nicht allgemein ermächtigt. – *M. beim Handelskauf:* →Mängelrüge I.

Mängelbeseitigung,　　→Nachbesserungspflicht.

Mängeleinrede, dem Käufer einer Sache auch nach Verjährung der Gewährleistungsansprüche wegen Sachmängel (→Sachmängelhaftung) gegenüber der Kaufpreisklage zustehende Einrede. M. kann nur erhoben werden, wenn die →Mängelanzeige noch vor Verjährung der Mängelansprüche abgesandt wurde. – *Folge:* Der Käufer kann die Zahlung des Kaufpreises insoweit veweigern, als er aufgrund einer →Wandlung oder →Minderung dazu berechtigt sein würde (§ 478 BGB).

Mängelhaftung, Haftung des Verkäufers usw. für →Mängel eines Gegenstandes. Die Ansprüche des Vertragspartners auf →Gewährleistung sind je nach Art der Mängel und bei den einzelnen Vertragstypen unterschiedlich geregelt. – Vgl. auch →Sachmängelhaftung, →Rechtsmängelhaftung und bei den einzelnen Rechtsverhältnissen.

Mängelrüge. I. H a n d e l s r e c h t : Die beim Handelskauf unverzüglich nach Ablieferung der Ware an den Verkäufer abzusendende Mängelanzeige (§§ 377, 378 HGB), Voraussetzung zur Erhaltung der Rechte aus der →Sachmängelhaftung. Vgl. im einzelnen →Handelskauf II 4.

II. B ü r g e r l i c h e s R e c h t : Vorbehalt des Käufers bei der Annahme einer mangelhaften Sache in Kenntnis des Mangels (§ 464 BGB); Voraussetzung für Ansprüche auf →Wandlung, →Minderung oder →Schadenersatz.

mangels Annahme, →Protest, →Rückgriff.

mangels Zahlung, →Protest, →Rückgriff.

Manipulation. I. W e r b u n g : 1. *M. i. a. S.:* Steuerung des Verhaltens durch äußere Beeinflussung. „M. des Verbrauchers:" Häufiger Vorwurf gegen die Wirtschaftswerbung (→Werbung), daß diese manipulativ, d. h. vom Individuum nicht bewußt zu kontrollieren und darum zwanghaft sei; oft auch als Vorwand für Kritik am System der Marktwirtschaft benutzt, die ohne Werbung nicht existieren kann. – 2. *M. i. e. S.:* Steuerung des Verhaltens durch Werbung, die eindeutig gegen gesellschaftliche Ziele und Normvorstellungen verstößt (vgl. auch →Deutscher Werberat, →unlautere Werbung). Eine gewisse Steuerung wird in jedem sozialen System als notwendig und deshalb legitim angesehen.

II. H a n d e l s b e t r i e b s l e h r e : Anpassen der Ware an die Bedürfnisse der Verbraucher durch Sortieren, Reinigen, Mischen, Umpakken oder Veredeln, z. B. Rösten von Kaffee, Mischen von Tee, Lagerung von Bananen, Abfüllen und Etikettieren von Wein. – Vgl. auch →Handelsfunktionen.

manipulierte Währungen, →Währungssystem 2.

Manko. 1. *Allgemein:* Mangel, Fehlbetrag (z. B. Kassenmanko). – 2. *Transportversicherung:* Bezeichnung für ungeklärte Güterverluste (Verdunsten, Verwiegen) bzw. natürlichen Schwund (im Grunde unversicherbar). Einschluß gegen Prämienzuschlag und mit Franchise.

Mankogeld, →Fehlgeldentschädigung.

Mankohaftung, →Haftung des Arbeitnehmers für Fehlbestände in einer von ihm geführten Kasse oder in einem von ihm verwalteten Lager. Die Rechtsprechung sieht in solchen Fällen keine →gefahrgeneigte Arbeit, so daß der Arbeitnehmer, wenn nichts anderes vereinbart ist, schon bei geringstem Verschulden in voller Höhe haftet. Es gelten jedoch Besonderheiten bei der Beweislast und dem Mitverschulden des Arbeitgebers bei der Entstehung des Fehlbestandes; so trägt der Arbeitnehmer die Beweislast nicht, wenn die fraglichen Bestände nicht seiner alleinigen Obhut unterliegen.

Mannjahr (-monat, -tag), *Personenjahr, -monat, -tag,* Maßgröße für die Arbeitsleistung, die eine Person pro Zeiteinheit (Jahr, Monat oder Tag) erbringt. Substituierbarkeit Zeit gegen Personenzahl unterstellt: z. B. 1 Mannjahr = 1 Person in 1 Jahr = 2 Personen in ½ Jahr = ½ Person in Jahren.

Manövrierfonds, nach einem Vorschlag von G. Colm zu errichtender Fonds, mit dessen Hilfe eine konjunkturelle Steuerung der Volkswirtschaft durch die Regierung ermöglicht werden soll. Der M. soll an die Stelle des →Eventualhaushalts treten, weil er nicht jährlich neu aufzustellen ist und der langwierige parlamentarische Instanzenweg entfällt (→lag). Da der Einsatz des M. ohne Mitsprache der Legislative möglich ist, birgt er Gefahren des Mißbrauchs. – Vgl. auch →regelgebundene Finanzpolitik.

Mansholt-Plan, →EWG I 2c).

Mantel. 1. *M. bei Wertpapieren:* Urkunde, in der bei →Aktien das Anteilsrecht bzw. bei →Schuldverschreibungen die Forderung verbrieft ist. Auf dem M. sind u. a. Wertpapiernummer, Firma, Nennbetrag sowie Ausstellungsdatum und Ort, bei Schuldverschreibungen zusätzlich Zinstermin und Zinssatz sowie Teile der Anleihebedingungen zu vermerken. – Außer dem M. gehören zum Wertpapier die →Kupons; nur beide zusammen sind verkäuflich, daher werden aus Sicherheitsgründen in der Depotabteilung die M. häufig getrennt von den Kupons im M.tresor aufbewahrt. – 2. *Aktienmantel* bzw. *GmbH-Mantel:* Die *gesamten* Anteilsrechte einer Kapitalgesellschaft (Aktien, GmbH-Anteile, Kuxe), die ohne den ursprünglichen Geschäftsbetrieb verkauft werden. Die den M. kaufenden Unternehmer umgehen dadurch eine formelle Gründung, um Kosten zu sparen oder eine besondere Konzessionierung zu vermeiden. Die „leere" Gesellschaftsform wird für einen Zulässigkeit des Mantelkaufs ist umstritten (→Mantelgründung). – 3. *Steuerliche Behandlung:* Bei der Körperschaftsteuer kein →Verlustabzug möglich, wenn Anteile an einer vermögenslos gewordenen Kapitalgesellschaft auf Erwerber übertragen werden (Mantelkauf) und die Gesellschaft danach mit neuem Betriebsvermögen wieder am Wirtschaftsleben teilnimmt (Abschn. 37 KStR). Gilt ebenso für den →Gewerbeverlust.

Mantelgründung, *Fassongründung, Scheingründung,* formelle →Gründung einer AG oder Absicht der Errichtung eines Geschäftsbetriebes. Die M. dient der Schaffung eines →Mantels (vgl. dort 2), der veräußert werden soll. Gem. §134 BGB unzulässig und als Gesetzesumgehung nichtig.

Mantelkauf, →Mantel 2.

Manteltarifvertrag, *Rahmentarifvertrag,* ein mit längerer Laufzeit als der →Lohntarifvertrag abgeschlossener Tarifvertrag, der i. a. die langfristigen allgemeinen Arbeitsbedingungen (z. B. Arbeitszeit, Lohn- und Gehaltsgruppeneinteilung, Kündigungsfristen, Urlaub) festlegt.

Mantelzession, eine Art der →Sicherungsabtretung (Zession) von Forderungen, bei der der Zessionar berechtigt ist, die abgetretenen Forderungen in eigenem Namen einzuziehen, bei denen aber der Zedent sich verpflichtet, an Stelle der eingezogenen Forderungen andere rechtsbeständige Forderungen an den Zessionar abzutreten. Eine M. kommt nur bei →stillen Zessionen vor; sie ist insbes. zur Sicherung von Bankkrediten üblich. Der Gesamtbetrag der abgetretenen Forderungen wechselt und richtet sich jeweils nach der Höhe des beanspruchten Kredits. – Vgl. auch →Globalabtretung.

manuelle Produktion, Elementartyp der Produktion (→Produktionstypen), der sich aus dem Merkmal des Mechanisierungsgrades ergibt. Die m. P. beruht auf dem alleinigen Einsatz von Arbeitskräften und Werkzeugen. – *Beispiel:* Gewinnung von Kohle mit Spitzhacke und Schaufel. – Vgl. auch →maschinelle Produktion, →teilautomatisierte Produktion, →vollautomatisierte Produktion.

manufacturing automation protocol, →MAP.

Manufaktur, vorindustrielle gewerbliche Betriebsform, charakterisiert durch Zentralisierung der Produktion in einer größeren Produktionsstätte, innerbetriebliche horizontale und vertikale Arbeitsteilung, Trennung von leitender und ausführender Tätigkeit. Von der späteren →Fabrik unterscheidet sich die M. durch das Vorherrschen von Handarbeit. Im Gegensatz zum →Verlagssystem sind die Arbeitskräfte in einer Werkstatt zusammengefaßt. – *M. im eigentlichen Sinne* sind die in der „Manufakturperiode" des 17./18. Jh. für die Produktion von Massenerzeugnissen (Textilien, Ledererzeugnisse, Glaswaren, Keramik) und von Luxusgütern (Fayence, Porzellan, Möbel, Gobelins) gegründet worden sind. Sie waren ein wichtiges Element merkantilistischer Wirtschaftspolitik (→Merkantilismus). M. standen außerhalb der traditionellen Zunftordnung, vielfach mit umfangreichen Privilegien und speziellen Subventionierungen. Sie sind fast nie die Vorläufer späterer

Fabriken gewesen. In einigen Zweigen, z. B. der Porzellan- und der Teppichindustrie, hat sich der Name Manufaktur noch erhalten. Der M. kommt nur noch in wenigen Wirtschaftszweigen Bedeutung zu (z. B. Kunstgewerbe).

MAP, manufacturing automation protocol, Versuch der Standardisierung im Bereich der industriellen →Fertigungsautomation, insbes. bzgl. der Vernetzung von →Industrierobotern, →NC-Anlagen, →flexiblen Fertigungssystemen usw. Es sollen dazu →Protokolle analog zur OSI-Kommunikationsarchitektur (→OSI) entwickelt werden. – Initiator und treibende Kraft der MAP-Aktivitäten ist die Firma General Motors aufgrund der drängenden Standardisierungsprobleme bei der computergestützten (→Computersystem) Automobilproduktion.

MAPI-Methode, vom Machinery and Allied Products Institute (Washington D. C.) entwickeltes Rechenverfahren zur Bestimmung der →Rentabilität von Investitionen, vorwiegend von Ersatzinvestitionen; Sonderform der →internen Zinsfußmethode. Durch Vergleich zwischen der Lage des Unternehmens mit und ohne geplante Investition wird die Dringlichkeit einer Investition ermittelt. – *Annahme:* a) Unsicherheit der zukünftigen Entwicklung, insbes. des technischen Fortschritts (Annahme von Normverläufen für die Entwicklung künftiger Gewinne, drei Varianten). – b) Finanzierungsseite (Annahme eines konstanten Verhältnisses von Fremd- zu Eigenkapital über die gesamte Lebensdauer der Investition, Höhe der Fremdkapitalzinsen). – c) Steuern auf den Gewinn (steuerliche Absetzbarkeit von Abschreibungen und Fremdkapitalzinsen).

Marge. 1. *Allgemein:* Differenz zwischen Kursen, An- und Verkaufspreisen, Soll- und Habenzinsfüßen, vorgegebenen Ober- und Untergrenzen u. ä. – 2. Im *Kreditgeschäft:* Häufig Bezeichnung des Aufschlags auf einen →Referenzzinssatz, z. B. LIBOR (Kreditmarge). – 3. Im *Arbitragegeschäft:* Unterschied zwischen Kursen an verschiedenen Börsen (→Arbitrage). – 4. Bei *Termingeschäften:* Einschuß, der an manchen Börsen bei Termingeschäften als Sicherheit zu hinterlegen ist.

Margentarif. 1. *Charakterisierung:* Tarifform, bei der kein bestimmter Tarif zur Anwendung vorgeschrieben wird, sondern den Marktteilnehmern ein Spielraum im Bereich der *Marge* (Bandbreite mit Ober- und Untergrenze) verbleibt, innerhalb der der anzuwendende Tarif frei ausgehandelt werden kann. M. können als ±Werte von einer Margenmitte oder als +Werte von einer Margenuntergrenze bzw. als −Werte von einer Obergrenze definiert werden. – 2. *Anwendung:* a) Im Verkehrswesen v. a. im

gewerblichen *Straßengüterverkehr* (→Reichskraftwagentarif); die Marge beträgt ±10% im Wagenladungsverkehr und +5/−10% im Stückgutverkehr, im Straßengüternahverkehr (→Tarif für den Güternahverkehr mit Kraftfahrzeugen) kommt eine Minusmarge von −30 bis 40% je nach spezieller Regelung zur Anwendung. – Die *EG* praktiziert im gewerblichen Straßengüterverkehr zwischen den alten sechs Mitgliedsstaaten M.; die Marge beträgt ±15%. Zwischen den neuen EG-Mitgliedsstaaten und zwischen den alten und neuen werden hingegen →Referenztarife angewandt. – b) *Eisenbahnwesen:* M. sind zugelassen. § 6 EVO sieht neben Festtarifen die Anwendung von M. (Mindest-Höchstentgelten) vor; Anwendung bei über 30 Ausnahmetarifen im Eisenbahngüterverkehr. – c) *Binnenschiffahrt:* M. sind (Mindest-Höchstentgelte) neben Festtarifen vorgesehen (§ 21 BSchVG).

Marginalanalyse, Methode der modernen Wirtschaftstheorie, bei der die Effekte einer (geringfügigen) Änderung einer (mehrerer) Variablen auf die Ausgangslage untersucht werden. Bei Vorliegen stetiger Funktionen bedient man sich bei der M. der Differential- und Integralrechnung (Infinitesimalrechnung). Weiter umfaßt M. auch alle anderen Fälle des Denkens in Änderungen; z. B. lassen sich auch die Methoden linearer Programmierung auf marginalanalytisches Gedankengut zurückführen.

Marginalanbieter, →marginaler Anbieter.

Marginalbedingungen, Begriff der Wohlfahrtstheorie; vorwiegend in Verbindung mit den Konzepten →Effizienz und →Pareto-Effizienz verwendet. M. bilden die notwendigen Kriterien, die bei Erfüllung von Effizienz und Pareto-Effizienz gegeben sind.

marginal costing, →direct costing.

marginal costs, →direct costs.

marginale Absorptionsquote, Änderung der →Absorption, die sich infolge einer Variation des Volkseinkommens um eine Einheit einstellt. Die m. A. setzt sich aus der *marginalen Konsum-* und der *marginalen Investitionsquote* zusammen. In einer offenen Volkswirtschaft kann die m. A. Werte über 1 annehmen; die →Leistungsbilanz verschlechtert sich. – Vgl. auch →Absorptionstheorie.

marginale Importquote, Änderung der Ausgaben für Importe, die durch eine Änderung des Volkseinkommens um eine Einheit induziert wird (ausgehend von der Annahme, daß die Importe vom Volkseinkommen determiniert sind). Nach empirischen Untersuchungen ist die m. I. großer Länder (z. B. USA) i. d. R. kleiner als diejenige kleinerer Länder (z. B. Niederlande), was nicht zuletzt mit der Größe und Vielfältigkeit des inländischen

Angebots großen Länder erklärt wird, das eine wachsende Inlandsnachfrage eher befriedigen kann.

marginaler Anbieter, *Marginalanbieter,* in der Preistheorie Bezeichnung für diejenigen Anbieter, die bei dem herrschenden Marktpreis lediglich den Unternehmerlohn und die marktübliche Verzinsung des Eigenkapitals erzielen. Geometrisch liegt bei dem m. A. das Minimum der totalen Durchschnittskosten in der Höhe des Marktpreises.

marginal income, →Deckungsbeitrag.

Marginalprinzip, Variante des →Verursachungsprinzips, die besagt, daß →Kosten einem Bezugsobjekt nur dann zugerechnet werden können, wenn sie nicht angefallen wären, wäre das Bezugsobjekt nicht existent.

marginal revenue, →Deckungsbeitrag.

Marke. I. M a r k e t i n g : 1. *Begriff:* Name, Bezeichnung, Zeichen, Design, Symbol oder Kombination dieser Elemente zur Identifikation eines Produkts oder einer Dienstleistung eines Anbieters und zur Differenzierung von Konkurrenten. Voraussetzung für natürliche Markenbildung ist Warenqualität; von Bedeutung ist ebenfalls die Verpackung der Marke. – 2. *Elemente:* a) *Markenname* (verbaler Teil der M.); b) *Markenzeichen* bzw. →Logo (nichtverbaler Teil der M.), z. B. Symbol, Graphik, Farbe, Schreibweise. – 3. *Arten:* a) *Handelsmarke (Händler- oder Eigenmarke):* Waren- oder Firmenzeichen, mit dem Handelsbetriebe oder -organisationen ihre Waren versehen oder versehen lassen; vgl. im einzelnen →Handelsmarke. b) *Firmenmarke* und *Produktmarke* bei Unternehmen mit mehreren Produkten. – 4. *Wirkung:* Identifikation des Produkts; Schutz der M. vor Imitation durch →Warenzeichenrecht; Erleichterung des Wiederkaufs für den Konsumenten (Garantie für Qualitätsniveau); Abgrenzung von anderen Produkten; Basis für →Preisdifferenzierung.

II. W a r e n z e i c h e n r e c h t : 1. *Begriff:* Das flächenhafte Wort-, Bild- oder Kombinationszeichen, das im geschäftlichen Verkehr zur Individualisierung der Waren *(Warenmarke, Warenzeichen)* oder Dienstleistungen *(Dienstleistungsmarke)* eines bestimmten Unternehmens genutzt wird; auch *Zeichen* genannt. – 2. *Schutz von M.:* Vgl. →Warenzeichenrecht. – 3. *Gegensatz:* →Freizeichen. – Vgl. auch →Tellequelle-Marke, →Verbandszeichen.

Markenanzahlkonzept, →Markentreue 2 c).

Markenartikel, Konsumgüter, die mit einer individuellen Kennzeichnung (→Marke) von Herstellern (Herstellermarke) oder Händlern (Handelsmarke) am Markt gebracht werden. Die Markierung hat Herkunfts-, Unterschiedungs-, Schutz-, Garantie- und Werbe-

funktion gegenüber anonymen Waren und konkurrierenden M. – *Kennzeichen* sind gleichbleibende Qualität (Qualitätssicherheit), Bekanntheitsgrad und Marktgeltung; letztere werden durch intensive Verbraucherwerbung zu erreichen versucht. M. kommen als Haupt- und als →Zweitmarken zum Einsatz.

Markenbarometer, →Brand-Barometer.

Markenbekanntheit, →Markenkenntnis.

Markenfamilie, →Produktfamilie.

Markenkenntnis, *Markenbekanntheit.* 1. *Begriff:* Wissen einzelner Konsumenten, einzelne →Marken zu identifizieren und über sie zu sprechen. – 2. *Merkmalsklassen* bei der Kennzeichnung von Marken: a) *denotative Merkmale:* Eigenschaften, mit deren Hilfe Käufer einzelne Marken unterscheiden und die sie zur Beschreibung einer Marke heranziehen; b) *konnotative Merkmale:* Eigenschaften, die Käufer zur Bewertung von Marken heranziehen. – 3. *Messung/Arten:* a) *passive M.:* Die befragten Konsumenten erkennen unter vorgegebenen Markennamen einzelne Marken wieder; b) *aktive M.:* Konsumenten können ungestützt Marken aus einem Produktbereich aufzählen. – 4. *Bezug zu anderen Variablen des* →*Konsumentenverhaltens:* Die M. wirkt sich auf die kognitive Komponente der →Einstellung und auf das →Kaufrisiko aus.

Marken-Lizenz, Art der →Lizenz. Gegenstand ist das Recht zur (Mit-)Nutzung einer bestehenden →Marke. Die Vergabe von M.-L. kann im Zusammenhang mit einer →Produkt-Lizenz oder →Produktions-Lizenz oder (wie insbes. bei Konsumgütern häufiger anzutreffen) an Hersteller anderer, zielgruppenverwandter Erzeugnisse erfolgen. – Die Vergabe einer M.-L. ist von einer Auftragsproduktion für einen Hersteller unter dessen Markennamen (→unmittelbar kundenorientierte Produktion) zu unterscheiden.

Markentest, →Recall-Test.

Markentreue, *Produkttreue.* 1. *Begriff:* M. liegt vor, wenn sich nachweisen läßt, daß eine bestimmte →Marke mit einer bestimmten Häufigkeit innerhalb einer vorgegebenen Zeitperiode gekauft wird. Mehrfacher Wiederholungskauf einer Marke bzw. eines Markenartikels begründet eine positive Einstellung des Käufers zu „seiner" Marke. – 2. *Messung:* a) *Kaufreihenfolge-Konzept:* Kaufhäufigkeit derselben Marke innerhalb eines bestimmten Zeitraums bei drei (vier, fünf) aufeinanderfolgenden Käufen durch einen Konsumenten. Zu unterscheiden: (1) ungeteilte M.: Kauffolge AAAA; (2) geteilte M.: Kauffolge ABBA. – b) *Marktanteilskonzept:* Anteil, den das Volumen (mengen- oder zeitmäßig) der von einem Konsumenten in einer bestimmten Zeitperiode am häufigsten erworbenen Marke am Gesamtvolumen seiner Käufe innerhalb der jeweiligen Produktkapazität hat. – c) *Markenanzahlkonzept:* Anzahl der innerhalb einer Produktkategorie gekauften Marken. – Vgl. auch →Kaufverhalten, →Konsumentenverhalten.

Markenverband e. V., Sitz in Wiesbaden. – *Aufgaben:* Sicherung der notwendigen Freiheitsräume für den Markenartikel; Wahrnehmung der Belange der Markenartikelindustrie in bezug auf Herstellung und Vertrieb; Markenschutz, Wettbewerbspolitik und Wettbewerbsrecht; Zusammenarbeit mit dem Handel; Verbraucherpolitik; Werbung; Mitarbeit in internationalen Organisationen; wissenschaftliche Arbeit.

Markenzeichen, →Marke, →Logo.

Marketing. I. Begriff: M. umfaßt alle Maßnahmen einer ziel- und wettbewerbsorientierten Ausrichtung der marktrelevanten Aktivitäten der Unternehmung an ausgewählten Problemfeldern gegenwärtiger und zukünftiger Kundenpotentiale unter Einsatz planender, steuernder, koordinierender und kontrollierender *(formale Seite)* sowie →marketingpolitischer Instrumente *(materiale Seite)*.

II. M. als wissenschaftliche Disziplin: M. als Benennung eines Faches kam aus dem angelsächsischen Sprachraum und ersetzte die deutsche Bezeichnung Absatzwirtschaft bzw. Absatztheorie und →Absatzpolitik. Je nach Standort, Interesse und Betrachtungsperspektive wurde und wird Unterschiedliches unter M. verstanden. Die Zuordnung der Disziplin zur Ökonomie unter Betonung der rein ökonomischen Tatbestände oder zur Sozialwissenschaft unter Betonung des interdisziplinären Charakters verdeutlicht verschiedene Sichtmöglichkeiten. In der Wissenschaftspraxis des Fachs haben sich nebeneinander unterschiedlich ausgeprägte Denkansätze herausgebildet, die sich z. T. überschneiden oder auch auf verschiedenen Denkebenen liegen, wie z. B. entscheidungslogische-, entscheidungsorientierte-, verhaltensorientierte-, systemorientierte Ansätze, Business- oder Non-Business-Marketing (z. B. social marketing), Konzeptionen mit engem oder weitem Güterbegriff (z. B. generisches Marketing). Diese Beispiele weisen auf die Entscheidungsfunktion des Wissenschaftlers und Didaktikers (Marketinglehre) im Hinblick auf auszuwählende Objektbereiche, wissenschaftliche Arbeitsweisen und Wissenschaftsziele hin und hängen auch engstens mit der jeweils gewählten Begriffsapparatur und dem Verwendungskontext zusammen. Außerdem wird das Entscheidungsproblem dadurch verschärft, daß neben Anforderungen der Wissenschaft auch Ansprüche anderer Interessenten, z. B. der Wirtschaftspraxis oder der Gesellschaft, an das M. gestellt werden. Der einzelne Marketingwissenschaftler wird,

weder als Forscher noch als Lehrer, diese Auswahlprobleme für alle Seiten befriedigend lösen können. Erst die Vielfalt der Sicht und Vorgehensweisen ermöglicht insgesamt einen Ausgleich, doch hat in letzter Zeit die Anwendungsorientierung des Faches eine gewisse Dominanz erfahren.

III. M. als Philosophie und Aufgabe: Mit steigender Tendenz zu Käufermärkten wurde der Absatzbereich zunehmend Engpaßbereich betrieblicher Planung. Die Antwort des Faches bestand in der Erarbeitung neuer, situationsgerechter Konzepte. Dieser Umorientierung, die zuerst in den USA einsetzte, wurde mit einer neuen Bezeichnung des Faches – „Marketing" – entsprochen; sie sollte signalisieren, daß ein neues Konzept absatzwirtschaftlicher Bemühungen erstellt worden ist. Während es in der traditionellen Absatzpolitik darum ging, dem Absatzbereich weitgehend vorgegebenen Leistungen der Unternehmung unter Einsatz des absatzpolitischen Instrumentariums gewinnmaximierend zu verkaufen, werden in den neueren Konzepten die Entscheidungen der Unternehmung von vornherein stärker auf die Bedürfnisse und Wünsche der Nachfrager ausgerichtet. Der Hauptansatzpunkt marketingpolitischer Überlegungen liegt damit bei ausgewählten, marktrelevanten Problemen selektierter Abnehmergruppen (→Marksegmentierung), für die markt- und konkurrenzfähige Problemlösungen erarbeitet und unter Einsatz der →marketingpolitischen Instrumente angeboten werden. Diese Orientierung an Problemlösungsmöglichkeiten statt an eng definiertem Produktbereichen forderte Levitt schon 1960. Allerdings sind Abnehmerprobleme, die sich auf Einzelpersonen, Personengruppen und Organisationen beziehen können, nicht nur gegenwartsbezogen zu deuten. Die auf Erhaltung oder gar Wachstum gerichtete strategische Unternehmungspolitik verlangt eine vorausschauende Positionierung ihrer Geschäftsfelder hinsichtlich zukünftiger Leistungsbereiche, Kundengruppen, geographischer Marktausdehnung (nationales oder internationales Marketing) und eingesetzter Technologien.

IV. M. als Konzeption der Unternehmungsführung: 1. *Charakterisierung:* Die sich ständig ändernden Probleme und Problemstrukturen auf den Märkten sowie die dynamische Entwicklung technologischer Möglichkeiten führen dazu, daß auch im Leistungsbereich der Unternehmung immer wieder Anpassungen bzw. vorauseilende →Innovationen vorgenommen werden müssen. Um auf lange Sicht Umsatz- und Gewinneinbußen, Flops, Fehlinvestitionen, Imageverluste usw. möglichst zu vermeiden, sind derartige Veränderungen in den Leistungsbereich in eine strategische Unternehmungs- und Marketingpolitik einzupassen. M. als *Konzept einer marktorientierten Unternehmungsführung* soll allerdings nicht bedeuten, daß M. alle anderen Funktionen der Unternehmung dominiert. Es bestünde dabei u. a. die Gefahr, daß aktuelle Marktgegebenheiten die Forschungs- und Entwicklungspolitik der Unternehmung so stark in Anspruch nehmen, daß grundlegende Innovationen unterbleiben. Das Marketingkonzept charakterisiert vielmehr die marktorientierte Stoßrichtung der Unternehmungspolitik, in der alle zusammenwirkenden Bereiche koordiniert werden müssen. Die Realisierung eines Marketingkozepts erfordert eine Reihe von Voraussetzungen, die die Erstellung und Durchsetzung der Marketingphilosophie erst ermöglichen.

2. Ein *Marketing-Informationssystem (MAIS)* hat für das →Marketing-Management entscheidungsrelevante Umweltinformationen (z. B. über Kundenprobleme, Kundenverhalten, Verhalten der Wettbewerber und Absatzmittler, sich abzeichnende Verhaltensänderungen und Tendenzen, Wirkungen der eingesetzten marketingpolitischen Instrumente, gesamtwirtschaftliche Größen, technologische, rechtliche, gesellschaftliche Entwicklungen usw.) sowie marketingrelevante betriebsinterne Informationen (z. B. Kosteninformationen, Informationen über technologische, personelle, finanzielle, kapazitative Potentiale und Restriktionen) zeitgerecht bereitzustellen. Auf der Basis dieser mit →Marketingforschung gewonnenen Informationen und in Abstimmung mit der Wettbewerbsstrategie und dem Unternehmungskozept hat das Marketing-Management die *Grundsätze seiner strategischen Marketingpolitik* festzulegen. Im Rahmen dieser *strategischen Marketingplanung* geht es darum, die Geschäftsfelder der Unternehmung nach Problemlösungsbereichen, zu bearbeitenden Kundengruppen (→Marktsegmentierung) und Ländermärkten (→Selektion von Auslandsmärkten) festzulegen, die dazu erforderlichen Technologien mit dem Forschungs- und Entwicklungsbereich (→Forschung und Entwicklung) abzustimmen und die Basisstrategien zu formulieren. – Auf dieser Grundlage können dann Pläne geringerer Reichweite, insbes. die *operative Marketingplanung* erarbeitet werden. Dabei geht es weniger um die jeweilige Optimierung des Einsatzes der einzelnen marketingpolitischen Instrumente, so z. B. um eine gewinnmaximale Preispolitik oder um die Optimierung der werbepolitischen Instrumente usw. als vielmehr um die optimale Kombination der verschiedenen marktingpolitischen Instrumente, das optimale →Marketing-mix. Die marketingpolitischen Instrumentalentscheidungen sollen die Vielzahl der Einzelinstrumente der Bereiche Leistungs-, Kontrahierungs-, Kommunikations- und Distributionspolitik in Übereinstimung mit dem strategischen Marketingkonzept so aufeinander abstimmen, daß eine *konsistente, wettbewerbs-* *wirksame und zielführende Marketingpolitik* erreicht wird. Allerdings wird eine konsequente Marketingpolitik, die ihre Aktivitäten an den unmittelbaren und mittelbaren Kunden (→vertikales Marketing) orientiert, nicht umhin können, für die im Rahmen der strategischen Marketingplanung festgelegten Geschäftsfelder (Problembereiche, Kundengruppen, Länder) auf diese zugeschnittene unterschiedliche Marketing-Mixe zu entwikkeln. Die Realisierung des Marketing-Konzepts verlangt eine →*Marketing-Organisation,* die eine solche Marktorientierung, eine möglichst störungsfreie Koordination der Einzelinstrumente sowie eine möglichst hohe Flexibilität und Innovationsbereitschaft ermöglicht. Die organisationalen Strukturierungen sind dem Marketing- und Unternehmenskonzept sowie den Unternehmensgegebenheiten anzupassen. – Ein konsequentes Marketing macht ein *Marketing-Kontrollsystem* erforderlich, welches das Marketing-Management laufend über die Planrealisierung informiert. Der Sinn der →Marketing-Kontrolle liegt darin, über Kontrollinformationen (Rückkopplungen) und Abweichungsanalysen Lernprozesse zu initieren und so den Einsatz der Instrumente zu verbessern sowie die notwendige Flexibilität zu erreichen, um sich an Umweltänderungen zielgerecht anpasen zu können. Darüberhinaus soll die Marketing-Kontrolle die Mitarbeiter des Marketing-Bereichs zu einem zielkonformen Handeln veranlassen. Die Koordination von Marketing-Planung und -Kontrolle mit der Informationsversorgung sowie mit den anderen betrieblichen Teilbereichen wird vom →*Marketing-Controlling* als Teil der Führungsfunktion des Marketing-Management wahrgenommen. Diese Führungs-Subsysteme sollten Elemente jeder Marketingkonzeption sein, unabhängig davon, ob es sich um Businessoder Non-Business-Marketing handelt.

V. Internationalisierung: Vgl. →internationales Marketing.

Literatur: Bidlingmaier, J., Marketing, Bd. 1 u. 2, Opladen 1982/83; Kotler, Ph., Marketing-Management, Stuttgart 1982; Meffert, H., Marketing, Wiesbaden 1982; Nieschlag, R./Dichtl, E./Hörschgen, H., Marketing, Berlin 1985; Scheuch, F., Marketing, München 1986; Tietz, B., Die Grundlagen des Marketing, Bd. 1, 2 u. 3, München 1975.

Prof. Dr. Dieter J. G. Schneider

marketing audit, Teilgebiet des →Marketing-Controlling. Kontinuierliche, inhalts- und verfahrensorientierte Überprüfung der gesamten Marketing-Management-Entscheidungen; ausgerichtet auf die Früherkennung planungs- und systembedingter Risiken und Fehlentwicklungen im Marketingbereich. – *Teile* des M.-A.: Prämissen-Audit, Verfahrensaudit, Ziel-, Strategien- und Maßnahmen-Audit; Prozeß- und Organisations-Audit werden ergänzend zur (ergebnisorientierten) →Marketing-Kontrolle eingesetzt.

Marketingforschung		
Marketingaktivitäten, z. B.:	Absatzmarkt,	Beschaffungsmarkt:
Distributionsforschung Preisforschung Werbeforschung	z. B. Marktpotential	Arbeitsmarkt
innerbetriebliche Sachverhalte:	Absatzpotentiale einer Unternehmung	Kapitalmarkt
Vertriebskostenanalyse Kapazitätsprogramme Lagerprobleme	Marktvolumen	Rohstoffmarkt
	Marktforschung	

Quelle: Meffert, H., Marketing-Einführung in die Absatzpolitik, 6. Aufl., Wiesbaden 1985.

Marketingberater, →Werberufe I 2 a).

Marketing-Budgetierung, Planung von verbindlichen Wertgrößen (Sollgrößen) für einen bestimmten Zeitraum und für einzelen Verantwortungsbereiche der →Marketingorganisation. Ergebnisse der M.-B. sind Marketing-Teilbudgets; diese werden aus einem Marketing-Gesamtbudget gebildet oder zu einem solchen integriert (Koordinationsfunktion der Budgetierung). – Vgl. auch →Budgetierung.

marketing consultant freiberuflicher Berater in Fragen des →Marketing.

Marketing-Controlling, Gestaltung, Implementierung und laufende Betreuung eines Steuerungssystems zur Unterstützung des Marketing-Führungssystems im Sinne einer umfassenden Servicefunktion. – *Gegenstand* des M.-C. ist die Koordination von Marketing-Planung und -Kontrolle mit der Informationsversorgung, M.-C. beinhaltet somit ein wesentlich umfassenderes Aufgabenfeld als →Marketing-Kontrolle. – *Teilbereiche:* (1) *Systembildende Koordination:* Gestaltung des Marketing-Informations-, -Planungs- und -Kontrollsystems (→Marketing-Informationssystem, →Marketingplanung, →Marketing-Kontrolle). (2) *Systeminterne Koordination:* Laufende Abstimmung der Marketingteilpläne mit den Plänen der anderen Funktionsbereiche im Sinne der →Marketing-Konzeption und der Marketingplanung sowie Überwachung der Koordinationsaktivitäten des M.-C. (→marketing audit).

Marketingforschung, *marketing research,* alle Aktivitäten zielbezogener und planmäßiger Informationsgewinnung und -aufbereitung zur Identifikation und Lösung betriebsinterner und -externer Probleme bei Marketing-Strukturen, -Prozessen, -Aktivitäten und

-Wirkungen. Zur M. zählen neben der →Absatzmarktforschung insbes. die marketingbezogenen Teile des betrieblichen Rechnungswesens als unternehmensinterne Informationsquelle; die partielle Überschneidung der M. und →Marktforschung wird in obenstehender Abbildung dargestellt.

Marketing-Informationssystem (MAIS), zielbezogen strukturiertes System von Regelungen hinsichtlich der Informationsaufgaben und ihrer Träger sowie der Informationswege, Informationsrechte und Pflichten, Methoden und Verfahren der Informationsspeicherung und -verarbeitung; i. d. R. computergestützt. MAIS ist Subsystem des →Führungsinformationssystems (FIS). – *Ziel:* Befriedigung des marketingbezogenen Informationsbedarfs; durch zielbezogene Kanalisation, Filterung, Verdichtung, Speicherung und Weitergabe möglichst aussagefähiger und problembezogener, am richtigen Ort und zur richtigen Zeit verfügbarer Informationen, um einen Informationsmangel bei Informationsüberfluß entgegenzuwirken. – *Komponenten:* Daten-, Methoden-, Modellbank (Methoden- und Modellbank in der Praxis seltener) und Kommunikationseinrichtungen.

Marketing-Instrumente, →marketingpolitische Instrumente.

marketing intermediaries, →Absatzmittler.

Marketing-Kontrolle, ergebnisorientierte Überpüfung der Maßnahmen des →Marketing. – *Stufen:* (1) Ergebnismessung auf der Basis eines →Soll-Ist-Vergleichs; (2) (kritische) Analyse eventuell auftretender Abweichungen, um Ansatzpunkte für einen verbesserten Einsatz →marketingpolitischer Instrumente festzustellen.

Marketing-Konzeption, strategischer Grundsatzentwurf für die Koordination aller marktbezogenen Aktivitäten einer Unternehmung oder eines marktbezogenen Ausschnitts einer Unternehmung, wie z.B. Wahl der zu bearbeitenden Problemfelder und Kundengruppen, Marktausdehnung, Art der →Marktsegmentierung. Einsatz der →marketingpolitischen Instrumente. – Die M.-K. ist integraler Bestandteil der strategischen Unternehmungskonzeption (→strategisches Management); sie ist an der →Wettbewerbsstrategie der Unternehmung zu orientieren sowie mit den anderen funktionalen Bereichen (Forschung und Entwicklung, Beschaffung, Produktion, Finanzierung) abzustimmen. – Die *Durchsetzung* einer M.-K. erfordert entsprechende Vorkehrungen bei Planung, Organisation und Kontrolle, bei der Informationsversorgung und hinsichtlich des Führungskonzepts.

Marketing-Logistik, *Absatzlogistik, Distributionslogistik,* absatzbezogener Teilbereich der →Logistik. M.-L. betrifft die Zeit-Raumüberbrückung von Waren, Personen und Informationen zwischen Lieferant und Abnehmer. – *Aufgabe:* Realisierung der physischen →Distribution, insbes. die Gestaltung des →Lieferservice.

Marketing-Management, allgemeine Konzeption der Unternehmungsführung bzw. Unternehmungsphilosophie i.S. eines konsequent marktbezogenen Denkens verstanden (→Unternehmenspolitik). →Marketing als Führungsaufgabe, die sich auf Planung, Steuerung, Kontrolle, Koordination der Unternehmungsaktivitäten im Hinblick auf die Markterfordernisse bezieht.

Marketing-mix, Kombination der Ausprägungen der zeitraum- und markt- bzw. marktsegmentbezogen eingesetzten →marketingpolitischen Instrumente.

Marketing-Modelle, →Mediaselektionsmodelle V.

Marketingorganisation, marktorientiert, von der →Marketing-Konzeption beeinflußte Organisation der Unternehmung (→Organisationsstruktur). – *Anforderungen* an die Gestaltung der Organisationsstruktur: (1) Koordination aller Marketingfunktionen untereinander und mit anderen Funktionsbereichen (Forschung und Entwicklung, Beschaffung, Produktion, Finanzierung), möglichst wirkungsvoll auf die Markterfordernisse hin; (2) Sicherstellung einer möglichst flexiblen Anpassung an Marktveränderungen sowie Förderung von Kreativität und Innovationsbereitschaft. – Vgl. auch →Vertriebsorganisation.

Marketingplanung, Entscheidungsprozesse zur Festlegung des marktbezogenen Verhaltens einer Unternehmung. M. bzw. Marketingpläne sind Führungsinstrumente des

→Marketing-Managements zur Bestimmung und Durchsetzung der →Marketingpolitik. – Nach den *Planungsebenen* zu unterscheiden: (1) *strategische M.:* Planung der →Marketing-Konzeption; (2) *operative M.:* Planung der Marketingmaßnahmen, insbes. des Einsatzes der →marketingpolitischen Instrumente. – *Aufbau* und *Prozeß* der M. erfolgen nach den Grundsätzen der →Unternehmensplanung.

Marketingpolitik, Gesamtheit der Ziel- und Maßnahmenentscheidungen zur Gestaltung der marktbezogenen Aktivitäten der Unternehmung. – *Ebenen:* (1) *strategische M.:* Marketingpolitische Grundsatzentscheidungen über Problemlösungsbereiche, Marktfelder und Basisstrategien; (2) *operative M.:* Konkrete Gestaltung der →marketingpolitischen Instrumente im Rahmen der vorgegebenen marketingpolitischen Grundsatzentscheidungen.

marketingpolitische Instrumente. 1. *Begriff:* a) *I.w.S.:* Alle Instrumente der (1) Informationsebene (Methoden der Informationsgewinnung, -verarbeitung, -speicherung und weiterleitung), (2) Aktionsebene (absatzpolitische Instrumente, vgl. →Absatzpolitik II) und (3) Managementebene (Planung, Organisation, Kontrolle, Führung). – b) *I.e.S.:* Bündel der für die Marktgestaltung (Aktionsebene) einsetzbaren Aktivitäten bzw. Instrumente; i.d.R. Begriffsdefinition in der Literatur. – 2. *Instrumente:* a) Leistungspolitik bzw. *Produkt- und Programmpolitik* (→Absatzpolitik II): Bestimmung des Leistungsprogramms als Gesamtheit der Hardware- (Produkte) und Software-Leistungen (Dienstleistungen) durch Festlegung der Leistungsarten (→Produktionsprogrammbreite) und der Zahl der Varianten innerhalb der Leistungsarten (→Produktionsprogrammtiefe); Entscheidungen über Produktinnovation, -variation und -elimination; →Qualitätspolitik, Standardisierungs- bzw. Individualisierungsentscheidungen. b) →*Kommunikationspolitik* (u.a. Werbung, Verkaufsförderung). c) →*Distributionspolitik* (akquisitorische und physische Distribution). d) →*Kontrahierungspolitik* (Preis- und Konditionenpolitik). – 3. Die Kombination der Ausprägungen der zeitraum- und markt- bzw. marktsegmentbezogen eingesetzten m.I. wird als *Marketing-mix* bezeichnet; die Kombination der Einzelaktivitäten innerhalb eines Instruments (z.B. Kombination von Werbe-, Verkaufsförderungs- und Pr-Aktivitäten und der kommunikativen Seite des persönlichen Verkaufs im Rahmen der Kommunikationspolitik) als *marketingpolitisches Submix.*

marketingpolitisches Submix, →marketingpolitische Instrumente 3.

marketing research, →Marketingforschung.

Marketingstatistik, →Absatzstatistik.

Marketing-Strategien, an den Bedarfs- und Konkurrenzbedingungen relevanter Märkte sowie den personellen, finanziellen, technischen und informellen Leistungspotentialen der Unternehmung ausgerichtete (Vorgehens-) Konzepte zur Realisierung der Marketing-Ziele. Es existieren verschiedene Erscheinungsformen (→Wachstumsstrategie).

Marketingziele, die dem Bereich →Marketing gesetzten und durch Marketingmaßnahmen beeinflußbaren Imperative (Sollzustände). – Vgl. auch →Unternehmungsziele.

market research, →Marktforschung.

Markierung, Art der →Beschaffenheitssicherung von Handelswaren durch Festlegung von Wareneigenschaften in Form einer am einzelnen Warenstück bzw. an der Verpackung angebrachten Kennzeichnung. Äußere Kennzeichnung als markierte Ware stets erforderlich (im Gegensatz zur →Standardisierung). – Die markierte *Wareneigenschaft* kann sich beziehen: auf die Produzenten, auf die Einhaltung bestimmter Produktionsvorschriften, auf die Verwendung bestimmter Materialien, auf die Zugehörigkeit zu einer bestimmten Güteklasse usw. – *Vielerlei Formen* der M., insbes. M. durch Warenzeichen, durch Ausbildung eines Markenartikels (betriebliche M.), durch Gütezeichen und durch die gesetzliche Kennzeichnungspflicht (überbetriebliche M.). – *Markierungs-Vorschriften* bestehen in vielen Ländern.

Markierungsleser, →Beleglesr, dient zur Auswertung von Markierungsbelegen (→Markierungslesung). Zu unterscheiden: Einfunktionsleser und Mehrfunktionsleser (wertet auch andere optisch lesbare Codes aus).

Markov-Prozeß, →stochastischer Prozeß $(X_t)_{0 \leq t < \infty}$ mit abzählbarem Zustandsraum (Wertemenge) E, bei dem für alle $n \in \{0, 1, \ldots\}$ und alle $t \geq s > s_n > \ldots > s_0$ bezüglich der bedingten Wahrscheinlichkeiten gilt:

$$P\{X_t = j \mid X_s = i, X_{s_n} = i_n, \ldots, X_{s_0} = i_0\} = $$
$$P\{X_t = j \mid X_s = i\}$$

mit $j, i, i_0, \ldots, i_n \in E$. – $P\{X_t = j \mid X_s = i\}$ heißt *Übergangswahrscheinlichkeit* (Wahrscheinlichkeit, daß der Prozeß zum Zeitpunkt s den Zustand i hat, wenn er zum Zeitpunkt t den Zustand j hatte). – Ist der Zustandsraum endlich, so wird der M.-P. *endlich* genannt. – *Bedeutung:* Die „Markov-Eigenschaft" eines stochastischen Prozesses besagt also, daß die Wahrscheinlichkeit des Übergangs von einem Zustand in den nächstfolgenden von der „Vorgeschichte"unabhängig ist.

Markt. I. Begriff: Ökonomischer Ort des Tausches, an dem sich durch Zusammentreffen von →Angebot und →Nachfrage →Preise bilden.

II. Arten: 1. Nach *sachlichen Merkmalen:* Güter-Dienstleistungs- und Faktormarkt. – 2. Nach *organisatorischen Merkmalen:* a) *organisierter M.:* Das Zusammentreffen von Käufern und Verkäufern richtet sich nach bestimmten, festgelegten Regeln, z. B. Auktion, Börse, Messe; b) *nichtorganisierter M.:* z. B. Geschäftsstraßen und allgemein jedes Zusammentreffen von Angebot und Nachfrage außerhalb bestimmter Marktveranstaltungen. – 3. Nach *Marktzutritt:* a) *offener M.:* Jedem steht der Zugang zum M. offen; es herrscht freie Konkurrenz (Beispiel: jeder kann seine Dienste als Kofferträger am M. anbieten). Zugangs-(Zulassungs-)Beschränkungen bestehen nicht; b) *beschränkter M.* (häufigster Fall): Zugang zum M. ist nur unter bestimmten Voraussetzungen möglich (Kapitalbedarf, Konzessionierung, Befähigungsnachweis, Prüfung usw.); c) *geschlossener M.:* Zugang zum M. ist auf der Angebots- oder Nachfrageseite einem bestimmten Kreis vorbehalten (z. B. Deutsche Bundespost als Anbieter für Beförderungsleistungen. Staat als Nachfrager für Rüstungsgüter). – 3. Nach *Prämissen:* a) *Vollkommener M.:* Er muß folgende Bedingungen erfüllen: (1) Die Güter müssen homogen sein, d. h. es dürfen keine Präferenzen bestehen; (2) es herrscht vollkommene Markttransparenz. Aus diesen beiden Prämissen folgt das Gesetz der Unterschiedslosigkeit der Preise auf einem v. M. b) *Unvollkommener Markt:* Die Bedingung (1) ist nicht erfüllt.

Marktabgrenzung, Frage des →relevanten Marktes. Problem bei der Bestimmung des →Marktanteils bzw. →Marktvolumens oder →Marktpotentials. Nach Zweckmäßigkeitsüberlegungen wird im Markt nach sachlichen, räumlichen und zeitlichen Kriterien eingeengt. – Vgl. auch →Marktsegmentierung.

Marktabschöpfungspolitik, →Abschöpfungspreispolitik.

Marktanalyse. I. Charakterisierung: Systematisch methodische Untersuchung der Stellung einzelner erwerbswirtschaftlicher Unternehmungen im Marktgeschehen, die neben der →Marktbeobachtung zur Schaffung der Markttransparenz beiträgt und die Geschäftspolitik des Unternehmens fundiert. Wenngleich der „Markt" ein volkswirtschaftliches Phänomen ist, so interessiert bei einer M. jeweils nur der *spezielle Markt* für die Produkte einzelner Hersteller oder eines Wirtschaftszweiges hinsichtlich einerseits der Aufwandserfordernisse an den Bezugsmärkten und andererseits der Bedarfslage und daraus zu entwickelnden Ertragsbedingungen am Absatzmarkt. Damit erscheint M. sowohl in ihrem Motiv als auch in der Abgrenzung ihrer Wirksamkeit betriebswirtschaftlich orientiert. – *Methodisch* beruht die M. auf →Statistik und →Meinungsforschung.

II. Untersuchungsfeld: 1. *Analyse der Beschaffungsmärkte* für Rohstoffe, Werkzeuge, Vorfabrikate, Energie; auch Arbeitsmarkt. – 2. *Analyse der Finanzierungsmärkte:* Kapital-, Geld-, Devisenmarkt. – 3. *Analyse der Absatzmärkte* für Haupterzeugnisse, Neben- und Abfallprodukte: a) *Produktanalyse* sowohl hinsichtlich Beschaffenheit und Leistungsfähigkeit des Produktes als auch bezüglich der Selbstkostengestaltung bei unterschiedlicher Losgröße bzw. Serie sowie bezüglich einer marktgerechten Ausformung des Produktes selbst wie auch der Verpackung (→Produkttest, →merchandising); b) *Absatzanalyse:* Die Summe aus individuellem und Geschäftsbedarf ergibt die Nachfrage, deren Kenntnis durch Bedarfsuntersuchung (→Bedarfsgestalt als Zusammenfassung der kaufkräftigen Nachfragemotivationen) zu ermitteln ist. Daneben ist erforderlich die Kenntnis der derzeitigen und künftigen Angebotskraft des Wettbewerbs (→Konkurrenzanalyse) sowie der technisch und kommerziell optimalen →Absatzwege.

III. Untersuchungszeitraum: Eine „Momentaufnahme" der strukturellen Beschaffenheit aller Marktelemente; das Nacheinander des Untersuchungsfeldes (Bedarf-Produktion-Wettbewerb-Ansatz), v.a. die richtige →Marktprognose, erfordert jedoch bereits, daß die M. sich nicht auf einen Zeitpunkt beschränkt, sondern einen begrenzten Zeitraum umgreift.

IV. Träger: Großindustrie mit wissenschaftlich ausgebildetem Stab, besonders im Zusammenhang mit der →Werbung. Im Auftrag einzelner Firmen: →Marktforschungsinstitute. Ergänzend zur Marktbeobachtung: wissenschaftliche Institute.

Marktänderung, in der Marktforschung Bezeichnung eines einmaligen Wandels im Marktgefüge. M. kann durch →Marktverschiebung (Wachstum und Schrumpfung) vorbereitet, jedoch auch plötzlich, etwa durch politische Ereignisse, hervorgerufen werden.

Marktanpassung, (zeitlich verzögerte) Reaktion des Marktes auf Änderungen der bisher gültigen Marktbedingungen, z.B. Zinsvariationen, Preisverschiebungen. – Vgl. auch →Marktformen.

Marktanteil, Begriff der Marktforschung zur Kennzeichnung der Bedeutung des Unternehmens am Markt. Eine der wichtigsten absatzstrategischen Kennzahlen des Unternehmens gibt Auskunft über dessen Konkurrenzstärke. Der M. kann sowohl für den Beschaffungsmarkt als auch für den Absatzmarkt bestimmt werden. I.d.R. dominiert die Bedeutung des Absatzmarktanteils. – *Berechnung:*

$$\frac{\text{eigener Absatz (Umsatz)}}{\text{Gesamtabsatz (-umsatz) aller Anbieter}} \cdot 100$$

Er kann sowohl mengen- als auch wertmäßig definiert werden und sich auf den Gesamtoder auch auf einen Teilmarkt beziehen. Schwierigkeiten bei der Bestimmung des M. in der Beschaffung der Zahlen über den Gesamtabsatz (→Marktvolumen). Anhaltspunkte durch Absatzstatistiken von Verbänden, Daten statistischer Ämter oder durch Einkauf spezieller Daten bei Marktforschungsinstituten (z.B. Handelspanels der Firma Nielsen und der GfK-Nürnberg, die eine Berechnung der M. einzelner Artikel sowohl für den Gesamt- als auch für einen Teilmarkt zulassen). Aus den Daten der →Haushaltspanels lassen sich ebenfalls Zahlen für den Gesamtmarkt ableiten. – Ungleich schwieriger kann die Feststellung des M. in industriellen Märkten sein. – Vgl. auch →Marktbeherrschung, →Marktmacht.

Marktanteilskonzept, →Markentreue 2b).

Marktattraktivität, →Branchenattraktivität.

Marktaustrittsschranken, Verhaltensweisen, die eine Struktur- und Kapazitätsanpassung an veränderte Nachfragestrukturen verhindern (→Strukturwandel). Kennzeichnend sind Überkapazitäten, Verluste, Kurzarbeit, hohe Lagerbestände. – *Staatliche Maßnahmen zur Überwindung von M.:* Vgl. →Strukturpolitik. – Vgl. auch →Markteintrittsschranken.

Marktautomatik, automatische Abstimmung von Angebot, Nachfrage und Preisen auf einem Markt zum →Marktgleichgewicht. – Vgl. auch →Tatonnement.

marktbeherrschendes Oligopol, Tatbestandsmerkmal der Fusionskontrolle und der Mißbrauchsaufsicht. Vgl. im einzelnen →Kartellgesetz III 2 b) und IV 2, →Marktbeherrschung.

marktbeherrschendes Unternehmen, →Marktbeherrschung, →Kartellgesetz III 2 b).

Marktbeherrschung, Tatbestandsmerkmal der Fusionskontrolle (→Kartellgesetz III) und der Mißbrauchsaufsicht (→Kartellgesetz IV). M. liegt vor, wenn Unternehmen keinem wesentlichen Wettbewerb ausgesetzt sind oder eine überragende Marktstellung besitzen (→Kartellgesetz III 2 b). „*Überragende Marktstellung*" ist praktisch wichtiger; sie verlangt eine Strukturbetrachtung, bei der neben dem →Marktanteil insbes. auch Finanzkraft und Marktzutrittsschranken Dritter zu berücksichtigen sind (§ 22 I 2 GWB).

Marktbeherrschungsvermutung, Aufgreiftatbestand bei der Fusionskontrolle. Vgl. im einzelnen →Kartellgesetz III 2 b).

Marktbeobachtung, Teil der →Marktforschung: Beurteilung der Marktentwicklung bzw. der Stellung einzelner Unternehmungen und Wirtschaftsgruppen auf den Bezugs- und

Absatzmärkten sowie Abschätzung ihrer konjunkturellen Entwicklungsmöglichkeiten durch Auswertung der Betriebsstatistik, der Branchenstatistik und der amtlichen Wirtschaftsstatistik, u. U. durch besondere Institute. – Vgl. auch →Branchenbeobachtung.

Marktberichte, Berichte (besonders der Wirtschaftspresse und des Rundfunks) über die Wirtschaftslage auf bestimmten Märkten (z. B. Waren-, Effekten-, Devisenmärkten). M. stützen sich auf amtliche oder private Preisnotierungen, Statistiken usw. und dienen u. a. als Quelle für der Marktforschung.

Marktbewegungen, vorübergehende Veränderungen eines in der Struktur grundsätzlich gleichbleibenden →Marktes, z. B. →Saisonschwankungen und →Konjunkturphasen. – Vgl. auch →Marktschwankungen.

Marktdurchdringung, →Penetration.

Marktdurchdringungspolitik, →Penetrationspreispolitik.

Markteintrittsschranken, *Marktzutrittsschranken,* Nachteile eines neu auf einem Markt eintretenden Unternehmens gegenüber den auf diesem Markt befindlichen Anbietern (→strategische Gruppe). – *Formen* (nach J. S. Bain): a) absolute Kostenvorteile aufgrund eines Know-how-Vorsprungs; b) Betriebsgrößenvorteile (je größer, je größer der Marktanteil) aufgrund der Nutzung von →Skalenerträgen; c) Produktdifferenzierungsvorteile u. U. aufgrund von Konsumentenpräferenzen für eingeführte Produkte (→Markentreue, →Markenbekanntheit). – *Strategien zur Überwindung von M.:* Vgl. →Markteintrittsstrategien. – *Wettbewerbsrecht:* Durch ein Unternehmen oder Unternehmenszusammenschluß entstandene Schranken des Marktein- bzw. Marktzutritts in rechtlicher oder tatsächlicher Art; bei der Prüfung der →Marktbeherrschung (vgl. auch →Marktmacht) zu berücksichtigen. – Vgl. auch →Marktaustrittsschranken.

Markteintrittsstrategien, *Eintrittsstrategien.* 1. *Begriff:* Strategien zur Verwirklichung neuer Geschäfte, d. h. zur Überwindung von →Markteintrittsschranken. – 2. *Einzelstrategien:* a) *Interne Entwicklung:* Eintritt auf der Basis eigener Ressourcen und Fähigkeiten. b) *Akquisition:* Kauf eines im neuen Geschäft tätigen Unternehmens. c) *Lizenznahme:* Erwerb des Rechts auf Nutzung des Lizenzgebers Name, Produkt oder Dienstleistung in einem exakt abgegrenzten Markt. d) *Interne Ventures:* Für den Eintritt ins neue Geschäft wird innerhalb des Unternehmens eine eigene organisatorische Einheit gebildet. e) *Joint Ventures:* Verbund zweier Unternehmen (auch durch Gründung eines dritten Unternehmens). f) *Venture Risikokapitalbeteiligungen:* Erwerb von Minderheitskapitalanteilen an „start ups", die in zukunftsträchtigen Märk-

ten tätig sind. g) *Akquisitionen zur Fortentwicklung interner Fähigkeiten:* Erwerb eines Unternehmens, um Mitarbeiter zu erhalten, die bereits mit dem neuen Geschäft vertraut sind.

Markterfassungsstrategien, →Marktsegmentierung.

Markterkundung, gelegentliche, nicht systematische Untersuchung des Marktes. – *Anders:* →Marktforschung.

Markterschließung, Eröffnung von Absatzmöglichkeiten (Einführung eines Produktes am Absatzmarkt) durch Überwindung des →Marktwiderstandes. M. gehört zu den Aufgaben des →Marketing; i. d. R. mittels intensiver →Einführungswerbung. – Vgl. auch →Markteintrittsstrategien.

Marktfinanzierung, Form der →Außenfinanzierung, bei der der Unternehmung Kapital vom Markt (→Kapitalmarkt) her zugeführt wird. M. erfolgt a) durch Einlagen z. B. der Aktionäre (→Beteiligungsfinanzierung), b) durch Aufnahme von Anleihen usw. – Vgl. auch →Fremdfinanzierung.

Marktformen, Strukturformen zur Kennzeichnung wesentlicher Markteigenschaften für die theoretische Analyse der →Preisbildung, i. e. S. der Strukturen von →Angebot und →Nachfrage. – 1. *Morphologische Unterscheidung:* Man unterscheidet zwischen *einem* (→Monopol, →Nachfragemonopol), *wenigen* (→Oligopol, →Nachfrageoligopol) und *vielen* (→Polypol) *Anbietern und Nachfragern.* Dieses Grundschema enthält neun Kombinationsmöglichkeiten. Es kann beliebig ergänzt werden durch Zulassung von einem großen und mehreren kleinen Teilnehmern (z. B. Teilmonopol), ferner kann es durch Einführung von vollkommen und unvollkommenen, freien und geschlossenen usw. Märkten (→Markt II 3) erweitert werden. – 2. *Unterscheidung nach der* →*Kreuzpreiselastizität:*

Reines Monopol liegt vor, wenn $\dfrac{\delta q_i}{\delta p_j} \cdot \dfrac{p_j}{q_i} = 0$,

homogene atomistische Konkurrenz, wenn der Ausdruck unendlich wird. Zwischen diesen Grenzen liegen die Formen der *heterogenen Konkurrenz.* Diese ist *oligopolistisch,* wenn die Auswirkungen der eigenen Preisgestaltung auf den Absatz der Konkurrenten – ausgedrückt durch die Kreuzpreiselastizität – Rückwirkungen auf die eigene Preisgestaltung hat, $\dfrac{\delta p_j}{\delta q_i} \cdot \dfrac{q_i}{p_j}$ also von Null verschieden ist. – 3. In der deutschen Literatur besteht ein heftiger Streit darüber, ob man den morphologischen M. bestimmte →Verhaltensweisen zuordnen kann, ob also der Lehre von den Marktformen oder der von Verhaltensweisen die größere

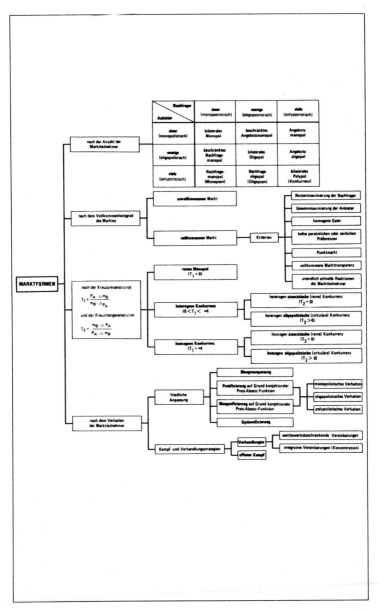

Bedeutung zukommt. Die extremen Vertreter sind einerseits *E. Gutenberg* und *A. Ott,* andererseits *E. Schneider.* – Zur Einteilung der Marktformen vgl. auch Übersicht Sp. 289/290.

Marktformenlehre, von Eucken aufgestellte methodologische Unterscheidung der Nachfrager-Anbieter-Situation auf den Märkten je nach der Zahl und der ökonomischen Machtstellung der Marktteilnehmer auf einer der beiden Seiten. – Vgl. auch →Marktformen.

Marktforscher, →Werbeberufe I 2 b).

Marktforschung, *market research.*

I. B e g r i f f : Die M. ist ein Teilgebiet der →Marketingforschung. Die Marketingforschung umfaßt neben der M. insbes. auch die marketingbezogenen Informationen des betrieblichen Rechnungswesens als unternehmensinterne Informationsquelle. M. ist die systematisch betriebene Erforschung eines konkreten Teilmarktes (Zusammentreffen von Angebot und Nachfrage) einschließlich der Erfassung der Bedürfnisse aller Beteiligten unter Heranziehung v. a. externer Informationsquellen. Im Gegensatz dazu ist die →Markterkundung nur eine gelegentliche und unsystematische Untersuchung des Marktes. .

II. F o r m e n : Man kann zahlreiche Formen der M. nach unterschiedlichen Kriterien unterscheiden (Meffert): a) nach dem *Untersuchungsobjekt* (→ökoskopische Marktforschung, →demoskopische Marktforschung); b) nach dem *Erhebungs- bzw. Bezugszeitraum* (laufend, fallweise, prospektiv, retrospektiv); c) nach dem *Untersuchungsraum* (lokale, regionale oder *internationale* Marktforschung); d) nach *Bereichen bzw. Branchen* (Investitionsgüter-, Konsumgüter-, Dienstleistungs-, Handels-, nichtkommerzielle M. →Konkurrenzanalyse); e) nach *Unternehmensbereichen* (→Beschaffungsmarktforschung, →Absatzmarktforschung, →Personalforschung).

III. A n f o r d e r u n g e n / G r e n z e n : Je nach den zu untersuchenden Bereichen bzw. Branchen (z. B. Investitionsgütermarktforschung) ergeben sich unterschiedliche Anforderungen an die M. Im Bereich der Investitionsgütermarktforschung besteht z. B. in besonderer Weise das Problem der multipersonalen Entscheidungsprozesse und damit die Schwierigkeit, den richtigen Ansprechpartner zu finden. Dienstleistungen sind i. d. R. nicht darstellbar wie beispielsweise ein neues Sachgut. Die Schwierigkeit im Rahmen der M. besteht daher darin, das Untersuchungsobjekt ausreichend zu operationalisieren. Die Ergebnisse der M. müssen ein möglichst genaues Abbild der Realität widerspiegeln (→Gütekriterien). Die Meßverfahren sollten so angelegt sein, daß sie jederzeit nachvollzogen werden können.

IV. V e r f a h r e n : 1. *Informationsgewinnung:* Zu unterscheiden sind →Primärforschung und →Sekundärforschung. Letztere verwendet bereits vorhandenes, früher erhobenes Datenmaterial, während im Rahmen der ersteren ausschließlich neue Informationen erhoben werden. – 2. *Auswahl der Untersuchungsobjekte* (z. B. Personen, Unternehmen): Die Auswahl erfolgt bei Teilerhebungen i. d. R. mit Hilfe verschiedener statistischer Verfahren (→Auswahlverfahren, →Stichprobenverfahren). – 3. *Datenerhebung* (→Erhebung): Im Rahmen der Primärforschung erfolgt die Datenerhebung durch →Beobachtung und/oder →Befragung (→Interview, →Expertenbefragung), die in Form eines →Experimentes erfolgen können. Die Methoden der Datenerhebung können im Rahmen einer →Feldforschung (z. B. Testmarkt) oder einer →Laborforschung (z. B. Testmarktsimulation) eingesetzt werden. Z. T. gelangen im Rahmen der M. →apparative Verfahren zum Einsatz. Immer häufiger findet die →computerunterstützte Datenerhebung Anwendung. Darüber hinaus ist in Wissenschaft und Praxis eine Vielzahl von Untersuchungsmethoden bzw. Testverfahren für spezielle Fragestellungen des Marketing entwickelt worden (z. B. Akzeptanztest, Anzeigentest, Blickregistrierung). – 4. *Informationsverarbeitung:* Die Informationsverarbeitung orientiert sich an den Untersuchungszielen, der Zahl der zu verarbeitenden Variablen und der Qualität des Datenmaterials (→Skalenniveau). Hierbei kommen in Betracht: a) →univariate Analysemethoden (z. B. Häufigkeitsauszählung, Häufigkeitsverteilung); b) →bivariate Analysemethoden (z. B. Kreuztabellierung, Korrelation, einfache Regressionsanalyse); c) →multivariate Analysemethoden (z. B. multiple Regressionsanalyse, Varianzanalyse, Diskriminanzanalyse, Clusteranalyse, Faktorenanalyse, multidimensionale Skalierung, Pfadanalyse, LISREL); d) der Einsatz von komplexen Marketingmodellen.

V. A n w e n d u n g s m ö g l i c h k e i t e n : Die Ergebnisse der M. bilden die Grundlage für die Diagnose und Prognose der künftigen Markt- und Produktentwicklung und damit für die Planung strategischer und operativer Marketingmaßnahmen (→Marketing). Insbes. die Neuproduktplanung und die Erarbeitung kommunikationspolitischer Einzelmaßnahmen ist auf die Heranziehung umfassender Marktforschungsdaten angewiesen. Der Bedarf der Kunden kann erst durch systematische M. genau ermittelt werden. →Preistests untermauern beispielsweise die Festlegung konkreter Preise für die einzelnen Sortimentsteile. Mit Hilfe der →Marktsegmentierung können neue Kundensegmente identifiziert werden. Im Rahmen der Investitionsgütermarktforschung werden die Träger wichtiger Entscheidungen ja nach Phase eines einzelnen Projektabschnitts herausgearbeitet. Alle im Rahmen der M. gewonnenen Daten können mit Hilfe eines →Marketing-Informationssystems gespeichert und entscheidungsorientiert aufgearbeitet werden.

Literatur: Berekhoven, L./Eckert, W./Ellenrieder, P., Marktforschung, Methodische Grundlagen und praktische Anwendungen, 3. Aufl., Wiesbaden 1987; Böhler, H., Marktforschung, Stuttgart 1985; Hammann, P./Erichson, B., Marktforschung, Stuttgart 1978; Meffert, H., Marktforschung, Wiesbaden 1986.

Dipl.-Kfm. Dipl.-Psych. Michael Thiess

Marktforschungsdaten, Angaben bzw. Tatsachen, die von Marktforschungsinstituten und -abteilungen der Unternehmensleitung für ihre Entscheidungen zur Verfügung gestellt werden und Auskunft über Marktchancen neu einzuführender Produkte, Marktlücken, Kundenwünsche usw. geben.

Marktforschungsinstitute, meist gewerbliche Institute, die →Marktanalysen für Industrie, Handel und Werbeagenturen erstellen. Ein Teil der deutschen M. hat sich zum →Arbeitskreis Deutscher Marktforschungsinstitute (ADM) zusammengeschlossen. M. in der Bundesrep. D. aufgeführt im Handbuch der ESO-MAR (→European Society for Opinion and Marketing Research).

Marktgebiet, in der Standorttheorie das Absatz- oder auch Bezugs (Beschaffungs)-gebiet einer Unternehmung (→Absatzmarkt, →Beschaffungsmarkt). Von einem M. kann nur bei unvollkommenem Markt gesprochen werden, auf dem jeder Anbieter (Nachfrager) aufgrund der räumlichen Verteilung der Anbieter (Nachfrager) eine Vorzugsstellung in seiner Umgebung besitzt; das Ausmaß dieser Vorzugsstellung, d. h. die Ausdehnung seines M., wird durch Transportkosten und andere Faktoren, vor allem mangelnde Markttransparenz, bestimmt. Das Vorhandensein von mehreren sich überlagernden M. führt zu Wettbewerbskämpfen; es kann Gebietskartelle sowie z. B. preispolitische Auseinandersetzungen zwischen den Verkehrsträgern zur Folge haben.

Marktgleichgewicht, *Konkurrenzgleichgewicht.* 1. *Allgemein:* →Gleichgewicht in einer marktwirtschaftlich organisierten Wirtschaft; d. h., Gleichheit von den zu Marktpreisen angebotenen und nachgefragten Gütermengen auf den Märkten. – Zu *unterscheiden:* a) *partielles* M. (Gleichgewicht auf nur einem Markt), b) *totales* M. (Gleichgewicht auf allen Märkten). – 2. *Formal:* Unter einem M. versteht man ein *Tupel,* bestehend aus einem Preisvektor p, einem zu diesen Preisen angebotenen Güterbündel y (p) und einem zu diesem Preis nachgefragten Güterbündel x (p), so daß gelten: $p(x(p) - y(p)) = 0$ und $x(p) - y(p) \leq 0$. Die Differenz $x(p) - y(p)$ nennt man →Überschußnachfrage. Werden obige Bedingungen erfüllt, ist p der Gleichge-

wichtspreisvektor und x (p) die Gleichgewichtsmenge.

Marktgliederung. 1. *Begriff:* Im Rahmen der Organisation die →Segmentierung eines Handlungskomplexes nach Marktmerkmalen; Unterfall der Anwendung des →Objektprinzips. – 2. *Kriterien einer M.:* Unterscheidung zwischen stabilen und dynamischen Märkten, geographische Gesichtspunkte (→Regionalgliederung), Kundenaspekte (→Kundengliederung) u. a.

Markthandel, *Meßhandel,* Form des →ambulanten Handels auf bestimmten, meist in regelmäßigen Zeitabständen abgehaltenen Märkten (Jahrmärkten, Krammärkten, Kirchweihfesten, Weihnachtsmärkten). Vornehmlich in ländlichen und kleinstädtischen Gebieten, aber auch in Großstädten (Altstadtfeste). – *Übliche Angebote:* Textilien, Töpferwaren, kleinere Haushaltswaren, Holzwaren, einfaches Spielzeug, Geschenkartikel, Christbaumschmuck, Trödel, Antiquitäten u. a. Produkte des Kunsthandwerks. Häufig ergänzt um regionale Spezialitäten und Anbieter von Neuheiten mittels Propagandisten. – Vgl. auch →Straßenhandel, →Wochenmarkt.

Marktkanal, →Absatzwege.

Marktkonfiguration, →Marktkonstellation.

Marktkonformität, Auswahl- und Beurteilungskriterium wirtschaftspolitischer Maßnahmen, nach der diese mit der marktwirtschaftlichen Rahmenordnung übereinstimmen sollen, so daß der Markt-Preis-Mechanismus nicht beeinträchtigt wird. M. ist in der →Systemkonformität bei marktmäßiger Koordination enthalten, aber nicht jede marktkonforme Maßnahme ist auch systemkonform. – *Beispiel:* Zölle tasten nicht den Preismechanismus an; sie sind jedoch systemverschlechternd, da ausländische Anbieter diskriminiert werden (Verstoß gegen die systemnotwendige Bedingung des Diskriminierungsverbots zwischen Marktteilnehmern). – Vertreter des *Ordoliberalismus* und des *Konzepts der Sozialen Marktwirtschaft* fordern die strikte Beachtung der M. Zunehmende wohlfahrtsstaatliche Eingriffe (→Wohlfahrtsstaat, →gesamtwirtschaftliche Planung) werden von ihnen aus diesem Grund abgelehnt.

Marktkonstellation, *Marktkonfiguration,* Zustand eines →Marktes, wie er sich – bes. hinsichtlich der Marktstellung und der daraus resultierenden Geschäftspolitik einer Unternehmung – aus dem Zusammenwirken vorherrschender →Marktformen, →Marktstruktur und einzelner Marktkomponenten (z. B. →Angebot, →Nachfrage, →Verhaltensweise) ergibt.

Marktlagengewinn, →Unternehmergewinn.

Marktleistung. 1. *Allgemein:* Die für den Verkauf (den Markt) bestimmten Erzeugnisse oder Dienstleistungen von Unternehmungen, auch *Absatzleistungen* genannt. – *Gegensatz:* →innerbetriebliche Leistungen. – 2. *Agrarpolitik und landwirtschaftliche Produktionsstatistik:* Derjenige Teil der gesamten landwirtschaftlichen Erzeugung, der nicht der Selbstversorgung in den landwirtschaftlichen Betrieben dient, also weder verzehrt noch zu produktiven Zwecken (Aufzucht von Vieh) oder zur Reproduktion (Verwendung von Erntegut als Saatgut) verwendet wird. Die M. *besteht* demnach in dem Güteranteil am Ernteertrag und Viehauftrieb, der ab Hof oder auf einem Viehmarkt oder Produktenmarkt veräußert wird.

Marktlohn, nach der Lohntheorie der klassischen Nationalökonomie der sich aus Angebot und Nachfrage ergebende →Lohn; entspricht ungefähr dem →natürlichen Lohn.

Marktmacht, Kriterium der Wettbewerbstheorie zur Kennzeichnung des Wettbewerbsgrades auf einem Markt. M. wird dabei i. S. von →Marktbeherrschung interpretiert, die tendenziell zur Ausschaltung des Wettbewerbs führt. – Die *Bekämpfung von M.* durch Verhinderung von Kartellen, Fusionskontrolle und Entflechtung von Konzernen (→Kartellgesetz) ist die vordringlichste Ausgabe der →Wettbewerbspolitik.

Marktmanagementorganisation. 1. *Begriff:* Konzept einer →mehrdimensionalen Organisationsstruktur, bei der eine gegebene Grundstruktur durch die organisatorische Verankerung von →Kompetenz für die aus den einzelnen (meist Absatz-)Märkten einer Unternehmung resultierenden speziellen Aufgabe ergänzt wird. – 2. *Formen:* a) Die Institutionalisierung des Marktmanagements kann auf einen →organisatorischen Teilbereich beschränkt oder teilbereichsübergreifend sein. b) Die Institutionalisierung kann in Form von →Stäben (Stabs-Marktmanagement) erfolgen. – 3. Bei der *Auswahl* einer der sich hieraus ergebenden Gestaltungsalternativen sind die angestrebte Reichweite für die Berücksichtigung der Marktmanagement-Perspektive im arbeitsteiligen Entscheidungsprozeß der Unternehmung sowie die spezifischen Vor- und Nachteile der →Stab-Linienorganisation und der →Matrixorganisation abzuwägen.

marktmäßige Koordination, →Koordination 2 a).

Marktmechanismus, →Tatonnement.

Marktnische, Teilmarkt (→Marktsegment) des Gesamtmarktes, der durch vorhandene Produkte nicht voll befriedigt wird, weil diese den Vorstellungen der potentiellen Käufer nicht in genügendem Umfang entsprechen. Nach dem Verhalten der potentiellen Käufer bis zur Einführung eines entsprechenden Produktes zu unterscheiden: (1) *manifeste M.:* Sie

verzichten ganz; (2) *latente M.:* Sie weichen auf andere Produkte aus. – Vgl. auch →Nischenstrategie.

Marktordnung, gem. Marktordnungsgesetz (MOG) ein System von Maßnahmen, durch das Angebot und Nachfrage sowie Preisentwicklung in einer bestimmten Richtung beeinflußt oder gelenkt werden sollen. – Im einzelnen: 1. *Totale Regelung der Angebotsmengen und Bezugsberechtigungen durch zentrale Verwaltungsmaßnahmen* (z. B. Einfuhrkontingentierung, Produktionslenkung mittels Herstell- und Verwendungsverboten): Verwirklicht a) theoretisch in der staatlichen →Zentralverwaltungswirtschaft; b) praktisch im Bereich der sowjetischen Wirtschaftsverfassung (auch in der DDR) und in der Kriegs- und Rüstungswirtschaft. – 2. *Staatliche oder andere behördliche Beeinflussung des Marktgeschehens* (z. B. Festsetzung von Marktzeiten, Höchst- und Mindestpreisen, Qualitätsnormen): In der Bundesrep. D. Marktstützungspolitik zugunsten der Landwirtschaft mittels Einfuhrkontingentierung bzw. Unterhaltung von Marktordnungsstellen, Zollpolitik, Preisbindung für Inlandsprodukte u. a. m. – 3. *Landwirtschaftliche M. für bestimmte Produkte:* Dies dient dazu, die Existenzfähigkeit der Erzeuger, eine gleichmäßige Versorgung der Bevölkerung und einen gewissen Selbstversorgungsgrad zu sichern. Ferner soll die Preisentwicklung auf den Märkten vor übermäßigen Schwankungen bewahrt werden. Die M. der EG werden auch als gemeinsame →Marktorganisationen bezeichnet. – *Gegensatz:* →Marktregelung. – *Anders:* →Wirtschaftsordnung.

Marktordnungsgesetz (MOG), Gesetz zur Durchführung der gemeinsamen Marktorganisationen vom 31. 8. 1972 (BGBl I 1617) mit späteren Änderungen; Vorschriften der staatlichen Finanzverwaltung (VSFM) 0310. Es schafft die innerstaatliche Rechtsgrundlage für die Durchführung der gemeinsamen Marktorganisationen der EG für landwirtschaftliche Erzeugnisse in der Bundesrep. D. (→Marktordnung 3).

Marktordnungsstellen, Anstalten des öffentlichen Rechts, nach § 28 AWG i. V. mit § 3 MOG bestimmt als jeweils zuständig: a) für die gemeinsamen →Marktorganisationen, die eine Intervention (Übernahme, Abgabe und Verwertung von Marktordnungswaren durch gemeinsame Marktorganisationen durch Interventionsstellen) vorsehen, die →Bundesanstalt für landwirtschaftliche Marktordnung (BALM); b) für die übrigen gemeinsamen Marktorganisationen das →Bundesamt für Ernährung und Forstwirtschaft. An die Stelle der zuständigen M. tritt bei Rohtabak, Flachs und Hanf das →Bundesamt für Wirtschaft (BAW).

Marktordnungswaren, →Marktorganisationen.

Marktorganisationen, *gemeinsame Marktorganisationen,* i. S. des Marktordnungsgesetzes (MOG) die gemeinsamen Interventionsstellen (Anstalten des öffentlichen Rechts) für Marktordnungswaren (Getreide, Reis, Fette, Obst und Gemüse, Wein, Saatgut, Hopfen, Rohtabak, Flachs und Hanf, lebende Pflanzen und Waren des Blumenhandels, Zucker, Verarbeitungserzeugnisse aus Obst und Gemüse, Rindfleisch, Schweinefleisch, Geflügelfleisch, Eier, Milch und Milcherzeugnisse, Fischereierzeugnisse sowie andere im Anhang II des Vertrags zur Gründung der EWG aufgeführte Erzeugnisse). – Vgl. auch →Marktordnung, →Marktordnungsstellen.

Marktphase, Entwicklungsstadium eines →Marktes. Ein Markt durchläuft von seiner Entstehung bis zu seinem Endzustand verschiedenen M. nach E. Heuß: *Experimentierungs-, Expansions-, Ausreifungs-* und *Stagnations-* oder *Rückbildungsphase.* Aus dieser Einteilung werden Rückschlüsse für die Wettbewerbspolitik gezogen.

Marktportefeuille, →capital asset pricing model I 3.

Marktpositionierungsmodell, →Produktpositionierung.

Marktpotential, Aufnahmefähigkeit eines Marktes. Gesamtheit möglicher Absatzmengen eines Marktes für ein bestimmtes Produkt oder eine Produktkategorie. Das M. bildet die obere Grenze für das →Marktvolumen. – Vgl. auch →Absatzpotential, →Absatzvolumen.

Marktpreis. 1. Ein von den Klassikern der Nationalökonomie im Gegensatz zum →natürlichen Preis geprägter Begriff für den ausschließlich durch Angebot und Nachfrage auf einem Markt über die unsichtbare Hand (→Tatonnement) bestimmten *Gleichgewichtspreis.* – 2. Der auf einem Markt (Produktenbörse, Effektenbörse, Wochenmarkt, Weltmärkten usw.) entsprechend dem durchschnittliche Angebot und der allgemeinen Nachfrage *während der Marktzeit* erzielte Preis; auch der bei *staatlicher Preispolitik* festgelegte, am →Tageswert orientierte Preis. Dieser durchschnittliche Preis liegt der amtlichen →Preisstatistik zugrunde, wie auch dem industriellen Rechnungswesen, soweit etwa bei Befolgung des →Niederstwertprinzips der M. eines bestimmten Stichtages eingesetzt werden muß (→Bewertung).

Marktproduktion, →mittelbar kundenorientierte Produktion, →Angebotsproduktion.

Markt-Produktlebenszyklus-Portfolio, →Portfolio-Analyse III 3.

Marktprognose, Voraussage der Marktentwicklung mittels →Marktbeobachtung, indem

Zusammenhänge zwischen den Bewegungen verschiedener Märkte oder anderer wirtschaftlicher Faktoren (→Konjunkturtest) aufgespürt werden, die in ihren zeitlichen Phasen einander nachgeordnet sind. Der Trend von Preisen und Mengen des einen Marktes liefert die Trendprognose für den nachgeordneten. – Vgl. auch →Prognose.

Marktpsychologie, →Konsum- und Marktpsychologie.

Markträumungsansatz, →Neue klassische Makroökonomik.

Marktreaktionsfunktion, →Responsefunktion.

Marktregelung, Maßnahmen einer Unternehmung zur Unterstützung ihrer Absatz- und Vertriebspolitik. – 1. *Vertraglich* im Rahmen von Kartellen, durch Teil- oder Voll-Monopol im Rahmen von Konzernen oder durch staatliche Preispolitik bzw. durch Kontingentierung der Grundstoffe oder Bewirtschaftung von Halb- und Fertigfabrikaten erzielter Ausgleich zwischen Angebot und Nachfrage. – 2. In der *freien Verkehrswirtschaft* nur mittels (aufgrund systematischer →Marktforschung erzielter) Markttransparenz bezüglich der nachgefragten Mengen und Qualitäten sowie im Hinblick auf Preise und Abgabebedingungen der Konkurrenz annähernd erreichbar. – *Störung* der M. führt zu Schwankungen um das mögliche Gleichgewicht. – *Gegensatz:* →Marktordnung.

Marktsättigungsgrad, Kennzahl bezüglich Wachstumschancen für ein Produkt im Gesamtmarkt oder in einzelnen Teilmärkten (→Marktsegment).

$$\frac{\rightarrow \text{Marktvolumen}}{\rightarrow \text{Marktpotential}} \times 100$$

Marktschwankungen, regelmäßig wiederkehrende Verschiebungen der →Marktstruktur; festzustellen durch →Marktbeobachtung. – Zu *unterscheiden:* jahreszeitliche Schwankungen (→Saisonschwankungen) und Konjunkturschwankungen. – *Gegensatz:* →Marktverschiebung.

Marktsegment, Teilmarkt mit einer nach ihrer Reaktion auf →marketingpolitische Instrumente homogeneren Abnehmergruppe als die des Gesamtmarktes. Die M. sollen hinsichtlich der gewählten kaufrelevanten Segmentierungskriterien (→Marktsegmentierung) in sich möglichst ähnlich, untereinander jedoch möglichst unähnlich sein.

Marktsegmentierung, Aufteilung des Gesamtmarktes nach bestimmten Kriterien in homogene Käufergruppen bzw. -segmente, die in sich möglichst ähnlich und untereinander möglichst unähnlich (heterogen) sein sollen. *Hauptzweck* der M. ist, Unterschiede zwischen den Käufern aufzudecken, um daraus Schlußfolgerungen für segmentspezifische Marketingprogramme zu ziehen. Damit zwei *Teilaufgaben:* Es müssen die →Marktsegmente definiert *(taxonomische M.)* und segmentspezifische Strategien entwickelt und implementiert werden *(managementorientierte M.).* – 1. *Markterfassungsstrategien* bzw. *Segmentierungskriterien:* (1) Segmentierung nach demographischen (Religion, Geschlecht, Alter, Haushaltsgröße), nach sozio-ökonomischen (Einkommen, Schulbildung, Beruf) und nach psychographischen Kriterien (Lebensstil, Merkmale der Persönlichkeit). (2) Segmentierung nach Kaufverhaltens- und Responsemerkmalen (Käufer, Nichtkäufer, Verhalten bzgl. nichtpreislicher Marketinginstrumente, Preisresponse, Preisbereitschaft, Preissensitivität, Preiseinstellung und Sonderangebotsresponse). Der Vorteil der Segmentierung nach allgemeinen Käufermerkmalen (1) liegt in der leichten Meßbarkeit der Kriterien, ihr Nachteil ist die relativ geringe prognostische Relevanz bezüglich des tatsächlichen Kaufverhaltens. Bei einer Segmentierung nach Kaufverhaltens- und Responsemerkmalen (2) werden die unmittelbar relevanten Kriterien für eine M. zwar direkt erfaßt, sind aber relativ schwer beobachtbar und/oder die auf dieser Basis gebildeten Segmente sind nicht gezielt ansprechbar. Deshalb versucht man (3), von den nach Kaufverhaltensmerkmalen definierten Segmenten Beziehungen zu den allgemeinen Käufermerkmalen herzustellen, um dann die Segmente neu zu definieren. Als statistische Methoden werden dabei v. a. die →Regressionsanalyse, die →Clusteranalyse, →AID und die →multidimensionale Skalierung herangezogen. – 2. *Strategien zur segmentspezifischen Marktbearbeitung:* (1) konzentrierte Marktstrategie: Bearbeitung nur des lukrativsten Segments (→Marktnische); (2) differenzierte Marketingstrategie: Bearbeitung mehrerer Segmente; (3) selektiv differenzierte Strategie: Bearbeitung weniger ausgewählter Segmente. – 3. M. im *Investitionsgütermarketing:* Vgl. →Makrosegmentierung.

Marktspaltung, Existenz von mehreren Märkten bzw. Marktpreisen für ein homogenes Gut in einer Volkswirtschaft. M. kann entstehen a) durch →Preisdifferenzierung oder b) im Außenhandel durch Subventionierung oder Besteuerung. (→Steuern).

Marktspanne, Zusammenfassung der →Produktspannen einer bestimmten Gruppe oder der Gesamtheit von verbrauchten und verwendeten in- und ausländischen landwirtschaftlichen Erzeugnissen einer Volkswirtschaft.

Marktstatistik, →Beschaffungsstatistik.

Marktsteuern, →Steuern, die in das Kosten- und Preisgefüge der Unternehmen eingehen und bei freier Preisbildung auf dem anonymen Markt überwälzt werden, z. B. Kostensteuern der Unternehmen. M. sind im Gegensatz zu →Maßsteuern leichter überwälzbar. →Steuerklassifikation nach dem Kriterium Überwälzbarkeit (→Überwälzung).

Marktstruktur, Zusammensetzung und Gefüge eines →Marktes, u. a. bestimmt durch Zahl der Marktteilnehmer, Organisation der Beschaffung- und Absatzwege, Produktqualität, subjektive Präferenzen, Markttransparenz, Markteintrittsschranken, Konzentrationsgrad und Marktphase. In der Wettbewerbstheorie bildet die M. eine der Determinanten zur Beurteilung des Wettbewerbsgrades auf einem Markt.

Marktstufen, die in der →Absatzkette vom Hersteller bis zum Endkäufer zwischen jeweils zwei wirtschaftlich selbständigen Wirtschaftseinheiten durchzuführenden Absatzaktivitäten und -transaktionen. Entsprechende *Formen des Vertriebes:* einstufiger (→direkter Vertrieb), zwei- und mehrstufiger (→indirekter Vertrieb) Vertrieb.

Markttest, realitätsnahes Verfahren zur Überprüfung der Marktchancen von Produkten. Das Produkt wird probeweise in einem abgegrenzten Markt unter kontrollierten Bedingungen und unter Einsatz ausgewählter oder sämtlicher Marketing-Instrumente verkauft, mit dem Ziel, allgemeine Erfahrungen über die Marktgängigkeit (z. B. Penetration, Wiederkäufer usw.) eines neuen Produktes und/oder die Wirksamkeit von einzelnen Marketing-Maßnahmen oder Strategien zu sammeln. – Vgl. auch →Testmarkt.

Markttransaktionsfunktionen, Größe zur Bestimmung der Entwicklung von ökonomischen Zielvariablen (z. B. Absatzmenge, Umsatz, Bekanntheitsgrad, Einstellung) in Abhängigkeit von den eingesetzten Instrumentalvariablen (→marketingpolitische Instrumente). – Vgl. auch →Preisresponsefunktion, →Preisresponsemessung.

marktüblicher Zinsfuß für sichere Kapitalanlagen erster Bonität zu erzielender →Zins. Berechenbar aus dem Durchschnitt der →Effektivverzinsung für Staatsanleihen, Pfandbriefe und erststellige Hypotheken. Der m. Z. entspricht dem „reinen Zins", d. h. sämtliche akzessorische Bestandteile (z. B. Risikoprämien) werden ausgesondert. Von Bedeutung ist der m. Z. für die Bewertung von Effekten. Für die Berechnung von →Ertragswerten findet er als Kalkulationszinsfuß (Opportunitätskosten) Verwendung.

Marktuntersuchung, Zustandsprüfung des Marktes in seinen einzelnen Marktfeldern (z. B. Absatz- oder Käufermarkt, Liefer- oder Herstellermarkt). M. setzt sich zusammen aus →Markterkundung und →Marktforschung,

d. h. daß M. sowohl Markterkundung als auch systematische Marktforschung sein kann.

Marktveranstaltungen, regelmäßig an bestimmten Plätzen wiederkehrende Zusammenkünfte von Verkäufern (Anbietern) und Käufern (Nachfragern) mit dem Ziel der →Distribution von Waren und/oder des gegenseitigen Informationsaustausches. Veranstaltungsort, Zeitpunkt und Dauer, Teilnehmerkreis sowie die Geschäftsusancen sind klar geregelt. – *Arten:* a) M. auf *Großhandelsebene:* →Messe, →Börse; b) M. auf *Groß- und Einzelhandelsebene:* →Auktion, →Ausstellung, →Einschreibung; c) M. auf *Einzelhandelsebene:* →Jahrmarkt, →Wochenmarkt.

Marktversagen. 1. *Begriff:* Abweichungen des Ergebnisses marktmäßiger →Koordination von einem optimalen, mit Hilfe eines Referenzmodells abgeleiteten Ergebnis. Die optimale →Allokation von Gütern und Ressourcen ist nicht gewährleistet. Sie zeigen einen potentiellen wirtschaftspolitischen Handlungsbedarf an. – 2. *Ursachen:* a) Abweichungen der tatsächlichen von den im Referenzmodell unterstellten Bedingungen (→Substitutionshemmnisse); b) mangelnde Marktfähigkeit von Gütern (→öffentliche Güter, →externe Effekte, →meritorische Güter, →Property-rights-Theorie; c) →Wettbewerbsbeschränkungen auf einem Markt oder wettbewerbsbeschränkendes Verhalten von Marktteilnehmern; d) →Staatsversagen. – 3. *Problem der Wahl des Referenzmodells:* Als Referenzmodell wird i. d. R. das Modell der →vollkommenen Konkurrenz verwendet. Kritikpunkte der Eignung dieses Modells für die Ableitung wirtschaftspolitischen Handlungsbedarfs: a) Realitätsferne der Modellannahmen (Nirwana-Vorwurf); b) Vernachlässigung dynamischer evolutorischer Funktionen von Marktprozessen im Modell (→Wettbewerbsfunktion, →evolutorische Wirtschaft); c) Vernachlässigung weiterer wirtschaftspolitischer Ziele neben dem Allokationsziel (→Wirtschaftspolitik). – 4. *M. und →rationale Wirtschaftspolitik:* Ob ein wirtschaftspolitischer Handlungsbedarf besteht, ist abhängig von: a) Korrekturmöglichkeiten wirtschaftspolitischer Handlungsträger (→Wirtschaftspolitik, →gesamtwirtschaftliche Planung); b) direkten Kosten wirtschaftspolitischer Maßnahmen, c) Auswirkungen der Maßnahmen auf andere wirtschaftspolitische Ziele.

Marktverschiebung, Bezeichnung der Marktbeobachtung für die auf Strukturwandlung (→Marktänderung) zielenden Veränderungen zwischen →Bedarfsgestalt und →Angebot. – *Gegensatz:* →Marktschwankungen.

Marktvolumen, realisierte oder prognostizierte Mengen (Absatz) bzw. Werte (Umsatz) einer Produktgruppe oder Branche auf einem definierten Markt in der betrachteten Planperiode. I. d. R. nur ein Teil des →Marktpoten-

tials. M. ist notwendig zur Berechnung des →Marktanteils. – Vgl. auch →Absatzpotential, →Absatzvolumen.

Marktwert, →Tageswert.

Marktwiderstand, Begriff des Marketing. Kennzeichnung einer dem Einsatz →marketingpolitischer Instrumente entgegenstehenden Hemmung des Marktes, die die Einführung eines neuen oder die Absatzausweitung eines bereits bekannten Produktes erschwert. Der M. ist quantitativ nicht erfaßbar. Die Wirksamkeit des Einsatzes marketingpolitischer Instrumente zur *Überwindung der M.* ist z. B. an den erzielten Absatzveränderungen oder Einstellungsänderungen *meßbar:* Abnehmender Absatzzuwachs impliziert zunehmenden M., konstanter Absatzzuwachs konstanten M. und zunehmender Absatzzuwachs abnehmenden M.

Marktwirtschaft, *Verkehrswirtschaft* (Eukken). 1. *Begriff:* →Wirtschaftsordnung mit dezentraler Planung und Lenkung der wirtschaftlichen Prozesse, die über Märkte mittels des Preis-Mechanismus koordiniert werden. Staatliche Mindestaufgaben sind Setzung der Rahmenbedingungen, innerhalb derer die wettbewerbliche Koordination wirkungsvoll erfolgen kann, sowie Bereitstellung privatwirtschaftlich unrentabler öffentlicher Güter (→Liberalismus). Je nach wirtschaftspolitischer Konzeption treten weitere konjunktur-, struktur- oder sozialpolitische Aufgabenbereiche hinzu, wodurch jedoch insgesamt die individuelle Planungsautonomie nicht aufgehoben wird (vgl. auch →gesamtwirtschaftliche Planung). – 2. *Formen:* (entsprechend dem in der marktwirtschaftlichen Wirtschaftsordnung vorherrschenden Form des Produktionsmitteleigentums): a) →*privatwirtschaftliche Marktwirtschaft* (Privateigentum); vgl. auch →soziale Marktwirtschaft; b) →*staatssozialistische Marktwirtschaft* (Staatseigentum); c) →*selbstverwaltete sozialistische Marktwirtschaft* (Gesellschaftseigentum).

Marktzerrüttung, dem →Dumping verwandter Begriff für eine Marktsituation mit folgenden Voraussetzungen: a) bedeutende Zunahme der Einfuhr eines bestimmten Produkts aus einem bestimmten Land; b) Preisforderungen dafür, die stark unter den entsprechenden Preisen im Importland liegen; c) effektive oder drohende ernsthafte Schädigung einer Produktion des Importlandes; d) Verursachung der Preisdifferenzen durch Subventionen oder Dumpingpraktiken.

Marktzins, →Zins, der sich auf dem Geld- und Kapitalmärkten einer Volkswirtschaft im Durchschnitt einer Periode einstellt. Da die Zinssätze auf den verschiedenen Märkten von unterschiedlichen Faktoren beeinflußt werden und i. d. R. eine andere Höhe annehmen, ist es richtiger, vom *Kapital- oder Geld-M.* zu sprechen.

Marktzinsmethode, moderne Form der
→Teilzinsspannenrechnung, die jeden einzelnen Geschäftsabschluß auf der Basis aktueller Geld- und Kapitalmarktsätze bewertet und so steuerungsrelevante Entscheidungsgrundlagen für das Bankmanagement bietet. Der Erfolgsbeitrag eines jeden Geschäftes wird in einen →Konditionenbeitrag und einen →Strukturbeitrag aufgeschlüsselt.

Marktzutrittsschranken, →Markteintrittsschranken.

Marokko, *Königreich Marokko,* nordwestafrikanischer Staat (westlichster Maghrebstaat), am Mittelmeer und Atlantischen Ozean gelegen. – *Fläche:* 446 550 km² Kernland; einschließlich der besetzten Westsahara (266 000 km², international nicht anerkannt) 725 000 km². – *Einwohner* (E): (1985, geschätzt) 21,9 Mill. (47,8 E/km²); v. a. Araber und arabisierte Berber, daneben negroide Gruppen, Juden, Ausländer (meist Europäer). – *Hauptstadt:* Rabat-Salé (893 000 E); weitere wichtige Städte: Casablanca (2,26 Mill. E), Fès (548 000 E), Marrakesch (483 000 E), Oujda (479 000 E), Meknes (386 000 E), Tetuan (365 000 E), Tanger (312 000 E). – *Unabhängig* seit 1956, seit 1957 Königreich, seit 1972 konstitutionelle Monarchie, seit 1984 Staatenunion mit Libyen. Verfassung von 1972. Einkammerparlament. – *Verwaltungsgliederung:* 36 Provinzen (prefectures) und 8 Stadtpäfekturen (in Casablanca und Rabat). – *Amtssprache:* Arabisch.

Wirtschaft: Handels-, Haushalts- und Zahlungsbilanzdefizite. Als Gründe für die schwierige wirtschaftliche Situation gelten die hohen Kosten des Westsahara-Konflikts, die Ölpreisentwicklung, die Subventionen für Grundnahrungsmittel und ferner die Schwankungen des US-Dollars. – *Landwirtschaft:* Im traditionellen Sektor wird überwiegend für den Eigenbedarf produziert. Relativ klein ist der hochmoderne exportorientierte Agrarsektor (Zitrusfrüchte, Frühgemüse, Frühkartoffeln, usw.). Entscheidend für die Steigerung der landwirtschaftlichen Produktion ist die Ausdehnung der Bewässerungsflächen. Angebaut werden Getreide (hauptsächlich Weizen und Gerste), Ölpflanzen (Oliven), Hülsenfrüchte , Zuckerrüben, Frühgemüse, Zitrusfrüchte, Baumwolle und Wein. – Extensiv betriebene Viehzucht (Rinder, Schafe, Ziegen, Esel, Maultiere, Pferde, Kamele, Hühner). – *Forstwirtschaft:* 12% der Gesamtfläche entfällt auf Wald. Neben der Nutzung der Baumbestände (u. a. Stein- und Korkeichen) auch Gewinnung von Gerbstoffen und Harzen sowie von Halfagras und Fasern der Zwergpalme. Langfristige Aufförstungsprogramme. Holzeinschlag: (1983) 1,34 Mill. m³. – *Fischerei:* Fischfangpotential vor der marok-

kanischen Atlantikküste jährlich etwa 1,5 Mill. t. – *Bergbau und Industrie:* Vorkommen von Zinn, Molybdän, Nickel und Uran. Abgebaut werden Phosphate (weltgrößter Exporteur), Blei und Kobalt, ferner Eisen-, Mangan-, Kupfer- und Zinkerz, Antimonund Silbererz, Fluorit, Bentonit und Tonerde. Kohle-, Erdöl- und Erdgasförderung für die Energieversorgung. Für die beiden Erdölraffinerien muß jedoch Erdöl eingeführt werden. Neben der phosphatverarbeitenden chemischen Industrie sind v. a. Nahrungsmittel- und Textilindustrie von Bedeutung, ferner Kraftfahrzeug- und Elektrogerätemontage, pharmazeutische und Verpackungsindustrie. Eine Reprivatisierung von Teilen der staatlich beherrschten Wirtschaftszweige wird erwartet. – Der *Fremdenverkehr* trägt etwa 10% zu den Deviseneinnahmen bei (1984: 4,2 Mrd. DH). – *BSP:* (1985, geschätzt) 13 390 Mill. US-$ (610 US-$ je E). – *Öffentliche Auslandsverschuldung:* (1984) 82,9% des BSP. – *Inflationsrate:* (Durchschnitt 1973–84) 8,3%. – *Export:* (1985) 2165 Mill. US-$, v. a. Rohstoffe (35%), Nahrungsmittel, chemische Erzeugnisse, Bekleidung und -zubehör, Garne und Gewebe (v. a. Teppiche). – *Import:* (1985) 3849 Mill. US-$, v. a. mineralische Brennstoffe (27%), Maschinenbau-, elektrotechnische Erzeugnisse und Fahrzeuge, bearbeitete Waren (u. a. Eisen und Stahl, Garne und Gewebe, Metallwaren), Rohstoffe, chemische Erzeugnisse. – *Handelspartner:* Frankreich (bis ¼) u. a. EG-Länder, USA, UdSSR.

Verkehr: 57 530 km *Straßen,* davon 26 337 km befestigt (1984). – 1779 km *Eisenbahnlinie,* davon 795 km elektrifiziert (1983). Kernstück ist die 925 km lange Nord-Süd-Verbindung: Oujda–Fés–Rabat–Casablanca–Marrakesch. Geplant ist die Fortsetzung der Strecke über Agadir nach Al Ajum. – Bedeutender *Schiffsverkehr;* 261 Handelsschiffe mit einer Gesamttonnage von 433 000 BRT; wichtige *Häfen:* Casablanca (61% des gesamten Hafenumschlags M.s; 1983), Tanger, Agadir, Safi, Mohammedia, Nador, Kenitra und Jorf Lasfar. – 30 zivile *Flugplätze,* davon 9 für den internationalen Verkehr. Staatliche *Luftverkehrsgesellschaft* ist die „Royal Air Maroc", deren Tochtergesellschaft „Royal Air Inter" das Inlandsnetz bedient.

Mitgliedschaften: UNO, CCC, OAU, OIC, UNCTAD u. a.; Arabische Liga, EG (assoziiert).

Währung: 1 Dirham (DH) = 100 Centimes.

Marshall, Alfred, 1842–1924, bedeutender englischer Nationalökonom. Die wissenschaftliche Bedeutung M. beruht a) auf der durch ihn erfolgten systematischen Formulierung der Verbindung von klassischer Theorie (→klassische Lehre) und Grenznutzenschule (→Grenznutzen), wodurch M. zum Vertreter der →Neoklassik wurde; b) auf seinen eigenen Beiträgen zur Nationalökonomie; einer gründlichen Kostendiskussion, der Schöpfung von Begriffen wie „repräsentative Firma" und →Elastizität und der klaren Abgrenzung von kurzfristiger und langfristiger Betrachtung. M. bediente sich mehr der graphischen Darstellung als der algebraischen. Durch seine Lehrtätigkeit und sein Meisterwerk, die „Principles", gewann er außerordentlich großen Einfluß auf die Entwicklung der Nationalökonomie. – *Hauptwerke:* „Economics of Industry" 1879, „Principles of Economics"1890, „Industry and Trade" 1919, „Money, Credit and Commerce" 1923.

Marshallinseln, *Republik Marshallinseln,* Inselgruppe im Westpazifik. – *Fläche:* 181 km². – *Einwohner* (E): (1984, geschätzt) 35 000 (192,9 E/km²; Mikronesier, US-Amerikaner. – *Hauptstadt:* Uliga auf Majuro (ca. 7600 E). – Z. Zt. unter USA/UNO-Treuhandschaft. Selbstregierung und eigene Verfassung seit 1. 5. 1979. Volksentscheid 1979 für Status der freien Assoziierung mit den USA; Verhandlungen darüber noch nicht abgeschlossen. – *Verwaltungsgliederung:* 24 Gemeindebezirke. – *Amtssprache:* Englisch.

Wirtschaft: *BSP:* (1980) 219 Mill. US-$ (7560 US-$ je E). – *Export* von Kopra und Fischen. Wichtige *Handelspartner:* USA, Japan, Puerto Rico.

Währung: 1 US-Dollar (US-$) = 100 Cents.

Marshall-Lerner-Bedingung, Lehrsatz der monetären →Außenwirtschaftstheorie, nach dem sich die in inländischen Währungseinheiten ausgedrückte →Leistungsbilanz bei einer →Abwertung nur dann verbessert *(„normale Reaktion"),* wenn die Summe der Preiselastizitäten der Importnachfrage im In- und Ausland größer als 1 ist; unterstellt, daß die Elastizitäten des Export- und Importangebots unendlich sind. – Vgl. auch →Robinson-Bedingung, →Wechselkursmechanismus.

Marshall-Plan, →ERP.

Marshallsche Nachfragefunktion, →Nachfragefunktion.

Martinique, →Frankreich.

Marx, Heinrich Karl, 1818–1883, deutscher Nationalökonom und Vertreter des wissenschaftlichen Sozialismus (→Marxismus). – Die Bedeutung von M. liegt in seinem geschichtsphilosophisch-soziologischen System und in seiner darauf aufbauenden nationalökonomischen Lehre. Beide zusammen werden als →Marxismus bezeichnet. In seiner Geschichtslehre ging M. von der „dialektischen Methode" Hegels aus, setzte aber an Stelle der Idee den materiellen Mechanismus. Nationalökonomisch fußt M. auf den Klassikern, übernimmt aber z. B. nicht das von ihm

kritisierte Bevölkerungsgesetz von Malthus. In der Wertlehre verläßt M. die Arbeitswerttheorie Ricardos (Theorie der relativen Preise); die Arbeit wird bei M. zur Substanz des Wertes. – Neben dem *Einfluß* von M. auf die Arbeiterbewegung und die rein sozialistische Literatur blieb sein Einfluß auf die „orthodoxe" Nationalökonomie wegen des Auftretens der Grenznutzenschule relativ gering; wichtige *kritische Auseinandersetzungen* mit M. bei Böhm-Bawerk, Spann, Schumpeter, Oppenheimer, E. Preiser und H. Peter. – *Hauptwerke:* „Manifest der Kommunistischen Partei" 1848 zusammen mit Friedrich Engels, „Kritik der politischen Ökonomie" 1859, „Das Kapital" Band I 1867, Band II und III von Engels herausgegeben 1885 bis 1894.

Marxismus. I. Begriff: Gesamtheit der Lehren von K. Marx und F. Engels; auch die Theorien, die sich auf Marx berufen und ihrem Selbstverständnis nach marxistisch sind.

II. Formen: 1. →*Wissenschaftlicher Sozialismus* (Marx und Engels) im wesentlichen bestehend aus: a) →*dialektischer Materialismus;* b) →*historischer Materialismus;* c) *marxistische Wirtschaftstheorie,* durch die die unterstellte geschichtliche Entwicklungsgesetzmäßigkeit (Zusammenbruch des →*Kapitalismus und seine revolutionäre Umwandlung in den →Sozialismus bzw. →Kommunismus) bewiesen werden soll (→tendenzieller Fall der Profitrate, →Krisentheorie). – 2. →*Marxismus-Leninismus* bzw. →*Bolschewismus:* entsprechend den praktisch-politischen Erfordernissen der sozialistischen Revolution sowie des Aufbaus des Sozialismus/Kommunismus modifizierte Form der M. Zu beachten ist, daß Marx und Engels, abgesehen von einigen allgemeinen Hinweisen, nicht über die Ausgestaltung der neuen Gesellschafts- bzw. →Wirtschaftsordnung ausführen, so daß unterschiedliche Modelle wie →staatssozialistische Zentralplanwirtschaft, →staatssozialistische Marktwirtschaft, →selbstverwaltete sozialistische Marktwirtschaft oder →Rätedemokratie aus den knappen Hinweisen abgeleitet werden können. – Ein weiterer Bestandteil des M.-Leninismus ist die Ergänzung des Marxschen geschichtsphilosophischen Entwicklungsschemas um zusätzliche Elemente, um es vor der Widerlegung durch die Realität zu schützen. – 3. *Neomarxismus,* entstanden insbes. in Westeuropa während der 60er Jahre, Entwürfe einer sozialistischen Gesellschaft aufgrund der Ablehnung der sowjetisch-bolschewistischen Marx-Interpretation. Daneben ist man bestrebt, die Basistheoreme von Marx den zwischenzeitlich eingetretenen sozioökonomischen Veränderungen anzupassen. – Vgl. auch →Sozialismus II 4.

Marxismus-Leninismus. I. Charakterisierung: Offizielle Staatsphilosophie in der

Sowjetunion und den Staaten und Parteien ihres Einflußbereichs und dem ihrer bolschewistisch-kommunistischen Partei (KPdSU); vgl. auch →Bolschewismus. Sie basiert auf dem →Marxismus, der jedoch, zunächst von Lenin und später insbes. von Stalin, den praktischen Erfordernissen der russischen Revolution und des Aufbaus und der Stabilisierung angepaßt wurden.

II. Denkrichtungen: 1. Auf *Lenin* geht die These vom →*Sozialismus als einer eigenständigen Entwicklungsphase* zwischen →Kapitalismus und →Kommunismus zurück (→historischer Materialismus); kennzeichend: a) →Diktatur des Proletariats unter Führung der kommunistischen Partei, b) Verstaatlichung der Produktionsmittel und zentrale Planung und Lenkung des Wirtschaftsprozesses, c) Verteilung nach dem Leistungsprinzip (im Kommunismus nach dem Bedarfsprinzip). – Zwischenzeitlich wurde die Phase des Sozialismus weiter *unterteilt:* a) Etappe des Übergangs vom Kapitalismus zum Sozialismus (für die UdSSR bis Ende der 30er Jahre), b) Etappe der Vollendung des Aufbaus des Sozialismus (bis Ende der 60er Jahre), c) Etappe des heutigen, entwickelten Sozialismus. In der letzten Phase werde die Basis für den Kommunismus geschaffen, ohne daß dabei jedoch eindeutig geklärt wird, wann und unter welchen Bedingungen letzterer realisiert sein wird. – Auf Lenin gehen auch das *Konzept der elitären Kaderpartei* und das innerparteiliche *Organisationsprinzip des* →*demokratischen Zentralismus* (zentralistischer, straff hierarchisch gegliederter Parteiaufbau) zurück. Letzteres wurde nach der Revolution auf Staat und Wirtschaft übertragen. Durch seine Revolutions- und Parteikonzeption setzte Lenin an die Stelle des Marxschen Geschichtsdeterminismus den aktivistischen *Voluntarismus.* Seine Theorie über den →*Imperialismus* stellte Lenin auf, um die Stabilität des Kapitalismus entgegen den Marx'schen Voraussagen zu begründen. Auch die Thesen über den →*Staatsmonopolkapitalismus* gehen auf Lenin zurück. – Mit dem 25. Parteitag der KPdSU wurde zwischenzeitlich von der These des absehbaren und zwangsläufigen Zusammenbruchs des Kapitalismus abgerückt; ihm werden neuerdings sogar Effektivität und Leistungsfähigkeit zugesprochen. – 2. Während Lenin noch von einer baldigen Weltrevolution ausging (so auch Trotzkij mit seiner These der „permanenten Revolution"), für die die russische Revolution lediglich die Initialzündung bedeutete, postulierte *Stalin* nach Lenins Tod (1924) den „*Aufbau des Sozialismus in einem Land".* Als dafür einzuschlagenden Weg setzte er das Prinzip der vorrangigen Förderung der Schwerindustrie bei Vernachlässigung der Konsumgüterindustrie durch, verbunden mit einer Zwangskollektivierung der Landwirtschaft (Ende der 20er Jahre). Das auch heute

die Wirtschaftsordnung der Sowjetunion kennzeichnende Modell einer *staatssozialistischen Zentralplanwirtschaft* wurde ebenfalls von Stalin mit dem ersten sowjetischen Fünfjahrplan (1928–1932) konzipiert und verwirklicht.

III. Bedeutung/Beurteilung: Die leninistisch-stalinistische Interpretation des Sozialismus (Staatseigentum, staatliche Lenkung und Beeinflussung aller gesellschaftlichen Bereiche durch die Partei, der Anspruch der Partei auf das Wahrheitsmonopol, die Wachstumskonzeption usw.) wurde später auf die anderen Staaten des heutigen Ostblocks übertragen und auch von zahlreichen Entwicklungsländern übernommen, obwohl bei diesen Staaten z. T. gänzlich andere Ausgangsbedingungen gegeben waren. Der →Bolschewismus steht bei seinen Kritikern (Neowie Nicht-Marxisten) für ein starres, zentralistisches und bürokratisches System unter dem Herrschaftsmonopol einer autoritär-diktatorischen Partei.

marxistische Verteilungstheorie, →Verteilungstheorie III 2.

Maschine. I. Sammelbezeichnung für zweckorientierte technische Vorrichtungen verschiedenster Art und Größe mit i. d. R. beweglichen Teilen. – *Sonderform:* →Werkzeugmaschine. – Vgl. auch →Maschinisierung, →Mechanisierung, →Automatisierung, →maschinelle Produktion.

II. Bilanzierung: Teil des beweglichen →Anlagevermögens. In der →Bilanz Aktivierung zu den →Anschaffungskosten, d. h. Kaufpreis zuzüglich Bezugskosten und Montage, oder →Herstellungskosten. – →Abschreibung gemäß betriebsgewöhnlicher Nutzungsdauer oder Mengenleistung (→Mengenabschreibung).

maschinelle Produktion, Elementartyp der Produktion (→Produktionstypen), der sich aus dem Merkmal des Mechanisierungsgrades ergibt. Die m. P. ist durch die Verwendung von Arbeits- und Kraftmaschinen (→Maschine) gekennzeichnet. – *Beispiel:* Gewinnung von Kohle mit dem Preßlufthammer. – Vgl. auch →maschinelle Produktion, →teilautomatisierte Produktion, →vollautomatisierte Produktion.

Maschinenaufstellung, →Maschinenlayoutplanung.

Maschinenbau, Zweig des →Investitionsgüter produzierenden Gewerbes. Herstellung von Metall- und Holzbearbeitungsmaschinen, Bergbau-, Land-, Büro-, Textil-, Schuh-, Näh-, Haushaltsmaschinen, Maschinen für die Bauwirtschaft, die Nahrungs- und Genußmittelindustrie, Verbrennungsmotoren, Luftdruckmaschinen, Ackerschlepper, Präzisions-

werkzeuge. – Als export- und investitionsab-
hängiger Wirtschaftszweig sehr krisenanfällig;
45,7% (1986). Die einzelnen Zweige des M.
haben im Vergleich mit der Vorkriegszeit eine
stark unterschiedliche Entwicklung genommen, bedingt durch die Teilung Deutschlands,
die a) zu beträchtlichen Standortverlagerun-
gen führte (Büromaschinen, Textilmaschinen,
graphische Maschinen); b) anderen Zweigen,
die ihren Standort im Westen hatten (wie der
Bau von Walzwerkeinrichtungen, Verbrennungsmotoren und auch landwirtschaftliche
Maschinen), einen großen Teil des inländischen Absatzmarktes raubte.

Maschinenbau

Jahr	Be-schäf-tigte in 1000	Lohn- und Gehalts-summe	darun-ter Ge-hälter	Um-satz ge-samt	darun-ter Aus-lands-umsatz	Netto-produk-tions-index 1980 = 100
		in Mill. DM				
1970	1 157	17 976	6 550	61 298	21 314	–
1971	1 155	19 686	7 509	66 400	22 917	–
1972	1 119	20 655	8 226	68 438	25 022	–
1973	1 123	23 491	9 406	75 175	29 070	–
1974	1 125	26 561	10 765	83 030	35 632	–
1975	1 075	26 731	11 365	86 563	37 317	–
1976	1 036	27 923	11 993	96 155	41 838	92,0
1977	1 021	30 226	13 027	101 514	45 139	92,3
1978	1 006	31 346	13 601	105 262	45 278	93,7
1979	1 012	33 606	14 526	111 388	47 246	96,8
1980	1 024	36 577	15 796	122 781	52 914	100
1981	1 023	38 131	16 925	125 627	56 339	98,7
1982	998	38 531	17 516	130 950	59 336	96,2
1983	956	38 064	17 856	134 048	58 404	92,6
1984	930	38 891	18 204	139 512	63 956	92,9
1985	950	41 600	19 228	157 157	69 111	99,5
1986	985	45 080	20 813	157 806	72 067	104,7

Maschinenbefehl, →Befehl für einen elementaren Verarbeitungsschritt in einem
Maschinenprogramm (→Befehl 3 b)). M. besteht i. d. R. aus zwei Teilen: (1) *Operations-
teils:* Gibt an, welche Operation ausgeführt
werden soll; (2) *Operandenteil:* Enthält eine
oder mehrere Operandenadressen (d. h.
→Adressen, an denen sich die zu manipulie-
renden Daten befinden).

Maschinenbelag, Bezeichnung der Buchführung für in Produktion befindliche Produkte
(z. B. Textilien auf Webstühlen), die bei der
→Inventur ebenfalls und gesondert erfaßt
werden müssen. In der *Bilanz* unter Posten
„unfertige Erzeugnisse bzw. unfertige Leistungen" (→unfertige Erzeugnisse) auszuweisen.

Maschinenbelegungsplanung,   →Kapazi-
tätsbelegungsplanung.

**Maschinenbetriebsunterbrechungsversi-
cherung,** Sparte der →technischen Versicherung. Die M. wirkt parallel zur →Maschinen-
versicherung und ersetzt den wegen einer
Betriebsunterbrechung aufgrund eines Sach-
schadens ausgefallenen Ertrag (z. B. den
Betriebsgewinn und die fortlaufenden
Geschäftskosten). Ein M.-Schaden liegt vor,

wenn ein im Sinn der Maschinenversicherung
ersatzpflichtiges Ereignis die Betriebsunterbrechung auslöst.

Maschinenbuchführung, *Maschinenbuchhaltung,* →Buchführung, bei der als technische
Hilfsmittel Maschinen eingeschaltet werden. –
Arten: a) schreibende Rechenmaschinen oder
rechnende Schreibmaschinen, je nachdem,
welche Aufgaben v. a. zu bewältigen sind
(→Buchungsmaschinen); b) M. mit →Loch-
karten; c) vollautomatisierte elektronische
Datenverarbeitungsanlagen   (→Hardware)
mit Buchführungsprogrammen (→Software).

Maschinenbuchhaltung, →Maschinenbuch-
führung.

Maschinencode. 1. Interner →Binärcode, in
dem die Daten in einer →Zentraleinheit dargestellt werden. – 2. Synonym für Maschinenprogramm (→Programm), das im Binärcode
eines Computers dargestellt ist und deshalb
von ihr direkt ausgeführt werden kann.

Maschinengarantieversicherung, Sparte der
→technischen Versicherungen, die sich mit
den im Sinn der →Maschinenversicherung
versicherbaren Sachen befaßt und den Lieferanten oder Hersteller gegen Vermögensverluste aus Sachfolgeschäden bei Konstruktions-,
Guß-, Material-, Berechnungs-, Werkstätten-,
Montagefehler u. a. des gelieferten und/oder
montierten Objektes schützt. *Ausgeschlossen*
sind u. a. Schäden, die in vorzeitiger Abnutzung bestehen, obwohl Berechnung, Konstruktion und Material richtig bzw. fehlerfrei
waren, dauernde Betriebseinflüsse und Ersatz-
ansprüche aus Vertragsstrafen. Kosten für die
Beseitigung des Fehlers werden nicht
ersetzt; der Verkaufs- oder Liefervertrag bildet
die Grundlage der Schadenersatzberechnung.
Die M. beginnt, wenn die Montage einschließlich der Erprobung abgeschlossen ist; die
Dauer der Versicherungsperiode sollte dem
Gewährleistungszeitraum, der dem Erwerber
gewährt wird, angepaßt sein.

Maschinenkarte, →Maschinen- und Gerätekarten.

Maschinenkosten, →Anlagenkosten.

Maschinenlayoutplanung,   Teilplanungs-
komplex der →Layoutplanung. M. beinhaltet
die Entscheidungsvorbereitung und -fällung
über die räumliche Anordnung der maschinellen Potentialelemente in zeilenen Abteilungen und Bereichen in Abhängigkeit vom
vorherrschenden Produktionstyp. – *Anwendung von Verfahren des Operations Research:*
Vgl. →Layoutplanung.

**maschinenorientierte   Programmierspra-
che,** →Programmiersprache III 2.

Maschinenprogramm, →Programm 3 b).

Maschinenschutzgesetz, →technische Arbeitsmittel.

Maschinensprache, →Programmiersprache III 1.

Maschinensteuer, sozialpolitischer Begriff bzw. politische Forderung nach Einführung eines zusätzlichen Beitragsanteils zur Sozialversicherung, um die Lohnsummenverluste auszugleichen, die durch die zunehmende Rationalisierung der Arbeitsplätze durch Maschinen und Computer entstehen, weil dadurch weniger Arbeitnehmer den gleichen wirtschaftlichen Ertrag erbringen können, die Beitragseinnahmen zur Sozialversicherung aber (möglicherweise) sinken. – *Politisch* sehr *umstritten;* derzeit *kein* geltendes Recht.

Maschinenstundensatz. 1. *M. i. e. S.:* Kosten einer Anlage (→Anlagenkosten), bezogen auf eine Zeiteinheit ihrer Nutzung. – 2. *M. i. w. S.:* Kosten einer Kostenstelle oder eines Kostenplatzes, bezogen auf eine Zeiteinheit der Nutzung der in ihr (bzw. ihm) betriebenen Anlage(n). – Vgl. auch →Maschinenstundensatzrechnung.

Maschinenstundensatzrechnung, Sonderform einer →Bezugsgrößenkalkulation, bei der die Gesamtkosten einer →Endkostenstelle auf die Nutzungszeit der →Anlagen bezogen werden. Die Kostenverrechnung erfolgt gemäß der jeweiligen zeitlichen Inanspruchnahme (Fertigungsminuten, Maschinenstundensatz). Angesichts wachsender Anlagenintensität steigt die Bedeutung der M. in der Praxis. – M. und →Zuschlagskalkulation werden z. T. parallel angewandt: Kalkulation der →Anlagenkosten mit Hilfe der M., Verrechnung der restlichen Kosten (Restgemeinkosten) mit Hilfe der Zuschlagskalkulation.

Maschinen- und Gerätekarten, Vordrucke zur Registrierung und Überwachung der einzelnen Maschinen und Geräte, unterteilt in M.-Leistungs-, M.-Kosten- und M.-Instandhaltungskarten. M. sind Bestandteile der →Anlagenkartei. – *Angaben in M.- u. G.:* Bezeichnung und Standort, Hersteller und Lieferant, technische Beschreibung, Instandsetzungen und Änderungen je Jahr, Anschaffungskosten, Abschreibungen usw.; für die Kostenrechnung insbes. wichtig die Kostenstellen-Nummer und die kalkulatorischen Abschreibungen. – Vgl. auch →AWF-Maschinenkarten.

Maschinenversicherung, Sparte der →technischen Versicherung, in der Betreiber oder Eigentümer betriebsfertiger stationärer Maschinen, maschineller und elektrischer Einrichtungen den gesamten Maschinenpark oder ausgewählte Objekte gegen unvorhergesehene und plötzlich eintretende Schäden einschließlich Sturm, Frost und Eisgang versichern können. Im Schadenfall werden die zur Wiederherstellung des früheren betriebsfähigen Zustandes notwendigen Kosten ersetzt.

Maschinisierung, Ersatz manueller Arbeiten durch →Maschinen. Menschliche Arbeitskraft ist nicht voll ersetzt, sondern auf eine andere (höhere) Ebene verdrängt (Kontrolltätigkeit). M. gestattete historisch die Entwicklung der →Fabrik aus →Handwerk und →Manufaktur. – *Vorteile:* schnellere Arbeitsausführung, größere Kraftentwicklung, teilweise exaktere Arbeit; bei entsprechender Gestaltung Leistung mehrere Arbeitsoperationen gleichzeitig, damit verbunden Steigerung der Produktivität. – Vgl. auch →Mechanisierung, →Automatisierung.

Maske, *Bildschirmmaske,* strukturierter Aufbau des Bildschirminhalts (→Bildschirm) bei einem →Dialogsystem für die Eingabe, Änderung oder Ausgabe von Daten; in der betrieblichen Datenverarbeitung häufig benutzt, v. a. bei →Datenerfassung. – Eine M. gibt auf dem Bildschirm einen *Rahmen* vor, in den der Benutzer Daten wie in ein Formular einträgt, angezeigte Daten verändert oder das →Softwaresystem die gewünschten Daten einträgt. Der →Cursor bewegt sich dabei nur auf den für Eingabe bzw. Änderung vorgesehenen Feldern; die mit unveränderlicher Beschriftung versehenen Teile des Bildschirms (insbes. die Feldbezeichnungen) können dagegen nicht verändert werden. Eine M. kann aus einer oder mehreren Bildschirmseiten bestehen. – Einer M. zugeordnet sind i. d. R. eine Reihe einfacher und komplexer *Funktionen* wie →Cursor-Steuerung (z. B. auf das nächste Eingabefeld positionieren), Plausibilitätsprüfung während der Eingabe, Schutz einzelner Felder vor unberechtigtem Zugriff oder unbefugter Änderung usw. – *Gestaltung* und *Erzeugung* einer M. mittels →Maskengenerator.

Maskengenerator, →Softwarewerkzeug zur Gestaltung und Erzeugung von →Masken. – Vgl. auch →Generator.

Masse, →Konkursmasse.

Masseansprüche, Forderungen, die nach Eröffnung eines →Konkurses bevorrechtigt aus der →Konkursmasse befriedigt werden. – Vgl. auch →Massegläubiger.

Massegläubiger. I. Begriff: Gläubiger, die volle Befriedigung aus der →Konkursmasse vor allen →Konkursgläubigern beanspruchen können (§§ 57–60 KO).

II. Ansprüche: Ausschließlich durch oder während des Verfahrens entstehend. – 1. *Massekosten:* a) Gerichtliche Kosten für Konkurs-, auch für ein vorangegangenes Vergleichsverfahren. Gläubiger hat für einen nach § 107 KO erlassenen Erstattungsanspruch gegen die Masse. b) Ausgaben für Verwaltung, Verwertung und Verteilung der Masse, z. B. Vergütung des Konkursverwalters und Gläubigerausschusses, des Vergleichsverwalters im Anschlußkonkurs. c) Die auf Massegegenständen ruhenden (nach Konkurseröffnung entstandenen) öffentlichen Abgaben. d) Die dem Gemeinschuldner und seinen Angehörigen bewilligte Unterstützung (§ 129 KO). – 2. *Masseschulden:* a) Verbindlichkeiten, die der Konkursverwalter innerhalb seiner gesetzlichen Tätigkeit durch Rechtsgeschäfte oder Rechtshandlungen zu *Lasten der Masse* begründet, z. B. Kosten aus der Führung von Masseprozessen oder aus dem Betrieb eines Kraftfahrzeuges für die Masse; beim Anschlußkonkurs auch Ansprüche aus Darlehen, die der Schuldner während des Vergleichsverfahrens zur Fortführung des Geschäfts aufgenommen hat (§ 106 VerglO). – b) *Ansprüche aus Verträgen* für die Zeit von →Konkurseröffnung bis zur Beendigung des Vertragsverhältnisses, z. B. aus Miet-, Pacht-, Dienst- oder Gesellschaftsverträgen. – c) Ansprüche aus →*gegenseitigen Verträgen,* deren Erfüllung vom Konkursverwalter kraft seiner Wahlbefugnis (§ 17 KO) von dem Vertragspartner verlangt wird; – d) Ansprüche wegen *Rückständen* für die letzten sechs Monate vor Konkurseröffnung: (1) der Arbeitnehmer, der im Rahmen betrieblicher Berufsbildung und in Heimarbeit Beschäftigten, sowie der ihnen Gleichgestellten auf die ihnen zustehenden Bezüge; (2) der Arbeitnehmer auf Entschädigung aus einer →Wettbewerbsabrede; (3) der Handelsvertreter (§ 92a HGB) auf Vergütung und Provision, sofern der monatliche Durchschnitt einschl. der sozialen Abgaben 1000 DM nicht übersteigt; (4) der Berechtigten auf Leistungen aus einer betrieblichen Altersversorgung. – e) *Abfindung* nach § 113 III BetrVG, sofern die Betriebsänderung nach →Konkurseröffnung durchgeführt worden ist. – f) Ansprüche aus *ungerechtfertigter Bereicherung* der Masse, soweit der Wert nach Konkurseröffnung zugeflossen ist (sonst gewöhnlich Konkursforderung).

III. D u r c h f ü h r u n g : 1. *Reihenfolge:* Zunächst die Masseschulden unter II 2a) bis c), alsdann die Massekosten unter II 1 a) bis c), von diesen zuerst die baren Auslagen, daran anschließend die Masseschulden unter II 2d) und e) und zuletzt die Massekosten unter II 1d). Bei gleichem Rang werden die Forderungen nach dem Verhältnis ihrer Beträge berichtigt. – 2. Der Konkursverwalter hat von sich aus für Befriedigung und Sicherstellung der ihm bekannten M. zu *sorgen.* Bei schuldhafter Pflichtverletzung haftet er persönlich (§ 82 KO); vgl. im einzelnen →Konkursverwalter.

Massekosten, →Massegläubiger II 1.

Massenänderungskündigung, →Änderungskündigung mehrerer Arbeitnehmer mit dem Ziel der Heraufsetzung von Arbeitsbedingungen oder die vom Arbeitgeber einer Gruppe

von Arbeitnehmern gegenüber erklärte Änderungskündigung. Zulässigkeit der M. umstritten. Fraglich ist, ob Maßstäbe des Arbeitskampfrechts (→Arbeitskampf) anzulegen sind. M. auf Arbeitnehmerseite wird von der Rechtsprechung als unzulässiger →wilder Streik angesehen.

Massenbedarfsgüter, →Massengüter.

Massendrucksachen, →Drucksachen.

Massenentlassung. 1. *Begriff:* M. i. S. des KSchG liegt vor, wenn innerhalb von 30 Kalendertagen nachstehende *Mindestanzahl* von Entlassungen erfolgt (abhängig von der Zahl der regelmäßig Beschäftigten): a) bei über 20 und unter 60 Arbeitnehmern fünf Arbeitnehmer; b) bei 60 bis weniger als 500 Arbeitnehmer 10% oder mehr als 25 Arbeitnehmer; c) bei mindestens 500 Arbeitnehmern mindestens 30 Arbeitnehmer. M. nur aufgrund →ordentlicher Kündigung. – Das Recht zur außerordentlichen Entlassung bleibt unberührt (diese werden bei der Berechnung der Mindestzahl nicht berücksichtigt). – 2. *Besonderer Kündigungsschutz zur Verhütung von Arbeitslosigkeit:* a) *Anzeigepflicht der Absicht,* M. vorzunehmen, gegenüber dem zuständigen Arbeitsamt; beizufügen ist eine Abschrift der Mitteilung an den Betriebsrat sowie die Stellungnahme des Betriebsrats. b) Für Wirksamkeit der M. besteht *Sperrfrist* von einem Monat nach Eingang der Anzeige beim Arbeitsamt, die durch das Landesarbeitsamt rückwirkend bis zum Tage der Antragstellung verkürzt oder bis zu höchstens zwei Monaten verlängert werden kann. Ist Vollbeschäftigung während der Sperrfrist nicht möglich, kann das Landesarbeitsamt →Kurzarbeit zulassen. c) Kündigungsschutz ist nicht anwendbar auf *betriebsbedingte Entlassungen* in Saison- und Kampagnebetrieben.

Massenfilialbetrieb, →Filialunternehmung mit vielen Verkaufsstellen.

Massengüter, →Gebrauchsgüter *(Massengebrauchsgüter)* oder →Verbrauchsgüter *(Massenverbrauchsgüter),* die einheitlich von einem großen Verbraucherkreis (Konsumenten oder Produzenten) nachgefragt werden und i. d. R. über einen langen Zeitraum produziert werden. Es kann sich um Produktions- (z. B. Erze, Holz, Stahl, Blech, Röhren, Bleche) und Konsumgüter (z. B. Haushaltswaren, Textilien) handeln. – a) *Produktion:* Vgl. →Massenproduktion. – b) *Absatz:* Der Absatz von M. erfolgt i. d. R. über Großbetriebsformen des Einzelhandels (z. B. Warenhäuser). – c) *Standorte* der Erzeuger und Verbraucher (im Falle von Produktionsgütern) von M. sind transportkostenorientiert (→Transportkosten). – d) *Beförderung:* Im Verkehr sind die Beförderungseinheiten von M. nicht nach Stückzahl (→Stückgut), sondern nach Gewicht und Volumen bestimmt.

Massenkalkulation, ältere Bezeichnung für →Divisionskalkulation.

Massenkommunikation. I. Betriebsinformatik/Kommunikationswissenschaft: Form der →Kommunikation, bei der die übermittelten Informationen an viele bzw. alle möglichen Empfänger verteilt werden. Für M., die über ein →Netz erfolgen soll, benötigt man ein →Verteilnetz. – *Gegensatz:* →Individualkommunikation. – Vgl. auch →Telekommunikation.

II. Werbung: M. ist eine unpersönliche Verständigung durch technische Hilfsmittel (→Media, →Massenmedien) in verbaler oder nicht-verbaler Form, gekennzeichnet durch a) Einseitigkeit der Kommunikation, b) Distanz zum Publikum und c) Heterogenität der Empfänger. Neue Medien (z. B. Btx) ermöglichen auch Rückkopplung zwischen Kommunikationspartnern (interaktiv); die Nachteile der Distanz und Heterogenität des Publikums können durch →Direktwerbung vermieden werden.

Massenkurzbewerbung, Form einer →Bewerbung, bei der sich ein Werbender an eine fest umrissene Zielgruppe mit den wichtigsten, für die Beurteilung des Werbezwecks kurz dargestellten Daten, wendet. Zweck der M. kann die gezielte Stellensuche (→Zielgruppen-Kurzbewerbung), Auftragseinholung u. ä. sein. Die Namensadressen der Zielgruppe sind über Adreßverlage zu beziehen.

Massenleistungsfähigkeit. 1. *Begriff:* Eignung eines Verkehrssystems zur Durchführung von Transporten von Gütern, Personen oder Nachrichten in jeweils großer Menge pro Transportvorgang bzw. pro Zeiteinheit. – 2. *Verkehrswertigkeit:* Die M. wird determiniert durch die technisch-ökonomischen Bedingungen des Verkehrsweges und der Verkehrsmittel sowie durch die Organisation des Verkehrsablaufs. – a) *Güterverkehr:* Besonders hohe M. der Binnenschiffahrt, gefolgt von der Eisenbahn, dem Lastkraftwagen. – b) *Personenverkehr:* Hohe M. insbes. Eisenbahn sowie die ÖPNV-Systeme der Ballungsräume. – c) *Nachrichtenverkehr:* M. v. a. abhängig von der Kapazität der Fernmeldeinfrastruktur (Kupferkoaxialkabel oder Glasfaserkabel, Digitalisierungsgrad des Fernsprechverkehrs usw.). – 3. *Verkehrsaffinität:* a) *Güterverkehr:* Hohe M. verlangen insbes. geringwertige Transportgüter, die in großen Mengen benötigt werden; verstärkt gilt dies für sog. Gewichtsverlustmaterialien; besonders hochwertige Stückgüter verlangen demgegenüber relativ kleine Transportgefäße (z. B. Uhren, Schmuck). – b) *Personenverkehr:* Hohe M. wird v. a. verlangt, wenn ein starkes Verkehrsaufkommen mit niedrigen Beförderungskosten, aber ausreichender Netzbildungsfähigkeit, Berechenbarkeit, Häufigkeit, Sicherheit und Bequemlichkeit der Verkehrsleistung zusammentrifft;

sind gerade die letzteren Merkmale für die angebotene Verkehrsleistung nicht erfüllt, so tendiert der Personenverkehr verstärkt zur Nutzung des teureren, aber flexibler und ggf. mit geringerem Zeitaufwand nutzbaren Pkw. – c) *Nachrichtenverkehr:* Hohe M. ist gefordert, wenn Übermittlung von Nachrichten an sehr viele Personen auf bestimmten Relationen gleichzeitig erfolgen soll (Individualkommunikation zwischen den Ballungsgebieten); mangelnde M. beeinträchtigt ggf. die Schnelligkeit der Nachrichtenübermittlung.

Massenmedien. I. Entwicklung: Die Entwicklung der sozialen →Kommunikation ist gekennzeichnet durch Erfindung und Einsatz von immer raffinierteren und leistungsfähigeren Medien. Kommunikationsmedien verbessern und erweitern die Möglichkeiten der Produktion und Darstellung von Mitteilungen, ihrer Speicherung, Vervielfältigung, Verbreitung und Rezeption. Das früheste Medium ist die *Schrift,* die eine visuelle Darstellung und die Speicherung von Information ermöglicht. Durch die Erfindung des *Buchdrucks* wurden dann v. a. die Möglichkeiten der Vervielfältigung und maschinellen Produktion erweitert. Die spezifische Leistung der *modernen Funkmedien* liegt v. a. in der raschen und weiten Verbreitung von Mitteilungen; Fotografie, Film, Fernsehen und Video haben darüberhinaus die menschlichen Fähigkeiten zur ikonischen Darstellung sowie zur Speicherung und Übertragung von visueller Information erheblich gesteigert.

II. Kommunikationsformen und der Einsatz von M.: 1. Allgemein kann man unterscheiden zwischen Massenkommunikation und Individualkommunikation. – a) *Massenkommunikation* richtet sich an eine Vielzahl anonymer Rezipienten (Publikum); die Mitteilungen werden in großer Zahl – durch M. – technisch produziert und verbreitet; Massenkommunikation ist direkt und einseitig, d. h. es findet keine unmittelbare Rückkopplung und kein Rollenwechsel zwischen Kommunikator und Rezipient statt. – b) Für die *Individualkommunikation,* die persönliche Interaktion zwischen identifizierten Partnern, ist demgegenüber der (häufige) Rollenwechsel typisch, der Sender wird zum Empfänger und umgekehrt; Individualkommunikation ist direkt, wechselseitig und bietet die Möglichkeit unmittelbarer Kontrolle durch Rückkopplung. – 2. Diese einfache Unterscheidung ist durch die jüngste Entwicklung der Medientechnik *zunehmend problematisch* geworden: Die Entwicklung geht dahin, einerseits die Individualkommunikation zu technisieren und damit teilweise auch die Rückkopplungsmöglichkeiten zu reduzieren, andererseits aber bei der Massenkommunikation die Publika zu diversifizieren und einzugrenzen, Möglichkeiten der Rückkopplung und einer individualisierten Nutzung zu schaffen. Überschneidungen und Mischformen zwischen Individual- und Massenkommunikation werden immer häufiger. – Dieser Tendenz entsprechend hat sich in letzter Zeit als Bezeichnung für alle Formen der Kommunikation mit Hilfe technischer Übertragungsverfahren der neue Begriff → *Telekommunikation* durchgesetzt, der verschiedene Varianten der Massen- (z. B. Rundfunk) und Individualkommunikation umfaßt. – 3. Diese Systematik kennzeichnet aber bei weitem noch nicht die heutige Vielfalt der Kommunikationsmedien. Die Entwicklung der letzten Jahre hat außer bei den Übertragungstechniken und den Sende- und Empfangsanlagen auch bei den Speichertechniken erhebliche Fortschritte gebracht. Neue Speichermedien wie Videorecorder, Compact Disc (CD), Bildplatte oder „Digital Audio Tape" (DAT) haben große Auswirkungen auf den Markt der Unterhaltungselektronik und auf das Mediennutzungsverhalten der Bevölkerung. Ähnlich folgenreich ist die Einführung von Kabel- und Satellitenrundfunk (Hörfunk und Fernsehen), durch die eine starke Ausweitung des Programmangebots und die Ergänzung des öffentlich-rechtlichen Rundfunks durch private Sender zum „dualen System" ermöglicht wurde.

Massenproduktion, Elementartyp der Produktion (→Produktionstypen), der sich aus dem Merkmal der Prozeßwiederholung ergibt. Bei M. ist die Auflage der mit derselben Sollqualität herzustellenden Produkte für den Betrachtungszeitraum unbegrenzt, d. h. ein und derselbe Prozeß wird für die überschaubare Zukunft identisch wiederholt. – *Beispiel:* Stromerzeugung. – Vgl. auch →Einzelproduktion, →Serienproduktion, →Sortenproduktion.

Massenspeicher, *Großspeicher,* in der elektronischen Datenverarbeitung ein →externer Speicher mit hoher Kapazität. – *Besondere Form des M.:* →Massenspeicherkassettensystem, →optische Speicherplatte, →Magnetplattenspeicher.

Massenspeicherkassettensystem, *Wabenspeicher,* →Massenspeicher mit großer Kapazität aber langsamem Zugriff, der allerdings keine große Verbreitung gefunden hat. Als Speichermedium werden ca. 19 m lange und 7,5 cm breite Magnetbänder, die in zylindrischen Kassetten aus Kunststoff aufbewahrt werden, benutzt. Diese werden durch einen →Industrieroboter in bienenförmigen Fächern eines Gehäuses abgelegt bzw. aus diesen entnommen und bilden ein Archiv. Im Einsatz sind Gehäuse mit einem Fassungsvermögen von bis zu 10 000 Kassetten.

Massenverbrauchsgüter, →Massengüter.

Masseschulden, →Massegläubiger II 2.

maßgebliche Beteiligung, in §13a KWG verwendeter, bankenaufsichtlicher Beteiligungsbegriff (→Kreditinstitutsgruppe).

Maßgeblichkeitsprinzip, Grundsatz der ordnungsmäßigen Bilanzierung (→Grundsätze ordnungsmäßiger Buchführung), nach dem die →Handelsbilanz für die →Steuerbilanz maßgeblich ist (vgl. dort XI).

Maßgröße, →Maßzahl.

Maßhalteappelle, →moral suasion.

Maßkorrelation, Bezeichnung für die →Korrelation bei zwei mindestens intervallskalierten (→Intervallskala) Merkmalen. Die Quantifizierung der M. erfolgt auf der Grundlage des Bravais-Pearsonschen →Korrelationskoeffizienten.

Maßnahmeplanung, →Unternehmensplanung III.

Maßnahmen zur Arbeitsbeschaffung, →Arbeitsbeschaffungsmaßnahmen.

Maßregeln der Besserung und Sicherung, neben der →Strafe zulässige Maßnahmen zur Vorbeugung durch Besserung des Täters oder zur Sicherung der Gemeinschaft (§§61 ff. StGB). – *Zugelassene M.:* Unterbringung in psychiatrischem Krankenhaus (§ 63 StGB) und in Erziehungsanstalt (§64 StGB), Sicherungsverwahrung (§ 66 StGB), →Führungsaufsicht (§§ 68 ff. StGB), Entziehung der →Fahrerlaubnis (§§ 69 ff. StGB) sowie →Berufsverbot (§§ 70 ff. StGB).

Maßregelungsverbot, Klausel in einem nach Durchführung eines Arbeitskampfes abgeschlossenen →Tarifvertrag, nach der es verboten ist, Streikende oder „Rädelsführer" beim Streik gegenüber Nichtstreikenden oder weniger aktiven Streikteilnehmern zu benachteiligen. Grundsätzlich im Rahmen der →Tarifautonomie zulässig. Einzelheiten sind umstritten: Z. B. ist umstritten, ob den →Koalitionen das Recht zusteht, kraft Gesetzes entstandene Schadenersatzansprüche auszuschließen. – Soweit sich M. auf *nicht tarifgebundene Arbeitnehmer* (→Außenseiter) beziehen, die am Streik teilgenommen haben, wirken sie nicht normativ, sondern haben nur schuldrechtliche Wirkung.

Maßsteuern, →Steuern, die den individuellen Verhältnissen des Steuerpflichtigen genau angepaßt sind, z. B. Teile der Einkommensteuer, Vermögensteuer für natürliche Personen. Im Gegensatz zu →Marktsteuern sind M. i. d. R. nicht überwälzbar, da durch die Anpassung an die individuellen Verhältnisse des Steuerpflichtigen eine Identität von Steuerzahler und -träger in den meisten Fällen gegeben ist. →Steuerklassifikation nach dem Kriterium Überwälzbarkeit (→Überwälzung).

Maßzahl, *Maßgröße,* Sammelbegriff für Kenngrößen einer theoretischen oder empirischen →Verteilung, etwa →Mittelwerte, →Streuungsmaße, →Konzentrationskoeffizient. Bei theoretischen Verteilungen wird hierfür auch der Begriff (Funktional-)→Parameter gebraucht. – In *weiteren Sinne* werden auch →Verhältniszahlen und →Indexzahlen als M. bezeichnet.

Master of Business Administration (MBA), Diplom im Rahmen einer Ausbildung von Managern, in Teamarbeit anhand von Fallstudien zu erlangen. Voraussetzungen sind ein abgeschlossenes Studium und Berufserfahrung. Die Erlangung eines MBA-Diploms ist wegen des deutschen Gesetzes zur Führung akademischer Grade nur im Ausland möglich. – Vgl. auch →Managementschulen.

Matchcode, bei →Datenbanksystemen eine Zeichenkette (→Datentyp), die einen nicht notwendigerweise vollständigen →Suchbegriff darstellt. Ein Suchvorgang bezüglich des M. für ein bestimmtes →Datenelement liefert alle →Datensätze, bei denen der M. in dem Datenelement enthalten ist, u.U. an einer festgelegten Stelle (Anfang, Ende usw.).

matched samples, *matching,* simultane Messungen im Rahmen der Marktforschung bei einer oder mehreren Experimentalgruppen sowie bei einer Kontrollgruppe (→experimenteller Markt). Die Kontrollgruppe liefert dann beim Vergleich mit der/den Testgruppe(n) einen Maßstab dafür, wie sich die abhängige Variable verändert, ohne daß sie dem Einfluß der unabhängigen Variablen ausgesetzt ist. Alle übrigen Einflußfaktoren (Störvariablen) sind für alle Gruppen gleich und können hierdurch ausgeschaltet werden.

matching, →matched samples.

Material, *Stoffe,* Roh-, Hilfs- und Betriebsstoffe der Fertigung sowie Kleinmaterial, bezogene Normteile, einbaufertige Aggregate, wiederverwertbare Reststoffe u. dgl., d.h. vorwiegend Ausgangsstoffe der Produktion. Halb- und Fertigerzeugnisse und selbstgefertigte Bestandteile gehören nicht zum M. – Vgl. auch →Materialbuchhaltung, →Materialkosten.

Materialabrechnung, →Materialbuchhaltung.

Materialbedarfsarten, in der →Materialbedarfsplanung zu ermittelnde Größe. – *Zu unterscheiden:* 1. Nach dem *Planungsfolgen:* a) Bruttobedarf (→Bruttobedarfsermittlung), b) Nettobedarf (→Nettobedarfsermittlung) und c) Zusatzbedarf (durch Ausschußproduktion, Planungsfehler, Schwankungen des Beschäftigungsgrades usw. verursacht). – 2. Nach dem *Planungsobjekt:* a) *Primärbedarf:* Entspricht dem geplanten Output an Fertigprodukten, Ersatzteilen, verkaufsfähigen Halbzeugen;

ergibt sich aus dem Produktionsplan oder der Auftragsstatistik einer Planungsperiode; b) *Sekundärbedarf:* Bedarf an Rohstoffen, Baugruppen, Zulieferteilen, der für die Herstellung eines bestimmten Primärbedarfs erforderlich ist (→Stückliste); c) *Tertiärbedarf:* Bedarf an Hilfs- und Betriebsstoffen sowie Verschleißwerkzeugen für eine Fertigungsperiode; wird mit Hilfe technischer Bezugsgrößen aus dem Sekundärbedarf abgeleitet (z. B. Treibstoff pro Fertigungslos).

Materialbedarfsplanung, Ausweis der in einer Planungsperiode benötigten Materialien nach Art, Menge, Qualität und Zeitstruktur (Sekundär-, Tertiärbedarf; →Materialbedarfsarten). – 1. *Ziel* der M. ist die Realisierung einer kostenoptimalen Materialversorgung; im Idealfall ist stets so viel (und nur so viel) Material vorhanden wie tatsächlich benötigt wird. – 2. *Teilbereiche:* a) →*Bedarfsmengenplanung:* Gegenüberstellung von Bruttobedarf und Materialbestand zeigt den Beschaffungsbedarf (Nettobedarf) auf. – b) *Sortimentsplanung:* Festlegung der Materialqualitäten, Begrenzung der Materialarten durch Normung und Standardisierung; Analyse von Substitutionsmöglichkeiten; Entscheidung →make or buy. – c) →*Materialbereitstellungsplanung:* Ermittlung der Bedarfstermine unter Berücksichtigung der jeweiligen Bedarfsstruktur und der Bedingungen auf den Beschaffungsmärkten (→Bereitstellungsprinzipien).

Materialbeistellung, Begriff des Umsatzsteuerrechts für das Zurverfügungstellen von Material durch den Auftraggeber an den Hersteller eines Werkes. Das beigestellte Material ist nicht Bestandteil der Leistung des Werkunternehmers, auch wenn er bei der Materialbeschaffung als Agent oder Berater mitwirkt. M. ist eine Form der →Leistungsbeistellung (im weiteren Sinne).

Materialbelege, Buchungs- und Kontroll-→Belege, wie Lieferscheine der Lieferanten, Eingangsmeldescheine der Einkaufsabteilungen, Bezugs-, Entnahme-, Ausgabe-, Anforderungsscheine für die Materialausgabe (→Materialentnahmeschein), Rückgabescheine für Material (→Materialrückgabeschein), das aus dem Betrieb ins Lager zurückkehrt, Lagerverkehrsscheine für Umlagerungen zwischen verschiedenen Lagern, Lagerversandaufträge für den Verkauf von Lagermaterial und Abfällen u.a.m.

Materialbereitstellungsplanung, Teilbereich der →Produktionsprozeßplanung bzw. der →Materialbedarfsplanung. Ausgehend vom gewünschten End- oder Vorprodukt bzw. End- oder Vorproduktprogramm ermittelt die M. die für die Produkterstellung erforderlichen Materialien und deren Deckungsmöglichkeiten auf allen Produktionsstufen. Den Materialbedarfsdaten je Auftrag und Kapazitätsträger werden die Materialangebotsdaten gegenübergestellt, die aus Materialbestands- und Materialbestellübersichten sowie Materialbeschaffungsmöglichkeiten bestehen.

Materialbestandsarten, tatsächlich verfügbare Materialbestände. In der Bestandsplanung periodenbezogen den →Materialbedarfsarten (Brutto- und Zusatzbedarf) gegenübergestellt zwecks Ermittlung des Beschaffungsbedarfs (Nettobedarf). – Zweckmäßigerweise *zu unterscheiden:* 1. Auf die *Materialverfügbarkeit* bezogen: a) *effektiver Lagerbestand:* Bestand, der zum Planungszeitpunkt tatsächlich vorhanden ist; b) *Bestellbestand:* Dieser weist die noch offenen Bestellungen aus; c) *verplanter Bestand:* Dieser enthält die bereits vordisponierten Materialmengen, über die nicht mehr verfügt werden kann. – 2. Im Hinblick auf die *Bedeutung* in der Materialdisposition: a) *Höchstbestand (Maximalbestand):* Als maximale Vorrätigkeit; b) *Sicherheitsbestand (Mindestbestand):* Materialvorrat, der nicht für die laufende „normale" Produktion geplant ist, sondern zum Ausgleich von Bedarfs- und Bestandsabweichungen und Fehlmengenlieferungen dient (→eiserner Bestand); c) →Meldebestand.

Materialbestandskarte, →Lagerfachkarte.

Material(bestands)konten, Konten der Klasse 2 des IKR, die der Buchung von Roh-, Hilfs- und Betriebsstoffen sowie fremdbezogener Waren dienen. Die M. enthalten im Soll den Anfangsbestand und die Materialzugänge, im Haben wird der Verbrauch aufgrund von →Materialentnahmescheinen registriert. Der Saldo entspricht dem Materialbestand, sofern keine Materialverluste (Schwund, Diebstahl usw.), Aufzeichnungsfehler oder Abschreibungen (z. B. gem. § 253 III HGB) zu berücksichtigen sind.– Vgl. auch →Warenbestandskonten.

Materialbilanz, →Stoffbilanz.

Materialbchführung, →Materialbuchhaltung.

Materialbuchhaltung, *Materialabrechnung, Materialbuchführung, Materialrechnung, Lagerbuchhaltung,* mengen- und wertmäßige Erfassung des Eingangs (Lieferlisten), Bestands (Bestände in Eingangs- und Zwischenlägern) und Ausgangs (→Materialentnahmescheinen) von →Material sowie der Zuordnung der →Materialkosten zu Kostenträgern und -stellen. Wesentlicher Datenlieferant der Kostenrechnung. – *Vorgehensweise zur Erfassung:* Vgl. →Skontration.

Materialdispositionssystem, eine die Aufgaben der →Materialwirtschaft integrierende, meist in Verbindung mit der Lagerbuchhaltung geführte Materialplanungsdatei, die der Überwachung der Materialbevorratung (Minimal- und Maximaleindeckung) und

→Lagerergänzung dient. Für jede Materialart und für jedes Roh- und Fertigteil werden festgehalten: 1. *Anforderungen* nach Prüfung und Genehmigung der Bedarfsmeldung durch die Materialplanung. 2. Erteilte *Bestellungen* der Einkaufsabteilung. 3. *Wareneingang,* Dokumentatioin mit Hilfe eines durchlaufenden Wareneingangsscheins. 4. *Warenausgänge* und Voranmeldungen von Materialverbrauch für bestimmte Aufträge.

Materialeinzelkosten, Bestandteil der →Materialkosten; →Kosten für →Einzelmaterial. – *Gegensatz:* →Materialgemeinkosten.

Materialentnahmeschein, Produktionsunterlage, die im Rahmen der →Produktionsprozeßsteuerung erstellt wird. Mit Hilfe von M. werden Materiallagerentnahmen erfaßt. Der M. dient als Beleg für die Materialbestandsrechnung und zur auftragsbezogenen Erfassung der Materialkosten (→Material(bestands)konten).– Vgl. auch →Materialbelege.

Materialgemeinkosten, in der traditionellen Vollkostenrechnung die in den →Material(hilfs)stellen anfallenden Kosten für Beschaffung, Prüfung (→Materialprüfkosten), Lagerung und Abnahme des Materials. M. setzen sich v. a. zusammen aus: Löhnen, Gehältern und Personalnebenkosten der im Einkauf, im Lager und bei der Prüfung beschäftigten Personen, Abschreibungen und Instandsetzungen der Lagergebäude und -einrichtungen, Versicherungen der Lagergebäude und Bestände, Heizungs- und Beleuchtungskosten, Verzinsung des im Lager investierten Kapitals usw. (→Lagerkosten, →Lagerverluste). Bestandteil der →Materialkosten. – M. werden bei der →Betriebsabrechnung bzw. in der →innerbetrieblichen Leistungsverrechnung auf das in der Periode verbrauchte Material umgelegt (→Materialgemeinkostenzuschlag). – *Gegensatz:* →Materialeinzelkosten.

Materialgemeinkostenzuschlag, Prozentsatz, mit dem in der →Zuschlagskalkulation die →Materialgemeinkosten auf das Fertigungsmaterial zugeschlagen werden, um die gesamten →Materialkosten zu ermitteln.

Material(hilfs)stellen, alle →Kostenstellen innerhalb von Produktionsbetrieben, die der Beschaffung, Annahme, Prüfung, Aufbewahrung und Ausgabe des →Materials dienen.

Materialindex, in der Standorttheorie von A. Weber („Reine Theorie des Standorts" 1922) Meßziffer zur Kennzeichnung der standortbestimmenden lokalisierten Materialien (also nicht: der überall verfügbaren „Ubiquitäten") nach dem Gesamtgewicht, das im Denkmodell der Standortfigur befördert werden muß und sich aus →Reingewichtsmaterialien und Gewichtsverlustmaterialien zusammensetzt. Da je Produkteinheit berechnete „Standortgewicht" hat also mindestens den Wert 1 und wächst parallel mit dem M. an.

materialintensiv, Bezeichnung für eine Kostenstruktur von Unternehmungen bzw. Industrien, gekennzeichnet durch einen im Vergleich zu anderen Kostenarten hohen Anteil an →Materialkosten. M. sind v.a. Industrien, die a) wertvolle Rohstoffe verarbeiten (Metallhütten, Textil- und Schmuckwarenindustrie), b) bei erheblichem Durchsatz normalwertigen Materials dieses lediglich veredeln (Eisenhütten). Besondere Bedeutung für die Erzielung eines guten Betriebsergebnisses haben →Beschaffung und →Lagerwirtschaft. – *Anders:* →anlagenintensiv, →arbeitsintensiv, →kapitalintensiv, →lohnintensiv.

Materialismus, →historischer Materialismus, →dialektischer Materialismus.

materialistische Buchhaltungstheorien, →Buchhaltungstheorien II.

materiality, *principle of materiality, Grundsatz der Wesentlichkeit,* anglo-amerikanisches Prinzip der Rechnungslegung. Besagt, daß bei der Aufstellung eines Jahresabschlusses alle Tatbestände berücksichtigt und offengelegt werden müssen, die „material" (wesentlich) sind, d. h. wegen ihrer Größenordnung einen Einfluß auf das Jahresergebnis haben und wegen ihres Aussagewertes für die Empfänger von Jahresabschlüssen von Bedeutung sind. Ein Betrag, ein Posten oder ein Tatbestand ist immer *„material",* wenn seine Berücksichtigung im Jahresabschluß und seine Offenlegung den Einblick in die Vermögens-, Finanz- und Ertragslage einer Gesellschaft verbessern (true and fair view; fairness of accounting presentation). Materiality-Probleme müssen 1. unter Berücksichtigung des gesamten Sachverhaltes und 2. nach dem persönlichen Urteilsvermögen (professional judgement) bzw. dem pflichtgemäßen Ermessen des Abschlußprüfers beurteilt und entschieden werden. In das deutsche Bilanzrecht (HGB) ist das Wesentlichkeitsprinzip nicht ausdrücklich als allgemeiner Grundsatz aufgenommen. Es ist aber davon auszugehen, daß die Generalnorm des Jahresabschlusses (§ 264 II HGB) – Vermittlung eines den tatsächlichen Verhältnissen entsprechenden Bild der Vermögens-, Finanz- und Ertragslage im Rahmen der Grundsätze ordnungsmäßiger Buchführung (GoB) nur unter Beachtung dieses Grundsatzes möglich ist (insbes. § 264 II S. 2 HGB). Außerdem hat der Gesetzgeber in mehrere Einzelvorschriften den Gesichtspunkt der Wesentlichkeit aufgenommen (z. B. §§ 240 III, 265 VII Nr. 1. 285 Nr. 3, 286 III HGB).

Materialkontrolle, →Abnahmeprüfung.

Materialkosten, *Stoffkosten,* Summe aus →Materialeinzelkosten und →Materialgemeinkosten. Dazu gehören z. B. Rohstoffkosten.

Materialorientierung, Begriff der Standorttheorie zur Kennzeichnung der Bindung industrieller Betriebe an die Fundorte des benötigten Materials wegen der Transportkosten für Rohstoffe oder mengenmäßig gewichtiges Hilfsmaterial.

Materialprüfkosten, die durch die →Abnahmeprüfung im Betrieb entstehenden Kosten. M. werden i. d. R. im Rahmen der →Materialgemeinkosten verrechnet.

Materialprüfstand, der →Produktion vorgeschaltete oder in den betrieblichen Ablauf zwischengeschaltete Kontrollstelle, auf der das eingesetzte Material auf Bruchfestigkeit, Reißfestigkeit, Elastizität usw. geprüft wird, u. U. unter Einsatz von Röntgenapparaten oder chemischen Apparaturen (→Abnahmeprüfung). – In der *Kostenrechnung* werden M. als →Hilfskostenstellen abgerechnet.

Materialprüfung, →Abnahmeprüfung.

Materialrechnung, →Materialbuchhaltung.

Materialrückgabeschein, Unterlage der →Materialbuchhaltung, eingeführt zur Erfassung von Rücklieferungen nicht verbrauchter Materialien vom Betrieb an das Lager. Zu erfassen sind nur weiter verwertbare Materialreste, d. h. Material, das aus irgendwelchen Gründen nicht verarbeitet oder gegen anderes umgetauscht wurde, i. a. jedoch nicht Abfall. – Vgl. auch →Materialbelege.

materials management, →Logistik.

Materialstücklisten, vom Konstruktionsbüro, evtl. von einer besonderen Stücklistenabteilung, im Rahmen der →Produktionsprogrammplanung für jeden neuartigen Auftrag aufgestellte Verzeichnisse, die mengen- und gewichtsmäßige Aufzählung sämtlicher hierfür gebrauchter Materialien enthalten, meist gesondert aufgestellt für fertig zu beziehende Teile, für am Lager befindliche Normteile und für selbst zu fertigende Teile. – Vgl. auch →Stückliste, →Strukturstückliste, →Mengenübersichtsstückliste, →Baukastenstückliste, →Teilebedarfsrechnung.

Materialverbrauch, Verbrauch an Roh-, Hilfs-, und Betriebsstoffen in der industriellen Produktion. – Der M. wird *ermittelt* durch: a) *Fortschreibung:* Anfangsbestand + Zugang – Abgang = Endbestand (→Skontration); b) *Befundrechnung:* Anfangsbestand + Zugänge – Endbestand (Befund durch Inventur) = Abgänge (Verbrauch); c) *Rückrechnung:* Materialverbrauch = Abgelieferte Stückzahl × Bruttomaterialverbrauch pro Stück.

Materialverrechnung. 1. *Materialeingänge* werden aufgrund von Rechnungen und Wareneingangsmeldungen in der Finanzbuchhaltung erfaßt. – 2. *Materialentnahmen* werden aufgrund der nach Auftragsnummern und Kostenstellen sortierten Materialentnahmescheine →Kostenstellen oder →Kosträgern zugerechnet (→Materialverrechnungskonten).

Materialverrechnungskonten, Konten der Klasse 5 des Gemeinschaftskontenrahmens (GKR), die mit tatsächlich angefallenen →Materialkosten belastet und mit verrechneten Materialkosten erkannt werden (→Verrechnungskonten).

Materialwert, Preis, mit dem Roh-, Hilfs- und Betriebsstoffe in der →Betriebsbuchhaltung angesetzt werden, i. d. R. der →Anschaffungswert in Form eines →Durchschnittspreises.

Materialwirtschaft. 1. *Begriff:* Alle Tätigkeiten, die darauf gerichtet sind, die für die Betriebsprozesse einer industriellen Unternehmung benötigten Materialien (Roh-, Hilfs- und Betriebsstoffe sowie in die Produktionsprozesse eingehende Halb- und Fertigfabrikate) bereitzustellen. Die Abgrenzung erfolgt im Hinblick auf die stofflich gebundenen Produktionsfaktoren. Andere für die Leistungserstellung benötigten Objekte werden von der Personalwirtschaft, Informationswirtschaft, Anlagenwirtschaft, Finanzwirtschaft usw. behandelt. Die *Objektorientierung* überlagert die funktionale Sichtweise in der Betriebswirtschaftslehre; dies wird deutlich im Falle der Zuführung von Materialien aus der Umwelt, von den Beschaffungsmärkten (→Beschaffung). In der Praxis ist M. häufig die zusammenfassende Bezeichnung für Beschaffung, →Einkauf, →Transport, →Logistik. Im Mittelpunkt der M. stehen jedoch die Bewirtschaftung und Bereitstellung von Materialien. – *Teilbereiche:* →Lagerwirtschaft, →Abfallwirtschaft. – 2. *Sachziel* ist die Erreichung des materialwirtschaftlichen Optimums, d. h. Bereitstellen der benötigten Materialien in der erforderlichen Qualität und Menge, zur rechten Zeit, am richtigen Verbrauchsort. Das *Formalziel* ist auf die Optimierung der materialwirtschaftlichen Kosten gerichtet. – 3. *Aufgaben:* Die Verwirklung des *materialwirtschaftlichen Optimums* stellt ein komplexes Problem mit folgenden interdependenten *Teilproblemen* dar: Qualitäts-, Sortiments-, Mengen-, Zeit-, Raumüberbrückungs-, Kapital-, Kostenproblem. Aus diesen Teilproblemen leiten sich die *einzelnen Aufgaben* der M. ab, z. B. aus dem Qualitätsproblem die Aufgaben: Sicherstellung der für die Produktion notwendigen Qualitätskontrolle, Pflege der Materialien während der Lagerung und des Transports u. a. – 4. *Entwicklungsstand:* In Wissenschaft und Praxis wurde bis heute ein beachtlicher Stand an Präzisierung und Systematisierung hinsichtlich Prinzipien, Instrumente, Methoden und Techniken der Materialwirtschaft erreicht. Im Zuge der Anwendungsmöglichkeiten von DV-Systemen für materialwirtschaftliche Fragen sind komplexe Datenverarbeitungssysteme entwickelt worden, die die Teilaufgaben der M., wie

optimale Lagerhaltung, Bestellmengen- und Bestellzeitpunktoptimierung, bis zu angrenzenden Gebieten, wie Bedarfsermittlung, Bestellwesen und optimale Maschinenbelegung, zu einem automatischen →Materialdispositionssystem integrieren.

Materialzuschlag, Prozentsatz, mit dem in der →Zuschlagskalkulation die →Materialgemeinkosten auf das Fertigungsmaterial zugeschlagen werden, um die gesamten →Materialkosten zu ermitteln.

materielle Mitarbeiterbeteiligung, Partizipation von Mitarbeitern am Erfolg und/oder Kapital des arbeitsgebundenen Unternehmens. Vgl. im einzelnen →Erfolgsbeteiligung, →Kapitalbeteiligung.

materielles Konsensprinzip, →Konsensprinzip, das besagt, daß bei Eigentumsübertragung von Grundstücken sowie bei Bestellung eines Erbbaurechts zur Eintragung ins Grundbuch der Nachweis des dinglichen Vertrages erforderlich ist (§ 20 GBO). – *Gegensatz:* →formelles Konsensprinzip.

materielles Recht, Rechtsvorschriften, die Gestaltung und Inhalt der Rechtsverhältnisse usw. betreffen. – *Gegensatz:* Verfahrensvorschriften, Prozeßrecht u. ä.

mathematisch-deduktive Methode, gelegentliche Kennzeichnung für das von →Gutenberg eingeführte methodische Vorgehen in der →Betriebswirtschaftslehre. Aus allgemeinen Tatbeständen (z. B. Ertragsgesetz) werden auf logisch-deduktivem Weg spezielle Sachverhalte abgeleitet (→Deduktion); häufig mittels mathematischer Operationen (→Operations Research). – *Gegensatz:* →empirisch-induktive Methode. – Vgl. auch →Methodenstreit.

mathematische Kostenauflösung, →Kostenauflösung IV 1.

mathematische Operationsforschung, v. a. in der DDR gebräuchliche Bezeichnung für →Operations Research.

mathematische Optimierung, *mathematische Programmierung,* Gebiet des →Operations Research, das den theoretischen Hintergrund von →mathematischen Optimierungsproblemen sowie Rechenverfahren zur Bestimmung von zulässigen und optimalen Lösungen für derartige Probleme umfaßt.

mathematische Programmierung, →mathematische Optimierung.

Mathematische Schule, Sammelbezeichnung für die Nutzwerttheoretiker, die für ihre Lehren die mathematische Formulierung verwendeten, um die quantitativen Begriffe der Wirtschaftstheorie und ihre Zusammenhänge genauer zum Ausdruck bringen zu können. Die M. Sch. umfaßt: a) Lausanner Schule (mit den Hauptvertretern Walras und Pareto), b) angloamerikanische Vertreter der Grenznutzentheorie (Jevons, Marshall, J.B. Clark, Fisher u.a.). – In Europa übertraf die →Österreichische Schule die M. Sch. an *Einfluß*. Erst mit der zunehmenden Anwendung der Mathematik in den Gesellschaftswissenschaften, besonders durch Ökonometrie und Soziometrie, wurden die Ergebnisse der M. Sch. in der Volkswirtschaftstheorie zunehmend berücksichtigt, in Deutschland v.a. durch von Stackelberg und E. Schneider. – Vgl. auch →Grenznutzenschule.

mathematisches Maximierungsproblem, →mathematisches Optimierungsproblem.

mathematisches Minimierungsproblem, →mathematisches Optimierungsproblem.

mathematisches Optimierungsproblem, *mathematische Optimierungsaufgabe, Problem der mathematischen Optimierung.* 1. *Begriff:* a) Mathematische Aufgabe, bei der es darum geht, aus der Menge der Lösungen (→Lösungsmenge) eines Restriktionssystems

$$f_i(x_1, x_2, \ldots, x_n) \; \square_i \, 0, \quad i = 1, 2, \ldots, m$$

(,,$\square_i$" steht für eines der Restriktionszeichen ,,=", ,,$\leq$", ,,$\geq$", ,,$<$", ,,$>$") eine →Lösung $(x_1^*, x_2^*, \ldots, x_n^*)$ zu berechnen, der durch eine Zielfunktion $x_0 = f_0(x_1, x_2, \ldots, x_n)$ ein Zielwert x_0^* zugeordnet ist, der von dem Zielwert keiner anderen Lösung übertroffen bzw. unterschritten wird. – b) Oft auch die einer solchen Aufgabe zugrunde liegende Fragestellung über ein reales System (→klassisches Transportproblem, →lineares Zuordnungsproblem, →quadratisches Zuordnungsproblem). – 2. *Schreibweisen:*

a)   (1) $x_0 = f_0(x_1, x_2, \ldots, x_n)$

      (2) $f_i(x_1, x_2, \ldots, x_n) \; \square_i \, 0,$
            $i = 1, 2, \ldots, m$

      (3) $x_0 \longrightarrow$ Max! (oder $x_0 \longrightarrow$ Min!).

b)   (1′) $x_0 = f_0(x_1, x_2, \ldots, x_n) \longrightarrow$ Max!
                              (Min!)

      (2′) $f_i(x_1, x_2, \ldots, x_n) \; \square_i \, 0,$
            $i = 1, 2, \ldots, m.$

c)   Maximiere (Minimiere)

      (1″) $x_0 = f_0(x_1, x_2, \ldots, x_n)$

      unter den Restriktionen

      (2″) $f_i(x_1, x_2, \ldots, x_n) \; \square_i \, 0,$
            $i = 1, 2, \ldots, m.$

3. *Typen:* a) Wird speziell ein möglichst großer Zielwert (Maximum) angestrebt ($x_0 \longrightarrow$ Max!), so spricht man von einem *Maximierungsproblem;* strebt man dagegen einen möglichst kleinen Zielwert (Minimum) an ($x_0 \longrightarrow$ Min!), so spricht man von einem *Minimierungsproblem.* – Ein Maximierungsproblem läßt sich – ohne die Menge der zulässigen und optimalen Lösungen zu verän-

dern – in ein Minimierungsproblem überführen, indem man die Zielfunktion (1) durch $x_0' = f_0(x_1, x_2, \ldots, x_n)$ und die Zielvorschrift $x_0 \longrightarrow$ Max! durch $x_0 \longrightarrow$ Min! ersetzt. – b) *Lineares Optimierungsproblem* (→lineare Optimierung) und *nichtlineares Optimierungsproblem.* – c) →*Ganzzahliges Optimierungsproblem, gemischt-ganzzahliges* und →*kontinuierliches Optimierungsproblem.*

mathematische Verfahrensforschung, →Operations Research.

Matrikularbeiträge, Bezeichnung für →Umlagen, die vor 1918 von den deutschen Bundesstaaten – entsprechend ihrer Bevölkerungszahl – an das Deutsche Reich abgeführt wurden (Reich als ,,Kostgänger" der Länder). Regelung durch die →Clausula Miquel.

Matrix, →Matrizenrechnung.

Matrixdrucker, *Rasterdrucker,* mechanische Zeichendrucker (→Drucker), bei dem die abzubildenden Zeichen aufgrund gespeicherter Muster vor jedem Anschlag aus einem matrixförmig angeordneten Block kleiner Nadeln (z.B. 7×9- oder 9×9-Punktmatrix) gebildet werden. Druckgeschwindigkeit von 30 bis 300 cps; i.d.R. schlechtere Druckqualität als die eines →Kugelkopfdruckers oder →Typenraddruckers. Der Zeichensatz kann durch Austausch des →ROMs, in dem die Muster gespeichert sind, variiert werden. Geräuschpegel beim Drucken auf mittlerem Niveau. Je nach Typ werden zwischen 150 und 600 Zeilen pro Minute gedruckt. Bei Geräten mit hoher Punktdichte sind auch →graphische Darstellungen möglich. – Zu *unterscheiden:* →Nadeldrucker, →Tintenstrahldrucker, →Thermodrucker. – Der M. ist der *verbreitetste Druckertyp.* – *Impact-M.:* Eine Ausführung des M.; die Matrixpunkte werden gleich für eine Zeile gebildet; zählt zu den preisgünstigsten Zeilendruckern.

Matrixgenerator, Computerprogramm, das die – möglicherweise über mehrere Dateien verteilten – Daten eines →mathematischen Optimierungsproblems in das für den Einsatz kommerzieller Software erforderliche Format überführt. Bei linearen Optimierungsproblemen z.B. in das →MPS-Format.

Matrixorganisation. 1. *Begriff:* Grundform einer →mehrdimensionalen Organisationsstruktur, bei der für sämtliche durch gleichzeitige Zerlegung eines Handlungskomplexes nach verschiedenen Gliederungskriterien gewonnenen Teilhandlungen (→Segmentierung) Entscheidungskompetenzen formuliert und auf Entscheidungseinheiten übertragen werden. Die für mehrdimensionale Organisationsstrukturen charakteristische Berücksichtigung mehrerer Aspekte einer Handlung (etwa der Perspektive der →Funktionen und der Produkte im Entscheidungsprozeß) erfolgt bei der M. somit durch gleichberechtigte organisatorische Verankerung der Handlungsaspekte. – *Beispiel:* Vgl. Abbildung.

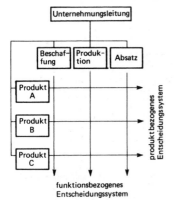

2. *Aufbau:* Die M. kann als →Organisationsmodell auf der zweiten oder im Rahmen einer →Teilbereichsorganisation auf niedrigeren Hierarchieebenen ansetzen. Sie ist meist mit einem →Mehrliniensystem verbunden, so daß eine als Schnittstelle bezeichnete →organisatorische Einheit →Weisungen von mehreren hierarchisch übergeordneten Matrixeinheiten erhält; diese unterstehen gemeinsam wiederum einer als Matrixleitung fungierenden →Instanz. – 3. *Vorteile:* V. a. die durch Vermeidung von Einseitigkeiten mögliche Verbesserung der Entscheidungsqualität und die Ausschaltung der spezifischen Stab-Linien-Konflikte. *Nachteile:* Die praktisch nicht zu vermeidenden Kompetenzüberschneidungen zwischen den Entscheidungseinheiten mit potentiellen →Konflikten.

Matrize, →Matrizenrechnung.

Matrizenrechnung, mathematisches Verfahren, das hervorgegangen ist aus der Determinanten-Methodik zur Lösung linearer Gleichungen mit zahlreichen Unbekannten. Die M. verwendet ein besonderes Zahlen-Schema *(Matrix, Matrize);* sie ist im Prinzip eine Zahlentabelle. Beispiel einer m-zeiligen und n-spaltigen Matrix, wobei für die Darstellung eines Gleichungssystems in der ersten Zeile die Koeffizienten für die erste der m Gleichungen mit n Variablen stehen:

$$\begin{pmatrix} a_{11} & a_{12} & a_{13} & \dots a_n \\ a_{21} & a_{22} & a_{23} & \dots a_{2n} \\ \cdot & \cdot & \cdot & \\ \cdot & \cdot & \cdot & \\ \cdot & \cdot & \cdot & \\ a_{m1} & a_{m2} & a_{m3} & \dots a_{mn} \end{pmatrix}$$

Die Matrizen lassen sich nach besonderen Rechenregeln durch Addition, Subtraktion, Multiplikation und in eingechränktem Maß, auch durch eine Art Division umformen, wobei die Gleichungen schrittweise gelöst werden. Die Rechenoperationen sind komplizierter als das Rechnen mit gewöhnlichen Zahlen, doch können sie mit Rechnern vollautomatisch ausgeführt werden. – M. wird dort mit Vorteil angewandt, wo die einzelnen Elemente einer Menge sich voneinander durch Angabe von Einflußzahlen unterscheiden.

Mauretanien, *islamische Republik Mauretanien,* Wüsten- und Steppenland in NW-Afrika. – *Fläche:* 1 030 700 km^2. – *Einwohner* (E): (1985, geschätzt) 1,9 Mill. (1,8 E/km^2); 75% der Bevölkerung sind arabo-berberischer Abstammung und 25% Schwarzafrikaner. – *Hauptstadt:* Nuakschott (150 000 E); weitere wichtige Städte: Nuadhibu (24 400 E), Kaedi (22 000 E), Zouérate (22 000 E), Atar (19 000 E), Rosso (18 500 E). – *Unabhängig* seit 1960; präsidiale Republik seit 1961, Verfassung von 1961 wurde 1978 suspendiert und durch eine „Charte Constitutionelle" ersetzt; Auflösung der Nationalversammlung und der Einheitspartei 1978, Hauptstaatsorgan „Comité Militaire du Salut National" (CMSN); seit dem Putsch 1984 ist der Staatschef zugleich Vorsitzender des Militärkomitees. – *Verwaltungsgliederung:* 12 Regionen, 1 Hauptstadtdistrikt, 44 Départements. – *Amtssprache:* Arabisch und Französisch.

Wirtschaft: M. gehört zu den Entwicklungsländern. Die *Landwirtschaft* bildet die Existenzgrundlage für etwa drei Viertel der Bevölkerung. Nur im Gebiet des Senegal Anbau von Hirse, Reis und Hülsenfrüchten. In Oasen Dattelpalmen. Bedeutende Viehzucht. – *Fischerei:* 1983 Hauptdevisenbringer (Fangmenge 1982: 37 000 t). – *Bergbau und Industrie:* Bekannt sind Vorkommen an Phosphat, Kupfererz, Gips, Schwefel, Uran, Wolfram, Chrom und Nickel. Hauptsächlich wird Eisenerz (1983: 7,4 Mill. t) abgebaut, außerdem Gewinnung von Salz. Auf der Basis einheimischer Rohstoffe entwickelt sich eine Verarbeitende Industrie (u. a. Fischverarbeitung). – *BSP:* (1985, geschätzt) 700 Mill. US-$ (410 US-$ je E). – *Öffentliche Auslandsverschuldung:* (1984) 171,2% des BSP. – *Inflationsrate:* (Durchschnitt 1973–84) 7,7%. – *Export:* (1985) 375 Mill. US-$, v. a. Fisch und Fischereierzeugnisse, Eisenerz. – *Import:* (1985) 234 Mill. US-$, v. a. Nahrungsmittel u. a. Konsumgüter, Erdöl- und Erdölprodukte, chemische Erzeugnisse, Maschinen und Fahrzeuge. – *Handelspartner:* Frankreich (25–30%) u. a. EG-Länder, USA, Japan.

Verkehr: 9098 km *Straßen,* davon ca. 1700 km asphaltiert (1984). – 675 km lange *Eisenbahnlinie* zwischen Zouérate (Erzaugebiet) und dem Hafen Nuadhibu. – Wichtigster

Hafen ist Nuakschott. Ein neuer Tiefseewasserhafen wird in der Nähe von Nuakschott gebaut. Die *Handelsflotte* verfügte (1983) über 28 Schiffe (über 100 BRT) mit einer Gesamttonnage von 11 416 BRT. – Zwei internationale *Flughäfen*, Nuakschott und Nuadhibu, sowie 14 kleinere Flugplätze. Eigene *Luftfahrtgesellschaft.*

M i t g l i e d s c h a f t e n : UNO, AKP, CCC, OAU, OIC, UNCTAD u. a.; Arabische Liga, Gemeinsamer Arabischer Markt.

W ä h r u n g : 1 Ouguiya (UM) = 5 Khoums (KH).

· **Mauritius,** Inselstaat im Indischen Ozean, dessen Hauptinsel M. ca. 800 km östlich von Madagaskar liegt. – *Fläche:* 2045 km², einschl. Insel Rodrigues, Agalega-Inseln und Cargados-Carajos-Inseln. – *Einwohner* (E): (1985, geschätzt) 990 000 (484,1 E/km²); ca. 70% der Bevölkerung sind Nachkommen von aus Indien eingewanderten Plantagenarbeitern. – *Hauptstadt:* Port Louis (147 600 E); weitere wichtige Städte: Beau Bassin-Rosehill (87 100 E), Curepipe (57 200 E), Quatre Bornes (56 300 E), Vacoas-Phoenix (55 500 E). – *Unabhängig* seit 1968, parlamentarische Monarchie innerhalb des Commonwealth of Nations, Einkammerparlament. – *Verwaltungsgliederung:* 9 Distrikte. *Amtssprache:* Englisch, hauptsächlich wird jedoch Französisch benutzt.

W i r t s c h a f t : Die Wirtschaftsstruktur ist bestimmt durch die *Landwirtschaft.* Dominant ist der Zuckerrohranbau. Die Kultivierung von Tee und Tabak dient der Diversifizierung der Exportstruktur. Die Produktion pflanzlicher und tierischer Erzeugnisse für die Versorgung der Bevölkerung reicht, trotz kleinerer Erfolge, bei weitem nicht aus. – Seit Anfang der 70er Jahre fortschreitende *Industrialisierung.* Beachtliche Erfolge v. a. im Bereich der Agrarproduktverarbeitung sowie im Leder- und Textilgewerbe. – Nach Landwirtschaft und Produzierendem Gewerbe ist der *Tourismus* der wichtigste Wirtschaftsbereich. – *BSP:* (1985, geschätzt) 1110 Mill. US-$ (1070 US-$ je E). – *Öffentliche Auslandsverschuldung:* (1984) 35,3% des BSP. – *Inflationsrate:* (1973– 84) 12,7 %. – *Export:* (1985) 441 Mill. US-$, v. a. Zucker (über 50%), Textilien, Fisch und Fischwaren, Tee. – *Import:* (1985) 234 Mill. US-$, v. a. Nahrungsmittel, Erdöldestillationserzeugnisse, Maschinen und Fahrzeuge, Rohstoffe. – *Handelspartner:* Großbritannien, Frankreich, Rep. Südafrika, USA, Japan, VR China.

V e r k e h r : 1782 km *Straßen,* davon 1639 km befestigt. – Das 110 km lange *Eisenbahnnetz* wurde 1964 stillgelegt. – Wichtigster *Hafen:* Port Louis. Die *Handelsflotte* verfügte (1982) über 18 Schiffe (über 100 BRT) mit 31 500

BRT. – Internationaler *Flughafen:* Plaisance. Eigene *Luftverkehrsgesellschaft.*

M i t g l i e d s c h a f t e n : UNO, AKP, CCC, OAU, UNCTAD u. a.; Commonwealth.

W ä h r u n g : 1 Mauritius-Rupie (MR) = 100 Cents.

Maus, →Eingabegerät, v. a. bei Personal Computern; eine handtellergroße Zusatzeinrichtung zu einem →Bildschirmgerät, die auf einer glatten Fläche (z. B. Schreibtischoberfläche) geführt wird. Durch Bewegung der M. kann der →Cursor auf dem →Bildschirm gesteuert werden; darüber hinaus können mit den i. d. R. in die M. integrierten →Funktionstasten Funktionen aufgerufen werden, wobei i. a. vorher der Cursor auf ein bestimmtes Feld des Bildschirms positioniert werden muß.

Mautstraße, →Straße.

Maximalbestand, →Materialbestandsarten 2 a).

maximale Arbeitsplatz-Konzentration, →MAK-Wert.

maximale Kapazität, Kennzeichnung der mengenmäßigen Höchstleistungsfähigkeit eines Betriebs oder eines Betriebsteils, entsprechend den technischen Daten der einzelnen Betriebsmittel (Umdrehungszahl einer Drehspindel, Durchlaß einer Rohrleitung, Hitzeentwicklung eines Ofens u. ä.) oder einer Betriebsmittelgesamtheit. Die m. K. ist vorübergehend bei erhöhten Kosten erreichbar; die wirtschaftlichste Ausnutzung (→optimale Kapazität) der Betriebsmittel liegt (je nach Wirtschaftszweig und nach den Möglichkeiten, den Leistungsgrad der Maschinen untereinander und der arbeitenden Menschen mit den Maschinen zu ,,harmonisieren“) um 15– 20 v. H. unter der m. K. – Vgl. auch →Kapazität.

Maximalerlös(-Kombination), zum Umsatzmaximum führende Preis-Mengen-Kombination der herzustellenden Produkte. Die Umsatzmaximierung ist meist ohne eine weitere zusätzliche Zielsetzung wirtschaftlich nicht sinnvoll, da das Gewinnziel (zumindest kurzfristig) außer Betracht bleibt. – Vgl. auch →Gewinnmaximierung.

Maximalhypothek, →Höchstbetragshypothek.

Maximalprinzip, →Wirtschaftlichkeitsprinzip.

Maximalzinssatz, →cap.

Maximax-Regel, Entscheidungsregel bei Unsicherheit (→Entscheidungsregeln 2 c)), nach der bei Aktion mit dem Maximum der Zeilenmaxima aus der →Entscheidungsmatrix ausgewählt wird. M.-R. spiegelt eine optimistische Grundhaltung bzw. das Entscheidungsverhalten eines risikofreudigen Entscheidungsträgers wider. – *Gegensatz:* →Minimax-Regel.

Maximierungssystem, →mathematisches Optimierungssystem, bei dem die Zielvorschrift einen möglichst großen Zielwert (Maximum) fordert. – *Gegensatz:* →Minimierungssystem.

Maximin-Regel, →Minimax-Regel.

Maximum-Likelihood-Methode, Methode zur Schätzung der Parameter von →Regressionsmodellen und Modellen der Ökonometrie (→Ökonometrie II und III). Die Parameter der Schätzfunktion werden so gewählt, daß die Wahrscheinlichkeit, genau die Beobachtungspunkte der vorliegenden Stichprobe zu erhalten, maximal wird. Die Anwendung der Methode setzt voraus, daß die Wahrscheinlichkeitsverteilung der Störgrößen bekannt ist. Sind diese normalverteilt mit Mittelwert Null und konstanter Varianz (→Normalverteilung), so resultieren daraus die gleichen Schätzfunktionen für die Parameter der Regressionsgleichungen wie bei der →Methode der kleinsten Quadrate.

Max-Planck-Gesellschaft zur Förderung der Wissenschaften e. V., Sitz in München. – *Aufgaben:* Sie unterhält 49 eigene Forschungsinstitute, Forschungsstellen und Projektgruppen, deren Aktivität sich überwiegend auf Grundlagenforschung in den Natur- und Geisteswissenschaften erstreckt. – *Max-Planck-Institute:* a) *Chemie, Physik und Technik:* Max-Planck-Institut für Aeronomie (Katlenburg-Lindau), Max-Planck-Institut für Astronomie (Heidelberg), Max-Planck-Institut für Chemie (Mainz), Max-Planck-Institut für biophysikalische Chemie (Göttingen), Max-Planck-Institut für Eisenforschung (Düsseldorf), Max-Planck-Institut für Festkörperforschung (Stuttgart), Max-Planck-Institut für Kernphysik (Heidelberg), Max-Planck-Institut für Kohleforschung (Mülheim a. Rh.), Max-Planck-Insitut für Mathematik (Bonn), Max-Planck-Institut für Metallforschung (Stuttgart), Max-Planck-Institut für Metereologie (Hamburg), Max-Planck-Institut für Physik und Astrophysik (München), Max-Planck-Institut für Plasmaphysik (Garching b. München), Max-Planck-Institut für Quantenoptik (Garching b. München), Max-Planck-Institut für Radioastronomie (Bonn), Max-Planck-Institut für Polymerforschung (Mainz), Max-Planck-Institut für Strahlenchemie (Mülheim/Ruhr), Max-Planck-Institut für Strömungsforschung (Göttingen), Forschungsstelle Gottstein (München), Fritz-Haber-Institut (Berlin), Gmelin-Institut für anorganische Chemie und Grenzgebiete (Frankfurt a. M); b) *Geisteswissenschaften:* Arbeitsgruppe Afheldt (Sternberg), Bibliotheka Hertziana (Rom), Max-Planck-Institut

für Bildungsforschung (Berlin), Max-Planck-Institut für psychologische Forschung (München), Max-Planck-Institut für Geschichte (Göttingen), Max-Planck-Institut für ausländisches und internationales Patent-, Urheber- und Wettbewerbsrecht (München), Max-Planck-Institut für ausländisches und internationales Privatrecht (Hamburg), Max-Planck-Institut für Gesellschaftsforschung (Köln), Max-Planck-Institut für ausländisches öffentliches Recht und Völkerrecht (Heidelberg), Max-Planck-Institut für europäische Rechtsgeschichte (Frankfurt a. M.), Max-Planck-Institut für ausländisches und internationales Strafrecht (Freiburg), Institut für ausländisches und internationales Sozialrecht (München); c) zahlreiche weitere Institute, v. a. auf dem Gebiet der Medizin und Biologie.

Max-Planck-Institute, →Max-Planck Gesellschaft zur Förderung der Wissenschaften e. V.

Mb, Abk. für →Megabit.

MB, Abk. für →Megabyte.

MBA, Abk. für →Master of Business Administration.

MCF, Abk. für →multiple component facility.

MdB, Abk. für Mitglied des Bundestags (→Abgeordneter).

MdE, Abk. für →Minderung der Erwerbsfähigkeit.

MdL, Abk. für Mitglied des (eines) Landtags (→Abgeordneter).

MDS, Abk. für →multidimensionale Skalierung.

MDT, Abk. für →mittlere Datentechnik.

Mechanisierung, Unterstützung der menschlichen Arbeitskraft durch den Einsatz von →Maschinen. Der Arbeitsvorgang wird ganzheitlich vom Menschen geleistet; Maschinen haben lediglich die Aufgabe der Übersetzung (z. B. Drehmoment, Drehzahl oder Kraft) und der Werkzeughaltung. – Vgl. auch →Automatisierung, →Maschinisierung.

Mechanisierungsgrad in der Landwirtschaft, Maßzahl zur Kennzeichnung der Ausstattung landwirtschaftlicher →Vollerwerbsbetriebe mit arbeitssparenden Maschinen (ohne Zugmaschinen u. ä.), mit welcher die bei jeweiliger Mechanisierung erreichte „theoretische" Ersparnis an Arbeitsstunden ausgedrückt und vergleichbar gemacht wird, im Vergleich mit dem Arbeitsaufwand bei geringstem Mechanisierungsstand. Der M. wird für jeden Arbeitsbereich gesondert errechnet und, gewichtet mit der relativen Bedeutung des Arbeitsbereiches in den einzelnen →Bodennutzungssystemen, in verschiedene Kategorien eingeteilt. Die Schwellenwerte liegen zwischen den offenen

Flügelklassen „unter 20 v. H." und „60 v. H. und mehr" mit jeweils 10er Abstand.

Media, *Werbeträger,* alle Personen oder Dinge, die →Werbemittel unter dem Vorgang der Streuung an Zielpersonen (Werbesubjekte; →Zielgruppe) herantragen; kommunikative Mittler zwischen Anbietern und Nachfragern. M. sind diejenigen Institutionen, die Werbebotschaften der Werbetreibenden (advertisers) verbreiten. – *Klassifikation:* a) *Insertions-* oder *Printmedien* (z. B. Zeitungen, Zeitschriften; →Printwerbung); b) *elektronische Medien* (z. B. Fernsehen, Funk, Video, Film; →elektronische Werbung); c) *Medien der Außenwerbung* (z. B. Plakatanschlag, Verkehrsmittel- und Sportstättenwerbung; →Außenwerbung); d) *andere Medien* (z. B. Adreßbücher, Messen); e) sonstiges (z. B. →Sponsoring, →Werbegeschenke). – Die Untersuchung der M. im Hinblick auf ihre *Werbewirkung* erfolgt im Rahmen der →Werbeerfolgskontrolle. – Vgl. auch →Mediaanalyse, →Mediaplanung, →Mediaselektion, →Reichweite, →Streuung.

Media-Agentur, spezialisiertes Dienstleistungsunternehmen, das sich meist aus der Media-Abteilung einer Full-Service-→Werbeagentur heraus entwickelt hat. – *Aufgaben:* Alle Tätigkeiten, die etwas mit Medieneinsatz zu tun haben, insbes. →Mediaanalyse, →Mediaplanung, →Mediaselektion sowie Mediadurchführung (Einkauf und Abwicklung) und -kontrolle.

Mediaanalyse, *Werbeträgeranalyse.* 1. *Begriff:* Empirische Datenerhebung im Rahmen der Mediaforschung zur Untersuchung der Nutzerschaft (Leser, Seher, Hörer) von Werbeträgern (→Media) als Entscheidungsgrundlage für den →Streuplan. Sie werden seit 1954 in der Bundesrep. D. durchgeführt. – 2. *Aufgabe:* Der M. geht es um die Feststellung des Einflusses der Kommunikationskanäle auf den Werbeerfolg. Relevant sind die Ermittlung des Einflusses medienspezifischer Kontaktqualitäten (z. B. des medialen Umfeldes und des Images), die Kosten sowie die Frage, welche →Zielgruppen über einen Werbeträger erreicht werden und wann bzw. über welchen Zeitraum dies geschieht. – 3. *Standarduntersuchungen:* a) *Media-Analyse* (früher *Leseranalyse):* M. bezüglich der Mediengruppen Zeitschriften, Zeitungen, Hörfunk, Fernsehen, Kinos); sie enthält im wesentlichen Daten über das Medienverhalten der Bundesbevölkerung. – b) *Infratest-Multi-Media-Analyse:* Die Mediengruppen Plakat und →Direktwerbung werden zusätzlich einbezogen; neben →Reichweiten werden audienzspezifische und allgemeine Produktinformationen erhoben (z. B. Verwendung von Produktgruppen und →Marken, Nutzungsintensität, Einkaufsquellen und Bekanntheitsgrad der Marken). – c) *Allensbacher-Werbeträger-Ana-*

lyse: →Außenwerbung wird zusätzlich einbezogen. Sie enthält neben der Darstellung der Audienz der aufgeführten Medien nach demographischen Merkmalen eine Beschreibung des zielgruppenspezifischen Kaufverhaltens (Merkmale: Verbrauchsintensität und Qualitätsanspruch). – Vgl. auch →Media, →Mediaplanung, →Streuung.

Mediadirektor, →Werbeberufe I 4.

Medialeiter, →Werbeberufe I 4.

Median, *Zentralwert,* ein spezieller →Mittelwert, und zwar der Merkmalswert, der die kleineren 50% von den größeren 50% der Werte trennt. – 1. Sind x_i ($i = 1, .., n$) die n *nach Größe* geordneten Merkmalswerte in einer →Gesamtheit, dann ist der M. der Beobachtungswert $x_{\frac{n+1}{2}}$. Dieser ist, falls n ungerade ist, eindeutig bestimmt. Ist n gerade, wird als M. das →arithmetische Mittel aus $x_{\frac{n}{2}}$ und $x_{\frac{n}{2}+1}$ verwendet. Bei großem und geradzahligem n wird meist $x_{\frac{n}{2}}$ als Näherung für den M. verwendet. – 2. Bei einer *klassierten Verteilung* von Häufigkeiten wird der M. i. d. R. durch lineare →Interpolation näherungsweise bestimmt. – 3. Bei einer →*Verteilung einer →Zufallsvariablen* ist der M. der Variablenwert, für den die →Verteilungsfunktion den Wert 0,5 hat. Diese Festlegung ist nur für stetige Zufallsvariablen unproblematisch, für diskrete Zufallsvariablen muß sie geeignet verallgemeinert werden.

Mediaplan, →Streuplan.

Mediaplanung, *Streuplanung, Werbeträgerplanung.* 1. *Begriff:* Festlegung der →Media, wobei sich insbes. die Frage nach der spezifischen Eignung von Media zur Kommunikation mit der anvisierten →Zielgruppe stellt (vgl. auch →Mediaselektion); Festlegung der Belegung der Werbeträger und damit die zeitliche Abfolge. – 2. *Zweck:* Die richtige Zielgruppe (Werbesubjekte) mit der ausreichenden Anzahl Werbeanstöße zu kontaktieren, und zwar zum richtigen Zeitpunkt und zu möglichst geringen Kosten. – 3. *Entscheidungskriterien:* a) *Kosten der Medien:* Innerhalb und zwischen den einzelnen Mediagattungen variiert die Preisgestaltung erheblich. – (1) Bei *gedruckten Werbeträgern* (→Printwerbung) sind Flächenanteile der Verrechnungsmaßstab. Um die Vergleichbarkeit und damit die Planbarkeit des Werbeträgers Printmedien zu erleichtern, wird zusätzlich zu den absoluten Anzeigenpreisen der sog. →Tausenderpreis zugrunde gelegt. – (2) *Bei Funk und Fernsehen* (→elektronische Werbung, →Fernsehwerbung, →Funkwerbung) gelten Ausstrahlungszeiten (Sekunden bzw. Fünf-Sekunden-Intervalle) als Berechnungsbasis, mit der Vorgabe bestimmter Mindestlängen für den →Funkspot oder →Fernsehspot und der Herabsetzung des Sekundenpreises bei zunehmender Spotlänge. – (3) Bei *Plakatwerbung* variieren die Belegungskosten je nach Anschlagform (Großfläche, Ganzsäule usw.) und Streubereich (national, regional, lokal). – b) *Verbreitungsgrad der Medien:* (1) Die Informationsgemeinschaft zur Feststellung der Verbreitung von Werbeträgern e.V. ermittelt vierteljährlich die Verbreitungszahlen von *Printmedien*. Dazu melden die angeschlossenen Verlagshäuser nach Quartalsende die in den vergangenen drei Monaten verkauften (nicht gedruckten) Auflagen. – (2) Bei den *elektronischen Medien* kann die Anzahl der angemeldeten Empfangsgeräte nach Angaben des Statistischen Bundesamtes als Grundlage dienen. Ein verfeinertes und damit leistungsfähigeres Instrument stellt das Teleskopie-Panel dar. Die dabei anfallenden Meßwerte bilden die Basis für Statistiken über die zeitliche Mediennutzung, die als Einschaltquoten bezeichnet werden. – (3) Die *Gelben Seiten* der Amtlichen Fernsprechbücher (Branchen-Fernsprechbuch) werden von 53% der Bevölkerung eingesehen, 75% der sog. Intensivnutzer aus dem gewerblichen Bereich greifen mindestens einmal pro Woche zu dieser Quelle, um Lieferanten- und Kundenadressen zu suchen. – (4) →*Direktwerbung* (Massendrucksachen, Wurfsendungen, Briefsendungen) kommt mit zunehmender Nutzung der Textverarbeitung v.a. als →direct mailing immer mehr zur Anwendung. – c) →*Reichweite der Medien:* Bei der Selektionsentscheidung (→Mediaselektion, →Mediaselektionsmodelle) der Werbemanager sind nicht allein die „technischen" Daten der Media (Auflagenhöhe/-struktur und Preis) von Interesse, sondern daneben die mit Hilfe der →Mediaanalyse ermittelte Information über die Leser- und Zuschauerzahlen der einzelnen Werbeträger. – Vgl. auch →Streuung, →Streuplan.

Mediaselektion, Entscheidung über Art und Umfang der in einem →Streuplan zusammengefaßten Werbeträger (→Media) aufgrund von →Mediaanalysen. Mit M. hinsichtlich der Belegung der Werbeträger wird über den größten Teil des →Werbeetats entschieden. – *Formen:* a) →*Intermediaselektion* (Auswahl bestimmter Werbeträgergruppen, z.B. Tageszeitung, Illustrierte, Fernsehen, Radio); b) →*Intramediaselektion* (Auswahl innerhalb einer Mediagruppe zwischen mehr oder weniger vielen speziellen Trägern, z.B. Zeitschriftentitel). – *Modelle:* Vgl. →Mediaselektionsmodelle. – Vgl. auch →Streuung, →Mediaplanung.

Mediaselektionsmodelle. I. B e g r i f f : Verfahren, mit denen im Rahmen der →Mediaplanung ein Weg gefunden werden soll, Werbungspläne i.d.R. mit Hilfe von (individuellen) Wahrscheinlichkeiten zu bewerten (Rangfolge) bzw. zu optimieren.

II. E n t w i c k l u n g : 1. Nachdem sich Anfang der 50er Jahre die Mediaplanung als eigenständige Funktion herauskristallisiert hatte, wurden die ersten Hypothesensätze über den Wirkungsmechanismus des Werbeträgeransatzes aufgestellt. Zunächst handelte es sich jedoch nur um „*implizite*" Modelle, die mathematisch nicht formulierbar und deren Inhalte stark different waren. – 2. Mit der Untersuchung der „Arbeitsgemeinschaft Leseranalyse" (1968) setzte sich in der Bundesrep. D. ein neues Konzept durch, bei dem die bisherigen Ja/Nein-Werte zum Leser pro Ausgabe durch *Leserwahrscheinlichkeiten* (Nutzungswahrscheinlichkeiten) ersetzt wurden. – 3. Eine neuere Systematik ist in diesem Sinne weiterentwickelt worden durch die *Seh- bzw. Hörwahrscheinlichkeit* (zu einem bestimmten Zeitpunkt fernzusehen bzw. Radio zu hören). – Diese wahrscheinlichkeitstheoretische Mathematisierung des Umfragematerials erlaubte und erforderte eine intensivere Datenverarbeitung; die Auswertungsprogramme, explizit hierfür entwickelt, bedürfen als Basis präziser Modellvorstellungen und Analysen.

III. M o d e l l t y p e n : 1. *Formel-Modelle:* Sie arbeiten mit aggregierten Zahlen, d.h. mit Auszählungen aus dem Urmaterial und mit Auswertungstabellen, die vor Anwendung des Modell-Laufes bereits zur Verfügung stehen. Dieser Modelltyp führt zu Computerprogrammen mit relativ kurzen Laufzeiten. – 2. *Individual-statistische Modelle:* Sie gehen von einzelnen Befragten und deren Verhalten in Bezug auf →Media aus. Es müssen Programme konzipiert werden, die immer von neuem die gesamte Datei des Umfragematerials lesen und bearbeiten; dies führt zu erheblichen Defilierzeiten, denen gegenüber die Rechenzeiten kaum von Gewicht sind. Dieser Modelltyp hat sich in der Bundesrep. D. und den übrigen westeuropäischen Ländern weitgehend durchgesetzt.

IV. U m s e t z u n g : Eine Nutzung der M. ist nur möglich, wenn sie auf Computerprogramme übertragen werden. Das gleiche Modell läßt sich in mehreren unterschiedlichen Programmen realisieren, von denen jedes auf eine andere Fragestellung des Praktikers eingeht und diese zu beantworten sucht. – *Grundtypen:* 1. *Rangreihenverfahren* (→Ranking): Bei diesen Programmen wird versucht, eine Rangfolge für die eine bestimmte →Werbekampagne am besten geeigneten Werbeträger zu ermitteln. – Vgl. auch →Tausenderpreis, →VIP-Modell. – 2. *Evaluierungsprogramme (Bewertungsprogramme):* a) *Allgemeine Modellbeschreibung:* Im Zusammenhang mit Evaluierungsverfahren erfolgt eine Bewertung vorgegebener →Streupläne auf der Basis bestimmter Zielkriterien. Man begnügt sich damit, den für das jeweilige Anliegen relativ besten Plan zu identifizieren. Errechnet wird die Kontaktverteilung und ggf. auch der Leistungswert. – *Eingabedaten:* Festlegung des/der zu testenden Planes (Pläne); Definition der →Zielgruppe; Definition evtl. Mediagewichte; (in vielen Fällen) Definition der →Werbewirkungsfunktion. – *Ausgabedaten:* Kontaktverteilungskurve, die darüber Auskunft gibt, wie viele Personen der Zielgruppe mit welcher Häufigkeit erreicht worden sind, um die Ermittlung des Leistungswertes eines Plans durch die Verrechnung der Kontaktverteilung mit der Werbewirkungsfunktion sowie in den überwiegenden Fällen, die Eruierung der Kosten des Plans in Relation zur Leistung festzustellen. –b) *Praktische Modellkategorien:* (1) *AD-ME-SIM (Advertising-Media-Simulation):* Modell von Gensch (1969), das auf den Lese- und Fernsehgewohnheiten von 20 000 Personen beruht. Wöchentliche individuelle Media-Kontaktwahrscheinlichkeiten werden mit Hilfe von Zufallstechniken (→Monte-Carlo-Methode) in feste Kontakte umgerechnet. Das Modell berücksichtigt eine Zielgruppen-, Werbeträger- und Kontaktgewichtung. Als Bewertungskriterien dienen wöchentliche und kumulierte Daten über →Reichweite, Kontaktverteilung und -summe eines Streuplans im Verhältnis zu seinen Kosten. Die Werbeträger werden nach dem Quotienten „Werbewirkung pro Dollar" gereiht, wobei der günstigste Werbeträger so oft wie möglich zum Einsatz gelangt, dann der zweitbeste usw. Die Planerstellung und -bewertung erfolgt so lange, bis drei aufeinanderfolgende Pläne nach dem Kriterium der Werbewirkung pro Dollar nicht besser sind als der Ausgangsplan. – (2) *SAP (Streuplan-Analyse-Programm):* Modell des Hör-Zu-Service (1976). Es bewertet manuell erstellte oder vom Computer konstruierte Pläne nach zugrundegelegten Zielkritertien. – c) *Optimierungsprogramm:* Programme, die darauf angelegt sind, selbständige Pläne zu erarbeiten, die dem Planungsoptimum entsprechen. Implizit muß ein Evaluierungsprogramm funktionieren, das die Bewertung der Pläne besorgt, die das Optimierungsprogramm generiert. Des weiteren sind für jeden Planungsentwurf die Kosten zu ermitteln und diese mit den Leistungen des Plans zu vergleichen. – d) *Evaluierungs- und Optimierungsprogrammen* ist gemeinsam, daß sie nicht nur von der gleichen Modellvorstellung ausgehen, sondern auch das gleiche Datenmaterial zugrunde legen (Basis: Urmaterial einer Umfrage, deren Ergebnisse bereits auf einem Datenträger modelladäquat formuliert sein müssen). Außer diesen gleichen Basisdaten besteht eine weitere Gemeinsamkeit in zwei Elementen der Anweisung durch den Benutzer: Die Definition der Zielgruppe und die Bestimmung der response function (→Werbewirkungsfunktion).

V. Weitere Entwicklung: Mit den M. ist es gelungen, einen Teilbereich der werblichen Realität in kohärenter Weise zu formalisieren (zu simulieren). Sie erscheinen als Fragment möglicher *Marketing-Modelle.* Vorstellbar ist heute schon ein *Marketing-Mikro-Modell,* das das Konsumverhalten des Verbrauchers integriert, indem neben seinen Verhaltensweisen auch seine →Einstellungen in das Modell aufgenommen werden, um ein verkleinertes und vereinfachtes Abbild des Marktes zu erhalten; insbes. steht dabei die Frage im Vordergrund, wie sich Einstellungen (Image) und Verhaltensweisen den Produkten und Marken gegenüber im Feld der werblichen und sozialen Kommunikationsströme verschieben. Damit könnte das M. nicht nur als Planungswerkzeug, sondern v. a. auch als Kontroll- und Prognoseinstrument eine Verwendung finden. – Vgl. auch →Mediaanalyse, →Streuung, →Werbeforschung, →Werbeziele.

Mediastreuplan, →Streuplan.

Mediastreuung, →Streuung.

Medien. 1. Plural von →Media. – 2. Plural von →Medium.

Medienpolitik, →Kommunikationspolitik II.

Medienverbund, Kombination verschiedener →Kommunikationsmittel. – Vgl. auch →Studium im Medienverbund, →Fernstudium im Medienverbund.

Medio, im Bank- und Börsenverkehr der 15. eines jeden Monats; ist dieser ein Sonn- oder Feiertag, der vorhergehende Wochentag. Am M. zu erfüllende Geschäfte (Termingeschäfte) sind *Mediogeschäfte.* Die an diesem Tag fälligen Börsenleihgelder (oder Wechsel) werden auch als *Mediogelder (Medio-Wechsel)* bezeichnet.

Mediogelder, →Medio.

Mediogeschäfte, →Medio.

Medium, Einrichtung zur Übermittlung von Informationen, Meinungen usw., v. a. Funk, Fernsehen und Presse (→Massenmedien).

medium quality, →middling.

medium term notes, zu den →Finanzinnovationen zählende Art der Fremdkapitalbeschaffung durch Emission von Wertpapieren. Meist ungesicherte Industrieschuldverschreibungen mit Laufzeiten zwischen neun Monaten und 15 Jahren, die i. d. R. pari und mit halbjährlicher Zinszahlung emittiert werden. – *Besonderheit:* Die Papiere werden nicht einmalig oder in regelmäßigen festgelegten Abständen an den Markt gebracht, sondern das Gesamtvolumen wird je nach den wechselnden Bedürfnissen des Emittenten sukzessive mit unterschiedlichen Konditionen in Bezug auf Laufzeit, Verzinsung und Menge ausgegeben. – Die *Plazierung am Markt* erfolgt entweder direkt oder durch *agents,* die abhängig von Volumen und Laufzeit eine Provision zwischen 0,05 und 0,6% des Nennwerts erhalten. – *Vorteil:* für den Schuldner besonders kostengünstig; flexible Art der Kapitalbeschaffung.

Mega (M), Vorsatz für das Millionenfache (10⁶fache) der Einheit. Vgl. →gesetzliche Einheiten, Tabelle 2.

Megabit (Mb), Abk. für 2^{20} (ca. eine Million) →Bits.

Megabyte (MB), Abk. für 2^{20} (ca. eine Million) →Bytes.

Mehrangebot, bei Abgabe von →Geboten im →Zwangsversteigerungsverfahren die Differenz zwischen dem Mindestgebot (→Bargebot) und →Meistgebot.

Mehrarbeit. 1. *Begriff:* Verlängerung der Arbeitszeit, bei der die gesetzlichen Grenzen der §§ 3, 4 AZO überschritten werden. Das ist i. d. R. dann der Fall, wenn die gesetzliche Normalarbeitszeit von 48 Stunden pro Woche überschritten wird (§ 15 AZO). →Überstunden können, müssen aber nicht M. i. S. der AZO sein. – 2. *Zulässigkeit von M.:* Vgl. →Arbeitszeit IV. – 3. Die Arbeitnehmer haben für M. i. d. R. einen *Anspruch auf* →*Mehrarbeitsvergütung.* – 4. *Sonderbestimmungen:* Schwerbehinderte sind auf ihr Verlangen von M. freizustellen (§ 43 SchwbG). Werdende und stillende Mütter dürfen nicht mit M. beschäftigt werden (§ 8 I MuSchG).

Mehrarbeitsvergütung, →Arbeitsentgelt für →Mehrarbeit. Für Mehrarbeit besteht ein Anspruch auf M., wenn die gesetzliche Normalarbeitszeit von 48 Stunden pro Woche überschritten wird (§ 15 AZO). Unter M. ist eine Vergütung zu verstehen, die um einen bestimmten Prozentsatz höher ist als die Vergütung für die regelmäßige Arbeitszeit, also z. B. ein höherer Stundensatz zugrunde liegt. Soweit nichts anderes vereinbart ist, gilt ein Zuschlag von 25% zum regelmäßigen Lohnsatz als vereinbart (§ 15 II AZO). – *M. im Falle verbotener Mehrarbeit:* Verlangt der Arbeitgeber Mehrarbeit über die von §§ 6, 7 I, 8 I AZO gezogenen Höchstgrenzen und leistet der Arbeitnehmer diese Mehrarbeit, steht ihm nach ständiger Rechtsprechung gleichwohl die erhöhte Vergütung nach § 15 AZO zu. – *Steuerliche Behandlung:* Vgl. →Mehrarbeitszuschlag.

Mehrarbeitszuschlag. 1. *Begriff:* Zuschlag auf Grundlohn oder -gehalt, der für →Mehrarbeit (Sonntags-, Feiertags- und Nachtarbeit) gezahlt wird; beruhend: a) auf gesetzlicher oder tariflicher Grundlage; b) auf sonstigen Vereinbarungen. Vgl. auch →Mehrarbeitsvergütung. – 2. *Lohnsteuer:* M. sind nach der Steuerreform 1990 bis zu folgenden Grenzen steuerfrei (§ 3 b EStG): (1) 50 v. H. des Grundlohns für Sonntagsarbeit; (2) 125 v. H. für Arbeiten an gesetzlichen Feiertagen, auch wenn diese auf einen Sonntag fallen;

150 v. H. für Arbeiten an den Weihnachtsfeiertagen und am 1. Mai; (3) 40% des Grundlohns bei Nachtarbeit von 0 Uhr bis 4 Uhr für Arbeitnehmer, die zu mind. 50% in Nachtarbeit tätig sind.

Mehraufwand bei auswärtiger Tätigkeit. 1. *Begriff:* Aufwendungen des Arbeitnehmers, die ihm aufgrund einer Tätigkeit an einem auswärtigen Ort (→Arbeitsstätte II) entstehen. – 2. *Arten (im steuerlichen Sinne):* a) →*Dienstreise* oder →*Dienstgang.* Die geleisteten Zahlungen des Arbeitgebers sind Reisekostenvergütungen bzw. die angefallenen Aufwendungen →Werbungskosten bzgl. einer Dienstreise bzw. eines Dienstganges. Vgl. auch →Reisekosten. – b) *Tägliche Rückkehr von der auswärtigen Arbeitsstätte* zum eigenen Hausstand (Abschn. 25 IV LStR). Steuerfrei sind: (1) *Fahrtkostenersatz* des Arbeitgebers für Fahrten zwischen Wohnung und Arbeitsstätte, soweit die nachgewiesenen Aufwendungen nicht überschritten werden und nur eine Hin- und Rückfahrt arbeitstäglich ersetzt wird. Benutzt der Arbeitnehmer ein eigenes Fahrzeug, sind je Entfernungskilometer nur die Pauschbeträge für Fahrten zwischen Wohnung und Arbeitsstätte (0,36 DM bei Benutzung eines Pkw; 0,16 DM bei Benutzung eines Motorrads/Motorrollers steuerfrei; (2) *Verpflegungszuschüsse bei langer Abwesenheit:* 3 bzw. 5 DM/Tag, vgl. →Mehraufwendungen 3. – c) *Keine tägliche Rückkehr von der auswärtigen Arbeitsstätte* zum eigenen Hausstand (→doppelte Haushaltsführung). Steuerfrei sind: (1) *Fahrtkostenersatz* für Fahrten zwischen der Wohnung am auswärtigen Arbeitsort und der Arbeitsstätte wie unter b) (1); ferner *Fahrtkostenersatz* für die erste und letzte Fahrt zwischen Hauptwohnsitz und Beschäftigungsort sowie eine Familienheimfahrt *pro Woche.* Benutzt der Arbeitnehmer für diese Fahrten ein eigenes Fahrzeug, so gelten für Familienheimfahrten die unter b) (1) aufgeführten Pauschbeträge und für die erste und letzte Fahrt zwischen Hauptwohnsitz und Beschäftigungsort je gefahrener km 0,42 DM (Pkw) bzw. 0,18 DM (Motorrad/Motorroller) als steuerfrei. (2) *Verpflegungsmehraufwendungen* im Fall des Einzelnachweises in der tatsächlichen Höhe, maximal jedoch für die ersten zwei Wochen seit Beginn der Tätigkeit am Beschäftigungsort im Inland bis zu 64 DM/Tag und für die Folgezeit bis zu 22 DM/Tag. Ohne Einzelnachweis können bei einem voraussichtlichen Jahresarbeitslohn von bis zu 25000 DM in den ersten zwei Wochen ein Pauschbetrag für Verpflegungsmehraufwendungen i. H. v. 42 DM täglich, bei einem voraussichtlichen Arbeitslohn von 25001 bis 50000 DM i. H. v. 44 DM täglich und bei einem Jahresarbeitslohn von über 50000 DM i. H. v. 46 DM täglich angesetzt werden; für die Folgezeit können in allen Fällen ohne Einzelnachweis täglich 16 DM geltend gemacht werden. (3) *Notwendige Kosten der Unterkunft* am inländischen Beschäftigungsort in nachgewiesener Höhe, soweit sie nicht überhöht sind. Ohne Einzelnachweis können für die ersten zwei Wochen seit Beginn der Tätigkeit folgende Beträge steuerfrei gezahlt werden: 35 DM bei einem voraussichtlichen Arbeitslohn von nicht mehr als 25000 DM, 37 DM bei mehr als 25000, aber nicht mehr als 50000 DM, 39 DM bei mehr als 50000 DM. Wird die Unterkunft vom Arbeitgeber gestellt, so ist kein steuerpflichtiger Arbeitslohn gegeben. – 3. Auswärtiger Tätigkeitsort im *Ausland:* In den Fällen des Einzelnachweises sind: a) für die *ersten zwei Wochen* seit Beginn der Tätigkeit im Ausland steuerfrei: (1) Verpflegungsmehraufwendungen bis zu Höchstbeträgen (§ 5 I Nr. 2 LStDV), (2) Übernachtungsgelder in voller Höhe; b) für die Folgezeit steuerfrei: bis zu 40 v.H. der für Auslandsreisen geltenden Höchstbeträge. Andernfalls sind die Pauschbeträge für →Auslandsreisen anzuwenden: für die ersten zwei Wochen die jährlichen Pauschbeträge in voller Höhe, für die Folgezeit 40 v.H. der jeweiligen Pauschbeträge.

Mehraufwendungen, steuerrechtlicher Begriff. 1. Zusätzliche Aufwendungen bei *auswärtiger Tätigkeit* (Mehraufwand bei auswärtiger Tätigkeit). – 2. Durch →*doppelte Haushaltsführung* entstehen Aufwendungen für Unterkunft, Verpflegung und Familienheimfahrt. – 3. M. für *Beköstigung am Dienstort* von Arbeitnehmern, die a) täglich regelmäßig länger als zwölf Stunden von ihrer Wohnung abwesend sind oder b) an ständig wechselnden Einsatzstellen beschäftigt sind, dort ihre regelmäßige Arbeitsstätte haben und täglich mehr als zehn Stunden von ihrer Wohnung abwesend sind. Die Finanzverwaltung beanstandet es nicht, wenn im Falle a) die M. auf 3 DM und im Falle b) auf 5 DM täglich pauschal festgelegt werden. – 4. M. für Verpflegung aus Anlaß einer *Dienstreise* oder eines *Dienstganges:* →Reisekosten.

Mehrbedarf, →Regelsatz der Sozialhilfe.

Mehrblatt-Verfahren, Form der →Durchschreibebuchführung, bei der neben Kontenblatt und Journal weitere Durchschriften (z.B. Kontoauszug, Buchungsbenachrichtigung) gefertigt werden können.

Mehr-Depot-Problem, →Tourenplanung IV.

mehrdimensionale Organisationsstruktur. 1. *Begriff:* →Organisationsstruktur, bei der durch parallele Verwendung verschiedener Kriterien für die →Kompetenzabgrenzung auf einer Hierarchieebene →organisatorische Teilbereiche gebildet werden, die parallel auf unterschiedliche Handlungsaspekte ausgerichtet sind. Es sollen gleichzeitig mehrere Dimensionen einer Handlung im Entscheidungsprozeß berücksichtigt werden. – 2. *Grundformen*

(nach dem Institutionalisierungsgrad der einzelnen Handlungsdimensionen): a) →Stab-Linienorganisation; b) →Matrixorganisation. – 3. *Konkrete Konzepte* (unter Rückgriff auf die Konstruktionselemente der Stab-Linien- oder der Matrixorganisation): →Funktionsmanagementorganisation, →Produktmanagementorganisation, →Marktmanagementorganisation, →Kundenmanagementorganisation, →Regionalmanagementorganisation u.a. – 5. *Vorteil:* (angestrebte) Verbesserung der Entscheidungsqualität. *Nachteil:* erhöhte Anforderungen an die →Koordination. – *Gegensatz:* →eindimensionale Organisationsstruktur.

mehrdimensionale Skalierung, →multidimensionale Skalierung.

mehrdimensionale Verteilung, empirische oder theoretische →Verteilung, die sich auf mehr als ein →Merkmal oder mehr als eine →Zufallsvariable bezieht. Eine *mehrdimensionale Häufigkeitsverteilung* umfaßt die verschiedenen Kombinationen von →Klassen bzw. Kategorien der beteiligten Merkmale und die zugehörigen →Häufigkeiten. Speziell ist eine zweidimensionale Verteilung in einer Tabelle mit zweifachem Eingang *darzustellen*, also wie folgt (Bevölkerung der Bundesrep. D. im Juni 1984 nach Beteiligung am Erwerbsleben und nach Geschlecht, in Tausend):

	männlich	weiblich	insgesamt
Erwerbspersonen	17 546	11 269	28 815
Nichterwerbspersonen	11 706	20 675	32 381
insgesamt	29 252	31 944	61 196

Die Verteilungen in der letzten Spalte bzw. letzten Zeile sind die eindimensionalen Verteilungen der Merkmale Beteiligung am Erwerbsleben und Geschlecht; sie werden als *Randverteilungen* bezeichnet. Eine *mehrdimensionale theoretische Verteilung* umfaßt bei k beteiligten Zufallsvariablen k-tupel von →Ausprägungen dieser Variablen mit zugehörigen →Wahrscheinlichkeiten oder →Wahrscheinlichkeitsdichten, die durch die verbundene →Wahrscheinlichkeitsfunktion bzw. verbundene →Dichtefunktion angegeben werden.

mehrdimensionale Zufallsvariable, →Zufallsvektor.

mehrere Arbeitsverhältnisse, verschiedene, zeitlich nicht kollidierende →Arbeitsverhältnisse eines Arbeitnehmers. Der Arbeitnehmer darf dadurch nicht gegen die Pflichten aus dem ersten Arbeitsverhältnis verstoßen; er muß in der Lage sein, den übernommenen Verpflichtugen nachzukommen. Die AZO

muß eingehalten werden (→Arbeitszeit). –
Lohnsteuer: Vgl. →mehrere Dienstverhältnisse. – *Sozialversicherung:* Vgl. →Mehrfach-
beschäftigte.

mehrere Betriebe, gewerbesteuerliche Behandlung: M. B. desselben Inhabers erfordern
gewerbesteuerlich für jeden Betrieb besondere
→Gewerbesteuererklärng; auch die Veranlagung zur →Gewerbesteuer erfolgt getrennt.
Abgrenzung mitunter schwierig: M. B. können
durch gemeinsame Buchführung u. a. organisatorische Maßnahmen zu einem einzigen
Betrieb vereinigt sein. Bei gleichartigen Betrieben, zumal am selben Ort, besteht eine gewisse
Vermutung für die Einheitlichkeit; bei un-
gleichartigen und wesensverschiedenen Ge-
werbebetrieben, für die verschiedene Betriebsstätten bestehen, spricht die Vermutung für
die Selbständigkeit der Betriebe. – Vgl. auch
→gemischte Tätigkeit.

mehrere Dienstverhältnisse, bei mehreren
Arbeitgebern eingegangene Dienstverhältnisse, insbes. nebenberufliche abhängige
Tätigkeit eines Arbeitnehmers (→mehrere
Arbeitsverhältnisse). – 1. *Lohnsteuer:* Bezieht
ein Arbeitnehmer aus m.D. Arbeitslohn, wird
die anfallende Lohnsteuer aus jedem Dienstverhältnis unter Vorlage einer jeweils gesonde-
ren →Lohnsteuerkarte zunächst getrennt
berechnet: der Inhalt der Lohnsteuerkarte ist
zu berücksichtigen. Auf der ersten Lohnsteuerkarte ist die sich nach den individuellen
Verhältnissen des Arbeitnehmers ergebende
Steuerklasse (→Lohnsteuerklassen) bescheinigt, auf jeder weiteren Lohnsteuerklasse die
Steuerklasse IV. Der Arbeitnehmer kann wählen, auf welcher Lohnsteuerkarte erhöhte
→Werbungskosten und erhöhte →Sonderaus-
gaben eingetragen werden. – Beträgt der
Steuerpflichtige aus m.D. Arbeitslohn und
beträgt das zu versteuernde Einkommen
18 000 DM (bei Zusammenveranlagungen mit
dem Ehegatten 36 000 DM), so erfolgt Veranlagung zur →Einkommensteuer (§ 46 I EStG).
– Bei Zahlung aus gleichen öffentlichen Kassen bedarf es keiner zweiten Lohnsteuerkarte.
– 2. *Sozialversicherung:* Vgl. →Mehrfachbe-
schäftigte.

Mehrerlös, bei Preisverstößen der Unterschiedsbetrag zwischen dem zulässigen und
dem erzielten höheren Preis. Die Abführung
des M. ist im Urteil, bei →Ordnungswidrigkeit
auch im →Bußgeldbescheid auszusprechen
(§§ 8–11 WStrG 1954).

Mehrerlösabschöpfung, mögliche Sanktio-
nen bei der Mißbrauchsaufsicht. Vgl. im
einzelnen →Kartellgesetz IV.

Mehrfachbeschäftigter, *Teilbeschäftigter.* 1.
Sozialversicherungsrecht: Arbeitnehmer mit
gleichzeitig verschiedenen versicherungspflichtigen Arbeitsverhältnissen. Jeder Arbeitgeber trägt Beitragsanteil für die jeweilige

Beschäftigung. Zuständigkeit der *Krankenkasse* nach überwiegendem Arbeitsverhältnis:
im Zweifel zuerst eingegangenes Arbeitsverhältnis (§ 309 RVO). In der gesetzlichen *Rentenversicherung* kann der M. verpflichtet sein,
die vollen Beiträge durch Verwendung von
Beitragsmarken selbst zu entrichten anstelle
des sonst üblichen →Lohnabzugsverfahrens
(§§ 1396, 1405 RVO; §§ 118, 127 AVG). – 2.
Arbeitsrecht: Vgl. →mehrere Arbeitsverhältnisse. – 3. *Lohnsteuer:* Vgl. →mehrere Dienstverhältnisse.

Mehrfachbezieher, Begriff der amtlichen
Sozialstatistik für die aus verschiedenartigen
Rechtsansprüchen in der Person einzelner
Empfänger „verbundenen" Leistungsarten.

mehrfache Versicherung, Versicherung desselben Risikos bei mehreren →Versicherern
gegen dieselben Gefahren. M.V. führt zur
→*Überversicherung,* wenn der Gesamtbetrag
der →Versicherungssummen höher ist als der
→Versicherungswert (→Doppelversiche-
rung). *Keine* Überversicherung dagegen bei
der einfachen →Mitversicherung sowie bei der
→Nebenversicherung.

Mehrfachkommunikation, Form der
→Kommunikation, bei der gleichzeitige Verbindungen zu unterschiedlichen Teilnehmern
über verschiedene →Kommunikationsdienste
möglich sind. – Vgl. auch →Massenkom-
munikation, →Individualkommunikation,
→Mischkommunikation, →ISDN.

Mehrfachregression, *multiple Regression,*
der Fall in der →Regressionsanalyse, bei dem
zur Erklärung der →endogenen Variablen
mehrere →exogene Variablen herangezogen
werden. – *Gegensatz:* →Einfachregression.

Mehrfachverwendbarkeit, →Universalität.

Mehrfachzuordnung von Kosten, Wesens-
merkmal der →Einzelkostenrechnung: Die
Kosten werden zunächst zweckneutral in
→Grundrechnungen erfaßt und gespeichert,
aus denen heraus sie in die verschiedensten
→Auswertungsrechnungen eingehen können.
– *Beispiel:* Die Kosten eines Bauteils lassen
sich parallel u. a. den Bezugsgrößen verarbeitende Kostenstelle, aufnehmender Kostenträger und betroffener Lieferant zuordnen. –
Bedeutung: Durch die M. v. K. wird die Aussagefähigkeit der Kostenrechnung erheblich
erweitert.

mehrgemeindliche Betriebsstätte, Begriff
des Gewerbesteuerrechts: Eine →Betriebs-
stätte, die sich auf mehrere Gemeinden
erstreckt. Der →einheitliche Gewerbesteuer-
meßbetrag oder Zerlegungsanteil (→Zerle-
gung) ist auf die Gemeinden zu zerlegen, auf
die sich die Betriebsstätte erstreckt, und zwar
nach Lage der örtlichen Verhältnisse unter
Berücksichtigung der durch das Vorhanden-

sein der Betriebsstätte erwachsenden Gemeindelasten (§ 30 GewStG).

Mehrgleichungsmodell, →Ökonometrie II 2.

mehrgliedriger Tarifvertrag, →Tarifvertrag, bei dem auf einer Seite mehrere Verbände oder Unternehmen Vertragspartei sind.

mehrgliedrige Steuer. 1. *Finanzwissenschaftlicher Begriff:* Die Gliederung eines ökonomischen Vorgangs (z. B. Einkommensentstehung) aus erhebungstechnischen Gründen in mehrere selbständige Steuern. Lediglich eine (evtl. aus steuertechnischen Gründen vorteilhafte) Erhebungsweise. Die selbständige Steuer wird als *Gliedsteuer* bezeichnet. – 2. *Erkennungsmerkmal für das Gliedverhältnis* der einen zur anderen Steuer ist die →Anrechenbarkeit der Steuer. Im Steuersystem der Bundesrep. D. sind die Lohnsteuer, die Kapitalertragsteuer, die körperschaftliche Ausschüttungsteuer sowie bestimmte →Abzugsteuern Gliedsteuern zur veranlagten Einkommensteuer.

Mehrheit. 1. *Abstimmung in wirtschaftlichen Unternehmungen:* Vgl. →Stimmenmehrheit. – 2. *Wahlen:* Vgl. →Mehrheitswahl.

Mehrheitsbesitz, →Mehrheitsbeteiligung.

Mehrheitsbeteiligung, Begriff des Konzernrechts für den Fall, daß a) die Mehrheit der Anteile eines rechtlich selbständigen Unternehmens einem anderen Unternehmen gehört oder b) einem anderen Unternehmen die Mehrheit der →Stimmrechte zusteht. – Das betroffene Unternehmen steht in *Mehrheitsbesitz* (§ 16 AktG). – Bei M. besteht u. U. →Mitteilungspflicht.

Mehrheitsprinzip, Prinzip der →Willensbildung, bei dem die Mehrheit entscheidet (→Stimmenmehrheit, →Mehrheitswahl).

Mehrheitswahl, Wahlverfahren, bei dem die absolute Mehrheit der abgegebenen Stimmen in einem Wahlbezirk über den Wahlausgang entscheidet. – *Vorteil:* I. d. R. klare Mehrheitsverhältnisse und weitgehendes Ausschalten von Splitterparteien. – *Nachteil:* I. d. R. Ungleichheit des Stimmengewichts. Kleine Parteien werden oft von der Mitarbeit im Parlament ausgeschlossen. – *Anders:* →Verhältniswahl.

mehrjährige Finanzplanung, *mittelfristige Finanzplanung (Mifrifi).* 1. *Charakterisierung:* Seit 1967 für Bund und Länder, seit 1974/75 für die kommunalen Gebietskörperschaften gesetzlich vorgeschriebene Ergänzung des traditionellen jährlichen →Haushaltsplans (fünfjährige Finanzplanung). Die kommunalen Gebietskörperschaften haben als Grundlage für ihre m. F. zusätzlich ein Investitionsprogramm aufzustellen; während bei Bund und Ländern auf die Investitionspläne der Ministerien zurückgegriffen wird. Gegenüber der jährlichen Haushaltsplanung ergibt sich ein um drei Jahe erweiteter Planungshorizont, da das erst Jahr der m. F. das laufende Kalenderjahr, ihr zweites das des nächsten jährlichen Haushaltsplans ist. Die m. F. wird im Gegensatz zu →Haushaltsgesetz und →Haushaltsplan nicht parlamentarisch festgestellt, sondern von der Bundes-/Landesregierung bzw. der Kommunalverwaltung dem jeweiligen Parlament nur zur Information vorgelegt; sie ist nicht vollzugsverbindlich. – 2. *Zweck:* Mit Hilfe der m. F. soll Mängeln der Einjahresbudgetierung – die gleichwohl ihre Existenzberechtigung behält (→Haushaltsfunktionen) – entgegengewirkt werden. Insbes. soll sie: a) unter *finanzpolitischem Aspekt* die Entscheidungen über längerfristige Prioritäten konkretisieren, Folgekosten aufdecken und zur frühzeitigen Koordination geplanter Maßnahmen verschiedener Planträger beitragen; b) unter *wirtschaftspolitischem Aspekt* dem privaten Sektor Informationen über die zu erwartenden öffentlichen Aktivitäten vermitteln und konjunkturpolitische Erfordernisse in die Haushaltspolitik einfließen lassen; c) unter *allgemeinpolitischem Aspekt* die mehrjährigen Programmvorstellungen der Regierung/Verwaltung aufzeigen und durch die Einbindung in eine längerfristige Konzeption die Haushaltsplanaufstellung verbessern und die Haushaltsdebatten versachlichen. – 3. *Gliederung:* a) *Textteil:* Teil, in dem die zugrundegelegten gesamtwirtschaftlichen Ausgangs- und Entwicklungsdaten erläutert und die Schwerpunkte der Einnahmen- und Ausgabenbereiche dargestellt werden; b) *Zahlenteil:* Teil, der in Anlehnung an die Systematiken des jährlichen Haushaltsplans (→Haushaltssystematik) aufbereitet wird. – 4. *Beurteilung:* Die m. F. hat die zunächst in sie gesetzten funktionalen Erwartungen insbes. infolge mangelnder Bindungsbereitschaft der Regierungen bzw. Verwaltungen nicht erfüllt (→Finanzplanungsrat). Sie ist in der Praxis eher durch die traditionell aufgestellten jährlichen Haushaltspläne bestimmt als daß sie umgekehrt für diese die – gleitend fortgeschriebene – Bezugsgrundlage darstellt.

Mehrkosten. 1. *Begriff:* a) *M. i. w. S.:* Die über einen verglichenen Kostenwert (z. B. Eigenfertigungskosten) hinausgehenden Kosten, z. B. Mehrkosten des Fremdbezugs; b) *M. i. e. S.:* Die über den geplanten Kosten hinausgehenden Kosten, z. B. die Kosten für Fertigungsausschuß, Zeit- und Lohnüberschreitungen, Materialnachforderungen, fehlgeschlagene Entwicklungsarbeiten und Schwund bei lagernden Rohstoffen. – Vgl. auch →Abweichungen. – 2. *Außergewöhnliche M. erheblicher Höhe* können als Verluste aus →Wagnissen behandelt werden. – Vgl. auch →Nacharbeitskosten.

Mehrkurven-Barometer, graphisches Instrument der modernen Konjunkturforschung (→Konjunkturbarometer). – 1. *Methode:* Darstellung mehrerer interdependenter ökonomischer Mengen- oder Wertreihen in einem graphischen Schema, um aus den zeitlichen und wertmäßigen Relationen der Reihen untereinander allgemeingültige Rückschlüsse auf den Verlauf der →Konjuntur zu gewinnen. Bekannt sind die Kombinationen der Bewegungsreihen im →Dreimärkte-Barometer und im →Harvard-Barometer. Die Reihen werden auf wechselseitige innere Abhängigkeit und Spannung in der periodischen Schwingung ihrer Entwicklung untersucht, so auf Auf- und Abwärtsbewegungen am Wertpapiermarkt, in der Roheisenerzeugung und am Geldmarkt. – 2. *Kritik:* Der Praxis zugeneigte Konjunkturforscher bezweifelten die prognostische Tauglichkeit der Dreimärkte-Barometer und konstruierten statt dessen ein den Wirtschaftsorganismus in vielseitiger Weise durchleuchtendes System von Barometern. Bekannt sind das von Wagemann ausgearbeitete Schema, das 13 verschiedene Kurvenbilder umfaßt und einen hohen Grad von Brauchbarkeit bewiesen hat, sowie das Kurvensystem von Mitchell, Burns und Moore, das vom National Bureau of Economic Research zur Konjunkturbeobachtung benutzt wird. – Vgl. auch →Barometersystem.

Mehrleistungen, im Sinn der Sozialversicherung Leistungen, die die →Versicherungsträger neben den gesetzlichen Mindestleistungen (→Regelleistungen) gewähren können, sofern eine entsprechende Bestimmung in der Satzung enthalten ist (§179 III RVO). Das *Höchstmaß,* bis zu dem M. eingeführt werden dürfen, ist – mit Ausnahme für die Krankenversicherungsleistungen der →Knappschaften – durch Gesetz festgelegt.

Mehrlinienprinzip, →Mehrliniensystem.

Mehrliniensystem. 1. *Begriff:* Grundform eines →Leitungssystems, bei dem hierarchisch untergeordnete →organisatorische Einheiten →Weisungen von jeweils mehreren →Instanzen erhalten *(Mehrlinienprinzip);* geht zurück auf das von Taylor geprägte →Funktionsmeistersystem. – 2. *Anwendung:* Das M. wird häufig im Zusammenhang mit der →Matrixorganisation angewendet. – 3. *Vorteile:* Entlastung und →Spezialisierung der Instanzen; Beschleunigung und Flexibilisierung der →Kommunikation bei Einschränkung der Möglichkeiten einer Informationsfilterung. *Nachteile:* V. a. meist unvermeidbare Kompetenzüberschneidungen zwischen den weisungsbefugten Instanzen und daraus resultierende potentielle Konflikte. – *Gegensatz:* →Einliniensystem.

Mehrphasenumsatzsteuer, Umsatzsteuersystem, bei dem auf mehreren, aber nicht allen Phasen der Leistungskette Umsatzsteuer erhoben wird. – *Gegensätze:* →Allphasenumsatzsteuer, →Einphasenumsatzsteuer. – Vgl. auch →Umsatzbesteuerung III 1.

mehrphasige Realisation (von Erlösen oder Deckungsbeiträgen), Entstehung des →Erlöses und →Deckungsbeitrags über die gesamte Zeitspanne vom Auftragsabschluß bis zur (endgültigen) Erfüllung der beiderseitigen Vertragsverpflichtungen (ausgenommen Zug-um-Zug-Geschäfte ohne Gewährleistungsanspruch). Beginnend mit dem bei Vertragsabschluß vereinbarten Erlös und dem auf Basis der vorkalkulierten Einzelkosten ermittelten vorläufigen →Auftragsbeitrag bieten sich für die mitlaufende Fortschreibung der auflaufenden Einzelkosten, des Erlöses und Deckungsbeitrags mehrere Stadien der Auftragsabwicklung an, z. B. in den Zeitpunkten der Fakturierung, Abnahme, Minderung, Nachbesserung und Zahlungseingänge. Es sollte jeweils eine Revision der Vorkalkulationswerte, der noch offenen Positionen und der Abschätzung des Restrisikos damit verbunden werden. Besonders wichtig bei langfristigen Aufträgen (z. B. in Baubetrieben und im Anlagengeschäft). – Vgl. auch →Periodenbeitrag.

Mehrplatzrechner, *Mehrplatzsystem, multi using system,* →Computer, an den mehrere →Terminals angeschlossen werden können. Das →Betriebssystem eines M. stellt üblicherweise den →Mehrprogrammbetrieb (i. d. R. →Teilnehmerbetrieb) zur Verfügung.

Mehrplatzsystem, →Mehrplatzrechner.

Mehrproduktproduktion, Elementartyp der Produktion (→Produktionstypen), der sich aus dem Merkmal der Zahl der angebotenen und produzierten Produkte ergibt. Bei M. werden mehrere Produktarten erzeugt, die jeweils in Varianten erstellt werden können, die sich nur in ihren Produkten voneinander unterscheiden. – *Beispiele:* Elektrohausgeräteproduktion; Walzdrahtproduktion. – *Gegensatz:* →Einproduktproduktion.

Mehrprogrammbetrieb, *Mehrprogrammverarbeitung, multiprogramming (mode),* z. T. auch →multitasking, Betriebsart eines Computers, bei der sich mehrere →Programme gleichzeitig ganz oder teilweise im →Arbeitsspeicher befinden und abwechselnd von dem →Zentralprozessor bearbeitet werden. Wann und wie lange die ablaufenden Programme jeweils →Prozessor(en), →Speicher, →Ein-/Ausgabe-Kanäle oder →Peripheriegeräte zur Verfügung gestellt bekommen, wird vom →Betriebssystem (evtl. beeinflußt von Prioritäten, die den Benutzern zugeteilt wurden) gesteuert. Hierbei wird sehr häufig das Timesharing-Verfahren (→time sharing) angewendet. Daneben kann z. B. bei Rechnern mit einem →Ein-/Ausgabeprozessor auch der Zentralprozessor einem ablaufenden Programm bei einer Ein-/Ausgabeanforderung entzogen und einem anderen Programm zugeteilt werden.

Mehrprogrammverarbeitung, →Mehrprogrammbetrieb.

Mehrprozessorsystem, *Multiprozessorsystem, multiprocessor system,* Computersystem, bei dem ein →Zentralspeicher von zwei oder mehr →Prozessoren gemeinsam benutzt wird. Sie arbeiten entweder gleichberechtigt nebeneinander, oder einer übernimmt die Führung („Master-Slave-Prinzip"). – *Beispiel:* Moderne Großrechner verfügen z. T. über mehrere →Zentralprozessoren, die zu einer Einheit zusammengeschlossen sind. – Vgl. auch →Mehrrechnersystem.

Mehrrechnersystem, *multicomputer system,* Computersystem, bei dem zwei oder mehr →Zentraleinheiten von einem →Programm gesteuert werden. Die Zentraleinheiten verfügen jeweils über mindestens einen →Prozessor allein. – Vgl. auch →Mehrprozessorsystem.

Mehrspaltenjournal, Journalbogen der →Durchschreibebuchführung, in dem vier und mehr Spalten bzw. Spaltenpaare vorgesehen sind, die die gesonderte Eintragung in →Personenkonten (Debitoren und Kreditoren) und in →Sachkonten (Bestands- und Erfolgskonten, evtl. weiter unterteilt) ermöglichen.

Mehrstimmenrecht. 1. *M. bei Genossenschaften:* Genossen, die den Geschäftsbetrieb der Genossenschaft besonders fördern, bis zu drei Stimmen eingeräumtes →Stimmrecht. – 2. *M. bei Aktiengesellschaften:* Vgl. →Mehrstimmenrechtsaktie.

Mehrstimmrechtsaktie, →Vorzugsaktie, der durch die Satzung ein erhöhtes →Stimmrecht beigelegt ist. M. wurden in und nach der Inflation vielfach zum Schutz gegen das Eindringen fremden Einflusses als Schutzaktien geschaffen. Gem. §12 AktG nur mit ministerieller Genehmigung zulässig, soweit es zur Wahrung überwiegender gesamtwirtschaftlicher Belange erforderlich ist. Beseitigung von M. durch Beschluß der Hauptversammlung, der eine ¾-Mehrheit des Grundkapitals (nicht notwendig der Stimmen) umfaßt; u. U. ist der Aktionär, dem die Mehrstimmrechte entzogen werden, zu entschädigen (§5 EG AktG).

Mehrstufenschema, von der Rechtsprechung des Bundessozialgerichts entwickeltes Schema zur Prüfung der Verweisbarkeit eines Versicherten auf ihm noch zumutbare Tätigkeiten, wenn Rente wegen →Berufsunfähigkeit in der gesetzlichen Rentenversicherung streitig ist.

mehrstufige Entscheidungen, Aufspaltung einer Gesamtentscheidung in eine zeitliche Abfolge von Teilentscheidungen. Dabei beeinflußt das Entscheidungsergebnis einer Stufe die Entscheidungssituation der nachfolgenden Stufe. Im Falle m. E. werden →Aktionen zu →Strategien; die Umweltzustände lassen sich durch →Zustandsbäume darstellen. Eine Lösungsmethode, die derartige zeitliche Interdependenzen zwischen Teilentscheidungen berücksichtigt, ist die →dynamische Optimierung. Auch bei m. E. lassen sich deterministische und stochastische Varianten (→Modelle) unterscheiden. – Vgl. auch →Entscheidungsbaum, →flexible Planung, →Principal /Agent-Modell, →Entscheidungsprozesse, →Spieltheorie.

mehrstufige Produktion, Elementartyp der Produktion (→Produktionstypen), der sich aus dem Merkmal der Prozeßuntergliederung ergibt. Die m. P. ist dadurch gekennzeichnet, daß mehrere Arbeitssysteme an der Produktion eines Produktes bzw. Teiles beteiligt sind. Die Stufenzahl ist gerade bei →Werkstattproduktion eine bedeutende Einflußgröße für die Durchlaufzeit der Produkte, da die Übergangszeiten zwischen den Arbeitssystemen einen wesentlichen Teil der Durchlaufzeiten ausmachen. Bei →Fließproduktion kommt es in der Investitionsphase und bei der Bildung von Arbeitsstationen auf die Abstimmung der Stufenkapazitäten an, damit Leerzeiten einzelner Stationen bzw. unnötige Zwischenlager vermieden werden. – *Beispiel:* Herstellung geschmiedeter Kurbelwellen (als Arbeitssysteme werden mehrere Gesenkschmiedestationen, eine Drehstation und eine Auswuchtstation benötigt). – *Gegensatz:* →einstufige Produktion.

mehrstufiger Betrieb. 1. *Begriff:* Innerbetriebliche Organisationsform von Industriebetrieben. Auf dem Weg des Erzeugnisses vom Urprodukt zum Endprodukt werden mehrere hintereinanderliegende Erzeugnisstufen mit marktgängigen Zwischenfabrikaten zusammengefaßt, z. B. Braunkohlengrube und Brikettfabrik; Eisenerzgewinnung, Hochofen, Stahlwerk, Walzwerk, Maschinenfabrik. – 2. *Vorteile:* a) Kostensenkung durch kürzere Transportwege, bessere Kapazitätsausnutzung von Hilfsbetrieben sowie der Einkaufs-, Verwaltungs- und Vertriebsorganisation; b) Sicherung der Beschäftigung der Vor- und Zwischenerzeugnisse herstellenden Betriebsteile; c) Sicherung gleichmäßiger Qualität für die nachgelagerten Stufen. – *Gegensatz:* →einstufiger Betrieb.

mehrstufiges Zufallsstichprobenverfahren, spezielles →höheres Stichprobenverfahren. – Beim Spezialfall eines *dreistufigen Zufallsstichprobenverfahrens* wird die →Grundgesamtheit in mehrere →Teilgesamtheiten („Primäreinheiten"), jede dieser Teilgesamtheiten in mehrere Sekundäreinheiten und jede dieser Sekundäreinheiten in Tertiäreinheiten zerlegt. Aus den Primäreinheiten erfolgt eine uneingeschränkte Zufallsauswahl (→uneingeschränkte Zufallsstichprobe); aus den ausgewählten Primäreinheiten werden zufällig Sekundäreinheiten und dann analog Tertiäreinheiten ausgewählt.

Mehrthemenbefragung, →Omnibusbefragung.

Mehr- und Wenigerrechnung, *Differenzenprobe, Plus-Minus-Rechnung Ergebnisrechnung.* 1. *Begriff/Anwendungsbereich:* Ein Verfahren zur Ermittlung der erfolgsmäßigen Auswirkungen von →Bilanzberichtigungen und →Bilanzänderungen sowie zur Abstimmung von →Handelsbilanz und →Steuerbilanz. Sie wird bei der →Außenprüfung zur sachlich differenzierten Darstellung und Kontrolle der erfolgsmäßigen Abweichungen von eingereichter Steuerbilanz und Prüferbilanz eingesetzt; bei Betrieben, die für steuerliche Zwecke keine gesonderten Bücher führen, dient sie zur Ableitung der Steuerbilanz aus der Handelsbilanz. – 2. *Verfahren:* Wertansätze der einzelnen Bilanzpositionen werden schematisch gegenübergestellt und Abweichungen festgehalten. Zum Ausgleich von Aktiva und Passiva der abgeleiteten Steuerbilanz wird ein →Steuerausgleichskonto oder Steuerausgleichsposten gebildet; diese Position zählt zum Eigenkapital.

Mehrweg-Umlegungsverfahren, Verfahren der Verkehrsumlegung im Rahmen der →Verkehrsplanung. Die zu verteilenden Verkehrsströme werden auf die verschiedenen Routen nach Maßgabe der vorliegenden Widerstandsverhältnisse aufgeteilt. Bei schrittweiser Umlegung kann eine Verteilung der Verkehrsströme mit weitgehender Angleichung der Widerstände erreicht werden. – *Anders:* →Bestweg-Umlegungsverfahren.

Mehrwegverpackung, →Verpackung zur mehrmaligen Nutzung bei entsprechender Vorbehandlung (Waschen). M. schont →natürliche Ressourcen (u. a. geringer Energiebedarf), entlastet Deponien; besondere Rücknahme- und Sammelorganisation, Investitionen für Lager- und Reinigungssysteme erforderlich. – *Gegensatz:* →Einwegverpakkung.

Mehrwert, →Mehrwerttheorie.

Mehrwertrate, Begriff der Wirtschaftstheorie des →Marxismus für das Verhältnis von Mehrwert (→Mehrwerttheorie) bzw. →Profit zu →variablem Kapital (der Lohnsumme). Da der →Arbeitswertlehre zufolge nur die menschliche Arbeitskraft wertschöpfend ist (Mehrwert schaffen kann), dieser jedoch von den Unternehmern durch →Ausbeutung der Arbeiter diesen vorenthalten wird, soll die M. das Ausmaß dieser unterstellten Ausbeutung messen. Angenommen wird, daß auf Grund des →tendenziellen Falls der Profitrate die Ausbeutung, die M., so lange ansteigen muß, bis es zu einer revolutionären Überführung

des →Kapitalismus in den →Sozialismus kommt (→historischer Materialismus, →Klassentheorie).

Mehrwertsteuer, im allgemeinen Sprachgebrauch und von der EG verwendete Bezeichnung für die seit dem 1. 1. 1968 eingeführte Umsatzsteuer mit Vorsteuerabzug, eine nichtkumulative Allphasennettoumsatzsteuer (→Allphasenumsatzsteuer, →Nettoumsatzsteuer). – Vgl. auch →Umsatzbesteuerung, →Umsatzsteuer.

Mehrwerttheorie. 1. *Charakterisierung:* Von K. Marx entwickelte Lehre, mit der er den Ursprung des Unternehmergewinns (→Profit) aus der →Ausbeutung der lohnabhängigen Arbeiter nachzuweisen versucht. Das der →Arbeitswertlehre zugrundeliegende Preisbestimmungsprinzip wird hierfür auf den Lohn der Arbeitskraft übertragen: Der Preis (→Tauschwert) der Arbeit entspricht demjenigen Aufwand, der zu ihrer Wiederherstellung (Reproduktion) gesellschaftlich durchschnittlich notwendig ist. Entlohnt der Unternehmer die Arbeiter so, daß diese ihre notwendigen Ausgaben (u. a. für Ernährung, Kleidung, Miete, für Erziehung und Ausbildung der Kinder) bestreiten können, bezahlt er sie definitionsgemäß zum Wert der Arbeitskraft. Sie müssen jedoch während ihres Arbeitstags länger arbeiten und entsprechend der Arbeitswertlehre mehr Tauschwerte produzieren als ihrem eigenen Wert und damit Lohn entspricht. Die Differenz zwischen Tauschwert der Arbeit und Tauschwert der von den Arbeitern produzierten Güter wird als *Mehrwert* bezeichnet. Ihn kann sich der Unternehmer als Eigentümer der Produktionsmittel aneignen. Das Verhältnis von Mehrwert zu Lohnkosten (→variables Kapital) wird als →*Mehrwertrate* bezeichnet (→Ausbeutung). – Als Reaktion auf den →tendenziellen Fall der Profitrate versucht der Unternehmer Marx zufolge, den *Mehrwert zu erhöhen:* a) Er läßt die Arbeiter bei gleichem Lohn länger arbeiten und so mehr Tauschwerte produzieren *(absoluter Mehrwert)* oder b) er steigert die Arbeitsproduktivität, so daß in der gleichen Arbeitszeit mehr Produkte bei gleichzeitig sinkendem Wert der Arbeitskraft – durch die gesteigerte Produktivität nimmt der „Reproduktionsaufwand", berechnet in Arbeitsstunden, ab – hergestellt werden *(relativer Mehrwert,* →Verelendung). – 2. *Beurteilung:* Die M. wird deswegen kritisiert, weil die einzelnen Elemente des „Reproduktionsaufwands" der Arbeitskraft nicht eindeutig bestimmt sind; dies bewirkt jedoch eine Unbestimmtheit ihres Wertes und damit des Mehrwerts als Differenzbetrag. Daneben teilt der Ansatz die Schwächen der zugrundeliegenden Arbeitswertlehre.

Meile. 1. Altes deutsches Wegemaß: 1 Meile = 7,420 km. – 2. *Seemeile (sm),* Längeneinheit im Schiffsverkehr: 1 sm = 1,852 km. →Knoten. – 3. Englische Meile, *mile*, Längeneinheit: 1 mile = 1,60934 km.

Meilenstein. 1. *Begriff:* Definierter Punkt, (→Ereignis), an dem im Rahmen eines Projekts der Abschluß einer Einzelaktivität überprüft wird (→Projektmanagement). M. werden i. d. R. bei allen größeren Projekten, insbes. bei der Entwicklung von →Softwaresystemen, angewendet. – 2. *Ziel:* Sicherstellung der im Projektplan festgelegten Termin-, Kosten- und Qualitätsanforderungen. – 3. *Voraussetzung:* Die Überprüfung der M. erfolgt kontinuierlich und in kurzfristigen Abständen.

Meineid, →Verbrechen (§§ 154, 155 StGB). Wer vor Gericht (z. B. als Zeuge) oder vor einer anderen zur Abnahme von Eiden zuständigen Stelle (z. B. Konsulat und parlamentarischer Untersuchungsausschuß) *vorsätzlich* falsch schwört oder falsch bekräftigt, wird mit Freiheitsstrafe nicht unter einem Jahr, bei mildernden Umständen nicht unter sechs Monaten bestraft. – Strafbar (mit Freiheitsstrafe bis zu einem Jahr) ist auch die aus →*Fahrlässigkeit* falsche Eidesleistung (§ 163 StGB). – Bei rechtzeitiger *Berichtigung* kann eine mildere Strafe verhängt werden oder Straffreiheit eintreten (§§ 158, 163 StGB).

Meinungsforschung, *Demoskopie,* Teilgebiet der empirischen Sozialforschung zur Ergründung der öffentlichen Meinung (→Umfrage). Analyse von gesellschaftlichen und wirtschaftlichen Tatbeständen, insbes. →Marktanalyse, Werbewirkungs-Analyse und Erfassung der Auswirkungen gesellschafts- oder betriebspolitischer Maßnahmen (innerbetriebliche M., →Betriebsklima). – *Methode:* M. beruht meist auf Repräsentativerhebungen mit Hilfe von →Stichprobenverfahren oder Quotenverfahren (→Repräsentativerhebung). M. ist kostspielig, auch bei repräsentativer Erfassung eines kleinen Querschnitts (→Querschnittuntersuchung), da *erforderlich:* a) zur Vermeidung des Interviewer→Bias eine gründliche Ausbildung der Interviewer (psychologische und technische Schulung sowie Spezialausbildung über den interessierenden Fragenkomplex); b) technische Einrichtungen zur Ermittlung des optimalen Ausleseverfahrens und zur statistischen →Auswertung. Deshalb überwiegend *Institutsarbeit* (→Marktforschungsinstitute). – Bei einer von Werbefachleuten häufig empfohlenen Aufteilung der Befragten in *Meinungskreise* (wie Religionsgesellschaften, Berufsverbände, einzelne Belegschaften) sind generell gültige Aussagen nicht zu gewinnen.

Meinungsfreiheit, nach Art. 5 GG →Grundrecht eines jeden, seine Meinung in Wort, Schrift und Bild frei zu äußern und zu verbreiten und sich aus allgemein zugänglichen Quellen zu unterrichten. – *Beschränkung* in den allgemeinen Gesetzen, den gesetzlichen Bestimmungen zum Schutz der Jugend und dem Recht der persönlichen Ehre. Allgemeine Gesetze sind hierbei solche, die sich nicht gegen eine bestimmte Meinung richten.

Meinungsführer, *opinion leader,* Mitglied einer kleineren Gruppe, das einen stärkeren persönlichen Einfluß auf die Gruppe ausübt als andere Gruppenmitglieder. M. hat *Schlüsselstellung* in der Gruppe; er entfaltet im Rahmen der persönlichen Kommunikation besondere Aktivitäten und übernimmt durch seinen größeren Einfluß oft Auslösefunktionen für die Meinungen und Entscheidungen anderer. Allgemeingültige Kriterien zur Identifikation von M. existieren bislang nicht.

Meinungskauf (-verkauf), Kauf oder Verkauf von Wertpapieren aufgrund von Meinungen und Gerüchten über künftige, das Wertpapier betreffende Ereignisse.

Meistbegünstigung. 1. *Begriff:* Verpflichtung eines Staates, alle handelspolitischen Vergünstigungen, insbes. Zollvorteile, die er einem anderen Staat eingeräumt hat, allen Staaten ebenfalls einzuräumen, mit deren M. vereinbart. – 2. *Arten:* a) *Unbedingte* und *unbeschränkte M.:* Das Verbot der Diskriminierung erstreckt sich auf alle Einfuhrwaren, alle Länder und alle Arten der Handelserschwerung. b) *Beschränkte M.:* Nur vertraglich vereinbarte Waren sind betroffen oder ausdrücklich ausgenommen. c) *Bedingte M.:* Gewährung eines Vorteils verlangt eine entsprechende Gegenleistung. – 3. *Rechtliche Grundlagen:* M.-Verpflichtung kann auf bilateralen Abkommen mit dem Prinzip der Reziprozität beruhen oder auf multilateralen Verträgen, deren bedeutendster heute das →GATT ist, das (abgesehen von genehmigten Ausnahmen) alle Mitglieder zu absoluter und unbedingter M. verpflichtet. Ausdrücklich ausgenommen von der M.-Verpflichtung sind im GATT →Zollunionen, →Freihandelszonen und die →Commonwealth-Präferenzen; 1968 wurde auf der Konferenz der UNCTAD in Neu-Delhi die Einführung von Vorzugszöllen durch die Industriestaaten für Einfuhren aus den →Entwicklungsländern beschlossen. Auch bilaterale M.-Verträge wirken insofern multilateral, als die M. alle neu hinzukommenden Vereinbarungen mit den bestehenden Verträgen zu einem System verknüpft, an dem die M.länder automatisch teilhaben. – 4. *Bedeutung:* M. verhindert die Diskriminierung nach Ländern im internationalen Handel und trägt so zur Verbesserung der →internationalen Arbeitsteilung bei. Zu beachten ist allerdings, daß die M. unterlaufen werden kann und oft wird, z. B. durch Kontingentierung der Wareneinfuhr, Differenzierung der Frachttarife und bürokratische Maßnahmen der Zollbehörden (Ablehnung von Zeugnissen, Vorschriften des Warenzeichenrechts u. a.; vgl. →nicht-tarifäre Handelshemmnisse).

Meistbietender, im Zwangsversteigerungsverfahren und auf Auktionen derjenige, der das →Meistgebot abgegeben hat und an den somit der →Zuschlag erteilt wird, durch den der M. zum →Ersteher wird (§ 81 ZVG).

Meister, →Handwerksmeister.

Meisterprüfung, Fachprüfung eines →Handwerkers, u. a. erforderlich für die Eintragung in die →Handwerksrolle. M. ist der →Befähigungsnachweis darüber, daß der Handwerker die notwendigen praktischen und theoretischen Fachkenntnisse sowie die erforderlichen betriebswirtschaftlichen, kaufmännischen, rechtlichen und berufserzieherischen Kenntnisse besitzt, um einen →Handwerksbetrieb selbständig führen und Auszubildende anleiten zu können. – *Rechtliche Grundlagen:* Handwerksordnung, Meisterprüfungsordnung und einschlägige Rechtsverordnung des Bundesministers für Wirtschaft, insbes. die Verordnung über gemeinsame Anforderungen in der Meisterprüfung im Handwerk vom 12.12.1972 und die Rechtsverordnungen für einzelne Handwerksberufe. – Die M. ist vor einem →*Meisterprüfungsausschuß* abzulegen. – M. gliedert sich in vier *Prüfungsteile:* a) Praktische Prüfung, b) Prüfung der fachtheoretischen Kenntnisse, c) Prüfung der wirtschaftlichen und rechtlichen Kenntnisse, d) Prüfung der berufs- und arbeitspädagogischen Kenntnisse (→Rahmenlehrpläne zur Meisterprüfung). – *Zulassung:* a) Nachweis der Gesellenprüfung und mehrjährige Gesellentätigkeit oder b) Zeugnis der →Industrie- und Handelskammer über die Ausbildungsabschlußprüfung und mehrjährige Tätigkeit in dem betreffenden Handwerk.

Meisterprüfungsausschuß, ein von der höheren Verwaltungsbehörde am Sitz der →Handwerkskammer gebildetes, durch staatlichen Akt geschaffenes, selbständiges Organ zur Durchführung der →Meisterprüfung. – *Zusammensetzung:* fünf Mitglieder; Vorsitzender, der nicht →Handwerker zu sein braucht. sowie vier Fachbeisitzer, von denen mindestens zwei die Meisterprüfung in dem betreffenden Handwerk abgelegt haben oder das Recht zum Ausbilden von Auszubildenden (Lehrlingen) besitzen und mindestens seit einem Jahr dieses Handwerk selbständig als stehendes Gewerbe betreiben. Ein Beisitzer soll ein →Geselle sein, der in dem betreffenden Handwerk die Meisterprüfung abgelegt hat und tätig ist. Für die Abnahme der Prüfung in der wirtschaftlichen Betriebsführung sowie in den kaufmännischen, rechtlichen und berufserzieherischen Kenntnissen soll ein Beisitzer bestellt werden, der in diesen Prüfungsgebieten besonders sachkundig ist und dem Handwerk nicht anzugehören braucht (§ 48 HandwO).

Meisterschulen, städtische, staatliche, organisationseigene Fachschulen zur Vorbereitung von Gesellen auf die Meisterprüfung.

Meistertitel. 1. *Charakterisierung:* Das Recht, die Bezeichnung „Meister" in Verbindung mit dem entsprechenden →Handwerksberuf zu führen, wird unabhängig von der selbständigen Ausübung eines Handwerksberufs durch erfolgreiche Ablegung der →Meisterprüfung erworben. M. ist insoweit gesetzlich geschützt (Bäckermeister, Schlossermeister usw.). Bezeichnungen wie Werk-, Maschinen- und Industriemeister sind nicht geschützt. – 2. *Einkommen-/Lohnsteuer:* Aufwendungen zur Erlangung des M. (Kosten der Vorbereitung, Aufwendungen für Arbeits- und Lehrmittel sowie Prüfungsgebühren) sind steuerrechtlich abzugsfähige →Werbungskosten.

Meistervorbereitungskurse, *Meistervorbereitungslehrgänge,* von den →Handwerkskammern eingerichtete Abend- und Tageskurse zur Vertiefung und Erweiterung des fachtechnischen, wirtschaftlichen und rechtlichen sowie berufs- und arbeitspädagogischen Wissens. Dient der Vorbereitung auf die →Meisterprüfung.

Meistgebot, letztes und zugleich höchstes →Gebot im Zwangsversteigerungsverfahren, bestehend auf dem →Bargebot und →bestehenbleibenden Rechten.

Meldebestand, Begriff der industriellen Lagerwirtschaft für einen Bestand, bei dessen Erreichung eine Bestellung veranlaßt wird (→Materialbestandsarten). Der M. ist so zu bestimmen, daß während der Wiederbeschaffungszeit der Sicherheitsbestand nicht angegriffen wird. Der Normalverbrauch in der Wiederbeschaffungszeit entspricht also der Differenz von M. und Sicherheitsbestand. – Der M. *steuert* die Auslösung von Bestellungen im →Bestellpunktverfahren.

Meldegeheimnis, Pflicht der bei den Meldebehörden beschäftigten Personen, die im →Melderegister festgehaltenen personenbezogenen Daten nicht unbefugt zu einem anderen als dem zur jeweiligen rechtmäßigen Aufgabenerfüllung gehörenden Zweck zu erheben und zu verarbeiten, v. a. bekanntzugeben, zugänglich zu machen oder sonst zu nutzen. – *Rechtliche Regelung* der Übermittlung von Daten zwischen Meldebehörden verschiedener Länder und zwischen Meldebehörden und Behörden oder sonstigen öffentlichen Stellen des Bundes in zwei VO vom 18.7.1983 (BGBl I 943) und vom 26.6.1984 (BGBl I 810).

Meldepflicht. I. Verwaltungsrecht: Gesetzlich geregelt durch das Melderechtsrahmengesetz (MRRG) vom 16.8.1980 (BGBl I 1429) als Rahmengesetz und landesrechtliche Vorschriften. – 1. *Allgemein:* M. besteht beim Bezug in eine und beim Auszug aus einer Wohnung. Der Wohnungsgeber ist zur Mitwirkung verpflichtet. Durch Landesrecht können Ausnahmen von der M. zugelassen werden, wenn die Erfassung von Daten der betroffenen Personen gewährleistet ist oder ein Aufenthalt zwei Monate nicht überschreitet. – 2. *Sonderregelungen* für die M. von Binnenschiffern und Seeleuten, für die Unterkunft in Beherbergungsstätten sowie für Personen in Gemeinschaftsunterkünften, Krankenhäusern, Pflegeheimen u. ä. – 3. Die Meldebehörden führen ein →*Melderegister* und unterstehen dem →*Meldegeheimnis*.

II. S t e u e r r e c h t : M. gegenüber dem Finanzamt besteht u. a. für die Eröffnung eines Betriebs; auch nachträgliche Erkenntnis unrichtiger steuerverkürzender Steuererklärungen muß dem Finanzamt gemeldet werden (§§ 138, 153 AO).

III. A u ß e n w i r t s c h a f t s r e c h t : Überfällige →*Ausfuhrforderungen* sind der Deutschen Bundesbank zu melden. Weitere M. bestehen für →*Auslandskonten*, →*Auslandsniederlassungen* und *Vermögensanlagen* →*Gebietsfremder;* →ausländische Unternehmungen im Inland und →Innerdeutschen Zahlungsverkehr. Vgl. im einzelnen →Anzeigepflicht.

Melderegister, zur Erfüllung der Aufgaben der Meldebehörden geführt, enthält Daten, die von den Einwohnern erhoben oder von Behörden und sonstigen öffentlichen Stellen übermittelt werden.

Meldewesen. I. Ö f f e n t l i c h - r e c h t l i c h : Registrierung der Einwohner durch die für das M. zuständigen Behörden der Länder in →Melderegistern, um deren Identität und Wohnungen feststellen und nachweisen zu können. Es besteht →Meldepflicht. Im MRRG ist u. a. auch die Speicherung und Zweckbindung der Daten geregelt.

II. A u ß e r b e t r i e b l i c h : Anforderungen von Behörden und Wirtschaftsverbänden für Zwecke der Statistik und des Betriebsvergleichs.

III. I n n e r b e t r i e b l i c h : Meldungen (Berichte, Rapporte) liefern den zentralen Verwaltungsstellen die für die Lenkung des Betriebes notwendigen Unterlagen, z. B. Berichte der Personalabteilungen über Kranke, aus anderen Gründen Fehlende, Urlauber, Zuspätkommende; des Fahrdienstes über Einsatz und Kilometerleistungen; der Terminkontrolle über Terminüberschreitungen. Zu unterscheiden: einmalige und regelmäßige Meldungen. Zur Ersparnis von Arbeitszeit ist notwendig: sorgfältige Vorbereitung von Meldeplan, Meldevordrucken, pünktliche Ablieferung, statistische Auswertung und Veranschaulichung der Ergebnisse.

Melioration, alle Maßnahmen zur Verbesserung der Ertragsmöglichkeiten von landwirtschaftlich nutzbaren Grundstücken oder zu deren Gewinnung aus Ödland und Unland,

z. B. durch Be- und Entwässerung, Wegebau, Windschutzpflanzungen, Abwerfung.

Memorial, veraltete Bezeichnung für →Journal.

memory card, →Chip-Karte.

Menge, Zusammenfassung von unterscheidbaren Objekten zu einem Ganzen. Die Zusammenfassung wird häufig durch geschweifte Klammern zum Ausdruck gebracht, z. B. für die Menge der ersten drei Buchstaben des Alphabets: {a, b, c}. – Die betreffenden Objekte, z. B. a, b, c werden als *Elemente* bezeichnet. – Vgl. auch →Mengenlehre.

Menge der Inputerfordernis, *input requirement set,* Menge aller Inputvektoren (→Input), mit deren Hilfe eine gegebene Ausbringungsmenge (→Output) erstellt werden kann.

Menge der Produktionsmöglichkeiten, Technologie(menge); beschreibt alle →Input-Output-Vektoren (Kombinationen), die eine Unternehmung bei gegebener Technologie ausführen kann.

Mengenabschreibung, *verbrauchsbedingte, leistungsbedingte oder technische Abschreibung,* Form der →Abschreibung, deren Bemessung sich nach Beanspruchung in Form der voraussichtlichen Mengenleistung (nach den Gemeinschaftsgrundsätzen für das Rechnungswesen: ,, der betriebsüblichen Gesamtleistungsdauer'', ausgedrückt in Stück, m, kg usw.) einer Anlage richtet. – 1. *Berechnung:* a) Die *Abschreibungsquote* je Leistungseinheit errechnet sich aus:

$$\frac{\text{Anschaffungswert ./. Schrottwert}}{\text{Gesamtheit der Erzeugnisse (in Stück, kg, hl)}}$$

b) Die *Abschreibungssumme* je Jahr ist gleich Abschreibungsquote je Stück × Anzahl der Leistungseinheiten im Jahr. – 2. *Anwendung:* M. ist nur sinnvoll, wenn einzige bzw. mit vorherrschende Entwertungsursache der Gebrauch ist und die totale Mengenleistung einer Anlage genau feststeht oder abschätzbar ist (Proportionalisierung der Abschreibung); →gebrochene Abschreibung. – *Gegensatz:* →lineare Abschreibung oder →degressive Abschreibung. – 3. *Steuerlich* zulässig bei beweglichen Wirtschaftsgütern des Anlagevermögens, bei denen sie wirtschaftlich begründet ist; der Umfang der Leistung pro Jahr ist nachzuweisen (§ 7 I 4 EStG). – Vgl. auch →Absetzung für Abnutzung.

Mengenabweichung, →Abweichungen I 2 c) (2).

Mengenanpasser, *Preisnehmer, price taker,* Wirtschaftssubjekte, die Preise als gegeben akzeptieren und ihre Wirtschaftsziele durch Anpassung von Mengen realisieren. Unter

→vollkommener Konkurrenz verhalten sich alle Wirtschaftssubjekte als M.

Mengenanpassung, Form der Absatz- und Vertriebspolitik, bei der ein Anbieter sich an die von anderen verlangten und gezahlten Preise mit seiner Absatzmenge anpaßt, weil er die Preise nicht zu beeinflussen vermag. – *Gegensatz:* →Mengenfixierung.

Mengenfeststellung, Mengenermittlung nach Maßen und Gewichten, i. a. durch Wiegen oder Zählen. – Für die gewichtsmäßige M. bei *hygroskopischen Waren* genaue Festlegung des zulässigen Feuchtigkeitsgehalts wichtig (→Trockengewicht). – *Mengenverluste* auf dem Transport können durch M. des Gewichts nach Transportabschluß vom Käufer auf den Verkäufer abgewälzt werden ("ausgeliefertes Gewicht", "bahnamtliches Gewicht"). – Wichtig ist bei der M. die Ermittlung des *Verpackungsgewichts* (→Tara). Bei Verkauf *"Brutto für Netto"* ist die Verpackung bei M. mitgerechnet. Neben "Tara" mögliche Korrekturen des Warengewichts, die für M. von Bedeutung sind: →Gutgewicht, →Leckage, →Fusti, →Refaktie. – Vgl. auch →Mengenangaben.

Mengenfixierung, Form der Absatz- und Vertriebspolitik. Ein Anbieter fixiert die Absatzmenge. Der zu dieser Absatzmenge gehörige Preis kann aus der →Preis-Absatz-Funkton abgeleitet werden (mit größerer oder geringerer Sicherheit, je nachdem es sich um monopolistische, polypolistische oder oligopolistische M. handelt). – *Gegensatz:* →Mengenanpassung.

Mengengerüst, quantitative und strukturelle Daten eines Unternehmens oder einer Teilbereichs (Produktion, Auftragsbearbeitung usw.), die in der →Systemanalyse erhoben werden (z. B. Anzahl der Buchungen pro Tag, Durchlaufzeit pro Fertigungsauftrag). – *Verwendung:* Im Rahmen der →Istanalyse und des →Sollkonzepts bzw. der →Informationsbedarfsanalyse werden Rahmendaten der Unternehmung und/oder ihrer Teilbereiche benötigt, aus denen Rückschlüsse hinsichtlich des Istzustands und der zukünftigen Konzeption gezogen werden können. Häufig werden die M. zu Kennzahlen verdichtet und zu überbetrieblichen Vergleichen herangezogen.

Mengengerüst der Kosten, dem →wertmäßigen Kostenbegriff zugrundeliegende Annahme, jeder Kostenbetrag bilde sich als das Produkt aus Verbrauchsmenge (Mengengerüst) und Wert pro Mengeneinheit. Obwohl überwiegend zutreffend, greift diese Annahme für einige Kostenarten, z. B. Versicherungskosten, Grund- und Vermögensteuer, nicht.

Mengenindex, →Indexzahl zur Ermittlung der reinen durchschnittlichen Mengenbewegung. Die Berechnung erfolgt mit konstanten Werten (Preisen) im Bais- und Berichtszeit-

raum. – *Beispiele:* Außenhandels-Volumenindex (→Außenhandelsvolumen), →Produktionsindex, →Index der Arbeitsproduktivität.

Mengenkonjunktur, volkswirtschaftlich i. d. R. erwünschte Erscheinung, daß sich eine Aufschwungsphase der Wirtschaft nicht in Preissteigerungen (wobei das Interesse der Produzenten überwiegt), sondern in einer überproportionalen Zunahme der wirksamen Nachfrage bei nachgebenden Preisen auswirkt, wobei sich zugleich steigende Erlöse ergeben. – *Voraussetzung für M.:* a) Bisherige Unterversorgung mit den betreffenden Gütern, b) allgemein guter Beschäftigungsstand, denn zu M. bedarf es wachsender Massenkaufkraft. – *Gegensatz:* →Preiskonjunktur.

Mengenlehre, kurz vor 1900 von G. Cantor begründete Disziplin, in der mit →Mengen operiert bzw. gerechnet wird. Die grundlegenden Operationen sind die →Vereinigung (Operationszeichen ∪), das Bilden der →Schnittmenge (Operationszeichen ∩) und die →Komplementbildung (durch Vorsetzen eines C oder durch einen übergesetzten Querstrich gekennzeichnet).

Mengenleistungsprämie, *Quantitätsprämie,* Mischform aus →Zeitlohn und →Akkordlohn mit gegenüber dem Akkordlohn gedämpfter Leistungsgradabhängigkeit. Anwendung, wenn keine →Akkordfähigkeit vorliegt, weil Vorgabezeiten wegen wechselnder Arbeitsbedingungen oder wegen nicht genauer Erfaßbarkeit der einzelnen Teilarbeiten für Akkordentlohnung nicht verwendet werden können. – Vgl. auch →Prämienlohn.

Mengennotierung, →Wechselkurs.

Mengenrabatt. 1. *Begriff:* Preisvergütung für die Abnahme bestimmter Mengen eines oder mehrerer Produkte in einem Auftrag oder in einer Bezugsperiode (→Rabatt). Gelegentlich auch →Naturalrabatt (Wahrnehmung quantitativer →Handelsfunktionen). – 2. *Formen:* a) *Artikelrabatt:* M. für die Abnahme befstimmter Mengen eines Produktes bei einem Auftrag. Steigt die Rabatthöhe mit geordneter Menge (linear oder progressiv) an, so werden die Rabattsätze pro steigende Auftragsmengen in Rabattstaffeln ausgewiesen. – b) *Auftragsrabatt:* M. bezogen auf die Abnahmemenge sämtlicher in einem Auftrag zusammengefaßter Warenbestellungen, z. B. durch einen Einzelhandelsbetrieb bei einem Großhändler. – c) *Gesamt-Umsatzrabatt (Jahresbonus, Treuerabatt):* M. bezogen auf die Abnahmemengen sämtlicher Produkte (unabhängig von der Zahl der Aufträge) in einer Bezugsperiode (z. B. einem Jahr). – 3. *Bedeutung:* Sämtliche Formen der M. sind Gegenleistungen für Kosteneinsparungen; sie dienen im Geschäft des Großhandels mit den selbständigen Einzelhändlern der →Einkaufskonzentration. M. werden von Herstellern gewährt, um den Handel zur Abnahme der eigenen und nicht der konkurrierenden Marken zu bewegen. – 4. *Rabattspreizung:* Mißverhältnis zwischen Anstieg der Rabattsätze (z. B. progressiv) und der zusätzlichen Abnahmemengen (z. B. linear); gilt als den Leistungswettbewerb im Handel schädigende Praktik (→Gemeinsame Erklärung). Derartige Rabattgestaltung (etwa durch Hersteller) fordert selbst große Abnehmer im Handel zu weiterer Kooperation im Einkauf heraus, um die günstigsten Konditionen des größten Abnehmers zu erhalten (→Nachfragemacht).

Mengenrationierungsansatz, →Neue keynesianische Makroökonomik.

Mengenrechnung. 1. *Begriff:* Laufend systematische oder fallweise auf physikalische Maßgrößen beschränkte Abbildung erwarteter, geplanter und erfaßter Realgüterbestände/-bewegungen innerhalb der Unternehmung oder zwischen Unternehmung und Umfeld sowie bedeutsamer sonstiger Zustände und Einflußgrößen. – **2.** *Bedeutung:* a) „Mengengerüst" für Wertrechnungen; b) eigenständiger Zweig des Rechnungswesens für Prognose, Planung und Steuerung, Dokumentation und Kontrolle. Die systematische Gestaltung und Nutzung der M. ist noch in den Anfängen (→Grundrechnung). – **3.** *Inhalt:* a) Die M. umfaßt *Bestands- und Bewegungsdaten* über menschliche Kräfte, sachliche Mittel und Leistungen, ihre Bereitstellung und Verwendung in allen Funktionsbereichen eines Unternehmens sowie allen Phasen der Planung und Realisation, z. B. als erwartete, geplante, disponierte und realisierte Größen. Mehrere Merkmale der einzelnen Tatbestände sind für vielfältige Auswertungen von Bedeutung (z. B. Quantencharakter bzw. Dosierbarkeit der Bereitstellung und Einsatz, Verfügbarkeit, Vordisposition- oder Vorlaufzeiten, Verwendungsflexibilität, Substitutionsmöglichkeiten, Abhängigkeit des Verbrauchs oder der Nutzungsmöglichkeit von bestimmten Aktionsparametern und Zuständen, Prognosesicherheit, Erfassungsweise). Die Informationselemente sollten daher in disaggregierter Form in einer →Datenbank verfügbar gehalten werden. – b) Die M. umfaßt *Strukturdaten,* z. B. Stücklisten, Rezepturen, Verfahrensbedingungen, Kapazitäts- und Verbrauchsfunktionen.

Mengenstaffel. 1. *Handel:* Staffelpreise für Waren gleicher Zweckbestimmung, abgestuft nach Warenmenge. Häufig mit anderen Staffelungsgesichtspunkten (→Preisstaffeln) angewandt. – **2.** *Transportwesen:* Vgl. →Gewichtsstaffel.

Mengenstandard, →Verbrauchsplanung, →Kostenplanung.

Mengensteuer, eine →Verbrauchsteuer, deren Bemessungsgrundlage die Einheit des besteuerten Gutes ist. – *Gegensatz:* →Wertsteuer.

Mengentender, Ausschreibungsverfahren der →Offenmarktpolitik der Deutschen Bundesbank bei Pensionsgeschäften (→Devisenpensionsgeschäfte). Die Bundesbank bestimmt den Zinssatz, Betrag und Laufzeit für das gewünschte Pensionsgeschäft und repartiert gemäß der ihr angebotenen Beträge. Jeder Bieter wird berücksichtigt und erhält gleichen Prozentsatz seines gebotenen Betrages. – *Beispiel:* 21.11.1985; Laufzeit: 27 Tage; Festzinssatz: 4,55% p.a., angebotener (berücksichtigter) Bieter: 215 (215); angebotener (berücksichtigter) Betrag: 9951 (8460) Mill. DM; Zuteilungsquote 85 v. H. – Vgl. auch →Tenderverfahren, →Zinstender.

Mengenübersichtsstückliste, einfachste Form der →Stückliste. Verzeichnis aller in einer Einheit eines Fertigungserzeugnisses vorkommenden Teile bzw. Baugruppen nach Materialart und Menge. *Nicht ersichtlich* ist genaue strukturelle Zusammensetzung des Fertigungserzeugnisses mit Ausweis der einzelnen Fertigungsstufen. *Ungeeignet* für Materialdisposition in den Zwischenstufen der Fertigung.

Mengenvariante, →Variante eines →Teils, die sich von anderen Varianten durch unterschiedliche Einsatzmengen bestimmter Teile einer tieferen Fertigungstufe unterscheidet. – *Beispiele:* Motorblock mit 16 (gegenüber 8) Ventilen, Mikrocomputer mit zwei (gegenüber einem) Diskettenlaufwerken.

Mengenverlust, Kennzeichnung eines Vorgangs im Produktionsprozeß, bei dem die Ausbringungsmenge (Output) geringer ist als die Menge der eingesetzten Materialien (Input), z. B. bei Verhüttungs-, Brenn- und sonstigen chemischen Prozessen. M. müssen v. a. bei einer mehrstufigen →Divisionskalkulation beachtet werden, da hier stufenweise unterschiedliche Einsatz- und Ausbringungsmengen vorliegen.

Menger, Carl, 1840–1921, bedeutender österreichischer Nationalökonom. M. entwickelte die Lehre vom →Grenznutzen, fast gleichzeitig mit Jevons und Walras, aber unabhängig von beiden. M. wurde dadurch der Begründer der →Österreichischen Grenznutzenschule, die im Gegensatz zur jüngeren →Historischen Schule in Deutschland (Schmoller) stand (→Methodenstreit). Die Beiträge M.s zur Preis- und Einkommensverteilungstheorie auf der Grundlage des Grenznutzens sowie die von ihm begründete Einteilung der Güter (→Mengersche Güterordnung) gehören zu den unbestrittenen Grundlagen des wirtschaftstheoretischen Denkens. – *Hauptwerke:* „Grundsätze der Volkswirtschaftslehre, allgemeiner Teil" 1871, „Untersuchungen über die Methode der Sozialwissenschaft und politischen Ökonomie insbesondere" 1883, „Die Irrtümer des Historismus in der deutschen Nationalökonomie" 1884, Artikel „Geld" im Handwörterbuch der Staatswissenschaften bis zur 3. Aufl.

Mengersche Güterordnung. 1. *Charakterisierung:* Auf den österreichischen Nationalökonomen C. →Menger zurückgehende Einteilung der wirtschaftlichen Güter nach Maßgabe ihrer Konsumnähe: a) Konsumgüter sind Güter erster Ordnung; sie werden erstellt aus Vorprodukten und Produktinsmitteln; b) Produktionsmittel sind Güter zweiter Ordnung, die wiederum aus Vorprodukten und Produktionsmitteln höherer Ordnung hergestellt werden. Die Güter höchster Ordnung sind die beiden originären Produktionsfaktoren Arbeit und Boden, die, im Gegensatz zu den Kapitalgütern, nicht durch den Einsatz nächst höherer Güterarten gebildet werden können. – **2.** Unter *Rückversetzung eines Gutes innerhalb der M.G.* (Einschlagen eines →Produktionsumweges) wird sein produktiver Einsatz in einer höheren (konsumferneren) Ordnung als zuvor bzw. die Produktion nicht von Konsum-, sondern von Produktionsmitteln verstanden. Sie woll bei Konsumverzicht in der Gegenwart durch Produktivitätssteigerung größere Konsummöglichkeiten in der Zukunft ermöglichen, als dies sonst der Fall wäre. Rückversetzung beeutet somit durch Konsumverzicht (Sparen) finanzierte Bildung von Produktivkapital (Investition).

Menschenbilder, Vorstellungen über den Menschen, dessen biologisches, psychisches und kulturelles Wesen (Anthropologie). Meist kommen dabei kulturspezifische implizite Persönlichkeitstheorien zum Tragen. M. werden i. d. R. typologisch behandelt. – Zu unterscheiden insbes.: 1. *Complex man:* Mensch mit vielfältigen →Bedürfnissen, die sich situationsbezogen verändern können. Ein flexibles, lernfähiges Wesen. – 2. *Social man:* Mensch mit überwiegend auf die soziale Einbettung bezogenen Bedürfnissen. Insbes. in der Phase der →Human Relations dominierendes M. – 3. →*Homo oeconomicus:* Mensch mit auf ökonomische Zusammenhänge eingegrenzten Zügen. Modellhafte Vorstellung und Annahmen (Rationalprinzip, Nutzenmaximierung, unendliche Apassungsgeschwindigkeit, vollkommene Transparenz). Liegt der klassischen und neoklassischen Wirtschaftstheorie zugrunde. – 4. M. v.a. der *Transaktionskostenanalyse:* Vgl. →Opportunismus. – 5. *Theorie X* (Gegentheorie zur Theorie Y; beide von Mc Gregor): Mensch mit angeborener Abneigung gegen Arbeit, ohne Ehrgeiz, ohne eigenen Antrieb. Zur Arbeit ist er nur noch unter Androhung von Strafe zu bewegen. – 6. *Theorie Y* (Gegentheorie von Theorie X). Mensch mit Freude an anspruchsvoller

Arbeit; Selbstdisziplin, Verantwortung und Verstandeskraft sind seine wesentlichen Merkmale. – 7. *Homo sociologicus:* Soziologisches M., das die soziale Rolle des Menschen und deren Verhaltensprägung in den Mittelpunkt der Betrachtungen stellt. – 8. *Realwissenschaftliches M.:* Ein an den Erkenntnissen der Natur- und Sozialwissenschaften orientiertes M., in das biologische Erkenntnisse ebenso integriert werden wie psychologische. – Es gibt noch eine Reihe weiterer M., die aber nur von sozialphilosophischem Interesse sind.

menschengerechte Gestaltung der Arbeit, →Humanisierung der Arbeit.

Menschenrechte, →Grundrechte.

menschliche Beziehungen, →human relations.

Menü, →Menütechnik.

Menütechnik, Technik zur Gestaltung der →Benutzeroberfläche eines →Dialogsystems. Dem →Endbenutzer wird jeweils auf dem →Bildschirm die Liste der augenblicklich zulässigen Kommandos bzw. Eingaben in einem Menü angeboten. I. d. R. kann er sich vor der Auswahl durch Drücken einer →Funktionstaste Erklärungen zu der Liste in Form eines „Hilfebildschirms" anzeigen lassen. Die Auswahl erfolgt z. B. durch direktes „Markieren" der Menüposition, durch Drükken einer bestimmten →Funktionstaste, durch Eingabe des Anfangsbuchstabens des Kommandos.

Merchandise Marks Act, englisches Gesetz von 1887, wonach auf Waren die Angabe des Herkunftslandes (Herkunftsbezeichnung) vorgeschrieben ist (z. B. Made in Germany).

merchandising, Maßnahme der →Verkaufsförderung, bei der Verkaufspersonal gestellt bzw. das Personal des Einzelhändlers entsprechend geschult wird. Somit können auch beratungsintensive Produkte effektiver angeboten werden. – *Intensitätsstufen: 1. Stufe:* Die Kunden werden von einem servicemerchandiser betreut, der die Aufgabe des Regal-Service, der Warenpräsentation, des Display-Einsatzes und Positionierung übernimmt. – 2. *Stufe:* Durch gezielte Schulung des Verkaufspersonals des Einzelhändlers wird der Absatz der vom Hersteller vertriebenen Ware intensiviert. – 3. *Stufe:* Seitens des Herstellers wird Verkaufspersonal (Aktions-Teams, Propagandisten) gestellt, das die Einzelhändler betreut und im Bereich des persönlichen Verkaufs unterstützt. Es kann sich hierbei um Kurzfristmaßnahmen (z. B. Verprobung, Demonstration u. ä.), aber auch um längerfristige Verkaufsförderungs-Beziehungen zwischen Hersteller und Handel handeln, z. B. in Form eines Konzessionärstatus oder durch Ausgestaltung (Personal, Produkt usw.) einer Verkaufsabteilung.

merchant banks, *accepting houses,* spezielle Bankengruppe in Großbritannien, z. T. mit Privatbankcharakter, v. a. mit der Finanzierung von Handel und Industrie befaßt, einschließlich der Emission von Aktien und Anleihen sowie mit einer Vielzahl von Dienstleistungen, die größtenteils außerhalb der Geschäftstätigkeit der Clearingbanken liegen. Zusätzliches gemeinsames Merkmal ist internationale Ausrichtung. Alle Londoner m. b. besitzen Genehmigung der →Bank of England zum Devisenhandel. – Die 17 bedeutendsten M. gehören dem *Accepting House Committee* an, das 1914 gebildet wurde.

Merger Guidelines, Ausführungsbestimmungen des amerikanischen Kartellrechts (→Antitrust-Gesetzgebung) zur Fusionskontrolle.

mergers & acquisitions, angelsächsische Sammelbezeichnung für →Verschmelzungen, →Joint Ventures und Unternehmenskäufe und -verkäufe (→Akquisition, →takeover).

merit goods, →meritorische Güter.

meritorische Güter, *merit goods.* 1. *Begriff:* Ursprünglich auf Musgrave zurückgehender Begriff für Güter, deren Bereitstellung durch den Staat damit gerechtfertigt wird, daß aufgrund verzerrter Präferenzen der Bürger/Konsumenten deren am Markt geäußerte Nachfragewünsche zu einer – gemessen am gesellschaftlich wünschenswerten Versorgungsgrad *(merit wants)* – suboptimalen Allokation dieser Güter führen. – *Beispiele:* Ausbildung, Impfungen. – 2. So legitimierte Eingriffe des Staates in die individuellen Präferenzen sind umstritten *(Legitimationsproblematik).*

Meritorisierungskonzepte, →finanzpolitische Allokationsfunktion.

merit wants, →meritorische Güter.

merkantiler Minderwert, Minderwert eines Kraftfahrzeugs, der nach dem Unfall trotz ordnungsgemäßer Instandsetzung deshalb verbleibt, weil wegen des Verdachts verborgener Schäden beim späteren Verkauf ein geringerer Preis gezahlt werden wird. Als Unfallschaden ist ggf. auch der m. M. zu ersetzen; und zwar auch dann, wenn der Geschädigte das Kraftfahrzeug nicht verkauft, sondern selbst weiterbenutzt.

Merkantilismus. I. Begriff: Sammelname für die vom 16. bis 18. Jh. durch ausgeprägten →Interventionismus und →Dirigismus gekennzeichneten wirtschaftspolitischen Eingriffe des Staates in den Wirtschaftsprozeß. Diese praktisch-politischen Ansätze mit dem Ziel der Steigerung der nationalen Wirtschafts- und Handelskraft basieren auf keiner (da zu dieser Zeit noch nicht ausformulierten) in sich geschlossenen wirtschaftstheoretischen und -politischen Konzeption. Die merkantilistische Literatur erscheint daher als Sammlung punktueller, jeweils problembezogener Ideen und Rezepte.

II. Ziele/Mittel: Merkantilistische Wirtschaftspolitik unterscheidet sich von Land zu Land. – 1. *Französischer M.* (u. a. Sully, insbes. Colbert): Gekennzeichnet durch intensive Förderung der gewerblichen Wirtschaft unter Vernachlässigung der Landwirtschaft; Mittel sind u. a. Schaffung eines einheitlichen Zoll- und Marktgebiets, straffe Zentralisierung der politischen und wirtschaftlichen Entscheidungskompetenzen, Steuerreform zur Sanierung der Staatsfinanzen unter Ludwig XIV., Schaffung einer gewerbefördernden Infrastruktur und staatlicher Manufakturen, Anwendung von Preistaxen und Produktionsvorschriften und Ausfuhrverbot für Nahrungsgüter (das inländische Angebot soll hierdurch steigen mit der Folge fallender Preise und dadurch sinkender Löhne, um die Einkosten der Güterproduktion zu verringern). – 2. *Englischer M.* („Bullionismus", Bullion = Goldbarren; Vertreter: u. a. Malynes, Misselden, Hales): Schwerpunktmäßige Förderung des Außenhandels mit dem Ziel einer permanenten Aktivierung der Zahlungsbilanz. Zugrunde liegt die Annahme, daß die durch Außenhandelsüberschüsse anwachsenden Edelmetallreserven gleichbedeutend mit nationalem Wohlstand sind. Das wirtschaftspolitische Mittel ist ein ausgeprägter *Handelsprotektionismus* u. a. durch die Beschränkung des Imports auf Rohprodukte, Förderung des Exports von Fertigwaren, Exportverbote für Edelmetalle, Devisenbewirtschaftung und Importzölle. Zur Aktivierung der Dienstleistungsbilanz und aus Kontrollzwecken wird vorgeschrieben, daß der Transport aller im bzw. exportierten Waren durch englische Schiffe zu erfolgen hat (Navigationsakte von 1651). – 3. *Deutscher M.* („Kameralismus"; Vertreter: u. a. Klock, Becher, v. Seckendorf, v. Sonnenfels, insbes. Justi): Ziel war die Mehrung des fürstlichen Schatzes („camera principi") und das Wiederanwachsen der Bevölkerung nach dem 30jährigen Krieg („Peuplierung"), da angenommen wurde, daß der Reichtum eines Landes von der Bevölkerungszahl und der Größe des Staatsschatzes abhängt. Während die praktische Wirtschaftspolitik des Kameralismus der des französischen M. gleicht, werden daneben verwaltungstechnische Verfahrensgrundsätze aufgestellt und systematisiert, die einen bleibenden Einfluß auf die deutsche Finanzwissenschaft erlangt haben. – Vgl. auch →Neomerkantilismus.

Merkmal, *statistische Variable, Untersuchungsmerkmal, Untersuchungsvariable, Erhebungsmerkmal,* in der Statistik Bezeichnung für die an den Elementen einer →Gesamtheit interessierenden Eigenschaften, die in individuell unterschiedlichen Varianten (→Ausprägung) auftreten. – *Beispiele:* Alter, Geschlecht,

Einkommen bei der Personengesamtheit. – Zu *unterscheiden:* →qualitatives Merkmal, →quantitatives Merkmal.

Merkmalsausprägung, →Ausprägung.

Merkmalsbesteuerung, Besteuerung der äußeren Merkmale des Steuerobjekts (→Steuern III 2). – *Vorteil:* Eindringen in persönliche Verhältnisse wird vermieden; *Nachteil:* ungenaue Erfassung des Objekts. – Vgl. auch →Objektbesteuerung.

Merkmalsträger, *Element einer Gesamtheit,* in der Statistik Bezeichnung für eine →Untersuchungseinheit, an der bestimmte →Ausprägungen interessierender →Merkmale beobachtet werden.

Merkmalstransformation, →Variablentransformation.

Merkmalsvergleich, *factor comparison,* Rangfolgeverfahren (→Arbeitsbewertung II a)), bei dem jeder Arbeitsplatz auf einer Bewertungsskala im Verhältnis zu einem „Schlüssel"-Arbeitsplatz eingeordnet wird.

Merkposten, in der Bilanz als →Erinnerungswert (1 DM, Merkmark) erscheinende Position auf der Aktiv- oder Passivseite.

Messe. 1. *Begriff:* Veranstaltung mit Marktcharakter, die ein umfassendes Angebot mehrerer Wirtschaftszweige oder eines Wirtschaftszweiges bietet; i. a. in regelmäßigem Turnus einmal oder mehrmals am gleichen Ort. Verkauf aufgrund ausgestellter Muster für den Wiederverkauf oder für gewerbliche Verwendung. Zutritt haben hauptsächlich nur Einkäufer; Letztverbraucher können gem. § 64 GewO in beschränktem Umfang an einzelnen Tagen während bestimmter Öffnungszeiten zugelassen werden. Abgrenzung zur →Ausstellung fließend. – 2. *Gliederung* der M.

(Messetypologie) nach unterschiedlichen Gesichtspunkten (vgl. untenstehende Abbildung); u. a. nach Themenbezug: (1) *Universalmesse:* Umfaßt eine Reihe von Branchen, Funktions- und Themenbereiche; (2) *Fachmesse:* Auf einen Herstellungs-, Funktionsbereich oder auf ein bestimmtes Thema spezialisiert. – 3. *Durchführung:* M. werden i. d. R. durch →Messegesellschaften organisiert. – 4. Hinsichtlich einer *Messebeteiligung* stellt sich die Frage nach dem für die Präsentation der Leistungen des Unternehmens auf dem Hintergrund der Marketing- und Verkaufsförderungsziele günstigsten Messeumfeld sowie die Erreichbarkeit potentieller Zielgruppen durch einen Messetyp bzw. eine konkrete Messe. Relevant sind außerdem Verbundeffekte mit anderen Instrumenten, wie Kongresse, Symposien oder Tagungen.

Messegesellschaft, →öffentliches Unternehmen zur Organisation und Durchführung von →Messen. – *Ziele:* Die M. verfolgen gesamt-, regionalwirtschaftliche und kommunale Ziele; betriebliche Ziele der M. beinhalten Leistungsziele (Aussteller- und Besucherzahlen), finanzielle Ziele (Gewinnerzielung, Umsatzvergrößerung) oder Wettbewerbsziele (Erhöhung der Auslandsbeteiligung).

Messegut, →Ausstellungsgut.

messende Prüfung, →Variablenkontrolle.

Messe- und Ausstellungsversicherung, für Ausstellungsgut, Waren- und Standardausrüstung auf dem Hin- und Rücktransport und während des Aufenthalts in der Ausstellung abzuschließende Versicherung. Deckt alle Gefahren, soweit nicht ausgeschlossen. – Bei *häufigem Besuch von Ausstellungen:* →Generalpolice.

Meßgröße, →Meßzahl.

Messetypologie

	Themenbezug	Universal-messen (Mehr-branchen-messen)	Fachmessen		
räumlicher Bezug			Branchen-orientierte Messen	Funktions-orientierte Messen	Themen-bezogene Messen
räumlicher Bedeutungs-umfang	regionale Messen				
	nationale Messen				
	internationale Messen				
Standort der Messe	Inlands-messen				
	Auslands-essen				
räumliche Mobilität	stationäre Messen				
	mobile Messen				

Meßhandel, →Markthandel.

Meßniveau, →Skalenniveau.

Messung, in der Statistik der Vorgang der
Zuordnung von →Ausprägungen eines
→Merkmals zu den Elementen einer →Gesamtheit nach Maßgabe der für das Merkmal
eingeführten →Skala. M. bezieht sich, anders
als im täglichen Sprachgebrauch, auch auf
→qualitative Merkmale.

Meßzahl, *Meßgröße,* in der Statistik eine
→Verhältniszahl, bei der Zähler- und Nennergröße gleichartig und gleichgeordnet sind. M.
liegt insbes. vor, wenn sich Zähler- und
Nennergröße nur durch verschiedene Zeitbezüge unterscheiden, z. B.

$$\frac{\text{Preis am 2.1.1986}}{\text{Preis am 2.1.1985}} \ (Preismeßzahl) \text{ und}$$

$$\frac{\text{Umsatz 1986}}{\text{Umsatz 1985}} \ (Umsatzmeßzahl).$$

M. sind eine der Grundlagen von →Indexzahlen.

Metaentscheidung, Entscheidung über die
Bedingungen, unter denen die →Objektentscheidungen in den einzelnen Funktionsbereichen ablaufen. – *Beispiele:* Entscheidungen
über Unternehmensziele, Organisationsstrukturen, Informationssysteme, Rechtsform,
Standort. – In der →entscheidungsorientierten Betriebswirtschaftslehre werden M. auch
als *konstitutive Entscheidungen* bezeichnet.

Metageschäft, Geschäft zwischen zwei Partnern, bei dem Gewinn und Verlust geteilt
(→Gelegenheitsgeschäft) wird. Die Beteiligten
heißen *Metisten.* Sie werden im eigenen
Namen, aber für Rechnung der Meta tätig.
Die Funktionen der Partner sind i. d. R. unterschiedlich. – *Umsatzsteuerpflichtig* sind bei der
Warenmeta-Verbindung die Innengeschäfte
zwischen den Metisten mit dem Einkaufspreis
und der Hälfte des erzielten Gewinns.

Metainferenz, →Metaregel.

Metallbörse, →Börse III 1.

Metalldeckung, Deckung der umlaufenden
Banknoten (→Deckung des Notenumlaufs)
durch Edelmetall seitens der Notenbank. Der
Nennwert der Noten kann voll oder teilweise
gedeckt sein; damit ist auch das Umtauschverhältnis Edelmetall zu Banknote festgelegt.

Metallgeld, →Münzen.

Metallgesetze. 1. Die *früheren Gesetze* über
den Verkehr mit unedlen Metallen, Edelmetallen, Edelsteinen und Perlen; seit 1.10.1984
aufgehoben. – 2. *Rechtliche Regelung:* Wer
von →Minderjährigen gewerbsmäßig Edelmetalle und Edelsteine erwirbt, handelt ordnungswidrig und kann mit →Gelbuße bis zu
10000 DM belegt werden. Bei fahrlässiger

→Hehlerei von Edelmetallen und Edelsteinen
liegt →Straftat vor, die mit Freiheitsstrafe bis
zu einem Jahr oder mit Geldstrafe geahndet
werden kann (§§ 147a, 148b GewO).

Metallindustrie, Wirtschaftszweig, der sich
vom Metallerzbergbau über die Metallproduktion bis zu den Halbzeugwerken und
Metallgießerein, der ersten Stufe der Verarbeitung, erstreckt (→NE-Metallerzeugung).

Metallkonten, nach Einführung der Umsatzsteuer (Mehrwertsteuer) auf den Handel mit
Barren- und Münzgold von den Kreditinstituten im Edelmetall-Handel geübtes Abrechnungsverfahren. Der Käufer von Gold (Silber)
erhält von seiner Bank lediglich eine Gutschrift in Höhe des Werts des erworbenen
Edelmetalls. Das Metall selbst bleibt physisch
in einem „goldsteuerfreien" Land, z. B.
Luxemburg. Verkauft der Kunde, dann wird
die verkaufte Menge lediglich von dem M.
abgebucht. Für den Handel auf M. entfällt die
Umsatzsteuer. Edelmetalle können in M.
sowohl in Sammel- als auch Einzelverwahrung
gelagert werden.

Metallwährung, gebundene Währung
(→Währungssystem I 1), bei der die Geldeinheit in einem bestimmten Verhältnis zu
einem Edelmetall steht. Man unterscheidet
mono- und bimetallische Währungen, je nachdem, ob Bindung an ein oder zwei Edelmetalle
vorliegt.

Metallwarenindustrie, Herstellung von
Eisen-, Stahl- und Blechwaren. Wichtigste
Erzeugnisse: Schneidwaren, Metall- und
Kurzwaren, Werkzeuge, Fahrzeugteile, Heiz-
und Kochgeräte, Blechwaren u.a. – Wichtige
Standorte: Nordrhein-Westfalen, ferner
Baden-Württemberg, Bayern, Niedersachsen,
Hamburg. – *Statistische Angaben:* Vgl.
→Eisen-, Blech- und Metallwaren.

Metaplanung (MP), Planung, die sich nicht
auf inhaltliche Ziele, Strategien usw. bezieht,
sondern die Gestaltung der Planung bzw. des
Planungs- und Kontrollsystems selbst zum
Gegenstand hat. Damit kann das Planungs-
und Kontrollsystem effizienter gestaltet werden; es kann aber auch überprüft werden, ob
die Existenz eines solchen Systems überhaupt
eine ökonomische Lösung darstellt. Sie stellt
somit auch ein wichtiges Hilfsmittel der Organisation der Planung dar (→Unternehmensplanung VII).

Metaregel, *Metainferenz.* in Form einer
→Regel dargestelltes Wissen über die
Anwendbarkeit und Modifikation von Regeln
in einem →regelbasierten System (z. B. in
welcher Reihenfolge die Regeln benutzt werden müssen).

Metasystem, in der →künstlichen Intelligenz
ein System, das Hilfsmittel zur Entwicklung
konkreter →Expertensysteme zur Verfügung

stellt. – Oft auch synonym zu →expert system shell verwendet.

Metaverbindung, Sonderform eines →Konsortiums von Banken. Gewinn- und Verlustgeschäfte der beteiligten Partner werden hälftig geteilt.

Metawissen, „Wissen über Wissen"; bei →wissensbasierten Systemen das Wissen über das Vorhandensein und die Anwendbarkeit des in der →Wissensbasis gespeicherten Wissens.

Meter (m), Längeneinheit (→gesetzliche Einheit, Tabelle 1). Das M. ist die Länge der Strecke, die Licht im Vakuum während der Dauewr von (1/299 792 458) Sekunden durchläuft.

Meterkilogramm (mkg), veraltete Energieeinheit, in der das Kilogramm als Einheit der Kraft verwendet wird. 1 mkg = 9,806 65 Joule.

Methode der kleinsten Quadrate (MKQ), gebräuchlichste Methode zur Schätzung der Parameter in →Regressionsmodellen und Modellen der Ökonometrie (→Ökonometrie II und III). Die Parameter der zu schätzenden Funktion werden so bestimmt, daß die Summe der Abweichungsquadrate zwischen der Regressionsfunktion und den Beobachtungspunkten aus der Stichprobe minimal wird (→Kleinste-Quadrate-Regressionsgerade). Im Gegensatz zur →Maximum-Likelihood-Methode ist die MKQ unabhängig von der Spezifikation der Wahrscheinlichkeitsverteilung der Störgrößen. Die geschätzten Parameter besitzen unter den üblichen Annahmen für Regressionsmodelle wünschenswerte Eigenschaften; sie sind beste lineare unverzerrte Schätzer.

Methodenbank, *Methodendatenbank.* 1. *Begriff:* Computergestützte (→Computersystem) Sammlung von Methoden zur Lösung betriebswirtschaftlicher, mathematischer, ökonometrischer oder statistischer Probleme. Die Methoden können auf Modelle angewendet werden, die in einer →Modellbank gespeichert sind. – 2. Typische *Verfahren,* die eine M. zur Verfügung stellt, sind u.a. →lineare Programmierung, →Simulation oder →Zeitreihenanalyse. – 3. *Anwendungen:* Z.B. in der computergestützten Unternehmensplanung, Produktionsprogrammplanung, Statistik, Ökonometrie. – 4. *Bekannte M.:* Softwarepakete SPSS und Methaplan.

Methodendatenbank, →Methodenbank.

Methodenstreit. I. V o l k s w i r t s c h a f t s l e h r e : *Älterer M.:* Zwischen Schmoller und Menger geführte heftige wissenschaftliche Kontroverse über die Berechtigung und Notwendigkeit *theoretischer Forschung.* Schmoller als Vertreter der jüngeren historischen Schule vertrat die historische Methode

(→Induktion), Menger die theoretische Forschung (→Deduktion). Menger unterschied Wissenschaften, die das Individuelle, und solche, die das Generelle erklären sollen. Die historische Methode sei nur im ersten Fall, die theoretische Methode nur im zweiten Fall anzuwenden. – Die Ansicht Mengers setzte sich zunehmend seit den 20er Jahren auch auf dem Kontinent durch, obwohl in der Kontroverse eigentlich keiner den Sieg davontrug. – 2. *Jüngerer M.* (auch als *Werturteilsstreit* bezeichnet): Zwischen M. Weber und Sombart als Hauptvertreter (daneben Diehl, J. Wolf, A. Weber) der einen Richtung und Adolph Wagner, Philippovich und Schmoller (daneben H. Herkner und A. Hesse) als Hauptvertreter der anderen Richtung ausgetragene wissenschaftliche Kontroverse über die Zulässigkeit von *Werturteilen* in den Sozialwissenschaften, insbes. der Wirtschafts- und Sozialpolitik. Weber und Sombart vertraten den Standpunkt, Werturteile seien nicht wissenschaftlich beweisbar, mit objektiver Wissenschaft deshalb unvereinbar. Demgegenüber wandten Philippovich, Schmoller und ihre Anhänger ein, daß der Verzicht auf Werturteile den Verzicht auf Wirtschafts- und Sozialpolitik als Wissenschaft bedeutete. M. Weber und M. Sombart behielten im wesentlichen recht, wenngleich in jüngster Zeit eine „Theorie der Volkswirtschaftspolitik" entwickelt wurde, die sich um die Grundlagen einer Wirtschafts- und Sozialpolitik, also nicht um die Aufzeigung der zweckmäßigsten Mittel für gegebene Zwecke (normative Ökonomik), sondern um die wissenschaftliche Begründung dieser Zwecke selbst (positive Ökonomik) bemüht.

II. B e t r i e b s w i r t s c h a f t s l e h r e : 1. *Erster M.,* ausgelöst von den Nationalökonomen Moritz Weyermann und Hans Schönitz (Grundlegung und Systematik einer wissenschaftlichen Privatwirtschaftslehre und ihre Pflege an Universitäten und Fachhochschulen, Karlsruhe 1912); suchten die BWL in Form einer *Lehre von der kapitalistischen Privatunternehmung* als festen Bestandteil der Nationalökonomie zu konzipieren. Insbes. Schmalenbach hielt dem seine Auffassung von der BWL als *technologisch orientierte* →*Kunstlehre* entgegen, in deren Mittelpunkt der Wirtschaftlichkeitsaspekt stehen soll (Die Privatwirtschaftslehre als Kunstlehre, in: Zeitschrift für handelswissenschaftliche Forschung 1911/12. – 2. *Zweiter M.,* ausgelöst von Rieger (Einführung in die Privatwirtschaftslehre, Nürnberg 1927), richtete sich gegen Schmalenbachs Wirtschaftlichkeitslehre; plädierte für eine Orientierung am *Rentabilitätsaspekt,* der nach seiner Auffassung für die kapitalistische Unternehmung charakteristisch ist. – 3. *Dritter M.,* entzündete sich am Werk Gutenbergs (Grundlagen der Betriebswirtschaftslehre, Bd. I: Die Produktion, Berlin-Göttingen-Heidelberg 1951); neben inhaltlichen Aspekten über Geltung des →Ertragsgesetzes in der industriellen Produktion und den Verlauf von Kostenkurven wurde die Frage der Zweckmäßigkeit einer →mathematisch-deduktiven Methode oder einer →empirisch-induktiven Methode kontrovers diskutiert. – 4. Seit Beginn der 70er Jahre ist deutliche *Belebung der wissenschaftlichen Diskussion* festzustellen. Im Mittelpunkt stehen insbes. die Forderung nach empirischem Gehalt (→Informationsgehalt) betriebswirtschaftlicher Aussagen, das Problem der Wertfreiheit in der Wissenschaft sowie Überlegungen zur Integration verschiedener sozial- und wirtschaftswissenschaftlicher Einzeldisziplinen (→Betriebswirtschaftslehre, →Wissenschaftsprogramme in der Betriebswirtschaftslehre).

Methoden zur Vermeidung der Doppelbesteuerung. I. Begriff: Technische Art und Weise, in der der →Wohnsitzstaat versucht, die →Doppelbesteuerung mit Hilfe der Instrumente zur Vermeidung der Doppelbesteuerung (→Doppelbesteuerung VII) zu vermeiden.

II. Methoden: 1. *Freistellungsmethoden (exemption systems):* a) *Volle Freistellung:* Das Besteuerungsrecht liegt ausschl. beim →Quellenstaat, im Wohnsitzstaat erfolgt keine Besteuerung. – b) *Freistellung mit* →*Progressionsvorbehalt* (vgl. auch dort): Wie 1. a), im Wohnsitzstaat erfolgt jedoch insoweit eine Besteuerung, als die ausländischen Einkünfte/Vermögensteile bei der Ermittlung des progressiven Steuersatzes auf die inländischen Einkünfte/Vermögensteile berücksichtigt werden. – **2.** *Anrechnungsmethoden (tax credit systems):* a) *Direkte Anrechnung:* Angerechnet werden die von dem gleichen Steuersubjekt im rechtlichen Sinne im Ausland gezahlten Steuern: (1) *Volle Anrechnung:* Im Quellenstaat und Wohnsitzstaat findet eine volle Besteuerung statt, der Wohnsitzstaat rechnet jedoch die im Ausland gezahlten Steuern in unbegrenzter Höhe an. – (2) *Begrenzte Anrechnung:* Wie (1), der Wohnsitzstaat rechnet jedoch nicht in unbegrenzter Höhe an, sondern begrenzt die Anrechnung auf den Steuerbetrag, der im Inland auf die ausländischen Einkünfte/Vermögensteile entfällt. Die Begrenzung kann für alle ausländischen Einkünfte/Vermögensteile gemeinsam gelten (all-over-limitation) oder pro Land, aus dem ausländische Einkünfte bezogen werden, erfolgen (per-country-limitation). – (3) *Fiktive Anrechnung:* Wie (1), jedoch wird im Wohnsitzstaat nicht die tatsächlich im Ausland entrichtete Steuer angerechnet, sondern eine fiktive Steuer. Diese Methode wird vorzugsweise zur Erhöhung des Anrechnungspotentials bei niedrig besteuernden Quellenstaaten, insbes. →Entwicklungsländern, angewandt. – b) *Indirekte Anrechnung:* Angerechnet werden

die von dem wirtschaftlich identischen Steuersubjekt im Ausland entrichteten Steuern (z. B. die von der ausländischen Tochtergesellschaft im Ausland entrichtete Körperschaftssteuer). Die Ausgestaltung der indirekten Anrechnung kann in der gleichen Weise erfolgen wie die Ausgestaltung der direkten Anrechnung (vgl. a) (1)–(3)). – 3. *Pauschalierungsmethode:* Die ausländischen Einkünfte/Vermögensteile werden im Quellenstaat und Wohnsitzstaat voll besteuert. Der Wohnsitzstaat wendet auf die ausländischen Einkünfte/Vermögensteile jedoch nicht den normalen Steuersatz an, sondern einen i. d. R. niedrigeren Pauschalsteuersatz. – 4. *Abzugsmethode:* Die ausländischen Einkünfte/Vermögensteile werden im Wohnsitzstaat und Quellenstaat voll besteuert. Der Wohnsitzstaat erlaubt lediglich den Abzug der im Ausland gezahlten Steuern von der inländischen Bemessungsgrundlage.

III. Methoden nach Außensteuergesetz: 1. In den →*Doppelbesteuerungsabkommen* werden je nach Einkunftsart und Vermögensart die Freistellung mit Progressionsvorbehalt oder die direkte Anrechnung, mit einer Begrenzung pro Land, angewandt. Im Verhältnis zu Entwicklungsländern kommt auch die *direkte fiktive Anrechnung* vor. – 2. Bei den *unilateralen Maßnahmen* zur Vermeidung der Doppelbesteuerung (→Doppelbesteuerung VII 1) werden folgende Methoden je nach Steuerart und der Erfüllung sonstiger Bedingungen angewandt: a) Volle Freistellung (selten). b) Direkte Anrechnung mit einer Begrenzung der Anrechnung pro Land (Regelfall). c) Bei Dividendeneinkünften von Kapitalgesellschaften, die an ausländischen Tochtergesellschaften, die ihre Bruttoerträge aus aktiver Tätigkeit beziehen, wesentlich beteiligt sind: die indirekte Anrechnung und die direkte Anrechnung mit einer jeweiligen Begrenzung pro Land. Domiziliert die ausländische Tochtergesellschaft unter sonst gleichen Voraussetzungen in einem Entwicklungsland, greift die indirekte fiktive Anrechnung und die direkte, pro Land begrenzte Anrechnung ein. d) Unter bestimmten Voraussetzungen die Pauschalierungsmethode. e) Soweit die anderen Methoden unter a) bis d) nicht anwendbar sind, die Abzugsmethode.

IV. Effizienz: 1. *Volle Vermeidung* der Doppelbesteuerung nur durch folgende Methoden: a) volle Freistellung; b) Freistellung mit Progressionsvorbehalt, wenn sich der Progressionsvorbehalt nicht auswirken kann (etwa die inländische Steuer keinen progressiven Tarif hat); c) volle Anrechnung; d) unter bestimmten Voraussetzungen in der Relation zwischen ausländischer und inländischer Steuerhöhe ist auch eine volle Vermeidung der Doppelbesteuerung bei fiktiver Anrechnung und der Pauschalierung möglich. – 2. In allen anderen Fällen wird die *Doppelbesteuerung* mehr oder weniger *erhalten.* Am ungünstigsten ist die Abzugsmethode, die von ihrer Effizienz her kaum als M. z. V. d. D. bezeichnet werden kann.

Methodologie, →Wissenschaftstheorie, →Methodologie der Betriebswirtschaftslehre.

Methodologie der Betriebswirtschaftslehre. I. Allgemeine Wissenschaftslehre und spezielle betriebswirtschaftliche Methodologie (vgl. auch →Wissenschaftstheorie): 1. Gegenstand der *Wissenschaftslehre* (auch Wissenschaftstheorie oder Methodologie) sind die verschiedenen Einzelwissenschaften (Mathematik, Physik, Biologie, Psychologie, Betriebswirtschaftslehre usw.), insbes. die dort zur Anwendung kommenden Methoden und die auf dieser Grundlage hervorgebrachten Ergebnisse (Theorien, Modelle usw.). Insofern handelt es sich um eine Metadisziplin, die ihrerseits *Teilbereich der Erkenntnistheorie* ist. Sie befaßt sich speziell mit der wissenschaftlichen Erkenntnis und den Möglichkeiten zu deren Förderung. Insofern kann von einer *Technologie der Erkenntnisgewinnung* bzw. des wissenschaftlichen Problemlösungsverhaltens gesprochen werden. – 2. Methodologische Reflexionen wurden zunächst fast ausschließlich innerhalb der Philosophie angestellt. Allmählich haben sich damit aber auch die an den *Grundlagenproblemen* ihrer Disziplin interessierten Vertreter der Einzelwissenschaften befaßt. Eine andere Entwicklung innerhalb der neueren Methodologie betrifft die Verlagerung von der Diskussion ausschließlich *statischer Aspekte* (z. B.: Was sind Theorien? Wozu werden Theorien verwendet?) zur *Dynamik* der Erkenntnisgewinnung (z. B.: Wie entstehen Theorien? Wie werden Theorien oder ganze Forschungsprogramme weiterentwickelt?), was gleichzeitig zu einer stärkeren Berücksichtigung wissenschaftshistorischer Tatbestände führte. – 3. Von der Wissenschaftstheorie darf keineswegs erwartet werden, daß sie den Einzeldisziplinen ein allseits akzeptiertes Instrumentarium zur Verfügung stellt. Vielmehr ist davon auszugehen, daß es auch hier – wie in allen lebendigen Wissenschaften – kontroverse Standpunkte gibt. Die Tatsache, daß sich methodologische Reflexionen in die Einzelwissenschaften hineinverlagert haben, führt u. a. zur Entwicklung von *besonderen Methodologien.* Anlaß dazu sind (mitunter vermeintliche) *disziplinspezifische Probleme,* für die es in anderen Wissenschaften kein Äquivalent gibt oder zu geben scheint (spezielle Lösungsmethoden, historisch bedingte Tatbestände, Besonderheiten des Objektbereichs usw.). Die Entwicklung eigenständiger Methodologien ist allerdings gelegentlich mit Gefahren verbunden, und zwar insbes. dann, wenn sich die Bemühungen darauf richten, die Autonomie einer Disziplin zu begründen. Bezogen auf die Betriebswirtschaftslehre spielt hier die ehemals weit verbreitete Unterscheidung zwischen dem →*Erfahrungsobjekt* und dem →*Erkenntnisobjekt* der Disziplin eine Rolle. Während mit ersterem der gesamte Gegenstand („Betrieb") gemeint ist, betrifft letzteres lediglich ausgewählte Tatbestände, die mit Hilfe von →Identitätsprinzipien gewonnen werden sollen. Als solche wurden dabei insbes. das Prinzip der Wirtschaftlichkeit und das Prinzip der Rentabilität genannt. Faktisch haben sich derartige Prinzipien als nicht trennscharf erwiesen, denn die verschiedenen Fachvertreter verstanden sie stets auf eine Weise auszulegen, die ihren persönlichen Vorstellungen vom Erkenntnisprojekt entsprachen (z. B. Einbeziehung von „Gesamtwirtschaftlichkeit" durch E. Schmalenbach oder F. Schmidt; Berücksichtigung sozialer Faktoren durch H. Nicklisch). Ferner besteht die Gefahr, daß das Fach auf diese Weise den Ansprüchen nicht gerecht zu werden vermag, die an eine Erfahrungswissenschaft zu stellen sind (vgl. Abschnitt II). – Grundsätzlich ist die Herausbildung einer speziellen *betriebswirtschaftlichen Methodologie* jedoch zu begrüßen. Ihre Aufgabe kann darin bestehen, die Distanz zwischen der allgemeinen Wissenschaftslehre und den speziellen Methodenproblemen der Disziplin zu überbrücken. Dies erfolgt beispielsweise dadurch, daß die Bedeutung von erfahrungswissenschaftlichen Theorien für die Bewältigung der praktischen Probleme des Wirtschaftens dargelegt wird. Andererseits ist es aber auch durchaus möglich, daß einzelwissenschaftliche Erkenntnisse Anlaß sein können, allgemeinmethodologische Fragestellungen in einem veränderten Licht zu sehen.

II. Aufgaben der Betriebswirtschaftslehre in methodologischer Sicht: 1. Heute wird (zumeist stillschweigend) davon ausgegangen, daß die Betriebswirtschaftslehre als *Erfahrungswissenschaft* (auch: Real-, Wirklichkeits- oder empirische Wissenschaft) zu konzipieren ist. Im Hinblick auf die inhaltliche Einlösung des erfahrungswissenschaftlichen Anspruchs gibt es allerdings bemerkenswerte Unterschiede (vgl. Abschnitt III). – 2. Von der neueren Wissenschaftslehre werden den Erfahrungswissenschaften insbes. zwei Aufgaben zugewiesen: Einerseits die *Erklärung* disziplinspezifischer Sachverhalte anzustreben (*kognitives Ziel;* →Erkenntnisinteresse), andererseits Hilfestellung bei der *Gestaltung* des jeweils interessierenden Realitätsausschnitts (*praktisches Ziel;* Gestaltungsinteresse, vgl. →Erkenntnisinteresse). Zwischen beiden Zielsetzungen bestehen enge Zusammenhänge. Eine →*Erklärung* ist ein Vorgang, bei dem der zu erklärende Sachverhalt (Explanandum) aus theoretischen Gesetzmäßigkeiten und gewissen Rand- bzw. Anwendungsbedingungen (beides zusammen: Explanans) auf logisch-deduktivem Weg abgeleitet wird. Diese Definition läßt erkennen, daß Erklärungen nur dann möglich sind, wenn eine Wissenschaft bereits im Besitz von theoretischen Gesetzmäßigkeiten ist bzw. auf solche zurückzugreifen vermag. – 3. Hier wird die Ansicht vertreten, daß es *keine speziell betriebswirtschaftlichen Gesetzmäßigkeiten* gibt und daß daher auch die Suche nach solchen erfolglos bleiben muß. (Andere Fachvertreter glauben an die Möglichkeit, betriebswirtschaftliche Gesetze zu finden.) Das heißt allerdings nicht, daß die Disziplin nicht auf Aussagen mit Gesetzescharakter zurückzugreifen vermag. Solche können nämlich in *allgemeinen Verhaltensprinzipien* gesehen werden, die in erster Linie als psychologisch anzusehen sind. (Auch dem Bild vom Homo oeconomicus liegen psychologische Annahmen zugrunde.) Sie werden auf betriebswirtschaftlich relevante Sachverhalte angewandt. Bei einer derartigen Sichtweise ist die Disziplin einerseits als *spezielle Sozialwissenschaft,* andererseits als *angewandte Wissenschaft* zu begreifen. Gleichzeitig zeichnen sich Möglichkeiten zur systematischen *Integration der Betriebswirtschaftslehre in die Sozialwissenschaften* ab, ohne daß das Fach seine relative Eigenständigkeit verliert. Letztere ergibt sich u. a. aus der Existenz disziplinspezifischer Erklärungsprobleme. – 4. Die enge Beziehung zwischen dem kognitiven und dem praktischen Ziel wird sichtbar, wenn man bedenkt, daß sich Erklärungen im Prinzip auch zur *Prognose* von künftigen Ereignissen und zum *technologischen Gebrauch* eignen. Ferner ist eine Verwendung zum Zweck der Kritik bestehender Zustände möglich. Werden Erklärungen für typische Situationen gebildet, dann kann von *Erklärungsmodellen* gesprochen werden. Ihnen kommt innerhalb der Betriebswirtschaftslehre große Bedeutung zu, z. B. in Form eines Modells des leistungsbezogenen Verhaltens, eines Führungsmodells o. ä. Eine zweite wesentliche Modellkategorie stellen *Entscheidungsmodelle* dar, wie sie uns insbes. in Form der verschiedenen Verfahren des Operations Research begegnen. Dabei ist allerdings darauf zu achten, daß den realen Anwendungsbedingungen Rechnung getragen wird (was vielfach nicht der Fall ist). Schließlich ist drittens auf *Beschreibungsmodelle* zu verweisen, die im Fach v. a. in Gestalt des betrieblichen Rechnungswesens eine Rolle spielen. Der gemeinsame Zweck aller drei Modellkategorien besteht darin, Informationen für die Lösung von Gestaltungsproblemen zu liefern. – Vgl. auch →Modell.

III. Pluralistische Tendenzen in der gegenwärtigen Betriebswirtschaftslehre: 1. Für die gegenwärtige Betriebswirtschaftslehre ist charakteristisch, daß es kein allseits akzeptiertes Lehrgebäude gibt. Es existieren vielmehr mehrere, teilweise recht unterschiedliche Schwerpunkte akzentuierende Ansätze bzw. Wissenschaftspro-

gramme: Das Fach befindet sich in einer pluralistischen Phase. Innerhalb der neueren Methodologie wird der positive Wert des *wissenschaftlichen* →*Pluralismus* systematisch betont. Dahinter verbirgt sich die Einsicht in die prinzipielle Fehlbarkeit der menschlichen Erkenntnis sowie die Überzeugung, daß sich diesem Sachverhalt durch Ideenvielfalt (Pluralismus) am besten Rechnung tragen läßt. Dazu ist es allerdings notwendig, Ideenvielfalt gleichzeitig als Ideenkonkurrenz zu begreifen. Es erscheint, mit anderen Worten, eine Beziehung der wechselseitigen Kritik wünschenswert. – 2. Das pluralistische Stadium innerhalb der Betriebswirtschaftslehre begann, als die Lehre vom Kombinationsprozeß der Produktionsfaktoren (E. Gutenberg) allmählich an Überzeugungskraft verlor (→faktortheoretischer Ansatz). Obwohl es sich bei diesem Programm um einen in sich sehr geschlossenen Ansatz handelt, geriet die Disziplin gleichzeitig in einen Zustand der Abgeschlossenheit, der zunehmend als unbefriedigend empfunden wurde. Mit dem *entscheidungsorientierten Programm,* in dessen Mittelpunkt der Entscheidungsbegriff steht, wurde u. a. die Öffnung zu den sozialwissenschaftlichen Nachbardisziplinen vollzogen (→Entscheidungsorientierte Betriebswirtschaftslehre). Innerhalb der verschiedenen Spielarten der →*systemorientierten Betriebswirtschaftslehre* betont man den Ganzheitscharakter des Gegenstandes der Disziplin und die zwischen den einzelnen Elementen bestehenden Wechselwirkungen. Das Sozialwissenschaftliche Institut des Deutschen Gewerkschaftsbundes (WSI) hielt es für notwendig, der traditionellen „kapitalorientierten" Betriebswirtschaftslehre eine →*arbeitsorientierte Einzelwirtschaftslehre* gegenüberzustellen, um sich den speziellen Problemen der „abhängig Beschäftigten" besser (oder sogar überhaupt erst) annehmen zu können. Als Wissenschaftsprogramm angelegt ist ferner die →*verhaltenstheoretische Betriebswirtschaftslehre,* in deren Zentrum der wirtschaftende und von Wirtschaft betroffene Mensch steht. Charakteristisch für die neuere Betriebswirtschaftslehre ist ferner eine vergleichsweise starke Betonung der *empirischen Forschung.* Ihr wird im Rahmen aller angeführten Programme Bedeutung beigemessen.

Literatur: Köhler, Theoretische Systeme der Betriebswirtschaftslehre im Lichte der neueren Wissenschaftslogik, 1966; Fischer-Winkelmann, Methodologie der Betriebswirtschaftslehre, 1971; Jehle, Über Fortschritt und Fortschrittskriterien in betriebswirtschaftlichen Theorien, 1973; Chmielewicz, Forschungskonzeptionen der Wirtschaftswissenschaft, 2. Aufl. 1979; Raffée/Abel (Hrsg.), Wissenschaftstheoretische Grundfragen der Wirtschaftswissenschaften, 1979; Schanz, Betriebswirtschaftslehre als Sozialwissenschaft, 1979; ders., Wissenschaftsprogramme der Betriebswirtschaftslehre, in: Bea/Dichtl/Schweitzer (Hrsg.), Allgemeine Betriebswirtschaftslehre, Bd. 1: Grundfragen, 3. Aufl. 1985.

Prof. Dr. Günther Schanz

methodologischer Individualismus. I. Wissenschaftstheorie: 1. Forschungsleitende Idee, derzufolge die Grundbestandteile der sozialen Welt *Individuen* sind (→Individualismus), so daß soziale Prozesse und Institutionen unter Rückgriff auf theoretische Aussagen über individuelles Verhalten bzw. Handeln erklärt werden müssen. – *Alternative zum m. I.:* →methodologischer Kollektivismus (Holismus). – 2. *Lange Tradition* des m. I. innerhalb der Sozialwissenschaften; insbes. Bernard de Mandeville (1670–1733), Adam Smith (1723–90), Adam Ferguson (1723–1816), Jeremy Bentham (1748–1832) und James Mill (1773–1826). Eine (in ihren ideologischen Konsequenzen teilweise problematische) Weiterentwicklung stellt die *utilitaristische Gesellschaftstheorie* dar. Nach vorübergehender Stagnation ist gegenwärtig eine Renaissance der individualistischen Perspektive zu beobachten. – 3. Wegen des Rückgriffs auf Gesetzmäßigkeiten individuellen Verhaltens ist gelegentlich auch von einem *reduktionistischen Programm* bzw. von *Reduktionismus* (gelegentlich auch: *Psychologismus*) die Rede; unzutreffend ist der mögliche Eindruck, daß der m. I. den gesellschaftlichen und institutionellen Bedingtheiten des Verhaltens nicht Rechnung trägt. – 4. Es handelt sich vielmehr um ein konsequentes Programm zur *sozialwissenschaftlichen Integration*, wobei die Gemeinsamkeit der einzelnen Disziplinen in allgemeinen Gesetzmäßigkeiten individuellen Verhaltens, ihre Besonderheiten in disziplinspezifischen Rahmenbedingungen (→Erklärung) besteht. Innerhalb der →verhaltenstheoretischen Betriebswirtschaftslehre wird diese Vorstellung konsequent ausgearbeitet.

II. Wirtschaftstheorie/Neue Politische Ökonomie: Das Verhalten von Gruppen leitet sich aus dem Zusammenwirken des jeweils selbstinteressierten Handelns der einzelnen Gruppenmitglieder ab. Die Gruppe (der Staat) wird also nicht als eine die Summe der Gruppenmitglieder übersteigende Größe mit eigenen Interessen und Handlungen (→Kollektivismus) aufgefaßt.

methodologischer Kollektivismus, *Holismus,* forschungsleitende These, die i. d. R. damit begründet wird, daß das Ganze (griech.: holos) sei mehr als die Summe seiner Teile (→Kollektivismus). – *Spielarten* des m. K. innerhalb der Sozialwissenschaften: insbes. eine marxistische und eine funktionalistische Variante. Ausgangspunkt der Analyse ist das *soziale System,* dem (v. a. vom Funktionalismus) ein allgemeines Überlebensziel zugeschrieben wird. – *Gegensatz:* →methodologischer Individualismus.

methods time measurement, *MTM-Verfahren,* Verfahren der →Systeme vorbestimmter Zeiten (SvZ). Erstmals 1940 in der Westinghouse Electric Company in Toronto (USA) angewandt. – 1. *Grundverfahren:* Jede Handarbeit wird in neun Grundbewegungen zerlegt. Jeder dieser Grundbewegungen weist das

MTM-System einen vorbestimmten Normalzeitwert zu, der durch die Natur der Grundbewegung und die Einflüsse, unter denen sie ausgeführt sind, bestimmt ist. Die für die Grundbewegungen erforderlichen Arbeitszeiten sind in MTM-Normalzeitwerttabellen vorgegeben. Die Grundbewegungszeiten stellen Normalzeiten dar, wobei der einzunehmende Leistungsgrad mit Hilfe des →Leveling-Systems ermittelt wurde. Die Zeiteinheit ist ein TMU (time measurement unit) = $0,036$ s. – 2. *Sonderverfahren:* Es wurden eine Vielzahl von Sonderverfahren abgeleitet, auch betriebsintern abgeleitete Verfahren basieren vorwiegend auf dem MTM-Verfahren (z. B. IBM-Standarddaten, Singer-Standarddaten). Die abgeleiteten Standarddatensysteme sind vorwiegend Zeitbausteinsysteme. Die abgeleiteten Verfahren werden jeweils nur mit höheren Entwicklungsnummern bezeichnet, heute von MTM-2 bis MTM-5. – 3. *Anwendung:* Auch das MTM-System ist wie jedes SvZ nur für manuelle Tätigkeiten anwendbar, nicht für Zeiten technologisch bestimmter Prozesse. Das MTM-System dient vorwiegend der methodischen Arbeitsgestaltung, wohingegen es auf dem Gebiet der Zeitanalyse hauptsächlich zu Vorkalkulationszwecken, Verbesserung bestehender Arbeitsabläufe und zur Vorgabezeitermittlung herangezogen wird.

Metist, Vertragspartner im →Metageschäft.

Me-too-Produkt, einem vorhandenen Produkt nachgeahmtes, nachempfundenes Produkt, das (wenn überhaupt) nur geringe Vorteile gegenüber dem vorhandenen Produkt bietet *(Pseudo-Neuheit).* Häufig auf den Markt gebracht, um am Markterfolg eines Konkurrenten kurzfristig zu profitieren.

Metra-Potential-Methode, →MPM.

metric ton, englische Bezeichnung für die →gesetzliche Einheit Tonne (t); 1 t = 1000 kg. Durch die Verwendung dieser Bezeichnung soll eine Verwechslung mit der angelsächsischen Masseneinheit →ton vermieden werden.

metrische Merkmale, Sammelbegriff für →Merkmale, die gemäß einer →Intervallskala oder →Verhältnisskala in →Ausprägungen zerlegt sind.

metrische Skala, →Kardinalskala.

metrisches Karat, →gesetzliche Einheiten, Tabelle 1.

metrisches System, Bezeichnung für Einheiten, die vom Meter abgeleitet werden. Dazu gehören auch die vom Meter abgeleiteten Einheiten für Volumen und Masse. Das →Gramm war ursprünglich eine Masse von $1 \, cm^3$ Wasser.

Metronom, mechanischer Taktschläger, verstellbarer Tempoangeber; angewandt in der Arbeits- und Organisationspsychologie.

Mexiko, *Vereinigte Mexikanische Staaten,* zwischen den USA im N und der mittelamerikanischen Staatengruppe im SO gelegen. – *Fläche:* 1 972 547 km². – *Einwohner* (E): (1985, geschätzt) 78,5 Mill. (40,1 E/km²), hauptsächlich Mestizen (Mischlinge aus Weißen und Indianern), die Anteile der reinblütigen Indianer und der Kreolen (Nachkommen europäischer Einwanderer) sinken; die Kreolen haben ihre führende soziale Stellung weitgehend verloren. – *Hauptstadt:* Mexico-City (1980: 9,2 Mill. E, Agglomeration 15,0 Mill. E); weitere 27 Großstädte, darunter Guadalajara, Monterrey, Ciudad Juárez und Puebla. – *Unabhängig* seit 1821, präsidiale bundesstaatliche Republik, Verfassung von 1917, Zweikammerparlament. – *Verwaltungsgliederung:* 5 Regionen, 32 Bundesstaaten (einschl. Bundesdistrikt Mexico-City). – *Amtssprache:* Spanisch.

W i r t s c h a f t : *Landwirtschaft:* Haupterzeugnisse sind Mais, Weizen, (v. a. im Hochland von M.); Baumwolle (bei Torréon); Kaffee, Kakao, Zuckerrohr, Tabak, Kokospalme, Vanille (in Küstennähe, besonders am Golf von M.); Sisalhanf auf Halbinsel Yucatan (Merida). – Zucht von Rindern, Schweinen und Schafen. – Raubbau an *Wäldern* macht umfangreiche Aufforstungen nötig. Größere Waldgebiete in der Westlichen und Südlichen Sierra Madre und auch Yucatán (Mahagoni). – *Fischerei* (Austern, Perlen) an der pazifischen Küste (besonders im Golf von Kalifornien). – *Bergbau und Industrie:* Haupterwerbszweig ist der Bergbau: Silber (v. a. bei Zacatecas); Gold, Kohle, Eisenerze, Quecksilber, Blei, Zink, Kupfer, Antimon, Graphit u. a. Größte Bedeutung haben die Erdölvorkommen (Ausfuhr über den Hafen Dos Bocas). Durch den Erdölboom in den 70er Jahren Wandel der Wirtschaftsstruktur. Wichtige *Industriezweige* sind u. a. Eisen- und Stahlproduktion, chemische, insbes. petrochemische Industrie, Kraftfahrzeugbau, Nahrungs- und Genußmittelindustrie, Textilherstellung und Baustoffindustrie. – *Bedeutendes Reiseland* (Deviseneinnahmen 1983: ca. 800 Mill. US-$). – *BSP:* (1985, geschätzt) 163 790 Mill. US-$ (2080 US-$ je E). – *Öffentliche Auslandsverschuldung:* (1984) 42,8% des BSP. – *Inflationsrate:* (Durchschnitt 1973–84) 31,5%. – *Export:* (1985) 21 822 Mill. US-$, v. a. Erdöl und Erdölerzeugnisse (über 70%), Maschinen und Kraftfahrzeuge, chemische Erzeugnisse, NE-Metalle, Kaffee. – *Import:* (1985) 14 015 Mill. US-$, v. a. Maschinen, Getreide und Getreideerzeugnisse, chemische Erzeugnisse. – *Handelspartner:* USA, EG-Länder, Japan.

V e r k e h r : 214 073 km *Straßen,* davon 98 474 km befestigt (1982). Wichtigstes Teilstück (ca. 2800 km) der Carretera Panamericana (Pan-American-Highway) von Nuevo Laredo am Rio Grande del Norte über Mexico-City nach Guatemala. – Das Streckennetz der *Eisenbahn*

betrug (1982) 25 474 km. – Wichtige *Seehäfen:* Guaymas, Manzanillo und Mazatlan am Stillen Ozean sowie Tampico und Veracruz am Golf von Mexiko. M.s Handelsflotte verfügte (1983) über 619 Schiffe (über 100 BRT) mit 1,48 Mill. BRT. – Mittelpunkt des ausgedehnten *Flugverkehrs* im Innern ist Mexico-City, das auch große Bedeutung für den interamerikanischen Nord-Süd-Luftverkehr hat. Zwei staatliche *Luftverkehrsgesellschaften.* – Erdöl- und Erdgasleitungssystem.

M i t g l i e d s c h a f t e n : UNO, ALADI, SELA, UNCTAD u. a., Contadora-Gruppe; Abkommen mit EG, RGW, Andengruppe.

W ä h r u n g : 1 Mexikanischer Peso (mex$) = 100 Centavos.

MFLOPS, million floating point operations per second, Maß für die Leistungsfähigkeit eines →Gleitkommaprozessors.

MGFA, Abk. für →Militärgeschichtliches Forschungsamt.

MICROLAY, →Layoutplanung II.

middleman, →Absatzmittler.

Middle Management, im anglo-amerikanischen Sprachgebrauch die mittlere Führungsbzw. Leitungsebene in Unternehmungen u. a. Institutionen. M. M. übt innerhalb der Instanzenaufbaus insbes. Verwaltungsfunktionen zwischen →Top Management und →Lower Management aus. Die Positionen des M. M. sind meist in mittleren und größeren Betrieben anzutreffen, die nach dem Abteilungsprinzip organisiert sind. Zu dem M. M. zählen Betriebsleiter und Obermeister im Fertigungsbereich und Abteilungsleiter und Ressortchefs im kaufmännischen Sektor. Diese Führungsstellen sind ggf. mit Stabsstellen (→Stab) ausgestattet. Äußeres Kennzeichen ist →Prokura. – Begriff M. M. leitet sich aus *institutionellem* Aspekt des Managementbegriffs ab. In *funktionaler* Hinsicht ist das M. M. mit unternehmungspolitischen Planungs-, Organisations-, Steuerungs- und Führungsaufgaben betraut. Es hat Leitungsfunktionen wie auch ausführende Tätigkeiten wahrzunehmen.

middling, *medium quality,* Bezeichnung für mittlere Qualität im internationalen Rohstoffhandel (z. B. für Typenbezeichnung der Baumwolle). – *Anders:* →fair average quality.

Mietbeihilfen, →Wohngeld.

Miete, *Mietzins.* I. B ü r g e r l i c h e s R e c h t : 1. *Begriff:* Die vertragliche, zeitlich beschränkte Gewährung des Gebrauchs einer →Sache gegen Entgelt. M. unterscheidet sich durch die Beschränkung auf den Gebrauch von der →Pacht (z. B. eines eingerichteten Geschäftes), die auch den Fruchtgenuß einschließt; durch die Entgeltlichkeit von der →Leihe. – *Rechtsgrundlagen:* §§ 535–580a

BGB. – 2. *Mietvertrag:* Abschluß des Mietvertrages formfrei. Ausnahme: M. von Grundstücken sowie von Wohnungen oder anderen Räumen über ein Jahr bedarf der →Schriftform. Bei Wohnungen ist der →Einheitsmietvertrag oder anderer Vordruck allgemein üblich; Beschränkung der →Vertragsfreiheit durch Wohnraumkündigungsschutzgesetz (→Mieterschutz). – 3. *Pflichten und Rechte des Vermieters:* Der Vermieter muß den Gebrauch der Mietsache gewähren und sie in gebrauchsfähigem Zustand erhalten, z. B. Reparaturen vornehmen, auch soweit sie durch vertragsmäßige Abnutzung erforderlich werden. Bei Vermietung gewerblicher Räume muß er i. d. R. nach Treu und Glauben auch Wettbewerb vom Mieter fernhalten. Der Vermieter eines Grundstücks erwirbt an den eingebrachten pfändbaren Sachen des Mieters ein →Vermieterpfandrecht. – 4. *Pflichten und Rechte des Mieters:* Der Mieter hat den Mietzins zu zahlen, der, soweit nicht →Mietpreisrecht eingreift, frei vereinbart werden kann; Zahlung am Schluß der Mietzeit, bei Bemessung nach Zeitabschnitten nach Ablauf der Zeitabschnitte, vertraglich aber meist im voraus. *Mängel* der Mietsache müssen dem Vermieter angezeigt werden. Kommt der Vermieter seiner Erhaltungspflicht nicht nach, braucht der Mieter für die Zeit der Dauer des Mangels nur einen geminderten Mietzins zu zahlen, der sich nach den für die →Minderung beim Kaufvertrag geltenden Grundsätzen berechnet; bei →Verzug des Vermieters (Mängelanzeige und Aufforderung) kann der Mieter auch →Schadenersatz begehren oder den Mangel selbst beseitigen und Ersatz seiner Aufwendungen verlangen. Sonstige Verwendungen auf die Mietsache sind ihm zu ersetzen, soweit sie notwendig waren, andere nur, soweit Regeln über →Geschäftsführung ohne Auftrag eingreifen. Außerdem hat der Mieter alle Einwirkungen auf die Mietsache zu dulden, die zur Erhaltung der Mieträume oder des Gebäudes erforderlich sind; Maßnahmen zur Verbesserung soweit zumutbar. – *Untervermietung* ist i. d. R. nicht gestattet. – 5. *Verkauf der Mietsache während des Mietverhältnisses:* Der Mieter *beweglicher Sachen* kann sich auf sein Recht zum Besitz auch gegenüber dem Erwerber berufen; bei *Grundstücken* tritt der Erwerber sogar kraft Gesetzes in das Mietverhältnis ein *(Kauf bricht nicht Miete).* Ausnahmen bestehen i. d. R. bei →Zwangsversteigerung und Verkauf durch →Konkursverwalter. – 6. *Beendigung des Mietverhältnisses:* Erfolgt durch Zeitablauf oder →Kündigung, soweit nicht Vorschriften über →Mieterschutz oder das →soziale Mietrecht entgegenstehen; der Mieter muß die Sache zurückgeben. *Verjährung* von Ersatzansprüchen des Vermieters wegen Veränderungen usw. und von Ansprüchen des Mieters auf Ersatz von Verwendungen oder auf Wegnahme in sechs Monaten seit Rückgabe der Sache bzw. Beendigung des

Mietverhältnisses. Angehörige des Mieters treten bei seinem Tod in das Mietverhältnis über Wohnräume ein, soweit sie zum gemeinsamen Haustand gehören.

II. K o s t e n r e c h n u n g / B i l a n z i e r u n g : Vgl. →Miet- und Pachtzinsen II.

III. S t e u e r r e c h t : Vgl. →Einkünfte VI, →Miet- und Pachtzinsen III, →Vermietung und Verpachtung.

Mieten und Pachten, →Miet- und Pachtzinsen.

Mieterschutz. 1. Rechtsvorschriften, die die Beseitigung des freien Kündigungsrechts des Vermieters bei Gebäuden oder Gebäudeteilen, insbes. Wohnungen, zur Folge haben. V. a. durch Mieterschutzgesetz vom 15.12.1942 (RGBl I 712), das bis 31.12.1967 bzw. 31.12.1968 galt. – 2. Die in den Jahren 1970/71 bestehende Mangellage auf dem Wohnungsmarkt und der starke Mietpreisanstieg führten zu einem *erneuten M.,* zunächst bis zum 31.12.1974 befristet durch das Gesetz über den Kündigungsschutz für Mietverhältnisse über Wohnraum vom 25.11.1971 (BGBl I 1839); dann durch das 2. Wohnraumkündigungsschutzgesetz vom 18.12.1974 (BGBl I 3603) mit späteren Änderungen als Dauerrecht in das BGB eingeführt. Einschränkungen erfolgten durch Gesetz zur Erhöhung des Angebot an Mietwohnungen vom 20.12.1982 (BGBl I 1912). Vermieter kann grundsätzlich nur bei einem →berechtigten Interesse an der Beendigung des Mietverhältnisses (z. B. Eigenbedarf) kündigen (§ 564 BGB). Kündigung zum Zweck der Mieterhöhung ist ausgeschlossen. Vermieter kann jedoch Zustimmung zu einer Erhöhung des Mietzinses dann verlangen, wenn dieser seit einem Jahr unverändert ist und der verlangte erhöhte Mietzins die üblichen Entgelte, die in der Gemeinde oder in vergleichbaren Gemeinden für nicht preisgebundenen Wohnraum vergleichbarer Art, Größe, Ausstattung, Beschaffenheit und Lage in den letzten drei Jahren vereinbart wurden, nicht übersteigt. Hierzu Einzelheiten im Gesetz zur Regelung der Miethöhe in Art. 3 des 2. Wohnraumkündigungsschutzgesetzes mit der Änderung vom 20.12.1982 (BGBl I 1912).

Mieterzuschüsse, Aufwendungen des Mieters für Aufbau und Ausbau von Mieträumen in Form von Baukostenzuschüssen oder Mieterdarlehen. – *Einkommensteuerrecht:* 1. *Beim Vermieter:* Mietvorauszahlungen oder verlorene Zuschüsse (→Baukostenzuschüsse) zählen zu den Einnahmen aus Vermietung und Verpachtung in dem Jahr, in dem sie zufließen. Billigkeitshalber können sie auf die Laufzeit des Mietvertrages verteilt werden (§ 163 V EStR). – 2. *Beim gewerblichen Mieter* sind M. für Geschäftsräume auf die Dauer des Mietvertrags zu verteilen, so daß sie während dieser Jahre anteilmäßig den Gewinn mindern.

Mietkauf, Form des →Leasing, bei dem Gebrauchsgüter (z. B. Kraftfahrzeuge, Schreibmaschinen) den Kunden zunächst mietweise überlassen werden und es den Kunden freigestellt wird, nach Ablauf des befristeten Mietvertrages: a) den Mietgegenstand käuflich zu erwerben, wobei die bisher geleisteten Mietzahlungen angerechnet werden; b) den Mietvertrag zu verlängern, wobei dann oftmals eine gegenüber dem ersten Mietzeitraum verringerte Mietzahlung vereinbart wird, bis der Gegenstand nach Ablauf einer bestimmten Zeit in das Eigentum des Mieters übergeht, ohne daß ein Restkaufpreis fällig wird; c) den Mietgegenstand zurückzugeben.

Mietkaution, Sicherheitsleistung des Mieters an den Vermieter für die Erfüllung seiner Verpflichtungen aus dem Mietvertrag (→Miete). Die M. darf das Dreifache der Monatsmiete nicht übersteigen. Sie ist vom Vermieter bei einer Sparkasse oder Bank mit gesetzlicher Kündigungsfrist anzulegen. Die Zinsen stehen dem Mieter zu.

Mietpreisrecht, Rechtsvorschriften über den Mietzins (→Miete). Für den öffentlich geförderten Wohnungsbau gilt der Neubaumietenverordnung i.d.F. vom 5.4.1984 (BGBl I 579). Das Recht, Mieten frei zu vereinbaren, ist begrenzt (→Mietwucher, →Mietpreisüberhöhung). – Vgl. auch →Mieterschutz, →Staffelmiete.

Mietpreisüberhöhung, →Ordnungswidrigkeit nach §5 WStRG 1954. M. begeht, wer vorsätzlich oder leichtfertig für die Vermietung von Wohnräumen oder damit verbundene Nebenleistungen unangemessen hohe Entgelte fordert, sich versprechen läßt oder annimmt. Gleiches gilt für den Vermittler der Vermietung von Wohnräumen (§6 WStRG).

Mietsteuer, →Steuer, die an die Höhe der Miete als Bemessungsgrundlage anknüpft. Von einigen Finanzwissenschaftlern als Ersatz für die →Grundsteuer B vorgeschlagen, weil die Mieten genauere Bemessungsgrundlagen bieten als Einheitswerte.

Miet- und Pachtzinsen. I. Allgemein: Vergütung für die vertragsmäßige Gebrauchs- oder Nutzungsüberlassung der vermieteten Sachen oder Räume bzw. der verpachteten Gegenstände (→Miete, →Mietpreisrecht, →Mietpreisüberhöhung, →Mietwucher, →Pacht). – Im kaufmännischen Sprachgebrauch auch *Mieten und Pachten*.

II. Gewinn- und Verlustrechnung: Als Aufwendungen für Geschäfts- und Betriebsräume bzw. Betriebsgrundstücke sind M.- u. P. in der →Gewinn- und Verlustrechnung ebenso wie M.- u. P. für *nicht* betrieblich, aber im Rahmen der gewöhnlichen Geschäfts-

tätigkeit genutzten Räume bzw. Grundstücke als „sonstige betriebliche Aufwendungen" auszuweisen (M.- u. P. als →Erträge entsprechend). Werden M.- u. P. für einen bestimmten Zeitraum nach dem Bilanzstichtag im voraus bezahlt, sind sie als aktive Rechnungsabgrenzungsposten, werden sie für eine bestimmte Zeit vor dem Bilanzstichtag nachträglich bezahlt als sonstige Verbindlichkeiten abzugrenzen (→Rechnungsabgrenzung).

III. Kostenrechnung: Werden M.- u. P. für einen längeren Zeitraum im voraus oder nachträglich bezahlt, so sind sie auf einem →Aufwandsausgleichskonto zeitlich abzugrenzen. – Mietaufwendungen und Erträge für *nicht* betrieblich genutzte Räume sind nicht Kosten und werden über Kontenklasse 2 (betriebsfremde Aufwendungen) verbucht.

IV. Bewertungsgesetz: Vgl. →Jahresrohmiete.

V. Gewerbesteuerrecht: Zu unterscheiden: 1. M.- u. P. für *Grundbesitz:* Zur Vermeidung von Doppelbesteuerung (→Grundsteuer) nicht der →Gewerbesteuer unterworfen; voll abzugsfähig. Entfallen M.- u. P. z. T. auf Grundbesitz, z. T. auf andere Anlagegüter, sind sie mangels vertraglicher Abmachung nach dem Wertverhältnis aufzuteilen. – 2. M.- u. P. für die Benutzung der in fremdem Eigentum stehenden, nicht aus Grundbesitz bestehenden *Wirtschaftsgüter des Anlagevermögens:* Bei der Ermittlung des steuerpflichtigen →Gewerbeertrags ist die Hälfte der M.- u. P. dem steuerpflichtigen Betrag hinzuzurechnen. Eine →Hinzurechnung zum Gewinn für die Festsetzung des →Steuermeßbetrages erfolgt dann nicht, wenn die M.- u. P. beim Empfänger zur Gewerbesteuer heranzuziehen sind, außer wenn es sich um M.- u. P. für einen Betrieb oder Teilbetrieb handelt und der Betrag der Vergütungen 250 000 DM übersteigt. Maßgebend ist jeweils der Betrag, den Mieter oder Pächter für die Benutzung der zu den →Betriebsstätten eines Gemeindebezirks gehörenden fremden Wirtschaftsgüter an den Überlassenden zu zahlen haben. Im Fall einer Hinzurechnung der M.- u. P. zum Gewerbeertrag eines anderen Gewerbebetriebs erfolgt beim Empfänger Kürzung des Gewinns.

Mietverhältnis, →Miete I, →Mieterschutz.

Mietverlust, nach einer Zerstörung oder Beschädigung eines Gebäudes eintretender Mietausfall, unabhängig davon, ob Wohnräume vermietet oder vom Versicherungsnehmer selbst bewohnt sind. M. kann entweder in der →Feuerversicherung oder in einer selbständigen →Mietverlustversicherung versichert werden, wobei eine Deckung nur dann besteht, wenn M. als Folge eines Brandes, einer Explosion oder eines Blitzschlages entsteht. Darüber hinaus ist der M. in der →verbundenen Wohngebäudeversicherung mitversichert, sofern er infolge einer der dort versicherten Gefahren eintritt.

Mietverlustversicherung, Schutz des Vermieters gegen →Mietverlust als Folge eines Versicherungsfalls in der →Gebäudeversicherung. Ersatz des Schadens, der dem Hausbesitzer dadurch entsteht, daß die vermieteten Räume durch ein versichertes Ereignis so beschädigt werden, daß der Mieter kraft Gesetzes oder Mietvertrags die Zahlung des Mietzinses verweigern kann. Auch der Schaden wird ersetzt, der dem Vesicherungsnehmer dadurch entsteht, daß die von ihm selbst benutzten Räume nicht mehr oder nur teilweise benutzbar sind und aus diesem Grund andere Räume gemietet werden müssen. Bei Wohngebäuden aufgrund der Allgemeinen Feuerversicherungs-Bedingungen (AFB) bzw. der VGB bis zu sechs Monaten prämienfrei eingeschlossen. Bei weitergehendem Versicherungsschutz besondere Bedingungen für M.

Mietvertrag, der auf die zeitlich beschränkte Gewährung des Gebrauchs einer Sache gegen Entgelt gerichtete Vertrag. Vgl. im einzelnen →Miete I 2, →Einheitsmietvertrag, →Mustermietvertrag.

Mietwohngrundstücke, →Grundstücksart i.S. des BewG. Bebaute →Grundstücke, die zu mehr als 80% (berechnet nach der →Jahresrohmiete) Wohnzwecken dienen und weder →Einfamilienhaus noch →Zweifamilienhaus sind. – *Bewertung:* Grundsätzlich nach dem →Ertragsverfahren (§ 76 I, §§ 78 ff. BewG); ausnahmsweise nach dem →Sachwertverfahren (§ 76 III, §§ 83 ff. BewG).

Mietwucher, Form des →Wuchers (§ 302a I Nr. 1 StGB). Das Wuchergeschäft kann zivilrechtlich nichtig sein (§ 138 II BGB). – Mietpreiserhöhungen können auch gegen Vorschriften des Mietpreisrechts verstoßen (→Mietpreisüberhöhung).

Mietzinsen, →Miet- und Pachtzinsen.

Mietzuschuß, →Wohngeld.

Mifrifi, Abk. für mittelfristige Finanzplanung (→mehrjährige Finanzplanung).

MIGA, Abk. für →Multilaterale Investitions-Garantie-Agentur.

Mikro (μ), Vorsatz für das Millionstel (10^{-6}fache) der Einheit. Vgl. →gesetzliche Einheiten, Tabelle 2.

Mikrobewegungsstudienverfahren, →Systeme vorbestimmter Zeiten.

Mikrocomputer, *Mikrorechner,* →Rechnergruppen 2 a).

Mikrofilm. I. Allgemeines: 1. *Begriff:* Organisationsmittel zur Archivierung und Wiedergabe von Dokumenten. Der Inhalt einer großen Anzahl von Belegen und Doku-

menten wird in starker Verkleinerung auf einen M. kopiert. Auf einem Mikroplanfilm (105 × 148 mm) können je nach Verfahren horizontal bis zu 140, vertikal bis zu 90 Einzelbilder dargestellt werden. – 2. *Verfahren:* Die auszugebenden Zeichen werden zunächst auf dem Schirm einer Kathodenstrahlröhre (→Sichtgerät) abgebildet und von dort fotografisch auf den Mikrofilm übernommen. Ein Kathodenstrahl zeichnet die auszugebenden Zeichen unmittelbar auf einem Spezialfilm auf, der anschließend durch Wärmewirkung entwickelt wird. Die auszugebenden Zeichen werden in Matrizen aus Lichtdioden gebildet. Hierbei ist für jede Stelle (ähnlich einer Druckstelle) einer auszugebenden Zeile eine matrixartige Anordnung aus Lichtdioden vorhanden. In diese Matrix lassen sich alle auszugebenden Zeichen dadurch bilden, daß eine entsprechende Kombination der Dioden zum Aufleuchten gebracht wird. Von jeder Matrix leitet ein Glasfaserlicht die Lichtpunktkombination zum Film, der mit den Zeichen für jeweils eine Zeile belichtet wird. – Zum Betrachten der auf dem M. festgehaltenen Texte und Bilder werden Sichtgeräte benützt. Dem schnellen Auffinden bestimmter Stellen oder Bilder auf dem Film dienen besondere Sucheinrichtungen. Weiter ist das Duplizieren der Ablichtungen der Filme sowie das Reproduzieren der abgelichteten Dokumente in Originalgröße möglich. – 3. *Formen:* Neben der Aufbewahrung in Rollen ist die Archivierung in Taschen (Jakkets) üblich. Dabei enthalten Filmblätter in verschiedenen Formaten eine größere Anzahl verkleinerter Bilder sowohl nebeneinander, als auch untereinander (Mikrofilmkarte). – In der Datenverarbeitung ist die direkte Übernahme von Ausgabedaten mit M. möglich. Dieses COM-Verfahren kann unmittelbar vom Magnetbandspeicher, als auch im Online-Betrieb geschehen. – 4. *Aufbewahrungspflicht:* Nach den „Grundsätzen für die Mikroverfilmung gesetzlich aufbewahrungspflichtiger Unterlagen" sind: (1) das Verfahren der Verfilmung in einer schriftlichen Anweisung festzuhalten, (2) die Belege lückenlos und chronologisch folgend aufzunehmen, (3) alle Filme zu numerieren und ein Inhaltsverzeichnis anzulegen, (4) die Filme sorgfältig zu prüfen und notfalls zu berichtigen, (5) erst nach komplettem Verzeichnis der Filme die Originalbelege zu vernichten, (6) die Mikrofilme entsprechend den gesetzlichen Aufbewahrungsvorschriften zu behandeln.

II. Handelsrecht: Nach dem Bilanzrichtlinien-Gesetz vom 19. 12. 1985 (BGBl I 2355) in den §§ 257 ff. HGB umfassend geregelt. Danach können (Handels-)→Bücher, →Inventare, →Lageberichte, Konzernlageberichte sowie die zu ihrem Verständnis erforderlichen Arbeitsanweisungen und sonstigen Organisationsunterlagen, die empfangenen →Handelsbriefe, Wiedergaben der abgesandten Handelsbriefe und →Buchungsbelege, auch als Wiedergabe auf einem Bildträger oder auf anderen Datenträgern aufbewahrt werden, wenn dies den →Grundsätzen ordnungsmäßiger Buchführung entspricht und sichergestellt ist, daß die Wiedergabe oder die Daten einmal mit den empfangenen Handelsbriefen und den Buchungsbelegen bildlich und mit anderen Unterlagen inhaltlich übereinstimmen, wenn sie lesbar gemacht werden und zum anderen während der Dauer der Aufbewahrungsfrist verfügbar sind und jederzeit innerhalb angemesser Frist lesbar gemacht werden können (§ 257 HGB). Wer aufzubewahrende Unterlagen nur in der Form einer Wiedergabe auf einem Bildträger oder auf anderen Datenträgern vorlegen kann, ist verpflichtet, auf seine Kosten diejenigen Hilfsmittel zur Verfügung zu stellen, die erforderlich sind, um die Unterlagen lesbar zu machen; soweit erforderlich, hat er die Unterlagen auf seine Kosten auszudrucken oder ohne Hilfsmittel lesbare Reproduktionen beizubringen (§ 261 HGB).

III. U r h e b e r r e c h t : Die Anfertigung von Auszügen aus Werken der Literatur zu persönlichem Gebrauch mittels M. ohne Genehmigung des Berechtigten wird vielfach als unzulässig angesehen (abweichend von § 15 II LUG); die Rechtslage ist noch weitgehend ungeklärt. Nach der Rechtsprechung des Bundesgerichtshofs handelt es sich jedenfalls um eine unerlaubte Vervielfältigung (kein persönlicher Gebrauch), wenn ein größeres gewerbliches Unternehmen für geschäftliche Zwecke Zeitschriftenaufsätze u. ä. mittels M. oder Fotokopie zugänglich macht.

Mikrofilm-Grundsätze, →Mikrofilm I 4.

Mikro-Mainframe-Kopplung, Verbindung eines Mikrorechners (→Rechnergruppen 2 a)) mit einem Großrechner. Der Mikrorechner kann dann zusätzlich zum eigenständigen Einsatz (1) mit Hilfe einer (Terminal-)→Emulation als „dummes →Terminal" des Großrechners genutzt werden (dabei lassen sich i. d. R. die bei einer Verwendungsart erzeugten Dateien auch in der anderen benutzen) oder (2) bestimmte Leistungen des Großrechners mit Hilfe spezieller Kommunikationsprogramme (→Programm) in Anspruch nehmen. – Die *Vorteile* der M. liegen v. a. darin, daß an dem Mikrorechner sowohl unabhängig von dem Großrechner gearbeitet werden kann, gleichwohl aber die Verlegung rechenintensiver Anwendungen auf den dafür geeigneteren Großrechner bzw. die Nutzung dort gespeicherter Daten oder Anwendungsprogramme möglich ist.

Mikronesien, *Föderierte Staaten von Mikronesien.* Inselwelt im Westpazifik. – *Fläche:* 720,6 km². – *Einwohner* (E):(1983, geschätzt) 80 000 (111 E/km²); hauptsächlich Mikronesier, ferner Weiße. – *Hauptstadt:* Kolonia auf

Pohnpei (5500 E). – Z. Z. noch unter USA/ UNO-Treuhandschaft. Selbstregierung und eigene Verfassung seit 10. 5. 1979. Status der freien Assoziierung mit den USA angestrebt. – *Verwaltungsgliederung:* Vier Teilstaaten. – *Amtssprache:* Englisch.

W i r t s c h a f t : *Hauptausfuhrgüter:* Kopra, Fische, kunthandwerkliche Erzeugnisse. Wichtige *Handelspartner:* USA und Japan.

W ä h r u n g : 1 US-Dollar (US-$) = 100 Cents.

mikroökonometrisches Modell, →Ökonometrie II 3.

Mikroökonomie, →Mikroökonomik.

Mikroökonomik, *Mikroökonomie, mikroökonomische Theorie.* I. A l l g e - m e i n e s : 1. *Begriff:*Teilgebiet der Wirtschaftswissenschaften, das sich mit dem Verhalten einzelner Wirtschaftssubjekte und den Wechselbeziehungen zwischen ihnen beschäftigt. Die M. geht von den →Wirtschafsplänen der einzelnen Haushalte bzw. Konsumenten und Unternehmungen aus. – 2. *Zentrale Untersuchungsgegenstände:* a) Aufgrund der *Wirtschaftspläne* im Rahmen der →Partialanalyse z. B. die Einkommensbildung für einzelne Haushalte oder die Absatz- und Beschaffungsprobleme einzelner Unternehmungen; die Produktions- und Kostentheorie bildet den Ausgangspunkt und damit einen wichtigen Teil der M. – Mittels der →Totalanalyse (Walras) werden im Rahmen der M. die Nachfrage- und Angebotsdispositionen sämtlicher Wirtschaftssubjekte nach allen Gütern berücksichtigt. – b) Die *Koordination der dezentral aufgestellten Wirtschaftspläne* (Marktmechanismus; →Preisbildung) und die mit verschiedenen →Marktformen verbundenen ökonomischen Konsequenzen für Unternehmungen und Haushalte. – 3. *Wichtigstes Instrument:* Die →Marginalanalyse, mit deren Hilfe die Wahlhandlungen von Haushalten und Unternehmungen untersucht werden. – 4. Die M. bildet das *theoretische Fundament,* auf dem die →allgemeine Gleichgewichtstheorie und die →Kapitaltheorie aufbauen.

II. N e o k l a s s i s c h e M. (oft mit dem Begriff M. gleichgesetzt): Ihr liegt die Grenznutzentheorie zugrunde; es wird für Haushalte Nutzenmaximierung und für Unternehmungen Gewinnmaximierung unterstellt. Der Analyse liegen zusätzliche Annahmen zugrunde, u. a. vollkommmene Informationen, vollkommmene Märkte und stetige Funktionen; diese Annahmen sind häufig kritisiert worden und bilden einen Ausgangspunkt für neuere Entwicklungen.

III. N e u e M. : Sie versucht u. a. folgendes zu erklären: die geichzeitige Existenz von hierarchischen und nicht-hierarchischen Koordinationsmechanismen; die Entwicklung und

Funktion der verschiedenen Koordinationsmechanismen; die Bedeutung der Verteilung von Property Rights (→Property Rights-Theorie) für das Wirtschaften, die Beziehungen zwischen individuellem Handeln und gesellschaftlichem Verhalten. Dazu werden alternative Ansätze zur →Theorie der Unternehmung, positive Informationskosten (→Transaktionskosten), Ungleichgewichtssituationen und alternative individuelle →Nutzenfunktionen in die Analyse eingeführt.

mikroökonomische Inzidenz, →Inzidenz auf einem einzelnen Markt; Interdependenzen der Einzelmärkte werden nicht berücksichtigt. Gegenstand der →mikroökonomischen Inzidenzforschung. – *Gegensatz:* →makroökonomische Inzidenz.

mikroökonomische Inzidenzforschung, Inzidenzforschung, die die Wirkungen einer finanzpolitischen Maßnahme auf einem einzelnen Markt (→mikroökonomische Inzidenz) untersucht. Methodisch lehnt sich die m.I. damit an die Markt- und Preistheorie an, sie analysiert z. B. die Änderungen im Preisbildungsprozeß durch die Besteuerung oder die Subventionierung eines Gutes. – *Gegensatz:* →makroökonomische Inzidenzforschung.

mikroökonomische Theorie, →Mikroökonomik.

Mikroprogramm, Bezeichnung für die aufeinanderfolgenden (Mikro-)→Befehle, den Ablauf von elementaren Hardwareoperationen steuern. Durch diese wird ein (bestimmter) →Maschinenbefehl (auf unterster Ebene) realisiert. Die Gesamtheit der M. eines Computers (→Firmware) bildet damit die Brücke zwischen seiner Hardware und seiner Software. Sie ist deshalb in einem Teil des →Zentralspeichers (M.speicher) fest gespeichert.

Mikroprozessor, auf einem →*Chip* untergebrachter (vollständiger) →*Prozessor.* Unterscheidung von 8-, 16- und 32-Bit-Prozessoren entsprechend der Verarbeitungsbreite (Anzahl der gleichzeitig verarbeitbaren Bits).

Mikrosegmentierung, →Makrosegmentierung.

Mikrotheorie, →Mikroökonomik.

Mikrozensus, Repräsentativstatistik auf der Grundlage der →Stichprobentheorie zur Erfassung bevölkerungs- und erwerbsstatistischer Daten zwischen zwei Totalerhebungen (→Volkszählungen). In der Bundesrep.D. erstmals durchgeführt 1957. Der M. stellt für eine Vielzahl verschiedener *Zwecke* Daten bereit und nimmt deshalb eine zentrale Stellung im System der →amtlichen Statistik ein. – *Rechtsgrundlage:* Gesetz über die Durchführung einer Repräsentativstatistik der Bevölkerung und den Arbeitsmarkt (→Mikrozensusgesetz) vom 10.6.1985 (BGBl I 955), nebst MikrozensusVO vom 14.6.1985 (BGBl I 967).

– *Befragung* in jährlichen bis dreijährlichen Abständen zwischen 0,1 und 1% der Bevölkerung (ca. 230000 Haushalte) durch Interviewer. – *Ergebnisse:* Bevölkerungsstruktur, wirtschaftliche und soziale Lage der Bevölkerung und Familien, Arbeitsmarkt, berufliche Gliederung und Ausbildung, Wohnverhältnisse. Im einzelnen: a) *Jährlich* bei 1%: Haushalte und Personen, Wohnungs-, Haushaltszugehörigkeit und Familienzusammenhang, Geschlecht, Alter, Familienstand, Staatsangehörigkeit; Nutzung und Alter der Wohnung; Erwerbstätigkeit, Arbeitssuche, Arbeitslosigkeit, überwiegender Lebensunterhalt; Krankenversicherungsschutz und gesetzliche Altersvorsorge. Außerdem bei 0,1% (freiwillig): Urlaubs- und Erholungsreisen. – b) *Zweijährlich* bei 1%: Beruf, höchster Schul- oder berufsbildender Abschluß; Art und Größe des Gebäudes, Nutzung und Ausstattung der Wohnung, Zahl der Räume, Mieten. – c) *Dreijährlich* bei 1%: Gemeinde der Arbeits-/ Ausbildungsstätte, benutztes Verkehrsmittel, Entfernung und Zeitaufwand für den Weg; bei 0,5% (freiwillig): Krankheiten, Verletzungen, Unfälle, Dauer der Arbeitsunfähigkeit, Vorsorge, Risiken, Behinderung; bei 0,25%: private und betriebliche Altersvorsorge, Lebensversicherung.

Milcherzeugnisse, Regelung im Gesetz über den Verkehr mit Milch, Milcherzeugnissen und Fetten i. d. F. vom 19.7.1967 (BGBl I 713) und verschiedenen VO.

mildtätige Zwecke. 1. *Begriff:* Tätigkeit, die ausschließlich und unmittelbar auf die Unterstützung bedürftiger Personen gerichtet ist; bedürftig sind Personen, die wegen ihres geistigen, seelischen oder körperlichen Zustands oder ihrer wirtschaftlichen Lage der Hilfe bedürfen. – 2. *Besteuerung:* Mildtätige Körperschaften sind von der →Körperschaftsteuer befreit. – →Spenden für m.Z. sind bei der →Einkommensteuer als →Sonderausgaben und bei der Körperschaftsteuer als →Aufwendungen abzugsfähig.

mile, →Meile.

Militärgeschichtliches Forschungsamt (MGFA), Bundesbehörde im Geschäftsbereich des Bundesministers der Verteidigung (BMVg); Sitz in Freiburg i. Br. Errichtet am 1.1.1957. Das MGFA ist die größte geschichtswissenschaftliche Einrichtung der Bundesrep. D., einzige amtliche Forschungsstätte für Militärgeschichte (Spezialdisziplin der historischen Wissenschaft, die über die Schilderung militärischer Operationen hinausgeht und geistig-politische sowie soziale und ökonomische Zusammenhänge einbezieht). – *Aufgaben:* Militärgeschichtliche Forschung; Umsetzung wissenschaftlicher Erkenntnisse nach pädagogisch-didaktischen Methoden für die historisch-politische Bildung in der Bundeswehr; Erarbeitung von Fachstudien und

Gutachten sowie das Erteilen von Auskünften; wissenschaftliche Zusammenarbeit auf nationaler und internationaler Ebene.

Militärhilfe, ausländische finanzielle, personelle oder materielle Unterstützung der Streitkräfte eines Landes. *Fragwürdig* ist die Bezeichnung der M. als Form der →Entwicklungshilfe. M. könnte allerdings dem Empfängerland ermöglichen, eigene Rüstungsausgaben zu reduzieren und die freigesetzten Mittel entwicklungswirksam zu verwenden; oder sie könnte der politischen Stabilität dienen und damit eine Verbesserung der Entwicklungsbedingungen bedeuten.

Mill, James, 1773–1836, englischer Historiker, Nationalökonom und Philosoph, einer der Begründer des philosophischen Radikalismus. M. übte starken Einfluß auf die Politik seiner Zeit aus, besonders mit seinem Werk über die Geschichte Indiens. Nationalökonomisch vertrat M. eine strikte Arbeitswerttheorie und mit Malthus die →Existenzminimum-Theorie (→Lohnfondstheorie). In der Grundrente (→Bodenrente) sah M. das beste Objekt für die Besteuerung, da sie ein arbeitsloses Einkommen darstelle und zur Aufrechterhaltung der Produktion nicht notwendig sei. – *Hauptwerke:* „History of British India" 1818, „Elements of Political Economy" 1821, „Analysis of the Phenomena of the Human Mind" 1829.

Mill, John Stuart, 1806–73, Sohn des James Mill; bedeutender englischer Philosoph und Nationalökonom. M. wurde außer von seinem Vater in seiner geistigen Entwicklung vornehmlich durch Bentham, die englische Psychologie sowie Condillac und Helvetius beeinflußt. Philosophisch systematisierte M. unter dem Einfluß der idealistischen Philosophie (Coleridge) v. a. den Utilitarismus. In der Logik erweiterte M. die Induktionslehre Bacons. – Die nationalökonomische Leistung M.s besteht in seiner systematischen Darstellung der Theorien von Smith, Malthus und Ricardo. Die Einteilung seiner „Principles", des reifsten Werkes der Klassik, war für viele spätere Werke maßgeblich: Production, Distribution, Exchange, Social Progress, The Influence of Government (Produktion, Verteilung, Tausch, sozialer Fortschritt, Regierungseinflüsse). Von A. Comte übernahm M. die Begriffe Statik und Dynamik in die Nationalökonomie. Berühmt sein „Abfall" von der →Lohnfondstheorie im Jahre 1869. In seinen letzten Lebensjahren vollzog M. eine Annäherung an sozialistische Gedanken bei liberaler Grundeinstellung. – *Hauptwerke:* „System of Logic" 1843, „Principles of Political Economy" 1848, „On Liberty" 1859.

Milli (m), Vorsatz für das Tausendstel (10^{-3}fache) der Einheit. Vgl. →gesetzliche Einheiten, Tabelle 2.

Millimeter-Quecksilbersäule (mmHg), →gesetzliche Einheiten, Tabelle 1.

Millionenkredit. 1. *Begriff:* Verschuldung eines Kreditnehmers bei einem Kreditinstitut, die 1 Mill. DM oder mehr beträgt. – 2. *Anzeigepflicht:* Nach §14 KWG haben die Kreditinstitute der Deutschen Bundesbank zum 15. der Monate Januar, April, Juli und Oktober Namen oder Firma und Verschuldung derjenigen Kreditnehmer anzuzeigen, die bei ihnen zu irgendeinem Zeitpunkt während der dem Meldetermin vorhergehenden drei Monate M. in Anspruch genommen haben. In gleicher Weise haben sie für ihre nachgeordneten Unternehmen i. S. des §13a KWG mit Sitz in einem anderen Staat, die Geschäfte nach §1 KWG betreiben, deren Kreditnehmer anzuzeigen. Ergibt sich, daß dem Kreditnehmer von mehreren Kreditinstituten M. gewährt worden sind, so hat das Bundesbank die beteiligten Kreditinstitute zu benachrichtigen und dabei die Gesamtverschuldung des Kreditnehmers und die Anzahl (aber nicht die Namen) der beteiligten Kreditinstitute anzugeben.

million floating point operations per second, →MFLOPS.

min, Kurzzeichen für Minute (→gesetzliche Einheiten, Tabelle 1).

Minderheitsrechte, *Minoritätsrechte.* 1. *Begriff:* Insbes. bei Aktiengesellschaften einer bestimmten Minderheit von Aktionären zustehende Rechte. – 2. *Beispiele:* a) Geltendmachung von *Ersatzansprüchen* gegen →Gründer, →Vorstand oder →Aufsichtsrat auf Verlangen einer Minderheit von 10 v. H. des →Grundkapitals (§ 147 AktG). – b) Einberufung einer außerordentlichen →*Hauptversammlung* auf Verlangen einer Minderheit von 5 v. H. (§ 122 I AktG). – c) *Bekanntmachung* von Gegenständen zur Beschlußfassung der Hauptversammlung (§ 122 II AktG); Minderheit 5 v. H. oder 1 Mill. DM. – d) →*Anfechtung* des Beschlusses über die Verwendung des Bilanzgewinns wegen zu hoher Rücklagenbildung (§ 254 AktG); 5 v. H. oder 1 Mill. DM.

Minderjährige. I. Bürgerliches Recht/ Handelsrecht: Personen unter 18 Jahren. M. stehen unter →elterlicher Sorge oder →Vormundschaft. a) M., die das 7. Lebensjahr noch nicht vollendet haben, sind *geschäftsunfähig;* b) nach Vollendung des 7. Lebensjahres *beschränkt geschäftsfähig.*

II. Arbeitsrecht: 1. Nach §113 I BGB ist ein M., den der gesetzliche Vertreter ermächtigt hat, in Arbeit zu treten, für solche Rechtsgeschäfte unbeschränkt geschäftsfähig, die die Eingehung oder Aufhebung eines Arbeitsverhältnisses (→Arbeitsverhältnis) der gestatteten Art oder die Erfüllung der sich aus einem solchen Arbeitsverhältnis ergebenden Verpflichtung betreffen (*Arbeitsmündigkeit*);

nicht jedoch für den →*Berufsausbildungsvertrag.* – 2. Nach überwiegender Meinung gilt §113 BGB für den *Gewerkschaftsbeitritt.* – 3. →*Wettbewerbsverbot* mit M. ist nichtig (§74a II 2 HGB). – Vgl. auch →Gechäftsfähigkeit, →Lebensalter.

Minderkaufmann, *Minderkaufleute,* Bezeichnung des Handelsrechts für →Kleingewerbetreibende (auch Handwerker), die ein Grundhandelsgeschäft betreiben, deren Gewerbebetrieb aber nach Art und Umfang einen in kaufmännischer Weise eingerichteten Geschäftsbetrieb nicht erfordert (§4 HGB). Auf den M. finden die Vorschriften über →Firma, →Geschäftsbücher und →Prokura keine Anwendung; er untersteht aber im übrigen mit wenigen Ausnahmen dem Handelsrecht. – Der M. muß sein Gewerbe unter seinem bürgerlichen *Namen* führen; Eintragung in das Handelsregister ist nicht möglich. Auch der M. ist verpflichtet, Verwechslung mit bestehenden Firmen oder Betrieben zu vermeiden. Zusätze, die auf →Vollkaufmann hindeuten, dürfen nicht verwandt werden, sonst kann er zu seinen Ungunsten als Vollkaufmann behandelt werden (→Scheinkaufmann). – Durch eine Vereinigung zum Betrieb des Gewerbes eines M. kann eine OHG oder KG nicht begründet werden; der gesellschaftliche Zusammenschluß ist eine →Gesellschaft des bürgerlichen Rechts; Teilnahme an einer →stillen Gesellschaft ist dem M. dagegen möglich. – →Buchführungspflicht besteht für M. handelsrechtlich nicht, aber meist steuerrechtlich (§§160ff. AO). – Der M. kann →Handlungsbevollmächtigte bestellen und →Handlungsgehilfen haben. – Für *Rechtsgeschäfte* des M. gelten u.a. folgende *Besonderheiten:* →Vertragsstrafe kann nach §343 BGB herabgesetzt werden; als Bürge kann er die →Einrede der Vorausklage erheben (§771 BGB); →Bürgschaft, →Schuldversprechen und →Schuldanerkenntnis bedürfen der Schriftform (§§766, 780, 781 BGB).

Mindermengenaufschlag, Preiszuschlag, den ein beschaffendes Unternehmen dann zahlen muß, wenn es weniger als die vom Lieferanten festgelegte Mindestmenge (pro Artikel oder pro Lieferung) bezieht. Verbreitet in →kooperativen Gruppen des Handels zur Vermeidung zu hoher Kommissionierungs- und Transportkosten. Angestrebt wird mit M. eine hohe Auftragskonzentration der Einzelhändler auf die Kooperationsgroßhandlung bzw. eine Selektion kleiner, unrentabel arbeitender Einzelhändler (→Mitgliederselektion). – Vgl. auch →Kost-Plus-System, →Kleinauftragszuschlag.

Minderung, beim →Kaufvertrag oder →Werkvertrag die Herabsetzung des an sich geschuldeten Kaufpreises (Werklohns) wegen eines Mangels der Sache (des Werks). I.d.R. kann wahlweise M. oder →Wandlung durch

einseitige empfangsbedürftige Willenserklärung gegenüber dem Verkäufer geltend gemacht werden (→Sachmängelhaftung). Bei der M. ist gemäß §472 BGB der *Kaufpreis* in dem Verhältnis *herabzusetzen,* in welchem zur Zeit des Verkaufs der Wert der Sache in mangelfreiem Zustand zu dem wirklichen Wert in mangelhaftem Zustand gestanden haben würde. Bei Verkauf mehrerer Sachen zu einem Gesamtpreis ist bei der M. der Gesamtwert aller Sachen zugrunde zu legen (§472 II BGB).

Minderung der Erwerbsfähigkeit (MdE). 1. Im Gesetz nicht näher definierter, aber vorausgesetzter Begriff, v.a. der *gesetzlichen* →*Unfallversicherung* und des →sozialen Entschädigungsrechts (→Kriegsopferversorgung, →Opferentschädigungsgesetz usw.). – a) Bezeichnung des Ausmaßes, um das die normale körperliche und geistige Fähigkeit eines von →Arbeitsunfall, Berufskrankheit oder →Kriegsbeschädigung Betroffenen im allgemeinen Erwerbsleben gemindert ist. – b) Für die einzelnen Gesundheitsstörungen oder Körperschäden abstrakt in Prozentsätzen ausgedrückt, ohne Berücksichtigung der tatsächlichen Einbuße an Erwerbseinkommen im konkreten Fall. Zur Ermittlung dienen *MdE-Tabellen,* die auf langjährigen Erfahrungen von ärztlichen Gutachtern beruhen, z.B. im sozialen Entschädigungsrecht nach den Anhaltspunkten für die ärztliche Gutachtertätigkeit. – c) *Bewertungsmaßstäbe* für das soziale Entschädigungsrecht und die gesetzliche Unfallversicherung im wesentlichen gleich, jedoch mit Abweichungen. Maßgebend für die Bewertung der MdE ist die individuelle Erwerbsfähigkeit des Betroffenen im Zeitpunkt vor der Schädigung, die mit 100% anzusetzten ist (auch wenn bereits eine MdE vorlag). In der gesetzlichen Unfallversicherung kann dies bei mehreren Arbeitsunfällen zu MdE-Sätzen von mehr als 100% führen, da jeder →Arbeitsunfall einzeln zu entschädigen ist. Im sozialen Entschädigungsrecht ist die Höchstgrenze für die Schädigungsfolgen immer 100%, da nur eine einheitliche Beschädigtenversorgung gewährt wird; bei mehreren Gesundheitsschäden wird hier eine Gesamt-MdE gebildet. – d) Nach dem Grad der MdE richtet sich in der gesetzlichen Unfallversicherung und im sozialen Entschädigungsrecht die *Höhe* der Renten. – 2. Im Recht der *gesetzlichen Rentenversicherung* ist der Grad der MdE für die Beurteilung der Berufsunfähigkeit und der Erwerbsunfähigkeit grundsätzlich bedeutungslos. – 3. Im *Schwerbehindertenrecht* ist der Begriff MdE seit 1.8.1986 durch den Begriff →Grad der Behinderung ersetzt.

Minderwertigkeitskomplex, →Insuffizienz.

Mindestarbeitsbedingungen, können festgesetzt werden für Arbeitsverhältnisse in einzelnen Wirtschaftszweigen oder Beschäftigungsarten ohne tarifliche Regelung gem. Gesetz vom 11.1.1952 (BGBl 1952 I 17). – 1. *Voraussetzungen:* a) Fehlen von Berufsverbänden für den betreffenden Wirtschaftszweig oder die Beschäftigungsart (z. B. Hausangestellte), oder die bestehenden umfassen nur eine Minderheit von Arbeitgebern und Arbeitnehmern; b) Vorliegen eines sozialen und wirtschaftlichen Bedürfnisses; c) kein allgemeinverbindlich erklärter Tarifvertrag. – 2. *Zuständigkeit:* a) Bundesminister für Arbeit und Sozialordnung mit einem „Hauptausschuß" zur Bestimmung der Wirtschaftszweige und Beschäftigungsarten, für die M. festzusetzten sind; b) Fachausschuß aus Kreisen der beteiligten Arbeitnehmer und Arbeitgeber zum Beschluß von M.; c) Bundesminister für Arbeit und Sozialordnung zum Erlaß der Rechtsverordnung, Befugnis ist übertragbar auf die Landesarbeitsminister. – 3. *Wirkung:* Entsprechend eines →Tarifvertrages. Die Einhaltung der M. wird von der obersten Landesbehörde (Landesarbeitsminister) überwacht. Die Bundesländer können die Ansprüche aus den M. im eigenen Namen mit Wirkung für den Arbeitnehmer geltend machen.

Mindestbargebot, →Bargebot.

Mindestbemessungsgrundlage, Begriff des Umsatzsteuerrechts. Erbringt ein Unternehmer →Lieferungen und sonstige Leistungen an nahestehende Personen (z. B. Angehörige), Arbeitnehmer oder an seine Gesellschafter (i. w. S. →Gesellschafterverbrauch), so ist Bemessungsgrundlage mindestens der Wert, der im Fall des →Eigenverbrauchs oder Gesellschafterverbrauchs zugrunde gelegt würde. Das tatsächliche →Entgelt ist nur dann Bemessungsgrundlage, wenn es diese M. übersteigt (§ 10 V UStG).

Mindestbestand, →eiserner Bestand, →Materialbestandsarten 2 b).

Mindestbesteuerung, →Mindeststeuer.

Mindestbuchführung. 1. *Handels- und Steuerrecht:* Bei →Buchführungspflicht muß die Buchführung „so beschaffen sein, daß sie einem sachverständigen Dritten innerhalb angemessener Zeit einen Überblick über die Geschäftsvorfälle und über die Lage des Unternehmens vermitteln kann. Die Geschäftsvorfälle müssen sich in ihrer Entstehung und Abwicklung verfolgen lassen" (gleichlautend § 238 I HGB, § 145 I AO). Ein bestimmtes Buchführungssystem ist nicht vorgeschrieben, einfache Buchführung genügt. Gebundene Bücher sind nicht erforderlich. Loseblattbuchführung und Offene-Posten-Buchführung sind zulässig. Die →Grundsätze ordnungsmäßiger Buchführung sind zu beachten. – 2. Die Buchführung muß folgenden *Mindestanforderungen* genügen: a) Es müssen alle Geschäftsvorfälle sachlich richtig und

zeitgerecht gebucht werden. Dabei braucht ein Kontokorrentkonto nicht geführt zu werden (Offene-Posten-Buchführung). Auch eine chronologische Buchung ist nicht erforderlich, wenn gleichwertige Ordnungskriterien zur Anwendung kommen. – b) Kasseneinnahmen und -ausgaben wollen im Regelfall täglich festgehalten werden; eine bestimmte Form der →Kassenberichte ist nicht erforderlich. – c) In einem →Wareneingangsbuch (einem Wareneingangskonto oder einer geordneten Ablage von Belegen oder Datenträgern) sind alle Wareneingänge mit Angabe des Tages, des Rechnungsdatums, von Namen und Adressen der Lieferanten, der handelsüblichen Bezeichnung und des Preises unter Hinweis auf den Beleg nachzuweisen. – d) Sofern Arbeitnehmer beschäftigt werden, ist ein →Lohnkonto zu führen. – e) Zum Schluß des Geschäftsjahres sind ein →Inventar und eine →Bilanz aufzustellen und das Ergebnis zu ermitteln. – f) Die →Aufbewahrungspflichten sind zu erfüllen.

Mindestdeckungsbeitrag, *Mindestdeckungssatz,* →Soll-Deckungsbeitrag, der je Leistungseinheit, Auftrag, in Anspruch genommene Maßeinheit eines (potentiellen) Engpasses usw. nach produktions- und absatzpolitischen Gesichtspunkten vorgegeben wird. Der M. darf bei Preisforderungen oder in Preisverhandlungen nicht unterschritten werden.

Mindestdeckungssatz, →Mindestdeckungsbeitrag.

Mindesteinlage, der zur Eröffnung und Aufrechterhaltung eines Kontos (→Bankkonto) notwendige Betrag.

Mindestgebot, im Zwangsversteigerungsverfahren Vorschrift eines mindestens zu erreichenden →Gebotes zur Verhinderung der Verschleuderung von Grundstücken. Bleiben der Betrag des →letzten Gebots und der Kapitalwert der →bestehen bleibenden Rechte zusammen unter $^7/_{10}$ des Grundstückswertes, kann ein Berechtigter, dessen Anspruch nicht voll gedeckt ist, Versagung des →Zuschlags beantragen (§ 74a ZVG).

Mindestgrundkapital, →Mindestkapital.

Mindesthaltbarkeitsdatum. 1. *Begriff:* Auf einer Ware oder deren Verpackung angebrachtes Datum, bis zu dem dieses Lebensmittel unter angemessenen Aufbewahrungsbedingungen seine spezifischen Eigenschaften behält (§ 7 der Verordnung zur Neuordnung lebensmittelrechtlicher Kennzeichnungsvorschriften vom 22.11.1981), nämlich: Herkunft, Frische, Farbe, Geruch, Geschmack, Konsistenz usw. Gewisse Einbußen an Geruchs- und Geschmacksstoffen, Vitaminen müssen aufgrund der Naturgesetzlichkeit hingenommen werden. Das M. gibt weder eine Garantie, daß die Ware vor Ablauf gesundheitlich unbedenklich ist, noch wird ausgeschlossen, daß die Ware nach Ablauf während eines gewissen Zeitraums noch unbedenklich verzehrt werden kann. – 2. *Träger:* Das M. wird normalerweise vom Hersteller, vielfach (z.B. bei Handelsmarken) vom Handelsbetrieb aufgebracht. Dementsprechend Verteilung der *Verantwortung:* Der Aufbringer hat die Bestimmung des richtigen Zeitraums zu verantworten; der Handelsbetrieb grundsätzlich die Einhaltung des M. beim Verkauf. – 3. *Konsequenzen:* Die Distribution der Waren muß zeitlich genau kontrolliert werden; das Prinzip „first in – first out" ist auf allen Stufen konsequent einzuhalten. Es entstehen Kostenerhöhungen für die permanente Kontrolle der Wareneingänge und der Lagerbestände nach Restlaufzeiten bis zum M. Die Risikominimierung kann zu kleineren Losgrößen führen. Waren kurz vor Ablauf des M. können gegebenenfalls nur zu reduzierten Preisen abgesetzt werden oder der Handel versucht, in den Lieferverträgen eine Rücknahmeverpflichtung des Herstellers zu vereinbaren.

Mindestistbesteuerung, Begriff des Umsatzsteuerrechts. Bei Anzahlungen (Vorauszahlungen) von mindestens 10000 DM (ohne Umsatzsteuer) oder bei gesonderter Inrechnungstellung von Anzahlungen entsteht die Steuerschuld auch bei →Sollversteuerung bereits im Vereinnahmungszeitpunkt. Gleichzeitig kann der →Vorsteuerabzug geltend gemacht werden.

Mindestkapital, *Mindestgrundkapital,* gesetzlich festgelegte Summe des →Eigenkapitals, mit dem AG und GmbH mindestens ausgestattet sein müssen. Das M. bei der AG (Grundkapital) beträgt 100000 DM, bei der GmbH (Stammkapital) 50000 DM. Für Einzelunternehmungen, OHG, KG und bergrechtliche Gewerkschaften ist kein M. vorgeschrieben.

Mindestkredit, →Dauerschuld I 2.

Mindestmengenklausel, Bindung der Gewährung von →Ausnahmetarifen (→Auslobungstarifen) an die Zusicherung eines bestimmten Verkehrsvolumens seitens des Verfrachters gegenüber der Eisenbahn. Möglich ist *Erweiterung* auf mehrere Mindestgenstufen derart, daß bei Auflieferung bestimmter weiterer Mengen weitere Ermäßigungen gewährt werden. Die Vorteile der Mindestmengensätze können bei der Abfertigung oder im Weg der Rückvergütung *eingeräumt* werden.

Mindestnennwert, →Nennwert.

Mindestpreis, gesetzlich oder behördlich festgesetzte niedrigste Preisgrenze, die nicht unterschritten werden darf. Verordnung von M. ist ein Mittel der staatlichen Preispolitik, das bei schlechter Absatzlage ruinöse Konkurrenz verhindern soll. *Beispiel:* M. für

bestimmte Agrarerzeugnisse in der EG (→EWG I 2 a). – *Gegensatz:* →Höchstpreis.

Mindestqualität, Ware, die ihren Verbrauchszweck gerade noch erfüllt. – Vgl. auch →Nutzqualität, →Höchstqualität.

Mindestrendite, →Rendite, die vom Investor vorgegeben wird und durch eine Investition mindestens erbracht werden muß; in der Praxis meist als *Kalkulationszinsfuß* bezeichnet. – Vgl. auch →cutoff rate.

Mindestrente. 1. Bezeichnung der Umgangssprache für die (Sozialversicherungs-) *Rente nach Mindesteinkommen.* Besonders niedrige Bruttoarbeitsverdienste werden bei der Rentenberechnung so angehoben, daß sich aus den Pflichtbeiträgen bis 31.12.1972 eine persönliche →Rentenbemessungsgrundlage von 75% ergibt, aber nur dann, wenn mindestens 25 Versicherungsjahre aus Pflichtbeiträgen, →Ersatzzeiten oder einer →Zurechnungszeit zurückgelegt sind (Art. 2 § 55a ArVNG, Art. 2 § 54a AnVNG). – *Eine M. i.e.S.,* d.h. mit einem bestimmten Mindestzahlbetrag kennt das geltende Recht *nicht.* – 2. Vgl. auch →Grundrente II.

Mindestreserve, Guthaben eines Kreditinstituts (einschl. Realkreditinstitute, Bausparkassen) auf Girokonto bei der Zentralbank infolge der gesetzlichen Mindestreserveverpflichtung. – 1. *Mindestreserve-Soll:* Vomhundertsatz (→Mindestreservesatz) der Verbindlichkeiten der Banken aus reservepflichtigen Sicht-, Spar- und Termineinlagen sowie aufgenommenen Geldern mit einer Fristigkeit bis zu vier Jahren. Das Höhe der Einlagen für einen Monat, z.B. Mai, werden berechnet anhand des Einlagevolumens am 23. und 30. April sowie 7. und 15. Mai. – 2. *Mindestreserve-Ist:* tatsächliches monatliches Durchschnittsguthaben bei der Zentralbank; mindestens in Höhe des Mindestreserve-Solls *(Bestands-Mindestreserve).* Bei Unterschreitung hat das Kreditinstitut Strafzinsen in Höhe von 3 Prozentpunkten über dem Lombardsatz für 30 Tage auf den Differenzbetrag zu zahlen. – 3. Es besteht die Möglichkeit der *Zuwachs-Mindestreserve,* d.h. eines zusätzlichen Vomhundertsatz auf den Zuwachs bestimmter Einlagen gegenüber dem Bestand einer Referenzperiode (z.B. 80 v.H. im Januar 1978 bei Einlagen von Gebietsfremden auf den Zuwachs gegenüber dem Durchschnittsstand vom 16.9. bis 15.12.1977). – 4. Die „Anweisungen der Deutschen Bundesbank über Mindestreserve" (AMR) nennt eine Vielzahl von *Ausnahmen der Reservepflicht,* z.B. Einlagen von reservepflichtigen Banken, kompensierende Auslandsanlagen. – Vgl. auch →Mindestreservepolitik.

Mindestreservepolitik, währungs- und konjunkturpolitische Maßnahmen zur Sicherung der Zahlungsfähigkeit und Beeinflussung der

Fähigkeit der Kreditinstitute zur →Kreditschöpfung durch Veränderung der →Mindestreservesätze bzw. deren Bezugsgrundlagen; geld- und kreditpolitisches Instrument (→monetäre Theorie und Politik). – *Wirkung der M.:* a) *Unmittelbar* in der Veränderung der →freien Liquiditätsreserven: Eine Erhöhung (Senkung) der Midestreservesätze führt zu einer Verringerung (Erhöhung) der freien Liquiditätsreserven, damit verbunden sinkt der Geld- und Kreditschöpfungsspielraum der Banken. – b) *Mittelbar* über Rentabilitäts- und Zinseffekte: Ein größerer (geringerer) Teil der Bankenliquidität ist zinslos bei der Zentralbank zu halten; die dadurch steigenden (sinkenden) Zinsen beeinträchtigen (fördern) die Kreditnachfrage des Publikums und damit die Geldschöpfung.

Mindestreservesatz, von der Zentralbank im Rahmen ihrer →Mindestreservepolitik fixierter Vomhundertsatz zur Berechnung der →Mindestreserve. Er schwankt innerhalb der in §16 I BBankG genannten Obergrenzen, differenziert nach Einlagearten (Sichteinlagen bis zu: 30% befristete Einlagen: 20% Spareinlagen: 10% und seit 1.5.1986 nur noch innerhalb der Sichteinlagen nach dem Volumen (Progressionsstufen) bei der einzelnen Bank (bis 10 Mill., über 10 bis 100 Mill., über 100 Mill. DM). Der M. ist unterschiedlich bei Einlagen von Gebietsansässigen und von Gebietsfremden; seit 1969 darf der M. für Bankverbindlichkeiten gegenüber Gebietsfremden auch auf 100% fixiert werden (§4 I AWG).

Mindestschluß, Mindestbetrag oder Mindeststückzahl von Wertpapieren beim Abschluß eines Börsengeschäfts. M. bei fortlaufender Notierung 50 Stück oder 3000 DM nominal; bei Wandelanleihen 5000 DM nominal; bei Optionsanleihen 6000 DM nominal; bei Optionsgeschäften 50 Stück Aktien.

Mindeststeuer, bei der →Gewerbesteuer bis einschl. Erhebungszeitraum 1979 vorgesehene Art der Besteuerung. Die Gemeinde, in der sich die Geschäftleitung eines Unternehmens befindet, konnte mit Zustimmung der oberen Gemeindeaufsichtsbehörde eine M. bis zu 12 DM, bei Hausgewerbetreibenden bis zu 6 DM festsetzen und erheben, wenn nach §16 GewStG keine oder eine geringere Steuer festzusetzen wäre (§17a GewStG a.F.). Für Reisegewerbebetriebe war die Gemeinde mindeststeuerberechtigt, in der sich der Mittelpunkt der gewerblichen Tätigkeit befand.

Mindestversicherungszeit, →Wartezeit.

Mineralgewinnungsrechte. 1. *Begriff:* Das verliehene oder auf Grund staatlicher Erlaubnis zur Ausübung überlassene Recht, Bodenschätze aufzusuchen und zu gewinnen. – 2. *Steuerrechtliche Behandlung:* Das M. ist ein

selbständiges →Wirtschaftsgut und mit dem →gemeinen Wert zu bewerten (§100 BewG). Für M. wird ein →Einheitswert festgestellt, der i.d.R. als Untereinheit dem →Betriebsvermögen zuzuordnen ist (Ausnahme z.B. verpachtetes M. ohne gewerblichen Betrieb im →sonstigen Vermögen). – Die aus dem Grundstückseigentum fließende *Berechtigung zur Gewinnung von Bodenschätzen* steht einem M. gleich: Bewertung mit dem →gemeinen Wert, sobald mit der Aufschließung der Lagerstätte begonnen oder die Berechtigung zur nachhaltigen gewerblichen Nutzung in den Verkehr gebracht worden ist. – Für den Bestand und die Bewertung sind die Verhältnisse im →Feststellungszeitpunkt (1.1. eines Kalenderjahres) maßgebend (vgl. auch →Abschlußzeitpunkt). – Vgl. auch →immaterielle Wirtschaftsgüter.

Mineralölindustrie, Wirtschaftsgruppe, zu der die Gewinnung von Erdöl sowie Erdgas und die →Mineralölverarbeitung gehören. Zweig des industriellen Bereiches →Bergbau. Die westdeutsche Förderung liegt vornehmlich in Niedersachsen, Schleswig-Holstein, bei Hamburg, im Oberrheintal und in Oberbayern. – Vgl. auch →Mineralölstatistik.

Mineralölstatistik, amtliche Fachstatistik der Rohstoff- und Produktionswirtschaft, bei denen das →Bundesamt für Wirtschaft als Träger der Erhebung und Aufbereitung von Prozeßstatistiken eingeschaltet ist. Erfragt werden Zugang, Lieferung, Bestand an Mineralölprodukten bei Betrieben, die solche herstellen oder im Außenhandel bzw. im Handel mit der DDR und Berlin (Ost) beziehen oder liefern. Ausgewählte Ergebnisse veröffentlicht das Statistische Bundesamt in seiner Fachserie 4, Reihe 2.1 (monatlich) und 3.1 (vierteljährlich, jährlich).

Mineralölsteuer. I. Charakterisierung: Eine von der Bundeszollverwaltung erhobene und dem Bund zufließende →Verbrauchsteuer von reinem Finanzcharakter auf eingeführte und im Erhebungsgebiet hergestellte Mineralöle (380). – 1. *Rechtsgrundlagen:* Mineralölsteuergesetz 1978 vom 11.10.1978 (BGBl I 1669), Mineralölsteuerdurchführungsverordnung vom 26.5.1953 (BGBl I 237, ber. 280) mit späteren Änderungen. – 2. *Steuergegenstand:* Mineralöl (unter Bezug auf den Zolltarif definiert) im Erhebungsgebiet. – 3. *Steuerbefreiungen:* Z.Zt. abhängig von der Erfüllung besonderer Bedingungen bezüglich des Verwendungszwecks (z.B. Heizölsteuer); besondere Erlaubnisscheine erforderlich. – 4. *Steuerberechnung:* Je nach Mineralölart unterschiedliche a) *regelmäßige* Steuersätze und b) *Sondersteuersätze:* (1) für bleifreien Vergaserkraftstoff bis zum 31.12.88 48 Pf/l, ab 1.1.89 57 Pf/l und ab 1.1.91 60 Pf/l; (2) für verbleiten Vergaserkraftstoff bis zum 31.12.88 53 Pf/l, ab 1.1.89 65 Pf/l und ab 1.1.91 67 Pf/l; (3) für leichtes Heizöl bis zum 31.12.88 1,66 Pf/l, ab 1.1.89 5,66 Pf/l; (4) für schweres Heizöl bis zum 31.12.88 1,5 Pf/kg, ab 1.1.89 3,5 Pf/kg. Die Steuersätze wurden im Rahmen der Steuerreform 1990 erhöht. – 5. *Steuerschuldner:* Hersteller. Die M. *entsteht* im Zeitpunkt der Entfernung des Mineralöls aus dem Herstellungsbetrieb oder des Verbrauchs innerhalb des Betriebes zu anderen Zwecken als zur Betriebsaufrechterhaltung. – 6. *Verfahren:* Anmeldung der im Vormonat entstandenen Steuer durch den Hersteller bis zum 15. eines Monats; Entrichtung je zur Hälfte spätestens am letzten Werktag des Anmeldemonats und am 20. des Folgemonats. – 7. *Steuererstattung* bzw. *-erlaß* auf Antrag für Mineralöl, das der Hersteller nachweislich in seinen Betrieb zurückgenommen hat, im Wege der Anrechnung auf (zukünftig) fällige M. – 8. *Steuervergütung* unter gewissen Voraussetzungen beim echten Export zulässig. – 9. →*Steueraufsicht* (Nachschaurecht und Bestandsaufnahme) gegenüber jedem, der unbearbeitetes Erd- oder Mineralöl gewinnt bzw. herstellt, importiert, vertreibt, lagert, befördert oder verwendet. – 10. *Betriebsbeihilfen* bei bestimmten Verwendungszwecken von in der Bundesrep. D. gekauftem Gasöl des freien Verkehrs gem. Gasöl-Verwendungsgesetz – Landwirtschaft vom 22.12.1967 (BGBl I 1339) sowie -Wirtschaft (BGBl I 90) und -Schienenverkehr vom 25.2.1956 (BGBl I 93). – 11. Der auf den *Kraftverkehr* entfallende Teil des M.-Aufkommens ist nach Abzug gewisser Beträge nach dem *Straßenbaufinanzierungsgesetz* vom 28.3.1960 (BGBl I 201) für Zwecke des Straßenwesens und sonstige verkehrspolitische Zwecke (§ 25, BGBl 1977 I 1406) zu verwenden. Danach werden 17 Pf/l für den Bundesfernstraßenbau reserviert; nach dem Gemeindeverkehrs-Finanzierungsgesetz i.d.F. v. 13.3.1972 fließen 6 Pf/l an die Gemeinden zur Finanzierung von Verkehrsaufgaben.

II. Finanzwissenschaftliche Beurteilung: 1. *Fiskalpolitik:* a) Die M. nimmt unter den Verbrauchsteuern den ersten Rang ein; mit einem Aufkommen von 24,5 Mrd. DM im Jahre 1985 erbrachte sie ca. 12% der Bundessteuern i.w.S. b) Dieses Aufkommen wurde überwiegend aus der Besteuerung von Kraftstoffen erzielt (68%), kaum dagegen aus Heizöl (4–5%). – 2. *Strukturpolitik:* Eine Sondersteuer der M. („Heizölsteuer") verfolgte seit ihrer Einführung den Zweck, die Wettbewerbsposition der Kohle gegenüber dem eingeführten Öl zu stärken. Nach dem Scheitern dieser Absicht hat die Heizölsteuer ihre Funktion gewechselt; sie kann eingesetzt werden zum Zwecke der Energie- und Umweltpolitik. – 3. *Energiepolitik:* Als Teil einer bisher noch nichtbestehenden systemati-

schen Energiebesteuerung. Diese könnte durch Preiserhöhung Knappheitssignale setzen, um den Energieverbrauch einzudämmen. – 4. *Umweltpolitik:* Durch die unter 2. dargestellte Steuersenkung für unverbleiten Vergaserkraftstoff ergeben sich verbrauchslenkende Möglichkeiten, die die Maßnahmen aus der Reform der →Kraftfahrzeugsteuer unterstützen. Allerdings wird die Steuersenkung teilweise dadurch konterkariert, daß Umsatzsteuer von der Mineralölsteuer erhoben wird. – 5. *Steuersystematik:* a) Durch die Erhebung von Umsatzsteuer auf den Kraftstoffpreis und Mineralölsteuer entsteht eine →Kaskadenwirkung. Daraus ergibt sich bei einem Verkaufspreis von 100 Pf für den Liter verbleiten Normalbenzins ein Gesamtsteueranteil von ca. 63%, bei einem Verkaufspreis von unverbleitem Normalbenzin von 96 Pf ein Steueranteil von ca. 60%. – b) Die Zweckbindung der M. für die Verkehrswegefinanzierung macht sie zu einer „*Beitragsteuer*" (Haller) und damit aus steuerpsychologischen Gründen zu einer Steuer, bei der einer Erhöhung nicht der sonst zu erwartende Steuerwiderstand entgegengebracht wird. – c) Der Charakter der M. als *Mengensteuer* macht sie für Preiserhöhungen unempfindlich, so daß ihr Aufkommen nur mit zunehmendem Verbrauch wächst. Bei verbrauchsdämpfenden Maßnahmen aus Gründen der Umweltschonung dürfte also das fiskalische Ziel berührt werden.

III. Aufkommen: 1986: 25 644 Mill. DM (1985: 24 521 Mill. DM, 1980: 21 351 Mill DM, 1970: 11 512 Mill. DM, 1960: 2664 Mill. DM, 1950: 73 Mill. DM).

Mineralölverarbeitung, Teil des Grundstoff- und Produktionsgütergewerbes; Industriezweig, der im Bundesgebiet seit Kriegsende starke Strukturwandlungen durchgemacht

Mineralölverarbeitung

Jahr	Beschäftigte in 1000	Lohn- und Gehaltssumme	darunter Gehälter	Umsatz gesamt	darunter Auslandsumsatz	Nettoproduktionsindex 1980 = 100
		in Mill. DM				
1970	37	759	427	26 018	816	–
1971	37	849	481	27 473	833	–
1972	39	947	528	28 443	804	–
1973	38	1 024	571	35 687	1 008	–
1974	33	1 078	619	45 710	2 212	–
1975	32	1 157	670	42 172	1 603	–
1976	32	1 231	727	49 923	1 586	97,7
1977	29	1 219	725	47 832	1 480	97,7
1978	29	1 300	783	51 357	1 602	97,2
1979	29	1 397	839	73 092	2 255	109,1
1980	34	1 697	996	97 275	3 810	100
1981	34	1 867	1 107	107 454	4 612	88,1
1982	34	1 960	1 175	108 685	5 772	84,7
1983	32	1 904	1 158	99 177	5 160	81,2
1984	31	1 931	1 205	106 694	4 042	80,7
1985	29	1 954	1 226	111 766	3 719	79,2
1986	27	1 852	1 186	74 827	2 176	77,6

hat: Ausbau der Raffinerien und Hydrierwerke zur Verarbeitung von Rohöl, nachdem die eigene Rohölförderung (→Mineralölindustrie) ständig anstieg. Rückläufige Einfuhr von Fertigerzeugnissen, Benzin bzw., verstärkte Einfuhr von Rohprodukten (Rohöl). – Wichtige Standorte: Hamburg, Ruhrgebiet und Hannover.

Mineralölwirtschaftsverband e. V., Sitz in Hamburg. – *Aufgaben:* Wahrnehmung und Förderung der allgemeinen und wirtschaftlichen Interessen seiner Mitglieder, insbes. gegenüber den Behörden, Körperschaften des öffentlichen Rechts und wirtschaftlichen Vereinigungen.

Minicomputer, *Minirechner,* →Rechnergruppen 2 b).

Minimalkosten, Kurzbezeichnung für die niedrigsten →Durchschnittskosten oder →Gesamtkosten bei kostenoptimalen Beschäftigungsgrad.

Minimalkostenkombination, diejenige Kombination der →Produktionsfaktoren, die bei einer →substitutionalen Produktionsfunktion bei gegebenem Kostenbetrag den höchsten Output erbringt, bzw. bei gegebenem Output die geringsten Kosten verursacht. Durch →Substitution besteht die Möglichkeit, einen bestimmten Output durch verschiedene, *technisch gleich effiziente* Kombinationen von Produktionsfaktoren zu erstellen. Erst durch die Berücksichtigung der Kosten kann daher die *ökonomisch effiziente* Kombination der Produktionsfaktoren bestimmt werden. (Anders dagegen bei →limitationalen Produktionsfunktionen, hier gibt es nur eine effiziente Faktorkombination zu einer gegebenen Ausbringungsmenge, die *ausschließlich* durch technische Gegebenheiten bestimmt wird.) Analytisch wird die M. analog zum →optimalen Verbrauchsplan bestimmt. Im Optimum gilt die Gleichheit der Verhältnisse der partiellen Grenzproduktivitäten und der entsprechenden Faktorpreise:

$$\frac{\delta x}{\delta r_1} : \frac{\delta x}{\delta r_2} : \ldots : \frac{\delta x}{\delta r_n} = q_1 : q_2 : \ldots : q_n$$

$\left(\frac{\delta x}{\delta r_i}\right.$ = partielle Grenzproduktivität des Faktors i, q_i = Preis des Faktors i$\left.\right)$. Die Verbindungslinie der M. ergibt die →Expansionskurve.

Minimalprinzip, →Wirtschaftlichkeitsprinzip.

Minimalzinssatz, →floor.

Minimax-Regel, *Maximin-Regel, Wald-Regel,* Entscheidungsregel bei Unsicherheit

(→Entscheidungsregeln 2 c)), nach der die Aktion mit dem Maximum der Zeilenminima aus der →Entscheidungsmatrix ausgewählt wird. Die M.-R. spiegelt eine pessimistische Grundhaltung bzw. das Entscheidungsverhalten eines risikoscheuen Entscheidungsträgers wider. – *Gegensatz:* →Maximax-Regel.

Minimax-Risiko-Regel, →Savage-Niehans-Regel.

Minimax-Theorem, spieltheoretisches Theorem: Ein Spieler ist bestrebt, seinen eigenen Anteil am Gesamtergebnis durch Minimierung des Anteils seines Mitspielers zu maximieren. – Vgl. auch →Spieltheorie.

Minimierungssystem, mathematisches →Optimierungssystem, bei dem die Zielvorschrift einen möglichst kleinen Zielwert (Minimum) fordert. – *Gegensatz:* →Maximierungssystem.

Minimumsektor, →Ausgleichsgesetz der Planung.

Minister, Leiter einer obersten Bundes- oder Landesbehörde, der seinen Geschäftsbereich unter Beachtung der vom →Bundeskanzler bzw. vom Chef der Landesregierung aufgestellten Richtlinien der Politik selbständig leitet und dem Bundestag bzw. dem Landesparlament verantwortlich ist.

Ministererlaubnis, →Kartellgesetz III 3.

Ministerialprinzip, *Ressortprinzip,* Prinzip der Gliederung des Haushaltsplans nach den einzelnen Ministerien (Ressorts; institutionelle Gliederung). In der Bundesrep. D. angewandt (→Haushaltssystematik). Die Haushaltsgliederung nach dem M. dient v. a. der →administrativen Kontrollfunktion. – Mit dieser Gliederung eng verknüpft ist die Problematik des →Inkrementalismus.

Ministerkartell, →Kartellgesetz III 3.

Ministerrat der EG, →EG II 1b.

Minoritätsrechte, →Minderheitsrechte.

Minusbetriebsvermögen, Form der steuerlichen Bewertung bei überschuldeten Betrieben. Der →Einheitswert darf nicht auf 0 DM festgesetzt werden, weil der Minusbetrag zum Ausgleich des Vermögens bei einer anderen Vermögensart dienen kann; er kann auch mit den Hinzurechnungen nach § 12 II GewStG zu einem →Gewerbekapital von mehr als 120 000 DM führen und damit Gewerbekapitalsteuer auslösen.

Minus-Stückzinsen, Zinsen für die Zeit von der Einzahlung bis zum Beginn der Laufzeit des →Zinsscheins bei der Zeichnung festverzinslicher Wertpapiere, die den Erwerbern vergütet werden, z. B. in Form eines Abschlags auf den Nennwert.

Minute (', min), →gesetzliche Einheiten, Tabelle 1.

Minutenfaktor, Teil der Lohnformel beim Zeitakkord (→Stückzeitakkord), der den auf eine Minute bezogenen →Akkordrichtsatz angibt. Multipliziert mit den insgesamt erarbeitenden Vorgabeminuten gibt der M. den Akkordlohnbetrag für eine bestimmte Periode an.

MIPS, million instructions per second, Maß für die Leistungsfähigkeit der →Zentraleinheit eines →Computers; gemessen wird i.d.R. mit einer Reihe von →Programmen, die den →Prozessor wie im normalen Betrieb belasten. – Maß für die Leistungsfähigkeit eines Prozessors bei *KI-Anwendungen* (→künstliche Intelligenz): Vgl. →LIPS.

Miquelsche Finanzreform, →Finanzreform 1891/93, in deren Rahmen erstmals in Preußen eine progressive, veranlagte Einkommensteuer, durch eine Vermögensteuer ergänzt, eingeführt wurde.

MIS, Management-Informationssystem, →Führungsinformationssystem.

Mischakkord, Sonderform des →Akkordlohns, bei der der Verdienst in einen leistungsabhängigen und in einen leistungsunabhängigen Anteil zerlegt wird, wobei der leistungsabhängige Teil meist eine lineare Beziehung zur Leistung aufweist. Zwischenform von Proportionalakkord und Zeitlohn. – Beim *unterproportionalen* M. ist der Fixlohnanteil eine positive Größe; die leistungsabhängige Lohnkurve hat einen geringeren Anstieg als die des Proportionalakkords, beide schneiden sich bei Normalleistung; geringer Leistungsanreiz, leistungshemmende Wirkung. – Beim *überproportionalen* M. umgekehrt.

Mischfinanzierung, die bei der Regelung der →Finanzierungshoheit für eine öffentliche Aufgabe getroffenen Vereinbarung, nach der die anfallenden Kosten der Aufgabenerfüllung von mehreren Aufgabenträgern gemeinsam getragen werden. M. ergibt sich nach dem →Konnexitätsprinzip als Folge der Teilung von →Gesetzgebungskompetenz und →Verwaltungshoheit. – Vgl. auch →Gemeinschaftsaufgaben, →Politikverflechtung.

Mischkalkulation, *Ausgleichskalkulation, Kompensationskalkulation, kalkulatorischer Ausgleich, preispolitischer Ausgleich,* wichtigstes Kalkulationsprinzip im Handel zur flexiblen Ausnutzung aller Marktchancen. Einzelne Artikel oder Warengruppen werden mit unterschiedlichen Spannen (→Betriebshandelsspanne) belastet: *Ausgleichsnehmer* werden mit niedrigeren, *Ausgleichsträger* mit höheren Spannen als die Durchschnittsspanne des Sortiments kalkuliert. Durch die niedrigen Preise (→Sonderangebote) sollen preisbewußte Konsumenten gezielt angesprochen (→Anlocken von Kunden), Preisaktionen der

Konkurrenz begegnet oder Läger geräumt bzw. reduziert werden, um den Gesamterfolg des Sortiments zu maximieren. M. ist konsequent marktorientiert (→Tragfähigkeitsprinzip) und eine bewußte Abkehr von der Preiskalkulation nach der Kostenverursachung (sog. Kostenprinzip) sowie der früher im Handel weit verbreiteten Methode prozentual einheitlicher Aufschläge. – Vgl. auch →interne Subventionierung.

Mischkommunikation, Form der →Kommunikation, bei der simultan zur Übertragung der Sprache die Übertragung von Daten, Texten oder Bildinhalten zum gleichen Teilnehmer erfolgen kann. – Vgl. auch →ISDN.

Mischkonzern, *Konglomerat,* heterogener →Konzern, bei dem zwischen den dem Konzern angehörenden Unternehmen keine leistungsmäßigen Zusammenhänge mehr bestehen. In den letzten Jahren stark zunehmend. Gründe: Verbesserung der Unternehmensleitung, Liquiditäts- und Risikoausgleich zwischen produktionsfremden Unternehmen. – Vgl. auch →Diversifikation.

Mischkosten (-ausgaben, -einnahmen, -erlöse, -verbrauch), aus fixen (→fixe Kosten) und variablen Teilen (→variable Kosten) zusammengesetzte →Kosten, die nicht getrennt erfaßt wurden oder werden können, z.B. Energie für das Aufrechterhalten der Temperatur eines Glühofens und das Aufheizen der einzelnen Werkstücke. Sie können für Planungszwecke aufgrund technischer Untersuchungen oder statistischer Analysen näherungsweise aufgespalten werden.

Mischräume, Räume, die nicht in ihrer Gesamtheit zu einem einzigen Zweck, sondern teils als Wohnung, teils zu anderen Zwecken (z.B. geschäftlichen Zwecken) genutzt werden. Von Bedeutung für die Geschäftsraummiete. – I.S. des *Bewertungsgesetzes:* Vgl. →gemischt genutzte Grundstücke.

Mischsystem, Gruppe von Regelungsformen der →Ertragshoheit zwischen öffentlichen Aufgabenträgern im aktiven Finanzausgleich. – *Formen des M.:* a) →Zuschlagssystem und b) →Verbundsystem. – *Gegensatz:* →Trennsystem.

Mischungsproblem. I. Charakterisierung: Standardproblem des →Operations Research. – *Problembeschreibung:* Es existieren verschiedene Güter *(Einsatzgüter)* mit einem jeweils ganz bestimmten spezifischen Gehalt an gewissen interessierenden Stoffen. Von jedem Einsatzgut ist jeweils nur eine beschränkte Gütermenge zu einem vorgegebenem Preis verfügbar. Die Einsatzgüter sollen so „vermischt" werden, daß daraus eine bestimmte Gütermenge eines anderen Gutes (Mischung) mit einem bestimmten gewünschten Stoffgehalt entsteht. – *Gesucht* sind diejenigen Mengeneinheiten der Einsatzgüter, die unter diesen Bedingungen miteinander zu vermischen sind, so daß die Kosten der Mischung minimiert werden.

(1) $\quad x_0 = c_1 x_1 + c_2 x_2 + \ldots + c_n x_n$

(2) $\quad \begin{cases} \underline{b}_1 \leq a_{11} x_1 + a_{12} x_2 + \ldots + a_{1n} x_n \leq \bar{b}_1 \\ \underline{b}_2 \leq a_{21} x_1 + a_{22} x_2 + \ldots + a_{2n} x_n \leq \bar{b}_2 \\ \cdot \\ \cdot \\ \cdot \\ \underline{b}_m \leq a_{m1} x_1 + a_{m2} x_2 + \ldots + a_{mn} x_n \leq \bar{b}_m \end{cases}$

(3) $\quad x_1 + x_2 + \ldots + x_n = x^*$

(4) $\quad \begin{cases} 0 \leq x_1 \qquad\qquad\quad \leq \bar{x}_1 \\ 0 \leq \quad x_2 \qquad\qquad \leq \bar{x}_2 \\ \cdot \\ \cdot \\ \cdot \\ 0 \leq \qquad\qquad x_n \leq \bar{x}_n \end{cases}$

(5) $\quad x_0 \longrightarrow$ Min!

(I = Indexmenge der (relevanten) Stoffe (hier I = {1, 2, ..., m}; J = Indexmenge der Einsatzgüter (hier J = {1, 2, ..., n}; c_j = Preis pro Mengeneinheit des Einsatzgutes $j (j \in J)$; a_{ij} = Gehalt an Stoff $i (i \in I)$ pro Mengeneinheit des Einsatzgutes $j (j \in J)$; $\underline{b}_i$ = Mindestgehalt an Stoff $i (i \in I)$ pro Mengeneinheit der gewünschten Mischung; $\bar{b}_i$ = Maximalgehalt an Stoff $i (i \in I)$ pro Mengeneinheit der gewünschten Mischung; x^* = gewünschte Mengeneinheiten der Mischung; $\bar{x}_j$ = maximal verfügbare Menge des Einsatzgutes $j (j \in J)$; x_j = (zu bestimmende) Einsatzmenge des Einsatzgutes $j (j \in J)$; x_0 = Gesamtkosten der Mischung). Das vorliegende System ((1)–(5)) ist ein →lineares Optimierungssystem. Teilsystem (2) sichert das Einhalten des gewünschten Stoffgehalts bezüglich der Mischung innerhalb gewisser Unter- bzw. Obergrenzen. (3) bewirkt, daß sich die Einsatzgüter zur gewünschten Menge der Mischung ergänzen. In (4) sind neben den üblichen Nichtnegativitätsbedingungen die Grenzen der Verfügbarkeit bei den einzelnen Einsatzgütern erfaßt.

III. Lösungsverfahren: Eine optimale Lösung des Systems ((1)–(5)) läßt sich mit jeder →*Simplexmethode* bestimmen. Zur Lösung realer M. gibt es darüberhinaus eine Reihe von Softwarepaketen (insbes. auch für den Einsatz auf Personalcomputern), die mit speziellen, im Hinblick auf den jeweiligen realen Problemhintergrund gestalteten Eingabe- und Ausgaberoutinen ausgestattet sind und bei deren Anwendung keine tiefergehenden Kenntnisse der →linearen Optimierung vorausgesetzt werden.

IV. Anwendungen: Mit Hilfe des Optimierungssystems ((1)–(5)) bzw. mit geringfügigen Modifikationen dieses Systems läßt sich eine Vielzahl realer M. abbilden. Einsatzfelder

liegen v. a. in der Futtermittel-, der metallherstellenden (Hochofenbeschickung, Legierungen) sowie der chemischen Industrie.

Mischzoll, Kombination aus →Wertzoll und →spezifischem Zoll, wobei einer dieser Zollsätze die Höchst- oder Mindestgrenze des anzuwendenden Zollsatzes angibt. M. sollen bei Preisschwankungen eine Mindest- oder Höchstzollbelastung gewährleisten. Im →Gemeinsamen Zolltarif der EG z. B. für Gemüse und Obst sowie für keramische Waren. – *Form:* →Gleitzoll.

misfit, →Belastung.

Misfit-Analyse, Instrument v. a. des →strategischen Managements mit dem Ziel, Denkanstöße zu geben. – *Analyseverfahren:* Ausgangspunkt bildet die zentrale Hypothese, daß eine Organisation erfolgreich ist, wenn Umfeld, Strategie, interne Kultur sowie Führungs- und logistische Fähigkeiten übereinstimmen (→Führungsmodelle II 3). Ändert sich etwas im Ausmaß der Umfeldturbulenz, so müssen Misfits (Unstimmigkeiten) im strategischen Verhalten neu zur Übereinstimmung gebracht werden, d. h. die Interaktion von Organisation und Umfeld muß neu ausgestaltet werden. Dies wird begleitet von einer Veränderung der internen Konfiguration wie der →Unternehmenskultur und den Fähigkeiten. Problem- und Eigenkomplexität müssen aufeinander abgestimmt werden. – *Beurteilung:* M.-A. ist ein relativ grobes, wenig operationalisierbares Instrument.

Mißbrauch, Tatbestandsmerkmal der kartellrechtlichen Mißbrauchsaufsicht. Vgl. im einzelnen →Kartellgesetz IV 2 b).

Mißbrauch von Formen und Gestaltungsmöglichkeiten des bürgerlichen Rechts, Begriff des Steuerrechts: →Steuerumgehung.

mißglückter Arbeitsversuch, Arbeitsaufnahme in der die Erwartung, daß der Versicherte wegen seiner Gesundheitsstörung zu der übernommenen Arbeit nicht fähig sein wird, bestätigt wird und eine tatsächliche Beendigung der Beschäftigung erfolgt, bevor es zu einer Arbeitsleistung von wirtschaftlichem Wert gekommen ist; wenn z. B. die Arbeit schon nach zwei Tagen wegen der bereits bei Beginn der Beschäftigung vorhandenen Krankheit wieder aufgegeben wird. – Ein m. A. begründet keine Versicherungspflicht in der Sozialversicherung und somit auch keinen Anspruch auf Leistungen.

Mißtrauensvotum, →Bundeskanzler.

Mitarbeiterbesprechung, Zusammenkunft von Personen z. B. einer Abteilung. – *Zweck:* Auswahl, Entscheidung, Kommunikation usw. über bereits vergangene oder zukünftige Aktivitäten. – Im Rahmen des →Harzburger Modells ist die M. in einen genauen festgelegten formalen Rahmen gebettet. – *Anders:* →Mitarbeitergespräch.

Mitarbeiterbeurteilung, *Personalbeurteilung,* Beurteilung des Verhaltens von Mitgliedern der Organisation durch Linienvorgesetzte, häufig in regelmäßigen Zeitabständen (i. d. R. ein Jahr). – *Standardisierte Methoden:* Einstufungs-, Kennzeichnungs- und Rangordnungsverfahren. – *Zweck:* Lohn- und Gehaltsdifferenzierung, Beratung des Mitarbeiters, →Karriereplanung, →Personalentwicklung, →berufliche Weiterbildung, →Personalauswahl, →Personalfreisetzung usw. – *Arbeitsrechtliche Regelungen:* Vgl. →Beurteilung des Arbeitnehmers.

mitarbeiterbezogene Planung und Kontrolle, operatives Planungs- und Kontrollsystem, das im Unterschied zur bereichsbezogenen →Personalplanung nicht „summarisch" plant, sondern auf den *einzelnen* Mitarbeiter als Planungseinheit ausgerichtet ist; sie erfüllt somit auch Funktionen einer Laufbahnplanung. Ziel ist es, einen Interessenausgleich zwischen den Leistungszielen des Unternehmens und den individuellen Mitarbeiterzielen zu finden. Dabei konzentriert man sich auf einen engeren Kreis von Führungs- und Nachwuchskräften, die für die weitere Unternehmensentwicklung eine besondere Bedeutung besitzen (→Potentialanalyse); sie ist daher auch geeignet, Aufgaben im Rahmen einer →strategischen Steuerung zu übernehmen.

Mitarbeiterführung, →Führung.

Mitarbeitergespräch, Zusammenkunft von zwei Personen unterschiedlicher hierarchischer Ebenen. – *Zwecke:* u. a. Festlegung zukünftiger Aktivitäten, Beurteilung vergangener Aktivitäten (→Mitarbeiterbeurteilung), →Karriereplanung, Meinungsaustausch – Vgl. auch →Mitarbeiterbesprechung.

Mitarbeiterorientierung, →Führungsverhalten.

Mitbesitz, der gleichrangige →Besitz mehrerer an einer Sache. Soweit es sich um die Grenzen des den einzelnen zustehenden Gebrauchs handelt, genießen die Mitbesitzer untereinander keinen →Besitzschutz gegen verbotene Eigenmacht (§ 866 BGB); anders z. B. wenn ein Mitbesitzer die anderen vom Gebrauch völlig ausschließt oder ein Dritter durch verbotene Eigenmacht den M. stört oder entzieht.

Mitbestimmung, Forderung nach „Demokratie" i. S. einer Teilhabe aller in einer Organisation vertretenen Gruppen am Willensbildungs- und Entscheidungsprozeß. – Im besonderen *wirtschaftliche M.,* die institutionelle Teilhabe der Arbeitnehmer(vertreter) am Willensbildungs- und Entscheidungsprozeß in Unternehmen und Betrieb (→Unternehmensverfassung). – M. wird von allen gesellschaft-

lich bedeutsamen Gruppen (Parteien, Verbände, Kirchen u. a.) diskutiert. Die Idee der M. hat sich weitgehend durchgesetzt; umstritten sind Formen und Ausmaß.

I. E n t w i c k l u n g: Ausgangspunkt der Forderung nach M. waren der Gegensatz von Kapital und Arbeit und die Situation der Arbeiterschaft im letzten Jahrhundert. Ideengeschichtliche Impulse gingen von sozialistischen Ideen, christlichen Sozialehren und Vorstellungen des liberalen Bürgertums aus. Eine erste umfassende Konzeption stellte die Schrift „Wirtschaftsdemokratie" von F. Naphtali (1928) dar. Wichtige gesetzliche Regelungen der M. waren die Gewerbeordnungsnovelle von 1891 (Arbeiterausschüsse) und die Betriebsrätegesetzgebung der Weimarer Republik.

II. G r ü n d e f ü r M. im w i r t s c h a f t l i c h e n B e r e i c h: 1. Übertragung des Demokratieprinzips auf die Wirtschaft, 2. Gleichstellung von Arbeit und Kapital, 3. Kontrolle wirtschaftlicher Macht, 4. Würde des Menschen (sozialethisches Postulat). – *Gegenargumente:* 1. ordnungspolitischer Natur: →Eigentum, →Tarifautonomie und Rolle der →Gewerkschaften; 2. befürchtete ökonomische Konsequenzen in bezug auf Wettbewerbsfähigkeit, Kapitalbeschaffung und funktionsfähiges Management.

III. B e g r i f f: Als Oberbegriff umfaßt M. (nach dem Kriterium der Intensität) verschiedene Abstufungen der Teilhabe (Einwirkungsmöglichkeit): 1. *Mitentscheidung:* Stärkste Form der M.. Durch Veto- oder Initiativrecht ist die Gültigkeit von Beschlüssen von der Zustimmung der Arbeitnehmer abhängig; sie beschränkt die eigenverantwortliche Entscheidung des nach dem Gesellschaftsrecht zuständigen Organs. – 2. *Mitwirkung* (Mitberatung i. S. gemeinsamer Erörterungen; Informations-, Anhörungs- und Vorschlagsrechte): Beeinflussung von Entscheidungen, aber keine Bindung der Entscheidungsträger an die Stellungnahme der Mitwirkenden. – 3. *Paritätische* oder *qualifizierte M.:* Paritätische Besetzung des Aufsichtsrates und der Vertretung der Arbeitnehmer im Vorstand (z. B. nach Montan-Mitbestimmungsgesetz).

IV. Ö k o n o m i s c h e W i r k u n g e n: Abhängig von Ausfüllung und Gebrauch des juristischen Rahmens; inwieweit Handlungen der Entscheidungsbefugten beeinflußt und der Ablauf des Entscheidungsprozesses oder das Zielsystem verändert werden. Ökonomische Wirkungen der M. können über das hinausgehen oder sich von dem unterscheiden, was die gesetzliche Regelung intendiert oder vermuten läßt.

V. E b e n e n d e r M.: 1. *Überbetriebliche M.:* Beteiligung der Arbeitnehmer(-vertreter) an Wirtschaftsgesetzgebung, -verwaltung und

-politik. Eine weitergehendere Begriffsinterpretation umfaßt auch die Vertretung der Arbeitnehmer z. B. in Selbstverwaltungseinrichtungen der Krankenkassen oder der Rentenversicherung. – In der Bundesrep. D. nur vereinzelte Ansätze einer gesetzlichen Fixierung (z. B. Landeswirtschaftsrat in Bremen) im Gegensatz zur Weimarer Republik (Reichswirtschaftsrat). In der M.-Diskussion seit dem Vorschlag eines Systems paritätisch besetzter Wirtschafts- und Sozialräte auf Bundes-, Landes- und Bezirks-(Regional-)ebene von Seiten des DGB (1971; aktualisiert 1974); zuvor unbedeutend. In gewissem Sinne ist die Konzertierte Aktion ein Element der überbetrieblichen M: – 2. *Unternehmensbezogene M.:* Beteiligung der Arbeitnehmer in den für die Unternehmenspolitik zuständigen Organen (→Aufsichtsrat, →Vorstand). – Geltende gesetzliche Bestimmungen sind: a) Mitbestimmungsgesetz, b) Montan-Mitbestimmungs- und Mitbestimmungs-Ergänzungsgesetz, c) Betriebsverfassungsgesetz 1952 sowie d) Betriebsverfassungsgesetz. MitbestG sieht vor eine (knapp) unter-paritätische M.; bei allen Unternehmen mit i. d. R mehr als 2000 Arbeitnehmern (ausgenommen Personengesellschaften; KG mit Einschränkungen) und unter das MonMitbestG fallende Unternehmen setzt sich der →Aufsichtsrat aus einer gleichen Anzahl von Vertretern der Anteilseigner und dr Arbeitnehmer (einschl. der Vertreter der →leitenden Angestellten und der →Gewerkschaften) zusammen. Im Vorstand ist ein →Arbeitsdirektor zu bestellen. Von gewerkschaftlicher Seite wird die Ausweitung der partitätischen M. nach MonMitbestG auf Unternehmen aller Wirtschaftsbereiche gefordert, sofern es sich um Kapitalgesellschaften bestimmter Größe (Beschäftigtenzahl, Umsatz, Bilanzsumme als Kriterien) handelt. – 3. *Betriebliche M.:* Beteiligung der Arbeitnehmer (vertreten durch den →Betriebsrat) an Entscheidungen in sozialen, personellen, ökonomischen und organisatorischen Fragen. Gesetzliche Grundlage: BetrVG. Die Rechte der Arbeitnehmerschaft (v. a. vertreten durch den Betriebsrat) haben eine unterschiedliche Stärke und werden vielfach unter dem Oberbegriff der „*Beteiligung*" zusammengefaßt. – a) *Beteiligungsrechte des Betriebsrats* in sozialen, personellen und wirtschaftlichen Angelegenheiten gliedern sich nach dem Gesichtspunkt der Stärke in erzwingbare →Mitbestimmungsrechte und in Mitwirkungsrechte (u. a. →Anhörung des Betriebsrats, Beratung, →Mitwirkung). Soweit dem Betriebsrat ein echtes Mitbestimmungsrecht (Zustimmungsrecht) zusteht (z. B. in sozialen Angelegenheiten gem. § 87 BetrVG), kann die Arbeitgebermaßnahme grundsätzlich nicht ohne Zustimmung des Beltriebsrats vollzogen werden, wobei bei Nichteinigung dritte Stellen (→Einigungsstelle, →Arbeitsgericht) entscheiden. Die Einigungsstelle wird hier auf Antrag einer

Seite tätig; ihr Spruch ersetzt die Einigung zwischen Arbeitgeber und Betriebsrat (vgl. z. B. § 87 II BetrVG). – b) *Beteiligungsrechte der einzelnen Arbeitnehmer:* Das BetrVG legt in den §§ 81–86 BetrVG Individualrechte des einzelnen Arbeitnehmers gesetzlich fest. Es handelt sich um Unterrichtungs-, Anhörungs- und Erörterungsrechte in Angelegenheiten, die den einzelnen Arbeitnehmer und seinen Arbeitsplatz unmittelbar betreffen. Eine Beschwerde in ihn betreffenden Angelegenheiten kann der einzelne Arbeitnehmer entweder direkt bei der zuständigen Stelle des Betriebes (§ 84 BetrVG) oder über den Betriebsrat (§ 85 BetrVG) erheben. – 4. *M. am Arbeitsplatz:* Kaum Niederschlag in gesetzlichen Regelungen (→Arbeitsplatzmitbestimmung).

VI. M. am Miteigentum: In Einzelfällen praktiziert (→Kapitalbeteiligung).

VII. M. im öffentlichen Dienst: Gesondert geregelt im Personalvertretungsgesetz; vgl. →Personalrat.

VIII. M. in den Mitgliedsländern der EG: *Betriebliche M.* (gesetzliche oder tarifvertragliche Regelungen) relativ einheitlich geregelt; *auf Unternehmensebene* keine der Bundesrep. D. vergleichbare Regelung (ausgenommen Niederlande); *überbetriebliche M.* ist z. B. in Frankreich stärker ausgeprägt. Die gewerkschaftliche Politik einiger westeuropäischer Länder (Großbritannien, Frankreich, Italien) unterscheidet sich von der deutschen; auf Arbeiterkontrolle bzw. auf →tarifvertragliche Bestimmungen ausgerichtet.

IX. Ausbau der M.: Zu treffende Entscheidungen sind politischer Natur laut Bundesregierung in ihrer Stellungnahme zum Bericht der Mitbestimmungskommission (Biedenkopf-Gutachten); Realisierung der M. abhängig von der politischen Konstellation und den Machtverhältnissen.

X. M. in der Bundesrep. D.: Vgl. →Mitbestimmungsmodell.

Mitbestimmung im Konzern, →Mitbestimmungsrechte im →Konzern. – 1. Auf *Unternehmensebene:* An der Konzernspitze ist ein paritätisch besetzter Aufsichtsrat einzurichten, wenn die Zahl der Arbeitnehmer eines →Konzerns mehr als 2000 beträgt und die sonstigen Anwendungsvoraussetzungen des Gesetzes erfüllt sind (§ 5 I MitbestG); die Arbeitnehmerrepräsentanten werden von allen Beschäftigten des Konzerns gewählt. Die →Mitbestimmung in den Tochtergesellschaften wird durch die Einrichtung eines mitbestimmten Konzernaufsichtsrates grundsätzlich nicht tangiert. Zur Vermeidung einer befürchteten Kumulierung des Mitbestimmungseinflusses der Arbeitnehmer im Konzern sind bestimmte Beteiligungsrechte der Konzernspitze gegenüber einer mitbestimmten Tochtergesellschaft allein von den Anteilseignervertretern im Aufsichtsrat der Konzernmutter auszuüben (§ 32 MitbestG). Bleibt die Konzernmutter als Personengesellschaft oder Firma mit Sitz im Ausland mitbestimmungsfrei, werden sog. Teilkonzernspitzen fingiert (§ 5 III MitbestG); dasjenige Unternehmen, das in der Konzernhierarchie der Obergesellschaft am nächsten steht und die sonstigen rechtlichen Voraussetzungen erfüllt, gilt als Konzernspitze. – Nach dem →Betriebsverfassungsgesetz 1952 erfolgt eine Drittelbeteiligung der Arbeitnehmer im Aufsichtsrat der Konzernspitze, wenn diese allein oder zusammen mit vertraglich beherrschten bzw. eingegliederten Tochtergesellschaften mehr als 500 Arbeitnehmer beschäftigt. – Für den Montansektor: →Mitbestimmungs-Ergänzungsgesetz („Holding-Novelle"). – 2. Auf *Betriebsebene:* Unabhängig von der Konzernart besteht nach dem BetrVG die Möglichkeit, einen →Konzernbetriebsrat einzurichten. – 3. *Probleme:* M. i. K. müßte im Entscheidungszentrum des Konzerns ansetzen (insbes. bei →internationalen Unternehmungen mit Sitz im Ausland nicht gegeben); auf niedrigeren Konzernstufen zu treffende unternehmenspolitische Entscheidungen müßten auch der M. zugänglich sein, um die Interessen der Arbeitnehmer der Tochtergesellschaften gegenüber dem Konzerninteresse zu berücksichtigen.

Mitbestimmungs-Ergänzungsgesetz (MitbestErgG), Gesetz zur Ergänzung des Gesetzes über die Mitbestimmung der Arbeitnehmer in den Aufsichtsräten und Vorständen der Unternehmen des Bergbaus und der Eisen und Stahl erzeugenden Industrie vom 7. 8. 1956 (BGBl I 707), zuletzt geändert durch das Änderungsgesetz vom 27. 5. 1981 (BGBl I 441) und vom 19. 12. 1985 (BGBl I 2355). Regelt die →Mitbestimmung in herrschenden Unternehmen (→Holding-Gesellschaft) der genannten Bereiche. – 1. *Geltungsbereich:* Das MitbestErgG gilt für Holding-Gesellschaften, wenn der Gesamtumsatz des Konzerns, an dessen Spitze sie stehen, zu mehr als 50% von Unternehmen erbracht wird, die dem Montan-Mitbestimmungsgesetz unterliegen (Organtöchter der Montanindustrie). Durch das Änderungsgesetz vom 27. 5. 1981 (BGBl I 441) wurde der bisherige Weitergeltungszeitraum von fünf auf sechs Jahre heraufgesetzt; auch die Arbeitnehmervertreter, die nicht der Belegschaft angehören, werden künftig wie die konzernangehörigen Aufsichtsratsmitglieder von den Wahlmännern gewählt. – 2. *Zusammensetzung des Aufsichtsrats:* Der Aufsichtsrat besteht aus 15 Mitgliedern (erweiterter Aufsichtsrat 21 Mitglieder), wird paritätisch besetzt und durch ein „neutrales Mitglied" ergänzt. Vier Arbeitnehmervertreter müssen Arbeitnehmer aus den Betrieben der Konzernunternehmen sein; drei Arbeitnehmervertreter werden von den Spitzenorganisationen der

in den Konzernunternehmen vertretenen Gewerkschaften vorgeschlagen. Alle Arbeitnehmervertreter werden durch Wahlmänner der Belegschaft gewählt. Das „neutrale Mitglied" wird entsprechend der Regelung des Montan-Mitbestimmungsgesetzes bestellt. – 3. Dem *Vorstand,* der vom Aufsichtsrat bestellt wird, muß ein →Arbeitsdirektor angehören. Anders als beim Montan-Mitbestimmungsgesetz besteht hinsichtlich dieses Vorstandsmitglieds kein Vetorecht der Mehrheit der Aufsichtsratsmitglieder der Arbeitnehmerseite.

Mitbestimmungsgesetz (MitbestG), Gesetz über die Mitbestimmung der Arbeitnehmer vom 4. 5. 1976 (BGBl I 1153).

I. Geltungsbereich: a) Alle Wirtschaftszweige mit Ausnahme der Montanindustrie (Montan-Mibestimmungsgesetz und Mitbestimmungsergänzungsgesetz geltend) und der →Tendenzbetrieb; b) Unternehmen, die in der Rechtsform einer AG, KGaA, GmbH, GmbH & Co KG oder einer Erwerbs- und Wirtschaftsgenossenschaft betrieben werden und i. d. R. mehr als 2000 Arbeitnehmer beschäftigen sowie für Konzerne (→Mitbestimmung im Konzern). c) Durch das MitbestG wird die →Mitbestimmung im Aufsichtsrat und Vorstand geregelt; die Mitbestimmung ist (knapp) unterparitätisch. – Vgl. auch →Unternehmensverfassung.

II. Inhalt: 1. *Zusammensetzung und Bildung eines Aufsichtsrats:* In den Unternehmen wird ein Aufsichtsrat gebildet, zu gleichen Teilen durch Anteilseigner und Arbeitnehmer, wobei die Anteilseignerseite jedoch den mit Doppelstimme für die →Pattauflösung ausgestatteten Aufsichtsratsvorsitzenden stellt. Der Aufsichtsrat besteht aus 12 (bei Unternehmen bis 10 000 Arbeitnehmern), 16 (bei Unternehmen bis 20 000 Arbeitnehmern) oder 20 (bei Unternehmen über 20 000 Arbeitnehmern) Mitgliedern, davon 6 (8 oder 10) Vertreter der Anteilseigner und 6 (8 oder 10) Vertreter der Arbeitnehmer, davon 2 (2 oder 3) Vertreter von Gewerkschaften, die in den Unternehmen selbst oder in einem anderen Unternehmen vertreten sind. Arbeitnehmervertreter, zu denen auch leitende Angestellte gehören, müssen das 18. Lebensjahr vollendet haben, ein Jahr dem Unternehmen angehören und i. S. des BetrVG wählbar sein. Wahl bei Unternehmen bis 8000 Arbeitnehmern unmittelbar und bei Unternehmen über 8000 Arbeitnehmern durch →Wahlmänner geheim und nach den Grundsätzen der →Verhältniswahl; Einleitung und Durchführung der Wahl durch Betriebswahlvorstand; Einzelheiten der Wahl für Unternehmen mit einem Betrieb in der 1. Wahlordnung zum Mitbestimmungsgesetz (1. WOMitbestG) vom 23. 6. 1977 (BGBl I 861), bei Unternehmen mit mehreren Betrieben in der 2. Wahlordnung zum Mitbestimmungsgesetz (2. WOMitbestG) vom 23. 6. 1977 (BGBl I 893) und bei Unternehmen in der Rechtsform der Kommanditgesellschaft oder bei Konzernen in der 3. Wahlordnung zum Mitbestimmungsgesetz (3. WOMitbestG) vom 23. 6. 1977 (BGBl I 934). – 2. Im *Vorstand* ist nach dem Gesetz als gleichberechtigtes Mitglied ein →Arbeitsdirektor zu bestellen (ausgenommen bei der KGaA). Er ist wie alle übrigen Vorstandsmitglieder im selben Verfahren zu wählen.

Mitbestimmungsrecht. 1. *Begriff:* Befugnis zur gleichberechtigten Mitwirkung und Beteiligung an Entscheidungen; jede Form der →Mitbestimmung, sofern sie aufgrund eines Rechtsanspruchs ausgeübt werden kann. – Das M. kann je nach gesetzlicher Ausgestaltung v. a. folgende Einzelbefugnisse umfassen: a) Angelegenheit im Nichteinigungsfall zur verbindlichen Entscheidung vor eine Schlichtungsstelle zu bringen; b) durch Verweigerung der Zustimmung dem anderen Teil die Möglichkeit einer wirksamen Regelung zu nehmen; c) bei einseitigem Handeln des anderen Teils einen Aufhebungsanspruch vor Gericht geltend zu machen. – 2. *Gesetzliche Regelungen der Mitbestimmung:* a) *Betriebliche Mitbestimmung:* (1) Betriebsverfassungsgesetz vom 15. 1. 1972 (BGBl I 13); (2) Sonderregelung für den öffentlichen Dienst: Bundespersonalvertretungsgesetz (BPersVG) vom 15. 3. 1974 (BGBl I 693) und die Personalvertretungsgesetze der Länder. – b) *Unternehmensmitbestimmung:* Es bestehen in der Bundesrep. D. *vier Systeme* einer Mitbestimmung bzw. Beteiligung von Vertretern der Arbeitnehmer in den Leitungsorganen von Unternehmen mit eigener Rechtspersönlichkeit: (1) nach dem Mitbestimmungsgesetz vom 4. 5. 1976 (BGBl I 1153), (2) nach den insoweit noch fortgeltenden §§ 76 ff. des Betriebsverfassungsgesetzes 1952, (3) nach dem Montan-Mitbestimmungsergänzungsgesetz vom 21. 5. 1951 (BGBl I 347), (4) nach dem Mitbestimmungs-Ergänzungsgesetz vom 7. 8. 1956 (BGBl I 707) sowie spätere Änderungen. – 3. *Einordnung:* Das M. ist Arbeitsrecht i. w. S.; es ist Bestandteil des Unternehmensrechts bzw. eine Modifizierung des Gesellschaftsrechts.

Mitchell-Zyklus, →Konjunkturzyklus a).

Miteigentum. 1. *Bruchteileigentum:* →Eigentum mehrer an einer Sache (§§ 1008–1011 BGB). Das Rechtsverhältnis der Miteigentümer untereinander richtet sich nach den Vorschriften über die →Gemeinschaft. Jeder Miteigentümer kann Aufhebung der Gemeinschaft, bei beweglichen Sachen durch Verkauf, bei Grundstücken durch Zwangsversteigerung verlangen. Eigentumsklagen stehen jedem Miteigentümer Dritten gegenüber zu; doch kann Herausgabe an alle Miteigentümer gefordert werden (§ 1011 BGB). – *Andere Regeln* für die →Gemeinschaft zur gesamten Hand (z. B. Erbengemeinschaft, Gesellschaft). – 2. *M. der Arbeitnehmer:* Vgl. →Mitunternehmerschaft.

Miterbe, Teilnehmer einer Mehrheit von Erben (→Erbengemeinschaft). Der M. kann durch Vertrag, der öffentlicher Beurkundung bedarf, über seinen Anteil am →Nachlaß als Ganzes oder einen Bruchteil davon, nicht jedoch über einzelne Nachlaßgegenstände verfügen. – *Haftung* des M. für Nachlaßverbindlichkeiten bis zur Erbauseinandersetzung i. d. R. als Gesamtschuldner, aber solange er seine Haftung beschränken kann, nur mit dem Nachlaß; nach der Teilung bei beschränkter Haftung auch mit seinem eigenen Vermögen (§§ 2058 ff. BGB); vgl. →Erbenhaftung.

Mitfahrzentrale, Begriff des Verkehrsrechts für ein Gewerbe, das die Personenbeförderung von Fahrgästen mit privaten Personenkraftwagen vermittelt, gegen ein Gesamtentgelt, das die Betriebskosten der Fahrt nicht übersteigt. Das Personenbeförderungsgesetz hat die M. nicht verboten, jedoch die Beförderung mit Pkw der Genehmigungspflicht unterworfen, wenn Fahrer und Mitfahrer durch öffentliche Vermittlung, die die M. betreiben, zusammengeführt worden sind (§ 1 II PBefG); diese Bestimmung ist als verfassungswidrig für nichtig erklärt worden. M. bedürfen danach keiner Genehmigung mehr.

Mitgliederbeiträge. 1. *Begriff:* Beiträge, die Mitglieder einer Personenvereinigung nach den Satzungen zu entrichten verpflichtet sind. – 2. *Körperschaftsteuer:* M. bleiben bei der Ermittlung des Einkommens außer Ansatz (§ 8 VI KStG). Sie sind steuerpflichtig, wenn sie Gegenleistung für eine besondere Leistung des Vereins an das Mitglied darstellen. – 3. *Umsatzsteuer:* Soweit eine Vereinigung zur Erfüllung ihrer den Gesamtbelangen sämtlicher Mitglieder dienenden satzungsgemäßen Gemeinschaftszwecke tätig wird und dafür M. erhebt, die für alle Mitglieder gleich hoch sind oder nach einem für alle Mitglieder verbindlichen Bemessungsmaßstab gleichmäßig errechnet werden, fehlt es an einem umsatzsteuerbaren →Leistungsaustausch (*echte M.*). Andernfalls, insbes. bei nach tatsächlicher oder vermuteter Inanspruchnahme der Vereinigung bemessenen Beiträgen, Umsatzsteuerpflicht, soweit keine Befreiung erfolgt.

Mitgliederselektion, Ausschluß von Mitgliedern aus einer →kooperativen Gruppe. – *Gründe:* Zu geringe Umnsätze, zu kleine Betriebsgröße, zu hohe Kosten der Belieferung, zu geringe Einkaufskonzentration, zu geringe Unterstützung des gemeinsamen Handelsmarketing, Verstoß gegen Leitideen oder Grundsätze der Kooperation u. a.. Selektierte Mitglieder werden i. d. R. auf den Einkauf im →Cash-and-carry-Großhandel verwiesen.

Mitgliedschaft in der Genossenschaft. 1. *Erwerb* der M. bei Gründung der Genossenschaft durch Unterzeichnung des →Statuts, später durch schriftliche Beitrittserklärung, die mit Eintragung in das →Genossenschaftsregister wirksam wird. – 2. Mit der M. verbunden ist die *Verpflichtung* zur Einzahlung auf den →Geschäftsanteil sowie zur Leistung von Nachschüssen auf die →Haftsumme im Konkursfall. – 3. *Erlöschen* der M. bei: a) schriftlicher Kündigung durch das Mitglied zum Schluß eines Geschäftsjahrs, Kündigungsfrist je nach Statut mindestens drei Monate, höchstens fünf Jahre; b) Übertragung des →Geschäftsguthabens des Mitglieds auf eine andere Person, die Mitglied wird oder bereits ist; c) Tod des Mitglieds, jedoch Fortsetzung der M. mit Erben möglich; d) Ausschluß des Mitglieds durch Vorstand und/oder Aufsichtsrat. – Vgl. auch →Genossenschaft IV.

Mitgliedsgruppe, →Gruppe, deren →Gruppenmitglieder Personen sind, die in direktem Kontakt stehen. M. wird zumeist abgehoben vom Begriff →Bezugsgruppe, die keine Mitgliedschaft voraussetzt.

mithelfende Familienangehörige. I. A m t - l i c h e S t a t i s t i k : Familienangehörige, die in einem landwirtschaftlichen oder nichtlandwirtschaftlichen Betrieb mithelfen (d. h. am Erwerbsleben beteiligt sind), der von einem Familienmitglied als Selbständigem geleitet wird, ohne hierfür Lohn oder Gehalt zu erhalten und ohne daß für sie Pflichtbeiträge zur gesetzlichen Rentenversicherung gezahlt werden. In der Bundesrep. D. von abnehmender Bedeutung: a) Entwicklung in absoluten Zahlen: 3713000 (1939), 3253000 (1950), 2658000 (1961), 1790000 (1970), 863000 (1985); b) anteilmäßig 16,7% der Erwerbspersonen (1939), 13,8% (1950), 9,9% (1961), 6,7% (1970), 3,1% (1985). – Bei einer *Verteilung der m. F. nach Wirtschaftsbereichen* war im Jahr 1985 vorherrschend die Land- und Forstwirtschaft (633000); der m. F. waren im Handel und Verkehrswesen tätig; 69000 im Produzierenden Gewerbe und 83000 im Dienstleistungsgewerbe.

II. S t e u e r r e c h t : Begriff für die im Betrieb mitarbeitenden Familienangehörigen. – 1. *Vergütungen* (Lohn oder Gehalt) an m. F. sind grundsätzlich als →Betriebsausgaben abzugsfähig. – 2. Ein *Arbeitsverhältnis zwischen Ehegatten* wird steuerlich anerkannt, wenn es ernsthaft vereinbart und durchgeführt wird, z. B. der mitarbeitende Ehegatte im Betrieb keine wesentlich andere Stellung als ein fremder Arbeitnehmer einnimmt (Absch. 174a I EStR). Das gilt auch, wenn der Ehegatte als Arbeitgeber →Mitunternehmer einer →Personengesellschaft ist. – 3. Bei *Mitarbeit von Kindern* wird ein Arbeitsverhältnis i. d. R. anerkannt, wenn das Kind angemessene Bezüge erhält, die auf klaren und eindeutigen Vereinbarungen beruhen. – 4. Sind *Kinder Arbeitgeber der Eltern,* gelten die gleichen Voraussetzungen wie bei Arbeitsverhältnissen zwischen Eltern und Kindern. Ein Arbeitsverhältnis liegt i. d. R. nicht vor, wenn die Mitarbeit nur gering ist und es sich um eine verdeckte Unterhaltsleistung handelt. – 5. *Zwischen Geschwistern* wird ein Arbeitsverhältnis, vorausgesetzt, daß es ernstlich gewollt ist und angemessene Bezüge vorliegen, grundsätzlich anerkannt.

Mitläufereffekt, →externer Konsumeffekt 1.

Mitnahmeeffekt, häufig kritisierter, aber in seiner Bewertung umstrittener Effekt der Zahlung von →Subventionen oder allgemein von finanziellen Anreizmaßnahmen, bei denen auch ohne zusätzlichen Anreiz teilweise oder in vollem Umfang die gewünschte Verhaltensänderung vorgelegen hätte. Die staatliche Förderung kann sowohl dem Grunde als auch der Höhe nach „mitgenommen" worden sein. M. lassen sich bei notwendigerweise generalisierenden Förderungsvoraussetzungen nicht gänzlich vermeiden; es dürfte aber eine Abhängigkeit von der Regelungsdichte gegeben sein. Das Ausmaß der M. läßt sich empirisch nicht exakt ermitteln.

Mitteilung, schriftliche oder mündliche Form der →Kommunikation zwischen über- und untergeordneten sowie gleichberechtigten Stellen. Wird als Aktennotiz, Bericht, Kopie zur Kenntnis gegeben. – *Anders:* →Anweisung.

Mitteilungspflicht. I. A k t i e n r e c h t : Verpflichtung von Unternehmen, gewisse Beteiligungen schriftlich mitzuteilen. Im einzelnen in folgenden Fällen: 1. *Gegenüber der AG:* a) M. besteht für Unternehmen, denen (1) eine *Beteiligung* an einer AG von mehr als 25. v. H. oder (2) eine →*Mehrheitsbeteiligung* gehört. – b) Mitzuteilen ist auch, wenn die Beteiligung in mitteilungspflichtiger Höhe *nicht mehr besteht.* – c) Die AG hat das Bestehen einer mitteilungspflichtigen Belteiligung in den →Gesellschaftsblättern *bekanntzumachen* (§ 20 AktG). – 2. Bei *Beteiligungen der AG an anderen Kapitalgesellschaften oder bergrechtlichen Gewerkschaften:* Der AG obliegt eine M. gegenüber den betroffenen Unternehmen entsprechend 1 (§ 21 AktG). – Solange eine mitteilungspflichtige Beteiligung nach 1 und 2 nicht mitgeteilt ist, können Rechte aus Aktien und Anteilen, die zu dieser Beteiligung gehören nicht ausgeübt werden (§§ 20 VII, 21 IV AktG). – 3. *Wechselseitig beteiligte Unternehmen:* Die M. obliegt entsprechend 1 und 2, wenn auch nur eines der beteiligten Unternehmen eine AG ist. Rechte aus der wechselseitigen Beteiligung können für höchstens 25 v. H. der Anteile des anderen Unternehmens ausgeübt werden; Ausnahmen, wenn die Mitteilung des Unternehmens erfolgt, bevor es von dem anderen Unternehmen eine Mitteilung erhalten hat und bevor ihm das Bestehen der wechselseitigen Belteiligung bekanntgeworden ist (§ 328 AktG).

II. **Steuerrecht:** Vgl. →Anzeigepflicht.

mittelbarer Besitzer, i. S. des BGB derjenige, für den der unmittelbare Besitzer auf Grund eines Rechtsverhältnisses, das ihn auf Zeit zum →Besitz berechtigt oder verpflichtet, als sog. →Besitzmittler den Besitz einer Sache vermittelt (§ 868 BGB). Auch der m. B. ist Besitzer der Sache. – *Gegensatz:* →unmittelbarer Besitzer.

mittelbares Arbeitsverhältnis, Begriff des Arbeitsrechts. M. A. ist gegeben, wenn ein Arbeitnehmer von einem Mittelsmann, der seinerseits selbst Arbeitnehmer eines Dritten (Unternehmer) ist, beschäftigt wird, wobei die Arbeit jedoch unmittelbar für den Unternehmer geleistet wird. (Hauptfälle: Zwischenmeister und Leiter einer Kapelle, deren Mitglieder von ihm selbst engagiert sind.) Der Unternehmer (mittelbarer Arbeitgeber) kann vom Arbeitnehmer i. a. nur in Anspruch genommen werden, wenn dieser gegenüber dem Mittelsmann nicht zu seinem Rechte kommt (Teilung der Arbeitgeberfunktion). Erforderlich ist eine Zusicherung des mittelbaren Arbeitgebers, für die Lohnzahlung einstehen zu wollen. Abweichende Regelung durch besondere Abrede, →betriebliche Übung oder →Tarifvertrag möglich.

mittelbar kundenorientierte Produktion, *Marktproduktion, Produktion für den anonymen Markt,* Elementartyp der Produktion (→Produktionstypen), der sich aus dem Merkmal der Intensität der Beeinflussung der Produktgestaltung durch den Käufer ergibt. Bei m. k. P. richtet sich die Produktqualität nicht an den spezifischen Verwendungsanforderungen einzelner Kunden aus, sondern an einem durchschnittlichen Bedarfsprofil, welches dann maßgeblich für die →Produktionsprogrammplanung ist. – *Beispiele:* Herstellung elektrischer Haushaltsgeräte; Herstellung von Kinderspielzeug. – *Gegensatz:* →unmittelbar kundenorientierte Produktion.

Mittelbetrieb, begrifflich unklare Zuordnung von Betrieben zu einer Betriebsgrößenklasse ohne nähere Bezeichnung der Merkmale, auf denen die Einteilung beruht. – *Steuerrecht:* Einteilungskriterium für die →Außenprüfung. Vgl. →Betriebsgrößenklassifikation.

mitteleuropäische Sommerzeit, →mitteleuropäische Zeit.

mitteleuropäische Zeit (MEZ), Zonenzeit für Mitteleuropa: UTC + 1 Stunde. Die *koordinierte Weltzeit, universal time coordinated* (UTC), wird vom Bureau International des Poids et Mesures in Sevres bei Paris mittels

Atomuhren, die an verschiedenen Stellen in der Welt betrieben werden, ermittelt. Früher wurde als Weltzeit die mittlere Greenwicher Zeit verwendet. – *Mitteleuropäische Sommerzeit:* UTC + 2 Stunden.

mittelfristige Finanzplanung, →mehrjährige Finanzplanung.

mittelfristige Planung, →Fristigkeit, →Unternehmensplanung.

Mittelkurs, Abrechnungskurs im Devisengeschäft; arithmetisches Mittel zwischen →Geldkurs und →Briefkurs.

Mittelstand, 1. *Begriff:* Frühere Kennzeichnung der Zugehörigkeit zur sozialen Schicht des Bürgertums; inzwischen verengt auf die darin enthaltene Gruppe selbständiger Erwerbstätiger. – M. *i. w. S.:* Landwirte, Gewerbetreibende und Freiberufler; M. *i. e. S.* (*gewerblicher M.*): Das sind kleine und mittlere Unternehmen in den Wirtschaftsbereichen Industrie, Handwerk, Handel, Hotel- und Gaststättengewerbe, Verkehrswirtschaft und sonstige Dienstleistungen, die von einem selbständigen Inhaber geleitet werden, der mitarbeitet und das unternehmerische Risiko trägt. – 2. *Abgrenzung zu Großunternehmen* über Umsatzschwellen (z. B. bei verschiedenen öffentlichen Förderprogrammen, aber problematisch wegen nominaler Aufblähung) oder Beschäftigtenzahlen (produzierendes Gewerbe: 50 bis unter 500, Großhandel: 10 bis unter 200 Beschäftigte, sonstiges Gewerbe: 3 bis unter 50 Beschäftigte. – 3. *Wirtschaftliche Bedeutung:* Nach Schätzungen des Instituts für Mittelstandsförderung waren 1984 99,8% aller Unternehmen mit 50% der Umsätze dem M. zuzuordnen. Auf sie entfielen 66% der abhängigen Beschäftigten, 44% der Bruttoinvestitionen (rd. die Hälfte des Bruttoinlandsprodukts). – 4. *Situation:* Anzahl mittelständischer Unternehmen seit 1961 rückläufig: Folge interner Erosion (mehr Betriebsschließungen als Neueröffnungen) und externer →Konzentration (Übernahme durch Großunternehmen, Verdrängung durch ungleiche Verteilung von Marktmacht). – Mittelstandspolitik bzw. →Mittelstandsförderung wurde daher ein Schwerpunkt staatlicher Wirtschaftspolitik. Die Zukunftsaussichten kleiner und mittlerer Unternehmen sind jedoch insgesamt positiv (Gründe: hohe Anpassungsfähigkeit, strukturell steigender Bedarf nach Dienstleistungen, wachsende Tendenz zur Ausgliederung von Produktionsbereichen bei Großunternehmen →Zulieferer): Abgesehen von marginalen Kleinstunternehmen haben sich beispielsweise in kleinen Unternehmen in der Industrie in der rezessiven Phase 1974 bis 1976 besser behaupten können als mittlere, und diese erfolgreicher als Großunternehmen. In einzelnen Branchen konnten Strukturkrisen nur durch mittelständische Unternehmen gemeistert werden (z. B. in der Textilindustrie). – 5. *Statistische Erfassung* nach Betriebsgrößen: Nichtlandwirtschaftliche Arbeitsstätten nach Beschäftigengrößenklassen bei den →Arbeitsstättenzählungen (zuletzt 1970, nächste Zählung 1987), umsatzsteuerpflichtige Unternehmen nach Umsatzgrößenklassen alle zwei Jahre bei den →Umsatzsteuerstatistiken, Unternehmen und Betriebe des →Produzierenden Gewerbes jährlich nach Beschäftigten-, Umsatz- bzw. Produktionswert-Größenklassen. Unternehmen und Betriebe des Handels und Gastgewerbes alle sechs Jahre nach Beschäftigten- und Umsatzgrößenklassen.

Mittelstandsförderung. 1. *Begriff:* Maßnahmen zum Ausgleich betriebsgrößenbedingter Wettbewerbsnachteile des →Mittelstandes gegenüber Großunternehmen durch Unterstützung der Hilfe zur Selbsthilfe. – 2. *Ziele:* Sicherung der Existenz- und Wettbewerbsfähigkeit kleiner und mittlerer Unternehmen in der Industriegesellschaft, Leistungssteigerung der mittelständischen Wirtschaft, erfolgreiche Anpassung mittelständischer Unternehmen an den Strukturwandel. – 3. *Instrumente:* Finanzierungshilfen, sonstige Maßnahmen zur Steigerung der Leistungsfähigkeit, Verbesserung der Rahmenbedingungen. Neben direkten Hilfen (ausschließlich für mittelständische Unternehmen konzipiert) können sonstige Förderprogramme (Regionalförderung, Maßnahmen zur Energieeinsparung, Umweltschutzhilfen und andere) zum Teil kumulativ genutzt werden. – a) *Finanzierungshilfen* dienen der Erleichterung von Gründung neuer (→Existenzgründungshilfen) und Entfaltung bzw. Anpassung bestehender mittelständischer Unternehmen. Sie werden von Bund und Ländern zum Teil über nachgeordnete Institutionen z. B. LAB, HLT (Hessen), Gewerbeförderungsanstalt (Baden-Württemberg) oder unabhängigen Institutionen z. B. Kreditgarantiegemeinschaften) gewährt als zinsgünstige Kredite (Bund: ERP-Darlehen, Ergänzungsprogramme der KW und LAB, Länder: Darlehensprogramme), Zuschüsse (Bund, Länder), anteilige Bürgschaftsübernahmen (Bund: durch LAB, Länder: durch Kreditgarantiegemeinschaften mit Rückbürgschaft des Bundes und des jeweiligen Landes), Kapitalbeteiligung (Bund: durch persönliches, im Konkursfall haftendes Darlehen, geplant; Länder: durch Beteiligungsgesellschaften mit Garantie des jeweiligen Landes). – b) *Sonstige Maßnahmen* zur Steigerung der Leistungsfähigkeit werden vom Bund und den Ländern, zum Teil über Zuwendungsleitstellen, teilweise in Mischfinanzierung, im Rahmen institutioneller als auch Projektförderung (mit-)finanziert. – 4. *Schwerpunkte:* Verbilligte bzw. kostenlose Unternehmensberatung, anteilige Finanzierung von Institutionen und Maßnahmen, die der Weiterbildung von Unternehmern und Mitarbeitern dienen, Förderung der Berufsausbildung (z. B. Mitfinanzierung der Errichtung, Erweiterung und Einrichtung von überbetrieblichen Ausbildungsstätten, anteilige Übernahme der Kosten überbetrieblicher Lehrgänge), Förderung von Maßnahmen zur betrieblichen Rationalisierung (z. B. der Datenverarbeitung, der Normenausschüsse), Förderung der Information und Dokumentation (z. B. Durchführung von Betriebsvergleichen), Kooperationshilfen (z. B. Förderung des →Genossenschaftswesens als älteste und bewährteste mittelständische Selbsthilfeeinrichtung, anteilige Kostenübernahme bei gemeinsamen Ausstellungen auf regionalen, nationalen und internationalen Messen, Kooperationsberatung), Zuschüsse für Forschungs- und Entwicklungsvorhaben (BMFT) und Erstinnovation (BMWi) (→Innovationsförderung; auch Beteiligung an Wagnisfinanzierungsgesellschaft, Förderung des →Technologietransfers, der Technologievermittlung), Finanzierung mittelstandsrelevanter wirtschaftswissenschaftlicher Forschung (Institut für Mittelstandsforschung, Deutsches Handwerksinstitut, Institut für Handelsforschung und andere), Absatzhilfen (z. B. Exporthilfen durch Rückgarantie von Bietungs-, Anzahlungs-, Leistungsgarantien, Förderung der Gemeinschaftswerbung). – 5. *Verbesserung der Rahmenbedingungen* durch Berücksichtigung von unternehmensgrößenspezifischen Erfordernissen mittelständischer Unternehmen im Rahmen der Steuer-, Wirtschafts- und Sozialgesetzgebung, etwa durch Freibeträge bei der Gewerbesteuer, Freigrenzen bei Umsatzeinkommen und Erbschaftsteuer, Auflagen zur Sicherung der Beteiligung kleiner und mittlerer Unternehmen an öffentlichen Aufträgen, Ge- und Verbote (Bauleitplanung, wettbewerbspolitische Maßnahmen im Rahmen des UWG, GWB), Ausnahmeregelungen (Kooperationserleichterungen für kleine und mittlere Unternehmen, Mitbestimmungsgesetz, Lohnfortzahlung), Sondermaßnahmen (Verlustrücktrag, Konjunkturprogramme) sowie Regelungen im Bereich der Sozialpolitik (Öffnung der Rentenversicherung für Selbständige, Vermögensbildung und andere). – Vgl. auch →Mittelstandspolitik.

Mittelstandskartell, →Kartellgesetz VII 3 b), →Kooperationserleichterungen für kleine und mittlere Unternehmen.

Mittelstandskredit, Kredit an Betriebe des gewerblichen Mittelstandes, bei denen die Möglichkeiten zur Selbstfinanzierung stark beschränkt, die Möglichkeiten zu Abschreibungen gering und die steuerlichen Belastungen drückend sind. Möglichkeiten zur Fremdfinanzierung durch Bankkredit meist gering, da ausreichende Eigenkapitalsbasis bzw. bankübliche Kreditsicherungsmittel fehlen. – 1. *Kurzfristige M (Betriebskredite):* Meist →Personalkredit, v. a. durch gewerbliche

Kreditgenossenschaften gewährt, aber auch durch Sparkassen, ländliche Kreidtgenossenschaften und die übrigen Kreditbanken. – 2. *Langfristige M. (Investitionskredite):* Hauptproblem des M., infolge der fortschreitenden Rationalisierung und Maschinisierung. Volksbanken und Sparkassen stellen erhebliche Mittel bereit. 1949 wurde die →Industriekreditbank AG mit der Aufgabe gegründet, insbes. kleine und mittlere Unternehmungen mit langfristigen Krediten zu versorgen. Weiterhin wurde 1957 der →Deutschen Genossenschaftsbank das Recht zur Ausgabe von Schuldverschreibungen verliehen, deren Erlöser größtenteils dem gewerblichen Mittelstand zugute kommen. Schließlich wurden auch die →Kreditanstalt für Wiederaufbau und die →Lastenausgleichsbank mit der Vergabe von M. betraut. Auch →öffentliche Kredite werden für den M. eingesetzt. – Vgl. auch →Mittelstandsförderung.

Mittelstandspolitik. 1. *Begriff:* Betriebsgrößenorientierte →Strukturpolitik, die dem Ausgleich betriebsgrößenbedingter Wettbewerbsnachteile dient, die kleine und mittlere Unternehmen aufgrund geringerer Marktmacht gegenüber Großunternehmen haben. – 2. *Hauptziele:* Erhaltung des Wettbewerbs und der Versorgungssicherheit, Beibehaltung gesamtwirtschaftlicher Anpassungsfähigkeit und des hohen Innovations- und Entwicklungspotentials bei Dezentralisation, Sicherung von Bürgerrechten wie der freien Ausbildungs- oder Arbeitsplatzwahl oder sich selbständig zu machen. – 3. *Grundlage:* Rahmengesetze in Form von „Mittelstandsförderungsgesetzen" (das erste in Hessen vom 23.9.1974; ohne Mittelstandsförderungsgesetz sind Nordrhein-Westfalen und der Bund). I.d.R. werden von der Bundesregierung und den Länderregierungen jährlich „Mittelstandsberichte" veröffentlicht, die Prioritäten, Einzelmaßnahmen und deren Auswirkungen darstellen. – 4. *Instrumente:* a) →Mittelstandsförderung. b) Besondere Berücksichtigung mittelständischer Belange und Verbesserung der Rahmenbedingungen in Gesetzgebung (z. B. in Steuerpolitik: Gewerbesteuerfreibeträge, andere Maßnahmen in Bereichen der Umwelt, Raumordnung, Städtebau, Technologie, Verkehrspolitik und ähnliches) und Verwaltung (z. B. bei der Vergabe öffentlicher Aufträge, Reprivatisierung öffentlicher Regiebetriebe, „Entbürokratisierung"). c) M. im Rahmen der *kommunalen Wirtschaftsförderung:* Vgl. →Wirtschaftsförderung. II 4 b). – d) Gemäß *Kartellgesetz* gelten Kooperationserleichterungen für kleine und mittlere Unternehmen.

Mittelwert. I. S t a t i s t i k : Wert eines statistischen →Merkmals, der die allgemeine Niveaulage (→Lokalisation) in der betrachteten →Gesamtheit charakterisiert. – *Arten:* →arithmetisches Mittel, →geometrisches Mit-

tel, →harmonisches Mittel, →Median, →Modus.

II. K r e d i t w e s e n : Der M. dient der Ermittlung des →Beleihungswertes von Grundstükken; er ist zu berechnen als →arithmetisches Mittel aus dem →Sachwert und dem →Ertragswert des betr. Grundstück. Liegt der Ertragswert nicht über dem Sachwert, so ist der Beleihungswert gleich dem M.

mittlere Datentechnik (MDT), Begriff aus den 60er Jahren, der bei den heutigen Konfigurationen und Leistungsklassen der Computer, d. h. Computer der „mittleren Leistungsklasse", nicht mehr anwendbar ist. – Vgl. auch →Rechnergruppen.

mittlerer Art und Güte, →Handelsklausel, die den Verkäufer verpflichtet, eine Durchschnittsqualität zu liefern, und →Mängelrügen des Käufers nur zuläßt, wenn unter Durchschnitt geliefert wurde.

mittlerer Quartilsabstand, selten gebrauchtes →Streuungsmaß, das als →arithmetisches Mittel aus drittem und erstem →Quartil festgelegt ist.

mittlere Verfallzeit, mittlere Wertstellung mehrerer →Wechsel mit verschiedenem →Verfalltag. Um die Buchungsarbeiten zu vereinfachen, werden mehrere gleichzeitig eingegangene Wechsel mit verschiedenen Verfalltagen in einer Summe gebucht und dieser Posten mit einer Durchschnittsvaluta versehen. Diese wird berechnet, indem die Zinszahlen (restliche Laufzeit × Wechselbetrag) durch 1% der Summe der Wechselbeträge dividiert werden. Formel:

$$\text{Durchschnittswertstellung (Tage)} = \frac{\text{Zinszahl} \times 100}{\text{Summe der Wechselbeträge}}$$

mittlere Verweildauer, →durchschnittliche Verweildauer.

Mitunternehmer. 1. *Begriff:* Die Gesellschafter einer Personengesellschaft, die Mitunternehmerrisiko tragen und Mitunternehmerinitiative entfalten. – a) *Mitunternehmerrisiko* bedeutet Teilhabe am Erfolg oder Mißerfolg des Betriebs, i. d. R. durch Beteiligung am Gewinn- und Verlust sowie an den stillen Reserven einschließlich des Geschäftswertes. – b) *Mitunternehmerinitiative* beinhaltet die Teilnahme an unternehmerischen Entscheidungen, d. h. Möglichkeit zur Ausübung von Rechten, die über die eines bloßen Darlehensgebers hinausgehen. – 2. *Einkommensteuer:* Die M. unterliegen der →Einkommensteuer bzw. →Körperschaftsteuer (bei Kapitalgesellschaften als M.), und zwar mit ihren Gewinnanteilen und den Vergütungen, die aus Leistungsbeziehungen mit der Gesellschaft resultieren (§ 15 I Nr. 2 EStG). – Vgl. auch

→Sonderbetriebsvermögen, Mitunternehmerschaft.

Mitunternehmerschaft, Steuerrechtlicher Begriff: Mehrheit von Mitunternehmern. – 1. *Einkommensteuer:* Die M. selbst ist nicht steuerpflichtig, sondern die Mitunternehmer (vgl. im einzelnen dort). – 2. Die Feststellung der *Gewinnanteile* der einzelnen Mitunternehmer erfolgt durch einheitliche →Gewinnfeststellung (§§ 179 f. AO). – 3. *Bewertung:* Alle Wirtschaftsgüter, die einer M. gehören, bilden eine →wirtschaftliche Einheit und sind dem →Betriebsvermögen zuzurechnen (§ 97 BewG).

Miturheber, mehrere →Urheber, die ein Werk gemeinsam geschaffen haben, ohne daß sie sich ihre Anteile gesondert verwerten lassen (§ 8 UrhRG). Den M. steht das Urheberrecht als Gemeinschaft zur gesamten Hand zu. Mangels abweichender Vereinbarung stellen die Erträgnisse aus der Nutzung des Werkes den M. nach dem Umfang ihrer Mitwirkung zu. Das Urheberrecht erlischt 70 Jahre nach dem Tode des längstlebenden M. (§ 65 UrhRG). Haben mehrere Urheber ihre Werke zur gemeinsamen Verwertung miteinander verbunden, so kann jeder vom anderen die Einwilligung zur Veröffentlichung, Verwertung und Änderung der verbundenen Werke verlangen, wenn die Einwilligung den anderen nach Treu und Glauben zuzumuten ist (§ 9 UrhRG).

Mitverschluß, Vereinbarung bei *Verpfändung von Waren* (insbes. schwer transportablen). Von den zwei Verschlüssen des Verwahrungsraums kann einer nur vom Verpfänder, der andere nur vom Pfandgläubiger geöffnet werden. – M. besteht auch bei der *Vermietung von Schließfächern* durch die Banken.

Mitverschulden, mitwirkendes →Verschulden des Geschädigten bei der Entstehung eines Schadens. Durch M. wird die Pflicht des anderen zum →Schadensersatz nicht ausgeschlossen; vielmehr hängt die Ersatzpflicht und der Umfang des zu leistenden Schadensersatzes von den Umständen, insbes. vom Grad der Verursachung des Verschuldens des Schadens durch den einen oder den anderen Teil (§ 254 BGB) ab. – Entsprechende Grundsätze gelten auch für die *Kraftfahrzeughaftung* (§§ 9, 17 StVG) und die *Haftung nach dem Haftpflichtgesetz* (§ 4). – *Folge* ist oft eine Teilung des Schadens nach Bruchteilen; wenn das Verschulden des einen Teils erheblich überwiegt, kann dieser allein zum Schadensersatz verpflichtet sein.

Mitversicherung, Form der →mehrfachen Versicherung zur Verteilung des Risikos bei großen Objekten. Mehrere Versicherer sind an einem Versicherungsvertrag einverständlich mit einer bestimmten Quote oder Versicherungssumme beteiligt *(Beteiligungsgeschäft).*

Jeder erhält einen entsprechenden Anteil der Prämie und haftet für seinen Anteil an der Gesamtversicherungssumme. Zur Erleichterung des Verkehrs zwischen Versicherer und Versicherungsnehmer meist vertragliche →Führungsklausel *(offene M.).* – Kaum noch üblich: *Stille M.,* bei der dem Versicherungsnehmer die Beteiligung der anderen Versicherer unbekannt ist (sog. *Kellerpolice);* rechtlich gilt dies als →Rückversicherung.

Mitvormund, →Vormundschaft III 1.

mitwirkendes Verschulden, →Mitverschulden.

Mitwirkung, Beteiligung des Betriebsrats in Form der M. bedeutet *Beratung* und *Mitsprache* bei der Entscheidung des Arbeitgebers, deren Rechtsgültigkeit zwar nicht von der Zustimmung des Betriebsrats (→Mitbestimmung III 3 a), wohl aber zu. T. von der vorherigen Unterrichtung und Beteiligung des Betriebsrats abhängt)vgl. z. B. §§ 80 II, 99 I, 102 I BetrVG). Das Gebot der vertrauensvollen Zusammenarbeit (§ 2 I BetrVG) erfordert, daß Arbeitgeber und Betriebsrat in jedem Fall eine Meinungsverschiedenheit rechtzeitig verhandeln mit dem ernstlichen Willen, zu einer Einigung zu kommen (§ 74 I BetrVG). Eine Verletzung von Aufklärungs- und Auskunftspflichten durch den Arbeitgeber kann gemäß § 121 BetrVG mit Geldbußen geahndet werden. – Vgl. auch →Mitbestimmung.

Mitwirkungspflichten, Pflichten desjenigen, der →Sozialleistungen beantragt oder erhält; geregelt in §§ 60 ff. SGB 1. – 1. *Umfang:* Der Berechtigte hat insbes. alle Tatsachen anzugeben, die für die Leistung erheblich sind, der Erteilung von Auskünften zuzustimmen, Beweismittel zu bezeichnen und Beweisurkunden vorzulegen, u. U. persönlich beim zuständigen Leistungsträger zu erscheinen, ärztliche und psychologische Untersuchungen, die Teilnahme an Heilbehandlungen zu dulden und an berufsfördernden Maßnahmen teilzunehmen (§§ 60–64 SGB 1). – 2. *Grenzen:* M. bestehen nicht, wenn diese zur begehrten Leistung in keinem Verhältnis stehen, die Erfüllung der M. dem Betroffenen aus einem wichtigen Grund nicht zugemutet werden kann oder der Sozialleistungsträger sich durch einen geringeren Aufwand die erforderlichen Kenntnisse selbst beschaffen kann. Behandlungen und Untersuchungen, bei denen im Einzelfall ein Schaden für Leben und Gesundheit nicht mit Wahrscheinlichkeit ausgeschlossen werden kann, die mit erheblichen Schmerzen verbunden sind oder einen erheblichen Eingriff in die körperliche Unversehrtheit bedeuten, können abgelehnt werden (§ 65 SGB 1). – 3. *Folgen fehlender Mitwirkung:* Die Leistung kann voll oder teilweise versagt oder entzogen werden, wenn die Voraussetzungen der Leistung nicht nachgewiesen sind. Der Berechtigte muß zuvor auf diese Möglichkeit hingewiesen worden sein. Wird die Mitwirkung nachgeholt, kann die versagte oder entzogene Leistung nachträglich ganz oder teilweise erbracht werden.

mixed economy, →gemischte Wirtschaftsordnung.

mixed hardware, →Computer, dessen →Konfiguration Geräte verschiedener Hersteller umfaßt. – Vgl. auch →Hardware.

mkg, Kurzzeichen für →Meterkilogramm.

M-Methode, *Big-M-Methode.* 1. *Begriff:* Spezielle Technik zur Erzeugung einer ersten →zulässigen kanonischen Form für →lineare Optimierungssysteme in Normalform. – 2. *Ablauf:* Die M.-M. verwendet wie die →Zwei-Phasen-Simplexmethode ein →künstliches Optimierungssystem, allerdings ein solches, bei dem die ursprüngliche Zielfunktion

(1) $x_0 = c_1 x_1 + c_2 x_2 + \ldots + c_n x_n$

nicht völlig außer acht gelassen wird, sondern die üblicherweise verwendete künstliche Zielfunktion

(2) $y_0 = y_1 + y_2 + \ldots + y_n$

wird ersetzt durch

(3) $y_0 = c_1 x_1 + c_2 x_2 + \ldots + c_n x_n$
            $+ My_1 + My_2 + \ldots + My_m$

und die Zielvorschrift

(4) $y_0 \longrightarrow$ Min!,

wenn x_0 zu minimieren ist, bzw. durch

(3') $y_0 = a_1 x_1 + a_2 x_2 + \ldots + a_n x_n$
           $- My_1 - My_2 - \ldots - My_m$
                  und

(4') $y_0 \longrightarrow$ Max!,

wenn x_0 zu maximieren ist. – M ist dabei eine „große" Zahl, die bewirken soll, daß die künstlichen Variablen $y_1, y_2, \ldots, y_m$ unverzüglich, d. h. insbes. vor den übrigen Variablen $x_1, x_2, \ldots, x_n$ zu →Nichtbasisvariablen werden. Ist das erreicht, kann man die künstlichen Variablen mit ihren →Koeffizienten aus dem gesamten System eliminieren. Damit ist die Phase 1 beendet und man macht wie üblich weiter mit der Phase 2. Gelingt es nicht, alle künstlichen Variablen zu Nichtbasisvariablen zu machen, so existiert überhaupt keine zulässige Lösung des betreffenden Systems. Die besondere Berücksichtigung der jeweiligen Zielvorschrift des ursprünglichen Systems von (2) und (3) einerseits bzw. in (2') und (3') andererseits soll bewirken, daß zu Beginn der Phase 2 nicht nur eine zulässige, sondern bereits eine gute Lösung zur Verfügung steht. – 3. *Bedeutung:* Die Verwendung sehr großer Zahlen für M im Vergleich zu den übrigen Zielkoeffizienten $c_1, c_2, \ldots, c_n$ kann zu numerischen Schwierigkeiten führen. Kommerzielle Softwarepakete verwenden deshalb andere

Techniken zur Erzeugung einer ersten kanonischen Form.

mmHG, Kurzzeichen für Millimeter-Quecksilbersäule (→gesetzliche Einheiten, Tabelle 1).

M/N, Abk. für Mai/November; im Bankwesen: Zinstermin bei Anleihen 1. 5. und 1. 11.

mobile Datenerfassung, Erfassung von Bestell- und Warndaten am Entstehungsort (auf der Verladerampe, im Lager, im Regal) mittels mobiler Datenerfassungsgeräte. Die Daten werden kurzfristig gespeichert und dann mittels EDV-Anlagen für die zu treffenden unternehmenspolitischen Entscheidungen ausgewertet, z. B. für Bestellentscheidungen innerhalb von Warenwirtschaftssystemen (→computergestützte Warenwirtschaftssysteme) oder für den Ausweis der mengenmäßigen Lagerbestände bei der →Inventur.

Mobilfunk, →bewegliche Funkdienste.

Mobiliarvollstreckung, Zwangsvollstreckung in das bewegliche Vermögen (Mobilien). Vgl. im einzelnen →Zwangsvollstreckung II 2 a).

Mobilien, →bewegliche Sachen.

Mobilisierungspapiere, →Schatzwechsel und →unverzinsliche Schatzanweisungen, die aus der Mobilisierung der →Ausgleichsforderung für kreditpolitische Zwecke stammen. Seit 1955 hat die Deutsche Bundesbank gem. §42 BBankG das Recht, Ausgleichsforderungen in M. umzutauschen.

Mobilisierungstratte, Tratte (→gezogener Wechsel), die die Bank zur Mobilisierung von Kreditengagements auf ihre Kunden mit der Vereinbarung zieht, daß die Bank die M. dem Kunden nicht abrechnet, sondern bei Verfall selbst einlöst.

Mobilität. 1. *Räumliche M. (horizontale M.):* Vgl. →Wanderungen. – 2. *Soziale M. (vertikale M.):* Veränderungen der Schichtzugehörigkeit von Personen oder Personengruppen im Lebensablauf oder in der Abfolge der →Generationen. – 3. *Sonderform:* →Faktormobilität.

Mobilitätsbarrieren, Sammelbezeichnung für →Markteintrittsschranken und →Marktaustrittsschranken.

Mobilitätsbeihilfe, →Arbeitspolitik IV 2 b).

Mobilitätshemmnisse, Bezeichnung für die Faktoren, die die räumliche und sektorale Beweglichkeit der Produktionsfaktoren Arbeit und Kapital herabsetzen. – 1. *M. innerhalb der Bundesrep. D.:* M. für den Faktor Kapital nur in geringem Maß. Für den Faktor Arbeit eine beträchtliche Zahl von M., v. a. familiäre und soziale Bindungen, Wohnungs- und Schulprobleme und mangelnde berufliche Qualifikation. Eines der Hauptziele moderner Arbeitsmarktpolitik ist die Beseitigung beruflicher M. durch Maßnahmen der Fortbildung und Umschulung, um die gesamtwirtschaftlich erwünschte Mobilität des Faktors Arbeit (→Arbeitsmobilität) zu erhöhen. – 2. *International* existieren für beide Faktoren noch zahlreiche M., die jedoch abzunehmen scheinen. Beim Faktor Kapital durch Devisenbewirtschaftung und Rechtsunsicherheiten. Beim Faktor Arbeit v. a. durch die unterschiedlichen soziokulturellen Bedingungen, Niederlassungs- und Freizügigkeitsbeschränkungen und Ausländer-Diskriminierungen.

Mobilitätsziffer,   *Zuwanderungsziffer,* Bezeichnung der amtlichen Statistik für die Gesamtzahl der Wanderungsfälle (→Wanderung) einer Bevölkerung innerhalb eines Zeitabschnitts, d. h. der Verlegung des Wohnsitzes, bezogen auf je 1000 Einwohner.

Jahr	Je 1 000 Einwohner	
	Mobilitätsziffer insgesamt	darunter Binnenwanderung
1950	76,9	61,7
1955	78,1	65,6
1960	77,5	60,7
1965*	83,2	61,0
1970	86,3	60,4
1975	66,3	48,3
1980	68,5	49,1
1981	65,9	48,1
1982	61,9	47,1
1983	58,6	44,5
1984	58,8	41,4
1985	57,6	42,2

* einschl. Berlin (West)

modal split, *Verkehrsteilung,* Verkehrsträgerbzw. Verkehrsmittelanteile an der Befriedigung der Gesamtnachfrage nach bestimmten Verkehrsdiensten bzw. Auf- und Verteilung der Nachfrage als Anteile auf die verschiedenen Verkehrsträger bzw. -mittel. – Vgl. auch →Verkehrsverteilungsmodelle.

Modalwert, →Modus.

Modell. I. Allgemeines: 1. Die M.bildung spielt in nahezu sämtlichen Wissenschaften eine Rolle. Auf der Basis von *Funktions-, Struktur- oder Verhaltensähnlichkeiten* bzw. *-analogien* zu einem Original werden M. zum Zwecke speziell solcher Problemlösungen benutzt, deren Durchführung am Original nicht möglich oder zu aufwendig wäre. Über diesen generellen Aspekt hinaus wird der M.begriff allerdings wenig einheitlich verwandt. – **2.** Grundlegende Bedeutung kommt der Unterscheidung zwischen *ikonischen* oder *materialen M.* (Beispiele: Globus als M. der Erde; Nachbildung der äußeren Form eines Automobils für Windkanalversuche) und *sprachlich-semantischen M.* (Beispiele: M. des Marktverhaltens von Wirtschaftssubjekten; M. verschiedener Entscheidungssituationen) zu. Innerhalb der Wirtschaftswissenschaften spielt nahezu ausschließlich der zweite

M.typus eine Rolle. –3. Das Ausmaß der Ähnlichkeit zwischen Original und M. wird mit Hilfe der Begriffe Isomorphie (→Analogie) und Homomorphie zum Ausdruck gebracht. Im Fall einer *isomorphen Abbildung* soll (im Idealfall) jedem Element des Originals ein M.element entsprechen (und umgekehrt), so daß Strukturidentität anzunehmen ist. Die *homomorphe Abbildung,* bei der von ausreichender Ähnlichkeit zwischen Original und M. ausgegangen wird, gilt als Abschwächung der (überaus strengen) Isomorphieforderung. Dabei wird insbes. nicht verlangt, daß jedem M.element auch ein Element des Originals entsprechen muß. Der faktische Wert der Unterscheidung zwischen Isomorphie und Homomorphie ist allerdings nicht sehr hoch einzuschätzen.

II. Theorie und M.: 1. Gelegentlich werden der *Theorie- und* der *M.begriff* synonym verwandt; v. a. dann, wenn es sich um formalisierte (ggf. auch: mathematisierte) →Theorien handelt. Da es sich bei Theorien jedoch ausschließlich um sprachliche Gebilde handelt, liegt in diesem Fall eine (unnötig) restriktive Verwendung des M.begriffs vor. Andererseits können Theorien insofern als *Teilklasse von M.* interpretiert werden, als mit ihrer Hilfe bestimmte Originalobjekte abstrakt und generalisierend beschrieben werden. – **2.** Innerhalb der →Realwissenschaften kann M.bildung zweckmäßigerweise als *Anwendung von Theorien* auf bestimmte Tatbestände oder Situationen aufgefaßt werden. Damit ist die wichtige *Teilklasse der theoretischen Modelle* angesprochen. Ihr liegt die Struktur wissenschaftlicher →Erklärungen zugrunde, so daß sie auch als Erklärungsmodelle bezeichnet werden können (vgl. unten III). – **3.** Werden derartige Anwendungen mit der Realität konfrontiert, dann handelt es sich gleichzeitig um eine spezielle *Prüfung von Theorien* auf ihre Richtigkeit bzw. Wahrheit. Damit wird deutlich, daß diese Form der M.bildung Beiträge zum Erkenntnisfortschritt in den Realwissenschaften zu leisten vermag.

III. M. in den Wirtschaftswissenschaften: 1. Innerhalb der Wirtschaftswissenschaften hat die M.bildung traditionell einen *hohen Stellenwert.* Hier kann beispielsweise auf Johann Heinrich von →Thünen und das von ihm entwickelte „Kreismodell" verwiesen werden („Der isolierte Staat in Beziehung auf Landwirtschaft und Nationalökonomie"). Es gibt allerdings auch zahlreiche Belege dafür, daß das „Denken in Modellen" leicht in eine Sackgasse führen kann (vgl. unten IV). – **2.** Um den verschiedenen Aufgaben der Wirtschaftswissenschaften Rechnung zu tragen, empfiehlt es sich, grundlegend zwischen drei M.typen zu unterscheiden, die ihrerseits allesamt zur Klasse der sprachlich-semantischen M. gehören. – a) *Beschreibungs-*

modelle, mit deren Hilfe reale Objekte deskriptiv erfaßt werden. Unter diesen ersten Typ fallen u.a. das volkswirtschaftliche und das betriebliche Rechnungswesen, Instrumente also, die gewisse ökonomische Vorgänge selektiv abzubilden erlauben. Der Zweck besteht in der Erfassung bestimmter Größen (etwa des gesamten Volksvermögens oder der Schulden eines Unternehmens), so daß auch von speziellen *Erfassungsmodellen* gesprochen werden kann. Ferner geht es häufig darum, mit Hilfe von bestimmten Rechenoperationen zusätzliche Erkenntnisse zu gewinnen (z.B. über die Preisuntergrenze eines Produkts). Stehen derartige Zwecke im Vordergrund, dann liegt es nahe, von sog. *Ermittlungsmodellen* zu sprechen. – b) *Erklärungsmodelle,* die als Anwendung von Theorien auf mehr oder weniger typische Tatbestände zu interpretieren sind. So kann z.B. von einem Modell der individuellen Leistungsbereitschaft gesprochen werden, in das einerseits allgemeine Motivationstheorien, andererseits spezielle Sachverhalte (Merkmale der betrieblichen Leistungsanreize wie Entgelt, Karriere, Vorgesetztenverhalten usw.) eingehen. Bei dieser Art der M.bildung handelt es sich um ein weites, zudem noch wenig bearbeitetes Gebiet, das insbes. im Rahmen der →verhaltenstheoretischen Betriebswirtschaftslehre systematisch erschlossen werden kann. Wegen der Strukturidentität von Erklärung und Prognose lassen sich derartige Modelle zudem auch für prognostische Zwecke verwenden (→Prognosemodell). Eine spezielle Ausprägung solcher *Prognosemodelle* sind *Simulationsmodelle* (→Simulation), mit deren Hilfe die Wirkungen alternativer Bedingungskonstellationen „durchgespielt" werden können. – c) *Entscheidungsmodelle,* in die – ggf. hypothetisch eingeführte – Zielvorstellungen von M.benutzern eingehen. Hier sind erstens die verschiedenen Verfahren der (mathematischen) Entscheidungsforschung (→Operations Research) einzuordnen (z.B. lineare Programmierung), die zur Lösung von gut- bzw. wohl-strukturierten Entscheidungsproblemen herangezogen werden (vgl. auch →geschlossenes Entscheidungsmodell). Die zweite Kategorie bilden sog. →heuristische Verfahren (z.B. Entscheidungsbaumverfahren), die bei der Lösung von schlecht-strukturierten Problemen zur Anwendung kommen können (vgl. auch →offenes Entscheidungsmodell). Der Zweck aller Entscheidungsmodelle besteht darin, den Wirtschaftssubjekten Informationen dahingehend zu liefern, wie sie den Erreichungsgrad ihrer Ziele optimieren können. Eine enge Beziehung zu Erklärungsmodellen besteht insofern, als diese Ziele nicht einfach als gegeben anzunehmen, sondern als erklärungsbedürftige Tatbestände zu betrachten sind. – Zu *ökonometrischen Modellen* vgl. auch →Ökonometrie II, →ökonometrisches Entscheidungsmodell, →ökonometrisches Prognosemodell, →ökonometrisches Strukturmodell.

IV. Tendenzen zum M.platonismus: 1. In M. fließen gelegentlich Annahmen ein, die Fiktionen in dem Sinn sind, als sie kein reales Äquivalent besitzen. Die Konstruktion derartiger *Idealmodelle* kann auch innerhalb von Realwissenschaften durchaus sinnvoll sein (Beispiel: Annahme eines idealen Gases in der Physik), indem solche Idealisierungen Bestandteile von empirisch prüfbaren Theorien sind (→Informationsgehalt). – 2. Im Unterschied dazu kommen in den Wirtschaftswissenschaften vielfach *Strategien zur Immunisierung* von Theorien und M. zur Anwendung, indem die Wirklichkeit von vornherein als kritische Instanz suspendiert wird. Anzeichen eines derartigen →Modellplatonismus sind insbes. die Verwendung von Verhaltensannahmen ohne Realitätsbezug (→Homo oeconomicus) oder die Benutzung von unspezifizierten ceteris-paribus-Klauseln.

Literatur: Abel, B., Denken in theoretischen Modellen als Leitidee der Wirtschaftswissenschaften, in: H. Raffée und B. Abel (Hrsg.), Wissenschaftstheoretische Grundfragen der Wirtschaftswissenschaften, München 1979, S. 138–160; Albert, H., Marktsoziologie und Entscheidungslogik. Ökonomische Probleme in soziologischer Pertspektive, Neuwied am Rhein und Berlin 1967; Bunge, M., Method, Model and Matter, Dordrecht 1973; Köhler, R., Art. „Modelle" in: Handwörterbuch der Betriebswirtschaftslehre, hrsg. von E. Grochla und W. Wittmann, 4.Aufl., Stuttgart 1975; Sp. 2701–2716.

Prof.Dr. Günther Schanz

Modellbank, eine computergestützte Sammlung von betriebswirtschaftlichen Modellen, in der Strukturen realer Probleme abgebildet werden. Mit Hilfe von Verfahren aus der →Methodenbank können die Modelle bearbeitet (z.B. Optimierungsrechnungen ausgeführt) werden. I.a. liegen eine gemeinsame Datenbasis (→Datenbank) und eine einheitliche →Benutzeroberfläche vor.

Modellernen, im Rahmen von →Qualifizierungsprozessen und der →Sozialisation ablaufender Lernmechanismus, nach dem nicht durch Eigenerfahrung gelernt wird, sondern die Erfahrung anderer, als Modell dienender Personen, denen Kompetenz und Macht zugeschrieben wird, analysiert wird. Der psychologische Prozeß des M. ist bisher nicht vollständig aufgeklärt.

Modellkosten, durch die Anfertigung von Modellen, z.B. in Gießereien, erwachsende Kosten für Löhne, Material usw. – *Kostenabrechnungstechnische Erfassung:* M. sind den Kostenträgern als →Sondereinzelkosten der Fertigung, soweit es sich um einen einzelnen Auftrag handelt, oder als →Gemeinkosten zuzurechnen, deren Herstellung die Modelle gedient haben. Sind die Modelle für die Nutzung in mehreren Abrechnungsperioden bestimmt, so ist eine zeitliche →Abgrenzung erforderlich, falls sie nicht aktiviert und der →Abschreibung unterworfen werden.

Modell mit verteilten Verzögerungen, →Lag-Modell.

Modellplatonismus, Bezeichnung für ein in einzelnen Bereichen der Wirtschaftswissenschaften anzutreffendes Verfahren, →Theorien und →Modelle vor dem möglichen Scheitern an Erfahrungstatsachen durch Anwendung von Immunisierungsstrategien abzusichern; wurde in kritischer Absicht von Hans Albert („Marktsoziologie und Entscheidungslogik", Neuwied und Berlin 1967) eingeführt. –*Indizien* sind insbes. die Benutzung von unspezifizierten ceteris-paribus-Klauseln und die Verwendung von Verhaltensannahmen ohne Realitätsbezug. Albert schlägt vor, den M. durch konsequente Soziologisierung des ökonomischen Denkens zu überwinden, indem von den tatsächlichen Motivstrukturen, Wertorientierungen und Einstellungen der Wirtschaftssubjekte ausgegangen sowie der verhaltensrelevante Kontext berücksichtigt wird (→methodologischer Individualismus).

Modem, Kunstwort aus *„Modulator"* und *„Demodulator"*; technisches Gerät, das zur Umwandlung von digitalen (→digitale Darstellung) Signalen in analoge (Modulation) und umgekehrt (Demodulation) dient. Dadurch wird es möglich, digitale Daten über analoge Übertragungswege (v.a. über Fernsprechleitungen) zu übertragen (→Datenübertragungseinrichtung). – *Anwendung* u.a. bei →Bildschirmtext. – Anstelle eines M. kann auch ein →Akustikkoppler verwendet werden, der allerdings nur eine geringere Übertragungsgeschwindigkeit und -sicherheit bietet.

Moderation, Arbeits- und Darstellungstechniken, die der Moderator in Arbeitsgruppen, bei Konferenzen oder in ähnlichen Situationen einsetzt, um dem jeweiligen Personenkreis bei der Erreichung seiner (selbstgesteckten) Ziele behilflich zu sein. Der Moderator bietet Hilfen methodischer Art zur Problemlösung oder auch Konfliktbearbeitung an, ohne dabei inhaltlich Stellung zu beziehen bzw. Partei zu ergreifen. – *Beispiele für Moderationsmethoden:* Sammlung von Vorschlägen, Ideen, Meinungen der Gruppenmitglieder auf Pappkärtchen, die an Stellwände geheftet und dann geordnet werden (Kartenabfrage); die anschließende Bewertung von Lösungsvorschlägen, indem die Teilnehmer eine aufgelistete Reihe von Alternativen mit Hilfe von Klebepunkten bewerten. – Vgl. auch →Organisationsentwicklung.

Modifikationsschein, Tilgungsschein an Stelle eines abhanden gekommenen →Schuldscheins, der nicht nur die Rückzahlung eines Darlehens, sondern darüber hinaus beschei-

nigt, daß der abhanden gekommene Schuldschein ungültig sein soll.

modifizierte   Ausfallsbürgschaft, *beschränkte Ausfallsbürgschaft,* Sonderform der →Ausfallsbürgschaft. Der Ausfall gilt bereits als eingetreten, wenn die Befriedigung nicht in einer bestimmten, vertraglich festgelegten Weise (z.B. durch Verwertung der im Vertrag angegebenen Sicherheiten) erfolgt ist. Vielfach wird vertraglich festgelegt, daß der Ausfall als eingetreten gelten soll, wenn der Schuldner seine Zahlungen eingestellt hat oder über sein Vermögen das gerichtliche Vergleichs- oder Konkursverfahren eröffnet worden ist, oder man sieht es gar als Ausfall an, wenn der Schuldner nicht innerhalb einer bestimmten Frist nach Fälligkeit der Forderung Zahlung geleistet hat. Der ursprüngliche Sinn der Ausfallsbürgschaft ist stark beeinträchtigt.

modifizierter Gauss-Algorithmus, *Verfahren der vollständigen Elimination,* manchmal auch nur *Gaußscher Algorithmus* oder *Gauss-Algorithmus.*

I. C h a r a k t e r i s i e r u n g : Variante des →Gauss-Algorithmus, die jedes →lineare Gleichungssystem (ursprüngliches System) systematisch mit Hilfe →lösungsneutraler Umformungen in ein äquivalentes kanonisches lineares Gleichungssystem überführt, aus dem dann die Lösungsmenge des ursprünglichen Systems abgelesen werden kann bzw. das ggf. anzeigt, daß das ursprüngliche System überhaupt keine Lösung besitzt. – *Grundgedanke:* Der m.G.A. besteht aus maximal n Schritten, wobei in jedem Schritt eine Noch-nicht-Basisvariable x_q zur Basisvariablen bestimmt, eine Gleichung G_p, in der diese neue Basisvariable stehen soll, festgelegt und die entsprechende kanonische Form für x_q erzeugt wird. Letzteres geschieht durch *Normieren der Gleichung* G_p, d.h. Ersetzen der Gleichung G_p durch ein $1/a_p{}^q$-faches ($a_p{}^q \neq 0$) von ihr) und anschließendes *Eliminieren der Variablen* x_q aus jeder anderen Gleichung i (i $\neq$ p) (d.h. Ersetzen der Gleichung (i $\neq$ p) durch die Summe dieser Gleichung und des $-a_i{}^q$-fachen der ungeformten Gleichung G_p). Sollte das ursprüngliche Gleichungssystem keine Lösung besitzen, so tritt mindestens eine →Widerspruchsgleichung auf.

II. B e z e i c h n u n g s w e i s e n : Das Bündel von lösungsneutralen Umformungen, das erforderlich ist, um eine Gleichung G_p nach der ausgewählten Variablen x_q zu normieren und diese Variable aus allen übrigen Gleichungen zu eliminieren, nennt man *Pivotschritt,* q heißt in diesem Zusammenhang *Pivotvariable,* die Gleichung G_p *Pivotgleichung.* Das Indexpaar (p,q) bezeichnet man als *Pivot,* den Koeffizienten $a_p{}^q$ als *Pivotelement.*

III. A l g o r i t h m u s: *Anwendungsvorausset-zungen:* Gegeben ist ein lineares Gleichungssystem der allgemeinen Form:

$$GS: \begin{cases} G_1: a_{11}x_1 + a_{12}x_2 + \ldots + a_{1n}x_n = b_1 \\ G_2: a_{21}x_1 + a_{22}x_2 + \ldots + a_{2n}x_n = b_2 \\ \vdots \\ G_m: a_{m1}x_1 + a_{m2}x_2 + \ldots + a_{mn}x_n = b_m \end{cases}$$

Anfangsschritt:

(0.1) Setze $r := m$!

Schritt 1 (Unlösbarkeit):
(1.1) Gibt es eine Gleichung G_p in GS, in der alle Koeffizienten gleich Null sind und die rechte Seite ungleich Null ist?

JA: $\longrightarrow$ (6.1)!   NEIN: $\longrightarrow$ (2.1)!

Schritt 2 (Nullgleichung):
(2.1) Gibt es eine Gleichung G_p in GS, in der alle Koeffizienten und die rechte Seite gleich Null sind?

JA: $\longrightarrow$ (2.2)!   NEIN: $\longrightarrow$ (3.1)!

(2.2) Streiche die Gleichung G_p!

(2.3) Numeriere die Gleichungen in GS neu durch!

(2.4) Setze $r := r - 1$! $\longrightarrow$ (2.1)!

Schritt 3 (kanonische Form):
(3.1) Ist die Anzahl der bereits markierten Basisvariablen in GS gleich r?

JA: $\longrightarrow$ (6.2)!   NEIN: $\longrightarrow$ (4.1)!

Schritt 4 (Auswahl des Pivotelements):
(4.1) Wähle eine Gleichung G_p, die noch nicht markiert ist!
(4.2) Wähle eine Variable x_q, die noch nicht als Basisvariable markiert ist, mit $a_{pq} \neq 0$!

Schritt 5 (Pivotschritt):
(4.1) Setze:

$$a_{ij} := a_{ij} - a_{iq}\frac{a_{pj}}{a_{pq}} \quad \text{für } i = 1, \ldots, r, \quad i = p,$$
$$j = 1, \ldots, n;$$

$$b_i := b_i - a_{iq}\frac{b_p}{a_{pq}} \quad \text{für } i = 1, \ldots, r, \quad i = p;$$

$$a_{pj} := \frac{a_{pj}}{a_{pq}} \quad \text{für } j = 1, \ldots, n;$$

$$b_p := \frac{b_p}{a_{pq}}! \longrightarrow (1.1)!$$

(5.2) Markiere x_q als Basisvariable!
(5.3) Markiere die Gleichung G_p!

Endschritt:
(6.1) „Das Gleichungssystem besitzt keine Lösung!" $\longrightarrow$ (6.3)!
(6.2) „Das Gleichungssystem liegt in kanonischer Form vor."

modifizierter Zielkoeffizient, $\rightarrow$kanonisches lineares Optimierungssystem.

modifiziertes Distributionsverfahren, $\rightarrow$MODI-Verfahren.

modifizierte Zielgleichung, jede zu einem $\rightarrow$kanonischen linearen Optimierungssystem gehörende Zielgleichung. Aus einer ursprünglich gegebenen Zielfunktion x_0 $= c_1 x_1 + c_2 x_2 + \ldots + c_n x_n + b_0$ eines linearen Optimierungssystems erhält man die zu einer bestimmten kanonischen Form des Optimierungssystems gehörende m.Z., wenn man die ursprüngliche Zielfunktion in eine Zielgleichung $a_0 + a_{01}x_1 + a_{02}x_2 + \ldots + a_{0n}x_n = b$ mit $a_{0j} = -c_j$, $j = 1, 2, \ldots, n$ überführt und dann daraus die betreffenden Basisvariablen eliminiert.

Modigliani-Miller-Theorem. I. B e g r i f f: 1958 von F. Modigliani und M.H. Miller aufgestellte Theoreme über die Zusammenhänge zwischen Marktwert, Kapitalstruktur und Kapitalkosten. – 1. *Theorem I:* Der Gesamtwert eines Unternehmens in einer bestimmten Risikoklasse ist bei gegebenem Investititonsprogramm und damit gegebenem Erwartungwert der Erfolge unabhängig von der Kapitalstruktur. Das zentrale Theorem I wird durch den Arbitragebeweis gestützt: Bestehende Marktwertunterschiede zwischen Unternehmen unterschiedlicher Verschuldung werden von rational handelnden Investoren durch Arbitrageoperationen ausgeglichen. – 2. *Theorem II:* Die von den Anteilseignern erwartete Rendite ist eine lineare Funktion des Verschuldungsgrades des Unternehmens. – 3. *Theorem III:* Der durchschnittliche Kapitalkostensatz, der als Diskontierungssatz zur Vorteilhaftigkeitsprüfung verwendet wird, ist unabhängig davon, wie diese Objekte finanziert werden.

II. F o l g e r u n g e n: 1. Änderungen der Kapitalstruktur einer Aktiengesellschaft sind ohne Einfluß auf deren *Marktwert* und die *Reichtumsposition der Eigentümer.* Investoren können durch Wertpapiermischung (Aktien, Anleihen) oder private Verschuldung das gleiche erreichen wie Unternehmensleitungen durch Variationen der Kapitalstruktur. Kapitalstrukturentscheidungen sind irrelevant. – 2. *Die von den Eigentümern geforderte Rendite* ist eine lineare Funktion des Verschuldungsgrades. Die durchschnittlichen $\rightarrow$Kapitalkosten sind unabhängig vom Verschuldungsgrad. Es existiert also keine, die durchschnittlichen Kapitalkosten minimierende Kapitalstruktur. – 3. *Investitionsentscheidungen* können über die $\rightarrow$Kapitalwertmethode mit den durchschnittlichen Kapitalkosten als Diskontierungssatz unabhängig von der Finanzierung getroffen werden.

III. K r i t i k: 1. Die traditionelle Hypothese behauptet die *Existenz einer* $\rightarrow$*optimalen*

Kapitalstruktur: Die Gläubiger fordern ab einem bestimmten Verschuldungsgrad einen steigenden Zinssatz; die von den Anteilseignern geforderte Rendite steigt ebenfalls überproportional (also nicht linear), wenn der Verschuldungsgrad eine als „üblich" angesehene Schwelle übersteigt. Als Folge davon sind die durchschnittlichen Kapitalkosten nicht unabhängig von der Kapitalstruktur; es existiert ein optimaler, die durchschnittlichen Kapitalkosten minimierender Verschuldungsgrad. – 2. *Kritik an den Annahmen:* Die Informationsprämissen entsprächen nicht der Realität; insbes. die Unkenntnis der Anleger über die erwarteten zukünftigen Erfolge verbindet die zum Gleichgewicht notwendigen Arbitrageprozesse. Auch die Nichteinbeziehung von Konkursrisiken und die implizite Annahme der beschränkten Haftung auch von Privatpersonen sind Gegenstand der Kritik.

MODI-Verfahren, Kurzzeichen für MOdifiziertes DIstributionsverfahren, Optimierungsverfahren für →klassische Transportprobleme (vgl. dort IV), mit dem sich – ausgehend von einer zulässigen Basislösung – eine optimale Basislösung ermitteln läßt.

Modul. 1. *Begriff:* Im Software Engineering ein Baustein eines →Softwaresystems, der bei der →Modularisierung entsteht. – 2. *Typen* (je nach zugrundeliegendem →Modularisierungsprinzip) bei Modularisierung nach →Abstraktion: (1) →datenorientierte Modul; (2) →funktionsorientierte Modul. – 3. *Komponenten:* a) *Modulspezifikation:* →Modulschnittstelle (vgl. auch Spezifikation 3); b) *Modulimplementierung:* →Modulrumpf (vgl. auch →Implementierung 4).

Modulararbeitszeit, Modell zur Erweiterung der täglichen Betriebszeit und Modell der →Arbeitszeitflexibilisierung (→Arbeitszeitmodelle) zugleich. Bei der M. wird das Konzept der Aneinanderreihung von Teilschichten konsequent durchgeführt, wobei mehr als zwei Teilschichten gleicher oder unterschiedlicher Länge (Arbeitsmodule), mit festgelegtem Beginn und Ende die gesamte Betriebszeit ergeben. Ein Mitarbeiter kann täglich ein oder mehrere und täglich wechselnde Arbeitsmodule belegen. Die Abstimmung erfolgt im Ausgleich mit betrieblichen Notwendigkeiten. Diese soll ein Menue aus Wunsch- und auferlegten Modulen sein; die Mitarbeiter können ihre Module auch untereinander handeln. Die Länge, die Lage und die Gliederung der Arbeitszeitmodule wird von den gesetzlichen, tariflichen und betrieblichen Arbeitszeitvorschriften mitbestimmt.

Modularisierung. 1. *Begriff:* im →Software Engineering die Zerlegung eines umfangreicheren Problems in kleinere Teilprobleme, die als →Module eines Softwaresystems realisiert werden; vereinfachte Sprechweise: Zerlegung eines Softwaresystems. – 2. *Ziele:* a) *Reduktion*

der *Problemkomplexität* durch Vereinfachung, dadurch Verbesserung der →Softwarequalität, insbes. der →Zuverlässigkeit, →Verständlichkeit, →Wartungsfreundlichkeit und →Portabilität; b) *Schaffung von Teilaufgaben,* die in einem Team *arbeitsteilig* und möglichst unabhängig voneinander gelöst werden können (Modul als „work assignment"). – 3. *Prinzipien zur M.:* Vgl. →Modularisierungsprinzipien.

Modularisierungsprinzipien, im →Software Engineering Prinzipien, die bei der →Modularisierung eines Softwaresystems angewendet werden. – *Wichtige M.:* →Abstraktion (→Datenabstraktion, →funktionale Abstraktion); →information hiding; →Schnittstellenminimalität; vgl. auch Beschränkung der →Modulgröße.

Modularität, Eigenschaft eines →Softwaresystems. Modular aufgebaut bedeutet, aus →Modulen zusammengesetzt zu sein.

Modularprogramm, unterschiedlich definierter Begriff der betrieblichen Datenverarbeitung. – 1. Synonym für →*Standardsoftware.* – 2. Synonym für ein →*Softwaresystem,* das mehrere betriebliche Funktionskreise umfaßt, z. B. werden →PPS-Systeme häufig als M. bezeichnet. Kein unmittelbarer Bezug zum Begriff des →Moduls.

Modulgröße, der Umfang eines →Moduls, meist gemessen in →lines of code. Bei der →Modularisierung sollte eine überschaubare M. nicht überschritten werden: →Programmierkonventionen enthalten oft Vorgaben über die maximale M. (z. B. 500 LOC im Quellprogramm), in dieser starren Form nicht sinnvoll; Beschränkung der M. sollte nur als ergänzendes →Modularisierungsprinzip angesehen und situationsbezogen formuliert werden.

Modulrumpf, Teil eines →Moduls, in dem die in der →Schnittstelle spezifizierten Leistungen implementiert werden (→Impelementierung 4.) werden. – *Gegensatz:* →Modulschnittstelle.

Modulschnittstelle. 1. *Begriff:* der Teil eines →Moduls, in dem die Leistungen spezifiziert werden, die das Modul dem Benutzer zur Verfügung stellt. Vgl. auch →Spezifikation 3. – 2. *Inhalt:* a) *i. w. S.* zählen zur M. alle Annahmen irgendwelcher Art, die außerhalb des Moduls – von einem Benutzer des Moduls – über das Modul gemacht werden; b) *i. e. S.* besteht die M.: (1) bei →funktionsorientierten Modulen aus Modulname und →Formalparametern, (2) bei →datenorientierten Modulen aus Modulname und →Zugriffsoperationen mit Formalparametern (bei →abstrakten Datentypen auch Typname) sowie Angaben, wie die Zugriffsoperationen zu benutzen sind und welche Wirkungen sie haben. – *Gegensatz:* →Modulrumpf. – Vgl. auch →Schnittstellenminimalität.

Modultest, →Testen 2a).

Modulverfahren, 1969 von der Bedaux-Gesellschaft geschaffenes →System vorbestimmter Zeiten (SvZ). Einfache Darstellung und Anwendung. Die kleinste Zeiteinheit ist hier 1 Modul = $^1/_7$ sec. Alle Tätigkeitsmerkmale entsprechen einem Vielfachen eines Moduls. Die Addition der einzelnen Moduln ergibt die Analysengesamtheit (→Grundzeit).

Modus, *dichtester Wert, häufigster Wert, Modalwert,* in der Statistik ein spezieller →Mittelwert. Weist ein →qualitatives Merkmal oder →quantitatives Merkmal (z. B. Kinderzahl bei Familien) nur wenige mögliche →Ausprägungen auf, ist der M. die Ausprägung mit der größten →Häufigkeit. Bei (klassierten) →Häufigkeitsverteilungen kann nur die →Klasse mit der relativ dichtesten Besetzung (→Histogramm) angegeben werden. Bei einer diskreten (stetigen) theoretischen →Verteilung ist der M. der Wert der →Zufallsvariablen mit der größten →Wahrscheinlichkeit bzw. →Wahrscheinlichkeitsdichte.

modus ponens, Grundregel der Logik: wenn gilt „aus A folgt B" und „A ist wahr", dann gilt auch „B ist wahr". M.p. findet sehr häufig bei →wissensbasierten Systemen Verwendung. – Vgl. auch →modus tollens.

modus tollens, Grundregel der Logik: wenn gilt „aus A folgt B" und „B ist falsch", dann gilt auch „A ist falsch". M.t. findet ein →wissensbasierten Systemen bisher kaum Verwendung. – Vgl. auch →modus ponens.

Mofa, Fahrrad mit Hilfsmotor, Höchstgeschwindigkeit auf ebener Bahn 25km/h, Drehzahl nicht mehr als 4800 U/Min., Betriebserlaubnis erteilt, einsitzig; ein weiterer Sitz für die Mitnahme von Kindern unter sieben Jahren zulässig. – Fahrer eines M. müssen durch M.-Prüfbescheinigung ausreichende Kenntnisse des →Straßenverkehrsrechtes und das Vertrautsein mit den Gefahren des Straßenverkehrs nachweisen; nicht zulassungs- und steuerpflichtig; Vollendung des 15. Lebensjahres erforderlich; mitzuführen sind Betriebserlaubnis (§18 V StVZO) und M.-Prüfbescheinigung (§4a I StVZO). – M. müssen mit *Versicherungskennzeichen* (von dem Versicherer ausgehändigt, jeweils für 1 Jahr gültig) oder amtlichem Kennzeichen versehen sein (§60a StVZO). – M. dürfen Autobahnen nicht benutzten. – Vgl. auch →Moped.

Mogelpackung, Fertigpackung, die durch ein Mißverhältnis zwischen Packungsgröße und Fassungsvermögen eine größere Füllmenge vortäuscht, als sie tatsächlich enthält. Als wettbewerbswidriges Verhalten unzulässig (→unlauterer Wettbewerb).

Mol (mol), atomphysikalische Einheit der Stoffmenge (→gesetzliche Einheiten, Tabelle 1). 1 mol ist die Stoffmenge eines Systems bestimmter Zusammensetzung, das aus ebenso vielen Teilchen besteht, wie Atome in $^{12}/_{1000}$ Kilogramm des Nuklids ^{12}C enthalten sind.

Molkerei, Käserei, Zweige des →Nahrungs- und Genußmittelgewerbes, in denen die industrielle Betriebsorganisation genüber dem Handwerk überwiegt. Anteil des Umsatzes am Umsatz des Ernährungsgewerbes 13,9% (1985). Das Molkereiwesen ist überwiegend in der Rechtsform der Genossenschaft (Molkereigenossenschaften) organisiert.

Molkerei, Käserei

Jahr	Beschäftigte in 1000	Lohn- und Gehaltssumme	darunter Gehälter	Umsatz gesamt	darunter Auslandsumsatz	Nettoproduktionsindex 1980 =100
		in Mill. DM				
1977	35	918	357	14633	932	83,8
1978	34	965	370	15815	1018	89,2
1979	34	1024	384	16768	1270	95,0
1980	35	1125	421	18378	1612	100 .
1981	35	1177	440	19314	1907	99,1
1982	35	1207	457	20932	2116	95,3
1983	33	1216	465	22194	2075	98,1
1984	33	1217	464	21860	2384	96,4
1985	32	1215	467	21515	2604	95,4
1986	31	1218	467	22061	2536	99,3

Moment, →Parameter zur Kennzeichnung theoretischer →Verteilungen. Sind x_i die Ausprägungen einer diskreten →Zufallsvariablen X und $f(x_i)$ die zugehörigen →Wahrscheinlichkeiten, so ist

$$E(X^k) = \sum x_i^k f(x_i)$$

das k-te *gewöhnliche M.* der Zufallsvariablen X. Für k = 1 ergibt sich der →Erwartungswert. Die Größen $E(X - EX)^k$ sind die *zentralen M.* von X; hier ergibt sich für k = 1 der Wert 0 und für k = 2 die →Varianz von X. Das 3. zentrale M. kennzeichnet die →Schiefe einer Verteilung.

Monaco, *Fürstentum Monaco,* Zwergstaat an der französischen Mittelmeerküste (Cote d'Azur). – *Fläche:* ca. 1,95 km². – *Einwohner* (E): (1984, geschätzt) 28000 (14359 E/km²), davon 17% Monegassen, 47% Franzosen, 17% Italiener. – *Hauptstadt:* Monaco. – Konstitutionelles erbliches Fürstentum im Zollverband mit Frankreich, Verfassung von 1962, unabhängig bis zum Erlöschen der Dynastie Grimaldi. – *Verwaltungsmäßig* gegliedert in vier Munizipien (1982): Monaco-Ville (1649 E), La Condamine (Hafen; 11438 E), Monte Carlo (Kurort; 9948 E). Fontivieille (Industriezentrum; 208 E). – *Amtssprache:* Französisch.

W i r t s c h a f t : Die wirtschaftliche Bedeutung liegt im Fremdenverkehr. Monte Carlo ist durch seine 1863 gegründete Spielbank berühmt. Wegen Einkommensteuerfreiheit

Sitz ausländischer Gesellschaften (→Basisgesellschaften). Großer Rundfunksender „Radio Monte Carlo".

monatliche Erfolgsrechnung, →kurzfristige Erfolgsrechnung.

Monatsausweis →Monatsbilanz 2.

Monatsberichte der Deutschen Bundesbank, monatliche Publikation, in der in zusammengefaßter Form die Ergebnisse zahlreicher von der Deutschen Bundesbank auf dem Gebiet des Bank- und Geldwesens bei allen Kreditinstituten in der Bundesrep.D. und in Berlin (West) durchgeführten statistischen Erhebungen enthalten sind, u. a. Veröffentlichung der gesamtwirtschaftlichen Finanzierungs- und Geldvermögensrechnung im Rahmen der Volkswirtschaftlichen Gesamtrechnungen. Ergänzt durch laufende Berichte über die monetäre und konjunkturelle Lage der deutschen Wirtschaft sowie Abhandlungen über kredit- und volkswirtschaftliche Sonderprobleme. Die M. d. D. B. sowie der jährliche Geschäftsbericht der Deutschen Bundesbank dienen als Informationsquelle für Beobachtung, Analyse und Prognose, v. a. der monetären Lage und Entwicklung der Volkswirtschaft.

Monatsbilanz. 1. *Begriff:* a) Monatlicher Bestandsausweis, bei dem die Bestände nicht durch Inventur (→Inventurbilanz), sondern durch Fortschreibungen der Lagerbücher ermittelt werden. – b) Die Zusammenstellung der Monatsumsätze aller Konten (Summen der Verkehrszahlen) für die Übertragung aus den →Grundbüchern in die Konten des →Hauptbuchs. – **2.** *M. von Kreditinstituten:* Gem. §25 KWG haben Kreditinstitute der Deutschen Bundesbank M. (korrekter *Monatsausweise*) einzureichen, die diese mit ihrer Stellungnahme an das Bundesaufsichtsamt für das Kreditwesen weiterleitet. Als Monatsausweise gelten die von den Kreditinstituten gem. §18 BBank der Bundesbank auf bezogenen Vordrucken einzureichenden Meldungen zur monatlichen Bilanzstatistik. Von der Pflicht zur Einreichung bilanzstatistischer Meldungen freigestellt sind u. a. Wertpapiersammelbanken, Kapitalanlagegesellschaften und ausschließlich das Garantiegeschäft betreibende Kreditinstitute. – Die Erhebungsergebnisse werden in zusammengefaßter Form in den →Monatsberichten der Deutschen Bundesbank veröffentlicht.

Monatseinzelkosten, →Periodeneinzelkosten.

Mondialreihen, der →Konjunkturforschung dienende wirtschaftsstatistische Reihen von weltwirtschaftlicher Bedeutung. Maßgebliche Größen für M. sind Zinsbewegungen am Geld-und Kapitalmarkt sowie Preisbewegungen bei Welthandelsrohstoffen und -halbfabrikaten. In der Zeit völlig freier Handelsbeziehungen und Währungskurse reagierten die

Märkte für Welthandelsgüter auf Angebots-und Nachfrageschwankungen sehr empfindlich; für die Kreditmärkte galt das in geringerem Maße. – *Gegensatz:* →Regionalreihen. – Vgl. auch →Barometersystem.

Mondpreis, von einem Hersteller (→vertikale Preisempfehlung) oder einem Händler bewußt so überhöht angesetzter Preis einer Ware, daß durch eine sichtbare Preisherabzeichnung der Eindruck eines besonders günstigen Angebots erweckt wird. M. können den Tatbestand irreführender Preisgestaltung erfüllen und sind dann nach §§1, 3 oder 6e UWG zu untersagen. Die Kartellbehörde kann M. gemäß §38a III 3 GWB für unzulässig erklären. – *M. im Tarifwesen.* Vgl. →Mondpreisempfehlung.

Mondpreisempfehlung, →Referenztarif, festgesetzt ohne Bezug zur Marktsituation, so daß er seine Leitfunktion für Preisverhandlungen nicht erfüllen kann. – Vgl. auch →Mondpreis.

monetäre Anpassung, Begriff der Volkswirtschaftstheorie für eine Politik der Anpassung der →Geldmenge. – *Beispiel:* M.A. eine expansive Fiskalpolitik mit dem Ziel der Stabilisierung des Zinsniveaus.

monetäre Basis, *Geldbasis.* **1.** *Begriff:* Von der Verwendungsseite definiert ist die m.B. (B) das aus Sichteinlagen und Banknoten (einschl. Münzen) bestehende Zentralbankgeld in Händen des Publikums B^P und der Geschäftsbanken B^B. B^B gliedert sich in die →Mindestreserve (MR) und die freie Liquiditätsreserve (FR). Von der Entstehungsseite wird durch die →Geldschöpfung entstehende m.B. definiert durch die →Währungsreserven der Zentralbank (W), die die Rediskontkredite (R), die insbes. aus der →Offenmarktpolitik in Händen der Zentralbank befindlichen staatlichen Schuldverschreibungen (S) (→Anleihe) vermindert um die Einlagen des Staates bei der Zentralbank (E) und die Geldmarktpapiere (G). Die m.B. entspricht der Bilanzidentität der Zentralbank:

$$W + R + S - E - G = B = B^P + MR + FR.$$

2. *Funktion:* Das Produkt aus der m.B. und dem →Geldmengenmultiplikator m ergibt die →Geldmenge. Das Zentralbankgeld in Händen der Geschäftsbanken bildet die Basis der →multiplen Geldschöpfung; es ist durch die Bundesbankpolitik als Niveaugröße beeinflußbare Komponente der Geldmengenentwicklung (Geldangebotstheorie; →monetäre Theorie und Politik III). – **3.** *Konzepte:* a) *Potentielle m.B.:* Zur m.B. werden die nicht ausgeschöpften →Rediskontkontingente addiert. – b) *Bereinigte exogene m.B.* (bzw. Nettobasis): Zur m.B. werden die Geldmarktpapiere mit jederzeitigem Rückgaberecht der Geschäftsbanken addiert und die Rediskontkredite sowie die Mindestreserve zu Basissätzen vom Januar 1974 subtrahiert. – 4. *Bedeutung:* Aus Sicht der Monetaristen (Friedman, Brunner, Meltzer u. a.): M.B. ist die zentrale monetäre Größe zur Geldmengensteuerung, die wiederum die monetäre Haupteinflußgröße auf das nominale →Sozialprodukt darstellt.

monetäre Indikatoren, →monetäre Zwischenziele und Indikatoren.

monetäre Konjunkturtheorien, 1. *Charakterisierung:* →Konjunkturtheorien, die Konjunkturschwankungen einer Volkswirtschaft allein durch monetäre Effekte verursacht sehen. Nach Hawtrey werden die Zyklen durch Mehr- oder Minderproduktion von Gold oder (hauptsächlich) durch Zu- und Abnahme der Geldmenge infolge von Kreditexpansion und -kontraktion erklärt (→Inflation, →Deflation). Wicksell sieht die Ursache in Abweichungen des natürlichen Zinsfußes vom Geldzinsfuß (→Zinsspannentheorie). – 2. *Kritik:* Die systemimmanente Instabilität der nationalen Banksysteme der wichtigsten Industrieländer spielt sicherlich eine große Rolle im Verlauf der Konjunktur. Ungeklärt ist jedoch die Frage, ob Konjunkturschwankungen allein durch monetäre Faktoren bewirkt werden, ob die monetären Auswirkungen nur Folgeerscheinung realer Vorgänge sind oder ob eine Kombination realer und monetärer Ursachen die Schwankungen bestimmt. Wegen ihres monokausalen Charakters ist die m. K. als allgemeiner Erklärungsversuch der Konjunktur abzulehnen.

monetäre Kosten, in Geldeinheiten ausgedrückte technisch-naturale Kosten bzw. Faktoreinsatzmengen. Entsprechend den Faktorpreisänderungen variieren die m.K. auch bei Konstanz der ihnen zugrunde liegenden technisch-naturalen Kosten. – Vgl. auch →monetäre Kostenkurven.

monetäre Kostenkurven, Kostenkurven (→Kostenverlauf), die weder durch das →Ertragsgesetz bestimmt sind (bei denen die Faktorpreise konstant anzunehmen wären), noch durch Veränderungen der Produktionstechnik, sondern denen veränderliche →Faktorpreise zugrunde liegen. Ihre Gestalt wird zwar grundsätzlich durch die technischen Gegebenheiten bestimmt, aber die monetäre Gesamtkostenkurve weist i. d. R. eine andere Lage des Wendepunkts auf (Ausnahme: vom Produktionsumfang unabhängige Faktorpreise). – *Beispiel:* Bei zunehmender Produktmenge 0, 1, 2, ..., 5 erforderliche Steigerung des Einsatzes variabler Faktoren 0, 8, 14, 19, 26, 38 bei jeweils um eine Geldeinheit steigenden Preisen je Faktoreinheit (0, 1, 2, ..., 5); graphisch vgl. Abbildungen Sp. 448 (K = Gesamtkostenkurve; GK = Grenzkostenkurve; VDK = Variable Durchschnittskostenkurve). – Fordert ein höherer Ertrag (Ausbringung) einen verstärkten Einsatz oder

Verbrauch an Produktionsfaktoren und wird die vergrößerte Nachfrage nach Produktionsfaktoren nur bei steigenden Preisen befriedigt, dann erhält die technische Kostenkurve durch die Preissteigerung auf dem Beschaffungsmarkt bei größerer Ausbringung eine verstärkte Auftriebstendenz (Progression aus monetären Gründen).

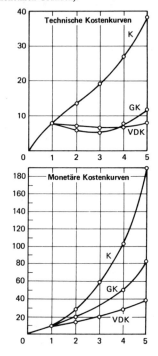

monetäre Märkte. I. N a t i o n a l e m. M.: Ihre Einteilung geschieht nach verschiedenen Kriterien, so z. B. nach der Fristigkeit oder nach den jeweils beteiligten Finanzinstitutionen. Eine in der Literatur häufig anzutreffende Gliederung in fünf Teilmärkte hat sich unter verschiedenen analytischen Gesichtspunkten als zweckmäßig erwiesen: (1) →Geldmarkt, (2) →Kapitalmarkt, (3) Bankeneinlagenmarkt, (4) Bankenkreditmarkt und (5) Markt →paramonetärer Finanzierungsinstitute. Zwischen diesen Märkten besteht eine Abhängigkeit hinsichtlich Substituierbarkeit und Zinsbildung (→Paralleleffekt).

II. I n t e r n a t i o n a l e m. M.: Sie unterscheiden sich von den nationalen m. M. insbes. dadurch, daß sie keiner nationalen Kontrolle unterliegen. Die Geschäfte auf diesen Märkten werden aus Sicht sowohl des Anbieters wie des Nachfragers nach Geld in fremder Währung durchgeführt. Ebenso wie auf nationaler Ebene spricht man international von Geld-, Kredit- und Kapitalmärkten. – *Wichtige m. M.* sind: (1) →*Eurodollarmarkt* bzw. →*Euromärkte,* der auch historisch bedingt seinen Schwerpunkt in London hat, weiterhin in Gebieten, die keine administrativen Beschränkungen internationaler Geldgeschäfte auferlegen (z. B. Luxemburg oder das Offshore-Finanzplätze, dort v. a. Bahamas, Bermuda, Honkong und Singapur). Die internationalen Finanzmärkte haben sich in den letzten zwei Jahrzehnten so schnell entwickelt, daß über sie ein Großteil der internationalen wirtschaftlichen Aktivitäten abgewickelt wird. Ihre mangelnde Kontrolle, sowie ihr erhebliches Kreditschöpfungspotential stellt das internationale Finanzsystem ebenso vor Probleme, wie nationale Geldpolitiken, für die diese Märkte ein erhebliches Störpotential darstellen.

monetäre Ökonomik, →monetäre Theorie und Politik.

monetäre Politik, →monetäre Theorie und Politik.

monetäre Theorie und Politik, *monetäre Ökonomik.* I. C h a r a k t e r i s i e r u n g : Das Gebiet der monetären Ökonomik umfaßt die Beziehungen zwischen den geldwirtschaftlichen Größen untereinander und jene zwischen Geld- und Güterwirtschaft unter Berücksichtigung internationaler Verflechtungen: Die *monetäre Theorie (Geld- und Kredittheorie)* erklärt, welche Rolle die einzelnen Größen, wie z. B. Geld, Kredit und Zins im Wirtschaftsablauf spielen; die *monetäre Politik (Geld- und Kreditpolitik)* stellt auf die Gesamtheit aller Maßnahmen ab, die aufgrund der geldtheoretischen Erkenntnisse zur Verwirklichung der gesamtwirtschaftlichen Ziele ergriffen werden, insbes. Maßnahmen der Zentralbanken, die darauf gerichtet sind, die Versorgung der Wirtschaft mit Geld und Kredit zu bestimmten Bedingungen zu lenken.

II. W e s e n u n d E n t s t e h u n g v o n G e l d : 1. *Wesen:* Das Geld wird i. a. von seinen Funktionen her definiert. Danach ist alles Geld, was als *Tauschmittel* (→Tauschmittelfunktion des Geldes), *Wertaufbewahrungsmittel* (→Wertaufbewahrungsfunktion des Geldes) und als *Recheneinheit* (→Rechenmittelfunktion des Geldes) akzeptiert wird. Diese Funktionen werden heute überwiegend von den gesetzlichen Zahlungsmitteln (→Zentralbankgeld, →Geldmenge) und den Einlagen bei den Geschäftsbanken (insbes. den Sichteinlagen wegen deren täglicher Fälligkeit; →Giralgeld, →Geldmenge M_1) erfüllt. Gesetzliche Zahlungsmittel und Bankengeld

können durch →Inflation ihre Wertaufbewahrungs- und Tauschmittelfunktion und damit auch den Geldcharakter ganz oder teilweise einbüßen. Entscheidend ist daher weniger die gesetzliche Vereinbarung darüber, was Zahlungsmittel ist, sondern die *Sicherung der Geldfunktionen* im Rahmen der Geldordnung.
2. *Entstehung:* a) Die Entstehung des Geldes ist *historisch gesehen* mit der zunehmenden →Arbeitsteilung verbunden. Um den Güteraustausch effizienter zu machen, d. h. die hohen Transkations- und Informationskosten der Naturaltauschwirtschaft zu senken, wurden allgemein akzeptierte Zahlungsmittel entwickelt, z. B. Muscheln, Perlen, Edelmetalle, Münzen und später Geldnoten. Während in der Zeit der Goldumlaufwährung (→Goldwährungen) der Geldwert noch an den *Substanzwert des Goldgehaltes* gebunden war, ist der Geldwert in modernen Geldsystemen durch die *Relation zwischen Geldumlauf und Güterangebot* bestimmt: An die Stelle einer Bindung an einen stofflichen Wert (Goldwert) tritt das Wirken der Zentralbank und das Vertrauen der Bevölkerung in die durch den Staat geschaffene Geldordnung. – b) Geld entsteht in *einem zweistufigen Bankensystem,* das sich aus Zentralbank und Geschäftsbanken zusammensetzt, auf zweifache Weise: (1) *Schaffung von Zentralbankgeld (Zentralbankgeldschöpfung):* Zentralbankgeld kommt durch Käufe der Notenbank in Umlauf, z. B. durch Ankauf von →Devisen, →Wertpapieren oder Handelswechseln (→Wechsel). Die Notenbank finanziert einen solchen Ankauf durch Bereitstellung von Zentralbankgeld (Noten, Münzen, Zentralbankguthaben).– Vgl. auch →Geldschöpfung. – (2) *Geld- und Kreditschöpfung der Geschäftsbanken (Giralgeldschöpfung):* Die Geldschöpfung durch Kreditvergabe der Geschäftsbanken kann an einem Beispiel verdeutlicht werden. Es sei angenommen, das Geschäftsbankensystem bestehe nur aus zwei Banken A und B. Bank A erhalte Zentralbankgeld (Z) aufgrund einer Einlage E des Nichtbankensektors. Die Bank A gewähre auf Basis dieser Einlage einem Bankkunden Kredit (K) zur Finanzierung von Güterkäufen, die dieser bei einem Lieferanten tätigt, der sein Konto bei der Bank B führt. Dann wird in Höhe des Kredites eine Überweisung zur Bank B vorgenommen. Bank B erhält Zentralbankgeld in Höhe der Einlage E. Bei Bank A findet ein Aktivtausch statt (Zentralbankgeld gegen Kredit). Der Umfang an Zentralbankgeld hat sich bei beiden Banken zusammen nicht geändert, es sind jedoch zusätzliche Kredite und Einlagen entstanden.

Bank A		Bank B		A + B	
Z 100	E 100			Z 100	E 100
K 100	E 100	Z 100	E 100	K 100 Z 100	E 200

Die Einlagen zählen je nach Geldmengenabgrenzung zu einer Kategorie der Geldmenge M_1, M_2 oder M_3 (→Geldmenge). – Handelt es sich bei der Überweisung um eine Sichteinlage, so ist die Geldmenge in jeder Abgrenzung um 100 gestiegen; handelt es sich um eine Spareinlage, so hat sich zwar M_1 nicht verändert, aber die Geldmenge M_2, welche die Spareinlagen mit erfaßt. Die Kreditausweitung und Geldschöpfung kann beliebig oft wiederholt werden, solange den Banken kein Zentralbankgeld entzogen wird. – In der Praxis sind jedoch der Geldschöpfung durch gesetzliche Mindestreserve und Barabhebungen der Nichtbanken *Grenzen* gesetzt (→Geldschöpfungsmultiplikator).

III. Theorie des Geldangebots *(Geldangebotstheorie)*: Ausgehend von diesen Bestimmungsfaktoren der Giralgeldschöpfung analysiert die Theorie des Geldangebots die Determinanten der den Nichtbanken insgesamt angebotenen Geldmenge. Das (nominale) Geldangebot (M_a) wird hierbei als Produkt aus Geldbasis (B) und Geldschöpfungsmultiplikator (m) dargestellt: M_a = m –alpunkt B. Die Geldbasis umfaßt den Bestand an Zentralbankgeld bei Banken und Nichtbanken, also den gesamten Bargeldumlauf und die Zentralbankguthaben der Banken und Nichtbanken. Der Geldschöpfungsmultiplikator wird im einfachsten Fall (unter Vernachlässigung der Zentralbankguthaben von Nichtbanken) wie folgt erklärt:

$$m = \frac{1}{b + r(1-b)}$$

(mit b = Bargeldumlaufsquote (Bargeldumlauf/Geldmenge); r = Reservehaltungsquote (Zentralbankgeldreserven der Geschäftsbanken/reservepflichtige Einlagen). Die Bargeldumlaufsquote b spiegelt die Zahlungsgewohnheiten wieder und wird durch die Alternativkosten der Bargeldhaltung (entgangene Zinsen auf Einlagen) beeinflußt. Steigende (sinkende) Zinsen verringern (erhöhen) demnach b. Die Reservehaltungsquote r wird maßgeblich durch die Mindestreservesätze und damit durch die Zentralbank bestimmt. Werden in die Reservehaltungquote auch jederzeit in Zentralbankgeld einlösbare Aktiva (potentielles Zentralbankgeld) hinzugerechnet, so ist r jedoch auch stark vom Portfolioverhalten der Geschäftsbanken abhängig. – Es ist ersichtlich, daß die Zentralbank das Geldangebot über die Geldbasis und die Reservebehaltungsquote beeinflussen kann. Bei stabilem Geldschöpfungsmultiplikaktor würde das Geldangebot allein durch Steuerung der Geldbasis (etwa durch An- und Verkauf von Wertpapieren, →Offenmarktpolitik) reguliert werden können. Von dieser Auffassung geht der →Monetarismus aus, wonach die Zentralbank die Geldbasis und über die Geldbasis auch das Geldangebot

steuern kann. Die Stabilität des Geldschöpfungsmultiplikators konnte jedoch zumindest für die kurze Frist im Konjunkturzyklus empirisch nicht belegt werden. Das Hauptproblem der Geldangebotstheorie liegt in der Erfassung des geldangebotswirksamen Banken- und Nichtbankenverhaltens.

IV. Theorie der Geldnachfrage *(Geldnachfragetheorie)*: 1. Als *Geldnachfrage* bezeichnet man die von Nichtbanken geplante (gewünschte) Kassenhaltung. Zur Kassenhaltung zählen dabei nicht nur die Bargeldbestände, sondern auch die Einlagen der Nichtbanken bei Banken. Welche Einlagen zur Kassenhaltung zu rechnen sind, hängt vom zugrunde gelegten Geldmengenbegriff (→Geldmenge) ab; soll z. B. die Geldmenge M_1 aus dem Zusammenspiel von Geldangebot und -nachfrage erklärt werden, sind neben dem Bargeld nur die Sichteinlagen als Bestandteil der geplanten Kasse anzusehen.

2. *Ansätze/Konzepte:* Die Geldnachfragetheorie untersucht, aus welchen Gründen die Wirtschaftssubjekte einen Teil ihres Vermögens in Form von Geld zu halten wünschen, anstatt es in ertragbringende Vermögenstitel anzulegen, und welche Faktoren die Höhe der geplanten Kasse bestimmen: a) *Die ältere* →*Quantitätstheorie* stellt das *Transaktionsmotiv* in den Mittelpunkt, d. h. Geld wird zur Abwicklung von Zahlungen gehalten. Da die Ein- und Auszahlungen meist zu verschiedenen Zeitpunkten anfallen, verfügt jedes Wirtschaftssubjekt über einen bestimmten Kassenbestand, dessen durchschnittliche Höhe von der Zahlungshäufigkeit und vom Transaktionsvolumen abhängt. Die (gesamtwirtschaftliche) Geldnachfrage wird demnach durch die Zahlungsgewohnheiten, die sich in der →Umlaufgeschwindigkeit des Geldes niederschlagen, und durch das Transaktionsvolumen (Handelvolumen) bestimmt. – b) Die keynesianische Liquiditätstheorie fügt dem Transaktionsmotiv Vorsichts- und Spekulationsmotiv als Gründe der Geldhaltung hinzu: Das *Vorsichtsmotiv* erklärt die Geldnachfrage mit der Unsicherheit der Wirtschaftssubjekte über Zeitpunkte und Höhe künftiger Zahlungen. Während die Geldnachfrage aus dem *Transaktions- und Vorsichtsmotiv* von der Tauschmittelfunktion des Geldes begründet ist, steht die Kassenhaltung aus dem Spekulationsmotiv im Zusammenhang mit der Wertaufbewahrungsfunktion des Geldes: Die Geldhaltung erbringt zwar keine (oder nur geringe Zinserträge, ermöglicht dafür aber im Vergleich zu anderen Vermögensobjekten eine relativ risikolose Wertaufbewahrung (bei stabilem Preisniveau). Die keynesianische L. stellt hier vereinfachend auf die Alternative zwischen Geldhaltung und Erwerb von festverzinslichen Wertpapieren ab. Da bei steigendem Marktzinssatz die Kurse der im Umlauf befindlichen Wertpapiere sinken, müssen risi-

kobewußte Anleger mögliche Kursverluste in ihre Überlegungen einbeziehen. Nach Keynes hat jedes Wirtschaftssubjekt eine (i. d. R. unterschiedliche Vorstellung vom normalen Zinsniveau, bei dessen Unterschreiten es mit einem wieder ansteigenden Marktzinssatz, also mit dann eintretenden Kursverlusten rechnet. Übersteigen die erwarteten Kursverluste die festen nominalen Zinszahlungen, ist es lohnend, den Kauf von Werktpapieren (vorläufig) zurückzustellen und statt dessen Geld zu halten. Überträgt man diese zunächst einzelwirtschaftliche Erklärung auf die Gesamtwirtschaft, so läßt sich feststellen, daß die Geldnachfrage mit sinkendem Zinsniveau zunimmt. Dabei wird unterstellt, daß bei fallendem Marktzins ein immer größere Zahl von Wirtschaftssubjekten wieder einen Zinsanstieg (also künftige Kursverluste) erwartet. Folglich wächst die Bereitschaft zur Geldhaltung, d. h. die Geldnachfrage steigt mit sinkendem Zinsniveau. Bei Berücksichtigung des Transaktionsmotivs ergibt sich schließlich eine mit wachsendem Volkseinkommen und sinkendem Marktzinssatz (i) steigende Geldnachfrage. – c) Die keynesianische Liquiditätstheorie wurde in der Folgezeit durch die *postkeynesianische Geldnachfragetheorie* mit Hilfe lagerhaltungs- und portfoliotheoretischer Überlegungen (→Portfolio Selection) weiterentwickelt: (1) Nach dem *lagerhaltungstheoretischen Ansatz* ist auch die optimal geplante Transaktionskasse zinsabhängig. Zwischenzeitlich nicht für Transaktionszwecke benötigte Geldbeträge können nämlich in zinstragende, leicht monetisierbare Aktiva angelegt werden. Die damit verbundenen Umwandlungskosten (Bankgebühren, Kurssicherungskosten u. a. m.) sind gegen die entgangenen Zinsgewinne bei unverzinslich gehaltenen Geldbeständen (= Opportunitätskosten der Geldhaltung) abzuwägen. Je höher das allgemeine Zinsniveau ist, um so stärker schlagen die Opportunitätskosten zu Buche. Rational handelnde Haushalte und Unternehmen werden folglich die Kassenhaltung bei steigendem Zinsniveau abbauen. – (2) Der *portfoliotheoretische Ansatz* erweitert die keynesianische Liquiditätstheorie in Richtung auf eine *allgemeine Theorie der optimalen Vermögenshaltung unter Unsicherheit.* Ausgangspunkt ist das Problem, einen gegebenen finanziellen Vermögensbetrag so auf eine bestimmte Anzahl von Anlagealternativen (Wertpapiere, Einlagen usw.) aufzuteilen, daß der unter Berücksichtigung der verschiedenen Zinssätze, Fristigkeiten und Kursrisiken zu erwartende Gewinn (Nutzen) maximiert wird. Es zeigt sich, daß die geplante Kasse eines optimalen Portefeuilles von Zinsniveau, -struktur und Risikoneigung abhängt. – d) Besondere Bedeutung speziell im Rahmen der geldpolitischen Anwendung (vgl. V) hat die *monetaristische Neuformulierung der Quantitätstheorie* erlangt. Die Geldnachfrage wird

hier aus dem Gesamtvermögen, dem relativen Ertrag bzw. den Opportunitätskosten der Geldhaltung sowie der Präferenzstruktur der Wirtschaftssubjekte abgeleitet, wobei der zugrunde gelegte Vermögensbegriff sehr breit gefaßt ist. Zum Gesamtvermögen zählen grundsätzlich alle Quellen des Einkomens, also Humankapital, Sachkapital, Wertpapiere und Anteilswerte. Da die Geld- und Wertpapierhaltung eine Anlageform ist, die mit den anderen Arten der Vermögenshaltung konkurriert, sind die relativen Ertragsraten aller Vermögensobjekte in die Betrachtung einzubeziehen. Als Alternative zur Werktpapierhaltung wäre somit z. B. auch die Investition in die eigene Aus- und Weiterbildung (Humankapital) anzusehen. Insbes. ist auch die Inflationsrate, welche den Ertrag monetärer Aktiva zugunsten des Sachkapitals schmälert, ein Bestimmungsgrund der Geldnachfrage.

V. Geldwirkungen und Transmissionsmechanismen: Ein zentraler Gegenstand der monetären Theorie ist die Frage, wie monetäre Impulse (insbes. Maßnahmen der Zentralbank) auf den realen Sektor übertragen werden. Hierzu werden Geldmengen-, Zins- und Preisniveaueffekte aus dem Zusammenspiel von Geldangebot und -nachfrage hergeleitet, die im realen Sektor Anpassungsreaktionen auslösen. Über die konkreten Wirkungen monetärer Impulse herrschen allerdings gravierende Meinungsunterschiede: 1. Nach der *klassischen Geldlehre* bestimmt die Geldmenge das Preisniveau, ist hinsichtlich realwirtschaftlicher Entwicklungen jedoch völlig wirkungsneutral (→Dichotomie des Geldes). – 2. Nach der →*Keynesschen Lehre* bewirkt eine Geldmengenausweitung zunächst eine Zinssenkung, die die Investitionstätigkeit anregt. Damit steigt über den Einkommensmultiplikator die Gesamtnachfrage nach Gütern um ein Vielfaches der zusätzlichen Investitionen an. Herrscht in der Ausgangslage Unterbeschäftigung, kommt es zu einer Ausweitung von Produktion und Beschäftigung, bei Vollbeschäftigung dagegen entsteht lediglich Inflation. – 3. Die →*postkeynesianische Geldtheorie* erweitert diesen Übertragungsmechanismus durch Einbeziehung portfoliotheoretischer Überlegungen: Zinssenkungen führen zu einer Umstrukturierung der Vermögens. Finanzlagen werden durch rentablere Aktiva ersetzt, was die Nachfrage nach neu produzierten Kapitalgütern und damit die Investitionstätigkeit stimuliert. Die Postkeynesianer messen diesem Wirkungszusammenhang allerdings keine überragende Bedeutung bei, sondern betonen bei der Beurteilung der Kausalität zwischen Geldmenge und wirtschaftlicher Aktivität eher den umgekehrten Wirkungszusammenhang: Die Entwicklung von Volkseinkommen und Produktion wird wesentlich von realwirtschaftlichen Faktoren (z. B. geänderten Absatzerwartungen) bestimmt, während die beobachtbaren Geldmengenveränderungen hauptsächlich als Reflex von Einkommensschwankungen zu sehen sind. – 4. Ganz anders dagegen die Ansicht der Vertreter des →*Monetarismus*. Nach deren Vorstellung sind Auswirkungen der wirtschaftlichen Aktivitäten auf die Geldmenge von begrenzter Bedeutung, die Geldmenge bestimmt maßgeblich die Entwicklung des nominellen Volkseinkommens. Auf die in diesem Zusammenhang wichtige Frage, wie die monetären Impulse in reale und nominale (Preisniveau-) Effekte umgesetzt werden, haben die Monetaristen eine klare Antwort: Bei Geldmengenausweitung sind kurzfristig expansive Produktions- und Beschäftigungswirkungen infolge sinkender Realzinsen und Reallöhne zu erwarten. Sobald jedoch die auftretenden Preissteigerungen von den Wirtschaftssubjekten erkannt und in die Lohn- und Zinssätze einkalkuliert werden, fallen Produktions- und Beschäftigungsniveau auf den alten Stand zurück. Die gestiegene Geldmenge hat dann lediglich das Preisniveau erhöht. – 5. Noch extremer wird letzter Aspekt von den Vertretern der *Neuen klassischen Makroökonomik* formuliert. Sie unterstellen den Wirtschaftssubjekten aufgrund von →rationalen Erwartungen die Fähigkeit, die von der Geldpolitk beabsichtigte Nachfrageauswirkung zu prognostizieren und in die eigenen Planungen einkalkulieren zu können. Es kommt deshalb unverzüglich zu Anpassungsreaktionen bei Preisen, Löhnen und Zinsen, so daß realwirtschaftliche Wirkungen nur bei fehlerhaften Prognosen und institutionellen Restriktionen (z. B. langfristige Verträge) auftreten. – 6. Eine wiederum deutliche Gegenposition zum Monetarismus nimmt die →*Liquiditätstheorie des Geldes* ein. Sie geht davon aus, daß für das Ausgabeverhalten die Liquiditätssituation der einzelnen Wirtschaftssubjekte entscheidend ist, für die Gesamtwirtschaft entsprechend die gesamtwirtschaftliche Liquidität. Die Geldmenge ist zwar Teil, aber eben nur eine von mehreren Determinanten der gesamtwirtschaftlichen Liquidität. Zu jenen gehören die Möglichkeit der Kreditaufnahme (bei Geschäftsbanken und anderen Ffinanzierungsinstituten oder in Form von Handelskrediten), die Einlagen bei paramonetären Instituten, das sonstige Vermögen und subjektive Liquiditätskomponenten wie das allgemeine Umsichgreifen optimistischer Erwartungen, Hoffnungen und Wünsche. – 7. Ein Transmissionskonzept, das die monetäre Politik der Deutschen Bundesbank maßgeblich geprägt hat, ist der *kredittheoretische Ansatz*. Er stellt die Kreditgewährung als wichtiges Bindeglied zwischen monetärem und realem Bereich heraus. Danach sind Kreditverfügbarkeit und -kosten die beiden wesentlichen monetären Determinanten der Ausgabetätigkeit, die von der Zentralbank beeinflußt werden können. Diese Auffassung

wird durch die Tatsache gestützt, daß die Unternehmen ihre Nettoinvestitionen i. d. R zum überwiegenden Teil (häufig ca. 75% und mehr) mit Hilfe von Krediten finanzieren. Folgerichtig erhofft sich die Geld- und Kreditpolitik, über eine Einschränkung (Erweiterung) des Spielraums für die Kreditgewährung der Banken und eine Verteuerung (Verbilligung) der Kreditaufnahme die Ausgaben insbes. der Unternehmungen tendenziell reduzieren (erhöhen) zu können.

VI. Monetäre Politik: 1. *Charakterisierung:* Die monetäre Politik beinhaltet alle Maßnahmen zur Regelung der Geldversorgung unter Beachtung der gesamtwirtschaftlichen Ziele, wobei das Ziel der Preisniveaustabilität häufig im Vordergrund steht. – *Träger* der monetären Politik ist überwiegend die Zentralbank (→Deutsche Bundesbank). 2. *Instrumente:* Zur Verwirklichung ihrer Politik setzt die Bundesbank eine breite Palette von geldpolitischen Instrumenten ein: a) *Mindestreservepolitik:* Die Mindestreservesätze werden verändert. Eine Erhöhung der Mindestreservesätze führt unmittelbar zu einer Verringerung der freien Liquiditätsreserven. Damit sinkt der Geld- und Kreditschöpfungsspielraum der Banken. Die mittelbare Wirkung liegt im Kosteneffekt, da ein größerer Teil der Bankenliquidität nun zinslos bei der Zentralbank zu halten ist. Die dadurch steigenden Zinsen beeinträchtigen die Kreditnachfrage des Publikums und damit die Geldschöpfung. Umgekehrtes gilt für eine Senkung der Mindestreservesätze. – b) *Refinanzierungspolitik* (umfaßt *Lombard- und Diskontpolitik*): Ihre Parameter sind Diskont- und Lombardsatz sowie die Qualitätsanforderungen an Handelswechsel und Wertpapiere. Ferner können die Refinanzierungskontingente (→Rediskontkontingente, →Lombardlinien) der Banken für Handelswechsel oder Wertpapiere durch die Zentralbank variiert werden. Eine Heraufsetzung von Diskont- und Lombardsatz soll die Banken von einer stärkeren Refinanzierung abhalten, das Zinsniveau anheben und nur daher Kreditnachfrage und Geldmenge verringern. Eine Erleichterung der Refinanzierungsbedingungen wirkt dagegen expansiv. Wird beispielsweise eine Erhöhung der Kontingente durch die Banken genutzt, so steigt die Zentralbankgeldmenge. – c) →*Offenmarktpolitik:* Die Notenbank setzt die Bedingungen fest, zu denen zwischen ihr, den Geschäftsbanken und den Nichtbanken festverzinsliche Wertpapiere und →Geldmarktpapiere gehandelt werden. Ein Ankauf (Verkauf) durch die Bundesbank bedeutet Schaffung (Vernichtung) von Zentralbankgeld. Sie dient hauptsächlich zur Feinsteuerung der Bankenliquidität und des Zinsniveaus auf dem Geld- und Kapitalmarkt. – d) Über die Einlagen-/Schuldenpolitik kann die Bundesbank eine Verlagerung von Bankguthaben und -schulden öffentlicher Haushalte von den Kreditinstituten zur Zentralbank und umgekehrt veranlassen. Eine Einlagenverpflichtung bei der Notenbank führt für die Dauer der Einlage zur Stillegung von Zentralbankgeld. Die Übernahme von Bankschulden der öffentlichen Haushalte durch die Notenbank bedeutet Schaffung von Zentralbankgeld in entsprechender Höhe. Gleiches gilt für Neuverschuldung der öffentlichen Haushalte bei der Notenbank. – e) *Devisenmarktpolitik:* Zur Begrenzung der von den Devisenmärkten ausgehenden Störungen der Geldpolitik und zur Feinsteuerung des Geldmarktes betreibt die Deutsche Bundesbank Geschäfte am Devisenmarkt. – (1) →*Swappolitik:* Bei Devisenswapgeschäften werden Devisen per Kasse erworben und gleichzeitig per Termin veräußert. Damit stellt die Bundesbank für bestimmte Zeit Zentralbankgeld zur Verfügung. Will die Bundesbank den Banken Zentralbankgeld vorübergehend entziehen, so verkauft sie Devisen per Kasse und vereinbart einen Rückkauf per Termin. Die Differenz zwischen An- und Verkaufskurs ist der Swapsatz, der sich auf dem freien Devisenmarkt bildet. Unabhängig von diesem setzt die Bundesbank einen eigenen Swapsatz fest, den sie in die eine oder andere Richtung jeweils manipuliert, um die Banken anzuregen, Devisen zu kaufen oder abzugeben. – (2) Daneben betreibt die Bundesbank noch *andere, in ihrer liquiditätspolitischen Wirkung ähnliche Devisenmarktgeschäfte:* u. a. →Devisenpensionsgeschäfte und →Outrighttermingeschäfte.

VII. Monetäre Konzepte und Bundesbankpolitik: 1. *Zwischenziele:* Da die Zentralbank auf die gesamtwirtschaftlichen Zielgrößen nicht unmittelbar Einfluß nehmen und die Wirkung ihrer Maßnahmen auf diese Größen nicht kontrollieren kann, orientiert sie sich an sog. monetären Zwischenzielen, über deren Beeinflussung sie die eigentlichen Ziele anzusteuern versucht. Welche monetären Größen als Zwischenziele geeignet sind, hängt von der Beurteilung ab, welches Transmissionskonzept die beste Grundlage einer monetären Politik bietet. Hierzu gibt es kontroverse Auffassungen: Während etwa die Monetaristen der →Geldmenge und →monetäre Basis den Vorrang geben, betonen Keynesianer den Zins als wichtiges Zwischenziel. Liquiditätstheoretiker, die sich am kredittheoretischen Konzept orientieren, betrachten die Kreditgewährung und den Zins als Zwischenziele.

2. *Liquiditätssteuerung:* Lange Zeit waren für die Deutsche Bundesbank die freien Liquiditätsreserven der Banken Indikator für die Zwischenziele „Kreditvergabe" und „Kreditkosten". Durchsteuerung der freien Liquiditätsreserven und mit Hilfe von zinspolitischen Maßnahmen versuchte die Notenbank Kreditangebot und Kreditnachfrage gleichzeitig zu regulieren: Im Falle einer restriktiven

(expansiven) Politik verringern (erhöhen) (1) die Banken bei einsetzender Liquiditätsverknappung (-ausweitung) ihr Kreditangebot und (2) reduzieren (erweitern) die Wirtschaftsubjekte aufgrund eines höheren (niedrigeren) Zinssatzes ihre Kreditnachfrage. – *Beurteilung:* Die Wirksamkeit dieser Politik ist nach bisheriger Erfahrung allerdings nicht sehr hoch einzuschätzen, da a) insgesamt gesehen die Zinsempfindlichkeit der Investitionen (v. a. in der Hochkonjunktur) gering ist und erhebliche zeitliche Wirkungsverzögerungen auftreten, b) die mengenmäßige Steuerung der freien Liquiditätsreserven häufig durch gegenläufige Einflüsse (insbes. durch Devisenbewegungen bei festen und nach neuerer Erfahrung auch bei flexiblen Wechselkursen) erschwert sowie c) die Banken aus einzelwirtschaftlicher Sicht neben den freien Liquiditätsreserven auch Wertpapiere (→availability doctrine), Interbankguthaben und die Möglichkeit der Mittelbeschaffung auf den internationalen Finanzmärkten zu ihrem Liquiditätspotential rechnen. Dies bedeutet, daß die Banken im Zweifel auch ohne freie Liquiditätsreserven ihre Kreditexpansion noch vorantreiben.

3. *Steuerung der Zentralbankgeldmenge:* Gerade letzteres Problem dürfte auch durch das (seit 1973) neue Konzept der Bundesbankpolitik nicht ausgeräumt sein. Nach diesem Konzept versucht die Bundesbank die Zentralbankgeldmenge und über diese die Geldversorgung nach bestimmten Zielvorgaben zu steuern (→Geldmengenziele). Die Zentralbankgeldmenge umfaßt in der Abgrenzung der Bundesbank das Mindestreservesoll auf Inlandsverbindlichkeiten zu konstanten Reservesätzen) und den Bargeldumlauf im Nichtbankensektor. Da im Zuge der Geld- und Kreditschöpfung der Banken stets ein zusätzlicher Bedarf an Zentralbankgeld entsteht (in Form von Bargeld und Mindestreserven), kann mit der Kontrolle der Zentralbankgeldmenge auch das Wachstum des Geldvolumens beeinflußt werden. – *Beurteilung:* Eine exakte Steuerung der Zentralbankmenge und des Geldumlaufs ist jedoch nicht möglich (insbes. kurzfristig). Verfügen die Banken über freie Liquiditätsreserven, können sie Kredite gewähren und damit auch das Wachstum der Zentralbankgeldmenge vorantreiben. Sind die freien Liquiditätsreserven erschöpft, so ist die Zentralbank zwar theoretisch in der Lage, das Wachstum der Zentralbankgeldmenge gemäß ihren Zielvorstellungen zu begrenzen. Es ist aber fraglich, ob die Zentralbank diesen rein theoretisch funktionierenden Mechanismus in der Praxis auch tatsächlich nutzen kann. Solange die einzelnen Banken Interbankforderungen und andere finanzielle Aktiva als gleichwertig mit Zentralbankgeld betrachten und auf Basis dieser einzelwirtschaftlichen Liquidität zusätzliche Kredite gewähren, steht die Zentralbank vor einem

Dilemma: Ist sie bereit, die entstandene Lücke zwischen Zentralbankgeldversorgung und Zufuhr freier Liquiditätsreserven, z. B. durch Erhöhung der Rediskontkontingente zu schließen, dann läuft sie von den Banken ausgelösten Entwicklung hinterher (Schlepptauthese). Verweigert sie dagegen den Banken das zusätzlich benötigte Zentralbankgeld, so führt dieser schwerwiegende und abrupte Eingriff zu einer Liquiditätskrise im Bankensystem und zu einem unerwünscht scharfen konjunkturellen Umbruch. Im Zweifel wird daher die Zentralbank nur die (Refinanzierungs-)bedingungen setzen, zu denen sie bereit ist, den Zentralbankgeldbedarf der Kreditinstitute zu alimentieren, und von steigenden Zinssätzen eine dämpfende Wirkung auf das Wachstum der Zentralbankgeldmenge erwarten. Im Fall einer expansiven Geldpolitik ist zu beachten, daß die Bundesbank zwar Zentralbankgeld grundsätzlich in beliebiger Menge bereitstellen kann, die Verwendung aber eindeutig nur noch vom Verhalten der Nichtbanken und Banken abhängt.

4. *Konzeptvergleich:* Diese Günde und die Beobachtung, daß das Geldmengenziel bisher häufig verfehlt wurde, zeigen gerade auf, daß sich die Steuerungsprobleme durch das neue Konzept nicht wesentlich geändert haben, wenn überhaupt von einer völlig neuen monetären Politik die Rede sein kann. Den freien Liquiditätsreserven kommt nach wie vor Bedeutung zu. Schließlich ist Zentralbankgeldversorgung identisch mit der Zuführung von freien Liquiditätsreserven. Der Unterschied zum alten Konzept besteht lediglich darin, daß nunmehr die Zentralbankgeldmenge explizit als Indikator für eine bereits vollzogene monetäre Expansion formuliert wird, während die freien Liquiditätsreserven weiterhin zwar die Expansionsmöglichkeiten anzeigen, als Indiaktor für selbige aber formal nicht mehr ausgewiesen werden.

5. *Steuerung versus Regelung:* Angesichts der praktischen Probleme der monetären Politik stellt sich aus theoretischer Sicht die grundsätzliche Frage, unter welchen *(ordnungspolitischen) Bedingungen* es überhaupt möglich bzw. sinnvoll ist, den monetären Sektor oder gar den realwirtschaftlichen Bereich durch die Geldpolitik zu steuern. Die Steuerbarkeit des Geldsektors wäre gegeben, wenn die Zielvorgaben für monetäre Aggregate (z. B. für die Geldmenge) durch geldpolitische Maßnahmen stets nach gewisser Zeit erreichbar und auf dem angestrebten Niveau fixierbar wären. Die systemtheoretische Analyse zeigt jedoch, daß die Steuerbarkeit des monetären Systems an sehr strenge Voraussetzungen gebunden ist, die *unter den gegenwärtigen Geldverfassungen* in der Praxis nicht erfüllt sein dürften. Von daher ist es nicht erstaunlich, daß bisherige Erfahrungen mit einer Geldpolitik, die Steuerbarkeit unterstellt,

meist negativ ausfielen. Dieses Praxisversagen lenkt den Blick auf das weniger ambitionierte Ziel der Regelung, das auch in künftigen Konzepten monetärer Politik an Gewicht gewinnen könnte. In einem geregelten dynamischen System werden exogene Schocks durch negative Rückkopplungen gedämpft. Damit werden krisenhafte Zuspitzungen im Sinne sich selbst verstärkender Fehlentwicklungen vermieden. Zeitweilige Zielverfehlungen sind allerdings möglich und je nach Stärke der Störungen des Systems sogar unvermeidlich. Für die Geldpolitik bedeutet das Konzept der Regelung eine Wiederbelebung bzw. Neubegründung antizyklischer Zins- und Liquiditätspolitik, die gegebenenfalls auch sehr kurzfristig auf Marktsignale reagiert. Eine mittelfristig an Geldmengenzielen ausgerichtete Geldpolitik ist dagegen problematisch, da sie keine stabilisierenden Rückkoppelungsmechanismen beinhaltet, sondern auf (langfristig wirkende) Selbstheilungskräfte des Marktes baut und dabei übersieht, daß auch ein Festhalten an einer Geldmengenregel massive Eingriffe in den Wirtschaftprozeß erfordert.

VIII. Probleme monetärer Politik in einer offenen Volkswirtschaft: Die monetäre Politik kann ihre Maßnahmen nicht allein binnenwirtschaftlich ausrichten. Dies liegt daran, daß vom freien internationalen Handel mit Gütern und Diensten sowie vom freien internationalen Geld- und Kapitalverkehr erhebliche Einflüsse und Rückwirkungen auf eine binnenwirtschaftlich orientierte Geld- und Kreditpolitik ausgehen. Gegenüber einem Land des *Europäischen Währungssystems* (→EWS) ist die Deutsche Bundesbank verpflichtet, den Wechselkurs innerhalb gewisser Bandbreiten durch An- oder Verkauf von Devisen zu stabilisieren. Bei anderen Währungen gibt es seit 1973 mit dem Übergang zum Floaten diese Verpflichtung zwar nicht, wegen des Bestrebens (und internationaler Vereinbarungen), allzustarke Kursschwankungen nicht zuzulassen, interveniert jedoch die Deutsche Bundesbank de facto immer wieder am Devisenmarkt. Da bei Ankauf (Verkauf) von Devisen die Geldmenge steigt (sinkt), muß die Notenbank die Auswirkungen dieser Devisenmarktinterventionen auf die geldpolitischen Zielsetzungen berücksichtigen. – An die *Freigabe der Wechselkurse* 1973 (insbes. gegenüber dem Dollar) hatte man die Hoffnung geknüpft, daß sich die nationalen Notenbanken nicht mehr um Wechselkurse sorgen müßten und daher einen größeren geldpolitischen Handlungsspielraum gewinnen würden. Man ging nach der →Kaufkraftparitätentheorie davon aus, daß eine höhere Preissteigerungsrate im Ausland bei flexiblen Wechselkursen durch entsprechende Aufwertung der Inlandswährung kompensiert würde, und damit die monetäre Politik von der außenwirtschaftlichen Preisfront entlastet wäre; dies hat sich jedoch nicht bestätigt. Die Wechselkurse hängen nicht nur von der Differenz der Preissteigerungsraten, sondern auch von Zinsdifferenzen, von außenwirtschaftlichen Ungleichgewichten im Güter- und Kapitalverkehr, von der Konjunkturentwicklung im In- und Ausland sowie von den Wechselkurserwartungen ab, z. B. bewegte sich der Dollarkurs zwischen 1980 und 1984 gegenläufig zur Kaufkraftparität. Obwohl die Preissteigerungen in der Bundesrep. D. niedriger waren als in den USA, wertete die DM erheblich ab (jahresdurchschnittlich um ca. 13%). Eine solche Entwicklung begünstigt den Inflationsimport, den die Notenbank verhindern möchte. Greift die Zentralbank dann zu restriktiven Maßnahmen, um das Ziel der Preisniveaustabilität nicht zu gefährden, so führt dies – wie in der Bundesrep. D. geschehen – zu binnenwirtschaftlichen Konjunkturrückschlägen. Die gegenwärtige Entwicklung mit stark fallendem Dollarkurs stellt hingegen die Notenbank vor die Aufgabe, den damit verbundenen Gefahren eines Rückschlags der Binnenkonjunktur zu begegnen. Die teils extremen Schwankungen der europäischen Währungen gegenüber dem Dollar sind auch Beleg dafür, daß sich die Ungleichgewichte im internationalen Güter- und Kapitalverkehr eher verstärkt als gemildert haben. Solche Erfahrungen mit flexiblen Wechselkursen zeigen, daß die Notenbanken zwar grundsätzlich von Interventionen an den Devisenmärkten entlastet werden, aber den so gewonnenen Spielraum nicht ausschöpfen können, solange sie sich mit ihrer Geldpolitik auch dem Beschäftigungsziel und dem außenwirtschaftlichen Gleichgewicht verpflichtet fühlen. Die Notwendigkeit einer international abgestimmten monetären Politik ist somit auch im System flexibler Wechselkurse zur Stabilisierung der Währungsparitäten angezeigt.

Literatur: Deutsche Bundesbank, Geldpolitische Aufgaben und Instrumente, Sonderdrucke, Nr. 7, 3. Aufl. 1985; Duwendag, D., u.a., Geldtheorie und Geldpolitik. Eine problemorientierte Einführung mit einem Kompendium bankstatistischer Fachbegriffe, 3. Aufl., Köln 1985; Köhler, C., Geldwirtschaft, 1. Bd, Geldversorgung und Kreditpolitik, 2. Aufl., Berlin 1977; ders., Geldwirtschaft, 2. Bd, Zahlungsbilanz und Wechselkurse, Berlin 1979; ders., Probleme der Zentralbankgeldmengensteuerung, in: Schriften des Vereins für Sozialpolitik, N.F. Band 99, Berlin 1978; Kohler, R., Grenzen der Bundesbankpolitik, Berlin 1979.

Prof. Dr. Peter Stahlecker
Dr. Reinhard Kohler

monetäre Zwischenziele und Indikatoren.

1. *Charakterisierung:* Zwischen den endgültigen Zielen (Preisniveaustabilität, Wachstum, Zahlungsbilanzgleichgewicht, Vollbeschäftigung; →magisches Viereck) und den geld- bzw. kreditpolitischen Maßnahmen bestehen in Gestalt der →Transmissionsmechanismen komplexe Wirkungszusammenhänge. Eine unmittelbare Beeinflussung der gesamtwirtschaftlichen Ziele ist in der Geld- und Kreditpolitik nicht möglich; sie bedient sich deshalb sog. m. Z., deren Erreichen sie wiederum an Hand von m. I. überprüft. – 2. Maßgeblich für die *Festlegung* von Zwischenzielen und Indikatoren ist die Beurteilung der Steuerungsmöglichkeiten durch die Geldpolitik. – a) Die Deutsche Bundesbank hat lange Zeit die *Kreditgewährung der Banken an Nichtbanken* als Zwischenziel behandelt; Indikator dafür waren die →freien Liquiditätsreserven. Eine Erhöhung der freien Liquiditätsreserven, die den Kreditschöpfungsspielraum bestimmen, wurde als expansiv angesehen u. umgekehrt. – b) Seit Mitte der 70er Jahre ist die Bundesbank dazu übergegangen, sich an der *Entwicklung der Geldmenge* M_3 als Zwischenziel und der Zentralbankgeldmenge als Indikator und Steuergröße zu orientieren. Die Wahl der Zwischenziele und Indiaktoren hängt davon ab, welches geldtheoretische Konzept verfolgt wird.

Monetarismus. I. Begriff und Einordnung: Lehre, die insbes. aus der Kritik der geldtheoretischen Vorstellung der →Keynesschen Lehre entstanden ist. Der M. kann insoweit als moderne Version der →Quantitätstheorie betrachtet werden, die die Trennung vom geld- und güterwirtschaftlichen Bereich aufhebt. Neben geldtheoretischen Aussagen macht der M. aber solche zur Einkommens- und Beschäftigungstheorie, zur Verteilungstheorie usw. Er ist also mehr als eine Neo-Quantitätstheorie und stellt ein *geschlossenes wirtschaftstheoretisches System* dar, das den Anspruch erhebt, eine bessere Erklärung der ökonomischen Realität anzubieten als der Keynesianismus ("monetaristische Gegenrevolution"). Für den M. gilt – wie für andere Lehrmeinungen auch – , daß keine völlige Übereinstimmung hinsichtlich der inhaltlichen Abgrenzung existiert. – Die *bekanntesten Vertreter* des traditionellen M. sind M. Friedman und K. Brunner.

II. Inhalt: 1. Der M. knüpft an die *Gleichgewichts- und Harmonieidee* von Klassik und Neoklassik an. Ein grundlegendes Postulat des M. ist die *Annahme der relativen Stabilität des privaten Sektors.* Damit ist gemeint, daß das marktwirtschaftliche System bei flexiblen Preisen zu einem stabilen Gleichgewicht tendiert. Es wird also unterstellt, daß in der Realität ein Walras-Gleichgewicht existiert. Darüber hinaus wird angenommen, daß die Dynamik des privaten Sektors stabil ist, exogene Schocks also absorbiert und in eine stabilisierende Bewegung umgeformt werden. – 2. Die *naive* →*Quantitätstheorie* behauptete einen strikt proportionalen Zusammenhang zwischen Geldmenge und Preisniveau. Sie greift dabei auf die Quantitätsgleichung zurück, die in der Einkommensform $v = p \cdot Y$ lautet (M = Geldmenge, v = Umlaufgeschwindigkeit, p = Preisniveau, Y = Realeinkommen). Die naive Quantitätstheorie postulierte, daß das Realeinkommen unabhängig von monetären Größen im realen Bereich der Volkswirtschaft bestimmt wird *(klassische Dichotomie)* und die Umlaufgeschwindigkeit eine institutionell gegebene, konstante Größe sei. Treffen diese Hypothesen zu, dann gilt in der Tat eine streng proportionale Beziehung zwischen M und p. Die Hypothese einer konstanten Umlaufgeschwindigkeit basiert in der naiven Quantitätstheorie auf der Vermutung, daß Geld nur aus Transaktionsgründen gehalten wird. Diese Sicht wurde durch die Keynessche Geldtheorie widerlegt. – Die →*Neoquantitätstheorie* hingegen begreift die Umlaufgeschwindigkeit des Geldes als vom Geldnachfrageverhalten bestimmt. Sie geht davon aus, daß Geld eine von mehreren Vermögensformen ist und mit den übrigen in Substitutsbeziehungen steht. Die Portfoliozusammensetzung wird durch die Ertragsraten der einzelnen Vermögensarten bestimmt. Neben der Höhe des Gesamtvermögens und den Präferenzen der Geldnachfrager beeinflussen folglich auch die verschiedenen Ertragsraten das Ausmaß der Geldnachfrage. Unter bestimmten Annahmen kann man zeigen, daß die gleichen Argumente die Umlaufgeschwindigkeit beeinflussen. Aufgrund empirischer Untersuchungen vermuten die Monetaristen, daß die Geldnachfrage und damit die Umlaufgeschwindigkeit weitgehend zinsunelastisch ist, zumindest aber eine stabile Funktion der oben aufgeführten Argumente ist. – 3. Eine *Steuerung der Geldmenge* erlaubt es unter diesen Umständen den geldpolitischen Instanzen, direkt das Nominaleinkommen zu beeinflussen. Die Zentralbank kann jedoch nicht die Geldmenge direkt steuern, da diese Größe auch vom Verhalten der Geschäftsbanken und des Publikums abhängt. Als primärer Ansatzpunkt der Geldmengensteuerung werden daher die von der Zentralbank kontrollierbaren Konzepte der Zentralbankgeldmenge bzw. der monetären Basis angesehen. Die Verbindung zwischen monetärer Basis und Geldmenge wird durch den *Geldangebotsmultiplikator* (→Geldmengenmultiplikator) hergestellt. Da die Monetaristen davon ausgehen, daß der Geldangebotsmultiplikator durch den Einfluß der Zentralbank dominiert wird, ergibt sich die Vermutung einer Kontrollierbarkeit der Geldmenge. – 4. Der von Keynes entwickelte kredittheoretische Transmissionsmechanismus wird von den Monetaristen als zu eng angesehen und durch einen vermögenstheoretisch orientierten *Transmissionsmechanismus der relativen Preise* ersetzt. Bei dieser Sicht werden im Prinzip Substitutionsbeziehungen zwischen allen Aktiva verwendet, so daß eine Störung des Portfoliogleichgewichts – etwa durch eine Erhöhung der Geldmenge – zu Anpassungsvorgängen bei sämtlichen Aktiva führt. In der

Lehrbuchdarstellung des monetaristischen Transmissionsmechanismus treten nominale und reale Effekte nebeneinander auf. Außer den expansiven Effekten werden auch kontraktive Rückkopplungseffekte gesehen. – 5. Aus der Analyse des Transmissionsmechanismus läßt sich nicht ohne weiteres ersehen, inwieweit *reale Effekte* auftreten, die auch dauerhaft wirken. Die Monetaristen gehen jedoch davon aus, daß eine einmalige Erhöhung des Geldmengenwachstums nur vorübergehend reale Effekte auf Produktion und Beschäftigung hat *(Temporaritätsannahme)*. Langfristig führt die höhere Wachstumsrate der Geldmenge lediglich zu einer erhöhten *Inflationsrate*. Dies wird folgendermaßen begründet: Ausgangspunkt sei ein Wachstumsgleichgewicht. Die bei diesem Gleichgewicht herrschende Unterbeschäftigung wird von den Monetaristen als naürlich bezeichnet, weil davon ausgegangen wird, daß diese der eines walrasschen Gleichgewichts entspricht, falls Marktunvollkommenheiten, unvollständige Informationen usw. berücksichtigt werden. Durch eine einmalige monetäre Akzeleration kommt es via Transmissionsmechanismus zu Portfolioumstrukturierungen, die nach monetaristischer Auffassung zunächst reale Effekte haben. Die Outputerhöhung wird durch die neue Mikroökonomik mit einer (wohlfahrtsvermindernden) Verkürzung der →Sucharbeitslosigkeit erklärt, bei der die Arbeitnehmer einer Lohnillusion erliegen, weil sie die Preissteigerungsraten falsch antizipieren. Im Laufe der Zeit erfolgt eine Erwartungsanpassung, in deren Verlauf die Arbeitnehmer merken, daß ihre Reallöhne weniger stark gestiegen sind als erwartet. Demzufolge dehnen sie ihre Suchzeit wieder aus. Im Endeffekt hat die Arbeitslosigkeit ihren alten „natürlichen" Stand erreicht, und das reale Wachstum entspricht wieder der ursprünglichen Rate. Die Lücke zwischern höherer Wachstumsrate der Geldmenge und der wieder auf dem alten Stand befindlichen Wachstumsrate der Produktion wird durch eine erhöhte, aber voll antizipierte Preissteigerungsrate geschlossen. Eine dauerhafte Erhöhung der Beschäftigung läßt sich nach dieser Auffassung nur durch eine permanente Akzeleration des Geldmengenwachstums erreichen *(Akzeleratronstheorem)*. Die →Phillips-Kurve hat aus dieser Sicht nur kurzfristig eine negative Steigung, langfristig verläuft sie senkrecht. – 6. Damit stimmen die Aussagen des M. in der *langen Frist* mit denen der naiven Quantitätstheorie überein. Das Wachstum der realen Produktion wird ausschließlich durch reale Faktoren bestimmt. Im Gegensatz zum Keynesianismus wird der Fiskalpolitik im Vergleich zur Geldpolitik keine große Wirksamkeit unterstellt (Dominanz der monetären Entwicklung). Falls die *fiskalpolitischen Maßnahmen* über Steuern oder Kredite beim Publikum finanziert werden, kommt es nach monetaristischer Auffas-

sung in großem Umfang zur Verdrängung
privater Ausgaben *(crowding out)*, die im
Extremfall vollständig sein kann. Werden die
Ausgaben über Geldschöpfung finanziert,
dann liegt in Wirklichkeit keine Fiskal- ,
sondern *Geldpolitik* vor. Aber auch die Geldpolitik hat nur vorrübergehende reale Wirkungen. Zudem sind ihre Wirkungen weder im
Umfang noch hinsichtlich des Zeitpunktes
genau absehbar. – 7. In der Realität zu
beobachtende *Wachstums- und Konjunkturzy-
klen* werden auf exogene Störungen des ökonomischen Systems zurückgeführt. Dabei
handelt es sich um nicht vorhersehbare Ereignisse, wie den Erdölpreisanstieg 1974/75.
Nach monetaristischer Auffassung werden
solche Schocks durch den Einsatz diskretionä-
rer Geld- und Fiskalpolitik verstärkt. Z.T.
wird diese Politik auch als eigenständige
Ursache für ökonomische Fehlentwicklungen
angesehen. Bekgründet wird diese Auffassung
mit dem Auftreten von zeitlichen Verzögerungen (→lags), die zu prozyklischen Wirkungen
antizyklisch gemeinter Maßnahmen führen
sollen.

III. Wirtschaftspolitische Konsequenzen: 1. Aus den monetaristischen Positionen ergibt sich die Forderung nach dem
Verzicht auf jede *diskretionäre Konjunktur-
oder Beschäftigungspolitik*. Wird in der Ausgangslage eine bestimmte Höhe der Unterbeschäftigung diagnostiziert, so läßt sich nicht
ohne weiteres feststellen, ob diese unfreiwilli-
ger Natur ist. Nach monetaristischer Auffassung ist der allergrößte Teil der statistisch
gemessenen Arbeitslosigkeit freiwillig und
beruht auf falschen Reallohnvorstellungen,
Informationsmängeln und „Marktstörun-
gen", wie etwa der Arbeitslosenversicherung
und der Sozialhilfe. Insoweit die beobachtete
Arbeitslosigkeit freiwilliger Natur ist, läßt sich
durch beschäftigungspolitische Maßnahmen
nur eine vorübergehende Minderung der
Arbeitslosenquote erreichen, und zwar nur,
solange die Marktteilnehmer in ihren Erwartungen getäuscht werden. Sobald sich die
Erwartungen vollständig angepaßt haben,
wird sich auch die ursprüngliche Unterbeschäftigung wieder einstellen. Beschäftigungspolitische Maßnahmen sind in diesem Fall
auf Dauer gesehen nicht nur unwirksam,
sondern sie wirken auch wohlfahrtsmindernd,
weil sie nur durch Täuschung und gegen die
Präferenzen der Betroffenen durchgeführt
werden können. – 2. Sollte die *Arbeitslosigkeit*
jedoch tatsächlich *unfreiwillig* sein, dann führen diskretionäre beschäftigungspolitische
Maßnahmen tendenziell zu einer Verschlechterung der Situation, weil das Marktsystem
schneller zum Gleichgewicht zurückfindet,
wenn es sich selbst überlassen bleibt. Daher
wird empfohlen, lediglich eine kontinuierliche
trendorientierte Geldmengenpolitik zu betreiben, die für die monetäre Alimentierung des

realen Wachstums sorgt. Eine solche Politik,
die die Ankündigung des Geldmengenziels
impliziert, sorgt für die Verstetigung der
Erwartungen und die Stabilisierung des Preisniveaus. – 3. Das Ziel der *Preisniveaustabilität*
genießt deswegen Vorrang, weil diese als
Voraussetzung für das Funktionieren des
marktwirtschaftlichen Anpassungsprozesses
angesehen wird. – 4. Das *Beschäftigungsziel*
wird von selbst erreicht, wenn dem freien Spiel
des Marktes Raum gechaffen wird. – 5. Von
Bedeutung sind daher auch *Ordnungs- und
Wettbewerbspolitik,* die dafür zu sorgen
haben, daß die Unvollkommenheiten des
Marktsystems beseitigt werden. Verkürzt
heißt dies, daß der staatliche Bereich minimiert werden soll. Die gesellschaftlichen
Lebensverhältnisse sind zu reprivatisieren,
damit sie wieder durch den Markt reguliert
werden können. Der Staat wird im wesentlichen auf ordnungspolitische Aufgaben
beschränkt. Er sorgt für innere und äußere
Sicherheit, setzt Spielregeln für den privaten
Wettbewerb, definiert und überwacht Eigentumsrechte und schafft einen monetären Rahmen. Interventionen können beim Vorliegen
von externen Effekten angezeigt sein, müssen
aber in jedem Einzelfall unter Abwägung der
Vor- und Nachteile begründet werden, wobei
die Gefährdung der individuellen Freiheit
durch den Staatseingriff in jedem Fall auf der
Passivseite zu verbuchen ist.

IV. Beurteilung: 1. Von fundamentaler
Bedeutung für die monetaristische Analyse ist
die *Annahme der Stabilität des privaten realen
Sektors*. Dahinter steht die Vorstellung eines
allgemeinen mikroökonomischen Gleichgewichts, dessen Existenz und Stabilität aber nur
unter sehr restriktiven Bedingung abzuleiten
sind. Unter *realisticheren Annahmen*, wie der
Aufgabe der Hypothese vollkommener Voraussicht, ist bislang weder Existenz- noch der
Stabilitätsbeweis gelungen. Es erscheint sehr
fragwürdig, den Harmonie- und Gleichge-
wichtsgedanken als Basis einer ökonomischen
Analyse zu wählen, solange in der Realität
Preisinflexibilitäten, Mengenungleichgewichte, Konzentration, ungleiche Startchan-
cen und gesellschaftliche Dauerkonflikte bestehen, wie Verteilungskonflikte und Kontro-
versen bezüglich der Höhe von Staatsquoten,
des Umweltstandards, akzeptabler Produk-
tions- und Arbeitsbedingungen. Die Existenz
eines umfassenden ökonomischen und gesellschaftlichen Gleichgewichts muß daher als
höchst unwahrscheinlich bezeichnet werden.
Selbst wenn ein solches Gleichgewicht existiert
und stabil ist, bleibt zu klären, ob die Stabili-
sierungstendenzen hinreichend schnell wirken.
Auch Friedman geht davon aus, daß geldpolitische Maßnahmen für eine Zeit von bis zu
zehn Jahren reale Wirkungen zeigen können
und erst in noch größeren Zeiträumen damit
zu rechnen ist, daß das System zum Gleichge-

wicht zurückfindet, die Geldpolitik sich also ausschließlich in einer Veränderung von der Inflationsrate niederschlägt. Darüber hinaus ist bekannt, daß der Preismechanismus in vielen Fällen durch das Vorhandensein von Monopolen und Oligopolen gestört ist. – 2. Die monetaristische Analyse von *Geldnachfrage und Transmissionsmechanismus* hat sehr fördernd auf die ökonomische Forschung in diesen Bereichen gewirkt. Eine gegenüber der herkömmlichen keynesianischen Analyse erweiterte Betrachtung der ,,Kredittheorie" macht jedoch deutlich, daß auch die prinzipiell kredittheoretische Konzeption die Elemente der Vermögenstheorie enthält. In mittel- bis langfristiger Sicht sind ohne weitere Annahmen noch keine prinzipiellen Unterschiede zwischen Keynesscher und monetaristischer Position auszumachen. – 3. Zur Untermauerung der Hypothese eines *exogenen Geldangebots* wurden von monetaristischen Ökonomen empirische Studien vorgelegt, die im wesentlichen darauf beruhen, daß aus zeitlichen Abfolgen auf Kausalbeziehungen geschlossen wurde. Kritiker zeigten jedoch, daß die gleichen zeitlichen Abfolgen auch mit der umgekehrten Kausalität vereinbar sind. – 4. Die Berücksichtigung von *Informations- und Anpassungskosten* stellt ebenfalls unbestreitbar eine wesentliche Bereicherung der ökonomischen Theorie dar. Wenn diese Ansätze aber dazu benutzt werden, um (scheinbare) Ungleichgewichte aller Art zu erklären, verstellen sie den Blick auf reale Probleme, wie sie sich aus Konzentration, Preisrigiditäten und gesellschaftlichen Dauerkonflikten ergeben. Insbes. das Konzept der Sucharbeitslosigkeit birgt die Gefahr in sich, tatsächliche Arbeitsmarktprobleme zu verharmlosen. – 5. Die monetaristische Analyse führte zu einer wissenschaftlichen Auseinandersetzung um die Bedeutung von *Verdrängungseffekten (Crowding-out-Effekte).* Auch dies stellt eine Bereicherung der Diskussion dar. Im Ergebnis wurde die Hypothese eines vollständigen crowding-out aber überwiegend abgelehnt, zumal wenn sich die Wirtschaft in einer Unterbeschäftigungssituation befindet. – 6. Heute sind auch keynesianisch orientierte Ökonomen hinsichtlich des Problems von *zeitlichen Verzögerungen* bei geld- und fiskalpolitischen Maßnahmen skeptischer geworden. Die Vermutung, daß antizyklisch gemeinte Maßnahmen prozyklisch wirken, muß jedoch als extrem bezeichnet werden. Die Konsequenz aus dem Auftreten von lags muß nicht der generelle Verzicht auf konjunkturpolitische Maßnahmen sein, sondern kann auch in einer sorgfältigeren Mittelwahl und einer präziseren zeitlichen und quantitativen Dosierung bestehen. – 7. Schließlich ist festzuhalten, daß der monetaristische Glaube an die Selbststabilisierung des Marktsystems, die Tendenz zur Verharmlosung von wirtschaftlichen und sozialen Folgen anhaltender Fehlentwick-

lungen, die Geringschätzung der Bedeutung von Verteilungsproblemen und negativen externen Effekten nicht wissenschaftlich begründbar ist, sondern durch ein *Werturteil* eingebracht wird. – 8. Für weitergehende Kritik vgl. →Keynessche Lehre, →Postkeynesianismus.

Literatur: Brunner, K., Eine Neuformulierung der Quantitätstheorie des Geldes – Die Theorie der relativen Preise, des Geldes, des Output und der Beschäftigung, Kredit und Kapitel 3, (1970), S. 1 ff.; Friedman, M., Die optimale Geldmenge und andere Essays, München 1970; Kalmbach, P., Der Neue M., München 1973; Schröder, W., Theoretische Grundstrukturen des Monetarismus, Baden-Baden 1978.

Dr. Klaus-Dieter John

monetaristische Geldmengenregel, →Geldmengenregel.

money center banks, Gruppe der →commercial banks in den USA, deren Konzernbilanz 30 Mrd. US-Dollar übersteigt und die ihren Hauptsitz an einem der großen Bankplätze der USA haben.

money market deposit account, →Finanzinnovationen.

money market mutual fund, →Finanzinnovationen.

Mongolische Volksrepublik, umfaßt das Gebiet der früheren ,,Äußeren Mongolei" Chinas in Zentralasien. – *Fläche:* 1 566 500 km^2. – *Einwohner* (E): (1985, geschätzt) 1,89 Mill. (1,2 E/km^2); meist Mongolen, ferner Turkvölker, Russen und Chinesen. – *Hauptstadt:* Ulan-Bator (470 500 E); weitere wichtige Städte: Darchan (63 600 E), Erdenet (40 500 E). – *Unabhängig* seit 1924, kommunistische Volksrepublik, Verfassung von 1960, Einkammerparlament ,,Großer Volks-Chural", Einheitspartei. – *Verwaltungsgliederung:* 18 Provinzen (Aimaks), 3 Stadtbereiche; die Aimaks sind in 302 Somons gegliedert. – *Amtssprache:* Mongolisch.

W i r t s c h a f t : *Landwirtschaft:* Kollektivierte Viehzucht als Haupterwerbszweig (Rinder, Schafe, Ziegen, Pferde, Kamele). Anbaufläche der Landwirtschaft 1,2 Mill. ha (Weizen). – *Bergbau und Industrie:* Reich an Bodenschätzen. Abgebaut werden Braun- und Steinkohle, Flußspat, Eisenerz, verschiedenen Bunt- und Edelmetalle. Zu den wichtigsten Industriezweigen zählt die Leicht- und Lebensmittelindustrie, die hauptsächlich landwirtschaftliche Produkte be- und verarbeitet. Hauptgewerbestandort ist das Gebiet von Ulan-Bator-Nalaicha. – *BSP:* (1982, geschätzt) 1900 Mill US-$ (1050 US$ je E). – *Export:* (1983) 536,0 Mill. US-$, v. a. landwirtschaftliche Rohstoffe und Produkte; mineralische Rohstoffe (Kupfer- und Molybdänerzkonzentrate usw.); Konsumgüter (u. a. Teppiche, Lederbekleidung). – *Import:* (1983) 1438,7 Mill. US$, v. a. Maschinen, Ausrüstungen und Fahrzeuge; Erdöl und Erdölprodukte. – *Handelspartner:* UdSSR und übrige RGW-Staaten.

V e r k e h r : Nord-Süd-Verbindungsbahn zwischen VR China (Peking) und der UdSSR (Ulan Ude an der Transib); mehrere Autopisten, daneben alte Karawanenrouten. Anschluß an das sowjetische und chinesische *Flugnetz.* Verkehrswege ständig im Ausbau begriffen.

M i t g l i e d s c h a f t e n : UNO, RGW, UNCTAD u. a.

W ä h r u n g :; 1 Tugrik (Tug.) = 100 Mongo.

monistisches Steuersystem, →Steuersystem, das auf dem Gedanken der Besteuerung durch die Erhebung einer →Alleinsteuer basiert. Unabhängig davon, ob die Alleinsteuer eine direkte oder indirekte Steuer ist, führt das m. S. nicht zu einer rationalen Besteuerung (→rationales Steuersystem). – *Gegensatz:* →pluralistisches Steuersystem. –

Monitor. 1. Synomym zu →Bildschirm. – 2. →TP-Monitor.

monitoring, →strategische Frühaufklärung I.

Monobetrieb, →Einprogrammbetrieb.

Monokultur. 1. Bezeichnung für die regionale Konzentration der Markterzeugung in der *Landwirtschaft* auf ein Produkt, etwa Baumwollproduktion, Kaffeeanbau oder Rinderzucht. – 2. Im übertragenen auch für Teilgebiete oder Städte mit einseitig entwickelter, dabei jedoch krisenanfälliger *Industrie,* etwa Schiffbau, Schmuckindustrie.

monolithischer Speicher, →Halbleiterspeicher.

Monopol. I. B e g r i f f : →Marktform, bei der auf der Angebotsseite nur ein Verkäufer vorhanden ist. Der Monopolist steht einer →Preis-Absatz-Funktion gegenüber, die gleichzeitig die Gesamtnachfrage-Funktion des Marktes ist. Sein →Aktionsparameter ist entweder der Preis oder die Menge. Die notwendige Bedingung für ein Gewinnmaximum eines Monopolisten lautet: Grenzkosten = Grenzerlös (→Cournotscher Punkt).

II. A r t e n : 1. *Natürliche M.:* Z. B. Mineralquellen; vgl. auch →natürliches Monopol. – 2. *Rechtliche M.:* a) *Staatliche M.:* Post-, Branntweinmonopol. b) *Gesetzliche M.:* M. durch Patente, Marken- und Musterschutz. c) *Wirtschaftliche M.:* (1) originäre M.: Kunstwerke; (2) vertragliche M.: →Trust, →Kartell.

III. B e u r t e i l u n g : Oft wird der Vergleich zwischen dem M. und der →vollkommenen Konkurrenz gezogen (→Preisbildung) und behauptet, daß der M.preis läge über dem bei vollständiger Konkurrenz. Diese Aussage ist aber so ohne weiteres nicht richtig, da man nicht von gleichen Kostensituationen ausgehen kann. – Daneben können M. durchaus *erwünscht* sein. Nach Ansicht Schumpeters

haben M. erst Investitionen großen Stils möglich gemacht, die für rasches Wachstum der Volkswirtschaft unerläßlich sind, da sie die Schaffung großer Anlagewerte mit einem hohen Kapitalbedarf aufgrund ihrer Größe und der damit verbunden finanziellen Ausstattungen erst ermöglichen. – Nicht zu leugnen ist die *Gefahr,* daß M. ihre wirtschaftliche Macht mißbrauchen. – Aus diesen Überlegungen ist für die Wirtschaftspolitik die Konsequenz zu ziehen, M. nicht grundsätzlich zu verbieten, sondern sie einer strengen *Mißbrauchsaufsicht* zu unterwerfen.

Monopolanstalt, öffentlich-rechtliche Versicherungsanstalt, bei der allein in bestimmten Versicherungszweigen (z. B. Feuerversicherung) und innerhalb bestimmter Gebiete (z. B. Bayern) Versicherungsverträge (für Gebäude) abgeschlossen werden können; für die M. besteht →Annahmepflicht. – Vgl. auch →Zwangsanstalt, →Wettbewerbsanstalt.

Monopolausgleich, aufgrund des →Branntweinmonopols bei der Einfuhr von Branntwein und weingeisthaltigen Erzeugnissen neben dem Zoll erhobene Ausgleichsabgabe (→Abgabe), deren Höhe der inländischen Steuerbelastunbg entspricht und nach dem vergleichsweisen Herstellungspreis des Inlandes gestaffelt ist.

Monopolgesetzgebung, Bekämpfung der aus dem Mißbrauch von Monopolen und ihrer wirtschaftlichen und politischen Macht drohenden Gefährdung des Wirtschaftslebens in den meisten modern organisierten Staaten. – *Zu unterscheiden:* 1. *Verbotsgesetze:* Verbieten Monopole grundsätzlich (z. B. →Antitrust-Gesetzgebung); Ausnahmen sind meist mit staatlicher Genehmigung möglich. – 2. *Mißbrauchsgesetze:* Wollen den Mißbrauch der Monopolstellung durch die Einrichtung staatlicher Kontrollen verhüten (z. B. Registrierungspflicht für alle monopolartigen Unternehmungen in Schweden). Vgl. im einzelnen →Monopolmißbrauch. – 3. *Mischformen* sind möglich. – 4. M. der *Bundesrep. D.:* Vgl. →Kartellgesetz.

Monopolgewinn, *Monopolrente,* Überschuß des Gesamterlöses über die Gesamtkosten, den ein Monopolist aufgrund seiner Marktposition zu erzielen vermag. – Vgl. auch →Preisbildung.

Monopolgrad. 1. Nach *Lerner:* Nach Maß zur Ermittlung der Abweichung des tatsächlichen Konkurrenzgrades vom Zustand bei →vollkommener Konkurrenz: $\dfrac{P - K'}{P}$ (P = Marktpreis, K' = Grenzkosten der Ausbringungsmenge, die bei diesem Preis auf den Markt gebracht wird). Bei vollkommener Konkurrenz ist P = K', der M. ist also bei dieser Marktform gleich Null. Je höher die Anbieter den Preis über den Grenzkosten ansetzen kann, desto größer ist ceteris paribus seine Macht und desto höher ist der durch den M. angegebene Wert. – 2. Nach *Kalecki:* Die Abhängigkeit der →Einkommensverteilung vom M. wird dargestellt als $\dfrac{R}{w_v + z}$ (R = Umsatz, w_v = variable Lohnkosten, z = Materialkosten). – Vgl. auch →Verteilungstheorie III 5.

Monopolgradtheorien, →Verteilungstheorie III 5.

Monopolgüter, nach den Klassikern (Klassik), spezifisch seltene Güter, wie Kunstwerke oder natürliche Resourcen, die nicht beliebig vermehrbar sind. Durch Monopolisierung eines Industriezweiges, z. B. durch Abschluß von Kartellverträgen, kann auch ein ursprünglich beliebig vermehrbares →Gut zum M. werden.

monopolistische Konkurrenz. 1. Von E. Chamberlin geprägter *Ausdruck* für die →Marktform der unvollkommenen Konkurrenz (→unvollkommener Markt; *monopolistic competition*). Zwar treten auf der Angebotswie auf der Nachfrageseite viele Marktteilnehmer auf, aber jeder Verkäufer (oder Käufer) nimmt wegen der Unvolkommenheit des Marktes eine schwache monopolistische Stellung ein. Die m. K. ist also eine atomistische Konkurrenz auf unvollkommenem Markt, eine der häufigsten Marktformen, z. B. im Einzelhandel. – Die Unvollkommenheit eines Marktes führt dazu, daß ein Anbieter seinen *Preis* innerhalb bestimmter Grenzen selbständig wie ein Monopolist verändern kann. Erst außerhalb dieses Bereiches treten Konkurrenzreaktionen auf. – 2. In der Literatur finden sich *zwei Lösungsvorschläge* für diese Marktform: a) *Chamberlinsche Tangentenlösung:* Jeder Anbieter bestimmt sein Gewinnmaximum gemäß dem Cournotschen Theorem. Solange bei freiem Marktzugang noch Gewinne erzielt werden, treten neue Anbieter auf, deren Angebot die Preis-Absatz-Funktion der bisherigen Anbieter zum Ursprung hin verschieben, bis letztlich kein Gewinn mehr erzielt wird. Bei sämtlichen Anbietern tangiert dann die Durchschnittskostenkurve die Preis-Absatz-Funktion.

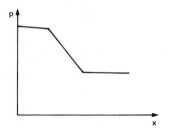

b) *Gutenbergsche Lösung:* Gutenberg geht davon aus, daß infolge Präferenzen die individuellen Preis-Absatz-Funktionen doppelt geknickt sind. Er spricht vom monopolistischen Bereich in der polypolistischen Preis-Absatz-Funktion (Abb.). Das Gewinnmaximum wird gemäß dem Cournotschen Theorem bestimmt (→Cournotscher Punkt).

monopolistischer Vorteil, →internationale Unternehmungen IV 1.

Monopolkapitalismus. 1. *Charakterisierung:* Im →Marxismus-Leninismus Phase des →Kapitalismus, die seit etwa 1870 dem →Konkurrenzkapitalismus folgen soll. – Beschrieben wird sie durch eine ausgeprägte →*Zentralisation des Kapitals,* d. h. durch eine zunehmende Monopolisierung und Kartellierung, und durch die *Verschmelzung des Bankmit dem Industriekapital* durch gegenseitige Beteiligung, zumeist in der Rechtsform der AG („Finanzoligarchie"). Innerhalb dieser Unternehmen erlangten die angestellten Manager eine wachsende Selbständigkeit, wodurch die Eigentümer (Kapitalisten) zu funktionslosen und ökonomisch überflüssigen „Geldkapitalisten" degradiert würden. Dieser Funktionsverlust der privaten Kapitaleigentums sowie die durch die Zentralisation verursachte *umfassende „Vergesellschaftung" der Produktion,* d. h. der hohe Grad der gesamtwirtschaftlichen Arbeitsteilung, wird als unmittelbare Vorstufe zum →Sozialismus angesehen. – 2. *Beurteilung:* Die nachträgliche Einführung der M.-Theorie in das Marxsche Entwicklungsschema (→historischer Materialismus) ist als Ad-hoc-Hypothese zu werten, durch die es trotz zuwiderlaufender Erfahrungen gestützt werden soll (vgl. auch →Imperialismus, →Staatmonopolkapitalismus, →Spätkapitalismus). – Die zu der fraglichen Zeit, z. B. in Deutschland, tatsächlich beobachtbare Vermachtung der Märkte durch Monopole und Kartelle hatte ihre Ursache nicht in einer unvermeidbaren Zwangsläufigkeit, sondern in einer falschen staatlichen →Ordnungspolitik: Diese förderte, unter dem Einfluß der →Historischen Schule der Nationalökonomie, als der damals vorherrschenden wirtschaftstheoretischen Denkrichtung im deutschsprachigen Raum, die zunehmende Monopolisierung und Kartellierung als entwicklungsgesetzmäßig unvermeidbar sowie als Beitrag zu Konjunkturdämpfung und Produktivitätssteigerung. Daß jedoch durch entsprechende ordnungspolitische Maßnahmen der Marktvermachtung entgegengetreten werden kann, zeigt z. B. die erfolgreiche Wettbewerbspolitik der USA seit 1890 (Sherman-Act); zunehmende Monopolisierung und Kartellierung sind also keine geschichtliche Zwangsläufigkeit.

Monopolkommission, durch das Zweite Gesetz zur Änderung des Gesetzes gegen

Wettbewerbsbeschränkungen vom 3.8.1973 gebildetes Sachverständigengremium.

I. M i t g l i e d e r : Die fünf Mitglieder werden auf Vorschlag der Bundesregierung durch den Bundespräsidenten auf die Dauer von vier Jahren berufen. Sie sind in ihrer Tätigkeit unabhängig und nur an ihren gesetzlichen Auftrag gebunden, dürfen weder der Regierung noch einer gesetzgebenden Körperschaft des Bundes oder eines Landes noch dem öffentlichen Dienst angehören; sie dürfen auch Repräsentant eines Wirtschaftsverbandes oder einer Arbeitgeber- bzw. Arbeitnehmerorganisation sein.

II. A u f g a b e n : Gesetzlicher Auftrag der M. ist die Beurteilung des jeweiligen Stands der Unternehmenskonzentration in der Bundesrep. D. sowie deren absehbarer Entwicklung unter wirtschafts-, insbes. wettbewerbspolitischen Gesichtspunkten und die Würdigung der Entscheidungspraxis der Kartellbehörden und der Gerichte zur Mißbrauchsaufsicht und zur Fusionskontrolle. Darüber hinaus ist die Kommission aufgefordert, nach ihrer Auffassung notwendige Änderungen der einschlägigen Bestimmungen des Gesetzes gegen Wettbewerbsbeschränkungen (GWB) aufzuzeigen. In Durchführung dieses gesetzlichen Auftrags hat die M. alle zwei Jahre zum 30. Juni ein Gutachten zu erstellen („Hauptgutachten" oder „Zweijahresgutachten"), das der Bundesregierung zugeleitet wird, die es den gesetzgebenden Körperschaften vorlegt und in angemessener Frist dazu Stellung nimmt. Die Untersuchungsergebnisse und Empfehlungen der Kommission werden damit zum Gegenstand parlamentarischer Diskussion und durch die vorgeschriebene Veröffentlichung darüber hinaus einer breiteren Öffentlichkeit bekannt. Über die regelmäßige Beurteilung der Konzentrationsentwicklung hinaus erstattet die Monopolkommission zusätzliche Gutachten („Sondergutachten") sowohl im Auftrag der Bundesregierung als auch nach eigenem Ermessen. Darüber hinaus hat der Bundesminister für Wirtschaft seit der Vierten GWB-Novelle 1980 in allen Zusammenschlußfällen, in denen er im Rahmen eines sog. Ministererlaubnisverfahrens zu entscheiden hat, die gutachtliche Stellungnahme der Monopolkommission einzuholen.

III. G u t a c h t e n : 1976 „Mehr Wettbewerb ist möglich" (Hauptgutachten I), 1978 „Fortschreitende Konzentration bei Großunternehmen" (Hauptgutachten II), 1980 „Fusionskontrolle bleibt vorrangig" (Hauptgutachten III), 1982 „Fortschritte bei der Konzentrationserfassung" (Hauptgutachten IV), 1984 „Ökonomische Kriterien für die Rechtsanwendung" (Hauptgutachten V), 1986 „Gesamtwirtschaftliche Chancen und Risiken wachsender Unternehmensgrößen" (Hauptgutachten VI); 1975 „Anwendung und Möglichkeiten der Mißbrauchsaufsicht über marktbeherrschende Unternehmen seit Inkrafttreten der Kartellgesetznovelle" (Sondergutachten 1), 1975 „Wettbewerbliche und strukturelle Aspekte einer Zusammenfassung von Unternehmen im Energiebereich (VEBA/ Gelsenberg)" (Sondergutachten 2), 1975 „Zusammenschlußvorhaben der Kaiser Aluminium & Chemical Corporation, der PREUSSAG AG und der Vereinigte Industrie-Unternehmungen AG" (Sondergutachten 3), 1977 „Zusammenschluß der Deutsche Babcock AG mit der Artos-Gruppe" (Sondergutachten 4), 1977 „Zur Entwicklung der Fusionskontrolle" (Sondergutachten 5), 1977 „Zusammenschluß der Thyssen Industrie AG mit der Hüller Hille GmbH" (Sondergutachten 6), 1977 „Mißbräuche der Nachfragemacht und Möglichkeiten zu ihrer Kontrolle im Rahmen des Gesetzes gegen Wettbewerbsbeschränkungen" (Sondergutachten 7), 1979 „Zusammenschlußvorhaben der Deutschen BP AG und der VEBA AG" (Sondergutachten 8), 1981 „Die Rolle der Deutschen Bundespost im Fernmeldewesen" (Sondergutachten 9), 1982 „Zusammenschluß der IBH Holding AG mit der Wibau AG" (Sondergutachten 10), 1981 „Wettbewerbsprobleme bei der Einführung von privatem Hörfunk und Fernsehen" (Sondergutachten 11), 1982 „Zusammenschlußvorhaben der Burda Verwaltungs KG mit der Axel Springer GmbH/Axel Springer Gesellschaft für Publizistik GmbH & Co." (Sondergutachten 12), 1983 „Zur Neuordnung der Stahlindustrie" (Sondergutachten 13), 1985 „Die Konzentration im Lebensmittelhandel" (Sondergutachten 14), 1986 „Zusammenschluß der Klöckner-Werke AG mit der Seitz Enzinger Noll Maschinenbau AG" (Sondergutachten 15), 1986 „Zusammenschlußvorhaben der Vereinigte Elektrizitätswerke Westfalen AG mit der Societété Sidéchar S. A." (Sondergutachten 16).

Monopolmißbrauch. 1. *Begriff:* Sittenwidrige Ausnutzung eines →Monopols durch Vorschreiben unbilliger und ganz unangemessener Bedingungen. – 2. *Wettbewerbs- und Kartellrecht:* M. kann Unterlassungs- und Schadensersatzklage nach der Generalklausel des unlauteren Wettbewerbs (→unlauterer Wettbewerb 2 a)) rechtfertigen (→Boykott, →Kontrahierungszwang). Im Kartellrecht gibt es eine Mißbrauchsaufsicht über marktbeherrschende Unternehmen (→Kartellgesetz IV). – *Rechtlich zulässiges Monopol:* →Patent.

Monopolpreis, →Tauschwert von →Monopolgütern, den ein Monopolist aufgrund seiner Marktstellung erzielen kann. – Da der Monopolist i.d.R. einen Maximalgewinn erstrebt (→Cournotscher Punkt), wird der M. im allgemeinen *über* dem Konkurrenzpreis liegen; er kann aber auch auf lange Sicht *unter* dem Konkurrenzpreis liegen, wenn der monopolistische Betrieb aufgrund seiner größeren

Kapitalbasis größere Rationalisierungsmöglichkeiten besitzt (→Skalenerträge).

Monopolrente, →Monopolgewinn.

Monopolsteuer, →Finanzmonopol.

Monopolunternehmen. 1. *I.e.S:* Markt- und verkehrsbeherrschende, vom Staat durch Gesetz geschaffene und geleitete Unternehmen, z.B. Post, Bundesbahn, Branntwein-M. – 2. *I.w.S.:* Durch Vertrag im Rahmen der Gesetze oder durch Eigentum an natürlichen Monopolgütern (Minerallagerstätten, Quellen) marktbeherrschenden Unternehmen. Die aus der Verfügung dieser ökonomischen Machtstellung fließenden Vorteile können unmittelbar den Trägern (→Trust, →Konzern, →Fiskus) oder mittelbar dem durch ein staatliches Monopol geschützten Wirtschaftsbereich zugute kommen. Fragwürdig bleiben die gesamtwirtschaftlichen Auswirkungen der Monopolpreisbildung (→Preisbildung).

Monopolverwaltung für Branntwein, →Bundesmonopolverwaltung für Branntwein.

Monoprogramming, →Einprogrammbetrieb.

Monopson, →Nachfragemonopol.

monotones Schließen, *monotonic reasoning,* in der →künstlichen Intelligenz Methode des Ableitens neuer →Fakten aus einer Menge von →Regeln und Fakten, bei der neue Fakten nicht im Widerspruch zu solchen aus der vorherigen Faktenmenge stehen können. M.S. wird bis heute von allen →Expertensystemen unterstützt, während nichtmonotones Schließen – wenn überhaupt – nur in sehr beschränktem Umfang verwirklicht werden konnte. – *Gegensatz:* →nichtmonotones Schließen.

monotonic reasoning, →monotones Schließen.

Monotonie, durch extreme Arbeitsteilung (→Taylorismus) ausgelöstes Empfinden der Arbeit als gleichförmig und wenig stimulierend. Zugrunde liegt eine Form der →Arbeitsgestaltung, wonach auf immer gleiche Reize hin gleiche Reaktionen zu vollziehen sind. – M. führt häufig zur →Belastung der Person sowie zur steigenden →Fehlzeiten.

Montage, Zusammensetzen vorgefertigter Teile und →Baugruppen zum fertigen Enderzeugnis. In der M. ist v.a. →Fließproduktion anwendbar. – Vgl. auch →Außenmontage.

Montageversicherung, *erection all risks insurance (EAR),* Sparte der →technischen Versicherungen, in der Montageobjekte, -ausrüstung und fremde Sachen (die unter die Ausschlußbestimmungen der Haftpflichtversicherung fallen) gegen unvorhergesehen eintre-

tende Schäden, die während der Versicherungsdauer entstehen, versichert werden. *Nicht versichert* sind Krieg oder kriegsähnliche Ereignisse, hoheitliche Eingriffe, normale Witterungseinflüsse und Kernenergie. *Nach Vereinbarung versicherbar* sind innere Unruhen, Streik, Aussperrung, Verseuchung durch radioaktive Isotope und die Auswirkungen einer Betriebsunterbrechung für noch nicht betriebsfertige, d.h. in der Montage befindliche Maschinen und Anlagen. – *Beginn des Deckungsschutzes* mit Errichtung des Montageortes oder bei Aufnahme des Probebetriebs.

Montanindustrie, Gesamtheit der auf dem Bergbau aufbauenden Kohlen-, Eisenhütten- und Stahlindustrie. In der M. *Deutschlands* bildeten Zechen und Hütten seit jeher eine eng verbundene wirtschaftliche Einheit. Diese wurde im *Bundesgebiet* durch die Entflechtung der Besatzungsmächte vorübergehend zerstört, indem reine Zechen- und Hüttenbetriebe aus den Unternehmungen ausgegliedert und zu eigenen Wirtschaftseinheiten zusammengefaßt wurden. Zum Ausgleich der Kriegssach- und Demontageschäden erfolgte 1952 die Einbeziehung der M. in die Investitionshilfe der westdeutschen Wirtschaft. – Die M. ist mit den Ländern Belgien, Frankreich, Italien, Luxemburg und Niederlande zum *gemeinsamen Markt der Montanunion* (→EGKS) zusammengeschlossen.

Montan-Mitbestimmungsgesetz (MoMitbestG), Gesetz über die Mitbestimmung in den Aufsichtsräten und Vorständen der Unternehmen des Bergbaus und der Eisen und Stahl erzeugenden Industrie vom 21.5.1951 (BGBl I 347), zuletzt geändert durch Gesetz vom 19.12.1985 (BGBl I 2355).

I. Geltungsbereich: (1) Unternehmen der Montanindustrie (einschl. warm-verarbeitende Unternehmen, die am 1.7.81 das MoMitbestG angewandt haben). (2) Kapitalgesellschaften, sofern sie mehr als 1000 Arbeitnehmer beschäftigen oder Einheitsgesellschaften sind. (3) Das MoMitbestG regelt die →Mitbestimmung in den Unternehmensorganen Aufsichtsrat und Vorstand. Es verwirklicht eine paritätische oder qualifizierte Mitbestimmung. Bei Wegfall der gesetzlichen Voraussetzung bleibt das MoMitbestG nach dem Montan-Mitbestimmungsänderungsgesetz vom 21.5.1981 für sechs weitere Geschäftsjahre anwendbar; 1987 verlängert bis 31.12.1988.

II. Inhalt: 1. *Zusammensetzung und Bildung des Aufsichtsrats:* Alle unter das Gesetz fallenden Gesellschaften bilden unbeschadet ihrer Rechtsform einen Aufsichtsrat. Seine Besetzung erfolgt zu gleichen Teilen (paritätisch) durch Anteilseigner und Arbeitnehmer, ergänzt durch den „neutralen Mann". Der Aufsichtsrat besteht aus elf Mitgliedern; er

setzt sich wie folgt zusammen: Vier Vertreter
der Anteilseigner und ein weiteres Mitglied,
vier Vertreter der Arbeitnehmer und ein weiteres Mitglied, ein weiteres Mitglied (neutraler
Mann). Das jeweils „weitere Mitglied" soll
weder dem Unternehmen noch einer (Spitzen-)
Organisation der Arbeitgeber oder Gewerkschaften angehören, sondern das „unabhängige Element"stärken. Zwei Arbeitnehmervertreter müssen dem Unternehmen angehören.
Sie und die beiden Mitglieder der Spitzenorganisation werden vom Betriebsrat gewählt und
vorgeschlagen. Das elfte Mitglied wird von
den übrigen Mitgliedern jeweils mit Mehrheit
beider Gruppen vorgeschlagen. Die Hauptversammlung (Gesellschaftsversammlung)
wählt alle Aufsichtsratmitglieder, ist jedoch
bei den Arbeitnehmervertretern an die Vorschläge der Betriebsräte gebunden. – In
Abhängigkeit von der Höhe des Nenn-
(Grund-)Kapitals kann der Aufsichtsrat auch
15 oder 21 Mitglieder haben, die Zusammensetzung erfolgt analog. – 2. Im *Vorstand* ist
nach dem Gesetz als gleichberechtigtes Mitglied ein →Arbeitsdirektor vorgesehen. Er
kann nicht gegen die Stimmen der Mehrheit
der Arbeitnehmervertreter im Aufsichtsrat
bestellt oder abberufen werden. In der Praxis
hat sich herausgebildet, daß der Arbeitsdirektor hauptsächlich für das Sozial-, Personal-
und Ausbildungswesen zuständig ist. – 3. Für
den Montan-Bereich besteht somit eine *duali-
stische Ordnung:* Auf betrieblicher Ebene gilt
das BetrVG, auf Unternehmensebene das
MoMitbestG (als lex specialis).

III. B e d e u t u n g : 1987 wurde das MoMitbestG noch auf 30 Unternehmen angewendet
(20 Unternehmen im Eisen- und Stahlbereich,
10 Unternehmen im Bergbau).

Montanumlage. Gem. Art. 49 ff. der Finanz-
bestimmungen des EGKS-Vertrags ist die EG-
Kommission u. a. berechtigt, Umlagen auf die
Erzeugung von Kohle und Stahl zu erheben.
Gemäß Art. 50, § 2 werden die Umlagen
jährlich durch Belastung der verschiedenen
Erzeugnisse nach ihrem Durchschnittwert
festgesetzt; die Belastung darf jedoch 1% nicht
übersteigen, es sei denn, daß der Rat mit
Zweidrittelmehrheit vorher zustimmt. Die M.
ist von den zum EGKS-Bereich gehörenden
Unternehmen aufzubringen. Gegen Unter-
nehmen, die in Verzug geraten, kann die Hohe
Behörde Zuschläge bis zu 5% festsetzen.

Montanunion, →EGKS.

Monte-Carlo-Methode, Verfahren der stochastischen →Simulation zur näherungswei-
sen Bestimmung von mathematischen Größen, die abhängig von Zufall (Verteilungs-
funktionen) sind. Die →Zufallszahlen aus
dem →Zufallsgenerator gehen direkt in die
mathematischen Ausdrücke ein.

Montserrat, →Großbritannien.

Moody-Index, in den USA berechneter
→Preisindex für Stapelwaren des Welthandels.

Moped, ein →Kleinkraftrad oder Fahrrad mit
Hilfsmotor (→Mofa). – Führerschein Klasse
4, nicht zulassungs- und steuerpflichtig, Vollendung des 16. Lebensjahres *erforderlich,* mitzuführen ist Betriebserlaubnis (§ 18 V StVZO).
M. müssen mit *Versicherungskennzeichen* (von
dem Versicherer ausgehändigt, jeweils für ein
Jahr gültig) oder amtlichen Kennzeichen versehen sein (§ 60 a StVZO). – M. dürfen Autobahnen nicht benutzen.

Moralkodizes, →Verhaltenskodizes.

moral suasion, *gütliches Zureden, Seelenmas-
sage,* wirtschaftspolitisches Instrument in
Form von an die Öffentlichkeit oder an eine
bestimmte Gruppe (bei geldpolitischen Zielen
v. a. Kreditinstitute) gerichteten Appellen
(Maßhalteappellen).

Moratorium. I. A l l g e m e i n : 1. In Zeiten
wirtschaftlicher Schwäche eines Unternehmens (oder Staates) ddurch die Kreditgeber
(Kreditinstitute, Lieferanten) gewährter *Zahlungsaufschub,* d. h. fällige Zinsen und Tilgun-
gen werden gestundet. M. münden oft in
Sanierungskredite, wobei die öffentliche Hand
gelegentlich für Zusatzkredite →Ausfallbürg-
schaften (Landesbürgschaften) von 60–90%
gewährt, um Arbeitsplätze zu erhalten. – 2.
Auf *(einseitigem) Gesetz* oder *(zweiseitigem)
Vertrag gegründeter befristeter Zahlungsaufschub* fälliger Zinsen und Kapitalrückzah-
lungen privater und staatlicher in- und ausländischer Verpflichtungen.

II. M. i m B a n k w e s e n : Bei Schwierigkeiten von Kreditinstituten, die zu konkreten
Gefahren für die Gläubiger führen können,
kann das →Bundesaufsichtsamt →für das
Kreditwesen vorübergehend das Institut für
den Verkehr mit der Kundschaft schließen
und ein Zahlungs- sowie Veräußerungsverbot
erlassen. Für die Dauer des M. sind Zwangs-
vollstreckungen, Arreste und einstweilige Verfügungen in das Vermögen des betreffenden
Instituts nicht zulässig.

Moratoriumsrisiko. 1. *Begriff:* Risiko im
Außenhandelsgeschäft, das darin besteht, daß
durch gesetzgeberische Maßnahmen in einem
Schuldnerland ein →Moratorium oder ein
Zahlungsverbot erlassen wird, das dem Zahlungspflichtigen die vertragsmäßige Erfüllung
seiner Schuld untersagt. – *Anders:* →Transfer-
risiko. – 2. *Deckung:* Das M. kann im Rahmen
des politischen Risikos durch die →Hermes-
Kreditversicherung AG gedeckt werden.

Morgen, altes Flächenmaß, wechselnd mit der
Landschaft zwischen 25 und 30 Ar.

Morphologie. I. Wissenschaftstheorie: →Kreativitätstechnik, die auf der analytischen Zerlegung eines Problems in Teilprobleme basiert. Für die Teilprobleme werden alternative Lösungen ermittelt; die Gesamtproblemlösung durch Kombination der Teillösungen gesucht. Eine Vielzahl der Alternativenkombinationen wird aus praktischen Aspekten verworfen. – *Bekannteste M.-Methode:* Morphologischer Kasten von Zwicky (1966).
II. Ordnungstheorie: Lehre von der Gestalt einer Wirtschaftsordnung. – *Grundgedanke* dabei ist, daß die realisierte Wirtschaftsordnung als Kombination der spezifischen Ausprägungen (Elementarformen) der einzelnen Bestandteile (Hauptformen) der die Gesamtordnung konstituierenden Teilordnungen beschreibbar ist *(Morphographie).* Es wird davon ausgegangen, daß die realisierte Planungsordnung den Grundtypus einer Wirtschaftsordnung bestimmt. Die übrigen Elementarformen sind dieser Sicht zufolge nur von untergeordneter Bedeutung, jedoch muß ihre Verträglichkeit mit der primären Elementarform der Planung gewährleistet sein, sollen keine dysfunktionalen Wirkungen von der Kombination aller Elementarformen ausgehen. Vgl. im einzelnen Übersicht Sp. 481/482.

Mortalität, die unter den jeweiligen Existenzbedingungen einer Bevölkerung beobachtete Sterblichkeit nach Altersgruppen, Geschlecht, Familienstand und sozialökonomischen Merkmalen. – Vgl. auch →Mortalitätsmaße.

Mortalitätsmaße, Verhältniszahlen zur Charakterisierung der Verminderung einer Bevölkerung durch Sterbefälle. – *Formen:* 1. *Allgemeine Sterbeziffer:* Die Zahl der Gestorbenen, bezogen auf die durchschnittliche Gesamtbevölkerung. Für zeitliche und örtliche Vergleiche der →Mortalität nicht sehr zuverlässig, weil die Zahl der Gestorbenen stark vom Alter und Geschlecht der Bevölkerung abhängt. – Gestorbene auf 1000 Einwohner:

a) *Sterbeziffer für Deutschland:*

1910 = 16,2	1938 = 11,6
1925 = 11,9	1939 = 12,3

b) *Sterbeziffer für Bundesrep. D.* (einschl. Berlin-West):

1949 = 10,4	1975 = 12,1
1955 = 11,1	1980 = 11,6
1960 = 11,6	1985 = 11,5
1965 = 11,5	1986 = 11,5
1970 = 12,1	

2. *Altersspezifische Sterbeziffer:* Die Gestorbenen in einem bestimmten Alter, getrennt nach Geschlecht, bezogen auf die durchschnittliche Bevölkerung entsprechenden Alters. Unterschieden nach Todesursachen üblicherweise auch nach Nationalität, Familienstand, sozio-ökonomischen Gruppen usw. – 3. *Säug-*

lingssterblichkeit: Zahl der im ersten Lebensjahr im Verhältnis zu den Lebendgeborenen. Häufig unterschieden nach dem Alter der gestorbenen Säuglinge, nach Tagen, Wochen und Monaten, nach Geschlecht, Legitimität, Schwangerschaftsdauer oder Geburtsgewicht. – In *Deutschland* zu Beginn des 20 Jh. noch sehr hoch. 1900: 226 Gestorbene auf 1000 Lebendgeborene; 1946: 97,1 Gerstorbene auf 1000 Lebendgeborene, seitdem ständig fallend: 1986: 8,6 Gestorbene auf 1000 Lebendgeborene (Knaben: 9,5, Mädchen: 7,5). Rund 42% aller Säuglingssterbefälle ereignen sich in der ersten Lebenswoche (1986: 3,6 Gestorbene in den ersten 7 Lebenstagen auf 1000 Lebendgeborene). Die Säuglingssterblichkeit von besonderer Bedeutung für die Beurteilung der hygienischen und medizinischen Verhältnisse in einem Gebiet. – 4. *Perinatale Sterblichkeit:* Totgeborene und die in der ersten Lebenswoche Verstorbenen im Verhältnis zu den Lebend- plus Totgeborenen. – 5. *Lebenserwartung der Neugeborenen* (→Sterbetafel): Zuverlässigstes M., weil unabhängig von den Veränderungen der Altersgliederung einer Bevölkerung.

Mosambik, *Volksrepublik Mosambik,* südostafrikanischer Küstenstaat am Indischen Ozean. – *Fläche:* 801 590 km², darunter 15 210 km² Binnengewässer. – *Einwohner* (E): (1985, geschätzt) 14 Mill. (17,5 E/km²); 99% Bantu. – *Hauptstadt:* Maputo (734 149 E); weitere wichtige Städte: Beira (214 200 E), Nampula (148 400 E). – *Unabhängig* seit 1975 (zuvor portugiesische Kolonie bzw. Provinz), Sozialistische Volksrepublik, Verfassung von 1975, Volksversammlung, Einheitspartei. – *Verwaltungsgliederunmg:* 11 Provinzen, Distrikte, Gemeinden. – *Amtssprache:* Portugiesisch.

Wirtschaft: M. gehört zu den wenigsten entwickelten Ländern. – *Landwirtschaft:* Traditionelle Nahrungspflanzen sind Maniok, Mais, Erdnuß und Hirse. Für den Export werden v. a. Kaschunüsse, Zuckerrohr, Tee, Sisal, Baumwolle, Kopra und Zitrusfrüchte kultiviert. Im Hochland Viehzucht (Rinder), – Der Brandrodungsbau erforderte Aufforstungsmaßnahmen. – Bedeutende *Fischerei* (Fangmenge 1982: 36650 t). – *Bergbau und Industrie:* Die Bodenschätze sind noch nicht vollständig erforscht. Abgebaut werden u. a. Tantalit, Kupfer, Steinkohle, Bentonit, Mikrolith, sowie Edel- und Halbedelsteine. Beabsichtigt ist die Förderung von Erdgas, Erdöl und Eisenerz. Die noch schwach entwickelte Industrie basiert auf der Verarbeitung heimischer Agrarprodukte und Rohstoffe. Von Bedeutung sind die Erdölraffinerie und die Zementproduktion. – *BSP:* (1983, geschätzt) 2700 US-$ (211 US-$ je E). – *Öffentliche Auslandsverschuldung:* (1982) 25% des BSP. – *Inflationsrate:* (Durchschnitt 1980–82) 10–15%. – *Export:* (1984) 86 Mill. US-$, v. a. Zucker, Kaschunüsse, Krebs- und Weich-

Teilordnung	Hauptform	Elementarform
Planungs-ordnung	Form der Planung des Wirtschaftsprozesses	– dezentrale Planung – zentrale Planung
Eigentums-ordnung	Formen des Eigentums	– Individualeigentum – Gruppeneigentum/Gesellschaftseigentum – Staatseigentum
Unternehmens-ordnung	Unternehmensformen (juristisch fixierte Unternehmensverfassung)	– z. B. für Bundesrepublik Deutschland: OHG, KG, GmbH, AG, KGaA, eG – z. B. für DDR: Volkseigener Betrieb, Kombinat, Landwirtschaftliche Produktionsgenossenschaft, Volkseigenes Gut
	Formen unternehmerischer Willensbildung	– Alleinbestimmung durch den Träger 1. des Faktors Arbeit (Arbeiterselbstverwaltung) 2. der Sachfaktoren (Eigentümer–Unternehmer) – Mitbestimmung (gesetzlich oder freiwillig)
	Formen betrieblicher Ergebnisrechnung (Formalziel der Unternehmung)	– Gewinnprinzip – Einkommensprinzip – Planerfüllungsprinzip (i. V. m. Prämienprinzip) – Kostendeckungsprinzip
Haushalts-ordnung	Formen der Haushaltungen	– private Haushaltungen (Einzelpersonen, Familien, Vereine, Verbände u. a.) – öffentliche Haushaltungen (Gebietskörperschaften, sonstige öffentliche oder halböffentliche Körperschaften, Sondervermögen) – Eigenwirtschaften (Betriebe mit weitgehendem Selbstverbrauch der produzierten Güter und Leistungen)
Marktordnung	Formen der Preisbildung	– freie Preisbildung – kollektive Preissetzung durch 1. Verbände, Kartelle u. ä. 2. staatliche Instanzen (Gebühren, Fest-, Höchst-, Mindestpreise)
	Formen der Marktbeziehungen	– Kombinationen der Formen von Angebot und Nachfrage (Polypol, Oligopol, Monopol usw.) – Formen der rechtlichen und finanziellen Verflechtungen zwischen Unternehmen – Entwicklungsstand und Organisation der Märkte
Wettbewerbs-ordnung	Formen des Wettbewerbs	– Laissez-faire-Prinzip – marktwirtschaftlicher Wettbewerb mit staatlicher Wettbewerbspolitik nach 1. dem Prinzip der Wettbewerbsfreiheit 2. dem Prinzip des funktionsfähigen Wettbewerbs – staatssozialistischer Wettbewerb als 1. Aktivisten- und Neuererbewegung 2. Mobilisierungskampagnen 3. Prämienanreize
Geldordnung	Formen der Geldentstehung	– Sachgut wird zu Geld (Warengeld, z. B. Edelmetalle) – Kreditnehmer schafft Geld – Kreditgeber schafft Geld
	Formen der Funktionserfüllung des Geldes	Tausch-, Zahlungsmittel-, Wertaufbewahrungs- und Recheneinheitsfunktion werden – von einer Geldform gemeinsam oder – von verschiedenen Geldformen getrennt erfüllt
	Formen des Geldangebots	– staatliches Geldschöpfungsmonopol – privatwirtschaftliche Geldschöpfung – Nebeneinander staatlicher und privatwirtschaftlicher Geldschöpfung
Außenhandels-ordnung	Formen der Außenwirtschaftsbeziehungen	– Freihandel – private Beschränkung des Freihandels durch 1. Ein- und Ausfuhrkartelle bzw. -monopole 2. Selbstbeschränkungsabkommen – staatliche Beschränkung des Freihandels durch 1. Zölle 2. Kontingente 3. Ein- und Ausfuhrverbote 4. Devisenbewirtschaftung – zentrale Planung des Außenhandels im organisatorischen Rahmen güter- und devisenwirtschaftlicher Planbilanzen und mit Hilfe von Außenhandels- und Devisenmonopolen
	Formen der Wechselkursbildung	– flexible Wechselkurse – stufenflexible Wechselkurse – fixe Wechselkurse

tiere, Rohbaumwolle. – *Import:* (1984) 487 Mill US-$, v. a. Maschinen und Fahrzeuge, bearbeitete Waren, chemische Erzeugnisse, Nahrungsmittel. – *Handelspartner:* Rep. Südafrika, USA, Portugal, DDR.

Verkehr: M. hat große Bedeutung als Durchgangsland für Simbabwe, Sambia, Zaire und Transvaal. Die Streckenlänge der *Eisenbahn* betrug (1982) 3843 km; darunter ein Teilstück der wichtigen Strecke vom Hafen Beira über Havare (Salisbury – Simbabwe) nach Lubumbashi (Elisabethville – Zaire); ferner mehrere Stichbahnen. – 39173 km *Straßen* unterschiedlicher Beschaffenheit. Wichtigste *Häfen:* Maputo, Beira, Nacala. M. verfügte (1983) über 97 *Handelsschiffe* (über 100 BRT) mit einer Gesamttonnage von 43400 BRT. – Internationale *Flughäfen:* Maputo und Beira. Eigene *Luftverkehrsgesellschaft.*

Mitgliedschaften: UNO, AKP, OAU, UNCTAD u. a.

Währung: 1 Metical (MT) = 100 Centavos.

most seriously affected countries (MSAC), von den Vereinten Nationen 1974 geprägte Bezeichnung für besonders unterentwickelte →Entwicklungsländer. Klassifizierung nach folgenden *Kriterien:* niedriges Pro-Kopf-Einkommen; starker Preisanstieg bei wichtigen Importen im Vergleich zu den Exporten (Verschlechterung der →terms of trade); steigende Transportkosten; Schwierigkeiten, ausreichende Exporterlöse zu erzielen; hoher Schuldendienst; niedrige Währungsreserven; relativ große Bedeutung des Außenhandels für den Entwicklungsprozeß. – *Bedeutung:* 1985 galten 45 Entwicklungsländer mit ca. 1,3 Mrd. Menschen (ca. 36% der Bevölkerung der Dritten Welt) als MSACs; diese waren: Afghanistan, Ägypten Äthiopien, Bangladesh, Benin, Birma, Burundi, Elfenbeinküste, El Salvador, Gambia, Ghana, Guatemala, Guinea, Guinea-Bissau, Guyana, Haiti, Honduras, Indien, AR Jemen, DVR Jemen, Kambodscha, Kamerun, Kap Verde, Kenia, Laos, Lesotho, Madagaskar, Mali, Mauretanien, Mosambik, Nepal, Niger, Burkina Faso (Obervolta), Pakistan, Ruanda, Samoa, Senegal, Sierra Leone, Somalia, Sri Lanka, Sudan, Tansania, Tschad, Uganda, Zentralafrikanische Republik; – Eine andere Einteilung führt zur Gruppe der →*least developed countries (LLDC).* Beide Gruppen überschneiden sich; 1985 waren 26 MSACs zugleich LLDCs.

Motiv, Bedürfnis. 1. *Begriff:* Antrieb des Verhaltens. – 2. *Komponenten der M.:* a) *Aktivierende Komponente:* Triebe, die das Verhalten, ausgelöst durch Störung des biologischen Gleichgewichts, aktivieren und lenken (→Aktivierung, →Emotionen). – b) *Kognitive Komponente:* Bewußter oder willentlicher Prozeß der Zielsetzung, der →Wahrnehmung und

Interpretation von Handlungsalternativen umfaßt, d. h. ein bewußtes Anstreben von Zielen; in der Motivationstheorie ist die Zugehörigkeit der kognitiven Komponente umstritten. – 3. *Arten:* a) „niedere“, physiologisch bedingte M. (angeborene Triebe und Emotionen, z. B. Hunger, Durst, Schlag, Sexualität); b) „höhere“ M., die erst nach der Befriedigung von Trieben und Emotionen auftreten (z. B. soziale M., Selbstverwirklichung). Weitere Unterscheidung nach Komplexität (Zusammenwirken verschiedener Antriebskräfte) und Konkretheit der M. – 4. *Bedeutung für Marketing und Werbung:* In erster Linie Beschäftigung mit der aktivierenden Komponente: Durch Gliederung der Konsummotivationen in zugrundeliegende Emotionen und Triebe können Zusammenhänge zwischen Antriebskräften und Handlungsabsichten aufgedeckt werden. Für die Werbung ergeben sich daraus Strategiekonzepte, z. B. Ansprechen und Verstärken der sozialen M. (u. a. Gruppenzugehörigkeit, Prestige) oder Hervorheben der durch eine Marke möglichen Triebbefriedigung. – 5. *Messung:* In erster Linie durch →Befragung. Problematisch ist allerdings das Nichtbewußtsein vieler Antriebskräfte und Handlungsabsichten. Deshalb oft auch Einsatz projektiver und nichtverbaler Befragungsmethoden.

Motivation, Summe aktivierender und orientierender Beweggründe (→Motiv) für Handeln, Verhalten und Verhaltenstendenzen. Im Gegensatz zu den Menschen ohnehin begrenzten biologischen Antrieben sind M. und einzelne Motive gelernt bzw. in Sozialisationsprozessen vermittelt. – Vgl. auch →Motivationspotential, →Motivationstheorien, →Arbeitsmotivation, →Leistungsmotivation, →Erwartungs-Wert-Theorie, →Zweifaktorentheorie.

motivation research, →Motivforschung.

Motivationsforschung, Forschungsgebiet der Psychologie, das sich auf alle Fragen nach den Beweggründen für das menschliche Verhalten bezieht (→Motivation). – M. unterscheidet sich von der →*Motivforschung* dadurch, daß sich diese auf Einzelmotive (z. B. Konsumbedürfnisse) bezieht.

Motivationspotential, latente Stärke der →Motivation. Eine Tätigkeit weist ein *erhöhtes M.* auf, sofern sie den Einsatz unterschiedlicher Fähigkeiten ermöglicht sowie die Ausführung einer ganzheitlichen Aufgabe verlangt, die einen bedeutsamen Inhalt hat, Entscheidungsfreiheit beinhaltet und so gestaltet ist, daß die Person eine Rückkopplung in Bezug auf das Arbeitsergebnis erhält (Oldham & Hackmann). *Vergrößerung des M.* durch deren Maßnahmen der Arbeitserweiterung (→job enlargement), Arbeitsbereicherung (→job enrichment) sowie der →teilautonomen Arbeitsgruppe.

Motivationsstrukturen, im Bereich der industriellen Arbeit die verschiedenartigsten Beweggründe, die den arbeitenden Menschen zu seiner Arbeitsleistung bestimmen. Fürstenberg hat folgende vier M. zusammengefaßt: (1) *zweckrationale M.:* Ausrichtung auf materielle Ziele; (2) *wertrationale M.:* Von ethischen und religiösen Werten abhängig; (3) *traditionale M.:* Bestimmt durch langjährige Lebensgewohnheiten der betreffenden Arbeitnehmergruppe; (4) *emotionale M.:* Bestimmt durch das Betriebsklima und andere gefühlsmäßige Einstellungen.

Motivationstheorien, Theorien, die sich mit der Frage, warum und unter welchen Bedingungen Menschen bestimmte Aktivitäten entfalten und Leistungen erbringen, beschäftigen. Moderne M., wie z. B. die Erwartungs-Valenz-Theorie gehen davon aus, daß Menschen längerfristig wertbesetzte Ziele (z. B. Sicherheit, Anerkennung, Selbstverwirklichung) verfolgen. Bezogen auf die Arbeitsmotivation wird für deren Stärke (1) der Wert eines Handlungsergebnisses für die Erreichung langfristiger Ziele, (2) die Erwartung hinsichtlich der Lösbarkeit von Aufgaben und (3) die Wahrscheinlichkeit, daß die Handlung zum Erreichen der angestrebten Ziele beiträgt, von Bedeutung. – Vgl. auch →Arbeitszufriedenheit, →Führung.

Motivatoren, →Zweifaktorentheorie.

Motivforschung, *motivation research,* Zweig der →Marktforschung, der auf psychoanalytischen Methoden (S. Freud) aufbaut. Die Beweggründe (Motive) des bewußten und unbewußten menschlichen Wollens und Handelns, besonders im Konsumentenverhalten und bei Kaufentscheidungen, werden erforscht und für Zwecke der industriellen Formgebung (industrial design, styling), →Produktdifferenzierung und →Werbung herangezogen. – *Anders:* →Motivationsforschung.

motorischer Vorstellungstyp, →Vorstellungstypen.

Motorisierungsgrad, →Kraftfahrzeugdichte.

Motorrad, →Kraftrad.

Motorroller, →Kraftfahrzeug mit den das →Kraftrad kennzeichnenden Merkmalen, von diesem aber unterschieden i. a. durch völlige Verkleidung und kleinere Räder (Roller).

movable peg, →crawling peg.

MPG, Abk. für →Max-Planck-Gesellschaft zur Förderung der Wissenschaften e. V.

MPM, Metra-Potential-Methode, Netzplantechnik, die Vorgangsknotennetzpläne (→Netzplan) verwendet und nur →Anfangsfolgen (Mindest- und Höchstabstände) zuläßt. Eine weitere Besonderheit besteht in der Möglichkeit, →Bündelbedingungen zu benutzen.– Vgl. auch →Netzplantechnik III.

MPS-Format, Mathematical-programming-system-Format, Dateiformat, das von den meisten auf Großrechnern verwendbaren, kommerziellen Softwarepaketen zur Lösung linearer Optimierungsprobleme vorausgesetzt wird.

MRP. 1. *Begriff:* Klasse von →Softwaresystemen zur Produktionsplanung und -steuerung (vgl. auch →PPS-System) sowie für die zugrundeliegende bedarfsgesteuerte Planungsphilosphie aus den USA. – 2. Nach dem Integrationsgrad betrieblicher Planungsbereiche zu unterscheidende *Stufen:* a) MRP als *material requirements planning* geht von einem vorgegebenen Produktionsprogramm aus. Durch →Stücklistenauflösung mit gleichzeitiger Berücksichtigung von Beständen werden die →Nettobedarfe periodengenau ermittelt und auf den zur Herstellung erforderlichen Produktionsanlagen eingelastet. Dabei wird ein Kapazitätsbelastungsplan erstellt. Ist dieser nicht durchführbar, wird die Nettobedarfsermittlung wiederholt. – b) MRP als *manufacturing ressource planning* (classed loop MRP) liegt vor, wenn die Ergebnisse von Planungsvorgängen nach 2. a) i. S. einer Rückkopplung für die Produktionsprogrammplanung weiterverwendet werden. – 3. *MRP II* repräsentiert eine höhere Integrationsstufe, bei der die Ergebnisse nach 2. a) oder b) in die Aufstellung anderer betrieblicher Pläne eingehen (z. B. in die Umsatzplanung). Für diese Integrationsstufe wird die Möglichkeit der →Simulation benötigt.

MRP II, →MRP 3.

M/S, Abk. für März/September; im Bankwesen: Zinstermin bei Anleihen 1. 3. und 1. 9.

MSAC, Abk. für →most seriously affected countries.

MS-DOS, microsoft disk operating system, →Betriebssystem für Mikrorechner (→Rechnergruppen 2 a)); 1979 von Seattle Computer Products entwickelt, seit 1981 von der Firma Microsoft weiterentwickelt und vertrieben. Zunächst wurde nur der Betrieb eines Mikrorechners als isoliertes →Einplatzsystem unterstützt, ab Version 3.1 auch der Betrieb mehrerer Mikrorechnern in einem →Netz. – Seit Anfang der 80er Jahre benutzt IBM das System mit leichten Modifikationen unter dem Namen PC-DOS für seine Personal Computer; gilt seitdem als →Industriestandard für PC-Betriebssysteme.

MTM-Verfahren, →methods time measurement.

Multiattributmodell, Technik zur mehrdimensionalen Messung der →Einstellung. Es wird konkreter Bezug auf das Untersuchungsobjekt genommen. Das M. geht davon aus, daß sich die Einstellung gegenüber einem Untersuchungsobjekt aus der Wahrnehmung dessen einzelner Eigenschaften bildet. – Vgl. auch →Skalierungsverfahren.

multicomputer network, →Computerverbund (-system).

multicomputer system, →Mehrrechnersystem.

multidimensionale Skalierung (MDS), *mehrdimensionale Skalierung,* Verfahren der →multivariaten Statistik, durch das die Objekte einer →Gesamtheit nach Maßgabe ihrer geeignet zu definierenden Ähnlichkeit (Affinität) gruppiert werden. Objekte mit der größten Ähnlichkeit sind dann durch besonders geringe Entfernung gekennzeichnet. Typisch ist, daß die Objekte durch MDS in einem möglichst niedrig dimensionierten Raum angeordnet werden sollen.

Multifaktoren, →Teilsteuerrechnung II.

Multifaktor-Matrix. 1. *Begriff:* Darstellung der Geschäfte eines Unternehmens – im Sinne der Vorgehensweise einer →Portfolio-Analyse – nach den beiden Dimensionen „Marktattraktivität" (Deckungsbeitragssumme aller Wettbewerber in DM) und „relative Wettbewerbsstärke" (anteiliger Deckungsbeitrag des Unternehmens in Prozent), zu mehreren Zeitpunkten (z.B. für 1977, 1982 und 1987) bewertet und positioniert. Verbindet man diese Positionierungen pro Geschäft zu einer Zeitreihe untereinander, so ergibt sich eine graphische Darstellung des „Kurses" des eigenen Geschäfts im Wettbewerb. – 2. *Vorgehensweise:* a) Zuerst wird der *Handlungsspielraum für mögliche Innovationen in den Strategien analysiert.* Dazu wird das Geschäftssystem bzw. die unternehmensinterne Wertschöpfungskette (→Wettbewerbsstrategie) rekonstruiert; dies ist die Abfolge der Schritte, mit denen ein Unternehmen in einem gegebenen Geschäft seine Güter und Dienstleistungen produziert und an den Kunden bringt. Jede dieser Wertschöpfungsstufen wird daraufhin untersucht, auf welche Art und Weise im Verhältnis zu den Wettbewerbern die Funktion der Stufe erfüllt wird, ob neue Wege gegangen werden können und wenn ja, wie sich diese Innovationen auf die Wettbewerbsposition und das übrige Geschäftssystem auswirken. – b) Aus dieser Analyse werden dann die sog. *Haupterfolgsfaktoren* ermittelt, die Faktoren, die dem Unternehmen die größten Differenzierungsmöglichkeiten gegenüber Weggbewerbern gewähren. Um derartige Differenzierungsmöglichkeiten innerhalb der Haupterfolgsfaktoren zu generieren, werden die sog. *strategischen Freiheitsgrade* ermittelt, die beim Einsatz des jeweiligen Faktors die größten Wettbewerbschancen versprechen. – c) Aus den zur Verfügung stehenden Möglichkeiten wird dann als Strategie die *Kombi-*

nation ausgewählt, die den größtmöglichen Kundennutzen zu niedrigsten Kosten verspricht. Die Menge der derart ermittelten Geschäftsfeldstrategien wird schließlich zur Grundalge der M.-M. gemacht, um so die Investitionsprioritäten festlegen und Finanzierungsbeschänkungen erkennen zu können.

Multifaserabkommen, →Welttextilabkommen.

Multifunktionspaket, →Endbenutzerwerkzeug, v.a. im Bereich des →personal computing. Ein M. vereinigt in sich die Funktionen mehrerer einfacher Werkzeuge. Durch die Integration können Informationen mit verschiedenen Hilfsmitteln bearbeitet und dargestellt werden, ohne daß der Benutzer das Werkzeug wechseln muß. – Typische M. enthalten Komponenten für Tabellenkalkulation (→Tabellenkalkulationssystem), →Business Graphik, →Textverarbeitung und ein →Datenbanksystem, manchmal auch Komponenten für die →Kommunikation mit anderen →Computern. – *Beispiele:* Framework II, Open Access, Symphony.

Multikollinearität, *Kollinearität,* bei der →Mehrfachregression der Fall, daß die →exogenen Variablen nicht frei und unabhängig variieren, sondern daß entweder *exakte* lineare Verknüpfungen zwischen ihnen vorkommen oder daß hohe Beträge von →*Korrelationskoeffizienten* zweier solcher Variablen *(stochastische lineare Abhängigkeiten)* vorliegen. Der letztere (sehr realistische) Fall ist in der klassischen →Regressionsanalyse zulässig, aber schädlich: →Parameter der für die →Grundgesamtheit angenommenen →Struktur können nicht gut identifiziert werden. M. entsteht dadurch, daß mehrere exogene Variablen sachlich auf einen gemeinsamen Faktor zurückgeführt werden können. M. wird durch die Werte der →Korrelationsmatrix der exogenen Variablen *veranschaulicht.* Die *Verfahren zur Eindämmung der M.* – Variablenunterdrückung, lineare →Variablentransformation, Trendbereinigung, Übergang zu Variablendifferenzen, Einbau externer Information – bringen eine Reduktion von M. oft nur auf Kosten anderer Nachteile, etwa einer Fehlspezifikation des Ansatzes (→Spezifikation).

Multilaterale Investitions-Garantie-Agentur (MIGA), eine der →IBRD angegliederte Institution, deren Gründung 1985 beschlossen wurde. Die Gründungskonvention haben bereits zahlreiche Entwicklungs- und Industrieländer (darunter auch die Bundesrep. D.) gezeichnet, in Kraft getreten ist sie aber (Anfang 1987) noch nicht. Vorgesehen ist ein Aktienkapital von 1 Mrd. →Sonderziehungsrechten, die von den Mitgliedsländern aufzubringen sind. – *Aufgaben:* Förderung der privatwirtschaftlichen Investitionstätigkeit in Entwicklungsländern durch Übernahme von Garantien gegen politische Risiken sowie

Beratung der Entwicklungsländer bei ihrer Politik gegenüber Direktinvestitionen.

multilateraler Handel, →Multilateralismus.

Multilateralismus, System mehrseitiger (multilateraler) →Handeslabkommen und →Zahlungsabkommen im internationalen Handel (multilateraler Handel); *Grundsatz* des →GATT. – Vgl. auch →Bilateralismus.

multimodaler Verkehr, →kombinierter Verkehr.

Multimomentverfahren, Beobachtungstechnik des Arbeitszeitstudiums, bei der eine Häufigkeitsstudie im Sinne der mathematischen →Stichprobentheorie durchgeführt wird; dabei wird die Häufigkeit zuvor festgelegter Ablaufarten an einem oder mehreren Arbeitsplätzen mit Hilfe stichprobenartig durchgeführter Kurzzeitbeobachtungen erfaßt. In USA und einigen europäischen Ländern sehr verbreitet. Mit dem M. kann eine hohe Genauigkeit der Zeitstudien (→Multimoment-Zeitstudie) erreicht werden, ohne daß dabei Meßgeräte gebraucht werden. – *Anwendung:* Grundsätzlich kann das M. zur Erfassung sämtlicher Zeitarten (→Grundzeit, →Verteilzeit usw.) angewandt werden. Dies erfordert aber verschiedene Rundgänge bzw. Stichproben.

Multimoment-Zeitstudie, Anwendung des →Multimomentverfahrens im Rahmen der Zeitstudie (→Zeitaufnahme) vorwiegend zur Ermittlung der →Verteilzeitprozentsätze, ggf. auch für →Grundzeit. REFA hat ein Standardprogramm für Durchführung und Auswertung der M.-Z. entwickelt.

multinational corporation (MNC), →internationale Unternehmungen.

multinational enterprise (MNE), →internationale Unternehmungen.

multinationale Unternehmungen, →internationale Unternehmungen.

Multiparadigmasprachen, →Programmiersprachen, die nicht auf einem einzigen →Paradigma (z. B. zugriffsorientiert, regelbasiert, funktionsorientiert, imperativ, prozedural, deklarativ) basieren, sondern mehrere Paradigmen verwirklichen. – *Ziel:* größere Flexibilität; Lockerung der Restriktionen für die →Programmentwicklung, die bei Beschränkung auf ein oder zwei Paradigmen gegeben sind.

multiple Betriebsgrößenvariation, →Betriebsgrößenvariation.

multiple component facility (MCF), Fazilität, die eine Option auf unterschiedliche Finanzierungsinstrumente (z. B. Euronotes, Euro-commercial papers und kurzfristige Bankkredite) beinhaltet, Vorteil: hohe Flexibilität der Kreditnehmer.

multiple Erweiterung, *multiplikative Erweiterung,* Wachstum eines Betriebes (→Betriebs-

größenvariation) bei unveränderter →Produktionsfunktion, d. h. die technisch-organisatorischen Produktionsbedingungen, auch *Produktionsfaktorqualität* genannt, ändern sich nicht. – *Gegensatz:* →mutative Erweiterung.

multiple Geldschöpfung, die im Rahmen eines Systems von Geschäftsbanken insgesamt ablaufende →Geldschöpfung. Wenn z. B. eine Bank über eine →freie Liquiditätsreserve L_F von 10 Mill. DM Zentralbankgeld verfügt und einen Kredit über 10 Mill. DM gewährt, dann fließen von den eingeräumten 10 Mill. DM Sichteinlagen gemäß der Abflußquote c (z. B. von 20% aufgrund der Barabhebungen 2 Mill. DM Zentralbankgeld von der Bank ab zum Publikum. 8 Mill. DM fließen aufgrund von Überweisungen (vereinfacht: vollständig) zu einer anderen Geschäftsbank; diese hält →Mindestreserven und freie Liquiditätsreserven gemäß des Reservesatzes r (z. B. von 10% von 0,8 Mill. DM) und verfügt über eine freie Liquiditätsreserve von 7,2 Mill. DM. Daraufhin gewährt sie Kredite, der Prozeß wiederholt sich, bis keine Geschäftsbank mehr über eine freie Liquiditätsreserve verfügt. Es wurde ein Vielfaches der freien Liquiditätsreserve von 10 Mill. DM an neuen Krediten (ΔK) und neuer →Geldmenge (ΔM) geschaffen:

$$\Delta K = \frac{1}{c + r(1 - c)} L_f; \; \Delta M = \frac{1}{c + r(1 - c)} L_f.$$

Der Bruch gibt den →Geldschöpfungsmultiplikator bei einer freien Liquiditätsreserve an, sein Wert ist größer als eins (bei c, r < 1).

multiple Regression, →Mehrfachregression.

multipler Wechselkurs, →gespaltener Wechselkurs.

multiple virtual system, →MVS.

Multiplexkanal, →Datenübertragungskanal für den Datenaustausch zwischen der →Zentraleinheit und den →Peripheriegeräten. Dabei stehen der schnellen Zentraleinheit unterschiedlich schnelle, in jedem Falle aber unvergleichlich langsamere Peripheriegeräte gegenüber. – *Arten:* a) *Bytemultiplexkanal:* M. für die Übertragung von →Daten zu „langsamen" Geräten (z. B. Drucker) mit byteweiser Verschachtelung (Bytefolge für mehrere langsame Geräte). b) *Blockmultiplexkanal (Selektorkanal):* M. für die Versorgung schneller Peripheriegeräte. Byte- und Blockm. zielen darauf ab, die Transfergeschwindigkeiten zur besseren Ausnutzung der Datenübertragungseinrichtungen den Arbeitsgeschwindigkeiten der beteiligten Elemente anzupassen.

Multiplikationen, →Reichweitenüberschneidung.

Multiplikationssätze der Wahrscheinlichkeit, Beziehungen zwischen Wahrscheinlichkeiten zufälliger →Ereignisse, die in der

→Inferenzstatistik eine grundsätzliche Bedeutung haben. – 1. Sind zwei zufällige Ereignisse A und B *stochastisch unabhängig* (→stochastische Unabhängigkeit), so gilt: $W(A \cap B) = W(A) \cdot W(B)$; die Wahrscheinlichkeit dafür, daß sowohl A als auch B eintreten, ist also gleich dem Produkt der beiden Einzelwahrscheinlichkeiten. – 2. Wird *stochastische Unabhängigkeit nicht* vorausgesehen, so ist $W(A \cap B) = W(A) \cdot W(B \mid A)$ die Wahrscheinlichkeit für B unter der Bedingung, daß A eingetreten ist. Entsprechende Sätze gelten für mehr als zwei zufällige Ereignisse. – In der Wahrscheinlichkeitstheorie sind beide genannten Sätze als Definitionen zu verstehen, und zwar für die Unabhängigkeit zufälliger Ereignisse bzw. für die →bedingte Wahrscheinlichkeit.

multiplikative Erweiterung, →multiple Erweiterung.

Multiplikator. 1. *Begriff:* der Makroökonomik (Kahn, Keynes). Der M. gibt an, um das Wievielfache das Einkommen wächst, wenn die autonomen Ausgaben (z. B. Investitionen, Staatsausgaben, Exporte) steigen. – 2. Das *allgemeine Prinzip des M.* läßt sich demonstrieren, wenn das gesamte Einkommen (Y) aufgeteilt wird in einkommensabhängige Ausgaben f(Y) und autonome Ausgaben A. Es folgt $Y = f(Y) + A$. Eine Veränderung der autonomen Ausgaben führt dann zu: $\dfrac{dA}{1 - f'(Y)}$. Für den Fall, daß $f(Y) = a \cdot Y$; $0 < a = \text{konstant} < 1$, ergibt sich $dY = \dfrac{dA}{1 - a}$.
Der bekannte und *einfachste Investitions-M.* folgt für eine geschlossene Wirtschaft ohne staatliche Aktivität. Die einkommensabhängigen Konsumausgaben seien: $c \cdot Y$; $0 < c < 1$, während die Investitionen (I) autonom gegeben sind. Dann gilt: $Y = cY + I$ und damit $dY = \dfrac{dI}{1 - c}$. – 3. Das allgemeine Prinzip kann beliebig *erweitert und ergänzt* werden. Z. B. folgt für eine vereinfachte offene Wirtschaft mit staatlicher Aktivität: $A = cY^V + I + G + Ex - Im$. Dabei seien: $Y^V = Y - tY$; $0 < t = \text{konstanter Steuersatz} < 1$, $G = \text{autonome Staatsausgaben}$, $Ex = \text{autonome Exporte}$ und $Im = m \cdot Y < 0$, $m = \text{konstante Importneigung} < 1$. Damit folgt:

$$Y = c(1 - t) Y + I + G + Ex - mY$$

und $$dY = \frac{dI + dG + dEx}{1 - c(1 - t) - m},$$

ein *kombinierter Investitions-, Staatsausgaben- und Export-M.* Es können auch Rückwirkungen des Geldmarktes einbezogen werden (zusätzliche Investitionen erhöhen die Nachfrage nach Geld, dadurch steigt das Zinsniveau, was die Investitionen beeinflußt). – 4. Neben den genannten M., die die Einkommensteigerung bei veränderten autonomen

Ausgaben angeben, werden noch *andere analog aufgebaute M.* benutzt, z. B. →Geldschöpfungsmultiplikator.

Multiplikator-Akzelerator-Modelle, meist in Form von Differenzengleichungen dargestellte mathematische →Konjunkturmodelle, in denen Konjunkturschwankungen durch das Zusammenwirken von →Multiplikator und →Akzelerator verursacht werden. Die bekanntesten M.-A.-M. stammen von Samuelson (1939) und Hicks (1950). Vgl. im einzelnen →Konjunkturtheorie II 1 a).

Multiprogramming (mode), →Mehrprogrammbetrieb.

multiprozessor system, →Mehrprozessorsystem.

Multis, umgangssprachliche Bezeichnung für multinationale Unternehmen (→internationale Unternehmungen).

multitasking, uneinheitlich verwendeter Begriff aus dem Bereich der →Betriebssysteme. – 1. *Parallelverarbeitung innerhalb eines →Programms:* mehrere aufgerufene Programmteile *(tasks)* laufen parallel oder quasi parallel, d. h. ineinander verzahnt, ab; an geeigneten Stellen muß der aufrufende Programmabschnitt auf die Beendigung des ‚-‚Arbeit" des aufgerufenen Abschnitts warten. – 2. Synonym für →*Mehrprogrammbetrieb*, v. a. im Mikrorechnerbereich (→Rechnergruppen 2 a)).

multiusing, "Mehrplatzfähigkeit" eines Computers (→Mehrplatzrechner).

multivariate Analysemethoden, Methoden der statistischen Datenanalyse, die drei oder mehr Variable zum Gegenstand der Untersuchung haben. Die m.A. gliedern sich in Verfahren der →Dependenzanalyse und der →Interdependenzanalyse sowie →univariate Analysemethoden und →bivariate Analysemethoden.

multivariate Statistik, Teilbereich der Statistik, bei dem verbundene Beobachtungen mehrerer →Merkmale zugrundegelegt sind.

Münchener Börse, gegründet 1830, im Zuge der Börsenreform 1935 mit Augsburger Börse unter Bayerische Börse zusammengefaßt. – *Träger* ist der Münchener Handelsverein.

Mündel, eine unter →Vormundschaft oder →Pflegschaft stehende Person.

Mündelgeld, der in Geld stehende Teil des Vermögens eines →Mündels. Das M. wird vom Vormund nach bestimmten Grundsätzen verwaltet (→Mündelsicherheit, →Vormundschaft II 2).

mündelsicher, →Mündelsicherheit.

mündelsichere Papiere, zur Anlage von →Mündelgeldern zugelassene →Wertpapiere; gem. § 1807 I Nr. 4 BGB insbes. Bundes- und Länderanleihen (einschl. Schuldbuchforderungen), vom Bund oder von einem Land garantierte Schuldverschreibungen, Anleihen kommunaler Körperschaften oder ihrer Kreditanstalten, sofern sie von der Bundesregierung mit Zustimmung des Bundesrates zur Anlegung von Mündelgeldern für geeignet erklärt sind. Diese m.P. sind (wie Anlage in sicheren Hypotheken, Grundschulden und Rentenschulden) mündelsicher. Durch VO vom 7.5.1940 sind Pfandbriefe und Kommunalobligationen der Hypothekenbanken und öffentlich-rechtlichen Realkreditinstituten sowie Schuldverschreibungen der Deutschen Rentenbank m.P. geworden. →Mündelsicherheit.

Mündelsicherheit. I. Begriff: Bedeutung geht über die Anlage von →Mündelgeldern hinaus; bei der Anlage von Kapitalien wird vielfach gesetzlich oder vertraglich M. verlangt, so z.B. für die Bestände des Deckungsstocks der Versicherungsgesellschaften (§68 VAG). – *Rechtsgrundlage:* §§ 1805ff. BGB. II. Anlageformen: 1. Die *regelmäßige Anlage* von →Mündelgeldern darf nur erfolgen: in sicheren inländischen Hypotheken, Grund- oder Rentenschulden, in →mündelsicheren Papieren, in Spareinlagen bei inländischen öffentlichen Sparkassen, die zur Anlegung von Mündelgeld für geeignet erklärt worden sind. – 2. Die *hilfsweise Anlage* (wenn regelmäßige nicht möglich) bei Staats- und Landesbanken, der Deutschen Genossenschaftskasse (und mit deren Bürgschaft auch bei den Kreditgenossenschaften), der Deutschen Girozentrale oder bei anderen gesetzlich für geeignet erklärten inländischen Hinterlegungsstellen. In den einzelnen Ländern sind einige Kreditinstitute, meist öffentl. Banken, aber auch Privatbanken zur hilfsweisen Anlegung von Mündelgeldern für geeignet erklärt worden. – 3. Eine *andere Anlage* (z.B. in Aktien oder Anteilscheinen) ist mit Erlaubnis des Vormundschaftsgerichts möglich; die Erlaubnis soll nur verweigert werden, wenn die andere Anlage den Grundsätzen einer wirtschaftlichen Vermögensverwaltung zuwiderlaufen würde (§1811 BGB).

Mündelvermögen, →Vormundschaft II 2.

Münzen, geprägte Metallstücke, die als Geld (→monetäre Theorie und Politik II) verwendet werden. Die ersten M. etwa im 7. Jh. v. Chr. Frühzeitig wurden Edelmetalle für M. verwendet. Mit dem Aufkommen der →Goldwährung wurde die *Goldmünze,* zunächst zusammen mit der *Silbermünze,* später allein →gesetzliches Zahlungsmittel; im 20. Jh. durch die Banknoten verdrängt. Dem Kleinverkehr dienen die nicht vollwertigen *Scheidemünzen.*

Münzgesetz, →Münzhoheit und i.d.R. auch Stückelung der →Münzen eines Landes, vielfach auch die Einlösbarkeit der Scheidemünzen regelndes Gesetz. In der Bundesrep. D. : *Gesetz über die Ausprägung von Scheide-*

münzen vom 8.7.1950; Prägerecht der Bundesregierung.

Münzgewicht, Gewichtseinheit, die bei der gesetzlichen Fixierung des Metallgehalts der Währungseinheit zugrunde gelegt wird, i.a. das Kilogramm.

Münzgewinn, Ertrag des Münzregals (→Münzhoheit). Früher benutzten die Staaten und Fürsten das Münzregal vielfach dazu, durch unterwertige Ausprägung einen M. zu erzielen. In neuerer Zeit wurde bei der Ausprägung des Kurantgeldes (z.B. Goldmünzen) nur Prägegebühr (Schlagschatz) erhoben. Einen erheblichen M. bringt die Prägung der →Scheidemünzen. – In der *Bundesrep. D.* geht der M. aufgrund des Münzregals des Bundes in den Bundeshaushalt ein.

Münzhandel, Geschäfte mit im Gebiet der Bundesrep. D. und Berlin (West) befindlichen nicht kursfähigen ausländischen Gold- und Silbermünzen, zwischen Devisenländern zulässig.

Münzhoheit, Recht des Staates, das Münzwesen zu regeln. Die M. umfaßt auch das *Münzregal,* d.h. das Recht, →Münzen zu prägen oder die Prägung zu regeln. In der Bundesrep. D. lag die M. zunächst bei der →Bank deutscher Länder, seit 16.7.1950 liegt sie bei der Bundesregierung (Art.73 Nr. 4 GG).

Münzkonvention, →Münzunion.

Münzregal, →Münzhoheit.

Münzstätten, Prägestätten für Münzen in der Bundesrep. D.: München (D), Stuttgart (F), Karlsruhe (G), Hamburg (J).

Münzstückelung, →Scheidemünzen.

Münzunion, *Münzvertrag, Münzkonvention,* völkerrechtlicher Vertrag über ganze oder teilweise Vereinheitlichung des Münzwesens mehrerer Staaten. M. sollten v.a. in Schwierigkeiten, die sich aus dem Bimetallismus und aus der unterschiedlichen Festsetzung des Münzfußes ergaben, beseitigen, den Münzen eines Landes ein großes Umlaufsgebiet sichern und so den zwischenstaatlichen Zahlungsverkehr erleichtern. Beispiele: Lateinische Münzunion 1865–1926, Skandinavische Münzunion 1873–1914.

Münzverbrechen, →Geld- und Wertzeichenfälschung.

Münzvergehen, →Geld- und Wertzeichenfälschung.

Münzvertrag, →Münzunion.

Münzwertzeichendrucker, seit 1981 von der Deutschen Bundespost aufgestellte Automaten, die nach Einwurf von Münzen Wertzeichen drucken, die als →Postwertzeichen gültig sind.

Musikinstrumenten, Spielwaren, Herstellung von, Zweig des →Verbrauchsgüter produzierenden Gewerbes, umfaßt Herstellung von Musikinstrumenten, Spielwaren, Turn- und Sportgeräten, Schmuck, Füllhaltern u. ä., Stempeln; Verarbeitung von natürlichen Schnitz- und Formstoffen; Foto- und Filmlabors.

Musikinstrumenten, Spielwaren, Herstellung von

Jahr	Beschäftigte	Lohn- und Gehaltssumme	darunter Gehälter	Umsatz gesamt	darunter Auslandsumsatz	Nettoproduktionsindex 1980 = 100
	in 1000			in Mill. DM		
1970	73	809	233	2947	723	–
1971	69	863	256	3077	709	–
1972	68	942	290	3357	754	–
1973	67	1026	315	3607	871	–
1974	65	1113	348	3852	989	–
1975	61	1122	368	3915	924	–
1976	62	1205	406	4418	1165	105,1
1977	63	1345	459	5178	1415	118,1
1978	64	1453	506	5523	1454	122,0
1979	65	1558	551	5844	1525	119,1
1980	65	1658	600	6262	1591	100
1981	61	1662	605	6257	1671	97,4
1982	59	1676	622	6836	1823	95,5
1983	55	1621	624	6053	1809	92,4
1984	55	1664	635	6205	1940	93,1
1985	55	1727	660	6483	2134	95,1
1986	55	1808	683	6722	2168	96,8

Musikinstrumentenversicherung, Versicherung von Verlust und Beschädigung an Musikinstrumenten aller Art einschl. Zubehör durch Transportmittelunfall, Diebstahl, Abhandenkommen, Veruntreuung, Unterschlagung, Raub, räuberische Erpressung, Vertauschen, Liegenlassen, Brand u.a. Elementarereignisse. Sonderbedingungen gelten für elektrische oder elektronische Übertragungs-, Verstärker- und sonstige Geräte.

Musik-Urheberrecht, →Urheberrecht an Musikschöpfungen. Nicht Wert der Leistung, sondern Formgebung und Gestaltung der musikalischen Idee sind maßgebend. – *Verbreitung:* a) Komponisten, Musikverleger, evtl. Textdichter schließen Verlagsvertrag. b) Das Recht der öffentlichen Aufführung, Rundfunksendung und Tonfilmwiedergabe verwalten i.d.R. Verwertungsgesellschaften.

Mußkaufmann, I. B e g r i f f : Jede Person, die kraft Gesetzes, also auch ohne Eintragung in das →Handelsregister, →Kaufmann ist. M. ist jeder Gewerbetreibende, dessen Gewerbebetrieb ein in §1 II HGB genanntes Grundhandelsgeschäft (vgl. II.) zum Gegenstand hat.

II. G r u n d h a n d e l s g e s c h ä f t e : 1. *Anschaffung und Weiterveräußerung,* von Waren oder Wertpapieren, d.h. jedes auf Erwerb und Veräußerung von Eigentum gerichtete entgeltliche Rechtsgeschäft. Waren können unverändert, be- oder verarbeitet weiterveräußert werden. Hierunter fallen also auch die Warenhandwerker. Der Baumateria-

lienhändler ist M., anders der Bauunternehmer, der fertigen Bau liefert; dieser kann →Sollkaumann sein. – 2. *Bearbeitung und Verarbeitung* fremder Waren, sofern der Betrieb nicht handwerksmäßig betrieben wird, sog. Lohnfabrikation, z.B. Färbereien, Großwäschereien, nicht aber der Lohnhandwerker. – 3. *Übernahme von Versicherungen* gegen Prämie: Alle privaten Prämienversicherungen, wobei Gegenstand und Art der Versicherung gleichgültig ist, also Unfall-, Haftpflicht-, Transport-, Vieh-, Feuer- usw. -Versicherungen. Nicht aber gesetzliche Unfall-, Kranken-, Invaliden- usw. -versicherungen; ihre Träger sind keine Kaufleute. Ebenso nicht Versicherungen auf Gegenseitigkeit, weil hier Erwerbsabsicht fehlt. – 4. *Bankier- und Geldwechselgeschäfte,* d.h. alle Geschäfte, welche die Bedürfnisse des Verkehrs nach Beschaffung und Verwertung von Geld und Wertpapieren befriedigen, aber auch alle Hilfsgeschäfte, wie Aufbewahrung von Wertpapieren, Scheck- und Giroverkehr usw. – 5. Bestimmte *Beförderungsgeschäfte:* Alle Seetransportgeschäfte; im Binnentransport sämtliche Güterfrachtgeschäfte (auch im Kleinbetrieb), die Personenbeförderung, soweit sie im Großbetrieb durch Transportanstalten durchgeführt wird, und die Geschäfte der Schleppschiffahrtsunternehmen. – 6. Geschäfte der *Kommissionäre, Spediteure* oder der *Lagerhalter.* – 7. Geschäfte der *Handelsvertreter* und *Handelsmakler.* – 8. Die *Verlagsgeschäfte* und sonstigen Geschäfte des *Buch- oder Kunsthandels,* auch der Selbstverleger und Zeitungsverleger. – 9. Geschäfte der nichthandwerksmäßigen *Druckereien.*

III. E n t s t e h u n g d e r M.-E i g e n s c h a f t : Richtet sich nur nach der Art des betriebenen Gewerbes, besagt aber nichts darüber, ob der M. ein →Vollkaufmann, der in jeder Beziehung den Vorschriften des HGB untersteht, oder ein →Minderkaufmann ist, für den gewisse Erleichterungen gegenüber der Strenge des HGB vorgesehen sind.

Muster, →Geschmacksmuster, →Warenmuster, →Paradigma.

Mustererkennung, →pattern matching.

Musterkollektionsversicherung, Versicherung von Schäden an Muster- und Verkaufswaren in Koffern, Taschen usw. während der Transporte und üblichen Aufenthalte, verursacht durch Transportmittelunfall, höhere Gewalt, Elementarschäden, Einbruchdiebstahl, Diebstahl u.a. Gefahren, für Gold- und Silberwaren, Edelsteine und dgl.. Besondere *Bijouterie-Reiselager-Versicherung.*

Musterlager, Schaustellungen von →Mustern zum Zwecke des Verkaufs gleicher oder ähnlicher Ware. – *Anders:* Verkaufslager (→Konsignationslager).

Mustermesse, hausinterne Messeveranstaltung von →Einkaufskontoren des Großhandels und von Zentralen →kooperativen Gruppen. Lieferanten werden aufgefordert, von den Einkäufern und Musterungskommissionen vorausgewählte Muster zu einem bestimmten Termin, an dem alle interessierten Mitglieder zusammenkommen, auszustellen. Auf den M. erhalten die Mitglieder einen konzentrierten Überblick über das aktuelle Warenangebot und die aktuellen Preise, aufgrund dessen sie später ihre Bestellungen ausfertigen können. Die Einkaufskontore und Zentralen treffen Entscheidungen über Aufnahme bzw. Streichung im →Ordersatz und schließen →Eigengeschäfte ab.

Mustermietvertrag, ein vom Bundesjustizminister vorgestelltes Vertragsmuster, um Mietern wie Vermietern eine Orientierungshilfe für den Abschluß ausgewogener Mietverträge zu geben. In 18 Abschnitten werden alle Fragen angesprochen, die in einem Mietverhältnis von Bedeutung sind. – Vgl. auch →Einheitsmietvertrag.

Muster ohne Wert, Sendungen, die aufgrund zollamtlicher Entscheidung als Waren ohne Handels- bzw. Weiterveräußerungswert angesehen werden. Dies gilt für Waren, die an und für sich auf Grund ihrer Beschaffenheit (Stoffläppchen, Probetube oder -fläschchen usw.) oder aufgrund besonderer Entwertung (Winkelschnitt in Feder, Stanzlöcher in Schuhsohle, aufgeschnittenes Gehäuse usw.) als M. ohne Wert anzusehen sind. Diese bleiben zollfrei. – Vgl. auch →Warenmuster.

Musterrabatt, im Außenhandelsgeschäft am Zwischenhändler (z. B. an Importhändler im Ausland) gewährter Rabatt für kleinere Warenmengen, die als Verkaufsmuster vorgesehen sind; Höhe bis zu 50%. Der M. soll dem Zwischenhändler einen Anreiz geben, eingehende Aufträge aufgrund der Referenzmuster an die Lieferfirma weiterzuleiten.

Musterregister, beim Amtsgericht geführtes Register der →Geschmacksmuster.

Musterrolle. 1. *Gebrauchsmusterrecht:* Vgl. →Gebrauchsmusterrolle. – 2. *Geschmacksmusterrecht:* Vgl. →Mustergister. – 3. *Seerecht:* Vgl. →Anmusterung.

Mustersatzung, für einen bestimmten Zweig von Unternehmung ausgearbeitete allgemeine →Satzung, nach der alle gleichartigen Körperschaften des öffentlichen Rechts, Genossenschaften usw. ihre Satzungen ausrichten sollen, z. B. M. für die öffentlich-rechtlichen Sparkassen und Wohnungsbaugenossenschaft.

Musterschutz, →Gebrauchsmusterrecht, →Geschmacksmusterrecht.

Mustersteuerordnung, von den Ländern erlassene Rahmenbestimmungen für die Steuersatzungen der Gemeinden über Rechtsfragen, die gem. GG den Ländern zustehen. Es wird allgemein angenommen, daß die Länder ihr in Art. 105 II a GG geregeltes Steuererfindungsrecht auf die Gemeinden deligieren können. – Die daraus resultierenden Steuersatzungen (durch M. eingeschränkte →autonome Satzungen) der Gemeinden müssen durch Aufsichtsbehörden genehmigt werden, denen die M., die keine Rechtsnormen (→Steuerrechtsverordnungen, →Steuergesetze) sind, als Richtlinien dienen.

Mustertest, →consumer jury method.

Mustervergleich, →pattern matching.

mutative Betriebsgrößenvariation, →Betriebsgrößenvariation.

mutative Erweiterung, Wachstum eines Betriebes, (→Betriebsgrößenvariation), bei dem sich die →Produktion als Ausdruck der technisch-organisatorischen Produktionsbedingungen verändert, v. a. bei der Vergrößerung des Produktions- und Absatzprogramms. Möglich ist Erweiterung der Produktionsbreite oder Produktionstiefe, aber auch Veränderung des Produktionsverfahrens. – *Gegensatz:* →multiple Erweiterung.

Muttergesellschaft, *Obergesellschaft.* I. B e -g r i f f : Gesellschaft (Kapital- oder Personengesellschaft), die kapitalmäßig (aufgrund von →Beteiligungen) oder sonst unmittelbar oder mittelbar einen beherrschenden Einfluß auf ein oder mehrere andere Unternehmen (→Tochtergesellschaft) ausübt. – *I. e. S.* wird eine kapitalmäßige Beherrschung vorausgesetzt; welches Maß der Beteiligung für eine beherrschende Stellung erforderlich ist, läßt sich nur im Einzelfall bestimmen. – Vgl. auch →Holding-Gesellschaft, →Konzern.

II. S t e u e r r e c h t : 1. Im Sinne des →*Schachtelprivilegs* eine →Kapitalgesellschaft, die an einer anderen Kapitalgesellschaft mindestens zu einem Zehntel unmittelbar beteiligt ist, wenn zusätzlich bestimmte Besitzzeiten eingehalten werden; →Schachtelprivileg II. – 2. Im Sinne der →*Organlehre* der →Organträger.

Mutterschaftsgeld, früher: *Wochengeld.* I. A l l g e m e i n e s : 1. *Begriff:* Leistung im Rahmen der →Mutterschaftshilfe (§§ 200 ff. RVO). – 2. *Arten:* a) M. in Höhe des Netto-Arbeitsentgelts (§ 200 RVO), b) M. in Höhe des Krankengeldes (§ 200 a RVO) und c) M. als einmalige Leistung (§ 200 b RVO).

II. M. i n H ö h e d e s N e t t o - A r b e i t s -e n t g e l t s : 1. *Voraussetzung:* Laufendes M. erhalten Versicherte, die bei Beginn der Schutzfrist nach § 3 II MuSchG (sechs Wochen vor dem voraussichtlichen Tag der Entbindung) in einem Arbeitsverhältnis stehen oder in Heimarbeit beschäftigt sind oder deren Arbeitsverhältnis während ihrer Schwangerschaft vom Arbeitgeber zulässig aufgelöst worden ist, sofern sie in der Zeit vom Beginn des 10. bis zum Ende des 4. Monats vor der Entbindung mindestens zwölf Wochen pflichtversichert waren oder in einem Arbeitsverhältnis gestanden haben. Ist zu Beginn der Schutzfrist nach § 3 II MuSchG kein Versicherungsverhältnis gegeben, so richtet sich der Anspruch auf M. nach § 13 II MuSchG, und die Leistung geht in voller Höhe zu Lasten des Bundes. – 2. *Dauer:* M. wird für sechs Wochen vor der Entbindung und für acht Wochen, bei Früh- und Mehrlingsgeburten für zwölf Wochen nach der Entbindung gezahlt; anschließend →Erziehungsurlaub mit →Erziehungsgeld. Der Anspruch auf M. endet mit dem Tod des Versicherten. – 3. *Höhe:* Als M. wird das um die gesetzlichen Abzüge verminderte durchschnittliche kalendertägliche Arbeitsentgelt der letzten drei abgerechneten Kalendermonate bei wöchentlicher Abrechnung der letzten 13 abgerechneten Wochen vor Beginn der Schutzfrist gewährt. Es beträgt mindestens 3,50 DM, höchstens 25 DM für den Kalendertag. Einmalige Zuwendungen sowie Tage, an denen infolge Kurzarbeit, Arbeitsausfällen oder unverschuldeter Arbeitsversäumnis kein oder ein vermindertes Arbeitsentgelt erzielt wurde, bleiben außer Betracht. – Ist danach eine Berechnung nicht möglich, so ist das durchschnittliche kalendertägliche Arbeitsentgelt einer gleichartig Beschäftigten zugrunde zu legen. – 4. *Zuschuß zum M.* (§ 14 MuSchG): Das M. für versicherte Arbeitnehmerinnen und nichtversicherte Arbeitnehmerinnen ist auf höchstens 25 DM für den Kalendertag begrenzt. Sofern das durchschnittliche kalendertägliche Netto-Arbeitsentgelt den Betrag von 25 DM übersteigt, erhalten diese Frauen den übersteigenden Betrag als Zuschuß von ihrem Arbeitgeber. Frauen, deren Arbeitsverhältnis während der Schwangerschaft vom Arbeitgeber zulässig aufgelöst wurde, erhalten den Zuschuß zu Lasten des Bundes von der für die Zahlung des M. zuständigen Krankenkasse.

III. M. in Höhe des Krankengeldes: 1. *Voraussetzung:* Nach § 200 a RVO erhalten andere (d. h. nicht nach § 200 RVO anspruchsberechtigte) Versicherte, die bei Arbeitsunfähigkeit Anspruch auf Krankengeld haben, M. in Höhe des Krankengeldes, wenn sie in der Zeit vom Beginn des 10. bis zum Ende des 4. Monats vor der Entbindung mindestens zwölf Wochen versichert waren. Hierzu gehören z. B. versicherungspflichtige Selbständige, freiwillig versicherte Frauen mit Anspruch auf Krankengeld, die in keinem Arbeitsverhältnis stehen, sowie arbeitslose Frauen. – 2. *Dauer:* Analog wie I. – 3. *Höhe:* M. nach § 200 a RVO wird in Höhe des →Krankengeldes nach § 182 RVO gewährt.

IV. M. als einmalige Leistung: Versicherte, die keinen Anspruch auf laufendes M.

nach den §§ 200 oder 200 a RVO haben, erhalten bei der Entbindung eine einmalige Leistung in Höhe von 150 DM. Bei Weiterzahlung des Arbeitsentgelts gilt diese Leistung als bezogen (§ 200 b RVO).

V. Sonstiges: 1. *Anspruch* auf laufendes M. entsteht mit jedem Tag, an dem die Voraussetzungen erfüllt sind, frühestens mit Beginn der Schutzfrist nach § 3 II MuSchG. Für die Dauer des Anspruchs auf laufendes M. wird Krankengeld nicht gewährt; das als einmalige Leistung zu gewährende M. hat diese Wirkung nicht. Der Anspruch auf laufendes M. ruht, wenn und soweit Arbeitsentgelt gezahlt wird. – 2. *Mitgliedern der Ersatzkassen* wird M. nach den gleichen Grundsätzen wie oben gewährt (§ 507 a RVO). – 3. M. ist steuerfrei (§ 3 Nr. 1 d EStG).

Mutterschaftshilfe, früher *Wochenhilfe.* 1. *Begriff:* Leistungen, die in der gesetzlichen Krankenversicherung von Krankenkassen an weibliche Mitglieder vor und nach der Entbindung gewährt werden (§§ 195 ff. RVO, § 15 MuSchG). M. erhalten auch Versicherte für Familienangehörige, für die sie Anspruch auf Familienkrankenpflege (→Familienhilfe) haben (§ 205 a RVO). – 2. *Umfang:* a) Ärztliche Betreuung und Hilfe sowie Hebammenhilfe (§ 196 RVO); b) Versorgung mit Arznei-, Verband- und Heilmitteln (§ 197 RVO); c) Pauschalbetrag für sonstige Aufwendungen (§ 199 RVO); d) Pflege in einer Entbindungs- oder Krankenanstalt (§ 199 RVO); e) →Mutterschaftsgeld. – Vgl. auch →Mutterschutz.

Mutterschaftsurlaub, *Mutterurlaub,* durch Gesetz vom 25. 6. 1979 (BGBl I 797) eingeführter erweiterter →Mutterschutz (§ 8 a-d MuSchG a. F.). Die bisher bestehende Regelung über den M. hat das Gesetz über die Gewährung von Erziehungsgeld und Erziehungsurlaub (Bundeserziehungsgeldgesetz – BErzGG) vom 6. 12. 1985 (BGBl I 2154) durch den Anspruch auf →Erziehungsurlaub (§§ 15 ff. des Gesetzes) ersetzt.

Mutterschutz. I. Begriff: Nach Art. 6 VI GG der Anspruch jeder Mutter auf Schutz und Fürsorge der Gemeinschaft. Gesetzlich geregelt ist bisher nur der Schutz der erwerbstätigen Mutter durch das Mutterschutzgesetz (MuSchG) i. d. F. vom 18. 4. 1968 (BGBl I 315) mit späteren Änderungen und der Schutz der Beamtinnen (für Bundesbeamtinnen vgl. die VO über Mutterschutz vom 22. 1. 1968, BGBl I 106), mit späteren Änderungen.

II. Geltungsbereich des MuSchG: (1) alle Frauen, die in einem →Arbeitsverhältnis stehen, auch erwerbstätige Frauen in der Landwirtschaft; (2) weibliche in →Heimarbeit Beschäftigte und ihnen Gleichgestellte, soweit sie am Stück mitarbeiten (§ 1 MuSchG).

III. Inhalt des MuSchG: 1. *Gestaltung des Arbeitsplatzes* (§ 2 MuSchG): a) Bei Einrichtung und Unterhaltung des Arbeitsplatzes einschl. Maschinen, Werkzeugen und Geräten und bei Regelung der Beschäftigung sind die erforderlichen Vorkehrungen und Maßnahmen zum Schutze von Leben und Gesundheit der werdenden oder stillenden Mutter zu treffen. b) Bei Arbeiten, die im Stehen oder Gehen zu verrichten sind, sind Sitzgelegenheiten zum Ausruhen bereitzustellen. c) Bei Arbeiten im Sitzen ist Gelegenheit zur Unterbrechung und Bewegung zu geben. d) Weitere Anordnungen können durch Rechtsverordnung getroffen werden.

2. *Beschäftigungsverbote* (§ 3 MuSchG): Für deren Anwendung ist es erforderlich, daß die Arbeitnehmerin den Arbeitgeber rechtzeitig unterrichtet. – a) *Vor der Entbindung* (§ 3 MuSchG): (1) bei durch ärztliches Zeugnis nachgewiesener *Gefährdung von Leben oder Gesundheit* von Mutter oder Kind bei Fortdauer der Beschäftigung; (2) während der letzten *sechs Wochen vor der Entbindung* mit Ausnahme der widerruflichen Bereiterklärung zur Arbeitsleistung. (3) unabhängig von Konstitution und Gesundheitszustand der werdenden Mutter bei bestimmten *schweren oder gesundheitsgefährdenden Arbeiten* (§ 4 MuSchG). Als schwere Arbeit gelten u. a.: (a) Arbeiten, bei denen Lasten von regelmäßig mehr als 5 kg oder gelegentlich mehr als 10 kg mit der Hand gehoben, bewegt oder befördert werden; bei mechanischer Hilfe darf die körperliche Beanspruchung diese Grenze nicht überschreiten; (b) nach Ablauf des 5. Monats der Schwangerschaft Arbeiten, bei denen die Frau stehen muß, soweit diese Beschäftigung täglich vier Stunden überschreitet; (c) Arbeiten, bei denen sich die Frau häufig erheblich strecken oder beugen oder bei denen sie sich dauernd hockend oder gebückt halten muß; (d) Arbeiten mit hoher Fußbeanspruchung; (e) Schälen von Holz; (f) Arbeiten mit Gefahr der Berufserkrankung (→Berufskrankheiten); (g) nach Ablauf des 3. Monats Arbeit auf Beförderungsmitteln; (h) Arbeiten mit erhöhten Unfallgefahren; (i) Akkordarbeit und Fließbandarbeit mit vorgeschriebenem Arbeitstempo. – (4) Mehr-, Nacht-, Sonn- und Feiertagsarbeit (§ 8 MuSchG). – b) *Nach der Entbindung* (§ 6 MuSchG): (1) Bis zum *Ablauf von acht Wochen* darf die Wöchnerin nicht beschäftigt werden; Frist verlängert sich bei Früh- und Mehrlingsgeburten auf zwölf Wochen. (2) Bei *nicht voller Leistungsfähigkeit* darf die Wöchnerin nur entsprechend ihrer Leistungsfähigkeit gem. ärztlichem Zeugnis herangezogen werden. (3) Stillende Mütter dürfen *nicht mit schweren oder gesundheitsgefährdenden Arbeiten* beschäftigt werden (§§ 6, 4 MuSchG).

3. *Wirtschaftliche Sicherung:* a) *Leistungen:* (1) *Weiterzahlung des Arbeitsentgelts bei Beschäf-*

tigungsverboten (§ 11 MuSchG): Für den Fall, daß wegen eines nicht generellen Beschäftigungsverbots oder wegen des Mehr-, Nacht- oder Sonntagsarbeitsverbots die Frau teilweise oder völlig mit der Arbeit aussetzen muß, ist vorgeschrieben, daß der Arbeitgeber das Arbeitsentgelt weiterzugewähren bzw. (bei lediglich geminderter Arbeitsleistung) einen Ausgleich zu zahlen hat, der die Gesamtleistung von Arbeitsentgelt und Ausgleich auf die Höhe des normalen Arbeitsentgelts bringt. – (2) Zahlung von →*Sonderunterstützung:* für im Familienhaushalt Beschäftigte (§ 12 MuSchG). – (3) Gewährung von →*Mutterschaftsgeld* (§ 13 MuSchG): Die gleiche Leistung an Mutterschaftsgeld, die den versicherten erwerbstätigen Frauen nach § 200 RVO zufließt, höchstens jedoch 400 DM, erhalten nichtversicherte erwerbstätige Frauen nach § 13 II MuSchG. Voraussetzung ist, daß die Frau bei Beginn der Schutzfrist nach § 3 II MuSchG entweder in einem Arbeitsverhältnis oder in einem Arbeitsverhältnis gestanden hat, daß während ihrer Schwangerschaft von dem Arbeitgeber zulässig aufgelöst worden ist, oder in Heimarbeit beschäftigt ist. – (4) Zahlung eines *Zuschusses zum Mutterschaftsgeld* (§ 14 MuSchG): Vgl. →Mutterschaftsgeld II 4. – b) Gewährung von →*Erziehungsurlaub.* – c) *Kündigungsverbot:* Besteht mit der Wirkung der Nichtigkeit (§ 9 MuSchG) für die gesamte Zeit der Schwangerschaft und für die ersten vier Monate nach der Entbindung. Eine in Unkenntnis der Schwangerschaft ausgesprochene Kündigung (auch außerordentlicher) ist wirkungslos, wenn die Mitteilung der Schwangerschaft oder Entbindung durch die Mutter innerhalb zwei Wochen nach Zugang der Kündigung oder bei unverschuldeter Nichteinhaltung dieser Frist unverzüglich mitgeteilt wird. Darüber hinaus ist die Kündigung während des Erziehungsurlaubs ausgeschlossen (§ 18 BundeserziehungsgeldG). Ausnahmen nur mit vorher eingeholter Erlaubnis der obersten Landesbehörde für Arbeitsschutz, z. B. bei wiederholten schwerwiegenden Verfehlungen der Mutter. – *Kein Kündigungsschutz* besteht (1) bei →befristeten Arbeitsverhältnissen, die während der Schutzfrist auslaufen, (2) bei Auflösung des Arbeitsverhältnisses in beiderseitigem Einverständnis (→Aufhebungsvertrag), (3) bei Frauen, die von demselben Arbeitgeber im Familienhaushalt mit hauswirtschaftlichen, erzieherischen oder pflegerischen Arbeiten in einer ihre Arbeitskraft voll in Anspruch nehmenden Weise beschäftigt werden, nach Ablauf des fünften Monats der Schwangerschaft (zum Ausgleich Sonderunterstützung bis zum Einsetzen des Mutterschaftsgeldes); und (4) bei →Anfechtung des Arbeitsvertrages, wenn trotz Befragens bei Vertragsabschluß eine schon bestehende Schwangerschaft verschwiegen wird (→Offenbarungspflicht). – Eine Frau kann während der Schwangerschaft und während der Schutzfrist nach der Entbindung selbst das Arbeitsverhältnis ohne Einhaltung einer Frist zum Ende der Schutzfrist nach der Entbindung kündigen (§ 10 MuSchG). – d) Der Arbeitgeber hat die *Freizeit* zu gewähren, die zum Stillen (§ 7 MuSchG) oder zur Durchführung der Untersuchungen im Rahmen der →Mutterschaftshilfe erforderlich ist (§ 16 MuSchG). Ein Entgeltausfall darf hierdurch nicht eintreten. – e) Das *kalendertägliche Mutterschaftsgeld* beträgt höchstens 25 DM (§ 200 RVO). Übersteigt das durchschnittliche kalendertägliche Arbeitsentgelt der letzten drei abgerechneten Kalendermonate oder bei wöchentlicher Abrechnung der letzten dreizehn Wochen vor dem Beginn der 6-Wochen-Schutzfrist das gezahlte Mutterschaftsgeld, so hat der Arbeitgeber den Unterschiedsbetrag zu zahlen (§ 14 MuSchG).

4. *Durchführung:* a) *Aufsicht* über die Ausführung der Vorschriften des M. obliegt den nach Landesrecht zuständigen Behörden. Diese Aufsichtsbehörden haben dieselben Befugnisse und Obliegenheiten wie die Gewerbeaufsichtsbeamten nach § 139 b GewO). – b) Unverzügliche *Benachrichtigungspflicht* des Arbeitgebers bzw. Auftraggebers gegenüber der Aufsichtsbehörde bei Bekanntwerden einer Schwangerschaft. Er ist der Aufsichtsbehörde gegenüber auskunftspflichtig. In Betrie-

ben, die regelmäßig mehr als drei Frauen beschäftigen, ist ein Abdruck des Mutterschutzgesetzes an geeigneter Stelle auszulegen oder auszuhändigen. – c) *Zuwiderhandlungen* gegen die Vorschriften des M. werden als Ordnungswidrigkeit oder Straftat geahndet.

Mutterurlaub, →Mutterschaftsurlaub.

Mutungsintervall, →Konfidenzintervall.

MVS, multiple virtual systems, →Betriebssystem für IBM-Großrechner (→Rechnergruppen) der höchsten Leistungsdimension; sehr mächtiges, aber auch speicherintensives (→Speicher) System; zunehmend auch auf mittleren Großrechnern von IBM eingesetzt.

MWV, Abk. für →Mineralölwirtschaftsverband e. V..

Mycin, sehr bekanntes →Expertensystem, das in den 70er Jahren entwickelt wurde. Seine Aufgabe ist die Diagnose bakterieller Infektionskrankheiten sowie davon ausgehend die Erzeugung von Therapievorschlägen.

myopisches Gleichgewicht, Form des →temporären Gleichgewichts. Unterstellt kurzsichtiges Verhalten der Individuen bei ihren Entscheidungsfindungen in dem Sinn, daß sie jeweils nur eine Periode im voraus planen.

µ-Prinzip, →Bayes-Regel.

N

NACE, Nomenclature générale des Activités économiques dans les Communautés Européennes, →Allgemeine Systematik der Wirtschaftszweige in den Europäischen Gemeinschaften.

Nachahmung, *Ausbreitung fremder Arbeitsergebnisse,* Anlehnung an fremde Arbeit und Erzeugnisse. Soweit der Gesetzgeber nicht bei bestimmten Leistungen und Werken einen Schutz vor N. gewährt hat (z. B. durch Patentgesetz, Gebrauchsmustergesetz, Geschmacksmustergesetz, Urhebergesetz), ist die N. grundsätzlich gestattet. – N. in der Form der *sklavischen N.* ist →unlauterer Wettbewerb, z. B. bei vermeidbarer Gefahr einer Herkunftstäuschung (Ausnahmefälle).

Nacharbeitskosten, *Nachkosten.* 1. *Begriff:* Die durch die Beseitigung von Fehlern bzw. Minderqualitäten an angearbeiteten oder fertigen Erzeugnissen nach Abschluß des eigentlichen Fertigungsprozesses entstehenden →Kosten. – 2. *Kostenabrechnungstechnische Erfassung und Verrechnung:* N. werden kostenträgerbezogen erfaßt und verrechnet. Schwanken sie im Zeitablauf stark in ihrer Höhe, setzt man an ihrer Stelle häufig Durchschnittswerte als Wagniskosten (→Wagnisse) an. – Vgl. auch →Mehrkosten.

Nachbarn. 1. *Bürgerliches Recht:* Vgl. →Nachbarrecht. – 2. *Graphentheorie:* Vgl. →Graph 2 b).

Nachbarrecht, Eigentumsrecht des Nachbarn, geregelt in §§ 906 ff. BGB. – 1. Eigentümer eines Grundstücks muß die Zuführung von Gasen, Dämpfen, Gerüchen usw. *(Immissionen)* vom Nachbargrundstück dulden, soweit diese ihn nur unwesentlich belästigen oder ortsüblich sind und nicht durch Maßnahmen vermindert werden können, die wirtschaftlich zumutbar sind. – 2. *Früchte,* die auf das Nachbargrundstück fallen, gelten i. d. R. als dessen Früchte, es sei denn, das Nachbargrundstück ist ein dem öffentlichen Gebrauch *(Überfallrecht).* – 3. Wird ein Gebäude über die Grenze gebaut und geschieht dies nicht vorsätzlich oder aus grober Fahrlässigkeit, muß Nachbar den *Überbau* dulden, falls er nicht bei Grenzüberschreitung sofort widerspricht. Für Duldung ist er zu entschädigen *(Überbaurente).* – 4. *Zweige eines Baumes,* die auf ein Nachbargrundstück ragen und die Grundstücksbenutzung beeinträchtigen, kann der Nachbar abschneiden und behalten, wenn sie der Besitzer des Baumgrundstücks auf Aufforderung nicht entfernt *(Überhangsrecht).* – 5. Steht ein *Baum auf der Grundstücksgrenze (Grenzbaum),* so sind die Früchte und der Baum zu teilen; jeder kann Beseitigung verlangen, sofern der Baum nicht Grenzzeichen darstellt. – 6. An Zaun, Hecke, Mauer usw. als *Grenzeinrichtung* steht im Zweifel den Nachbarn gemeinschaftliches Benutzungsrecht zu (§§ 921, 922 BGB). Keiner darf sie beseitigen oder ändern, solange der andere Interesse daran hat. – 7. Sind *Grenzzeichen* verschwunden oder nicht mehr erkennbar, kann jeder Nachbar vom anderen Mitwirkung zur Wiederherstellung fester Grenzzeichen verlangen. Diese erfolgt durch Abmarkung, regelmäßig unter Hinzuziehung eines Katasterbeamten. Ist die Grenze selbst streitig, muß Gericht entscheiden *(Grenzermittlungsverfahren).* – 8. Fehlt einem Grundstück ohne Verschulden des Eigentümers die notwendige Verbindung mit einem öffentlichen Weg, kann er vom Nachbarn verlangen, daß er über dessen Grundstück gehen oder fahren darf *(Notweg,* §§ 917, 918 BGB). – 9. Zum N. gehört auch der *Neidbau,* den der Nachbar nur zum Ärger des anderen errichtet, z. B. Mauer, um Aussicht und Sonne zu nehmen. Schutz durch § 226 BGB (→Schikaneverbot). – 10. Nach *Landesrecht* u. U. weitere Regelung über Nachbarwände, Fensterrecht, Lichtrecht, Einfriedungen, Grenzabstände für Pflanzen u. ä.

Nachbarschaftsgeschäft, *Tante-Emma-Laden,* Betriebsform des Einzelhandels. Kleinbetriebe mit Nachbarschaftslage in Wohngegenden. N. bieten ein enges und flaches →Sortiment, vorwiegend aus Lebensmitteln und wenigen Gütern des kurzfristigen Haushaltsbedarfs, mit relativ hohem Preisniveau in →Fremdbedienung an. Das „Monopol der Nähe" ist angesichts der wachsenden Mobilität der Verbraucher und des scharfen (Preis)-Wettbewerbs übriger Betriebsformen in starkem Maße bedroht. In manchen Gegenden haben N. jedoch noch eine wichtige Versorgungsfunktion (→Unterversorgung) und bilden darüber hinaus einen Kristallisationspunkt der kleinräumlichen Kommunikation. – Vgl. auch →Gemischtwarenladen, →convenience store.

nach Bedarf, →Handelsklausel, durch die der Käufer sich vorbehält, die Ware je nach Bedarf vom Verkäufer abzurufen.

nach Belieben, →Handelsklausel, bei der der Lieferzeitpunkt in dem freien Belieben des

Käufers (Abruf n. B.) oder des Verkäufers (Lieferung n. B.) liegt.

nach Besicht, →auf Besicht.

Nachbesserungspflicht, beim →Werkvertrag die Pflicht des Unternehmers, Mängel (→Sachmängelhaftung) des Werks zu beseitigen. Der Besteller kann grundsätzlich nur Nachbesserung verlangen; *Anspruch auf* →*Wandlung oder* →*Minderung* besteht nur, wenn Beseitigung des Mangels unmöglich ist, vom Unternehmer verweigert oder nicht innerhalb einer vom Besteller gesetzten angemessenen Frist vorgenommen wird; ebenso wenn der Besteller ein besonderes Interesse an der sofortigen Wandlung oder Minderung hat (§ 634 BGB). – *Keine gesetzliche N.* beim Kauf; sie wird aber vielfach vertraglich, insbes. durch Allgemeine Geschäftsbedingungen (→Garantie), vereinbart und umfaßt dann auch die zum Zwecke der Nachbesserung erforderlichen Aufwendungen (§ 476a BGB).

Nachbezugsrecht, Recht auf Nachzahlung von →Dividenden früherer Jahre bei Vorzugsaktien. Auf die Stammaktien entfällt dann, falls die Satzung dies bestimmt, eine Dividende nur, wenn die Vorzugsaktionäre wegen ihres N. befriedigt sind. Wird der rückständige Vorzugsbeitrag im folgenden Jahr nicht neben dem vollen Vorzug dieses Jahres nachgezahlt, haben die Vorzugsaktien bis zur Nachzahlung in jedem Falle →Stimmrecht (§ 140 AktG).

Nachbörse, Börsenversammlung nach Schluß der offiziellen Börsenzeit (→Börse). In der N. werden im *ungeregelten Freiverkehr* Geschäfte direkt zwischen den Teilnehmern, meist Banken, abgeschlossen. Die Tendenz der N. kann Hinweise auf die Tendenz des nächsten Börsentages geben. – *Gegensatz:* →Vorbörse.

Nachbürgschaft, eine für den Bürgen geleistete →Bürgschaft. Der Nachbürge muß dem Gläubiger dafür einstehen, daß ein anderer Bürge (Vorbürge) ggf. seine Verpflichtungen dem Gläubiger gegenüber erfüllt.

Nachcodierer, Gerät mit Druckwerk und Tastenfeld zum Eindrucken optisch lesbarer, individueller Daten in Belege oder →Magnetstreifenkarten.

Nachdeckungspflicht, Pflicht zur Nachlieferung weiterer Pfänder, um die aufgrund von Kursrückgängen verringerte Deckungsmarge eines durch Wertpapierverpfändung gesicherten Kredits wiederherzustellen.

Nachdruck, Begriff des Urheberrechts für die ungenehmigte, unerlaubte Vervielfältigung von Schriftwerken jeder Art. Dazu gehören: →Plagiat, nichtautorisierte Vervielfältigungen (z. B. nichtgenehmigte Übersetzungen), Überschreitung der vereinbarten Auflagenhöhe, Kopieren von Bauplänen, Entwürfen (auch von Werken bildender Kunst) usw. – N. verpflichtet zu Schadenersatz, u. U. Bestrafung (§§ 97 ff. UrhRG).

Nachentrichtung von Beiträgen. 1. *Gesetzliche* →*Rentenversicherung: a) Frist:* Pflichtbeiträge sind unwirksam, wenn sie nach Ablauf eines Jahres nach Schluß des Kalenderjahres, für das sie gelten sollen, entrichtet werden. *Freiwillige Beiträge* sind unwirksam, wenn sie nach Ablauf des Kalenderjahres, für das sie gelten sollen, entrichtet werden. Die N.v.B. kann binnen zwei weiteren Jahren zugelassen werden, wenn die Beiträge ohne Verschulden des Versicherten nicht rechtzeitig entrichtet worden sind. In Fällen besonderer Härte kann eine weitere Frist eingeräumt werden, wenn der Versicherte die Zwei-Jahres-Frist trotz aller gebotenen Sorgfalt nicht einhalten konnte (§ 1418 RVO, § 140 AVG). – b) Im Rahmen des Rentenreformgesetzes 1972 wurden insbes. Selbständigen, Hausfrauen, Nichterwerbstätigen, von der Versicherungspflicht befreiten Angestellten Möglichkeiten zur *Sondernachentrichtung* von Beiträgen zur Schließung von Versicherungslücken eingeräumt. Die N.v.B. erfolgte nur auf Antrag, der bis zum 31.12.1975 gestellt sein mußte. – c) *Frauen* können die nachteiligen Folgen früherer →Heiratserstattung unter bestimmten Voraussetzungen durch die Nachentrichtung von freiwilligen Beiträgen ausgleichen. – d) Außerdem besteht eine Nachentrichtungsmöglichkeit für ehemalige Soldaten der Reichswehr, Polizeibeamte alten Rechts, Geistliche und Kirchenbeamte, Personen für Zeiten der wissenschaftlichen Ausbildung, für Beamtinnen oder weibliche Angestellte des öffentlichen Dienstes; Voraussetzung ist u. a. jedoch, daß entweder eine Versicherungszeit von 60 Monaten zurückgelegt ist oder nach Ablauf der genannten Tätigkeit während mindestens 24 Monaten Pflichtbeiträge zur gesetzlichen Rentenversicherung entrichtet worden sind (Art. 2 § 46 ArVNG, Art. 2 § 44a AnVNG). – e) Weiter bestehen *Sondervorschriften* über die Möglichkeit der N.v.B. für NS-Verfolgte, heimatvertriebene und evakuierte frühere Selbständige, für ehemalige Landwirte und deren mitarbeitende Familienmitglieder. – f) Frauen, denen →Kindererziehungszeiten vor dem 1. 1. 1986 angerechnet werden, können auf Antrag freiwillige Beträge für so viele Monate nachentrichten, wie zur Erfüllung der →Wartezeit von 60 Monaten erforderlich sind, soweit die Wartezeit nicht durch laufende Beitragsentrichtung vom 1. 1. 1987 bis zum Monat der Vollendung des 65. Lebensjahres erfüllt werden kann. Beiträge können hiernach nur für Zeiten nach dem 31. 12. 1981 nachentrichtet werden, die nicht mit Rentenversicherungsbeiträgen belegt sind (Art. 2 § 51b ArVNG). – **2.** *Freiwillige Unfallversicherung:* Der Beitrag kann nur innerhalb von zwei Monaten nach der Zahlungsaufforderung gezahlt werden; ansonsten erlischt die Versicherung. Eine Neuanmeldung bleibt so lange unwirksam, bis der rückständige Beitrag oder Beitragsvorschuß entrichtet worden ist (§ 545 RVO). – 3. *Freiwillige Krankenversicherung:* Die Mitgliedschaft erlischt, wenn zweimal nacheinander am Zahltag die Beiträge nicht entrichtet sind und seit dem ersten versäumten Zahltag mindestens vier Wochen verstrichen sind (§ 314 RVO).

Nacherbe, der durch →Verfügung von Todes wegen eingesetzte →Erbe, der Erbe werden soll, nachdem zunächst ein anderer Erbe (→Vorerbe) geworden war (§§ 2100–2146 BGB). Der N. ist im Zweifel auch →Ersatzerbe des Vorerben. – *Einsetzung* des N. kann bedingt oder befristet sein, muß aber i. d. R. binnen 30 Jahren nach dem Erbfall eintreten. – Bis zum Eintritt der Nacherbfolge (Nacherbfall) besteht eine *Anwartschaft,* die Erbschaft künftig zu erwerben, die im Grundbuch eingetragen werden kann und vererblich ist. Die Frist der →Ausschlagung beginnt erst mit dem Nacherbfall. – Der *Bestand* des Nachlasses sichert das Surrogationsprinzip, wonach mit Ausnahme der Nutzungen alles, was der Vorerbe auf Grund eines zur Erbschaft gehörigen Rechts oder als Ersatz erwirbt, zum Nachlaß gehört. – Die *Erbschaftsteuer* wird nach dem Verhältnis des N. zum Vorerben berechnet. Auf Antrag ist aber der Besteuerung das Verhältnis des N. zum Erblasser zugrunde zu legen (§ 7 ErbStG).

Nacherbenvermerk, Vermerk in Abt. 2 des Grundbuchs über die →Nacherbschaft. Der N. ist von dem Grundbuchamt nach § 51 GBO in allen Fällen einzutragen, in denen es bei Vor- und Nacherbschaft den →Vorerben als Eigentümer usw. in das Grundbuch einträgt, wenn nicht →Nacherbe oder →Testamentsvollstrecker auf die Eintragung verzichtet. Zweck des N. ist Schutz des Nacherben gegen mißbräuchliche Verfügungen des Vorerben und Ausschluß des →gutgläubigen Erwerbs.

Nacherbschaft, →Erbschaft, die erst anfällt, nachdem schon ein anderer (→Vorerbe) Erbe gewesen ist. – Vgl. im einzelnen →Nacherbe.

Nacherhebungs-VO, →Zollerlaß.

nachfällige Posten, in der →Zinsrechnung Bezeichnung für solche Gut- oder Lastschriften, die erst nach Abschlußtag fällig werden. Sollen derartige Posten in die Zinsberechnung per Kontoabschluß einbezogen werden, ist ein besonderes Rechenverfahren erforderlich.

Nachfaßaktion, zusätzliche Aufforderung an die Teilnehmer einer schriftlichen postalischen →Befragung (oder Werbeaktion mit Rückantwort), die →Fragebögen (Antwortkarten) auszufüllen und zurückzusenden.

Nachfeststellung, die nachträgliche, erstmalige Feststellung eines →Einheitswerts auf einen anderen (späteren) Zeitpunkt als den Hauptfeststellungszeitpunkt (§ 23 BewG) (→Hauptveranlagung). – *Anders:* →Fort-

schreibung. – N. ist *vorzunehmen,* wenn nach dem Hauptfeststellungszeitpunkt a) eine →wirtschaftliche Einheit (Untereinheit) neu entsteht; b) eine bereits bestehende wirtschaftliche Einheit (Untereinheit) erstmals zu einer Steuer herangezogen werden soll; c) für eine bereits bestehende wirtschaftliche Einheit (Untereinheit) ein besonderer Einheitswert nach § 91 II BewG festzustellen ist. – Der N. werden die Verhältnisse im →Nachfeststellungszeitpunkt *zugrunde gelegt,* bei N. der Einheitswerte für →Grundbesitz und →Mineralgewinnungsrechte jedoch die des Hauptfeststellungszeitpunkts. Auf N. folgt i. d. R. →Nachveranlagung.

Nachfeststellungszeitpunkt. 1. *Begriff* des Steuerrechts: Termin der →Nachfeststellung: a) Bei der *Entstehung einer →wirtschaftlichen Einheit* (Untereinheit) der Beginn des Kalenderjahres, das auf die Entstehung der wirtschaftlichen Einheit (Untereinheit) folgt. b) In den Fällen, daß eine bestehende *wirtschaftliche Einheit (Untereinheit) erstmals zu einer Steuer herangezogen* werden soll oder für sie ein besonderer Einheitswert nach § 91 II BewG festzustellen ist, der Beginn des Kalenderjahres, in dem der Einheitswert erstmals der Besteuerung zugrunde gelegt wird (§ 23 II BewG; →Nachfeststellung). – 2. *Besonderheiten:* Abweichende Stichtage für die Zugrundelegung der Bestands- und/oder Wertverhältnisse nach §§ 27, 35 II, 54, 59, 106 und 112 BewG bleiben unberührt.

Nachfolger, Begriff der Graphentheorie. Vgl. im einzelnen →Graph 2.

Nachfolgezusatz, ein bei Firmenfortführung der Firma zulässigerweise beigefügter Zusatz, (→Firmenzusatz) gem. § 22 HGB, z. B. „vormals", „Erben", „Nachf." Der N. darf lediglich das Nachfolgeverhältnis andeuten und muß dem Grundsatz der Firmenwahrheit entsprechen.

Nachforderung. 1. *N. bei Börsengeschäft:* Im →Nochgeschäft N. bzw. Nachlieferung bei entsprechendem Abschluß. – 2. *N. i. S. einer Preiserhöhung* ist i. a. innerhalb gewisser Grenzen bei einer vertraglich vereinbarten Leistung zulässig, wenn mit Preisvorbehalt (→Preis freibleibend) abgeschlossen ist.

Nachforschungsprotest, *Windprotest,* →Wechselprotest, in dem festgestellt wird, daß der im Wechsel angegebene Geschäftsraum bzw. die Wohnung des Protestaten unauffindbar ist. – *Anders:* →Abwesenheitsprotest.

Nachfrage. 1. *Begriff:* Streben der Wirtschaftssubjekte, Güter i. w. S. zu erwerben. Als wichtigste Determinante der N. wird der Preis angesehen. Formal ein Punkt der →Konsummenge. – Die Wirtschaftstheorie erfaßt das Nachfrageverhalten durch →Nachfragefunktionen. – 2. *Ausprägungen:* a) *mikroökonomi-*

sche und makroökonomische Nachfragefunktionen: Erstere werden für einzelne Nachfrager und einzelne Güter ermittelt, letztere für volkswirtschaftliche Aggregate (z. B. gesamtwirtschaftliche Investitionsfunktion), →aggregierte Nachfragefunktion; b) *Funktionen nach den Güterarten,* auf die sich die N. bezieht: z. B. Faktornachfragefunktionen, Konsumgüternachfragefunktionen, Geldnachfragefunktionen; c) *monetäre und reale Nachfragefunktionen,* je nachdem ob die N. in Geld- oder Gütereinheiten ausgedrückt wird; d) *geplante und effektive Nachfragefunktionen.*

nachfragebeschränktes   Gleichgewicht, Begriff der Makroökonomik. Ist die gesamtwirtschaftliche Güternachfrage nicht groß genug, um die gewinnmaximale Produktion der Unternehmen aufzunehmen, werden die Unternehmer das Angebot reduzieren, so daß sich das →Sozialprodukt durch die Höhe der Nachfrage ergibt. – *Gegensatz:* →angebotsbeschränktes Gleichgewicht. – Vgl. auch →Verteilungstheorie.

Nachfragedyopol, →Nachfrageoligopol.

Nachfrageelastizität, relative Änderung der nachgefragten Menge (→Nachfrage) bei einer (infinitesimal) kleinen Änderung des Preises (→Preiselastizität der Nachfrage) oder einer (infinitesimal) kleinen Änderung des Einkommens (→Einkommenselastizität der Nachfrage). – Vgl. auch →Elastizität.

Nachfragefunktion. 1. *Theorie des Konsumenten:* a) *Marshallsche N.:* Funktionale Beziehung zwischen nachgefragten Güterbündeln, Güterpreisen und dem Einkommen eines Konsumenten. – b) *Hickssche N.* (kompensierte Nachfragefunktion): Funktionale Beziehung zwischen nachgefragten Güterbündeln in Abhängigkeit von den Güterpreisen bei einer Variation des Einkommens, die es dem Konsumenten erlaubt, ein konstantes Nutzniveau aufrechtzuerhalten. – 2. *Theorie der Unternehmung:* Die N. einer Unternehmung gibt die nachgefragte Faktoreinsatzmengen in Abhängigkeit von Güter- und Faktorpreisen an.

nachfrageinduzierte Inflation, →Inflation IV 2 a).

Nachfrageinflation, →Inflation IV 2 a).

Nachfragekurve, →Preis-Konsum-Funktion.

Nachfragemacht, Fähigkeit von Personen in nachfragenden Wirtschaftsorganisationen gegenüber Personen aus Anbieterorganisationen, die Bewertung der Tauschbedingungen im Sinne der eigenen Individual- oder Organisationsziele durchzusetzen, bzw. die Fähigkeit von Personen aus Anbieterorganisationen, angestrebte Änderungen dieser Bedingungen zu verhindern. Die reale Tatsache von N. ist streng zu trennen vom Mißbrauch von N.

Nachfragemonopol, *Monopson* (nach J. Robinson), →Marktform, bei der ein relativ großer Nachfrager mehreren oder vielen relativ kleinen Anbietern gegenübersteht, so daß nur ein Marktteilnehmer für die Abnahme eines →Gutes in Frage kommt. Dieser Nachfragemonopolist kann einen entscheidenden Einfluß auf die Preisbildung ausüben. Praktisch sind N. sehr selten, z. B. hält aber die Bundesbahn ein nahezu vollständiges N. für Lokomotiven und Eisenbahnwagen. Als *Verhaltenshypothese* wird üblicherweise unterstellt, daß der Nachfragemonopolist die Differenz zwischen potentieller und tatsächlicher Ausgabe maximiert. Die notwendige Bedingung für ein Gewinnmaximum lautet: Grenzausgabe = Grenzvorteil.

Nachfrageoligopol, *Oligopson,* eine →Marktform, bei der wenige relativ große Nachfrager zahlreichen relativ kleinen Anbietern gegenüberstehen. Hierbei spüren die Nachfrageoligopolisten wegen der Größe ihrer Marktanteile jeweils die einkaufspolitischen Maßnahmen ihrer Konkurrenten, während die Anbieter für sich allein betrachtet keinen spürbaren Einfluß auf den Preisbildungsprozeß ausüben können. – Konkurrieren nur zwei Nachfrager miteinander, so liegt ein *Nachfragedyopol* vor.

Nachfragestruktur, Gestaltung der Nachfrageseite des Marktes nach Anzahl der Marktteilnehmer: a) *atomistische N.:* Um ein Gut bewirbt sich eine große Anzahl Nachfrager; b) *oligopolistische N.:* Vgl. →Nachfrageoligopol; c) *monopolistische N.:* Vgl. →Nachfragemonopol. – Eine Kombination der N. mit der Struktur des Angebots ergibt die →Marktformen.

Nachfrageverschiebungs-Inflation,   →Inflation IV 2 a).

Nachfrist, eine nach Fristablauf noch bestehende oder gesetzte Frist. – 1. N. beim *Schuldnerverzug:* Vgl. →gegenseitige Verträge II 4, →Wiederauflebensklausel 1. – 2. N. im *Verlagsrecht:* Wenn Verleger von seinem Recht zur Neuauflage keinen Gebrauch macht, kann Verfasser ihm eine angemessene N. als →Ausschlußfrist setzen, nach deren fruchtlosem Ablauf der Verfasser vom Vertrag zurücktreten darf (§ 32 VerlG).

Nachgebühr, von der Post bei nicht oder ungenügend freigemachten →Postsendungen vom Empfänger erhobene Gebühr; umfaßt fehlende Gebühr und Einziehungsgebühr. Verweigert Empfänger Zahlung der N., geht die Sendung zurück an Absender, der die N. entrichten muß.

nachgehende   Hilfe   im   Arbeitsleben, →Hauptfürsorgestelle.

nachgiebiges Recht, Rechtsvorschriften, die durch Vereinbarungen der Parteien abgeändert werden können. N. R. sind die meisten Vorschriften des Rechts der Schuldverhältnisse und des HGB über Handelsgeschäfte. – *Gegensatz:* →zwingendes Recht.

Nachgründung, Verträge, durch die eine AG in den ersten zwei Jahren nach ihrer Eintragung im Handelsregister Anlagen oder sonstige Vermögensgegenstände für eine den zehnten Teil des →Grundkapitals übersteigende Vergütung erwerben soll. Für die Wirksamkeit dieser Verträge ist u. a. erforderlich: a) Zustimmung der →Hauptversammlung und Eintragung in das Handelsregister (→Eintragung im Handelsregister) nach § 52 AktG, damit nicht z. B. die Schutzvorschriften über Sacheinlagen und Sachübernahmen (§ 27 AktG) durch eine →Bargründung mit anschließendem Kauf der Gegenstände zu überhöhtem Preis umgangen werden; b) Prüfung durch einen oder mehrere Gründungsprüfer (→Gründungsprüfung).

Nachhaltigkeit, steuerrechtlicher Begriff. 1. *Umsatzsteuer:* Vgl. →Unternehmer. – 2. *Einkommensteuer:* Vgl. →Gewerbebetrieb.

Nachholgut, zollrechtlicher Begriff für eine Ware, die zum Ausgleich für →Freigut, das im Rahmen einer →Freigutveredelung veredelt und bereits in das Ausland ausgeführt worden ist, eingeführt wird. N. ist zollfrei. Es muß jedoch nach Menge und Beschaffenheit dem bereits im Vorgriff ausgeführten Freigut vor seiner Veredelung entsprechen (§ 51 ZG).

Nachholung der Steuerfestsetzung (→Steuerbescheid), vorgeschrieben, wenn die Steuerfestsetzung ausgesetzt oder vorläufig war, sobald die der →Aussetzung oder vorläufigen →Veranlagung zugrunde liegende Ungewißheit beseitigt ist (§ 165 AO).

Nachholverbot, Begriff des Steuerrechts. 1. Verbot, der →Pensionsrückstellung (vgl. dort III 4) jährlich anderen Beträge zuzuführen als die sich aus der versicherungsmathematischen Berechnung ergebenden gleichmäßigen Unterschiedsbeträge zwischen den Gegenwartswerten am Anfang und am Ende des Wirtschaftsjahres (vgl. § 6a IV 1 EStG); – 2. Verbot, unterlassene →Absetzungen für Abnutzungen oder →Sonderabschreibungen nachzuholen (strittig). – *Anders:* Rückwirkungsverbot (→Rückwirkung 2).

Nachindossament. 1. *Beim Wechsel:* →Indossament, das nach →Verfall eines Wechsels angebracht worden ist. Es hat dieselben Wirkungen wie ein Indossament vor Verfall. – Ein N. *nach* Protesterhebung oder nach Ablauf der hierfür bestimmten Frist hat nur die Wirkung einer gewöhnlichen →Forderungsabtretung. Ein nicht datiertes Indossament gilt als vor Ablauf der Protestfrist auf den Wechsel gesetzt, bis das Gegenteil bewiesen wird (Art. 20 WG). – 2. *Beim Scheck:*

Entsprechendes gilt für das N. bei Schecks (Art. 24 ScheckG).

Nachkalkulation. 1. *Begriff:* Eine auf die Leistungseinheit bezogene →Kalkulation, der die für die Leistungserhebung tatsächlich angefallenen Kosten (→Istkosten) zugrunde liegen. – *Gegensatz:* →Vorkalkulation. – 2. *Zweck:* a) *Kostenermittlung und -kontrolle,* vorwiegend bei Einzel- und Kleinserienfertigung, die Unterlagen für die nächste Vorkalkulation und damit gleichzeitig für die künftige Preisstellung liefert; b) *Errechnung der Istgewinnspanne* durch Vergleich von effektiven Kosten und erzielten Erlösen; c) *Kontrolle der Betriebsgebarung* durch Gegenüberstellung von Soll- und Istkosten. – 3. *Verfahren:* Vgl. →Kalkulation III.

Nachkosten, →Nacharbeitskosten.

Nachlaß, *Erbschaft,* Bezeichnung des BGB für das hinterlassene Vermögen als Ganzes (Aktiva und Passiva). Vererblich sind auch: Rechte an der Firma (§ 22 HGB), Warenzeichen, Urheber- und Erfinderrechte sowie der Besitz (§ 857 BGB). – Zum N. *gehören nicht:* höchstpersönliche und vertragsmäßig auf eine bestimmte Person beschränkte Rechte, wie in der Regel Mitgliedschaft, Vorkaufsrecht, Anspruch auf Leibrente, Schmerzensgeld u. a.

Nachlaßbesteuerung, eine in der Bundesrep. D. nicht gebräuchliche, meist progressiv gestaltete Form der →Erbschaftsbesteuerung als →Objektbesteuerung. – *Bemessungsgrundlage* ist der um Schulden und Lasten gekürzte, unverteilte →Nachlaß („letzte Vermögensteuer des Erblassers"). Die Erben empfangen ihren Anteil steuerfrei.

Nachlässe, Abzüge in Form von →Erlösschmälerungen und Preisnachlässen auf Grund von →Mängelrügen, die auf den Warenpreis gewährt werden. Gewährte N. schmälern die Warenumsatzerlöse, erhaltene N. mindern die →Anschaffungskosten der eingekauften Güter. – *Anders:* →Rabatt.

Nachlaßgericht, meist das →Amtsgericht des letzten Wohnsitzes des Erblassers (§§ 72 ff FGG). – *Aufgabenbereich:* Nach Eröffnung der →Verfügung von Todes wegen kann das N. u. .a. Fürsorgemaßnahmen für den →Nachlaß treffen (z. B. Nachlaßpflegschaft, Nachlaßverwaltung); ggf. feststellen, daß ein anderer Erbe als der Fiskus nicht vorhanden ist, →Erbschein erteilen, →Testamentsvollstreckung überwachen, gütliche →Erbauseinandersetzung herbeiführen. – Die Tätigkeit des N. gehört zum Bereich der →freiwilligen Gerichtsbarkeit. – Die Verfügungen sind i. d. R. mit der →Beschwerde anfechtbar.

Nachlaßgläubiger, Gläubiger der →Nachlaßverbindlichkeiten. Ihnen gegenüber greift →Erbenhaftung Platz.

Nachlaßkonkurs. 1. *Begriff:* Ein nur den →Nachlaß als Sondervermögen des Erben ergreifender →Sonderkonkurs (§§ 214–245 KO, §§ 1980 ff. BGB). Möglich nur über den ganzen Nachlaß, nicht über einen Erbteil. – 2. *Zweck* des N. ist, im Interesse des Erben und der →Nachlaßgläubiger eine Trennung des Nachlasses vom sonstigen Vermögen zu erreichen. – 3. *Antragsberechtigt:* Erbe, Nachlaßverwalter, Testamentsvollstrecker, Nachlaßpfleger und jeder Nachlaßgläubiger; verpflichtet dazu (zur Vermeidung der Schadenersatzpflicht) Erbe und Nachlaßverwalter. Alleiniger *Konkursgrund* ist →Überschuldung des Nachlasses. – 4. *Zuständig* das →Amtsgericht, in dessen Bezirk der Erblasser z. Z. seines Todes den allgemeinen Gerichtsstand hatte. – 5. *Konkursgläubiger* sind nur die Nachlaßgläubiger und solche Gläubiger, deren Forderungen aus der bisherigen Nachlaßbehandlung entstanden sind, nicht aber Privatgläubiger der Erben. – 6. Besondere *Bestimmungen* der KO (§§ 221–228 KO) sollen erreichen, daß der Nachlaß soweit möglich so wiederhergestellt wird, wie er zur Zeit des Erbfalls bestand. – 7. Die *Haftung* des Erben wird durch den N. auf den Nachlaß beschränkt. – 8. Möglich ist auch ein →*Nachlaßvergleich* zur Abwendung des N. (Einzelheiten: § 113 VerglO).

Nachlaßpflegschaft. 1. *Wesen:* →Pflegschaft für den endgültigen →Erben, deren Aufgabe die Erhaltung und Verwaltung des →Nachlasses bis zur endgültigen →Annahme der Erbschaft, bisweilen auch nur Prozeßvertretung, ist (§§ 1960 ff BGB). – 2. *Bestellung* des Nachlaßpflegers durch das →Nachlaßgericht. – 3. Der Nachlaßpfleger *vertritt* in Ansehung des Nachlasses den endgültigen Erben und untersteht der *Aufsicht* des Nachlaßgerichts, das auch seine *Vergütung* festsetzen kann. – 4. N. *endet* nach Bekanntwerden des Erben durch Aufhebungsbeschluß. – 5. Nachlaßpfleger haben dafür zu sorgen, daß wegen der *Steuern,* die aus dem Nachlaß zu entrichten sind, entsprechende Mittel zurückgehalten und die Steuern bezahlt werden, sonst trifft sie u. U. persönliche Haftung (§§ 106, 109 AO), insbes. für die →Erbschaftsteuer, wenn sie den Nachlaß vor Entrichtung der Steuer anderen übergeben (§ 15 ErbStG).

Nachlaßverbindlichkeiten. 1. *Begriff:* Schulden des Erblassers (Erblasserschulden) und die aus Anlaß des Erbfalls entstehenden Verbindlichkeiten (Erbfallschulden) sowie die Kosten der Verwaltung des Nachlasses. Die Verbindlichkeiten aus Vermächtnissen, Auflagen und Pflichtteilen treten hinter den übrigen N. zurück, unter diesen gehen Pflichtteilsrechte vor. Für N. haftet der Erbe (→Erbenhaftung). – 2. Für die Berechnung der *Erbschaftsteuer* können die N. von dem maßgebenden Wert abgezogen werden. – 3. Wenn N. höher sind als das Erbe, können sie u. U. als →außergewöhnliche Belastungen bei der →*Einkommensteuer* geltend gemacht werden.

Nachlaßvergleich, →Vergleichsverfahren über einen →Nachlaß zur Abwendung des →Nachlaßkonkurses. – Der N. *bewirkt* wie der Nachlaßkonkurs Beschränkung der →Erbenhaftung. – *Antragsberechtigt* sind dieselben Personen wie beim Nachlaßkonkurs mit Ausnahme der →Nachlaßgläubiger. – *Einzelheiten:* § 113 VerglO.

Nachlaßverwaltung. 1. *Begriff:* Zum Zwecke der Befriedigung der Nachlaßgläubiger durch das →Nachlaßgericht angeordnete Verwaltung des →Nachlasses (§§ 1975 ff BGB). – 2. *Anordnung* a) auf Antrag des →Erben oder b) auf Antrag eines →Nachlaßgläubigers, wenn Grund zu der Annahme besteht, daß die Befriedigung der Nachlaßgläubiger aus dem Nachlaß durch das Verhalten oder die Vermögenslage des Erben gefährdet wird (§ 1981 BGB); öffentliche Bekanntmachung. – 3. Der Erbe verliert entsprechend wie bei →Konkurseröffnung die Verfügungsbefugnis über den Nachlaß und hat ihn dem *Nachlaßverwalter* auszuhändigen. Der Nachlaßverwalter hat den Nachlaß zu verwalten und die →Nachlaßverbindlichkeiten zu berichtigen. Ansprüche gegen den Nachlaß sind ggfs. gegen ihn geltend zu machen; andere Gläubiger als Nachlaßgläubiger können nicht in den Nachlaß vollstrecken (§ 1984 BGB). Für seine Verwaltung ist der Nachlaßverwalter dem Erben und den Nachlaßgläubigern verantwortlich, insbes. wenn er den Nachlaß vor Berichtigung aller Nachlaßverbindlichkeiten dem Erben aushändigt; auch trifft ihn u. U. persönliche Haftung für nicht beglichene Steuern (→Nachlaßpflegschaft). – 4. Die N. führt zu einer Beschränkung der →*Erbenhaftung* auf den Nachlaß (§ 1975 BGB).

Nachlauf, →Transportkette.

Nachleistungen, Leistungen, die im Rechnungszeitabschnitt erstellt werden, für deren zugehörigen Aufwand die Zahlungen aber bereits in einem früheren Zeitabschnitt erfolgt sind. – Vgl. auch →Rechnungsabgrenzung.

Nachmachen, das Anfertigen einer Ware, welcher der Anschein verliehen wird, etwas anderes zu sein, als sie in Wirklichkeit ist; N. ist verboten und strafbar (§§ 17, 52 Lebensmittel- und Bedarfsgegenständegesetz).

Nachmärkte, die dem →Absatzmarkt eines Betriebes noch nachgelagerten Märkte. Beispiel: Die N. einer Schuhfabrik, die an Großhändler liefert, sind die Schuheinzelhändler und die Konsumenten. Konsummarkt ist letzter möglicher Markt. Verhältnisse auf den N. wirken in den Eigenmarkt des Betriebes hinein. – Vgl. auch →vertikales Marketing.

Nachnahme. I. P o s t w e s e n : Einziehungsverfahren durch die Post, im Inlandsverkehr

bei Aushändigung von freigemachten Briefsendungen, Postkarten, Päckchen, Paketen
und Postgütern bis zu 3000 DM und im
Auslandsverkehr bei eingeschriebenen Briefsendungen, Paketen und Wertsendungen
unter besonderen Bedingungen (Brief- und
Paketpostbuch); je nach Land Beträge unterschiedlicher Höhe; Überweisung dieser
Beträge auf das Postgirokonto des Absenders
oder eines Dritten. – *Vermerk* „Nachnahme",
der Betrag in Ziffern und das Nachnahmezei-
chen sind vorgeschrieben, darunter das Postgirokonto, auf das der eingezogene Betrag
überwiesen werden soll. – Jeder Sendung muß
eine ausgefüllte *Zahlkarte* beigefügt werden.
Dabei ist der Nachnahmebetrag um die Zahl-
kartengebühr zu kürzen. – Auf Verlangen
wird Einlieferung von gewöhnlichen Briefen,
Postkarten und Päckchen gegen Gebühr
bescheinigt. – Dem Empfänger wird zum
Einlösen auf Verlangen eine *Frist* von sieben
Werktagen nach dem Eingang beim Bestim-
mungsamt eingeräumt, ausgenommen Sendungen mit Vorausverfügung „Keine Lagerfrist". – Die Post *haftet* dem Absender dafür,
daß der Nachnahmebetrag bei der Auslieferung der Sendung eingezogen und ordnungsgemäß übermittelt wird (§ 15 PostG).

II. B u c h u n g : Da bei einer N. der Besteller
beim Empfang der Sendung neben den reinen
Warenkosten auch die Nachnahmepostge-
bühr zu entrichten hat, sind zwei Buchungs-
sätze möglich: a) Buchung von Warenkosten
und Nachnahmegebühr auf Wareneinkaufskonto; b) Belastung der Warenkosten auf
Wareneinkaufskonto und der Nachnahmegebühr auf Konto Warenbezugskosten. (Vgl.
auch →Beschaffungskosten.) Da die Anschaffungskosten gemäß § 255 I HGB auch die
Bezugskosten umfassen, müssen im Fall b) die
beiden Konten zum Abschluß in der Schlußbi-
lanz wieder zusammengefaßt werden.

III. U m s a t z s t e u e r : Der vom Empfänger
entrichtete Nachnahmebetrag gehört zum
→Entgelt, ungeachtet einer Kürzung durch
die Post um die Zahlkarten- oder Postanwei-
sungsgebühr für die Rücküberweisung.

Nachnahmekosten, Gebühren für →Nach-
nahmen. N. gehören bezüglich Kostenerfas-
sung und -verrechnung zu den →Beschaf-
fungskosten.

Nachricht. 1. *Begriff:* a) Übertragene →Infor-
mation und Signal (→Kommunikation). – b)
Gedrängte Sachverhaltsdarstellung. – 2.
Abdruck von N. aus Zeitungen oder Zeitschriften ist i. d. R. zulässig, soweit sie nicht
mit Vorbehalt der Rechte versehen sind;
unbeschränkt zulässig ist der Abdruck von
vermischten Nachrichten und Tagesneuigkei-
ten (§ 49 UrhRG). Vgl. →Zeitungsartikel.

Nachrichtenbüro, gewerbliche Unternehmung zur Bechaffung, Sichtung und Weitergabe von politischen und sonstigen Nachrichten an Zeitungen, Rundfunk und sonstige
Publikationsorgane. Die N. versorgen ihre
Abnehmer, zu denen auch eigene Korrespon-
denzbüros gehören, laufend mit Nachrichten,
die bei großen Zeitungen und dem Rundfunk
durch eigene Nachrichtendienste und Sonder-
korrespondenten ergänzt werden. – *Bedeutende N.:* dpa (Deutsche Presse-Agentur),
Hamburg; AP (Associated Press of America),
New York; UP (United Press Association),
New York; REUTER (Reuter's Ltd.), London; APA (Austria Presse Agentur), Wien;
Agence Télégraphique, Schweiz; AFP (Agence
France Presse), Paris; ANSA (Agenzia Nazio-
nale Stampa), Rom; ADN (Allgemeiner Deutscher Nachrichtendienst), Berlin (Ost).

Nachrichtenübertragung, →Kommunika-
tion, →Informationsübermittlung.

Nachrichtenverbreitung, Übertragung und
Übersendung gleichlautender →Nachrichten
an Empfänger-Zielgruppen. – Vgl. auch
→Nachrichtenverteilung.

Nachrichtenverkehr. I. B e g r i f f : Beförderung von Nachrichten (Informationen) mittels
interner und externer Informationsverbindun-
gen (→Informationssystemen). Zur Beförderung bzw. Übermittlung der Nachrichten werden unterschiedliche →Nachrichten-Techni-
ken eingesetzt.

II. G e s c h i c h t e : 1. *Anfänge:* Von der Früh-
zeit bis zum Mittelalter bestand der N. im
wesentlichen darin, mittels Boten Informationen von einem Ort zu einem anderen zu
befördern. Zur besonders schnellen Übermittlung von Nachrichten entstanden in den
verschiedenen Hochkulturen unterschiedlich
ausgeprägte, teilweise staatlich organisierte
Kurierdienste durch berittene Boten entlang
eines Netzes von Relaisstationen. Von einer
gewissen Regelmäßigkeit der Verkehrsbedienung konnte im N. noch nicht gesprochen
werden. – 2. *Bis zum 19. Jh.:* In der fränkisch-
germanischen Epoche und der Kaiserzeit
waren es zunächst v. a. die Kirchen (insbes. die
Klöster und Orden), später die Universitäten
und im Mittelalter die entstehenden großen
Handelsgesellschaften, die Nachrichtenver-
bindungen aufbauten und unterhielten. Von
einem öffentlichen, einigermaßen regelmäßig
durchgeführten N. kann erst mit der Einrichtung „städtischer Botenanstalten" im 14.
und 15. Jh. gesprochen werden. Einen wesentlichen Fortschritt erfuhr der N. Ende des 16./
Anfang des 17. Jh. mit dem Aufbau der
Taxisschen Post und den als Konkurrenz dazu
von den größeren Territorialstaaten gegründe-
ten Staatsposten. Gleichzeitig mit dem Postwesen entwickelte sich ab Anfang des 17. Jh.
das moderne Zeitungswesen (Beginn der regel-

mäßig erscheinenden Wochen- und Tageszeitungen). – 3. *19. Jh.:* Die Verbesserung der Verkehrsverbindungen im 19. Jh., insbes. die Ausbreitung der Eisenbahn, erlaubten auch dem N. entscheidende Fortschritte. Briefe, Pakete, Nachrichten und Zeitungen konnten zunehmend schneller und zuverlässiger befördert werden. Zugleich war eine immer stärkere Trennung zwischen Personen- und Nachrichtenbeförderung zu beobachten. Daneben führte die politische Einigung auch im deutschen Postwesen schrittweise zu einer Zentralisierung. Nachdem 1867 bereits die Taxissche Post von Preußen übernommen worden war, entstand 1871 die deutsche Reichspost (lediglich Bayern und Württemberg behielten bis 1920 selbständige Postverwaltungen). Auch auf internationaler Ebene verstärkten sich die Bemühungen, zu gewissen Vereinheitlichungen im Postwesen zu gelangen. Diese führten 1875 zunächst zum allgemeinen Postvertrag und Postverein, 1878 zum Weltpostvertrag und zur Gründung des Weltpostvereins. – 4. *Entwicklung aufgrund der Telegraphie und des Telefons:* Die mit der Erfindung der Telegraphie und des Telefons geschaffenen technischen Voraussetzungen zur Einrichtung von Systemen der elektrischen Nachrichtenübermittlung, revolutionierten den gesamten N. War die Entwicklung der Brief- und Paketbeförderung weitgehend von Fortschritten bei den Beförderungsmitteln abhängig, konnten nun von den anderen Verkehrsträgern unabhängige, allein dem N. vorbehaltene Systeme und Netze aufgebaut werden. – Der Erfindung der ersten brauchbaren Telegraphen (Morse 1837, Wheatstone 1840, v. Siemens 1846) folgte ab 1850 der rasche Ausbau von Telegraphenlinien und schon 1866 die erste Seekabelverbindung zwischen Europa und den USA. Bereits um 1880 hatte sich das Telegraphennetz zu einem weltweiten Nachrichtensystem entwickelt. – Nachdem 1878 in New Haven (USA) die erste Telephonanlage der Welt eröffnet worden war, entstanden auch hier in sehr rascher Folge in zahlreichen Städten Fernsprechnetze, denen sich bald überörtliche Verbindungen anschlossen. – Während das Telephon Anfang des 20. Jh. seinen eigentlichen Durchbruch erlebte, hatte die Kabeltelegraphie ihren Höhepunkt bereits überschritten und wurde zunehmend durch die Funktelegraphie (1908 Aufnahme des Funktelegraphieverkehrs zwischen Europa und Amerika) abgelöst. – 5. *Weitere Entwicklungen:* Nach dem Ersten Weltkrieg kamen zunächst der Rundfunk, ab Mitte der 30er Jahre das Fernsehen als weitere Medien der Nachrichtenübermittlung hinzu. Ansonsten war die weitere Entwicklung des N. v. a. gekennzeichnet durch zahlreiche technische Weiterentwicklungen (Aufbau des Fernschreibnetzes und Einführung der Bildtelegraphie) und dem systematischen Ausbau der bestehenden Netze und Systeme. Zum Nachteil des traditionellen Post-

wesens („gelbe Post") verzeichnete das Fernmeldewesen einen nahezu ungebrochenen Zuwachs mit beachtlichen Steigerungsraten. – Auch nach dem 2. Weltkrieg wurde die Entwicklung des N. in ganz entscheidendem Maße durch neue technische Erfindungen sowie der Verbesserung der vorhandenen Systeme bestimmt. Der Einzug der Elektronik und der Digitaltechnik in das Nachrichtenwesen führten seit den 70er Jahren zur Einführung zahlreicher neuer und weitere Anwendungsbereiche eröffnender Fernmeldedienste (Datexdienst, Telefax-Dienst, Teletex-Dienst, Videotext, Bildschirmtext). Die gegenwärtige Periode ist v. a. geprägt durch den Übergang zu Breitbandnetzen und der Nutzung der Satelliten als Instrumente des N.

III. Unternehmens-, Betriebs- und Kostenstruktur: Der N. wird in der Bundesrep. D. nahezu allein von der →Deutschen Bundespost durchgeführt (nur im Paketdienst sind einige private Unternehmen tätig). Gesetzlich ist das ausschließliche Recht zum Errichten und Betreiben von Einrichtungen zur entgeltlichen Beförderung von Sendungen mit schriftlichen oder sonstigen Nachrichten (§ 2 Gesetz über das Postwesen) und von Fernmeldeanlagen (§ 1 Gesetz über Fernmeldeanlagen) der Post vorbehalten. Insbes. ist sie traditionell alleiniger Betreiber öffentlicher Übertragungs- und Vermittlungseinrichtungen, wobei sie nicht nur die Netze bereitstellt, sondern auch deren Nutzung regelt und weitgehend den Markt für Fernmeldeendgeräte kontrolliert. – Zum N. zu zählen sind allerdings nur die DP-Dienstleistungsbereiche Postdienste und Fernmeldedienste. V. a. die Datenkommunikationsleistungen der Post haben seit Ende der 60er Jahre erheblich an Bedeutung zugenommen; so stieg die Zahl der Datenstationen von 760 (1967) auf 292206 Ende 1986. Neben den älteren Netzen (Fernsprechwählnetz, Telexnetz, Datexnetz, öffentliches Direktrufnetz für die Übertragung digitaler Informationen, öffentliches Netz zur Übertragung von Fernsehsignalen) ist die DP insbes. seit Beginn der 80er Jahre dabei, neue Netze (z. B. ISDN-Netz, Glasfaser-Overlaynetz, Netz der Intelsat- und Eutelsat-Satelliten) aufzubauen. – Ende 1986 betrug die Zahl der Telephonanschlüsse (Hauptanschlüsse und Nebenstellen) rd. 39,1 Mill. (auf 100 Einwohner entfielen 64,1 Sprechstellen bzw. 43,8 Hauptanschlüsse). Internationaler Fernsprechverkehr bestand 1986 mit 211 Ländern (davon waren 153 automatisch erreichbar). Im Funktelephonnetz B 2 belief sich die Zahl der Anschlüsse auf 26 500. Erhebliche Zuwächse werden auch beim Teletexdienst, beim Telefaxdienst, beim Telexdienst, beim Btx-Dienst sowie bei den Dateldiensten verzeichnet. .Im paketvermittelten DATEX-P-Dienst bestehen Auslandsverkehrsbeziehungen zu 55 Ländern mit insgesamt 90 Netzen bzw. Diensten. Ende

Übersicht: Nachrichtenverkehr

Entwicklung der Infrastruktur im Nachrichtenverkehr [1])				
	1960	1970	1980	1986
Telephon-Sprechstellen	5 994 051	13 834 827	28 553 622	39 127 806
dar. Hauptanschlüsse	3 278 148	8 794 612	20 850 306	26 725 967
(öffentl. Sprechstellen)	57 158	94 106	155 644	163 200
Nebenanschlüsse	2 715 903	5 040 215	7 703 316	12 401 839
Telexanschlüsse	35 236	80 493	138 536	167 295
Teletexanschlüsse	–	–	1	16 128
Telefaxanschlüsse	–	–	–	43 799
Btx-Abschlüsse	–	–	–	58 365
Datenstationen	–	4 258	106 089	292 206
Kabelfernsehnetz [2])	–	–	–	2 312 000
Satelliten-Empfang [2])	–	–	–	1 900 000
Seefunkstellen [3])	2 539	–	–	27 248
Postbriefkästen	99 780	108 795	109 651	111 346
Benutzte Postfächer	272 277	393 248	513 330	596 281

[1]) Ende des Kalenderjahres;   [2]) Haushaltseinheit;   [3]) auf deutschen Handelsschiffen.

Verkehrsleistungen im Nachrichtenverkehr				
	1960	1970	1980	1986
Briefsendungen	8 497,7	10 679,9	12 239,6	13 279,3
Paketsendungen	284,7	319,9	268,5	239,7
Beförderte Zeitungen [1])	839,8	1 067,2	1 533,9	1 666,5
Ortsgespräche	3 471,6	6 878,1	13 438,4 [4])	18 057,4 [2])
Abgehende Ferngespräche	1 075,2	3 337,8	7 755,0	10 931,6
Aufgegebene Telegramme	25,1	16,4	7,6	5,4
Abgehende Telexverbind.				
Inland	–	–	157,7 [3])	166,3
Ausland	–	–	69,1 [3])	79,9
Funktelegramme [4])	424,4	–	–	240,0
Seefunkgespräche [4])	124,8	–	–	344,0

[1]) einschl. Zeitschriften, ohne Postzeitungsgut; [2]) errechnete Ortsgespräche; [3]) 1981; [4]) in 1000.

Quellen: Bezirksstatistik der Deutschen Bundespost; Geschäftsberichte der Deutschen Bundespost; Statistische Jahrbücher für die Bundesrepublik Deutschland, versch. Jge.

1986 waren rd. 2,3 Mill. Wohnungen an Breitbandverteilanlagen angeschlossen; für 6,75 Mill. Wohnungen waren die Voraussetzungen für die Anschließung geschaffen. – 1986 beförderte die Post 13 279,3 Mill. Briefe und 239,7 Mill. Paketsendungen. Gleichzeitig wurden 5,4 Mill. Telegramme aufgegeben (darunter 29,5% in das Ausland gerichtet); aus dem Ausland gingen 1,1 Mill. Telegramme ein. Die Zahl der abgehenden Telexverbindungen belief sich auf rd. 246 200 (darunter 166 300 im Inland). Im Fernsprechdienst wurden 1986 rd. 18 057,4 Mill. Orts- und 10 931,6 Mill. Ferngespräche geführt. Daneben wurden im Fernsprechauskunftsdienst ca. 260 Mill. Auskünfte erteilt. – Die Investitionen der Deutschen Bundespost beliefen sich 1986 auf rd. 17 Mrd. DM, wovon etwa 14,7 Mrd. DM Investitionen in Fernmeldeanlagen waren. Zur Finanzierung der Sachinvestitionen und der Schuldentilgung war ein Kapitalbedarf von rd. 25,419 Mrd. DM erforderlich. An Eigenmitteln standen rd. 12,9 Mrd. zur Verfügung (dies entspricht einer Selbstfinanzierungsquote von 50,6%. – Von den Gesamterträgen in Höhe von 47 847,4 Mill. DM waren 13 348,8 Mill. DM Umsatzerlöse aus den Postdiensten und 34 470,6 Mill. DM aus den Fernmeldediensten (darunter 30 887,1 Mill. DM Fernsprechgebühren, 2462 Mill. DM Telegraphengebühren) (1986). Während sich bei den Postdiensten eine Kostenunterdeckung von 2200 Mill. DM ergab, belief sich die Kostenüberdeckung beim Telegraphendienst auf 40 Mill. DM und beim Fernsprechdienst auf 4,3 Mrd. DM. Bei den übrigen Fernmeldediensten belief sich das Minus auf rd. 880 Mill. DM. Mit 1,19 Mrd. bzw. 0,52 Mrd. ergaben sich beim Paketdienst und beim Postzeitungsdienst besonders hohe Verluste (Kostendeckungsgrade: 62 bzw. 55%). Von den Gesamtaufwendungen (1986) in Höhe von 49,3 Mrd. DM entfielen ca. 50,4% auf die Personalaufwendungen. Für die Betriebsführung und Instandhaltung des Sachanlagevermögens wurden rd. 6,8 Mrd., für Abschreibungen 8,8 Mrd. und für das Fremdkapital ca. 2,7 Mrd. DM aufgewandt.

IV. Nationale und internationale Organisation: 1. *Nationale Ebene:* Der nationale N. fällt zum größten Teil in den Kompetenzbereich der →Deutschen Bundespost (DBP), die ein staatlich geschütztes Monopol besitzt. Die DBP wird gemäß Art. 87 I GG als bundeseigene Verwaltungsbehörde mit eigenem Unterbau (u. a. Zentrale Verkehrsleitung, Posttechnisches Zentralamt, Oberpostdirektionen) geführt. – 2. *Internationale Ebene:* Internationale Vereinigungen im Bereich N. sind u. a. der →Weltpostverein und die →Internationale Fernmelde-Union (ITU).

V. Gegenwarts- und Zukunftsprobleme: Im Rahmen der aktuellen Liberalisierungsdebatte steht das Monopol der DBP

zur Diskussion; Privatinitiative soll auch in diesem Bereich der Wirtschaft zu mehr Wettbewerb und Effizienz führen. Technologisch steht der N. im Umbruch. Durch die Verbreitung der neuen Techniken der Nachrichtenübermittlung im Rahmen der Telekommunikation werden zur Zeit nicht exakt abschätzbare, aber als erheblich vermutete Wirkungen auf Wirtschaft und Gesellschaft erwartet. Einige Autoren sehen nach der Industriellen Revolution die Kommunikationsrevolution kommen.

Nachrichtenverteilung, Übertragung oder Weitergabe von →Nachrichten gezielt an einen kleinen Kreis ausgewählter Empfänger. – Vgl. auch →Nachrichtenverbreitung.

Nachschau, Verfahren im Rahmen der →Steueraufsicht. Die von der Finanzbehörde mit der Steueraufsicht beauftragten Amtsträger sind berechtigt, auf Grundstücken, in Räumen und Fahrzeugen von Personen, denen ein der Steueraufsicht unterliegender Sachverhalt zuzurechnen ist, während der Geschäfts- und Arbeitszeit Prüfungen vorzunehmen und sonstige besteuerungserhebliche Feststellungen zu treffen (§ 210 I AO). N. ist jederzeit *zulässig,* wenn der Verdacht besteht, daß Verstöße gegen Zoll- und Verbrauchsteuergesetze aufgedeckt werden können; bei Gefahr im Verzug darf →Durchsuchung ohne richterliche Anordnung erfolgen (§ 210 II AO). Übergang zur →Außenprüfung ist möglich (§ 210 IV AO).

Nachschieben. 1. *N. von Waren:* Unzulässig gem. § 8 V Nr. 2 UWG, wenn der Veranstalter nach der Anzeige des →Räumungsverkaufs weitere Waren für diesen beschafft und anbietet. Läßt zivilrechtlichen →Unterlassungsanspruch aus. – *Gegensatz:* →Vorschieben von Waren. – 2. *N. von Kündigungsgründen nach Ausspruch der Kündigung des Arbeitsverhältnisses:* Der kündigende Teil kann die Kündigung auch später noch durch zusätzliche, dem Gekündigten nicht mitgeteilte Gründe untermauern. Die Kündigung läßt sich aber nicht auf Gründe stützen, die erst nach Ausspruch der Kündigung entstanden sind (dann erneute Kündigung möglich). Ist das Betriebsverfassungsgesetz anwendbar, können nach h.M. grundsätzlich solche Gründe nicht nachgeschoben werden, zu denen eine →Anhörung des Betriebsrats nach § 102 I BetrVG nicht erfolgt ist.

Nachschüsse, von Gesellschaftern usw. unter bestimmten Voraussetzungen über die →Einlage hinaus zu erbringende Geldleistungen. Vgl. →Nachschußpflicht.

Nachschußpflicht. I. Begriff: Durch Gesetz, Satzung oder Vertrag festgelegte oder auszuschließende beschränkte oder unbeschränkte Verpflichtung für Gesellschafter, an ihre Gesellschaft unter bestimmten Voraussetzungen zahlenmäßig beschränkte oder unbeschränkte Nachschüsse auf die schon bestehende Einzahlungen (Anteile) zu leisten. Nachschüsse dienen meist der →Sanierung.

II. F o r m e n : 1. *Gesetzliche N.*: a) bei der Genossenschaft mit beschränkter und unbeschränkter Haftung (→Haftpflicht II); b) bei der bergrechtlichen Gewerkschaft N. in der Form der →Zubuße. Inhaber von Kuxen unterliegen der Zubuße unbeschränkt, ebenso Inhaber von Anteilspapieren einer Bohrgesellschaft. – 2. Nach *Vereinbarung* ist N. bei der Gesellschaft mit beschränkter Haftung zulässig; Einzahlung hat nach dem Verhältnis der Gesellschaftsanteile zu erfolgen (§ 26 GmbHG). – 3. *Keine N.* für die Aktionäre von Aktiengesellschaften (vgl. auch →Nebenverpflichtungen), die Gesellschafter einer Offenen Handelsgesellschaft oder Kommanditgesellschaft. – 4. Bei *Versicherungsvereinen auf Gegenseitigkeit und einigen öffentlichrechtlichen Versicherern* werden aufgrund der Satzung oder allgemeinen Versicherungsbedingungen von den Versicherungsnehmern Nachschüsse erhoben, wenn die jährliche Prämieneinnahme zur Deckung der im entsprechenden Zeitraum angefallenen Versicherungsleistungen und Verwaltungskosten nicht ausgereicht hat.

III. B e f r e i u n g von der N. für GmbH-Gesellschafter und Kux-Inhaber durch Überlassung ihrer Beteiligung (→Abandon) an die Gesellschaft, für Inhaber von Bohranteilen nur durch Abtretung. – Die N. kann bei →Genossenschaften ausgeschlossen werden.

Nachsendung, →Post-Nachsendung.

Nachsichteffekt, Störeffekt bei der Einstellungs- und Imagemessung. Die Testpersonen schätzen ihnen bekannte Untersuchungsobjekte tendenziell günstiger ein als die ihnen unbekannten Stimuli. – *Ähnlich:* →Halo-Effekt.

Nachsichtwechsel, →Sichtwechsel, der „nach Sicht" lautet. Der Verfall richtet sich nach dem in der Annahmeerklärung angegebenen Tag oder nach dem Tag des →Protests (Art. 35 WG). N. müssen binnen eines Jahres seit dem Tag der Ausstellung zur Annahme vorgelegt werden (Art. 23 WG).

Nachtarbeit, Tätigkeit während der Nacht (22.00 Uhr bis 6.00 Uhr). N. ist meist aus technischen Gründen (z. B. Papier- oder Stahlerzeugung) oder aus Gründen der Versorgung der Bevölkerung mit bestimmten Leistungen (z. B. Krankenschwester, Polizei, Verkehrsbetriebe) unvermeidlich. N. ist aufgrund der festen menschlichen Tagesrhythmik (→Biorhythmus) mit besonderen Problemen belastet. So erreicht die physiologische →Leistungsbereitschaft in der Nacht im Durchschnitt nur unter Normal liegende Werte und auch die Tiefpunkte werden in der Nacht (ca. 3.00 Uhr) erreicht. Dies liegt an dem sog.

Zeigebern, die die menschliche Physiologie in Ruhe- und Spannungszustände versetzen. Vgl. auch →Schichtarbeit. – *Arbeitsrechtliche Regelung:* Vgl. →Arbeitszeit, →Frauenschutz, →Jugendarbeitsschutz.

Nachteilsausgleich. I. S o z i a l r e c h t : Sammelbegriff für die Vorschriften über Hilfen für Behinderte zum Ausgleich behinderungsbedingter Nachteile oder Mehraufwendungen (§ 48 SchwbG) i. d. F. v. 26. 8. 1986 – BGBl I 1421). Derartige Hilfen werden z. B. gewährt bei erheblicher Beeinträchtigung der Bewegungsfähigkeit, der Notwendigkeit einer Begleitperson, bei Hilflosigkeit, Blindheit. Für die Gewährung des N. kommt es nur auf Art oder Schwere, nicht aber auf die Ursache der Behinderung an. – Die *Berechtigung* für die Inanspruchnahme von N. wird in dem Schwerbehindertenausweis durch bestimmte Merkzeichen festgestellt.

II. A r b e i t s r e c h t : Vgl. →Interessenausgleich.

nachträgliche Anschaffungskosten, →Anschaffungskosten.

Nachtragshaushalt, →Haushaltsplan, der die Positionen, die einen bereits verkündeten Haushalt ändern sollen, umfaßt. Der N. ist nicht als →Haushaltsüberschreitung anzusehen, sondern als originärer Haushalt, der nach demselben, allerdings beschleunigten Verfahren aufgestellt, beraten und durchgeführt wird wie Jahreshaushaltspläne (§§ 32, 33 BHO). – *Spezielle Form:* →Rektifikationsetat. – Vgl. auch →Ergänzungshaushalt, →Eventualhaushalt.

Nachtragsverteilung, im Konkursverfahren Verteilung der nach der →Schlußverteilung noch anfallenden Konkursmasse (z. B. aus zunächst sichergestellte Beträgen, §§ 166, 168 KO). N. nur auf Anordnung des Konkursgerichts. Berücksichtigt werden nur die im Schlußverzeichnis aufgeführten Konkursgläubiger. Der Konkursverwalter muß die verfügbare Masse bei der Ausschüttung gelangenden Prozentsatz öffentlich bekanntmachen und hat über die Verwaltung und Verteilung der Nachtragsmasse dem Konkursgericht Rechnung zu legen.

Nachtsprung, Personen- oder Güterbeförderung im Hauptlauf einer →Transportkette während der Nacht zur vollständigen Nutzung der Tageszeit für den Vorlauf und den Nachlauf. – Vgl. →Autoreisezug, →Huckepackverkehr.

Nachttarif, →Ferngespräche.

Nachtwächterstaat, auf F. Lassalle zurückgehende polemische Bezeichnung für die Rolle des Staates zu Zeiten des Laissez-faire- bzw. Manchester Liberalismus (→Liberalismus II 3), als der Wirtschftsprozeß durch keinerlei wirtschaftspolitische Eingriffe beeinträchtigt wurde und der Staat sich auf den Schutz des Eigentums beschränkte.

Nachunternehmer, *Nebenunternehmer,* der vom →Hauptunternehmer im Auftrag des Auftraggebers zur Ausführung von Nebenarbeiten beauftragte Unternehmer.

Nachveranlagung. 1. N. zur *Vermögensteuer:* Notwendig, wenn die persönliche →Steuerpflicht erst nach dem Zeitpunkt der →Hauptveranlagung entsteht, wenn beim Steuerpflichtigen ein persönlicher Befreiungsgrund wegfällt oder ein Wechsel von der unbeschränkten zur beschränkten Steuerpflicht und umgekehrt eintritt (§ 17 VStG). Im Gegensatz zur →Neuveranlagung brauchen keine Wertabweichungn eingetreten zu sein. – 2. N. bei der *Grundsteuer:* N. des →Steuermeßbetrages im Falle einer →Nachfeststellung des →Einheitswertes.

Nachverfahren. I. Z i v i l p r o z e ß o r d n u n g: Verfahren zur endgültigen Entscheidung eines Rechtsstreits, in dem ein →Vorbehaltsurteil ergangen ist. Das N. setzt das Vorverfahren vor dem gleichen Gericht zwischen denselben Parteien fort. Es endet damit, daß das Vorbehaltsurteil für vorbehaltlos erklärt oder aufgehoben und die Klage abgewiesen wird. – N. ist *möglich* bei →Aufrechnung des Beklagten im Prozeß mit einer Gegenforderung (deren Bestehen im N. geprüft wird) sowie im Urkunden-, Wechsel- und Scheckprozeß (alle Beschränkungen hinsichtlich der zulässigen →Beweismittel entfallen). – Einen *Schaden,* den der Beklagte bei Vollstreckung des Klägers aus dem (später aufgehobenen) Vorbehaltsurteil oder durch →Sicherheitsleistung zur Abwendung der Vollstreckung erlitten hat, kann er bereits im N. geltend machen (§§ 302, 600 ZPO). – Vgl. auch →summarisches Verfahren.

II. V e r g l e i c h s o r d n u n g: Verfahren von der Bestätigung eines Vergleichs bis zur Vergleichserfüllung. Vergleichsverwalter und Gläubigerbeirat bleiben im Amt mit der Aufgabe, die Erfüllung des Vergleichs zu überwachen. Sie können für das N. Vergütung und Ersatz ihrer Auslagen vom Schuldner verlangen. Beides wird vom →Vergleichsgericht festgesetzt. – 1. *Erfüllung:* a) Konkurs- und Vollstreckungsschutz bestehen für den *Schuldner* nicht mehr (§§ 96, 46, 47 VerglO). – b) *Aufhebung* des N. (1) aus besonderen Gründen (→Aufhebung), (2) wenn die *Vergleichserfüllung* vom Vergleichsverwalter mitgeteilt oder vom Schuldner glaubhaft gemacht wird (§ 96 IV VerglO); teilweise Erfüllung steht bei verhältnismäßig geringfügigem Rückstand der Aufhebung nicht entgegen, dgl. nicht beim →Liquidationsvergleich, daß die Mindestquote bei Verwertung des Treuhandvermögens nicht erreicht ist. – 2. *Nichterfüllung:* Zeigt der Vergleichsverwalter dem Gericht an, daß der Vergleich nicht erfüllt werden kann

oder liegt binnen zwei Wochen nach Ablauf des letzten im Vergleich bestimmten Zahlungstermins keine Erfüllungsanzeige des Verwalters und kein Antrag des Schuldners auf Aufhebung des Verfahrens vor, so ist über die Eröffnung des →Anschlußkonkurses zu entscheiden. Vor der Entscheidung sind Verwalter und Schuldner zu hören. Der Beschluß wird erst mit →Rechtskraft wirksam.

Nachvergütung, →Rückvergütung.

Nachversicherung, in der →Rentenversicherung die nachträgliche Einbeziehung in die Versicherung von Personen (z. B. Beamten, Berufssoldaten, Soldaten auf Zeit; aber auch Ordensmitglieder, Diakonissen, Rotkreuzschwestern, § 1299 RVO, § 6 AVG, § 29 RKG), die aus einer rentenversicherungsfreien Beschäftigung ausscheiden, ohne daß ihnen oder ihren Hinterbliebenen nach beamtenrechtlichen Vorschriften Versorgung gewährt wird. Für die Zeit, in der sie sonst rentenversicherungspflichtig gewesen wären, sind sie nachzuversichern (§ 1232 RVO, § 9 AVG, § 29 RKG). Der Arbeitgeber oder Dienstherr hat die Beiträge allein zu tragen und an die Rentenversicherung nachzuentrichten (§§ 1402, 1403 RVO, §§ 124, 125 AVG, § 130 ff RKGff. RKG).

Nachversteuerung, spätere Versteuerung von gewährten Abzugsbeträgen bei der Einkommensteuer, wenn die Bedingungen, unter denen der Abzug gewährt wurde, nicht erfüllt werden. – 1. N. von den als →Sonderausgaben abgezogenen Prämien bei *Rentenversicherungen* gegen Einmalbetrag, wenn vor Ablauf von zwölf Jahren seit Vertragsabschluß die Versicherungssumme ganz oder teilweise ausgezahlt, der Einmalbetrag ganz oder z. T. zurückgezahlt oder die Ansprüche aus dem Versicherungsvertrag ganz oder z. T. abgetreten oder beliehen werden (§ 10 VI Nr. 1 EStG, 30 EStDV). – 2. N. von als Sonderausgaben abgezogenen →*Bausparkassenbeiträgen,* wenn vor Ablauf von zehn Jahren seit Vertragsabschluß die Bausparsumme ganz oder z. T. ausgezahlt, geleistete Beiträge ganz oder z. T. zurückgezahlt oder Ansprüche aus dem Bausparvertrag abgetreten oder beliehen werden (§§ 10 VI Nr. 2 EStG, 31 EStDV). – 3. N. des steuerbegünstigten *nicht entnommenen Gewinnes* in Höhe der Mehrentnahme, die der Pflichtige in einem der drei auf die Inanspruchnahme der Begünstigung folgenden Jahre tätigt (§ 10a II EStG). – 4. N. bei →negativem *Kapitalkonto,* das durch Einlagen- und Haftungsminderung entsteht oder sich erhöht (§ 15a III EStG); vgl. dort. – 5. N. bei schädlicher Verfügung über *Vermögensbeteiligungen* vor Ablauf der Sperrfrist von sechs Jahren (§ 19a II EStG) durch →Pauschbesteuerung. Die pauschale Lohnsteuer beträgt 20% des steuerfrei gebliebenen Vorteils (§ 10 EStDV).

Nachweismakler, Makler, der lediglich die Gelegenheit für den Abschluß eines Vertrages nachweist, ohne den Abschluß selbst zu vermitteln. Für den N. gelten nur die Vorschriften für den →Zivilmakler (§§ 652 ff. BGB).

Nachwirkung, Fortgeltung der Normen eines →Tarifvertrags oder einer →Betriebsvereinbarung nach deren Beendigung.

Nachzugsaktien, →Aktien, die erst Anspruch auf →Dividende haben, nachdem die →Stammaktien eine bestimmte Dividende erhalten haben. N. waren meist als →Mehrstimmrechtsaktien *ausgestaltet;* sie sind jetzt i.d.R. unzulässig (§ 12 AktG). N. sind meist durch Buchstabenaufdruck (Lit. B) von den Stammaktien unterschieden.

nachzuweisende Sendungen, nach der Postordnung →Einschreiben und Wertsendungen (→Wertangabe).

Nadeldrucker, →Matrixdrucker, bei dem die Druckdarstellung durch anschlagende Stifte erzeugt wird.

Nadelgeld, Beträge, die die Eltern einer verheirateten Tochter für ihre kleinen Ausgaben gewähren und die ihr ohne Rücksicht auf ihren Unterhalt zur freien Verfügung stehen sollen. Dient N. als Beitrag zum angemessenen Unterhalt, so ist die Hingabe erbschaftsteuerfrei (§ 18 Nr. 14 ErbStG).

Nahbereich, →Nahtarifzone.

Nahgespräch, →Nahtarifzone.

Nahrungsmittel, der menschlichen Ernährung dienende Erzeugnisse des Pflanzen- und Tierreichs. N. enthalten verdauliche Nährstoffe; sie sind vorwiegend organischer Natur wie Eiweißstoffe, Fette, Kohlehydrate, aber auch anorgan. Salze (hauptsächlich Kochsalze) sowie Vitamine, Luft und Wasser. Der Nährwert eines N. hängt von seinem Nährstoffgehalt ab, der nach Kalorien oder Joule berechnet wird. Der *durchschnittliche Nährstoffbedarf* eines Erwachsenen beträgt je Tag 2400 Kalorien (10000 Joule). – *Gesetzliche Regelung:* Vgl. →Lebensmittel- und Bedarfsgegenständegesetz.

Nahrungsmittelhandwerk, Unternehmungen, deren Haupttätigkeit die Herstellung bestimmter Waren (Brot, Back-, Konditoreiwaren, Fleisch und Fleischwaren) ist. Sie verkaufen ihre Produkte häufig in eigenen Verkaufsstellen (Bäckereien, Metzgereien, Konditoreien). Der Übergang zur →Einzelhandelsunternehmung ist oft fließend, insbes. wenn die Unternehmungen im N. in erhöhtem Maß fremde Ware zukaufen (z.B. Bäcker: Milch, Sahne, Aufschnitt, Süßigkeiten, Kaffee; Fleischer: Brötchen, Milch, Konserven, Delikatessen). Das N. ist zunehmend in Einkaufskooperationen organisiert (vgl. →Einkaufsgenossenschaft).

Nahrungsmittelhilfe, Form der Hilfe an Länder der Dritten Welt. Soweit die N. nicht

als Soforthilfe, z.B. als Flüchtlingshilfe oder Hilfe bei Naturkatastrophen, geleistet wird, wird nicht selten versucht, sie entwicklungswirksam einzusetzen, indem z.B. die Nahrungsmittellieferungen als Arbeitsentgelt für Beschäftigte in Entwicklungsprojekten verwendet werden *(food for work)* oder die Staatseinnahmen aus Verkauf dieser Lieferungen in die Finanzierung solcher Projekte gehen.

Nahrungsmittelproduktion, statistische Bezeichnung für alle Nahrungsmittel und Rohprodukte, die für gewerbliche Zwecke verfügbar werden. Dazu *gehören:* a) pflanzliche Erzeugnisse, die für die menschliche Ernährung direkt verwendet werden oder zur Verarbeitung im Ernährungsgewerbe dienen; b) tierische Erzeugnisse aus den verschiedenen Zweigen der landwirtschaftlichen Veredelungswirtschaft (auch für Futterzwecke verwendete Erzeugnisse); c) Eigenverbrauch der landwirtschaftlichen und nichtlandwirtschaftlichen Erzeuger; d) die über den Markt verwerteten Mengen; e) ferner Veränderungen des Viehbestandes, bereinigt um die Einfuhren von Zucht- und Nutzvieh. Die N. enthält auch die Mengen, die aus eingeführten Futtermitteln erzeugt wurden und die Ausfuhren an Nutz- und Schlachtvieh. Als Saatgut verwendete Mengen, Bruteier und Pferdefutter sind nicht eingeschlossen. – *Berechnung* in →Getreideeinheiten. – Vgl. auch →Netto-Nahrungsmittelproduktion.

Nahrungs- und Genußmittelgewerbe, Wirtschaftsbereich im Rahmen des →Verarbeitenden Gewerbes, umfaßt das →Ernährungsgewerbe und die →Tabakverarbeitung. Zum N.-u.G. gehören 10% aller Betriebe und fast 7% aller Beschäftigten des Verarbeitenden Gewerbes; überwiegend klein- und mittelbetrieblich organisiert.

Nahrungs- und Genußmittelgewerbe

Jahr	Be-schäf-tigte in 1000	Lohn- und Gehalts-summe	darun-ter Ge-hälter	Um-satz ge-samt	darun-ter Aus-lands-umsatz	Netto-produk-tions-index 1980 = 100
		in Mill. DM				
1970	587	7 570	2 893	76 597	1 622	–
1971	587	8 455	3 270	82 584	1 823	–
1972	578	9 164	3 613	87 717	2 116	–
1973	576	10 166	4 066	97 241	2 871	–
1974	559	10 955	4 441	103 214	4 278	–
1975	527	11 321	4 638	108 275	4 417	–
1976	511	11 737	4 802	118 612	5 121	91,4
1977	496	12 477	5 187	125 542	7 559	91,4
1978	491	13 076	5 448	128 116	8 086	94,7
1979	489	13 758	5 746	133 076	8 914	97,9
1980	491	14 659	6 170	142 309	10 304	100
1981	488	15 464	6 563	156 358	12 465	101,7
1982	472	15 741	6 761	162 733	13 250	98,7
1983	454	15 669	6 765	166 639	13 748	99,3
1984	450	15 887	6 871	171 605	15 472	101,1
1985	446	16 153	7 006	175 624	16 567	104,0
1986	442	16 354	7 158	176 047	15 841	105,3

Nahtarifzone, *Nahbereich,* Zone im →Telefonnetz, die alle Ortsnetze im Umkreis von rd. 20 km umfaßt. N. in Grenz- und Küstenlage mit vergrößertem Radius. Gespräche innerhalb einer N. (Nahgespräche) zu Gebühren wie →Ortsgespräche.

Nahzone, →Güternahverkehr.

Name, Wort, mit dem Personen oder Gegenstände bezeichnet werden. – Vgl. im einzelnen →Familienname, →Namensrecht, →Namensänderung, →Pseudonym (Deckname).

Namensaktie, auf den Namen des Aktionärs ausgestellte →Aktie. I. a. in der Bundesrep. D. Inhaberaktien vorherrschend; N. vorwiegend bei Versicherungsaktien, in den USA vorherrschend. – N. sind mit Adresse und Stand des Aktionärs im →Aktienbuch der AG einzutragen. – N. sind trotz ihrer Bezeichnung keine Namens-, sondern →Orderpapiere (§ 68 AktG). Sie können durch →Indossament (auch →Blanko-Indossament) oder durch Abtretung des Rechts (→Forderungsabtretung) *übertragen* werden; →Übergabe des Papiers ist dabei erforderlich; nur Eintragung im Aktienbuch legitimiert gegenüber der AG, deshalb Anmeldung und Nachweis des Übergangs bei der Gesellschaft notwendig (§ 68 III, IV AktG). – N. können durch die Satzung *vinkuliert* werden (→vinkulierte Aktien), d. h. ihre Übertragung ist dann an die Zustimmung der Gesellschaft gebunden (§ 68 II AktG).

Namensänderung. 1. *Änderung des Familiennamens:* Auf Antrag bei wichtigen Gründen durch die höhere Verwaltungsbehörde (i. d. R. den Regierungspräsidenten) möglich (Reichsgesetz vom 5.1.1938, RGBl I 9, i. d. F. vom 29.8.1961, BGBl I 1621). Der Antrag ist bei der unteren Verwaltungsbehörde (Landrat, Polizeipräsident) einzureichen. – 2. *Änderung des Vornamens:* Zuständig ist die untere Verwaltungsbehörde. Bei einer →Annahme an Kindes statt kann auf Antrag des Annehmenden mit Einwilligung des Kindes das →Vormundschaftsgericht Vornamen des Kindes ändern, wenn dies aus schwerwiegenden Gründen zum Wohle des Kindes erforderlich ist (§ 1757 BGB). Bei Transsexuellen, auch vor Vollendung des 25. Lebensjahres (vgl. Entscheidung des Bundesverfassungsgerichtes vom 16.3.1982, BGBl I 619), kann auf Antrag durch das Amtsgericht, das seinen Sitz am Ort eines Landgerichts hat, der Vorname geändert werden (Transsexuellengesetz vom 10.9.1980, BGBl I 1654). – 3. *N. des Einzelkaufmanns oder des in der Firma genannten Gesellschafters* bedingt nicht die Änderung der Firma. Bei N. ohne Änderung der Person darf die bisherige Firma weiterbenutzt werden (§ 21 HGB). – 4. *N. kraft Gesetzes:* Vgl. →Familienname.

Namenspapier. 1. *N. i. e. S.:* →Wertpapier, das auf den Namen einer bestimmten Person

lautet und bei dem nur der namentlich genannte Inhaber oder sein Rechtsnachfolger zur Geltendmachung des verbrieften Anspruchs berechtigt ist. *Beispiele:* Hypothekenbriefe und nicht auf den Inhaber lautende Grundschuldbriefe, bürgerlich-rechtliche Anweisung. – *Übertragung* erfolgt durch Abtretung des Anspruchs (→Forderungsabtretung; vgl. auch →Rektapapier). Der Eigentumsübergang ist Folge der Forderungsabtretung (das Recht an dem Papier folgt dem Recht aus dem Papier). – 2. *N. i. w. S.:* Auch →Orderpapiere (z. B. Wechsel, Scheck, Namensaktie), die auf Namen lauten, aber durch →Indossament übertragbar sind (kein Rektapapier). Durch die negative Orderklausel (→nicht an Order) werden Wechsel und Scheck zu Rektapapieren.

Namensrecht. 1. Absolutes *Recht zum ungestörten Gebrauch des →Namens und Verhinderung unbefugten Gebrauchs.* Beseitigung einer Beeinträchtigung kann verlangt, bei Wiederholungsgefahr auf Unterlassung geklagt werden; Verschulden des Verletzers nicht erforderlich (§ 12 BGB). – 2. *Recht zur Namensführung:* Vgl. →Familienname. – 3. Geschützt wird nicht nur der bürgerliche Name, sondern auch der *Firmenname,* und zwar nicht nur der Name als Bestandteil der →Firma des Einzelkaufmanns, sondern auch der vom bürgerlichen Namen abweichende Firmenname des Einzelkaufmanns, der OHG, der KG, der Name der juristischen Personen wie AG, GmbH usw.; auch der gekürzte Name (z. B. Telegrammadresse). – 4. Beim Gebrauch *im geschäftlichen Verkehr* besteht Schutz nach § 16 UWG (Schutz geschäftlicher Bezeichnungen). Vgl. →geschäftliche Bezeichnungen. – 5. Der Name des →Urhebers auf einem Werk der Literatur oder der Tonkunst begründet Vermutung der Urheberschaft eines Werkes und →Urheberschutz für den Genannten (§ 10 UrhG). Sonderregeln gelten für die unter einem →Pseudonym erschienenen oder die →anonymen Werke.

Namensscheck, →Scheck, in dem ein namentlich bezeichneter Berechtigter benannt ist. Der N. ist, soweit er nicht (wie regelmäßig) mit →Inhaberklausel versehen ist, →Orderscheck.

Namenstest, Teil des →Produkttests, Methode für die Überprüfung der Namenseignung (z. B. bei Markennamen) hinsichtlich Assoziationswirkung, Klang, Aussprechbarkeit, Prestige und Einprägsamkeit. Durch Parallelvergleiche kann der optimale Name aus mehreren Namensvorschlägen ermittelt werden. Die Gesamtwirkung eines Namens ist durch die Frage zu testen, welches von zwei, sich nur im Namen unterscheidenden Produkten lieber gekauft würde. – *Ähnlich:* →Wortassoziationstest.

Namibia, südafrikanische Bezeichnung: *Süd-westafrika*. Hauptregionen: westlicher Küstenstreifen einschließlich Wüste Namib, Zentralplateau und östliche Gebiete, die zur Kalahari zählen. – *Fläche:* 824 292 km², davon entfallen 1124 km² auf die südafrikanische Enklave *Walfischbai*. – *Einwohner* (E): (1985, geschätzt) 1,5 Mill. (1,8 E/km²) – *Hauptstadt:* Windhuk (120 000 E); weitere wichtige Städte: Keetmanshoop (11 502 E), Tsumeb (11 269 E), Otjiwarongo (9087 E), Lüderitz (4748 E). – Seit 1920 als UN-Treuhandgebiet von der Mandatsmacht Rep. Südafrika verwaltet. Seit 1985 Übergangsregierung, Verfassung in Vorbereitung. *Verwaltungsgliederung:* 22 Distrikte, 10 Heimatländer (homelands). – *Amtssprachen:* Afrikaans, Englisch und Deutsch.

W i r t s c h a f t : Schlüsselsektor der namibischen Wirtschaft ist der Bergbau, der sich fast ausschließlich im Besitz transnationaler Konzerne befindet. Existenzgrundlage für etwa 70% der namibischen Bevölkerung bildet dagegen direkt oder indirekt die Landwirtschaft. Die bisher völlig unzureichende industrielle Entwicklung wird, neben strukturellen Engpässen (u. a. Mangel an Wasser und Energie), durch die unsichere politische Zukunft behindert. Derzeit kennzeichnen steigende Arbeitslosigkeit und hohe Inflationsraten die wirtschaftliche Lage. – *Landwirtschaft:* Der Ackerbau spielt klimabedingt nur eine untergeordnete Rolle. Hauptsächlich beschränkt auf die nördlichen Gebiete werden Mais, Erdnüsse, Sonnenblumen und Futterpflanzen angebaut. Der Anteil der Viehwirtschaft am gesamten landwirtschaftlichen Produktionswert beträgt über 95%. Die Zahl der weißen Farmer, die v. a. Rinderzucht betreiben, ist rückläufig. Zunehmende Bedeutung gewinnt die Wildfarmerei. Über 80% der landwirtschaftlichen Erzeugnisse werden exportiert, jedoch müssen 70% des gesamten Nahrungsmittelbedarfs importiert werden. Die namibische Fischerei leidet an der Überfischung ihrer Fanggründe (Fangmenge 1983: 340 981 t). – *Bergbau und Industrie:* Wichtigste Bergbauerzeugnisse: Zink, Zinn, Blei, Kupfer, Uran, Diamanten, Silber, Lithium, Arsen, Halbedelsteine und Salz. Die wirtschaftliche Nutzung eines Erdgaslagers vor der Küste wird derzeit erwogen. Wichtigste Branche der noch wenig entwickelten Verarbeitenden Industrie ist die Nahrungs-, Genußmittel- und Getränkeindustrie. Weitere Branchen sind Betriebe zur Herstellung und Verarbeitung von Buntmetallen, chemische Industrie, Bekleidungsindustrie, Herstellung von Baumaterialien sowie Holz- und Lederverarbeitung. – *Fremdenverkehr:* gut entwickelte touristische Infrastruktur. – *BSP:* (1984, geschätzt) 1660 Mill US-$ (1520 US-$ je E). – *Export:* (1984) 739 Mill. US-$, v. a. Bergbauprodukte, Fleisch, Lebendvieh und Fischprodukte, Karakulfelle

(Persianer). – *Import:* (1984) 759,9 Mill. US-$, v. a. Kraftstoffe, Investitionsgüter, Konsumgüter, Nahrungsmittel. – *Handelspartner:* Republik Südafrika, EG-Länder.

V e r k e h r : Gut ausgebautes *Straßennetz* mit einer Gesamtlänge von 41 860 km, davon 4160 km geteert (1983). – Das Schienennetz der *Eisenbahn* betrug (1984) ca. 2400 km. – Wichtigster *Hafen:* Walfischbai; im Hafen Lüderitz erfolgt das Verladen über Leichter. – Internationaler *Flughafen* bei Windhuk, weitere 35 Flughäfen und Landepisten. Eigene Luftverkehrsgesellschaft.

M i t g l i e d s c h a f t e n : FAO, ILO, UNESCO, ITU, UNCTAD u. a.

W ä h r u n g : 1 Südafrikanischer Rand (R) = 100 Cents (c).

Nämlichkeit, Identität insbes. von Waren, die in einem Zollverkehr vorübergehend ein- oder ausgeführt oder die im Zollgebiet der Europäischen Gemeinschaft unter Zollkontrolle befördert werden. Sicherung der N. durch →Nämlichkeitsmittel.

Nämlichkeitsmittel, Mittel der →Nämlichkeitssicherung. N. sind der Zollverschluß (Raum- oder Packstückverschluß) und Nämlichkeitszeichen wie Plomben, Siegel und Stempel ferner zollamtliche Bewachung oder Begleitung, hilfsweise auch Muster, Abbildungen, Beschreibungen der Waren, Festhalten besonderer Kennzeichen, Fabrik- oder Lagernummern usw. – Nämlichkeitszeichen dürfen ohne zollamtliche Mitwirkung nur von Personen entfernt werden, wenn diese besonders zugelassen sind oder es zur Abwendung eines Schadens erforderlich ist.

Nämlichkeitssicherung, im Zollverfahren alle Vorkehrungen, um die →Nämlichkeit (vor allem Menge, Gattung, Beschaffenheit) der Waren durch →Nämlichkeitsmittel festzuhalten, die es ermöglichen, sie wiederzuerkennen (§ 18 ZG).

Nano (n), Vorsatz für das Milliardstel (10^{-9}fache) der Einheit. Vgl. →gesetzliche Einheiten, Tabelle 2.

Nash-Gleichgewicht, Konzept der →Spieltheorie. Im N.-G. verhalten sich alle Spieler (Wirtschaftssubjekte) optimal bei gegebenen Aktionen der anderen Spieler.

nasse Stücke, noch nicht in Umlauf gewesene, noch untergebrachte →Pfandbriefe einer →Emission (nicht bilanzierungsfähig).

Naßgewicht, die unberechnete Mehrlieferung im Handel mit Feuchtigkeit enthaltenden Gütern, →Gutgewicht in Form einer unberechneten Mehrlieferung als Ausgleich für vom Verkäufer zu tragende Gewichtsverluste bei Verdunsten der Feuchtigkeit auf dem Versandwege. Häufig im Handel mit festen Brennstoffen. Üblicher Vergütungssatz 2%.

Nassi-Shneiderman-Diagramm, →Struktogramm.

national banks, bundesstaatlich lizenzierte private Depositenbanken in den USA. Sämtliche n. b. sind dem →Federal Reserve System angeschlossen. Sie unterliegen der Prüfung durch den →Comptroller of the Currency; ihre Einlagen sind bei der →Federal Deposit Insurance, Corporation versichert. – Die n. b. betreiben i. d. R. alle kurzfristigen Bankgeschäfte. Nach dem McFadden Act von 1927 dürfen sie nur in einem Bundesstaat Zweigstellen unterhalten. Diese Bestimmung wurde jedoch in jüngerer Zeit durch einzelstaatliche Gesetze zunehmend aufgeweicht (→reciprocal banking). – Die Zahl der n. b. beträgt rund 4900 (⅓ aller amerikanischen Banken). – Vgl. auch →state banks.

National Bureau of Economic Research (NBER), Wirtschaftsinstitut in den USA, Sitz in New York, gegründet 1920. Das NBER stützt sich größtenteils auf die Zusammenarbeit mit Universitäten.

National Credit Union Administration, Aufsichtsbehörde in den USA für vom Bund konzessionierte credit unions (→thrift institutions).

Nationaleinkommen, →Volkseinkommen.

Nationales Komitee der Weltenergiekonferenz für die Bundesrep. D., Sitz in Düsseldorf. – Aufgaben: Deutsche Mitwirkung bei der Untersuchung ausnutzbarer Energiequellen, aller Mittel und Wege zur Energieerzeugung, Untersuchung des Energieverbrauchs und seiner Auswirkungen auf das Wirtschaftswachstum.

Nationalisierung. 1. *Außenwirtschafts- und Zollrecht:* Für eine Ware der Erwerb der Ursprungseigenschaft eines anderen Landes als desjenigen, aus dem sie stammt. Nach den außenwirtschaftsrechtlichen Vorschriften der Bundesrepublik und den zollrechtlichen Vorschriften der EG gilt grundsätzlich als →Ursprungsland einer Ware, an deren Herstellung zwei oder mehrere Länder beteiligt sind, dasjenige, in dem die letzte wesentliche und wirtschaftlich gerechtfertigte Be- oder Verarbeitung stattgefunden hat, sofern diese zur Herstellung eines neuen Erzeugnisses geführt hat oder eine bedeutende Herstellungsstufe darstellt. – 2. *Wirtschaftspolitik:* Vgl. →Verstaatlichung von Wirtschaftszweigen.

Nationalökonomie, heute nicht mehr übliche Bezeichnung für die wissenschaftliche Disziplin der Volkswirtschaftslehre (→Volkswirtschaftstheorie, →Wirtschaftspolitik).

Nationalprodukt, veraltete Bezeichnung für →Sozialprodukt, wörtlich Übersetzung von „national product".

NATO, North Atlantic Treaty Organization, Organisation des Nordatlantikvertrages

(Nordatlantikpaktorganisation), gegr. 1949, Sitz: Brüssel. – *Mitglieder:* Belgien, Bundesrep. D., Dänemark, Frankreich (schied zum 1. 7. 1966 aus dem militärischen Teil des Bündnisses aus, blieb aber politisches Mitglied), Griechenland (schied am 14. 8. 1974 aus der militärischen Integration der NATO aus, Wiedereintritt Oktober 1980), Großbritannien, Island, Italien, Kanada, Luxemburg, Niederlande, Norwegen, Portugal, Spanien (Beitritt im Mai 1982), Türkei, USA. – *Organe:* Oberstes Organ ist der Nordatlantikrat (North Atlantic Council), dem sämtliche Mitgliedsländer angehören und ein ständiges Generalsekretariat. Weitere wichtige Organe sind Ausschuß für Verteidigungsplanung (DPC), Nukleare Planungsgruppe (NPG) und Militärausschuß (MC) als leitendes Organ der Militärorganisation der NATO. – *Hauptziele:* Gemeinsame Verteidigung gegen äußere Angriffe und Koordinierung der Verteidigungsanstrengungen (Verteidigungsausgaben).

Naturalgeld, Form des Geldes; Gegenstände, die allgemein hohe Wertschätzung genießen, werden als allgemeine Tauschmittel verwandt, z. B. Vieh, Getreide, kostbare Muscheln, Waffen. Als brauchbarstes Tauschmittel erwiesen sich Metalle, die später als genormte Barren und schließlich als →Münzen in Verkehr kamen. – Vgl. auch →Warengeld.

Naturalherstellung, *Naturalrestitution.* I. Bürgerliches Recht: Grundsätzliche Form des →Schadenersatzes (§ 249 BGB). Es wird der Zustand hergestellt, der bestehen würde, wenn das schädigende Ereignis nicht eingetreten wäre (z. B. die beschädigte Sache wird repariert, die unrechtmäßig entzogene Sache zurückgegeben). – Infolge der vielen gesetzlichen Ausnahmen bildet jedoch praktisch der Geldersatz die Regel.

II. Versicherung: 1. *Privatversicherung:* In Ausnahmefällen ist die Ersatzleistung (→Glasversicherung, →Fahrradversicherung) als Naturalersatz möglich. – 2. *Gesetzliche Krankenversicherung:* Sachleistung (z. B. ärztliche und zahnärztliche Behandlung, Versorgung mit Heil- und Hilfsmitteln).

Naturalienregister, Teil der →landwirtschaftlichen Buchführung.

Naturalisation, Erwerb der →Staatsangehörigkeit eines fremden Staates nach Ablauf einer bestimmten Aufenthaltsdauer und nach Erfüllung bestimmter gesetzlicher Voraussetzungen. – N. von Ausländern in der *Bundesrep. D.:* Vgl. →Einbürgerung.

Naturallohn, *Sachlohn,* unmittelbar in Sachgütern geleistete Form des →Arbeitsentgelts; die einzig denkbare Lohnform in arbeitsteiligen →Naturalwirtschaften, heute selten, da N. in den modernen →Geldwirtschaften durch das Verbot des →Trucksystems auf eine

Ergänzung der (tariflich festgelegten) Barlohn-Vergütungen beschränkt ist (z. B. beim landwirtschaftlichen Deputat, Deputatkohle im Bergbau). – *Gegensatz:* →Geldlohn. – *Lohnsteuer:* Bei der Ermittlung des lohnsteuerpflichtigen Arbeitslohns wird der N. pauschaliert dem Geldlohn zugeschlagen (→Sachbezüge).

Naturalobligation, Anspruch, der keinen gerichtlichen Rechtsschutz genießt, nicht klagbar ist (z. B. Ansprüche aus Spiel und Wette, § 762 BGB). Das zur →Erfüllung von N. Geleistete kann nicht zurückgefordert werden.

Naturalrabatt, Art des →Mengenrabatts. →Rabatt in Form einer unberechneten Warenlieferung bei Abnahme einer bestimmten Menge innerhalb eines vereinbarten Zeitraums.

Naturalrestitution, →Naturalherstellung.

Naturaltilgung, vertraglich zu vereinbarende (seltene) Tilgung in →Pfandbriefen statt in bar im Fall von Hypothekarkrediten der Realkreditinstitute. N. ist für die Bank vorteilhaft, wenn die Pfandbriefe unter pari stehen.

Naturalwirtschaft, Bezeichnung für eine geldlose Volkswirtschaft. Soweit innerhalb der N. Tauschbeziehungen existieren, spricht man von *Naturaltauschwirtschaft:* Tausch von Ware unmittelbar gegen Ware. Die N. ist Untersuchungsobjekt der →allgemeinen Gleichgewichtstheorie. Es gilt das →Saysche Theorem. – *Gegensatz:* →Geldwirtschaft.

Naturalzins, die in einer Naturaltauschwirtschaft (→Naturalwirtschaft) für die zeitweilige Überlassung einer Gütermenge bezahlte Vergütung. Die Vorstellung des N. ist theoretisch schwierig, obgleich das Wort Zins auf die Vorstellung eines N. zurückgeht. (Zins von griech. tiktein = gebären). – *Gegensatz:* →Geldzins.

natürliche Arbeitslosigkeit, *Vollbeschäftigungsarbeitslosigkeit.* 1. *Begriff* der Makroökonomie für eine Höhe der Arbeitslosigkeit, die unter Berücksichtigung der Unvollkommenheit des Arbeitsmarktes als mit Vollbeschäftigung vereinbar angesehen wird. Die n. A. braucht daher auch nicht bekämpft zu werden. – 2. *Probleme:* Es ist nicht möglich, die Höhe der n. A. exakt zu bestimmen, daher besteht Gefahr der Tendenz zur Interpretation jeder Höhe der Arbeitslosigkeit als n. A. Auf keinen Fall handelt es sich um eine stabile, eindeutig definierbare und meßbare Größe.

natürliche Bedürfnisse, →Bedürfnisse, die ausschließlich aus den physischen Eigenschaften des Menschen resultieren und durch seinen Wunsch zu Überleben geprägt sind (z. B. Nahrung, Schlaf).

natürliche Bevölkerungsbewegung, Veränderung der Bevölkerungszahl und -zusammensetzung durch Geburten, Sterbefälle, Eheschließungen und Ehelösungen; erfaßt und ausgewiesen in der →Bevölkerungsstatistik: a) Bei den *Geburten* wird unterschieden zwischen →Lebendgeborenen und →Totgeborenen. b) Bei *Sterbefällen* wird die Säuglingssterblichkeit gesondert ausgewiesen. c) Die *Eheschließungen* werden u. a. nach Alter, bisherigem Familienstand, Kinderzahl, Religionszugehörigkeit und Staatsangehörigkeit der Ehegatten nachgewiesen. d) Erfassung von gerichtlichen *Ehelösungen* durch Ehescheidung, Nichtigkeitserklärung bzw. Aufhebung. – *Anders:* →Wanderung (räumliche Bevölkerungsbewegung).

natürliche Kostenarten, →primäre Kostenarten.

natürliche Personen, im Rechtssinne alle Menschen. – *Gegensatz:* →juristische Personen.

natürliche Ressourcen. I. Begriff: Teile der →natürlichen Umwelt, je nach Problemstellung von unterschiedlicher Komplexität. N. R. sind komplexe ökologische Subsysteme oder Umweltressourcen (z. B. Ozeane, Lufträume), Lagerstätten ökonomisch verwertbarer Güter (Rohstoffe) sowie die der Umwelt entnehmbaren Rohstoffe. – II. Klassifikation: 1. *Erschöpfbarkeit:* N. R., deren Nutzung in der Entnahme von Materie oder Energie besteht, sind *erschöpfbar,* weil ihre Bestände endlich sind (Ausnahme: Sonne). Materielle n. R. (z. B. mineralische Ressourcen) sind erschöpfbar; →Recycling bewirkt aufgrund des Entropiegesetzes (→Entropie) nur eine endliche Vergrößerung des Bestandes. Umweltressourcen (ökologische Subsysteme) werden meist als *nicht erschöpfbare* n. R. angesehen; im Grenzfall mit einschneidenden Qualitätsveränderungen. – 2. *Erneuerbarkeit* (Regenerierbarkeit): N. R. sind *erneuerbar,* wenn ihre Bestände insbes. durch natürliche Wachstumsprozesse vergrößerbar sind; erneuerbare n. R. sind häufig *erschöpfbar,* z. B. Ausrottung von Tier- oder Pflanzenarten. – III. Nutzungskonkurrenz: 1. Unter der Annahme nur einer Art von Nutzung besteht zwischen der heutigen und künftigen Nutzung dieser Ressource eine *intertemporale Nutzungskonkurrenz,* wenn die heutige Nutzung die künftigen Nutzungsmöglichkeiten beeinträchtigt, d. h., die heutige Nutzung mit →Nutzungskosten einer n. R. verbunden ist. Bei erschöpfbaren n. R. trifft dies immer zu; bei erneuerbaren n. R. nur dann nicht, wenn die Entnahme im Verhältnis zum natürlichen Zuwachs hinreichend klein ist. – 2. Im Falle verschiedener Nutzungsarten und entsprechenden ein- oder wechselseitigen Beeinträchtigungen dieser, besteht *intra- oder intertemporale Nutzungskonkurrenz.* Art und Ausmaß der tatsächlichen Nutzung hängt

entscheidend von der Ausgestaltung der →Nutzungsrechte an natürlichen Ressourcen ab. (→Umweltpolitik, →Ressourcenpolitik).
– Erklärungsansätze und normative Analysen der Nutzungskonkurrenz gehören zu den Problemstellungen der →Umwelt- und Ressourcenökonomik.

natürlicher Lohn, von den →Klassikern (insbes. Ricardo) vertretene →Lohntheorie, nach der der langfristige (natürliche) Lohn sich durch die zur Erhaltung des Arbeiters und seiner Klasse notwendigen Kosten = →Existenzminimum bestimmnt. Der kurzfristige, nur durch Angebot und Nachfrage bestimmte Marktlohn oszilliert (pendelt) um den n. L.

natürlicher Preis, im Gegensatz zum →Marktpreis ein ausschließlich durch die Größe der Aufwendungen bei der Produktion von Gütern bestimmter Preis. Der n. P. wurde von den Vertretern der objektiven →Preistheorie, insbesondere von den →Klassikern, als endgültig bestimmend für den →Marktpreis angesehen, bei dem im Einzelfall das Verhältnis von Angebot und Nachfrage ausschlaggebend wirkt.

natürlicher Zins, *originärer Zins,* Begriff von Wicksell für die Zinsrate, die ein Investor als Nettorendite aus einer Investition erzielt. Für Wicksell stellt jede Abweichung des →Geldzinses vom n. Z. eine Gleichgewichtsstörung und damit eine wesentliche Determinante des Konjunkturverlaufes dar (*Zinsspannentheorem*); vgl. →Wicksellscher Prozeß. Nur wenn n. Z. und Geldzins übereinstimmen, befindet sich die Wirtschaft im Gleichgewicht.

natürliches Monopol, →Monopol, das nicht gesetzlich, sondern in einem Besitzrecht an einem Wirtschaftsgut (z. B. Mineralquelle) bedingt ist. – Wird heute häufig im Zusammenhang mit Deutscher Bundesbahn, Deutscher Bundespost (Monopolstellung) und Energieversorgungsunternehmen als Begründung ihrer kartellrechtlichen Ausnahmeregelung (→Kartellgesetz, →Energiewirtschaft) genannt.

natürliche Umwelt. 1. *Begriff:* Komplexes →System mit den Elementen (Subsystemen) Lebewesen, irdische Atmosphäre (Luft), Hydrosphäre (Gewässer), Lithosphäre (Boden einschl. Bodenschätze) und den zwischen diesen bestehenden Beziehungen. N. U. kann als Menge vielfältiger funktioneller Einheiten aus Organismen und unbelebter Natur interpretiert werden (→Ökosystem). Voraussetzung für die Existenz des Systems ist die Sonenenergie, von außerhalb des Systems. – 2. *Funktion:* a) *Bereitstellung* von Gütern bzw. →natürlichen Ressourcen: (1) zur *Befriedigung menschlicher Existenzbedürfnisse* (z. B. Atemluft, Trinkwasser, Nahrung); (2) zur Güterproduktion (z. B. Energieträger, Bodenschätze, Holz) und so unmittelbar (→Kon-

sumgüter) oder mittelbar (→Investitionsgüter) zu Konsum bzw. Bedürfnisbefriedigung; (3) *Absorption* stofflicher und energetischer →Rückstände von Produktion und Konsum. – b) Natürliche Ressourcen sind nicht (z. B. Bodenschätze) oder nur beschränkt (z. B. Holz, Fische) reproduzierbar; Rückstände sind nicht oder nur beschränkt abbaufähig. Ressourcenentnahmen bzw. Rückstandsangaben, die die *Regenerationsfähigkeit* der n. U. übertreffen, führen zu →Umweltbelastung.

natürliche Wachstumsrate, *Fortschrittsrate,* Begriff der →Wachstumstheorie. In den Wachstumsmodellen *ohne* →technischen Fortschritt wird die n. W. durch die Wachstumsrate der Arbeitsbevölkerung determiniert, da langfristig der Faktor Arbeit sonst zum Engpaßfaktor wird. In den Wachstumsmodellen *mit technischem Fortschritt* ergibt sich die n. W. aus der Summe von Wachstum der Arbeit und technischem Fortschritt.

natürliche Zahlen, Zahlen 1, 2, 3, 4, ... Die Menge aller n. Z. wird als N bezeichnet; N_0 enthält zusätzlich 0. – Vgl. auch →ganze Zahlen.

natürlichsprachliche Systeme, →Computersysteme, die in der Lage sind, einen eingeschränkten Ausschnitt der geschriebenen bzw. gesprochenen Sprache zu verstehen. Für die Entwicklung werden Prinzipien und Methoden der →künstlichen Intelligenz genutzt, v. a. aus dem Bereich der →wissensbasierten Systeme. – *Beispiel:* →Hearsay II/III.

Naturrecht, ein im Gegensatz zum staatlich gesetzten positiven Recht im Wesen des Menschen und seiner Vernunft begründetes allgemeingültiges, unwandelbares Recht. Besondere Bedeutung der Naturrechtslehre im 17. und 18. Jh., auch für die Entstehung und Entwicklung der „klassischen" Nationalökonomie und Bevölkerungslehre, die von der Annahme einer naturrechtlichen Gesetzmäßigkeit des Wachstums von Wirtschaft und Bevölkerung ausging.

Naturschutz, Schutz, Pflege und Entwicklung von Natur und Landschaft im un- und besiedelten Bereich, so daß die Leistungsfähigkeit des Naturhaushalts, die Nutzungsfähigkeit der Naturgüter, die Pflanzen- und Tierwelt sowie die Vielfalt, Eigenart und Schönheit von Natur und Landschaft als Lebensgrundlagen des Menschen und als Voraussetzung für seine Erholung in Natur und Landschaft nachhaltig gesichert sind. – *Rechtsgrundlage:* Gesetz über Naturschutz und Landschaftspflege (Bundesnaturschutzgesetz. BNatSchG) i. d. F. vom 12. 3. 1987 (BGBl I 889) Rahmengesetz, das durch Ländergesetze ausgefüllt und ergänzt wird. – *Verstöße* werden als Ordnungswidrigkeit geahndet.

Naumann, Friedrich, 1860–1919, deutscher protestantischer Theologe und demokrati-

Nauru

NEA

scher Politiker. *Bedeutung:* N. hat (vorübergehend der Bewegung Stoeckers nahestehend)
versucht, zwischen Kirche und Sozialdemo-
kratie zu vermitteln und eine Vereinigung von
nationalem und sozialem Denken herbeizuführen. Er begründete 1896 den „Nationalso-
zialen Verein". Als führendes Mitglied der
Fortschrittlichen Volkspartei war N. von
1907–1912, 1913–1918 Mitglied des
Reichstags sowie 1919 der Nationalversammlung (Mitarbeit an der Weimarer Verfassung).
– *Hauptwerke:* „Gotteshilfe" 1895 bis 1902,
7 Bde., „Neudeutsche Wirtschaftspolitik"
1902, „Mitteleuropa" 1915, „Der Kaiser im
Volksstaat" 1917.

Nauru, *Republik Nauru,* Koralleninsel im
Westpazifik, nahe dem Äquator. – *Fläche:*
21,3 km². – *Einwohner* (E): (1983, geschätzt)
8421 (395 E/km²). – *Hauptstadt:* Yaren. –
Unabhängig seit 1968; parlamentarische
Demokratie. „Special member" im Common-
wealth of Nations; Verfassung von 1968;
Einkammerparlament; mit Ausnahme der
Nauru Party keine politischen Parteien,
jedoch Sippenverbände; allgemeine Wahl-
pflicht. – *Verwaltungsgliederung:* 14 Distrikte.
– *Amtssprachen:* Englisch und Nauruisch.

Wirtschaft: Ausgedehnte Phosphatlager
sichern den Reichtum dieses Kleinstaats.
Zukunftsorientierte Investitionen in die Land-
wirtschaft (bisher Kokosnüsse, Schweine), das
Fischereiwesen und den Fremdenverkehr. –
BSP: (1981) 171 Mill. US-$ (21 400 US-$ je E).
– *Export:* (1983) 116,60 Mill. US-$, v. a.
Phosphate. – *Import:* (1983) 16,37 Mill. US-$,
v. a. Konsumgüter, Maschinen, Baustoffe. –
Handelspartner: Australien (50%), Neusee-
land, Niederlande, Japan.

Verkehr: 19 km lange *Ringstraße* um die
Insel (1982). – 8 *Handelsschiffe* mit einer
Gesamttonnage von 66 725 BRT. – *Flugplatz*
bei Meneng. Eigene *Luftverkehrsgesellschaft.*

Mitgliedschaften: ITU u. a.; Commonwealth (assoziiert).

Währung: 1 Australischer Dollar ($A) =
100 Cents.

Navicert, *navigation certificate,* eine von
diplomatischen und konsularischen Vertretern eines kriegführenden Staates ausgestellte
Bescheinigung, worin bestätigt wird, daß die
Ladung des betreffenden neutralen Schiffes,
für einen neutralen Hafen bestimmt, keine
→Konterbande ist.

NBER, Abk. für →National Bureau of Economic Research.

NBER-Indikator, →Konjunkturindikatoren
2 a).

NC-Anlage, 1. *Begriff:* Numerisch gesteuerte
(numerical control) Werkzeugmaschine, die
automatisch die einzelnen Bearbeitungs-

schritte zur Erstellung eines Werkzeugstücks
durchführt. Die Arbeitsfolge ist durch ein
→NC-Programm festgelegt, das i. d. R. von
einem →Datenträger (z. B. Lochstreifen) ein-
gelesen und von der Steuerung der N. ausgewertet wird. – 2. *Arten:* a) nach *Einsatzgebie-
ten:* Punkt-, Bahn- oder Streckensteuerung; b)
nach der *Art der Steuerung:* festverdrahtete
und freiprogrammierbare N. – 3. *Typische
Anwendungsbereiche:* Bohren, Fräsen, Schweißen bei komplexen Teilen und umfangreichen
Aufgaben. – Vgl. auch →CNC-Anlage,
→DNC-Anlage.

NC-Programm, Programm zur Steuerung
einer →NC-Anlage. Zur Erstellung von N.
werden spezielle →Programmiersprachen
(z. B. Exapt, Apt) verwendet. Ein N. wird zur
Ausführung mit Hilfe eines →Datenträgers
(z. B. Lochstreifen) in die NC-Anlage übertragen. – *Typische Aufgaben:* Ermittlung der
Koordinatenwerte für gesteuerte Achsen der
NC-Anlage, Überwachung der Maschinenzu-
stände, Positionierung der Maschine, Abwei-
chungsrechnungen (Soll-Ist-Vergleich, Toleranzen).

NEA, Nuclear Energy Agency, Kernenergie-
Agentur der OECD, gegr. am 1. 2. 1958 von
den Mitgliedern der OEEC, Sitz Paris. Bis
1972 ENEA *(European Nuclear Energy
Agency). – Mitglieder:* Sämtliche OECD-
Mitgliedstaaten mit Ausnahme von Neusee-
land. – *Struktur:* Lenkungsausschuß (Steering
Committee) und Sekretariat bei der OECD.
Die NEA arbeitet eng mit →IAEA sowie mit
→EURATOM zusammen. – *Ziele:* Förde-
rung und Koordinierung der Erforschung und
Entwicklung der Atomenergie zu friedlichen
Zwecken durch Errichtung gemeinsamer tech-
nischer und industrieller Anlagen, Harmoni-
sierung und Rationalisierung nationaler For-
schungs- und Investitionsprogramme, wissen-
schaftlich-technischer Erfahrungsaustausch.
Zusammenarbeit auf dem Gebiet der techni-
schen Ausbildung, Liberalisierung des inter-
nationalen Handels mit Kernbrennstoffen.
Ferner erarbeitet die NEA Sicherheits- und
Gesundheitsvorschriften und entwarf u. a.
Konventionen über nukleare Haftpflicht
(1968) und Sicherheitskontrolle (1957). – Die
NEA betreut u. a. folgende gemeinsame *Projekte:* →EUROCHEMIC, Halden-Reaktor,
OECD Loft Projekt (internationales For-
schungsprogramm für Reaktorsicherheit),
Internationales Projekt der Lebensmittelkon-
servierung durch Bestrahlung, Gemeinsame
Dienste, Internationales Stripa Projekt (Test-
projekt für die Endlagerung nuklearer
Abfälle), ISIRS Projekt (Erforschung der
Wanderung radioaktiver Elemente durch die
geologischen Strukturen auf der Basis von
Experimenten über die Absorption von
Radionukliden). – *Wichtige Veröffentlichungen:* NEA Newsletter; Report and Proceed-
ings; Statute of Agency; Convention on

541

542

Security Controll; Convention on Third Party Liability in the Field of Nuclear Energy; Annual Reports of Agency and Joint Undertakings; Nuclear Law Bulletin.

near banks, *Fastbanken, Quasibanken,* in der Bundesrep. D. Bezeichnung für Anbieter von Finanzdienstleistungen (→financial services), die nach §I KWG nicht zu den Kreditinstituten zählen, jedoch aufgrund ihres Leistungsangebots als Substitionskonkurrenten von Banken gelten können. – *Beispiele:* Versicherungen, Bausparkassen, Kreditkarten-Organisationen. – Vgl. auch →nonbank banks.

Nebenabreden, einem in →Schriftform oder in Form →öffentlicher Beurkundung niedergelegten Rechtsgeschäft beigefügte, aber nicht beurkundete Abreden. Wer sich auf N. beruft, muß beweisen, daß sie vereinbart sind und neben der beurkundeten Erklärung gelten sollen, weil das beurkundete Rechtsgeschäft nach der Rechtsprechung immer die Vermutung der Vollständigkeit und Richtigkeit für sich hat; bei gesetzlich vorgeschriebenem Formzwang ist dann vielfach gemäß §139 BGB das ganze Geschäft nichtig.

Nebenansatz, →Ergänzungsansatz.

Nebenanschluß, →Nebenstellenanlage.

Nebenbedingung, →Restriktion.

Nebenberuf, →Nebentätigkeit.

Nebenbeschäftigung, →geringfügige Beschäftigung.

Nebenbetrieb. I. Betriebswirtschaftslehre: Vgl. →Produktionsnebenbetrieb.

II. Steuerrecht: Betrieb, der einem Hauptbetrieb zu dienen bestimmt ist. – 1. *Einheitsbewertung* des land- und forstwirtschaftlichen Vermögens: Land- und forstwirtschaftliche N. gehören als unselbständige Teile zum Wirtschaftswert des land- und forstwirtschaftlichen Betriebs. N. sind gesondert mit dem Einzelertragswert zu bewerten (§§ 42, 46 BewG). – 2. *Einkommensteuer:* Einkünfte aus einem land- und forstwirtschaftlichen N. gehören zu den →Einkünften aus Land- und Forstwirtschaft, wenn der N. nicht einen selbständigen →Gewerbebetrieb darstellt (Abschn. 135 V EStR). Im wesentlichen ist zu unterscheiden zwischen Be- oder Verarbeitungs- und Substanzbetrieben. a) Ein Be- oder Verarbeitungsbetrieb ist als N. anzusehen, wenn die be- oder verarbeiteten Erzeugnisse des Hauptbetriebs überwiegend für den Verkauf bestimmt sind, z. B. Brennereien, Mühlen, Molkereien. b) Substanzbetrieb sind als N. zu qualifizieren, wenn die gewonnenen Substanzen im landwirtschaftlichen Betrieb Verwendung finden, z. B. Kies-, Ton- und Lehmgruben, Steinbrüche.

III. Arbeitsrecht: Organisatorisch selbständige Betriebe, die unter eigener Leitung auch einen eigenen Betriebszweck verfolgen, jedoch in ihrer Aufgabenstellung meist auf eine Hilfeleistung für einen →Hauptbetrieb ausgerichtet sind. Anders als für den →Betriebsteil ist für den N. grundsätzlich ein eigener Betriebsrat zu bilden. Nur wenn der N. objektiv nicht betriebsratsfähig (vgl. §1 BetrVG) ist, ist er betriebsverfassungsrechtlich dem Hauptbetrieb zuzuordnen (§4 BetrVG).

Nebenbücher, Hilfsbücher der kaufmännischen Buchführung, die die Aufgabe haben, das →Hauptbuch zu ergänzen und zu erläutern, z. B. Warenbücher, Wechselbücher, Akzeptbücher, Effektenbücher, das Kontokorrentbuch mit Einzelkonten für auf Kredit kaufende Kunden oder auf Ziel liefernde Lieferanten. – Vgl. auch →Bücher.

Nebenbuchhaltungen, Bezeichnung für →Anlagenbuchhaltung, →Lagerbuchführung und →Lohnbuchführung.

Nebenbuchung, Eintragungen in →Nebenbücher oder Hilfsbücher; vorwiegend zur Mengenkontrolle sowie zur Ergänzung von Sammel- oder Kollektivkonten (z. B. des Kreditoren- oder Debitorenkontos).

Nebeneinkünfte, steuerrechtlicher Begriff. N. sind grundsätzlich einkommen-/lohnsteuerpflichtig; Ausnahme: Aufwandsentschädigungen für bestimmte nebenberufliche Tätigkeiten (§3 Nr. 26 EStG). – Sonderregelung bei Bezug von →Einkünften aus nichtselbständiger Arbeit, von denen ein Steuerabzug vorgenommen wurde: N., die nicht der →Lohnsteuer unterliegen, werden zur →Einkommensteuer nur insoweit herangezogen, als sie 800 DM übersteigen (§46 II Nr. 1, III EStG). Betragen sie mehr als 800 DM, aber nicht mehr als 1600 DM, ist vom →Einkommen ein Betrag in Höhe des Unterschiedsbetrages zu 1600 DM abzuziehen (§ 70 EStDV); vgl. →Härteausgleich.

Nebenertrag, *Nebenerlöse,* Reinertrag (Roherträge abzüglich Aufwendungen) aus der Verwertung von Abfällen, Reststoffen oder Schrott. N. werden in der *Buchführung* als Umsatzerlöse erfaßt, soweit sie der gewöhnlichen Geschäftstätigkeit zuzurechnen sind. In der *Kostenrechnung* werden sie häufig auch als →Kostengutschrift auf die entsprechenden Materialkonten oder, soweit eine direkte Zurechnung möglich ist, auf die entsprechenden Halb- und Fertigfabrikatekonten übertragen.

Nebenerwerbsbetriebe, landwirtschaftliche Betriebe, bei denen 50 v. H. des Gesamteinkommens oder mehr aus nichtlandwirtschaftlichen Quellen stammen. Rund 40 v. H. aller landwirtschaftlichen Betriebe waren 1985 N. (→landwirtschaftliche Struktur) mit einer Durchschnittsfläche von rund 5 Hektar; Flächen- und Marktanteil lediglich rund 10 v. H..

Die landwirtschaftliche Einkommenssituation zwingt derzeit viele Betriebe, zu N. überzugehen. Schwierig ist die Umstellung auf arbeitsextensivere Produktionsverfahren (z. B. Getreideanbau, Mutter- und Ammenkuhhaltung, Schaf- und Pferdehaltung). – *Förderung:* 1984 bekamen auch N. Zugang zur Investitionsförderung und zu Ausgleichszahlungen. Vgl. →Förderung der Landwirtschaft in benachteiligten Gebieten.

Nebenerzeugnis, *Nebenprodukt,* Erzeugnis, das entsteht a) ähnlich wie →Abfall aus dem gleichen Grundstoff und meist im gleichen Arbeitsgang wie das Hauptprodukt, b) durch Verarbeitung aus eigenen Abfallstoffen. *Beispiel:* Anfall von Koks, Teer und Ammoniak als N. bei der Gaserzeugung, von Salzsäure in der Sodafabrikation. – Die *Trennung* der Kosten von Haupt- und Nebenprodukten in der *Kostenrechnung* ist außerordentlich schwierig, weil i. d. R. sämtliche Kosten gemeinsam anfallen; Sonderkosten für die N. entstehen allenfalls für ihre Weiterbearbeitung, um sie auf dem Markt verwerten zu können; sie entstehen also nicht bei Weiterverwendung im eigenen Betrieb. Betr. Kostenermittlung und -verrechnung vgl. →Kuppelprodukte.

Nebenfiskus, →Parafiskus.

Nebenfolgen, Rechtsbegriff für den neben Strafe, bei Verurteilung wegen eines Verbrechens von Freiheitsstrafe von mindestens einem Jahr eintretenden Verlust der Amtsfähigkeit, Wählbarkeit und des Stimmrechts (§ 45 StGB).

Nebengebühren. I. B a h n f r a c h t v e r - k e h r : Zusätzlich zum Frachtsatz angerechnete Entgelte für →Nebenleistungen; auch Schadenersatz bzw. Strafvergütungen (Frachtzuschlag). Vom Bahnbenutzer zu entrichten für nicht rechtzeitige, ungenaue oder unrichtige Erfüllung der nach der EVO auf ihn entfallenden Verpflichtungen.

II. V e r s i c h e r u n g s w e s e n : Neben der Prämie vom Versicherungsnehmer zu entrichtende Beträge, z. B. Ausfertigungsgebühr für Versicherungsschein und Nachträge, Hebegebühr (Entgelt des Versicherers für Inkasso der Prämie). Antragsformular und Versicherungsschein müssen Hinweis enthalten.

Nebengeschäfte, *kaufmännische N.,* Geschäfte eines Kaufmanns, die nicht unmittelbar zu seinem Betrieb gehören. Auch solche N. sind →Handelsgeschäfte, sofern nur ein (wenn auch entfernter) Zusammenhang mit einem kaufmännischen Betrieb denkbar ist; die →Grundhandelsgeschäfte sind auch als N. immer Handelsgeschäfte (§ 343 HGB).

Nebengewerbe, ein neben Land- oder Forstwirtschaft betriebenes, innerlich durch dieses gestütztes, nicht ganz selbständiges Unterneh-

men, z. B. Molkerei, Brennerei usw. Das N. muß *innere Abhängigkeit* vom Hauptbetrieb haben, wobei ein rein persönlicher und räumlicher Zusammenhang nicht genügt, kann aber wirtschaftlich bedeutender als der Hauptbetrieb sein. Be- und Verarbeitung der Erzeugnisse des Hauptbetriebes genügt; N. kann auch der Urerzeugung dienen, z. B. Gewinnung von Steinen, Mineralien usw. Ist Betrieb ganz unselbständig, ist er nur Bestandteil des land- und forstwirtschaftlichen Betriebes. – Erfordern Art und Umfang des N. einen in kaufmännischer Weise eingerichteten Geschäftsbetrieb, so darf sich Unternehmer, der Land- bzw. Forstwirtschaft betreibt, in das Handelsregister eintragen lassen (§ 3 HGB); vgl. →Eintragung im Handelsregister. Die Eintragung macht stets zum →Vollkaufmann, wirkt aber nur, soweit die Geschäfte des N. in Frage stehen. – Auch unabhängig von einem N. kann ein Land- oder Forstwirt durch Eintragung im Handelsregister →Kannkaufmann werden.

Nebenkassen, betriebsorganisatorisch zur Entlastung der Hauptkasse oder zur Vermeidung langer Wege erforderliche „kleine" Kassen. – 1. N. für die *Auszahlung* von geringfügigen Beträgen zur Entlastung der Buchhaltung. Der Kassenverwalter erhält entweder je nach Bedarf von der Hauptkasse Zuweisungen gegen Quittung, oder sein Kassenbestand wird nach Abrechnung wieder auf einen festen Betrag aufgefüllt. – 2. Reine *Einnahmenkassen,* die ihre Bestände in regelmäßigen Abständen an die Hauptkasse abliefern. Tagesabschlüsse und jederzeitige Kontrollbereitschaft erforderlich.

Nebenklage. 1. *Begriff:* Förmliche Unterstützung der öffentlichen →Klage der Staatsanwaltschaft im Strafverfahren mit dem Ziel der Bestrafung des Angeklagten (§§ 395 ff. StPO; vgl. →Nebenkläger). – 2. *Zulässigkeit:* a) Bei Delikten, die im Wege der →Privatklage verfolgt werden können: (1) durch Anschlußerklärung u. a. des zur Privatklage Berechtigten (vgl. § 395 StPO) und Zulassung des Gerichts, wenn die Staatsanwaltschaft bereits öffentliche Klage erhoben hat; beim →Strafbefehl erst dann, wenn Termin zur Hauptverhandlung anberaumt oder der Antrag auf Erlaß eines Strafbefehls abgelehnt worden ist; (2) kraft Gesetzes, wenn die Staatsanwaltschaft in einer anhängigen Privatklagesache die öffentliche Verfolgung übernimmt (§ 377 StPO). – b) Bei *anderen Delikten,* z. B. des Steuerstrafrechts, können Steuer- und Zollbehörden als Nebenkläger auftreten (§ 472 AO).

Nebenkläger, ein Streitgehilfe der Strafverfolgungsbehörde (→Staatsanwaltschaft), der mit der →Nebenklage ein eigenes Interesse der Bestrafung eines Beschuldigten wegen von diesem verübten Unrechts anstrebt. Der N. ist von der Staatsanwaltschaft unabhängig und hat in dem Verfahren nach erfolgtem Anschluß die Rechte eines Privatklägers, kann z. B. selbständig Rechtsmittel einlegen.

Nebenkosten, Kosten, für die eine enge sachinhaltliche Verknüpfung zu einer bestimmten, betragsmäßig zumeist weit bedeutsameren →Kostenart besteht. – *Beispiele:* →Anschaffungsnebenkosten, →Lohnnebenkosten.

Nebenkostenstelle, →Endkostenstelle, die keine Haupt-, sondern Nebenprodukte fertigt, z. B. Verarbeitung von Abfallstoffen. – *Gegensatz:* →Hauptkostenstelle.

Nebenlager, je nach Raumverhältnissen und Kontrollbedürfnissen in den Werkstätten für wertvolle und häufig benötigte Materialien unterhaltene Lager, die man den Verbrauchsorten nicht in Form der →Handlager zugriffsfrei überlassen will. N. erhöhen Verwaltungskosten, ermöglichen jedoch genaue Verbrauchskontrolle. – Vgl. auch →Lager.

Nebenleistungen, Begriff der Frachtrechnung im Bahnverkehr für zusätzliche Leistungen, die als Sonderkosten anfallen und nur mittelbar mit der Beförderung zusammenhängen, z. B. Wiegen, Zählen, Lagergeld, Wagenstandgeld. Die N. werden durch →Nebengebühren, die in einem besonderen Nebengebührentarif festgelegt sind, abgegolten; soweit möglich, werden die Nebengebühren im →Frachtbrief vermerkt, andernfalls wird Quittung erteilt.

Nebenleistungsaktiengesellschaft, →Aktiengesellschaft, deren Aktionären →Nebenverpflichtungen obliegen.

Nebennutzungszeit, planmäßige Zeiten für mittelbare Nutzung des Betriebsmittels im Sinne der Arbeitsaufgabe. Vorbereitungszeiten für die Hauptnutzung. Vgl. auch →Hauptnutzungszeit.

Nebenprodukt, →Nebenerzeugnis.

Nebenstellenanlage, *private branch exchange (PBX),* private Vermittlungseinrichtung mit angeschlossenen Endeinrichtungen (insbes. Telefone), über die die Kommunikation der Teilnehmer untereinander erfolgt; Verbindung mit dem öffentlichen Fernsprechnetz über eine gemeinsame Zentralnummer. Beispiel für ein Stern-Netzwerk (→Netzwerktopologie 2 a)). Anwendung insbes. als Verbindungsaufbau zwischen Arbeitsplätzen und dem öffentlichen Fernsprechnetz. – *Private automatic branch exchange (PABX):* N., wenn der direkte Anschluß (d. h. ohne →Modem oder →Akustikkoppler) von digitalen Geräten (→digitale Darstellung) möglich ist. Interne Kommunikation zwischen den Sprechstellen ist gebührenfrei. Vollamtsberechtigte Nebenstellen können externe Gespräche selbst herstellen, andere nur über die Vermittlungsstelle. N. können von der

Post gemietet (Wartung durch die Post gebührenfrei) oder gekauft werden (Wartung gegen Gebühr). N. sind auch von zugelassenenen Privatunternehmen zu erwerben und durch diese zu warten. – *Arten:* a) *Reihenanlagen* verbinden maximal sechs Amtsleitungen, zwölf Nebenstellen; b) *Wählanlagen* für Wirtschaft und Verwaltung können eine große Zahl von Nebenstellen mit der zentralen Hauptstelle verbinden. – Vgl. auch →Netz.

Nebenstrafe, Begriff des Strafrechts für das neben der Verurteilung zu →Geldstrafe oder →Freiheitsstrafe erteilte →Fahrverbot zwischen einem und drei Monaten (§ 44 StGB); nicht zu verwechseln mit der Entziehung der →Fahrerlaubnis.

Nebentätigkeit, Berufstätigkeit, die von Erwerbspersonen neben ihrem Hauptberuf ausgeübt wird.

I. A r b e i t s r e c h t : Grundrecht der Berufsfreiheit (Art. 12 GG) schützt auch die Freiheit, mehrere Arbeitsplätze (→mehrere Arbeitsverhältnisse) gleichzeitig zu haben. – *Beschränkungen:* a) N. darf nicht so weit gehen, daß Pflichten aus dem ersten Arbeitsverhältnis verletzt werden; b) bei N. bei mehreren Arbeitgebern darf die Höchstgrenze der AZO (grundsätzlich nicht über acht Stunden am Tag) nicht übersteigen; c) während des Urlaubs ist eine dem Urlaubszweck widersprechende Erwerbstätigkeit nicht zulässig (§ 8 BUrlG); d) gleichzeitige Tätigkeit bei einem anderen Unternehmen im Geschäftsbereich des Arbeitgebers setzt dessen Zustimmung voraus (vgl. § 60 I HGB; →Wettbewerbsverbot).

II. E i n k o m m e n s t e u e r r e c h t : Zur Behandlung der Einkünfte aus N. vgl. →Nebeneinkünfte.

III. S o z i a l v e r s i c h e r u n g : Vgl. →geringfügige Beschäftigung.

Nebenunternehmer, →Nachunternehmer.

Nebenverpflichtungen der Aktionäre, Begriff des Aktienrechts. Außer →Einzahlungspflicht bestehen i. a. für Aktionäre keine N. Ausnahmsweise kann bei Ausgabe →vinkulierter Aktien die Satzung ursprünglich (oder später mit Zustimmung der Betroffenen) Aktionären die Verpflichtung auferlegen, wiederkehrende, nicht in Geld bestehende Leistungen zu erbringen (z. B. Lieferung von Rüben bei Rübenzucker-AG); Verpflichtung und Umfang der Leistung müssen in den Aktien und Zwischenscheinen angegeben werden (§§ 55, 180 AktG). – *Vergütung* für N. geregelt in § 61 AktG.

Nebenversicherung, Form der →mehrfachen Versicherung. Abschluß von mehreren Verträgen für dasselbe Versicherungsobjekt, ohne daß die →Versicherungssumme den →Versicherungswert übersteigt, so daß keine

→Doppelversicherung bzw. →Überversicherung gegeben ist. Gemäß § 58 VVG besteht für die N. Anzeigepflicht.

Nebenzweigstellen, →Zweigstellen im Kreditwesen.

Negativattest, →Zeugnis des →Registergerichts über das Fehlen einer bestimmten Eintragung oder weiterer Eintragungen im Handelsregister. – *Gegensatz:* →Positivattest.

Negativbescheinigung, vom Bundesamt für Wirtschaft (BAW) an Exporteure zur Vorlage beim Zoll, bei Banken oder bei ausländischen Geschäftspartnern erteilte Bescheinigung. Sie besagt, daß eine Ware nicht von der →Ausfuhrliste erfaßt ist und damit genehmigungsfrei exportiert werden kann.

negative Einkommensteuer, ein die →Einkommensteuer und die Personaltransfers (→Transfers) integrierendes System. Jeder Bürger ohne Einkommen erhält vom Staat eine das Existenzminimum deckende Unterstützung (Transferleistung); diese nimmt in dem Maße ab, wie der Bürger eigenes Einkommen erzielt. Ab einer politisch festgelegten Armutsgrenze (→Armut) beginnt die „positive" Einkommensteuer, d. h. die steuerliche Belastung. Die Armutsgrenze muß so gelegt werden, daß das allgemeine Existenzminimum, Pauschalen für Werbungskosten und Sonderausgaben, Arbeitnehmer-, Kinder- und Weihnachtsfreibeträge unbesteuert bleiben. – *Vor-/Nachteil:* Der n. E. wird eine erhebliche Einsparung an Verwaltungskosten, aber auch der Verlust des Arbeitsanreizes nachgesagt.

negative Koalitionsfreiheit, →Koalitionsfreiheit.

negative Orderklausel, →Rektaklausel.

negativer Einheitswert, Wert von →Einheitswerten bzw. Anteilen an Einheitswerten unter 0 DM. N. E. kann auftreten bei überschuldeten Betrieben. Der Einheitswert darf nicht auf 0 DM festgesetzt werden, weil der Minusbetrag zum Ausgleich des Vermögens bei einer anderen →Vermögensart dienen kann; er kann auch mit den →Hinzurechnungen nach § 12 II GewStG zu einem →Gewerbekapital von mehr als 120000 DM führen und damit Gewerbekapitalsteuer auslösen. – Vgl. auch →Kapitalkonto.

negativer Erlös, in der →Erlösrechnung ausgewiesene negative Erfolgsvariable (→Erlöse), die für die Nichterfüllung der Verpflichtungen eines abgeschlossenen Geschäfts anfallen, z. B. Konventionalstrafen.

Negativ-Erklärung. 1. Verpflichtung eines *Emittenten,* sein anläßlich einer geplanten Emission nicht belastetes Grundstück als Sicherheit auch künftig nicht mit anderen Hypotheken zu belasten. 2. Erklärung eines *Kreditnehmers* gegenüber der kreditgebenden Bank, während der Inanspruchnahme des

Bankkredits ohne deren Einverständnis Grundbesitz weder zu veräußern noch zu belasten, dritten Personen keine Sicherheiten zu bestellen und keine Kredite bei Dritten aufzunehmen.

negatives Interesse, *Vertrauensinteresse,* Form des →Schadenersatzes: Es ist der Schaden zu ersetzen, der durch das Vertrauen auf die Gültigkeit des Vertrages entstanden ist. – Vgl. auch →Interesse.

negatives Kapital, Übergewicht der Schulden über das Vermögen eines Unternehmens. 1. Bei *Einzelunternehmen* erscheint in der Bilanz das Kapitalkonto als Unterbilanzkonto (Verlustkonto) auf der Aktivseite:

Aktiva		Passiva	
Vermögen	70 000 DM	Verbind-	
Unterbilanz	20 000 DM	lichkeiten	90 000 DM
	90 000 DM		90 000 DM

2. Bei *Personengesellschaften* werden die Kapitalkonten der Gesellschafter negativ; die Summe der →negativen Kapitalkonten ist das n. K. (Unterbilanz).

Aktiva		Passiva	
Vermögen	130 000 DM	Verbind-	
Kapitalkonto A	20 000 DM	lichkeiten	160 000 DM
Kapitalkonto B	10 000 DM		
	160 000 DM		160 000 DM

3. Bei *Kapitalgesellschaften* die buchmäßige →Überschuldung, in der Bilanz durch den Aktivposten „Nicht durch Eigenkapital gedeckter Fehlbetrag" (§ 268 III HGB) ersichtlich. – Vgl. auch →Unterbilanz.

negatives Kapitalkonto. I. Begriff und Bedeutung: 1. Das n. K. wird auf der Aktivseite der Bilanz ausgewiesen. Seine *Entstehung* hängt mit Veränderungen zusammen, denen bei Einzelfirmen (→Einzelkaufmann) und →Personengesellschaften das Kapital im allgemeinen unterliegt. Verluste und →Entnahmen können die Verbindlichkeiten des Unternehmens höher werden lassen als die positiven Vermögenswerte, so daß sich ein Kapitalkonto auf der Aktivseite der Bilanz ergibt (→Unterbilanz). Bei Personengesellschaften wird der Kapitalanteil eines jeden Gesellschafters getrennt ausgewiesen, so daß negative und positive Kapitalkonten in einer Bilanz nebeneinander zu finden sind. – 2. Mit dem n. K. sind sowohl handels- und gesellschaftsrechtliche als auch steuerrechtliche *Wirkungen* verbunden. Bei Personengesellschaften ist dabei die haftungsrechtliche Position des Gesellschafters von großer Bedeutung.

II. Handels- und Gesellschaftsrecht: Handels- oder gesellschaftsrechtliche Rechtsfolgen können in Zusammenhang mit n. K. entstehen, die aus einer nach handelsrechtlichen Vorschriften erstellten Bilanz (→Handelsbilanz) hervorgehen – a) N.K. *unbeschränkt haftender Gesellschafter einer Personengesellschaft* ziehen nach (abdingbaren) gesetzlichen Vorschriften i.d.R. folgende Konsequenzen nach sich: (1) Die jährliche Vorausverzinsung des eingezahlten Kapitals entfällt (§121 I HGB). (2) Das gewinnunabhängige Entnahmerecht entfällt in Verlustjahren (§122 I HGB). (3) Scheidet der Gesellschafter mit n.K. aus, ist er den übrigen Gesellschaftern zum Ausgleich des Kapitalkontos verpflichtet (§105 II HGB, §§735, 739 BGB). – b) Bei dem n.K. eines *beschränkt haftenden Gesellschafters* (→Kommanditisten) sind folgende Konsequenzen möglich: (1) Nach herrschender handelsrechtlicher Auffassung ist die Bildung eines n.K. aufgrund von Verlustzuweisungen möglich, obwohl der Kommanditist bei seinem Ausscheiden nur in Höhe seines Kapitalanteils für Verluste der Gesellschaft haftet (§167 III HGB). (2) Der Kommanditist ist verpflichtet, erwirtschaftete und ihm anteilig zugewiesene Gewinne zur Auffüllung seines Kapitalkontos bis hin zur vereinbarten Einlage zu verwenden (Gewinnentnahmesperre, §169 I HGB). (3) Scheidet der Kommanditist mit n.K. aus, ist er nicht zum Ausgleich des Kapitalkontos verpflichtet (§167 III HGB). Die verbleibenden Gesellschafter übernehmen in diesem Fall das n.K. indem sie ihr eigenes Kapitalkonto um den auf sie entfallenden anteiligen Betrag mindern.

III. S t e u e r r e c h t: 1. *Bewertungsrecht:* Bei der Bewertung des →Betriebsvermögens von Einzelfirmen und Personengesellschaften braucht das n.K. des Unternehmens oder eines Gesellschafters nicht mit dem jeweiligen Anteil am Betriebsvermögen identisch zu sein, der bei Anwendung der bewertungsrechtlichen Vorschriften niedriger, gleich oder höher liegen kann. – a) Das n.K. eines Einzelunternehmers führt i.d.R. zu einem negativen →Einheitswert, es sei denn, daß durch die Wertansätze nach dem Bewertungsgesetz der Wert des n.K. ausgeglichen oder überschritten wird. – b) Verbleibt bei Personengesellschaften für einen oder mehrere unbeschränkt haftende Gesellschafter ein negativer Anteil am Betriebsvermögen, so kann er mit positiven Werten aus anderen Vermögensarten verrechnet werden. – c) Demgegenüber darf nach der Rechtsprechung des BFH, an der sich auch die Finanzverwaltung orientiert, der Kommanditist den auf ihn entfallenden negativen Anteil am Betriebsvermögen nicht geltend machen. Sein Anteil am →Einheitswert wird in diesem Fall mit Null angesetzt.

2. *Einkommensteuer:* Einkommensteuerlich relevant können sowohl die *Bildung* als auch die *Auflösung* n.K. sein, die aus einer nach steuerlichen Vorschriften erstellten Bilanz (→Steuerbilanz) der Unternehmung hervorgehen. – a) *Unbeschränkt haftende Gesellschaf-*

ter: Einkommensteuerliche Wirkungen sind bei erfolgswirksamer Entstehung n.K. zu beachten, mithin bei Verlusten. Die Verluste sind ausgleichs- und abzugsfähig (§10d EStG). Entsprechend sind die Gewinne, mit denen das n.K. in Folgejahren aufgefüllt wird, als steuerpflichtige →Einkünfte zu erfassen. Scheidet ein Gesellschafter aus und übernehmen die anderen Gesellschafter seinen Anteil, so erzielt der Ausscheidende einen →Veräußerungsgewinn (§16 I EStG), wenn die →Abfindung den Buchwert des Kapitalkontos übersteigt. Dies gilt grundsätzlich auch bei n.K. Erhält der Ausscheidende keine Auszahlung, wohl aber seinen Gegenwert an den stillen Reserven dadurch, daß die übernehmenden Gesellschafter auf ihren →Ausgleichsanspruch verzichten und Haftungsfreistellung gewähren, so entspricht der Veräußerungsgewinn dem n.K.; kein Veräußerungsgewinn ist dann anzunehmen, wenn trotz Freistellung von Betriebsschulden aufgrund der Lage des Betriebs mit einer Inanspruchnahme durch die Gläubiger der Gesellschaft zu rechnen ist. Ist der ausscheidende Gesellschafter auf Dauer nicht in der Lage, sein n.K. auszugleichen, entsteht ein Veräußerungsgewinn, da er von der Ausgleichsverpflichtung endgültig befreit ist. In diesem Fall haben die verbleibenden Gesellschafter den Forderungsausfall wie einen Verlust zu behandeln. – b) *Beschränkt haftende Gesellschafter:* Die Kritik an der Zulässigkeit n.K. für Kommanditisten wurde von der Rechtsprechung des BFH zurückgewiesen, der das n.K. auch für Kommanditisten einer gewerblichen Personengesellschaft grundsätzlich für zulässig erklärt hat, es sei denn, am Bilanzstichtag steht fest, daß ein Ausgleich des n.K. mit künftigen Gewinnanteilen wahrscheinlich nicht mehr möglich ist. Entsteht oder erhöht sich das n.K. des Kommandisten durch Verluste, wird die sofortige Verlustverrechnung durch §15a EStG begrenzt. Nach dieser Vorschrift wird einem Kommanditisten oder einem Gesellschafter mit vergleichbarem Haftungsstatus zugewiesenen Anteile am Verlust der Personengesellschaft nur noch insoweit ausgleichs- oder abzugsfähig nach §10d EStG, als durch sie kein n.K. entsteht oder erhöht wird oder eine über das vereinbarte Kapitalkonto hinausgehende Haftung im Handelsregister eingetragen ist. Darüber hinausgehende Verluste bleiben zeitlich unbegrenzt mit künftigen Gewinnanteilen des Gesellschafters verrechenbar. Der Zeitpunkt der Verrechenbarkeit von Verlustanteilen beschränkt haftender Gesellschafter hängt somit u.a. auch vom Stand des Kapitalkontos ab. Dabei sind in das für Zwecke des §15a EStG festzustellende Kapitalkonto das Konto aus der Steuerbilanz der ⁻Personengesellschaft, das Konto der →Ergänzungsbilanz und das Konto der →Sonderbilanz des Gesellschafters einzubeziehen. Wird dieses Kapitalkonto negativ, ist ein sofortiger →Verlustausgleich oder -abzug nicht mehr möglich, es sei denn, der Kommanditist haftet laut Handelsregister mit einem über sein Kapitalkonto hinausgehenden Betrag. Scheidet der Kommanditist aus der Gesellschaft aus und hat er seine Einlage in voller Höhe geleistet, so entsteht für ihn in Höhe des n. K. ein Veräußerungsgewinn; er kann um die noch nicht verrechneten, nach §15a EStG verrechenbaren Verluste gekürzt werden, so daß im Ergebnis nur der Teil des n. K. einer →Nachversteuerung unterliegt, der nicht durch Verluste entstanden ist, die unter die Verlustbeschränkungen des §15a EStG gefallen sind.

negatives Schuldanerkenntnis, formfreier Vertrag, durch den der eine Vertragspartner anerkennt, daß ihm gegenüber dem anderen keine Forderung zustehe, z. B. auch durch Quittungserteilung. N. Sch. wirkt wie →Erlaß (§397 II BGB). – Ein vom Gläubiger in der *irrigen* Annahme, daß keine Forderung bestünde, abgegebenes n. Sch. kann er →kondizieren (§812 II BGB).

negative Wirtschaftsgüter, im Gegensatz zu den (positiven) →Wirtschaftsgütern alle passivierungsfähigen Lasten, wie Verbindlichkeiten, Garantieverpflichtungen, Pensionsanwartschaften, noch nicht fällige Miet- und Zinsschulden (passive Rechnungsabgrenzungsposten) usw.

Negativklausel, Klausel in den Anleihekonditionen (→Anleihe), gemäß der der Emittent verpflichtet ist, für die Laufzeit der Anleihe seinen Grundbesitz nicht anderweitig zu verpfänden oder im Falle einer neuen →Emission den alten Gläubigern eine gleichrangige Sicherung einzuräumen.

Negativ-Listen, Verzeichnis von Waren, deren Einfuhr einer Mengen- oder auch wertmäßigen Beschränkung unterliegt.

Negativwirkung, eine Auswirkung des →Publizitätsprinzips des Handelsregisters. Die N. beagt, daß die im Handelsregister fehlende Eintragung und Bekanntmachung die Unkenntnis des Dritten entschuldigt (§15 I HGB), soweit es sich um eintragungspflichtige Tatsachen handelt. Es kann also z. B. dem entlassene Prokurist, dem die Prokura entzogen, die Entziehung aber nicht eingetragen ist, wirksam Forderungen einziehen, ohne daß die Tatsache der Entziehung der Prokura einem Dritten entgegengehalten werden kann. Anders, wenn der Dritte positive Kenntnis von der nichteingetragenen Tatsache hatte; Kennenmüssen (→Fahrlässigkeit) genügt hier nicht.

Negativzins, vom Gläubiger zu zahlende Strafzinsen, die in Ausnahmefällen auf Bankeinlagen (→Einlagen) erhoben werden, z. B. im Falle eines starken Zustroms von Spekula-

tionsgeldern. – Vgl. auch →internationale Devisenspekulation, →Bardepot.

Negotiation, *Negoziation.* 1. *Bankwesen:* Verkauf eines →Wertpapiers, besonders Begebung einer öffentlichen Anleihe, im Wege der festen Übernahme durch Bank oder Konsortium. – 2. *Außenhandel:* Diskontierung einer →Dokumententratte.

Negotiationskredit, →Negoziierungskredit.

Negoziation, →Negotiation.

Negoziierungskredit, *Negotiationskredit,* im Auslandsgeschäft übliche Finanzierungsform, bei der von Dokumenten begleitete →Trattten auf der Grundlage von Ziehungsermächtigungen angekauft werden.

Neidbau, Errichtung von Baulichkeiten mit dem Zweck, den Nachbarn zu schädigen. – Vgl. im einzelnen →Nachbarrecht.

neighbourhood office center, in unmittelbarer Nähe zu Wohnbereichen eingerichtete Büroräume, in denen Beschäftigte unterschiedlicher Organisationen ihre →Büroarbeit erledigen können; ermöglicht wird dies durch den Einsatz neuer Kommunikationstechnologie (v. a. vernetzte multifunktionale →Bildschirmgeräte); vgl. →Netz, →Kommunikation), die die Kommunikationswege der räumlich integrierten Büros ersetzt. – Vgl. auch →Büro der Zukunft.

NE-Metallerzeugung, NE-Metall-Halbzeugwerke, Teil des →Grundstoff- und Produktionsgütergewerbes, Gewinnung, Aufbereitung und Verarbeitung der im Bundesgebiet gewonnenen und der eingeführten Erze von NE-Metallen.

**NE-Metallerzeugung,
NE-Metall-Halbzeugwerke**

Jahr	Beschäftigte in 1000	Lohn- und Gehaltssumme	darunter Gehälter	Umsatz gesamt	darunter Auslandsumsatz	Nettoproduktionsindex 1980 =100
		in Mill. DM				
1970	93	1 439	423	11 018	1 950	–
1971	91	1 547	480	10 116	1 709	–
1972	88	1 648	504	10 647	1 725	–
1973	92	1 923	576	13 738	2 591	–
1974	91	2 122	645	16 514	3 690	–
1975	83	2 025	678	12 765	2 678	–
1976	83	2 291	777	16 084	3 455	92,2
1977	78	2 349	780	16 238	3 785	91,6
1978	78	2 478	833	16 614	4 071	94,0
1979	79	2 663	877	21 284	5 427	101,1
1980	80	2 908	967	25 333	6 576	100
1981	78	2 918	998	23 122	6 123	97,6
1982	73	2 991	1 016	21 374	5 845	97,6
1983	74	3 000	1 067	23 872	6 852	101,1
1984	72	3 070	1 071	26 301	7 870	108,7
1985	72	3 304	1 161	26 269	7 989	111,1
1986	72	3 264	1 141	22 007	6 694	114,7

Nennbetrag, →Nennwert.

Nennkapital, →Nominalkapital.

Nennwert, *Nennbetrag, Nominalwert,* einer Aktie, Anleihe usw. aufgedruckter Geldbetrag. Der N. ergibt sich durch Division von gezeichnetem Grundkapital bzw. Schuldsumme durch die Anzahl der hierüber auszugebenden Anteilscheine oder Obligationen. Bei deutschen Aktien meist 50 DM, höhere Beträge müssen auf 100 DM oder ein Vielfaches davon lauten (§ 8 AktG). Bei festverzinslichen Wertpapieren wird der N. am Ende der Laufzeit an den Gläubiger zurückbezahlt, falls kein anderer Rückzahlkurs angegeben ist. – Der N. kann vom Marktwert und Vermögensteuerwert stark abweichen, insbes. bei Aktien. – *Anders:* →Effektivwert, →Kurswert. – Vgl. auch →Nennwertaktie, →Quotenaktie.

Nennwertaktie, *Summenaktie,* Form der →Aktie, die auf eine feste Summe (→Nennwert) lautet. Die Einlageverpflichtung des Aktionärs ist begrenzt, ausgenommen, es wird ein höherer Ausgabebetrag festgelegt (vgl. auch →Kapitalerhöhung). Gem. § 6 AktG ist in der Bundesrep. D. nur die N. zulässig. – *Gegensatz:* →Quotenaktie.

nennwertlose Aktie, →Quotenaktie.

Neobehaviorismus, verhaltenswissenschaftliche Forschungsrichtung, weiterentwickelt aus dem →Behaviorismus unter Aufgabe des Black-Box-Prinzips. Der Organismus gilt nach Empfang des Stimulus als intervenierende Variable, die die nachfolgende Reaktion maßgeblich beeinflußt (SOR-Konzept); Einflußfaktoren des nicht beobachtbaren Vorgangs sind →Emotion, →Motivation und →Einstellung des Individuums. – Vgl. auch →Käuferverhalten II 2.

Neoempirismus, →Empirismus, →Positivismus.

Neo-Faktorproportionentheorem, Weiterentwicklung des →Faktorproportionentheorems nach empirischen Untersuchungen, die es zu widerlegen schienen (→Leontief-Paradoxon). Das N.-F. geht bzgl. der Faktorausstattung handeltreibender Länder von mehr als zwei Produktionsfaktoren aus, insbes. wird beim Faktor Arbeit eine Differenzierung in einfache, unqualifizierte Arbeit und qualifizierte (Human capital enthaltende) Arbeit vorgenommen. Empirische Untersuchungen für den Außenhandel verschiedener Industrieländer bestätigten das N.-F.

Neoklassik. I. Begriff und Einordnung: Als N. bezeichnet man die Weiterentwicklung der →klassischen Lehre. Die N. folgt dem Gleichgewichtsansatz der Klassik. Die bedeutendsten Veränderungen gegenüber der Klassik liegen im Übergang von der *objektiven* zur *subjektiven Wertlehre* und der damit verbundenen Betonung des *Marginalkalküls.* Darüber hinaus treten nun Probleme der *Allokation* und *Verteilung* gegenüber denen der Produktion und des Wachstums in den Vordergrund. – *Wichtigste Vertreter* der N. sind Jevons, Manger, Walras.

II. Inhalt: Im Zentrum der N. steht die *Analyse der Verteilung der Güter* auf die Konsumenten bei gegebener Faktormenge und das Problem der *Allokation,* d.h. die Frage, wie die vorhandenen knappen Faktoren eingesetzt werden müssen, um eine bestmögliche Bedürfnisbefriedigung zu erreichen. Dabei wird extensiv auf die →Marginalanalyse zurückgegriffen, die von der Produktionssphäre auch auf die Nachfragesphäre (→Grenznutzenschule) ausgedehnt wird. Während in der Klassik der Arbeitslohn durch die →Lohnfondstheorie und die Güterpreise über die Produktionskosten erklärt werden, wird in der N. die Bedeutung des *Marktpreises* betont, der sich aus dem Zusammenspiel von Angebot und Nachfrage ergibt. Angebotsbzw. Nachfrageverhalten werden dabei aus Grenzproduktivitäts- bzw. Grenznutzenüberlegungen abgeleitet. Die *Nachfrage* spielt nicht nur bei der Bestimmung der Zusammensetzung der Produktion eine Rolle, sondern auch bei der Festlegung der relativen Preise. Die Frage, ob das Volumen der Gesamtnachfrage ausreicht, um die Produktion zu absorbieren, wird auch von der N. nicht beachtet. Im Prinzip wird weiterhin die Gültigkeit des →Sayschen Theorems vorausgesetzt, aber die Bedeutung des Preismechanismus besonders unterstrichen, der als völlig flexibel angenommen wird. – *Zentrales Modell* der N. ist *Walras' Modell des allgemeinen Gleichgewichts,* das auf den Grundannahmen: vollkommene Konkurrenz, vollständige Voraussicht, völlig flexible Preise basiert. Es handelt sich um ein zeitloses, statisches Modell, das demzufolge keine Anpassungsprozesse analysieren kann. Alle Größen des Systems werden simultan bestimmt. Dies impliziert, daß alle Marktteilnehmer die für alle optimale Lösung kennen. Walras veranschaulicht dies mit dem Bild des Auktionators, dem alle Angebote und Nachfragen gemeldet werden. Anhand dieser Informationen bestimmt der Auktionator den Preisvektor, bei dem alle Märkte geräumt werden und somit die optimale Allokation der Ressourcen sichergestellt ist. Erst nachdem die Gleichgewichtspreise festgelegt wurden, kommt es zum eigentlichen Tauschvorgang.

III. Würdigung: Mit der Entwicklung der *subjektiven Werttheorie* und der *Marginalkalküls* hat die N. einen kaum zu überschätzenden Beitrag geleistet. Walras gelang die erste Darstellung eines geschlossenen mathematischen Totalmodells, das auch heute noch für die ökonomische Forschung von zentraler

Bedeutung ist. – Es darf jedoch nicht übersehen werden, daß die Ergebnisse der neoklassischen Theorie auf sehr restriktiven Annahmen beruhen. Fundamentale Kritik an der N. übte Keynes. Er bezog sich dabei v. a. auf die Rolle, die das Geld in der N. spielt, auf die Behandlung des Arbeitsmarktes und die Annahme der vollständigen Voraussicht (vgl. →Keynessche Lehre).

Neoklassische Mikroökonomik, →Mikroökonomik II.

neoklassische   Wachstumsmodelle, →Wachstumstheorie III 2.

Neoliberalismus, →Liberalismus.

Neomarxismus, →Marxismus II 3, →Sozialismus II 4.

Neomerkantilismus, Bezeichnung für die seit dem Ende des 19. Jh. sich abzeichnende interventionistische Wirtschaftspolitik (→Interventionismus) mancher Staaten, die durch ihre administrative Lenkung des Wirtschaftsprozesses, durch ihre einseitig auf Exportförderung ausgerichtete Handelspolitik bzw. sogar ihre Bestrebungen nach →Autarkie an den →Merkantilismus erinnert.

Neoquantitätstheorie, moderne, in ihren Implikationen an die →Quantitätstheorie anknüpfende Theorie der Geldnachfrage. Die N. erfaßt die Nachfrage nach Geld in einem kapitaltheoretischen Ansatz. Geld ist nach dieser Konzeption eine Art von Kapital, welches im Prozeß von Produktion und Konsumtion eine Lagerfunktion erfüllt und ebenso wie die Lagerhaltung von Gütern der Nutzenmaximierungshypothese unterliegt. In der N. ist die Geldnachfrage eine Funktion des Gesamtvermögens, der Struktur des Gesamtvermögens, der erwarteten Erträge (Zinsen) von Geld und anderen Aktiva und des →Geldnutzens. Die Vertreter der N. (Friedman, Schwartz) vermuten aufgrund empirischer Untersuchungen, daß die Geldnachfrage vollkommen zinsunelastisch ist. Wie in der Quantitätstheorie ergibt sich damit eine konstante Umlaufgeschwindigkeit des Geldes, die es den geldpolitischen Institutionen erlaubt, über Veränderungen der Geldmenge direkt das Geldeinkommen zu beeinflussen. – Vgl. auch →monetäre Theorie und Politik IV, →Monetarismus.

Nepal, *Königreich Nepal,* südasiatischer Staat im Himalayagebiet. – *Fläche:* 145391 km². – *Einwohner* (E): (1986, geschätzt) 17,14 Mill. (121,7 E/km²); etwa 30 ethnische Gruppen. – *Hauptstadt:* Katmandu (393444 E); weitere wichtige Städte: Birat Nagar, Patan, Bhadgaon. – 1769 als Königreich gegründet; seit 1962 konstitutionelle Hindu-Monarchie; Verfassung von 1962; Einkammerparlament; Verbot politischer Parteien seit 1961. – *Verwaltungsgliederung:* 14 Zonen, 75 Distrikte sowie Städte und Dörfer. – *Amtssprache:* Nepali.

Wirtschaft: N. gehört zu den am wenigsten entwickelten Ländern. – *Land-, Forstwirtschaft und Fischerei:* 90% der Erwerbstätigen arbeiten in diesem Sektor. In den Tälern Anbau von Paddyreis, Mais, Weizen, Hirse, Ölsaaten, Kartoffeln, Zuckerrohr, Jute und Tabak. Zuwachsraten bei der Viehzucht. Großangelegte Wiederaufforstungsprogramme. 1981 wurden 4650 t Süßwasserfische gefangen. – *Bergbau und Industrie:* Bodenschätze größeren Ausmaßes nur in Form von Glimmer, Vorkommen von Erdöl, Erdgas, Kohle, Kupfererz, Kobalt, Eisenerz und Ausgangsmaterialien zur Zementherstellung. Vorherrschend sind Klein- und Mittelbetriebe, die überwiegend landwirtschaftliche Produkte verarbeiten. – *Fremdenverkehr:* (1983) 180700 Auslandsgäste; Deviseneinnahmen: (1982/83) 36 Mill. US-$. – *BSP:* (1985, geschätzt) 2610 Mill. US-$ (160 US-$ je E). – *Öffentliche Auslandsverschuldung:* (1984) 17,0% des BSP. – *Inflationsrate:* (Durchschnitt (1973–84) 8,1%. – *Export:* (1981) 125,1 Mill US-$, v. a. Reis, Garne, Gewebe, Textilwaren, Jute, Ziegenfelle. – *Import:* (1981) 390,1 Mill. US-$, v. a. Garne, Gewebe, Textilwaren usw.; Erdöl und Erdölprodukte; nicht-elektrische und elektrische Maschinen, Apparate und Geräte; Kraftfahrzeuge; Eisen und Stahl; Nahrungsmittel; chemische Düngemittel. – *Handelspartner:* Indien (ca. 50%) Japan, Bundesrep. D., USA.

Verkehr: 5270 km *Straßen,* davon 2322 km asphaltiert. – Durch zwei Stichstrecken (46 km und 50 km) Anschluß an das indische *Eisenbahnnetz.* – Internationaler *Flughafen* ist Kathmandu, weitere 14 Flugplätze und einige Pisten. Eigene *Luftverkehrsgesellschaft.* – Projektiert ist ein Kanal, der die Stadt Naryangarth an das indische Wassernetz anschließen soll.

Mitgliedschaften: UNO, IPU, UNCTAD u. a.; Colombo-Plan.

Währung: 1 Nepalesische Rupie (NR) = 100 Paisa (P.).

Nested-Logit-Modell, Variante des Logit-Modells. Könnte vom methodischen Ansatz her insbes. als →Verkehrsteilungsmodell oder →Verkehrsumlegungsmodell in der →Verkehrsplanung Verwendung finden. Im Gegensatz zum →Logit-Modell, →Probit-Modell und →Dogit-Modell geht das N.-L.-M. als →Nutzenmaximierungsmodell von einem sequentiellen Entscheidungsablauf mit hierarchischer Anordnung der verkehrlichen Alternativen aus. Die vorhandenen Alternativen werden auf verschiedene sich nicht überlappende Alternativenklassen aufgeteilt. Nach der Logik des N.-L.-M. entscheidet sich der Verkehrsnachfrager zunächst für eine bestimmte Klasse von Alternativen und wählt erst auf der zweiten Stufe des Entscheidungsprozesses die endgültige Alternative. Dieser sequentielle Entscheidungsablauf ist dazu geeignet, die Realität der Verkehrsnachfrage abzubilden (z. B. erst Entscheidung für die Benutzung des öPNV anstelle des Pkw, dann Wahl von Straßenbahn oder Bus). Wegen der verschachtelten Modellstruktur bereitet die Verwendung des N.-L.-M. in der Praxis der Verkehrsplanung bisher noch kaum lösbare Schwierigkeiten. – Vgl. auch →Verkehrsmodelle.

net barter-terms of trade, eines der Konzepte der →terms of trade, definiert als Kehrwert der →commodity-terms of trade.

Net-change-Prinzip, *Änderungsrechnung.* 1. *Begriff:* Prinzip bei der Planung, nach dem bei Erstellung eines Plans nur *Datenänderungen* berücksichtigt werden, die gegenüber einem früher erstellten Plan in der Zwischenzeit eingetreten sind. Der Plan wird fortgeschrieben. *Gegensatz:* →Neuaufwurfsprinzip. – 2. *Anwendung:* In der betrieblichen Datenverarbeitung wird das N. v. a. bei →Dialogbetrieb und bei →ereignisorientierter Planung zugrundegelegt.

Netput-Vektor, →Netto-Output-Vektor.

netto, im kaufmännischen Sprachgebrauch: a) nach Abzug der Steuern, Abschreibungen usw. (z. B. Nettopreis, Nettolohn, Nettosozialprodukt); b) ohne Verpackung (z. B. Nettogewicht, →Nettoeinkaufspreis). – *Gegensatz:* →brutto.

Nettoanwesenheitszeit, Zeit, die ein Arbeitnehmer im Laufe eines bestimmten Zeitabschnitts (z. B. Jahr oder Quartal) tatsächlich im Betrieb zubringt. Von der Normalarbeitszeit sind hier i. d. R. Urlaubstage, Krankheitstage, →Fehlzeiten u. ä. abzuziehen; diese Korrekturen schwanken zwischen 5% und 50%, darüberhinaus sehr über den gesamten Jahresverlauf von Arbeitnehmer zu Arbeitnehmer.

Nettobedarf, der um Lagerbestände, erwarteten Ausschuß u. a. Faktoren bereinigte →Primärbedarf oder →Sekundärbedarf eines Teils. – Vgl. im einzelnen →Nettobedarfsermittlung.

Nettobedarfsermittlung, im Rahmen der programmgebundenen →Bedarfsmengenplanung an die →Bruttobedarfsermittlung anschließende Berechnung. N. einer Materialart wird ermittelt durch Subtraktion frei verfügbarer Lagerbestände vom Bruttobedarf; dabei sind auch Lagerbestände übergeordneter Teile und Baugruppen zu berücksichtigen. – Ergebnis der N. sind die periodengerechten Nettobedarfe von fremd zu beziehenden oder selbst zu erstellenden Materialarten.

Nettobetrieb, ein aus der Verwaltung ausgegliederter öffentlicher Betrieb (→öffentliche Unternehmen), der nur über den abzuführenden Gewinn oder den zu deckenden Verlust mit seinem Träger verbunden ist. Der N.

erscheint im Trägerhaushalt nur mit dem jeweiligen Saldo (→Netto-Etatisierung) – *Gegensatz:* →Bruttobetrieb.

Nettobilanz, Bezeichnung für die Saldenbilanz der →Hauptabschlußübersicht.

Nettodividende, →Bardividende.

Nettoeinkaufspreis, →Bruttoeinkaufspreis zuzüglich aller (direkt zurechenbaren) Bezugsnebenkosten (z. B. Frachten, Rollgeld) und abzüglich aller Preiskorrekturen (z. B. Rabatte, Skonti).

Nettoeinkommen, →Reineinkommen.

Nettoergebnisrechnung, kostenträgerbezogene Gegenüberstellung von →Vollkosten und →Nettoerlösen (vgl. auch →Nettogewinn). Kennzeichnend für Vollkostenrechnungssysteme (→Vollkostenrechnung). – *Gegensatz:* →Bruttoergebnisrechnung.

Nettoerlös, um →Erlösschmälerung reduzierter Bruttoerlös. – Vgl. auch →Erlös.

Netto-Etatisierung, Ausweis des Jahresergebnisses (saldierter Ausweis) im Trägerhaushalt (→Nettobetrieb). – *Gegensatz:* →Brutto-Etatisierung.

Nettogehalt, →Nettolohn.

Nettogeschäfte, Börsengeschäfte in nicht zum amtlichen Handel zugelassenen Wertpapieren, bei denen die Bank im Verhältnis zum Kunden als Eigenhändler (→Eigenhandel) auftritt. Die Abrechnung erfolgt netto, d. h. ohne Provision, Abwicklungsgebühr, →Courtage und Börsenhälfte; außer dem →Kurswert wird nur →Börsenumsatzsteuer (Kundensteuer) angerechnet.

Nettogewinn, die Differenz aus Erlösen und Gesamtkosten für einzelne Kostenträger (→Nettoergebnisrechnung) oder für das Gesamtunternehmen. – *Gegensatz:* Bruttogewinn (→Deckungsbeitrag).

Nettogewinnzuschlag, →Gewinnzuschlag.

Nettoinvestition, Differenz zwischen Bruttoinvestition und →Reinvestition. Eine positive Differenz bedeutet eine Vergrößerung des Realkapitalbestandes, eine negative Differenz entsprechend eine Verminderung. – *Gegensatz:* →Bruttoinvestition. – Vgl. auch →Investition.

netto Kasse, →Handelsklausel, die jeden Abzug (z. B. Zahlungsskonto) ausschließt.

Nettokreditaufnahme, *Netto-Neuverschuldung,* Schuldenaufnahme am Kreditmarkt (→öffentliche Kreditaufnahme) abzüglich Schuldentilgung. Kennziffer der N.: →Kreditfinanzierungsquote. – *Gegensatz:* →Bruttokreditaufnahme.

Nettokurs, bei der Emission festverzinslicher Wertpapiere der Verkaufskurs abzüglich der

Bonifikation an Großabnehmer, wie z. B. Kreditinstitute und andere Kapitalsammelstellen (Versicherungen).

Nettoleistung, →Nettoproduktion.

Nettolohn, entsprechend *Nettogehalt.* 1. Der an den Arbeitnehmer nach Abzug aller Steuern, Beiträge usw. vom Bruttolohn *ausgezahlte Teil des* →*Arbeitsentgelts.* Nettolohnrechnung ist Aufgabe der →Lohnbuchführung. – 2. N. als *vereinbartes Arbeitsentgelt (Nettolohnvereinbarung):* Lohnsteuer und Beiträge zur Sozialversicherung werden nach dem entsprechenden Bruttolohn berechnet; sie sind in voller Höhe vom Arbeitgeber zu tragen. *Verfahren:* Aus der für die Steuerklasse des Arbeitnehmers maßgebenden Spalte der →Lohnsteuertabelle ist der entsprechende Bruttoarbeitslohn zu ermitteln. – Der Arbeitnehmer ist darlegungs- und beweispflichtig.

Nettolohnvereinbarung, →Nettolohn 2.

Netto-Nahrungsmittelproduktion, Erzeugung aus heimischer Bodenleistung. Die N.-N. wird aus der →Nahrungsmittelproduktion durch Abzug der Futtermitteleinfuhren errechnet. – *Berechnung* in →Getreideeinheiten.

Netto-Neuverschuldung, →Nettokreditaufnahme.

Netto-Output-Vektor, *Netput-Vektor,* Produktionsplan einer Unternehmung, dargestellt durch einen Vektor y des euklidischen Raumes R^n. Wird ein Gut als Input verwendet, so setzt man $y_i < 0$, wird ein Gut produziert, dann gilt $y_i > 0$. – Vgl. auch →Menge der Produktionsmöglichkeiten.

Nettopreis, der Preis, auf den keine →Nachlässe gewährt werden.

Nettoprinzip, →Nettorechnung.

Nettoproduktion, *Nettoleistung.* 1. *I. w. S.:* Saldo zwischen wertmäßigen Produktionsausstoß (Output) und dem zugehörigen Verbrauch an Vorleistungsgütern (Input) eines Sektors. – 2. *I. e. S.:* Begriff in der Produktionsstatistik. Der *Nettoproduktionswert* ergibt sich aus dem Bruttoproduktionswert (→Bruttoproduktion 2) abzügl. Verbrauch an Roh-, Hilfs- und Betriebsstoffen, Einsatz an Handelsware und Kosten für durch andere Unternehmen ausgeführte Lohnarbeiten; nach weiterem Abzug der Kosten für Reparatur und Instandhaltung (durch Dritte) ergibt sich der *census value added;* nach Abzug von Mieten, Pachten und sonstigen Kosten erhält man die *Bruttowertschöpfung* (→Wertschöpfung). – *Gegensatz:* →Bruttoproduktion.

Nettoproduktionsindex, →Produktionsindex 1.

Nettoproduktionswert, →Nettoproduktion 2.

Nettoquote, in der →Produktionsstatistik Verhältnis von Nettoproduktionswert (→Nettoproduktion 2) zu Bruttoproduktionswert (→Bruttoproduktion 2) in v. H. – 1. *Höhe:* a) die N. ist besonders *hoch* in der →Urproduktion, da hier kaum Rohstoffe, sondern nur Betriebs- und Hilfsstoffe vorgeleistet sind, z. B. Bergbau 65 v. H., Industrie der Steine und Erden 53 v. H., außerdem hoch in Industriezweigen, wo Material zu verhältnismäßig hochwertigen Fertigerzeugnissen verarbeitet wird, z. B. Herstellung von Büromaschinen, ADV-Geräten und -Einrichtungen 64 v. H., Luft- und Raumfahrzeugbau 57 v. H., Feinmechanik, Optik 60 v. H., Maschinenbau 53 v. H., Elektrotechnik 55 v. H. – b) N. ist *niedrig* bei verhältnismäßig einfacher Be- und Verarbeitung, z. B. Ernährungsgewerbe 31 v. H. – 2. *Zweck:* a) Strukturziffer, b) Vergleichsmaß für die Gewichtung einzelner Erzeugnisgruppen bei Berechnung einer →Indexzahl der industriellen Produktion.

Nettorechnung. 1. *Im weiteren Sinne:* Die Erfolgsrechnung, in der Aufwendungen und Erträge mehr oder weniger stark saldiert werden (Nettoprinzip); die handelsrechtliche Gewinn- und Verlustrechnung ist eine →Bruttorechnung (§§ 246 II, 275 HGB). Kleine und mittelgroße Kapitalgesellschaften (→Größenklassen) dürfen eine N. erstellen (§ 276 HGB). – 2. *Im engeren Sinne:* Der Saldo des Wareneinkaufskontos, der nach Abgabe des Endbestandes an das Schlußbilanzkonto (Buchung: Schlußbilanzkonto an Wareneinkaufskonto) verbleibt, wird auf das Warenverkaufskonto übertragen (Buchung: Warenverkaufskonto an Wareneinkaufskonto). Auf dem Warenverkaufskonto stehen sich Warenverkauf (verkaufte Ware zum Verkaufspreis) und Wareneinsatz (verkaufte Ware zum Einstandspreis) gegenüber. Der Saldo ergibt den Warenrohgewinn, der auf das Verlust- und Gewinnkonto übertragen wird.

Nettoregistertonne, →Bruttoregistertonne.

Nettoreproduktionsrate (NRR). 1. *Begriff:* Maß zur Beurteilung der Wachstumsintensität einer Bevölkerung ohne Berücksichtigung der →Wanderungen; kein Fertilitätsmaß. Berechnungsformel:

$$NRR = \sum f_{w,a} \times l_{w,a}$$

mit $f_{w,a}$ = altersspezifische Geburtenziffern für Mädchengeburten, $l_{w,a}$ = Anteil der weiblichen Personen, die das Alter (a) erreichen (→Sterbetafel). Der Wert der NRR gibt den durch die Töchter ersetzten Anteil einer Frauengeneration an. Die NRR berücksichtigt, daß nicht alle Neugeborenen das Ende des Fortpflanzungsalters erreichen. – *Anders:* Bruttoreproduktionsrate, zusammengefaßte Geburtenziffer (vgl. →Fertilitätsmaße 4). – Die Berechnungen werden i. d. R. nur für weibliche Personen durchgeführt; die Aussage gilt wegen des starren Verhältnisses von etwa 106 Jungen- auf 100 Mädchengeburten im Prinzip auch für männliche Personen. – 2. *Entwicklung in der Bundesrep. D.* bzw. im Deutschen Reich:

1881/90:	1,36	1960:	1,10
1901/10:	1,42	1970:	0,95
1925:	1,00	1975:	0,68
1931:	0,85	1980:	0,68
1950:	0,93	1983:	0,63.

Die Zahlen gelten für die Verhältnisse in den angegebenen Kalenderjahren und nicht für reale Geburtsjahrgänge. Liegen genügend lange historische Reihen vor, können die Berechnungen auch für diese durchgeführt werden. – 3. *Europäischer Vergleich* der NRR:

Bundesrep. D.	(1984)	0,61;
Frankreich	(1984)	0,86;
Italien	(1982)	0,82;
Niederlande	(1984)	0,72;
Österreich	(1984)	0.72;
Schweden	(1983)	0,77;
Schweiz	(1984)	0.72;
Vereinigtes Königreich	(1982)	0,84.

Nettosozialprodukt, Begriff der →Volkswirtschaftlichen Gesamtrechnungen für die Bruttodarstellung des →Sozialprodukts (vgl. auch dort); die Abschreibungen in Gegensatz zur Nettodarstellung sind eingeschlossen. N. wird zu Marktpreisen und zu →Faktorkosten bewertet, d.h. entweder einschließlich oder ohne indirekte Steuern (abzüglich Subventionen).

Nettosozialprodukt zu Faktorkosten, →Volkseinkommen.

Nettotara, →wirkliche Tara b).

Nettoumlaufvermögen, →working capital.

Nettoumsatz, *Reinumsatz,* →Umsatz abzüglich Umsatzsteuer, →Erlösschmälerungen, →Nachlässen aufgrund von Mängelrügen und ähnlichen Umsatzminderungen bzw. →Gutschriften. Die →*Umsatzerlöse* der →Gewinn- und Verlustrechnung (§§ 275, 277 I HGB) sind als N. definiert.

Nettoumsatzsteuer, →Umsatzsteuer, die in einem bestimmten Prozentsatz vom umsatzsteuerlichen →Entgelt ohne Umsatzsteuer (Vomhundertsatz) geschuldet wird. Die seit dem 1.1.1968 erhobene Umsatzsteuer ist eine N., die wegen der Möglichkeit, die auf den Vorleistungen lastende Umsatzsteuer abzuziehen (→Vorsteuerabzug), regelmäßig *nicht kumulativ* wirkt, d.h. bei der Weitergabe von Leistungen in der Unternehmerkette entsteht keine „Steuer auf die Steuer". – *Gegensatz:* →Bruttoumsatzsteuer. – Vgl. auch →Umsatzbesteuerung.

Nettoverkaufspreis, →Verkaufspreis.

Nettovermögen, →Reinvermögen.

Nettozins, reines Entgelt für die Gewährung von Kredit (→Zins), also ohne Risikoprämie und Verwaltungskosten. – *Gegensatz:* →Bruttozins.

Netz, *Datennetz.* 1. *Begriff:* Räumlich verteiltes Verbindungssystem zur technischen Unterstützung des Austauschs von Informationen zwischen Kommunikationspartnern. – 2. *Typen:* a) →Inhouse Netz: (1) →lokales Netz, (2) →Nebenstellenanlage, (3) herstellerspezifisches Datenverarbeitungsnetz (i.a. ein Rechnernetz); b) *wide area network (→WAN):* (1) öffentliches WAN, (2) nichtöffentliches WAN. – 3. *Arten:* a) →geschlossenes Netz oder →offenes Netz; b) →Verteilnetz oder →Vermittlungsnetz; c) analoges N.: Informationen werden in →analoger Darstellung übertragen oder digitales N.: Informationen werden in →digitaler Darstellung übertragen; d) Datennetz: N., das ausschließlich für die Übertragung von →Daten konzipiert ist; zu unterscheiden: →Breitbandnetz (zur Übermittlung von Daten mit hoher, aber auch niedriger Bandbreite) und →Schmalbandnetz (zur Übermittlung von Daten mit niedriger Bandbreite). e) Rechnernetz. *Begriffsabgrenzung zu Netzwerk:* Der Begriff N. wird im Zusammenhang mit der Übertragung von Daten weitgehend synonym zu dem Begriff →Netzwerk verwendet. Netzwerk wird dabei häufig hinsichtlich der physikalischen Aspekte eines solchen Systems benutzt. Netz schließt dagegen manchmal auch die verbundenen Geräte mit ein (z.B. Rechnernetz). – 4. *Beispiele:* Fernsprechnetz, →IDN, →Direktrufnetz, →ARPA-Netz, →Tymnet-Netz, →DFN, →EARN. – Vgl. auch →Computerverbund, →Netzwerktopologie, →Zugangsverfahren.

Netzbildungsfähigkeit. 1. *Begriff:* Eignung eines Verkehrssystems zur direkten Durchführung von Transporten zwischen allen relevanten Raumpunkten. – 2. *Verkehrswertigkeit:* N. ist abhängig von der räumlichen Dichte und dem Vernetzungsgrad der Infrastruktur sowie dem Grad der Raumerschließung durch die Verkehrsbetriebe. Bei geringer N. entstehen häufig gebrochene Verkehre mit Umlade-/Umsteigevorgängen, die Kosten und Zeitbedarf des Transports ansteigen lassen oder Bequemlichkeit vermindern. N. ist besonders hoch im Straßenverkehr, mit weitem Abstand folgen Eisenbahn und Binnenschiffahrt. Seeschiffahrt und Luftverkehr sind stets an bestimmte Raumpunkte (Seehäfen, Flughäfen) gebunden; auch der Rohrleitungsverkehr verbindet nur eine geringe Zahl von Raumpunkten miteinander. Erhöhung einer gegebenen N. v.a. durch infrastrukturelle Maßnahmen mit gleichzeitigen Auswirkungen auf die gesamte Verkehrswertigkeit des Verkehrssystems. – 3. *Verkehrsaffinität:* In einer stark arbeitsteiligen Wirtschaft, in der Güter-, Personen- und Nachrichtenverkehrsströme zwischen nahezu allen Raumpunkten von Bedeutung sind, spielt die N. große Rolle zur Beurteilung des Verkehrsangebots aus der Sicht der Verkehrsnachfrager. Geringe N. reduziert den Integrationsgrad einer Volkswirtschaft und hat Wohlstandseinbußen zur Folge. Geringere Rolle spielt N. insbes. in Industrien, die sich räumlich sehr stark konzentriert haben und deren Absatz- und Bezugsbeziehungen sich auf nur wenige Raumpunkte verteilen (z. B. Schwerindustrie); für die Mehrzahl der Wirtschaftszweige mit deutlicher räumlicher Streuung der Standorte und/oder einer signifikanten räumlichen Verteilung der Absatz- und Bezugsorte gelten jedoch hohe Anforderungen an die N. eines Verkehrssystems.

Netzoptimierung der Deutschen Bundesbahn. 1. *Charakterisierung:* Verfahren zur Anpassung des vorhandenen Streckennetzes an ein betriebswirtschaftlich optimales Netz. Ziel ist es, dem gesetzlichen Auftrag nach § 28 Bundesbahngesetz stärker als bislang zu entsprechen, das Unternehmen Deutsche Bundesbahn (DB) nach betriebswirtschaftlichen Grundsätzen zu führen. Angesichts der seit Jahren sich verschärfenden finanziellen Probleme der DB und den vergeblichen Bemühungen, durch Einführung neuer Produktions-, Absatz- und Managementkonzeptionen zu höheren Kostendeckungsgraden beim Eisenbahnverkehr zu gelangen, gewannen seit Beginn der 70er Jahre verstärkt Überlegungen an Gewicht, den Defiziten durch eine Netzoptimierung zu begegnen. – 2. *Entwicklung:* Streckenstillegungen als Reaktion auf veränderte Nachfragebedingungen gab es bereits in den 50er und 60er Jahren; derartige Maßnahmen erfolgten jedoch überwiegend punktuell und reaktiv (Stillegung erfolgte erst, wenn sich der Verkehr bereits aus eigener Dynamik weitgehend auf die Straße verlagert hatte). – Um von vereinzelten Streckenauflassungen zu einer umfassenden Anpassungsstrategie zu gelangen, ließ die DB Mitte der 70er Jahre eine Optimierungsrechnung zu dem Zweck durchführen, ein betriebswirtschaftlich optimales Netz zu ermitteln. Hierfür wurden zunächst alternative Netzgrößen untersucht, anschließend einzelne Strecken betrachtet. Ausschlaggebend für die Dimensionierung der Alternativnetze waren Kennzahlen des frachtpflichtigen Wagenladungsverkehrs. Nach dem Prinzip der Wegfallrechnung wurden für die alternativen Netze die Kosten- und Ertragsverhältnisse ermittelt und das auf diese Weise gewonnene verlustminimale Netz durch Einzelstreckenbetrachtungen verfeinert. Bei einem zum Untersuchungszeitpunkt tatsächlichen Netz von 29022 km ergab sich ein optimales Netz von 15945 km (davon 1370 km nur Güterver-

kehr). – Eine weitere, von politischer Seite durchgeführte Optimierungsrechnung, bei der explizit gesamtwirtschaftliche und politische Kriterien berücksichtigt und für den Schienenpersonennahverkehr die Vollkostenrechnung als Entscheidungsgrundlage anerkannt wurde, gelangte zu einer gesamtwirtschaftlichen Netzgröße von rd. 17500 km (i. d. Rahmen sollten rd. 6000 km Strecken auf Busverkehr umgestellt werden). – 3. *Beurteilung:* Derartige Optimierungsrechnungen sind nicht unumstritten; zum einen gibt es methodische Bedenken (z. B. in bezug auf die adäquate Erfassung der Kosten und Erlöse, der zugrundezulegenden Kostenrechnung, der Berücksichtigung externer Effekte), zum anderen wird es als kaum möglich angesehen zwischen einem betriebswirtschaftlich und volkswirtschaftlich optimalen Netz sinnvoll zu differenzieren. Weiterhin stellt das betriebswirtschaftlich optimale Netz lediglich ein "verlustminimales" Netz dar (für 1985 wurde ein Kostendeckungsgrad von 79% bei einem Defizit von 4,2 Mrd. ausgewiesen); tatsächlich kaufmännisch rentabel lassen sich nur einige wenige Hauptfuhrstrecken betreiben. – Bei aller Kritik bezüglich des Konzeptes der betriebswirtschaftlichen Netzoptimierung, wird anerkannt, daß die Netzkonzentration einen Beitrag zur Rationalisierung und zur Defizitreduzierung leisten kann. Dies erfordert u. a., daß bestimmte Strecken stillgelegt, andere erweitert und modernisiert und ein Teil von Strecken neu gebaut werden. Für die außerhalb des betriebswirtschaftlich optimalen Netzes liegenden nicht kostendeckenden, aber aus gesamtwirtschaftlichen und politischen Gründen erhaltungswürdigen Strecken, wird gefordert, der DB eine Abgeltung zu gewähren. Auf diese Weise wird angestrebt, einen Ausgleich zwischen dem betriebswirtschaftlich optimalen und dem politisch gewollten Netz herzustellen.

Netzplan. 1. *Begriff:* Spezieller →Graph zur Darstellung der Ablaufbeziehungen zwischen →Vorgängen und/oder →Ereignissen eines Projekts. – 2. *Typen:* a) *Vorgangspfeil-N.:* Die Vorgänge werden als Pfeile, die Ereignisse als Knoten dargestellt. – b) *Ereignisknoten-N.:* Die Knoten bilden die Ereignisse ab, die Pfeile dokumentieren lediglich die zeitliche Abfolge zwischen den Ereignissen. – c) *Vorgangsknoten-N.:* Die Knoten stehen für Vorgänge, während die Pfeile bestimmte Abfolgebeziehungen zwischen ihnen darstellen. – Vgl. auch →Netzplantechnik III 1.

Netzplantechnik. I. B e g r i f f : Bezeichnung für eine Klasse von Methoden zur Analyse, Planung, Durchführung und Kontrolle, d. h. zur Unterstützung des Managements, von →Projekten auf der Grundlage der Graphentheorie (vgl. →Graph).

II. P h a s e n : Gewöhnlich unterscheidet man beim Einsatz von Methoden der N. die im folgenden angeführten Phasen, die auch teilweise simultan ablaufen können und zwischen denen es Vorwärts- und Rückkopplungen geben kann:

1. *Strukturanalyse und -planung:* Diese Phase beinhaltet die Zerlegung des Gesamtprojekts in überschaubare Teiltätigkeiten (→ Vorgänge) und/oder die Ermittlung wichtiger Projektzustände (→ Ereignisse), zu denen etwa Projektbeginn und -ende gehören. Für die Vorgänge sind ihre bei einem bestimmten vorgesehenen, oft kostenminimalen Faktoreinsatz zu erwartenden Ausführungsdauern zu bestimmen; in bezug auf Vorgänge und Ereignisse müssen ihre gegenseitigen zeitlichen Anordnungsbeziehungen (d. h. ihre zeitliche Reihenfolge) ermittelt bzw. festgelegt werden. Schließlich erfolgt die Darstellung von Vorgängen, ihren Dauern, von Ereignissen und Abhängigkeiten in einem Pfeildiagramm (→ Netzplan).

2. *Zeitanalyse und -planung:* Auf der Grundlage des erstellten Netzplans berechnet man in einer *Vorwärtsrechnung* (beginnend vom Projektbeginn her) für jeden Vorgang dessen frühestmöglichen Anfangs- und Endzeitpunkt bzw. für jedes Ereignis den frühestmöglichen Eintrittszeitpunkt. U. a. erhält man so auch den frühesten Beendigungstermin des Projekts bzw. dessen Gesamtdauer. Nach Vorgabe eines spätest erlaubten Beendigungstermins (der i. d. R. mit dem frühesten Beendigungstermin identisch angenommen wird, aber nicht vor diesem liegen darf), ließe sich analog in einer *Rückwärtsrechnung* für jeden Vorgang ein spätest erlaubter Anfangs- und Endzeitpunkt bzw. für jedes Ereignis ein spätest erlaubter Eintrittszeitpunkt berechnen. – Abweichungen zwischen frühestmöglichen und spätesterlaubten Zeitpunkten definieren → *Pufferzeiten,* die auf Ausdehnungsmöglichkeiten (bei Vorgängen) bzw. auf Verschiebungsmöglichkeiten (bei Vorgängen und Ereignissen) hinweisen. Vorgänge, bzw. Ereignisse ohne Pufferzeit bezeichnet man als kritisch. Sie sind bei der Ausführung des Projekts besonders sorgfältig zu überwachen, da eine zeitliche Verzögerung bei ihnen sofort das Projekt über den spätest erlaubten Beendigungstermin hinaus verzögern würde. Kritische Vorgänge bieten darüber hinaus Ansatzpunkte zur Verkürzung der Projektdauer (sofern erforderlich).

3. *Kapazitätsanalyse und -planung:* Hat man jedem Vorgang seinen zeitpunktbezogenen Faktorbedarf im Hinblick auf bestimmte interessierende Faktorarten zugeordnet, so kann man für jede Faktorart auf der Grundlage der frühesten Anfangszeitpunkte eine *Kapazitätsbelastungskurve* bestimmen, die für jeden Zeitpunkt des Projekts Auskunft darüber gibt, wie viele Möglichkeiten des betreffenden Faktors insgesamt (d. h. über sämtliche in diesem

Zeitpunkt auszuführende Vorgänge aufsummiert) gerade benötigt werden. – Spitzenbelastungen lassen sich bei konstanten Vorgangsdauern häufig zunächst durch eine zeitliche Verschiebung von Vorgängen im Rahmen ihrer Pufferzeiten abbauen *(Glättung der Kapazitätsbelastungskurve).* Ohne die Projektdauer zu verlängern lassen sich weitere Glättungen oft dadurch erreichen, daß man bei Vorgängen mit Pufferzeiten die zunächst vorgesehene Faktoreinsatzmenge reduziert (etwa Einsatz von zwei Arbeitskräften an Stelle von dreien), was gewöhnlich eine entsprechende Verlängerung der betreffenden Vorgangsdauer bewirkt (bei einem Gesamtbedarf von etwa 30 Manntagen für einen bestimmten Vorgang also eine Verlängerung von 10 auf 15 Arbeitstage). Auch dann kann immer noch zu gewissen Zeitpunkten der Kapazitätsbedarf die vorhandene bzw. beschaffbare Kapazität übersteigen. In einem solchen Fall müssen Vorgänge, die aufgrund der in der Strukturanalyse ermittelten Abhängigkeiten an sich zeitlich parallel ausgeführt werden könnten, hintereinander durchgeführt werden. Es kommt dann zwangsläufig zu einer Verlängerung der Projektdauer, wobei – im Rahmen der bereits vorgegebenen Abhängigkeiten – gewöhnlich eine solche Vorgangsreihenfolge zu bestimmen ist, welche zur geringsten Verlängerung der Projektdauer führt. Eine Glättung bzw. Optimierung in bezug auf eine Faktorart bewirkt aber wiederum Veränderungen an den Kapazitätsbelastungskurven anderer Faktoren, die bei diesen möglicherweise zu neuen Kapazitätsspitzen bzw. Überbeanspruchungen führen. In der Praxis wird deshalb gewöhnlich eine Reihenfolge der Faktoren vorgegeben, in der die Glättung/ Optimierung durchzuführen ist.

4. *Kostenanalyse und -planung:* Aufbauend auf den Ergebnissen der Kapazitätsplanung läßt sich durch Bewertung der jeweiligen Faktoreinsatzmengen mit ihren jeweiligen (Verrechnungs-) Preisen eine Kostenanalyse durchführen und die Entwicklung der Kosten im Zeitablauf, etwa in Form von kumulierten Kostenkurven darstellen. Eine echte Kostenplanung ist erforderlich, wenn die zunächst berechnete minimale Projektdauer über der gewünschten liegt. In diesem Fall muß man überlegen, welche Vorgänge unter Einsatz zusätzlicher Produktionsfaktoren verkürzt werden sollen, so daß einerseits die gewünschte Projektdauer nicht überschritten wird, andererseits die Kosten der Verkürzung der Projektdauer minimal werden.

5. *Liquiditätsanalyse und -planung:* Analog zur Kostenanalyse läßt sich eine Liquiditätsanalyse durchführen, welche ebenfalls auf den geplanten Faktoreinsätzen aufbaut, aber deren unterschiedliche (Aus-)Zahlungswirksamkeit berücksichtigt. Eine solche Liquiditätsanalyse ist v. a. bei solchen Projekten

angebracht, die sich über sehr lange Zeiträume hinziehen. Auf ihrer Grundlage läßt sich dann eine sorgfältig begründete Einnahmenplanung (etwa der Vorauszahlungen der Projektbesteller) durchführen.

6. *Durchführung und Kontrolle:* Die Ergebnisse der Zeit- und Kapazitätsplanung bilden die Grundlage für die Realisierung des Projekts. Die Ergebnisse der Zeit-, Kapazitäts-, Kosten- und Liquiditätsplanung lassen sich außerdem zu Kontrollzwecken verwenden, indem man sie den tatsächlichen Größen gegenüberstellt und bei ungewünschten Abweichungen Gegenmaßnahmen einleitet. Diese führen regelmäßig zu Revisionen der vorangegangenen Teilplanungen.

III. Arten: 1. Die in der Praxis eingesetzten N. weisen jeweils eine ganz bestimmte *Orientierung in Bezug auf ihre Untersuchungsstandpunkte* aus: a) *Vorgangsorientierte N.* bauen auf Listen von Vorgängen, den Vorgangsdauern und ihrer Abhängigkeiten auf und stellen neue, daraus berechnete Informationen über Vorgänge zur Verfügung. Die Abbildung von Vorgängen kann in Form von Pfeilen *(Vorgangspfeilnetzpläne, z. B. →CPK)* oder in Form von Knoten *(Vorgangsknotennetzpläne, z. B. →NPK)* erfolgen. – b) *Ereignisorientierte N.* (z. B. →PERT) bauen auf Ereignisse und ihre zeitliche Abfolge auf. Ereignisse werden stets als Knoten dargestellt *Ereignisknotennetzplan),* wie in Vorgangsnetzplänen kommen in den Pfeilen lediglich Anordnungsbeziehungen zum Ausdruck.

2. N. unterscheiden sich nach den *Arten der Anordnungsbeziehungen,* die sie zulassen: Dabei kann es sich um zeitliche *Minimal-* oder *Maximalabstände* handeln, wobei diese Zeitabstände grundsätzlich größer, gleich oder auch kleiner als Null sein können. Als Bezugspunkt für die Festlegung eines zeitlichen Abstands kann bei einem Vorgang sein Beginn oder sein Ende gewählt werden. Entsprechend werden folgende *Beziehungstypen* zwischen zwei Vorgängen unterschieden: (1) Ende-Anfang-Beziehung *(→Normalfolge);* (2) Anfang-Anfang-Beziehung *(→Anfangsfolge)* (3) Ende-Ende-Beziehung *(→Endfolge);* (4) Anfang-Ende-Beziehung *(→Sprungfolge);* Vgl. auch →Bündelbedingung. – Die meisten N. lassen nur ausgewählte Anordnungsbeziehungen zu. Andere in der Realität auftretende, aber im Netzplan zunächst nicht darstellbare Beziehungen können dann häufig allenfalls durch geschickte Manipulation eingebaut werden.

3. Von einer *deterministischen N.* spricht man, wenn sämtliche Vorgangsdauern bzw. Zeitabstände als sicher angenommen/angesehen werden (z. B. CPM, MPM); bei einer *stochastischen N.* (z. B. PERT) können für die Vorgangsdauern/Zeitabstände dagegen auch

Wahrscheinlichkeitsverteilungen angesetzt werden.

IV. Anwendungen: Die Methoden der N. bilden – neben denjenigen der →linearen Optimierung – den Teil des →Operations Research, der die weiteste Verbreitung in der ökonomischen Praxis gefunden hat. Das liegt u. a. an der Vielfalt ausgereifter Softwarepakete, die sowohl für Mainframe als auch für Personalcomputer zur Verfügung stehen. Typische Anwendungen in der betriebswirtschaftlichen Praxis betreffen v. a. den Bereich der Produktion (Terminplanung bei Einzelfertigung, etwa von Industrieanlagen, Universitäten, Krankenhäusern, Brücken, Schiffen), die Instandhaltung (Durchführung von Großreparaturen wie etwa an Hochöfen), das Marketing (Einführungsplanung neuer Produkte), das Rechnungswesen (Erstellen von Jahresabschlüssen) oder die Verwaltung (Einführung von EDV-Anlagen).

Literatur: Berg, R./Meyer, A./Müller, M./Zogg, A./Netzplantechnik: Grundlagen, Methoden, Praxis, Zürich 1973. Küpper, W./Lüder, K./Streifferdt, L., Netzplantechnik, Würzburg-Wien 1975; Meyer, M./Hansen, K., Planungsverfahren des Operations Research, 3. Aufl., München 1985; Schwarze, J., Netzplantechnik, 6. Aufl., Herne-Berlin (West) 1986; Thumb, N., Grundlagen und Praxis der Netzplantechnik, 2 Bd., München 1975.

Dr. Gerhard Wäscher

Netzwerk, Übertragungssystem im Nachrichtenverkehr innerhalb und/oder außerhalb eines Gebäudes; bestehend aus: Teilnehmer-Einrichtungen, Übertragungswegen, Vermittlungseinrichtungen und -verfahren. – Bei der *Übertragung von Daten* (→Datenübertragung) i. d. R. als Synonym für *→Netz* benutzt. – Vgl. auch →Graph.

Netzwerkmodell, →Datenmodell, mit dem Netzwerkstrukturen zwischen Datensätzen beschrieben werden können; Grundlage vieler →Datenbanksysteme (z. B. IDMS, IDS II, Image/3000, MDBS III). Erstmals 1973 vorgeschlagen von der →CODASYL Data Base Task Group (DTBG); heute sehr weit verbreitet.

Netzwerktopologie. 1. *Begriff:* Logische Anordnung und Art der Verbindung der Kommunikationspartner in einem →Netz. – 2. *Grundformen:* a) *Stern-Netz* (-werk): Netz, bei dem sämtliche „Endteilnehmer" physikalisch mit einem zentralen Vermittlungsknoten verbunden sind, z. B. →Nebenstellenanlage. – b) *Ring-Netz* (-werk): Netz, bei dem jeder Knoten mit einem rechten und einem linken Partner verbunden wird, bis sich der Kreis schließt. Die zu übertragenden Daten werden in eine festliegende Richtung von Knoten zu Knoten übermittelt. Die Information wird solange weitergegeben, bis sie den Empfänger erreicht, ohne daß ein bestimmter Weg durch das Netz gesucht werden muß. – c) *Bus-Netz* (-werk): Netzwerk, das durch eine Linienstruktur, den →Bus, gebildet wird, der Daten vom

Sender in beide Richtungen von Knoten zu Knoten weitertransportiert. Diese Grundform kann zu einer allgemeinen Baumstruktur erweitert werden, indem an Knoten eines zentralen Verteilerbusses weitere Busse angeschlossen werden. – 3. *Mischformen:* Durch Verwendung mehrerer Grundtopologien lassen sich beliebige Mischformen erzeugen. Ein solches Netz nennt man vermascht, wenn ein Knoten mit mehreren oder allen anderen Knoten verbunden ist.

Netzwerkvorrechner, →Vorrechner.

Neuaufwurfsprinzip. 1. *Begriff:* Prinzip bei der Planung, nach dem bei Erstellung eines Plans zu einem bestimmten Zeitpunkt alle Plangrößen von Grund auf neu ermittelt werden, unabhängig davon, ob bereits ein früherer Plan existiert, der sich auch noch auf zukünftige Zeiträume erstreckt. Frühere Planungen werden ignoriert. – *Gegensatz:* →Netchange-Prinzip. – 2. *Anwendung:* Das N. liegt sehr vielen →computergestützten Planungssystemen und →computergestützten Dispositionssystemen in der betrieblichen Datenverarbeitung zugrunde; früher bei →Stapelbetrieb fast ausschließlich angewendet.

neue Aktien, →junge Aktien.

neue Armut. 1. *Begriff* im Rahmen der Diskussion über Bedeutung und Reichweite der →neuen sozialen Frage. Von Armut bedroht sind danach im umfassenden Sinn all jene, die nicht in der Lage sind, durch Erwerbsertrag oder Sicherungsleistungen der Sozialpolitik angemessene →Lebenslagen zu verwirklichen: Der Begriff zielt ab auf Bedürftigkeitslagen jener Bevölkerungsgruppen, die schwer organisierbar sind und deshalb ihre Interessen im politischen Alltag schlecht vertreten können sowie auf Kennzeichnung der Armutskonstellationen als Folge von Arbeitslosigkeit. Kontrovers ist allerdings, ob die Arbeiterschaft in ihrer Gesamtheit als armutsgefährdet gilt oder nicht. Vgl. auch →Armut. – 2. *Geschichte:* a) *Soziale Probleme,* die heute unter n. A. bzw. neue soziale Frage diskutiert werden, sind z. T. *sehr alt.* Im 19. Jh. waren als durch Armut gefährdete Gruppen nicht die männlichen Beschäftigten, sondern eher Frauen, Kinder und alte Menschen anzusehen (→soziale Frage). Alter (Altersarmut war bis zur Einführung der →Sozialversicherung, z. T. auch danach, ein allgemeines Phänomen), Krankheit (Verarmung durch Krankheit traf nur einen Teil der Unterschichten) und Arbeitslosigkeit, ebenso Unvollständigkeit der Familie und Kinderreichtum waren charakteristische Merkmale. – b) Armut resultierte in der Industriegesellschaft *zwischen den beiden Weltkriegen* aus zu geringem Verdienst trotz regelmäßiger Arbeit, Arbeitslosigkeit, Alter und z. T. auch Krankheit, was sich

besonders schwerwiegend auf kinderreiche Familien auswirkte. Als „neue Armut" erschien in jener Zeit eine Armut gelernter Arbeiter, deren Fähigkeiten im Prozeß des industriellen Wandels veraltet waren oder denen der Zugang in die Arbeitswelt noch nicht gelungen war; insbes. ältere Arbeitnehmer, Frauen und gewisse Gruppen von Jugendlichen waren betroffen. – c) *In jüngster Zeit:* Armut wird mit geringem Einkommen bzw. mit abgesunkenem Einkommen gleichgesetzt; Armutsgründe liegen in Alter, Geschlecht (Frauen), mangelnder Ausbildung, Haushaltsverkleinerung (Liefmann-Keil). – 3. *Problemdarstellung:* Armut in einem hochindustrialisierten Land ist ein Problem bezüglich (1) Einkommensunterbrechung oder -verlusts bzw. mangelnder dauernder Erwerbsfähigkeit infolge von Krankheit oder Behinderung, (2) der Auflösung der Familie und der Verkleinerung der Haushalte und (3) der mangelnden Befähigung von Personen- und Personengruppen zur Eingliederung in das Arbeits- und Sozialgefüge. Armut ist damit ein immer weniger einheitliches und immer weniger rein monetär zu lösendes Problem. Sie stelle sich einerseits als Folge der Veränderung der Sozialstrukturen, andererseits als Residualproblem dar. Nicht allein ein Ausgleich der Einkommen, sondern ergänzende gesellschaftspolitische Maßnahmen aus dem Sektor des Bildungswesens bis hin zur regionalen Infrastruktur-Investition sind notwendig. – Fundierte Simulationsrechnungen für die Gegenwart zeigen, daß das *Verarmungsrisiko bei Arbeitslosigkeit* überdurchschnittlich ist für männliche und weibliche Alleinstehende, Ein-Verdiener-Ehepaare mit Kindern und Alleinstehende mit Kindern, Haushalte mit einem Haushaltsvorstand unter 30 Jahren und solche mit nur einer Person oder fünf und mehr Personen; unterdurchschnittlich für Ehepaare ohne Kinder und Zwei-Personen-Haushalte, Zwei-Verdiener-Ehepaare und Haushalte mit einem Vorstand mit höherem Bildungsabschluß.

Neue Beweglichkeit, →Warnstreik, →Streik II 2 f).

neue Geschäfte, →strategische Suchfeldanalyse.

Neue keynesianische Makroökonomik, Erweiterung der theoretischen Grundlagen Keynesianischer Analyse, da die Verkürzung der →Keynesschen Lehre auf *Rigiditätsfälle* (→keynesianische Positionen) zur Erklärung der Realität mit andauernden Ungleichgewichten nicht befriedigen konnte. Der Rigiditätsfall ist nur einer von mehreren Ursachen für Ungleichgewichte und z. T. nur Folge der wahren Ursachen, wie Unsicherheit, Monopolisierung.

1. *Ausgangspunkt* der hier anknüpfenden n.k.M. *(Ungleichgewichtstheorie)* ist das

Patinkin-Modell (DON PATINKIN; „Money, interest and prices", 1955), ein Gleichgewichtssystem, in dem *anhaltende Abweichungen vom Gleichgewicht* möglich und wahrscheinlich sind, wenn die Trägheit der Anpassungsmechanismen (Zins- und Realkasseneffekt) die Erreichung des Gleichgewichts verzögern und es daher zu Rückwirkungen auf dem Arbeitsmarkt kommt. Damit führt auch der Lohn-/Preismechanismus nicht zu einem grundsätzlich bestehenden Gleichgewicht zurück. Reallohnsenkungen vermindern in solchen (wahrscheinlichen) Situationen die Arbeitslosigkeit nicht. – Der patinkinsche Ungleichgewichtsansatz wurde dann Ausgangspunkt einer Reihe von *Ungleichgewichtstheorien*, von denen einige der bekanntesten kurz charakterisiert werden (Clower, Leijonhuvfud, Barro/Grossman, Malinvaud).

2. Clower, dessen Analyse von Leijonhufvud intensiv aufgegriffen wurde, vertritt eine *duale Theorie:* Im Gleichgewicht ist ein bestimmtes Entscheidungssystem wirksam, in Ungleichgewichtszuständen ein anderes Entscheidungssystem, das diese vom Gleichgewichtsfall löst. Nach Störungen des Gleichgewichts (z. B. am Arbeitsmarkt) sind für die Konsumentscheidungen nicht mehr die Preise bestimmend, sondern die vorgegebenen Mengen (Einkommen). Die normale (notionale) Nachfrage ist nicht mehr effektive, sondern nur noch potentielle Nachfrage. Die effektive Nachfrage ist einkommensabhängig. Die ursprüngliche Störung am Arbeitsmarkt überträgt sich auf den Gütermarkt und wirkt dann wieder auf den Arbeitsmarkt. Das konsistente Ungleichgewicht verfestigt sich und kann auch durch hohe Preisflexibilität nicht beseitigt werden. Der Preismechanismus versagt. Wenn einmal zu „falschen" Preisen gehandelt wird, kann sich das Ungleichgewicht „stabilisieren".

3. *Weiterentwicklungen und Integrationsversuche* von Patinkin und Clower sind die Ansätze von Barro/Grossman und Malinvaud. In beiden kommt es zu gegenseitigen Interdependenzen zwischen den Märkten (Gütermarkt und Arbeitsmarkt), Ungleichgewicht und Rationierung in einem Markt führen zum Ungleichgewicht im jeweils anderen Markt *(Mengenrationierungsansatz).* Die Ungleichgewichte können sich aufschaukeln und in einem „gleichgewichtigen" Ungleichgewichtszustand verharren. Ist die Wirtschaft einmal in einer Ungleichgewichtssituation festgefahren, so ist der Preismechanismus weitgehend außer Kraft gesetzt *(Ungleichgewichtsgleichgewicht).* Kurz- und mittelfristig ist das allgemeine Gleichgewicht (mit gleichgewichtigem Preisvektor) als Spezialfall anzusehen. Das allgemeine Gleichgewichtsmodell neoklassischer Prägung bleibt aber Ausgangs- und Bezugspunkt der Ungleichgewichtstheorien; insofern werden sie häufig auch als neoklas-

sisch klassifiziert. Unbestritten erfassen sie nur einen Aspekt Keynesscher Lehre, nämlich den des Unterbeschäftigungsgleichgewichts aufgrund fehlender effektiver Nachfrage, während andere entscheidende Aspekte, z. B. Unsicherheit und deren Konsequenzen, nicht einbezogen werden. – Vgl. auch →Postkeynesianismus.

Literatur: Barro, R. J./Grossman, H. J., 1971, A general disequilibrium model of income and employment, 1971, in: American Economic Review Vol 61, Nr. 1, S. 82–93; Clower, R. W., The Keynesian counter-revolution: A theoretical appraisal, in: Hahn, F. H./Brechling, F., (Hrsg.), The theory of interest rates, S. 103–125, London 1965; Malinvaud, E., The theory of unemployment reconsidered, Oxford 1977; Patinkin, D., Money, interest and prices, New York 1956; Rothschild, K. W., Einführung in die Ungleichgewichtstheorie, Berlin, Heidelberg, New York 1981.

Prof. Dr. Hermann Bartmann

neue klassische Makroökonomik. I. Begriff und Einordnung: Während zu Beginn der 70er Jahre die makroökonomische Debatte entscheidend durch die Kontroverse zwischen →Keynesscher Lehre, und →Monetarismus geprägt wurde, hat sich seit Mitte dieser Dekade der Schwerpunkt der Diskussion auf die Auseinandersetzung zwischen →neuer keynesianischer Makoökonomik und N.k.M. verlagert. Die N.k.M. geht im Gegensatz zur neuen keynesianischen Makoökonomik davon aus, daß Märkte prinzipiell ständig geräumt werden *(Markträumungsansatz).* Eines der *Hauptziele* der N.k.M. ist die gleichgewichtstheoretische Erklärung von Konjunkturschwankungen. – Die *Einordnung* der N.k.M. ist umstritten. Viele Ökonomen betrachten sie als moderne Spielart des Monetarismus; für andere ist die Entfernung zwischen N.k.M. und Monetarismus größer als die zwischen Monetarismus und Keynesianismus. – Wichtige *Vertreter* der N.k.M. sind R. Lucas, Th. Sargent und N. Wallace.

II. Darstellung: Für die Modelle der N.k.M. sind eine Reihe von Prämissen entscheidend:

1. *Vollständige Preisflexibilität:* Diese Annahme führt dazu, daß die Märkte prinzipiell im Gleichgewicht sind. Alle relevanten Informationen sind in den Angebots- und Nachfragefunktionen enthalten. Die Marktteilnehmer befinden sich stets auf ihren Funktionen, d. h. gehandelt wird zu →Gleichgewichtspreisen. Abweichungen von tatsächlichem Marktpreis und Gleichgewichtspreis können nicht dauerhaft sein, da sie zu Extraprofiten führen, die von den Wirtschaftssubjekten sofort wahrgenommen und eliminiert werden. In der Praxis schwanken Preise und Mengen ständig stochastisch um ihre Gleichgewichtswerte. Als Konsequenz werden Modelle der neuen Klassik häufig durch stochastische Gleichungen beschrieben. Vertreter der N.k.M. sehen die Markträumungsannahme oft nicht als getreue Abbildung der Wirklichkeit, sondern als Kunstgriff, der, ähnlich wie die Rationierungsannahme in

Ungleichgewichtsmodellen, vorwiegend methodischen Charakter hat.

2. *„Natürliche" Unterbeschäftigung:* Für den Arbeitsmarkt wird die Markträumungshypothese durch das Konzept der „natürlichen" Arbeitslosigkeit spezifiziert. Es gibt danach nur eine Höhe der →Arbeitslosenquote, die mit einem modifizierten walrasianischen Gleichgewicht (ein solches, das Marktunvollkommenheiten, Informationskosten usw. berücksichtigt) vereinbar ist. Diese Arbeitslosenquote ist mit jeder Inflationsrate verträglich. Die dadurch beschriebene Arbeitslosigkeit ist rein angebotsbedingt, somit freiwilliger Natur und ein Ergebnis eines Marktversagens. – Darüber hinaus ist für viele Vertreter der N.k.M. keine Arbeitslosigkeit wirklich unfreiwillig. Nach ihrer Auffassung ist das Arbeitsangebot in bezug auf lanfristige (also nicht transitorische) Veränderungen des Reallohns weitgehend unelastisch. Diese Ansicht wird aus empirischen Beobachtungen abgeleitet, setzt aber unter theoretischen Aspekten ein auf bestimmte Weise geformtes Präferenzsystem voraus. – Sehr elastisch reagiert das Arbeitsangebot hingegen auf als transitorisch angesehene Reallohnvariationen. Es wird argumentiert, daß die Wirtschaftssubjekte bereit sind, „vorzuarbeiten" (falls der Reallohn transitorisch steigt) bzw. Muße „vorzuholen" (im umgekehrten Fall). Ein beobachtbares Überangebot am Arbeitsmarkt bedeutet daher, daß eine entsprechende Anzahl von Arbeitnehmern mit einem unter ihren Normalvorstellungen liegenden Lohnsatz konfrontiert sind und es deshalb vorziehen, bei dem gegenwärtigen Lohn nicht zu arbeiten. Dies bedeutet aber nicht, daß zum gegenwärtigen Lohn keine Arbeit gefunden werden könnte.

3. *Rationale Erwartungen:* Bei autoregressiven →Erwartungen werden nur die vergangenen Werte der betrachteten ökonomischen Größe zur Erwartungsbildung genutzt. Damit bleibt aber ein Teil der den Individuen zur Verfügung stehenden Informationen unbeachtet, und es kann zu systematischen Erwartungsirrtümern kommen. In der Theorie der rationalen Erwartungen wird das Konzept des Rationalverhaltens auch auf Informationsgewinnung und -verarbeitung übertragen. Die sog. *schwache Form* der rationalen Erwartungen geht davon aus, daß die Wirtschaftssubjekte alle verfügbaren Informationen auf effiziente Weise nutzen, um Erwartungen über die zukünftigen Werte von ökonomischen Variablen zu bilden. In der sog. *starken Form* schließen diese Informationen das relevante ökonomische Modell, seine Struktur und alle Kenntnisse über Parameter sowie exogene und endogene Lag-Variablen ein. Erwartungsirrtümer können auftreten, aber nur aufgrund zufälliger Ereignisse. Die Möglichkeit stochastisch bedingter Erwartungsirrtümer unterscheidet rationale Erwartungen von vollständiger Voraussicht.

4. *Unvollständige Information:* Es wird davon ausgegangen, daß die Wirtschaftssubjekte die wahre Struktur des Modells so genau kennen, daß sie (jedenfalls im Durchschnitt) die Effekte von Geldpolitik (→monetäre Theorie und Politik) und Fiskalpolitik (→fiscal policy) richtig prognostizieren können, falls sie die geld- und fiskalpolitischen Maßnahmen kennen oder richtig vorsehen. Weiter wird angenommen, daß diese Informationen und Prognosen sich vollständig im Verhalten der Wirtschaftssubjekte niederschlagen. Alle Gewine, die durch genauere Kenntnis der Situation gemacht werden könnten, sind bereits realisiert. Produktion und Beschäftigung befinden sich auf dem Gleichgewichtsniveau. Da aber weder Geld- noch Fiskalpolitik immer richtig erkannt oder prognostiziert werden können, sind die *Informationen unvollkommen.* In einer Welt mit unvollkommenen Informationen spielen für das Verhalten der Wirtschaftssubjekte zwei Aspekte eine fundamentale Rolle. Erstens geht es darum, zu entscheiden, ob eine wahrgenommene Preisveränderung *temporär* oder *dauerhafter* Natur ist. Zweitens muß das Wirtschaftssubjekt feststellen, ob die Preisveränderung *relativer* Art ist oder im Zusammenhang mit der Änderung des *allgemeinen Preisniveaus* steht. In beiden Fällen kann man von einem „Dekompositionsproblem" sprechen, wird argumentiert, daß sich die Wirtschaftssubjekte auf Erfahrungen der Vergangenheit stützen. War der größere Teil der →Varianz des Preises eines Gutes (wozu auch das Gut „Arbeit" gerechnet werden kann) durch permanente Änderungen bedingt, dann wird das Wirtschaftssubjekt auch eine *aktuelle* Preisänderung eher für *permanent* halten. Genauer gesagt wird eine aktuelle Preisänderung anhand der Erfahrungen mit früheren Preisänderungen in eine permanente und eine temporäre Komponente zerlegt. Zu einer Erhöhung des Arbeitsangebots wird es nur in dem Ausmaß kommen, das der temporären Komponente einer akutellen Lohnerhöhung entspricht. Die Dekomposition einer aktuellen Preisveränderung in *relative* oder *aggregative* Veränderung wird analog erklärt. Waren Preisschwankungen in der Vergangenheit vor allem durch Variationen des Preisniveaus bedingt, dann wird eine aktuelle Preisbewegung auch vorwiegend auf eine allgemeine Inflation oder Deflation zurückgeführt. War das Preisniveau dagegen mehr oder weniger konstant, dann werden Preisveränderungen hauptsächlich als relativ bedingte Änderungen angesehen; und nur diese haben Mengeneffekte zur Folge.

5. *Neutralitätseigenschaft:* Sie besagt, daß Geld- und Fiskalpolitik, die systematisch auf den Konjunkturzyklus einwirken will, keinen Einfluß auf diesen haben kann. Die Abwei-

chungen von Produktion und Beschäftigung von ihrem „natürlichen" Niveau sind also völlig unabhängig von wirtschaftspolitischen Maßnahmen. Systematische Geldpolitik beeinflußt lediglich die nominalen Größen, wie Preisniveau, Inflationsrate, Nominallohn und Nominalzins. Die Neutralitätseigenschaft geht unmittelbar zurück auf die Annahmen über die Struktur der Wirtschaft (z. B. Existenz einer „natürlichen" Unterbeschäftigung) und die Hypothese der rationalen Erwartungen. Zusammen mit den Annahmen, daß die Wirtschaftssubjekte alle verfügbaren Informationen effizient nutzen und systematische Politiken erkennen, folgt die Neutralitätseigenschaft. Geld- und Fiskalpolitik können dennoch *reale Effekte* haben, nämlich in ihrem nichtsystematischen Teil. Wie oben erwähnt, erfolgt die Dekomposition aufgrund von Erfahrungswerten. Führt eine kontraktive Geldpolitik etwa zu Preisveränderungen, wird deren allgemeiner Charakter aber nicht erkannt, so werden die Preissenkungen als relativ aufgefaßt, und es kann zu einem Rückgang von Produktion und Beschäftigung kommen. Die realen Effekte einer nicht vorhergesehenen Geld- oder Fiskalpolitik werden umso geringer sein, je größer die Varianz solcher Politik in der Vergangenheit war. Wurden die Wirtschaftssubjekte in der Vergangenheit häufig durch unvorhersehbare Aktionen getäuscht, werden sie künftig auf irendwelche Signale weniger reagieren. Dies hat einmal zur Folge, daß ökonomische Störungen, die eine Anpassung erfordern, fehlinterpretiert werden (Fehlallokationshypothese); zum anderen wird eine ursprünglich wirksame Politik, die auf einem Dekompositionsschema beruht, das durch eine stabile Entwicklung der Vergangenheit geprägt wurde, zunehmend unwirksam.

6. Gleichgewichtsorientierte Erklärung des Konjunkturzyklus: In den Modellen der N.k.M. wird der Arbeitsmarkt ganz analog wie jeder Gütermarkt behandelt. Daher wird allgemein nur von „Preisen" gesprochen, die auch den „Lohn" umfassen. Stellt ein repräsentatives Wirtschaftssubjekt fest, daß der Preis seines Gutes gestiegen ist, steht es vor dem oben beschriebenen Dekompositionsproblem. Als *temporär* empfundene Lohnerhöhungen führen dazu, daß heutige Muße in die Zukunft verlagert wird und Produktion und Beschäftigung daher in der laufenden Periode zunehmen. Schon relativ kleine Schwankungen in Löhnen und Preisen können zu erheblichen Schwankungen im Arbeitsangebot führen. In welchem Ausmaß dies der Fall ist, hängt davon ab, wie das Dekompositionsproblem gelöst wird, also welche Anteile von vergangenen Preisänderungen permanent bzw. temporär waren. – Kennen alle Entscheidungseinheiten die realen Preise ihrer Güter, dann reicht die Unterscheidung in temporäre

und permanente Preisänderungen nicht aus, um einen generellen Konjunkturzyklus hervorzurufen. Den gestiegenen *relativen Preisen* in einigen Bereichen stehen gesunkene in anderen Bereichen gegenüber. Dem erhöhten Arbeitsangebot in einem Teil der Wirtschaft entspricht daher ein vermindertes in einem anderen. Konjunkturelle Schwankungen sind nur möglich, wenn die Wirtschaftssubjekte lediglich die nominalen Preise ihrer eigenen Produkte kennen, nicht aber den allgemeinen Preisindex. Sie stehen dann vor dem zweiten Dekompositionsproblem. In Abhängigkeit von den Erfahrungen der Vergangenheit wird eine beobachtete Preisänderung in eine relative und eine absolute Komponente zerlegt. War früher die Varianz der relativen Preise klein, wird auch die aktuelle Preisänderung zum größten Teil als Änderung des relativen Preises aufgefaßt. Wird die Preisänderung dann noch überwiegend als temporär angesehen, verändert sich das Arbeitsangebot und damit auch Produktion und Beschäftigung. – Ein ganz wesentlicher Aspekt dieser Erklärung des Konjunkturzyklus ist, daß Wirtschaftssubjekte nur über *begrenzte Informationen* verfügen dürfen. Dies gilt für das Dekompositionsproblem, aber auch z. B. für die Auswirkungen eines monetären Impulses auf die Wirtschaft. Hier bezieht die N.k.M. eine fast keynesianische Position, indem sie argumentiert, daß nur langfristig ein enger Zusammenhang zwischen Geldmenge und Preisniveau besteht. Die kurzfristige weitgehende Unabhängigkeit ist für die Argumentation aber notwendig, da die Wirtschaftssubjekte sonst anhand der Geldmengenentwicklung das Dekompositionsproblem lösen können. Tritt keine unerwartete Inflation auf, kann es im Rahmen der N.k.M. aber keinen Konjunkturzyklus geben.

7. Hauptergebnisse: a) *Es gibt keine unfreiwillige Arbeitslosigkeit.* Arbeitslosigkeit entsteht dadurch, daß temporär der tatsächliche Reallohn als unter dem Normalniveau liegend angesehen wird. Daher substituieren die Arbeitsanbieter künftige Muße gegen heutige. Sie werden nur deswegen als arbeitslos registriert, weil sie ihre Bereitschaft signalisieren zu arbeiten, bei der statistischen Erfassung aber nicht berücksichtigt wird, daß sie dies nur zu einem höheren Reallohn wollen. – b) *Aktivistische Wirtschaftspolitik hat nur solange Erfolg, wie sie nicht erkannt und antizipiert wird.* Eine expansive Geldpolitik hat reale Auswirkungen, wenn in der Vergangenheit die Varianz der Inflationsrate klein war. Unter dieser Bedingung wird eine allgemeine Preiserhöhung nicht oder nur in geringem Maß antizipiert, sondern vielmehr für eine Erhöhung des relativen Preises gehalten. Da durch eine solche Maßnahme die Varianz der Inflationsrate zunimmt, wird in Zukunft die Geldpolitik weniger wirksam.

III. Kritik: 1. In der Realität sind häufig *Inflexibilitäten* von Löhnen und Preisen zu beobachten, die von Kritikern der N.k.M. durch institutionelle Gegebenheiten und Anpassungskosten erklärt werden. Preisrigiditäten herrschen v.a. auf dem Arbeitsmarkt und auf Gütermärkten mit monopolistischer bzw. oligopolistischer Struktur. Als Folge sind Preis- und Mengengleichgewichte eher die Ausnahme als die Regel. Eine empirische Klärung der Frage, ob Ungleichgewichte durch Starrheiten verursacht werden oder durch unvollkommene Information, verbunden mit Zufallseinflüssen, ist bislang nicht gelungen.

2. Das Konzept der *„natürlichen" Arbeitslosigkeit* ist ebenfalls umstritten (vgl. →Beschäftigungstheorie). Unbestritten umfaßt Arbeitslosigkeit immer Komponenten, die durch Funktionen und Struktur des Arbeitsmarktes bedingt sind. Es können jedoch keine verläßlichen Aussagen über die Höhe der „natürlichen" Arbeitslosigkeit gemacht werden. Die N.k.M. tendiert dazu, jedes Volumen der Arbeitslosigkeit als freiwillig zu interpretieren. Dies impliziert, daß auch Entlassungen, die ganz überwiegend der Grund für Arbeitslosigkeit sind, als versteckte freiwillige Kündigungen interpretiert werden. Weil heutige Arbeitslosigkeit im Sinne dieser Interpretation vorgeholte Muße ist, kann die N.k.M. eine langanhaltende Massenarbeitslosigkeit nicht begründen.

3. Die Theorie der *rationalen →Erwartungen* stellt in der strengen Form unrealistisch hohe Anforderungen (u.a. Kenntnis des relevanten ökonomischen Modells und seiner Struktur). In der weiten Form, in der lediglich effiziente Nutzung der verfügbaren Informationen verlangt wird, ist die Hypothese rationaler Erwartungen zwar weitgehend unumstritten, stellt aber auch keinen nennenswerten Erkenntnisfortschritt dar. Die Informationsannahmen vermögen nicht vollständig zu überzeugen. Es ist fraglich, ob das Dekompositionsproblem tatsächlich in der geschilderten Form entsteht. Insbesondere die Zerlegung einer Preisveränderung in relative und absolute sowie reale und nominale Komponente sollte kein Problem bereiten. Ohne Informationsbeschränkungen in diesem Bereich ist die gegebene Erklärung des Konjunkturzyklus aber nicht schlüssig. – Vgl. →neue keynesianische Makroökonomik, →Postkeynesianismus.

Literatur: Fischer, S., ed., Rational Expectations and Economic Policy, Chicago-London 1980; Lucas, R. E., An Equilibrium Model of the Business Cycle, Journal of Political Economy 83, 1975, S. 1113ff.; Lucas, R. E., Unemployment Policy, American Economic Review 68, 1980, S. 353ff.; Minford, P./Peel, D., Rational Expectations and the New Macroeconomics, Oxford 1983.

Dr. Klaus-Dieter John

Neue Linke, →Sozialismus II 4.

Neue Mikroökonomik, →Mikroökonomik III.

Neuemission, →Emission.

Neue Politische Ökonomie, →Politische Ökonomie III und IV.

neue Rechnung, kaufm. Sprachgebrauch für die Übernahme eines Saldos, insbes. Gewinns oder Verlusts von Unternehmungen in der Rechtsform einer juristischen Person, aus dem alten in das neue →Wirtschaftsjahr.

neue soziale Frage. 1. *Bezeichnung* des Anliegens der →Sozialpolitik in Gegenwart und Zukunft hinsichtlich Nichtorganisierten und -produzenten, v.a. kinderreichen Familien, alleinstehenden Müttern mit Kindern, alten Menschen, den nicht mehr Arbeitsfähigen und Behinderten, die als unterprivilegiert gelten. Als Nichtproduzenten gilt jener Bevölkerungsteil, der nicht in den Produktionsprozeß eingegliedert ist. – 2. *Begründung:* Die Lösung des Konflikts zwischen Kapital und Arbeit gilt als Anliegen der Vergangenheit, da Kapitaleigner und Arbeitnehmer in starken Verbänden organisiert sind, die die Interessen ihrer Mitglieder im Verteilungskampf und im Politikfeld vertreten. Nichtorganisierte und -produzenten werden als den organisierten Verbänden im Ringen um politische Begünstigungen i.d.R. unterlegen angesehen: Die Unterprivilegierung bestehe in der fehlenden Möglichkeit, sich gegen Benachteiligungen zu wehren; Nichtorganisierte und -produzenten verfügten über kein wirtschaftlich wirksames Leistungsverweigerungs- und damit über kein Droh- oder Störpotential, mit dessen Hilfe sie die Berücksichtigung ihrer Interessen politisch erzwingen könnten. Innerhalb der Gruppe der Nichterwerbstätigen sowie zwischen Erwerbs- und Nichterwerbstätigen haben sich gravierende neue Konfliktfelder gebildet, die über die aktuelle Problematik eines Gegensatzes Arbeit und Kapital hinausgehen. – 3. Bezüglich *Bedeutung und Reichweite der n.s.F.* wird auf die →neue Armut, als deren Merkmale weibliches Geschlecht, Alter und Kinderreichtum gelten, abgestellt. Als neue soziale Probleme gelten die Stellung der Frau in Anbetracht der Mehrfachbelastung (Erwerbstätigkeit, Kindererziehung und Haushaltsführung) Wahrung der Menschenwürde im Alter, Lage der Gastarbeiter, soziale Sicherung älterer Selbständiger, Probleme der Kinder in einer Welt der Erwachsenen, Frage der Erziehungsfähigkeit unserer Familien und Schwierigkeiten von Behinderten und Alleinstehenden. Eine Fortentwicklung der Sozialpolitik und die Entwicklung neuartiger sozialpolitischer Problemlösungen, v.a. unter Berücksichtigung des Grundwertes der Gerechtigkeit, erscheinen notwendig.

neue Tatsachen, steuerrechtliche Behandlung: N.T. führen zu einer →Korrektur von

Steuerverwaltungsakten gem. §173 AO zuungunsten des Steuerpflichtigen oder zu seinen Gunsten, wenn ihn kein grobes Verschulden am nachträglichen Bekanntwerden trifft.

Neue Weltwirtschaftsordnung, seit Anfang der 70er Jahre von →Entwicklungsländern auf internationaler Ebene (Vereinte Nationen, UNCTAD u.a.) geforderte Änderung der →Weltwirtschaftsordnung mit dem Ziel, von den internationalen Wirtschaftsbeziehungen stärker zu profitieren bzw. Benachteiligungen, die sich nach ihrer Auffassung aus der bisherigen Ordnung ergeben, abzubauen. – Die *Forderungen* richten sich im wesentlichen auf folgende Bereiche: 1. *Internationaler Handel:* a) Stabilisierung der Rohstoffpreise durch ein integriertes Rohstoffprogramm (→Bufferstocks); b) Bindung der Rohstoffpreise an die Preise für Industriegüter (Indexierung); c) Beseitigung von Importbeschränkungen in Industrieländern. – 2. *Entwicklungsfinanzierung und →Ressourcentransfer:* a) Erhöhung der →Entwicklungshilfe; b) Kopplung von →Sonderziehungsrechten und Entwicklungshilfe (→Link) sowie Erweiterung und Liberalisierung der Kreditfazilitäten des →IMF; c) Verstärkung des privaten Kapitalzuflusses in Form von →Direktinvestitionen; d) Schuldenerlaß für die ärmsten Länder und Festlegung günstiger, allgemeinverbindlicher Umschuldungsrichtlinien. – 3. *Technologietransfer* und *Reduzierung technologischer Abhängigkeit:* a) Revision des internationalen Patentrechts im Sinn einer Begünstigung der Entwicklungsländer; b) Einführung eines Verhaltenskodexes für den Technologietransfer, der u.a. diesbezüglich restriktive Praktiken multinationaler Konzerne verhindern soll; c) Förderung der Entwicklung angepaßter Technologien und des Ausbaus der Forschungs- und Entwicklungskapazitäten in den Entwicklungsländern. – 4. *Industrialisierung:* a) Förderung der Verarbeitung von Rohstoffen in den Entwicklungsländern; b) Förderung dieser Länder zur Steigerung ihres Anteils an der Weltindustrieproduktion auf 25% bis zum Jahre 2000. – 5. *Organisation und Entscheidungsstruktur in den Institutionen der Weltwirtschaft,* v.a. im Sinn einer stärkeren Mitbestimmung der Entwicklungsländer.

neugeschaffener Wohnraum, Wohnraum, der durch Neubau, Wiederaufbau, Wiederherstellung, Ausbau oder Erweiterung neu gewonnen ist. Infolge des Verlustes von 2,3 Mill. Wohnungen durch den 2. Weltkrieg und der dadurch bedingten Wohnungsnot zählte der Wohnungsbau in der Bundesrep. D. in den 50er Jahren und Anfang der 60er Jahre zu den dringendsten volkswirtschaftlichen und sozialpolitischen Aufgaben (→Wohnungsbau). – 1. *Umfang:* von 1949 bis 1985 wurden insgesamt 18,3 Mill. Wohnungen neu erstellt, davon 7,1 Mill. Wohnungen oder 39% im sozialen Wohnungsbau. Ende 1985 betrug der Wohnungsbestand in der Bundesrep. D. 27,1 Mill. Wohnungen, 1950 rd. 10 Mill. Wohnungen; über 68% des heutigen Wohnungsbestandes wurden nach 1949 erstellt. Die erhebliche Verteuerung des Wohnungsbaus in den letzten Jahren sowie die verbesserte Wohnsituation führten ab 1975 zu Absatzschwierigkeiten von n.W. und Rückgang von Bauvorhaben. Während in der Zeit von 1954 bis 1974 durchschnittlich 577000 Wohnungen neu fertiggestellt wurden, lag der Wohnbauleistung entsprechend dem Bedarf nur noch bei durchschnittlich 382000 (1975–1985). Vgl. im einzelnen untenstehende Tabelle. – 2. *Träger:* Hauptsächlich als Folge des Rückganges des Sozialen Wohnungsbaus hat sich die Wohnungsbautätigkeit von den gemeinnützigen Wohnungsunternehmen auf die sonstigen Wohnungsunternehmen verlagert (vgl. Tabelle Sp. 583).

Neugiro, technischer Begriff aus der Durchführung der →Wertpapierbereinigung zur Kennzeichnung des noch nicht wieder in effektiven Stücken, sondern nur in Form einer Sammelurkunde verbrieften Anspruchs auf Miteigentum an einer Wertpapierart, deren RM-Originalurkunden nach dem zweiten Weltkrieg nicht mehr verfügbar waren. Bis zur Ausstellung von auf DM lautenden Einzelurkunden auf die Berechtigten wurden die im Neugirosammeldepot befindlichen Anteile besonders an der Börse notiert.

Fertiggestellte Wohnungen in neuerrichteten Wohngebäuden (in %)

	1961	1963	1965	1967	1969	1971	1973	1975	1977	1979	1981	1983	1985
Unternehmen ohne Wohnungsunternehmen	4,1	5,0	6,1	7,0	7,8	9,1	10,3	7,9	7,3	6,1	5,1	4,9	4,4
Gemeinnützige Wohnungsunternehmen	27,8	26,9	28,0	25,6	23,7	18,9	17,7	16,4	13,5	8,9	10,4	10,2	8,7
Sonstige Wohnungsunternehmen	4,5	5,6	6,2	7,7	9,9	13,7	16,8	14,5	13,0	15,6	21,4	21,9	26,0
Öffentliche Bauherren	2,0	2,2	3,0	2,6	2,3	2,1	1,7	2,9	3,3	1,1	1,1	1,2	1,3
Private Haushalte	61,6	60,3	56,7	57,1	56,3	56,2	53,5	58,3	62,9	68,3	61,9	61,6	59,6
Alle Bauherren zusammen	100,0	100,0	100,0	100,0	100,0	100,0	100,0	100,0	100,0	100,0	100,0	100,0	100,0
davon:													
mit 1 Wohnung	21,6	23,1	25,3	25,3	24,5	25,2	23,2	29,4	40,1	47,2	38,4	28,7	29,4
mit 2 Wohnungen	26,5	24,8	23,5	21,4	19,2	17,9	15,8	18,8	19,6	23,6	26,7	25,8	23,9
mit 3 u. mehr Wohnungen	51,9	52,1	51,2	53,3	56,3	56,9	61,0	51,8	40,1	29,1	34,9	45,5	46,7

Fertiggestellte Wohnungen

Jahr	insgesamt	je 10 000 Einwohner	sozialer Wohnungs- bau *)	in % der Wohnungen insgesamt
1949	221 960	45	153 340	69,1
1950	371 924	74	254 990	68,6
1951	425 405	84	295 580	69,5
1952	460 848	91	317 500	68,9
1953	539 683	105	304 240	56,4
1954	571 542	110	309 502	54,2
1955	568 403	109	288 988	50,8
1956	591 082	112	305 740	51,7
1957	559 641	104	293 160	52,4
1958	520 495	96	269 234	51,7
1959	588 704	107	301 187	51,2
1960	574 402	104	263 205	45,8
1961	565 761	101	241 899	42,8
1962	573 375	101	242 464	42,3
1963	569 610	99	228 757	40,2
1964	623 847	108	248 543	39,8
1965	591 916	101	228 606	38,6
1966	604 799	102	203 510	33,6
1967	572 301	97	192 690	33,7
1968	519 854	87	177 686	34,2
1969	499 696	83	183 217	36,7
1970	478 050	79	137 095	28,7
1971	554 987	91	148 715	26,8
1972	660 636	107	153 214	23,2
1973	714 226	115	169 336	23,7
1974	604 387	97	148 100	24,5
1975	436 829	71	126 700	29,0
1976	392 380	64	127 800	32,6
1977	409 012	67	139 600	34,1
1978	368 145	60	104 900	28,5
1979	357 751	58	105 600	29,5
1980	388 904	63	103 700	26,7
1981	365 462	59	95 000	26,0
1982	347 002	59	90 000	25,9
1983	340 781	55	90 000	26,4
1984	398 373	65	95 000	23,8
1985	392 053	64	–	

*) Ab 1978 geschätzt.

Neugirosammeldepot, Sammeldepot, das die aus der →Wertpapierbereinigung entstandenen Anteile an der RM-Sammelurkunde enthielt. Vgl. →Neugiro.

Neugliederung des Bundesgebiets, Umgestaltung der Länder oder Änderung der Landesgrenzen innerhalb des →Bundesgebiets. N.d.B. vorgesehen in Art. 29 I GG, um Länder zu schaffen, die nach Größe und Leistungsfähigkeit ihre Aufgaben wirksam erfüllen können. Die N.d.B. bedarf der Zustimmung der Bevölkerung der betroffenen Landesteile im Wege einer →Volksabstimmung. Das Verfahren der Gebietsänderung ist geregelt in Gesetz über das Verfahren bei Volksentscheid, Volksbegehren und Volksbefragung nach Art. 29 VI GG vom 30.7.1979 (BGBl I 1317) sowie im Gesetz über das Verfahren bei sonstigen Änderungen des Gebietsbestandes der Länder nach Art. 29 II GG vom 30.7.1979 (BGBl I 1325) und in der NeugliederungsdurchführungsVO vom 12.11.1984 (BGBl I 1342).

Neugründung, →Gründung.

Neuheit, →Patentrecht II.

Neujahrszuwendungen, Zuwendungen des Arbeitgebers an seine Arbeitnehmer aus

Anlaß des Jahreswechsels. – *Lohnsteuer:* Vgl. →sonstige Bezüge.

Neukaledonien, →Frankreich.

Neukauf, →Kaufklassen.

Neumann-Modell, →Wachstumstheorie IV 3.

Neunte EG-Richtlinie, *Konzernrichtlinie,* unveröffentlicher Vorentwurf der EG-Kommission für eine Konzerne betreffende →EG-Richtlinie. – Vgl. auch →Konzernrecht, →europäisches Gesellschaftsrecht, →Unternehmensverfassung.

Neuproduktideen, →Kreativitätstechniken.

Neuregelungsgesetze, Gesetze, mit denen die Rentenreform in den einzelnen Versicherungszweigen verwirklicht wurde, und zwar Gesetz zur Neuregelung des Rechts der Rentenversicherung der Arbeiter *(Arbeiterrentenversicherungs-Neuregelungsgesetz – ArVNG)* vom 23.2.1957, Gesetz zur Neuregelung des Rechts der Rentenversicherung der Angestellten *(Angestelltenversicherungs-Neuregelungsgesetz – AnVNG)* vom 23.2.1957, Gesetz zur Neuregelung der knappschaftlichen Rentenversicherung *(Knappschaftsrentenversicherungs-Neuregelungsgesetz – KnVNG)* vom 21.5.1958, Gesetz zur Neuregelung des Rechts der gesetzlichen Unfallversicherung *(Unfallversicherungs-Neuregelungsgesetz – UVNG)* vom 30.4.1963.

Neuseeland, Inselstaat im südlichen Teil des Pazifiks, südöstlich von Australien; besteht aus zwei größeren Hauptinseln (Nord- und Südinsel) und einigen kleineren Inselgruppen. – *Fläche:* 268 676 km², hinzu kommen die Außenbesitzungen: Cookinseln (234 km²), Niue (259 km²), Tokelau (10 km²); außerdem Hoheitsansprüche auf „Ross Dependency", einen Sektor in der Antarktis (ca. 415 000 km²). – *Einwohner* (E): (1985, geschätzt) 3,3 Mill. (12,3 E/km²), darunter Maori (1981: 8,9%) – *Hauptstadt:* Wellington (1984: Agglomeration 319 000 E); weitere Großstädte: Auckland (Agglomeration 815 000 E), Christchurch (Agglomeration 289 000 E). – *Unabhängig* seit 1907, nominell seit 1931 (Westminster-Status). Parlamentarische Monarchie im Commonwealth of Nation, Einkammerparlament. – *Verwaltungsgliederung:* 90 counties, 128 boroughs, 3 town districts, 10 district councils. – *Amtssprache:* Englisch.

W i r t s c h a f t : *Landwirtschaft:* Durch die zunehmende Abwanderung von Arbeitskräften und den von der Regierung geplanten Subventionsabbau stehen der exportorientierten Landwirtschaft weitreichende strukturelle Veränderungen bevor. Anbauprodukte: Weizen, Futtermittel (Gerste, Mais, Hafer, Futterrüben), Kartoffeln, Hülsenfrüchte, Obst, Flachs und Tabak. 90% der landwirtschaftlich genutzten Fläche sind Dauerwiesen und -weiden. Sie bilden die Grundlage für die extensive Fleisch- und Milchwirtschaft und die Wollproduktion (über 70 Mill. Schafe, 8 Mill. Rinder). – Geregelte *Forstwirtschaft* (Holzeinschlag 1983: 10 Mill. m³). – *Fischerei* gewinnt zunehmend an Bedeutung (Fangmenge 1983: 115 000 t). – *Bergbau und Industrie:* Wichtigste Bergbauerzeugnisse: Kohle, Erdöl, Naturgas, Gold, Eisensand, Ton, Kalkstein, Sand und Kies. Nach dem Zweiten Weltkrieg erfuhr die industrielle Entwicklung einen starken Aufschwung: Schwerpunkte liegen in der Stahlerzeugung, im Maschinenbau, Hoch- und Tiefbau, in der Textil- und Lebensmittelverarbeitung, Holz- und Papierherstellung und der Automobilmontage. – Im *Tourismussektor* werden steigende Zuwachsraten verzeichnet. – *BSP:* (1985, geschätzt) 23 720 Mill US-$ (7310 US-$ je E). – *Inflationsrate:* (Durchschnitt 1973–84) 13,6% – *Export:* (1986) 5,9 Mrd. US-$, v. a. Fleisch, Fleischwaren und Molkereiprodukte, Wolle; bearbeitete Waren. – *Import:* (1986) 6,1 Mrd. US-$, v. a. Maschinenbau-, elektrotechnische Erzeugnisse und Fahrzeuge; mineralische Brennstoffe, Schmiermittel und verwandte Erzeugnisse; bearbeitete Waren und chemische Erzeugnisse. – *Handelspartner:* Australien, Japan, USA, Großbritannien.

V e r k e h r : 92 648 km *Straßen,* davon 53,5% befestigt (1984). – Die Streckenlänge der *Eisenbahn* belief sich (1984) auf 4275 km, darunter nur etwa 200 km elektrifiziert. – Die *Handelsflotte* (1984: 284 900 BRT) kann den Seeverkehr nicht allein bewältigen, daher wird ein wesentlicher Teil von Schiffen unter fremder Flagge abgewickelt. N. verfügt über ein leistungsfähiges, integriertes Hafennetz. – Ausgeprägter internationaler *Flugverkehr:* eigene *Luftverkehrsgesellschaft.*

M i t g l i e d s c h a f t e n : UNO, CCC, IEA, OECD, UNCTAD u. a.; Colombo-Plan, Commonwealth.

W ä h r u n g : 1 Neuseeland-Dollar (NZ$) = 100 Cents.

neutrale Aufwendungen, *neutraler Aufwand,* Aufwendungen, die keine →Kosten darstellen; d.h. der Aufwand, der nicht →Zweckaufwand, also nicht durch den betrieblichen Leistungsprozeß verursacht ist. – N.A. lassen sich gliedern in: a) →*betriebsfremde Aufwendungen,* die nicht zur Erreichung des Betriebszwecks, sondern für Nebenzwecke gemacht werden; b) →*außerordentliche Aufwendungen,* die einmaligen Charakter tragen (z. B. Verluste aus Anlageverkäufen); c) *zeitraumfremde Aufwendungen,* die z. B. früheren Jahren zugerechnet werden müßten (z. B. Steuernachzahlungen); d) neutrale Aufwendungen, die aufgrund der →Leitsätze für die Preisermittlung auf Grund von Selbstkosten (LSP) nicht als Kosten angesetzt werden dürfen; e) *bewertungsbedingte n.A.* – Die *Abgrenzung* der n.A. *von den Kosten* entspricht den Zwecken der

Kostenrechnung und erfolgt im IKR im Abgrenzungsbereich über die Klassen 90/91.

neutrale Erträge, alle nicht unmittelbar durch den betrieblichen Leistungsprozeß verursachten Erträge, die einmaligen Charakter tragen; z. B. Buchgewinne aus der Veräußerung von Anlagen, Beteiligungen sowie Wertpapieren; Zins- und Mieterträge eines Industriebetriebs; Steuererstattungen; Eingänge abgeschriebener Forderungen. N.E. lassen sich gliedern in →betriebsfremde Erträge, zeitraumfremde und →außerordentliche Erträge. – Die *Abgrenzung* der n.E. *von den Betriebserträgen* (Leistungen) entspricht den Zwecken der Kostenrechnung und erfolgt im IKR im Abgrenzungsbereich über die Klassen 90/91.

neutraler Aufwand, →neutrale Aufwendungen.

neutraler Erfolg, →neutrales Ergebnis.

neutraler technischer Fortschritt, →technischer Fortschritt II 3.

neutrales Ergebnis, *neutraler Erfolg,* Ergebnis unabhängig vom betrieblichen Leistungsprozeß (Gewinn oder Verlust), festzustellen durch Gegenüberstellung von →neutralen Aufwendungen und →neutralen Erträgen; Bestandteil des →Unternehmungsergebnisses. – *Gegensatz:* →Betriebsergebnis.

neutrales Geld. 1. *I. e. S.:* Geld, das sich infolge einer entsprechenden Geldpolitik zum natürlichen Ablauf des Wirtschaftslebens neutral verhält, also auf die Konjunkturbewegungen keinerlei Einfluß ausüben soll. – 2. *I. w. S.:* Wertstabiles Geld, d. h. Geld mit gleichbleibender Kaufkraft.

Neutralisierungspolitik, →Verteilungspolitik.

Neutralität der Besteuerung, ordnungspolitischer Besteuerungsgrundsatz, mit Steuern keine allokativen Verzerrungen herbeizuführen. In dieser Allgemeingültigkeit ist die N.d.B. heute überholt, da Steuern neben fiskalischen auch nichtfiskalische Zwecke zugrunde liegen (→nichtfiskalische Besteuerung). Abgesehen von gewollten Eingriffen in die Produktions- und Konsumstrukturen soll die Besteuerung jedoch möglichst neutral auf den Wettbewerb wirken. – Renaissance des Grundsatzes im Konzept der →angebotsorientierten Wirtschaftspolitik.

Neutralität der Bundesanstalt für Arbeit, →Arbeitskampf IV.

Neutralität des Geldes, Begriff der Volkswirtschaftstheorie. Nach klassischen und neoklassischen Vorstellungen ist das Geld hinsichtlich der realwirtschaftlichen Größen neutral, da es lediglich Tauschmittelfunktionen erfüllt. Die Höhe des realen Volkseinkommens und die relativen Preise (Preisverhältnisse) der Güter und Faktoren werden ausschließlich durch reale Vorgänge determiniert. Durch das Geld wird lediglich die absolute Höhe der Preise und das nominelle Volkseinkommen bestimmt. Die Hypothese der N.d.G. setzt Freiheit von →Geldillusion voraus und wurde insbes. durch Keynes überwunden, der neben der Kassenhaltung zu Transaktionszwecken als weiteres Motiv die spekulative Geldhaltung (→Liquiditätspräferenztheorie) einführte.

Neuveranlagung. 1. *Begriff* des Steuerrechts: Abändernde oder erstmalige Veranlagung zur Vermögensteuer zwischen zwei →Hauptveranlagungszeitpunkten (§ 16 VStG). – 2. N. ist *vorzunehmen* a) wenn der Wert des →Gesamtvermögens bzw. des Inlandsvermögens sich während des Hauptveranlagungszeitraums erheblich verändert, nämlich bei Abweichung des ursprünglichen vom neuen Vermögenswert um mehr als 1/5 oder mehr als 150000 DM; b) wenn sich die Verhältnisse für die Gewährung von Freibeträgen oder für die →Zusammenveranlagung geändert haben. – N. wird in beiden Fällen nur vorgenommen, wenn die Abweichung nach oben mindestens 50000 DM, nach unten mindestens 100000 DM beträgt. – 3. *Voraussetzung* i. a. Vermögensteuerveranlagung zu einem früheren Zeitpunkt (Haupt-, Nachveranlagung oder N.); N. wird aber auch erforderlich, wenn z. B. mangels Vermögens eine Veranlagung bisher nicht vorliegt. Durch N. können auch Fehler der letzten Veranlagung beseitigt werden.

Neuveranlagungszeitpunkt, Termin der →Neuveranlagung. 1. In den Fällen, in denen *Wertabweichungen* des Gesamt- oder Inlandsvermögens eine Neuveranlagung erforderlich machen, der Beginn des Kalenderjahrs, für den sich die Wertabweichung ergibt. – 2. In den Fällen, in denen sich die Verhältnisse für die Gewährung von *Freibeträgen* oder für die *Zusammenveranlagung* ändern, der Beginn des Kalenderjahrs, der der Änderung der Verhältnisse für die Gewährung von Freibeträgen oder für die Zusammenveranlagung folgt (§ 16 III VStG).

Neuwert, Ausgangsbetrag für die Bewertung von industriellen Bauten oder Wohngebäuden. Der N. ergibt sich z. B. aus den Tagespreisen je Kubikmeter umbauten Raumes unter Berücksichtigung der jeweiligen Bauart. Durch Abschläge, die entsprechend dem Bauzustand und der geschätzten Restnutzungsdauer vorgenommen werden, erhält man den *Zeitwert.* – Vgl. auch →Bauwert.

Neuwertversicherung, besondere Ersatzleistungsform in der →Sachversicherung. Während im allg. als Ersatzwert der Zeitwert am Schadentag unter Berücksichtigung des Minderwerts zwischen alt und neu gilt, kann für bestimmte langlebige Wirtschaftsgüter sowie für Hausrat der Neuwert (Wiederbeschaffungs-

preis im Neuzustand) Grundlage der Entschädigungsberechnung sein, wenn und soweit tatsächlich wiederaufgebaut bzw. wiederbeschafft wird (andernfalls Zeitwert); lediglich in der →verbundenen Hausratversicherung besteht keine Wiederbeschaffungspflicht. Bei starker Entwertung wird Entschädigung meist nach einer festen Staffel gekürzt; bei sehr starker Entwertung i. d. R. nur Zeitwertersatz. – *Möglich* für a) industrielle und gewerbliche Risiken einschließlich der Gebrauchsgegenstände der Betriebsangehörigen, b) landwirtschaftliche Wohn- und Wirtschaftsgebäude, c) Wohn- und Geschäftsgebäude einfacher Gefahr (→VGB), d) Hausrat (→VHB), e) Kraftfahrzeuge (zeitlich begrenzt); →Kraftverkehrsversicherung, →Kaskoversicherung, f) verschiedene Nebenzweige der →Transportversicherung. – *Sonderform:* →gleitende Neuwertversicherung. – *Gegensatz:* →Zeitwertversicherung.

NEWFIN, organisatorisch angeschlossenes Zentrum zur Erforschung finanzwirtschaftlicher Innovationen mit Korrespondenz-Einrichtungen in der EG, Japan und den USA an der Università Commerciale Luigi Bocconi (Mailand).

new orthodoxy approach, theoretische Erklärung der Unmöglichkeit der zeitlichen Lastenverschiebung durch die öffentliche Verschuldung (→Last der Staatsverschuldung), vertreten von Ricardo, später von Pigou, Shoup und Lerner. Jede öffentliche Kreditaufnahme erfolgt aus dem derzeitigen →Sozialprodukt, hat Crowding-out-Effekte (→crowding out) und damit muß die heutige Generation eine geringere private Investitions- oder Konsumnachfrage hinnehmen. Eine generative Lastverschiebung wäre unmöglich. – *Gegensatz:* →aggregate investment approch. – Vgl. auch →Pay-as-you-use-Prinzip.

news, →schwarzes Brett.

Newton (N), →gesetzliche Einheiten, Tabelle 1.

New Venture Management. 1. *Charakterisierung:* New Ventures sind zumindest für das jeweilige Unternehmen neue und besonders risikobehaftete Geschäfte. Die Stimulierung, Organisation und Steuerung unternehmerischer Aktivitäten innerhalb bestehender Organisationen zur Aufnahme solcher neuen Geschäfte ist dann Gegenstand eines N. V. M. – 2. *Formen:* corporate venture capital, venture nurturing, venture spin-offs, New-style-Joint-Venture auf der Seite eines externen N. V. M. sowie venture teams und product champions auf der Seite eines internen N. V. M. – 3. *Generationen:* (1) N. V. M. zur Ausrichtung der F & E-Anstrengungen (→Forschung & Entwicklung) auf den Markt; (2) N. V. M. zur Schaffung eines strukturellen

Kontextes für den Aufbau neuer Geschäfte;
(3) N. V. M. zur Stimulierung von Gründungs-
atmosphäre und unternehmerischer Tugenden
im bestehenden Unternehmen. – Während
sich bei den ersten beiden Generationen ein
N. V. M meist auf bestimmte Personen, Abteilungen oder Zeiträume begrenzt, versucht
man bei den Konzepten der dritten Generation ein unternehmerisches Verhalten auf allen
Ebenen zu verwirklichen. Unternehmerisches
Verhalten im Unternehmen wird damit zum
generellen organisatorischen Prinzip („Intra-
preneurship").

New Yorker Börse. *New York Stock
Exchange (NYSE),* größte Börse der Welt;
gegründet 1792 in der Wallstreet; seit 1817
besteht eine feste Organisation. Die NYSE ist
eine Privatvereinigung, seit dem Securities
Exchange Act von 1934 streng reglementiert.
Zutritt haben nur Mitglieder und deren Ange-
stellte. – Die *Mitgliedschaft* ist an verschiedene
Bedingungen geknüpft und muß nach den
Vorschriften der Securities and Exchange
Commission (SEC) registriert werden. Jedes
Mitglied muß einen Sitz erwerben. Durch Tod
oder Austritt frei werdende Sitze werden dem
Meistzahlenden verkauft. Außerdem Jahres-
beitrag. Die Mitglieder müssen i. d. R. *Dealer
(Händler)* oder *Broker (Makler)* sein. Etwa
die Hälfte sind Commission Brokers, die die
Kundenaufträge im Namen ihrer Firma (Commission House) an der Börse ausführen. Etwa
ein Viertel der Mitglieder machen die „*Specia-
lists*" aus, von denen jeder nur eine kleine Zahl
von Papieren handelt. Sie sind als Dealer in
der Hauptsache die Kontrahenten der Commission Brokers. Sie sind verpflichtet, in ihren
Papieren für einen geregelten Markt zu sorgen, wenn nötig durch Selbsteintritt. Der
Floor Broker (Two-Dollar-Broker) führt
Geschäfte für andere Börsenmitglieder aus
und erhält dafür eine Provision zwischen 1
und 5 cents pro Aktie. Der *Floor-Dealer*
handelt i. d. R. nur für eigene Rechnung. – 2.
Organisation: An der Spitze der NYSE steht
der *Board of Governors,* der aus von den
verschiedensten Kategorien der Mitglieder
gewählten Personen besteht, die aus ihrer
Mitte den *Chairman* und den *Präsidenten*
wählen. Es gibt drei *Vizepräsidenten* für verschiedene Ressorts und einen *Sekretär,* zu
dessen Aufgabenbereich die Zulassung der
Mitglieder, die Börsenordnung und die Arbi-
tration (Schiedsgericht) gehören. – 3. *Bedeutung:* 2257 Aktien werden notiert. Börsenkapi-
talisierung 2200 Mrd. $. Jahresumsatz 1375
Mrd. $ (Ende 1986).

New York Stock Exchange, →New Yorker
Börse.

NGO's, non-governmental organizations,
nichtamtliche internationale Organisationen,
die zum →ECOSOC Konsultationsbeziehun-
gen unterhalten.

NIBOR, New York Interbank Offered Rate,
→Referenzzinssatz, zu dem international
tätige Banken Geldmarktgeschäfte in New
York abschließen. – Vgl. auch →FIBOR,
→LIBOR, →LUXIBOR.

Nicaragua, *Republik Nicaragua,* mittelameri-
kanischer Staat, dem im W an den Pazifischen
Ozean und im O an das Karibische Meer
grenzt. – *Fläche:* 127644 km², einschließlich
der ca. 9000 km² Binnengewässer. – *Einwohner* (E): (1985, geschätzt) 3,27 Mill. (25,2 E/
km²); vorwiegend Mestizen. – *Hauptstadt:*
Managua (795000 E); weitere wichtige Städte:
Léon (97000 E), Granada (63000 E), Masaya
(54000 E). – Seit der *Unabhängigkeit* 1938
präsidiale Republik, seit 1979 Machtausübung durch die „Junta der Regierung des
Nationalen Wiederaufbaus"; Verfassung
wurde 1979 außer Kraft gesetzt, eine neue
Verfassung soll 1987 vorliegen; Verfassungs-
gebende Versammlung mit 96 gewählten Mitgliedern. – *Verwaltungsgliederung:* 16 Departamentos, 134 Municipios. – *Amtssprache:*
Spanisch.

Wirtschaft: Die hohen volkswirtschaftlichen Kosten des Guerilla-Krieges belasten die
Wirtschaft. Nachteilig wirkte sich auch das
durch die USA im Mai 1985 verhängte Han-
delsembargo aus. Strenge Devisenbewirtschaftung. – *Landwirtschaft:* Durch die Agrar-
reform wurde bis 1984 etwa ein Sechstel der
gesamten Nutzfläche neu verteilt. Die wichtigsten hauptsächlich für den Export bestimmten
Anbauprodukte sind Baumwolle und Kaffee,
ferner Zucker und Bananen. Zur Diversifizierung der landwirtschaftlichen Exporte soll der
Tabakanbau ausgedehnt und mit der Aufnahme der Palmkern-, Kakao- und Kautschu-
kerzeugung, v. a. in der Atlantikzone, begonnen werden. Anbauprodukte zur Sicherung
der Selbstversorgung sind u. a. Reis, Sorghum,
Mais und Bohnen. Wichtigster Zweig der
Viehhaltung ist die Rinderzucht. – Aufbau
einer geregelten *Forstwirtschaft* (Holzeinschlag 1984: 3,5 Mill. m³). – Derzeit Modernisierung der *Fischereiflotte* (Fangmenge 1983:
4558 t). – *Bergbau und Industrie:* Trotz reicher
mineralischer Bodenschätze ist im wesentlichen nur der Abbau von Edelmetallen und
Kupfer von wirtschaftlicher Bedeutung.
Wichtigster Zweig des verarbeitenden Gewerbes ist die Nahrungs- und Genußmittelindustrie; ferner Mineralöl- (2 Raffinerien), Kunst-
stoff- und Gummi- sowie chemische Industrie
und Betriebe des Textil-, Bekleidungs- und
Ledergewerbes. – *BSP:* (1985, geschätzt) 2760
Mill. US-$ (850 US-$ je E). – *Öffentliche
Auslandsverschuldung:* (1984) 141,8% des
BSP. – *Inflationsrate:* (Durchschnitt 1973–84)
17,2%. – *Export:* (1984) 393 Mill. US-$, v. a.
Kaffee, Baumwolle, Zucker, Fleisch, ferner
chemische Erzeugnisse, Textilien, Lederwa-
ren. – *Import:* (1984) 808 Mill. US-$, v. a.
mineralische Brennstoffe, Maschinen und

Fahrzeuge, bearbeitete Waren, chemische Erzeugnisse. – *Handelspartner:* USA, Japan, Bundesrep. D., lateinamerikanische Länder, RGW-Länder.

V e r k e h r : 13005 km *Straßen*, davon 1611 km asphaltiert. Wichtigste Verkehrsader ist das 384 km lange Teilstück des Carretera Panamerica. – Der 384 km lange *Schienenstrang* der staatlichen Eisenbahngesellschaft führt von Corinto nach Grenada und verbindet alle bedeutenden Städte der Pazifischen Region. – Bedeutende *Binnen- und Seeschiffahrt*. Die *Handelsflotte* verfügte (1984) über 21 Schiffe (über 100 BRT) mit einer Gesamttonnage von 19 300 BRT. Wichtigster *Hafen:* Corinto. – Gut ausgebautes *Binnenflugnetz.* Internationaler Flughafen bei Managua. Eigene *Luftfahrtgesellschaft.*

M i t g l i e d s c h a f t e n :　　UNO,　　CACM, SELA, UNCTAD u. a.

W ä h r u n g : 1 Cóordoba (C$) = 100 Centavos.

Nichtablehnungsbereich, bei →statistischen Testverfahren das Komplement des Ablehnungsbereiches (→kritische Region).

nicht abtrennbare Kosten, →Gemeinkosten.

nicht abzugsfähige Aufwendungen. 1. *Begriff:* Im Einkommensteuerrecht (§ 12 EStG) und im Körperschaftsteuerrecht (§ 10 KStG) verwendeter Begriff für →Ausgaben des Steuerpflichtigen, die bei der →Einkommensermittlung nicht abzugsfähig sind. – 2. Zu den n.a.A. *gehören* neben den nicht abzugsfähigen →Betriebsausgaben und →Spenden: a) Im *Einkommensteuerrecht:* (1) die für den Haushalt des Steuerpflichtigen und den Unterhalt seiner Familienangehörigen aufgewendeten Beträge einschl. solcher Kosten der Lebensführung, die die wirtschaftliche oder gesellschaftliche Stellung des Steuerpflichtigen mit sich bringt; (2) freiwillige Zuwendungen, Zuwendungen aufgrund einer freiwillig begründeten Rechtspflicht und Zuwendungen an eine gegenüber dem Steuerpflichtigen oder seinem Ehegatten gesetzlich unterhaltsberechtigte Person oder deren Ehegatten, auch wenn diese Zuwendungen auf einer besonderen Vereinbarung beruhen; (3) die Steuern vom Einkommen und sonstige Personensteuern sowie die →Umsatzsteuer für den →Eigenverbrauch und für Lieferungen oder sonstige Leistungen, die →Entnahmen sind (→nicht abzugsfähige Steuern); (4) →Geldstrafen. – b) Im *Körperschaftsteuerrecht:* (1) Aufwendungen zur Erfüllung von Zwecken des Steuerpflichtigen, die durch Stiftung, Satzung oder sonstige Verfassung vorgeschrieben sind; (2) Steuern vom Einkommen und sonstige Personensteuern sowie die Umsatzsteuer für den →Eigenverbrauch (→nicht abzugsfähige Steuern); (3) in einem Strafverfahren festge-

setzte Geldstrafen und Leistungen zur Erfüllung von Auflagen oder Weisungen; (4) die Hälfte der Vergütungen an Mitglieder des Aufsichtsrats, Verwaltungsrats, Grubenvorstands oder andere mit der Überwachung der Geschäftsführung beauftragte Personen. – Zur Behandlung der n.a.A. bei der Gliederung des verwendbaren Eigenkapitals vgl. →verwendbares Eigenkapital.

nichtabzugsfähige Steuern. 1. *Begriff:* Steuern, die als →nicht abzugsfähige Aufwendungen gelten. – 2. Zu den n.a.St. gehören: a) Im *Einkommensteuerrecht* (§ 12 Nr. 3 EStG): (1) die Steuern vom Einkommen, (2) sonstige Personensteuern (z. B. Vermögensteuer), (3) Umsatzsteuer für den →Eigenverbrauch und für Lieferungen oder sonstige Leistungen, die →Entnahmen sind. – b) Im *Körperschaftsteuerrecht* (§ 10 Nr. 2 KStG): (1) Körperschaftsteuer; (2) Kapitalertragsteuer; (3) Vermögensteuer; (4) Umsatzsteuer für den →Eigenverbrauch.

nichtakzessorische Sicherheiten, →fiduziaische Sicherheiten.

Nichtannahme der Arbeitsleistung, →Annahmeverzug des Arbeitgebers.

nicht an Order, →Rektaklausel.

nicht anschlagender Drucker, →Nonimpact-Drucker.

Nichtbanken, Begriff des Geld- und Kreditwesens zur Abgrenzung der →Banken bzw. Kreditinstitute von den übrigen Wirtschaftseinheiten bzw. Wirtschaftssektoren. Zu den N. zählen der Staat, die privaten Haushalte, das Ausland und alle privaten Unternehmungen, soweit diese nicht Geschäftsbanken sind. Problematisch ist diese Abgrenzung im Hinblick auf die →paramonetären Finanzierungsinstitute, die als Kapitalsammelstellen auch Kreditgeschäfte betreiben und somit Funktionen der Geschäftsbanken übernehmen.

Nichtbasisvariable, →kanonisches lineares Gleichungssystem, →kanonisches lineares Optimierungssystem.

nichtbundeseigene Eisenbahnen, Sammelbegriff für alle Eisenbahnen in der Bundesrep. D., die nicht zum Netz der →Deutschen Bundesbahn (DB) gehören. N. E. unterstehen hinsichtlich der Eisenbahnaufsicht den Länderregierungen. – *Arten:* 106 Eisenbahnen des öffentlichen Verkehrs, 59 Eisenbahnen des nichtöffentlichen Verkehrs (z. B. Hafen-, Industrie- und Werks-Eisenbahnen), 91 Kraftverkehrsbetriebe (Omnibus- und Güterkraftverkehrsbetriebe) sowie 114 Seilschwebebahnen und 275 Skischlepplifte. – *Betriebsstreckenlänge:* 4150 km (rd. $^1/_7$ der DB), Linienlänge der zu den n. E. gehörenden bzw. aus ihnen hervorgegangenen Omnibusbetriebe 55 000 km. – *Verkehrsleistungen* (1986): 452 Mill. beförderte Personen (51,5 Mill. auf

Schiene, 400,5 Mill. auf Straße); 4230 Mill. Personen-Kilometer; 473 Mill. t Güter; 4220 Mill. Netto-tkm (öffentlicher Verkehr 85 Mill. t., 1020 Mill. Netto-tkm). – *Personal:* Eisenbahnen 13 450; Kraftverkehrsbetriebe 8350. – *Unternehmensform:* Überwiegend privatwirtschaftliche Rechtsform, obgleich sich 90% des Anlagekapitals in öffentlicher Hand befinden (vorzugsweise der Länder, Kreise, Städte und Gemeinden). Überwiegend →direkte Tarife mit der DB; einbezogen in den Deutschen Eisenbahn-, Güter- und Tiertarif (DEGT), Deutschen Eisenbahn-Personentarif um →durchgehende Abfertigung nach allen in- und ausländischen Bahnhöfen zu ermöglichen. – *Zusammenschluß:* →Bundesverband Deutscher Eisenbahnen, Kraftverkehre und Seilbahnen (BDE).

nichteheliche (Lebens-)Gemeinschaft, →eheähnliche Gemeinschaft.

nichteheliches Kind. 1. *Begriff:* Nichtehelich ist ein Kind, das geboren wird a) von einer unverheirateten Frau oder b) von einer verheirateten Frau, wenn die Ehelichkeit des Kindes mit Erfolg angefochten ist (§ 1593 BGB) oder c) von einer verheiratet gewesenen Frau später als 302 Tage nach Auflösung der Ehe. – **2.** *Rechtsgrundlage:* Durch das Gesetz über die rechtliche Stellung der nichtehelichen Kinder vom 19. 8. 1969 (BGBl I 1243) wurde ein lange diskutiertes Reformvorhaben entsprechend Art. 6 Abs. 5 GG (gleiche Bedingungen für n. K.) durchgeführt und ab 1. 7. 1970 wirksam. Das Nichtehelichengesetz hat die Systematik des BGB grundlegend geändert und auf allen Gebieten eine Angleichung an das Recht der ehelichen Kinder gebracht. – **3.** *Verwandtschaft:* Das n. K. ist im Rechtssinne sowohl mit dem Vater als auch mit der Mutter verwandt. § 1589 BGB stellt allein auf die Abstammung ab, so daß auch Verwandtschaft des Kindes zu den Verwandten des Vaters besteht. Dies hat Auswirkungen auf das Zeugnisverweigerungsrecht, den Ausschluß als →Richter, →Rechtspfleger, Urkundsbeamter, Schöffe und Geschworener, →Notar und sonstige Urkundspersonen und auf Anfechtungsrechte in- und außerhalb des →Konkursverfahrens. – **4.** *Abstammungsrecht:* Die Vaterschaft wird durch Anerkennung oder gerichtliche Entscheidung für und gegen alle festgestellt (§ 1600 a BGB). Beide Rechtsakte schließen sich gegenseitig aus. Mit der Feststellung treten die Rechtswirkungen der Vaterschaft ein. – a) *Anerkennung:* Einseitige, nicht empfangsbedürftige, bedingungsfeindliche →Willenserklärung, die bereits vor der Geburt abgegeben werden kann (§ 1600 b BGB). Der beschränkt Geschäftsfähige (→Geschäftsfähigkeit) kann selbst mit Zustimmung des →gesetzlichen Vertreters anerkennen; der Geschäftsunfähige durch den gesetzlichen Vertreter mit Genehmigung des Vormundschaftsgerichts (§ 1600 d BGB). Die

Zustimmung des Kindes bzw. des gesetzlichen Vertreters ist erforderlich (§ 1600 c BGB). Erklärungen bedürfen →öffentlicher Beurkundung. Anfechtung ist innerhalb eines Jahres zulässig (§ 1600 g BGB) und erfolgt durch →Klage bei dem Amtsgericht. – b) *Gerichtliche Feststellung:* Erfolgt auf Klage des Kindes oder des Erzeugers (§ 1600 n BGB). Es wird vermutet, daß das Kind von dem Mann gezeugt ist, welcher der Mutter während der Empfängniszeit, dem 181. bis 302. Tag vor der Geburt, beigewohnt hat. Die Vermutung gilt nicht, wenn schwerwiegende Zweifel an der Vaterschaft bestehen. Durch Blutgruppen- und erbbiologische Gutachten ist die Vaterschaft jedoch meist feststellbar. – **5.** *Unterhaltsansprüche:* Das Kind hat entsprechend seiner Bedürftigkeit einen Unterhaltsanspruch gegen den Vater, wenn dieser leistungsfähig ist, bis zu dessen Tode (§ 1601 ff. BGB). Der Unterhalt ist als monatlich im voraus zu zahlende Geldrente zu gewähren. Bei der Höhe ist die Lebensstellung beider Eltern zu berücksichtigen. Bis zum 18. Lebensjahr hat der Vater den →Regelunterhalt (§§ 1616 f–h BGB) als Mindestunterhalt zu zahlen. Der Regelbedarf wird von der Bundesregierung durch Rechtsverordnung festgesetzt. Vgl. VO zur Berechnung des Regelunterhalts vom 27. 6. 1970 (BGBl I 1010) nebst späteren Änderungen, wonach der Regelbedarf ab 1. 1. 1985 bis zum 6. Lebensjahr 228 DM, bis zum 12. Lebensjahr 276 DM und bis zum 18. Lebensjahr 327 DM beträgt. →Kindergeld, Kinderzuschläge und ähnliche Leistungen sind anzurechnen. Wegen Sonderbedarfs sind höhere Zahlungen zu leisten. Eine Herabsetzung kommt in Betracht, wenn der sonst zu leistende Betrag wesentlich geringer wäre (§ 1615 h BGB). Unterhaltsrückstände können auch für die Vergangenheit gefordert werden. Leisten Dritte an Stelle des Vaters Unterhalt, geht der Anspruch des Kindes auf diese über (§ 1615 b BGB). – **6.** *Unterhaltsverträge:* Verzicht für die Zukunft ist ausgeschlossen. Ein Abfindungsvertrag kann mit Genehmigung des Vormundschaftsgerichts geschlossen werden (§ 1615 e BGB). – **7.** *Ansprüche der Mutter:* Die Mutter hat gegen den Vater Anspruch auf Ersatz der Entbindungskosten und weiterer Aufwendungen, mit Ausnahme der durch Dritte gedeckten. Unterhalt hat der Vater der Mutter wegen des Kindes für 6 Wochen vor und 8 Wochen nach der Geburt zu gewähren (§ 1615 k–o BGB). – **8.** *Namensrecht:* Das Kind erhält den →Namen, den die Mutter zur Zeit der Geburt führt (§ 1617 BGB). Mit Einwilligung von Mutter und Kind kann der Vater gegenüber dem Standesbeamten durch Erklärung dem Kind seinen Namen geben (§ 1618 BGB). – **9.** *Stellung der Mutter:* Die elterliche Gewalt steht der Mutter zu (§ 1705 BGB). Für bestimmte Angelegenheiten erhält das Kind einen Pfleger; als solcher ist i. d. R. das Jugendamt berufen (§ 1709 BGB). Insoweit ist die elterliche Gewalt der Mutter ausgeschlossen. Zuständigkeit des Pflegers besteht insbesondere für Feststellung der Vaterschaft, Namensänderung, Unterhaltszahlung, Geltendmachung von Erb- und Pflichtteilsrechten (§ 1706 BGB). Auf Antrag der Mutter kann Vormundschaftsgericht die Pflegschaft ausschließen oder beschränken. – 10. *Stellung des Vaters:* Ein Verkehrsrecht mit dem Kind steht dem Vater nur mit Zustimmung des Personensorgeberechtigten zu. Ausnahme durch Anordnung des Vormundschaftsgerichts nur, wenn der Umgang zum Wohle des Kindes dient (§ 1711 BGB). – 11. *Ehelicherklärung:* Sie ist auszusprechen, wenn sie dem Wohle des Kindes entspricht und keine schwerwiegenden Gründe entgegenstehen (§ 1723 BGB). Zustimmung der Ehefrau des Vaters ist ersetzbar, wenn häusliche Gemeinschaft aufgehoben ist. Waren die Eltern des Kindes verlobt und wurde Verlöbnis durch Tod eines Elternteils aufgelöst, so ist die Ehelicherklärung auf Antrag des Kindes nur zu versagen, wenn sie nicht seinem Wohl entspricht. – 12. *Erbrecht:* Das Kind gehört zu den →Erben des Vaters und der Mutter. Hat der Vater →eheliche Kinder oder eine Ehefrau, so steht dem n.K. ein →Erbersatzanspruch in Höhe des Wertes des Erbteils zu (§ 1934a BGB). Bei Entziehung des Erbrechts besteht →Pflichtteilanspruch. Zwischen dem 21. und 27. Lebensjahr hat das Kind das Recht, einen →vorzeitigen Erbausgleich in Geld zu verlangen (§ 1934d BGB). Bei Mitarbeit im Haushalt, Beruf oder Geschäft des Erblassers durch den Abkömmling kann diesem ein Ausgleichsanspruch im Verhältnis zu den anderen Abkömmlingen zustehen (§ 2057a BGB). – 13. *Verfahrensrecht:* Zuständig für →Kindschaftssachen ist →Amtsgericht; →Berufung an →Oberlandesgericht. Unterhaltsklage setzt Anerkennung oder Statusurteil voraus. Bei Feststellungsverfahren gilt der Untersuchungsgrundsatz, so daß Blutgruppen- und erbbiologische Gutachten auch von Amts wegen eingeholt werden können. Auch Verurteilung des Vaters zur Zahlung des jeweiligen Regelunterhalts ist möglich.

nicht eingezahltes Kapital, der Teil des →Grundkapitals oder →Stammkapitals, der am Bilanzstichtag nicht eingegangen (eingefordert oder nicht eingefordert) ist. – *Behandlung in der Bilanz:* Vgl. →ausstehende Einlagen. – *Steuerpflicht:* N.e.K. unterliegt der Vermögensteuer und der Gewerbesteuer, wenn mit baldiger Einforderung gerechnet werden kann.

Nichteisen- und Edelmetallstatistik, eine →Fachstatistik im Rahmen der →amtlichen Statistik. Erfaßt bei Betrieben des Metallerzbergbaus, der Metallgewinnung und der ersten Verarbeitungsstufe und des Metallhandels die Erzeugung von Erzen, Konzentraten, Roh- und Halbmaterial, die Erzeugung und Abgabe von Edelmetallen, Auftragseingänge und Lie-

ferungen, bei Betrieben der ersten Verarbeitungsstufe; des Bestandes an Rohmaterial bei Halbwerkzeugen und Gießereien, Bestand und Verbrauch an Roh-, Alt- und Abfallmaterial.

Nichterfüllung, führt je nach ihrem Anlaß zu verschiedenen Rechtsfolgen. Vgl. →Leistungsstörungen.

Nichterwerbspersonen, Begriff der →amtlichen Statistik: nach dem →Erwerbskonzept alle Personen, die keinerlei auf Erwerb gerichtete Tätigkeit ausüben oder suchen. – Vgl. auch →Erwerbstätigkeit.

nichtfiskalische Besteuerung, Gesamtheit aller steuerlichen Maßnahmen des Staates, die neben der Einnahmeerzielung primär andere wirtschaftspolitische Ziele verfolgen, z.B. zur Lenkung von Produktionsfaktoren, zur Diskriminierung oder Förderung bestimmter Produkte, zur Einkommensumverteilung. Die unter die n.B. fallenden Steuern werden →*Zwecksteuern* genannt. Ungeachtet ihrer Absichten hat jede Steuer fiskalische (→fiskalische Besteuerung) und nichtfiskalische Wirkungen.

Nichtigkeit. 1. *Begriff:* Vollständige rechtliche Wirkungslosigkeit eines Rechtsgeschäfts (insbesondere Vertrages). – 2. N. *tritt ein,* wenn das Rechtsgeschäft gegen ein gesetzliches Verbot (§ 134 BGB) oder die →guten Sitten (§ 138 BGB) verstößt (insbesondere wucherisch ist, →Wucher), gegen gesetzlich vorgeschriebenen oder vereinbarten Form ermangelt (§ 125 BGB) oder wirksam angefochten ist (§ 142 BGB, →Anfechtung). Vgl. auch →Teilnichtigkeit. – 3. *Steuerrechtlich* ist die N. eines Rechtsgeschäfts solange ohne Bedeutung, als die Beteiligten das wirtschaftliche Ergebnis des Rechtsgeschäfts eintreten oder bestehen lassen (§ 5 III StAnpG). – 4. *Sonderregeln* für die nur ausnahmsweise eintretende N. von →Verwaltungsakten.

Nichtigkeitsklage, →Wiederaufnahme des Verfahrens.

nichtkommerzielle Marktforschung, →Marktforschung.

nichtkommerzieller innergemeinschaftlicher Reiseverkehr, →Reiseverkehr IV.

nichtkonvexe Optimierung, →nichtlineare Optimierung 3a).

nichtkonvexe Programmierung, →nichtlineare Optimierung 3a).

Nichtleistungswettbewerb, Werbemaßnahmen, die den freien Willen des Kunden nicht durch die eigene, gewerbliche Leistung beeinflussen wollen. Die Unterscheidung von N. und →Leistungswettbewerb dient der Konkretisierung der Generalklausel des unlauteren Wettbewerbs (→unlauterer Wettbewerb 2a)).

nichtlineare Optimierung, *nichtlineare Programmierung.* **1.** *Begriff:* Teilgebiet der →mathematischen Optimierung, das sich mit Optimierungsproblemen befaßt, in denen mindestens eine nichtlineare Restriktion und/oder eine nichtlineare Zielfunktion vorkommt (vgl. →nichtlineares Optimierungsproblem 2, 3). – **2.** *Probleme,* die im Vergleich zu Problemen der →linearen Optimierung durch Nichtlinearitäten zusätzlich hervorgerufen werden: a) Bereits bei einem linearen Restriktionssystem mit einer nichtlinearen Zielfunktion muß nicht immer auch eine optimale Basislösung (→optimale Lösung) existieren. – b) Bei einem nichtlinearen Optimierungsproblem muß die →Lösungsmenge nicht mehr konvex sein; im Gegensatz zu linearen Optimierungsproblemen muß dann ein lokales Optimum nicht mehr auch ein globales Optimum sein. – **3.** *Teilgebiete:* a) *konvexe n.O.:* Beschäftigt sich mit Optimierungsproblemen, bei denen sämtliche Funktionen $f_i (i = 0, 1, \ldots, m)$ konvex sind (→konvexes nichtlineares Optimierungsproblem); b) *nichtkonvexe Optimierung* bzw. *Programmierung:* Beschäftigt sich mit Optimierungsproblemen, bei denen mindestens eine der Funktionen $f_i (i = 0, 1, \ldots, m)$ nicht konvex ist; c) *quadratische Optimierung* bzw. *Programmierung;* d) *separable Optimierung* (→separables Optimierungsproblem); e) →*Quotientenoptimierung.* – **4.** *Bedeutung:* Obwohl für eine Reihe von speziellen Problemen der n.O. durchaus effiziente Lösungsverfahren existieren, muß die Verbreitung von Modellen und Verfahren der n.O. in der Praxis – v.a. im Vergleich zu denjenigen der →linearen Optimierung – als gering angesehen werden.

nichtlineare Programmierung, →nichtlineare Optimierung.

nichtlineare Regression, in der →Regressionsanalyse der Fall, daß ein nichtlinearer struktureller Zusammenhang zwischen →exogenen Variablen und →endogenen Variablen unterstellt wird. Meist wird n.R. durch →Variablentransformation umgangen.

nichtlineare Restriktion, →Restriktion, bei der mindestens eine Variable mit einem von Eins verschiedenen Exponenten und/oder Produkte zweier oder mehrerer Variablen vorkommen. – *Gegensatz:* →lineare Restriktion. – Vgl. auch →nichtlineares Restriktionssystem, →nichtlineares Optimierungsproblem.

nichtlineares Modell, →Funktionsform ökonometrischer Modellgleichungen.

nichtlineares Optimierungsproblem, *nichtlineares Programmierungsproblem.* **1.** *Begriff:* a) →Mathematisches Optimierungsproblem, bei dem mindestens eine Restriktion des und/ oder die Zielfunktion nicht linear (→nichtlineare Restriktion; →nichtlineare Zielfunktion) ist. – *Gegensatz:* →lineares Optimie-

rungsproblem. – **2.** *Formen:* a) *Standardform:* Ohne Einschränkung der Allgemeingültigkeit lassen sich nichtlineare Optimierungssysteme auf die Standardform bringen:

$$(1) \quad x_0 = f_0 (x_1, x_2, \ldots, x_m)$$
$$(2) \quad f_i (x_1, x_2, \ldots, x_n) \leqq 0, i = 1, \ldots, m$$
$$(3) \quad x_j \geqq 0, j = 1, \ldots, n$$
$$(4) \quad x_0 \longrightarrow \text{Min!}$$

b) *Spezialfälle:* u.a. →konvexes nichtlineares Optimierungsproblem, →quadratisches Optimierungsproblem, →separables Optimierungsproblem und Problem der →Quotientenoptimierung. – **3.** *Lösungsverfahren:* a) *Gradientenverfahren:* Ausgehend von einer →zulässigen Lösung versucht man, in einer zulässigen Richtung schrittweise zu günstigeren Lösungen zu gelangen, wobei man i.d.R. in Richtung der stärksten Verbesserung des Zielwertes fortschreitet. Derartige Verfahren haben sich bisher v.a. bei quadratischen Optimierungsproblemen als effizient erwiesen, ansonsten führen sie normalerweise nur zu relativen Minima/Maxima. – b) *Schnittebenenverfahren:* Man versucht, die gesuchte Lösung durch schrittweises Linearisieren von Zielfunktion und Restriktion und Lösen der so erhaltenen →linearen Optimierungsprobleme zu approximieren. V.a. zur Lösung von konvexen nichtlinearen Optimierungsproblemen geeignet. – c) *Strafkostenverfahren:* Eine modifizierte Zielfunktion wird unbeschränkt optimiert, in die Verletzungen der Restriktionen mit hinreichend hohen Gewichten eingehen.

nichtlineares Programmierungsproblem, →nichtlineares Optimierungsproblem.

nichtlineares Restriktionssystem, →Restriktionssystem, in dem mindestens eine nichtlineare Restriktion vorkommt. – *Gegensatz:* →lineares Restriktionssystem.

nichtlineare Zielfunktion, →Zielfunktion, bei der mindestens eine Variable mit einem vom Eins verschiedenen Exponenten und/ oder Produkte zweier oder mehrerer Variablen vorkommen. – *Gegensatz:* →lineare Zielfunktion. – Vgl. auch →nichtlineares Optimierungsproblem.

nicht linear-limitationale Produktionsfunktion, →Gutenberg-Produktionsfunktion.

nichtmarktliche Entscheidungstheorie, →Politische Ökonomie III.

Nichtmitgliedergeschäfte (der Genossenschaft). **1.** *Begriff:* Ausdehnung des Geschäftsbetriebes auf Personen, die nicht Mitglieder der →Genossenschaft sind. – **2.** *Gründe:* Werbung neuer Mitglieder, Streben nach Kapazitätsauslastung des Genossenschaftsbetriebes, Erschließung zusätzlicher Wachstumspotentiale. – **3.** *Umfang:* I.a. relativ gering, da sonst der Sinn der Mitgliedschaft nicht mehr einsichtig wäre. – 4. *Zulässigkeit:* Grundsätzlich gestattet, wenn die →Satzung eine entsprechende Regelung vorsieht. Bei →Kreditgenossenschaften erst seit 1973 Möglichkeit der Kreditgewährung an Nichtmitglieder.

nichtmonotones Schließen, *nonmonotonic reasoning.* 1. *Begriff:* In der →künstlichen Intelligenz Methode des Ableitens neuer Fakten (→Faktum) aus einer Menge von →Regeln und Fakten, bei der neue Fakten im Widerspruch zu solchen aus der vorherigen Faktenmenge stehen können. Dieser Widerspruch wird durch das Löschen der widersprüchlichen älteren oder neuen Fakten aufgelöst. – *Gegensatz:* →monotones Schließen. – 2. *Anwendung:* Einsatz des n. S. in →Expertensystemen ist Gegenstand aktueller Forschung.

Nichtnegativitätsrestriktion, *NN-Restriktion,* →Ungleichungsrestriktion bzw. →lineare Ungleichungsrestriktion der Form $x_i \geqq 0$. – Vgl. auch →NN-Restriktionssystem, →Strukturrestriktion.

nichtneutraler technischer Fortschritt, →technischer Fortschritt II 4.

nichtnotierte Aktien und Anteile. I. B e - g r i f f: Wertpapiere, für die keine Notierungen an der Börse erfolgen, für die also ein amtlicher →Kurswert nicht besteht. Zu den n. A. u. A. *gehören* die →unnotierten Werte, sowie die →nichtnotierten Werte.

II. B e w e r t u n g s g e s e t z: N. A. u. A. sind mit dem →gemeinen Wert zu bewerten (§ 11 II BewG); dieser ist, wenn er sich nicht aus Verkäufen ableiten läßt, unter Berücksichtigung von Vermögenswert und Ertragsaussichten der Gesellschaft zu schätzen, und zwar nach Abschn. 76 ff. VStR *(Stuttgarter Verfahren).*

1. Der *Vermögenswert* wird durch mengen- und wertmäßige Hinzurechnungen und Kürzungen aus dem →Einheitswert des Betriebsvermögens abgeleitet. Hinzugerechnet werden insbes. nicht oder nur mit einem Teil ihres Wertes im Einheitswert enthaltene Wirtschaftsgüter, z. B. Auslandsvermögensteile, Schachtelbeteiligungen sowie Erfindungen, bei der Einheitswertermittlung abgezogene Rücklagen nach dem Entwicklungsländersteuergesetz und die Differenzen zwischen Verkehrs- und Einheitswert der →Betriebsgrundstücke (durch Zuschlag von 280% auf den Einheitswert der Betriebsgrundstücke). Die Kürzungen betreffen u. a. bei der Einheitswertermittlung nicht abziehbare Verbindlichkeiten und Rückstellungen sowie einen im Einheitswert eventuell enthaltenen →Firmenwert. Nicht zu berücksichtigen sind jedoch künftige ertragsteuerliche Belastungen der stillen Reserven. Weitere wertmäßige Korrekturen sollen vorgenommen werden, wenn die Modifikationen insgesamt 10% des mengenmäßig korrigierten Einheitswertes übersteigen. Das korrigierte Vermögen wird außerdem um einen pauschalen Abschlag (zum Ausgleich individueller Bewertungsdifferenzen) i. H. von 15% gekürzt. Aus dem korrigierten und gekürzten Vermögen und dem Nennkapital der Gesellschaft wird eine Relation berechnet, die, ausgedrückt in v. H., den Vermögenswert darstellt.

2. Berechnung des *Ertragshundertsatzes* durch Schätzung des künftigen Ertragslage, wobei i. d. R. der zukünftige Jahresertrag mit dem Durchschnitt der Betriebsergebnisse der letzten drei Jahre vor dem Stichtag gleichgesetzt wird, die aus dem zu versteuernden Einkommen i. S. des KStG abgeleitet werden. Der Ausgangsgröße „zu versteuerndes Einkommen" werden deshalb hinzugerechnet: alle Abschreibungen, die über die normalen Absetzungen für Abnutzung hinausgehen, ein Verlustabzug, einmalige Veräußerungsverluste, steuerfreie Vermögensvermehrungen, Kapitalerträge, die dem Steuerabzug von 30% unterlegen haben sowie Investitionszulagen unter bestimmten Bedingungen; abgerechnet werden: einmalige Veräußerungsgewinne, der Rückfluß unverzinslicher Darlehen, die Vermögensteuer, die übrigen nicht abzugsfähigen Ausgaben mit Ausnahme der Körperschaftsteuer, die Tarifbelastung auf die Vermögensteuer und die bei der Steuerabzug von 30% unterlegen haben sowie Investitionszulagen in Höhe von 127%. Zur Absicherung aller Unwägbarkeiten ist von dem so ermittelten Jahresertrag noch ein zusätzlicher Abschlag von 30% vorzunehmen. Der Ertragshundertsatz ist gleich dem Quotienten aus Jahresertrag und Nennkapital, ausgedrückt in v. H..

3. *Gemeiner Wert:* a) *Normalfälle:* Summe aus Vermögenswert und dem für fünf Jahre als erzielbar angesehenen Übergewinn (Differenz aus Ertragshundertsatz und einer Vergleichsverzinsung in Höhe von 10% des gemeinen Wertes). Nach einigen algebraischen Umformungen ergibt sich: Gemeiner Wert = 0,65 (Vermögenswert + 5 × Ertragshundertsatz). – b) *Sonderfälle:* Das Bewertungsverfahren wird modifiziert für Zwecke der Bewertung von Anteilen ohne Einfluß auf die Geschäftsführung, neugegründeten Gesellschaften, in Liquidation befindlichen Gesellschaften, Holding- oder Kapitalverwaltungsgesellschaften, gemeinnützigen Gesellschaften und Organgesellschaften.

4. *Kritik am Stuttgarter Verfahren:* a) Dieses Bewertungsverfahren hat durch die Praxis von Rechtsprechung und Verwaltung quasi gesetzlichen Charakter erhalten. Da es zu wenig auf den Einzelfall abstellt, ist es wegen Verstoßes gegen das Leistungsfähigkeitsprinzip aus steuerrechtlicher Sicht kritisiert worden. – b) Kritik der Betriebswirtschaftslehre u. a. an dem als wissenschaftlich überholt geltenden Verfahren der Übergewinnabgeltung und ins-

bes. der Betonung des Substanz-(Vermögens-)wertes.

nichtnotierte Werte, *amtlich nicht notierte Werte,* Wertpapiere, für die keine Kursnotierungen an der Börse erfolgen; sie werden in keinem Börsensegment (→amtlicher Handel, →geregelter Markt, →Freiverkehr) gehandelt. – *Anders:* →unnotierte Werte – *Steuerliche Bewertung:* Vgl. →nichtnotierte Aktien und Anteile.

nichtparametrische   (verteilungsfreie) Testverfahren, →statistische Testverfahren, bei denen keine Voraussetzung bezüglich des Typs der →Verteilung der beteiligten →Variablen erforderlich ist, insbes. keine →Normalverteilung unterstellt werden muß. – Zu den n. T. *gehören* u. a. alle Anpassungsteste, also Testverfahren, die eine Verteilungshypothese zum Gegenstand haben, und zahlreiche Testverfahren, bei denen nur Rangwertinformationen (→Rang) ausgewertet werden.

nichtperiodische Steuern, Steuern, die unter normalen Verhältnissen nicht regelmäßig entstehen. →Steuerklassifikation nach dem Kriterium der Regelmäßigkeit der Entstehung der Steuer. – *Gegensatz:* →periodische Steuern.

nichtprogrammierbare Entscheidung, *echte Entscheidung.* 1. *Begriff:* →Entscheidung, die durch einen hohen Komplexitätsgrad und geringe Determinierbarkeit charakterisiert ist. N. E. sind vielfach einmalige Entscheidungen, die neuartige unternehmenspolitische Entscheidungen von größerer Tragweite umfassen und die unter großer Unsicherheit der Daten zu fällen sind. – 2. *Formen:* U. a. konstitutive Entscheidungen (z. B. die Wahl der Rechtsform, des Standorts oder Entscheidungen über die Unternehmensorganisation) und Wiederholungsentscheidungen (z. B. Personaleinsatz, Preispolitik). – Vgl. auch →heuristische Verfahren, →programmierbare Entscheidung.

nichtreaktive Meßverfahren, Begriff der →Marktforschung für alle Meßinstrumente, die keine Einbeziehung und Motivation der Testpersonen voraussetzen. Die Versuchspersonen wissen nicht, daß sie getestet werden (z. B. Beobachtung) und können somit auch nicht auf die Messung reagieren.

nichtrealisierter Gewinn, Gewinn, der aufgrund gegebener Markt- und Tagespreise bei Veräußerung von Vermögensgegenständen entstehen würde, die tatsächlich nicht oder noch nicht verkauft sind. N.G. dürfen sowohl handels- als auch steuerrechtlich *grundsätzlich nicht ausgewiesen* werden, da die Anschaffungs- bzw. Herstellungskosten handelsrechtlich und nach →Grundsätzen ordnungsmäßiger Buchführung die Bewertungsobergrenze bilden (→Realisationsprinzip). – *Ausnahme:*

Großaufträge, z. B. der Bau- oder Schiffsbauindustrie, deren Fertigung sich über mehrere Jahre erstreckt; ein vorsichtig geschätzter Anteil am voraussichtlich erzielbaren Gesamtgewinn kann handels- und steuerrechtlich den einzelnen Jahren zugerechnet werden, auf die sich die Fertigung erstreckt.

nichtrealisierter Verlust, buchmäßiger Verlust, der dadurch entsteht, daß bei Wirtschaftsgütern des Anlage- oder des Umlaufvermögens die Tageswerte unter die Anschaffungs- bzw. Herstellungskosten sinken. N.V. werden bei Vermögensgegenständen des Umlauf- und Anlagevermögens unterschiedlich behandelt. – Vgl. auch →Imparitätsprinzip, →Niederstwertprinzip, →Bewertung.

nichtrechtsfähiger Verein, körperschaftlicher Zusammenschluß, der mangels Eintragung im Vereinsregister oder staatlicher Verleihung der Rechtsfähigkeit entbehrt. – Vgl. auch →Verein.

nichtredundante Restriktion, →Restriktion, die aus einem Restriktionssystem nicht fortgelassen werden kann, ohne daß sich die Menge der Lösungen des Restriktionssystems ändert. – *Gegensatz:* →redundante Restriktion.

nicht relevante Kosten, Begriff der →entscheidungsorientierten Kostenrechnung für Teile der Gesamtkosten, die vom Treffen einer bestimmten Entscheidung unabhängig sind, d. h. für betriebliche Entscheidungsprobleme nicht relevant sind. Zu den n.r.K. gehören immer die →sunk costs. – *Gegensatz:* →relevante Kosten.

nichtrivalisierender Konsum, →Nichtrivalitätsaxiom.

Nichtrivalitätsaxiom, Konzept zur Charakterisierung rein →öffentlicher Güter. Ein Gut erfüllt das N., wenn dieses von allen Haushalten ohne gegenseitige Beeinflussung in gleichem Umfang konsumiert werden kann *(nichtrivalisierender Konsum)* z. B. Luft, Rundfunksendungen.

Nichtsättigung, →Sättigungskonsum.

Nichtseßhafte, Personen, die ohne gesicherte wirtschaftliche Lebensgrundlage umherziehen oder die sich zur Vorbereitung auf eine Teilnahme am Leben in der Gemeinschaft oder zur dauernden persönlichen Betreuung in einer Einrichtung für N. aufhalten.

Nichtstichprobenfehler, in der Statistik →Fehler eines Merkmalswertes oder einer Kenngröße einer →Grundgesamtheit oder →Stichprobe, der *nicht* dadurch bewirkt wird, daß eine Zufallsauswahl (→Auswahlverfahren) durchgeführt wurde.

nicht-tarifäre Handelshemmnisse, *non-tariff barriers.* 1. *Begriff:* Diskriminierung ausländischer Anbieter, die nicht auf der

Erhebung eines →Zolls basiert, aber ebenfalls
einen Protektionseffekt hat. – 2. *Formen*: Z. B.
mengenmäßige Beschränkungen wie →Kon-
tingente, Importverbote, „freiwillige" Export-
beschränkungen (→Selbstbeschränkungsab-
kommen); technische Handelshemmnisse wie
Normen und Vorschriften über Verpackung,
Herkunft; Gesundheits-, Sicherheits- und
Umweltstandards usw; administrative Handelshemmnisse. – 3. *Verminderung bzw. Beseitigung* von n.-t. H. ist ebenso wie eine allgemeine Senkung der Zölle und die allgemeine
Einräumung der →Meistbegünstigung
Grundsatz des →GATT. Im Vergleich zum
Abbau der tarifären Handelshemmnisse sind
die Erfolge bei der Reduzierung von n.-t. H.
bisher gering. Die n.-t. H. bleiben daher einer
der Hauptproblemkomplexe der GATT-Ver-
handlungen.

Nichtwissenserklärung, Erklärung einer Partei im Zivilprozeß hinsichtlich solcher vom
Gegner behaupteten Umstände, die weder
eigene Handlungen der Partei noch Gegenstand ihrer eigenen Wahrnehmung gewesen
sind (§ 138 IV ZPO). – *Folge*: Soweit den
Gegner die Beweislast trifft, muß er ggf.
→Beweis für seine Behauptung erbringen.

Nicklisch, Heinrich, 1876–1946, Prof. an den
Handelshochschulen Leipzig, Mannheim und
Berlin; herausragender Fachvertreter, der die
Entwicklung der →Betriebswirtschaftslehre in
ihrem Frühstadium mitgeprägt hat. – *Bedeu-
tung:* N. gilt neben Schär als Begründer einer
ethisch-normativen Betrachtungsweise
(→normative Betriebswirtschaftslehre); ent-
wickelte eine eigenständige Sozialphilosophie
und darauf aufbauend eine Lehre von der
Betriebsgemeinschaft, deren praktische
Umsetzung den Gegensatz zwischen Kapital
und Arbeit aufheben sollte (u. a. mittels
Ertragsbeteiligung der Mitarbeiter). – *Werke:*
„Allgemeine kaufmännische Betriebslehre als
Privatwirtschaftslehre des Handels (und der
Industrie)", 1912; nach Umgestaltung und
Erweiterung 1929 bis 1932 dreibändig als „Die
Betriebswirtschaft" erschienen; ergänzend
dazu 1920 „Organisation – der Weg aufwärts".
Versuch einer Grundlegung"; Gründer und
Herausgeber der „Zeitschrift für Handelswis-
senschaft und Handelspraxis", seit 1930
umbenannt in „Die Betriebswirtschaft"; Her-
ausgeber des „Handwörterbuchs der Betriebs-
wirtschaft", 1. Aufl. 1925–1928.

Niederlage, →Zollniederlage.

Niederlande, *Königreich der Niederlande*,
Küsten- und Tiefland in W-Europa am Mündungsgebiet des Rheins und der Maas. –
Fläche: 40 844 km², davon Binnengewässer
7352 km². – *Einwohner* (E): (1986, geschätzt)
14,56 Mill. (350,4 E/km²; ohne Wasserfläche).
– *Residenzstadt:* Den Haag/'s-Gravenhage
(1984: 445 200 E; Agglomeration 672 100 E);
Hauptstadt: Amsterdam (1984: 676 439 E;

Agglomeration 994 062 E); weitere Großstädte: u. a. Rotterdam (555 349 E; Agglomeration 1 025 466 E), Utrecht (230 414 E; Agglomeration 501 357 E), Eindhoven (192 854 E;
Agglomeration 374 109 E). – *Unabhängig* seit
1581 (Proklamation), 1648 anerkannt (West-
fälischer Friede). Konstitutionelle Monarchie
auf demokratisch-parlamentarischer Grundlage. Verfassung von 1814. N. bildet mit
Belgien und Luxemburg die noch nicht voll
ausgebaute Wirtschaftsunion →Benelux. –
Verwaltungsgliederung: 12 Provinzen. – *Amtssprache:* Niederländisch.

W i r t s c h a f t : *Landwirtschaft:* Haupterzeu-
gnisse sind Roggen, Hafer, Gerste, Weizen,
Kartoffeln und Zuckerrüben. Im SW intensi-
ver Garten- und Gemüsebau (Breda, Venlo).
Bei Haarlem befinden sich die weltberühmten
Tulpenzwiebelzuchtgebiete. Ausgedehnte
Weidewirtschaft und Milchwirtschaft: Rinder,
Schweine, Pferde, Schafe, Geflügel. – Bedeu-
tende *Fischerei*. – *Bergbau:* In der Provinz
Limburg an der Grenze nach Belgien größere
Kohlevorkommen: Förderung im Jahres-
durchschnitt etwa 6 Mill. t. Salzvorkommen
bei Borkelo und Hengelo. Erdölgewinnung
(1984: 3,1 Mill. t; Schoonebek); in der Provinz
Groningen, im Schelfmoor und Dollart riesige
Erdgasvorkommen (1984: 2,3 Mill. t. Tera-
joule), Torf. – *Industrie:* Die wichtigsten Indu-
striezweige: Textilindustrie, Kunstseide- und
Papierfabrikation, Porzellanherstellung
(Delft) und Diamantenschleifereien (Amster-
dam). Metall-, elektrotechnische (Eindhoven)
und petrochemische Industrie sind stark im
Ausbau. Großprojekt „Deltaplan" im Mün-
dungsgebiet von Rhein (Waal): Maas und
Ooster Schelde als Sperrdamm gegen die
Nordsee. – *BSP:* (1985, geschätzt) 132 920
Mill. US-$ (918 US-$ je E). – *Inflationsrate:*
(Durchschnitt 1973–84) 5,9%. – *Export:*
(1985) 68 282 Mill. US-$, v. a. mineralische
Brennstoffe, chemische Produkte, Apparate
und elektrotechnische Waren, tierische Pro-
dukte. – *Import:* (1985) 65 218 Mill. US-$, v. a.
Energierohstoffe. Maschinen und Fahrzeuge,
Nahrungsmittel. – *Handelspartner:* Bundes-
rep. D., Belgien, Luxemburg, Frankreich,
Großbritannien, Italien, Dänemark, USA,
Schweden, Schweiz, Saudi-Arabien.

H a n d e l u n d V e r k e h r : Durch die Lage
im Mündungsgebiet von Maas und Rhein
waren die N. jahrhundertelang der führende
Handelsstaat der Erde. Hauptrolle spielt auch
heute noch der Transithandel. Wichtigste
Häfen: Rotterdam, unterhalb davon am
Nieuwe Waterweg gegenüber Hoek van Holland Europoort liegt als größter Seehafen
Europas und der Erde Amsterdam. N. verfügte (1985) über 1344 Hochseeschiffe (über
100 BRT) mit 4,3 Mill. BRT. Die Länge der
benutzten *Binnenwasserstraßen* belief sich
(1982) auf 4833 km. – Die Streckenlänge der
Eisenbahn betrug (1983) ca. 2900 km. – 95 300

km *Straßen,* davon 1800 km Autobahn (1982).
– Eigene *Luftverkehrsgesellschaft* (Koninklijke Luchtvaart Maatschappij, KLM) mit Verbindungen nach allen Teilen der Welt. *Großflughafen* Amsterdam-Schiphol.

Mitgliedschaften: UNO, BENELUX, BIZ, CCC, ECE, EG, EWS, NATO, OECD, UNCTAD, WEU u.a.; Europarat.

Währung: 1 Holländischer Gulden (hfl) = 100 Cent (c, ct).

Niederländisch-Guayana, →Surinam.

Niederlassung, Ort, an dem ein Unternehmen geführt wird. Die N. ist i.a. →Erfüllungsort für Geschäftsschulden und →Gerichtsstand für alle den Gewerbebetrieb betreffenden Klagen. Fehlt ein geschäftlicher Mittelpunkt, ist als Ort der N. der →Wohnsitz des Inhabers anzunehmen. – Neben der Hauptniederlassung können Zweigniederlassungen bestehen.

Niederlassung im Ausland, →Auslandsniederlassungen.

Niederlassungsfreiheit, →EWG I 4.

Niederlassungsgesetz, Gesetz über den Niederlassungsbereich von Kreditinstituten vom 29.3.1953. – Vgl. im einzelnen →Dekonzentration.

Niedersächsische Börse zu Hannover, 1949 als amtliche Börse wieder eröffnete Wertpapierbörse.

Niederschlagung von Steuern, eine innerdienstliche Anordnung, daß weitere Beitreibungsversuche nicht zu machen sind, also kein Steuererlaß; der Anspruch bleibt weiterhin bestehen und fällig. N.v.St. ist *möglich,* wenn die Beitreibung keinen Erfolg hat oder die Kosten der Beitreibung außer Verhältnis zu dem Betrag stehen (§261 AO).

Niederschrift in der Hauptversammlung der AG, eine vom →Notar zu führende Niederschrift. – *Inhalt:* Alle Beschlüsse der →Hauptversammlung müssen zur Gültigkeit durch die N. beurkundet sein; anzugeben sind auch Art und ziffernmäßiges Ergebnis der Abstimmung sowie die Feststellung des Vorsitzenden über die Beschlußfassung. – Eine →öffentlicher Beglaubigung bedürfende *Abschrift* der N. ist vom Vorstand unverzüglich zum Handelsregister einzureichen (§130 AktG).

Niederstwertprinzip, Bewertungsprinzip des Handelsrechts (§253 HGB), „abgeleitet" aus dem →*Vorsichtsprinzip* und Konkretisierung des →Imparitätsprinzips und damit Bestandteil der →Grundsätze ordnungsmäßiger Buchführung und →ordnungsmäßiger Bilanzierung. – Zu unterscheiden: a) *Gemildertes N*: Bei Vermögensgegenständen des →*Anlagevermögens* besteht grundsätzlich ein Wahlrecht

zwischen der Bewertung zu →Anschaffungskosten bzw. →Herstellungskosten und dem am Abschlußstichtag beizulegenden niedrigeren Wert. Dieses Wahlrecht wandelt sich zu einer Abschreibungspflicht auf den niedrigeren Wert, wenn eine voraussichtlich *dauernde* Wertminderung vorliegt (§253 II HGB). – *Ausnahme:* Abschreibungen wegen nur vorübergehender Wertminderung von immateriellen Anlagegütern und Sachanlagen sind bei *Kapitalgesellschaften* unzulässig (nicht jedoch bei Finanzanlagen, vgl. §279 I HGB). – b) *Strenges N.:* Von drei möglichen Wertansätzen, den Anschaffungs- bzw. Herstellungskosten, dem Börsen- oder Marktpreis und dem am Abschlußstichtag beizulegenden Wert ist bei den Vermögensgegenständen des →*Umlaufvermögens* stets der niedrigste Wert anzusetzen (Englisch: „Cost or market, which ever is lower"). Dieser Grundsatz der Aufwandsantizipation gilt analog bei der Bewertung von *Verbindlichkeiten* und führt hier zu einem →Höchstwertprinzip. – 2. Das N. gilt über §§I EStG grundsätzlich auch *steuerrechtlich,* sofern nicht die Ermittlung des →Teilwerts zu Abweichungen führt. – 3. *Zweck des N.:* Berücksichtigung des Vorsichtsprinzips (Gläubigerschutz) bei der Bewertung. – 4. Die Bewertung nach dem N. hat zur *Folge,* daß im Gegensatz zu nicht realisierten Gewinnen nicht realisierte Verluste ausgewiesen werden; mögliche Folge: Bildung →stiller Rücklagen.

Nielsen-Panel, erstes von der A. C. Nielsen Company in den USA entwickeltes Handels-Panel. Nielsen-Handels-Panelforschung in der Bundesrep. D. v.a. im Lebensmittel-Einzelhandel. – *Inhalt der Handels-Panel-Berichte:* 1. Produkt-Daten; 2. Distributions-Daten: a) numerische Distribution, b) gewichtete Distribution; 3. Verkaufsförderungs-Daten. – Diese Handels-Panel-Daten werden im Normalbericht den Nielsen-Lebensmitteleinzelhandels-Index nach folgenden Gesichtspunkten *aufgegliedert:* (1) Regionale Aufgliederungen in sog. Nielsen-Gebiete; (2) Geschäftstypen der Betriebe; (3) Organisationsformen der Betriebe.

Nießbrauch. 1. *Begriff:* Höchstpersönliches, nicht veräußerliches und nicht vererbliches Recht, alle →Nutzungen eines Gegenstandes zu ziehen (§1030ff. BGB). Die Ausübung des N. kann einem anderen überlassen werden. Die Substanz wird vom N. nicht berührt. – 2. Der N. kann *bestellt werden an* a) →beweglichen Sachen, b) →Grundstücken (Einigung und Eintragung im Grundbuch), c) Rechten, d) den einzelnen Sachen und Rechten eines ganzen Vermögens, e) in Ausnahmefällen auch an im →Schiffsregister eingetragenen Schiffen (§9 SchiffsG). – Der Sachnießbrauch ist ein →dingliches Recht mit Schutz gegen den Eigentümer der Sache und Dritte. – 3. *Handelsrecht:* Insbes. hinsichtlich der →Firmenfortführung, wird die Übernahme eines

Unternehmens aufgrund eines N. wie die →Veräußerung des Unternehmens behandelt. – 4. *Steuerliche Behandlung:* Abhängig von der Art des N. (Vorbehaltsnießbrauch, Zuwendungsnießbrauch, Unternehmensnießbrauch) und der Art der Bestellung (entgeltlicher N., unentgeltlicher N.). Einzelheiten vgl. BdF vom 23.11.1983 (BStBl I, 508).

NIF, Abk. für →note issuance facility.

Niger, *Republik Niger,* westafrikanisches Binnenland des Sahel-Gürtels. – *Fläche:* 1 267 000 km². – *Einwohner* (E): (1985, geschätzt) 6,1 Mill. (4,8 E/km²); meist Haussa, ferner Songhoi-Zarma, Fulbe, Tuareg, Kanouri. – *Hauptstadt:* Niamey (399 100 E); weitere wichtige Städte: Sinder (82 800 E), Maradi (65 100 E), Tahoua (41 900 E), Agades (30 800 E). – *Unabhängig* seit 1960; Präsidialrepublik seit 1974, Militärregime; Verfassung von 1960 seit 1974 außer Kraft, neue Verfassung ist vorgesehen; seit 1983 Nationaler Entwicklungsrat; politisches Parteienverbot seit 1974. – *Verwaltungsgliederung:* 7 Bezirke (Départements), 35 Kreise (Arrondissements), 150 Gemeinden (Communes). – *Amtssprache:* Französisch.

W i r t s c h a f t : N. zählt zu den am wenigsten entwickelten Ländern. – *Landwirtschaft:* Der Anbau von Grundnahrungsmitteln besitzt Priorität: Hirse, Hülsenfrüchte, Reis und Zwiebeln. Wichtigste Agrarexportprodukte sind Erdnüsse, ferner Baumwolle, Tabak, Reis und Rizinus. – Aufgrund begrenzter Weideflächen Hinwendung zur ökonomisch orientierten Viehzucht. – Relativ bedeutende *Fischerei* (Fangmenge 1982: 6800 t Süßwasserfisch). – *Bergbau und Industrie:* Abbau von Uran, Steinsalz und Natron sowie Kalk, Kaolin, Zinnerz und Kohle. Erste industrielle Ansätze auf der Basis einheimischer agrarischer und industrieller Rohstoffe (u. a. Ölmühlen, Erdnußschälanlagen, Baumwollentkernungsanlagen, Textilfabrik, Zementfabrik). – *BSP:* (1985, geschätzt) 1250 Mill. US-$ (200 US-$ je E). – *Öffentliche Auslandsverschuldung:* (1983) 48,7% des BSP. – *Inflationsrate:* (Durchschnitt 1973–84) 11,5%. – *Export:* (1983) 298 Mill. US-$, v.a. Uranerze, ferner Nahrungsmittel (v.a. lebende Tiere), Tabakwaren. – *Import:* (1983) 324 Mill. US-$, v.a. Maschinenbau-, elektrotechnische Erzeugnisse und Fahrzeuge, bearbeitete Waren, Nahrungsmittel, Erdöldestillationserzeugnisse. – *Handelspartner:* EG-Länder (über 60%), Nigeria.

V e r k e h r : Von 8547 km *Haupt- und Nationalstraßen* sind 2769 km geteert (1981). Drei internationale Straßenbauvorhaben durchqueren das Land: Ost-West-Route (Äthiopien–Senegal), östliche und westliche Transsaharastraße (nach Kairo und Algier). – *Kein direkter Eisenbahnanschluß.* Verlängerung der Eisenbahnstrecke Cotonou–Parakou (Benin) über Dosso bis Niamey geplant. – Der Niger ist in der Regenzeit schiffbar. – Internationa-

ler *Flughafen* in Niamey, weitere wichtige Flughäfen: Agades, Maradi, Tahoua und Sinder. Eigene nationale *Fluggesellschaft* und Beteiligung an der westafrikanischen Fluggesellschaft „Air Afrique“.

M i t g l i e d s c h a f t e n : UNO, AKP, CCC, OAU, OCAM, OIC, UNCTAD u.a.

W ä h r u n g : 1 CFA-Franc = 100 Centimes.

Nigeria, *Bundesrepublik Nigeria,* westafrikanisches Land am Golf von Guinea. – *Fläche:* 923 768 km². – *Einwohner* (E): (1985, geschätzt) 95,2 Mill. (103,1 E/km²); etwa 434 ethnische Gruppen, die wichtigsten Volksgruppen sind Haussa, Fulbe, Joruba und Ibo. – *Hauptstadt:* Lagos (1979: 992 000 E, Agglomeration 1982: 3,7 Mill. E); die neue vorgesehene Hauptstadt Abuja zählte (1983) ca. 100 000 E; weitere wichtige Städte: Ibadan (1982: Agglomeration 2,1 Mill. E), Kano, Ilorin, Abeokuta, Port Harcourt, Kaduna, Maiduguri, Enugu. – *Unabhängig* seit 1960, Bundesstaatliche Republik im Commonwealth of Nations, seit dem Staatsstreich 1983 erneut unter Militärherrschaft, Verfassung von 1979 wurde 1984 außer Kraft gesetzt, seit 1983 Verbot von politischen Parteien. – *Verwaltungsgliederung:* 19 Bundesländer. – *Amtssprache:* Englisch.

W i r t s c h a f t : Durch den Rückgang der Erdöleinnahmen seit Mitte 1981 wurde N., das größte Erdölförderland Afrikas, von einer schweren Finanz- und Wirtschaftskrise betroffen. Die Regierung griff u.a. zu Maßnahmen wie Importrestriktionen und Investitionskürzungen. – Die Landeswährung, der Naira, ist nicht voll konvertibel. Der Wechselkurs wird zum US-$ und Pfund-Sterling festgesetzt. – *Landwirtschaft:* Die Kleinbauern erzeugen derzeit 90% der Nahrungsmittel. Wichtigste Anbauprodukte für den Eigenbedarf sind Jams und Kassawa (Maniok), außerdem Hirse, Mais, Reis, Süßkartoffeln, Bohnen, Bananen und Paradiesfeigen. N. gehört zu den sechs wichtigsten Erdnußerzeugern der Welt. Ernüsse werden hauptsächlich im nördlichen Landesteil angebaut. Haupterzeugnisse der küstennahen Plantagenwirtschaft sind Kakao, Kautschuk, Palmöl und Palmkerne. Erweitert wurde in den vergangenen Jahren der Anbau von Baumwolle, Sesam, Zuckerrohr, Reis, Sojabohnen, Tabak und Zitrusfrüchten. – Die Rinderhaltung wird vorwiegend von den nomadisch lebenden Fulbe betrieben. – Bedeutende *Forstwirtschaft* (Holzeinschlag 1983: 85,8 Mill. m³). – Trotz fischreicher Küsten- und Binnengewässer kann die *Fischerei* den Nahrungsverbrauch an Fischwaren bisher nicht decken (Fangmenge 1982: 512 000 t). – *Bergbau und Industrie:* Wichtigste Bergbauerzeugnisse sind Erdöl (1983: 451,7 Mill. barrel) und Erdgas (1982: 15 526 Mill. m³), ferner Steinkohle, Kassiterit und Kolumbit. Bisher sind Vorkommen von Blei, Zink, Gold, Wolfram und Eisenerz bekannt. – Neben einigen größeren Industriebetrieben (Erdölraffinerien, chemische Fabriken, Unternehmen der Nahrungs- und Genußmittelindustrie, Textilfabriken, Sägewerke, Zementfabriken, Fabriken zur Herstellung von Metallwaren, Druckereien und Kraftfahrzeugmontagewerken) gibt es eine Vielzahl von Klein- und Familienunternehmen des traditionellen Handwerks. Im Aufbzw. Ausbau befinden sich eine Kunstdüngerfabrik, ein Eisen- und Stahlwerk, Walzwerke und die Kfz-Zulieferindustrie. – *BSP:* (1985, geschätzt) 75 940 Mill. US-$ (760 US-$ je E). – *Öffentliche Auslandsverschuldung:* (1984) 15,8% des BSP. – *Inflationsrate:* (Durchschnitt 1973–84) 13,0%. – *Export:* (1985) 12 547 Mill. US-$, v.a. Erdöl (88%), Kakao. – *Import:* (1985) 8855 Mill. US-$, v.a. Rohmaterialien und Ersatzteile für bestehende Industrien, Nahrungsmittel, chemische Erzeugnisse. – *Handelspartner:* EG-Länder, USA.

V e r k e h r : Hauptverkehrsträger ist das *Straßennetz* mit einer Gesamtlänge von 107 990 km, davon 30 021 km befestigte Straßen (1980). – 3523 km (1978) *Eisenbahnstrecke* verbinden das Landesinnere mit den Haupthäfen Lagos und Port Harcourt. – Insgesamt 9 *Zollhäfen* für den Außenhandel. Die *Handelsflotte* verfügte (1984) über 178 Schiffe mit einer Gesamttonnage von 442 000 BRT. 6400 km *Binnenwasserstraßen.* – Internationale *Flughäfen* in Lagos, Kano und Port Harcourt, daneben weitere 14 Flughäfen für den Inlandsverkehr und zahlreiche kleine Flughäfen und Landepisten. Eigene *Luftverkehrsgesellschaft.*

M i t g l i e d s c h a f t e n : UNO, AKP, CCC, OAU, OPEC, UNCTAD u.a.; Commonwealth.

W ä h r u n g : 1 Naira (N) = 100 Kobo (k).

NIMEXE, Nomenclature des marchandises pour les statistiques du commerce extérieur de la Communauté et du commerce entre ses etats membres, →Warenverzeichnis für die Statistik des Außenhandels der Gemeinschaft und des Handels zwischen ihren Mitgliedstaaten.

NIPRO, Nomenclature commune des produits industriels, →Gemeinsames Verzeichnis der industriellen Erzeugnisse.

Nirwana-Vorwurf, →Marktversagen.

Nischenstrategie, auf die spezifischen Probleme der potentiellen Nachfrager einer →Marktnische zugeschnittenes Leistungsangebot und ein darauf abgestimmter Einsatz der anderen →marketingpolitischen Instrumente. – *Zweck:* Abschirmung vor der Konkurrenz und besonders intensive Ausschöpfung der Marktnische.

Niveauelastizität, Quotient aus relativer Outputveränderung und relativer Veränderung der gesamten Faktoreinsatzmengen bei einer Produktionsfunktion: $\frac{dx}{x} : \frac{d\lambda}{\lambda} = E_{x,\lambda}$. Bei homogenen Produktionsfunktionen entspricht der numerische Wert der N. dem Homogenitätsgrad r. – Vgl. auch →Elastizität.

Niveaugrenzprodukt, →Skalenertrag.

Niveauverschiebungseffekt, *Displacement-Effekt,* finanzsoziologische Erklärung von Peacock und Wiseman für den langfristigen Anstieg der →Staatsquote. Während in ruhigen, normalen Zeiten die Staatsquote relativ konstant bleibt, sinkt in Krisenzeiten (z. B. Krieg) der Steuerwiderstand (→Steuerabwehr); Steuer- und Staatsquote können erhöht werden. Durch die Gewöhnung an die Steuerbelastung sinkt der Staatsanteil nach Beendigung der Krise nicht wieder auf das alte Niveau ab, sondern verbleibt auf einem gegenüber dem Ausgangszeitpunkt höheren Niveau.

Nivellierungsmethode, →Leveling-System.

Nivellierungstheorie, eine insbes. von Cantillon, Hume und Ricardo entwickelte Lehre, nach der die Regulierung von Handelsbilanz und Geldumlaufsmenge durch einen Währungsmechanismus besorgt wird, wenn die Einlösungspflicht der Banknoten aufrechterhalten bleibt. Danach bewirken viel Geld und Edelmetalle in einem Lande hohe Preise und größere Einfuhren, die mit Geld und Edelmetall zu bezahlen sind. Umgekehrt würde wenig Geld und das damit verbundene niedrige Preisniveau zu erhöhten Ausfuhren führen, die Geld und Edelmetall ins Land bringen.

NN-Gleichungssystem, →NN-Restriktionssystem, bestehend aus →Gleichungsrestriktionen:

$$f_1(x_1, x_2, \ldots, x_n) = 0$$
$$f_2(x_1, x_2, \ldots, x_n) = 0$$
(1) $\quad\vdots$
$$f_m(x_1, x_2, \ldots, x_n) = 0$$
(2) $\quad x_1, x_2, \ldots x_n \geqq 0$

Läßt sich interpretieren als ein Gleichungssystem, bei dem sämtliche Variablen $x_1, x_2, \ldots, x_n$ nur nichtnegative Werte annehmen dürfen. – *Sonderform:* →lineares NN-Gleichungssystem.

NN-Restriktion, Abk. für →Nichtnegativitätsrestriktion.

NN-Restriktionssystem, →Restriktionssystem der Form

$$f_1 (x_1, x_2, \ldots, x_n) \,\square_1\, 0$$
$$f_2 (x_1, x_2, \ldots, x_n) \,\square_2\, 0$$
(1)
$$\vdots$$
$$f_m (x_1, x_2, \ldots, x_n) \,\square_m\, 0$$
(2) $\quad x_1, x_2, \ldots x_n \;\geqq\; 0,$

wobei „$\square$," für eines der Restriktionszeichen „$=$", „$\leq$", „$\geq$", „$<$", „$>$" steht. – *Sonderform:* →NN-Gleichungssystem.

NN-Variable, jede Variable in einem Restriktionssystem bzw. Optimierungssystem, die nur reelle Zahlen größer oder gleich Null annehmen darf. In solchen Systemen läßt sich jede →unbeschränkte Variable x_j durch die Differenz zweier NN-V. x'_j und x''_j ersetzen: $x_j = x'_j - x''_j$ und $x'_j,\ x''_j = 0$. – Vgl. auch →Schlupfvariable.

Nobelpreis für Wirtschaftswissenschaften, von der Schwedischen Reichsbank im Einvernehmen mit der Nobelstiftung gestifteter Preis an Volks- und Betriebswirte. Wird seit 1969 von der Königlich Schwedischen Akademie der Wissenschaften (Stockholm) verliehen.

Nobelpreisträger:
1969 Frisch, Ragner (Norwegen)
      Tinbergen, Jan (Niederlande)
1970 Samuelson, Paul A. (USA)
1971 Kuznets, Simon (USA)
1972 Arrow, Kenneth J. (USA)
      Hicks, John R. (Großbritannien)
1973 Leontief, Wassily (USA)
1974 Myrdal, Gunnar (Schweden)
      Hayek, Friedrich A. von (Österreich)
1975 Kantorowitsch, Leonid V. (Sowjetunion)
      Koopmans, Tjalling C. (USA)
1976 Friedman, Milton (USA)
1977 Ohlin, Bertil (Schweden)
      Meade, James Edward (Großbritannien)
1978 Simon, Herbert A. (USA)
1979 Shultz, Theodore W. (USA)
      Lewis, Arthur (Großbritannien)
1980 Klein, Lawrence R. (USA)
1981 Tobin, James (USA)
1982 Stigler, George J. (USA)
1983 Debreu, Gerard (USA)
1984 Stone, Sir Richard (Großbritannien)
1985 Modigliani, Franco (USA)
1986 Buchanan, James McGill (USA
1987 Solow, Robert (USA)

Nochgeschäft, im Börsenhandel eine Verbindung von →Termingeschäft und →Prämiengeschäft. Der Kauf oder Verkauf eines Wertpapiers wird mit dem Recht oder der festen Verpflichtung verbunden, zu einem späteren Zeitpunkt eine zusätzliche Anzahl des betreffenden Wertpapiers bei Zahlung einer Prämie zu kaufen oder verkaufen.

Nomenclature commune des produits industriels (NCPRO), →Gemeinsames Verzeichnis der industriellen Erzeugnisse.

Nomenclature des marchandises pour les statistiques du commerce exterieur de la Communauté et du commerce entre ses etats membres, →Warenverzeichnis für die Statistik des Außenhandels der Gemeinschaft und des Handels zwischen ihren Mitgliedsstaaten.

Nomenclature générale des activités économiques dans les Communautés européenes (NACE), →Allgemeine Systematik der Wirtschaftszweige in den Europäischen Gemeinschaften.

Nomenclature uniforme de marchandises pour les Statistiques de Transport (NSTV), →Einheitliches Güterverzeichnis für die Verkehrsstatistik der EG.

Nomenklatur des Rates für die Zusammenarbeit auf dem Gebiete des Zollwesens (NRZZ), zuletzt 1978 revidierte Systematik, die durch ein Abkommen der Mitglieder als verbindlicher Rahmen für die nationalen Zolltarife der Mitgliedstaaten eingeführt ist. Die Zuordnung zu den einzelnen Tarifnummern richtet sich nach der Beschaffenheit der Waren und wird bis ins einzelne gehend geregelt. Gliederung in 21 Abschnitte, 99 Kapitel und 1011 Tarifnummern. Vergleichbar mit →Standard International Trade Classification (SITC), →Gemeinsamer Zolltarif der Europäischen Gemeinschaften (GZT), →Warenverzeichnis für die Statistik des Außenhandels der Gemeinschaft und des Handels zwischen ihren Mitgliedsstaaten (NIMEXE). – Vgl. auch →internationale Waren- und Güterverzeichnisse.

Nominaldefinition, →Definition.

Nominaleinkommen, in Geld bewertetes →Einkommen eines Wirtschaftssubjektes (auch einer Volkswirtschaft) ohne Berücksichtigung der realen →Kaufkraft dieses Einkommens. – *Gegensatz:* →Realeinkommen.

Nominalgut, auf Kosiol zurückgehende Bezeichnung für Bar- und Buchgeld sowie Geldforderungen. – Vgl. auch →Bargeld, →Giralgeld.

Nominalkapital, *Nennkapital,* das ausgewiesene →Grundkapital einer AG bzw. →Stammkapital einer GmbH. – *Anders:* →Eigenkapital.

Nominallohn, das in Geld bewertete →Arbeitsentgelt eines Arbeitnehmers ohne Berücksichtigung der realen Kaufkraft. – *Gegensatz:* →Reallohn.

Nominalskala, →Skala, bei der die alternative Ausprägungen nur deren *Verschiedenheit* zum Ausdruck bringen; z. B. besitzen die →Merkmale Geschlecht oder Fakultätszugehörigkeit bei Studenten eine N. – Vgl. auch →Skalenniveau 1.

Nominalverzinsung, →Geldzins.

Nominalwert, →Nennwert.

Nominalzins, →Geldzins.

nominell, Börsenausdruck a) zur Bezeichnung des →Nennwerts von Wertpapieren (z. B. nominell 3000 DM X-Aktien) oder b) zur Bezeichnung eines (geschätzten) →Kurses, zu dem Umsätze nicht stattfanden.

nominelle Entschädigung, geringfügige Entschädigung, kein angemessenes Entgelt für eine →Enteignung. I. d. R. unzulässig, da mit Art. 14 III GG nicht vereinbar.

nominelle Kapitalerhaltung, bilanztheoretischer, in der Handelsbilanz angewandter Grundsatz für die Bewertung zu Anschaffungspreisen ohne Rücksicht auf Geldwertschwankungen (Gewinn = Überschuß des Nominalkapitals am Ende gegenüber dem Nominalkapital am Anfang einer Rechnungsperiode) im Gegensatz zum Grundsatz der →substantiellen Kapitalerhaltung (Ansatz von Wiederbeschaffungspreisen). Nominalistische Bilanzauffassung durch Rieger (Risiken und Chancen aus Preisbewegungen und damit Kaufkraftschwankungen habe der Unternehmer zu tragen). – Vgl. auch →Bilanztheorien.

nomologische Hypothese, →Gesetzesaussage, →Hypothese.

Nonaffektationsprinzip. 1. *Begriff:* Finanzwirtschaftlicher Grundsatz der Unzulässigkeit einer Zweckbindung öffentlicher Einnahmen; sämtliche Einnahmen sind als Deckungsmittel für den gesamten Ausgabenbedarf bereitzuhalten bzw. keine Ausgabenleistung darf von dem tatsächlichen Aufkommen irgendeiner Steuer abhängig gemacht werden. Enthalten in § 7 HGrG. *Ausnahmen* bedürfen ausdrücklicher Bestimmung in den einzelnen Steuergesetzen. – 2. *Finanzpolitische Bedeutung:* Hinter dem N. steht die Auffassung von der Gleichwertigkeit aller Staatszwecke und die Vorstellung, sich die Freiheit des politischen Handelns durch die Möglichkeit der Bildung von Ausgabeprioritäten von Fall zu Fall zu erhalten. Aus finanzpsychologischen Gründen wird jedoch gegen das N. dann verstoßen, wenn sich anders bestimmte Ziele nicht so leicht durchsetzen lassen (z. B. Zweckbindung bestimmter Teile der Mineralölsteuer für den Straßenbau). – Vgl. auch →Haushaltsplan, →Haushaltsgrundsätze, →Fondswirtschaft.

No-names-Produkte, *weiße Produkte, Gattungsprodukte, produits libres,* vom Handel ohne differenzierenden Markennamen, nur mit dem Aufdruck der Warengattung vertriebene Ware, z. B. Zucker, Mehl, Waschpulver. Durch einfache, einheitliche (weiße, so bei Carrefour, dem Erfinder der N.-n.-P.) Verpackung und Verzicht auf Werbung sollen Marketingkosten eingespart und ein Sortimentsausschnitt einfacher Konsumgüter

preisgünstig angeboten werden. Die niedrigen Preise sollen die N.-n.-P. günstig von den preislich höher liegenden →Markenartikeln abheben und die Preiskonkurrenz der →Discountgeschäfte und →Fachmärkte abwehren. – Vgl. auch →Handelsmarken.

nonbank banks, Bezeichnung für bankfremde Anbieter im Markt für Finanzdienstleistungen (→financial services), die aufgrund der von ihnen angebotenen Produktpalette im Finanzdienstleistungssektor als Substitutionskonkurrenten von Banken und →near banks auftreten. – *Beispiele:* Warenhausketten, Versandhäuser, Autohändler.

Non-business-Marketing, Ausweitung des Gegenstandsbereichs des →Marketing auf nicht erwerbswirtschaftlich ausgerichtete Organisationen, z. B. Schulen, Universitäten, Behörden, Kirchen usw.. Einsatz →marketingpolitischer Instrumente in angepaßter Weise.

Non-food-Sortiment, →Food-Sortiment.

Non-impact-Drucker, *nicht anschlagender Drucker,* →Drucker, bei dem die Zeichendarstellung anschlagfrei erfolgt. – *Arten:* →Thermodrucker, →Tintenstrahldrucker. – *Gegensatz:* →Impact-Drucker.

non price competition, in der Wettbewerbstheorie für die Formen des Wettbewerbs, die auf den Einsatz des Preises als Wettbewerbsinstrument verzichten und statt dessen auf Produktdifferenzierung, Verpackung und Werbung ausweichen. N. p. c. ist die typische Wettbewerbsform im →Oligopol und bei →monopolistischer Konkurrenz. – Vgl. auch →absatzpolitisches Instrumentarium.

nonprofit treatment. 1. *Charakterisierung:* Von Tugan-Baranowsky aufgestellte These, nach der die Arbeiterschaft mit organisierter Macht auch auf Dauer höhere Löhne erzielen könnte (→Machttheorie). Der →Lohn ist danach eine *soziale* und keine ökonomische Kategorie, d.h. nicht durch Angebot und Nachfrage bestimmt. Veränderungen in der Lohnhöhe haben keinen Einfluß auf die Beschäftigung; die Unternehmer sind gezwungen, Lohnerhöhungen durch verringerten Gewinn selbst zu tragen. Damit hängt die Verteilung unmittelbar von der Lohnhöhe ab, wobei die Obergrenze durch die volkswirtschaftliche →Produktivität, die Untergrenze durch das →Existenzminimum gebildet wird. – 2. *Kritik:* In ihrer ursprünglichen Form hat sich die These als unhaltbar erwiesen. Nach *Böhm-Bawerk* wirken die Machtverhältnisse nicht außerhalb, sondern innerhalb ökonomischer Gesetze: Kurzfristig können zwar durch massive Streikandrohungen Lohnerhöhungen erzwungen werden, die dem Unternehmen gerade soviel Verluste bringen, wie die Still standskosten des Betriebes betragen; langfristig sind derartige Löhne jedoch nicht zu halten. Durch Kostenüberwälzung auf die Nachfrager sowie durch →Substitution der Arbeit durch Kapital und Abwanderungen des Kapitals wird sich wieder ein realer Gleichgewichtslohn einstellen. – Innerhalb der ökonomischen Gesetze vom Standpunkt der *modernen* →*Preistheorie* aus wird man allerdings den Markteinflüssen auch langfristig einen Einfluß zubilligen können. Die Theorie des Oligopols und des bilateralen Monopols läßt Unbestimmtheitsbereiche der Preise und Produktionsmengen und damit auch der Faktornachfrage entstehen, innerhalb derer sich Machteinflüsse auswirken können (vgl. auch →Oligopoltheorie).

Non-response-Problem, in der Statistik, insbes. in der Umfrageforschung, das Problem, daß bei einem Anteil der Befragten, die zu einer →Stichprobe gehören, wegen Nichtanwesenheit oder Verweigerung keine Antwort erzielt wird. N.-r.-P. kann die Repräsentativität einer Stichprobe gravierend beeinträchtigen, weil Nichtbeantwortung meist mit den Befragungsgegenständen verknüpft ist. *Behandlung* des N.-r.-P. dadurch, daß von den ursprünglichen Nichtantwortenden eine Stichprobe ausgewählt und einem anderen Befragungsmodell unterworfen wird, das dann erfolgreich ist. Bei →Vollerhebung besteht das N.-r.-P. analog.

non-tariff barriers, →nicht-tarifäre Handelshemmnisse.

Nonvaleur. 1. Unverkäufliche oder entwertete Ware. – 2. Urkunde eines entwerteten Wertpapiers, das nur noch Sammlerwert besitzt *(historisches Wertpapier).*

Nordischer Ministerrat, *The Nordic Council of Ministers,* neben dem →Nordischen Rat wichtigstes Instrument der Zusammenarbeit zwischen den skandinavischen Ländern. In dieser Organisation arbeiten ausschließlich die Regierungen der fünf nordischen Länder Dänemark, Finnland, Island, Norwegen und Schweden zusammen. Grundlage der Zusammenarbeit ist der revidierte Zusammenarbeitspakt (Treaty of Co-operation) von 1972 und 1974 (auch *Pakt von Helsinki*) sowie der Pakt für die kulturelle Zusammenarbeit von 1971. Einstimmige Beschlüsse des N.M. sind bindend für die Mitgliedstaaten, soweit diese nicht der Ratifikation durch die nationalen Parlamente bedürfen. Die Premierminister sowie die Minister für Verteidigung und Auswärtige Angelegenheiten veranstalten zwei Treffen innerhalb des N.M. – *Organe:* Ministerrat, dem der Ausschuß der Ministervertreter sowie eine Reihe Ausschüsse Leitender Beamter zur Seite stehen. Das Ständige Sekretariat hat seinen Sitz in Kopenhagen. – *Tätigkeit:* Die Aktivitäten des N.M. umfassen alle Politikbereiche mit Ausnahme der Außen- und Verteidigungspolitik. Wichtige Institutio-

nen der wirtschaftlichen sowie sozial- und kulturpolitischen Zusammenarbeit sind z.B. Nordische Investitionsbank, Nordischer Industrieller Fonds, Nordische Schule für das Öffentliche Gesundheitswesen und Nordischer Kulturfonds. Der N.M. verfaßt Jahresberichte, die dem Nordischen Rat unterbreitet werden. – Wichtige *Veröffentlichungen:* Nordic Co-operation Newsletter; Organs of Nordic Co-operation; Yearbook of Nordic Statistics; The Nu-Series (reports).

Nordischer Rat, *The Nordic Council,* 1952 von den nordischen Ländern (Gründerländer: Dänemark, Island, Norwegen und Schweden) gebildete Organisation, die vornehmlich der Zusammenarbeit zwischen den Parlamenten und Regierungen der nordischen Länder dient. Zu den Mitgliedsländern zählen auch Finnland (seit 1955) sowie dir Färöer-Inseln und Öland (seit 1970) mit einer gesonderten Vertretung innerhalb der dänischen bzw. finnischen Delegation; Grönland besitzt seit 1984 eine eigenständige Vertretung innerhalb der dänischen bzw. finnischen Delegation. Neben dem N.R. fungiert als weiteres wichtiges Instrument der Zusammenarbeit zwischen den skandinavischen Staaten der →Nordische Ministerrat. – *Organe:* Oberstes Organ ist der Rat, der 87 Mitgliedsländer umfaßt und jährlich zusammentrifft. Die Mitglieder sind paritätisch entsprechend ihrer Repräsentation in den nationalen Parlamenten vertreten. Dem Rat unterstellt sind fünf ständige Ausschüsse (Wirtschaft, Kultur, Rechtsfragen, Sozial- und Umweltfragen, Kommunikation). Höchstes Executiv-Organ ist das Ratspräsidium, in dem die fünf Staaten jeweils mit einem Mitglied vertreten sind. Das Ständige Sekretariat hat seinen Sitz in Stockholm. – *Tätigkeit:* Der N.R. erarbeitet Empfehlungen und Stellungnahmen zu allen Fragen von allgemeinem Interesse für die skandinavischen Länder auf den von den Ständigen Ausschüssen abgedeckten Gebieten. Er befaßt sich darüber hinaus mit Budget-Fragen und Problemen des Informationswesens. Die Empfehlungen des Rates zu fundamental politischen Fragen führen i.d.R. zu entsprechenden Maßnahmen der nationalen Parlamente. – Wichtige *Veröffentlichungen:* Yearbook of Nordic Statistics; Reports.

Nord-Korea, →Korea II.

Nord-Süd-Konflikt, wirtschaficher und politischer Interessengegensatz zwischen den durchweg auf der nördlichen Hälfte der Erdkugel angesiedelten Industrienationen und den in ihrer überwiegenden Mehrzahl südlichen davon existierenden →Entwicklungsländern. Die Entwicklungsländer sehen sich in der herrschenden Weltwirtschaftsordnung in vielfältiger Hinsicht benachteiligt und fordern dementsprechend eine →Neue Weltwirtschaftsordnung. Die Industrieländer stehen diesen Forderungen überwiegend ablehnend gegenüber.

Nordwesteckenverfahren, →klassisches Transportproblem IV.

Norm. 1. *Rechtsnorm:* Z. B. Gesetze, Verordnungen. – **2.** *Technische Norm:* Eine technische Beschreibung oder ein anderes Dokument, das für jedermann zugänglich ist und unter Mitarbeit und im Einvernehmen oder mit allgemeiner Zustimmung aller interessierten Kreise erstellt wurde. Sie beruht auf abgestimmten Ergebnissen von Wissenschaft, Technik und Praxis. Sie ist von einer auf nationaler (→Deutsches Institut für Normung (DIN)), regionaler (europäische Normenorganisation →CEN und →CENELEC) oder internationaler (internationale Normenorganisationen →ISO und →IEC) Ebene anerkannten Organisation gebilligt worden; vgl. auch →deutsche Normen, →europäische Normen, →internationale Normen. – *Arten:* Dienstleistungsnorm, Gebrauchstauglichkeitsnorm, Liefernorm, Maßnorm, Planungsnorm, Sicherheitsnorm, Stoffnorm, Verfahrensnorm und Verständigungsnorm. Aufgrund ihres Inhalts kann eine N. zu einer oder mehreren der genannten Arten gehören. – *Funktionen:* Durch N. wird u. a. die Beschaffung von Geräten (z. B. Prüfgeräten), Teilen und Halbzeugen in gleichbleibender Qualität wesentlich erleichtert; sie erhöhen die Verwendbarkeit von Erzeugnissen, bilden u. a. die Grundlage für Kompatibilität und Austauschbarkeit sowie für die Einschränkung der Teilvielfalt (z. B. Baureihen, Baukastensystem) mit den daraus erwachsenden Vorteilen, wie schnelle Ersatzteilbeschaffung, leichtere Instandhaltung, wirtschaftlicher Einsatz von Arbeitsmitteln, Werkzeugen und Prüfgeräten usw. – N. für die Sicherheit, den Umweltschutz und den Bereich der Ergonomie tragen wesentlich zum Schutz vor den unerwünschten Nebenwirkungen der Technik sowie zur Humanisierung der Arbeitswelt bei.

Normalarbeitsvertrag, →Arbeitsvertrag.

Normalbeschäftigung, die für eine zukünftige Periode unter „normalen" Umständen, d. h. unter Berücksichtigung bestehender Engpässe und unvermeidbarer Störungen, zu erreichende →Beschäftigung des Betriebs oder eines Betriebsteils. Die N. liegt i. d. R. unter der →Bestbeschäftigung. – *Kostenrechnung:* In der Plankostenrechnung werden die →Sollkosten überwiegend auf N. oder →Planbeschäftigung abgestellt; in der →Zuschlagskalkulation wird auf die N. bei der Ermittlung der Gemeinkostenzuschlagsätze abgestellt.

Normaldefizit, Teil des Gesamtdefizits der öffentlichen Haushalte, an den sich die Privaten langfristig gewöhnt haben, der von ihnen als normal empfunden wird. Wird bei der

Ermittlung des →strukturellen Defizits einbezogen.

normale Güter, Güter, deren Konsum mit steigendem Einkommen zunimmt.

normale Kapazität, das durchschnittliche betriebliche Leistungsvermögen (→Kapazität) bei normalen Rüst- und Verlustzeiten, also die praktisch und auf Dauer erreichbare technische Kannleistung des Betriebes. Bei der Errechnung der n. K. ist von der →maximalen Kapazität auszugehen, die anhand der gewonnenen Betriebserfahrungen zu berichtigen ist, gemäß den unvermeidlichen Schwankungen des menschlichen Leistungsvermögens, der Materialqualität, der Maschinengenauigkeit usw. – Durch die n. K. wird von Technischen her die →wirtschaftliche Kapazität bestimmt, die ihr bei erfolgreicher Betriebsorganisation entsprechen sollte.

Normalfolge,   *Ende-Anfang-Beziehung,* Begriff der Netzplantechnik. Spezielle Ablaufbeziehung zwischen zwei →Vorgängen, bei der als Bezugspunkte das Ende des einen sowie der Beginn des zweiten Vorgangs dienen. Vgl. →Netzplantechnik III 2.

Normalform. 1. *Begriff:* In der →Datenorganisation ein Zustand einer →Relation (bzw. einer →Datei), der i. a. durch →Normalisierung erzeugt wird. – **2.** *Arten:* Man unterscheidet hauptsächlich vier N., die aufeinander aufbauen; d. h. eine Relation in dritter N. ist automatisch auch in zweiter N. (und damit auch in erster N.) usw.; von praktischer Bedeutung ist v. a. die dritte N.

Normalgemeinkosten,   →Normalkosten, →Normalzuschläge.

Normalisierung. I. K o s t e n r e c h n u n g : Der traditionellen →Vollkostenrechnung zugrunde liegendes Bestreben, aperiodisch oder in ungewöhnlicher Höhe anfallende Kosten zu „glätten", d. h. auf die einzelnen Abrechnungsperioden in gleichmäßiger Form zu verteilen, um eine bessere zeitliche Vergleichbarkeit zu erreichen.

II. D a t e n v e r a r b e i t u n g : In der →Datenorganisation ein Prozeß, der bei der Erstellung des →Datenmodells durchlaufen wird; entwickelt von E. F. Codd in Zusammenhang mit dem →Relationenmodell, aber auch unabhängig davon anwendbar. – *Ziel der N.:* Erzeugung von einfachen, möglichst redundanzarmen (→Datenredundanz) →Relationen. – *Vorgehensweise:* Mehrere formale Schritte, mit denen Relationen in verschiedenen →Normalformen erzeugt werden.

Normalkalkulation, →Kalkulation (insbes. →Vorkalkulation), bei der anstelle der effektiven Kosten normale oder durchschnittliche, vergangenheitsorientierte Werte, besonders Gemeinkostenzuschläge angesetzt werden. –

Vgl. auch →Normalkosten, →Normalkosten-rechnung, →Normalzuschläge.

Normalkontenplan, aus dem →Normalkon-tenrahmen einer bestimmten Wirtschafts-gruppe abgeleiteter →Kontenplan.

Normalkontenrahmen, die von den einzel-nen Wirtschaftsverbänden ausgearbeiteten →Kontenrahmen, die auf die besonderen Verhältnisse des Geschäftszweiges ihrer Mit-glieder abgestimmt sind. Nicht verbindlich.

Normalkosten, aus den →Istkosten größerer Zeiträume abgeleitete, d. h. vergangenheits-orientierte Durchschnittskosten, mit denen es möglich ist, gleichmäßige Vorga-bewerte herauszuarbeiten und einen Ausgleich von Schwankungen in der Kostenhöhe herzu-stellen. – *Beispiel:* Wagniskosten. – Vgl. auch →Normalkostenrechnung.

Normalkostenrechnung. 1. *Begriff:* Ausprä-gung der →Kostenrechnung, in der statt tatsächlich angefallener Kosten (→Istkosten) vergangenheitsorientierte →Normalkosten verrechnet werden. Den Bezugsgrößen werden Kosten zugerechnet, die bei normalen Ver-hältnissen entstehen oder entstehen würden. – 2. *Bedeutung:* In reiner Form in der Praxis nicht realisiert. In der →Istkostenrechnung wird i. d. R. in Teilbereichen mit Normalko-sten gerechnet. – 3. *Weiterentwicklungsfor-men:* Vgl. →Standardkostenrechnung.

Normalleistung, Begriff des Arbeitsstudiums. Keine einheitliche Definition; nicht intersub-jektiv nachprüfbar. Die N. liegt gewöhnlich unter der →Durchschnittsleistung von im Leistungslohn Arbeitenden. Vgl. →REFA-Normalleistung. – Vgl. auch →Leveling-Sy-stem.

Normalpreis. 1. *Kostenrechnung:* Der bei der Bewertung innerbetrieblicher Leistungen zugrunde gelegte →feste Verrechnungspreis. – 2. *Zollrecht:* Der der Verzollung in der Bun-desrep. D. zugrunde gelegte Preis frei deutsche Grenze bei einem Verkauf unter den Bedin-gungen des freien Wettbewerbs im Zollgebiet zum Zeitpunkt der Zollabfertigung. Dieser N. ist oft nicht identisch mit Fakturenpreis, zu dem die Zollämter oft Zuschläge berechnen. Die Zollwertgruppe der Bundesfinanzverwal-tung unterrichtet die Zollämter laufend über die Entwicklung des →Weltmarktpreises.

Normaltarif, →Ferngespräche.

Normalverteilung, *Gaußsche Normalvertei-lung,* eine in der →Inferenzstatistik besonders wichtige stetige theoretische →Verteilung, hergeleitet von C. F. Gauß. 1. Die expliziten →Parameter der N. sind der →Erwartungs-wert μ und die →Varianz σ². Mit Hilfe der →Standardtransformationen können N. mit beliebiger Parameterlage in die *Standardnor-malverteilung* (μ = 0; σ² = 1) überführt werden. Für die Auswertung der →Dichte-

funktion bzw. →Verteilungsfunktion der Standardnormalverteilung existieren *Tabel-lenwerke,* in denen →Wahrscheinlichkeits-dichten bzw. Werte der →Verteilungsfunktion verzeichnet sind. Die Tabellen der Standard-N. können daher zur Auswertung beliebiger N. herangezogen werden. – 2. *Eigenschaften:* Bei graphischer Darstellung ergibt die Dichte-funktion einer N. eine glockenförmige Kurve, die symmetrisch zur Geraden x = μ ist. Der Erwartungswert μ fällt zusammen mit dem →Modus und dem →Median. Die Glocken-kurve hat Wendepunkte bei den Abszissen μ + σ bzw. μ – σ. Für eine μ-σ-normalver-teilte Zufallsvariable X gilt (gerundete Werte):

$$W\{\mu - \sigma \leq X \leq \mu + \sigma\} = 0,6826$$
$$W\{\mu - 2\sigma \leq X \leq \mu + 2\sigma\} = 0,9544$$
$$W\{\mu - 3\sigma \leq X \leq \mu + 3\sigma\} = 0,9973$$

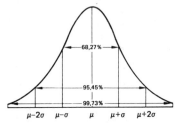

3. *Bedeutung:* Annähernd normalverteilte Merkmale sind in der Wirtschaft gelegentlich, im technisch-naturwissenschaftlichen Bereich des öfteren zu beobachten. Dies ist durch den Zentralen →Grenzwertsatz begründbar. Außerdem ist z. B. der Stichprobendurch-schnitt (→arithmetisches Mittel) bei großem Stichprobenumfang annähernd auch dann als normalverteilt zu betrachten, wenn über die Verteilung der →Grundgesamtheit nichts bekannt ist. Schließlich eignet sich die N. zur Approximation vieler theoretischer Vertei-lungen unter gewissen Voraussetzungen, etwa der →Binomialverteilung, der →hypergeo-metrischen Verteilung oder der →Chi-Qua-drat-Verteilung.

Normalwerte, Normalmengen, bewertet zu einem Festpreis. – Vgl. auch →Normalkosten.

Normalwissenschaft, →Paradigma.

Normalzeit, Begriff der Zeitstudie. N. hat den Charakter einer →Soll-Zeit für die planmä-ßige Durchführung einer Arbeitsaufgabe. – *Ermittlung:* N. = →Ist-Zeit × →Leistungs-grad/100. Liegen mehrere Ist-Zeit Messungen mit begleitenden Leistungsgradbeurteilungen für einen →Ablaufabschnitt vor, gilt i. a.:

$$N. = \frac{\sum \text{Ist-Zeiten}}{\text{Anzahl Ist-Zeit-Messungen}} \times$$
$$\frac{\sum \text{Leistungsgrade}}{\text{Anzahl Leistungsgradbeurteilungen}} \times 100$$

N. wird infolge der inter- und intrapersonellen Leistungsstreuungen zeitich über-/unterschritten. – Basis für →Lohnform; vgl. auch →Akkordlohn.

Normalzuschläge, prozentuale →Gemeinkostenzuschläge in Höhe der Erfahrungssätze vergangener Abrechnungszeiträume. Am Periodenende werden verrechnete und entstandene Kosten gegenübergestellt: Die Differenzen stellen die →Kostenunterdeckung bzw. →Kostenüberdeckung in den Kostenstellen dar.

Normativbedingungen, →Allgemeine Versicherungsbedingungen, die nach Prüfung und Genehmigung durch die Aufsichtsbehörde als Musterbedingungen gelten. N. sind Vertragsabreden, müssen also im Einzelfall ausdrücklich oder stillschweigend vereinbart sein und genießen Vorrang vor den nachgiebigen Vorschriften des →Versicherungsvertragsgesetzes.

Normativbestimmungen, →Tarifvertrag.

normative Betriebswirtschaftslehre. 1. Sammelbezeichnung für eine in sich wenig homogene *Wissenschaftsauffassung* innerhalb der →Betriebswirtschaftslehre. Ihre Vertreter halten entweder die Einbeziehung von →Werturteilen in betriebswirtschaftliche Aussagensysteme (ethischer Normativismus) oder sog. Gestaltungsempfehlungen (praktischer Normativismus) für erforderlich. – 2. Auffassung des *ethischen Normativismus:* Aufgabe der BWL ist es, Normen für wirtschaftliches Handeln aus allgemeinen ethischen Prinzipien abzuleiten und damit einen Soll-Zustand vorzugeben, in den die Wirtschaft zu überführen ist. Insbes. innerhalb der älteren BWL von Bedeutung; geringe Wirkung. *Hauptvertreter:* Schär, Nicklisch und Kalveram. – 3. Auffassung des *praktischen Normativismus:* Aufgabe der BWL ist es, der Praxis Handlungsempfehlungen zu unterbreiten (daher auch: *praktisch-normative Betriebswirtschaftslehre*); wird in dieser Form insbes. von den Vertretern der →Entscheidungsorientierten Betriebswirtschaftslehre akzentuiert. Die Analyse der logischen Grammatik der Sprache zeigt allerdings, daß es sich dabei nicht um Wertungen, sondern um Informationen über Handlungsmöglichkeiten handelt; insofern ist Praxisberatung auch mit den Mitteln einer (in bestimmtem Sinn) „wertfreien" Wissenschaft möglich (→Wertfreiheitspostulat).

normative Rahmenplanung, →Unternehmenspolitik III 1 e).

normatives Management, →Unternehmenspolitik.

Normativismus, →normative Betriebswirtschaftslehre.

Normenausschuß (NA), Organ des →DIN Deutschen Instituts für Normung e. V., das die →Normung auf seinem Fach- und Wissensgebiet verantwortlich trägt. Die fachliche Normungsarbeit wird in seinen weiteren Untergliederungen (z. B. Arbeitsausschüsse, Unterausschüsse) durchgeführt.

Normenkontrolle, Überprüfung eines →Gesetzes oder einer →Rechtsverordnung am Maßstab von Normen höheren Ranges (z. B. des Verfassungsrechts). Das Verfahren der N. ist in Art. 93 I 2 und 100 GG sowie in den Länderverfassungen geregelt. Einzelheiten in Gesetz über das →Bundesverfassungsgericht und Gesetze über die →Verfassungsgerichte der Länder. – Man *unterscheidet:* 1. *Abstrakte N.:* Anstoß zur Prüfung von der →Bundesregierung, der Landesregierung oder einem Drittel des →Bundestages. – 2. *Konkrete (inzidente) N.:* Überprüfung bei Rechtsstreit notwendig, weil die Gültigkeit der Norm für den Ausgang des Rechtsstreits bedeutsam ist. Die Befugnis zur N. ist in erheblichem Umfang dem Bundesverfassungsgericht und den Verfassungsgerichten der Länder übertragen. Soweit dies nicht der Fall ist, haben alle →Gerichte die Befugnis zur N. *(richterliches Prüfungsrecht).*

Normen- und Typenkartell, →Kartell zur Festlegung einheitlicher Normen und Typen. Nach § 5 I GWB als Anmeldekartell vom Kartellverbot ausgenommen. Vgl. →Kartellgesetz VII 3 a.

Normieren einer Gleichung →modifizierter Gauss-Algorithmus I.

normierte Programmierung. 1. *Begriff:* Methode bei der →Programmentwicklung, die zur Vereinheitlichung des Programmaufbaus und der Bezeichnungen in einem Programm beitragen soll. – 2. *Entstehung:* von verschiedenen EDV-Herstellern und -Anwendern entwickelt; entgegen der Bezeichnung gibt es nicht *eine* „Norm", sondern unterschiedliche Methoden, die z. T. unternehmensintern vorgegeben werden. – 3. *Einsatzbereich:* V. a. auf Probleme der betrieblichen Datenverarbeitung zugeschnitten; bei denen mehrere →Dateien gleichzeitig verarbeitet werden müssen (→Gruppenwechsel).

Normierung, →Normung, →Norm, →deutsche Normen, →europäische Normen, →internationale Normen.

Normung. 1. *Begriff:* Planmäßige, durch die interessierten Kreise gemeinschaftlich durchgeführte Vereinheitlichung von materiellem und immateriellen Gegenständen (→Normen) zum Nutzen der Allgemeinheit. Umfaßt ebenfalls die Anpassung von Normen an den jeweiligen Stand der Entwicklung. Sie darf nicht zu einem wirtschaftlichen Sondervorteil einzelner führen. – 2. *Ziele:* Förderung der Rationalisierung und Qualitätssicherung in

Wirtschaft, Technik, Wissenschaft und Verwaltung. Sie dient der Sicherheit von Menschen und Sachen sowie der Qualitätsverbesserung in allen Lebensbereichen, außerdem einer sinnvollen Ordnung und der Information auf dem jeweiligen Normungsgebiet. – 3. *Geschichtliche Entwicklung:* Bereits seit Mitte des 19. Jh. entstanden in allen größeren Werken und Firmen sog. *Normalien-Bücher,* welche zumindest betriebsintern viele Einzelteile vereinheitlichten und damit austauschbar machten. In weiterer Folge haben dann die kriegerischen Randbedingungen des Ersten Weltkrieges in Deutschland beschleunigend darauf gewirkt, daß sich diese Werknormen zu *nationalen Normen* vereinheitlichten. Die bis dahin in unbekanntem Maßstab notwendigen Massenproduktionen z. B. von Rüstungsgütern und die damit verbundene rationale Fertigung, Austauschbarkeit und Lagerhaltung waren ein wesentlicher Faktor, der zur schnellen Gründung der entsprechenden Organisationen drängte. – Mai 1917 wurde in Berlin im königlichen Fabrikationsbüro Spandau der *Normalienausschuß für den allgemeinen Maschinenbau* als Ausschuß des Vereins der Deutschen Ingenieure (VDI) gegründet. Zudem wurde der Antrag gestellt, alle bisher ausgearbeiteten Normen in einem Werk zu vereinigen und sie damit zum Allgemeingut der Deutschen Technik werden zu lassen; diese sollten als *DI-Normen (Deutsche-Industrie Normen)* gekennzeichnet werden. Aus dieser Kürzel ist das heute bekannte Zeichen DIN abgeleitet worden. – Schon nach kurzer Zeit wurde die Notwendigkeit deutlich, die Normungsarbeit des Ausschusses auch über den Fachbereich des Maschinenbaus hinaus auszudehnen. Dezember 1917 wurde deshalb die Umgründung zum *Normenausschuß der Deutschen Industrie (NADI)* vorgenommen, der selbständig (losgelöst vom VDI) seine Arbeit weiterführte. – 1926 wurde dann dem Umstand Rechnung getragen, daß die Normungsarbeit auch über den engeren Bereich der Industrie hinaus gewachsen und in beinahe alle Wirtschaftsbereiche vorgedrungen war, durch die Änderung des Vereinsnamens in *Deutscher Normenausschuß (DNA).* – 1975 wurde schließlich dieser in das →DIN *Deutsches Institut für Normung e. V.* umbenannt; Anlaß war ein Vertrag mit der Bundesrep. D. (Normenvertrag) in dem das DIN als die zuständige nationale Normenorganisation sowie als Vertreter für die internationale Normung bestätigt wurde.

North Atlantic Treaty Organization,
→NATO.

Norwegen, *Königreich Norwegen,* nordeuropäisches Land, bedeckt den Westteil der Skandinavischen Halbinsel; stark gegliederte Küstenlinie. – *Fläche:* 323 883 km². Außenbesitzungen: Spitzbergen und Bäreninsel (62 700 km²), Jan Mayen (380 km²), Bouvet-Insel

(58,5 km², unbewohnt), Peter-I.-Insel (249 km², unbewohnt); außerdem beansprucht N. den Sektor der Antarktis zwischen 20 Grad westlicher und 45 Grad östlicher Länge als Königin-Maud-Land. – *Einwohner* (E): (1986, geschätzt) 4,17 Mill. (12,8 E/km²). – *Hauptstadt:* Oslo (447 000 E); weitere wichtige Städte: Bergen (207 200 E), Trondheim (134 100 E), Stavanger (94 000 E), Kristiansand (62 000 E). – *Unabhängig* seit 1905 (formeller Austritt aus der Union mit Schweden). Konstitutionelle Monarchie auf parlamentarisch-demokratischer Grundlage; Verfassung von 1814; Einkammernparlament. – *Verwaltungsgliederung:* 18 Provinzen (Fylker), Hauptstadt Oslo bildet eigene Provinz; 454 Gemeinden, davon 47 Stadtgemeinden; Spitzbergengruppe und Insel Jan Mayen besitzen Sonderstatus. – *Amtssprache:* Norwegisch in zwei offiziellen Formen (Bokmal und Nynorsk).

Wirtschaft: *Land- und Forstwirtschaft:* Von der Gesamtfläche des gebirgigen Landes sind fast drei Viertel Ödland, knapp ein Viertel ist mit Wald (Waldnutzung durch moderne Holzwirtschaft) bedeckt. Landwirtschaft (mit Kartoffeln, Gerste, Hafer, Weizen, sowie Freilandgemüse) auf kleine Flächen an der Südküste beschränkt; insbes. Vieh- (Rinder, Schafe; im N Ren), auch Pelztierzucht. – Bedeutende *Küsten- und Hochseefischerei* (Lodde, Kabeljau, Köhler, Kolmule, Wale; Empfehlungen der internationalen Walfangkommission bisher nicht anerkannt); Fangmenge: (1984) 2,4 Mill. t. – *Bergbau und Industrie:* Seit Mitte der 70er Jahre Nettoexporteur von Erdöl. Eisenerze (bei Kirkenes, Mo, Malm), Schwefelkies (Narvik, Løcken), Kupfer (Sulitjelma, Røros), Nickel (Evje), Blei, Zink, Titan u. a. Steinkohle auf der Außenbesitzung Spitzbergen. – Reiche Wasserkräfte sind Hauptenergiequelle der Erzverhüttung, Eisen- und Metallindustrie (Elektrostahlwerk Mo-i-Rana), der bedeutenden Holzschliff-, Zellstoff- und Papierindustrie. Ferner fischverarbeitende, chemische, Zündholzindustrie. Schiffbau v. a. in Bergen, Stavanger, Kristiansand, Oslo. – *BSP:* (1985, geschätzt) 57 580 Mill. US-$ (13 890 US-$ je E). – *Inflationsrate:* (Durchschnitt 1973–84) 9,4 %. – *Export:* (1986) 18 377 Mill. US-$, v. a. mineralische Brennstoffe; bearbeitete Waren; Maschinenbau-, elektrotechnische Erzeugnisse, Fahrzeuge. – *Import:* (1986) 20 309 Mill. US-$, v. a. Maschinenbauerzeugnisse, elektrotechnische Erzeugnisse und Fahrzeuge; bearbeitete Waren. – *Handelspartner:* Schweden, Bundesrep. D., Großbritannien, Japan.

V e r k e h r : 84 033 km Straßen, davon 52 293 km mit fester Decke (1984). – Streckenlänge der *Staatsbahn* 4242 km, 16 km Privatbahn. Die wichtigsten Eisenbahnlinien verbinden die Großstädte Oslo, Bergen und Trondheim. – Die norwegische *Handelsflotte* (1985: 15,9 Mill. BRT) schrumpft kontinuierlich, während die Zahl der unter ausländischer Flagge fahrenden Schiffe zunimmt. *Haupthäfen:* Narvik (insbes. Erzausfuhr), Oslo, Stavanger. – Zunehmende Bedeutung des *Flugverkehrs.* Wichtigster internationaler *Flughafen* ist Forneby bei Oslo, daneben 39 weitere Flugplätze. N. betreibt gemeinsam mit Dänemark und Schweden das SAS ("Skandinavian Airlines System").

Mitgliedschaften: UNO, BIZ, CCC, EFTA, IEA, NATO, OECD, UNCTAD u. a.; Europarat, Nordischer Rat, Freihandelsabkommen mit der EG.

Währung: 1 Norwegische Krone (nkr) = 100 Øre (Ø).

No-show-Quote, →Überbuchung.

Nostroeffekten, eigene Effekten einer Bank, die sich bei anderen Banken in Verwahrung befinden. – Vgl. auch →eigene Aktien.

Nostroguthaben, *Interbankengelder.* 1. *Charakterisierung:* Sichteinlagen, die ein Kreditinstitut bei einem anderen unterhält. Die Banken halten N., um (1) den Überweisungsverkehr ihrer Kunden über Korrespondenzbanken möglichst rasch abzuwickeln und (2) →Überschußreserven verzinslich anzulegen. Die N. bedeuten meist eine Liquiditätsübertragung von liquiden auf liquiditätsknappe Banken. Besonders ausgeprägt ist die Zunahme dieser Sichteinlagen zum Jahresende, möglicherweise um einen Bilanzzuwachs auszuweisen. – 2. *Bedeutung:* In jüngster Zeit war eine starke Zunahme der Interbankkreditgewährung in Restriktionsphasen, insbes. zwischen 1972 und 1974 zu beobachten, mit geldpolitischen Konsequenzen. Die Kreditinstitute stellten bei der Kreditgewährung an Nichtbanken auf ihre einzelwirtschaftliche →Liquidität ab. Die Bundesbank war vor das Problem gestellt, den kreditgewährenden Banken Zentralbankgeld zufließen zu lassen oder Liquiditätskrisen zu riskieren. – Vgl. auch →monetäre Theorie und Politik.

Nostrokonten, die von einer Bank bei anderen Banken unterhaltenen Konten, die →Nostroguthaben (entsprechen Loroverbindlichkeiten) oder Nostroverbindlichkeiten (→aufgenommene Gelder; entsprechen Loroguthaben) ausweisen. – *Gegensatz:* →Lorokonten.

Nostroverbindlichkeiten, →aufgenommene Gelder.

Notadresse, Vermerk auf →Wechseln, "im Falle der Not bei ..." unter Angabe der Adresse desjenigen, der beim Notleidendwerden eines Wechsels für den bezeichneten Wechselverpflichteten eintreten soll, um den →Rückgriff mangels Annahme oder mangels Zahlung zu vermeiden. Die N. kann der Aussteller, jeder Indossant oder Wechselbürge angeben. – Vgl. auch →Ehreneintritt.

Notanzeige, →Benachrichtigungspflicht.

Notar, meist freiberuflich Tätiger mit Befähigung zum Richteramt, von der Justizverwaltung *öffentlich bestellt* zur Vornahme von Akten der →Freiwilligen Gerichtsbarkeit, besonders zur →öffentlichen Beurkundung, →öffentlichen Beglaubigung von Unterschriften, Wechselprotesten usw. Der N. erhält für seine Tätigkeit *Gebühren* nach der →Kostenordnung und *untersteht* der Dienstaufsicht des zuständigen Landgerichtspräsidenten. In mehreren Ländern der Bundesrepublik ist N. gleichzeitig →Rechtsanwalt. – Die N. sind auch zur *Vertretung eines* →Steuerpflichtigen berechtigt (§ 107 AO). – Es obliegt ihnen auch, den *Finanzämtern* zur Durchführung der Besteuerung Hilfe, z. B. durch Anzeige steuerpflichtiger Vorgänge, zu leisten (§ 188 AO). – Eingehende Regelung der Rechtsverhältnisse, der Pflichten und der Berufsgerichtsbarkeit der Notare in der Bundesnotarordnung vom 24. 2. 1961 (BGBl I 98) mit späteren Änderungen. – Ab 1. 1. 1983 muß der N. eine Berufshaftpflichtversicherung abschließen, die für den einzelnen Versicherungsfall mindestens 500 000 DM abdeckt.

Notaranderkonto, Bankkonto, das der Notar im eigenen Namen und mit eigener Verfügungsbefugnis treuhänderisch für einen Dritten unterhält. – Vgl. auch →Anderkonto.

notarielle Beurkundung, die durch einen →Notar vorgenommene →öffentliche Beurkundung.

Notdienst, →Streik II 2 e).

note issuance facility (NIF), Fazilität, die die Liquiditätsbeschaffung über die revolvierende Plazierung von kurzfristigen Schuldtiteln (notes) ermöglicht. Diese werden im →Tender-Verfahren am Markt untergebracht *(anders:* →revolving underwriting facility). Das Risiko der Anschlußfinanzierung trägt der Schuldner, da dieser nicht durch Backup-Linien (→backup line) abgesichert werden. – *Variante:* →revolving euronote issuance facility. – Vgl. auch →Finanzinnovationen.

Noten, gesetzliche →Zahlungsmittel in Form des Papiergeldes. Vgl. →Banknoten.

Notenabstempelung, →Abstempelung.

Notenausgabe, passives Kreditgeschäft der Notenbanken, dem die aktiven Notendeckungsgeschäfte (Diskont-, Lombard-, Offenmarktpolitik) gegenüberstehen. Die ausgegebenen Banknoten werden verwendet: zu Goldankäufen und zur Kreditgewährung, insbes. zu Diskont- und Lombardkrediten, ferner zum Ankauf von Wertpapieren (Offenmarktgeschäft). – *Deckung:* durch die Bestände an Gold, Devisen, Wertpapieren und Forderungen. – *Recht der N.* den →Notenbanken oder (selten) der Regierung (Finanzministerium) vorbehalten und an strenge gesetzliche Vorschriften geknüpft. N. und Deckung der Noten sind in den Bankgesetzen geregelt. – In der *Bundesrep. D.* hat die Deutsche Bundesbank das alleinige N.-Recht. Im BBankG ist keine Grenze für die N. vorgesehen; Deckungsvorschriften bestehen nicht.

Notenbank, zur →Notenausgabe berechtigte Bank; in den meisten Staaten nur eine Bank *(Zentralnotenbank).* In der Bundesrep. D. die →Deutsche Bundesbank. – Vgl. auch →Banksystem I.

Notenbankausweis, →Bankausweis.

Notenbankmonopol, →Emissionsmonopol, →Notenprivileg.

Notenbankpolitik, Gesamtheit der Maßnahmen der →Notenbank zur Regulierung der Geldmenge und/oder der Zinssätze, sowie jener Maßnahmen, die auf die monetären außenwirtschaftlichen Beziehungen einwirken. – *Mittel der N.:* z. B. →Diskontpolitik, →Kreditrestriktion und →Kreditausweitung, →Offenmarktpolitik, Politik der Mindestreserven oder der Wechselkursinterventionen. – Vgl. auch →monetäre Theorie und Politik VI.

Notendeckung, →Deckung.

Noteneinlösung, die gesetzlich vorgeschriebene Pflicht der →Notenbanken, ihre Banknoten in Währungs-Metallgeld (meist Goldgeld) einzuwechseln (Einlösungspflicht). N. gehörte früher zum System der →Goldwährung.

Notenkontingent, gesetzlich festgelegte Höhe der zum Umlauf bestimmten Banknoten, die die →Notenausgabe der Notenbank begrenzen. – *Formen:* a) *Teilweise Kontingentierung:* nur der nicht durch Gold gedeckte Betrag der Notenausgabe ist begrenzt (so bei der Bank von England). – b) *Vollständige Kontingentierung:* gesamte Notenausgabe ist begrenzt, so in Frankreich und bis 31. 7. 1957 in der Bundesrep. D. – c) *Steuerliche Kontingentierung:* für alle über das N. hinausgehenden Notenausgaben ist eine →Notensteuer zu entrichten, so bei der alten Reichsbank und in den USA.

Notenmonopol, →Notenprivileg.

Notenprivileg, *Notenmonopol,* ausschließliches Recht der →Notenausgabe, das vom Staat (i. d. R. durch Währungs- oder Bankgesetz) verliehen wird, und zwar heute meist einer Zentralnotenbank (in der Bundesrep. D. der Deutschen Bundesbank). – *Ähnlich:* →Emissionsmonopol.

Notensteuer, Zwangsabgabe, die Notenbanken zu entrichten haben, wenn die Notenausgabe ein bestimmtes Notenkontingent überschreitet oder die vorgeschriebene Deckung unterschritten wird. Eine prohibitive N. wird erhoben, um private Banken zur Aufgabe des

Notenemissionsgeschäfts zu veranlassen. – *Ziel:* Kontrolle des Geldumlaufs. – *Bedeutung:* Zuerst in den USA (1866), später in Deutschland erhoben; in Deutschland 1933, in den USA 1968 abgeschafft.

Notenstückelung, Einteilung der Notenemission hinsichtlich der Höhe der einzelnen Noten. Die Deutsche Bundesbank gibt Noten zu 5, 10, 20, 50, 100, 500 und 1000 DM aus.

Notenumlauf, die Menge der im Verkehr befindlichen →Banknoten. Der N. bildet zusammen mit Münz- und Giralgeldumlauf den Geldumlauf i. w. S. (→Geldvolumen). – *Höhe* des N. wird regelmäßig im →Bankausweis veröffentlicht und ist fast überall durch Deckungsvorschriften (→Notenkontingent) begrenzt. – Durch *Variierung* des N. kann Zentralnotenbank die Wirtschaft und deren Entwicklung beeinflussen. Zu großer N. kann zur Überversorgung der Wirtschaft mit Zahlungsmitteln (→Inflation), zu kleiner N. zur Unterversorgung (Deflation) führen. Höhe des N. ist somit für den →Geldwert bedeutsam.

Notfallausweis, bundeseinheitliches Dokument, unentgeltlich bei Gesundheitsämtern, Ärzten, Krankenkassen usw. zu erhalten. Der N. ist mehrsprachig und enthält alle nach modernen medizinischen Erkenntnissen bei Notfällen notwendigen Aussagen. Format wie Bundespersonalausweis.

Notfristen, bestimmte →Fristen im Zivilprozeß, die ausdrücklich als solche bezeichnet sind, insbes. solche für die Einlegung der Berufung, Revision, der sofortigen Beschwerde, des Einspruchs gegen Versäumnisurteil oder Vollstreckungsbescheid. N. können nicht verlängert werden; bei Fristversäumnis ohne Verschulden →Wiedereinsetzung in den vorigen Stand möglich (§§ 223 ff., 230 ff. ZPO).

Notgeld, in wirtschaftlichen Krisen beim Versagen der Währungspolitik ausgegebenes Geld, insbes. das Geld, das während der Inflation 1922–1923 von Städten, Kreisen, öffentlichen Verbänden u. a. ausgegeben wurde, um den ständigen Mangel an Geldzeichen zu beheben.

Notierungen an der Börse, *Quotation,* Festsetzung der Börsenkurse (→Kursfeststellung).

I. A r t e n : 1. *Einheitskursnotierung (Kassakurs):* Alle Kauf- und Verkaufsaufträge werden von den Kursmaklern im Skontrobuch eingetragen. Zum Börsenschluß wird nach dem *Meistausführungsprinzip* derjenige Kurs bestimmt, zu dem die größten Umsätze möglich sind und es erfolgt Abrechnung aller Geschäfte zu diesem Kurs. Vorherrschend in der Bundesrep. D. – *Beispiel:* Es liegen beim Kursmakler vor:

Kaufaufträge	*Verkaufsaufträge*
(1) 3000: bestens	(5) 1000: 133
(2) 2000: 132	(6) 3000: 132
(3) 3000: 130	(7) 1000: 131
(4) 1000: 129	(8) 2000: bestens

Zum Kurs von 132 können 5000 Aktien umgesetzt werden (Aufträge Nr. 1, 2, 6, 7, 8; Nr. 6 allerdings nur teilweise). Die Notiz lautet also 132. – 2. *Variable Notierung (fortlaufende Notierung):* Individuelle Kursfestsetzung bei jedem Geschäft; bei Aktien mit regelmäßigem Umsatz gebräuchlich (in der Bundesrep. D. ca. ein Viertel aller börsennotierten Aktien). Voraussetzung für Abwicklung eines Geschäfts im variablen Handel ist Mindestabschluß von 50 Stück, bei Wandel- und Optionsanleihen nominell 5000 DM. – Im →Kurszettel werden i. d. R. nicht alle Einzelkurse veröffentlicht, sondern nur eine Auswahl (Anfangs- und Schlußkurse, Höchst- und Niedrigstkurse). – 3. *Spannenpreise:* Spanne zwischen Angebots- und Nachfragepreis des betreffenden Börsentags. Nur im geregelten Freiverkehr (Telefonhandel) üblich.

II. V e r ö f f e n t l i c h u n g : 1. *Prozentnotierungen:* Angabe der Notierung in Prozent des Wertpapiernennbetrags, gebräuchlich bei verzinslichen Wertpapieren. – 2. *Stücknotierungen:* Angabe der Notierung in Preis pro Stück, vorwiegend bei Aktien.

III. A u s s e t z u n g : Die Notierung eines Wertpapiers kann vom Börsenvorstand unter bestimmten Bedingungen ausgesetzt werden, falls sehr starke Kursveränderungen zu erwarten sind, z. B. bei stark überzeichneten Neuemissionen oder bei Verdacht auf Insiderhandel.

IV. Zur K e n n z e i c h n u n g der Marktlage der einzelnen Papiere wird der Kurs im Amtlichen Kursblatt i. d. R. durch →Kurszusätze und -hinweise näher erläutert, die v. a. Angebot und Nachfrage betreffen.

Notifikation. 1. Notanzeige im Wechsel- und Scheckverkehr (→Benachrichtigungspflicht). – 2. Im Grundkreditverkehr die formularmäßige Mitteilung, in der das genehmigte Darlehen zur Auszahlung angeboten wird.

Notifikationspflicht, →Benachrichtigungspflicht.

Nötigung, rechtswidrige Anwendung von Gewalt und Androhen eines empfindlichen Übels gegenüber einem anderen zwecks Erreichung einer Handlung oder Unterlassung. →Vergehen nach § 240 StGB. Die Tat ist nur dann rechtswidrig und strafbar, wenn die Anwendung der Gewalt oder die Androhung des Übels zu dem angestrebten Zweck als

verwerflich anzusehen sind (nicht z. B. Drohung mit Klage oder Konkursantrag gegenüber säumigem Schuldner). – *Strafe:* Freiheitsstrafe bis zu drei Jahren oder Geldstrafe, in besonders →schwerem Fall Freiheitsstrafe von sechs Monaten bis zu fünf Jahren. – Vgl. auch →Erpressung.

Notinhaltserklärung, →Zollinhaltserklärung.

notorisches Zeichen, Kennzeichnung einer Ware oder Dienstleistung, die die allgemeine Kenntnis der beteiligten Verkehrskreise voraussetzt. Sonderform der →Ausstattung.

Notstand, Zwangslage, bei der regelmäßig eine Interessenkollision eintritt.

I. Ö f f e n t l i c h e s R e c h t s : Störung des staatlichen Lebens wie z. B. Krieg, Aufruhr, Hungersnot, die mit den in der Verfassung vorgesehenen normalen Mitteln nicht behoben werden kann. Zu unterscheiden sind der militärische Bedrohung von außen, die Ausnahmelage im Innern und die Funktionsstörung von Verfassungsorganen. – 1. Für die Bundesrep. D. ist durch die *Notstandsverfassung* (17. Gesetz zur Änderung des Grundgesetzes vom 24. 6. 1968, BGBl I 709) eine umfassende Regelung geschaffen worden. – 2. Das GG unterscheidet den *äußeren und inneren N.*, zu dessen Abwehr Maßnahmen des Verteidigungsfalles, des Spannungsfalles und des Katastrophenfalles möglich sind. – 3. Der *Verteidigungsfall* gegeben, falls das Bundesgebiet mit Waffengewalt angegriffen wird oder ein Angriff unmittelbar droht (Art. 115a GG). Der Verteidigungsfall bedarf der Feststellung durch den →Bundestag und →Bundesrat und der Verkündung durch den →Bundespräsidenten. Bei unüberwindlichen Hindernissen kann Feststellung durch Gemeinsamen Ausschuß erfolgen. Mit Verkündung geht die Befehls- und Kommandogewalt auf den →Bundeskanzler über (Art. 115b GG). Rechte der Streitkräfte werden erweitert und Rechte der Bürger eingeschränkt. – 4. Der *Spannungsfall* bei internationalen oder innerstaatlichen Krisen bedarf der Feststellung durch den Bundestag und hat zur Folge, daß Maßnahmen des Verteidigungsfalles ergehen können. – 5. Stimmt der Bundestag nur einzelnen Notstandsakten zu, so liegt ein *Teilnotfall* (Art. 80a GG) vor. Der *Vorbereitungsfall* betrifft die Verpflichtung zur Teilnahme an Ausbildungsveranstalunten vor Eintritt des N. (Art. 12a Abs. 5 GG). – 6. Der Schutz im Bereich des inneren N.: *Katastrophenschutz* (Art. 35, 91 GG), sieht eine Modifikation des bundesstaatlichen Systems vor, indem er einem bedrohten Land Recht auf Hilfe gegen andere Länder und den Bund gibt. Er gewährt Weisungs- und Eingriffsrechte und das Recht, gegen antidemokratische Aktionen vorzugehen. – 7. *Ergänzt* wird die Notstandsverfassung durch Notstandsgesetze. – Vgl.

auch →Gesetzgebungsnotstand, →polizeilicher Notstand und →Energiesicherung.

II. Strafrecht: Zustand gegenwärtiger Gefahr für rechtlich geschützte Interessen erheblicher Art, aus der es keine andere Rettung als die Verletzung von rechtlich geschützten Interessen eines anderen gibt. Der strafrechtliche N. kann sowohl Rechtfertigungs-, als auch Schuldausschließungsgrund sein (§ 34, 35 StGB, 16 OWiG).

III. Zivilrecht: Neben der →Notwehr wird auch der N. anerkannt: 1. Wer eine fremde Sache beschädigt oder zerstört, um eine *durch sie* drohende Gefahr von sich oder einem anderen abzuwenden (z. B. einen angreifenden Hund tötet), handelt nicht widerrechtlich, wenn die Beschädigung oder Zerstörung zur Abwendung der Gefahr erforderlich ist und der Schaden nicht außer Verhältnis zu der Gefahr steht; hat der Handelnde die Gefahr verschuldet, ist er zum →Schadenersatz verpflichtet (§ 228 BGB). – 2. Auch in *anderen Fällen* ist Einwirken auf fremde Sachen zulässig (z. B. Benutzung fremder Feuerlöscher), wenn die Einwirkung zur Abwendung einer gegenwärtigen Gefahr notwendig und der drohende Schaden gegenüber dem aus der Einwirkung dem Eigentümer entstehenden Schaden unverhältnismäßig groß ist; dem Eigentümer ist aber stets Schadenersatz zu leisten (§ 904 BGB).

Notstandsarbeiten, →Streik II 2 e).

Notstandsbeihilfen, →Unterstützungsbeihilfen.

Nottestament, vor dem Bürgermeister des Aufenthaltsorts des →Erblassers unter Hinzuziehung von zwei Zeugen errichtete →Testament; zulässig, wenn zu besorgen ist, daß der Erblasser früher sterben werde, als die Errichtung eines Testaments vor einem Notar möglich ist. Bei naher Todesgefahr oder wenn Bürgermeister unerreichbar, kann das N. durch mündliche Erklärung vor drei Zeugen errichtet werden (§§ 2249–2252 BGB). Über das N. muß eine *Niederschrift* aufgenommen werden. – Das N. *verliert* i. d. R. *seine Gültigkeit,* wenn seit der Errichtung drei Monate verstrichen sind und der Erblasser noch lebt.

Notverkauf, ein in den Formen des →Selbsthilfeverkaufs vorgenommener Verkauf fremder, dem Verderb ausgesetzter Waren; im allgemeinen nur zulässig, wenn die Weisung des Verfügungsberechtigten nicht mehr eingeholt werden kann. – Vgl. N. für den Käufer, der beim zweiseitigen →Handelskauf Ware beanstandet: § 379 II HGB; →Kommissionär: § 388 II HGB; →Spediteur: § 407 II HGB; →Lagerhalter: § 417 HGB; →Frachtführer: § 437 II HGB.

Notverordnung, →Rechtsverordnung mit gesetzvertretendem Charakter, i. d. R. ohne

Mitwirkung des Parlaments erlassen (Brüningsche N.). – *Anders:* →Gesetze.

Notverordnungsrecht, Befugnis zum Erlaß von →Notverordnungen. Während der *Reichspräsident* unter der Weimarer Reichsverfassung (Art. 48) Notverordnung erlassen konnte (z. B. Brüningsche Notverordnungen), hat der →*Bundespräsident* kein N.. Er ist lediglich befugt, unter bestimmten Voraussetzungen auf Antrag der Bundesregierung mit Zustimmung des →Bundesrats den →Gesetzgebungsnotstand zu erklären (Art. 81 GG).

Notweg, →Nachbarrecht.

Notwehr, diejenige Verteidigung, welche objektiv erforderlich ist, um einen gegenwärtigen rechtswidrigen Angriff einer anderen Person von sich oder einem anderen abzuwenden; die durch N. gebotene Handlung ist nicht widerrechtlich, sie verpflichtet weder zu Schadenersatz, noch ist sie strafbar (§ 227 BGB, § 32 StGB). Geschützt werden darf jedes Rechtsgut (z. B. Körper, Ehre, Eigentum, Besitz). – Vgl. auch → Notstand.

notwendiges Betriebsvermögen, alle Wirtschaftsgüter, die objektiv dazu bestimmt sind, dem Betriebszweck zu dienen (vgl. →Steuerbilanz, →Betriebsvermögen). – *Anders:* →gewillkürtes Betriebsvermögen, →notwendiges Privatvermögen.

notwendiges Privatvermögen, alle Wirtschaftsgüter, die ausschließlich privaten Zwecken dienen. N. P. darf nicht in die →Steuerbilanz aufgenommen werden, selbst wenn es in der →Handelsbilanz aufgeführt ist. N. P. findet bei der Bestimmung des →Betriebsvermögens für Zwecke der Einheitsbewertung (→Einheitswert) keine Berücksichtigung; für die Substanzbesteuerung kommt u. U. →Grundvermögen bzw. →sonstiges Vermögen in Frage.

notwendige Verteidigung, →Anwaltszwang 2.

Notzurückbehaltungsrecht, ein kaufmännisches außerordentliches →Zurückbehaltungsrecht unter erleichterten Voraussetzungen bei →Zahlungseinstellung oder →Konkurs des Schuldners oder fruchtloser →Zwangsvollstreckung gegen ihn (§ 370 HGB). Das N. kann ausgeübt werden auch wegen *nicht* fälliger Forderungen, u. U. auch trotz Ausschluß durch Weisung des Schuldners oder durch vertragliche Verpflichtung, mit dem Gegenstand in bestimmter Weise zu verfahren.

Novation, →Schuldumwandlung.

NRT, Abk. für Nettoregistertonne (vgl. →Bruttoregistertonne).

NRZZ, Abk. für →Nomenklatur des Rates für die Zusammenarbeit auf dem Gebiete des Zollwesens.

NST, Nomenclature uniforme de marchandises pour les Statistiques de Transport, →Einheitliches Güterverzeichnis für die Verkehrstatistik der EG.

0-1-Optimierung, →binäre Optimierung.

0-1-Optimierungsproblem, →binäres Optimierungsproblem.

0-1-Restriktion, Anforderung an eine Variable in mathematischen Restriktions- bzw. Optimierungssystemen, die besagt, daß die betreffende Variable nur die Werte 0 und 1 (→Binärvariable) annehmen darf.

0-1-Variable, →Binärvariable.

Nullgleichung, →lineare Gleichungsrestriktion der Form

$$0x_1 + 0x_2 + \ldots + 0x_n = 0.$$

Kann in einem →Restriktionssystem entfallen, ohne daß sich die →Lösungsmenge des Systems ändert, denn jeder Vektor $(x_1, x_2, \ldots, x_n)$ von beliebigen reellen Zahlen $x_1, x_2, \ldots, x_n$ genügt dieser Gleichung.

Nullhypothese, bei →statistischen Testverfahren die Hypothese, deren Prüfung durchgeführt werden soll. Oft wird die N. als Negation einer Arbeitshypothese aus dem Sachzusammenhang heraus formuliert. Das Interesse des empirisch arbeitenden Forschers ist dann auf die Verwerfung der N. gerichtet.

Nullregelung, Begriff des Umsatzsteuerrechts. Zur Vermeidung einer Besteuerung im →Abzugsverfahren kann der leistende Unternehmer mit einem voll zum →Vorsteuerabzug berechtigten Leistungsempfänger den Verzicht auf den gesonderten Ausweis der Umsatzsteuer in Rechnung oder Gutschrift vereinbaren. Durch diese N. entfällt sowohl die Steuerzahlungspflicht als auch die Vorsteuerabzugsberechtigung.

Nullregulierung, *Nullangleichung,* Prinzip der Gestaltung von Seehafentarifen, durch die die Bundesbahn in den Wettbewerb zwischen deutschen und ausländischen Seehäfen, nicht jedoch in den innerdeutschen Seehafenwettbewerb eingreift. Die Tarifverbilligung rückt die deutschen Seehäfen wirtschaftlich näher an das Hinterland und stärkt damit ihre Wettbewerbsposition gegenüber ausländischen Seehäfen. – 1. *Tarifbildend* ist der Hafen (z. B. Hamburg), der durch den Tarif begünstigt werden soll. – 2. Für Verladungen nach anderen deutschen Seehäfen (z. B. Bremen), die näher am Inlandsort (z. B. Osnabrück) liegen, erhalten die Verlader dem Entfernungsunterschied (tarifbildender Hafen: benutzter Hafen) entsprechende *Frachtnach-*

lässe, so daß das entfernungsabhängige Frachtgefälle zwischen den deutschen Seehäfen und damit ihre Wettbewerbsposition zueinander nicht berührt wird. – *Beispiel:*

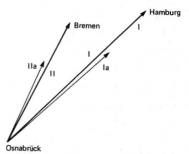

Osnabrück

I   Wirtschaftliche Entfernung Osnabrück/Hamburg ohne Seehafentarif
II   Wirtschaftliche Entfernung Osnabrück/Bremen mit Seehafentarif
Ia   Wirtschaftliche Entfernung Osnabrück/Hamburg mit Seehafentarif
IIa   Wirtschaftliche Entfernung Osnabrück/Bremen mit Seehafentarif und Nullregulierung.

Nullsummenspiel, →Spieltheorie.

Null-Tarif, die unentgeltliche Beförderung von Personen im öffentl. Personennahverkehr zur Entlastung der Ballungsgebiete (Städte) vom individuellen Kraftfahrzeugverkehr.

Nullverteilung, bei →statistischen Testverfahren (im Falle einer Punkthypothese) die Verteilung der →Prüfvariablen unter der Voraussetzung der Gültigkeit der →Nullhypothese.

Nullwachstum. 1. *Begriff:* Zustand, in dem alle wesentlichen Größen (u. a. Kapital und Bevölkerung) Wachstumsraten von Null aufweisen (Zu- und Abgänge sind gleich groß). – 2. Die *politische Forderung* nach N., die im Rahmen der Diskussion über die →Grenzen des Wachstums erhoben wurde, gliedert sich in zwei Komponenten: (1) Im *Nullbevölkerungswachstum* drückt sich das Ideal einer optimalen Bevölkerungsgröße (für ein Land bzw. die ganze Erde) aus. Aus einer Reihe von Vorschlägen zur Verringerung des Bevölkerungswachstums ist u. a. Kenneth C. Bouldings umstrittenes Konzept zu nennen, das die Vergabe von Baby-Zertifikaten an alle Ehepaare vorsieht, verbunden mit der Möglichkeit, diese zu verkaufen, falls kein Kinderwunsch besteht. – (2) Die Forderung nach *Nullwirtschaftswachstum* zielt in Anbetracht der begrenzten Rohstoffvorkommen und der zunehmenden Umweltzerstörung auf eine Abkehr vom quantitativen Wachstum. Die weitere Steigerung der →Lebensqualität soll durch Umstrukturierung der Produktion erreicht werden. Diese Orientierung wird auch als *qualitatives Wachstum* bezeichnet, das quantitatives Wachstum nicht unbedingt ausschließt, aber eine bestimmte Qualität dieses Wachstums verlangt.

Numéraire, →Standardgut.

numerische Daten, →Daten, die nur mit Ziffern und zusätzlichen Sonderzeichen dargestellt werden. – *Gegensatz:* →Alphanumerische Daten.

numerische Steuerung, →NC.

Numerus, Zahl, deren →Logarithmus bekannt ist.

Numerus clausus, Beschränkung auf eine bestimmte Höchstzahl. – 1. Bei der Auswahl von *Rechtsformen* (der Kreis der →dinglichen Rechte kann nicht durch die Vertragsschließenden erweitert werden). – 2. *Begrenzte Zulassung zu Studienfächern* an Universitäten, Technischen Universitäten, Gesamt- und Fachhochschulen, für die nur eine Anzahl von Studienplätzen zur Verfügung steht, die wesentlich unter der Nachfrage liegt. Vergabe der Studienplätze in den N. c.-Fächern durch die →Zentralstelle für die Vergabe von Studienplätzen.

Nummernkonten, anonyme Konten, die lediglich durch die Kontonummer bezeichnet sind, v. a. Sparkonten, die errichtet werden können, ohne daß der Kontoninhaber sich ausweist. In der Bundesrep. D. unzulässig. – Vgl. auch →anonyme Sparkonten.

Nummernschlüssel, Ordnungsmerkmal zur Identifizierung, Sortierung und Klassifizierung von Daten. – *Arten:* a) *laufender N.:* Vergabe einer laufenden Nummer an die zu numerierenden Daten (z. B. die Artikel eines Lagers) ohne Rücksicht auf die sachliche Zusammengehörigkeit; b) *systematischer N.:* Zuordnung einer bestimmten Bedeutung der einzelnen Ziffern oder Stellen der Nummern; c) *sprechender N.:* Sämtliche Ziffern des Schlüssels befinden sich in Abhängigkeit von der Stelle, an der sie innerhalb der Nummer stehen.

Nummernsystem. 1. *Begriff:* System zur Ordnung und Benennung von Objekten eines Betriebs (z. B. Artikel, Teile, Kostenstellen) mit Hilfe von Nummern (häufiger: →Schlüssel genannt, da die "Nummern" nicht unbedingt nur aus Zahlen, sondern auch aus Buchstaben und Sonderzeichen bestehen können); herausragende Bedeutung in der →betrieblichen Datenverarbeitungs. – 2. *Zweck:* a) Identifikation der Ojekte; b) Klassifikation der Objekte. – 3. *Anforderungen an N.:* a) hinsichtlich Eindeutigkeit der Nummern, Beständigkeit über einen längeren Zeitraum, geringe Stellenzahl, konstante Stellenzahl; b) hinsichtlich disjunkte Klassenbildung zur eindeutigen Einordnung der Objekte, Fle-

xibilität bei Anpassungen und Erweiterungen des N. – 4. *Beispiele:* a) rein *identifizierendes N.,* z. B. fortlaufende Nummern; b) *klassifizierendes N.:* Zusammensetzung des Schlüssels aus einzelnen Stellen (bzw. Gruppen), mit hierarchischen (Beispiel: Postleitzahl) oder auch gleichrangigen Beziehungen zwischen den Stellen (bzw. Gruppen); c) *Parallel-N.:* Zusammensetzung des Schlüssels aus einem identifizierenden und einem klassifizierenden Schlüssel. – 5. *Verwendung* in der betrieblichen Datenverarbeitung: Schlüssel eines N. dienen häufig als →Ordnungsbegriffe für die →Datenorganisation, z. B. für direkten Zugriff auf Datensätze bei index-sequentieller Speicherung (→Datenorgansation II 2); sie werden, wenn im Betrieb noch nicht vorhanden, oft anläßlich der Planung eines computergestützten (→Computersystem) Systems neu eingeführt.

Nummernverzeichnis, →Stückeverzeichnis.

nur zur Verrechnung, quer über die Vorderseite eines →Schecks zu setzender Vermerk, der den Scheck zum →Verrechnungsscheck macht. Der Vermerk kann von dem Aussteller oder jedem anderen Inhaber des Schecks angebracht werden. Streichung dieses Vermerks gilt als nicht erfolgt (Art. 39 ScheckG).

Nutzen, Maß für die Bedürfnisbefriedigung, die ein →Konsument durch den Konsum von Gütern erzielt. Der N. kann aus dem subjektiven Gebrauchswert abgeleitet werden; er gibt die "Nützlichkeit" einer Sache für eine bestimmte Person an einem bestimmten Ort und zu einem bestimmten Zeitpunkt an.

Nutzenfunktion. I. W i r t s c h a f t s t h e o r i e : Reellwertige steigende Funktion, die auf einer vollständig durch eine →Präferenzordnung geordneten →Konsummenge definiert ist. Die Existenz einer N. ist nicht immer gesichert. Wenn eine N. existiert, die die →Präferenzordnung eines →Konsumenten repräsentiert, dann kann sie als bequemes Instrument zur Ableitung wichtiger Ergebnisse der →Mikroökonomik verwendet werden. Die N. formalisiert die intuitive Vorstellung eines numerischen Maßes für die Befriedigung eines Wirtschaftssubjekts durch den Konsum von Gütern (→Nutzen). Oft wird angenommen, daß eine N. zweimal stetig differenzierbar ist und degressiv steigt ("Gesetz vom abnehmenden Grenznutzen", →Gossensche Gesetze). Geometrisch wird die N. häufig durch →Indifferenzklassen oder →Indifferenzkurven dargestellt. – Vgl. auch →indirekte Nutzenfunktion.

II. E n t s c h e i d u n g s t h e o r i e : Eindeutige Abbildung der Ergebnisse von →Aktionen in die Menge der Nutzenmaße eines Entscheidungsträgers (vgl. →Nutzen, →Entscheidungstheorie). Jedem Ergebnis e_{ij} (→Ergebnismatrix) wird genau ein Nutzenwert $u_{ij} = f$

(e_{ij}) zugeordnet. – Vgl. auch →Bernoulli-Prinzip.

Nutzen-Kosten-Analyse, →Kosten-Nutzen-Analyse.

Nutzenmaximierung, Sonderfall der →Präferenzmaximierung.

Nutzenmaximierungsmodelle, im Rahmen der →Verkehrsplanung disaggregierte →Verkehrsmodelle, die auf der Nutzenmaximierungs- bzw. Kostenminimierungsstrategie individuellen Wahlverhaltens beruhen, z. B. →Logit-Modell, →Probit-Modell, →Nested-Logit-Modell, →Dogit-Modell.

Nutzensegmentierung, *benefit segmentation,* Methode der →Marktsegmentierung, bei der der Nutzen eines Produktes als vorrangiges Segmentierungskriterium dient.

Nutzfläche. 1. Wichtige Bezugsgrundlage zur Charakterisierung von Bodennutzungs- und Betriebssystemen bei agrarstatistischen Erhebungen; vgl. →landwirtschaftlich genutzte Fläche. – 2. Neben der →Wohnfläche derjenige Teil der Grundrißfläche, der der Zweckbestimmung und Nutzung eines Bauwerkes dient.

Nutzkosten, ein von E. Gutenberg eingeführter Begriff für den Teil der →fixen Kosten, der auf genutzte →Kapazität entfällt. Berechnung durch Nutzkostenfunktion:

$$K_N(x) = \frac{K_f}{x_m} \cdot x$$

(mit x_m = Maximalausbringung = Kapazität, x = Istausbringung, K_f = fixe Kosten, K_n = Nutzkosten).

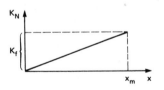

Die N. steigen von ihrem niedrigsten Wert 0 für $x = 0$ bis zum Wert K_f für $x = x_m$. – *Gegensatz:* →Leerkosten.

Nutzkostenfunktion, →Nutzkosten.

Nutzlast. 1. *Maximal zulässiges Gewicht* der →Ladung eines Transportmittels. – 2. *Aktuelles Gewicht* der Ladung eines Transportmittels. – *Gegensatz:* →Totlast.

Nutznießung am Kindesvermögen, →elterliche Sorge.

Nutzschwelle, →Break-even-Punkt.

Nutzungen, Begriff des BGB (§100) für die →Früchte einer Sache oder eines Rechts und die Vorteile, die der Gebrauch der Sache oder des Rechts gewährt.

Nutzungen und Leistungen, *wiederkehrende N. u. L.,* können auf bestimmte Zeit beschränkt, von unbestimmter Dauer, immerwährend oder lebenslänglich sein, z. B. Renten, Altenteilsleistungen usw. – *Steuerliche Bewertung* unterschiedlich für zeitlich beschränktte und zeitlich unbeschränkte N. u. L. Ermittlung des Gesamtwerts durch Vervielfachung der Jahresleistung (Vervielfacher, vgl. →lebenslängliche Leistungen). Beschränkung des Jahreswerts der Nutzung eines →Wirtschaftsguts beim Berechtigten auf $1/18$ des Wertes des genutzten Wirtschaftsguts (§16 BewG).

Nutzungsdauer, betriebsübliche Verwendungsdauer eines Anlagegutes. *Zu unterscheiden:* →betriebsgewöhnliche Nutzungsdauer (von einer Lieferfirma angegebene, erfahrungsgemäß mindestens erreichbare Dauer der Einsatzfähigkeit), →wirtschaftliche Nutzungsdauer, →technische Nutzungsdauer. – Die N. ist für die Höhe der →Abschreibungen maßgebend, im Unterschied zur meist längeren Lebensdauer (vgl. auch →Restnutzungsdauer).

Nutzungsgenossenschaften, →landwirtschaftliche Dienstleistungsgenossenschaften.

Nutzungsgradprämie, →Nutzungsprämie.

Nutzungskosten einer natürlichen Ressource, *user costs,* heutiger (Geld-)Wert der künftigen Nachteile (→Opportunitätskosten) eines kleinen heutigen Zusatzverbrauchs einer →natürlichen Ressource. Die N. sind genau dann positiv, wenn intertemporale Nutzungskonkurrenz (vgl. →natürliche Ressourcen) vorliegt; die im utilitaristischen Sinne optimale intertemporale Nutzung einer natürlichen Ressource erfordert, daß ihr Preis um die N. über den Abbaugrenzkosten liegt. – Der Begriff der N. kann *weiterhin* im Zusammenhang mit anderen intertemporalen Allokationsproblemen (z. B. Kapitalakkumulation, Umweltbelastung) verwendet werden.

Nutzungspfandrecht, →Pfandrecht, bei dem nach den Vereinbarungen der Parteien der Pfandgläubiger berechtigt sein soll, die →Nutzungen der Pfandsache zu ziehen. Der Pfandgläubiger muß für Gewinnung der Nutzungen sorgen und Rechenschaft ablegen. Der Reinertrag der Nutzungen wird auf die geschuldete Leistung, und zwar auf Zinsen und Kosten zuerst, angerechnet (§1214 BGB). Abweichende Vereinbarung zulässig.

Nutzungspotential, →Kapazität.

Nutzungsprinzip, →Kostenanteilsprinzip.

Nutzungsprämie, *Nutzungsgradprämie,* Art des →Prämienlohns, gewährt für optimale zeitliche Nutzung von Maschinen, Halb- und Vollautomaten, Transport-, Förder- und technischen Verfahrensanlagen. N. gewinnen mit zunehmender Mechanisierung und Automation an Bedeutung, hauptsächlich für Bedienungs-, Wartungs- und Reparaturpersonal. – *Bezugsbasis* können sein die Wartezeiten, Leerlaufzeiten, Wartungszeiten, Reparaturzeiten. – *Voraussetzung:* Diese Zeiten müssen vom Arbeitnehmer beeinflußbar sein. N. werden häufig mit →Qualitätsprämien oder →Ersparnisprämien kombiniert.

Nutzungsrecht. I. Begriff: Das vom →Urheber einem anderen eingeräumte Recht, das →Werk auf einzelne oder alle Nutzungsarten (vgl. →Verwertungsrechte) zu nutzen. – Das Urheberrecht selbst kann weder ganz noch teilweise übertragen werden. Das N. kann räumlich, zeitlich oder inhaltlich beschränkt eingeräumt werden. Soweit es nicht einem anderen eingeräumt ist, steht es dem Urheber zu. Endet das N., fällt es automatisch auf den Urheber zurück (Heimfall). Veräußert der Urheber das Original des Werkes, so räumt er damit im Zweifel dem Erwerber ein N. nicht ein. – *Rechtsgrundlage:* §§ 31 ff. UrhRG.

II. Umfang: 1. Sind die Nutzungsarten nicht einzeln bezeichnet, bestimmt sich der Umfang des N. nach dem mit seiner Einräumung verfolgten *Zweck.* Die Einräumung von N. für noch nicht bekannte Nutzungsarten ist unwirksam (§ 31 IV, V UrhRG). – 2. Das *einfache* N. berechtigt den Inhaber, das Werk neben dem Urheber oder anderen Berechtigten auf die ihm erlaubte Art zu nutzen und – mit Zustimmung des Urhebers – einfache N. einzuräumen (§ 31 III UrhRG). – 3. Das N. kann i. a., falls nichts Abweichendes vereinbart ist, *übertragen* werden. Der Urheber darf die Zustimmung nicht wider →Treu und Glauben verweigern (§ 34 UrhRG). – 4. Die *Vergütung* ist zwischen Urheber und Berechtigtem zu vereinbaren. Hat der Urheber einem anderen aber ein N. zu Bedingungen eingeräumt, die dazu führen, daß die vereinbarte Gegenleistung unter Berücksichtigung der gesamten Beziehungen des Urhebers zu den anderen in einem groben Mißverhältnis zu den Erträgnissen aus der Nutzung des Werkes steht, so ist der andere verpflichtet, in eine Änderung des Vertrages einzuwilligen, durch die dem Urheber eine den Umständen nach angemessene Beteiligung an den Erträgnissen gewährt wird (§ 36 UrhRG). – 5. Der Inhaber des N. darf das Werk, dessen Titel oder Urheberbezeichnung *nicht ändern,* wenn nichts anderes vereinbart ist; Änderungen des Werkes und seines Titels, zu denen der Urheber seine Einwilligung nach Treu und Glauben nicht versagen kann, sind zulässig (§ 39 UrhRG). – 6. Ein Vertrag, durch den der Urheber zur Einräumung von *N. an künftigen Werken* verpflichtet wird, die überhaupt nicht

näher oder nur der Gattung nach bestimmt sind, bedarf der →Schriftform. Er kann von beiden Vertragsteilen nach Ablauf von fünf Jahren gekündigt werden (§ 40 UrhRG). – Vgl. auch →Rückruf, →Zwangslizenz.

Nutzungsrechte an natürlichen Ressourcen. 1. *Begriff:* Im Sinne der ökonomischen Theorie der Verfügungsrechte (→Property-Rights-Theorie) nicht nur vertraglich oder gesetzlich kodifizierte Rechte der Nutzung, sondern auch, wenn nicht erwartet wird, daß die Nutzung durch Dritte verwehrt wird. – 2. *Arten:* a) *exklusive N.:* Nutzung ist rechtlich und/oder faktisch einem einzigen Wirtschaftssubjekt vorbehalten (Beispiel: exklusives Fisch- oder Jagdrecht); b) *N. einer Gruppe:* Nutzung ist exklusiv Gruppenmitgliedern vorbehalten; Regulierung der Nutzung durch einzelne Mitglieder seitens der Gruppe offen, *common-pool problem* (Beispiele: historische dörfliche Allmende; ,,Anzapfen" eines Erdöllagers durch eine Gruppe von Förderberechtigten); c) *N. für jedermann:* Keinerlei Zugangsbeschränkungen für die Ressourcennutzung, *free access ressources* (Beispiel: Fischfang auf hoher See). Natürliche Ressourcen mit den unter b) oder c) genannten N. werden als →Allmenderessourcen bezeichnet. – 3. *Bedeutung:* Die →Umwelt- und Ressourcenökonomik mißt den N. eine große Bedeutung für die Erklärung des tatsächlichen zeitlichen Nutzungsprofils bei. Insbes. wird für das →Umweltproblem der Allmendecharakter der meisten Umweltmedien verantwortlich gemacht. Daher umweltpolitische Lösungsansätze der Zuordnung von Nutzungsrechten; vgl. auch →Emissionszertifikate.

Nutzungswert der Wohnung im eigenen Haus, ab 1987 keine steuerliche Erfassung mehr. Die auf die Wohnung entfallenden Kosten können nicht mehr als →Werbungskosten abgezogen werden. Zahlreiche Übergangsvorschriften.

Nutzwert, subjektiver, d. h. durch die Tauglichkeit zur Bedürfnisbefriedigung (den →Nutzen) bestimmter Wert eines →Gutes.

Nutzwertanalyse, *Scoring-Modell, Rangfolge-Modell.* 1. *Begriff:* Verfahren zur Alternativenbewertung, wobei Alternativen auch an solchen Bewertungskriterien gemessen werden, die nicht in Geldeinheiten ausdrückbar sind. Berücksichtigt werden bei der N. z. B. technische, psychologische und soziale Bewertungskriterien, die sich an quantitativen und qualitativen Merkmalen orientieren (multiattributive Nutzenbetrachtung). – *Anders:* →Kosten-Nutzen-Analyse. – 2. *Kennzeichen:* Die N. versetzt die bewertende(n) Person(en) in die Lage, die Alternativenbewertung sowohl unter Berücksichtigung eines multidimensionalen Zielsystems als auch spezifischer Zielpräferenzen vorzunehmen. – 3. *Ablauf:* Vgl. Übersicht Sp. 641/642. – 4. *Nachteile:* a)

Übersicht: Nutzwertanalyse – Ablauf

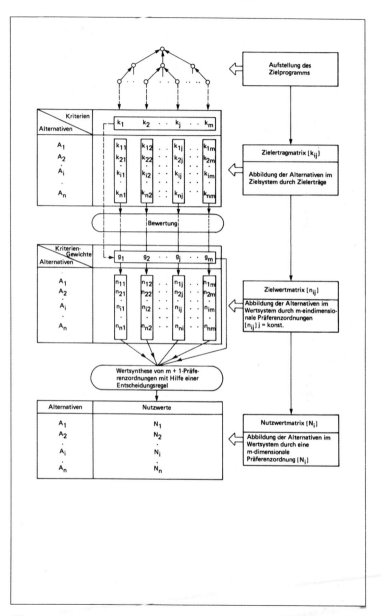

Die Wertsynthese der Teilnutzwerte (n_{ij}) zu Gesamtnutzwerten N_i mit Hilfe der i. d. R. angewandten Additionsregel, da vorausgesetzt wird, daß die Teilnutzen einheitlich kardinal meßbar und die Zielkriterien voneinander nutzenunabhängig sind. b) Die auf subjektiven Urteilen fußende Zielkriteriengewichtung (k_j–g_j) und Teilnutzenbestimmung; da damit das Ergebnis entscheidend beeinflußt werden kann, kommt es hier i. d. R. bei Mehrpersonenentscheidungen zu Konflikten. – 5. *Vorteile:* Die N. ist als eine heuristische Methode zur systematischen Entscheidungsfindung wegen ihres nachvollziehbaren und überprüfbaren Ablaufs als vorteilhafte Ergänzung anderer Methoden zu betrachten, die dem Abbau der Entscheidungsproblematik bei der Bewertung und Auswahl komplexer Alternativen dienen. Sie ist häufig das einzig anwendbare Hilfsmittel zur Analyse einer Entscheidungssituation, wenn eine Zielvielfalt zu beachten ist und/oder ein monetärer Projektwert nicht bestimmt werden kann. – 6. *Beurteilung der mittels N. gefundenen Lösung* durch Variation der Parameter (vgl. →Sensitivitätsanalyse). – 7. Eine *Weiterentwicklung* der N. stellt die →Kosten-Wirksamkeits-Analyse dar.

O

OA, Abk. für office automation. Vgl. →Bürokommunikation II 4.

OAPEC, Organization of Arab Petroleum Exporting Countries, Organisation der arabischen Erdöl exportierenden Staaten, gegründet 1968; Sitz: Kuwait. Zusammenschluß der zehn afrikanischen und arabischen Erdölausfuhrländer Ägypten (bis 17.4.1979), Algerien, Vereinigte Arabische Emirate, Bahrain, Irak, Kuwait, Libyen, Katar, Saudi-Arabien, Syrien, Tunesien (seit 1981). Sieben OAPEC-Länder sind gleichzeitig Mitglied der →OPEC. – *Ziele:* Wie im größeren Rahmen die OPEC, durch gemeinsame Politik den Erdölmarkt zu kontrollieren und Einfluß auf die Preisbildung zu nehmen. Ferner Zusammenarbeit in der Erdölindustrie. – *Organe:* Oberstes Organ ist der Ministerrat, gebildet aus den zuständigen Erdölministern. Dem Exekutivbüro obliegt die direkte Leitung der Organisation mit Unterstützung durch ein von einem Generalsekretär geleitetes Sekretariat. Ein Gerichtshof (Judical Tribunal) regelt Differenzen der Auslegung und Anwendung der OAPEC-Charta. Die OAPEC verfügt über eine Reihe gemeinsamer Unternehmen auf dem Erdölsektor. – *Wichtige Veröffentlichungen:* Oil and Arab Co-operation; OAPEC New Bulletin; Annual Report of the Secretary-General; Annual Statistical Report.

Oasenerlaß. I. B e g r i f f : Bezeichnung für den koordinierten Ländererlaß vom 18.6.1965 (BStBl II 74), der die steuerliche Behandlung der Verlagerung von Einkünften und Vermögen in →Steueroasen regelt. – *Rechtsgrundlagen:* Der O. gründet sich im wesentlichen auf der früheren §§11, 6, 5 StAnpG, die materiell in den §§ 39, 41 II und 42 AO 1977 übernommen worden sind. Der O. ist daher auch nach Inkrafttreten der AO 1977 weiterhin rechtswirksam.

II. I n h a l t : 1. Voraussetzungen einer Transaktion von Einkünften und/oder Vermögen in das Ausland, bei der die *steuerliche Anerkennung zu versagen* ist: a) Der Sachverhalt erfüllt nicht die Merkmale, die die begehrte Rechtsfolge verlangt (Scheinfälle) oder b) Sachverhalt und Rechtsfolge decken sich, aber die gewählte Gestaltung stellt einen Rechtsmißbrauch dar (Mißbrauchfälle). – 2. Sorgfältige und intensive Aufklärung des Sachverhalts sowie die besonderen Mitwirkungspflichten des →Steuerpflichtigen. – 3. *Im einzelnen:* a) Bei natürlichen Personen kann sich insbes. die Verlegung des Wohnsitzes in eine Steueroase als Scheinhandlung darstellen. Das wird dann der Fall sein, wenn sich das Leben des Steuerpflichtigen nach wie vor im Inland abspielt oder dort seinen wirklichen Mittelpunkt hat. b) Bei Einschaltung von Kapitalgesellschaften oder sonstigen Rechtsträgern in Steueroasen können Schein- oder Mißbrauchfälle gegeben sein.

III. O. u n d A u ß e n s t e u e r g e s e t z : Der O. ist auch nach Inkrafttreten des AStG noch voll anzuwenden, da die in ihm vorgenommene Abgrenzung von Scheinhandlungen, Mißbrauchsfällen und Zurechnungen im Zusammenhang mit Einkommens- und Vermögensverlagerungen ins Ausland nicht Gegenstand des AStGs sind.

Oasenländer, →Steueroasen.

OAU, Organizsation of African Unity, Organisation für die Einheit Afrikas, gegr. Mai 1963 als Nachfolgeorganisation der früheren *Union of African States.* – *Mitglieder* dieser größten afrikanischen Vereinigung sind 50 afrikanische Staaten. – *Ziele:* Auf der Basis der OAU-Charta; Förderung von Einheit und Solidarität zwischen den afrikanischen Staaten; Verbesserung des Lebensstandards in Afrika; gemeinsame Verteidigung der Souveränität; territoriale Integrität und Unabhängigkeit afrikanischer Staaten; Beseitigung aller Formen des Kolonialismus; Förderung der internationalen Zusammenarbeit in Übereinstimmung mit der Charta der Vereinten Nationen. – *Organe:* Versammlung der Staatsoberhäupter mit jährlichem Tagesturnus; (Fach)-Ministerrat, der jährlich zweimal zusammentritt; Generalsekretariat mit Sitz in Addis Abeba; Schiedskommission; Sonderkommissionen für wirtschaftliche, soziale, verkehrs- und nachrichtenpolitische, bildungsund wirtschaftspolitische, kulturelle, gesundheits-, verteidigungs- und arbeitsmarktpolitische Fragen. – *Aktivitäten:* Bisher 120 Versammlungen der Staatsoberhäupter, vorwiegend mit außenpolitischen Fragen. Erste Wirtschaftsgipfelkonferenz im Mai 1980 beschloß u.a. schrittweise bis 2000 einen gemeinsamen afrikanischen Markt aufzu bauen; Grundlage ist der „Lagos Plan of Action". – Der OAU angeschlossen sind acht afrikanische Sonderorganisationen und eine autonome Kommission für Wissenschaft, Technik und Forschung (STRC) mit Sitz in Lagos (Nigeria). – *Veröffentlichung:* OAV-Echo (zweimal jährlich).

O-A-W-Tripel, Kurzbezeichnung für →Objekt-Attribut-Wert-Tripel.

Oberbundesanwalt, →Vertreter des öffentlichen Interesses bei dem →Bundesverwaltungsgericht.

obere Bundesbehörden, die einer →obersten Bundesbehörde unmittelbar nachgeordneten →Behörden. – *Beispiele:* Bundesausgleichsamt, Amt für Wertpapierbereinigung, Bundesamt für Wirtschaft.

obere Konturmenge, *Bessermenge,* Menge aller Güterbündel, die oberhalb einer →Indifferenzkurve liegen.

Oberfinanzdirektion, die Mittelbehörde der →Finanzverwaltung des Bundes und des Landes für ihren Bezirk (§§ 1, 2 FVG).

Obergesellschaft, →Muttergesellschaft.

Oberlandesgericht (OLG), höhere Stufe der Gerichtsorganisation. – In *Zivilsachen* entscheidet das O. durch aus drei Mitgliedern (einschl. des Vorsitzenden) bestehende Senate über →Berufungen, →Beschwerden und weitere Beschwerden gegen →Urteile oder →Beschlüsse des Landgerichts und in →Familiensachen und →Kindschaftssachen über Berufungen und Beschwerden gegen Entscheidungen des →Amtsgerichts (§§ 115 bis 122 GVG) sowie über Anträge auf gerichtliche Entscheidung über →Justizverwaltungsakte (§§ 23 ff EGGVG). – In *Strafsachen* ist das O. hauptsächlich für die →Revision gegen Berufungsurteile der Landgerichte und für Beschwerden gegen Beschlüsse der Landgerichte zuständig. Im ersten Rechtszug entscheidet das O. in bestimmten politischen Strafsachen.

Oberpostdirektion, →Mittelbehörde der →Deutschen Bundespost. O. bestehen in Bremen, Dortmund, Düsseldorf, Frankfurt a. M., Freiburg (Brsg.), Hamburg, Hannover, Karlsruhe, Kiel, Koblenz, Köln, München, Münster, Nürnberg, Regensburg, Saarbrücken, Stuttgart.

oberste Bundesbehörden. 1. *Bundesministerien* in Bonn:

1. BM des Auswärtigen/Auswärtiges Amt
2. BM des Innern
3. BM der Justiz
4. BM der Finanzen
5. BM für Wirtschaft
6. BM für Ernährung, Landwirtschaft und Forsten
7. BM für Arbeit und Sozialordnung
8. BM der Verteidigung
9. BM für Jugend, Familie, Frauen und Gesundheit
10. BM für Verkehr
11. BM für Post- und Fernmeldewesen
12. BM für Raumordnung, Bauwesen und Städtebau
13. BM für innerdeutsche Beziehungen
14. BM für Bildung und Wissenschaft
15. BM für Forschung und Technologie
16. BM für wirtschaftliche Zusammenarbeit
17. BM für Umwelt, Naturschutz und Reaktorsicherheit

2. *Range einer o. B.* haben außerdem: das Bundespräsidialamt, das Bundeskanzleramt, der →Bundesrechnungshof und die →Deutsche Bundesbank.

oberste Gerichtshöfe des Bundes, →Bundesgerichte.

oberstes Bundesgericht, das aufgrund des früheren Art. 95 GG geplante Bundesgericht. Durch GG-Änderung vom 18. 6. 1968 (BGBl I 657) ist an seine Stelle der →Gemeinsame Senat der Obersten Gerichtshöfe des Bundes getreten. – *Im Sprachgebrauch* auch Bezeichnung für die in verschiedenen Zweigen der Gerichtsbarkeit bestehenden höchsten →Bundesgerichte.

Obertarif, Kampfzoll zur Abwehr einer Diskriminierung des deutschen Handels, deutscher Waren, Schiffe oder Luftfahrzeuge. Zolltarif mit folgenden Änderungen: a) Zollsätze werden verdreifacht, Wertzollsätze mindestens auf 10% erhöht; b) an die Stelle der →Zollfreiheit tritt ein Wertzollsatz von 10%. – *Anwendung:* Die O. kann durch Rechtsverordnung angeordnet werden für Waren aus →Ursprungsländern, mit denen kein Handelsvertragsverhältnis besteht, die deutsche Waren ungünstiger als Waren anderer Länder oder die deutsche Schiffe oder Luftfahrzeuge ungünstiger als solche eigener oder fremder Flagge behandeln (§ 21 ZG). Nach Übergang der zollpolitischen Zuständigkeiten auf die EG kann der O. von der Bundesrep. D. nur nach Ermächtigung durch den Rat angewendet werden.

Oberversicherungsamt, →Versicherungsbehörden.

Oberverwaltungsgericht (OVG), in einigen Ländern *Verwaltungsgerichtshof (VGH),* Gericht der →Verwaltungsgerichtsbarkeit. – 1. Es *besteht* aus einem Präsidenten, den vorsitzenden Richtern und weiteren Richtern. Die Entscheidungen fällen Senate, die mit drei Richtern besetzt sind. Durch →Landesrecht kann eine Besetzung mit fünf Richtern, darunter zwei ehrenamtl. Beisitzer, angeordnet werden. – 2. *Zuständigkeit:* a) →Berufung gegen →Urteile und →Beschwerden gegen andere Entscheidungen des →Verwaltungsgerichts; b) →Revision, wenn für Landesrecht die Berufung von besonderer Zulassung abhängig und die Revision ausdrücklich zugelassen ist; c) im ersten Rechtszug zur Feststellung der Verfassungsfeindlichkeit einer Vereinigung, die auf das Gebiet des Landes beschränkt ist.

Obervolta, →Burkina Faso.

Objekt-Attribut-Wert-Tripel, *O-A-W-Tripel,* Spezialfall der →Wissensrepräsentation durch →semantische Netze; wird zur Darstellung des Informationsgehaltes von Fakten benutzt. – a) *Objekte* können materielle (z. B. ein Stuhl) und immaterielle Dinge (z. B. ein Bankkredit) sein. – b) *Attribute* sind allgemeine Eigenschaften, die mit den zugehörigen Objekttypen assoziiert werden (z. B. Form, Größe, Farbe beim Stuhl bzw. Betrag und Zinssatz beim Bankkredit). – c) Mit einem *Wert* werden die einzelnen Attribute eines Objekttyps belegt. Durch die drei Komponenten wird ein konkretes Objekt als Tripel dargestellt.

Objektbesteuerung, *Realbesteuerung, Sachbesteuerung,* eine die Steuerlast rein nach bestimmten äußeren Merkmalen eines Steuergegenstands bemessende Form der Besteuerung; subjektive Verhältnisse des Schuldners bleiben unberücksichtigt. →Realsteuern. – Vgl. auch →Merkmalsbesteuerung.

objektbezogene menschliche Arbeitsleistung, nach E. Gutenberg einer der →Elementarfaktoren des betrieblichen Produktionsprozesses. Die o.m.A. steht unmittelbar mit der Leistungsprozesses. Die o.m.A. steht unmittelbar mit der Leistungserstellung im Zusammenhang und erfolgt aufgrund von Anweisungen, daher ausführende Arbeitsleistung genannt. – *Gegensatz:* →dispositive Arbeit.

Objektentscheidung, Entscheidung, die sich auf das laufende Geschehen einer Organisation bezieht, eng mit der Leistungsbeschaffung, -erstellung und -verwertung verbunden. O. sind meist unmittelbar sachbezogen und lassen sich nach Funktionsbereichen abgrenzen (z. B. Beschaffungs-, Absatz-, Finanzierungsentscheidungen). Die Bedingungen, unter denen O. stattfinden, sind durch →Metaentscheidungen festgelegt.

Objektförderung, Bezeichnung für die staatlichen Förderungsmaßnahmen im →sozialen Wohnungsbau, die sich ausschließlich auf die Subventionierung des Wohnraumes beziehen. O. erfolgt über Vergabe von zinsverbilligten Darlehen und/oder durch Zinsbeihilfen an Bauherrn. Bezug geförderter Wohnungen nur durch Personen mit Jahreseinkommen unter einer bestimmten Grenze, die sich mit der Zahl der zur Familie gehörenden Personen (deren Einkommen einen Höchstbetrag nicht überschreitet) erhöht. – Vgl. auch →Subjektförderung.

objektfremde Kosten (Ausgaben, Einnahmen, Erlöse, Verbräuche), →Kosten (Ausgaben, Einnahmen, Erlöse, Verbräuche), die Entscheidungen für Maßnahmen ausgelöst werden, die die betrachtete →Bezugsgröße weder allein noch gemeinsam mit anderen betreffen.

Objektgliederung, →Objektprinzip.

objektive Liquidität, von G. Schmölders (→Liquiditätstheorie) geprägter Begriff für tatsächlich vorhandene Vermögensmittel, insbes. Bargeld, Sichteinlagen und eingeräumte Kredite. – *Gegensatz:* →subjektive Liquidität. – Vgl. auch →Liquidität.

objektiver Wert. 1. *Volkswirtschaftslehre:* Begriff der Werttheorie; Wert von Wirtschaftsgütern, unabhängig von ihrer Tauglichkeit, menschliche Bedürfnisse zu befriedigen, gemessen nur an den für ihre Herstellung aufgewandten Kosten. Vgl. →Wert I. – 2. *Betriebswirtschaftslehre/Steuern:* Wert, der im Gegensatz zum →subjektiven Wert allgemeingültig ist bzw. sein soll (z. B. →Teilwert).

objektives Recht, →Recht.

objektives Verfahren. 1. Ein „selbständiges" *Strafverfahren,* das nicht auf Verfolgung einer bestimmten Person, sondern lediglich auf →Einziehung, Vernichtung, Unbrauchbarmachung von Gegenständen oder Abführung von Mehrerlös gerichtet ist. Gesetzliche Regelung in §§430ff. StPO, §§10, 11 WStrG. – 2. Das *Sicherungsverfahren* (§§413ff. StPO), das durchgeführt werden kann, a) wenn der Beschuldigte zur Tatzeit schuldunfähig war und daher nicht bestraft werden kann; b) wenn der Beschuldigte verhandlungsunfähig ist; c) bei Erwartung bestimmter Maßregeln der Besserung und Sicherung.

objektive Unmöglichkeit, Begriff des bürgerlichen Rechts. *Objekt unmöglich* ist eine Leistung, die nicht nur vom Schuldner, sondern ganz allgemein (z. B. wegen Zerstörung der geschuldeten Sache) nicht erbracht werden kann; Gegensatz: →Unvermögen. – Ein auf eine objektiv unmögliche Leistung *gerichteter Vertrag* ist nichtig (§ 306 BGB). – Wird die geschuldete Leistung *nach Entstehung des* →*Schuldverhältnisses* unmöglich, so ist der Schuldner zum →Schadenersatz wegen Nichterfüllung verpflichtet, wenn er die →Erfüllungsgehilfe die o.U. durch →Vorsatz oder →Fahrlässigkeit (anders bei →Annahmeverzug) verursacht haben (§ 280 I BGB); andernfalls wird er von seiner Verpflichtung frei (§ 275 I BGB), muß aber beweisen, daß er o.U. nicht zu vertreten hat (§ 282 BGB). – Den *Ersatz* oder Ersatzanspruch (z. B. gegen den Dieb), den der Schuldner infolge des zur o.U. führenden Umstandes erlangt, muß er stets auf Verlangen dem Gläubiger herausgeben bzw. abtreten (§ 281 BGB). – Bei *teilweiser Unmöglichkeit* kann der Gläubiger unter Ablehnung der noch möglichen Leistung Schadenersatz wegen Nichterfüllung der ganzen Verbindlichkeit verlangen, wenn diese teilweise Erfüllung für ihn kein Interesse hat (§ 280 II BGB). – *Sonderregeln* für →gegenseitige Verträge.

Objektivität, eines der →Gütekriterien. Ein Meßvorgang ist dann objektiv, wenn die Meßergebnisse vom Untersuchungsleiter unabhängig sind. Man unterscheidet die Durchführungsobjektivität (Beeinflussung der

Untersuchungsergebnisse durch das äußere Erscheinungebild, das Ziel- und Wertsystem des Durchführenden bzw. Interviewers), die Auswertungsobjektivität (insbes. gegeben bei standardisierten Frageitems) und die Interpretationsobjektivität (wenig Spielraum für die subjektive Interpretation durch den Untersuchungsleiter).

objektorierentierte Programmiersprache, →Programmiersprache II 2c).

Objektprinzip. 1. *Begriff:* Organisationsprinzip, nach dem →Aufgabenanalyse und →Aufgabensynthese nach dem Objektmerkmal einer Aufgabe erfolgt. – 2. *Charakterisierung:* Bei Anwendung des O. werden Aufgabenkomplexe in Teilaufgaben für jeweils unterschiedliche Aufgabenobjekte zerlegt und Teilaufgaben für jeweils gleichartige Objekte auf organisatorische Einheiten übertragen (*Objektgliederung*). Da eine Aufgabe gleichzeitig mehrere Objektmerkmale haben kann, bildet das O. ein Oberprinzip der →Kompetenzabgrenzung und umfaßt z. B. als Unterfälle die →Kundengliederung, die →Marktgliederung, die →Produktgliederung und die →Regionalgliederung. – Aus der Anwendung des O. bei der Gestaltung der grundlegenden Organisation einer Unternehmung folgt die divisionale Organisation (→Divisionalorganisation). – Bei der organisatorischen Gestaltung des Produktionsbereiches folgen aus dem O. die Produktionstypen der →Fließproduktion und der →Zentrenproduktion. – *Gegensatz:* →Verrichtungsprinzip.

Objektprogramm, →Programm 3 b).

Objektsteuern, →Realsteuern.

Obliegenheiten bei Versicherungsverträgen, auf Gesetz oder Vertrag beruhende, regelmäßig nicht erzwingbare besondere Pflichten des Versicherungsnehmers, deren schuldhafte Verletzung regelmäßig zum Verlust der Rechtsposition aus dem Versicherungsvertrag führt. – *Arten:* 1. Vorvertragliche Anzeigepflicht, 2. Gefahrstandspflicht (Verbot der Gefahrenerhöhung), 3. Abwendungs- und Minderungspflicht (→Schadenminderung), 4. Anzeige-, Auskunft- und Belegpflichten (→Versicherungsvertrag IV). – *Folgen* der Verletzung durch den Versicherungsnehmer oder verantwortliche Dritte: Rücktritts- und Kündigungsrechte für den Versicherer und gegebenenfalls Leistungsfreiheit (vgl. § 6 VVG).

Obligation, →Anleihe.

obligatorische Rechte, →Forderungsrechte.

obligatorische Versicherung, →Pflichtversicherung.

Obligo. 1. *Kaufmännischer Sprachgebrauch:* Verpflichtung, Verbindlichkeit (z. B. →Wechselobligo). – 2. *Gewähr,* z. B. in der →Freizeichnungsklausel „ohne Obligo". – 3. Das für

jeden Diskontkunden zur Überwachung seiner Wechselverpflichtungen geführte *Wechselkonto* im →Obligobuch.

Obligobuch, Skontro der Wechselabteilung der Kreditinstitute (häufig Beleggrundbuch), in das alle eingereichten →Wechsel (nach Kunden geordnet) eingetragen werden, um jederzeit Gesamthöhe (ggf. auch Qualität) der diskontierten Wechsel feststellen zu können. Wichtig für Diskontkreditüberwachung (→Kreditüberwachung).

Observanz, *Herkommen,* örtlich begrenztes →Gewohnheitsrecht, bedeutend u. a. auf dem Gebiet der Verteilung öffentlicher Lasten im Wegerecht, Wasserrecht und Patronatsrecht.

Obsoleszenz, *Veralten,* wirtschaftlich neben dem Nutzungsverschleiß Ursache für Abschreibungen sowie Einflußgröße bei Nutzungsvergleich (→Kostenvergleich). – *Bewußt herbeigeführte* O. führt zu verkürzter Lebensdauer von Gütern („Wegwerf-Gesellschaft") und zu schlechterer Qualität.

OCAM, Organisation Commune Africaine et Mauricienne, *Gemeinsame Afro-Mauretanische Organisation,* gegr. Febr. 1965 als Nachfolgeorganisation der früheren *Union Africaine et Malgache de Coopération Economique (UAMCE).* *Mitglieder:* Benin, Zentralafrikanische Republik, Elfenbeinküste, Mauritius, Niger, Ruanda, Senegal, Togo, Burkina Faso. – *Ziele:* Förderung der wirtschaftlichen, sozialen, technologischen und kulturellen Entwicklung der Mitgliedstaaten. Zu diesem Zweck ist in die Charta der OCAM eine Zollreform mit der langfristigen Zielsetzung der Schaffung eines afrikanischen gemeinsamen Marktes aufgenommen worden. Nach Modifizierung der Charta 1974 die Behandlung politischer Fragen ausgeklammert und u. a. Hauptziel, die in Afrika bestehenden Zusammenschlüsse auf wirtschaftlichem Gebiet zu einer einzigen Konföderation zusammenzufassen. Errichtung eines Solidaritäts- und Garantiefonds im Rahmen der OCAM, durch den insbes. die ärmsten Mitgliedsländer unterstützt werden sollen. – *Organe:* Konferenz der Staatsoberhäupter und der Regierungen alle zwei Jahre; Ministerrat mit jährlicher Tagungsfolge; Generalsekretariat mit Sitz in Bangui (Zentralafrikanische Republik). – Wichtige Veröffentlichungen: Nations Nouvelles (sechsmal jährlich); Chronique Mensuelle; Bulletin Statistique (monatlich).

OCR, optical character recognition, →optische Zeichenerkennung mit genormten Zeichensätzen und Darstellungskriterien.

OCR-Schrift, →optische Zeichenerkennung.

oder an anderes Konto des Empfängers, →Fakultativklausel.

Oderkonten, Gemeinschaftskonten bei Kreditinstituten, über die zwei oder mehrere

Personen *einzeln* verfügen können. Die Kontoinhaber sind →Gesamtgläubiger i.S. des § 428 BGB. Daher kann der Gläubiger eines Kontoinhabers das gesamte Guthaben pfänden lassen. – *Anders:* →Undkonten.

oder Überbringer, →Überbringerklausel.

OECD, Organization for Economic Cooperation and Development, *Organisation für wirtschaftliche Zusammenarbeit und Entwicklung,* seit 30.9.1961. Nachfolgeorganisation der →OEEC. – *Mitglieder:* Australien, Belgien, Bundesrep.D., Dänemark, Finnland, Frankreich, Griechenland, Großbritannien, Irland, Island, Italien, Japan, Kanada, Luxemburg, Neuseeland, Niederlande, Norwegen, Österreich, Portugal, Schweden, Schweiz, Spanien, Türkei, USA; Jugoslawien beteiligt sich an den Arbeiten der OECD mit Sonderstatus (Wirtschaftspolitik, Wissenschaft und Technologie, Hilfeleistung, Produktivität). Die Kommission der EG beteiligt sich an allen Arbeiten der OECD.

I. Vorgeschichte: Nachdem die OEEC ihre Aufgabe, den wirtschaftlichen Wiederaufbau Europas sicherzustellen, weitgehend erfüllt hatte und die fortführende Gestaltung der wirtschaftlichen Liberalisierung und Integration Westeuropas sich immer mehr auf →EG und →EFTA verlagerten, wurde im Januar 1960 auf einer Atlantischen Wirtschaftskonferenz die Erweiterung und Reorganisation der OEEC beschlossen. Die neue Konvention wurde am 14.12.1960 unterzeichnet und trat im September 1969 in Kraft.

II. Ziele und Tätigkeit: Schwerpunkt bei der Koordinierung der Wirtschaftspolitik, insbes. der Konjunktur- und Währungspolitik der freien Welt. Koordinierung und Intensivierung der Entwicklungshilfe der Mitgliedstaaten, mit dem Ziel, ein angemessenes Wirtschaftswachstum in den Entwicklungsländern zu verwirklichen. Grundlage für die Verwirklichung dieser Hauptziele soll u.a. die Förderung der Ausweitung des Welthandels, eines stetigen Wachstums und der Produktivität sein. Im Unterschied zur OEEC ist die OECD darum bemüht, auf der Grundlage eigener Studien und Forschungsaktivitäten Leitlinien und Modelle für die Lösung zukunftsweisender Problemstellungen zu erarbeiten. Dabei Schwerpunkt auf der Analyse der Wirtschafts- und Konjunkturpolitik und der Erarbeitung jährlicher Länderberichte über die Wirtschaftslage in den einzelnen Mitgliedsstaaten. Die Länderberichte sollen Mitgliedsländern bei der Formulierung ihrer nationalen Politiken dienen. Weitere wichtige Arbeitsergebnisse sind die Abkommen über die Währungszusammenarbeit →EWA, die Schaffung eines →Solidaritätsfonds zur Überbrückung von wirtschaftlichen Schwierigkeiten der Mitgliedstaaten und die Erarbeitung von Konventionen auf wissenschaftlichem und technologischem Gebiet (z.B. Konvention über Sicher-

heitskontrolle im Kernenergie-Bereich). Für den Energiebereich hat die OECD eine Internationale Energie-Agentur (→IEA) 1974 begründet.

III. Aufbau und Arbeitsweise: Fortsetzung der Rechtspersönlichkeit der OEEC. Der bisherige Statusaufbau wurde beibehalten (oberstes Organ ist der Rat, der Exekutivausschuß wurde auf 14 Mitglieder erweitert); die Stellung des Generalsekretärs wurde wesentlich verstärkt, er führt u.a. den Vorsitz im ständigen Rat, der durch die Leiter der nationalen Vertretungen bei der OECD gebildet wird. Die Hilfsorgane DAC, IEA und NEA fungieren als autonome oder semiautonome Organe; daneben mehr als 200 Fachausschüsse und Arbeitsgruppen auf wirtschafts-, umwelt-, wissenschafts- und sozialpolitischen Gebieten. Die Exekutivorgane der →EG und →EFTA nehmen an den Arbeiten der OECD teil. Aufgabe der NEA ist u.a. Förderung von Forschungs- und Produktionsprogrammen und Gründung gemeinschaftlicher Einrichtungen auf dem Gebiet der Kernenergie. Die bedeutenden Bemühungen der OECD auf dem Gebiet der Entwicklungshilfe werden in der Institution des →DAC zusammengefaßt. Aktivitäten der OECD auf dem Gebiet der Statistik und Informationsdarbietung. Wertvolle Pilotarbeiten zur Entwicklung von Statistiken und Indikatoren der Wissenschaft und technischen Forschung, sozialer Indikatoren und Statistiken und Indikatoren der Umwelt, die richtungsweisend für weltweite internationale und nationale Konzepte und Datensammlungen waren.

IV. Wichtige Veröffentlichungen: OECD-Convention and Report of Preparatory Committee; OECD-Observer (zweimonatlich); Economic Outlook (zweimal jährlich); Economic Surveys (by Country); Report of the Secretary General on the Activities of OECD; Foreign Trade Statistics Bulletin (monatlich); Main Economic Indicators (monatlich); · OECD Financial Statistics, National Accounts of OECD Countries; Labour Force Statistics, ferner zahlreiche Fachberichte in wirtschafts- und sozialpolitischen Teilbereichen (ca. 350–400 Titel jährlich).

OECD-Musterabkommen zur Vermeidung der Doppelbesteuerung. 1. *Begriff:* Vom Steuerausschuß der OECD erarbeitetes Muster für →Doppelbesteuerungsabkommen, die die Mitgliedstaaten untereinander oder mit Drittstaaten abschließen, um trotz der vielfältigen Sonderprobleme in den Steuerrechtsordnungen der einzelnen Staaten größtmögliche Vereinheitlichung der bilateralen Doppelbesteuerungsabkommen zu erzielen. Zwar nur als Empfehlung ausgesprochen, aber weitgehend als Verhandlungsgrundlage bei konkreten Verhandlungen angewandt, auch von der Bundesrep. D. – 2. *Musterab-*

kommen existieren: a) für die *Steuern vom Einkommen und Vermögen:* 1. Fassung: Bericht des Steuerausschusses der OECD von 1963, in deutscher Übersetzung veröffentlicht vom Bundesministerium der Finanzen, Bonn 1965; überarbeitete Fassung = Bericht des Steuerausschusses der OECD vom 11.4.1977, in deutscher Übersetzung veröffentlicht vom Bundesministerium der Finanzen 1979; b) für die *Besteuerung der Nachlässe und Erbschaften:* Bericht des Steuerausschusses der OECD von 1966, in deutscher Übersetzung veröffentlicht vom Bundesministerium der Finanzen, Bonn 1970.

OEEC, Organization for European Economic Cooperation, Organisation für europäische wirtschaftliche Zusammenarbeit (amtl. deutsche Bezeichnung: *Europäischer Wirtschaftsrat*), gegr. am 16.4.1948 als Nachfolgerin des CEEC (*Committee for European Economic Cooperation*) von den am Marshallplan (→ERP) teilnehmenden Ländern. Seit 1.10.1961 überführt in die →OECD. Sitz Paris; ständige Vertretung in Washington.

I. Aufgaben und Ziele: 1. *Aufgabe* der OEEC war zunächst die Aufstellung von koordinierten europäischen Wiederaufbauplänen, die von den USA bei der Gewährung der Marshallplanhilfe gefordert wurden. Darüber hinaus wurde eine allgemeine wirtschaftliche Zusammenarbeit der Mitgliedsländer angestrebt. – 2. *Ziele:* Aufbau einer gesunden europäischen Wirtschaft durch wirtschaftliche Zusammenarbeit: Förderung der Produktion, Rationalisierung, Vollbeschäftigung, Ausweitung und Erleichterung des europäischen Handels- und Zahlungsverkehrs, Verminderung von Zöllen, Handelshemmnissen, Förderung von Zollunionen und Freihandelszonen, Aufrechterhaltung der ·Währungsstabilität.

II. Aufbau: 1. *Mitglieder:* Ursprüngliche: Österreich, Belgien, Dänemark, Frankreich, Griechenland, Irland, Island, Italien, Luxemburg, Norwegen, Niederlande, Portugal, Großbritannien, Schweden, Schweiz, Türkei, Bundesrep.D. (seit 31.10.1949), Spanien (Vollmitglied seit 20.7.1959); assoziierte: Kanada, USA; Beobachter an den Beratungen bestimmter technischer Ausschüsse: Finnland und Jugoslawien, letzteres war Vollmitglied der EPA (European Productivty Agency, deren Tätigkeit mit der Konvention der OECD auf verschiedene Ausschüsse verteilt wurde). – *Organe:* a) Rat aus Vertretern aller Mitglieder als oberstes Beschlußorgan, b) Exekutivausschuß (7 Mitglieder), c) Sekretariat, d) Ausschüsse z.B. für Wirtschafts- und Konjunkturpolitik, für Entwicklungsaufgaben (Developmet Assistance Group, DAG, mit Japan als Mitglied), für Handelspolitik; Sonderbehörden (Organe der Spezialorganisationen, vgl. 3.): Handelsdirektorium, Ausschuß für unsichtbare Transaktionen, Ener-

gie-Beirat; ad hoc-Ausschüsse für spezielle Probleme. – 3. *Spezialorganisationen:* →EZU, →EWA, EPA, →NEA, →EUROCHEMIE, Amt für wissenschaftliches und technisches Personal. Ferner in enger Verbindung zur OEEC die →UCPTE.

III. Durchführung: 1. *Befugnisse:* Die OEEC hatte keine supranationalen Befugnisse, ihre Beschlüsse mußten i.d.R. einstimmig gefaßt werden, die Durchführung oblag den Mitgliedstaaten. – 2. *Tätigkeit:* a) Aufstellung koordinierter Wiederaufbaupläne der Mitglieder als Grundlage für die Verteilung der ERP-Hilfe; b) Abbau von Handelshemmnissen (→Kontingente, →Liberalisierung) zwischen den Mitgliedern und gegenüber dem Dollarraum: Liberalisierung der unsichtbaren Einfuhren; c) Multilateralisierung des innereuropäischen Zahlungsverkehrs (→EZU) und schließlich Übergang zur →Konvertibilität (→EWA); d) Förderung der Produktivität (EPA); e) Erstellung statistischer Berichte über die wirtschaftliche Lage, Empfehlungen und Beschlüsse bezüglich der Wirtschaftspolitik der Mitglieder, insbes. bei Abweichungen vom Liberalisierungsprogramm.

IV. Würdigung: Die Konvention der OEEC war so gefaßt, daß den Mitgliedern bei der Gestaltung der Organisation weitgehende Freiheit blieb. Die Entwicklung ihrer Koordinierungsorganisation (→Internationale Wirtschaftsorganisationen), aus der wichtige Impulse einer Wirtschaftsunion hervorgingen, die schließlich zum engeren Zusammenschluß in →EGKS und →EWG führten, während die übrigen Mitglieder die →EFTA bildeten. Die OEEC hatte damit ihr wesentliches Ziel, den Wiederaufbau Europas zu fördern, erreicht. Der Reformvorschlag, die OEEC in eine bisherigen assoziierten Mitglieder Kanada und USA als Vollmitglieder umfassende atlantische Organisation, nämlich die →OECD zu überführen, diente dem Zweck, neue internationale Probleme aufzugreifen.

OEM, original equipment manufacturer, Hersteller von Hardwarekomponenten (→Hardware), die ein anderer →Hardwarehersteller in seine Produkte einbaut oder sonst unter eigenem Namen verkauft. – Vgl. auch →PCM.

off balance sheet financing, Art der →Finanzierung, die nicht in die →Bilanz eingeht.

offenbare Mängel, →Mängelrüge.

offenbare Unmöglichkeit eines Buchführungsergebnisses, Begriff des Steuerwesens für ein Buchführungsergebnis, das in auffallendem Mißverhältnis zu den Ergebnissen anderer vergleichbarer Unternehmen der gleichen Branche steht. O.U. *berechtigt die Finanzbehörde,* die Besteuerungsgrundlage zu schätzen (→Schätzung II), obwohl die →Buchführung formell in Ordnung erscheint.

offenbare Unrichtigkeiten, Schreibfehler, Rechenfehler u.a. in Verwaltungsakten und Urteilen. Derartige o.U. können jederzeit von Amts wegen durch die Behörden bzw. das Gericht *berichtigt* werden (vgl. § 319 ZPO, § 118 VwGO, §§ 107, 108 FGO; § 129 AO).

offenbarte Präferenz, →Theorie der faktischen Präferenz.

Offenbarungseid, die bis 1.7.1970 vorgesehene eidliche Bekräftigung bestimmter Erklärungen des Schuldners. Durch das Gesetz zur Umwandlung des Offenbarungseides in eine eidesstattliche Versicherung vom 27.6.1970 (BGBl I 909) wurde der O. durch die →eidesstattliche Versicherung ersetzt, die vor dem →Rechtspfleger abzugeben ist.

Offenbarungspflicht. 1. *Begriff:* Auskunftspflicht des Arbeitnehmers über persönliche Verhältnisse vor der →Einstellung nach Grundsätzen des Arbeitsrechts. – 2. *Umfang:* a) *Grundsätzlich* darf der Arbeitgeber dem Arbeitnehmer nur Fragen stellen, an denen er im Hinblick auf den zu besetzenden Arbeitsplatz ein berechtigtes Interesse hat, z.B. nach Aus- und Vorbildung. Die Frage nach der *Partei-, Gewerkschafts- und Religionszugehörigkeit* ist, außer in entsprechenden →Tendenzbetrieben, unzulässig. – b) Fragen nach dem *Gesundheitszustand* sind insoweit zulässig, als es sich um schwerwiegende Beeinträchtigungen der Arbeitsfähigkeit des Betroffenen handelt; so besteht das uneingeschränkte Recht, einen Bewerber nach dem Vorliegen einer Schwerbehinderteneigenschaft oder einer Gleichstellung zu fragen (BAG-Urteil vom 1.8.1985; 2 AZR 101/83). Nach den Umständen des Einzelfalles auch O. des Arbeitnehmers, wenn er erkennen kann, daß er wegen Behinderung die vorgesehene Arbeit nicht zu leisten vermag. – c) Bei *Vorstrafen* (vgl. § 53 Bundeszentralregistergesetz) kommt es auf die Bedeutung der Vorstrafe für den jeweiligen Arbeitsplatz an. – d) Bei der in angemessener Form gestellten Frage nach der *Schwangerschaft* differenziert die Rechtsprechung: Die Frage ist zulässig, wenn sich nur Frauen um den Arbeisplatz bewerben. Die Frage wegen Schwangerschaft ist dann eine unzulässige Benachteiligung wegen des Geschlechts (→Gleichbehandlung), wenn sich männliche und weibliche Arbeitnehmer um denselben Arbeitsplatz bewerben (BAG-Urteil vom 20.2.1986; 2 AZR 244/85). – 3. *Rechtsfolge:* Die wahrheitswidrige Beantwortung der zulässig gestellten Frage kann den Arbeitgeber zur →Anfechtung des Arbeitsvertrags wegen arglistiger Täuschung (§ 123 BGB) berechtigen. – 4. Vgl. auch →Personalfragebogen.

offene Ausschreibung, Variante der öffentlichen Ausschreibung, bei der nur die Unternehmen zur Abgabe eines Angebots berechtigt sind, die in eine Bieterliste aufgenommen wurden. – Vgl. auch →öffentliche Auftragsvergabe.

offene Handelsgesellschaft (OHG). I. B e g r i f f : Die OHG ist eine →Personengesellschaft, deren Zweck auf den Betrieb eines →Handelsgewerbes unter gemeinschaftlicher →Firma gerichtet ist und deren Gesellschafter den Gläubigern unmittelbar und unbeschränkt mit ihrem vollen Vermögen (Privat- und →Gesellschaftsvermögen) für →Gesellschaftsschulden haften; angesehendste und am weitesten verbreitete Rechtsform einer →Handelsgesellschaft. – *Rechtsgrundlage:* §§ 105–160 HGB; ergänzend gelten die §§ 705 ff. BGB über die →Gesellschaft des bürgerlichen Rechts. – *Rechtsstellung:* Die OHG ist eine nicht rechtsfähige →Gesellschaft, die nach Organisation und Rechtszuständigkeit als →Gemeinschaft zur gesamten Hand ausgestaltet ist; keine →juristische Person. Sie hat aber gegenüber ihren Gesellschaftern eine gewisse Verselbständigung und kann im Rechtsverkehr unter ihrer Firma als geschlossene Einheit auftreten. § 31 BGB über die Haftug des Vereins für →*unerlaubte Handlungen* seiner Organe findet entsprechende Anwendung.

II. E r r i c h t u n g : 1. Durch →*Gesellschaftsvertrag* erfolgend. – 2. Ob darüber hinaus zur *Entstehung* auch die Eintragung in den Handelsregister erforderlich ist, richtet sich nach der Art des Handelsgewerbes; gehört es zu den →Grundhandelsgeschäften, so entsteht die OHG bereits mit dem →Geschäftsbeginn. – 3. Unabhängig davon ist die Gesellschaft aber stets bei dem →Amtsgericht, in dessen Bezirk sie ihren Sitz hat, zur Eintragung ins das *Handelsregister* anzumelden. Die →Anmeldung ist von allen Gesellschaftern zu bewirken. Sie hat zu enthalten: a) Namen, Vornamen, Stand und Wohnung jedes Gesellschafters; b) Firma und Sitz der Gesellschaft; c) Zeitpunkt, mit welchem die Gesellschaft begonnen hat. Die vertretungsberechtigten Gesellschafter haben die Firma nebst ihrer Namensunterschrift zur Aufbewahrung bei dem Gericht zu zeichnen. In gleicher Weise sind später alle die Firma, den Sitz oder die Gesellschaft betreffenden Änderungen anzumelden (§§ 106–108 HGB). – 4. Ein gesellschaftlicher Zusammenschluß von →*Kleingewerbetreibenden* begründet keine OHG, sondern eine Gesellschaft des bürgerlichen Rechts. – 5. Das *Innenverhältnis* der Gesellschafter bestimmt sich weitgehend nach dem Gesellschaftsvertrag, der Höhe und Art der →Gesellschaftsbeiträge, Dauer, Kündigungsfristen, Gewinn- und Verlustbeteilung, Berechnung des →Abfindungsguthabens eines ausscheidenden Gesellschafters usw, zu regeln pflegt. Mangels besonderer Abrede gelten die gesetzlichen Vorschriften. – Auch →juristische Personen können Gesellschafter der OHG sein (→GmbH & Co.). – 6. Die Gesellschaftsanteile sind im allg. nicht übertragbar. – 7. Jeder Gesellschafter ist →Kaufmann.

III. Gesellschaftsanteil: Anteil eines Gesellschafters an dem →Gesellschaftsvermögen. – 1. Der Gesellschaftsanteil beteiligt den Gesellschafter an jedem Gegenstand unmittelbar mit, ist jedoch für den *einzelnen Gegenstand* nicht übertragbar (§§ 105 II HGB, 719 BGB) und auch nicht pfändbar (§ 859 ZPO). Eine Übertragung der Anteile an den einzelnen Gegenständen widerspräche dem Grundsatz der Gesamthandsbindung der OHG. – 2. Für den Anteil *als Ganzes* kann der →Gesellschaftsvertrag Abweichendes bestimmen, z. B. die Übertragungsmöglichkeit mit oder ohne Zustimmung der anderen Gesellschafter. – →*Zwangsvollstreckung* in den Gesellschaftsanteil durch einen →Privatgläubiger ist zulässig (§ 859 ZPO); sie erfolgt durch →Pfändungs- und Überweisungsbeschluß. →Drittschuldner sind die geschäftsführenden Gesellschafter.

IV. Firmenbezeichnung: Die Firma der OHG hat den Namen (mit oder ohne Vornamen) wenigstens eines Gesellschafters mit einem das Vorhandensein einer Gesellschaft andeutenden →Firmenzusatz oder die Namen aller Gesellschafter zu enthalten; die Namen anderer Personen, z. B. stiller Gesellschafter, dürfen nicht aufgenommen werden (§ 19 HGB). Ausnahme vom Grundsatz der →Firmenwahrheit u. U. bei →Firmenfortführung. Ist kein persönlich haftender Gesellschafter eine natürliche Person, so muß die Firma eine Bezeichnung erhalten, welche die Haftungsbeschränkung kennzeichnet.

V. Geschäftsführung/Vertretung: 1. *Geschäftsführung:* Obliegt allen Gesellschaftern, und zwar als →Einzelgeschäftsführung. Der Gesellschaftsvertrag kann abweichende Regelung vorsehen, z. B. →Gesamtgeschäftsführung anordnen oder einzelne Gesellschafter von der Geschäftsführung ausschließen. – 2. Zur *Vertretung der Gesellschaft nach außen* ist jeder Gesellschafter allein berechtigt. Ausschluß der Befugnis oder Anordnung von →Gesamtvertretung im Gesellschaftsvertrag ist möglich. Derartige *Beschränkungen* müssen im Handelsregister eingetragen werden. Die Befugnis zur Geschäftsführung und Vertretung kann einem Gesellschafter bei →wichtigem Grund, insbes. grober Pflichtverletzung oder Unfähigkeit zur ordnungsmäßigen Wahrnehmung, auf Antrag (→Klage) der übrigen Gesellschafter durch gerichtliche Entscheidung *entzogen* werden. – Das den Gesellschaftern obliegende gesetzliche →*Wettbewerbsverbot* gilt auch für die von der

Geschäftsführung und Vertretung ausgeschlossenen Gesellschafter.

VI. Stimmrecht: Stimmrecht der Gesellschafter wird in wichtigen Angelegenheiten ausgeübt. →Gesellschafterbeschlüsse bedürfen der Zustimmung aller zur Mitwirkung bei der Beschlußfassung berufenen Gesellschafter. Soll nach dem Gesellschaftsvertrag Stimmenmehrheit bei der →Abstimmung entscheiden, wird mangels anderer Abrede die Mehrheit nach der Zahl der Gesellschafter berechnet.

VII. Bilanz und Kontrollrecht: 1. *Aufstellung der* →*Bilanz:* Obliegt jährlich den geschäftsführenden Gesellschaftern; festgestellt wird sie von allen Gesellschaftern, von diesen ist sie auch zu unterzeichnen. Der Gesellschaftsvertrag kann Feststellung des Jahresabschlusses durch Gesellschafterversammlung (Stimmenmehrheit) und auch Prüfung durch Buch- oder Wirtschaftsprüfer usw. vorschreiben. – 2. *Kontrollrecht der Gesellschafter:* Jeder Gesellschafter kann, auch wenn er von der Geschäftsführung ausgeschlossen ist, sich über die Angelegenheiten der Gesellschaft persönlich unterrichten, die Handelsbücher und die Papiere der Gesellschaft einsehen und sich aus ihnen ggf. unter Beiziehung eines Sachverständigen, einen Jahresabschluß anfertigen; entgegenstehender vertraglicher Ausschluß des Rechts ist wirkungslos, wenn Grund zur Annahme unredlicher Geschäftsführung besteht (§ 118 HGB).

VIII. Gewinn und Verlust: 1. *Gesetzlich* gebührt jedem Gesellschafter ein Vorzugsgewinnanteil in Höhe von 4% seines →Kapitalanteils. Dabei werden im Laufe des Geschäftsjahres gemachte Einlagen und/oder →Entnahmen nach dem Verhältnis der seitdem abgelaufenen Zeit berücksichtigt. Der 4% der Kapitalanteile übersteigende Gewinn wird nach Köpfen verteilt. Kopfteilung gilt auch für Verluste (§ 121 HGB). Vgl. auch →Gewinn- und Verlustbeteiligung; steuerlich: →Gewinnfeststellung. Gewinn und Verlust werden dem Kapitalanteil des Gesellschafters gut- bzw. abgeschrieben (§ 120 HGB). – 2. Zumeist eingehende abweichende Regelung im *Gesellschaftsvertrag*, z. B. Vorwegnahme eines Tätigkeitsentgelts, Geschäftsführergehalts, Ansatz von Aufwendungen oder festen prozentualen Gewinnanteilen je nach der Mitverantwortung oder beides kombiniert. Häufig erfolgt die Gewinngutschrift auf Sonderkonto, damit die →Kapitalkonten unverändert bleiben. – 3. *Entnahmen:* Jeder Gesellschafter kann aus der Gesellschaftskasse Geld bis zu 4% seines für das letzte Geschäftsjahr festgestellten Kapitalanteils entnehmen und, soweit es nicht zum offenbaren Schaden der Gesellschaft gereicht, auch die Auszahlung seines diesen Betrag übersteigenden Gewinnanteils des letzten Jahres verlangen (§ 122

HGB). Häufig vertraglich vereinbart: monatliche Entnahme ohne Rücksicht auf das letzte Jahresergebnis, jedoch nach oben begrenzt und unter Beachtung der steuerlichen Verpflichtungen der einzelnen Gesellschafter. – Vgl. auch →Entnahmen.

IX. Zwangsvollstreckung: Zur →Zwangsvollstreckung in das Gesellschaftsvermögen bedarf es eines Titels gegen die OHG, die als solche Partei- und Prozeßfähigkeit besitzt (§124 HGB). Soll in das Privatvermögen einzelner Gesellschafter vollstreckt werden, bedarf es eines Titels gegen diese. – Vgl. auch oben III und →Schuldenhaftung.

X. Sonderheiten: Über →Auflösung und →Abwicklung der Gesellschaft, →Ausscheiden, →Ausschließung und →Übernahmerecht eines Gesellschafters vgl. dort. – Ist im Gesellschaftsvertrag bestimmt, daß im Falle des Todes eines Gesellschafters die Gesellschaft mit den →Erben *fortgesetzt* werden soll, kann jeder Erbe verlangen, daß ihm unter Belassung des bisherigen Gewinnanteils die Stellung eines →Kommanditisten eingeräumt und der auf ihn entfallende Teil der Einlagen des Erblassers als →Kommanditeinlage anerkannt wird. Sind die anderen Gesellschafter nicht einverstanden, kann der betreffende Erbe fristlos sein Ausscheiden aus der Gesellschaft erklären. Das dem Erben eingeräumte →Wahlrecht kann nur binnen 3 Monaten seit Kenntnis von dem Anfall der Erbschaft ausgeübt werden. Wird die Gesellschaft innerhalb der Frist aufgelöst oder scheidet der Erbe aus, trifft ihn nur die bürgerlich-rechtliche →Erbenhaftung (§139 HGB). Anderenfalls haftet er, wie auch sonst bei →Firmenfortführung, als OHG-Gesellschafter bzw. Kommanditist.

X. Steuerliche Behandlung: 1. Die OHG *entsteht* mit →Geschäftsbeginn. – 2. Die OHG ist steuerlich als →*Mitunternehmerschaft* zu qualifizieren, die einzelnen Gesellschafter sind →Mitunternehmer. Die Gesellschaft selbst ist nicht einkommensteuerpflichtig. Der Gewinn der Gesellschaft wird einheitlich und gesondert festgestellt und unterliegt der Einkommensteuer bei den Gesellschaftern.

offene Inflation, →Inflation I 1.

offene Police, →laufende Versicherung *(open cover)*, in der Transport- und Rückversicherung gebräuchlich. Mantelvertrag, der den Versicherungsnehmer verpflichtet, von Fall zu Fall Risiken in Deckung zu geben, die der Versicherer annehmen muß.

Offene-Posten-Buchführung, *open item system,* kontenlose oder *kontoblattlose Buchführung (ledgersless accounting),* eine →Belegbuchhaltung, bei der zwar auch Konten geführt werden, aber das Konto nur aus den

den Kontostand veränderten Belegen (den „offenen Posten") besteht, die nach Konten geordnet karteimäßig aufbewahrt werden, und zwar in der O.-P.-B., bis das Konto ausgeglichen ist, z.B. die Rechnung bezahlt oder der Kredit getilgt ist. Dann werden die Belege in der *Ausgeglichenen-Posten-Buchhaltung* in der gleichen Ordnung abgelegt. – Die O.-P.-B. ist in Industrie- und Handelsbetrieben weit *verbreitet,* insbes. durch das →Lochkartenverfahren und die →elektronische Datenverarbeitung. – *Steuerlich* anerkannt (Abschn. 29 II Nr.2 EStR). – *Ordnungsmäßigkeitsvoraussetzung* ist eine chronologische Belegkopieablage zur Erfüllung der Grundbuchfunktion, Übernahme der täglichen Rechnungssummen in die Debitoren-, Kreditoren- und Sachkonten (Hauptbuchfunktion), regelmäßige Abstimmung der offenen Posten mit den Personenkonten und Aufbewahrung der chronologisch geordneten Belegkopien der ausgeglichenen Posten für zehn Jahre.

offener Arrest, bei Eröffnung des →Konkursverfahrens durch das Konkursgericht zu erlassende und öffentlich bekanntzumachende Anordnung, die allen Personen, die eine zur →Konkursmasse gehörige →Sache im →Besitz haben oder zur Konkursmasse etwas schuldig sind, aufgibt, nichts an den →Gemeinschuldner zu verabfolgen oder zu leisten und ihnen die Verpflichtung auferlegt, von dem Besitz der Sache und den Forderungen, für welche sie aus der Sache abgesonderte Befriedigung in Anspruch nehmen, dem →Konkursverwalter innerhalb einer bestimmten Frist Anzeige zu machen (§§110f., 118 KO). Wer die Anzeige über den Besitz von Massegegenständen nicht rechtzeitig erstattet, haftet für allen aus der Unterlassung oder Verzögerung entstehenden Schaden (§119 KO).

offene Randklasse, bei der →Klassenbildung eine erste bzw. letzte Klasse, für die keine Untergrenze bzw. Obergrenze genannt ist, etwa: „bis 10000"; „100000 und mehr". O.R. sollten vermieden werden, da kein klassentypischer Wert, etwa eine Klassenmitte, angegeben werden kann; zudem ist die Darstellung als →Histogramm bei o.R. wegen nicht festgelegter Klassenbreite nicht möglich.

offene Rechnung, durch eine dem →Kontokorrentvertrag ähnliche Abrede begründetes Verhältnis, wonach die Forderungen *eines* Vertragsteils (z.B. die Einzelhändlers gegen seinen Kunden) in Rechnung gestellt und nach bestimmten Rechnungsperioden (z.B. monatlich) zusammengerechnet und bezahlt werden sollen. Die Vorschriften über den Kontokorrentvertrag gelten nicht.

offene Reserven, älterer betriebswirtschaftlicher Ausdruck für →offene Rücklagen.

offener Markt, →Markt ohne Zutrittsbe-
schränkungen. Jeder kann als Nachfrager
oder Anbieter auftreten. – *Gegensatz:* →ge-
schlossener Markt.

offene Rücklagen, früher: *offene Reserven,*
die in den →Bilanzen der Kapitalgesellschaften offen ausgewiesenen →Rücklagen (vgl.
dort). – *Gegensatz:* →stille Rücklagen.

offenes Depot, →Depotgeschäft III 2.

offenes Entscheidungsmodell, Modell
eines →Entscheidungsprozesses, das die Entstehung der →Entscheidungsprämissen einbezieht. O.E. bilden beschränktes Rationalver-
halten ab; sie liefern daher eine geeignete
Beschreibung des realen →Entscheidungsver-
haltens, insbes. bei schlecht strukturierten
Problemen. (Vgl. →Modell.) – Heuristische
Entscheidungsmodelle (→heuristische Verfahren) gehören zu den o.E. – *Gegensatz:*
→geschlossenes Entscheidungsmodell.

offenes Netz, →Netz, das die Einbindung
von →Datenstationen (v.a. von →Compu-
tern) unterschiedlicher Hersteller erlaubt.
Diese kommunizieren nach einheitlichen
Regeln miteinander. – *Gegensatz:* →geschlos-
senes Netz. – Vgl. auch →OSI-Modell.

Offenlegungspflicht, *Bilanzeinsichtspflicht.*
1. O. für *Kreditinstitute:* Gem. §18 KWG
obliegende Verpflichtung. Bei Einräumung
von Krediten über insgesamt mehr als 100 000
DM muß das Kreditinstitut von dem Kreditnehmer Offenlegung seiner wirtschaftlichen
Verhältnisse oder Einsicht in seine Bilanzen
verlangen. Das Kreditinstitut kann hiervon
absehen, wenn das Verlangen nach Offenlegung im Hinblick auf die gestellten Sicherheiten offensichtlich unbegründet wäre. – 2. O.
für *Kapitalgesellschaften:* In den Mitgliedstaaten der EG durch die Erste gesellschaftsrechtliche EG-Richtlinie (1969) vorgegebene und
im Zuge der Umsetzung der vierten EG-
Richtlinie zu realisierende Verpflichtung
(→Harmonisierung), den →Jahresabschluß
und weitere Unterlagen unternehmensgrößen-
abhängig entweder durch Hinterlegung im
Handelsregister (Registerpublizität) oder
durch Veröffentlichung im →Bundesanzeiger
offenzulegen. – Vgl. auch →Publizität.

Offenmarktgeschäft. 1. *I.w.S.:* Alle am
→offenen Markt getätigten Wertpapieran-
und -verkäufe. – 2. *I.e.S.:* Von der Deutschen
Bundesbank im Rahmen der →Offenmarkt-
politik durchgeführte Wertpapiertransaktio-
nen.

Offenmarktpapiere, →Geldmarktpapiere.

Offenmarktpolitik, geld- und kreditpolitisches Instrument (vgl. →monetäre Theorie
und Politik) der Deutschen Bundesbank (§21
BBankG). – 1. *Begriff:* An- und Verkauf von
festverzinslichen Wertpapieren und →Geld-
marktpapieren durch die Zentralbank auf

eigene Rechnung (d.h. nicht zur →Kursstüt-
zung von Staatsschuldverschreibungen); An-
und Verkauf am Kapitalmarkt (*O. am langen
Ende*) von Schuldverschreibungen, Schuldbuchforderungen usw. (seit 1967 angewandt)
oder An- und Verkauf am Geldmarkt (*O. am
kurzen Ende*) von Wechseln, Schatzwechseln,
Schatzanweisungen bzw. →Mobilisierungspa-
pieren und →Liquiditätspapieren (seit 1955
angewandt). Bei einer expansiven (kontrakti-
ven) O. kauft (verkauft) die Zentralbank
Wertpapiere von Kreditinstituten und/oder
Nicht-Banken und bezahlt mit Zentralbankgeld (→Geldschöpfung bzw. →Geldvernich-
tung). – 2. *Formen:* a) *Mengenfixierung:* Die
Zentralbank kauft (verkauft) eine bestimmte
Anzahl der Titel; b) *Kursfixierung:* Die Zentralbank kauft (verkauft) soviele Titel, bis sich
ein bestimmter Kurs am Markt einstellt; c) O.
mit Rückkaufsvereinbarung (→Wertpapier-
pensionsgeschäft): Kauf oder Verkauf von
Titeln nur für bestimmte Zeit (z.B. für 5 oder
28 Tage) im Ausschreibungsverfahren
(→Mengentender, →Zinstender); erfolgt seit
1973. – 3. *Wirkung:* Die zusätzliche Wertpa-
piernachfrage der Zentralbank bei einer
expansiven O. führt zum Anstieg der Wertpa-
pierkurse (und damit Kapitalgewinnen bei den
Wertpapierverkäufern), einer Senkung des
Wertpapierzinssatzes und der Wertpapierren-
dite. Es steigt die Zentralbankgeldmenge in
Händen der Geschäftsbanken (O. mit
Geschäftsbanken; vgl. →Barreserve, →Liqui-
ditätsreserve) oder der Nicht-Banken (O. mit
Nicht-Banken; →Sichteinlagen, →Über-
schußreserve der Banken), d.h. die →mone-
täre Basis steigt. Dieses führt über eine →mul-
tiple Geldschöpfung zur Erhöhung der Geldmenge und des Kreditangebots bzw. sinkenden
Kreditzinssatz. Die reduzierte Wertpapierren-
dite führt zu Portfolioumschichtungen bei
Banken und Nicht-Banken (→Portfolio Selection) und u.U. zu steigenden Investitionen
(→Transmissionsmechanismus).

öffentliche Abgaben, →Abgaben.

öffentliche Aufführung, →öffentliche
Wiedergabe.

öffentliche Aufgaben, von →öffentlichen
Aufgabenträgern nach planwirtschaftlichen
Methoden zu erfüllende Aufgaben. In der
Marktwirtschaft ergibt sich die Begründung
ö. A. aus der Existenz bestimmter Gütermerk-
male (Nichtrivalität des Konsums, Nichtaus-
schließbarkeit vom Konsum, Grenzkosten
von Null), die eine privatwirtschaftliche Aufgabenerfüllung nicht bzw. nur mit gesamtwirtschaftlich suoptimalem Ergebnis erlaubt
(→öffentliche Güter, →Marktversagen) bzw.
bei denen eine privatwirtschaftliche Aufgabenerfüllung aus politisch-meritorischen Gründen nicht erwünscht ist (→meritorische
Güter).

öffentliche Aufgabenträger, die Träger →öffentlicher Aufgaben in einem gegliederten Gemeinwesen. Zu den ö. A. zählen: a) die regional abgegrenzten →Gebietskörperschaften (in der Bundesrep. D. Bund, Länder, Gemeinden und Gemeindeverbände), die jeweils eine Vielzahl öffentlicher Aufgaben erfüllen; b) die funktional (und ggf. zusätzlich regional) abgegrenzten →Parafisci (in der Bundesrep. D. v. a. die Sozialversicherungsträger); c) →öffentliche Unternehmen, Kirchen, Arbeitgeber- und Arbeitnehmerverbände u. ä.

öffentliche Aufträge, von Bund, Ländern, Gemeinden, Gemeindeverbänden und von sonstigen Personen des öffentlichen Rechts zu vergebende Aufträge zur Beschaffung von Gütern und Dienstleistungen. Die Vergabe der ö. A. erfolgt nach den Verdingungsordnungen, den Preisverordnungen und den Richtlinien für die bevorzugte Berücksichtigung bestimmter Bewerber. – Vgl. auch →Ausschreibung, →öffentliche Auftragsvergabe.

öffentliche Auftragsvergabe, Verfahren zur Vergabe von →öffentlichen Aufträgen. Nach § 30 HGrG muß die Vergabe von Aufträgen grundsätzlich im Wege der →Ausschreibung vorgenommen werden; durch sie soll sichergestellt werden, daß der Wettbewerb erhalten bleibt (Verfahren organisierter Konkurrenz) und die knappen öffentlichen Mittel optimal eingesetzt werden. – *Wichtigste Formen der ö. A. (Vergabeverfahren):* 1. *Öffentliche Ausschreibung* (Regelform): Unbeschränkte Zahl von Unternehmen wird öffentlich zur Einreichung von Angeboten (in einer bestimmten Frist) aufgefordert. Leistungsbeschreibung spezifiziert die allgemeinen Bedingungen und Einzelheiten der geforderten Leistung. Nach der Öffnung der (versiegelt aufbewahrten) eingegangenen Offerten werden ungeeignete Angebote und Anbieter ausgesondert; das preisgünstigste Angebot erhält den

Zuschlag. *Variante:* →offene Ausschreibung. – 2. *Beschränkte Ausschreibung:* Aufforderung zur Einreichung von Angeboten erfolgt nur an eine beschränkte Zahl von Unternehmen, da Art und Umfang der Leistung besondere Zuverlässigkeit, Leistungsfähigkeit oder Fachkunde des Bewerbers erfordern oder aus Kostengründen oder Geheimhaltungsvorschriften eine öffentliche Ausschreibung nicht sinnvoll erscheint. Aus Wettbewerbsgründen Mindestzahl der zur Ausschreibung aufzufordernden Unternehmen; trotzdem ist der Zugang zum Wettbewerb teilweise geschlossen. Die Vergabe erfolgt wie bei der öffentlichen Ausschreibung. – 3. *Freihändige Vergabe:* Das an sich verbindliche Prinzip der Ausschreibung wird durchbrochen; die Beschaffungsbehörde tätigt ohne förmliche Ausschreibung direkt einen Vertragsabschluß mit dem ihr geeignet erscheinenden Lieferanten. Wird vorgenommen, wenn z. B. die Dringlichkeit es erfordert oder bei kleineren Aufträgen und Nachbestellungen.

öffentliche Ausgaben. I. Begriff: Ausgaben der öffentlichen Hand zur Verwirklichung der →öffentlichen Aufgaben; über Art und Ausmaß entscheiden die politischen Vertretungen. – Vgl. auch →öffentlicher Haushalt, →Staatsausgaben.

II. Unterteilung: 1. Nach *Aufgabenbereichen:* Die traditionelle Gliederung nach dem →Ministerialprinzip bedeutet grundsätzlich eine Gliederung der ö. A. nach der Ressortverantwortung bzw. dem Verwaltungsaufbau. Die Gliederung der ö. A. nach dem Funktionalprinzip versucht, organisch zusammengehörende, aber institutionell verstreute Ausgaben zusammenzufassen. – 2. Nach *Periodizität* und *Vorhersehbarkeit* (insbes.): a) →ordentliche Ausgaben; b) →außerordentliche Ausgaben; ordentliche Ausgaben sollen durch Steuereinnahmen, außerordentliche durch Schuldenaufnahme finanziert werden. – 3. Im *finanzsta-*

Öffentliche Ausgaben 1974–1985

Jahr	Ausgaben der Gebietskörperschaften			öffentliche Haushalte insgesamt [1]		
	Bund	Länder	Gemeinden	in Mrd. DM	Anteil am BSP in %	DM je Einwohner
	in Mrd. DM					
1975	160,1	146,3	101,2	526,8	51,2	8 519
1976	166,7	154,4	104,3	559,5	49,7	9 093
1977	174,2	161,6	108,4	593,3	49,5	9 633
1978	190,8	176,5	118,2	638,0	49,4	10 403
1979	205,1	191,8	130,4	689,5	49,4	11 237
1980	217,6	208,6	145,6	744,2	50,1	12 088
1981	234,9	216,6	152,1	794,2	51,4	12 876
1982	246,6	224,2	153,0	828,7	51,9	13 445
1983	248,7	228,3	151,7	848,4	50,5	13 812
1984	253,9	234,3	154,7	877,3	49,8	14 370
1985	259,4	243,9	163,4	905,1	49,0	14 833
1986	263,2	254,5	172,5	942,5	48,4	15 439

[1] Bund einschl. Lastenausgleichsfonds, ERP-Sondervermögen. Länder und Gemeinden ab 1974 einschl. Sozialversicherungsträger, Bundesanstalt für Arbeit, Zusatzversorgungskassen, Organisationen ohne Erwerbszweck, kommunale Zweckverbände. Ohne Finanzierungsanteile der EG – Ab 1976 einschl. geschätzte Ausgaben für (nicht erfaßte) Krankenhäuser und Hochschulkliniken mit kaufmännischem Rechnungswesen.

tistischen Sinne: a) ö. Brutto-A.; b) ö. Netto-A.: unmittelbare Ausgabe einer Körperschaft bzw. Eigenausgaben einer Körperschaft; beim Nettoprinzip werden die Zahlungen ausgesondert: die innerhalb und zwischen den verschiedenen Gebietskörperschaften vorgenommen werden und reinen Transfercharakter haben. – 4. Nach *temporaler Nutzenverteilung:* a) konsumtive Ausgaben (Nutzen in der laufenden Periode); b) investive Ausgaben (Nutzen in künftigen Jahren). – 5. Nach den →ökonomischen Wirkungen: a) Ausgaben für Güter und Dienste: (1) öffentliche Sachkapitalinvestitionen (Verkehr, Energie, Gesundheit), (2) ö.A. zur Erzeugung von immateriellem Kapital (Erziehung, Forschung), (3) ö.A. für institutionelle Infrastruktur (Verwaltung, Recht, Sicherheit), (4) Militärausgaben und (5) öffentlicher Verbrauch. – b) Transferausgaben: (1) Sozialtransfers, (2) Subventionen, (3) Zinszahlungen und (4) Finanzinvestitionen. – Vgl. auch →Transformationsausgaben. – *Gegensatz:* →öffentliche Einnahmen.

III. U m f a n g : Die ö.A. in den Rechnungsjahren 1974 bis 1985 sind der Tabelle Sp. 665/666 zu entnehmen.

öffentliche Auslandsverschuldung, Kreditaufnahme der öffentlichen Hand im Ausland in Form der direkten Verschuldung (vornehmlich Schuldscheindarlehen) und der indirekten Verschuldung (Kauf inländischer Staatspapiere durch Ausländer). – Vgl. auch →öffentliche Kreditaufnahme.

öffentliche Ausschreibung, →öffentliche Auftragsvergabe 1.

öffentliche Banken, →öffentliche Kreditinstitute.

öffentliche Bausparkassen, →Bausparkassen mit öffentlich-rechtlichem Charakter zur Pflege des Bausparens, d.h. des Kollektivsparens, insbes. zum Zwecke der Finanzierung des Baues von Eigenheimen.

öffentliche Beglaubigung, für die Gültigkeit verschiedener →Rechtsgeschäfte vorgeschriebene Form. Die Erklärung muß schriftlich abgefaßt und die Unterschrift von einem →Notar beglaubigt sein (§ 129 BGB). Nach Landesrecht sind ausnahmsweise auch andere Behörden zugelassen. Die Form richtet sich nach § 40 Beurkundungsgesetz. – Beglaubigung der Unterschrift *durch Polizei* genügt zur Wahrung der Form *nicht.* – Vgl. auch →öffentliche Beurkundung. – *Anders:* →beglaubigte Abschrift.

öffentliche Bekanntmachung, Form der Bekanntgabe amtlicher Mitteilungen.

I. K o n k u r s - und V e r g l e i c h s o r d n u n g : Vorgeschrieben für die wichtigsten Entscheidungen (z.B. Eröffnung und Aufhe-

bung des Verfahrens, Berufung der →Gläubigerversammlung). Ö.B. erfolgt durch mindestens einmaliges Einrücken in das zur Veröffentlichung amtlicher Bekanntmachungen des Gerichts bestimmte Blatt (meist Staatsanzeiger). Ö.B. im →Bundesanzeiger in den Tageszeitungen daneben stets möglich; zwingend vorgeschrieben ist erstere z.B. für ö.B. der Konkurseröffnung und -aufhebung sowie für alle Bekanntmachungen im Vergleichsverfahren. Die ö.B. gilt als *bewirkt* mit Ablauf des zweiten Tages nach Ausgabe des betreffenden Blattes. Sie gilt auch dann als wirksame Zustellung, wenn daneben noch eine besondere Zustellung vorgeschrieben ist (§ 76 KO, § 119 VerglO.).

II. S t r a f r e c h t (insbes. Wirtschaftsstrafrecht): Die ö.B. dient der Straferkenntnis (z.B. Urteil) als Nebenfolge der Anprangerung des Täters; so in § 15 LMG, § 399 AO (bei schweren Fällen der →Steuerhinterziehung), § 23 UWG und § 30 WZG.

III. U n l a u t e r e r W e t t b e w e r b : Bei Unterlassungsklagen wegen unlauteren Wettbewerbs kann die obsiegende Partei das Urteil innerhalb bestimmter Frist auf Kosten der verurteilten Partei in der im Urteil bestimmten Art veröffentlichen (§ 23 UWG).

IV. U r h e b e r r e c h t : Entsprechende Befugnis bei Verletzung von →Urheberrechten (vgl. →Urheber III 4).

öffentliche Betriebe. →öffentliche Unternehmen.

öffentliche Betriebswirtschaftslehre, *Betriebswirtschaftslehre öffentlicher Unternehmen und Verwaltungen.* 1. *Charakterisierung:* Neuere betriebswirtschaftliche Fachrichtung, die sich mit betriebswirtschaftlichen Entscheidungs- und Managementproblemen im öffentlichen Bereich beschäftigt. Der ö.B. liegt ein prozeßorientierter Ansatz zur Steuerung von öffentlich dezentralisierten Unternehmen, Betriebs- und Verwaltungseinheiten zugrunde (→öffentliche Unternehmen, →Gebührenhaushalte, öffentliche →Verwaltung). – 2. *Schwerpunkte:* Unter Berücksichtigung der spezifischen Bedingungen und Zielsetzungen im öffentlichen Sektor geht es um die Analyse und Gestaltung einer wirtschaftlichen öffentlichen Aufgabenwahrnehmung. – 3. *Ebenen* (inhaltlich): Vgl. Übersicht Sp. 669/670.

öffentliche Beurkundung, Beurkundung eines →Rechtsgeschäfts durch den →Notar oder andere Urkundspersonen. Bundeseinheitliche Regelung durch das *Beurkundungsgesetz* vom 28.8.1969 (BGBl I 513) mit späteren Änderungen mit dem Grundsatz, daß vorwiegend nur noch die Notare als die dafür besonders geschaffenen Organe der vorsorgenden Rechtspflege zuständig sein sollen. – 1. *Willenserklärungen* (§§ 6ff. BeurkG) werden mündlich abgegeben, über die Verhandlung

Ebene / Funktionen	1. Ebene Betriebswirtschaftslehre als Managementlehre	2. Ebene Öffentliche BWL als Managementlehre öffentl. Aufgabenerfüllung	3. Ebene Öffentliche BWL als Managementlehre öffentl. Aufgabenerfüllung in ausgewählten Institutionen
Führungsfunktionen	– Planung – Organisation – Personalführung – Kontrolle	– Aufgaben- u. Programmplanung – Verfahren zur Planung und Beurteilung von Einzelprojekten – Haushaltsplanung und Mittelbewirtschaftung – Verwaltungsaufbau und Ablauforganisation – Personalführung – Controlling in der öffentl. Verwaltung und in öffentl. Unternehmen – öffentl. Aufgabenerfüllung	– Zielbildung und Planung in öffentl. Unternehmen und spezifischen Verwaltungen – Organisationsverfahren öffentl. Verwaltungen und Unternehmen – Personalplanung und -führung in öffentl. Unternehmen und ausgewählten Verwaltungen – Controlling in einzelnen Verwaltungseinheiten
Sachfunktionen	– Beschaffung – Leistungserstellung – Leistungsabgabe – Finanzierung	– Produktions- und Kostentheorie öffentl. Dienstleistungen – öffentl. Marketing – administrative Preispolitik – Finanzierung öffentl. Leistungsprozesse	– Sachfunktionen einzelner Verwaltungen und öffentl. Unternehmen (z. B. Sozialverwaltung, Krankenhaus, Entsorgungsunternehmen, Bundespost, Bundesbahn)
Verknüpfung von Führungs- und Sachfunktionen – Informationswesen	– Rechnungswesen – Informationssysteme	– Verwaltungskameralistik und Jahresabschluß – Betriebskameralistik – Vermögensrechnung – Rechnungssysteme zur Verknüpfung von Kameralistik und kaufm. Rechnungswesen – Kostenrechnung – Leistungsdokumentation und Leistungsrechnung	– Informationssysteme und Rechnungswesen einzelner Verwaltungen und öffentl. Unternehmen

wird eine Niederschrift aufgenommen, die die Bezeichnung des Notars und der Beteiligten sowie die Erklärungen der Beteiligten enthalten muß; enthalten soll sie auch Ort und Tag der Verhandlung. Sie ist grundsätzlich (Ausnahmen bei Karten, Zeichnungen usw.) vorzulesen; bei →Verträgen kann zunächst Antrag und später Annahme des Antrags beurkundet werden (§ 128 BGB). – 2. *Sonstige Beurkundungen* (§§ 36 ff. BeurkG), z. B. auch Abnahme von →Eiden und Aufnahme →eidesstattlicher Versicherungen, sind entsprechend vorzunehmen. – 3. *Die Form* der ö. B. ist insbesondere meist im →Grundstücksverkehr, z. B. bei →Auflassungen, vorgeschrieben. Aufnahme der Erklärungen in einem →Prozeßvergleich ersetzt die ö. B. (§ 127 a BGB). – Vgl. auch →öffentliche Beglaubigung.

öffentliche Einnahmen. 1. *Begriff:* Einnahmen der →Gebietskörperschaften (u. U. auch der Sozialversicherungsträger), d. h. die Summe aller Arten von Einnahmen in den →öffentlichen Haushalten. – Vgl. auch →Staatseinnahmen. – 2. *Unterteilung:* Infolge der Haushalts- und Finanzreform von 1969 wurde die Unterteilung in →ordentliche Einnahmen und →außeordentliche Einnahmen aufgegeben. Heute üblich: a) Nach dem Inhalt des marktmäßigen oder politischen *Transfers:* (1) →Erwerbseinkünfte, (2) →Gebühren und →Beiträge, (3) →Steuern, (4) Kreditaufnahme (→öffentliche Kreditaufnahme); (2) einschl. (3) werden auch als →Abgaben bezeichnet. – b) Nach *Periodizität* und *Quelle* des Eingangs: (1) Einnahmen der laufenden Rechnung (Erwerbseinkünfte, Abgaben, Zinsen, Zuweisungen und Zuschüsse), (2) Einnahmen der Kapitalrechnung (Veräußerung von Sachvermögen, Vermögensübertragungen, Darlehensrückflüsse, Veräußerungen von Beteiligungen). – c) Zum Zwecke des *Haushaltsausgleichs* werden unter der Bezeichnung „Nettofinanzierungssaldo" weitere Einnahmearten ausgewiesen: (1) Netto-Schuldenaufnahme am Kreditmarkt, (2) Rücklagenauflösungen, (3) Münzeinnahmen (nur für den Bund zutreffend). – 3. *Höhe der ö. E. der öffentlichen Haushalte* (1986): 587,5 Mrd. DM, davon Steuereinnahmen 452,5 Mrd. DM. – *Gegensatz:* →öffentliche Ausgaben.

öffentliche Finanzwirtschaft, →Finanzwirtschaft.

öffentliche Güter, *social goods, Kollektivgüter.* 1. *Begriff:* a) *I. e. S.:* Begriff zur Abgrenzung von →privaten Gütern mit Hilfe bestimmter Merkmale. – b) *I. w. S.:* wird die Theorie der ö. G. mit der Theorie der →öffentlichen Ausgaben identifiziert. – 2. *Charakteristische Merkmale* (Musgrave): a) *Nichtanwendbarkeit des →Ausschlußprinzips:* Die Nutzung des ö. G. kann nicht von der Zahlung eines Entgelts abhängig gemacht werden, da der Nutzungsausschluß z. B. aus technischen

Gründen nicht durchsetzbar ist. – b) *Nichtrivalisierender Konsum:* (→Nichtrivalitätsaxiom): Der den Individuen aus der Nutzung des ö. G. zufließende Nutzen ist unabhängig von der Zahl der Nutzer (kein Überfüllungsproblem). – Zusammenhang der beiden Gründe und →*externer Effekte:* Während die Entscheidung über Art, Umfang und Verteilung privater Güter durch die dezentrale Abstimmung der individuellen Präferenzen über den Marktmechanismus erfolgt, ist die Entscheidung über die Erstellung ö. G. das Ergebnis eines kollektiven Willensbildungsprozesses (→Kollektiventscheidung). Die genannten Merkmale verhindern eine effiziente Allokation dieser Güter über den Marktmechanismus (→Marktversagen). – Im Rahmen der →Public-choice-Theorie wird allerdings versucht, auch die Entscheidungen über ö. G. auf die individuellen Präferenzen zurückzuführen. – c) *Weitere Gründe* für das Marktversagen und damit für die Rechtfertigung einer öffentlichen Gütererstellung: lange Reifezeiten von Investitionen und hohes Investitionsrisiko (Forschung und Entwicklung); langfristig sinkende Durchschnittskosten; intergenerative Effekte der Bewirtschaftung natürlicher Ressourcen. – Vgl. auch →meritorische Güter.

öffentliche Hand, Bezeichnung für ·→Körperschaften des öffentlichen Rechts, insbes. im Zusammenhang mit ihrer Tätigkeit als Unternehmer (→öffentliche Unternehmen) oder im Hinblick auf ihr Vermögen (→Fiskus).

öffentliche Klage, →Strafprozeß I 1.

öffentliche Körperschaft, →Körperschaft des öffentlichen Rechts.

öffentliche Kreditaufnahme, *öffentliche Schulden.* 1. *Begriff:* Die von der öffentlichen Hand aufgenommenen und normalerweise mit einer Rückzahlungs- und Verzinsungspflicht verbundenen Kredite. Im Gegensatz zur zwangsweise erhobenen Steuer handelt es sich bei der ö. K. um Einnahmen, die aus der Beteiligung am marktwirtschaftlichen Prozeß resultieren. – Vgl. auch →Staatsschulden. – 2. *Schuldenarten:* a) Nach dem *Dokument:* (1) *Briefschulden:* Sie werden über eine gesonderte Schuldenurkunde dokumentiert; (2) *Buchschulden:* Sie werden in ein Schuldbuch eingetragen. – b) Nach der *Fristigkeit:* (1) *Geldmarktpapiere:* kurzfristige Verschuldung am Geldmarkt; dazu zählen unverzinsliche Schatzanweisungen, Finanzierungsschätze und (eingeschränkt) Schatzwechsel. (2) *Kapitalmarktpapiere:* langfristige Verschuldung am Kapitalmarkt; dazu zählen Kassenobligationen, Bundesobligationen, Bundesschatzbriefe, Anleihen, Schuldscheindarlehen sowie Sozialversicherungs- und Versorgungsdarlehen. – Die Schuldscheindarlehen sind am bedeutendsten: 61% der gesamten öffentlichen Verschuldung (1985). – 3. *Kreditnehmer:*

Am Gesamtbetrag der öffentlichen Verschuldung von 760,2 Mrd. DM (1985) waren der Bund mit 392,4 Mrd. DM, das →ERP-Sondervermögen mit 6,7 Mrd. DM, die Länder mit 247,4 Mrd. DM und die Gemeinden mit 113,7 Mrd. DM beteiligt. – 4. *Gläubigerstruktur:* Die Schulden gegenüber dem Bankensystem betrugen 1986 479,2 Mrd. DM (davon 11,6 Mrd. DM bei der Bundesbank und 467,6 Mrd. DM bei den Kreditinstituten), gegenüber den inländischen Nichtbanken 158,7 Mrd. DM (davon 9,1 Mrd. DM bei den Sozialversicherungen und 149,6 Mrd. DM bei den Kapitalsammelstellen, den privaten Unternehmern und den privaten Haushalten) und gegenüber dem Ausland 122,3 Mrd. DM. – 5. *Ziele:* a) *Fiskalisches Ziel:* Die ö. K. dient zunächst der Einnahmeerzielung zur Finanzierung der staatlichen Aufgabenerfüllung (Deckungskredite) oder zur Überbrückung von Liquiditätsengpässen (Kassenverstärkungskredit). – b) Im Rahmen der an die keynesianische Theorie anschließenden Fiskalpolitik (→fiscal policy) hat die ö. K. als Instrument der *Konjunktur- und Stabilitätspolitik* eine wichtige Funktion (→Deficit Spending). Auch für die Verfolgung allokations-, insbes. wachstumspolitischer Ziele ist die ö. K. von Bedeutung, da mit ihrer Hilfe auf die volkswirtschaftliche Kapitalbildung (→aggregate investment approach) und auf die intergenerative Aufteilung der Finanzierungslast zukunftswirksamer Investitionen (→Pay-as-you-use-Prinzip) Einfluß genommen werden kann. – 6. *Wirkungen:* a) *Allokative Wirkungen:* (1) *Intratemporal:* Insbes. die in der Auseinandersetzung um das sog. →Crowding Out diskutierten Verdrängungseffekte auf den Geld- und Kapitalmärkten (→Fontänentheorie, →Quellentheorie), aber auch auf den Gütermärkten (direct crowding out). Von diesen allokativen Wirkungen hängt auch der Erfolg des Einsatzes der ö. K. für die Ziele der Stabilisierungspolitik ab. – (2) *Intertemporal:* In der sog. Lastverschiebungsdiskussion kontrovers diskutiert. Die Frage ist, ob durch die Zins- und Tilgungslast für die ö. K. und/oder aufgrund der in Folge von Crowding-out-Effekten in der Gegenwart möglicherweise geringeren volkswirtschaftlichen Kapitalbildung (geringerer Kapitalstock wird an die nächste Generation weitergegeben) eine Lastverschiebung zu Lasten der zukünftigen Generation erfolgt; vgl. →Last der Staatsverschuldung. – b) *Distributive Wirkungen:* (1) *Intratemporal:* →Transferansatz, stellt die These auf, daß eine steigende Staatsverschuldung zu einer Vermögens- und Einkommenskonzentration führe, da die Aufbringung der Zins- und Tilgungslast über das Steueraufkommen regressiv, zu Lasten der ,,Armen'' wirke, während die Rendite den Beziehern höherer Einkommen zufließe, da v. a. diese die staatlichen Anleihen zeichnen. – (2) *Intertemporal:* Grundsätzlich die gleichen Überlegungen wie

zu den Intratemporalen Wirkungen. Die intertemporalen Verteilungswirkungen hängen aber zusätzlich von Veränderungen des Steuersystems zwischen den betrachteten Perioden ab. – 7. *Grenzen:* Vgl. →Verschuldungsgrenzen. – Vgl. auch →Nettokreditaufnahme, →Bruttokreditaufnahme.

öffentliche Kredite, Sammelbegriff für die Kreditgewährung und -aufnahme der öffentlichen Hand. – Vgl. auch →öffentliche Kreditgewährung, →öffentliche Kreditaufnahme.

öffentliche Kreditgewährung, Kredite, die von der öffentlichen Hand (insbes. von Sondervermögen) an einen bestimmten, politisch ausgewählten Adressatenkreis vergeben werden (öffentliche Kreditprogramme). Wichtige Kreditnehmer sind die privaten Unternehmen (z. B. →Wirtschaftsförderung), die privaten Haushalte (z. B. →Wohnungsbau) oder das Ausland (z. B. →Entwicklungshilfe).

öffentliche Kreditinstitute, *öffentliche Banken.* **1.** *Begriff:* →Öffentliche Unternehmen, die Bankgeschäfte betreiben, wobei der Umfang dieser Geschäfte einen in kaufmännischer Weise eingerichteten Geschäftsbetrieb erfordert (§ 1 KWG); vgl. auch →Banken. Die ö. K. nehmen im →öffentlichen Interesse vielfältige Aufgaben wahr. – **2.** *Arten:* (1) öffentliche Sparkassen, (2) Landesbanken/Girozentralen (auf Bundesebene: →Deutsche Girozentrale), (3) öffentliche Grundkreditanstalten (→Deutsche Siedlungs- und Landesrentenbank, →Deutsche Pfandbriefanstalt, Wohnungsbaukreditanstalten), (4) öffentliche Bausparkassen, (5) öffentliche Banken mit Sonderaufgaben (→Lastenausgleichsbank, Landwirtschaftliche Rentenbank, Deutsche Verkehrs-Kreditbank AG u. a.). Keine ö. K. sind hierbei die →Deutsche Bundesbank, →Deutsche Bundespost, Sozialversicherungsträger und die →Bundesanstalt für Arbeit.

öffentliche Lasten. **1.** *I. w. S.:* Sammelbegriff für alle öffentlich-rechtlichen Pflichten zu einer Leistung oder Duldung ohne Rücksicht auf Rechtsgrund und Inhalt im einzelnen Beispiel: →Abgaben. – **2.** *I. e. S.:* Öffentlich-rechtliche Pflicht, die als dingliches Recht auf einer Sache, v. a. auf einem Grundstück ruht, als Leistungspflicht (Hypothekengewinnabgabe), Haftungspflicht (Verwertungsrecht) oder Duldungspflicht.

öffentliche Münzfernsprecher, →öffentliche Sprechstellen auf Straßen, Plätzen und in öffentlichen Gebäuden, durch Münzautomaten oder Telefonkarte zu betätigen.

öffentlicher Dienst, berufliche Tätigkeit bei den öffentlich-rechtlichen Körperschaften und Anstalten. Öffentlich Bedienstete können je nach der Anstellung →Beamte, Angestellte oder Arbeiter sein. – **1.** *Angestellte und Arbeiter im ö. D.* unterliegen einem *tarifverraglichen*

Sonderrecht, das den besonderen Verhältnissen des ö. D. Rechnung trägt. → *Tarifverträge* des ö. D.: → Bundes-Angestellten-Tarifvertrag (BAT), Mantel-Tarifvertrag für Arbeiter des Bundes (MTB), Mantel-Tarifvertrag für Arbeiter der Länder (MTL) und Bundes-Mantel-Tarifvertrag für Arbeiter der Gemeinden (BMTG). Bundesbahn und Bundespost haben entsprechende eigene Tarifverträge. – In den Arbeitsverträgen der öffentlichen Hand wird regelmäßig auf diese Tarifverträge Bezug genommen, so daß sie weitgehend auch die Arbeitsverhältnisse nicht tarifgebundener Arbeitnehmer regeln. – 2. *Arbeitskämpfe im ö. D.:* Obwohl in keinem Gesetz ausdrücklich ausgesprochen, sind Arbeitskämpfe (→ Arbeitskampf, → Streik) von *Beamten* (Beamtenstreik) nach einhelliger Rechtsprechung und der h. M. im Schrifttum verboten. Unzulässig ist auch der Umgehungsweg *„Dienst nach Vorschrift".* Streiks von *Angestellten und Arbeitern* des ö. D. sind grundsätzlich zulässig. Im Bereich lebensnotwendiger Daseinsvorsorge (Gesundheitswesen, Energieversorgung usw.) darf ein Streik nur unter Beachtung der elementaren Bedürfnisse der Bevölkerung geführt werden. – Auf Arbeitsplätzen Streikender im ö. D. können Beamte eingesetzt werden (→ Streikeinsatz von Beamten). – 3. *Personalvertretung:* Durch den → Personalrat ist eine einheitliche Personalvertretung für Beamte und Arbeitnehmer des ö. D. vorgesehen, die dem Betriebsrat in der Privatwirtschaft entspricht, jedoch unter Wahrung des Gruppenprinzips.

öffentliche Reden, Reden über Tagesfragen, die bei öffentlichen Versammlungen oder im Rundfunk gehalten werden. An ihnen ist das → Verwertungsrecht des → Urhebers eingeschränkt: ö. R. dürfen ohne Zustimmung des Urhebers in Zeitungen, Zeitschriften und anderen Informationsblättern, die im wesentlichen den Tagesinteresse Rechnung tragen, vervielfältigt und verbreitet werden, ebenso öffentlich wiedergegeben werden. – Reden bei öffentlichen Verhandlungen vor staatlichen, kommunalen oder kirchlichen Organen dürfen generell vervielfältigt, verbreitet oder öffentlich wiedergegeben werden; unzulässig ist die Vervielfältigung oder Verbreitung in einer Sammlung, die überwiegend Reden desselben Urhebers enthält (§ 48 UrhRG).

öffentlicher Glaube des Grundbuchs, folgt aus dem → Publizitätsprinzip. – 1. → Grundbuchvermutung, daß eingetragene Rechte bestehen und gelöschte nicht bestehen (§ 891 BGB). – 2. Der Inhalt des → Grundbuchs gilt im rechtsgeschäftlichen Verkehr als richtig und vollständig und ermöglicht weitgehend → gutgläubigen Erwerb (§ 892 BGB).

öffentlicher Haushalt. 1. *Begriff:* a) *I. w. S.:* Der Befriedigung von → Kollektivbedürfnissen dienenden Einrichtungen aller → Gebiets-

körperschaften, die zu diesem Zweck → öffentliche Güter anbieten. Die Produktionskosten der öffentlichen Güter finden im ö. H. zahlenmäßigen Niederschlag. – b) *I. e. S.:* Das Rechnungswerk von Bund, Ländern und Gemeinden. Solleinnahmen und -ausgaben werden im → Haushaltsplan im voraus für ein Rechnungsjahr festgesetzt; nachträgliche Zusammenstellung der tatsächlichen Einnahmen und Ausgaben erfolgen in der → Haushaltsrechnung. – 2. *Kontrollsystem:* Das Parlament hat das Recht, den Haushaltsplan in bezug auf jeden Posten zu bewilligen und damit die Regierung sowie die Verwaltung streng an die angesetzten Summen zu binden; Ausnahmen sind möglich (Art. 111 GG: Ausgabeermächtigung der Regierung bei nicht rechtzeitig verabschiedetem Haushaltsplan; außer- und überplanmäßige Ausgaben. Daneben v. a. nachträgliche Haushaltskontrolle durch den Bundesrechnungshof.

öffentlicher Personennahverkehr (öPNV).
1. *Begriff:* a) *I. w. S.* der öffentliche Verkehr; i. e. S. der räumliche Bereich zur Beförderung von Personen im Berufs-, Ausbildungs-, Einkaufs- und sonstigen alltäglichen Verkehr mit Fahrzeugen des Straßen-, Schienen- und Schiffsverkehrs (Fähren) im → Linienverkehr. – b) Einen *allgemeingültigen Rechtsbegriff* des öPNV gibt es nicht; je nach dem Zweck ist der Begriff in verschiedenen Gesetzen unterschiedlich abgegrenzt (z. B. im Verkehrsfinanzgesetz 1971, dem Gesetz über die unentgeltliche Beförderung Schwerbehinderter im öffentlichen Personennahverkehr von 1979 sowie im Umsatzsteuergesetz von 1973). – 2. *Verkehrsarten* (i. a.): öffentlicher Verkehr mit Straßenbahnen, Hochbahnen, U-Bahnen und ähnlichen Bahnen sowie Obussen und Eisenbahnen im Nahverkehr (Berufs- und Schülerverkehr, S-Bahn-Verkehr), Kraftfahrzeugen im Linienverkehr (§ 42 PBefG) und den Sonderformen des Linienverkehrs (§ 43 PBefG), bei denen die Mehrzahl der Beförderungen eine Strecke von 50 km nicht übersteigt sowie mit Wasserfahrzeugen im Linien-, Fähr- und Übersetzverkehr von Personen im Orts- und Nachbarschaftsbereich. Umstritten ist die Zurechnung des Freigestellten Schülerverkehrs gem. § 1 Nr. 4 Freistellungs-Verordnung vom 30. 8. 1962, des Taxiverkehrs innerhalb der Gemeinde oder eines 50 km-Bereiches sowie des Verkehrs mit Bergbahnen zum öPNV. Nicht eingeschlossen im Begriff öPNV sind nach der Amtlichen Statistik der Kraftfahrzeug-Gelegenheitsverkehr im Nahbereich sowie der Fährverkehr über Binnengewässer. – 3. *Träger:* Der öPNV wird durchgeführt von kommunalen und gemischtwirtschaftlichen Unternehmen, der → Deutschen Bundesbahn, der → Deutschen Bundespost, den → nichtbundeseigenen Eisenbahnen und privaten Unternehmen. – 4. *Pflichten:* Für die im öPNV angebotenen Verkehrsleistungen gilt

die →*Beförderungspflicht* (jeder Fahrgast, der die Beförderungsbedingungen erfüllt, muß befördert werden), die →*Betriebspflicht* (der Betrieb ist nach den Verkehrsbedürfnissen und dem Stand der Technik aufrechtzuerhalten und ordnungsgemäß einzurichten) sowie die →*Tarifpflicht* (die Beförderungsentgelte sind genehmigungspflichtig und sollen insbes. mit den öffentlichen Verkehrsinteressen und dem Gemeinwohl in Einklang stehen). – 5. *Förderung:* Der öPNV gilt als öffentliche Aufgabe und wird dementsprechend durch Bund, Länder und Gemeinden besonders gefördert. Zum Bau von Nahverkehrsanlagen und zur besseren Verknüpfung des öPNV (z. B. P + R-Plätze) sieht das Gemeindeverkehrsfinanzierungsgesetz (GVFG) besondere Investitionshilfen vor. Die im öPNV tätigen Unternehmen erhalten Betriebszuschüsse als Abgeltungen von Mindereinnahmen in bestimmten Verkehren (Ausbildungsverkehr, unentgeltliche Beförderung von Schwerbehinderten) und erfahren auf verschiedenen Gebieten steuerliche Entlastungen (z. B. Ermäßigung der Umsatzsteuer für Leistungen im öPNV, Wegfall der Kfz-Steuer für im öPNV eingesetzte Obusse und Kraftomnibusse, in bestimmten Fällen Zurückerstattung der entrichteten Mineralölsteuer). – Vgl. auch →Stadtverkehr, →Regionalverkehr, →öffentlicher Verkehr.

öffentlicher   Straßenpersonenverkehr (öSPV), Begriff zur Abgrenzung eines Verkehrsbereichs im Personenverkehr. – 1. *Arten* (nach der Regelmäßigkeit der ausgeübten Verkehrsbedienung): a) *Linienverkehr:* (1) Stadtschnell- und U-Bahnverkehr, (2) Straßenbahnverkehr sowie (3) Obus- und Kraftomnibusverkehr; b) *Gelegenheitsverkehr:* Ausflugsfahrten und Fernziel-Reisen mit Kraftomnibussen und der Verkehr mit Mietomnibussen. Vgl. im einzelnen →Linienverkehr, →Gelegenheitsverkehr. – Eine gewisse *Sonderstellung* nimmt der Verkehr mit Taxis und Mietwagen ein; teilweise wird er zum öSPV gerechnet. – 2. *Träger:* Kommunale und gemischtwirtschaftliche Unternehmen, die →Deutsche Bundesbahn, die →Deutsche Bundespost, die →nichtbundeseigenen Eisenbahnen sowie private Unternehmen. – 3. *Rechtliche Regelungen:* V. a. durch das Personenbeförderungsgesetz (PBefG) vom 21. 3. 1961 (BGBl I 41). Danach unterliegt die entgeltliche oder geschäftsmäßige Beförderung von Personen mit Straßenbahnen, Obussen und mit Kraftfahrzeugen der Genehmigungspflicht (§§ 1 II, 2 I PBefG). Sofern es die öffentlichen Verkehrsinteressen erfordern, hat die Genehmigungsbehörde gem. § 8 III PBefG für die Einrichtung und befriedigende Bedienung sowie für die Erweiterung und Änderung von Verkehrsverbindungen zu sorgen.

öffentlicher Verkehr, unterschiedlich definierter Begriff. – 1. *I. w. S.:* Bezeichnung für

jedermann zugängliche Verkehrseinrichtungen. – *Gegensatz:* →Individualverkehr, nichtöffentlicher Verkehr, →Werkverkehr. – 2. *Rechtlich:* Der Begriff des ö. V ist umstritten und nicht einheitlich definiert. →Öffentlicher Personenverkehr ist z. B. der, der Allgemeinheit dienende Verkehr, im Gegensatz zu dem Verkehr, der nur den Interessen einzelner dient. Dem ö. V. dient ein Unternehmen, dessen Einrichtungen nach seiner Zweckbestimmung jedermann benutzen kann (§ 2 I Allgemeines Eisenbahngesetz), wobei die Öffentlichkeit eines Verkehrs nicht dadurch ausgeschlossen wird, daß die Ausführung der Fahrten an Vorbehalte irgendwelcher Art geknüpft wird. – 3. *I. e. S.:* Bezeichnung des linienmäßig betriebenen Verkehrs; insbes. im Luftverkehr kommt das Kriterium der Öffentlichkeit eine wesentliche Bedeutung als Abgrenzungsmerkmal zum Gelegenheitsverkehr zu, da dieser als nicht öffentlich angesehen wird. – 4. Einen grundsätzlich anderen Bedeutungsinhalt hat der Begriff ö. V. im *Straßenverkehrsrecht,* i. S. der StVO bedeutet ö. V. sämtlichen auf öffentlichen Straßen stattfindenden Verkehr. – 5. In der *Verkehrswissenschaft* versteht man unter ö. V. i. a. den →Eisenbahnverkehr der Deutschen Bundesbahn sowie die ö. V. der →nichtbundeseigenen Eisenbahnen, den gewerblichen Straßenpersonen- und -güterverkehr (→Straßenverkehr) sowie den gewerblichen →Luftverkehr. I. d. R. unterliegen die im ö. V. angebotenen Verkehrsdienste der →Beförderungspflicht, der →Betriebspflicht und der →Tarifpflicht.

öffentliche Sachen, →Sachen, die nach ihrer Bestimmung der Allgemeinheit dienen und der Verfügungsmacht der Verwaltungsbehörden unterliegen, insbes. die im →Gemeingebrauch stehenden und die zum →Verwaltungsvermögen gehörenden Sachen. Im Gegensatz zum Finanzvermögen ist die Verfügungsbefugnis durch die Zweckbindung beschränkt.

öffentliches Amt, ein unmittelbar vom Staat verliehenes Amt, z. B. Amt des →Gerichtsvollziehers, Steuer-, Polizeibeamten usw. Vgl. →Amtsanmaßung. – Bei Verurteilung wegen →Verbrechen zu →Freiheitsstrafe von mindestens einem Jahr geht die Fähigkeit für ein ö. A. für 5 Jahre verloren (§§ 31 ff. StGB).

öffentliche Schulden, →öffentliche Kreditaufnahme.

öffentliches Fernschreibnetz, →Telexnetz.

öffentliches   Fernsprechnetz, →Telefonnetz.

öffentliches Interesse, v. a. im →Verwaltungsrecht und auch im →Strafrecht (§ 153 StPO) gebrauchter Begriff, der die Belange der Allgemeinheit gegenüber Individualinteressen kennzeichnen soll (so z. B. die Anordnung der

sofortigen Vollziehung eines →Verwaltungs-
aktes aus Gründen des ö.I. nach §80 II Nr. 4
VwGO). Die Voraussetzungen des ö.I. im
Einzelfall lassen sich nur aus einer Gesamt-
schau von Sinn und Zweck der jeweiligen
gesetzlichen Regelung gewinnen. Das ö.I. ist
ein unbestimmter Rechtsbegriff, dessen Voraussetzungen im Streitfall gerichtlich überprüft werden können.

öffentliche Sparkassen, →Sparkassen.

öffentliche Sprechstellen, für jedermann
nutzbare Telefonanschlüsse: a) →öffentliche
Münzfernsprecher, b) Sprechstellen in Kabi-
nen in den Postämtern (Gespräche müssen am
Schalter angemeldet und bezahlt werden).

öffentliches Recht, Rechtssätze, die im
Gegensatz zum →Privatrecht die Beziehungen
des einzelnen zum Staat und den →Körper-
schaften des öffentlichen Rechts sowie der
öffentlichen Verbände zueinander regeln und
aus denen Träger öffentlicher Gewalt berechtigt oder verpflichtet sein können, z. B. Straf-,
Steuer-, Polizei-, Gemeinderecht.

öffentliche Unternehmen, *öffentliche
Betriebe, Staatsunternehmen, Wirtschaftsbetriebe der öffentlichen Hand.*

I. Begriff: 1. Organisatorisch abgrenzbarer
Leistungsbereich im Sinne einer *Wirtschaftseinheit,* deren Träger die öffentliche Hand ist,
mit folgenden *Merkmalen:* (1) eine vom Ver-
waltungsvermögen abgrenzbare Vermögens-
und Kapitalausstattung und damit verbunden
eine vermögensmäßige, finanzwirtschaftliche
und rechnungsmäßige Trennung vom Haushalt der Muttergebietskörperschaft, (2) eine
leistungs- und kostenmäßig abgrenzbare Aufgabenwahrnehmung und (3) ein eigenständiger Entscheidungs- und Handlungsspielraum,
d. h. eine organisatorische Sonderstellung gegenüber der Trägerverwaltung. – 2. Ö.U.
weisen sehr *unterschiedliche Formen und Grade
der Verselbständigung* gegenüber der Trägerverwaltung aus. Sie bilden in ihrer Heterogenität und Vielzahl ein Kontinuum zwischen
reiner Verwaltungseinheit und der Eigenge-
sellschaft, wobei Differenzierungsmerkmale
für die Anordnung auf diesem Kontinuum der
Grad der Einbindung in das Haushaltsrecht
und der Grad der organisatorischen Verselbständigung sind. a) Der →*Bruttobetrieb*
besitzt den rechnerisch und organisatorisch
geringsten Grad an Eigenständigkeit. Er wird
zwar von der Verwaltung getrennt geführt,
alle Ausgaben und Einnahmen sind jedoch
Teil des Haushalts (→Brutto-Etatisierung) der
Muttergebietskörperschaft. b) Die →*Eigenge-
sellschaft* in Form der GmbH oder AG weist
formal den höchsten Grad an Selbständigkeit
auf mit einer vom Haushalt vollständig losge-
lösten, durch das Handelsrecht geprägten
Rechnungslegung. – 3. *„Öffentlich"* zielt
zunächst auf die Trägerschaft (Eigentumsverhältnisse) ab, verbunden mit der Vorstellung,

daß über das Eigentum eine Instrumentalisierung *(Instrumentalfunktion ö.U.)* im Sinne
einer öffentlichen Aufgabenwahrnehmung
erfolgt. Von daher können ö.U. als spezifische
Organisationsformen der öffentlichen Hand
angesehen werden. Sie stellen im Eigentum
von Gebietskörperschaften sich befindende
dezentralisierte Träger öffentlicher Aufgaben
dar. – 4. *Abgrenzungsprobleme* ergeben sich
gegenüber den Industriebeteiligungen des
Bundes und gegenüber jenen Unternehmen,
die durch private und öffentliche Eigentumsverhältnisse geprägt sind, zwei Problemfelder,
die sich z. T. überschneiden: a) Im ersten Fall
ist teilweise strittig, inwieweit mit der *Beteiligung an Industrieunternehmen* eine öffentliche
Aufgabe verbunden ist, ein Aspekt, durch den
die Privatisierungsdiskussion (→Privatisie-
rung) und die Veräußerung entsprechender
Beteiligungen mitgeprägt wird. b) Im zweiten
Fall, der *privaten und öffentlichen Beteiligung
an einer Kapitalgesellschaft,* kann nach dem
Kriterium „Eigentum" dann von einem ö.U.
ausgegangen werden, sofern die öffentliche
Hand über eine qualifizierte Mehrheit (Kapi-
tal- und Stimmenmehrheit) verfügt. Auch hier
besteht die Vorstellung, daß die öffentliche
Hand trotz der Beteiligung privaten Kapitals
über die aus dem Eigentum abgeleiteten
Rechte das Unternehmen i.S. öffentlicher
Aufgabenwahrnehmung instrumentalisieren
kann. – 5. Besitzen private oder öffentliche
Anteilseigner eine Sperrminorität, so liegt ein
→*gemischtwirtschaftliches Unternehmen* vor.

II. Rechtsformen: 1. Zu unterscheiden
sind öffentlich-rechtliche und privatrechtliche
Formen. – *Öffentlich-rechtliche Rechtsformen:*
Sie sind weiter zu unterteilen in solche ohne
eigene Rechtspersönlichkeit und solche mit
eigener Rechtspersönlichkeit. – a) Zu denen
ohne eigene Rechtspersönlichkeit zählen die
Regiebetriebe. Hierbei wird teilweise unterschieden zwischen dem reinen Regiebetrieb,
der dem →Bruttobetrieb entspricht, und dem
→Eigenbetrieb, der dem →Nettobetrieb entspricht. – (1) Beim *Bruttobetrieb (reiner Regiebetrieb)* sind die Einnahmen und Ausgaben
vollständig im Trägerhaushalt ausgewiesen,
ein eigenes Vermögen sowie eine eigene Kasse
bestehen nicht, so daß strittig ist, inwieweit der
Regiebetrieb als Bruttobetrieb zu den ö.U. zu
rechnen ist. Als Rechensystem kommt die
→Kameralistik zur Anwendung. Die enge
finanzielle Verflechtung von Regiebetrieb und
Trägerhaushalt erschwert eine wirtschaftliche
Betriebsführung. Demgegenüber wirft die
Instrumentalisierung des Regiebetriebes zur
Erfüllung öffentlicher Ziele aufgrund der
organisatorischen und personellen Anbindung
an den Träger keine Schwierigkeiten auf.
Gesonderte Rechtsvorschriften zur Führung
von Regiebetrieben bestehen nicht. Beispiele
für Regiebetriebe finden sich v. a. auf kommunaler Ebene, etwa bei Theatern, Schlachthö-

fen, Klärwerken und Wasserwerken. – (2) Der *Eigenbetrieb (verselbständigter Regiebetrieb)* ist eine besondere Betriebsform des deutschen Gemeinderechts für ö. U. ohne eigene Rechtspersönlichkeit, die aber trotz Bindung an die Verwaltung erhebliche Handlungsspielräume i. S. einer wirtschaftlichen Betriebsführung ermöglicht. Eigenbetriebe sind aus dem übrigen öffentlichen Vermögen ausgegliederte Sondervermögen, die auf der Grundlage eines betriebswirtschaftlichen Rechnungswesens über eine rechnungsmäßige (eigene Buchführung) Selbständigkeit verfügen. Eigenbetriebe haben eine eigenverantwortliche →Werkleitung sowie einen vom Gemeinderat gebildeten →Werksausschuß. Im Trägerhaushalt erscheint lediglich der Differenzbetrag zwischen Einnahmen und Ausgaben. Fremdkapitalaufnahme kann nur über den Trägerhaushalt erfolgen. Auf der Bundes- und Landesebene entsprechen den Eigenbetrieben weitgehend die →Bundesbetriebe nach § 26 BHO und →Landesbetriebe nach § 26 LHO sowie die Sondervermögen aufgrund besonderer Gesetze wie →Deutsche Bundesbahn und →Deutsche Bundespost. – (b) Öffentlich-rechtliche Rechtsformen *mit eigener Rechtspersönlichkeit:* (1) *Rechtsfähige Körperschaften,* für die i. d. R. ein genossenschaftsartiges Mitgliedschaftsverhältnis charakteristisch ist (z. B. Sozialversicherungen). Bei den rechtsfähigen Körperschaften besitzen v. a. die →Zweckverbände als Zusammenschluß von mehreren Gemeinden zur gemeinsamen Erfüllung spezifischer öffentlicher Aufgaben besondere Bedeutung. – (2) *Öffentlich-rechtliche Anstalten,* deren Benutzer jedoch keine Mitglieder sind (z. B. →Sparkassen). Die rechtsfähige Anstalt entsteht entweder durch ein Errichtungsgesetz oder durch Staatsakt aufgrund eines Gesetzes. Ausgestattet mit eigener Rechtspersönlichkeit ist sie selbst Träger ihres Vermögens und muß für ihre Verbindlichkeiten einstehen. Beispiele für rechtsfähige Anstalten auf Bundesebene sind die →Deutsche Bundesbank (§ 2 BBankG), auf Landesebene Rundfunkanstalten der Länder. – (3) *Rechtsfähige Stiftungen des öffentlichen Rechts* sind ebenso wie jene des Privatrechts durch das Stiftungsvermögen, die Zweckbindung und die organisatorische Selbständigkeit gekennzeichnet. Der Unterschied im Vergleich zu den rechtsfähigen Anstalten liegt im wesentlichen in der Vorgabe und der Verbindlichkeit des Stiftungszwecks. – 2. *Private Rechtsformen:* Sie dienen v. a. einer wirtschaftlicheren Unternehmensführung. Hierbei sind v. a. die AG und die GmbH von Bedeutung: a) Bei der *AG* sind die Kompetenzen der einzelnen Unternehmensorgane aufgrund des AktG festgelegt. Dem Vorstand obliegt die eigenverantwortliche Geschäftsführung (§ 76 AktG); er vertritt die Gesellschaft nach außen hin unbeschränkt (§§ 78 I 82 AktG). Dem Aufsichtsrat obliegt die laufende Kon-

trolle der Geschäftsführung (§§ 111, 112 AktG) sowie die Bestellung und Abberufung der Vorstandsmitglieder (§ 84 I—III AktG). – b) Bei der *GmbH* ist über den Gesellschaftsvertrag ein wesentlich größerer Spielraum hinsichtlich der Gestaltungsmöglichkeiten gegeben, so daß sich der öffentliche Träger einen vergleichsweise stärkeren Einfluß sichern kann. Die Geschäftsführung nimmt grundsätzlich die gleichen Aufgaben wie der Vorstand einer Aktiengesellschaft wahr. Die Gesellschafterversammlung als oberstes Gesellschaftsorgan ermöglicht den Gesellschaftern einen unmittelbaren Einfluß auf die Geschäftsführung. Eine klare Kompetenzabgrenzung wie im Aktienrecht existiert nicht. – c) Auch die Rechtsform einer *Genossenschaft* ist haushaltsrechtlich zulässig. Formen der Beteiligung mit unbeschränkter Haftung sind jedoch nicht zulässig.

2. *Beurteilung der Rechtsformen:* Welche Rechtsform die geeignete ist, hängt von den jeweiligen rechtlichen Anforderungen sowie von Zweckmäßigkeitsüberlegungen ab. Die praktische Entwicklung in der Vergangenheit hat eine Tendenz vom Bruttobetrieb zum Nettobetrieb sowie von öffentlich-rechtlichen zu privatrechtlichen Unternehmen gezeigt. Die Gründe hierfür liegen im wesentlichen in dem Bemühen um eine größere unternehmerische Flexibilität, insbes. Verbesserung der Anpassungsfähigkeit an geänderte Situationen auf der Angebots- und Nachfrageseite, Einführung eines betriebswirtschaftlichen Rechnungswesens sowie steuerliche Überlegungen. Gegen die Zweckmäßigkeit privatrechtlicher Rechtsformen bei öffentlichen Betrieben wird u. a. angeführt: Loslösung vom öffentlichen Auftrag, Tendenz zur Orientierung am erwerbswirtschaftlichen Zielkriterium sowie mangelnde Kontrollierbarkeit durch die politisch legitimierten Organe. Diese Kritik hat bereits Ende der 50er Jahre geführte Diskussion um eine eigene Rechtsform ö. U. wieder aktualisiert.

III. A u f g a b e n : 1. *Frage nach der „richtigen" Aufgabe:* Die Aufgaben ö. U. sind, sofern sie operabel definiert werden, umstritten. Die meisten Ansätze versuchen die Antwort auf die Frage nach den „richtigen" Aufgaben mit der Festlegung bestimmter Regeln für das Betriebsgebaren v. a. für den Angebots- und Absatzbereich zu finden. Andere Ansätze wiederum zielen auf die Erweiterung des Rechnungswesens. Wieder andere sehen Lösungen in einer formalen und abstrakten Bestimmung von →„Gemeinwirtschaftlichkeit". – 2. Solange die Frage nach der „richtigen" Aufgabe ö. U. nicht geklärt ist (sie wird vermutlich auch nicht generell klärbar sein), erweist es sich methodisch als sinnvoll, von sog. *Zielkatalogen ö. U.* auszugehen. Zielkataloge können weder den Anspruch auf

Vollständigkeit erheben, noch können sie sich generell auf alle ö. U. beziehen. Angesichts der Vielfalt und Vielgestaltigkeit ö. U. kann nicht von den allgemeingültigen Aufgaben gesprochen werden. Vielmehr erscheint es zweckmäßig, von Aufgaben bestimmter Betriebe oder Betriebstypen auszugehen und diese zu analysieren. Auch geht es nicht um nichtoperable obere Formziele ö. U., sondern um „Ziele mittleren Abstraktionsgrades" mit operablem Charakter. Weiterhin haben derartige Zielkataloge dem Sachverhalt Rechnung zu tragen, daß Ziele wandelbar sind, d. h. von jeweils spezifischen Situationen abhängen. – Die Analyse der Praxis ö. U. läßt formal folgende zwei *Kategorien von Zielgruppen* erkennen: (1) *Funktions- oder Sachziele* als Primärziele: Sie leiten sich aus der konkreten Aufgabe ab; sie beziehen sich auf das Leistungsangebot und schlagen sich im einzelnen im quantitativen und qualitativen Leistungsprogramm des öffentlichen Unternehmens nieder. Der Rahmen der Funktionsziele ist i. d. R. in den Satzungen mit der Aufgabenformulierung festgelegt. In der Operationalisierung, Entwicklung und Fortschreibung von Funktionszielen schlägt sich konkret die öffentliche Aufgabenwahrnehmung nieder. Sie ist in einem kontinuierlichen Abstimmungsprozeß zwischen Unternehmensleitung und politisch-administrativem System zu vollziehen. – (2) *Existenzziele* als derivative Ziele: Sie sind als Voraussetzung zur dauerhaften Erfüllung der Funktionsziele anzusehen. Sie beziehen sich darauf, wie die einzelnen Sachfunktionen Beschaffung, Leistungserstellung und Leistungsverwertung durchgeführt werden sollen, und wie sie zu finanzieren sind. Zu derartigen Existenzzielen zählen Substanz- und Kapitalerhaltungsziele, Wirtschaftlichkeits- und Kostendeckungsziele ebenso wie Finanzierungsziele. – Die Formulierung und Durchsetzung von Existenzzielen – auch gegenüber dem politisch-administrativen Bereich – ist Aufgabe der Unternehmensleitung. – In dem *Spannungsverhältnis zwischen Funktions- und Existenzzielen* liegt die eigentliche Besonderheit des Managements ö. U. im Vergleich zum Management privater Unternehmen.

IV. Arten/Tätigkeitsfelder: Ö. U. in der Bundesrep. D. weisen recht heterogene Erscheinungsformen auf und sind in einer Vielzahl von Bereichen tätig. Mögliche Systematisierungskriterien sind z. B. Rechtsform, Trägerschaft (Eigentumsverhältnisse), Marktstellung, Tätigkeitsfelder: 1. Nach den *Rechtsformen:* Vgl. II. – 2. Nach der *Trägerschaft:* a) *ö. U. des Bundes:* Auf Bundesebene sind es im wesentlichen die Deutsche Bundesbahn, die Deutsche Bundespost, die Kreditanstalt für Wiederaufbau (Frankfurt/Main), die Deutsche Siedlungs- und Landesrentenbank (Berlin/Bonn), die Deutsche Pfandbriefanstalt (Wiesbaden/Berlin), die Lastenausgleichs-

bank (Bonn) sowie die Industriebeteiligungen des Bundes und privatrechtliche Beteiligungen in der Verkehrs-, Kredit-, und Wohnungswirtschaft sowie im Forschungs- und Entwicklungsbereich (→ Bundesbeteiligung). Daneben gibt es für die Wahrnehmung von Hilfstätigkeiten → Bundesbetriebe nach § 26 BHO. Am 31.12.1985 betrugen die Beteiligungen des Bundes an Unternehmen in privater Rechtsform 454, davon mittelbar 353. Für die Verwaltung der Bundesbeteiligungen sind die einzelnen Fachressorts zuständig. Daneben nimmt der Bundesminister der Finanzen als Etat- und Vermögensminister allgemeine Aufgaben der Beteiligungsverwaltung wahr. Er veröffentlicht regelmäßig eine Übersicht über die Beteiligungen des Bundes. – b) *Ö. U. der Länder:* Bei diesen handelt es sich um → öffentliche Kreditinstitute, Versicherungsanstalten sowie Rundfunkanstalten (zusammengeschlossen in der ARD) und das ZDF/Mainz. Daneben besitzen die Länder vollständig oder teilweise zahlreiche Unternehmen in privater Rechtsform, v. a. im Bergbau, in der Energiewirtschaft, in der industriellen Verarbeitung und in der Verkehrs- und Wohnungswirtschaft. Außerdem finden sich auf Landesebene ö. U. in privater Rechtsform als Forschungs-, Entwicklungs- und Wirtschaftsförderungsgesellschaften, als Staatsbäder, Brauereien, Studentenwerke etc. Die Publizitätsbereitschaft der Länder über ihre ö. U. in privater Rechtsform ist – im Vergleich zum Bund – sehr zurückhaltend. – c) *Ö. U. der Gemeinden (kommunale Unternehmen):* Die größte Anzahl ö. U. besitzen die Gemeinden einschl. der Kreise. Schwerpunkte liegen im Bereich der Verkehrs-, Versorgungs- und Wohnungswirtschaft sowie bei den Sparkassen. Die kommunalen ö. U. werden entweder als → Eigenbetriebe oder als → Eigengesellschaften geführt. – 3. Nach der *Marktstellung* kann unterschieden werden zwischen ö. U., im Wettbewerb stehend, und Monopolunternehmen. Dabei ist von einem weiten Wettbewerbsbegriff auszugehen, der sich nicht nur auf den Wettbewerb mit einzelnen Unternehmen bezieht, sondern der gesamte Verkehrs- und Versorgungssysteme mit einschließt. So konkurriert der öffentliche Personennahverkehr weniger mit privaten Unternehmen, sondern mit dem – teilweise ebenfalls öffentlich geförderten – System des privaten Individualverkehrs. Außerdem ist zu unterscheiden zwischen Wettbewerb zwischen ö. U. (z. B. Unternehmen der Gas- und Fernwärmeversorgung) und Wettbewerb zwischen ö. und privaten U. Bei ö. Monopolunternehmen handelt es sich um die Zusammenfassung eines bestimmten Leistungsangebotes bei einem ö. U. Dabei kann weiter unterschieden werden zwischen einem ö. Angebotsmonopol ohne Anschlußpflicht und mit Anschlußpflicht. Beispiel für den ersten Fall ist der Fernmeldebereich. Beispiele für den zweiten Fall sind ö. U. der

Übersicht: Öffentliche Unternehmen – Anzahl und öffentlicher Anteil an deren Nennkapital Ende 1985 [1])

Wirtschaftszweig Rechtsform	Öffentl. Unternehmen Anzahl[2])	Nennkapital in Mrd. DM	Öffentl. Anteil am Nennkapital	
			in Mrd. DM	in v. H.
Versorgung und Verkehr				
AG	169	17,2	14,6	85,1
GmbH	526	9,4	9,3	98,1
Sonstige private Rechtsformen (OHG, KG usw.)	13	0,9	0,8	86,8
Eigenbetriebe	916	9,5	9,5	100,0
Wirtschaftliche Zweckverbände, Körperschaften des öffentlichen Rechts	278	2,1	2,1	100,0
Bundesbahn, Bundespost	2	50,4	50,4	100,0
zusammen	1 904	89,5	86,6	96,8
Produzierendes Gewerbe				
AG	27	2,7	2,5	91,8
GmbH	120	1,3	1,2	93,7
OHG, KG usw.	5	0,0	0,0	97,1
Sonstige	3	0,0	0,0	99,7
zusammen	155	4,1	3,7	92,4
Handel				
AG	3	0,3	0,2	56,1
GmbH	54	0,2	0,2	99,6
OHG, KG usw., Sonstige	12	0,0	0,0	65,9
zusammen	69	0,5	0,4	72,5
Wohnungs(bau)- und Grundstückswesen				
AG	55	1,3	1,3	95,4
GmbH	418	3,6	3,5	95,7
OHG, KG usw., Sonstige	9	0,1	0,1	96,7
zusammen	482	5,1	4,9	95,6
Beteiligungsgesellschaften, Vermögensverwaltung				
AG	7	1,6	1,3	81,5
GmbH	80	4,5	4,4	89,6
OHG, KG usw., Sonstige	4	0,0	0,0	99,9
zusammen	91	6,1	5,8	94,2
Übrige Dienstleistungen [2])				
AG	15	0,2	0,2	98,9
GmbH	302	1,1	1,1	97,4
OHG, KG usw., Sonstige	11	2,0	2,0	100,0
zusammen	328	3,3	3,2	99,1
Kreditinstitute				
AG	15	0,8	0,7	86,5
GmbH	19	1,5	1,3	90,7
OHG, KG usw.	2	0,1	0,0	59,9
Öffentlich-rechtliche Anstalten u. ä.	632	61,7[3])	61,7[3])	100,0
zusammen	668	64,0	63,7	99,6
Versicherungsunternehmen				
AG	18	0,6	0,6	98,3
GmbH	2	0,0	0,0	100,0
Öffentlich-rechtliche Anstalten u. ä.	41	0,5	0,5	99,6
zusammen	61	1,1	1,1	98,9
Private Rechtsformen insgesamt				
AG	309	24,7	21,3	86,3
GmbH	1 521	21,6	21,0	97,0
OHG, KG usw.	40	1,1	0,9	86,2
zusammen	1 870	47,4	43,2	91,2
Öffentliche Rechtsformen insgesamt				
Eigenbetriebe	922	11,4	11,4	100,0
Wirtschaftliche Zweckverbände	281	2,2	2,2	100,0
Öffentlich-rechtliche Anstalten u. ä., Körperschaften des öffentlichen Rechts	683	62,2	62,2	100,0
Bundesbahn, Bundespost	2	50,4	50,4	100,0
zusammen	1 888	126,2	126,2	100,0
Private u. öffentl. Rechtsformen insges.	3 758	173,6	169,4	97,6

[1]) Soweit erkennbar: In Abweichung zu der entsprechenden Tabelle für das Jahr 1982 im CEEP-Jahrbuch 1984 ohne die Unternehmen des VEBA- und des Volkswagen-Konzerns; vor allem dadurch ergeben sich – teilweise starke – Veränderungen bei der Anzahl der öffentlichen Unternehmen (in privater Rechtsform) gegenüber den Angaben für 1982 in der vorigen Ausgabe des Jahrbuchs. [2]) Einschließlich dem Kredit- und Versicherungsgewerbe verbundene Tätigkeiten. [3]) Bei den Sparkassen einschließlich Rücklagen nach § 10 Kreditwesengesetz.

Quelle: CEEP-Jahrbuch 1987, Brüssel-Berlin 1987, S. 33.

Stadtreinigung sowie der Wasserver- und Wasserentsorgung. – 4. Die schwerpunktmäßigen *Tätigkeitsfelder* sind unter Einbeziehung der jeweiligen Rechtsform der Übersicht Sp. 685/686 zu entnehmen. Schwerpunkte ö. U. liegen zum einen in der Versorgungs-, Verkehrs-, Kredit- und Wohnungswirtschaft (klassische Bereiche der Daseinsvorsorge). Daneben gewinnen ö. U. im Bereich der Forschungs-, Technologie- und Infrastrukturentwicklung zunehmend an Bedeutung. Der Anteil der Bruttoanlageinvestitionen ö. U. an den Bruttoanlageinvestitionen aller Wirtschaftsbereiche lag in der Bundesrep. D. im Jahr 1982 bei etwa 17%. Der Anteil der Beschäftigten lag bei etwa 11%.

V. V e r b ä n d e : Die ö. U. in der Bundesrep. D. sind verbandsmäßig heterogen organisiert: 1. *Gesellschaft für öffentliche Wirtschaft und Gemeinwirtschaft (GÖWG)*, die nur einen Teil der ö. U. erfaßt. – 2. Deutsche Sektion der →*CEEP*, die ansatzweise einen umfassenden Verband darstellt. – 3. *Verband kommunaler Unternehmen (VKU)*: Zusammenschluß aller wichtigen Versorgungs- und Verkehrsunternehmen auf kommunaler Ebene. – 4. *Deutscher Sparkassen- und Giroverband*: Zusammenschluß der kommunalen Sparkassen. – Daneben sind die ö. U. mit branchengleichen privaten Unternehmen in Fachverbänden organisiert; entsprechend gibt es Verbände mit hohem Anteil ö. U., z. B. die Verbände der Elektrizitäts-, Gas- und Wasserwirtschaft oder der Verband öffentlicher Verkehrsbetriebe.

Literatur: Backhaus, Jürgen, Öffentliche Unternehmen, 2. Aufl., Frankfurt a. M. 1980; von der Bellen, Alexander, Öffentliche Unternehmen zwischen Markt und Staat, Köln 1977; Blankart, Charles, B., Ökonomie der öffentlichen Unternehmen, München 1980; Eichhorn, Peter, Struktur und Systematik kommunaler Betriebe, Stuttgart 1969; ders. (Hrsg.), Auftrag und Führung öffentlicher Unternehmen, Berlin 1977; Eichhorn, Peter/Rückwardt, Bernd, Bibliographie zur öffentlichen Unternehmung 1967–1976, Baden-Baden 1978; Emmerich, Volker, Die kommunalen Versorgungsunternehmen zwischen Wirtschaft und Verwaltung, Frankfurt/Main 1970; Hidien, Jürgen, Gemeindliche Betätigung rein erwerbswirtschaftlicher Art und „öffentlicher Zweck" kommunaler wirtschaftlicher Unternehmen, Berlin 1981; Janson, Bernd, Rechtsformen öffentlicher Unternehmen in der Europäischen Gemeinschaft, Baden-Baden 1980; Oechsler, Walter A., Zweckbestimmung und Ressourceneinsatz öffentlicher Betriebe, Baden-Baden 1982; Oettle, Karl, Grundfragen öffentlicher Betriebe I u. II, Baden-Baden 1976; Puettner, Günter, Die öffentlichen Unternehmen, 2. Aufl., Bad Homburg v. d. H. 1985; Schürholt, Heinz, Gemeinwirtschaftsprinzip und Preisbildung bei öffentlichen Unternehmen aus gesamtwirtschaftlicher Sicht, Berlin 1979; Thiemeyer, Theo, Wirtschaftslehre öffentlicher Betriebe, Reinbek b. Hamburg 1975; Witte, Eberhard, unter Mitarbeit von Jürgen Hauschildt, Die öffentliche Unternehmung im Interessenkonflikt, Berlin 1966; Zeiss, Friedrich, Das Eigenbetriebsrecht der gemeindlichen Betriebe, 3. Aufl., Stuttgart 1978.

Prof. Dr. Dietrich Budäus

öffentliche Urkunden, von einer öffentlichen Behörde (z. B. →Gericht) oder von einer mit öffentlichem Glauben versehenen Person (z. B. →Notar, →Gerichtsvollzieher) befugterweise in der vorgeschriebenen Form aufgenommene →Urkunden. Ö. U. begründen im

allgemeinen vollen →Beweis für den beurkundeten Vorgang (z. B. Vertragsschluß) oder die in der Urkunde bezeugten Tatsachen (z. B. Eheschließung). Gegenbeweis hinsichtlich unrichtiger Beurkundung ist zugelassen (§§ 415, 417 ff. ZPO). – Vgl. auch →öffentliche Beglaubigung, →öffentliche Beurkundung; →Urkundenfälschung.

öffentliche Verkehrsmittel, Begriff des Verkehrsrechts für Einrichtungen zur Beförderung von Personen und Gütern, die nach ihrer Zweckbestimmung von jedermann und zu gleichen Bedingungen benutzt werden können. – Bei entgeltlicher Beförderung durch ö. V. tritt die *besondere* →*Gefährdungshaftung* des →Halters eines Kraftfahrzeuges auch gegenüber den beförderten Personen gemäß § 7 StVG Schadenersatz zu leisten, kann weder ausgeschlossen noch beschränkt werden (§ 8 StVG); Sondervorschriften u. a. für Eisenbahn-Haftpflicht (→Haftpflichtgesetz). – Das Verhalten an *Haltestellen* ö. V. regelt § 20 StVO.

öffentliche Versicherungsanstalten, →Versicherungsgesellschaften, →Versicherungsträger.

öffentliche Verwaltung, →Verwaltung.

öffentliche Wiedergabe. 1. *Begriff* des →Urheberrechts für eine dem →Verwertungsrecht des →Urhebers unterliegende und deshalb seiner Einwilligung bedürfende Wiedergabe eines →Werks. – 2. Die Wiedergabe ist *öffentlich,* wenn sie für eine Mehrzahl von Personen bestimmt ist. Anders, wenn der Kreis dieser Personen bestimmt abgegrenzt ist und sie durch gegenseitige Beziehungen oder durch Beziehungen zum Veranstalter persönlich untereinander verbunden sind (z. B.: Vereinsfeiern, Betriebsveranstaltungen). – 3. Arten der ö. W. (§ 15 UrhRG): →Vortragsrecht, →Aufführungsrecht und →Vorführungsrecht, →Senderecht, Recht der Wiedergabe durch Bild- oder →Tonträger oder von Funksendungen (§ 22 UrhRG). – 4. Die ö. W. ist ausnahmsweise *ohne Einwilligung* des Urhebers zulässig, wenn sie keinen Erwerbszwecken des Veranstalters dient, die Teilnahme ohne Entgelt zugelassen werden kann und →ausübende Künstler keine besondere Vergütung erhalten oder wenn die Wiedergabe bei einem Gottesdienst, einer Veranstaltung der Jugendhilfe, der Sozialhilfe, der Alten- und Wohlfahrtspflege, der Gefangenenbetreuung und der Schule stattfindet; →Quellenangabe ist notwendig, wenn und soweit die →Verkehrssitte es erfordert. – 5. Öffentliche *bühnenäßige Aufführungen, Funksendungen* eines Werkes sowie öffentliche Vorführungen eines *Filmwerkes* nur mit Einwilligung des Berechtigten zulässig (§ 52 UrhRG).

öffentliche Wirtschaft, →öffentliche Unternehmen.

öffentliche Wirtschaftsbetriebe, →öffentliche Unternehmen.

öffentliche Zustellung, besondere Art der →Zustellung, wenn der Aufenthalt einer →Partei unbekannt oder die Zustellung im Ausland nicht ausführbar ist. Die ö. Z. wird auf Antrag vom Gericht angeordnet und durch Anheften des zuzustellenden Schriftstücks an der Gerichtstafel, bei Ladungen außerdem im →Bundesanzeiger bekanntgemacht (§§ 203 f. ZPO).

Öffentlichkeitsarbeit, →Public Relations, →Wirtschaftspublizistik III.

öffentlich-rechtliche Körperschaften, →Körperschaften des öffentlichen Rechts.

öffentlich-rechtliche Treuhandschaft, Treuhandschaft.

öffentlich-rechtliche Versicherungsanstalt, →Versicherungsgesellschaft 2, →Zwangsanstalt, →Monopolanstalt, →Wettbewerbsanstalt.

öffentlich-rechtlicher Vertrag, Vereinbarung zwischen a) zwei Trägern öffentlicher Gewalt, z. B. die →Konkordate, die Vereinbarung zwischen Reich bzw. Bund und Ländern, die Eingemeindungsverträge zwischen zwei Gemeinden; b) Privatleuten und einem Träger öffentlicher Gewalt, z. B. Anstaltsbenutzungsverträge, Fernsprechverträge. – Auf ö. V. sind die privatrechtlichen Grundsätze über →Verträge i. a. nicht anwendbar; anders, wenn es sich um einen Vertrag zwischen einer Privatperson und dem →Fiskus auf der Ebene der Gleichordnung handelt, z. B. Materialeinkauf einer Behörde usw. – Eine allgemeine Regelung des ö. V. findet sich in den §§ 54–62 Verwaltungsverfahrensgesetz. – Vgl. auch →Vergleichsvertrag, →Austauschvertrag.

öffentlich-rechtliches Versicherungsunternehmen, öffentlich-rechtliche Körperschaft oder Anstalt, die nach Landesrecht geschaffen und regional begrenzt Versicherungsschutz in der →Individualversicherung (traditionsgemäß v. a. in der →Sachversicherung und speziell in der →Feuerversicherung) gewährt. Teilweise stehen ö.-r. V. im Wettbewerb mit Versicherungsvereinen auf Gegenseitigkeit (VVaG) und Versicherungs-Aktiengesellschaften, teilweise besitzen sie Monopolrechte, die in bestimmten Regionen mit Zwangsversicherungen (→Zwangsanstalt) verbunden sind (v. a. →Gebäudeversicherung).

Offerte. 1. *Begriff:* Vertragsangebot, Angebot; rechtlich bindend für den Anbieter, sofern nicht ausdrücklich Gegenteiliges erklärt wird, etwa durch die Klausel →freibleibend u. ä. Vgl. auch →Vertrag IV 1. – Im kaufmännischen Sprachgebrauch und nach BGB streng zu trennen von Preislisten, Katalogen, Ausstellungsstücken in Schaufenstern und Inseraten, die Aufforderungen zur Abgabe von O. sind. – 2. *Arten: a) Festofferte:* Ein verbindliches, i. d. R. kurzfristiges Angebot; erfolgt auf spezielle Anfrage eines Kunden oder im Rahmen einer Ausschreibung. – b) *Freibleibende Offerte:* Angebot mit →Freizeichnungsklausel; die Käuferseite antwortet u. U. mit einer Gegenofferte (Preis), auf die wiederum die Lieferseite antwortet. – 3. Die O. zur Einleitung von *Außenhandelsgeschäften* müssen kurz und klar gehalten, in der Handelssprache des Käufers abgefaßt und auf die ihm geläufigen technischen Standards abgestellt sein.

office automation (OA), →Bürokommunikation II 4.

office of the future, →Büro der Zukunft.

Offizialmaxime, *Offizialprinzip,* prozessualer Grundsatz, der besagt, daß Einleitung und Betrieb eines Verfahrens, wie auch die notwendigen Ermittlungen von Amts wegen erfolgen. O. *gilt* in den Verfahrensarten, bei denen das Interesse der Allgemeinheit die Erforschung der materiellen Wahrheit verlangt. Das O. beherrscht den Strafprozeß, das Verwaltungsstreitverfahren und weitgehend auch das Gebiet der →Freiwilligen Gerichtsbarkeit. – Dagegen gilt im →Zivilprozeß im allgemeinen die *Parteimaxime,* d. h. es obliegt ggf. den →Parteien, ein Verfahren einzuleiten, die ihnen geeignet erscheinenden Tatsachen vorzutragen und die →Beweismittel zu bezeichnen.

Offline (-Betrieb), *Offline-Verfahren.* 1. O. (bzw. im O.-B.) bezeichnet *Geräte,* die nicht direkt über Steuereinheiten und/oder Kanäle (→Ein-/Ausgabe-Kanal) an die →Zentraleinheit eines Computers angeschlossen sind. – 2. O. bezeichnet häufig auch den *Umstand,* daß bestimmte Daten nicht direkt über einen →Bildschirm arbeit; z. B. bezeichnet man häufig eine →Dokumentation, die auf Papier vorliegt, als „Offline-Dokumentation". – *Gegensatz:* →Online (-Betrieb).

Off-line-Verfahren, →Offline (-Betrieb).

Öffnungsklausel, →Tariföffnungsklausel.

offset account, Verrechnungskonto, das im Verrechnungsverkehr zwischen zwei Ländern in einer Drittwährung (meist in Dollar) geführt wird.

Offshore-Käufe, Warenlieferungen, die die USA bezahlen, die aber nicht die amerikanische Küste berühren, z. B. Aufträge zur Deckung des militärischen und zivilen Bedarfs der außerhalb der USA stationierten Truppen. Für die liefernden Länder wirken in Dollar abgerechnete wie zusätzliche Exporte nach den USA.

Offshore-Steuerabkommen, Abkommen zwischen der Bundesrep. D. und den USA vom 15.4.1954 i.d.F. vom 20.12.1967 (BGBl I 1297) über die von der Bundesrep. D. zu gewährenden Abgabenvergünstigungen für die von den USA im Interesse der gemeinsamen Verteidigung geleisteten Ausgaben. Grundlage des →Offshore-Steuergesetzes.

Offshore-Steuergesetz, Zustimmungsgesetz zum →Offshore-Steuerabkommen vom 19.8.1955 (BGBl II 281) und DVO vom 30.9.1955 (BGBl I 649) und 23.3.1964 (BGBl I 244) mit späteren Änderungen. – *Inhalt:* 1. *Abgabenvergünstigungen* und auf dem Gebiet der Zölle, Verbrauchssteuern und Monopolabgaben sowie der Umsatzsteuer, soweit durch die Erhebung der genannten Abgaben Verteidigungsausgaben der Vereinigten Staaten betroffen werden, und vorausgesetzt, daß das Entgelt in US-$ oder in DM, die mit US-$ erworben sind, oder anderer DM im Sinne des „Anhangs" geleistet worden ist. – 2. *Umsatzsteuerbegünstigungen:* Die steuerliche Entlastung wird dadurch erreicht, daß für die gewährten Steuerbefreiungen der Vorsteuerbeträge i.S. der §§15 und 16 UStG abgesetzt werden können. Umsatzsteuerbefreiung für Lieferungen von Waren einschl. Werklieferungen und sonstige Leistungen an Stellen der Vereinigten Staaten oder an Stellen anderer von den Vereinigten Staaten bezeichneter Regierungen. Hierbei is es gleichgültig, ob eine Ausfuhr stattfindet oder nicht.

Off-Shore-Zentren, →Euromärkte.

Off-the-Job-Training, Ausbildung in Lehrwerkstätten oder sonstigen Trainings- bzw. Ausbildungseinrichtungen. Vermittlung des Fachwissens unabhängig vom →Arbeitsplatz (überbetriebliche Ausbildung). Heute vielfach kombiniert mit →On-the-Job-Training.

OFH, Oberster Finanzgerichtshof, oberstes Steuergericht Westdeutschlands bis zur Errichtung (30.8.1950) des →Bundesfinanzhofs.

Ohm (Ω), →gesetzliche Einheiten, Tabelle 1.

ohne Gewähr, →Handelsklausel, die besagt, daß der Verkäufer oder Versender nicht für Qualität, Versandungstermin und andere Vertragsvereinbarungen garantiert. – Beim *Wechsel:* Vgl. →Angstklausel.

ohne Haftung, →Angstklausel.

„ohne Kosten", „ohne Protest" oder gleichbedeutender Vermerk, vom Aussteller, Indossanten oder Wechselbürgen auf den Wechsel gesetzte und zeichnete Wechselklausel. – 1. Der vom *Aussteller* unterschriebene Vermerk befreit den Inhaber von der Verpflichtung, zum Zweck des Rückgriffsrechts →Protest mangels Annahme oder mangels Zahlung erheben zu lassen (Art. 46 WG),

jedoch nicht von der Verpflichtung, den Wechsel rechtzeitig vorzulegen und die Vormänner zu benachrichtigen. Läßt der Inhaber ungeachtet des vom Aussteller beigefügten Vermerks Protest erheben, fallen ihm die Kosten zur Last. – 2. Der vom *Indossanten* oder *Wechselbürgen* beigefügte Vermerk wirkt nur diesen gegenüber. Für die Kosten des etwa erhobenen Protestes haften aber auch sie und die anderen Wechselverpflichteten. – 3. Der Vermerk *befreit nicht* von der Verpflichtung, einen Protest mangels Datierung (Art. 25 II) oder einen →Ausfolgeprotest (Art. 66, 68) zu erheben. – 4. Auch beim *Scheck* ist der Vermerk möglich (Art. 43 ScheckG), jedoch nicht üblich, da Scheckprotest ungebräuchlich.

ohne Obligo, →freibleibend.

ohne Protest, →ohne Kosten.

ohne Regreß, →ohne Rückgriff.

ohne Rückgriff, *ohne Regreß, à forfait,* Vermerk auf →Wechseln, durch den die Haftung für Zahlung ausgeschlossen werden soll; gilt nach deutschem Recht als nicht geschrieben (Art. 9 II WG), da der Aussteller die Haftung für Zahlung nicht ausschließen kann. – Der *Indossant* kann sich dagegen von der Haftung für Zahlung und Annahme befreien (Art. 15 I WG) (→Angstklausel).

OIC, Organisation Internationale du Commerce →ITO.

Ökologie, Wissenschaft von den Wechselbeziehungen zwischen Lebewesen und →natürlicher Umwelt bzw. von den →Ökosystemen. Wachsende Bedeutung durch Folgen der →Umweltbelastung, oft als Konsequenz eines verengten ökonomischen Denkens. Insofern enge Beziehungen zwischen Ökonomie und Ö., die man auch als *„Langzeitökonomie"* interpretieren kann.

ökologische Buchhaltung, Meß- und Rechnungssystem zur Erfassung aller mengen- und wertmäßigen Arten der →Umweltbelastung durch ein Unternehmen auf Konten, differenziert nach verschiedenen Input- und Outputarten der Produktion. Die in technisch physikalischen Einheiten angegebenen Mengen werden mit →Äquivalenzkoeffizienten multipliziert, so in Rechnungseinheiten für Umweltwirkung (Wertgrößen) überführt sowie gleichnamig gemacht; damit Vergleichsmöglichkeit verschiedener Maßnahmen und ganzer Unternehmen hinsichtlich ihrer ökologischen Wirkungen.

ökologische Knappheit. 1. *Begriff:* Verhältnis von aktuellem tatsächlichem Ausmaß der Inanspruchnahme eines Umweltgutes (→natürliche Ressourcen, →Umweltmedium, →Ökosystem) durch Auswirkungen von Produktion/Konsum („Einwirkungen" auf das Umweltgut) und kritischem Ausmaß dieser

Inanspruchnahme (Beginn eines ökologisch inakzeptablen Zustandes des Umweltgutes, z. B. Erschöpfung eines natürlichen Vorkommens, „Umkippen" eines Gewässers). – 2. Ö. K. *beinhaltet:* a) *Ratenknappheit* (reproduzierbare bzw. regenerierbare Umweltgüter): Bestimmung jeweils der maximal zulässigen, aufgrund des gegenwärtigen Bestandes und durch natürliche Regnerationsvorgänge auf Dauer realisierbaren Verbrauchsmenge an einem bzw. Immissionsmenge in ein Umweltgut; b) *Kumulativknappheit* (nicht reproduzierbar bzw. nicht regenerierbare Umweltgüter): Bestimmung des Zeitraums, der bis zur völligen Erschöpfung einer Ressource (z. B. Erdöl) bzw. zur völligen Auslastung des Pollutionsmediums (z. B. Wasser eines Sees) führt. – 3. *Maß:* →Äquivalenzkoeffizient.

Ökonometrie. I. B e g r i f f , A u f g a b e n u n d E n t w i c k l u n g : 1. *Begriff/Aufgaben:* Die Ö. ist ein Zweig der →Wirtschaftswissenschaften, deren Ziel die Vereinigung des theoretisch- und empirisch-quantitativen Ansatzes zur Lösung ökonomischer Probleme ist. Die Ökonomie gilt ihrem Wesen nach als quantitativ, so daß ökonomische Forschung und Theorie der statistischen Untermauerung bedarf und durch systemtisch-wissenschaftlichen Gebrauch statistischer Daten empirischer Gehalt zu geben sei. Auf diese Weise soll eine Falsifizierung von Aussagen der ökonomischen Theorie, die auf dem Weg des abstrakten, gedanklichen Ableitens gewonnen werden, durch Gegenüberstellung mit der realen Welt ermöglicht werden. Auf der anderen Seite erfordert die wachsende Flut statistischer Daten zu ihrer Interpretation einen wirksamen theoretischen Rahmen, den die ökonomische Theorie zu liefern hat.

2. *Entwicklung:* Als Ursprung der Ö. als wissenschaftliche Disziplin gilt die Gründung der Econometric Society (1930); die ökonometrische Forschung setzte aber bereits früher ein, als Vorläufer gelten Schumpeter, Cournot, Jevons, v. Thünen, Walras, Wicksell, Edgeworth, Pareto u. a. Pionierarbeiten wurden u. a. von H. Moore (1914) und H. Schultz (1928–38) auf dem Gebiet der Nachfrageanalyse, von P.H. Douglas (1928, mit C. W. Cobb) auf dem Gebiet der Produktionsfunktionen (→Cobb-Douglas-Funktion) und von J. Tinbergen (1937, 1939) auf dem Gebiet der makroökonometrischen Mehrgleichungsmodelle (→simultane Gleichungssysteme) geleistet. – Im Vordergrund des Interesses stand zunächst die *Untersuchung isolierter Beziehungen,* z. B. von Nachfrage- und Angebotsfunktionen, von Produktions- und Kostenfunktionen, von Konsum- und Investitionsfunktionen. Später wurden, ausgelöst durch die Arbeiten J. Tinbergens, in großem Umfange Versuche unternommen, die *Funktionsweise einer Wirtschaft als Ganzes* durch ein geeignetes Gleichungssystem zu beschreiben und zu analysieren. – Parallel zu den angewandten ökonometrischen Untersuchungen wurde die *Entwicklung ökonometrischer Methoden* vorangetrieben. Die Analyse ökonomischer Daten, die vorwiegend nichtexperimenteller Natur sind, warf spezielle Probleme auf, die mit den ursprünglich von den Naturwissenschaften übernommenen Methoden nicht zu bewältigen waren. In besonderem Maße gilt das für Mehrgleichungssysteme, die zunächst noch von J. Tinbergen unter Vernachlässigung der simultanen Beziehungen zwischen den einzelnen Gleichungen geschätzt wurden. Das Erkennen der Existenz des Identifikationsproblems (→Identifikation) führte zu einer Reihe von Arbeiten, die sich mit der Schätzung von Mehrgleichungssystemen befaßten; bedeutende Beiträge wurden von T. Haavelmo (1943, 1944) und A. Wald (1943) geleistet. – In der Folge trat der *duale Charakter der Ö.* sehr viel stärker hervor: Einerseits wurden statistische Theorie und Methodik den speziellen Anforderungen der ökonomischen Daten angepaßt und ständig verfeinert, andererseits nahmen die ökonometrischen Anwendungen, insbes. auf dem Gebiet der makroökonomischen Mehrgleichungssysteme, einen starken Aufschwung, der durch die großen Fortschritte der Computertechnologie unterstützt und in vielen Fällen erst ermöglicht wurden.

II. Ö k o n o m e t r i s c h e M o d e l l e : Die →*Spezifikation* eines ökonometrischen Modells beginnt mit der Entwicklung oder Übernahme eines ökonomischen Modells (vgl. auch →Modell). Ökonomische Modelle kann man als formalisierte ökonomische Theorie, meistens in der Form von Gleichungen, auffassen. Auch wenn ökonomische Beziehungen ihrer Natur nach stochastisch sind, wird in der ökonomischen Theorie überwiegend ein deterministischer Ansatz bevorzugt. Ökonometrische Modelle sind dagegen grundsätzlcih stochastischer Art; zu ihrer Schätzung werden Verfahren der schließenden Statistik angewandt. Die Schätzung eines Modells setzt neben der Wahl der Modellvariablen die Spezifizierung der stochastischen Eigenschaften des Modells (→Regressionsmodell) und die Festlegung der Funktionsform der Modellgleichungen voraus.

1. *Eingleichungsmodelle:* In ökonometrischen Eingleichungsmodellen ist das Interesse auf die Erklärung nur einer ökonomischen Variablen gerichtet, die man als abhängige, erklärte, (modell-) endogene Variable oder Regressand bezeichnet. Die erklärenden, unabhängigen Variablen (Regressoren) betrachtet man als (modell-) exogen, die werden nicht innerhalb des Modells erklärt und gelten als vorgegeben. – Die *Beziehungen zwischen endogenen und exogenen Variablen* sind einseitig kausal; gegenseitige Abhängigkeiten bestehen annahmegemäß nicht (→stochastische Unabhängig-

keit). Es existiert auch *keine Abhängigkeit zwischen den Regressoren und der Störgröße.* In diesem Fall kann das klassische lineare Regresionsmodell ein geeignetes Schätzmodell sein (vgl. auch →Regressionsanalyse, hinsichtlich Annahmen auch →Störgröße). – Da ökonomische Daten i. a. nicht Ergebnisse kontrollierter Experimente sind, muß mit *Interdependenzen zwischen den Variablen* gerechnet werden, d. h. die Voraussetzungen des Modells sind nicht erfüllt. Durch die Konstruktion von Mehrgleichungsmodellen wird versucht, die Interdependenzen explizit zu berücksichtigen.

2. *Mehrgleichungsmodelle:* Die einzelnen Gleichungen solcher Modelle können nicht isoliert behandelt werden; man bezeichnet solche Modelle deshalb auch als *interdependente* bzw. →*simultane Gleichungssysteme* (vgl. näher dort). Sie werden v. a. zur Analyse des wirtschaftlichen Prozesses einer Volkswirtschaft oder ihrer Sektoren eingesetzt. Entsprechend ihrem Einsatzzweck können *unterschieden* werden: a) Gleichungssysteme in →*struktureller Form:* Wegen der Abhängigkeiten zwischen Regressoren und Störgröße können durch unmittelbare Anwendung der →Methode der kleinsten Quadrate keine unverzerrten oder konsistenten Schätzungen gewonnen werden. – b) Gleichungssysteme in →*reduzierter Form:* Die Parameter dieser Form sind konsistent schätzbar. – Es stellt sich daher die Frage, ob man nicht aus der reduzierten Form die Parameter der strukturellen Form *ableiten* kann. Es zeigt sich allerdings, daß das nicht generell möglich ist, da u. U. mehrere Strukturen mit den Annahmen des Modells vereinbar sind und die wahre Struktur mit Hilfe der Daten nicht zu identifizieren ist (→Identifikation).

3. *Mikroökonomische Modelle (Mikromodelle):* Sie stellen auf die Analyse der Verhaltensweisen einzelner Wirtschaftssubjekte ab und basieren auf der mikroökonomischen Theorie (→Mikroökonomik), z. B. Modelle zur Schätzung von Nachfragebeziehungen der Haushalte sowie von Produktions-, Kosten- und Investitionsfunktionen von Unternehmungen. Häufig werden zur Modellschätzung Querschnittsdaten (→Daten) verwendet.

4. *Makroökonmoische Modelle (Makromodelle):* Merkmal dieser Modelle ist die Verwendung von Aggregaten, die sich i. d. R. auf die gesamte Volkswirtschaft beziehen. – Beim Übergang von Mikro- auf Makrobeziehungen ist man mit einem Aggregationsproblem (→Aggregation) konfrontiert, das auf der Ableitung makroökonomischer Beziehungen aus der Mikrotheorie beruht. Grundlegende Arbeiten zu diesem Problem stammen von L. R. Klein und H. Theil. – Die rasche *Entwicklung bei der Anwendung* von Makromodellen, unter denen meistens simultane Glei-

chungssysteme verstanden werden, führte zur Anpassung und Verbesserung der Schätzmethoden und zur Bildung immer größerer und komplexerer Modelle mit starker sektoraler und zeitlicher Disaggregation. Eines der größten existierenden Modelle ist das *DRI-Modell* (Data Ressources Inc.) für die USA, das in der Version 1976: 718 endogene und 170 exogene Variablen enthält. Es basiert auf Quartalsdaten und ist in starkem Maße sektoral disaggregiert; es dient als Struktur-, Prognose- und Entscheidungsmodell. – Daneben bestehen Tendenzen zur stärkeren *Einbeziehung nichtlinearer Gleichungen* und zu einer *Verknüpfung einzelner Modelle.* Durch die Verbindung von Nationalmodellen strebt man z. B. die Schaffung eines Globalmodells an, das auch in der Lage ist, internationale Wirtschaftsverflechtungen zu erklären.– *Anwendung:* Ökonometrische Modelle werden im wesentlichen zum Zwecke der Strukturanalyse (→ökonometrisches Strukturmodell), der Prognose (→ökonometrisches Prognosemodell), oder der Beurteilung der Auswirkungen wirtschaftspolitischer Aktivitäten (→ökonometrisches Entscheidungsmodell) entwickelt und angewandt.

III. Ökonometrische Methoden: Aus statistischer Sicht bestehen die Hauptaufgaben des Ökonometrikers aus der *Schätzung ökonometrischer Modelle* und der *Prüfung von Hypothesen.*

1. *Eingleichungsschätzmethoden und besondere Probleme:* a) Das klassische allgemeine lineare →Regressionsmodell wird gewöhnlich in der Form $y_t = \beta_0 + \beta_1 x_{1t} + \ldots + \beta_k x_{Kt} + u_t$, $t = 1, \ldots, T$, mit der abhängigen Variablen y_t, den unabhängigen Variablen x_{kt}, $k = 1, \ldots, K$, der Störvariablen u_t und den unbekannten Parameter β_0, β_k geschrieben. Zur Schätzung des Modells benutzt man die →*Methode der kleinsten Quadrate* (MKQ) oder die →*Maximum-Likelihood-Methode* (ML-Methode). Beide Schätzmethoden besitzen unter gewissen Voraussetzungen günstige statistische Eigenschaften, die nicht nur →Punktschätzungen sondern auch →Intervallschätzungen und Hypothesentests erlauben. Zu den am häufigsten überprüften Hypothesen gehört $H_o : \beta_k = \beta_{k,o}$; hier wird überprüft, ob der unbekannte Parameter β_k den hypothetischen Wert $\beta_{k,o}$ (oft $\beta_{k,o} = 0$) haben kann. Als Testverfahren kommen t-Test und F-Test in Betracht (→statistische Testverfahren). – b) Im klassischen Regressionsmodell wird u. a. →Homoskedastizität und Unkorreliertheit (d. h. fehlende →Autokorrelation) der Störvariablen unterstellt. Sind diese Annahmen nicht erfüllt, so sollte die *verallgemeinerte MKQ* nach A. C. Aitken (1934) bzw. eine angepaßte ML-Methode gewählt werden. Bei ihrer Anwendung wird von Schätzungen und/oder Annahmen über Varianzen und Kovarianzen der Störvariablen Gebrauch gemacht. Die günstigsten Eigen-

schaften der Schätzer sind asymptotischer Art, Eigenschaften bei kleinen Stichproben sind weitgehend unbekannt. Einige Aufschlüsse geben Monte-Carlo-Studien (vgl. →Simulation). Zur Aufdeckung von Autokorrelation und Heteroskedastizität ist eine Vielzahl von Tests entwickelt worden (→Durbin-Watson-d-Test, →Goldfeld-Quandt-Test). – c) Problematisch ist die Anwendung der gewöhnlichen MKQ auch, wenn lineare Beziehungen zwischen zwei oder mehreren Regressoren auftreten, d. h. →*Multikollinearität* vorliegt. Falls Schätzer existieren, kann ihre Qualität schlecht sein und zu Fehlschlüssen und Fehlinterpretationen verleiten. – d) Das Multikollinearitätsproblem tritt gewöhnlich auch bei *Modellen mit verteilten Verzögerungen* (→Lag-Modelle) auf, wenn die Regressoren trendbehaftete Zeitreihen sind. Man versucht, mit Hilfe von Annahmen die Zahl der zu schätzenden Parameter zu reduzieren. – e) Enthält eine Gleichung *stochastische Regressoren*, so hängt die Brauchbarkeit der gewöhnlichen MKQ vom Grad der Abhängigkeit zwischen Regressoren und Störvariablen ab. Sofern stochastische Regressoren und Störvariable unabhängig sind, ist die gewöhnliche MKQ eine geeignete Schätzmethode. Sind erklärende Variable und Störvariable nur partiell abhängig, wie z. B. bei dem einfachen autoregressiven Modell $y_t = \beta_0 + \beta_1 y_{t-1} + u_t$ mit der verzögerten endogenen Variablen als Regressor, so gelten die Eigenschaften der gewöhnlichen MKQ immer noch asymptotisch, falls keine Autokorrelation vorliegt. Nach anderen Verfahren muß gesucht werden, wenn Regressoren und Störvariable abhängig sind. – f) Manchmal wird man davon ausgehen müssen, daß auch die erklärenden Variablen mit Fehlern behaftet sind (z. B. mit Meßfehlern, Rundungsfehlern usw.). Die gewöhnliche MKQ führt bei diesem *Modell mit Fehlern in den Variablen* im allgemeinen zu verzerrten und inkonsistenten Schätzungen. Man hat versucht Schätzverfahren zu entwickeln, die bei Einbeziehung zusätzlicher Informationen zu konsistenten Schätzungen führen. – g) Liegen außer den →Daten noch weitere Informationen für das Regressionsmodell vor (z. B. sei aus der ökonomischen Theorie bekannt, daß ein Parameter nur Werte zwischen Null und Eins annehmen kann), so kann die Einbringung dieser *a priori-Information* in das Schätzmodell die Genauigkeit der Schätzungen u. U. verbessern. Es wurden einige Ansätze unternommen, Daten und a priori-Informationen miteinander zu verknüpfen (z. B. Schätzmethoden bei linearen Restriktionen, Pretest- und Steinschätzer, Bayes-Schätzer). Die Ergebnisse hängen von der Qualität der zusätzlichen Informationen ab. – h) Besondere Modelle (z. B. Logit- und Probit-Modelle) und Schätzverfahren werden für Beziehungen konstruiert, bei denen die abhängige Variable *qualitativer* Art ist, also z. B. nur zwei Alterna-

tiven zuläßt. Die gewöhnliche MKQ ist hier nicht die angemessene Schätztechnik.

2. *Mehrgleichungsschätzmethoden:* a) Die *gewöhnliche* MKQ führt bei ihrer Anwendung auf jede einzelne Gleichung eines interdependenten Strukturgleichungssystems (→simultane Gleichungssysteme) im allgemeinen nicht zu brauchbaren Schätzungen. Sie ist jedoch anwendbar, wenn das Mehrgleichungssystem als →rekursives Modell darstellbar ist und kann auch zur Schätzung der Gleichungen der →reduzierten Form verwendet werden. – b) Für interdependente Modelle wurden eine Reihe von Schätzverfahren entwickelt, die den speziellen Anforderungen der ökonomischen Modellbildung und den ökonomischen Daten angepaßt sind. So ist die *indirekte* MKQ anwendbar, wenn alle Strukturgleichungen genau identifiziert (→Identifikation) sind. Bei überidentifizierten Gleichungen können die von H. Theil (1953) und R. L. Basmann (1957) entwickelte *zweistufige* MKQ, die von A. Zellner und H. Theil (1962) stammende *dreistufige* MKQ und zwei Varianten der ML-Methode angewandt werden. Die zweistufige MKQ ist ebenso wie die ML-Methode bei *beschränkter Information* (T. W. Anderson und H. Rubin, 1949) keine echte Simultane-Gleichungssystem-Schätzmethode; beide Verfahren gehen gleichungsweise vor und benutzen jeweils nur die Restriktionen der gerade geschätzten Gleichung. Dagegen werden Gleichungssysteme mit Hilfe der dreistufigen MKQ und der ML-Methode bei *voller Information* (T. C. Koopmans, H. Rubin und R. B. Leipnik, 1950) simultan unter Berücksichtigung aller Modellrestriktionen gemeinsam geschätzt. Die Schätzmethoden bei voller Information besitzen größere asymptotische Effizienz, sind aber empfindlicher gegenüber Fehlspezifikationen einzelner Gleichungen und rechentechnisch erheblich aufwendiger. Praktisch besitzt daher wohl noch immer die zweistufige MKQ die größte Bedeutung.

Literatur: Christ, C. F., Econometric models and methods, New York-London-Sydney 1966; Czayka, L., (Hrsg.), Erkenntnisprobleme der Ö., Meisenheim am Glan 1978; Desai, M., Applied econometrics, Oxford 1976; Gollnick, H., Thiel, N., Ö. Stuttgart 1980; Gruber, J., Ökonometrische Modelle des Cowles-Commissions-Typs: Bau und Interpretation, Hamburg – Berlin (West) 1968; Fomby, T. B., Hill, R. C., Johnson, S. R., Advanced econometric methods, New York – Berlin (West) – Heidelberg – Tokio 1984; Frohn, J., Grundausbildung in Ö., Berlin (West) – New York 1980; Intriligator, M. D., Econometric models, techniques, and applications, Amsterdam-Oxford 1978; Judge, G. G. / Hill, R. C. / Griffiths, W. / Lütkepohl, H. / Lee, T.-C., Introduction to the theory and practice of econometrics, New York 1982; König, H., Makroökonometrische Modelle: Ansätze, Ziele, Probleme, Schweizerische Zeitschrift für Volkswirtschaft und Statistik, Bd. 107, 1971; Leserer, M., Grundlagen der Ö., Göttingen 1980; Malinvaud, E., Statistical methods of econometrics, Amsterdam 1980; Rinne, H., Ö., Stuttgart 1976; Schneeweiß, H., Ö., Würzburg-Wien 1978; Schönfeld, P., Methoden der Ö., Bd. 1, Berlin (West) – Frankfurt a. M. 1969, Bd. 2, München 1971. – Spezielle Zeitschriften: Econometrica (seit 1933), Journal of Econometrics (seit 1973), empirical econometrics (seit 1976), Econometric Theory (seit 1985), Journal of Applied Econometrics (seit 1986).

Prof. Dr. Manfred Kricke

ökonometrische Methoden, →Ökonometrie III.

ökonometrische Modelle, →Ökonometrie II, →Modell.

ökonometrisches Entscheidungsmodell, ökonometrisches Modell (→Modell; →Ökonometrie II) das zur *Beurteilung der Auswirkungen wirtschaftspolitischer Aktivitäten* beiträgt und Entscheidungshilfen für die Wahl zwischen alternativen wirtschaftspolitischen Maßnahmen liefert. – Das geschätzte ökonometrische Modell wird mit unterschiedlichen Werten für die Instrumentvariablen, die der Kontrolle des Entscheidungsträgers unterliegen, durchgerechnet. Die Ergebnisse können als bedingte Prognosen der interessierenden endogenen Variablen (Zielvariablen) aufgefaßt werden. Die Wahl der optimalen politischen Strategie basiert auf den Zielvorstellungen der wirtschaftspolitischen Entscheidungsträger. – Die *Entscheidungsfindung* mit Hilfe der →*Simulation* unterschiedlicher Wirtschaftsabläufe ist nur eine der Möglichkeiten der Anwendung von Entscheidungsmodellen. Andere Ansätze benutzen *Optimierungsverfahren* zur Bestimmung der unter den herrschenden wirtschaftlichen Bedingungen und den Zielvorstellungen des Entscheidungsträgers besten Kombination der Werte von Ziel- und Instrumentvariablen.

ökonometrisches Prognosemodell, Modell, das die Prognose der zukünftigen Entwicklung wichtiger ökonomischer Variablen dient, wobei im Gegensatz zu Prognosemethoden für die ökonometrische Prognose die Benutzung der geschätzten quantitativen Beziehungen zwischen den Variablen des Modells und damit auch die Anwendung der dem Modell zugrunde liegenden ökonometrischen Theorie charakteristisch ist. Die Prognose der →endogenen Variablen erfordert eine Prognose der zukünftigen Entwicklung der →exogenen Variablen des Modells, oft durch Trendextrapolation. – Vgl. auch →Ökonometrie II, →Modell.

ökonometrisches Strukturmodell, Modell, das der Beschreibung und Erklärung (Erklärungsmodell) der quantitativen Beziehungen zwischen den ökonomischen Variablen, der Erklärung des Wirtschaftsablaufes und der Konjunkturbewegungen dienen. Man benutzt hierzu die geschätzten Strukturen eines *simultanen Gleichungssystems* und aus ihnen abgeleitete Elastizitäten und Multiplikatoren. Strukturmodelle werden auch bei der Überprüfung und dem Vergleich ökonomischer Theorien mit Hilfe beobachteter →Daten angewendet. Die Ergebnisse können zu einer Untermauerung, Revision oder Weiterentwicklung der ökonomischen Theorie führen. – Vgl. auch →Ökonometrie II, →Modell.

ökonomisches Prinzip, →Wirtschaftlichkeitsprinzip.

ökonomische Theorie der Bürokratie, Ansatz zur Erklärung des Verhaltens bürokratischer Instanzen; geht v.a. auf W. A. Niskanen zurück. – 1. *Charakterisierung:* Der Ansatz konstruiert analog zum Modell des →bilateralen Monopols eine Tauschbeziehung zwischen der budgetbewilligenden Instanz (Wahlbeamte) und den sog. Büros, die die eigentlichen Produzenten der öffentlichen Dienstleistungen sind. In dieser Tauschbeziehung haben die Büros aufgrund ihres Informationsstands und ihrer Fähigkeit, den Informationsfluß zu beeinflussen, eine starke Stellung. Tauschobjekte sind die von den Büros angebotenen Dienstleistungen und die Budgetmittel. – 2. *Annahmen:* (1) Die budgetbewilligende Instanz hat Vorstellungen über die Höhe des Gesamtbudgets sowie über die Art und Menge der zu erstellenden Dienstleistungen, aber sie sieht weder Anreiz noch Gelegenheit, sich Informationen über Budgetminimierungsmöglichkeiten bei gleichem Leistungsoutput zu beschaffen. (2) Die in den Büros beschäftigten Beamten suchen entsprechend dem →Rationalprinzip ihre Nutzen zu maximieren. (3) Diese Nutzen bestimmenden Faktoren sind zumeist positiv mit der Höhe des Bürobudgets korreliert. – 3. *Ergebnis:* Aus den Annahmen abgeleitet ergibt sich als Verhaltenshypothese für die Bürokratie in den Büros eine Strategie der Budgetmaximierung über eine Erhöhung des Dienstleistungsangebots. Die Budgetmaximierungsstrategie findet ihre Grenzen dort, wo Diskrepanzen zwischen angebotenen und tatsächlich realisierten Dienstleistungen zu Budgetkürzungen führen könnten. – Vgl. auch →Politische Ökonomie.

ökonomische Theorie der öffentlichen Haushalte, →Finanzwissenschaft IV 1.

ökonomische Theorie der Politik, →Politische Ökonomie.

ökonomische Theorie des Clubs, *Klubtheorie, Clubtheorie,* zur Bestimmung der aus der Sicht des Individuums optimalen Mitgliederzahl eines Kollektivs; v.a. von J. A. Buchanan entwickelt. Die ö.T.d.C. ist Bestandteil der ökonomischen Theorie der Politik (→Politische Ökonomie). – 1. *Charakterisierung:* Die ö.T.d.C. setzt bei der Überlegung an, daß aus der Sicht des rational handelnden Individuums der Zweck eines Zusammenschlusses in der für das Individuum möglichst kostengünstigen Versorgung mit solchen Gütern liegt, für die das Ausschlußprinzip nicht gilt (→öffentliche Güter). Das Individuum hat solange ein Interesse an der Ausdehnung der Kollektivgröße, wie sich daraus eine Verbesserung der Nettonutzensituation des Individuums ergibt. Dahinter steht die Überlegung, daß sowohl der individuelle Nutzen aus der kollektiven Befriedigung von Bedürfnissen als auch die dem Individuum entstehenden Kosten mit der Mitgliederzahl des Kollektivs variieren. – 2. *Anwendung:* Die ö. T. d. C. wurde insbes. im Rahmen der ökonomischen Föderalismusdiskussion (→Föderalismus) angewandt; vgl. auch →ökonomische Theorie des Föderalismus.

ökonomische Theorie des Föderalismus, Ansätze zur volkswirtschaftlichen Bedeutung des Föderalismus (1 bis 3 nach Musgrave): 1. *Fiskalische Standorttheorie:* Ansätze, die sich v. a. mit den *Kriterien, Verhaltensweisen und Mechanismen bei der Wahl von Standorten* durch Wirtschaftsubjekte (→Standortwahl) befassen. Dabei spielen Fragen der Finanzierung von und der Versorgung mit →öffentlichen Gütern eine wichtige Rolle. Interpretiert man den Begriff Standort nicht nur räumlich, sondern beispielsweise auch mit Bezug auf die Mitgliedschaft in Zweckverbänden, so kann man im Rahmen der Standorttheorie Theorien des regionalen und funktionalen Föderalismus unterscheiden. – 2. Ansätze, die sich mit der *Aufgabenverteilung, Zusammenarbeit* und den *Finanzbeziehungen* (→Finanzausgleich) zwischen *autonomen Körperschaften* befassen. Im Mittelpunkt stehen die Analyse von →Spillover-Effekten und die Möglichkeiten ihrer Internalisierung. – 3. Ansätze, die sich mit den *Beziehungen zwischen Körperschaften unterschiedlicher hierarchischer Ebenen* befassen. Dabei geht es u. a. um Probleme des optimalen Zentralisierungs- bzw. Dezentralisierungsgrads. – Vgl. auch →Föderalismus.

ökoskopische Marktforschung, Form der →Marktforschung. Empirische Untersuchung objektiver Marktgrößen (ökonomische Größen und Größenbeziehungen), z. B. Umsätze, Preise, Mengen, Zahl der Anieter (objekt- bzw. sachbezogen). – *Gegensatz:* →demoskopische Marktforschung. – Vgl. auch →Ökoskopie, →Meinungsforschung.

Ökosystem, funktionelle Einheit aus Organismen (Lebensgemeinschaften) und unbelebter Natur (Lebensraum), die räumlich mehr oder weniger scharf abgegrenzt ist. Zwischen belebten und unbelebten Elementen des Ö. bestehen vielfältige Wechselwirkungen. – Ö. bilden Regelkreise mit einer gewissen Anpassungsfähigkeit an Störungen (z. B. Selbstreinigungskraft von Gewässern); zu weitgehende Eingriffe führen aber zur Schädigung und Zerstörung des Ö. (→Umweltbelastung). – *Wissenschaftliche Behandlung* durch die →Ökologie.

Okunsches Gesetz, nach M. Okun benannter Zusammenhang zwischen Arbeitslosigkeit und relativer Auslastung des →Produktionspotentials. Die Zunahme der Arbeitslosenquote um einen Prozentpunkt führt nach Okun zu einer Verringerung des Bruttosozialproduktes um ca. 3% und damit zu einer Reduzierung des →Auslastungsgrades ebenfalls um ca. 3%. Dieser Zusammenhang ist kein Gesetz, sondern eine empirisch beobach-

tete Regelmäßigkeit, die kurzfristig stabil ist, langfristig allerdings Änderungen unterworfen sind.

Ölflecktheorie, →Dirigismus.

OLG, Abk. für →Oberlandesgericht.

Oligopol, →Marktform, bei der auf der Seite des →Angebots und/oder der →Nachfrage (Oligopson), nur wenige relativ große Verkäufer bzw. Käufer auftreten, so daß der einzelne Marktteilnehmer mit seinem Einfluß auf den Markt rechnen muß. Diese oligopolistischen Marktteilnehmer müssen deshalb bei ihren marktstrategischen Maßnahmen die Reaktionen der ihnen bekannten Wettbewerber berücksichtigen (→Aktionsparameter). O. in der Bundesrep. D. in Mineralölwirtschaft, Automobil-, Elektroindustrie. Treten *nur zwei* Anbieter oder Nachfrager auf, so spricht man von →Dyopol. – Vgl. auch →Oligopoltheorie, →Preisbildung, →Verhaltensweise.

oligopolistisch, Begriff der →Marktformenlehre für das Verhältnis von Anbietern und Nachfrgern entsprechend dem →Oligopol.

oligopolistische Interdependenz, *Konkurrenzreaktion,* Begriff zur Beschreibung der besonderen Abhängigkeiten zwischen den Oligopolisten. Bei o. I. gehen in die Gewinnfunktion des einzelnen Marktteilnehmers Größen ein, auf die er selbst keinen Einfluß ausüben kann. Er muß seinen Gewinn unter Berücksichtigung der →Aktionsparameter und der Reaktionen seiner Konkurrenten maximieren. – Vgl. auch →Oligopoltheorie I 3.

Oligopoltheorie, wissenschaftliche Erklärung der Marktform →Oligopol.

I. I n h a l t : 1. *Hauptproblem:* Der Oligopolist muß nicht nur die Aktionen und Reaktionen der Kunden, sondern auch die der Konkurrenten bei der Wahl seiner Strategien berücksichtigen. Es bereitet große Schwierigkeiten, in der O. plausible Annahmen über die Reaktionen der Konkurrenten zu machen. Ott bezeichnet das „Auffinden oder Aufstellen sinnvoller Reaktionshypthesen mit der damit verbundenen Konkretisierung der →Reaktionskoeffizienten als das Kernproblem innerhalb der O." – 2. *Gegenstand* der O. ist vor allem die Preisbildung. Für Machlup ist die Beschränkung des Begriffs Oligopol auf Preisaspekte nur für Lehrzwecke gerechtfertigt. Fragen der Qualität der angebotenen Waren oder Leistungen, Fragen der Werbung, der Standortwahl usw. können für die Oligopolisten unter bestimmten Bedingungen wichtiger sein als Fragen der Preisbildung und Preispolitik. – 3. Will man die *Preisbildung* beim Oligopol untersuchen und Systematisierungs kriterien finden, so kann als Einteilungsmerkmal die Homogenität und Heterogenität der Güter dienen. Dementsprechend wird nach homogenen und heterogenen Oligopolen untergliedert. Für die Analyse der Preisbildung ist es erforderlich, die oligopolistische Interdependenz zu berücksichtigen. Triffin spricht von „zirkularen Beziehungen", worunter die Tatsache der gegenseitigen Beeinflussung der Oligopolisten untereinander zu verstehen ist. Durch diese Interdependenz unterscheidet sich das O. vom Monopol und der polypolistischen Konkurrenz.

II. Modellartige Oligopollösungen: Das Oligopolproblem (Op.) läßt sich analytisch auf verschiedene Weise behandeln. Am gebräuchlichsten ist die Entwicklung mathematischer Modelle, wobei zur Vereinfachung der preistheoretischen Erörterungen von einem →Dyopol ausgegangen wird. Bei der theoretischen Behandlung der Preisbildung wird zwischen dem Oligopol auf dem →vollkommenen und dem →unvollkommenen Markt unterschieden (→Reaktionsfunktion).

1. *Op. auf dem vollkommenen Markt:* Zu den „klassischen" Oligopolmodellen zählen die von A. Cournot, J. Bertrand und F. Edgeworth. Die erste Behandlung des Op. verdanken wir Cournot. Zur Vereinfachung des Problems geht er von einem Dyopol, d. h. von zwei Anbietern aus. Darüber hinaus unterstellt er Homogenität der Güter, gleiche Kostenstrukturen der Dypolisten sowie autonome Mengenstrategie. Diese letzte Annahme besagt, daß der einzelne Dyopolist annimmt, seine eigene Mengenänderung habe keine Mengenänderung der anderen zur Folge. Es wird also eine autonome Aktion unterstellt. Der Reaktionskoeffizient (Größe, die angibt, wie mengenmäßig der Dyopolist A auf eine Mengenänderung des Dyopolisten B reagiert:

$$\frac{dq_A}{dq_B}$$

hat den Wert Null. – Zur Gruppe der Oligopoltheoretiker, die eine autonome Strategie unterstellen, gehört auch *Bertrand.* Sein Oligopolmodell unterscheidet sich von dem Cournots lediglich dadurch, daß bei ihm nicht die Menge, sondern der Preis →Aktionsparameter ist. – Eng verwandt mit dieser Lösung ist das Modell von *Edgeworth.* Er kommt in seinem Modell (Oszillationsdyopol) nicht zu einem stabilen Gleichgewicht, sondern es ergibt sich eine ständige Aufeinanderfolge von Preissenkungen und Preiserhöhungen, d. h. eine Preisoszillation. In der Annahme autonomer Strategie liegt die entscheidende Schwäche dieser Modelle. Es wird angenommen, daß die Anbieter aus ihren Irrtümern nie lernen. – Aus einem Cournotschen Dyopol entwickelte *Stackelberg* seine Asymmetrielösung des Oligopolproblems. Nach Stackelberg bezieht der eine Dyopolist die Abhängigkeitsposition, d. h. er verwirklicht autonome Strategie. Der

andere Dyopolist hingegen nimmt die Unabhängigkeitsposition ein. Dies bedeutet, daß er die Überlegenheitsstrategie realisiert. – Eine weitere Oligopollösung ist die von *Bowley.* Für diese Lösung ist kennzeichnend, daß beide Dyopolisten Überlegenheitsstrategie betreiben. Es kommt zu einem „ruinösen Wettbewerb". – *Chamberlin* und *Fellner* gehen davon aus, daß die beiden Dyopolisten sich einigen (z. B. durch Kartellierung), gemeinsam den Gesamtgewinn zu maximieren. Eine empirische Bedeutung haben die genannten Modelle nicht.

2. *Op. auf dem unvollkommenen Markt:* Je größer die Heterogenität der Güter, die Kundenpräferenzen sowie die räumliche Differenzierung zwischen den Oligopolisten ist, um so stärker wird die oligopolistische Interdependenz abgeschwächt. Im mehr oder weniger großen interdependenzfreien (monopolitischen) Bereich der Preis-Absatz-Funktion rechnet der Oligopolist nicht mit Reaktionen der anderen. Das Oligopol auf dem unvollkommenen Markt unterscheidet sich von dem auf dem vollkommenen darüber hinaus noch dadurch, daß auf dem unvollkommenen Markt sowohl Preis- als auch Mengenstrategie betrieben werden kann, wobei in praxi die Preisstrategie von entscheidender Bedeutung ist. Die skizzierten Modelle lassen sich auch für das Oligopol auf dem unvollkommenen Markt ableiten. – Neben diesen „traditionellen" Oligopolmodellen hat in der Literatur vor allem das Modell von *Krelle* besondere Beachtung gefunden. Er unterstellt ein Dyopol mit der Zielsetzung der Gewinnmaximierung beider Anbieter. Diese betreiben ausschließlich Preispolitik. Produktvariationen und Absprachen fehlen. Beide Dyopolisten sind vollständig informiert über die Kosten- und Absatzlage. Keiner versucht, den anderen vom Markt zu verdrängen („friedliches" Verhalten). Des weiteren nimmt Krelle an, daß sich die Dyopolisten „normal" verhalten, wobei er folgende zwei Fälle unterscheidet: (1) Falls eine Preisänderung einer Firma der anderen zum Vorteil gereicht oder ihr zumindest nicht schadet, so reagiert sie überhaupt nicht. (2) Fall sie dadurch geschädigt wird, so sucht sie ihre alte Gewinnposition wiederherzustellen; falls das nicht möglich ist, so sucht sie ihr doch so nahe wie möglich zu kommen. Bei Krelle ergibt sich als Lösung des Op. kein eindeutig bestimmter Lösungspunkt, sondern ein Gleichgewichtsgebiet; diese Lösung leistete auch einen bedeutsamen Beitrag, oligopolistische Preisstarrheiten zu erklären.

3. *Spieltheoretische Lösung des Op.:* Die Bezeichnung *Spieltheorie* erklärt sich daraus, daß die Überlegungen und das methodische Instrumentarium dieser Theorie zunächst auf die sog. strategischen Spiele (z. B. Schach) angewandt werden. Die Spieltheorie kann als eine Technik angesehen werden, Entschei-

dungsprobleme unter Unsicherheit zu lösen. Als Begründer der Spieltheorie gelten J. v. Neumann und O. Morgenstern. – In der Spieltheorie werden die möglichen Verhaltensweisen als Strategien bezeichnet, wobei in der Literatur zwischen Spielen mit reinen und gemischten Strategien unterschieden wird. Die Spieltheorie versucht nachzuweisen, daß es unter den verschiedenen *möglichen Verhaltensweisen* (Strategien) der Oligopolisten (zur Vereinfachung der Darstellung wird von einem Dyopol ausgegangen) unter bestimmten Voraussetzungen eine *optimale Kombination* gibt. Der wesentliche Unterschied zur „traditionellen" O. besteht darin, daß nicht mehr verschiedene Verhaltenskombinationen (z. B. Abhängigkeits- zu Abhängigkeitsposition oder Unabhänigigkeits- zu Unabhängigkeitsposition usw.) als gleichbereichtigt nebeneinander gestellt werden und die Lösung unbestimmt bleibt, sondern aus der Vielzahl der Ergebnisse wird eines als das optimale ermittelt und somit die Lösung bestimmt. – Das Wesen der Spieltheorie ist darin zu erblicken, daß bei Ungewißheit über die gegnerische Strategie der Unternehmer nicht ein unsicheres absolutes Maximum, sondern ein sicheres *maximales Minimum* anstrebt. Die Anwendung der Spieltheorie erlaubt es, das Op. nicht nur auf den Preiswettbewerb zu reduzieren, sondern auch Organisations-, Informations-, Lagerhaltungsprobleme usw. zu lösen.

III. Realitätsbezogene Lösungen: Aus der Erkenntnis heraus, daß die Spieltheorie zur Erklärung des praktischen Oligopolverhaltens nur wenig beizutragen vermag, wird in der modernen O. der Weg beschritten, Marktsituationen und Verhaltensweisen zu untersuchen, wie sie für die ökonomische Wirklichkeit typisch sind. Aus der Beobachtung der Wirklichkeit lassen sich folgende typische Verhaltensweisen für oligopolistische Märkte ableiten: *Verdrängungspolitik* (Verdrängungsstrategie), *friedliches Verhalten* (relative Preisstarrheit und Preisführerschaft), *Zusammenarbeit* (Verhandlungsstrategie). Die wirtschaftliche Realität zeigt, daß Kampfsituationen heute der Ausnahmefall sind, während der Kompromiß häufig vorkommt, Absprachen und Übereinkommen erleichtern dem Oligopolisten die Verfolgung monopolistischer Ziele.

1. Bei der *Verdrängungspolitik* wird davon ausgegangen, daß eine Preisunterbietung mit dem Ziel verfolgt wird, den „Gegner" vom Markt zu verdrängen. Eine solche Politik oder Strategie ist nur dann möglich, wenn dadurch tatsächlich vom „Gegner" Kunden abgezogen werden. Auf die Dauer ist eine Verdrängungspolitik für das mit der Preisunterbietung beginnende Unternehmen nur dann erfolgversprechend, wenn es eine günstigere Kostensituation hat, da sonst der „Gegner" mitziehen kann.

2. Die Gefahren der Verdrängungspolitik haben bewirkt, daß heute auf oligopolistischen Märkten *relative Preisstarrheit* vorherrschend ist. Aus der Furcht vor einem oligopolistischen Preiskrieg ergibt sich vielfach die Verhaltensweise der relativen Preisstarrheit. – Von *Preisführerschaft* wird dann gesprochen, wenn ein Oligopolist den Preis setzt, der von den anderen Oligopolisten übernommen wird. Bei der „dominierenden Preisführerschaft" (z. B. bis etwa Ende der fünfziger Jahre in der amerik. Stahlindustrie die United Steel Corporation) fungiert als Preisführer der Oligopolist, der am Markt die stärkste Stellung – gemessen am Marktanteil – hat. Die übrigen Unternehmer schließen sich den preispolitischen Maßnahmen des Preisführers an. Eine „barometrische Preisführerschaft" tritt oft dann auf, wenn sich der Oligopolmarkt aus einer geringen Anzahl sehr großer und mehreren kleinen Unternehmen zusammensetzt. Als Preisführer wirkt die kleine Gruppe großer Unternehmen, wobei im Regelfall eine der großen Firmen als preispolitisch führend angesehen wird (z. B. fungierte in den zwanziger und dreißiger Jahren dieses Jahrhunderts in den USA fast ausnahmslos der größte der drei großen Zigarettenproduzenten als Preisführer).

3. Bei der *Zusammenarbeit* tritt an die Stelle des Kampfes der Oligopolisten gegeneinander ein Arbeiten miteinander. Die lockerste Form der Zusammenarbeit ist das sog. „Quasi-Agreement". Eine festere Form der Zusammenarbeit sind die mündlichen Vereinbarungen, die direkt erfolgen. Die festeste Form der oligopolistischen Zusammenarbeit stellen die vertraglichen Vereinbarungen in schriftlicher Form dar. Festgefügte Formen der Zusammenarbeit ähneln oft →Kartellen.

Prof. Dr. Theo Scherer

Oligopson, →Nachfrageoligopol.

Oman, *Sultanat Oman,* Küstenstaat im SO der Arabischen Halbinsel am Golf von Oman und am Arabischen Meer gelegen, zu ca. 80% Wüste. – *Fläche:* 212 457 km², einschl. der Exklave an der Nordspitze der Halbinsel Musandam und der Kuria-Muria-Inseln. – *Einwohner* (E): (1985) 1,2 Mill. (5,7 E/km²); 1981 waren ca. 20% der Bevölkerung Ausländer. – *Hauptstadt:* Maskat (1980: 30 000 E; mit Matrah, Ruwi, Medinat al-Quabus, Sib usw. 100 000 E); weitere wichtige Städte: Sur (30 000 E), Sohar (20 000 E), Nizwa (25 000 E). – *Unabhängiges Sultanat* seit 1951 (nominell nie abhängig), absolute Monarchie, keine Verfassung und keine parlamentarisch-demokratischen Einrichtungen. – *Verwaltungsgliederung:* 41 Provinzen (Wilayas). – *Amtssprache:* Arabisch.

Wirtschaft: *Landwirtschaft:* Hauptanbaugebiet sind die Küstenebene am Golf von Oman, sowie das Gebiet um Salala und das

Gebiet um Nizwa. Die wichtigsten landwirtschaftlichen Exporterzeugnisse sind Datteln und Limonen. Anbau von Bananen, Mangofrüchten, Kokosnüssen, Weizen, Sorghum, Kichererbsen, Süßkartoffeln, Alfalfagras und Tabak. Vorwiegend von Nomaden betriebene Viehzucht (Kamele, Rinder, Schafe). – Ausbau der *Fischereiwirtschaft* (Fangmenge: (1982) 89 376 t; jährliches Potential 300 000 t). – Wichtigster Zweig des *Produzierenden Gewerbes* ist der Bergbau. Die Jahresförderung von Erdöl belief sich (1983) auf 143 Mill. barrel, daneben Erdgasförderung. Vorgesehen ist der Abbau und die Aufbereitung von Kupfererz. Im übrigen befindet sich O. erst am Beginn einer industriellen Entwicklung. – *BSP:* (1985, geschätzt) 8360 Mill. US-$ (7080 US-$ je E). – *Öffentliche Auslandsverschuldung:* (1984) 17,2% des BSP. – *Inflationsrate:* (Durchschnitt 1973–84) 16,4%. – *Export:* (1984) 8360 Mill. US-$, v.a. Erdöl (über 90%), Datteln, Fische, Früchte, Perlen. – *Import:* (1984) 7860 Mill. US-$, v.a. Maschinen, Kraftfahrzeuge, landwirtschaftliche Erzeugnisse. – *Handelspartner:* Japan, Bundesrep.D., USA, Großbritannien, Golfstaaten.

Verkehr: 19 111 km *Straßen,* davon 2835 km asphaltiert (1981). – *Keine Eisenbahn.* – Wichtige *Häfen:* Mina Quabus bei Matrah, Raysut und Mina al-Fahal bei Matrah (Ölexporthafen). O. verfügte (1982) über 19 *Handelsschiffe* (über 100 BRT) mit 8900 BRT. – Internationale *Flughäfen:* Sib, Salala. Auf internationalen Routen fliegt die Gulf-Air. – Erdöl- und Erdgasleitungssystem.

Mitgliedschaften: UNO, OIC, UNCTAD u.a.; Arabische Liga.

Währung: 1 Rial Omani (R.O.) = 100 Baizas (Bz.).

Omnibusbahnhof, *Zentraler Omnibusbahnhof (ZOB),* Station des Straßenpersonenverkehrs als Endpunkt mehrerer Omnibuslinien (→Linienverkehr) des Regional- und Fernverkehrs zum Ein-, Aus- und Umsteigen der Reisenden mit Fahrkartenverkauf und Warteräumen.

Omnibus-Befragung, *Mehrthemenbefragung,* Form der →Befragung, bei der verschiedene Themen untersucht werden. Heute dominierend, da O.-B. die Anwendung indirekter Befragungstaktiken erleichtert, genauere Angaben der Auskunftspersonen gewährleistet, wegen der Themenmischung das Interview für die Auskunftsperson interessanter macht und kostengünstiger ist (Behrens). – *Gegensatz:* →Einthemenbefragung.

Omniumpolice, veralteter Begriff für →Einheitsversicherung.

one-stop banking, *one-stop financial services,* Möglichkeit der Inanspruchnahme verschie-

denartiger Finanzdienstleistungen. – Vgl. auch →financial supermarket.

one-stop financial services, →one-stop-banking.

one-stop shopping, Einkauf des gesamten Bedarfs nach einmaligem Parken an einem Ort. Realisierung dieses Prinzips in jeweils andersartiger Ausprägung durch →Warenhäuser, →Selbstbedienungswarenhäuser („alles unter einem Dach"), →Gemeinschaftswarenhäuser, →Einkaufszentren, →Wochenmärkte sowie an Orten mit hoher →Agglomeration brachenungleicher →Fachgeschäfte. Begünstigt von ausreichendem Parkplatzangebot in unmittelbarer Nähe der Einkaufsorte. Aus diesem Grund wird vom City-Handel u.a. der verstärkte Ausbau von Parkhäusern in City-Nähe, aber auch eine Verbesserung von Park-and-ride-Systemen sowie des öffentlichen Nahverkehrs gefordert.

Online (-Betrieb), *Online-Verfahren.* 1. O. (bzw. im O.-B.) arbeiten *Geräte,* die direkt über Steuereinheiten und/oder Kanäle (→Ein-/Ausgabe-Kanal) an die →Zentraleinheit eines Computers angeschlossen sind. – 2. O. bezeichnet häufig auch den *Umstand,* daß bestimmte Daten direkt über einen →Bildschirm abrufbar sind; z.B. →Online-Dokumentation. – *Gegensatz:* →Offline (-Betrieb).

Online-Dokumentation, eine Form der →Dokumentation eines →Softwareprodukts, die der Benutzer unmittelbar bei der Arbeit am Bildschirm abrufen kann, z.B. durch „Hilfe-Bildschirme".

Online-Verfahren, →Online (-Betrieb).

On-the-Job-Training, Ausbildung am Arbeitsplatz durch Zusehen und Mitmachen unter Anleitung einer Facharbeitskraft (→Auszubildender). Heute vielfach kombiniert mit →Off-the-Job-Training.

OPEC, Organization of the petroleum exporting countries, Organisation erdölexportierender Länder, 1960 gegründeter Zusammenschluß erdölexportierender Länder mit dem Ziel, ihre Position gegenüber den multinationalen Erdölgesellschaften zu stärken und durch koordinierte Angebotspolitik eine Steigerung der Exporterlöse zu erreichen. – *Mitglieder:* Algerien, Ecuador, Gabun, Indonesien, Irak, Iran, Katar, Kuwait, Libyen, Nigeria, Saudi-Arabien, Venezuela und die Vereinigten Arabischen Emirate. – *Organisation:* Oberstes Organ der OPEC ist die Konferenz aus Vertretern der Mitgliedstaaten. Die Leitung obliegt einem Gouverneursrat, in dem alle Mitglieder vertreten sind, unterstützt von einem Sekretariat unter Leitung eines Generalsekretärs. Als Sonderorgan im Rahmen der OPEC mit eigenem Stab fungiert die Wirtschaftskommission, deren Aktivitäten auf eine Förderung der Stabilität der internationalen Erdölpreise abzielen. – *Bedeutung:* 1. *Erfolge:* Da die Bedingungen für ein Funktionieren der OPEC als →Rohstoffkartell anfangs relativ günstig waren, gelang es, den Ölpreis von unter zwei Dollar pro Barrel (159 Liter) Anfang der 70er Jahre auf über 30 Dollar in weniger als 10 Jahren zu erhöhen und erhebliche Einnahmesteigerungen zu erzielen. V.a. die arabischen OPEC Länder (OAPEC) haben einen großen Teil der Erlöse in den Industriestaaten angelegt (*Recycling der Petro-Dollars;* →Euromarkt). – 2. *Machtabschwächung:* insbes. seit Anfang der 80er Jahre u.a. aus folgenden Gründen: a) *Kartellintern* wurden Interessengegensätze nicht nur politisch deutlich (Golfkrieg), sonder auch wirtschaftlich insbes. zwischen solchen Ländern mit großen Kapitalreserven bzw. Auslandsforderungen (Saudi-Arabien, Kuwait) und denjenigen mit inzwischen hohen Auslandsschulden. Letztere strebten nach Überschreitung der vereinbarten Förderquoten. Die hohen Preise waren im wesentlichen aufgrund der Förderdrosselung der ersten zu halten, wozu diese aber (aufgrund ihrer hohen Erdölreserven) auch nur begrenzt bereit sein konnten. Anfang 1986 bewirkte eine drastische Produktionsausweitung Saudi-Arabiens einen *Sturz des Weltmarktpreises* auf zeitweilig unter 10 Dollar. b) Verschiedene *kartellexterne Faktoren* wirkten preisdämpfend, wie das Auftreten neuer Anbieter wie Großbritannien, Norwegen, Mexiko und die Zunahme der Preiselastizität der Nachfrage in den Verbraucherländern (Rationalisierung des Erdöleinsatzes durch technischen Fortschritt, Substitution durch Kernenergie, Kohle u.a.). – 3. *Weitere Entwicklung:* Da mehrere Förderländer aufgrund begrenzter Reserven in absehbarer Zeit ausscheiden dürften, wird längerfristig wieder mit einer stärkeren Koordination auf der Anbieterseite (allein Kuwait und Saudi-Arabien verfügen über ca. 35% der Welterdölreserven) und entsprechenden Preiserhöhungen gerechnet. – *Veröffentlichung:* OPEC-Bulletin (monatlich); Annual Report; Annual Statistical Bulletin; OPEC Member Country Profiles; Facts and Figures; Basic Oil Industry Information.

Operateur, →Operator.

Operating, Betrieb eines →Computersystems im →Rechenzentrum, v.a. Anlagenbedienung und Ablaufsteuerung. Das Bedienungspersonal (→Operator) arbeitet die Aufträge (→Job) aus der →Arbeitsvorbereitung im Rechenzentrum ab, steuert und überwacht das Computersystem und achtet auf Optimierung der Auslastung.

operating system (OS), →Betriebssystem II.

operational auditing, Aufgabengebiet der →Internen Revision, auf den organisatorischen Bereich bezogen.

Operationalisierung, Präzisierung und Standardisierung von wirtschaftspolitischen Zielen durch Angabe der Merkmale, mit denen man das Ziel erfassen kann, und der Indikatoren (meßbare Ereignisse), die den Zielerreichungsgrad anzeigen.

operational lag, →lag II 2b) (6).

operational research, →Operations Research.

operational time, von Marshall geprägter Begriff zur Unterscheidung zwischen kurzen und langen Perioden. Die O.T. ist nicht kalenderzeitabhängig zu sehen, sondern gibt allgemein die Zeitdauer an, die ein Unternehmen für Anpassungsprozesse benötigt. Während in kurzen Perioden Beschäftigungsänderungen nur auf der Basis unveränderbarer →Kapzität erfolgen können, sind in der langen Periode alle Faktoren als variabel anzusehen.

opération blanche. 1. *Begriff:* Vorgehensweise eines Aktionärs, der bei einer Kapitalerhöhung genauso viele Bezugsrechte verkauft, daß er die ihm aufgrund seiner restlichen Bezugsrechte zustehenden jungen Aktien ohne zusätzlichen eigenen Kapitalaufwand kaufen kann. Durch O.b. bleibt der absolute Anlagebetrag des Aktionärs vor und nach der Kapitalerhöhung gleich, sein Anteil am Kapital des Unternehmens sinkt jedoch. – 2. *Berechnung der zu verkaufenden Bezugsrechte:*

$$B_V = \left(\frac{B_G \cdot K_E}{W_B + K_E} \right)$$

(B_V = Anzahl zu verkaufender Bezugsrechte, B_G = gesamte Anzahl der Bezugsrechte vor O.b., K_E = Emissionskurs der jungen Aktien, W_B = Wert eines Bezugsrechts).

Operationscharakteristik, bei statistischen Testverfahren Funktion, die jedem (wahren, aber in einer konkreten Testsituation unbekannten) Wert des zu prüfenden →Parameters die Wahrscheinlichkeit der Nichtablehnung der →Nullhypothese zuordnet. Dabei werden Nullhypothese, →Signifikanzniveau und Stichprobenumfang als fest vorausgesetzt. Für jeden Wert des Parameters addieren sich O. und →Gütefunktion eines Tests zu 1.

Operations Research (OR), *operational research, Unternehmensforschung, mathematische Operationsforschung.*

I. Begriff: Obwohl es nicht an vielfältigen Versuchen gefehlt hat, den Inhalt des Begriffs allgemeingültig festzulegen, kann bis heute keine Definition als allgemein anerkannt gelten. Weitestgehend unstrittig ist, daß es im OR um die *Entwicklung und den Einsatz mathematischer Methoden* (das sind v.a. *mathematische Modelle und Rechenverfahren* zur Ableitung von Aussagen daraus) zur Unterstützung von

Entscheidungsprozessen geht; allerdings besteht Unklarheit darüber, welche Phasen solcher Prozesse konkret angesprochen sind. Zur Herausarbeitung der verschiedenen Auffassungen seien Entscheidungsprozesse gedanklich wie folgt gegliedert:

Entscheidungs-vorbereitung	→	Entscheidungs-findung	→	Entscheidungs-durchsetzung und -kontrolle

1. Die *Entscheidungsvorbereitung* soll sämtliche Tätigkeiten umfassen, die der Beschaffung und Aufbereitung von – im Hinblick auf die zu treffende Entscheidung – geeigneten Informationen dienen. Die zu diesen Zwecken eingesetzten Methoden sind v.a. Beschreibungs-, Berechnungs-, Experimentier- und Prognosemodelle sowie Rechenverfahren, die die gewünschten Informationen liefern. Idealtypischerweise gipfelt diese Phase in der Erstellung eines Entscheidungsmodells. – 2. In der sich anschließenden, zentralen Phase der *Entscheidungsfindung* dient das Entscheidungsmodell der Ableitung von Entscheidungsvorschlägen, aufgrund derer schließlich der eigentliche Willensakt zustande kommt, der die Menge der potentiellen Handlungsmöglichkeiten auf die zu realisierende Handlungsmöglichkeit reduziert. Nach der wohl engsten *Definition* geht es im OR ausschließlich um mathematische Methoden, die die Phase der Entscheidungsfindung betreffen. OR kann dann etwa interpretiert werden als *Lehre von den Entscheidungsmodellen und den zugehörigen Lösungsverfahren zur Ableitung von Entscheidungsvorschlägen* (so etwa Dinkelbach). In der nächst *weiteren Definition* werden mathematische Methoden der Entscheidungsvorbereitung mit einbezogen (so etwa sinngemäß Müller-Merbach). – 3. Nur in seltenen Fällen sieht man dagegen auch die *Entscheidungsdurchsetzungs- und -kontrollphase* explizit als ein Anwendungsfeld für OR-Methoden an, obwohl die dort eingesetzten Methoden denjenigen der übrigen Phasen häufig sehr ähnlich sind und sich in OR-Lehrbüchern gelegentlich auch Beispiele finden, die dieser Phase zuzurechnen sind (wie etwa Matrizenmodelle zur innerbetrieblichen Leistungsverrechnung).

II. Akzessorische Merkmale; In der Literatur werden eine Reihe weiterer Merkmale angeführt, die viele – aber nicht alle – OR-Studien gemeinsam haben. 1. Gegenstand des OR sind in erster Linie *ökonomische Entscheidungsprozesse;* allerdings werden OR-Methoden auch zur Untersuchung ingenieurwissenschaftlicher, physikalischer, biologischer, medizinischer, militärischer u.a. Fragestellungen eingesetzt. – 2. In dem betrachteten Entscheidungsprozeß strebt man gewöhnlich eine *optimale Entscheidung* an. Neuere Forschungs- und Anwendungsgebiete des OR (Multikriteria-Entscheidungsmethoden) befassen sich aber gerade mit solchen Entscheidungssituationen, in denen es aufgrund von *Zielkonflikten* keine optimalen Entscheidungen mehr gibt. – 3. Die betrachteten Entscheidungsprozesse dienen der *Gestaltung komplexer Systeme,* d.h. es ist eine Vielzahl von kontrollierbaren (in einer Unternehmung etwa der Einsatz an Arbeitskräften, Maschinen, Rohstoffen, Finanzmitteln) und nicht kontrollierbaren Faktoren (Umwelt- wie Konjunkturentwicklung, Konkurrenzverhalten, Wirtschaftsgesetzgebung) und ihre häufig nur ungenau vorherzusagende Wirksamkeit im Hinblick auf die Zielerreichung verschiedener Personen bzw. Personengruppen (Anteilseigner, Unternehmensleitung, Beschäftigte, Kunden, Kreditgeber) sowie ihre wechselseitigen Beeinflussungen zu beachten. – 4. Eng mit der Komplexität der betrachteten Systeme hängt die *Notwendigkeit des Computereinsatzes* zusammen.

III. Gebiete des OR: Die Methoden des OR lassen sich gliedern zum einen in solche Methoden, die sich einem ganz konkreten realen, wenn auch stark abstrahierten Problemhintergrund zuordnen lassen (*problemorientierte Methoden*), und in solche, die keinen derartigen Hintergrund aufweisen (*allgemeine Methoden*). – 1. *Problemorientierte Methoden:* Dazu gehören diejenigen der →Warteschlangentheorie, der Ersatztheorie, der →Zuverlässigkeitstheorie, der →Bedienungstheorie und der →Kontrolltheorie, der Lagerhaltung (→Lagerwirtschaft) und des →Projektmanagements. – 2. *Allgemeine Methoden der Entscheidungsfindung:* a) Dazu gehören im wesentlichen diejenigen der →mathematischen Optimierung (wie etwa die der →linearen Optimierung, →nichtlinearen Optimierung, →dynamischen Optimierung, stochastischen Optimierung), die Methoden der Entscheidungsfindung bei mehrfacher Zielsetzung, bei Risiko und Ungewißheit sowie bei Gruppenentscheidungen. – b) In der Phase *der Entscheidungsvorbereitung* sind v.a. Techniken zur Generierung von Alternativen und Szenarien (→Szenario-Technik) Methoden der →Prognose und der →Simulation von Bedeutung.

IV. OR-Prozeß: Das Vorgehen im Rahmen einer OR-Studie läßt sich wie folgt gliedern: (1) Formulierung und Analyse des Problems; (2) Festlegung der Modellstruktur, die der Untersuchung des Problems dienen soll; (3) Auswahl bzw. Entwicklung eines Rechenverfahrens zur Ableitung der gewünschten Aussagen aus dem Modell; (4) Beschaffung und Aufbereitung der Daten zur Konkretisierung des Modells; (5) Implementierung von Modell- und Rechenverfahren auf einem Computer; (6) Validierung von Modell und Verfahren (etwa anhand von Vergleichsrechnungen mit Daten aus der Vergangenheit); (7)

Einweisung und Übergabe an den Benutzer; (8) Einsatz von Modell und Verfahren.

V. G e s c h i c h t e   d e s   O R : Zwar lassen sich verschiedene frühe Arbeiten aufzeigen, in denen ökonomische Entscheidungsprobleme mit mathematischen Methoden untersucht wurden und die man aus heutiger Sicht durchaus als OR-Studien bezeichnen könnte (so die Arbeiten von Launhardt (1872–82) und A. Weber (1909) zur Standortwahl von Unternehmungen; die Untersuchung Erlangs (1905) bezüglich der Warteschlangen im Telephonnetz Kopenhagens; die Lagerhaltungsmodelle von Harris (1915) und Andler (1929); die Arbeiten von von Neumann und Morgenstern (1928) zur Spieltheorie, die eigentliche Gründungsphase fällt jedoch in die Zeit des 2. Weltkriegs, als man in Großbritannien und den USA versuchte, militärische Entscheidungen mit Hilfe mathematischer Methoden zu verbessern. Die hiermit befaßten Wissenschaftler setzten nach dem Krieg ihre Arbeiten in der Industrie fort, nachdem dort die Bedeutung der Methoden für ökonomische Fragestellungen erkannt worden war. Meilensteine der Entwicklung stellen die erste →Simplexmethode durch G. B. Dantzig (1946), die Netzplantechniken →CPM und →MPM (1958) und die Begründung der dynamischen Optimierung durch Bellmann (1957) dar. Aus dem deutschen Sprachraum sind insbes. die betriebswirtschaftlichen Planungsmodelle von Pichler und Wenke zu nennen.

VI. A n w e n d u n g s s t a n d : Empirische Untersuchungen in Industrieunternehmungen zeigen, daß in der Bundesrep.D. die Anwendungsschwerpunkte des OR in Unternehmungen der Grundstoff-, metallverarbeitenden und chemischen Industrie, der Elektrotechnik und in Energieversorgungsunternehmen liegt. Vielfältige Anwendungen sind außerdem von Fluggesellschaften, Handelsunternehmungen und landwirtschaftlichen Betrieben bekannt. In bezug auf die betrieblichen Funktionsbereiche betreffen die Anwendungen v. a. Produktion, Lagerhaltung und Absatz. Weniger stark ist die Durchdringung im Investitions-, Finanz-, Beschaffungs- und Personalbereich. Anwendungen lassen sich zwar nicht ausschließlich aber schwerpunktmäßig in Großunternehmungen nachweisen. Verantwortlich hierfür ist u. a. die Notwendigkeit des Einsatzes von Computern; die rasante Entwicklung auf dem Sektor der Personalcomputer eröffnet aber auch hier ganz neue Möglichkeiten. Das gilt insbes. für Anwendungen von Methoden des Projektmanagements und der linearen Optimierung, für die bereits ausgezeichnete, auf Personalcomputern einsetzbare Softwarepakete angeboten werden.

VII. I n s t i t u t i o n e n : Im deutschen Sprachraum befassen sich die Deutsche Gesellschaft für OR (DGOR), die Gesellschaft für Mathe-

matik, Ökonomie und OR (GMÖOR), die Schweizerische Vereinigung für OR (SVOR) und die Österreichische Gesellschaft für OR (ÖGOR) mit OR. Auf intenationaler Ebene sind die nationalen Gesellschaften u. a. zur Internatonal Federation of Operational Research Societies (IFORS) und in Europa zur Association of European Operational Research Societies within IFORS (EURO) zusammengeschlossen.

Literatur: Deutsche Gesellschaft für OR (Hrsg.), Modellgestützte Planung im Unternehmen. o.O. 1982; Dinkelbach, W., Unternehmensforschung, in: Handwörterbuch der Wirtschaftswissenschaft, S. 123–136. Stuttgart 1978. – *Fachzeitschriften:* OR-Spektrum, Heidelberg seit 1979; Zeitschrift für OR, Würzburg seit 1956; European Journal of Operational Research, Amsterdam, Niederlande seit 1977; The Journal of the Operational Research Society, Oxford, Großbritannien, seit 1950; Management Science, Providence, R.I., USA, seit 1954; OMEGA, Oxford, Großbritannien, seit 1973; Operational Research, Baltimore, MD, USA, seit 1952; International Abstracts in OR, Amsterdam Niederlande, seit 1962. Gal, T., Gehring, H., Betriebswirtschaftliche Planungs- und Entscheidungstechniken, Berlin(West)-New York 1981; Hanssmann, F., Einführung in die Systemforschung, 3. Auflage, München-Wien 1986; Heinhold, M., Nitschke, C., Papadopoulos, G., Empirische Untersuchung von Schwerpunkten der OR-Praxis in 525 Industrieunternehmungen der Bundesrep.D. In: Zeitschrift für OR 22 (1978), B185–B218; Meyer, A., OR/Systemforschung, Stuttgart 1983; Müller-Merbach, H.: OR, 3. Auflage, München 1973; Neumann, K., OR-Verfahren, 3 Bände, München-Wien 1975–77; Runzheimer, B., OR, 2 Bände, 2. Auflage, Wiesbaden 1983; Späth, H. (Hrsg.), Fallstudien OR, 3 Bände. München-Wien 1978–80.

Dr. Gerhard Wäscher

Operations-Research-Prozeß, →Operations Research IV.

operative Frühaufklärung. I. B e g r i f f : O.F. bezieht sich auf die Früherkennung latent bereits vorhandener Risiken und Chancen im kurz- bis mittelfristigen Bereich und erfolgt zumeist mit Hilfe von Frühwarnsystemen (*Früherkennungssystemen*). O.F. grenzt sich insbes. durch den zeitlichen Bezug seiner Identifikationskapazität, seine theoretischen Grundlagen und die Art seiner Informationsaufnahme/-verarbeitung von einer →strategischen Frühaufklärung ab. In der Praxis der O.F. scheint – im Gegensatz zur →strategischen Frühaufklärung – noch die Warnung vor latenten Risiken/Gefährdungen zu dominieren. O.F. gilt als wesentliche Informationsbasis operativer und/oder taktischer Planungen (→Unternehmensplanung). – Im Rahmen o.F. wurde der Begriff Frühwarnsystem erstmals 1973 mit (damals sog. Melde- und Warnsysteme) gebraucht. In späteren Jahren hat sich der Inhalt des Begriffs Frühwarnsystem konkretisiert und derzeit werden Frühwarnsysteme als eine spezielle Art von Informationssystemen bezeichnet, die ihren Benutzern verdeckt bereits vorhandene Risiken oder Chancen mit so großem zeitlichen Vorlauf signalisieren, daß noch hinreichend Spielraum für präventive Aktionen zur Vermeidung angezeigter Risiken oder Wahrnehmung vorangekündigter Chancen verbleibt.

II. E n t w i c k l u n g s s t u f e n : In der etwa 15jährigen Geschichte einer Beschäftigung der Betriebswirtschaftslehre mit Fragen der Frühaufklärung sind mittlerweile drei Generationen von Frühwarnsystemen entwickelt worden: Die ersten beiden Generationen sind der o.F. zuzurechnen, die dritte Generation dagegen fällt unter das Stichwort „strategisches Radar" in den Bereich der →strategischen Frühaufklärung.

1. *Frühwarnsysteme der 1. Generation (kennzahlen-/hochrechnungsorientierte Frühwarnsysteme)* ermitteln Frühwarninformationen entweder durch einen Zeitvergleich von Kennzahlen oder durch innerjährliche Hochrechnungen von Über- oder Unterschreitungen bestehender Jahrespläne (Budgets).

2. *Frühwarnsysteme der 2. Generation (indikatororientierte Frühwarnsysteme)* bedienen sich spezifischer Frühwarnindikatoren, die mit zeitlichem Verlauf Daten/Informationen über latente, mit den herkömmlichen informationellen Instrumentarien der Unternehmung nicht oder erst zu spät wahrnehmbare Erscheinungen/Entwickungen innerhalb und/oder außerhalb der Unternehmung liefern.

III. E l e m e n t e: O.F. umfaßt kennzahlen-/hochrechnungsorientierte und indikatororientierte Früherkennungssysteme, die in ihrem Output auf die inhaltlichen Schwerpunkte der operativen Planung zugeschnitten sind. Eine Ausnahme bilden Früherkennungsinformationen aus indikatororientierten Systemen, die den Rahmen operativer Planungen durch den Inhalt der von ihnen signalisierten Risiken/Chancen sprengen können und auch strategisch relevante Frühaufklärungsinformationen zu generieren in der Lage sind. O.F. bietet gute Ansätze zu einer DV-Unterstützung im Rahmen der Frühaufklärung, da der Anteil quantifizierbarer Informationen und „starker Signale" nicht zuletzt wegen der (gegenüber der strategischen Frühaufklärung) geringeren zeitlichen Reichweite relativ hoch ist.

1. *Kennzahlen-/hochrechnungsorientierte Frühaufklärung:* a) *Auf Basis von Kennzahlen/Kennzahlensystemen:* Die Verwendung von Kennzahlen/Kennzahlensystemen als Führungsinstrument der Unternehmungsführung reicht weit vor das Jahr 1973 zurück; damals jedoch noch nicht verbunden mit dem Begriff der o.F. →Kennzahlen sind in diesem Zusammenhang als quantitative Ausdrücke (Verhältniszahlen) für die Darstellung relevanter betriebswirtschaftlicher Tatbestände mit konzentrierter Aussagekraft über den jeweiligen Betrachtungsgegenstand zu verstehen. Die Zusammenfassung und Einbindung in ein Kennzahlensystem verstärkt ihre Aussagekraft und wirkt Fehlinterpretationen – wie bei isolierter und/oder unsystematischer Kennzahlenverwendung leicht mögich – entgegen. Im Hinblick auf eine Frühwarnung mit Hilfe von Kennzahlen ist ein *Zeitvergleich* der jeweiligen Werte von zentraler Bedeutung. Stets geht es darum, positive oder negative

Entwicklungen möglichst frühzeitig zu erkennen, die sich in einer Veränderung der Werte jeweiliger Kennzahlen im Zeitablauf über oder unter bestimmte Schwellenwerte hinaus ausdrücken. Im Rahmen pyramidenhaft aufgebauter Kennzahlensysteme ist dabei die Wahrscheinlichkeit größer, bedrohliche Entwicklungen im unteren Teil der Pyramide, d.h. in den weniger aggregierten Größen („in den Details") früher zu erkennen als in den aggregierten Hauptkennzahlen. – b) *Auf Basis von Planungshochrechnungen:* Im Rahmen von Planungshochrechnungen wird ein Vergleich zwischen Plan-Werten (zum Ende der Periode) und hochgerechneten Ist-Werten (zum gleichen Periodenende) erstellt. Bei dieser Vorgehensweise muß nicht erst abgewartet werden, bis nach Ablauf der Planperiode tatsächliche Ist-Werte im (Ist-) Zahlenwerk der Unternehmung ermittelt wird. Vielmehr wird auf Basis bereits realisierter (unterjähriger) Zwischenwerte eine jeweils in Teilperioden (Wochen, Monaten, Quartalen) zu aktualisierende Vorausschätzung (Planhochrechnung) der nach neuestem Erkenntnisstand zu erwartenden Ist-Werte am Ende der Plan-Periode vorgenommen. – Abweichungen als solchen unterjährigen Hochrechnungen können als Frühwarninformationen interpretiert werden, die mit zeitlichem Vorlauf Aussagen über die voraussichtlichen Ist-Ergebnisse zum Periodenende gestatten. Der Grundgedanke dieser elementaren Form der o.F. findet in modernen *Controlling-Konzeptionen* (→Controlling) bereits Anwendung, wenn auch häufig ohne die (offizielle) Bezeichnung „Frühwarnsystem".

2. *Indikatororientierte Frühaufklärung:* Indikatororientierte Frühwarnsysteme als Träger der indikatororientierten Frühaufklärung haben die bisher größte Bedeutung im Rahmen der o.F. erlangt. Sie ermöglichen eine systematische Suche und Beobachtung von relevanten Erscheinungen/Entwicklungen innerhalb und außerhalb der Unternehmung mit Hilfe dafür ausgewählter *Frühindikatoren.* Aufbau und Funktionsweise solcher Systeme ist in Abbildung Sp. 719 verdeutlicht. – Neben der Auswahl relevanter *Beobachtungsbereiche* ist die Ermittlung geeigneter *Indikatoren* von zentraler Bedeutung für die Funktion solcher Systeme.

IV. A n w e n d u n g: Empirische Erkenntnisse über die Anwendung der o.F. liegen hauptsächlich für Frühwarnsysteme der 2. Generation vor. Danach wird indikatororientierte Frühaufklärung in der Praxis weniger als eine neu zu schaffende Institution verstanden, sondern als eine besondere Nutzung bereits bestehender Einrichtungen. Generell wird die Bedeutung und Anwendbarkeit einer o.F. bestätigt. – Als besonders wirkungsvoll hat sich nach Aussagen der Praxis in der Übersicht (Sp.717/718) dargestellten *Indikatoren* erwiesen.

Übersicht: Operative Frühaufklärung – Indikatoren

Beobachtungsfelder	lfd. Nr.	Bezeichnung der entsprechenden Indikatoren mit guten Frühwarneigenschaften
Konjunkturelle Entwicklung	1	– (amtliche) Auftragseingänge
Technologische Entwicklung	2	– Informationen über mögliche Änderung der Verfahrenstechnologie
	3	– Informationen über mögliche Änderungen der Produkttechnologie
Produkte/Regionen des unternehmungsbezogenen Absatzmarktes	4	– (eigene) Auftragseingänge
	5	– (eigene) Auftragsbestände
Kunden der Unternehmung	6	– Bestell-/Einkaufsverhalten
	7	– Nachfragevolumen wichtiger Kunden
	8	– Auftragseingänge bei wichtigen Kunden
Konkurrenten der Unternehmung	9	– Preispolitik
	10	– Programmpolitik
Lieferanten der Unternehmung	11	– Preise/Konditionen der Lieferanten
Kapitalmarkt	12	– Zinsen
	13	– Wechselkurse
Produktprogramm	14	– Anteil der Nachwuchs-, Star-, Cash- und Problemprodukte
Mitarbeiter	15	– Lohn-/Gehaltszuwächse
Ergebnis- und Finanzlage	16	– Kalkulatorische Ergebnisse (Hochrechnung)
	17	– Bilanzielle Ergebnisse (Hochrechnung)
	18	– Cash flow (Hochrechnung)
	19	– Liquiditätsreserve (Hochrechnung)
Forschung und Entwicklung	20	– FuE-Kosten im Vergleich zur Konkurrenz
Absatz	21	– Umsätze (Hochrechnung)
	22	– Preise (Netto)
	23	– Lagerbestände im Vergleich zur Konkurrenz
Produktion und Beschaffung	24	– Ausstoß (Hochrechnung)
	25	– Lohnkosten (Hochrechnung)
	26	– Lohnkostenanteil im Vergleich zur Konkurrenz
	27	– Beschaffungspreise im Vergleich zur Konkurrenz

Quelle: Krystek, U., Unternehmenskrisen. Beschreibung, Vermeidung und Bewältigung überlebenskritischer Prozesse in Unternehmungen, Wiesbaden 1987, S. 196.

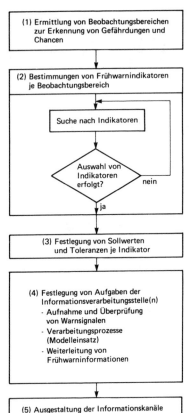

(1) Ermittlung von Beobachtungsbereichen zur Erkennung von Gefährdungen und Chancen

(2) Bestimmungen von Frühwarnindikatoren je Beobachtungsbereich

Suche nach Indikatoren

Auswahl von Indikatoren erfolgt? nein

ja

(3) Festlegung von Sollwerten und Toleranzen je Indikator

(4) Festlegung von Aufgaben der Informationsverarbeitungsstelle(n)
- Aufnahme und Überprüfung von Warnsignalen
- Verarbeitungsprozesse (Modelleinsatz)
- Weiterleitung von Frühwarninformationen

(5) Ausgestaltung der Informationskanäle

Bei fast allen Unternehmungen, die über eine o.F. verfügen, erfolgt die Erhebung und Betreuung von Frühwarnindikatoren im Rahmen bestehender Planungs- und Berichtssysteme. Die Verarbeitung von Warnsignalen zu relevanten Frühwarninformationen wird in der Praxis überwiegend sowohl zentral als auch dezentral durchgeführt; es wird also nicht nur eine „Zentrale" benutzt. Dies gewährt offenbar größere Nähe zum Anwender jeweiliger Frühwarninformationen und erleichtert auf niedrigeren Aggregationsstufen die Auswertung/Verarbeitung eingehender Indikatormeldungen. – Als organisatorische Einheit für die Zentralisierung der o.F. wird eindeutig der Bereich *Controlling* favorisiert. – Neben einer Generierung von Frühwarnsystemen sollen der o.F. aus Sicht der Praxis als *weitere Aufgaben* zugeordnet

werden: (1) Durchführung von Ursachen- und Wirkungsanalysen und (2) Planung von Gegenmaßnahmen. – Die enge Beziehung der o.F. zur *Unternehmensplanung* wird von der Praxis ausdrücklich bestätigt: Frühwarninformationen können danach entweder Neuplanungen initiieren oder Plananpassungen bewirken.

Literatur: Gomez, P., Frühwarnung in der Unternehmung, Bern 1983; Hahn, D./Krystek, U., Betriebliche Frühwarnsysteme für die Industrie, in: ZfbF 1979, S. 76 ff.; Jacob, H. (Hrsg.), Früherkennung und Steuerung von Unternehmensentwicklungen, SzU. Bd. 34, Wiesbaden 1986; Klausmann, W., Betriebliche Frühwarnsysteme im Wandel, in: ZfO 1983, S. 39 ff.; Krystek, U., Frühwarnsysteme für die Unternehmung, in: agplan-Handbuch zur Unternehmensplanung, hrsg. von Grünewald, H.-G./Kilger, W./Seiff, W., 4. Aufl., Bd. 30. Ergänzungslieferung Nr. 5261 IV/85, S. 1 ff.; ders., FuE und Frühwarnsysteme, in: Strategische Unternehmensplanung. Stand und Entwicklungstendenzen, hrsg. von Hahn D./Taylor, B., 4. Aufl., Heidelberg, Wien 1986, S. 281 ff.; ders., Unternehmenskrisen. Beschreibung, Vermeidung und Bewältigung überlebenskritischer Prozesse in Unternehmungen, Wiebaden 1987; Kühn, R./Walliser, M., Problemdekkungssystem mit Frühwarneigenschaften, in: DU 1978, S. 225 ff.; Rieser, I., Frühwarnsysteme für die Unternehmenspraxis, München 1980; Welter, J., Betriebliches Frühwarnsystem am Beispiel der Ruhrkohle AG, in: ZfbF 1979, S. 117 ff.

Prof. Dr. Ullrich Krystek

operative Planung, Ebene der Unternehmensplanung, in der *Umsetzung und Kontrolle des strategisch Gewollten* erfolgt. Dazu bedarf es einer Aufgliederung der strategischen Pläne auf die (Teil-)Perioden der kurzfristigen Planung sowie einer Zuordnung auf die Bereiche der operativen Organisation. Als Bindeglied kann eine operative Programmplanung (→Unternehmensplanung IV 3) dienen, deren Objekt zwar noch die →strategischen Geschäftsfelder sind, ihre Inhalte aber der oben angesprochenen perioden- und bereichsorientierten Aufgliederung folgen. – O.P. kann auch als ein *System von Teilplänen* beschrieben werden: Funktionsbereichsbezogene Teilpläne sind u. a. Absatzplan, Produktionsplan, Beschaffungsplan, oder Forschungs- und Entwicklungsplan, daneben auch funktionsübergreifende Regionalbereichspläne, Wirtschaftspläne, Finanzpläne und Investitionspläne. – Vgl. im einzelnen →Unternehmensplanung II–IV.

operative Programmplanung, →operative Planung, →Unternehmensplanung IV 3, →strategisches Management.

Operator, *Operateur.* 1. *Begriff:* Berufsbild in der betrieblichen Datenverarbeitung. – 2. *Aufgaben* (im →Rechenzentrum): Vollständige oder teilweise Bedienung und Überwachung der Hardware und Systemsoftware des →Computersystems, um für die Benutzer einen reibungslosen Arbeitsablauf und hohe Systemverfügbarkeit zu gewährleisten; Behandlung der Geräteanforderungen; Auswechseln von →Datenträgern, Starten von Programmen; Datensicherungs- und Wartungsarbeiten u. a. – 3. *Kenntnisse:* Gute Kenntnisse des →Betriebssystems und der

→Hardware; Grundkenntnisse der →Programmierung.

Opferentschädigungsgesetz (OEG), Kurzbezeichnung für das Gesetz über die Entschädigung für Opfer von Gewalttaten v. 11.5.1975 (BGBl I 1). Das OEG ist Teil des →sozialen Entschädigungsrechts. – 1. *Anspruchsvoraussetzungen:* Auf Antrag erhält derjenige wegen der gesundheitlichen und wirtschaftlichen Folgen Versorgung, der im Geltungsbereich des Gesetzes oder auf einem deutschen Schiff oder Luftfahrzeug infolge eines vorsätzlichen, rechtswidrigen tätlichen Angriffs gegen seine oder eine andere Person oder durch dessen rechtmäßige Anwehr eine gesundheitliche Schädigung erlitten hat (§ 1 I OEG). Einem tätlichen Angriff stehen gleich die vorsätzliche Beibringung von Gift und die wenigstens fahrlässige Herbeiführung einer Gefahr für Leib und Leben eines anderen durch ein mit gemeingefährlichen Mitteln begangenes Verbrechen (§ 1 II OEG). Die Hinterbliebenen des Opfers einer Gewalttat erhalten ebenfalls auf Antrag Versorgung; nicht dagegen Ausländer, wenn nicht mit dem Drittstaat Gegenseitigkeit vereinbart ist (§ 1 IV OEG). – 2. Das OEG ist *nicht anzuwenden* auf Schäden aus einem tätlichen Angriff, die von dem Angreifer durch Gebrauch eines Kraftfahrzeugs oder eines Anhängers verursacht worden sind (§ 1 VI OEG). Leistungen nach dem OEG *sind zu versagen,* wenn der Geschädigte die Schädigung verursacht hat oder wenn es aus sonstigen, insbes. in dem eigenen Verhalten des Anspruchstellers liegenden Gründen unbillig wäre, Entschädigung zu gewähren (§ 2 I OEG). Leistungen *können versagt werden,* wenn der Geschädigte es unterlassen hat, das ihm Mögliche zur Aufklärung des Sachverhalts und zur Verfolgung des Täters beizutragen, insbes., unverzüglich Anzeige bei einer für die Strafverfolgung zuständigen Behörde zu erstatten (§ 2 II OEG). – 3. Die *Versorgung* wird in entsprechender Anwendung des →Bundesversorgungsgesetzes gewährt. – 4. Die *Kosten der Versorgung* hat dem OEG trägt das Land, in dem die Schädigung eingetreten ist (§ 4 I OEG). Schadensersatzansprüche gegen Dritte gehen auf das Land über. *Zuständig* sind die für die Durchführung des BVG zuständigen Behörden (Versorgungsämter, Landesversorgungsämter). – 5. Für *Rechtsstreitigkeiten* ist der Rechtsweg zu den Gerichten der →Sozialgerichtsbarkeit eröffnet, es sei denn, die streitigen Leistungen entsprechen denen der →Kriegsopferfürsorge (zuständig: die allgemeinen Verwaltungsgerichte).

Opfertheorien, *Pflichttheorien,* theoretische Grundage der Besteuerung. (→Steuerrechtfertigungslehre). O. werden in der Finanzwissenschaft kontrovers diskustiert. – 1 *Charakterisierung:* Versuch einer theoretischen Grundlegung des →*Leistungsfähigkeitsprinzips,* basierend auf Annahmen über den Verlauf der Gesamt- und Grenznutzenkurven der Individuen (→Nutzenfunktion). Die Belastung der Individuen durch Steuern soll sich nach seiner Fähigkeit richten, Steueropfer (= Verzicht auf private Bedürfnisbefriedigung = individuelle Wohlfahrtseinbuße) zu tragen. Dabei sollen die Opfer im Vergleich zwischen den Individuen gemäß der Auffassung von der „horizontalen" Gerechtigkeit (= Gleichbehandlung) gleich sein; die Interpretation des Begriffs Opfer ist jedoch unterschiedlich. – 2. *Opferkonzepte:* a) *Konzept des absoluten Opfers:* Die Steuern sollen so bemessen werden, daß der absolute Nutzenentgang für alle Besteuerten gleich ist. b) *Konzept des relativen Opfers (Konzept des proportionalen Opfers):* Die Steuern sollen so bemessen werden, daß die individuellen Opfer in einer festen und gleichen Relation zu den individuellen Gesamtnutzen stehen. c) *Konzept des Grenzopfers (Konzept des marginalen Opfers):* Die Steuern sollen so bemessen werden, daß das Opfer der letzten besteuerten Einkommenseinheit bei allen Individuen gleich ist. – Die wesentliche Eigenschaft der Gleichbehandlung hängt von der Wahl des Konzept ab. – 3. *Bestimmung der O. entsprechender Steuertarife:* Dieser Versuch basiert auf der Kombination der Opferkonzepte mit der Nutzentheorie. Da für alle Individuen derselbe Tarif gelten soll, muß auch für alle derselbe Verlauf der Grenz- und Gesamtnutzenkurven unterstellt werden. Aber selbst wenn das zuträfe, kann die Theorie nachweisen, daß mit ein und demselben Opferkonzept verschiedene Tarifverläufe, seien sie proportional oder progressiv, verbunden werden können. Somit führt die Entscheidung für ein Opferkonzept nicht zwingend zu der Festlegung auf einen einzigen Tarif und keineswegs zwingend zu der Forderung, nur ein progressiver Tarif sei mit dem Leistungsfähigkeitsprinzip vereinbar. – 4. *Kritik:* Die nutzentheoretische Annahme, daß für alle Individuen identische Gesamt- und Grenznutzenkurven Geltung hätten, daß die Grenznutzenkurve einen nach rechts fallenden Verlauf bei steigenden Einkommen nehmen müsse und daß Nutzen meßbar und interindividuell vergleichbar seien, ist brüchig. Die Verknüpfung des Leistungsfähigkeitsprinzips mit den Opferkonzepten und der Nutzentheorie wird daher heute als nicht mehr vollends gültig angesehen. Lediglich für die der Leistungsfähigkeit angemessene Steuerfreiheit solcher Einkommenbeträge, die der Existenzsicherung und damit der Beschaffung inferiorer Güter dienen, dürfen die mit nutzentheoretischen Elementen gestützten O. (eine demnach eingeschränkte) Geltung beanspruchen.

Opfer von Gewalttaten, →Entschädigung für Opfer von Gewalttaten.

opinion leader, →Meinungsführer.

Opiumgesetz, →Betäubungsmittelgesetz.

öPNN in der Fläche, →Regionalverkehr.

öPNV, Abk. für →öffentlicher Personennahverkehr.

Oppenheimer, Franz, 1864–1943, bedeutender deutscher Nationalökonom, Soziologe und Wirtschaftshistoriker. O., ursprünglich Arzt, wurde durch seine Schriften und seine Lehrtätigkeit einer der bedeutendsten deutschen Volkswirtschaftler in den 20er Jahren. Aus seiner Schule sind eine Reihe bedeutender deutscher Nationalökonomen hervorgegangen: Erhard, Nölting, Peter, Preiser. Das *System Oppenheimers*, von dem Bodenreformer T. Hertzka stark beeinflußt, beruht auf folgender Konzeption: Durch Grundeigentum wird eine Sperrung des freien Bodens (Bodenmonopol, Bodensperre) bewirkt, die ein Klassenmonopol der Bodenbesitzer schafft; diese erzielen außer dem Monopolgewinn noch →Differentialrenten. Das Nachfragemonopol der Bodenbesitzer beschneidet den Lohn und führt zum →ehernen Lohngesetz sowie zufolge der →Landflucht zu einem ständigen Überangebot an Arbeitskräften für die Industrie (vgl. →industrielle Reservearmee). Aus dem Bodenmonopol und dem daraus erzielten Monopolgewinn entsteht anfänglich das konstante Kapital, durch dessen Einsatz im Produktionsprozeß die Kapitalistenklasse den Mehrwert aus dem Produktionsfaktor Arbeit zu ziehen vermag. – O. fordert die Abschaffung des Privateigentums am Boden, um freie Siedlung zu ermöglichen. Solange jedermann sich frei ansiedeln könne, würde der Lohn nicht unter den Ertrag des freien Bodens absinken. – O. gilt wissenschaftlich und wirtschaftspolitisch als wichtigster Vertreter des liberalen →Sozialismus. – *Hauptwerke:* „Großgrundeigentum und soziale Frage" 1898, „David Ricardos Grundrententheorie" 1909, „Theorie der reinen und politischen Ökonomie" 1910, „Die soziale Frage und der Sozialismus" 1919, „System der Soziologie" 4 Bde. 1922–1935.

Opportunismus, →Menschenbild, das häufig in der ökonomischen Theorie, u.a. in der Transaktionskostentheorie zugrundegelegt wird (→Theorie der Unternehmung II 4 b). Menschen sind eigennützig und opportunistisch. Der O. geht über den Eigennutz hinaus, Individuen wird eigennütziges und strategisches Verhalten unterstellt, was bedeutet, daß sie ihr Eigeninteresse möglicherweise auch bewußt auf Kosten anderer durchzusetzen versuchen.

Opportunitätskosten. I. Kostenrechnung: Entgehende →Deckungsbeiträge einer nicht gewählten Handlungsmöglichkeit und daher mit der realisierten Alternative nicht identifizierbar. Sie sind lediglich als Vergleichsgröße für die Beurteilung des erzielten bzw. erzielbaren Deckungsbeitrags bei Vorliegen eines Engpasses bedeutsam, z. B. bei der Programmwahl, der Ermittlung von Preisuntergrenzen. – Werden die O. *mit den von den relevanten Ausgaben abgeleiteten zusätzlichen Kosten vermengt,* ist der resultierende Wertansatz nicht für die Ermittlung der durch die gewählte Alternative ausgelösten Erfolgsänderungen (d. h. des Deckungsbeitrags) geeignet. Daher werden die O. nicht als Bestandteil des →entscheidungsorientierten Kostenbegriffs anerkannt. – Werden O. *in Verrechnungspreise einbezogen,* sollten sie von den zusätzlichen Kosten (→Einzelkosten) gesondert durchgerechnet werden.
II. Außenwirtschaftstheorie: Vgl. →Substitutionskostentheorie.
III. Mikroökonomik: Entgangener →Nutzen aus der besten, nicht gewählten Handlung.

Opportunitätskostenmatrix, besondere Form einer →Entscheidungsmatrix, die keine Nutzenwerte, sondern Werte der →Opportunitätskosten enthält. Die O. wird aus der Entscheidungsmatrix abgeleitet: Der größte Nutzen für jeden →Umweltzustand wird ermittelt und von den übrigen Nutzenwerten subtrahiert.

Opportunitätsprinzip, Grundsatz, nach dem die →Staatsanwaltschaft wegen gerichtlich strafbarer und verfolgbarer Handlungen einzuschreiten hat, wenn dies nach ihrem pflichtgemäßen Ermessen im öffentlichen Interesse liegt. Das O. gilt nur, soweit gesetzlich ausdrücklich vorgeschrieben (§ 152 StPO), insbes. bei Delikten, die im Wege der →Privatklage verfolgt werden können (§ 376 StPO). – *Gegensatz:* →Legalitätsprinzip.

Opportunity-Modelle, im Rahmen der →Verkehrsplanung als →Verkehrsverteilungsmodell v. a. das *intervening opportunity model.* Es geht von der Annahme aus, daß der Umfang der Verkehrsströme zwischen den →Verkehrszellen i und j (i, j = 1, 2, …, n) von der Anzahl der zwischen diesen Raumpunkten liegenden opportunities zur Realisierung des Zwecks der Raumüberwindung abhängig ist. Dabei wird implizit unterstellt, daß die Verkehrsnachfrager hinsichtlich der räumlichen Verteilung der in Frage kommenden Zielpunkte unwissend sind und demzufolge von i ausgehend die opportunities in j sukzessive auf ihre Eignung untersuchen und schließlich den Suchprozeß nach einer hinreichend großen Zahl von opportunities abbrechen. Die sich auf dieser Grundlage ergebende Fahrtverteilungsfunktion des intervening opportunity model läßt sich zu einem →Gravitationsmodell umformen.

Ops 5, eine der bekanntesten →Knowledge-Engineering-Sprachen. Ops 5 unterstützt die Entwicklung →regelbasierter Systeme, enthält →Vorwärtsverkettung als Inferenzmechanismus (→Inferenzmaschine) und besitzt eigene Entwicklungsumgebung, die u. a. →Editor, →Debugger sowie einen Regel-Debugger umfaßt (mit dem Regel-Debugger kann man verfolgen, welche →Regel im Verlauf einer Problemlösung jeweils angewendet wird). Ops 5 wurde Ende der 70er Jahre an der Carnegie-Mellon-University (USA) entwickelt. – Bestandteil der für den Bereich der →künstlichen Intelligenz und der kognitiven Psychologie entwickelten *Sprachfamilie Ops;* ursprünglich in →Lisp implementiert, inzwischen auch in verschiedenen Lisp-Dialekten und in der Programmiersprache Blis. – *Anwendung:* Ops 5 wurde u. a. für die Entwicklung der Expertensysteme →Xcon und →Xsel eingesetzt; verfügbar als kommerzielles System von der Verac Corp. (Ops 5e) und von Digital Equipment Corp (Ops 5).

optimale Bestellmenge, Erscheinungsform der →optimalen Auftragsgröße. Einkaufsmenge, bei der die Summe aus Beschaffungs-, Fehlmengen- und Lagerkosten minimal wird (allgemeines Modell). – Im *einfachsten Modell* sind Fehlmengen ausgeschlossen (Fehlmengenkosten unendlich hoch), so daß die o. B. die Menge ist, bei der die günstigeren Preise des Großeinkaufs und die bessere Verteilung der fixen Kosten der Bestellung gerade aufgewogen werden durch die Nachteile, die durch erhöhte Lagerhaltung entstehen würden (Zinskosten, Lagerraumkosten, Veraltung, Schwund usw.). – *Berechnung:* Vgl. →Andler-Formel.

optimale Besteuerung, *optimal taxation,* ein vorwiegend aus dem Angelsächsischen stammendes formales Verfahren, um das ökonomische Optimum der Besteuerung zu ermitteln. – 1. *Charakterisierung:* Im Rahmen des neoklassischen Gleichgewichtsmodells soll die Besteuerung so vorgenommen werden, daß ein volkswirtschaftliches Allokationsoptimum erreicht wird (Allokationsoptimierung) oder in erweiterten Modellen die gesamtwirtschaftliche Wohlfahrt (Allokation mit Verteilungsziel) maximiert wird (Wohlfahrtsmaximierung). – a) *O. B. unter dem Ziel der Allokationsoptimierung:* Es sollen allokationsneutrale Steuern und ihre Höhe ermittelt werden. Nur Pauschsteuern (→Kopfsteuern) erfüllen dieses Kriterium. Politisch sind Kopfsteuern inakzeptabel, so daß die Theorie der o. B. auf die second-best-Lösung, eine allgemein akzeptierte Steuerart vorzugeben, ausweicht. In diesem Fall sind hauptsächlich allgemeine und spezielle Verbrauchsteuern, seltener eine Einkommensteuer untersucht worden. Im Modell führen sowohl die allgemeine als auch die speziellen Verbrauchsteuern zu Veränderungen der Preisrelationen, da das Gut Freizeit unbesteuert bleibt, und entfernen sich so von der Allokationsneutralität. – b) *O. B. unter dem Ziel Wohlfahrtsmaximierung:* Auch hier ergeben sich unklare, von der gewählten Wohlfahrtsfunktion abhängige Aussagen. – 2.

Bedeutung: Diese Modelle dienen zur Darstellung einiger steuertheoretischer Fragestellungen und kommen auch zu interessanten Ergebnissen, aber insgesamt haben sie kaum praktische Relevanz bzw. die Ergebnisse sinken zu mehr oder weniger allgemeingültigen Aussagen ab.

optimale Betriebsgröße, →Betriebsgröße.

optimale Geltungszahl, Schmalenbachs Bezeichnung der Grenzkosten oder des Grenznutzens als →Betriebswert, d. h. als interner Preis im Rahmen der →pretialen Betriebslenkung. Die Bewertung der Ressourcen mit der o. G. führt sie ihren wirtschaftlichsten Verwendungsmöglichkeiten zu. Schmalenbach konnte die o. G. nur für den Fall eines oder keines Engpasses bestimmen. Bei zwei und mehr Engpässen läßt sich die o. G. nur mit Hilfe simultaner Optimierungsverfahren bestimmen. – Vgl. auch →Opportunitätskosten.

optimale kanonische Form, im Zusammenhang mit einem →linearen Optimierungssystem in Normalform jede kanonische Form des betreffenden Systems, die sowohl primal (→primal zulässige kanonische Form) als auch dual (→dual zulässige kanonische Form) zulässig ist. – Vgl. auch →kanonisches lineares Optimierungssystem.

optimale Losgröße, →Losgrößenplanung.

optimale Lösung, im Zusammenhang mit einem Maximierungs- (Minimierungs-)Problem →Lösung des betreffenden Restriktionssystems, dessen zugehöriger →Zielwert von keiner anderen Lösung des Restriktionssystems übertroffen (unterschritten) wird.

optimaler Bestand, *optimaler Lagerbestand,* die wirtschaftliche Lagerbestandsgröße, die bei vorgegebenem →Lieferbereitschaftsgrad zu minimalen relevanten Gesamtkosten (= Lagerkosten + Beschaffungskosten) führt. Der o. B. läßt sich formal aus der →optimalen Bestellmenge ableiten.

optimaler Komplexionsgrad, die an einem Zielkriterium gemessene günstigste Modellvereinfachung. Bestimmung erfordert, um Art und Menge der →Informationen festzulegen, auf deren Grundlage eine →Entscheidung zu treffen ist. Das Problem der Bestimmung des o. K. kann konzeptionell selbst als Entscheidungsproblem aufgefaßt werden. Tatsächlich sind die Vereinfachungsschritte jedoch theoretisch nicht exakt fundierbar, da die Auswirkungen des Informationsverlustes auf die Zielvariable ohne ein komplexeres Modell, dessen Aufstellung gerade vermieden werden soll, nicht exakt bestimmbar sind. – Vgl. auch →Informationsentscheidung, →Informationsparadoxa.

optimaler Konsumplan, →Präferenzmaximierung.

optimaler Kostenpunkt, Punkt minimaler Stückkosten. Der o.K. ergibt sich beim ertragsgesetzlichen Kostenverlauf als Schnittpunkt von Grenzkosten- und Durchschnittskostenkurve.

optimaler Lagerbestand, →optimaler Bestand.

optimales Budget, dasjenige Volumen des öffentlichen →Budgets, bei dem der Grenznutzen der bereitgestellten öffentlichen Leistungen mit den Grenzkosten übereinstimmt, die durch den erforderlichen Verzicht auf private Güter (Einkommen) anfallen. – Vgl. auch →Lindahl-Modell.

optimales Güterbündel, →Präferenzmaximierung.

optimales kanonisches lineares Optimierungssystem, →kanonisches lineares Optimierungssystem.

optimal taxation, →optimale Besteuerung.

Optimalzoll, Zollsatz, bei dem (ausgehend vom 2-Güter-2-Ländermodell) ein Land seine Wohlfahrt gegenüber dem →Freihandel aufgrund einer Verschiebung der →terms of trade zu seinen Gunsten maximiert. Bei *Überschreitung* des O. übersteigen die Wohlfahrtsverluste infolge der Handelsreduzierung die Gewinne durch Verbesserung der terms of trade. – In der üblichen *graphischen Darstellung* der realen →Außenwirtschaftstheorie ist der O. durch den Punkt gekennzeichnet, in dem die zollmodifizierte inländische →Tauschkurve die ausländische Tauschkurve da schneidet, wo diese eine inländische →Handelsindifferenzkurve gerade tangiert. Diese ist die höchste Indifferenzkurve, die erreicht werden kann. Höhere Zollsätze bedeuten eine weitere Drehung der inländischen Tauschkurve, die eine Bewegung zu niedrigeren Indifferenzkurven darstellt. – *Beurteilung:* Wohlfahrtssteigerung durch den O. *setzt voraus,* daß das Importangebot nicht unendlich elastisch ist und daß das Ausland nicht mit Retorsionszöllen reagiert. Soweit die Ausländer mit Retorsionszöllen reagieren, erfolgt eine *Umkehrung* der terms of trade zugunsten des Auslands. Ein *neues Gleichgewicht* ergibt sich i.d.R. bei einem Außenhandelsvolumen, bei dem beide Länder wohlfahrtsmäßig schlechter gestellt sind als vor Einführung der Zölle (d.h. als beim Freihandel). Deshalb kann das O.-Argument als Begründung einer restriktiven →Außenhandelspolitik kaum überzeugen.

Optimierungsphase, →Auswahlphase.

Optimierungssystem, jedes formale System, bestehend aus einer →Zielfunktion, einer →Zielvorschrift und einem →Restriktionssystem. – Zu *unterscheiden:* →Maximierungssystem; →Minimierungssystem.

Option, im Umsatzsteuerrecht Recht des Unternehmers, die Regelbesteuerung zu wählen. Wegen O. bei Steuerbefreiungen: Vgl. →Verzicht auf Steuerbefreiung; wegen O. des Kleinunternehmers: Vgl. →Kleinunternehmer. Auch der nach Pauschsätzen versteuernde Land- und Forstwirt kann durch O. die Regelbesteuerung wählen. – *Zweck* der O. ist, die tatsächlich angefallenen →Vorsteuern voll abziehen zu können. – *Voraussetzung* für eine wirtschaftlich sinnvolle O. ist die →Überwälzung der durch die O. geschuldeten Umsatzsteuer.

Optionsanleihe, *Optionsschuldverschreibung, Bezugsobligation, Bezugsrechtsobligation, bond warrant.* →Anleihe, der ein →Optionsschein (warrant) beigelegt ist, der zum Kauf einer in den Optionsbedingungen festgelegten Anzahl von Aktien in einem bestimmten Zeitraum zu einem festen Optionspreis berechtigt. Im Gegensatz zur →Wandelschuldverschreibung führt die Ausübung des Optionsrechts nicht zur Einziehung der Anleihe. – Optionsschein und Anleihe sind *getrennt handelbar.* – *Voraussetzungen:* Staatliche Genehmigung ist erforderlich (§§ 795, 808a BGB). O. müssen mit ¾-Mehrheit in der Hauptversammlung beschlossen werden (§ 221 AktG), dem Aktionären steht ein →Bezugsrecht zu. – *Notierung an der Börse:* Erfolgt u.a. getrennt für Anleihe mit Optionsschein, Anleihe ohne Optionsschein und Optionsschein. – *Vorteile:* Der Emittent erhält durch O. zinsgünstiges Fremdkapital, da die O. i.d.R. mit niedrigerem Zins als marktüblich ausgestattet ist, und zu späterem Zeitpunkt Eigenkapital. Optionsscheine besitzen im Vergleich zur Aktie höhere Hebeleffekte. – *Nachteil:* Wegen des individuell bestimmbaren Ausübungszeitpunkts des Optionsrechts liegt die Entwicklung des Eigenkapitals nicht fest. – Vgl. auch →convertible bonds, →Finanzinnovation.

Optionsdarlehen, mittelfristiger Investitionskredit mit Umschuldungsanspruch in ein Tilgungsdarlehen für die mittelständische Wirtschaft. Im Kreditvertrag wird zunächst eine Laufzeit des O. von höchstens 48 Monaten mit regelmäßiger, fester Tilgung vorgesehen. Nach 24 Monaten kann der Kreditnehmer das Optionsrecht ausnutzen und das Restdarlehen (höchstens die Hälfte des ursprünglichen Kreditbetrages) in ein Tilgungsdarlehen mit einer Tilgungsdauer von weiteren vier bis zehn Jahren bei Stellung entsprechender Sicherheiten umwandeln. Der Höchstbetrag entspricht der satzungsmäßigen Personalkredithöchstgrenze. – Dem O. liegt die Überlegung zugrunde, daß die Tilgungsleistungen eines mittelfristigen Kredites meist nicht aus den Abschreibungen finanziert werden können.

Mit Hilfe des O. kann sich der Kreditnehmer überdies leichter einer sich verändernden Konjunktur anpassen.

Optionsempfänger, in der →Preistheorie Bezeichnung für das Verhalten eines Marktteilnehmers; zuerst verwandt bei R. Frisch, besonders im Zusammenhang mit dem →Optionsfixierer. *Beispiel:* Ein Käufer handelt als O., wenn er sich von einem Anbieter den Preis und die Abnahmemenge gleichzeitig vorschreiben läßt und sich nur die Wahl zwischen Annahme oder Ablehnung vorbehält.

Optionsfixierer, Marktteilnehmer, der als Anbieter den Preis und die Abnahmemenge eines Gutes gleichzeitig bestimmt und dem Abnehmer nur die Wahl zwischen Annahme und Ablehnung überläßt. Vgl. auch →Optionsempfänger.

Optionsgeschäft, bedingtes →Termingeschäft in Effekten, das dem Käufer einer Option die Wahlmöglichkeit gibt, innerhalb einer bestimmten Frist *(Optionslaufzeit)* oder zu einem bestimmten zukünftigen Zeitpunkt zu einem vorab vereinbarten Kurs *(Basiskurs* oder *-preis)* gegen sofortige Zahlung einer Optionsprämie *(Optionspreis)* zu kaufen *(Kaufoption, Call)* oder zu verkaufen *(Verkaufsoption, Put)*. Optionskontrakte sind zur vereinfachten Geschäftsabwicklung i.d.R. standardisiert. – Der Verkäufer *(Stillhalter)* einer Option ist gegen Erhalt der Prämie verpflichtet, die Papiere zum vereinbarten Preis zu liefern oder anzunehmen. Er hat ausreichend Sicherheiten in Wertpapieren oder Geld zu hinterlegen. Der Preis einer Option ist neben Angebot und Nachfrage abhängig vom Basiskurs, der Optionslaufzeit, dem Zinsniveau, dem Aktienkurs sowie der Stärke der Schwankungen, denen der Aktienkurs unterliegt. – Kapitalmarkttheoretische *Modelle zur Berechnung fairer Optionsprämien* sind Gegenstand der *Optionspreistheorie.* – Seit 1.7.1970 ist das O. als einziges Termingeschäft auch *an deutschen Börsen* möglich. Über die Zulassung von Wertpapieren zum O. entscheidet der Börsenvorstand. O. lauten über einen variablen Schluß (z.B. 50 Aktien oder ein Vielfaches davon) und sind nur zu den vier Fälligkeitsterminen 15.1., 15.4., 15.7. und 15.10. möglich. Im Ausland sind teilweise auch O. für Waren, Zinsen und Währungen zulässig. – *Rechtsgrundlage des O.:* §§ 50 ff. BörsG, „Besondere Bedingungen für Optionsgeschäfte". – *Wichtigste internationale Optionsbörsen:* Chicago, New York und London.

Optionsschein, *warrant,* Recht, innerhalb einer bestimmten Frist eine bestimmte Anzahl von Aktien zu einem festgelegten Kurs zu beziehen. Der O. wird zusammen mit einer →Anleihe als →Optionsanleihe ausgegeben, jedoch getrennt von der Anleihe einzeln an der

Börse gehandelt. O. werden von spekulativen Anlegern wegen ihrer Hebelwirkung bei steigenden Aktienkursen bevorzugt. – *Beispiel:* Aktienkurs 1.3. 100 DM; Aktienkurs 1.6. 130 DM; Rendite bei Aktienkauf 30%; Bezugsverhältnis 1:1; Bezugskurs 80 DM. *Rechnerischer Kurs* des O. am 1.3. beträgt 100 DM − 80 DM = 20 DM, am 1.6. 130 DM − 80 DM = 50 DM; Rendite bei Kauf von O. von 150%. – Der *echte Kurs des O.* kann vom rechnerischen Kurs abweichen, wenn spekulative Investoren in der Erwartung steigender Aktienkurse bereit sind, ein →Agio für die Hebelwirkung zu zahlen.

Optionsschuldverschreibung, →Optionsanleihe.

optische Nachrichtenübertragung, *Glasfasertechnik, Lichtwellenleiter-Technik,* Signalübertragung mit Lichtwellen in haardünnen Fasern aus Glas. Die Übertragung erfolgt mit höchster Folgefrequenz. Die Technik bietet hohe Übertragungskapazität bei kleinstem Platzbedarf, größtmögliche Reichweite und Unempfindlichkeit gegen Fremdstörungen. Erste Anwendungen in →Breitbandnetzen.

optische Speicherplatte, *optical disc, Bildplatte, digital optical recording (DOR),* externes Speichermedium (in Plattenstapeln; →externer Speicher), auf dem Vorlagen (z.B. Schriftstücke, Zeichnungen) moderner →Massenspeicher für schriftliche, bildliche und sprachliche Daten in digitaler Form gespeichert werden und zum Abruf über ein →Computersystem bereitstehen. Die zu speichernden Informationen werden (computergesteuert) durch →Scanner abgetastet und mit Laserstrahl auf der beschichteten Oberfläche der Platte(n) „eingebrannt" („write once"). – Rückgewinnung der Informationen über Laserabtastung der Platte und Darstellung auf hochauflösendem (→Auflösung) →Bildschirm, ggf. Ausdruck (→Drucker) auf Papier. – Sehr hohe *Speicherkapazität:* Je Platte ca. 40000 DIN-A4-Seiten bei Bilddarstellung, ca. 500000 DIN-A4-Seiten bei Speicherung von alpha-numerischen Daten. – O. können zu größeren Speichereinheiten *(→Massenspeicher)* zusammengefaßt werden. – *Verfahren der optischen Speicherung:* 1. „Write once": Die gespeicherte Information kann auf der Platte nicht gelöscht werden. 2. „Erasable rewrite": Die gespeicherte Information kann gelöscht, die Platte neu beschrieben werden. 3. Die „Write-once-Platte" (vgl. auch →CD-ROM) ist bereits im Einsatz. Die „Erasable/rewritable-Platte" wird an Bedeutung gewinnen.

optische Täuschungen, Täuschungen des Gesichtssinns über objektive Reizverhältnisse. Die räumlichen Verhältnisse betreffen die *geometrisch-optischen Täuschungen* (optische Täuschungen im eigentlichen Sinne), die raumzeitlichen die *Bewegungstäuschungen.*

optische Zeichenerkennung, *optical character recognition (OCR),* *Verfahren der maschinellen Datenerfassung,* bei der handschriftliche oder maschinengeschriebene Zeichen (Buchstaben, Ziffern, Sonderzeichen) oder Strichmarkierungen (→Barcodes) mit hoher Geschwindigkeit gelesen werden. Es gibt mehrere Zeichenerkennungsverfahren, denen allen das Prinzip der Feststellung von Hell-/Dunkelfeldern zugrunde liegt. – *Formen:* (1) Erfassen und Interpretieren von *Markierungen* in vorgesehenen Feldern, z. B. auf Bestell- oder Lieferscheinen durch einen speziellen *Belegleser* (in diesem Fall auch als Markierungsleser bezeichnet); (2) Erfassen von *Barcodes* durch →*Scanner;* (3) Einlesen von *Text* durch →*Klarschriftleser.* – Von den verschiedenen *Schriften,* deren gedruckte Zeichen von einem Klarschriftleser erkannt werden können, sind die genormten Schriften *OCR-A* (Font A for optical character recognition, DIN 66008) und *OCR-B* (Font B for optical character recognition, DIN 66009) am verbreitetsten. Neben diesen Schriften können häufig zusätzlich eine Reihe von verbreiteten „normalen Schreibmaschinenschriften" erkannt werden. Handgeschriebene Blockschriftzeichen, die optisch gelesen werden können sind ebenfalls DIN-genormt (vgl. Schrift H in DIN 66225). – Daneben gibt es diverse *Herstellerstandards.* Eingetragen werden die Zeichen (ähnlich wie beim Markierungsbeleg) in vorgesehene Felder.

optomatische Saldenkontrolle, automatisch wirkende optische Kontrolle gewisser →Buchungsmaschinen beim Übernehmen des alten Saldos, der nicht vorgetragen, sondern mit andersfarbigem Farbband überschrieben wird.

OR, Abk. für →Operations Research.

Oracle, relationales →Datenbanksystem (vgl. auch →Relationenmodell); von der Oracle Cooperation entwickelt und seit 1979 vertrieben. Verwendbar auf Computern aller →Rechnergruppen; →Abfragesprache ist →SQL.

Orden, →Ehrenzeichen.

ordentliche Abschreibung, die betriebsübliche und im voraus geplante →Abschreibung. O. A. werden in der Kostenrechnung verrechnet. – *Gegensatz:* →außerordentliche Abschreibung.

ordentliche Ausgaben, Ausgaben, die im regelmäßigen Gang des Staatslebens jährlich oder doch in bestimmter Periodizität vorkommen und daher einem fortdauernden Bedürfnis entsprechend genau zu planen sind. O. A. bilden die Ausgabeseite des →ordentlichen Haushalts. Sie sollen grundsätzlich durch →ordentliche Einnahmen gedeckt werden. Im geltenden Haushaltsrecht nicht mehr verwendeter Begriff. – *Gegensatz:* →außerordentliche Ausgaben.

ordentliche Deckung, →Ersatzdeckung.

ordentliche Einnahmen, regelmäßige, planbare Einnahmen des Staatssektors zur Dekkung →ordentlicher Ausgaben. Zu den o. E. gehören Erwerbseinkünfte, Gebühren, Beiträge, Steuern und Zölle. O. E. bilden die Einnahmeseite des →ordentlichen Haushalts. Im geltenden Haushaltsrecht nicht mehr verwendeter Begriff. – *Gegensatz:* →außerordentliche Einnahmen.

ordentliche Gerichtsbarkeit, herkömmliche Bezeichnung für die in allgemeinen Zivil- und Strafsachen zuständigen →Gerichte (→Amts-, →Land- und →Oberlandesgericht sowie →Bundesgerichtshof) im Gegensatz zur →Verwaltungsgerichtsbarkeit, →Arbeitsgerichtsbarkeit usw. – Vgl. →Rechtsweg.

ordentliche Kapitalerhöhung, , →Kapitalerhöhung II 1 a) (1).

ordentliche Kapitalherabsetzung, →Kapitalherabsetzung II 1.

ordentliche Kündigung. 1. *Begriff:* Rechtsbehelf zur Auflösung von Arbeitsverhältnissen (→Kündigung), die auf unbestimmte Zeit eingegangen sind. In Arbeitsverhältnissen von festbestimmter Dauer (→befristetes Arbeitsverhältnis) ist eine o. K. nicht möglich (§ 620 II BGB), sondern nur eine →außerordentliche Kündigung bei Vorliegen eines wichtigen Grundes (§ 626 BGB). – 2. *Gründe:* O. K. kann aus betriebs-, personen- und verhaltensbedingtem Grunde erfolgen (→betriebsbedingte Kündigung, →personenbedingte Kündigung, →verhaltensbedingte Kündigung). Eine vom →Arbeitgeber ausgehende o. K. bedarf nur dann keines sachlichen Grundes, wenn das Arbeitsverhältnis noch nicht dem →Kündigungsschutz unterliegt. – 3. Die o. K. ist an die Einhaltung bestimmter *Fristen* (→Kündigungsfristen I) gebunden. Wird eine o. K. mit einer kürzeren als der notwendigen Frist ausgesprochen, so gilt sie als Kündigung zum nächstzulässigen Zeitpunkt. – 4. Die o. K. wird durch *Tarifvertrag* oft ganz ausgeschlossen. Das Recht zur →außerordentlichen Kündigung bleibt dann unberührt.

ordentlicher Haushalt, der →Haushaltsplan, in dem die →ordentlichen Einnahmen und die →ordentlichen Ausgaben zusammengestellt sind. Der o. H. umfaßt die regelmäßigen Einnahmen (ordentliche Einnahmen) und die aus ihm zu bestreitenden planbaren Ausgaben (ordentliche Ausgaben). – Die Trennung in o. H. und →außerordentlichen Haushalt ist heute unüblich (vgl. →Haushaltssystematik).

ordentlicher Kaufmann, →Sorgfaltspflicht.

ordentlicher Rechtsweg, herkömmliche Bezeichnung für den Rechtsweg zu den

Gerichten der →ordentlichen Gerichtsbarkeit, den Justizgerichten.

Order, im kaufmännischen und rechtlichen Sprachgebrauch Kennzeichnung für die Empfangs- bzw. Verfügungsberechtigung bestimmter Personen (→Ordnungsklausel).

Orderklausel, Vermerk auf Wertpapieren, durch den diese zu →Orderpapieren werden und durch Indossament übertragen werden können (§ 363 HGB). *Beispiel:* „an die Order des Herrn N.", „an Herrn N. oder dessen Order". – *Gegensatz:* →Rektaklausel.

Orderkonnossement, →Orderpapiere.

Orderlagerschein, Urkunde über den Empfang eines Gutes, die von einer staatlich konzessionierten Lagerhausanstalt an Order ausgestellt wird; ein →Traditionspapier. Übertragung ist durch →Indossament möglich.

Order of Merit-Test, Verfahren zur Messung der Gestaltungsqualität von Werbemittelentwürfen. Die Versuchspersonen werden aufgefordert, die Werbemittelentwürfe in eine Rangfolge zu bringen. Die von jedem Entwurf erzielten Rangplätze werden miteinander verglichen.

Orderpapier, *Orderkonnossement.* 1. *Begriff:* Indossables Wertpapier, das eine bestimmte, namentlich bezeichnete Person als berechtigt benennt, aber durch schriftliche Abtretungserklärung auf dem Papier (→Indossament) und Übergabe des Papiers an eine andere Person übertragen werden kann (§ 363 HGB). – Der Erwerber erlangt durch die Übertragung eine schriftgemäße, vom Recht des Vormannes unabhängige Stellung: Der Schuldner kann ihm nur solche Einwendungen entgegensetzen, die die Gültigkeit seiner Erklärung in der Urkunde betreffen oder sich aus dem Inhalt der Urkunde ergeben oder ihm unmittelbar gegen den Erwerber zustehen (§ 364 II HGB). – 2. *Arten:* a) *Gekorenes O. (gewillkürtes O.):* Werden erst durch die →Orderklausel („an Order") zu O.; es sind: die sechs →kaufmännischen Orderpapiere des § 363 HGB sowie die Orderschuldverschreibungen der Bundesrep. D. (früher des Reichs) und der Länder. – b) *Geborene O. (gesetzliche O.):* Ohne Orderklausel O. und indossabel; es sind: →Wechsel, →Scheck, →Zwischenschein und →Namensaktie. – c) Alle mit Orderklausel versehenen Papiere sind *keine echten O.:* durch Indossament wird bei ihnen nur die Abtretung beurkundet (mit den gleichen Rechtswirkungen wie bei →Namenspapieren).

Ordersatz, Auflistung aller von einer Großhandlung lieferbaren Artikel, getrennt nach verschiedenen Gebindegrößen/Mengenabpackungen, mit ihren Großhandelsverkaufspreisen und Vorschlägen für Ver-

kaufspreise des Einzelhandels. Streichen eines Artikels aus dem O.: „Auslisten". Zu unterscheiden: *Standard-O., Spezial-O., O. für Aktionswaren, O. für Frischprodukte.* – O. dienen der *Rationalisierung* des Bestellvorgangs im Handel: Der Einzelhändler trägt nur noch die gewünschte Stückzahl ein. Bei numerischer Identifizierung aller Artikel des O. mittels →Artikelnummernsystem ist rasche Übertragung der O. mittels der neuen Kommunikationstechnologien (Telefon/Btx) möglich.

Orderscheck, →Scheck, der als →Orderpapier durch Indossament übertragen werden kann. Orderklausel überflüssig, da Scheck geborenes Orderpapier. Scheckeinzug (→Inkasso) unter gewissen Voraussetzungen im vereinfachten Verfahren.

Order to Negotiate (OtN), im Handel mit überseeischen Ländern anstelle von →Akkreditiven zuweilen verwendete Form der Importfinanzierung. Die OtN werden in widerruflicher oder unwiderruflicher Form erstellt, i. d. R. unter Einschaltung einer Bank im Lande des Verkäufers, wobei letztere gegebenenfalls ihre Bestätigung hinzufügt. In einem solchen Negoziierungsauftrag verpflichtet sich die Bank des Importeurs, die auf die gezogene und von der eingeschalteten Bank im Lande des Verkäufers negoziierte dokumentäre Tratte (i. d. R. Sichttratte) des Abladers bei Vorlage einzulösen.

Ordinalskala, *Rangskala,* →Skala, auf der alternative →Ausprägungen neben *Verschiedenheit* auch eine *Rangordnung* zum Ausdruck bringen. Z. B. Schulnote oder Intelligenzquotient.

Ordinärpreis, im Warenhandel Bezeichnung für den →Marktpreis.

Ordinate, →Koordinatensystem.

Ordnung, →Ordnungssysteme.

Ordnung des Betriebs, Gegenstand der erzwingbaren Mitbestimmung des Betriebsrats in →sozialen Angelegenheiten nach § 87 I Nr. 1 BetrVG. O. d. B. betrifft die *innere soziale Ordnung* des Betriebs, die das Zusammenwirken und das Verhalten der Arbeitnehmer im Betrieb regelt. Nicht zu den Fragen der O. d. B. rechnen Anweisungen des Arbeitgebers, die das Arbeitsverhalten der Arbeitnehmer (Konkretisierung der Arbeitspflicht) betreffen (arbeitsnotwendige Maßnahmen). – *Mitbestimmungspflichtig* ist in erster Linie die Aufstellung verbindlicher Verhaltensvorschriften (z. B. Vorschriften über An- und Abmeldung von Arbeitnehmern, Torkontrollen, Rauch- und Alkoholverbote, Kleiderordnungen, Regelungen über die Benutzung des Telefons für Privatgespräche). Ein Mitbestimmungsrecht des Betriebsrats ist ausgeschlossen, wenn die Angelegenheit durch Gesetz

oder Tarifvertrag (zum Tarifvorrang vgl.
→Betriebsvereinbarung) geregelt ist. – Zur
Verhängung *betrieblicher Disziplinarmaßnah-*
men wegen Verstoßes gegen die O.d.B. vgl.
→Betriebsbuße. – Vgl. auch →Rauchen am
Arbeitsplatz.

Ordnungsaxiome, Annahme der Vollständigkeit, Reflexivität und Transitivität der →Prä-
ferenzordnung eines →Konsumenten. Das
Axiom der *Vollständigkeit* besagt, daß ein
Konsument beim Vergleich zweier Güterbündel (Konsumpläne) aus seiner →Konsum-
menge stets weiß, welches Güterbündel er dem
anderen vorzieht oder ob er indifferent zwischen beiden Güterbündeln ist. *Reflexivität*
bedeutet, daß jedes Güterbündel höchstens so
erwünscht ist, wie es selbst. Das Axiom der
Transitivität einer Präferenzordnung besagt:
Ist ein Güterbündel mindestens so erwünscht
wie ein zweites, und ist dieses zweite Güterbündel mindestens so erwünscht wie ein drit-
tes, dann ist auch das erste Güterbündel
mindestens so erwünscht wie das dritte. Das
Axiom der Reflexivität ist trivialerweise
erfüllt. Empirische Untersuchungen haben
ergeben, daß das Transitivitätsaxiom bei manchen Konsumenten nicht erfüllt ist. Viele
Ergebnisse der Theorie des Konsumenten
lassen sich jedoch auch mit schwächeren
Annahmen als dem Transitivitätsaxiom ableiten.

Ordnungsbegriff. 1. *Begriff:* Kriterium,
nach dem ein Datenbestand (z. B. eine Datei
oder ein Array) geordnet ist; häufig ein
→Datenelement, das einen →*Schlüssel* darstellt (z. B. die Artikelnummer bei Artikelda-
tensätzen). Oft synonym für →*Sortierbegriff.*
– 2. *Arten:* a) *Einstufiger O.:* Ein O., der nicht
untergliedert ist oder bei dem, wenn er untergliedert ist, kein Bestandteil als *eigenständiges*
Kriterium zur Erzeugung einer Ordnung
dient. b) *Mehrstufiger O.* *(zusammengesetzter*
O., mehrere (einfache) *O.):* Ein O., der aus
mehreren Komponenten besteht, die in einer
Über-/Unterordnungsbeziehung zueinander
stehen. – 3. *Beispiel:* zweistufige Kundennum-
mer, zusammengesetzt aus Postleitzahl (über-
geordnet) und einer laufenden Nummer innerhalb der PLZ (untergeordnet); der Datenbestand kann nach PLZ und innerhalb einer
PLZ nach lfd. Nummern geordnet werden.

Ordnungsgefüge, →Wirtschaftsordnung.

Ordnungsgeld, Ordnungsmittel, Rechtsfolge
für einen vorausgegangenen Ordnungsver-
stoß, der weder eine →Straftat noch eine
→Ordnungswidrigkeit darstellt. *Höhe* i. d. R. 5
DM bis 1000 DM bzw. 1 Tag bis 6 Wochen
Ordnungshaft. – 1. Im *Zivilprozeß* a) gegen
trotz ordnungsgemäßer →Ladung nicht
erschienene Zeugen und Sachverständige; b)
wenn das persönliche Erscheinen der →Par-
teien angeordnet ist, auch gegen diese; c) gegen
Personen, die sich in der Sitzung einer groben

Ungebühr schuldig gemacht haben u. ä. – 2.
Bei *unbefugtem Firmengebrauch* (§ 37 I HGB)
kann das mit der Führung des →Handelsregi-
sters betraute →Registergericht O. verhängen.
– Vgl. auch →Zwangsgeld.

Ordnungshaft, →Ordnungsgeld.

ordnungsmäßige Bilanzierung, eine den
handels- bzw. steuerrechtlichen Bestimmungen entsprechende Aufstellung der →Bilanz
aufgrund einer ordnungsmäßigen Buchführung. – Zu beachten sind nach *Handelsrecht*
die →Grundsätze ordnungsmäßiger Buchführung (§ 239 ff. HGB; vgl. dort im einzelnen III
3. – Für die *Steuerbilanz* gilt Grundsatz der
Maßgeblichkeit der Handelsbilanz für die
→Steuerbilanz, sofern nicht steuerliche Spe-
zialvorschriften (insbes. aufgrund des steuerlichen Bewertungsvorbehalts) anzuwenden
sind.

ordnungsmäßige Buchführung, →Grund-
sätze ordnungsmäßiger Buchführung,
→Buchführung IV.

ordnungsmäßige Prüfung, →Grundsätze
ordnungsmäßiger Prüfung.

ordnungsmäßige Unternehmenbewertung,
→Grundsätze ordnungsmäßiger Unterneh-
mensbewertung.

Ordnungsmäßigkeitsprüfung, →Prüfung,
ob vorgegebene Ordnungsgrundsätze (z. B.
Grundsätze ordnungsmäßiger Buchführung
und Bilanzierung) eingehalten wurden. Die
→Jahresabschlußprüfung ist u. a. eine O.

Ordnungspolitik. 1. *Begriff:* Summe aller
rechtlich-organisatorischen Maßnahmen,
durch die die Träger der Wirtschaftspolitik
über eine entsprechende Ausgestaltung der
→Wirtschaftsverfassung die längerfristigen
Rahmenbedingungen für den Wirtschaftsprozeß innerhalb einer →Wirtschaftsordnung setzen. – 2. *Funktionen/Ziele:* Durch die gegenseitige Abgrenzung und inhaltliche Bestimmung der Entscheidungs- und Handlungsspielräume der einzelnen Wirtschaftsakteure
(private Haushalte, Unternehmen, staatliche
Instanzen) ist die ordnungskonforme und in
sich abgestimmte Ausgestaltung der verschiedenen wirtschaftlichen Teilordnungen wie
Eigentums-, Planungs-, Unternehmens- oder
Geldordnung (→Morphologie) zu gewährleisten. Hierdurch werden zugleich die Ziele und
Instrumente der staatlichen Ablaufpolitik
(→Prozeßpolitik) vorgeformt. Die Bedingung
der Ordnungskonformität erfordert, daß die
ordnungspolitischen Maßnahmen dem
Grundtypus der Wirtschaftsordnung (zentrale
oder dezentrale Planung und Koordination
des Wirtschaftsprozesses) entsprechen (vgl.
z. B. →Marktkonformität). Die Wahl des
Grundtypus (und ggf. seine Transformation in
den jeweils anderen) determiniert den Inhalt
der ergänzenden ordnungspolitischen Maß-

nahmen. – 3. Die aktuelle *Ausgestaltung der O.* wird daneben durch das jeweils vorherrschende wirtschaftsordnungspolitische Leitbild (z. B. →Ordoliberalismus, →Soziale Marktwirtschaft, →gesamtwirtschaftliche Planung, →Planification, →Marxismus-Leninismus) beeinflußt, in das auch (gesellschafts-) politische und kulturelle Wertvorstellungen einfließen. – Vgl. auch →Wirtschaftspolitik II.

Ordnungsprinzip, im Arbeitsrecht geltendes Prinzip für das Verhältnis einander ablösender kollektiver Ordnungen. Der spätere →Tarifvertrag geht dem früheren, die spätere →Betriebsvereinbarung der früheren vor, auch wenn die neue Vereinbarung zu schlechteren Arbeitsbedingungen für die Arbeitnehmer führt. Insoweit gilt das →Günstigkeitsprinzip nicht. Es ist aber stets durch Auslegung zu ermitteln, ob die Tarif- bzw. Betriebspartner den sozialen Besitzstand schmälern wollten. – Das O. gilt grundsätzlich nicht für →vertragliche Einheitsregelungen ablösende Betriebsvereinbarungen.

Ordnungssteuer, Steuer, die einem bestimmten ordnungspolitischen Zweck dient. Vgl. →Steuerzweck, →nichtfiskalische Besteuerung, →Zwecksteuern 3, →Wertzuwachssteuer.

Ordnungssysteme, Kennbegriff zur eindeutigen Identifizierung von →Informationen, →Daten und Karteien zur Unterscheidung von anderen Begriffen ähnlichen Inhalts. Häufig sind O. nicht das einzige Merkmal, nach dem Informationen gleicher Kategorie geordnet und sortiert werden können, aber das einzige, das jede Information unverwechselbar kennzeichnet.

Ordnungstheorie, →Wirtschaftsordnung, →Wirtschaftssystem.

Ordnungswidrigkeit. 1. *Begriff:* Rechtswidrige und vorwerfbare – vorsätzliche oder fahrlässige – Handlung, die den Tatbestand eines Gesetzes verwirklicht, das die Ahndung mit einer →Geldbuße zuläßt. – 2. *Zeitlich* kann eine Handlung als O. geahndet werden, wenn dies vor der Handlung gesetzlich bestimmt war. – 3. *Erfaßt* werden alle O. im Geltungsbereich des Gesetzes und O. auf deutschen Schiffen und Luftfahrzeugen. – 4. *Verletzt* dieselbe Handlung mehrere Gesetze, wird nur eine Geldbuße nach der höchsten Androhung festgesetzt. Ist die Handlung zugleich →Straftat, so wird nur das Strafgesetz angewendet (§ 21 OWiG). – 5. *Verfolgung* von O. durch die zuständige Verwaltungsbehörde, soweit nicht das Gericht oder die Staatsanwaltschaft berufen ist (§ 35 OWiG). →Bußgeldverfahren. – 6. *Verfolgungsverjährung* tritt nach 6 Monaten ein. Bei Handlungen, die mit Geldbuße von 1000 bis 3000 DM bedroht sind, in 1 Jahr, bei 3000 bis 30000 DM in 2 Jahren, bei höherer Strafdro-

hung in 3 Jahren (§ 31 OWiG). – 7. *Einzelne Ordnungswidrigkeiten*: In §§ 111 ff. OWiG sind nach Abschaffung der Übertretungen durch das Einführungsgesetz zum StGB vom 2. 3. 1974 (BGBl I 469) verschiedene Bußgeldvorschriften anstelle früherer Übertretungen und auch →Vergehen getreten, wie z. B. Verstöße gegen staatliche Anordnungen und gegen die öffentliche Ordnung. – Vgl. →Steuerordnungswidrigkeit.

Ordnungswidrigkeitengesetz (OWiG), Gesetz über Ordnungswidrigkeiten i. d. F. vom 19. 2. 1987 (BGBl I 602). Das OWiG regelt die Ahndung von Rechtsverstößen als →Ordnungswidrigkeiten und das Verfahren beim Erlaß von →Geldbußen. Ziel der Neuregelung ist die Entkriminalisierung von leichteren Gesetzesverstößen und Vergehen auf den Gebieten des Verkehrsrechts, Wirtschaftsrechts und Sozialrechts.

Ordoliberalismus. I. Charakterisierung: 1. *Begriff:* In der Bundesrep. D. verwirklichte Ausgestaltung der liberalen Konzeption (→Liberalismus). Ihre geistigen Wurzeln hat sie in der Freiburger Schule (Eucken, Böhm, Großmann-Doerth, Rüstow), die mit der Überwindung des „Denkens in Entwicklungen" (→Historische Schule, →Marxismus) einen wesentlichen theoriegeschichtlichen Beitrag leistete; an seine Stelle wurde das „Denken in Ordnungen", d. h. die Ermittlung der für jede →Wirtschaftsordnung konstitutiven Ordnungsformen (→Morphologie) und die Analyse der Interdependenzen zwischen den wirtschaftlichen Teilordnungen, gesetzt. – 2. *Funktionen des Staates:* Zur Gewährleistung der individuellen Freiheit hat der Staat der Konzeption des O. zufolge im wirtschaftlichen Bereich die Voraussetzungen für einen freien Wettbewerb zu schaffen und diesen funktionsfähig zu erhalten, indem er die Entstehung privatwirtschaftlicher Marktmacht verhindert und einen Rechtsrahmen festsetzt, innerhalb dessen sich die Akteure bewegen können. Zu gewährleisten ist, daß die dem Wettbewerb innewohnenden Tendenzen zur Selbstaufhebung neutralisiert werden. Diese Aufgabe soll der Staat durch eine in sich abgestimmte →Ordnungspolitik erfüllen. Unter der Annahme der prinzipiellen Stabilität des privatwirtschaftlichen Sektors soll der Staat durch eine zweckdienliche Ausgestaltung der Rahmenordnung damit gleichzeitig die wirtschaftliche Entwicklung verstetigen und so Konjunkturschwankungen ordnungspolitisch vorbeugen.

II. Prinzipien: 1. Eucken zufolge kann der Staat diese Aufgabe lösen, wenn in der Wirtschaftsordnung folgende, *den Wettbewerb konstituierende Prinzipien* realisiert werden: a) Sicherung der freien Marktpreisbildung und eines funktionsfähigen Preismechanismus; b) Gewährleistung offener Märkte bzw. Verhinderung von Marktzutrittsschranken; c) Vorrang der Währungspolitik mit dem Ziel eines stabilen Geldwertes; d) Vertragsfreiheit; e) Privateigentum an den Produktionsmitteln; f) Gewährleistung, daß privatwirtschaftliche Entscheidungsbefugnis und Haftung nach dem →Verursacherprinzip übereinstimmen; g) Konstanz der staatlichen Wirtschaftspolitik. – 2. Darüber hinaus sollen mit den folgenden *regulierenden Prinzipien* negativ wirkende Effekte im marktwirtschaftlichen Prozeß verhindert bzw. kompensiert werden: a) Der Staat muß die privatwirtschaftliche Wirtschaftsrechnung dort korrigieren, wo externe Effekte auftreten; b) er muß bei anomalen Nachfrage- und Angebotsreaktionen auf den Märkten Preisgrenzen setzen; c) zur Verhinderung der Denaturierung des Wettbewerbs ist eine staatliche Wettbewerbsschutzpolitik durchzuführen; d) es soll eine Korrektur der primären Einkommensverteilung (→Verteilungstheorie, →Verteilungspolitik) dort erfolgen, wo das auf dem Markt vorherrschende Äquivalenzprinzip, für sich allein genommen, sozialethisch nicht akzeptabel erscheint. Darüber hinaus soll sich der Staat punktueller Eingriffe in das Wirtschaftsgeschehen enthalten (→Interventionismus, →Dirigismus); bei allen einzusetzenden wirtschaftspolitischen Instrumenten ist sicherzustellen, daß sie den Markt-Preis-Mechanismus nicht bzw. möglichst wenig beeinträchtigen (→Marktkonformität).

III. Anwendung: Der O. ist eine der Grundlagen der in der Bundesrep. D. verwirklichten Konzeption der →Sozialen Marktwirtschaft.

IV. Beurteilung: Der O. setzt zu seiner Realisierung einen starken und durch Gruppeninteressen nicht beeinflußbaren Staat voraus. Ob diese Bedingung innerhalb einer parlamentarischen Demokratie erfüllt werden kann, erscheint eher zweifelhaft. Die Politiker als „politische Unternehmer" (J. A. Schumpeter, A. Downs) werden eher bestrebt sein, durch Gewährung gruppenspezifischer Sondervorteile gegenüber ihrer jeweiligen Klientel als durch ordnungspolitische Prinzipientreue den eigenen Wahlerfolg zu sichern (vgl. im einzelnen hierzu →Politische Ökonomie): Die gesamtwirtschaftlich wohlfahrtsfördernde Wirkung einer in sich schlüssigen Ordnungspolitik wird dem einzelnen Wähler nach aller Erfahrung nicht so deutlich bewußt wie ein ihm unmittelbar gewährter Sondervorteil. Auch darf nicht übersehen werden, daß die Parlamentsmitglieder oft selbst in Interessengruppen organisiert sind und letztere hierdurch einen starken Einfluß auf die Legislative erlangen. In der Realität zeigt sich dementsprechend auch, daß in einer parlamentarischen Demokratie eher Tendenzen hin zum →Wohlfahrtsstaat bestehen, als daß die Konzeption des O. oder ein entsprechendes anderes Konzept verwirklicht wird.

ordre naturel, Bezeichnung der Gesellschaftstheorie der →Physiokratie (vgl. im einzelnen dort) für die aus den Prinzipien des Naturrechts abzuleitende, objektive gesellschaftliche Gestaltungsnorm, deren Beachtung die größtmögliche Wohlfahrt für alle Menschen bewirkt und die daher Leitbild der realisierten →ordre positif sein soll.

ordre positif, Bezeichnung der Gesellschaftstheorie der →Physiokratie (vgl. im einzelnen dort) für die realisierte Gesellschaftsordnung, die der natürlichen, vernünftigen Ordnung (→ordre naturel) weitestgehend entsprechen sollte.

ordre public, Bezeichnung für den Vorbehalt zugunsten der öffentlichen Ordnung. Die Anwendung ausländischen Rechts ist ausgeschlossen, wenn sie gegen die guten Sitten oder gegen den Zweck eines deutschen Gesetzes verstößt (Art. 30 EGBGB).

Organe. 1. *I.e.S.:* Die gesetz- oder verfassungsmäßig vorgesehenen Institutionen einer →juristischen Person, insbes. ihre →gesetzlichen Vertreter. – 2. *I.w.S.:* Die im Innen- und Außenverkehr zwischen Unternehmungen und dem Markt sowie sonstiger Öffentlichkeit vertretungs- und kontrollberechtigten Personen bzw. Personengruppen.

Organgesellschaft, steuerrechtlicher Begriff. Eine Kapitalgesellschaft, die finanziell, wirtschaftlich und organisatorisch in ein anderes Unternehmen (→Organträger) eingegliedert ist. – *Haftung:* Die O. haftet für die gesamten Betriebssteuern des Organträgers (insbes. Gewerbe-, Umsatzsteuer, u.U. Verbrauch-, Versicherung-, Beförderung- und Kraftfahrzeugsteuer; § 73 AO). Inanspruchnahme durch →Haftungsbescheid. – Vgl. ausführlich: →Organschaft.

Organhaftung, Haftung der →juristischen Person für das →Verschulden ihrer →gesetzlichen Vertreter. Die juristische Person muß für die von ihren gesetzlichen Vertretern in Ausführung der ihnen zustehenden Verrichtungen begangenen Handlungen, insbes. die →unerlaubten Handlungen, genauso einstehen, wie eine natürliche Person für ihre eigenen Handlungen (vgl. §§ 31, 89 BGB). Sie kann sich nicht (wie bei →Verrichtungsgehilfen) darauf berufen, daß sie bei der Auswahl der gesetzlichen Vertreter die erforderliche Sorgfalt beachtet habe. – In *ähnlicher Weise* haften Staat und →Körperschaften des öffentlichen Rechts für das Verschulden ihrer Beamten. Vgl. →Amtshaftung.

Organigramm, *Organisationsplan, Organisationsschaubild, Strukturschaubild,* Hilfsmittel der Organisation zur Darstellung des Soll- oder Istzustands von Strukturen. – 1. *O. der*

→ *Aufbauorganisation* bildet das System der →organisatorischen Einheiten ab. Es veranschaulicht v. a. die Aufgabengliederung (Zerlegung eines Aufgabenkomplexes in Teilaufgaben) bzw. die Gliederung der Stellen und Abteilungen (häufig pyramidenförmige Darstellung) sowie die →Kommunikationsbeziehungen zwischen den organisatorischen Einheiten. – *Beispiele:* Vgl. Abb. bei →Funktionalorganisation, →Matrixorganisation, →Regionalorganisation, →Spartenorganisation. – Die Anforderungsprofile einer Stelle können in einem *Stellenbesetzungsdiagramm* mit den Eignungsprofilen der in Frage kommenden Personen (Handlungsträger) verglichen werden. – *Bewährte Form des O:* →Funktionendiagramm. – 2. *O. der* →*Ablauforganisation* bildet Arbeitsfolgen in zeitlicher oder in räumlicher (Weg-, Lauf- und Verkehrs-O.) ab. Arbeitsgliederungs-O. stellen die Zerlegung von Aufgaben in Arbeitsgänge und Gangelemente, Besetzungs-O. die zeitliche Beanspruchung von Personen oder sachlichen Hilfsmitteln im zeitlichen Nacheinander sowie →Harmonogramme (gleichzeitig) Arbeitsfolgen in räumlicher und zeitlicher Hinsicht dar. – 3. O. können jeweils durch textliche organisatorische Beschreibungen *ergänzt* werden (z. B. →Stellenbeschreibungen, Organisationsanweisungen, Organisationshandbücher; vgl. auch →Geschäftsverteilungsplan).

Organisation. I. Begriff und Objekt: 1. Mit dem Begriff O. bezeichnet man üblicherweise entweder den Prozeß, die Tätigkeit, des organisatorischen Gestaltens (die Methodik und Technik des Organisierens) oder das Ergebnis der Gestaltung (die →Organisationsstruktur). (Andere Ansätze des Begriffes O. vgl. →Organisationsbegriff.) – a) *Organisationsstrukturen* sind ein System von Regelungen, das das Verhalten der Organisationsmitglieder auf ein übergeordnetes Ziel ausrichten sollen. – b) *Organisatorische Gestaltung* ist in diesem Sinne auf die Bildung einer Infrastruktur ausgerichtet, die in genereller Form handlungsleitende Prinzipien formuliert. Dabei lassen sich primäre und sekundäre Gestaltungsmaßnahmen unterscheiden. – (1) *Primäre Gestaltungsmaßnahmen* schaffen den Aufgabenrahmen für betriebliches Handeln. Es werden v. a. in Form von →Stellenbeschreibungen und Ablaufregelungen die von den einzelnen Mitarbeitern zu erfüllenden →Aufgaben mehr oder weniger detailliert umrissen und die →Kommunikation, der Informationsaustausch, zwischen den →organisatorischen Einheiten und Bereichen geregelt. Dabei wird weitgehend von allen individuellen Merkmalen, Einstellungen und Verhaltensweisen des einzelnen Mitarbeiters abstrahiert; betrachtet wird die →Koordination „versachlichter" Aufgabenkomplexe. – (2) *Sekundäre Gestaltungsmaßnahmen* sollen in dem so fixierten Aufgabenrahmen das individuelle Verhalten

der Mitarbeiter durch die Schaffung von Anreizsystemen auf das übergeordnete Gesamtziel ausrichten. Solche motivierenden Anreizmaßnahmen bilden eine Brücke zwischen dem Zielsystem der Unternehmung und den individuellen Zielen und Präferenzen des einzelnen Mitarbeiters. – Die Unterscheidung zwischen primären und sekundären Gestaltungsmaßnahmen stellt eine methodisch begründete Vereinfachung dar. Die Gestaltung des Aufgabenzusammenhangs und die Regelung der Kommunikation können nicht ganz von möglichen Verhaltenswirkungen abblenden, und die Konzipierung von Anreizsystemen muß mögliche Koordinationskonsequenzen in ihre Überlegungen einbeziehen.

2. In der *betriebswirtschaftlichen Organisationslehre* hat sich die Unterscheidung zwischen →Aufbauorganisation und →Ablauforganisation durchgesetzt. a) *Aufbauorganisatorische Regelungen* beziehen sich auf das Stellensystemn, d. h. auf die Bildung von Stellen und auf die Gestaltung der Stellenbeziehungen. Ein Beispiel für eine Aufbaustruktur gibt die Abb. zur →Funktionalorganisation (vgl. dort) wieder. – b) *Ablauforganisatorische Regelungen* erstrecken sich v. a. auf die Strukturierung raumzeitlicher Prozesse der Aufgabenerfüllung. Die Grundstruktur, die Elemente und Beziehungen ablauforganisatorischer Regelungen wird in Abbildung Sp. 745/ 746 deutlich.

II. Aufbauorganisation: 1. Die *Elemente* aufbauorganisatorischer Strukturen sind Stellen und Stellenzusammenfassungen. – a) *Stellen* bestehen aus Aufgabenkomplexen, die einer gedachten Person zugeordnet werden. Die *Stelle* grenzt als kleinste aufbauorganisatorische Einheit den Zuständigkeitsbereich (Inhalt, Spielraum und Umfang der Aufgaben) für eine Person (Stelleninhaber) ab; der Umfang der Kompetenz hängt vom Delegationsverhalten der übergeordneten Instanz ab. *Instanzen* (Leitungsstellen) sind Stellen mit Leitungsbefugnis; sie besitzen Fremdentscheidungskompetenz, d. h. sie haben Weisungsbefugnis und unterscheiden sich dadurch von Stabsstellen. *Stäbe* sind ohne Fremdentscheidungskompetenz Instanzen zugeordnet, die sie bei ihren Leitungsaufgaben unterstützen; ihre Unterstützungsfunktion erstreckt sich v. a. auf informatorische und beratende Entscheidungsvorbereitung und auf die Kontrolle der Entscheidungsdurchführung. – b) *Zusammenfassungen von Stellen* führen entweder zu Plural-Instanzen oder zu Kollegien/Ausschüssen. Bei der *Pluralinstanz* übernimmt eine Mehrheit von Personen in Form eines permanenten Gremiums hauptamtliche Leitungsaufgaben, wobei für die interne →Willensbildung bestimmte Prinzipien gelten. *Kollegien* und *Ausschüsse* sind Formen der Gruppenarbeit, bei der die Gruppenmitglieder nicht die gesamte Arbeitszeit der Gruppenarbeit widmen. Sie erfüllen vielmehr neben der Gruppenarbeit hauptamtlich ihre jeweilige Stellenaufgabe weiter. In der Organisationslehre versteht man unter Kollegien befristete Stellenzusammenfassungen, unbefristete Zusammenfassungen werden als Ausschüsse bezeichnet.

2. Die arbeitsteilige Erfüllung von Aufgaben durch verschiedene Stellen erfordert eine entsprechende *Gestaltung von Stellenbeziehungen.* – a) *Physische Beziehungen* betreffen den Austausch von materiellen Objekten (z. B. Werkstücke und Informationsträger). – b) Besondere Bedeutung haben *informationelle Beziehungen,* die sich auf drei Grundformen zurückführen lassen: (1) weisungsbezogene (hierarchische) Kommunikation (v. a. als vollzugsverbindliche Anordnung), (2) interdependenzbezogene Kommunikation (zur Abstimmung der Entscheidungen bei gemeinsamer Nutzung knapper Ressourcen, bei interner Leistungsverflechtung oder bei Überschneidungen von Teilmärkten und (3) motivationsorientierte Kommunikation (zur verhaltensbeeinflussenden Entfaltung von Anreizwirkungen).

3. Die aufbauorganisatorische Struktur wird wesentlich durch die jeweilige Form der *Abteilungsbildung,* der unbefristeten Zusammenfassung von Stellen unter einer gemeinsamen Instanz, geprägt. Die Bildung von Abteilungen führt zur Gliederung der Gesamtorganisation in Teilsysteme (Abteilungen, Hauptabteilungen, Unternehmungsbereiche). Je nach den bei der Gliederung gewählten Prinzipien lassen sich eindimensionale und mehrdimensionale Strukturen unterscheiden. Erfolgt die →Segmentierung der Aufgaben nach einem Kriterium, liegt eine *eindimensionale* Struktur vor, werden zwei und mehr Kriterien gleichrangig herangezogen, entsteht eine *mehrdimensionale* Struktur. – a) *Eindimensionale Strukturen.* Bei Betrachtung der zweiten Hierarchie-Ebene lassen sich drei praktisch bedeutsame eindimensionale Strukturkonzepte unterscheiden: (1) →*Funktionalorganisation:* Alle Kompetenzen für die Festlegung relativ gleichartiger Handlungen (Funktionen) sind in einem Unternehmungsbereich zusammengefaßt. Die klassische funktionale Organisationsstruktur ist ohne Zweifel die in der Praxis verbreitetste Organisationsform. Auch Großunternehmungen sind vielfach nach funktionalen Kriterien organisiert (z. B. Volkswagen AG, Ruhrgas AG). – (2) →*Spartenorganisation:* Alle Kompetenzen, die für die Realisierung des Erfolges eines Produktes oder einer Produktgruppe erforderlich sind, werden einem Bereich, einer Sparte, zugewiesen. Die Spartenorganisation herrscht eindeutig in Unternehmungen mit diversifiziertem Produktions- und Leistungsprogramm vor (z. B. Bayer AG, Siemens AG). Nahezu alle

deutschen Großunternehmungen mit diversifizierter Produktstruktur sind nach dem Spartenkonzept organisiert. – (3) →*Regionalorganisation:* Alle Kompetenzen für einen regionalen Teilmarkt werden in einem Unternehmungsbereich vereint. Die Entscheidungen hinsichtlich aller Produkte und Leistungen, die in einer bestimmten Region abgesetzt werden, werden für sämtliche Funktionen in einem organisatorischen Bereich zusammengefaßt. Das Regionalprinzip ist in der Praxis sowohl für den nationalen Markt (z. B. Dresdner Bank AG) als auch (häufiger) für die organisatorische Zuordnung internationaler bzw. weltweiter Aktivitäten (z. B. Wella AG) nachzuweisen. – Die konsequente Verwirklichung eindimensionaler Organisationsstrukturen hat v. a. *drei* ökonomisch bedeutsame *Konsequenzen:* (1) Sie kann zu einer problematischen Trennung und mangelnden Nutzung von Ressourcen führen. (2) Sie begründet spezifische Interdependenzen zwischen den Bereichen. (3) Sie fördert eine einseitige Problemperspektive. Zur Beseitigung oder Abschwächung solcher Konsequenzen werden in der Praxis häufig *Modifikationen* eindimensionaler Strukturen eingeführt. Die ausschließliche Orientierung an einer Dimension wird dann zugunsten mehrdimensionaler Strukturen durchbrochen. – b) *Mehrdimensionale Strukturen:* Bezogen auf die zweite Hierarchie-Ebene lassen sich bei der Abwandlung eindimensionaler zu mehrdimensionalen Strukturen im wesentlichen das Ausgliederungs-, das Matrix- und das Stabs-Prinzip unterscheiden: (1) *Ausgliederungsprinzip:* Aus den Kompetenzen nach Funktions-, Produkt- oder Marktaspekten abgegrenzten Unternehmungsbereiche wird jeweils eine Dimension ausgegliedert und in einem zusätzlichen Unternehmungsbereich verselbständigt. So wird in der Spartenorganisation zur Vermeidung nachteiliger Folgen der produktorientierten Ressourcentrennung häufig die Produktion aus den Produktsparten ausgegliedert und in einem gesonderten Funktionsbereich zusammengefaßt. – (2) *Matrixprinzip:* Über den Einsatz bestimmter Ressourcen besitzen mehrere Einheiten Entscheidungskompetenz (Kompetenzspaltung). Die betroffenen Einheiten sind auf diese Weise über Ressourceninterdependenzen miteinander verkoppelt; sie können nur gemeinsam handeln. In der Spartenorganisation können auf diese Weise neben den produktorientierten zusätzlich marktorientierte Entscheidungseinheiten etabliert werden, die über die produktorientierte Spartenperspektive hinaus den gesamten Markt betrachten. – (3) *Stabsprinzip:* Die zusätzliche Perspektive wird im Wege der Beratung und Assistenz durch Stabsstellen in die Entscheidungen eingeführt. Ein Beispiel sind regionale Stäbe und Stabsabteilungen in der Spartenorganisation. – Mehrdimensionale Strukturen haben – v. a. in Form des Matrix-

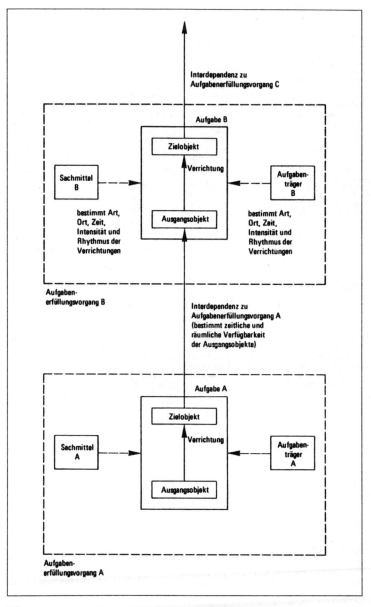

und Stabsprinzips – besondere *Bedeutung* bei den organisatorischen Konzepten der Produkt-, Kunden- und Funktionsmanagementorganisation und bei der Projektorganisation.

III. A b l a u f o r g a n i s a t i o n : Während bei der Aufbauorganisation die Bildung von Aufgabenkomplexen als statische Gebilde und ihre aufgabenbezogene Koordination im Vordergrund stehen, betrachtet man bei der Ablauforganisation unter zeitlichen und räumlichen Aspekten Aufgabenerfüllungsvorgänge i. S. von *Arbeitsprozessen* (vgl. Abb. Sp. 745/746). Ablauforganisatorische Regelungen sind in hohem Maße auf eine detaillierte Abbildung der jeweiligen Aufgabenerfüllungssituation angewiesen. Von besonderer Bedeutung ist dabei die Berücksichtigung der jeweiligen Sachmittelstruktur, im Verwaltungsbereich die eingesetzte Informationstechnologie. Bei gegebener personaler Ausstattung und gegebener Technologie lassen sich ablauforganisatorische Maßnahmen auf *drei Kernprobleme* zurückführen: (1) sequentielle Anordnung von Arbeitsvorgängen, d. h. Festlegung der zeitlichen Reihenfolge der einzelnen Arbeitsschritte innerhalb eines Aufgabenerfüllungsvorgangs, (2) parallele Anordnung mehrerer Aufgabenerfüllungsvorgänge und (3) räumliche Anordnung, d. h. Festlegung der Arbeitsplätze und der Transporte.

IV. O r g a n i s a t i o n s m e t h o d e n und - t e c h n i k e n : Organisationsmethoden und -techniken sind Hilfsmittel, um bei der Gestaltung von Organisationsstrukturen, die häufig ein eigenes Projekt-Management erfordert, eine systematische und effiziente Vorgehensweise zu gewährleisten. Mit dem *Problemlösungsprozeß* und den *Techniken* (Instrumenten) *der Problemlösung* lassen sich dabei zwei Schwerpunkte unterscheiden.

1. Der *Problemlösungs- oder Gestaltungsprozeß* wird in der Organisationslehre üblicherweise in folgende Phasen unterteilt: (1) Formulierung des Organisationsauftrags, (2) Erarbeitung des Vorgehensplans, (3) Datenerhebung, (4) Beurteilung des abgebildeten Ist-Zustandes (im Fall einer Reorganisation), (5) Erarbeitung alternativer Soll-Regelungen und (6) Bewertung der Alternativen und Auswahl der zu realisierenden Soll-Lösung.

2. Unterstützt wird dieser Problemlösungsprozeß durch den Einsatz von *Organisationstechniken*. Die wichtigsten Organisationstechniken sind: (1) Erhebungstechniken, (2) Darstellungstechniken, (3) Beurteilungs- und Bewertungstechniken und (4) Präsentationstechniken.

Literatur: Bleicher, K., Organisation – Formen und Modelle, Wiesbaden 1981; Bühner, R., Betriebswirtschaftliche Organisationslehre, 2. Aufl., München-Wien 1986; Frese, E., Grundlagen der Organisation, 3. Aufl., Wiesbaden 1987; Frese, E., unter Mitarbeit v. G. Schmidt, Aufbauorganisation, 2. Aufl., Gießen 1979; Grochla, E., Unternehmungsorganisation,

Reinbek 1972; ders., Grundlagen der organisatorischen Gestaltung, Stuttgart 1982; ders. (Hrsg.), Handwörterbuch der Organisation, 2. Aufl., Stuttgart 1980; Hill, W./Fehlbaum, R./Ulrich, P., Organisationslehre, Bd. 1 + 2, Bern-Stuttgart 1974; Kieser, A./Kubicek, H., Organisation, 2. Aufl., Berlin-New York 1983; Kosiol, E., Organisation der Unternehmung, Wiesbaden 1962; Krüger, W., Organisation der Unternehmung, Stuttgart u. a. 1984; Schanz, G., Organisationsgestaltung, München 1982; Schmidt, G., Organisation – Methode und Technik, 6. Aufl., Gießen 1986.

Prof. Dr. Erich Frese

organisation ad personam, *personelle Betriebsorganisation,* Abgrenzung der Kompetenzen (→Kompetenzabgrenzung) im Rahmen der Organisationsgestaltung nach Maßgabe der Vorstellungen bzw. Präferenzen oder auch Eignungen eines Handlungsträgers mit ausgeprägter Persönlichkeit oder Machtstellung in der Unternehmung (z. B. Eigentümer-Unternehmer). Beim Ausscheiden der betreffenden Person entstehen i. d. R. Nachfolgeprobleme oder Kosten der →Reorganisation.

organisationales Beschaffungsverhalten, →organisationales Kaufverhalten.

organisationales Kaufverhalten, *organisationales Beschaffungsverhalten, organizational buying.* 1. *Begriff:* Kaufverhalten von Organisationen bzw. gewerblichen Nachfragern, gekennzeichnet durch komplexitätsfördernde Besonderheiten. Die Willensbildung ist i. d. R. kollektiv *(Mehrpersonenentscheidung)* und mehrzentrig *(Mehrinstanzenentscheidung)* ; . B. Unternehmensleitung, Einkauf, Produktion, Forschung und Entwicklung, Finanzierung). – 2. Wesentliche *Einflußfaktoren* sind dadurch: Individuelle Einflußfaktoren unterschiedlicher Personen; ihr Zusammenwirken in gruppendynamischen Prozessen; unterschiedliche Sichtweisen und Entscheidungskriterien durch die Zugehörigkeit zu verschiedenen Instanzen und Rollen (→Buying-Center) auf Kaufprozeß und Entscheidungsergebnis; organisationsspezifische Einflußfaktoren, wie z. B. organisationale Beschaffungsregeln, Anreiz- und Sanktionsmechanismen; umweltbedingte Faktoren (z. B. Umwelt- und Arbeitsschutzgesetze, protektionistische Maßnahmen, Wünsche nachgelagerter Kunden). – 3. Mehr oder weniger stark strukturierter, formalisierter und lang andauernder *Entscheidungsprozeß* (→Kaufphasen), bedingt durch kaufklassenspezifische Eigentümlichkeiten (→Kaufklassen) abhängig vom Entscheidungsprozeß der o. K.: monoorganisationale Partial- und Systemmodelle sowie →Interaktionsansätze. – Vgl. auch →Käuferverhalten.

Organisation der arabischen Erdöl exportierenden Staaten, →OAPEC.

Organisation der gewerblichen Wirtschaft, das Gesamtsystem der Organisationen zur Wahrnehmung der wirtschaftlichen Gruppen- und Gesamtinteressen, basierend auf dem Grundsatz der wirtschaftlichen Selbstverwaltung, d. h. Vertretung der Belange der gewerblichen Wirtschaft gegenüber dem Staat nicht nur von dem privaten Individual- und Gruppeninteresse her, sondern unter Berücksichtigung des übergeordneten Gemeinwohls. Eine Systematik der außerordentlich vielfältigen Organisationsformen ergibt sich bei Unterscheidung der drei Säulen. – 1. *Industrie- und Handelskammern:* Überfachliche regionale Zusammenschlüsse der gesamten gewerblichen Wirtschaft (mit Ausnahme des Handwerks, das eigene →Handwerkskammern kennt). →Körperschaft des öffentlichen Rechts. Zusammenschluß auf Landesebene zu Landesarbeitsgemeinschaften, Spitzenorganisation aller Industrie- und Handelskammern auf Bundesebene ist der →Deutsche Industrie- und Handelstag. Eine Einrichtung besonderer Art sind die deutschen →Auslands-Handelskammern. – 2. *Wirtschaftsverbände:* Wahrnehmung wirtschaftlicher Gruppeninteressen auf vereinsrechtlicher Grundlage. Vielgliedrige →Fachverbände und Branchenverbände mit Fachgruppen, Fachuntergruppen, Fachgemeinschaften usw. Organisatorische Gliederung reicht vom Ortsverband über den Bezirksverband und Landesverband zum Bundesverband. Die Landesverbände sind zu großen Spitzenorganisatioinen zusammengeschlossen: →Bundesverband der Deutschen Industrie, Bundesverband des Privaten Bankgewerbes, Zentralvereinigung Deutscher Handelsvertreter- und Handelsmaklerverbände, Deutscher Hotel- und Gaststättenverband, Gesamtverband der Versicherungswirtschaft, Gesamtverband des Deutschen Groß- und Außenhandels, →Hauptgemeinschaft des Deutschen Einzelhandels, Verband Deutscher Reeder, Zentralarbeitsgemeinschaft des Straßenverkehrsgewerbes, Zentralausschuß der Deutschen Binnenschiffahrt, →Zentralverband des Deutschen Handwerks, Bund Deutscher Verkehrsverbände (Fremdenverkehr). Die Spitzenorganisationen verfügen über starke Machtpositionen. Auseinandersetzungen um die Zuordnung dieser Machtkomplexe zum Staatsganzen. – 3. *Arbeitgeberverbände:* Organisierte Zusammenschlüsse des Unternehmertums zur Einwirkung auf die Sozialpolitik. Entstanden als Abwehrorganisationen gegen die Bestrebungen der Gewerkschaft – heute Tarif- und Sozialpartner der →Gewerkschaften. Aufgabenbereich erstreckt sich nicht nur auf Löhne, Arbeitszeit und sonstige Fragen des betrieblichen Arbeitsverhältnisses, sondern auch Fragen der Existenzsicherung der Arbeitsunfähigen, Witwen und Waisen, Kriegopfer, Flüchtlinge usw. Organisation auf vereinsrechtlicher Grundlage analog der Organisation der Wirtschaftsverbände. Spitzenorganisation ist die Bundesvereinigung der Deutschen Arbeitgeberverbände mit mehreren hundert Mitgliedsverbänden aus allen wirtschaftlichen Bereichen: Industrie, Handwerk, Handel, Landwirtschaft, Banken usw. Das organisatorische Fundament sind die zahllosen lokalen und regionalen Arbeitgeber-

zusammenschlüsse, die – ähnlich wie die Spitzenorganisation – in gewissem Umfange auch mit öffentlichen Funktionen betraut sind (Mitwirkung bei Arbeitsgerichten, Sozialgerichten, Gremien der Ortskrankenkassen usw.). – Die gemeinsame Plattform aller Spitzenorganisationen der gewerblichen Wirtschaft bildet der ,,*Gemeinschaftsausschuß der Deutschen Gewerblichen Wirtschaft"*. Seine Aufgabe ist es, in wirtschaftspolitischen Angelegenheiten von grundlegender Bedeutung eine übereinstimmende Auffassung aller Spitzenorganisationen der gewerblichen Wirtschaft herbeizuführen mit dem Ziel, diese Auffassung gemeinsam nach außen zu vertreten. – Vgl. auch →Verbände.

Organisation der Unternehmungsleitung.
1. *Begriff:* Die organisatorische Regelung (→Organisation) der Handlungen in der (multipersonalen) Spitzeneinheit der Unternehmungshierarchie (→Hierarchie) und der Beziehungen zwischen Hierarchiespitze und nachgelagerten Hierarchieebenen. – 2. *Formen* nach der *Arbeitsteilung innerhalb der Spitzeneinheit:* a) *Ressortgebundene Unternehmungsführung:* Die Mitglieder der →Pluralinstanz an der Spitze der Hierarchie fungieren neben ihrer Mitwirkung an der Unternehmungsleitung zugleich jeweils auch als Leiter der einzelnen organisatorischen Teilbereiche auf der nachfolgenden Hierarchieebene; beruht auf dem Prinzip der →Ressortkollegialität. b) *Ressortlose Unternehmungsführung:* Die Mitglieder der Spitzeneinheit werden lediglich im Rahmen der gemeinsamen Unternehmungsleitung tätig und übernehmen persönlich allenfalls entscheidungsvorbereitende ,,Sprecherfunktionen" für unterschiedliche Problemaspekte der Leitung. – 3. *Rechtliche Regelung:* Die O.s.U. unterliegt in hohem Maße den Bestimmungen des →Organisationsrechts.

Organisation der Vereinten Nationen für Erziehung, Wissenschaft und Kultur, →UNESCO.

Organisation der Vereinten Nationen für industrielle Entwicklung, →UNIDO.

Organisation erdölexportierender Länder, →OPEC.

Organisation für wirtschaftliche Zusammenarbeit und Entwicklung, →OECD.

Organisation Internationale du Commerce (OIC), →ITO.

Organisationsalternativen, →Organisationsstruktur II.

Organisationsanalyse, →Organisationsmethodik.

Organisationsbegriff, in der →Organisationstheorie uneinheitlich und in drei unterschiedlichen Grundverständnissen verwendet:

1. *Institutionaler O.* („Die Unternehmung ist
eine Organisation"): Die verschiedenartigsten
arbeitsteiligen Handlungssysteme, z. B. Behörden, Krankenhäuser, Unternehmungen,
Hochschulen, werden insgesamt als Organisationen verstanden und organisationswissen-
schaftlich untersucht. – 2. *Instrumentaler O.* („
Die Unternehmung hat eine Organisation"):
Mit dem System der offiziell verkündeten,
generell gültigen und auf Dauer angelegten
→Kompetenzen wird eine spezielle Eigenschaft (meist) von Unternehmungen als Organisation (im Gegensatz zur →Disposition und
→Improvisation) bezeichnet. – 3. *Funktionaler O.:* Die Tätigkeit der Gestaltung dieser
→Organisationsstruktur wird als Organisation bezeichnet. Je nach Verwendung des O.
ergeben sich differenzierte Akzentuierungen in
den Problemstellungen der Organisationsforschung. – Vgl. auch →Organisation →Organi-
sationstheorien.

Organisationseinheit,   →organisatorische
Einheit.

Organisationsentwicklung, *organizational
development.*

I. Begriff: 1. O. ist eine *Strategie des
geplanten und systematischen organisationalen
Wandels,* der durch die Beeinflussung von
organisationaler Struktur, →Unternehmens-
kultur und individuellem Verhalten zustande
kommt, und zwar unter größtmöglicher Beteiligung der betroffenen →Arbeitnehmer. Organisationen stehen im Spannungsfeld zwischen
Umwelt, Binnenstruktur und Zeit, Änderungen dieser Determinanten führen zu veränderten Ansprüchen an die organisationale Struktur und die Anpassungsfähigkeit der Unternehmung im Markt (→strategisches Management). Diese Ansprüche werden von den O.
kritisch untersucht, und es werden gezielt
Veränderungen eingeleitet, die ihrerseits wieder im Rahmen der strategischen Ziele der
Unternehmensführung eingebettet sind. Die
gewählte *ganzheitliche Perspektive* berücksichtigt also die Wechselwirkungen zwischen Individuen, Gruppen, Organisation, Technologie,
Umwelt, Zeit sowie die Kommunikationsmu-
ster, Wertestrukturen, Machtkostenstellatio-
nen usw., die in der jeweiligen Organisation
real existieren. – 2. O. unterscheidet sich von
der *traditionellen Unternehmens- und Organi-
sationsberatung* insofern, als (1) in den Prozeß
der Veränderung die betroffenen Individuen
und Gruppen einbezogen sind und daher ihre
persönlichen Wertestrukturen einbringen,
d. h. den Prozeß der Willensdurchsetzung
mittragen; (2) das übliche Berater-Klienten-
Verhältnis durch die Einbeziehung der Betroffenen aufgehoben ist; (3) durch die zumeist
angewandte Methode der →Aktionsfor-
schung ein prozeßorientiertes (längerfristiges)
Vorgehen und keine „Strategie des Bomben-
wurfs" (W. Kirsch) angewandt wird.

II. Entwicklung: 1. Seit rund vier Jahrzehnten ist das Problem von Änderungen in
Organisationen insbes. in den USA vermehrt
Gegenstand wissenschaftlicher und praktischer Bemühungen. Zunächst ausgehend von
rein strukturalen Organisationsänderungen
waren die Forschungsarbeiten von *K. Lewin*
Ausgangspunkt einer neuen Entwicklung. Er
zeigte, daß sich durch Gruppenarbeit neue
Lernmöglichkeiten ergeben und durch die
Diskussion von Problemen in Gruppen Veränderungen wesentlich leichter zu erzielen
sind. Daraufhin wurden Gruppen (sog. Trai-
nings(T)-Gruppen) geschult, Prozesse individuellen und kollektiven Verhaltens zu begreifen, neues Verhalten zu testen, zu bewerten
und zu verfestigen, basierend auf den Erkenntnissen der →Gruppendynamik. – 2. Mitte des
50er Jahre wurden diese Formen der Veränderung von Organisationen zum erstenmal in der
Praxis angewandt. 1957 tauchte der *Begriff
„Organisationsentwicklungsgruppe"* bei der
Fa. Union Carbide erstmals auf. – Verschiedene Forschungsinstitute, z. B. National Training Laboratory, Institute for Social Research
der Universität Michigan und Tavistock Institute of Human Relations in London beschäftigten sich in der Folge intensiv mit der O. – 3.
Anfang der 70er Jahre wurde der O.-Gedanke
in *Europa* aufgenommen; es entwickelten sich
zahlreiche Institute und Vereinigungen, z. B.
Nederlands Pedagogisch Institut und →Ge-
sellschaft für Organisationsentwicklung, die
sich verstärkt um die Weiterentwicklung der
O. in Wissenschaft und Praxis bemühen. – 4.
Gegenwärtig scheint die O. – nach einer
gewissen Konsolidierungsphase und verstärkter Akzeptanz in der Praxis – an die Grenzen
der organisationalen Umsetzbarkeit gestoßen
zu sein. Zahlreiche Erkenntnisse und Erfahrungen, die mit der O. gemacht wurden,
fließen in die →Personalentwicklung ein.
Diese wird (vermutlich aufgrund ihres fehlenden emanzipatorischen Anspruchs) von den
Entscheidungsträgern in der Wirtschaft vermehrt angenommen.

III. Zielsetzung: O. verfolgt *zwei gleichrangige* und interdependente *Ziele:* die Verbesserung der organisationalen Leistungsfähigkeit zur Erreichung der strategischen
Ziele der Unternehmung und die Verbesserung der Qualität des Arbeitslebens für die in
ihr beschäftigten Mitarbeiter (→Humanisie-
rung der Arbeit). Der prinzipiell dieser dualen
Zielsetzung innewohnende *Konflikt* wird
gelöst, indem die Mitarbeiter soweit als möglich ihre Bedürfnisse in den Prozeß der Veränderung einbringen und damit konkrete Fragen
und Probleme der täglichen Arbeit und der
gemeinsamen arbeitsbezogenen Zukunft
lösen, d. h. es wird unterstellt, daß Erhöhung
der Effektivität und Verbesserung der Bedürf-
nisbefriedigungsmöglichkeiten für die Mitarbeiter komplementär sind oder sein können.

IV. Träger: 1. O.-Projekte werden von der Gesamtheit einer betroffenen organisationalen Einheit, dem sog. *Klientensystem* (z. B. Abteilung, Arbeitsgruppe, Betrieb), und – zumeist – einem *externen Berater* (→change agent) getragen. Dabei ist die Rolle des Beraters nicht mit der eines „normalen" Unternehmensberaters (→Managementberatung) vergleichbar. Der Berater wird als Experte für die Initiierung von Lernen verstanden, der Hilfestellung bei der Problemdiagnose und Klärung des Veränderungsbedarfs leisten soll. Er ist also Erkenner von Alternativen, Verfahrensspezialist für die Steuerung sozialer Prozesse und Reflektor von Problemsituationen. – 2. →Gesellschaft für Organisationsentwicklung.

V. Prozeßorientiertes Vorgehen: O. ist ein *Prozeß* des Lernens und der Entwicklung der Organisation und der in ihr tätigen Menschen. Der geplante Prozeß des organisationalen Wandels basiert nach Lewin auf folgenden Phasen. – 1. „*Auftauen" (Defreezing):* Die Organisationen und die in ihr tätigen Individuen müssen sich der festgefahrenen Muster des Verhaltens bewußt werden und nach Wegen der Veränderungen suchen. Prozeßschritte dieser Phase: a) *Datensammlung:* Der Berater oder ein Beratungsteam erfaßt im Rahmen einer Organisationsanalyse (→Organisationsmethodik) neben rein aufgabenbezogenen Fakten auch die Einstellungen und Wertstrukturen des Klientensystems. – b) *Datenfeedback:* Dem Klientensystem werden die erhobenen Daten präsentiert. – c) *Diagnose:* Gemeinsam mit dem Klientensystem werden die Daten aufbereitet und interpretiert. – 2. „*Verändern" (Changing):* Die in der Phase des Auftauens gewonnenen Erkenntnisse werden bei der Planung der durchzuführenden Maßnahmen und der

anschließenden Kontrolle berücksichtigt. – a) *Maßnahmenplanung und Intervention:* Die Maßnahmen zur Beseitigung der erkannten Probleme werden gemeinsam mit den Betroffenen geplant, operationalisiert und durchgeführt. Parallel zur Realisierung der Zielsetzung ist es notwendig, dem Klientensystem die erforderlichen Techniken zur Selbststeuerung und Konfliktbearbeitung zu vermitteln und diese zu stabilisieren. Da Organisationen große und komplexe Systeme darstellen, ist das Problem des Einstiegs in die O. zu klären, da nicht auf allen Ebenen einer Unternehmung gleichzeitig mit der O. begonnen werden kann; zu unterscheiden sind die Einstiegsstrategien Top-down-, Bottom-up-, Top-down-and-Bottom-up-, Keil-, Multiple-nucleus-Strategie, Strategie vertikaler und diagonaler Schnitte. – b) *Erfolgskontrolle:* Bewertung der Effektivität der Interventionen und eventuelle Korrektur der Maßnahmen oder Beginn eines erneuten O.-Zyklus. – 3. „*Stabilisieren" (Freezing):* Durch das Ausblenden des O.-Beraters ist das Klientensystem hinsichtlich zukünfiger Veränderungen auf sich selbst gestellt. Die damit notwendig werdende Selbstorganisation des Klientensystems basiert auf der Fähigkeit zur Handhabung der entsprechenden Interventionstechniken.

VI. Ansatzpunkte der Intervention: 1. *Personenbezogene Ansätze:* Interventionen zielen auf Veränderungen des individuellen Verhaltens (→Laboratoriumstraining, →Selbsterfahrungsgruppen, →sensitivity training, encounter group). – 2. *Gruppenbezogene Ansätze:* Sie sind an sozialen Beziehungen orientiert und zielen auf die Entwicklung des Verständnisses und der Selbststeuerungsfähigkeit von Prozessen im zwischenmenschlichen Bereich (Teamentwicklung, Intergruppenaktivitäten, →Gruppendynamik, Prozeßbera-

Interventionsbereiche   Ergebnisse

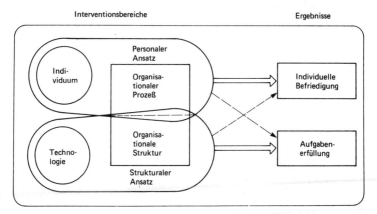

tung, →Moderation). – 3. *Strukturorientierte Ansätze:* Ziele der O. sollen durch die Gestaltung der organisationalen Strukturen erreicht und abgesichert werden (→job enlargement, →job enrichment, →Arbeitszeitmodelle, →management by objectives). – 4. *Ganzheitliche Ansätze:* Ausgehend von der Erkenntnis, daß isolierte und einseitige Interventionen nicht geeignet sind, umfassende Veränderungen dauerhaft herbeizuführen, integrieren die ganzheitlichen Ansätze die unterschiedlichen Interventionskomplexe; die Abbildung Sp. 753/754 verdeutlicht die Überlappungsbereiche und Interdependenzen der ganzheitlichen Ansätze.

VII. E n t w i c k l u n g e n u n d G r e n z e n d e r O.: Die zunehmende Dynamik der wirtschaftlichen und technologischen Entwicklung sowie der Wertewandel in der Gesellschaft im Hinblick auf den Wunsch nach mehr Freiraum und Selbstbestimmung verhilft der O. zu erneuter Aufmerksamkeit, da die Wirtschaftsunternehmen Erfolge nur durch selbständige und strategisch denkende Mitarbeiter realisieren können. Die O. kann in Verbindung mit der →Personalentwicklung die Bedingungen dazu schaffen, Voraussetzung ist allerdings, daß die augenblicklichen Anwendungsgrenzen und die eingetretene Ernüchterung aufgrund nicht immer realisierter Erwartungen hinsichtlich Resultate und Dauer des O.-Prozesses sowie Überbetonung subjektiver Wertvorstellungen und Interessen überwunden werden. Dazu ist es u. a. ebenfalls notwendig, die Leistungs- und Managementorientierung der O. stärker als bisher ins Blickfeld zu rücken.

Literatur: Bartölke, K., Oganisationsentwicklung, in: Handwörterbuch der Organisation, 1980, Sp. 1468–1481; Bennis, W. G./Benne, K./Chin, R. (Hrsg.), Änderungen des Sozialverhaltens, 1975; Blake, R. R./Mouton, J. S., Verhaltenspsychologie im Betrieb, 1980; Comelli, G., Training als Beitrag zur Organisationsentwicklung, 1985; Einsiedler, H. E., Werthaltungen von Führungskräften zu partizipativen Veränderungsstrategien, 1986; French, W. L./Bell, C. H., Organisationsentwicklung, Sozialwissenschaftliche Strategien zur Organisationsänderung, 1982; Friedlander, F./Brown, L. D., Organization Development, in: Rosenzweig, M. R./Porter, L. W. (Eds.), Annual Review of Psychology, 25 (1974), S. 313–341; Gebert, D., Organisationsentwicklung, 1974; Glasl, F./de la Houssaye, E., Organisationsentwicklung. Das Modell des NPI und seine praktische Bewährung, 1975; Lewin, K., Frontiers in Group Dynamics, I und II, in: Human Relations, Vol. I (1947), S. 5–41 und S. 143–153; Likert, R., Neue Ansätze der Unternehmensführung; Sievers, B. (Hrsg.), Organisationsentwicklung als Problem, 1977; Schanz, G., Organisationsgestaltung, Struktur und Verhalten, 1982; Staehle, W. H., Management. Eine verhaltenswissenschaftliche Einführung, 1985; Trebesch, K. (Hrsg.), Organisationsentwicklung in Europa, 2 Bde., 1980; Wunderer, R.; Grunwald, W., Führungslehre, 2 Bde., 1980.
　　　　　　　　　　Dr. Manfred Antoni

Organisationsfehler, Fehler in der systematischen Ordnung einer größeren Anzahl von Gliedern (→Organisation). Im Sinne der Unternehmungsziele kontraproduktive →Organisationsgestaltung, z. B. unklare →Kompetenzabgrenzung, zu große →Leitungsspannen, zu hohe →Entscheidungszen-

tralisation, →Überorganisation und →Unterorganisation. Infolge der Meßprobleme der →organisatorischen Effizienz lassen sich nicht alle, sondern meist nur grobe O. mit Hilfe der →Organisationstheorie feststellen bzw. vermeiden.

Organisationsformen,　　　→Organisationsstruktur II.

Organisationsgestaltung, nach dem funktionalen →Organisationsbegriff (vgl. dort 3) die Tätigkeit der Ausformung der →Organisationsstruktur durch →Organisationsplanung, →Organisationsrealisation und →Organisationskontrolle, wobei sie sich auf das Instrumentarium der →Organisationsmethodik stützen kann. Ein ganzheitliches Konzept für eine planmäßig-strategische O. stellt die →Organisationsentwicklung dar.

Organisationsgrad. 1. *Begriff:* Ausmaß, in dem das Verhalten der Organisationsteilnehmer durch Vorschriften, Normen und Regeln formalisiert ist. O. gibt die Relation von →Organisation zu →Disposition an, d. h. von Außen- zu Selbstbestimmung. – 2. *Die Bestimmung* des für den Einzelfall bestgeeigneten O. ist ein Optimierungsproblem, das wegen der Vielschichtigkeit und Komplexität insbes. qualitativer Einflußfaktoren bis heute mit mathematischen Verfahren nicht gelöst werden kann (→organisatorische Effizienz); es werden →heuristische Verfahren herangezogen. Nach dem →Substitutionsprinzip (vgl. dort II 2) wächst der O. mit steigender Gleichförmigkeit der zu regelnden Teilhandlungen.

Organisationsimplementation, alle Aktivitäten zur Durchsetzung und Umsetzung der geplanten organisatorischen Änderungen. →Organisationsentwicklung.

Organisationsklausel, →closed shop.

Organisationskontrolle, Rückkoppelung zwischen →Organisationsrealisation und →Organisationsplanung, bezogen auf alle Phasen des organisatorischen Gestaltungsprozesses zwecks Überprüfung der Zweckmäßigkeit und Gültigkeit der aktuellen Organisationsstruktur.

Organisationskonzepte,　　　→Organisationsstruktur II.

Organisationskosten, Aufwendungen für die Schaffung einer innerbetrieblichen Funktionsteilung (→Organisation) sowie für die dafür benötigten Einrichtungen. O. kommen meist einem längeren Zeitraum zugute. – 1. Für *Kostenverrechnung* zwei Möglichkeiten: a) Aktivieren, so daß O. auf dem Wege über die →Abschreibungen in die →Kostenrechnung eingehen. – b) Belasten eines →Aufwandsausgleichskontos und Verteilen in angemessenen Teilbeträgen auf die einzelnen Rechnungsschnitte. – 2. *Bilanzierung:* In der →Handelsbilanz und der →Steuerbilanz sind O. aktivierungspflichtig, soweit ihnen ein aktivierungsfähiger Vermögensgegenstand (Wirtschaftsgut) gegenübersteht. In der Handelsbilanz von Kapitalgesellschaften O. außerdem aktivierungsfähig, soweit sie →Aufwendungen für die Ingangsetzung und Erweiterung des Geschäftsbetriebes sind.

Organisationskultur, →Unternehmenskultur.

Organisationsmethodik, *Organisationsanalyse, Organisationsuntersuchung,* Regeln und Techniken des planmäßigen Vorgehens bei der →Organisationsgestaltung bzw. →Reorganisation. – *Verfahren:* →Aufgabenanalyse, →Aufgabensynthese.

Organisationsmitglieder, *Organisationsteilnehmer.* 1. *Begriff:* Die in einer Organisation (institutionaler →Organisationsbegriff) handelnden, auf das →Organisationsziel verpflichteten Menschen. – 2. Die *Aufgaben* der O. leiten sich aus diesem Ziel her. – 3. Die *Beziehungen* der O. untereinander, ihre Über- und Unterstellung sind, soweit sie Ausdruck der formalen Organisation sind, in →Organigrammen dargestellt; die sich unter den O. „von selbst" ausbildenden Beziehungen werden als informelle Organisation erfaßt. – Vgl. auch →Handlungsträger. →Organisation.

Organisationsmodell, die sich bei der →Kompetenzabgrenzung auf der zweiten Hierarchieebene einer Unternehmung ergebende →Organisationsstruktur.

Organisationsplan, →Organigramm.

Organisationsplanung, Entscheidungen über zukünftige Strukturtatbestände der Unternehmung, strategische Teilplanung. Anlässe sind Neugründung oder →Reorganisation, veranlaßt durch sachliche, organisatorische oder persönliche Motive. – Vgl. auch →Organisationsentwicklung.

Organisationsprinzipien, grundsätzliche Aussagen über eine möglichst zweckmäßige Gestaltung der organisatorischen Strukturierung, z. B. →Zentralisation, →Dezentralisation, →Leitungsspanne, Kongruenz von →Aufgabe, →Kompetenz und →Verantwortung. O. geben pragmatische Gestaltungshinweise, ihre Allgemeingültigkeit unterliegt infolge der Probleme bei der Messung der →organisatorischen Effizienz starken Einschränkungen.

Organisationsprogramm, →Steuerprogramm.

Organisationspsychologie, →Arbeits- und Organisationspsychologie.

Organisationsrealisation, Verwirklichung des geplanten organisatorischen Wandels. Vgl. →Organisationsentwicklung.

Organisationsrecht. I. B e g r i f f : Der Begriff O. wird bislang nicht einheitlich gefaßt und bezeichnet (noch) keine eigenständige Teildisziplin der Rechtswissenschaften.

1. *O. i. w. S.:* Die Gesamtheit aller Rechtsnormen, die an der Organisation (nach dem instrumentalen und dem funktionalen →Organisationsbegriff) arbeitsteiliger Handlungssysteme anknüpfen. Diese organisationsrelevanten juristischen Vorschriften sind nicht geschlossen kodifiziert, sondern entstammen einer nur schwer überschaubaren Vielzahl unterschiedlicher Rechtsquellen.

2. *O. i. e. S.:* Die betrachteten Handlungssysteme sind auf die privatautonomen, unter einheitlicher Leitung stehenden wirtschaftlichen Veranstaltungen (Unternehmungen) eingeschränkt. So zählen zu den wichtigsten *Quellen des nationalen O.* der Bundesrep. D.: das *Gesellschaftsrecht* (z. B. §§ 114ff. HGB – Leitung der OHG; §§ 76ff. AktG – Leitung der AG); das *Betriebsverfassungsrecht* (z. B. § 87 I Nr. 1 BetrVG – Mitbestimmungsrecht bei Fragen der Ordnung des Betriebs und des Verhaltens der Arbeitnehmer im Betrieb, § 111 Nr. 4 BetrVG – Mitwirkungsrecht bei grundlegenden Fragen der Betriebsorganisation, des Betriebszwecks oder der Betriebsanlagen); das *Mitbestimmungsrecht* (z. B. § 13 Montan-MitbestG, § 33 MitbestG – Arbeitsdirektor); das *Arbeitsrecht* i. e. S. (z. B. § 121 GewO – Weisungsabhängigkeit der Gesellen und Gehilfen; §§ 3 ff. AZO; § 2 MuSchG – Gestaltung des Arbeitsplatzes); das *Konzernrecht* (z. B. § 291 AktG – Weisungsrecht beim Beherrschungsvertrag).

II. E n t w i c k l u n g : Die organisatorischen Implikationen juristischer Vorschriften sind zumindest punktuell seit jeher angesprochen worden. Eine breitere *interdisziplinäre Beschäftigung mit organisatorisch-juristischen Problemstellungen* hat jedoch erst in der jüngeren Vergangenheit eingesetzt und ist noch in der Entwicklung begriffen. Dabei liegt der thematische Schwerpunkt der Arbeiten bisher eindeutig auf dem Gebiet der →Unternehmensverfassung, während Fragen der →Betriebsverfassung und die organisatorischen Sonderprobleme von Konzernen weniger intensiv behandelt sind und die Unternehmungsorganisation unterhalb der Ebene des Leitungsorgans (Vorstand u. ä.) nur vereinzelt Beachtung gefunden hat.

III. K o n z e p t i o n e l l e A n s ä t z e : Im Hinblick auf die Konzeption der Beiträge zum O. lassen sich je nach der als Ausgangspunkt gewählten Fachrichtung zwei grundlegende theoretische Bezugsrahmen unterscheiden:

1. Von den jeweiligen *Gesetzeszwecken* ausgehend werden die normative Kraft und Effizienz der verhaltenssteuernden Regeln gültiger (Analysen de lege lata) oder vorgeschlagener

(Analysen de lege ferenda) Rechtsordnungen unter Einbeziehung wirtschaftswissenschaftlicher Forschungsmethoden und -ergebnisse untersucht.

2. Der Perspektive der →entscheidungsorientierten *Betriebswirtschaftslehre* folgend werden organisationsstrukturelle Entscheidungsprobleme um ihre juristische Dimension erweitert und Rechtsnormen als Bestimmungsgrößen interpretiert, die bei der Generierung zulässiger und Auswahl optimaler organisatorischer Gestaltungsalternativen zu berücksichtigen sind (entscheidungslogische Betrachtung) bzw. rechtstatsächlich das Verhalten der organisationsbefugten Entscheidungsträger beeinflussen (entscheidungsverhaltensorientierte Betrachtung).

IV. Rechtsnormimplikationen für Organisationsentscheidungen: 1. *Betrachtungsperspektive:* Legt man aus dem Kreis der skizzierten Ansätze die *Entscheidungslogik* als betriebswirtschaftlich geprägte Richtung zugrunde, so werden juristische Vorschriften als Daten organisatorischer Entscheidungen aufgefaßt und mit dem Ziel einer Verbesserung der Entscheidungsqualität berücksichtigt. Um die rechtlichen Aspekte der Organisatioin entsprechend entscheidungsorientiert aufzubereiten, ist es zweckmäßig, die Gestaltungsimplikationen des O. nicht primär nach rechtswissenschaftlichen Gliederungsaspekten (Gesellschaftsrecht, Arbeitsrecht usw.) herauszuarbeiten, sondern den organisatorischen Gehalt jeweils sämtlicher Rechtsbereiche getrennt nach den Aktionsparametern der organisatorischen Gestaltung zu isolieren. Diese Projektion von Rechtsregeln auf die einzelnen Gestaltungsalternativen der Organisation ermöglicht es im Idealfall, alle bei der Ausformung organisatorischer Aktionsparameter jeweils beachtlichen Rechtsnormimplikationen zusammengefaßt aufzuzeigen und so die Entscheidungstransparenz der juristischen Organisationsdimension zu steigern.

2. *Implikationsarten:* Die Beziehungen zwischen juristischen Vorschriften und organisatorischen Aktionsparametern lassen sich nach ihrer Stellung im Entscheidungsmodell einteilen: a) *Rechtsnorminduzierte Unterstützung:* Rechtsnormen können zwar die Zahl der denkbaren organisatorischen Gestaltungsmöglichkeiten nicht ausdehnen und insoweit allenfalls eine Anregungsfunktion für unvollkommen informierte Entscheidungsträger übernehmen; sie können aber den Einsatz organisatorischer Aktionsparameter über das zur Verfügung gestellte rechtliche Instrumentarium juristisch absichern oder durch den gewährten Rechtsschutz gar erst ermöglichen. Ein Beispiel für derartige Unterstützungsbeziehungen bildet die arbeitsvertragliche →Direktionsrecht, das rechtsverbindliche →Weisungen von →Instanzen und damit auch eine (gewisse) →Entscheidungszentralisation gestattet. – b) *Rechtsnorminduzierte Restriktionen:* Rechtsnormen schränken den zulässigen Aktionsraum teilweise ein. So darf in aktienrechtlich verfaßten Konzernen die Zentralisation tochterbezogener Entscheidungen bei der Muttergesellschaft aufgrund §§ 311 ff. AktG ein bestimmtes Maß nicht übersteigen. – c) *Rechtsnorminduzierte Konsequenzen:* Sie ergeben sich, falls organisatorische Aktionsparameter entscheidungsrelevante Rechtsfolgen auslösen. Durch eine vergleichsweise hohe →Delegation z. B. kann in gewissen Grenzen die Zahl der →leitenden Angestellten und damit der Kreis derjenigen →Handlungsträger erweitert werden, auf die zahlreiche Vorschriften entweder nicht (z. B. § 1 II Nr. 2 AZO) oder nur modifiziert (z. B. § 5 III BetrVG, § 14 II K.SchG) Anwendung finden.

3. *Differenzierungsmöglichkeiten:* Die Implikationsarten, Unterstützungen, Restriktionen, Konsequenzen stellen konzeptionelle Kategorien zur generellen Erfassung der Beziehungen zwischen organisatorischen Gestaltungsmaßnahmen und juristischen Vorschriften dar. In materieller Hinsicht lassen sich die Rechtsnormimplikationen durch eine Spezifizierung der organisatorischen und/oder juristischen Dimension differenzieren: a) Unter *organisatorischen Gestaltungaspekten* können grundlegend Maßnahmen der →Ablauforganisation von solchen der →Aufbauorganisation getrennt und damit ablauf- und aufbauorganisatorische Implikationen von Rechtsnormen unterschieden werden. Ein Beispiel für die zahlreichen ablauforganisatorischen (Detail-)Regelungen bilden die Verfahrensvorschriften in §§ 170 f. AktG zur Prüfung des Jahresabschlusses der AG durch den Aufsichtsrat. Aufbauorganisatorische Implikationen lassen sich z. B. für die Organisation der Unternehmungsleitung nachweisen. So fordert § 77 I AktG für die →Arbeitsteilung in einem multipersonalen Vorstand die Beachtung eines strengen →Kollegialprinzips und verbietet hierdurch u. a. – im Gegensatz zum GmbHG – Organisations-modelle, bei denen einzelne Angehörige des Vortstands anderen Vorstandsmitgliedern (etwa dem Vorstandsvorsitzenden) weisungsmäßig unterstehen. – b) Für die *juristische Dimension* ist zunächst eine Unterscheidung nach der gewählten bzw. zur Wahl stehenden Rechtsstruktur der Unternehmung zweckmäßig, da das Rechtskleid in nicht unerheblichem Maße die anzuwendenden Rechtsregeln determiniert. In einer ersten Einteilung lassen sich hier die Rechtsnormimplikationen für rechtseinheitlich verfaßte Einheitsunternehmungen und diejenigen für rechtlich gegliederte Konzernunternehmungen voneinander trennen. Während der organisationsrechtliche Daten-

kranz für die Einheitsunternehmung unter rechtsstrukturellem Aspekt nur mit der betrachteten Rechtsform variiert, potenzieren sich die Differenzierungsmöglichkeiten im Konzern. So können v. a. die rechtlich selbständigen Einheiten (Konzernunternehmen) jeweils verschiedene Rechtsformen aufweisen und mit Hilfe unterschiedlicher Unternehmensverbindungen – z. B. faktische (§§ 311 ff. AktG), beherrschungsvertragliche (§§ 291 ff. AktG) oder eingliederungsvermittelte (§§ 319 ff. AktG) Konzernbindung – verknüpft werden; vgl. →Konzernorganisation.

Literatur: Bleicher, K., Gedanken zur Gestaltung der Konzernorganisation bei fortschreitender Diversifizierung, ZfO 1979, S. 243–251 (1. Teil) und S. 328–335 (2. Teil); Chmielewicz, K. u. a. (Hrsg.), Unternehmungsverfassung, Stuttgart 1981; Diefenbacher, H., Empirische Mitbestimmungsforschung, Frankfurt a. M. 1983; Doralt, P./Grün, O./Nowotny, C., Die Bedeutung der Rechtsform und ihrer Ausgestaltung für die Organisaton von Entscheidungsprozessen – dargestellt am Beispiel einer Projektorganisation (Olympia Baugesellschaft mbH, München), ZGR 1981, S. 249–284; Everling, W., Betriebsabteilung oder Beteiligungsgesellschaft? BFuP 1977, S. 281–287; Gerum, E./Oppenrieder, B./Steinmann, H., Rechtsformabhängige vs. rechtsformneutrale Unternehmensverfassung: Der Fall der mitbestimmten GmbH, DBW 1986, S. 460–472; Hübner, H., Recht und Organisation, in: Handwörterbuch der Organisation, hrsg. v. E. Grochla, Stuttgart 1980, Sp. 2006–2027; Küting, K., Unternehmungspolitische Aspekte bei der Wahl zwischen einem faktischen und einem Vertragskonzern, DBW 1980, S. 375–385; Rancke, F., Betriebsverfassung und Unternehmenswirklichkeit, Opladen 1982; Richter, B., Der mitbestimmte Aktiengesellschaftskonzern, Köln 1983; Seidel, E., Organisation und Recht, ZfO 1977, S. 443–448; Schwark, E., Spartenorganisation in Großunternehmen und Unternehmensrecht, ZHR 1978, S. 203–227; Theisen, M. R., Die Aufgabenverteilung in der mitbestimmten GmbH, Königstein/Ts. 1980; Wendeling-Schröder, U., Divisionalisierung, Mitbestimmung und Tarifvertrag, Köln u. a. 1984; v. Werder, A., Organisationsstruktur und Rechtsnorm, Wiesbaden 1986; ders. Konzernstruktur und Matrixorganisation, ZfbF 1986, S. 586–607; Witte, E., Das Einflußsystem der Unternehmung in den Jahren 1976 und 1981, ZfbF 1982, S. 416–434.

Dr. Axel v. Werder

Organisationsrichtlinien für die Buchführung, →Buchführungsrichtlinien.

Organisationsschaubild, →Organigramm.

Organisationssoziologie, spezielle Soziologie mit dem Gegenstandsbereich von →Organisationen als soziale Gebilde und die in ihr stattfindenden sozialen Prozesse (stehen im Vordergrund) sowie Organisation als Prozeß einer koordinierenden, ordnenden und gestaltenden Tätigkeit in sozialen Kontexten. Organisationen sind ein universelles Merkmal moderner, industrieller Gesellschaften, d. h. Menschen in derartigen Gesellschaften sind Zeit ihres Lebens kurz- und längerfristig in Organisationen (Schulen, Universitäten, Krankenhäuser, Haftanstalten, Betriebe, Unternehmen, Verbände, Vereine, Parteien usw.) eingebunden; es gibt kaum einen Lebensbereich, der nicht mit Organisationen verbunden ist. Insofern stellen Organisationen die Rahmenbedingungen sozialen Handelns dar. Die O. untersucht diese unter dem Aspekten der formalen Struktur, der Organisationsziele, der Macht- und Herrschaftsbeziehungen, des organisatorischen Wandels, des Kon-

flikts, der Funktionalität bzw. Dysfunktionalität u. a. Der Differenziertheit sozialer Organisationen entspricht eine Vielfalt von Thematisierungen durch die O. – *Enge Beziehungen* bestehen insbes. zur →Betriebswirtschaftslehre und →Betriebssoziologie.

Organisationsstruktur, *organisatorische Gliederung, Unternehmungsgliederung.*

I. Begriff: System von Regelungen in →Organisationen. Die O. bildet das vertikal hierarchisch (→Hierarchie) und horizontal ab der zweiten Hierarchieebene gegliederte System der →Kompetenzen ab, das gemäß dem instrumentalen →Organisationsbegriff als genereller Handlungsrahmen die arbeitsteilige (→Arbeitsteilung) Erfüllung der permanenten und befristeten (→Projektorganisation) →Aufgaben regelt. In der vertikalen Perspektive besteht das grundlegende Beschreibungsmerkmal einer O. aus dem durch Strukturierung festgelegten Grad der →Delegation, in der horizontalen Perspektive v. a. durch die spezifische Ausrichtung der durch Segmentierung voneinander abgegrenzten Kompetenzinhalte der organisatorischen Einheiten (→Kompetenzabgrenzung). Dabei bestimmt die Segmentierung der obersten gegliederten (= zweiten) Ebene der Hierarchie das globale →Organisationsmodell der Unternehmung, die Gliederung der nachfolgenden Hierarchiestufen die jeweilige O. der organisatorischen Teilbereiche (→Teilbereichsorganisation). – Speziell orientierte *(marktorientierte) O.:* →Marketingorganisation.

II. Formen *(Organisationsalternativen, -formen bzw. -konzepte):* 1. Hinsichtlich der *vertikalen O.:* Die Alternativen lassen sich nicht klassifikatorisch einteilen, sondern stellen Punkte dar auf dem Kontinuum zwischen den beiden Eckpolen der →Entscheidungszentralisation und der →Entscheidungsdezentralisation. Der theoretische Grenzfall einer vollständigen Entscheidungszentralisation an der Spitze der Hierarchie kann mit dem Fehlen jeglicher →Entscheidungskompetenzen auf den nachgelagerten Hierarchieebenen eindeutig bestimmt werden; die Problematik der Dezentralisationsmessung ist bislang noch nicht zufriedenstellend gelöst. – 2. Hinsichtlich der *horizontalen O.:* Die Möglichkeiten zur kompetentiellen Ausrichtung der einer →Instanz direkt unterstellten organisatorischen Einheiten im Wege der horizontalen Kompetenzaufteilung resultieren aus der Art und der Anzahl der auf der jeweiligen Hierarchieebene zur Anwendung gelangenden Gliederungskriterien: a) Nach nur einem Gliederungskriterium: →eindimensionale Organisationsstruktur; b) nach mehreren Gliederungskriterien: →mehrdimensionale Organisationsstruktur. Die möglichen Kriterien für die Abgrenzung der Kompetenzen organisatorischer Einheiten lassen sich aus den Dimensio-

nen bzw. Komponenten einer Handlung ableiten (z. B. einzusetzende Ressourcen, vorzunehmende Verrichtungen, anzustrebende
Ziele).

III. B e w e r t u n g : Die Bewertung der alternativen O. ist von den jeweiligen Situationsbedingungen und Zielsetzungen der Unternehmung abhängig und infolge der generellen
Meßprobleme der →organisatorischen Effizienz nur in recht engen Grenzen möglich.
Markante Vor- und Nachteile der verschiedenen Gestaltungsmöglichkeiten können hervorgehoben werden; vgl. im einzelnen
→Strukturierung (zur vertikalen Kompetenzverteilung), →Funktionalorganisation,
→Regionalorganisation und →Spartenorga-
nisation sowie →Stab-Linienorganisation und
→Matrixorganisation (zur horizontalen
Kompetenzverteilung).

Organisationsteilnehmer, →Organisations-
mitglieder.

Organisationstheorien. I. U r s p r u n g : Die
Entwicklung von O. geht auf die Auseinandersetzung mit Organisationsproblemen bei Kirche, Heer und Staat zurück. Hier entstand das
Bedürfnis, „allgemeingültige" →Organisa-
tionsprinzipien zu entwickeln. Im Zuge einer
wirtschaftlichen Entwicklung, die im Gefolge
der Industrialisierung zu wirtschaftlichen Einheiten zunehmender Größe führte, erfolgte
eine Übernahme dieser Organisationsprinzipien in den Bereich der Wirtschaft und eine
Differenzierung der theoretischen Aussagen.

II. O r g a n i s a t i o n s t h e o r e t i s c h e A n -
s ä t z e : In der Entwicklung der O. standen
zunächst Einzelansätze im Mittelpunkt, die
zumeist das Organisationsproblem von der
schwerpunktmäßigen Betrachtung eines Elements her entfalteten. In jüngster Zeit hat eine
deutliche Suche nach einer Integration dieser
vielfältigen Einzelansätze in Form übergrei-
fender theoretischer Gesamtkonzepte eingesetzt.

1. *Elementorientierte Ansätze:* Vielfältige
Ansätze der O. versuchen, von einem
bestimmten Element ausgehend, organisatorische Gestaltungsprobleme zu analysieren.
Dabei werden von den Vertretern einzelner
organisationstheoretischer Richtungen unterschiedliche Elemente gewählt und akzentuiert:
a)*Aufgabenorientierte Ansätze:* Die anfäng-
liche wissenschaftliche Auseinandersetzung
mit Problemen der Organisation wird von
pragmatischen Zielsetzungen getragen (Fayol,
Taylor). Probleme effizienter Arbeitsteilung
und Spezialisierung und Lösungen zur Koordination dieser gegliederten Prozesse standen
im Vordergrund. Während sich die angloamerikanische Management-Literatur Aufbau-
problemen der Organisation relativ wenig
formalisiert zuwendet, widmete sich in der
Folgeentwicklung der größte Teil der deutsch-

sprachigen betriebswirtschaftlichen Organisationslehre der Untersuchung von aufbau- und
ablauforganisatorischen Problemen (Nordsieck, Henning, Ulrich, Kosiol). Von einer
vorgegebenen Aufgabe (Betriebsaufgabe) ausgehend, wurden sowohl die Probleme eines
Potentialgefüges der Organisation (Kosiol:
Verteilungs-, Leitungs-, Stabs-, Arbeits-, Kol-
legienzusammenhang) als auch Fragen des
raumzeitlichen Prozeßgefüges (Kosiol: personale, temporale und lokale Gestaltung; vgl.
auch Schweitzer) untersucht. In einer vororga-
nisatorischen Analyse wird nach bestimmten
Prinzipien eine Untergliederung der gegebenen Aufgabe in Unteraufgaben und dieser in
Arbeitselemente vorgenommen. Im Rahmen
einer Organisationssynthese erfolgt eine
Zuteilung von Aufgaben auf Organisations-
einheiten (Stellen und Abteilungen) sowie eine
ablaufgerichtete Synthese von Arbeitselemen-
ten. Der Mensch wird dabei im rein struktur-
technisch verstandenen Organisationssystem
als abstrakter, „mechanistischer" Aufgabenträger („Funktionär") verstanden. – Die geschlossenen aufgabenorientierten Ansätze
sind aus dem angelsächsischen Bereich zunehmend durch personen- und personengruppen-
orientierte Ansätze ergänzt worden. – b)
Personenorientierte Ansätze: Ansätze, die das
menschliche Verhalten (Orientierung an *Indi-
vidual-* bzw. *Gruppenverhalten*) zum Gegenstand haben. Ausgelöst durch die Hawthorne-
Untersuchungen (Dickson, Mayo, Roethlisberger) verlagerte sich das Interesse zunehmend auf sozialwissenschaftliche Untersuchungen des *menschlichen Verhaltens in Organisationen,* insbes. auf die Gestaltung der
sozialen Umwelt des Menschen in der Unternehmung zur Leistungssteigerung (Gegenstand der Human-Relations-Bewegung). Die
Herausstellung der Bedeutung sozialer Beziehungen und individueller Merkmale für die
Arbeitsleistung führten zu einer grundlegenden Änderung des Menschenbildes, weg vom
reinen sachrationalen Funktionsträger (Scien-
tific Management) zur sozio-emotionalen Person (March und Simon). Bedeutende Anstöße
für die organisationstheoretischen Ansätze
kommen im Verlauf der Human-Relations-
Bewegung aus anderen Disziplinen, z. B. aus
der Psychologie (Bedürfnishierarchie; Mas-
low). Individual-psychologische Aspekte fließen durch die Arbeiten von Herzberg und
Vroom ein, die primär motivierende Komponenten organisatorischer Regeln im Zusammenhang mit menschlichen Bedürfnissen zum
Untersuchungsgegenstand erheben. Mit dem
Vordringen der Kleingruppenforschung wurden Fragen wie Führerschaft, Status, Kommunikation, soziale Normen, Innovation
untersucht. Verfahren zur Messung sozialer
Interaktionen wurden entwickelt (Bales). Beiträge zur verhaltenswissenschaftlichen Organisationstheorie kommen sowohl von der
Soziologie als auch von der Sozialpsychologie.

Geschlossene Systeme (Barnard, Simon, Cyert, March) stellen eine Verbindung von menschlichem Verhalten und organisatorischer Strukturierung her. – c) *Informationsorientierte Ansätze:* Die rapide Entwicklung der automatischen Datenverarbeitung verstärkte das Interesse zur Entwicklung *informationstechnologischer* Ansätze der O. Waren die anfänglichen Untersuchungen auf Strukturierungsprobleme der Anlagen (→Hardware) und von Programmen (→Software) ausgerichtet, so wenden sich weitere Untersuchungen den →Management-Informationssystemen zu (Grochla, Szyperski). Neben den *gestaltungsergebnisorientierten Ansätzen* (Komponenten und Gestaltung von Informationssystemen) finden sich die *gestaltungsprozeßorientierten* Beiträge, die mehr auf Konzepte und Methoden der Informationssysteme ausgerichtet sind.

2. *Integrative Ansätze:* Im Gegensatz zu den bisher dargestellten, nur eine (elementorientierte) Blickrichtung isolierend erfassenden organisationstheoretischen Ansätzen, handelt es sich bei den integrativen Ansätzen um Versuche, eine Verbindung dieser elementaren Ansätze herzustellen. a) *Entscheidungsorientierte Ansätze:* Im Gefolge der Entwicklung der Unternehmensforschung (Operations Research) verstärkten sich in der Organisationstheorie Bemühungen, entscheidungstheoretische Ansätze zur Lösung von Organisationsproblemen heranzuziehen. – Diese *entscheidungslogisch-orientierten* Beiträge akzentuieren insbes. organisatorische Regeln und Aufgabenerfüllungsprozesse der Aktionsträger. Rationales Verhalten wird bei den Entscheidungsträgern vorausgesetzt, was im Einklang steht mit der zumeist formalisierten und mathematisierten Ausrichtung dieser Ansätze. Dabei handelt es sich um eine Erweiterung allgemeiner wirtschaftstheoretischer Modelle: Die Unternehmung wird nicht mehr als eine Entscheidungseinheit ohne eigene innerorganisatorische Probleme angesehen. Entscheidungen vollziehen sich vielmehr in einer vielgliederigen Einheit, die aus vielen Entscheidungszentren besteht, die miteinander und mit ihrer Umwelt Informationen austauschen. – Die Behandlung von Umweltsegmenten und die Eigenschaften der Aktionsträger (Menschen und Maschinen) stehen hingegen in den *entscheidungsverhaltens-orientierten* Ansätzen im Vordergrund. – b) *Systemtheoretisch-kybernetisch orientierte Ansätze:* Möglichkeiten der Verbindung der erwähnten Einzelansätze werden durch die →*Systemtheorie* als interdisziplinärem Ansatz eröffnet. Die Systemtheorie (v. Bertalanffy, Ashby, Flechtner) geht begrifflich von einem begrenzten Komplex von Elementen aus, die miteinander in Beziehung stehen. Eine derart weite Fassung gestattet die Untersuchung unterschiedlichster Systeme. Die *Kybernetik* (Wiener)

widmet sich insbes. den Regelungsvorgängen in Systemen. Sie wird dabei durch die →*Informationstheorie* unterstützt, die sich mit der Informationsübermittlung in Systemen beschäftigt. – c) *Situations-, kontext- und kontingenztheoretische Ansätze:* Die sich oft widersprechenden Empfehlungen allgemein anwendbarer Organisationsprinzipien führen ebenso wie ein zu hoher Abstraktionsgrad mit nur geringem Bezug zu empirisch gehaltvollen Aussagen dazu, daß die Erscheinungsvielfalt realer Organisationsstrukturen theoretisch nur unzureichend berücksichtigt wird. Die situative O. ist ein Versuch, auf diese Schwächen zu reagieren. Über vergleichende empirische Erhebungen werden Auswirkungen erfaßter situativer Einflußfaktoren (Kontext) aus der Umwelt und aus der Unternehmung auf einzelne Organisationsparameter beschrieben (Contingency Approach; Bedingtheitsansatz; Burns und Stalker; Lawrence und Lorsch; Blau und Schoenherr). Die Situation kann dabei in einzelne Komponenten zerlegt werden, wie etwa Differenziertheit des Leistungsprogramms, Größe der Unternehmung, angewendete Fertigungs- und Informationstechnologie, Rechtsform und Eigentumsverhältnisse neben der allgemeinen Umwelt (Kieser, Kubicek). Die angesprochenen Kontextfaktoren gehen als unabhängige Variablen, Struktureigenschaften der Unternehmung als abhängige Variablen in die Betrachtung ein, wobei durch Variation der Kontextvariablen nach möglichen Erklärungsursachen für reale Erscheinungsformen der Organisationsstruktur gesucht wird. Auch die besondere Bedeutung der Umwelt für die zweckgerechte Gestaltung der Organisationsstruktur heben erweiterte Ansätze dieser organsationstheoretischen Richtung hervor. Nach wie vor ist es problematisch, daraus *Effizienzaussagen* organisatorischer Gestaltungsalternativen abzuleiten. Probleme der Messung, Operationalisierung und Auswertung eines nicht immer repräsentativen Datenmaterials sowie die Komplexität des Untersuchungsgegenstandes schränken die Gestaltungsempfehlungen der situativen Organisationstheorie ein. Spielräume in der Gestaltung der Organisationsstruktur, die daraus resultieren, daß Effizienzwirkungen von Organisationsstrukturen nicht eindeutig bestimmt werden können sowie andererseits Einwirkungsmöglichkeiten auf den bestehenden Kontext durch unterschiedliche Strategiewahl bestehen, belegen das Konzept der strategischen Wahl (Strategic Choice; Child). Situationsfaktoren stellen demnach keine starren, „quasi-mechanischen" Anpassungszwänge mehr dar, und selbst von der Situation her sich widersprechende Anforderungen an die Strukturgestaltung schaffen einen voluntaristischen Gestaltungsspielraum für kreative Gestaltungsleistungen des Managements. Damit wird eine eher unternehmensindividuelle Wahl hinsichtlich des anzustrebenden Leistungsstandards (Effizienz) ermöglicht. – d) *Empirisch-theoretische Ansätze:* Situationskontext- und kontingenztheoretische Ansätze problematisieren das Verhältnis von Bedingungsrahmen, organisatorischer Gestaltung und ihre Wirkung auf das Erreichen von „organisationalen" Zielen. Aussagen über diese komplexen Zusammenhänge sind kaum ohne empirische Belege zu treffen. Sie können über eine sich vom methodischen Konzept her eigenständig profilierende empirische Theorie der Organisation gewonnen werden (vgl. Witte, Kirsch, Köhler, Kubicek). Ausgehend von konkreten organisatorischen Problemen und Problemlösungen wird versucht, mittels Abstraktion und Verallgemeinerung (Generalisierung) allgemeingültige und damit auch auf andere organisatorische Zusammenhänge übertragbare Aussagen zu gewinnen.

Literatur: Aldrich, H. W., Organizations and Environments. Englewood Cliffs. 1979; Argyris, C., Integrating the Individual and the Organization, New York 1964; Bleicher, K. (Hrsg.), Organisation als System, Wiesbaden 1972; ders., Unternehmensentwicklung und organisatorische Gestaltung, Stuttgart-New York 1979; Burns, T./Stalker, G. M., The Management of Innovation, London 1961; Chandler, A. D. Jr., Strategy and Structure-Chapters in the History of the Industrial Enterprise. 3. Aufl., Cambridge, Mass. and London, England 1966; Child, J., Oganizational Structure, Environment and Performance. The Role of Strategic Choice. In: Sociology, Vol. 6, S. 55–67; Cyert, R. M./James G. M., A Behavioral Theory of the Firm, Englewood Cliffs, N. J. 1963; Flechtner, H.-J., Grundbegriffe der Kybernetik. Eine Einführung, 3. Aufl., Stuttgart 1968; Frese, E., Grundlagen der Organisation, 2. Aufl., Wiesbaden 1984; Grochla, E., Einführung in die Organisationstheorie, Stuttgart 1978; Grochla, E., Grundlagen der organisatorischen Gestaltung, Stuttgart 1982; Grochla, E., Organisationstheorien. In: HWO. 2. Aufl., Stuttgart 1980, Sp. 1795–1818; Grochla, E./Szyperski, N. (Hrsg.), Management-Informationssysteme, Wiesbaden 1971; ders., Unternehmungsorganisation. Neue Ansätze und Konzeptionen, Reinbeck bei Hamburg 1972; Herzberg, F., Work and the Nature of Man. 6. Aufl., New York 1972; Hill, W./ Fehlbaum, R./Ulrich, P., Organisationslehre. Ziele, Instrumente und Bedingungen der Organisation sozialer Systeme, 2 Bde., 2. Aufl., Bern und Stuttgart 1976; Hoffman, F., Entwicklung der Organisationsforschung, 2. Aufl., Wiesbaden 1976; ders., Führungsorganisation, Bd. I: Stand der Forschung und Konzeption, Tübingen 1980; Kosiol, E., Organisation der Unternehmung, 2. Aufl., Wiesbaden 1976; Kieser, A. (Hrsg.), Organisationstheoretische Ansätze, München 1981; Kieser, A./Kubicek, H., Organisationstheorien I und II, Stuttgart 1978; Kirsch, W., Einführung in die Theorie der Entscheidungsprozesse, Wiesbaden 1977; Köhler, R. (Hrsg.), Empirische und handlungstheoretische Forschungskonzeptionen in der Betriebswirtschaftslehre, Stuttgart 1977; Krüger, W., Organisation der Unternehmen, Stuttgart 1984; Kubicek, H., Empirische Organisationsforschung, Stuttgart 1975; Lawrence, P. R./Lorsch, J. W., Organization and Environment, Homewood, III, 1969; March, J./Simon, H. A., Organisationen und Individuum, Wiesbaden 1976; Nordsieck, F., Betriebsorganisation. Lehre und Technik, 2 Bände, Stuttgart 1961; Roethlisberger, F. J./Dickson, W. J., Management and the Worker, Cambridge, Mass. 1939; Schanz, G., Organisationsgestaltung – Struktur und Verhalten, München 1982; Simon, H. A., Administrative Behavior. A Study of Decision-Making-Processes in Administrative Organization, 2. Aufl., New York 1957. Deutsch: Das Verwaltungshandeln, Stuttgart 1955; Taylor, F. W., Die Betriebsleitung (Shop Management), 3. Aufl., Berlin 1914; Ulrich, H., Die Unternehmung als produktives soziales System. Grundlagen der allgemeinen Unternehmungslehre, 2., überarb. Aufl., Bern und Stuttgart 1970; Vroom, V. H., Work and Motivation, New York, London, Sydney 1964; Witte, E., Das Informationsverhalten in Entscheidungsprozessen, Bd. 1 der Schriftenreihe „Empirische Theorie der Unternehmung", Tübingen 1972.

                    Prof. Dr. Knut Bleicher

Organisationstypen der Produktion, →Produktionstypen.

Organisationsuntersuchung, →Organisationsmethodik.

Organisationsverfassung, institutionelle Ordnung des Verhältnisses von *verfassungskonstituierenden Interessen* und *Unternehmensführung* in der →Unternehmensverfassung. 1. Für die AG in den nationalen Aktienrechten zwei organisatorische *Grundtypen:* (1) Die *dreigliedrige* Verfassungsstruktur mit Hauptversammlung, Aufsichtsrat und Vorstand (→Aufsichtsratsmodell). Außer in der Bundesrep. D. existiert dieses Modell noch in Frankreich (neues Recht), Holland (große AG), Italien und Österreich. (2) Die *zweistufige* Lösung mit Hauptversammlung und Verwaltungsrat bzw. Board (→Board-System). Dies Modell ist am verbreitesten, so z. B. in Belgien, Dänemark, Frankreich (altes Recht), Griechenland, Großbritannien, Holland (kleine AG), Japan, Kanada, Schweden, Schweiz, Spanien und den USA. – 2. *Bedeutung:* Dominant für die Entwicklung der O. erscheint das dreistufige Modell. Ein Übergang vom drei- auf das zweistufige System fand bei aktienrechtlichen Reformen nicht statt; das dreigliedrige Modell hingegen verbreitete sich in Europa (Fünfte EG-Richtlinie) (Holland, Frankreich).

Organisationsziel, Unternehmungsziel, das bei Entscheidungen tatsächlich berücksichtigte Leitbild, das dazu dient, die Tätigkeiten und Prozesse in der →Organisation (institutionaler →Organisationsbegriff) auf einen einheitlichen Zweck auszurichten. Die moderne Organisationsforschung hat aufgedeckt, daß in jeder Organisation eine Pluralität von Zielen besteht. Neben offiziellen O. der formalen Organisation (von der Führungshierarchie getragen) bestehen Abteilungs- und Gruppenziele sowie Ziele der einzelnen Organisationsmitglieder.

organisatorische Effizienz. 1. *Begriff:* Maß für den Zielbeitrag einer organisatorischen Regelung (→Organisation). Die Bewertung alternativer →Organisationsstrukturen stellt das Zentralproblem einer anwendungsorientierten →Organisationstheorie dar; die Effizienz der einzelnen organisatorischen Gestaltungsmöglichkeiten läßt sich jedoch beim gegenwärtigen Forschungsstand infolge der Komplexität der Bewertungsproblematik nur sehr bedingt angeben. Hierauf beruht u. a. auch der geringe Aussagegehalt der →Organisationsprinzipien. – 2. *Problemkonkretisierung:* Da organisatorische Regelungen nach dem instrumentalen →Organisationsbegriff der Ausrichtung arbeitsteilig durchgeführter Teilhandlungen auf das übergeordnete Gesamtziel der Unternehmung (→Koordination) dienen, geht es bei ihrer Bewertung letztlich um die Frage, welche Organisationsstrukturen unter bestimmten Situationsbedingungen in welchem Ausmaß die Zielerreichung fördern. – a) Aus *sachlogischer Perspektive* werden die denknotwendigen Implikationen der Aufteilung eines Gesamthandlungsproblems in Teilhandlungen für die Aufgabenerfüllung betrachtet, wobei von den individuellen Zielen der beteiligten Personen abstrahiert wird. – b) Bei Einbeziehung der *Motivationsperspektive* ist darüber hinaus zu berücksichtigen, daß die Wirksamkeit organisatorischer Strukturen auch von den persönlichen Handlungsträgerpräferenzen abhängt. Gerade was die Ableitung wissenschaftlich gesicherter Effizienzaussagen erschwert, da diese beim gegenwärtigen Stand der individual- und sozialpsychologischen Forschung meist nur auf plausible, aber nicht allgemeingültige Verhaltensmuster gestützt werden kann. So wird die in der organisationstheoretischen Literatur verbreitet unterstellte Prämisse einer positiven Korrelation zwischen dem Ausmaß der Entscheidungsautonomie und der Motivation von →Handlungsträgern häufig, aber nicht immer erfüllt sein. – 3. *Untersuchungsbedingungen:* Wegen der Abhängigkeit der Bewertung alternativer organisatorischer Regelungen von der gegebenen Unternehmungssituation und den verfolgten Zielen können Untersuchungen der o. E. nur vor dem Hintergrund bestimmter Ausprägungen der Kontextfaktoren und Zielsetzungen durchgeführt werden. – a) Als wichtige *organisationsrelevante Situationsbedingungen* gelten z. B. die Größe, das Leistungsprogramm und die Dynamik der Umwelt einer Unternehmung. – b) Da die Ermittlung des Beitrags organisatorischer Alternativen zur Erreichung globaler Unternehmungsziele (wie Gewinn oder Umsatz) praktisch an der Komplexität der Einflußstrukturen dieser Zielgrößen scheitert, muß eine realistische Beurteilung der o. E. auf *Subziele* zurückgreifen, für die eine positive Beziehung zum Oberziel angenommen werden kann (vgl. auch →heuristische Verfahren). Zum Beispiel (1) für die sachlogische Dimension die Ausnutzung der vorhandenen Ressourcen (→Ressourcennutzung), die Existenz von →Interdependenzen zwischen organisatorischen Einheiten aufgrund ihrer Koordinationsanforderungen, die →Dispositionsfähigkeit als Fähigkeit zur kurzfristigen Reaktion auf Änderungen der Umwelt; (2) für die motivationale Dimension die Zufriedenheit der Mitarbeiter, die Rate der →Fluktuation.

organisatorische Einheit, *Organisationseinheit.* 1. *Begriff:* Element der →Aufbauorganisation. Zuordnungsbereich von →Kompetenz für einen oder mehrere →Handlungsträger. – 2. *Arten:* a) Nach der *Anzahl der Handlungsträger:* (1) *Unipersonale o. E.:* Kompetenzen für einen Handlungsträger; vgl. auch

→Stelle. (2) *Multipersonale o. E.:* Kompetenzen für mehrere Handlungsträger; nach den Prinzipien der →Willensbildung zu unterscheiden in: o. E. mit einer internen →Hierarchie (→organisatorischer Teilbereich) und →Gruppen als ständig sowie →Gremien als zeitweise aktive o. E. mit gemeinsamer Willensbildung. – b) Nach der *Aufgabenstellung:* (1) Weisungsbefugte →Instanzen, (2) entscheidungsunterstützende →Stäbe, (3) →Entscheidungseinheiten, (4) →Realisationseinheiten, (5) →Kontrolleinheiten.

organisatorische Gliederung, →Organisationsstruktur.

organisatorischer Teilbereich, multipersonale →organisatorische Einheit, in der →Stellen und kleinere Einheiten über →Instanzen zusammengefaßt sind. Bezeichnung in der Praxis je nach Bedeutung der o. T. in der Hierarchie der Unternehmung v. a. als Abteilungen, Hauptabteilungen, Unternehmungsbereiche und -sektoren. – *Beispiele* und *Organisation:* Vgl. →Teilbereichsorganisation, →Segmentierung.

organische Bilanz, →organische Tageswertbilanz.

organische Bilanztheorie, die Theorie der →organischen Tageswertbilanz. Vgl. →Bilanztheorien III.

organischer Wert, im Gegensatz zum isolierten Wert eines einzelnen Vermögensbestandteils der Wert, den ein Gegenstand im Rahmen eines Vermögenskomplexes besitzt. Wichtigste Erscheinungsform: der →Teilwert.

organisches Steuersystem, →organische Steuerreform.

organische Steuerreform. 1. *Begriff/Charakterisierung:* Geplante Veränderungen im quantitativen und insbs. funktionellen Verhältnis von Hauptsteuern eines Staates zueinander sowie zwischen Haupt- und Nebensteuern, d. h. eine umfassende Steuerreform. Bei den meisten historischen Steuersystemen notwendig, die diese häufig steuerpolitischen Grundsätzen nicht genügen und nur unter Inkaufnahme erheblicher fiskalischer oder finanzausgleichspolitischer Nachteile über längere Zeit hinweg unverändert beibehalten werden können. – Die Forderung nach einer o. St. wurde von der Wissenschaft schon 1949, besonders aber seit 1953 immer wieder erhoben, nachdem die Entwicklung nach dem 2. Weltkrieg ein Mißverhältnis zwischen Wirtschafts- und Steuerstruktur hervorgerufen hatte. O. St. wurde als eine grundlegende Neuanpassung der Strukturen durch eine „große" Steuerreform verstanden, als deren Kernstück die Einführung einer Betriebsteuer (→Unternehmensbesteuerung III 3) anstelle der geltenden Gewinnsteuer vorgesehen war

→Steuerreform. – 2. „*Organisch*": Forderung nach Neuabstimmung der Einzelglieder des bestehenden Steuersystems, unter Verwirklichung folgender, bislang nur mangelhaft beachteter Punkte: a) Die Steuererträge sollen möglichst ökonomisch und in der der herrschenden Rechts- und Kulturgesinnung gemäßen Weise, entsprechend dem →Leistungsfähigkeitsprinzip, aufgebracht werden. – b) Die einzelnen Steuern sollen sich in Ausgestaltung und vermutlicher Wirkung gegenseitig ergänzen und minimal beinträchtigen. – c) Das ganze Steuergebäude soll auf das herrschende Wirtschaftssystem und die daraus folgenden wirtschaftspolitischen Aufgaben zweckvoll abgestimmt sein. – d) Die Verteilung der Steuerquellen soll der politischen Struktur der Bundesrep. D. Rechnung tragen. – 3. *Hauptbedenken gegen Verwirklichung:* Zeitbedingtheit und Kompromißhaftigkeit jedes, auch des „organischen" Steuersystems sind unvermeidlich. Eine wirklich organische, d. h. nicht nur tarifsenkende Reform ist angesichts der durch sie ausgelösten wirtschaftstörenden Anpassungsprozesse nur dort zu verantworten, wo begründete Aussicht auf kontinuierliche innere und äußere Wirtschafts- und Sozialpolitik besteht. Aus diesen Gründen werden heute anstelle grundlegender Steuerreformen in groß angelegten Aktionen eher Reformen in kleineren Schritten durchgeführt, d. h. eine *permanente Steuerreform.*

organische Tageswertbilanz, eine Bilanz, die in erster Linie der Erfolgsermittlung dient, jedoch im Unterschied zur →dynamischen Bilanz in der Weise, daß Geldwertschwankungen aus der Bilanz eliminiert werden (Prinzip der →substantiellen Kapitalerhaltung). – Die o. T. ist in der *Praxis* als Pflichtbilanz kaum realisierbar, da steuerlich nicht anerkannt. – Die *Theorie der o. T.* (→Bilanztheorien III) stammt von F. Schmidt („Organische Tageswertbilanz", 4. Auflage 1951). Ziel der o. T. ist es, den echten Leistungsgewinn vom unechten, auf Vermögenswertänderungen beruhenden Gewinn zu trennen. Deshalb werden alle Vermögensteile zu →Tageswerten in die Bilanz übernommen. Abweichungen der Tageswerte zum Schluß gegenüber denen zu Beginn der Rechnungsperiode werden auf einem Konto *Vermögenswertänderungen* festgehalten, das als Teil des Eigenkapitalkontos anzusehen ist. Die ebenfalls zu Tageswerten berechneten Abschreibungswerte dürfen nicht in bar oder auf Bankkonto angesammelt werden, sie sollen „wertbeständig" angelegt, also möglichst zu neuen Investitionen verwendet werden, damit sie die gleichen Wertbewegungen mitmachen wie die Gegenstände, von denen sie stammen. Da bei der Bilanzierung der Geldwerte (Forderungen und Verbindlichkeiten) Kaufkraftschwankungen nicht berücksichtigt werden können, muß auf Harmonie zwischen den Geldwerten auf der Aktiv- und Passivseite der Bilanz gesehen werden *(Prinzip der Wertgleichheit).*

organische Zusammensetzung des Kapitals, in der Wirtschaftstheorie des Marxismus das Verhältnis von →konstantem Kapital für den Kauf von Anlage- und Umlaufgütern zu →variablem Kapital für Lohnzahlungen in der Produktion (→Arbeitswertlehre). Diese Relation drückt damit die Kapital- bzw. Arbeitsintensität der Güterstellung aus. Marx nimmt an, daß durch den →technischen Fortschritt, der sich lediglich auf Arbeitskräfte sparend auswirke, die o. Z. d. K. zwangsläufig steigt. Hieraus leitet er das Gesetz des →tendenziellen Falls der Profitrate ab, das ihm Basisargument seiner Lehre über den unvermeidlichen Zusammenbruch des →Kapitalismus ist.

organizational buying, →organisationales Kaufverhalten.

organizational slack, →Theorie der Unternehmung II 5.

Organization for Economic Cooperation and Development, →OECD.

Organization for European Economic Cooperation, →OEEC.

Organization for Trade Cooperation, →OTC.

Organization of Arabian Petroleum Exporting Countries, →OAPEC.

Organized set of integrated rountines for investigation in Statistics, →OSIRIS.

Organkredite. 1. *Darlehen einer AG* an Mitglieder des Vorstands, Prokuristen oder zum gesamten Geschäftsbetrieb ermächtigte Handlungsbevollmächtigte sowie deren Ehefrauen und minderjährige Kinder. D. bedürfen der →Einwilligung des Aufsichtsrats (§ 89 AktG). – 2. *O. der Kreditinstitute* umfassen außerdem insbes. Darlehen an Mitglieder des Aufsichtsorgans, an sämtliche Beamte und Angestellte sowie deren Ehefrauen und minderjährige Kinder, an Unternehmen, mit denen eine gewisse personelle oder finanzielle Verflechtung besteht. Sie bedürfen i. a. des einstimmigen Beschlusses des Geschäftsleiter und der Zustimmung des Aufsichtsorgans (§ 15 KWG). – *Anzeigepflicht:* O. sind dem →Bundesaufsichtsamt für das Kreditwesen unverzüglich anzuzeigen, wenn der zugesagte oder in Anspruch genommene Betrag bei natürlichen Personen 250 000 DM übersteigt und bei Unternehmen 5% des haftenden Eigenkapitals des Kreditinstituts übersteigt und höher als 250 000 DM ist (§ 16 KWG).

Organlehre, steuerrechtliche Lehre von der wirtschaftlichen Einheit rechtlich selbständiger Unternehmen, die zueinander im Verhältnis der Unter- und Überordnung stehen. – Vgl. auch →Organschaft.

Organschaft. I. Begriff: I.a. ein rechtliches und tatsächliches Unterordnungsverhältnis aufgrund der Eingliederung einer oder mehrerer Kapitalgesellschaften, die rechtlich selbständig, wirtschaftlich aber unselbständig sind (→Organgesellschaft), in ein übergeordnetes Unternehmen (→Organträger). Wegen der zunehmenden Verflechtungen von Unternehmen von Bedeutung. – Die *steuerrechtlichen Voraussetzungen und Folgen* der O. sind durch besondere Vorschriften im KStG, GewStG und VStG geregelt.

II. Organschaftstheorien/Entwicklung: Die heute gültigen gesetzlichen Regelungen (vgl. III–V) beruhen auf Grundsätzen, die die Rechtsprechung entwickelt und weitergebildet hat. – 1. Das *Preußische Oberverwaltungsgericht* forderte um die Jahrhundertwende als Voraussetzung für eine O. das Bestehen eines persönlichen Abhängigkeitsverhältnisses: Die Organgesellschaft wurde trotz rechtlicher und steuerlicher Selbständigkeit als Angestellter des Organträgers angesehen *(Angestelltentheorie)*. – 2. Der *Reichsfinanzhof* erkannte auf diesen Grundlagen die O. zuerst für die Kohlensteuer, später auch für andere Steuern an. Die Organgesellschaft mußte finanziell, wirtschaftlich und organisatorisch in das Unternehmen des Organträgers eingegliedert und dessen Weisungen zu folgen verpflichtet sein. Auf dem Gebiet der Körperschaftsteuer konnte Gewinnabführung oder Verlustübernahme durch Vertrag oder durch Weisung des Organträgers begründet werden. Die Organgesellschaft blieb zwar subjektiv steuerpflichtig, die objektive Steuerpflicht aber entfiel wegen der Zurechnung des Gewinns (Verlusts) auf den Organträger *(Zurechnungstheorie)*. Organgesellschaft mußte eine juristische Person, Organträger konnte auch eine natürliche Person sein. Im Gewerbesteuerrecht sollte die O. eine willkürliche Beeinflussung von Gewerbeertrag und Gewerbekapital der Organgesellschaft durch den Organträger verhindern und so den Sitzgemeinden der Organgesellschaften die Gewerbesteuer erhalten. Deshalb wurde nach der Rechtsprechung und nach den 1936 erlassenen gesetzlichen Regelung die Organgesellschaft als Betriebsstätte des Organträgers angesehen, wodurch die Sitzgemeinde über die Zerlegung des einheitlichen Gewerbesteuermeßbetrags an dem Steueraufkommen beteiligt wurde. Die Organgesellschaft war eine Geschäftsabteilung des Organträgers *(Filialtheorie)*. – Der Umsatzsteuersenat des Reichsfinanzhofs gab schon 1934 die Angestelltentheorie auf und entwickelte die *Lehre von dem Organverhältnis*. Die Organgesellschaft könne nur willenloses Werkzeug des Organträgers sein und keine unternehmerische Selbständigkeit haben. Die umsatzsteuerrechtliche O. wurde 1934 gesetzlich geregelt. Art. II Kontrollratsgesetz Nr.15 hob ab 1.1.1946 die umsatzsteuerliche O. zwischen Gesellschaften auf; sie wurde 1958 wieder eingeführt. – 3. Der *Bundesfinanzhof* ließ für die körperschaftsteuerliche O. den handelsrechtlichen Ergebnisabführungsvertrag maßgebend sein. Der Organgesellschaft mußte eigenes – insoweit steuerpflichtiges – Einkommen zur Erfüllung öffentlich-rechtlicher, gesetzlicher usw. Pflichten verbleiben; der Mehrgewinn durfte nur übertragen werden, soweit dem gesetzliche Vorschriften oder vertragliche Vereinbarungen nicht entgegenstanden. Die Organträgerschaft von Einzelunternehmen und Personengesellschaften wurde 1966/67 verneint, die O. überhaupt in Frage gestellt, schließlich aber doch bei Bestehen eines Ergebnisabführungsvertrages aufrechterhalten. Auf dem Gebiet der Gewerbesteuer folgte der Bundesfinanzhof der Filialtheorie nur mit Einschränkungen. Er sah in der Organgesellschaft nicht nur eine bloße Betriebstätte, sondern stellte darauf ab, daß Organgesellschaft und Organträger selbständige Gesellschaften seien, die getrennt bilanzieren und ihren steuerlich maßgebenden Gewinn ermitteln. Für die Umsatzsteuer brachte § 2 II Nr. 2 UStG im Jahre 1961 eine gesetzliche Regelung der O. Zu den von der Rechtsprechung erarbeiteten Voraussetzungen kam als gesetzliches Erfordernis, daß der Organträger mehr als 75% des Kapitals und der Stimmrechte jeder Organgesellschaft besitzen mußte. – 4. Die *Finanzverwaltung* hat insbes. wegen der Rechtsprechung des Bundesfinanzhofs zur körperschaftsteuerlichen O. eine Übergangsregelung erlassen (BStBl 1958 II 140) und später die O. in einem gemeinsamen Ländererlaß (BStBl 1959 II 161) geregelt. – 5. Erstmals durch das Gesetz vom 15.8.1969 (BGBl I 1182) erhielt die O. im Körperschaftsteuerrecht eine *gesetzliche Grundlage* (§ 7 a KStG). Die Neuregelung ermöglichte im wesentlichen die Fortsetzung der O. hinsichtlich Voraussetzungen und Wirkungen nach dem bis dahin geltenden Rechtszustand (vgl. II 3, 4), wenn sie auch in einzelnen Punkten abwich. Sie schloß sich an das neue Aktienrecht an. Diese gesetzliche Regelung folgte einer modifizierten Zurechnungstheorie: Das gesamte Einkommen der Organgesellschaft wurde dem Organträger zur Besteuerung zugerechnet; eigenes und zu versteuerndes Einkommen hatte die Organgesellschaft nur hinsichtlich der an außenstehende Gesellschafter zu leistenden →Ausgleichszahlungen (§ 304 AktG).

III. Körperschaftsteuerrecht: 1. *Gesetzliche Grundlage:* §§ 14–19 KStG mit Körperschaftsteuer-Durchführungsverordnung (KStDV 1984) und Körperschaftsteuer-Richtlinien (KStR 1985). – 2. *O. und Anrechnungsverfahren:* Die O. diente früher (vgl. II 2) in erster Linie der Vermeidung einer doppelten Besteuerung. Eine solche Doppelbelastung wird nach dem neuen Körperschaftsteuerrecht auch durch das →körperschaftsteuerliche Anrechnungsverfahren beseitigt. Die Regelung der O. hat insoweit an Bedeutung verloren, hat aber Vorrang vor den Vorschriften des Anrechnungsverfahrens. – Beide unterscheiden sich in ihrer methodischen Ausgestaltung: Bei der O. wird das Einkommen der Organgesellschaft dem Einkommen des Organträgers unmittelbar zugerechnet; beim Anrechnungsverfahren wird die Doppelbelastung (erst) bei der Gewinnausschüttung vermieden. – Gewisse Vorteile der O. sind geblieben: Im Rahmen einer O. dürfen die Verluste einer Organgesellschaft mit den Erträgen des Organträgers verrechnet werden; steuerfreie oder mit ermäßigter Körperschaftsteuer belastete Einkommensteile der Organgesellschaft können ohne Körperschaftsteuererhöhung an den Organträger weitergeleitet werden; das Einkommen der O. wird allein bei dem Organträger und entsprechend dessen Verhältnissen besteuert. – 3. *Begriff:* Tatsächliches und rechtliches Verhältnis zwischen einem gewerblichen Unternehmen und einer Kapitalgesellschaft, die finanziell, wirtschaftlich und organisatorisch in das Unternehmen eingegliedert ist und die sich durch →Gewinnabführungsvertrag verpflichtet hat, ihren Gewinn an das Unternehmen abzuführen. – 4. *Organträger:* Es muß ein inländisches gewerbliches Unternehmen sein. Es können sein: Unbeschränkt steuerpflichtige natürliche Personen oder Pesonengesellschaften i.S. des §15 I Nr. 2 EStG mit Geschäftsleitung und Sitz im Inland, ferner nicht steuerbefreite Körperschaften (insbes. Kapitalgesellschaften, Personenvereinigungen und Vermögensmassen) mit Geschäftsleitung und Sitz im Inland sowie unter besonderen Voraussetzungen inländische Zweigniederlassungen ausländischer gewerblicher Unternehmen. Die an einer Personengesellschaft beteiligten Gesellschafter (natürliche Personen oder Körperschaften) müssen mit dem auf sie entfallenden Teil des zuzurechnenden Einkommens der Einkommen- oder Körperschaftsteuer unterliegen; bei Beteiligung beschränkt Steuerpflichtiger (natürliche Person, Körperschaft, Personenvereinigung oder Vermögensmasse ohne Sitz oder Geschäftleitung im Inland) müssen die Anteile der Organgesellschaft zum Betriebsvermögen der Personengesellschaft gehören, und die Organgesellschaft muß in das Unternehmen der Personengesellschaft finanziell, wirtschaftlich und organisatorisch eingegliedert sein. – O. zu mehreren Organträgern (Mehrmütterorganschaft) ist möglich. – 5. *Organgesellschaft:* Kann nur eine juristische Person in Form einer Kapitalgesellschaft (AG, KGaA, GmbH, bergrechtliche Gewerkschaft, Kolonialgesellschaft) mit Sitz und Geschäftsleitung im Inland sein. – 6. *Voraussetzungen der O.:* a) *Finanzielle Eingliederung:* Der Organträger muß an der Organgesellschaft unmittelbar so beteiligt sein, daß ihm

die Mehrheit der Anteile der Organgesellschaft einschl. der →Stimmrechte daraus zuzurechnen sind. Bei stimmrechtslosen Anteilen oder Anteilen mit Mehrfachstimmrecht (→Vorzugsaktie) können Höhe des Stimmrechts und Höhe der Beteiligung auseinanderfallen. – Mittelbare Beteiligung (Beteiligung der Gesellschafter des Organträgers an der Organgesellschaft) genügt, wenn jede der Beteiligungen, auf denen die unmittelbare Beteiligung beruht, den jeweils unmittelbar beteiligten Unternehmen die Mehrheit der Stimmrechte an dem Beteiligungsunternehmen verschafft. Die Beteiligung muß vom Beginn des Wirtschaftsjahres der Organgesellschaft an ununterbrochen bestehen; eine Beteiligung im Laufe des Wirtschaftsjahres genügt nicht. – b) *Wirtschaftliche Eingliederung:* Die Organgesellschaft muß nach dem Willen des Organträgers im Unternehmensaufbau des beherrschenden Unternehmens mit ihrer Tätigkeit dessen Unternehmen nach Art einer unselbständigen Betriebsabteilung fördern und ergänzen, also mit ihm nach einer Gesamtkonzeption geführt werden und nach dem Gesamtbild der tatsächlichen Verhältnisse eine wirtschaftliche Einheit bilden (wirtschaftlicher Zusammenhang und Zweckabhängigkeit). – c) *Organisatorische Eingliederung* stets gegeben (unwiderlegbare gesetzliche Vermutung), wenn zwischen Organträger und -gesellschaft ein →Beherrschungsvertrag (§291 I AktG) besteht oder die Organgesellschaft eine eingegliederte Gesellschaft (§§ 319–327 AktG; →Einlgiederung) ist. Andere Möglichkeiten der organisatorischen Eingliederung sind nicht ausgeschlossen. Es muß jedoch organisatorisch oder vertraglich sichergestellt sein, daß der Organträger seinen Willen in der Geschäftsführung der Organgesellschaft durchsetzen kann. Bei mittelbarer Beteiligung muß dieses zumindest mittelbar in der Geschäftsführung der Enkelgesellschaft gewährleistet sein. – Besonderheiten gelten für eine geschäftsleitende Holding (BStBl 1970 II257), Mehrmütterorganschaft (KStR Abschn. 52 VI, VII) und →Betriebsaufspaltung. – d) *Gewinnabführungsvertrag* muß zivilrechtlich gültig sein. – Für AG und KGaA →Gewinnabführungsvertrag; für andere Kapitalgesellschaften gelten zusätzlich besondere Vorschriften (Schriftform; Zustimmung der Gesellschafter mit ¾ Mehrheit der abgegebenen Stimmen; Vereinbarungen über Verlustübernahme nach §302 AktG; keine Abführung von Erträgen aus der Auflösung von freien vorvertraglichen Rücklagen). – Der Vertrag muß auf mindestens fünf Jahre geschlossen sein und spätestens am Ende des Wirtschaftsjahres der Organgesellschaft wirksam werden, für das erstmals die Folgen der O. auftreten sollen. Er muß die Abführung des ganzen Gewinns der Organgesellschaft vorsehen und tatsächlich durchgeführt werden. Der Vertrag kann durch Zeitablauf, Kündigung oder einvernehmliche Aufhebung enden. Vor Ablauf der Mindestlaufzeit ist dies unschädlich, wenn ein wichtiger Grund zur Kündigung gegeben ist. – e) *Beschränkung* bei der Bildung freier Rücklagen: Zuführungen sind bei der Organgesellschaft steuerrechtlich nur insoweit zulässig, als dies bei vernünftiger kaufmännischer Beurteilung wirtschaftlich begründet ist. Keine Beschränkung besteht bei der Zuführung zur gesetzlichen Rücklage bis zur gesetzlich geschriebenen Höhe. – 7. *Wirkungen der O.*: Die Organgesellschaft bleibt rechtlich selbständig. Sie ermittelt bei Fortbestehen ihrer subjektiven Steuerpflicht das Eikommen selbständig und getrennt vom Einkommen des Organträgers nach den Vorschriften des KStG und den allgemeinen bilanzrechtlichen Bestimmungen mit der Maßgabe, daß die Gewinnabführung an den Organträger nicht abgezogen und der Ertrag aus einer Verlustübernahme durch den Organträger nicht wieder abgesetzt werden dürfen. →Verdeckte Gewinnausschüttungen sind zu berücksichtigen. Ein Verlustabzug nach § 10d EStG (Verlustvortrag, -rücktrag) ist nicht zulässig. Das Einkommen der Organgesellschaft wird dem Organträger zugerechnet (§ 14 Nr. 1 KStG), bei diesem erfaßt und veranlagt. Verluste der Organsellschaft können mit positivem Einkommen des Organträgers ausgeglichen werden und umgekehrt. – 8. *Besonderheiten:* a) Das Einkommen der Organgesellschaft darf nicht um Verluste aus vorvertraglicher Zeit gemindert werden (§ 15 Nr. 1 KStG). Der Ausgleich solcher Verluste durch den Organträger ist steuerrechtlich eine →Einlage in die Organgesellschaft. – b) Die bei der Organgesellschaft vor Berücksichtigung der Gewinnabführung entstehenden Vermögensmehrungen sind grundsätzlich Bestandteil des dem Organträger zuzurechnenden Einkommens. Sie umfassen nicht nur abgeführte Gewinne, sondern auch Vermögensmehrungen, die von der Organgesellschaft zur Bildung von Rücklagen verwendet worden sind. Von der Zurechnung sind ausgenommen →Ausgleichszahlungen einschl. der Ausschüttungsbelastungen (vgl. III 8 d) sowie Einlagen der Gesellschafter der Organgesellschaft und Vermögensmehrungen, die durch Gesamtrechtsnachfolge auf die Organgesellschaft übergegangen sind. Die Vermögensmehrungen, die dem Organträger in dieser Weise zuzurechnen sind, bleiben bei der Ermittlung des verwendbaren Einkommens der Organgesellschaft, grundsätzlich außer Ansatz. – c) Keine Vergünstigungen aufgrund des Schachtelprivilegs (vgl. dort III) bei Ermittlung des zurechnenden Einkommens der Organgesellschaft, wenn der Organträger nicht zu den begünstigten Personen gehört (§ 15 Nr. 2 KStG) – d) →Ausgleichszahlungen an außenstehende Aktionäre der Organgesellschaft sind Gewinnverwendung und deshalb keine →Betriebsausgaben. Ausgleichszahlungen

und die darauf ruhende Ausschüttungsbelastung dürfen deshalb den Gewinn für die Besteuerung nicht mindern und sind von der Organgesellschaft als eigenes Einkommen zu versteuern, auch dann, wenn sie vom Organträger geleistet werden (§ 16 KStG). – e) Die Übernahme von Verlusten der Organgesellschaft durch den Organträger unterliegt als gesellschaftsrechtliche Leistung der Gesellschaftsteuer (§ 2 II Nr. 1 KVStG). Der Verzicht des Organträgers auf einen Teil des Jahresüberschusses der Organgesellschaft ist nicht gesellschaftsteuerpflichtig, soweit dieser Teil von der Organgesellschaft der freien Rücklage zugeführt wird und dies bei vernünftiger kaufmännischer Beurteilung wirtschaftlich begründet ist (§ 2 II Nr. 2 KVStG). – f) Ein Gewinn aus Teilbetriebsveräußerungen der Organgesellschaft unterliegt der vertraglichen Verpflichtung zur Gewinnabführung; er ist unter Beachtung der sachlichen Steuerbefreiung nach § 16 IV EStG bei der Ermittlung des dem Organträger zuzurechnenden Einkommens zu berücksichtigen. – g) Erlöse aus Auflösung und Abführung vorvertraglicher offener Rücklagen stellen bei dem Organträger keine Gewinnzuführungen aufgrund des Gewinnabführungsvertrags, sondern anderweiten, steuerpflichtigen Ertrag aus einer Beteiligung dar. – h) Die Höchstbeträge der abzugsfähigen →Spenden sind für Organträger und -gesellschaft getrennt zu ermitteln. Nicht ausgenutzte Höchstbeträge dürfen nicht übertragen werden. – i) Aufwendungen der Organgesellschaft für einen Gesellschafter-Geschäftsführer (Gehälter, Tantieme, Ruhegelder usw.) sind im zulässigen Rahmen Betriebsausgaben der Organgesellschaft und damit abzugsfähig. – j) →Teilwertabschreibungen auf die Organbeteiligung sind grundsätzlich zulässig, insbes. wenn das Unternehmen der Organgesellschaft seine funktionale Bedeutung für das Unternehmen des Organträgers verloren hat. Organverluste allein rechtfertigen keine Teilwertabschreibung; eine nachhaltig schlechte Ertragslage der Organgesellschaft ist nur ein Indiz für eine Wertminderung.

IV. Gewerbesteuerrecht: 1. *Gesetzliche Grundlage:* § 2 II Nr. 2 S. 2 und 3 GewStG. – Diese Vorschrift ist der körperschaftsteuerlichen O. angepaßt worden. – 2. *Allgemeines:* Die Regelung für die Gewerbesteuer stimmt weitgehend mit der für die Körperschaftsteuer überein. In Beibehaltung der eingeschränkten Filialtheorie gilt auch weiterhin die Organgesellschaft als Betriebsstätte des Organträgers, ohne daß die Unternehmen als ein einheitliches Unternehmen zu behandeln wären. – 3. *Begriff:* Tatsächliches und rechtliches Verhältnis zwischen einem gewerblichen Unternehmen und einer Kapitalgesellschaft, die finanziell und nach dem Gesamtbild der tatsächlichen Verhältnisse wirtschaftlich und organisatorisch in das gewerbliche Unternehmen eingegliedert ist. – 4. Bezüglich *Organträger* und *-gesellschaften* gilt das gleiche wie im Körperschaftsteuerrecht (vgl. III 4 und 4), jedoch kann auch eine ausländische Kaptialgesellschaft Organgesellschaft sein, wenn sie im Inland einen Gewerbebetrieb unterhält. – Der Organträger muß selbst eine gewerbliche Tätigkeit entfalten. Es genügt nicht, daß er nur kraft Rechtsform als Gewerbebetrieb gilt oder sich auf die Verwaltung der Beteiligungen beschränkt; dagegen reicht die Ausübung der einheitlichen Leitung in einem Konzern durch den Organträger unter gewissen Voraussetzungen aus. – 5. *Voraussetzungen der O.:* a) Dreifache Eingliederung: finanziell, wirtschaftlich und organisatorisch; vgl. III 6 a–c. – b) Der Abschluß eines Gewinnabführungsvertrages mit Verlustübernahmevereinbarung ist nicht erforderlich. – 6. *Wirkungen der O.:* Organgesellschaften und -träger bleiben rechtlich selbständige Unternehmen, die jedes für sich Bilanzen aufzustellen und ihren Gewinn zu ermitteln haben. Zur Feststellung des Gesamtertrags für Zwecke der Besteuerung werden die Ergebnisse der Unternehmen zusammengefaßt. Veranlagt wird nur der Organträger. Die Organgesellschaft wird als Betriebsstätte des Organträgers behandelt. – Anderes gilt, wenn der Organträger ein ausländisches Unternehmen ist: Der Gewerbebetrieb der Organgesellschaft bleibt Subjekt des Gewerbesteuerrechts und wird selbständig zur Gewerbesteuer herangezogen. Die Wirkungen der O. treten aber voll ein, wenn Organträger eine Zweigniederlassung eines ausländischen gewerblichen Unternehmens ist. – 7. *Ermittlung des Gewerbeertrags:* Der Gewinn des Organträgers und der der Organgesellschaften werden getrennt ermittelt. →Hinzurechnungen gemäß § 8 GewStG unterbleiben, soweit diese schon in einem zusammenzurechnenden Gewerbeertrag enthalten sind. – Der Ertrag der Organgesellschaften muß so ermittelt werden, als wären diese selbständige Steuersubjekte. Die Gewerbeerträge der Organgesellschaften und des Organträgers werden zusammengerechnet; die Steuermeßzahlen richten sich nach der Summe der Gewerbeerträge. – 8. *Ermittlung des Gewerbekapitals:* Die getrennt zu ermittelnden Kapitalien werden zusammengerechnet; auf den sich ergebenden Betrag ist die Steuermeßzahl anzuwenden. – Bei der Ermittlung der Gewerbekapitalien brauchen nicht →Einheitswerte auf den gleichen Stichtag zugrunde gelegt zu werden. Da bei Einzelunternehmen und Unternehmen von Personengesellschaften, die Organträger sind, die Anteile an der Organgesellschaft bereits im Einheitswert und damit im Gewerbekapital enthalten sind, müssen die entsprechenden Wertansätze beim Organträger vor der Zusammenrechnung ausgeschieden werden. Hinzurechnungen nach § 12 GewStG unterbleiben, soweit diese schon in

einem der Gewerbekapitalien enthalten sind. – Die Organgesellschaft haftet für die Steuern des Organträgers, bei denen sich die Steuerpflicht auf den Betrieb des Unternehmens gründet.

V. Umsatzsteuerrecht: 1. *Gesetzliche Grundlage:* § 2 II Nr. 2 UStG. – 2. *Begriff:* Tatsächliches und rechtliches Verhältnis zwischen einem Unternehmer und einer juristischen Person des Privatrechts, die nach dem Gesamtbild der tatsächlichen Verhältnisse finanziell, wirtschaftlich und organisatorisch in ein anderes Unternehmen eingegliedert ist. – 3. *Organträger:* Kann jeder Unternehmer im Sinne des § 2 I UStG sein. – 4. *Organgesellschaft:* Kann nur eine juristische Person sein (vgl. III 5). – 5. *Voraussetzungen der O.:* Maßgebend ist das Gesamtbild der tatsächlichen Verhältnisse. Die Merkmale der dreifachen Eingliederung sind nicht einzeln, sondern im Zusammenhang miteinander zu würdigen. Deshalb kann eine (umsatzsteuerliche) O. auch vorliegen, wenn die Eingliederung auf einem dieser Gebiete nicht ganz vollständig, aber auf den anderen Gebieten um so eindeutiger ist. – a) *Finanzielle Eingliederung:* Erfordert den Besitz einer entscheidenden kapitalmäßigen Beteiligung (Anteilsmehrheit; mehr als 50 v. H.) des Organträgers an der Organgesellschaft; dies ermöglicht dem Organträger, bei der Willensbildung der O. seinen Willen durchzusetzen. Mittelbarer Besitz kann genügen. – b) *Wirtschaftliche Eingliederung:* Enges wirtschaftliches Zusammenwirken zwischen Organträger und -gesellschaft. Dieses kann – entsprechend der Vielgestaltigkeit der Wirtschaftslebens – sehr verschiedenartig sein. Wesentlich ist, daß die Organgesellschaft im Rahmen des Gesamtunternehmens nach dem Willen des Organträgers für den Warenbezug, den Warenabsatz, die Preisfestsetzung und dgl. bestehen. Die Organgesellschaft braucht nicht ausschließlich, muß aber überwiegend für den Organträger arbeiten. – c) *Organisatorische Eingliederung* ist gegeben, wenn sichergestellt ist, daß nach Lage der Verhältnisse eine von dem Willen des Organträgers abweichende Willensbildung bei der Organgesellschaft ausgeschlossen ist (z. B. Geschäftsführer der Organgesellschaft ist Angestellter des Organträgers). – Anzeichen für organisatorische Eingliederung sind gemeinsame Geschäftsräume, Führung der Bücher durch den Organträger, dessen Mitwirkung bei Einstellung und Entlassung von Arbeitnehmern der Organgesellschaft usw. – d) *Wirkung der O.:* Die in dem Organverhältnis zusammengeschlossenen Unternehmen sind als ein Unternehmen zu behandeln. Umsätze zwischen Organträger und -gesellschaft sowie zwischen mehreren Organgesellschaften untereinander im Erhebungsgebiet der Umsatzsteuer stellen (umsatzsteuerlich unbeachtliche) Innenumsätze dar. Erst Umsätze des Organträgers oder

der Organgesellschaften an außerhalb stehende Unternehmer lösen umsatzsteuerliche Folgen aus. – Steuerschuldner ist der Organträger; er hat auch die Voranmeldungen und Jahreserklärungen abzugeben und darin die Umsätze aller zu dem Organverhältnis gehörenden Unternehmen aufzuführen.

Literatur: Bruns, F./Brenzing, K., Zu den besonderen Ausgleichsposten bei Körperschaftsteuerlicher Organschaft, DB 1977, S. 650; Dornfeld, R. E./Telkamp, H.-J., Konzernunternehmung und Organschaftsvoraussetzungen – Zur wirtschaftlichen Eingliederung und zu den Anforderungen an den Organträger bei Holding-Gesellschaften und Betriebsaufspaltung, StuW 1971, S. 67; Flume, W., Die Organschaft und das neue Konzernrecht, DB 1965, S. 53; Jurkat, W., Einzelfragen zur Neuregelung der körperschaftsteuerlichen Organschaft, BB 1970, S. 204; Niemann, O., Die Organschaft zu einer Personengesellschaft und die Organschaft zu mehreren Unternehmen, Köln 1977; Reuter, H.-P., die heutige Bedeutung der steuerlichen Organschaft, DStR 1982, S. 155; Röchling, H., Die Organtheorie im System der kumulativen Umsatzsteuern, Finanzwissenschaftliche Forschungsarbeiten NF Heft 14, 1957, S. 158; Schmidt, L., Die gesetzliche Regelung der Organschaft im Körperschaftsteuerrecht, StuW 1969, S. 442; ders., Rechtswirkungen der Organschaft im Gewerbesteuerrecht, BB 1970, S. 839; ders., Die Organschaft im Körperschaftsteuerrecht nach dem KStRG, GmbHR 1977, S. 7; ders./Steppert, H., die Organschaft im Körperschaftsteuer-, Gewerbesteuer- und Umsatzsteuerrecht, Herne/Berlin 1978; Schultze-Schlutius, H.-G., Die Organtheorie unter besonderer Berücksichtigung der Kapitalgesellschaften, 2. Aufl. Düsseldorf 1956; Schwend, G./Hall, A., Voraussetzungen für die Anerkennung der gewerbesteuerlichen Organschaft, DStR 1984, S. 99; Stender, V., Die wirtschaftlichen Grundlagen der ertragsteuerlich Organschaft, Passau 1980; Tesdorpf, W., Rücklagen, Ausgleichsposten und VEK bei der körperschaftsteuerlichen Organschaft bei Gesellschafteridentität, UStR 1985, S. 77; Weber, H., Die Organschaft nach dem neuen Körperschaftsteuerrecht, DB 1976, S. 1784. – Kommentare zur Körperschaft-, Gewerbe- und Umsatzsteuer.

Dr. Günter Geist

Organschaftsvertrag, *Organvertrag,* Begriff der Organlehre; vgl. im einzelnen →Organschaft, →Organlehre, →Organgesellschaft, →Unternehmensverträge.

Organtheorie, →Organlehre.

Organträger, steuerrechtlicher Begriff: Unternehmen mit beliebiger Rechtsform (z. B. →Kapitalgesellschaft, →Personengesellschaft, →Einzelkaufmann), in das eine Organgesellschaft wirtschaftlich, finanziell und organisatorisch eingegliedert ist. Vgl. →Organschaft.

Org/DV-Abteilung, Kurzbezeichnung für eine betriebliche Abteilung, die für Organisation und Datenverarbeitung (→Elektronische Datenverarbeitung) zuständig ist. Geleitet von einem →Org/DV-Leiter.

Org/DV-Leiter. 1. *Begriff:* Berufsbild in der betrieblichen Datenverarbeitung; Leiter der →Org/DV-Abteilung. – 2. *Aufgaben:* Der O. hat die Verantwortung für Planung, Vorbereitung und Durchführung von Projekten, für die Abstimmung der →betrieblichen Informationssysteme mit der Organisation des Unternehmens, die Personalauswahl und -einsatz; er berät die Unternehmensführung in allen Fragen der Organisation und der Datenverarbeitung. – 3. *Anforderungen:* I. a. ein betriebswirtschaftliches Studium mit Schwerpunkten in Organisationslehre und →Betriebsinformatik.

Orgware. 1. Oberbegriff für alle *organisatorischen, methodischen und personellen Maßnahmen und Konzepte* im Bereich Organisation und Datenverarbeitung eines Unternehmens (→Org/DV-Abteilung), z. B. Methoden der →Systemanalyse, Dokumentationsrichtlinien. – 2. Geschützter *Produktname* für ein umfassendes, teilweise computergestütztes Konzept zur Systemanalyse, Softwareentwicklung und Dokumentation der Fa. ADV/ORGA F. A. Meyer AG.

Orientierungsdaten, *gesamtwirtschaftliche Eckdaten,* von der Bundesregierung erstellte Daten auf der Grundlage wissenschaftlicher Ergebnisse (Wirtschaftsforschungsinstitute); i. d. R. identisch mit den Ergebnissen der Jahresprojektion des →Jahreswirtschaftsberichts. Die O. stehen nach dem Stabilitätsgesetz den Teilnehmern der Konzertierten Aktion zur Verfügung. – *Zweck:* Darstellung der gesamtwirtschaftlichen Situation; insbes. unverbindliche Anhaltspunkte über Einkommensverteilungsspielräume (→Einkommenspolitik) für die Tarifvertragsparteien, wodurch eine Abstimmung mit Zielen der →Globalsteuerung ermöglicht werden soll (→Lohnleitlinie).

Orientierungspreis, →Agrarpreis II 2, →EWG I 2 b) (3).

original equipment manufacturer, →OEM.

Originalfaktura, die mit den Versanddokumenten reisende Handelsrechnung, die v. a. bei Kasse gegen Dokumente-(→documents against payment) Verkäufen den zur Aufnahme der Dokumente zu entrichtenden Kaufpreis ausweist.

Originaltara, →wirklichen Tara 2 a).

originäre Bezugsgröße, spezielle →Bezugsgröße in der Bezugsgrößenhierarchie, für die die jeweilige Teilmenge einer Geld- oder Mengengröße gerade noch gesondert disponiert, geplant, erfaßt oder nach dem Identitätsprinzip zugerechnet werden kann, ohne willkürliche Anlastungen oder Zuteilungen vornehmen zu müssen.

originäre Einzelkosten (-ausgaben, -einnahmen, -erlöse, -verbräuche), die bei der →originären Bezugsgröße (nach dem →Identitätsprinzip zu ermitteln) ausgewiesenen →Kosten. Die o. E. eines Bezugsobjekts lassen sich also erst diesem und keinem anderen hierarchisch untergeordneten Bezugsobjekt zurechnen. – *Gegensatz:* →aggregierte Einzelkosten (-ausgaben, -einnahmen, -erlöse, -verbräuche).

originäre Grundrechnung, →Grundrechnung, die im Idealfall urbelegidentisch (→urbelegidentische Grundrechnung), zumindest aber urbelegnah (→urbelegnahe Grundrechnung) und lediglich homogen verdichtet sein sollte. Alle für die Auswertung bedeutsamen Bezugsobjekte und Differenzierungsmerkmale der Ausgaben, Kosten, Mengen usw. bleiben somit erhalten. Die o. G. umfaßt →primäre Grundrechnung und →sekundäre Grundrechnung. Die o. G. steht im Gegensatz zu den nach Adressaten und Zwecken selektierten und/oder aggregierten oder verdichteten Grundrechnungsübersichten und -auszügen („Sichten").

originäre Kostenarten, →primäre Kostenarten.

originäre Rechengrößen, *konkrete Rechengrößen,* →Rechengrößen, die unabhängig vom beobachtenden Subjekt und verfolgten Zweck konkret in der Wirklichkeit existieren. Sie knüpfen unmittelbar an den Realgüterbewegungen und Zahlungen, die den Unternehmensprozeß kennzeichnen sowie den entsprechenden Beständen an. – Dazu gehören: a) Physikalische Größen (Mengen und Zeiten), Ein- und Auszahlungen sowie Zahlungsmittelbestände: Diese sind als Ist-Größen mittels metrischer Skalen kardinal meßbar. – b) Rechtsverbindliche fixierte Verpflichtungen und Ansprüche (z. B. auf Zahlung und quantifizierbare Güter): Diese lassen sich als zukunftsbezogene Größen intersubjektiv nachprüfbar feststellen. Insoweit gehören auch die Ausgaben und Einnahmen (unter Einschluß von Zahlungsverpflichtungen und -ansprüchen) zu den o. R. – *Gegensatz:* →abgeleitete Rechengrößen.

originärer Finanzausgleich, *primärer Finanzausgleich,* bei der Einnahmenverteilung (→aktiver Finanzausgleich) gebräuchliche, bei der Aufgabenverteilung (→passiver Finanzausgleich) weniger eingeführte Bezeichnung für die grundsätzlichen Regelungen der staatlichen Kompetenzen. – *Gegensatz:* →ergänzender Finanzausgleich.

originärer Firmenwert, →Firmenwert.

originärer Zins, →natürlicher Zins.

orthopädische Versorgungsstellen, Dienststellen der →Kriegsopferversorgung, denen die Versorgung der Kriegsbeschädigten mit Körperersatzstücken, orthopädischen u. a. Hilfsmitteln obliegt.

örtliches Aufkommen, →Landessteuern.

örtliche Steuern, →Gemeindesteuern.

Ortsfolgeproblem, →Traveling-salesman Problem.

Ortsgerichte, als Hilfsbehörden der Justiz nach landesrechtlichen Vorschriften (z. B. in Hessen) errichtete örtliche Behörden mit Befugnissen auf dem Gebiet der →Freiwilligen Gerichtsbarkeit sowie auf dem Gebiet des Schätzungswesens.

Ortsgespräche, Telefongespräche mit Sprechstellen desselben Ortsnetzes. Der Zeittakt für eine Gebühreneinheit beträgt im *Normaltarif* acht Minuten, im *Billigtarif* zwölf Minuten. Über die gültigen Zeiten der Tarife vgl. →Ferngespräche. – Ortsnetze sind zu →*Nahtarifzonen* zusammengefaßt, in denen Gebühren für Gespräche zwischen den Sprechstellen denen für O. entsprechen.

Ortskrankenkassen, die wichtigsten →Versicherungsträger auf dem Gebiet der gesetzlichen →Krankenversicherung. Die O. sind Körperschaften des öffentlichen Rechts mit Selbstverwaltung. Sie gehören zu den →Pflichtkrankenkassen. O. werden für örtliche Bezirke, meist für den Bezirk eines Stadt- oder Landkreises, errichtet. – Zu unterscheiden: 1. *Allgemeine O.* für alle Versicherungspflichtigen des in der Satzung festgelegten Bezirks, sofern sie nicht aufgrund ihrer Zugehörigkeit zu besonderen Berufsgruppen oder Betrieben Mitglied einer anderen Pflichtkrankenkasse sind. – 2. *Besondere O.* für die Angehörigen einzelner oder mehrerer Gewerbezweige oder Betriebsarten innerhalb eines bestimmten Bezirks.

Ortsmittelpunkt, →Güterfernverkehr.

Ortsnetz, Anschlußbereich für Fernsprechstellen im Ortsbereich. Mehrere O. sind zu einer →Nahtarifzone zusammengefaßt.

Ortsstatut, →Gemeindesatzung.

Ortsverzeichnis. 1. *Postwesen:* Verzeichnis der Orte im Bereich der deutschen Postverwaltungen. – 2. *Amtliche Statistik:* Vgl. →Gemeindeverzeichnis.

Ortszuschlag, v. a. den Beamten und Angestellten des öffentlichen Dienstes als Teil der →Besoldung bzw. der Vergütung gezahlte Beträge. der O. ist Teil des steuerpflichtigen →Arbeitsentgelts.

OSI-Modell, Kurzbezeichnung für open-systems-interconnection-Modell; von der →ISO geschaffene allgemeingültiges Schichtenmodell für Kommunikationsvorgänge bei →offenen Netzen.

OSIRIS, organized set of integrated routines for investigation in statistics, Statistik-Programmpaket zur elektronischen Datenverarbeitung.

Ostafrikanische Gemeinschaft, *East African Community,* aufgelöste Organisation. Vgl. →EAC.

Ostblock, umgangssprachliche Bezeichnung für kommunistische und tendenziell zum Einflußbereich der Sowjetunion zählende Länder: Bulgarien, DDR, Kuba, Mongolei, Polen, Rumänien, Tschechoslowakei, Ungarn und mit Einschränkungen Albanien. Die mit Ausnahme von Albanien dem Rat für gegenseitige Wirtschaftshilfe (→COMECON) angehörenden Staaten haben ihre nationalen Produktionspläne arbeitsteilig aufeinander abgestimmt. Der O. ist kein einheitlicher Zahlungsraum, obgleich in den osteuropäischen Ländern dem Rubel eine zentrale Bedeutung zukommt.

Österreich, *Republik Österreich,* parlamentarisch-demokratische Bundesrepublik in Mitteleuropa mit 9 Bundesländern: Niederösterreich, Steiermark, Tirol, Oberösterreich, Kärnten, Salzburg, Burgenland, Vorarlberg, Wien; Parlament mit 2 Kammern; der größte Teil des Landes liegt im Alpenraum. – *Fläche:* 83 854 km². – *Einwohner* (E): (1985) 7,555 Mill. (90,1 E/km²); vorwiegend deutschsprachige Österreicher, aber auch Slowenen, Madjaren, Kroaten. – *Hauptstadt:* Wien (1,515 Mill. E); weitere wichtige Städte: Graz (243 166 E), Linz (199 900 E), Salzburg (139 426 E), Innsbruck (117 300 E), Klagenfurt (87 321 e), St. Pölten (51 100 E), Bregenz (24 561 E); ferner Villach (52 744 E), Wels (51 024 E), Steyr (38 967 E). – *Amtssprache:* Deutsch.

W i r t s c h a f t : *Landwirtschaft:* Anbau von Weizen, Gerste, Mais, Roggen, Hafer, Kartoffeln, Zuckerrüben, Wein. Viehzucht: Schweine, Rinder, Schafe, Ziegen, Pferde; Erwerbstätige in der Landwirtschaft ca. 10% der Erwerbspersonen. – *Bergbau:* Braunkohleabbau, größere Vorkommen von Eisenerz, zweitgrößter europäischer Wolframproduzent (nach Portugal), Blei, Zink, Erdöl, Erdgas. – *Industrie:* Rohstahlgewinnung; Kunststoff-, Aluminiumindustrie; Raffinerien. 37% der Erwerbspersonen sind in Industrie und Bergbau beschäftigt. – *BSP:* (1985, geschätzt) 69 060 Mill US-$ (9150 US-$ je E). Anteil der Landwirtschaft am BSP: (1984) 4%, der Industrie: 39%. – *Inflationsrate:* (Durchschnitt 1973–84) 5,3%. – *Export:* (1985) 17 216 Mill. US-$, v. a. Maschinen, Fahrzeuge, chemische Produkte, Energie, Holz, Zellstoff, Papier, Magnesit, Graphit, Nahrungs- und Genußmittel. – *Import:* (1985) 20 937 Mill. US-$, v. a. Maschinen und Straßenfahrzeuge, Halb- und Fertigerzeugnisse, Brennstoffe. – *Handelspartner:* Bundesrep. D., Italien, Schweiz, Großbritannien, Frankreich, UdSSR, USA, Jugoslawien. – *Reiseverkehr:* Große wirtschaftliche Bedeutung; 1982: 14,25 Mill. Touristen, die Devisen im Wert von 5,55 Mrd. US-$ brachten; die meisten Touristen kamen aus der Bundesrep. D., den Niederlanden, Großbritannien, Frankreich, den USA, der Schweiz, Schweden.

V e r k e h r : *Eisenbahn- und Straßenverkehrsnetz* sehr gut ausgebaut; häufigste Bahn- und Straßenverbindung nach Italien durch den Brennerpaß; Wien ist zentraler Verkehrsknotenpunkt; *Binnenschiffahrt* mit wachsender Bedeutung, wichtigste Hauptverkehrsader ist die Donau, *Hauptflughafen* ist Wien-Schwe-

chat, eigene *Fluggesellschaft:* Austrian Airlines.

M i t g l i e d s c h a f t e n : UNO, BIZ, CCC, ECE, EFTA, OECD, UNCTAD; Europarat.

W ä h r u n g : 1 Schilling (S) = 100 Groschen (Gr).

Österreichische Grenznutzenschule, *Wiener Schule,* Bezeichnung für die durch →Menger, Wieser, Böhm-Bawerk, E. Sax (1845–1927) u. a. repräsentierte Richtung der Nationalökonomie, deren Hauptverdienst in der Entwicklung der Theorie des →Grenznutzens und einer darauf basierenden Preis- und Verteilungstheorie beruht. Durchweg deduktive Forschung, somit diametral entgegengesetzt zu der gleichzeitig in Deutschland vorherrschenden jüngeren →historischen Schule. – Von der Ö. Sch. gingen starke Wirkungen aus auf Clark und die amerikanische sowie die schwedische Nationalökonomie (Wicksell), dagegen nur sehr geringe Einflüsse auf deutsche Gelehrte. – In den 20er Jahren kam es zur Bildung einer Art *jüngeren österreichischen Schule* mit den Hauptvertretern L. v. Mises, F. A. Hayek, R. v. Strigl, O. Morgenstern, P. N. Rosenstein-Rodan, G. Haberler. Basierend auf dem Grenznutzengedanken und beeinflußt von Wicksell entwickelten Verteter dieser Schule die monetäre →Überinvestitionstheorie. Einfluß in Deutschland auf Eucken und v. Stackelberg.

Österreichische Nationalbank, Sitz in Wien, die →Notenbank Österreichs, im Juli 1945 reorganisiert, gesetzliche Regelung mit Nationalbankgesetz vom 8.9. 1955 (wieder verlautbart am 1.2.1984). Durch das Schilling-Gesetz vom 30.11.1945 wurde die Schilling-Währung wieder eingeführt. Durch das Währungsschutz-Gesetz vom 21.11. 1947 wurde das Geldwesen neu geordnet: Vor April 1945 entstandene Einlagen wurden ungültig; die bis Ende 1945 entstandenen Einlagen wurden in 2% Staatsanleihen umgetauscht; die nach Januar 1946 entstandenen Einlagen wurden zeitweise blockiert, die Noten im Verhältnis 3:1 umgetauscht. Die Bank betreibt die üblichen Notenbankgeschäfte.

österreichische Verteilungstheorie, →Verteilungstheorie III 4.

Ost-West-Handel, Bezeichnung für den internationalen Handel zwischen Ländern der westlichen Einflußsphäre mit den Ländern des →Ostblocks, wobei der Handel zwischen der DDR und der Bundesrep. D. (→Innerdeutscher Handel) spezifische Besonderheiten aufweist.

Oszillation, Schwankung einer Variablen um einen →Mittelwert oder →Trend. Die Stärke der Abweichung wird durch die →Amplitude angegeben, während die Häufigkeit von O. in einem Referenzzeitraum durch die →Frequenz ausgedrückt wird. – Vgl. auch →Konjunkturschwankungen.

OTC market, →over-the-counter market.

Otto-Benecke-Stiftung, Sitz in Bonn. – *Aufgabe:* Gewährung von Beihilfen zur Integration junger Zuwanderer (deutsche Aussiedler, DDR-Übersiedler, asylberechtigte Ausländer) im Auftrag des Bundes; Förderung von Flüchtlingsstudenten aus der Dritten Welt.

ounce (oz.), engl. Gewichtsmaß. 1 oz = 28,3495 g. Zur Unterscheidung von →troy ounce wird die gewöhnliche Ounce auch *avoirdupois ounce* genannt; vgl. →Avoirdupois-Gewicht.

Output. I. P r o d u k t i o n s t h e o r i e : Mengenmäßiger →Ertrag (Ausbringung, Ausstoß, Produktion, Beschäftigung, Bezugsgröße für den Faktorverbrauch) eines Betriebs (einer Kostenstelle, eines Aggregats). – *Gegensatz:* →Input.

II. S y s t e m t h e o r i e / K y b e r n e t i k : Beziehungsaufnahme zwischen →System und Umwelt in Form der Abgabe der drei Grundkategorien Materie, Energie und Information.

III. S t a t i s t i k : Summe der Lieferungen eines Wirtschaftszweiges an andere. Vgl. →Input-Output-Analyse.

output gap, →Produktionslücke.

Outright-Devisengeschäfte, Begriff des →Devisenhandels. Von O.-D. wird gesprochen, wenn mit einem Kassadevisengeschäft *nicht* zugleich ein Termindevisengeschäft (→Termingeschäft) verbunden ist oder umgekehrt.

Outside-in-Planung, →Planungsphilosphie, die von einer starken Umweltabhängigkeit des Unternehmens ausgeht und eigene Aktivitäten zunächst einmal als Anpassungsaktivitäten begreift. Es wird also von den Gefahren und Gegebenheiten der Umwelt ausgegangen und geprüft, inwieweit sich hier Risiken oder Chancen für das Unternehmen ergeben. – *Gegensatz:* →Inside-out-Planung.

outside lag, →lag II 2 a) (2).

outside money, *Außengeld,* Teil der Geldversorgung, der auf einer Verschuldung außerhalb des privaten Sektors der Volkswirtschaft (Staat, Notenbank oder Ausland) beruht. – *Gegensatz:* inside money. – Zur *Bedeutung* der Unterscheidung zwischen Außen- und Innengeld: Vgl. →inside money.

Out-supplier, →In-supplier.

overbanking, eine über das erforderliche Maß hinausgehende Dichte von Bankzweigstellen in einem geographisch begrenzten Raum.

overhead, *overhead cost,* in die deutsche wirtschaftliche Umgangssprache übernommene Bezeichnung für →fixe Kosten bzw. →Gemeinkosten.

overhead cost, →overhead.

overhead value analysis, →Gemeinkostenwertanalyse.

Overstone, Lord, Samuel Jones Loyd, 1796–1883, englischer Geldtheoretiker. O., von Hause aus Bankier, galt zu seiner Zeit als einer der größten Währungsexperten. Zusammen mit →Ricardo und Torens war er Hauptvertreter der →Currency-Theorie, die er mehrmals vor Parlamentsausschüssen verfocht. O. vertrat die Zentralisierung der Notenausgabe in *einer* Zentralnotenbank (Notenbank), die Trennung von „Issue department" (Abteilung für Notenausgabe) und „Banking department" (Abteilung für Bankgeschäfte) in dieser Zentralnotenbank (Bank von England) sowie die volle Golddeckung der Banknoten. Durch diese Vorschläge war O. maßgeblich am Zustandekommen der Peelschen Bankakte von 1844 beteiligt. – *Hauptwerk:* „Tracts and Other Publications on Metallic and Paper Currency" 1857.

over-the-counter market, *OTC market,* in den USA der Wertpapierhandel in *nicht zum offiziellen Börsenverkehr zugelassenen Werten,* entspricht in der Bundesrep. D. dem ungergelten →Freiverkehr. Telefonhandel zwischen Maklern und Händler, meist Banken, auf Basis von Einzelgeschäften. Gehandelt werden mit wenigen Ausnahmen die shares aller National Banks und Trust Companies, der Lebens-, Unfall- und anderer Versicherungsgesellschaften, Pfandbriefe, verschiedene kanadische Wertpapiere und Investmentgesellschaften, ferner praktisch alle Neuemissionen vor der amtlichen Börseneinführung, alle Kommunalschuldverschreibungen (Municipal Bonds), der größte Teil kleiner festverzinslicher Emissionen, die überwiegende Mehrheit der von der Regierung ausgegebenen Papiere und der Eisenbahn-Zertifikate sowie zahlreiche Industrie-Obligationen. In den USA wird der OTC market als „the World's biggest Market" (größter Markt der Welt) bezeichnet, da schätzungsweise 80% aller Wertpapiere auf dem OTC market gehandelt werden. Die am OTC market beteiligten ca. 3000 Händler, 500 Broker und fast alle Investmentbanken sind in der National Association of Securities Dealers, Inc., New York, zusammengeschlossen, die den Markt reguliert und strikte Vorschriften erläßt, sowie seit 1971 ein Bildschirmkommunikationssystem (NASDAQ = National Association of Security Dealers Automated Quotation System) anbietet.

P

p, Vorsatz für →Piko.

P, Vorsatz für →Peta.

p.a., →per aval.

Pa, Kurzzeichen für Pascal (→gesetzliche Einheiten, Tabelle 1).

Paarvergleich, *paired comparison.* 1. *Methode bei Produkttest oder Werbemittelforschung:* Test-Produkt oder Test-Anzeige werden den uskunftspersonen in Verbindung mit einem anderen ähnlichen Produkt bzw. einer ähnlichen Anzeige zur vergleichenden Beurteilung präsentiert. – 2. *Methode der Befragung bei der Messung von Einstellung und Wahrnehmung:* Aus einer Menge von Objekten werden Testpersonen sämtliche Kombinationen von jeweils zwei Objekten zur Beurteilung der Ähnlichkeit und/oder Präferenz vorgegeben. Bei n Objekten sind von den Testpersonen

$$\binom{n}{2} = \frac{n \cdot (n-1)}{2}$$

Paarvergleiche durchzuführen. Aus den globalen Ähnlichkeitsurteilen wird dann mittels der →multidimensionalen Skalierung versucht, die zur Beurteilung benutzten Kriterien herauszufinden.

Paasche-Index, →Indexzahl, bei der die Gewichte g_i (→Gewichtung) die relativen Wertgrößen (Umsätze) der jeweiligen Berichtsperiode sind. – *Wichtigste Beispiele:* 1. *P.Preisindex:*

$$P_{0,1}^P = \sum \frac{p_1^i}{p_0^i} \cdot g_i = \sum \frac{p_1^i}{p_0^i} \cdot \frac{p_0^i q_1^i}{\sum p_0^i q_1^i} = \frac{\sum p_1^i q_1^i}{\sum p_0^i q_1^i}$$

2. *P.Mengenindex:*

$$P_{0,1}^Q = \sum \frac{q_1^i}{q_0^i} \cdot g_i = \sum \frac{q_1^i}{q_0^i} \cdot \frac{q_0^i p_1^i}{\sum q_0^i p_1^i} = \frac{\sum q_1^i p_1^i}{\sum q_0^i p_1^i}$$

Dabei ist 1 die Berichtsperiode, 0 die Basisperiode, p^i sind die Preise und q^i die Mengen der Güter i. Problematisch ist, daß die Gewichte mit jeder Berichtsperiode neu ermittelt werden müssen. Deshalb wird in der amtlichen Statistik der →Laspeyres-Index bevorzugt.

PABX, private automatic branch exchange, →Nebenstellenanlagen.

Pacht. I. Bürgerliches Recht: Vertrag liche Überlassung des Gebrauchs und des Genusses der Früchte einer Sache oder eines Rechts gegen Entgelt (§§ 581–597 BGB), den →Pachtzins. →Miete umfaßt dagegen nur die Gebrauchsüberlassung von Sachen. – 1. *Früchte* gebühren dem Pächter nur, soweit sie nach den Regeln einer ordnungsmäßigen Wirtschaft als Ertrag anzusehen sind. – 2. Das mitverpachtete *Inventar eines Grundstücks* muß der Pächter erhalten und ggf. gewöhnlichen Abgang ersetzen; hat er das Inventar zum Schätzwert mit Rückgabeverpflichtung übernommen, muß er es auf seine Gefahr erhalten und ergänzen, kann in den Grenzen ordnungsmäßiger Wirtschaft darüber verfügen und muß es bei Beendigung des Pachtverhältnisses zurückgeben, ggfs. gegen Ersatz des Mehr- oder Minderwerts. – 3. Für die *Forderungen* aus dem Pachtverhältnis kann sowohl ein →Verpächterpfandrecht als auch ein →Pächterpfandrecht entstehen. – 4. *Im übrigen* gelten im wesentlichen die Vorschriften über die Miete entsprechend. – 5. Für die *Verpachtung von Grundstücken zur landwirtschaftlichen Nutzung* bestehen Sondervorschriften: Vgl. →Landpacht.

II. Handelsrecht: Die Übernahme eines Unternehmens aufgrund eines Pachtvertrages wird, insbes. hinsichtlich der Firmenfortführung, wie die →Veräußerung des Unternehmens behandelt.

III. Steuerrecht: Dem Verpächter steht ein Wahlrecht zu (Abschn. 139 V EStR): Er kann den Betrieb fortführen oder die →Betriebsaufgabe erklären. Im letzten Fall sind die Pachteinnahmen innerhalb der →Einkünfte aus Vermietung und Verpachtung zu erfassen.

Pächterpfandrecht, →gesetzliches Pfandrecht des Grundstückspächters an den in seinen →Besitz gelangten Inventarstücken für Forderungen, die sich auf das mitgepachtete Inventar beziehen (§ 583 BGB).

Pachtkosten, →Miet- und Pachtzinsen.

Pachtverhältnis, →Pacht.

Pachtzins, die für die Überlassung einer nutzbaren Sache zum Gebrauch und des Genusses der Früchte (→Pacht) zu entrichtende Vergütung. – *Verbuchung* und *Besteuerung:* Vgl. →Miet- und Pachtzinsen, →Pacht III.

Pacioli, Fra Luca, 1445– ca. 1515, ital. Franziskanermönch, Professor der Theologie und Mathematik, schrieb eines der bedeutendsten mathematischen Werke der Renaissance: Summa de Artihmetica, Geometria, Propotioni et Propotionalita (1494). Der 9. Hauptteil des Werkes beschäftigt sich mit dem Handel, den P. als Hauslehrer bei einem venezianischen Kaufmann kennengelernt hatte. Der 11. Traktat diese Teiles enthält die erste systematische Darstellung der doppelten Buchhaltung (→Geschichte der Betriebswirtschaftslehre, →Betriebswirtschaftslehre), die die gesamte nachfolgende Buchhaltungsliteratur Italiens und Mitteleuropas stärkstens beeinflußt hat. Der 4. Traktat behandelt den Wechsel und den Wechselverkehr. Eine deutsche Übersetzung (von Balduin Penndorf) des 11. Traktats erschien 1933 mit umfassender historischer Einleitung.

package deal, Kauf bzw. Verkauf eines umfassenden Problemlösungspakets im Rahmen eines komplexen Investitionsgüter-, Anlagen- oder Systemgeschäfts. Durch gezielte, wettbewerbswirksame, →absatzwirtschaftliche Nebenleistungen kann eine langfristige Kundenbindung (→in-supplier) erreicht werden.

Päckchen, Postsendung bis 2 kg; im Auslandsverkehr bis 1 kg. Kennzeichnung: ,,Päckchen – Petit paquet". Kein Ersatz für Verlust oder Beschädigung. Besondere Versendungsformen möglich: →Einschreiben, →Nachnahmesendung, →Eilzustellung. – *Verpackung/Beschriftung:* Vgl. →Postsendungen.

Päckchen-Deckungsbeitrag, →Deckungsbeitrag eines →Kuppelprodukt-Päckchens, d.h. eines Bündels von Kuppelproduktmengen, das technologisch zwangsläufig aus einem bestimmten Quantum des im Prozeß der Kuppelproduktion aufzuspaltenden Ausgangsstoffs entsteht.

Päckchenrechnung, Kalkulationsverfahren für Kuppelprodukte genauer Kuppelprodukt-Päckchen. Vgl. im einzelnen →Kuppelprodukt III 2 c).

Packung, →Verpackung.

Packungstest, →Verpackungstest.

pacta sunt servanda, (lat. = Verträge müssen gehalten werden), allgemeiner Rechtsgrundsatz des Zivilrechts. Im modernen Recht liegt die *Grenze* des Zwanges zur Einhaltung vertraglicher Verpflichtung bei der Zumutbarkeit, entsprechend dem Grundsatz von →Treu und Glauben. – Vgl. auch →Wegfall der Geschäftsgrundlage.

PAD, packet assembly/disassembly facility, Zusatzdienste zum Basisdienst →Datex-P, die u.a. den Anschluß von einigen verbreiteten nicht paketorientierten →Datenstationen (z.B. Personal Computern) ermöglichen.

pagatorisch. 1. *Begriff:* Ein von Kosiol geprägtes Wort, zurückgehend auf lat. pacare = befriedigen; daraus entstand im Vulgärlatein pagare = zahlen (ital. pagare, span. pagar, engl. to pay, frz. payer). Pagatorisch bedeutet: Auf Zahlungsvorgängen beruhend, mit Zahlungen zusammenhängend. – 2. Da die →Finanzbuchhaltung auf Zahlungsvorgängen aufgebaut ist, kann sie *pagatorische Buchhaltung* (im Gegensatz zur Betriebsbuchhaltung = kalkulatorische Buchhaltung) genannt werden. Pagatorische Vorgänge sind nicht nur Barzahlungen, sondern auch buchhalterische Verrechnungen, die an diese anknüpfen. So werden z.B. Forderungen als künftige Bareinnahmen, Schulden als künftige Barausgaben erklärt. Sämtliche Buchungen lassen sich derart pagatorisch deuten. – 3. Die Jahresschlußbilanz ist in ihren einzelnen Posten auf Zahlungsvorgänge zurückzuführen und als *pagatorische Bilanz* zu bezeichnen. – 4. Die Werte, die in Finanzbuchhaltung, Jahresbilanz und GuV-Rechnungen auftreten, sind Marktwerte, die den Zahlungen für die zugrundeliegenden Käufe und Verkäufe von Sachgütern und Dienstleistungen entsprechen. Sie werden entsprechend als *pagatorische Werte* bezeichnet. Dazu gehören auch die Anschaffungswerte als realisierte pagatorische Werte. – 5. Auf diesen Grundgedanken beruht die von Kosiol entwickelte *pagatorische Buchhaltungs- und Bilanztheorie:* Vgl. →Bilanztheorien VII. – 6. Vgl. auch →pagatorischer Kostenbegriff.

pagatorische Buchhaltung, →Finanzbuchhaltung.

pagatorischer Kostenbegriff, auf H. Koch zurückgehender Kostenbegriff. Kosten sind definiert als die im Rahmen des betrieblichen Prozesses entrichteten Entgelte; →neutrale Aufwendungen sind eingeschlossen, →Zusatzkosten nicht. Der p.K. orientierte sich ursprünglich an den tatsächlichen Anschafungsauszahlungen, deshalb entsteht kein eigenständiges Bewertungsproblem; für bestimmte dispositive Zwecke geht der p.K. mitunter vom strengen Anschaffungsprinzip ab und führt bestimmte Hypothesen ein, nach denen sich die pagatorische Kostenbewertung an fiktiven Ausgaben orientieren soll. Im Gegensatz zum →wertmäßigen Kostenbegriff umfassen pagatorische Kosten keine →kalkulatorischen Kosten, sie arbeiten nicht mit →Verrechnungspreisen. – Vgl. auch →Kosten, →entscheidungsorientierter Kostenbegriff.

Paginiermaschine, Gerät zur fortlaufenden Numerierung von Blättern oder Buchseiten. Die Zahlen lassen sich für Ein- oder Mehrfachdruck einstellen, so daß z.B. beim Posteingang Schriftstück, Anlagen und Liste der Briefkontrolle mit derselben Nummer bedruckt werden können.

Paket. I. Postwesen: Gegenstand des Paketdienstes. Postsendung bis 20 kg. Zulässig sind Gegenstände, die sich zur Beförderung mit der Paketpost eignen. – *Gebührenermittlung* über Postleitzahl nach Zonen und Gewicht an Hand der Paketzonentabelle. Kein →Freimachungszwang. Zustellgebühr wird i.d.R. vom Empfänger bezahlt, kann auch vom Absender vorausbezahlt werden. Zuschläge für sperrige P., Wertsendungen und Schnellsendungen sowie im Auslandsverkehr bei dringenden Paketen. – *Verpackung/ Beschriftung:* Vgl. →Postsendungen. – Vgl. auch →SAL-Paket.

II. Aktienrecht: Vgl. →Aktienpaket, →Pakethandel.

Paketabschlag, →Paketzuschlag.

Paketdienst. I. Postwesen: Dienst der Deutschen Bundespost (DBP); Geschäftsbedingungen sind durch die Postordnung geregelt. – DBP besitzt im Bereich des P. *kein Beförderungsmonopol. – Gesetzliche Auflagen:* a) *Bedienungspflicht:* Pakete müssen von jedermann angenommen und an jedermann zugestellt werden; b) *Gemeinwirtschaftlichkeit:* P. muß jedermann und an jeden Ort angeboten werden; keine Gebührendifferenzierung.

II. Verkehrs-/Transportwesen: Vgl. →Kleingut.

Pakethandel, Handel mit →Aktienpaketen, meist außerhalb der Börse, wobei häufig von der Börsennotierung abweichende Preise ausgehandelt werden (→Paketzuschlag, Paketabschlag). Für die vermittelnde Bank ist dann →Selbsteintritt nicht möglich, vielmehr Abwicklung als Kommissionsgeschäft oder Eigengeschäft (z.B. bei der Auflösung größerer Aktienpakete); oder die Bank fungiert nur als Makler.

Paketsendung, →Paket, →Postgut.

Paketvermittlung, Verfahren der →Datenübertragung, bei dem die Information in „Pakete" (128 Zeichen und Adresse) aufgeteilt wird und „paketweise" an den Empfänger gelangt. Beim Empfänger werden die „Paketinhalte" wieder zur Information zusammengefügt. – Vgl. auch →Datex-P.

Paketzuschlag. 1. *Begriff:* Von der Börsennotierung abweichender Preis für →Aktienpakete (höherer Preis: P.; niedrigerer Preis: *Paketabschlag). –* 2. *Steuerrecht:* Eine bei der Bewertung von Aktienpaketen zu der Summe der amtlichen →Kurswerte oder der Summe der →gemeinen Werte der einzelnen Anteile hinzuzurechnenden Betrag (bis 25%), der den Mehrwert aus dem Besitz einer großen Zahl von Aktien (mehr als 25%) derselben Kapitalgesellschaft berücksichtigen soll. Es ergibt sich

der gemeine Wert der gesamten Beteiligung (§ 11 III BewG). Der P. unterliegt der Vermögensbesteuerung. – P. kommt regelmäßig in Betracht, wenn der gemeine Wert der Beteiligung tatsächlich höher ist als die Summe der Kurswerte oder der gemeinen Werte der einzelnen Anteile. P. bleibt außer Ansatz, wenn der volle Vermögenswert und der volle Ertragswert bereits bei der Bewertung der einzelnen Aktien berücksichtigt waren (z.B. bei Bewertung nach dem Stuttgarter Verfahren).

Pakistan, *Islamische Republik Pakistan,* föderative Republik, 2-Kammer-Parlament; südasiatischer Staat zwischen Indien, Afghanistan und Iran. – *Fläche:* 803 943 km², eingeteilt in 4 Provinzen und das Territortium der Hauptstadt. – *Einwohner* (E): (1986, geschätzt) 99,16 Mill. (116 E/km²); bestehend aus Sindhi, Panjabi, Urdu, Belutschen, Pathanen. – *Hauptstadt:* Islamabad (201 000 E); weitere wichtige Städte: Karachi (5,1 Mill. E), Lahore (2,9 Mill. E), Faisalabad (1,09 Mill. E), Rawalpindi (806 000 E), Hyderabad (795 000 E), Multan (730 000 E). – *Amtssprachen:* Urdu, Englisch, Regionalsprachen.

Wirtschaft: *Landwirtschaft:* Anbau von Weizen, Reis, Hirse, Sorghum, Zuckerrohr, Baumwolle, Raps, Zitrusfrüchten, Datteln, Tabak. Viehzucht: Rinder, Büffel, Schafe, Ziegen, Esel, Kamele, Pferde. Anteil am BSP (1984): 31%. – *Fischfang:* (1982) 337 290 t. – *Bergbau und Industrie:* Erdgas- und Erdölgewinnung. – Die Industrialisierung schreitet wegen Mangel an Rohstoffen nur langsam voran. Das Verarbeitende Gewerbe stützt sich v.a. auf Agrarprodukte, ferner chemische, petrochemische und Zementindustrie. Anteil am BSP (1984): 19%. – *BSP:* (1985, geschätzt) 36 230 Mill. US-$ (380 US-$ je E). – *Öffentliche Auslandsverschuldung:* (1984) 29,6%. – *Inflationsrate:* (Durchschnitt 1973–84) 10,8%. – *Export:* (1985) 2719 Mill. US-$, v.a. Reis, Baumwolle, Textilien, Häute, Felle, Chemikalien. – *Import:* (1985) 5892 Mill. US-$, v.a. Maschinen, Erdöl, Weizen, Eisen, Stahl. – *Handelspartner:* Japan, USA, Saudi-Arabien, VR China, Vereinigte Arabische Emirate, Iran, Indonesien, Bundesrep. D., u.a. EG-Länder. – *Reiseverkehr:* (1981) 290 231 Touristen.

Verkehr: *Eisenbahnnetz* schwach entwickelt, *Straßennetz* etwas besser (ca. 79 000 km Straßen). Wichtig ist der *Luftverkehr;* eigene *Fluggesellschaft:* Pakistan International Airlines; wichtigster *Flughafen:* Karachi.

Mitgliedschaften: UNO, CCC, UNCTAD u.a.; Colombo-Plan, Abkommen mit der EG.

Währung: 1 Pakistanische Rupie (pR) = 100 Paisa (Ps).

Palau, *Republik Palau,* Inselwelt im Westpazifik. – *Fläche:* 458 km²; von den 241 Inseln nur 11 bewohnt, darunter Babelthuap mit 404 km². – *Einwohner* (E): (1985, geschätzt) 14 800 (32,3 E/km²). – *Hauptstadt:* Korror (7685 E). – Am 1.1.1981 selbst für unabhängig erklärt, völkerrechtlich erst gültig nach Zustimmung von USA und UNO. Bevölkerungs-Entscheid vom 1986 für frei Assoziierung mit den USA. – *Amtssprache:* Englisch.

W i r t s c h a f t : Der Staatsetat wird zu 90% aus US-Hilfsgeldern bestritten. – *Hauptausfuhrgüter:* Fische, Muscheln. Wichtige *Handelspartner:* USA, US-Samoa, Puerto Rico, Japan.

W ä h r u n g : 1 US-Dollar (US-$) = 100 Cents.

Palette, genormte dauerhafte Plattform als Unterlage gestapelter Güter, die als →Ladeeinheit mit Gabelstaplern umzuschlagen ist. – *Arten:* Flach-P. (ohne Aufbauten), Gitterbox-, Rungen-, Tank- und spezielle Flugzeug-P. aus Holz, Metall u. a. Werkstoffen in verschiedenen Abmessungen. In Europa größte Verbreitung die Flach-P. nach DIN 15146 aus Holz mit 800 x 1200 mm Grundfläche, ca. 30 kg Eigengewicht und 1000 kg Tragfähigkeit als sog. *Pool-P.* – Verkehrs-, Handels- und Industriebetriebe des *europäischen Palettenpools* tauschen Pool-P. untereinander aus und vermeiden dadurch Rücktransporte leerer P.

Palettenpool, →Palette.

Panama, República de Panamá, präsidiale Republik seit 1946, unabhängig seit 1903, neue Verfassung von 1983; liegt an der schmalsten Stelle Mittelamerikas. – *Fläche:* 75 650 km², eingeteilt in 9 Provinzen. – *Einwohner* (E): (1986, geschätzt) 2,23 Mill. (29,5 E/km²); ca. 60% Mestizen, 20% Schwarze und Mulatten, 15% Weiße, 5% Indianer. – *Hauptstadt:* Panamá (467 000 E); weitere wichtige Städte: San Miguelito (159 000 E), Colón (95 000 E), David (50 600 E), Chitré (17 200 E). – *Amtssprachen:* Spanisch, Englisch.

W i r t s c h a f t : *Landwirtschaft:* Zuckerrohr-, Bananen-, Reis-, Mais-, Orangen-, Kaffeeanbau. Viehzucht: Rinder, Schweine, Ziegen. – *Fischfang:* (1980) 194 700 t. – Die *Industrie* stellt, meist in Kleinbetrieben v. a. Nahrungsmittel und Gebrauchsgüter her; Erdölraffinerie bei Colón. – *BSP:* (1985, geschätzt) 4400 Mill. US-$ (2020 US-$ je E). – Anteil der Landwirtschaft am BSP: (1984) 10%; der Industrie: 21%. – *Öffentliche Auslandsverschuldung:* (1984) 73,3% des BSP. – *Inflationsrate:* (Durchschnitt 1973–84) 6,7%. – *Export:* (1985) 306 Mill. US-$, v. a. Erdölprodukte, Rohzucker, Bananen, Fische, Kaffee, Kakao, Kokosnüsse. – *Import:* (1985) 1391 Mill. US-$, v. a. Erdöl, Maschinen, Fahrzeuge, bearbei-

tete Waren. – *Handelspartner:* USA, Costa Rica, Venezuela, Bundesrep. D., Niederlande, Nicaragua, Japan. – *Reiseverkehr:* (1980) 351 000 Touristen.

V e r k e h r : Der *Panamakanal* ist der bedeutendste Wasserweg der westlichen Hemisphäre, er verbindet den Atlantischen mit dem Pazifischen Ozean. Die Panamakanalzone ist Hoheitsgebiet der USA. Wichtigste *Häfen* sind Colón und Panamá. Eine *Eisenbahnlinie* begleitet den Panamakanal. Wichtigster Landweg ist die Panamerika-Straße.

M i t g l i e d s c h a f t e n : UNO, SELA, UNCTAD u. a.; Contadora-Gruppe.

W ä h r u n g : 1 Balboa (B/.) = 100 Centesimos.

Panama-Kanal-Zone, →Vereinigte Staaten von Amerika.

Panel. I. M a r k t - u n d M e i n u n g s f o r s c h u n g : Ein bestimmter gleichbleibender Kreis von Auskunftssubjekten (Personen, Betrieben), die über einen längeren Zeitraum hinweg über die gleiche Sache befragt werden. – *Beispiele:* →Haushaltspanel, →Handelspanel, →Verbraucherpanel.

II. S t a t i s t i k : Beim Stichprobenverfahren oder beim Quotenverfahren (→Repräsentativerhebungen 2) die Weiterbefragung einer einmal ausgewählten Teilgesamtheit über einen bestimmten Zeitraum hinweg, mit der Absicht, Unterschiede in Verhaltensweisen und Meinungen (etwa in der Demoskopie oder bei Konsumentenbefragungen) unter dem Einfluß von Werbung oder sonstigen entlang der Zeit einwirkenden Faktoren zu beobachten, und dabei etwaige durch das Auswechseln der befragten Personen eintretende Verzerrungen auszuschließen. Das P. auf Stichprobenbasis kann bei häufig wiederholten Befragungen durch Rotation der Auswahleinheiten ergänzt werden, etwa in der Form, daß jeweils ein Sechstel des Stichprobenumfanges aus anderen Stichproben ersetzt wird. – Vgl. auch →Paneleffekt, →Panelsterblichkeit.

Paneleffekt, Beeinträchtigung der Aussagekraft der Ergebnisse einer Panelbefragung dadurch, daß die Panelteilnehmer unter dem Einfluß der Teilnahme am →Panel ihr Verhalten ändern. Folgende Effekte sind möglich: Ermüdungserscheinungen (falsche Eintragungen infolge Nachlässigkeit), Overreporting (Angabe von mehr Käufen als tatsächlich getätigt wurden), Cheklist-Effekt (die auf dem Berichtsbogen angegebenen Warengruppen animieren zum Kauf) und das stärkere Bewußtwerden der Einkaufstätigkeit beim Panelteilnehmer. Damit wird die Repräsentanz des Panels verändert, das Ergebnis ist also nicht mehr allgemeingültig. Der P. entfällt weitgehend bei Haushaltspanel mit Scanner-Technologie (→Scanner-Haushaltspanel).

Panelsterblichkeit, *Drop-out-Rate,* Verringerung der Zahl der Panelteilnehmer durch Tod, Haushaltsauflösung, aber auch aus sonstigen Gründen (nachlassendes Interesse, zeitliche Verhinderung usw.). Der P. wird dadurch Rechnung getragen, daß nach einiger Zeit das alte Panel ausläuft oder die ausgeschiedenen Panelteilnehmer durch andere Reserve-Panelteilnehmer ersetzt werden, die die gleichen Merkmale aufweisen.

PAP, Abk. für →Programmablaufplan.

Papier, im Börsengeschäft gebräuchliche Kurzbezeichnung für das Angebot eines Wertpapiers. P. ist also gleichbedeutend mit „Brief" (→Briefkurs). – Vgl. auch →Kurszusätze und -hinweise.

Papiergeld, aus Papier hergestellte Geldzeichen, die als →Banknoten heute →gesetzliche Zahlungsmittel sind.

Papierindustrie, Industriezweig mit folgendem Produktionsprogramm: a) *Papiererzeugung:* Vgl. →Zellstoff, Holzschliff-, Papier- und Pappeerzeugung; b) *Papierverarbeitung:* Vgl. →Papier- und Pappeverarbeitung.

papierloses Büro, →Büro der Zukunft.

Papier- und Pappeverarbeitung, Teil des →Verbrauchsgüter produzierenden Gewerbes, Teil der →Papierindustrie; mit folgendem Produktionsprogramm: Herstellung von Tapeten, Spezialpapieren, Verpackungsmitteln aus Papier und Pappe, Schreibwaren, Bürobedarf aus Papier und Pappe; Buchbinderei. Standorte nahe den Großabnehmern von Papier- und Pappeerzeugnissen.

Papier- und Pappeverarbeitung

Jahr	Beschäftigte in 1000	Lohn- und Gehaltssumme	darunter Gehälter	Umsatz gesamt	darunter Auslandsumsatz	Nettoproduktionsindex 1980 = 100
		in Mill. DM				
1970	136	1 695	496	7 428	533	–
1971	134	1 871	568	7 920	574	–
1972	132	2 019	621	8 486	685	–
1973	132	2 246	692	9 569	789	–
1974	129	2 444	775	11 665	1 080	–
1975	118	2 394	807	11 186	987	–
1976	112	2 483	832	11 789	1 121	80,7
1977	112	2 683	910	12 303	1 195	86,8
1978	110	2 805	957	12 477	1 254	90,9
1979	111	3 012	1 030	13 875	1 388	95,7
1980	114	3 313	1 141	15 601	1 670	100
1981	113	3 492	1 232	16 685	2 092	98,7
1982	109	3 490	1 271	17 255	2 441	98,6
1983	102	3 437	1 272	17 403	2 664	100,1
1984	101	3 512	1 288	18 644	2 973	102,9
1985	101	3 687	1 361	19 988	3 376	106,9
1986	101	3 809	1 401	20 078	3 392	110,0

Papierwährungen. 1. *I.w.S.:* Alle Währungen, in denen Papiergeld →gesetzliches Zahlungsmittel ist. – 2. *I.e.S.:* Freie Währungen (→Währungssystem), bei denen durch Loslösung vom Metall die Anpassung der Kreditschöpfung an wirtschaftliche Erfordernisse als bestimmend für die →Notenausgabe angesehen wird.

Papua-Neuguinea, *Papua-Niugini,* seit 1975 unabhängig, konstitutionelle Monarchie im Commonwealth auf parlamentarischer Grundlage, im SO Neuguineas. – *Fläche:* 461 691 km², eingeteilt in 19 Provinzen. – *Einwohner* (E): (1985, geschätzt) 3,3 Mill (7,2 E/km²). – *Hauptstadt:* Port Moresby (138 500 E); weiter wichtige Städte: Lae (62 000 E), Madang (21 300 E), Wewak (20 000 E), Goroka (19 000 E). – *Amtsprache:* Englisch.

Wirtschaft: Wichtigster Wirtschaftszweig ist die *Landwirtschaft* (Anteil am BSP 1984: 35%); Anbauprodukte: Bananen, Kokosnüsse, Zuckerrohr, Kaffee. – Im *Bergbau* ist v.a. die Förderung von Kupfer auf Bougainville von Bedeutung. – Der Anteil der *Industrie* am BSP beträgt nur 10%. – *BSP:* (1985, geschätzt) 2470 Mill. US-$ (710 US-$ je E). – *Öffentliche Auslandsverschuldung:* (1984) 39,8% des BSP. – *Inflationsrate:* (Durchschnitt 1973–84) 6,8%. – *Export:* (1985) 909 Mill. US-$, v.a. Kupfererze (über 50%), Gold (bis 20%), Kaffee, Kakao, Kopra, Kokosnußöl, Kautschuk, Holzprodukte. – *Import:* (1985) 873 Mill. US-$, v.a. Industrieerzeugnisse. – *Handelspartner:* Australien, Japan, Bundesrep. D., USA, Großbritannien.

Verkehr: Hauptverkehrsmittel ist das Flugzeug; wichtigste *Flughäfen:* Port Moresby, Lae. *Schiffsverbindungen* mit allen Erdteilen.

Mitgliedschaften: UNO, AKP, UNCTAD u.a.; Commonwealth, Colombo-Plan, enge Kooperation lmit Australien.

Währung: 1 Kina (K) = 100 Toea (t).

Parabel, Kurve (→Graph), die sich als Schnitt einer geeigneten Ebene mit einem Doppelkegel ergibt. Mathematisch beschrieben durch eine Gleichung zweiten Grades mit zwei Variablen, z.B. $y = x^2$ oder $4x - y^2 + 1 = 0$. – Vgl. auch →Ellipse, →Hyperbel.

Paradigma. I. Wissenschaftstheorie: Von dem amerikanischen Wissenschaftshistoriker Thomas S. Kuhn („Die Struktur wissenschaftlicher Revolutionen", Frankfurt a.M. 1967) eingeführte Bezeichnung für relativ umfassende wissenschaftliche Programme (z.B. Newtonsche Physik). Die Bemühungen um Ausarbeitung und Verdeutlichung eines P. werden als *Normalwissenschaft,* ein P.wechsel als *wissenschaftliche Revolution* beschrieben. – Die mit dem P hegriff verbundenen Vorstellungen lassen sich auch für die Beurteilung *wirtschaftswissenschaftlicher Erkenntnisse* her anziehen, z. B. zur Charakterisierung der klassischen und neoklassischen Nationalökonomie (→klassische Lehre, →Neoklassik), des Keynesianismus (→Keynessche Lehre) oder verschiedener Wissenschaftsprogramme der →Betriebswirtschaftslehre.

II. B e t r i e b s i n f o r m a t i k : Fundamentales Konzept, das die Sprachstruktur (einer Programmiersprache) entscheidend prägt; auch als *Muster* bezeichnet.

Parafiskus, *Nebenfiskus, intermediäre Finanzgewalten* (F. K. Mann, W. Herrmann), in der Güterversorgung der Bürger intermediärer Bereich zwischen privatem Bereich (→Individualgüter, Marktprozeß) und öffentlichem Bereich (→öffentliche Güter, Prozeß der politischen Abstimmung). – 1. *Begriffsmerkmale:* Rechtlich oft in der Form der öffentlich-rechtlichen Körperschaft; organisatorische Selbstverwaltung; finanziell weitgehende Autonomie mit kollektiver Finanzierung, z. B. über Zwangsabgaben (z. B. prozentualer Zuschlag der Kirchen zur Einkommensteuer, Pflichtbeiträge zur gesetzlichen Arbeitslosen-, Kranken- und Rentenversicherung, Zwangsumlagen der berufsständischen Kammern) oder weitgehend autonom verwaltete staatliche Zuschüsse an Sozialfisken, Kammern, Sondervermögen, Wohlfahrtsverbände usw. („diagonaler Finanzausgleich"). – Wichtigstes theoretisches Merkmal: Neben Produktion kollektiver Güter für die Mitglieder des P. stets als „gruppenexterner Effekt" auch Wahrnehmung von im öffentlichen Interesse liegenden Aufgaben. P. sind auch in die Debatte um den funktionalen →Förderalismus mit einzubeziehen. – 2. *Entstehungsgründe:* a) *Entstehung der P. „von oben":* Einrichtung von neuen Institutionen mit Hoheitsfunktionen durch den Staatssektor oder durch die direkte „Auslagerung" von bestimmten Aufgabenbereichen aus dem zentralen Budget (v. a. von F. K. Mann vertreten). Der P. wird auch als *Hilfsfiskus* bezeichnet oder – kritisch – wird von einer „Flucht aus dem Budget" gesprochen. – b) *Entstehung der P. „von unten":* Zumeist selbstorganisierte Interessenverbände der Bürger, die erst nach und nach in eine gesellschaftliche Aufgabenerfüllung hineinwachsen (können). Ökonomisch begründet v. a. in der Kollektivgüterökonomik, aber auch in der →ökonomischen Theorie der Clubs oder der Verbände (insbes. durch C. Smekal vertretene Richtung). – 3. *Beispiele:* Als P. gelten unstreitig die *klassischen P.,* wie Kirchen und Religionsgemeinschaften, die Sozialfisken, wie Kranken-, Unfall-, Renten- und Arbeitslosenversicherung, sowie die Ständefisken, wie die berufsständischen Vertretungen des Handels, des Handwerks, der Industrie, der Landwirtschaft, der freien Berufe in speziellen Kammern und Verbänden. Daneben gelten als *internationale P.* z. B. die EG, Euratom und die Weltbank. – V. a. unter dem

Aspekt der P. „von unten" wird aber inzwischen auch über die Parafiskalität von Parteien oder bestimmten Bürgerinitiativen usw. diskutiert. – 4. *Finanzwissenschaftliche Beurteilung:* V. a. die klassischen P. werden oft kritisiert; es geht dabei insbes. um die Umgehung bestimmter →Haushaltsgrundsätze, viele selbständige Fonds machen die Haushaltswirtschaft der öffentlichen Hand unübersichtlich und unkontrollierbar. Dagegen wird heute beachtet, daß Spezialisierung, größere Beweglichkeit und Effizienz der Aufgabenerfüllung in kleineren organisatorischen Einheiten mit größerer Bürgernähe eine funktionale Differenzierung in der kollektivgüterwirtschaftlichen Versorgung oft erst ermöglichen. Insbes. bei den P. „von unten" ist die Einordnung in ein wünschenswertes Maß an funktionalem Föderalismus, an Partizipation und dezentraler Aufgabenerfüllung aber auch weiterhin umstritten (→Politikverflechtung). Neben ökonomischen Effizienz- und Effektivitätsaspekten weist die Diskussion oft über ökonomische Zusammenhänge hinaus.

Paraguay, *República de Paraguay,* Republik mit Präsidialsystem und 2-Kammer-Parlament, seit 1811 unabhängig; Binnenstaat in Südamerika. – *Fläche:* 406 752 km², eingeteilt in 20 Departamentos und Hauptstadt. – *Einwohner* (E): (1986, geschätzt) 3,79 Mill. (9,3 E/km²; zu 95% Mestizen, 2% Indianer, 3% Weiße. – *Hauptstadt:* Asunción (708 000 E); weitere wichtige Städte: Presidente Stroessner (92 000 E), Pedro Juan Caballero (39 000 E), Encarnación (27 600 E), Condepción (24 000 E), Caaguazú (19 027 E). – *Amtssprachen:* Spanisch und Guaraní.

W i r t s c h a f t : *Landwirtschaft:* Anbau von Maniok, Zuckerrohr, Mais, Sojabohnen, Süßkartoffeln, Baumwolle, Reis, Tabak, Weizen; 49% der Erwerbstätigen sind in der Landwirtschaft tätig. Viehzucht: Rinder, Pferde, Schweine, Schafe, Ziegen. – *Fischfang:* (1980) 2700 t. – *Bergbau:* V. a. Kalkstein- und Kaolinabbau. – *Industrie:* Wenig Industrie, Bautätigkeit v. a. im Großprojektbereich (Wasserkraftwerk); Nahrungsmittel-, Holzindustrie. – *BSP:* (1985, geschätzt) 3180 Mill. US-$ (940 US-$ je E). – *Anteil der Landwirtschaft am BSP:* (1984) 26%; der Industrie 26%. – *Öffentliche Auslandsverschuldung:* (1984) 33,3%. – *Inflationsrate:* (Durchschnitt 1973-84) 12,9%. – *Export:* (1985) 403 Mill. US-$, v. a. Baumwolle, Soja, Holz, Pflanzenöl, Häute und Felle. – *Import:* (1985) 719 Mill. US-$, v. a. Maschinen und Fahrzeuge, mineralische Brennstoffe, chemische Erzeugnisse. – *Handelspartner:* Argentinien, Brasilien, Bundesrep. D., Schweiz, Niederlande, USA, Japan, Algerien. – *Reiseverkehr:* (1980) 302 000 Touristen.

V e r k e h r : Schlecht ausgebautes Verkehrsnetz zu Lande; wichtig ist die Binnenschifffahrt, über 2000 km schiffbare Flüsse; Haupthafen und internationaler Flughafen: Asunción.

Mitgliedschaften: UNO, ALADI, CCC, UNCTAD u. a.

Währung: 1 Guarani (G) = 100 Céntimos.

Paralleleffekt, gleichgerichteter enger Zusammenhang zwischen den →monetären Märkten, insbes. der Zinsbildung auf den Teilmärkten. Da auf allen Märkten letztlich Geld bzw. Kredite erforderlich sind, um die für sie finanziellen Transaktionen durchzuführen, hängt auch die Entwicklung der einzelnen Märkte und aller monetären Märkte zusammengenommen vom Geld- und Kreditangebot ab, mit den entsprechenden Auswirkungen auf die Zinsbildung auf den verschiedenen Märkten. Nehmen z. B. die liquiden Mittel der Banken zu, so werden tendenziell auf allen Märkten die Zinsen sinken; umgekehrt werden mit einer Verknappung der Bankenliquidität auf allen Märkten die Zinsen steigen. – *P. einer antizyklischen Wirtschaftspolitik:* Vgl. →Parallelpolitik.

Parallelgeschäft, →Kompensationsgeschäft.

Parallelkredit, →Kredit, bestehend aus zwei oder mehr Krediten, die von verschiedenen Banken in eigenem Namen und für eigene Rechnung gewährt werden.

Parallelmarkt, inoffizieller, von den Behörden gestatteter freier Devisenmarkt (→Börse). Die Kurse weichen auf dem P. z.T. erheblich von den offiziellen ab.

Parallelpolitik, Begriff für einen unerwünschten Effekt staatlicher Politik, die in Anlehnung an die keynesianische Wirtschaftstheorie antizyklisch ausgeprägt sein sollte (→fiscal policy, →antizyklische Finanzpolitik). Im Abschwung werden die staatlichen Nachfrageimpulse schwächer, im Boom dagegen stärker. Der Grund liegt z. B. in der Befolgung des Haushaltsgrundsatzes der Ausgeglichenheit ohne Berücksichtigung einer möglichen Schuldenaufnahme (vgl. Verschuldungsregel im GG bis 1969); bei sinkenden Steuereinnahmen müssen die Ausgaben zurückgeführt werden bzw. umgekehrt (vgl. die Finanzpolitik Brünings in der Weltwirtschaftskrise). – Aktuell ist dieses Problem v. a. bei den nicht so stark in die konjunkturelle „Pflicht" genommenen Gemeinden, aber auch aufgrund von theoretischen Erwägungen im Bereich der →lags.

Parallelprinzip, Grundsatz der →Unternehmenspolitik zur Gestaltung der Produktion. Unter Vermeidung von Lagerbildung wird die Produktionsmenge ständig im Einklang mit der jeweiligen Absatzmenge gehalten. – *Nachteile:* Schwankungen in der Kapazitätsausnutzung (→Kapazitätsausnutzungsgrad), und damit verbunden erhöhte Kosten der Produktion; die Kapazität muß nach der Absatzspitze bemessen sein, d. h. in umsatzschwachen Zeiten liegt die Beschäftigung unter dem optimalen Kostenpunkt. – *Vorteil:* Einsparung an Lagerkosten. – *Gegensatz:* →Ausgleichsprinzip.

Parallelproduktion, Elementartyp der Produktion (→Produktionstypen), der sich aus dem Merkmal der zeitlichen Zuordnung der Produkte zu den Aktionsträgern ergibt. Bei P. verfügt die Unternehmung über soviele Arbeitssysteme bzw. Arbeitssystemkombinationen wie zur zeitlich parallelen Realisierung von Serien- bzw. Sortenprozessen (→Serienproduktion, →Sortenproduktion) erforderlich sind. – *Beispiel:* Parallele Montage mehrerer Typen von Fernsehgeräten auf mehreren Fließbändern. – Vgl. auch →Wechselproduktion.

Parallelverarbeitung, simultane Bearbeitung mehrerer Befehlsteile, Befehle oder Programmteile durch eine →Zentraleinheit. P. kann durch mehrere, über einen →Bus gekoppelte →Prozessoren (Tandemprinzip) oder durch mehrere →Rechenwerke innerhalb des →Zentralprozessors (Feldrechnerprinzip) realisiert werden.

Parallelwährung, →Konkurrenzwährung.

Parameter. I. Mathematik: Veränderliche, für gewisse Überlegungen konstant gehaltene Hilfsgrößen bei der Darstellung von Kurven oder Flächen; Koeffizienten in algebraischen Gleichungen, kennzeichnende Konstanten zur Unterscheidung von mathematischen Funktionen.

II. Statistik: Konstante zur Charakterisierung einer empirischen →Verteilung in einer →Grundgesamtheit oder einer theoretischen Verteilung. Bei realen Grundgesamtheiten interessieren v.a. die P. →arithmetisches Mittel, →Varianz oder →Anteilswert, auf die die →Schätzverfahren und →statistischen Testverfahren der Inferenzstatistik gerichtet sind. Bei theoretischen Verteilungen unterscheidet man *Funktional-P.,* insbes. →Erwartungswert und →Varianz, sowie *explizite P.,* also Kennwerte, welche explizit in der →Dichtefunktion bzw. →Wahrscheinlichkeitsfunktion vorkommen.

III. Betriebsinformatik (v.a. im Rahmen der →Programmentwicklung): Wert, der als Eingangsgröße beim Aufruf eines →Unterprogramms von dem aufrufenden →Programm übergeben wird oder als Ergebnis (Ausgangsgröße) von dem Unterprogramm an das aufrufende Programm zurückgegeben wird. – *Arten:* →Formalparameter; →Aktualparameter.

Parameterschätzung, zusammenfassende Bezeichnung für die Anwendung von Verfahren der →Punktschätzung und →Intervallschätzung für →Parameter mit Hilfe eines vorliegenden Stichprobenbefundes.

Parametertest, →statistisches Testverfahren, das einen oder mehrere →Parameter zum Gegenstand hat.

parametrische lineare Optimierung. 1. *Begriff:* Erweiterung der →linearen Optimierung, die solche Probleme behandelt, bei der die Koffizienten der →Zielfunktion und/oder die rechten Seiten der Restriktionen (→Begrenzungsvektor) nicht mehr als konstant angenommen werden, sondern – ausgehend von bestimmten zunächst vorgegebenen Werten – in Abhängigkeit von einem oder mehreren Parametern variieren können *(parametrisches lineares Optimierungsproblem).* I.d.R. ist in diesem Fall zu jedem Wert, den der Parameter annehmen kann (bzw. die die Parameter annehmen können) eine →optimale Lösung gesucht. – 2. *Anwendungen:* Zu parametrischen Optimierungsproblemen gelangt man v.a. in Entscheidungssituationen, bei denen Unsicherheit über die zugrunde gelegten Daten besteht. Darüberhinaus lassen sich gewisse Fragestellungen in Entscheidungssituationen bei denen mehrere Extremierungsziele zu berücksichtigen sind, auf derartige Probleme zurückführen. – 3. *Lösungsverfahren:* Parametrische lineare Optimierungsprobleme können durch *geringfügig modifizierte* →Simplexmethoden gelöst werden. Die meisten Standardsoftwarepakete zur Lösung von Problemen der linearen Optimierung bieten – zumindest als Option – Routinen zur parametrischen Optimierung mit einem Parameter in der Zielfunktion bzw. im Begrenzungsvektor an.

parametrisches (lineares) Optimierungsproblem, →parametrische lineare Optimierung.

paramonetäre Finanzierungsinstitute, *sekundäre Finanzierungsinstitute.* 1. *Charakterisierung:* →Kapitalsammelstellen, die keine →Geldschöpfung betreiben bzw. deren typisches Passivgeschäft nicht in der Einräumung von Sichteinlagen gegenüber Nichtbanken besteht. Danach zählen Individual- und Sozialversicherungen, Bausparkassen, Kapitalanlagegesellschaften, Finanzmakler und Kreditkartenunternehmen zu den P. Häufig werden auch jene Institute noch hinzugerechnet, die zwar grundsätzlich berechtigt sind, Sichteinlagen von Nichtbanken entgegenzunehmen, wobei der Umfang dieser als Zahlungsmittel fungierenden Verbindlichkeiten aber äußerst gering ist, v.a. Realkredit-, Teilzahlungs- und Kreditinstitute mit Sonderaufgaben. – 2. *Bedeutung in der geldpolitischen Diskussion:* Die P. spielen bisher eine eher untergeordnete Rolle, weil man ihnen in der Geld- und Kreditschöpfung kaum Bedeutung zumaß. Die kreditpolitischen Instrumente der Bundesbank sind wohl aus diesem Grund speziell auf

die Geschäftsbanken ausgerichtet. Es hat sich allerdings gezeigt, daß die P. durch verstärkte Finanzierungsleistungen in Restriktionsperioden wesentlich dazu beigetragen haben, der Zentralbankpolitik entgegenzuwirken. Als eine Reaktion auf diese Erkenntnis darf die Einbeziehung der Bausparkassen in die Mindestreservepflicht seit 1984 gewertet werden.

Paraphe, abgekürzter Namenszug; anzuwenden zur Beschleunigung der Unterschrift bei internen Schriftstücken, z.B. bei Korrespondenz-Durchschlägen.

Pareto, Vilfredo Marquis, 1848–1923, bedeutender italienischer Nationalökonom und Soziologe (ursprünglich Ingenieur). P. wurde Nachfolger von →Walras auf dem nationalökonomischen Lehrstuhl in Lausanne und verfeinerte die mathematische →allgemeine Gleichgewichtstheorie von Walras. Auf P. geht die Theorie der Wahlakte zurück (Interdifferenzkurvenanalyse), die die Grenznutzenlehre ersetzte; damit entfiel das Problem der Meßbarkeit des Nutzens. Weiterhin verdankt die Nationalökonomie P. empirische Untersuchungen über die →Einkommensverteilung. Die von P. entwickelte Theorie vom „Kreislauf der Eliten", mit der P. die Konstanz der Einkommensverteilung erklären wollte, ist äußerst umstritten, war aber von Einfluß auf den Syndikalismus und Nationalsozialismus. Seine Soziologie stellt einen Versuch dar, alle Subjektivismen zu vermeiden; er schuf die Begriffe der Residuen (Reste) und Derivationen (Ableitungen), die nach seiner Anschauung das gesellschaftliche Leben bestimmen. – *Hauptwerke:* „Cour d'économie politique" 1896/1897, „Les systèmes socialistes" 1902/1903, „Manuali di economia politica" 1906, „Trattato di sociologia generale" 1916/1923.

Pareto-Effizienz, *Pareto-Optimum,* Güterverteilung zwischen Individuen, bei der durch Umverteilung ein Individuum seinen →Nutzen nur dadurch erhöhen kann, daß ein anderes Individuum schlechter gestellt wird.

Pareto-Optimum, →Pareto-Effizienz.

Pareto-Verteilungsfunktion, →Verteilungstheorie IV 1 a).

pari, Wertpapiernotierung, falls der →Kurswert dem →Nennwert von 100 entspricht.

Pari-Emission, →Emission von Wertpapieren zu einem dem →Nennwert des Papiers entsprechenden Emissionskurs, d.h. 100% des Nennwerts. – Vgl. auch →Unter-Pari-Emission, →Über-Pari-Emission.

Pari-Kurs, Kurs, der bei Wertpapieren dem →Nennwert, bei Devisen der →Parität entspricht.

Pariplätze, Orte, an denen das Inkasso dort zahlbarer Wechsel und Schecks von den Banken spesenfrei vorgenommen wird. – *Gegensatz:* →Spesenplätze.

Pariser Börse, 1724 gegründete Wertpapierbörse. Die P.B. ist von Gesetzes wegen den agents de change (Börsenmakler) übertragenes Monopol für den Handel mit Wertpapieren. – Der Aktienhandel findet an *drei Märkten* statt: (1) Im *amtlichen Börsenhandel (marché officiel)* werden nur die Titel der großen französischen und ausländischen Emittenten gehandelt, welche bestimmte Anforderungen hinsichtlich ihrer Größe und des Streubesitzes (mind. 25% ihrer Aktien) erfüllen, und sich zur Veröffentlichung bestimmter Informationen verpflichten müssen. Die amtliche Notierung erfolgt per Kasse und auf Termin per medio und per ultimo. – (2) Der 1983 eröffnete *second marché* ist für mittlere Unternehmen bestimmt. Auf diesem Markt kann jedes Unternehmen notiert werden, das sich verpflichtet, 10% seines Kapitals dem Publikum anzubieten und bestimmte Informationen zu veröffentlichen. Die auf diesem Markt gehandelten Wertpapiere werden per Kasse gehandelt. – (3) Der *Freiverkehr-Markt (marché hors-cote)* ist für den Handel mit anderen Wertpapieren bestimmt. Dieser Markt stehen den Unternehmen offen, die ihre Anteile dort handeln wollen, und dem Publikum das weder am offiziellen Markt, noch am „Second Marché" kaufen oder verkaufen will. Die Geschäfte im Freiverkehr-Markt werden gegen Barzahlung getätigt.

Pariser Klub, *Pariser Club,* informeller Zusammenschluß der Regierungen westlicher Länder zur Abstimmung der Vorgehensweise in dem Falle, daß Entwicklungsländer nicht in der Lage sind, die ursprünglich für ihre öffentlichen und öffentlich garantierten Auslandskredite vereinbarten Zins- und Tilgungsmodalitäten einzuhalten (→Auslandsverschuldung der Entwicklungsländer). – Folgende *Lösungen* derartiger Probleme sind u.a. möglich bzw. werden praktiziert: a) Konsolidierung des Kredites, d.h. Ersatz noch nicht getilgter Kredite bzw. Kreditteile durch neue Darlehen mit neuen Konditionen, deren Erfüllung realistischerweise erwartet werden kann. b) Änderung des Tilgungsplans, d.h. Verlängerung der Rückzahlungsfristen. c) Umwandlung öffentlicher Darlehen im Rahmen der →Kapitalhilfe in rückzahlungsfreie Zuschüsse (Geschenke). d) Umwandlung öffentlich garantierter privater Kredite in öffentliche Darlehen mit für das Schuldnerland verbesserten Konditionen.

Parität. I. Geldtheorie/Außenwirtschaftstheorie: 1. *P. der Kaufkraft:* Vgl. →Kaufkraftparität. – 2. *P. der Währungen:* a) *Direkte P.:* Wertverhältnis zweier Währungen aufgrund des gesetzlich festgelegten Goldgehaltes der Währungseinheiten (bei Goldwäh-

rungen) bzw. vom IMF fiktiv festgelegt (bei freien Währungen); vgl. →Goldparität, →Währungsparität. – b) *Indirekte P.:* Wertverhältnis zweier Währungen aufgrund von Börsennotierungen an ausländischem Börsenplatz, auch als *Kursparität* bezeichnet.

II. Amtliche Statistik: Eine aus der amerikanischen Bevölkerungsstatistik übernommene Bezeichnung für die Ordnungsnummern von lebendgeborenen Kindern der jeweiligen Mutter. Hinsichtlich →Fruchtbarkeitstafeln bzw. bei →Kohortenanalyse von Bedeutung.

Paritätentabelle, →Paritätstabelle.

paritätische Mitbestimmung, →Mitbestimmung, →Montan-Mitbestimmungsgesetz.

Paritätskalkulation, →Kalkulation, die Umrechnungsfaktoren anwendet, um den Bezugswert bei bekanntem Einkaufspreis oder den Verkaufspreis bei bekanntem Einkaufspreis oder Bezugswert zu ermitteln. Im Handel, besonders im Außenhandel gebräuchlich, da Kalkulation mit Verrechnungspreisen für den Handel ungeeigneter ist.

Paritätsklausel. 1. Klausel in internationalen Abkommen, insbes. Handelsverträgen, über die *rechtliche Gleichstellung der Angehörigen des Vertragslandes mit Inländern,* z.B. arbeits- und sozialrechtlicher Gleichstellung, gleichmäßiger Behandlung auf dem Gebiet des Handels, insbes. Niederlassungs- und Gewerberechts usw. – Vgl. auch →Paritätsprinzip. – 2. Klausel bei langfristigen *Forderungen aus den internationalen Handels- und Finanzierungsgeschäften,* die den Gläubiger vor Verlusten aus einer Abwertuang des Wechselkurses (Devalation) während der Laufzeit der Forderung schützen soll (→Wertsicherungsklausel).

Paritätsprinzip, Gleichstellung in- und ausländischer Verfrachter bei Tarifen und Abfertigung. Das P. dient der allgemeinen Förderung des Außenhandels (→Exportförderung).

Paritätstabelle, *Paritätentabelle,* Zusammenstellungen aller Kursparitäten (→Parität) der einzelnen Währungen. Wichtig bei →Arbitrage.

parity bit, *Prüfbit,* zusätzliches →Bit, durch das jedes →Byte oder →Wort in der Weise ergänzt wird, daß die Anzahl aller dualen Einsen entweder immer ungerade *(odd parity)* oder immer gerade *(even parity)* ist. Auf diese Weise sollen einfache Übertragungsfehler oder Speicherdefekte (→Speicher) erkannt werden.

Parken, nach StVO das Verlassen eines Fahrzeuges, Halten eines Fahrzeuges länger als drei Minuten, auch wenn Ihm Ein- oder Aussteigen oder zum Be- oder Entladen geschieht (§12 II StVO). – Parkberechtigung durch →Parkometer und →Parkscheibe; für →Schwerbehinderte und Anwohner können Sonderparkberechtigungen eingeräumt werden.

Parkett. 1. *Ursprünglich:* Bezeichnung für den amtlichen Markt der Pariser Börse. – 2. *Heute:* Bezeichnung für den amtlichen (offiziellen) Börsenmarkt. – *Gegensatz:* →Kulisse.

Parkinsonsche Gesetze. 1. *Erstes P.G.:* Die mit einem hintergründigen Humor aufgrund von Statistiken in eine ironisierende „mathematische Formel" gefaßte Erfahrung, die der bekannte englische Geschichtsforscher und Soziologe C. Northcote Parkinson während des Krieges als Zivilbeamter in der englischen Admiralität machte, daß die bürokratische Verwaltung in Behörden und in Unternehmungen mit einer angeblich mathematisch errechenbaren Zuwachsrate wächst, „gleich, ob die Arbeit zunimmt, abnimmt oder ganz verschwindet". – 2. *Zweites P.G.:* Die Zuwachsrate der Ausgaben des Staates ist stets größer als die seiner Einnahmen. Der materielle Erfolgswille führt in einer bestimmten „gesetzlichen" Stufenfolge „zum höchsten Schreibtisch" empor.

Parkometer, *Parkuhren,* Einrichtungen, die gegen Geldeinwurf für eine begrenzte Zeit das Parken (meist 15 bis 60 Minuten) erlauben. Ein sichtbarer, uhrwerksgetriebener Zeiger ermöglicht Kontrolle der Parkzeit. P. werden v.a. in den Geschäftsvierteln der Großstädte aufgestellt, um Dauerparken zu verhindern und damit Käufern, Lieferanten usw. eine Parkgelegenheit zu geben. – Seit 1956 in der Bundesrep. D. ausdrücklich *zugelassen* (§ 13 I StVO). – Vgl. auch →Parkscheibe.

Parkplatzversicherung, ersetzt Vermögensverluste aus der Beschädigung oder dem Abhandenkommen untergestellter Fahrzeuge.

Parkscheibe, eine am Fahrzeug von außen gut lesbar angebrachte Scheibe, die im Bereich eines Zonenhalteverbots oder, wo durch ein Zusatzschild die Benutzung einer P. vorgeschrieben ist, das →Parken für eine bestimmte Zeit erlaubt, wenn der Zeiger der P. auf den Strich der halben Stunde eingestellt ist, die dem Zeitpunkt des Anhaltens folgt (§ 13 II StVO).

Parkuhr, →Parkometer.

Parlametarische Kontrollkommission, vom Bundestag aus seiner Mitte gewählte Kommission zur Kontrolle der Bundesregierung hinsichtlich der Tätigkeit des Verfassungsschutzamtes, des Militärischen Abschirmdienstes und des Bundesnachrichtendienstes gemäß Gesetz über die parlamentarische Kontrolle nachrichtendienstlicher Tätigkeit des Bundes vom 11.4.1978 (BGBl I 453).

Parlamentarischer Staatssekretär, politischer Vertreter des Bundesministers im Amt, Bundestag, Kabinett auf Weisung des Ministers. Abgeordnete des Deutschen Bundestages. – *Gesetzliche Regelung:* Gesetz über die Rechtsverhältnisse der P.St. vom 24.7.1974 (BGBl I 1538).

Parlametarischer Untersuchungsausschuß, →Untersuchungsausschuß.

Partei. I. S t a a t s r e c h t : 1. *Begriff:* Vereinigung von Bürgern, die dauernd oder für längere Zeit für den Bereich des Bundes oder eines Landes auf die politische Willensbildung Einfluß nehmen und an der Vertretung des Volkes im Deutschen Bundestag oder einem Landtag mitwirken wollen, wenn sie eine ausreichende Gewähr für die Ernsthaftigkeit dieser Zielsetzung bietet. Die Rechtsstellung als P. geht verloren, wenn sie sechs Jahre lang weder an einer Bundestags- oder Landtagswahl mit eigenen Wahlvorschlägen teilgenommen hat. – 2. *Rechtsgrundlage:* Art. 21 GG und das Gesetz über die politischen Parteien (Parteiengesetz) i.d.F. vom 15.2.1984 (BGBl I 242). – 3. *Verfassung:* Die Gründung einer P. ist frei, ihre innere Ordnung muß jedoch demokratischen Grundsätzen entsprechen. Die P. muß eine schriftliche Satzung und ein schriftliches Programm haben (§ 6). P. gliedern sich in Gebietsverbände. Organe sind Mitgliederversammlung (→Parteitag) und Vorstand. Die Mitglieder haben gleiches Stimmrecht, das von der Erfüllung der Beitragspflicht abhängig gemacht werden kann. Der sofortige Austritt steht jedem Mitglied offen. Der Vorstand, der mindestens aus drei Mitgliedern besteht, wird mindestens alle zwei Jahre gewählt. Er leitet den Gebietsverband und führt dessen Geschäfte nach Gesetz und Satzung sowie den Beschlüssen der ihm übergeordneten Organe. Zur Schlichtung von Parteistreitigkeiten sind Schiedsgerichte einzurichten. – 4. Die Parteien müssen über die *Herkunft und Verwendung der Mittel* sowie über ihr Vermögen öffentlich Rechnung legen. Dabei sind gesondert auszuweisen, Mitgliedsbeiträge, Beiträge der Fraktionsmitglieder, Einnahmen aus Vermögen, Veranstaltungen, Spenden, Kredite, Erstattungsbeiträge. Spenden sind erst zu benennen, wenn die Jahresspende einer Person 20 000 DM übersteigt. – 5. Die *Parteienfinanzierung* erhielt durch das Parteiengesetz erstmals eine Rechtsgrundlage, nachdem das Bundesverfassungsgericht die Praxis des Ansatzes im Haushaltsplan mit Art. 21 GG für unvereinbar erklärt hatte. Die Parteien erhalten die notwendigen Kosten eines angemessenen Wahlkampfes ersetzt. Pauschal werden 5,00 DM je Wahlberechtigten angesetzt (ca. 190 Mill.). Dieser Betrag wird entsprechend den Zweitstimmen anteilig verteilt, wenn die Partei 0,5% Zweitstimmen oder 10% Erststimmen in einem Wahlkreis erhalten hat. Die Festsetzung erfolgt durch den Bundestagspräsidenten. Falls das frühere Wahlergebnis es rechtfertigt, kann eine Abschlagszahlung (bis 60%) erfolgen. Wird die Stimmenzahl nicht erreicht, ist die Abschlagszahlung zurückzuzahlen. – 6. *Besteuerung:* Politische P. sind nach § 5 I Nr. 7 KStG persönlich von der Körperschaftsteuer befreit, soweit kein →wirtschaftlicher Geschäftsbetrieb unterhalten wird.

II. Z i v i l p r o z e ß : Derjenige, der klagt, und derjenige, gegen den geklagt wird, ohne Rücksicht darauf, ob es sich für den geltend gemachten Anspruch um den richtigen Kläger (→Aktivlegitimation) und den richtigen Beklagten (→Passivlegitimation) handelt. Setzt →Parteifähigkeit voraus. – Eine P. kann i. d. R. nicht Zeuge sein; vgl. →Beweismittel.

Parteifähigkeit, Fähigkeit, →Partei eines Zivilprozesses zu sein. P. deckt sich mit →Rechtsfähigkeit (§ 50 ZPO). P. besitzen aber auch OHG und KG, die unter ihrem Namen klagen und verklagt werden können (§§ 124, 161 II HGB), nicht jeoch die stille Gesellschaft und die Gesellschaft des bürgerlichen Rechts; ein nicht rechtsfähiger Verein kann unter seinem Namen verklagt werden; will er selbst klagen, so müssen alle Mitglieder als Kläger auftreten. – Das Vorliegen der P. hat das Gericht von Amts wegen zu *prüfen* und die Klage bei ihrem Fehlen als unzulässig abzuweisen (§ 56 ZPO).

Parteienfinanzierung, →Partei I 5.

Parteipolitik im Betrieb, →Betriebsfrieden.

Parteitag, Mitgliederversammlung einer politischen →Partei. Oberstes Organ der jeweiligen Gebietsverbandes, beschließt Parteiprogramme, Satzung, Beitragsordnung, Schiedsgerichtsordnung, Auflösung und Verschmelzung mit anderen Parteien. Der Parteitag wählt den Vorstand, dessen Tätigkeitsbericht er mindestens alle zwei Jahre entgegennimmt und darüber Beschluß faßt.

Parteivernehmung, →Beweismittel.

Parteiverrat, *Prävarikation,* →Vergehen nach § 356 StGB. Ein →Rechtsanwalt oder anderer Rechtsbeistand, der in derselben Rechtssache pflichtwidrig beiden Parteien Rat oder Beistand leistet, wird mit →Freiheitsstrafe von drei Monaten bis zu fünf Jahren bestraft, wenn er im Einverständnis mit dem Gegner seine Partei benachteiligt, mit Freiheitsstrafe von einem Jahr bis zu fünf Jahren.

Partenreederei, Rechtsform des Seehandelsrechts (§§ 489 ff. HGB). Die P. tritt unter dem Namen eines Schiffes auf und ist ein Gesellschaftsverhältnis der Personen *(Mitreeder)* mit Eigentumsanteilen *(Schiffsparten)* an diesem Schiff. Die Mitreeder unterliegen der unbegrenzten Nachschußpflicht und haben ein Abandonrecht. – *Steuerliche Behandlung:* Die P. ist als →Mitunternehmerschaft zu qualifizieren.

Partialanalyse, Form wirtschafts- und sozialwissenschaftlicher Untersuchungen. – 1. *I. w. S.:* Herauslösung eines z. B. ökonomisch relevanten Teilaspektes als Untersuchungsprojekt aus dem umfassenderen Wirtschaftsgeschehen. So etwa, wenn die einzelne Unternehmung, ein Markt oder ein Sektor als Erkenntnisobjekt gewählt und unterstellt wird, daß Wechselwirkungen zwischen dem analysierten Geschehen und anderen auch außerökonomischen Vorgängen vernachlässigt werden können. – 2. *I. e. S.:* Isolierung bestimmter Ursache-Wirkungs-Zusammenhänge aus einem umfassenderen Geschehen in Form von Modellen. Wird dabei lediglich untersucht, wie sich die Änderung einer Veränderlichen auf eine andere Modellvariable auswirkt und angenommen, daß alle übrigen Variablen des Modells im Betrachtungszeitraum konstant sind, deckt sich die P. mit der →Ceteris-paribus-Annahme. – *Gegensatz:* →Totalanalyse.

partialer Satz, ein von Schmalenbach geprägter Begriff für →proportionale Kosten.

Partialkontrolle, *statistische Qualitätskontrolle,* Verfahren der Qualitätskontrolle (→Qualitätssicherung). Das Wesen der P. besteht in der Überprüfung einiger zufällig ausgewählter Einheiten (→Stichprobe) aus einer Grundgesamtheit (Menge aller Einheiten, die einer statistischen Betrachtung zugrundeliegen) im Hinblick auf ein oder mehrere Qualitätsmerkmale. Anhand der Stichprobenergebnisse wird auf das Qualitätsniveau der Grundgesamtheit geschlossen. – Nach der Erfassung des Qualitätsmerkmals sind zu *unterscheiden:* →Attributenkontrolle (zählende Prüfung) und →Variablenkontrolle (messende Prüfung). – *Gegensatz:* →Totalkontrolle.

Partialkostenrechnung, Variante der →Divisionskalkulation, bei der nur die →variablen Kosten auf die erzeugten Leistungseinheiten verrechnet werden.

partiarisches Darlehen. 1. *Begriff/Charakterisierung:* →Darlehen, bei dem der Gläubiger an Stelle von Zinsen einen bestimmten Anteil vom Gewinn oder Umsatz erhält. P. D. ähneln der →stillen Gesellschaft, Gläubiger und Schuldner sind aber nicht zu einer wirklichen →Gesellschaft zusammengeschlossen. Da die Parteien den Vertrag beliebig gestalten und auch Überwachungsrecht des Gläubigers vereinbaren können, ist Abgrenzung im Einzelfall oft schwierig. – 2. *Besteuerung:* a) *Einkommensteuer:* Einnahmen aus p. D. sind im Rahmen der →Einkünfte aus Kapitalvermögen anzusetzen (§ 20 I Nr. 4 EStG), wenn der Darlehensgeber nicht als →Mitunternehmer anzusehen ist oder das p. D. nicht zu einem →Betriebsvermögen gehört. b) *Gesellschaftsteuer:* Vgl. →Gesellschaftsrechte, →Gesellschaftsteuer.

Partiebeitrag, Deckungsbeitrag aus der Verwertung einer Warenpartie, die als Gesamtheit beschafft (z. B. beim Kauf in Bausch und Bogen) oder auf Verdacht hergestellt (z. B. Auflage eines Kalenders) wurde. Der P. entsteht, wenn die für die Partie als Ganzes entstandenen spezifischen Beschaffungsausgaben oder Herstellungskosten (Partie-Einzelausgaben/-kosten) durch die kumulierten →Stückbeiträge abgedeckt sind. – Vgl. auch →partiebezogene Deckungsbeitragsrechnung.

partiebezogene Deckungsbeitragsrechnung, Form der →Deckungsbeitragsrechnung. Werden auf Verdacht Warenpartien als Ganzes beschafft oder hergestellt, sind die dafür entstandenen spezifischen Ausgaben bzw. Kosten (originäre Partie-Einzelkosten) (echte) →Einzelkosten in bezug auf die Gesamtheit der enthaltenen Güterarten und -einheiten. Sie sind als →irreversibel vordisponierte Ausgaben oder →sunk costs für die Verwertungsdispositionen irrelevant. Die →Deckungsbeiträge der Wareneinheiten (→Stückbeiträge) oder Unterpartien errechnen sich als Überschuß ihrer Einzelerlöse über ihre verwertungsbedingten Einzelkosten. Die originären Partie-Einzelkosten werden bei einer partiebezogenen Gesamtbetrachtung durch die Deckungsbeiträge (→Partiebeiträge) aus dem Verkauf der Partiebestandteile wie Investitionsausgaben im Zeitablauf oder über der abgesetzten Menge kumuliert abgedeckt. Ergänzend können finanzmathematische Verfahren der Investitionsrechnung angewandt werden.

partielle Produktionselastizität, Begriff der Produktions- und Kostentheorie. Die p. P. wird für jeden an der Leistungserstellung beteiligten Produktionsfaktor getrennt ermittelt. Unter der Annahme, daß die Einsatzmengen der übrigen Produktionsfaktoren konstant gehalten werden, gibt die p. P. die relative Veränderung der Ausbringungsmenge an, die durch die relative Veränderung der Einsatzmenge des variablen Faktors verursacht wird:

$$\frac{\delta x}{\delta r_i} \cdot \frac{r_i}{x}.$$

Bei *substitutionalen Produktionsfunktionen* hat die p. P. einen Wert von > 0, bei *limitationalen Produktionsfunktionen* einen Wert = 0. – Vgl. auch →Produktionselastizität.

partielle Rückdeckung, teilweise Abdeckung der übernommenen Versicherungswagnisse, d. h. Abdeckung einzelner Risiken bei einem fremden Risikoträger (→Lebensversicherung VIII 2). Beispiel: Todesfallrisiko für eine gewisse Zeit durch eine Versicherungsgesellschaft. – Der *steuerliche Vorteil der betrieblichen Altersversorgung* (betriebliche Versorgungszusage) wird nicht wesentlich geschmälert, wohl aber das für den Unternehmer

erhebliche Risiko des vorzeitigen Versorgungsfalls.

partielle Selbstbedienung, →Selbstauswahl.

Partieproduktion, Elementartyp der Produktion (→Produktionstypen), der sich aus dem Merkmal der Beschaffbarkeit von Erzeugniseinsatzstoffen ergibt. Die prozeßbezogene Stoffmenge wird bei P. im Gegensatz zur Chargenproduktion (→diskontinuierliche Produktion) nicht durch das Fassungsvermögen eines Produktionsapparates, sondern durch die Herkunftsquelle limitiert. – *Beispiele:* Verarbeitung hochkarätiger Diamanten; Deckblattverarbeitung von Qualitätszigarren.

Partiewaren, unmoderne, unansehnliche oder aus einem sonstigen Grunde (technische Überholung, zu schlechte Qualität usw.) zu normalen Preisen unverkäufliche Waren, die zu herabgesetzten Preisen (z. B. auf Auktionen, in →Sonderverkäufen usw.) abgestoßen werden.

Partikulierschiffahrt, → →Binnenschiffahrt.

Partizipationseffekt, von Gutenberg eingeführte Bezeichnung für den Tatbestand, daß jede zusätzliche Produkt- oder Ausführungsart eines Anbieters Absatzmengen von Konkurrenzanbietern abzieht. →Produktdifferenzierung löst infolge des P. eine akquisitorische Wirkung aus.

Partizipationsgeschäft, →Gelegenheitsgeschäft.

partizipative Führung, →Führungsstile, →Entscheidungsbaum.

Partnerschaft, insbes. seit dem Zweiten Weltkrieg wirksame Bestrebungen von Unternehmen, im eigenen Betrieb nach neuen Formen der Zusammenarbeit mit der Belegschaft zu suchen. Sichtbarstes Ergebnis derartiger Bemühungen ist oftmals eine →Erfolgsbeteiligung bzw. →Kapitalbeteiligung der Mitarbeiter *(materielle Beteiligung)*, verschiedentlich ergänzt durch besondere Mitsprache- und Mitentscheidungsmöglichkeiten *(→immaterielle Mitarbeiterbeteiligung)* mit unterschiedlicher Intensität. – P.-Modelle haben (neben der Förderung von Leistungsbereitschaft und Arbeitszufriedenheit) oft auch eine *gesellschaftspolitische Zielsetzung:* es wird versucht, das marktwirtschaftliche System zu stützen bzw. weiter zu entwickeln und dabei gleichzeitig Spannungen zwischen ,Arbeit' und ,Kapital' abzubauen. Die Gewerkschaften stehen derartigen Bestrebungen ablehnend gegenüber, da sie eine kollektive Interessenvertretung der Belegschaft in Tarifverhandlungen und durch die gesetzliche →Mitbestimmung in Unternehmen und Betrieb für wirkungsvoller halten. – Vgl. auch →Unternehmensverfassung.

Partnerschaftsunternehmen, →Joint Venture I 2.

Party-Verkauf, Form des →Direktverkaufs; Abwandlung des traditionellen →Haustürgeschäfts. Die Waren werden während geselligen Beisammenseins im Haushalt angeboten. Verbreitet bei Wein, Tupperware, Kosmetika.

Parzelle, durch Vermessung festgelegtes →Grundstück (bzw. Grundstücksteil). – Vgl. auch →Kataster.

Pascal. 1. *Begriff:* Prozedurale →*Programmiersprache;* 1968 an der ETH Zürich von N. Wirth entwickelt. Benannt nach dem französischen Mathematiker und Philosophen B. Pascal (1623–1662). Grundlage für die Entwicklung moderner Programmiersprachen (→Ada, Modula u. a.). – 2. *Sprachstruktur:* Sauber strukturierte Sprache; auf wenigen, fundamentalen und klar definierten Konzepten basierend. →Datenstrukturen und →strukturierte Programmierung werden sehr gut unterstützt. – 3. *Einsatzgebiete/Verbreitung:* Universell einsetzbar; gut geeignet für kleine und mittelgroße →Programme; adäquate Sprachelemente zur Entwicklung großer →Softwaresysteme (→Modularisierung) und zur Dateiorganisation (→Datenorganisation II) fehlen, daher geringer Verbreitung im kommerziellen Bereich; als Ausbildungssprache sehr gut geeignet; zunehmende Verbreitung, v. a. auf Mikrocomputern (→Rechenanlagen 2 a)). – 4. *Standardisierung:* ISO-Standard (→ISO) von 1983, DIN-Norm von 1985; mäßige Akzeptanz, zahlreiche Spracherweiterungen realisiert.

Pascal (Pa), →gesetzliche Einheiten, Tabelle 1.

Passiva, *Passivposten,* Sammelbegriff für alle auf der Passivseite der →Bilanz ausgewiesenen Positionen (Posten), v. a. Kapital, Rücklagen, Rückstellungen, Verbindlichkeiten, passive Rechnungsabgrenzungsposten. – Auf der *Aktivseite:* Vgl. →Aktiva.

passive Abschreibung, →indirekte Abschreibung.

passive Diskriminierung, besondere Ausprägung des Diskriminierungsverbots. Vgl. im einzelnen →Kartellgesetz V.

passive Lohnveredelung, im Außenwirtschaftsrecht Bearbeitung, Verarbeitung oder Ausbesserung von Waren, die aus dem freien Verkehr des Wirtschaftsgebiets in fremde Wirtschaftsgebiete verbracht worden sind. Es bestehen vom allgemeinen →Veredelungsverkehr abweichende Sonderbestimmungen. Die Wiedereinfuhr nach p. L. bedarf der →Einfuhrerklärung, →Einfuhrgenehmigung sowie Einfuhrabfertigung (→Einfuhrverfahren) (§ 33 b AWV).

passive Rechnungsabgrenzung, Position auf der Passivseite der →Bilanz. – *Zu unterscheiden:* 1. *Transitorische Passiva* (= passive Rechnungsabgrenzungsposten, § 250 II HGB); Geschäftsvorfälle, die vor dem Bilanzstichtag zu einer Einnahme geführt haben, aber Ertrag für eine bestimmte Zeit danach darstellen, z. B. Mieteinnahmen am Ende des alten Jahres für das neue Jahr (Ansatz an Mietertrag). Abschlußbuchung: Mietertrag an passive Rechnungsabgrenzung. – 2. *Antizipative Passiva* (= sonstige Verbindlichkeiten, Aufwandsrückstellungen): Geschäftsvorfälle, die als Aufwand das alte Jahr betreffen aber erst danach Ausgaben auslösen, z. B. Lohnzahlung für Dezember im Januar danach. Abschlußbuchung: Lohn an sonstige Verbindlichkeiten. – Vgl. auch →Abgrenzung.

passive Rechnungsabgrenzungsposten, →passive Rechnungsabgrenzung 1.

passiver Finanzausgleich, Unterform des →Finanzausgleichs (vgl. auch dort), der die Einnahmenverteilung zwischen öffentlichen Aufgabenträgern regelt. – *Zu unterscheiden:* a) originärer p. F. (→originärer Finanzausgleich); b) ergänzender p. F. (→ergänzender Finanzausgleich). – *Gegensatz:* →aktiver Finanzausgleich.

passiver Veredelungsverkehr, →Veredelungsverkehr 2.

passive Scheckfähigkeit, Fähigkeit, Bezogener eines →Schecks zu sein. P. Sch. haben nur öffentliche und private Geld- und Kreditinstitute; doch wird die Gültigkeit der Urkunde als Scheck durch die Nichtbeachtung dieser Vorschrift nicht berührt (Art. 3, 54 ScheckG).

passive Tätigkeit, im Außensteuerrecht übliche Bezeichnung für diejenigen Tätigkeiten ausländischer Tochtergesellschaften und ausländischer Betriebsstätten, die nicht unter die →aktiven Tätigkeiten fallen.

Passivfinanzierung, →Finanzierung des eigenen Betriebes, wobei unter dem Begriff Finanzierung alle betrieblichen Kapitaldispositionen subsumiert werden (Finanzierung im weitesten Sinne). – *Gegensatz:* →Aktivfinanzierung.

Passivgeschäfte, der Refinanzierung dienende Aufnahme von Geldkapital durch die →Banken (→Bankgeschäft). – *Hauptformen:* a) Ausgabe von Banknoten: Den →Notenbanken vorbehalten; b) →Einlagengeschäft: Annahme kurzfristiger Einlagen sowie Annahme von Spareinlagen; c) Aufnahme von Geldern am Geldmarkt; d) Ausgabe von →Pfandbriefen, →Kommunalobligationen und Kassenobligationen.

Passivierung, Begriff der Buchführung und Bilanzierung. Jede Buchung, die zu einer Erhöhung der Posten auf der Passivseite einer →Bilanz führt.

Passivierungspflicht, Gebot, grundsätzlich alle Schulden, Rückstellungen und Rechnungsabgrenzungsposten in der →Jahresbilanz zu passivieren (§ 246 HGB); bezüglich Ausnahmen vgl. →Passivierungswahlrecht. – *Bei Kapitalgesellschaften* besteht außerdem die Pflicht, das →gezeichnete Kapital zum Nennwert anzusetzen.

Passivierungswahlrecht, im Gegensatz zur grundsätzlich bestehenden →Passivierungspflicht das Wahlrecht, bestimmte Passiva zu bilanzieren. – *Beispiele:* Rückstellungen für unterlassene Aufwendung für Instandhaltung, wenn die Instandhaltung im nächsten Geschäftsjahr, aber nicht in den ersten drei Monaten, nachgeholt wird; Rückstellungen für bestimmte, genau umschriebene Aufwendungen gem. § 249 II HGB. – Für die übrigen Aufwandsrückstellungen (→Rückstellungen) besteht *Passivierungspflicht*. – Seit Inkrafttreten des BiRiLiG sind *direkte Pensionsneuzusagen nach dem 31.12.86* passivierungspflichtig (→Pensionsrückstellungen, →Rückstellungen).

Passivkredit. 1. *Begriff:* Von einer Unternehmung im Rahmen der →Fremdfinanzierung aufgenommener Kredit. – *Gegensatz:* →Aktivkredit. – 2. Nach der *Goldenen Bankregel* (→Finanzierungsregel II 2 b)) soll Summe des P. gleich Summe des Aktivkredits sein. Dies ist nicht zu verallgemeinern; Struktur und Situation der einzelnen Unternehmung sind bestimmend für das Verhältnis von genommenen und gewährten Krediten. Bei Banken z. B. überwiegt stets die Summe der Aktivkredite.

Passivlegitimation, im Zivilprozeß ältere Bezeichnung für die *Eigenschaft des richtigen Beklagten*. Fehlt die P., ist z. B. der Testamentsvollstrecker an Stelle des Erben verklagt, muß die Klage abgewiesen werden. – Heute i. a. nur noch für die *Rechtszuständigkeit* gebraucht, d. h. die P. ist gegeben, wenn der Beklagte auch nach materiellem Recht Verpflichtete ist. – *Anders:* →Prozeßführungsrecht.

Passivposten, →Passiva.

Passivprozesse, Rechtsstreitigkeiten, die gegen eine bestimmte Person oder Vermögensmasse gerichtet sind. – *Gegensatz:* →Aktivprozesse.

Passivtausch, Begriff der Buchhaltung und Bilanzierung: Abnahme eines Passivpostens um einen bestimmten Betrag und gleichzeitige Zunahme eines anderen Passivpostens um den gleichen Betrag. P. läßt Bilanzsumme und Ergebnis unverändert. – *Beispiel:* →Kapitalerhöhung aus Gesellschaftsmitteln.

Passivwechsel, Schuldwechsel (→Wechsel), bei dem der Unternehmung Schuldner ist. P. E. erscheinen in der Bilanz als Passivposten

(→Passiva). In der Bilanz von Kapitalgesellschaften als „Verbindlichkeiten aus der Annahme gezogener Wechsel und der Ausstellung eigener Wechsel". – *Gegensatz:* →Aktivwechsel.

Passivzins, →Zinssatz für die von der Bank hereingenommenen →Einlagen. P. wird im Sprachgebrauch der Banken entsprechend der buchhalterischen Betrachtung als *Habenzins* bezeichnet. – *Gegensatz:* →Aktivzins (Sollzins).

Paß, ein amtlicher, mit Lichtbild versehener Personalausweis. Im Bundesgebiet in Form von Reise-, Fremden- (→Fremdenpaß), Dienst-, Ministerial- und Diplomatenpaß ausgestellt. – Vgl. auch →Paßwesen, →Paßersatz.

Paßersatz, anerkannte amtliche Ausweise, die an Stelle des →Passes Anerkennung finden, z. B. nach der VO vom 29.6.1976 (BGBl I 1717) Kinderausweise, Seefahrtsbücher, Ausweise für Binnenschiffer, Ausweise des kleinen Grenzverkehrs, Ausweise für Abgeordnete des Europarates, vorläufige Reiseausweise.

Paßwesen, Kontrolle der Ein- und Ausreise in oder aus dem Staatsgebiet durch grundsätzlich angeordneten Paßzwang. – *Gesetzliche Grundlage* ist der Bundesrep. D.: Paßgesetz vom 19.4.1986 (BGBl I 537) und Paßverordnung i. d. F. vom 15.2.1964 (BGBl I 126) und DVO vom 29.6.1976 (BGBl I 1717). – Mit vielen Ländern bestehen *Sonderabmachungen,* in denen zur Erleichterung des Reiseverkehrs auf →Sichtvermerk und Paßzwang verzichtet wird.

Paßwort, ein vom →Benutzer eines →Computers bei verschiedenen Gelegenheiten einsetzbarer *Schutzmechanismus.* P. dienen u. a. dazu, die einem speziellen Benutzer vom Betriebssystem zur Verfügung gestellten Leistungen, eine bestimmte Datei oder ein bestimmtes Datenelement in allen Datensätzen einer Datei o. ä. vor unberechtigtem Zugriff zu schützen. – Das P. wird i. a. vom Benutzer als bestimmte Zeichenfolge festgelegt. Die Inanspruchnahme der Leistungen bzw. der Zugriff auf geschützte Daten ist jeweils nur nach vorheriger Eingabe des P. möglich.

Paten für Auszubildende und Betriebsneulinge, Verfahren der individuellen Arbeitseinführung, wonach in einen Betrieb eintretenden Personen ein Betriebsangehöriger (Pate) zur Seite gestellt wird, der die fachlich-technische und die soziale Eingliederung übernimmt.

Patent, die einem Erfinder oder dessen Rechtsnachfolger vom →Deutschen Patentamt oder vom →Europäischen Patentamt erteilte ausschließliche, zeitlich begrenzte Befugnis, eine →Erfindung zu benutzen. – *Rechtliche Regelungen:* Vgl. →Patentrecht. – *Buchung von P.:* Vgl. →Patentkosten.

Patentamt, →Deutsches Patentamt, →Europäisches Patentamt.

Patentanmeldung, schriftlicher Antrag in deutscher Sprache auf Formblatt in zweifacher Ausfertigung an das →Deutsche Patentamt (§§ 35 ff. PatG, PatentanmeldeVO vom 29.5.1981 (BGBl I 521) mit späteren Änderungen). – 1. *Antrag:* Anzugeben sind Anmelder, Wohnsitz, kurzer technischer Bezeichnung des Gegenstands, Erklärung, daß Patent beantragt wird, eventuell Name des Vertreters, Unterschrift des Anmelders. – 2. *Beschreibung:* Erläuterung der Erfindung, nach der Beurteilung drch Sachverständige möglich ist; sie muß enthalten Angabe des Anwendungsgebiets, der Fundstellen, Darstellung der Erfindung, Darlegung der Vorteile. – 3. *Patentansprüche:* Angabe, was unter Schutz gestellt werden soll, außerdem der Oberbegriff der technischen Bezeichnung und der kennzeichnende Teil der Erfindung. – 4. *Zeichnungen:* Nur in Linien und Strichen auszuführen; Modelle und Proben sind nur auf Anforderung vorzulegen. – Vgl. auch →Patentrecht.

Patentanwalt, neben dem Rechtsanwalt der berufene Vertreter und Berater in Angelegenheiten des Patent-, Gebrauchsmuster- und Warenzeichenrechts. P. ist befugt zur Vertretung vor dem →Deutschen Patentamt, dem →Bundespatentgericht und dem →Bundesgerichtshof (BGH), soweit der BGH als Rechtsmittelgericht des Bundespatentgerichts fungiert. – *Regelung von Rechtsstellung und Standesrecht:* Patentanwaltsordung (PatAnwO) vom 7.9.1966 (BGBl I 557) mit späteren Änderungs- und Ausbildungs- und Prüfungsordnung vom 8.12.1977 (BGBl I 2491). – *Voraussetzung der Zulassung als P.:* Nachweis technischer Befähigung und der erforderlichen Rechtskenntnisse.

Patentanwaltskammer, Körperschaft des öffentlichen Rechts, Sitz in München. – *Aufgaben:* Beratung der Mitglieder in Fragen der Berufspflichten, bei Erstellung von Gutachten; Ausbildung der Bewerber für die Patentanwaltschaft; Mitarbeit in internationalen Gremien.

Patentberühmung, Begriff des Patentrechts. Die Verwendung einer Bezeichnung auf Gegenständen, ihrer Verpackung oder in Anpreisungen, die den Eindruck erweckt, daß die Ware durch ein →Patent oder eine →Patentanmeldung geschützt ist. – *Folge:* Jedem rechtlich Interessierten ist Auskunft zu geben, auf welches Patent oder welche Patentanmeldung sich die Bezeichnung stützt (§ 146 PatG). – Entsprechendes gilt für die *Gebrauchsmusterberühmung* (§ 30 GebrMG).

Patentblatt, vom →Deutschen Patentamt regelmäßig veröffentlichte Übersicht über die Eintragungen in die →Patentrolle.

Patenterteilung, →Patentrecht II 3.

Patentfähigkeit, →Patentrecht II 1.

Patentkosten. 1. Aufwendungen für den *entgeltlichen Erwerb* eines →Patents: Der Kaufpreis wird aktiviert und planmäßig abgeschrieben. Überholte Patente sind ganz abzuschreiben. – 2. Aufwendungen für *eigene Forschungsarbeiten,* die zu Patenten führen: a) *Bilanzierung:* Gehört das Patent zum →Anlagevermögen, so darf ein Aktivposten nicht angesetzt werden (§ 248 II HGB). Ist das Patent dagegen dem →Umlaufvermögen zuzuordnen, so besteht Bilanzierungspflicht. Beispielsweise sind die im Rahmen einer Auftragsforschung entwickelten Patente stets mit den Herstellungskosten zu aktivieren. – b) *Kostenrechnerische Erfassung und Verrechnung:* Diese Patente sind als →innerbetriebliche Leistungen anzusehen, deren Kosten gemäß dem Kostenträgerverfahren zu kalkulieren, zu aktivieren und abzuschreiben sind. – 3. Kosten für die *Nutzung eines fremden Patents:* Vgl. →Lizenzgebühren.

Patentrecht, rechtliche Regelung des ausschließlichen Benutzungsrechts an bestimmten Erfindungen.

I. R e c h t s g r u n d l a g e: Patentgesetz (PatG) i.d.F. vom 16.12.1980 (BGBl 1981 I 1) mit späteren Änderungen, ergänzt durch das Gesctz über die Gebühren des Patentamts und des Patentgerichts vom 18.8.1976 (BGBl I 2188) mit späteren Änderungen. – *Sondervorschriften* bestehen über →Arbeitnehmererfindungen und die steuerliche Behandlung der →Erfindervergütung.

II. I n h a l t: 1. *Patentfähigkeit:* Eine →Erfindung ist patentfähig, wenn sie neu ist, auf einer erfinderischen Tätigkeit beruht und gewerblich anwendbar ist (§ 1 PatG): a) Eine Erfindung gilt als *neu,* wenn sie nicht zum Stand der Technik (z. B. öffentliche Kenntnis durch Beschreibung, Benutzung usw.) gehört (§ 3 PatG); Maßgeblicher Zeitpunkt ist insoweit der für den Zeitrang der Anmeldung maßgebliche Tag. – b) Eine Erfindung gilt als *auf einer erfinderischen Tätigkeit beruhend,* wenn sie sich für den Fachmann nicht in naheliegender Weise aus dem Stand der Technik ergibt (§ 4 PatG). Nicht naheliegend sind solche Lehren, die vom Fachmann, der den Stand der Technik kennt, aufgrund durchschnittlichen Fachkönnens nicht aufgefunden werden können (z. B. Überwindung eingefahrener technischer Fehlvorstellungen). – c) Eine Erfindung gilt als *gewerblich anwendbar,* wenn ihr Gegenstand auf irgendeinem Gebiet hergestellt oder benutzt werden kann. – 2. *Inhaber des Rechts an der Erfindung* ist der Erfinder oder sein Rechtsnachfolger (§ 6 PatG). Er hat das Recht auf das →Patent für seine Erfindung. Es erlischt, wenn der Berechtigte die Erfindung veröffentlicht oder ein Dritter, der dieselbe

Erfindung gemacht hat, sie veröffentlicht, bevor der Berechtigte oder der Dritte seine Erfindung zum Patent angemeldet hat. – 3. *Patentanmeldung und -erteilung:* Ein →Patent entsteht erst mit einem staatlichen Verleihungsakt (Patenterteilung). Die Erfindung ist zur Erteilung eines Patents beim →Deutschen Patentamt anzumelden (§ 35 PatG). Die →Patentanmeldung begründet den Anspruch auf die Patenterteilung, wenn die angemeldete Erfindung patentfähig ist und die Vorschriften des gebührenpflichtigen Erteilungsverfahrens eingehalten werden. Der Anmeldezeitpunkt legt grundsätzlich den Altersrang fest, wenn keine abweichende Priorität beansprucht wird (Anmeldung im Ausland, bei vorheriger Ausstellung usw.). – *Prüfung für die Patenterteilung:* Die angemeldete Erfindung wird zunächst auf formale Mängel und daraufhin überprüft, ob sie offensichtlich die Voraussetzungen für eine Patenterteilung nicht erfüllt; die Anmeldung wird daraufhin im →Patentblatt veröffentlicht (einstweiliger Schutz angemeldeter Erfindungen). Eine umfassende Prüfung der Patentfähigkeit, von der die Patenterteilung abhängt, wird nur auf besonderen Antrag, der bis zum Ablauf von sieben Jahren nach Anmeldung gestellt werden kann, vorgenommen. – Von Dritten kann →*Einspruch* eingelegt werden (z. B. mit der Begründung, die angemeldete Erfindung sei widerrechtlich von einem anderen Erfinder entnommen). – 4. *Patenteintragung und -veröffentlichung:* Nach Rechtskraft des Patenterteilungsbeschlusses trägt das Deutsche Patentamt das Patent in die →Patentrolle ein und veröffentlicht die →Patentschrift. Das Patent kann nur auf Klage vom →Bundespatentgericht für nichtig erklärt werden (z. B. bei mangelnder Patentfähigkeit der Erfindung).

III. Wirkung der Patenterteilung: 1. *Rechte des Patentinhabers:* Der Patentinhaber hat die ausschließliche, übertragbare Befugnis, für eine maximale Schutzfrist von zwanzig Jahren die Erfindung zu nutzen (§ 9 PatG). Er kann →Lizenzen erteilen (u. U. ist eine →Zwangslizenz möglich). – 2. *Verbote für Dritte:* Ist Gegenstand des Patents ein Erzeugnis, sind Dritten namentlich Herstellung, Anbieten, Inverkehrbringen, Gebrauch und Einfuhr des Erzeugnisses verboten. Bei Verfahren ist namentlich die Anwendung desselben verboten. – 3. *Rechtsfolgen bei Patentverletzung:* Vorsätzliche Patentverletzung ist strafbar (§ 142 PatG), zivilrechtlich bestehen →Unterlassungsansprüche und bei Verschulden →Schadenersatzansprüche (§ 139 PatG). Als Schadenersatz kann der Verletzte insbes. die Herausgabe des Reingewinns oder eine angemessene Lizenzgebühr verlangen.

IV. Internationales P.: 1. *Europäisches P.:* Das Übereinkommen über ein europäisches Patenterteilungsverfahren (EPÜ) vom 5.10.1973 (BGBl 1977 II 792) hat in den Vertragsstaaten gemeinsames Recht für die Erteilung von Erfindungspatenten (Art. 1) und eine Europäische Patentorganisation (→Europäisches Patentamt) geschaffen. Die europäischen Patente, die für einen oder mehrere Vertragsstaaten beantragt und erteilt werden können (Art. 3), haben in jedem Vertragsstaat, für den sie erteilt sind, grundsätzlich dieselbe Wirkung wie die in dem Staat erteilten Patente. – In der EG ist die Einführung eines in dem gesamten europäischen Markt geltenden *Gemeinschaftspatents* geplant. – 2. *Internationale Zusammenarbeit:* Der Vertrag über die internationale Zusammenarbeit auf dem Gebiet des Patentwesens (PCT) vom 19.6.1970 (BGBl 1978 II 11) eröffnet die Möglichkeit, durch eine internationale Anmeldung, Patentschutz in mehreren Staaten zu erlangen.

Patentrolle, beim →Deutschen Patentamt geführtes öffentliches Register der →Patente und →Patentanmeldungen.

Patentschrift, Schriftstück, das die Patentansprüche, die Beschreibung und die Zeichnungen enthält, aufgrund derer das →Patent erteilt worden ist. Die P. wird durch das →Deutsche Patentamt veröffentlicht.

Pathopsychologie, Lehre von psychologisch bedingten Krankheiten (z. B. Komplex). Zu berücksichtigen bei der Handhabung betriebspsychologischer Maßnahmen (→Arbeits- und Organisationspsychologie).

Patinkin-Modell, →neue Keynesianische Makroökonomik 1.

patriarchalischer Führungsstil, →Führungsstil 9.

Patronatserklärung, Sicherungsmittel bei Kreditgewährung an Konzerngesellschaften (→Kreditsicherung). In der P. verpflichtet sich die Muttergesellschaft gegenüber dem Kreditgeber, ihre Tochtergesellschaft jederzeit in den Stand zu versetzen, ihren Verpflichtungen aus dem Kreditverhältnis nachzukommen.

Pattauflösung, Entscheidungsverfahren bei Stimmengleichheit in mitbestimmten Gremien. – Verschiedenartige *Verfahren* sind nach dem →Montan-Mitbestimmungsgesetz und →Mitbestimmungsgesetz möglich (z. B. →Einigungsstelle).

pattern matching, *Mustervergleich, Mustererkennung,* Methode, die u. a. in der →künstlichen Intelligenz Anwendung findet. Sie wird z. B. bei →Expertensystemen eingesetzt, um die Zeichenfolgen bzw. Symbole des Prämissenteils einer →Regel mit „aktuellen Daten" zu vergleichen.

Pauschalabschreibung, *Sammelabschreibung,* zusammengefaßte →Abschreibung für mehrere Vermögensgegenstände. Da prinzipiell der Grundsatz der →Einzelbewertung gilt (§ 252 I Nr. 3 HGB), dürfen P. nur ausnahmsweise vorgenommen werden. – *Beispiele:* Abschreibungen bei →Festbewertung (§ 240 III HGB), →Gruppenbewertung (§ 240 IV HGB), P. auf Forderungen (→Delkredere II).

Pauschalbesteuerung, →Pauschbesteuerung.

Pauschalbewertung, *Gesamtbewertung, Sammelbewertung,* Abkehr vom Grundsatz der →Einzelbewertung (§ 252 I HGB) durch zusammenfassende Bewertung mehrerer Vermögensgegenstände. – *Zulässige Verfahren:* →Durchschnittsbewertung, →Festbewertung, →Gruppenbewertung, Bewertungsvereinfachungsverfahren gem. § 256 HGB (vgl. →Fifo, →Lifo, →Hifo), retrograde Wertermittlung (Bewertung z. B. von Warengruppen im Einzelhandel mit dem um die Bruttospanne gekürzten Verkaufspreis, also pauschal geschätzten und verwendeten Anschaffungskosten).

Pauschale, Gesamtvergütung an Stelle von Einzelvergütungen, z. B. P. für Überstunden. – Vgl. auch →Pauschalpreis.

Pauschalentlohnung, →Lohnform für Arbeitnehmer, die eine über den Pauschalierungszeitraum geltende Entlohnungsgarantie beinhaltet. Für diesen Pauschalierungszeitraum wird ein garantierter Lohn gezahlt, der sich aus dem Durchschnitt effektiv erbrachter oder zukünftiger Leistungen errechnet.

pauschalierter Abgabensatz, durch Rechtsverordnung festgesetzter Pauschsatz zur Abgeltung sämtlicher →Eingangsabgaben für weder zum Handel noch zur gewerblichen Verwendung bestimmte Waren, deren Wert insgesamt nicht mehr als 240 DM beträgt. Anwendung nur, wenn der Zollbeteiligte nicht Verzollung nach dem →Zolltarif und Versteuerung nach den in Betracht kommenden Steuergesetzen beantragt (§ 79 I ZG, § 148 AZO). Durch p. A. Vereinfachung und Beschleunigung der Zollabfertigung.

Pauschalierung der Lohnsteuer. 1. *Begriff:* Vereinfachtes Verfahren zur Berechnung der Lohnsteuer in einem v. H.-Satz des →Arbeitslohnes a) in besonderen Fällen (§ 40 EStG), b) für →Teilzeitbeschäftigte (§ 40a EStG), c) bei bestimmten Zukunftssicherungsleistungen (→Pauschalierung der Lohnsteuer bei bestimmten Zukunftssicherungsleistungen). – 2. *Voraussetzung:* Der Arbeitgeber hat die pauschale Lohnsteuer zu übernehmen, er ist Schuldner der Lohnsteuer. Der pauschal besteuerte Arbeitslohn und die pauschale Lohnsteuer werden bei der Veranlagung zur Einkommensteuer und beim →Lohnsteuer-Jahresausgleich nicht berücksichtigt. – *Steuersätze:* a) Bei P. d. L. in besonderen Fällen entweder ein durchschnittlicher v. H.-Satz oder unter bestimmten Bedingungen 25 v. H.,

b) bei Teilzeitbeschäftigten im Normalfall 10 v. H. und bei Aushilfskräften in der Land- und Forstwirtschaft 2 v. H. sowie c) bei Zukunftssicherungsleistungen 10 v. H.

Pauschalierung der Lohnsteuer bei bestimmten Zukunftssicherungsleistungen. 1. *Allgemeines:* →Pauschalierung der Lohnsteuer für Prämien zu →Direktversicherungen der Arbeitnehmer und Zuwendungen an →Pensionskassen, wenn der Arbeitgeber die Lohnsteuer übernimmt und diese Beiträge nicht steuerfrei sind. Die Prämien bzw. Zuwendungen dürfen zusätzlich zum ohnehin geschuldeten Arbeitslohn oder an Stelle des geschuldeten Arbeitslohns (Barlohnumwandlung), vgl. →Direktversicherung IV) erbracht werden (anders: →Zukunftssicherungsfreibetrag); Kürzung des Barlohns um die vom Arbeitgeber abgeführte pauschale Lohnsteuer ist möglich. Nur der Arbeitgeber kann sich für die P. entscheiden, nicht der Arbeitnehmer. Genehmigung des Finanzamts nicht erforderlich. – *Steuersatz:* Lohnsteuer 10 v. H. (Berlin mit Rücksicht auf das Berlinförderungsgesetz 6,5 v. H.); Kirchensteuer unterschiedlich, i. d. R. 0,7 v. H. – *Bemessungsgrundlage:* lohnsteuerpflichtiger Teil der Prämien bzw. Zuwendungen (Betrag nach evtl. Abzug des →Zukunftssicherungsfreibetrags). – 2. *Voraussetzung:* a) Es muß sich um das erste Dienstverhältnis handeln. – b) *Zuwendungen an Pensionskassen* müssen als Betriebsausgaben anerkannt werden. – c) *Prämien zur Direktversicherungen:* (1) Erlebensfalleistung nicht vor dem 60. Lebensjahr, (2) vorzeitige Kündigung des Versicherungsvertrages durch den Arbeitnehmer ausgeschlossen, (3) Abtretung oder Beleihung eines dem Arbeitnehmer eingeräumten unwiderruflichen Bezugsrecht in dem Versicherungsvertrag ausgeschlossen. P. ist auch für Direktversicherungen gegen Einmalprämien für Versicherungen mit kurzer Laufzeit (für Arbeitnehmer im Alter von 49 und mehr Jahren = 11 und weniger Jahre Versicherungsdauer) und für Prämien zu Fonds-Lebensversicherungen möglich. – 3. *Pauschalierungsgrenze:* a) *Einzelbesteuerung:* Für jeden Arbeitnehmer bis zu einem Betrag (vgl. Bemessungsgrundlage) von 2400 DM pro Jahr. Der darüber liegende lohnsteuerpflichtige Aufwand unterliegt der Individualbesteuerung des Arbeitnehmers; übernimmt der Arbeitgeber auch diesen Teil, so ist das Nettolohnverfahren anzuwenden. Ausnahmen von dieser Regelung bieten Durchschnittsbildung und Vervielfachung (vgl. b) und c)). – b) *Durchschnittsbildung:* Werden mehr als ein Arbeitnehmer in einem gemeinsamen Vertrag, z. B. Gruppenversicherungsvertrag oder in einer Pensionskasse versichert, so kann die Grenze für die P. für den einzelnen Arbeitnehmer 3600 DM betragen, wenn die Summe der lohnsteuerpflichtigen Prämien bzw. die Gesamtzuwendung, dividiert durch die Zahl der in diesem gemeinsamen Vertrag erfaßten Arbeitnehmer, den Durchschnittswert von 2400 DM oder weniger pro Jahr ergibt. Arbeitnehmer, für die mehr als 3600 DM lohnsteuerpflichte Prämie bzw. Zuwendung pro Jahr aufgewandt werden, dürfen in die Durchschnittsbildung nicht einbezogen werden; für sie gilt die Einzelbesteuerung (vgl. a). – c) *Vervielfachung:* Scheidet der Arbeitnehmer aus dem Dienstverhältnis aus und werden aus diesem Anlaß Prämien zu einer Direktversicherung oder Zuwendungen an eine Pensionkasse gezahlt, so vervielfacht sich in dem betreffenden Jahr der pauschalierungsfähige Betrag von 2400 DM mit der Anzahl der zurückgelegten Dienstjahre. Der Gesamtbetrag wird jedoch gegebenenfalls um die im betreffenden Jahr und in den vorhergehenden sechs Jahren schon nach § 40 b I EStG pauschal versteuerten Prämien und Zuwendungen vermindert. Das soll die doppelte Inanspruchnahme der Pauschalierungsbegünstigung begrenzen; für eine Begünstigung vor diesem Zeitraum ist jedoch keine Verrechnung vorgesehen (mangels Nachprüfbarkeit). Mindestlaufzeit für Versicherungen auf den Todesund Erlebensfall und Rentenversicherungen mit Kapitalwahlrecht auch in diesem Fall mindestens fünf Jahre (Ausnahme: bestimmte Gruppenversicherungen). – 4. *Auswirkung auf Sozialversicherungsbeiträge:* Durch die P. erfaßte Prämien und Zuwendungen gehören nicht zum beitragspflichtigen Arbeitsentgelt (§ 2 I Nr. 3 ArEV).

Pauschalierung der Vorsteuer, →Vorsteuerabzug III.

Pauschalierungsmethode, Begriff des Außensteuerrechts für eine Methode zur Vermeidung der Doppelbesteuerung, wonach der Wohnsitzstaat die Doppelbesteuerung dadurch vermeidet oder mildert, daß er auf die ausländischen Einkünfte oder Vermögensteile nicht die volle Steuer erhebt, sondern eine ermäßigte pauschale Steuer. Vgl. im einzelnen →Methoden zur Vermeidung der Doppelbesteuerung.

Pauschalierung von Schadenersatzansprüchen, Abrede über die Höhe eines künftig unter bestimmten Voraussetzungen entstehenden Schadenersatzanspruches. P. v. Sch. sind aufgrund der →Vertragsfreiheit grundsätzlich zulässig und von der →Vertragsstrafe zu unterscheiden. – In *Allgemeinen Geschäftsbedingungen* ist die Vereinbarung eines pauschalierten Anspruchs des Verwenders auf Schadenersatz oder Ersatz einer Wertminderung dann unwirksam, wenn die Pauschale den in den geregelten Fällen nach dem gewöhnlichen Lauf der Dinge zu erwartenden Schaden oder die gewöhnlich eintretende Wertminderung übersteigt oder dem anderen Vertragsteil der Nachweis abgeschnitten wird, ein Schaden oder eine Wertminderung sei

überhaupt nicht entstanden oder wesentlich niedriger als die Pauschale.

Pauschalpreis, ein ohne Rücksicht auf Einzelheiten nach überschlägiger Schätzung vereinbarter Preis. Häufig bei „Kauf in Bausch und Bogen" (z. B. von Partiewaren). – Vgl. auch →Pauschale.

Pauschalreise, Reise einer Person oder Personengruppe, für die alle *(Voll-P.)* oder mehrere *(Teil-P.)* Beförderungen, Aufenthalte und sonstigen Reisebestandteile zu einem Pauschalpreis von einem →Reiseveranstalter erworben werden. – *Gegensatz:* →Individualreise. – Vgl. auch →Reiseverkehr, →Tourismus).

Pauschalwertberichtigungen, →Wertberichtigungen für eine Bilanzposition insgesamt (nicht für die einzelnen Gegenstände). Nach Inkrafttreten des BiRiLiG ist die Bildung von P. zumindest für Kapitalgesellschaften in der Bilanz nicht mehr zulässig.

Pauschbesteuerung, in besonderen Ausnahmefällen zulässige Form der Besteuerung in Form der Festetzung eines Steuerpflichtigen zu zahlenden Pauschbetrages. – 1. *Einkommensteuer:* P. für Personen, die durch Zuzug aus dem Ausland unbeschränkt steuerpflichtig werden, bis zur Dauer von 10 Jahren seit Begründung der →unbeschränkten Steuerpflicht (§ 31 EStG). – 2. *Einkommen- und Körperschaftsteuer:* P. für die ausländischen Einkünfte unbeschränkt Steuerpflichtiger, wenn es aus volkswirtschaftlichen Gründen zweckmäßig oder die Anrechnung ausländischer Steuern besonders schwierig ist (§ 34 c V EStG, § 26 VI KStG). P. für die inländischen Einkünfte →beschränkt Steuerpflichtiger, wenn es aus volkswirtschaftlichen Gründen zweckmäßig oder eine gesonderte Berechnung der Einkünfte besonders schwierig ist (§ 50 VII EStG, § 8 I KStG). – 3. *Körperschaftsteuer:* P. für Gewinnanteile, die bei der Herabsetzung des Nennkapitals entstehen, wenn sie innerhalb von fünf Jahren nach einer →Kapitalerhöhung aus Gesellschaftsmitteln erfolgt, bei der →Rücklagen verwendet wurden, die aus dem Gewinn eines vor dem 1.1. 1977 abgelaufenen →Wirtschaftsjahres gebildet wurden (§ 5 KapErhStG). – 4. *Vermögensteuer:* P. zulässig bei Personen, die durch Zuzug aus dem Ausland unbeschränkt steuerpflichtig werden, bis zur Dauer von 10 Jahren seit Begründung der unbeschränkten Steuerpflicht (§ 13 VStG). – 5. *Lohnsteuer:* a) P. im Rahmen der →Nachversteuerung von Vermögensbeteiligungen der Arbeitnehmer (§ 19 a II EStG; § 10 I LStDV); b) →Pauschalierung der Lohnsteuer.

Pauschbeträge. I. P. für K ö r p e r b e h i n d e r t e: Zur Abgeltung der außergewöhnlichen Belastungen, die den Körperbehinderten unmittelbar infolge ihrer Körperbehinderung erwachsen (§ 33 b EStG). – 1. *Begünstigter Personenkreis:* a) Körperbehinderte, deren Minderung der Erwerbsfähigkeit auf weniger als 50 v. H., aber mindestens 25 v. H. festgestellt ist, wenn dem Körperbehinderten wegen seiner Behinderung nach gesetzlichen Vorschriften Renten oder andere laufende Bezüge zustehen, und zwar auch dann, wenn das Recht auf die Bezüge ruht oder durch Zahlung eines Kapitals abgefunden worden ist oder wenn die Körperbehinderung zu einer äußerlich erkennbaren dauernden Einbuße der körperlichen Beweglichkeit geführt hat oder auf einer typischen →Berufskrankheit beruht; b) Körperbehinderte, deren Minderung der Erwerbsfähigkeit auf mindestens 50 v. H. festgestellt ist, ohne weitere Bedingung. – 2. *Höhe der P.,* die auf Anweisung des Finanzamts ohne Antrag von der Gemeindebehörde bei Ausstellung der →Lohnsteuerkarte als →Freibetrag einzutragen sind:

Stufe	Bei einer Minderung der Erwerbsfähigkeit um	Jahresbetrag DM
1	25% bis 34%	600
2	35% bis 44%	840
3	45% bis 54%	1 110
4	55% bis 64%	1 410
5	65% bis 74%	1 740
6	75% bis 84%	2 070
7	85% bis 90%	2 400
8	91% bis 100% (Erwerbsunfähigkeit)	2 760
9	Blinde und besonders pflegebedürftige Körperbehinderte	7 200

3. Steht der P. einem *Kind* des Steuerpflichtigen zu, für das er einen →Kinderfreibetrag erhält, so wird der P. auf Antrag insoweit auf den Steuerpflichtigen übertragen, als ihn das Kind nicht in Anspruch nimmt. – II. **P. für Hinterbliebene:** Auf Antrag zu gewähren. – 1. *Begünstigter Personenkreis:* Personen, denen laufende Hinterbliebenenbezüge bewilligt worden sind, wenn die Bezüge nach dem Bundesversorgungsgesetz, dem Bundesentschädigungsgesetz, den Vorschriften über die gesetzliche Unfallversicherung oder ähnlichen Bestimmungen geleistet werden (§ 33 b IV EStG). – 2. *Höhe des P.,* der auf Anweisung des Finanzamts ohne Antrag von der Gemeindebehörde bei Ausstellung der →Lohnsteuerkarte als →Freibetrag einzutragen ist: 720 DM. – 3. Zur *Übertragung des P.* gilt I 3 entsprechend. – III. **P. für Sonderausgaben:** Einkommensteuerrechtlich festgesetzte Mindestbeträge für →Sonderausgaben. Die P. kommen zur Anwendung, wenn keine höheren Aufwendungen nachgewiesen werden. – 1. *Höhe:* a) Der Sonderausgaben-Pauschbetrag beträgt pro Jahr für alle Sonderausgaben (mit Ausnahme der →Vorsorgeaufwendungen) 270 DM, ab 1989 108 DM; bei Ehegatten 540 DM, ab 1989 261 DM (§ 10c I EStG). – 2. Für *Vorsorgeaufwendungen:* Vgl. →Vorsorgepauschale, →Vorsorge-Pauschbetrag

IV. **P. für Werbungskosten:** Einkommensteuerrechtlich festgesetzte Mindestbeträge für →Werbungskosten, wenn nicht höhere Aufwendungen nachgewiesen werden. – *Höhe:* a) bei Einnahmen aus nichtselbständiger Arbeit: 564 DM; ab 1989 2000 DM (umbenannt in *Arbeitnehmer-Pauschbetrag*); b) bei Einnahmen aus Kapitalvermögen: 100 DM, bei Zusammenveranlagung von Ehegatten 200 DM; c) bei Einnahmen aus wiederkehrenden Bezügen und Unterhaltsleistungen: 200 DM (§ 9 a EStG).

V. **P. für Kinderbetreuungskosten:** Für Alleinstehende zur Abgeltung von →Kinderbetreuungskosten. – *Höhe:* 480 DM (§ 33 c IV EStG).

Pauschgebühr, von den Körperschaften und Anstalten des öffentlichen Rechts zu zahlende Gebühr für jede Streitsache am Sozialgericht, an der sie beteiligt sind (→Gerichtskosten I). Die Gebühr entsteht mit der Rechtshängigkeit und ist für jeden Rechtszug zu zahlen (§ 184 SGG). – *Höhe:* Die Gebühr beträgt für Verfahren vor dem →Sozialgericht 100 DM für jede Streitsache, vor dem →Landessozialgericht 150 DM und vor dem →Bundessozialgericht 200 DM (§ 1 der VO vom 31. 5. 1955, BGBl I 180, zuletzt geändert durch die VO vom 13. 5. 1968, BGBl I 412). – *Ermäßigung der Gebühr,* wenn keine ärztliche Gutachtertätigkeit im Prozeß erforderlich war und eine Streitsache nicht durch Urteil erledigt wird.

Pauschsteuersatz, pauschaler Vomhundertsatz, nach dem in bestimmten Fällen die Steuer bemessen werden kann. – Vgl. auch →Pauschalbesteuerung.

Pausen, *Ruhepausen.* 1. *Begriff:* Unterbrechungen der →Arbeitszeit, die der Nahrungsaufnahme und Erholung der Arbeitnehmer dienen. Die P. zählen grundsätzlich nicht zur Arbeitszeit (§ 2 I AZO); sie brauchen, wenn durch Arbeitsvertrag oder Tarifvertrag nichts anderes bestimmt ist, nicht vergütet zu werden. – 2. *Rechtliche Regelung:* a) Bei einer Arbeitszeit von mehr als 6 Stunden mindestens halbstündige oder zwei viertelstündige *Ruhepausen* (§ 4 II AZO). Regelungen über P.räume bei Beschäftigung von mehr als zehn Arbeitnehmern oder bei besonderen Arten der Beschäftigung in der →Arbeitsstättenverordnung. – b) *Kurzpausen* von angemessener Dauer in kontinuierlich arbeitenden Betrieben für in drei Wechselschichten beschäftigte Arbeitnehmer statt einer festen P. von einer halben Stunde oder zwei P. von je einer Viertelstunde (§ 12 II 3 AZO). – c) Das *Gewerbeaufsichtsamt* kann abweichende Regelung zulassen. – d) Für *Frauen:* P.-Mindestdauer geregelt in § 18 I AZO. Während der P. sind den Arbeitnehmerinnen nach Möglichkeit Aufenthaltsräume oder freie Plätze bereitzustellen. – Vgl. auch →Arbeitszeit, →Frauenschutz, →Jugendarbeitsschutz. – 3. *Mitbestimmungsrecht:* Nach § 87 I Nr. 2 BetrVG hat der Betriebsrat ein erzwingbares Mitbestimmungsrecht in →sozialen Angelegenheiten hinsichtlich der Lage und Dauer der P. (→Lage der Arbeitszeit).

Pausengestaltung, Festlegung von Zeitpunkt, Häufigkeit und Dauer der →Pausen. P. ist unter Berücksichtigung der Erkenntnisse der Arbeitswissenschaft so vorzunehmen, daß der Anstieg des Ermüdungsniveaus (→Ermüdung) so gering wie möglich bleibt. Empfohlen werden häufige Kurzpausen von ca. 10 Minuten, bei denen zur Erhöhung der Erholungswirkung der Arbeitsplatz zu verlassen ist. Vgl. untenstehende Abbildung.

Pay as you earn-Prinzip, Erhebung der Steuer im Wege des Abzugs durch den Arbeitgeber bzw. Kapitalertragsschuldner. Vgl. im einzelnen →Quellenabzugsverfahren.

Pay-as-you-use-Prinzip, *Intergenerationequity-Prinzip* (Haller), finanzwissenschaftlicher Begriff für intergenerative Lastenverschiebung öffentlicher Verschuldung (→Last der Staatsverschuldung). Die Ausgabenspitzen für langfristige Objekte sollen durch Anleihen finanziert werden, deren Tilgung von den nachfolgenden Generationen über Steuerzahlungen entsprechend dem aus diesen Objekten erlangten Nutzen aufgebracht wird. Nachteil ist die fehlende Quantifizierungsmöglichkeit des Nutzens. – Vgl. auch →new orthodoxy approach, →aggregate investment approach.

payback period, *payback time, payoff period, payout time.* 1. *Begriff:* Zeitpunkt, an dem die Summe der Einzahlungsüberschüsse eines Investitionsobjekts (bei statischer Amortisationsrechnung) oder deren →Kapitalwert (bei dynamischer Amortisationsrechnung) zum ersten Mal die Anschaffungsauszahlung übersteigt. – Der Zeitraum bis zu diesem Zeitpunkt heißt *Amortisationsdauer* oder *Kapitalrückflußdauer.* – 2. *Bedeutung:* Zur Beurteilung der Vorteilhaftigkeit von Investitionsobjekten anwendbar. Es kann jedoch keine Aussage über die Rentabilität eines Objekts getroffen werden. Unter Risikogesichtspunkten ist die Anwendung der dynamischen Amortisationsrechnung neben der Rentabilitätsrechnung sinnvoll: Da mit wachsender zeitlicher Entfernung der Einzahlungsüberschüsse die Genauigkeit ihrer Schätzung abnimmt, ist ein Investitionsobjekt mit einer früheren p. p. als weniger riskant anzusehen.

PBX, private branch exchange, →Nebenstellenanlage.

PC, Abk. für →Personal Computer.

PC-DOS, →MS-DOS.

PCM, plug compatible manufacturer, →Hardwarehersteller, der auf dem Hardwaremarkt „steckerkompatible" Hardwarekomponenten anbietet, d. h. Bauteile, die mit Hardwarekomponenten eines anderen Herstellers zusammen eingesetzt werden können, z. B. →Zentraleinheiten, →Arbeitsspeicher, →Magnetplattenspeicher. I. d. R. lehnen sich PCM an Geräte des Marktführers IBM an und bieten ein besseres Preis-/Leistungsverhältnis. – Vgl. auch →OEM.

PDM, precedence diagramming method, Netzplantechnik auf der Grundlage von Vorgangsknotennetzplänen (→Netzplan) PDM läßt →Normalfolgen, →Anfangsfolgen und →Endfolgen (jeweils zeitliche Mindestabstände) zu. –Vgl. auch →Netzplantechnik III.

Pearson-Bericht, Bestandsaufnahme über die →Entwicklungshilfe, vorgelegt im Herbst

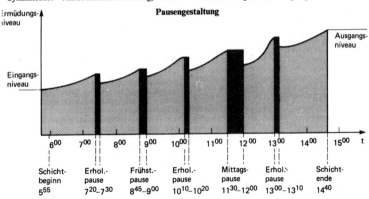

Pausengestaltung

Schichtbeginn	Erhol.-pause	Frühst.-pause	Erhol.-pause	Mittagspause	Erhol.-pause	Schichtende
5^{55}	$7^{20}–7^{30}$	$8^{45}–9^{00}$	$10^{10}–10^{20}$	$11^{30}–12^{00}$	$13^{00}–13^{10}$	14^{40}

1969 von einer Expertenkommission der Welt-
bank-Gruppe unter der Leitung des ehemali-
gen kanadischen Premierministers Pearson. –
Wichtigste Empfehlungen: a) stärkere Betonung der Partnerschaft; b) Ausrichtung der
gemeinsamen Anstrengungen auf klar umrissene Ziele; c) stärkere Beachtung wirtschaftlicher Gesichtspunkte und der bisherigen Leistung bei der Vergabe neuer Hilfe; d) Erhöhung der öffentlichen Hilfe der Geberländer
auf 0,7% des Bruttosozialprodukts möglichst
bis 1975 und der öffentlichen und privaten
Leistungen auf 1%. Trotzdem lag der Anteil
der öffentlichen Hilfe der OECD-Mitglieds-
länder noch im Jahre 1985 knapp über 0,3%
des BSP, während der betreffende Anteil der
OPEC-Länder 1984 bei 1,16% des BSP lag.

peck, englische Volumeneinheit. 1 peck =
9,09218 l.

Pendelverkehr, Beförderung von Personen
und/oder Gütern durch zwischen zwei Orten
hin- und herfahrende Transportmittel. Die
Fahrten werden bei hoher Nachfrage nach
→Fahrplan (z. B. Air Shuttle im Luftverkehr),
nach dem Erreichen der Ladekapazität des
Fahrzeuges, bei niedriger Nachfrage nach
Einzelbedarf (z. B. kleiner Fährverkehr) ausgeführt.

Pendelwanderung, Sonderform der →Wan-
derung, die nicht mit einer Verlegung des
Wohnorts verbunden ist. – 1. *Einteilung* der
→Pendler: a) Nach dem Zeitabstand der
Rückkehr an den Wohnort: (1) *Tagespendler:*
tägliche Rückkehr; (2) *Wochenendpendler:*
wöchentliche Rückkehr; (3) Pendler, deren
Rückkehr in *größeren Zeitabständen* erfolgt. –
b) (1) *Auspendler:* vom Wohnort aus gesehen;
(2) *Einpendler:* vom Ausbildungs- oder
Arbeitsort aus gesehen. Die Differenz zwischen Ein- und Auspendler ergibt den *Pend-
lersaldo,* dient zur Ermittlung der →*Tagesbe-
völkerung* und →*Wirtschaftsbevölkerung.* – c)
Ausbildungspendler, z. B. Fahrschüler und
Berufspendler. – 2. *Pendlerstatistik:* Pendler
werden seit 1910 in Deutschland im Rahmen
von Volkszählungen durch eine Frage nach
Arbeits- und Ausbildungsadresse erfaßt; nach
dem Zweiten Weltkrieg wurden zusätzlich Art
der benutzten Verkehrsmittel und Zeitaufwand für Pendlerwege erfaßt. Die Pendler-
ströme werden in mannigfacher Untergliederung der Pendler bis zu Herkunfts- und
Zielgemeinden und Stadtteilen nachgewiesen. Die Pendlerstatistik ist für die →Raum-
planung von großer Bedeutung.

Pendler, Berufstätige, deren →Arbeitsstätte
außerhalb der Wohngemeinde liegt. – *Einteilung:* Vgl. →Pendelwanderung. – Da durch
Tagespendler zu Arbeitsbeginn und -ende in
Ballungsgebieten Verkehrsüberlastungen (rush
hours) verursacht werden, wurde zur Entzer-

rung des Verkehrs →gleitende Arbeitszeit
eingeführt.

Pendlerstatistik, →Pendelwanderung 2.

Penetration, *Marktdurchdringung. Bedeutung:* a) Durchdringung eines Marktes oder
einer Verbrauchergruppe mit Informationen
oder Produkten. – In der *Werbewirkungsmes-
sung* (→Werbewirkung) für die Erinnerung
der Verbraucher an eine bestimmte Produkt-
werbung, gemessen als Quotient aus der Zahl
der Werbeerinnerer und der Zahl der Werbe-
gemeinten (→Bekanntheitsgrad). – b) Im
Zusammenhang mit *Neuprodukteinführungen*
zur Prognose des zu erwartenden →Marktan-
teils des neuen Produktes. Die P. eines Produktes kann durch Preissenkungen und oder
Werbemaßnahmen beschleunigt und verstärkt
werden.

Penetrationspreispolitik, *Marktdurchdringungspolitik,* Ansetzung niedriger Preise, um
bei der Einführung neuer Produkte schnell
einen Massenmarkt zu erschließen. Besonders
geeignet für Konsumgüter.

Penetrationsrate, kumulierte Zahl der Erstkäufer eines Produkts im Verhältnis zur Zahl
der potentiellen Erstkäufer.

Penetrations-Strategie, →Preismanagement
III.

Penner, →Ladenhüter.

penny shares, →penny stocks.

penny stocks, *penny shares,* amerikanische
oder kanadische Aktien (Minen-, Ölwerte),
die für weniger als 1 Dollar pro Stück angeboten werden.

penny weight (dwt), angelsächsische Masseneinheit. 1 dwt = 1,555174 g. – Vgl. auch
→Troy-System.

Pension, das →Ruhegehalt der im öffentlichen Dienst stehenden Beamten.

Pensionsanwartschaft, *Ruhegeldanwart-
schaft, Versorgungsanwartschaft,* aufschie-
bend bedingter Versorgungsanspruch
(→betriebliche Ruhegeldverpflichtung), der
mit Eintritt der Bedingungen automatisch
zum Vollrecht erstarkt. Das BetrAVG regelt
an verschiedenen Stellen die P. Das BGB hat
dies in den Vorschriften über den →Versor-
gungsausgleich aufgegriffen und die Ver-
sorgungsanwartschaften aus der betrieblichen
Altersversorgung in den Versorgungsaus-
gleich einbezogen. – Das Betriebsrentengesetz
unterscheidet zwischen *verfallbaren und unver-
fallbaren P.:* Die Unverfallbarkeit führt dazu,
daß die P. weiterbesteht, auch wenn der
Arbeitnehmer vor dem Eintritt des
Versorgungsfalls aus dem Arbeitsverhältnis
mit dem zusagenden Arbeitgeber ausscheidet.
– Vgl. im einzelnen →Betriebsrentengesetz II.

Pensionsaufstockungsbeträge, die an einen pensionierten Arbeitnehmer zu seinen Bezügen von seinem früheren Arbeitgeber aus einer privaten Betriebsversorgungskasse (→Pensionskasse) zusätzlich gezahlten Beträge. – *Einkommensteuer:* P. stellen für den Empfänger →Einkünfte aus nichtselbständiger Arbeit im Sinne des Einkommensteuergesetzes dar.

Pensionsgeschäfte. 1. *Begriff:* Vereinbarung, durch ein Kreditinstitut (Pensionsgeber) Vermögensgegenstände, z. B. Wechsel, Wertpapiere, Forderungen, gegen Zahlung eines Betrages auf einen anderen (Pensionsnehmer) mit der Maßgabe überträgt, daß a) entweder der Pensionsnehmer sie zu einem im voraus bestimmten oder vom Pensionsgeber noch zu bestimmenden Zeitpunkt gegen Entrichtung des empfangenen oder eines im voraus vereinbarten anderen Betrages auf den Pensionsgeber zurückzuübertragen hat (*echte P.*). oder b) der Pensionsnehmer berechtigt ist, die Rücknahme der Vermögensgegenstände zu einem im voraus bestimmten Zeitpunkt gegen Rückzahlung des gezahlten oder gegen Zahlung eines im voraus bestimmten Zeitpunkt gegen Rückzahlung des gezahlten oder gegen Zahlung eines im voraus vereinbarten anderen Betrages zu verlangen (*unechte P.*). – 2. *Bilanzierung:* Bei einem *echten* P. ist der in Pension gegebene Gegenstand weiter dem Pensionsgeber zuzurechnen. Bei einem *unechten* P. hat der Pensionsgeber den übertragenen Vermögensgegenstand in der Bilanz vom Bestand abzusetzen, der Pensionsnehmer hingegen als eigenen Bestand auszuweisen.

Pensionskasse. I. C h a r a k t e r i s i e r u n g: Gestaltungsform der →betrieblichen Altersversorgung. Rechtlich selbständige Einrichtung, die ihren Mitgliedern einen Rechtsanspruch auf Versorgungsleistungen gewährt. – *Träger:* Einzelunternehmen (*Einzelkasse*), mehrere wirtschaftlich verbundene oder nicht verbundene Unternehmen (*Konzernkasse* oder *Gruppenkasse*); neben Unternehmen auch Verbände. – *Mitglieder:* Derzeitige oder auch frühere Zugehörige des Trägerunternehmens, evtl. auch deren Angehörige. – *Mitbestimmung* der Betriebsrates nach § 87 I Nr. 8 BetrVG (→Sozialeinrichtung) gegeben. – Die P. betreibt *Versicherungsgeschäfte* i.S. des Versicherungsaufsichtsgesetzes (VAG), unterliegt der →Versicherungsaufsicht. – *Rechtsform:* →Versicherungsverein auf Gegenseitigkeit oder →Aktiengesellschaft. – *Zulassung* zum Geschäftsbetrieb durch die Aufsichtsbehörde. Ihr ist auch die Rechnungslegung nachzuweisen. Vorgeschrieben ist ferner Aufstellung eines technischen Geschäftsplanes in festen Abständen.

II. B e s t e u e r u n g der P. (Körperschaftsteuer): a) *Steuerbefreiung:* α) *Voraussetzungen* (§ 5 I Nr. 3 KStG): (1) Die Kasse muß rechtsfähig sein (VVaG oder AG), einen

Rechtsanspruch auf die Leistungen einräumen und der Versicherungsaufsicht unterliegen. (2) Sie muß sich auf derzeitige oder frühere Zugehörige (einschl. deren Angehörigen) einzelner oder mehrerer wirtschaftlicher Geschäftsbetriebe, den Spitzenverbände der freien Wohlfahrt oder auf Arbeitnehmer sonstiger Körperschaften, Personenvereinigungen und Vermögensmassen beschränken. (3) Die ausschließliche und unmittelbare Verwendung des Vermögens und der Einkünfte für P. muß satzungsgemäß und tatsächlich für die Zwecke der Kasse dauernd gesichert sein. (4) Das nach Grundsätzen ordnungsmäßiger Buchführung (GoB) unter Berücksichtigung der von der Versicherungsaufsichtsbehörde genehmigten Geschäftsplans auszuweisende Vermögen darf nicht höher sein als die Verlustrücklage (VVaG) bzw. der dieser Rücklage entsprechende Teil des Vermögens. (5) Der Betrieb der P. muß nach dem Geschäftsplan und nach Art und Höhe der Leistungen eine soziale Einrichtung darstellen. Rechtsfähige P. sind nur dann soziale Einrichtungen, wenn die drei folgenden Voraussetzungen (§ 1 KStDV) erfüllt sind: Die Leistungsempfänger dürfen sich in der Mehrzahl nicht aus dem Unternehmer oder den Gesellschaftern nebst Angehörigen zusammensetzen. Bei Auflösung der P. darf das Vermögen satzungsgemäß nur den Leistungsempfängern oder deren Angehörigen zugute kommen oder ausschließlich für →gemeinnützige Zwecke oder →mildtätige Zwecke verwendet werden. Außerdem dürfen die Rechtsansprüche der Leistungsempfänger bestimmte Höchstgrenzen nicht übersteigen (§ 2 KStDV). – b) *Kleineres Versicherungsunternehmen:* VVaG sind von der Körperschaftsteuer befreit, wenn (1) ihre Betriebseinnahmen im Durchschnitt der letzten drei Jahre einschl. des im Veranlagungszeitraum endenden Wirtschaftsjahres bei Lebens- oder Krankenversicherern 1 300 000 DM, ansonsten 500 000 DM nicht übersteigen haben, (2) sich der Geschäftsbetrieb auf die Sterbegeldversicherungen beschränkt und die Voraussetzungen als soziale Einrichtung erfüllt sind. – 2. *Steuerpflicht:* a) *Partielle Steuerpflicht:* Tritt ein, wenn das höchstzulässige Kassenvermögen überschritten ist, d. h. wenn das Vermögen der P. höher ist als die für einen VVaG zu bildende Verlustrücklage. P. ist entsprechend der Überdotierung anteilig steuerpflichtig (§ 6 I KStG). Die partielle Steuerpflicht entfällt rückwirkend, wenn das überdotierte Vermögen innerhalb von 18 Monaten zu bestimmten Zwecken verwendet wird (§ 6 II KStG). – b) *Totale Steuerpflicht:* Steuerpflichtige P. sind so zu behandeln wie steuerpflichtige Lebensversicherungsunternehmen.

III. B e s t e u e r u n g beim A r b e i t n e h - m e r und P e n s i o n ä r: 1. *Lohn- und Einkommensteuer:* Soweit die Zuwendungen des Trägerunternehmens an die Pensionskasse den

→Zukunftssicherungsfreibetrag (→Zukunftssicherung des Arbeitnehmers) überschreiten, sind sie →Arbeitslohn. Das Trägerunternehmen hat die Möglichkeit, die Zuwendungen mit einem festen Steuersatz zugunsten des Arbeitnehmers pauschal zu versteuern (→Pauschalierung der Lohnsteuer bei bestimmten Zukunftssicherungsleistungen). Ist das Mitglied an der Finanzierung beteiligt, so kann es die Beträge unter bestimmten Voraussetzungen als →Vorsorgeaufwendung geltend machen; desgleichen den Teil der Zuwendungen, der als Arbeitslohn der Lohnsteuer unterlag. Kapitalleistungen an Pensionäre grundsätzlich steuerfrei. Leibrenten sind nur mit dem Ertragsanteil steuerpflichtige Einnahmen (→Rentenbesteuerung). – 2. *Vermögensteuer:* Anwartschaften und Ansprüche gegen P. zählen nicht zum steuerpflichtigen Vermögen. Vgl. im einzelnen →Direktversicherung.

Pensionskasse Deutscher Eisenbahnen und Straßenbahnen, bundesunmittelbare Körperschaft des öffentlichen Rechts; Sitz in Köln. – *Aufgabe:* Altersversorgung für Bedienstete der →nichtbundeseigenen Eisenbahnen.

Pensionsordnung, *Ruhegeldordnung, Ruhegeldrichtlinien,* Zusammenfassung der Bestimmungen der betrieblichen Versorgungszusage (→betriebliche Ruhegeldverpflichtung) für eine Gruppe von Personen (Arbeitnehmern) an Stelle einer Vielzahl von Einzelversorgungszusagen mit gleichgelagertem Inhalt, z. B. für Arbeiter oder für Angestellte eines Unternehmens (Gesamtzusage). P. ist keine →Betriebsvereinbarung. Die P. enthält ein Angebot an die Arbeitnehmer des Betriebs ohne näher umschriebenen Empfängerkreis. Da durch P. die Arbeitnehmer begünstigt werden, ist eine besondere Annahmeerklärung (§151 BGB) nicht zu erwarten. Derartige Erklärungen verpflichten den Arbeitgeber und begründen Anwartschaften (→Pensionsanwartschaft) und Ansprüche der begünstigten Arbeitnehmer. – Vgl. auch →vertragliche Einheitsregelung.

Pensionsrückstellungen, Begriff des Bilanz- und des Steuerrechts. →Rückstellungen für bestimmte betriebliche →Pensionsverpflichtungen (Pensionsanwartschaften und Pensionsansprüche) aus der betrieblichen →Alters- und Hinterbliebenenversorgung (vgl. auch dort).

I. V o r a u s s e t z u n g e n (hinsichtlich der Pensionsverpflichtung für die steuerliche Anerkennung): 1. Der Pensionsberechtigte muß einen *Rechtsanspruch* auf einmalige oder laufende Pensionsleistungen haben. – 2. Die Rückstellung darf nur gebildet werden, wenn die Pensionszusage *keinen Vorbehalt* enthält, daß die Pensionsanwartschaft oder die Pensionsleistung gemindert oder entzogen werden

kann, oder wenn ein solcher Vorbehalt sich nur auf Tatbestände erstreckt, bei deren Vorliegen nach allgemeinen Rechtsgrundsätzen unter Beachtung billigen Ermessens eine Hinderung oder ein Entzug der Pensionsanwartschaft oder der Pensionsleistung zulässig ist. – 3. Die Pensionszusage muß *schriftlich* erteilt sein.

II. H a n d e l s b i l a n z : P. können steuerrechtlich nur anerkannt werden, wenn sie auch in der Handelsbilanz des Unternehmens ausgewiesen sind. Handelsrechtlich besteht für unmittelbare (d. h. ohne Zwischenschaltung eines Rechtsträgers zwischen sich verpflichtendem Unternehmen und Pensionsberechtigten) Pensionszusage, die rechtsverbindlich nach dem 31.12.1986 gegeben wurde (Neuzusage), nach Inkrafttreten des BiRiLiG eine →Passivierungspflicht; dagegen für Altzusagen deren Erhöhung und pensionsähnliche Verpflichtungen →Passivierungswahlrecht. Es kann vorkommen, daß der handelsrechtliche Ansatz höher ist als der Ansatz in der Steuerbilanz; indes bildet der handelsrechtliche Bilanzansatz stets die (Höchst-)Grenze für den Ansatz in der Steuerbilanz. – Die steuerlichen Zuführungen können jedoch in einem Wirtschaftsjahr die in der Handelsbilanz vorgenommenen Zuführungen überschreiten, soweit in der Steuerbilanz keine höhere Rückstellung ausgewiesen wird als in der Handelsbilanz (Abschn. 41 Abs. 23 EStR).

III. S t e u e r b i l a n z : 1. *Gesetzliche Grundlage:* §6a EStG.

2. *Bilanzierung* (Passivierung): Der Verpflichtete hat ein Wahlrecht: Die Verpflichtungen aus den Pensionszusagen sind wegen ihrer besonderen Ausgestaltung und wegen ihres Fürsorgecharakters zwar passivierungsfähig, nicht aber passivierungspflichtig. Werden keine P. gebildet, stellen spätere Pensionszahlungen Betriebsausgaben dar.

3. *Berechnung:* Notwendig ist die inventarmäßige Erfassung des Bestandes an Pensionsverpflichtungen zum Bilanzstichtag. Die Berechnung erfolgt nach versicherungsmathematischen Grundsätzen, d. h. unter Berücksichtigung der Zinswirkung und der Wahrscheinlichkeit der Realisierung. Dabei ist jede Pensionsverpflichtung als Wirtschaftsgut für sich zu betrachten. Die →Fluktuation wird dadurch berücksichtigt, daß mit der Bildung von P. erst ab dem Alter 30 des Pensionsberechtigten begonnen werden darf.

4. *Bildung der P.:* a) *Zeitpunkt:* P. darf erstmals gebildet werden: (1) vor Eintritt des Versorgungsfalls für das Wirtschaftsjahr, in dem die Pensionszusage erteilt wird, frühestens jedoch für das Wirtschaftsjahr, bis zu dessen Mitte der Berechtigte das 30. Lebensjahr vollendet; (2) nach Eintritt des Versorgungsfalls für das Wirtschaftsjahr, in dem der

Versorgungsfall eintritt. – b) Eine P. darf höchstens mit dem *Teilwert* der Pensionsverpflichtung angesetzt werden. Als Teilwert *gilt:* (1) vor Beendigung des Dienstverhältnisses des Pensionsberechtigten der Barwert der künftigen Pensionsleistungen am Schluß des Wirtschaftsjahrs abzüglich des sich aus demselben Zeitpunkt ergebenden Barwerts betragsmäßig gleichbleibender Jahresbeträge; (2) nach Beendigung des Dienstverhältnisses des Pensionsberechtigten unter Aufrechterhaltung seiner Pensionsanwartschaft oder nach Eintritt des Versorgungsfalls der Barwert der künftigen Pensionsleistungen am Schluß des Wirtschaftsjahrs. Bei der Teilwertermittlung sind ein Rechnungszinsfuß von 6% und die versicherungsmathematischen Grundsätze anzuwenden. – c) Die *jährlichen Zuführungen* zu einer P. sind *beschränkt* (Höchstgrenze) auf den Unterschiedsbetrag zwischen dem Teilwert der Pensionsverpflichtung am Schluß des Wirtschaftsjahrs und am Schluß des vorangegangenen Wirtschaftsjahrs. – d) *Rückstellungsfähige Einmalrückstellungen* ergeben sich: (1) zu Beginn der Rückstellungsbildung, wenn die Pensionzusage erst nach dem Beginn des Dienstverhältnisses und nach dem Alter 30 des Berechtigten erteilt wird; (2) im Laufe der Rückstellungsbildung bei Erhöhungen der Pensionszusage (insbes. bei der Anpassung an Lohn- und Gehaltssteigerungen). Einmalrückstellungen können auf drei Jahre, beginnend mit dem Jahr der Entstehung, gleichmäßig mit je einem Drittel *verteilt* werden. Beruht die Einmalrückstellung auf einer Erhöhung des Pensionsanspruchs, so ist die Verteilung nur zulässig, wenn sich der Barwert der Pensionsverpflichtung um mehr als 25% erhöht hat. – e) Eine *Pflicht zu jährlichen Zuführungen* besteht nicht. Der Verpflichtete kann vielmehr in jedem Jahr neu entscheiden, ob er den auf das Wirtschaftsjahr entfallenden Teilbetrag ganz, teilweise oder überhaupt nicht zuführen will. – f) Die unterlassene Zuführung kann in späteren Jahren nicht nachgeholt werden *(Nachholverbot).* Es besteht jedoch nicht (1) beim Eintritt des Versorgungsfalls und (2) bei vorzeitigem Ausscheiden des Pensionsberechtigten mit unverfallbarem Pensionsanspruch. In beiden Fällen kann die vorhandene Rückstellung in Wirtschaftsjahr des Ausscheidens bzw. des Eintritts des Versorgungsfalls auf den Barwert der Pensionsverpflichtung (Barwert der künftigen Pensionszahlungen) aufgefüllt werden.

5. *Auflösung der P.:* Nach Eintritt des Versorgungsfalls ist die P. aufzulösen. Dies geschieht grundsätzlich in der Weise, daß in jedem Jahr der Unterschiedsbetrag zwischen dem versicherungsmathematischen Barwert der künftigen Pensionsleistungen am Schluß des Wirtschaftsjahrs und am Schluß des vorangegangenen Wirtschaftsjahrs den Gewinn *erhöht.* Die laufenden Pensionszahlungen sind als

abzugsfähige Betriebsausgaben zu berücksichtigen.

6. *P. und Rückdeckungsversicherung:* Hat ein Unternehmen eine P. durch Abschluß eines Versicherungsvertrages rückgedeckt, so ist der Rückdeckungsanspruch als selbständiges →Wirtschaftsgut unabhängig von der P. in der Steuerbilanz zu aktivieren (→Lebensversicherung). Die beiden Bilanzposten dürfen nicht miteinander saldiert werden.

7. *P. beim Organträger:* P. beim →*Organträger* für Beschäftigte des Organs sind steuerlich nur zulässig, wenn ein steuerlich anzuerkennender →Gewinnabführungsvertrag vorliegt.

8. *P. für Versorgungszusagen an den Gesellschafter-Geschäftsführer einer Kapitalgesellschaft:* a) Eine P. kann im allgemeinen nur gebildet werden, wenn zumindest mit einiger Wahrscheinlichkeit mit einer *Inanspruchnahme der Gesellschaft* aus der Verpflichtung zu rechnen ist, diese also eine Last darstellt. Das setzt voraus, daß klare Vereinbarungen getroffen sind und der Gesellschafter-Geschäftsführer – soweit voraussehbar – nach den Umständen zum vorgesehenen Zeitpunkt tatsächlich aus den aktiven Diensten der Gesellschaft ausscheidet. – b) Für den *beherrschenden* (mehr als 50%) *Gesellschafter* einer Kapitalgesellschaft wird die Bildung einer P. anerkannt, wenn die Pensionsleistung im in der Versorgungszusage vorgesehenen Zeitpunkt des Eintrittes des Versorgungsfalles beginnt, der für Gesellschafter-Geschäftsführer das 65. Lebensjahr nicht unterschreiten darf. Außerdem darf die Summe der Bezüge nicht unangemessen hoch sein.

9. *P. für Pensionszusagen an Gesellschafter-Geschäftsführer von Personengesellschaften:* Diese sind nicht zulässig, da solche Pensionszusagen als Gewinnverteilungsabreden zwischen den Gesellschaftern anzusehen sind, die den Gewinn der Gesellschaft nicht beeinflussen dürfen und somit eine P. ausschließen. Die Höhe der Beteiligung des Gesellschafter-Geschäftsführers an der Gesellschaft ist ohne Bedeutung. Das Verbot der Bildung von P. gilt auch bei einer Versorgungszusage an die Witwe eines Gesellschafter-Geschäftsführers. Das Verbot gilt aber nicht bei Pensionszusagen, die dem Ehegatten oder Kindern des Gesellschafters der Personengesellschaft gegeben werden, wenn diese selbst Arbeitnehmer der Personengesellschaft sind.

IV. Bewertungsgesetz: 1. *Sachliche Voraussetzungen:* Die sachlichen Voraussetzungen, unter denen P. bei der Ermittlung des →Betriebsvermögens berücksichtigt werden können, sind die gleichen wie sie für die Steuerbilanz (oben III) gelten.

2. *Ermittlung:* Für die Ermittlung des abzugsfähigen Betrags der P. sind zu unterscheiden: a) Pensionsverpflichtungen bei Steuerpflichti-

gen, die ihren Gewinn nach § 5 oder § 4 I EStG ermitteln (Bilanzierende), sowie Pensionsverpflichtungen bei Steuerpflichtigen, bei denen der Teilwert der Pensionsverpflichtung als Bemessungsgrundlage für Beitragszahlungen an den Träger der Insolvenzversicherung zu ermitteln ist: Diese P. sind höchstens mit dem Teilwert nach § 6a III EStG anzusetzen (vgl. oben). An das für ertragsteuerliche Zwecke ausgeübte Wahlrecht i. S. des § 6a IV EStG ist der Steuerpflichtige bei der Ermittlung des abzugsfähigen Betrages für das Betriebsvermögen nicht gebunden. – b) Pensionsverpflichtungen, die nicht unter a) fallen: Für diese Pensionsverpflichtungen ist ein Tabellenwert nach den Vorschriften des § 104 IV BewG zu ermitteln. – Ist der *Versorgungsfall nocht nicht eingetreten,* so ist die zugesagte Jahresrente im Verhältnis der zurückliegenden Dienstzeit zur Gesamtdienstzeit aufzuteilen und mit einem Vervielfältiger zu multiplizieren. Der Vervielfältiger ist für den noch nicht ausgeschiedenen Anwartschaftsberechtigten und für den Fall des Beginns der Pensionszahlung mit Vollendung des 63. Lebensjahres der Anlage 10 zum BewG zu entnehmen. Für abweichende Zeitpunkte gelten Zu- und Abschläge. Für bereits eingetretene Verpflichtungen gelten die Vervielfältiger der Anlage 13 zum BewG. Vgl. im einzelnen § 104 V – XII BewG. – Hat der Unternehmer eine *Rückdeckungsversicherung* abgeschlossen, so werden der anzusetzende Kapitalwert der Versicherungsansprüche nach § 12 IV BewG und der für die P. abzugsfähige Betrag nach § 104 BewG jeweils selbständig ermittelt.

V. F i n a n z i e r u n g s w i r k u n g : Wenn ein Jahresüberschuß vorhanden ist, führen P. zu einem Finanzierungseffekt, der abhängig ist von der Gewinnverwendung (Ausschüttung und Thesaurierung), vom Spitzensteuersatz, von der Beleihungsfähigkeit der mit diesen Mitteln beschafften Vermögenswerte, von der Zeitdauer der Rückstellungsbildung.

1. *Gewinnverwendung:* a) Bei *Ausschüttung* des Gewinnes bewirkt die Zuweisung zu den P. eine Finanzierung in Höhe der vollen Zuweisungsbetrages. Ohne P. wäre dieser Betrag durch Zahlung der Steuern und Austrag durch Zahlung der Steuern und Ausschüttung aus dem Unternehmen geflossen. – b) Bei *Thesaurierung* hätte das Unternehmen den Gewinn nach Zahlung der Steuern den Rücklagen zugewiesen. Durch Zuweisung zu den P. wird der Gewinn gemindert. Die Zuweisung ist ein Aufwand (noch keine Ausgabe), es entfällt demnach die Steuerschuld, die sonst den entsprechenden Gewinn geschmälert hätte. Die Finanzierungswirkung entspricht der Höhe dieser Steuerlast.

2. *Spitzensteuersatz:* Im Falle der Thesaurierung ist die Höhe des Finanzierungseffektes

abhängig von den Steuersätzen, und zwar von der Spitzenbelastung.

3. *Beleihungsfähigkeit:* a) Die mit P. finanzierten Vermögenswerte sind unbelastet und keiner rechtlichen Beschränkung unterworfen. Durch Beleihung (Verpfändung, Sicherungsübereignung) Erweiterung des Kreditspielraumes. – b) Bei großer Zahl von Versorgungswärtern und ausgewogener Altersstruktur stehen die P. in berechenbarer Höhe (Beharrungszustand) dem Unternehmen in unbegrenzter Zeit zur Verfügung. Banken beziehen diese bei der Bewertung mit ein (graues Eigenkapital). Bei Unternehmen mit wachsender Zahl von Versorgungsanwärtern, oder solchen mit gleichbleibender Zahl von Anwärtern, aber dynamischen Anwartschayften und Ansprüchen wachsen die P. ständig und damit ständig das auf diese Art der Innenfinanzierung gebildete Kapital.

4. *Zeitdauer:* Der Finanzierungsvorteil durch Bildung von P. ist umso größer, je größer der zeitliche Abstand zwischen ihrer Bildung und den Pensionszahlungen ist.

Pensions-Sicherungs-Verein, →Betriebsrentengesetz II 5.

Pensions- und Unterstützungskasse, →Pensionskasse, →Unterstützungskasse.

Pensionsverein, →Pensionskasse in der Rechtsform eines Vereins.

Pensionsverpflichtung, Verpflichtung (i. d. R.) eines Unternehmers oder eines Unternehmens aus der Zusage einer bestimmten Alters-(Invaliden-) und/oder Hinterbliebenenversorgung (vgl. im einzelnen →Alters- und Hinterbliebenenversorgung II 2, →betriebliche Altersversorgung). – 1. *Rechtsgrundlagen:* In Betracht kommen Vertrag, Betriebsvereinbarung, Tarifvertrag, Besoldungsordnung, betriebliche Übung oder der Grundsatz der →Gleichbehandlung. Begünstigt werden können nicht nur die Arbeitnehmer des Unternehmens (im arbeitsrechtlichen Sinne), sondern alle, die in einem Mitarbeiterverhältnis zu Unternehmer oder Unternehmen stehen und bei denen die Versorgung als Leistungsentgelt gewährt wird. – Die Pensionsanwartschaft setzt regelmäßig eine längere Tätigkeit im Betrieb voraus. – 2. *Leistungen:* Gegenstand der P. können sein: a) laufende, gleichbleibende oder steigende Leistungen in Geld oder Sachwerten; b) eine einmalige Kapitalabfindung. – 3. *Vorbehalte:* Der Arbeitgeber kann sich aufgrund gewisser Formulierungen (z. B. „Freiwillig und ohne Rechtsanspruch", „Leistungen sind unverbindlich" usw.) auch gegenüber einem noch aktiven Arbeitnehmer den Widerruf der gegebenen Versorgungszusage vorbehalten. Einschränkung vgl. →Betriebsrentengesetz II 1. – 4. *Steuerrecht:* Es dürfen nur für bestimmte P. Rückstellungen gebildet werden. Passivierungsfähig sind nur Lasten aus solchen P., die auf einer rechtsverbindlichen, vorbehaltlosen oder mit einem steuerunschädlichen Vorbehalt versehenen Versorgungszusage beruhen. Vgl. im einzelnen →Pensionsrückstellungen.

Pensionszusage, →betriebliche Ruhegeldverpflichtung.

Pensumlohn, vereinbarter Festlohn, der dem Arbeiter einen bestimmten Lebensstatus garantiert. Es ist eine genau vereinbarte Arbeitsleistung *(Pensum)* zu erbringen. Bei Nichterreichen wird der Lohn der geringeren Leistung angepaßt; höheres Pensum wirkt sich unmittelbar auf die Lohnhöhe aus. – *Bezugsgröße* können sein: u.a. Menge, Qualität, Erspranis, Betriebsmittelnutzung. – *Sonderform:* →Programmlohn. – Vgl. auch →Lohnformen.

per. I. Handelsrecht: Der →Zeichnung des →Handlungsbevollmächtigten vor seinem Namen beizufügender Zusatz. Auch „i. V." oder „in Vollmacht" gebräuchlich. – Mit →ppa. darf er nicht zeichnen, da dieser Zusatz dem Prokuristen vorbehalten ist.

II. Buchhaltung: Veraltete Form, einen →Buchungssatz zu beginnen, z. B. „per Debitoren an Waren".

per aval (p. a.), bei →Wechselbürgschaften gebräuchlicher Vermerk für „als Bürge".

perch, →rod.

Perforiermaschine, Gerät zum Einstanzen von Linien dicht nebeneinanderliegender kleiner Löcher; erleichtert das Abtrennen eines Bogenabschnitts usw.

performance, Begriff der elektronischen Datenverarbeitung. – 1. Verhalten eines →Softwareprodukts bei der Ausführung; v.a. beurteilt anhand der *Laufzeiteffizienz* (→Effizienz) und der →Antwortzeiten. – 2. Verarbeitungsleistung eines →Computers; wird üblicherweise in →MIPS gemessen.

performance budget, *Leistungsbudget,* nach dem Zweiten Weltkrieg in den USA und in den Niederlanden diskutiertes und in Teilbereichen der Verwaltung eingeführtes Gliederungssystem für öffentliche Haushaltspläne. Neben der Gliederung in Sachgebiete (→Funktionenbudget) soll das P.B. auch Auskunft über den durch die Ausgaben erzielten Erfolg geben. – *Beispiel:* Statt „4 Mrd. DM für Straßenbau" u.ä. „200 km Straßen durch Ausgabe von 4 Mrd. DM". – Vgl. auch →Haushaltssystematik.

performance fund, →Investmentfonds, der möglichst hohen Wertzuwachs (und nicht möglichst hohe Ausschüttungen) des Vermögens anstrebt.

Peri, Giovanni Domenico, Genueser Kaufmann, Verfasser der bedeutendsten

kaufmännischer Schrift der ausgehenden italienischen Renaissance: „Il Negoziante" (1638). – Vgl. auch →Geschichte der Betriebswirtschaftslehre.

Perimeter, technisches Hilfsmittel in der Werbemittelforschung. Das Gerät wird zur Darbietung von Objekten in der Peripherie des Blickfeldes eingesetzt. Dadurch kann besonders die Erkennbarkeit von Waren- oder Markenzeichen getestet werden.

Periodenabgrenzung. 1. →Abgrenzung zwischen den →Ausgaben und →Einnahmen des laufenden Betriebsabschnitts und den →Aufwendungen und →Erträgen, die einem anderen Zeitabschnitt zuzuordnen sind. – 2. Zuordnung von Kosten zu einzelnen Abrechnungsperioden (→Abgrenzung II 1). – Vgl. auch →Periodenbeitrag, →Periodeneinzelkosten, →Periodengemeinkosten, →Periodenerfolg, →Periodenerfolgsrechnung, →periodenfremde Aufwendungen, →periodenfremde Erträge.

Periodenbeitrag. 1. *Begriff:* a) Überschuß der in der betrachteten Periode realisierten Erlöse über die diesen zurechenbaren →Leistungskosten und die nicht zurechenbaren Leistungskosten sowie die aggregierten →Perioden-Einzelkosten(-ausgaben). – b) Überschuß der in der Periode realisierten →Auftragsbeiträge über die nicht zurechenbaren Leistungskosten und die aggregierten Perioden-Einzelkosten. – 2. *Arten:* Je nach der betrachteten Periodenlänge und dem sachlichen „Ausschnitt" zu unterscheiden, z. B. Kunden-Jahresbeitrag (Summe der Auftragsbeiträge eines Jahres eines Kunden über die für ihn spezifischen aggregierten Jahreseinzelkosten). – 3. *Versionen des P. bei* →*mehrphasiger Realisation* (von Erlösen oder Deckungsbeiträgen): z. B. a) Summe der in der betrachteten Periode fakturierten oder eingezahlten oder endgültig realisierten (nach endgültiger Erfüllung der beiderseitigen Vertragsverpflichtungen) Auftragsbeiträge; b) jeweils zu differenzieren, welcher Teil des P. auf Leistungen zurückgeht, die ausschließlich in der betrachteten Periode erstellt und abgesetzt wurden und welcher Teil auf periodenübergreifende Leistungen zurückgeht (z. B. langfristige Aufträge); c) Auftragsbeiträge periodenübergreifender Leistungen können auch direkt in die periodenübergreifende →Zeitablaufrechnung übernommen werden. – 4. Die P. werden in die periodenübergreifende *Zeitablaufrechnung übernommen,* um zusammen mit den →Deckungsbeiträgen periodenübergreifender Aktivitäten die →Perioden-Gemeinkosten(-ausgaben) abzudecken und mit dem Überschuß zur Reinvestitition und zum Totalgewinn beizutragen.

Periodeneinzelkosten, →Einzelkosten, die innerhalb einer bestimmten Abrechnungsperiode, z. B. Monat (Monatseinzelkosten), Quartal (Quartalseinzelkosten), Halbjahr (Halbjahreseinzelkosten) und Jahr abgebaut werden können (→Abbaufähigkeit von Kosten). – *Gegensatz:* →Periodengemeinkosten. – *Zu unterscheiden* sind: a) *originäre P.-E.:* Bindungsdauer bzw. -intervall sind mit der betrachteten Periode identisch; b) *aggregierte P.-E.:* Diese Kosten enthalten auch die bereits mit untergeordneten, voll eingeschlossenen Perioden identifizierbare P.-E. – Vgl. auch →Einzelkosten offener Perioden.

Periodenerfolg, *Periodenüberschuß.* 1. *Begriff:* Gewinn (Periodengewinn) oder Verlust (Periodenverlust) eines bestimmten Zeitabschnitts (i.d.R. Kalender- oder Planungsperioden), ermittelt durch Gegenüberstellung von Aufwand und Ertrag bzw. Kosten und Betriebsertrag (Erlös). – a) In der *Gewinn- und Verlustrechnung* (§ 275 HGB) kann der P. wahlweise nach zwei Verfahren ermittelt werden: Durch →Gesamtkostenverfahren und →Umsatzkostenverfahren. – b) In der *Kostenrechnung* setzt sich der P. zusammen aus dem Betriebsertrag abzüglich Kosten. Er unterscheidet sich vom Unternehmenserfolg der Gewinn- und Verlustrechnung durch die betriebsfremden Aufwendungen und Erträge und die kostenrechnerischen Korrekturen, also das neutrale Ergebnis. – 2. *Ermittlung:* Vgl. →Periodenerfolgsrechnung. – Vgl. auch →Periodenbeitrag.

Periodenerfolgsrechnung, *Periodenrechnung,* Rechnung zur Ermittlung des →Periodenerfolgs. Je kürzer die einzelnen Abrechnungsperioden gewählt werden, umso problematischer die P. – Traditionelle Erfolgsrechnungen (→Gewinn- und Verlustrechnung, →Kosten- und Leistungsrechnung) nehmen in erheblichem Maße eine Aufteilung von nur mehreren Jahren gemeinsam zurechenbaren Aufwendungen bzw. Kosten vor (insbes. Abschreibungen). Der Verzicht auf eine derartige stets willkürliche Schlüsselung (für bilanzielle Abschreibungen nach Rieger, für kalkulatorische Abschreibungen insbes. nach Riebel) hat jedoch nur schwer überschaubare kontinuierliche →Zeitablaufrechnungen zur Folge, die sich in der Praxis bislang nicht durchgesetzt haben. – *Gegensatz:* →Totalrechnung.

periodenfremde Aufwendungen, →Aufwendungen, die wirtschaftlich nicht zum gerade abzurechnenden Zeitabschnitt gehören, z.B. Steuernachzahlung. – *Gegensatz:* →periodenfremde Erträge. – Vgl. auch →Periodenabgrenzung, →Periodeneinzelkosten, →Periodengemeinkosten.

periodenfremde Erträge, →Erträge, die wirtschaftlich nicht zum gerade abzurechnenden Zeitabschnitt gehören, z.B. Steuerrückerstattung. – *Gegensatz:* →periodenfremde Aufwendungen. – Vgl. auch →Periodenabgrenzung.

periodengebundene Aktivitäten, *periodenspezifische Aktivitäten,* speziell auf die Erstellung oder Erhaltung der Betriebs- oder Leistungsbereitschaft in einer Periode oder auf periodengebundene Leistungen (z.B. Nutzungsüberlassungsverträge) ausgerichtete Aktivitäten. Sie sind von periodenübergreifenden und nicht periodengebundenen Aktivitäten zu unterscheiden.

Periodengemeinkosten. 1. *Begriff:* Kosten, die sich einer bestimmten Abrechnungsperiode (z.B. Monat) nicht exakt zurechnen lassen, die nur für mehrere dieser Abrechnungsperioden (z.B. für ein Quartal) als →Einzelkosten zu erfassen sind, z.B. Miete aus einem nur vierteljährlich kündbaren Mietvertrag. – *Gegensatz:* →Periodeneinzelkosten. – 2. *Zu unterscheiden:* a) Gemeinkosten einer von vornherein festliegenden, "geschlossenen" Zahl von Perioden gleicher Länge (z.B. Fünfjahresvertrag); b) Gemeinkosten in bezug auf eine noch "offene" Zahl von Perioden (z.B. Anschaffungsausgaben für eine Maschine in bezug auf die einzelnen Monate).

Periodengewinn, →Periodenerfolg.

Periodenleistung, das mengenmäßige Ergebnis der unternehmerischen Tätigkeit innerhalb eines Zeitabschnitts. – *Zu unterscheiden:* a) betriebliche und neutrale P., b) Kunden-(Markt-)Leistung und innerbetriebliche Leistung einer Rechnungsperiode. – Die *bewertete P.* ergibt den →Ertrag einer Unternehmung innerhalb eines Zeitabschnitts (= Erlös bei →Umsatzkostenverfahren; = Erlös ± Bestandsveränderungen + andere aktivierte Eigenleistungen bei →Gesamtkostenverfahren). Durch Gegenüberstellung von Aufwand und Ertrag wird der →Periodenerfolg ermittelt.

Periodenrechnung, →Periodenerfolgsrechnung.

periodenspezifische Aktivitäten, →periodengebundene Aktivitäten.

Periodenüberschuß, →Periodenerfolg.

periodische Druckschriften, Begriff des →Presserechts für Zeitungen und Zeitschriften, die fortlaufend, wenn auch unregelmäßig, in Abständen von höchstens 6 Monaten erscheinen. P.D. müssen ein →Impressum enthalten.

periodische Steuern, Steuern, die unter normalen Verhältnissen regelmäßig entstehen. →Steuerklassifikation nach dem Kriterium der Regelmäßigkeit der Entstehung der Steuer. – *Gegensatz:* →nichtperiodische Steuern.

Periodisierung von Kosten. 1. *P.i.w.S.:* Zuordnung von →Kosten zu Abrechnungsperioden. – 2. *P.i.e.S.:* Schlüsselung von

→Periodengemeinkosten auf einzelne Abrechnungsperioden.

Periodizitätsprinzip, →Periodizitätstheorie.

Periodizitätstheorie, Theorie, nach der die Bemessungsgrundlage der Einkommensteuer lediglich durch regelmäßig (periodisch) fließende Quellen bestimmt wird *(Periodizitätsprinzip).* Wesentlicher Bestandteil der →Quellentheorie.

periphere Einheiten, →Peripheriegeräte.

Peripherie, zusammenfassende Bezeichnung für →Peripheriegeräte, allgemein oder speziell die eines bestimmten →Computers.

Peripheriegeräte, *periphere Einheiten, periphere Geräte, Peripherie, Anschlußgeräte,* in der elektronischen Datenverarbeitung Sammelbezeichnung für alle Datenverarbeitungsgeräte oder Hardware-Elemente (→Hardware), die an die →Zentraleinheit angeschlossen sind. – Nach ihren Funktionen lassen sich zwei Gruppen von P. unterscheiden: 1. *Datenein- und Datenausgabegeräte,* z. B. →Bildschirmgeräte (Sichtgeräte), Lesegeräte aus dem Bereich der →optischen Zeichenerkennung, →Drucker, →Plotter, (v. a. früher) Lochkartenleser. – 2. *Speichereinheiten* (→externe Speicher), z. B. Magnetbandspeicher (→Magnetband), →Magnetplattenspeicher.

permanente Inventur, →laufende Inventur.

permanentes Einkommen, von Friedman in die Volkswirtschaftstheorie eingeführter Begriff für das langfristig erzielbare durchschnittliche Einkommen eines Haushalts. Das laufende Einkommen setzt sich zusammen aus der permanenten und einer transitorischen Komponente. Nach Friedmans Auffassung ist für die Güter- und Geldnachfrage das p.E. die entscheidende Bestimmungsgröße, während das transitorische Einkommen keinen Einfluß hat. Die Orientierung der Haushalte am p.E. setzt voraus, daß das laufende Einkommen in seine Komponenten *zerlegt* werden kann. Die Ermittlung des p.E. ist jedoch exakt nicht möglich, da auch Einkommen, die erst in der Zukunft anfallen, zu berücksichtigen wären. Als Approximation schlägt Friedman einen mit Exponentiell abnehmenden Gewichten gewogenen Durchschnitt aus gegenwärtigem und vergangenem Einkommen vor. – Vgl. auch →Konsumfunktion.

permanente Steuerreform, →organische Steuerreform, →Steuerreform.

per medio, →Medio.

Permutation, Begriff der Kombinatorik für eine Folge N Elementen mit Berücksichtigung der Reihenfolge dieser Elemente, ohne daß die Elemente in der Folge mehrmals auftreten dürfen. Für N Elemente gibt es N! Möglichkeiten einer P. – *Beispiel:* Die Zahlen 1, 2, 3 lassen sich auf sechs Arten anordnen: 123: 213; 312; 132; 231; 321; d. h. N! = 3! = 3 × 2 = 6. – *Anders:* →Variation.

Personal, →Personalmanagement.

Personalakte. I. **Allgemein:** Über den Arbeitnehmer in der Personalverwaltung aktenmäßig oder innerhalb einer Datenbank (→Personalinformationssystem) geführte Informationen. – Zur P. **gehören:** Bewerbungsschreiben, Personalbogen, Anstellungsvertrag, Zeugnisse, wichtige Belege über Gehaltsveränderungen, Regelbeurteilungen, Verwarnungen usw. sowie Nebenakten wie Urlaubs- oder Fehlzeitenkarteien.

II. **Arbeitsrecht:** 1. *Grundsätzliches:* Berichte über die Dienstleistungen oder Befähigungen der Arbeitnehmer in P. sind so zu erstellen, daß sie unter Abwägung der beiderseitigen Interessen ein *objektives Bild* von der Person und den Leistungen des Arbeitnehmers ergeben. – Der Arbeitnehmer hat ein Recht auf *Einsichtnahme* in P. (§ 83 BetrVG). – Sind die zu der P. genommenen Berichte nicht sachgemäß gefaßt bzw. sind auf der P. genommene →Abmahnungen ungerechtfertigt, kann der Arbeitnehmer aufgrund der →Fürsorgepflicht des Arbeitgebers *Berichtigung des Berichts* bzw. *Entfernung der Abmahnung* aus der P. verlangen. – 2. *Datensammlungen (Dateien) zusammengefaßte P.:* Das Bundesdatenschutzgesetz (BDSG) ist zu beachten. – a) Das *Speichern* „personenbezogener Daten" ist im Rahmen der Zweckbestimmung des Arbeitsverhältnisses zulässig (§ 23 BDSG) doch setzt die Speicherung zusätzlich voraus, daß der Arbeitgeber an der dauernden Speicherung der Daten ein berechtigtes Interesse hat. – b) Die *Übermittlung* von zulässigerweise gespeicherten Daten ist gestattet im Rahmen der Zweckbestimmung eines Vertragsverhältnisses oder vertragsähnlichen Vertrauensverhältnisses mit dem Betroffenen oder soweit es zur Wahrung berechtigter Interessen des Übermittelnden oder eines Dritten zuzlässig ist und schutzwürdige Belange des Betroffenen nicht beeinträchtigt werden (§ 24 BDSG). Die Weitergabe von Personaldaten an andere Arbeitgeber, bei denen sich der Arbeitnehmer bewirbt, ist danach i. d. R. zulässig. – c) *Unrichtige personenbezogene Daten* sind zu berichtigen, unzulässig gespeicherte Daten zu löschen (§ 27 BDSG).

Personalanzeige, *Stellenanzeige,* Anzeige, mit der eine freie Stelle ausgeschrieben und der Interessent zur Einreichung einer →Bewerbung aufgefordert wird. – *Arten:* a) Offene P. (mit Namensnennung des Inserenten); b) Kennziffer-(Chiffre-)P.

Personalarrest, →persönlicher Arrest.

Personalauswahl, *Personalselektion,* Entscheidung über die Besetzung einer frei gewordenen, frei werdenden oder einer noch zu schaffenden Stelle aus dem Angebot an internen und/oder externen Bewerbern einschl. der die P. vorbereitenden Arbeiten. – Vor der P. ist festzulegen, ob die Stelle innerbetrieblich ausgeschrieben oder nur extern angeboten werden soll (→Ausschreibung von Arbeitsplätzen). Weiterhin sind die Auswahlrichtlinien zu kennzeichnen (Zustimmung des Betriebsrates, § 25 BetrVG). Um eine möglichst sachgerechte P. zu gewährleisten, ist die erforderliche Informationsbasis aufzubereiten. Hier kann auf Stellenbeschreibung, Arbeitsplatzanalyse, Soziogramme, psychologische Tests usw. zurückgegriffen werden (→Eignungsuntersuchung, →assessment center, →In-Basket-Methode usw.). – Bei der P. wird häufig auf eine →Personalberatung zurückgegriffen. – Vgl. auch →Personalmanagement.

Personalausweis, →Ausweispflicht.

Personalbedarf. 1. *Begriff:* Festlegung des Arbeitskräftepotentials, das ein Unternehmen jetzt bzw. in der Zukunft quantitativ und qualitativ benötigt, um die geplanten Aktivitäten durchführen zu können. Ermittlung des P. ist wesentlicher Bestandteil der →Personalplanung. – 2. *Planung des P.:* Umfaßt Anzahl, qualitative Struktur und zeitlichen, ggf. auch örtlichen Einsatz der benötigten Arbeitskräfte. Daraus ergibt sich Soll-Wert, an dem sich alle personalwirtschaftlichen Maßnahmen auszurichten haben. – 3. *Determinanten des P.:* Eine zweckmäßige, überschneidungsfreie Erfassung erlaubt folgende Einteilung: a) *Arbeitsaufgabe* (Mengenaspakt, Aufgabeninhalt, zeitliche Struktur); b) *Arbeitsträger* (Art, Technologie der Arbeitsmittel, Arbeitskräfte selbst als Wirkungsfaktor: Belastbarkeit, Arbeitsbereitschaft, Arbeitsfähigkeit usw.); c) *Arbeitsbedingungen* (Arbeitsorganisation: Aufbauorganisation, Führungssystem usw., Arbeitsumwelt). – 4. *Methoden zur Ermittlung des P.:* a) Direkte Ermittlung: Ableitung unmittelbar aus anderen Planzahlen eines Unternehmens; ein Bestimmungsfaktor (bzw. eine Gruppe von Faktoren) wird als allein maßgeblich angesehen, der P. von dieser Bezugsgröße abgeleitet. Voraussetzung ist eindeutige Festlegung der unabhängigen Variablen (z. B. Jahresproduktion in Stück) und Abhängigkeitsfunktion zwischen dieser Bezugsgröße und dem P. Methoden: Extrapolationsverfahren, Kennzahlenmethode, Korrelations- und Regressionsrechnungen. – b) *Indirekte Ermittlung:* Analyse der Auswirkungen der zahlreichen Determinanten auf die zukünftigen Qualifikationsmerkmale und die Organisationsstruktur (→Personalentwicklung). Andere Methoden sind: z. B. Stellenbesetzungsmethode, Anlagen und Arbeitsplatzmethode, Nachfolge- und Laufbahnmethode.

Personalbedarfsplanung, →Personalbedarf 2.

Personalberatung, Teil der →Managementberatung, bei der ein Personalberater einen Personalsuchauftrag für eine bestimmte zu besetzende Position erhält. Die Mitwirkung eines neutralen, geschulten Beraters soll das Risiko einer Fehlentscheidung verhindern. Die P. fällt nicht unter das Vermittlungsmonopol der →Bundesanstalt für Arbeit (§§ 4 ff. AFG). Die Kosten einer P. trägt der Auftraggeber.

Personalbereitstellungsplanung, Teilbereich der →Produktionsprozeßplanung. Aufbauend auf der →Kapazitätsbelegungsplanung wird dem Personalbedarf das voraussichtliche Personalangebot gegenübergestellt. Anschließend werden zeitliche, intensitätsmäßige und quantitative Anpassungsmöglichkeiten geprüft.

Personalbeschaffung. 1. *Begriff:* Teilfunktion des →Personalmanagements mit der Aufgabe, die vom einem Unternehmen benötigten Arbeitskräfte in qualitativer, quantitativer, zeitlicher und räumlicher Hinsicht zu beschaffen. Maßnahmen der P. werden ausgelöst, wenn eine personelle Unterdeckung festgestellt wird (→Personalbedarf). – 2. *Maßnahmen:* Im Falle eines Fehlbedarfs zunächst Entscheidung über die Art der Abdeckung. Alternativen: a) Anpassung der personellen Kapazität ohne Veränderung des Personalbestandes, z. B. durch Personalleasing (→Leiharbeitsverhältnis); b) Anpassung durch Veränderung des Personalbestandes, insbes. durch Neueinstellung (→Personalauswahl); c) Besetzung einer vakanten Stelle durch einen bereits vorhandenen Mitarbeiter im Wege der Versetzung, →Beförderung usw. (interne P.). Der Entscheidungsspielraum für die P. wird von zahlreichen innerbetrieblichen, außerbetrieblichen und rechtlichen Einflußfaktoren und Rahmendaten strukturiert und begrenzt. – 3. *Beschaffungsinstrumente* und deren Kombination (Mix), ausgewählt nach Optimierungsüberlegungen: Die Instrumente der P. sind dann optimal kombiniert, wenn ein bestimmter Beschaffungsbedarf mit minimalen Kosten gedeckt wird. Die Wirksamkeit der einzelnen Instrumente ist im Hinblick auf die verschiedenen Beschaffungsquellen bzw. Segmente der Arbeitsmärkte zu beurteilen. – 4. *Instrumente der P.:* a) Anreizinstrumente (materielle, immaterielle Anreize; Arbeitssituationen als Anreizfaktor); b) Beschaffungsmethode (direkt durch persönliche Kontaktaufnahme, z. B. →head hunting; indirekt durch Einschaltung von Beschaffungsmittlern, z. B. →Bundesanstalt für Arbeit, →Personalberatung usw.); c) Kommunikationspolitik (Maßnahmen der →Personalwerbung und des →Public Relations). Mit dem Einsatz der Instrumente der P. soll ein genügend großer Kreis an

geeigneten Bewerbern erschlossen werden. – 5.
Im Zuge eines *Auswahlprozesses* ist der für das
Unternehmen am besten geeignete Bewerber
herauszufinden und ein Arbeitsvertrag abzuschließen (→Personalauswahl).

Personal Computer (PC), *Mikrorechner
(-computer)*, der sich aus der früher ausschließlichen Nutzungsmöglichkeit des
Mikrorechners als →Einplatzsystem abgeleitete Begriff, heute der am häufigsten verwendete Begriff für einen →Computer dieser
Kategorie. – Vgl. auch →Rechnergruppe 2 a).

personal computing. 1. *Begriff:* Persönliche
Datenverarbeitung durch den →Endbenutzer
am individuellen Arbeitsplatz zur Lösung
arbeitsplatzspezifischer Probleme (→indivi-
duelle Datenverarbeitung). Eng mit dem Einsatz von Personal Computern verbunden,
aber nicht zwangsläufig daran gekoppelt; die
Computerleistung kann für den persönlichen
Gebrauch auch von einem Zentral- oder
Abteilungscomputer oder von einem externen
→Service-Rechenzentrum zur Verfügung
gestellt werden. – 2. *Werkzeuge:* →Business
Graphik, Tabellenkalkulation (→Tabellen-
kalkulationssystem), →Textverarbeitung,
→Datenbanksysteme für Endbenutzer u. a. –
3. *Unterstützung* der Endbenutzer häufig
durch eine zentrale Servicestelle (→informa-
tion center).

Personaleinsatz. 1. *Aufgabe:* Optimale
Zuordnung von n Arbeitskräften auf m Stel-
len. Die Zurodnung kann nach mehreren
Kriterien erfolgen (z. B. Eignung, Motivation,
Zeit, Kosten usw.) – 2. *Methoden:* Die Metho-
den des P. reichen von der →linearen Optimie-
rung bis zu einfachen Zuordnungsmodellen
(→Zuordnungsproblem).

Personalentwicklung. I. Begriff: P.
bezeichnet ein Konglomerat aus Maßnahmen,
die in umfassender Weise auf die Entwicklung
und Verbesserung der Leistungsfähigkeit und
-bereitschaft der Mitarbeiter abzielen. V. a. die
hohe Dynamik technologischer Veränderungen (→Innovationen) stellt teilweise grundlegend neue Anforderungen an die Mitarbeiter.
Die Entwicklungen in teilweise stagnierenden
bzw. schrumpfenden, andererseits auch stür-
misch wachsenden Märkten erfordert u. a.
völlig neue Qualifikationen von Mitarbeitern
und Management. Um die Umfeldverände-
rungen früher und gezielter Rechnung tragen
zu können, werden die Methoden des →strate-
gischen Managements zunehmend angewandt. Erst zögernd wird allerdings das
gesamte →Personalmanagement und damit
auch die P. in die strategische Unternehmensführung eingebettet. – Teil der P. ist die
Führungskräfteentwicklung (→management
development). Sie erhält einen zunehmend
größeren Stellenwert, Ursache hierfür ist die
Einsicht vieler Unternehmen, daß gerade die
Entwicklung eines unternehmensspezifischen

Know-how Wettbewerbsvorteile ermöglicht,
so daß die Maxime, Führungskräfte aus den
eigenen Reihen zu gewinnen, Leitlinie der P.
wird.

II. Entwicklung: Etwa Mitte der 70er
Jahre findet der Begriff P. Eingang in das
betriebswirtschaftliche Schrifttum. Meist handelt es sich um Überblicksreferate, in denen
die Arten und Methoden der P. dargestellt
werden. Die P. ist zu dieser Zeit – und oft auch
heute noch – Funktions- bzw. Teilbereich des
Personalmanagements. Nach 1980 wird die P.
in der Unternehmenspraxis und in der personalwirtschaftlichen Literatur immer mehr zu
einem zentralen Thema. Die Methoden der P.
werden in eine umfassende P.-Konzeption
integriert. Organisatorisch findet teilweise eine
Verselbständigung der P. – neben dem „klassischen" Personalwesen – statt. Zur gleichen
Zeit stößt die →Organisationsentwicklung in
der Praxis an die Grenzen ihrer organisationalen Umsetzbarkeit; das entstehende Vakuum
füllt die P. und verbindet sich so – trotz des
umfassenderen Anspruchs der Organisationsforschung – z. T. harmonisch mit dieser.

III. Zielsetzung: Die P. zielt in umfassender Weise auf die *Entwicklung des Mitarbeiter-
potentials* ab. Mit der Förderung der individuellen Leistungsfähigkeit kommt die P. ferner einem Bedürfnis der meisten →Arbeitneh-
mer nach *persönlicher Entfaltung*, aber auch
der *Erhaltung der eigenen Wettbewerbschancen*
entgegen. Die P. stellt somit einen Teil des
betrieblichen Anreizpotentials dar. Umstritten ist dabei allerdings, ob die P. primär
individuellen Entwicklungsbedürfnissen oder
aber unternehmensbedingten Qualifikations-
bzw. Leistungserfordernissen zu dienen habe.
Da sich die Wirkungen von P.-Programmen
nur langfristig entfalten und zudem schwer
quantifizierbar sind, geraten die Verantwortlichen für P. sehr leicht unter einen Legitima-
tionsdruck. Dieser Konflikt verliert allerdings
dann an Brisanz, wenn die Maßnahmen der P.
an den strategischen Zielen des Unternehmung ausgerichtet sind.

IV. Methoden: Die P. i. w. S. umfaßt neben
der beruflichen Erstausbildung auch die individuelle Weiterbildung bis zur Umschulung.
In der Praxis zielt die P. nicht mehr allein auf
die Verbesserung der individuellen Qualifikationen. Zunehmend werden auch Verfahren
der →Personalauswahl zum systematischen
Bestandteil der P.: Die erfolgreiche Teilnahme
an Auswahlrunden sind, →assessment centers
oder Mitarbeiter-Entwicklungsseminaren –
i. d. R. mehrtägige Veranstaltungen – wird zur
Voraussetzung für die Teilnahme an Förde-
rungsprogrammen oder den Zugang zu Füh-
rungspositionen erhoben. – Diese Seminare
dienen nicht nur der Selektion, sondern auch
der *Erforschung des individuellen Entwick-
lungsbedarfs.* Maßstab ist dabei das derzeitige

bzw. zukünftige Aufgabenfeld bzw. der jeweilige Verantwortungsbereich. Diese Gestaltungsparameter sind wiederum von den strategischen Zielen der Unternehmung mehr oder weniger direkt abhängig. P. als Element der strategischen Unternehmensführung hat also die Aufgabe, die für unterschiedliche Strategien relevanten Fähigkeiten von Mitarbeitern und Management zu entwickeln. – Die konkreten Maßnahmen der P. gestalten sich methodisch vielseitig und schließen das gesamte Spektrum der *pädagogischen Methoden der Erwachsenenbildung* ein. Zu denken ist dabei zunächst u. a. an Schulungen, Seminare, Trainees, moderierte Workshops →Qualitätszirkel, Planspiele, Rollenspiele. Diese Methoden fallen insgesamt unter die *P.-off-the-job.* Andere Methoden wie etwa Trainer-Programme, →job rotation, Auslandsaufenthalte werden als *P.-on-the-job* bzw. *P.-into-the-job* bezeichnet. – Gerade der Einführung neuer Mitarbeiter durch spezielle Seminare, in denen über das Unternehmen informiert und auch ein erstes Kennenlernen der spezifischen →Unternehmenskultur möglich wird, wird zunehmend mehr Stellenwert beigemessen. Die Durchführung von Schulungen, Trainings oder Seminaren kann in eigener Regie eines Unternehmens, d. h. mit einem Stab interner oder auch externer Trainer erfolgen. Für den Einsatz interner Trainer spricht deren bessere Kenntnis des Unternehmens, die eine problembezogene, praxisorientierte Auswahl an Lerninhalten erleichtert. Externe Trainer können hingegen durch Spezialisierung auf bestimmte Themen ein sehr hohes Maß an Kompetenz aufweisen. Zahlreiche Weiterbildungsinstitute bieten externe Seminare an.

V. B e d e u t u n g : Es existieren nur wenige Studien über die Verbreitung der P. in der deutschen Wirtschaft. Als sicher kann jedoch gelten, daß in den Großunternehmen ebenso wie in Unternehmen, die sich dynamischen Märkten gegenübersehen, P. systematisch betrieben wird. Die Verbreitung der P. empirisch zu erfassen, ist insofern besonders schwierig, als die Phase zunehmender Formalisierung der P. (Schaffung entsprechender eigenständiger Stabsabteilungen, Formulierung von Laufbahnkonzepten, Fixierung individueller Karrierepfade) zu Ende zu gehen scheint. Es gibt Anzeichen dafür, daß P. in Zukunft als elementare, permanente Aufgabe jeder Führungskraft begriffen wird.

Literatur: Weber, W., Betriebliche Weiterbildung, Stuttgart 1985; Riekhof, H.-Chr., Personalentwicklung als Führungsaufgabe, in: Personal 5/1985, S. 186–190; Riekhof, H-.Chr., (Hrsg.) Strategien der Personalentwicklung, Wiesbaden 1986; Thom, N., Personalentwicklung als Instrument der Unternehmensführung, Stuttgart 1987.

Dr. Hans-Christian Riekhof
Dr. Manfred Antoni

Personalfolium, Bezeichnung für ein Grundbuchblatt im →Grundbuch, wenn mehrere →Grundstücke desselben Eigentümers darauf gebucht werden.

Personalforschung. 1. Form der →Beschaffungsmarktforschung, wenn man den Arbeitsmarkt als einen zentralen Engpaßfaktor und damit als Untersuchungsgegenstand betrachtet. – 2. Form der innerbetrieblichen Informationsgewinnung zur Verbesserung der Aufbau- oder Ablauforganisation oder des Führungsstils, z. B. durch die Untersuchung der Motivation und der Arbeitszufriedenheit der Mitarbeiter.

Personalfragebogen, *Einstellungsfragebogen,* formularmäßig gefaßte Zusammenstellung von durch den Bewerber auszufüllenden oder zu beantwortenden Fragen, die dem Arbeitgeber Aufschluß über die Person, Kenntnisse und Fertigkeit des Befragten geben soll. – P. bedürfen der *Zustimmung des Betriebsrats* (§ 94 I BetrVG). Kommt eine Einigung über den Inhalt des P. nicht zustande, so entscheidet die →Einigungsstelle, deren Spruch die Einigung zwischen Arbeitgeber und Betriebsrat ersetzt. – P. dürfen vom Arbeitnehmer bzw. Bewerber *persönliche Angaben* nur insoweit erfragen, als die Persönlichkeitssphäre des Arbeitnehmers dabei gewahrt bleibt; z. B. hat der Arbeitgeber das Recht, einen Bewerber nach dem Vorliegen einer Schwerbehinderteneigenschaft zu fragen (vgl. im einzelnen →Offenbarungspflicht).

Personalfreisetzung, Verringerung der Mitarbeiterzahl einer Unternehmung. Erforderlich, wenn der Personalbestand größer ist als der →Personalbedarf. – *Maßnahmen:* a) Ohne Reduktion der Gesamtbelegschaft: Umsetzung bei partiellen Überkapazitäten, Abbau von Überstunden, Arbeitszeitverkürzung, Kurzarbeit, Rückruf von Lohnaufträgen. b) Mit Reduktion der Gesamtbelegschaft: Nichtersetzen des natürlichen Abganges (bei Tod, Fluktuation, Pensionierung), Förderung des freiwilligen Ausscheidens (z. B. sog. 50er Regelung), Entlassungen.

Personalführung, Prozeß der Beeinflussung des Verhaltens der unterstellten Mitarbeiter. Das persönliche Verhältnis zwischen Führungskraft und Mitarbeiter beruht auf einer durch die →Unternehmensverfassung legitimierten →Herrschaft. – Vgl. auch →Führungslehre, →Führungsstil, →Führungstechniken.

Personalgesellschaft, →Personengesellschaft.

personal identity number (PIN), →Identifikationsnummer.

Personalinformationssystem. 1. *Charakterisierung:* In der betrieblichen Datenverarbeitung ein →Softwaresystem, das persönliche

Daten der Mitarbeiter bearbeitet; dies umfaßt die Verwaltung der →Stammdaten der Mitarbeiter, die Bearbeitung tatsächlicher (Fluktuation) und potentieller (Personalplanung) Personalbewegungen, die Arbeitszeiterfassung, die Mitarbeiterbeurteilung, Aus- und Weiterbildungsmaßnahmen sowie die →computergestützte Lohn- und Gehaltsabrechnung. – 2. *Mitbestimmung:* Die Neueinführung eines P. macht wegen der erhöhten gesellschaftlichen Sensibilität hinsichtlich personenbezogener Daten (→Datenschutz) oft langwierige Abstimmungsprozesse erforderlich (→elektronische Datenverarbeitung V). – 3. *Arbeitsrechtliche Regelungen:* Vgl. →Personalakte. – Vgl. auch →betriebliches Informationssystem.

Personalkartei, Informationsträger, Ordnungsmittel zur Speicherung von Daten und Fakten und Entscheidungshilfe der →Personalverwaltung. – 1. Als *Personalstammkarte* enthält die P. für jedes Betriebsmitglied Angaben über Person, Steuerklasse, Verdienstgruppe bzw. tariflichen und tatsächlichen gezahltem Lohn/Gehalt, Sonderleistungen, Auszeichnungen, Verwarnungen, Verweise, Stellung im Betrieb, berufliche Entwicklung, Beurteilungen der Vorgesetzten usw. – 2. Als *Ordnungsmittel* kann die P. angelegt sein als manuell oder als maschinell geführte P. (→Personalinformationssystem). – 3. Als *Entscheidungshilfe* dient die P. der →Personalverwaltung, u. a. bei →Personalplanung, →Personalbeschaffung, →Personalentwicklung und →Personalfreisetzung.

Personalkauf, Angebot der von Hersteller- oder Handelsunternehmen hergestellten oder angebotenen Waren an Betriebsangehörige zu Vorzugspreisen.

Personalkennzahlen. 1. *Begriff:* Hilfsmittel des →Personalmanagements. P. informieren über Sachverhalte, die für personalwirtschaftliche Entscheidungen von Bedeutung sind. – 2. *P. verwendende interne/externe Entscheidungsträger:* a) *Unternehmensleitung, Leitung der Personalwirtschaft:* Benötigen P. auf einem abstrakten Niveau, also globale/aggregierte Größen. b) *Administrativer Bereich:* Benötigt konkrete Informationen zur Fundierung operativer Entscheidungen (z. B. Personalkosten im eigenen Verantwortungsbereich). c) *Vertreter der Belegschaft:* Erhalten über P. die nach BetrVG vom Arbeitgeber dem Betriebsrat zu gebenden Informationen über personale und soziale Sachverhalte. d) *öffentliche Institutionen:* Haben Anspruch auf bestimmte Personalinformationen, z. B. Finanzämter, Sozial- und Krankenversicherung, Berufsgenossenschaften, Statistische Ämter usw. e) *Öffentlichkeit i. w. S.:* Verwendung von P. in PR-Informationen, die an Banken, Berater, Aktionäre, Verbände usw. gerichtet werden (→Sozialbilanz, →Public Relations). – 3. *Bezugsgrößen:* a) *Struktur:* Differenziertes P. zur Aufschlüs-

selung des Personalbestandes, z. B. nach Geschlecht, Alter, Nationalität, formaler Qualifikation, Art des Entgeltes, Dauer der Betriebszugehörigkeit usw. – b) *P. zur Arbeitsproduktivität:* Outputgrößen (z. B. Stückzahlen, Umsätze), zum Arbeitseinsatz als Inputfaktor in Beziehung gesetzt. Die Arbeitsproduktivität kann global oder aber für je spezifische Leistungsbereiche dargestellt werden. – c) *P. zum Personalaufwand:* Zeigen die kostenmäßige Bedeutung des Personaleinsatzes, z. B. Personalaufwand pro Kopf (Personalaufwand: durchschnittlicher Personalbestand einer Periode), Personalaufwand je Arbeitsstunde, Personalintensität (Personalaufwand in % des Umsatzes, der Herstellungskosten usw.). – d) *Verhaltensbezogene P.:* Als Indikatoren für Sachverhalte, die sich auf die Arbeitsproduktivität und den Personalaufwand auswirken, z. B. →Fluktuation, →Fehlzeiten, Beteiligung am betrieblichen Vorschlagswesen, Zufriedenheit.

Personalkontrolle, Teilgebiet der →Personalverwaltung. Die P. umfaßt: a) Überwachung der Einhaltung vereinbarter *Arbeitszeiten:* (1) durch Führen eines Ein- und Ausgangsbuches, (2) durch Abgabe numerierter Kontrollmarken beim Pförtner; (3) mittels Stempeluhr (Kontrolluhr). b) Kontrolle von *Behältnissen* (Taschen, Rucksäcken, Paketen, Koffer und dgl.) beim Betreten oder Verlassen des Betriebes (→Leibesvisitation, →Werkschutz).

Personalkonzern, →Konzern, der gegründet wird, um eine Personalunion der Unternehmensleitungen zu schaffen. – *Gegensatz:* →Sachkonzern.

Personalkosten. I. R e c h n u n g s w e s e n : Alle durch den Einsatz von →Arbeitnehmern und →leitenden Angestellten entstehenden Kosten mit Ausnahme des →kalkulatorischen Unternehmerlohnes. Zu den P. gehören Fertigungslöhne und Hilfslöhne, Gehälter, gesetzliche und freiwillige soziale Aufwendungen sowie alle übrigen →Personalnebenkosten.

II. A m t l i c h e S t a t i s t i k : Entgelt für geleistete Arbeit. P. werden im Rahmen der →Arbeitskostenerhebungen ermittelt. P. umfassen: Lohn- und Gehaltssumme für Arbeiter und Angestellte (ohne Auszubildende), vermindert um alle Zahlungen, die nicht unmittelbar laufender Verdienst für die tatsächlich geleistete Arbeitszeit sind, insbes. um Sonderzahlungen und die Vergütung arbeitsfreier Tage (→Personalnebenkosten III).– *Bedeutung der P. als Arbeitskosten in der Bundesrep. D.:* Vgl. →Löhne und Gehälter.

Personalkredit. 1. *Begriff:* Nach dem Kriterium der Art der Sicherung vom →Realkredit zu unterscheiden der →Bankkredit. – 2. *Formen:* a) *ungedeckte P.,* die ohne besonders vereinbarte Sicherungen *(Blanko-Kredite)* lediglich im Vertrauen auf die wirtschaftliche Leistungsfähigkeit des Schuldners gewährt werden; b) *gedeckte P.* gegen Grundpfand-rechte, Pfandrechte an Wertpapieren, Edelme-tallen, Münzen und Wechseln, Sicherungsübe-reignung von Waren u.a. Mobilien, Forde-rungszession, Bürgschaft oder Mithaftung.

Personalleasing, →Arbeitnehmerüberlas-sung.

Personalleasinggebühren, in ihrer Bedeu-tung ständig zunehmende →Kosten der Über-lassung von Arbeitnehmern (→Leiharbeits-verhältnis, →Arbeitnehmerüberlassung). Strittig, ob sie in der Kostenartenrechnung den →Personalkosten oder den →Fremdlei-stungskosten zuzurechnen sind.

Personalleiter, hauptberuflich für Personal-fragen verantwortlicher Abteilungs- oder Hauptabteilungsleiter von Unternehmungen, in denen planmäßiges →Personalmanagement betrieben wird.

Personalmanagement. I. Begriff: Der Begriff P. wird in Wissenschaft und Praxis teilweise synonym verwandt mit *Personalwe-sen, Personalwirtschaft* oder auch einfach nur *Personal.* Eine einheitliche Sprachregelung hat sich in der noch jungen Geschichte des Faches weder in der Praxis noch in der Wissenschaft durchgesetzt. Einig ist man sich allerdings darüber, daß die alternativen Begriffe desje-nige Arbeitsgebiet kennzeichnen sollen, das sich mit den Problemen des Einsatzes des arbeitenden Menschen im Betrieb und seines Beitrages zur betrieblichen Leistungserstel-lung beschäftigen. Die synonyme Verwendung der Begriffe ist allerdings nicht ganz korrekt, weil die verschiedenen Begriffe für höchst unterschiedliche historische und inhaltliche Phasen des Arbeitsgebietes stehen (vgl. II) – P. soll hier definiert werden als die *Summe der mitarbeiterbezogenen Gestaltungsmaßnahmen zur Verwirklichung der strategischen Unterneh-menziele.*

II. Entwicklung: Erst in den letzten Jah-ren hat sich das Personalwesen als eigenstän-diges Arbeitsgebiet gebildet. Es gab zwar schon in den 20er und 30er Jahren dieses Jahrhunderts erste Ansätze, den Bereich Mensch und Arbeit betriebswirtschaftlich zu thematisieren (z.B. Nicklisch, Seyffert, Fischer) und in der Zeit des Nationalsozialis-mus wurde insbes. das Konzept der Betriebs-gemeinschaft nachdrücklich gefördert und damit pervertiert; Personalwesen als wissen-schaftliches Fach innerhalb der Betriebs- bzw. Handelswissenschaft konnte sich gleichwohl erst nach dem Zweiten Weltkrieg etablieren. – Die erste Phase war dadurch gekennzeichnet, daß sich die einschlägige Literatur nahezu ausschließlich an Betriebspraktiker wandte und isoliert Einzelprobleme aufgriff. Sprach-rohr für die Veröffentlichung personalwirt-schaftlicher Problemstellungen waren die Zeit-schriften „Mensch und Arbeit" (seit 1948), ab

1968 „PERSONAL", sowie „Arbeit und Lei-stung" (seit 1946), ab 1975 „Zeitschrift für Arbeitswissenschaft". Die Beiträge in diesen Zeitschriften waren im wesentlichen Praxisbe-richte und Gestaltungsempfehlungen sowie praxeologischen Ansätze. Der erste Versuch einer zusammenfassenden Darstellung fand sich im Handbuch der Personalführung von Goossens (1. Aufl. 1955); dieses wird seit 1970 unter dem Titel „Personalleiterhandbuch" in Neuauflagen fortgeführt. 1952 wurde die →Deutsche Gesellschaft für Personalführung e. V. als Fachorganisation für die betriebliche Personalpraxis gegründet, in der hauptsäch-lich Praktiker des Personalwesens zusammen-gefaßt sind. – Die zweite Phase der Etablie-rung des Fachs wurde eingeleitet durch die Einrichtung des ersten Lehrstuhls für Perso-nalwirtschaftslehre an der Universität Mann-heim im Jahre 1961. Der Inhaber dieses Lehrstuhls war Prof. Dr. h. c. Aufgust Marx. Zur weiteren Entwicklung haben eine Reihe von Ereignissen Mitte der 70er Jahre beigetra-gen. Es erschienen zwei enzyklopädisch ange-legte Handwörterbücher zum Personalwesen und einige umfassende Lehrbücher. Zum ersten Mal wurde versucht, eine Gesamtkon-zeption des Fachs zu entwerfen. Heute ist an nahezu jeder deutschen Hochschule das Perso-nalwesen als spezielle Betriebswirtschaftslehre eingerichtet. Im Zuge des verstärkten Vordrin-gens des strategischen Denkens wurde auch die Personalarbeit in die strategische Unter-nehmensführung integriert. Das P. hat dann die Aufgabe, durch mitarbeiterbezogene Gestaltungsmaßnahmen zur Verwirklichung der strategischen Unternehmensziele beizutra-gen.

III. Aufgaben: 1. In der *betrieblichen Praxis* ist die Aufgabe des P. darin zu sehen, die für die Verwirklichung der strategischen Ziele der Unternehmung notwendigen Human-Ressourcen in quantitativer, qualita-tiver, räumlicher und zeitlicher Hinsicht lang-fristig sicherzustellen und die mit dem Einsatz von arbeitenden Menschen zusammenhängen-den rechtlichen, sozialen und verwaltungs-technischen Problemen zu lösen. M. a. W. hat das P. einerseits die Aufgabe, das Verhalten der Organisationsmitglieder im Unterneh-mensinteresse zu steuern (→Personalführung, →Personalplanung usw.) und andererseits das organisationale System des P. zu gestalten (→Arbeitsgestaltung, →betriebliche Lohnge-staltung, →Personalentwicklung, →Personal-verwaltung usw.). – 2. Als *wissenschaftliche Disziplin* hat das P. die Aufgabe, die Bedin-gungen, Probleme, Konsequenzen usw., die sich aus der Thematik Mensch und Arbeit in betriebswirtschaftlicher Hinsicht ergeben, zu erforschen sowie die wissenschaftlichen Erkenntnisse in geeigneter Form der kriti-schen Diskussion zugänglich zu machen bzw. zu lehren. Aus dem Erkenntnisobjekt des P.

ergibt sich zwingend, daß die Forschung *interdisziplinär* zu erfolgen hat, also sowohl die Erkenntnisse der Psychologie, der →Arbeitswissenschaften, der Soziologie usw. herangezogen werden müssen. Als Teildisziplin der →Betriebswirtschaftslehre ist auch das P. eine *angewandte* Wissenschaft.

IV. T r ä g e r : Es ist schwierig, die Träger des P. in der betrieblichen Praxis eindeutig zu identifizieren. Es ist sinnvoll, zwischen Klein-, Mittel- und Großbetrieben zu differenzieren: a) In *Kleinbetrieben* wird das P. zumeist in die allgemeine Verwaltung integriert oder vom →Unternehmer bzw. →Geschäftsführer selbst wahrgenommen. – b) In *Mittel- oder Großbetrieben* ist es üblich, daß das P. von eigenen Abteilungen mit einem →Personalleiter an der Spitze getragen wird. – c) In *mitbestimmten Unternehmen* ist (meist) der →Arbeitsdirektor Träger des P. – Grundsätzlich gilt jedoch, daß jede Führungskraft für ihren Bereich (Teil)-Träger des P. ist.

V. G r u n d l a g e n : Um die Aufgaben des P. erfüllen zu können, sind folgende grundlegende Bereiche sowohl in der betrieblichen Personalpraxis als auch in der Wissenschaft zu beachten bzw. zu integrieren: 1. *Arbeitsrecht:* Betriebsverfassungsgesetz, Mitbestimmungsgesetz, Tarifrecht, Arbeitssicherheitsgesetz, Arbeitsvertragsrecht, Arbeitszeitordnung, Kündigungsschutzgesetz u. a. – 2. *Verfahrenstechniken:* →Arbeitsbewertung, →Personalplanung, →Personalbeschaffung, →Personalauswahl, →assessment center, →Personalentwicklung, →Personalinformationssysteme, Personalstatistiken, →Arbeitsgestaltung usw. – 3. *Verhaltenswissenschaften:* Insbes. für die Lösung von Problemen der Mitarbeitermotivation (→Motivationsforschung, →Menschenbilder usw.), der →Personalentwicklung, der →Personalauswahl usw.

VI. I n s t r u m e n t e : Zur Verwirklichung der Aufgaben des P. stehen eine ganze Reihe von erprobten Instrumenten zur Verfügung, die miteinander verzahnt sind. Dies ist erforderlich, denn ein gut ausgebautes P. ist ein Netzwerk von Wirkungsbeziehungen, die in das →Finanzmanagement ebenso hineinreichen wie in Fragen und das Aufgabengebiet der →Organisation oder des Arbeitsrechts. – 1. Um die *strategischen Unternehmensziele* verwirklichen zu können, müssen die Human-Ressourcen sowohl in genügender Anzahl, zur richtigen Zeit und am richtigen Ort zur Verfügung stehen als auch der strategisch relevanten Fähigkeiten besitzen. Neben der Personalplanung und der Personalbeschaffung sind hier insbes. die Personalauswahl und die Personalentwicklung gefordert. – 2. Bei der *Gestaltung der (internen) Systembedingungen* hat das P. insbes. die Instrumente der Entlohnung (→Arbeitsentgelt), der →Erfolgsbeteiligung, der Gestaltung des →Führungs-

stiles, der Aus- und Weiterbildung, der →Arbeitsgestaltung usw. zur Verfügung. Der Kanon der Instrumente schließt mit der →Personalfreisetzung und der Pensionärsbetreuung. – Die →Personalverwaltung ist als grundlegende Servicefunktion auf allen Ebenen der Aufgabenerfüllung des P. beteiligt.

VII. Z u k ü n f t i g e E n t w i c k l u n g : Obwohl das Personalwesen in den letzten Jahren eine bemerkenswerte Entfaltung hinter sich hat, kann man keinswegs von einem abgeschlossenen und festumrissenen Fachgebiet sprechen. Insbes. die Hinwendung zu verhaltenswissenschaftlichen Fragestellungen löste eine verstärkte Grenzüberschreitung zu Fragen der Organisation, der →Organisationsentwicklung, zum →Marketing, zum →Steuerrecht usw. aus. Diese Transzendierungen wurden überwiegend als positiv hinsichtlich des Erkenntnisfortschrittes für alle beteiligten Fachgebiete der Betriebswirtschaftslehre gewertet. Die zum Teil dramatisch sich verändernden Kontextfaktoren des P. sowie die versärkte Hinwendung zur strategischen Unternehmensführung lassen die Fähigkeiten und Potentiale der Mitarbeiter vermehrt in den Blickpunkt geraten. Hier kommt der Personalentwicklung zunehmende Bedeutung zuteil. Angesichts problematischer werdender arbeitsmarktlicher Verhältnisse geraten auch die Personalinformationssysteme sowie →Innovationen, die motivationale Wirkung beinhalten, ins Zentrum der Aufmerksamkeit. Hinsichtlich der personalpolitischen Innovationen ist insbes. aus dem USA mit zahlreichen Anregungen zu rechnen. Dies alles tangiert sowohl die praktische als auch die wissenschaftliche Beschäftigung mit dem P. direkt und wird von den Praktikern und den Wissenschaftlern neue Impulse verlangen.

Literatur: Berthel, J., Personal-Management, Stuttgart 1979; Bierfelder, W. (Hrsg.), Handwörterbuch des öffentlichen Dienstes. Das Personalwesen, Berlin 1976; Bisani, F., Personalwesen, 3. Aufl., Wiesbaden 1983; Fischer, G., Mensch und Arbeit im Betrieb, 1929; Gaugler, E. (Hrsg.), Handwörterbuch des Personalwesens, Stuttgart 1975; Goossens, F., Handbuch der Personalführung, weitergeführt als: Personalleiter-Handbuch, 7. Aufl., Landsberg 1981; Hentze, J., Personalwirtschaftslehre, 2 Bde., 3. Aufl., 1986; Marx, A. (Hrsg.), Personalführung, 4 Bde., 1969 bis 1972; Schanz, G., Verhalten in Wirtschaftsorganisationen, München 1978; Seyffert, R., Der Mensch als Betriebsfaktor, 1922; Wunderer, R./Grunwald, W., Führungslehre, 2 Bde., Berlin–New York 1980; Das Personalbüro in Recht und Praxis (Loseblattsammlung).

Dr. Manfred Antoni

Personalmanagementorganisation, →Funktionsmanagementorganisation.

Personalnebenkosten, *Personalzusatzkosten.* I. R e c h n u n g s w e s e n : 1. *Begriff:* Zusätzlich zum Leistungsentgelt anfallende →Personalkosten für das Unternehmen. – 2. P. setzen sich zusammen aus: a) *P. aufgrund gesetzlicher und tariflicher Bestimmungen:* Arbeitgeberanteil zur Sozialversicherung, Beiträge zur Berufsgenossenschaft, Aufwand nach dem Schwerbehindertengesetz und Mutterschutzgesetz, bezahlte Abwesenheit wie Urlaub, Feiertage, Krankheitstage, Aufwand nach dem Betriebsverfassungsgesetz. – b) *P. aufgrund freiwilliger Leistungen:* Aus- und Fortbildung, Altersversorgung, Werksverpflegung, sonstiger freiwilliger Sozial- und Personalaufwand. – Vgl. auch →Sozialkosten.

II. Amtliche Statistik: Aufwendungen der Arbeitgeber für Sonderzahlungen (Gratifikationen, 13. Monatsgehalt, Urlaubsgeld, vermögenswirksame Leistungen), Vergütung arbeitsfreier Tage, Aufwendungen für Vorsorgeeinrichtungen und für die berufliche Bildung, sonstige P. (Familienunterstützungen, Wohnungsfürsorge, Verpflegungszuschüsse und Auslösungen, Naturalleistungen, Aufwendungen nach dem Mutterschutz- und Schwerbehindertengesetz sowie sonstigen gesetzlichen Bestimmungen, Entlassungsentschädigungen). P. werden im Rahmen der →Arbeitskostenerhebungen ermittelt. – Vgl. auch →Löhne und Gehälter

Personalorganisation, →Teilbereichsorganisation für den Bereich „Personal". Mögliche Gliederung der Ebene der →Hierarchie unterhalb der Leitung der Personalabteilung, z. B. nach unterschiedlichen Beschäftigtengruppen (etwa Arbeiter und Angestellte), personalwirtschaftlichen Aktivitäten (Einstellungen, Entlassungen usw.) oder verschiedenen unter Personaleinsatz herzustellenden Produkt (-gruppen) (→Segmentierung).

Personalplanung, Teilaufgabe des →Personalmanagements. P. ist die gedankliche Vorwegnahme zukünftiger personeller Maßnahmen. – 1. *Aufgabe:* P. soll dafür sorgen, daß kurz-, mittel- und langfristig die im Unternehmen benötigten →Arbeitnehmer in der erforderlichen Qualität und Quantität zum richtigen Zeitpunkt am richtigen Ort unter Berücksichtigung der unternehmenspolitischen Ziele zur Verfügung stehen. Die P. ist Teil der →Unternehmensplanung und muß mit dieser abgestimmt sein. – 2. *Teilbereiche:* P. vollzieht sich in mehreren Prozeßabschnitten: a) Ermittlung des →Personalbedarfs; b) Planung der →Personalbeschaffung; c) Planung der →Personalentwicklung; d) Planung des →Personaleinsatzes; e) Planung der →Personalfreisetzung. – 3. *Voraussetzungen:* Eine aussagekräftige P. verlangt, daß umfassende Informationen über die Stellen, Personen, interne und externe Faktoren in die Planung einfließen. Hierzu ist ein gut ausgebautes →Personalinformationssystem erforderlich; dem →Datenschutz ist Rechnung zu tragen. – 4. *Arbeitsrechtliche Regelungen:* Nach §92 BetrVG ist der Betriebsrat hinsichtlich der P. zu informieren und beratend zu beteiligen. Entsprechend dem Zweck der Vorschrift umfaßt der Begriff der P. v. a. den *gegenwärtigen und künftigen Personalbedarf in quantitativer und qualitativer*

Hinsicht, zudem die sich aus dem Personalbedarf ergebenden *personellen Maßnahmen.* Die Unterrichtung muß umfassend sein, soweit eine Planung bereits vorliegt. Das Stadium der Planung ist erreicht, wenn die Überlegungen über Personalbedarf und Personaldeckung so weit gediehen sind, daß man sie als Vorgabe ansehen kann, nach der der Arbeitgeber in der betrieblichen Personalpolitik künftig verfahren will. – Nach §92 II BetrVG kann der Betriebsrat, soweit eine P. noch nicht besteht, dem Arbeitgeber *Vorschläge* für ihre Einführung und Durchführung machen. Der Arbeitgeber ist nicht verpflichtet, den Vorschlägen zu folgen. – *Anders:* Planung des Personalbestands (→Personalbedarf 2), →mitarbeiterbezogene Planung und Kontrolle, →Personalbereitstellungsplanung.

Personalpolitik, →Personalmanagement.

Personalrat, an Stelle des →Betriebsrats in Betrieben und Verwaltungen des Bundes, der Länder, der Gemeinden und sonstigen Körperschaften und Anstalten des öffentlichen Rechts gewählte Personalvertretung der Bediensteten zur Wahrnehmung der Mitwirkungs- und Mitbestimmungsrechts. – *Rechtsgrundlage:* Personalvertretungsgesetz vom 15.3.1974 (BGBl I 693) mit späteren Änderungen und nebst Wahlordnung vom 23.9.1974 (BGBl I 2337) und entsprechende Länderbestimmungen.

Personalselektion, →Personalauswahl.

personal selling, →persönlicher Verkauf.

Personalstatistik, →betriebswirtschaftliche Statistik.

Personalsteuern, →Personensteuern.

Personalunion, Besetzung mehrerer →organisatorischer Einheiten mit demselben →Handlungsträger.

Personalverwaltung, Summe aller administrativen personalbezogenen Maßnahmen im Unternehmen, d. h. Anwendung der Regelungen des geltenden Rechts vom Sozialrecht bis zur Betriebsvereinbarung, Erledigung aller Formalitäten von der Personaleinstellung bis zur Personalfreisetzung, Bearbeitung der laufenden Mitarbeiteranträge, Führung der Personalakten, Führung der Personalstatistik, Abwicklung der Lohn- und Gehaltszahlungen, →Personalkontrolle.

Personalwerbung, Mittel der →Personalbeschaffung; Einsatz spezifischer Kommunikationsmittel, z. B. →Stellenangebote, um potentielle Bewerber auf ausgeschriebene oder nicht ausgeschriebene Stellen zu einer →Bewerbung zu veranlassen.

Personalwesen, →Personalmanagement.

Personalwirtschaft, →Personalmanagement.

Personalzusatzkosten, →Personalnebenkosten.

personelle Angelegenheiten, Oberbegriff des Arbeitsrechts. §§92ff. BetrVG regeln die Beteiligung der betriebsverfassungsrechtlichen Organe der Arbeitnehmer (Betriebsrat) in den p.A. (→Betriebsverfassung). Die Beteiligung besteht einerseits in einer Mitwirkung und Mitbestimmung bei der →Personalplanung (§92 BetrVG), der →Ausschreibung von Arbeitsplätzen (§93 BetrVG), der Aufstellung von →Personalfragebogen und →Beurteilungsgrundsätzen (§94 BetrVG), der Aufstellung von →Auswahlrichtlinien (§95 BetrVG) und der betrieblichen →Berufsbildung (§§96ff. BetrVG), andererseits erstreckt sie sich auf die personellen Einzelmaßnahmen der →Einstellung, →Versetzung, →Eingruppierung und →Umgruppierung (§99ff. BetrVG) und der →Kündigung (§102ff. BetrVG). Mitbestimmungsrecht in personellen Einzelmaßnahmen besteht i.d.R. nur in Betrieben mit mehr als 20 wahlberechtigten Arbeitnehmern, für das Recht auf Mitwirkung und Mitbestimmung des Betriebsrats z.B. bei Personalplanung oder Kündigung reicht es aus, daß ein Betriebsrat besteht. Ein Initiativrecht zur Aufstellung von Auswahlrichtlinien hat der Betriebsrat nur in Betrieben mit mehr als 1000 Arbeitnehmern (§95 II BetrVG).

personelle Betriebsorganisation, →Organisation ad personam.

personelle Einzelmaßnahmen, →personelle Angelegenheiten.

personelle Verflechtungen. 1. *P.V. im Konzern:* Es bestehen zwei Varianten: (1) Vorstandsmitglieder der Konzernspitze als Aufsichtsräte oder Vorstände in der Untergesellschaft; (2) Aufsichtsratsmitglieder der Konzernspitze im Aufsichtsrat der Untergesellschaft. – *Verboten:* Aufsichtsratsmitglieder der Konzernspitze im Vorstand der Untergesellschaft. Keine Aufsichtsratsmitgliedschaft entgegen dem Organisationsgefälle (§100 II 1 AktG). – *Ziel:* Durchsetzung und Absicherung der einheitlichen Leitung, insbes. im faktischen Konzern. – 2. *P.V. als unternehmenspolitisches Instrument des Vorstandes:* Wechselseitige Kooptation von Managern anderer Unternehmen in den eigenen Aufsichtsrat; Ziel: Beratung, Repräsentation und insbes. Umweltstabilisierung (Reduktion von Umweltungewißheit). – 3. *Kritik:* a) *Wettbewerbspolitik:* In der Wettbewerbstheorie und -politik gelten p.V. als potentielle wettbewerbsbeschränkende Konzentrationsfaktoren wegen evtl. Förderung von oligopolistischen Preisabsprachen, Reziprok-Käufen, Marktabgrenzungen usw. – b) *Gesellschaftspolitik:* Gesellschaftspolitisch fragwürdig als herrschaftsgarantierendes Netzwerk von Machteliten, die von wenigen Schaltzentralen aus

wesentliche Teile der Wirtschaft und Gesellschaft kontrollieren können.

personenbedingte Kündigung, →ordentliche Kündigung des Arbeitsverhältnisses, die aus Gründen, die in der Person des Arbeitnehmers liegen, sozial gerechtfertigt sein kann (§1 II KSchG). Gründe in der Person des Arbeitnehmers sind v.a. Krankheit, mangelnde Eignung oder mangelnde Anpassungsfähigkeit, Nachlassen der Arbeitsfähigkeit. Der erkrankte Arbeitnehmer genießt nicht allein wegen der Krankheit einen besonderen Schutz (→Krankheit III). Darin kann im Einzelfall eine Härte liegen. – Die Gründe in der Person müssen von einer *gewissen Erheblichkeit* sein. Nicht jedes Nachlassen der Kräfte ist geeignet, die Kündigung sozial zu rechtfertigen. Das Gesetz verlangt, daß die Interessen beider Partner des Arbeitsvertrages gegeneinander umfassend abgewogen werden.

Personenbeförderung, Beförderung von Personen insbes. durch Kraftfahrzeuge, Eisenbahn, Schiffe, Verkehrsflugzeuge. – 1. *P. zu Lande:* a) Privatrechtlich ist die P. →Werkvertrag im Sinne des BGB. – b) Öffentlich-rechtliche Vorschriften enthält das →Personenbeförderungsgesetz, das für die gewerbsmäßige P. auf Straßenbahnen, im Linien- und Gelegenheitsverkehr Genehmigungspflicht (höhere Verwaltungsbehörde) vorschreibt. Die Beförderungspreise sind tariflich bestimmt. – c) Für die Fahrer besteht besondere Ausweispflicht nach der VO über den Betrieb von Kraftfahrtunternehmen im Personenverkehr (→Straßenverkehrsrecht). – d) Sondervorschriften für den Bahnverkehr: Vgl. →Eisenbahn-Verkehrsordnung. – e) Verboten ist die Beförderung von Personen auf Krafträdern ohne besonderen Sitz, auf Zugmaschinen ohne Sitzgelegenheit, in Wohnwagen hinter Kraftfahrzeugen, auf der Ladefläche von Lastkraftwagen und von Anhängern. Auf Krafträdern dürfen nur Kinder unter sieben Jahren von mindestens 16 Jahre alten Personen mitgenommen werden (§21 StVO). – 2. *P. auf Binnengewässern:* Die Bestimmungen des →Werkvertrages gelten auch für diese. – 3. *P. zur See:* Nur das Werkvertragsrecht ergänzende Sondervorschriften enthalten §§664–678 HGB meist abschließende und eingehende Sonderregelung in „Allgemeinen Beförderungsbedingungen der Schiffahrtsunternehmen". – 4. *P. zur Luft:* Besondere Haftungsbestimmungen im Luftverkehrsgesetz (→Luftrecht). – 5. *Statistik der P.:* Vgl. →Verkehrsstatistik und Gesetz zur Durchführung einer Statistik über die P. im Straßenverkehr i.d.F. vom 24.6.1980 (BGBl I 865).

Personenbeförderungsgesetz, Gesetz vom 21.3.1961 (BGBl I 241) mit späteren Änderungen, regelt die entgeltliche und geschäftsmäßige →Personenbeförderung mit Kraft-

fahrzeugen, Straßenbahnen und Obussen.
Dem Gesetz unterliegen *nicht* Beförderungen
mit Personenkraftwagen, wenn das Gesamtentgelt die Betriebskosten der Fahrt nicht
übersteigt, ebenso nicht die Beförderung mit
Landkraftposten der Bundespost, weitere Ein-
zelfälle regelt die FreistellungsVO vom
30. 8. 1962 (BGBl I 601). Ergänzende Vorschriften enthält die VO über die Allgemeinen
→Beförderungsbedingungen für den Straßen-
bahn- und Busverkehr sowie den Linienverkehr mit Kraftfahrzeugen vom 27. 2. 1970
(BGBl I 230). – 1. Die Personenbeförderung
bedarf der *Genehmigung* (§ 2), ebenso jede
Erweiterung oder wesentliche Änderung des
Unternehmens. Genehmigungsfrei ist die
Beförderung der Arbeitnehmer zwischen
Arbeitsstätten desselben Betriebes zu betrieblichen Zwecken durch den Arbeitgeber.
Deutsche Bundesbahn und Post, kommunale
und private Gewerbe sind rechtlich grundsätzlich gleichgestellt. Bei der Erteilung der
Genehmigungen sind die Interessen der verschiedenen Verkehrsträger auszugleichen; die
Genehmigung darf nur erteilt werden, wenn
die Sicherheit und die Leistungsfähigkeit des
Betriebs gewährleistet ist und der Unternehmer zuverlässig ist. Beim Straßenbahn-, Obus-
verkehr und →Linienverkehr mit Kraftfahrzeugen ist bei der Genehmigung auf die
Verkehrssicherheit der Straßen und die öffentlichen Verkehrsinteressen Rücksicht zu nehmen, insbes. darauf, ob der Verkehr mit den
vorhandenen Verkehrsmitteln befriedigend
bedient werden kann, sowie ob der beantragte
Verkehr ohne eine wesentliche Verbesserung
der Verkehrsbedienung die Verkehrsaufgaben
übernehmen soll, die vorhandene Unternehmer oder Eisenbahnen bereits wahrnehmen.
Die Genehmigungsbehörde kann auch auf
einer Erweiterung oder Änderung des Verkehrs bestehen. Zur Durchführung der Aufsicht und zur Vorbereitung der Entscheidung
kann sie Ermittlungen anstellen und Auskünfte von den Unternehmern verlangen. – 2.
Der Unternehmer ist *verpflichtet*, den Betrieb
ordnungsgemäß einzurichten und aufrechtzuerhalten. Er ist zur Beförderung verpflichtet, wenn den geltenden Beförderungsbedingungen entsprochen und die Beförderung mit
den regelmäßigen Beförderungsmitteln möglich ist. Gewisse Kriegs- und Wehrdienstbe-
schädigte sowie andere Behinderte sind nach
dem Gesetz vom 27. 8. 1965 (BGBl 978) unentgeltlich zu befördern. – 3. Ein *Haftungsaus-
schluß* für Personenschäden ist nicht möglich,
für Sachschäden nur über einen Schaden von
mehr als 1000 DM. – 4. Die Genehmigung
kann *zurückgenommen* werden, wenn die Voraussetzungen für ihre Erteilung nicht mehr
vorliegen oder wenn der Unternehmer trotz
schriftlicher Mahnung den im Interesse der
öffentlichen Sicherheit erlassenen Vorschriften nicht befolgt oder ihm obliegenden
Pflichten nicht erfüllt.

personenbezogene Daten, nach dem Bundesdatenschutzgesetz Einzelangaben über persönliche oder sachliche Verhältnisse einer
bestimmten oder bestimmbaren natürlichen
Person (Betroffener). Vgl. im einzelnen
→Datenschutz.

Personendepot, *persönliches Depotbuch,* früher: *lebendes Depot,* in der Depotbuchhaltung
nach Deponenten geordnetes in Buch- oder
Karteiform zu führendes →Depotbuch (§ 14
DepG).

Personenfirma, →Firma mit Familienname
und mindestens einem ausgeschriebenen Vornamen. P. ist als alleinige Firmenbezeichnung
für den →Einzelkaufmann, die →offene Handelsgesellschaft und →Kommanditgesell-
schaft möglich (§§ 18 f. HGB). Die OHG und
KG hat wenigstens den Familiennamen eines
persönlich haftenden Gesellschafters mit einem Gesellschaftszusatz oder die Namen aller
persönlich haftenden Gesellschafter zu führen.
→Firmenzusätze sind in Einzelfällen erlaubt.
– *Gegensatz:* →Sachfirma.

Personengarantieversicherung, Vertragsform der →Vertrauensschadenversicherung.
Die P. ersetzt Schäden aus vorsätzlichen
unerlaubten Handlungen von Mitarbeitern
der Unternehmen. Sie wird im Normalfall
dann abgeschlossen, wenn der Versicherungsnehmer nur einen bestimmten Personenkreis in die Versicherung einschließen will, der
dann durch namentliche Benennung oder
durch Zugehörigkeit zur Abteilung oder
Funktion festgelegt wird.

Personengesellschaft, *Personalgesellschaft,
Personenunternehmung.* I. A l l g e m e i n e s:
1. *Begriff:* Zusammenschluß von mindestens
zwei Personen zur Verwirklichung eines
bestimmten Zweckes in der Rechtsform der
→Gesellschaft. – P. sind: →Gesellschaft des
bürgerlichen Rechts, →offene Handelsgesellschaft, →Kommanditgesellschaft, nicht aber
die typische →stille Gesellschaft, weil hier ein
gesellschaftlicher Zusammenschluß nur im
Innenverhältnis vorhanden ist. – 2. *Rechtsstel-
lung/Charakterisierung:* Im Gegensatz zur
→Kapitalgesellschaft keine →juristische Person; nicht die Kapitalbeteiligung, sondern die
Person als Gesellschafter steht im Vordergrund. Grundsätzlich arbeiten die Gesellschafter persönlich mit und haften persönlich
mit ihrem Vermögen. Eine Kapitalbeteiligung
ist bei den P. nicht erforderlich, wenn auch
üblich. Die Abstimmung innerhalb der P.
findet nach der Zahl der Gesellschafter, nicht
nach dem Verhältnis der Kapitalbeteiligung
statt. Die Gesellschafter sind stärker an die
Gesellschaft gebunden als die Gesellschafter
der Kapitalgesellschaft: die Gesellschaftsbe-
teiligung ist regelmäßig nicht übertragbar
(anders: die Aktie); das Gesellschaftsvermögen steht den Gesellschaftern in →Gemein-
schaft zur gesamten Hand zu. – 3. *Ausgestal-*

tung: Im Einzelfall hängt die Ausgestaltung der P. vom →Gesellschaftsvertrag ab, der auch P. weitgehend kapitalistische Züge verleihen kann (→Kapitalgesellschaften). Überhaupt ist der Übergang bei der inneren Ausgestaltung der Gesellschaftsformen flüssig.

II. S t e u e r l i c h e   B e h a n d l u n g : 1. *Gewerbesteuer:* Der Betrieb der P. ist regelmäßig als →Gewerbebetrieb der →*Gewerbesteuer* unterworfen. – 2. *Umsatzsteuer:* Auch hat die P. ggf. →*Umsatzsteuer* zu entrichten (→Unternehmer). – 3. *Einkommen- und Vermögensteuer:* Dagegen unterliegt die P. als solche weder der →Einkommensteuer noch der →Vermögensteuer; steuerpflichtig sind vielmehr die einzelnen Gesellschafter als →Mitunternehmer mit den auf sie entfallenden Gewinnanteilen (einheitliche →Gewinnfeststellung) und den ihnen zuzurechnenden Anteilen am →Einheitswert.

Personenhandelsgesellschaft, zusammenfassende Bezeichnung für →offene Handelsgesellschaft und →Kommanditgesellschaft.

Personenjahr (-monat, -tag), →Mannjahr (-monat, -tag).

Personenkautionsversicherung, der →Bürgschaft nahekommende Sicherheit, die der Versicherungsnehmer zugunsten eines Dritten, dessen Vermögensinteressen er wahrzunehmen hat, zu stellen hat. Versicherung zugunsten Dritter. Versicherungsfall ist eine vorsätzliche unerlaubte Handlung des Versicherungsnehmers zum Nachteil des Versicherten (Begünstigten).

Personenkilometer (Pkm), Kennzahl der →Verkehrsstatistik für die wirtschaftliche →Verkehrsleistung im Personenverkehr zu Lande, zu Wasser und in der Luft, errechnet als Produkt aus der Zahl der beförderten Personen und der von ihnen zurückgelegten Entfernungen.

Personenkonten, *Kontokorrentkonten,* Konten der Kunden (→Debitoren) und Lieferer (→Kreditoren). Die P. werden meist in Form von besonderen →Nebenbüchern (→Kontokorrent) geführt. Zum Abschluß werden Saldenlisten angefertigt, die mit den entsprechenden Salden der Hauptbuchkonten übereinstimmen müssen. – *Verzicht auf P.:* Nur möglich bei barem Kunden- und Lieferantenverkehr.

personenrechtliches Gemeinschaftsverhältnis, →Arbeitsverhältnis.

Personenrufanlage, hausinterne Einrichtung zur Suche von abwesenden Personen mittels akustischer Signale oder sprachlicher Informationen über tragbare Empfangsgeräte. Begrenzung auf Betriebsgelände erforderlich.

Personensicherheit, schuldrechtlicher Anspruch des Gläubigers gegen dritte Sicherungsgeber, die sich vertraglich verpflichten, daß der Kreditnehmer seine Verpflichtungen erfüllt. Im Konkursfall hat der Sicherungsnehmer keine bevorrechtigte Befriedigung gegenüber anderen Gläubigern des Dritten, weshalb der Wert der P. genau überprüft werden muß. Zur P. werden gezählt: →Bürgschaft, bürgschaftsähnliche Sicherheiten wie →Garantie, →Schuldmitübernahme oder →Kreditauftrag sowie deren Sicherung mittels →Wechsel. – Vgl. auch →Kreditsicherheit.

Personensorge. 1. *Begriff:* Steht als Teil des elterlichen Sorgerechts grundsätzlich beiden Eltern gemeinsam zu, soweit nicht →Pflegschaft bestellt ist. Bei →nichtehelichen Kindern steht die P. der Mutter zu (§ 1705 BGB). Die P. umfaßt das Recht und die Pflicht der Erziehung, Beaufsichtigung und Aufenthaltsbestimmung des Kindes und die Befugnis, die Herausgabe des Kindes von jedem zu verlangen, der es widerrechtlich vorenthält (§§ 1631, 1632 BGB). Die P. für einen Minderjährigen, der verheiratet ist oder war, beschränkt sich auf die Vertretung in den persönlichen Angelegenheiten. – 2. Bei *Mißbrauch* der P. durch Vernachlässigung des Kindes, Gefährdung seines geistigen oder sittlichen Wohles, oder ehrloses oder unsittliches Verhalten hat das →Familiengericht die im Interesse des Kindes gebotenen Maßnahmen zu ergreifen (§ 1666 BGB), notfalls die Erziehung in einer anderen Familie oder in einer Anstalt anzuordnen. – 3. Nach *Scheidung* oder *Aufhebung der Ehe* oder bei *Getrenntleben der Eltern* hat das Familiengericht gemäß § 1671 ff. BGB die →elterliche Sorge (einschl. der P.) einem der Elternteile oder auch den Elternteilen gemeinsam zu übertragen.

Personenstand, rechtliche Stellung, die eine Person nach Geburt, Heirat usw. einnimmt. – Vgl. auch →Verwandtschaft.

Personenstandsaufnahme. 1. Erfassung aller Personen, die ihren ständigen Wohnsitz in einer Gemeinde des Bundesgebietes haben, durch →Volkszählung. – 2. Jährliche Aufnahme aller in Häusern untergebrachten Haushalte und Betriebe (meist zum 20. September durch die Gemeindebehörden im Auftrage der Finanzverwaltung, die damit Unterlagen für die Ausstellung von →Lohnsteuerkarten gewinnt (§ 134 AO). Erfassung auf Haushaltslisten und Betriebsblättern. Außerdem werden die Listen der Versorgungsträger benutzt (z. B. der Ortskrankenkassen) zur Kontrolle, ob alle Arbeitgeber in der „Arbeitgeberkartei" enthalten sind.

Personensteuern, *Subjektsteuern, Personalsteuern.* 1. *Begriff:* Steuern, mit denen die wirtschaftliche Leistungsfähigkeit von natürlichen und juristischen Personen erfaßt werden soll (→Leistungsfähigkeitsprinzip). Aus steuerwissenschaftlicher Sicht gelten Einkommen- einschl. Lohnsteuer, Körperschaft-, Vermögen- und Kirchensteuer, aus finanzwissenschaftlicher Sicht Einkommen- (einschl. Lohnsteuer), Vermögen-, Erbschaft- und Schenkungsteuer sowie persönliche Ausgabensteuer (nicht Körperschaftsteuer) als P. →Steuerklassifikation nach dem Kriterium der Verknüpfung von Steuersubjekt und -objekt. *Gegensatz:* →Realsteuern. – 2. *Merkmale:* (1) Berücksichtigung der persönlichen Verhältnisse des Steuerpflichtigen, z. B. Familienstand und Kinderzahl; (2) Berücksichtigung der wirtschaftlichen Leistungsfähigkeit, z. B. durch einen progressiv gestalteten Einkommensteuer-Tarif, Steuerermäßigung bei →außergewöhnlichen Belastungen. – 3. *Bedeutung hinsichtlich der Abzugsfähigkeit* bei der Ermittlung des steuerpflichtigen Einkommens: Im Gegensatz zu den →Realsteuern sind die P. nicht abzugsfähige Steuern (§ 12 Nr. 3 EStG). Ausnahme: Die tatsächlich gezahlte Kirchensteuer, die als →Sonderausgabe abzugsfähig ist (§ 10 I Nr. 4 EStG).

Personenunternehmung, →Personengesellschaft.

Personenverkehr, →Verkehr III, →Straßenverkehr. – *Problematik des P.:* Vgl. →staatliche Verkehrspolitik III 2 b) (2).

Personenversicherung, Sammelbezeichnung für die Versicherungsarten, bei denen die versicherte Gefahr überwiegend in der Körperlichkeit einer natürlichen Person liegt: →Lebensversicherung;   →Rentenversicherung; →Unfallversicherung; →Krankenversicherung. – Vgl. auch →Versicherungen, →Sachversicherung,   →Vermögensversicherung.

Personen-Zuordnungs-Test, projektiver Test (→projektive Verfahren), bei dem der Versuchsperson Produkt- und Personenabbildungen gezeigt werden. Sie soll dann die Produkte den Personen zuordnen. Eingesetzt in der Marktforschung bei der Imageermittlung.

Personifikationstheorie, →Buchhaltungstheorien I.

persönliche Bemessungsgrundlage, →Rentenbemessungsgrundlage.

persönliche Haftung, →persönlich haftender Gesellschafter.

persönlicher Arrest, *Personalarrest,* durch Zugriff auf die Person des Schuldners (z. B. durch Verhaftung, Wegnahme des Reisepasses usw.) zu vollziehender →Arrest. P.A. ist nur zulässig, wenn eine gefährdete →Zwangsvollstreckung nicht anderweitig gesichert werden kann (z. B. der Schuldner sich dem →Offenbarungseid entziehen oder Vermögen ins Ausland verschieben will; §§ 917, 933 ZPO).

persönlicher Gebrauch, Begriff des →Urheberrechts. Vgl. im einzelnen →Vervielfältigungsrecht II 2.

persönlicher Kleinkredit, →Kleinkredit.

persönlicher Verkauf, *personal selling, sales force.* 1. *Begriff:* Komponente des →Kommunikations-Mix. P. V. beruht auf dem unmittelbaren Kontakt zwischen Verkäufer und Käufer beim Absatz von Waren und Dienstleistungen. Zentrale Stellung beim Angebot erklärungsbedürftiger Produkte, wo das Kaufverhalten im großen Maße von Beratungs- und Überzeugungsleistungen des Verkäufers beeinflußt wird. – 2. *Aufgaben:* Auffinden potentieller Kunden, Ermittlung des Kundenbedarfs, Erlangung von Kaufaufträgen, Pflege der Beziehungen zw. Lieferant und Kunden (Imagebildung), Gewinnung von Marktinformationen, Übernahme logistischer Funktionen. – 3. *Formen:* Außendienstverkauf (Verkaufsbesuche beim Käufer); Messe-Verkauf; Party-Verkauf (Verkauf auf organisierten Einladungen); Wiederverkäufer-Verkauf; Telefonverkauf (fernmündliche Auftragserlangung); Verkauf auf Topmanager-Ebene (Verkauf durch Geschäftsleitung).

persönliche Schallschutzmittel, Alternativen zur primären Lärmminderung, die anzuwenden sind, wenn die Maßnahmen der Lärmbekämpfung (→Lärm III 3) nach den gegebenen technischen Möglichkeiten nicht mehr ausreichen, um den Schallpegel unter 90 dB(A) zu halten. – *Möglichkeiten:* Gehörschutzstöpsel, Gehörschutzkapseln, Schallschutzhelme (Helme, die den Kopf weitgehend umschließen; bei mehr als 120 dB(A) zu tragen), Schallschutzanzüge (Ergänzung zu Schallschutzhelmen; bei mehr als 100 dB(A) zu tragen). Es gehört zur Aufsichtspflicht des Unternehmers (→Fürsorgepflicht), dafür Sorge zu tragen, daß die p. Sch. benutzt werden.

persönliches Depotbuch, →Personendepot.

persönliches Einkommen, →Individualeinkommen.

persönliche Verteilzeit, →Soll-Zeit für persönlich bedingtes Unterbrechen der →Tätigkeit. – Vgl. auch →Verteilzeit, →sachliche Verteilzeit.

persönliche Werbung, →Werbung, bei der sich der Werbende mit der Person des Mitbewerbers kritisierend auseinandersetzt; Form der →bezugnehmenden Werbung. P. W. gilt als →unlauterer Wettbewerb.

persönlich   haftender   Gesellschafter, →Gesellschafter, der neben seiner Kapitaleinlage auch mit seinem gesamten Privatvermögen für die →Gesellschaftsschulden haftet (persönliche Haftung). P. h. G. sind alle Gesellschafter der →offenen Handelsgesellschaft, die →Komplementäre der →Kom-

manditgesellschaft und der →Kommanditge-
sellschaft auf Aktien, nicht jedoch stille
Gesellschafter der →stillen Gesellschaft.

Perspective-Modell, Bevölkerungsprojek-
tion, entwickelt im Auftrag der UN (Population Division) durch *Thomas Frejka* nach dem
Konzept der →Übergangstheorie. Aus der
Berechnung der Auswirkungen des →Bevöl-
kerungsschubs bei Variation des Zeitpunktes,
an dem →Nettoproduktionsrate (NRR) = 1
gilt, ergeben sich die in nebenstehenden Abbildungen dargestellten möglichen Gesamtzah-
len für die Weltbevölkerung im Jahre 2050:
8 Mrd., falls NRR = 1 bis 2000; 13 Mrd.
oder darüber, falls NRR = 1 im Jahre 2040
erreicht wird; 26 Mrd., falls diese Übergangs-
theorie für die Dritte Welt nicht gilt. – Vgl.
nebenstehende Abbildungen.

Persuasion-Test, Sammelbegriff für alle
Testverfahren der Messung von Einstellungsänderungen, die durch Werbung verursacht
werden. Die →Einstellung der Probanden
wird vor und nach der Konfrontation mit der
Werbung gemessen.

**PERT, program evaluation and review tech-
nique,** (stochastische) Netzplantechnik, die
Ereignisknotennetzpläne (→Netzplan) verwendet. Eine Besonderheit von PERT besteht
darin, daß die Ausführungsdauer von →Vor-
gängen als Zufallsvariable angesehen wird, die
einer Beta-Verteilung unterliegt. Die Schätzung der Parameter der betreffenden Verteilung erfolgt über einen optimistischen, einen
pessimistischen und einen wahrscheinlichsten
Wert für die Ausführungsdauer des Vorgangs
(Dreizeitenschätzung). – Vgl. auch →Netz-
plantechnik III.

Peru, *Republica del Perú,* seit 1824 unabhängig, präsidiale Republik in Südamerika, mit
neuer Verfassung von 1979, 2-Kammer-Parla-
ment; Andenstaat mit größtem Anteil am
Amazonastiefland. – *Fläche:* 1,285 Mill. km²;
eingeteilt in 24 Departamentos. – *Einwohner*
(E): (1986, geschätzt) 20,2 Mill. (15,7 E/km²);
49% Indianer, 33% Mestizen, 10% Weiße. –
Hauptstadt: Lima (1984: 5,33 Mill. E); weitere
wichtige Städte: Arequipa (509000 E), Callao
(460000 E), Trujillo (403000 E), Chiclayo
(319000 E), Chimbote (216000 E). – *Amtssprachen:* Spanisch und Quechua.

Wirtschaft: *Landwirtschaft:* Zuckerrohranbau im nordwestlichen Küstengebiet; Kartoffeln, Mais, Maniok, Reis, Kaffee. Viehzucht: Rinder, Schweine, Schafe, Ziegen. –
Fischfang (Planktonreichtum im Humboldt-
strom): (1980) 2,7 Mill. t. – *Bergbau:* Erdöl,
Zink, Kupfer, Blei, Silber, Antimon, Eisen,
Gold. – Die *Industrie* produziert v.a. Konsumgüter; Anfänge von chemischer und petro-
chemischer Industrie. – *BSP:* (1985, geschätzt) 17830 Mill. US-$ (960 US-$ je E). –
Anteil der Landwirtschaft am BSP: (1984)

Weltbevölkerung im Jahre 2050

1. Rapider demograph. Übergang: bis 2000

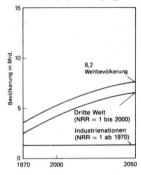

2. Trad. demographischer Übergang: bis 2040

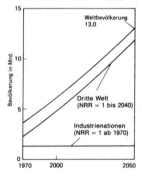

3. Kein demographischer Übergang vor 2050

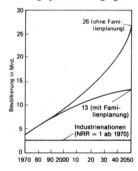

8%; der Industrie: 42%. – *Öffentliche Aus-landsverschuldung:* (1984) 59,4% des BSP. – *Inflationsrate:* (Durchschnitt 1973–84) 56,7%. – *Export:* (1985): 2952 Mill. US-$, v. a. Kupfer, Fisch, Pflanzenprodukte, Blei, Zins, Erdöl. – *Import:* (1985) 1838 Mill. US-$, v. a. Maschinen, Rohstoffe, Halbfabrikate. – *Handelspartdner:* USA, Japan, Bundesrep. D., Argentinien, Großbritannien, Italien, UdSSR, Chile, Brasilien. – *Reiseverkehr:* (1980) 373 000 Touristen.

V e r k e h r : Die *Bahnlinie* Lima-Oroya ist die höchste (über 4000 m) der Welt; Inlandsgüterverkehr läuft über das *Straßennetz; Haupthafen* ist Callao; internationaler *Flughafen* ist Lima.

M i t g l i e d s c h a f t e n : UNO, ALADI, CCC, SELA, UNCTAD u. a.; Amazonas-Vertrag.

W ä h r u n g : 1 Inti (I/.) = 100 Centimos.

per ultimo, →Ultimo.

Peta (P), Vorsatz für das Billiardenfache (10^{15} fache) der Einheit. Vgl. →gesetzliche Einheiten, Tabelle 2.

Peter, Hans, 1898–1959, bekannter deutscher Nationalökonom, dessen Forschungen v. a. die Gebiete der →Kreislauftheorie und der Ökonometrie betrafen. Kritiker des Neoliberalismus (→Liberalismus). – *Hauptwerk:* „Mathematische Strukturlehre des Wirtschaftskreislaufs" 1954.

Peter-Prinzip, ein von Peter und Hull formuliertes, satirisch gemeintes Prinzip, das sich mit den Aufstiegspraktiken in Organisationen beschäftigt. Ausgehend von der Erkenntnis, daß eine Beförderung immer auch bedeutet, daß man eine gute Arbeitskraft auf der Stelle verliert, lautet das P.-P. pointiert formuliert: In einer Hierarchie neigt jeder Beschäftigte dazu, bis zu seiner Stufe der Unfähigkeit aufzusteigen.

Petition, schriftliche Eingabe und Bitte oder Beschwerde an die zuständigen Stellen, z. B. an den Bundestag. – Das *Petitionsrecht* ist →Grundrecht. Es steht nach Art. 17 GG jedermann einzeln oder in Gemeinschaft mit anderen zu. – Die Behandlung der an den Bundestag gerichteten Bitten und Beschwerden obliegt einem besonders bestellten *Petitionsausschuß* (Art. 45c GG).

Petitionsausschuß, →Petition.

Petitionsrecht, →Petition.

Petri-Netze. 1. *Begriff:* formale Beschreibungsmethode für den Ablauf von Prozessen. Anfang der 60er Jahre von C. A. Petri entwickelt. – 2. *Aufbau:* Ein P.-N. ist ein markierter gerichteter Graph, wobei die Knoten die Prozesse darstellen und die Kanten ihre ablauftechnischen Beziehungen. Über sog. Token meldet ein Prozeß (Knoten) gleichzeitig

allen nachgelagerten Prozessen (Knoten) seine Beendigung. Dabei ist ein Prozeß genau dann beendet, wenn er von allen vorgelagerten Prozessen jeweils ein Token geschickt bekommen hat; d. h., in dem Augenblick (Netzzustand), in dem ein Prozeß ablaufen kann, gilt er im dem Modell gelichzeitg als beendet. – 3. *Bedeutung in der Betriebsinformatik:* P.-N. können zur Beschreibung dynamischer Aspekte eines →betrieblichen Informationssystems eingesetzt werden. P. sind besonders als →Softwareentwurfsmethode im Falle parallel ablaufender Prozesse geeignet.

Petty, Sir William, 1623–1687, englischer Nationalökonom, Statistiker und Physiker. P., Merkantilist (→Merkantilismus), ist besonders bekannt geworden durch seine Untersuchungen über Wert und Preis. Vorläufer der Arbeitswerttheorie. Geldtheoretische Untersuchungen und Beschäftigung mit Steuerproblemen. Sein Werk ist wohl die beste systematische, wissenschaftliche Behandlung wirtschaftswissenschaftlicher Probleme vor →Quesnay und →Smith. Er schuf den Namen „Politische Arithmetik" für die damalige Forschungsrichtung der →Statistik. – *Hauptwerke:* „Political Arithmetic" 1690, „Verbum Sapienti" 1691, „Quantulumcumque or a Tract Concerning Money" 1695.

Pfadanalyse, →multivariate Analysemethode, deren Ziel ist, eine a priori nach Maßgabe theoretischer Überlegungen aufgestelltes hypothetisches Kausalmodell (Pfadmodell) auf der Basis der empirischen Korrelation zwischen den Modellvariablen zu überprüfen. Die vermuteten Abhängigkeiten werden expliziert und graphisch in Form eines Pfaddiagramms dargestellt.

Pfad-Testen, Form des White-Box-Tests. Vgl. im einzelnen →Testen III.

Pfand, →Pfandrecht.

Pfandanzeige, Anzeige über die Verpfändung einer Sache (→Pfandrecht II) oder eines Rechts (→Pfandrecht III).

Pfandbestellung, Bestellung eines →Pfandrechts an einer →beweglichen Sache. P. erfolgt durch →Übergabe der Sache an den Pfandgläubiger unter gleichzeitiger Vereinbarung der Verpfändung (§ 1205 BGB). Ist der Gläubiger bereits im →Besitz der Sache, genügt die bloße Vereinbarung. Ist die Sache an einen Dritten vermietet, verliehen oder in Verwahrung gegeben, kann Übergabe durch Abtretung des Herausgabeanspruchs und Anzeige der Verpfändung an den Dritten ersetzt werden.

Pfandbrief, *Hypothekenpfandbrief,* →Anleihe, die von Realkreditinstituten (Hypothekenbanken, Landesbanken, Pfandbriefanstalten) vergeben wird. – *Rechtsgrundlage:* →Hypothekenbankgesetz und →Pfand-

briefgesetz. – *Charakterisierung:* P. werden
unterschiedlich nach Zinssatz mit einem Disa-
gio emittiert. Sie müssen in voller Höhe durch
nach bestimmten Grundsätzen zu gewährende
→Hypotheken oder →Grundschulden u. U.
auch durch →Ersatzdeckung gedeckt sein und
sind zur Anlegung von Mündelgeldern geeignet (→mündelsichere Papiere). Der Zinsfuß
der P. entspricht i. a. dem der Staatsanleihen.
Der P.-Inhaber hat kein Kündigungsrecht.
Rückzahlung erfolgt meist durch Auslosung,
globale Kündigung (meist einzelner Serien)
oder freihändigen Rückkauf. Die P. werden
an der Börse gehandelt. Der Kurs ist meist
sehr beständig. – *Sonderformen:* Schiffs-
pfandbrief, Sozialpfandbrief. – Vgl. auch
→Kommunalobligation.

Pfandbriefanstalt,   →Realkreditinstitute,
→Deutsche Pfandbriefanstalt.

Pfandbriefgesetz, Gesetz über die Pfandbriefe und verwandten Schuldverschreibungen
öffentlich-rechtlicher Kreditanstalten i. d. F.
vom 8. 5. 1963 (BGBl I 312) mit späteren
Änderungen. Regelt die Ausgabe von
→Pfandbriefen und →Kommunalobligatio-
nen der öffentlich-rechtlichen-Realkreditinsti-
tute; ähnlich, doch nicht so umfassend wie das
→Hypothekenbankgesetz.

Pfandbriefmarkt, Markt, an dem mit
→Pfandbriefen gehandelt wird; Teilmarkt des
→Rentenmarkts der Börse. Wichtiges Baro-
meter für die Lage des Kapitalmarkts und der
Konjunktur.

Pfanddepot, →Drittverwahrung.

Pfandeffekten, *Lombardeffekten,* in Verwahrung einer Bank befindliche, vom Eigentümer verpfändete Wertpapiere, i. d. R. zur
Sicherung eines Kredits. – Vgl. auch →Lom-
bardkredit.

Pfandentstrickung, strafrechtliches Delikt.
Wer Sachen, welche durch die zuständigen
Behörden gepfändet oder in Beschlag genommen worden sind, vorsätzlich beiseite schafft,
zerstört oder in anderer Weise der →Verstrik-
kung ganz oder teilweise entzieht, wird mit
Freiheitsstrafe bis zu einem Jahr oder Geldstrafe bestraft (§ 136 StGB).

Pfandindossament. 1. *Begriff:* →Indossa-
ment zur Verpfändung von indossablen Wertpapieren, insbes. Orderpapieren (z. B. Wechsel). – 2. *Arten:* a) *Offenes P.:* Indossament mit
dem Zusatz Wert zum Pfande oder zur Sicherheit oder ähnlich; es überträgt alle Rechte aus
dem Wechsel auf den Pfandindossatar der den
Wechsel aber nur durch →Prokuraindossa-
ment begeben knn. Die Wechselverpflichteten
können keine Einreden erheben, die sich auf
ihre unmittelbaren Beziehungen zum Indossanten gründen, es sei denn, daß der Inhaber
beim Erwerb des Wechsels bewußt zum Nachteil des Schuldners gehandelt hat (Art. 19

WG). – b) *Verdecktes P. (verstecktes P.,
fiduziarisches P.):* Vollindossament (ohne
Pfandklausel), das den Indossatar nach außen
zum Wechselinhaber macht, im Innenverhältnis ist er aber nur Treuhänder; eine Art
Sicherungsübereignung.

Pfandleih-Anstalt, →Pfandleihe.

Pfandleihe, *Versatzgeschäft,* Gewährung
von →Darlehen gegen Verpfändung, insbes.
von beweglichen Gebrauchsgegenständen.
Durch § 34 GewO und VO über den
Geschäftsbetrieb der gewerblichen Pfandleiher i. d. F. vom 1. 6. 1976 (BGBl I 1334) mit
späteren Änderungen eingehend geregelt. –
Die (öffentlichen und privaten) *Pfandleih-
Anstalten* sind keine Kreditinstitute (§ 2
KWG), da sie vorwiegend mit eigenem Kapital arbeiten. – *Anders:* →Lombardgeschäft.

Pfandrecht. I. C h a r a k t e r i s i e r u n g : 1.
Begriff: →Dingliches Recht an einem fremden
Gegenstand, insbes. einer Sache, zwecks ding-
licher Sicherung einer Geldforderung oder
einer anderen Forderung, die in eine Geldforderung übergehen kann. Das BGB (§§ 1204 ff.)
kennt neben dem P. an Rechten nur ein P. an
→beweglichen Sachen; die entsprechenden
Rechte an Grundstücken (im Sprachgebrauch: →Grundpfandrechte, vgl. auch
→Hypothek, →Grundschuld, →Renten-
schuld) und an Schiffen (→Schiffspfand-
rechte) bezeichnen die Gesetze nicht als P. – 2.
Arten: P. entstehen als →gesetzliche Pfandrechte oder durch Verpfändung als →Ver-
tragspfandrechte. – 3. Aufgrund des P.
ist der Gläubiger berechtigt, bei Nichterfüllung der durch das P. gesicherten Forderung
den Pfandgegenstand nach →Pfandreife im
Wege der →Pfandverwertung zur *Befriedigung* seiner Forderung zu verwenden. Im
→Konkurs kann der Pfandgläubiger abgesonderte Befriedigung verlangen (→Absonde-
rung). – 4. Die Bestellung setzt das Bestehen
einer *Forderung* voraus. Forderungsgläubiger
und Pfandgläubiger müssen identisch sein.
Das P. kann auch für künftige oder bedingte
Forderungen bestellt werden. Doch ist das P.
stets von der Forderung abhängig: Erlischt die
Forderung, so erlischt auch das P. – 5.
*Sonderregelung für die Pfandrechte an Luft-
fahrzeugen* im Gesetz über Rechte an Luftfahrzeugen vom 26. 2. 1959 (BGBl I 57).

II. P. a n b e w e g l i c h e n S a c h e n : 1. *Bestellung:* Durch →Einigung zwischen dem Gläu-
biger und dem Eigentümer der Sache und
Übergabe der Sache an den Gläubiger, deshalb gibt es kein Vertrags-P. ohne Besitzüber-
tragung; doch genügt Mitbesitz (Mitverschluß); falls die Sache sich im Besitz eines
Dritten befindet, Abtretung des Herausgabeanspruchs unter Anzeige der Verpfändung an
den Besitzer. – 2. Das P. *erlischt* kraft Gesetzes
mit der Tilgung der gesicherten Forderung
oder mit der Rückgabe des Pfandes an Ver-

pfänder oder Eigentümer, oder wenn es mit dem Eigentum in derselben Person zusammentrifft.

III. P. an Rechten : 1. *Bestellung:* Erfolgt in der gleichen Weise, in der das Recht übertragen wird (§ 1274 BGB). – a) Zur Begründung eines P. an einem im →Grundbuch eingetragenen Recht ist daher in der Regel außer der →Einigung zwischen Pfandgläubiger und Pfandschuldner die Eintragung des P. im Grundbuch erforderlich; bei Briefhypotheken und Briefgrundschulden genügt jedoch schriftliche Verpfändungserklärung und Übergabe des →Hypothekenbriefs (Grundschuldbriefs). – b) Die Verpfändung von Forderungen bedarf außer der Einigung zwischen Verpfänder und Pfandgläubiger noch der Anzeige der Verpfändung an den Schuldner (§ 1280 BGB). Zur Vermeidung der Anzeige wird an Stelle der Verpfändung meist →Sicherungsabtretung gewählt. – 2. Ist eine *Forderung* verpfändet, kann vor Pfandreife der Schuldner nur an Gläubiger und Pfandgläubiger gemeinsam leisten. Jeder von beiden kann →Hinterlegung ggf. auch Herausgabe der zu leistenden Sache an einen gerichtlich bestellten Verwahrer verlangen (§ 1281 BGB). Von der Pfandreife an kann der Pfandgläubiger auch Leistung an sich selbst fordern (§ 1282 BGB). – 3. Die Verpfändung von →Orderpapieren erfolgt durch Einigung und Übergabe des indossierten Papiers (→Pfandindossament). – 4. →Inhaberpapiere werden wie bewegliche Sachen verpfändet und i. d. R. nach dem nach diesen Vorschriften verwertet (§ 1293 BGB). – 5. Das P. an Rechten *erlischt* entsprechend dem P. an beweglichen Sachen (vgl. II 2). – 6. *Wirtschaftliche Bedeutung:* P. an Rechten ist beschränkt. Verpfändung von Forderungen ist selten; besonders im Verkehr mit Banken bevorzugt man die →Sicherungsabtretung in Form der →stillen Zession. Am häufigsten ist dort die Verpfändung von Wertpapieren (→Lombardgeschäft). Bei Grundstücksrechten (Hypotheken usw.) ist Verpfändung nicht so selten.

IV. Verwertung des Pfandes : Geschieht i. d. R. durch Versteigerung, Pfandverkauf oder Einziehung der verpfändeten Forderung. – Vgl. im einzelnen →Pfandverwertung.

Pfandreife, rechtlicher Begriff. Voraussetzung für die Verwertung eines Gegenstandes, an dem ein →Pfandrecht besteht. Die P. tritt ein, sobald die durch das Pfand gesicherte Forderung des Gläubigers ganz oder teilweise fällig ist. Ist die Forderung nicht auf eine Geldzahlung gerichtet, so tritt P. frühestens dann ein, wenn die Forderung in eine Geldforderung übergegangen ist (§§ 1228, 1273, 1282 BGB).

Pfandschein. 1. *Pfandkredit:* Dem Darlehensnehmer über das Pfand ausgestellte Bescheinigung; gegen Rückgabe des P. und Rückzahlung des Darlehens nebst Zinsen wird das Pfand wieder ausgehändigt. Der P. ist ein →Legitimationspapier. – 2. *Lombardgeschäft:* Dem Verpfänder ausgehändigte P., in dem alle Zahlungen des Schuldners, Veränderungen des Pfandes usw. vermerkt werden. Nach Erledigung des Geschäfts erfolgt Rückgabe des quittierten P.

Pfändung, bei der →Zwangsvollstreckung wegen einer Geldforderung die staatliche Beschlagnahme eines Gegenstandes oder einer Forderung zum Zwecke der →Verwertung.

I. P. von Sachen : 1. P. wird dadurch *bewirkt,* daß der →Gerichtsvollzieher die Sache in →Besitz nimmt und, wenn er sie im →Gewahrsam des Schuldners beläßt, ein Pfandsiegel anbringt (§§ 808 ff. ZPO). Er hat über die Pfändung ein Protokoll aufzunehmen. – 2. *Pfändbar* sind Sachen, die sich im Gewahrsam des Schuldners befinden, ohne Rücksicht darauf, ob sie dem Schuldner gehören (ein unbeteiligter Dritter muß seine Rechte durch Erhebung der →Drittwiderspruchsklage geltend machen), ferner solche Sachen des Schuldners, die sich im Gewahrsam eines zur Herausgabe bereiten Dritten befinden (bei Widerspruch des Dritten muß der Gläubiger den Herausgabeanspruch des Schuldners pfänden). – Sonderregeln bei →Ehegatten (vgl. dort III). – Wie Sachen werden grundsätzlich →Wertpapiere behandelt; auch die P. von fertiggestellten Exemplaren eines Buches, Schallplatten usw. unterliegt keinen urheberrechtlichen Beschränkungen. – 3. Bereits gepfändete Sachen können von anderen Gläubigern oder wegen anderer Forderungen im Wege der →Anschlußpfändung erfaßt werden. – 4. Gegen das Verfahren des *Gerichtsvollziehers* ist der bei dem Amtsgericht anzubringende Rechtsbehelf der →Erinnerung gegeben. – Vgl. auch →Unpfändbarkeit.

II. P. von Forderungen und anderen Vermögensrechten : 1. P. durch →Zustellung eines bei dem Amtsgericht zu erwirkenden →Pfändungs- und Überweisungsbeschlusses an den →Drittschuldner (§§ 828 ff. ZPO). – 2. Beschränkungen bei der *P. von Arbeitseinkommen:* Vgl. →Lohnpfändung. – 3. Zur P. einer Hypothek, Grundoder Rentenschuld ist zudem Übergabe des Briefes (notfalls Wegnahme durch den Gerichtsvollzieher) oder bei Buchpfandrechten Eintragung im Grundbuch erforderlich (§ 830 ZPO). – 4. Auch Rechte und Ansprüche einer *Lebensversicherung* sind grundsätzlich pfändbar. Befriedigung des Gläubigers bis zur Höhe des Rückkaufwertes zur Zeit der Pfändung. Um den Versicherungsschutz zu erhalten, können Ehegatten und Kinder bzw. der Bezugsberechtigte (→Bezugsberechtigung) mit Zustimmung des Versicherungsnehmers in den Versicherungsvertrag eintreten. Der Eintretende hat den Gläubiger bis zur Höhe des

Rückkaufswertes zu befriedigen. – *Nicht bzw. bedingt pfändbar* sind bestimmte Bezüge aus Witwen-, Waisen- und Hilfskassen sowie Sterbegeldversicherungen bis zu 1500 DM, ferner Handwerker-Lebensversicherungen bis zu 10 000 DM, Versorgungsbezüge, auch sieben Tage bei Überweisung auf ein Konto des Empfängers (§ 70 a BVG).

Pfändungsbeschränkungen, →Unpfändbarkeit, →Lohnpfändung, →Vollstreckungsschutz.

Pfändungspfandrecht, durch staatliche Beschlagnahme (→Pfändung) an einem Gegenstand entstandenes →Pfandrecht.

Pfändungsschutz, Schutz eines Schuldners gegen zu weitgehende Vollstreckungsmaßnahmen, v. a. bei der →Lohnpfändung, aber auch bei sonstiger →Zwangsvollstreckung. Vgl. im einzelnen→Vollstreckungsschutz, →Unpfändbarkeit.

Pfändungs- und Überweisungsbeschluß, eine der zulässigen Vollstreckungsmaßnahmen bei der →Zwangsvollstreckung wegen einer Geldforderung in Forderungen und andere Vermögensrechte des Schuldners. Zwei rechtlich selbständige Beschlüsse, die i. d. R. zusammen erlassen werden. – *Ähnlich:* →Pfändungsverfügung. – 1. *Zuständig* ist das Gericht des allgemeinen →Gerichtsstandes des Schuldners. – 2. Der →Beschluß *enthält* den Ausspruch der →Pfändung unter genauer Bezeichnung von Gläubiger, Schuldner, Drittschuldner, Rechtsgrund des gepfändeten Anspruchs und dessen Betrag, ferner das Gebot an den Schuldner, sich jeder Verfügung über die Forderung zu enthalten, sowie das Verbot an den Drittschuldner, an den Schuldner zu zahlen (verbotswidrige Zahlung befreit nicht). – 3. Der Beschluß wird *wirksam* mit →Zustellung an den Drittschuldner. – 4. Die Forderung kann dem Gläubiger nach Wahl a) zur Einziehung (i. d. R.) oder b) zur Zahlungs Statt *überwiesen* werden (§ 835 ZPO). Im Falle a) wird der Gläubiger ermächtigt, die Forderung im eigenen Namen einzuziehen und notfalls durch Klage und Vollstreckung beizutreiben; erlangt er keine Befriedigung, kann er sich an andere Vermögensstücke des Schuldners halten. Im Fall b) geht die Forderung auf den Gläubiger über mit der Wirkung, daß er, soweit die Forderung besteht, als befriedigt gilt, ohne Rücksicht darauf, ob der Drittschuldner tatsächlich zahlt. – 5. Wird ein bei einem *Geldinstitut* gepfändetes Guthaben eines Schuldners, der eine natürliche Person ist, dem Gläubiger überwiesen, so darf erst zwei Wochen nach der Zustellung des Überweisungsbeschlusses an den Drittschuldner aus dem Guthaben an den Gläubiger geleistet oder der Betrag hinterlegt werden. – 6. Bei Pfändung und Überweisung einer aus *fortlaufenden Bezügen* bestehenden Forderung erstreckt sich die Pfändung (z. B. →Lohnpfän-

dung) ohne weiteres auch auf später fällig werdende Bezüge (§ 832 ZPO). – Vgl. auch →Pfändung, →Verwertung.

Pfändungsverfügung, die dem →Pfändungs- und Überweisungsbeschluß entsprechende und in eigener Zuständigkeit ergehende Anordnung des Finanzamts (§§ 361 ff. AO).

Pfandverkauf, Verwertung eines Pfandes (→Pfandverwertung) im Wege des freihändigen Verkaufs durch bestimmte dazu befugte Personen. Gemäß BGB nur zulässig im Einverständnis des Eigentümers oder bei Pfändern, die einen Börsen- oder Marktpreis haben (§§ 1221, 1235 BGB).

Pfandvertrag, →Vertrag über Bestellung eines →Pfandrechts an einem Gegenstand zur Sicherung einer Forderung.

Pfandverwahrung. 1. *Pfandrecht:* Bei verpfändeten Sachen (→Pfandrecht) ist der Pfandgläubiger zur Verwahrung des Pfandes verpflichtet (§ 1215 BGB), und zwar nach den entsprechend anwendbaren Bestimmungen über die →Verwahrung (§§ 688 ff. BGB), soweit nicht pfandrechtliche Sondervorschriften entgegenstehen. – 2. *Depotrecht:* Im →Depotgeschäft die Verpfändung von Wertpapieren an einen Kaufmann, der dann als Pfandgläubiger die Pflichten und Befugnisse eines Verwahrers hat (§ 17 DepG).

Pfandverwertung, Verwendung des verpfändeten Gegenstandes aufgrund des →Pfandrechts zum Zweck der Befriedigung des Gläubigers, wegen seiner durch den Pfandgegenstand gesicherten Forderung. Voraussetzung für die Verwertung einer verpfändeten Sache oder Forderung ist →Pfandreife, die i. d. R. eintritt, sobald die durch das Pfandrecht gesicherte Forderung ganz oder teilweise fällig ist (§ 1228 BGB).

I. Verwertung von verpfändeten Sachen: Dies erfolgt grundsätzlich einen Monat nach Androhung gegenüber dem Eigentümer des Pfandes, die erst nach Pfandreife zulässig ist (§ 1234 I 2 BGB). – Formen: 1. *Öffentliche Versteigerung* (§ 1235 BGB): Gold- und Silbersachen dürfen nicht unter dem Gold- oder Silberwert zugeschlagen werden (§ 1240 BGB). Einzelheiten der Versteigerung regeln §§ 1236 ff. BGB. – 2. *Freihändiger Verkauf:* Vgl. →Pfandverkauf – 3. Eigentümer und Pfandgläubiger können auch eine andere Art der P. *vereinbaren.* Die vor Pfandreife getroffene Vereinbarung, daß das Pfand bei Nichtzahlung verfallen soll, ist nichtig (§ 1229 BGB).

II. Verwertung von Rechten: Dies erfolgt bei Forderungen i. a. durch *Einziehung* (§ 1282 BGB), bei anderen Rechten mangels anderer Vereinbarung nach den für die →Zwangsvollstreckung geltenden Vorschriften, d. h. der Pfandgläubiger muß sich zunächst einen →Vollstreckungstitel (Duldungstitel) gegen den Inhaber des Rechts verschaffen (§ 1277 BGB).

Pfeildiagramm, geometrische Darstellung eines gerichteten →Graphen (vgl. dort).

Pferdestärke (PS), veraltete Einheit der Leistung. 1 PS = 735,49875 Watt.

Pflanzenschutzgesetz, Gesetz vom 15. 9. 1986 (BGBl I 1505) zum Schutz der Pflanzen vor Schadorganismen und Krankheiten sowie zur Abwendung von Schäden, die bei der Anwendung von Pflanzenbehandlungsmitteln oder von anderen Maßnahmen des Pflanzenschutzes, insbes. für die Gesundheit von Mensch und Tier, entstehen können. Durchführung durch →Biologische Bundesanstalt für Land- und Forstwirtschaft. – Zuwiderhandlungen sind →Straftaten oder →Ordnungswidrigkeiten.

Pflegeeltern, Personen, die zu einem →Pflegekind in einem tatsächlichen Verhältnis stehen, das ähnlich dem natürlichen Eltern- und Kindesverhältnis auf Dauer gerichtet ist und eine sittliche Unterordnung schafft. P. sind →Angehörige im Sinne des Straf- und Steuerrechts.

Pflegefall, Person, bei der keine ärztlichen, sondern nur pflegerische Bemühungen in Betracht kommen (z. B. Pflegebedürftigkeit wegen Altersgebrechlichkeit) und die keiner ärztlichen Behandlung mehr bedarf. – 1. Für den P. ist die *gesetzliche Krankenversicherung* nicht leistungspflichtig. – 2. Beruht der P. auf einem →Arbeitsunfall oder einer →Berufskrankheit, kommen Leistungen der gesetzlichen →Unfallversicherung, im sozialen Entschädigungsrecht durch die Versorgungsverwaltung in Betracht (→Pflegegeld 1). Subsidiär hat ggf. die →Sozialhilfe einzutreten (→Pflegegeld 2). – 3. Eine Absicherung des Risikos des P. im Rahmen der *allgemeinen* →Sozialversicherung besteht nach derzeitigem Recht nicht. Vgl. →Pflegeversicherung. – 4. *Private Krankenversicherung:* Vgl. →Pflegekrankenversicherung. – 5. *Lebensversicherung:* Vgl. →Pflegerentenversicherung.

Pflegegeld. 1. *Gesetzliche →Unfallversicherung* (§ 558 III RVO): P. kann einem Verletzten anstelle von Hauspflege oder Hilfe durch Krankenpfleger gewährt werden. Es beträgt seit 1. 7. 1986 zwischen 394 DM und 1573 DM monatlich und ist dazu bestimmt, den Verletzten so zu stellen, daß er sich die erforderliche Wartung und Pflege beschaffen kann. Das P. wird nunmehr jährlich wie die sonstigen Geldleistungen der Unfallversicherung durch das jeweilige Rentenanpassungsgesetz an die Veränderungen der Einkommensverhältnisse angepaßt. Übersteigen die Aufwendungen für fremde Wartung und Pflege den Betrag des P., so kann es angemessen erhöht werden. – 2. →Sozialhilfe (§ 69 BSHG): P. erhalten Pflege-

bedürftige, für die dauernd und erhebliche häusliche Wartung und Pflege erforderlich und gesichert ist, in Höhe von (seit 1. 7. 1986) mindestens 290 DM monatlich. Es erfolgt jährliche Anpassung zum 1. 7. jeden Jahres entsprechend der Anpassungen der Versorgungsbezüge nach dem BVG. Erfordert der Zustand des Pflegebedürftigen außergewöhnliche Pflege, ist das P. angemessen zu erhöhen. – Für *blinde und besonders schwerbehinderte Personen* beträgt das P. 788 DM monatlich (seit 1. 7. 1986). Auf das P. werden die Blindenhilfe und gleichwertige Leistungen nach anderen Rechtsvorschriften in bestimmtem Umfang angerechnet.

Pflegekinder, Personen, die zu →Pflegeeltern in einem tatsächlichen Verhältnis stehen, das ähnlich dem natürlichen Eltern- und Kindesverhältnis auf Dauer gerichtet ist und eine sittliche Unterordnung schafft. P. sind im Sinne des Steuer- und Strafrechts →Angehörige (§ 10 StAnpG, § 11 StGB); im Sinne des § 32 EStG den ehelichen, für ehelich erkärten Adoptivkindern, ehelichen Stiefkindern und nichtehelichen Kindern (jedoch nur im Verhältnis zur leiblichen Mutter) gleichgeordnet.

Pflegekostenversicherung, →Pflegekrankenversicherung 2 a).

Pflegekrankenversicherung, Versicherungsform der privaten →Krankenversicherung, zur Abdeckung des Risikos der Pflegebedürftigkeit. – 1. *Leistungsvoraussetzungen:* Wie in der →Pflegerentenversicherung. – 2. *Versicherungsleistungen:* Drei Tarifmodelle werden angeboten: a) *Pflegekostenversicherung:* Im Leistungsfall erhält der Versicherte 80% der anfallenden Pflegekosten; i. a. ist die Erstattung auf einen Höchstsatz pro Tag oder Jahr begrenzt. – b) *Pflegetagegeldversicherung:* Bei Pflegebedürftigkeit wird ein vereinbartes Pflegetagegeld gezahlt, dessen Höhe vom Grad der Pflegebedürftigkeit abhängig ist, u. U. auch davon, ob die Pflege durch Fachpersonal durchgeführt wird. – c) *Mischform* aus Pflegekosten- und Pflegetagegeldversicherung. – Vgl. auch →Pflegerentenversicherung.

Pfleger, →Pflegschaft, →Nachlaßpflegschaft.

Pflegerentenversicherung, Versicherungsform der →Lebensversicherung zur Abdeckung des Risikos der Pflegebedürftigkeit. – 1. *Leistungsvoraussetzungen:* Die Leistungspflicht des Versicherers setzt ein, wenn der Versicherte für mindestens drei der in den Allgemeinen Versicherungsbedingungen genannten Verrichtungen des täglichen Lebens (Aufstehen und Zubettgehen; An- und Auskleiden; Waschen, Kämmen und Rasieren; Einnehmen von Mahlzeiten und Getränken, Stuhlgang, Wasserlassen) in erheblichem Umfang täglich der Hilfe einer anderen Person bedarf. Die Höhe der Leistung ist abhängig von der Anzahl der Verrichtungen (Punkte), die nicht mehr selbständig bewältigt werden können. – 2. *Versicherungsleistungen:* Die Leistungszusage setzt sich zusammen aus: a) *Pflegerente:* Rente bei Pflegebedürftigkeit; abhängig von der erreichten Punktzahl (100% bei sechs Punkten, 70% bei vier oder fünf Punkten, 40% bei drei Punkten). Geleistet wird auch bei häuslicher Pflege. – b) *Altersrente:* Rente unabhängig von der Pflegebedürftigkeit; wird ab dem 85. (ggf. auch 80.) Lebensjahr lebenslänglich gezahlt. – c) *Todesfalleistung:* Beim Tode des Versicherten wird ein Sterbegeld in Höhe von 24 (ggf. 36) vollen Monatsrenten abzgl. bereits geleisteter Rentenzahlungen gewährt.

Pflegetagegeldversicherung, →Pflegekrankenversicherung 2 b).

Pflegeversicherung, (1987) geplanter, neuer, selbständiger Zweig der →Sozialversicherung oder vorgesehene, neue Aufgabe der gesetzlichen →Krankenversicherung, die den Fall der Pflegebedürftigkeit (→Pflegefall) absichern soll, um unabhängig von den derzeit bestehenden Leistungen der →Unfallversicherung (→Pflegegeld 1), des Bundesversorgungsgesetzes (→Pflegezulage) und der →Sozialhilfe (→Pflegegeld 2) bzw. darüber hinaus einen eigenständigen Anspruch auf Pflegeleistungen zu begründen.

Pflegezulage, Leistung nach § 35 BVG. P. erhalten Kriegsbeschädigte, (→Schwerbehinderte), die infolge der Schädigung so hilflos sind, daß sie für die gewöhnlichen und regelmäßig wiederkehrenden Verrichtungen im Ablauf des täglichen Lebens in erheblichem Umfang fremder Hilfe bedürfen. Hierzu gehören z. B. Blinde und Hirnverletzte. – *Höhe:* Im Regelfall (Stufe I) 351 DM. Je nach Schweregrad der Gesundheitsstörung und Lage des Einzelfalls ist die P. auf 597, 847, 1092, 1414 oder 1744 DM (Stufen II–VI) zu erhöhen (seit 1.1.1986).

Pflegschaft, gesetzlich geregelte und staatlich beaufsichtigte Fürsorge für die Person oder das Vermögen eines Menschen für bestimmte einzelne Angelegenheiten oder einen bestimmten Kreis von Angelegenheiten. Die dem Schutzbedürftigen beigegebene Person heißt *Pfleger.*

I. **Bestellung:** Die P. ist eine Abart der →Vormundschaft und untersteht den vormundschaftsrechtlichen Vorschriften, insbes. hinsichtlich der Bestellung und Beaufsichtigung des Pflegers durch das Vormundschaftsgericht (§§ 1909 ff. BGB).

II. **Arten:** 1. *Ergänzungspflegschaft:* P. für ein Kind (oder Mündel), wenn der Inhaber des elterlichen Sorgerechts (Vater, Mutter) oder der Vormund tatsächlich (z. B. wegen Abwesenheit) oder rechtlich (wegen „widerstreitender Interessen", vgl. §§ 181, 1630 II, 1794 ff.

BGB) an der Besorgung der an sich ihm obliegenden Angelegenheit verhindert ist, insbesondere dann, wenn die Eltern oder der Vormund mit dem Kind (Mündel) einen Vertrag abschließen wollen (§ 1909 BGB). – Beendigung mit der Beendigung der elterlichen Gewalt oder der Vormundschaft (§ 1918 I BGB). – 2. *Gebrechlichkeitspflegschaft:* P. für die Person oder das Vermögen eines Volljährigen, wenn dieser infolge körperlicher Gebrechen (Taub-, Blind- oder Stummheit) seine Angelegenheiten nicht zu besorgen vermag (§ 1910 BGB). Anordnung dieser P. nur im Einverständnis mit dem Gebrechlichen, außer wenn eine Verständigung mit ihm nicht möglich ist. – Beendigung auf Antrag des Gebrechlichen (§ 1920 BGB). – 3. *Abwesenheitspflegschaft:* P. für die Vermögensangelegenheiten (nicht persönlichen Angelegenheiten, wie etwa Ehescheidung) eines abwesenden Volljährigen, dessen Aufenthalt unbekannt oder der unerreichbar ist, soweit eine Fürsorge erforderlich ist (§ 1911 BGB). – Eine Abwesenheitspflegschaft ist aufzuheben, wenn der Abwesende an der Besorgung seiner Angelegenheiten nicht mehr verhindert ist, wenn er stirbt oder wenn er für tot erklärt worden ist (§ 1921 BGB). – 4. P. *für eine Leibesfrucht:* P. zur Wahrung der künftigen Rechte (z. B. eines Erbrechts) eines noch nicht geborenen Kindes, soweit Fürsorge notwendig ist (§ 1912 BGB). Würde jedoch das Kind, falls es schon geboren wäre, unter →elterlicher Sorge stehen, kommt eine Pflegerbestellung nicht in Frage. – Beendigung mit Geburt des Kindes (§ 1918 II BGB). – 5. P. *für unbekannt Beteiligte:* Wenn unbekannt oder ungewiß ist, wer bei einer Angelegenheit der Beteiligte ist und soweit Fürsorge erforderlich ist (§ 1913 BGB). – 6. *Sammlungspflegschaft:* P. für die Vermögensverwaltung einer Sammlung, wenn die zur Verwaltung berufenen Personen verstorben oder an der Ausübung ihrer Pflichten verhindert sind (§ 1914 BGB). – 7. Eine nur *zur Erledigung einer einzelnen Angelegenheit angeordnete P.* (z. B. zur Durchführung der Erbauseinandersetzung zwischen Vater und Kind) endigt mit deren Erledigung (§ 1918 III BGB). – 8. P. *für nichteheliches Kind:* Das →nichteheliche Kind erhält für die Feststellung der Vaterschaft und alle Angelegenheiten, die das Eltern-Kindes-Verhältnis oder den Familiennamen betreffen, sowie zur Geltendmachung von Unterhaltsansprüchen und zur Regelung von Erb- und Pflichtteilsrechten einen Pfleger (§ 1706 BGB). Mit der Geburt besteht Amtspflegschaft des Jugendamtes (§ 1709 BGB). Auf Antrag der Mutter kann das Vormundschaftsgericht anordnen, daß die P. nicht eintritt, aufgehoben oder eingeschränkt wird, wenn dem das Wohl des Kindes nicht entgegensteht (§ 1707 BGB). Schon vor der Geburt kann das Vormundschaftsgericht einen Pfleger bestellen; die Bestellung wird mit der Geburt wirksam (§ 1708 BGB).

Pflichteinlage, →Einlage, zu der sich der →Kommanditist seinen Mitgesellschaftern gegenüber verpflichtet hat. Die P. ist für die etwaige →persönliche Haftung gegenüber Gläubigern der KG entscheidend. I. d. R. entsprechen sich →Haftsumme und P.

Pflichteinstellung, →Pflichtplatz.

Pflichtenheft. 1. *Allgemein:* Schriftliche Unterlage, die alle technischen, wirtschaftlichen und rechtlichen Einzelheiten einer Ausschreibung enthält. – 2. *Systementwicklung:* Beschreibung der Anforderungen an ein zukünftiges Datenverarbeitungssystem aus Anwendersicht als Ergebnis der Phase →Sollkonzept. Beschreibungsobjekt ist das →EDV – →Gesamtsystem oder ein bestimmter abgegrenzter Teil davon (z. B. →computergestützte Finanzbuchhaltung). Dargestellt werden die Anforderungen in Form einer (schriftlichen) Spezifikation von Funktionen, →Daten und deren Strukturen sowie ggf. zu berücksichtigender organisatorischer, wirtschaftlicher und technischer Rahmenbedingungen. Entworfen werden nur die Inhalte (,was‘) und keine detaillierten Abläufe (,wie‘). Klassifiziert werden die Anforderungen insbes. nach unerläßlichen und wünschenswerten Eigenschaften. Angewendet wird das P. v. a. im Rahmen der →Systemauswahl zur Ausschreibung bei Hardware- und Software-Investitionen (→Hardware, →Software) und als Vorgabe zum →Systementwurf.

Pflichthaftpflichtversicherung, vom Gesetzgeber eingeführte zahlreiche Haftpflichtversicherungspflichten zur Befriedigung von Haftpflichtanspürchen geschädigter Dritter. – Am *bekanntesten* ist die P. der Kraftfahrzeughalter (→Kraftverkehrsversicherung).

Pflichtkrankenkassen, →Krankenkassen, denen die versicherten Mitglieder (→Versicherungspflicht) kraft Gesetzes angehören, ohne daß es einer Willenserklärung des einzelnen bedarf. – 1. *Anmeldung* zur P. für die in abhängiger Stellung Beschäftigten durch den Arbeitgeber. Unterläßt dieser Anmeldung und Abführung der Beiträge, so steht dem Beschäftigten bei Eintritt eines →Versicherungsfalls trotzdem ein Leistungsanspruch gegen die zuständige P. zu. – 2. *Zurückweisung* eines Versicherungspflichtigen wegen einer bestehenden Krankheit oder der Ausschluß einzelner bereits bestehender Krankheiten aus dem Versicherungsschutz ist nicht möglich. – 3. Zu den P. *gehören:* →Ortskrankenkassen, →Betriebskrankenkassen, →Innungskrankenkassen, →Knappschaften, →Seekasse und die →Landwirtschaftlichen Krankenkassen.

Pflichtleistungen, in der Sozialversicherung gesetzlich festgelegte →Regelleistungen, im Gegensatz zu etwaigen satzungsmäßigen →Mehrleistungen einzelner Versicherungsträger.

Pflichtplatz, mit →Schwerbehinderten zu besetzender →Arbeitsplatz. Auf einem bestimmten Prozentsatz der Arbeitsplätze, regelmäßig 6% bei mindestens 16 Arbeitsplätzen, haben die Arbeitgeber Schwerbehinderte zu beschäftigen. Bei Berechnung der Zahl der P. für Schwerbehinderte sich ergebende Bruchteile von 0,5 und mehr werden aufgerundet. Ausbildungsplätze werden bei der Berechnung der Mindestzahl der Arbeitsplätze und der Zahl der zu beschäftigenden Schwerbehinderten (Zahl der P.) zeitweise – vom 1. 1. 1986 bis zum 31. 12. 1989 – nicht mehr mitgezählt. – *Unterlassung der Einstellung Schwerbehinderter:* Vgl. →Ausgleichsabgabe. – Vgl. auch →Schwerbehindertenrecht I.

Pflichtprüfung. 1. *J. w. S.:* Gesetzlich vorgeschriebene, periodisch oder aperiodisch (bei Eintritt eines bestimmten Anlasses) durchzuführende →Prüfung (→Wirtschaftsprüfung). Die bedeutendste P. ist die →Jahresabschlußprüfung. – 2. *J. e. S.:* Synonym für Jahresabschlußprüfung.

Pflichtteil, der gewissen Personen von den →Erben aufgrund des geltend gemachten →Pflichtteilsanspruchs auszuzahlende Geldbetrag. – Der P. *besteht* in der Hälfte des Wertes des gesetzlichen Erbteils, der dem betreffenden Berechtigten bei gesetzlicher →Erbfolge zugefallen wäre. Auch bei der Berechnung des P. ist ggf. die →Ausgleichungspflicht zu berücksichtigen. – *Entziehung* auch des P. durch letztwillige Verfügung des →Erblassers bei gewissen schweren Verfehlungen des Pflichtteilsberechtigten zulässig (§§ 2333–2335 BGB). Der Grund zur Entziehung muß bei Errichtung der letztwilligen Verfügung bestehen und in ihr angegeben werden; im Streitfall obliegt der Beweis des Grundes demjenigen, der die Entziehung geltend macht (§ 2336 BGB). – Hat das →nichteheliche Kind den →vorzeitigen Erbausgleich erhalten, so ist es nicht mehr pflichtteilsberechtigt (§ 1934 e BGB).

Pflichtteilanspruch, Befugnis der Abkömmlinge, Eltern und Ehegatten des →Erblassers, die durch Verfügung von Todes wegen von der gesetzlichen →Erbfolge ausgeschlossen sind, von den eingesetzten →Erben den →Pflichtteil zu verlangen (§§ 2303–2338 BGB). Der P. entsteht auch, wenn dem Pflichtteilberechtigten der Pflichtteil zugewendet ist (§ 2304 BGB), oder wenn ihm ein Erbteil hinterlassen ist, das kleiner ist als die Hälfte des gesetzlichen Erbteils (§ 2305 BGB), oder wenn dem Pflichtteilberechtigten ein größerer, aber mit Beschränkungen und Beschwerungen belasteter Erbteil zugewendet worden ist (§ 2306 BGB). Der P. entsteht mit dem Tode des Erblassers. – *Verjährung:* I. d. R. in drei Jahren seit Kenntnis des Berechtigten vom Eintritt des Erbfalls und der ihn beeinträchtigenden Verfügung. – *Erbschaft-*

steuer: Der P. wird erst nach Geltendmachung berücksichtigt (§ 2 ErbStG).

Pflichttheorien, →Opfertheorien.

Pflichtversicherung, *Zwangsversicherung, obligatorische Versicherung.* 1. Gesetzliche Verpflichtung für den betroffenen Personenkreis, bestimmte Versicherungen zu nehmen, z. B. in weiten Bereichen der Sozialversicherung, (→Versicherungspflicht), auch in der →Individualversicherung (z. B. Jagdhaftpflichtversicherung; Pflichthaftpflichtversicherung für Kraftfahrzeughalter). – 2. Versicherung bei einer →Zwangsanstalt.

Pflichtversicherungsgesetz (PflVG), Kurzbezeichnung für das Gesetz über die Pflichtversicherung für Kraftfahrzeughalter vom 5. 4. 1965 (BGBl I 213) mit späteren Änderungen. Regelt die →Kraftverkehrsversicherung.

Pfund. 1. Veraltete *Gewichtseinheit:* 1 Pf = 500 Gramm. – 2. *Währungseinheit* (£) in Großbritannien (→Sterlingblock), Syrien, der Türkei, Libanon, Libyen, Israel.

Pharmakopöe, amtliches Verzeichnis von Heilmitteln mit Vorschriften über deren Zusammensetzung. Aufgrund der P. sind Arzneien ggf. rezeptpflichtig.

Pharmapool, →Pharma-Rückversicherungs-Gemeinschaft.

Pharma-Rückversicherungs-Gemeinschaft, *Pharmapool,* Haftpflichtversicherungspool (→Pool III) der die Pharma-Haftpflichtversicherung betreibenden Erstversicherer; Sitz in München. Gemeinschaft des bürgerlichen Rechts. 1976 gegründet zwecks Rückversicherung von Risiken der gesetzlichen Haftpflicht pharmazeutischer Unternehmer wegen Personenschäden durch Arzneimittel.

Phase. 1. *Allgemein:* Teilabschnitt einer Entwicklung. – 2. *Wirtschaftlich:* Vgl. →Konjunkturphasen, →Lebenszyklus.

Phasendiagramm, graphische Darstellung der gleichzeitigen Entwicklung meist zweier Variablen in stetigen dynamischen Modellen (→Differentialgleichungen). Die Koordinaten in einem (x_1, x_2)-Diagramm geben die Werte der Variablen in einem Zeitpunkt t an. Die mögliche Veränderung der Variablen, die sich aus dem zugrundeliegenden →Differentialgleichungssystem ergibt, wird durch Pfeile dargestellt und angedeutet in vielen Fällen z. B. Aussagen über konvergierende oder instabile Entwicklungspfade (→Trajektorien). P. werden v. a. in der →Wachstumstheorie und der →Konjunkturtheorie verwendet.

Phaseneinteilung, →Konjunkturphasen.

Phasengliederung, Zerlegung von Aufgaben (→Aufgabenanalyse) nach ihrem Phasen-

merkmal in Planung, Realisation und Kontrolle (Kosiol).

Phasenmodelle. I. Betriebswirtschaftslehre: Vgl. →Lebenszyklus.

II. Betriebsinformatik: 1. *Systemanalyse:* Ein Modell zur Entwicklung eines →betrieblichen Informationssystems in verschiedenen, aufeinander aufbauenden Phasen. Grundidee: Vorgehensweise nach dem →Top-down-Prinzip. Unterteilung der Phasen nach den verschiedenen Entwicklungstätigkeiten und den jeweiligen Detaillierungsgraden. Rücksprünge in frühere Phasen sind möglich undh üblich. In Praxis und Literatur werden mehrere unterschiedliche P. verwendet; typische Einteilung: →Istanalyse, →Sollkonzept, →Systementwurf, →Systemimplementierung, →Systemtest und →Systembetrieb, innerhalb der einzelnen Phasen weiter untergliedert. – 2. *Life-cycle-Modell (Lebenszyklusmodell):* Im Software Engineering ein Schema für die Unterteilung der Lebensdauer eines →Softwareprodukts in einzelne Phasen, angelehnt an den Life Cycle. In Praxis und Literatur sind eine Reihe unterschiedlicher P. gebräuchlich; typische Einteilung vgl. →Software Engineering IV.

III. Konjunkturpolitik/-theorie: Vgl. →Konjunkturphasen.

Philippinen, *Republica de Filipinas,* präsidiale Republik in SO-Asien, Parlament mit 200 Abgeordneten, seit 1946 unabhängig; Inselgruppe (über 7100 Inseln) im Westpazifik. – *Fläche:* 300000 km². – *Einwohner* (E): (1986, geschätzt) 55,58 Mill. (185,3 E/km²); vorwiegend jungmalaiische Filipinos. – *Hauptstadt:* Manila (1980: 1,626 Mill. E); weitere wichtige Städte: Quezon City (1,16 Mill E), Davao (611311 E), Cebu (489000 E), Caloocan (393000 E), Iloilo (245000 E). – *Amtssprachen:* Tagalog, Englisch, Spanisch.

Wirtschaft: *Landwirtschaft:* Reis-, Mais-, Zuckerrohr-, Kokosnüsse-, Kopra-, Ananas-, Kaffeeanbau; Kautschuk. – *Fischfang:* (1982) 1,788 Mill. t. – *Bergbau:* Kupfer, Silber, Golderze, Nickel, Steinkohle, Eisenerze. – *Industrie:* Eisen- und Stahlgewinnung, metallverarbeitende Industrie. – *BSP:* (1985, geschätzt) 32620 Mill. US-$ (600 US-$ je E). – Anteil der Landwirtschaft (1984) am BSP: 23%; der Industrie: 28%. – *Öffentliche Auslandsverschuldung:* (1984) 34,7% des BSP. – *Inflationsrate:* (Durchschnitt 1973–84) 12,9%. – *Export:* (1985) 4544 Mill. US-$, v. a. Rohzucker, Kokosnußöl, Kupfererz, Holzprodukte, Bananen, Ananas, Bekleidung, elektrische Halbleiterprodukte, Mineralien, Nickel. – *Import:* (1985) 5261 Mill. US-$, v. a. Maschinen, Rohöl, Eisen und Stahl, Erdöl. – *Handelspartner:* USA, Japan, Niederlande, Bundesrep. D., Saudi-Arabien, Kuwait,

Australien, Hongkong. – *Reiseverkehr:* (1982) 890 807 Touristen.

V e r k e h r : *Eisenbahnverkehr* nur auf den Inseln: Luzon und Panay; gut ausgebautes Straßennetz. Wichtig ist die *Küstenschiffahrt; Haupthäfen:* Manila, Cebu. Eigene *Fluggesellschaft;* Manila ist Knotenpunkt im Fernost-Luftverkehr.

M i t g l i e d s c h a f t e n : UNO, ASEAN, CCC, UNCTAD u. a.; Colombo-Plan.

W ä h r u n g : 1 Philippinischer Peso (P) = 100 Centavos.

Philippovich, Eugen, Freih. P. von Philippsberg. 1858–1917, österreichischer Nationalökonom. P. war Vertreter der →Grenznutzenschule. Sein Lehrbuch gehörte zu den meistgelesenen Lehrbüchern und ist in vielen Auflagen erschienen. Im zweiten →Methodenstreit verteidigte P. mit Scharfsinn die Notwendigkeit und Zuverlässigkeit von Werturteilen in den Sozialwissenschaften gegenüber →Weber und →Sombart. – *Hauptwerk:* „Grundriß der politischen Ökonomie" 1893.

Phillips-Kurve. I. G r u n d s ä t z l i c h e s : 1. *Charakterisierung:* Die *urspüngliche P.-K.* geht auf den britischen Ökonometriker A. W. Phillips (1958) zurück und beschreibt die Beziehung zwischen Arbeitslosenquote und Geldlohnsteigerungen in Großbritannien für einen Zeitraum von rd. 100 Jahren. P. A. Samuelson und R. M. Solow unterstellen eine feste Beziehung zwischen Nominallohn- und Preisniveauveränderung. Dadurch wird aus der ursprünglichen P.-K. die *modifizierte P.-K.* (Zusammenhang zwischen Inflationsrate und Arbeitslosenquote), die heute allgemein übliche Form.

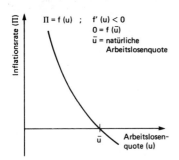

$\Pi = f(u)$; $f'(u) < 0$
$0 = f(\bar{u})$
$\bar{u}$ = natürliche Arbeitslosenquote

(y-axis) Inflationsrate (Π)

(x-axis) $\bar{u}$ Arbeitslosenquote (u)

2. *Bedeutung:* Der modifizierten P.-K. käme wirtschaftspolitisch eine ausschlaggebende Bedeutung zu, wenn die Beziehung einerseits quantitativ annähernd exakt bestimmbar und andererseits im Zeitablauf nachweislich stabil wäre. Vielfältige Modifikation, Alternativtheorien und Tests machen zwar deutlich, daß

der Zusammenhang zwischen Inflationsrate und Arbeitslosenquote sicher vorhanden ist, jedoch wegen anderer Einflußfaktoren (Struktur der Wirtschaft, Produktionstechnik, Präferenzen und Verhaltensweisen, außenwirtschaftliche Zusammenhänge, Wettbewerbsbzw. Machtverhältnisse, Erwartungen über die zukünftige Entwicklung u. a.) nicht als stabil angenommen werden darf. Form und Gestalt der P.-K. werden insbes. im Konjunkturablauf ständig variieren. Wirtschaftspolitische Empfehlungen auf der Basis bestimmter P.-K. sind deshalb kritisch zu beurteilen.

II. M o n e t a r i s t i s c h e u n d n e o k l a s s i s c h e V a r i a n t e n : 1. *Charakterisierung:* Die monetaristischen und neuklassischen *Variationen zur P.-K.* greifen einen der o. a. anderen Einflußfaktoren, nämlich die Erwartungsbildung, auf. Die Lage der P.-K. variiert mit den Inflationserwartungen (Π^*): $\Pi = f(u) + \Pi^*$. – a) Die *monetaristische Version* (→Monetarismus) unterstellt autoregressive →Erwartungen, z. B. $\Pi_t^* = \Pi_{t-1}$. Kurzfristig ist ein Rückgang der Arbeitslosenquote durch expansive Maßnahmen zu Lasten höherer Inflationsraten möglich. Nach Anpassung der Inflationserwartungen – d. h. langfristig gilt $\Pi_t^* = \Pi_t = \Pi_{t-1}$ und damit $f(\bar{u}) = 0$ – wird die natürliche Arbeitslosenquote wieder erreicht (Inkompetenz der Konjunkturpolitik für die langfristige Analyse aufgrund der langfristig senkrechten P.-K.). – b) Die *neuklassische Argumentation* (→Neue klassische Makroökonomik) setzt auch kurzfristig (rationale Erwartungen) $\Pi_t^* = \Pi_t$ und erhält durch diese Annahme eine senkrechte P.-K. Expansive Maßnahmen führen selbst kurzfristig nicht zu positiven Beschäftigungseffekten. Die Hauptschwäche dieser Argumentation liegt in der Behauptung eines stabilen, eindeutig definierbaren Gleichgewichts (natürliche Arbeitslosenquote). – 2. *Bedeutung:* Empirische und theoretische Analysen deuten darauf hin, daß in der Realität eher Ungleichgewichtssituationen vorliegen. Für Ungleichgewichte ist die monetaristische und neuklassische Analyse irrelevant. Zudem muß auch ein beträchtlicher Teil der Arbeitslosigkeit bei Nullinflation als unfreiwillig und nicht-optimal angesehen werden, da ein Makrogleichgewicht nicht gewährleistet, daß alle Sektoren, Branchen und Märkte ebenfalls im Gleichgewicht sind. Im übrigen müssen auch hier die anderen Einflußfaktoren (vgl. unter I) konstant sein, was in der Realität nicht der Fall ist.

philosophisch-erkenntnistheoretischer Realismus, →Instrumentalismus.

physikalische Größe, Größe zur qualitativen und quantitativen Beschreibung physikalischer Phänomene (Körper, Vorgänge, Zustände). P.-G. beschreiben meßbare Eigenschaften. Symbole für p.-G.: kursiv gedruckte

Formelzeichen; *m* für Masse, *l* für Länge, *W* für Energie.

physikalische Produktion, Elementartyp der Produktion (→Produktionstypen), der sich aus dem Merkmal der naturgegebenen Grundlagen der Prozeßtechnologie ergibt. – *Beispiel:* mechanische Bearbeitung durch Fräsen, Bohren, Schmieden, Pressen, usw. – Vgl. auch →biologische Produktion, →chemische Produktion, →kernphysikalische Produktion.

Physikalisch-Technische Bundesanstalt (PTB), →Bundesoberbehörde im Geschäftsbereich des Bundesministers für Wirtschaft (BMWi), Sitz in Braunschweig. Gegründet 1887. – *Aufgaben:* Entwicklung und Darstellung der physikalisch-technischen Einheiten zur Sicherung eines einheitlichen Meßwesens; Bauartprüfung und Zulassung von Meßeinrichtungen, Spielgeräten und zivilen Schußwaffen; Bauartprüfung auf dem Gebiet der Sicherheitstechnik, des Strahlenschutzes, der Heilkunde und der Überwachung des Straßenverkehrs. – Vgl. auch →Eichbehörden.

Physiokratie, in der zweiten Hälfte des 18. Jh. in Frankreich entstandene gesellschafts- und wirtschaftstheoretische Schule, die maßgeblich von ihrem Begründer F. Quesnay (1694–1774) geprägt wurde (weitere Vertreter: Cantillon, Goutnay, Mercier de la Revière, Marquis de Mirabeau, Turgot). – 1. *Charakterisierung:* a) Gesellschaftstheoretische Konzeption: Diese beruht auf der Annahme, daß sich aus den Prinzipien des Naturrechts eine unabhängige und objektiv gegebene Norm ableiten läßt, deren Beachtung die größtmögliche Wohlfahrt für alle Menschen bewirkt (→*ordre naturel*). Anders als im klassischen →Liberalismus wird davon ausgegangen, daß das spontane und selbstinteressierte Handeln der Gesellschaftsmitglieder keine dieser natürlichen Ordnung entsprechende Gesellschaftsverfassung hervorbringt. Daher wird gefordert, daß durch einen aufgeklärten Herrscher eine Ordnung zu konstituieren und zu gewährleisten ist (→*ordre positif*), die weitestgehend der natürlichen Ordnung entspricht. – b) *Wirtschaftspolitische Konzeption:* Im wirtschaftlichen Bereich wird gefordert, daß der Staat Eingriffe in den Wirtschaftsprozeß auf ein Mindestmaß begrenzt (Reaktion auf den →Merkantilismus mit umfangreichem und zumeist konzeptionslosem →Dirigismus) sowie Privateigentum an den Produktionsmitteln und eine freie wirtschaftliche Betätigung der Menschen gewährleistet. – 2. *Klassen:* Der physiokratische Ansatz ist die erste in sich geschlossene volkswirtschaftliche Konzeption: Der Grundgedanke ist, daß nur die Landwirtschaft wertschöpfend ist (ebenfalls eine Reaktion auf den Merkantilismus mit seiner einseitigen Förderung der gewerblichen Wirtschaft). Den produktiven Pächtern als „*classe productive*" stellt Quesnay die Grund-

eigentümer gegenüber, die von ersteren die Wertschöpfung („*produit net*") als Pacht erhalten und durch Kauf von Nahrungsmitteln und gewerblichen Gütern weiterverteilen („*classe distributive*"). Die dritte Gruppe bilden die Handwerker und Händler, die im Wirtschaftsprozeß den Gütern nur ihre eigene Arbeit hinzufügen, ohne neue Werte zu schöpfen („*classe stérile*"). In seinem →*tableau économique* leitet Quesnay die Bedingungen für ein stationäres Gleichgewicht der Geld- und Güterströme zwischen diesen drei Klassen ab. – 3. Aus der Annahme, daß alleine die Landwirtschaft wertschöpfend ist, zieht die P. die *wirtschaftspolitische Folgerung*, daß primär diese zu fördern ist: Die kleinen Bauernhöfe sind durch leistungsfähige Großbetriebe zu ersetzen, eine Steuerreform soll die Eigenkapitalbildung in der Landwirtschaft forcieren, und die Reglementierungen des Getreidehandels sollen aufgehoben werden. Aus Billigkeitsgründen wird, der Theorie entsprechend, eine *Einheitsteuer auf Grund und Boden* (→*impôt unique*) gefordert, die von den Grundeigentümern aus den Pachteinnahmen zu begleichen ist. – 4. *Entwicklung:* Die physiokratische Schule ist sehr bald, nicht zuletzt wegen ihrer unrealistischen Wertschöpfungstheorie und der daraus gezogenen wirtschafts- und steuerpolitischen Konsequenzen, in ihrem Einfluß von den sich rasch ausbreitenden Theorien der Klassiker (→klassische Lehre) zurückgedrängt worden.

physiologische Arbeitskurve, durch →Ermüdung verursachte und durch den Biorhythmus bedingte Leistungsschwankungen des Menschen bei der Arbeit im Zeitraum von 24 Stunden. Die p. A. ist durch typische Schwankungen mit einem Vormittags- und einem Nachmittagsgipfel und einem Leistungstief in den ersten Stunden nach Mitternacht gekennzeichnet.

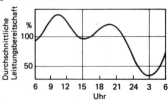

Die unterschiedliche Leistungsbereitschaft ist von den tageszeitlich unterschiedlichen vegetativen Funktionen des Organismus abhängig. – Vgl. auch →Leistungskurve.

physische Distribution, →Absatzlogistik.

physische Kollektion, →Beschaffungslogistik.

P & I-Clubs, *Protecting & Indemnity Clubs,* Vereinigungen vorwiegend englischer Reeder, um sich gegen Risiken zu schützen, die von den Seetransportversicherern nicht übernommen werden. Die *Protecting-Klasse* deckt Personenschäden und unversichert gebliebene Kollisionshaftungsschäden, die *Indemnity-Klasse* übernimmt v. a. Haftpflichtansprüche der eigenen Ladungsberechtigten. Da in der Bundesrep. D. keine vergleichbaren Einrichtungen, Abdeckung deutscher Reedereiinteressen ebenfalls am englischen Markt.

picture-frustration-test,   →Bildenttäuschungstests.

Pigou-Effekt, einer der →Vermögenseffekte des Geldes. Nach A. C. Pigou werden die Wirtschaftssubjekte bei sinkendem (steigendem) Preisniveau zur Wiederherstellung ihres *Portfoliogleichgewichtes* (portfolio selection) insbes. ihre Konsumnachfrage erweitern (vermindern), wodurch Auswirkungen auf die gesamtwirtschaftliche Nachfrage, Produktion und Beschäftigung sowie gegebenenfalls das Preisniveau ausgelöst werden. Der P.-E. ist insofern ein Teilaspekt des Realkassenhaltungseffekts; der P.-E. stellt vorwiegend auf der Veränderung der Konsumnachfrage ab, während beim Keynes-Effekt (→Keynessche Lehre) die Investitionsgüternachfrage im Vordergrund steht.

Pigou-Steuer, →Umweltabgaben 2 a).

Piko (p), Vorsatz für das Billionstel (10^{-12}fache) der Einheit. Vgl. →gesetzliche Einheiten Tabelle 2.

Pilot-Studie, *Vorlauf-Studie,* in der Marktforschung exploratives Versuchsprogramm kleineren Maßstabs, um Kosten und Erfolg eines Vorhabens zu testen.

Pilzmethode, eine Markenstrategie, bei der jedes Produkt eine eigene Marke (Produktmarke) erhält; keine Gemeinsamkeit über Hersteller- oder Dachmarke. – *Gegensatz:* →Schirmmethode.

PIMS, profit impact of market strategy. 1. *Begriff:* Ein empirisches Forschungsprojekt im Bereich der strategischen Analyse und Planung (→strategisches Managemnt), das Anfang der 60er Jahre von F. Borch initiiert und (wissenschaftlich) von S. Schoeffler geleitet wurde. Ziel der empirischen Untersuchung war es, eine möglichst großen Anzahl von →strategischen Geschäftsfeldern Gesetzmäßigkeiten („laws of the market place") abzuleiten, die den Erfolg dieser Art Geschäfte bestimmen. Diese Gesetzmäßigkeiten sollten zu generellen und branchenunabhängigen Empfehlungen für den Entwurf von →Strategien führen. Sie prägten zeitweise auch den theoretischen Bezugsrahmen einer Reihe von Ansätzen zur →Portfolio-Analyse. – *Entwicklung:* Anfangs bezog sich das Projekt ausschließlich auf *General-Electric-Geschäfte* und war auch nur durch dieses Unternehmen

nutzbar. – Der Wunsch nach einer Verbreiterung der Untersuchungsbasis und – damit verbunden – nach einer Verallgemeinerung der Ergebnisse waren Gründe für die *Verselbständigung des Projekts im Marketing Science Institut* (Harvard Business School). 1975 wurde das Projekt im unabhänggen und gemeinnützigen *Strategic Planning Institute* (Cambridge, MA) angesiedelt. – 3. *Heutiger Projektumfang und -zielsetzung:* Das PIMS-Projekt zählt derzeit ca. 600 Mitgliedsunternehmen mit insgesamt über 2000 Geschäftsfeldern, zu denen jeweils mehr als 200 quantitative Daten erhoben werden (Marktwachstum, Anzahl der Konkurrenten, Marktanteil, Produktqualität, Gewinn, Cash Flow usw.), die die PIMS-Datenbank bilden. Ihre Anlage dient primär zum einen der Suche nach generellen Forschungsaussagen zu den Haupteinflußgrößen auf die Rentabilität eines Geschäfts und zum anderen der Unterstützung bei Untersuchungen zu individuellen Geschäften der Mitgliedsunternehmen. – 4. *Forschungsergebnisse:* a) *Zentrales Ergebnis:* Mit ca. 40 Einflußfaktoren kann ca. 80% der Varianz der Rentabilität (ROI in % v.St.) der Geschäftsfelder erklärt werden. Die dazugehörigen Aussagen lassen sich in viele Richtungen (z. B. nach stark und schwach wachsenden Geschäften) differenzieren. – b) *Spezielle Ergebnisse* sind die speziellen Geschäfte der Mitgliedsunternehmen betreffende Berichte, die Vergleiche zu anderen Geschäftsfeldern in ähnlichen Situationen anstellen: PAR-Report (Aussagen zur „normalen" Rentabilität); Strategic Analysis Report (Strategiensimulationen); Optimum Strategy Report (Ermittlung erfolgreicher Strategiekombinationen). – 5. *Kritikpunkte:* Beschränktheit von Aussagen aus Querschnittsanalysen; mangelnde Vernetzung der Modellvariablen, Stichprobenbildung; induktiv geleitetes Forschungsdesign; branchenunabhängige Vergleichsbasis bei individuellen Analysen.

PIN, personal identity number, →Identifikationsnummer.

pint (pt.). 1. Englische Volumeneinheit. 1 pt. = 0.568 261 l. – 2. In den USA für das Volumen von: a) Trockensubstanzen, 1 *dry pt.* = 0.550 61 l; b) Flüssigkeiten, 1 *liquid pt.* = 0,473 1765 l.

Pioniere von Rochdale, Bezeichnung für 28 Weber, die am 24.10.1844 in dem nordenglischen Städchen Rochdale eine →Konsumgenossenschaft unter dem Namen *Rochdale Society of Equitable Pioneers* gründeten und am 21.12.1844 einen Laden eröffneten, in dem mit dem Verkauf von Zucker, Mehl, Butter, Haferflocken und Kaffee an die Mitglieder begonnen wurde. – Wichtige Grundsätze dieser Genossenschaft (als *Rochdaler Prinzipien* für die Konsumgenossenschaften aller Länder grundlegend): a) Abgabe der

Waren in nachweisbar einwandfreier Quantität und Qualität („unverfälschte Ware mit vollem Gewicht"), b) Abgabe der Waren gegen Barzahlung, c) Berechnung der Waren zu Tagespreisen, d) Verteilung des Überschusses an die Mitglieder nach dem Verhältnis ihrer Warenbezüge (Prinzip der →Rückvergütung).

Pioniergewinn, →Unternehmergewinn.

Pipeline-Effekt, Lagerbestand im Handel, dem (noch) nicht entsprechende Abverkäufe an den Letztverbraucher gegenüberstehen. Der P.-E. kann einen Umsatzerfolg vortäuschen, der in dieser Höhe nicht gegeben ist.

Pipelining, *Fließbandverarbeitung,* in der Datenverarbeitung überlappte und dadurch effiziente Abarbeitung von →Befehlen. Die Arbeitsschritte, die einen Befehl realisieren, werden geeignet zu „Phasen" zusammengefaßt (z. B. „Holen/Decodieren des Befehls", „Ausführen des Befehls", „(Zwischen-)Speichern der Ergebnisse") und aufeinanderfolgende Phasen für unterschiedliche, aufeinanderfolgende Befehle gleichzeitig durchgeführt (z. B. können gleichzeitig die Ergebnisse eines Befehls gespeichert, der nächste Befehl ausgeführt und der wiederum nächste Befehl geholt und decodiert werden). – *Voraussetzung* ist eine geeignete Architektur der →Hardware. – *Verwendung* des Begriffs auf unterschiedlichen Ebenen: (1) allgemein bei der Abarbeitung der →Maschinenbefehle durch den →Zentralprozessor eines Computers und (2) bei →Vektorrechnern.

Pivot, →modifizierter Gauss-Algorithmus II.

Pivot-Operation, bei der →Simplexmethode (vgl. im einzelnen dort) anzuwendende Methode, um die Ausgangsmatrix in die reduzierte kanonische Form überzuführen.

Pixel, Kurzbezeichnung für picture element, Bildpunkt eines →Bildschirms.

Pkm, Abk. für →Personenkilometer.

PKV, Abk. für →Verband der privaten Krankenversicherung e. V.

Plafond. I. Finanzwissenschaft: Spitzensteuersatz, der die progressive Steuerbelastung nach oben begrenzt (steuerlicher P.). Der P. sollte so gewählt werden, daß keine unerwünschte →disincentives auftreten.

II. Wirtschaftstheorie: Zu unterscheiden: 1. *Oberer P.:* Dadurch gekennzeichnet, daß die Produktionsmenge wegen Vollausnutzung aller Produktionsfaktoren (→Vollbeschäftigung) trotz Nachfrageerweiterung nicht mehr gesteigert werden kann. Das reale →Einkommen kann also im Gegensatz zum monetären nicht mehr erhöht werden. Nach Hicks erhöht sich der P. in demselben Verhältnis wie das Gleichgewichtseinkommen. –

2. *Unterer P.:* Makroökonomisch durch jene Einkommenshöhe bestimmt, bei der das ganze Einkommen verbraucht bzw. die Ersparnis gleich Null wird (nach Hansen).

III. Geldpolitik: Betrag, bis zu dem sich der Staat bei der Zentralbank verschulden darf.

IV. Schuldenpolitik: Betrag, bis zu dem sich die öffentliche Hand am Kapitalmarkt verschulden darf (Schuldendecke nach §§ 19 ff. StabG).

Plafond-B-Wechsel, geldmarktfähige Wechsel, für die die Deutsche Bundesbank außerhalb der festgelegten →Rediskontkontingente eine Sonderrediskontlinie festlegt. Sie stammen aus Wechseln, die die →Ausfuhrkredit-Gesellschaft mbH (AKA) von Exporteuren angekauft hat.

Plagiat. 1. *I. e. S.:* Besondere Form einer durch zulässige Werknutzung begangenen Urheberrechtsverletzung, gekennzeichnet durch bewußten Eingriff des Täters in das Urheberpersönlichkeitsrecht des anderen, verübt durch Anmaßung der Urheberschaft am fremden Werk, z. B. Veröffentlichung eines von fremder Hand geschriebenen Aufsatzes als eigenen. – 2. *I. w. S.:* Jede unzulässige Verwertung fremder Geistesarbeit, auch unterlassene Quellenangabe usw.

Plakat, →Außenwerbung.

Plan, präskriptives, symbolisches →Modell, das in vereinfachter Form ein zukünftiges reales System abbildet. Ein P. kann in einem *Plandokument* niedergelegt werden; u. a. die zugrundegelegten Planungsprämissen und evtl. während des Planungsprozesses aufgetretene Steitpunkte werden dokumentiert. – Vgl. auch →Unternehmensplanung, →Kontrolle, →Plankoordination, →Fristigkeit von Plänen.

Planbeschäftigung, die für eine zukünftige Periode erwartete →Beschäftigung des Betriebs oder eines Betriebsteils. Die P. wird der →Kostenplanung zugrundegelegt. In der Plankostenrechnung auch als *Planbezugsgröße* bezeichnet. – Vgl. auch →Normalbeschäftigung.

Planbezugsgröße, →Planbeschäftigung.

Planbilanz, Bilanz in der betrieblichen →Gesamtplanung. Die P. umfaßt die Auswirkungen der funktionalen Teilplanungen auf Vermögen und Schulden des Betriebs. Sie wird abgeleitet aus dem →Investitionsplan, →Finanzplan und →Absatzplan sowie Ergebnisplan (Abschreibungen und Gewinn). P. ist Kernstück einer integrierten Planungsrechnung. – *Zweck:* P. soll die einzelnen Teilpläne unter Berücksichtigung des Zielsystems der Unternehmung (→Unternehmungsziele) koordinieren. – Der *Gestaltung* der P. liegen insbes. erfolgs- und liquiditätspolitische Erwägungen zugrunde.

Planentscheidung, →Unternehmungsplanung, →Informationsentscheidung.

Planerfolgsrechnung, auf der →Planerlösrechnung und der →Plankostenrechnung aufbauende, zukunftsgerichtete →Erfolgsrechnung. P. stellen ein wesentliches Instrument zur Steuerung von Unternehmen dar. – Im *öffentlichen Sektor* ist eine P. für →Eigenbetriebe im Rahmen des →Wirtschaftsplans zwingend vorgeschrieben.

Planerfüllungsprinzip, unternehmerisches Formalziel in →staatssozialistischen Zentralplanwirtschaften, bei dem der Erfolg der →volkseigenen Betriebe an dem Erfüllungsgrad bestimmter vorgegebener Zielgrößen (Kennziffern) gemessen wird. – *Schematischer Aufbau der Ergebnisrechnung:*

	Plan-größe	realisierte Größe
a) monetäre Kennziffern		
Verkaufserlöse	.....	....
./. Abschreibungen ⎫	.....	....
./. Materialkosten ⎪	.....	....
./. Lohnkosten ⎬ Kosten	.....	....
./. Kreditzinsen ⎪	.....	....
./. Kostensteuern ⎪	.....	....
./. sonstige Kosten ⎭	.....	....
= Gewinn	.....	....
b) quantitative Kennziffern (z. B. Warenproduktion)	.....	....
c) qualitative Kennziffern (z. B. Rentabilität, Arbeitsproduktivität)	.....	....

Der tatsächliche Gewinn wird in Abhängigkeit von der Erfüllung der einzelnen Kennziffern (mit im Zeitverlauf varrierender Gewichtung) verwandt zur a) Gewinnabführungen an den Staat, b) Reinvestitionen und c) Prämierung der Betriebsangehörigen. – Vgl. auch →Gewinnprinzip, →Einkommensprinzip.

Planerlös, der für eine bestimmte Bezugsgröße, insbes. für →Erlösquellen (z. B. Kunden, Vertriebswege, Märkte), für eine zukünftige Abrechnungsperiode geplante →Erlös. – Vgl. auch →Planerlösrechnung.

Planerlösrechnung. 1. *Charakterisierung:* Für eine zukünftige Abrechnungsperiode erstellte, auf einer ins Detail gehenden Leistungsplanung aufbauende systematische Planung von Erlösen (→Planerlös), differenziert nach Bruttoerlösen, →Erlösschmälerungen und →Erlösarten für unterschiedliche Bezugsgrößen, insbes. →Erlösquellen. Die P. ist eine Ausgestaltungsform der →Erlösrechnung. – 2. *Bedeutung:* P. als geschlossenes Konzept, die u. a. auch einen systematischen Vergleich von

Plan- und Isterlösen und daran anschließende Abweichungsanalysen ermöglichte, findet sich derzeit in der Praxis nicht. Der P. wird jedoch als zentrale Informationsquelle zur Steuerung des Unternehmens (→Controlling) in Zukunft eine wichtige Bedeutung zukommen (→Erlösrechnung). – Vgl. auch →Planerfolgsrechnung.

Planfeststellung, i.d.R. Voraussetzung für die Verleihung des Enteignungsrechts zwecks →Enteignung von Grundeigentum. Zuständig für die P. ist der Regierungspräsident, sofern nicht ausdrücklich andere Behörden für zuständig erklärt sind. Allgemeine Regelungen über das Verfahren in §§ 77 f. VwfG. – Vgl. auch →Verwaltungsverfahren.

Planification. I. C h a r a k t e r i s i e r u n g : Wirtschaftspolitisches Leitbild (→Ordnungspolitik) und Methode indikativer Wirtschaftsplanung in Frankreich seit 1945/46. Der als grundlegender Koordinationsmechanismus anerkannte Marktwettbewerb soll dort, wo er als nicht funktionsfähig erscheint, durch →gesamtwirtschaftliche Planung (vgl. auch dort) ergänzt oder ersetzt werden. Die gesamtwirtschaftliche Planung bezieht sich auf die angestrebte Entwicklung makroökonomischer Größen (Wachstumsrate des Sozialprodukts, Preisniveauänderungsrate, Beschäftigungsstand, Investititonsquote, Branchenstruktur usw.). Der von der Regierung unter der Beteiligung der Tarifparteien, Wirtschaftsverbände und anderer sozialer Organisationen ausgearbeitete indikative Plan (Planungshorizont fünf Jahre) soll den Unternehmen Orientierungsgrößen für eigene Entscheidungen an die Hand geben und enthält für sie keine verbindlichen Planauflagen. Der Abstimmungsprozeß zwischen den einzelnen beteiligten Gruppen bei der Aufstellung des Plans soll die für seine Realisierung notwendige Ausrichtung der Unternehmensaktivitäten auf die Planziele bewirken helfen. Die Planrealisierung wird darüber hinaus durch indirekt wirkende selektive Instrumente wie steuer- und zinspolitische Maßnahmen oder gezielte Investitionsaufträge an die Privatunternehmer unterstützt, während die in Frankreich relativ hohe Anzahl staatlicher Unternehmen durch direkte Lenkungsmethoden beeinflußt werden. (Seit den Parlamentswahlen 1986 sind verstärkte Privatisierungsanstrengungen zu verzeichnen.)

II. E n t w i c k l u n g : In den vergangenen Jahren ist (mit Unterbrechungen) eine Schwerpunktverlagerung von der Globalplanung zur Planung einzelner Schwerpunktziele sowie eine stärkere Betonung des marktwirtschaftlichen Koordinationsmechanismus zu beobachten, so daß sich das wirtschaftspolitische Leitbild in Frankreich demjenigen der →Sozialen Marktwirtschaft annähert. Die Ursachen für diese Umorientierung dürften die negativen Erfahrungen mit der gesamtwirtschaftlichen P. (u. a. geringer Grad der Zielerreichung, Fehlinvestitionen aufgrund falscher Prognosen, relativ hohe Inflationsraten und Arbeitslosenquoten, Staatshaushalts- und Zahlungsbilanzdefizite) sowie mit der tendenziell interventionestischen Wirtschaftspolitik in Frankreich (→Interventionismus) als Erbe des →Merkantilismus sein. Auch die zunehmende Bedeutung der internationalen Wettbewerbsfähigkeit der traditionell wettbewerbs- und innovationsaversen französischen Industrie, z. B. im Rahmen der Europäischen Gemeinschaft, ist als Ursache zu nennen.

Planintegration, →Unternehmensplanung, →Plankoordination.

Plankalkulation, →Plankostenrechnung III 3.

Plankoordination. I. P. i. e. S.: 1. *Begriff:* Zusammenführung von Teilplänen zu einem Gesamtplan. Outputgrößen des einen Plans werden dabei zu Inputgrößen des anderen Plans, bis schließlich (im Idealfall) ein in sich konsistentes Plansystem entstanden ist, das auf der Ebene des Gesamtunternehmens Gültigkeit besitzt. – 2. *Durchführung:* P. i. d. .S. ist nur möglich, wenn die einzelnen Teilpläne simultan erstellt werden (→*Simultanplanung*); →Planungsmodelle können dabei Unterstützungsarbeit leisten. In der Realität hat sich allerdings gezeigt, daß eine solche Simultanplanung an der Vielzahl der Variablen und Interdependenzen scheitert. – Die Alternative ist eine →inkrementale Planung, die die Teilpläne schrittweise zusammenführt; damit ist aber eine völlige Konsistenz dieser Teilpläne nicht mehr gewährleistet. – Völlige *Konsistenz der Pläne* ist freilich auch nicht unbedingt wünschenswert: Die Kosten sind hoch, und die Verbürokratisierungsgefahren (→Bürokratismus) steigen. Das Planungs- und Kontrollsystem wird unflexibel; die Kreativität dder Mitarbeiter wird gebremst. Hier kann sich eine →Metaplanung als hilfreich erweisen, ein angemessenes Maß der P. zu bestimmen.

II. P. i. w. S.: 1. *Begriff:* Integration von Planungs- und Kontrollsystemen (→Unternehmensplanung IV). P. i. d. S. umfaßt auch die sozialen Abstimmungsprozesse zwischen den verschiedenen Teilplanungs- und -kontrollsystemen. – 2. *Arten: a)* Vertikale P.: Abstimmung eines Plans mit über- oder untergeordneten Plänen. Dieser Gesichtspunkt besitzt besondere Bedeutung bei der Überführung der strategischen Pläne in operative Pläne. – b) *Horizontale P.:* Abstimmung von Plänen auf der gleichen Planungsstufe. Hier geht es oft darum, schon vorhandene Pläne im nachhinein zu koordinieren. Es kann aber auch versucht werden, über institutionelle Vorkehrungen eine Abstimmung schon während der Planungsphase durchzusetzen.

Plankosten, die für eine bestimmte →Bezugsgröße aufgrund der gegebenen und geplanten →Kostenbestimmungsfaktoren ermittelten →Kosten (→Kostenplanung). – *Ähnlich:* →Standardkosten.

Plankostenrechnung. I. Wesen und Entstehung: 1. Die P. ist eine spezielle Form der →Kostenrechnung, deren charakteristisches Merkmal darin besteht, daß alle Kostenarten einer Unternehmung für eine bestimmte Planungsperiode im voraus nach Kostenarten, Kostenstellen und Kostenträgern differenziert geplant werden. – Als *Plankosten* wird das Projekt aus geplanten Faktormengen und geplanten Faktorpreisen bezeichnet. – 2. Das *Hauptziel* der P. besteht in der Kontrolle der Kostenwirtschaftlichkeit und den dispositiven Aufgaben der Kostenrechnung, d. h. der Beschaffung von Kostendaten für die beim Aufbau der betrieblichen Planung zu treffenden Entscheidungen. Im Idealfall ist die P. Bestandteil einer umfassenden Planungsrechnung. Traditionelle Verfahren der Kostenrechnung, wie die →Istkostenrechnung und die →Normalkostenrechnung, können Planungs- und Kontrollaufgaben nicht erfüllen, da sie keine geplanten, sondern nur die Ist-Kosten bzw. hieraus abgeleitete Normalkosten zur Verfügung stellen. – 3. Historisch betrachtet läßt sich die *Entwicklung der P.* auf die beiden folgenden Ursachen zurückführen: a) In der Zeit nach dem Ersten Weltkrieg vollzogen die Vertreter der „wissenschaftlichen Betriebsführung", insbes. Taylor und Gilbreth, im Lohnwesen den Übergang vom Zeit- zum Leistungslohn. Hiermit wurde erstmals der Standardbegriff in die Unternehmung eingeführt, und zwar in Form des Leistungs- bzw. Vorgabezeitstandards. Als später auch Verbrauchs-Standards für andere Produktionsfaktoren, so z. B. für Material, Energie usw., festgelegt wurden, entstand ein Verfahren der Kostenrechnung, das in der angelsächsischen Literatur bis heute als *Standard Cost Accounting* bezeichnet wird. In den zwanziger Jahren wurde dieses Verfahren in Deutschland und den übrigen europäischen Industrieländern bekannt. Die Begriffe Plankosten und P. wurden von M. R. Lehmann 1925 in die deutsche Literatur eingeführt. – b) Zusätzliche Impulse, die zur Weiterentwicklung der Kostenrechnung zur P. führten, resultierten daraus, daß in den zwanziger Jahren die wirtschaftliche Unsicherheit zum Ausbau und zur systematischen Weiterentwicklung der *Unternehmensplanung* führte. Da für die meisten Teilpläne, insbesondere aber für den Gewinnplan, geplante Kostendaten benötigt werden, entwickelten damals viele Unternehmungen ihre Kostenrechnung zur P. weiter.

II. Entwicklungsformen: 1. Als Vorläufer der amerikanischen Standardkostenrechnung, die im deutschsprachigen Raum heute überwiegend als P. bezeichnet wird, wird das *estimated cost system* angesehen. Bei diesem Verfahren werden geplante Kosten pro Produkteinheit festgelegt und auf laufende Nachkalkulationen der Erzeugnisse verzichtet. Die Ist-Produktion wird mit den Standardkosten pro Einheit multipliziert, wobei man die kalkulatorisch gedeckten Selbstkosten erhält. Diese werden den Istkosten gegenübergestellt. Für eine wirksame Kostenkontrolle war dieses Verfahren aber noch nicht geeignet. – 2. Die späteren Formen der P. beruhen auf einer sorgfältigen Kostenstelleneinteilung; im einzelnen lassen sich *folgende Verfahren* unterscheiden:

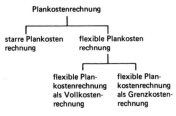

a) Bei der *starren P.* werden die Kosten der Kostenstellen jeweils nur für eine monatliche Durchschnittsbeschäftigung geplant und nicht an Beschäftigungsschwankungen angepaßt. Daher ist diese Form der P. für die Kostenkontrolle bei schwankender Beschäftigung ungeeignet. – b) Das charakteristische Merkmal der *flexiblen P.* besteht darin, daß die Kosten der Kostenstellen planmäßig in fixe und proportionale Bestandteile aufgelöst werden (→Kostenauflösung). In den USA wurden flexible Kostenbudgets von Hess bereits 1903 beschrieben. 1928 entwickelte Maynard factors of expense variability, mit deren Hilfe Kostenstellenvorgaben monatlich an Istbeschäftigungsgrade angepaßt wurden. Spätestens seit den dreißiger Jahren wurden die flexible Kostenbudgetierung zum festen Bestandteil amerikanischer Standardkostenrechnungen. In der deutschen Literatur wurde die flexible Kostenbudgetierung zuerst von Narath 1927 beschrieben und später insbes. von Michel weiterentwickelt. Die Abbildung

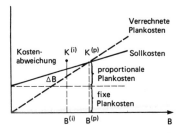

Sp. 897 unten gibt den für die flexible P. typischen *linearen Sollkostenverlauf* wieder. – Diesem Plankosten $K^{(p)}$ werden in proportionale und fixe Bestandteile aufgelöst. Sie entsprechen der geplanten Beschäftigung $B^{(p)}$. Multipliziert man die porportionalen Plankosten mit dem Beschäftigungsfaktor $B^{(i)}/B^{(p)}$, so erhält man die proportionalen Sollkosten, die der Istbeschäftigung entsprechen. Addiert man hierzu die fixen Plankosten, so erhält man die Sollkosten. Die Differenz aus den Istkosten und den Sollkosten gibt die Kostenabweichung an. – 3. Die flexible P. ist ein wirksames *Instrument der Kostenkontrolle*. Sowohl in den USA als auch in Deutschland wurde die flexible P. zunächst als Vollkostenrechnung durchgeführt. Hierbei werden die fixen und proportionalen Kosten der Kostenstellen in die Kalkulationssätze einbezogen. Multipliziert man den geplanten Vollkostensatz einer Kostenstelle mit der Istbeschäftigung, so erhält man die *verrechneten Plankosten*, die in der Abbildung als gestrichelte Linie gezeichnet sind. Die Differenz aus den Vollkosten und den verrechneten Plankosten ergibt die Beschäftigungsabweichung *ΔB*. Sie entspricht den bei Unterbeschäftigung zu wenig bzw. bei Überbeschäftigung zu viel verrechneten fixen Kosten. Die auf Vollkosten basierende flexible P. hat mit den traditionellen Verfahren der Kostenberechnung gemeinsam, daß sie eine rechnerische Proportionalisierung der fixen Kosten vornimmt. Als man später erkannte, daß hieraus die Gefahr von Fehlentscheidungen resultiert, wurde die flexible P. zur *Grenzplankostenrechnung* weiterentwickelt.

III. Aufbau und Arbeitsweise: Wenn die P. der Kostenkontrolle dienen soll und die Kostenstellenleiter nur den mengenmäßigen Faktorverbrauch, nicht aber die Preise und Lohnsätze zu verantworten haben, setzt die Anwendung der P. ein *Plan- oder Festpreissystem* voraus, durch welches für alle von außen bezogenen Produktionsfaktoren geplante Preise oder Lohnsätze festgelegt werden, die jeweils für eine bestimmte Planungsperiode gültig sind.

1. Grundlage der flexiblen P. ist die Durchführung einer *analytischen Kostenplanung*. Hierbei ist zwischen Planung der Einzel- und der Kostenstellenkosten zu unterscheiden. Die Planvorgaben der Einzelkosten werden pro Einheit der Erzeugnisarten festgelegt. Die Planung der Kostenstellenkosten erfolgt in folgenden Schritten: (1) *Einteilung der Unternehmung in Kostenstellen:* Hierbei soll jede Kostenstelle ein selbständiger Verantwortungsbereich sein. Weiterhin hat die Kostenstelleneinteilung so zu erfolgen, daß nur Maschinen und Arbeitsplätze zusammengefaßt werden, deren Kostenstruktur in etwa gleich ist. – (2) *Bezugsgrößenwahl:* Für jede Kostenstelle wird mindestens eine Maßgröße

der Kostenverursachung festgelegt, die man als Bezugsgröße bezeichnet. Im Fertigungsbereich können in vielen Fällen Fertigungs- bzw. Maschinenzeiten als Bezugsgrößen verwendet werden. Weiterhin kommen Durchsatzgewichte, bearbeitete Längen, Stückzahlen usw. als Bezugsgröße in Frage. Von *homogener Kostenverursachung* spricht man, wenn für eine Kostenstelle eine Bezugsgröße ausreicht. Sind die Kosten einer Kostenstelle von mehreren Einflußgrößen abhängig, die sich nicht zueinander proportional verhalten, so spricht man von *heterogener Kostenverursachung*. Hierbei sind mehrere Bezugsgrößen nebeneinander zu verwenden. Die Heterogenität der Kostenverursachung kann produkt- oder verfahrensbedingt sein. – (3) *Festlegung einer Planungsbezugsgröße:* Sind für alle Kostenstellen die Bezugsgrößenarten festgelegt, so besteht der nächste Schritt der Kostenplanung darin, diejenigen Bezugsgrößenwerte zu bestimmen, die bei einer planmäßigen durchschnittlichen Monatsbeschäftigung zu erwarten sind. Hierbei geht man heute meistens vom System der betrieblichen Teilpläne aus und bezeichnet dieses Verfahren als *Engpaßplanung* (Plaut), da der jeweils engste Planungsquerschnitt limitierend wirkt. – (4) *Durchführung der Mengenplanung:* Durch entsprechend geschulte Kostenplaner wird differenziert nach Kostenstellen und Kostenarten festgelegt, welche Verbrauchsmengen und -zeiten beim wirtschaftlichen Handeln zur Realisierung der Planbeschäftigung erforderlich sind. Hierbei geht man je nach der Kostenart von Berechnungen, Messungen, Erfahrungswerten oder Schätzungen aus. Multipliziert man die Mengenvorgaben mit den zugehörigen Planpreisen bzw. Planlohnsätzen, so erhält man die Plankosten. – (5) *Kostenauflösung:* Die Plankostenbeträge werden in fixe und proportionale Bestandteile aufgelöst. Hierbei geht man i. d. R. nach dem *Modell der Betriebsbereitschaft* vor. Als fix werden diejenigen Kosten aufgesetzt, die auch bei einem Beschäftigungsgrad von Null noch anfallen sollen, wenn die Betriebsbereitschaft zur Realisierung der Planbeschäftigung aufrechterhalten bleibt. Früher hat man für die Kostenauflösung sogenannte Variatoren verwendet, d. h. Kennziffern, welche die Relationen der proportionalen Plankosten zu den gesamten Plankosten kennzeichnen. Da jedoch die Variatoren beschäftigungsunabhängig sind, wird ihre Verwendung heute weitgehend abgelehnt. Hervorzuheben ist, daß die Ergebnisse der Kostenauflösung vom *Fristigkeitsgrad der Kostenplanung* abhängig ist. Hierunter versteht man die Anpassungsflexibilität, die dem Betrieb (insbesondere auf dem Personalsektor) als Soll vorgegeben wird. – (6) *Bildung von Kalkulationssätzen:* Zum Abschluß der Kostenplanung werden die Plankosten der Kostenstellen durch die zugehörigen Planbezugsgrößen dividiert. Hierbei erhält man die

geplanten Kalkulationssätze. In der auf Vollkosten basierenden flexiblen P. werden die gesamten, in der Grenzplankostenrechnung dagegen nur die proportionalen Plankosten in die Kalkulationssätze einbezogen.

2. Die Ergebnisse der Kostenplanung dienen als Grundlage für den monatlichen *Soll-Ist-Kostenvergleich.* Hierzu werden allen Kostenstellen die von ihnen verursachten Istkosten belastet. Weiterhin werden die Ist-Bezugsgrößen ermittelt und mit ihrer Hilfe die geplanten Kosten auf die Sollkosten umgerechnet. Subtrahiert man von den Istkosten die zugehörigen Sollkosten, so erhält man die (nach Kostenarten und Kostenstellen differenzierten) Kostenabweichungen. Diese Abweichungen werden ausgewertet, in Kostenberichten analysiert, und mit den verantwortlichen Kostenstellenleitern durchgesprochen.

3. In Unternehmungen mit standardisierten Erzeugnissen, deren technische Daten für die Dauer einer Planungsperiode im voraus festgelegt werden können, werden für alle Erzeugnisse *Plankalkulationen* erstellt, die für die Dauer einer Planungsperiode gültig bleiben. Die mit Hilfe der *Plankalkulation* ermittelten Plan-Herstell- und Plan-Selbstkosten der betrieblichen Erzeugnisse dienen als Grundlage für die kurzfristige Erfolgsrechnung. In Unternehmungen mit Einzel- und Auftragsfertigung lassen sich für die Enderzeugnisse infolge des ständig wechselnden Produktaufbaus keine Plankalkulationen festlegen. Hier werden auch bei Anwendung einer P. Vor- und Nachkalkulationen erstellt, wobei aber im Gegensatz zu traditionellen Verfahren der Kostenrechnung der Ausweis von Kostenabweichungen erfolgt. Die Nachkalkulation wird daher hier als Standard-Nachkalkulation (Medicke) bezeichnet.

4. Die *kurzfristige Erfolgsrechnung* wird in der P. so durchgeführt, daß man den Umsätzen der verkauften Erzeugnisse zunächst die den Umsätzen entsprechenden Plan-Selbstkosten gegenüberstellt. Anschließend erfolgt eine Zurechnung der angefallenen Kostenabweichungen. In der Praxis haben sich zwei Formen herausgebildet, die als geschlossene und nicht geschlossene Kostenträgererfolgsrechnung bezeichnet werden (Plaut, Medicke). Letztere wird auch als Artikelergebnisrechnung bezeichnet. Die geschlossene Form der Kostenträgererfolgsrechnung hat den Vorteil, daß eine genaue Abstimmung mit allen übrigen Teilen der Kostenrechnung erfolgt (Betriebsleistungsrechnung), rechnerische Bestände der Halb- und Fertigerzeugnisse ausgewiesen werden (Bestandsrechnung) und im Erfolgsausweis eine genaue Verrechnung der Kostenabweichungen erfolgen kann. Der Nachteil dieses Verfahrens besteht in einem sehr hohen Rechenaufwand und begrenzten Differenzierungsmöglichkeiten. Die nicht ge-

schlossene Form der Kostenträgererfolgsrechnung ermöglicht eine unbegrenzte Differenzierung des Erfolgsausweises nach Erzeugnisarten, Verkaufsgebieten und sonstigen Merkmalen. Sie läßt sich schnell und mit relativ geringem Rechenaufwand durchführen. Dafür fehlen bei diesem Verfahren die Abstimmungsmöglichkeiten und der Bestandsausweis. Die Kostenabweichungen lassen sich nur mit Hilfe von Näherungsverfahren zurechnen.

5. Nahezu alle Teile der P. werden heute computergestützt abgerechnet. Hierfür wurden in den letzten Jahren insbes. auch *Modularprogramme* (Plaut, Müller, Medicke) entwickelt.

Literatur: Agthe, K., Die Abweichungen in der Plankostenrechnung, ihre Ermittlung, Analyse und Verrechnung, Freiburg 1958; Ferner, W., Grenzplankostenrechnung als Instrument der Unternehmensplanung, in: BFuP 1974, S. 530–542; Hess, H., Manufacturing: Capital, Costs, Profits and Dividends, in: The Engineering Magazine 1903, S. 367 ff.; Käfer, K., Standardkostenrechnung, 2. Aufl., Zürich 1964; Kilger, W., Die Entstehung und Weiterentwicklung der Grenzplankostenrechnung als entscheidungsorientiertes System der Kostenrechnung, in: Schriften zur Unternehmensführung, Bd. 21, hrsg. von H. Jacob, Neuere Entwicklungen in der Kostenrechnung. Wiesbaden 1976; ders. Einführung in die Kostenrechnung, 3. Aufl., Wiesbaden 1987; ders., Flexible Plankostenrechnung und Deckungsbeitragsrechnung, 8. Aufl., Wiesbaden 1981; Kosiol, E., Plankostenrechnung als Instrument moderner Unternehmsführung, 2. Aufl., Berlin 1960; Lehmann, M. R., Die industrielle Kalkulation, Berlin/ Wien 1925; Maynard, H. W., The Accounting Technique for Standard Costs, in: N.A.C.A. – Bulletin 1927, S. 542 ff.; Medicke, W., Die Gemeinkosten in der Plankostenrechnung, Berlin 1956; Medicke, W., Geschlossene Kostenträgererfolgsrechnung und Artikelergebnisrechnung in der Grenzplankostenrechnung AG-PLAN, Bd. 8, Wiesbaden 1964, S. 37–55; Michel, E., Handbuch der Plankostenrechnung, Berlin 1937; Narath, H., Produktions-Budget und -Kontrolle, in: ZfB 1927, S. 710–712; Plaut, G. H., Unternehmenssteuerung mit Hilfe der Voll- oder Grenzplankostenrechnung, in: ZfB 1961, S. 460–482; ders., Müller, H., Medicke, W., Grenzplankostenrechnung und Datenverarbeitung, 3. Aufl., München 1973; ders. Entwicklungsformen der Plankostenrechnung. Vom Standard-Cost-Accounting zur Grenzplankostenrechnung, in: Schriften zur Unternehmensführung, Bd. 22 hrsg. von H. Jacob, Wiesbaden 1976, S. 5–24.

Prof. Dr. Wolfgang Kilger

planmäßige Kostenauflösung, →Kostenauflösung IV 2.

planning (coordination) department, amerikanisches Konzept zur Organisation der →Unternehmensplanung (vgl. dort VII). Planungs- und Handlungsvollzug stimmen überein. Derjenige, der für die Durchführung der Planung verantwortlich ist, ist auch für die Planung selbst verantwortlich. Häufig ist diese Organisationsform als Stabsstelle (→Stab) in stark diversifizierten Unternehmen anzutreffen.

Planning-Programming-Budgeting-System (PPBS), →Programmbudget.

planning review board, *Planungsüberprüfungsausschuß,* amerikanisches Konzept zur Organisation der →Unternehmensplanung (vgl. dort VII). Zwischen jeder zwei hierarchischen Ebene wird ein Ausschuß gebildet, den Mitglieder der beiden angrenzenden Ebenen bilden. Zweck ist die Koordination konkurrie-

render Teilpläne bei dezentraler Planungsverantwortung.

Plannutzenziffer, →speed factor.

Planpreis, *Verrechnungspreis,* Bezeichnung der →Plankostenrechnung für den Verrechnungswert je Mengeneinheit eines Kostengutes (t, kg, Lohnstunde usw.), der in der →Kostenplanung unter Berücksichtigung aller für die Planperiode zu erwartenden Preisänderungen angesetzt wird. – Beim →Soll-Ist-Vergleich sind auf beiden Seiten gleiche P. zu verwenden, um die einzelnen →Abweichungen eindeutig zu isolieren und damit die →Kostenkontrolle durch Preisschwankungen nicht zu stören.

Planrevision, notwendige Änderungen der vorhandenen →Pläne, bedingt durch Datenänderungen, die bei Planaufstellung unvorhersehbar waren. Voraussetzung für eine wirklichkeitsnahe Planung.

Planspiele für Unternehmensführung, *Unternehmensspiele,* eine aus den militärischen Planspielen in den USA entwickelte Methode innerhalb der Ausbildung des Führungskräfte-Nachwuchses. – *Durchführung:* Die Teilnehmer der P. vertreten (meist gruppenweise) 2 bis 10 oder mehr Unternehmungen, die mit gleichen Startbedingungen (gleiche Betriebsgröße, Betriebs- und Finanzstruktur) vor mehr oder weniger kompliziierte, sich wandelnde Umweltsituationen gestellt werden, die sich in mathematischen oder logischen Modellen nachbilden lassen. Zur Vorbereitung der Entscheidungen sind sorgfältige dynamische Betriebsplanungen über die funktionellen P. Teilplanungen aufzustellen. In jeder Spielperiode, die 1 bis 12 Monate repräsentiert, muß eine größere Auswahl von Entscheidungen getroffen werden, deren Auswirkungen auf die Unternehmensentwicklung und auf die Umweltsituation per EDV ermittelt werden. Aufgrund dessen sind die Entscheidungen der nächsten Periode vorzubereiten und zu treffen. Eine Spielperiode dauert bis zu mehreren Stunden, das ganze P. bis zu mehreren Tagen. – *Vorteil:* Größere Wirklichkeitsnähe als die →Fall-Methode durch die ständige dynamische Anpassung des Unternehmens an die sich wandelnde Umweltsituation. – *Anwendung:* P. in den USA sehr verbreitet; in der Bundesrep. D. v. a. von Großfirmen, um Unternehmensziele sowie in der Weiterbildung von Führungskräften angewandt. – Vgl. auch →Personalentwicklung.

Planung, →Unternehmensplanung.

Planungsabweichung, mit Hilfe der →Kontrolle ermittelte Abweichung zwischen Plan- und Istzustand. – *Ermittlung von P.:* a) Mit Hilfe des →Soll-Ist-Vergleichs: P. = Istvorgabe ./. Sollvorgabe; b) mit Hilfe eines zweistufigen Soll-Ist-Vergleichs (bei planmäßiger Anpassung der Teilpläne an sich während der

Planungsperiode ändernde Daten anzuwenden): P = (Istvorgabe ./. korrigierte Sollvorgabe) + (korrigierte Sollvorgabe ./. Sollvorgabe lt. Jahresplan). – *Laufende Erfassung und Auswertung* von P. liefert wertvolle Erkenntnisse für den Aufbau der Planung in den zukünftigen Planungsperioden.

Planungsbegriff, →Unternehmensplanung I.

Planungsebenen, →Unternehmensplanung II.

Planungselemente. 1. Nach *Steiner:* Elemente einer →Unternehmensplanung; dies sind Statut, Leitbild, Zweck, Zielsetzung, Strategie, Richtlinie, Programm, Budget, Verfahren und Regel. Vgl. auch →Unternehmensplanung III. – 2. Nach *Hentze* und *Brose:* Bezeichnung für Planungsinstanzen (institutioneller Aspekt), Planungsinstrumente (instrumenteller Aspekt) sowie Prozeß und Phasen der Planung.

Planungsfunktionen, →Unternehmensplanung I 4.

Planungshandbuch, Dokumentation verschiedener Elemente eines →Planungsrahmens, insbes. auch eine Definition der wichtigsten Planungskategorien. Das P. soll der Vereinheitlichung der Planungssprache und damit der Integration des Planungs- und Kontrollsystems dienen. – Vgl. auch →Unternehmensplanung VI.

Planungshorizont, Endpunkt der Bezugszeit der Pläne. – Der *subjektive P.* schließt noch den Zeitraum der Auswirkungen des Planes mit ein (Prognosereichweite). – Vgl. auch →Unternehmensplanung II 2 b), →Planungsperiode, →Fristigkeit.

Planungsinstrumente, →Unternehmensplanung V.

Planungsintensität, weitgehende Detaillierung der einzelnen Teilpläne unter Wahrung der Vollständigkeit und Wirtschaftlichkeit der →Unternehmensplanung.

Planungskalender, Zeitplan, der die verschiedenen, innerhalb eines Planungs- und Kontrollsystems anfallenden Arbeiten terminiert und somit der →Plankoordination dient.

Planungskategorien, →Unternehmensplanung III.

Planungskontrolle, →Kontrolle.

Planungskosten, →Kosten der Planung betrieblicher Kapazitäten und deren Ausnutzung (→Unternehmensplanung). P. kommt im Vergleich zu den Ausführungskosten eine immer größere Bedeutung zu.

Planungsmodell. 1. *Charakterisierung:* Eine Anzahl relevanter Variablen werden in einer formalen Struktur verknüpft und die Optimalwerte dieser Variablen in simultaner Weise

ermittelt (→Simultanplanung). – a) In *Gesamtplanungsmodellen* müssen sämtliche zu planenden Teilbereiche abgebildet und die Beziehung dieser Teilbereiche zum Gesamtziel hergestellt werden; in die Zielgleichung gehen dann entsprechend Variablen aller dieser Teilbereiche ein. Trotz der Möglichkeiten der →linearen Optimierung und der Unterstützung durch die elektronische Datenverarbeitung sind solche Gesamtmodelle i. a. zu komplex, um noch handhabbar zu sein. – b) Als Ausweg bietet sich an, mit mehreren *Teilplanungsmodellen* zu arbeiten, die jeweils nur wenige Teilbereiche umfassen und anschließend sukzessive miteinander verbunden werden (→Sukzessivplanung). Allerdings sind auch diese Modelle meist noch sehr komplex bzw. gehen von zu sehr vereinfachten Annahmen aus. – 2. *Bedeutung:* Die P. haben sich aufgrund der mit der Komplexität verbundenen Probleme für die Praxis bislang von nur begrenztem Nutzen erwiesen. Eine Ausnahme bilden allenfalls die →Budgetierungsmodelle. – Vgl. auch →Modell.

Planungsobjekte, →Unternehmensplanung IV.

Planungsorganisation, →Unternehmensplanung VII.

Planungsperiode, →Planungszeitraum, Geltungsdauer eines Plans, d. h. ein Plan mit gegebener →Fristigkeit wird als verpflichtend verabschiedet. So kann z. B. ein langfristiger Plan nur eine P. von einem Jahr haben, wenn er nur jeweils für ein Jahr verbindlich ist. – Vgl. auch →rollende Planung, →Blockplanung, →Unternehmensplanung II 2 b.

Planungsphasen, →Unternehmensplanung V.

Planungsphilosophien, Aussagensysteme, die sowohl deskriptive als auch normative und affektive Bestandteile umfassen und die „Weltbilder" zum Ausdruck bringen, vor deren Hintergrund →Unternehmensplanung betrieben wird. Sie werden normalerweise nur implizit „gewußt" und müssen erst rekonstruiert werden, um sie einer Kritik zugänglich machen zu können. – *Aspekte:* a) Es kann unterschieden werden z. B. zwischen den mehr emotional geprägten *Einstellungen* zu Planungspraxis und -theorie einerseits und den eher kognitiv geprägten Einstellungen zu den Fragenkomplexen Zentralisierung/Dezentralisierung, Strukturierung/Umstrukturierung sowie interne/externe Orientierung andererseits. – b) Nach *Sichtweise des Verhältnisses von System und Umwelt* kann unterschieden werden zwischen →Inside-out-Planung und →Outside-in-Planung.

Planungsprozeß, →Unternehmensplanung V.

Planungsrahmen. 1. *Charakterisierung:* Möglichkeit, bestehende →Planungs- und

Kontrollsysteme (→Unternehmensplanung VI) zu rekonstruieren oder neue Systeme zu konzipieren. Der P. enthält eine Klassifikation der zu erstellenden Pläne und die Festlegung der Adressaten, für die die Pläne Erwartungen formulieren; er legt die zeitlichen und sachlichen Interdependenzbeziehungen zwischen den Plänen fest und definiert die zu planenden Größen und die zugrundezulegenden Prämissen. – 2. *Formen:* a) *P. erster Ordnung:* Umfaßt die Gestaltungsvariablen eines einzelnen Planungskomplexes innerhalb des gesamten Planungssystems einer Unternehmung (Beispiel: Gestaltung der Investitionsobjektplanung). – b) *P. zweiter Ordnung:* Bezieht sich auf die Gestaltung einer Gesamtarchitektur des Planungssystems. Es geht insbes. um die Festlegung der Schnittstellen (Interfaces) zwischen den Teilplanungssystemen; soweit diese Schnittstellen tatsächlich definiert werden, sind Ansätze zu einem integrierten Planungssystem vorhanden. – Vgl. auch →Unternehmensplanung.

Planungsraum, 1. Durch verwaltungspolitische oder staatliche Grenzen abgestecktes Arbeitsgebiet der →*Landesplanung.* – 2. Nach den Bedürfnissen der wissenschaftlichen Fragestellung oder auch in Anlehnung an *administrativ begrenzte Räume abgegrenzter Bezirk,* dessen naturräumliche und wirtschaftsräumliche Strukturelemente und Entwicklungskräfte durch methodische →Raumforschung untersucht werden.

Planungsrechnung, fortlaufende quantitative Erfassung des gesamten Unternehmungsprozesses und Abstimmung der einzelnen Teilpläne in den einzelnen Planperioden. – *Sonderform:* →Lenkungsrechnung.

Planungsrisiko, mit der Durchführung eines Planes aufgrund der Unvollständigkeit und Unsicherheit der verfügbaren Daten verbundenes Risiko, daß die im Plan vorgesehenen Maßnahmen von einer Datensituation ausgehen, die nicht eintreten wird und demzufolge ein Ergebnis eintreten kann, das von den geplanten abweicht. Die positive Abweichung aufgrund einer besseren Datenkonstellation wird als Chance bezeichnet. – Möglichkeit der *Reduzierung des P.* besteht im Aufbau von flexiblen Plänen, Verringerung der Unsicherheit durch bessere Verfahren zur Datenerfassung und -prognose (→flexible Planung, →Eventualplanung).

Planungssprache, →Programmiersprache oder →Endbenutzerwerkzeug, die speziell auf den Einsatz in der *Unternehmensplanung* ausgerichtet sind (→computergestützte Unternehmensplanung). Im Gegensatz zu universellen Programmiersprachen wird an P. die Anforderung gerichtet, Planungs- und Berichtsprobleme durch geeignete Ausdrucksmittel gezielt zu unterstützen, z. B. durch

Vorrat an finanzmathematischen Funktionen (Zinsrechnung u. a.), einfache Erstellung und Modifikation von Planungsmodellen, einfache Datenmanipulation, komfortable Auswertungshilfsmittel (→Reportgenerator, →graphische Darstellung u. a.). – *Bekannte P.:* AS, CPL/Tactix, FCS-EPS, IFPS, Plancode/I, Tabol. – Da →*Tabellenkalkulationssysteme* einen Großteil der Anforderungen an P. erfüllen, kommen diese wegen der einfachen Handhabung verstärkt anstelle von speziellen P. zum Einsatz.

Planungstechnologie, →Planungswissenschaft b).

Planungstheorie, →Planungswissenschaft a).

Planungsüberprüfungsausschuß, →planning review board.

Planungs- und Kontrollsystem, →Unternehmensplanung VI.

Planungswertausgleich. 1. *Charakterisierung:* Ausgleich für Bodenwert-Steigerungen bzw. Senkungen. 1956 von der Regierung vorgeschlagen, aber unter dem Eindruck auch der wissenschaftlichen Kritik (Beirat des Wohnungsbauministers 1958) nicht Gesetz geworden. Der Grundstückseigentümer sollte eine der Wertsteigerung angepaßte Geldzahlung an die Gemeinde leisten, wenn infolge der kommunalen Planung und Plandurchführung im Bebauungsgebiet Wertsteigerungen auftraten; umgekehrt sollte er Ausgleichszahlungen erhalten, wenn Wertminderungen sich einstellten. – 2. *Ziel:* Der P. sollte dem Interessensausgleich dienen, da Planungsmaßnahmen unvermeidlich die Bodenpreise beeinflussen und die Benutzbarkeit des Bodens entweder erhöht oder mindert. Kein Eigentümer sollte allein infolge der kommunalen Maßnahmen begünstigt oder geschädigt werden. – Allokationspolitisch versprach man sich von einer P. eine Faktormobilisierung und dadurch eine gesamtwirtschaftlich optimale Nutzung des Bodens. – 3. *Realisierung:* In gewissem Umfang ist für einen Teilbereich der Bau- und Planungsmaßnahmen im Städtebauförderungsgesetz ein System der Bodenwertabschöpfung eingerichtet.

Planungswissenschaft, wissenschaftliche Beschäftigung mit Planung allgemein. P. umfaßt: a) *Planungstheorie:* Untersuchung von Regelmäßigkeiten in tatsächlich stattfindenden Planungsprozessen; b) (wissenschaftliche) *Planungstechnologie:* Stellt bedingte Empfehlungen für die Gestaltung von Planungsprozessen auf.

Planungszeitrum, →Planungsperiode.

Planwirtschaft, in Literatur und Publizistik oft anzutreffende Bezeichnung für eine →Wirtschaftsordnung, in der der Wirtschaftsprozeß von einer zentralen Instanz auf der Grundlage ihres Plans koordiniert wird. Eine solche Kennzeichnung impliziert jedoch, daß das Wirtschaften in anders gearteten Wirtschaftsordnungen nicht auf Plänen beruht, was logisch falsch ist. Daher sind diesem Begriff zur Beschreibung der gemeinten Wirtschaftsordnungen Bezeichnungen wie →*zentralgeleitete Wirtschaft*, →*Zentralverwaltungswirtschaft* (Eucken), →*staatssozialistische Zentralplanwirtschaft* oder *Einplanwirtschaft* (Preiser) vorzuziehen.

Planzahl, verbindliche Vorgabe eines Wertes für die →Planungsperiode. Wird die P. über- oder unterschritten, so sind die Ursachen der Planabweichung zu analysieren und ist u. a. eine →Planrevision vorzunehmen.

Planzeit. I. A r b e i t s w i s s e n s c h a f t : →Soll-Zeiten für bestimmte Aufgaben, deren Ablauf mit Hilfe von Einflußgrößen beschrieben ist (Zeitnorm, Richtzeit). – *Vorteile:* Wiederverwendbarkeit, Erleichterung von →Kalkulationen, Bildung von →Kennzahlen. – *P. für Bewegungsgrundelemente:* Vgl. →Systeme vorbestimmter Zeiten.

II. P l a n u n g / K o s t e n r e c h n u n g : Vgl. →Fristigkeit.

Plastik-Ausweiskarte, maschinenlesbare, genormte Karte mit optisch und/oder maschinenlesbaren Codes (→Magnetstreifenkarte) zur Personen-Identifikation.

Platzagent, →Platzvertreter.

Platzanweisung, am Ausstellungsort oder einem benachbarten Ort zahlbare →Anweisung. P. sind von der →Wechselsteuer ausgenommen, wenn sie eine Barzahlung ersetzen und kein →Scheck sind (§ 6 I Nr. 4 WStG), ausgenommen mit einer rechtlich wirksamen Annahmeerklärung versehene P. (§ 6 II WStG).

Platzgeschäft, Geschäft, bei dem der Abnehmer am Importplatz ansässig ist. Es kann sich um ein →Abladegeschäft oder ein →Locogeschäft handeln. – *Anders:* →Distanzgeschäft.

Platzkauf, rechtlicher Gegenbegriff zum →Versendungskauf. Es gelten die Bestimmungen über den →Kaufvertrag.

Platzkostenrechnung, →Kostenplatzrechnung.

Platzprotest, →Abwesenheitsprotest.

Platzspesen, im Inkassogeschäft für Wechsel (→Inkasso) auf kleine und abseitige Plätze (→Spesenplätze) berechneter →Zuschlag.

Platztratte, →Platzwechsel.

Platzvertreter, ein von einer festen Handelsniederlassung aus tätiger →Handelsvertreter oder →Handlungsgehilfe. Die dem P. erteilte →Handlungsvollmacht *ermächtigt nicht* zur Annahme von Zahlungen für den Geschäfts-

herrn sowie zur nachträglichen Bewilligung von Zahlungsfristen. Der P. ist aber *berechtigt,* Mängelanzeigen, Erklärung, daß waren zur Verfügung gestellt werden, und andere ähnliche Erklärungen entgegenzunehmen (§ 55 HGB).

Platzwechsel, *Platztratte,* am Ausstellungsort zahlbarer →Wechsel bzw. Tratte (→gezogener Wechsel). – *Gegensatz:* →Distanzwechsel.

Plazierung. I. B a n k w e s e n : 1. *Begriff:* Unterbringung neu ausgegebener Wertpapiere (Aktien, industrielle Schuldverschreibungen), insbes. durch Verkauf an das breitere Publikum (vgl. auch →Emissionsgeschäft). – P. wird häufig von einem →Konsortium (*Plazierungskonsortium,* auch *underwriter*) durchgeführt, das dem Emittenten die vollständige P. garantiert; im Fall der Nichtplazierung verbleiben die Papiere im Bestand der Konsortialbanken. Plazierende Banken erhalten für die Durchführung der P. eine Provision. – 2. *Arten:* a) *Öffentliche Zeichnung:* Anleger besitzen die Möglichkeit, innerhalb einer bestimmten Frist Teile der Wertpapieremission zu zeichnen. Bei hoher Nachfrage kann Zeichnungsfrist verkürzt werden, bei Überzeichnung erfolgt die Zuteilung z. B. durch Verlosung (oft bei Aktienneuemissionen). – b) *Freihändiger Verkauf:* Die plazierenden Banken verkaufen ein Kontingent ab einem bestimmten Termin ohne vorhergehende Zeichnung.

II. W e r b u n g : „Standort" eines Werbemittels. – Vgl. auch →Plazierungsvorschrift.

Plazierungskonsortium, →Plazierung I, →Konsortium.

Plazierungsvorschrift, genaue, bindende Angaben des Werbetreibenden an den Werbeträger (TV, Funk, Verlag, →Media), an welcher Stelle, in welcher Länge, in welcher Form das Werbemittel an einem bestimmten Platz, in bestimmter Lage anzubringen, abzudrukken, anzukleben, aufzuhängen oder zu senden ist.

Pl/1. 1. *Begriff:* Prozedurale →Programmiersprache, ca. 1965 von der Firma IBM entwikkelt mit dem Anspruch, Computeranwendungen im kommerziellen und technisch-wissenschaftlichen Bereich zu unterstützen. Pl/1 ist offiziell kein Akronym, sondern ein Name, gilt aber als Abk. für *programming language one*. – 2. *Sprachstruktur:* Pl/1 enthält Elemente von →Cobol, →Fortran und →Algol; keine sauberen Konzepte, aber bei disziplinierter Verwendung eine sehr mächtige und flexible Sprache. – 3. *Einsatzgebiete/Verbreitung:* Universalsprache für betriebswirtschaftliche, administrative, mathematische, technische, naturwissenschaftliche Probleme. V. a. auf IBM-Computern eingesetzt. Abnehmende Verbreitung. – 4. *Standardisierung:* Weitgehend auf Grundlage der IBM-Sprachbeschreibung von →ANSI und →ECMA 1976 genormt.

Pleite, umgangssprachlicher Ausdruck für →Bankrott, bzw. →Konkurs.

Plotter, *Kurvenschreiber,* →Ausgabegerät eines Computers; ein Zeichengerät für die graphische Darstellung digitaler Daten (→digitale Darstellung) in Form von Kurven, Diagrammen u. ä. – *Arten:* a) *Trommel-P.:* Rundführung des Papiers; b) *Flach-P.:* Plan arbeitendes Zeichnungsgerät.

PLU, Abk. für →Price-look-up-Verfahren.

Pluralinstanz, eine mit mehreren Handlungsträgern besetzte →Instanz. Die →Willensbildung innerhalb der P. und die Leitung der hierachisch untergeordneten organisatorischen Einheiten erfolgt nach dem →Kollegialprinzip. – *Gegensatz:* →Singularinstanz.

Pluralismus, innerhalb des →Kritischen Rationalismus systematisch betonter methodisch-wissenschaftlicher Aspekt; Ideenvielfalt als geeignete Voraussetzung, um falsche Theorien bzw. Irrtümer schlechthin zu erkennen und ggf. zu überwinden. – Prinzipien: a) *Prinzip der Proliferation:* Erfindung möglichst vieler alternativer Standpunkte; b) *Prinzip der Bewahrung:* Verhinderung einer vorschnellen Elimination solcher Theorien, die momentan nicht leistungsfähig erscheinen (→Falsifikation) oder etwas „aus der Mode" gekommen sind. – *Besondere Bedeutung* erhält der P. innerhalb einer Methodologie wissenschaftlicher Erkenntnisprogramme, bei dem es nicht nur um die Konfrontation alternativer Theorien, sondern um eine Gegenüberstellung umfassender Problemkomplexe mit den für sie je charakteristischen Leitideen geht (→Wissenschaftsprogramme der Betriebswirtschaftslehre, verhaltenstheoretische Betriebswirtschaftslehre).

pluralistische Theorien, →Konjunkturtheorien, die →Konjunktur als umfassendes Ineinandergreifen zahlreicher Datenänderungen erklären, die ihrerseits in bezug auf Ursache und Wirkung nicht zu isolieren und deshalb auch nicht schlüssig auf ihren Ursprung zurückzuführen sind, zumal soweit es sich um nicht-ökonomische Faktoren handelt. Ziel ist die Gewinnung von praktisch verwertbaren Erkenntnissen. – *Gegensatz:* →Kausalmonismus.

pluralistisches Steuersystem, *Vielsteuer-System,* →Steuersystem, das auf dem der Besteuerung durch Erhebung mehrerer Steuerformen basiert. Die zu erhebenden →Steuern können unter dem Aspekt des zu erzielenden Steueraufkommens gleich oder unterschiedlich gewichtet sein. – Sonderform: *dualistisches Steuersystem* (zwei Steuerfor-

men). – *Gegensatz:* →monistisches Steuersystem.

Plusankündigung, →Pluszeichen.

Plus-Minus-Rechnung, →Mehr- und Weniger-rechnung.

Pluszeichen, *Plusankündigung,* Markierung (+) hinter dem Namen einer Aktie auf der Maklertafel der Börse weist darauf hin, daß der Kurs gegenüber dem Vortag um mindestens 5 Prozent gestiegen ist. Bei mehr als 10 Prozent wird Doppelplus (+ +) vermerkt. – Bei festverzinslichen Anleihen werden Plusankündigungen bei 1 bzw. 2 Prozent Kursanstieg vorgenommen. – Vgl. auch →Kurszusätze und -hinweise.

Pocken, →übertragbare Krankheiten, →Quarantäne, →Pockenschutzimpfung.

Pockenschutzimpfung, früher bestehende Impfpflicht gegen Pocken, die durch das Gesetz vom 24.11.1982 (BGBl I 1529) aufgehoben wurde.

Poensgen-Stiftung, gemeinnütziger Verein zur Förderung von Führungskräften in der Wirtschaft, gegründet 16.6.1956 von der Industrie- und Handelskammer Düsseldorf. – *Aufgabe:* Heranbildung von Unternehmerpersönlichkeiten (zwischen 30 und 40 Jahren) als Nachwuchskräfte für leitende Positionen in den Unternehmungen (vorwiegend des nordrhein-westfälischen Gebietes, aber auch ausschließlich für dieses). – *Methoden:* a) Durchführung von Lehrgängen, die von Unternehmern und sonstigen Praktikern des Wirtschaftslebens sowie von Experten einzelner Gebiete abgehalten werden; b) Zusammenkünfte von führenden Unternehmern und Nachwuchskräften zu Diskussionen und Gedankenaustausch.

Poincaré-Bendixson-Theorem, nach H. Poincaré (1854–1912) und I.O. Bendixson (1861–1935) benanntes mathematisches Theorem zum Nachweis der Existenz von →Grenzzyklen in zweidimensionalen →Differentialgleichungssystemen. Das P.-B.-T. wird v.a. in der modernen mathematischen →Konjunkturtheorie angewandt.

point. 1. *Warenbörsen:* Einheit bei Notierung von Warenpreisen an internationalen Börsen (z.B. New York) $\frac{1}{100}$ der Währungseinheit. – 2. *Euromarkt:* 1% des Nennwerts eines festverzinslichen Wertpapiers; *Basispoint:* $\frac{1}{100}$% des Nennwerts.

point of purchase (POP), →point of sale (POS).

point of sale (POS), *point of purchase (POP),* Ort des Einkaufs (aus Sicht des Konsumenten) bzw. Ort des Verkaufs (aus Sicht des Händlers). Synonym verwandte Begriffe, die den Ort des Warenangebots (einen Laden bzw. den innerbetrieblichen

Standort einer Ware im Regal, in einer Verkaufsgondel) bezeichnen, an dem die Kunden in Selbstbedienungsgeschäften unmittelbaren Kontakt mit der Ware haben und deshalb, zur Förderung von →Impulskäufen, gezielt mittels Maßnahmen der →Verkaufsförderung angesprochen werden können.

point of sale banking, *POS-Banking, bargeldlose Kassensysteme,* Form der →zwischenbetrieblichen Integration der EDV eines Handels- und eines Bankbetriebs. Der Kunde bezahlt an der Kasse des Zahlungsorts (Point of sale) statt mit Bargeld mit einer maschinell lesbaren Karte (z. B. Scheckkarte, →Chipkarte). Der Rechnungsbetrag wird dann im Off-line- oder On-line-Verfahren (→Offline(-Betrieb), Online(-Betrieb)) automatisch vom Konto des Kunden abgebucht. – Vgl. auch →kartengesteuerte Zahlungssysteme.

Poissonverteilung, diskrete theoretische →Verteilung der Statistik. Die →Wahrscheinlichkeitsfunktion der P. lautet:

$$f(x) = \begin{cases} \dfrac{e^{-\lambda}\lambda^x}{x!} & \text{für } x = 0, 1, \dots \\ 0 & \text{sonst.} \end{cases}$$

Dabei ist e die →Eulersche Zahl und x! = 1 · 2 · ... · x für x > 0 und 0! = 1. Die P. wird u. a. zur →Approximation der →Binomialverteilung für den Fall eines sehr kleinen Anteilswertes p verwendet, d. h. für Prozesse, bei denen die Wahrscheinlichkeit für das Eintreffen eines Ereignisses sehr klein ist (seltene Ereignisse, z. B. Telefonanruf, Kundenankunft). Vorteil: Sie hat nur einen →Parameter, λ, der sowohl →Erwartungswert, als auch →Varianz der P. ist.

Polaritätsprofil, von Hofstätter 1958 entwickeltes →Skalierungsverfahren zur Messung der Einstellung. Gleicht dem →semantischen Differential.

pole, →rod.

Polen, *Volksrepublik Polen,* sozialistischer Staat in Mitteleuropa. Zentralverwaltungswirtschaft im Staats- und Genossenschaftseigentum; vorwiegend auf Privateigentum beruhende Landwirtschaft. – *Fläche:* 312 683 km², eingeteilt in 49 Woiwodschaften. – *Einwohner* (E): (1986, geschätzt) 37,46 Mill. (119,8 E/km²; überwiegend Polen, nationale Minderheiten (Deutsche, Ukrainer, Russen, Slowaken). – *Hauptstadt:* Warschau (1,6 Mill. E); weitere wichtige Städte: Lodsch (845 000 E), Krakau (723 000 E), Breslau (627 000 E), Posen (563 000 E), Danzig (462 000 E), Stettin (390 000 E), Kattowitz (366 000 E). – *Amtssprache:* Polnisch.

W i r t s c h a f t : *Landwirtschaft:* 31% der Erwerbspersonen sind in der Landwirtschaft beschäftigt. Getreide-, Kartoffel-, Zuckerrübenanbau. Viehzucht: Rinder, Schweine,

Pferde. – *Fischfang:* (1982) 604 896 t. – *Bergbau:* Steinkohle, Braunkohle, Kupfer, Zink, Blei. – *Industrie:* Rohstahl, Aluminium, Kupfer, Fahrzeugbau; 39% der Erwerbspersonen sind in der Industrie tätig. – *BSP:* (1985, geschätzt) 78 960 Mill. US-$ (2120 US-$ je E). – Anteil der Landwirtschaft am BSP: (1984) 15%; der Industrie: 55%. – *Netto-West-Verschuldung:* (1985) 31–35 Mrd. US-$. – *Inflationsrate:* (1984) 19,4%. – *Export:* (1985) 11 447 Mill. US-$, v. a. Maschinen, Transportmittel, Kohle, chemische Produkte, Eisen und Stahl, Textilien, Zement. – *Import:* (1985) 10 761 Mill. US-$, v. a. Maschinen, Metallwaren, chemische Erzeugnisse, Brennstoffe. – *Handelspartner:* UdSSR, ČSSR, DDR, Bundesrep. D. – *Reiseverkehr:* (1981) 2,17 Mill. Touristen.

V e r k e h r : *Eisenbahn* ist Hauptträger des Personen- und Güterverkehrs; *Binnenschifffahrt* auf Oder und Weichsel; eigene staatliche *Luftverkehrsgesellschaft* (LOT); wichtige *Häfen:* Gdingen, Danzig, Stettin.

M i t g l i e d s c h a f t e n : UNO, BIZ, ECE, RGW, UCTAD u. a.; Warschauer Pakt.

W ä h r u n g : 1 Zloty (Zl) = 100 Groszy (Gr.).

Police, →Versicherungsschein.

Policendarlehen, →Vorauszahlung.

Policenform, äußere und inhaltliche Gestaltung eines →Versicherungsscheins.

policy making, →Unternehmenspolitik II.

policy mix, in der Makroökonomik die gleichzeitige Durchführung verschiedener Varianten der Wirtschaftspolitik, z. B. kombinierter Einsatz von Geld- und Fiskalpolitik.

policy planning, →Unternehmenspolitik III 1 e).

politics, →Unternehmenspolitik II.

Politik, die auf Überwindung von Interessengegensätzen innerhalb der Gesellschaft eines Staatswesens zielenden Tätigkeiten. *Auf wirtschaftlichem Gebiet:* Vgl. →Wirtschaftspolitik, z. B. →Agrarpolitik, →Außenhandelspolitik, →Sozialpolitik, Verkehrspolitik (→staatliche Verkehrspolitik, →europäische Verkehrspolitik), auch →Finanzpolitik (→Finanzwissenschaft III), →Steuerpolitik, →Währungspolitik. – Der Begriff P. ist auch in *nichtstaatliche Bereiche* übernommen worden, z. B. →Unternehmenspolitik.

Politikberatung, →wirtschaftswissenschaftliche Politikberatung.

Politik des billigen Geldes, →billiges Geld.

Politik des erweiterten Zugangs, Kreditfazilität des Internationalen Währungsfonds (→IMF), die über die normalen →Ziehungsrechte und die →erweiterte Fondsfazilität hinausgeht. Die P.d.e.Z. ist seit 1981 in Kraft und sollte insbes. vor dem Hintergrund der zweiten Erdölpreisexplosion 1979/80 den IMF-Mitgliedern eine stärkere Kreditaufnahme ermöglichen. Die Ziehungsmöglichkeiten wurden auf 150% der Quote pro Jahr und 450% der Quote in einem Dreijahreszeitraum mit einer Obergrenze von 600% der Quote für die Gesamtverschuldung festgelegt. Vom IMF erhaltene Kredite aus der P.d.e.Z. sind entsprechend den Geldbeschaffungskosten des IMF zu verzinsen. – Die P.d.e.Z. sollte ursprünglich nach der erneuten Quotenerhöhung 1983 auslaufen, wurde aber lediglich schrittweise reduziert; Anfang 1986 beliefen sich die o.a. Werte auf 90–100% bzw. 270–330% und 400–440%. In Ausnahmefällen sind auch noch höhere Kredite möglich. – Zur *Finanzierung* von Krediten aus der P.d.e.Z. hat der IMF seit 1981 Kredite von insgesamt 15,3 Mrd. →Sonderziehungsrechten (v.a. in Saudi-Arabien) aufgenommen.

Politik des individuellen Schornsteins, →Stand der Technik.

Politikdialog, proklamierte Absicht der Geberländer von →Entwicklungshilfe, bei der Gestaltung ihrer Entwicklungshilfepolitik bzw. bei der Festlegung der Ziele dieser Politik sowie der Wahl der betreffenden Instrumente und dem zu fördernden Projekt die Politikträger und Zielgruppen der Hilfe in den Entwicklungsländern im Weg eines direkten Meinungsaustauschs und der Abstimmung auf der Basis gegenseitiger Information verstärkt einzubeziehen.

Politik schrittweiser Reformen, wirtschaftspolitische Handlungsmaxime, die verlangt, Reformvorstellungen nicht holistisch, sondern in den →wirtschaftspolitischem Lenkungswissen angepaßten Teilreformen anzustreben. – Vgl. auch →Wirtschaftspolitik.

Politikverflechtung, die insbes. im Zuge des →kooperativen Föderalismus seit Mitte der 60er Jahre in der Bundesrep. D. beobachtbare Tendenz zur gemeinsamen Aufgabenerfüllung durch Bund, Länder und Gemeinden (→Gemeinschaftsaufgaben) sowie zur nicht kongruenten Verteilung von →Gesetzgebungskompetenz, →Verwaltungshoheit, und →Finanzierungshoheit einer Aufgabe. – *Folgen der P.*: Kompetenzstreitigkeiten, verminderte Effizienz der öffentlichen Aufgabenerfüllung, fehlende politische Sanktionierbarkeit politischer Entscheidungen, Machtverlagerung von der Legislative zur Exekutive u.a. Als Konsequenz werden striktere Trennung und die Dezentralisierung von Kompetenzen gefordert.

Politikversagen, →Staatsversagen.

politische Betätigung im Betrieb, →Betriebsfrieden.

politische Kontrollfunktion, Teilfunktion der →Haushaltsfunktionen. Durch die regelmäßig wiederkehrende Beratung und ggf. Beeinflussung der ausgabenwirksamen Regierungstätigkeit ermöglicht das Budget eine vorherige und nachträgliche p.K. des Regierungshandelns.

Politische Ökonomie. I. Aufgabenstellung: 1. *Ansatzpunkt* der in den letzten Jahren erneut aufgelebten Diskussion um das Konzept einer Politischen – im Gegensatz zu einer „Reinen" – Ökonomie ist die *Kritik* vor allem an *der neoklassischen Wirtschaftstheorie.* Viele namhafte Fachvertreter bemängeln dabei, daß so intensiv betriebene Entwicklungen innerhalb der ökonomischen Theorie wie die Allokations-, Wachstums- und Verteilungstheorie, aber auch die Ökonometrie, wenig zur Lösung der aktuellen wirtschaftspolitischen Probleme beigetragen haben. Dies wird u.a. darauf zurückgeführt, daß die herrschende Theorie unbeirrt an der Vorstellung festhält, das ökonomische Geschehen könne von den Vorgängen im politischen und gesellschaftlichen Bereich hinreichend isoliert und eigenständig erklärt werden. Umweltvorgänge gehen nur in Form von Daten in die ökonomischen Modelle ein. Sofern in der Theorie der Wirtschaftspolitik Aussagen über Funktion und Verhalten politischer Entscheidungsträger getroffen werden, sind diese unangemessen vereinfacht bzw. von zu geringem informativem Gehalt. – 2. Die P. Ö. geht dagegen heute von der Vorstellung aus, daß zwischen dem ökonomischen und dem politischen System *wechselseitige Abhängigkeitsverhältnisse* bestehen, ökonomische Ereignisse daher nicht von Vorgängen bzw. Veränderungen der ökonomischen Umwelt erfolgreich isoliert werden können. Ziel der P. Ö. ist es, eine umfassendere Theorie zu entwickeln, die das Verhalten der Regierungen, Bürokraten, Interessenverbände und Wählerschaft in ökonomische Modelle integriert.

II. Geschichte der P. Ö.: Sie beginnt mit dem Franzosen Montchrétien (1615), der den Begriff der „Oeconomie Politique" prägte. Im Laufe der Zeit ist dieser Terminus mit überaus unterschiedlichen Vorstellungen in Verbindung gebracht worden. So zielte die P. Ö. des *Merkantilismus* darauf ab, die durch den 30jährigen Krieg zerrütteten Produktionsverhältnisse wiederherzustellen und sie zugleich durch dirigistische Eingriffe auf die Bedürfnisse des Feudalstaates zuzuschneiden. Diesem Konzept umfassender Lenkung stellten *Physiokraten* und englische Klassiker den Entwurf einer „natürlichen" Gesellschaft entgegen, auf dessen Grundlage das aufstrebende Bürgertum erfolgreich gegen die staatliche Bevormundung privater (Wirtschafts-) Interessen opponierte. In dieser Gesellschaft sollten sich die Individuen frei entfalten und so die Kräfte für einen anhaltenden sozialen und wirtschaftlichen Fortschritt freisetzen können. Konsequent wurde die Abschaffung aller feudalen Zwänge gefordert und an ihre Stelle das Prinzip einer weitgehenden wirtschaftspolitischen Abstinenz des Staates gesetzt. Denn mit Quesnays „natürlicher Ordnung" bzw. Smiths „invisible hand" glaubte man, auf Mechanismen vertrauen zu können, die bei sozialen Handlungen stets harmonische Ergebnisse garantierten. Zugleich konnte Wirtschaft erstmals als ein von Politik und Gesellschaft unabhängig funktionierender Handlungszusammenhang konzipiert werden, denn das von sich selbst steuernden Märkten getragene Wettbewerbssystem stellte allen Marktteilnehmern ein Höchstmaß an materieller Wohlfahrt in Aussicht. So zeigte die klassische P. Ö., daß soziale Handlungsgefüge funktionsfähig sein konnten, ohne daß der einzelne sie voll durchschaute; gerade dann, wenn er seine Handlungen allein am Selbstinteresse ausrichtete, trug der einzelne dazu bei, ein sozial wünschenswertes Resultat zu verwirklichen. – Die P. Ö. des →Marxismus versuchte schließlich zu erklären, daß der →Kapitalismus nicht bereits ein Endzustand war, sondern daß nach dem „ökonomischen Entwicklungsgesetz der modernen Gesellschaft" die klassisch liberale Ära nur eine, wenn auch notwendige Zwischenstation auf dem Weg zu einer herrschaftsfreien Gesellschaft war.

III. Neue Politische Ökonomie: Unter dem von Mitchell 1968 eingeführten Begriff der *New Political Economy* bzw. der Synonyme *Ökonomische Theorie der Politik und Nichtmarktliche Entscheidungstheorie*, wird heute eine Reihe unterschiedlicher Ansätze zusammengefaßt. Die Vertreter der Neuen P. Ö. gehen davon aus, daß ökonomische und politische Entscheidungen *gleichartig strukturiert* sind. Sie empfehlen daher, die Theorie rationaler Entscheidungen neoklassischer Prägung für die Analyse politischer Entscheidungen nutzbar zu machen, und hoffen, dadurch die politische Dimension des Datenrahmens der ökonomischen Analyse erfolgreich hinterfragen zu können. Inhaltlich umfaßt dieser Ansatz die in Politik und Wirtschaft etablierten Entscheidungsmechanismen der spätkapitalistischen Gesellschaft. Dies sind neben dem System der *Marktsteuerung* v. a. die *Kollektiventscheidungen*, die in polyarchisch und demokratisch strukturierten Wahlsystemen wirksam sind, sowie die Entscheidungsfindung in Verhandlungssystemen. Für die Analyse rationaler Kollektiventscheidungen gilt der Ansatz von Olson als grundlegend. Olson untersucht, unter welchen Bedingungen Bildung und Stabilisierung von Kollektiven gelingt, deren Mitglieder sich rational verhalten und die Güter herstellen, deren Nutzung potentiellen Mitgliedern nicht vorenthalten werden kann, für die also das Ausschlußprinzip des Marktes nicht gilt.

Nach dem *Olson'schen Theorem* entscheiden sich die potentiellen Mitglieder großer Gruppen rational, wenn sie eine Beteiligung an den Kosten der kollektiven Leistungserstellung verweigern. Denn die von den aktuellen Mitgliedern getragene Leistung fällt ihnen kostenlos zu. Da alle Mitglieder so kalkulieren, kommt die Bildung eines entsprechenden Kollektivs nicht zustande. Dagegen steigt die Wahrscheinlichkeit, daß ein Kollektiv gebildet wird, mit abnehmender Anzahl aktueller und potentieller Mitglieder sowie mit zunehmender Streuung der Intensitäten, mit denen die Mitglieder die Produktion „ihres" Kollektivgutes präferieren. Es wird dann der Grenzfall denkbar, daß ein Mitglied die Gesamtkosten übernimmt; „kleine Gruppen" kommen daher bedingt zustande. Neben diesem Modell spielt das auf dem Prinzip indirekter Wahlen basierende *Demokratiemodell* von *Schumpeter* und *Downs* eine besondere Rolle. Hiernach sind ökonomischer und politischer Bereich analog strukturiert. Unternehmer bzw. Politiker stellen ökonomische bzw. politische Güter her, Konsumenten und Wähler fungieren als Nachfrager. Die Politiker streben Parteiämter aus Einkommens-, Prestige- oder Machterwartungen an, vertreten also politische Programme nicht um ihrer selbst willen, sondern um durch den Gewinn möglichst vieler Wählerstimmen diese Erwartungen realisieren zu können. Dies geschieht durch den Wettbewerb zwischen den Parteien, in denen die Politiker organisiert sind. Wie die ökonomische Konkurrenz führt auch der politische Wettbewerb trotz der egoistischen Motive seiner Träger zu einem von der Allgemeinheit gewünschten Resultat: Über die Parteikonkurrenz wird das Programm verwirklicht, das die Mehrheit der sich rational verhaltenden Wähler präferiert. So garantiert letztlich die Entscheidungssouveränität des Wählers ein Maximum an politischer Wohlfahrt.

IV. Entwicklung: Die Neue P. Ö ist inzwischen selbst zum Gegenstand engagierter *Kritik* geworden. Man zog vor allem die These in Zweifel, daß ökonomische und politische Sphäre analog strukturiert seien. Dabei stieß insbes. die Übertragung der Axiomatik rationaler Entscheidungen neoklassischer Prägung bzw. des Konzeptes des „Homo oeconomicus" in den politischen Bereich auf heftigen Widerstand. Kritisiert wurde überdies die Annahme, der Untersuchungsbereich der P. Ö könne auf den ökonomisch-politischen Bereich beschränkt, zugleich aber von den übrigen gesellschaftlichen Problemkomplexen hinreichend isoliert werden. So bleibt bislang strittig, wie weit oder eng der Gegenstand der Politischen Ökonomie überhaupt zu fassen ist. – Heute schälen sich v. a. *zwei Weiterentwicklungen* der P. Ö heraus. Hierzu zählt einmal der Versuch, die Grenzen der Allgemeinen Theorie der Wirtschaftspolitik so weit zu ziehen, daß sie die Thematik der Neuen P. Ö mitumfassen kann. Zum anderen sind die Bemühungen zu nennen, die Beziehungen zwischen dem ökonomischen System und seiner politischen und sozialen Umwelt im Rahmen eines entwicklungstheoretischen Konzeptes zu erklären. Dieser Ansatz geht von der kapitalistischen Industriegesellschaft in ihrer heutigen Ausprägung aus und fragt, wie aus dem Wechselspiel ökonomischer, politischer und sozialer Kräfte Veränderungen des Marktsystems hervorgehen können, wie sich insbes. unter dem Eindruck solcher Vorgänge die Steuerungsmechanismen der dezentral organisierten Wirtschaft verändern. Grundlage derartiger Überlegungen ist die Theorie komplexer Systeme, die bislang allerdings noch nicht soweit ausgebaut ist, daß sie zur Konstruktion umfassender Theorien der P. Ö. hätte genutzt werden können.

Literatur: Bernholz, P., Grundlagen der Politischen Ökonomie, 3 Bde., Tübingen 1972–1979; Frey, B. S., Theorie demokratischer Wirtschaftspolitik, München 1981; ders., Internationale Politische Ökonomie, München 1985; Heinemann, K, Politische Ökonomie – Heute, Tübingen 1974; Kirsch, G. Ökonomische Theorie der Politik, Tübingen-Düsseldorf 1974; Pommerehne, W. W./Fry, B. S. (Hrsg.), Ökonomische Theorie der Politik, Berlin-Heidelberg-New York 1979; Tichy, G. E., Die Allgemeine Theorie der Wirtschaftspolitik und die Neue Politische Ökonomie, in: Jahrbücher für Nationalökonomie und Statistik, Stuttgart-New York 1978; Voggenreiter, D., Politische Ökonomie, in: Handwörterbuch der Volkswirtschaft, Wiesbaden 1980; Widmaier, H. P. (Hrsg.), Politische Ökonomie des Wohlfahrtsstaates, Frankfurt a. M. 1974.

Dr. Dieter Voggenreiter

Politische Ökonomie der Umwelt, Erklärungsansätze der ökonomischen Theorie der Politik (→Politische Ökonomie), hinsichtlich des „Umweltpolitikversagens": Die politische (Parteien-)Konkurrenz hat in westlichen Demokratien, insbes. in der Bundesrep. D., zu einer deutlichen Erhöhung des →Umweltbewußtseins und zu einem weiten Konsens über die Anwendung des →Verursacherprinzips geführt; anstelle einer umfassenden Lösung des Umweltproblems entstand jedoch eine →Umweltpolitik der kleinen Schritte, deren Instrumenteneinsatz bis heute zögerlich, ineffizient und wenig am →Vorsorgeprinzip orientiert ist. – 1. *Wählerstimmenmaximierende Politiker:* Bei Anwendung des Vorsorge- und Verursacherprinzips entstehen die Kosten, insbes. Einkommenseinbußen, kurzfristig, die positiven Auswirkungen auf die Umwelt jedoch erst später. Wenn viele Wähler in bezug auf das Umweltproblem kurzsichtig und/oder wenig informiert sind und die Politiker auf ihre Wiederwahl bedacht sind, nehmen Politiker nach dem Feuerwehrprinzip nur punktuelle Eingriffe vor, deren Anpassungslast möglichst breit gestreut ist. – 2. *Einseitigkeit der Umweltbewegung:* Obwohl die Umweltbewegung (z. B. Bürgerinitiativen) zweifellos die etablierten Parteien zur stärkeren Gewichtung der Umweltpolitik gezwungen hat, konnte sie bisher keine Wählermehrheit für eine deutlich effektivere Umweltpoli-

tik erreichen. Neben Informationsmangel und Kurzsichtigkeit auf Seiten des typischen Wählers kommt als Begründung dafür auch in Frage, daß die Umweltbewegung in der Vergangenheit nach Meinung der großen Wählermehrheit das Umweltziel zu einseitig (fundamentalistisch) in den Vordergrund gerückt hat, die mit seiner Verfolgung verbundenen Anpassungslasten sowie deren Verteilung heruntergespielt oder ignoriert und Kompetenzdefizite in anderen wichtigen Politikbereichen aufweist. – 3. *Widerstand wichtiger Interessenverbände:* Unternehmerverbände und Gewerkschaften erkennen grundsätzlich einen umweltpolitischen Handlungsbedarf an, haben aber gleichzeitig mit Erfolg auf eine Ausgestaltung der Umweltpolitik gedrängt, bei der die von ihren Mitgliedern zu tragende Anpassungslast möglichst gering ist. Trotz mannigfaltiger Unterschiede zwischen diesen Gruppen ist ihre Präferenz für eine ineffiziente Umweltpolitik, insbes. für Auflagen und für das Gemeinlastprinzip sehr ähnlich.

politische Partei, →Partei I.

politische Programmfunktion, Teilfunktion der →Haushaltsfunktionen. Im Etat sollen politische Ziele in konkrete Ausgabenprogramme umgesetzt werden, mithin stellt der Haushaltsplan den monetären Ausdruck des politischen Handlungsprogramms der Regierung dar.

politischer Konjunkturzyklus, Begriff einiger moderner →Konjunkturtheorien. Ein p.K. kann durch das Bestreben von Regierungsparteien erzeugt werden, zukünftige Wahlen zu gewinnen. Falls z. B. die Arbeitslosenquote entscheidend eine Wahl beeinflussen kann, wird eine Regierungspartei bemüht sein, diese Quote im Lauf der Legislaturperiode zu vermindern, um zum Zeitpunkt der Wahl den Tiefststand vorweisen zu können. Unmittelbar nach erfolgter Wiederwahl wird versucht werden, die Arbeitslosenquote zu erhöhen, um bei der nächsten Wahl erneut eine erfolgreiche Senkung der Quote zu erzielen.

politischer Streik, Streik mit dem Ziel, politische Organe (z. B. den Bundestag) zu bestimmten Maßnahmen zu zwingen. P.St. sind unzulässig. Vgl. im einzelnen →Streik II 2 b).

politischer Unternehmer, Begriff der Politischen Ökonomie: Politiker, der das Maximierungskalkül der mikroökonomischen Produktionstheorie analog auf poltischen Entscheidungsprozesse anwendet.

politisches Risiko, Sammelausdruck in der Versicherung für wirtschaftspolitische, sozialpolitische, verwaltungspolitische und allgemeinpolitische Gefahrumstände, z. B. Krieg, Bürgerkrieg, innere Unruhen, Streik, Aussperrung, Beschlagnahme, Verfügungen hoher Hand. In den →Allgemeinen Versicherungsbedingungen i. d. R. ausgeschlossen, teilweiser Wiedereinschluß aufgrund besonderer →Klauseln, immer mit verkürzten Kündigungsfristen und gegen Prämienzuschlag.

politische Statistik, Teilgebiet der →amtlichen Statistik. Die p.St. erstreckt sich auf politische Tatbestände wie Wahlen und Wahlergebnisse, gesetzgebende Körperschaften und Verwaltungen nach ihrer personellen Besetzung (Beamte und Angestellte) und nach ihrer Geschäftsfähigkeit (Zahl der Urteile, Zahl der erledigten Anträge, Schülerzahl, geleistete Unterrichtsstunden, Statistik von Konkursen und Vergleichen usw.).

Polizei, Behörde mit der Aufgabe, von der Allgemeinheit oder dem einzelnen Gefahren abzuwehren, durch die die öffentliche Sicherheit oder Ordnung gestört würde. Zu diesem Zweck muß die P. nach pflichtmäßigem Ermessen alle notwendigen Maßnahmen treffen. In Durchführung ihrer Aufgaben kann sie →Polizeiverfügungen und →Polizeiverordnungen erlassen. Neben diesen allgemeinen Aufgaben können ihr durch Gesetz auch besondere Aufgaben übertragen werden. – In der *Bundesrep. D. zu unterscheiden:* a) Bundes-P. (Art. 87 GG: →Bundesgrenzschutz, →Bundeskriminalamt, Bundesbahn-P.); b) Länder-P. der verschiedenen Zweige; c) selbständige Gemeinde-P. (selten).

Polizeiaufsicht, jetzt: →Führungsaufsicht. P. hatte Sicherungscharakter, während die Führungsaufsicht primär der Resozialisierung dient.

polizeilicher Notstand, das Vorliegen besonderer Umstände, die das sofortige Einschreiten der →Polizei erforderlich machen, insbes. auch das Eingreifen in die Rechte unbeteiligter Dritter, die ggf. Entschädigungsanspruch haben. Derartige Eingriffe sind i. a. nur so weit und so lange zulässig, wie sie zur Beseitigung einer bereits eingetretenen Störung der öffentlichen Sicherheit oder Ordnung oder zur Abwehr einer unmittelbar bevorstehenden polizeilichen Gefahr notwendig sind und eine anderweitige Abwehr der Gefahr nicht möglich ist (§ 21 Preußisches Polizeiverwaltungsgesetz).

polizeiliches Führungszeugnis, →Führungszeugnis.

Polizeiverfügung, Anordnung der →Polizei. Stellt einen →Verwaltungsakt dar, der an bestimmte Personen oder an einen individuell bestimmbaren Personenkreis gerichtet ist und ein Gebot oder Verbot oder die Versagung, Einschränkung oder Zurücknahme einer →Erlaubnis zur Regelung des Einzelfalles enthält. Die P. kann mündlich, schriftlich oder durch Zeichen (z. B. bei der Verkehrsregelung durch die Verkehrspolizei) erfolgen. – *Gegensatz:* →Polizeiverordnung.

Polizeiverordnung, Anordnung der →Polizei, die ein Gebot oder Verbot für eine unbeschränkte Anzahl von Fällen enthält und an eine individuell nicht bestimmbare Anzahl von Personen gerichtet ist. Eine P. darf nur in notwendigen Fällen aufgrund einer allgemeinen gesetzlichen Ermächtigung erlassen werden. Sie muß im Rahmen der polizeilichen Befugnisse liegen und darf nicht in Widerspruch zu Gesetzen oder Anordnungen höherer Behörden stehen. – *Gegensatz:* →Polizeiverfügung.

Polygondarstellung, Darstellung einer →Häufigkeitsverteilung in bezug auf ein →quantitatives Merkmal, bei dem eine →Klassenbildung vorgenommen wurde. Die P. ist nur dann einwandfrei, wenn *gleiche* Klassenbreiten vorliegen. Man trägt über jeder Klassenmitte die zugehörige (absolute oder relative) →Häufigkeit ab, verbindet die Punkte sukzessive durch Geradenstücke und ergänzt am Rand analog (vgl. untenstehendes Beispiel). Die P. ist, da sie bei verschiedenen Klassenbreiten nicht geeignet ist, gegenüber dem →Histogramm in den Hintergrund getreten. – *Beispiel:* Die in nachstehender Tabelle verzeichnete Häufigkeitsverteilung ergibt eine absolute P. gemäß der folgenden graphischen Darstellung.

Klasse	Häufigkeit absolut	Klassen-mitte
0 bis unter 10	5	5
10 bis unter 20	10	15
20 bis unter 30	20	25
30 bis unter 40	30	35
40 bis unter 50	25	45
50 bis unter 60	15	55
60 bis unter 70	5	65
zusammen	110	X

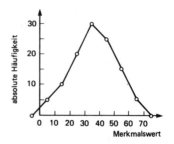

Polypol, →Marktform aufgrund morphologischer Einteilung, charakterisiert durch viele Anbieter und Nachfrager. Auf vollkommenen Markt: Vgl. →vollkommene Konkurrenz; auf unvollkommenen Markt: Vgl. →monopolistische Konkurrenz.

Pönaleversicherung, fakultative Risikoübernahme im Rahmen einer technischen Versicherung, bei der vertraglich festgelegte Geldleistungen gedeckt sind, die der Lieferant oder Ersteller eines Werks beim Vorliegen bestimmter Kriterien an den Auftraggeber unabhängig von Verschuldung und Schadeneintritt zu entrichten hat. Wichtigste Kriterien für die Auslösung der Pönalepflicht sind Überschreitungen von für die Erbringung bestimmter Leistungen vereinbarter Termine und Nichterreichung vertraglich zugesicherter Leistungen.

Pond (p), veraltete Krafteinheit. 1p entspricht der Kraft, mit der 1 Gramm auf die Unterlage wirkt. $1p = 9,80665 \cdot 10^{-3}$ Newton.

Pool. I. Wettbewerbsrecht/-politik: 1. *Kartell höherer Ordnung,* bei dem zusätzlich zu Vereinbarungen über Konditionen, Preise und Angebots- oder Produktionsmengen eine schlüsselmäßige Verteilung der zentral erfaßten Gewinne erfolgt. Meist in der Rechtsform einer GmbH, jedoch auch ohne eigene Rechtspersönlichkeit, als Gewinngemeinschaft oder besonderes Gewinnverteilungs-Kartell. – 2. *Zusammenfassung von Beteiligungen,* z. B. zwecks einheitlicher Geltendmachung von Aktionärsrechten (insbes. →Stimmrechtsbindungen). Poolung des Effektenbesitzes interessierter Aktionäre zur Beherrschung eines Unternehmens.

II. Versicherungswesen *(Versicherungspool, Versicherungsgemeinschaft):* Zusammenschluß zahlreicher →Versicherungsgesellschaften zur gemeinschaftlichen Tragung großer und schwerer Risiken, wobei jedes gemäß P.vertrag in Frage kommende Risiko in die P. eingebracht wird und sich jedes P.mitglied entsprechend einer festgelegten Quote an den Erträgen und Aufwendungen des P.geschäftes beteiligt. – Von Bedeutung insbes. der *Haftpflichtversicherungspool* (Zusammenschluß der Haftpflicht-Versicherungsgesellschaften): (1) →Deutscher Luftpool, (2) →Deutsche Kernreaktor-Versicherungsgemeinschaft und (3) →Pharma-Rückversicherungs-Gemeinschaft.

Pooler, Zusatzgerät zur Zusammenführung von kleinen Datenmengen auf einem →Datenträger hoher Kapazität zur rationellen Dateneingabe.

Pool-Methode, Kalkulationsinstrument der →Teilzinsspannenrechnung, bei dem Durchschnittswerte für Aktivzinsen und Refinanzierungskosten errechnet werden, die als Vergleichsmaßstäbe der Geschäftsabschlüsse auf der jeweils anderen Bilanzseite herangezogen werden. Hierdurch wird der Erfolgsbeitrag der einzelnen Aktiv- bzw. Passivgeschäfte kalkuliert. Die Differenz von durchschnittlichem Aktiv- und Passivzins ergibt dabei die →Bruttozinsspanne. Als Steuerungsinstrument nur wenig geeignet und veraltet, da mangelnde

Zurechenbarkeit der Erfolgsbeiträge durch die Durchschnittsbildung.

Poolpalette, →Palette.

POP, point of purchase, →point of sale (POS).

Popitzsches Gesetz. 1. *Begriff:* Vom Finanzwissenschaftler und -politiker Johannes Popitz 1926/27 aufgestellte These der „Anziehungskraft des Zentralen Haushalts", die dazu führe, daß sich im Zeitablauf immer mehr Zuständigkeiten von den Gliedstaaten, sekundär auch von den Gemeinden, auf den Zentralstaat verlagerten. – 2. *Gründe:* a) Geringere Elastizität der Einnahmen der Gliedstaaten, die den Zentralstaat zu finanziellen Unterstützungszahlungen zwinge, ihm damit zugleich aber auch die Übernahme von Zuständigkeiten ermögliche; b) Inhomogenität der Gliedstaaten in Größe und Finanzkraft, die diesen Zusammenhang noch verstärke; c) den nur dem Zentralstaat offenstehenden Zugriff auf die Notenbank; d) politische Präponderanz, die die Kompetenzen des Zentralstaats stärke; e) die im Zuge der Entwicklung zum Wohlfahrtsstaat auftretende Umwandlung von zunächst örtlich gesten Aufgaben in „gesetzlich geregeltes Versorgungsrecht" (vgl. auch →Wagnersches Gesetz). – 3. *Beurteilung:* Der behauptete Zusammenhang ist z. T. aus den politischen Besonderheiten der Weimarer Zeit abgeleitet, „Gesetzescharakter" kann er nicht beanspruchen, wenngleich viele der von Popitz behaupteten Zusammenhänge hohe Plausibilität besitzen und auch heute noch gelten dürften. Methodisch läßt sich eine Zentralisierung der Aufgabenzuständigkeiten nur schwer nachweisen. In der Bundesrep. D. ist sie – (verkürzt) gemessen an den Ausgabenanteilen der Ebenen – nicht feststellbar; sie bestätigt sich hingegen bezüglich der Verteilung der →Gesetzgebungskompetenz (→Finanzverfassung, →Finanzausgleich).

Popitz-Schliebensche Finanzreform, 1924/25, eine Fortsetzung der mit der →Erzbergerschen Finanzreform begonnenen Stärkung der Finanzgewalt des Zentralstaates. Abkehr von dem Prinzip des „Kostgängerstaates" (Reich = Kostgänger der Länder). Mit der Währungsreform von 1923, dem Londoner Schuldenabkommen von 1924 und dem sich einstellenden Wirtschaftsaufschwung waren die Erfolgsbedingungen äußerst günstig. Nach der Schaffung der Reichsabgabenordnung von 1919 und der Erhebung der Einkommensteuer 1920 zur Reichssteuer (einfach durchgestaffelter progressiver Tarif von Steuersätzen bis zum Plafond von 40%) wurde v. a. der →Finanzausgleich weiter ausgebaut, mit besonderer Betonung der Stellung der Gemeinden im Staatswesen („Unterbau des Staates" mit hoher finanzwirtschaftlicher Eigenständigkeit). Der Finanzausgleich wurde zu einem vom Reich dominierten →Trennsystem ausgebaut, die Länder erhielten bestimmte Steuerarten bzw. Anteile daran zugewiesen. Mit den beim Reich anfallenden Überschüssen wurden v. a. die Reparationen bedient. – Vgl. auch →Finanzreform.

Popper-Kriterium, von Karl R. Popper, dem Begründer des →Kritischen Rationalismus, formulierter Vorschlag zur Abgrenzung erfahrungswissenschaftlicher Aussagen. Gefordert wird, daß ein empirisch-wissenschaftliches System an der Realität scheitern können muß. Handelt es sich um die logische Eigenschaft der Falsifizierbarkeit bzw. Prüfbarkeit erfahrungswissenschaftlicher Aussagen (→Informationsgehalt). Über die tatsächliche →Falsifikation ist mit Hilfe anderer Kriterien zu entscheiden.

Popularklage, im geltenden Recht über die Verwaltungs- und Verfassungsgerichtsbarkeit i. a. ausgeschlossene Klage, durch die ein beliebiger Staatsbürger die Überprüfung der Rechtmäßigkeit eines gegen einen anderen Staatsbürger ergangenen →Verwaltungsakts verlangen kann. – Nur wer durch einen Hoheitsakt in seinen eigenen Rechten verletzt zu sein behauptet, darf Klage vor den Verwaltungsgerichten oder Verfassungsbeschwerde erheben.

Portabilität, Merkmal der →Softwarequalität: Übertragbarkeit eines →Softwareprodukts. Die P. eines Softwareprodukts ist hoch, wenn der Anpassungsaufwand bei Übertragung in eine andere Umgebung (anderer Computer oder anderes Betriebssystem) gering ist. Wichtiges Qualitätsmerkmal bei langlebigen Softwareprodukten, aber meist sehr schlecht erfüllt.

Portable, tragbarer Mikrorechner (→Rechnergruppen 2 a)) von der Größe eines kleinen Koffers. →Zentraleinheit, →Tastatur, →Bildschirm, →externe Speicher und z. T. auch →Drucker sind in einem Gehäuse integriert. P. sind beim Betrieb i. a. vom Stromnetz abhängig. – Vgl. auch →Hand-held Computer.

Portefeuille, →Portfolio.

Portefeuilletheorie, →Portfolio Selection.

Portfolio, *Portefeuille,* Bezeichnung für den Bestand von Wechseln *(Wechsel-P.)* oder Wertpapieren *(Effekten-P.)* eines Anlegers, eines Unternehmens oder einer Bank. – Vgl. auch →Kapitalmarkttheorie II, →Portfolio Selection.

Portfolio-Analyse. I. Entstehung: 1. *Portfolio-Ansatz von Markowitz* (1952), der Finanzwirtschaft zuordenbar: Eine Planungsmethode zur Zusammenstellung eines Wertpapierbündels („portefeuille"), das, nach bestimmten Kriterien (z. B. der Erwartungswert und die Standardabweichung der Kapi-

talrendite) bewertet, eine optimale Verzinsung des an der Aktienbörse investierten Kapitals erbringen sollte (→Portfolio Selection). – 2. Der Ansatz wurde später auf andere Bereiche (z. B. Sachinvestitionen) übertragen. – Anfang der 70er Jahre gelang es, die *P.-A. auf ganzheitliche Problemstellungen* bei diversifizierten Unternehmen anzuwenden (Vorreiter in der Praxis: General Electric): Es ging um die Bestimmung eines nach zukünftigen Chancen und Risiken ausgewogenen Produkt/Markt-Programms. – Seither wurde die P.-A. vielfach modifiziert und zählt zu den verbreitetsten Analyse- und Planungsinstrumenten eines →strategischen Managements.

II. Z i e l : Ist die Betrachtungsebene der P.-A. das Gesamtunternehmen, so sind seine Elemente die →strategischen Geschäftsfelder (SGF). Grundüberlegung der P.-A. ist es, die einzelnen SGF nicht isoliert zu betrachten, sondern eine ganzheitliche Planung des Verbundes aller SGF anzustreben. Die P.-A. visualisiert, wie ausgewogen die Geschäfte eines Unternehmens sind. Da sie damit auch eine Denkfigur bietet, ist sie nicht nur eine Analysemethode, sondern auch eine Führungskonzeption *(Portfolio-Management)*.

III. A n s ä t z e : Um die Geschäfte eines Unternehmens untereinander vergleichbar zu machen, werden, je nach Konzept, unterschiedliche Bewertungskriterien zu einer generalisierenden Vereinfachung der Sachverhalte herangezogen.

1. *P.-A. der Boston Consulting Group:* a) *Kriterien* sind „Marktwachstum", als Ausdruck der Attraktivität eines Marktes, und „relativer Marktanteil", als Ausdruck der Wettbewerbsposition eines Geschäfts des Unternehmens relativ zur Konkurrenz. Beide Kriterien zeigen sich im PIMS-Modell (→PIMS) stark positiv korreliert zur Rentabilität (bzw. dem Gewinn). – b) *Theoretische Grundlage* sind das Konzept des →Lebenszyklus (z. B. weise eine frühe Phase im Lebenszyklus auf hohe Wachstumspotentiale hin, erfordert aber auch erhöhte Investitionen) sowie die →Erfahrungskurve (ein höherer Marktanteil ermöglicht eine günstigere Position auf der Erfahrungskurve und damit mehr Gewinn und Cash Flow). – c) *Darstellungsweise:* Eine Portfolio-Matrix mit den unter a) genannten Dimensionen zeigt die Abb. der Portfolio-Matrix von der Boston Consulting Group der Übersicht Sp. 925/926. – Positioniert man in ihr die SGF, lassen sich vier Arten mit ihren dazugehörigen Normstrategien unterscheiden. Diese Normstrategien zielen auf eine Ressourcenzuteilung ab, die ein längerfristiges Gleichgewicht der Zahlungsströme sowie eine ausgewogene Investitionspolitik erwarten läßt.

2. *P.-A. von McKinsey* (in Zusammenarbeit mit Generel Electric entwickelt): a) *Kriterien:* Eine Eindimensionalität zur Erklärung der

Übersicht: Portfolio-Analyse

Portfolio-Matrix der Boston Consulting Group

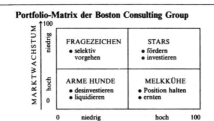

	niedrig	FRAGEZEICHEN • selektiv vorgehen	STARS • fördern • investieren
MARKTWACHSTUM	hoch	ARME HUNDE • desinvestieren • liquidieren	MELKKÜHE • Position halten • ernten

0 niedrig hoch 100

RELATIVER MARKTANTEIL

Portfolio-Matrix von McKinsey

MARKTATTRAKTIVITÄT			
hoch	SELEKTIVES VORGEHEN – Spezialisierung – Nischen suchen – Acquisition erwägen	SELEKTIVES WACHSTUM – Potential für Marktführung durch Segmentierung abschätzen – Schwächen identifizieren – Stärken aufbauen	INVESTITION UND WACHSTUM – wachsen – Marktführerschaft anstreben – Investitionen maximieren
mittel	ERNTEN – Spezialisierung – Nischen suchen – Rückzug erwägen	SELEKTIVES VORGEHEN – Wachstumsbereiche identifizieren – Spezialisierung – selektiv investieren	SELEKTIVES WACHSTUM – Wachstumsbereiche identifizieren – stark investieren – ansonsten Position halten
niedrig	ERNTEN – Rückzug planen – desinvestieren	ERNTEN – Geschäftszweig „auszuzeln" – Investitionen minimieren – auf Desinvestitionen vorbereiten	SELETIVES VORGEHEN – Gesamtposition halten – Cash flow anstreben – Investitionen nur zur Instandhaltung

niedrig mittel hoch

RELATIVE WETTBEWERBSPOSITION

Markt-Produktlebenszyklus-Portfolio

WETTBEWERBSPOSITION	ENSTEHUNG	WACHSTUM	REIFE	ALTER
dominant	Marktanteile hinzugewinnen oder mindestens halten	Position halten Anteil halten	Position halten Wachstum mit der Branche	Postion halten
stark	Investieren, um Position zu verbessern. Marktanteilgewinnung (intensiv)	– Investieren um Position zu verbessern. – Marktanteilgewinnung	Position halten. Wachstum mit der Branche.	Position halten, oder „ernten"
günstig	Selektive oder volle Marktanteilgewinnung. Selektive Verbesserung der Wettbewerbsposition.	– Versuchsweise Position verbessern – Selektive Marktanteilgewinnung	– Minimale Investitionen zur „Erstandhaltung" – Aufsuchen einer Nische	„Ernten" oder stufenweise Reduzierung des Engagements
haltbar	Selektive Verbesserung der Wettbewerbsposition	– Aufsuchung und Erhaltung einer Nische	– Aufsuchen einer Nische oder stufenweise Reduzierung des Engagements	Stufenweise Reduzierung des Engagements oder Liquidieren
schwach	Starke Verbesserung oder Aufhören	– Starke Verbesserung oder – Liquidierung	Stufenweise Reduzierung des Engagements	Liquidieren

LEBENSZYKLUSPHASE

„Marktattraktivität" und der „relativen Wettbewerbsposition (Wettbewerbsvorteil)" wird aufgegeben. Eine Vielfalt quantitativer und qualitativer Faktoren wird als erfolgsbestimmend für Strategien angenommen. – b) *Darstellungsweise:* Eine Porfolio-Matrix mit neun Feldern, die mit Normstrategien versehen sind (vgl. Sp. 925/926).

3. *Markt-Produktlebenszyklus-Portfolio* (v. a. von *Arthur D. Little* entwickelt): Auf der Ordinate wird entweder nur der Marktanteil (mit dem Mittelwert aus der PIMS-Datenbank als Skalen-Mitte) oder die relative Wettbewerbsposition (als Ergebnis einer multifaktoriellen Bewertung anhand einer Checkliste) abgetragen; auf der Abszisse werden anhand einer Checkliste die SGF durch das Management bzgl. ihrer Phase im Produkt-Lebenszyklus (→Lebenszyklus) eingestuft. – Grundidee ist es, das SGF-Mix so zu gestalten, daß jeweils ausreichend neue Geschäfte, aber auch Geschäfte in der Phase hoher Cash-Generierung zur Finanzierung der Wachstumsprodukte vorhanden sind (vgl. Markt-Produktlebenszyklus-Portfolio der Übersicht Sp. 925/926).

4. *Technologie-Portfolio:* Die Forschungsgruppe für Innovation und Technologische Voraussage geht von der These aus, daß Technologie-Lebenszyklen erheblich länger und andersartiger sind als die hinter den Produkt/Markt-Portfolio-Ansätzen stehenden Produkt-Lebenszyklen. Deshalb wird ein Portfolio-Management auf der Basis einer 3-dimensionalen Definition der Geschäfte gefordert, verwirklicht durch eine ergänzende Analyse. Anhand der Dimensionen „Technologie-Attraktivität" und „Ressourcenstärke (bei der Beherrschung eines Technologiegebietes relativ zur Konkurrenz)" werden die hinter den Produkt/Markt-Kombinationen der SGF stehenden Produkt- und Prozeßtechnologien positioniert, verbunden mit einer Zuordnung von Normstrategien.

5. *Modifizierungen/weitere Ansätze/Anwendbarkeit:* Die dargestellten Portfolio-Ansätze wurden in vielfacher Weise modifiziert, u. a. Unschärfepositionierung, annahmebedingte Einteilung der Felder. – Außerdem existieren zahlreiche weitere Ansätze: Ressourcen-Geschäftsfeld-Portfolio, Unternehmensposition-Verwundbarkeit-Portfolio, Shell-International-(Directional-Policy-)Matrix usw. – Jeder dieser Ansätze hat seine kontexteigenen Stärken und Schwächen. Auch führt jeder der Ansätze aufgrund der unterschiedlichen theoretischen Bezugsrahmen zu verschiedenen Strategieempfehlungen. Man wird deshalb vor dem Hintergrund der jeweiligen Situation meist *mehrere Ansätze in Verbindung mit anderen strategischen Analyseinstrumenten* zum Einsatz bringen.

Portfolio-Investitionen, *indirekte Investitionen,* Form der →Auslandsinvestitionen. P. sind Übertragungen inländischen Kapitals ins Ausland zum Zweck des Erwerbs von Forderungen, die keine direkten Eigentumsrechte begründen, z. B. von Anteilen an Immobilienfonds, von Obligationen sowie von Anteilen an Unternehmen, sofern damit nicht ein wesentlicher Einfluß auf die Unternehmenspolitik verbunden ist. – Für *Entscheidungen über P.* wird i. d. R. ein Rendite- und Risikokalkül unterstellt, in das sowohl die feste oder variable Verzinsung des Wertpapiers als auch Gewinnmöglichkeiten aus erwarteten Kursbewegungen am Wertpapiermarkt als auch Überlegungen zur Risikodiversifikation eingehen. – *Gegensatz:* →Direktinvestitionen.

Portfolio-Management, →Portfolio-Analyse II.

Portfolio-Matrix, →Portfolio-Analyse.

Portfolio Selection. *Porteuilletheorie, Portfoliotheorie.* 1. *Charakterisierung:* Theorie über die optimale Mischung von Risikopapieren (Aktien); 1952 von H. M. Markowitz erstmalig quantifiziert. – Ausgangspunkt der Überlegung ist ein bestimmter zu Investitionszwecken zur Verfügung stehender Betrag. Im Vergleich zu einer Investition des gesamten Betrags in ein einziges Risikopapier, läßt sich durch breite Streuung des Betrags auf mehrere verschiedene Titel (→Diversifikation) das Risiko der Anlage (gemessen an der Variante der Rendite) vermindern. Voraussetzung hierfür ist, daß die Renditen der Wertpapiere nicht perfekt positiv miteinander korreliert sind. – 2. *Bedeutung:* a) *theoretisch:* Die P. bildet die Grundlage für die →Kapitalmarkttheorie (→capital asset pricing model); b) *praktisch:* Der Gedanke der Risikovernichtung durch Diversifikation sorgt für Bildung und Verbreitung von →Aktienfonds, die ein breites Portefeuille an Risikopapieren halten; c) Übertragung der Grundidee der Risikodiversifikation auf internationale Unternehmenspolitik: Vgl. →internationale Unternehmungen IV 5. – 3. *Beurteilung:* Zu bedenken ist, daß unter realistischen Bedingungen die Wirksamkeit des P.-S.-Mechanismus eher gering ist. Insbes. eine begrenzte Substitutionsmöglichkeit zwischen den einzelnen Aktiva, ihre mangelnde Teilbarkeit und die Beobachtung relativ starrer Aktiva-/Passiva-Strukturen in der Realität sprechen für die mangelnde Wirksamkeit des P.-S.-Mechanismus.

Portfoliotheorie, →Portfolio Selection.

Porto, →Postgebühren.

Portokasse, organisatorisch von der Hauptkasse getrennte →Kasse für laufende kleine Postausgaben (Briefmarken, Pakete, Telegramme u. ä.) und sonstiges Handgeld der Expedition. Der Bestand an Wertzeichen und Bargeld ist dem Kassenbestand zuzurechnen.

– *Buchung* der Ausgaben der P. auf dem →Kassekonto summarisch (täglich, wöchentlich, meist monatlich). – Die P. ist in die →*Kassenprüfung* mit einzubeziehen.

Portugal, *Republica Portuguesa,* Republik in SW-Europa auf demokratisch-parlamentarischer Grundlage nach Verfassung von 1976, sozialistische Tendenzen durch Änderung von 1982; liegt im SW der Iberischen Halbinsel. – *Fläche:* 92 082 km², eingeteilt in 18 Festlands- und 4 Inseldistrikte. – *Einwohner* (E): (1986, geschätzt) 10,29 Mill. (111,8 E/km²); nur Portugiesen. Das chinesische Territorium Macao steht unter portugiesischer Verwaltung. – *Hauptstadt:* Lissabon (1981: 817 000 E); weitere wichtige Städte: Porto (330 000 E), Amadora (93 663 E), Setubal (76 812 E), Coimbra (71 782 E), Braga (63 771 E). – *Amtssprache:* Portugiesisch.

W i r t s c h a f t :; *Landwirtschaft:* Weizen-, Reis-, Mais-, Roggen-, Hafer-, Gerste-, Kartoffel-, Wein-, Oliven-, Orangen-, Tomatenanbau. Viehzucht: Rinder, Schweine, Schafe, Ziegen, Pferde. – *Fischfang:* (1982) 253 379 t. – *Bergbau:* Von großer Bedeutung ist die Wolframproduktion; Kupfer, Uran. – *Industrie:* Stahl-, Textil-, Mineralölindustrie. – *BSP:* (1985, geschätzt) 20 140 Mill. US-\$ (1970 US-\$ je E). – Anteil der Landwirtschaft am *BSP:* (1984) 12%, der Industrie: 44%. – *Öffentliche Auslandsverschuldung:* (1984) 58,5% des BSP. – *Inflationsrate:* (Durchschnitt 1973–84) 20,5% – *Export:* (1985) 5685 Mill. US-\$, v. a. Textilien, Maschinen, Fahrzeuge, chemische Produkte, Kork, Fisch, Olivenöl, Wein, Pyrit. – *Import:* (1985) 7652 Mill. US-\$, v. a. Erdöl, Industriegüter, Nahrungsmittel. – *Handelspartner:* Großbritannien, Bundesrep. D., Frankreich, Angola, USA, Schweiz, Schweden, Spanien, Italien, Japan. – *Reiseverkehr:* (1982) 2,4 Mill. Touristen, Deviseneinnahmen: 878 Mill. US-\$.

V e r k e h r : Größter *Seehafen* ist Lissabon (1980: 13,86 Mill. t Umschlag), daneben Porto. Lissabon ist wichtige Zwischenstation im transatlantischen *Luftverkehr* nach Nord- und Südamerika. Das *Landverkehrsnetz* ist außer in den Tälern und Küstenstrichen recht weitmaschig.

M i t g l i e d s c h a f t e n : UNO, BIZ, EFTA, EG (seit 1986), NATO, OECD, UNCTAD u. a., Europarat.

W ä h r u n g : 1 Escudo (Esc) = 100 Centavos.

POS, →point of sale.

POS-Banking, →point of sale banking.

POSDCORB, von der amerikanischen Management-Process-School entwickeltes Akronym für die wichtigsten Aufgaben des Managements: planning (P), organizing (O), staffing (S), directing (D), coordinating (C), reporting (R), budgeting (B).

Positivattest, →Zeugnis des Registergerichts über eine Eintragung im Handelsregister betreffend die Inhaberschaft eines Einzelkaufmanns oder über die Vertretungsbefugnis bei beliebigen Firmen. – *Gegensatz:* →Negativattest.

Positiv-Bildschirm, →Bildschirmgerät für Daten- und Textsysteme mit Anzeige dunkler Zeichen auf hellem Grund.

positive Forderungsverletzung. 1. *Begriff:* Verletzung einer (meist vertraglichen) Verpflichtung, die nicht →Verzug oder →Unmöglichkeit begründet, sondern in einem schuldhaften Verhalten des Schuldners oder seines →Erfüllungsgehilfen besteht, das einen über die Nichterfüllung hinausgehenden Schaden hervorrruft (z. B. Lieferung eines kranken Tieres, das das gesunde Vieh des Gläubigers ansteckt, Beschädigung des Flurs durch den mit dem Transport von Möbeln beauftragten Frachtführer). – 2. *Folgen:* Gesetzlich nicht geregelt; nach der Rechtsprechung verpflichtet p. F. zum →Schadenersatz. Sie berechtigt den Geschädigten, vom Vertrag zurückzutreten, wenn die p. F. so schwerwiegend ist, daß ihm ein Festhalten am Vertrag nicht zugemutet werden kann.

positives Interesse, *Erfüllungsinteresse,* Begriff des bürgerlichen Rechts hinsichtlich *Schadenersatz.* Dem Gegner ist zu ersetzen, was er bei ordnungsgemäßer Erfüllung des Vertrages gehabt haben würde. – Vgl. auch →Interesse.

positive Vertragsverletzung, →positive Forderungsverletzung einer durch Vertrag begründeten Forderung.

Positivismus. 1. *Begriff:* Bezeichnung für eine Position, der zufolge sich die →Realwissenschaften auf die Erforschung der beobachtbaren Sachverhalte („Positiva") beschränken sollen. Begründer ist David Hume; der Name selbst geht auf Auguste Comte zurück, der das *Drei-Stadien-Gesetz* der wissenschaftlichen Entwicklung formuliert: (1) *Theologische* Stufe: Reale Erscheinungen werden auf das Wirken eines Gottes oder mehrerer Götter zurückgeführt. (2) *Metaphysische* Stufe: Erfassung des allgemeinen Wesens der Dinge (→Essentialismus). (3) *Positive* Stufe (höchste): Beschreibung von Tatsachen. – 2. *Neuere Entwicklung:* Eine Weiterentwicklung stellt der *logische P.* des Wiener (Carnap u. a.) und des Berliner Kreises (Reichenbach u. a.) dar; als wissenschaftlich sinnvoll gelten nur solche Fragestellungen, über deren Richtigkeit Erfahrungstatsachen entscheiden können (Erfahrung als Sinnkriterium). Gilt heute als überwunden, wozu insbes. die Rezeption des →Kritischen Rationalismus in den Einzelwissenschaften beigetragen hat. – 3. Als naiv-positivistische Position kann ein *radikaler Empirismus* interpretiert werden; seine Merkmale bestehen in der bloßen Akkumulation von Fakten und der Formulierung erfahrungsnaher →Hypothesen, während die Suche nach allgemeinen →Theorien vernachlässigt wird.

Positivliste, Verzeichnis in der Anlage A zur →Handwerksordnung über Gewerbe, die durch Berufsbilder festgelegt sind und nach herkömmlicher Berufsauffassung als →Handwerk betrieben werden können (sieben Handwerksgruppen mit handwerklichen Vollberufen). Der Bundesminister für Wirtschaft (BMWi) ist ermächtigt, durch Rechtsverordnung mit Zustimmung des Bundesrates die P. abzuändern, soweit es die technische und wirtschaftliche Entwicklung erfordert.

Positivwirkung, eine Auswirkung des →Publizitätsprinzips des →Handelsregisters. P. bedeutet, daß eine im Handelsregister eingetragene und bekanntgemachte eintragungspflichtige Tatsache grundsätzlich gegenüber Dritten gilt; nicht jedoch bei Rechtshandlungen, die innerhalb von 15 Tagen nach der Bekanntmachung vorgenommen werden, nicht gilt, wenn der Dritte beweist, daß er die Tatsache weder kannte noch kennen mußte (§ 15 HGB). Ist die eingetragene Tatsache unrichtig bekanntgemacht, so kann sich ein Dritter darauf berufen, es sei denn, daß er die Unrichtigkeit kannte (§ 15 III HGB). Der gute Glaube des Dritter an die bekanntgemachte Tatsache wird geschützt (ähnlich dem öffentlichen Glauben des Grundbuchs).

Post, →Deutsche Bundespost.

Postabholung, Abholung (statt Zustellung) eingegangener Postsendungen. – 1. *Formen:* a) Bei Sendungen, die nicht zugestellt werden konnten. b) Regelmäßige P. auf Antrag, um nicht auf die Zustellung warten zu müssen und/oder Zustellungsgebühren (Postkarte) zu sparen. Gilt für eine oder mehrere Gruppen von Sendungen. Gebührenpflichtig. Auslieferung nur an empfangsberechtigte Personen. – 2. *Abholanschrift:* a) „postlagernd", Bereithaltung 14 Tage; b) „Postfach Nr. ...", gilt nicht für Eilsendungen und Päckchen für Briefabholer; c) „Paketausgabe" bei Paketabholer.

Postanweisung, Anweisung an die Deutsche Bundespost, einen bar eingezahlten Betrag bis 1000 DM dem in der Anweisung bezeichneten Empfänger bar auszuzahlen. Die Post haftet, wenn an Nichtberechtigte gezahlt wird (§ 15 PostG). – Bei *telegrafischen P.* wird der eingezahlte Betrag telegrafisch überwiesen und am Bestimmungsort unverzüglich zugestellt. – Bei P. im *Auslandsverkehr* kann Betrag in bar oder als Scheck ausgezahlt werden. Je nach Empfängerland, weitere unterschiedliche Bestimmungen.

Postausweiskarte, Ausweis, gültig auch im internationalen Postdienst im Verkehr mit Postdienststellen. Ausstellung durch die

Postämter. Verwendung u. a. beim Empfang von Postsendungen.

Postbankdienste, *Postgelddienste,*Sammelbegriff für Postanweisungsdienst (→Postanweisung), Postgirodienst (→Postgiroverkehr), Postsparkassendienst (→Postsparkassenverkehr), Reisescheckdienst (→Reisescheck) sowie →Postprotestauftrag und →Nachnahme der Deutschen Bundespost.

Postbarscheck, Zahlungsanweisung auf ein Guthaben des Ausstellers bei einem Postgiroamt. Insbes. zur gebührenfreien Abhebung von Bargeld, aber auch als Verrechnungsscheck für Zahlungen an Dritte einzusetzen. P. auf Antrag vom Postgiroamt.

Postbearbeitungsmaschinen, organisatorische Hilfsmittel zur Erledigung des üblicherweise stoßweisen Arbeitsanfalls bei Posteinund -ausgang im Betrieb, z. B. Brieffalt- und -schließmaschinen.

Postbegleitpapiere, Unterlagen für die zollamtliche Behandlung von Auslandspostsendungen (z. B. Zollinhaltserklärung). Die P. dienen zugleich statistischen Zwecken, zur Überwachung des Außenhandels usw. – *Notwendige P.* sind im →Postbuch aufgeführt.

Postbuch. 1. Ratgeber für die Benutzung des Post- und Fernmeldedienstes der Deutschen Bundespost. – 2. Kurzbezeichnung für →Posteinlieferungsbuch.

Posteinlieferungsbuch, Einrichtung zur Beschleunigung der Postschalter-Abfertigung. Der Annahmebeamte bescheinigt im P. den Empfang der →nachzuweisenden Sendungen, die übrigen Angaben sind vom Absender einzutragen.

Postenmethode. →Zinsrechnung II 1.

Postfach, Einrichtung zur →Postabholung; gebührenpflichtig. – *Abholformen:* a) während der Schalterstunden am Schalter, b) i. d. R. auch außerhalb der Schalterstunden durch verschließbares Fach. Antrag mit Formblatt. – In der *Anschrift* anstelle des Straßennamens „Postfach" bzw. „Postfach Nr. ...".

Postfreistempelung, auf Antrag →Freimachung durch die Deutsche Bundespost von mehr als 100 Standardbriefsendungen desselben Gebührensatzes.

Postgebühren, *Porto,* Entgelt für die Inanspruchnahme der Einrichtungen der Post. Die P. sind durch den jeweils gültigen und für alle verbindlichen Tarif (= Festpreise) bestimmt. P. sind nicht immer mit den echten Aufwendungen identisch (z. B. keine Entfernungsstaffel bei Inlandsbriefen und nur wenige Gewichtsgruppen für Briefsendungen). – *Gesetzliche Regelung:* Postgebührenordnung (PostGebO) vom 1. 10. 1981 (BGBl I 1061) der VO über die Gebühren im Post- und Fernmeldeverkehr mit der Deutschen Post der Deutschen Demokratischen Republik vom 4.6.1976 (BGBl I 1400) mit späteren Änderungen und Auslandspostgebührenordnung vom 1.10.1981 (BGBl I 1070) mit späteren Änderungen. Sondervorschriften für den →Postreisedienst und den →Postgiroverkehr. – *Kostenrechnerische Erfassung und Verrechnung:* Vgl. →Postkosten.

Postgebührenhinterziehung, →Ordnungswidrigkeit gem. Gesetz über das Postwesen (PostG) vom 28.7.1969 (BGBl I 1006). – *Formen:* a) Verwendung einer von der Beförderungsgebühr befreienden Bezeichnung bei einer gebührenpflichtigen Postsendung; b) Nachmachen oder Verfälschen eines für ungültig erklärten Postwertzeichens, dessen Anbieten und in Verkehr bringen; c) Verstoß gegen den Beförderungsvorbehalt. – *Geldbuße* bis zu 10000 DM (§25 PostG); daneben ist →Einziehung möglich. Zuständige Verwaltungsbehörde ist die Oberpostdirektion.

Postgeheimnis, Schutz der Unverletzlichkeit von →Postsendungen, garantiert durch Art. 10 GG und §5 PostG. – 1. *Umfang:* Verpflichtung der Postbediensteten a) zur Verschwiegenheit über alle Vorgänge, die ihnen durch ihr Dienstverhältnis bekannt geworden sind, sei es durch Postsendungen oder durch Telegramme, Gespräche, Postgiro- und Sparguthaben usw., und zwar auch nach Beendigung ihres Dienstverhältnisses; b) unberechtigte Eingriffen in das Post-, Fernmelde-, Funk-, Postgiro- und Postsparkassengeheimnis entgegenzutreten. – 2. Die *Verletzung* des P. wird sowohl dienststrafrechtlich als auch strafrechtlich nach §354 StGB verfolgt. – 3. *Ausnahmen:* Von der Wahrung des P. entbinden a) Kenntnis über Vorhaben gemeingefährlicher Verbrechen, wie Hochverrat, Münzverbrechen, Mord, Menschenraub, für die Anzeigepflicht nach §139 StGB besteht; b) amtsrichterliche Beschlüsse bei strafgerichtlichen Untersuchungen usw., →Beschlagnahme von Postsendungen nach §§99–101 StPO, §121 KO; c) Abwehr von drohenden Gefahren für die freiheitliche demokratische Grundordnung oder für Bestand oder Sicherheit der in der Bundesrep. D. stationierten Truppen der NATO oder der drei Mächte in Berlin (West). – Vgl. auch →Briefgeheimnis.

Postgelddienste, →Postbankdienste.

Postgiroamt, Dienststelle der →Deutschen Bundespost. Führung der Postgirokonten sowie der Verzeichnisse darüber. Wahrnehmung des gesamten Postgiroverkehrs, auch Einlösung von Postschecks. Durch →Unterschriftsblatt sind die zeichnungsberechtigten Personen beim P. namhaft zu machen.

Postgiroverkehr, Scheck- und Überweisungsverkehr der Post, eingeführt in Deutschland 1909 als *Postscheckverkehr* nach österreichi-

schem Vorbild. – *Rechtsgrundlage:* Gesetz über das Postwesen (PostG) vom 28.7.1969 mit späteren Änderungen, Postgiroordnung vom 5.12.1984 (BGBl I 1478) und Postgirogebührenordnung vom 5.12.1984 (BGBl I 1484). – 1. Zulassung zur *Eröffnung eines Postgirokontos* für natürliche und juristische Personen auf schriftlichen Antrag mit Unterschriftsprobe bei beliebigem →Postgiroamt; auch mehrere Postgirokonten beim gleichen Postgiroamt oder verschiedenen Postgiroämtern zulässig; Eröffnung bei jedem Postamt möglich, Kontoinhaber bzw. zeichnungsberechtigte Person (→Unterschriftsblatt) verfügt uneingeschränkt über jedes Guthaben. – 2. *Formblätter,* nur vom Postgiroamt zu beziehen: Postüberweisungshefte zur Überweisung von Beträgen auf ein anderes Postgirokonto und Postscheckhefte (dreiteilig) für Aufträge zur Barzustellung. (Vgl. auch →Sammelaufträge). Einteilige Postschecks zur gebührenfreien Abhebung sowie als Verrechnungsscheck verwendbar. Zahlkartenhefte zur kostenlosen Einzahlung auf das eigene Konto. Scheckeinreichung für Verrechnungsschecks aller Art auch ausländischer Währung. Im Verkehr mit dem Postgiroamt zur gebührenfreien Beförderung gelber Postgirobriefumschläge. – 3. *Haftung* der Post für ordnungsgemäße Ausführung der Aufträge nach BGB, jedoch nicht für Schäden durch verzögerte Ausführung, es sei denn, daß es sich um Daueraufträge handelt. – 4. *Kontostand:* Höhe des Guthabens unbeschränkt; es wird nicht verzinst. Überziehen des Kontos bis 1000 DM möglich. Bei jeder Änderung des Kontostandes erhält der Postgirokunde Kontoauszug mit den zugehörigen Belegen gebührenfrei übersandt. Ausfertigung und Absendung noch am Abend des Buchungstages. Auf Verlangen wird gegen Gebühr die Höhe des Guthabens am Schluß eines bestimmten Buchungstages schriftlich bestätigt. – 5. *Verfügung über Guthaben auf Postgirokonten:* a) durch Überweisung auf ein anderes Postgirokonto; b) durch Barabhebung beim Postgiroamt oder bei einem Postamt mittels Verrechnungsscheck. Ist kein Zahlungsempfänger angegeben, zahlt ihn die Kasse des Postgiroamts bar aus (Kassenscheck); Auszahlung als Postbarscheck beim Postamt mit besonderer Ausweiskarte; Ist Empfänger benannt, wird der Barbetrag vom Zusteller dem Empfänger ausgezahlt mittels dreiteiligem grünem Postscheck (gestaffelte Gebühren) (Postgiroauszahlung). – 6. Zur *Vereinfachung* des P. können bei mehreren Überweisungen →Sammelüberweisungen verwendet werden. – 7. Bareinzahlungen auf Postgirokonten können mittels Zahlkarte bei jedem Postamt vorgenommen werden (Höhe unbegrenzt). – 8. *Kontoführungsgebühren,* monatlich gestaffelt nach der Zahl der Buchungen. – 9. Das Postgirokonto kann jederzeit *aufgehoben* werden. – 10. *Sonderheiten:* →Dauerauftrag, →Eilaufträge, Einziehungsverfahren (→Inkasso), →Sammelaufträge, →Postbarscheck, →Zahlungsanweisung, →Zahlungsanweisung zur Verrechnung, →Eurocheque. – 11. Per Postüberweisung oder mittels Zahlkarte auch Bestellung von →*Reiseschecks* der Post in verschiedenen Währungen möglich. – 12. Im Überweisungsverkehr mit dem *Ausland* sind die Formblätter des Inlandsdienstes zu verwenden. Für Empfänger im Ausland können auch Postschecks und Überweisungen ausgestellt werden. Dem Empfänger wird der Betrag durch Postanweisung bzw. Scheck übermittelt. Zahlungen ins Ausland sind nach allen Ländern der Erde möglich. Im internationalen Zahlungsdienst können Beträge auf Postgirokonten im Ausland eingezahlt werden (besonderes Formblatt am Postschalter kostenlos erhältlich). Über die gültigen Devisenvorschriften gibt das Postgiroamt Auskunft. Zahlungen ins Ausland sind betragsmäßig nicht begrenzt. – 13. *Bewertung eines Guthabens auf dem Postgirokonto:* Postgiroguthaben gehören zum sonstigen Vermögen (§ 110 I Nr. 2 BewG) oder →Betriebsvermögen; im sonstigen Vermögen allerdings nur zu erfassen, soweit sie zusammen mit sonstigen laufenden Guthaben und Zahlungsmitteln 1000 DM übersteigen.

post graduated, nach dem Erwerb eines akademischen Grades erfolgend. – Post-*Graduated-Ausbildung:* Vgl. →Managementschulen.

Postgut, Paketsendung (→Paket) bis 20 kg von Großeinlieferern (→Selbstbucher); ermäßigte Gebühr. Kennzeichnung: „Postgut".

Postkarte, unverschlossenes, ein- oder zweiseitig beschriftbares Nachrichtenmittel in Kartenform. P. dürfen nicht wesentlich von den von der Deutschen Bundespost bezogenen abweichen. P. mit Antwortpostkarte nach amtlichem Muster im Inland möglich. Besondere Versendungsformen möglich: →Einschreiben, →Luftpost und →Eilzustellung.

postkeynesianische Geldtheorie, Weiterentwicklung der →Keynesschen Lehre (vgl. auch →Postkeynesianismus) auf Basis des IS-LM-Modells, das ein gesamtwirtschaftliches Gleichgewicht von Geld- und Gütermarkt aufzeigt. Durch Einbeziehung portfoliotheoretischer Überlegungen (→Portfolio Selection) wird die Keynessche Theorie um einen zweiten Übertragungsmechanismus monetärer Impulse auf den realen Sektor ergänzt. Eine expansive Geldpolitik, die auf eine Verminderung des Nominalzinses abzielt, läßt nach der P. die Ertragssätze aller im Portefeuille befindlichen finanziellen Aktiva sinken. Dies veranlaßt die Wirtschaftssubjekte, Finanzanlagen durch reale Anlagen zu ersetzen, deren Rentabilität c. p. über denen der Finanzanlagen liegt, da zuvor Portfoliogleichgewicht herrschte. Der sinkende Marktzins regt

die Unternehmer zu einer höheren Investitionstätigkeit an. Daraus resultiert eine Erhöhung der Gesamtnachfrage über den Multiplikatoreffekt der Investitionsausweitung. Steigende Realeinkommen bewirken dann eine höhere Nachfrage nach Transaktionskasse. Dies und die Reduzierung der realen Geldmenge infolge einer möglichen Preisniveauerhöhung bringt den ursprünglichen Expansionsprozeß wieder zum Stillstand, bis neue geldpolitische Maßnahmen ergriffen werden. – Vgl. auch →monetäre Theorie und Politik V.

postkeynesianische Wachstumsmodelle, →Wachstumstheorie III 1.

Postkeynesianismus. I. A l l g e m e i n e s : Weiterentwicklung der →Keynesschen Lehre. Während für die →neue keynesianische Makroökonomik die allgemeine Gleichgewichtstheorie Bezugspunkt der Analyse blieb, verzichten postkeynesianische Theorien auf das geschlossene Gerüst der Gleichgewichtstheorie, wenn es um die Erklärung der sich permanent ändernden Realität geht. Gleichgewichte sind dann Zustände, die aus sich heraus (endogen) für einige Zeit keine Tendenz zur Änderung zeigen *(temporäre Gleichgewichte).* Der langfristige Trend wird von Postkeynesianern als Abfolge temporärer Gleichgewichte, Ungleichgewichte und/oder Quasigleichgewichte verstanden. – Die postkeynesianische Sicht ist noch nicht abgeschlossen, weil aus vielen Richtungen und Blickwinkeln an ihr gearbeitet wird. Sie will aber auch grundsätzlich nie endgültig geschlossen sein, da sie offen sein muß für (neue) historische und empirische Entwicklungen (insbes. struktureller und gesellschaftlicher Art). Insofern muß das postkeynesianische System *laufend fortgeschrieben* werden. Einig sind sich Postkeynesianer in der Ablehnung des neoklassischen (→Neoklassik) bzw. monetaristischen (→Monetarismus) Paradigmas und der daraus abgeleiteten wirtschaftspolitischen Strategie (Abbau jeglichen staatlichen Stabilisierungsinterventionismus und Reprivatisierung aller Lebensbereiche).

II. E r w e i t e r u n g e n g e g e n ü b e r d e r K e y n e s s c h e n L e h r e : Postkeynesianer knüpfen direkt an der Keynesschen Lehre an und erweitern sie in einigen wesentlichen Punkten, die im folgenden charakterisiert werden.

1. Zur *Investitions- und Wachstumstheorie* betonen Postkeynesianer den autonomen Charakter der Investitionen für Konjunktur, Wachstum und Einkommensverteilung. Dies folgt aus der Grundannahme, daß in wachsenden Wirtschaften die Einkommens- bzw. Mengeneffekte die Substitutionseffekte überwiegen. Postkeynesianische Wachstumsmodelle basieren insofern auf Ansätzen vom Harrod-Typ, die prinzipiell die Wahrscheinlichkeit instabiler Investitionsprozesse nach-

weisen. Durch die Trennung von Sparen und Investieren tritt die Rolle des Investorenverhaltens bei Unsicherheit in den Vordergrund der Konjunkturerklärung.

2. Bezüglich der *Verteilungstheorie* lehnen Postkeynesianer die traditionelle Grenzproduktivitätstheorie der Verteilung zur endgültigen Erklärung von Verteilungsgesetzen ab. Sie betonen den Einfluß der Investitionen auf Preise, Beschäftigung und damit Verteilung (Keynes-Kaldor-Ansätze), aber auch die Bedeutung der Preissetzung für Investitionen und Beschäftigung (Kalecki). Beide Ansätze (Kaldor-Keynes und Kalecki) müssen gemeinsam betrachtet werden. Feste, vorgegebene Verteilungsstrukturen oder -quoten lassen sich dabei nicht ableiten, wenn auch einige Wechselbeziehungen zwischen Einkommensverteilung, Investitionen, Wachstum, Beschäftigung und Inflation bestehen. Die Verteilung ist in Grenzen (in Richtung Verteilungsgerechtigkeit) beeinflußbar, ohne daß ökonomische Widerstände auftreten. Da der Markt allein nicht in der Lage ist, Verteilungsfragen zu lösen und die Wechselwirkungen zwischen Verteilung, Beschäftigung, Investitionen und Wachstum bestehen, ist für Postkeynesianer eine umfassende und allgemeine *Einkommenspolitik* von essentieller Bedeutung. Sie erfaßt alle Einkommen, nicht nur die Lohneinkommen. Sie läßt sich nicht unabhängig von der Investitionspolitik rechtfertigen. Voraussetzung für eine erfolgversprechende Einkommenspolitik ist ein Konsens der Gruppen über die Verteilung (Sozialkontrakt).

3. Zum Komplex *Preisbildung, Preismechanismus und Allokation* (vgl. näher →Preistheorie) unterteilen Postkeynesianer die Wirtschaft in einen sog. Wettbewerbsbereich mit flexiblen Preisen und in einen konzentrierten Oligopolbereich mit autonomer (verteilungsorientierter) Preissetzung. Im letzteren sind die Funktionen des Preismechanismus (Koordination, Lenkung und Allokation) z.T. außer Kraft gesetzt. Zudem werden auf Oligopolmärkten alternative Gewinnverwendungsstrategien, Neigung zu Überkapazitäten und Konzentration diagnostiziert.

4. Die postkeynesianische *Analyse des Arbeitsmarktes* folgt auf der Nachfrageseite den Vorstellungen von Keynes und auf der Angebotsseite den Segmentierungstheorien. Weder die Nachfrage nach noch das Angebot an Arbeit werden nach diesen Überlegungen in nennenswertem Umfang durch den Reallohn bestimmt. Der Arbeitsmarkt ist folglich kein Markt im üblichen Sinn, da der Preis (der Lohnsatz) nicht in der Lage ist, für eine Markträumung zu sorgen. Arbeitslosigkeit läßt sich demnach i.d.R. nur über Maßnahmen zur Stimulierung der Arbeitsnachfrage beseitigen.

5. Der P. befaßt sich mit dem *dynamischen Verhalten* konkreter ökonomischer Systeme,

lehnt insofern die Beschränkung neoklassischer Modelle auf kompetitive Marktprozesse ab. Preisrigiditäten, Mengenungleichgewichte, Erwartungen und Verhalten bei Unsicherheit spielen für die postkeynesianische Dynamik eine entscheidende Rolle. Die Ungleichgewichtstheorien werden von Postkeynesianern durch explizite Einbeziehung von gesellschaftlichen Dauerkonflikten (Konflikttheorien) und durch Berücksichtigung echter Zukunftsunsicherheit erweitert.

6. Postkeynesianer betonen im Anschluß an →Keynes die Rolle der *Unsicherheit* bei wirtschaftlichen Anpassungsprozessen. Sie liegt im Gegensatz zum Risikofall dann vor, wenn weder objektive noch subjektive Wahrscheinlichkeitsverteilungen zur Verfügung stehen. Insofern ist eine wahrscheinlichkeitstheoretische Formulierung der Entscheidungsprobleme nicht möglich und die *Erwartungsbildung* folgt keinem einheitlichen, zeitlosen Muster. Erwartungsbildung und Verhalten bei echter Unsicherheit können nicht eindeutig definiert werden, sind nicht konstant, z.T. auch willkürlich und stehen in enger Wechselbeziehung zur dynamischen Entwicklung der Wirtschaft. Erwartungen gründen sich aus postkeynesianischer Sicht nicht nur auf Entwicklungen der Vergangenheit, wie sie sich etwa in autoregressiven Ansätzen widerspiegeln. Sie resultieren auch aus mehr oder weniger sachverständigen Einsichten in die ökonomischen und gesellschaftlichen Wirkungszusammenhänge und werden durch Einflüsse des sozialen und institutionellen Bezugsrahmens mitbestimmt, wie sie sich in den Ansätzen der Soziologie und Sozialpsychologie widerspiegeln. Die Einflußstärken der aufgeführten Determinanten: Vergangenheit, Vorstellungen über die Funktionsweise des Systems, sozialer Bezugsrahmen, sind nicht festgeschrieben, sondern variieren im Zeitablauf. Eindimensionale Erwartungen und damit eindeutige Entscheidungen sind allenfalls die Ausnahme, im allgemeinen ist mit mehrdimensionalen, nicht einheitlichen Erwartungen zu rechnen.

7. Nach postkeynesianischer Meinung ist eine realitätsbezogene *Wirtschaftspolitik* nur im Rahmen einer Ungleichgewichtsanalyse möglich, die angesichts der stets laufend ändernden historischen Abläufe, institutionellen Bedingungen und technischen Gegebenheiten, angesichts vielfältiger und dauerhafter sozialer Interessenkonflikte Theorie permanenter Ungleichgewichte ist. Im Gegensatz zur neoklassischen Gleichgewichtstheorie versucht sie, die Realität der Unsicherheiten, Oligopole, neuer Technologien und sozialer Konflikte einzufangen. Die wirtschaftspolitischen *Strategien* der Postkeynesianer sind naturgemäß vielfältig und flexibel. Diskutiert werden insbes.: a) „Sozialisierung" eines Teils der Investitionsentscheidungen, welche eine stabi-

lisierende langfristige Investitionspolitik ermöglichen soll; b) interventionistische Gegensteuerung durch keynessche Globalpolitik, die vornehmlich an der Hauptdeterminante Investitionen ansetzt, und je nach Diagnose und Wertung der Realität flexibel gehandhabt werden soll; c) Absicherung der Steuerung durch eine umfassende Einkommenspolitik; d) Einbeziehung und explizite Integration realer, gesellschaftlicher Dauerkonflikte in die wirtschaftspolitischen Empfehlungen (Offenlegung von unumgänglichen Werturteilen).

8. *Geldtheorie:* Vgl. →postkeynesianische Geldtheorie.

Literatur: Eichner, A. S., Kregel, J. A., An Essay on Post-Keynesian Theory: A New Paradigm in Economics, 1975, JEL 13/1975, S. 1293–1314; Minsky, H. P., John Maynard Keynes, New York 1975; Rothschild, K. W., Einführung in die Ungleichgewichtstheorie, Berlin, Heidelberg, New York 1981; ders. (Hrsg.), Über Keynes hinaus. Eine Einführung in die postkeynesianische Ökonomie, Köln 1982; Thurow, L. C., Dangerous Currents: The state of economics, New York 1984.

Prof. Dr. Hermann Bartmann

Postkosten, Aufwendungen für →Postgebühren in Unternehmungen. P. betreffen die Kostenstellen Betrieb, Verwaltung, Beschaffung (Einholung von Angeboten, Bestellungen) und Vertrieb (Abgabe von Angeboten, Werbung, Pakete, Päckchen). – *Kostenrechnerische Erfassung und Verrechnung:* In der Kostenartenrechnung werden P. als gesonderte Kostenart erfaßt und Kostenstellen (z. B. Telefongebühren mittels Aufzeichnung der geführten Gespräche) oder Kostenträgern (z. B. Paketkosten als Sondereinzelkosten des Vertriebs) zugerechnet. – *Anders:* →Nachnahmekosten.

Postkrankenkassen, Krankenkassen für Angestellte und Beamte der Deutschen Bundespost: 1. *Postbetriebskrankenkasse* für Angestellte und Arbeiter als gesetzliche →Krankenversicherung nach der RVD. – 2. *Postbeamtenkrankenkasse* als Körperschaft des öffentlichen Rechts für nicht versicherungspflichtige Bedienstete, also vorwiegend für Beamte.

Postkurierdienst, Service der Deutschen Bundespost, erledigt den innerstädtischen Kurierdienst mit Abholung, Transport und Auslieferung von besonders eiligem Schrift- und Kleingut (Dokumenmte, Datenbänder, Druckplatten, Labormaterial, Ersatzteile) mittels besonders gekennzeichneter Postautos. – *Arten:* a) *Direktkurierdienst:* Haus-zu-Haus-Verkehr ohne Zwischenumschlag; b) *Eilkurierdienst:* Abholung und Zustellung im Rahmen der Eilzustellung.

Postlagerkarte, Ausweis über die Berechtigung zum Empfang gewöhnlicher Briefsendungen, die statt der persönlichen Anschrift den Vermerk „Postlagerkarte Nr. ...“ tragen. P. ist bei Abholung der Sendungen vorzulegen und unbeschränkt gültig.

postlagernde Sendungen, Postsendungen mit der Angabe „postlagernd“ oder „poste restante“, werden beim Zustellpostamt 14 Tage (bei Auslandssendungen vier Wochen) zur Abholung durch den Empfänger aufbewahrt. Auch Chiffrebezeichnungen (→Chiffre) sind gestattet.

Postlaufakkreditiv, Sonderform eines →Akkreditivs. Kredit, den eine Bank einer anderen Bank gewährt. Postlauf-Linien werden von ausländischen und deutschen Banken den deutschen bzw. ausländischen Banken im Zusammenhang mit Akkreditivgeschäften eingeräumt. Deutsche Banken haben z. B. die Möglichkeit, bei ausländischen Instituten Akkreditive ohne sofortige Deckung zu eröffnen. Die betreffende deutsche Bank (Akkreditivbank) braucht den Akkreditivgegenwert (Valuta) erst anzuschaffen, wenn z. B. eine Benachrichtigung über die erfolgte Dokumenten-Aufnahme bei ihr eingetroffen ist. Die aufnehmende Bank gewährt der Akkreditivbank für die Dauer des Postlaufs (der Dokumente) einen Kredit.

Postleitzahlen, vierstellige Zahlen zur Bezeichnung der Postorte in der Bundesrep. D. Die erste Ziffer kennzeichnet die *Leitzone,* die beiden ersten den *Leitraum,* die drei ersten den *Leitbereich* und alle vier den *Postort.* – P. sind Vorbedingung für automatische Briefsortierung und Anschriftenlesung der Post. Gliederung nach Leiteinnahmen im numerischen Verzeichnis der P. Bei Auslandssendungen in Länder, die auch P. eingeführt haben, wird vor die P. das Kraftfahrzeug-Kennzeichen des Landes gesetzt (z. B. CH-3000 Bern), bei Sendungen in die Deutsche Demokratische Republik DDR.

Postleitzahlverzeichnis, verkäufliches amtliches Druckwerk der Deutschen Bundespost mit den →Postleitzahlen der Bundesrep. D. und der DDR und den wichtigsten Postleitzahlen im Ausland.

Postmonopol, häufige Bezeichnung für den →Beförderungsvorbehalt und das →Fernmeldemonopol der Deutschen Bundespost.

Postnachnahme, →Nachnahme.

Post-Nachsendung, auf Antrag Nachsendung von →Postsendungen, wenn Wohnsitz zeitweilig (Reisen usw.) oder für dauernd gewechselt wird. Anträge ohne Zeitangaben sind sechs Monate gültig.

postoptimale Rechnungen, *Alternativrechnungen,* im Zusammenhang mit einem Problem der →mathematischen Optimierung solche Rechnungen, die man, nachdem man bereits eine erste →optimale Lösung des

Problems bestimmt hat, mit geringfügig veränderten Daten durchführt, um die Auswirkungen derartiger Veränderungen auf die optimale Lösung und den zugehörigen →Zielwert zu untersuchen. Bei Änderungen der rechten Seiten von →Restriktionen, der Zielkoeffizienten, dem Hinzufügen bzw. Eliminieren von Restriktionen bzw. von Variablen mit ihren zugehörigen Koeffizientenspalten ist es nicht erforderlich, das gesamte Problem von Anfang an neu zu lösen, vielmehr kann man bei der bereits gefundenen Lösung bzw. der zugehörigen →kanonischen Form „aufsetzen". – Das Instrumentarium zur Durchführung solcher Rechnungen ist besonders gut für Probleme der →linearen Optimierung entwickelt.

Postprotestauftrag, Auftrag an das Zustellpostamt, einen in deutscher Sprache ausgestellten →Wechsel bis 3000 DM zur Zahlung vorzuzeigen und, wenn Zahlung unterbleibt, →Protest mangels Zahlung nach den Vorschriften des Wechselgesetzes zu erheben. Wechsel muß an einem bestimmten Kalendertag zahlbar sein. P. nach dem Ausland unzulässig.

Postreisedienst, Bezeichnung für die Personen- und Sachbeförderung mit Kraftfahrzeugen der Bundespost im Kraftpost-, Kraftsonderpost- und Landkraftpostverkehr. Haftung für Tod, Verletzung und Sachschaden nach § 18 PostG.

Postscheckverkehr, frühere Bezeichnung für →Postgiroverkehr.

Postschnellgut, →Schnellsendung.

Postsendungen, geschriebene oder gedruckte Mitteilungen aller Art sowie Kleingüter, soweit sie sich mit Rücksicht auf Massenverkehr und vorhandene Beförderungsmittel zur Beförderung eignen.

I. Formerfordernisse: 1. *Aufschrift:* Vgl. →Anschrift, →Absender. – 2. Bezeichnung der *Sendungsart* ist vorgeschrieben bei: →Drucksache, →Päckchen, →Postgut, →Büchersendung, →Blindensendung, →Warensendung und →Wurfsendung. – 3. *Versendungsformen:* →Einschreiben, →Wertangabe, →Eigenhändig, →Rückschein, →Luftpost, →Eilzustellung, →Schnellsendung →Wertbrief, →Werbeantwort. Sie sind zusätzlich zur Sendungsart anzugeben.

II. Verpackung: 1. Nach Inhalt und Umfang *sicher verpacken,* so daß keine Gegenstände herausfallen, andere oder die Sendung selbst nicht beschädigt werden können. Transportgefährdete Gegenstände, wie leicht zerbrechliche Waren, Flüssigkeiten, Fette, leicht verderbliche Ware sowie lebende Tiere, müssen in Behältnissen versandt werden, die besonderen Anforderungen genügen, daneben wird bei leicht verderblichen Waren und

lebenden Tieren Schnellpaketbehandlung verlangt. Bei unempfindlichen Gegenständen genügt Pappschachtel oder Verpackung aus festem Papier. Unempfindliche Werkstoffteile usw. können ohne Verpackung versandt werden. – 2. *Verschluß* soll Verpackung und Inhalt sichern. – *Mittel:* Klebestreifen, fester Bindfaden, Metalldraht oder Metallband mit abgerundeten Rändern und gesicherten Enden sowie Schlösser. – 3. *Gebührenfreie Prüfung* von Postpaketsendungen mit transporttempfindlichem Inhalt bei der Verpackungsprüfstelle des Posttechnischen Zentralamts (Darmstadt). – 4. *Sonderformen:* a) bei *Wertbriefen* Umhüllung aus festem Papier und aus einem Stück bestehend mit gut verklebten Klappen; b) bei *Wertpaketen* Umschnürung aus ungeknotetem festem Bindfaden; c) zum *Versiegeln* sind Siegel mit eigentümlichem Gepräge zu verwenden, bei Briefen müssen alle Klappen vom Siegel erfaßt sein, mindestens zwei Siegelabdrücke erforderlich. Bei Paketen sind Anfänge und Enden der Bindfäden zu versiegeln; Blei-, Stahlblech- und Aluminiumsiegel sowie Siegelband sind unter bestimmten Voraussetzungen zugelassen. Innerhalb bestimmter Grenzen bei Briefen mit Wertangabe und Paketen entbehrlich.

III. Einlieferung: 1. Durch *Briefkasten* einzelne gewöhnliche Briefsendungen, alle anderen Sendungen am *Postschalter.* Bei den *Landzustellern* können grundsätzlich alle Sendungen, Wertsendungen jedoch nur mit Wertangabe bis 1000 DM, eingeliefert werden. – 2. *Masseneinlieferung* von P. nur bei den Postämtern, gilt auch für durch Absender freigestempelte Sendungen und P., die durch die Post freigestempelt werden. – 3. *Einlieferungsbescheinigung:* a) kostenlos nur bei Einschreib-, Wert- und Paketsendungen sowie bei Postanweisungen und Zahlkarten; b) gegen Gebühr auf Verlangen bei gewöhnlichen Briefen, Postkarten und Päckchen mit Nachnahme. Die Einlieferungsbescheinigung gilt als öffentliche →Urkunde im Sinne des § 415 ZPO.

IV. Unzulässige P.: Sendungen, deren Außenseite, Inhalt oder Beförderung gegen strafgesetzliche Bestimmung, gegen das öffentliche Wohl oder die Sittlichkeit verstößt sowie solche mit Vermerken politischen oder religiösen Inhalts auf der Aufschriftseite. Ferner sind Sendungen ausgeschlossen, durch die Personen verletzt oder Schäden verursacht werden können. Wer ausgeschlossene P. ausliefert, haftet für alle entstehenden Schäden. – *Bedingt zugelassene transportgefährdete P.:* P. mit Gegenständen, die leicht zerbrechen oder verderben sowie lebende Tiere, werden nur befördert, wenn Verpackung der Empfindlichkeit des Inhalts entspricht. Pakete mit leicht verderblichem Inhalt oder lebenden Tieren müssen als Schnellsendung versandt werden.

V. Besonderheiten: Nachforschung bei Nichtankunft von P. soll grundsätzlich durch Absender eingeleitet werden. – Vgl. auch →Empfangsberechtigter, →Freimachungszwang, →unanbringliche Postsendungen, →Werbeaufschrift auf Postsendungen.

Postsparkasse, Einrichtung der Post zur Förderung des Sparens. Die Annahme von Spargeldern durch die Postanstalten ist in den meisten Ländern möglich, besonders gut ausgebildet in jenen Ländern, die kein ausgebautes Sparkassennetz besitzen. – Die erste P. entstand in England 1861. In Deutschland wurden P. wegen des ausgebildeten Sparkassenwesens erst am 1.1.1939 eingeführt. – Alle Postanstalten sind Annahme- und Zahlstellen. Das *Postsparbuch* ist völlig freizügig, d. h. der Inhaber kann innerhalb des gesamten Bundesgebiets Beträge einzahlen oder abholen. Eine entsprechende Freizügigkeit gilt weitgehend auch in den EG-Staaten sowie in Österreich. – Vgl. auch →Postsparkassenämter, →Postsparkassenverkehr.

Postsparkassenämter, mit der Verwaltung und Abrechnung des →Postsparkassenverkehrs betraute Dienststellen der →Deutschen Bundespost; Sitz in Hamburg und München.

Postsparkassenverkehr. 1. *Rechtsgrundlage:* Gesetz über das Postwesen (PostG) vom 28.7.1969 (BGBl I 1006) mit späteren Änderungen und Postsparkassenordnung (PostSpO) vom 24.4.1986 (BGBl I 626). – 2. *Einrichtung:* Beitritt durch schriftlichen „Antrag auf Teilnahme am Postsparkassendienst" bei den Dienststellen der Post und Einzahlung der ersten Einlage, mindestens 1 DM. Dem Antragsteller werden ein Postsparbuch und eine Ausweiskarte ausgehändigt. Es gibt auch Postsparbücher für Personenmehrheiten, Gemeinschaftspostsparbücher oder Geschenkpostsparbücher. – 3. *Spardienst:* Einlagen in bar oder mittels Überweisung vom Postgirokonto oder einem anderen Bankinstitut sind in unbeschränkter Höhe zugelassen, sie sollen auf volle DM lauten. Zinsgewährung nach gesetzlicher oder vereinbarter Kündigungsfrist. Einzahlung und Abhebung an den Postschaltern oder durch den Landzusteller. Rückzahlung bei Konten mit gesetzlicher Kündigungsfrist innerhalb von 30 Zinstagen höchstens 2000 DM. Rückzahlung an Dritte täglich nur einmal bis zu 500 DM (unter Vorlage eines Personalausweises an den Sparer selbst bis zu 2000 DM). Bei Postsparbüchern mit Berechtigungsschein nur an den Sparer oder einen Bevollmächtigten. Bei höheren Beträgen und bei Konten mit vereinbarter Kündigungsfrist bedarf es der Kündigung mit Kündigungsschein. Bei Löschung des Sparkontos wird die gesamte Einlage nebst Zinsen zurückgezahlt. – 4. Der P. umfaßt auch das *prämienbegünstigte Sparen* (nur noch für

bereits laufende Verträge, →steuerbegünstigtes Sparen) und die vermögenswirksame Anlage (→Vermögensbildung der Arbeitnehmer) sowie ein Ratensparen mit Prämie. – 5. *Rückzahlungen im Ausland* in 18 europäischen Ländern möglich; in Italien mittels Rückzahlungskarte (Antrag 8–10 Tage). – 6. *Sonstige Rechte und Pflichten:* a) Bei Verlust des Postsparbuchs und der zugehörigen Ausweiskarte Sperrung des Sparbuchs. Auch Stadtsperren möglich. – b) Beim Ableben eines Sparers werden Rückzahlungen im kurzen Weg (bis zu 500 DM) an den Vorleger des Postsparbuchs und der Ausweiskarte geleistet; ansonsten mit Erbschein. – c) Spartguthaben können durch eine schriftliche Abtretungserklärung, die von einem Postamt oder Notar beurkundet werden muß, an Dritte abgetreten werden; das Sparbuch muß dem Postamt oder Notar übergeben werden. – d) Für Pfändungen gelten die Vorschriften der §§ 808 und 831 ZPO. – e) Auskünfte, ob jemand Postsparer ist, dürfen nicht erteilt werden (Postsparkassengeheimnis). – f) Zahlungen an Sparer, über deren Vermögen das →Konkursverfahren eröffnet worden ist, werden nicht geleistet.

Posttechnisches Zentralamt (PTZ), als mittlere Bundesbehörde zur →Deutschen Bundespost gehörend; Sitz in Darmstadt. – *Aufgabe:* Das PTZ ist zuständig für alle außerhalb der ministeriellen Leitungsentscheidungen liegenden zentralen Aufgaben der Deutschen Bundespost auf dem Gebiet des Postdienstes, des Auslandsdienstes, des Einkaufs, Maschinen- und Kraftfahrwesens. – *Organisation:* Es wird von einem Präsidenten geleitet, verfügt über drei Hauptabteilungen mit mehreren Unterabteilungen.

Posttest, Test von Marketinginstrumenten nach ihrem tatsächlichen Einsatz im Markt zwecks nachträglicher Kontrolle ihrer Wirkung (→Ex-post-Analyse). – In der *Werbung* Methode der →Werbeerfolgskontrolle zur Ermittlung der →Werbewirkungsfunktion. – *Gegensatz:* →Pretest.

Postvertriebsstück, →Zeitungspostsendungen 1.

Postverwaltungsrat, →Verwaltungsrat der Deutschen Bundespost.

Postvollmacht, Urkunde auf Vordruck, mit der der Empfänger eine oder mehrere Personen bis zum Widerruf zum Empfang seiner Sendungen bevollmächtigen kann. Wird Vollmacht für mehrere Personen erteilt, so gilt jede allein als empfangsberechtigt. Vollmachtgeber für Behörden, Gesellschaften, Gemeinschaften und juristische Personen müssen nachweisen, daß sie vertretungsberechtigt sind. Die mit amtlich beglaubigter Unterschrift versehene Vollmacht ist beim Zustellpostamt einzureichen. – *Besondere Vollmacht:* Für eigenhändig zuzustellende Sendungen, für postlagernde

Einschreib-, Wert- und Paketsendungen sowie Postanweisungen und für Erteilen von Unter-Vollmachten erforderlich.

Postwertzeichen, Klebemarken zur Verrechnung der Beförderungsgebühr von Postsendungen sowie etwaigen Zusatzgebühren für Sonderleistungen (→Freimachung); zu den P. zählen auch Formblätter mit eingedrucktem Wertstempel (z. B. Postkarten) sowie P. aus →Münzwertzeichendruckern. – *Umtausch* von verdorbenen P., Fehldrucken oder sonst mangelhaft beschaffenen Wertzeichen ist möglich. – *Sonderformen:* Vgl. →Sonderpostwertzeichen.

Postzeitungsdienst, Sonderdienstzweig der Deutschen Bundespost. – 1. *Rechtsgrundlage:* Postzeitungsordnung vom 9.9.1981 (BGBl I 950) mit späteren Änderungen. – 2. *Aufgabe:* Vermittlung von Zeitungsbestellungen zwischen Bezieher und Verleger, Beförderung von Zeitungspostsendungen. – 3. *Voraussetzung:* Schriftliche Zulassung der →Zeitung zum P., werden in der →Postzeitungsliste jährlich veröffentlicht. – 4. *Benutzer:* Verleger, Zeitungsvertriebsstellen und Bezieher. – 5. *Gebühren* richten sich nach der Postzeitungsgebührenordnung vom 22.10.1985 (BGBl I 2028), gültig ab 1.1.1986. U. a. sind zu entrichten: Zeitungsgrundgebühr, Gebühr für Zusätze in Postzeitungsliste, Gebühren für Fremdbeilagen, Vertriebsgebühr (Grundlage der Vertriebsgebühr sind a) Häufigkeit des Erscheinens, b) tatsächlichs Nummernstückgewicht). – 6. *Anmeldung* der Zeitungen und Zeitschriften zum Postvertrieb sowie Versandmöglichkeiten: Vgl. →Zeitungspostsendungen. – 7. Die Deutsche Bundespost *haftet nicht* für Schäden, die durch die nicht ordnungsgemäße Erfüllung ihrer Verpflichtungen gegenüber dem Benutzer entstehen (§ 17 PostG).

Postzeitungsgut, →Zeitungspostsendungen 2.

Postzeitungsliste, jährlich erscheinende Aufstellung aller zum Postzeitungsdienst zugelassenen Zeitungen aller (→Zeitungspostsendungen) mit folgenden Angaben: Titel, Anschrift und Postgirokonto des Verlegers, Vertriebskennzeichen, Bezugsgeld, Bezugszeit und Erscheinungsweise (§ 15 Postzeitungsordnung).

Postzustellung, Teil der Beförderungspflicht der Deutschen Bundespost. Angekommene Sendungen sind zuzustellen (ausgenommen: →Postabholung des Empfängers). – Zustellpflicht besteht *nicht*, wenn Empfänger nur sehr schwierig zu erreichen ist sowie bei Gefahr, etwa durch bissige Hunde, bei Naturkatastrophen. Bei Paketen →Zustellgebühr.

Postzustellungsauftrag, Auftrag an die Deutsche Bundespost, Schriftstücke, deren förmliche →Zustellung gesetzlich vorgesehen oder gerichtlich angeordnet ist, nach den Vorschriften der Zivilprozeßordnung (nur

vereinfachte Zustellung) zustellen zu lassen. Auftrag in einem Umschlag nach amtlichem Muster, besteht aus dem verschlossenen Schriftstück mit der Anschrift des Empfängers und einer vorbereiteten Zustellungsurkunde (→Postzustellungsurkunde), als Anschrift das Zustellpostamt.

Postzustellungsurkunde, von dem Postbeamten aufzunehmende öffentliche Urkunde über die förmliche →Zustellung gewöhnlicher verschlossener Briefe (§§ 190 ff. ZPO). Die P. wird dem Absender übersandt. – *Formen:* a) *gewöhnliche Zustellung:* eine Abschrift der P. erhält Empfänger; b) *vereinfachte Zustellung:* Tag der Zustellung wird auf dem Brief vermerkt. – Demnach verschiedene *Aufschrift* mit Vermerk: „Hierbei ein Vordruck zur Zustellugsurkunde nebst Abschrift" oder „Hierbei ein Vordruck zur Zustellung, vereinfachte Zustellung". – Vgl. auch →Postzustellungsauftrag.

Postzwang, jetzt: →Beförderungsvorbehalt.

Potentialanalyse. 1. *Begriff:* Diagnose der Ressourcen eines Unternehmens hinsichtlich ihrer Verfügbarkeit für strategische Aktionen im Rahmen des →strategischen Managements. – Zu *unterscheiden:* a) die im Basisgeschäft gebundenen Potentiale; b) die durch das Basisgeschäft noch nicht gebundenen bestehenden Potentiale; c) mögliche zukünftige Potentialveränderungen. – 2. *Zweck:* Aus der P. können Hinweise auf ungebundene Potentiale und auf Veränderungen im Potentialbestand für den Aus-, Ab- und Umbau des Basisgeschäfts abgeleitet werden, i. a. mittels →Gap-Analyse. – 3. *Gliederung der P.objekte* (i. a. nach Funktionsbereichen): z. B. im Produktionsbereich Erfassung des Integrationsgrads der Fertigung, der Anlagenauslastung usw. und Ableitung zum Ausnutzungsgrad bestehender Potentiale im Basisgeschäft. – 4. *Erweiterung:* Vgl. →Stärken-/Schwächenanalyse.

Potentialbeurteilung, Beurteilung der Entwicklungsmöglichkeiten der Fähigkeiten eines Mitarbeiters unter dem Gesichtspunkt einer strategischen →Personalentwicklung. Methodisch kann eine P. nicht durch standardisierte Verfahren erfolgen, sondern nur durch strukturierte Gespräche. – Vgl. auch →Mitarbeiterbeurteilung, →Potentialentwicklung.

Potentialentwicklung, wichtige Aufgabe der →Personalentwicklung im Rahmen der strategischen Unternehmensentwicklung.

Potentialerwerbsquote, *potentielle Erwerbsquote.* 1. *Begriff* der Arbeitsmarktforschung für das Verhältnis des gesamtwirtschaftlichen →Erwerbspersonenpotentials a) zur gesamten Bevölkerung *(allgemeine P.)* oder b) zur Bevölkerung im Alter von 15 bis unter 65 Jahren *(spezifische P.).* – 2. *Abgrenzung zur Erwerbsquote:* Im Unterschied zu der von der amtlichen Bevölkerungs- und Erwerbstätigkeitsstatistik registrierten →Erwerbsquote umfaßt die P. im Zähler nicht nur die Zahl der registrierten Erwerbspersonen, sondern zusätzlich eine geschätzte Zahl versteckter Arbeitsloser (stille Reserve des Arbeitsmarktes) und damit insgesamt die Zahl potentieller Erwerbspersonen; außerdem nach dem Beschäftigungsortskonzept und nicht nach dem Wohnsitzkonzept ermittelt. – 3. *Bedeutung:* Die P. wird unter Berücksichtigung des festgestellten Entwicklungstrends der alters- und geschlechtsspezifischen Erwerbsquoten sowie der Alters- und Geschlechtsstruktur der Bevölkerung als eine nur in der Hochkonjunktur tatsächlich erreichbare Erwerbsquote geschätzt.

Potentialfaktoren, von E. Gutenberg und E. Heinen geprägter Begriff für →Produktionsfaktoren, die während einer Periode in ihrem Bestand erhalten bleiben und nur von ihrem Leistungspotential Leistungen an den Betrieb abgeben (z. B. Betriebsmittel). – *Gegensatz:* →Verbrauchsfaktoren, →Repetierfaktoren,

Potentialfaktorkosten, →Kosten von →Potentialfaktoren. P. zählen zu den →fixen Kosten sowie zumeist zu den Kostenträgergemeinkosten (→Gemeinkosten). Aufgrund der zunehmenden Automatisierung wächst die Bedeutung von P. im Vergleich zu den Repetierfaktorkosten ständig.

potentialorientierte Kreditpolitik, geldpolitische Konzeption mit dem Ziel, die Geld- und Kreditversorgung mittelfristig mit der Wachstumsrate des Produktionspotentials ansteigen zu lassen. Damit soll erreicht werden, daß sich die Gesamtnachfrage gleichmäßig mit dem Produktionspotential entwickelt. Im Gegensatz zur (monetaristischen) →Geldmengenregel läßt die p. K. zu, daß bei Abweichungen zwischen Produktionspotential- und Nachfrageentwicklung diskretionäre Maßnahmen ergriffen werden.

potentialorientierte Verschuldung, vom →Sachverständigenrat zur Begutachtung der gesamtwirtschaftlichen Entwicklung (SVR) entwickeltes Verschuldungskonzept. Die Verschuldungspolitik ist nicht an eine Beeinflussung der gesamtwirtschaftlichen Nachfrage (→deficit spending) gebunden, sondern orientiert sich am Wachstum des →Produktpotentials.

potentialorientierte Wirtschaftspolitik, auf dem Konzept des →Produktionspotentials beruhender Ansatz der →Wirtschaftspolitik. Fiskal- und/oder geldpolitische Aktivitäten sollen sich demnach an der zu erwartenden Entwicklung des Produktionspotentials orientieren, um zu einer stetigen, den Wirtschaftsablauf nicht störend beeinflussenden Wirtschaftspolitik zu gelangen.

Potentialplanung, Festlegung der zur Realisierung des strategischen Produktionsprogramms notwendigen Sach- und Humanpotentiale (→Investitionsplanung, →Investitionsobjektplanung und -kontrolle, →Personalplanung, →mitarbeiterbezogene Planung und Kontrolle). – Vgl. auch →Unternehmensplanung.

potentielle Erwerbsquote, →Potentialerwerbsquote.

potenzieren, grundlegende Rechenoperation. Im einfachsten Fall handelt es sich dabei um eine abgekürzte Schreibweise für das Multiplizieren mit gleichen Faktoren. – *Beispiel:* $4 \cdot 4 \cdot 4 = 4^3$ mit der „Basis" 4 und dem „Exponenten" 3. – *Spezialfall:* $a^2 = a \cdot a$; wird als „Quadrat von a" bezeichnet. – *Weiterführende Definition:*

$$a^0 = 1, \ a^{-n} = \frac{1}{a^n}, \ a^{\frac{1}{n}} = \sqrt[n]{a}$$

für jede natürliche Zahl n.

Potsdamer Abkommen, ein Ergebnis der vom 17.7. bis 2.8.1945 zwischen Truman, Stalin, Churchill bzw. Attlee gehaltenen Konferenz über die Ausübung der Regierungsgewalt, die Einteilung des deutschen Gebietes sowie die Behandlung der deutschen Bevölkerung nach der militärischen Besetzung Deutschlands und der deutschen Kapitulation vom 8.5.1945.

pound (lb), angelsächsische Masseneinheit. 1 lb = 0,45359237 kg.

Powerfunktion, →Gütefunktion.

ppa., pp., per procura, durch Prokura, vorgeschriebener Zusatz bei der Namensunterschrift des Prokuristen (→Prokura); besagt nichts darüber, ob Einzel- oder Gesamtprokura erteilt ist. – *Fehlen des Zusatzes* berührt die Wirksamkeit des mit der Unterschrift abgeschlossenen Geschäftes nicht (§ 51 HGB), kann aber u. U. den Prokuristen (z. B. bei Wechselzeichnung ohne Hinweis auf die Firma) selbst verpflichten.

PPBS, planning programming budgeting system, →Programmbudget.

PPS-System. I. Einordnung: 1. *Begriff:* Der Begriff PPS-S. hat sich als Kurzform für *(computergestütztes) Produktionsplanungs- und Steuerungssystem* eingebürgert. Ein PPS-S. ist ein →Softwaresystem, welches zur *operativen* Planung und Steuerung des Produktionsgeschehens in einem Industriebetrieb eingesetzt wird. – 2. *Entstehung:* Umfassende Optimierungsmodelle und Methoden zur industriellen Produktionsplanung, die in der Betriebswirtschaftslehre und v. a. im Operations Research in den 60er Jahren in großer Zahl entwickelt wurden, erwiesen sich weitgehend als untauglich für den praktischen Einsatz; bei Modellen der →Linearen Optimierung (Programmierung) stellte sich z. B. das Problem der Rechenbarkeit (gigantische Zahl von Variablen und Nebenbedingungen) und der Datenbereitstellung als entscheidendes Hindernis heraus. In der Praxis entstanden deshalb unabhängig davon eigenständige Planungs- und Steuerungskonzeptionen, die sowohl manuell angewendet als auch der Entwicklung der ersten computergestützten PPS-S. (in den 60er Jahren in den USA) zugrundegelegt wurden. Der Aufbau von P. unterscheidet sich stark von der traditionellen Gutenbergschen Gliederung der Produktionsplanung (vgl. II). – *3. Planungskonzept:* P. folgen einem Konzept der stufenweisen →Sukzessivplanung mit zunehmendem zeitlichem Detaillierungsgrad: Ergebnisse einer vorgelagerten Stufe gehen i. d. R. als Vorgabe in die nächste Stufe ein. Dabei findet keine oder nur eine sehr schwache Rückkopplung von nachgelagerten zu früheren Stufen statt. – *4. Zielgruppen:* V. a. Industriebetriebe mit überwiegend mechanischer Fertigung (u. a. Montagevorgänge), die →*Stücklisten* führen. Typische Branchen sind etwa der Maschinenbau oder die Elektroindustrie, aber nicht ausschließlich; z. B. werden PPS-S. auch in der chemischen Industrie eingesetzt. – *5. Verbreitung:* Der PPS-Bereich war einer der ersten betrieblichen Funktionsbereiche, der mit elektronischer Datenverarbeitung unterstützt wurde. Die Systeme sind heute recht ausgefeilt. In größeren Betrieben erfolgt die Produktionsplanung und -steuerung fast ausschließlich mit Hilfe von PPS-S.; in Klein- und Mittelbetrieben ist die Verbreitung dagegen noch relativ gering.

II. Bestandteile (der meisten gängigen PPS-S.; vgl. auch →PPS-System-Programmkomplexe):

1. *Grunddatenverwaltung:* Diese ist der zentrale Kern eines P., da im PPS-Bereich äußerst umfangreiche und komplexe Datenbestände mit zahlreichen Wechselbeziehungen zu führen sind. Die wichtigsten *Daten* sind: a) *Teilestammdaten:* →Stammdaten aller →Teile des Betriebs, bestehend jeweils aus Teilenummer (→Nummernsystem), Bezeichnung, Maßeinheit, technischen Daten, Dispositions-, Bestands-, Kostendaten u. a.; b) *Erzeugnisstrukturdaten:* Daten über die konstruktive Zusammensetzung der Teile, aus denen u. a. Stücklisten erzeugt werden; graphisch veranschaulicht sind die Erzeugnisstrukturdaten in der untenstehenden Abbildung für zwei Endprodukte X und Y, die sich jeweils aus Baugruppen A, B, C bzw. D, E zusammensetzen usw.; c) *Arbeitsplandaten* mit Angaben zu Arbeitsgängen, Stückbearbeitungszeiten u. a., die z. B. zur Erzeugung der →Arbeitspläne für die Teile benötigt werden; d) *Betriebsmitteldaten:* Kapazitäts-, Rechnungswesen-, Instandhaltungsdaten, technische Daten der Fertigungsanlagen.

2. *Primärbedarfsplanung:* Hauptaufgabe ist die Ermittlung der Mengen an →Primärbedarf, die im Planungszeitraum hergestellt werden sollen. Für diese Aufgabe bieten PPS-S. zwei *Formen* der Unterstützung: a) *Absatzprognosen* werden dahingehend unterstützt, daß die zu erwartenden Primärbedarfsmengen aufgrund der in der Vergangenheit beobachteten Bedarfe mit Hilfe einfacher Vorhersagemetho-

Erzeugnisstrukturdarstellung nach Fertigungsstufen

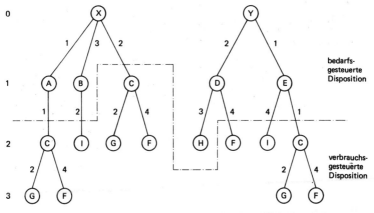

den (z. B. gleitende Mittelwerte, exponentielle Glättung) *prognostiziert* werden. b) Mit Hilfe der *Kundenauftragsverwaltung* können bekannte oder erwartete Kundenaufträge verwaltet und als Primärbedarf erfaßt werden.

3. *Bedarfsplanung:* In diesem Teilbereich erfolgt die Disposition der Mengen untergeordneter Teile (→*Sekundärbedarf*), die zur Herstellung des Primärbedarfs erforderlich sind und die anschließend als →Fertigungsaufträge in die *Durchlaufterminierung* oder als Bestellaufträge in die Beschaffung gehen. – Zu unterscheiden sind folgende *Vorgehensweisen:* a) *Deterministische Disposition* (auch *bedarfsgesteuerte* oder *programmgesteuerte Disposition):* Die Sekundärbedarfsmengen werden aufgrund der gespeicherten *Erzeugnisstrukturdaten* (vgl. II 1 b) exakt berechnet; dies erfolgt jeweils durch Multiplikation der Inputkoeffizienten mit den Mengen der übergeordneten Knoten. Dabei wird zunächst eine *Nettobedarfsermittlung* (u. a. Abgleich mit Lagerbeständen) vorgenommen, u. U. auch eine *Losgrößenrechnung,* bei der aber meist nur sehr einfache Verfahren zum Einsatz kommen (z. B. Gleichsetzung der Losgröße mit dem Bedarf einer mehrerer Perioden, →Andler-Formel, →gleitende wirtschaftliche Losgröße, →Stück-Perioden-Ausgleich). Die eigentliche Ableitung der Mengen untergeordneter Teile wird *Sekundärbedarfsrechnung* genannt. Zur groben zeitlichen Strukturierung erfolgt u. U. eine →*Vorlaufverschiebung,* indem die Sekundärbedarfe um eine gewisse Zeitspanne in Richtung Gegenwart verschoben werden. – b) *Stochastische Disposition* (auch *verbrauchsgesteuerte Disposition):* Die erwarteten Bedarfe werden aufgrund des Verbrauchs in der Vergangenheit mit einfachen Vorhersageverfahren (z. B. gleitende Mittelwerte, exponentielle Glättung) prognostiziert. – c) *Vor- und Nachteile:* Die stochastische Bedarfsermittlung ist sehr einfach durchzuführen, aber ungenau. Als Folge sind größere Sicherheitsbestände erforderlich, die eine stärkere Kapitalbindung und höhere Lagerhaltungskosten verursachen. Die deterministische Diposition ist genau, aber sehr rechenaufwendig; sie wird deshalb oft nur in periodischen Abständen (z. B. wöchentlich, monatlich) durchgeführt. Als Kompromiß disponiert man höherwertige Teile i. d. R. deterministisch, geringerwertige dagegen stochastisch. Zur Klassifikation der Teile kann z. B. die →ABC-Analyse verwendet werden.

4. *Lagerbestandsführung:* Die Lagerbestandsführung erstreckt sich auf a) die Erfassung der *physischen* Lagerbewegungen (Zugänge, Abgänge) und b) die *dispositive* Bestandsführung, bei der auch Sicherheits-, Reservierungs-, Melde-, Bestell-, Werkstattbestände u. a. berücksichtigt werden.

5. *Bestellwesen:* Das Bestellwesen umfaßt die Planung und Abwicklung der Beschaffung fremdbezogener Teile (Bestellpunkte und -termine, Bestellmengenrechnung, Lieferantenauswahl, Bestellüberwachung).

6. *Durchlaufterminierung:* Es wird eine zeitliche Struktur des Fertigungsgeschehens erzeugt durch Aneinanderreihung der Arbeitsgänge für die einzelnen Fertigungsaufträge. Die Vorgehensweise kann retrograd sein, d. h. vom Endprodukt ausgehend zu den tieferen Fertigungsstufen hin (*Rückwärtsterminierung*), oder progressiv, d. h. vom Einzelteil ausgehend in Richtung Endprodukt (*Vorwärtsterminierung),* oder kombiniert. Bei Terminüberschreitungen erfolgt eine Reduktion der Durchlaufzeiten durch →Übergangszeitenreduktion, →Splittung oder →Überlappung von Aufträgen.

7. *Kapazitätsplanung:* Da die vorgelagerten Planungsschritte weitgehend losgelöst von Kapazitätsüberlegungen sind, muß die Realisierbarkeit des Terminplans sichergestellt werden. Dazu werden die terminierten Fertigungsaufträge den Kapazitätseinheiten (Fertigungsanlagen, Arbeitsplätze o. a.) zugeordnet und der Zeitbedarf der verfügbaren Kapazität gegenübergestellt. Bei stärkeren Schwankungen erfolgt eine Glättung der Kapazitätsgebirge durch Verlagerung von Fertigungsaufträgen in andere Perioden *(Kapazitätsabgleich).*

8. *Verfügbarkeitsprüfung* und *Auftragsfreigabe:* Nach einer Überprüfung, ob Materialien, Werkzeuge, untergeordnete Teile usw. für die anstehenden Aufträge verfügbar sind, werden die in den Freigabehorizont (z. B. ein bis zwei Wochen) fallenden Aufträge zur Fertigung freigegeben, indem u. a. Auftragspapiere ausgedruckt werden.

9. *Feinterminierung* (auch *Maschinenbelegungsplanung* und *Ablaufplanung):* Diese legt die Bearbeitungsreihenfolgen der freigegebenen Aufträge auf den Betriebsmitteln fest. Zur adäquaten Berücksichtigung mehrfacher, z. T. konkurrierender Zielsetzungen (→Ablaufplanungsdilemma) kommen oft Prioritätsregeln zur Anwendung.

10. *Auftragsfortschrittskontrolle:* Während des Fertigungsgeschehens müssen Informationen über den Stand und den Fortschritt der Fertigungsaufträge (insbes. bzgl. Mengen- und Termineinhaltung) aufgrund von Rückmeldungen aus der Produktion bereitgestellt werden (ggf. von einem Betriebsdatenerfassungssystem).

III. A u f b a u : Die Bestandteile sind in PPS-S. z. T. wie oben dargestellt, eventuell unter anderen Bezeichnungen, z. T. auch zusammengefaßt (zu ganzen Funktionskreisen, enthalten. – *Beispiel einer gängigen Struktur:*
– Grunddatenverwaltung
– Produktionsprogrammplanung
  Absatzprognosen und/oder
  Kundenauftragsverwaltung

- Materialwirtschaft
  Bedarfsplanung
  Lagerführung
  Bestellwesen
- Zeit- und Kapazitätswirtschaft
  Durchlaufterminierung
  Kapazitätsplanung
- Werkstattsteuerung
  Verfügbarkeitsprüfung und Auftragsfreigabe
  Feinterminierung
  Auftragsfortschrittskontrolle

Häufig sind ergänzende Funktionen (z. B. Lieferantenverwaltung, Vorkalkulation) und Schnittstellen zu anderen betrieblichen Planungs- und Informationssystemen, insbes. zum Rechnungswesen, vorgesehen.

IV. Zielgruppen: Viele verbreitete PPS.-S. haben ihre Wurzeln in den USA und sind eher auf die dortigen Verhältnisse ausgerichtet (Großserien- und Massenfertigung, marktorientierte Produktion), für typisch deutsche Verhältnisse dagegen schlechter geeignet (großer Anteil mittelständischer Betriebe mit starker *Kundenorientierung* und überwiegend *Auftrags- und Einzelfertigung*). Deshalb entstanden in jüngster Zeit zahlreiche PPS.-S. deutscher Hersteller, die v. a. Auftragsfertigung unterstützen. Wesentliche Unterschiede: a) auf allen Planungs- und Steuerungsstufen bleibt der Bezug zum verursachenden *Kundenauftrag* erhalten; b) die Kundenauftragsbearbeitung und -terminierung wird stärker unterstützt, eventuell mit Vorkalkulation bei der Auftragsannahme; c) die Erstellung auftragsspezifischer Stücklisten und Arbeitspläne ist meist möglich.

V. Verbreitete PPP-S.: 1. *Anbieter:* Nahezu jeder Hersteller von Universalcomputern (→Rechnergruppen) bietet ein P. für seinen Computertyp an. Außerdem treten →Systemhäuser und →Softwarehäuser mit P., die z. T. auf verschiedenen Computertypen lauffähig sind, auf dem Markt auf. 2. Bekannte *Systeme* (und Anbieter) sind etwa: COPICS (IBM); ISI; IS (Siemens); MIACS (Honeywell Bull); UNIS (Sperry Univac); MM/3000, PM/3000 (Hewlett Packard); RM-PPS (SAP); KIFOS (Kienzle) u. a.; v. a. für *Auftragsfertigung* werden z. B. angeboten: PS-System (PS-Systemtechnik), PIUSS-O (PSI), PROFID (MBP), PROFIS (Kybernon), IPS (Dispo-Organisation), COMET-TOP (Nixdorf) und viele andere.

VI. Neuere Entwicklungen: 1. *Prinzipien und Verfahren:* a) Das Kanban-Prinzip (→Kanban) wird z. T. mit konventionellen P. kombiniert. b) →belastungsorientierte Einplanung in der Werkstattsteuerung; c) *Fortschrittszahlensysteme* zur schnellen Überprüfung des aktuellen Stands der Produktion sind v. a. in der Automobilbranche verbreitet; d) *hierarchische Produktionsplanung* (vgl. Hax,

Meal 1975). – 2. *Datenbanksysteme:* Es besteht ein zunehmender Trend, die Datenverwaltung aus dem eigentlichen P. auszulagern und einem universellen →Datenbanksystem zu übertragen. Dies bringt den *Vorteil* der Datenintegration ein, d. h., die PPS-Daten stehen auch anderen betrieblichen Softwaresystemen zur Verfügung, und andererseits hat das PPS-S. Zugriff auf weitere Unternehmensdaten (z. B. aus dem Rechnungswesen). – 3. *CIM:* Im Rahmen von →*CIM* werden PPS-S. nicht mehr isoliert betrachtet, sondern integriert in eine umfassende Planungs- und Steuerungskonzeption für den gesamten Fertigungsbereich, zusammen mit der →technischen Datenverarbeitung.

Literatur: Grupp, B., Materialwirtschaft mit Bildschirmeinsatz, Wiesbaden 1983; Hackstein, R., Produktionsplanung und -steuerung (PPS), Düsseldorf 1984; Handwörterbuch der Produktionswirtschaft, hrsg. von W. Kern, Stuttgart 1979; Hoitsch, H.-J., Produktionswirtschaft, München 1985; Kernler, H., Fertigungssteuerung mit EDV, Köln-Braunsfeld 1972; Kittel, Th., Produktionsplanung und -steuerung im Klein- und Mittelbetrieb, Grafenau 1982; Kurbel, K., Software Engineering im Produktionsbereich, Wiesbaden 1983; ders. Meynert, J., Dialogsysteme für Auftragsfertiger, in: Information Management 1 (1986), Heft 1, S. 42–48; Mertens, P., Industrielle Datenverarbeitung 1, 6. Aufl., Wiesbaden 1986; ders., Griese, J., Industrielle Datenverarbeitung 2, 4. Aufl., Wiesbaden 1984; Scheer, A.-W., DV-gestützte Planungs- und Informationssysteme im Produktionsbereich, in: Elektronische Rechenanlagen 25 (1983), Heft 2, S. 82–92; Warnecke, H. J., Der Produktionsbetrieb, Berlin 1984; Zäpfel, G., Produktionswirtschaft, Berlin 1982.

Prof. Dr. Karl Kurbel

PPS-System-Programmkomplexe. I. Begriff des PPS-Systems: Unter PPS-Systemen sind Systeme der Produktionsplanung und -steuerung zu verstehen, die insbes. in Verbindung mit dem Einsatz von EDV unter dem Schlagwort *computergestützte PPS-Systeme* diskutiert werden. Computergestützte PPS-Systeme setzen sich aus den im folgenden dargestellten Teilbereichen bzw. Programmkomplexen zusammen: (1) Fertigungsgrunddatenverwaltung, (2) Materialwirtschaft bzw. Materialdisposition und (3) Zeitwirtschaft bzw. Terminierung. – Vgl. auch →PPS-System.

II. Programmkomplexe: 1. *Fertigungsgrunddatenverwaltung:* Die für die computergestützte Material- und Zeitwirtschaft jeweils benötigten Daten werden hier EDV-gerecht erfaßt und zur Verfügung gestellt. Es handelt sich dabei um Teilestamm-, Erzeugnisstruktur-, Arbeitsgangstruktur- und Arbeitsplatzstammdaten, die in entsprechenden Dateien zu speichern sind. Teilestamm- und Erzeugnisstrukturdatei stellen u. a. →Stücklisten als Voraussetzung für die Materialwirtschaft, insbes. die dort vorzunehmende Materialbedarfsplanung bereit. Arbeitsgangstruktur- und Arbeitsplatzstammdatei liefern u. a. Arbeitsbzw. Fertigungspläne (→Arbeitsplan) als Basis für die Zeitwirtschaft.

2. *Materialwirtschaft:* Dieser Teilbereich ist auf die kostengünstige und termingerechte

Deckung des aus dem Bedarf an absatzfähigen Erzeugnissen (Primärbedarf) resultierenden Materialbedarfs (Sekundärbedarf) ausgerichtet. – Gemäß der in computergestützten PPS-S. vorherrschenden Konzeption der →Sukzessivplanung sind zur Erreichung der genannten Zielsetzung ausgehend von den Primärbedarfswerten folgende *Planungsschritte* nacheinander zu vollziehen: a) *Zusammenfassung von Nettobedarfen zu wirtschaftlichen Losgrößen:* Als Losgrößenbestimmungsverfahren sehen die verbreiteten Standardsoftwarepakete →heuristische Verfahren wie z. B. Stückkostenverfahren oder Kostenausgleichsverfahren vor. – b) *Vorlaufverschiebung:* Zwecks termingerechter Bestimmung des durch die im ersten Planungsschritt festgelegten Fertigungsaufträge bzw. Lose direkt induzierten Materialbedarfs werden die Fertigstellungstermine der Lose um deren Vorlauf- bzw. Durchlaufzeit auf der Zeitachse nach links verschoben. Es ergibt sich der jeweilige Bedarf für Auflösung. – c) *Sekundärbedarfsermittlung:* Mittels →Stücklistenauflösung werden nun die Bedarfswerte für Auflösung mit den entsprechenden Mengenangaben in den Stücklisten multipliziert, um den jeweiligen Bedarf an Materialien zu erhalten, die für die Erledigung der Fertigungsaufträge direkt erforderlich sind. – d) *Bruttobedarfsermittlung:* Bestimmte Materialien werden aus der Sicht der produzierenden Unternehmung nicht nur zur Erstellung übergeordneter Baugruppen benötigt, sondern als Ersatzteile auch direkt vertrieben. Zur Bestimmung des jeweiligen Bruttobedarfs an einem Material als der zu einem bestimmten Termin insgesamt bereitzustellenden Menge ist dann zu dem Sekundärbedarf der entsprechende Ersatzteilbedarf zu addieren. – e) *Nettobedarfsermittlung:* Zwecks Festlegung des Nettobedarfs an einem Material, d. h. der Menge, die bisher weder verfügbar noch in einem bereits geplanten und/oder veranlaßten Auftrag zwecks Bedarfsdeckung enthalten ist, sind vom Bruttobedarf frei verfügbare Lager- und Werkstattbestände sowie Auftragsbestände periodengerecht zu subtrahieren. Die Lager- und Werkstattbestände werden in computergestützten PPS-Systemen durch das Programm „Lagerbestandsführung" fortgeschrieben. – Mit der Durchführung der skizzierten Planungsschritte wird ein *Rechenzyklus* durchlaufen; dieser ist nun solange zu wiederholen, bis sämtliche Erzeugnisse bzw. Baugruppen vollständig in ihre einzelnen Komponenten aufgelöst sind. Für Fremdbezugsteile erfolgt im Rahmen der Materialwirtschaft schließlich eine Bestell- und Anlieferungsterminermittlung in Verbindung mit der Festsetzung kostengünstiger Bestellmengen.

3. *Zeitwirtschaft:* Der im Anschluß an die Materialwirtschaft durchzuführende Programmkomplex Zeitwirtschaft zielt auf die Terminierung der mit den verschiedenen Fertigungsaufträgen verbundenen Arbeitsgänge ab. Ausgangsdaten bilden hierbei die vorher bestimmten Lose und zugehörigen Fertigstellungstermine. – Im Rahmen der Zeitwirtschaft sind folgende *Planungsschritte* in sukzessiver Weise zu vollziehen: a) *Durchlaufterminierung:* Das entsprechende Programm nimmt eine vorläufige Grobplanung von Start- und Endterminen für die Arbeitsgänge vor, die zwecks Erledigung der verschiedenen Fertigungsaufträge zu verrichten sind, vorläufig deshalb, weil die Grobterminierung ohne Berücksichtigung der verfügbaren produktiven Kapazitäten erfolgt. – b) *Kapazitätsabgleich:* Dieser Planungsschritt umfaßt die endgültige Grobterminierung von Arbeitsgangterminen und zwar dergestalt, daß unter Beachtung der einsetzbaren produktiven Kapazitäten eine Abstimmung von Kapazitätsnachfrage und -angebot erfolgt. – c) *Feinterminierung bzw. Kapazitätsterminierung:* Der letzte Planungsschritt beinhaltet eine stundengenaue Entlastung der Arbeitsgänge auf die einzelnen Arbeitsplätze bzw. Maschinen und damit eine genaue Festlegung der jeweiligen Arbeitsgang- und Auftragsbearbeitungsreihenfolge. Die auf der Grundlage einer Betriebsdatenerfassung durchzuführende Fertigungsfortschrittskontrolle als Bestandteil computergestützter PPS-Systeme liefert die für eine aktuelle, veränderten Bedingungen schnell angepaßte Feinterminierung erforderlichen Informationen.

III. Modifikation und Integration von PPS-Systemen: Wie die bisherigen Erfahrungen zeigen, können computergestützte PPS-Systeme in ihrer jetzigen, hier skizzierten Konzeption die vielfach hochgesteckten Erwartungen, insbes. hinsichtlich der Erreichung angestrebter Zielsetzungen wie Minimierung der Durchlaufzeiten bzw. Werkstattbestände, Maximierung der Kapazitätsauslastung und Sicherstellung einer hohen Liefertreue und -bereitschaft nicht oder nur unvollständig erfüllen. Seit geraumer Zeit werden deshalb Ansätze vorgeschlagen und diskutiert, die auf eine Modifikation der herkömmlichen Struktur computergestützter PPS-Systeme bzw. Teilbereichen davon abstellen. Derartige neue Planungs- und Steuerungskonzepte sind z. B. die →belastungsorientierte Einplanung, →KANBAN und das Fortschrittszahlensystem. Parallel dazu finden Bemühungen statt, computergestützte PPS-Systeme in umfassende Integrationskonzepte von →CIM (computer integrated manufacturing) einzubetten.

Literatur: Glaser, H., Material- und Produktionswirtschaft, 3. Aufl., Düsseldorf 1986; Mertens, P., Industrielle Datenverarbeitung, Bd. 1: Administrations- und Dispositionssysteme, 6. Aufl., Wiesbaden 1986; Scheer, A.-W., CIM. Der computergesteuerte Industriebetrieb, Berlin–Heidelberg 1987.

Prof. Dr. Horst Glaser

p-Quantil, →Quantil.

PR, Abk. für →Public Relations.

Präambel, Einleitung zu Gesetzen oder völkerrechtlichen Abmachungen, häufig auch in Verträgen, in der die Absicht des Gesetzgebers, Ausgangspunkt der Vertragschließenden usw. dargelegt werden. Die P. hat keine unmittelbare Rechtserheblichkeit, sie dient lediglich der Auslegung einer Verfassung oder eines Gesetzes.

Präferenzfunktion, Funktion, die jeder Handlungsmöglichkeit einen Präferenzwert zuordnet, mit dessen Hilfe Alternativen ihrer Vorziehungswürdigkeit nach geordnet werden, können. – Vgl. auch →Entscheidungstheorie.

Präferenzmaximierung, Spezialfall: *Nutzenmaximierung,* Hypothese, daß ein Konsument bei gegebenen Preisen und gegebenem Vermögen einen →Konsumplan (ein Güterbündel) so wählt, daß er unter Berücksichtigung seiner →Vermögensbeschränkung optimal in bezug auf seine Präferenzen ist. Existiert ein solcher Konsumplan, dann heißt er optimaler Konsumplan (optimales Güterbündel, optimaler Verbrauchsplan). Wenn eine →Nutzenfunktion existiert, dann kann man auch sagen, daß der Konsument einen Konsumplan wählt, der die Nutzenfunktion unter Berücksichtigung seiner →Vermögensrestriktion maximiert. – Individuelle Nutzenmaximierung ist Axiom der →Privatwirtschaft, kollektive Nutzenmaximierung der →Gemeinwirtschaft.

Präferenzordnung, vollständige Beschreibung des Geschmacks eines Konsumenten. In der Mikroökonomik werden die Präferenzen eines Konsumenten axiomatisch beschrieben. – Zu *unterscheiden:* →Ordnungsaxiome, das Axiom der Nichtsättigung (→Sättigungskonsum) und →Stetigkeit sowie das →Konvexitätsaxiom.

Präferenzrelation, →Nutzenfunktion.

Präferenzspanne, Unterschied zwischen der Höhe des →Präferenzzolls und dem höheren allgemeinen Zollsatz, der auf andere Länder, die nicht in das Präferenzsystem einbezogen sind, angewandt wird.

Präferenzzoll, →Zoll auf ein bestimmtes Importgut aus einem bestimmten Land, der niedriger ist als der Zoll auf das betreffende Gut bei Importen aus anderen Ländern. P. verstoßen gegen das Prinzip der →Meistbegünstigung, werden vom →GATT aber trotzdem z. T. zugelassen.

Prägegebühr, →Münzgewinn.

Prägerecht, →Münzhoheit.

Pragmatik, Teilgebiet der als →Semiotik bezeichneten allgemeinen Sprachtheorie. Gegenstand sind die Beziehungen zwischen Zeichen und ihren Benutzern, z. B. Bedeutung und Funktion von Begriffen und Aussagen für handelnde Individuen. P. setzt →Semantik und →Syntaktik voraus.

Pragmatismus, im weiteren Sinn weltanschauliche, im engeren Sinn erkenntnistheoretische Position, die den Wert von Handlungen oder Erkenntnissen ausschließlich anhand ihres praktischen Nutzens bemißt. – *Hauptvertreter:* Charles S. Peirce, John Dewey (→Instrumentalismus) und William James. – Im erkenntnistheoretischen Bereich läuft der P. auf eine Reduzierung von Wahrheit auf (momentane) Nützlichkeit hinaus.

Präjudiz, Festlegung der Rechtsprechung für später zur Entscheidung stehende gleichgelagerte Fälle durch Vorwegnahme einer richtungweisenden Gerichtsentscheidung.

präjudizierter Wechsel, wegen Versäumung der rechtzeitigen Protesterhebung entwerteter Wechsel. Vgl. im einzelnen →Protest.

Präklusivfristen, →Ausschlußfristen.

Praktikant. 1. *Begriff:* Arbeitnehmer, der sich einer bestimmten Tätigkeit und Ausbildung in einem Betrieb unterzieht, die Teil oder Vorstufe einer anderweit zu absolvierenden Ausbildung (z. B. Hochschulstudium) ist. – *Anders:* →Volontär (mehr allgemeine praktische Orientierung im Betrieb). – 2. Die *Anstellungsverträge* der P. können verschieden ausgestaltet sein: Es kann ein Arbeitsverhältnis (→Arbeitsvertrag) vereinbart sein. Ist dies nicht der Fall, weil Ausbildungszwecke im Vordergrund stehen, sind gemäß §19 BBiG mit einigen Ausnahmen die Vorschriften des Berufsbildungsgesetzes (→Auszubildender) anzuwenden; nach §10 BBiG ist dann eine angemessene Vergütung zu zahlen. – 3. *Versicherungspflicht/-schutz:* Übt ein P. die Tätigkeit gegen Entgelt und aufgrund der Vorschriften der Prüfungsordnung aus, so ist er gemäß §165 I 1 und 2 RVO versicherungspflichtig. Wird das vorgeschriebene Praktikum aber während der Semesterferien im Rahmen eines abhängigen Beschäftigungsverhältnisses gegen Entgelt und mit mehr als 20 Stunden wöchentlich ausgeübt, ist es nach §172 I 5 RVO versicherungsfrei. – Grundsätzlich genießt ein P. Unfallversicherungsschutz. – Vgl. auch →Werkstudent.

praktische Informatik, →Informatik II 3.

praktischer Normativismus, →normative Betriebswirtschaftslehre.

praktisch-normative Betriebswirtschaftslehre, →normative Betriebswirtschaftslehre, →entscheidungsorientierte Betriebswirtschaftslehre.

Prämie. I. P e r s o n a l w e s e n : Zusätzlich zum →Zeitlohn gezahlte P. *(Leistungsprämie)* als Anerkennung besonderer betrieblicher Leistungen des Arbeitnehmers, z. B. für Verbesserungsvorschläge, Umsatzprämien für Ladenhüter. P. können für quantitative und qualitative Leistungen gewährt werden. Im Falle von Gehaltsempfängern dürften i. d. R. nur qualitative Größen in Betracht kommen, ausgenommen rein ausführende Tätigkeiten bei Schreibkräften u. ä. – P. ist *Bestandteil des* →*Arbeitsentgelts.* – Vgl. auch →Prämienlohn.

II. M a r k e t i n g / H a n d e l s b e t r i e b s l e h r e : Maßnahme der →Verkaufsförderung. Beim Kauf eines bestimmten Produktes erhält der Konsument ein Geschenk oder die Berechtigung, ein anderes Erzeugnis zu einem wesentlich günstigeren Preis zu erwerben. – *Arten:* a) Das Präsent (Schlüsselanhänger, Trillerpfeife, Flaschenöffner usw.) ist Pakkungsbeilage *(in-pack premium)* oder an diesen befestigt *(with-pack premium)*. – b) Die Zugabe zum eigentlichen Produkt besteht in einem wiederverwendbaren Behälter *(reusable container)*, wie dies z. B. bei Senf, Marmelade, Kaffee oft der Fall ist. – c) Postzustellung der Prämie *(free-in-the-mail premium)*, nachdem der Konsument den Kauf des geförderten Produktes, z. B. durch Einsendung eines markierten Verpackungsteils, nachgewiesen hat. – d) Der Konsument erhält bei dem Nachweis, daß er das geförderte Produkt tatsächlich gekauft hat, direkt vom Hersteller ein anderes Erzeugnis zu einem wesentlich günstigeren Preis als beim Kauf über den Einzelhandel *(self-liquidation premium)*.

III. V e r s i c h e r u n g s w e s e n : Entgelt des Versicherungsnehmers für den Versicherungsschutz. Zusammen mit der P. sind →Versicherungsteuer und →Nebengebühren zu entrichten. Die P. ist im allg. für ein Jahr (→Versicherungsperiode) bemessen und wird i. d. R. im voraus bezahlt; bei Zahlung einer tariflichen Jahresprämie in unterjährigen Raten ist für Zinsausfall und Verwaltungskosten *Zuschlag* zu entrichten. Zu unterscheiden sind →Erstprämie und →Folgeprämie. – Vgl. auch →Prämienrückgabe, →Prämienstundung, →Prämienübertrag.

IV. B a n k w e s e n : Besondere Zahlung beim →Prämiengeschäft (vgl. im einzelnen dort).

V. A g r a r p o l i t i k : In der EG als Anreiz zur Unterstützung gewünschter Entwicklungen (z. B. Qualitäts-P., Abschlachtungs-P., P. für die Nichtvermarktung von Milch) angewandt.

Prämienanleihe, →Losanleihe.

Prämienanpassungsklausel, Versicherungsvertragsklausel, die den Versicherer berechtigt und verpflichtet, die →Prämie dem Schadenbedarf nach Prüfung durch einen unabhängigen Treuhänder anzupassen, wenn die Unteroder Überdeckung 5% übersteigt. – *Vorkom-*

men: a) in der Haftpflichtversicherung, b) in der Hausratversicherung (hier Widerspruchsrecht des Versicherungsnehmers, wenn sich der Prämiensatz gegenüber dem Vorjahr um mehr als 10% bzw. in drei Jahren zusammen um mehr als 20% erhöht) sowie c) in der Rechtschutz-Versicherung.

Prämienbrief, der im →Prämiengeschäft abgeschlossene schriftliche Vertrag.

Prämiendepot, bei der Lebensversicherung Einzahlung (Guthaben) des Versicherungsnehmers, von der die →Prämien (vgl. dort III) bei Fälligkeit abgebucht werden. P. wird von der Versicherungsgesellschaft verzinst. – *Anders:* →Einmalbeitrag.

prämienfreie Lebensversicherung. 1. *Begriff:* Aufrechterhaltung der Ansprüche aus einer →Lebensversicherung ohne Zahlung von →Prämien. – 2. *Arten:* a) Lebensversicherung gegen →Einmalbeitrag. – b) Lebensversicherung, die auf Antrag des Versicherungsnehmers, der keine Prämien mehr zahlen will, oder durch Kündigung des Versicherers wegen Zahlungsverzug in eine p. L. (mit entsprechend herabgesetzter Versicherungssumme) umgewandelt worden ist. Nur möglich, wenn →Deckungsrückstellung in ausreichender Höhe vorhanden. – c) Lebensversicherung, die für die restliche Dauer des Vertrages aufgrund des vereinbarten Ablaufs der Prämienzahlung prämienfrei geworden ist oder durch den Eintritt eines Ereignisses, für das die Befreiung von der weiteren Prämienzahlung mitversichert war (z. B. durch den Invaliditätsfall bei eingeschlossener →Berufsunfähigkeits-Zusatzversicherung).

Prämiengeschäft. I. B e g r i f f : Bedingtes Termingeschäft, bei dem der eine Partner *(Wähler)* gegen Zahlung einer Prämie sich das Recht vorbehält, das Geschäft zu erfüllen oder zurückzutreten; das Risiko wird auf die Prämie begrenzt. Der *Stillhalter* eines P. geht ein unbegrenztes Risiko ein, kann sich jedoch durch entsprechende Gegengeschäfte absichern. Der Wähler hat am Prämienerklärungstag, der wenige Tage vor dem Liefertermin liegt, anzugeben, wie er die P. ausüben will.

II. Z i e l : Im Warenhandel dient das P. insbes. als Risikoversicherung gegen große Preisschwankungen; im Effektenhandel sind P. i. a. reine Spekulationsgeschäfte.

III. A r t e n : 1. *Vorprämie:* Erwerber schließt einen Terminkauf ab, dem der Tageskurs (Basiskurs) als „Prämienbasis" oder „Mitte" zugrunde gelegt wird. – 2. *Rückprämie:* Gegenstück zur Vorprämie. – Der Unterschied zwischen Basis- und Prämienkurs (Ekart) ist i. d. R. mit der Prämie identisch, ansonsten *schiefes Prämiengeschäft.* Die Abschlüsse der P. erfolgen meist per medio oder ultimo des gleichen oder folgenden Monats. – Vgl. auch →Hausse, →Baisse. –

3. *Stellagegeschäft* (kombiniertes Vor- und Rückprämiengeschäft): Der Käufer einer Stellage hat das Recht, am Erfüllungstag nach seiner Wahl entweder zu beziehen oder zu liefern; er spekuliert somit sowohl auf Baisse als auch Hausse. Die Prämie (Stellgeld) wird in der Spanne zwischen dem vereinbarten Lieferungs- und Abnahmekurs ausgedrückt. Wird z. B. als Basis der Stellage ein Kurs von 160% und 8% Stellgeld vereinbart, so lautet die Notierung 164/156 Stellage, d. h. der Käufer muß entweder zu 164% abnehmen oder zu 156% liefern. Die Höhe der Prämie ist im Stellagegeschäft abhängig von der Stärke der erwarteten Schwankungen des Wertpapiers. – Vgl. auch →Nochgeschäft.

IV. Zulässigkeit: 1931 in Deutschland verboten. Seit 1.7.1970 Börsentermingeschäfte in Form des →Optionsgeschäfts (Abart des P.) wieder zugelassen. P. sind u. a. in der Schweiz erlaubt.

Prämienlohn, Form des →Leistungslohns. – 1. *Begriff:* Zu einem vereinbarten →Grundlohn, der nicht unter dem Tariflohn liegen darf, wird planmäßig ein zusätzliches Entgelt (→Prämie; vgl. dort I) gewährt, denn hohe auf objektiv und materiell feststellbaren Mehrleistungen des Arbeiters beruht, die bei reiner Zeitlohnarbeit ohne Leistungszulagen nicht erwartet werden können. Vgl. untenstehende Abb. – 2. *Prämienarten* (nach den Bezugsgrößen zu unterscheiden): V. a. (1) →Mengenleistungsprämie, (2) →Qualitätsprämie, (3) →Ersparnisprämie, (4) →Nutzungsprämie, (5) →Terminprämie. – Kombination von unterschiedlichen Formen der P. (multiplikative oder additive Verknüpfung; direktkombinierte Berechnung) möglich;

insbes. anwendbar, wenn die Produktivität der Arbeit von mehreren Bestimmungsfaktoren abhängig ist. – *Grafische Darstellung mittels Prämienlohnlinie/-kurve:* Diese kann proportional (linear), progressiv, degressiv, S-förmig oder treppenförmig verlaufen. Nach Zweck auch anders: Vgl. →Halsey-Lohn, →Bedauxsystem, →Rowan-Lohn und →Differentiallohnsystem. – 3. *Beurteilung:* Im Gegensatz zum →Akkordlohn bietet der P. meist einen geringeren Anreiz zur Mehrleistung. – 4. *Gründe für zunehmende Bedeutung des P.:* Sinkender Einfluß des Arbeitnehmers auf das mengemäßige Produktionsergebnis mit zunehmendem Anteil an NC-/DNC-/CNC-gesteuerten Maschinen (→PPS-Systeme, →CAM, →CIM); Wandel von der klassisch manuellen und maschinengestützten Arbeit zu mehr qualitativ und ökonomisch orientierten, steuernden, regelnden und überwachenden Funktionen mit zunehmend psychischen Anforderungen. Neben Arbeitszeit und Arbeitsmenge werden andere Größen wie Arbeitsgüte, Sparsamkeit, Termineinhaltung, Aufmerksamkeit für die Produktivität relevant. Der P. kann im Gegensatz zum rein mengenabhängigen Akkordlohn mehrere solcher Kosteneinflußgrößen berücksichtigen, ist deswegen wesentlich flexibler und vielseitiger anwendbar, zumal er keine →Akkordfähigkeit der Arbeit voraussetzt. – 5. *Mitbestimmung:* Nach § 87 I Nr. 11 BetrVG unterliegt, soweit eine tarifliche Regelung nicht besteht, die Festsetzung der Akkord- und Prämiensätze und vergleichbarer leistungsbezogener Entgelte, einschl. der Geldfaktoren, dem erzwingbaren Mitbestimmungsrecht des Betriebsrats in →sozialen Angelegenheiten. – Vgl. auch →Akkordlohn III, →leistungsbezogene Entgelte.

Grundaufbau des Prämienlohns

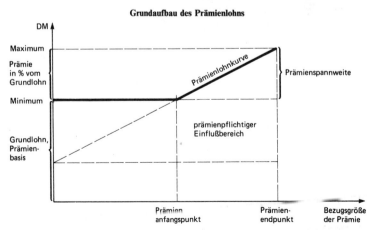

Prämienreserve, →Deckungsrückstellung.

Prämienreservefonds, →Deckungsstock.

Prämienrichtlinien, Richtlinien für die Prämienbestimmungen von Industrie-, Feuer- und Feuerbetriebsunterbrechungsversicherungen (→Prämie III). Umfangreiches Tarifwerk, auf Verbandsebene erarbeitet. Wegen kartellrechtlicher Bestimmungen lediglich Empfehlung.

Prämienrichtzahl, in der →gleitenden Neuwertversicherung Multiplikator zur Errechnung der Prämie. P. orientiert sich an der Entwicklung des Baukostenindezes.

Prämienrückerstattung, →Prämienrückgabe.

Prämienrückgabe, *Prämienrückerstattung,* Erstattung von Teilen der gezahlten →Prämien an Versicherungsnehmer bei Vorliegen bestimmter Voraussetzungen, z. B. schadensfreiem Verlauf, Verwaltungskostenersparnissen des Versicherers, Sterblichkeitsgewinnen in der Lebensversicherung. Verankert in den Allgemeinen Versicherungsbedingungen und Tarifen (z. B. Kraftverkehrs- und Krankenversicherung), teils auch in der Satzung (bei Versicherungsverein auf Gegenseitigkeit, öffentlich-rechtlichen Versicherern, Lebensversicherungsunternehmen).

Prämiensparen. 1. Synonym für →Gewinnsparen. – 2. Form des →steuerbegünstigten Sparens.

Prämienstundung. 1. *P. bei Lebensversicherungen:* Bei vorübergehender Zahlungsunfähigkeit des Versicherungsnehmers i. a. möglich, wenn ein Rückkaufswert (→Rückkauf von Versicherungen) vorhanden ist, und zwar so lange, wie der Rückkaufswert für die Deckung der fälligen Prämien einschl. Nebengebühren und Stundungszinsen ausreicht. Der Versicherungsschutz bleibt in voller Höhe aufrechterhalten. Nach Ablauf der P. sind die gestundeten Beträge nebst Zinsen nachzuzahlen. Statt dessen kann, wenn noch eine ausreichende →Deckungsrückstellung vorhanden ist, eine →Vorauszahlung gewährt oder der Rückstand durch eine Umwandlung der Versicherung (z. B. Beginnverlegung und/oder Verlängerung der Vertragsdauer) beseitigt werden. – 2. *P. in anderen Versicherungszweigen:* Vertragliche Änderung des Fälligkeitstermins der →Prämie, gelegentlich zeitlich begrenzter Einforderungsverzicht (z. B. kurzfristiger Zahlungsaufschub, Ratenzahlung), notfalls gekoppelt mit vorübergehender Außerkraftsetzung der Versicherung.

Prämienübertrag, *Beitragsübertrag.* 1. *Versicherungstechnische Rückstellung* in der Bilanz von Versicherungsunternehmen für am Bilanzstichtag noch nicht verdiente Prämie. Da Versicherungsprämien vielfach Jahresprä-

mien sind, das Geschäftsjahr aber nicht immer mit dem Jahr übereinstimmt, für das die Prämie bezahlt wird, müssen am Schluß des Geschäftsjahres diejenigen Prämienteile zurückgestellt werden, die dem nächsten Geschäftsjahr zugute kommen. Die Summe dieser Einzelrückstellungen ist der P., ein Passivposten in der Versicherungsbilanz (Bezeichnung als Rückstellung eigentlich unzulässig, da Posten Charakter eines passiven Rechnungsabgrenzungspostens hat). – 2. *Berechnung* des P. meist nicht für jeden einzelnen Vertrag, sondern nach dem Bruchteil- oder Pauschalsystem. a) Beim Bruchteilsystem wird für die Prämieneinnahme eines Monats oder eines Vierteljahres ein bestimmter Bruchteil zurückgestellt. b) Beim Pauschalsystem wird von der gesamten Prämieneinnahme eines Jahres ein fester Prozentsatz als P. gebucht (häufig 40% der Jahresprämieneinnahme eigener Rechnung).

Prämienverfahren, durch den Versicherer erhobene gleichbleibende, steigende oder fallende →Prämien, die für die gesamte Laufzeit des Versicherungsvertrags fest vereinbart werden. Nachschußpflicht besteht nicht. – Vgl. auch →Umlageverfahren.

Prämienverzug, →Erstprämie, →Folgeprämie, →Schuldnerverzug.

Prämienvorauszahlung, Zahlung der Versicherungsprämien vor Fälligkeit. Die Versicherungsgesellschaften gewähren ggf. Rabatte bei P. für mehrere Jahre, z. T. auch in Form von Freijahren. – Vgl. auch →Prämiendepot.

Prämisse. 1. *Umgangssprachlich:* Voraussetzung bzw. Annahme. – 2. Im *logischen Sinn:* Vordersatz eines logischen Schlusses. – Bei dem Spezialfall des *Syllogismus* wird aus zwei Prämissen eine Konklusion abgeleitet.

Pränumerationskauf, frühere Bezeichnung für einen →Kaufvertrag, der den Käufer zur Zahlung *vor* Lieferung des Kaufgegenstandes verpflichtet.

Präqualifikation, Vorstufe zur →Bietungsgarantie, in deren Rahmen eine Selektion erfolgt. Erst nachdem eine Bankbestätigung darüber vorliegt, daß das an dem Auftrag interessierte Unternehmen die erwartete bzw. verlangte Leistung erbringen kann, wird dieses zur Angebotsabgabe aufgefordert.

Präsentation, Vorlage eines →Wechsels zur Annahme oder Zahlung. – *Fristen:* Vgl. →Vorlegungsfrist 1.

Präsentationsgraphik, graphische Darstellung numerischer Daten. – *Zweck* der P. ist es, die Kernaspekte, die in umfangreichen Zahlenmaterial implizit enthalten sind, anschaulich und „auf einen Blick" erfaßbar darzustellen. – *Bekannteste Formen:* Linien-, Flächen-, Balken- und Tortendiagramme. – Vgl. auch →graphische Darstellung.

Präsenzeffekt, →Aktualisierungseffekt.

Präsidialrat, Richtervertretung für die Beteiligung an der Ernennung von →Richtern.

Prävarikation, →Parteiverrat.

Prävention, Begriff für vorbeugende Maßnahmen in der Sozialversicherung, die den Eintritt des →Versicherungsfalls verhindern helfen sollen. Von zunehmender Bedeutung. – *Beispiele:* Maßnahmen der Früherkennung von Krankheiten in der →Krankenversicherung oder der Unfallverhütung in der gesetzlichen →Unfallversicherung.

Praxiswert, ideeller Wert, den der Name eines im →freien Beruf Stehenden verkörpert und der sich aufgrund der ausschließlichen Personenbezogenheit vom Geschäftswert (→Firmenwert) eines Unternehmens unterscheidet. Eine →Abschreibung auf den für den P. beim Erwerb einer freiberuflichen Praxis gezahlten Betrag ist möglich. – *Bewertungsgesetz:* Bei der Ermittlung des →Betriebsvermögens nach dem BewG ist der P. nach ertragsteuerlichen Grundsätzen zu erfassen und zu bewerten.

Präzipuum, Vergütung, die an ein Mitglied einer Gesellschaft für besondere Leistungen vom Gewinn vorweg gezahlt wird, z. B. an die Konsortialführerin im Konsortialgeschäft.

Prebisch-Singer-Myrdal-These, →Prebisch-Singer-These 1.

Prebisch-Singer-These, Erklärungsansatz über die Ursachen der Unterentwicklung der →Entwicklungsländer. – 1. *Aussage:* Die P.-S.-T. besagt, daß sich a) die →commodity-terms of trade zu ungunsten der Entwicklungsländer entwickeln und b) daraus ein Einkommenstransfer in die Industriestaaten ergibt. – Da diese Position auch von Myrdal unterstützt wurde, wird auch von *Prebisch-Singer-Myrdal-These* gesprochen. – 2. *Analytische Begründung: Zu Behauptung a):* (1) Entwicklungsländer exportieren v. a. Primärgüter, also Güter mit niedriger Einkommenselastizität der Nachfrage. (2) Beschränkte Absorptionskapazitäten und das Vorhandensein überschüssiger Arbeitskräfte wirken darauf hin, daß Produktivitätssteigerungen weniger Lohnsteigerung als vielmehr Ausdehnung der Produktion und Reduzierung der Absatzpreise bewirken. (3) Im Gegensatz zu (2) tragen in den Industriestaaten die Gewerkschaften und die relative Knappheit des Faktors Arbeit zusammen mit einer hohen Absorptionskapazität, die die Wiederbeschäftigung freigesetzter Arbeitskräfte eher gewährleistet, dazu bei, daß Produktivitätssteigerungen mehr durch Lohnsteigerungen abgeschöpft werden und sich weniger in einer Preissenkung ausdrücken können. (4) In den Industriestaaten wird durch technische Fortschritte die Nachfrage nach Primärgütern aus Entwicklungsländern beeinträchtigt. – *Zu*

Behauptung b): (1) In den Entwicklungsländern werden die Wohlfahrtsgewinne durch Produktivitätssteigerungen über die Reduzierung der Exportpreise ganz oder z. T. an die Industriestaaten „abgeführt". (2) Die Verschlechterung der terms of trade infolge von Produktivitätsfortschritten bewirkt, daß der Vorsprung der Löhne in den Industriestaaten im Vergleich zu den Entwicklungsländern zunehmend größer wird als der Vorsprung der physischen Arbeitsproduktivität in den jeweiligen Produktionsbereichen. – 3. *Beurteilung:* a) Die *Entwicklung der terms of trade* verläuft für die verschiedenen Entwicklungsländer unterschiedlich und ist in der Realität mehr durch Schwankungen als durch eine eindeutige anhaltende Tendenz zugunsten oder zu ungunsten bestimmter Länder oder Ländergruppen gekennzeichnet. Die angeführten statistischen Belege sind nicht konsistent. – b) Die *Erklärungen für eine Entwicklung der terms of trade* zu ungunsten der Entwicklungsländer sind in verschiedener Hinsicht einseitig, z. B.: (1) Entwicklungsländer sind nicht nur Exporteure, sondern auch Importeure von Primärgütern; verschiedene haben beachtliche Erfolge als Fertigwarenexporteure. (2) Verschiedene Faktoren wirken auf eine Steigerung der Preise von Primärgütern hin, wie etwa die natürliche Verknappung bei nicht regenerierbaren Rohstoffen oder der bei weitem nicht gedeckte und darum zunehmende Bedarf an Nahrungsmitteln in der Dritten Welt. (3) Bei der Entwicklung der Exportpreise der Industriestaaten sind auch die Gegenmacht der Arbeitgeber und andere Faktoren, wie die hohe Intensität der Produktivitätssteigerungen, zu berücksichtigen. – c) Die *Betrachtung der Reduzierung von Güterpreisen* infolge von Produktivitätsfortschritten als Einkommenstransfer ist irreführend, da es sich hier um einen normalen Vorgang handelt, der sich beim Angebot für das In- und das Ausland ergibt. Das Abstellen auf große Abweichungen zwischen Lohn- und Produktivitätsverhältnissen überzeugt nicht, da dabei u. a. die Unterschiede in der Qualifikation, Produktionstechnik, infrastrukturellen Ausstattung und sonstigen Rahmenbedingungen nicht einbezogen werden.

precedence diagramming method, →PDM.

precious metals futures, →financial futures.

preference bond, →Vorzugsobligation.

preference share, →Vorzugsaktie.

preferred stock, →Vorzugsaktie.

Preis. 1. *Begriff/Charakterisierung:* Tauschwert eines Gutes. – *Voraussetzungen für das Zustandekommen eines P.:* a) Tauschbereitschaft der Individuen, b) Knappheit des Gutes. – 2. *Arten:* a) →Relativpreise, b) →Marktpreise, c) →Höchstpreise, →Mindestpreise, →Richtpreise, d) →Gleichgewichtspreise, e) →Gegenwartspreise. – 3. *Bedeutung:* a) *Einzelwirtschaftlich:* Richtgröße für wirtschaftliche Entscheidungen. – b) *Gesamtwirtschaftlich:* Wichtigstes Steuerungsinstrument zur Abstimmung von Produktion und Nachfrage (→Tantonnement).

Preis-Absatz-Funktion, funktionale Beziehung zwischen der nachgefragten Menge eines Gutes und seinem Preis bei Konstanz aller übriger Güterpreise. – *Anders:* →Preisresponsefunktion. – *Beispiel:*

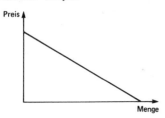

Preisabweichung, →Abweichungen I 2 a) (1).

Preisaktion, →Sonderpreisaktion.

Preisänderungsrücklage, →Preissteigerungsrücklage.

Preisangabe, →Preisauszeichnung.

Preisausgleichspinzip, Begriff der einzelwirtschaftlichen oder gemeinwirtschaftlichen →Preispolitik für eine Preisstellung, bei der Verluste auf einem Absatzsektor durch entsprechend höhere Gewinne auf einem anderen ausgeglichen werden, z. B. Ausgleich zwischen Inlands- und Exportpreisen, zwischen verschiedenen Betriebsabteilungen, besonders bei Versorgungsbetrieben (Verlust bei Wasserwerk, Gewinn bei Gaswerk). – Die Kostenrechnung bleibt von P. unberührt.

Preisaushang, →Gebühren-Tableau.

Preisausschreiben, Art der →Auslobung (§ 661 BGB). Nur gültig, wenn in ihm eine Frist für die Einreichung der Lösung bestimmt ist. Für die Beteiligten verbindliche Entscheidung, ob eine fristgerecht eingereichte Lösung der gestellten Aufgabe entspricht, oder welche von mehreren Lösungen den Vorzug verdient, durch a) die im P. bezeichnete Person oder b) den Veranstalter des P. Bei mehreren gleich preiswürdigen Lösungen wird der ausgesetzte Preis geteilt; ist er nicht teilbar oder soll nach dem Inhalt des P. nur einer den Preis erhalten, entscheidet das Los.

Preisauszeichnung, *Preisangabe,* Angabe des allgemein geforderten Preises für Waren oder Dienstleistungen. P. dient der Preisklarheit und Preiswahrheit und räumt dem Verbraucher die Möglichkeit zu schnellem Preisvergleich ein. – Die *Pflichten zur P.* sind in der

VO zur Regelung der Preisangaben vom 14. 3. 1985 (PAngV) (BGBl I 580) sehr detailliert geregelt. – 1. *Grundvorschrift:* Wer Letztverbrauchern gewerbs- oder geschäftsmäßig oder regelmäßig in sonstiger Weise Waren oder Leistungen anbietet oder als Anbieter von Waren oder Leistungen gegenüber Letztverbrauchern in Zeitungen, Zeitschriften, Prospekten, auf Plakaten, im Rundfunk oder Fernsehen oder auf sonstige Weise unter Angabe von Preisen wirbt, hat die Preise anzugeben, die einschließlich der Umsatzsteuer und sonstiger Preisbestandteile unabhängig von einer Rabattgewährung zu zahlen sind (§ 1 PAngV). Bei losen Waren ist der Preis für eine nach allgemeiner Verkehrsauffassung übliche Einheit (1 kg, 100 g) anzugeben. – 2. *Besondere Vorschriften* enthalten § 2 für den Handel, § 3 für Anbieter von Leistungen, § 4 für Kreditinstitute, § 5 für das Gaststättengewerbe und § 6 für Tankstellen und Parkplätze. – 3. *Ausnahmeregelungen* für Angebote oder Werbung gegenüber Letztverbrauchern, die die Ware oder Leistung in ihrer selbständigen beruflichen oder gewerblichen oder in ihrer behördlichen oder dienstlichen Tätigkeit verwenden, für gewisse Leistungen von Gebietskörperschaften des öffentlichen Rechts, für Warenangebote bei Versteigerungen, für das Angebot von Kunstgegenständen, Sammlerstücken und Antiquitäten, für Blumen und Pflanzen, die unmittelbar vom Freiland, Treibbeet oder Treibhaus verkauft werden, und einige weitere Sonderfälle (§ 7).

Preisband, wertzollrechtlich die Spanne zwischen den niedrigsten und höchsten für eine Ware im maßgebenden Zeitpunkt oder im Zeitpunkt des Kaufabschlusses oder der Preisvereinbarung üblicherweise erzielbaren Wettbewerbspreisen. Jeder Rechnungspreis innerhalb dieser Spanne wird als Grundlage der Bewertung der betreffenden Ware anerkannt. Liegt außergewöhnlicher Preisnachlaß oder Preisermäßigung vor, wird der Rechungspreis entsprechend berichtigt (§ 31 ZG).

Preisbildung. I. B e g r i f f: Bezeichnung für das Zustandekommen eines →Preises auf einem →Markt und Ableitung der Höhe dieses Preises. Die Preisbildungsvorgänge sind Untersuchungsgegenstand der →Preistheorie.

II. A r t e n: 1. Nach den *Marktformen* sind zu unterscheiden: a) *P. in der vollständigen Konkurrenz:* Aufgrund der Voraussetzung homogener Güter und vollständiger Markttransparenz gibt es bei →vollkommener Konkurrenz nur einen Preis für ein Gut. Diesem vorgegebenen Preis muß sich der einzelne Anbieter so anpassen, daß sein Gewinn maximiert wird. Bezeichnet man mit G = G (x) den Gewinn einer Einprodukt-Unternehmung, mit $\bar{p}$ den Preis, mit x die produzierte Menge und mit K = k (x) die Kosten, dann gilt

(1) $G(x) = \bar{p} x - K(x).$

Die notwendige Bedingung für ein Gewinnmaximum lautet dann

(2) $G'(x) = \bar{p} - K'(x) = 0,$

die hinreichende Bedingung ist

(3) $G''(x) = -K''(x) < 0.$

Es wird die Menge angeboten, bei der der Preis gleich den Grenzkosten ist. Ferner erkennt man aus (2) und (3), daß der aufsteigende Ast der Grenzkostenkurve die Angebotskurve der Unternehmung ist. – b) *P. bei Konkurrenz auf einem unvollkommenen Markt* (→monopolistische Konkurrenz): Der einzelne Anbieter hat eine gewisse Monopolstellung infolge der Verschiedenheit der Produkte, des Standorts seiner Unternehmung usw. Der einzelne Anbieter rechnet also mit einer negativ geneigten Preis-Absatz-Funktion und hat somit die Möglichkeit, →Preispolitik zu treiben. Seine Monopolstellung ist nur schwach wegen der Existenz der zahlreichen anderen Unternehmungen, die Substitutionsprodukte anbieten. – c) *P. beim Monopol:* Der Monopolist handelt grundsätzlich nicht anders als der Anbieter bei monopolistischer Konkurrenz, jedoch ist seine Monopolstellung deshalb eingeschränkt, weil der Monopolist Alleinanbieter eines Gutes ist, für das es keine Subsitute gibt. Die Monopolmenge bestimmt sich durch den Abszissenwert des Schnittpunktes der Grenzerlös- und der Grenzkostenkurve. Den Preis ermittelt man durch Heraufloten auf die Preis-Absatz-Funktion (vgl. Abb.).

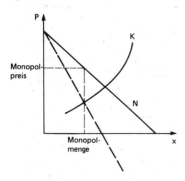

Der Monopolpreis liegt i. a. höher als der Konkurrenzpreis, jedoch ist zu beachten, daß die Kostensituation eines Monopolisten von der eines Anbieters in vollständiger Konkurrenz abweichen wird (→Gesetz der Massenproduktion). Trennt der Monopolist seinen Markt in zwei Teilmärkte mit verschiedenen Preisen, so spricht man von *monopolistischer Preisdifferenzierung* (Monopol auf dem unvollkommenen Markt). Hierunter fällt ins-

besondere der Verkauf zu niedrigeren Preisen im Ausland als im Inland (räumliche Preisdifferenzierung: Vgl. →Dumping). – d) *P. beim Oligopol:* Dieser P.sprozeß unterscheidet sich dadurch grundlegend von der Preisbildung in a), b) und c), daß in die Gewinnfunktion des einzelnen Anbieters Aktionsparameter der Konkurrenten eingehen, auf die er selbst keinen Einfluß hat (→oligopolistische Interdependenz). Sämtliche bestehenden Oligopolmodelle unterscheiden sich allein durch die Hypothesen über die verschiedenen Verhaltens- und Reaktionsweisen. Man trennt zwischen homogenen (→Cournotsches Dyopol, →Stackelbergsches Dyopol, →Bowleysches Dyopol) und heterogenen (→Launhard-Hotelling-Modell, →Krelle-Modell u. a.) Modellen. In neuerer Zeit gewinnen Lösungen im Rahmen der →Spieltheorie zunehmend an Bedeutung.

2. Für die Marktform der vollständigen Konkurrenz und für die monopolistische Konkurrenz ist die Unterscheidung zwischen *kurz- und langfristiger Betrachtungsweise* von Bedeutung: a) In *vollständiger Konkurrenz* können kurzfristig Differentialgewinne bei den einzelnen Unternehmern auftreten, weil nicht alle Unternehmer mit gleichen Kosten arbeiten. Das jedoch ist bei freiem Marktzugang (free entry) langfristig nicht mehr möglich, weil so lange neue Anbieter angezogen werden, bis sämtliche Differentialgewinne abgebaut worden sind. Alle Unternehmer arbeiten mit den gleichen Produktionsverfahren im Minimum der langfristigen Durchschnittskosten (langfristig totales Gleichgewicht). – b) In der *monopolistischen Konkurrenz* erhält man als langfristige Gleichgewichtslösung die Chamberlinsche Tangentenlösung (→monopolistische Konkurrenz).

Preisbindung zweiter Hand, *vertikale Preisbindung,* ein Hersteller verpflichtet seine Abnehmer, die von ihm gelieferte Ware nur zu dem von ihm festgelegten Preis weiter zu veräußern. Seit 1974 gemäß § 15 GWB grundsätzlich verboten. Ausnahmen für Verlagserzeugnisse (§ 16 GWB) sowie für Bundespost, Bundesbahn und andere Verkehrsträger (Schiffahrt, Fluglinien, Spediteursvereinigungen usw.), für landwirtschaftliche Erzeugervereinigungen, Kreditinstitute, Versicherungsunternehmen, Bausparkassen, Verwertungsgesellschaften und Versorgungsunternehmen (§§ 99 ff. GWB). Hersteller von Pharmazeutika können die Endverbraucherpreise durch ihre Abgabepreise an den Pharmahandel steuern, da dessen Kalkulationsspannen durch staatliche Vorschriften reguliert sind.

Preisdifferenzierung. 1. *Begriff:* Verkauf von gleichen Produkten (Sach- und Dienstleistungen) an verschiedene Kunden/Kundengruppen (vgl. →Marktsegmentierung) zu einem unterschiedlichen Preis; Instrument der differenzierten Marktbearbeitung. P. kann direkt über →Preispolitik oder indirekt über →Konditionenpolitik erfolgen. – 2. *Formen:* a) *Räumliche P.:* Veräußerung von Waren auf regional abgegrenzten Märkten zu verschieden hohen Preisen, z. B. P. zwischen In- und Ausland (→Dumping). – b) *Zeitliche P.:* Forderung verschieden hoher Preise für gleichartige Waren je nach der zeitlichen Nachfrage (Abschöpfung von →Konsumentenrenten). – c) *Zielgruppenorientierte P.:* Preisstellung je nach der marketingpolitischen Bedeutung (z. B. A- oder C-Kunden) und/oder den Absatzfunktionen der Zielgruppen, z. B. Groß- oder Einzelhandel. – d) *Sachliche P.:* Preishöhe je nach dem Verwendungszweck der Produkte, z. B. P. für verschiedenartige Abnehmer von Branntwein, verschiedene Strom- und Gastarife für Industrie- und Haushaltsverbrauch, für Industriekohle u. ä. – Vgl. auch →Absatzpolitik II 4.

Preisdifferenzkonto, Konto der Buchführung bei Zugrundelegung des GKR (Kontenklasse 2), das die Abweichungen des Marktpreises von einem in der →Kostenrechnung zugrunde gelegten betrieblichen Verrechnungspreises (→Planpreis) aufnimmt bei Fertigungsmaterialien (insbes. Rohstoffen), deren Preise stark schwanken. – Beim *Jahresabschluß* wird der Saldo des P. (ggf. über →Abgrenzungssammelkonto) in die →Gewinn- und Verlustrechnung übernommen. – Bei Anwendung des IKR und kontenmäßiger Durchführung der Kostenrechnung Buchung in Klasse 9 unter kostenrechnerischen Korrekturen.

Preisdumping, →Dumping.

Preiselastizität (der Nachfrage), relative Änderung der nachgefragten Menge bei einer (infinitesimal) kleinen Änderung eines Preises. Man unterscheidet: →direkte Elastizität und indirekte Elastizität (→Kreuzpreiselastizität) der Nachfrage. – Vgl. auch →Elastizität, →Nachfrageelastizität, →Einkommenselastizität.

Preisempfehlung, *unverbindliche Preisempfehlung.* 1. *Begriff:* Eine nicht auf vertraglicher Bindung beruhende, lockere, aber in den praktischen Auswirkungen einer solchen Bindung oft der →Preisbindung zweiter Hand gleichkommende Art der Preisbeeinflussung durch den Hersteller. – 2. *Formen:* a) *Händler-P.:* Hersteller (seltener Großhändler) schlagen den Einzelhändlern – meist in Preislisten – die Wiederverkaufspreise vor; dem Konsumenten sind diese i. d. R. nicht bekannt. – b) *Verbraucher-P.:* Hersteller empfehlen offen den Wiederverkaufspreis, meist durch Aufdruck auf der Ware. – 3. *Zweck:* Hersteller versuchen ein in etwa einheitliches Preisniveau für ihre Produkte zu erreichen, um bei den Konsumenten vorhandene Preis-Qualitätsvorstellungen nicht zu gefährden. Handelsbetriebe akzeptieren P. als Kalkulationshilfe oder nut-

zen diese für gezielte Preisunterbietungen (→Mondpreise). – 4. *Wettbewerbsrechtliche Beurteilung:* a) *Unzulässig:* Nach der (umstrittenen) Rechtsprechung des Bundesgerichtshofs (BGHZ 28, 208) verstoßen u. P. gegen §§ 15, 38 GWB, wenn der Hersteller bei Händlern und Verbrauchern bewußt solche Umstände ausnutzt, welche die Durchsetzung der P. begünstigen, z. B. Preisaufdruck oder Bekanntgabe der Preisempfehlungen in der Werbung. – b) *Zulässig:* Bei Markenwaren sind u. P. zulässig (§ 38 a GWB); bei Mißbrauch (z. B. das Aussprechen von Mondpreisempfehlungen) kann das Bundeskartellamt die u. P. für unzulässig erklären. Zulässig sind Bruttopreislisten, die ausschließlich den Händlern zugänglich gemacht werden. Auch Vereinigungen von kleinen und mittleren Unternehmen dürfen u. P. aussprechen, wenn sie dazu dienen, die Leistungsfähigkeit der Beteiligten gegenüber Großbetrieben oder großbetrieblichen Unternehmensformen zu fördern und dadurch die Wettbewerbsbedingungen zu verbessern (§ 38 II GWB); diese Vereinigungen dürfen neben u. P. auch Empfehlungen für Werbemaßnahmen, Absatzgestaltung und zur Rationalisierung geben.

Preisermittlung, →Kalkulation II.

Preis-Faktor-Kurve, Begriff der Produktions- und Kostentheorie. Die P.-F.-K. ist der geometrische Ort der →Minimalkostenkombinationen, die bei Konstanz der übrigen Faktorpreise durch sukzessive Variation des Preises eines Faktors entstehen. Sie gibt damit die Nachfrage nach einem Faktor in Abhängigkeit von dessen Preis an.

Preisfixierung, *konjekturale Preisempfehlung,* Begriff der →Marktformenlehre und →Preistheorie. Ein Verkäufer ist in der Lage, den Preis seiner Waren nach eigenem Ermessen festzusetzen; die Käufer bestimmen die Mengen, die sie zu diesem Preis kaufen wollen. Für Verkäufer ist Preis Handlungs- →Parameter und die Absatzmenge Erwartungsparameter. – Vgl. auch →Mengenfixierung.

Preisforschung, Teilgebiet der →Marktforschung. Vgl. im einzelnen →Preistest.

Preis freibleibend, →Handelsklausel in Lieferungsverträgen; bedeutet i. a. daß der Vertrag bindend, den Preisbestimmung jedoch nach dem Marktpreis am Lieferungstermin zulässig sein soll. Im Einzelfall andere Auslegung möglich.

Preisfreigabeverordnung, Verordnung vom 12. 5. 1982 (BGBl I 617). Nach § 2 sind nur noch wenige Güter und Leistungen aufgrund des →Preisgesetzes preisgebunden, z. B. auf dem Gebiet der Energieversorgung.

Preisführerschaft, *price leadership,* eine preis- und absatzpolitische Haltung am Markt, bei der für eine Gruppe von Unternehmungen, die miteinander in Konkurrenz stehen, ein Unternehmen den Zeitpunkt und die Intensität von Preisveränderungen bestimmt; die anderen folgen mit ihren Preismaßnahmen nach. P. ist typisch für →Oligopole, in denen ein Anbieter die anderen an Größe weit übertrifft. – Vgl. auch →Oligopoltheorie, →Stackelbergsches Dyopol.

Preisfunktionen, Abstimmungsfunktionen des Preises, im einzelnen →Verteilungsfunktion des Preises, →Allokationsfunktion des Preises, →Signalfunktion des Preises.

Preisgaberecht, →Abandon.

Preisgegenüberstellung, Gegenüberstellung eines neuen Preises mit einem tatsächlich früher geforderten höheren Preis. – 1. Nach § 6e UWG ist die Werbung mit P. *grundsätzlich verboten* (→unlauterer Wettbewerb). – *Ausnahmen:* a) nicht blickfangmäßig herausgestellte Preisauszeichnung (§ 6e II Nr. 1 und Nr. 2 UWG); b) ausschließliche Werbung an Personen, die die Waren oder gewerblichen Leistungen in ihrer selbständigen beruflichen bzw. gewerblichen oder behördlichen bzw. dienstlichen Tätigkeit verwenden (§ 6e II Nr. 3 UWG). – 2. *P. mit unverbindlichen →Preisempfehlungen* des Herstellers bzw. Großhändlers ist erlaubt.

Preisgesetz, Übergangsgesetz über Preisbildung und Preisüberwachung vom 10.4.1948 (WiGBl 27), verlängert durch das Gesetz vom 29.3.1951 (BGBl I 223). Nach P. sind der Bundesminister für Wirtschaft und die obersten Landesbehörden zum Erlaß von Vorschriften bezüglich Preisen, Mieten usw. von Gütern und Leistungen jeder Art ermächtigt. Heute sind fast alle Preisvorschriften außer Kraft. – Vgl. auch →Preisfreigabeverordnung.

Preisgleitklausel, →Gleitpreisklausel.

Preisindex. I. Charakterisierung: Im Rahmen der amtlichen →Preisstatistik errechnete →Indexzahlen zur Beobachtung der Preisentwicklung in bestimmten Bereichen des Binnenmarktes. Nach Ermittlung der P. kann der volkswirtschaftliche Prozeß in preisbereinigten Reihen (dem Volumen nach) dargestellt werden.

II. Methode: Für sämtliche P. werden Preisangaben für Güter und Leistungen in Form von →Repräsentativerhebungen ermittelt. Die Vielzahl von Preisen (Einkaufs- und Verkaufspreisen) wird zu Meßzahlen zusammengefaßt und durch Gewichtung zur Beobachtung der durchschnittlichen Preisveränderungen zu einer Reihe verschmolzen. Bei der Darstellung der Preisentwicklung durch P. werden Umsatz- oder Verbrauchsverhältnisse einer beliebigen Referenzperiode zugrunde gelegt, die nicht unbedingt mit dem Basisjahr übereinzustimmen brauchen. Zur Zeit werden

alle P. der amtlichen Statistik in der Bundesrep. D. auf der Basis 1980 = 100 berechnet.

III. Arten: P. werden für die wichtigsten wirtschaftlichen Bereiche und Umsätze (Verkäufe oder Einkäufe) innerhalb des volkswirtschaftlichen Güterkreislaufs berechnet:

1. *P. für Produktion und Großhandel:* a) *Index oder Erzeugerpreise gewerblicher Produkte* und b) *Index der Erzeugerpreise landwirtschaftlicher Produkte.* Beide P. stellen die Entwicklung der Preise für im Inland erzeugte Güter beim Verlassen der Produktionsstätte und beim Eintritt in die Verteilung dar. – c) *Index der Erzeugerpreise forstwirtschaftlicher Produkte:* Darstellung der Preisentwicklung für inländisches Rohholz. – d) *P. ausgewählter Grundstoffe:* Darstellung der Entwicklung der Einkaufspreise von Grundstoffen (unbearbeitete oder wenig bearbeitete Waren, die von den produzierenden Bereichen eingekauft werden). Die Einkaufspreise entsprechen bei inländischen Grundstoffen den Erzeugerpreisen der Vorstufe, bei ausländischen Grundstoffen den Einfuhrpreisen. – e) *Index der Verkaufspreise des Großhandels:* Vgl. →Großhandels-Preisindex. – f) *Index der Einkaufspreise landwirtschaftlicher Betriebsmittel:* Darstellung der Entwicklung der Einkaufspreise der von landwirtschaftlichen Betrieben benötigten Waren und Dienstleistungen (Preise für sonstige Ausgaben, z.B. für Arbeitskräfte, Versicherungen, Schuldzinsen, Betriebssteuern nicht enthalten).

2. *Index der Ein- und Ausfuhrpreise:* a) *Index der Einkaufspreise für Auslandsgüter,* gegliedert nach Warengruppen der Land-, Forstwirtschaft und Fischerei sowie des Produzierenden Gewerbes. – b) *Index der Verkaufspreise für Ausfuhrgüter,* gegliedert nach Warengruppen der Außenhandelsstatistik und weiteren Unterteilungen.

3. *P. für Bauwerke (Bauindex, Baukostenindex, Baupreisindex):* a) *P. für Wohngebäude:* Wird als Gesamtbaupreisindex, als Index für Bauleistungen am Gebäude (Einfamilien-, Mehrfamilienhäuser, gemischt genutzte Gebäude) errechnet. – b) *P. für Nichtwohngebäude:* Mit gesonderten Reihen für Bürogebäude, gewerbliche Betriebsgebäude, landwirtschaftliche Betriebsgebäude. – c) *P. für Straßenbau, Wasserwegebau, Brücken, Staumauern:* Den Indizes liegen Preise für ausgewählte Bauleistungen zugrunde, die zugleich Verkaufspreise der Bauunternehmer und Einkaufspreise der Bauherren sind.

4. *P. für Einzelhandel und Lebenshaltung:* a) *Index der Einzelhandelspreise:* Darstellung der Entwicklung der Verkaufspreise der Einzelhandelsgeschäfte (nicht der Handwerksbetriebe und Produzenten), gegliedert nach Wirtschaftsgruppen, -untergruppen und -klassen sowie nach Warengruppen und

Waren. – b) → *Preisindex für die Lebenshaltung*.

5. *P. für Verkehrsleistungen:* a) *Index der Seefrachtraten* m. Einzelindizes nach Betriebsformen d. Seeverkehrs (Linienfahrt usw.). – b) *P. der Post- und Fernmeldegebühren*.

Preisindex für die Lebenshaltung (IL.), *Lebenshaltungs-Preisindex.* I. C h a r a k t e r i - s i e r u n g : Der IL. ist ein wichtiger Indikator im Rahmen der →Konjunkturanalyse; er ist eine Orientierungsgröße für die Wirtschaftspolitik der Unternehmen, der Gewerkschaften, des Staates und der privaten Haushalte. – *Arten:* (1) IL. für alle privaten Haushalte, (2) IL. für 4-Personen-Haushalte von Angestellten und Beamten mit höherem Einkommen, (3) IL. für 4-Personen-Arbeitnehmerhaushalte mit mittleren Einkommen, (4) IL. für 2-Personen-Haushalte von Renten- und Sozialhilfeempfängern und (5) Preisindex für die einfache Lebenshaltung eines Kindes. – IL. sind z. Zt. auf die Einkommens- und Verbrauchsverhältnisse des Jahres 1980 abgestellt.

II. A u f b a u : 1. *Indexhaushalte:* Die IL. beziehen sich auf statistisch nachgewiesene Angaben über die Käufe privater Haushalte. Für den Indexhaushalt aller privaten Haushalte werden sie aus den Einkommens- und Verbrauchsstichproben gewonnen, für die anderen Indexhaushalte entstammen sie den laufenden Wirtschaftsrechnungen bestimmter Typen von Haushalten. Damit liegen den IL. „Indexhaushalte" zugrunde, die mit den Durchschnittsausgaben der Haushalte übereinstimmen, auf die sich die genannten Statistiken beziehen. IL. aller privaten Haushalte im Bundesgebiet von 1962 bis 1986: Vgl. untenstehende Tabelle. – Die IL. werden, nach der Preismeßzahlenvariante der Laspeyres-Indexformel berechnet. Bei der Zusammenfassung der „Landesmeßzahlen" zu „Bundesmeßzahlen" (für die einzelnen Waren und Leisatgun) dienen die Bevölkerungszahlen der Länder als Gewichte. Die Preisreihen werden monatlich in 119 Erhebungsgemeinden ermittelt. – 2. *Wägungsschemata:* Die Gewichte für die Preisrepräsentanten des IL. aller privaten Haushalte (Basis 1980) wurden aus den Ergebnissen der Einkommens- und Verbrauchsstichprobe 1978 abgeleitet, die mit Hilfe der Ergebnisse der laufenden Statistik der Wirtschaftsrechnungen aktualisiert wurden. Die Ableitung der Wägungszahlen 1980 für die anderen „typengebundenen" IL. entstammen den Ergebnissen der laufenden Wirtschaftsrechnungen des Jahres 1980. Die Wägungsanteile der Hauptgruppen haben sich von 1976 bis 1980 (→Warenkorb) insbes. dadurch verändert, daß sich ein relativer Rückgang bei den Nahrungs- und Genußmitteln und bei Kleidung und Schuhen zeigt. Demgegenüber steht ein Anstieg des Mietanteils, des Anteils für Energie und für übrige Waren und Dienstleistungen für die Haushaltsführung.

Preisindex für die Lebenshaltung aller privaten Haushalte im Bundesgebiet
1980 = 100

Jahr	Index	Jahr	Index
1962	50,5	1975	82,6
1963	52,1	1976	86,3
1964	53,3	1977	89,3
1965	55,1	1978	91,6
1966	57,8	1979	95,0
1967	58,6	1980	100
1968	59,8	1981	106,3
1969	61,7	1982	112,0
1970	64,8	1983	115,6
1971	65,1	1984	118,4
1972	68,3	1985	121,0
1973	72,9	1986	120,7
1974	77,9		

Preisindex für die Lebenshaltung in langjähriger Übersicht *)
1980 = 100

Jahr	Index	Jahr	Index
1924	26,2	1955	43,8
1925	28,9	1956	44,9
1926	28,9	1957	45,9
1927	30,1	1958	46,8
1928	30,8	1959	47,3
1929	31,3	1960	48,0
1930	30,1	1961	49,1
1931	27,7	1962	50,5
1932	24,5	1963	52,1
1933	24,0	1964	52,3
1934	24,6	1965	55,1
1935	25,0	1966	47,0
1936	25,3	1967	57,8
1937	25,4	1968	58,6
1938	25,5	1969	59,8
1939	25,7	1970	61,7
1940	26,5	1971	64,8
1941	27,1	1972	68,3
1942	27,8	1973	72,9
1943	28,1	1974	77,9
1944	28,8	1975	82,6
1945	29,8	1976	86,3
1946	32,5	1977	89,3
1947	34,8	1978	91,6
1948 1. Hj.	36,7	1979	96,0
1948 2. Hj.	43,0	1980	100
1949	42,5	1981	106,3
1950	39,8	1982	112,0
1951	42,9	1983	115,6
1952	43,8	1984	118,4
1953	43,0	1985	121,0
1954	43,1	1986	120,7

*) Gebildet durch Verkettung der verschiedenen, vom Statistischen Reichsamt und vom Statistischen Bundesamt für mittlere Arbeitnehmerhaushalte berechneten Indizes.

Preisindex für die Lebenshaltung in Europa und USA 1985
1980 = 100

Land	Index	Land	Index
Bundesrep. D.	121,0	Niederlande	122,3
Belgien	140,5	Österreich	126,9
Dänemark	146,4	Schweden	153,8
Frankreich	158,0	Schweiz	123,3
Großbr./Nordirl.	141,5	Spanien	178,0
Italien	190,3	USA	130,6

Preisinformations-System, *open price system,* System der internen Preis- und Marktinformation der Mitglieder eines Unternehmerverbandes. – 1. *Formen:* a) In der *lockeren Form* des P. senden die Verbände regelmäßig „Preisberichte", „Preisstatistiken", „Preisspiegel", „Marktinformationen" u. ä., soweit ihnen die Preise, Zahlungs- und Lieferungsbedingungen bekannt werden, an ihre Mitglieder. – b) In der *straffen Form* des P. verpflichten sich die Mitglieder durch Preis- oder Marktinformationsverträge, einer Zentralstelle *(Preismeldestelle)* ihre jeweiligen Preise, Zahlungs- und Lieferbedingungen sowie alle Abweichungen von diesen Preisen zu melden. Jedes Mitglied erhält von der Stelle jede Auskunft aus dem gesammelten Material. Eine Bindung oder Empfehlung, sich an diese Preise zu halten, besteht nicht. – 2. *Rechtliche Beurteilung:* Ob die P. gegen das Kartellgesetz verstoßen, ist umstritten: Die einen halten sie für getarnte →Preiskartelle („Informationskartelle"), die anderen für eine den modernen Wettbewerb fördernde Institution.

Preiskalkulation, Absatzpreisbildung auf der Grundlage der entstehenden (Vorkalkulation) oder entstandenen (Neukalkulation) Kosten (Vollkosten oder Deckungsbeitragsansätze). Anwendung insbes. bei der Preisfestsetzung für öffentliche Aufträge. – Vgl. →Kalkulation II.

Preiskartell, befristete Vereinbarung selbständiger Unternehmen desselben Produktionszweiges über Zahlungs- und Lieferungsbedingungen sowie Mindestpreise; beruht auf Erfahrungsaustausch bezüglich der Selbstkostenrechnung. – *Erscheinungsformen:* (1) *Einheitspreis- oder Mindestpreiskartell* zur Verhinderung des Preiswettbewerbs; (2) *Submissionskartell* zur Begrenzung der Angebotsabgabe; (3) *Rabattkartell* als Verzicht auf diskriminierende Gewährung von Sonderrabatten. – *Wettbewerbsrechtliche Beurteilung:* P. verstoßen durch die hervorgerufene Wettbewerbsbeschränkung gegen § 1 GWB. – *Sonderform:* →Submissionskartell. – Vgl. auch →Kartell.

Preiskonjunktur, Aufschwungphase der Wirtschaft, die durch ungewöhnlich steigende Preise und damit rasch ansteigende Unternehmensgewinne charakterisiert ist. – *Gesamtwirtschaftlicher Augenblicksvorteil:* Brachliegende Kapazitäten und Produktionsfaktoren werden schneller beschäftigt als im Fall einer vom Preis her schwächer stimulierten Expansionsperiode. – *Gefahren:* a) schwer kontrollierbare inflatorische Entwicklung (→Inflation); b) Gefahr von Fehlinvestitionen, da die überhöhten Preise Gewinnmöglichkeiten signalisieren, die auf längere Sicht nicht bestehen. – *Gegensatz:* →Mengenkonjunktur.

Preiskonkurrenz, Art der →Konkurrenz, bei der das Schwergewicht der Wettbewerbsmaßnahmen beim ruinösen Preiskampf liegt. – Vgl. auch →Qualitätskonkurrenz, →Werbekonkurrenz.

Preis-Konsum-Funktion, funktionale Beziehung zwischen der nachgefragten Menge eines Gutes und dessen Preis. – *Verallgemeinerung:* →Nachfragefunktion.

Preis-Konsum-Kurve, funktionale Beziehung zwischen der nachfragten Menge eines Gutes und dessen Preis bei Konstanz aller übrigen Preise und des Einkommens des Haushalts.

Preiskontrolle, →Preisüberwachung.

Preiskonvention, ein dem →Preiskartell verwandtes Rechtsinstrument, mit dem eine vergleichsweise lose Verpflichtung der vertragschließenden Parteien eingegangen wird, bestimmte Waren nicht über oder unter einem bestimmten Preis abzugeben. Derartige P. werden etwa für Bier, Brötchen, bestimmte Kuchensorten u. ä. abgeschlossen.

Preiskreuzelastizität, →Kreuzpreiselastizität.

Preis-Lohn-Preis-Spirale, →Inflation IV 2 b).

Preismanagement. I. Der Preis als Marketinginstrument: Unter dem *Preis* eines Produktes oder einer Dienstleistung versteht man die Zahl der Geldeinheiten, die ein Käufer für eine Mengeneinheit des Gutes entrichten muß. *Aufgabe des Preismanagements* ist es, den gemäß der Zielsetzung des Unternehmens optimalen Preis bzw. die optimale Preisstrategie zu bestimmen. – Der Preis determiniert den Betrag, den ein Käufer beim Erwerb eines Gutes „hergeben" muß, also den Verzicht auf andere Güter. Der Preis ist folglich neben dem Produkt selbst ein →marktpolitisches Instrument und eine Wettbewerbswaffe von herausragender Bedeutung. Die Preiselastizität (→Preiselastizität der Nachfrage) ist im Absolutbetrag um ein Vielfaches höher als die →Werbeelastizität, Preiswirkungen setzen sehr schnell ein, Preisaktionen sind ohne langwierige Vorbereitungen durchführbar, und mit zunehmender Marktsättigung, höherer Inflation, besserer Markttransparenz sowie verstärkter Internationalisierung des Wettbewerbs nimmt die Bedeutung des Preises ständig zu. Die Möglichkeiten eines Anbieters, *aktive* →Preispolitik zu betreiben, sind *tendenziell* um so größer, je heterogener seine Produkte im Vergleich zu Konkurrenzangeboten sind.

II. Statisches Preismanagement: Bei statischer Betrachtung wird vom Zeiteinflüssen abstrahiert und nur *eine Periode* betrachtet, für die *ein optimaler Preis* bestimmt werden muß. Dieser Entscheidung ist der in nachstehender Abbildung wiedergegebene Systemzusammenhang zugrunde zu legen.

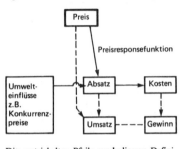

Die gestrichelten Pfeile symbolisieren Definitions-, die durchgezogenen Pfeile hingegen Verhaltensbeziehungen. Unter Beachtung dieser Relationen ist der Preis so festzusetzen, daß der Gewinn maximiert wird (Annahme: Zielfunktion *Gewinnmaximierung*). – Die Abbildung macht deutlich, daß eine rationale Preisentscheidung die Kenntnis der *Preisresponsefunktion*, d. h. der Reaktion der Nachfrager auf unterschiedliche Preise voraussetzt. Die Ermittlung der Preisresponsefunktion bildet das schwierigste Teilproblem der Preisentscheidung. Grundsätzlich kann diese Beziehung auf vier Arten gemessen werden: (1) durch Befragung von Kunden, (2) durch Befragung von Experten, (3) durch Laborexperimente und (4) durch Marktbeobachtung (im Testmarkt oder im Gesamtmarkt). Die Darstellung der Beziehung und die Umsetzung in Deckungsbeiträge bzw. Gewinne können in graphischer, tabellarischer oder mathematisch-funktionaler Form erfolgen. Die in der Praxis weitverbreitete Kosten-plus-Preisbildung vernachlässigt – zumindest explizit – die Preisresponsebeziehung und führt deshalb nur in Ausnahmefällen zu optimalen Ergebnissen. – Die Komplexität der statischen Preisentscheidung steigt erheblich an, wenn die Konkurrenz auf die eigene Preispolitik reagiert (→Oligopol). In diesem Fall ist neben der Responsefunktion der Nachfrage auch die Reaktion der Konkurrenten in die Entscheidung einzubeziehen *(→Reaktionsfunktion)*.

III. Strategisches Preismanagement: Wir sprechen von strategischem P., wenn die Preise für *mehrere Perioden* (eine *„Preisstrategie"*) simultan festgelegt werden. Eine derartige Mehrperioden-Preisbildung wird notwendig, falls der Preis in Periode t die Gewinnsituation in späteren Perioden beeinflußt. An die Stelle der Gewinnmaximierung tritt als Zielfunktion die *Kapitalwertmaximierung*. Intertemporale Zusammenhänge können sowohl auf der Absatz- als auch der

Kostenseite zustande kommen. Absatzseitig sind →Carry-over-Effekte (die in Periode t angezogenen Nachfrager kaufen in Zukunft wieder oder machen Mundwerbung) und Preisänderungswirkungen (die Nachfrager orientieren ihr Verhalten am früheren Preis) von besonderer Bedeutung. Kostenseitig bildet die →Erfahrungskurve (die Stückkosten sinken mit der anhand der kumulierten Produktionsmenge gemessenen „Erfahrung" eines Unternehmens) die wichtigste Determinante des strategischen P. – Besonderes Gewicht gewinnt eine langfristig strategische Orientierung bei der Preisbildung für *neue Produkte*. In dieser Situation kommen als idealtypische Optionen Skimming- und Penetration-Strategie (Joel Dean) in Frage. Die *Skimming-Strategie*, bei der das neue Produkt zu einem vergleichsweise hohen Preis eingeführt wird, empfiehlt sich insbesondere bei Produkten mit hohem Neuheitsgrad, niedriger Preiselastizität sowie wenig ausgeprägter Erfahrungskurve. Die Bedingungen, unter denen eine *Penetration-Strategie* angeraten erscheint, sind weitgehend reziprok. Im Kern geht es bei der Entscheidung zwischen den beiden Strategiealternativen um die Abwägung zwischen (relativ sicheren) kurzfristigen Erträgen und (relativ unsicheren) langfristigen Ertragschancen. Die Skimming-Strategie betont stärker den kurzfristigen Aspekt, während die Penetration-Strategie ihre Rechtfertigung eher aus der langfristigen Orientierung bezieht und insoweit eine weit vorausschauende Planung und u. U. eine höhere Risikopräferenz voraussetzt. – Die Preisstrategie in den späteren Lebenszyklusphasen (→Lebenszyklus) hängt im wesentlichen von der Entwicklung der Preiselastizität ab, zu der bisher nur unsichere Befunde vorliegen.

Literatur: Simon, H., Preismanagement, Wiesbaden 1982.
                                        Prof. Dr. Hermann Simon

Preismechanismus, →Tatonnement.

Preismeldestellen, →Preisinformations-System.

Preismeßziffer für Bauleistungen, aufgrund von →Bauleistungspreisen berechnete Meßziffern, die die Grundlage für die Berechnung der verschiedenen Preisindizes für Bauwerke (→Preisindex III 3) sind. Zur Gewichtung werden die Herstellungskosten entsprechender Bauwerke im Basisjahr (derzeit 1980) herangetragen.

Preisnachlaß, Verringerung des Kaufpreises durch den Verkäufer: a) aufgrund einer Mängelrüge: Vgl. →Minderung; b) aus wirtschaftlichen Gründen: Vgl. →Erlösschmälerungen, →Rabatte.

Preisnehmer, →Mengenanpasser.

Preisniveau, Bezeichnung für den durch Indexzahlen gemessenen Durchschnittsstand aller wichtigen Preise in der Volkswirtschaft.

Der reziproke Wert des P. drückt die Kaufkraft des Geldes (→Geldwert) aus. Steigen in der Volkswirtschaft einzelne Preise an, müssen bei konstantem Preisniveau diese Preissteigerungen durch Preissenkungen an anderer Stelle ausgeglichen werden. Ein stabiles P. bedeutet somit nicht notwendigerweise auch stabile Einzelpreise.

Preisnotierung, →Wechselkurs.

Preisobergrenze, derjenige Preis einer fremdbezogenen Sach- oder Dienstleistung, bis zu dem sich die Verwendung der Leistung im Unternehmen lohnt. V. a. bei der →Beschaffungsplanung von Bedeutung. – P. *bestimmen* sich: a) durch die →Kosten einer substitutiven Leistung, z. B. Selbsterstellung anstelle von Fremdbezug *(kostenersparnisorientierte P.)* oder b) durch den Nutzen des mit der Leistung erstellten Gutes, z. B. Deckungsbeitrag eines mit Hilfe einer bestimmten Lizenz hergestellten Produkts *(verwendungsertragsorientierte P.).*

Preispolitik, alle Maßnahmen zur Beeinflussung von Preisen.

I. S t a a t l i c h e P.: 1. *Ziele:* Kontrolle und Festsetzung von Preisen mit der Absicht: a) das →Preisniveau auf einigen lebenswichtigen Märkten oder durchweg auf sämtlichen Märkten zu bestimmen; b) einem Preisauftrieb oder Preisverfall vorzubeugen und eine von dieser Seite her wirkende Geldentwertung oder Depression zu vermeiden. – 2. *Mittel:* →Preisüberwachung, örtliche Preiskontrolle, staatliche Preisfestsetzung, →Preisstopp, Vorschriften bzw. Überwachung des industriellen Rechnungswesens, z. B. Schaffung der LSÖ im Jahre 1938, die in den →Leitsätzen für die Preisermittlung auf Grund von Selbstkosten bis zu einem gewissen Grade erhalten sind.

II. G e n o s s e n s c h a f t l i c h e P.: P. der Genossenschaft im Geschäftsverkehr mit ihren Mitgliedern, orientiert am genossenschaftlichen Grundauftrag gemäß § 1 GenG (→Förderungsauftrag). – 1. *Passive P.:* Die Preisforderungen orientieren sich an den ortsüblichen Marktpreisen, d. h. an den vergleichbaren Tagespreisen der Konkurrenz mit der Folge bewußt erwirtschafteten Gewinns, der am Jahresende als →Warenrückvergütung an die Mitglieder verteilt wird. Dabei ist Zuteilungskriterium i. d. R. der Umfang, mit dem das einzelne Mitglied die Dienste seiner Genossenschaft in Anspruch genommen hat (mittelbare finanzielle Förderung). – 2. *Aktive P.:* Die ortsüblichen Tagespreise der Konkurrenz werden nach Maßgabe der Kosten im Bezugsgeschäft bewußt unter- und im Absatzgeschäft überschritten mit der Folge eines teilweisen Verzichts auf Überschuß (unmittelbare finanzielle Förderung).

III. E r w e r b s w i r t s c h a f t l i c h e P.. Teil der →Absatzpolitik bzw. →Marketingpolitik

einer Unternehmung, gestützt auf die Ergebnisse der Marktforschung einerseits, der Kostenrechnung andererseits (→Preisuntergrenze). – Beeinflussung des Marktpreises (→Preis-Absatz-Funktion) nur bei Vorliegen eines unvollkommenen Marktes möglich. Marktforschung zeigt Möglichkeiten der →Preisdifferenzierung. – Vgl. auch →Preismanagement.

preispolitischer Ausgleich, →Mischkalkulation.

Preisprüfung. 1. *Prüfung der Importpreise seitens des Bundesamts für Wirtschaft (BAW),* um Dumpingpreise (→Dumping) zu verhindern. Das BAW prüft von Amts wegen oder auf Antrag ab gebietsansässiger Unternehmen, die über ein zu niedriges Preisniveau importierter Ware Klage führen, ob durch diese Einfuhren (meist aus Staatshandelsländern) aufgrund überhöhter Mengen zu solchen Preisen ein erheblicher Schaden für die Erzeugung gleichartiger oder zum gleichen Zweck verwendbarer Waren in der Bundesrep. D. eintritt oder einzutreten droht und ob dieser Schaden im Interesse der Allgemeinheit abgewendet werden muß. Das Prüfungsergebnis wird in Form eines Gutachtens sowie ein Lösungsvorschlag dem Bundesminister für Wirtschaft mitgeteilt. – 2. *Prüfung der nach den →Leitsätzen für die Preisermittlung auf Grund von Selbstkosten (LSP)* oder ähnlicher staatlich administrierter Preisbildungstechniken (z. B. Abrechnung von Forschungsförderung) gebildeten Preise auf die Rechtmäßigkeit ihrer Ermittlung. Für die P. sind eigene regionale Preisprüfungsstellen eingerichtet.

Preisregelung, Begriff für staatliche Maßnahmen der →Preispolitik (vgl. dort I), nicht auch privatrechtliche Abreden. Zur P. gehören z. B. behördliche Verordnungen, Verfügungen, Anordnungen und sonstige Maßnahmen. – Die *Einhaltung* der P. ist durch die Blankettstrafbestimmung des § 3 WStrG 1954 geschützt (vgl. →Preisvorschriften).

Preisreihen, →Preisstaffeln.

Preisresponsefunktion, *Preiswirkungsfunktion,* Größe zur Messung der Abhängigkeit von Preisen/Preisänderungen auf Absatz/ Absatzänderungen (→Preisresponsemessung). – Vgl. auch →Responsefunktion.

Preisresponsemessung, *Preiswirkungsmessung,* Bestimmung der →Preisresponsefunktion. Gemessen wird die Wirkung verschiedener Preise und/oder Preisänderungen auf den Absatz oder den Marktanteil eines Produktes. Eine durch P. erzielte Preisresponsefunktion ist unabdingbare Voraussetzung für jede rationale Preisentscheidung. Die P. umfaßt die Datenbeschaffung und die nachfolgende meist statistisch-ökonometrische Auswertung. – 1. *Datenerfassung:* Die Datenanforderungen sind je nach Marktsituation und Problemstellung unterschiedlich, z. B. Erfassung der Konkurrenzpreise, falls notwendig. Es können sowohl Querschnitts- als auch Längsschnittdaten sowie eine Kombination bei den Datenarten verwandt werden. – *Bereiche:* a) Befragung aktueller und potentieller Käufer (→Preistest), b) Befragung von Experten (Manager, Handel, Agenturen usw.), c) Labor- und Feldexperimente (→Experimente), d) →Beobachtung des tatsächlichen Marktgeschehens (→Handelspanel und →Haushaltspanel). – 2. *Datenauswertung:* Erfolgt je nach Zielsetzung auf verschiedene Arten. – a) Die einfachste Form der P. besteht darin, die bei unterschiedlichen Preisen erzielten Absatzmengen in einer Tabelle gegenüberzustellen. Ein Vergleich prozentualer Preis- und Absatzänderungen gibt Anhaltspunkte für die →Preiselastizität der Nachfrage. Allerdings liefert dieses Verfahren wegen erheblicher Zufallsschwankungen wenig reliable Ergebnisse, auch ergeben sich oft ökonomisch nicht sinnvolle Werte. Deshalb bieten nur Mittelwerte auf der Basis einer großen Zahl von Datenpunkten eine entscheidungsrelevante Information. – b) Die Messung einer P. auf einfache Weise, indem man durch visuelle Inspektion der Preis-Absatz-Datenpunkte z. B. eine Gerade eingepaßt und die Parameter an den Achsen abliest. Ein exakteres Vorgehen besteht in der ökonometrischen Schätzung der Parameter. Hierbei werden eine Reihe statistisch-ökonometrischer Verfahren angewendet, wobei aus Gründen der Einfachheit stets versucht wird, das Problem linearen Schätzverfahren zugänglich zu machen.

Preisrückvergütung, →Rabatt.

Preisschere, bildlicher Ausdruck für das Verhältnis der Indizes (→Preisindex) zweier Preisgruppen in ihrer zeitlichen Entwicklung; namentlich auf den Vergleich der Preise landwirtschaftlicher Produkte mit denen der von der Landwirtschaft benötigten Industriegüter (landwirtschaftliche Maschinen, Düngemittel, Treibstoffe) bezogen. Die P. „öffnet sich", wenn die Indizes auseinanderstreben. Zu beachten, ob die Wahl des Basisjahres etwa zur Öffnung der P. Anlaß gibt.

Preisschleuderei, Absatz um jeden Preis *(„Schleuderpreise"),* ohne Rücksicht auf die Gestehungskosten, d. h. nach ganz unwirtschaftlichen, unkaufmännischen Grundsätzen. *Wettbewerbsrechtliche Beurteilung:* P. rechtfertigt als →unlauterer Wettbewerb Unterlassungs- und Schadenersatzklage (§ 1 UWG). – Vgl. auch →Preissenkung, →Preisunterbietung.

Preisschnitt, →Preisstatistik I 3.

Preisschwelleneffekt, Erscheinung, daß die Erhöhung/Senkung eines Preises zu einem/ einer sofortigen größeren Rückgang/ Zunahme der nachgefragten Menge führt. Der

P. beruht auf der subjektiven Wahrnehmung von Preisen und ist abhängig u. a. von Produktart, Markttransparenz, Stärke der Präferenzen des Käufers.

Preissenkung, Herabsetzung eines für ein Gut bereits festgesetzten Preises. – *Gründe* für P. sehr zahlreich; Beispiele: P. zufolge rationellerer Produktion oder wirtschaftlicherer Warenverteilung; P. bei unmodernen oder technisch überholten Waren; P. als Mittel im Konkurrenzkampf zwischen Betrieben gleicher Herstellungs- oder Handelsstufe (z. B. Warenhäuser und Fachgeschäfte); P. wegen eines Angebotsüberhangs.

Preisstaffeln, *Preisreihen, Preisstufungen,* Reihen gestufter Preise für Waren gleicher Zweckbestimmung, aber unterschiedlicher Ausstattung, Qualität, Größe usw. Die Preise solcher Waren, der Höhe nach geordnet, ergeben eine Reihe (Stufenfolge, Staffel), deren Gliedabstände als *Staffelmargen* bezeichnet werden können. – *Ursachen:* Die P. erwachsen aus der Staffelung der Handelsspannen (→Staffelspannen) oder auch aus einer →Preisdifferenzierung. – *Erscheinungsformen:* Sie können ausgebildet sein nach Qualität, Größe, Menge, Abnehmergruppen, Absatzgebieten, Absatz- bzw. Erzeugungszeiten, Erzeugergruppen, Erzeugergebieten, Verwendungszwecken, und zwar a) als feste Verhältnisse, die – einmal festgesetzt – innerhalb der Warenart überall verwandt werden, oder b) als Einzelfestsetzungen. – Oft gelten für die gleiche Ware zwei und mehr Staffelungsgesichtspunkte nebeneinander, z. B. Größen-, Abnehmergruppen- und Absatzgebietsstaffeln. – *Anwendung:* Staffelpreise sind hauptsächlich bei gebundenen Preisen üblich (Vertragsspannen, Zwangsspannen), kommen aber auch bei den freien Marktpreisen vor. Am verbreitetsten ist die Mengenstaffelung.

Preisstatistik, Teilgebiet der →Wirtschaftsstatistik, im wesentlichen durchgeführt durch das Statistische Bundesamt. – *Rechtsgrundlage:* Gesetz über die P. vom 9. 8. 1958, zuletzt geändert durch Art. 27 des Ersten Gesetzes zur Änderung Statistischer Rechtsvorschriften (1. Statistikbereinigungsgesetz) vom 14. 3. 1980 (BGBl I 294).

I. E r h e b u n g : 1. *Primärstatistische Erfassung* von Preisen ist nur repräsentativ für einzelne Waren und Dienstleistungen an einzelnen (typischen) Märkten und im Warenverkehr zwischen häufig miteinander kontrahierenden Marktpartnern möglich. Die Auswahl bestimmt sich danach, a) welche Bedeutung die jeweiligen Preise für das volkswirtschaftliche Preisniveau als Ganzes haben, b) an welchen Märkten Preisbewegungen am deutlichsten gesamtwirtschaftliche Wandlungen, besonders in bezug auf konjunkturelle Schwankungen oder bezüglich des Geldwertes aufzeigen. – 2. *Sekundärstatistische Erfassung* von Preisbewegungen kann durch Auswertung von Preislisten, Kurszetteln, Versandkatalogen usw. erfolgen. – 3. Je nach der Fragestellung erfolgt der *„Preisschnitt"* im Kreislaufsystem unter dem Gesichtspunkt des Erzeugers, des Abnehmers oder des letzten Verbrauchers. Zwischen Erzeuger- und Abnehmerkreisen besteht keine Identität, u. a. weil Einkaufspreise aus Warenbezirken von inländischen Erzeugern oder ausländischen Lieferanten zusammengesetzt sein können, aber auch wegen unterschiedlicher Konditionen für einzelne Abnehmergruppen.

II. Auswertung (der gewonnenen Einzelpreise oder Ortsdurchschnitte): 1. Durch Bekanntgabe der *Ursprungswerte*, die (gewichtet nach der jeweiligen Bedeutung der Märkte für den Durchschnittspreis der Volkswirtschaft) als „Originalpreise" ausgewiesen werden und damit der Reihenzerlegung (Saisonschwankungen usw.) besonders zugängig sind. – 2. In *Meßzahlen oder Indexzahlen*, die wegen des Erhebungsverfahrens und der für die Veröffentlichung absoluter Preise notwendigeren größeren Auswahl von Einzelpreisen einen zuverlässigeren Ausdruck der Preisentwicklung bieten.

III. Verwertung: Die Ergebnisse der amtlichen Statistik über die Preise können im Rahmen der →betriebswirtschaftlichen Statistik und der →Marktbeobachtung zum Zwecke der Kostenkontrolle und Konjunkturanalyse sowie zur Orientierung der Absatzpolitik genutzt werden; Vergleich der vom eigenen Unternehmen gezahlten und erzielten Preise mit den Veränderungen der Indizes. Für die volkswirtschaftlichen Entscheidungen dient die P. zur Information sämtlicher Marktpartner, aber auch der für die Wirtschafts- und Währungspolitik verantwortlichen Behörden und Regierungsstellen, über die Entwicklung von Preisen für Waren und Dienstleistungen im Zeitablauf, Veränderungen im Preisgefüge für einzelne Teilbereiche oder über Preisverschiebungen auf den In- und Auslandsmärkten (→Kaufkraftparität).

IV. Darstellung: Die Ergebnisse des P. können in Form von Durchschnittspreisen und Meßziffern oder Indizes (→Preisindex) dargestellt werden. Es werden Preise und Preisindizes für die Land- und Forstwirtschaft, für gewerbliche Produkte (Erzeuger- und Großhandelspreise), Grundstoffe, Bauleistungen und Bauwerke, Bauland, Verkehrsleistungen, für die Lebenshaltung (Verbraucherpreise), für die Ein- und Ausfuhr berechnet. – *Veröffentlichung:* Fachserie 17, Reihen 1–11, Statistisches Bundesamt.

Preissteigerungsrücklage. 1. *Begriff:* Steuerfreie Rücklage in der →Steuerbilanz zur Milderung der Besteuerung von →Scheingewinnen. – 2. *Voraussetzungen:* Bildung einer P. steuerrechtlich zulässig nach Maßgabe des § 74

EStDV: a) für Steuerpflichtige, die ihren Gewinn nach §5 EStG ermitteln; b) für Wirtschaftsgüter des Vorratsvermögens, deren Börsen- oder Marktpreis sich im Laufe des Wirtschaftsjahres um mehr als 10% erhöht hat. – 3. *Bildung:* Die P. darf den steuerlichen Gewinn nur bis zur Höhe des Betrags mindern, der sich bei Anwendung eines besonders berechneten Vomhundertsatzes auf die mit den →Anschaffungskosten oder →Herstellungskosten bewerteten Wirtschaftgüter ergibt. Dabei ist der Vomhundertsatz zu ermitteln, um den sich der Börsen- oder Marktpreis zuzüglich 10% dieses Preises erhöht hat. – 4. Gewinnerhöhende *Auflösung* spätestens bis zum Ende des auf die Bildung folgenden sechsten Wirtschaftsjahres.

Preisstopp. I. Begriff: Staatliche →Preispolitik in Form der Preisbindung durch staatliche Anordnung.

II. Möglichkeiten der Preisbindung (Preistaxen): 1. *Echte Taxen:* Der Preis wird als Höchstpreis, als Mindestpreis über dem Konkurrenzpreis fixiert. – a) *Stopppreis: (1) Höchstpreis:* Er darf nie über-, jedoch unterschritten werden und liegt immer unter einem etwa gegebenen Marktpreis oder demjenigen Preis, der sich bei Wegfall des Stopppreises ergeben würde, und dient hauptsächlich dem Konsumentenschutz. Anwendung besonders in Notzeiten (Kriegswirtschaft), wenn das Angebot die Nachfrage nicht befriedigen kann. Rationierung wird vorausgesetzt (Gefahr des Entstehens vom Schwarzmarkt). – (2) *Mindestpreis:* Er darf nicht unter-, aber überboten werden und schützt die Produzenten. Den daraus folgenden Angebotsüberhang kann der Staat nur durch Stützungskäufe verhindern (Ausgleich von Mißernten in der Landwirtschaft). – b) *Absoluter Festpreis:* Er gibt weder nach oben noch nach unten Abweichmöglichkeiten. – 2. *„Unechte Taxen"* („Ordnungstaxen"): Sollen bei Unübersichtlichkeit des Marktes den Preis ermöglichen, der dem Konkurrenzpreis entsprechen würde; auch: Herabsetzen von Monopolpreisen auf die dem Konkurrenzpreis entsprechende Höhe. – 3. →*Festpreis* (vgl. dort).

III. Wirkungen: Besteht bei dem fixierten Preis ein Nachfrageüberschuß, so entstehen „graue" oder „schwarze" Märkte mit einem abweichenden (höheren) Preis. Bei Inflation und gleichzeitigem P. spricht man von (zurück-)„gestauter Inflation" (Röpke), in Deutschland beginnend mit dem Preis- und Lohnstopp von 1936 und ihrem Höhepunkt 1945/48.

Preisstoppverordnung, VO über das Verbot von Preiserhöhungen vom 26.11.1936, leitete den →Preisstopp vor dem Zweiten Weltkrieg ein, indem sie allgemein Preiserhöhungen für Waren, Güter und andere Leistungen verbot.

Durch →Preisfreigabeverordnung gegenstandslos.

Preisstrategie, →Preismanagement III.

Preisstufungen, →Preisstaffeln.

Preistaxen, →Preisstopp, →Festpreis.

Preistest, Teil des →Produkttests mit dem Ziel, eine Vorstellung über den Preis eines Produktes zu gewinnen, den die Konsumenten zu zahlen bereit sind. Die Kenntnis der Preisresponsebeziehung (→Preisresponsefunktion) und der →Preiselastizität der Nachfrage ist wesentliche Voraussetzung für eine rationale und auf der Basis von objektiven Daten basierende Preispolitik der Unternehmen. – *Vorgehensweisen:* a) Man präsentiert den Testpersonen das Produkt (es kann auch nur eine Abbildung des Produktes sein) und befragt sie nach ihrer Einschätzung des Preises. – b) Man hat bereits eine ungefähre Vorstellung über den Preis und präsentiert den Versuchspersonen das Produkt zu unterschiedlichen Preisen. Durchführung als Laborexperiment oder in einem regionalen Testmarkt als Feldexperiment (→Experiment). Die Reaktion der Probanden bezüglich der Alternativen wird gemessen und analysiert (→Preisresponsemessung).

Preistheorie, historische Bezeichnung für das Teilgebiet der →Mikroökonomik, das sich mit der Erklärung der →Preisbildung beschäftigt.

Preistreiberei, Fordern, Gewähren usw. unangemessener Entgelte für Güter und Leistungen des lebenswichtigen Bedarfs. P. war seit 1936 durch die →Preisstoppverordnung, Kriegs- und Nachkriegsvorschriften strafrechtlich verboten. Das WStG 1954 hat den Tatbestand nicht übernommen. – Vgl. auch →Preisüberhöhung.

Preisüberhöhung, →Ordnungswidrigkeit nach §4 WStG 1954. Danach begeht eine Zuwiderhandlung, wer vorsätzlich Entgelte, die infolge einer Beschränkung des Wettbewerbs oder infolge der Ausnutzung einer wirtschaftlichen Machtstellung oder einer Mangellage unangemessen hoch sind, in befugter oder unbefugter Betätigung in einem Beruf oder Gewerbe für Gegenstände oder Leistungen des lebenswichtigen Bedarfs fordert, verspricht, vereinbart, annimmt oder gewährt. – Vgl. auch →Preistreiberei.

Preisüberwachung, Form staatlicher →Preispolitik in Gestalt einer ständigen Preiskontrolle, angewandt bei nicht zu umgehenden Monopolformen oder sonstigen nicht im vollen Wettbewerb stehenden Formen des Marktes (Kriegswirtschaft und sonstige Mangelwirtschaft). – In der *Bundesrep. D.* ist die P. im →Preisgesetz und den dazu erlassenen Verordnungen geregelt. – Im Rahmen der *Mißbrauchsaufsicht* über marktbeherrschende Unternehmen ist eine Kontrolle von sehr stark

überhöhten Preisen vorgesehen, (→Kartellgesetz IV).

Preisunterbietung, Unterbieten des Preises eines Mitbewerbers. P. ist i. d. R. erlaubt, da in der Bundesrep. D. freie Konkurrenz und damit freie Preisbildung gilt. P. ist jedoch unlauterer Wettbewerb, wenn sie der Irreführung der Kunden dient (z. B. →Lockvogelangebot) oder wenn ein marktmächtiges Unternehmen seine Mitbewerber unlauter behindert (Diskriminierungsverbot; →Kartellgesetz V).

Preisuntergrenze. I. Begriff: Preis einer abgesetzten bzw. abzusetzenden Leistungseinheit, bis zu dem sich die Vermarktung für das Unternehmen lohnt, d. h. zur Erfüllung der Unternehmensziele beiträgt.

II. Arten: 1. *Kostenmäßige P.:* a) *Kurzfristig* richtet sich die Höhe der P. wesentlich nach der Beschäftigungslage des Unternehmens: (1) Im Falle der *Unterbeschäftigung* ist die P. gleich den →variablen Kosten bzw. genauer den →Einzelkosten des betrachteten Erzeugnisses; jede Preishöhe, die diese Kosten überschreitet, trägt dazu bei, die ohnehin anfallenden →fixen Kosten abzudecken. Bestehen starke →Erlösverbundenheiten, kann die P. sogar die Einzelkosten noch unterschreiten. – (2) Im Falle der *Vollbeschäftigung* ist die P. aus dem Nutzen der durch die Fertigung des betrachteten Produkts verdrängten alternativen Nutzung der knappen Kapazität. Bei einem Engpaß ist die P. gleich dem Produkt aus dem →engpaßbezogenen Deckungsbeitrag der verdrängten Nutzung und der Dauer der Engpaßnutzung; bei mehreren Engpässen wird die P. mit Hilfe linearer Planungsrechnung (→lineare Programmierung) bestimmt. – b) *Langfristig* umfaßt die P. neben den variablen Kosten auch die dem betreffenden Erzeugnis zurechenbaren →fixen Kosten, z. B. Kosten von Spezialmaschinen, erforderlichen Lizenzen oder Schutzrechten. Je länger der Betrachtungshorizont ist, desto höher wird die P. Im System der Vollkostenrechnung bezieht man in die langfristige P. zusätzlich auch anteilige →Gemeinkosten ein. Dieses Vorgehen ist mit denselben Gefahren verbunden wie sie jeder →Gemeinkostenschlüsselung anhaften. – 2. *Liquiditätsmäßige P.:* Preis, der diejenigen Kosten deckt, die kurzfristig zu effektiven Auszahlungen führen; ihr kommt allenfalls zu Zeiten sehr angespannter Zahlungsfähigkeit eines Unternehmens ein eigenständiger Aussagewert zu.

Preisverzeichnis. 1. *Allgemein:* Vgl. →Preisauszeichnung. – 2. *Bankwesen:* Übersicht über alle wichtigen Preise für Dienstleistungen der Kreditinstitute, deren Inanspruchnahme dem Kunden in Rechnung gestellt wird. Das P. wird von den Kreditinstituten neben dem →Gebühren-Tableau in den Schalterhallen zur Einsicht ausgelegt (Preisauszeichnungspflicht).

Preisvorschriften, Normen die der Festsetzung oder Genehmigung von Preisen dienen, um den Preisauftrieb einzudämmen. Heute sind fast alle P. aufgehoben. – Vgl. auch →Preisgesetz, →Preisfreigabeverordnung.

Preiswirkungsfunktion,   →Preisresponsefunktion.

Preiswirkungsmessung,   →Preisresponsemessung.

Pre-Sales-Services, Dienstleistungen zur Unterstützung des Verkäufers bei der Auftragsgewinnung, z. B. →persönlicher Verkauf. – *Gegensatz:* →After-Sales-Services.

present value, →Gegenwartswert.

Presse, zusammenfassende Bezeichnung für einen Teil der Publizistik: Zeitungs-, Zeitschriften- sowie das betreffende Nachrichtenwesen. Neben der reinen Nachrichten-P. (Tageszeitung) der politischen und der Unterhaltungs-P. nimmt die Fachpresse eine wichtige Stellung ein. – *Rechtliche Grundlagen für das Pressewesen:* Vgl. →Pressefreiheit, →Presserecht.

Presseartikel, in Zeitungen und Zeitschriften erschienene Artikel. – Im Sinne des *Urheberrechts:* Vgl. →Zeitungsartikel.

Pressefreiheit, Teil des in Art. 5 GG verbürgten, für den modernen demokratischen Staat besonders kennzeichnenden Grundrechts der →freien Meinungsäußerung, das v. a. jede Pressezensur verbietet. – *Schranken* in den allgemeinen Gesetzen, insbes. in den gesetzlichen Bestimmungen zum Schutze der Jugend und in dem Recht der persönlichen Ehre (Art. 5 II GG). – Bei *Mißbrauch* wird die P. verwirkt (Art. 18 GG). – Vgl. auch →Presserecht.

Presserecht, die besonderen, das Pressewesen betreffenden Rechtsvorschriften. – 1. Die →*Pressefreiheit* und die Freiheit der Berichterstattung durch Rundfunk und Film sind durch Art. 5 GG und die entsprechenden Verfassungsbestimmungen der Länder geregelt (→freie Meinungsäußerung). – 2. Das Grundrecht *verwirkt,* wer die Freiheit der Meinungsäußerung, insbes. die Pressefreiheit, zum Kampf gegen die freiheitliche demokratische Grundordnung mißbraucht (Art. 18 GG). – 3. Das *Reichspressegesetz* vom 7. 5. 1874 ist größtenteils durch *Ländergesetze* abgelöst, z. T. darin übernommen. Wichtige Grundsätze neben Pressefreiheit: a) *Errichtung* des Gewerbebetriebes darf keinen Sonderbeschränkungen unterworfen werden. – b) Alle →*Druckschriften* müssen das sog. →*Impressum* enthalten. – c) Hinsichtlich der in einer →periodischen Druckschrift mitgeteilten Tatsache besteht auf Verlangen einer beteiligten öffentlichen Behörde oder Privatperson eine *Berichtigungspflicht* (Pflicht zur Aufnahme einer Gegendarstellung) des ver-

antwortlichen Redakteurs, sofern die Berichtigung vom Einsender unterzeichnet ist, keinen strafbaren Inhalt hat und sich auf tatsächliche Angaben beschränkt (§ 11 Reichspressegesetz). – d) Verantwortlich für *strafbare Handlungen* der Presse ist i. a., insbes. bei periodischen Druckschriften, der Redakteur. Es wird vermutet, daß er Veröffentlichung eines Druckwerkes, dessen Inhalt eine strafbare Handlung begründet, als eigene Äußerung gewollt hat, wenn auch diese Vermutung widerlegt werden kann (vgl. z. B. § 11 Hess. PresseGes. i. d. F. vom 20. 11. 1958). Für Bestrafung von Pressedelikten sind neben den besonderen Vorschriften des Presserechts u. U. auch die allg. Strafgesetze maßgebend. – e) Eine vorläufige *Beschlagnahme* ist im P. u. a. möglich, wenn besondere Formvorschriften nicht beachtet sind (z. B. das Impressum fehlt) oder wenn der Inhalt der Druckschrift bestimmte strafbare Handlungen enthält. Wesentliche Einschränkung der Beschlagnahmemöglichkeit und Entschädigung für ungerechtfertigte Beschlagnahme nach §§ 13 ff. Hess. PresseGes.

Pressestatistik, statistische Erhebungen jährlich als Bundesstatistik nach dem Gesetz vom 1. 4. 1975 (BGBl I 777) über die Struktur und die wirtschaftliche Lage der →Presse sowie bei Unternehmen, die Zeitungen oder Zeitschriften verlegen (Verlage). – Vgl. auch →Kulturstatistik, →Kostenstrukturstatistik.

pressure group, →Interessengruppe.

Prestige, rational nicht begründbares Ansehen von Personen, Gruppen und Institutionen, das auf einer sozialen Bewertung beruht. P. leitet sich ab aus beruflichen Positionen, Ämtern, Titeln, Leistungen usw. und ist daher eng mit dem sozialen Status verbunden. Obwohl mit einem hohen P. nicht Macht und Autorität einhergehen muß, kann es Einflußmaßnahmen und Durchsetzung von Meinungen, Ansichten, Vorstellungen usw. auch gegen Widerstände fördern.

Pretest. I. M a r k t f o r s c h u n g : Verfahren, bei dem ein Test auf seine Verwendbarkeit hin überprüft wird. Üblich beim →Fragebogen, um auftretende Schwierigkeiten bei der Frageformulierung oder den Antwortmöglichkeiten erkennen und evtl. noch ändern zu können.

II. M a r k e t i n g / W e r b u n g : Test von Marketing- und Werbemaßnahmen vor ihrem tatsächlichen Einsatz im Markt zwecks Bestimmung der relativ besten Alternative. – In der *Werbung* Methode der →Werbeerfolgsprognose, insbes. um Werbemittel (Anzeigen, Funkspots, Fernsehspots) vor ihrem Einsatz am Markt zu testen mit dem Ziel der höchsten →Werbewirkungsfunktion. – *Gegensatz:* →Posttest.

pretiale Betriebslenkung, →pretiale Lenkung.

pretiale Lenkung, *pretiale Betriebslenkung, indirekte Lenkung,* ein von Schmalenbach geprägter Begriff für eine vom Preis her erfolgende Lenkung betriebsinterner Vorgänge. Der marktwirtschaftliche Preismechanismus wird auf die innerbetriebliche Lenkung der Güter und Dienstleistungen zwischen den einzelnen Betriebsabteilungen übertragen: Güter und Dienstleistungen werden auf einem innerbetrieblichen „Markt" zu Preisen „angeboten", die sich auf Grund des Wettbewerbs der Betriebe, Kostenstellen und Abteilungen um die Güter und Dienstleistungen bilden. Schmalenbach gibt bestimmte Regeln, nach denen sich die p. L. vollziehen soll.

Preugo-Sätze, Rahmensätze der Preußischen Gebührenordnung, nach denen ärztliche Leistungen abgegolten wurden; jetzt: →Gebührenordnung für Ärzte, →Gebührenordnung für Zahnärzte.

price earnings ratio, →Kurs-Gewinn-Verhältnis.

price leadership, →Preisführerschaft.

Price-look-up-Verfahren (PLU), Vorgang im Rahmen des →Warenwirtschaftssystems: Nach Identifizierung einer Ware, z. B. mittels →Scanner oder →Lesestift, wird der in einem Hintergrundrechner gespeicherte Preis abgerufen und der Ware zugeordnet.

price taker, →Mengenanpasser.

Primadiskonten, →Privatdiskonten.

Prima-facie-Beweis, →Beweis des ersten Anscheins.

primale Degeneration, →primale Entartung.

primale Entartung, *primale Degeneration,* bei der Anwendung einer →Simplexmethode das Auftreten einer kanonischen Form des betrachteten linearen Optimierungssystems (→kanonisches lineares Optimierungssystem) bei der mindestens eine rechte Seite des betreffenden Systems der Restriktionsgleichungen gleich Null ist.

primaler Simplexalgorithmus. I. Begriff: Iteratives Verfahren zur Bestimmung einer optimalen (Basis-)Lösung für primal zulässige kanonische lineare Optimierungssysteme (→primal zulässige kanonische Form).

II. Grundgedanke: Der p. S. beruht auf der Erkenntnis, daß zu einem (kanonischen) linearen Optimierungssystem auch eine optimale Basislösung existiert, wenn es überhaupt für dieses System eine optimale Lösung gibt. Entsprechend wird bei Anwendung des p. S. zu einem Ausgangssystem, bei dem es sich um ein primal zulässiges kanonisches lineares Optimierungssystem handeln muß, eine Folge primal zulässiger kanonischer Formen dieses Systems konstruiert, wobei man i. d. R. jeweils zu einer solchen kanonischen Form fortschreitet, die eine bessere, nie jedoch eine schlechtere

Basislösung ausweist (→lösungszentrale Umformungen). Der Umformungsprozeß beim Übergang von einer kanonischen Form zu einer anderen ist im wesentlichen mit einem Pivotschritt im Rahmen des →modifizierten Gauss-Algorithmus identisch, den man auf das Teilsystem ((1), (2)) des betreffenden kanonischen linearen Optimierungssystem ausführt. Im Unterschied zum modifizierten Gauss-Algorithmus wird lediglich das Pivotelement nach einer bestimmten Regel (vgl. V Schritt 3) ausgewählt, die gewährleistet, daß die zu erzeugende nächste kanonische Form ebenfalls primal zulässig ist und keinesfalls eine schlechtere Basislösung ausweist. Da für ein (zulässiges) kanonisches lineares Optimierungssystem nur endlich viele (zulässige) kanonische Formen existieren, gelangt man – sofern keine →primale Entartung eintritt – nach endlich vielen Schritten zu einer optimalen kanonischen Form und kann daraus die optimale Lösung des ursprünglichen Systems ablesen bzw. man erkennt, daß eine derartige Lösung nicht existiert.

III. Bezeichnungsweisen: Das Ausführen des Bündels von →lösungsneutralen Umformungen, das erforderlich ist, um von einer primal zulässigen kanonischen Form zu einer anderen überzugehen, heißt in diesem Zusammenhang *primaler Simplexschritt.*

IV. Sonderfälle: 1. Da das Ausgangssystem voraussetzungsgemäß bereits eine zulässige Lösung ausweist, kann das betrachtete System allenfalls dann keine optimale Lösung besitzen, wenn der *Zielwert unbeschränkt* ist (vgl. V Schritt 2). Bei ökonomischen Anwendungen ist dieser Fall nicht sehr realistisch; wenn er eintritt, dürfte dies auf eine fehlerhafte Modellformulierung zurückzuführen sein. – 2. Beim Auftreten einer primalen Entartung besteht zumindest theoretisch die Möglichkeit des →*Kreisens des Simplexalgorithmus.* Reale Anwendungen, bei denen ein Kreisen auftrat, wurden bisher aber nicht bekannt. Mit Hilfe einfacher Zusatzvorschriften (vgl. V Schritt 3) auszuschließen.

V. Algorithmus: *Anwendungsvoraussetzungen:* Gegeben ist ein lineares Maximierungssystem (Minimierungssystem) in primal zulässiger kanonischer Form:

$$(1) \quad x_0 + a_{01} x_1 + a_{02} x_2 + \ldots + a_{0r} x_m + \ldots + a_{0n} x_n = b_0$$

$$(2) \quad \begin{cases} a_{11} x_1 + a_{12} x_2 + \ldots + a_{1r} x_m + \ldots + a_{1n} x_n = b_1 \geq 0 \\ a_{21} x_1 + a_{22} x_2 + \ldots + a_{2r} x_m + \ldots + a_{2n} x_n = b_2 \geq 0 \\ \quad \vdots \\ a_{m1} x_1 + a_{m2} x_2 + \ldots + a_{mm} x_m + \ldots + a_{mn} x_n = b_m \geq 0 \end{cases}$$

(3) $x_1, x_2, \ldots, x_m, \ldots, x_n \geqq 0$

(4) $x_0 \longrightarrow$ Max! oder $x_0 \longrightarrow$ Min!

Hier wegen der numerisch noch nicht spezifizierten Koeffizienten als solches nicht erkennbar.

Anfangsschritt:

(0.1)   Markiere die m Basisvariablen!

Schritt 1 (Optimale Lösung)

(1.1)   Gilt $a_{0j} \geqq 0$ (bzw. $a_{0j} \leqq 0$) für alle $j = 1, \ldots, n$?
JA: $\longrightarrow$ (5.2)!   NEIN: $\longrightarrow$ (2.1)!

Schritt 2 (Unbeschränkter Zielwert):

(2.1)   Gibt es eine Variable x_q mit

$a_{0q} < 0$ (bzw. $a_{0q} > 0$) und $a_{iq} \leqq 0$
für alle $i = 1, \ldots, m$?
JA: $\longrightarrow$ (5.1)!   NEIN: $\longrightarrow$ (3.1)!

Schritt 3 (Bestimmung des Pivotelements):

(3.1)   Wähle ein q mit $a_{0q} < 0$ (bzw. $a_{0q} > 0$)!

(3.2)   Wähle ein p mit:

$$\frac{b_p}{a_{pq}} = \min\left(\frac{b_i}{a_{iq}}, \quad i = 1, \ldots, m, \quad a_{iq} > 0\right)!$$

Schritt 4 (Primaler Simplexschritt):

(4.1)   Setze:

$a_{ij} := a_{ij} - a_{iq} \dfrac{a_{pj}}{a_{pq}}$ für $i = 0, 1, \ldots, m$,

$\qquad\qquad\qquad\qquad\quad i \neq p, \; j = 1, \ldots, n;$

$b_i := b_i - a_{iq} \dfrac{b_p}{a_{pq}}$ für $i = 0, 1, \ldots, m$,

$\qquad\qquad\qquad\qquad\quad i \neq p;$

$a_{pj} := \dfrac{a_{pj}}{a_{pq}}$ für $j = 1, \ldots, n;$

$b_p := \dfrac{b_p}{a_{pq}}$!

(4.2)   Markiere die neue Basisvariable x_q!

(4.3)   Lösche die Markierung für die neue Nichtbasisvariable! $\rightarrow$(1.1)!

Endschritt:

(5.1)   „Der Zielwert des Maximierungs-(bzw. Minimierungs-)Systems ist unbeschränkt." $\rightarrow$(5.3)!

(5.2)   „Es liegt eine primal und dual zulässige kanonische Form des Maximierungs-(bzw. Minimierungs-)Systems vor. Die ausgewiesene Basislösung ist eine optimale Lösung des Systems ((1), (2), (3), (4))."

(5.3)   STOP!

VI. B e d e u t u n g : Der p.S. ist ein wichtiger Baustein von Simplexmethoden zur Bestim-

mung optimaler Lösungen für lineare Optimierungsprobleme ($\rightarrow$lineare Optimierung).

primaler Simplexschritt, $\rightarrow$Simplexschritt 2 a), $\rightarrow$primaler Simplexalgorithmus III.

primales Optimierungssystem, $\rightarrow$Dualitätstheorie der linearen Optimierung.

primal zulässige kanonische Form, im Zusammenhang mit einem linearen Optimierungssystem in Normalform jede kanonische Form des betreffenden Systems ($\rightarrow$kanonisches lineares Optimierungssystem), bei der die rechten Seiten $b_1, b_2, \ldots, b_m$ alle größer oder gleich Null sind. – *Gegensatz:* $\rightarrow$dual zulässige kanonische Form.

Primanota, in der Bankbuchhaltung Name für das $\rightarrow$Grundbuch.

Primapapiere, $\rightarrow$Privatdiskonten.

Primärbedarf, Bedarf an Endprodukten oder verkaufsfähigen Zwischenprodukten, die im Planungszeitraum hergestellt werden sollen. Der P. ist Ausgangsgröße für Produktionsplanung und -steuerung. – *Gegensatz:* $\rightarrow$Sekundärbedarf. – *Vgl.* auch $\rightarrow$Materialbedarfsarten.

primäre Grundrechnung, urbelegidentische Grundrechnung oder $\rightarrow$urbelegnahe Grundrechnung, in der die ursprünglichen Kosten- und Erlösarten bei den Bezugsobjekten, für die sie direkt erfaßt wurden, ausgewiesen werden. Sie enthält daher die aggregiert erfaßten $\rightarrow$unechten Gemeinkosten(-ausgaben) und $\rightarrow$unechten Gemeinerlöse(-einnahmen) sowie ungespaltene $\rightarrow$Mischkosten(-erlöse, -verbräuche). – Abgeleitet aus der p.G. wird die $\rightarrow$sekundäre Grundrechnung.

Primäreinkommen, Entgelt der $\rightarrow$Produktionsfaktoren für ihren Leistungsbeitrag zum $\rightarrow$Sozialprodukt. – *Gegensatz:* Sekundäreinkommen ($\rightarrow$abgeleitetes Einkommen). – *Vgl.* auch $\rightarrow$Verteilungstheorie.

primäre Kosten, $\rightarrow$primäre Kostenarten.

primäre Kostenarten, *originäre Kostenarten, natürliche Kostenarten, ursprüngliche Kostenarten,* alle vom Markt (Unternehmensexternen) bezogenen bewerteten Kostengüter (vgl. auch $\rightarrow$Kostenarten). – *Wichtige p.K.:* $\rightarrow$Anlagenkosten, $\rightarrow$Materialkosten, $\rightarrow$Personalkosten. – *Erfassung:* P.K. werden in der $\rightarrow$Kostenartenrechnung erfaßt. – *Gegensatz:* $\rightarrow$sekundäre Kostenarten. – *Vgl.* auch $\rightarrow$Primärkostenrechnung.

primärer Finanzausgleich, $\rightarrow$originärer Finanzausgleich.

primärer Sektor, $\rightarrow$Sektoren der Volkswirtschaft 2.

Primärforschung, Form der $\rightarrow$Marktforschung, die Erhebung, Aufbereitung und Auswertung von neuem Datenmaterial für einen bestimmten Untersuchungszweck umfaßt,

I. d. R. geht →Sekundärforschung voraus. – *Anwendung:* v. a. in der Konsumgütermarktforschung.

Primärgruppe, →Gruppe I 3 a).

Primärkostenrechnung, Form der Kostenverrechnung zwischen Kostenstellen und von Kostenstellen auf Kostenträger mit dem Ziel, die Anteile der unterschiedlichen Arten primärer Kosten (→primäre Kostenarten) an den Gesamtkosten der Entleistungen sichtbar zu machen. Es läßt sich unmittelbar die Bedeutung fremdbezogener Produktionsfaktoren für die einzelnen Produkte erkennen (z. B. Personalkostenanteil) und die Reagibilität auf Faktorpreisänderungen. – *Gegensatz:* Sekundärkostenrechnung (→innerbetriebliche Leistungsverrechnung).

Primärmarkt, *Emissionsmarkt,* Markt für den Erstabsatz neu ausgegebener Wertpapiere (→Emission). – *Gegensatz:* →Sekundärmarkt.

Primärrohstoff, →Primärstoff.

Primärschlüssel, →Schlüssel 3 a).

Primärstatistik, (statistische) →Erhebung, die eigens und ausschließlich zu statistischen Zwecken erfolgt, z. B. eine Volkszählung. – *Gegensatz:* →Sekundärstatistik.

Primärstoff, *Primärrohstoff,* Werk-, Hilfsoder Betriebsstoff der nicht aus stofflichen →Rückständen, sondern aus →natürlichen Ressourcen oder Vorprodukten gewonnen wird. – *Gegensatz:* →Sekundärstoff.

primär verbundene Produkte, →Kuppelprodukte.

Primärverteilung, →Verteilungstheorie I 1.

Primatkollegialität, Abstimmungsmodus im Rahmen des →Kollegialprinzips. Die mutlipersonale organisatorische Einheit besteht aus prinzipiell gleichberechtigten Handlungsträgern, aus deren Reihen ein Vorsitzender (primus inter pares) kommt. Bei Meinungsverschiedenheiten oder Patt-Situationen entscheidet der Vorsitzende. – Vgl. auch →Abstimmungskollegialität, →Kassationskollegialität.

prima Ware, →Handelsklausel, betreffend die Beschaffenheit der zu liefernden Ware, i. a, Waren erster Güte.

prime rate, Sollzinssatz, zu dem in den USA Geschäftsbanken erstklassigen Großkunden kurzfristige Kredite gewähren; hat Indikatorfunktion für zukünftige Zinsentwicklungen.

Principal/Agent-Modell. 1. *Begriff:* Modell zur Darstellung und Analyse der sich aus Informationsasymmetrien zwischen Wirtschaftssubjekten ergebenden Kooperations- und Abhängigkeitsproblemen. Die Erkenntnis, daß das nutzenmaximierende Verhalten eines jeden Wirtschaftssubjekts nicht (automatisch) regelmäßig über den Marktmechanismus zu einem sozialen Optimum führt (→Pareto-Effizienz), und/oder Kosten der

Vertragsgestaltung (→Transaktionskosten) eine optimale Koordination von Entscheidungen verhindern, steht beim P./A.-M. im Vordergrund. – 2. *Erfassung sequentieller →Entscheidungsprozesse im Mehrpersonenkontext* zur Beurteilung alternativer Steuerungsmechanismen: Der Principal hat bei seiner Steuerungsentscheidung die Folgeentscheidungen zu antizipieren, daher liegt ein sequentielles Entscheidungsproblem im Mehrpersonenkontext vor. – 3. *Merkmal:* Zwei Personen (Principal und Agent) sind gemeinsam am unsicheren Erfolg einer (mehrerer) →Aktion(en) beteiligt. Allein der Agent wählt die Aktion, wobei er den erwarteten Nutzen seines eigenen Anteils am Erfolg maximiert. Da der Agent mit seiner Entscheidung nicht notwendigerweise auch die Ziele des Principals verfolgt, liegt es im Interesse des Principals auf die Entscheidung des Agenten Einfluß zu nehmen. D. h. die eigene Entscheidung für eine bestimmte Handlungsalternative bildet eine Determinante für die Entscheidung anderer; es werden Steuerungsimpulse gesetzt, die es bei der Alternativenauswahl zu berücksichtigen gibt. – 4. *Beispiele:* Beziehungen zwischen Kapitalgeber/Investor, Eigentümer/Manager, Vorgesetzer/Untergebener.

Printwerbung, alle Werbebotschaften, die in gedruckter Form in entsprechenden →Media erscheinen. Die Übermittlung erfolgt rein visuell. – *Werbemittel:* Anzeige, Plakat, Beilage, Prospekt, Katalog, Handzettel, Aufkleber (Sticker) u. a., auch →Supplement.

Prinzip, Konkretisierungen innerhalb der Wirtschaftswissenschaften, insbes. als →Rationalprinzip, →Wirtschaftlichkeitsprinzip, →ökonomisches Prinzip oder →erwerbswirtschaftliches Prinzip.

Prinzipal, frühere, im HGB noch verwendete Bezeichnung für →Unternehmer.

Prinzip der Gemeinkostenanteilsgleichheit, *Kostenanteilsprinzip, Nutzungsprinzip,* →Kostenverteilungsprinzip. Kriterien zur Ermittlung der Gleichheit der Anteile können z. B. die anteilige Inanspruchnahme aller Produktionsfaktoren oder der Engpässe sein.

Prinzip der minimalen Gemeinkostenstreuung, →Proportionalitätsprinzip.

Prinzip der Preisunterschiedslosigkeit, *law of indifference,* von Jevons formulierter Lehrsatz, nach dem sich auf einem →vollkommenen Markt bei Verhalten der Teilnehmer nach dem →Rationalprinzip für ein Gut nur *ein* Preis einstellen kann.

Prinzip kaufmännischer Vorsicht, →Vorsichtsprinzip.

Priorität. I. R e c h t : Rechtsgrundsatz, daß ältere Rechte vor später entstandenen den Vorrang genießen. – 1. *Sachenrecht:* Die Reihenfolge der Rechte einer Abteilung des Grundbuchs richtet sich i. a. nach dem Eintra-

gungsdatum, der Rang eines Pfandrechts nach dem Zeitpunkt der Pfändung usw. – 2. *Urheber- und Patentrecht:* Der Grundsatz der P. ist anwendbar. – 3. *Wertpapierrecht:* Vorzugsrecht a) einer bestimmten Gattung von Aktien (→Vorzugsaktien) bei Verteilung des Reingewinns, des AG-Vermögens oder sonstiger Rechte oder b) von Schuldverschreibungen (→Vorzugsobligationen), auch bezüglich der Sicherstellung der Schuldforderungen.
II. Produktionsplanung/Operations Research: 1. *Allgemein:* Vorrangregelung zur Auswahl von wartenden →Transaktionen zur Abfertigung an →Abfertigungseinheiten, z. B. Fifo, Lifo. – 2. *Reihenfolgeplanung:* Vgl. →Prioritätsregeln.

prioritätischer Dividendenanspruch, →Vorzugsaktie II 2 und 3.

Prioritätsaktie, →Vorzugsaktie.

Prioritätsobligation, →Vorzugsobligation.

Prioritätsregeln. I. Produktionsplanung: Pragmatisches Hilfsmittel für die Reihenfolgeplanung im Rahmen der →Produktionsprozeßplanung bei Werkstattproduktion. In Warteschlangensituationen ordnen P. den einzelnen bei der Produktionsprozeßplanung zu berücksichtigenden Aufträgen unterschiedliche Prioritäten zur Belegung von Engpaßkapazitäten zu und ermöglichen somit eine Ordnung der Aufträge nach ihrer jeweiligen Bedeutung. Auch kommen P. bei der →Produktionsprozeßsteuerung bei Werkstattproduktion zur Anwendung. – *Beispiele:* Auswahl des Fertigungsauftrags mit der kürzesten Durchlaufzeit, mit der größten Zahl noch offener Arbeitsgänge, mit der höchsten Kapitalbindung, mit dem frühesten Endtermin usw.
II. Elektronische Datenverarbeitung: Von einem →Betriebssystem verwendetes Kriterium, nach dem die Reihenfolge für die Erledigung bestimmter Aufgaben festgelegt wird. – *Beispiel:* Reihenfolge, in der bei Mehrprogrammbetrieb verschiedene Programme zur Ausführung gelangen, wird anhand der erwarteten Rechenzeit, der Inanspruchnahme von Hardwareressourcen, der Benutzung von Ein-/Ausgabegeräten o. ä. bestimmt.

Prisoners' Dilemma, in der →Spieltheorie eine Spielsituation, in der die Spieler ohne Absprache nur eine nicht Pareto-effiziente (→Pareto-Effizienz) Gleichgewichtslösung erreichen. Durch eine kooperative Strategie hingegen ließe sich ein Pareto-Optimum erreichen.

Privatbank, Kreditinstitut (→Bank), das auf handelsrechtlicher Grundlage errichtet ist, d. h. in Rechtsform einer Einzelunternehmung, OHG, KG, GmbH, AG, KGaA. – In der Bankenstatistik unter der Bezeichnung *Kreditbanken* geführt.

Privatbankier, Unternehmer des privaten Bankgewerbes, der unter Einsatz eigenen Kapitals, unbeschränkter Gesamtvermögenshaftung und mit Entscheidungsbefugnis ohne übergeordnete Organe →Bankgeschäfte im Sinne des § 1 KWG betreibt. – *Bedeutung:* In allen Ländern stark zurückgegangen, bis auf die Sparten, in denen enge Fühlungnahme mit den Kunden und individuelle Beratung notwendig ist (z. B. bei Gewährung von Personalkrediten, bei der Vermögensverwaltung, im Effektenkommissionsgeschäft, auch im Eigengeschäft an der Börse). In der Bundesrep. D. gab es (Ende 1986) 69 P.

Privatbilanz, eine gesetzlich nicht vorgeschriebene →Bilanz als Übersicht über private Vermögensverhältnisse. – Die P. ist i. a. nach *bürgerlichem Recht* zu beurteilen. Inwieweit bei Aufstellung der P. die *handels- und steuerrechtlichen Vorschriften* z. B. zur Vermeidung von Täuschungen gegenüber Dritten entsprechend zu beachten sind, hängt vom Zweck der P. ab.

Privatbörse, eine börsenartige Versammlung, die nicht staatlich genehmigt ist; keine →Börse im Rechtssinne.

Privatdiskont, →Diskontsatz, zu dem →Privatdiskonten abgerechnet werden. Die Deutsche Bundesbank veröffentlicht in ihren Monatsberichten den Mittelsatz für P. mit einer Restlaufzeit von 30 bis 90 Tagen. – *Notierung des P.satzes* erfolgt börsentäglich an der Frankfurter Börse.

Privatdiskont-AG, Sitz in Frankfurt a. M. Gegründet 1959 von Privatbanken, öffentlich-rechtlichen und genossenschaftlichen Kreditinstituten. Grundkapital 10 Mill. DM. – *Geschäftsgegenstand* ist die Pflege des Privatdiskontmarktes insbes. der An- und Verkauf von Akzepten von Kreditinstituten, die zur Finanzierung von Waren und ihnen gleichzusetzenden Umsätzen gezogen werden. Die Privatdiskont-AG dient als Refinanzierungsquelle für Kreditinstitute, die zum Privatdiskonthandel zugelassen sind, indem sie →Privatdiskonten ankauft, ohne daß diese – innerhalb bestimmter Grenzen – auf das Rediskont-Kontingent der Kreditinstitute angerechnet werden.

Privatdiskonten, *Primadiskonten, Primapapiere,* DM-Bankakzepte, die bestimmte sachliche und formale Voraussetzungen erfüllen müssen. Sie müssen der Finanzierung von Einfuhr-, Ausfuhr- oder Transithandelsgeschäften oder der Finanzierung des grenzüberschreitenden Lohnveredelungsverkehrs dienen. Als Aussteller kommen nur Unternehmen von zweifelfreier Bonität in Frage, deren haftendes Eigenkapital mindestens 500 000 DM beträgt. Die einzelnen Abschnitte müssen über mindestens 100 000 DM lauten, sollen 5 Mill. DM nicht überschreiten und durch 5000 teilbar sein. Als Akzeptbanken werden nur Kreditinstitute zugelassen, deren haftendes Eigenkapital 20 Mill. DM beträgt. – *Nicht privatdiskontmarktfähige P.* werden von Bank zu Bank (ebenfalls zu einem Vorzugssatz) gehandelt. Auch sie sind mit besonderen Eigenschaften ausgestattete Papiere (Höhe mindestens 5000 DM, Fristigkeit maximal 90 Tage).

Privatdozent, *Priv.-Doz.* (früher *Dr. habil.*), Bezeichnung für →Doktoren, die aufgrund der →Habilitation die Lehrbefähigung an Hochschulen (venia legendi) erworben haben.

private Güter, →Individualgüter.

Privateinlagen, dem Unternehmen vorübergehend überlassene Geldmittel oder Gegenstände aus dem Privatvermögen des Unternehmers, auch Bezahlung von Betriebsausgaben mit privaten Mitteln. – *Buchung:* Über →Privatkonto, meist als Reduzierung der Privatentnahmen.

Privatentnahmen, →Entnahmen. – *Umsatzsteuerliche Behandlung:* Vgl. →Eigenverbrauch.

privater Verbrauch, Teilbereich der Verwendungsseite des →Sozialprodukts: Waren- und Dienstleistungskäufe der inländischen privaten Haushalte für Konsumzwecke und der Eigenverbrauch der privaten Organisationen ohne Erwerbscharakter. Neben tatsächlichen Käufen, zu denen u. a. Entgelte für häusliche Dienste gehören, sind auch bestimmte unterstellte Käufe einbegriffen, z. B. Eigenverbrauch der Unternehmer, Wert der Nutzung von Eigentümerwohnungen sowie Deputate der Arbeitnehmer. – *Nachweis* der Käufe der privaten Haushalte im Inland nach inländischen Lieferbereichen, Verwendungszweck in der Gliederung nach Hauptgruppen (teilweise weiter untergliedert) des Systematischen Güterverzeichnisses für den privaten Verbrauch (→Internationale Waren- und Güterverzeichnisse), zusammgefaßten Gütergruppen der Systematik für Produktionsbereiche in Input-Output-Rechnungen (SIO).

private Schuldübernahme, →befreiende Schuldübernahme.

private Zollgutlager, →Lagerung im Sinne des Zollrechts.

Privatgeschäfte, im Sinne der Börsenumsatzsteuer Anschaffungsgeschäfte über Wertpapiere, die keine →Händlergeschäfte oder →Kundengeschäfte sind (§ 20 KVStG).

Privatgläubiger. 1. *Begriff:* Gläubiger eines Gesellschafters, dem gegen diesen ein unabhängig von dem Gesellschaftsverhältnis entstandener Anspruch zusteht. P. ist auch der →Nachlaßgläubiger von →Erben eines Gesellschafters, die aufgrund des Gesellschaftsvertrages die Gesellschaft fortsetzen

(§ 139 HGB). – 2. *Rechte:* Hat der P. einen →Pfändungsbeschluß und →Überweisungsbeschluß hinsichtlich des →Auseinandersetzungsguthabens erwirkt, kann er OHG oder KG zum Ablauf eines Geschäftsjahres kündigen, wenn innerhalb der letzten sechs Monate eine →Zwangsvollstreckung in das bewegliche Vermögen des Gesellschafters fruchtlos verlaufen ist. Die Kündigung muß sechs Monate vor Ablauf des Geschäftsjahres gegenüber allen Gesellschaftern erklärt werden. Durch die Kündigung wird die Gesellschaft aufgelöst und P. kann verlangen, daß →Abwicklung stattfindet (§ 135 HGB). Auflösung der Gesellschaft kann aber durch Ausschließung des betroffenen Gesellschafters verhindert werden (§ 141 HGB).

Privathaftpflichtversicherung, Teil der →Haftpflichtversicherung. – *Gedeckt* sind folgende Gefahren: (1) als Privatmann (§ 823 BGB), (2) als Haushaltungs- und Familienvorstand (z. B. wegen Verletzung der Aufsichtspflicht gegenüber minderjährigen Kindern), (3) als Dienstherr (im Hinblick auf die Hausangestellten), (4) als Sportler (nicht aber z. B. Boxen, Ringen, Motorrennen, Jagdsport), (5) als Wohnungsinhaber oder Einfamilienhausbesitzer (private Nutzung), (6) als Tierhalter und Tierhüter (zahme Tiere, ausgeschlossen jedoch Hunde, Rinder, Pferde). – *Mitversichert* sind Ehegatten, im selben Haushalt lebende unverheiratete, minderjährige Kinder; Hausangestellte gegenüber dritten bei Ausübung dienstlicher Verrichtungen im Haushalt. – *Erweiterungen und Ergänzungen* sind möglich, z. B. Haftpflicht aus Gewässerschäden, als Lehrer, als Hundehalter.

Privathaushalt, Begriff der amtlichen Statistik für zusammenwohnende und eine wirtschaftliche Einheit bildende Personengemeinschaft sowie Personen, die allein wohnen und wirtschaften (z. B. Einzeluntermieter). Zum P. können verwandte und familienfremde Personen gehören (z. B. Hauspersonal). – →Anstalten gelten nicht als Haushalte, können aber P. beherbergen (z. B. P. des Anstaltsleiters). Haushalte mit mehreren Wohnungen werden u. U. mehrfach gezählt. – Vgl. →Haushalt III.

Privatisierung. 1. *Begriff:* Verlagerung bestimmter bisher staatlicher Aktivitäten in den priaten Sektor der Volkswirtschaft, um die Allokaiton der Ressourcen durch den (als effizienter eingestuften) Markt erfolgen zu lassen. – Vgl. auch →Regulierung, →Deregulierung. – 2. *Arten:* a) *Formale P.:* Wahl einer spezifischen Organisation der öffentlichen Aufgabenwahrnehmung; besteht in der Verselbständigung öffentlicher Aufgabenträger in Form privater Rechtsform (GmbH, AG, →Eigengesellschaft, vgl. auch →öffentliche Unternehmen). – b) *Materielle P.:* Übertragung von bisher öffentlich wahrgenommenen Aufgaben auf private. – c) *P. von Industriebe-*

telligungen: Veräußerung von Beteiligungen des Bundes an Industrieunternehmen (→Bundesbeteiligung).

Privatisierung der Staatsschuld, Übertragung von Privatvermögen auf den Staat mit Hilfe der →Vermögensubstanzsteuer. Aus den Erträgen des übertragenden Vermögens wird der Schuldendienst aufgebracht.

Privatklage. 1. *Begriff:* des Strafrechts: Beim Amtsgericht durch den Verletzten zu erhebende Anklage (§§374–394 StPO). Zulässig bei strafbarer →Betriebsgefährdung, →Verleumdung, den Vergehen des Wettbewerbsrechts und den entspr. Verletzungen des Urheber- und Patentrechts, Körperverletzung usw. (vgl. Katalog in §374 StPO). Bei diesen Delikten wird der Verletzte wegen des mangelnden öffentlichen Interesses vielfach von der Staatsanwaltschaft auf den Weg der P. verwiesen. –. 2. *P.-Verfahren* im allg. wie beim Strafprozeß. – *Erhebt die Staatsanwaltschaft* bei den sog. P.-Delikten *Anklage,* kann sich der Verletzte als →Nebenkläger anschließen.

Privatkonto, Konto für den Einzelunternehmer oder Gesellschafter einer Personengesellschaft zur Buchung seiner →Entnahmen und seiner →Einlagen im Laufe des Geschäftsjahres. Das P. wird als Unterkonto des →Kapitalkontos über dieses abgeschlossen.

Privatmakler, →freier Makler.

Privatrecht, Rechtssätze, die die rechtlichen Beziehungen der einzelnen zueinander nach dem Grundsatz der Gleichordnungen regeln, z.B. Bürgerliches Recht und Handelsrecht. – *Gegensatz:* →öffentliches Recht.

Privaturkunden, die von einem privaten Aussteller herrührenden →Urkunden. – Von den Ausstellern unterzeichnete P. erbringen im *Zivilprozeß* →Beweis dafür, daß die in ihnen enthaltenen Erklärungen von den Ausstellern abgegeben sind (§416 ZPO). – *Gegensatz:* →öffentliche Urkunden. – Vgl. auch →Urkundenfälschung.

Privatvermögen, zusammenfassende betriebswirtschaftliche und handelsrechtliche Bezeichnung für privaten Zwecken dienendes →Vermögen, d.h. →Grundvermögen und →sonstiges Vermögen im Sinne des GewG (Kapitalvermögen, Ansprüche aus Lebensversicherungen, Schmucksachen, Hausrat, Kleidung u.ä.), das nicht →Betriebsvermögen oder →land- und forstwirtschaftliches Vermögen ist. – Vgl. auch →notwendiges Privatvermögen, →gewillkürtes Betriebsvermögen.

Privatversicherung. 1. *Im engeren Sinne:* Die von Versicherungseinrichtungen mit Rechtspersönlichkeit des Privatrechts (z.B. AG, VVaG, in aufsichtsfreien Zweigen auch andere Unternehmungsformen) betriebene Versicherung. – 2. *Im weiteren Sinne:* Die außerhalb

der Sozialversicherungsunternehmen betriebene →Individualversicherung.

privatwirtschaftliche Marktwirtschaft, *freie Marktwirtschaft.*

I. Begriff: →Wirtschaftsordnung mit Dominanz des Privateigentums an den Produktionsmitteln und dezentraler Koordination der individuellen Wirtschaftspläne durch *freien Wettbewerb* auf nationalen und internationalen Güter- und Faktormärkten. Realisiert ist sie u.a. in den Staaten der EG und Nordamerikas.

II. Wirtschaftskoordination: Die einzelwirtschaftlichen Planträger (Unternehmer und Haushalte) treffen ihre Entscheidungen über Produktion, Konsum, Sparen und Investieren und damit über Angebot und Nachfrage auf den einzelnen Märkten nach eigenen Zielvorstellungen im Streben nach Gewinn- (→Gewinnprinzip) bzw. Nutzenmaximierung. Dabei richten sie sich nach den für sie relevanten Marktpreisen, die bei freier Preisbildung die gesamtwirtschaftlichen Knappheitsrelationen der Güter und Leistungen ausdrücken und die wiederum durch die Reaktionen der Wirtschaftssubjekte selbst beeinflußt werden. Dieser permanente Rückkopplungsprozeß bewirkt die' Abstimmung der Einzelpläne und lenkt das selbstinteressierte Handeln in gesamtwirtschaftlich wohlfahrtsfördernde Bahnen: Sich frei bildende Preise informieren die Planträger über das jeweils zweckmäßigste Handeln, zwingen sie ggf. zu Planänderungen und motivieren sie durch Aussicht auf Gewinn- bzw. Nutzensteigerung. Der Wettbewerb kontrolliert gleichzeitig das individuelle Selbstinteresse, da durch Reaktionen der Marktneben- und -gegenseite und hierdurch induzierte Preisänderungen die permanente Gefahr der Gewinnerodierung sowie bei unsachgemäßen Entscheidungen die Gefahr von Vermögensverlusten besteht. Der Wettbewerb kann seine Funktion um so wirksamer erfüllen, je größer die individuelle Wettbewerbsfreiheit ist, d.h. je größer die Möglichkeiten der Anbieter zu Änderungen ihrer Produktionsprogramme bei Datenänderungen sowie zu vorstoßendem und nachfolgendem (imitierendem) Wettbewerb sind und je geringer Tendenzen zu Wettbewerbsbeschränkungen bestehen.

III. Staatsfunktionen: 1. *Voraussetzungen* für eine solche, auf dem Konzept des →Liberalismus beruhende Ordnung sind: a) staatliche Gewährleistung der individuellen Wirtschafts- und Vertragsfreiheit und b) (unter Effizienzgesichtspunkten) Etablierung individuell zugeordneter und übertragbarer Eigentumsrechte (property rights) an den wirtschaftlichen Gütern. Auch hat der Staat eine aktive und vorbeugende Politik zum Schutz der Wettbewerbsfreiheit zu betreiben, um das Entstehen wettbewerbshemmender

Marktmacht zu verhindern (vgl. hierzu und zu den sonstigen konstitutiven und regulierenden Prinzipien einer Wettbewerbsordnung →Ordoliberalismus). – 2. Die Frage nach *Notwendigkeit und Umfang sonstiger staatlicher Aktivitäten* (z. B. Bereitstellung öffentlicher und meritorischer Güter, Sozial-, Vermögens-, Konjunktur-, Strukturpolitik usw.) wird je nach wirtschaftspolitischem Leitbild (neben Ordoliberalismus z. B. →Soziale Marktwirtschaft, →gesamtwirtschaftliche Planung, →Planification, →Wohlfahrtsstaat) und wirtschaftstheoretischer Konzeption (→Neoklassik, →Monetarismus, →Keynessche Theorie usw.) unterschiedlich beantwortet. – 3. Die Erfahrungen zeigen, daß die Zunahme staatlicher Aktivitäten die Funktionsfähigkeit der Wettbewerbsordnung einschränken kann (→Dirigismus, →Interventionismus). Die Sicherung einer Wettbewerbsordnung erfordert daher die *Überprüfung aller staatlichen Aktivitäten* im Bereich der Ordnungs- und Prozeßpolitik im Hinblick nicht nur auf ihre Ziel-, sondern auch auf ihre →Marktkonformität.

Privatwirtschaftslehre. 1. Zunächst *synonymer Begriff* für die heute übliche Fachbezeichnung →Betriebswirtschaftslehre. Als Einzelwirtschaftslehre konzipiert, verband sich damit der Anspruch auf Eigenständigkeit gegenüber der →Volkswirtschaftslehre. Nach dem 1. Weltkrieg setzte sich der heute übliche Name durch. – 2. Als *Unterbegriff* von Betriebswirtschaftslehre beschäftigt sich P. ausschließlich mit privaten Einzelwirtschaften bzw. Unternehmungen, während zum Gegenstandsbereich der BWL auch öffentliche Betriebe zählen. – 3. *Programmatische Bedeutung* gewinnt die Bezeichnung P. bei Rieger („Einführung in die Privatwirtschaftslehre", 1927), der das Rentabilitätsstreben bzw. das („kapitalistische") Gewinnprinzip als Grundidee einführt und den Geldumwandlungsprozeß zum Erkenntnisobjekt erklärt.

Probearbeitsverhältnis. 1. *Begriff:* Einstellung eines Arbeitnehmers auf Probe, mit der festgestellt werden soll, ob er sich für ihm zu übertragenden Arbeiten eignet, und ob er mit den Arbeitsbedingungen einverstanden ist. P. ist eindeutig als solches zu vereinbaren. – 2. *Arten:* a) Das P. kann ein →*befristetes Arbeitsverhältnis* sein, das mit Ablauf der vereinbarten Zeit endet, wenn die Parteien nicht vorher die Fortsetzung des Arbeitsverhältnisses vereinbaren. Die Dauer des befristeten P. darf nicht unangemessen lang (i. d. R. nicht länger als sechs Monate) sein. – b) Vereinbarung einer →*Probezeit* in einem auf unbestimmte Zeit abgeschlossenen Arbeitsverhältnis (in der Praxis am häufigsten). Nach der Rechtsprechung bedeutet die Vereinbarung einer Probezeit im Zweifel, daß während der Probezeit die →Kündigungsfristen auf das

gesetzliche (ein Monat zum Schluß eines Kalendermonats bei Angestellten und zwei Wochen bei Arbeitern, § 622 I, II 1 BGB) oder tarifliche Mindestmaß abgekürzt sein sollen. – c) Vereinbarung, daß eine *Probezeit als Mindestvertragszeit* gelten soll. Diese Vertragsgestaltung ist selten und muß deshalb eindeutig vereinbart sein. Ist die Probezeit Mindestvertragszeit, ist eine →ordentliche Kündigung während der Probezeit ausgeschlossen. – 3. Das *Berufsausbildungsverhältnis* kann während der Probezeit des Berufsausbildungsverhältnisses jederzeit ohne Einhalten einer Kündigungsfrist gekündigt werden (§ 15 I BBiG).

Probebilanz, Zusammenstellung der Kontenumsätze eines Betriebsabschnitts in Summen- oder auch in Saldoform zur Vorbereitung des Abschlusses mit Hilfe einer →Hauptabschlußübersicht. – Vgl. auch →Rohbilanz, →Saldenbilanz.

Probefahrt, Fahrt zur Feststellung oder zum Nachweis der Gebrauchsfähigkeit von Kraftfahrzeugen oder Anhängern. Die P. kann ohne →Betriebserlaubnis mit abgestempeltem roten →Kennzeichen durchgeführt werden (§ 28 StVZO). – Vgl. auch →Überführungsfahrt.

Probegabe, →Verschenken von Waren, →Wertreklame.

Probekauf, →Kauf auf Probe, →Kauf zur Probe.

Probezeit, die für ein →Probearbeitsverhältnis vorgesehene Zeitspanne, die es den Vertragspartnern ermöglicht, Eignung und Leistungen des Arbeitnehmers, die Arbeitsbedingungen usw. zu prüfen. Die Dauer der P. muß sich aus der Vereinbarung ergeben. Sie beträgt i. a. bei Arbeitern zwei bis vier Wochen, bei Angestellten ein bis drei Monate. In →Tarifverträgen wird die P. oft auf drei Monate begrenzt. Die Höchstgrenze dürfte sonst sechs Monate betragen (vgl. die Wertung des § 1 KSchG); Ausnahmen bei besonders verantwortungsvoller Tätigkeit. – Bei *Berufsausbildungsverhältnissen* gesetzlich befristet auf mindestens einen Monat, höchstens drei Monate (§ 13 BBiG).

Probit-Modell, in der →Verkehrsplanung v. a. als →Verkehrsteilungsmodell oder →Verkehrsumlegungsmodell verwendet. Das P. weist im wesentlichen die gleichen Grundannahmen auf wie das →Logit-Modell. Im Gegensatz zu diesem wird jedoch beim P.-M. von normalverteilten stochastischen Nutzenkomponenten der verkehrlichen Alternativen ausgegangen (Standardnormalverteilung), die unterschiedliche Standardabweichungen aufweisen dürfen. Damit ist das P.-M. zwar realitätsnäher, verursacht jedoch im Anwendungsfall mit mehr als zwei Alternativen einen erheblichen Rechenaufwand. Approximative Ansätze sind mit beträchtlichen Fehlerrisiken

bchaftct. – Vgl. auch →Nutzenmaximierungs-
modelle, →Verkehrsmodelle.

Problemanalyse. 1. *Begriff:* Im →Software
Engineering die erste Phase im →software life
cycle; uneinheitliche Begriffsverwendung, z. T.
auch als Planungsphase bezeichnet. – **2.** *Teilbereiche:* Der P. werden unterschiedliche Aufgaben zugeordnet, z. T. mit den Inhalten, die
in der →Systemanalyse den Phasen Ist-
analyse und Sollkonzeption zuzurechnen
sind. – **3.** *Ausgangspunkt:* Anstoß zur P. ist i. a.
der Wunsch, die Bearbeitung eines Aufgaben-
bereichs mit Computerunterstützung (→Com-
putersystem) entweder neu einzuführen oder
eine als unbefriedigend empfundene Abwicklung zu verbessern. – **4.** *Ergebnisse:* Rahmen-
vorschlag mit dem geplanten Funktionsum-
fang (Hauptfunktionen des →Softwaresy-
stems) und Projektplan. – Vgl. auch →Pro-
jektmanagement.

Problem des Handlungsreisenden, →travel-
ling-salesman-Problem.

problemlose Ware, *beratungsfreie Ware,* Verbrauchsgüter des täglichen Bedarfs, die dem
Konsumenten nach Art, Qualität, Verpak-
kung, Verwendung, Preis usw. bekannt sind.
Da ihnen Absatz i. d. R. keine Erklärungen
des Verkaufspersonals erforderlich sind, können p. W. mittels →Selbstbedienung abgesetzt
werden (→convenience goods). – *Gegensatz:*
„problemvolle", erklärungsbedürftige Ware
(→shopping goods).

Problemlösungskomponente, Begriff aus
dem Bereich →Expertensysteme, uneinheitlich verwendet. – **1.** Synonym für →*Inferenz-
maschine.* – **2.** Umfassenderer Begriffsinhalt,
der darauf hinweist, daß die Komponente
eines Expertensystems, die die Problemlösungen finden soll, mehrere →Inferenzstrategien
zur Verfügung haben kann, d. h., aus mehreren Inferenzmaschinen besteht.

problemorientierte Programmiersprache,
→Programmiersprache III 3.

problemvolle Ware, →problemlose Ware.

Procar, →PROMETHEUS.

Procom, →PROMETHEUS.

Product Placement, ein in der Bundesrep. D.
seit einigen Jahren eingesetztes neues Werbemittel, bei dem durch gezielte Plazierung von
Markenprodukten (kreative Einbindung) in
Form einer realen Requisite in die Handlung
eines Spielfilms eine hohe →Werbewirkung
erwartet wird. Das Produkt (die Marke) muß
für den Betrachter deutlich erkennbar sein
und durch einen bekannten Darsteller, der
eine Leitbildfunktion (Opinion Leader)
besitzt, verwendet oder verbraucht werden. –
Ähnlich: Generic Placement (ganze Waren-
guppe) und *Image Placement* (Gesamtthema

des Films auf eine Firma/Produkt zugeschnitten). – Vom P. P. *zu unterscheiden* ist die
→Schleichwerbung, bei der die Werbewirkung
„erschlichen" und nicht gekauft wird. – Die
Kosten für P. P. differieren nach Art des Films,
nach Art der Integration sowie nach der
Qualität der Beteiligten (Darsteller, Autor,
Regisseur usw.). – *Zulässigkeit:* Im Umfeld
öffentlich-rechtlicher Fernsehanstalten existiert heute noch kein einhelliges Meinungs-
bild über die Zulässigkeit von P. P., da nach
§ 22 des Staatsvertrages vom 6. 6. 1961 eine
deutliche Trennung von Werbung und Programm zu erfolgen hat, was durch P. P.
durchbrochen wird. – Vgl. auch →Fernseh-
werbung.

product selling, →Produktgeschäft.

produit net, in der Wirtschaftstheorie der
→Physiokratie (vgl. im einzelnen dort) die
gesamtgesellschaftliche Wertschöpfung, die
dieser Theorie zufolge auf der ausschließlichen
Produktivität des Bodens (der Landwirtschaft) beruht.

Produkt, Ergebnis der →Produktion und
Sachziel einer Unternehmung. Es kann sich
dabei um →Sachgüter, Energie oder
→Dienstleistungen handeln.

Produktanalyse, Überprüfung der Erzeugnisse oder eines Einzelerzeugnisses eines
Unternehmens auf seine Güteeigenschaften,
Aufmachung und Konkurrenzfähigkeit zu einem bestimmten Zeitpunkt. – *Zweck:* Planung
und Durchführung von Verbesserungen
zugunsten der Marktgängigkeit des Produktes
(Produkt- und Programmpolitik; →Marke-
tingpolitische Instrumente)

Produktbewertung, Beurteilung eines Produkts hinsichtlich seiner Absatztauglichkeit;
Unterscheidung über Aufnahme, Änderung
oder Verbleib im Absatzprogramm mit Hilfe
quantitativer Kriterien (z. B. →Marktanteil,
→Umsatz, →Deckungsbeitrag, →Umschlags-
häufigkeit) und qualitativer Kriterien (z. B.
Vorteilhaftigkeit für das Programm, Image-
wirkung, Marktchancen bei alten und neuen
Käufergruppen, marketingpolitische Alternativen). – *Durchführung* von P. meist mit
→Scoring-Modellen.

Produkt Design, →Produktgestaltung.

Produktdifferenzierung, wichtigste Art der
→Produktgestaltung, häufig gekoppelt mit
→Preisdifferenzierung. – *Arten:* a) Differenzierung gegenüber den Konkurrenzprodukten
in technischer oder materialmäßiger Hinsicht
oder durch andersartige Ausstattung bzw.
Verpackung *(Abgrenzungsfunktion);* besonders bei →Markenartikeln. – b) *P. i. e. S.,* z. B.
Änderungen in Größe, Farbe, Ausstattung
oder Leistung, um neue Käuferschichten zu
gewinnen. – c) *Temporale P.:* Technische oder
modische Anpassungen des Produktes aus

Absatzgründen; auch als →Produktvariation bezeichnet.

Produkteinführung, →Lebenszyklus.

Produkteinzelkosten, einem einzelnen Erzeugnis direkt zurechenbare Kosten (→Einzelkosten), z. B. →Materialkosten, →Akkordlöhne.

Produktelimination, endgültige Herausnahme einzelner →Produktvarianten aus dem Produktprogramm (z. B. im Zuge von →Produktstandarisierungen oder Produktweiterentwicklungen) sowie die Aufgabe ganzer Produktgruppen. Grundsätzliche Planungsalternative innerhalb der →Produktplanung. – Vgl. auch →Lebenszyklus.

Produktenbörse, →Börse III 1 a).

Produktentwicklungsplanung, Teilbereich der →Produktplanung. Die P. umfaßt die mehr technisch orientierte Entwicklung und schließlich marktreife Erprobung und Einführung neuer Produkte. Sie ist ihrem Wesen nach →operative Planung und zum größten Teil besonderer Bestandteil der Forschungs- und Entwicklungsplanung (→Forschung und Entwicklung). – Vgl. auch →Produktkonzeptplanung.

Produktfamilie, *Produktlinie,* im Absatz miteinander verbundene Produkte (z. B. Pflegeserien bei Kosmetika). – Vertrieb meist unter Anwendung der →Schirmmethode mit einer gemeinsamen Marke (Dachmarke), sog. *Markenfamilie.*

Produktgeschäft, *product selling,* →Investitionsgüter-Marketing für die Vermarktung von Einzelmaschinen, -aggregaten und Komponenten. Der Kauf-Verkaufsprozeß ist weniger komplex als beim →Anlagengeschäft und →Systemgeschäft, bei denen maschinen- oder Aggregateverbunde vermarktet werden. Auch beim P. gewinnen Software-Elemente (Dienstleistungen) wie z. B. Beratung, Schulung, Finanzierung und Lösungen für Schnittstellenprobleme (vgl. →Integralqualität) zunehmend an Bedeutung; Trend vom traditionellen P. zum →Systemgeschäft.

Produktgestaltung, *Produkt Design,* Instrument zur →Produktdifferenzierung. – 1. *Begriff:* Festlegung der Erscheinungsform eines Erzeugnisses in Qualität, Form, Verpackung und Markierung abhängig von Produktart (Produkttypologie). – 2. *Ziele:* a) gezielte Veränderung der Produktqualität durch bedarfs-, verfahrens- und/oder materialbedingte →Produktvariationen; b) Kreation und Realisation (ganz) neuer Sachgüter und Dienstleistungen (→Produktinnovation). – 3. *Teilaufgaben:* Bereits vorhandene und angebotene Güter sind an gewandelte Bedarfsstrukturen anzupassen. Neue Güter sind für den latenten Bedarf zu schaffen bzw. neue Bedarfsrichtungen durch neue oder veränderte Güter zu wecken. Eine Anpassung der

Güter an Veränderungen der Herstelltechnologie und an neue oder qualitativ variierte Erzeugnishauptstoffe ist zu vollziehen.

Produktgliederung. 1. *Begriff:* Im Rahmen der Organisation die →Segmentierung eines Handlungskomplexes nach Produktaspekten; Unterfall der Anwendung des →Objektprinzips. – 2. *Charakterisierung:* Die P. führt je nach der betroffenen Hierarchiebene und dem Aggregationsgrad des betrachteten Handlungskomplexes zu unterschiedlich breiter →Kompetenz der organisatorischen Einheiten. Es kann sich eine Spartenorganisation mit organisatorischen Teilbereichen z. B. für die einzelnen Produktfamilien der Unternehmung ergeben; diese Teilbereiche können selbst wiederum nach Produktaspekten z. B. in Produktgruppenbereiche und diese z. B. in Produktbereiche untergliedert werden.

Produktinnovation, Aufnahme neuartiger Produkte als Ergebnis eigener oder fremder Forschung (Produkt-Lizenz, →Nachahmung) in das Produktprogramm. „Neuartig" wird aus der Sicht der Unternehmung, nicht des Marktes verstanden. Vgl. im einzelnen →Innovation.

Produktion, *Erzeugung, Fertigung, Herstellung.* 1. *Begriff:* a) Nach D. Hahn und G. Laßmann der von Menschen gelenkte Entstehungsprozeß von →Produkten (Sachgütern, Energie und Dienstleistungen). Er wird durch den Einsatz von Arbeitskräften, technischen Anlagen, Material, Energie und Dienstleistungen (→Produktionsfaktoren) sowie Informationen unter Beachtung technologischer Bedingungen und Verfahrensregeln sowie sozialethischer Normvorstellungen bewirkt. – b) In der *ingenieurwissenschaftlichen Literatur* wird der Terminus *Fertigung* für die zusammenbauende P. und der Terminus *Erzeugung* für die chemische P. verwendet; in der *betriebswirtschaftlichen Literatur* synonym. – 2. P. ist Gegenstand der →*Produktionstheorie* sowie der →*Produktionsplanung.* – 3. *Formen der P.:* Vgl. →Produktionstypen.

Produktion für den anonymen Markt, →mittelbar kundenorientierte Produktion.

Produktion in Auslandsniederlassungen, →internationale Produktion.

Produktions..., →Fertigungs...

Produktionsänderungskosten, →Produktionswechselkosten.

Produktionsanlagen, *Anlagen,* →Gebrauchsgüter, die ein Nutzungspotential darstellen und im Laufe ihrer produktiven Verwendung eine Vielzahl von Arbeitsgängen durchführen können (z. B. Fräsmaschine) bzw. die technischen und arbeitsmäßigen Voraussetzungen für die Durchführung von Produktionsprozessen für einen befristeten Zeitraum gewährleisten (z. B. Gebäude).

Produktionsbarometer, →Barometersystem.

Produktionsbereich, Darstellungseinheit der Input-Output-Rechnung (im Gegensatz zum *Wirtschaftsbereich*, der bei der Entstehungsrechnung des →Sozialprodukts zugrundegelegt wird). Ein P. wird gebildet, indem aus jedes Unternehmen in einzelne, technisch homogene Produktionseinheiten zerlegt und die gleichartigen Einheiten neu zusammenfaßt. Ein P. produziert alle Güter einer Gütergruppe und nur diese. (Dagegen ist die Produktion von *Wirtschaftsbereichen*, in denen die Unternehmen nach ihrem Schwerpunkt, aber als Ganze zusammengefaßt sind, gütermäßig heterogen.)

Produktionsbetrieb, →Betrieb, →Werk.

Produktionsbreite,   →Produktionsprogrammbreite.

Produktions-Eilbericht, repräsentative monatliche Erfassung der Produktion für ca. 1000 ausgewählte Warenarten der Zusammenfassung von Warenarten bei Betrieben von Unternehmen des →Produzierenden Gewerbes mit im allgemeinen 20 Beschäftigten und mehr, insbes. für die Berechnung des monatlichen →Produktionsindex.

Produktionselastizität, relative Änderung der Produktionsmenge aufgrund einer (infinitesimal) kleinen Änderung der Faktoreinsatzmengen (→Elastizität). – Vgl. auch →partielle Produktionselastizität.

Produktionsertrag, nach der heute herrschenden Auffassung der von einer Unternehmung einem Rechnungszeitabschnitt zuzurechnende Wert der von ihr erstellten Güter und Dienste. Der P. setzt sich also zusammen aus dem Absatzertrag oder „realisierten Ertrag" (in der Gewinn- und Verlustrechnung: Umsatzerlöse) und dem Wert der auf Lager genommenen Güter oder „unrealisierten Etrag" (in der Gewinn- und Verlustrechnung bei Anwendung des Gesamtkostenverfahrens: Bestandsmehrungen, andere aktivierte Eigenleistungen). Werden die Güter und Dienste nur mengenmäßig erfaßt, so spricht man von →Ausbringung. – Vgl. auch →Periodenleistung.

Produktionsfaktor, Bezeichnung der zur →Produktion verwendeten Güter materieller und immaterieller Art, deren Einsatz für das Hervorbringen anderer wirtschaftlicher Güter aus technischen oder wirtschaftlichen Gründen notwendig ist, in der Volkswirtschaftslehre ohne →Vorleistungen.

I. Volkswirtschaftslehre: 1. *Klassik:* →Arbeit, →Boden und →Kapital, denen die Einkommensarten Lohn, Bodenrente und Profit entsprechen. Say fügte als weiteren Faktor die unternehmerische Tätigkeit hinzu. – 2. *Sozialistische Theorie:* Alleiniger P. sei Arbeit. 3. *Döhm-Bawerk* und die sich an ihn anschließende Schule kannten zwei originäre

P. (Arbeit und Boden) und den derivativen P. Kapital. – 4. *Moderne Theorie:* a) Die Dreiteilung und Koordination der P. ist gegeben im *naturalwirtschaftlichen Bereich*, d. h. zur Produktion sind Arbeit, Boden und dem Kapital ein Ertragsanteil zuzurechnen. – b) Im *sozialwirtschaftlichen Bereich* ist allein der Arbeiter notwendig, weil die Arbeit nicht vom Arbeiter getrennt werden kann. Daß der naturalwirtschaftliche Ertragsanteil des Bodens wie der des Kapitals dem Boden- bzw. Kapitalbesitzer zufallen muß, ist dagegen nicht notwendig, da zwischen Boden und Bodenbesitzer (Kapital und Kapitalbesitzer) nicht der gleiche Zusammenhang wie zwischen Arbeit und Arbeiter besteht. Sozialwirtschaftlich ist deshalb die („sozialistische") Lehre von dem einen Produktionsfaktor, der Arbeit, richtig: Boden und Kapital sind Produktionsmittel (Preiser).

II. Betriebsschaftslehre: Nach *Gutenberg* im wesentlichen alle →Elementarfaktoren sowie der →dispositive Faktor, also objektbezogene menschliche Arbeit, →Betriebsmittel und →Werkstoffe, sowie Betriebs- und Geschäftsleitung. Planung und Organisation sind daneben derivative (abgeleitete) Faktoren. – Nach *Gutenberg* werden *unterschieden:* →Potentialfaktoren und →Verbrauchsfaktoren (zum Zwecke der Theorie der →Verbrauchsfunktionen); nach *Heinen* werden *unterschieden:* →Potentialfaktoren und →Repetierfaktoren.

Produktionsfunktion. I. Mikroökonomische P.: 1. *Charakterisierung:* Funktionale Beschreibung des Zusammenhangs zwischen Einsatz an Produktionsfaktoren und Produktionsoutput bei gegebener →Technologie. Bei dieser Beschreibung der Produktion interessiert in erster Linie die mengenmäßige Umwandlung von Materie unter Einsatz von Energie und technischem Wissen, nicht aber die Organisation oder Art und Ablauf der Produktion; alternative Beschreibungen: →Produktionsprozeß. – 2. *Arten:* a) (1) →substitutionale Produktionsfunktion; (2) →limitationale Produktionsfunktion. – b) (1) *P. vom Typ A:* Funktionsverlauf gemäß →Ertragsgesetz. – (2) *P. vom Typ B:* →Gutenberg-Produktionsfunktion. – (3) *P. vom Typ C:* Von E. Heinen entwickelt (entsprechend auch als *Heinen-P.* bezeichnet). Die P. vom Typ C stellt auf eine momentane Betrachtung der betrieblichen Teilprozesse der Leistungserstellung und einer anschließenden Zusammfassung ab. Die Bestimmung der die P. vom Typ C in ihrer Gesamtheit bestimmenden P. der Teilprozesse erfolgt in folgenden Schritten: Zerlegung des Prozesses der Leistungserstellung in Teilvorgänge (Elementarkombinationen); Ermittlung der Bestimmungsfaktoren des Faktorverzehrs (technische und ökonomische Verbrauchsfunktionen sowie Belastungsfunktionen); Bestimmung der Elementarkombinationswiederholungen für einen bestimmten Output

(Wiederholungsfunktionen). – (4) *P. vom Typ D:* Von Kloock entwickelt. P. vom Typ D ist eine Weiterentwicklung der Produktionsfunktionen vom Typ B und C unter dynamischen Aspekten; es handelt sich um Betriebsmodell (Input-Output-Modell einer Unternehmung). – (5) *P. vom Typ E:* Von Küpper entwickelt. Die P. vom Typ E stellt eine Weiterentwicklung der P. vom Typ D dar; es werden zusätzlich Kapazitäts-, Belegungs- und Umrüstbedingungen berücksichtigt. – (6) *P. vom Typ F:* Von Matthes entwickelt. Bei der P. vom Typ F werden zusätzliche (Entscheidungs-)Ziele berücksichtigt. – c) P. werden weiterhin nach dem *Grade ihrer Homogenität* (→Homogenität vom Grade r) unterschieden.

II. Makroökonomische P.: 1. *Charakterisierung:* P., die für einzelne Industrien, Branchen und für die gesamte Volkswirtschaft aufgestellt werden. Der *Output* wird als homogenes Produkt (→Wertschöpfung) aller Industrien oder als Produkt einzelner Industrien (oder Industriezweige) definiert, z.B. Investitions-, Konsumgüter, landwirtschaftliche Produkte. *Inputfaktoren* sind →Arbeit, Realkapital (→Kapital) und bei dynamischer Betrachtungsweise der →technische Fortschritt. – 2. *Algebraische Darstellung:* $Y = f(K, A, F)$; mit Y = Output, K = Kapitaleinsatz, A = Arbeitseinsatz und F = Wirkungsgrad des technischen Fortschritts. – 3. Das *Problem der Limitationalität bzw. Substitutionalität* stellt sich in der volkswirtschaftlichen Produktionstheorie anders als in der betriebswirtschaftlichen. Unter gesamtwirtschaftlichen Aspekten werden ständig neue Investitionsentscheidungen getroffen, die zu einer kontinuierlichen Veränderung der Produktionstechnik führen. – 4. *Kategorien:* a) *Substitutionale P.:* Sie sind vorwiegend hochaggregiert und untersuchen die Technologie der gesamten Volkswirtschaft. Die bekanntesten und am häufigsten verwandten sind die →Cobb-Douglas-Funktion und die →CES-Funktion. Die partiellen Ertragskurven dieser Funktionen weisen abnehmende Ertragszuwächse (→Ertragsgesetz), die partiellen Grenzertragsfunktionen fallende Verläufe auf. Der technische Fortschritt kann in diesen Funktionen auf verschiedene Weise wirken; entsprechend kann sich die funktionale Einkommensverteilung ändern, wenn die Entlohnung der Produktionsfaktoren nach der Grenzproduktivität erfolgt. – b) *Limitationale P.:* Sie finden in der post-keynesianischen →Wachstumstheorie und v.a. in der →Input-Output-Analyse, die als spezielle Produktionstheorie angesehen werden kann, Verwendung. Diese Funktionen können als Spezialfall der CES-Funktion mit einer Substitutionselastizität von Null angesehen werden.

Produktionsfunktion mit limitationalen Faktoreinsatzverhältnissen, →limitationale Produktionsfunktion.

Produktionsfunktion mit substitutionalen Faktoreinsatzverhältnissen, →substitutionale Produktionsfunktion.

Produktionsfunktion vom Typ A, →Ertragsgesetz.

Produktionsfunktion vom Typ B, →Gutenberg-Produktionsfunktion.

Produktionsfunktion vom Typ C, →Produktionsfunktion I 2b) (3).

Produktionsfunktion vom Typ D, →Produktionsfunktion I 2b) (4).

Produktionsfunktion vom Typ E, →Produktionsfunktion I 2b) (5).

Produktionsfunktion vom Typ F, →Produktionsfunktion I 2b) (6).

Produktionsgemeinschaft, Zusammenschluß von Privatpersonen mit dem Ziel der gemeinsamen Herstellung von Gütern und wirtschaftlicher Unabhängigkeit. P. beschränkt sich auf eine Produktionsstätte und gilt oft gleichzeitig als fester Wohnsitz.

Produktionsgenossenschaft, →Genossenschaft, die für ihre Mitglieder Rohstoffe gewinnt oder verarbeitet, z.B. Brauereigenossenschaft von Gastwirten, Molkereigenossenschaft von Milchviehhaltern.

Produktionsgeschwindigkeit, →quantitative Kapazität.

Produktionsgüter, Begriff aus der →Wirtschaftsstatistik, die zwischen Grundstoffen und allgemeinen Produktionsgütern, Investitionsgütern und Konsumgütern unterscheidet. Die P. sind v.a. Rohstoffe und Halbwaren, die in die Investitions- und die Konsumgüterproduktion eingehen.

Produktionsgütergewerbe, →Grundstoff- und Produktionsgütergewerbe.

Produktionshauptbetrieb, gesonderter Produktionsbereich einer Unternehmung bzw. eines Werkes, in dem unmittelbar die am Markt absetzbaren Produkte hergestellt werden. – Vgl. auch →Produktionshilfsbetrieb, →Produktionsnebenbetrieb.

Produktionshilfsbetrieb, gesonderter Produktionsbereich einer Unternehmung bzw. eines Werkes, in dem →innerbetriebliche Leistungen für →Produktionshauptbetriebe erstellt werden. – *Beispiele:* Energieerzeugungsbetriebe, Instandsetzungswerkstätten, Transportbetriebe. – Vgl. auch →Produktionsnebenbetrieb.

Produktionsindex, wichtigstes Auswertungsergebnis der amtlichen →Produktionsstatistik. – 1. *Nettoproduktionsindex:* Index der →Nettoproduktion für das →Produzierende Gewerbe (derzeit auf Basis 1980) zeigt monatlich bzw. vierteljährlich unter Ausschaltung der Preisveränderungen die Entwicklung der (eigenen) Leistung der – institutionell nach Wirtschaftszweigen abgegrenzten – statistischen Einheiten (Unternehmen/Betriebe) auf. Die monatlichen Indizes werden auf der Grundlage des →Produktions-Eilberichts (ca. 1000 der wichtigsten Erzeugnisse), die vierteljährlichen Indizes aus dem vollständigen Material der vierteljährlichen Produktionserhebung (ca. 5700 Güterarten) berechnet. Die Gewichtung erfolgt durch die Wertschöpfungsgrößen des Basisjahres. Bausteine des Indexsystems sind *Indizes für fachliche Unternehmensteile*, d. h. für Teile von Unternehmen, die eine homogene, über die Art der Güter definierte Tätigkeit ausüben. Durch die Kenntnis der Produktionspalette der Unternehmen werden aus den Indizes für fachliche Unternehmensteile *Unternehmensindizes* konstruiert, die ein Gesamtbild der Wirtschaftstätigkeit widerspiegeln. – P. werden kalendermonatlich und von Kalenderunregelmäßigkeiten bereinigt nachgewiesen. – Vgl. auch →Index der Arbeitsproduktivität. – 2. Zusätzliche *Indizes der industriellen* →*Bruttoproduktion für Investitions-* (→Investitionsgüterindex) und *Verbrauchsgüter* (→Verbrauchsgüterindex) (derzeit auf Basis 1980), zeigen unter Ausschaltung der Preisveränderungen die Entwicklung des Ausstoßes der vom produzierenden Gewerbe hergestellten investitionsreifen und verbrauchsreifen Waren, gruppiert nach ihrem vermutlichen Verwendungszweck. Die Gewichtung der einzelnen Erzeugnisreihen erfolgt mit den Bruttoproduktionswerten 1980.

Produktionsinsel, *Fertigungsinsel,* Erscheinungsform der →Zentrenproduktion, die dadurch gekennzeichnet ist, daß Baugruppen oder Endprodukte bearbeitet oder vollständig produziert werden. Die hierzu notwendigen Human- und Sachpotentiale werden in der P. räumlich und organisatorisch zusammengefaßt. Darüber hinaus wird die →Produktionsprozeßplanung, →Produktionsprozeßsteuerung und →Produktionsprozeßkontrolle weitgehend autonom innerhalb der P. durchgeführt. Die P. kann für eine →manuelle Produktion, →maschinelle Produktion, →teilautomatisierte Produktion oder →vollautomatisierte Produktion ausgerichtet sein. – Vgl. auch →Bearbeitungszentrum, →flexible Produktionszelle, →flexibles Produktionssystem, →flexible Transferstraße.

Produktionskartell, ein →Kartell höherer Ordnung, in dem eine befristete Vereinbarung selbständiger Unternehmungen über die Beschränkung der Produktionsmengen auf einen bestimmten Umfang zur Stabilisierung der Preise getroffen wird. *Bei Stillegung einzelner Werke* ist zusätzlich Gewinnverteilungs-Vertrag erforderlich (→Pool) bzw. Abfindungsprämie. – Vgl. auch →Quotenkartell.

Produktionskoeffizient, *Inputkoeffizient, Faktorkoeffizient,* Maßzahl für die Menge

eines Produktionsfaktors, die zur Herstellung einer Mengeneinheit eines bestimmten Gutes benötigt wird:

$$P. = \frac{\text{Faktoreinsatzmenge}}{\text{Ausbringungsmenge}}$$

Der P. wird für jeden Produktionsfaktor gesondert ermittelt. Abhängig von den zugrunde liegenden produktionstheoretischen Annahmen kann der P. konstant oder variabel sein. – Bei →verbundener Produktion oder →Kuppelproduktion ist die Ermittlung von P. nicht möglich. – *Reziproker Wert:* →Durchschnittsertrag.

Produktionskonten, →Volkswirtschaftliche Gesamtrechnung III 2.

Produktionskontrolle, *Fertigungskontrolle,* Vergleich der Solldaten der →Produktionsplanung mit den Istdaten sowie eine Analyse der Abweichungsursachen. Die P. umfaßt die Mengen- und →Terminkontrolle, die →Qualitätskontrolle, die →Produktivitätskontrolle (z. B. →Kapazitätsausnutzungsgrad, Verschnitt) und die →Kostenkontrolle.

Produktionskosten. 1. *P. i. e. S.:* Summe der bei der betrieblichen Leistungserstellung durch den Einsatz von →Produktionsfaktoren entstehenden →Kosten. – 2. *P. i. w. S.:* Die im Unternehmensbereich Produktion bzw. Fertigung anfallenden Kosten. – Vgl. auch →Produktionswert.

Produktionskostentheorie. 1. *Werttheorie:* Bezeichnung für objektivistische Werttheorien, nach denen der langfristige →Gleichgewichtspreis (natürlicher Preis der Klassiker) sämtliche Produktionskosten, also Arbeitslohn, Kapitalzins und Grundrente, gerade deckt (der →Unternehmergewinn also = 0 ist). Die von A. Smith vertretene P. unterscheidet sich grundsätzlich von der →Arbeitskostentheorie; sie wurde von Carey zur Reproduktionskostentheorie (→Reproduktionskosten) umgebildet. – 2. *P. des Geldes:* Lehre, nach der der Geldwert (Kaufkraft des Geldes) von den Produktionskosten des Währungsmetalls abhängt. Die P. des Geldes ist nicht als allgemein gültige Geldtheorie anzusehen; sie könnte nur für Metallwährungen bei freiem Prägerecht Geltung haben.

Produktions-lag, →Lundberg-lag.

Produktionsleitstände, Informationszentren, die die Aufgaben der →Produktionsprozeßsteuerung und z. T. auch der →Produktionsprozeßkontrolle wahrnehmen, um einen kontinuierlichen Produktionsprozeß aufrechtzuerhalten.

Produktionslenkung in der Landwirtschaft, staatliche Maßnahmen mit dem Ziel der Verringerung der landwirtschaftlichen Produktionsüberschüsse in vielen Industrieländern (z. B. in der EG und in den USA). – *Mögliche*

Maßnahmen: Erzeugerquoten (derzeit bei Milch und Zucker), Anbaubeschränkungen (bei Wein) jährlich wiederkehrende Flächenstillegungsprogramme (in den USA), langfristige Umwandlung ausgedehnter Gebiete in Naturschutz- und Erholungsparks, Beschränkungen bei der Anwendung von Kunstdünger (z.B. durch eine Kunstdüngersteuer), Bestandsbeschränkungen beim Vieh (in der Schweiz), Senkung der Preise für Überschußmengen auf das Weltmarktpreisniveau (beim Überschußzucker) und das generelle Einfrieren oder eine leichte Senkung der (nominellen) Interventionspreise. – Zur Vermeidung nachteiliger Folgen sind agrarsoziale Kompensationsmaßnahmen und eine →Förderung der Landwirtschaft in benachteiligten Gebieten notwendig. – Vgl. auch →Agrarpolitik.

Produktions-Lizenz, *Verfahrens-Lizenz,* Art der →Lizenz. Die P.-L. beinhaltet spezielles Herstellungs-Know-how, wie z.B. Konstruktions- und Produktionspläne, Rezepturen. I.d.R. mit der Vergabe einer →Produkt-Lizenz verbunden.

Produktionslogistik, →Fertigungslogistik.

Produktionslücke, *output gap,* Differenz zwischen →Produktionspotential und tatsächlicher Produktion.

Produktionsmenge, →Ausbringung.

Produktionsmittel. 1. *Im engeren Sinne:* Bezeichnung für Realkapital (→Kapital) und →Boden im Unterschied zum originären Produktionsfaktor →Arbeit. – 2. *Im weiteren Sinne:* Synonym für →Produktionsfaktor.

Produktionsmöglichkeitskurve, →Transformationskurve.

Produktionsnebenbetrieb, gesonderter Produktionsbereich einer Unternehmung bzw. eines Werkes, in dem wie im →Produktionshauptbetrieb unmittelbar am Markt absetzbare Produkte hergestellt werden; diese jedoch entsprechen nicht dem eigentlichen Unternehmungs- bzw. Werkszweck. – Vgl. auch →Produktionshilfsbetrieb.

Produktionsniveau, →Prozeßniveau.

Produktionsorganisation, →Fertigungsorganisation.

Produktionspersonengesellschaft, *Betriebspersonengesellschaft,* denkbarer Teil der Doppelgesellschaft (→Betriebsaufspaltung). Die P. verkauft ihre Fabrikate fast ausschließlich an eine Vertriebsgesellschaft, mit der sie meist durch Identität der Gesellschafter und/oder finanziell verbunden ist.

Produktionsplanung, *Fertigungsplanung,* →operative Planung im Produktionsbereich einer Industrieunternehmung. Die P. erfolgt auf der Basis gegebener Potentiale und umfaßt die (operative) →Produktionsprogrammpla-

nung und die →Produktionsprozeßplanung. Weitere Tätigkeiten der Führung im Produktionsbereich sind die →Produktionssteuerung und die →Produktionskontrolle.

Produktionsplanungs- und Steuerungssystem, →PPS-System.

Produktionspotential. 1. *Begriff:* Gesamtwirtschaftliche Produktion, die bei Vollbeschäftigung aller volkswirtschaftlichen →Produktionsfaktoren hergestellt werden könnte. – 2. *Bedeutung:* a) Das P. ermöglicht zusammen mit der tatsächlichen Produktion die Bestimmung des konjunkturellen Zustands einer Wirtschaft (→Auslastungsgrad). Hierbei wird auch berücksichtigt, daß etwa bei Erreichen des oberen Wendepunktes (→Konjunkturphasen) volkswirtschaftliche Produktionskapazitäten unterausgelastet sein können. – b) Das P. führt zusammen mit dem Auslastungsgrad zum Konzept des →konjunkturneutralen Haushalts. – c) Gilt als Wachstumsindikator. – 3. *Berechnungsmethoden:* a) Das P. wird auf der Grundlage der maximalen Kapitalproduktivität eines Referenzzeitraumes und des tatsächlichen Kapitaleinsatzes berechnet. Damit kann die tatsächliche Produktion höchstens so groß wie die potentielle sein, und der Auslastungsgrad ist im Referenzzeitraum ≤1. – b) Das P. wird auf der Grundlage einer empirischen →Produktionsfunktion geschätzt, indem für die →Produktionsfaktoren deren Potentialwerte eingesetzt werden. Letztere erhält man z.B. als gleitende Durchschnitte aus entsprechenden Zeitreihen.

Produktionsprogramm, *Fertigungsprogramm,* Plan über Art und Menge der innerhalb künftiger Perioden zu fertigenden →Produkte. – *Zu unterscheiden:* (1) *Strategisches P.:* Plan, in dem Art und Menge der langfristig innerhalb der künftigen Perioden zu fertigenden Produkte festgelegt werden. (2) *Operatives P.:* Plan, in dem Art und Menge der in definierten mittel- und kurzfristigen Perioden zu fertigenden und abzusetzenden Produkte festgelegt werden. – Vgl. auch →Produktionsprogrammplanung.

Produktionsprogrammbreite, *Produktionsbreite,* Anzahl der Produktarten des →Produktionsprogramms eines Unternehmens, die ohne grundsätzliche Produktionsumstellung nebeneinander (→Parallelproduktion) oder/und nacheinander (→Wechselproduktion) hergestellt werden können. – *Anders:* →Produktionsprogrammtiefe.

Produktionsprogrammplanung, *Fertigungsprogrammplanung,* zielorientierte Festlegung des zukünftigen →Produktionsprogrammes.

I. Strategische P.: 1. *Begriff/Gegenstand:* Festlegung von Art und Menge der langfristig in künftigen Perioden zu fertigenden Produkte. Ausgehend von z.T. metaökonomischen Entscheidungen über das Tätigkeitsfeld der Unternehmung werden in der strategischen P. im Hinblick auf die generellen Ziele (Wert-, Sach-, Humanziele) die Umsatz- und Ergebnisträger auf spezifischen Märkten bestimmt. – 2. *Vorgehensweise/Instrumente:* Aufbauend auf Produkt-/Marktanalysen und entsprechenden Prognosen wird in der →Produktplanung darüber befunden, ob bisherige oder neue Produkte auf bisherigen oder neuen Märkten als Alternativen künftiger Produktionsprogramme in Frage kommen. Neue Produkte können Handelsware sein sowie Produkte, die aufgrund von Lizenzverträgen oder externem Wachstum oder Forschung und Entwicklung in das strategische Produktionsprogramm aufgenommen werden. Für die relevanten Produktalternativen müssen Lebenszykluskurven (→Lebenszyklus) bestimmt werden, um auf deren Basis Produktbewertungsprofile (→Produktbewertung) und →Kostenträgerzeitrechnungen für mehrere Perioden als Überschlagsrechnung für neue Produkte erstellen zu können. Mit Hilfe dieser Instrumente werden auch die langfristig zu eliminierenden Produkte (→Produktelimination) ermittelt. Die strategischen Produktionsprogrammalternativen bilden somit mögliche Kombinationen neuer Produkte und nicht zu eliminierender Produkte mit jeweils bestimmten Mengen in zukünftigen Perioden. – 3. Eng verbunden mit der strategischen P. ist die →*Potentialplanung.*

II. Operative P.: 1. *Begriff/Gegenstand:* Festlegung von Art und Menge der in definierten mittel- und kurzfristigen Perioden zu fertigenden und abzusetzenden Produkte. Die operative P. erfolgt im Hinblick auf die generellen Ziele der Unternehmung sowohl auf der Basis des im Rahmen der strategischen Planung langfristig angestrebten Produktionsprogrammes als auch auf der Basis der damit für den betrachteten Zeitraum gegebenen Potentiale und Potentialänderungen. – 2. *Vorgehensweise/Instrumente:* Die operative P. erfolgt auf der Basis gegebener Kapazitäten, so daß die Fixkosten konstant und damit nicht entscheidungsrelevant sind. Durch die Maximierung des Periodendeckungsbeitrages (→Deckungsbeitrag) wird somit gleichzeitig der Gewinn maximiert bzw. ein etwaiger Verlust minimiert. Im Hinblick auf dieses Ergebnisziel werden alternative Produktionsprogramme im Rahmen der operativen P. beurteilt, wobei hier die Beschäftigungssituation der Unternehmung großen Einfluß hat. Liegt kein Engpaß vor, so werden alle Produkte mit positivem →Stückdeckungsbeitrag mit ihren jeweiligen Absatzhöchstmengen in das Produktprogramm aufgenommen. Bei einem Engpaß ist der →engpaßbezogene Deckungsbeitrag Entscheidungskriterium, anhand dessen eine eindeutige Rangfolge der Vorziehenswürdigkeit gebracht werden. Gemäß dieser Rangfolge werden die Produkte

mit ihrer jeweiligen Absatzhöchstmenge bis zur Ausschöpfung der Engpaßkapazität in das Produktionsprogramm aufgenommen. Bei mehreren Engpässen können Simulationsmodelle (→Simulation) oder Modelle der mathematischen Optimierung (→Operations Research) zur Anwendung kommen. Mit Simulationsmodellen als heuristische Verfahren soll das relativ beste Produktionsprogramm ermittelt werden. Bei konstanten Stückdeckungsbeiträgen und linearen Restriktionen können Modelle der →linearen Optimierung verwendet werden. Sind Kosten und Erlöse nicht allein von Produktionsmengenvariationen abhängig, so ist die →Betriebsergebniseinflußgrößenrechnung das geeignete Verfahren zur Bestimmung des deckungsbeitragsoptimalen Produktionsprogrammes.

Literatur: Hahn, D., Taylor, B. (Hrsg.), Strategische Unternehmungsplanung, 3. Aufl. Würzburg–Wien 1984; Hahn, D., Planungs- und Kontrollrechnung – PuK, 3. Aufl., Wiesbaden 1985; Hahn, D., Laßmann, G., Produktionswirtschaft – Controlling industrieller Produktion, Bd. 1, Heidelberg–Wien 1986; Hinterhuber, H. H., Strategische Unternehmungsführung, 3. Aufl., Berlin–New York 1984; Zäpfel, G., Produktionswirtschaft – Operatives Produktions-Management, Berlin–New York 1982.

Prof. Dr. Dietger Hahn

Produktionsprogrammtiefe, *Produktionstiefe,* Anzahl der →Produktionsstufen, die der →Produktionsprozeß einer Unternehmung bzw. eines Betriebes umfaßt. Im Rahmen vertikaler Diversifikation können Vorproduktionsstufen einbezogen werden. – *Anders:* →Produktionsprogrammbreite.

Produktionsprozeß. I. Mikroökonomik: Formales Konzept der →allgemeinen Gleichgewichtstheorie, →Kapitaltheorie, →Input-Output-Analyse zur mengenmäßigen Beschreibung der Produktion. Unter einem P. versteht man ein geordnetes Paar (x,y), wobei der Vektor x angibt, welche Mengen an Produktionsfaktoren bei gegebenen technischem Wissen eingesetzt werden müssen, um den Output y herzustellen.

II. Industriebetriebslehre: Technologisch, zeitlich und örtlich bestimmtes effizientes Zusammenwirken von Produktionsfaktoren zur Herstellung einer abgegrenzten Gütermenge in bestimmter Qualität. – Vgl. auch →Produktionsprozeßplanung, →Produktionsprozeßsteuerung, →Produktionsprozeßkontrolle, →Produktionsprozeßregelung.

Produktionsprozeßkontrolle, Soll-/Ist-Vergleich und Ermittlung eventueller Abweichungen bei der Durchführung der →Produktionsprozesse. Bei Abweichungen im Hinblick auf Quantität (Mengen, Zeiten), Qualität und Kosten, sind Ursachenanalysen und gegebenenfalls Konsequenzanalysen durchzuführen. – Vgl. auch →Produktionsprozeßregelung.

Produktionsprozeßplanung, *Ablaufplanung, Prozeßplanung* (E. Gutenberg), *Produktionsvollzugsplanung.* 1. *Begriff:* In zweifacher

Weise zu interpretieren: a) *Produkt- bzw. projektorientiert:* Systematisch vorbereitete Festlegung der (kalender-)zeitlichen und örtlichen Reihenfolge von Aktionen (Be- und Verarbeitungs- sowie hiermit verbundene Transport- und Lagervorgänge) zur Durchführung von Produktionsaufträgen für Vorprodukte und Endprodukte bei grundsätzlich gegebenem Potentialbestand unter Beachtung des Wirtschaftlichkeitsprinzips und von Anforderungen aus dem Humanbereich. – b) *Kapazitätsbzw. potentialorientiert:* Systematisch vorbereitete Festlegung des (kalender-)zeitlichen und örtlichen Einsatzes der Potentiale einschl. zugehöriger Werkzeuge und der Verbrauchsfaktoren jeweils bestimmter Qualität und Quantität zum Zwecke der Produkterstellung unter Beachtung ökonomischer und sozialer Ziele. – 2. *Teilbereiche:* Die P. beinhaltet eine integrierte auftragsorientierte →Terminplanung, eine anlagenorientierte →Kapazitätsbelegungsplanung (vgl. auch →Reihenfolgeplanung) und eine →Materialbereitstellungsplanung sowie eine →Personalbereitstellungsplanung. – Vgl. auch →Produktionsprozeßsteuerung, →Prozeßplanungsdilemma.

Produktionsprozeßregelung, durch Rückkopplung geschlossener Wirkungskreislauf zwischen →Produktionsprozeßsteuerung, →Produktionsprozeß und →Produktionsprozeßkontrolle.

Produktionsprozeßsteuerung, detaillierte Festlegung der Durchführung des →Produktionsprozesses innerhalb des Rahmens, der durch die →Produktionsprozeßplanung gegeben ist sowie die Veranlassung der Durchführung der Produktion (→Arbeitsgangsetzung). Insofern kann die P. als Produktionsprozeß-Feinstplanung gesehen werden und hat insbes. für die →Einzelproduktion und →Serienproduktion Bedeutung, da die Detailplanung bei der →Massenproduktion grundsätzlich im Rahmen der Produktionsprozeßplanung durchgeführt wird. – *Wichtige Tätigkeiten* sind die Formularbereitstellung und die Bildschirmanzeige für die Produktion (→Laufkarte, →Lohnschein) sowie für den Material- und Werkzeugeinsatz (→Materialentnahmeschein, →Werkzeugentnahmeschein) mit vorheriger Verfügbarkeitskontrolle, außerdem die kostenträger- und auftragsorientierte Arbeitsverteilung und -anordnung gemäß der Produktionsprozeßplanung sowie die Materialtransportsteuerung. – Vgl. auch →Produktionsprozeßregelung.

Produktionspunkt, Begriff der Produktionstheorie. Vgl. →Aktivität.

Produktionsregel, Begriff in der künstlichen Intelligenz für eine →Regel der Form „wenn Bedingung(en), dann Aktion(en)", wobei sich die Bedingungen auf die Menge der in der →Wissensbasis gespeicherten bzw. bereits hergeleiteten (→Inferenz) Fakten beziehen und

die Aktionen neue Fakten erzeugen. – Vgl. auch →Produktionssystem.

Produktionsregelinterpretierer, →Regelinterpreter.

Produktionsstatistik, Teil der →amtlichen Statistik. – 1. *Im weiteren Sinne:* Zusammenfassende Bezeichnung sämtlicher statistischer Erhebungen und Veröffentlichungen über den Umfang der →Wertschöpfung einzelner Wirtschaftsbereiche, teilweise ergänzt durch die Erfassung der dabei erwachsenden Kosten, der Beschäftigtenzahlen u.ä. (z.B. landwirtschaftiche Erzeugungsstatistik; Bauberichterstattung). – 2. *Im engeren Sinne:* Erfassung der Entwicklung sämtlicher industriell erzeugten (d.h. fertiggestellten) Warenmengen, getrennt nach dem zum Absatz und den einen Teil der Erzeugnisse auch den zur Weiterverarbeitung im gleichen Betrieb bestimmten Gütern: a) Monatlich im →Produktions-Eilbericht oder b) vierteljährlich in der Produktionserhebung (ca. 6000 Warenarten) bei Betrieben der Unternehmen des Bergbaus und des Verarbeitenden Gewerbes mit im allgemeinen 20 Beschäftigten und mehr; c) ergänzend zu diesen Statistiken sind eine Reihe von Fachstatistiken zu beachten. – Vgl. auch →Produzierendes Gewerbe.

Produktionsstätte, Ort der betrieblichen Leistungserstellung, i.d.R. der →Betrieb bzw. →Werk.

Produktionssteuerung, die auf der →Produktionsplanung aufbauende detaillierte Festlegung (Feinstplanung) des Produktionsprogrammes (→Produktionsprogrammplanung) und des Produktionsprozesses (→Produktionsprozeßplanung) sowie die Veranlassung der Durchführung. Die Realisation der P. bedingt eine anschließende →Produktionskontrolle; im Bereich der Technik werden die Mengen- und Zeitenkontrollen allerdings zur P. gezählt.

Produktionsstufe, →Fertigungsstufe.

Produktionssystem. I. Betriebsinformatik/Künstliche Intelligenz: Ein →regelbasiertes System, in dem ausschließlich →Produktionsregeln verwendet werden.

II. Industriebetriebslehre: Vgl. →Produktionstypen, →Produktionssystem.

Produktionstechnik. I. Begriff/Abgrenzung: Der ingenieurwissenschaftliche Begriff der P. umschreibt die Transformation wissenschaftlicher Erkenntnisse in Verfahren und Prozesse, die vom Menschen technologisch beherrschbar sind, sowie in wirtschaftlich nutzbare Produktionssysteme. Das Gebiet der P. läßt sich in bezug auf die Sachleistungsart, die mit den Verfahren und Produktionssystemen erbracht werden sollen, in verschiedene Teilgebiete untergliedern. Hiernach umfaßt die P. die Energie-, Verfahrens- und Fertigungstechnik als Haupttechniken, die durch Hilfstechniken wie die Fördertechnik und die Informationstechnik ergänzt werden, wobei die Informationstechnik bereits heute und in Zukunft durch ihre Integrationsfunktion zunehmend eine Schlüsselfunktion einnimmt (→CIM). Diese technologieorientierte Gliederung der Produktionsverfahren muß unterschieden werden von der betriebswirtschaftlich orientierten Bildung der Produktionstypen. Die Produktion steht in beiden Fällen im Mittelpunkt der Betrachtung, wobei sich die P. mit den Produktionsprozessen aus naturwissenschaftlich-technischer Sicht befaßt. Die betriebswirtschaftlich orientierte Bildung von Produktionstypen ist eine bedeutende Basis für den Aufbau einer Industriebetriebslehre, denn die komplexen Produktionsprozesse als reale Erscheinungen werden gedanklich durchdrungen und im Hinblick auf ihre wesentliche Grundmuster geordnet.

II. Charakterisierung der Haupttechniken: 1. *Energietechnik:* Die Produktion von Nutzenergie ist Gegenstand der Energietechnik. Die Nutzenergie gliedert sich in Wärmeenergie für Raumheizung und Warmwasser, in Energie zur Durchführung industrieller Produktionsprozesse (z. B. Hochtemperaturwärme) sowie in die Antriebs- und Lichtenergie. Die Sachleistungsart, die die Energietechnik innerhalb der Produktionstechnik abgrenzt, ist die Energie als Produkt. Alle Techniken, bei denen die Energie das Produkt repräsentiert, zählen somit zur Energietechnik. Die Produktion von Nutzenergie ist i. d. R. durch einen mehrphasigen Transformationsprozeß (Energieumwandlungsprozeß) gekennzeichnet. Hierbei werden primäre Energieformen (z. B. Strömungsenergie des Wassers) in sekundäre Energieformen (z. B. elektrische Energie) umgewandelt. – 2. *Verfahrenstechnik:* Alle Techniken, die der Produktion von Fließgütern dienen, werden unter dem Begriff: Verfahrenstechnik zusammengefaßt. Fließgüter sind makrogeometrisch nicht definierte Güter, wie Schüttgüter, Flüssigkeiten und Gase. Die Produktion solcher Güter erfolgt i. d. R. in drei *Stufen:* (1) *Gewinnung von Rohstoffen* (z. B. Eisenerz); (2) *Produktion von Zwischenprodukten* (z. B. Roheisen); (3) *Produktion von Endprodukten* (z. B. Edelstahl). Innerhalb dieser drei Stufen kann man grundsätzlich die Verfahren der Stoffumwandlung und der Stoffaufbereitung unterscheiden: a) Die Verfahren der *Stoffumwandlung* basieren auf chemischen sowie chemisch-physikalischen Prozessen und umfassen die analytische Stoffumwandlung (z. B. Wasserstofferzeugung durch Elektrolyse), die synthetische Stoffumwandlung (z. B. Benzin-Synthese), die analytisch-synthetische Stoffumwandlung (z. B. Roheisenerzeugung) sowie die Stoffreformierung (Molekülstrukturveränderung). b) Die Verfahren der *Stoffaufbereitung* basieren

auf physikalischen Prozessen und umfasen die Separation (z. B. Sortieren, Destillieren), die Mischung (z. B. Legieren) und die Strukturierung von Stoffen (z. B. Zerkleinern). Die Produktionsprozesse im Rahmen der Verfahrenstechnik laufen unter bestimmten physikalischen Bedingungen ab (Druck, Temperatur), deren Erzeugung Aufgabe von Hilfstechniken, wie z. B. der Vakuumtechnik oder Kältetechnik ist. – 3. *Fertigungstechnik:* Techniken, die der Produktion von geometrisch definierten festen Körpern (Stückgütern) dienen, werden unter dem Begriff der Fertigungstechnik subsummiert. Nach DIN 8580 werden sechs *Hauptgruppen* der Fertigungstechnik unterschieden: (1) *Urformen:* Die Urformverfahren bewirken die Formschaffung bestimmter Körper; aus einem formlosen Stoff wird z. B. durch Gießen oder Sintern ein Einzelteil mit komplexer Geometrie geschaffen. (2) *Umformen:* Die Umformtechniken verändern die Form des Ausgangskörpers, wobei der Zusammenhalt beibehalten wird, z. B. Fließpressen, Stauchen und Abkanten. (3) *Trennen:* Auch beim Trennen wird die Form des Ausgangskörpers verändert, wobei jedoch der Zusammenhalt vermindert wird, z. B. Drehen, Schleifen und Abschrauben. (4) *Fügen:* Fügeverfahren, z. B. Schweißen, Löten und Kleben, vermehren den Zusammenhalt und führen zu einer Formveränderung des Ausgangskörpers. (5) *Beschichten:* Unter Beschichten wird das Aufbringen einer fest haftenden Schicht auf ein Werkstück verstanden. Damit können verschiedene Grundmaterialien, z. B. Metall, Kunststoff und Papier, veredelt (→Veredelung) werden. Beschichtungsverfahren sind z. B. Streichen und Galvanisieren. (6) *Stoffeigenschaftsändern:* Die Änderung der Stoffeigenschaft kann einmal durch Umlagern von Stoffteilchen (z. B. Magnetisieren, Härten) erfolgen, wobei der Zusammenhalt beibehalten bleibt. Des weiteren kann die Stoffeigenschaft auch durch Aussondern von Stoffteilchen geändert werden (z. B. Entkohlen). Der Zusammenhalt wird dabei vermindert. Vermehrt wird der Zusammenhalt durch das Einbringen von Stoffteilchen (z. B. Nitrieren, Aluminisieren).

III. Entwicklungstendenzen: 1. Die Entwicklung in der *Energietechnik* ist zum einen dadurch gekennzeichnet, daß eine Substitution nicht regenerativer Primärenergieträger (z. B. fossile Brennstoffe) durch regenerative Primärenergieträger (z. B. Träger von Sonnenenergie) angestrebt wird. Auch die verstärkte Nutzung von Primärenergieträgern mit praktisch unbegrenzten Vorräten (z. B. Wasserstoff) ist Gegenstand der Forschung. Andererseits strebt man eine Steigerung des Nutzungsgrades der eingesetzten Primärenergie an (z. B. Supraleitertechnik). – 2. In der *Verfahrenstechnik* wird eine verbesserte Ausbeute bei der Kuppelproduktion (→technologisch verbundene Produktion), eine Optimie rung des Energieeinsatzes sowie eine zunehmende Anlagenautomatisierung angestrebt. Darüberhinaus wird versucht, Substitutionsprodukte für knappe Stoffe zu entwickeln. – 3. Die →Automatisierung von Fertigungs- und Montageprozessen bildet das zentrale Bestreben der Entwicklung in der *Fertigungstechnik.*

Literatur: Dolezalek, C. M., Quellen der Produktion. Ein Versuch zur Klärung der Begriffe, in: Werkstattechnik, 50. Jg. 1960, S. 244–246; ders., Zur Automatisierung in der industriellen Produktionstechnik, in: Werkstattechnik, 53. Jg. 1963, S. 101–103; Evans, L., Fortschritte der Produktionstechnik: Voraussage bis 1988, in: Werkstatt und Betrieb, 108. Jg. 1975, S. 441–447; Hahn, D. u. Laßmann, G., Produktionswirtschaft – Controlling industrieller Produktion, Bd. 1, Heidelberg u. Wien 1986; Hoitsch, H.-J., Produktionswirtschaft, Grundlagen einer industriellen Betriebswirtschaftslehre, München 1985; Lange, K. (Hrsg.), Kleines Handbuch der modernen Fertigungstechnik, Essen 1976; Opitz, H., Produktionstechnik, Voraussetzung des technischen Fortschritts, in: Werkstattechnik, 60. Jg. 1970, S. 325–334; Spur, G., CIM – Die informationstechnische Herausforderung an die Produktionstechnik, in: Vorträge anläßlich des produktionstechnischen Kolloquiums, Veranstalter: Fraunhofer-Institut für Produktionsanlagen und Konstruktionstechnik, Institut für Werkzeugmaschinen und Fertigungstechnik der technischen Universität Berlin, S. 5–19; Warnecke, H. J., Einflüsse und Tendenzen in der Produktionstechnik, in: Werkstattechnik, 61 Jg. 1971, S. 667–671; Weber, H.-J., Produktionstechnik und -verfahren, in: Handwörterbuch der Produktionswirtschaft, Hrsg. W. Kern, Stuttgart 1979, Sp. 1604–1619.

Prof. Dr. Dietger Hahn

Produktionsteuer, →Fabrikationsteuer.

Produktionstheorie, →Produktions- und Kostentheorie.

Produktionstiefe, →Produktionsprogrammtiefe.

Produktionstypen. I. B e g r i f f , C h a r a k - t e r i s i e r u n g u n d A b g r e n z u n g : Die betriebswirtschaftlich orientierte Bildung von P. ist eine wissenschaftliche Methode zur Ableitung einer zweckorientierten Ordnung der unterschiedlichen Erscheinungsformen der industriellen →Produktion. Diese Ordnung wird durch Heranziehen eines Merkmals oder mehrerer Merkmale gebildet, wobei die Merkmale zur Charakterisierung realer industrieller →Produktionsprozesse geeignet sein müssen. Werden der Systematisierung Einzelmerkmale zugrundegelegt, so entstehen *Elementartypen* (vgl. II); bei Merkmalskombinationen ergeben sich *Kombinationstypen* (vgl. III). Bei dieser Typisierung sollen nicht ganze Industrieunternehmungen in einem Zuge typisiert werden, sondern es wird auf einzelne, nach der technischen Funktion in sich geschlossene Produktionsstufen und -bereiche abgestellt. – *Zweck:* P. sollen die Aufstellung von aussagefähigen Erklärungs-, Prognose- und Entscheidungsmodellen sowie die Auswahl von Planungs-, Steuerungs- und Kontrollverfahren erleichtern. Offensichtlich ist dies z. B. bei der Zuordnung der Kalkulationsverfahren zu spezifischen Produktionstypen. Zur Bildung von P. werden daher solche Merkmale und Merkmalskombinationen ausgewählt, die für betriebswirtschaftliche Fragestellungen im Produktionsbereich von Bedeutung sind. – *Abgrenzung zum Begriff Produktionstechnik:* Die Bildung von P. muß unterschieden werden von der technologieorientierten Gliederung der →Produktionstechnik, die sich mit den Produktionsprozessen aus naturwissenschaftlich-technischer Sicht befaßt.

II. E l e m e n t a r t y p e n : Die Auswahl von Merkmalen zur Bildung von Elementartypen wird absatz-, prozeß- und beschaffungsorientiert vorgenommen. Dies entspricht einer produkt-, prozeß- und faktorbezogenen Merkmalsordnung (vgl. Übersicht Sp. 1025/1026). – 1. *Absatz- und produktbezogene Typen:* Nach der Zahl der angebotenen und produzierten Produkte unterscheidet man →Einproduktproduktion und →Mehrproduktproduktion. Im Hinblick auf die Beeinflussung der Produktgestaltung durch den Käufer wird die →unmittelbar kundenorientierte Produktion und die →mittelbar kundenorientierte Produktion unterschieden. – 2. *Prozeßbezogene Typen:* Die folgenden Typen basieren auf Merkmalen im Hinblick auf den Produktionsprozeß. – a) Das Merkmal der *Prozeßuntergliederung* unterscheidet die →einstufige Produktion von der →mehrstufigen Produktion. – b) Im Hinblick auf die *Prozeßwiederholung* unterscheidet man die →Einzelproduktion, die →Serienproduktion und →Sortenproduktion sowie die →Massenproduktion. – c) Nach der *Anordnung der Arbeitssysteme* im Produktionsbereich werden →Werkstatt-, →Fließproduktion und →Zentrenproduktion unterschieden. – d) Bezüglich der *zeitlichen Abstimmung* kann die →zeitlich global abgestimmte Produktion und die →zeitlich feinabgestimmte Produktion ggf. die →Taktproduktion (bei Fließproduktion) abgegrenzt werden. – e) Das Merkmal der *zeitliche Zuordnung der Produkte zu den Aktionsträgern* unterscheidet die →Parallelproduktion und die →Wechselproduktion. – f) In bezug auf die *Kontinuität des Materialflusses,* d. h. in bezug auf den zeitlichen Zusammenhang von Materialfluß und Produktionsprozeß, kann zwischen →diskontinuierlicher Produktion (Chargenproduktion) und →kontinuierlicher Produktion unterschieden werden. – g) Der Grad der *technologischen Verbundenheit der Produkte* bei der Produktion grenzt die →technologisch unverbundene Produktion von der →technologisch verbundene Produktion (Kuppelproduktion) ab. – h) Ein weiteres Merkmal ist der *Mechanisierungsgrad,* wodurch sich →manuelle Produktion, →maschinelle Produktion, →teilautomatisierte Produktion und →vollautomatisierte Produktion unterscheiden. – i) Nach den *prozeßbedingten Stoffveränderung* kann die →analytische Produktion und →synthetische Produktion, die →analytisch-synthetische Produktion und die →stoffneutrale Produktion abgegrenzt werden. – j) Im Hinblick auf die naturgegebenen Grundlagen der *Prozeßtechnologie* unter-

Übersicht: Produktionstypen – Merkmale und Merkmalsausprägungen von Elementartypen

Merkmale von Elementartypen	Merkmalsausprägungen von Elementartypen			
1. Produktbezogene Merkmale				
a) Zahl der angebotenen und produzierten Produkteinheiten	Einproduktproduktion			Mehrprodukt-produktion
b) Abnehmereinflüsse auf Produkt-gestaltung	unmittelbar kunden-orientierte Produktion			mittelbar kunden-orientierte Produktion
2. Prozeßbezogene Merkmale				
a) Prozeßwiederholung	Einzelproduktion	Serien-/Sortenproduktion		Massenproduktion
b) Anordnung der Potentialfaktoren/ Arbeitssysteme	Werkstattproduktion	Zentrenproduktion		Fließproduktion
c) zeitliche Abstimmung	global abgestimmte Arbeitsfolgen	teilabgestimmte Arbeitsfolgen		fein abgestimmte bzw. getaktete Arbeitsfolgen
d) zeitliche Prozeßanordnung	Wechselproduktion (Sukzessivproduktion)			Parallelproduktion
e) Kontinuität des Materialflusses	technologisch diskon-tinuierliche Prozesse (Chargenproduktion)			technologisch kontinuierliche Prozesse
f) Verbundenheit der Produktion	unverbundene Produktion			verbundene/gekuppelte Produktion
g) Mechanisierungsgrad	manuelle Produktion	maschinelle Produktion	teilautomatisierte Produktion	vollautomatisierte Produktion
h) Prozeßeinwirkung auf Einsatzstoffe	analytische Prozesse	synthetische Prozesse	analytisch-synthetische Prozesse	stoffneutrale Prozesse
i) Prozeßtechnologie	physikalische	chemische	kernphysikalische	biologische
j) Beherrschbarkeit der Prozesse	vollständig beherrschbare Produktion			nicht vollständig beherrschbare Produktion
3. Faktorbezogene Merkmale				
a) Ortsgebundenheit der Produktionsfaktoren	ortsgebundene Produktionsfaktoren (anlagegebundene Produktion und Abbauproduktion)		ortsungebunde Produktionsfaktoren aber ortsgebundene Produkte (Baustellenproduktion)	
b) wirtschaftliches Gewicht der Faktoren	arbeitsintensive Produktion	materialintensive Produktion		anlageintensive Produktion
c) Wiederholbarkeit der Erzeugniseinsatzstoff-beschaffung	Einmaligkeit der Stoffbeschaffung (Partieproduktion)	begrenzte Wiederholbarkeit		unbegrenzte Wiederholbarkeit (Normstoffe)

scheidet man →*biologische Produktion, chemische Produktion, physikalische Produktion.* – k) Ein letztes prozeßbezogenes Merkmal ist die *Beherrschbarkeit der Produktion,* denn nicht alle Produktionsprozesse sind voll beherrschbar. Ein Beispiel für technologisch-ablaufbedingte begrenzte Einflußnahme ist Herstellung von Mikroprozessoren (Chips). – 3. *Beschaffungs- und faktorbezogene Typen:* a) Produktionsprozesse können in der Realität nach der *Ortsgebundenheit der verschiedenen Produktionsfaktoren* unterschieden werden: Bei der →*anlagengebundenen Produktion* sind die Arbeitssysteme ortsgebunden und bei der →*Abbauproduktion* die Rohstoffe. Ortsungebundene Produktionsfaktoren sind bei der →*Baustellenproduktion* notwendig, bei der i. d. R. die Produkte ortsgebunden sind. – b) Im Hinblick auf das *wirtschaftliche Gewicht der Produktionsfaktoren* unterscheidet man

arbeitsintensive, materialintensive und betriebsmittelintensive Produktion. Hierbei können die relevanten Faktorkosten in Relation zu den Gesamtkosten als Indikator fungieren. – c) Ein letztes Merkmal ist die *Beschaffbarkeit der Erzeugniseinsatzstoffe.* Dieses Merkmal bezieht sich auf die Konstanz der Qualität der Erzeugniseinsatzstoffe. Ist die Produktion einsatzstoffbedingt nicht wiederholbar, so wird sie als →*Partieproduktion* bezeichnet.

III. Kombinationstypen: In Abhängigkeit vom jeweiligen Untersuchungszweck lassen sich mit Hilfe ausgewählter Elementartypen Kombinationstypen bilden. Hierbei ist es zweckmäßig, von stark korrelierenden Merkmalsbündeln auszugehen und je nach Aufgabenstellung und betrachteten Produktionsgegebenheiten weitere schwach oder nicht korrelierende Merkmale heranzuziehen. Die Profil-

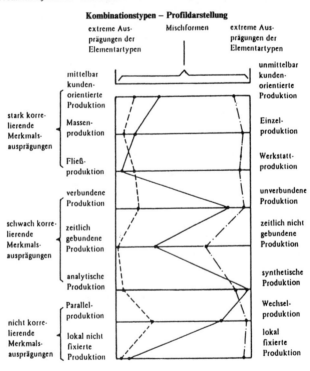

Kombinationstypen – Profildarstellung

Beispiel 1: Automobilmontage
Beispiel 2: Großbehälterbau
Beispiel 3: Benzin- und Ölherstellung

darstellung von Kombinationstypen (Sp. 1027/1028) macht dies deutlich.

Literatur: Große-Oetringhaus, W., Typologie der Fertigung unter dem Gesichtspunkt der Fertigungsablaufplanung, Diss., Gießen 1972; Hahn, D., Fertigung, Organisationstypen der, in: Handwörterbuch der Organisation, 2. Aufl., hrsg. v. E. Grochla, Stuttgart 1980, Sp. 690–698; Hahn, D. Laßmann, G., Produktionswirtschaft – Controlling industrieller Produktion, Heidelberg-Wien 1986.

Prof. Dr. Dietger Hahn

Produktionsumweg, Begriff der österreichischen Grenznutzenschule für die Bildung von Produktivkapital. Vgl. im einzelnen →Mengersche Güterordnung.

Produktions- und Kostentheorie. 1. *Charakterisierung:* Teilgebiet der Wirtschaftstheorie (Mikroökonomik) sowohl in der Volkswirtschafts- als auch in der Betriebswirtschaftslehre. Erforschung des Mengengerüsts *(Produktionstheorie)* und des Werteverzehrs *(Kostentheorie)* des Einsatzes an →Produktionsfaktoren im Kombinationsprozeß mit dem Ziel, funktionale Zusammenhänge aufzudecken, in →Modellen darzustellen und das theoretische Grundgerüst der →Kostenrechnung sowie der im Modellen des →Operations Research eingehenden Daten und Strukturen zu liefern. – 2. *Zentralbegriffe:* a) *Produktionsfunktion* (vgl. im einzelnen dort) in ihren verschiedenen Ausprägungen und die aus ihr abgeleiteten Größen, z. B. →Produktionskoeffizient, →Durchschnittsertrag, →Ertragsgesetz, →Grenzertrag. – b) *Kostenfunktion,* die sich durch Bewertung der Faktoreinsatzmengen in der Produktionsfunktion als Umkehrfunktion ergibt, und die aus ihr abgeleiteten Größen →Durchschnittskosten und →Grenzkosten. – 3. *Betrachtungsweisen:* Deren Unterschied beruht weniger auf kalenderzeitmäßiger Betrachtung als vielmehr auf der kapazitätsbezogenen Vorgehensweise im Sinne von →operational time: a) *Kurzfristig:* Nur die Beziehung zwischen Ausbringung (Output) und variablem Faktoreinsatz (Input) wird in die Untersuchung einbezogen. – *Langfristig:* Auch →Kapazitäten, →Potentialfaktoren und →Produktionsverfahren werden als variabel angesehen; sie führt zur Analyse der optimalen →Betriebsgröße und des einzel- und gesamtwirtschaftlichen Wachstums. – 4. *Annahmen:* Die P.-u.K. geht i. a. von *Ein-Produkt-Betrieben* aus. Geht sie von der in der Realität überwiegend *mehrstufigen Mehrproduktartenproduktion* aus, bedarf es aber zusätzlicher Instrumente (→mathematische Optimierung, →Produktionsprozeßplanung, →Bereitstellungsplanung). Probleme der Lagerhaltung (→Lagerwirtschaft) und der →Kuppelproduktion wurden nur selten einbezogen. – In der langfristigen P.-u.K. sind v. a. *Übergänge zur →simultanen Produktions- und Investitionsplanung* bedeutsam.

Produktionsverbindungshandel, *Produktionszwischenhandel,* Handel zwischen zwei

Produktionsstufen, durchgeführt von (kollektierenden) Großhandlungen (→Distribution). – *Gegenstand* des P. können sein: Urprodukte, Roh-, Hilfs- und Betriebsstoffe, Teil- und Halbfabrikate, Zwischenprodukte sowie Betriebsmittel und Investitionsgüter.

Produktionsvereinigung, →Kombinat.

Produktionsverfahren, →Produktionstechnik, →Produktionstypen.

Produktionsverhältnis, in der Wirtschaftstheorie des Marxismus die Eigentumsordnung, durch deren spezifische Ausgestaltung die gesellschaftlichen Verhältnisse der Menschen zueinander bestimmt werden. Aus dem Privateigentum an den Produktionsmitteln resultieren dem →Marxismus zufolge im Kapitalismus →Ausbeutung, Krisen und sein letztendlich zwangsläufiger Zusammenbruch. – Vgl. →Krisentheorie, →historischer Materialismus.

Produktionsvollzugsplanung, →Produktionsprozeßplanung.

Produktionswechselkosten, *Produktionsänderungskosten,* Kosten quantitativer Anpassungsprozesse im Personalbereich (z. B. zusätzliche Kosten für Einstellung, Anlernen und Entlassung von Arbeitskräften) oder im Produktionsbereich (Kosten der Umstellung von Betriebsmitte¹ auf neue Produkte oder neue Werkstoffe).

Produktionsweise, in der Wirtschaftstheorie des →Marxismus die →Wirtschaftsordnung; hier verstanden als dialektisch-widersprüchliche Einheit von →Produktivkräften und →Produktionsverhältnissen. Vgl. im einzelnen →historischer Materialismus.

Produktionswert. I. Kostenrechnung: Summe der →Herstellkosten aller im Abrechnungszeitraum erzeugten Güter.

II. Volkswirtschaftliche Gesamtrechnungen: Vgl. →Bruttoproduktion 2.

Produktionszensus, statistische Erhebung nicht mit Fragebogen, sondern mit Fragebüchern, mit deren Hilfe aus der materiellen und finanziellen Verflechtung der Industrie-Bereiche eine Berechnung des →Sozialprodukts aufgrund der →Nettoproduktionswerte sowie die Aufstellung einer →Volkswirtschaftlichen Gesamtrechnung möglich wird. – *Erhebungstatbestände:* Rechtsform, Organisationsform, Beschäftigte nach Zahl, fachlicher Vorbildung und Leistungsfähigkeit; Maschinen nach Antrieb, Kapazität und Modernität; Bezüge von Rohstoffen, Betriebsmitteln und Energie; Erzeugnisart und -menge; Absatzmärkte bzw. Vertriebsorganisation, Lagerhaltung und -bewegung. – *Auszuwerten* für planwirtschaftliche Maßnahmen, für volkswirtschaftliche Gesamtrechnung und Indexzahl der industriellen Produktion. – In der *Bundesrep. D.* wird auf einen P. verzichtet, da hier auf das aus laufenden industriestatistischen Erhebungen anfallende umfangreiche Zahlenmaterial zurückgegriffen werden kann. In den USA wird der P. jährlich erhoben.

Produktionszwischenhandel, →Produktionsverbindungshandel.

produktive Kosten, frühere, falsche Bezeichnung für →Einzelkosten, die implizit davon ausgeht, daß →Gemeinkosten auslösende Tätigkeiten (z. B. Verwaltung) strenggenommen überflüssig sind oder zumindest nichts zur Wertschöpfung beitragen. Eine solche Sichtweise wird jedoch dem Phänomen arbeitsteiliger Leistungserstellung nicht gerecht. – Vgl. auch →produktiver Lohn.

produktiver Lohn, frühere, falsche Bezeichnung für →Fertigungslöhne, d. h. für die unmittelbar bei der Produkterstellung anfallenden Löhne. – *Gegensatz:* →unproduktiver Lohn. – Vgl. auch →produktive Kosten.

produktive Winterbauförderung, nach dem AFG durch Gewährung von Zuschüssen und Darlehen an Arbeitgeber des Baugewerbes für den Erwerb oder die Miete von Geräten und Einrichtungen, die für die Durchführung von Bauarbeiten in der Schlechtwetterzeit (1. November bis 31. März) zusätzlich erforderlich sind. – 1. Die *Investitionskostenzuschüsse* betragen 30 bis 60% des angemessenen Kauf- oder Mietpreises bis zu 100 000 DM für das einzelne Gerät. – 2. Ferner *Ausgleich witterungsbedingter Mehrkosten* in der Förderungszeit vom 1. Dezember bis 31. März. Bauarbeiter und Baustelle müssen gegen ungünstige Witterungseinflüsse ausreichend geschützt sein. Der Zuschuß bemißt sich nach der Zahl der in der Förderungszeit von den beitragspflichtigen Arbeitern geleisteten Arbeitsstunden und dem Förderungssatz, der nach der Art des Baues (Hoch- oder Tiefbau) und dem Stand der Arbeiten (Roh- oder Ausbau) unterschiedlich gestaffelt ist. Arbeiter in Betrieben des Baugewerbes erhalten ein zusätzliches →Wintergeld. – 3. *Mittelaufbringung:* Umlageverfahren von den Arbeitgebern des Baugewerbes.

Produktivgenossenschaft, →Genossenschaft, bei der die Mitglieder selbst im Genossenschaftsbetrieb arbeiten, also Arbeitnehmer und Arbeitgeber zugleich sind (im Gegensatz zu den Förderungsgenossenschaften, in denen eine Identität von Unternehmensträgern und Kunden/Lieferanten besteht). – *Zweck* der P. ist neben Einkommenserzielung auch die Ermöglichung gemeinsamer Selbständigkeit der Mitglieder, die „nicht-entfremdet" zusammenarbeiten wollen. – Praktische *Bedeutung* der im Industriezeitalter seit Owen, Blanc und Lassalle geforderten Unternehmensform war bis zur Gegenwart gering; oft „transformierten" P. in erwerbswirtschaftliche oder verwaltungswirtschaftliche Organisationen. Funk-

tionierende P. heute z. B. in Israel, auch sonst Anzeichen des Versuchs ihrer Neubelebung z. T. mit staatlicher Unterstützung.

Produktivgüter, diejenigen →Betriebsmittel, →Werkstoffe und sonstigen materiellen Güter, aber auch diejenige Arbeitskraft, die im Zuge einer wirtschaftlichen Betätigung Erträge schafft. – Im *wissenschaftlichen Sozialismus* galten nur „produzierte Produktionsmittel" (→Produktionsmittel) als P.

Produktivität. I. V o l k s w i r t s c h a f t s l e h r e : Meßzahl für die technische Effizienz der Produktionsstruktur einer Volkswirtschaft. – 1. *Totale P.:* Verhältnis zwischen den Einsatzmengen aller Faktoren und dem Produktionsergebnis (Bruttoinlandsprodukt). Da die Faktoren heterogene, nicht-addierbare Größen sind, werden sie mit ihren Faktorpreisen bewertet und zum monetären Bruttoinlandsprodukt in Beziehung gesetzt:

$$\frac{P \cdot Y}{p_1 r_1 + p_2 r_2 + \ldots + p_n r_n}$$

(P = Preisindex; Y = reales Bruttoinlandsprodukt; p_i = Faktorpreise; r_i = Faktoreinsatzmengen mit i = 1, …, n). Totale P. wird daher auch als *Wert-P.* bezeichnet. Häufige Anwendung bei internationalen Effizienzvergleichen. Die Aussagefähigkeit ist bei unterschiedlichem Preisindex und unterschiedlichen Faktorpreisen stark eingeschränkt. – 2. *Partielle P.* werden hauptsächlich für die Produktionsfaktoren Arbeit und Kapital ermittelt. Der gesamte physische oder monetäre Ertrag wird dem physischen oder wertmäßigen Einsatz eines Faktors zugerechnet (z. B. Ertrag pro eingesetzte Arbeitsstunde, Ertrag pro eingesetzte Kapitaleinheit). – Vgl. auch →Arbeitsproduktivität, →Kapitalproduktivität.

II. B e t r i e b s w i r t s c h a f t s l e h r e : 1. *Begriff:* Ergiebigkeit der betrieblichen Faktorkombination. P. ist nicht gleichbedeutend mit →Wirtschaftlichkeit, auch nicht mit →Rentabilität, sondern ist das Verhältnis von Output zu Input. – 2. *Messung:* Zu messen ist die P. durch Bezugnahme des Ertrages bzw. der Leistung auf eine Einsatzeinheit, z. B. … dz Ernteertrag je ha Boden im Jahr, … qm Dachpappe je Maschinenstunde, … Stück Fahrräder je Arbeitsstunde usw. (*technische oder physische P.*) oder durch das Verhältnis von Produktionswert zum Kapitaleinsatz (*Wertproduktivität*) oder zum Arbeitseinsatz (*Arbeitsproduktivität*). – Vgl. auch →Produktivitätskennzahl.

Produktivitätskennzahl, güterwirtschaftliche Kennzahl: Beziehung zwischen Ertrag der Faktoreinsatzmengen (Output) und Faktoreinsatzmengen (Input). Eine Gesamtproduktivität läßt sich wegen der Nicht-Addierbarkeit der Faktoreinsatzmengen (verschiedene Dimensionen, unterschiedliche Qualität) nicht ermitteln. Aus diesem Grund begnügt man sich mit Kennzahlen für Teilproduktivitäten, etwa Produktivität des Materialeinsatzes, Produktivität der Arbeit u. a.

produktivitätsorientierte Lohnpolitik, →Lohnpolitik III 1.

Produktivitätsrente, Begriff der Rentenreform, der zum Ausdruck bringen soll, daß die Sozialrentner an der Steigerung der wirtschaftlichen Produktivität durch →Rentenanpassung beteiligt werden. – Vgl. auch →dynamische Rente.

Produktivitätstheorien, diejenigen Lehren von der →Einkommensverteilung, die die Existenz und/oder Höhe einer oder mehrerer Einkommensarten (z. B. Lohn, Zins) mit Hilfe der →Produktivität der entsprechenden →Produktionsfaktoren zu erklären suchen. – *Kategorien:* a) *P. des Zinses:* Vgl. →Zinstheorien; b) *P. des Lohnes:* Vgl. →Lohntheorien.

Produktivkräfte, in der Wirtschaftstheorie des →Marxismus die ihr zufolge einzig wertschaffende Arbeitskraft sowie die Produktionsmittel, d. h. die Arbeitsmittel (Gebäude, Maschinen, Werkzeuge) und die Arbeitsgegenstände (Rohstoffe, Vorprodukte). Vgl. im einzelnen →historischer Materialismus.

Produktivkredit, →Kredit an erwerbswirtschaftliche Unternehmen, v. a. Investitionskredite (→Anlagekredit) und →Betriebskredite. – *Gegensatz:* →Konsumentenkredit.

Produktivvermögen. 1. Derjenige *Teil des* →*Volksvermögens,* der der Leistungserstellung im Rahmen der Produktion dient: reproduzierbares Anlagevermögen (Ausrüstungen und Bauten), auch als Kapitalstock bezeichnet, Vorratsbestände und Wert des Grund und Bodens. *Nicht* dazu zählt im volkswirtschaftlichen Sinn das Geldvermögen. Einbeziehung des Arbeitsvermögens (→Humankapital) ist u. a. wegen der Bewertungsprobleme umstritten. – 2. Die Aussage über die *Verteilung des P.* bezieht sich, abweichend von dieser Definition, auf die Verteilung der Eigentumsansprüche privater Haushalte an gewerbliche Unternehmen.

Produktkalkulation, →Kalkulation.

Produktkontrolle, Vergleich von Sollgrößen der →Produktplanung mit Istgrößen, der ein Produkt nach der Einführung bis zu seiner Eliminierung verfolgt.

Produktkonzeptplanung, mehrstufiger Prozeß, der Bestandteil der strategischen →Produktplanung ist. Die P. umfaßt alle Phasen vom Anstoß zur Produktplanung über die Ideensuche und Vorauswahl sowie die Ableitung von Produktvorschlägen bis hin zur Beurteilung von Produktvorschlägen und Auswahl von Produktentwicklungsaufträgen aufgrund einer möglichst genauen Produktbe-

schreibung (Merkmalsangabe). – Vgl. auch →Produktentwicklungsplanung.

Produkt-Lebenszyklus, →Lebenszyklus II 1.

Produktlinie, →Produktfamilie.

Produkt-Lizenz, Art der →Lizenz. Der Lizenzpartner erhält die Genehmigung zur Herstellung (und zum Vertrieb) eines vom Lizenzgeber bisher produzierten Erzeugnisses. Es kann sich hierbei um eine Eigenentwicklung des Lizenzgebers handeln oder um die Vergabe einer Unterlizenz. Gegenstand der P.-L. können in beiden Fällen komplette, marktreife Erzeugnisse (z. B. Pkw, Lkw, Maschinen), Produkt- bzw. Einbauteile oder Beiprodukte sein.

Produktmanagementorganisation. 1. *Begriff:* Konzept einer →mehrdimensionalen Organisationsstruktur, bei der eine gegebene Grundstruktur durch die organisatorische Verankerung von Kompetenz für die bezüglich einzelner Produkte oder Produktgruppen bestehenden Aufgaben, v. a. Marketingaktivitäten (*Produktmarketing*), ergänzt wird. – 2. *Formen:* a) Die Institutionalisierung des Produktmanagements ist auf einen Teilbereich beschränkt oder teilbereichsübergreifend angelegt. – b) Die Institutionalisierung erfolgt in Form von →Stäben (*Stabs-Produktmanagement*) oder →Entscheidungseinheiten (*Matrix-Produktmanagement*). – 3. Bei der Auswahl einer der sich hieraus ergebenden Gestaltungsalternativen sind die angestrebte Reichweite für die Berücksichtigung der Produktmanagement-Perspektive im arbeitsteiligen Entscheidungsprozeß der Unternehmung und die spezifischen Vor- und Nachteile der →Stab-Linienorganisation und der →Matrixorganisation abzuwägen.

Produktmarke, →Marke 3 b).

Produkt-Marketing, →Produktmanagementorganisation.

Produkt/Markt-Matrix, Darstellung der Alternativen horizontaler →Wertschöpfungsstrategien. Eine Heuristik zur Auswahl einer adäquaten Strategie ist das „Gesetz der zunehmenden Synergie"; so weist z. B. die Strategie der „Diversifikation" wesentlich weniger Synergien zum bestehenden Geschäft auf als die der „Marktdurchdringung", womit eine Diversifikation auch erfolgsgefährdeter ist. – Vgl. auch Übersicht Sp. 1035/1036.

Produkt/Markt-Portfolio, →Portfolio-Analyse III.

Produktplanung, *Erzeugnisplanung,* Teilbereich der strategischen →Programmplanung. Die P. umschließt die →Produktkonzeptplanung und die →Produktentwicklungsplanung. Die Hauptalternativen der P. sind die →Produktinnovation, die →Produktvariation und die →Produktelimination. – Der Prozeß

Übersicht: Produkt/Markt-Matrix

Produkte / Märkte	Abbau der Produkte	Gegenwärtige Produkte	Neue Produkte
Abbau der Märkte	**Rückzug:** Stufenweiser Abbau der gegenwärtigen Produkte und der gegenwärtig bedienten Märkte	**Produktionskonstante Marktverdichtung:** Marktrückzug, Abbau der Abnehmerschichten und/oder Abbau der Distributionskanäle	**Progressive Marktverdichtung:** Abbau der gegenwärtigen Märkte, verbunden mit dem Angebot von neuen Produkten an den verbleibenden Märkten
Gegenwärtige Märkte	**Marktkonstante Produktverdichtung:** Abbau der Produktpalette, die auf den gegenwärtigen Märkten angeboten wird	**Marktdurchdringung:** Intensivierung der Marktbearbeitung, Relaunch, Imitation, Kosten- und Preissenkung, Unbundling	**Produktentwicklung:** Neuprodukte, neue Produktlinien, neue Dienstleistungen und/oder Problem- und Systemlösungen
Neue Märkte	**Progressive Produktverdichtung:** Abbau der gegenwärtigen Produktpaletten verbunden mit dem Angebot der verbleibenden Produkte auf neuen Märkten	**Marktentwicklung:** Marktausweitung, neue Abnehmerschichten, neue Distributionskanäle, neue Verwendungszwecke	**Diversifikation:** Neue Produkte für neue Märkte

der P. kann grundsätzlich in *vier Teilaktivitä-ten* aufgegliedert werden: (1) Anstoß zur P.; (2) Suche nach Produktideen und Auswahl von Produktvorschlägen; (3) Auswahl von Entwicklungsaufträgen; (4) Produktauswahl und Produktionsfreigabe.

Produktpositionierung, Bezeichnung für (1) die Ermittlung der Position von Produkten in mehrdimensionalen Wahrnehmungs- und Einstellungsräumen oder (2) die bewußte Veränderung der Position eines Produktes im mehrdimensionalen Raum der produktrelevanten Attribute. – Wesentliche *Basis* der P. sind Verfahren der Einstellungsmessung (→Einstellung) in Verbindung mit →multivariaten Analysemethoden.

Produktqualität, →Qualität

Produktspanne, Differenz zwischen dem Endverbraucherpreis im Einzelhandelsgeschäft und dem Erzeugerpreis (ab Hof oder Erzeugermarkt) eines landwirtschaftlichen Erzeugnisses. – Vgl. auch →Marktspanne.

Produktstandardisierung, Vereinheitlichung im Zusammenhang mit der →Produktgestaltung, die die für einen breiten Kreis relevante Fixierung bestimmter Eigenschaften und Eigenschaftsprägungen von Produkten (End- und Vorprodukte) umfaßt. – Bei *überbetrieblicher Verbindlichkeit* solcher Maßnahmen spricht man von →Normung, bei *betriebsbezogenen Maßnahmen* von →Typung.

Produktsteuerung, Führungstätigkeit im Hinblick auf neue Produkte. P. kann hier verstanden werden als die detailierte Festlegung und die Veranlassung der Durchführung von Einführungsentscheidungen, die im Rahmen der →Produktplanung gefällt werden.

Produkttest, Methoden zur Ermittlung der optimalen →Produktgestaltung. Dabei können entweder den Eindruck des Produkts oder einzelne Faktoren des Produkts, z.B. Verpackung (→Verpackungstest), Geruch (Geruchstest), Geschmack (→Geschmackstest), Preis (→Preistest), Namen (→Namenstest) usw., in ihrer Beurteilung durch die Auskunftspersonen geprüft werden. – Das zu prüfende Produkt (bzw. ein Prototyp) kann entweder einzeln *(Einzeltest)* oder in Verbindung mit gleichen, bereits im Markt befindlichen Produkten *(Vergleichstest)* getestet werden. – *Wichtige Methoden:* →Akzeptanztest, →Blindtest.

Produkttreue, →Markentreue.

Produkt- und Programmpolitik, →Absatzpolitik II, →marketingpolitische Instrumente.

Produktvariation, Modifikation bereits im Programm enthaltener Produkte. Bewußte Veränderung von technischen oder ästhetischen Eigenschaften oder auch vom Statuswert (Image) eines Produktes im Zeitablauf

zur Anpassung an kundenseitig geänderte Erwartungen (auch als *temporale Produktdifferenzierung* bezeichnet) oder an veränderte Verbrauchs- und/oder Potentialfaktoreigenschaften. – P. kann auch in der Weise durchgeführt werden, daß die mit Sachgütern verbundenen Dienstleistungen verändert bzw. zusätzliche Dienstleistungen hinzugefügt werden. – Im Gegensatz zur (eigentlichen) →Produktdifferenzierung ändert sich bei P. die Produktionsprogrammtiefe nicht.

Produktzyklustheorie, wirtschaftswissenschaftlicher Lehrsatz, der besagt, daß sich die →Produktionsfunktionen von Industriegütern im Zeitablauf von der Neuentwicklung über die Ausreifung bis zum Standardisierungsstadium in dem Sinn ändern, daß in der Innovationsphase hoher Einsatz an Humankapital (Forscher, hochqualifizierter Techniker, Facharbeiter usw.) erforderlich ist, während dieser in den darauffolgenden Phasen zugunsten des vermehrten Einsatzes weniger qualifizierter Arbeitskräfte und einer höheren Kapitalintensität zurückgeht. – *Bedeutung:* Die P. trägt u.a. zur Erklärung der Exporterfolge mancher →Entwicklungsländer in traditionellen Industriebereichen bei: Da diese Länder über relativ wenig Humankapital verfügen, ist ihr technologisches Innovationspotential gering; dementsprechend haben sie bei neu entwickelten Produkten keine komparativen Vorteile. Im Zug zunehmender Standardisierung erwerben sie aber bei den betreffenden Produkten solche Vorteile, die den Industrieländern wiederum verlorengehen; letztere konzentrieren sich deshalb vermehrt auf neue Produkte.

Produzent, im wirtschaftlichen Sprachgebrauch der Inhaber einer Unternehmung der Urproduktion oder der Industrie (→Industrieunternehmung).

Produzentenhaftung. 1. *Begriff:* Haftung des Herstellers und anderer im Produktions- und Verteilungsprozeß tätiger Personen wie Vorlieferanten, Groß- und Einzelhändler für die ordnungsgemäße Beschaffenheit der von ihnen in den Verkehr gebrachten Erzeugnisse gegenüber den Verbrauchern, Benutzern und anderen Personen, die durch fehlerhafte Beschaffenheit der Erzeugnisse Schaden erleiden. – Gesetzliche Regelung fehlt. – 2. *Haftung* beurteilt sich nach den deliktsrechtlichen Vorschriften (§ 823 ff. BGB); soweit vertragliche Beziehungen bestehen, treten Gewährleistungsansprüche und Ansprüche wegen Schlechterfüllung (→positive Forderungsverletzung) hinzu. Häufig Haftung nach § 823 Abs. 2 BGB, wenn ein →Schutzgesetz verletzt wird (z.B. Polizeirecht, Gewerbe- und Nahrungsmittelrecht, Arzneimittelgesetz, StVZO, Viehseuchen- und Pflanzenschutzgesetze, Gesetz über technische Arbeitsmittel). Anspruchsdurchsetzung für den Verbraucher oft schwierig, da nach Deliktsrecht den Geschädigten die →Beweislast für die Haftungsvoraussetzungen, insbesondere das Verschulden des Herstellers, trifft. – 3. Nach der *Rechtsprechung* wird bei Nachweis eines Verstoßes gegen ein Schutzgesetz oder der Verletzung eines Rechtsgutes vermutet, daß dies schuldhaft geschehen ist. Wer das Rechtsgut oder Schutzgesetz verletzt hat, muß beweisen, daß ein Verschulden nicht vorlag (Umkehr der Beweislast). Bleibt eine Ursache, die im Verantwortungsbereich des Produzenten liegt, ungeklärt, geht dies zu seinen Lasten. – 4. Auch bei den sog. *Entwicklungsgefahren* kann der Hersteller sich von der Haftung nur befreien durch Nachweis, daß die schädlichen Wirkungen des Produkts nach dem Stand von Wissenschaft und Technik nicht erkennbar waren, als das Produkt erstmals in Verkehr gebracht wurde und die Gefahren auch nicht später vor Verwendung des Produkts durch den Geschädigten erkannt worden sind und für eine Warnung der Allgemeinheit und des Geschädigten zu diesem Zeitpunkt nach dem Stand von Wissenschaft und Technik keine Veranlassung bestand.

Produzentenrente, ein von Marshall in die Wirtschaftstheorie eingeführter Begriff *(producer's surplus)* für die tatsächlich anfallenden →Bodenrenten und →Quasirenten im Gegensatz zu dem rein psychologischen Gewinn der →Konsumentenrente. Die P. fällt auch denjenigen Produzenten zu, die zu einem niedrigeren als dem Marktpreis anbieten, sofern der Aufwand den Ertrag nicht übersteigt.

Produzierendes Gewerbe. I. Begriff: Bereich eines integrierten Erhebungs- und Darstellungssystems der →amtlichen Statistik nach der gesetzlichen Neuordnung im Jahre 1975 (Gesetz über die Statistik im Produzierenden Gewerbe vom 6.11.1975, BGBl. I 2779, i.d.F. vom 30. Mai 1980, BGBl. I 641). – 1. Das P.G. umfaßt die *Wirtschaftsabteilungen* Abteilung 1 Energie- und Wasserversorgung, Abteilung 2 Bergbau und Verarbeitendes Gewerbe sowie Abteilung 3 Baugewerbe (→Systematik der Wirtschaftszweige); schließt das *Produzierende Handwerk* wie industrielle Unternehmen bzw. Betriebe ein. Diese international übliche Abgrenzung erleichtert Analysen des Konjunkturverlaufs und der mittel- und langfristigen Veränderungen der Struktur, insbes. im Vergleich zum Ausland. – 2. *Institutionelle Abgrenzung* nach fachlichen und regionalen Aspekten, und vom Unternehmen her (Unternehmenskonzept). In den Erhebungskreis fallen Unternehmen mit 20 Beschäftigten mehr und deren Betriebe sowie produzierende Betriebe mit 20 Beschäftigten und mehr von Unternehmen anderer Wirtschaftsbereiche. – 3. Mit der Neuordnung sind die kurz- und mittelfristigen Statistiken auch hinsichtlich *Inhalt* (Erhebungsmerkmale) und *Periodizitäten* aufeinander abgestimmt

und damit vereinheitlicht worden. In mehrjährlichen Abständen werden Zensen und Material- und Wareneingangserhebungen durchgeführt.

II. Erhebungsziel: 1. *Erhebungstatbestände:* Zahl und Struktur der Unternehmen und Betriebe, Produktionsgrundlagen (Beschäftigte usw.), Auftragseingänge und -bestände, Produktionsaufwand (Materialverbrauch und Wareneingänge, sonstige Kosten usw.), Produktionsergebnisse (Umsätze, Warenproduktion), Betriebs- und Unternehmensergebnis, Investitionen (Anlagen, Vorräte) usw. – Vgl. auch Bruttoproduktionswert (→Bruttoproduktion 2), Nettoproduktionswert (→Nettoproduktion 2) →Wertschöpfung. – 2. *Periodizität:* Monatliche und vierteljährliche Angaben über Betriebe, Unternehmen, Beschäftigte, Arbeiterstunden, Umsätze, Löhne und Gehälter – teilweise auch über Brennstoff- und Energieverbrauch – und über die Produktion (→Produktionsstatistik, →Produktionsindex). Monatlich auch Auftragseingänge. Jährlich Angaben über Investitionen, Aufwendungen für gemietete und gepachtete Anlagegüter, Material- und Warenbestände sowie Investitionen über Unternehmen und Betriebe sowie über die Kostenstruktur der Unternehmen. In mehrjährlichen Abständen werden Daten zur Ermittlung des Nettoproduktionswertes sowie über die Zusammensetzung des Wareneingangs erhoben.

III. Teilerhebungen: 1. *Bergbau und Verarbeitendes Gewerbe:* a) Bei Betrieben monatlich der Monatsbericht einschl. Auftragseingangserhebung, der Produktionsteilbericht (für ca. 1000 Warenarten), vierteljährlich die Produktionserhebung (für ca. 6000 Warenarten), jährlich die Investitionserhebung, die Erhebung für Kleinbetriebe. b) Bei Unternehmen monatlich der Monatsbericht (Mehrbetriebsunternehmen), jährlich die Investitionserhebung, die Kostenstrukturerhebung, mehrjährlich Zensus und Material- und Wareneingangserhebung. – 2. *Baugewerbe:* a) Bei Betrieben monatlich der Monatsbericht im Bauhauptgewerbe einschl. Auftragseingangserhebung, der Monatsbericht im Ausbaugewerbe, vierteljährlich über die Statistik über den Auftragsbestand im Bauhauptgewerbe, die Produktionserhebung im Fertigteilbau, jährlich Totalerhebung im Bauhauptgewerbe. Zusatzerhebung im Ausbaugewerbe. b) Bei Unternehmen jährlich die Jahreserhebung einschl. Investitionserhebung im Baugewerbe, die Kostenstrukturerhebung, mehrjährlich Zensus und Material- und Wareneingangserhebung. – 3. *Energie- und Wasserversorgung:* a) Bei Betrieben monatlich der Monatsbericht, jährlich die Investitionserhebung. b) Bei Unternehmen monatlich der Monatsbericht über die Elektrizitätsversorgung, der Monatsbericht über die Gasversorgung, jährlich Jahreserhebung, Investitionserhebung, Kostenstrukturerhebung, mehrjährlich Zensus, Berechnung von Brutto- und Nettoproduktionsindizes, Indizes der Arbeitsproduktivität und des Auftragseingangs. – 4. Außerdem kleinere *Sonderstatistiken* bei Betrieben des Bergbaus und des Verarbeitenden Gewerbes mit Stromerzeugungsanlagen sowie hinsichtlich brennbarer Gase (Erdgas usw.).

Produzierendes Handwerk, →Produzierendes Gewerbe I.

Professor, Amtsbezeichnung für Hochschullehrer. Gemäß dem Gesetz zur Änderung des Bundesbesoldungsgesetzes vom 19.12.1986 (BGBl I 2542) werden unterschieden: a) Universitätsprofessor; b) Professor an einer wissenschaftlichen Hochschule; c) Professor an einer Kunsthochschule; d) Professor (an einer Fachhochschule).

Profilverfahren, *Wertskala-Verfahren,* Bewertungsverfahren. Die (interessierenden) Kriterien werden auf einem Kontinuum eingeordnet, das durch Zahlenwerte (z. B. von + 5 (positiv) bis − 5 (negativ) oder Zeichen / + + (positiv) bis − − (negativ) gebildet wird. Eine Alternativenbewertung kann durch *Profilvergleich* erfolgen, Anwendung u. a. zur →Produktbewertung. – *Beurteilung:* Die Erfassung des unterschiedlichen Entscheidungsgewichts der Kriterien ist problematisch; besser geeignet sind →Scoring-Modelle.

Profit. 1. *Klassik:* Bezeichnung für →Unternehmergewinn. – 2. *Marxismus:* Der Mehrwert (→Mehrwerttheorie), den sich der Unternehmer im →Kapitalismus als Eigentümer der Produktionsmittel durch →Ausbeutung der Arbeiter unentgeltlich aneignen kann. Das Verhältnis von Mehrwert zu insgesamt eingesetztem Kapital ist die →Profitrate; ein →tendenzieller Fall der Profitrate wird unterstellt. Der marxistische Begriff des P. impliziert wegen der zugrunde liegenden Ausbeutungstheorie den Vorwurf der Verwerflichkeit gegenüber dem Gewinnstreben der Unternehmer in einer →privatwirtschaftlichen Marktwirtschaft (Kapitalismus). Wesentliche und wichtige Funktionen, die der Gewinn in einer solchen Wirtschaftsordnung erfüllt (u. a. Finanzierung wachstumsinduzierender und fortschrittsfördernder Investitionen sowie risikovermindernder Rücklagen; Erfolgsindikator im Wettbewerbsprozeß), bleiben dabei einseitig unberücksichtigt.

Profit Center, *Erfolgsbereich.* 1. *Begriff:* →Organisatorischer Teilbereich, für den ein eigener Periodenerfolg ermittelt und zur gewinnorientierten Beurteilung bzw. Steuerung der Teilbereichaktivitäten herangezogen wird. Die Bereichsleiter operieren gewissermaßen wie selbständige Unternehmer. – 2. *Zweck:* Positive Motivation der Bereichsleiter wegen der Gewinnorientierung der Teilberei

che. – 3. *Funktionsbedingungen:* Der Erfolgsausweis und seine Aussagefähigkeit für die Beurteilung der Steuerung setzen voraus, daß Ertrags- und Aufwandsgrößen auf den Teilbereich zurechenbar und von seinem Leiter beeinflußbar sind; strenggenommen sind der Marktzugang der einzelnen Teilbereiche und eine ausreichende Entscheidungsautonomie der Bereichsleiter zu erfüllen. – 4. *Organisationsstruktur:* a) →*Spartenorganisation:* Die →Sparten sind in jeweils einen Beschaffungs- und Absatzmarkt eingebettet; geringe Interdependenzen aufgrund innerbetrieblicher Leistungsverflechtungen der Sparten. – b) Auch *andere Organisationsstrukturen* mit weniger günstigen Voraussetzungen (insbes. →*Funktionalorganisation*) sind möglich. Das Problem fehlender am Markt realisierbarer Erfolge der marktfernen Bereiche (z. B. Produktion) kann mit Hilfe fiktiver →Verrechnungspreise formal gelöst werden; allerdings ist angesichts der ausgeprägten internen Interdependenzen der P.C. bei Funktionalorganisation die Unabhängigkeit der Teilbereiche stark eingeschränkt. Die Motivationswirkung basiert folglich hier nicht auf unternehmerischer Gewinnverantwortung, sondern auf den Argumentationsnotwendigkeiten im Rahmen der Festlegung der Verrechnungspreise und der Interpretation der jeweils vorliegenden Periodenergebnisse.

profit contribution, →Deckungsbeitrag.

profit impact of market strategy, →PIMS.

profit-push inflation, →Inflation IV 2 b) (1).

Profitrate, Begriff der Wirtschaftstheorie des →Marxismus zur Kennzeichnung der Kapitalrentabilit. P. wird definiert als das Verhältnis von →Profit zur Summe aus eingesetztem →konstantem Kapital und →variablem Kapital. Die durch technischen Fortschritt bedingte Zunahme der →organischen Zusammensetzung des Kapitals führt zu einem →tendenziellen Fall der Profitrate, woraus die zwangsläufige zeitliche Begrenztheit des →Kapitalismus abgeleitet wird. Der Prozeß der Angleichung der unternehmensindividuellen P. zu einer gesamtwirtschaftlich durchschnittlichen Rate mittels Kapitalbewegungen von weniger rentablen in rentable Wirtschaftssektoren ist eine Ursache ökonomischer Disproportionen (vgl. →Krisentheorie).

Proformarechnung, Rahmenrechnung (Scheinrechnung), die vor der Originalrechnung ausgestellt wird. P. ist gebräuchlich v. a. im Außenhandel, um dem Importeur sowie ggf. die zuständigen Behörden des Einfuhrlandes über die Einzelheiten der zu erwartenden Sendungen zu unterrichten. Die Devisenbestimmungen einzelner Länder verlangen Vorlage einer P. zur Beschaffung der nötwendigen Devisen und Einfuhrlizenz vor Abgang der Sendung.

Prognose. I. Begriff: Aussage über zukünftige Ereignisse, insbes. zukünftige Werte ökonomischer →*Variablen* (z. B. angewandt als →Konjunkturprognose, →Situationsanalyse oder Bevölkerungsvorausrechnung), beruhend auf Beobachtungen aus der Vergangenheit und auf theoretisch fundierten objektiven Verfahren. P. richtet sich v. a. auf Variablen, die nicht oder kaum durch denjenigen gestaltbar sind, der die P. vornimmt. – *Grundlage* jeder P. ist eine allgemeine Stabilitätshypothese, die besagt, daß gewisse Grundstrukturen in der Vergangenheit und Zukunft unverändert wirken. – *Anders:* →technologische Voraussage.

II. Arten: 1. *Direkte, indirekte P.:* Direkte P. liegt vor, wenn Werte einer ökonomischen Variablen ausschließlich aus Werten derselben Variablen in der Vergangenheit heraus prognostiziert werden. Bei indirekter P. wird der Wirkungszusammenhang zwischen verschiedenen Variablen in die P. einer Variablen eingebaut; hierbei muß allerdings letztlich wieder auf direkte P. zurückgegriffen werden. – 2. *Qualitative, quantitative P.:* Bei qualitativer P. werden nur Art und Richtung der Entwicklung ökonomischer Variablen genannt; bei quantitativer P. geht es auch um das Ausmaß dieser Entwicklung. – 3. *Punkt-, Intervall-P.:* Bei Punkt-P. wird ein spezieller zukünftiger Wert für eine ökonomische Variable gesucht, bei Intervall P. wird hingegen eine Spanne verlangt, innerhalb derer sich der zukünftige Wert mit hoher „Sicherheit" befindet. Bei letzterer kann insbes. auch ein →Konfidenzniveau angegeben sein (→Prognoseintervall). – 4. *Bedingte, unbedingte P.:* In einem bestimmten Sinn ist jede P. bedingt, also als Wenn-Dann-Aussagen, zu verstehen; völlig unbedingte P. sind nicht möglich. Allerdings kann so vorgegangen werden, daß P. für ein und dieselbe Variable alternativ je nach gewissen eingehenden Voraussetzungen gemacht werden und dem Verwerter die Einschätzung für das Eintreten dieser Voraussetzungen überlassen wird, etwa bei Bevölkerungsprognosen unter verschiedenen Voraussetzungen bezüglich der Entwicklung der Geburten. – 5. *Einzel-P., P.-Systeme:* Einzel-P. richtet sich auf eine einzige ökonomische Variable. Ein P.-System bezieht sich auf eine Gesamtheit von Variablen, die in ihrer gegenseitigen Verknüpfung prognostiziert werden. – 6. Verschiedene *Fristigkeiten von P.:* kurzfristige P. (P.-Zeitraum bis ein Jahr); mittelfristige P. (bis fünf Jahre); langfristige P. (bis zehn Jahre); säkulare P. (über mehrere Jahrzehnte oder Jahrhunderte). – 7. a) *Entwicklungs-P. (Informations-P., Trend-P.):* Die Unternehmung übt keinen spürbaren Einfluß auf die zu prognostizierenden Größen aus (z. B. Marktentwicklung der Personal Computer insgesamt, Veränderungen des Abnehmerverhaltens oder Veränderungen im Distributionssystem); b)

Wirkungs-P. (Instrumental-P., Entscheidungs-P.): P. der Wirkungen von Maßnahmen der eigenen Unternehmung (z. B. auf Größen wie Absatzvoluminia, Absatzpotentiale in Abhängigkeit von bestimmten Maßnahmen). – 8. *Indikator-P.:* Indikatoren werden zur P. von Entwicklungen herangezogen. Indikatoren können, müssen aber nicht in kausaler Beziehung zu der zu prognostizierenden Variablen stehen. Indikatoren lassen sich unterteilen in vorauseilende, koindizierende und nacheilende Indikatoren. So ist die Zahl der erteilten Baugenehmigungen ein vorauseilender Indikator für die Nachfrage in der Baubranche.

III. Verfahren: 1. Bei *kurzfristigen P.,* insbes. im betrieblichen Bereich, werden direkte P. bevorzugt, v. a. Zeitreihen-P. mittels →gleitender Durchschnitte oder mittels →exponentiellem Glätten; bei *mittelfristigen* P. wird auch die →Methode der kleinsten Quadrate zur Fortrechnung des →Trends herangezogen oder auch, etwa bei Marktprognosen, die P. mittels Wachstumsfunktionen (logistische Funktion; Gompertz-Funktion). Bei Vorhandensein auch *saisonaler Komponenten* (→Komponenten einer Zeitreihe) erfolgt P. des Trends auf der Grundlage von Vergangenheitswerten, die einer Trendbereinigung unterworfen wurden; für P. des *Zukunftswertes* wird dann die Saisonkomponente geeignet hinzugerechnet. *Indirekte* P. erfolgen zumeist mit Hilfe der →Regressionsanalyse und Modellen der →Ökonometrie. – 2. Grundsätzlich *unterschieden* werden: a) *Quantitative Prognoseverfahren:* Basieren auf mathematischen Verfahren (z. B. Trend, Indikatorprognose, exponentielles Glätten). – b) *Qualitative Prognoseverfahren:* Basieren auf Erfahrungen, Kenntnissen und Fingerspitzengefühl; angewandt beim Fehlen quantitativer Daten (z. B. →Delphi-Technik, →Expertenbefragung, →Szenario-Technik).

IV. Beurteilung: 1. Beurteilung von P. kann zunächst *qualitativ* und *im voraus* erfolgen. Kriterien sind die ökonomisch-theoretische Fundierung, die Verträglichkeit von Einzelprognosen innerhalb eines Systems, die Verfügbarkeit qualifizierter Vergangenheitsdaten. – 2. Außerdem erfolgt Beurteilung oft *quantitativ* und *im nachhinein* durch eine geeignete globale Kennzeichnung der aufgetretenen →Prognosefehler (Durchschnitt des absoluten, des relativen Prognosefehlers; Korrelation zwischen prognostiziertem und eingetretenem Wert; Theilscher Ungleichheitskoeffizient). Allerdings sollten die aufgetretenen Prognosefehler nicht nur eine Messung, sondern auch eine Ursachenanalyse erfahren.

Prognosefehler, bei →Prognosen der Unterschied zwischen dem prognostizierten Wert und dem tatsächlich eingetroffenen Wert. Nur im nachhinein bestimmbar.

Prognoseintervall. 1. *Im engeren Sinne:* Bei Intervallprognosen (→Prognose) der Bereich, in dem der zu prognostizierende Wert mit einer bestimmten (hohen) →Wahrscheinlichkeit zu vermuten ist. Wird i. d. R. mit Hilfe der →Inferenzstatistik ermittelt. – 2. *Im weiteren Sinne:* Bezeichnung für ein Intervall verwendet, das alle Prognosen für den gleichen Zukunftswert einschließt; z. B. das P., das durch den kleinsten und den größten aus mehreren konkurrierenden Prognosewerten für das Wirtschaftswachstum in einem zukünftigen Jahr begrenzt wird.

Prognosekostenrechnung, Form der →flexiblen Plankostenrechnung. Die Preise werden aus der →Produktionsprogrammplanung abgeleitet.

Prognosemodell, komplexes Verfahren, das unter Verwendung einer Kombination unterschiedlicher Prognoseverfahren →Prognosen erstellt. Hierdurch wird versucht, allen möglichen Einflußfaktoren Rechnung zu tragen. – Vgl. auch →Modell, → ökonometrisches Prognosemodell.

program evaluation and review technique, →PERT.

Programm, *Computerprogramm.* 1. *Allgemein:* In der elektronischen Datenverarbeitung Darstellung eines Problemlösungsverfahrens in einer für den Computer verständlichen Form. P. werden in einer →*Programmiersprache* formuliert. – 2. *Speziell:* Bei Verwendung einer prozeduralen *Programmiersprache* maschinenverständliche Darstellung des →*Algorithmus* und der →*Daten*, die dieser bearbeitet. – 3. *Arten:* a) *Quellprogramm:* Das in einer höheren oder maschinenorientierten Programmiersprache formulierte P.; *Maschinenprogramm (Objektprogramm):* Das von einem →*Übersetzer* aus dem Quellprogramm erzeugte, ablauffähige P. – b) →*Hauptprogramm;* →*Unterprogramm.* – c) →*Anwendungsprogramm;* →*Auswertungsprogramm.*

Programmablaufplan (PAP), *Ablaufdiagramm, Blockdiagramm, Flußdiagramm, flow chart.* 1. *Begriff:* Graphisches Hilfsmittel zur Darstellung eines →*Algorithmus* oder zur Darstellung des Ablaufs in einem →*Programm.* – 2. *Darstellungsform:* Symbole für verschiedene Arten von Operationen (z. B. Rechtecke, Rauten), durch *Ablauflinien* miteinander verbunden. Die Ablauflinien bestimmen die Reihenfolge, in der die Operationen ausgeführt werden sollen. – 3. *Verwendung:* Früher gebräuchliches Hilfsmittel bei der Algorithmenentwicklung; in der Praxis heute noch weit verbreitet, in der Ausbildung weniger; wird auch zur Darstellung anderer als EDV-gestützter Abläufe eingesetzt. – 4. *Nachteile:* Die P.-Technik behindert die →strukturierte Programmierung wegen der ungezügel-

ten Verwendungsmöglichkeit von Ablauflinien; vorzuziehen: →Struktogramm. – 5. *Standardisierung:* P.-Symbole sind in der DIN-Norm 66001 genormt.

programmable read only memory, →PROM.

Programmbibliothek, Sammlung von →Systemprogrammen und/oder →Anwenderprogrammen für eine →elektronische Datenverarbeitungsanlage; in externen →Speichern gespeichert und für den direkten Zugriff der →Zentraleinheit zur Übernahme in den →Arbeitsspeicher bereitgehalten. Wegen der Menge und Komplexität der Programme heutiger EDV-Systeme werden P.-Verwaltung und -Pflege speziellen *Bibliotheksverwaltungsprogrammen* übertragen (Systemprogramme).

Programmbreite. 1. Synonym für →*Produktionsprogrammbreite.* Zahl der Produktarten und -linien (Kombination bedarfsverwandter Produktarten zu einer eigenen Leistungsart) innerhalb eines *Produktprogramms* (Hersteller). – 2. Zahl der Artikel und Warengruppen im *Handelssortiment (= Sortimentsbreite).* – Vgl. auch →Programmtiefe.

Programmbudget, *planning programming budgeting system (PPBS).* 1. *Begriff:* Ein integriertes Ziel-, Planungs- und Kontroll-System; in den USA seit den 50er Jahren entwickeltes, ab Beginn der 60er Jahre praktiziertes Hilfsmittel bei der Budgetaufstellung. – 2. *Zweck:* Das P. soll als eine Art Managementkonzept durch Anwendung der Erkenntnisse der Systemtheorie auf die Arbeitsweise staatlicher Investitionen mittels Sichtbarmachen des Gesamtzusammenhanges aller Entscheidungselemente und Offenlegung auch der langfristigen Kosten und Konsequenzen dieser Entscheidungen die Rationalität des staatlichen Handelns erhöhen. – 3. *Schritte zur Aufstellung des P.:* a) *Planning:* operationale Definition und Quantifizierung der Ziele. – b) *Programming:* Analyse der Zielrealisierung und Auswahl unter den Zielalternativen. – c) *Budgeting:* Ausgabenberechnung und Budgetaufstellung. – 4. *Charakterisierung:* Ausgangspunkt sind nicht die Haushaltsansätze der unteren Verwaltungsbehörden, sondern umgekehrt die Ziele des Staates nach einer Prioritätenskala. – Die *tragenden Elemente des Systems* sind: a) Die nationale Zielanalyse (national goals analysis), die aus den „höchsten" gesellschaftlichen Normen weitere, nachrangige (nationale) Ziele ableitet und durch Operationalisieren und Quantifizieren in realisierbare Programmziele umformen will. b) Die →Kosten-Nutzen-Analyse, die alternative Programme bewerten und beurteilen will, um den politischen Entscheidungsprozeß zu rationalisieren. – 5. *Beurteilung/ Bedeutung:* Das Urteil über die Verwendbarkeit des P. ist in den USA geteilt; den Vorteilen generell verbesserter Entscheidungsabläufe durch Zentralisation stehen Schwächen instrumenteller, administrativer und politischer Art gegenüber, die in der Problematik der Kosten-Nutzen-Analyse liegen, mit der Ausbildung des Personals verbunden sind und das auch für die geltende Budgetierungspraxis in der Bundesrep. D. kennzeichnende Problem einer Machtverlagerung von der Legislative zur Exekutive nicht haben umkehren können. – P. wurde auf US-Bundesebene 1971 wieder abgeschafft; auch vergleichbare P.-Systeme in anderen Ländern blieben ohne nachhaltigen Erfolg.

Programmentwicklung, Begriff der elektronischen Datenverarbeitung für den Vorgang der Erstellung eines →Programms durch den →Programmierer. Bei Verwendung einer prozeduralen →Programmiersprache umfaßt P.: a) die Entwicklung des →*Algorithmus* und der →*Datenvereinbarungen;* b) deren Umsetzung mit den Ausdrucksmitteln einer *Programmiersprache* (→Codierung).

Programm für Zukunftsinvestitionen (ZIP), von der Bundesregierung und den Länderregierungschefs 1977 gebilligtes mehrjähriges Investitionsprogramm zur wachstums- und umweltpolitischen Vorsorge. Das ZIP sah bis 1980 Investitionsausgaben von insgesamt 16 Mrd. DM vor. Es zielte u.a. darauf ab, die →Infrastruktur zu verbessern, günstigere Umweltbedingungen zu schaffen, den wirtschaftlichen Strukturwandel zu erleichtern und abzustützen und einen Beitrag zu höherer Beschäftigung zu leisten. Schwerpunktmäßig umfaßte das Programm Verbesserungen im Verkehrssystem, rationelle und umweltfreundliche Energieverwendung, wasserwirtschaftliche Zukunftsvorsorge, Verbesserung der Wohnumwelt und der Berufsausbildung (→Umweltinfrastruktur, →staatliche Verkehrspolitik). Im Programmteil Verkehr ging es v.a. um Maßnahmen zur Hebung der Verkehrssicherheit (Beseitigung höhengleicher Bahnübergänge und von Unfallschwerpunkten im Fernstraßennetz, Bau von Ortsumgehungen), um Strukturverbesserungen im Verkehrsnetz (Autobahnanbindungen in strukturschwachen Räumen, Elektrifizierung von Strecken der Deutschen Bundesbahn, Umbaumaßnahmen an Bahnhofsgebäuden, Erneuerung der Schleusenanlage Geesthacht) sowie um sonstige Maßnahmen (z.B.Schallschutzmaßnahmen an Bundesfernstraßen in Härtefällen). Für den Verkehr waren Investitionsausgaben von 3,721 Mrd. DM vorgesehen.

Programmgenerator, →Generator für standardisierte Anwendungen, vorwiegend in der →betrieblichen Datenverarbeitung. Gesteuert durch die Eingabe bestimmter vorgegebener Parameter generiert ein P. →Programme in einer höheren →Programmiersprache, häufig →Cobol.

programmgesteuerte Disposition, →PPS-System II 3 a).

Programmhandel, Handel mit großen Wertpapier-Portefeuilles (→Portefeuille), v.a. mit Index-Portefeuilles (wie ein bestimmter →Aktienindex aufgebaute Portefeuilles), auf „einen Schlag". Wird insbes. von institutionellen Großanlegern betrieben. Nach dem Kurssturz am 19.10.1987 („Schwarzer Montag") forderte die Börsenaufsichtsbehörde eine Beschränkung des P., weil der P. vermutlich zu einer Überlastung der Börsencomputer führte und dadurch bedingt, die Bedienung der Kleinaktionäre nicht gewährleistet war.

Programmhilfe. 1. Ausrichtung der →Entwicklungshilfe auf die Durchführung bzw. Förderung umfassender Entwicklungsprogramme anstelle einzelner, für sich selbständiger Projekte (→Projekthilfe). – 2. Ungebundene Zahlungsbilanz- bzw. Budgethilfe.

programmierbare Entscheidung, *programmierte Entscheidung.* 1. *Begriff:* →Entscheidung, für die die Organisation spezifische Prozesse entwickelt. Voraussetzung für p.E. ist das Vorliegen wohl strukturierter Probleme, d.h. die Merkmale: eindeutig formulierte Ziele, Informationen über deren Konsequenzen, Vorhandensein eines Lösungsalgorithmus müssen gegeben sein. – 2. *Arten* (nach dem Grad der Programmierbarkeit): a) *Routineentscheidungen,* bei denen das Ausführungsprogramm direkt assoziiert wird. – b) *Adaptive Entscheidungen,* bei denen das Ausführungsprogramm zwar zunächst nicht bekannt ist, aber mit Hilfe eines zulässigen Algorithmus sicher gefunden werden kann. – c) *Innovative Entscheidungen,* bei denen weder Ausführungsprogramm noch zulässiger Algorithmus bekannt sind; innovativ sind Entscheidungen auch dann, wenn wohl definierte Entscheidungsprobleme mit heuristischen Programmen gelöst werden oder wenn ein Algorithmus erst entwickelt werden muß. – Vgl. auch →Entscheidungstabellen, →Operations Research, →elektronische Datenverarbeitung, →nichtprogrammierbare Entscheidungen.

Programmierbüro, kleines Unternehmen, das vorrangig Entwicklung von →Individualsoftware für externe Auftraggeber betreibt, z.T. auch EDV-Beratungsleistungen. Abgrenzung zu →Softwarehaus meist anhand des Jahresumsatzes (≤ 1 Mill. DM).

Programmierer. 1. *Begriff:* Berufsbild in der →betrieblichen Datenverarbeitung. Person, die →Programme erstellt. – 2. *Aufgaben:* P. werden je nach Arbeitsteilung und Aufgabenumfeld nur für die →Codierung, für die →Programmentwicklung oder, bei der Entwicklung von →Softwaresystemen, für die →Implementierung von →Modulen eingesetzt. Vgl. auch →Programmiererproduktivität. – 3. *Arten* (nach Art der Programme): →Anwendungsprogrammierer; →Systemprogrammierer; für die Softwarewartung →Wartungsprogrammierer.

Programmiererproduktivität, Kennzahl für die Produktivität eines →Programmierers, meist gemessen in →lines of code pro Zeiteinheit (Jahr, Monat oder Tag), die der Programmierer ablieferungsfertig erstellt. – Häufig verwendet, aber grundsätzlich eine *ungeeignete Kennzahl,* die die Leistung eines Programmierers nicht adäquat wiedergibt. Gründe: Programme, auf die sich die Maßgröße lines of code bezieht, entstehen in der Phase der →Implementierung (→Codierung); diese macht nur einen geringen Anteil des →software life cycle aus; es wird unterstellt, daß der Zeitaufwand in den anderen Phasen (Problemanalyse, Entwurf, Testen, Dokumentieren usw.) sich proportional zur Anzahl der Zeilen der fertigen Programme verhält.

Programmierkonventionen. 1. *Begriff:* Vorgaben für →Programmierer über die Gestaltung von →Programmen. – 2. *Inhalt:* Meist Richtlinien zum →Programmierstil, Vorgaben für die Benennung von Objekten eines Programms (→Variable, →Unterprogramme, →Dateien usw.), maximal zulässige →Modulgröße, zu verwendende →Softwareentwurfsmethode, →Softwarewerkzeuge u. a. – 3. *Bedeutung:* In der Praxis erhebliche Bedeutung für die →Softwarequalität (v. a. →Verständlichkeit, →Wartungsfreundlichkeit); unabdinghbar, wenn neuere Konzepte der *Software-Technologie* (→Software Engineering IV 4) in einer →Programmiersprache umgesetzt werden sollen, die dafür keine unmittelbaren Sprachelemente zur Verfügung stellt.

Programmiersprache. I. B e g r i f f u n d A u f g a b e: Eine P. ist eine *künstliche Sprache* (Gegensatz: natürliche Sprache, z. B. deutsch, englisch) zur Verständigung zwischen Mensch und →Computer. Sie ist durch ihre Syntax (→Syntax einer Programmiersprache) und Semantik (→Semantik einer Programmiersprache) definiert. In einer P. stellt man Verfahren zur Problemlösung in einer für den Computer „verständlichen" Form dar. Der Mensch (→Programmierer) muß die P. erlernen.

II. K a t e g o r i e n: Eine einheitliche Untergliederung existiert nicht. Die Zuordnung einer P. zu einer Kategorie erfolgt meist anhand von grundlegenden *Sprachkonzepten.* Oft vereinigt allerdings eine P. in sich Merkmale verschiedener Konzepte, so daß die Zuordnung aufgrund des am stärksten ausgeprägten Konzepts erfolgt. – 1. In *prozeduralen (imperativen) P.* formuliert man →*Algorithmen;* der Programmierer gibt einen Ablauf von Operationen zur Lösung eines Problems an. *Beispiele:* →Ada, →Basic, →C, →Cobol,

→Fortran, →Pascal, →Pl/1; am weitesten verbreitet. – 2. In *nichtprozeduralen P.* steht das Problem selbst, nicht der Ablauf, im Vordergrund. – a) *Deklarative P.* gestatten eine Beschreibung des Problems in der Form, daß die relevanten Sachverhalte und die Beziehungen zwischen diesen angegeben werden. Die als Ergebnis gewünschten Sachverhalte werden aus der Problembeschreibung automatisch abgeleitet, sofern ein Lösungsweg gefunden werden kann. *Beispiele:* →Prolog, →Lisp, Fp. – b) *Applikative (funktionsorientierte) P.* sehen die Problemlösung durch wiederholten Aufruf von →Funktionen vor. *Beispiele:* →Lisp, Fp. – c) In *objektorientierten P.* definiert man Objekte (Daten und zugehörige Operationen), die durch Nachrichten miteinander kommunizieren. *Beispiel:* →Smalltalk.

III. G e n e r a t i o n e n: Historisch unterscheidet man P. nach der Entfernung der Sprachebene von der computerinternen Darstellungsform einerseits und der Nähe zu den Problemen des Benutzers andererseits. – 1. In einer *P. der 1. Generation (Maschinensprache)* muß ein →*Programm* in enger Anlehnung an die interne Repräsentation der →Befehle eines ganz bestimmten Computertyps im →Binärcode formuliert werden. – 2. *P. der 2. Generation (maschinenorientierte P.; Assemblersprache)* orientieren sich immer noch an der internen Darstellungsform eines bestimmten Computertyps, erlauben aber eine *symbolische Ausdrucksweise;* d. h. →Befehle und →Daten werden durch *Namen* angesprochen. – 3. *P. der 3. Generation (höhere P.; problemorientierte P.)* sind prozedurale Sprachen (vgl. II), deren Elemente sich an den Problemen des Benutzers (z. B. mathematischen, kommerziellen Problemen) orientieren und nicht an den Eigenschaften eines bestimmten Computers. – 4. *P. der 4. Generation* sind P., die sich durch noch stärkere Endbenutzernähe auszeichnen. Sie kommen v. a. im Bereich der →Datenbanksysteme und der →künstlichen Intelligenz zum Einsatz. Der Begriff wird nicht einheitlich verwendet.

IV. S t a n d a r d i s i e r u n g: Vgl. →Programmiersprachenstandard.

Programmiersprachenstandard. 1. *Begriff:* Von einer nationalen oder internationalen Standardisierungsorganisation festgelegte Definition einer →Programmiersprache. P. existieren u. a. für →Ada, →Basic, →Cobol, →Fortran, →Pascal, →Pl/1. – 2. *Standardisierungsinstitutionen* u. a.: a) international: →ISO; europäisch: →ECMA; b) national: →DIN, →ANSI. – 3. *Bedeutung:* P. sind für die →Portabilität von Softwareprodukten äußerst wichtig; jedoch akzeptieren die →Übersetzer für Programmiersprachen oft Modifikationen und Erweiterungen, so daß die Portabilität leidet. Rigoros wird der P. nur bei Ada eingehalten, wo tatsächlich nur eine einzige Version der Sprache existiert.

Programmierstil. 1. *Begriff:* Gestaltung des Texts eines *Quellprogramms* (→Programm) in einer Form, die für einen *menschlichen* Leser ansprechend und verständlich ist. – 2. *Wichtigste Aspekte:* a) klare inhaltliche Strukturierung des Programmtexts; b) optische Strukturierung (übersichtliches Text-Layout); c) Verbalisierung: aussagefähige Bezeichnungen und Erläuterungen (Kommentare) im Programmtext. – 3. *Unterstützung:* Starker Einfluß auf den P. geht von der →*Programmiersprache* aus. Manche Sprachen unterstützen einen sinnvollen P. (z. B. →Ada, →Cobol, →Pascal, →Pl/1), andere behindern ihn erheblich (z. B. →Basic, →Fortran, →Assembler).

programmierte Entscheidung, →programmierbare Entscheidung.

programmierte Textverarbeitung (PTV), *(Text-) Bausteinkorrespondenz.* 1. *Begriff:* Verfahren für Textsysteme, mit dem durch Abruf kombinationsfähiger, gespeicherter Textbausteine und Hinzufügung individueller Informationen die programmgesteuerte Niederschrift individueller Texte möglich ist. – 2. *Voraussetzungen:* a) Texthandbücher nach Sachgebieten geordnet; b) Textbausteine und Zugriffscodes; c) Geräte mit Textfunktionen und Betriebssystem. – 3. *Vorbereitung:* a) →Korrespondenzanalyse; b) Entwicklung von Textbausteinen.

programmierte Unterweisung, *Teachware,* Programm für Einweisungs- und Schulungszwecke entsprechend den Lehr- und Lernschritten der Pädagogik und Didaktik.

Programmierumgebung, Begriff aus dem →Software Engineering, uneinheitlich verwendet. – 1. Bei der *„Programmierung im Großen"* (→Software Engineering IV 4): P. bezeichnet die Umgebung des Softwareentwicklung und -wartung, d. h. alle →Hardware-Komponenten und →Software-Komponenten, die die direkte Kommunikation des Software-Entwicklers mit dem →Computer ermöglichen. Vgl. auch →Softwareentwicklungsumgebung. – 2. Bei der *„Programmierung im Kleinen":* Eine P. stellt Softwarewerkzeuge in integrierter, aufeinander abgestimmter Form für die einzelnen Tätigkeiten bei der →Programmentwicklung zur Verfügung. Dazu gehören i. a. ein leistungsfähiger →Editor, ein schneller und einfach zu bedienender →Übersetzer sowie ein →Binder und ein →Lader.

Programmierung, Begriff aus der elektronischen Datenverarbeitung mit unterschiedlichen Auslegungen: 1. Synonym für →*Programmentwicklung:* →Dialogprogrammierung, →logische Programmierung, →strukturierte Programmierung. – 2. Synonym für →*Codierung.*

Programmlohn, vereinbarter Festlohn in der Einzelfertigung. P. garantiert einer Arbeitsgruppe für einen bestimmten Zeitraum ein bestimmtes Lohnniveau. Für Teilfertigungen (Programme) werden der Arbeitsgruppe Zeiten vorgegeben. Eine besondere Vergütung für Zeitunterschreitungen findet nicht statt, da der gesamte Arbeitsablauf dadurch nicht beschleunigt werden kann.

programmorientierte   Haushaltsplanung, Begriff der finanzwissenschaftlichen Budgetlehre; Methode der Haushaltsplanung. Ausgehend von überministeriell fixierten politischen Programmen erfolgt die Planung von „oben nach unten". In neueren Modellen zur Haushaltsplanung vorgeschlagen. – *Gegensatz:* →Inkrementalismus. – Vgl. auch →Haushaltsplan.

Programmpaket, →Softwarepaket.

Programmplanung, →operative Planung, →strategisches Management, →Unternehmensplanung IV.

Programmpolitik, →marketingpolitische Instrumente.

Programmsystem, →Softwaresystem 1.

Programmtest, →Testen.

Programmtiefe. 1. Synonym für →Produktionsprogrammtiefe. Zahl der verschiedenen Varianten (Modelle, Typen) einer Produktart im *Produktprogramm* des Herstellers, bestimmt durch Art und Umfang der →Produktdifferenzierung. – 2. Zahl der Artikel im *Handelssortiment (Sortimentstiefe),* bestimmt durch Betriebstyp und Einkaufspolitik. – Vgl. auch →Programmbreite.

Programmverifikation. 1. *Begriff der Informatik:* a) formale Vorgehensweise mit dem Ziel, die *Korrektheit* eines →Programms bzw. →Moduls *zu beweisen;* b) Forschungsgebiet, das sich mit Methoden des Korrektheitsbeweises beschäftigt. – 2. *Motivation:* Da mit dem gebräuchlichen →*Testen* eines Programms die Korrektheit nicht garantiert werden kann, wurde nach Möglichkeiten gesucht, als Ersatz oder in Ergänzung der Korrektheit durch theoretische Analyse des Programmtexts zu beweisen. – 3. *Voraussetzungen:* a) eine →formale Spezifikation der Aufgabe des Programms bzw. Moduls; b) eine formale Beschreibung der →Semantik der Programmiersprache: (1) axiomatische Semantik (Prädikatensemantik) oder (2) denotationale Semantik (Funktionensemantik). – 4. *Vorgehensweise:* a) Auf der Grundlage einer *axiomatischen Semantik* versucht man, durch syntaktische Analyse des Programmtexts zu beweisen, daß bestimmte logische Aussagen für die *Ausgangsgrößen* des Programms gelten unter der Voraussetzung, daß bestimmte logische Aussagen für die *Eingangsgrößen* gelten. Grundlage der Analyse sind Festlegungen, wie die einzelnen Sprachkonstrukte logische Aussagen transformieren; die Festlegungen bezeichnet man als die axiomatische Semantik der Programmiersprache. – b) Die *denotationale Semantik* einer Programmiersprache ist eine komplexe mathematische Beschreibung des *Funktionenraums*, der für *jedes* Programm der Sprache angibt, welche Funktion dieses berechnet. Es existieren aufwendige Verfahren, um aufgrund dieser Beschreibung beweisen zu können, welche Funktion ein *konkretes* Programm berechnet, d. h. ob es korrekt i. S. der →Spezifikation ist. – 5. *Vorteil:* Korrektheit wird *bewiesen*, nicht nur unterstellt wie beim Testen. – *Nachteil:* P. von Hand ist extrem aufwendig; läßt sich nur bei sehr kleinen Programmen anwenden, bei größeren Programmen nicht praktikabel. Intensive Forschungsbemühungen in der Informatik, die P. so weit wie möglich zu *automatisieren*.

Progression, →Steuerprogression, →versteckte Progression, →progressive Kosten.

Progressionsvorbehalt. I. Begriff: 1. P. im *Außensteuerrecht:* Ein im Rahmen der →Freistellungsmethode angewandtes Verfahren, wonach die →ausländische Einkünfte und Vermögensteile im →Wohnsitzstaat zwar aus der Bemessungsgrundlage der relevanten Steuern herausgenommen werden, aber für die Berechnung des progressiven Steuersatzes auf die inländischen Einkünfte und Vermögensteile berücksichtigt werden. – 2. P. im *nationalen Steuerrecht:* Hat ein unbeschränkt Steuerpflichtiger bestimmte steuerfreie Bezüge (Arbeitslosengeld, Kurzarbeitergeld, Schlechtwettergeld oder Arbeitslosenhilfe) bezogen, so sind diese Lohnersatzleistungen mit den nach § 32 b II Nr. 1 EStG zu ermittelnden Bruttobeträgen bei der Bemessung des Steuersatzes für das zu versteuernde Einkommen einzubeziehen. Tabellen über die den einzelnen Leistungsbeträgen entsprechenden Bruttobeträge werden vom Bundesminister der Finanzen jährlich im BStBl Teil I veröffentlicht.

II. Technik: 1. Die ausländischen Einkünfte und Vermögensteile bzw. die bezogenen Lohnersatzleistungen *scheiden* aus der inländischen Steuerbemessungsgrundlage vollständig und endgültig aus. – 2. Sie werden jedoch für die *Berechnung* des auf die übrigen inländischen Einkünfte/Vermögensteile des Steuerpflichtigen anzuwendenden *progressiven Steuersatzes* in der Weise berücksichtigt, daß positive ausländische Einkünfte/Vermögensteile bzw. die den inländischen Einkünften/Vermögensteilen hinzugerechnet und negative ausländische Einkünfte/Vermögensteile von ihnen abgezogen werden.

III. Wirkungen: 1. *Positive Wirkung,* wenn die ausländischen Einkünfte negativ sind, so daß für Zwecke der Steuersatzberechnung die Bemessungsgrundlage vermindert wird. Sind

die negativen ausländischen Einkünfte gleich oder höher als die inländischen Einkünfte, so sinkt der Steuersatz auf Null ab, so daß im Ergebnis eine vollständige Freistellung erreicht wird. – 2. *Negative Wirkung,* wenn die ausländischen Einkünfte positiv sind und somit für die Berechnung des Steuersatzes die inländische Bemessungsgrundlage erhöhen.

IV. Anwendungsbereich: 1. Der P. ist ausnahmslos in allen neueren deutschen →Doppelbesteuerungsabkommen vorgesehen, wenn die Freistellungsmethode zur Vermeidung der →Doppelbesteuerung vorgesehen ist. – 2. Die Anwendung des P. erstreckt sich zwar auf alle Steuerarten, die im Doppelbesteuerungsabkommen erfaßt sind. *Auswirkungen* treten aber nur bei den Steuern ein, die einen progressiven Tarif aufweisen, in der Bundesrep. D. im wesentlichen nur die Einkommensteuer und die Erbschaft- und Schenkungsteuer. – 3. Im *nationalen Steuerrecht* (§ 32 b EStG): P. bei Bezug sg von →Lohnersatzleistungen (→Arbeitslosengeld, →Kurzarbeitergeld, →Schlechtwettergeld, →Arbeitslosenhilfe) oder b) →ausländischen Einkünfte.

Progressionszone, Begriff des Einkommensteuerrechts. Vgl. im einzelnen →Einkommensteuertarif.

progressive Abschreibung, Form der →Abschreibung mit von Jahr zu Jahr steigenden Beträgen, wobei die Progression arithmetisch oder geometrisch verlaufen kann. – 1. *Handelsrecht:* Die p. A. ist *in der Praxis* nahezu bedeutungslos, da sie i. d. R. dem →Vorsichtsprinzip und damit auch den →Grundsätzen ordnungsmäßiger Buchführung widerspricht. Beispiel für eine Ausnahme: Eine Anlage, deren Kapazität anfänglich nicht ausgelastet ist und die erst sukzessive in die Vollbeschäftigung hineinwächst. Aber auch in einem solchen Fall ist sorgfältig zu prüfen, ob nicht technische oder wirtschaftliche Gründe ein anderes Abschreibungsverfahren erforderlich machen. – 2. *Steuerrecht:* Die p. A. ist unzulässig (vgl. die abschließende Regelung der Abschreibungsmethoden durch § 7 EStG). – *Gegensatz:* →degressive Abschreibung.

progressive Erfolgsrechnung, mehrstufige →Erfolgsrechnung, bei der die Kosten einzelner Bezugsgrößen angesetzt und im letzten Schritt Erlösen gegenübergestellt werden. P. E. sind typisch für Erfolgsrechnungen im Rahmen der →Vollkostenrechnung. – *Gegensatz:* →retrograde Erfolgsrechnung.

progressive Kalkulation, mehrstufige, von einzelnen Kostenbestandteilen bis zu den Gesamtkosten einer Bezugsgröße fortschreitende →Kalkulation. P. K. sind typisch für Kalkulationen im Rahmen der →Vollkostenrechnung. – *Gegensatz:* →retrograde Kalkulation.

progressive Kosten, *überproportionale Kosten,* aufsteigende Kosten (Gesamtkosten, →Durchschnittskosten, →Stückkosten) in Abhängigkeit von der →Beschäftigung: Die Kosten steigen in stärkerem Maße als die Kosteneinflußgröße Beschäftigung. Die p. K. können erklärt werden: a) unter Umkehrung der Entwicklungsgrundsätze des →Ertragsgesetzes oder b) durch rein →intensitätsmäßige Anpassung. – Vgl. auch →Kostenverlauf.

progressive Kundenwerbung, *Schneeballsystem, Lawinensystem,* Anwerbung von Kunden, denen für den Fall der Anwerbung weiterer Kunden erhebliche finanzielle Vorteile in Aussicht gestellt werden. Strafbar nach §6c UWG (→unlauterer Wettbewerb). – *Strafrechtliche Bestimmungen:* Vgl. →Schneeballsystem.

progressive Planung, →Unternehmensplanung VII 3 b).

progressive Prüfung, →Prüfung eines Vorgangs, ausgehend vom wirtschaftlichen Tatbestand bis zur Letzterfassung im Rechnungswesen, über eine →Prüfungskette. Vorteil dieser Methode ist es, daß Fehler sich in Prüfungsrichtung fortpflanzen, weshalb vorgelagerte Ist-Objekte nicht berichtigt werden müssen, bevor die Prüfung beendet werden kann.

progressiver Akkord, Sonderform des →Akkordlohns, bei der die Lohnkurve in Abhängigkeit vom Leistungsgrad progressive Verläufe aufweist. Der Arbeitnehmer soll entsprechend seiner Leistung in steigendem Umfang an dieser Leistung beteiligt werden. Die Steigerung der Arbeitsleistung über einen gewissen Grad hinaus erfordert einen Mehraufwand an Arbeitskraft, der über den proportionalen Zuwachs hinausgeht. Hierbei sind stetig steigende und sprunghaft steigende Stückakkordsätze möglich. – In der *Bundesrep. D.* nicht erlaubt. – *Gegensatz:* →degressiver Akkord.

progressiver Steuertarif, →Steuerprogression.

Prohibitivpreis, Preis, bei dem auf einem Markt die Nachfrage nach dem betreffenden Gut Null beträgt (→Preisbildung).

Prohibitivzoll. 1. *Im engeren Sinne:* Belastung einer Auslandsware mit absichtlicher hoher Grenzübergangsabgabe, daß Einfuhr möglichst unterbleibt. P. ersetzt insoweit gesetzliches Einfuhrverbot und bezweckt keinerlei Staatseinnahme. – 2. *Im weiteren Sinne:* Das Maß überschreitender Zoll, der zwar auf (große) Einnahmen abzielt, doch durch Nichtachtung ökonomischer Faktoren in das Gegenteil, nämlich in Drosselung des Imports und damit minimale Zolleinnahmen ausschlägt.

PRO HONORE – Verein für Treu und Glauben im Geschäftsleben e. V., Sitz in Hamburg. – *Aufgaben:* Bekämpfung von Mißbräuchen und Unsitten, die der kaufmännischen Ehre widersprechen; Bekämpfung des unlauteren Wettbewerbs, des Kreditbetrugs und des Bestechungswesens; Beratung in wettbewerbsrechtlichen Fragen.

Projekt. 1. *Begriff:* Zeitlich befristete, relativ innovative und risikobehaftete →Aufgabe von erheblicher Komplexität, die aufgrund ihrer Schwierigkeit und Bedeutung meist ein gesondertes →Projektmanagemen (u. U. →Krisenmanagement im Fall von Krisen-P.) erfordert. – 2. *Beispiele:* Erstellung schlüsselfertiger Fabrikationsanlagen, Entwicklung neuartiger Produkte, Umstellung der Produktion auf neue Technologie, →Reorganisation. – 3. Da zur Projektrealisierung regelmäßig mehrere →organisatorische Einheiten zusammenwirken müssen, und zur Bewältigung der projektbedingten Anforderungen an die Koordination häufig eine spezielle →Projektorganisation zweckmäßig.

Projektfortschrittsmanagement, →Projektmanagement 3 a).

Projektgemeinschaft, →Ad-hoc-Kooperation.

Projekthilfe, Bindung der Vergabe von →Entwicklungshilfe an ein bestimmtes Entwicklungs(hilfe)projekt.

Projektion. I. S t a t i s t i k : Aussage über zukünftige Ereignisse, insbes. über zukünftige Werte ökonomischer →Variablen. P. ist nicht, wie →Prognosen, ausschließlich auf Beobachtungen aus der Vergangenheit und objektive Verfahren gegründet, sondern es gehen auch subjektive Einschätzungen, etwa von Experten, ein.

II. P s y c h o l o g i e : Verlegung subjektiver Vorgänge oder Inhalte in ein Objekt der Außenwelt, ein bestimmter, krankhafter Abwehrmechanismus des Menschen (→Tiefenpsychologie).

projektive Verfahren, →psychologische Testverfahren, heute vielfach in der Verbrauchsforschung verwendet. Mit Hilfe dieser Techniken soll versucht werden, von den Auskunftspersonen geleugnete bzw. unterdrückte Charakteristika, Motive, Einstellungen usw. zu erfahren. P. V. sollen die →Validität erhöhen, weil die eigentliche Zielrichtung der Frage, auf die die Person nicht antworten will oder kann, verdeckt bleibt. Die Befragten werden über indirekte Fragetechniken dazu bewegt, eigene Charakterzüge in die Umwelt zu „projizieren". – *Beispiele*: →Thematischer Apperzeptionstest, →Dritte-Person-Technik, →Personen-Zuordnungs-Test, →Satzergänzungstest, →Wortassoziationstest.

Projektmanagement. 1. *Begriff:* Das organisatorische Instrumentarium zur Durchführung eines Projekts, insbes. bei komplexeren Aufgaben (→Projektplanung und -kontrolle). – 2. *Ziele/Aufgaben:* Gewährleistung der Wirtschaftlichkeit; Schaffung von Transparenz bei der Projektabwicklung hinsichtlich Verantwortlichkeit, Terminen, Kosten und Qualität; Ergebnissteuerung. – 3. *Formen:* a) *Projektfortschrittsmanagement:* Termin-, Zeit-, Ressourcenplanung und -steuerung (Personaleinsatz-, Kosten-, Budgetmanagement); b) *Ergebnissteuerungsmanagement:* Vgl. →Meilensteine. – 4. *Aspekte des P.:* Vorgehensweise im Projekt (z. B. nach einem →Phasenmodell), Projektführung; Kontrolle mit Soll-Ist-Vergleichen, Abweichungsanalysen, Berichtswesen; Projektorganisation (z. B. Festlegung der Aufbauorganisation, Kompetenzzuordnung); Projektdokumentation; Projektergebnissteuerung (z. B. mit →reviews). – 5. *Methodische Unterstützung:* Für das P. stehen zahlreiche Methoden und Arbeitsmittel (Netzpläne, Aktivitätenberichte, Wochenberichte, Dokumentationsrichtlinien u. a.) zur Verfügung. – →Softwarewerkzeuge und →Softwareentwicklungsumgebungen unterstützen häufig das P., teils durch einzelne Hilfsmittel, teils auch in Form eines geschlossenen Systems für alle Phasen eines Projekts. – 6. *Typische Anwendungsgebiete:* Softwareentwicklungsvorhaben, Anlagenbau, Forschungs- und Entwicklungsbereich.

Projektorganisation. 1. *Begriff:* System der →Kompetenz für die Erfüllung befristeter, komplexer →Aufgaben (→Projekte). – 2. *Institutionalisierungsalternativen:* a) Zusammenarbeit mit den für die permanenten Aufgaben zuständigen organisatorischen Einheiten der bestehenden Grundstruktur durch →Stäbe *(Stabs-Projektorganisation)* oder →Entscheidungseinheiten *(Matrix-Projektorganisation).* – b) Autonome Projekteinheiten, in denen sämtliche Projektrealisierung erforderlichen Kompetenzen zusammengefaßt sind *(reine P.).* – 3. Bei der *Auswahl* einer dieser Gestaltungsalternativen sind neben den spezifischen Vor- und Nachteilen der →Stab-Linienorganisation und der →Matrixorganisation und der reinen Form auch die Probleme bei der (Re-)Integration des Projektpersonals in die permanente →Organisationsstruktur nach Projektende zu berücksichtigen.

Projektplanung und -kontrolle, Einzelobjektplanung und -kontrolle, die den gesamten Lebenszyklus des betrachteten Objekts umfaßt, z. B. Produkt(projekt)planung (→Produktplanung). Ziel ist es, bessonders wichtig oder riskant erscheinende Aktivitäten aus dem Tagesgeschäft des Unternehmens herauszunehmen und unter ein gesondertes →Projektmanagement zu stellen. Dabei ist die Möglichkeit gegeben, einzelne Projektphasen zu definieren, an deren Anfang oder Ende die

weiteren Erfolgsaussichten des Projekts wieder neu überprüft werden können. Die P. u. -k. umfaßt als ausdifferenziertes Planungs- und Kontrollsystem normalerweise eine Vielzahl von Projekten; dabei kann es zu Koordinationsproblemen kommen, die die Grenzen der Einzelobjektsteuerung in Projektform deutlich machen. – Vgl. auch →Investitionsplanung und -kontrolle, →Bereichsplanung und -kontrolle.

Pro-Kopf-Einkommen. 1. *Statistische Durchschnittsgröße,* die das →Volkseinkommen oder das Bruttosozialprodukt (→Sozialprodukt) eines Landes zu seiner Bevölkerungszahl ins Verhältnis setzt. Die Zahl erlaubt es, die wirtschaftliche Lage der Bevölkerung eines Landes im Zeitablauf oder in verschiedenen Ländern zu vergleichen. – 2. Im Sinne von *Produktivität:* Der Quotient aus Bruttoinlandsprodukt (→Sozialprodukt) und Bevölkerungszahl.

Prokura. I. B e g r i f f / F o r m e n : Die in das →Handelsregister einzutragende umfassende Handelsvollmacht mit gesetzlich festgelegtem, grundsätzlich *unbeschränkbarem* Umfang (§§ 48–53 HGB). – *Formen:* →Einzelprokura; Beschränkungen bei der Form der →Filialprokura oder →Gesamtprokura. – P. kann nur der →Vollkaufmann erteilen (§ 48 I HGB); Kleingewerbetreibende (→Minderkaufmann) sind hiervon ausgeschlossen (§ 4 HGB). Ein Anstellungsverhältnis ist nicht erforderlich; P. kann auch die Ehefrau, der Kommanditist usw. erhalten. – *Zeichnung:* Vgl. →Prokurist.

II. U m f a n g : Gesetzlich festgelegt (§ 49 HGB). – 1. Die P. *berechtigt* zu allen Arten von gerichtlichen und außergerichtlichen Geschäften und Rechtshandlungen, die der Betrieb eines beliebigen Handelsgewerbes mit sich bringt, also auch außergewöhnliche (z. B. Schenkungen). Hier wird im Gegensatz zur →Handlungsvollmacht nicht auf das betreffende Handelsgewerbe, den Geschäftszweig, abgestellt. Der Prokurist kann den gesamten Geschäftsverkehr führen, Wechsel zeichnen, Prozesse anstrengen, Verbindlichkeiten eingehen, Erklärungen bei Gericht abgeben, Vergleiche schließen usw. – Die P. *berechtigt nicht* zu Geschäften, die darauf gerichtet sind, den Betrieb zur Einstellung zu bringen, wie Veräußerung des Geschäfts, Konkursantrag usw.; ebenso alle dem Inhaber obliegenden Geschäfte, wie Unterzeichnung der Bilanz, Erteilung einer P. – 2. Zur *Veräußerung oder Belastung von Grundstücken* berechtigt die P. nur, wenn die Befugnis hierzu (→Immobiliarklausel) besonders erteilt ist (§ 49 II HGB). – 3. Die *grundsätzliche Unbeschränkbarkeit* der P. besagt, daß diese in ihrer Wirkung gegenüber Dritten in keiner Weise eingeschränkt werden kann. Befolgt der Prokurist Weisungen des Geschäftsherrn nicht, kann er schadenersatzpflichtig sein; an das mit dem Dritten abgeschlossene Geschäft bleibt der Geschäftsherr gebunden. – 4. *Übertragung:* Die P. ist auch mit Zustimmung des Unternehmers nicht übertragbar (§ 52 II HGB).

III. E r t e i l u n g : 1. Nur durch *ausdrückliche Erklärung* des Inhabers des Unternehmens (→Vollkaufmann) bzw. seines →gesetzlichen Vertreters, nicht z. B. durch Konkursverwalter, Nachlaßverwalter, Abwickler. – 2. *Anmeldung:* Die P. ist mit →Zeichnung des Prokuristen zum Handelsregister anzumelden. – 3. *Zustimmung durch Gesellschafter:* a) Bei der *offenen Handelsgesellschaft* bedarf die P. der Zustimmung aller geschäftsführenden Gesellschafter (§ 116 HGB). Diese Bestimmung bezieht sich jedoch nur auf das Innenverhältnis. Nach außen, im Verhältnis zu Dritten und dem Prokuristen gegenüber, genügt die Erteilung der P. durch einen der geschäftsführenden Gesellschafter. – b) *Kommanditgesellschaft:* Zustimmung der Kommanditisten ist nicht erforderlich, da diese von der Geschäftsführung ausgeschlossen sind; anders, wenn der Anstellungsvertrag als ungewöhnliche Maßnahme im Innenverhältnis ihrer Zustimmung bedarf (§ 164 HGB). P. kann auch dem Kommanditisten selbst erteilt werden.

IV. E r l ö s c h e n : 1. Erlöschen erfolgt durch →*Widerruf,* der ohne Rücksicht auf das der Erteilung zugrunde liegende Rechtsverhältnis (z. B. den Anstellungsvertrag) jederzeit möglich ist (§ 52 I HGB). – 2. *Gleiche Wirkung:* Auch die Beendigung des Dienstverhältnisses des Prokuristen, die Einstellung des Gewerbebetriebes oder die →Auflösung einer Gesellschaft, Konkurseröffnung, Tod oder →Geschäftsunfähigkeit des Prokuristen führen zum Erlöschen der P. – 3. *Nicht* zum Erlöschen kommt die P. durch den *Tod des Inhabers des Handelsgewerbes* (§ 52 III HBG). – 4. *Anmeldung:* Das Erlöschen ist in gleicher Weise wie die Erteilung zur Eintragung in das Handelsregister anzumelden (§ 53 III HGB). Gegen Dritte wirkt das Erlöschen i. a. erst mit →Eintragung und →Bekanntmachung; vgl. →Negativwirkung. – 5. *Widerrufsrecht von Gesellschaftern:* a) Bei der *offenen Handelsgesellschaft* ist jeder Gesellschafter, der der Erteilung zustimmen muß, selbständig zum Widerruf der P. befugt (§§ 116, 126 HGB). – b) Einem Kommanditisten einer *Kommanditgesellschaft* steht das Widerrufsrecht i. d. R. nicht zu.

Prokuraindossament, *Vollmachtindossament.* 1. *Begriff:* Wertpapierrechtliche Bevollmächtigung (→Indossament) insbes. bei →Wechseln – 2. *Arten:* a) *Offenes P.:* Indossament mit dem Zusatz „in Prokura", „in Vollmacht", „zum Inkasso", „Wert zur Einziehung" oder einem anderen, nur eine Bevollmächtigung ausdrückenden Vermerk (Art. 18 WG). Der Prokuraindossatar wird nicht Inhaber der Wechselforderung, doch kann er alle Rechte aus dem Wechsel geltend machen, kann ihn aber nur durch P. übertragen; die Wechselverpflichteten können dem Inhaber in diesem Falle nur solche Einwendungen entgegensetzen, die ihnen gegen den Indossanten zustehen. Die im P. enthaltene Vollmacht erlischt weder durch Tod noch durch Eintritt der Handlungsunfähigkeit des Vollmachtgebers. – b) *Verdecktes P.* (*verstecktes P., fiduziarisches P.):* ein Vollindossament, das den Indossatar nach außen zum Wechselinhaber macht, im Innenverhältnis ist er aber nur Bevollmächtigter. – c) Sonderform: *Inkassoindossament;* Indossament mit dem Zusatz „zum Inkasso" oder „zur Einziehung", durch das die Bank zur Einziehung des Wechselbetrages beauftragt wird. Das Inkassodossament ist häufig ein verdecktes P. Von besonderer Bedeutung im Bankgeschäft.

Prokurist, mit der Vertretungsmacht der →Prokura ausgestatteter Bevollmächtigter eines Vollkaufmanns. – *Zeichnung:* Der P. zeichnet im Geschäftsverkehr, indem er die Firma seinen Namen und einen die Prokura andeutenden Zusatz hinzufügt, z. B. →ppa. (§ 51 HGB).

Proletariat, im →Marxismus die Arbeiterklasse (→Klassentheorie).

Proletarität, Begriff der Sozialpolitik. – 1. *Merkmale* (nach Schreiber): a) extrem geringe, kaum das physische Existenzminimum deckende Lohneinkommen des Arbeiters (Arbeitnehmers); b) extrem lange Arbeitszeit je Tag, Woche, Jahr; c) extreme Unstetigkeit des Einkommensstroms: Lohneinkommen fließt nur in der mittleren Phase des Lebens und ist auch dann durch Risiken bedroht, insbes. d) durch fortwährende Gefährdung der Existenzsicherheit durch die periodischen Wirtschaftskrisen der kapitalistischen Wirtschaft bis 1933; e) Fehlen von Vermögen als Garant der Existenzsicherheit, sogar Fehlen bescheidener Kaufkraftreserven; f) extrem geringes Niveau der Geistesbildung, das für viele Jahrzehnte die Erkenntnis der eigenen Klassenlage verhinderte; g) die aus e) und f) resultierende Erblichkeit des Proletarierstatus; h) mangelnde Subjektstellung des Arbeiters in Staat, Gesellschaft und Betrieb; im Betrieb besonders: das Schicksal, als bloßer Lieferant amorpher Arbeit verschlissen zu werden, ohne die Erwerbsarbeit als Teil der Sinnerfüllung des Lebens empfinden zu können (Fronarbeit nur um des kargen Lohnes willen). – 2. *Beseitigung* dieser Merkmale durch Maßnahmen der →Sozialpolitik.

Prolog, *programming in logic.* 1. *Begriff:* Deklarative →*Programmiersprache,* aufgrund einer theoretischen Arbeit von J. A. Robinson über das Prinzip der →Resolution (1965) von der Groupe d'Intelligence Artificielle unter

Leitung von Alain Colmerauer Anfang der 70er Jahre in Marseille entwickelt. – 2. *Zweck:* Mit P. sollte nichtalgorithmische (→Algorithmus), *logische* →Programmentwicklung ermöglicht werden. – 3. *Sprachkonzept:* „Theorembeweiser", der auf einer Datenbasis arbeitet; diese besteht aus einer Menge im →Programm festgelegter →*Fakten* und aus →Regeln, wie aus gegebenen Fakten *Schlüsse* gezogen werden können. Zur Beschreibung der Fakten wird meist →Rekursion verwendet. Der *Lösungsweg*, den der →Regelinterpreter bei der Programmausführung einschlägt, muß vom Programmierer nicht explizit angegeben werden; er wird automatisch (durch →Backtracking) ermittelt. – 4. *Einsatzgebiete/Bedeutung:* In der →*künstlichen Intelligenz*, v. a. in dem japanischen →fifth generation computer project.

Prolongation, Stundung fälliger Leistungen oder Verlängerung der Kreditfrist. – 1. *Kredit-P.:* Erfolgt meist auf Antrag des Kreditnehmers und durch schriftliche Bestätigung der P. seitens der Bank. – 2. *Wechsel-P.:* Verlängerung des Zahlungsziels eines Wechsels. P. erfolgt durch Vereinbarung von Wechselinhaber und -schuldner in der Praxis durch Akzeptierung eines neuen vom Aussteller oder letzten Inhaber ausgestellten Wechsels durch den Wechselschuldner gegen Rückgabe des alten fälligen Wechsels; dabei wird der Wechselbetrag ggf. um Diskontspesen und Wechselstempel erhöht (falls diese nicht bar bezahlt werden). – 3. *P. beim* →*Termingeschäft:* Hinausschieben der Erfüllung auf späteren Termin, wenn die Erwartungen auf Steigen oder Fallen der Kurse nicht eingetreten sind, durch Vereinbarung zwischen beiden ursprünglichen Kontrahenten (*direkte P.*) oder durch Einschalten eines Dritten (*indirekte P.*). P. sind in der Bundesrep. D. verboten; im Ausland möglich.

Prolongationsgeschäft, das der →Prolongation zugrunde liegende, die Erfüllung eines Geschäfts auf einen späteren Zeitpunkt verschiebende Rechtsgeschäft.

PROM, *programmable read only memory,* Festwertspeicher, der direkt beim Anwender durch spezielle Programmiergeräte (→Programm) programmiert werden kann. – Vgl. auch →ROM, →EPROM.

Promesse. 1. *Urkunde,* in der eine Leistung (insbes. Lieferung von Effekten) versprochen wird. – 2. Vom Inhaber einer Losanleihe ausgestelltes *Zwischenlos.* Der Inhaber der P. kann an der nächsten Ziehung teilnehmen; dieses Anrecht wird durch Zahlung einer Prämie an den Besitzer des Losanleihestückes erworben (Promessengeschäft). – In *Bundesrep. D.* verboten.

PROMETHEUS, Kurzbezeichnung für *program for a European traffic redesign with*

highest efficiency and unlimited safety, Forschungsvorhaben im Rahmen des Eureka-Programms, bestehend aus den drei Teilvorhaben „Procar", „Procom" und „Pronet". – *Aufgabe:* Entwicklung eines intelligenten Fahrzeuges, das mit Hilfe elektronischer Steuerungsfunktionen größtmögliche Sicherheit bietet. „*Procar*" befaßt sich mit der Steigerung der aktiven Sicherheit des Fahrzeugs; „*Procom*" soll die Sicherheit unter dem Aspekt der Kommunikation zwischen einzelnen Fahrzeugen verbessern; „*Pronet*" bemüht sich um einen Kommunikationsverbund zwischen Fahrzeugen und Leitstellen.

Promille-Grenze, →Blutalkoholgehalt.

Promotion. 1. *Begriff:* Verleihung der Doktorwürde (→Doktor) durch den Fachbereich einer Hochschule aufgrund der von den einzelnen Fachbereichen erlassenen Promotionsordnungen. – 2. *Voraussetzungen:* a) *Allgemein:* In den meisten Fällen durch Examen (Diplom oder Staatsexamen) abgeschlossenes oder ausnahmsweise nicht abgeschlossenes sechs- bis achtsemestriges Hochschulstudium. – b) Einreichung einer selbständig verfaßten wissenschaftlichen Arbeit (*Inaugural-Dissertation*). – c) Ablegung einer mündlichen Prüfung (*Rigorosum*) unter Vorsitz des Dekans des betreffenden Fachbereichs. Mindestens drei Prüfungsfächer, und zwar ein Hauptfach (Gegenstand der Dissertation) und zwei Nebenfächer. – 3. *Speziell:* a) Dr. oec. oder Dr. rer. oec. (Doktor der Wirtschaftswissenschaften) bzw. Dr. rer. pol. oder Dr. scient. pol. oder Dr. oec. publ. (Doktor der Staatswissenschaften): Studium an dem wirtschafts-, staats- oder sozialwissenschaftlichen Fachbereich einer Universität, Technischen Hochschule (Universität) oder sonst. Hochschule, Abschluß mit Diplom-Prüfung (Diplom-Kaufmann, Diplom-Volkswirt, Diplom-Ökonom, Diplom-Sozialwirt, Diplom-Handelslehrer). Thema der Dissertation meist ein spezielles Problem der Wirtschaftswissenschaften. – b) Dr. iur. (iuris): Nach Studium an dem rechts- und staatswissenschaftlichen Fachbereich einer Universität, Ablegung des sog. Staatsexamens (Referendarprüfung), von dessen Ergebnis u. U. die Zulassung zur P. abhängig ist.

promotions, →Verkaufsförderung.

prompt, →Handelsklausel, die besagt, daß die Leistung dem Branchen-, Orts- und Handelsbrauch entsprechend umgehend, d. h. binnen kürzester Frist, zu erfolgen hat. – Vgl. auch →Promptgeschäft.

Promptgeschäft, Vertragsabschluß, bei dem die Leistung umgehend, d. h. binnen kürzester Frist, zu erfolgen hat, üblich im Warenbörsengeschäft. – *Gegensatz:* →Termingeschäft.

Pronet, →PROMETHEUS.

Propagandisten, Personen, die meist in oder vor Handelsbetrieben Produkte erläutern, vorführen, anpreisen. – Bei *Produkteinführungen* sollen P. Aufmerksamkeit erregen und erste Kontakte zwischen der Neuheit und den potentiellen Kunden schaffen; bei *Aktionen* sollen P. zusätzliche Kaufimpulse bei alten und neuen Kunden schaffen.

Propergeschäft, →Eigengeschäft.

Property Rights-Theorie, *Theorie der Eigentumsrechte, Theorie der Verfügungsrechte.*

I. B e g r i f f : Eine in den 60er Jahren in den USA entwickelte ökonomische Theorie, entstanden aus der Unzufriedenheit einiger Ökonomen mit der neoklassischen →Mikroökonomik. Die P. R.-T. ist nicht als völlig neue Theorie einzuordnen, sondern als *Weiterentwicklung der neoklassischen Mikroökonomik.* Dabei werden zum einen realistischere Annahmen über menschliches Verhalten und die Informationsaufnahme (Information ist nicht kostenlos erhältlich, damit gibt es keine vollkommene Information) getroffen. Zum anderen wird der Untersuchungsrahmen erweitert, indem traditionell in der ökonomischen Theorie ausgesparte Rahmenbedingungen (Recht, Institutionen) in die Analyse einbezogen werden. – Im Mittelpunkt der Analyse stehen die *property rights* (Eigentumsrechte, Verfügungsrechte) an Gütern. Bei Tauschvorgängen wird nicht der physische Gütertausch betrachtet, sondern es wird davon ausgegangen, daß die property rights an diesen Gütern getauscht werden. Dabei beeinflussen die Ausgestaltung und der Grad der Beschränkung einzelner property rights an Gütern den Wert und das Verhalten im Umgang mit Gütern. – *Zentrale Fragestellungen* der P. R.-T.: 1. Wie ist die Struktur der property rights in einer Gesellschaft zu einem bestimmten Zeitpunkt beschaffen? 2. Welche Konsequenzen hat eine bestimmte Struktur der property rights für die Interaktion der Menschen? 3. Wie ist die jeweilige Struktur der property rights entstanden?

II. Z e n t r a l e E l e m e n t e d e r P. R.- T h . : 1. *property rights (Eigentumsrechte, Verfügungsrechte):* Ganz allgemein handelt es sich um die Rechte und Pflichten von Individuen bei der Nutzung von Ressourcen. Damit ist nicht nur die Beziehung zwischen Gütern und Individuen geregelt, sondern auch die Beziehungen zwischen Individuen; so kann z. B. der Besitzer eines Grundstücks einem anderen den Zugang verbieten. – *Gliederung in Rechtebündel* in Anlehnung an die allgemeine Rechtswissenschaft: a) Rechte, die die Art der Nutzung eines Gutes betreffen (Usus); b) Rechte zur formalen und materiellen Veränderung eines Gutes (Abusus); c) Rechte der Aneignung von Gewinnen und Verlusten, die durch die Nutzung eines Gutes entstehen

(Usus fructus); d) Rechte zur Veräußerung des Gutes an Dritte. Diese einzelnen Rechtebündel können für Güter und Gütergruppen in unterschiedlicher Weise *auf die Beteiligten* eines Wirtschaftssystems *verteilt* sein. Insbes. die Trennung der Rechtebündel an einem Gut und die Zuordnung auf verschiedene Personen sowie die Verteilung einzelner Rechtebündel auf viele Personen haben jeweils besondere Konsequenzen auf die Wirtschaftlichkeit der Güterverwendung. Die einfachste Aussage der P. R.-T. beinhaltet, daß eine Verteilung der Rechte auf mehrere Personen oder die Beschränkung der Durchsetzbarkeit einzelner property rights zu unwirtschaftlichem Verhalten hinsichtlich der betroffenen Güter führt. Dies liegt daran, daß die ökonomischen Folgen der Handlungen einzelner Individuen diese nicht in vollem Ausmaß treffen. Die P. R.-T. schlägt eine möglichst weitgehende Internalisierung der Handlungsfolgen vor (→Internalisierung sozialer Kosten). – 2. *Individuelle Nutzenmaximierung* (eine grundlegende Annahme der P. R.-T.): Die mit einer Handlung verbundenen *Kosten* (negativer Nutzen) und der damit zusammenhängende positive *Nutzen* sind ausschlaggebend, ob und wie das betrachtete Individuum handelt. Neben dem Nutzen muß ebenfalls die subjektiv eingeschätzte *Wahrscheinlichkeit* berücksichtigt werden, mit der bestimmte Konsequenzen eintreten. Als Entscheidungskriterium wird der Erwartungswert der Konsequenzen der Alternativen, d. h. die Summe aus dem Nettonutzen multipliziert mit den Wahrscheinlichkeiten, herangezogen. – Das Nutzenmaximierungskonzept bringt es mit sich, daß die *Handlungen von Personen Dritten schaden* können: ein Individuum wird bemüht sein, einen durch property rights gegebenen Spielraum soweit wie möglich zum eigenen Vorteil zu nutzen, sogar u. U. auch durch Überschreiten der gezogenen Grenzen, wobei Dritte Nachteile in Kauf nehmen müssen (→Opportunismus). Damit wird explizit vertragsabweichendes Verhalten berücksichtigt. – In der P. R.-T. ist die *Ablehnung der Gewinnmaximierungsthese* (→Gewinnmaximierung) zentral. Sie wird durch die *Nutzenmaximierungshypothese* ersetzt, die für alle mit der Unternehmung verbundenen Individuen gilt. Die P. R.-T. betrachtet demnach die Unternehmung als Mehrpersonen-Gebilde und leitet ihre Aussagen auf der Basis des →methodologischen Individualismus ab. Bei dieser forschungslogischen Perspektive werden aus den Annahmen über einzelne Individuen Aussagen über soziale Gesamtheiten (z. B. Unternehmungen) abgeleitet. – 3. *Transaktionskosten:* Der Übergang von property rights geschieht i. d. R. durch Verträge oder Vereinbarungen im Rahmen des geltenden Rechtssystems; die Kosten der Vertragsanbahnung, -schließung, -durchsetzung und -kontrolle werden als →Transaktionskosten bezeichnet. – Die Einführung von positiven Transaktionskosten in die Analyse bringt folgende *Implikationen in der P. R.-T.*: Informationen über potentielle Tauschpartner, Qualitäten, Vertragserfüllung sind nicht kostenlos erhältlich. Aus diesem Grund können Individuen nicht vollständig informiert sein, damit wird insbes. das bereits angesprochene *vertragsabweichende Verhalten* möglich. Die Höhe des Schadens, der durch die Vertragsverletzung verursacht wird, wird durch die Höhe der vermuteten *Kontrollkosten* begrenzt. Wenn nämlich der zugefügte Schaden größer ist als die zur Verhinderung dieser Nachteile aufzuwendenden Transaktionskosten, dann ist es ökonomisch sinnvoll, die Einhaltung der vereinbarten Rechte effektiv zu kontrollieren. – *Einflußgrößen:* Die *Art der Ausgestaltung* der staatlich gesetzten property rights (Rechtssystem) beeinflußt die Transaktionskosten für die innerhalb dieses Rechtsrahmens geschlossenen Vereinbarungen. Auch für die *Errichtung des Rechtssystems* sind Transaktionskosten aufzuwenden, die jedoch bezüglich der laufenden Transaktionskosten als →sunk costs zu bezeichnen sind. Die Höhe der Transaktionskosten für die *laufenden Verträge* hängt – neben der Ausgestaltung des Rechtssystems – von den Eigenschaften der Transaktion (Mehrdeutigkeit der Transaktionssituation, Unsicherheit der Umwelt, Häufigkeit der Transaktion) und den technologischen Rahmenbedingungen ab. Wenn durch die dauerhafte Veränderung einer oder mehrerer Einflußgrößen die Transaktionskosten steigen, kann es ökonomisch sinnvoll sein, das Rechtssystem (unter Aufwendung von Transaktionskosten) zu verändern, um eine Senkung der laufenden Transaktionskosten zu erreichen. Somit bietet die P. R.-T. auch einen Ausgangspunkt für die Erklärung der *Veränderung von Institutionen.*

III. Anwendungsgebiete: Die P.R.-T. ist prinzipiell auf zahlreiche *ökonomische Fragestellungen* anwendbar. Intensive Diskussion und Ausformulierungen hat es bislang gegeben in der ökonomischen Analyse des Rechts (Wettbewerbs-, Vertrags-, Unternehmens- und Verfassungsrecht), zur Beurteilung staatlicher Maßnahmen im Bereich der externen Effekte und öffentlichen Güter (insbes. Umweltschutz), zur Analyse von Unternehmensverfassungen (→Theorie der Unternehmung) und zur Wirtschaftsgeschichte (Veränderung von Institutionen). Auch in der *Betriebswirtschaftslehre* gewinnt die P.R.-T. langsam an Bedeutung, wobei Themenkreise wie property rights und Planung, Organisation, Kontrolle, Innovation, Rechnungswesen, usw. behandelt werden. Aufgrund ihrer Universalität und breiten Anwendungsmöglichkeiten kann die P.R.-T. viele einzelne ökonomische Theorien ersetzen bzw. eine

systematische Klammer für diese Theorien sein.

Literatur: Alchian, A. A., Some Economics of Property Rights, in: Il Politico, Vol. 30, 1965, S. 369–382; Alchian, A. A. / Demsetz, H., The Property Rights Paradigm, in: Journal of Economic History, Vol. 33, 1973, S. 16–27; De Alessi, L., The Economics of Property Rights: A Review of the Evidence, in: Research of Law and Economics, Vol. 2, 1980, S. 1–47; Demsetz, H., Toward a Theory of Property Rights, in: American Economic Review, Vol. 57, 1967, S. 347–359; Furubotn, E. G. / Pejovich, S. (Hrsg.), The Economics of Property Rights, Cambridge/Mass. 1974; Kaulmann, T., Property rights und Unternehmenstheorie – Stand und Weiterentwicklung der empirischen Forschung, München 1987; Neumann, M. (Hrsg.), Ansprüche Eigentums- und Verfügungsrechte, Berlin 1984; Picot, A., Der Beitrag der Theorie der Verfügungsrechte zur ökonomischen Analyse von Unternehmensverfassungen, in: Bohr, K./ Drukarczyk, H./ Drumm, H. J./ Scherrer, G. (Hrsg.): Unternehmensverfassung als Problem der Betriebswirtschaftslehre, Berlin 1981, S. 153–197; Schüller, A. (Hrsg.), Property Rights und ökonomische Theorie, München 1983; Tietzel, M., Die Ökonomie der Property Rights: Ein Überblick, in: Zeitschrift für Wirtschaftspolitik, Bd. 20, 1981, S. 247–243.

Prof. Dr. Arnold Picot
Dr. Thomas Kaulmann

proportional, *verhältnisgleich,* heißen zwei Größen x und y, wenn für zusammengehörige Wertepaare x_1, y_1 und x_2, y_2 gilt: $x_1 : x_2 = y_1 : y_2$. Die Gleichung der Funktion hat die Form $y = c \cdot x$ (c = konstant). – *Beispiel:*

Warenmenge x in kg	1	2	3	5
Preis y in DM	1,50	3,–	4,50	7,50

Es gilt: $y = 1,5 \cdot x$

Proportionalakkord, →Akkordlohn.

proportionale Kosten, *lineare Kosten.* 1. *Begriff:* Teil der →variablen Kosten, der sich im gleichen Verhältnis wie die →Beschäftigung (Ausbringung) verändert. P.K. sind z.B. Fertigungslöhne (insbes. Stücklöhne), Einzelmaterial, Hilfsstoffe, mengenabhängige Lager- und Vertriebskosten (Verpackungsmaterial). Kostenarten, die aus rein p.K. bestehen, sind relativ selten; die meisten Kostenarten bestehen aus „Mischkosten" (fixen, proportionalen, progressiven und degressiven Kosten). Betriebe, in denen die p.K. überwiegen, haben geringe Anlage- und Bereitschaftskosten (fixe Kosten), z.B. handwerkliche und Reparaturbetriebe. – 2. *Graphische Darstellung:* Die Kurve der proportionalen Kosten K_v verläuft linear und geht stets durch den Nullpunkt (ihr Anstieg braucht nicht, wie vielfach fälschlich angenommen wird, 45% zu betragen). Verschiebt man die Kurve der p.K. um K_f (fixe Kosten) auf der Ordinate, so erhält man die lineare Gesamtkostenkurve K. Die Kurve der →Durchschnittskosten (Stückkosten) k ist eine gleichseitige Hyperbel mit fallenden Werten. Die Kurve der proportionalen Durchschnittskosten k_v verläuft parallel zur X-Achse, d.h. die proportionalen Durchschnittskosten sind bei allen Beschäftigungsgraden konstant. In der Praxis zählt man auch schwach-progressive oder degressive Kosten zu den p. K. – Die moderne Kostenlehre nimmt an, daß die Kostenkurve der variablen Gesamtkosten im Industriebetrieb wegen der Limitationalität der Produktionsfaktoren vorwiegend linear verläuft, daß dort also die variablen Kosten – gleiche Produktionsbedingungen vorausgesetzt – stets proportional sind; sie sind in diesem Falle gleich den →Grenzkosten. Diese Annahme setzt auch die Grenzkostenrechnung voraus. – 3. *Entscheidungsorientiertes Rechnungswesen:* Von p. K. wird in bezug auf eine interessierende Einflußgröße bzw. Bezugsgröße gesprochen (z. B. umsatz(wert)-proportional, postenzahl-proportional). Ein proportionaler Verbrauch gilt nicht als ausreichendes Kriterium, weil auch Beschaffungsentgelt proportional und die Beschaffungsmenge verbrauchsgerecht dosierbar sein muß.

proportionaler Satz, ein von Schmalenbach geprägter Begriff für →Differenzkosten.

proportionaler Steuertarif, →Steuerproportionalität.

Proportionalitätsprinzip, →Kostenverteilungsprinzip, nach dem die →Gemeinkosten proportional zu bestimmten Bezugs- oder Maßgrößen auf die Kostenstellen zu verteilen sind. Mit dem P. wird eine verursachungsgerechte Kostenverteilung angestrebt; durch die massive →Gemeinkostenschlüsselung liefert es jedoch für die Fundierung und Kontrolle von Entscheidungen falsche Informationen. Eng verwandt mit dem P. ist das Prinzip der minimalen Gemeinkostenstreuung (Koch).

Proportionalkostenrechnung, →direct costing.

Proportionalsteuern, Steuern mit einem proportionalen Steuertarif. (→Steuerproportionalität).

Proportionalzone, Begriff des Einkommensteuerrechts. Vgl. im einzelnen →Einkommensteuertarif.

Prospekt. I. W e r b u n g : Wenige Seiten umfassende Werbeschrift mit überwiegend bildlichen Elementen; häufig als →Beilage verwendet. – *Gegensatz:* →Supplement.

II. B ö r s e n w e s e n : 1. Der *vor der Börseneinführung von Wertpapieren* zu veröffentlichende Bericht, der die für die Beurteilung der Wertpapiers wesentliche Angaben enthalten muß (Prospektzwang; § 38 BörsG). Ein P. ist auch bei Konvertierungen und Kapitalerhöhungen erforderlich. – a) *Inhalt:* Verwendungszweck und Nennbetrag der Emission, Kennzeichnung der Stücke, Kündigungs- und Beleihungsmodus, Sicherstellung, Vorzugsrechte, Zweck und Umfang des Unternehmens, Konzessionen und belastende Konzessionsbedingungen, Rechte Dritter am Unternehmen, Kapitalhöhe und -zusammensetzung, Gewinnverteilungsvorschriften, Gewinnent-

wicklung der letzten fünf Jahre, letzte Bilanz, Höhe der Hypothekenschulden und Anleihen mit Fälligkeiten und Tilgungsarten, Namen der Mitglieder des Vorstands und Aufsichtsrats u. a. – b) *Veröffentlichung:* Mindestens in einer Zeitung (Pflichtblatt); im →Bundesanzeiger muß Hinweis auf die Veröffentlichung erscheinen. – Vgl. auch →Zulassung von Wertpapieren zum Börsenhandel. – c) *Prospekthaftung* (§§ 45–49 BörsG): Bei falschen und unvollständigen Angaben im P. haften die unterzeichnende Bank und die kapitalsuchende Gesellschaft, wenn ihnen grobes Verschulden zur Last fällt, als Gesamtschuldner jedem Besitzer des betr. Wertpapiers für den Schaden, der ihm infolge dieser Angaben erwächst. Die Verjährungsfrist der Prospekthaftung beträgt fünf Jahre seit dem Zeitpunkt der Zulassung. – d) *Prospektbefreiung:* Besteht für Reichs- und Staatsanleihen (§ 39 BörsG); sie kann ferner durch Bundes- oder Landeswirtschaftsminister angeordnet werden für staatsgarantierte Schuldverschreibungen, Kommunalobligationen und Pfandbriefe. Anstelle eines P., wird meist *prospektähnliche Bekanntmachung* veröffentlicht, die die wichtigsten Angaben aus Wertpapier enthält und nur vom Emittenten unterzeichnet wird. – e) *Prospektprüfung:* Die Zulassungsstelle überprüft den P. auf Vollständigkeit, nicht jedoch auf Richtigkeit. – 2. *P. bei Emissionen (Zeichnungsprospekt):* P. bei Neuemissionen von Wertpapieren als Einladung zur Zeichnung bzw. zum Kauf mit näheren Angaben, die für Erwerber des Wertpapiers wissenswert sind. Ein Zwang zur Veröffentlichung eines solchen P. besteht nicht. Die Unterzeichner des P. können für Schäden aus schuldhaft unrichtigen Angaben haftbar gemacht werden (z. B. § 47 AktG); jedoch keine Haftung gemäß § 45 BörsG.

Prospekthaftung, →Prospekt II 1 c).

Prosperität. 1. *Allgemeiner Sprachgebrauch:* Periode allgemein guten Geschäftsgangs, charakterisiert durch tendenziell steigende Preise und Gewinne. – 2. *Konjunkturtheorie:* Phase des Aufschwungs oder der Hochkonjunktur (vgl. →Konjunkturphasen).

Protektionismus, Politik der Einfuhrbeschränkungen zum Schutz der einheimischen Produktion.

I. P r o t e k t i o n i s m u s b e g r ü n d u n g i n E n t w i c k l u n g s l ä n d e r n : Zu den häufigsten Protektionismusargumenten, die v. a. den P. in Entwicklungsländern begründen sollen, gehören der Schutz junger Industrien, die Korrektur von Faktorpreisverzerrungen, die Förderung der Diversifizierung der Wirtschaftsstruktur sowie die Forcierung von Investitionen und die Entwicklung der Binnenmärkte bzw. die Nutzung positiver externer Effekte durch die Entfaltung geschützter Industrien.

1. *Schutz entwicklungsfähiger, junger Industrien ("infant-industry"-Argument; Erziehungsschutzargument; Erziehungszollargument):* Dieses Argument geht im wesentlichen auf *Friedrich List* (1841) zurück. Die Grundüberlegung dabei ist, daß der Freihandel kurzfristig allen Beteiligten nutzt, längerfristig betrachtet den weniger entwickelten Ländern jedoch Nachteile bringen kann, indem durch die ausländische Konkurrenz *einheimische Industrien verdrängt oder gar verhindert* werden, die in einer angemessenen Reifezeit international wettbewerbsfähig werden könnten bzw. eine sinnvolle Erweiterung der Produktionsgrundlage ergeben würden. Die vorläufige Unterlegenheit solcher Industrien, die im Grunde genommen über einen *potentiellen komparativen Vorteil* verfügen, wird hauptsächlich mit den *„Kinderkrankheiten" junger Industrien* erklärt, die u. a. auf Mangel an Erfahrungen, technischen Kenntnissen, qualifizierten Arbeitern und unternehmerischen Fähigkeiten zurückzuführen sind. Ein temporärer Schutz der betreffenden Industrien vor der ausländischen Konkurrenz kann ihnen die Gelegenheit geben, nicht zuletzt durch Lernprozesse, diese „Kinderkrankheiten" zu überwinden und die erforderliche Wettbewerbsreife zu erlangen. – Das Erziehungsschutzargument zur Begründung des Schutzes junger, entwicklungsfähiger Industrien ist theoretisch sicherlich fundiert, in der Realität ergibt sich jedoch das Problem, daß kaum mit Sicherheit gesagt werden kann, *welche Industrien bei einem (temporären) Schutz die Wettbewerbsreife in angemessener Zeit erreichen können.* Bestenfalls könnte anhand gewisser Kriterien, wie z. B., daß die Produktion eine hohe Faktorintensität bei denjenigen Faktoren aufweist, die in dem Land relativ reichlich vorhanden sind, die Vermutung gestellt werden, daß bei der betreffenden Industrie potentielle komparative Vorteile eher vorliegen dürften als bei anderen. Wie schwierig es allerdings ist, die richtigen Industrien zu identifizieren, zeigt sich nicht zuletzt darin, daß in Entwicklungsländern vielfach Industrien seit Jahrzehnten geschützt wrden, die international kaum wettbewerbsfähig geworden sind und nur beim anhaltenden massiven Schutz scheinen überleben zu können.

2. *Korrektur von Faktorpreisverzerrungen:* Von *Hagen* (1958) angeführtes Argument. Der Kern seiner Argumentation ist, daß in Entwicklungsländern eine *Arbeitskräfte in dem mit Importen konkurrierenden Industriesektor i. d. R. höher entlohnt* werden als in alternativen Verwendungsrichtungen bzw. in der Landwirtschaft und damit als ihre Opportunitätskosten. Daraus wird gefolgert, daß die Marktpreise für Industrieprodukte aufgrund der überhöhten monetären Kosten höher

angesetzt werden als die marginalen gesamtwirtschaftlichen Kosten dieser Produkte und daß deshalb beim freien Handel die betreffenden Produkte *aufgrund niedrigerer Preise der ausländischen Konkurrenten eingeführt* werden können, obwohl die *gesamtwirtschaftlichen Produktionskosten unter den Importpreisen* liegen. Durch die Erhebung von Einfuhrzöllen auf diese Importe sollen nach dieser Vorstellung die skizzierten, gesamtwirtschaftlich nicht gerechtfertigten preislichen Nachteile für die einheimischen Produzenten kompensiert werden. – Die Grundüberlegung, nämlich die, daß der Freihandel bei Abweichung der Faktorpreise von den Opportunitätskosten negative Wirkungen haben kann, ist als fundiert anzusehen; es ist jedoch u. a. folgendes zu berücksichtigen: a) Die bei Hagen als Referenz betrachteten Landarbeiterlöhne drücken kaum die *tatsächlichen Opportunitätskosten* für Industriearbeiter aus, denn die Industriearbeiter sind i. d. R. qualifizierter und knapper vorhanden. – b) Bei gesamtwirtschaftlicher Abschätzung der Arbeitskosten im Hinblick auf die Effizienz von Reallokationsprozessen ist zu berücksichtigen, daß die Heranziehung von Landarbeitern in die Industrie über eventuelle Ausbildungskosten hinaus verschiedene *Transferkosten* (z. B. Umzugskosten, eine durch die Trennung von der Großfamilie bedingte Zunahme der Lebenshaltungskosten) verursacht. – c) Soweit die Industriearbeiterlöhne tatsächlich überhöht sind, dies in Entwicklungsländern i. d. R. auf *verfehlte staatliche Politik* (Festsetzung unangemessener Mindestlöhne) zurückzuführen ist. Die herbeigeführten Verzerrungen durch weitere Interventionen (Einfuhrrestriktionen) ex post kompensieren zu wollen, erscheint deshalb fragwürdig. – d) Der Versuch, die Wirkung von Lohnverzerrungen durch Güterpreisanhebung auszugleichen, ist grundsätzlich als problematisch anzusehen. Eine Ausdehnung der Industrieproduktion infolge zollbedingter Preisanhebungen ergibt nicht nur einen vermehrten Einsatz des Faktors Arbeit, sondern auch des Faktors Kapital und von daher eine *Allokationsverzerrung.* Eine Allokationskorrektur, sollte diese überhaupt notwendig sein, wäre daher eher durch Subventionierung der Arbeitskosten zu erzielen.

3. *Förderung der Diversifizierung der Wirtschaftsstruktur:* Dies wird u. a. damit begründet, daß a) die →terms of trade sich für die traditionellen Produkte der Entwicklungsländer, nämlich für Rohstoffe bzw. Primärprodukte, tendenziell verschlechtern würden und deshalb die Begünstigung der Fertigwarenproduktion, selbst wenn sie kurzfristig Sozialproduktseinbußen verursacht, *längerfristig betrachtet, Wohlfahrtsgewinne* ergeben dürfte sowie b) die erstrebte Diversifizierung zu einer *Steigerung der wirtschaftlichen Stabilität* der betreffenden Länder beitragen soll – Eine

stärkere Diversifizierung der Wirtschaftsstruktur in Entwicklungsländern ist grundsätzlich zu befürworten; es ist aber zu bezweifeln, ob Handelsrestriktionen dafür ein sinnvolles Instrument sind. Denn solche Restriktionen ergeben i,. d. R. *negative Wohlfahrts- und Entwicklungswirkungen, die die Vorteile* einer Zunahme der Strukturdiversifizierung überwiegen können. Und das Ziel einer verstärkten Diversifizierung kann durchaus ohne derartige fragwürdige Maßnahmen realisiert werden, so z. B. durch Verbesserung der industriellen Infrastruktur und allgemein der Rahmenbedingungen für Investitionen, wie nicht zuletzt die Gewährleistung von monetärer Stabilität und Kontinuität der Wirtschaftspolitik. In vielen Fällen dürfte schon der Abbau investitionshemmender staatlicher Regulierungen eine wesentliche Förderung des Strukturdiversifizierungsprozesses ergeben. – Das Argument, daß die Verluste durch den P. temporärer Art sind, da die terms of trade sich zugunsten der durch den Schutz induzierten Investitionen verschieben würden und dieser sich dann erübrigen würde, überzeugt als Protektionismusbegründung nicht, denn: a) es ist nicht richtig, daß die *terms of trade sich anhaltend zugunsten oder -ungunsten von bestimmten Gütern verschieben* und b) *gesicherte Aussagen über künftige Entwicklungstendenzen der terms of trade* sind kaum möglich. Sollten außerdem zuverlässige Aussagen über die Entwicklung der terms of trade möglich sein und Investitionen, für die sich die terms of trade verbessern werden, längerfristig betrachtet, eine hohe Effizienz aufweisen, stellt sich die Frage, warum die Investoren die betreffenden Investitionen nicht *auch ohne Schutz* durchführen sollten.

4. *Forcierung der Investitionsaktivitäten, Entwicklung der Binnenmärkte und Entwicklungsförderung durch die Nutzung positiver Effekte:* Schutzmaßnahmen induzieren Investitionen, indem sie durch ihre Preiswirkungen gewinnbringende Investitionsmöglichkeiten signalisieren. Die Durchführung der betreffenden Investitionen schafft *zusätzliche Nachfrage,* die sich durch Multiplikatorwirkungen (→Multiplikator) ausweitet und *positive Beschäftigungswirkungen* entfaltet bzw. im Sinne der Akzeleratorwirkung (→Akzelerator) weitere Investitionen induzieren kann. Es wird außerdem angeführt, daß diese Investitionen einen *direkten Kapazitätseffekt* haben und durch die betreffenden Produktionskapazitäten ein zusätzliches Einkommen geschaffen wird, das die erwähnten Multiplikator- und Akzeleratorwirkungen verstärkt. Ferner heißt es, daß (entsprechend Hirschmans Theorie des „unausgewichtigen" Wachstums) die Lieferverflechtungen der entstandenen Produktionsanlagen *zusätzliche Investitionen in den vorgelagerten Sektoren* induzieren und darüber hinaus das geschaffene Angebot ebenso Investitionen *in den nachgelagerten Sektoren* anregen kann. Die Zunahme von Einkommen und Investitionsaktivitäten ergibt einerseits eine Zunahme der Steuereinnahmen und zum anderen eine bessere Auslastung der Infrastruktureinrichtungen; der daraus induzierte *Ausbau der Infrastruktur* verstärkt die Entwicklungsimpulse weiter. Neben den genannten marktmäßigen externen Effekten und positiven Infrastrukturwirkungen wird die Entwicklung auch durch *positive technologische externe Effekte* gefördert, zu denen in erster Linie die Lerneffekte und Ausbreitung von Informationen gehören, die sich durch die entstandenen Investitionen ergeben. – Die Induzierung von Investitionen durch protektionistische Maßnahmen bedeutet nicht zwangsläufig eine Zunahme der Investitionsquote bzw. Gesamtinvestitionen einer Volkswirtschaft. Die betreffenden Investitionen dürften vielmehr in vielen Fällen lediglich eine *Verlagerung der Investitionsaktivitäten* darstellen. Darüber hinaus ist zu berücksichtigen, daß die allokationsverzerrende und dadurch sozialprodukbeeinträchtigende Wirkung protektionistischer Maßnahmen die *Spar- und Investitionsfähigkeit der jeweiligen Volkswirtschaft* negativ beeinflußt. Ferner darf die Bedeutung der Nachfrageeffekte einer durch P. induzierten Importschrumpfung hinsichtlich möglicher positiver Multiplikator- und Akzeleratorwirkungen, besonders in Entwicklungsländern, nicht überschätzt werden. Dies gilt nicht zuletzt, weil die *Arbeitslosigkeit bzw. unzulängliche Nutzung der verfügbaren Produktionspotentiale* in diesen Ländern i d. R. überwiegend strukturell und institutionell bedingt ist. Und die in diesen Ländern weit verbreitete expansive Geld- und staatliche Ausgabenpolitik zeigen, daß die Probleme dort nicht in Nachfragedefiziten zu sehen sind. – Daß durch den Schutz induzierte Investitionen positive marktmäßige und nicht-marktmäßige (technologische) externe Effekte entfalten können, ist einzuräumen. Allerdings ist zu beachten, daß, wenn solche Investitionen für sich genommen auf die Dauer eine unzulängliche gesamtwirtschaftliche Effizienz aufweisen, die Wahrscheinlichkeit, daß sie, insgesamt betrachtet, per Saldo einen gesamtwirtschaftlichen Gewinn darstellen, kleiner wird. D. h., daß die Entfaltung positiver externer Effekte i. d. R. lediglich als eine *zusätzliche Rechtfertigung des Schutzes von Industrien, die international wettbewerbsfähig* zu werden versprechen, relevant sein könnte. Dabei darf nicht vergessen werden, daß nicht nur geschützte Investitionen positive externe Effekte entfalten, sondern auch solche, die möglicherweise durch den Schutz substituiert werden.

II. Protektionismusbegründungen in Industriestaaten: Der P. in den

Industriestaaten gewinnt seit Jahren zunehmend an Bedeutung. Zu den wichtigsten älteren und neueren Argumenten, die insbes. hier zur Rechtfertigung protektionistischer Politik angeführt werden, gehören die Begegnung eines „unfairen" Wettbewerbs, der Schutz von Arbeitsplätzen und die Wahrung des Kollektivguts „binnenwirtschaftliche Stabilität", die Milderung von Anpassungshärten bzw. Reduzierung der Anpassungskosten im Zuge des Strukturwandels, die Abschwächung unerwünschter Verteilungswirkungen, die Überwindung vorübergehender Wettbewerbsunterlegenheit und nicht zuletzt die Unterstützung der Nutzung von Größenvorteilen und die Schaffung von Entwicklungsvorsprüngen.

1. *Begegnung eines „unfairen" Wettbewerbs:* Es wird u. a. beklagt, a) daß der *Wettbewerbsdruck aus Billiglohnländern,* in denen die niedrigen Lohnkosten nicht zuletzt auf eine im Vergleich unzulängliche Sozialpolitik zurückzuführen sind, ständig zunimmt; b) daß Dumpingpolitik, Subventionen und sonstige Interventionen im Ausland manchen ausländischen Konkurrenten *ungerechtfertigte „künstliche" Wettbewerbsvorteile* verschaffen; c) daß solche Vorteile u. a. durch Produktdifferenzierungs- und offensive Vermarktungsstrategien der ausländischen Unternehmen *ausgebaut* werden. – Diese Hinweise sind als Protektionismusbegründungen i. d. R. fragwürdig: a) Die niedrigen Löhne in Entwicklungsländern, die daraus resultieren, daß dort die Arbeitskräfte weniger knapp sind, können z. B. nicht als Ausdruck eines „unfairen" Wettbewerbs seitens der Produzenten dieser Länder bzw. als eine allgemeine Benachteiligung der Bevölkerung in den mit ihnen handeltreibenden Industriestaaten angesehen werden; die internationalen Unterschiede der Faktorentgelte gehören im Gegenteil zu solchen Faktoren, die die *Vorteilhaftigkeit des freien Handels* begründen. – b) Dumping wäre für das Einfuhrland erst dann bedenklich und würde Antidumpingmaßnahmen rechtfertigen, wenn es *temporär* betrieben würde, *um die internationale Konkurrenz auszuschalten* und anschließend für längere Perioden *monopolistische Gewinne* zu realisieren. Es fragt sich, welches Land überhaupt die Wirtschaftskraft hat, um einen solchen ruinösen Wettbewerb gegen die internationale Konkurrenz auf breiter Basis zu betreiben und darüber hinaus die potentielle Wettbewerber für eine ausreichend lange Zeit abzuschrecken. Betreibt ein Land Dumping *auf Dauer,* würde dies einen anhaltenden *Einkommenstransfer in die Einfuhrländer* bedeuten, bei ihrer Ausrichtung ihrer Politik auf Steigerung der gesamtgesellschaftlichen Wohlfahrt keinen rationalen Anlaß dafür haben können, den betreffenden Transfer durch Gegenmaßnahmen abzuwehren. – c) Daß eine interventionistische, protektionistische Politik des Auslands eine Wettbewerbs-

verzerrung darstellt, die die einheimischen Export- und Importkonkurrenzindustrien belasten kann, ist einleuchtend. Daraus jedoch die Schlußfolgerung zu ziehen, daß dadurch protektionistische Gegenmaßnahmen zu rechtfertigen seien, wäre verfehlt. Denn eine interventionistische bzw. protektionistische Politik des Auslands schadet, wenn man von wenigen Ausnahmen absieht, wie etwa die theoretisch mögliche, aber faktisch kaum relevante, günstige Wirkung auf die terms of trade, auch den diese Politik betreibenden Ländern. Und protektionistische Gegenmaßnahmen werden den *Schaden auf beiden Seiten nur verstärken.* Sie wären bestenfalls nur dann sinnvoll, wenn sie die Gegenseite zur Rücknahme ihrer Restriktionen bzw. Interventionen veranlassen könnten. – d) Das Beklagen von (endogenen) Wettbewerbsvorteilen, die ausländische Unternehmen durch Produktdifferenzierungs- bzw. Vermarktungsstrategien erlangen, ist als Rechtfertigung für restriktive Einfuhrpraktiken noch weniger zu akzeptieren. Denn je weniger die einheimischen Unternehmen mit staatlichem Schutz rechnen, umso mehr dürften sie bemüht sein, der ausländischen Konkurrenz durch entsprechende *Eigenanstrengungen* zu begegnen.

2. *Schutz vorhandener Arbeitsplätze* (und damit bestehende Produktionsbereiche) und *Wahrung der „binnenwirtschaftlichen Stabilität":* Basierend nicht zuletzt auf der Befürchtung, daß freigesetzte Arbeitskräfte infolge der Verdrängung einheimischer Produktionsbereiche durch die ausländische Konkurrenz nur zu einem beschränkten Teil eine adäquate Alternativbeschäftigung finden dürften, gilt dies im verstärkten Maße in Zeiten relativer Stagnation und hoher Arbeitslosigkeit. Dabei wird versucht, diese Vorstellung u. a. mit dem Hinweis auf eine *unzureichende Flexibilität der Faktorpreise* bzw. *mangelnde Mobilität des Faktors Arbeit* in der Realität zu untermauern. Gelegentlich wird sogar die Position vertreten, daß eine hohe Flexibilität bzw. Mobilität als Weg zur Wiederbeschäftigung der freigesetzten Arbeitskräfte *unvertretbare soziale Kosten* verursache und deshalb gesellschaftlich unerwünscht sei. In diesem Zusammenhang wird der P. als ein Instrument der Wahrung eines Kollektivguts „binnenwirtschaftliche Stabilität" angesehen, und zwar nicht nur im Sinne der Sicherung eines hohen Beschäftigungsgrades, sondern auch des Schutzes einer geringen Mobilitätsbereitschaft. – Es ist richtig, daß die Verdrängung einheimischer Produzenten durch die ausländische Konkurrenz direkt eine Freisetzung von Arbeitskräften ergibt. Dies bedeutet jedoch, soweit der Marktmechanismus funktioniert und die Flexibilität der Faktorpreise bzw. Mobilität der Produktionsfaktoren nicht durch Regulierungen und politische Verzerrung der Rahmenbedingungen beeinträchtigt werden, lediglich *frik-*

nelle, vorübergehende Arbeitslosigkeit (vergleichbar mit der Freisetzung von Arbeitskräften durch den technischen Fortschritt). Die durchschnittliche Dauer der betreffenden Arbeitslosigkeit könnte durch eine auf *Mobilitätsförderung ausgerichtete Politik* (Umschulung, Verbesserung der Arbeitsmarkttransparenz usw.) verkürzt werden. – Daß die erforderliche Flexibilität und Mobilität für die Betroffenen Belastungen verursacht bzw. mit sozialen Kosten verbunden ist, ist nicht zu bestreiten. Die Herabsetzung von Flexibilität oder Mobilität kann aber nicht deshalb zu einem zu schützenden Kollektivgut erklärt werden. Denn eine solche Politik dürfte, wenn sie konsequent durchgeführt wird, das *wirtschaftliche Wachstum und damit auch die Fähigkeit, die Sozialpolitik auszubauen, beeinträchtigen.* D. h., daß sie im Endeffekt für die Gesellschaft insgesamt nicht tolerierbare Nachteile ergeben dürfte.

3. Milderung von Anpassungshärten bzw. Reduzierung von Anpassungskosten:

Im Prinzip stellt dies Argument auch auf das Problem der Arbeitslosigkeit, der Einkommenseinbußen von Arbeitnehmern und Arbeitgebern in den schrumpfenden Bereichen sowie den mit Mobilität verbundenen sozialen Belastungen ab. Der geringen Mobilitätsbereitschaft wird allerdings weniger ein hoher Eigenwert zugesprochen, sondern vielmehr die Notwendigkeit von Flexibilität und Mobilität eingesehen. Die Forderung richtet sich weniger auf eine starke Drosselung des Strukturwandels als vielmehr auf eine *„dosierte Anpassung":* D. h., daß das Problem in erster Linie in dem oft als hoch eingeschätzten Tempo des weltwirtschaftlichen Strukturwandels gesehen wird, das die „Transformationskapazität" des Systems übersteigen kann. – Daß der Zwang zu einem zu schnellen Strukturwandel, im Sinne eines hohen Verdrängungstempos von Produktionsbereichen, ihre komparativen Vorteile verlieren, nicht nur *soziale Belastungen und Verteilungsprbleme* ergibt, sondern auch *allokations- und wachstumsmäßig negative Wirkungen* haben dürfte, wird u. a. damit erklärt: a) daß massive Verdrängungseffekte (bei beschränkter Transformationskapazität der Marktwirtschaft) zwangsläufig *höhere Arbeitslosenzahlen* ergeben; b) daß die negativen Beschäftigungs- und Sozialproduktwirkungen sich *durch negative Multiplikatorwirkungen verstärken;* c) daß die Entstehung ausgeprägter Ungleichgewichte überhaupt die Fähigkeit des Systems, *aus eigener Kraft zum Gleichgewichtspfad zurückzufinden, stark beeinträchtigen kann;* d) daß eine ausgeprägte Flexibilität bzw. zu forcierte Mobilität, die eine Relativierung der genannten Probleme gewährleisten würde, die Gefahr einer bedenklichen *Vernachlässigung der Qualifizierung* in sich birgt. In diesem Zusammenhang ist auch auf das interessante Argument von Lorenz

hinzuweisen, das hervorhebt, daß ausgeprägte Ungleichgewichte, die durch einen forcierten weltwirtschaftlichen Strukturwandel hervorgerufen werden können, den protektionistischen Druck verstärken dürften; und deshalb der ausgeprägte P. gerade durch eine „positive Anpassungspolitik", die auf eine dosierte Anpassung ausgerichtet ist, abgewendet werden könnte. – Diese Protektionismusbegründung, besonders im Zusammenhang mit der Forderung einer Koppelung der in diesem Fall vorgesehenen temporären, schrittweise abzubauenden Einfuhrrestriktionen mit einer aktiven Anpassungsförderungspolitik ist im Ansatz überzeugend; allerdings wird impliziert, a) daß der außenwirtschaftlich bedingte Strukturwandeldruck mehr oder weniger *überraschend* eintritt, b) daß dieser Druck *wellenförmig* erfolgt, und c) daß die Politikträger die Entwicklung einer eingetretenen massiven Zunahme des Wettbewerbsdrucks seitens des Auslands *zuverlässig abschätzen* können. Denn nur dann wäre die Forderung nach einer Politik, die eine Glättung des Strukturwandeldrucks gewährleisten soll und die Überforderung der „Transformationskapazität" der Marktwirtschaft zu vermeiden hilft, verständlich und hätte Aussicht auf Operationalisierung. Die genannten Konstellationen dürften jedoch kaum zutreffen. So mag als weltwirtschaftliches Strukturwandeltempo oft hoch erscheinen; trotzdem kann weder der plötzliche Verlust komparativer Vorteile als üblich angesehen werden, noch ist es gängig, daß der Strukturwandeldruck in Schüben erfolgt, deren Verläufe im voraus kalkulierbar sind. – Werden alleine aufgrund des Tempos der Veränderung der komparativen Vorteile Handelsrestriktionen eingeführt, um den Strukturwandeldruck abzufedern, muß bedacht werden, daß die sich ergebende Drosselung der Strukturanpassung zu einer *zunehmenden Abweichung der Produktionsstruktur von derjenigen* führen kann, *die der Entwicklung der komparativen Vorteile entspricht.* Wenn früher oder später die wachsenden gesamtwirtschaftlichen Kosten dieser Politik die Politikträger zur Rücknahme der Restriktionen veranlassen oder gar zwingen, könnten die Belastungen für die Betroffenen und das Gesamtsystem durch die *dann fällige Anpassung wesentlich größer* sein als die, die sich ohne Schutzpolitik ergeben hätten.

4. Abschwächung unerwünschter Verteilungswirkungen:

Dies Ziel bzw. diese Rechtfertigung einer protektionistischen Politik kommt in gewisser Hinsicht schon zum Ausdruck in den Forderungen nach dem Schutz von Arbeitsplätzen und der Milderung von Härten der strukturellen Anpassung. Das betreffende Verteilungsargument geht jedoch noch weiter und wird zur Rechtfertigung des P. auch unabhängig von der Gefahr der Arbeitslosigkeit herangezogen. So werden z. B. von der

Gewerkschaftsseite nicht selten protektionistische Maßnahmen gefordert, um einer Verschiebung der Produktionsstruktur durch den Außenhandel zugunsten kapitalintensiverer Produktionsrichtungen und einem sich daraus ergebenden *Druck auf die Löhne* entgegen zu wirken. D. h., hier geht es nicht primär um die Verhinderung einer Freisetzung, sondern um die Verteidigung des Lohnniveaus. – Eine interessante Variante des Verteilungsargumentes ist der *Schutz des agrarischen Sektors* mit dem Ziel, den Landwirten ein „paritätisches" Einkommen (d. h. eins, das der Entlohnung in alternativen Beschäftigungseinrichtungen annähernd entspricht) zu gewährleisten. Diese Politik wurde auch zu Zeiten der Vollbeschäftigung betrieben. Zu Begründung wird u. a. angeführt: a) daß sie einer Sicherung der Ernährung in Krisensituationen dienen soll; b) daß dadurch eine natürliche Benachteiligung der Landwirten ein (zuletzt durch die Abhängigkeit der Erträge von wechselnden klimatischen Verhältnissen) auszugleichen ist; c) daß sie durch Sicherung der Existenz der bäuerlichen Strukturen in der Landwirtschaft zur sozialen und politischen Stabilität beiträgt. – Die Vorstellung, daß der Freihandel durch die Begünstigung der Produktion kapitalintensiver Güter in den reichen Industriestaaten auf eine Herabsetzung der Löhne hinwirkt, entbehrt nicht einer gewissen theoretischen Fundierung (→Faktorproportionentheorem). Es muß aber auch berücksichtigt werden, daß die betreffende Wirkung *durch verschiedene Faktoren relativiert oder gar überkompensiert* wird: So sind die entwickelten Industriestaaten im Vergleich zu den mit Arbeitskräften reichlich ausgestatteten Entwicklungsländern i. d. R. nicht nur kapitalreich, sondern auch reich an qualifizierten Arbeitskräften, d. h., daß die Spezialisierungstendenz infolge des Freihandels ebenso auf eine Zunahme der Nachfrage nach solchen Arbeitskräften und damit auf die Verbesserung ihrer Entlohnung hinwirken dürfte (→Neo-Faktor-Proportionen-Theorem). Ferner darf nicht übersehen werden, daß die komplementären Handelsströme, die auch in den Industriestaaten positive Beschäftigungseffekte haben, noch immer eine überragende Bedeutung im Außenhandel der Industriestaaten mit den arbeitskräftereichen Entwicklungsländern haben, und eine Drosselung des substitutiven Handelns durch protektionistische Politik kann durchaus (nicht zuletzt infolge der Schwächung der Importfähigkeit des Auslands) auch den *beschäftigungsfördernden komplementären Handel beeinträchtigen.* Außerdem ist nicht zu vergessen, daß der Freihandel durch *Verbesserung der Versorgung der Bevölkerung* ebenso den Arbeitern zugute kommt, und daß aufgrund der positiven Sozialproduktwirkungen, die sich durch die Nutzung statischer und dynamischer Handelsgewinne ergeben, eine eventuelle Verschie-

bung der Faktorpreise *keineswegs bedeuten muß, daß der relativ schlechter gestellte Faktor, absolut gesehen, eine niedrigere Entlohnung erzielt als ohne Freihandel.* – Schließlich ist zu beachten, daß, selbst wenn Handelsrestriktionen irgendwelchen Gruppen Einkommensvorteile bringen sollten, die Einkommensgewinne für diese Gruppen kleiner sein werden als die Verluste für den Rest der Gesellschaft. D. h. daß derartige Restriktionen eine *teuere und irrationale Form der Verteilungspolitik* darstellen und die gleichen Verteilungswirkungen mit geringeren gesamtwirtschaftlichen Kosten zu erzielen sein dürften. Dies gilt sowohl in bezug auf das Lohnargument als auch auf den Einkommensschutz in Sektoren wie die Landwirtschaft. – Von der Fragwürdigkeit einer Verteilungspolitik zugunsten der Landwirtschaft sei hier abgesehen. Denn die Abhängigkeit der Agrarproduktion von wechselnden natürlichen Einflüssen kann Hilfe für die Landwirte nur dann rechtfertigen, wenn der marktwirtschaftliche Allokationsmechanismus hier versagt (was nicht zutrifft). Und es ist zu bezweifeln, daß Transferleistungen, die die Abwanderung aus der Landwirtschaft hemmen und den Fortbestand der gegebenen bäuerlichen Strukturen unterstützen sollen, eine größere Ernährungssicherheit in Krisensituationen gewährleisten können oder (in Anbetracht des bereits sehr kleinen Anteils der Agrarbevölkerung) einen nennenswerten Beitrag zur politischen und sozialen Stabilität zu leisten vermögen. Vgl. hierzu auch →Agrarpolitik.

5. *Überwindung vorübergehender Wettbewerbsunterlegenheit:* Das Überleben von Unternehmen, die temporäre Krisen von Branchen aus eigener Kraft nicht überstehen könnten, kann längerfristig gesehen sowohl privat- als auch gesamtwirtschaftlich sinnvoll sein. Daraus wird die Schlußfolgerung gezogen, daß der temporäre Schutz in solchen Fällen nicht nur soziale Härten vermeiden hilft, sondern auch, wirtschaftlich betrachtet, eine effiziente Handlung darstellt. – Es ist nicht unproblematisch, im voraus festzustellen, ob die Krise einer Industrie vorübergehender Art ist. Und sollte dies bestimmt werden, dürften direkte Zuschüsse an die betreffenden Industrien eine geringere Allokationsverzerrung verursachen als Schutzmaßnahmen. Es wäre vielleicht sogar besser, die Hilfe auf Kreditbasis zu gewähren; denn es stellt sich die Frage, warum die Unternehmen temporäre Verluste nicht selbst tragen sollen – sie beanspruchen doch bei anhaltenden Gewinnen das Recht auf diese Gewinne.

6. *Nutzung von Größenvorteilen* und *Schaffung von Entwicklungsvorsprüngen:* a) *Direkte Größenvorteile:* Bei ausreichend großen Binnenmärkten bewirkt die durch den Schutz induzierte Expansion einheimischer Unternehmen eine Stückkostensenkung, die zur Überlegen-

heit gegenüber der ausländischen Konkurrenz führt. D. h., daß ein (zeitlich beschränkter) Schutz in diesem Sinne nicht nur die *Substitution von Importen*, sondern auch eine *Stärkung der Exportkraft* gewährleisten soll. Die Verschiebung der komparativen Kostenvorteile zugunsten der einheimischen Produktion würde dabei über die erzielte Kostensenkung hinaus dadurch unterstützt, daß Möglichkeiten der ausländischen Konkurrenz zur Nutzung der Größenvorteile (und damit zur Kostensenkung) durch die Verdrängungswirkungen der Schutzpolitik reduziert werden. –
b) *Entfaltung von Forschungsaktivitäten* und *Erlangung von Entwicklungsvorsprüngen:* Dies könnte dadurch begründet werden, daß neben den erwähnten Kosteneffekten die durch den Schutz hervorgerufenen Preis- und Absatzsteigerungen eine weitere Verbesserung der Ertragslage der betroffenen Industrien bewirken und ihnen das Tragen der Kosten von Forschungs- und Entwicklungsaktivitäten erleichtern. Aufgrund dieser Vorstellung wird der Schutz besonders für neue forschungsintensive Industrien als notwendig erachtet. – c) Daß *weitere Faktoren,* wie Lerneffekte und die Nutzung positiver externer Effekte, zusätzlich (in Analogie zum Erziehungsschutzargument) zur Steigerung der Wettbewerbsfähigkeit der betreffenden Industrien beitragen, wird in diesem Zusammenhang ebenso angeführt. – Auch diese Argumente vermögen kaum zu überzeugen. Denn in den Industriestaaten, und besonders in denjenigen mit großen Binnenmärkten, *mangelt es nicht an kapitalkräftigen Unternehmen,* die ohne Schutz in der Lage sein dürften, die notwendigen Investitionen durchzuführen, um mögliche Größenvorteile zu nutzen (vorausgesetzt, die erzielten Stückkostensenkungen gewährleisten eine höhere Effizienz als bei alternativen Verwendungen der betreffenden Mittel). Die Vorstellung, daß eine Reservierung der Binnenmärkte für die inländische Produzenten und die damit verbundene Beschränkung der Möglichkeiten der Ausländer, Größenvorteile zu nutzen, den Inländern hilft, auf Exportmärkten (durch niedrigere Durchschnittskosten) überlegenheit zu erlangen, ist darüber hinaus in verschiedener Hinsicht zu relativieren: a) Diese Politik könnte dadurch konterkariert werden, daß sie *Vergeltungsmaßnahmen der Ausländer* induziert, indem diese wiederum die eigenen Märkte abschotten; b) erlangbare Vorteile wären bei Rücknahme der Restriktionen nicht unbedingt genügend lange gesichert, um die *Wohlfahrtseinbußen der Restriktionsphase zu kompensieren.* – Hinsichtlich der Förderung von Forschungsaktivitäten und forschungsintensiven Industrien kann nicht zuletzt zuletzt dagegen gehalten werden, daß gerade die Wettbewerbsbeeinträchtigung durch protektionistische Maßnahmen den *Anreiz* bzw. *Zwang zu vermehrten Anstrengungen auf dem Forschungs- und Entwicklungsgebiet mildern*

kann. Außerdem dürfte das Ziel der Forschungsförderung (ähnlich wie die verteilungspolitischen Ziele) effizienter zu verfolgen sein durch andere Maßnahmen, wie steuerliche Vergünstigungen oder selbst Zuschüsse als durch P.

III. **Zahlungsbilanzaktivierung:** Das Argument der Zahlungsbilanzaktivierung wird hinsichtlich Entwicklungs- und Industrieländern angeführt.

1. In den *Entwicklungsländern* geht es i. d. R. darum, *Leistungsbilanzdefizite* abzubauen. Neben der Begegnung möglicher *negativer Nachfragewirkungen* von Leistungsbilanzdefiziten wird diese Politik u. a. mit der *Reduzierung von Auslandsabhängigkeit* sowie der *Freisetzung knapper Devisen* für die Deckung eines steigenden Devisenbedarfs im Zuge des Entwicklungsprozesses begründet. Daß der Abbau stark wachsender Verschuldung vieler Entwicklungsländer (→Auslandsverschuldung von Entwicklungsländern) im Endeffekt ohne die Realisierung von entsprechenden Leistungsbilanzüberschüssen kaum möglich sein wird, wird vielfach als weiteres Argument für eine Verschärfung der Einfuhrrestriktionen angeführt.

2. Auf der Seite der *Industriestaaten* bezieht sich das Ziel der Zahlungsbilanzaktivierung oft mehr auf die Realisierung von *Leistungsbilanzüberschüssen* bzw. deren Ausbau. In der Zeit der festen Wechselkurse galt die →Abwertung der einheimischen Währung als ein beliebtes Instrument dieser Politik. Heute werden, soweit freie Wechselkurse herrschen, neben gezielten Versuchen einer Wechselkursbeeinflussung mehr oder weniger breitangelegte tarifäre und nicht-tarifäre Einfuhrrestriktionen praktiziert. Solche Restriktionen werden mehr gefordert, wenn es um den Abbau ausgeprägter *Leistungsbilanzdefizite* geht, wie z. B. in den letzten Jahren in den USA festzustellen ist. Soweit mit der Zahlungsbilanzaktivierung die Realisierung von Überschüssen erstrebt wird, stehen als Begründungen für die darauf abzielenden protektionistischen Maßnahmen die *Konjunkturbelebung* sowie die *Beschäftigungs- und Wachstumsförderung bzw. -sicherung* eindeutig im Vordergrund. Richtet sich die betreffende Politik auf den Abbau von Defiziten, kommen, wie im Falle der Entwicklungsländer, eher weitere als gewichtig angesehene Begründungen hinzu, so auch hier die *Abwendung einer starken Zunahme der Auslandsverschuldung.*

3. *Beurteilung:* a) *Zahlungsbilanzaktivierung als Leistungsbilanzsanierung:* Die aktivierende Wirkung der Importdrosselung wird durch protektionistische Maßnahmen zumindest z. T. *durch induzierte passivierende Wirkungen ausgeglichen.* In diesem Zusammenhang ist auf den Rückgang der Exporte durch die

mögliche Verlagerung von Produktionsfaktoren aus Exportbereichen in die Importsubstitutionsproduktion sowie auf die passivierenden Wirkungen einer induzierten Aufwertung der einheimischen Währung bzw. Steigerung des inländischen Preisniveaus hinzuweisen. Ferner ist auch hier nicht zu vergessen, daß die *negativen Allokations- und Wachstumswirkungen* einer protektionistischen Politik i. d. R. einen hohen Preis für einen eventuellen Beitrag zur Leistungsbilanzsanierung darstellen. Hinzu kommt, daß eine auf P. abstellende Politik *an den eigentlichen Ursachen von Leistungsbilanzdefiziten vorbeigeht,* wie v. a. eine Überbewertung der einheimischen Währung.
– b) *Zahlungsbilanzaktivierung zur Konjunkturbelebung:* Dies ist grundsätzlich in Frage zu stellen. Dabei sei hier u. a. an die *klassischen Probleme einer nachfrageorientierten Konjunkturförderungspolitik* (→nachfrageorientierte Wirtschaftspolitik) erinnert, wie z. B. die Inflationsgefahr oder auch die beschränkte Wirksamkeit (Überschätzung der Multiplikatorwirkung). Negativ ist ferner zu vermerken, daß diese Politik in gewisser Hinsicht die Überwälzung von Konjunkturproblemen auf das Ausland darstellt (→ Beggar-my-neighbour-Politik). Wiederum ergibt eine solche Politik, soweit sie sich der Abwertung der einheimischen Währung als Schutzinstrument bedient, einen Einkommenstransfer ins Ausland. Hinzu kommen *problematische Verteilungswirkungen sowie verschiedene weitere Nachteile,* die nicht zuletzt die Gefahr der Entwertung akkumulierter Reserven bzw. Forderungen gegenüber dem Ausland, sowie die Herbeiführung einer exportlastigen Produktionsstruktur, die bei Korrektur des Wechselkurses tiefgreifende Anpassungsprobleme schaffen kann.

III. Fazit: Die Mehrzahl der Protektionismusargumente entbehrt einer überzeugenden Fundierung. Wenige Argumente zeigen zwar Bedingungen auf, die in der Tat negative Wirkungen des Freihandels ergeben, ignorieren jedoch, daß die Existenz dieser Bedingungen u. a. selbst die Folge fragwürdiger staatlicher Handlungen und Versäumnisse ist, und daß eine ursachenadäquate Therapie an der Korrektur bzw. positiven Beeinflussung der betreffenden Bedingungen ansetzen sollte, anstelle des Versuches, ihre negativen Wirkungen durch weitere Interventionen zu kompensieren. Einige Argumente gehen von möglichen problematischen Wirkungen des Freihandels aus, überzeichnen aber die betreffenden Probleme, bagatellisieren die Verluste und Probleme, die sich durch protektionistische Lösungsversuche ergeben und vernachlässigen die Relativierungs- bzw. Lösungsmöglichkeiten ohne Rückgriff auf protektionistische Praktiken. Selbst das vielleicht fundierteste Protektionismusargument, nämlich das Erziehungsschutzargument in bezug auf junge

Industrien in Entwicklungsländern, ist mit grundlegenden Problemen behaftet, die v. a. mit der Operationalisierung zusammenhängen. Folglich ist P. i. d. R. nicht zu rechtfertigen; oft werden die erstrebten Ziele verfehlt bzw. P. kann in der gewünschten Form kaum praktiziert werden und schafft vielfach mehr Probleme als er löst.

Literatur: Cordon, W. M., Trade Policy and Economic Welfare, Oxford 1974; Curtis, D. C. A., Trade Policy to Promote Entry with Scale Economies, Product Variety, and Export Potential, in: Canadian Journal of Economics, Bd. 16 (1983), S. 109–121; El-Shagi, E.-S.; Entwicklungstheorie und die List-Theorie über Beeinträchtigung der Produktivkräfteentwicklung durch den Freihandel, in: Wirtschaftswissenschaftliches Studium Bd. 12 (1983), Heft 7, S. 337–340; ders., Die Konsequenzen für Entwicklungsländer aus ihrer weltwirtschaftlichen Integration, in: Der Welthandel morgen, Stuttgart 1984, S. 71–116; ders., Zu den außenwirtschaftlichen Erklärungsansätzen der Unterentwicklung, in: Das Wirtschaftsstudium, Bd. 14 (1985), Heft 11, S. 549–554; Greenaway, D., Commercial Policy and Trade in Differentiated Goods, in: ders. (Hrsg.): Current Issues in International Trade Theory and Policy, London 1985; Hagen, E. E., An Economic Justification of Protectionism, in: The Quarterly Journal of Economics, Bd. 72 (1958), S. 496–514; Hauser, H. (Hrsg.), Protectionism and Structural Adjustment, Grüsch 1986; Krugman, P., New Theories of Trade Among Industrial Countries, in: American Economic Review, Papers and Proceedings, Bd. 73 (1983), S. 343–347; Lorenz, D., Liberale Handelspolitik vs. Protektionismus – Das Schutzargument im Lichte neuerer Entwicklungen der Außenhandelstheorie, in: Neuer Protektionismus in der Weltwirtschaft und EG-Handelspolitik, Hrsg. vom Vorstand des Arbeitskreises europäische Integration, Baden-Baden 1985, S. 9–33; Meier, G. M., International Economics, The Theory of Policy, Oxford 1980; Rothschild, K. W., Außenhandelstheorie, Außenhandelspolitik und Anpassungsdruck, in: Kyklos, Bd. 32 (1979), S. 47–58.

Prof. Dr. El-Shagi El-Shagi

Protest. 1. *Wechselrecht:* Vgl. →Wechselprotest. – 2. *Scheckrecht:* Vgl. →Scheckprotest.

Protesterhebung bei der Post, bei →Postprotestaufträgen im Falle der Nichtzahlung des Wechselbetrages durch Postbedienstete nach den Bestimmungen des Wechselgesetzes vorzunehmender Protest (→Wechselprotest). Wechsel mit Protesturkunde wird dem Auftraggeber übersandt. Ist Postprotest ausgeschlossen, kann der Wechsel an einen Notar oder Gerichtsvollzieher weitergegeben werden. P. kann unterbleiben, wenn der Auftrag erst am letzten Tag der Protestfrist beim Zustellpostamt eingeht. Es wird nur die nach dem Wechselgesetz vorgesehene Protestfrist gewährt.

Protestliste, von Bankverbänden aufgestellte vertrauliche Liste mit den Namen der Unternehmen, die Wechsel zu Protest (→Wechselprotest) gehen ließen. P. sollen auf Kreditrisiken aufmerksam machen.

Protokoll, *Kommunikationsprotokoll,* eine Übermittlungsvorschrift bei der →Datenübertragung, die die gesamten Festlegungen für Steuerung und Betrieb der Datenübermittlung in einem Übermittlungsabschnitt (z. B. benutzter →Code) umfaßt, – *Standardisierung:* DIN 44302. Vgl. auch →Protokollwandler.

Protokollwandler, Hilfseinheit zwischen zwei Kommunikationspartnern, die mit unterschiedlichen (Übertragungs-) →Protokollen arbeiten. P. werden i. d. R. durch Mikrorechner (→Rechnergruppen 2a) realisiert, die intern die Protokolle ineinander überführen.

Prototyping. 1. *Begriff:* Im →Software Engineering Vorgehensweise bei der →Softwareentwicklung, bei der nicht sofort ein endgültiges →Softwaresystem, sondern zunächst ein oder mehrere Prototypen erstellt werden. – 2. *Motivation:* Bei Softwareentwicklung nach einem klassischen →Phasenmodell werden die Phasen *nacheinander* durchlaufen; der Endbenutzer kann folglich erst zu einem sehr späten Zeitpunkt das resultierende Softwareprodukt betrachten und beurteilen; nachträgliche Anpassungen an Benutzerwünsche, die evtl. notwendig werden, verursachen erheblichen Änderungsaufwand. Dagegen ist beim P. relativ früh eine erste Version verfügbar, an der Veränderungen und Verbesserungen vorgenommen werden können. – 3. *Klassifikation:* a) Nach dem *Ziel:* Der Prototyp kann (1) zur Erforschung einer bestimmten Anwendungsproblematik (→Anwendung), (2) zum Experimentieren mit speziellen Lösungsmöglichkeiten oder (3) zur sukzessiven Entwicklung mehrerer Versionen eines Systems (Versioning; evolutionäres P.) erstellt werden. – b) Nach der *Weiterverwendung:* Der Prototyp ist (1) Basis für die Weiterentwicklung des Systems, (2) wird zur Schulung der Benutzer eingesetzt oder (3) als „Wegwerfmodell", z. B. für Demonstrationszwecke *(Demo-P.)* oder als Anforderungsmodell im Rahmen der →Anforderungsdefinition *(Requirements-P.),* erstellt. – c) Nach dem *Umfang:* In den Prototyp werden (1) alle Eigenschaften des geplanten Systems einbezogen oder (2) nur besonders wichtige Ausschnitte (z. B. die →Benutzerschnittstelle). – d) Nach der *Geschwindigkeit:* Besonderes Interesse hat das *Rapid-P.* gefunden, bei dem versucht wird, unter Verwendung moderner Softwarewerkzeuge und Programmiersprachen der 4. Generation (→Programmiersprache III 4) so schnell wie möglich ein ablauffähiges System zu erstellen. – 4. *Eignung:* P. ist v. a. in schlecht strukturierten Problemsituationen und bei mangelnder Erfahrung des Softwareentwickler oder der Benutzer mit dem Anwendungsgebiet erfolgversprechend.

Proudhon, Pierre, 1809–1865, Vertreter des Anarchismus. In seiner ersten Schrift kritisierte P. das Privateigentum: „Eigentum ist Diebstahl." Später wird er scharfe Kritik am Kommunismus. Die extrem individualistischen Gedanken von P. führen zur Ablehnung jeder Bindung, vor allem des Staates als Zwangsordnung einschließlich der Gerichtsbarkeit. – In seinem System des *Mutualismus* (Gegenseitigkeit) vermittelt eine Volksbank den Austausch von Gütern gegen Warengutscheine

oder gegen unentgeltlichen und unverzinslichen Kredit. Mit der Beseitigung des Zinses wäre der Kapitalismus abgeschafft, die Tauschbank soll arbeitsloses Einkommen unmöglich machen. Wertmaß soll der in den Gütern enthaltene Arbeitswert, gemessen an der Zeit, sein. – *Hauptwerke:* „Qu'est-ce que la propriété?" 1840, „Système des contradictions économiques ou Philosophie de la misère" 1846.

Provenienz, im kaufmännischen Sprachgebrauch Waren, mit der zugleich eine bestimmte →Güteklasse (-merkmal) gekennzeichnet wird. Schriftliche Bestätigung auf →Provenienz-Zertifikat. – *Beispiele:* ägyptische Baumwolle, Smyrnafeigen.

Provenienz-Zertifikate, Bescheinigungen über a) den Ursprung einer Ware, b) bestimmte Wareneigenschaften oder c) die Zugehörigkeit zu bestimmten Qualitätstypen, v. a. bei Massengütern des Welthandels. – Wenn P.–Z. bezüglich der Warenqualität *verbindliche Kraft* beigelegt werden soll, lautet die Klausel →certificate to be final.

Provision. I. A l l g e m e i n: Regelmäßig in Prozenten einer Wertgröße (z. B. vom Umsatz) berechnete Form der Vergütung für geleistete Dienste; z. T. auch als Arbeitsentgelt für Arbeitnehmer, meist neben anderen Leistungen gewährt.

II. H a n d e l s r e c h t: 1. Jeder →*Kaufmann,* der in Ausübung seines Handelsgewerbes einem anderen Geschäfte besorgt oder Dienste leistet, kann auch ohne Vereinbarung P. nach den ortsüblichen Sätzen verlangen, soweit nicht →Verkehrssitte entgegensteht. – 2. In der Form der P. wird meist die Vergütung des →*Handelsvertreters* (als Vermittlungs- oder Abschlußgebühr) gewährt (§§ 87 ff. HGB). – a) Der *Anspruch* des Handelsvertreters auf P. entsteht für jedes während des Vertragsverhältnisses abgeschlossene Geschäft, das auf Grund seiner Tätigkeit zustande gekommen ist (§ 87 I HGB). Es genügt, daß der Kunde durch den Vertreter geworben ist. Auch für Nachbestellungen entsteht der Anspruch. Wird ein Geschäft erst nach Beendigung des Vertragsverhältnisses ausgeführt, so steht die P. dem Handelsvertreter dann zu, wenn er es vermittelt hat. Gleiches gilt auch, wenn er das Geschäft so eingeleitet und vorbereitet hat, daß der Abschluß überwiegend auf seine Tätigkeit zurückzuführen ist und das Geschäft in einer angemessenen Frist nach Vertragsende zum Abschluß kommt (§ 87 III HGB). – b) *Endgültig* verdient ist die P. erst nach Ausführung des vermittelten Geschäftes. – c) Dem →*Bezirksvertreter* steht P. auch für Direktgeschäfte zu; ebenso dem Handelsvertreter mit →Kundenschutz (§ 87 II HGB). – d) Die *Höhe* der P. richtet sich nach dem Vertrag; fehlt eine Vereinbarung, so gilt der übliche Satz (§ 87b I HGB). Die Berechnung erfolgt nach dem reinen Rechnungsbetrag, d. h. dem Betrag für die Waren ohne Abzug von Sondernachlässen oder Aufschlägen für Fracht, Porto usw. (§ 87b II HGB). – e) Bei der *Abrechnung* der P., die monatlich, nach Vereinbarung längstens vierteljährlich, erfolgen muß, *kann* der Handelsvertreter einen →*Buchauszug* fordern (§ 87c HGB). Damit der Buchauszug der Prüfung auf Richtigkeit und Vollständigkeit der Provisionsabrechnung dienen kann, muß er alle Geschäfte mit der genauen Anschrift des Vertragsgegners und dem für den Handelsvertreter wesentlichen Inhalt des Vertrages (gelieferte Menge, Preis usw.) enthalten. Er muß auch über Retouren und Grund für Rückgabe, ebenso bei Nichtausführung des Auftrages Auskunft geben. Auf Verlangen müssen auch die noch schwebenden Geschäfte aufgeführt werden. Wird der Buchauszug verweigert oder bestehen begründete Zweifel an der Richtigkeit oder Vollständigkeit der Abrechnung, kann der Handelsvertreter verlangen, daß nach Wahl des Unternehmers entweder ihm oder einem von ihm zu bestimmenden Wirtschaftsprüfer oder vereidigten Buchsachverständigen Einsicht in die Geschäftsbücher oder sonstigen Urkunden gewährt wird, soweit dies zur Prüfung der Richtigkeit oder Vollständigkeit erforderlich ist. – Die Rechte des § 87c HGB können vertraglich weder ausgeschlossen noch beschränkt werden (§ 87c V HGB). – Vgl. → im übrigen →Delkredereprovision, →Inkassoprovision. – f) *Zahlungen an Auslandsvertreter* richten sich nach den Bestimmungen über den passiven →Dienstleistungsverkehr mit dem Ausland. – 3. Auch dem →*Handlungsgehilfen* kann neben seinem festen Gehalt eine P. als Wertbeteiligung am Einzelgeschäft gezahlt werden. In diesem Fall finden die für den Handelsvertreter geltenden Vorschriften (oben II) betr. die P. Anwendung (§ 65 HGB).

III. Bankwesen: →Kreditprovision, →Überziehungsprovision und →Umsatzprovision (als Entgelt für die mit der Kontenführung verbundenen Grundleistungen und für die Zurverfügungstellung der Bankeinrichtungen; →Kreditkosten). An Stelle der Umsatzprovision können bankübliche Leistungen auch einzeln berechnet werden in Form von besonderen Gebühren, insbes. →Buchungsgebühren. – Beim Akzeptkredit wird die Ausstellung des Akzepts eine *Akzeptprovision* (statt Kreditprovision), für Aval-Kredite *Avalprovision,* im Diskontgeschäft →*Diskontprovision;* im Effektenkommissionsgeschäft eine *Ausführungsprovision* erhoben. Weitere Formen der P. sind die *Domizilprivision* (→Domizilwechsel), *Rückwechselprovision, Bereitstellungsprovision* für Kreditzusage, insbes. im Realkreditgeschäft, *Inkassoprovision.* – Nicht zu den P. gehören die Spesen; sie werden für

besondere Leistungen individuell berechnet. – *Anders:* →Courtage.

IV. Arbeitsrecht: Die P. gehört i. a. nicht zu den mit Akkord- und Prämienlohn vergleichbaren →leistungsbezogenen Entgelten, hinsichtlich deren →Festsetzung einschl. der Geldfaktoren der Betriebsrat nach § 87 I Nr. 11 BetrVG ein erzwingbares Mitbestimmungsrecht in sozialen Angelegenheiten hat. Das Mitbestimmungsrecht richtet sich nach § 87 I Nr. 10 BetrVG, bezieht sich also nicht auf den DM-Wert je Provision, wohl aber auf die konkrete *Ausgestaltung des jeweiligen Provisionssystems* (→betriebliche Lohngestaltung).

V. Kostenrechnung: 1. P. als *Aufwendungen für Verkaufserfolge* zählen zu den →Vertriebskosten (ggf. → Sondereinzelkosen des Vertriebs); sie können den einzelnen Erzeugnissen i. d. R. direkt belastet werden. Auf richtige →Periodenabgrenzung ist zu achten. – 2. P. als *Entgelte für die Vermittlung bei Rechtsgeschäften* (etwa Nachweis von Bauplätzen, Baugeld usw.) sind bei deren Abschluß als Teil der Beschaffungs-, Finanzierungs- oder Versicherungsklosten mit diesen zusammen zu verrechnen.

provisionsfreie Konten, im Bankwesen i. d. R. alle Konten, die stets ein Guthaben des Kunden aufweisen, also alle Kreditorenrechnungen, z. B. Scheckkonten, Girokonten, Depositenkonten, Kontokorrentkreditoren, ferner häufig die Konten anderer Banken. – *Gegensatz:* →provisionspflichtige Konten.

provisionspflichtige Konten, im Bankwesen Konten, von denen die Bank neben den Zinsen eine →Umsatzprovision berechnet; p. K. sind alle Debitorenrechnungen, insbes. Kontokorrentkonten (→Kontokorrentkredit). – *Gegensatz:* →provisionsfreie Konten.

Proxy-Stimmrecht, anglo-amerikanische Bezeichnung für Vollmacht, insbes. für die Vertretungsvollmacht bei der Hauptversammlung einer AG (→Depotstimmrecht).

Prozedur, *Ablauf.* 1. Bei der →*Programmentwicklung:* Ein →Unterprogramm i. e. S., das eine Teilaufgabe zu lösen hat und als Ergebnis null oder mehr Werte zur Verfügung stellt. Die zur Lösung der Teilaufgabe vorgegebenen Eingangsgrößen bzw. die Resultate (Ausgangsgrößen) werden als Parameter an die bzw. von der P. übergeben. – 2. Im Rahmen der *Datenübertragung in einem* →*Netz:* Synonym für →Protokoll.

prozedurale Abstraktion, →funktionale Abstraktion.

prozedurale Programmiersprache, →Programmiersprache II 1.

prozedurale Wissensrepräsentation, Form der →Wissensrepräsentation. – *Merkmal:* Wissen wird durch „aufrufbare" →Prozeduren beschrieben; diese stellen Verfahren dar, wie das Wissen angewendet werden kann. – *Gegensatz:* →deklarative Wissensrepräsentation.

Prozentkurs, in Prozenten des →Nennwerts eines Wertpapiers angegebener Börsenkurs (→Kurs); gebräuchlich bei festverzinslichen Wertpapieren. – *Gegensatz:* →Stückkurs.

Prozentrechnung, mathematisch ein Teilgebiet der Bruchrechnung: Wenn eine Preiserhöhung von 400 DM auf 420 DM erfolgt, ist der Bruchteil der Erhöhung

$$\frac{420\,DM - 400\,DM}{400\,DM} = \frac{20\,DM}{400\,DM} = \frac{20}{400} = \frac{1}{20}$$

Bringt man auf den Nenner 100, folgt $\frac{1}{20}$

$= \frac{5}{100}$ bzw. 5%. Im alltäglichen Gebrauch

wird die Zahl 5 des Bruchteils $\frac{5}{100}$ von der

Angabe 5% kaum unterschieden; beides wird als *Prozentsatz* bezeichnet. Für die Berechnungen der Finanzmathematik ist es wichtig,

$p = 5$ von p% $\frac{5}{100} = 0,05 = 5\%$ zu unterschei-

den; es ist infolgedessen zweckmäßig, die Bezeichnungen *Prozentzahl* für p und *Prozent-*

satz für $\frac{p}{100}$ einzuführen, bei der Zinsrechnung

p als *Zinsfuß* und $\frac{p}{100}$ als *Prozentsatz* zu

bezeichnen. – Bei der P. hat man es dann mit folgenden Größen zu tun: Grundwert (Zahlenwert, von dem der Bruchteil genommen wird; im Beispiel 400 DM) G, Prozentwert (Anteil, der interessiert; im Beispiel 20 DM)

W, Prozentzahl p $\left(\text{und Prozentsatz } \frac{p}{100}\right)$. Es

gelten folgende grundlegenden Formeln:

$$W = G \cdot \frac{p}{100} \leftrightarrow G = W \cdot \frac{100}{p} \leftrightarrow p = \frac{W}{G} \cdot 100.$$

Häufig ist der um den Prozentwert W vermehrte (oder verminderte) Grundwert, also G + W, vorgegeben und G zu ermitteln, Formel:

$$G = \frac{G + W}{1 + \frac{p}{100}} \quad \text{oder} \quad G = \frac{G - W}{1 - \frac{p}{100}}$$

In der kaufmännischen Praxis sind gelegentlich der vermehrte Grundwert G + W und die zugrunde gelegte Prozentzahl p bekannt, und gesucht ist die (niedrigere) Prozentzahl p′, mit der man aus G + W umgekehrt den Grundwert G berechnen kann.

Für p′ gilt dann $p' = \frac{100\,p}{100 + p}$. – *Beispiel:*

MwSt-Betrag (14% Steuersatz) vom Brutto-

preis in Prozent: $p' = \frac{100 \cdot 14}{100 + 14} \approx 12,28.$

Prozentspanne, *relative* →Handelsspanne, absoluter Betrag der →Handelsspanne (→Betragsspanne), prozentual bezogen auf den →Wareneinstandspreis (→Handelsaufschlag) oder auf den Warenverkaufspreis (→Handelsabschlag).

Prozenttara, →Usotara 2b.

Prozess, →Task.

Prozeß. I. R e c h t : Gerichtliches Verfahren zur Gewährleistung staatlichen Rechtsschutzes; insbes. das Verfahren zwischen zwei oder mehreren Parteien mit entgegenstehenden Interessen. – *Arten:* →Zivilprozeß; →Strafprozeß.

II. P r o d u k t i o n s - und K o s t e n t h e o r i e : Vgl. →Produktionsprozeß.

Prozeßabhängigkeit (des Überwachungsträgers), Abgrenzungskriterium für die Überwachungsformen (→Überwachung) →Prüfung (→Revision) →Kontrolle. P. ist gegeben bei psychischer Bindung an das Überwachungsobjekt; hieraus kann Befangenheit resultieren. – *Arten:* a) *Direkte P.,* wenn eine mit einer Überwachungsaufgabe betraute Person oder Personengesamtheit die zu beurteilende Gegebenheit selbst herbeigeführt hat. – b) *Indirekte P.,* wenn der Realisationsträger gegenüber dem Überwachungsträger weisungsberechtigt ist.

Prozeßagent, ein die Besorgung fremder Rechtsangelegenheiten vor Gericht geschäftsmäßig betreibender Rechtsbeistand (§ 157 ZPO). Der P. bedarf der Erlaubnis des zuständigen Landgerichtspräsidenten, die i. d. R. nur für ein bestimmtes →Amtsgericht erteilt wird. – *Vergütung* unterliegt freier Vereinbarung, jedoch ist bei einem Streitwert über 300 DM im Falle des Obsiegens nur die Hälfte der Gebühr eines Rechtsanwalts erstattungsfähig.

Prozeßbetrug, der in einem →Zivilprozeß begangene →Betrug, bei dem der Täter durch eine erschlichene gerichtliche Maßnahme sich oder einen anderen rechtswidrig auf Kosten der anderen Partei bereichern will, z. B. durch Verfälschung der Beweisgrundlagen, bewußt wahrheitswidriges Parteivorbringen u. ä. – Einzelheiten sind vielfach noch streitig.

Prozeßbevollmächtigter, eine Person, die für die Partei im →Zivilprozeß auftritt. P. kann grundsätzlich, soweit kein →Anwaltszwang besteht, jeder sein, der →Prozeßfähigkeit besitzt (§ 79 ZPO); vgl. →Prozeßagent, →Rechtsanwalt. – Hat die Partei einen P. bestellt, können Prozeßhandlungen, insbes. Zustellungen (§ 176 ZPO), wirksam nur diesem gegenüber vorgenommen werden. – Vgl. auch →Prozeßvollmacht, →Stellvertretung; im Steuerverfahren →Bevollmächtigter.

Prozeßdatenverarbeitung, →Prozeßsteuerung.

Prozeßfähigkeit, Fähigkeit, einen →Zivilprozeß selbst oder durch einen selbstbestellten Vertreter zu führen (§§ 51 ff. ZPO), z. B. Klage zu erheben, Anträge zu stellen oder einen Prozeßvergleich abzuschließen. – P. deckt sich *grundsätzlich* mit →Geschäftsfähigkeit. – P. ist durch das Gericht von Amts wegen zu *prüfen* und die Klage bei Fehlen der P. des Klägers als unzulässig abzuweisen. – Bei *Wegfall* der P. während des Prozesses tritt →Unterbrechung ein (§ 241 ZPO).

Prozeßführungsklausel, Begriff des Versicherungswesens. Sind bei Versicherungsverträgen mehrere Versicherer an einer Versicherung beteiligt (→mehrfache Versicherung), kann neben der →Führungsklausel auch P. vereinbart werden. Der Versicherungsnehmer braucht eine etwaige Klage nur gegen die führende Gesellschaft und nur in Höhe ihres Anteils zu richten; die übrigen Versicherer erkennen die ergehende Entscheidung oder Vergleiche als auch für sich verbindlich an. In gewissen Ausnahmefällen kann oder muß auf Verlangen der Versicherer die Klage zur Erzielung eines höheren Streitwertes (vielfach maßgebend für sachliche Zuständigkeit des Gerichts und Rechtsmittelzug) gegen mehrere oder alle Versicherer gerichtet werden.

Prozeßführungsrecht, im →Zivilprozeß die Befugnis, als Kläger oder Beklagter den Prozeß über das geltend gemachte Recht führen zu können. Das P. steht i. d. R. dem Rechtsinhaber oder dem Verpflichteten zu (→Aktivlegitimation, →Passivlegitimation), kann aber auch anderen Personen übertragen sein, z. B. dem Konkursverwalter, Testamentsvollstrecker oder Pfändungsgläubiger. – Beim *Fehlen des P.* wird eine Klage als unzulässig, ohne Entscheidung in der Sache selbst, abgewiesen.

Prozeßgebühr, →Gerichtskosten I, →Rechtsanwalt II 1.

Prozeßgerade, →Prozeßstrahl.

Prozeßgericht, im →Zivilprozeß das erkennende Gericht, bei dem ein Rechtsstreit anhängig zu machen ist oder läuft (→Zuständigkeit) – *Anders:* →Vollstreckungsgericht.

Prozeßgliederungsprinzip. 1. *Organisation:* Sonderform des →Verrichtungsprinzips, bei der die Tätigkeitsarten nach ihrer Stellung im Produktionsprozeß unterschieden werden, d. h. dem betrieblichen Leistungsprozeß folgt. – 2. Für die *Organisation des Rechnungswesens,* v. a. des *Kontenrahmens:* Zuordnung der einzelnen Konten in die →Kontenklassen entsprechend dem Durchgang des Herstellungs- bzw. Leistungsprozesses. In Klasse 3 bis 7 folgt das Ordnungssystem des GKR dem Fortgang des betrieblichen Leistungserstellung; in Klasse 8 erscheinen die Erlöse und in

Klasse 9 die Abschlußkonten. – Im JKR sind das Umlaufvermögen (Kontenklasse 2) und die Kosten- und Leistungsrechnung in Kontenklasse 9 nach dem P. (dem betrieblichen Leistungsprozeß entsprechend) gegliedert. – 3. *Vergleichbar* im Handel: Funktionsprinzip. – *Anders:* →Abschlußgliederungsprinzip.

Prozeßkombination, Bezeichnung für den Einsatz mehrerer Prozesse (→Produktionsprozeß) zur Erzeugung eines Gutes. P. i. d. R. dann, wenn die Menge an Produktionsfaktoren zur Erzeugung eines Gutes fest vorgegeben ist.

Prozeßkosten. I. Allgemeines: Die durch die Führung eines Rechtsstreits, insbes. eines Zivilprozesses, entstehenden Kosten. – 1. Die P. *umfassen* →Gerichtskosten (Gebühren, Auslagen insbes. für Zeugen) und außergerichtliche Kosten (Rechtsanwalts- und Gerichtsvollzieherkosten u. ä.). – 2. Es ist zu unterscheiden, welche Partei a) dem Gericht, Rechtsanwalt usw. gegenüber und welche Partei b) gemäß der →Kostenentscheidung der anderen Partei gegenüber *Kostenschuldner* ist. – 3. Die *Höhe* der P. richtet sich, soweit die Gebühren in Frage stehen, nach dem →Streitwert des Prozesses. Sämtliche Gebühren sind sog. *Aktgebühren,* die in jeder Instanz nur einmal und ohne Rücksicht auf Dauer des Prozesses oder die Zahl der Termine anfallen und bestimmte Tätigkeiten des Gerichts, des Rechtsanwalts usw. pauschal abgelten. Vgl. für verschiedene Werte die →Kostentabelle für Zivilprozesse. Die P. für Prozesse mit anderem Streitwert können durch Einfügung der aus der Kostentabelle ersichtlichen Werte durch das untenstehende Beispiel errechnet werden. Vgl. Tabelle Sp. 1091/1092. In der *Berufungsinstanz* und der *Revisionsinstanz* entstehen erneut und zusätzlich entsprechende Gebühren für die einzelnen Tätigkeiten (z. B. Prozeßgebühr für das Verfahren im allgemeinen). Die Gerichtsgebühren erhöhen sich aber noch jeweils um die Hälfte (z. B. von 15 DM auf 22.50 DM, von 42 DM auf 63 DM; in der Revisionsinstanz auf das Doppelte), die Gebühren des Rechtsanwalts jeweils um $^3/_{10}$ (z. B. von 40 DM auf 52 DM, von 85 DM auf 110.50 DM). Die *weiteren* Kosten für die Berufungsinstanz würden im Beispiel etwa 660 DM (1200 DM) betragen.

II. Buchführung: P. sind Aufwandsposten; Bildung einer →Rückstellung in geschätzter Höhe in der Verursachungsperiode, wenn die P. mit Wahrscheinlichkeit anfallen (schwebende sowie zu erwartende Prozesse).

III. Kostenrechnung: P. werden meist in der Kostenartenrechnung in einer eigenen →Kostenart erfaßt und (1) dem Verwaltungsbereich oder (2) dem Vertriebsbereich (→Fertigungskostenstellen, →Vertriebskostenstellen), soweit es im Einzelfall zweckmäßiger erscheint, z. B. bei den Kosten aus Rechtsstreitigkeiten mit Kunden, zugerechnet. Im Falle unregelmäßigen Anfalls werden sie üblicherweise auf einem speziellen →Abgrenzungskonto gesammelt und gleichmäßig auf die einzelnen Abrechnungsperioden verteilt. – In der *Gewinn- und Verlustrechnung* rechnen die P. i. d. R. zu den sonstigen betrieblichen Aufwendungen.

IV. Steuerrecht: P. sind bei der →Einkommensermittlung als →Betriebsausgaben oder →Werbungskosten abzugsfähig, soweit sie durch den Betrieb oder Beruf veranlaßt sind, wie bei Prozessen mit Lieferanten, Kunden, mit Gesellschaftern, P. von Rechtsstreitigkeiten bei →Einkünften aus Vermietung und Verpachtung usw. P. für Streitigkeiten im privaten Sektor sind nichtabzugsfähige →Kosten der Lebensführung; sie werden i. d. R. auch nicht als →außergewöhnliche Belastung anerkannt (Ausnahme z. B. P. bei Eheschließung).

Prozeßkostenhilfe, Befreiung bzw. teilweise Befreiung von den Kosten im Zivilprozeß; P. hat ab 1.1.1981 das frühere Armenrecht abgelöst. Die P. soll jedem Bürger den Zugang zum Gericht durch Beseitigung der Kostenbarriere (→Proezßkosten) erleichtern und die Chancengleichheit für die Wahrnehmung seiner Rechte verbessern (§§ 114–127 ZPO). – 1. *Voraussetzungen:* P. erhält auf Antrag eine Partei, die nach ihren persönlichen und wirtschaftlichen Verhältnissen die Kosten der

Prozeßführung nicht, nur zum Teil oder nur in Raten aufbringen kann, wenn die beabsichtigte Rechtsverfolgung oder Rechsverteidigung hinreichende Aussicht auf Erfolg bietet und nicht mutwillig erscheint (d. h. wenn z. B. eine nicht arme Partei von der Prozeßführung absehen oder nur einen Teilbetrag geltend machen würde). Ist dagegen der Partei zuzumuten, die Kosten der Prozeßführung aus ihrem einsatzfähigen Vermögen aufzubringen oder übersteigen die Prozeßkosten voraussichtlich nicht vier Monatsraten und die aus dem Vermögen aufzubringenden Teilbeträge, so ist P. zu versagen. – 2. *Antrag:* P. muß beim →Prozeßgericht beantragt werden. In dem Antrag, zu dem dem Gegner Gelegenheit zur Stellungnahme zu geben ist, ist das Streitverhältnis unter Angabe der Beweismittel darzustellen; eine Erklärung der Partei über ihre persönlichen und wirtschaftlichen Verhältnisse (Familienverhältnisse, Beruf, Vermögen, Einkommen und Lasten) mit besonderem Vordruck sowie entsprechende Belege sind beizufügen. – *Rechtsmittel bei Ablehnung der P.:* →Beschwerde. – 3. *Bewilligung:* P. wird für jeden Rechtszug, nicht dagegen für die →Zwangsvollstreckung, besonders bewilligt. Legt der Gegner ein Rechtsmittel ein, so wird in einem höheren Rechtszug nicht mehr geprüft, ob die Rechtsverfolgung oder Rechtsverteidigung hinreichende Aussicht auf Erfolgt bietet oder mutwillig ist. Mit Bewilligung der P. setzt das Gericht zugleich fest, ob und welche Beiträge die Partei selbst zu erbringen hat, und wann die Zahlungen zu leisten sind.

Prozeßkosten (Beispiel)

Beispiel: Bei einem Streitwert von 300 DM (1000 DM) hat die *unterliegende Partei* zu tragen:

	DM	DM	DM	DM
Gerichtskosten				
1. *Prozeßgebühr* (für das Verfahren im allgemeinen)	15,–	(42,–)		
2. *Urteilsgebühr* (bei dem Erlaß des →Urteils nach streitiger Verhandlung; nicht bei →Versäumnisurteil)	30,–	(84,–)		
3. *Auslagen* (im allg. nur geringfügige Schreib- und Postgebühren, aber mitunter erhebliche Beträge für Zeugen und insbes. für Sachverständige)	5,–	(5,–)	50,–	(131,–)
Außergerichtliche Kosten				
Soweit die Partei sich selbst vertritt: Portoauslagen, Reisekosten u. ä. – Bei Zuziehung eines Rechtsanwalts:				
1. *Prozeßgebühr* (für die Übernahme des Prozesses, einschließlich der Information)	40,–	(85,–)		
2. *Verhandlungsgebühr* (für die mündliche Verhandlung)	40,–	(85,–)		
3. *Beweisgebühr* (Gebühr für die Vertretung im Beweisaufnahmeverfahren)	40,–	(85,–)		
4. Umsatzsteuer (14%)	19,32	(41,06)		
5. *Auslagen* (Porti, Telefon usw.)	18,–	(38,25)	157,32	(334,31)
Hat sich auch der siegreiche Gegner durch einen Rechtsanwalt vertreten lassen, kommen weiter hinzu	157,32	(334,31)	157,32	(334,31)
Die P. ohne Kosten der →Zwangsvollstreckung betragen demnach			364,64	(799,62)
Hat der Rechtsanwalt bei dem Abschluß eines zur Beilegung des Rechtsstreits abgeschlossenen →*Vergleichs,* insbes. einem →Prozeßvergleich, mitgewirkt, erhält er eine zusätzliche *Gebühr*	40,–	(85,–)		
Umsatzsteuer	5,60	(11,90)		
Hat sich der siegreiche Gegner durch einen Rechtsanwalt vertreten lassen, entstehen weiter	45,60	(96,90)	91,20	(193,80)
			455,84	(993,42)
Dagegen fällt die doppelte Urteilsgebühr weg. Wenn man diese Beträge absetzt (2 × 15 DM [2 × 42 DM]), belaufen sich die P. auf			30,–	(84,–)
			425,84	(909,42)

Höhe der Raten nach Tabelle entspr. den Einkommens- und Vermögensverhältnissen, höchstens 48 Raten. Der obsiegende Prozeßgegner kann Erstattung seiner ihm erwachsenden Kosten verlangen. – 4. *Aufhebung:* Die bewilligte P. kann u. a. aufgehoben werden, wenn die Partei länger als drei Monate mit der Ratenzahlung im Rückstand ist, wenn sie durch eine unrichtige Darstellung des Streitverhältnisses getäuscht oder wenn sie über ihre persönlichen oder wirtschaftlichen Verhältnisse unrichtige Angaben gemacht hat. – 5. *Geltungsbereich:* Die Regelungen über P. im →Zivilprozeß gelten in allen übrigen Gerichtsverfahren, so u. a. im Verfahren vor den →Arbeitsgerichten (§ 11a ArbGG), vor den →Verwaltungsgerichten (§ 166 VwGO), vor den →Finanzgerichten (§ 142 FGO) und vor den →Sozialgerichten (§ 73a SG). – Vgl. auch →Beratungshilfe.

Prozeßkostenversicherung, deckt Prozeßkosten des Versicherungsnehmers. – Vgl. auch →Rechtsschutzversicherung.

Prozeßniveau, *Produktionsniveau,* Bezeichnung für die Höhe der Ausbringungsmenge eines Produktionsprozesses. Bei limitationalen Produktionsfaktoren (→limitationale Faktoreinsatzmenge) läßt sich das N. graphisch als Abstand eines beliebigen Punktes auf dem →Prozeßstrahl vom Koordinatenursprung angeben, wobei auf den Koordinatenachsen die Einsatzmengen der zwei limitationalen Produktionsfaktoren abgetragen werden; bei →substitutionalen Produktionsfaktoren entsprechend durch die „Höhe" der jeweiligen →Ertragsisoquante.

Prozessor, in der elektronischen Datenverarbeitung Hardwareeinrichtung (→Hardware), die mit Hilfe von →Programmen Steuerungs- und/oder Verarbeitungsfunktionen ausführt. P. besteht aus →Rechenwerk und →Steuerwerk. – In modernen →Computern werden häufig neben dem →Zentralprozessor →Hilfsprozessoren eingesetzt.

Prozessorzykluszeit, →Taktzeit.

Prozeßplanung, von E. Gutenberg synonym gebrauchter Begriff für →Produktionsprozeßplanung.

Prozeßplanungsdilemma, *Produktionsprozeßplanungsdilemma,* bei der →Produktionsprozeßplanung (von E. Gutenberg als Prozeßplanung bezeichnet) aufgrund der sich teilweise überschneidenden und u. U. sogar gegenläufigen Tendenzen der Optimierungsziele auftretendes Problem. – *Beispiel:* Es wird einerseits maximale Kapazitätsauslastung angestrebt, die nur dann erreicht werden kann, wenn jedes Betriebsmittel über ein entsprechendes Auftragspolster verfügt; dies führt andererseits zu einer Warteschlange von Aufträgen an jeder Maschine, die im Interesse geringmöglichster Durchlaufzeiten gerade

vermieden werden sollte. – E. Gutenberg spricht von dem *besonderen P. der Werkstattproduktion,* da bei der Fließproduktion die Produktionsprozeßplanung aufgrund der starr vorgegebenen Größen Kapazitätsauslastung und Durchlaufzeit einfacher ist.

Prozeßpolitik. 1. *Begriff:* Summe aller wirtschaftspolitischen Instrumente, die bei gegebenen Rahmenbedingungen einer jeweiligen Wirtschaftsordnung (→Ordnungspolitik) den Wirtschaftsprozeß beeinflussen (→Wirtschaftspolitik). – 2. *Instrumente/Träger:* a) In →Marktwirtschaften sind dies insbes. geld- und fiskalpolitische Instrumente (→monetäre Theorie und Politik, →fiscal policy, →Finanzpolitik), durch die die Einnahmen-/Ausgabenrelationen der privaten Unternehmen udn Haushalte variiert werden, um durch damit induzierte Verhaltensänderungen der Wirtschaftssubjekte in bezug auf Produktion, Investition, Konsum oder Ersparnisbildung die Allokations- und Verteilungsergebnisse der wettbewerblichen Koordination den wirtschaftspolitischen Zielen (gesamtwirtschaftliche Ziele wie Preisniveaustabilität, hoher Beschäftigungstand, angemessenes Wachstum und Zahlungsbilanzausgleich; Regional- und Branchenstrukturziele usw.) anzugleichen. – Hauptträger der P. sind Regierung, Verwaltung und Notenbank. In →staatssozialistischen Zentralplanwirtschaften beinhaltet die P. Maßnahmen, mit denen die zentralen Lenkungsinstanzen die staatlichen Betriebe an der Ausnutzung der ihnen gewollt übertragenen oder ungewollt zugewachsenen Entscheidungsspielräume in Übereinstimmung mit den staatlichen Wirtschaftszielen zu interessieren versuchen. Instrumente sind hier Variationen der Vorschriften bezüglich des betrieblichen Rechnungswesens, des Kennziffern- und Prämiensystems sowie der die Planerfüllung und Prämierung berührenden monetären Größen wie Preise, Zinssätze, Steuern und Subventionen (→Planerfüllungsprinzip).

Prozeßrechner, →Computer zur automatischen Überwachung, Steuerung und/oder Regelung von industriellen (→Prozeßsteuerung) oder anderen physikalischen Prozessen. Die bevorzugte Betriebsart ist der →Echtzeitbetrieb.

Prozeßsteuerung, *Prozeßdatenverarbeitung,* Steuerung und Regelung von technischen Prozessen mit Hilfe eines →Prozeßrechners, so daß bestimmte Abläufe, Meßwerte, Toleranzen usw. eingehalten werden. – *Aufgaben:* Zeittaktsteuerung, Prozeßablaufsteuerung und Prozeßoptimierung, Auftragsreihenfolgesteuerung u. a.. – *Einzelfunktionen:* Meßwerterfassung, -verarbeitung, Prozeßlenkung, Steuerwertausgabe (→Datenausgabe).

Prozeßstrahl, *Prozeßgerade,* geometrischer Ort aller effizienten Faktoreinsatzmengenkombinationen in einem Produktionsprozeß.

Bei limitationalen Produktionsfaktoren (→limitationale Faktoreinsatzmengen) ist der P. technisch vorgegeben, da Erhöhungen der Einsatzmengen eines Faktors bei Konstanz des anderen Faktors keinen zusätzlichen →Ertrag bringen. Bei →substitutionalen Produktionsfaktoren läßt er sich durch Berechnung der →Minimalkostenkombinationen für unterschiedliche →Prozeßniveaus ermitteln. Wenn die effizienten Faktoreinsatzkombinationen nicht alle das gleiche Faktoreneinsatzverhältnis aufweisen, ist der Verlauf (→Expansionspfad) gekrümmt oder geknickt.

Prozeßsubstitution, Bezeichnung für den Austausch eines Prozesses (→Produktionsprozeß) gegen einen anderen Prozeß bei der Herstellung eines Gutes. P. wird vorgenommen, wenn sich die Ausbringungsmenge und/oder die verfügbaren Faktormengen und/oder die Faktorpreisverhältnisse ändern.

Prozeßtheorien, →Arbeitsmotivation.

Prozeßvergleich, ein nach →Klageerhebung (oder Einleitung des Prozeßkostenhilfeverfahrens; →Prozeßkostenhilfe) zwischen den Parteien, evtl. unter Beitritt eines Dritten, geschlossener Vergleich über die Beendigung des Rechtsstreits, der auch über den Prozeßstoff hinausgehende Ansprüche zum Gegenstand haben kann. Der P. ist ein →Vollstreckungstitel (§ 794 I Nr. 1 ZPO). – Der P. wahrt gегebenenfalls die etwa vorgeschriebene *Form*, z. B. öffentliche Beurkundung. – Wird über die *Kosten* nichts vereinbart, so sind diese nach § 98 ZPO als „gegeneinander aufgehoben" anzusehen: Teilung der →Gerichtskosten; ihre außergerichtlichen Kosten trägt jede Partei selbst.

Prozeßvertretung, →Rechtsanwalt, →Prozeßbevollmächtigter, →Prozeßagent, →Bevollmächtigter, →Prozeßvollmacht.

Prozeßvollmacht, →Vollmacht für die Führung eines Prozesses; sie muß i. d. R. (auf Verlangen des Gegners) durch Vorlage einer schriftlichen Vollmachtsurkunde nachgewiesen werden und ermächtigt zu allen Prozeßhandlungen, die den Rechtsstreit betreffen (einschl. der →Zwangsvollstreckung, der →Widerklage und der →Wiederaufnahme des Verfahrens, §§ 78–90 ZPO). Nur die Befugnis zum Abschluß eines →Prozeßvergleichs und zur Abgabe der Verzichts- oder Anerkenntniserklärung kann von der Partei ausgeschlossen werden. – Die P. *endet* durch jederzeit zulässigen Widerruf (bei →Anwaltszwang gegenüber Gericht und Gegner aber erst mit Bestellung eines anderen Anwalts), nicht jedoch durch Tod des vertretenen Partei (§ 246 ZPO). – Eine Sonderform der P. ist die *Terminsvollmacht,* die nur zur Wahrnehmung eines oder mehrerer Verhandlungstermine erteilt wird. Im übrigen entspricht der Umfang der Bevollmächtigung der P., der Terminsbevollmächtigte kann deshalb z. B. im Verhandlungstermin einen

Prozeßvergleich abschließen, wenn die Partei nicht die Vollmacht entsprechend beschränkt hat. – Vgl. auch →Prozeßbevollmächtigter.

Prozeßvoraussetzungen, im →Zivilprozeß erforderliche Vorbedingungen, damit das Gericht über den geltend gemachten Anspruch sachlich entscheiden kann. – Bei *Fehlen einer P.* wird die →Klage als unzulässig abgewiesen; nach Beseitigung des prozessualen Mangels kann der Kläger sie von neuem erheben, ohne daß die Rechtskraft des Urteils entgegenstünde. – *Unverzichtbare* P.: v. a. Zulässigkeit des →Rechtswegs, →Parteifähigkeit und →Prozeßfähigkeit sowie ordnungsmäßiger →gesetzlicher Vertreter, Fehlen der →Rechtshängigkeit des Rechtsstreits werden von Amts wegen geprüft; *verzichtbare* P.: i. d. R. örtliche und sachliche Zuständigkeit des Gerichts, Ordnungsmäßigkeit der →Klageerhebung, Vereinbarung einer Schiedsklausel (→Schiedsgerichtsverfahren) sowie mangelnde Erstattung der Kosten eines früheren, durch →Klagerücknahme erledigten Prozesses werden nur auf Rüge des Beklagten beachtet.

Prozeßzeit, unbeeinflußbare →Hauptnutzungszeit und →Nebennutzungszeit von Betriebsmitteln. Abhängig vom Betriebsmittel (technische Daten) und der gewählten Arbeitsgeschwindigkeit der Werkzeuge des Betriebsmittels sowie von den Maßen und der Qualität des Arbeitsgegenstandes.

Prozeßzinsen, Zinsen für eine Geldforderung, die von der →Rechtshängigkeit an (nach Klageerhebung) auch dann zu entrichten sind, wenn die Forderung an sich nicht verzinslich ist und der Schuldner sich nicht in Verzug befindet (§ 291 BGB). – *Zinssatz:* 4%, bei beiderseitigen Handelsgeschäften 5%, sofern kein höherer Zinssatz vereinbart ist oder sich aus dem Gesichtspunkt des Verzugsschadens ergibt.

prozyklische Wirtschaftspolitik, →Wirtschaftspolitik, die die konjunkturellen Bewegungen in ihrem Ablauf unterstützt, d. h. insbes. konjunkturverstärkend wirkt. – *Gegensatz:* →antizyklische Wirtschaftspolitik.

Prüfbit, →parity bit.

Prüfer, natürliche Person, die eine →Prüfung durchführt. P. können Einzelprüfer (z. B. selbständige →Wirtschaftsprüfer, →vereidigte Buchprüfer) oder Mitarbeiter eines Prüfungsorgans (z. B. →Prüfungsverband, →Wirtschaftsprüfungsgesellschaft, →Buchprüfungsgesellschaft) sein. P. benötigen besondere Qualifikation. – Für *gesetzlich vorgeschriebene* →Pflichtprüfungen wird der Kreis möglicher P. genau eingegrenzt; die gestellten Qualifikationsanforderungen müssen erfüllt werden. *Andere Prüfungen* können auch sonstige Prüfer durchführen, die der Auftraggeber frei wählen kann.

Prüferbilanz, *Prüfungsbilanz, Betriebsprüferbilanz,* die nach einer steuerlichen →Außenprüfung des Finanzamts abgeänderte →Steuerbilanz der geprüften Unternehmung, meist als Anlage dem Prüfungsbericht beigegeben.

Prüferrichtlinie, →Achte EG-Richtlinie.

Prüffeld, Prüfungskomplex, der aus Teil-Prüfungsobjekten besteht. P. entstehen durch Aufteilung des Prüfungsstoffes in einzelne Prüfungsgebiete und dienen der Strukturierung einer →Prüfung. Abgrenzungskriterien z. B. sachlicher Zusammenhang von bestimmten Bilanzposten, Homogenität der Prüffelder im Hinblick auf mögliche Fehler gleichen Ursprungs, anzuwendende Prüfungstechnik, Struktur des Prüfungsobjekts, Schwierigkeitsgrad der Prüfungsgebiete. – *Zusammenfassung von P.:* Vgl. →Prüffeldergruppe.

Prüffeldergruppe, gruppenweise Zusammenfassung von →Prüffeldern zur Vorbereitung der Durchführung einer →Prüfung.

Prüfgröße, zusammenfassende Bezeichnung für eine →Prüfvariable und die →Ausprägung einer solchen bei →statistischen Testverfahren.

Prüfkosten. 1. Kosten für die *Prüfung des eingehenden Materials:* Zählen zu den →Materialgemeinkosten. – 2. Kosten für die *Prüfung der in der Produktion befindlichen Erzeugnisse:* Vgl. →Qualitätskosten 2. – *Anders:* →Prüfungskosten.

Prüfnormen, Normen im Prüfverfahren, mit denen die Einhaltung sonstiger →Normen, v. a. der Gütenormen, nachgeprüft werden kann.

Prüfstelle der Wertpapierbereinigung, von dem Aussteller eines unter die Bereinigung fallenden Wertpapiers benanntes Kreditinstitut mit bestimmten Aufgaben bei der →Wertpapierbereinigung.

Prüfung. I. Begriff: Ein von einer natürlichen Person (→Prüfer) durchzuführender Überwachungsprozeß (→Überwachung), bei dem Tatbestände, Sachverhalte, Eigenschaften oder Aussagen über diese (Ist-Objekte) mit geeigneten Bezugsgrößen (Soll-Objekten) verglichen und eventuelle Abweichungen beurteilt werden; der Prüfer darf an der Herbeiführung der Ist-Objekte nicht selbst direkt oder indirekt beteiligt gewesen sein (Prozeßunabhängigkeit); dadurch Unterschied zu →Kontrolle. P. ist stets zweckgerichtet. Ziel ist Entscheidungsverbesserung.

II. Grundelemente: 1. *Ist-Objekt:* Das Prüfungsobjekt, auf das sich der Vergleich mit dem Soll-Objekt bezieht und das jeweils näher konkretisiert werden muß; einzelne Ist-Objekte oder ein Komplex von Prüfungsobjekten (→Prüffeld, →Prüffeldergruppe, Prüf-

gebiet). Einzelne Ist-Objekte sind z. B. Nummer eines bestimmten Belegs, Angabe eines Buchungskontos, vorhandene Unterschrift auf einem Beleg; komplexe Prüfungsgebiete sind z. B. →Jahresabschlußprüfungen. – 2. *Soll-Objekt:* Vergleichsmaßstab zur Beurteilung des Ist-Objekts. Müssen i. d. R. ermittelt werden, indem für einen rekonstruierten Tatbestand relevante Normen herangezogen werden. U. U. problematisch, weil Normen oft nicht konkret genug sind und Normenkonkurrenz bestehen kann. Normgemäße Konstruktion des Ist-Objekts, das hinsichtlich des prüfungsrelevanten Merkmals vergleichsfähig ist. – 3. *Soll-Ist-Vergleich:* In einem Vergleichs- oder Fehlerfeststellungsprozeß werden eventuelle Differenzen zwischen Ist- und Soll-Objekt aufgedeckt. Die Feststellung des Ausmaßes einer Abweichung kann Meßprobleme aufwerfen. Voraussetzung einer Messung ist Abbildungsfähigkeit von Merkmalsausprägungen des Ist- und Soll-Objekts auf derselben Skala. Bei wachsender Anforderung an die Feinheit der Meßmethoden nimmt der Anwendungsbereich der Methoden ab. Mit Diversitätskalen ist angebbar, ob eine Abweichung vorliegt oder nicht. Eine Ordnungsfähigkeit der zu prüfenden Merkmale nach dem Rang der Merkmalsausprägungen ist Voraussetzung für Angaben zur Richtung der Abweichung. Aussagen über den Umfang von Abweichungen sind nur möglich, wenn die zu prüfenden Merkmale rang- und abstandsskalierbar sind. Kardinalskalen sind erforderlich, wenn eine absolute und relative Messung der Abweichungen nach Richtung und Umfang möglich sein soll. – 4. *Urteil:* An den Soll-Ist-Vergleich schließt sich der Urteilsbildungsprozeß, eine Abweichungsanalyse, an. Das Urteil beinhaltet das Ergebnis der P. und nimmt zur Fehlerhaftigkeit bzw. Fehlerlosigkeit des Prüfungsobjekts Stellung. Nicht jede im Vergleichsprozeß festgestellte Abweichung stellt einen Fehler dar; zu berücksichtigen sind Toleranzen, die aus den jeweiligen Normen resultieren, und Unschärfebereiche, die sich ergeben, wenn die Merkmale von Ist- und Soll-Objekt nicht ausreichend erfaßt werden können. Die genaue Beurteilung eines festgestellten Fehlers hängt von den Meßmöglichkeiten ab. Der Urteilsbildung folgen die Formulierung des Prüfungsergebnisses und der Urteilsmitteilungsprozeß (→Prüfungsbericht).

III. Arten: Systematisierung nach den folgenden Unterscheidungskriterien. – 1. *Unternehmungszugehörigkeit des Prüfungsträgers:* a) *Externe P.:* Der Prüfer ist nicht der Unternehmung angehörender Dritter, z. B. →Wirtschaftsprüfer. – b) *Interne P.* (→Interne Revision): Der Prüfer ist Mitarbeiter der Unternehmung. – 2. *Rechtsnatur der Prüfungsgrundlage:* a) *(Gesetzlich vorgeschriebene P.:* Es besteht gesetzlicher Prüfungszwang. –

b) *Gesetzlich vorgesehene P.*: Es gibt Prüfungsrechte, von denen kein Gebrauch gemacht
werden muß. Zulässiger Höchstumfang der
Prüfungsrechte und zur Vornahme und Veranlassung der P. Berechtigte werden gesetzlich
bestimmt. Innerhalb der gesetzlich fixierten
Grenzen ist die Gestaltung der P. den Prüfungsberechtigten überlassen. – c) *Vertraglich
ausbedungene P.*: Grundlage ist eine Überein-
kunft zwischen Prüfungsberechtigten und zu
Prüfenden. I. d. R. wird im Vertrag der
Höchstumfang der Prüfungsrechte festgelegt;
sie müssen nicht zwingend ausgeschöpft werden. – d) *Freie P.*: Prüfungsgrundlage ist allein
der Prüfungsauftrag, der von der veranlassen-
den Stelle der zu prüfenden Unternehmung
erteilt wird. Prüfungsobjekt, Prüfer (extern
oder intern) und zugrunde zulegende Prü-
fungsnormen sind durch den Auftraggeber
festlegbar. Eine freie P. kann sein: (1) *Ordnungsmäßigkeitsprüfung:* P. der Einhaltung
gesetzlicher Bestimmungen oder innerbetrieblicher Anweisungen; (2) *Situationsprüfung:* P.
zur wirtschaftlichen Lage, bei der die allgemeine Situation der Unternehmung oder ihrer
Teile ermittelt werden soll, z. B.: Rentabilitäts-
prüfung, Liquiditätsprüfung; (3) *Institutions-
prüfung:* P. der Organisation der Unternehmung oder ihrer organisatorischen Einheiten;
auf die Zweckmäßigkeit betrieblicher Strukturen und Prozesse gerichtet; (4) *Aufdeckungs-
prüfung:* Soll Unterschlagungen und Veruntreuungen aufecken. – 3. *Häufigkeit:* a) *periodische* (laufende) *P.;* b) *aperiodische* (einmalige) *P.* – 4. *Art der Urteilsbildung:* a) →*Ordnungsmäßigkeitsprüfung;* b) *Zweckmäßigkeits-
prüfung.* – 5. *Art der Prüfungsobjekte:* Vielzahl von Prüfungsobjekten denkbar. – 6. *Art
der Prüfungshandlung:* a) →*Abstimmungsprü-
fung;* b) *Übertragungsprüfung;* c) *mechnerische
P.* – 7. *Komplexität des Prüfungsobjekts:* a)
Einfache P.: Das abzugebende Prüfungsurteil
beruht auf nur einem Soll-Ist-Vergleich. Ist
der Regelfall. – b) *Komplexe P.*: Die Abgabe
eines Urteils beruht auf einer Mehrzahl von
einzelnen Soll-Ist-Vergleichen. – *Möglichkeiten der Verdichtung zu einem Gesamturteil:* (1)
*Zusammenfassung unverbundener Einzelur-
teile:* Einzelurteile werden ohne Berücksichtigung von Interdependenzen zwischen den
einzelnen prüfungsrelevanten Merkmalen isoliert gefällt. Durch geeignete Verfahren (z. B.
Durchschnittsbildung, Anteilswertbildung,
Anwendung von Gewichtungssystemen) werden sie zum Gesamturteil zusammengefaßt. –
(2) *Bildung von* →*Prüfungsketten:* Ist ein
komplexes Urteil über mehrere miteinander in
Verbindung stehende Ist-Objekte erforderlich,
wird eine Verkettung von Einzelurteilen in
Form von zeitlich nacheinander geschalteten
Primärvergleichen vorgenommen, wobei Soll-
Objekte aus den geprüften Ist-Objekten des
vorhergehenden Primärvergleichs abgeleitet
werden. (a) *Progressive Prüfungskette,* wenn
man z. B. bei einer Jahresabschlußprüfung

vom wirtschaftlichen Tatbestand ausgeht, um
letztlich ein Urteil über eine Bilanzposition zu
fällen. (b) *Retrograde Prüfungskette* bei umgekehrter Prüfungsrichtung. (c) Prüfungsketten
können *verzweigt* oder *unverzweigt* sein; eine
Verzweigung resultiert aus der Verflechtung
von Ausgangsdaten und Zwischen- oder
Endurteilen. – 8. *Prüfungsintensität:* a) *Lük-
kenlose P.*: Sämtliche zum Prüfungskomplex
gehörenden Ist-Objekte werden geprüft. – b)
→*Stichprobenprüfung.* – 9. *Angewandte
Methoden des Soll-Ist-Vergleichs:* a) *Direkte
P.*: Liegt vor, wenn die Zuordnung von
Meßwerten zu einzelnen Maßgrößen unmittelbar und direkt erfolgt. – b) *Indirekte P.:* P.
aufgrund indirekter Messung. Es werden
Ersatzobjekte herangezogen und hieraus
Rückschlüsse für die zu beurteilenden Objekte
gezogen; z. B. wird der Niederschlag von
Tatbeständen in Dokumenten statt der Tatsachen selbst herangezogen. Voraussetzung ist
ein funktionaler Zusammenhang, weil nur in
diesem Fall eine Verknüpfung sinnvoll vorgenommen werden kann. *Wahlweise* indirekte
Messung liegt vor, wenn der Prüfer auch eine
direkte Messung hätte vornehmen können.
Bei *zwangsweise* indirekter Messung gibt es
keine wirtschaftlich vertretbare Möglichkeit
einer Abbildung ohne Zuhilfenahme einer
Ersatzgröße. Bei der indirekten Ermittlung
des Soll-Objekts (z. B. →Globalabstimmung,
→wirtschaftliche Verprobung) wird nur ein
Bestandteil des Soll-Ist-Vergleichs indirekt
ermittelt; bei der indirekten Ermittlung der
Soll-Ist-Abweichung aus der P. eines Ersatz-
tatbestandes wird auf die Qualität des eigentlichen Prüfungsobjekts rückgeschlossen (z. B.
im Bereich der →Jahresabschlußprüfung P.
mit Hilfe des →Internen Kontrollsystems oder
der →EDV-Systemprüfung).

Prüfungsbericht. 1. *Begriff:* Berichterstattung über Verlauf und Ergebnis einer →Prü-
fung. – 2. *Rechtsgrundlagen:* Bei nicht gesetzlich vorgeschriebenen Prüfungen regelt der
Prüfungsauftrag den P. Nach gesetzlichen
Bestimmungen ist ein schriftlicher P. vorgehen bei Prüfungen von Jahresabschlüssen von
Gesellschaften nach dem HGB und PublG
(→Jahresabschlußprüfung), Konzernab-
schlüssen, Jahresabschlüssen von Kreditinstituten, von Versicherungsunternehmungen,
von Genossenschaften und bei verschiedenen
Sonderprüfungen (→Wirtschaftsprüfung),
insbes. bei der Gründungsprüfung. – 3. *Aufgaben:* a) Information der Adressaten über
festgestellte Tatbestände und Sachverhalte; b)
Fundierung des Prüfungsurteils; c) urkundli-
cher Nachweis über die Art und Weise der
Erfüllung des Prüfungsauftrags durch den
→Prüfer. – 4. *Berichtsgrundsätze:* a) *Grundsatz der Vollständigkeit:* Alle geforderten Prü-
fungsfeststellungen müssen enthalten sein und
über wesentliche Tatsachen, die sich aus der
Prüfung ergeben haben, muß berichtet wer-

den. b) *Grundsatz der Wahrheit:* Der P. muß nach der Auffassung des Prüfers den tatsächlichen Gegebenheiten entsprechen. c) *Grundsatz der Klarheit:* Die Darstellung muß eindeutig und verständlich sein. – 5. *Inhalt:* Der Inhalt des P. ist nach § 321 HGB normiert (→Jahresabschlußprüfung). Gliederung in der Prüfungspraxis überwiegend wie folgt: a) *Hauptbericht,* der in gedrängter und übersichtlicher Form enthält: (1) Auftraggeber, Prüfungsumfang, Unterlagen und Auskunftserteilung; (2) Beschreibung der Rechtsverhältnisse und der wirtschaftlichen Grundlagen; (3) Beschreibung des Rechnungswesens; (4) kritische und vergleichende Würdigung des Jahresabschlusses hinsichtlich Vermögens-, Finananz- und Ertragslage; (5) →Bestätigungsvermerk bzw. Vermerk über die Versagung des Bestätigungsvermerks. b) *Berichtsanhang:* Erläuterung der Positionen des Jahresabschlusses nach ihrer Reihenfolge, kann ausführlich sein. c) *Anlagen* (zur Entlastung des Prüfungsberichts): Bilanz, Gewinn- und Verlustrechnung, Anhang, Lagebericht und ergänzende zahlenmäßige Übersichten.

Prüfungsbilanz, →Prüferbilanz.

Prüfungsfahrt, Fahrt zur Feststellung der Fahreigenschaften und/oder der Bau- und Betriebsart des →Kraftfahrzeuges durch einen amtlich anerkannten Sachverständigen für den Kraftfahrzeugverkehr. Die P. kann ohne →Betriebserlaubnis mit abgestempelten roten →Kennzeichen durchgeführt werden (§ 28 StVZO).

Prüfungskette, Abfolge von Soll-Ist-Vergleichen zur Gewinnung von Prüfungsurteilen, wobei nachfolgende Soll-Ist-Vergleiche jeweils auf vorhergehenden Soll-Ist-Vergleichen aufbauen (→Prüfung).

Prüfungskosten, Kosten für Prüfungen der Bücher (→Pflichtprüfungen) und für sonstige Betriebsprüfungen. P. gehören zu den Kosten der allgemeinen Verwaltung (→Verwaltungskosten). – *Anders:* →Prüfkosten.

Prüfungsplanung, →Jahresabschlußprüfung.

Prüfungsstellen der Sparkassen- und Giroverbände, Prüfungsorgane, die bei Sparkassen insbes. die →Jahresabschlußprüfung, Sonderprüfungen und die →Depotprüfung durchführen bzw. durchführen können (→Prüfungsverband).

Prüfungstermin im Konkursverfahren, Termin zur Prüfung der angemeldeten →Konkursforderungen. – 1. *Arten:* a) *Erster (allgemeiner) P.* wird im Eröffnungsbeschluß vom →Konkursgericht bestimmt. Anwesenheit der Gläubiger ist nicht erforderlich. – b) In einem *besonderen P.,* der auf Kosten dieser Gläubiger anzuberaumen ist, werden die nach dem

ersten P. angemeldeten Forderungen erörtert (§ 142 KO; →Anmeldung). – 2. *Gegenstand* der Prüfung sind Grund, Betrag und Vorrecht der angemeldeten Forderungen. – 3. *Ablauf:* Das Konkursgericht *verliest* jede angemeldete Forderung, gibt den anwesenden →Konkursgläubigern, dem →Konkursverwalter und dem →Gemeinschuldner Gelegenheit, sich zu erklären und trägt das Ergebnis der Prüfung in die →Konkurstabelle ein.

Prüfungsverband, Verband, dem das Prüfungsrecht übertragen worden ist. – 1. *Genossenschaftliche P.* sind alleinige Träger der →genossenschaftlichen Pflichtprüfung gem. §§ 53 ff. GenG (vgl. auch →Verbandsprüfung). →Genossenschaftsverbänden, denen die Mitgliedswirtschaften als Mitglieder angehören müssen, wird das Prüfungsrecht durch die oberste Landesbehörde verliehen, falls der Verband die Gewähr für die Erfüllung der von ihm zu übernehmenden Aufgaben bietet. Dem Vorstand des Prüfungsverbandes muß mindestens ein →Wirtschaftsprüfer angehören. Angestellte →Prüfer sollen im genossenschaftlichen Prüfungswesen ausreichend vorgebildet und erfahren sein. – Die *als gemeinnützig anerkannten Wohnungsunternehmen* werden von P. nach ähnlichen Regeln wie bei der genossenschaftlichen Prüfung geprüft. Ab 1990 für sie weitergehende Regelung nach Art. 25 des Einführungsgesetzes zum Handelsgesetzbuch (EGHGB). – 2. – *Prüfungsstellen der Sparkassen- und Giroverbände* sind organisatorisch selbständige Bereiche, rechtlich den Verbänden zuzuordnen. In bezug auf ihre Prüfungstätigkeit und Berichterstattung über die Prüfung sind sie nicht weisungsgebunden. Der Prüfungsstellenleiter muß Wirtschaftsprüfer sein; er führt den Titel Revisionsdirektor. Bei mehr als zehn Mitarbeitern in der Prüfungsstelle muß auch der stellvertretende Leiter Wirtschaftsprüfer sein. Die übrigen Prüfer müssen ein Verbandsexamen abgelegt haben.

Prüfungsvermerk, Vermerk über eine erfolgte betriebswirtschaftliche →Prüfung. – Vgl. auch →Bestätigungsvermerk.

Prüfvariable, →Zufallsvariable, mit deren konkreter →Ausprägung bei →statistischen Testverfahren überprüft wird, ob ein Stichprobenbefund mit der angenommenen →Nullhypothese verträglich ist oder nicht. Dabei ist die →Nullverteilung der P., also (bei →zweiseitigen Fragestellungen) die Verteilung der P. bei Gültigkeit der Nullhypothese, heranzuziehen.

Prüfverfahren, →statistische Testverfahren.

PS. 1. Abk. für Postskriptum (lat.) = Nachschrift. – 2. Abk. für →Pferdestärke.

Pseudocode, Hilfsmittel bei der →Programmentwicklung zur verbalen Formulierung eines →Algorithmus oder der Rohform eines

→Programms. Die Darstellungsform orientiert sich an der Schreibweise einer →Programmiersprache. V.a. die →Steuerkonstrukte werden mit festgelegten Schlüsselwörtern bezeichnet (z. B. *if ... then ... else ...* für eine *Selektion*); manchmal auch die anderen →Befehle und →Datenvereinbarungen, hier aber auch natürlich sprachliche Darstellung. – Vgl. auch →Struktogramm, →Programmablaufplan (graphische Hilfsmittel).

Pseudonym. 1. *Urheberrecht:* Name des →Verfassers, unter dem ein Werk der Literatur, Musik und Kunst erscheint. Werke, die unter P. erscheinen oder deren Verfasser nicht genannt sind (→anonyme Werke) genießen Schutz bis zum Ablauf von 70 Jahren seit Veröffentlichung, der aber durch rechtzeitige Eintragung des wahren Namens in die →Urheberrolle bis auf 70 Jahre nach dem Tode des Verfassers erweitert werden kann (§ 66 UrhRG). – 2. *Firmenbezeichnung:* P. in der →Firma ist als Verstoß gegen die →Firmenwahrheit unzulässig.

Pseudozufallszahl, →Zufallszahl.

PSL/PSA, *problem statement language/problem statement analyzer,* Werkzeug für die Phase der →Anforderungsdefinition; häufig jedoch den →Softwareentwurfsmethoden zugerechnet. – 1. *Entwicklung:* PSL/PSA wurde Anfang der 70er Jahre von D. Teichrow und E. A. Hershey an der Universität Michigan (USA) entwickelt. Es entstand im Rahmen des ISDOS-Projekts (Information System Design and Optimization System), dessen Ziel die Entwicklung einer →Softwareentwicklungsumgebung für →betriebliche Informationssysteme ist. PSL/PSA ist der erste zur Verfügung stehende Teil dieses Systems und wird seit Mitte der 70er Jahre i. w. für kommerzielle Anwendungen (z. B. bei der Chase Manhattan Bank und bei Mobil Oil) eingesetzt. – 2. *Charakterisierung:* PSL ist eine Spezifikationssprache (→Spezifikation); ein System wird als eine Menge von Objekten beschrieben, auf der eine Menge von Relationen definiert sind. Die in PSL formulierte Beschreibung eines Systems wird mit Hilfe des PSA in eine →Datenbank eingegeben. Der PSA kann darauf eine Reihe von Auswertungen ausführen, durch die die eingegebene Systembeschreibung überprüft und dokumentiert wird.

PSVaG, Abk. für Pensions-Sicherungs-Verein auf Gegenseitigkeit. Vgl. im einzelnen →Betriebsrentengesetz II 5.

psychagogische Methode, →Psychotherapie.

Psychoanalyse, →Psychologie, →Tiefenpsychologie.

Psychodiagnostik, *psychologische Diagnostik.* 1. *Begriff:* Lehre von den psychologischen Untersuchungsverfahren, die eine Erkenntnis (Diagnose) der seelischen individuellen Eigenart eines Mitmenschen, die psychologische Beurteilung einer Fremdpersönlichkeit, im Grenzfalle auch der eigenen Persönlichkeit (Autodiagnose) ermöglichen. Die P. stützt sich sowohl auf die subjektiven Angaben des Untersuchten über sich selbst, angeregt durch planmäßige Befragung (→Exploration), wie auf den objektiven Befund. – 2. *Wichtigste objektive Untersuchungsverfahren:* a) Typenfeststellung (→Tiefenpsychologie); b) Leistungsprüfung; c) Verhaltensbeobachtung; d) Ausdrucksanalyse (Mimik, Pantomimik, Physiognomik, Stimm- und Sprechausdruck, Schriftausdruck), gelegentlich verknüpft mit Beobachtungen der nicht ausdruckhaften (sinnfreien) körperlichen Begleit- und Folgezustände (z. B. psychogalvanisches Reflexphänomen). Dazu kommt eine möglichst umfassende Analyse des Lebenslaufes (Anamnese) sowie der →Rorschach-Test.

Psychodrama, retrospektive Methode der spielerischen Aufarbeitung psychisch belastender Situationen (J. L. Moreno). – Vgl. auch →Selbsterfahrungsgruppe.

Psychogramm, Beschreibung psychischer Zustände und Befindlichkeiten auf der Basis von durch Tests gewonnenen Maßzahlen (Bewertung), Verhaltensbeobachtungen u. a. Nach Scherke wird das P. nach Auswertung von Kurven über die Arbeitsweise jedes einzelnen Mitarbeiters und aus einer Übersicht über die Steigerung der Gemeinschaftsarbeit sowie sonstiger im Laufe einer Untersuchung gemachter Beobachtungen gewonnen. Das P. zeigt den ursächlichen Zusammenhang zwischen Schwierigkeiten, die die einzelnen machen, und Schwierigkeiten, die sie haben. Aus den richtigen Kenntnis der einzelnen Mitarbeiter ergeben sich Gesichtspunkte für ihre Behandlung und für die Behebung der inneren Arbeitshemmnisse.

Psychographie, Beschreibung der Struktur individueller psychischer Besonderheiten unter Berücksichtigung grundlegender biologischer Faktoren (Gesundheitszustand, Vitalität). – *Mittel der P.:* Vgl. →Psychogramm.

psychological breaking point, Bezeichnung für den Höchstbelastungssatz einer progressiven Einkommensteuer, der in psychologischer Sicht noch als sinnvoll gelten kann. Vgl. im einzelnen →Grenzen der Besteuerung.

Psychologie. I. B e g r i f f : 1. P. ist gebräuchliche Bezeichnung seit Chr. Wolff (1679–1754). – *Frühere Bedeutung:* Name für die Lehre von der Seele. – *Heutige Bedeutung:* Name für Wissenschaft von Tatbeständen und Gesetzen seelischen Lebens, d. h. von den bewußten und unbewußten Vorgängen und Zuständen, ihren Ursachen und Wirkungen. – *Richtungen:* a) *Empirische P.:* Selbständige Erfahrungswis-

senschaft mit eigenen Fragestellungen und
Methoden; P. hat Beschreibung und Erklä-
rung des Seelenlebens zur Aufgabe. – b)
Spekulative oder *methaphysische P.:* Diese
Richtung nimmt Bezug auf Fragen, die die
Erfahrung übersteigen, z. B. Leib-Seele-Pro-
blem.

II. Teilgebiete: 1. *Theoretische P.:* a)
Allgemeine oder Normal-P.: Untersuchung
des Seelenlebens des normalen erwachsenen
Kulturmenschen; b) Pathophsychologie: P.
des gestörten, abnormen Seelenlebens; c)
genetische oder Entwicklungs-P.: Erforschung
der seelischen Entwicklung des Menschen,
einmal als Kinder- und Jugend-P., zum anderen als Völker-P.; d) →Charakterologie; e)
→Sozialpsychologie; f) Kultur-P.: Untersuchung der Vorgänge des kulturellen Schaffens
und Verknüpfung der Kulturerzeugnisse mit
seelischem Leben des Kulturmenschen, also P.
der Sprache, Kunst, Religion, Moral usw.; g)
Tier-P. – 2. *Praktische oder angewandte P.:* a)
→Arbeits- und Organisationspsychologie,
früher üblicher Begriff Betriebspsychologie; b)
→Markt- und Konsumpsychologie; c) päda-
gogische P. (P. im Dienst der Erziehung); d)
medizinische P., Sonderzweig: →Psychothera-
pie (P. im Dienst der Heilung, insbes. der
Psychoneurosen); e) gerichtliche P. (P. im
Dienst der gerichtlichen Praxis).

III. Methoden: Planmäßige, systematische
Beobachtung und Experiment: 1. *Beobachtung*
kann sein Selbstbeobachtung (unmittelbare
Beobachtung des eigenen Seelenlebens, intro-
spektive Methode oder „Fremdbeobachtung"
(Beobachtung an Mitmenschen, Tieren oder
Kulturobjekten). – 2. *Experimentelle Feststel-
lungen* über das Seelenleben der Mitmenschen
oder Tiere können sich stützen auf a) Aus-
drucksbeobachtung, b) Verhaltensbeobach-
tung, c) Leistungsbeurteilung, d) Erlebnismit-
teilung, e) physiologische Beobachtung
(Atmung, Blutdruck, gehirnelektrische
Ströme usw.). – 3. Zur Verarbeitung der
Beobachtungswerte dienen Methoden der
→Statistik (Psychostatistik).

psychologische Diagnostik, →Psychodia-
gnostik.

psychologisches Gesetz, von Keynes formulierte These, nach der bei steigendem Einkommen ein immer größerer Teil des Einkommens
gespart, bzw. ein immer kleinerer Teil des
Einkommens konsumiert wird. Für die langfristige →Konsumfunktion konnte diese
Hypothese bislang nicht bestätigt werden.

psychologische Testverfahren. I. Psychologie: Speziell entwickelte Verfahren
zur Gewinnung von Informationen hoher
→Validität bezüglich der Eigenschaften
kognitiver, sensomotorischer und/oder moti-
vationaler Art einer Person. – Da das zu
prognostizierende individuelle Verhalten eine

Funktion von Person und Situation darstellt,
beinhalten spezifische p.T. (→assessment center) zugleich Simulationen der späteren
Bewährungssituation. Unter den stärker per-
sonzentrierten Testverfahren nehmen in der
Personalauslese Leistungs- und →Intelligenz-
tests einen herausragenden Platz ein. – Zu
unterscheiden sind: a) *Einzeltest:* Erheblicher
Zeitaufwand, wodurch näheres Eingehen auf
individuelle Eigenarten des Prüflings ermöglicht wird. – b) *Gruppentest:* Vergleichbarkeit
der Ergebnisse größer, jedoch werden hierbei
nicht alle Einzelmerkmale des Individuums
erfaßt: Zu exakten Aussagen sind Testreihen
erforderlich.

II. Marktforschung: Verfahren zur
Gewinnung von Informationen über psychische Regungen, Einstellungen, Meinungen,
Motive, Empfindungen und Wahrnehmun-
gen. – *Arten:* →apparative Verfahren,
→explorative Verfahren, →Skalogrammver-
fahren, →projektive Verfahren. – *Einzeltests*
(Beispiele): →akustischer Test, →Anfragen-
kontrolltest, →Anzeigentest, →Bildenttäu-
schungstest, →Blindtest, →Caravan-Test,
→Coupon-Test, →Folder-Test, →Identifika-
tionstest, →Impact-Test, →Markttest,
→Namenstest, →Order-of-merit-Test, →Per-
sonen-Zuordnungs-Test, →Preistest, →Pre-
test, →Produkttest, →projektiver Test,
→Recall-Test, →Satzergänzungstest, →Starch-
Test, →Store-Test, →Thematischer Apperzeptionstest, →Wechseltest, →Wortassozia-
tionstest.

Psychologismus, →methodologischer Individualismus.

psychometrischer Test, Verfahren zur Messung psychischer Eigenschaften und Einstellungen von Personen durch Anwendung
mathematischer und statistischer Hilfsmittel.
P.T. wurden insbes. durch Anwendung
→psychologischen Testverfahren ersetzt (z. B.
assessment center).

Psychotechnik, heute nicht mehr gebräuchlicher Begriff für die Arbeitspsychologie
(→Arbeits- und Organisationspsychologie)
aus den 60er Jahren, in denen sie ihre Aufgabe
v. a. in der Tradition Taylors (→Tayloris-
mus) – in der Steigerung der individuellen
→Arbeitsleistung durch Anwendung von
psychologischen Techniken gesehen hat.

Psychotherapie, Lehre von den Behand-
lungsmethoden, die auf die Seele oder auf den
Körper mit Mitteln einwirken, die auf die
Seele führen. Einer psychotherapeutischen
Beeinflussung erweisen sich v. a. die Neurosen
(z. B. Rentenneurosen) zugänglich, sowohl in
ihren rein seelischen wie in ihren körperlichen
Auswirkungen (Funktionsstörungen), soweit
die psychogenen Natur sind. – *Wichtigste
Methoden:* 1. *Suggestivmethoden* (auf die seelischen Primitivmechanismen wirkend) in den

zwei Haupttypen der „Wachssuggestivthera-
pie" und der Hypnose. Bei der Hypnose
werden dem Patienten Heilsuggestionen gegeben. Bei der indirekten P. werden Maßnahmen oder auch Medikamente nur um des
seelischen Effektes willen verordnet. – 2.
Psychagogische Methoden, die an Einsicht,
Wollen und Selbsterziehung appellierenden,
übenden und schulenden Maßnahmen; hierzu
gehören Entspannungsübungen nach Art des
autogenen Trainings von I. H. Schultz, die
Bewegungstherapie sowie die Arbeits- und
Erholungstherapie. – 3. *Analytische Methoden*
(→Tiefenpsychologie): Heilung durch Herausarbeitung der psychischen Zusammenhänge eines Leidens, wodurch es möglich
wird, Reaktionen und Umstellungen in den
unbewußten Tiefen der Persönlichkeit zu beobachten und herbeizuführen.

Psychrometer, Gerät zur indirekten Messung
der Luftfeuchtigkeit. Kombination aus einem
trockenen (Lufttemperatur) und einem feuch-
ten (Feuchttemperatur) Thermometer. Da
Klimafaktoren bei der Leistungsabgabe des
Menschen eine erhebliche Rolle spielen, ist bei
der arbeitsphysiologischen Gestaltung der
Arbeitsplätze (→Arbeitsgestaltung) den Klimafaktoren besondere Beachtung zu schen-
ken.

pt., Kurzzeichen für →pint.

PTB, Abk. für →Physikalisch-Technische
Bundesanstalt.

PTV, Abk. für →programmierte Textverarbeitung.

PTZ, Abk. für →Posttechnisches Zentralamt.

public affairs, →Public Relations I.

public call, →Kursfeststellung.

Public-choice-Theorie, zusammenfassender
Begriff für den Bereich der Ökonomik, der
sich mit der Analyse kollektiver Entscheidungen (→Kollektiventscheidung) befaßt. Fragestellungen: Ermittlung und Aggregation individueller Präferenzen für die Bereitstellung
→öffentlicher Güter mittels →Abstimmungs-
verfahren; Bestimmung des →optimalen Budgets; Ermittlung der optimalen Größe von
Entscheidungseinheiten (→ökonomische
Theorie der Clubs), beispielsweise im Rahmen
der Föderalismustheorie, Verfassungskalküle
u. a.

Public Relations (PR), *Öffentlichkeitsarbeit.*
I. Begriff: Ungeachtet der zahllosen Defini-
tionsversuche von Kommunikationstheoreti-
kern und Praktikern ist PR – ebenso wie die im
deutschen Sprachraum meist synonym verwendete *Öffentlichkeitsarbeit* – ein schillern-
der Begriff geblieben. Weitgehende Einigkeit
besteht zwar in der allgemein-theoretischen
Charakterisierung des PR-Prozesses (Öffentlichkeitsarbeit i.w. S.) als alle Maßnahmen,
die das Ansehen der PR-betreibenden Institu-

tion (Wirtschaftsverbände, Behörden, Regierungsstellen, Unternehmen usw.) in der
Öffentlichkeit fördern und eine potentielle
Interessenidentität des Trägers mit der Zielgruppe herstellen sollen. Begriffliche Unsicherheiten resultieren hingegen aus der Frage
nach der konkreten Umsetzung (Öffentlichkeitsarbeit i.e. S.). Insbes. fehlt es an den
notwendigen Abgrenzungen zu anderen Kom-
munikationsprozessen und -maßnahmen wie
der →Werbung, →Marketing, Propaganda,
Journalismus, Information und Manipulation; die Grenzen sind fließend. Eine Tatsache,
die nicht zuletzt in der Geschichte der PR
selbst begründet liegt. – Die Deutsche Public-
Relations-Gesellschaft e. V. – Bundesverband
für Öffentlichkeitsarbeit – (DPRG) definierte
1965: „Das bewußte und legitime Bemühen
um Verständnis sowie um Aufbau und Pflege
von Vertrauen in der Öffentlichkeit auf der
Grundlage systematischer Erforschung." –
Mit der in den letzten Jahren steigenden
Bedeutung der wirtschaftspolitischen Fragen
ist auch der PR-Begriff in die Diskussion
geraten: Statt dem engen PR-Begriff wird von
vielen der Begriff *public affairs (PA)* vorgeschlagen, entsprechend wurden PR-Abtei-
lungen in verschiedenen Unternehmen umbenannt.

II. Entwicklung: Die Geburtsstunde der
modernen PR – als Vorläufer gelten Handels-
häuser und Bankherren des Mittelalters und
der beginnenden Neuzeit mit ihrer auf
„öffentliches Verständnis und Vertrauen"
gerichteten Informationsarbeit, aber nur an
den Handel als beschränkten Empfängerkreis
gerichtet – wird i. a. um die Jahrhundertwende
datiert. 1897 wird der Begriff PR erstmals im
„Year Book of Railway Literature" in den
Vereinigten Staaten verwendet. – Die *Ent-
wicklungszeit der PR in den USA* erfolgt in vier
Phasen: a) In der Anfangsphase („Muckra-
kers Area") bis 1914, sollte der Kritik von
Schriftstellern und Journalisten an dem Verhalten der Unternehmer und der zunehmenden
Verarmung der Arbeiter entgegengetreten
werden. – b) 1914–1918 sollte die Bevölkerung
für die Kriegsziele der USA gewonnen werden. (Gründung des „Commitee on Public
Information" durch Roosevelt). – c) 1919–
1929 (Gründungsjahre) ist durch die Übertragung der Kriegs-PR-Erfahrung auf die Wirtschaft gekennzeichnet; Unternehmen, Verbände und Religionsgemeinschaften richteten
Büros für Öffentlichkeitsarbeit ein; 1923 erster
PR-Lehrgang an der New York University
und erste PR-Buchpublikation („Crystallizing
public oponion") durch Bernays. – d) Ab 1929
(Börsenkrach) richteten sich die PR-Aktivitäten v.a. gegen Roosevelts wirtschaftspolitisches Konzept des New Deal; ab 1930 setzte
sich die heutige PR-Auffassung i. S. einer
kontinuierlichen, positiv orientierten Infor-
mationspolitik durch, wobei allerdings

anfangs noch stark die Stoßrichtungen gegen die Gewerkschaften zu spüren war. – *Während des Zweiten Weltkriegs* trat die PR ganz in den Dienst der Kriegspropaganda (Office of War Information), *nach 1945* wurden die in der Kriegszeit weltweit gesammelten Erfahrungen und neuen Techniken in die Wirtschafts-, Verwaltungs- und Verbandspraxis übertragen. – *Institutionalisierung:* In der Folgezeit wurden nationale und internationale PR-Vereinigungen gegründet: 1955 die *International Public Relations Association* (London) als erster supranationaler Zusammenschluß, 1958 die *Deutsche Public-Relations-Gesellschaft* (Bonn), am 1. 5. 1987 der *Deutsche Rat für Public Relations,* ein von der bundesdeutschen PR-Branche geschaffenes freiwilliges Kontrollorgan, der für die Einhaltung der festgelegten Verhaltensregeln sorgen und Fehlverhalten rügen soll. Die Verhaltensregeln sind von der Deutschen Public Relations Gesellschaft, Berufsverband Öffentlichkeitsarbeit und dem Wirtschaftsverband Gesellschaft Public Relations Agenturen (GPRA) gemeinsam beschlossen worden.

III. A u f g a b e n , Z i e l e , A b g r e n z u n g e n : 1. Grundlegende Merkmale der PR sind: *Information, Intention* (Vertrauen schaffen) und *Publizität* (grundsätzliche Offenheit bzw. allgemeine Zugänglichkeit im Gegensatz zur Verschlossenheit des Privaten). PR bezeichnet also eine informationelle Beziehung zwischen dem Initiator und der Öffentlichkeit, und zwar mit dem Ziel einer möglichst weitreichenden Akzeptanz bis hin zur partiellen Interessenidentität (Vertrauen) der Zielgruppe mit dem Träger. PR geht insofern über den Journalismus hinaus, als die Informationen eindeutig interessen- und zweckgerichtet sind. Auch Aufgaben wie Kontaktpflege, Beratung und Aufbau von Vertrauen liegen außerhalb der normalen journalistischen Tätigkeit. – *Abgrenzung zu Marketing, Werbung und Verkaufsförderung:* Werbung und Marketing haben andere Ziele und Zielgruppen als PR. Sie haben Marktfunktion, sind marktorientiert; PR hat eine gesellschaftspolitische Informationsfunktion, ist öffentlichkeitsorientiert. Auch *Produkt-PR* hat nur einen beschränkten Stellenwert im Gesamtbereich PR. Die Grenzen zwischen Markt und Öffentlichkeit sind allerdings nicht eindeutig zu ziehen (→Schleichwerbung). – 2. *Unternehmerische PR-Arbeit* beschränkt sich nicht auf den Konsumenten oder andere Unternehmen im Wettbewerb, sie gestaltet sich als Informationsbeziehung zu einer breiten Öffentlichkeit, die zunächst in ihrer Funktion als potentieller Aktionär oder Geschäftspartner gesehen wird. Diese traditionelle Unternehmenspublizität, insbes. in der Form des veröffentlichten Jahresberichts, der Auskunft über Geschäftstätigkeit, der finanziellen Lage und anstehenden Entwicklung ist teilweise gesetzlich vorge-

schrieben. – *Über den gesetzlichen Rahmen hinaus* hat die Unternehmens-PR der ansteigenden Sensibilität in der Öffentlichkeit für die Wirtschaft in ihren Funktionen des Produzierens und Vermarktens, der Verwendung von Ressourcen und der Verfügbarkeit von Arbeit und damit von Arbeitsplätzen, der Beoder Entlastung der Umwelt usw. Rechnung zu tragen. Die Öffentlichkeitsarbeit eines Unternehmens, eines Wirtschaftsverbandes oder einer Branche kann nichts verändern, wenn sie erfassbare gesellschaftliche Bedürfnisse nicht berücksichtigt. Der Ausstieg aus der gesellschaftlichen Diskussion ist die schlechteste denkbare Strategie zur Profilierung und damit zur Schaffung eines Firmenimages.

IV. P R a l s U n t e r n e h m e n s i n s t a n z : Die Forderung nach einer auch *gesellschaftsbezogenen Orientierung der Unternehmenspolitik* (vgl. →gesellschaftliche Strategie) ist die Forderung nach einer Instanz im Unternehmen, die das ökonomische Zielsetzungen um die geellschaftsbezogenen ergänzt. Dies ist die (möglichst nahe an Vorstand und Geschäftsführung angesiedelte) Stabsstelle Presse- und Öffentlichkeitsarbeit (Public Relations): Zur Aufgabe dieser Stelle gehört es auch, argumentativ in die kurz-, mittel- und langfristige →Unternehmenspolitik einzugreifen, wenn sie dadurch öffentlichen Schaden abwenden und einem positiven Firmenimage nutzen kann. Der PR-Manager ist : a) *Makler zwischen Unternehmer und Öffentlichkeit* (v. a. auch zwischen Unternehmen und Medien), nicht einseitiges Sprachrohr, seine Überzeugungsarbeit ist nach außen und nach Innen gerichtet; b) „*Anwalt der Wirklichkeit*"(Grosser), Realist in der Einschätzung der Auswirkung unternehmerischer Entscheidungen und in der Vermittelbarkeit von Inhalten. – Das *öffentliche Bild eines Unternehmens* (vgl. auch →Unternehmensleitbild) formt sich aus allen Details, die das Innenleben des Betriebs ausmachen: a) Art und Umfang der Produktion, v. a. der dadurch entstehenden Umweltbelastung am Firmenstandort; b) Akzeptanz und Nutzung der Produkte, v. a. deren Umweltverträglichkeit; c) Struktur und praktische Umsetzung des Vertriebssystems, v. a. die Verbraucher-/Kundenorientierung, Produktargumentation und Serviceleistung; d) Umgang mit den eigenen Mitarbeitern, v. a. die interne Arbeits- und Sozialpolitik; e) Gesamtdarstellung des Unternehmens in Broschüren, Anzeigen, Vorträgen und sonstigen Firmenbeschreibungen, v. a. die Zuverlässigkeit und Glaubwürdigkeit in inhaltlichen Aussagen. – *Grundsätze zur Verwirklichung dieser Gesamtverantwortung:* a) Öffentlichkeitsarbeit ist Vorstandssache, die PR-Stelle muß dort direkt eingebunden sein; b) der interne Informationsfluß muß gewährleistet sein; c) es darf keine Trennung von interner und externer

Information erfolgen, die Wechselwirkung beider Bereiche ist unverzichtbar für die Findung einer gesamtgültigen Sprachregelung; d) die eigenen Mitarbeiter gehören zur wichtigsten Zielgruppe unternehmerischer Öffentlichkeitsarbeit, sie formen das Bild vom Unternehmen mit, auch nach außen (→human relations); e) die Rolle der Unternehmer und Unternehmen bzw. ihrer PR-Stellen darf nicht in Parolen enden, die Feindbilder abstecken; ein Freund-Feind-Denken, gerade im Umgang mit Zielgruppen und Medien, sowie die Einstellung zu kritischen Zielgruppen und Themen muß reformiert werden. – PR ist ein *Kommunikationsprozess,* der sich nicht in einseitiger Information erschöpfen kann: Der Dialog mit der Öffentlichkeit, mit Bürgerinitiativen, Interessengruppen und Fachleuten, gerade wenn sie dem Unternehmen gegenüber kritisch eingestellt sind, gehört deswegen zu den vorrangigen Aufgaben industrieller Öffentlichkeitsarbeit.

Dipl.-Journalist Peter Engel

public utilities, *public utility companies,* amerikanische Bezeichnung für →Versorgungsbetriebe, für die in den USA sehr weitgehende Buchführungsbestimmungen gelten, da aufgrund des Rechnungswesens die Tarife festgesetzt werden.

Publikationsorgane, Blätter zur Verkündung amtlicher Verlautbarungen. Bei →Gesetzen ist Verkündung im →Bundesgesetzblatt, bei →Rechtsverordnungen Verkündung im Bundesgesetzblatt oder im →Bundesanzeiger Voraussetzung ihrer Rechtswirksamkeit (vgl. Art. 82 GG und Gesetz über die Verkündung von Rechtsverordnungen vom 30.1.1950). Ausnahmen bestehen u.a. für Verkehrstarife, bei denen Verkündung im Amtsblatt des Bundesverkehrsministeriums genügt. – Vgl. auch →Bekanntmachung, →Gesellschaftsblätter.

Publikationspflicht, die nach geltendem Handelsrecht den gesetzlichen Vertretern von Kapitalgesellschaften eingetragenen Genossenschaften und anderen bestimmten Unternehmen obliegende Pflicht zur Veröffentlichung des →Jahresabschlusses und des →Lageberichts sowie ggf. des Konzernabschlusses und Konzernlageberichts. Umfang der P. ist abhängig von den →Größenklassen der Unternehmen und Konzerne. – Vgl. auch →Publizität.

Publizität. I. Begriff: Unterrichtung der Öffentlichkeit über das Betriebsgeschehen, die Lage und Erfolge einer Unternehmung sowie über die Ursachen ihrer geschäftlichen Entwicklung. P. liegt grundsätzlich im Interesse des Betriebes, da sie seinen Goodwill stärkt und den Kapitalmarkt für eventuelle Wertpapieremissionen aufgeschlossen macht. – Die *Grenzen der P.* liegen dort, wo das Bekanntwerden von Betriebsgeheimnissen geht, deren Wahrung gegenüber der Konkur-

renz dem Betrieb gestattet sein muß. Eine zu große Ängstlichkeit in dieser Hinsicht liegt jedoch weder im betrieblichen noch im öffentlichen Interesse.

II. Gesetzliche Regelung: 1. *Grundsätzliches:* I.a. besteht für die Unternehmen nur die Verpflichtung, die gesetzlich vorgeschriebenen Eintragungen im Handels- bzw. Genossenschaftsregister durch entsprechende Anmeldungen herbeizuführen. – **2.** *Eine weitergehende* Verpflichtung besteht für Kapitalgesellschaften (§§ 325–329 HGB) und eingetragene Genossenschaften (§ 339 HGB). – a) *Veröffentlichsumfang:* (1) bei *kleinen Kapitalgesellschaften* (→Größenklassen) Jahresbilanz, gem. § 326 HGB verkürzter Anhang, Ergebnisverwendungsvorschlag und -beschluß; (2) bei *mittelgroßen und großen Kapitalgesellschaften* Jahresbilanz, Gewinn- und Verlustrechnung, Anhang (bei großen Gesellschaften ohne die Beteiligungsliste nach § 287 HGB), Lagebericht, Prüfungsvermerk, Bericht des Aufsichtsrats, Ergebnisverwendungsvorschlag und -beschluß; (3) bei *Genossenschaften* entfällt die Offenlegung bezüglich der Ergebnisverwendung und ggf. des Prüfungsvermerks. – b) *Offenlegungsort:* (1) bei *kleinen und mittelgroßen Kapitalgesellschaften* Einreichung der Unterlagen zum →Handelsregister und Bekanntmachung der Einreichung im Bundesanzeiger; (2) bei *großen Gesellschaften* Veröffentlichung im Bundesanzeiger und anschließende Einreichung der Unterlagen zum Handelsregister; (3) bei *Genossenschaften* tritt an die Stelle des Handels- das Genossenschaftsregister, große Genossenschaften (gleiche Merkmale wie große Kapitalgesellschaften) haben ihre Unterlagen in ihren jeweiligen Gesellschaftsblättern zu veröffentlichen und die Bekanntmachung dem Register zu melden. – c) *Offenlegungsfrist:* (1) bei *großen und mittelgroßen Kapitalgesellschaften* bis zu neun Monaten nach dem Bilanzstichtag, bei kleinen bis zu zwölf Monaten; (2) bei *Genossenschaften* nach der Generalversammlung über den Jahresabschluß. Bestimmte Namensangaben müssen alle →Geschäftsbriefe von Kapitalgesellschaften (§ 80 AktG, § 35a GmbHG) enthalten. – 3. Für *Kreditinstitute* bestehen neben den allgemeinen handelsrechtlichen Vorschriften besondere Bestimmungen; vgl. →Bankpublizität. – 4. *Großunternehmen* sind nach dem Gesetz über die Rechnungslegung von bestimmten Unternehmen und Konzernen vom 15.8.1969 (BGBl I 1189). – Kurzbezeichnung: *Publizitätsgesetz* – zur →Rechnungslegung nach Publizitätsgesetz verpflichtet. – 5. Zur P.-Pflicht von Konzernen gemäß § 325 III HGB vgl. →Konzernabschluß; zur P.-Pflicht gemäß Publizitätsgesetz vgl. →Rechnungslegung nach Publizitätsgesetz.

III. Soziologische Beurteilung: Ausdruck eines gewandelten Verständnisses von der Rolle der Großunternehmung in Wirtschaft und Gesellschaft. In der →kapitalistischen Unternehmensverfassung: Gewährleistung von Sicherheit und Verläßlichkeit im Tauschverkehr. Großunternehmen beeinflussen den privaten Bereich ihrer Eigentümer, aber insbes. auch die Interessen zahlreicher anderer am Wirtschaftsprozeß Beteiligten wie gegenwärtige und zukünftige Lieferanten und Abnehmer, Arbeitnehmer, Geldgeber und alle Stellen, die wirtschafts- und sozialpolitische Entscheidungen mit Auswirkungen auf das Unternehmen zu treffen haben. Durch P. wird dem Interesse von Beteiligten und Allgemeinheit entsprochen, Unterlagen für die Beurteilung des Unternehmens zu erhalten, wichtiger als dagegensprechende private Interessen der Eigentümer. Das Phänomen der Großunternehmung wird durch Anknüpfung des →Publizitätsgesetzes an die *Unternehmensgröße* berücksichtigt.

Publizitätsgesetz, →Publizität II 4.

Publizitätsprinzip. 1. *Grundbuchrecht:* Leitender Grundsatz des Grundbuchrechts, der besagt a) daß weitgehend →Grundbucheinsicht zu gewähren ist und b) daß man sich auf die Richtigkeit des Grundbuchs verlassen kann und dem Grundbuchinhalt beim →gutgläubigen Erwerb →öffentlicher Glaube beigelegt wird (§892 BGB). – 2. *Handelsrecht:* P. gilt beim Handelsregister (§15 HGB); das P. kann sich sowohl in einer →Negativwirkung als auch in einer →Positivwirkung zeigen. Neben der →Eintragung im Handelsregister verlangt das P. auch die →Bekanntmachung. Ausnahme beim vermuteten Kaufmann; vgl. auch →Scheinkaufmann. Ist die Tatsache eingetragen und bekanntgemacht, so muß sie der Dritte gegen sich gelten lassen. Dies gilt nicht für Rechtshandlungewn bis 15 Tage nach Bekanntmachung, wenn der Dritte beweist, daß er die Tatsache weder kannte noch kennen mußte. Bei unrichtiger Bekanntmachung kann sich der Dritte auf die Bekanntmachung berufen, es sei denn, er kannte die Unrichtigkeit. Eine rechtserzeugende Wirkung kommt dem Handelsregister (z.B. →Sollkaufmann, →Formkaufmann) in wenigen Fällen zu.

Puerto Rico, *Commonwealth of Puerto Rico,* mit den USA assoziiertes Commonwealth. Lage: am Endpunkt der Großen Antillen im Westen; republikanische Regierungsform, Bewohner sind Bürger der USA, besitzen aber kein Stimmrecht. – *Fläche:* 8897 km², eingeteilt in 77 Gemeinden. – *Einwohner* (E): (1985, geschätzt) 3,3 Mill. (369 E/km²). – *Hauptstadt:* San Juan (424 600 E); weitere wichtige Städte: Bayamón (209 000 E), Ponce (162 000 E), Carolina (163 000 E). – *Amtssprachen:* Englisch und Spanisch.

Wirtschaft: *Landwirtschaft:* Anbauprodukte sind Zuckerrohr, Bananen, Orangen,

Ananas, Kaffee. Viehzucht. *Industrie:* Herstellung von Nahrungsmitteln, Textilien; pharmazeutische, petrochemische Industrie. – *BSP:* (1985, geschätzt) 15 010 Mill. US-$ (4350 US-$ je E). – *Export:* (1985) 10,34 Mill. US-$, v.a. Zucker, Tabak, Rum, Industrieerzeugnisse (hauptsächlich Konsumgüter). – *Import:* (1985) 10,12 Mill. US-$, v.a. Lebensmittel, Fahrzeuge, Maschinen. – *Handelspartner:* USA, Venezuela, Niederländische Antillen, Dominikanische Republik. – *Fremdenverkehr:* (1980) 1,68 Mill. Touristen, Einnahmen: 615 Mill. US-$.

Verkehr: Keine Eisenbahn, sehr gut ausgebautes Straßennetz; wichtigster Hafen und internationaler Flughafen ist San Juan.

Währung: 1 US-Dollar (US-$) = 100 Cents.

Puffer. 1. *Netzplantechnik:* Oberbegriff für →Vorgangspuffer und →Ereignispuffer; auch als *Pufferzeit* bezeichnet. – Vgl. auch →Netzplantechnik. – 2. *Produktionsplanung:* Vgl. →Pufferlager.

Pufferlager, *Aufstaulager,* Lager zur Verringerung der gegenseitigen zeitlichen und mengenmäßigen Abhängigkeit einzelner Arbeitsstationen eines Produktionsprozesses. Durch die Einrichtung von P. wird der gesamte Produktionsprozeß störungsunempfindlicher. – Vgl. auch →Lagerwirtschaft I.

Pufferspeicher, Datenspeicher (→Speicher) zwischen zwei unterschiedlich schnellen Datenverarbeitungselementen (→Datenverarbeitungssystem) zur optimalen Nutzung der Leistungsfähigkeit beider Elemente. P. bilden z.B. die Brücke zwischen den schnellen →Prozessoren und den langsameren →Arbeitsspeichern (spezielle Bezeichnung: *Cache (memory)*). P. befinden sich in Peripheriegeräten, z.B. →Schnelldruckern (→Drucker) und →Bildschirmgeräten zur Zeichenwiederholung auf dem →Bildschirm.

Pufferzeit. I. Personalwesen: Zeitguthaben, das die selbständige Entscheidung über den persönlichen Arbeitseinsatz im Rahmen der →Arbeitszeitflexibilisierung zuläßt (→Arbeitszeitkonto).

II. Produktionsplanung/Netzplantechnik: Vgl. →Puffer.

Pull-Strategie, Absatzstrategie von Herstellern mit mehrstufigem →Absatzweg (z.B. bei Markenartikelindustrie und industriellen Grundstoff- und Teileherstellern). Mittels →Kommunikationspolitik insbes. gegenüber dem Letztverbraucher sowie Marken- und Markierungspolitik soll bei den zwischengeschalteten Absatzstufen ein Nachfragesog nach den Erzeugnissen des Herstellers erzeugt werden; die Position als →In-supplier bei den Abnehmern wird gestärkt. I.d.R. mit der →Push-Strategie kombiniert.

pump priming, *Initialzündung,* Begriff der
Finanzwissenschaft für den expansiven Im-
puls (Erhöhung der privaten Investitionstätigkeit und des privaten Konsums), den eine
Volkswirtschaft durch Erhöhung der Staatsausgaben im Zustand der Unterbeschäftigung
erhält. P.p. ist abhängig von der Höhe der
zusätzlichen Staatsausgaben sowie von der
Finanzierung i.d.R. durch Schuldaufnahme
(→deficit spending). Auch die Reaktionen der
Wirtschaftssubjekte sind von entscheidender
Bedeutung für die Wirkungsweise dieses
Effekts.

Punkt, →point.

Punktbewertung, →Arbeitsbewertung II 1 b.

Punktbewertungsverfahren, →Scoring-
Modelle.

Punktmarkt, Begriff der →Marktformenlehre.
Ein P. liegt vor, wenn sämtliche Anbieter und
Nachfrager eines Marktes räumlich an einem
völlig übersehbaren Ort zusammenkommen,
so daß die Entfernungen zwischen ihnen auf
den Prozeß der Preisbildung keinen Einfluß
ausüben. Praktisch sind P. sehr selten. –
Beispiel: Londoner Metallbörse.

Punktmatrix, Verfahren zur Zeichenerzeu-
gung bei Druckern (→Matrixdrucker) und
→Bildschirmgeräten durch Anwahl von
Punkten in einem rechteckigen Punkte-Feld.

Punktschätzung, Ermittlung konkreter
→Schätzwerte für →Parameter einer
→Grundgesamtheit mit Hilfe von Ergebnissen aus →Stichproben. Die Rechtfertigung für
die Verwendung eines Schätzwertes liefern
Eigenschaften der zugehörigen →Schätzfunk-
tion, wie etwa →Erwartungstreue, →Wirk-
samkeit oder →Konsistenz.

Push-money-Förderung, *premium money,
premium spiff,* Prämie für einen Einzelhändler,
der angeregt werden soll, einem bestimmten
Produkt erhöhte Verkaufsanstrengungen zu
widmen (→Verkaufsförderung). Als „Belohnung" erhält er ein Geschenk oder einen
Geldbetrag. *Nachteil:* Für jedes verkaufte Teil
muß unabhängig von den Bemühungen des
Verkäufers diese „Belohnung" gezahlt werden, so daß diese Art der Förderung sehr
kostspielig werden kann; bei Einzelhändlern
gelten diese Prämien z.T. als Schmiergelder.

Push-Strategie, Forcierung des „Angebots-
drucks", d.h. verstärkter Einsatz der →Preis-
politik und →Konditionspolitik, des →per-
sönlichen Verkaufs und des →Lieferservice
mit dem Ziel, den Absatz zu erhöhen. –
Anwendung als *Verdrängungsstrategie* bei
→Out-supplier-Position, als *Expansionsstra-
tegie* bei →In-supplier-Position bei direktem
und indirektem Vertrieb. – Häufig *Kombination* mit →Pull-Strategie.

putty-clay-Modell, →Wachstumstheorie III
2 c).

putty-putty-Modell, →Wachstumstheorie III
2 c).